Historische Texte
aus dem Wupperthale
Quellen zur Sozialgeschichte des 19. Jahrhunderts

Tânia Ünlüdağ

Historische Texte aus dem Wupperthale

Quellen zur Sozialgeschichte
des 19. Jahrhunderts

unter Mitarbeit von Marcus Puschnerat

herausgegeben von
Karl-Hermann Beeck
Bergische Universität – Gesamthochschule Wuppertal

Born-Verlag Wuppertal, 1989

Gedruckt mit Unterstützung

der Stadtsparkasse Wuppertal

der Stadt Wuppertal

der Gesellschaft der Freunde und Förderer der
Bergischen Universität – Gesamthochschule Wuppertal

des Landschaftsverbandes Rheinland

der Firma Vorwerk & Co.

der Deutschen Bank AG

der Bayer AG

© beim Herausgeber und Autor
Druck: Werner Fastenrath, Wuppertal
Buchbinderei: Werner Berenbrock, Wuppertal
ISBN-Nr.: 3-87093-021-7

Vorwort

Das Erscheinen des vorliegenden Bandes zur Sozialgeschichte im Wuppertal des 19. Jahrhunderts fällt zeitlich zusammen mit dem 60. Geburtstag unserer Stadt. Mit dem am 1. August 1929 rechtswirksam gewordenen Zusammenschluß der Städte Barmen und Elberfeld, Ronsdorf und Cronenberg, Vohwinkel und Beyenburg begann für die Wuppertaler eine neue Epoche.

Der Grundstein für die Entwicklung zu einer modernen Großstadt wurde freilich nicht erst 1929, sondern bereits im 19. Jahrhundert gelegt. Die beiden Schwesterstädte Barmen und Elberfeld bildeten in der ersten Hälfte des vergangenen Jahrhunderts den führenden Industriebezirk Westdeutschlands. Als die Industrie des benachbarten Ruhrgebietes noch in den Anfängen steckte, wurden Barmen und Elberfeld schon von rauchenden Schornsteinen und ausgedehnten Fabrikanlagen beherrscht. Um 1850 zählten beide Städte insgesamt über 100.000 Einwohner – beinahe soviel wie München, mehr als Köln, Düsseldorf und Essen.

Mit der industriellen Revolution und der Massenzuwanderung war eine tiefgreifende Umstrukturierung der sozialen Verhältnisse verbunden. Aus dem Heimarbeiter wurde der Fabrikarbeiter, aus dem selbständigen Handwerksmeister der Vorarbeiter. Kinder und Frauen mußten durch ihre Arbeit in den neuen Fabriken zum Lebensunterhalt der Familie beitragen. Eine unvorstellbare Verelendung breiter Bevölkerungsschichten trat ein: Hunger, Krankheiten und der Alkoholismus grassierten in den Elendsvierteln. Unter diesen katastrophalen Umständen war es nicht verwunderlich, daß die durchschnittliche Lebenserwartung der Menschen gering war. Sie lag damals im Wuppertal niedriger als heute in den ärmsten Ländern der Dritten Welt. Besonders hoch war die Säuglingssterblichkeit. Über 15 Prozent aller Kinder starben, bevor sie das erste Lebensjahr erreichten.

Ich halte es für richtig, daß die Schattenseiten der Industrialisierung des Wuppertals auch in diesem Band beleuchtet werden. Für die sorgfältige Edition des Quellenbandes zur Sozialgeschichte unserer Stadt im 19. Jahrhundert danke ich dem Herausgeber und der Autorin. Mein Dank gilt ebenfalls der Bergischen Universität – Gesamthochschule Wuppertal, die sich in beispielhafter Kooperation mit der Stadt Wuppertal immer stärker der lokalen wie regionalen Geschichte zuwendet.

In diesem Sinne wünsche ich dem Werk eine weite Verbreitung.

Ursula Kraus, MdL
Oberbürgermeisterin

Inhaltsverzeichnis

Historische Texte aus dem Wupperthale
Quellen zur Sozialgeschichte des 19. Jahrhunderts

1. Kapitel
Das Wuppertal im Wandel staatlicher Politik, gesellschaftlicher Entwicklung und kommunaler Verwaltung —— 13

2. Kapitel
Die Arbeitswelten von Unternehmern und Arbeitern im Wirtschaftsverlauf und Produktionsprozeß —— 125

3. Kapitel
Formen, Äußerungen und Organisation von Frömmigkeit —— 247

4. Kapitel
Bedingungen und Möglichkeiten der Schulbildung —— 315

5. Kapitel
Entwicklung und Wirkungsweise der bürgerlichen Armenpflege Elberfelds —— 383

6. Kapitel
Vereine als Institutionalisierung bürgerlicher Mentalität —— 441

7. Kapitel
Literaturzugänge, Lektürevermittlung und Lesestoffe —— 509

Dank zu sagen für die großzügige Unterstützung bezüglich der Bereitstellung des Quellenmaterials habe ich dem Leiter des Stadtarchivs Wuppertal, Herrn Dr. Uwe Eckardt, sowie seinen Mitarbeitern - stellvertretend für viele seien an dieser Stelle Herr Peter Elsner und Herr Klaus Herbst genannt - sowie den Damen und Herren des Hauptstaatsarchives Düsseldorf, des Landeshauptarchives Koblenz, des Evangelischen Zentralarchives Berlin, Herrn Pastor Schmidt vom Archiv des Diakonischen Werkes Rheinland in Düsseldorf, den Archiven der Evangelisch-reformierten Gemeinde Elberfeld, der Vereinigten evangelischen Gemeinde Unterbarmen und der Niederländisch-reformierten Gemeinde Elberfeld.

Dasselbe gilt gegenüber Herrn Dr. Heinrich Karl Schmitz von der hiesigen Stadtbibliothek und Herrn Horst Stacheli. Vereinzelte Hinweise auf Dokumente erhielt ich von den Autoren des Bandes „Gründerzeit. Versuch einer Grenzbestimmung im Wuppertal", je ein Stück stellten freundlicherweise der Leiter des Historischen Zentrums, Herr Michael Knieriem, und Herr Joachim Studberg zur Verfügung.

Für Abdruckgenehmigungen ist den oben genannten Archiven und dem Dietz-Verlag (Berlin/DDR) zu danken.

Für finanzielle Unterstützung danke ich der Stadtsparkasse Wuppertal, der Stadt Wuppertal, dem Landschaftsverband Rheinland, der Gesellschaft der Freunde der Bergischen Universität – Gesamthochschule Wuppertal, der Firma Vorwerk & Co., der Deutschen Bank AG Wuppertal sowie der Bayer AG, ferner für freundliche Vermittlung von Subventionen dem Präsidenten der Industrie- und Handelskammer Wuppertal-Solingen-Remscheid, Herrn Dr. Jörg Mittelsten Scheid, deren Hauptgeschäftsführer, Herrn Dr. Horst Jordan, und deren Geschäftsführer, Herrn Herwart Miegel.

Frau Helga Beeck möchte ich Dank sagen für wichtige philologische Hinweise und andere Hilfe, des weiteren Herrn Klaus Peter Huttel und Frau Susanne Ströher für ihre Hilfsbereitschaft bei der Lösung technischer Probleme und der Erstellung des Manuskripts, Frau Sigrid Stephan für organisatorische Unterstützung und nicht zuletzt Frau Sigrid Born-Herrnstadt, unter anderem für die gute Zusammenarbeit und ihren verlegerischen Einfallsreichtum.

Tânia Ünlüdağ

Wuppertal, im Frühjahr 1989

Vorbemerkungen

Die beste Einführung in diesen Band ist es zweifelsohne, wenn der Leser unmittelbar in die Lektüre der ihn besonders interessierenden einzelnen Kapitel einsteigt. Anschließend mag er dann die folgenden Vorbemerkungen des Herausgebers lesen, um dessen Intentionen kennenzulernen.

I.

Bei diesem Band „Historische Texte aus dem Wupperthale"* handelt es sich, wie der Untertitel sagt, um eine Sammlung von schriftlichen „Quellen zur Sozialgeschichte des 19. Jahrhunderts". Es spiegelt sich darin die Welt, in der die Geschlechter unmittelbar vor uns sich einzurichten hatten und die sie nach ihrem Vermögen für sich zu gestalten suchten. Das Wechselspiel zwischen Tradition und Leben ist in ihnen eingefangen. Unter diesem Gesichtspunkt haben die Autorin und ihr Mitarbeiter die einschlägigen Archive durchforstet, denn es galt, aus der Fülle des dort gehorteten Materials die für die Darstellung der damaligen Lebenswelt aussagekräftigsten schriftlichen Zeugnisse sorgfältig und darum in langwieriger und mühsamer Arbeit herauszufiltern. Zugleich mußten diese Schriftstücke jeweils in den zeitgenössischen Zusammenhang, in dem sie entstanden waren und ihre Wirkung entfalteten bzw. entfalten sollten, eingeordnet werden, d.h. sie mußten einzeln oder in zusammengehörigen Gruppen kommentiert werden, damit sie wirklich verständlich werden konnten. Was auch dies an Einsatz, Nachforschung und sorgfältiger Analyse gefordert hat, vermag nur abzuschätzen, wer sich selbst einmal an dergleichen versucht hat.

Auf diese Weise ist ein Buch entstanden, das sieben das damalige Leben charakterisierende Kapitel enthält, nämlich Politik, Wirtschaft, Kirche, Schule, Armenwesen, Vereine und Literatur betreffend.

Man könnte die Abteilungen drei bis sieben in bestimmter Hinsicht gewiß auch unter dem Stichwort „Kultur" zusammenfassen; aber damit hätten wir einerseits Politik und Wirtschaft aus deren Bereich gedanklich ausgeschlossen, zum anderen bestimmte herkömmlich als soziale Verhältnisse im engeren Sinn bezeichnete Lebenswelten derjenigen inkorporiert, die nicht ungeläufig immer noch als Kultur von Zivilisation abgehoben wird.

Letzteres wäre, hätten wir uns der Einstellung anschließen können, unter Kultur sei so etwas wie eine Überhöhung des alltäglichen Lebens, ein von der Arbeitswelt isoliertes bildungsbürgerliches Phänomen, zu verstehen, nicht folgerichtig gewesen. Da wir diese Auffassung jedoch nicht teilen konnten, sondern unter Kultur die gesamte menschliche Tätigkeit und deren Ergebnisse begreifen, sich in der vorgegebenen Welt eine Leben ermöglichende Umwelt zu schaffen, mithin die in unterschiedlichster Gestalt erscheinende Sinnstiftung unserer gesamten Lebensverhältnisse, für uns also auch Politik und Wirtschaft, Faktoren der jeweiligen Kultur sind, mußten wir nach bestimmten Funktions- und Organisationsbereichen der Gesellschaft trennen. So entschlossen wir uns zu einer siebenteiligen Gliederung wie der vorliegenden.

Dabei hat es sich ergeben - notwendigerweise, wie ich meine - daß die ersten beiden Kapitel, Politik und Wirtschaft, die umfangreichsten sind, verglichen mit jedem der fünf folgenden. Das hängt unausweichlich damit zusammen, daß beide Bereiche für alle Bevölkerungsgruppen von gleicher grundlegender Relevanz sind, während die anderen nicht nur spezielle Aspekte der sozialen Verhältnisse, sondern auch von der politischen und ökonomischen Basis her in gewisser Weise eher abgeleitete sind sowie unterschiedliche Bevölkerungsgruppen in unterschiedlicher Weise betreffen.

II.

Uns hingegen, den Nachlebenden, stellen die sieben Kapitel insgesamt in ihrer Kombination trotz der notwendigen Auswahl eine Welt so vollständig, wie es überhaupt möglich ist, vor Augen, mit der wir uns immer noch auseinanderzusetzen haben. Das kann auf vielfache Weise stattfinden und hat dennoch, wenn auch in unterschiedlichem Intensitätsgrad, denselben Effekt.

Man kann diesen Band einfach zum Vergnügen lesen. Die Dokumente erlauben es uns, behutsam angeleitet von den Kapiteleinführungen und Kommentaren, uns nicht nur in die Welt unserer Großeltern, Urgroßeltern und Ururgroßeltern zu versetzen, den Normen, denen sie unterworfen waren, ihrem Widerstand dagegen, ihrem Fühlen und Denken nachzuspüren, ihre Freuden und Leiden nachzuempfinden, sondern auch ihr unbewußtes Verhalten und die spezielle, ebenfalls unbewußte Gerichtetheit ihrer Aufmerksamkeit zu erfahren. Indem wir dem gegenüberstehen, erkennen wir, unser vollauf berechtigtes museal-antiquarisches Interesse befriedigend, auch uns selbst besser, und zwar ohne daß wir speziell darauf aus sind.

Man kann aber auch an die Lektüre herangehen, um ganz bewußt die Verhältnisse jener Zeit denjenigen der unsrigen zu konfrontieren. Wir lernen dann sicher in dem Sinne aus der Geschichte, daß wir nicht nur erfassen, was sich auf uns hin gewandelt hat, sondern auch wie dies vor sich gegangen ist. Wir werden dann, wie es dieser zweite Ansatz von vornherein schon in sich enthielt, zu Wertungen veranlaßt, die Zielsetzungen für die Zukunft implizieren und zugleich darauf hindeuten, welche Wege für uns gangbar sind, welche nicht, welche ausgebaut oder gar überhaupt erst gebahnt werden müssen. Hier handelt es sich um ein politisch-kritisch akzentuiertes Interesse, sich im eigenen Leben zu orientieren.

Schließlich, um es mit drei Herangehensweisen genug sein zu lassen, die sich gewiß noch vermehren ließen, aber dennoch bereits das ganze Spektrum markieren, schließlich kann man auch einer viel generelleren Intention folgen. Wer etwa die Charakteristika einer speziellen Region herauspräparieren will, hier diejenigen einer solchen, die in der Industrialisierung des deutschen Raumes in einer besonderen Weise vorangegangen ist, um sie mit denjenigen in anderen Bereichen zu vergleichen und so der allgemeinen Entwicklung genauer auf die Spur zu kommen, diesem wissenschaftlich-historischen Interesse bietet der vorliegende Band eine nicht zu überschätzende Hilfe.

III.

So ist diese Veröffentlichung nicht nur für den Fachmann von Bedeutung, sondern nicht minder spricht sie den historischen Laien an, nämlich als geschichtliches Lesebuch. Für ihn besonders, aber selbstverständlich auch für den Historiker, sind die beigegebenen Illustrationen gedacht, und zwar nicht nur im Sinne eines bloßen optischen Anreizes, sondern als visuelle Träger der Atmosphäre einer vergangenen Zeit, von der die entsprechenden Generationen vor uns beeinflußt waren und die sie mitgeschaffen haben. Das ist es, was die Abbildungen uns nahe bringen sollen, ob es nun Zeitungsanzeigen in ihrem besonderen Stil, aber auch schon der Druck oder die Schrift einer damaligen Hand sind, ob Abhörbogen der Armenverwaltung, Brotmarken oder das äußere Erscheinungsbild, in dem amtliche Vorgänge, politische, soziale, ökonomische Kommunikation, sich aktenmäßig niederschlagen; das ist es, was ihre Auswahl bestimmt hat. So lassen die Illustrationen ebenso wie die Aktenstücke und anderen schriftlichen Quellen, die in diesem Band versammelt sind, das Selbstverständnis der hier dokumentierten Zeit spürbar werden und ermöglichen dem Betrachter auf dem Wege der Konfrontation, wie gesagt, sich selbst im Wandel, dem die Überlieferung ständig unterworfen ist, zu verstehen. So kann das gesamte hier vorgelegte Material, darauf darf ich noch einmal hinweisen, sicher der Befriedigung eines unkomplizierten Interesses an der Vergangenheit dienen, Neugier wecken und stillen, Vergnügen erzeugen, aber, indem es den Leser einfängt, läßt es zugleich, auch wenn er dies nicht reflektiert, das Bild einer spannenden Epoche unserer Geschichte in ihm entstehen, das ihn seiner eigenen gegenüber distanziert und damit handlungsfähiger macht.

Man sage nicht, ein solcher Betrachter der Illustrationen und Leser der Quellen sei ein von mir konstruierter Idealfall. Wer überhaupt sich von Historischem angesprochen fühlt, dem wird die vorliegende, sorgfältig ausgewählte Quellensammlung, angeleitet von den informationsreichen Überblicken und Kommentaren, in der Tat ein aufschlußreiches, Geschichte unmittelbar lebendig werden lassendes Lesebuch sein. Er muß es nicht mit der ersten Seite zu lesen beginnen, um mit der letzten dann aufzuhören, sondern er kann in ihm immer wieder, einmal hier, einmal da ansetzend, geradezu „schmökern".

IV.

Im wissenschaftlichen Interesse kann der Band vom Historiker an Schule und Universität, von Schülern und Studenten vielfach genutzt werden; denn er macht eine Fülle bislang nur schwer erreichbaren bzw. versteckten Quellenmaterials bequem zugänglich. Zukünftige Arbeiten über die Wuppertaler Region werden nicht an ihm vorbeikommen, und er wird ihnen vielfach nicht nur Grundlage, sondern in mancherlei Hinsicht auch als Wegweiser eine große Hilfe sein.

Aber nicht nur für ein speziell auf das Wuppertal gerichtetes Interesse gilt dies. Gewiß ist es richtig, wie der Titel schon sagt, daß es sich um Quellenmaterial aus dem Wuppertal und um auf das Wuppertal bezogenes handelt, aber erstens werden Städte und Regionen nur durch Arbeit mit einem solchen Kompendium, wie es die vorliegende Sammlung darstellt, in sorgfältiger Analyse des Materials vergleichbar, so daß lokale Besonderheiten und in ihnen das Mosaik der historischen Entwicklung insgesamt, wie bruchstückhaft auch immer, sichtbar werden. Zweitens laufen die zu bestimmten Strukturen sich verfestigenden oder sich bereits verfestigt habenden Prozesse, obwohl sie sich verselbständigt haben, dennoch nicht oberhalb oder jenseits der konkreten Lebenswelten der Menschen ab, sondern in diesen, sei es auch, daß sie in der Resignation des einzelnen im Gefühl seiner Ohnmacht diesen Mächten gegenüber zum Ausdruck kommen; nur von den ganz konkreten Lebenswelten her können jene strukturellen Phänomene daher überhaupt erst erschlossen und an bzw. in ihren Auswirkungen ermessen werden. Die Mentalitäten menschlicher Gruppen als Produkt und Faktor ihrer Umweltgestaltung, ihr Vorlaufen bzw. ihr Zurückhängen gegenüber anderen, damit ihre politische und soziale Funktion, lassen sich drittens nur vom ganz konkreten, regional bezogenen Material her erkennen, an dem deutlich wird, wie die einzelnen und die gesellschaftlichen Gruppen auf aktuelle, jeweils akute Fragen unmittelbar reagieren, wie sie die Welt als ihre Umwelt erfahren, nämlich auffassen und empfinden; relativ dauernde individuelle und kollektive Verhaltensdispositionen, als was Mentalitäten beschrieben werden können, lassen sich so herauspräparieren. Auf diese Art und Weise können dann auch generalisierend epochale Mentalitätsspektren gewonnen werden.

Insofern ist die vorliegende Quellensammlung nicht nur für den Lokalhistoriker, sondern für die Geschichtswissenschaft überhaupt von Bedeutung. Es ist zu wünschen, daß ihr im Laufe der Zeit bezüglich anderer Regionen zahlreiche weitere von gleicher Breite, Dichte und Intensität zur Seite gestellt werden.

Karl-Hermann Beek

Wuppertal, im Frühjahr 1989

---

* Es ist dies die dritte und abschließende Veröffentlichung, in der wir die Ergebnisse unseres seit 1981 gelaufenen Gründerzeitprojekts festgehalten haben. Bei den ersten beiden handelt es sich um den von mir in Zusammenarbeit mit Rolf Becker herausgegebenen Aufsatzband „Gründerzeit. Versuch einer Grenzbestimmung im Wuppertal" (Köln 1984) und um die zwei Bildbände von Klaus Peter Huttel „Wuppertaler Bilddokumente - Ein Geschichtsbuch zum 19. Jahrhundert in Bild und Text" (Wuppertal 1985).

Editorische Hinweise

Die in den vorliegenden Band aufgenommenen Quellen wurden unter dem Aspekt eines sozialgeschichtlich, speziell eines mentalitätsgeschichtlich orientierten Zugriffs[1] auf die Geschichte der Wuppertaler Region vom Anfang des 19. Jhdts. bis in die Zeit um die Reichsgründung, die „Gründerzeit" im weiteren Sinne[2], ausgewählt. Die mentalitätsgeschichtliche Akzentuierung bedeutet zunächst eine Ausweitung der Sichtung und Erhebung des in großer Fülle vorliegenden unveröffentlichten Materials zur Region und zum anvisierten Zeitraum, da die Rekonstruktion vergangener Realität unter dieser geschichtswissenschaftlichen Fragestellung besonders auf detailliertes, „dichtes"[3] Material angewiesen ist und bisher weniger berücksichtigte Quellengruppen neu erschlossen werden müssen.

Um eine bezüglich der Verwendung und des Umfangs sinnvolle Auswahl treffen und das Material unter forschungsrelevanten Gesichtspunkten ordnen zu können, fungieren sieben Lebensbereiche als grundlegendes Strukturprinzip. Diese Lebensbereiche, denen die Kapitel als entsprechende sachthematische Bereiche entsprechen, werden definiert als Realitätskomplexe, an denen jeder gemäß seiner sozialen Schichtzugehörigkeit und ökonomischen Stellung teilhatte, sei es aktiv in direkter Einflußnahme oder gar mit Steuerungsfunktion, sei es passiv als Betroffener. Diese Lebensbereiche lassen sich als politischer, ökonomischer und kultureller[4] im weitesten Sinne beschreiben, wobei letzterer im vorliegenden Band in fünf einzelne Kapitel differenziert wurde (Kirche, Schule, Armenwesen, Vereine und Literatur).

Dieser Grundstruktur folgend, wurde das gesammelte Material auf der Basis der Kenntnis der entsprechenden Fachliteratur und in eigenständiger intensiver Diskussion ausgewählt und den sachthematischen Bereichen zugeordnet.

Die Anordnung der Quellen innerhalb eines jeden Kapitels wurde nach einer bezüglich der einzelnen Sachbereiche angemessenen Untergliederung bestimmt, wobei diese unter dem Aspekt der Übersichtlichkeit und möglichen systematischen Strukturierung des jeweiligen Lebensbereiches vorgenommen, im übrigen die chronologische Reihenfolge der einzelnen Quellen nach Möglichkeit beibehalten wurde.

Jedem Kapitel sind eine kurze Einleitung in den sachthematischen Bereich und eine Charakterisierung der jeweiligen Kapiteleinteilung sowie eine Übersicht der aufgenommenen Quellen vorangestellt.

Die Quellen jedes Kapitels sind im Kopfregest mit fortlaufenden Nummern versehen, denen die Numerierung der dazugehörigen Kommentare entspricht. Jede Quelle ist kommentiert, sei es als einzeln stehende oder in der Form, daß eine Reihe thematisch zusammenhängender Dokumente mit einem Sammelkommentar versehen ist; auch dies ist jeweils aus der Numerierung der Kommentare zu ersehen.

Die Kommentare sollen die für die Einordnung und Interpretation der jeweiligen Quelle(n) notwendigen Informationen bereitstellen bzw. auf relevante Bezüge hinweisen; darüber hinaus dienen sie durch Aufnahme von Zitaten aus zeitgenössischen Texten dem Hinweis auf zusätzliches Quellenmaterial zum jeweiligen Thema.

Die Liste ausgewählter Literatur am Ende jedes Kapitels dient einer weiteren Beschäftigung mit dem jeweiligen Thema, im übrigen enthalten die Kommentare und Anmerkungen bibliographische Angaben.

Das Sach- und Personenregister am Ende des Bandes soll den schnellen Zugriff auf Informationen erleichtern.

Zur Technik der Textbearbeitung und -wiedergabe ist grundsätzlich zu bemerken, daß aus inhaltlichen Gründen häufig auf den Abdruck des vollständigen Dokuments verzichtet worden ist, was in den jeweiligen Kopfregesten angegeben wurde. Der Anmerkungsapparat wurde so sparsam wie möglich gehalten und nicht durch innere Differenzierung kompliziert; auf Parallelüberlieferungen, soweit bekannt, wird hingewiesen. In Texten, die (neu) gesetzt worden sind, erscheinen auch ursprünglich gesperrt oder fett gedruckte Textstellen als Unterstreichungen.

Auslassungen innerhalb der als Faksimiles wiedergegebenen Drucktexte wurden aus technischen Gründen mit runden Klammern markiert; aus denselben Gründen haben wir auf eine Wiedergabe oder Retuschierung der Originalfußnoten in diesen Texten verzichtet, Anmerkungsziffern von unserer Hand sind leicht erkennbar.

Handschriftlich vorliegende Dokumente sind im Kopfregest als solche bezeichnet; in den entsprechenden Transkriptionen sind Auslassungen, Konjekturen oder unlesbare Stellen in eckige Klammern gesetzt. Grundsätzlich wurden bei der Übertragung Eigenheiten der Orthographie und auch Interpunktion beibehalten, Marginalien, Korrekturen, Einfügungen von fremder Hand, Kanzlei- und Geschäftsgangsvermerke wurden nur dann berücksichtigt, wenn sie für die Interpretation des Schriftstückes von Bedeutung sind. Im übrigen ist bezüglich der Einordnung des jeweiligen Dokumentes in einen bestimmten Vorgang auf die Kommentare zu verweisen.

T. Ü.

---

[1] vgl. dazu Karl-Hermann Beeck, Leistung und Bedeutung des mentalitätsgeschichtlichen Ansatzes in der Kirchengeschichte, in: Dietrich Meyer (Hrsg.), Der mentalitätsgeschichtliche Ansatz und die regionalgeschichtliche Forschung, Arbeitshilfen des Archivs 1, Düsseldorf 1989, S. 1-29.

[2] vgl. Karl-Hermann Beeck, Die Frage nach der Gründerzeit als Ansatz für die Untersuchung einer spezifischen historischen Mentalität im Rahmen der Wuppertaler Region, in: ders. (Hrsg.), Gründerzeit. Versuch einer Grenzbestimmung im Wuppertal (=Schriftenreihe des Vereins für Rheinische Kirchengeschichte, Band 80), Köln 1984, S. 13-41.

[3] vgl. dazu grundsätzlich Clifford Geertz, Dichte Beschreibung. Beiträge zum Verstehen kultureller Systeme, Frankfurt/Main 1987; zur entsprechenden geschichtswissenschaftlichen Umsetzung siehe beispielsweise Robert Darnton, Intellectual and Cultural History, in: Michael Kammen (Hrsg.), The Past Before Us. Contemporary Historical Writing in the United States, Ithaka and London 1980, S. 327-349, und ders., The Great Cat Massacre and other Episodes in French Cultural History, New York 1984.

[4] Bei Hans-Ulrich Wehler fungieren die Dimensionen der Ökonomie, Politik und Kultur als Basis seines Konzeptes einer umfassenden „Gesellschaftsgeschichte": Deutsche Gesellschaftsgeschichte. Erster Band: Vom Feudalismus des Alten Reiches bis zur Defensiven Modernisierung der Reformära 1700-1815, München 1987, S. 6-12.

Das Wuppertal im Wandel staatlicher Politik, gesellschaftlicher Entwicklung und kommunaler Verwaltung

Das folgende Kapitel ist in zwei größere Unterkapitel unterteilt. Im ersten sollen „Die Auswirkungen staatlicher Politik und gesellschaftlicher Entwicklungen in Elberfeld und Barmen" anhand chronologisch geordneter Quellen und Kommentare dargestellt werden, wobei als Orientierungshilfen weitere Zwischenüberschriften eingefügt wurden. Es geht in diesem ersten Unterkapitel darum, wichtige politische Ereignisse und wirksam gewordene gesellschaftliche Entwicklungen im Wuppertal innerhalb des Rahmens der allgemeinen deutschen Geschichte zu dokumentieren.

Das zweite Unterkapitel unter dem Titel „Die kommunale Verwaltung Elberfelds und Barmens im Rahmen der politischen Entwicklung" beschäftigt sich mit den Organisationsformen kommunaler Selbstverwaltung im Wuppertal des 19. Jahrhunderts sowie deren wesentlichsten Funktionsbereichen. Nach einer einführenden Quelle, die einen verwaltungsgeschichtlichen Überblick bieten soll, folgen drei Unterabschnitte, deren erster die sich wandelnden Stadtverfassungen und ihre praktischen Auswirkungen auf die Funktionsweise der kommunalen Selbstverwaltung dokumentiert. Die in die Unterabschnitte „Steuern und Finanzen" und „Polizei und Gerichtswesen" aufgenommenen Quellen sollen schwerpunktmäßig wesentliche Zuständigkeitsbereiche der Kommunalverwaltung illustrieren, die nicht - wie es bei den Bereichen „Schule" und „Armenwesen" der Fall ist - in gesonderten Kapiteln behandelt werden.

Verzeichnis der Quellen zum Kapitel
„Das Wuppertal im Wandel staatlicher Politik, gesellschaftlicher Entwicklung und kommunaler Verwaltung"

1.1 Die Auswirkungen staatlicher Politik und gesellschaftlicher Entwicklungen in Elberfeld und Barmen

Historischer Überblick: Geschichte Elberfelds und Barmens bis zum Beginn des 19. Jhdts.
Q 1 : Das Herzogtum Berg (1836)
Q 2 : Geschichte Elberfelds (1835)
Q 3 : Geschichte Barmens (1835)

Die französische Zeit und das Generalgouvernement
Q 4 : Übernahmepatent Napoleons (1806)
Q 5 : Ankündigung Murats (1806)
Q 6 : Der Knüppelrussenaufstand (1813)
Q 7 : Einzug der Alliierten in Paris (1814)

Die preußische Zeit
Q 8 : Übernahmepatent Preußens (1815)
Q 9 : Adresse an die Rheinländer (1815)
Q 10 : Bekanntmachung (1815)
Q 11 : Huldigungseid (1815)
Q 12 : Krieges=Lied (1815)
Q 13 : Berufsverbot für A.L. Follen (1819)
Q 14 : Follens Notizen in der Haft (1820)
Q 15 : Verhör des Lehrers Brandes (1823)
Q 16 : Die „unruhigen Vorfälle" (1830)
Q 17 : Huldigung für Friedrich Wilhelm IV. (1840)
Q 18 : Die „kommunistischen Versammlungen" (1845)
Q 19 : Reden Friedrich Engels' (1845)
Q 20 : Zerstörung der van der Beekschen Gebäude (1848)
Q 21 : Besuch des Königs (1848)
Q 22 : Ein Fall von Majestätsbeleidigung (1848)
Q 23 : Bericht über die Elberfelder Maiunruhen (1849)
Q 24 : Volksversammlung am Trübsal (1851)
Q 25 : Besuch des Königs (1855)
Q 26 : Ferdinand Lassalle in Barmen (1863)
Q 27 : Artikel über den Sieg (1866)
Q 28 : Wahlen zum Norddeutschen Reichstag (1867)
Q 29 : Gedicht zum deutsch-französischen Krieg (1870/71)
Q 30 : Bericht über Wuppertaler Arbeitervereine (1873)

1.2 Die kommunale Verwaltung Elberfelds und Barmens im Rahmen der politischen Entwicklung

Q 31 : Überblick über die Verwaltungsgeschichte (1836)

Stadtverfassungen und kommunale Selbstverwaltung
Q 32 : Bedingungen für den Erwerb des Bürgerrechts (1799)
Q 33 : Die Magistratswahl in bergischer Zeit (1830)
Q 34 : Die „Laternenrevolte" (1804)
Q 35 : Über die Elberfelder Stadtverfassung (1805)
Q 36 : Die französische Munizipalverfassung (1807)
Q 37 : Einführung des Munizipalrates (1807)
Q 38 : Rede des Stadtdirektors Schleicher (1808)
Q 39 : Verzeichnis der Stadtratsmitglieder (1833)
Q 40 : Über verschiedene Stadtratsmitglieder (1829 ff)
Q 41 : Auszug aus einer Predigt über Richter 9,10 (1837)
Q 42 : Über Oberbürgermeister Brüning (1837)
Q 43 : Rede des Beigeordneten Wortmann (1837)
Q 44 : Die Gemeindeordnung für die Rheinprovinz (1845)
Q 45 : Verzeichnis der Barmer Gemeindeverordneten (1846)
Q 46 : Einführung des Oberbürgermeisters Lischke (1851)

Steuern und Finanzen
Q 47 : Direkte Steuern im Regierungsbezirk (1836)
Q 48 : Auszug aus der Klassensteuerrolle (1851)
Q 49 : Einnahmen der Stadt Elberfeld (1851)
Q 50 : Ausgaben der Stadt Elberfeld (1851)

Polizei und Gerichtswesen
Q 51 : Die Einführung des Landgerichts (1834)
Q 52 : Geschäftsinstruktion für die Polizei (1847)
Q 53 : Dienstreglement für Nachtwächter (1852)

1.1 Die Auswirkungen staatlicher Politik und gesellschaftlicher Entwicklungen in Elberfeld und Barmen

Historischer Überblick: Geschichte Elberfelds und Barmens bis zum Beginn des 19. Jhdts.

Kommentar 1, 2 und 3
Die folgenden drei Quellen sollen einen geschichtlichen Überblick über die politische Entwicklung der Region vor dem eigentlichen Beginn des Dokumentationszeitraumes geben und vor allem - daher wurden Darstellungen aus dem Beginn des 19. Jhdts. gewählt - einen Eindruck von der Art historischer Betrachtung in jener Zeit vermitteln.

Quelle 1
Johann Georg von Viebahn, Statistik und Topographie des Regierungs-Bezirks Düsseldorf, Erster Theil,
Düsseldorf 1836, S. 42-44

§. 18. Herzogthum Berg.

I. Auf dem Schlosse zu Berge (jetzt Altenberge) im Deutzer Gau wohnte zu Anfang des 11. Jahrhunderts ein angesehenes, den Grafen von Kleve verwandtes, durch mehrere Generationen mit der gräflichen Würde dieses Gaues bekleidetes Geschlecht.

Von diesem Stammsitze der Dynasten den Namen tragend und durch das Bedürfniß einer Vogtei für die kölnische Kirche begünstigt, bildete sich die Grafschaft Berg aus der Gerichtsbarkeit im Deutzer Gau und dem Königsforste daselbst, aus dem anschießenden Walde Mieselohe (d. i. Mäusewald), welcher dem ausgebreiteten spätern Amtsbezirke den Namen gegeben, aus den kölnischen Höfen Mühlheim am Rhein, Dünwald, Odenthal, Wißdorf, Monheim, Hilden, Elberfeld, Schwelm, den jetzigen Dörfern und Städten dieses Namens, aus dem kölnischen Lehnschlosse und Ländchen Angermund, endlich aus den Vogteien über die Stiftskirchen Siegburg, Deutz und Werden an der Ruhr[1]). Nachdem das Schloß zu Altenberge 1133 in ein Mönchskloster, Monasterium S. Mariae de Berge[2]), jetzt eine malerische Zierde des oberbergischen Landes, verwandelt war, baueten die Grafen ein neues Schloß, welches sie zur neuen Burg (Castrum novi montis) nannten, das heutige Burg im Kreise Lennep, von wo aus ihre Nachkommen durch Verträge, Erbschaft und Eroberung ihre Besitzungen ausdehnten. Nach Adolph III. Tode (1170) theilten seine Söhne dieselben; Engelbert erhielt Berg, Eberhard Altena. Engelbert bekam 1174 Windeck vom Grafen Henrich Raspo[3]), und 1176 Hilden und Elberfeld durch Versatz von dem Erzbischofe von Köln. Sodann erwarb er 1189 Hückeswagen von einem Grafen Henrich daselbst und von Arnold von Tyvern, einem edlen Manne, dessen ganzes Erbe am Rhein, Holthausen, Düsseldorf, Büske, Krauthofen, Eickenbüren, Monheim, Hoengen, Himmelgeist und alle Güter an der Anger[4]). Der nordöstlich hiervon belegene große Duisburger Wald, der sich bis Angermund, Ratingen, Erkrath und Kettwig vor der

Brücke erstreckte und wozu die Forsten Lintrop, Sarne (jetzt Saarn), Stockum, Derendorf, Ratingen, Flingern, jetzt die Feldmarken gleichen Namens, gehörten, war kaiserlicher Bannforst. Der Ap, an der Straße von Düsseldorf nach Ratingen kommt noch 1193 als kaiserlicher Kammerforst vor.

Da 1219 der Mannsstamm der Grafen von Berg erlosch, so fiel das Land durch Heirath an den Herzog Heinrich IV. von Limburg, welcher die Güter zu Barmen 1244 von den Grafen von Ravensberg kaufte [5]), dessen Geschlecht aber mit Adolph VIII. (1348) ausstarb. Des Letztern Tochter Margaretha, mit Otto IV. Grafen von Ravensberg vermählt, war schon vor ihrem Vater gestorben; ihre Rechte gingen auf ihre Erbtochter Margaretha über, deren Gemahl Gerhard von Jülich nun vom Kaiser mit den Grafschaften Berg und Ravensberg belehnt wurde und 1355 durch Kauf die Herrschaft Hardenberg erwarb. Sein Sohn Wilhelm I. erkaufte 1363 Blankenberg und erhielt 1380 vom Kaiser Wenzel für Berg die Herzogswürde. Wilhelms I. Sohn Adolph erbte 1423 die Herzogthümer Jülich und Geldern, welches Letztere er jedoch an Arnold von Egmond abtreten mußte. Sein Neffe und Nachfolger Gerhard erhielt 1473 die Herrschaft Heinsberg. Mit dessen Sohne Wilhelm II., der Löwenberg erwarb und das Herzogthum Jülich ansehnlich vergrößerte erlosch 1511 die männliche Linie der Herzoge. Ihm folgte im Besitz aller seiner Länder seine Tochter Maria und deren Gemahl der Prinz Johann von Kleve und Mark, der 1528 auch die Herrschaft Ravenstein ererbte. Sein Sohn Wilhelm wurde 1538 von dem Herzoge Karl von Geldern mit Bewilligung der Stände zum Erbfolger in Geldern und Zütphen angenommen und gelangte noch in demselben Jahre zur Regierung beider Länder, mußte sie aber 1543 an Kaiser Karl V. abtreten.

Nach einer im Jahr 1555 aufgestellten statistischen Uebersicht [6]) enthielt das Herzogthum Berg damals in 18 Verwaltungsbezirken (Aemter oder Vogteien) 4 Hauptstädte, Wipperfürth (1222), Ratingen (1275) [7]), Lennep (1277) [8]), und Düsseldorf [9]) (1288 zur Stadt erhoben und mit eigner Obrigkeit versehen); außerdem 6 Städte: Blankenburg (Minoriteneinsiedelei v. 1230) Rade, Solingen [10]) (1374; im 16. Jahrhundert 4000 Communikanten), Gräfrath (Stift v. 1177), Mettmann (Gericht v. 1008) [11]), Gerresheim (Stift v. 870), 6 Freiheiten: Monheim und Erkrath mit Stadtrecht, Hückeswagen, Burg, Beienburg und Angermund mit Landrecht und 288 Landgemeinden, welche unter 78 Gerichte vertheilt waren.

Mülheim am Rhein wurde 1587, Elberfeld 1610 [12]), Ronsdorf 1742 zur Stadt erhoben und der Marktort Gemarke in Barmen [13]), welcher 1642 mit Einschluß der Werther und Scheuriger Rotte nur 25 zerstreute Häuser zählte, 1706 in Folge der Gemeinheitstheilung, des Fabrikbeginnes und der Errichtung einer reformirten Kirche zusammenhängend auszubauen begonnen, welchemnächst er 1728 ein Rathhaus erhielt und als Freiheit bezeichnet wurde, wiewohl er nur 2 Rotten der Amtsgemeinde Barmen bildete. Auch die schon damals industriell bedeutenden Orte Mülheim an der Ruhr (1093) und Remscheid (1316) bildeten nur solche Amtstheile. Kaiserswerth [14]) (1183) ging erst 1794 von Jülich an Berg über.

Das Erlöschen des klevischen Mannsstammes mit Johann Wilhelm, dem Gemahl der unglücklichen Jacobe von Baden, fiel 1609 in eine der unglückseligsten Zeiten Deutschlands, als unter dem unfähigen Kaiser Rudolph die beiden Religionsparteien einander gewaffnet gegenüberstanden. Mit denselben wurde der über diese Erbfolge entstehende Streit um so leichter in Verbindung gesetzt, da man auch hier den Religionsstreit mit Heftigkeit führte. Die Ansprüche des Kurfürsten von Sachsen als Nachkommen einer frühern Erbtochter Sibille hatten sich weder im Lande noch bei den diplomatischen Unterhandlungen einer besondern Unterstützung zu erfreuen. Dagegen hatte der letzte Herzog vier Schwestern gehabt, deren älteste Marie Eleonore mit dem Herzog Albert Friedrich von Preußen vermählt, eine Tochter Anna, Gemahlin des Kurfürsten Johann von Brandenburg; die zweite Anna, Gemahlin des Herzogs Philipp Ludwig von Pfalz-Neuburg, einen Sohn den Pfalzgrafen Wolfgang erzeugt hatten. Brandenburg behauptete den Vorzug, weil Anna von der ältesten Linie abstamme; der Pfalzgraf, weil er ein männlicher Nachkomme und Anna's Mutter schon vor dem Erblasser gestorben sei. Die Ansprüche der beiden jüngern Schwestern wurden nur schwach verfolgt.

Kaiser Rudolfs Befehl, die Länder bis zu ausgemachtem Streite ihm zu überlassen, hatte die Folge, daß Brandenburg und Neuburg sich durch den Vertrag vom 31. Mai 1609 über den gemeinschaftlichen Besitz einstweilen verglichen und durch die Uebereinkünfte mit den Landständen vom 14. Juni, 11. und 21. Juli Besitz nahmen, während der Bischof Leopold von Straßburg als kaiserlicher Commissar sich in Jülich festsetzte und gegen jene Besitznahme protestirte. [15]). Erst 1624 kam zu Düsseldorf ein neuer Vergleich zu Stande, wornach diese Länder in einem beständigen Bunde bleiben und ihre gemeinschaftlichen Privilegien behalten sollten, Kleve, Mark und Ravensberg aber dem Kurfürsten von Brandenburg, Jülich, Berg und Ravenstein mit den brabantischen und flandrischen Gütern dem Pfalzgrafen von Neuburg zugetheilt wurden. Dieser Vergleich wurde 1629 und 1647 verlängert und 1666 definitiv unter gleichzeitiger Abschließung des Religionsvergleichs von beiden Häusern angenommen [16]).

Pfalzgraf Philipp Wilhelm erhielt 1685 die Kurpfalz und die kurfürstliche Würde. Sein Haus starb 1742 mit seinem zweiten Sohne Karl Philipp aus, worauf Berg und Jülich mit ihren Dependenzien an den Kurfürsten Karl Philipp Theodor von der Sulzbachischen Linie kamen. Nachdem Dieser 1777 das Kurfürstenthum Baiern ererbt hatte, hinterließ er alle seine Länder dem Herzoge Maximilian Joseph von Pfalzzweibrück, der das durch den Revolutionskrieg seiner westrheinischen Bestandtheile beraubte Herzogthum Berg unterm 30. Nov. 1803 und 20. Febr. 1804 dem Herzog Wilhelm zum Appanagialgenusse der Einkünfte desselben und zur Statthalterschaft anwies [17]). Durch den Art. 15. des Preßburger Friedens [18]) hörte die Eigenschaft dieses Landes als Reichslehn auf, und wurde, nachdem Baiern dafür das inmittelst von Preußen an Frankreich übergegangene Fürstenthum Anspach erhalten hatte, am 15. März 1806 an Frankreich übergeben [19]).

Quelle 2
J.F. Knapp, Geschichte, Statistik und Topographie der Städte Elberfeld und Barmen im Wupperthale,
Iserlohn und Barmen 1835, S. 55-76 Auszüge

Die Stadt Elberfeld.

(Aeußere Geschichte. Aeltere, mittlere und neuere Zeit.)

Ortsanfänge. Freiheit. Stadt. Feuersbrunst.

(Von 1150 — 1687.)

Mit dem Beginnen der eigentlichen bergischen Landesgeschichte unter dem Grafen Engelbert I. (von 1160 — 1193) *) erhellt auch der erste Lichtstrahl — das geschichtlich=geographische Dunkel des so lange verschlossen gebliebenen Wupperthals. Wir finden ums Jahr 1150 jenen Theil der von diesem kleinen Flusse durchströmten Grundfläche, über die sich später eine der blühendsten und gewerbreichsten Städte auszubreiten kaum Raum genug fand, im Besitze einer noch heute in der Graffschaft Mark blühenden adlichen Familie, derer von Elverfeld. Ihr geschichtlich feststehender Ahnherr, Hermann von Elverfeld (von 1150 — 1180) ist der, dem die heutige Stadt Elberfeld ihren Ursprung verdankt. Denn an der Wupper, in dem weidenreichen Thale, dem sie den Namen verleiht, auf einem der Punkte, wo die ersten Ortsanfänge ausgehen, nemlich an dem sogenannten Thomashof, durch einen Theil des Kippdorfs nach der Burg=Wallstraße und der Schloßbleiche stand die Burg, hinter deren festen Mauern, Wällen und Graben die Ritter von Elverfeld hausten. Genau ist der Punkt nicht mehr anzugeben, worauf das feste Schloß gebaut war, doch sind die eben genannten Theile als Grundstücke und Umgebungen anzunehmen, die als erste Besitzungen derer von Elverfeld an Lehnsmänner gelangten, die sich darauf anbauten und die Grundstücke cultivirten. Die Namen Thomashof, Pützhof, scheinen daher zu kommen, auch die Burg=, Wall= und Thurmhoferstraße, selbst die Schloßbleiche deuten darauf hin. Alle Erinnerungen, die sich unter den Bürgern der Stadt fortpflanzten, mit den noch bestehenden Namen, denn Urkunden so wenig wie irgend ein Denkmal existiren, führen auf die Zeit Hermanns von Elverfeld mit seiner Burg und ihren Umgebungen als den ersten Anlagen, woraus sich der Ort nach und nach fortbildete. Es leuchtet aus dieser Thatsache von selbst hervor, daß der Ort seinen Namen dem Geschlechte von Elverfeld als dem früheren und nicht dieses dem Orte als dem späteren entlehnte.

(...)

Hermanns von Elverfeld wird in den Ueberlieferungen seiner Zeit nicht bloß als des ersten Besitzers der Burg gedacht, sondern ihm das ehrende Zeugniß beigelegt, daß er unermüdlich für die Cultur des ziemlich unfruchtbaren Bodens besorgt gewesen sey. »So habe er Wälder ausrotten, Sümpfe austrocknen, den Bächen und Wegen eine angemessenere Richtung geben lassen, und den Hirten um die Burg gelegene Wohnungen angewiesen.« So wurden die Weiden besser benutzt, diese und das Vieh kam bald in einen solchen Ruf, daß man das letztere weit in dem Lande käuflich suchte, und die Butter als vorzüglich begehrt wurde. Von Hermanns Sohn, Adolph (1180 — 1190?) wird dasselbe in noch höherem Grade gerühmt. Die Wegeanlagen besserten sich unter ihm sehr, welches einen vortheilhaften Einfluß auf die Verbindungen mit der Nachbarschaft führte. Die Bewohner vermochten dadurch das erzbischöfliche Hoflager in Cöln mit Lebensmitteln zu versehen und andere noch größere Vortheile aus der Viehzucht zu erzielen.

Erscheinen die beiden ersten Herren von Elverfeld nur in günstigem Lichte, so lernen wir Adolphs Sohn, Arnold (von 1190? — 1203) im gerade entgegengesetzten kennen, ja nichts als Unthaten werden uns von ihm berichtet. Er lebte freilich in einer so verwilderten Zeit, daß roher Sinn in den deutschen Gauen unter den Edeln nicht bloß vorherrschend, sondern zur Sitte geworden war. Als eine um so schönere Ausnahme steht Adolph V. Graf von Berg in der Geschichte da (1193 — 1218) sein Lehnsherr.*)

(...)

Weder unter der Regierung des folgenden Grafen von Berg, Heinrichs Herzogs von Limburg, mit dem diese Linie für Berg beginnt (†1244), noch von dessen Sohn Adolph VI. (†1256) vernehmen wir etwas von denen von Elverfeld. Als Nachfolger Arnolds finden wir in der Zeit Adolphs VII. von Berg (von 1256 — 1295) den Ritter Konrad von Elverfeld bezeichnet, der jedoch dem Raume der Zeit nach nicht wohl sein Sohn gewesen seyn konnte, da Konrad's erst 1264, in frischer Manneskraft also erst ein und sechzig Jahre nach seinem Tode gedacht wurde. Konrad war also wahrscheinlich ein Enkel Arnolds.

Dieser Herr von Elverfeld scheint, wie aus dem gemeinsamen Wirken hervorgeht, mit seinem Lehnsherrn, dem trefflichen Adolph VII., mehr durch gleiche edle Gesinnungen als durch das Lehnsverband vereinigt gewesen zu seyn, denn während Adolph als Begründer der bergischen Industrie in der Landesculturgeschichte glänzt, ist Konrad von Elverfeld mit gerechtem Lobe als ein Solcher genannt, der in ähnlicher Weise für sein kleines Gebiet und den Ort Elverfeld wirkte.

(...)

Ungeachtet des von uns oben über die Einheit in den Gesinnungen Gesagten, die dem Grafen von Berg mit dem Ritter von Elverfeld befreundete, kam es im Jahr 1264 zwischen Beiden zu einer Fehde, was jedoch nicht auffallend ist, wenn man die Zustände jener Zeit erwägt, wo die Entscheidung oft der unbedeutendsten Händel auf die Spitze des Schwertes gelegt wurde. Konrad wollte im oberen Theile der Grafschaft einige offene Lehen einziehen, (ein Beweis wie das Folgende von dem Aufblühen des Geschlechtes derer von Elverfeld) die Adolph VII. in Anspruch nahm. Dies war die Veranlassung zu jener Fehde. Eberhard von Witten, Hermann Spiegel zum Desenberg und Andere werden als Verbündete Konrads genannt. Die Fehde wurde durch ein mörderisches Gefecht auf der Haide, dem Dattelnfeld, wie es scheint ziemlich zu des Elverfelders Vortheil entschieden, denn in der gleich hernach den 26. Juni erfolgten friedlichen Ausgleichung verblieb ihm das Meiste von jenen angesprochenen Lehen.

Ein großer geschichtlich unausgefüllter Zwischenraum, beinahe von einem Jahrhunderte, liegt seit jener Thatsache in Betreff der Dynastie zu dem Orte Elverfeld vor uns, von dem wir wegen Mangel an Belegen nichts zu sagen wissen. Jetzt sehen wir mit einem Male, daß der Ort und das Gebiet, mit der Grafschaft Berg vereinigt sind. Wahrscheinlich geschah die Vereinigung in der zweiten Hälfte des vierzehnten Jahrhunderts. Laut einer Urkunde vom Jahre 1443 war die Dynastie Elverfeld von dem Herzoge Gerhard zu Jülich-Berg an den Ritter Wilhelm von Nesselrode »seinem lieben Rath« verpfändet, dem er den Befehl ertheilte an seinem »des Herzogs Bollwerk zu Elverfeld« (dies hatte also an Größe bedeutend gewonnen) fort an zu bauen, und dem Herzog seinem Erben und Nachkommen sollen den von genanntem Herrn Wilhelm von Nesselrode oder seinen Erben nicht einlösen noch entsetzen, er habe ihm denn zuvor das Baugeld mit der Hauptsumme, die der Herzog ihm auf Elverfeld verschrieben hatte, ganz wiedergegeben und bezahlt. Man hat Zweifel erhoben, ob der Distrikt Elverfeld je eine besondere Herrschaft gewesen? Die Frage löst sich wohl nur aus der Berücksichtigung des damaligen politischen Standes der Dinge, und dem, wie man den Begriff von einer Herrschaft auffaßt. Die Burg und der Ort Elverfeld mit einem gewissen Bezirke, als ein unbestreitbares Besitzthum der Herren von Elverfeld, in früherem kölnischen dann bergischen Lehnsverbande, war nicht weniger eine Herrschaft wie die Grafschaft Berg in kaiserlichem Lehnsverbande, nur in zweitem Grade unter den Verpflichtungen eines Untervasallen, wo die Grafen von Berg direkte Vasallen des Reichs waren. Wollte man aber den Begriff von Herrschaft bis zum Unabhängigen ausdehnen, so waren es beide nicht. So gut aber die ersten Grafen von Berg, nur Herren einer Burg, die umliegende Gegend nach und nach sich aneigneten oder erwarben, so brachten die Herren von Elverfeld von ihrer erbauten oder sonst erworbenen Feste an der Wupper aus nach und nach den nächsten Grund und Boden an sich, erstarkten aber nicht in dem Grade und zu solchem Gewichte, daß sie als Dynasten höheren Ranges in unmittelbaren kaiserlichen Reichsverband gekommen wären. Elverfeld war demnach ohne Zweifel eine besondere Herrschaft, wie denn auch der der Familie entlehnte Namen dies weiter und so gut wie bei andern Herrschaften andeutet.

Eine nicht unbedeutende Freiheit (offener Flecken ohne Mauern und Thoren mit Stadtrechten) schon mit dem Anfange des sechzehnten Jahrhunderts, mit Handel und Gewerben, wie die Culturgeschichte zeigen wird, stand Elverfeld auch schon wieder eine völlige Zerstörung durch Feuer bevor. Am dritten Pfingsttage des Jahres 1537 brach durch Unvorsichtigkeit eines Einwohners, der sich Egenhard Wichelhausen nannte, Feuer aus.

(...)

Das ganze sechzehnte Jahrhundert war erforderlich, bis die Stadt wieder aus ihren Ruinen erstehen konnte, die Burg blieb jedoch in ihren Trümmern und an ihrer Stelle erhoben sich Privatwohnungen.

Die Landesregierung ließ es sich ungemein angelegen seyn, dem niedergebrannten Orte in möglichster Weise aufzuhelfen.

(...)

Elverfeld, zur weiteren Förderung seines Erhebens, 1610 mit den städtischen Rechten begabt, nun eine Stadt, wurde mit Mauern umgeben, durch die drei Thore einführten. Das erste Thor gegen Osten stand nach der Kippdorfstraße zu. Der Stadtgraben an dieser Seite hatte seine Richtung bis nach »den zwei Mauern« im Thomashof nach der Wupper. Die dort noch vorhandenen Mauern sind von der alten Stadtmauer. Das andere Thor stand nach der kleinen Vorstadt zu, gegen Westen, unfern und diesseit der Isländer Brücke. Dasselbe soll den Namen Feldpforte geführt haben, doch findet man auch oft die Benennung Brückenpforte. Das dritte oder nördliche Thor hieß die »Morianspforte« und befand sich unterhalb des Churpfälzischen Hofes. Dasselbe wurde um das Jahr 1750 abgebrochen.

(...)

Die Stadt Elverfeld in dieser Gestaltung schloß in der Mitte des siebenzehnten Jahrhunderts 330 Häuser in sich. Diese mochten wohl meistens ziemlich schlecht erbaut und noch dazu durch unwirksame Löschanstalten geschützt seyn, wie das Folgende zeigt. Im Jahre 1674 brannten mehrere Häuser ab, 1678 traf die Stadt ein härteres Brandunglück. Nachts um 1 Uhr brach bei der Mühle in der Scheune der Katharina Lohe oder Rode ein Feuer aus, das so um sich griff, daß in der Nähe des Marktes über 40 Häuser abbrannten. Eine völlige Zerstörung durch Feuer brachte der 22. Mai des Jahres 1687, der Stadt Elverfeld in ihrer beschriebenen Gestalt.**) Es war an einem Donnerstage, dem ersten nach Pfingsten, gerade als eine Hochzeitfeier auf dem Rathhause Statt fand, die um dasselbe eine Menge Menschen versammelt hielt, als Feuerlärm sie erschreckt zerstäubte. Das Feuer, um 3 Uhr Nachmittags in den auf dem Graben bei der Isländer Brücke 1675 erbauten neuen Häusern, ausgebrochen, ergriff, da ein starker Südwestwind die Flammen trieb, in Zeit einer Viertelstunde die ganze nach Barmen führende Straße bis in das obere Kippdorf hinauf. Diese Gegend mit Kirchen und Schulen stand in wenigen Augenblicken in vollen Flammen. Kein Rettungsmittel vermochte Einhalt zu thun. Die Bewohner konnten nur sich und ihr bewegliches Habe retten. Drei Männer, eine Frau und sechs Kinder verbrannten. Noch hatte jedoch der Jammer sein Ende nicht erreicht; der stürmische schnell sich wendende Wind brachte auch das Feuer in den übrigen noch unversehrten Theil der Stadt bis nach der Morians- und Feldpforte. Im kurzen Zeitraume von 3 Stunden lagen außer der St. Antonius-Kirche, dem Schul- und dem Rathhause 350 Häuser in Asche. Bei der Morianspforte blieb das Haus des ehemaligen Richters Esken und an der Feldpforte das Haus der Elisabeth Müllers verschont. In der Burgstraße blieben des alten Bürgermeisters Werners von den Scheuren und des Färbers Ernst Haus stehen; die damals sogenannte auswendige Bürgerschaft, in welcher auch das Hospital oder Armenhaus und das reformirte Pfarrhaus im Wiedenhofe blieb beinahe unverletzt. Alles Uebrige: Häuser, Hausrath, Waaren, Lebensmittel verbrannten. In den städtischen Annalen findet sich noch ein Verzeichniß der benachbarten Gemeinden, die im mildthätigen Eifer zur Linderung der Noth mit Geld, Lebensmitteln und andern Hülfsmitteln herbeieilten, und wovon Sendungen noch bis zum August eintrafen.

»Das Elend und der Jammer,« sagt ein Chronist, »war zu empfinden aber nicht auszudrücken. Das Winseln bemeisterte die Herzen benachbarter Menschenfreunde. Ihr Entschluß da zu helfen, wo es Noth war, kannte keine Gränzen. Alsbald folgte Brod, Fleisch, Mehl, Butter, Geld und andere Nahrungsmittel, zum Labsal der Nothleidenden, und dadurch ward erst die harte drückende Noth gestillt. Die verewigten Freunde sind es werth, sie und ihre Wohlthaten der Nachwelt (in dem oben bemerkt beigegebenen Anhange) bekannt zu machen, ihren nun im Grabe modernden Gebeinen noch eine stille Dankthräne zu widmen, und ihren Nachkommen auf Immer den besten Segen zuzujauchzen.*)

Das Brandunglück vom 22. Mai 1687 hatte einen so erschütternden Eindruck auf mehre der angesehensten Familien gemacht, daß sie die von ihnen auf ihren Bleichereien im Amte Barmen bezogenen Wohnungen nie mehr verließen. Elverfeld obwohl als Fabrik- und Gewerbtreibende Stadt, in steigender Progression Jahrhunderte hindurch immer wichtiger werdend, bis dasselbe zu seinem heutigen (wahrscheinlichen) Höhepunkt von Wohlstand und Schönheit in reichen, von Natur begünstigten Anlagen gelangte, stand dennoch zu der allgemeinen deutschen und selbst der speciellen Landesgeschichte der ältern Zeit als offene, an keinem schiffbaren Strome gelegene Provinzial-Stadt in keiner bedeutenden Beziehung. Darum bietet diese, wenn gleich seine Culturgeschichte, selbst in Betreff jener wichtig ist, wenig mehr Interesse, als die meisten gewöhnlichen Städte. Doch würde uns gewiß noch manches Interessante daraus nicht fehlen, wenn nicht in den beiden Bränden, besonders in der Feuersbrunst von 1687, alle städtische Aufzeichnungen und Privatschriften zu Grunde gegangen wären.

(...)

Fortsetzung (von 1687 – 1813).

Allein auch hier wachte der Vaterblick des Allmächtigen über die unglückliche Stadt, die er noch zu Höherem und Schönerem bestimmt hatte. Er wirkte zuerst durch das gerührte Herz des Landesfürsten, daß dasselbe sich der Unterthanen Elend thätigst erbarmte. Kaum waren zwei Monate verflossen, als den 10. Juli 1687 alle Brandbeschädigten in der Stadt getröstet und ermuthigt wurden durch einen fürstlichen Gnadenbrief, der, wie wir bei der Verfassung belegten, alle brandbeschädigten Bürger und Einwohner, sowohl Aus- als Einländer, die in Elberfeld neue Häuser und Wohnungen bauen und bewohnen würden, von allen Abgaben für ihre Personen, Wohnungen und Zubehör auf zwanzig Jahre ganz befreite, der folgenden städtischen Begnadigungen, die in der Verfassung enthalten hier nicht zu erwähnen, alle im Segen alle früher und später zusammen wirkend.

Es entstanden der neuen Wohnungen viele und schnell. Im Jahre 1691, also kaum nach vier Jahren, wo die ganze aufblühende Stadt im Schutt lag, war die reformirte Kirche wieder hergestellt, und am 1. Mai wurde wieder die erste herkömmliche Magistratswahl darin gehalten. Der Bau eines nun brandfrei aufgeführten Rathhauses fand erst 1707 Statt, und erhielt im folgenden Jahre seine Vollendung. Die Einwohnerzahl war damals schon auf 3000 gestiegen.

(...)

Den 5. Februar 1783 wurde die Stadt durch einen Aufstand der Leinweber in keine geringe Unruhe versetzt. Der Fabrikherr Gottfried Brügelmann, der später nach Cromfort verzog, hatte gegen mehre Leinweber-Meister ein ihm vortheilhaftes Urtheil erlangt. Darüber entrüstet zogen mehre Hundert Leinweber vor das Rathhaus, beschimpften den Magistrat, zerrissen Papiere und Bescheide des Stadtsyndicus Schnabel, und zwangen endlich den Magistrat, das Rathhaus zu verlassen. Als die amtliche Anzeige von diesem gewaltsamen Beginnen der Regierung zugekommen waren, sah sich dieselbe veranlaßt, ein Militairkommando von 300 Mann Infanterie und 80 Dragoner nach Elberfeld zu schicken, welche die Ruhe wieder herstellten und 50 Webermeister mit sich nach Düsseldorf nahmen. Eine Masse Kosten, welche diese Sache verursacht hatte, und die Meistbeschuldigten allein zu tragen hatten, bewahrten der Leinenweber-Zunft noch lange das Andenken an ihr Vergehen!

Die äußere Geschichte der Stadt Elberfeld, in der wir bisher schon manche Lücke, wegen der bereits angeführten Gründe, nicht auszufüllen vermochten, findet bis zum Jahre 1813 keine besondere Darstellung mehr, indem theils ihre Hauptdaten bereits in der Darstellung der Ereignisse im Allgemeinen oben gegeben worden sind, theils sie nur in Verbindung mit der inneren Geschichte gegeben werden können.

(...)

Quelle 3
J.F. Knapp, Geschichte, Statistik und Topographie der Städte Elberfeld und Barmen im Wupperthale,
Iserlohn und Barmen 1835, S. 171-186 Auszüge

Die Stadt Barmen.

(Aeußere Geschichte.)

Die frühere Geschichte des Barmen einer Häuserlinie längs der Wupper, von der märkischen Grenze bis Elberfeld, mit dessen Mittelpunkt Gemarke, das Ganze eine der blühendsten und regsamsten Gewerbe- und Fabrikstädte bildend, ist in der Einleitung gegeben. Da, wie dort schon bemerkt wurde, die das Thal umgebende Anhöhe, früher als dieses anfangs enge und sumpfige Thal bewohnt gewesen war, so tritt hier eine bestimmte Thatsache hervor, die auf die erste Ansiedlung mit Wichlinghausen, das in Kirchspiel und Gerichtsbezirk von Schwelm (in der Grafschaft Mark) gehörte, sich bezieht. Mit dem Jahre 1244 erst gehört Barmen der eigentlichen Geschichte an, denn dieses Jahr bildet den Abschnitt, wo das Barmen, nämlich die unter diesem Gesammtnamen begriffenen Grundstücke von dem Grafen von Berg, Herzog von Limburg, Heinrich (von 1218 – 1244) im Jahre 1244 von dem Grafen Ludwig von Ravensberg († 1249) käuflich erstanden wurde und seitdem einen integrirenden Bestandtheil der Grafschaft Berg ausmachten. Worin diese Güter eigentlich bestanden, kann nicht angegeben werden, da es in der Kaufurkunde*) nicht ausgedrückt ist. Sie müssen jedoch beträchtlich gewesen seyn, weil nebst der Kaufurkunde noch drei andere Verzichtbriefe von den Anverwandten des gräflichen Verkäufers ausgefertigt sind. Einer derselben war Graf Gottfried von Arnsberg, welcher im Namen seines Sohnes Heinrich und dessen Gemahlin Hedwig den besagten Kaufbrief bestätigte. Ein Gleiches that Graf Heinrich von Hoya mit seiner Gemahlin Jutta, und Hermann, ein Edler von Holte, Wiegbolds Sohn, mit seiner Gemahlin Sophie, welche letztere auf einem Gute hinter der Cluse (jetzt unter dem Namen vorm Holze bestehend) wohnte. Die Verbindung des Grafen von Ravensberg mit diesen Edlen aus Westphalen schrieb sich wahrscheinlich von Töchtern aus dem Ravensbergischen Hause her, der von Holte war auch vielleicht bloß als Nachbar für Regulirung des Ganzen zugezogen worden.

Bis in die ersten Jahren des sechszehnten Jahrhunderts bietet die äußere Geschichte Barmens nichts dar, was nicht der allgemeinen des deutschen und speciellen des bergischen Vaterlandes angehörte, die innere Geschichte beginnt jedoch früher mit steigendem Werthe. Wir finden Barmen damals schon als eine Freiheit herangebildet mit eigenen Rechten, die wir bei der Verfassung, nach dem Inhalte der sogenannten Bärmer-Hofsrolle zu besprechen haben. In demselben Jahrhunderte vernehmen wir auch, daß der Herzog von Berg ein Gut hier besaß, das Haus Barmen, später der Dörnerhof genannt, dem die andern in Barmen gelegenen Güter durch Lehnverband anhingen.

War Barmen durch Gewerbbetrieb zu einem ziemlichen Umfange gelangter Ort, der einer schnellen Vergrößerung entgegen sah, so erlitt jedoch die Bevölkerung im Jahre 1581 eine betrübende Erschütterung, indem die damals einen so großen Theil Deutschlands verheerende Pest, ganze Familien wegraffte, so daß selbst keine Erben mehr zu manchem Eigenthum sich vorfanden.

Das Amt Beienburg, wozu Barmen gehörte, war bisher an den Grafen Franz von Waldeck verpfändet, dessen Wittwe eine wahre Wohlthäterin für die Stadt, besonders durch ihre milde Unterstützung, die sie, wie wir in der Kirchengeschichte ersehen werden, zum Aufblühen der protestantischen Gemeinde gewährte. Sie starb im Jahre 1593 — ein wahrer Verlust für die damals noch schmerzhaft verletzte Gemeinde! Mit dem Jahre 1597 ging das Amt Belenburg als Pfand in die Hände des Grafen Simon zu Lippe über, der zugleich Reichshofrath und niederländisch-westphälischer Kreisoberst war. Auch dieses Herrn gnädige Gesinnung in Betreff der kirchlichen und Schulangelegenheiten wird noch gedacht. Kaum war der schreckliche Verlust in der Pestzeit einigermaßen verschmerzt, so zerstückelte in den Jahren 1612 — 1616 eine noch ärgere Seuche die Bevölkerung, während der spanisch-niederländische Krieg sie noch mehr verheerte, und dem Wohlstande die tiefsten Wunden schlug. Was sich noch gehalten, erhielt den Todesstoß durch den abermals darauf gefolgten dreißigjährigen Krieg, der mit dem Jahre 1620 auch das Wupperthal in seinen blutigen Kreis zog. In diesem Jahre fielen mehre Scharmützel hier vor, die manchem Einwohner das Leben kosteten. Das allgemeine Elend, das drückende Gefolge jedes Krieges, erreichte im dreißigjährigen seinen Höhepunkt, nämlich durch überhäufte Durchmärsche, Einquartierungen und unmäßige Contributionen, die bis zum Unerträglichen gestiegen. Es führte damals noch keine Landstraße nach Schwelm, weßwegen die Heeresabtheilungen von Barmen nach Hattingen und Witten aus über Wichelhausen, Westkotten und Leimbeck an Carnap und Schönenbeck nach Elberfeld zogen.*) An den tiefen Gleisen in diesem Wege erkennt man noch jetzt seine frühere starke Benutzung.

Die betrübenden Wehen des dreißigjährigen Kriegs in Betreff der öffentlichen Sicherheit vollendeten das Elend im Wupperthale.

(...)

Im Jahre 1634 gegen Ende Juni traf unvermuthet ein Trupp Schweden in Barmen ein, plünderte den Ort aus und quartierte sich noch dazu für den Winter ein. Einige Jahre gemäßigter Ruhe nach dem Abzuge der Schweden hatte den Barmern wieder einigermaßen aufgeholfen, da fiel den 22. September 1642, also in den letzten Jahren des schrecklichen dreißigjährigen Kriegs ein kaiserliches Truppenkorps von 2000 Mann von dem Heere des Generals Johann de Weert in Barmen ein, und zerstörte von Neuem die schwachen Keime einer besseren Zeit durch Raub und Plünderung Alles, dessen die rohe Soldateska habhaft werden konnte.

Rückblick auf den äussern Zustand Barmens im Jahre 1642.

Nicht ohne Theilnahme dürfte man aus Nachfolgendem ersehen, in wie weit, trotz aller bisher störenden Einwirkungen einer rohen und kriegerischen Zeit, sich Barmen wenigstens in Verhältniß zu seinen unbedeutenden Anfängen nicht wenig so ausgedehnt hat, als wir es um diesen Zeitabschnitt treffen. Die Culturgeschichte wird das Räthsel lösen.

Die noch bestehende Rotteneintheilung, nur mit dem Unterschiede der im Wechsel der Zeit eingetretenen Namensänderung und Vervielfältigung, entlehnte ihren Ursprung der Einquartierung der Schweden (1634) als dem geeignetsten Wege zu ihrer Einquartierung. Diesen Rotten, 10 an der Zahl, wurden Rottmeister vorgesetzt, die mit jener Verrichtung allein beauftragt waren.

In dem Raume des jetzigen Pfingscheides, des westlichen Endes der Schulstraße und der Höhne standen 13, in den beiden Gemarker, der werther und der scheurigen Rotte 25 Häuser und Höfe, in den Dörnen lag nur der Dörnerhof, woran der Schlipperhof und die Mühle sich als Parzelle anschlossen. Auf dem Ritterscley befanden sich 12, in der Brucherrotte 22, in der Auer- und Haspelerrote 94, in der Höchsterrotte 23, in der Obercleverrotte 14, in der Hekinghauserrotte 20, in der Wülfingerrotte 7, in Rittershausen nur 5 Höfe; zu Wichlinghausen 19, zu Westkotten 23, in der Leimbecker- und Hatzfelderrotte 16, in der Loherrotte 13, in der Westerrotte 12 Häuser; die ganze Häuserzahl des Amtes Bärmen belief sich (36 Höfe einschließlich) auf 239 Häuser, und die Seelenzahl darnach berechnet ungefähr 1900 — 2000.

(...)

Die weitere äußere Geschichte, in einem Raume von hundert Jahren, bietet nichts besonders Merkwürdiges dar, nur daß die letzte Hälfte des siebzehnten Jahrhunderts durch schwere Kriegsplagen bezeichnet ist. Der holländisch-französische Krieg, worin der Churfürst von Brandenburg, Herzog von Cleve u. s. w. mit Holland verbündet war, veranlaßte daß 30,000 Mann Franzosen seine Rheinlande überschwemmten und die kaiserlichen Truppen das Bergische besetzten. Die Kriegsanforderungen lasteten schwer auf diesem Lande, und die Barmer konnten sich für ihre Beiträge nur durch Aufnahme unter Andern (den 4. Juni 1674)*) eines Kapitals von 300 Rthlr. zu 5 Proc. helfen, weil nach den Worten der ausgestellten Urkunde »wegen der täglich einkommenden gemeinen Landschaftslasten solche auf (ordinario modo) dem gewöhnlichen Wege nicht beigebracht werden konnten u. s. w.«

Uebergehen dürfen wir nicht das Jahr 1706, das dadurch sogar ein denkwürdiges für Barmen wird, weil dasselbe die Gründung des Hauptortes Gemarke brachte, der heute den eigentlichen städtischen Mittelpunkt der beiden Barmer Gemeinden ist. Da in den ersten zwei Decennien dieses beginnenden Jahrhunderts auch die Gründung der reformirten und katholischen Gemeinde fällt, so geht man nicht zu weit, wenn man diese Zeit als eine Epoche für die innere und äußere städtische Geschichte bezeichnet. Eine Menge Hausplätze am Markt wurden 1706 zu diesem Ende verkauft und verbaut, auch die reformirte Gemeinde veräußerte deßhalb den Rest ihres Schulkämpchens (Schulgut). Eine außerordentliche Regsamkeit herrschte jetzt überall vor, allein es galt auch der Anlage einer fast neuen Stadt. Im Jahre 1717 war schon die Brückenstraße bis zur katholischen Kirche vollendet. Die Mittelstraße begann 1715 und wurde innerhalb zehn Jahren vollendet. Die Zunahme der Bevölkerung zeigte sich auffallend seit 1709 — 1721. Der Grund davon, dessen Entwickelung der inneren Geschichte vorbehalten ist, war dreifach, um ihn nur anzudeuten, das Entstehen der reformirten Kirche, die Theilung der Gemeindegüter und das Entstehen eigentlicher Fabriken, was Alles mit diesem Zeitpunkte zusammenfällt, und wovon jene Bauanlagen eine bloß natürliche Folge waren. Die Anlage der ersten zwei Branntweinbrennereien in Barmen (1724) ist nicht ohne Werth in Bezug auf die Zahl der Bevölkerung und ihres sittlichen Zustandes.

(...)

In dem Kriege der pragmatischen Sanction (geendigt 1748) besetzten österreichische Kriegsvölker auch einen Theil des Wupperthals. Das Hauptquartier des österreichischen Feldmarschalls Grafen von Geistrug befand sich 1745 zu Mülheim a. R. Die Barmer befreiten sich von allen Quälereien und Gefahren für ihr Eigenthum durch Bezahlung einer übereingekommenen Abfindungssumme von 2856 Rthlr. 20 Albus.

Der am 1. Januar 1743 zur Regierung gelangte Churfürst von der Pfalz Karl Theodor erfreute im Jahr 1747 sein Land der Berge durch einige Zeit Anwesenheit in Düsseldorf. Er und seine Gemalin Elisabethe Auguste, von dem Prinzen Friedrich von Zweibrücken begleitet, beehrten den 1. August auch Barmen mit ihrem Besuche. Die Bewohner empfingen das Fürstenpaar unter den glänzendsten Anstalten. Auf dem Markte war ein schöner Ehrenbogen errichtet, von 60 Fuß Höhe und 30 Fuß Breite, in corinthischer Ordnung aufgeführt. Das mit grünem Tuche ausgefütterte Fußgestell war von 28 Fuß Höhe, 14 Fuß Breite und 8 Fuß Tiefe. Die auf dem Fußgestelle angebrachten Bilder, 4 an der Zahl, waren 8 Fuß hoch und stellten die Gerechtigkeit, Tapferkeit, das Glück und die Weisheit vor. Die rathhäuser Brücke war mit grünen Zweigen geschmückt, und an den 20 Fuß hohen Bogen an der Auf- und Abfahrt errichtet, hingen Kronen mit den Namenszügen des erlauchten Paares. Dieses wurde von Reihen Jünglingen und Jungfrauen, letztere mit Lorbeerzweigen in den Händen und mit hellblau und weißen Cocarden auf der Brust, vor der Brücke nach dem Ehrenbogen aufgestellt, empfangen.

Nachdem der Churfürst nebst seiner Gemalin die Fabriken in Augenschein genommen, begaben sie sich unter ein hinter dem Hause (der Gebrüder Wichelhausen auf dem Markte, wo sie eingekehrt waren) erbautes Zelt. Hundert weiß gekleidete Bleicher mit rothen Giesschaufeln, auf den Schultern, Kaufleute an ihrer Spitze, defilirten an dem Zelte vorbei — ein Schauspiel, das dem fürstlichen Paare besonders wohlgefiel, und selbst überraschend für es war, als die Bleicher durch Gegeneinandergießen des Wassers im militärischen Exercitium ihre Gewandtheit zeigten.

(...)

Mit dem Beginnen des siebenjährigen Krieges (1756) eröffnete sich eine Periode denkwürdiger Wechselfälle für das Wupperthal. Es ist aus der allgemeinen deutschen Geschichte bekannt, daß das deutsche Reich mit Frankreich, einem Verbündeten Oesterreichs, gegen Preußen in den Waffen stand, das zu seinen Verbündeten nur England und Hannover, das Stammland der brittischen Könige, zählte. Das bergische Land stand dadurch ebenfalls, trotz seines geringen Gewichtes im Staatenverein in feindlichem Verhältnisse zu dem großen Könige, das um so drückender durch die Nachbarschaft und durch Besetzung eines Theils des Jülich-Bergischen durch die französische Hülfsarmee ward. Die Truppen beider kriegführenden Theile standen daher in fortwährender feindlicher Berührung zu einander, wo denn immer das gesegnete Wupperthal zum Boden von Gefechten dienen mußte, was außer der Angst den Bewohnern viel Schaden verursachte. War ihnen also dieses Verhältniß schon drückend, so wirkten die vielen und großen Anforderungen, welche die Preußen und Hannoveraner an sie machten, und die mit dem Eintreiben derselben verhängten schweren Maßregeln zerstörend auf den häuslichen Wohlstand und die Ruhe der Barmer ein. Es war in jener Zeit das System noch herrschend, sich die Zahlung der Contributionen durch Geißeln zu sichern, um so mehr, wenn der Feind seine Stellung im Lande nicht behaupten zu können glaubte. So geschah es denn auch hier, daß die Feinde viele angesehene Barmer als Geißeln nach der Festung Hameln abführten. Es werden unter diesen Gemißhandelten in den städtischen Annalen genannt:

der Richter Alhaus, Johann Bredt aus der Oede, Kaspar Bredt aus den Schlippen, Kaspar Wortmann aus der Kirchstraße, dann die Gemeindeglieder Rittershausen vom Haspel und Wülfing vom Gerneclef, den Scheffen Acken u. s. w. Die damals angeforderte Kriegssteuer betrug für Barmen nicht weniger als 15000 Rthlr. Berg. Diese Summe überstieg die Kräfte der Bewohner, so daß sie trotz aller ihrer Bemühungen, selbst ihrer Besorgtheit um das Wohl ihrer geachtetsten Mitbürger, die fortwährend in Hameln um ihre Befreiung seufzten, nicht bezahlt werden konnten. Johann Bredt, entweder von Ungeduld über seine lange und unangenehme Abwesenheit aus dem Schooße seiner Familie und seinem Geschäftskreise getrieben, oder von zu vielem Vertrauen auf das Vermögen seiner Mitbürger verleitet, erbot sich bei dem Festungskommandanten, für die Zahlung der geforderten 15000 Rthlr. Sorge zu tragen, wenn man ihm die Erlaubniß zur Heimkehr ertheilte. Er erhielt diese, kehrte in sein Eigenthum zurück, allein er vermochte sein Versprechen nicht zu lösen. Sein Kummer darüber, und wie es nicht unwahrscheinlich ist auch über den Mangel an Regsamkeit der Barmer, ihres Mitbürgers Vertrauen zu rechtfertigen, veranlaßte, daß er in eine Krankheit verfiel, die ihm den Tod zuzog. Die Preußen wußten sich aber bald selber Rath zu schaffen. Bei einem zweiten Einfalle trieben sie jene 15000 Rthlr. auf der Stelle ein. Die Barmer mußten jetzt dem Zwange nachgebend schaffen, was sie zur Rettung ihrer Geißeln nicht vermochten, oder wozu sie nicht rührig genug waren. Der Churfürst Karl Theodor ersetzte der Stadt später diese Contribution wieder.

Das Fischersche Freicorps lag lange in Barmen im Quartier; in manchem Hause waren 40 Mann einquartiert. Da Officiere wie Gemeine reichlich mit Geld versehen waren und damit nicht knauserig umgingen, gereichte der Aufenthalt dieses Corps der Stadt mehr zum Vortheil als Nachtheil. Die Officiere führten auf Mauleseln großes Gepäck, selbst Silberservicen bei sich.

Des Streifcorps der Preußen (5. Juni 1759) von Schwelm nach Elberfeld und des Erfolges ist in der Geschichte dieser Stadt gedacht. Es war Morgens 8 Uhr als der Erbprinz von Braunschweig mit einer Abtheilung hanöverscher Jäger und schwarzer Husaren durch Barmen zog. An demselben Tag kam er schon mit den gefangenen Franzosen zurück, wovon die Verwundeten auf dem Gute Hochsteinshof, dessen Besitzer zugleich diesen Namen führte, verbunden wurden. *) Der Hubertsburger Frieden gab das Wupperthal auf lange Jahre der Ruhe wieder und seine schönste Zeit für sein Aufblühen nahm in dieser Epoche seinen Anfang,

(...)

Die ersten Vorfälle aus dem französischen Revolutionskriege bis 1795, in sofern sie die beiden Städte und das Wupperthal directe berührten, sind erzählt. Auch ist der in Folge des Basler Friedens, durch Vertrag zwischen Frankreich und Preußen zu Stande gekommenen Demarkationslinie gedacht. Am 8. Sept. jenes Jahres kam der Königl. preußische Quartiermeister Freiherr von Hacke von Duisburg nach Barmen, und am folgenden Tage bildete sich ein Feldjäger-Piquet unter dem Befehl des Oberlieutenants Stamm, das die Wupperbrücke in den Dörnen, auf Gemarke, zu Heckinghausen und dem Wege bei der Schönbeck besetzten.

Diese preußische Demarcationslinie brachte Barmen den Vortheil, daß dasselbe während des Revolutionskrieges bis zum Frieden von Lüneville von aller Einquartierung verschont blieb. Den bergischen Minister von Hompesch bewogen diese gesicherten Verhältnisse mit seinen Räthen die Regierung von Düsseldorf nach Barmen zu verlegen. Sie benutzte ihren Aufenthalt, zur Abhülfe ihrer bedrängten Lage bei dem Amte Barmen ein Kapital von 100000 Fr. aufzunehmen. Dieses unter dem Namen steinbergische Kapital bekannt, wurde einstweilen von der Kaufmannschaft der Stadt Barmen vorgeschossen, ihr von dem Amte Barmen einige Jahre später zurückbezahlt und von diesem 1814 durch Repartition mit Genehmigung der Regierung aufs Amt geordnet.

Auch die Stadt Barmen sah den Großherzog Joachim I. den 7. April 1806 in ihrer Mitte. Eine Zahl in weiße Uniform gekleideter Fabrik- und Kaufherren empfingen den Schwager Napoleons und begleiteten ihn zu der für ihn bereiteten Wohnung. Er besah mehre Fabriken, wohnte den Abend einem Balle bei und wurde dann von seiner Ehrengarde von Elberfeld nach Barmen zurückbegleitet. Wie in dieser Stadt so auch in Barmen vergaß man über der einnehmenden Persönlichkeit Mürats den aufgedrungenen Fürsten.

(...)

Die französische Zeit und das Generalgouvernement

Kommentar 4 und 5

Entsprechend den im Vertrag von Schönbrunn am 15.11.1805 vereinbarten Artikeln übernahm Napoleon von Preußen das Herzogtum Cleve und von Bayern das Herzogtum Berg und übergab sie am 15.3.1806 seinem Schwager Joachim Murat (siehe Q 4). Während am 17. Januar 1806 noch eine feierliche Sitzung des Magistrats zu Ehren des zum König von Bayern ernannten Maximilian Joseph stattgefunden hatte, verlas am 24.3.1806 der Elberfelder Bürgermeister von der Heydt den Text der Übernahmeurkunde vor den versammelten Ratsmitgliedern. 1825 beschrieb Oberbürgermeister Brüning diesen Vorgang rückblickend mit den folgenden Worten: „In dieser Sitzung, bei welcher mehrere von uns [...] Zeugen waren, entquoll allen Anwesenden eine Thräne der Wehmuth, so wie der Bürgermeister nicht ohne eine solche das Vorgelesene zu beendigen vermochte" (Annalen für 1825, S. 136).

Der Wortlaut des Eides, der in Quelle 5 angesprochen ist und den die Angehörigen der städtischen Obrigkeit auf den neuen Herrscher zu leisten hatten, lautete: „Ihr werdet dem durchlauchtigsten Fürsten und Herrn Joachim, Prinz und Groß Admiral von Frankreich Herzog zu Cleve und Berg p.p.p. als euerem gnädigsten Landesfürsten und Herrn, und der Landes Constitution Treue und Gehorsam schwören. Wir schwören diese Treue und diesen Gehorsam, so wahr uns Gott helfe, und sein heiliges Evangelium" (SAW B I 20).

Quelle 4
Übernahmepatent Napoleons
SAW B I 20   15.3.1806

Napoleon,
von Gottes Gnaden und durch die Constitutionen Kaiser der Franzosen, und König von Italien Gruß allen denjenigen, welche Gegenwärtiges zu sehen bekommen.

Da Ihre Majestäten die Könige von Preußen und Bayern Uns die respektiven Herzogthümer Cleve und Berg in ihrer ganzen Souverainität überhaupt mit allen Gerechtsamen[1], Titeln[2] und Prärogativen[3], welche nur immer dem Besitze jedes dieser beyden Herzogthümer ankleben, sowie dieselben von ihnen besessen worden, abgetreten haben, um darüber zu Gunsten eines Prinzen nach Unserer Wahle zu disponiren: so haben Wir gedachte Herzogthümer, Gerechtsame, Titel, Prärogative mit der völligen Souverainität, so wie Uns dieselben abgetreten worden, übertragen, und übertragen sie hiermit dem Prinzen Joachim, Unserm vielgeliebten Schwager, damit er sie in der Eigenschaft als Herzog von Cleve und Berg in ihrem ganzen Umfange vollkommen besitze und auf seine natürlichen und legitimen männlichen Nachkommen nach der Ordnung der Primogenitur[4], mit beständiger Ausschließung des weiblichen Geschlechtes und dessen Nachkommen, erblich übertrage. Würden aber, welches Gott verhüten wolle, keine männlichen, natürlichen und legitim Nachkommen von dem gedachten Prinzen Joachim, Unserm Schwager, mehr vorhanden seyn, so sollen die Herzogthümer Cleve und Berg mit allen Gerechtsamen, Titeln und Prärogativen auf Unsere männlichen, natürlichen und legitimen Descendenten[5], und wenn deren keine mehr vorhanden sind, auf die Descendenten Unseres Bruders des Prinzen Joseph, und in Ermangelung deren auf die Descendenten unseres Bruders des Prinzen Louis kommen, ohne daß die gedachten Herzogthümer Cleve und Berg je in einem Falle mit Unserer kayserlichen Krone können vereiniget werden.

Da Wir zu der Wahle, welche Wir in der Person des Prinzen Joachim, Unseres Schwagers, getroffen haben, vorzüglich dadurch bestimmt worden, daß Wir seine ausgezeichneten Eigenschaften kannten, und von den Vortheilen vergewissert waren, welche daher für die Einwohner der Herzogthümer Berg und Cleve entstehen müssen; so hegen Wir die feste Zuversicht, daß sie sich der Gnade ihres neuen Fürsten völlig würdig zeigen werden, indem sie fortfahren, durch ihre treue und Ergebenheit den unter ihren alten Fürsten erworbenen guten Ruf, und dadurch Unsere Kaiserliche Gnade und Protection zu verdienen.

Gegeben in Unserm Pallaste der Tuilerien, den funfzehnten des Monates März 1806.

Napoleon

Vt. Erzkanzler des Reichs
Cambaceres.

Von wegen des Kaisers
Der Minister Staats-Secretair
Hugo B. Maret.

Der Minister der auswärtigen Angelegenheiten,
Ch. Mau. Talleyrand.

---
[1] Gerechtsame = Berechtigung, Privileg
[2] Titel = Rechtstitel und/oder Rang, Stand und Würde kennzeichnender Zusatz
[3] Prärogative = Inbegriff der dem Monarchen zustehenden Vorrechte
[4] Primogenitur = Erbfolgeordnung, die dem jeweils Ältesten den Vorzug gibt
[5] Descendent = zusammenfassender Ausdruck für Kinder, Enkel und weitere direkte Nachkommen

Quelle 5
Ankündigung Murats
SAW B I 20   28.3.1806

Wir Joachim
Prinz und Groß-Admiral von Frankreich, Herzog zu Cleve und Berg ꝛc. ꝛc. ꝛc.

Nachdem die Landesstände und die Landes-Dicasterien[1] des Herzogthums Berg Uns als Ihrem neuen Landes-Herrn, den Huldigungs-Eid abgeleget, und Uns, und der Landes-Constitution, Treue und Gehorsam geschworen haben, so werden die sämmtlichen Beamten und Magistrate hiervon in Kenntniß gesetzt, um 1.) den Eid nach der in Abschrift anliegenden Formel schriftlich abzugeben, und denselben nach von den Amtleuten, Verwaltern, Dingern, Richtern, Vögten, Schuldheißen, Steuerempfängern, Kellnern, Rentmeistern, Gerichtschreibern[2] ꝛc. vollzogenen Unterzeichnung hierher einzusenden. 2.) Die von den gedachten Ständen, den Landes-Dicasterien, und sämmtlicher Staats-Dienerschaft Uns geleistete Huldigung mit dem Befehle öffentlich bekannt zu machen, daß sämmtliche Unterthanen, wes Standes sie seyn mögen, Uns, als Ihrem neuen Landes-Fürsten, eben dieselbe Treue und eben denselben Gehorsam zu leisten haben, wie ihren vorherigen Beherrschern. 3.) Ist in den Vorstellungen, Bittschriften und Berichten: die Anrede-Formel: Durchlauchtigster Herzog gnädigster Fürst und Herr; im Conterte: Euere Herzogliche Durchlaucht, und der Schluß: unterthänigst-treu gehorsamster, die Aufschrift: zum Bergischen Geheimen Rathe, oder nach Verschiedenheit der Gegenstände: zum Bergischen Oberappellations-Gerichte, zur Bergischen Regierung; zum Bergischen Hofgerichte, zu gebrauchen; die Beamten und Magistrate haben diese Vorschrift gehorsamst zu beobachten, und solche auch zu eines jeden Wissenschaft und Nachachtung mit verkündigen zu lassen; über die geschehene Verkündigung wird demnach in 14 Tagen die berichtliche Anzeige erwartet. Düsseldorf den 28. März 1806.

Aus

Seiner Herzoglichen Durchlaucht

gnädigstem Befehle

Graf von Goltstein.

An
die sämmtlichen Beamten und Magistrate des Herzogthums Berg.

Schulten

---

[1] Landes-Dicasterien = Verwaltungseinheiten, Behörden
[2] Amtleute, Dinger, Vögte, Schuldheiße, Kellner, Rentmeister = Regionalbeamte der kurfürstlichen jülich-bergischen Verwaltung

Kommentar 6

Nachdem Napoleon das Großherzogtum Berg (seit 1806) am 31.7.1808 von seinem zum König von Neapel avancierten Schwager Murat übernommen hatte, übertrug er es am 3.3.1809 seinem minderjährigen Neffen Napoléon Louis, ließ es aber von der kaiserlich französischen Regierung verwalten; das Großherzogtum Berg gehörte jedoch nicht zum französischen Staatsgebiet. Diese Zeit charakterisierte Oberbürgermeister Brüning 1825 folgendermaßen: „Von dieser Zeit an kam Ungemach und Unglück in Menge über unsere Stadt und ihre Bewohner; was uns früher zu leisten und zu tragen unmöglich geschienen, das trat jetzt in Erfüllung. Neue direkte und indirekte Steuern, unter ihnen zuerst die Familientaxe, dann die Stempeltaxe, die Personal= und Mobiliar=Steuer, die Patent= und Paraphen=Steuer wurden uns zutheil. Salz= und Tabaks=Regien [staatliche Zollbüros] wurden in aller Strenge, so wie das sogenannte Continentalsystem in aller seiner Ausdehnung durch Anstellung einer Menge Douanen [Zollbeamte], die uns durch öftere Nachforschungen überfielen, in wenigen Monaten eingeführt.- Die Militair= Conscription blieb nicht zurück, und es erschien dafür ein eigenes Gesetz. Viele wackere Söhne unserer Mitbürger fanden in Spanien und Rußland ihren Tod" (Annalen für 1825, S. 138). Bereits der Spanienfeldzug Napoleons 1808/9 hatte schwere Verluste auf seiten der Franzosen, zu deren Truppen auch im bergischen Land Soldaten ausgehoben wurden, gefordert. Im November 1812 kam es anläßlich neuerlicher Rekrutierungen zu Unruhen.

Der nebenstehend wiedergegebene Bericht schildert die Ereignisse in Elberfeld und Barmen, wo sich die sogenannten „Knüppelrussen" zwischen dem 28. und 30.1.1813 aufhielten. Am 30.Januar „[sprengten] sechszig aus Düsseldorf hierher beorderte Lanciers und Gensdarmen [...] ganz unerwartet plötzlich in die waffenlosen dichten Haufen. Drei der Freihei[t]smänner empfingen tödtliche, fünf andere etwas leichtere Wunden; die übrigen, sofern sie nicht sogleich verhaftet wurden, flohen nach allen Richtungen. Die Ergriffenen wurden vor ein Kriegsgericht gestellt und ihrer mehrere, an verschiedenen Orten, obgleich dem französischen General [Lemarois] große Summen für ihre Freilassung geboten worden waren, ohne Gnade erschossen,- der einzige Elberfelder, welcher sich an dem Aufstande betheiligt hatte, Peter Mertens, unter der Butterhalle auf dem Neuenmarkt seiner Vaterstadt am 6. Februar 1813" (Wilhelm Langewiesche (Hrsg.), Elberfeld und Barmen. Beschreibung und Geschichte dieser Doppelstadt des Wupperthals, nebst

Quelle 6
Anonymer Elberfelder Bericht über den „Knüppelrussenaufstand"[1]
SAW S XI 12   31.1.1813   handschriftlich

Nach drei unruhigen und gefahrvollen Tagen, erlaubt es mir die gestern Abend eingetretene Ruhe, Ihnen Herr Prokureur die seltsame mit mancherlei Verbrechen verpaarten Auftritte anzuzeigen, welche in dieser Zeit stattgehabt haben.

Schon einige Tage vorher langte die Nachricht über verschiedene Widersezlichkeiten, welche gelegenheitlich der Konscription in den umliegenden Orten statt gehabt hatten, hier ein; doch da die Konscription in hiesiger Stadt ruhig vorbei gegangen war, kein böser Geist unter dem hiesigen Volk sich hatte blicken lassen, so vermuthete niemand einen Auftritt der Art in hiesiger Stadt, noch viel weniger, daß es auswärtigen Horden einfallen würde, den hiesigen sehr friedlichen Kanton mit einem Ueberfall heimzusuchen, daher der Abgang jeder Vertheidigungs Anstalt.

Vorigen Donnerstag den 28ten dieses verbreitete sich erst das Gerücht, es seyen Insurgenten im Abzug, doch diesen Namen verdient eine zusammen gelaufene Bande von wahrem Lumpengesindel nicht, welche ohne Zweck und Plan ohne eigentlichen Anführer durch die Ortschaften zog; wircklich rückte gegen Mittag diese Bande von der Kronenberger Chausee her, auf die Stadt an, vor dem Eingang derselben hielten sie sich etwa eine Viertelstunde auf, um wie selbe sagten, ihr sämtliches Volck an sich zu ziehen, bei deren Vortrag ich daselbst mehrere Kronenberger und Sohlinger Gesichter erkannte, und erhielt auf meine Anrede, in welcher Absicht sie hierhin gekommen seyen, die Antwort, sie wolten niemand etwas zu Leide thun, sie giengen nach Werden um die Tabacksgefangene Los zu machen, und nach Eßen, um sich Gewehr zu verschaffen, von der Stadt verlangten sie nur Beköstigung für heute und eine Unterstüzung in Waffen.

Die erschrockene Bürgerschaft, welche ungefähr 500 mehr oder weniger bewafnete Unruhestifter [vor sich] sah, und deren noch weit mehrere [nach Angabe 1500] erwartet würde im ersten Schrecken alles zugestanden haben, wenn nicht die Vorgesezte der Stadt die Anforderung der Waffen mit Ernst zurück gewiesen hätten.

Der Zug gieng nun auf das Rathhauß, woselbst ein eingefangener Vagabund befreit wurde, eine Tabacks Debitantin hatte man beim Anmarsch entlassen und einen dritten Arrestat Ließen die Rebellen auf die Vorstellung, daß er ein Dieb sey, in Verhaft. Im Rathhaußsaal erschiene nun ein mit Pistolen einer Büchse und Säbel bewafneter Mensch, welcher sich als den Kommandanten zugleich als einen höchst einfältigen Menschen darstellte, und vorläufig die Bequartierung seiner Mannschaft, in der Zahl etwa 500 verlangte, welche unter der bedingung statt hatte, daß der Trupp Tags nachher ausziehen solle. Dieser Anführer heißt Hammerschmitt genannt Schottländer. Nach einigen Stunden der Ruhe, während die Unruhstifter mit Essen beschäftiget wurden, fing der Tumult in den Gassen mit Schiessen Schreyen p.p. von neuem an, sodann plünderten die Rebellen in Läden der Tabacks Debitanten den vorhandenen Taback, zerschlugen die Schilder p. wahrscheinlich würde bei dieser Gelegenheit noch mehr geraubt worden seyn, wenn nicht durch das Ansehen und die Vorstellungen der überall hinzu eilenden Magistrats Personen, und sonstige Honorationen, wenigstens den gröbsten Exzessen Einhalt geschehen wäre. - Einzelne Trupps machten noch sonstige Anforderungen in Privathäusern, Ließen sich jedoch mit Kleinigkeiten abspeisen, überhaupt hatte keine Plünderung oder besondere Konkusion statt. Gegen Abend versammelte sich ein Rotte vor dem Hause des Herrn Maire Bredt und forderte mit Ungestümm die Stadtfahne welche aber standhaft verweigert wurde: Die Nacht verstrich nach den Umständen ziemlich ruhig, andern Morgens verlangte man der bedingung gemäß, den Abzug der Trupp, wozu der Kommandant zwar ziemlich, keineswegs aber der Trupp willig waren. - Die Ruhestöhrer versammelten sich auf dem Marckt und Ließen sich nun Gewehre, Pulver, blei verlangen. Auf dem Gemeindehauße machte nun ein gewisser Deverennes Wirth aus Wald den Sprecher und Oberkommandanten, dieser forderte hartnäckig die Conscriptions Listen, Geld und Waffen. Standhaft wurden diese Anforderungen von der Mairie verweigert, doch soll der Deverennes von einigen reichen Privatpersonen, die nicht mehr als ein Blutvergießen fürchteten, wozu die Bürgerschaft jezt immer geneigter wurde, 200 Reichstaler erhalten haben, um seinen Abzug zu bewürcken, ehe dieser aber erfolgte, zog der Trupp vor das Hauß des Maire und drohte dieses zu stürmen, wenn nicht augenblicklich die Gewehr Pulver und Blei beigeschaft würden. Hier zeichneten durch Tumult und Drohungen sich aus ein gewesener Marcktgehülfe Namens Wachholder aus Elberfeld, welcher unter andern rief:

Wir verlangen keine Gewehr aus Barmherzigkeit, wir wollen sie mit Gewalt han! -

*besonderer Darstellung der Industrie...,
Barmen 1863, ND Wuppertal o.J., S. 133).
In seinem Edikt von Nossen (8.5.1813) verfügte Napoleon, der die Kaufleute als Urheber des Aufstands betrachtete, da sie „bei dieser Gelegenheit eine Menge Kolonial= Waaren in das Großherzogthum einführen zu können" hofften (Annalen für 1825, S. 140), eine Strafaktion. Am 6.6.1813 „erschien der französische Duanen=Direktor Türk mit mehreren Hunderten seiner Zöllner, und alles, was an Colonial=Waaren, an Baumwolle und sonst vorgefunden, wurde weggeschleppt, oder eine neue Verzollung nach den hohen Sätzen des Tarifs zu entrichten auferlegt. (Der von den Deutschen errungene Sieg und die Anwesenheit der preußischen Heeresmacht in Paris gab uns eine Rückerstattung dieser Summen)" (Annalen für 1825, S. 140/41).*

sodan ein Bursch von hier Namens Marten, welcher die Trup an das Hauß des Herrn Mair führte, und sich erbote die Häußer derjenigen zu zeigen, welche Gewehr hätten. Dieser Bursche war derjenige, welcher die fast zum Abzug disponirte Trupp vor das Hauß des Herrn Maire führte, um Gewehr und Munition zu verlangen.

Der Herr Maire bestande auf der Verweigerung, und viele gut gesinnte Bürger erboten ihren Beistand. - Aus Schrecken brachten jedoch einige Privatpersonen zwölf alte Gewehr zusammen, welche mit Konivenz des Maire den Rebellen gegeben wurden, doch hatte man die Vorsicht, vorab an jedem etwas zu verderben, so daß dasselbe für den Augenblick nur als Prügel dienen konnte.

Dieser Trupp zog endlich ab. mehrere Trupps von Remscheid, Lennep, Lüttringhausen, Hückeswagen, Schwelm durchkreuzten mittlerweil mit Fahnen und Musick die Stadt; man kann die Anzahl sämtlicher Rebellen, welche den 29ten Mittags in der Stadt waren auf 1200 bestimmen, wovon jedoch der größte Theil keine oder schlechte Waffen führte, auch ohne besondere andere Anforderung als zu Essen, am Nachmittag abzog. Dieser Augenblick wurde benutzt, einige Deputirte an das Ministerium zu senden, um den Verhalt des Vorgangs darzustellen, und einige Kavaleristen zur Unterstüzung der Bürgerschaft zu erbitten. -

In der darauf folgenden Nacht hatte sich die Bürgerschaft aber auch versammelt, und zur Gegenwehr vereinigt. - Auch hatte man schon die Versicherung erhalten, daß ein Trupp Kavallerie zur Mittagszeit einrücken würde.

Andern Morgens erhielte der Herr Maire von den nun in Barmen versammelten Rebellen eine schriftliche Anforderung der Conscriptions Listen, weil nun diese nicht gegeben wurden, so rückte ein Haufe von 500 bis 600 Mann wieder ein, besezte den Marckt und das Rathhauß, und forderte mit größerm Ungestüm wie jemals unter Drohungen die Conscriptions Listen, Pulver Blei und Gewehre. Mit Verweigerungen und Versprechungen wurden die Rebellen aufgehalten, bis gegen Mittag 50 Kavaleristen plözlich einrückten, und den Haufen unversehens überfiel, die Bürgerschaft nahm nun auch thätigen Antheil am Gefecht, daher bedurfte es nur einer Viertelstunde, um die ganze Horde auseinanderzutreiben, welche über den unerwarteten Anfall erschreckt, nur wenig Widerstand Leistete, hierbei wurden 42 gefangen, worunter der vorerwähnte Märten, Leider aber keiner der beiden Haupt Rädelsführer ist, die sich durch schnelle Flucht retteten, jedoch wohl nicht lange verborgen bleiben können.

Hiermit hatte diese Rebellion ein Ende, welche mehr eine Räuberei, als politische Umwälzung zu intendiren schien.

Geld und sonstige Anforderungen sind in mehreren Privathäußern gemacht worden, die mir zum Theil noch nicht bekannt, doch sind selbe mehrentheils durch Vorstellung oder Drohung abgewiesen worden, der Haufen schien seine Forderungen zur Zeit nicht übertreiben zu wollen, um den Widerstand nicht zu reitzen, doch bedurfte es der Abhülfe, indem sich sonst zwar keine Insurgenten Armee doch eine vollkommene und furchtbare Räuberbande organisirt haben würde.

Von Elberfeldern haben so viel bisher [bekannt] geworden, nur fünf Burschen an dem Tumult Theil genommen, von welchen Merten, Bens[] und Vogelsang, Lezterer schwer verwundet, [eingefan]gen worden sind, Wachholder aber ohne [Zweifel] eingefangen werden wird.

Da zur Zeit kein spezielles Gericht [der] Vorgänge wegen organisirt, so mache ich [Ihnen] hiervon zur kriminellen Verfolgung der [] mit dem Bemercken Bekannt, daß [die] Eingefangene unmittelbar nach Düßeldorff [] Transportirt worden sind, zugleich [] ich Ihnen das Signalement der Beiden [] Hammerschmitt und Deverennes, und Bitte [um Ver]sicherung meiner ganz besondern []

[Bericht bricht hier ab]

---

[1] „Knüppelrussen": bezieht sich auf die Bewaffnung der Kriegsdienstverweigernden mit Knüppeln (auch: „Klöppeln" oder „Klüppeln") und auf ein „R" als Abzeichen an deren Mützen. Die „Knüppelrussen" sollen während der Störung der Musterung in Ronsdorf am 22.1.1813 Hochrufe auf den Zaren und die Russen ausgebracht und sich als erste Rebellen bezeichnet haben.

Kommentar 7

Nach der Niederlage der französischen Armee im Krieg gegen Rußland, dem Beginn der Befreiungskriege und schließlich der Völkerschlacht bei Leipzig am 19.10.1813 erlebten die Städte des Wuppertals erneut eine Zeit der Truppendurchzüge und Einquartierungen: „Am ersten November des Jahres 1813 sahen wir zum ersten Mal einen König in unserer Stadt. Hieronimus Napoleon [König von Westfalen] floh, in Folge thatenreicher Begebenheiten zu Leipzig, und sein Königthum erhielt am Tage der Abreise am 3. November hier gleichsam die Auflösung; seine Dienerschaft wurde entlassen. Schreckliche Tage erlebten wir am 3.4.5. und 6. November. General Rigaut folgte mit den Trümmern seiner Armee, und nahm sein Hauptquartier in unserer Stadt. Ein höchst ungestümes Benehmen seiner Soldaten, die sich damalen noch unsere Freunde nannten, eine nie gekannte Prellerei, die Widersetzung dieser zu genügen, drohte Tod und Verderben unserer Stadt und ihren Bürgern. Es bleiben unter früh und spät erlebten sorgenvollen Tagen und Stunden, mir immer noch die bittersten, die mit der gänzlichen Flucht dieses Armeekorps am 6. November verschwanden. […] Am 9. November erschienen die ersten 16 Kosacken; wir fühlen auch diesen Tag noch im Andenken. Am 11. November kam General Jusefowitsch mit einigen hundert Mann Russischer Infanterie an; in seinem kurzen Aufenthalt ernannte derselbe einen unserer Mitbürger, den Herrn C.Brügelmann, zum Commissarius des Großherzogthums Berg, und am 13. November empfing die gesammte Municipalität an den Gränzen der Stadt die kommandirenden Generäle Korff und St.Priest, denen ein zahlreiches Truppenkorps folgte" (Annalen für 1825, S. 141/142). Am 21. November 1813 trafen die ersten preußischen Soldaten in Elberfeld ein, nachdem bereits am 13. des Monats das Großherzogthum Berg von dem russischen Staatsrat und Generalgouverneur Justus Gruner im Namen der Alliierten in Besitz genommen worden war.

Der nebenstehend wiedergegebene Artikel aus der Provinzial=Zeitung vom 6.4.1814 beschreibt unter anderem die Reaktion der Elberfelder Bevölkerung auf den Einzug der Alliierten in Paris; am selben Tag dankte in Fontainebleau Napoleon als Kaiser der Franzosen ab. Am 17. Juli 1814 traf der preußische Feldmarschall Blücher in Elberfeld ein und wurde „von der Volksmenge fast getragen, der das Glück zu Theil wurde, den unter Waffen mit Silberhaar geschmückten Vertheidiger deutscher Ehre und Freiheit von Angesicht kennen zu lernen". Im Mai 1815 lieh sich Blücher gegen Wechsel bei 42 Elberfelder und Barmer Firmen insgesamt

Quelle 7
Einzug der Alliierten in Paris,
in: Provinzial=Zeitung Nr. 98 vom 6.4.1814

Nro. 98.

Provinzial = Zeitung.

Elberfeld, Mittwoch den 6. April 1814.

Elberfeld: Einzug der Alliirten in Paris. — Deutschland: große Niederlage der franz. Armee. — Preußen. — Italien. — Mannigfaltigkeiten.

Triumph! Triumph! Germanien errang
Zum Pantheon das Ziel mit Waffenklang
Europens hohe Helden=Häupter sehen
Von tapfrer Schaaren Muth die Siegstrophäen,
Die Scharten ausgewetzt, am stolzen Louvre stehen,
Paris, die Zentralkraft der Franzen, Römer Sitz,
Entläßt des Adlers Raub, des Weltbestürmers Blitz
Erkracht nur matt, geeugt in scheue Ferne:
Ihr Glocken schallt, ihr Feuerschlünde brüllt,
Erhebt der Sieger Ruhm bis an die Sterne,
Bald! bald! scheint uns die Friedens=Sonne mild.

Elberfeld, den 5. April, 10 Uhr Abends.

In diesem Augenblick ist hier Alles in frohen Taumel. Ein hier durcheilender von dem Postamte zu Lüttich nach Berlin expedirter Kurier ist der Ueberbringer der so sehnlich erwarteten, höchst wichtigen und erfreulichen Nachricht von dem am 31. März erfolgten Einzuge der Alliirten in Paris. Der Kurier war beauftragt, den Inhalt seiner Depesche an allen Orten, welche er zu passiren hat, zu publiziren und wir können unsern Lesern also vorläufig und bis die ausführlichern Relationen über diese ewig denkwürdige Begebenheit eintreffen, folgenden Bericht mittheilen: Die Marschälle Duirot, Viktor und Macdonald zogen sich nach der am 25. März bei Fere Champenoise erlittenen Niederlage gegen Paris zurück, um diese Hauptstadt zu decken. Die große allirte Armee folgte ihnen auf dem Fuße nach. In der Nähe von Paris begann hierauf am 30.

35250 Pfund Sterling, wie es heißt, zur Bestreitung des Unterhalts seiner Truppen.

... März eine Schlacht, in welcher die Franzosen nach der hartnäckigsten Gegenwehr, mit einem Verluste von 70 Kanonen und einer großen Anzahl Gefangener, total besiegt wurden. Der König Joseph, welchem, als Kommandant der National Garden, die Vertheidigung von Paris übertragen war, schlug eine Kapitulation vor, und der Senat sandte eine Deputation an die hohen alliirten Souveraine mit einer Einladung ab, zu Folge welcher die alliirten Truppen am 31. März die Stadt besetzten. Als der Kurier die Hauptstadt verließ, befanden sich Ihre Maj. der Kaiser von Rußland und König von Preußen mit ihren Garden daselbst, und der Kaiser von Oesterreich wurde mit jedem Augenblicke erwartet. Außer den Garden, welche in den Kasernen einquartirt waren, befanden sich keine andere Truppen daselbst.

Das Volk steckte die weiße Kokarde auf und wurde von einem Freuden Taumel ergriffen, der keiner Beschreibung fähig ist. Es leben die Bourbons! so hallte es in allen Straßen wieder. Die hohen alliirten Mächte erklärten sogleich in einer Proklamation an das franz. Volk, daß sie sich ferner in keine Unterhandlung mit Napoleon einlassen würden. Sie überlassen es der Nation, sich eine Konstitution zu wählen, unter welcher sie ihr Glück zu finden glaubt.

Die Einwohner Elberfelds zeigten sich, als sie diese wichtige Nachricht erfuhren, des ihnen eigenthümlichen ächt deutschen Sinnes würdig. Der laute Jubel der durch alle Straßen wogende Volksmenge, das Läuten mit allen Glocken, Illuminationen, Feuerwerke und der Donner des Geschützes verbreiteten dieselbe mit Blitzesschnelle von einem Ende der Stadt zum andern. Möge nun bald die noch erfreulichere Nachricht von einem allgemeinen Frieden unserer Stadt mit neuer Wonne erfüllen, von einem Frieden, der die tiefen Wunden heilt, welche ein beispielloser Krieg seit zwei Decennien unserm guten Vaterlande und dem übrigen Europa geschlagen hat.

Die preußische Zeit

Kommentar 8-10

Gemäß den Vereinbarungen des Wiener Kongresses erhielt Preußen unter anderen die Gebiete der späteren „Rheinprovinz", wozu die Herzogtümer Jülich und Berg zählten; die im folgenden wiedergegebene Besitzergreifungsurkunde ist auf den 5. April 1815 datiert. Den Vollzug der Besitznahme ordnete eine Bekanntmachung vom 15. April 1815 folgendermaßen an: „I. Die hiemit kund gemachte Allerhöchste Proklamation Sr. Majestät des Königs, vom 5. April, das Besitzergreifungs=Patent für das Großherzogthum Nieder=Rhein, und das Besitzergreifungs=Patent für die Herzogthümer Cleve, Berg, Geldern, das Fürstenthum Mörs und die Grafschaften Essen und Werden sollen außerdem in hinlänglicher Anzahl gedruckt, in alle Gemeinden der oben genannten Provinzen an die Bürgermeister gesandt und durch Anordnung derselben an dem Gemeinde=Hause, oder wo deren auf dem Lande keine existiren, an den Kirchen angeschlagen, ein Exemplar davon aber in dem Archive jeder Bürgermeisterei niedergelegt werden. Auf gleiche Weise werden die Bürgermeister dafür sorgen, daß der Inhalt dieser Allerhöchsten Proklamation und des betreffenden Patents öffentlich vor dem Rathhause oder vor versammelter Gemeinde verlesen und daß diese Publikation mit aller der Feierlichkeit verrichtet werde, welche die Größe des Gegenstandes verdient. Wegen der Publikation in den Kirchen wird die vorgesetzte geistliche Behörde das Nähere veranlassen. […] III. Dagegen werden die Bürgermeister hierdurch angewiesen, sofort dafür zu sorgen, daß an den Rath= und Gemeinde=Häusern der preußische Adler zum Zeichen der Landeshoheit befestigt, jedes Wappen aber, welches eine fremde Oberherrschaft andeuten mögte, abgenommen werde, wobei es sich von selbst versteht, daß dieses ohne Zerstörung öffentlicher Denkmähler oder des Alterthums geschehen müsse. IV. Alle öffentlichen Behörden und Beamten, welche ein Siegel führen, sind gehalten, dasselbe mit einem Adler verzieren und mit der Um= und Inschrift versehen zu lassen: Königl. Preuß. (Nahme der Behörde und des Orts)" (SAW B I 23).

Quelle 8
Übernahmepatent Preußens
SAW B I 23 5.4.1815

Patent,

wegen Besitznahme der Herzogthümer Cleve, Berg, Geldern, des Fürstenthums Mörs, und der Grafschaften Essen und Werden.

Wir Friedrich Wilhelm von Gottes Gnaden König, von Preußen ꝛc. ꝛc.

Thun gegen Jedermann hiemit Kund:

Vermöge der Uebereinkunft, welche Wir mit den am Kongresse zu Wien Theil nehmenden Mächten abgeschlossen haben, sind Uns zur tractatenmäßigen Entschädigung und zur Vereinigung mit Unserer Monarchie das vormalige Großherzogthum Berg und ein Theil der Provinzen am linken Rhein-Ufer überwiesen worden, auf welche Frankreich durch den Friedenstractat von Paris vom 30. Mai 1814 Art. III. Verzicht geleistet hat.

Demzufolge nehmen Wir durch gegenwärtiges Patent in Besitz und einverleiben Unserer Monarchie mit allen Rechten der Landeshoheit und Oberherrlichkeit, und mit ihren gesammten Zubehörden nachstehende Länder und Ortschaften:

1) Von dem ehemaligen Departement Nieder-Maas den Canton Erüchten oder Nieder-Erüchten und denjenigen kleinen Theil des Cantons Roermonde, der östlich einer Linie liegt, welche aus dem einspringenden Winkel bei Melich gegen die nordwestlichste Ecke des Cantons Erüchten gezogen wird.

2) Von dem ehemaligen Departement Roer die Cantone Odenkirchen, Elsen, Dormagen, Neuß, Neersen, Viersen, Bracht, Kempen, Crefeld, Uerdingen, Mörs, Rheinberg, Xanten, Calcar, Cleve ganz, und die Cantone Cranenburg, Goch, Geldern und Wankum, mit Ausschluß derjenigen Ortschaften, welche weniger als eine halbe deutsche Meile oder ein tausend rheinländische Ruthen von dem Strombette der Maas entfernt liegen.

3) Auf dem rechten Rheinufer die Cantone Emmerich, Rees, Ringenberg, Dinslaken, Duisburg, mit den zugeschlagen gewesenen Gemeinden der Aemter Broich und Styrum, ferner die Cantone Werden, Essen, Düsseldorf, Ratingen, Velbert, Mettmann, Richrath, Opladen, Elberfeld, Barmen, Ronsdorf, Lennep, Wipperfürth, Wermelskirchen und Solingen.

Wir vereinigen diese Länder mit Unsern Staaten unter Herstellung der alten Benennungen der Herzogthümer Cleve, Berg, und Geldern, des Fürstenthums Mörs und der Grafschaften Essen und Werden, und fügen die genannten Titel derselben Unsern Königlichen Titeln zu.

Wir lassen an den Gränzen zur Bezeichnung Unserer Landeshoheit die Preußischen Adler aufrichten, an die Stelle früher angehefteter Wappen Unser Königliches Wappen anschlagen, und die öffentlichen Siegel mit dem Preußischen Adler versehen.

Wir gebieten allen Einwohnern dieser von Uns in Besitz genommenen Länder jedes Standes und Ranges, Uns forthin als ihren rechtmäßigen König und Landesherrn anzuerkennen, Uns und Unsern Nachfolgern den Eid der Treue zu leisten, und Unsern Gesetzen, Verfügungen und Befehlen mit Gehorsam und pflichtmäßiger Ergebenheit nachzuleben.

Wir versichern sie dagegen Unseres wirksamsten Schutzes ihrer Personen, ihres Eigenthums und ihres Glaubens, sowohl gegen äußern feindlichen Angriff, als im Innern durch eine schnelle und gerechte Justizpflege und durch eine regelmäßige Verwaltung der Landespolizei und Finanzbehörden. Wir werden sie gleich allen Unsern übrigen Unterthanen regieren, die Bildung einer Repräsentation anordnen, und Unsere Sorge auf das Wohlfahrt des Landes und seiner Einwohner gerichtet seyn lassen.

Die angestellten Beamten bleiben, bei vorausgesetzter treuer Verwaltung, auf ihren Posten und im Genusse ihrer Einkünfte; auch wird jede öffentliche Stelle so lange, bis Wir eine andere Einrichtung zu treffen zweckmäßig finden, in der bisherigen Art verwaltet. Da die Verhältnisse Uns nicht gestatten, die Erbhuldigung persönlich anzunehmen, so haben Wir Unseren General-Lieutenant Grafen von Gneisenau und Unsern Geheimen Staats-Rath Sack hierzu beauftragt, und sie bevollmächtigt, in Unserm Namen die deshalb erforderlichen Verfügungen zu treffen.

Des zu Urkund haben Wir dieses Patent eigenhändig vollzogen, und mit Beidrückung Unseres Königlichen Insiegels bestärken lassen,

Gegeben Wien, den 5. April 1815.

(L. S.)   Friedrich Wilhelm.

C. Fürst von Hardenberg.

Ebenfalls vom 5.4.1815 datiert die zweite der nebenstehenden Quellen, die Adresse Friedrich Wilhelms III. an die Rheinländer. Die Übernahme Bergs durch Preußen wurde in Barmen und Elberfeld gefeiert. Johann Friedrich Knapp schrieb 1835 rückblickend: „Die Kunde von dem Wiedererstehen des Herzogthums Berg und dessen Abtretung an Preußens verehrten König, […] regte auch die Bewohner dieser Stadt [Barmen] zur höchsten und aufrichtigsten Freude an. Aus eigenem Antriebe versammelten sie sich auf dem Markte, wo eine Zahl aus der ersten Klasse unter großen Feierlichkeiten, und dem Hurrah der Menge, einen Adler auf die mitten auf dem Markte stehende Pumpe setzte und dann einer Festmahlzeit zu des Tages Feier beiwohnte" (J.F. Knapp, Geschichte, Statistik und Topographie der Städte Elberfeld und Barmen im Wupperthale, Iserlohn und Barmen 1835, S. 188). Die dritte der Quellen, die „Bekanntmachung […] wegen Tragens der preußischen National=Kokarde" trägt die Unterschriften der preußischen Bevollmächtigten für die Besitznahme, von Gneisenau und Sack; sie beinhaltet die Ausdehnung preußischer Verfügungen aus dem Jahre 1813 auf die neuerworbenen Gebiete im Jahr 1815.

Quelle 9
Adresse an die Rheinländer
SAW B I 23   5.4.1815

An die Einwohner
der mit der Preußischen Monarchie vereinigten Rheinländer.

Als Ich dem einmüthigen Beschluß der zum Kongreß versammelten Mächte, durch welchen ein großer Theil der deutschen Provinzen des linken Rhein-Ufers Meinen Staaten einverleibt wird, Meine Zustimmung gab, ließ Ich die gefahrvolle Lage dieser Grenz-Lande des deutschen Reichs, und die schwere Pflicht ihrer Vertheidigung nicht unerwogen. Aber die höhere Rüksicht auf das gesammte deutsche Vaterland entschied Meinen Entschluß. Diese deutschen Urländer müssen mit Deutschland vereinigt bleiben; sie können nicht einem andern Reich angehören, dem sie durch Sprache, durch Sitten, durch Gewohnheiten, durch Gesetze fremd sind. Sie sind die Vormauer der Freiheit und Unabhängigkeit Deutschlands; und Preußen, dessen Selbstständigkeit seit ihrem Verluste hart bedroht war, hat eben so sehr die Pflicht, als den ehrenvollen Anspruch erworben, sie zu beschützen und für sie zu wachen. Dieses erwog Ich, und auch, daß Ich Meinen Völkern ein treues, männliches, deutsches Volk verbrüdere, welches alle Gefahren freudig mit ihnen theilen wird, um seine Freiheit, so wie sie und mit ihnen, in entscheidenden Tagen zu behaupten. So habe ich denn, im Vertrauen auf Gott und auf die Treue und den Muth Meines Volkes, diese Rheinländer in Besitz genommen, und mit der preußischen Krone vereiniget.

Und so, Ihr Einwohner dieser Länder, trete ich jetzt mit Vertrauen unter Euch, gebe Euch Eurem deutschen Vaterlande, einem alten deutschen Fürstenstamme wieder und nenne Euch **Preußen!** Kommt Mir mit redlicher, treuer und beharrlicher Anhänglichkeit entgegen.

Ihr werdet gerechten und milden Gesetzen gehorchen. Eure Religion, das Heiligste, was dem Menschen angehört, werde Ich ehren und schützen. Ihre Diener werde Ich auch in ihrer äußern Lage zu verbessern suchen, damit sie die Würde ihres Amts behaupten.

Ich werde die Anstalten des öffentlichen Unterrichts für Eure Kinder herstellen, die unter den Bedrückungen der vorigen Regierung so sehr vernachläßigt wurden. Ich werde einen bischöflichen Sitz, eine Universität und Bildungs=Anstalten für Eure Geistlichen und Lehrer unter Euch errichten.

Ich weiß, welche Opfer und Anstrengungen der fortgedauerte Kriegs-Zustand Euch gekostet. Die Verhältnisse der Zeit gestatteten nicht, sie noch mehr zu mildern, als geschehen ist; aber Ihr müsset es nicht vergessen, daß der größte Theil dieser Lasten noch aus der früheren Verbindung mit Frankreich hervorgieng, daß die Losreißung von Frankreich nicht ohne die unvermeidlichen Beschwerden und Unfälle des Krieges erfolgen konnte, und daß sie nothwendig war, wenn Ihr Euch und Eure Kinder in Sprache, Sitten und Gesinnungen deutsch erhalten wolltet.

Ich werde durch eine regelmäßige Verwaltung des Landes den Gewerbfleiß Eurer Städte und Eurer Dörfer erhalten und beleben. Die veränderten Verhältnisse werden einem Theil Eurer Fabrikate den bisherigen Absatz entziehen; Ich werde, wenn der Friede vollkommen hergestellt seyn wird, neue Quellen für ihn zu eröffnen bemüht seyn. Ich werde Euch nicht durch die öffentlichen Abgaben bedrücken. Die Steuern sollen mit Eurer Zuziehung regulirt und festgestellt werden, nach einem allgemeinen, auch für Meine übrigen Staaten zu entwerfenden Plan.

Die Militair-Verfassung wird, wie in Meiner ganzen Monarchie, nur auf die Vertheidigung des Vaterlandes gerichtet seyn, und durch die Organisation einer angemessenen Landwehr werde Ich in Friedenszeiten dem Lande die Kosten der Unterhaltung eines größern stehenden Heeres ersparen. Im Kriege muß zu den Waffen greifen, wer sie zu tragen fähig ist.

Ich darf Euch hiezu nicht aufrufen. Jeder von Euch kennt seine Pflicht für das Vaterland und für die Ehre.

Der Krieg droht Euren Grenzen. Um ihn zu entfernen, werde Ich allerdings augenblickliche Anstrengungen von Euch fordern. Ich werde einen Theil Meines stehenden Heeres aus Eurer Mitte wählen, die Landwehr aufbieten, und den Landsturm einrichten lassen, wenn die Nähe der Gefahr es erfodern sollte.

Aber gemeinschaftlich mit Meinem tapfern Heer, mit Meinen andern Völkern vereiniget, werdet Ihr den Feind Eures Vaterlandes besiegen, und Theil nehmen an dem Ruhm, die Freiheit und Unabhängigkeit des deutschen Reichs auf lange Jahrhunderte dauernd gegründet zu haben.

Wien, den 5. April 1815.

Friedrich Wilhelm.

Quelle 10
Bekanntmachung
SAW B I 23   17.4.1815

Bekanntmachung,

betreffend die Publication der Königlichen Verordnung wegen Tragens der preußischen National-Kokarde.

Durch unsere Bekanntmachung vom 15. d. M., haben wir die Art bezeichnet, wie die königl. Patente vom 5. d. M. zur Besitznahme der dem preußischen Staate anheimgefallenen Rheinlande proclamirt und die Zeichen preußischer Landeshoheit in den darin genannten Cantonen aufgestellt werden sollen.

Wir lassen hierauf für sämmtliche Einwohner dieser Länder die Allerhöchste Verordnung über das Tragen der preußischen National-Kokarde folgen.

Dieses Zeichen der innigern Verbindung zwischen den Unterthanen und ihrem Souverain und seinem erhabenen Stamme, war seit Gründung der preußischen Monarchie das unbefleckte Kennzeichen der Ehre, des Muths, der Treue und des reinsten Patriotismus. Der väterlichgesinnte König theilt es seinen jüngsten Kindern mit, als Sinnbild der unauflöslichen Vereinigung mit sich und der herzlichsten Verbrüderung mit seinem treuen Volke. Er theilt es ihnen mit in dem festen Vertrauen, daß sie dieses Ehrenzeichen mit Freuden anlegen, mit Ehren tragen und durch Treue, Ergebenheit, Muth und Eintracht sich dessen würdig machen werden. Nur Eintracht und Muth erhalten sie aufrecht in den Zeiten der Gefahr. Dies haben die älteren Preußen bewiesen durch Festhalten an Gott, dem Könige und der wahren Deutschheit, und das Beispiel derselben wird in dem Großherzogthum Nieder-Rhein und den übrigen Preußischen Rheinlanden, wir sind es überzeugt, einen ruhmvollen Wetteifer finden.

Demnach also werden:

1. sämmtliche Bürgermeister des Großherzogthums Nieder-Rhein, und der Herzogthümer Cleve, Berg, Geldern, des Fürstenthums Mörs und der Grafschaften Essen und Werden (so wie die Grenzen derselben in den beiden Königl. Patenten vom 5. d. Monats angegeben sind) hiermit angewiesen, die nachstehende Königl. Verordnung vom 22. Februar 1813 nebst gegenwärtiger Bekanntmachung sofort durch Anschlag und Ausruf publiciren zu lassen.

2. Zugleich soll die vorerwähnte Allerhöchste Verordnung zu Jedermanns Nachricht und Nachachtung mit gegenwärtiger Bekanntmachung in dem Journal vom Nieder- und Mittel-Rhein, so wie in allen übrigen öffentlichen Blättern gedachter Provinzen, abgedruckt werden.

So geschehen zu Aachen, den 17. April 1815.

Die Königl. Preußischen, zur Besitznahme der mit der preußischen Monarchie vereinigten Rheinländer Allerhöchstverordnete Bevollmächtigte und Commissarien,

Der General-Lieutenant,   Der geheime Staats-Rath,
Graf von Gneisenau.   Sack.

Verordnung,
wegen Tragens der preußischen National-Kokarde.

Wir Friedrich Wilhelm, von Gottes Gnaden, König von Preußen ꝛc. ꝛc.

In Erwägung, daß die herzerhebende allgemeine Aeußerung treuer Vaterlandsliebe ein äußeres Kennzeichen derselben für alle Staatsbürger fordert, verordnen: daß

1) auch außer dem Kriegsdienste von allen Männern, die das zwanzigste Jahr zurückgelegt haben, die preußische National-Kokarde von bekannter Form, schwarz und weiß, am Hute getragen werden soll, wenn diese Ehre von ihnen nicht verwirkt ist.

2) Die Kokarde wird getragen von allen, welche in Unserm Staate geboren sind, oder die Rechte Unserer Unterthanen, durch Ansiedelung oder Eintritt in Unsern Dienst, erlangt haben.

3) Das Recht, die Kokarde zu tragen, wird verwirkt durch Feigheit vor dem Feinde, durch die Bestimmungen des heutigen Gesetzes über das Ausweichen des Kriegsdienstes und durch Festungs- oder Zuchthausarrest mit Strafarbeit verbunden.

Das stets anwesende Sinnbild von dem Panier des Vaterlandes, muß Jeden, der es in der Kokarde trägt, mit der Erinnerung an seine heiligsten Pflichten doppelt erfüllen! Gegeben zu Breslau, den 22. Februar 1813.

(gez.) Friedrich Wilhelm.
         Hardenberg.

Kommentar 11

In der „Ausserordentliche[n] Beilage zum Journal des Nieder- und Mittel-Rheins" vom 24.4.1815 wurde der Vollzug der für den 15.5.1815 in Aachen geplanten „Huldigung und Eides-Ablegung durch die Deputirten des Großherzogthums Nieder-Rhein, der Herzogthümer Cleve, Berg, Geldern, des Fürstenthums Mörs und der Grafschaften Essen und Werden" (S. 1) geregelt. Die Bedeutung dieses Aktes definierte Johann Friedrich Benzenberg (1777-1846) 1819 folgendermaßen: „Alle Erbhuldigungen in deutschen Landen bestehen und bestanden seit jeher in ihrem innern Wesen, in einem Bunde, so zwischen der Landeshoheit und dem Lande geschlossen wird. Alle spätere Huldigungen sind Erneuerungen dieses Bundes. Bei diesen Huldigungen erscheint die Landeshoheit entweder in Person, oder durch ihre Stellvertreter. Ebenfalls erscheinen die Erben so die Landschaft bilden, entweder in Person, wenn das Land klein ist, oder aber wenn das Land groß und die Erben zahlreich, durch ihre Abgeordneten. Auch pflegt von der einen Seite das Versprechen vorher zu gehen, die Landschaft bei ihren wohlerworbenen Rechten und Freiheiten und guten Gewohnheiten zu schützen, worauf dann von der anderen Seite das Versprechen unverbrüchlicher Treue und Gehorsam erfolgt" (Benzenberg, Ueber Provinzial=Verfassung; mit besonderer Rücksicht auf die vier Länder: Jülich, Cleve, Berg und Mark, Erster Theil, Hamm 1819, S. VI). Zur Barmer Deputation gehörte außer dem Bürgermeister Brüninghausen der Stadtrat Karl Ludwig Wortmann, die Elberfelder Abordnung bestand aus Oberbürgermeister Brüning, dem Beigeordneten Friedrich Feldhoff (1768-1839) und den Stadträten Peter de Weerth (1767-1855) und Jacob Platzhoff (*1769). Zur Auswahl der Delegierten bemerkte Benzenberg: „Die Vertretung bei der Huldigung war sehr unvollkommen. Man ließ die Deputirten der Gemeinen nicht von den Gemeinen wählen, sondern von den Bürgermeistern und Gemeineräthen, welche sämmtlich von der Regierung waren ernannt worden. Dieses schien ein großer Fehler bei einer Erbhuldigung zu sein, wo man vor allen dahin zu trachten, daß diese von einer Vertretung geschehe, so aus der ganzen Landschaft hervorgegangen, und nicht blos von wenigen und von der Regierung bezeichneten Personen. Der König hatte durch die Kabinetsordre vom 22. Mai 1815 die Einrichtung einer Landesrepräsentation befohlen, und es war nach dem Geschehenen zu befürchten, daß diese so unvollkommen würde, wie die Vertretung bei der Erbhuldigung" (ebenda, S. VII).

Quelle 11
Huldigungseid
SAW B I 23   15.5.1815

Vorhaltung zum Huldigungs-Eid.

Ihr sollt huldigen, geloben zu Gott dem Allwissenden und Allmächtigen, schwören einen leiblichen Eid, und thun eine rechte Erbhuldigung dem Allerdurchlauchtigsten, Großmächtigsten Fürsten und Herrn, Herrn Friedrich Wilhelm, Könige von Preußen und Großherzog vom Niederrhein, Herzog von Kleve, Berg und Geldern, Fürst von Mörs, Graf von Essen und Werden, und wenn Höchstdieselben nicht mehr seyn möchten, dessen rechtmäßigen Thronfolgern, von Unterthänigkeit wegen, getreu, gewärtig und gehorsam zu seyn; Sr. königl. Majestät und seines Staats Frommen und Bestes auf alle Weise zu befördern, Nachtheil und Schaden abzuwenden, und überhaupt alles das zu thun, was getreue Unterthanen ihrem Erbherrn und Landesfürsten zu thun schuldig und pflichtig sind.

Huldigungs-Eid.

Wir versammelten Deputirte und Unterthanen, huldigen, geloben und schwören, für uns und in die Seele unserer Machtgeber, zu Gott, dem Allwissenden und Allmächtigen, einen leiblichen Eid, und thun eine rechte Erbhuldigung dem Allerdurchlauchtigsten, Großmächtigsten Fürsten und Herrn, Herrn Friedrich Wilhelm, Könige von Preußen, und Großherzog vom Niederrhein, Herzog von Kleve Berg und Geldern, Fürst von Mörs, Graf von Essen und Werden, und wenn Höchstdieselben nicht mehr seyn möchten, dessen rechtmäßigen Thronfolgern, von Unterthänigkeit wegen, getreu, gewärtig und gehorsam zu seyn, Sr. königl. Majestät, und seines Staats, Frommen und Bestes auf alle Weise zu befördern, Nachtheil und Schaden abzuwenden, und überhaupt alles das zu thun, was getreue Unterthanen ihrem Erbherrn und Landesfürsten zu thun schuldig und pflichtig sind. Getreulich und ohne alle Gefährde. So wahr uns Gott helfe, durch seinen Sohn Jesum Christum, zur ewigen Seligkeit. Amen.

Daß der Herr

Dato, den vorstehenden Huldigungs-Eid körperlich abgeleistet habe, wird demselben hierdurch bescheiniget.

Aachen den 15. Mai 1815.

Die königl. preuß., zur Besitznahme der preußischen Rheinlande und zur Huldigung in denselben bevollmächtigten Commissarien.

In derselben Auftrag

Kommentar 12

Die Schlacht von Waterloo am 18.6.1815 beendete die sogenannte „Herrschaft der Hundert Tage" Napoleons, der, von Elba geflohen, am 1. März 1815 bei Cannes gelandet war und sofort wieder Zulauf gefunden hatte.

Für Elberfeld zog Oberbürgermeister Brüning im Jahr 1825 die finanzielle Bilanz der Kriegszeiten: „Die Einquartierung in den Jahren 1813,14,15 und 16 bestand in mehr denn 300000 Mann Franzosen, Holländer, Italiener, Russen, Kosacken, Hannoveraner, Sachsen, Hanseaten und Schweden, die alle rühmlich von unsern Bürgern verpflegt wurden, und nicht selten öffentlich dankten für die ihnen gewordene gastfreundliche Aufnahme, - und in mehr denn 100000 Pferden, und die Communal=Kriegskosten betrugen, ohne die außerordentliche Kriegs= Contribution, die uns mit 200000 Franks traf, mehr denn eine halbe Million Franks" (Annalen für 1825, S. 144). Generalgouverneur Gruner hatte am 25.3.1815 an den preußischen Staatsminister Karl August Fürst von Hardenberg (1750-1822) über seine am Vortage ergangenen Befehle zur Einberufung der Linie (Truppen des stehenden Heeres im Gegensatz zu Reserve oder Landwehr) und Rekrutierung neuer Soldaten berichtet: „Diese Einberufung ist ein harter Schlag für das Fabrikland" (in: ZBGV, Bd.19 (1883) S. 76). Nach den Angaben aus einem Bericht Gruners vom 2. April 1815 waren aus dem Gebiet des Generalgouvernements (Gesamteinwohnerzahl 350000) insgesamt ca. 7000 Mann reguläre Truppen ohne Freiwillige und Landsturm ausgehoben worden. Aus Elberfeld waren 75 „freiwilige Jünglinge [...], wovon viele sich aus eigenen Mitteln bekleideten und bewaffneten, mit in den heiligen Kampf für König und Vaterland gezogen . Sie verließen uns nach einer feierlichen religiösen Handlung, und bestärkt durch die kräftigen Worte die einer unserer würdigen Herren Pfarrer ihnen zusprach, begleitet mit unseren Segenswünschen. Wo sie Gelegenheit hatten, erfüllten sie ihre Pflicht getreu. Am 19. December empfingen wir diese heimkehrenden Jünglinge an der Gränze unserer Stadt froh wieder - wir brachten denselben für ihre dem Vaterlande geleistete Hülfe, unter dem lauten Jubel einer frohen Volksmenge den innigsten Dank.- Zu unserer größten Freude trugen einige von ihnen das eiserne Kreuz, als das Zeichen eines bewiesenen Heldenmuths" (Annalen für 1815, S. 16/17).

Quelle 12
Krieges=Lied,
in: Allgemeine Zeitung Nr. 174 vom 24.6.1815

Krieges=Lied.

Uns're Väter sind erschlagen,
In dem Kampf für's Vaterland,
In den schreckensvollen Tagen,
Wo wir Frankreich übermannt.
Vaterland,
Ausgesandt
Hattest Du die treuen Väter,
Gegen Gallische Verräther;
Tapfer haben sie gerungen,
Den Gerechten ist's gelungen!

Uns're Brüder sind erschlagen,
In dem Kampf für's Vaterland;
Jetzo wollen wir es wagen,
Dazu sind wir ausgesandt.
Vaterland,
Ausgesandt
Hattest Du die tapfern Söhne;
Daß das Eichenlaub sie kröne,
Darnach haben sie gerungen;
Unsern Brüdern ist's gelungen!

Wer von uns nun wird erschlagen,
In dem Kampf für's Vaterland;
Der wird sanft zur Ruh getragen,
Durch die fromme Bruderhand.
Vaterland,
Ausgesandt
Hast Du treue deutsche Brüder
Gegen die Franzosen wieder.
Hört es krachen, hört es klingen;
Gott mit uns! es wird gelingen!

Alle, die zurücke kehren,
Aus dem Kampf für's Vaterland,
Möge sie die Heimath ehren,
Die uns in den Streit gesandt!
Vaterland,
Ausgesandt
Hast du deine Söhne wieder;
Viele kehren niemals wieder!
Seelig, wer im Seelenfrieden,
Für sein Vaterland verschieden!

F. Rauck.

Kommentar 13-15

Die Gründung des Deutschen Bundes und die Stiftung der Heiligen Allianz (1815) zwischen Rußland, Österreich und Preußen leiteten in Deutschland eine Zeit der Restauration ein, deren reaktionäre politische Prinzipien den Widerstand der in der Deutschen Burschenschaft (gegründet in Jena am 12.6.1815) organisierten nationalen und liberalen Studenten provozierten. Die Ermordung des Dramatikers August von Kotzebue durch den Jenaer Burschenschaftler Karl Ludwig Sand im März 1819 führte zu den Karlsbader Beschlüssen vom 20.9.1819, die Maßnahmen gegen „Demagogen" vorsahen. Das bedeutete für die 20er bis 40er Jahre, daß in Elberfeld - wie überall in Deutschland - Fremde, „Intellektuelle" und Handwerksburschen überwacht wurden. Seit 1826 berichtete beispielsweise der Oberbürgermeister Brüning monatlich an den Landrat über das Verhalten der Predigtamtskandidaten und der Lehramtsanwärter, ab 1830 über das der Lehrer insgesamt.

Die ersten beiden der nebenstehenden Quellen beziehen sich auf den „Fall" August Ludwig Follen (1794-1855), den Bruder Karl Follens, der die radikale Burschenschaft „Gießener Schwarze" (auch: die „Unbedingten") gegründet hatte. August Ludwig war 1819 als Redakteur bei der Elberfelder „Allgemeinen Zeitung" angestellt. Über seine Erscheinung in Elberfeld schrieb Friedrich Roeber: „Im Wupperthal gab es nichts weniger als Umsturzideen; es hatte gerade damals durch eine neue Zollgesetzgebung Abhilfe für viele Beschwerden erlangt, und seine industrielle Thätigkeit sah eine glänzende Zukunft vor sich geöffnet. Jede äußere wie innere Störung mußte diese Aussicht wieder vernichten. Es konnte deshalb nicht wundernehmen, daß hier, wo

Quelle 13
Verfügung des Polizeiministeriums in Berlin
an den Oberbürgermeister in Elberfeld
SAW O IX 4   12.7.1819   handschriftlich

Da aus den in Beschlag genommenen Papieren einiger, wegen Theilnahme an demagogischen Umtrieben zur Untersuchung gezogenen Personen hervorgeht, daß der daselbst sich aufhaltende August Ludwig Follenius die Herausgabe der dortigen <u>allgemeinen Zeitung</u> auf Anstiften des Doctor Ludwig Wieland als Fortsetzung des Patrioten, dessen weitere Redaction dem letztern untersagt war, mithin zur Umgehung obrigkeitlicher Anordnungen mit dem Vorsatz übernommen, dabei Anfangs mäßige, späterhin aber die Grundsätze seiner demagogischen Verbindung zum Grunde zu legen, derselbe auch in den bereits erschienenen Nummern höchst unschickliche Kritiken der Handlungen auswärtiger Regierungen sich erlaubt hat[1], und überhaupt der Follenius durch die Giesser Untersuchung[2] und die jetzt entsiegelten Papiere seiner Freunde der Theilnahme an den demagogischen Umtrieben, die in den letzten Jahren die innere Ruhe Deutschlands bedrohten, höchst gravirt, mithin zur Herausgabe einer Zeitung überall nicht geeignet ist; so beauftrage ich das Oberbürgermeister=Amt, <u>demselben</u> die Fortsetzung der allgemeinen Zeitung weiter nicht zu gestatten, sondern vielmehr sogleich nach Eingang des gegenwärtigen Rescripts bei Vermeidung gesetzlicher Strafe zu untersagen und dies der Censurbehörde mit dem Ersuchen bekannt zu machen, die Druck Erlaubniß weiter nicht zu ertheilen.

---

[1] A.L.Follen hatte die Amtsentlassung eines Kriminalrichters und eines Regierungsrates in Nassau „ohne Urteil und Recht" kritisiert (MBGV, Jg.15 (1908), Nr. 12, S. 214), ebenso die Nichterfüllung des Versprechens des Königs von Sardinien an Genua, Provinzialräte einzurichten.
[2] Giesser = Gießener

Quelle 14
Notiz des inhaftierten August Ludwig Follen
in der Elberfelder Gefangenschaft
SAW O IX 4   Juli 1819   handschriftlich (Abschrift v. 10.4.1820)

Wenn Wahrheit noch Glauben findet, so nehmt folgendes als Eidschwur. Die sogenannte Verschwörung, weshalb jetzt so viele unschuldig verhaftet sind, ist eine schändliche Lüge, ersonnen von einigen feigen Selbstsüchtlern. Das sogenannte re-

man den Ideologen ebenso abhold war, wie vordem Napoleon, ein so fremdartiges und nicht geheures Element von vielen Seiten mit ungünstigen Augen angesehen wurde. Die ganze Erscheinung Follens mußte Aufmerksamkeit erregen: ein hoher schöner Wuchs, langes Haar, deutscher Rock" (Friedrich Roeber, Litteratur und Kunst im Wupperthale bis zur Mitte des gegenwärtigen Jahrhunderts, Iserlohn 1886, S. 64). Nach der Ermordung Kotzebues wurde Follen am 11. oder 12.7.1819 in Elberfeld verhaftet. Das Verhör ergab, „daß [Follen] angeklagt worden, zu dem Bunde der Schwarzen, welcher sich in Gießen gebildet, zu gehören, auch einen Entwurf zur Staatsumwälzung oder vielmehr zur Einrichtung einer Landständischen Verfassung im Großherzogtum Hessen gemacht, und das Projekt gemacht zu haben, dieselbe mit mehreren Gehülfen zu Stande zu bringen. Es ergibt sich nach den ihm vorgelegten Fragen ferner, daß bereits mehrere Verhaftungen der Art Statt gefunden haben, und daß er als ein vorzügliches Mitglied des erwähnten Vereins der Schwarzen angesehen wird. Er behauptet, bei seinen Handlungen nur immer das Wahre, Rechte und das Volkswohl bezweckende und befördernde Gute vor Augen gehabt und darnach dieselbe eingerichtet zu haben" (OB an LR am 13.7.1819, zit. nach Otto Schell, Die Arretierung des Redakteurs Follen 1819 in Elberfeld, in: MBGV 15.Jg.(1908), S. 210/211). Am 26.7.1819 wurde Follen nach Berlin abgeführt. Nach zweijähriger Haft ging er ins Schweizer Exil.
Die dritte Quelle dokumentiert die Form der üblichen Verhöre. Der Verhörte, Gymnasiallehrer Brandes aus Elberfeld, war Student in Jena und dort Burschenschaftler gewesen. Nach Verhör und Hausdurchsuchung wurde Brandes im Frühjahr 1824 auf die Festung Spandau gebracht.

volutionaire Verfassungsmanifest, ist ein wissenschaftlicher Versuch, noch weit idealer, als Platos Republik, und setzt zur Einführung nicht Gewalt und Verbrechen, sondern nothwendig allgemeine Ueberzeugung und Bürgertugend voraus. Tugend opferfreudig im Christengeist ins erschlaffte Vaterland hineinzuführen, darauf ist teutsche Jugend verschworen. Werde die Verschwörung als Verbrechen und Hochverrath verfolgt, denn ist die Zeit der Apostel da, wo nur Märtirer und Blutzeugen der Wahrheit Glauben erwecken; darnach sehnt sich die teutsche Jugend.

Quelle 15
Protokoll des Verhörs von Lehrer Johann Heinrich Carl Brandes
SAW O IX 6   6.10.1823   handschriftlich

[Vor] dem unterzeichneten Oberbürgermeister der Stadt Elberfeld
Veranlaßt durch einen Erlaß und Verfügung Hoher Behörde wurde der bei dem hiesigen Gymnasium angestellte Lehrer Herr Carl August Brandes auf heute Vormittag vorgeladen und derselbe über nachfolgende Punkte protocollarisch vernommen.
1) Ad Generalia
Ich heiße Johann Heinrich Carl Brandes, geboren zu Salzuffeln im Fürstenthum Lippe,
2. Wo haben Sie Ihre frühere Bildung erhalten?
Vorerst auf der Schule zu Uffeln und später auf dem Gymnasium zu Detmold.
3. Waren Sie zu Halle auf der Universität und in welchem Zeitraume oder in welchem Jahre?
Ich war in Halle auf der Universität bloß um dort zu promoviren, nicht aber als Student. Es war dieses im Sommer des Jahrs 1821.
4. Bestand unter mehrern Studirenden dort nicht ein gewisser geheimer Verein?
Nein, ich weiß von keinem Vereine, und habe auch keinen solchen in Halle gekannt.
5. Ist Ihnen denn sonst von keinem solchen geheimen engern Verein auf irgendeiner Universität etwas bekannt?
Nein!
6. Auf welchen Universitäten waren Sie denn früher, bevor Sie nach Halle gingen?
Antwort In Göttingen ein Jahr und in Jena zwei und ein halb Jahr, und in Halle zuletzt nur ein viertel [Jahr], in diesem Orte jedoch nicht [als] Student, sondern wie früher [er]wähnt, nur um zu promo[viren].
7. Kennen Sie einen Student Karl Kerten aus Münster?
Nein.
8. Auch nicht einen Johann Andreas Rump?
Nein.
9. Auch nicht einen Kertzig und Schütte?
Ja. Beide habe ich gekannt.
10. Wo haben Sie die Bekanntschaft derselben gemacht?
In Halle, wo beide studirt[en].
11. Da diese beschuldigt sind, Mitglieder eines geheimen engern Vereins der in Halle bestanden hat, gewesen zu seyn, so müssen Sie doch von diesem Verein und von diesen Studirenden Etwas Näheres wissen?
Antwort Da ich, wie gesagt, nur ein [viertel] Jahr in diesem Orte nicht als Student, sondern bloß um zu promoviren war, so wiede[rhole] ich es, daß ich von keinem solch[en] Verein Etwas weiß; die [beiden] Vorgenannten habe ich bloß [kennen]gelernt, weil sie meine Lan[] und aus Westfalen war[en] und Schütte besonders [] die Schule zu Lemgo besuchte.
Es wurde dem Anwesenden hierauf bedeutet, wenn ihm über den früher erwähnten Verein etwas bekannt sey, um [so] mehr ein unumwundenes Geständniß abzulegen, als Alles, was auf diesen Verein Beziehung habe, bei der Hohen StaatsBehörde in Berlin gehörig bekannt und ermittelt sey und er hier [in] der Eigenschaft als Lehrer [an]gestellt sey und aus den Gründen die genauste und [aufrich]tigste Antwort erwartet würde.
Antwort Ich kann auf Pflicht und Gewissen von einem solchen Verein nichts sagen.
Ken[nen] Sie einen Karl August Brandes?
Antwort Mir ist keiner bekannt. Ich habe von mehrern unter dem Namen Brandes gehört, die zu meiner Zeit in Jena, und ich glaube auch zu Halle (doch weiß ich Letz-

35

teres nicht gewiß) studirt haben; ich kenne aber weder deren Vornamen, noch weiß ich den Geburtsort derselben zu benennen.
[War]en diese Brandes etwa [Verw]andte von Ihnen?
Nein, es können entferntere Verwandte von mir seyn, das weiß ich nicht.
[W]enn auf einer Universität ein [Ver]ein besteht, so müßte doch [je]dem Studirenden das Daseyn [des]selben nicht entgehen, Sie [w]erden also noch einmal gefr[agt] ob Sie von diesem [geheimen] Vereine gar nichts w[issen]?
Nein, ich bleibe bei meiner Aussage, habe auch nicht in Halle studirt, wie dieses bereits erwähnt.
[An welchem] Orte waren Sie zuletzt, bevor Sie hieher kamen?
In Salzuffeln bei meinem [Bruder].
Sind Sie mit einem Paß hieher gereist?
Nein, aber wohl mit meinen Zeugnissen.
Führen Sie einen Taufschein bei sich?
Nein, ich führe keinen bei mir.
Ist Ihnen Etwas von dem im October 1821 zu Streittberg bei Erlangen gehaltenen Burschentage bekannt?
Gar nichts, denn schon im October des Jahrs 1821 war ich nicht mehr in Halle anwesend.
Da nun Komparent versichert über jenen Gegenstand [wessen] er befragt worden, gar nichts sagen zu können, als das, was ihm auf Pflicht und Gewissen [ge]sagt worden, wurde dersel[be] aufgefodert, seine bei sich führ[enden] Zeugnisse zu produciren, [wes]halb der Brandes sich um solche zu holen nach Hause begeben, aber dieses Protokoll den[noch] vorgelesen von ihm geneh[migt] und unterschrieben wurde.
[Joh. Heinr. Brandes; Brüning]
Eodem[1] Mittags um zwölf Uh[r] erschien vorstehender Doctor der Philosophie Joh. Heinr.[Carl] Brandes und producirte folgende Zeugnisse.
a) von Göttingen den 26 October 1818 unterzeichnet von Dr. Pott, zeitigem Prorector der Universität.
b) ein Zeugniß von der Großherzoglich sächsischen Universität zu Jena, dd.[2] Jena den 8. Junius 1821, und unterschrieben vom Dr. Andree zeitigem Prorector.
c) das Diplom der gehörig vollzogenen Promotion als Doctor der Philosophie ausgestellt zu Halle am 19. September 1821 und unterschrieben vom Dekan der philosophischen Fakultät [C.G.] Schütz.
Die ad a und b benannten Zeugnisse behielt der Oberbürgermeister, um nach genommener Abschrift dem p. Brandes sie wiederzuzustellen.
Da in den sämmtlichen von Ihnen vorgezeigten drei Urkunden [] der Name Karl bezeichnet [ist], so sieht man sich zu der [Fra]ge veranlaßt, warum die [bei]den andern Vornamen: [Joh]ann Heinrich fehlen?
Antwort Ich habe gewöhnlich nur einen meiner Vornamen und zwar nur denjenigen womit man mich zu benennen pflegte: Karl angegeben; die andern Johann Heinrich habe ich, so viel ich mich erinnere, nicht gebraucht; daß ich aber würklich Johann Heinrich Carl getauft bin, er[biete] ich mich, durch meinen in acht Tagen beizubringenden Tauf[schein] zu beweisen.
Vorgelesen, genehmigt und unterschrieben.
[Joh. Heinr. Carl Brandes; Brüning]

---
[1] eodem negotio oder eodem die = in derselben Angelegenheit oder an demselben Tage
[2] hier: de dato

Vignette auf dem Titelblatt des Täglichen Anzeigers Nr. 69 vom 21.3.1848. Die Worte beziehen sich auf das Patent Friedrich Wilhelms IV. vom 18.3.1848, in dem u.a. eine Bundesreform und eine Verfassung versprochen wurden.

Kommentar 16

Im Gefolge der französischen Juli-Revolution 1830 kam es unter anderem auch in Belgien und Deutschland zu revolutionären Ereignissen. Vor diesem Hintergrund ist eine Anweisung des Oberpräsidiums in Koblenz vom August 1830 an die Landräte zu verstehen, die Ortsbehörden zu einer genauen Beobachtung eintreffender Fremder zu veranlassen und die „Stimmung der Bevölkerung" aufmerksam zu registrieren, wobei besonders auf die „geringe Volksklasse, Handwerksgesellen p.p." (SAW S XI 15, 9.10.1830) zu achten sei. Ende August 1830 gingen Arbeiter in der Industriestadt Aachen gegen Fabrikanten und Obrigkeit vor; ihr Protest wurde von Soldaten niedergeschlagen.

Die folgende Beschreibung der Ereignisse in Elberfeld in den ersten Septembertagen 1830 gibt die Perspektive des Oberbürgermeisters Brüning wieder. Gegen Brünings Einschätzung der Vorkommmnisse als ernstzunehmender Unruhe, der aber „nicht im entferntesten eine politische Tendenz oder eine Unzufriedenheit mit bürgerlichen Verfassungen und mit allgemeinen Conjunkturen" (Annalen für 1830. S. 49) zugrundegelegen habe, schrieb der Landrat Carl Theodor von Seyssel d'Aix (1780-1863) in einem Bericht vom 12.9.1830 nach Düsseldorf, es habe sich bei den „Aufrührern" um „mehr als 1000 Handwerksgesellen und Gesindel aller Art" gehandelt, die „mit Gebrüll durch die Straßen zogen" und „„es lebe die Freyheit!'- ,Revolution'-,es lebe Napoleon der 2te"¹- ,Nieder mit Lesers Fabrick'" (HStAD, Reg.Düsseldorf, Präs. Nr. 754) gerufen hätten. Der Elberfelder Arzt Alexander Pagenstecher (1799-1869) schließlich bemerkte in seinen Lebenserinnerungen zum Verhalten der vorsorglich organisierten und vom Landrat angeführten berittenen Bürgergarde: „Diese wurde nun am zweiten Abend mit Waffengeräusch durch die Straßen der Stadt geführt und anfangs von dem erstaunten Volk mit stummer Neugier, schließlich jedoch in einigen Proletariergassen mit diversen Äußerungen des Unwillens begrüßt. Am dritten Tage konnte man überall in den mittleren und unteren Volksklassen eine erbitterte Aufregung wahrnehmen. Die Arbeiter feierten in großer Zahl, und die Wirtshäuser füllten sich schon am Vormittage. ,Was wollen diese Herren mit ihrer Reiterei; sind wir Rebellen? Wenn sie uns vexieren wollen, die Donnerkiele, dann sollen sie etwas anderes gewahr werden.' So lautete es jetzt überall. Es war dies nur die Stimme des mutwillig erregten Volksunwillens, der sich als natürlicher Gegenschlag aristokratischer Anmaßung äußerte" (A. Pagenstecher (Hrsg.), Lebenserinnerungen

Quelle 16
Johann Rütger Brüning, Amtliche Darstellung der unruhigen Vorfälle in den ersten Tagen des Septembers 1830 in der Stadt Elberfeld, als Handschrift gedruckt, o.O. o.J., Auszüge

(...)

Hier vernahm ich zuerst, durch das Reden und den ganz anständigen Vortrag zweier mir unbekannten Handwerksgesellen, wie die Schreinergesellen gestern auf ihrer Herberge in einen Streit gerathen, der es geboten, einen oder einige, die den Streit veranlaßt hatten, hinauszuwerfen. Ich verwies diese Burschen auf den folgenden Tag zum Rathhause, wo ich das Nähere anhören würde.

Als ich am Morgen des 31. August den Prinzen A u g u s t Königl. Hoheit, nachdem Hochderselbe das Gebirge der Haardt und noch eine Fabrik in Augenschein genommen, an den Wagen begleitet hatte, wurde mir noch der Besuch eines anderen geachteten hohen Staatsbeamten zu Theil, der mich den übrigen Theil des Vormittags in Anspruch nahm.

Erst nach 2 Uhr Nachmittags zum Rathhause kommend, wurde mir der zwischen einigen Handwerkern entstandene Streit näher bekannt, — und vernahm ich da erst, daß am Sonntag Abend den 29. August, diese schon in einigen kleinen und großen Haufen, sich besonders auf der Vikarie=Straße, beim neuen Markte und der Wallstraße versammelt, mehrere Lieder, unter Anderen: «ein freies Leben führen wir» und »wer niemals einen Rausch gehabt« gesungen hätten, ohne jedoch sonst irgend etwas zu äußern, was Aufsehen habe machen können.

Diesem Zuge waren mehrere Burschen, die weder zu den Schreiner= noch zu den Schuhmachergesellen gehörten, gefolgt, und auch in ihrer Nähe einige der im zweideutigen Rufe stehenden Straßen=Mädchen gewesen.

Um 3 Uhr wurde mir die Mittheilung, daß in Aachen Unruhen entstanden, daß man das Gebäude des Herrn C o c k e r i l l gestürmt und zerstört habe 2c. Da diese Nachricht auf der Post durch den den Cölner Schnellwagen begleitenden Schirrmeister angekommen seyn sollte, so begab ich mich nebst dem auf dem Rathhause mit mir anwesenden Stadtrath Herrn W o r t m a n n dorthin und fand sie leider bestätigt.

Bisher noch für hier weder Gefahr noch unruhige oder außergewöhnliche Auftritte ahnend, kamen jedoch von diesem Augenblick an mehrere Bekannte, um mich auf die Begebenheit in Aachen und Cöln aufmerksam zu machen.

Der Gedanke, daß ein etwa mögliches Brand=Unglück in diesen Zeiten, das höchste Unglück, und für schlechte Menschen willkommen seyn möge, — dann aber der Gedanke, daß auswärtige verdächtige Menschen sich, wie im Februar 1813 hierhin verfügen könnten, um gelegentlich zu stehlen, erweckte in mir einige Besorgniße, die mir den Entschluß gaben, am folgenden Tage die Anführer des Brandkorps zu versammlen, sie je vier und vier zu ersuchen, jede Nacht mit mir oder einem der Herren Beigeordneten auf dem Rathhause zu verweilen, um bei einer

von Dr. med. C. H. Pagenstecher, Dritter Teil: Revolutionäre Bewegungen im Rheinlande 1830 bis 1850, Leipzig o.J. (1913), S. 14/15).

---

[1] *Es könnten gemeint sein: Napoléon Franz Joseph Karl Herzog von Reichstadt (1811-1832), von den Bonapartisten Napoleon II. genannt, einziger Sohn Napoleons I. und Marie-Louises von Österreich, ab 1814 am Wiener Hof; oder: Charles Louis Napoléon Bonaparte (1808-1873), der spätere Napoléon III., Kaiser von Frankreich. Charles Louis, der Neffe Napoléons I., ab 1809 nominell Großherzog von Berg, unternahm 1836 und 1840 in Straßburg und Boulogne Putschversuche mit populistischer Tendenz, sein Rückhalt u.a. in der Arbeiterschaft stützte ihn bei seinem Staatsstreich im Dezember 1851, mit dem er das Parlament auflöste. Ein anschließendes Plebiszit übertrug ihm für 10 Jahre diktatorische Vollmacht.*

etwaigen Feuersgefahr schnell bei der Hand zu seyn. Dieses, so wie daß jeder Brandoffizier seine untergebenen Pompiers versammlen, sie ermahnen und ersuchen möge, mehr denn je auf ihrer Huth zu seyn, trat gleich in Ausführung.

Der Nachricht von der Begebenheit in Aachen folgte die von der, zwar sich später Gottlob als unwahr dargestellten, Zerstörung der B a u e n b a h l schen Fabrik in Lennep *) und nun faßte ich den Entschluß, weil auch der Tag des 31. August sich zum Ende neigte, schnell mehrere der im Mittel-Viertel wohnenden braven Mitbürger aller Stände persönlich zu besuchen, sie zu fragen, in wiefern man, wenn der Stadt oder dem Eigenthum einzelner Bürger eine Gefahr drohe, auf sie rechnen könne; und es wurde mir auf die zuvorkommendste Weise und durch einen Handschlag, von 39 dieser braven Mitbürger, welche ich persönlich besuchte, das feierliche Gelübde, für die Bürgerschaft alles zu wagen, wenn irgend ein roher Haufe benachbarter oder einheimischer Ruhestörer es wagen sollte, irgend ein Attentat zu versuchen; Einen für Alle und Alle für Einen mit mir zu handeln. Rückgekehrt von diesen Besuchen, fand ich den Herrn Landrath auf dem Rathhause, der mich mit der Absicht, eine Bürgerwache zu errichten, und zu diesem Zwecke auf den folgenden Morgen ein Comitée geachteter Männer einzuladen bekannt machte. Wenn ich zwar im Anfange diese Absicht nicht ganz theilte, so erkannte ich sie nach einiger Austauschung der Ideen doch für ganz zweckmäßig, und wirkte ich zu der Organisation derselben am anderen Tage, deren Zweckmäßigkeit erkennend, unter der thätigen Mithülfe des Herrn Landraths, sehr gern mit. Immer noch, im ernsten und festen Vertrauen, daß nichts Bedenkliches, was die Ruhe zu stören vermöchte, hier sich zutragen könne, fand ich die Anwendung einer neuen Vorsichtsmaßregel doch noch angemessen: nämlich in jedem Brandspritzenbehälter 2 der Pompiers während der Nacht aufzustellen, damit auch diese bei einem Unglück schnell bei der Haud seyn könnten.

Eine gegen halb 9 Uhr an diesem Abend als zuverläßig hier in dem Hause des Herrn W ü l f i n g angekommen seyn sollende Nachricht, daß die arbeitende Volksklasse in Crefeld ebenfalls Unruhe begonnen habe, brachte weitere Besorgniße. Zur Stelle begab sich der Herr Beigeordnete F e l d h o f f auf mein Ersuchen zu Hrn. W ü l f i n g, und die Nachricht stellte sich ganz als eine lügenhafte dar.

Von zuverläßigen Personen erfuhr ich noch am Abend des 1sten September, daß im Allgemeinen die arbeitende Volksklasse die Vorfälle in Aachen höchlich verabscheue; aber unbekannt blieb es mir dabei nicht, daß schon Klagen und mehr denn sonst, über die Bezahlung des Schulgeldes, von Seiten vieler geringen Bürger geschehen, welche Klagen früher schon vielseitig an mich gelangt waren, ohne daß bisher ein anderes Verhältniß eintreten konnte. Daß aber auch diese Bürger, in ihren Gesinnungen mir genau bekannt, nie zu einer Unruhe sich herab würdigen noch an irgend einem öffentlichen Erzeß Theil nehmen würden, davon war ich überzeugt.

Ich verließ am Abend des ersten Septembers nach 8 Uhr das Rathhaus; es war ein evangelischer Feiertag (Buß- und Bettag) und das überaus schöne Wetter hatte eine große Menge Menschen auf der Wallstraße versammelt.

Ich ging durch die Reihen, erkannte in den Versammelten meistens Handwerksgesellen, aber auch eine Menge ordentlicher und ruhiger Bürger; und im Begriff, gegen 9 Uhr mich wieder nach dem Rathhause zu begeben, um zu beobachten, ob vielleicht wie am Sonntag vorher, die Ruhe durch Singen ꝛc. gestört werde, wozu ich einige Polizeiofficianten und die Brandofficiere HH. Büschler Schlieper, Neuhoff und Mallinkrodt bestellt hatte, trafen mich im Museum, fast gleichzeitig die nach Lennep und Ronsdorf gesandten vertrauten Angestellten, die dem Herrn Landrath und mir die willkommene Nachrichten brachten, daß die am Abend vorher und am Morgen dieses Tages ausgestreuten Gerüchte, daß in beiden Orten bedeutende Unruhen entstanden seyen, ganz falsch wären. Ich eilte schnell in das mit vielen meiner Mitbürger angefüllte Gesellschafts-Lokal und theilte diese Nachricht froh den Versammelten mit.

Auf dem Wege nach meinem Hause, es war kaum halb 9 Uhr, kam mein 14jähriger Knabe und gleich darauf ein Polizeisergeant von der Gegend des neuen Markts, mit der Anzeige, daß daselbst und auf der Wallstraße eine große Masse, wohl 500 Sänger, versammelt wären, die das vorher erwähnte Lied laut und mit unter » Vivat Napoleon « riefen.

Nachdem ich zur Stelle dem Herrn Landrath von diesem Ereigniß Mittheilung geben ließ — wandte ich gleich um, zum Rathhause. Kaum 100 Schritte gegangen, kam der Herr Conrad Winkelmann mir hastig entgegen, mit der nämlichen Anzeige. Er erbot sich gleich, mit mir zu dieser Volksmasse zu gehen — die wir indessen weder auf der Wallstraße noch auf dem neuen Markte antrafen und die, wie einige Menschen uns sagten, singend ihren Weg nach dem oberen Stadttheile genommen hatten.

Zum Rathhause eilend, traf ich nun den Herrn Landrath da an, wo wir in der Poststraße den Haufen singend und schreiend schon hörten, ohne jedoch ein Vivat zu vernehmen, der nun auch gleich an der Seite des Rathhauses vorbei zog und sich auf der Wallstraße aufstellte.

Im Einverständnisse mit dem Herrn Landrath, ließen wir nun gleich das verabredete Signal an der Glocke der katholischen Kirche geben, womit ich den Kanzelei-Diener Kaiser, den ich schon eine Stunde vorher damit bekannt gemacht hatte, sofort beauftragte.

Nach und nach versammelten sich mehrere Bürger, die ich kannte, und die ich ersuchte, sich an der Seite des Rathhauses aufzustellen. Unter denselben verweilte ich auf der Straße, und mehrere derselben verlangten es von mir, den Haufen anzugreifen. Ich versprach es zu thun, wenigstens persönlich mich von dem Verlangen desselben zu überzeugen, sobald das Zeichen der Glocke laut würde. Dies geschah. Ich übergab nun dem schon gleich mit mir anwesenden Herrn Beigeordneten Feldhoff das Rathhaus und rief: «Bürger folgt mir»!

Mit vieler Entschlossenheit traten die Färber-Meister Carl Franz und Flatten, die Färber-Gesellen Friedrich Steinkühler und Carl Rauhaus, der Blecharbeiter Gustav Becker, der Bäcker Friedr. Bormann, (einen Theil derselben erkannte ich in der Dunkelheit sogleich nicht und überzeugte mich, daß es zuverlässige Bürger waren), so wie der Wachtmeister-Adjunkt Wüthoff, der Polizei-Agent Schnabel, mit den Worten auf meine Seite: » Wir folgen Ihnen, Herr Oberbürgermeister, wohin Sie wollen. «

Unbewaffnet — und meine Begleiter ebenfalls ohne Waffen, wandten wir um die Ecke der Wallstraße, und obzwar wir über den Haufen staunten, trat ich an die ziemlich regelmäßig aufgestellte erste Reihe. Während die Bürger sich dicht hinter mich stellten, gebot ich Ruhe und fragte mit kräftiger lauter Stimme: » was wollt ihr? « und da keine Antwort erfolgte, sprach ich zum zweitenmal » im Namen des Gesetzes frag ich Euch, was wollt ihr? « — und der ganze große Haufen floh so schnell aus einander, daß mehrere zu Boden fielen.

Alle diese Ruhestörer rannten durch die de Landas-Straße, nach der Wiedenhofer- und der Mäuerchen-Straße, wohin laufend sie durch mich und den benannten Bürgern verfolgt wurden.

An der vor wenigen Wochen neu angelegten Brücke auf dem Mäuerchen, stürzte gleich, fast ein Drittheil hinüber, und es schien mir, als wenn der obige Haufen sich nach der Herzogstraße gewandt hätte, den wir verfolgten. Zur Vorsorge beorderte ich den Wachtmeister-Adjunkt Wüthoff zu sehen, ob man vielleicht den Weg nach der Aue eingeschlagen hätte, und als derselbe dies verneinte, verfügten wir uns vor das Museum. Auf den Ruf » Bürger heraus » kamen einige derselben bewaffnet, wovon ich den Hrn. Feldmann-Simons und den Weinhändler Hrn. Feldmann erkannte. Denselben gleich erzählend was geschah, schlossen sie sich freudig in dem schönsten Bürgersinn mir an.

Die Mitglieder der hiesigen Freimaurer-Loge, welche vereinigt waren, um das Geburtsfest Seiner Majestät des Königs zu feiern, hoben in diesem Augenblick ihre Tafel auf, und fingen ebenfalls gleich an, unter der Leitung ihres Vorstehers des Herrn Willemsen, theils bewaffnet, eine geschlossene Patrouille über den neuen Markt nach dem Rathhause zu machen.

» Sie sind durch das Island in die Stadt gezogen«, rief man; wir faßten nun schnell den Entschluß dahin zu folgen, erreichten aber doch die Ruhestörer nicht. Unser Weg ging durch die Herzogstraße, die Wall-, Schwanen- und Poststraße, und da ich vernahm, daß der Herr Landrath mit Begleitung zweier Gensd'armen und später mit mehrern Herren der Bürger-Cavallerie, gleich nachdem ich das Rathhaus verlassen, sich auf die Straße begeben, und ebenfalls einige Haufen gesprengt hatte, auch viele Patrouillen der Bürger zu Fuß bewaffnet sich zeigten, erklärte ich den mich begleitenden Bürgern: daß da nun bei der geringsten Widersetzlichkeit ein Unglück sich ereignen oder gar einer der Ruhestörer oder der Widerspenstigen verwundet werden könne, eine Warnung von meiner Seite um so mehr zu erlassen sey, da der erste und größte Haufen gänzlich zerstreut wäre.

Die mich begleitenden Bürger folgten mir zum Rathhause, wo wir ebenfalls eine bedeutende Anzahl bewaffneter Bürger und das Rathhaus selbst, durch die thätige Anordnung des Beigeordneten Hrn. Feldhoff gehörig geschützt und verwahrt fanden. *)

In dem Augenblick kein Papier und Feder zu meinem Gebote, nahm ich den ersten besten Tambour, ließ das gewöhnliche Verkündigungs-Signal der Trommel geben, und machte persönlich bekannt:

»daß eine außergewöhnliche Ruhestörung das Aufbieten der Bürger nothwendig gemacht habe; daß Alles, was nicht zu diesen gehöre, sich von den Straßen zu entfernen oder bei der geringsten Widersetzlichkeit zu erwarten habe, daß man Gewalt mit Gewalt vertreiben würde.«

»Die Wirthe wurden angewiesen, ihre Gäste zu entlassen, die guten Bürger aufgefodert, die Thüren ihrer Häuser zu verschließen, — alles, im Namen des Gesetzes.«

Dieses geschah zuerst vor dem Rathhause und dann auf mehreren Plätzen und Straßen der Stadt, wohin die nun immer größer werdende bewaffnete Macht der Bürger mich begleitete.

Auf der Gather-, Friedrichs-, Wilhelms- und Karlsstraße wurden nun mehrere Patrouillen fortgesetzt, und eben dort, wo die meisten Arbeiter wohnen, war es sehr ruhig, und der gutgesinnte Bürger folgte der Aufforderung willig und gern. Von da zurückgekehrt, berührten wir den neuen Markt, wo ich mehrere erkannte, die zu den Neugierigen, aber auch wieder andere, die zu den Ruhestörern gehörten. Auch hier wurde in dem Augenblick die Publikation erlassen, als der Herr Landrath an der Spitze der berittenen Bürger ankam, wodurch die dort befindliche Menschen-Masse wieder zerstreut wurde.

Die Bürger begleiteten mich nun noch zur Wallstraße und ins Island, und nachdem dort, da ich nicht mehr zu sprechen vermogte, der Wachtmeister-Adjunkt Wüsthoff meine Bekanntmachung abgerufen hatte, auch im letztgenannten Stadtviertel mehrere Wirthshäuser aufgeräumt waren, und die größte Ruhe daselbst zurückgekehrt war, zum Rathhause.

Es mochte nun 11 Uhr seyn, wo ich den Herrn Landrath suchte, der mit der Bürger-Reiterei bei dem Gastwirth Obermeyer seyn sollte; ich fand ihn daselbst aber nicht, sondern einige wenige Minuten später auf dem Rathhause.

Einige mich zu dem Rathhause begleitende Bürger waren durch die verbreitete Nachricht: die Ruhestörer hätten sich auf dem Wege nach Cronenberg in den verschiedenen Kneipen daselbst versammelt, um noch zur Stadt zu kommen, sehr besorgt. Diese Nachricht ging von Mund zu Mund. Es wurden mehrere Bürger-Patrouillen dort hin detachirt, diese während der ganzen Nacht und bis 3 Uhr Morgens unterhalten, alles aber ruhig und das Gerücht ungegründet befunden.

Den 2. September.

Um 4 Uhr das Rathhaus verlassend, vernahm ich nun schon an diesem Morgen gegen 9 Uhr, daß der am Abend vorher zersprengte Haufen fast um die nämliche Zeit, wo er nach seiner ersten Sprengung gegen 9 Uhr verfolgt wurde, sich ungefähr gegen 9 1/2 Uhr, in einer Anzahl von 60 — 80 Köpfen bestehend, unfern des Königl. Zollamts und des Auer Schulhauses aufgestellt hatte.

Dort waren, nach zuversichtlich mir von einem Zeugen gewordener Mittheilung folgende Aeußerungen, jedoch nur von Einigen gemacht worden, alles in plattdeutscher Sprache:

»Wir wollen nicht das hohe Schulgeld«

»In Waaren soll man uns nicht bezahlen« in einem etwa oberländischen Dialekt; und nach einigen nicht genau verständlichen Aeußerungen, noch zuletzt »wir kriegen ihn morgen den kleinen Wiener, und dann geht es ihm anders.«

(Wiener, ein Commis bei M. Leser.)

Mit den Worten »nun zum Vogelsang« (einem Wirth auf der Aue) gieng der kaum 10 Minuten an dieser Stelle befindlich gewesene Haufen auseinander.

Als sich Vormittags gegen 10 Uhr das Comite der Bürger-Wache und gegen 11 Uhr der Tages vorher schon zu einem andern Zweck eingeladene Stadtrath versammelte, wurde die ganz gewisse Nachricht verbreitet, daß auch in Cronenberg ähnliche Unruhen entstanden seyn sollten. Herr Kamp begab sich auf Ersuchen gleich dahin, brachte aber die Nachricht von einer daselbst herrschenden gänzlichen Ruhe mit.

Um 12 Uhr erschienen auf meine Vorladung die sämmtlichen Vorsteher der Handwerksgesellenherbergen mit ihren Herbergsvätern, denen ich die gestern Abend vorgefallenen Unruhen eröffnete, sie an die Polizei-Bekanntmachung besonders wegen der Polizeistunden und des Aufenthalts auf der Straße ermahnte, und die eine Befolgung dieser Maaßregel, sogar eine Mithülfe mir zusagten.

Gegen 1 — 2 Uhr verbreitete sich das Gerücht, heute Abend würde das Haus des H. Leser, dann die Maschiene bei den H. Gebr. Bockmühl, Schlieper u. Hecker zerstört werden. Um 4 Uhr brachte man als ganz gewiß die Nachricht, daß man 20 Menschen in blauen Kitteln aus den benachbarten Gegenden, in der Kluse (Wäldchen dicht an der Stadt) gesehen haben wollte, von denen man nur Schlimmes befürchtete. Ich beorderte gleich einen Polizei-Sergeanten dahin — und auch diese Nachricht war ungegründet. Je näher es nun zum Abend kam, je größer wurden die Ausstreuungen von Unwahrheiten und Lügen.

Meine Tochter sandte gegen 5 Uhr zum Rathhause und ließ mir sagen, daß sie von der Tochter der Frau Leser vernommen, wie sie gewarnt worden, daß heute Abend ein Haufen des Gesindels vor ihre Wohnung ziehen und das Angedrohte vollziehen wolle.

Gegen 6 Uhr kam der Kanzleidiener Kaiser und bemerkte mir, wie er ebenfalls gehört habe, daß man heute sich unfern meines Hauses versammeln, und dann sich zu der Wittwe Leser begeben wolle.

Etwa um 7 Uhr kam ein Bürger, der mich allein zu sprechen verlangte, und nachdem ich ihm das Versprechen, ihn nicht namhaft machen zu wollen, gegeben hatte, berichtete er mir das Nämliche wirklich wieder. Obschon ich weder das Eine noch das Andere glaubte, ließ ich dennoch dem Herrn Landrath, der mit der berittenen Bürgerwache sich schon zu versammeln im Begriff stand, hievon Bericht geben.

Gegen 9 3/4 Uhr begab ich mich, da die Bürgerwache auf dem Rathhause und nach der gewordenen Meldung auch in der Harmonie und dem Museum versammelt war, in Begleitung des Wachtmeisters-Adjunkt Pothmann und des Polizei-Sergenten Lohoff zuerst zur Wache im Museum, dann nach meinem Hause, und von da, es mochte etwas mehr denn 9 Uhr seyn, zu dem Hause der Frau Leser.

Auf der ganzen Straße war es ungewöhnlich ruhig, nur vor dem Hause der Frau Leser standen 6 Frauenzimmer, wovon eine auf meine Frage antwortete, daß ihr Aufenthalt daselbst keinen andern Zweck habe, als einmal zuzusehen, was es heute Abend hier geben würde. Sie begaben sich auf der Stelle, wie es ihnen geboten wurde, nach Hause.

Ich patrouillirte über die ganz ruhige Auerstraße, auf der ich fast keinen Menschen, als hin und wieder einige brave Bürgerinnen an ihrer Hausthüre sah; leerte, da die am Morgen erlassene Bekanntmachung die Polizeistunde auf 9 Uhr feststellte, das Wirthshaus von Vogelsang, und traf unfern des Hauses der HH. Schlieper und Hecker eine Bürgerpatrouille, welche aus den HH. Albert Weber, Carl von der Heydt, Färber Flanhardt, Vollenberg, Schröder, Benz, Osthoff, Bender, Hammel, Rosendahl bestand, die auf meine Anfrage, ob auf ihrer Patrouille nichts Merkswürdiges vorgefallen sey, mir entgegneten: wie sie auf der Isländer Brücke eine Masse von Menschen schreiend und rufend angetroffen, die ihrer Aufforderung, sich zu entfernen, keine Folge geleistet hätten. Meine Anfoderung mir dahin zu folgen, wurde gleich erfüllt, und wirklich stand eine Masse von Menschen an der Ecke der Brücke in dichten Haufen, die schreiend und lärmend »Hurrah« riefen. Ich ermahnte sie und rief ihnen zu, sich zu entfernen — und da sie Anstand nahmen, dieses zu thun, wandte ich mich mit der Bürger-Abtheilung auf sie zu, und alles nahm die Flucht ohne die mindeste Gegenwehr.

Nach 10 Uhr an diesem Abend war alles ruhig auf den Straßen, an welchen außer mehr den 200 Bürger zu Fuß, — auch das Reiterkorps mit dem Herrn Landrath, die Patrouillen in allen Theilen und Ecken der Stadt gemacht hatten. Auch jetzt kamen Nachrichten, daß von der Kronenberger Heerstraße einige Haufen am Heranmarschieren seyn sollten, was aber auch nur Gerücht war.

Den 3. September.

Der Freitag Abend vergieng, einige kleine Excesse abgerechnet, ganz ruhig, wenigstens war es um 10 Uhr ungewöhnlich still vor dem Rathhause, wovon ich mich eben vor 10 Uhr auf dem Wege von meinem Hause bis auf die Wallstraße persönlich überzeugte. Gegen 10 Uhr Abends erhielt ich den Rapport von dem Polizei-Agenten Schnabel, daß nichts sich zugetragen habe, außer daß Herr Willemsen, was mir dieser auch selbst berichtet hatte, nach 8 Uhr einen starken Haufen singender junger Burschen, vom Wall weg, wo mehrere hundert gestanden, aus der Stadt auf die Hardt geführt, und drei Bürger die auf diesen Haufen hätten eindringen wollen, gebeten habe, ihn nur ruhig seinen Zweck, die Unruhigen zu trennen, verfolgen zu lassen.

Vor zehn Uhr hatte sich Herr Willemsen dann persönlich überzeugt, daß auf der Haardt alles ruhig war.

Den 4. September.

Drei Prinzen des Königlichen Hauses hatten an diesem Tage die Stadt mit ihrem Besuch beglückt. Sie wurden, ungeachtet ihre Ankunft nur einigen wenigen Bürgern bekannt geworden, mit Theilnahme und in Freude empfangen.

Am Abend und zwar gegen 8 Uhr, standen mehrere, meistens aber ordentliche Bürger, auf den Straßen; ein gewöhnliches Erscheinen am Sonnabend, wo der Fabrikarbeiter feiert. »Auf diese Ruhe folgt eine stürmische Nacht« dieses war fast ein allgemeines Gespräch. Bald hieß es, die Ruhestörer hätten sich auf der Haardt, bald, auf dem Engelnberg versammelt.

Dorthin gesandte Nachfragen bestätigten das Gegentheil; und als aufs Neue berichtet wurde, es habe sich dennoch ein Haufen dort versammelt, begab sich Herr Willemsen, der auch diese Nacht wie früher die Wache mit mir auf dem Rathhause hielt, allein hin, fand einige Spazierende, und vernahm von diesen, daß es dort oben während des ganzen Abends ruhig gewesen sey.

Es war schon früher mit einigen Bürgeranführern und dem Herrn Beigeordneten Feldhoff die Abrede getroffen und dem Herrn Landrath, der auch an diesem Abend eine Abtheilung der Cavallerie versammelt, hatte am Abend mitgetheilt worden, wie man durch versteckt aufzustellende Polizei-Soldaten einige Ruhestörer einfangen wolle.

Wirklich erscholl noch gegen halb 9 Uhr ein Geschrei auf der Wallstraße, die übrigens wie erwähnt mit ruhigen Bürgern meistens angefüllt war: Vivat, Hurrah, und ein höchst unanständiges Pfeifen. Einige Mann der Polizei-Wache rückten mit dem Beigeordneten Feldhoff und mir, und 10 Bürgern, die mit dem Herrn Stadtrath Wortmann, der ebenfalls mehrere Abende freiwillig sich auf der Wache an meiner Seite eingefunden hatte, zur Wallstraße, und sechs Jungen, von der geringsten Klasse, wurden als Ruhestörer ertappt und eingefangen.

Sie wurden verhaftet, die Untersuchung gegen sie eingeleitet und da nichts als das Singen gegen sie konstatirte, am Montag Vormittag entlassen und ihren vorgerufenen Aeltern zur Züchtigung übergeben, was denn auch von einigen auf der Stelle in dem Wachtlokal gern vollzogen ward.

Plötzlich kam nun die Nachricht nach dem Rathhause und es wurde mir gemeldet, daß in dem Hause des Wirthen Osenbeck sich die Schreiner und mehrere Handwerksgesellen versammelt hätten, um gegen 9 Uhr über die Vikarie, Hofauer- und Kipdorfer Straße umherzuziehen. Ich verfügte mich mit einem Polizei-Angestellten hin, und fünf ordentliche Bürger saßen und tranken ihr Bier, alle mit dem Wirthe versichernd, daß seit einer Stunde die

Anzahl der Gäste des sonst so besuchten Hauses, nicht größer gewesen sey.

Um 10 Uhr war, wie mir die Bürger-Patrouille meldete, dieses Haus ganz ruhig und leer, und auf den Straßen alles still.

Den 5. September.

Den Sonntag Abend, wo Kirchweih in Kronenberg war, wurde nicht viel Gutes vorher gesagt. Es wurden noch einmal die Vorkehrung des vorigen Abends veranlaßt, und Alles blieb in tiefster Ruhe. Erst nach 10 Uhr verließ die Bürgerwache ihre Posten.

Am Sonntag wurde noch einmal in sicherer Weise die Stimmung in mehreren Wirthshäusern zu erforschen gesucht, und die Referate darüber lauteten:

»daß der Oberbürgermeister das Brod herabsetzen müsse.«

Vernünftige Raisonnements und Gegenrede von einigen Anderen darüber.

Ueberzeugung nach mehreren Mittheilungen, daß fast alle Handwerksgesellen und fast alle Fabrikarbeiter, Färber- und Seidewebergesellen, die angewandten Maaßregeln laut billigten und den vorgefallenen Exceß am Mittwoch Abend (den 1 September) eben so tadelten. Erwiesen, daß Straßendirnen den Singenden zahlreich gefolgt. In zwei Wirthshäusern, wo der Vorfall des Tages der Gegenstand des Gesprächs war, ist kein Tadel über irgend eine Abgabe, nur einige Mißbilligung und unzufriedene Aeußerung über das hohe Schulgeld, hohe Brodpreise, und daß einige Armen, die es n i c h t verdienten, 15 und 20 Sgr. Unterstützung von der Central-Wohlthätigkeits-Anstalt erhielten, geäußert.

Den 6. September.

Als am Sonntag der Unterzeichnete es mit Gewißheit vernahm, daß der Lärm und die Unruhe nur durch den Streit der Handwerker und durch gar nichts anderes veranlaßt war, leitete er die Untersuchung darüber frühe an diesem Tage ein, und täuschte sich in seiner Meinung nicht. Fünf dieser Schreiner-Gesellen sind als Urheber der Unruhe überführt, wie die besonders aufgestellten, den Behörden eingereichten Species facti es näher darstellen.

Nach denselben hatte der Streit in ihrer Handwerksgesellen-Herberge am Sonntage den 29. das Entstehen, und durch dieselben eine Schlägerei Statt, wobei sie sich in zwei Streitpartheien theilten, — sich Abends auflauerten, und so die Stadt in kleineren und größeren Haufen durchzogen, wobei mitunter gesungen wurde.

(...)

Die beiderseitigen Partheien dieser Gesellen sind zuerst am Sonntag und da am Mittwoch auf den Straßen erschienen. Nur um ihren Streit zu schlichten, und in keiner andern Weise waren sie versammelt; sie sind den Gerichten übergeben; aber die Ungesitteten, die liederlichen Dirnen und die rohe Jugend reihten sich ihnen an. So war der lärmende Haufen am Sonntag den 29. August schon groß, so war er größer am Mittwoch den 1. September, und wäre noch größer und gewiß gefährlich geworden, am Sonntag den 5., hätten wir ihn nicht in der Geburt erstickt. Und was in einer bewegten Zeit, die an so vielen Orten Unheil bringt, hier von Schlechtdenkenden hätte geschehen können, wird jeder einsehen, der die Verhältnisse unserer Stadt und die Anwesenheit der Menschen fast aller Nationen in derselben kennt. Sicher wäre später die Sache nicht ohne Blutvergießen abgelaufen. Die Unruhe der Handwerksgesellen hatte k e i n e n politischen Zweck — alle haben unbedingt Anhänglichkeit an den Staat ausgedrückt. Aber wie würde es der Stadt gegangen seyn, wenn wie im Februar 1813 fremdes Gesindel in Masse gekommen wäre? Lebhaft steht dieses den Bewohnern Elberfelds aus damaliger Zeit noch im Andenken, und gewiß auch mir noch.

In einer Fabrikstadt müssen ungewöhnliche, auch selbst die kleinsten Excesse, in der Geburt erstickt werden!

Im November 1804, wo das Verbot des Tabakrauchens und das Gebot, daß jeder Bürger am Abend nicht ohne Laterne auf der Straße erscheinen durfte, erlassen wurde, entstand die erste Aeußerung der Unzufriedenheit an einem Sonntage. Der Magistrat, dessen jüngstes Mitglied ich war, schritt nicht ein, er suchte die Unzufriedenheit mit guten Worten zu dämpfen. Am Montag wurde der Haufen größer, am Dienstag noch größer, — und jene die am Sonntag an keine Excesse dachten, reihten sich immermehr dem Haufen an, und da kein kräftiges Einschreiten erfolgte, stürmte man am Donnerstag den 15. November Abends das Rathhaus, zerstörte alles was nur zu zerstören war, und vertrieb den Magistrat. Da erst rief man die Bürger auf, und die Bürgerschaft unter Gewehr, nahm nach vieler Mühe das Rathhaus wieder ein.

Wie war es am 9. November 1813 als die ersten 16 Russen zu uns kamen? Einheimische Ruhestörer und eine große Anzahl fremden Gesindels versammelten sich, drohten Salz- und Tabaks-Depot und die Casse des Steuereinnehmers zu plündern. Aber die am 7. ins Leben gerufene Bürgerwache erschien mit kaum 20 Personen und diese stellten die Ruhe im Augenblick wieder her. Am Abend des nämlichen Tages fanden sich mehr denn 100 auswärtige Ruhestörer auf dem Cronenberger Wege mit allerhand Wehrwerkzeugen bewaffnet, um, wie sie sagten, die Russen zu holen und mitzunehmen. Von ihrer Ankunft unterrichtet und daß sie in in der Steinbeck aufgestellt waren, begab sich eine Abtheilung der Bürgerwache unter Anführung ihres Chefs dort hin, und binnen 10 Minuten war der Haufen angegriffen, gesprengt und verschwunden, um nicht wiederzukehren.

(...)

Hat der Vorfall vom ersten September veranlaßt, daß der große Bürgerkreis sich noch einmal genähert, noch einmal zusammen getreten ist und sich enge verbunden hat; ist nirgend eine zweideutige Aeußerung gegen irgend eine Staats-Institution, gegen den Regenten und den Staat laut geworden; ist vielmehr das Band des Vertrauens und der Liebe noch enger gewunden, und hat sich vielmehr auf die innigste überzeugendste Weise, die Liebe und Anhänglichkeit an unseren erhabenen König aufs Neue allgemein ausgesprochen, so darf wohl die Bitte hier eine Stelle finden:

» in solchen Fällen nie den Gerüchten so leicht Glauben zu schenken, welche leichtsinnige Menschen verbreiten, Leichtgläubige täuschen, Sorge und Unruhe bringen, und leicht das kleinste Uebel zu großem Unglück treiben.«

Kommentar 17
Mit der Thronbesteigung Friedrich Wilhelms IV. von Preußen im Juni 1840 verbanden sich liberale Hoffnungen auf die Einlösung des Verfassungsversprechens und auf eine Führung Preußens in der deutschen Einigungsbewegung. Diese Hoffnungen erschienen zunächst berechtigt, da der König Zeichen setzte: So gab es etwa im August 1840 eine Amnestie für politische Häftlinge, Ernst Moritz Arndt (1769-1860), der im Zuge der Demagogenverfolgungen seine Professur verloren hatte, wurde rehabilitiert, im Dezember 1841 erfolgte eine Lockerung der Zensurbestimmungen.
Quelle 17 beschreibt die Feiern anläßlich der Berliner Huldigung am 15.10.1840 in Barmen, von wo neben dem Bürgermeister Wilkhaus der Pfarrer Dr. Franz Friedrich Gräber (1784-1857) und der Kaufmann Wilhelm Osterroth zu der Veranstaltung in der preußischen Hauptstadt abgereist waren.

Quelle 17
Huldigung für Friedrich Wilhelm IV., in: W. Huthsteiner/C. Rocholl, Barmen in historischer, topographischer und statistischer Beziehung von seiner Entstehung bis zum Jahr 1841,
Barmen 1841, S. 50-57 Auszüge

Am Morgen des 15. Octobers — des Tages, der uns vor 45 Jahren den geliebten König gegeben, fand sodann in Berlin der feierliche Akt der Erbhuldigung der übrigen sechs Provinzen der Monarchie Statt. Barmen hatte in einer abgehaltenen Wahl seinen würdigen Mitbürger den Kaufmann Herrn Wilhelm Osteroth dazu ausersehen den Eid der Treue an den Stufen des Thrones abzulegen. Auch der Herr Bürgermeister Wilckhaus war auf Allerhöchsten Befehl eingeladen worden, der Erbhuldigung beizuwohnen. Ebenso war unser würdiger Pfarrer, Herr Dr. Gräber, als Präses der rheinischen Provinzial-Synode dazu einberufen worden.

(...)

In unserer Stadt verkündete schon am Vorabende des Freudentages von den Kirchthürmen das Geläute aller Glocken und der in den Bergen wiederhallende Donner des Geschützes die nahende Feier. Der aufsteigende Tag ward mit Freudenschüssen und Glockengeläute begrüßt und von dem Plateau des Rathhauses ertönte unter Posaunenschall der Gesang: „Nun danket alle Gott." Auf den Zinnen der Dächer fast aller Häuser wehte die Nationalflagge, theilweise sinnig mit blau und weißen Schleifen ausgeschmückt.

Um 10 Uhr Vormittags bewegte sich vom Rathhause aus ein großer Zug aus den städtischen Behörden so wie den übrigen Beamten und dem Landwehr=Offizier=Corps bestehend; daran schlossen sich die alten Krieger aus den Jahren 1813, 14 und 15, welche ein besonderes Comité gebildet, geschmückt mit dem National=Abzeichen, ihren Ehrenzeichen und Denkmünzen, und begaben sich in die evangelisch=reformirte Kirche, wo der Prediger Herr Roffhack eine der Deutung des Tages angemessene Festrede hielt. Während dieser Zeit ereignete sich ein Vorfall, der, so einfach er auch ist, doch der Vergessenheit entrissen zu werden verdient: Eine Abtheilung von etwa 100 entlassenen Kriegs=Reservisten der Artillerie marschirten von zwei Offizieren geführt durch unsere Stadt. Auf der Gemarke angekommen, hielten die Bürger die Soldaten an — und bewirtheten sie nach Kräften, so gut es im Augenblicke thunlich war; einer der Offiziere dankte hierauf in einer kurzen Rede und unter einem jubelnd unserm vielgeliebten König dargebrachten Lebehoch, in das Bürger und Soldaten gemeinschaftlich einstimmten, zogen Letztere weiter. — Nach beendigtem Gottesdienste ging der Zug wieder zum Rathhause, von wo aus die alten Krieger, ein Musik=Corps an ihrer Spitze, sich in ihr Festlokal begaben. Mittags war großes Diner im schön geschmückten Saale bei Herrn Behrens, an dem die städtischen und Civil=Behörden, das Landwehr=Offizier=Corps, unsere Geistlichkeit und viele der angesehensten Bürger, etwa 140 an der Zahl, Theil nahmen.

Während der Mittagstafel bei Herrn Behrens hatten sich die alten Krieger im festlichen Zuge auf das Heidt begeben, wo auf einem großen mit vielen schön dekorirten Zelten versehenen Felde durch Musikvorträge und auf sonstige Weise für die Belustigung des Volks gesorgt war. Eine sehr große Menge aus allen Ständen nahm daran Theil; auch unser verehrter Landrath, Herr Graf von Seyssel, war von Elberfeld hierher gekommen und begrüßte sowohl die Festgenossen im Behrenschen Saale als auch die alten Krieger auf eine herzliche innige Weise.

Bei eingetretener Dunkelheit wurde ein großer Theil der Häuser illuminirt, vor allen aber glänzte unser mit Laubgewinden festlich geschmücktes Rathhaus; während dasselbe in einem Meer von Lichtern zu schwimmen schien, war auf dem Balkon ein von einem genialen Düsseldorfer Maler angefertigtes 20 Fuß breites und 17 Fuß hohes Transparent erleuchtet, den König und die Königin darstellend, wie sie unter einem Baldachin auf ihrem Throne, umgeben von den Göttinnen des Glücks und der Gerechtigkeit, die Huldigungen der verschiedenen Stände empfangen. Das Bild in allegorischer Form mit mittelalterlichem Kostüm gemalt, gewährte einen imposanten Anblick. Die Illumination war von dem freundlichsten Wetter begleitet; eine unabsehbare Menge Volkes hatte sich vor dem Rathhause versammelt, vor dem auf einer eigens dazu erbauten Tribüne der hiesige Harmonie=Verein musicirte; das Volkslied und ein besonderes dazu verfaßtes Festlied, die in mehreren tausend gedruckten Exemplaren vertheilt waren, wurden von den Anwesenden mit einer unbeschreiblichen Begeisterung abgesungen, worauf ein donnerndes Lebehoch unserm Könige gebracht ward. In der Gesellschaft „Concordia" fand ein Ball statt; um 9 Uhr Abends ward auf dem Feld zu Heidt ein brillantes Feuerwerk abgebrannt. — Bis tief in die Nacht wogten die Menschenmassen durch die festlich erleuchteten und geschmückten Straßen der Stadt, kein Unglück trübte die Freude dieses Tages und überall herrschte Ordnung und Anstand.

Eine Freude war über alle Gemüther ausgegossen, die sich deutlich auf jedem Gesichte kund gab; man fühlte die hohe Bedeutung dieses Tages. Wohl niemals ist in unserer Stadt ein Fest gefeiert worden, bei dem eine solche ungetheilte, lautere, sichtlich aus dem Herzen kommende Freude herrschte und gewiß kein Bürger hat das Fest beschlossen, ohne den inbrünstigen Wunsch zum Himmel zu senden: **Gott erhalte uns lange unsern geliebten König Friedrich Wilhelm den Vierten!**

Ganz bezaubert von dem hohen Gemüthe und dem weisen Geiste des Königs waren unsere Deputirten wieder in unsere Mitte zurückgekehrt; sie gestanden es, daß sie nicht fähig seien, den Eindruck wieder zu geben, den jener bedeutungsvolle Akt der Huldigung in ihnen zurückgelassen habe. Ihnen zu Ehren ward am 13. Novbr., an dem Geburtstage unserer allverehrten Königin im Behren'schen Saale von den Bürgern ein Festmahl bereitet, an dem etwa 150 Personen Theil nahmen, wobei Herr Osterroth sich des ihm bei seiner Abreise von Berlin gewordenen Auftrages entledigte: „seine Committenten der Allerhöchsten Huld und „Gnade zu versichern, und ihnen zu schildern, wie jene „unvergeßliche Feier das Band der Liebe und des Ver„trauens, welches alle Provinzen des Vaterlandes umschlingt, „wo möglich noch fester geknüpft habe."

Ja! durch dieses Band der Liebe und des Vertrauens wird unter Gottes Schutz Preußen wachsen und gedeihen an **Glück und Macht**, an **Licht und Recht**, an **Gesetz und Freiheit**, an **Gesittung und Gesinnung**. Wir dürfen getrost einer freudevollen Zukunft entgegen gehen. Preußens König, der mit der seltenen Begabung einfach, wahr und unbefangen sich der Welt als das, was er ist, kund zu thun, den reichen Schatz von Erfahrung und Wissen besitzt, wird diesen gewiß nur zum Wohle seines Volkes verwenden.

Kommentar 18 und 19

Angesichts des sich verschärfenden Pauperismus in den 40er Jahren in Deutschland (Juni 1844 Aufstand der schlesischen Weber) kam es zu einer intensiveren öffentlichen Diskussion der Lösungsmöglichkeiten der „sozialen Frage", die unter anderem Mitte der 40er Jahre zur Gründung von Vereinen „zum Wohle der arbeitenden Klassen" führte. In diesem Zusammenhang sind die „kommunistischen" Versammlungen im Elberfeld des Jahres 1845, die im folgenden durch zwei Quellen dokumentiert werden, zu sehen. Friedrich Engels (1820-1895), einer der Initiatoren der Versammlungen, schrieb im Februar 1845 an Karl Marx: „Hier in Elberfeld geschehen Wunderdinge. Wir haben gestern im größten Saale und ersten Gasthof der Stadt unsre dritte kommunistische Versammlung abgehalten. Die erste 40, die zweite 130, die dritte wenigstens 200 Menschen stark. Ganz Elberfeld und Barmen, von der Geldaristokratie bis zur épicerie [Krämerschaft], nur das Proletariat ausgeschlossen, war vertreten. Heß hielt einen Vortrag. Gedichte von Müller, Püttmann und Stücke aus Shelley wurden gelesen, ebenso der Artikel über die bestehenden Kommunistenkolonien im ‚Bürgerbuch' [Deutsches Bürgerbuch für 1845]. Nachher diskutiert bis ein Uhr. Das Ding zieht ungeheuer. Man spricht von nichts als vom Kommunismus, und jeden Tag fallen uns neue Anhänger zu. Der Wuppertaler Kommunismus ist une vérité [Wahrheit, Wirklichkeit], ja beinahe schon eine Macht. Was das für ein günstiger Boden hier ist, davon hast Du keine Vorstellung. Das dummste, indolenteste, philisterhafteste Volk, das sich für nichts in der Welt interessiert hat, fängt an, beinahe zu schwärmen für den Kommunismus" (MEW Bd. 27, S. 20). Obwohl die vierte Versammlung durch Oberbürgermeister von Carnap untersagt wurde, kann die Herausgabe des „wahr"-sozialistischen „Gesellschaftsspiegels" durch Moses Heß (1812-1875) in den Jahren 1845/46 im frühindustrialisierten Wuppertal als Fortführung dieser „kommunistischen" Ansätze gesehen werden. Der „Gesellschaftsspiegel" verstand sich - wie der Untertitel ausdrückte - als „Organ zur Vertretung der besitzlosen Volksklassen und zur Beleuchtung der gesellschaftlichen Zustände der Gegenwart".

Quelle 18
Die kommunistischen Versammlungen, in: Adolf Schults, Elberfeld in den vierziger Jahren des 19. Jahrhunderts

(Korrespondenznachrichten für das „Stuttgarter Morgenblatt für gebildete Leser"), hg. von Hanns Wegener, in: MBGV 20. Jg.(1913), S. 1ff, hier S. 30-33 (Elberfeld, März 1845)

In den letzten Wochen sind hier ungewöhnlich interessante Dinge vorgegangen, Dinge, von denen man fast sagen könne: „Es ist nicht zu glauben, ohne es zu sehen", wie die Ausrufer vor Jahrmarktsbuden zu sagen pflegen. Es wurde wiederholt in einem öffentlichen Lokale hiesiger Stadt eine Art kommunistischer Meetings gehalten. Die erste dieser Versammlungen war nur klein, da noch nicht viele darum wußten. Bei der zweiten fanden sich bereits an 200 Personen ein, und das drittemal war der Andrang so groß, daß bei weitem nicht alle Platz finden konnten in dem sehr geräumigen Gasthaussaale. Den Impuls zu der Sache gaben zwei junge Publizisten, von denen einer, ein Rheinländer von Geburt, sich gegenwärtig in Elberfeld aufhält, während der andere in seiner Vaterstadt, dem benachbarten Barmen, wohnt. Ersterer ist der bekannte Dr. Heß[1], einer der Redakteure der weiland Rheinischen Zeitung; letzterer ist ein junger Kaufmann, der sich unter dem Namen Friedrich Oswald[2] durch verschiedene Artikel in Zeitschriften, unter andern den deutschen Jahrbüchern, sowie durch ein paar kleine Broschüren bekannt gemacht hat. Diese beiden waren die Stimmführer der kommunistisch Gesinnten, und eine ziemliche Anzahl der intelligentesten jungen Leute, auch aus dem Kaufmannsstande, schlossen sich ihnen an. Zweck der Versammlungen war zunächst, das Wesen des Kommunismus zur allgemeineren Anschauung zu bringen und über die Notwendigkeit einer Reform der sozialen Zustände, sowie die Heilsamkeit und Möglichkeit der Einführung kommunistischer Institutionen zu debattieren. Um der Sache übrigens einen möglichst harmlosen Anstrich zu geben, hatte man Harfenmädchen bestellt, und so konnte das Ganze für eine musikalisch-deklamatorische Abendunterhaltung gelten; einige wollten es sogar für eine Verlängerung der Karnevalssitzungen angesehen wissen. Zur Eröffnung der Verhandlungen wurden, nachdem besagte Harfenistinnen präludiert, etliche Gedichte von Wolfgang Müller und H. Püttmann vorgetragen, deren Stoff dem sozialen Leben der Gegenwart entnommen war und die ihre Wirkung auf die Gemüter der Anwesenden nicht verfehlten. Heß und Oswald traten sodann auf mit gut durchdachten Vorträgen, die aber, da beiden eigentlich Redetalent mangelt, weit weniger Effekt machten, als die darauf folgenden Reden zweier rheinischen Juristen, die sich mit ihnen verbündet hatten und sehr freimütig sprachen. Außer diesen Vorträgen wurden Berichte zum besten gegeben über den gedeihlichen Zustand kleiner kommunistischer Gemeinden in Nordamerika usw.

An Gegnern des kommunistischen Prinzips fehlte es natürlich nicht, denn eine namhafte Zahl der angesehensten Kaufleute unseres Tals war bei der zweiten und dritten Versammlung gegenwärtig. Die meisten dieser Herren verhielten sich sehr passiv, nur einzelne opponierten mitunter in unartikulierten Lauten, mit jeweiligem Hohngelächter; als eigentlicher und alleiniger Wortführer derselben trat Roderich Benedix[3], der Lustspieldichter, auf. Seine wohlgesetzte Rede wurde von seiten der meisten „Besitzenden" mit großem Beifall aufgenommen; je mehr Gründe er gegen die Notwendigkeit und Möglichkeit einer Reform des Bestehenden vorbrachte, um so lauterer Applaus ward ihm zu teil. Fast rührend war es zu sehen und zu hören, mit welcher Innigkeit und Herzlichkeit ein dicker, champagnerseliger alter Herr aus den Reihen der Notabilitäten dem wackeren Verteidiger des Eigentums ein „Profit" zurief, als dieser eben das Glas zum Munde führte, um sich für die Fortsetzung seiner Rede zu stärken. Auf Benedix' Bemerkungen und Einwürfe folgten verschiedene lebhafte Erwiderungen, und die Debatten wurden zuletzt sehr heftig. Auf welcher Seite der Sieg verblieben, wollen wir unentschieden lassen; soviel ist aber gewiß, daß bei den Reden der Reformer nicht weniger Bravos laut wurden als bei der Benedixschen, und ferner ist es ein Faktum, daß dieser bei der letzten Versammlung gar nicht erschien, und auch sonst niemand weiter als Opponent auftrat, wenigstens nicht als Sprecher. Unter solchen Umständen konnte es nicht unerwartet kommen, daß die Behörde selbst sich nunmehr veranlaßt fand, die Mühe des Opponierens zu übernehmen; sie tat das Ihrige und — siegte; das heißt, die Zusammenkünfte wurden verboten und den Anstiftern bedeutet, sie sollten sich dergleichen Volksaufwiegeleien nicht wieder in den Sinn kommen lassen, wenn sie nicht sofort nach der Strenge des Gesetzes als Rebellen behandelt sein wollten. Schade war's um die angekündigte vierte Sitzung, denn in dieser sollte gerade die Möglichkeit der Ein- und Durchführung des Kommunismus bewiesen werden; eine Möglichkeit freilich, an der selbst viele Freunde des neuen Prinzips fürs erste bescheidentlich zweifeln.

Mag man über die Sache denken wie man will, jedenfalls bleibt es ein beachtenswertes Zeichen der Zeit, daß dergleichen hier auftauchen konnte.

---

[1] Moses Heß (1812-1875), Publizist, Hauptbegründer des „wahren" Sozialismus, Herausgeber des „Gesellschaftsspiegels" 1845/46, Mitbegründer, Redakteur und Korrespondent der „Rheinischen Zeitung"
[2] Friedrich Oswald = Pseudonym für Friedrich Engels
[3] Roderich Benedix (1811-1873), Schriftsteller, Schauspieler, Leiter des Elberfelder Theaters 1844/45

Quelle 19
Zwei Reden von Friedrich Engels in Elberfeld,
in: MEW Band 2, S. 536-557 (Reden vom 8.2. und 15.2.1845) Auszüge

Meine Herren!

Wir leben, wie Sie eben gehört haben und wie ich es ohnehin als allgemein bekannt voraussetzen darf, in einer Welt der freien Konkurrenz. Sehen wir uns denn diese freie Konkurrenz und die von ihr erzeugte Weltordnung etwas näher an. In unserer heutigen Gesellschaft arbeitet jeder auf seine eigne Hand, jeder sucht sich für seinen Kopf zu bereichern und kümmert sich nicht im geringsten um das, was die andern tun; von einer vernünftigen Organisation, von einer Verteilung der Arbeiten ist keine Rede, sondern im Gegenteil, jeder sucht dem andern den Rang abzulaufen, sucht die günstige Gelegenheit für seinen Privatvorteil auszubeuten und hat weder Zeit noch Lust, daran zu denken, daß sein eigenes Interesse im Grunde doch mit dem aller übrigen Menschen zusammenfällt. Der einzelne Kapitalist steht im Kampfe mit allen übrigen Kapitalisten, der einzelne Arbeiter mit allen übrigen Arbeitern; alle Kapitalisten kämpfen gegen alle Arbeiter, wie die Masse der Arbeiter notwendig wieder gegen die Masse der Kapitalisten zu kämpfen hat. In diesem Kriege Aller gegen Alle, in dieser allgemeinen Unordnung und gegenseitigen Ausbeutung besteht das Wesen der heutigen bürgerlichen Gesellschaft. Eine solche ungeregelte Wirtschaft, m[eine] H[erren], muß aber notwendig auf die Dauer für die Gesellschaft die unheilvollsten Resultate erzielen; die ihr zum Grunde liegende Unordnung, die Vernachlässigung des wahren, allgemeinen Wohls muß über kurz oder lang in einer eklatanten Weise zutage kommen. Der Ruin der kleinen Mittelklasse, des Standes, der die Hauptgrundlage der Staaten des vorigen Jahrhunderts bildete, ist die erste Folge dieses Kampfes. Wir sehen es ja täglich, wie diese Klasse der Gesellschaft durch die Macht des Kapitals erdrückt wird, wie z. B. die einzelnen Schneidermeister durch die Läden fertiger Kleider, die Möbelschreiner durch die Möbelmagazine ihre besten Kunden verlieren und aus kleinen Kapitalisten, aus Mitgliedern der *besitzenden* Klasse, in abhängige, für Rechnung anderer arbeitende Proletarier, in Mitglieder der *besitzlosen* Klasse verwandelt werden. Der Ruin der Mittelklasse ist eine vielbeklagte Folge unserer vielgepriesenen Gewerbefreiheit, er ist ein notwendiges Resultat der Vorteile, die der große Kapitalist über seinen weniger besitzenden Konkurrenten hat, er ist das energischste Lebenszeichen der Tendenz des Kapitals, sich in wenig Händen zu konzentrieren. Diese Tendenz des Kapitals ist ebenfalls von vielen Seiten anerkannt; es wird allgemein darüber geklagt, daß sich der Besitz täglich mehr und mehr in den Händen Weniger anhäufe, und dagegen die große Mehrzahl der Nation mehr und mehr verarme. So entsteht dann der schroffe Gegensatz von wenigen Reichen auf der einen und vielen Armen auf der anderen Seite;

(...)

M[eine] H[erren], was ist der eigentliche Grund dieser Übelstände? Woraus entspringt der Ruin der Mittelklasse, der schroffe Gegensatz von arm und reich, die Stockungen des Verkehrs und die daraus entstehende Verschwendung von Kapital? Aus keiner anderen Ursache als aus der Zersplitterung der Interessen. Wir arbeiten alle, ein jeder für seinen eigenen Vorteil, unbekümmert um das Wohl der anderen, und es ist doch eine augenscheinliche, eine sich von selbst verstehende Wahrheit, daß das Interesse, das Wohl, das Lebensglück jedes einzelnen mit dem seiner Mitmenschen unzertrennlich zusammenhängt. Wir müssen uns alle gestehen, daß keiner von uns seine Mitmenschen entbehren kann, daß schon das Interesse uns alle aneinander fesselt, und doch schlagen wir dieser Wahrheit mit unseren Handlungen geradezu ins Gesicht, und doch richten wir unsere Gesellschaft so ein, als ob unsere Interessen nicht dieselben, sondern einander ganz und gar entgegengesetzt wären. Wir haben gesehen, was die Folgen dieses Grundirrtums waren; wollen wir diese schlimmen Folgen beseitigen, so müssen wir den Grundirrtum reformieren, und das beabsichtigt eben der Kommunismus.

In der kommunistischen Gesellschaft, wo die Interessen der einzelnen nicht einander entgegengesetzt, sondern vereinigt sind, ist die Konkurrenz aufgehoben. Von einem Ruin einzelner Klassen, von Klassen überhaupt, wie heutzutage Reiche und Arme, kann, wie sich von selbst versteht, keine Rede mehr sein. Sowie bei der Produktion und Austeilung der zum Leben nötigen Güter der Privaterwerb, der Zweck des einzelnen sich auf eigne Faust zu bereichern, wegfällt, fallen auch die Krisen des Verkehrs von selbst weg. In der kommunistischen Gesellschaft wird es ein Leichtes sein, sowohl die Produktion wie die Konsumtion zu kennen. Da man weiß, wieviel ein einzelner im Durchschnitt braucht, so ist es leicht zu berechnen, wieviel von einer gewissen Anzahl Individuen gebraucht wird, und da die Produktion alsdann nicht mehr in den Händen einzelner Privaterwerber, sondern in den Händen der Gemeinde und ihrer Verwaltung ist, so ist es eine Kleinigkeit, *die Produktion nach den Bedürfnissen zu regeln.*
(...)

Die jetzige Gesellschaft, welche den einzelnen Menschen mit allen übrigen in Feindschaft bringt, erzeugt auf diese Weise einen sozialen Krieg Aller gegen Alle, der notwendigerweise bei einzelnen, namentlich Ungebildeten, eine brutale, barbarisch-gewaltsame Form annehmen muß – die Form des Verbrechens. Um sich gegen das Verbrechen, gegen die offene Gewalttat zu schützen, bedarf die Gesellschaft eines weitläufigen, verwickelten Organismus von Verwaltungs- und Gerichtsbehörden, der eine unendliche Menge von Arbeitskräften in Anspruch nimmt. In der kommunistischen Gesellschaft würde sich auch dies unendlich vereinfachen, und gerade deshalb – so bizarr es auch klingen mag – gerade deshalb, weil in dieser Gesellschaft die Verwaltung nicht nur einzelne Seiten des sozialen Lebens, sondern das ganze soziale Leben in allen seinen einzelnen Tätigkeiten, nach allen seinen Seiten hin, zu administrieren haben würde. Wir heben den Gegensatz des einzelnen Menschen gegen alle andern auf – wir setzen dem sozialen Krieg den sozialen Frieden entgegen, wir legen die Axt an die *Wurzel* des Verbrechens – und machen dadurch den größten, bei weitem größten Teil der jetzigen Tätigkeit der Verwaltungs- und Justizbehörden überflüssig. Schon jetzt verschwinden die Verbrechen der Leidenschaft immer mehr gegen die Verbrechen der Berechnung, des Interesses – die Verbrechen gegen *Personen* nehmen ab, die Verbrechen gegen das *Eigentum* nehmen zu. Die fortschreitende Zivilisation mildert die gewaltsamen Ausbrüche der Leidenschaft schon in der jetzigen, auf dem Kriegsfuß stehenden, wieviel mehr in der kommunistischen, friedlichen Gesellschaft! Die Verbrechen gegen das Eigentum fallen von selbst da weg, wo jeder erhält, was er zur Befriedigung seiner natürlichen und geistigen Triebe bedarf, wo die sozialen Abstufungen und Unterschiede wegfallen. Die Kriminaljustiz hört von selbst auf, die Ziviljustiz, die doch fast lauter Eigentumsverhältnisse oder wenigstens solche Verhältnisse, die den sozialen Kriegszustand zur Voraussetzung haben, behandelt, fällt ebenfalls weg; Streitigkeiten können dann nur seltne Ausnahmen sein, wo sie jetzt die natürliche Folge der allgemeinen Feindschaft sind, und werden leicht sich durch Schiedsrichter schlichten lassen. Die Verwaltungsbehörden haben jetzt ebenfalls in dem fortwährenden Kriegszustand die Quelle ihrer Beschäftigung – die Polizei und die ganze Administration tut weiter nichts, als daß sie dafür sorgt, daß der Krieg ein verdeckter, indirekter bleibe, daß er nicht in offne Gewalt, in Verbrechen ausarte. Wenn es aber unendlich leichter ist, den Frieden zu erhalten, als den Krieg in gewisse Schranken zu bannen, so ist es auch unendlich leichter, eine kommunistische als eine konkurrierende Gemeinde zu verwalten. Und wenn schon jetzt die Zivilisation die Menschen gelehrt hat, ihr Interesse in der Aufrechterhaltung der öffentlichen Ordnung, der öffentlichen Sicherheit, des öffentlichen Interesses zu suchen, also die Polizei, Verwaltung und Justiz möglichst überflüssig zu machen, um wieviel mehr wird dies der Fall sein in einer Gesellschaft, in der die Gemeinschaft der Interessen zum Grundprinzip erhoben ist, in dem das öffentliche Interesse sich nicht mehr von dem jedes einzelnen unterscheidet! Was jetzt schon *trotz* der sozialen Einrichtung besteht, wieviel mehr wird das geschehen, wenn es nicht mehr durch die sozialen Einrichtungen gehindert, sondern unterstützt wird! Wir dürfen also auch von dieser Seite her auf einen beträchtlichen Zuwachs von Arbeitskräften rechnen, welche der jetzige soziale Zustand der Gesellschaft entzieht.
(...)

Eine noch viel schlimmere Verschwendung von Arbeitskräften findet sich in der bestehenden Gesellschaft in der Art, wie die Reichen ihre soziale Stellung ausbeuten. Ich will von dem vielen unnützen und geradezu lächerlichen Luxus, der seine Quelle nur in der Sucht, sich auszuzeichnen, hat und eine Menge Arbeitskräfte in Anspruch nimmt, gar nicht sprechen. Aber gehen Sie, m[eine] H[erren] einmal geradezu in das Haus, das innerste Heiligtum eines Reichen, und sagen Sie mir, ob es nicht die tollste Vergeudung von Arbeitskraft ist, wenn hier eine Menge von Menschen zur Bedienung eines einzigen in Anspruch genommen und mit Faulenzen, oder wenn es hoch kommt, nur mit solchen Arbeiten beschäftigt werden, die ihre Quelle in der Isolierung jedes Menschen auf seine vier Wände haben? Diese Menge Dienstmädchen, Köchinnen, Lakaien, Kutscher, Hausknechte, Gärtner und wie sie alle heißen, was tun sie denn eigentlich? Wie *wenig Augenblicke* sind sie des Tages beschäftigt, um ihrer Herrschaft das Leben *wirklich* angenehm zu machen, um der Herrschaft die freie Ausbildung und Ausübung ihrer menschlichen Natur und ihrer angeborenen Kräfte zu erleichtern –, und wie *viele Stunden* des Tages sind sie mit Arbeiten beschäftigt, die nur in der schlechten Einrichtung unsrer gesellschaftlichen Verhältnisse ihre Ursache haben –, hinten auf dem Wagen stehen, den Marotten der Herrschaft zu Diensten sein, Schoßhunde nachtragen und andre Lächerlichkeiten. In der vernünftig organisierten Gesellschaft, wo jeder in die Lage versetzt wird, leben zu können, auch ohne den Marotten der Reichen zu frönen und ohne auf solche Marotten zu verfallen –, in dieser Gesellschaft kann natürlich auch die jetzt so vergeudete Arbeitskraft der Luxusbedienung zum Vorteil aller und zu ihrem eignen Vorteil verwandt werden.

Eine weitere Verschwendung von Arbeitskraft findet in der heutigen Gesellschaft ganz direkt durch den Einfluß der Konkurrenz statt, indem diese eine große Anzahl brotloser Arbeiter schafft, die gern arbeiten *möchten*, aber keine Arbeit erhalten *können*. Da nämlich die Gesellschaft gar nicht darauf eingerichtet ist, von der wirklichen Verwendung der Arbeitskräfte Notiz nehmen zu können, da es jedem einzelnen überlassen ist, sich eine Erwerbsquelle zu suchen, so ist es ganz natürlich, daß bei der Verteilung der wirklich oder scheinbar nützlichen Arbeiten eine Anzahl Arbeiter leer ausgehen. Dies ist um so eher der Fall, als der Kampf der Konkurrenz jeden einzelnen antreibt, seine Kräfte aufs höchste anzustrengen, alle Vorteile zu benutzen, die sich ihm bieten, teure Arbeitskräfte durch wohlfeilere zu ersetzen, wozu die steigende Zivilisation täglich mehr und mehr Mittel bietet – oder, mit andern Worten, ein jeder muß daran arbeiten, andre brotlos zu machen, die Arbeit andrer auf die eine oder die andre Weise zu verdrängen. So findet sich denn in jeder zivilisierten Gesellschaft eine große Anzahl arbeitsloser Leute, die gern arbeiten möchten, aber keine Arbeit finden, und diese Anzahl ist größer, als man gewöhnlich glaubt. Da finden wir diese Leute denn, wie sie sich auf die eine oder andre Weise *prostituieren*, betteln, Straßen kehren, an den Ecken stehen, von gelegentlichen kleinen Diensten mit Mühe und Not Leib und Seele zusammenhalten, mit allen erdenklichen kleinen Waren hökern und herumhausieren – oder, wie wir es heute abend an ein paar armen Mädchen gesehen haben, mit der Guitarre von Ort zu Ort ziehen, für Geld spielen und singen, genötigt, sich jede unverschämte Ansprache, jede beleidigende Zumutung gefallen zu lassen, um nur ein paar Groschen zu verdienen. Wie viele endlich gibt es, die der *eigentlichen* Prostitution als Opfer verfallen! M[eine] H[erren], die Anzahl dieser Brotlosen, denen nichts übrigbleibt, als auf die eine oder andre Weise sich zu prostituieren, ist sehr

47

groß – unsre Armenverwaltungen wissen davon zu erzählen –, und vergessen Sie nicht, daß die Gesellschaft diese Leute trotz ihrer Nutzlosigkeit auf die eine oder die andre Art dennoch ernährt. Wenn also die Gesellschaft die Kosten für ihren Unterhalt zu tragen hat, so sollte sie auch dafür sorgen, daß diese Arbeitslosen ihren Unterhalt *ehrbar* verdienten. Das aber *kann* die jetzige, konkurrierende Gesellschaft nicht.

Wenn Sie, m[eine] H[erren], dies alles bedenken – und ich hätte noch eine Menge anderer Beispiele anführen können, wie die jetzige Gesellschaft ihre Arbeitskräfte vergeudet –, wenn Sie dies bedenken, so werden Sie finden, daß der menschlichen Gesellschaft ein Überfluß an Produktionskräften zu Gebote steht, der nur auf eine vernünftige Organisation, auf eine geordnete Verteilung wartet, um mit dem größten Vorteil für alle in Tätigkeit zu treten.

(...)

Es ist uns nicht möglich, in einigen Stunden und mit wenigen Worten unser Prinzip Ihnen klarzumachen und gehörig nach allen Seiten hin zu begründen. Dies ist auch keineswegs unsre Absicht. Wir können und wollen nichts, als über einige Punkte Aufklärung geben und diejenigen, denen die Sache noch fremd ist, zum Studium derselben veranlassen. Und soviel wenigstens hoffen wir, Ihnen heute abend klargemacht zu haben, daß der Kommunismus weder der menschlichen Natur, dem Verstand und dem Herzen widerstrebt, noch daß er eine Theorie ist, die, ohne irgend Rücksicht auf die Wirklichkeit zu nehmen, bloß in der Phantasie ihre Wurzel hat.

Man fragt, wie denn diese Theorie in die Wirklichkeit einzuführen sei, welche Maßregeln wir vorzuschlagen haben, um ihre Einführung vorzubereiten. Es gibt verschiedene Wege zu diesem Ziele; die Engländer werden wahrscheinlich damit beginnen, daß sie einzelne Kolonien errichten und es jedem überlassen, ob er beitreten will oder nicht; die Franzosen dagegen werden wohl den Kommunismus auf nationalem Wege vorbereiten und durchführen. Wie die Deutschen es anfangen werden, darüber läßt sich bei der Neuheit der sozialen Bewegung in Deutschland wenig sagen. Einstweilen will ich unter den vielen möglichen Wegen der Vorbereitung nur einen einzigen erwähnen, von dem in der letzten Zeit mehrfach die Rede gewesen ist –, nämlich die Durchführung dreier Maßregeln, welche notwendig den praktischen Kommunismus zur Folge haben müssen.

Die erste würde eine *allgemeine Erziehung* aller Kinder ohne Ausnahme auf Staatskosten sein –, eine Erziehung, welche für alle gleich ist und bis zu dem Zeitpunkte fortdauert, in dem das Individuum fähig ist, als selbständiges Mitglied der Gesellschaft aufzutreten. Diese Maßregel würde nur ein Akt der Gerechtigkeit gegen unsere mittellosen Mitbrüder sein, da offenbar jeder Mensch ein Anrecht auf die vollständige Entwickelung seiner Fähigkeiten besitzt, und die Gesellschaft sich doppelt an den einzelnen vergeht, wenn sie die Unwissenheit zu einer notwendigen Folge der Armut macht. Daß die Gesellschaft mehr Vorteil von gebildeten als von unwissenden, rohen Mitgliedern hat, liegt auf der Hand, und wenn ein gebildetes Proletariat, wie das wohl zu erwarten steht, nicht gesonnen sein würde, in der unterdrückten Stellung zu bleiben, in der unser heutiges Proletariat sich befindet, so ist doch ebenfalls nur von einer *gebildeten* Arbeitsklässe die Ruhe und Besonnenheit zu erwarten, welche zu einer friedlichen Umbildung der Gesellschaft nötig ist. Daß das *ungebildete* Proletariat aber ebenfalls keine Lust hat, in seiner Lage zu bleiben, das beweisen uns die schlesischen und böhmischen Unruhen[76] auch für Deutschland – von anderen Völkern gar nicht zu sprechen.

Die zweite Maßregel wäre eine totale *Reorganisation des Armenwesens*, derart, daß die sämtlichen brotlosen Bürger in Kolonien untergebracht würden, in welchen sie mit Agrikultur- und Industriearbeit beschäftigt und ihre Arbeit zum Nutzen der ganzen Kolonie organisiert würde. Bis jetzt hat man die Kapitalien der Armenverwaltung auf Zinsen ausgeliehen und so den Reichen neue Mittel gegeben, die Besitzlosen auszubeuten. Man lasse endlich einmal diese Kapitalien wirklich zum Nutzen der Armen arbeiten, man verwende den ganzen Ertrag dieser Kapitalien, nicht bloß ihre drei Prozent Zinsen, für die Armen, man gebe ein großartiges Beispiel der Assoziation von Kapital und Arbeit! Auf diese Weise würde die Arbeitskraft aller Brotlosen zum Nutzen der Gesellschaft verwendet, sie selbst aus demoralisierten, gedrückten Paupers in sittliche, unabhängige, tätige Menschen verwandelt und in eine Lage versetzt, die sehr bald den vereinzelten Arbeitern beneidenswert erscheinen und die durchgreifende Reorganisation der Gesellschaft vorbereiten würde.

Zu diesen beiden Maßregeln gehört Geld. Um dies aufzubringen und um zugleich die sämtlichen bisherigen, ungerecht verteilten Steuern zu ersetzen, wird in dem vorliegenden Reformplane eine allgemeine, progressive Kapitalsteuer vorgeschlagen, deren Prozentsatz mit der Größe des Kapitals steigt. Auf diese Weise würde die Last der öffentlichen Verwaltung von einem jeden nach seiner Fähigkeit getragen werden und nicht mehr, wie bisher in allen Ländern, hauptsächlich auf die Schultern derer fallen, die am wenigsten imstande sind, sie zu erschwingen. Ist doch im Grunde das Prinzip der Besteuerung ein rein kommunistisches, da das Recht der Steuererhebung in allen Ländern aus dem sogenannten Nationaleigentum abgeleitet wird. Denn entweder ist das Privateigentum heilig, so gibt es kein Nationaleigentum, und der Staat hat nicht das Recht, Steuern zu erheben; oder der Staat hat dies Recht, dann ist das Privateigentum nicht heilig, dann steht das Nationaleigentum über dem Privateigentume, und der Staat ist der wahre Eigentümer. Dies letztere Prinzip ist das allgemein anerkannte –, nun gut, m[eine] H[erren], wir verlangen vorderhand ja nur, daß einmal Ernst mit diesem Prinzip gemacht werde, daß der Staat sich zum allgemeinen Eigentümer erkläre und als solcher das öffentliche Eigentum zum öffentlichen Besten verwalte – und daß er als ersten Schritt hierzu einen Modus der Besteuerung einführe, der sich nur nach der Fähigkeit eines jeden zur Steuerzahlung und nach dem wirklichen öffentlichen Besten richte.

Sie sehen also, m[eine] H[erren], daß es nicht darauf abgesehen ist, die Gütergemeinschaft über Nacht und wider den Willen der Nation einzuführen, sondern daß es sich vor allem nur um die Feststellung des *Zweckes* und der *Mittel* und *Wege* handelt, wie wir diesem Ziele entgegengehen können. Daß aber das kommunistische Prinzip das der Zukunft sein wird, dafür spricht der Entwickelungsgang aller zivilisierten Nationen, dafür spricht die rasch fortschreitende Auflösung aller bisherigen sozialen Institutionen, dafür spricht die gesunde menschliche Vernunft und vor allem das menschliche Herz.

(...)

Sie sehen also, m[eine] H[erren], auch im einzelnen das bestätigt, was ich im Anfange allgemein, von der Konkurrenz überhaupt ausgehend, entwickelte –, nämlich, daß die unvermeidliche Folge unserer bestehenden sozialen Verhältnisse unter allen Bedingungen und in allen Fällen eine *soziale Revolution* sein wird. Mit derselben Sicherheit, mit der wir aus gegebenen mathematischen Grundsätzen einen neuen Satz entwickeln können, mit derselben Sicherheit können wir aus den bestehenden ökonomischen Verhältnissen und den Prinzipien der Nationalökonomie auf eine bevorstehende soziale Revolution schließen. Sehen wir uns indes diese Umwälzung einmal etwas näher an; in welcher Gestalt wird sie auftreten, was werden ihre Resultate sein, worin wird sie sich von den bisherigen gewaltsamen Umwälzungen unterscheiden? Eine soziale Revolution, m[eine] H[erren], ist ganz etwas anderes als die bisherigen politischen Revolutionen; sie geht nicht, wie diese, gegen das Eigentum des Monopols, sondern gegen das Monopol des Eigentums; eine soziale Revolution, m[eine] H[erren], das ist *der offene Krieg der Armen gegen die Reichen*. Und solch ein Kampf, in dem alle die Triebfedern und Ursachen unverhohlen und offen zu ihrer Wirkung kommen, die in den bisherigen historischen Konflikten dunkel und versteckt zum Grunde lagen, solch ein Kampf droht allerdings heftiger und blutiger werden zu wollen als alle seine Vorgänger. Das Resultat dieses Kampfes kann ein zweifaches sein. Entweder greift die sich empörende Partei nur die Erscheinung, nicht das Wesen, nur die Form, nicht die Sache selbst an, oder sie geht auf die Sache selbst ein und faßt das Übel bei der Wurzel selbst an. Im ersten Falle wird man das Privateigentum bestehen lassen und nur anders verteilen, so daß die Ursachen bestehen bleiben, welche den jetzigen Zustand herbeigeführt haben und über kurz oder lang wieder einen ähnlichen Zustand und eine neue Revolution herbeiführen müssen. Aber, m[eine] H[erren], ist dies möglich? Wo finden wir eine Revolution, die das nicht wirklich durchgesetzt hätte, wovon sie ausging? Die englische Revolution setzte sowohl die religiösen wie die politischen Grundsätze durch, deren Bekämpfung von seiten Karls I. sie hervorrief; die französische Bourgeoisie hat in ihrem Kampfe mit dem Adel und der alten Monarchie alles erobert, was sie wünschte, alle die Mißbräuche abgestellt, die sie zum Aufstande trieben. Und der Aufstand der Armen sollte eher ruhen, bis er die Armut und ihre Ursachen abgeschafft hätte? Es ist nicht möglich, m[eine] H[erren], es würde gegen alle geschichtliche Erfahrung streiten, so etwas anzunehmen. Auch der Bildungsstand der Arbeiter, besonders in England und Frankreich, erlaubt uns nicht, dies für möglich zu halten. Es bleibt also nichts übrig als die andere Alternative, nämlich, daß die zukünftige soziale Revolution auch auf die wirklichen Ursachen der Not und Armut, der Unwissenheit und des Verbrechens eingehen, daß sie also eine wirkliche soziale Reform durchsetzen werde. Und dies kann nur durch die Proklamation des kommunistischen Prinzips geschehen. Betrachten Sie nur, m[eine] H[erren], die Gedanken, welche den Arbeiter in den Ländern, wo auch der Arbeiter denkt, bewegen; sehen Sie in Frankreich die verschiedenen Fraktionen der Arbeiterbewegung, ob sie nicht *alle* kommunistisch sind; gehen Sie nach England und hören Sie, was für Vorschläge den Arbeitern zur Verbesserung ihrer Lage gemacht werden – ob sie nicht *alle* auf dem Prinzip des gemeinschaftlichen Eigentums beruhen; studieren Sie die verschiedenen Systeme der sozialen Reform, wie viele von ihnen Sie finden werden, die nicht kommunistisch sind? Von allen Systemen, die heutzutage noch von Bedeutung sind, ist das einzige nicht kommunistische das von Fourier, der seine Aufmerksamkeit mehr auf die soziale Organisation der menschlichen Tätigkeit als auf die Verteilung ihrer Erzeugnisse richtete. Alle diese Tatsachen rechtfertigen den Schluß, daß eine zukünftige soziale Revolution mit der Durchführung des kommunistischen Prinzips endigen werde, und lassen kaum eine andere Möglichkeit zu.

Sind diese Folgerungen richtig, m[eine] H[erren], ist die soziale Revolution und der praktische Kommunismus das notwendige Resultat unserer bestehenden Verhältnisse –, so werden wir uns vor allen Dingen mit den Maßregeln zu beschäftigen haben, wodurch wir einer gewaltsamen und blutigen Umwälzung der sozialen Zustände vorbeugen können. Und da gibt es nur *ein* Mittel, nämlich die friedliche Einführung oder wenigstens Vorbereitung des Kommunismus. Wollen wir also nicht die *blutige* Lösung des sozialen Problems, wollen wir nicht den täglich größer werdenden Widerspruch zwischen der Bildung und der Lebenslage unserer Proletarier sich bis zu der Spitze steigern lassen, wo nach allen unseren Erfahrungen über die menschliche Natur die brutale Gewalt, die Verzweiflung und Rachgier diesen Widerspruch lösen wird, dann, m[eine] H[erren], müssen wir uns ernstlich und unbefangen mit der sozialen Frage beschäftigen; dann müssen wir es uns angelegen sein lassen, das unsrige zur Vermenschlichung der Lage der modernen Heloten[1] beizutragen. Und wenn vielleicht manchem von Ihnen es scheinen möchte, als ob die Hebung der bis jetzt erniedrigten Klassen nicht ohne eine Erniedrigung seiner eigenen Lebenslage geschehen könnte, so ist doch zu bedenken, daß es sich darum handelt, eine solche Lebenslage für *alle Menschen* zu schaffen, daß ein jeder seine menschliche Natur frei entwickeln, mit seinen Nächsten in einem menschlichen Verhältnisse leben kann und vor keinen gewaltsamen Erschütterungen seiner Lebenslage sich zu fürchten braucht; so ist zu bedenken, daß dasjenige, was einzelne aufopfern sollen, nicht ihr wahrhaft menschlicher Lebensgenuß, sondern nur der durch unsere schlechten Zustände erzeugte Schein des Lebensgenusses ist, etwas, was wider die eigne Vernunft und das eigne Herz derer geht, die sich jetzt dieser scheinbaren Vorzüge erfreuen. Das wahrhaft menschliche Leben mit allen seinen Bedingungen und Bedürfnissen wollen wir so wenig zerstören, daß wir es im Gegenteil erst recht herzustellen wünschen. Und wenn Sie, auch abgesehen davon, nur einmal recht bedenken wollen, auf was unser jetziger Zustand in seinen Folgen hinauslaufen muß, in welches Labyrinth von Widersprüchen und Unordnungen er uns führt –, dann, m[eine] H[erren], werden Sie es gewiß der Mühe wert finden, die soziale Frage ernsthaft und gründlich zu studieren. Und wenn ich Sie dazu veranlassen kann, so ist der Zweck meines Vortrags vollständig erreicht.

[1] Heloten = Heiloten (Unterworfene), vordorische Bevölkerung Spartas, Staatssklaven, an den Boden gebundene Bauern, hier allgemein im Sinne von Versklavten gemeint

---

Kommentar 20 - 22
Die Februarrevolution in Frankreich 1848, in deren Verlauf der „Bürgerkönig" Louis Philippe abdanken mußte und die Republik ausgerufen wurde, löste revolutionäre Unruhen in großen Teilen Europas aus; so kam es im März 1848 auch zu Aufständen in Wien und Berlin. Die Hauptforderungen zielten auf die Einigung Deutschlands, die Gewährung einer Volksvertretung sowie Presse-, Versammlungs- und Religionsfreiheit. Die Atmosphäre in Elberfeld, wo der Gemeinderat - wie viele andere Stadträte auch - am 7.3.1848 eine die angeführten Forderungen enthaltende Eingabe an den preußischen König gerichtet hatte, beschrieb der Oberbürgermeister von Carnap in einem Bericht an den landrätlichen Kommissar Bredt am 12.3. wie folgt: „Die jüngsten

Quelle 20
Bericht des landrätlichen Kommissars Bredt an die Düsseldorfer Regierung
HStAD Regierung Düsseldorf Präsidialbüro Nr. 793 Bl. 222 ff 19.3.1848
handschriftlich

Euer Hochwohlgeboren werden durch mein in der vergangenen Nacht per Estafette an den General Chlebus daselbst abgesandtes Schreiben, so wie durch besonderes Schreiben des hiesigen Oberbürgermeisters bereits von den beklagenswerthen Excessen des gestrigen Abends in hiesiger Stadt unterrichtet worden sein. Man fing gegen 9 1/2 Uhr mit Demolirung des Hauses und der Fabrikgebäude des Fabrikanten van der Beck[1] an. Der Gemeinderath, den ich vorher versammelt hatte, war des festen Glaubens, daß am Abend alles ruhig bleiben würde, und hatte auf meine ausdrückliche Anfrage:
„ob nicht unter den obwaltenden Umständen auf Requisition von Militär Bedacht zu nehmen"
diese Anfrage einstimmig verneint.
Als der Sturm dennoch ausbrach und die Arbeiter, fremde und einheimische vom Johannisberg aus in großen Massen durch die Straßen der Stadt lärmend und pfei-

Ereignisse in Paris haben auch hier gleich Anfangs die Gemüther in mannichfacher Weise aufgeregt. Die Sorge hat sich ihrer bemächtigt, daß der Friede kaum werde erhalten werden, daß der Handel und die Gewerbe große Verluste treffen und Verhältnisse sich gestalten können, welche den Fortgang der Fabriken, und somit die Beschäftigung der Arbeiter kaum noch gestatten werden" (HStAD, Reg. Düsseldorf, Präs. Nr. 793).

Die nebenstehenden drei Quellen sollen das „unruhige" Jahr 1848 in Elberfeld schlaglichtartig beleuchten. Die erste Quelle, die die Zerstörung der Gebäude des Fabrikanten J.C. van der Beek beschreibt, ist vom 19.3.1848 datiert. Am 13.3. war es in Wien zum oben erwähnten Aufstand gekommen, am 18.3. hatten sich in Berlin Militär und „aufständische" Bevölkerung Kämpfe geliefert; am selben Tag war in Elberfeld auf dem Johannisberg eine Volksversammlung unter der Leitung des Unternehmers und Gemeinderats Carl Hecker (1795-1873) abgehalten worden, auf der Volkssouveränität, Volksbewaffnung und Verbesserung der Arbeits- und Lohnverhältnisse gefordert worden waren. Die „Elberfelder Zeitung" hatte zwischen dem 12. und dem 17.3.1848 in einer Reihe von Artikeln über Maschinenstürmereien und Unruhen in Trier und Rheydt sowie über Fabrikzerstörungen in Solingen berichtet.

Die zweite Quelle schildert den Aufenthalt König Friedrich Wilhelms IV. am 16.8.1848 in Elberfeld, mit einem Rückblick auf eine der beiden königlichen Visiten im Jahr 1842 aus der Sicht Joseph Aloys Körners (1805-1882). Dieser war im folgenden Jahr 1849 an den Elberfelder „Maiunruhen" beteiligt und flüchtete anschließend in die USA. Dem Besuch des Königs unmittelbar vorausgegangen war der gescheiterte Versuch der preußischen Nationalversammlung vom 9.8., das Militär auf eine loyale Haltung gegenüber einem konstitutionellen Rechtszustand zu verpflichten. Als daraufhin am 10.8. der Düsseldorfer Stadtrat den Empfang des Königs auf dessen Durchreise nach Köln ablehnte, begrüßte stattdessen der Elberfelder Stadtrat in Begleitung der Staats- und Stadtbeamten den Monarchen am 14.10. in Düsseldorf. Den Empfang des Königs in Elberfeld am 16.8. gab Adolf Schults wie folgt wieder: „Er [der König] kam, sah und siegte, das heißt, die schwarz und weißen Kokarden feierten ihren Triumph über die schwarz-rot-goldenen und die Töne der preußischen Nationalhymne verschlangen das Arndtsche deutsche Vaterland" (Adolf Schults, Elberfeld in den vierziger Jahren des 19. Jahrhunderts (Korrespondenznachrichten für das „Stuttgarter Morgenblatt für gebildete Leser"), hg. von Hanns Wegener,

fend nach dem van der Beckschen Lokale zogen, war der Sicherheitsverein noch nicht völlig ins Leben getreten, weil er bei dem größeren Theil der Mittel=Bürgerklasse keinen Anklang gefunden hatte. Die disponible Polizeimannschaft war zu schwach um dem rohen, von Zerstörungslust beseelten und mit schweren Steinen und anderen Werkzeugen bewaffneten Haufen in seinem Beginnen Einhalt zu thun. Dennoch versuchte ich es, an ihrer Spitze, ihm entgegenzutreten und durch Zureden und besänftigende Worte die Massen zu zerstreuen, mußte mich aber zurückziehen, weil ein frecher Mensch, der in derselben Nacht, weil ich seinen Namen erfahren, noch verhaftet wurde, mich selbst unsanft berührte und von allen Seiten mit schweren Steinen geworfen wurde. Inzwischen ließ der Pöbel seine Zerstörungswuth an dem Hause des p. van der Beek aus, riß die eisernen Treppengelände[r] herunter, warf mit Steinblöcken gegen Thüren und Fenster um diese zu sprengen und suchte in dieses einzudringen, um es wahrscheinlich mit den Fabrikgebäuden völlig niederzureißen.

Glücklicherweise ist dieses verhindert worden! Denn indem die Nachricht anlangte, daß man das Rathhaus stürme und dort alle Fenster einwerfe, eilte alles vorerst nach diesem Schauplatz. Hier hatte sich eine ungeheure Menschenmenge versammelt, unter denen namentlich sich die Eisenbahnarbeiter auszeichneten, mit schweren Instrumenten gegen die Thüre schlugen die Fenster einwarfen und erstere mit Gewalt zu sprengen suchten.

In diesem Augenblicke erschien - in der That wie ein rettender Engel für die Stadt! - die 2te Compagnie der 7ten Jägerabtheilung auf ihrem Durchmarsch nach Lennep mit scharfgeladenem Gewehr und gefälltem Bajonett vor dem Elberfelder Rathhause und trieb die völlig überraschte Menge nach allen Seiten auseinander.

Da man inzwischen mit der Demolirung des van der Beekschen Hauses wieder begonnen, so glaubte ich alle Maßregeln treffen zu müssen, um die durchziehenden Jäger die Nacht über in Elberfeld zu halten, wenn nicht der Pöbel seine Zerstörungswuth immer weiter ausdehnen sollte. Ich nahm daher dem Compagnieführer gegenüber die ganze Verantwortlichkeit auf mich und schickte sofort an den General Chlebus eine Estafette mit den nöthigen Mittheilungen.

Die Nacht über wurde ein Zug der Jäger mit einem Offizier zur Bewachung und Beschützung in das van der Beeksche Haus gelegt, der andere Zug bewachte das Rathhaus.

So ist es gelungen von 12 Uhr ab die Ruhe der Stadt aufrecht zu erhalten, und sind nur mehrere bedeutende, selbst lebensgefährliche Verwundungen zu beklagen.

Die Hauprädelsführer sind noch in der Nacht verhaftet worden und heute den Gerichten überwiesen.

Im Laufe des Tages ist an Militär angekommen:
1, eine Escadron Ulanen
2, eine Compagnie Jäger
3, zwei Compagnieen des 2ten Bataillions des 17ten Infanterie=Regiments
4, drei Compagnieen des in Schwelm und Hagen stationirten 1ten Infanterie-Regiments

Die Stadt ist hiernach hinreichend beschützt und hoffe ich, daß der heutige Abend ruhig vorübergehen wird.

Einen Aufruf an die Bürgerschaft von mir und dem Oberbürgermeister und einen desgleichen vom hiesigen Gemeinderath beehre ich mich ganz gehorsamst beizufügen.

---

[1] Johann Caspar van der Beek (auch: Beck oder Beeck), Fabrikant von halbseidenen Zeugen und feinen Baumwollwaren; Kommerzienrat, Stadtverordneter, Präsident des Elberfelder Fabrikengerichts (1841-1848); gehörte zur ersten Klasse der Klassensteuerliste

in: MBGV 20. Jg. (1913), S. 1ff, hier S. 130). Die dritte Quelle schließlich berichtet von einem Fall von „Majestätsbeleidigung" am 15.10.1848, dem Geburtstag Friedrich Wilhelms IV., ca. zwei Monate nach dessen Besuch in Elberfeld. Im November 1848 beschrieb Schults diesen Tag: „Am 15. Oktober gar, dem Geburtstag Seiner konstitutionell-absoluten Majestät, war es zu einem lebensgefährlichen Wagnis geworden, ohne die zweifarbige Kokarde am Hut sich blicken zu lassen, und wem seine Haut lieb war, der stimmte mit voller Kehle ein in den Refrain: ‚Ich bin ein Preuße, will ein Preuße sein!', der von einem Ende der Stadt zum anderen ertönte, daß die Fensterscheiben zitterten" (ebenda).

Mitbürger und Bewohner Elberfelds!

Die Ruhe unserer Stadt ist gestern Abend auf bedauerliche Weise gestört worden. Es ist zu beklagen, daß in Folge stattgehabter roher Straßen-Excesse und versuchter frevelhafter Zerstörung von Privateigenthum die Aufstellung und Anwendung der bewaffneten Macht nöthig geworden ist.

Zur Bestrafung der Urheber und Theilnehmer dieser Excesse ist die gerichtliche Untersuchung sofort angeordnet worden und wird der Strenge der Gesetze **voller** Lauf gelassen werden.

Mitbürger! Euer Sinn, Eure Liebe für Ordnung und Gesetzlichkeit, Eure Achtung vor dem Willen des Gesetzes ist von jeher rühmlich bekannt gewesen! Die Unterzeichneten leben daher der festen Hoffnung, daß von Eurer Seite Alles geschehen wird, um etwaigen ferneren Ruhestörungen durch Einigkeit, festes Zusammenhalten und umsichtiger Mitwirkung Aller ein rasches Ziel zu setzen; damit jedes thätige Einschreiten der bewaffneten Macht möglichst vermieden werde, so tretet **Alle** in die Reihen des bereits gebildeten Bürger-Sicherheits-Vereins, schaart Euch Alle, beseelt von dem Geiste der Einigkeit und Gesetzlichkeit um die aus Eurer Mitte zu wählenden Führer und so — wir hoffen und wünschen es mit voller Zuversicht! — wird es gelingen, die Ruhe und Ordnung aufrecht zu erhalten und jeden ferneren Versuch zur Störung derselben sofort mit Entschiedenheit zu unterdrücken.

Zur Erhaltung der Ruhe am heutigen Abend wird die Polizeistunde für Gast- und Schankwirthe auf 10 Uhr Abends festgesetzt, nach welcher keine Gäste in den Wirthsstuben mehr geduldet werden dürfen.

Elberfeld, den 19. März 1848.

Der landräthliche Commissar:　　　　　　Der Oberbürgermeister:
Regierungs-Assessor:　　　　　　　　　　**v. Carnap.**
Bredt.

Nachdem der Gemeinderath erst gestern eine Bekanntmachung vollzogen, um alle Bürger dieser Stadt wiederholt und dringend aufzufordern, sich dem Sicherheits-Vereine anzuschließen, damit **ohne andere Hülfe** nur in der Mitwirkung der Bürger die nöthige Stütze zur Aufrechthaltung der gesetzlichen Ordnung gefunden werde, ahndete er nicht, daß schon vor dem Erscheinen dieser Bekanntmachung solche bedauerliche Excesse zum Ausbruch kommen würden, wie sie leider gestern Abend in hiesiger Stadt vorgekommen sind.

Das Einrücken militärischer Macht ist zu dem aufrichtigen Leidwesen der Verwaltung und des Gemeinderaths die nächste Folge dieser beklagenswerthen Vorfälle.

Schwarz-roth-gold.

Schwingt sie hoch, die Bundesfahne, —
    Dreimal hoch!
Ihre ruhmgekrönten Farben
Grüßt das deutsche Herz als Garben
Neuerwachten Brudersinns.
Niedre Schmäher sind gerichtet,
Schnöde Trennung ist vernichtet; —
    Deutschland freut sich des Gewinns.
Schwarz-roth-gold ist deutsche Zier,
    Reichspanier.

Unsre Brüder aller Gauen
    Zeugen laut:
Diese Fahne malten Kaiser,
Und sie reichte Lorbeerreiser
Deutscher Eintracht jederzeit.
Mit Barbaren kein Verbünden!
Unsre heilgen Drei — sie gründen
    Schutz und Trutz durch Einigkeit.
Schwarz-roth-gold ist deutsche Zier,
    Reichspanier.

Deutsches Volk, dein Bundeszeichen
    Grüßet Gott.
Freiheit, Recht und Licht erstarken
In den Herzen, in den Marken;
Du wirst groß im Völkerrath.
Deine freien Männer schwören,
    Bei dem Banner Heldenthat!
Daß es alle Feinde hören,
Schwarz-roth-gold ist deutsche Zier,
    Reichspanier.

                Schober.

Gedicht im Täglichen Anzeiger Nr. 68 vom 19.3.1848.

Der Gemeinderath sieht sich dadurch veranlaßt, an seine Mitbürger die dringende Bitte zu richten, daß Alle, denen das Wohl unserer Stadt am Herzen liegt, einmüthig und allen Ernstes dahin wirken, daß ähnlichen Ausbrüchen vorgebeugt, vor Allem aber, daß **nur** durch festes Zusammenhalten aller guten Bürger die Ordnung erhalten und dadurch jedes Einschreiten der militairischen Macht und ferneres Unglück vermieden werde.

Einigkeit macht stark. Der ernste Wille vermag viel.

Gott lenke die Herzen der Bürger. Er beschütze und schirme unsere theure Vaterstadt!

Elberfeld, den 19. März 1848.

Der Gemeinderath

v. Carnap.   von der Heydt.   F. Frische.   P. J. Steffens.   R. Peill. Feldmann-Simons.   Ferd. Neuhoff.   H. Maurenbrecher. de Weerth.   David Peters.   G. R. Fellinger.   Franz Borberg. F. W. Erben.   F. W. Proll.   C. Herminghausen.   Fudickar. Dr. Höchster.   Carl Hecker.   Wm. Meckel.   E. A. Jung. Keetman.   W. Jung.   J. Teschemacher.   A. Weyermann. Gustav Schlieper.   Peter Rübel.   J. Gottschalk.   de Raadt. Louis Schniewind.   Albert Wever.   H. Gill.

Quelle 21
Besuch des Königs,
in: Hermann Joseph Aloys Körner, Lebenskämpfe in der Alten und Neuen Welt. Eine Selbstbiographie, Band 2, Zürich 1866, S. 22-25

Zwei Tage später[1] zog der nun specifisch preußische König in Elberfeld ein. Er ehrte die Stadt dadurch, daß er vom Bahnhof zu Fuß durch die in Reihen aufgestellte Bürger- und Landwehr bis zum neuen Hause oder vielmehr Palaste des „Daniel v. d. H."[2] schritt. Der Mann war sichtlich erfreut über „all die preußischen Fahnen", die ihn umflatterten, und konnte des Winkens und königlichen Lächelns kein Ende finden. „Daniel v. d. H." hatte sich auf der Treppe in dem heute zum ersten Male geöffneten „Hauptthore" seines Hauses mit seiner schönen Frau und sechs liebenswürdigen Kindern im Halbkreise aufgestellt und empfing da den „Hohen Herrn" mit dessen eigenen Worten: „Ich und mein Haus, wir wollen dem Herrn dienen!" — Mußte dies den „Guten König" nicht noch froher stimmen? — Bald hatte die Freude den Monarchen so sehr überwältigt, daß er, rothglühend im ganzen Gesichte bis hoch über den Scheitel hinüber, mit gefülltem mächtigem Pocale auf den Balcon vor das Volk trat, ihn hochschwenkte, so daß der feurige Wein funkelnd umhersprühte, und auf „meines Volkes Wohl!" ausleerte. Daß er den Pokal „mit dem Einen Zuge" auch völlig geleert habe, dazu machte er, mit dem leeren Becher noch mehr vortretend, vor dem Volke „die Nagelprobe"

Mir fiel, als ich dies Alles mit ansah, die lustige Blamage ein, welche die Elberfelder bei der letzten Anwesenheit desselben Königs — es war 1845[3] etwa ein Jahr nach seiner ersten vielversprechenden Thronrede gewesen — sich zugezogen hatten, und die mir wie eine Reihe Hohnbilder vor die Seele trat. Der Elberfelder Stadtrath hatte damals den Bau zweier Triumphthore angeordnet und mir, dem Quasi-Aesthetiker des Ortes, den Entwurf der Pläne übertragen. Denn auch ich war damals noch voll Hoffnungsbegeisterung. Beim Eingange in die Stadt, an der Barmer Brücke, hatte ich „zwei kolossale Victorien auf hohen griechischen Piedestalen" projectirt, die zu beiden Seiten der Straße aufgestellt quer über dieselbe eine reiche Guirlande von natürlichem Grün und Blumen hoch empor halten sollten. Zur

Zierde des Ausganges der Stadt hatte ich „zwei hohe Säulen" bestimmt, von denen eine „das deutsche", die andere das „preußische Wappen" in kolossalem Maßstabe trug. Die Victorien, jede neun Fuß hoch, waren nach meiner Zeichnung und unter meiner Leitung in Elberfeld selbst aus Gyps modellirt worden. Kurz vor dem Eintreffen des Königs war der Stadtbaumeister Heuse, der die sechszehn Fuß hohen Piedestale etwas spät beschafft, immer noch mit dem Aufstellen der viele Centner schweren Figuren beschäftigt; er hatte Krahne herbeischaffen müssen, um sie an ihre Stelle zu heben. Noch ehe die ganze Last der ersten dieser Figuren auf ihr Piedestal drückte, krachte dieses zusammen; die Piedestale waren zu schwach construirt! — Welche Verwirrung, welches ängstliche Umherschießen des aufgeputzten Oberbürgermeisters zwischen den rathlos ihre weißen Glacéhände faltenden Stadträthen! — Noch ehe die Standpfeiler von Innen gestützt und verstärkt werden konnten, war die Wartezeit vorüber. Der König fuhr mit seinem Gefolge ein; der begierig sich umschauende königliche Heros mußte es erblicken, wie die eine der Victorien über ihrem Piedestal an Ketten baumelte, die andere aber im Straßenschmutz am Fuße ihrer Standsäule die langen Arme emporstreckte, wie voll Jammer die Hände über dem belorbeerten Kopfe zusammenschlagend, während die reichen Blumen- und Blätterguirlanden von Roß und Wagen in den Straßenkoth gestampft wurden. Dem konnte der geistreiche König vorerst keinen Witz abgewinnen; als man ihm aber später, im Empfangssalon, meine Zeichnung des Arrangements zeigte, um ihm zu erklären, „wie es hätte aussehn sollen", — da witzelte er rückwärts zu dem hinter ihm devot=gebeugt stehenden damaligen Oberpräsidenten Bodelschwingh:[4] „das war allerdings zu schwer für die Herren im Wupperthale!" — Und andern Tages — ach! es war ein zweiter Tag schmerzlicher Freudentäuschung! — als der Monarch aus der Stadt hinaus und weiter fuhr, und der Himmel selbst ihn angehöhnt hatte, da ging ihm auch der eigene Witz aus und im Aerger schrie er dem neben ihm zitternden fast erblichenen Oberbürgermeister zu: „Das sieht ja aus, wie von Hunden angepißt!" — Der unglückliche Baumeister hatte nämlich den Kern „der beiden hier stehenden hohen Säulen" aus Latten so construirt, daß sie die Streifen der Cannelirungen bildeten, hatte dann das Ganze so mit marmorartig bestrichenen Canevas bekleidet, daß die Säulen recht wohl in einiger Entfernung als aus Marmor gehauen angesehen werden konnten. Aber — wie viele verhängnißvolle „Aber" mögen schon den besten Willen verwässert haben! — aber unmittelbar vor der Abfahrt des Königs hatten die fliehenden Frühlingswolken einen Schlagregen niedergesandt, der vom frischen Winde geleitet den Canevas an der einen der Stadt halb zugekehrten Seite völlig d u r c h n ä ß t hatte und ihn wie nasse Waschlappen um den Lattenkern schlottern machte. — „Heute", so dachte ich, als der Preußenkönig mit seinem Becher in den Salon zurückwankte, — „heute wären die Empfangsdecorationen von damals noch passender gewesen!" —

---

[1] 16.8.1848, nach der Begrüßungsaktion in Düsseldorf, bei der der König diejenigen Mitglieder der Delegation, die die schwarz-rot-goldene (deutsche) Kokarde trugen, nicht begrüßt hatte
[2] Daniel von der Heydt (1802-1874), Bankier
[3] Druckfehler oder Irrtum Körners; es kann sich nur um das Jahr 1842 handeln
[4] Karl Ernst Albert Wilhelm Ludwig von Bodelschwingh (1794-1854), Oberpräsident der preußischen Rheinprovinz 1834-1842, preußischer Finanzminister 1842-1844, preußischer Innenminister 1846-1848

Quelle 22
Abschrift eines polizeilichen Protokolls
HStAD Landratsamt Elberfeld Nr. 17 Bl. 44 ff
17.10.1848   handschriftlich

Erschien vor unterzeichnetem Polizei=Kommissar[1] der Anstreicher Johann Peter Baum, 23 Jahre alt, auf der lutherischen Kirchhofstraße wohnhaft und macht folgende Anzeige: „Am 15. October currentis befand ich mich in dem Gastzimmer des auf dem Hofkamp wohnenden Wirths Hundhausen, woselbst sich außer mir auch noch andere Gäste befanden, unter andern auch der Julius Menadier, Zulauf und Wahl; von diesen dreien ging sofort der p. Zulauf auf die in dem Gastzimmer aufgestellte Büste unseres Königs, Friedrich Wilhelm IV. zu und machte derselben mit Ofenruß einen starken Schnurrbart, wobei er noch einen andern Gast aufforderte den Schnurrbart noch etwas größer zu machen. Als nun Hundhausen die Stube verlassen hatte, um Bier zu holen, sprang der Julius Menadier auf, nahm die Büste unseres Königs Friedrich Wilhelm IV. von dem Piedestall, eilte damit zur Thür hinaus, kehrte jedoch gleich wieder unter folgenden Aeußerungen zurück.

„Ich habe sie auf dem Hofe in Stücke geworfen und es ist mir gewesen als hatte ich den Kerl lebendig."

Demnach ging der p. Menadier mit noch einem mir unbekannten Gast hinaus und holten Stücke von der Büste herein und warfen solche im Zimmer noch mehr in Stücken.

Hierauf entfernte ich mich, und habe nur später noch gehört, daß sie auch die Büste unseres verstorbenen Königs Friedrich Wilhelm III. in Stücke geworfen haben sollen.

Als Zeugen welche sich noch im Zimmer befanden führe ich an:
1, Carl Hegefeld in der lutherischen Kirchhofstraße wohnhaft,
2, Friedr. Ruthemeyer auf der Wilhelmstraße wohnhaft,
3, Gust. Korff auf der Königsstraße wohnhaft und
4, Gathe bei J.H. Brinks et Comp. auf dem Comptoir.

Vorgelesen genehmigt und unterschrieben

---

[1] Es handelte sich um Duclos.

Kommentar 23

Nachdem Friedrich Wilhelm IV. Ende 1848 die preußische Nationalversammlung aufgelöst und eine Verfassung oktroyiert hatte, lehnte er am 3.4.1849 die ihm von der Frankfurter Nationalversammlung angebotene deutsche Kaiserkrone ab und löste am 26.4.1849 die 2. preußische Kammer in Berlin auf; sie hatte am 21. des Monats die Frankfurter Reichsverfassung angenommen.

In Elberfeld kam es daraufhin am 29.4.1849 zu einer Volksversammlung, die eine Protestnote gegen die Auflösung der Kammer und die Ablehnung der Reichsverfassung durch den König verabschiedete; am 1.5.1849 erfolgte eine offizielle Mißbilligung dieser Maßnahmen durch den Gemeinderat. Am 3.5. schlossen sich 153 Landwehrmänner einem Aufruf an, der die Dienstverweigerung der Landwehr im Falle ihres Einsatzes zwecks Durchsetzung der preußischen Regierungsvorhaben forderte.

Der wiedergegebene Bericht des Landratsamtsverwalters Carl Friedrich Melbeck (1816-1891) vom 11.5.1849 schildert den Beginn der revolutionären Unruhen in Elberfeld. Der von Melbeck angesprochene Sicherheitsausschuß übte sein revolutionäres Regiment über die Stadt bis zum 17. Mai aus. Zu diesem Zeitpunkt war die Anzahl der bewaffneten Barrikadenkämpfer, die sich selbst als „Freischärler" bezeichneten, von 2000-3000 am 11.5. auf 600 Mann gesunken, so daß der zum Militärkommandeur ernannte Otto von Mirbach (1804-1867) die Stadt als gegen einen preußischen Angriff nicht zu verteidigen erklärte und damit den endgültigen Abzug der restlichen Freicorps

Quelle 23
Bericht des Landratsamtsverwalters Melbeck über die Vorgänge in Elberfeld

HStAD Regierung Düsseldorf Präsidialbüro Nr. 818 Bl. 33 ff[1]
11.5.1849   handschriftlich   Abschrift

Nachdem am vorgestrigen Abende in Elberfeld das dorthin detachirte Militair vor der Uebermacht der Insurgenten gewichen war[2] und der bewaffnete Pöbel seine Schreckensherrschaft durch die unbeschreibliche Zerstörungswuth bekundet hatte, entfloh ich, der ich mich bis dahin, etwa 7 1/2 Uhr in dem unbeschützten Rathhause aufgehalten hatte durch eine geheime Thüre in den Obermeyerschen Gasthof, von wo ich die gänzliche Demolirung des Hauses und der Mobilien des Oberbürgermeisters[3] beobachtete.

Der Oberbürgermeister hatte bereits um 6 Uhr die Flucht ergriffen ohne daß mir etwas Näheres über seinen Aufenthalt bekannt wäre.[4]

In der Nacht machte ich den Versuch aus dem gedachten von allen Seiten mit Barrikaden eingeschlossenen Lokale zu entkommen. Ich überstieg die Barrikade an der Schlössersgasse mit Lebensgefahr, indem mehrere scharfe Schüsse auf diese Stelle gerichtet wurden, konnte aber meine Wohnung nicht erreichen, sondern fand nach mehrstündigem Umherirren ein Asyl in dem Hause eines Freundes zu welchem ich nach Uebersteigung mehrerer Mauern tief in der Nacht gelangte.

Die Zerstörungen, insbesondere des von Carnapschen Eigenthums, dessen kostbarste Effekten zum Barrikadenbau verwendet wurden, dauerten die ganze Nacht an; auf den meisten Barrikaden weheten blutrothe Fahnen.

Gegen 5 Uhr Morgens gelangte ich verkleidet in meine Wohnung, um meine Familie zu retten, mit welcher ich demnächst durch sichere Seitenwege nach Barmen flüchtete und hier eine Zufluchtsstätte fand. Von allen Seiten werde ich davon benachrichtigt, daß man auf mich fahnde indem man mir eben so wie dem Oberbürgermeister das Einrücken des Militairs Schuld gab. Von dem landräthlichen Bureau, in welchem der Kreisbote Heine nebst Familie zurückgeblieben konnte ich nichts retten, jedoch gelang es mir durch einen vertrauten Mann die geheimsten Aktenstücke sowie die vorhandenen Postgelder wegnehmen zu lassen. Ich selbst durfte mich nicht auf das Bureau wagen, da Bewaffnete vor demselben aufgestellt waren.

Die Insurrektion ist bereits dahin gediehen, daß einheimische sowohl als auswärtige Subjekte einen so genannten Sicherheits=Ausschuß gebildet haben der alle öffentliche Gewalt an sich gerissen hat. Der Gemeinderath hat, wie die Königliche Regierung aus dem angebogenen Beschlusse hochgefälligst näher ersehen wolle, diese revolutionaire Masregel sanktionirt oder doch sanktioniren müssen.[5]

Die Aufregung und der erschütternde Eindruck der Ereignisse haben mir einen Fie-

54

einleitete. Am 19.5.1849 wurde Elberfeld von preußischen Truppen besetzt.
Nach dem Ende der „Unruhen" urteilte Melbeck in einem Artikel der „Elberfelder Zeitung" wie folgt: „Als statt der ‚edlen Helden', welche für die deutsche Verfassung in zweiter Lesung ihr Leben in die Schanze schlagen sollten, nur wilde, zügellose Horden, en[t]sprungene Häftlinge und arbeitsscheues Gesindel erschien, welches Raub und Mord auf seine Banner geschrieben hatte, als Männer wie Engels, Anneke[1], Mirbach ihre kommunistischen Prinzipien theoretisch und practisch geltend machten, als endlich die Fahnen der rothen Republik auf den Barrikaden in unseren öden Straßen flatterten, da fiel es wie Schuppen von den Augen unserer gutgesinnten Elberfelder. Das arme verführte Volk sah ein, in welche Schlinge es unter der Maske der ‚Deutschen Einheit' gerathen war. [...] Möge Elberfeld durch diese Ereignisse für alle Zeiten eine ernste Lehre erhalten haben. Möge man im Allgemeinen daraus erkennen, wie verderblich das ungezügelte Versammlungsrecht auf das Volk und insbesondere die untere Classe wirkt" (Beilage zur Elberfelder Zeitung vom 3.6.1849, Artikel vom 24.5.49, HStAD, Reg. Düsseldorf, Präs. Nr. 818).

---

[1] *Friedrich Anneke (etwa 1818 - etwa 1872), ehemaliger preußischer Artillerieoffizier, Mitglied des Bundes der Kommunisten, 1848 Mitbegründer des Kölner Arbeitervereins, Redakteur der „Neuen Kölnischen Zeitung", Kommandeur der Revolutionsarmee im badisch-pfälzischen Aufstand 1849, Emigration in die USA.*

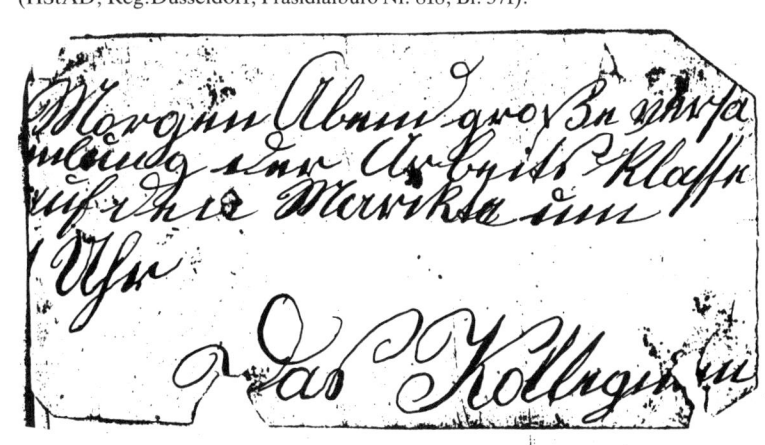

Aufruf zu einer Volksversammlung im März 1848 (HStAD Reg. Düsseldorf Präsidialbüro Nr. 793).

berzustand zugezogen, von dem ich erst [] so weit hergestellt bin, um diesen Bericht erstatten zu können. Ich würde persönlich in Düsseldorf erscheinen, allein die Vorkehrungen welche die Insurgenten aller Orten getroffen haben lassen mir dies unmöglich erscheinen.

Der Arresthaus=Inspektor Alberti, welcher sich ebenfalls hierher geflüchtet, hat mir über die am vorgestrigen Tage erfolgte Erstürmung des Arresthauses die näheren Mittheilungen gemacht, welche ich die hier angeschlossene Protokollarverhandlung niedergelegt habe.[6]

Die Insurgenten haben den Versuch gemacht, auch die Barmer Bürgerwehr [] zur Theilnahme an ihrem Treiben zu zwingen; dieser Versuch ist indessen an dem guten Sinne der hiesigen Bürgerschaft gescheitert.

Das anliegende Plakat besagt hierüber das Nähere.

Wie ich so eben höre ist noch unter Glockengeläute dazu geschritten einen provisorischen Oberbürgermeister und einen neuen Gemeinderath zu wählen. Das Ergebnis ist mir nicht näher bekannt geworden.

Viele Familien flüchten sich vor diesem Terrorismus aus der Stadt.

Möge bald dieser allen Wohlstand untergrabender Zustand sein Ende erreichen!

Sowohl ich als der Arresthaus=Inspektor bitte die Königliche Regierung gehorsamst die etwa erforderlich erscheinenden Verhaltungsmaßregeln mir mittheilen zu wollen.

Ich habe zur Ueberbringung des Gegenwärtigen einen zuverlässigen Boten genommen, da der Postenverkehr von den Insurgenten gehemmt oder doch von ihnen controlirt ist.

---

[1] Vergleiche dazu Goebel/Wichelhaus (Hrsgg.), Aufstand der Bürger. Revolution 1849 im westdeutschen Industriezentrum, Wuppertal 1974. Die folgende Quelle ist dort auf S. 57 auszugsweise wiedergegeben.
[2] Der Landratsamtsverwalter Melbeck hatte bereits am 7. und 8. Mai „prophylaktisch" militärischen Schutz aus Düsseldorf angefordert, der am 9. Mai in Form einer Eskadron Ulanen in Elberfeld eintraf. Nach Auseinandersetzungen mit den Aufständischen, die in der Stadt Barrikaden errichtet hatten (insgesamt 4 Tote), zog sich das Militär am 10. Mai, 4 Uhr, nach Düsseldorf zurück.
[3] Es handelt sich um Johann Adolph von Carnap (1793-1871), von 1837-1850 Oberbürgermeister Elberfelds.
[4] Laut amtlichem Bericht des Sicherheitsausschusses über die Ereignisse vom 9. und 10. Mai in der „Neuen Rheinischen Zeitung" vom 15.5.1849 waren der Oberbürgermeister „sowie das gesamte Personal der Polizei und des Landratsamts aus der Stadt verschwunden" (zit. nach: Goebel/Wichelhaus (Hrsgg.), a.a.O., S. 91)
[5] Der Sicherheitsausschuß bildete sich aus Mitgliedern des „Politischen Klubbs" und des Landwehrkomitees (zusammengetreten am 29. April als Widerstand gegen den Einsatz der Landwehr zur Durchsetzung der preußischen Regierungsmaßnahmen) am 10. Mai. Am selben Tag beschloß der Gemeinderat die Entsendung der Ratsmitglieder Hecker, Peters, Blanke, Schlösser und Höchster in den Sicherheitsausschuß; der Staatsanwalt Heintzmann kam als Bürgerschaftsvertreter dazu. Der Gemeinderat übertrug dem Sicherheitsausschuß alle seine Funktionen. Der Sicherheitsausschuß bestand demnach aus folgenden Mitgliedern: Dr. Höchster, J. Pothmann, Hugo Hillmann, G.E. Bohnstedt, F.W. Hühnerbein, C.N. Riotte, J. Troost, P.J. Römer, H.P. Schultze, H.J.A. Körner, C. Hecker, J.A. Schlösser, J.F. Blanke, D. Peters und A. Heintzmann.
[6] Alberti berichtete am 11.Mai Melbeck von der Erstürmung des Gefängnisses, in dem offenbar viele Solinger einsaßen, die an der Zerstörung der Gußstahlfabrik Burgthal am 16. und 17. März 1848 beteiligt gewesen waren. Insgesamt wurden nach Aussage Albertis aus zwei Gefängnisgebäuden 90 Gefangene befreit, die sich aber nicht alle ihren Befreiern anschlossen (HStAD, Reg.Düsseldorf, Präsidialbüro Nr. 818, Bl. 37f).

Kommentar 24

Hermann Joseph Aloys Körner beschrieb in seiner Selbtsbiographie aus den Jahren 1865/66 eine „‚Bürgerversammlung'" vom 6.3.1848 in Elberfeld, an der nur „sogenannte ‚respectab[le] Bürger[]'" teilnahmen, sowie eine „‚Volksversammlung'" (vermutlich am 9.3.1848). Über letztere äußerte sich Körner in der folgenden Weise: „Auch diese ‚Volksversammlung' war eine ‚erste' im Wupperthale. Auf ihr zeigte sich darum auch so recht schlagend, in welch hohem und unverantwortlichen Grade die Masse des Volkes in politischer Unwissenheit gehalten worden war über Alles, was öffentliches Leben betraf,- hauptsächlich durch die langjährigen Bevormundungssysteme der Regierungen. Denn gleich bei der ersten Rede, welche eine speciellere Frage, als die über ‚Einheit und Freiheit Deutschlands' zu behandeln suchte, protestierten die versammelten Arbeiter tumultuarisch gegen alle ‚politischen Spitzfindigkeiten'. ‚Was geht uns die Preßfreiheit an?' schrieen sie wild durcheinander, ‚Freßfreiheit ist es, was wir verlangen!' - Als Dr. Pagenstecher [...] - der hier als Präsident die erste Volksversammlung leitete - die Versammlung verlassen, und sich auch ‚August v.d.H.' [August von der Heydt (1801-1874)] nebst anderen Geldaristokraten weggeschlichen hatte, kostete es uns anderen aushaltenden Leitern der Versammlung die größte Anstrengung, die ungeberdige Menge zum Anhören unseres nun aufgestellten Thema's zu bewegen: ‚daß man sich erst in weiteren Versammlungen gegenseitig belehren und außerdem sich über aufzustellende Forderungen einigen müsse, bevor irgendwie vernünftig in Etwas gehandelt werden könne.' - Ich [Körner] machte hier meine politische Jungfernrede vor dem Volke, und hatte die Genugthuung, es ruhiger und besonnener nach Hause gehen zu sehen" (Hermann Joseph Aloys Körner, Lebenskämpfe in der Alten und Neuen Welt. Eine Selbtsbiographie, Bd.2, Zürich 1866, S. 417/ 418). Die Versammlungsfreiheit war neben anderen politischen Rechten eine der Hauptforderungen in der Revolution von 1848/49 gewesen; die Verfassung des Deutschen Reiches vom 28.3.1849 hatte in ihrem Artikel 8 § 161 das uneingeschränkte Versammlungsrecht vorgesehen. Im Zuge der Reaktion in Preußen nach der gescheiterten Revolution wurde durch das Versammlungs- und Vereinigungsgesetz vom 11.3.1850 die Versammlungsfreiheit durch eine Anzeigepflicht und mögliche Verbote durch die Polizei erheblich eingeschränkt.

Vor diesem Hintergrund ist die nebenstehend wiedergegebene „Bekanntmachung" des Oberbürgermeisters Lischke zu sehen.

Lischke bezeichnete die Volksversammlung

Quelle 24
Bekanntmachung des Elberfelder Oberbürgermeisters Lischke
HStAD Regierung Düsseldorf Präsidialbüro Nr. 830 Bl. 55 f
(Anlage zu einem Bericht vom selben Tag) 12.5.1851 handschriftlich

In Verfolg der gestern von mir, in Gemeinschaft mit dem Königlichen Landraths= Amte erlassenen Bekanntmachung[1], bringe ich hierdurch Nachstehendes zur öffentlichen Kenntniß: Die beabsichtigte und in der Nacht vorher durch Plakate angekündigte Volksversammlung wurde, ungeachtet des ergangenen Verbots, gestern Nachmittag um 2 Uhr begonnen. Eine große Menschenmenge[2] fand sich unter der Leitung von Individuen, deren Theilnahme an den Umtrieben der Jahre 1848 und 49 genügend bekannt ist[3], auf einer Wiese am sogenannten Trübsal zusammen. Hunderte strömten von allen Seiten hinzu, zum Theil mit rothen Mützen, Federn und ähnlichen Abzeichen versehen. Man war damit beschäftigt einen von Ruge, Struve, Haug, Ronge und Kinkel[4] unterzeichneten revolutionären Aufruf in zahlreichen Exemplaren zu verbreiten, als die Polizeibeamten und einige Gensdarmen, von dem Landrathe und dem Unterzeichneten geführt, auf der Stelle anlangten. Sobald die auf der Wiese Versammelten ihrer ansichtig wurden, flohen sie nach verschiedenen Richtungen auseinander. Da der starke Zudrang von Menschen jedoch nicht aufhörte, wurde die Kronenberger Landstraße gesperrt und die Passage nur denjenigen gestattet, welche einen erlaubten Zweck ihres Aufenthalts auf dem Wege wahrscheinlich machen konnten. Hierüber kam es zu mehreren groben Widersetzlichkeiten gegen die bewaffnete Mannschaft, welche einige Verhaftungen nothwendig machten[5]. Auch wurde ein Mensch verhaftet, welcher eine im Namen von Röse[6] usw. erlassene, mit etwa 20 Unterzeichnungen versehene Aufforderung zu Geld=Unterstützungen für die im Auslande lebenden deutschen Revolutionairs, bei sich führte.

Die Schuldigen sind dem Gerichte angezeigt und wird die Untersuchung hoffentlich den Zusammenhang der Sache vollständig aufklären. Indem ich diesen Verlauf eines nichtswürdigen Versuchs, die kaum wiedergewonnene öffentliche Ruhe und Ordnung abermals zu trüben, das Vertrauen in dauernde und gesicherte Zustände zu erschüttern und die Verbrechen und das Elend der jüngstverflossenen Zeit zu erneuern, - hierdurch zur Kenntniß meiner Mitbürger bringe, freue ich mich aussprechen zu können daß unter den Leitern des gestrigen Unternehmens, sowie unter den Verhafteten oder zur Anzeige bei Gericht notirten Personen, <u>sich kein Einwohner Elberfelds</u> befindet dieselben vielmehr sämmtlich den Nachbargemeinden angehören.

Ich sehe darin das aufrichtige Streben, den beklagenswerthen Flecken, mit welchem der May des Jahres 1849 das reine Blatt der Geschichte unserer Stadt besudelt hat, nach Kräften zu tilgen, und spreche das feste Vertrauen zu meinen Mitbürgern aus, daß sie einen jeden Versuch, sie in diesem Streben wankend zu machen, allezeit, wie diesmal, einmüthig und fest zurückweisen werden.

---
[1] Oberbürgermeister Lischke hatte am Vortage ein öffentliches Verbot der Versammlung und eine Warnung vor der Teilnahme an derselben in 100 Exemplaren drucken und anschlagen lassen.
[2] Einem Telegramm des Landratsamtsverwalters Melbeck vom 11.5.1851 zufolge handelte es sich um über 1000 Menschen.
[3] In seinem Bericht an den Regierungspräsidenten von Massenbach in Düsseldorf (HStAD, Reg.D.dorf, Präs.Nr. 830) nennt Lischke Friedrich Wilhelm Hühnerbein (1816-1883) und einen Lohe. Hühnerbein, ein Barmer Schneidermeister, der zeitweise über 30 Gesellen beschäftigte und Mitglied des Elberfelder Geschworenengerichts gewesen war, hatte an den Maiunruhen 1849 als Mitglied des Sicherheitsausschusses in der Militärabteilung teilgenommen und war bei seinem Fluchtversuch nach dem 17. Mai festgenommen worden. Er wurde nach einjähriger Untersuchungshaft gemeinsam mit den anderen Mitgliedern des Sicherheitsausschusses am 8.5.1850 freigesprochen.
[4] Gottfried Kinkel (1815-1882), Schriftsteller, evangelischer Theologe und Kunsthistoriker;
Gustav von Struve (1805-1870), Rechtsanwalt und Politiker, Mitglied der Frankfurter Nationalversammlung;
Arnold Ruge (1802-1880), Politiker und Publizist, Mitglied der Frankfurter Nationalversammlung;
Johannes Ronge (1813-1887), katholischer Geistlicher, Begründer des Deutsch-Katholizismus;
wahrscheinlich Ernst Haug, österreichischer Offizier;
alle Genannten waren aktive Teilnehmer an der Revolution 1848/49, wurden später zu teilweise hohen Haftstrafen verurteilt und/oder flüchteten ins Ausland.
[5] Dazu Lischke in seinem Bericht: „Hierbei kam es zu manchen Widersetzlichkeiten gegen die bewaffnete Mannschaft, die flache Säbelhiebe zur unmittelbaren Folge hatten. Drei Kerle wurden verhaftet, der eine, weil er eine im Namen von Röse, Freiligrath p. erlassene Subscriptionsliste zur Geldunterstützung für die im Ausland lebenden deutschen Revolutionairs

am Trübsal als eine „mit demokratisch sozialistischer Tendenz" und bemerkte, man müsse trotz der erfolgreichen Auflösung der Veranstaltung „äußerste Wachsamkeit" walten lassen, da „unter den arbeitenden Klassen in aller Weise gewühlt" werde (HStAD, Reg.Düsseldorf, Präs. Nr. 830, Bl. 52).

bei sich führte, der zweite, weil er diesen Mann den transportierenden Gensdarmen mit Gewalt zu entreißen versuchte, und der dritte wegen thätlicher Widersetzlichkeit. Viele andere wurden wegen des letztern Vergehens [] wegen Beschimpfung der Gensdarmen und wegen Theilnahme an der verbotenen Versammlung notirt. Sie gehören fast ausnahmslos zu den untersten Volksklassen" (HStAD, s.o.).

[6] Hermann Röse, Brauer aus Solingen, 1849 stellvertretender Chef der Solinger Bürgerwehr, war während des Maiaufstandes mit 50 Mann zur Unterstützung der Barrikadenkämpfer nach Elberfeld gekommen. Als Führer der Solinger Kompanien in Elberfeld mußte er nach der Niederschlagung des Aufstands in die Schweiz flüchten.

Aufruf zur Volksversammlung am Trübsal (1851; HStAD Reg. Düsseldorf Präsidialbüro Nr. 830)

Kommentar 25

Am 18. Mai 1849 hatte sich Friedrich Wilhelm IV. für die Königstreue Barmens angesichts der Ereignisse in Elberfeld bedankt. Bei seinem Besuch in Barmen am 4.10.1855 versprach er ein Geschenk in Form einer Büste „zur bleibenden Erinnerung an jene Zeit, wo Barmens Bürger die Liebe und Treue für König, Gesetz und Ordnung mitten unter den Stürmen des Aufruhrs bewahrten" (Barmer Bürgerblatt, Nr. 234, 7.10.1855). Im selben Jahr besuchte der König außer Barmen zum ersten Mal nach der „Revolution" auch wieder Elberfeld. Anläßlich eines Diners versicherte Gastgeber Daniel von der Heydt (1802-74) den König hinsichtlich der Ereignisse 1849: „[...] [D]er Aufruhr war in Elberfeld, nicht Elberfeld in Aufruhr" (Täglicher Anzeiger Nr. 236, 6.10.1855).

Quelle 25
Besuch des Königs (Ankündigungen)
SAW B I 48   1.10.1855

An die Bürger Barmens!

Die Seitens des Gemeinde-Rathes an Se. Majestät den geliebten König entsandte Deputation hat sich des gnädigsten Empfanges zu erfreuen gehabt und die Zusicherung mitgebracht, daß Ihre Majestäten am

Donnerstag den 4. ds. Mts., Nachmittags,

zu Wagen von Elberfeld aus durch unsere Stadt passiren und erst in Rittershausen die Eisenbahn besteigen werden.

Ich bringe diese frohe Nachricht sofort zur Kenntniß meiner Mitbürger und bin sicher, es wird nur dieser Mittheilung bedürfen, um zu veranlassen, daß jeder nach Kräften mitwirkt, einen recht festlichen und herzlichen Empfang dem geliebten Königspaare zu bereiten, höchst=welches nach so langer Zeit Einmal wieder unsere Stadt durch einen Besuch beglückt.

Barmen, den 1. October 1855.

Das Bürgermeister-Amt.
Der erste Beigeordnete:
Osterroth.

Titelblatt eines Begrüßungsgedichtes (SAW C I 40)

Bekanntmachung.

Nach bestimmter Mittheilung werden **Ihre Majestäten der König und die Königin** geruhen,

am nächsten Donnerstag den 4. d. Mts.

die Stadt Elberfeld mit Allerhöchst Ihrem Besuche zu beehren. Die Allerhöchsten Herrschaften werden etwa zwischen **1 und 2 Uhr Mittags** auf dem Bahnhofe in der Steinbeck eintreffen und von dort aus die Königs- und Herzogsstraße, sowie einige Stunden später bei der Abreise den Wall, die Schwanenstraße, das Kipdorf oder den Hofkamp und die Vikarie bis zur Haspeler-Brücke durchfahren.

Ich weiß, daß es der allseitige Wunsch der gesammten Bürgerschaft sein wird, der herzlichsten Freude, welche sie über die bevorstehende Erfüllung eines lange gehegten Wunsches mit mir theilt, an jenem Tage auch durch eine festliche Schmückung ihrer Häuser mit Blumen und Laubgewinden, Fahnen, Teppichen u. s. w. Ausdruck zu geben, und ich bringe diese Nachricht schon jetzt zur öffentlichen Kenntniß, um Gelegenheit zu geben, die nöthigen Vorbereitungen hierzu recht zeitig treffen zu können.

Ich empfehle gleichzeitig eine Sammlung freiwilliger Gaben, welche erfolgen wird, um jenen Tag durch eine Speisung der städtischen Armen, sowohl derjenigen in den drei Anstalten als der Außen-Armen, in angemessener Weise zu feiern, der stets bewährten thätigen Liebe meiner Mitbürger.

Endlich mache ich bekannt, daß auf den Wunsch vieler Bürger an dem mehrerwähnten Tage Mittags um 2 Uhr ein Festmahl in dem hierfür zur Verfügung gestellten Bürgersaale des Rathhauses stattfinden wird, zu welchem die Unterzeichnungslisten im Bureau des Stadtsekretärs auf dem Rathhause und in den Lokalen der Gesellschaften Harmonie, Casino, Erholung, Genügsamkeit und Parlament offen liegen werden.

Elberfeld, am 1. Oktober 1855.

**Namens des städtischen Empfangs-Comité's,
Der Ober-Bürgermeister:
Lischke.**

Druck von Julius Schellhoff in Elberfeld.

Kommentar 26

*Bereits auf der Gründungsversammlung des „Allgemeinen Deutschen Arbeitervereins" in Leipzig am 23.5.1863 war in der Person des Brauers und Schankwirts Hugo Hillmann (1823-1898) die Wuppertaler Arbeiterbewegung vertreten; am 26.5. fand die erste nachweisbare Versammlung des ADAV in Barmen statt. Im Jahr 1865 zählte der Ortsverein des ADAV in Elberfeld und Barmen 1260 Mitglieder und war damit der größte Deutschlands. Die nach ihrem Parteiführer Ferdinand Lassalle (1825-64) „Lassalleaner" genannten Mitglieder des ADAV strebten die Einführung des allgemeinen, freien und gleichen Wahlrechts an, in dem sie den wesentlichsten Beitrag zur Lösung der sozialen Probleme sahen.
Ferdinand Lassalle, dessen Anwesenheit in Barmen im September 1863 der nachfolgend*

Quelle 26
Lassalle in Barmen,
in: Barmer Zeitung Nr. 221 vom 22.9.1863

* **Herr Lassalle**

hat gestern in dem Lokale des Herrn Halbach, Sanssouci genannt, gesprochen oder, wenn man will, geschimpft. Nach einem dreimaligen Hoch auf Lassalle ahmte der Bevollmächtigte des deutschen Arbeitervereins für Elberfeld das Beispiel, welches Herr Wolff zur Zeit auf der Wolkenburg gegeben, ganz getreu nach, indem er sich sofort als Präsident der Versammlung präsentirte. Hierauf bat er die Versammlung, welche an 1000 Mann stark war, um Unterstützung in dem schwierigen Amte des Präsidiums und machte auf die Wichtigkeit der Versammlung aufmerksam. Nach einem abermaligen dreimaligen Hoch auf Herrn Lassalle erschien der Präsident des deutschen Arbeitervereins auf der Rednerbühne, um,

wiedergegebene Artikel dokumentiert, war mehrere Male im Wuppertal und 1864 in Ronsdorf gewesen; seine Wirkung beschrieb der Arbeiter Hermann Enters (1846-1940) zurückblickend: „Es hieß, ein neuer Christus wäre auferstanden" (Klaus Goebel/Günter Voigt (Hrsgg.), Die kleine, mühselige Welt des jungen Hermann Enters. Erinnerungen eines Amerika-Auswanderers an das frühindustrielle Wuppertal, Wuppertal² 1971, S. 76). Der spätere Nationalliberale Ernst von Eynern[1], Barmer Kaufmann und Gegner des ADAV, beschrieb Lassalles Auftreten 1863 folgendermaßen: „Ferdinand Lassalle war im Oktober 1863 hier in Barmen gewesen und hatte im großen Saale des Vergnügungslokals ‚Sans-souci' eine Rede gegen die Presse und die Feste der Bourgeoisie, und speziell über die Fortschrittspartei, welche ihm die Inkarnation der Bourgeoisie war, gehalten. Ich erinnere mich des Mannes mit dem geistreich sprühenden Auge und der energischen jüdischen Physiognomie, wie er in seiner Toilette inmitten seiner, ihn fast anbetenden Proletarier stand, noch sehr gut. Er warf seine kühnen, rücksichtslosen Angriffe hinein in die Versammlung, an welcher ebenso wie ich, viele Fortschrittsleute teilnahmen. Diese unterbrachen den Redner verschiedentlich mit Hochs auf Schulze=Delitzsch[2] und reizten dadurch die Arbeiter dermaßen, daß diese zuletzt den Saal von den ungebetenen Gästen säuberten, wobei als Waffe die Bierseidel geschwungen wurden. Ich hatte den Saal vor Ausbruch des Kampfes verlassen, da ich meine Lorbeeren nicht auf Bierseidel zugespitzt hatte" (M.v.Eynern, Ernst v.Eynern, Erinnerungen aus seinem Leben, Barmen 1909, S. 91).

---

[1] *Ernst von Eynern (1838-1906), Barmer Kaufmann (Handel mit Indigo), Stadtratsmitglied, Abgeordneter Barmens im rheinischen Provinziallandtag, Abgeordneter der nationalliberalen Partei in der 2. Kammer des preußischen Landtags, 1894 Bestätigung des „von" als Adelsprädikat.*
[2] *Franz Hermann Schulze-Delitzsch (1808-1883), Politiker, 1848 Abgeordneter der preußischen Nationalversammlung, Begründer des deutschen Genossenschaftswesens, ab 1861 Abgeordneter der Fortschrittspartei im preußischen Abgeordnetenhaus, ab 1867 Abgeordneter im Norddeutschen und Deutschen Reichstag.*

wie er sagte, Heerschau über seine Getreuen zu halten und nicht, um lange Reden zu sprechen. Herr Lassalle bekundete mit dieser Bemerkung von vornherein seine Wahrheitsliebe, indem er keine lange Rede hielt, sondern von fünf Uhr Nachmittags bis beinahe neun Uhr Abends über die Presse, über Zeitungsverleger, Zeitungsschreiber, über Fortschrittler und Bourgeois in klassischer Weise schimpfte. Dieses Schimpfen leitete aber Herr Lassalle mit einer Apotheose seiner selbst und einer Empfehlung seiner Broschüren ein. Auch hatte er die Gnade, die Broschüre des Herrn Heß, des Bevollmächtigten des deutschen Arbeitervereins für Köln, höchst wohlwollend in Empfehlung zu bringen. Hierauf hob der Redner die energische Haltung des Arbeiterstandes beim Beginne der Bewegung hervor, nannte mit vollständigem Rechte diejenigen elende Menschen, welche behauptet hatten, daß er in seiner Arbeiteragitation nur ein erkauftes Werkzeug der Reaktion sei und forderte alle Arbeiter auf, sich von den erbärmlichen Zeitungsschreibern unabhängig zu machen. Herr Lassalle stellte sich nun als der Mann hin, der allein einen Kampf mit der ganzen Welt auskämpfen könne, er behauptete, daß er allein die Kühnheit gehabt habe, gegen die Fortschrittspartei Front zu machen. Er habe damals, als der Conflict zwischen Regierung und Volksvertretung in seiner ganzen Schärfe zum Vorschein gekommen sei, das Abgeordnetenhaus aufgefordert, jede Verbindung mit der Regierung abzubrechen und ins Volk zurückzukehren. Herr von Bismarck hätte sich, da das Abgeordnetenhaus seinen Rath nicht befolgt habe, um das Abgeordnetenhaus durch die Auflösung desselben verdient gemacht. Hätte Herr v. Bismarck die Fortschrittler ruhig im Abgeordnetenhause sitzen lassen, so säßen sie noch da und zwar sich selbst und dem Volke zum Ekel. Die Fortschrittler hätten, anstatt über die durch Herrn von Bismarck erlittene Niederlage Buße zu thun und sich in Sack und Asche zu hüllen, Saturnalien gefeiert und sich trotz aller Niederlagen nach rechter Art der Bourgeois bei Wein und Braten gütlich gethan.

Diese Behauptung wurde von dem Pfeifen eines Einzelnen begrüßt. Herr Lassalle schwieg und es erschollen mehrere Bassermannsche Stimmen mit dem Rufe: „Schmeißt ihn heraus." Nach einigen tumultuösen Necker eien über den pfeifenden Attentäter erklärte Herr Lassalle, daß alle Anwesende, die nicht zum deutschen Arbeitervereine gehörten, nur geduldete Gäste seien und daß er, falls noch einmal derartige Störungen vorkämen, er von den ihm zu Gebote stehenden Mitteln Gebrauch machen und die Ruhestörer entfernen lassen würde. Er könne und dürfe Solches nicht dulden, da tausende mit der größten Aufmerksamkeit an seinen Lippen hingen.

Trotzdem daß Tausende an den Lippen des Herrn Lassalle hingen, entströmten den schwer beladenen Lippen des Redners die niederträchtigsten Redensarten gegen die Presse. Die Presse wurde eine Feindin des deutschen Volksthums genannt, es wurde ihr Feigheit gegen Herrn von Bismarck vorgeworfen, von den Redakteuren behauptete Herr Lassalle, daß sie ihre Seele verkauft hätten. Die Zeitungsschreiber wurden überhaupt mit Stiefelputzern auf eine Stufe gestellt und erklärt, daß jetzt nur Zeitungsschreiber von metier und nicht von Beruf existirten. Dann schwur Herr Lassalle der Presse Haß und Verachtung, Tod und Untergang und indem er eine theatralische Stellung annahm, erhob er den rechten Arm, um wie ein zweiter donnernder Jupiter den zerschmetternden Blitz unter das verruchte Gesindel der Zeitungsschreiber zu schleudern. Aber bei dieser theatralischen Bewegung entfiel Herrn Lassalle das Gewand der heiligen Entrüstung, in welches er sich gehüllt hatte und es kam die armselige Reklame zum Vorschein, die Reklame, sagen wir, die Herr Lassalle als den einzigen materiellen Zweck der heutigen Presse aufgestellt und weßhalb er die Presse als ein gemeines Schacherinstitut verurtheilte.

Herr Lassalle behauptete nämlich, daß der Nordstern und der Volksfreund die einzigen respektablen Tagesblätter seien. Genannte Blätter vertreten aber die Ideen des Herrn Lassalle. Wenn wir dieses allein ins Auge fassen, so zerfällt die von Herrn Lassalle ausgesprochene Verurtheilung der Presse und der Fortschrittler in nichts, denn sie wurden nur eben deßhalb verurtheilt, weil sie nicht auf Seiten des Hrn. Lassalle steht.

Nach dieser Reklame für den Nordstern geruhte Herr Lassalle, eine Pause zu dekretiren. Beim Beginn der Pause bat einer der Anwesenden um das Wort. Es wurde ihm entgegnet, daß Herr Lassalle nur zu reden habe. Darauf begab sich der also Abgefertigte auf seinen Platz zurück, stellte sich auf einen Tisch, um die Anhänger der Fortschrittspartei und die Freunde von Schulze-Delitzsch aufzufordern, sich zu entfernen. Doch plötzlich verschwand der Mann von dem Tische. Ein mehrmaliges Hoch auf Schulze-Delitzsch erscholl an dem Ausgange aus dem Saale. Zersetzte Regenschirme und Stühle wurden in schwunghafter Bewegung in der Luft sichtbar. Biergläser flogen in langen und kurzen Bogen wie die Granaten nach dem Ausgange des Saales. Ein zerrissener Rock eines Polizeisergeanten und ein blutendes Haupt wurden sichtbar.

Nach Herstellung der Ordnung erklärte Herr Lassalle, daß die vorgekommenen Dinge eine Privatsache seien und mit der Versammlung nichts gemein hätten. Darauf ging es wieder in gewohnter Weise los, und die Lippen des Herrn Lassalle schienen sich leichter zu bewegen als früher, denn es hingen an denselben nicht mehr Tausende, sondern nur noch etwa zweihundert. Die Herren Schulze-Delitzsch und von Bennigsen wurden nun verarbeitet und förmlich mit Gift und Galle überschüttet. Von Herrn Schulze-Delitzsch wurde behauptet, daß er in seiner Geschwätzigkeit die Geheimnisse der Partei verrathe. Schließlich ließ Herr Lassalle die Anwesenden mit aufgehobener Rechte schwören, daß sie gehört, wie die Fortschrittspartei keinen Umschwung der Dinge wolle. Auch hatte Herr Lassalle noch die Gnade die Arbeiter aufzufordern, für die Fortschrittler bei der Wahl zu stimmen, denn dieselben würden den Zustand Preußens schnell so faul machen, daß bald ein anderer und besserer Zustand sich entwickeln müsse.

Hiernach verlas Herr Maler Röttgen aus Elberfeld ein Gedicht. Nachdem dieses Gedicht gelesen, bat Dresemann aus Barmen mehreremal um das Wort. Ihm wurde von Seiten des Vorsitzenden entgegnet, daß Herr Röttgen Mitglied des Arbeitervereins sei. Der Sinn dieser Worte wurde darauf von einigen anderen Mitgliedern dem um das Wort Bittenden dahin erklärt, daß nur Mitglieder des Vereins das Recht zum Sprechen hätten. Dresemann erklärte hierauf Herrn Lassalle, daß es eine Niederträchtigkeit sei, in einer Versammlung, in welcher Jeder gegen ein Entree von 2½ Sgr. freien Zutritt hatte, über Anwesende in solch roher Weise zu urtheilen, ohne denselben das Recht der Gegenrede zu gestatten. Herr Lassalle erklärte, daß er nicht von einzelnen Personen sondern von dem Institut der Presse in seiner jetzigen Art und Weise gesprochen und daß er während seiner Rede auch einiger löblichen Ausnahmen gedacht habe. —

Unsere Meinung geht nun dahin, daß Herr Lassalle, in der Ueberzeugung von seiner alleinigen Redefreiheit die in der Presse herrschenden Schäden in einer seinem Talente und seinem Wissen entsprechenden Weise hätte geißeln können. Aus der Art, wie Herr Lassalle aber die Presse gegeißelt hat, konnten wir den Mann nicht erkennen, der auf dem Gebiete der klassischen Wissenschaften Großes durch die Herausgabe des Heraklit geleistet hat. Kein vernünftig denkender Mensch wird in dem Herrn Lassalle, der sich gestern in Barmen als Demagoge von Metier gezeigt hat, den klassisch gebildeten Herrn Lassalle herausgefunden haben. Zum Schlusse wollen wir Herrn Lassalle noch bemerken, daß er durch sein Auftreten nur Propaganda für den Herrn Schulze-Delitzsch gemacht hat.

(Morgen ein Weiteres.)

Kommentar 27
Der nebenstehend wiedergegebene Artikel aus einem Extra-Blatt des „Täglichen Anzeigers" vom 5.7.1866 beschreibt die Reaktion der Elberfelder Bevölkerung auf den Sieg der vereinigten preußischen Armeen gegen die Österreichs in der Schlacht bei Königgrätz am 3. Juli, der die Vormachtstellung Preußens in Deutschland einleitete. In seinen „Erinnerungen" vermerkte Ernst von Eynern zu diesem Tag: „Als Vater und ich am 4. Juli, morgens 9 Uhr, mit der Eisenbahn von Erkrath nach Barmen zurückfuhren, stürzte in Elberfeld der Direktor der Bahn, Herr Geheimrat Danco, jubelnd auf unser Kupee los und verkündete den ‚Sieg von Königgrätz', der tags zuvor erfochten. In Barmen trafen wir schon fast sämtliche Häuser geflaggt. An Arbeiten war natürlich nicht zu denken. Man eilte in die ‚Konkordia', wo alle Freunde versammelt waren, um den herrlichen Sieg zu besprechen und ihn beim Champagner zu feiern. Von der großen Niederlage der Österreicher fehlte noch jede

Quelle 27
Artikel über den Sieg,
in: Extra-Blatt zum Täglichen Anzeiger Nr. 155 vom 5.7.1866   Auszüge

Elberfeld, den 4. Juli 1866.

Glänzender, neuer Sieg des preußischen Heeres! war die frohe Botschaft, die heute in der Frühstunde als unbestimmte Mittheilung schon von Mund zu Munde ging. Da erschien gegen 9½ Uhr die von Berlin eingegangene amtliche Benachrichtigung über den glänzenden glorreichen Sieg unseres herrlichen Heeres, das in einer gestern stattgehabten Schlacht bei Königsgrätz die ganze österreichische Hauptarmee unter ihrem Führer Benedek vollständig geschlagen und zum vollen Rückzuge genöthigt hat.

Der Jubel, den diese Nachricht hervorbrachte, ist nicht mit Worten zu beschreiben; Jeder fühlte, das ist eine Entscheidungsschlacht in dem Völkerkriege, und bei uns ist der Sieg! In kurzer Zeit schmückten sich fast alle Häuser mit Fahnen in Preußens Farben und Böllerschüsse verkündeten die große preußische Siegesthat; es entstand ein Gewoge auf den Straßen, dem anzusehen war, daß sich Großes und Freudiges ereignet hatte. Als nun mit dem Schlage der Mittagsstunde die Glocken von allen fünf Kirchen der Stadt zu läuten begannen und mit ehernen

nähere Nachricht. Diese Details sollten wir erst später erfahren, unter freudigem patriotischem Stolz, aber auch mit Kummer im Herzen, als wir die Opfer in Zahlen vorgeführt erhielten, welche dieser Sieg uns gekostet" (Max von Eynern, Ernst von Eynern, Erinnerungen aus seinem Leben. Barmen 1909, S. 75/76). In einem im „Täglichen Anzeiger" vom 6.7.1866 veröffentlichten Gedicht „Zur Siegesfeier" von Adolph Hense hieß es: „Und ihr, die ihr schon gefallen / Theure Brüder! die vor Allen / Mit dem Herzblut ihr gezahlt:/ Euer Ruhm wird ewig dauern, / Selbst in kalten Winterschauern / Mild er uns entgegenstrahlt! // Dunkel in der Zukunft Schooße / Ruh'n noch der Erfolge Loose / Doch wir halten ruhig stand; / Welche Mächte auch noch siegen: / Die Geschick' der Völker liegen / Fest in unsres Gottes Hand!" (TA, Nr. 156, 6.7.1866).

Zungen Gott im Himmel dankten für den unseren Waffen verliehenen Sieg, da drängte Alles nach dem Rathhause, auf dessen Balcon sich das Langenbach'sche Musik-Corps aufgestellt hatte und drei Verse des herrlichen Dankliedes „Nun danket Alle Gott!" intonirte. Ergriffen von dem Ernst des Augenblicks herrschte trotz der wogenden Menge lautlose Stille, und manche Thräne entquoll dem Auge sonst starker Männer. Und wie konnte es anders sein! War nicht auch 1813 nach der Schlacht bei Leipzig: „Nun danket alle Gott!" das Dankgebet, das für den verliehenen Sieg gen Himmel stieg, und liegen nicht auch jetzt wie vor fünfzig Jahren unsere Brüder und Söhne auf dem Schlachtfeld und haben mit ihrem Tode und ihren verstümmelten Gliedern unsere Freiheit, des Vaterlandes Freiheit erkauft und besiegelt?

Als dann der Herr Oberbürgermeister Lischke auf dem Balcon erschien und ein Hoch ausbrachte auf Seine Majestät den König, da brauste es aus der Menge: „Hoch unser König! Hoch unsere tapfere Armee!" und das „Heil dir im Siegerkranz!" schallte empor aus tausend Kehlen.

Abends gegen 9 Uhr erstrahlte der Balcon des Rathhauses im Glanze festlicher Beleuchtung, zahlreiche patriotische Bürger hatten sich eingefunden, und stimmten gehobenen Herzens zu den Klängen der Musik nochmals „Nun danket alle Gott" an, woran sich „Heil dir im Siegerkranz" und „das Preußenlied" würdig anreihten.

(...)

Die Turner-Feuerwehr, die niemals fehlt, wo es gilt, gemeinnützige oder patriotische Bestrebungen kund zu geben, war mit den Turnerfahnen aufgezogen, während ihre Hornisten die fröhlichen Weisen preußischer Märsche spielten. Unter den Klängen dieser Märsche wurde dann durch die Straßen gezogen, um schließlich dem Herrn Oberbürgermeister Lischke ein Ständchen zu bringen, und noch lange wogte die Menge auf und ab voll Dankes gegen Gott und unsere herrliche Armee für den errungenen Sieg.

So feierte Elberfeld den unvergeßlichen 3. Juli, den Sieg bei Königsgrätz über fremden Uebermuth. Wie der 18. October 1813 uns frei gemacht hat von der Fremdherrschaft, so dürfen wir den 3. Juli 1866 als den Tag in die Ehrenblätter der preußischen Geschichte einschreiben, an welchem Deutschland sein Erbtheil wieder antritt, unter Preußens Führung Vorkämpfer zu sein für geistige Freiheit, Deutsche Gesittung und Intelligenz.

Möge denn unser tapferes Kriegsheer fortschreiten auf seiner Siegesbahn, bis wir ihn durchgekämpft haben den Kampf für Freiheit und Recht, und bis uns die Segnungen des Friedens wieder geschenkt sind, die Deutschland unter Preußens Führung einig und stark machen werden.

Ueber dem Siegesjubel aber wollen wir die Armee nicht vergessen, der wir den Sieg nächst Gott zu verdanken haben; unsere Aufgabe soll es sein, für die Brüder und Söhne im Felde zu sammeln, daß wir ihre Leiden und Entbehrungen mildern; für ihre zurückgelassenen Frauen und Kinder wollen wir sorgen, daß der Kampfesmuth nicht getrübt wird durch Sorgen um die Theuren in der Heimath.

Voran denn in deinem Siegesflug, du preußischer Aar! Mit Gott für König und Vaterland!

Kommentar 28

Für die Wahl zum verfassunggebenden Norddeutschen Reichstag am 12.2.1867 galt das allgemeine, gleiche, geheime und direkte Wahlrecht der Männer in Gestalt des absoluten Mehrheitswahlrechts, wodurch die Arbeiterschaft des Wahlkreises Elberfeld/Barmen erstmalig stimmberechtigt wurde (Q 28/1).

Die Wuppertaler Altliberalen und Konservativen einigten sich als „patriotische Partei" auf den Kandidaten Otto von Bismarck (1815-1898) (Q 28/2), die zur Fortschrittspartei zählenden Liberalen stellten den Präsidenten des preußischen Abgeordnetenhauses, Max von Forckenbeck (1821-1892) auf (Q 28/3 und Q 28/4). Der Allgemeine Deutsche Arbeiterverein (ADAV) war mit seinem Präsidenten, dem Anwalt Johann Baptist von Schweitzer (1834-1875) vertreten (Q 28/3); zusätzlich konstituierte sich ein sozialdemokratisches Wahlkomitee mit dem Kandidaten Hugo Hillmann (1823-1898). Da es im 1. Wahlgang am 12.2.1867 zu keiner absoluten Mehrheit für einen der Kandidaten reichte, kam es zu einer Stichwahl am 21.2. zwischen Bismarck und Forckenbeck, auf die die meisten Stimmen entfallen waren. Auf einer Arbeiterversammlung auf der Kluse (Q 28/5,6 und 7) legte von Schweitzer den Versammelten eine Stimmenthaltung nahe. Die Stichwahl fiel zugunsten Otto von Bismarcks aus (Q 28/8), der das Wuppertaler Mandat jedoch nicht annahm, da er in seinem Heimatwahlkreis Jericho schon im 1. Wahlgang gewählt worden war. Hierdurch wurden Neuwahlen am 14.3.1867 notwendig. Diesmal kandidierten August v.d. Heydt (1801-1874) für die Konservativen, der Barmer Oberbürgermeister Wilhelm August Bredt (1817-1895) für die Altliberalen, Rudolf von Gneist (1816-1895) für die Fortschrittspartei (auch von Forckenbeck hatte ein anderes Mandat angenommen) und wiederum von Schweitzer für den ADAV. In der erneut notwendig gewordenen Stichwahl am 21.3.1867 wurde von Gneist letztendlich mit knapper Mehrheit zum Wuppertaler Abgeordneten für den konstituierenden Norddeutschen Reichstag gewählt (Q 28/9). Nach dem Inkrafttreten der Verfassung des Norddeutschen Bundes am 1.7.1867 wurden für den 31.8.1867 in Elberfeld/Barmen die Wahlen zum regulären 1. Norddeutschen Reichstag ausgeschrieben. Aus der Stichwahl am 7.9.1867 ging Johann Baptist von Schweitzer mit 8915 zu 6691 Stimmen für den liberalen Kandidaten Wilhelm Loewe-Calbe als Sieger hervor.

Quelle 28/1
Beilage zur Barmer Zeitung Nr. 5 vom 5.1.1867

Wahlaufruf des Barmer Arbeiter-Comitee's.

Vom Barmer Arbeiter-Comitee geht uns folgender Wahlaufruf zur Veröffentlichung zu:

Hinweisend auf das durch mehrere Zeitungen veröffentlichte Programm, die bevorstehende Wahl zum norddeutschen Parlament betreffend, fordern wir die Arbeiter auf, an der Parlamentswahl, die binnen Kurzem bevorsteht, Theil zu nehmen. Abhalten hiervon dürfen keinerlei Bedenken. Zum ersten Male, seit das alte Deutschland in Trümmer ging, seid ihr berufen, nach dem gleichen direkten Wahlrechte mit geheimer Abstimmung, also ohne jede Beeinflussung, zu wählen; zum ersten Male das ganze nicht nach Thalern abgewogene Gewicht in die Wagschale zu legen. Ihr und Tausende vor euch haben diese Stunde herbeigesehnt, die Stunde, wo durch das Wegfallen des Drei-Classen-Systems eure Menschenrechte anerkannt sind. Ihr seid berufen, zu dem Gebäude den Grundstein zu legen, worin die Mittel berathen, nein, nicht berathen, beschlossen werden sollen, die zur Lösung der so brennenden socialen und politischen Frage dienen. Die norddeutschen Regierungen haben den Bauplatz theilweise geebnet. Wählt nun Männer, die Euer, Preußens und Deutschlands Wohl nicht auf den Lippen, nein, im Herzen tragen. Männer, die das Volk, das ganze Volk hinter sich haben; Männer, deren Beschlüsse ausgeführt werden. — Arbeiter alle, die ihr arbeitet, sei es am Schraubstock oder am Ambos, sei es im unterirdischen, im schwarzen Land, sei es auf dem Lehrstuhl oder auf der Kanzel, sei es mit der Feder oder im Magazin, Alle an diesem Tage heran zur Wahlurne. Herbei, daß die Verheißung eine Wahrheit werde: Im Schweiße deines Angesichts sollst du dein Brod essen. Nach Millionen laßt euch zählen, damit es nicht von diesem Tage heißt: trotz der ungeheuren Anzahl Kämpfer, die die Regierungen auf den Wahlplatz führten, **verlor das Heer der Arbeiter die Schlacht.**

Quelle 28/2
Barmer Zeitung Nr. 36 vom 11.2.1867

Wähler!

Wollt Ihr noch in diesem Jahre ein mächtiges Preußen, ein starkes, einiges Deutschland, daß jedem Feinde Achtung gebietet?

Wollt Ihr verhindern, daß thörichtes Partei-Getriebe im Verein mit den Intriguen der Kleinstaaterei das Einigungswerk zerreißt, für welches das Blut unserer Söhne und Brüder floß?

Wollt Ihr verhindern, daß dem Rache brütenden Oesterreich oder anderen ehr- und länderdurstigen Nachbarn Lust gemacht wird, die bis künftiges Jahr fertigen neuen Waffen gegen ein ungeeintes Deutschland in neuem blutigen Kriege zu versuchen?

Wollt Ihr das? Nun, dann wählt den Mann, der das große Werk der Einigung bis jetzt glänzend eingeleitet und fortgeführt, den Mann, weise im Rath und stark in der That,

den Minister-Präsidenten
Grafen von Bismarck!!
den größten Staatsmann Deutschlands!!
Hoch Preußen und Deutschland!!

Schweitzer Stimmen, fest und einig
Werft für Bismarck jetzt Panier!
Gleiches Stimmrecht ist ihm heilig
Er hat's selbst mit eingeführt.
Ja, Er wird nicht ruh'n, nicht rasten,
Bis die deutsche Kaiserkron',
Die kein Feind wagt anzutasten,
Glänzend strahlt auf Preußens Thron!

Fest gefußt im Gottvertrauen
Sorgt Er stets für unser Wohl.
Freund und Feind mit Ehrfurcht schauen
Auf den echten Preußen-Sohn.
Schweitzer Stimmen! Keiner fehle
Dem Minister-Präsident!
Ja, wir wollen all' ihn wählen
In's norddeutsche Parlament.

2253   Ein Arbeiter.

Gedicht in der Barmer Zeitung Nr. 43 vom 19.2.1867.

Quelle 28/3
Barmer Zeitung Nr. 36 vom 11.2.1867

Rheinland und Westfalen.

* **Barmen,** 11. Febr. Die Versammlungen der Bezirke für die Parlamentswahl in der verflossenen Woche waren außerordentlich zahlreich besucht und von den heftigsten Debatten bewegt. Die Candidatenfrage bildete überall den Gegenstand der Besprechungen. Der **Forckenbeck-Partei**, welche übrigens überall wohl das numerische Uebergewicht hatte, suchten die Vertreter der **Schweitzer-Partei** „ihren Standpunkt klar zu machen" und umgekehrt. Wie viele Bekehrungen bei diesen Gelegenheiten vorgekommen sind, können wir nicht feststellen, doch war in vielen Fällen eine Sinnesänderung in der Arbeiterpartei in erfreulichem Maaße zu erkennen. Würde die Wahlbewegung noch 8—14 Tage dauern, wir glauben, der größte Theil der Arbeiterpartei würde „zur Besinnung kommen". Aber noch ist nichts verloren! Der Wahltag ist vor der Thür — mögen die Arbeiter noch einmal mit ihrem Gewissen zu Rathe gehen und den Mann wählen, welcher allein des Volkes Rechte aufrichtig zu vertreten vermag — **Max von Forckenbeck.**

Die **Bismarck-Partei** hielt sich ziemlich abgeschlossen in ihren Conventikeln — und nur auf der Straße bemerkte man eine rührige Thätigkeit ihrer Colporteure in Verbreitung ihrer Flugblätter für v. Bismarck und gegen v. Forckenbeck.

Herr v. Schweitzer suchte in der Versammlung bei Herrn Reuter in der Kluse gestern die gegen ihn losgelassenen „Verläumdungen" als erdichtet und unwahr nachzuweisen — mit wenig Glück. „Es ist nicht wahr!" ist kein Beweis, ebensowenig wie der salbungsvolle Appell an die Arbeiter, „daß er es als ihr Vertreter unter seiner Würde halte, sich mit seinen Anklägern abzugeben." Auf solche Anklagen ist nur eine einzige Antwort passend, diejenige **durch den Staatsprokurator.** Will Herr v. Schweitzer dort Genugthuung suchen, so werden ihn seine Gegner ruhig erwarten.

Wie weit es übrigens mit der Redefreiheit in dem „Schweitzerparlament auf der Kluse" bestellt ist, ersah man recht deutlich aus der Weigerung, mit welcher Herrn Hillmann hartnäckig das Wort abgeschnitten wurde. Er verließ darum mit seinen Freunden den Saal.

Noch einmal, Arbeiter! besinnet Euch, was Eurer Würde, der Würde Eures Standes mehr entspricht, die Wahl v. Forckenbeck's oder die v. Schweitzer's. — Bei den Verständigen unter Euch ist schon längst darüber kein Zweifel mehr.

Die „conservative" Partei arbeitet für die Wahl des Grafen v. Bismarck. Wir begreifen jedoch nicht, wie man diesen Herrn als den „einzigen, rechten Volksvertreter" bezeichnen kann. Außerdem ist nicht Herr v. Bismarck als Ministerpräsident schon übermäßig mit Arbeit beladen und warum will man ihm noch die doppelte Last des Deputirten aufbürden? Soll er über seine eigenen Vorlagen noch einmal im Parlamente selbst mit abstimmen? Das zu verlangen, würde ein politischer Fehler sein.

Also lassen wir Herrn Grafen von Bismarck an der Stelle, wo er seinem Amt in gewandter Weise gewachsen ist, am Ministertische, als „Vertreter der Regierung", und als „Vertreter des Volkes" sende Elberfeld-Barmen in das Parlament Herrn **Max von Forckenbeck!**

Wahl-Aufruf.

Die unterzeichneten Mitglieder des sozial-demokratischen Wahl-Comités für Elberfeld und Barmen stellen hiermit den Herrn

Herrn Hugo Hillmann aus Elberfeld

als Candidaten für das Norddeutsche Parlament auf.

Wähler von Elberfeld und Barmen!

Wenn eine 19jährige rastlose Thätigkeit für die Einheit, Freiheit und Größe unseres deutschen Vaterlandes, die Verbesserung der Lage des Arbeiterstandes und dessen Gleichstellung mit den anderen Klassen der Gesellschaft auf der Grundlage der Gleichberechtigung im Staate auf gerechte Anerkennung Anspruch machen darf, so gebt Eure Stimmen für unsern Candidaten. Wählt den Mann, der der Opfer für das Vaterland, für das armen arbeitenden Volkes Wohl so viele gebracht hat, den eine 11jährige Verbannung, Kerkerhaft, Verlust eines nicht unbeträchtlichen Vermögens und Verfolgungen aller Art nicht muthlos zu machen im Stande gewesen sind.

Arbeiter, Handwerker, Gewerbtreibende aller Art! Säubert den Weizen von der Spreu. Die Männer, die die Ehre haben sollen, Euch zu vertreten im Parlament, müssen eine Vergangenheit nachweisen können, die vom Volke Vertrauen zu fordern berechtigt ist.

An Euch ist es zu prüfen, die Entscheidung liegt in Eurer Hand.

Elberfeld und Barmen.

August Röll. Carl Ress. Otto Röll. Wilhelm Langensiepen. Ferdinand Heinzmann. Wilhelm Sieben. Gustav Priesack. A. Schmitz. Hermann Becker. R. Neuhaus. Heinrich Gerling. Julius Haarhaus. Rudolph Vogel. Johann Röttgen. A. W. Weber. Emil Groß. Ferd. Ochel. W. Breitgraf. E. Reinhard August Becker. A. Kuhlmann. J. Heinemann. A. W. Holz. J. Kornhoff. C. E. Wahle. W. G. Ruhrverg. H. Loshammer. H. Meesenholl. Gieseling. Dorenbeck.

Einladung.

Am Freitag den 8. Februar c. wird

Herr Hugo Hillmann aus Elberfeld

im großen Saale des Herrn Ferd. Becker (Sanssouci) in Barmen über die Arbeiter-Frage in Verbindung mit den Parlamentswahlen einen **Vortrag** halten.

Anfang 8½ Uhr. Zutritt frei für Jedermann.

Das obige Comité.

Den Herren Berichterstattern der Presse zur gef. Kenntnißnahme, daß für sie Sitze reservirt gehalten werden. 1682

Anzeige in der Barmer Zeitung Nr. 32 vom 6.2.1867.

Quelle 28/4
Barmer Zeitung Nr. 43 vom 19.2.1867

Allgemeine Wählerversammlung

in der Schützenhalle bei Herrn **P. Braß**,
am Dienstag Abend präcise ½9 Uhr.

Alle Wähler von Elberfeld-Barmen insbesondere die Arbeiter werden zu dieser Versammlung dringend eingeladen.

2226   **Das liberale Wahl-Comitee.**

Wir fordern alle unsere Mitbürger auf, bei der engeren Wahl für den verdienstvollen Präsidenten des Abgeordnetenhauses

Max von Forckenbeck

zu stimmen. Max von Forckenbeck ist nicht gewählt worden. Ganz Deutschland würde es beklagen, wenn eine solche Kraft dem Parlamente fehlen sollte und erwartet, daß der Wahlkreis Elberfeld-Barmen seine Schuldigkeit thut.

Barmen-Elberfeld, im Februar 1867

Gustav Aschoff. Pet. Asmus. Franz Bachem. Ferd. Bartels. Julius Beckmann. Ew. Beekmann. Fr. Herm. Bellingrath. Gust. Bergmann. Alb. Bischoff. C. Bisplinghoff. J. W. Bocks. Wilh. Bredt jun. Dr. Heinr. Coesfeld. Ed. Dahl. Jakob Dahl. Wilh. Dahl. L. W. Dahl jun. C. W. Dango. Fr. Dierichs. Johann Carl Dierichs. C. F. Ebbefeld. Rud. Engels. Carl Eckert. Heinrich Eisenlohr. A. Falkenberg. Carl Faust. Peter Faust. Peter Friesen. Carl Goldenberg. Georg Grau. Otto Greef. D. Grote. Gustav Grote. Th. Häffelkus. Jul. Haarhaus. Heinr. Hardegen. Heinr. Hemmer. J. W. Heynen. A. Henderkott. Rob. Hohmann. Hugo Jaeger. Franz Koenen. Rich. Kölsch. Wilh. Köster. G. Köttgen. W. Klinker. Fr. Kromberg. Fritz Langenbeck. Ed. Lekebusch. Herm. Linkenbach. Pet. Linkenbach jun. Friedr. Manot. Peter Meisekothen. Carl Mennenöh. J. Mesthaler. Wilh. Middeldorf. Carl Mommer jun. Ant. Müller. Wilh. Rauner. Herm. Reinhardt. C. Th. Rübel. Dr. Fr. Sander. Aug. Scheel. Rob. Scheel. Rob. Schmitz. Ludw. Schmidt. Joh. Friedr. Schmidt. Fr. Schröder. Jul. Schüller. Carl Somborn. Louis Sohn. W. Spies. W. Schieß. Oscar Schuchard. Wilh. Schüller. Friedr. Strunk. Aug. Thöne. Thunes. Aug. Tillmanns. L. E. Toelle. Jul. Vollmer. Carl Weddigen. Fr. Weddigen. Jul. Weskott. Jul. Westkott. J. Wirth. C. Wismann. Friedr. Wittenstein jun.

C. Althoff. H. Baumann. Dr. Berger. Bergmann. Heinr. Beising. Arnold Betten. W. E. Blank. Otto Brandt. Heinr. Buchmüller. Rud. Bühlhoff. Dav. Dahlhaus. Gottfr. Demrath. W. Dietzel. Albert Dickhaut. Rob. vom Dorp. Aug. von Dreden. C. Edelhagen. Wilh. Elsmann. H. Ellenberger. Carl Erbschloe-Müller. Franz Ernst. Heinr. Espenschied. Ed. Espenschied. Wilh. Friedrichs. Wilh. Fleck. Aug. Färber. Carl Gatzky. Gust. Gebhard. W. Gesenberg. Dr. Ed. Graf. Aug. Groß. A. Haarhaus. H. G. Harmann. Louis Haas. G. Hellmann. J. E. Hellmann. Abr. Hense. Fritz Herbst. C. Hollweg. Wilh. Jansen. Johann Ibebges. Ed. Jung. Aug. Kampermann. Aug. Kayser. Georg Kesseler. C. Kirberg. A. Klier. C. A. Koch. C. A. Köhler. Eug. König. Emil Kötter. F. Krugmann. Jul. Krupp. Fr. W. Kuse. Paul Lindau. P. Lohmann. Ed. Lucas. Gust. Lucas. Jul. Lucas. Walther Lucas. Sam. Machenbach. Ed. Markmann. Otto Markmann. Notar Mengelberg. Friedr. Müller. Carl Moll. Casimir Nienhaus. P. C. Petersen. Ferd. Pilscheur. J. Quar sen. C. Richter. J. Risse. W. Scharpenack. C. vom Schewen. C. W. **von Schewe.** Walt. Simons. Alfr. Schliever. Gust. Schliever jun. A. Schlösser. Peter Ludw. Schmidt. Johannes Schmidt. Julius **Schmitz. Schopp-Buchholz.** Louis Simons. Heinr. Spieß. Wilh. **Spohr.** Carl Stelter. C. Warnde. Weber, Advokat-Anwalt. A. Weyer. A. Weyermann. J. Weletman. C. Weyrather. **Benj. Wolf.** H. Eug. Wülfing. Zink. C. Zurnieden. 2219

Quelle 28/5
Barmer Zeitung Nr. 43 vom 19.2.1867

Arbeiter!

Wer gab uns das gleiche Stimmrecht? Nicht die Fortschrittler, sondern

Graf Bismarck!!

Wen wählen wir nun? Keinen Fortschrittler, sondern

Graf Bismarck!!

2138   Mehrere Arbeiter.

Arbeiter!

Die am Sonntag verbreiteten **Flugblätter** (gedruckt bei W. Wandt) sind nicht von unserer Partei ausgegangen. Conservative Herren erlaubten sich ein **Wahlmanöver!** Laßt Euch nicht durch die Reaction irreführen, sondern richtet Euch nach den Beschlüssen der heutigen Arbeiter-Versammlung bei Kenter auf der Kluse.

                     Mehrere Arbeiter.

Allgemeine
Volks-Versammlung

Dienstag den **19. d. M.**, Abends **8 Uhr**, im Locale des Herrn Jos. Kenter auf der Kluse zu Elberfeld.

Tages-Ordnung:

1. Ansprache des Herrn Dr. J. B. v. Schweitzer.
2. Besprechung der engern Wahl.

Zu zahlreichem Erscheinen laden wir ein.
Barmen und Elberfeld, den 18. Februar 1867.

Das Special-Wahl-Comitee der Arbeiter und Handwerker.

Die Vorsitzenden:

Chr. Bahne.   Carl Klein.

Max von Forckenbeck.

** Elberfeld, 20. Febr. Die gestrige Volksversammlung der social-demokratischen Partei auf der Kluse war von allen Parteien, doch vorherrschend von Conservativen besucht, welche die Versammlung zu beeinflussen und zu beherrschen versuchten. Zum Vorsitzer wurde Herr Klein, zu dessen Stellvertreter Herr Dr. v. Hurter und zum Schriftführer Herr Benj. Wolff gewählt. Zuerst richtete Herr Dr. v. Schweitzer eine Ansprache an die Versammelten, worin er das Unterliegen seiner Candidatur nicht als eine Niederlage seiner Partei bezeichnet. Er ging dann auf das Verhalten der social-demokratischen Partei bei der bevorstehenden engern Wahl über. Was ihn betreffe, so stehe er in dieser Frage noch auf dem Standpunkte seines Düsseldorfer Briefes, in welchem er sich bei einer engeren Wahl zwischen einem conservativen und einem fortschrittlichen Candidaten für das Zusammengehen mit der liberalen Partei entschieden, weil sie den Grundsätzen der Social-Demokraten am nächsten stehe. Indeß sei durch die beispiellose Gehässigkeit der Fortschrittspartei gegen ihn und seine Anhänger eine Erbitterung erzeugt worden, welche ein solches Zusammengehen unmöglich gemacht habe. Er wolle jedoch die Versammlung nicht bevormunden, sondern ihr die Entscheidung in dieser Frage anheimgeben. Herr Dr. v. Schweitzer ließ indeß in seiner Rede vielfach durchblicken, daß er die Arbeiter von der Wahl des Grafen v. Bismarck nicht zurückhalten, sondern dadurch auf dieselbe hinzuwirken sich bestrebte, indem er andeutete, daß, falls der Ministerpräsident gewählt würde, derselbe wahrscheinlich für hier ablehnen und dann eine Neuwahl der Arbeiterpartei zu Gute komme, welche als ein Strafgericht für die Fortschrittspartei anzusehen und Felsen beben und die Kirchthürme zittern machen würde.

Herr Buchbänder sucht die Niederlage der social-demokratischen Partei dadurch zu begründen, daß man keinen sittenreinen Mann als Candidaten aufgestellt habe. Das allgemeine Wahlrecht ohne Diätenbewilligung bezeichnete er als eine Waffe ohne Stiel und Griff. Während Herr Meister constatirt, daß die Diäten-Verweigerung auf den Einwurf des Herrn v. Bismarck durch das Herrenhaus herbeigeführt sei und sich schließlich für die Wahl v. Bismarck's ausspricht, bemüht sich Herr v. Schweitzer, das Gegentheil nachzuweisen. Er behauptet, die Fortschrittspartei habe die Diätenzahlung dadurch verhindert, daß sie eine solche Bestimmung in das Wahlgesetz aufzunehmen unterlassen habe. Erst als es zu spät gewesen, sei sie für die Diätenbewilligung eingetreten. Herr Klein betont, daß der heutige Staat, welcher die Redefreiheit sowie die Freiheit der Presse beschränke, trotz dem allgemeinen Wahlrecht nicht helfen könne. Er will einen freien Volksstaat. Da nun zur Erstrebung desselben die conservative Partei nichts thun könne und die liberale nichts gethan habe, so müsse die social-demokratische Partei ihre eigenen Wege gehen und sich der Wahl enthalten.

Herr Dr. v. Hurter empfiehlt die Wahl des Herrn v. Bismarck und sucht die dagegen vorgebrachten Gründe zu entkräftigen. Er habe zwar in die Diätenzahlung nicht eingewilligt, aber das wichtigste Recht, das allgemeine Wahlrecht, gegeben. Wenn Jemand 100 Thaler schenke, 50 Thlr. aber davon zurücknehme, so schenke er immer doch noch 50 Thlr.

Nachdem noch die HH. Tillmann, Benj. Wolff, Christ und Kreutz für ein Zusammengehen mit der Fortschrittspartei, theils in längern Reden, gesprochen, aber durch beständiges Rufen „wir wählen Bismarck! Bismarck!" unterbrochen wurden, forderte Herr Tölcke die Anwesenden auf, sich der Wahl ganz zu enthalten, worauf ein Arbeiter die Wahl des Herrn von Bismarck empfahl, damit „unserem lieben Könige die Haare nicht noch grauer würden". Hierauf legte Herr v. Schweitzer der Versammlung nachstehende Resolution zur Annahme vor:

„In Erwägung, daß die Arbeiterpartei aus prinzipiellen Gründen nicht für einen Candidaten der conservativen Partei stimmen kann; in weiterer Erwägung, daß die Fortschrittspartei durch ihr beispiellos gehässiges Vorgehen gegen die Arbeiterpartei dieser jedes Zusammengehen mit ihr für diesmal unmöglich gemacht hat, — aus diesen Gründen beschließt die Versammlung, die Mitglieder der social-demokratischen Partei aufzufordern, sich bei der engern Wahl in Elberfeld-Barmen der Abstimmung zu enthalten."

Nachdem Herr v. Schweitzer die Resolution zu begründen gesucht, dabei aber Jedem nach eigenem Gutdünken die Betheiligung an der Wahl namentlich für Hrn. v. Bismarck freistellte, wurde dieselbe mit großer Majorität angenommen. — Die Versammlung trennte sich unter Hochrufen auf den Grafen v. Bismarck und Herrn v. Forckenbeck.

Quelle 28/7
Barmer Zeitung Nr. 44 vom 20.2.1867

Arbeiter!

In der Kluse ist gestern Abend beschlossen, daß wir uns der Abstimmung enthalten sollen und wurde geltend gemacht, daß wir niemals mit der Reaction gehen dürften, aber auch nicht mit der Fortschrittspartei, weil dieselbe den Dr. v. Schweitzer und seine Freunde beleidigt. Wir erklären, daß uns die persönlichen Beleidigungen gegen Hrn v. Schweitzer nichts angehen und wir von unserem Rechte nach den Grundsätzen unseres großen Meisters Lassalle Gebrauch machen werden. Mit der Reaction gehen hieße das alte Elend heraufbeschwören, darum wählen wir das bessere von zwei Uebeln und gehen an den Wahltisch und stimmen **Max v. Forckenbeck!**

Mehrere Arbeiter,
welche sich nicht am Gängelbande führen lassen werden.

Arbeiter!

Morgen ist die entscheidende Wahl! Versäumt nicht, das Recht zu üben, das

Graf Bismarck

Euch verlieh. Er hat ein warmes Herz für die Arbeiter; beweist auch Ihr, daß Ihr ihm Vertrauen schenkt und laßt Euch nicht abhalten, Eure Stimmen für ihn abzugeben!

Jede fehlende Stimme ist dem Gegner Gewinn!

Hoch Graf Bismarck Hoch!

Arbeiter!
Wollt Ihr den Herrn Grafen v. Bismarck zum Herrn Grafen v. Bismarck ins Parlament schicken, um durch den Grafen v. Bismarck über den Herrn Grafen v. Bismarck abstimmen zu lassen?

Unterer Teil der Wahlanzeige (Quelle 28/7)

> Quelle 28/8
> Barmer Zeitung Nr. 46 vom 22.2.1867

An
die social-demokratischen Arbeiter in Barmen-Elberfeld.

Obschon unsere Parteiversammlung Euch aufgefordert hatte, bei der engern Wahl in Barmen-Elberfeld nicht mitzuwirken, habt Ihr gestern großentheils für den Grafen von Bismarck gestimmt. Bei dieser engern Wahl, in welcher es galt, zwischen dem preußischen Minister-Präsidenten und dem Präsidenten des preußischen Abgeordnetenhauses zu entscheiden, ist durch Eure Stimmen der Graf von Bismarck als Sieger aus der Wahlurne hervorgegangen.

Was Ihr that, war ein verhängnißvoller Schritt; denn er birgt in sich den Keim einer unheilvollen Spaltung der vorwärtsdrängenden Elemente. Aber ich weiß, was Ihr sagen wolltet mit diesem Schritte, und Eure Brüder in ganz Deutschland werden Euch verstehen.

Ihr wolltet Denen eine Lehre geben, die, Eure Macht verkennend, in dünkelhaftem Uebermuthe Eure Bestrebungen zu Boden zu treten versucht hatten; Ihr wolltet ihnen zeigen, daß Ihr nicht gesonnen waret, die unfläthigen Schmähungen und elenden Verdächtigungen, welche Eure liberalen Gegner durch bezahlte Werkzeuge in die Welt geschickt hatten, vor Allem aber die Verkümmerungen Eures Wahlrechts ungestraft hingehen zu lassen; Ihr wolltet zeigen, mit einem Wort, daß die liberale Bourgeoisie Nichts ist ohne die Arbeiterklasse.

Die Lehre, die Ihr ertheiltet, ist eine eindringliche. Das Exempel, das die Arbeiterpartei in Barmen-Elberfeld statuirt hat, sollte verstanden werden von der liberalen Partei im ganzen Vaterlande. Wir verlangen nicht, daß man uns nicht bekämpfe, wir wollen nur, daß man uns würdig entgegentrete. **Bleibt die empfangene Lehre wirkungslos, so tragen Jene, nicht wir, die Verantwortung für alles Kommende.**

Vielleicht auch, Arbeiter, war Eure Abstimmung eine Huldigung, nicht zwar für den Candidaten der conservativen Partei, wohl aber für den Minister, der aus eigenem Antriebe ein Volksrecht Euch zurückgegeben, welches die liberale Opposition für Euch zu fordern so hartnäckig vergessen hatte.

Auch hierin würde eine eindringliche Lehre liegen.

Barmen, 22. Februar 1867.

J. B. v. Schweitzer.

Rheinland und Westphalen.

* Barmen, 22. März. Das Resultat der gestern gethätigten engern Wahl ist folgendes: Hr. Prof. Dr. Rud. Gneist erhielt in Barmen 3449 Stimmen, in Elberfeld 4570 St., zusammen 8019 Stimmen. Hr. Dr. J. B. v. Schweitzer erhielt in Barmen 4365 Stimmen, in Elberfeld 3558 St., zusammen 7823 Stimmen. — Hr. Prof. Dr. Rud. Gneist ist also als Sieger über Hrn. Dr. v. Schweitzer mit 96 Stimmen aus der Wahlurne hervorgegangen und somit zum Reichstags-Abgeordneten für Elberfeld-Barmen gewählt.

Die Betheiligung an der Wahl war gestern bedeutend stärker als am 14. d. Mts. Während am 14. d. 13,274 Stimmen (4920 für v. Schweitzer 4292 für Prof. Gneist, 2550 für Minister v. d. Heydt und 1496 für Oberbürgermeister Bredt) abgegeben wurden, beträgt die gestrige Stimmenzahl 15,842, also mehr 2568. Hr. v. Schweitzer hat gestern 2903 Stimmen mehr erhalten als am 14. d. und sind ihm diese Stimmen zum größten Theile von der conservativen Partei, welche bei der vorletzten Wahl für v. d. Heydt stimmte, zugefallen.

* Barmen, 22. März. Gestern Abend sammelte sich nach der Veröffentlichung des Ergebnisses der Abstimmung über Herrn v. Schweitzer und Herrn Gneist ein großer Volkshaufen vor dem Druckereilokal der Barmer Zeitung, allerlei Drohungen ausstoßend. Sobald die Ruhestörung durch das Einschlagen einer großen Fensterscheibe begann, griff die in der Nähe stationirte Polizei und hierher beorderte Gensd'armerie rasch ein und machte von den Waffen Gebrauch, verhaftete einige Ruhestörer und trieb die andern auseinander. Einigemal wiederholten sich derartige Scenen, bis es endlich der Polizei gelang, die Ruhe vollständig wiederherzustellen.

** Barmen, 22. März. Der Sieg, welchen die liberale Partei gestern über die Gegner durch die Wahl des Herrn Dr. Gneist erfochten, gibt zu mancherlei Betrachtungen Veranlassung. Wir wollen dabei nur berücksichtigen, daß er erst nach einem lange dauernden Wahlkampfe von fast sechs Wochen und mit einer freilich nicht großen Majorität ermöglicht worden ist. Diese geringe Majorität könnte, blos der Zahl nach betrachtet, den Sieg als nicht bedeutend erscheinen lassen. Man erwäge indeß nur, daß die gegnerische, besonders die sozial-demokratische Partei, von Anfang an festgeschlossen und sehr gut organisirt auftrat und bis zum letzten Wahlgange auch so blieb, durch die Majorität ihres Candidaten im ersten Wahlgange noch mehr Hoffnung auf Erfolg schöpfen konnte; ferner, daß die conservative Partei für die letzte Wahl wenig mehr als unberechenbar blieb, und daß die liberale Partei darum die größten Anstrengungen machen mußte, um auf der Höhe ihrer früheren Stimmenzahl zu bleiben. Dann wird man der liberalen Partei nicht die Anerkennung versagen können, daß sie mit außerordentlichen Schwierigkeiten zu kämpfen hatte, daß ihre Lage eine sehr unsichere war und wenig Hoffnung auf Erfolg bot. Dann wird man ihr aber auch nicht bestreiten, daß sie nur durch eine feste Organisation, Wachsamkeit, Thätigkeit und Einmüthigkeit siegen konnte. Und in der That, dadurch allein hat sie gesiegt! Sie ist mit 1000 Stimmen über die Stimmenzahl in dem zweiten Wahlgange für Hrn. v. Forckenbeck hinausgekommen. Möge ihr das für die Zukunft eine fruchtbringende Erfahrung und Lehre bleiben, daß ihr Sieg immer nur mit diesen Mitteln möglich ist.

Schon unter diesem Gesichtspunkte erscheint ihr Sieg nicht unbedeutend. Man erwäge ferner, daß die sog. sozial-demokratische Partei vor der unsrigen den Vortheil voraus hatte, daß ihr Führer seit sechs Wochen ununterbrochen am Platze war und für seine Zwecke fortwährend selbst agitiren konnte. Wir aber haben weder Herrn v. Forckenbeck noch Herrn Gneist dazu bestimmen können, daß sie ihre Candidatur persönlich im hiesigen Wahlkreise vertreten möchten. Hindernisse mancherlei Art bereiteten alle dahin gerichteten Wünsche. Die liberale Partei hat selbst für ihre Candidaten mit aller Kraft agitiren müssen, hat es mit Aufopferung und unermüdlich gethan!

Also, erwägt man alle diese Momente ihrer schwierigen Lage, so muß ihr endlicher Sieg um so bedeutungsvoller ins Gewicht fallen.

Die Ahnung freilich, welche Herr v. Schweitzer früher in einem Schreiben einmal aussprach, daß aus diesem Wahlkampf vielleicht noch verhängnißvolle Folgen für beide Parteien hervorgehen könnten, hat sich leider in einer für die sog. sozial-demokratische Partei nicht angenehmen Weise erfüllt und zwar durch ihre eigene Schuld. Wären diese Herren maßvoller in ihrem Auftreten gewesen, sparsamer mit ihren „scherzhaften" Drohungen gegen Eigenthum und Leben der Bürger, wahrlich, sie hätten nicht erfahren, was sie gestern erfahren mußten. Die liberale Partei hat ihnen gegenüber nur gethan, was sie zu ihrem Schutze thun mußte. Niemand, und besonders kein Ruhe und Ordnung liebender Bürger kann wünschen, daß die Ausführung des von der Regierung gegebenen allgemeinen, directen Wahlrechts nur zur Aufregung einer Volksklasse zu Gewaltthätigkeiten gegen die andere, zu Tumulten zweifelhafter Natur ausgebeutet werde. Dem Ausfall der Abstimmung hat sich Jeder zu fügen und Ruhe zu halten — so ist es Sitte unter allen civilisirten Nationen. Wer aber seiner Unzufriedenheit mit dem Ergebniß der Wahl durch Ruhestörungen Luft machen will, der verfällt natürlich der Polizei. Danken wir es der trefflichen Organisation unserer städtischen Polizei, ihrem raschen Auftreten und Eingreifen, daß die Ruhe nur kurze Zeit ernstlich unterbrochen wurde — zugleich ihrer Humanität, mit welcher sie gegen die Spektakelmacher vorging.

Aus diesem Vorgange möge sich auch die sogenannte sozial-demokratische Partei ihre Lehren ziehen; mit Rohheiten wird sie nie ihre Bestrebungen empfehlen können, sondern nur mit dem aufrichtigen Bemühen, zunächst sich mit den andern Parteien wenigstens auf den Boden der Gesittung zu stellen. Wir sind weit entfernt davon, dem „Schaden" den „Spott" hinzufügen zu wollen; wenn es aber eine Pflicht jeder Partei ist, mit Ernst an ihrer Vervollkommnung zu arbeiten, so bleibt auch der sozial-demokratischen die Aufgabe der Selbsterziehung und gründlichen Läuterung ihres Strebens, wenn sie einmal wirklich etwas von ihren Idealen erreichen will. So viel für heute!

Kommentar 29
Eine wichtige Vorentscheidung im deutsch-französischen Krieg von 1870/71 war mit dem Sieg der deutschen Truppen in der Schlacht bei Sedan am 1.9.1870 gefallen. Nach der Gefangennahme Kaiser Napoleons III. bezeichnete die Ausrufung der „Dritten Republik" am 4.9.1870 in Paris den Sturz des französischen Kaisertums und führte zur Bildung einer Regierung der nationalen Verteidigung, die den Krieg gegen Preußen und seine Verbündeten als Volkskrieg mit bewaffneten Zivilisten fortsetzte.
Auf diesen Hintergrund bezieht sich das nebenstehend wiedergegebene Gedicht des Wuppertaler Dichters und Handlungskommis Karl Stelter (1823-1912) vom 7.9.1870. Die von den deutschen Truppen belagerte Hauptstadt Paris kapitulierte am 28.1.1871; zehn Tage zuvor, am 18. Januar, war in Versailles mit der Proklamation Wilhelms I. zum deutschen Kaiser die Gründung des zweiten deutschen Kaiserreiches vollzogen worden.

Ausschnitt aus einem Gedichtblatt des Barmer Krieger-Hilfsvereins zur Erinnerung an den deutsch-französischen Krieg 1870/71 (SAW C II 33).

Quelle 29
Gedicht zum deutsch-französischen Krieg,
in: Täglicher Anzeiger Nr. 213 vom 7.9.1870

Nach Paris!

Mag's auch: „Republik!" erschallen,
Dennoch geh'n wir nach Paris,
Unserm Schwerte ist verfallen
Der, der Kriegsfanfaren blies!
Abgethan der Schwindelkaiser,
Aufgedeckt sind Lug und Trug
Und die Meute, die sich heiser
Schreit, bald trifft auch sie der Fluch!

In des Wahnsinns Nacht gefallen
Liegt die freche Gallia,
Sieggekrönt in Ruhmeshallen
Steht vor ihr Germania.
Stolzeste der Nationen,
Die einst an der Spitze schritt,
Nimmt von den gestürzten Thronen
Nur der Welt Verachtung mit!

Ihre Bildung: Hohle Phrasen!
Die Gloire nur Eigenlob,
Das, wie bunte Seifenblasen,
Vor dem deutschen Sturm zerstob;
Ihre Krieger: Räuber, Wilde,
Ihre Führer hirnverbrannt,
Haben Mäßigung und Milde,
Menschlichkeit und Recht verkannt.

Als Dir Deutschland groß und einig,
Frankreich gegenüberstand,
War zersetzt und fadenscheinig
Schnell Dein zuchtlos Prunkgewand;
Ausgewetzt ward da die Scharte,
Die Europa selbst sich schlug,
Als den andern Bonaparte
Es auf Frankreichs Thron ertrug.

Nu liegst Du verdient im Staube
Und die deutsche Landesmark
Machen wir von Deinem Raube
Dauerhaft und eisenstark.
Mag auch eine Welt sich stellen
Gegen uns im blut'gen Streit
Krachend wird die Welt zerschellen
An dem Fels der Einigkeit.

Deutsche Zucht und deutsche Sitte
Kehren wieder bei uns ein,
Wird verbannt aus unsrer Mitte
Erst der wälsche Plunder sein.
All' den Narren Schmach und Schande,
Die da holen aus Paris,
Was Talent im eignen Lande,
Reimen, wachsen, reifen ließ.

Deutsche Frauen, deutsche Männer
Werft von Euch den fremden Tand,
Seid in Wort und That Bekenner:
Alles durch das Vaterland:
Größer macht Euch dann und freier,
Statt zu Sklaven, dieser Krieg,
Und aus seiner Todtenfeier
Steigt ein Phönix Deutschlands Sieg!

Karl Stelter.

Kommentar 30

In seiner Schrift „Wider die Socialdemokratie und Verwandtes" (Leipzig 1874), verfaßt nach den Wahlen zum 2. Deutschen Reichstag 1874, vermerkte der Nationalliberale Ernst von Eynern über die politische Situation in Elberfeld und Barmen das Folgende: „Die Hochburg der Socialdemokratie ist das Wupperthal und seine Umgebung. Hier hat Lassalle seine Hauptwirksamkeit entfaltet; sein Nachfolger in der Präsidentschaft des Allgemeinen deutschen Arbeitervereins, Herr v. Schweitzer, fand hier seinen Wahlkreis und nach einer Rede desselben am 5. October 1868 hat die Generalversammlung des Allgemeinen deutschen Arbeitervereins in Berlin die Arbeiter des Wupperthals als die <u>Avantgarde</u> der socialdemokratischen Partei bezeichnet. […] Hier [im Wuppertal] wütet nach Hasselmann (Sozialdemokrat vom 28. Januar 1874 [Organ des ADAV]) der Klassenkampf am schärfsten, da ‚wo die Steinreichen und Bettelarmen nebeneinander leben, wo der Fabrikant stolz ist auf seine <u>wohlgenährten Kutschpferde</u>, sich aber den Teufel scheert um seine ausgemergelten Arbeiter'" (Ernst von Eynern, a.a.O., S. 32).

Die aus dem nebenstehend wiedergegebenen Bericht hervorgehende Spaltung der Arbeiterbewegung in den von Lassalle gegründeten ADAV und die im August 1869 in Eisenach konstituierte „Sozialdemokratische Arbeiterpartei" unter der Führung August Bebels und Wilhelm Liebknechts, die im April desselben Jahres in Elberfeld gewesen waren und als Mitglieder in der „Internationalen Arbeiterassoziation" in engem Kontakt zu Karl Marx und Friedrich Engels standen, wurde im Mai 1875 auf dem Gothaer Kongreß überwunden. Bei der dort vollzogenen Vereinigung des ADAV mit der „Sozialdemokratischen Arbeiterpartei" zur „Sozialistischen Arbeiterpartei Deutschlands" waren als Vertreter des Wuppertals für Barmen der im Bericht erwähnte Karl Julius Kuhl und für Elberfeld der Weber Friedrich Harm anwesend.

Die in nebenstehendem Bericht von Polizeiinspektor Voigt getroffene Prognose für die Wahl 1874 - in der die beiden Arbeiterparteien noch getrennt mit den Kandidaten Hasselmann (ADAV) und Jacoby für die „internationale Partei" antraten - bewahrheitete sich: Wilhelm Hasselmann errang in der Stichwahl eine knappe Mehrheit über den Kandidaten der Konservativen und Nationalliberalen, Stader. Ernst von Eynern vermerkte zum Wahlgeschehen: „Als die Lohnarbeiter des Wupperthals dem Socialdemokraten Hasselmann das Reichstagsmandat übertrugen, verbrannte nach einer Mittheilung in den Zeitungen ein altes Mütterchen ihr einziges Erwerbsmittel, das Spulrad; und als in einem Wahllokal nach Leerung der

Quelle 30
Bericht des Polizei-Inspektors Voigt nach Düsseldorf über „Die Social=Demokratie in Barmen"
HStAD Regierung Düsseldorf Präsidialbüro Nr. 866 Bl. 130 ff
15.12.1873 handschriftlich

Die social=demokratische Bewegung im Wupperthale war zu Lassalle's Zeiten wohl die bedeutendste ihrer Art in Deutschland und von diesem Führer besonders hoch geschätzt. Auch unter v. Schweitzer's Regimente behauptete sie noch immer einen ziemlichen Rang und erreichte, so zu sagen, ihren Höhepunkt durch die Wahl des Genannten als Reichstags=Abgeordneten. Nachdem aber Berlin und theilweise Hamburg-Altona mit ihren vielen Mitgliedern die Hauptrolle in der Partei spielten, ging hier das Interesse zur Sache verloren und erst in den beiden letzten Jahren ist es durch fortwährende Agitation gelungen, hier wieder eine nennenswerthe Mitgliedschaft zu errichten. Der Allgemeine Deutsche Arbeiter=Verein (Präsident Hasenclever[1]) hat z.Z. in Barmen ca. 400 eingeschriebene, Beitrag zahlende Mitglieder und das Partei=Organ „Der Neue Social=Demokrat" ungefähr 200 Abonnenten. Diese Zahlen wären an und für sich nicht besorgnißerregend, bedenkt man aber, daß der größere Theil der hiesigen Arbeiter die Ansichten des genannten Vereins theilt und in allen wichtigeren Fragen der von diesem ausgegebenen Losung bereitwillig Folge leistet, so darf bei der festen Organisation und der guten Partei=Disciplin wohl behauptet werden: der Allg. Deutsche Arbeiter Verein resp. die Social=Demokratie ist hier in Barmen eine Macht, mit der gerechnet werden muß, besonders bei der Zerfahrenheit und Lauheit der übrigen politischen Parteien hieselbst, sowohl der liberalen wie conservativen.

Unter solchen Verhältnissen kann das Resultat der nächsten Reichstagswahl beinahe sicher vorausgesagt werden: es wird der von der soc. dem. Partei aufgestellte Kandidat (Hasselmann[2]) gewählt werden. Die zu diesem Zwecke bereits begonnene Agitation wird äußerst lebhaft betrieben, den hiesigen Führern sind mehrere auswärtige Hauptredner als Verstärkung beigegeben und Partei= und Volks=Versammlungen finden fast täglich statt.

Die hiesigen Führer und Leiter der Partei sind
der Sattlergeselle Mann und
„ Riemendreher Kuhl.

Die Vergangenheit dieser Leute ist, wie bei vielen hervorragenden Partei=Mitgliedern, durchaus nicht fleckenlos und haben beide bereits wiederholt mit dem Strafrichter Bekanntschaft gemacht.

Der Sattlergeselle Friedrich Mann, Bevollmächtigter des A.D.A.V. für Barmen, 37 Jahre, gebürtig aus dem Waldeckschen, gehört zum Verein seit der Entstehung im Jahre 1863 und ist ein enragirter Lassallianer. Von kleiner, unansehnlicher Statur und ohne wissenschaftliche Bildung besitzt er doch eine gewisse Rednergabe und weiß namentlich seine Stellung als Vorsitzender bei den öffentlichen Versammlungen mit Energie und Geschick auszufüllen. Sein Gewerbe betreibt er nicht mehr, er bezieht sowohl aus der Vereins= wie aus der Orts=Kasse eine Remuneration, welche für seine Existenz ausreichend ist; die Familien-Verhältnisse scheinen zerrüttet zu sein, da er von Frau und Kind, die in Elberfeld leben, - getrennt wohnt. Bestraft ist Mann
1. vom Landgericht zu Elberfeld am 18. März 1864 wegen Verletzung der Ehrfurcht gegen des Königs Majestät mit 25 Reichsthalern Geldbuße eventl. 9 Tage Gefängniß (bestätigt in der Appell=Instanz);
2. von demselben Gericht am 27. September 1873 wegen Beleidigung des Bürgermeisters in Schwelm mit 15 Reichsthalern Geldbuße oder 1 Woche Gefängniß;
3. von demselben Gericht am 26. November 1873 wegen Verletzung des § 131 des Strafgesetzbuches mit 14 Tagen Gefängniß.

Im September 1864 ist Mann wegen Verhöhnung der Anordnungen der Obrigkeit von hier ausgewiesen worden. -

Der Riemendreher Karl Julius Kuhl, 26 Jahre alt, gebürtig aus Wiehl, verheirathet, Vater von 2 Kindern, ist erst vor Kurzem von Langerfeld, Kreis Hagen, hierher verzogen, nimmt aber schon eine bedeutende Stellung in der Partei ein. Ein gewandter, kräftiger Redner, schlagfertig, mit einem guten Gedächtniß und nicht ohne allgemeine Bildung, ist er besonders bei Volks=Versammlungen von Nutzen, da er bei seiner genauen Bekanntschaft mit den Schriften Lassalle's jedem Gegner gleich zu dienen weiß.

Bestraft ist er

Urnen die Mehrheit der Stimmen sich gegen den Arbeitercandidaten erklärte, fiel aus dem Munde eines jugendlichen Anhängers desselben das klagende Wort: Ach, nun müssen wir fortfahren, Brod und Kartoffeln zu essen. Die Einbildungskraft der Arbeiter ist wirklich dahin gelenkt worden, daß sie von dem Siege der Principien der socialistischen und kommunistischen Parteien ein Leben des Müßiganges und des Genusses erwarten. Sie werden doch endlich erkennen, daß das Wort: ‚Im Schweiße deines Angesichts sollst du dein Brod essen!' auf Diejenigen nicht am wenigsten Anwendung findet, welche über der großen Masse der Menschen sich erheben und dieses allein erreicht haben durch Fleiß und geistige Ausdauer, durch sittliche Führung und Tüchtigkeit des Charakters" (E.v.Eynern, a.a.O., S. 120).

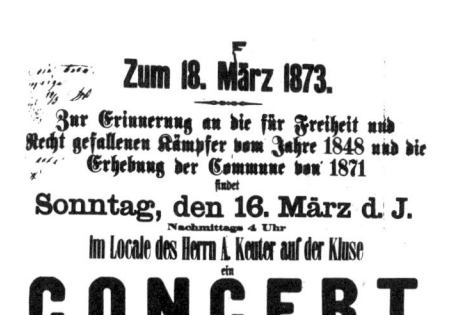

1. durch Erkenntniß des Königlichen Zuchtpolizei=Gerichts zu Elberfeld vom 28. October 1869 wegen Verwundung mit 10 Reichstalern Geldbuße eventl. 4 Tage Gefängnis.
2. durch Erkenntniß desselben Gerichts vom 20. April 1872 wegen Ueberversicherung zu 775 Reichstalern Geldbuße, eventl. 6 Monate Gefängniß. Diese Strafe tilgt Kuhl z.Z. durch Ratenzahlungen. Außerdem soll er noch eine dritte Bestrafung in Elberfeld erlitten haben: worüber Recherchen angestellt sind.

Redner von weniger Bedeutung als die vorstehend erwähnten sind der Schuhmacher Johann Mühlhausen, (der Schöngeist des Vereins), der Fabrikarbeiter Frick und der Fabrikarbeiter Eckert.

Von auswärtigen Koryphäen treten hier auf:
der Präsident des gesammten Vereins Hasenclever; Tölcke - Iserlohn; Dreesbach - Düsseldorf; Klein[3] - Elberfeld; Frick - Bremen; Winter - Altona und Hörig - Hamburg, über letzteren, den Kandidaten zur Reichstagswahl für Mettmann-Lennep und für Düsseldorf geben die anliegenden Notizen nähere Auskunft. Ferner bereist in letzter Zeit der Kandidat für den Wahlkreis Barmen-Elberfeld, Hasselmann, Redacteur des Partei=Organs, den Bezirk.

Die internationale Partei (Fraction Bebel[4]-Liebknecht[5]) ist hier nur schwach vertreten und hat bis jetzt öffentlich sich kaum gezeigt, das Parteiblatt „Volksstaat" zählt hier ca. 20 Abonnenten, als Kandidat für den Reichstag ist Dr. Johann Jacoby[6] für den Wahlkreis aufgestellt.

---

[1] Wilhelm Hasenclever (1837-1889), Lohgerber, Journalist und Lassalleaner seit 1864, ab Juli 1871 Präsident des ADAV, Delegierter des Gothaer Einigungskongresses 1875, einer der beiden Vorsitzenden der „Sozialistischen Arbeiterpartei Deutschlands", 1869-71 Mitglied des Norddeutschen Reichstags, 1874-78 und 1879-88 Mitglied des Deutschen Reichstags
[2] Wilhelm Hasselmann (*1844), Redakteur des „Neuen Social-Demokrat" 1871-1875, seit 1875 Mitglied der „Sozialistischen Arbeiterpartei Deutschlands", gründete 1876 die „Bergische Volksstimme", 1880 als Anarchist aus der Partei ausgeschlossen
[3] vermutlich Carl Wilhelm Klein (keine Daten), Arbeiter, Teilnehmer an Aufständen in Elberfeld und Solingen 1849, Mitglied des Bundes der Kommunisten, ab 1852 in den USA, in den 60er und 70er Jahren aktiv in der deutschen Arbeiterbewegung, Mitglied des ADAV
[4] August Bebel (1840-1913), Drechsler, 1867 Präsident des Verbandes Deutscher Arbeitervereine, seit 1866 Mitglied der Internatinalen Arbeiterassoziation (IAA), Mitbegründer der „Sozialdemokratischen Arbeiterpartei" 1869 (Eisenach), Mitglied des Norddeutschen Reichstags 1867-70, des Deutschen Reichstags 1871-81 und 1883-1913
[5] Wilhelm Liebknecht (1826-1900), Publizist, Teilnehmer an der Revolution 1848/49, emigriert in die Schweiz und nach England, Mitglied des Bundes der Kommunisten, 1863-65 Mitglied des ADAV, Mitglied der IAA, 1866 Gründer der „Sächsischen Volkspartei"; 1869 Mitbegründer der „Sozialdemokratischen Arbeiterpartei" (Eisenach), verantwortlicher Redakteur des „Demokratische[n] Wochenblatt[s]", des „Volksstaat[s]" und des „Vorwärts", Mitglied des Norddeutschen Reichstags 1867-70, des Deutschen Reichstags 1874-1900
[6] Johann Jacoby (1805-1877), Arzt und Publizist, 1848/49 Abgeordneter der deutschen und der preußischen Nationalversammlung, 1863 Mitglied des preußischen Abgeordnetenhauses, schloß sich in den 70er Jahren der „Sozialistischen Arbeiterpartei" an. Kandidierte 1874 in Elberfeld-Barmen für den Reichstag

Einladungsplakat 1873 (SAW O IX 14).

1.2 Die kommunale Verwaltung Elberfelds und Barmens im Rahmen der politischen Entwicklung

Kommentar 31

Der Regierungsrat Dr. Johann Georg von Viebahn, aus dessen „Statistik und Topographie des Regierungs-Bezirks Düsseldorf" (1836) die wiedergegebenen Auszüge zur Verwaltungsgeschichte des Herzogtums Berg stammen, schrieb im Vorwort zu seinem Werk: „Wie der <u>Staat</u> als sittliches Universum alle Sphären des Natur- und Geisteslebens in sich begreift und neben und in denselben seine eignen Institute erbauet, so hat die <u>Staatskunde</u> es sich zur Aufgabe zu stellen, den gesammten Kreis des individuellen Daseyns nach seinen allgemeinen Beziehungen und alle wesentliche Zweige des öffentlichen Lebens aufzufassen" (S. II). Dementsprechend teilte von Viebahn seine Darstellung in drei Abschnitte:

„I. Die <u>Elemente</u> des Gemeinwesens bildet das <u>Gebiet</u>, auf welchem es fixirt ist, nach seinen natürlichen Eigenschaften, die geschichtlich sich entwickelnde <u>Organisation</u> und <u>Bevölkerung</u> desselben mit ihren Geschlechts-, Alters- und Familienverhältnissen, Anlagen und Sitten.

II. Die nächste Vermittelung und Vereinigung dieser Elemente bilden die Besitzverhältnisse, Erzeugung, Austausch und Verkehr der Güter. […]

III. Die Darstellung der <u>ethischen</u> Verhältnisse endlich beginnt mit einer Übersicht der ständischen Einrichtungen, geht von da zur Gesetzgebung und Gerichtsverfassung, zum System der innern und Finanzverwaltung über und schließt mit den Kulturanstalten, wobei nächst Kirchen und Schulen die diesem Lande eigenthümlichen Werke der Kunst und Wissenschaft dargestellt sind"
(S. IV).

Quelle 31
Johann Georg von Viebahn, Statistik und Topographie des Regierungs-Bezirks Düsseldorf,
Erster Theil, Düsseldorf 1836, S. 218-223 Auszüge

§ 98. Frühere Verwaltungsordnung.

Die bei den Anfängen der Staatenbildung natürliche Wahrnehmung der öffentlichen Geschäfte bei einer einzigen Obrigkeit gliedert sich bei weiterer Entwickelung zu Behörden für die verschiedenen öffentlichen Zwecke. In den niederrheinischen Ländern begann im 13. Jahrhundert mit den Aemtern die Trennung der Verwaltung von der Rechtspflege und den ständischen Verrichtungen, die Sonderung ihrer Hauptzweige und Gliederung der Stufen. Indessen war die Verbindlichkeit der öffentlichen Verwaltung für polizeiliche Ordnung und Sicherheit, gute Wege, feuerfeste und sichere Bauart der Häuser, Maaße und Gewichte, Freiheit des Verkehrs, Kranken- und Armenwesen, Kirchen und Schulen und andere öffentliche Interessen zu sorgen auch später keineswegs allgemein anerkannt und noch weniger erfüllt, sondern größtentheils den Gemeindeinstituten und Korporationen, um deren Einrichtung und Thätigkeit sich der Staat oft wenig kümmerte, überlassen.

Erst in neuerer Zeit ist die Verwaltung zu der Ausdehnung gediehen, welche alle Seiten der bürgerlichen Gesellschaft umfaßt und zwar häufig als Uebel betrachtet, deren schirmende Leitung aber, wo sie einmal ausbleibt, schmerzlich vermißt und heftig herbeigerufen wird. Die Elementarverwaltung wurde meistens von den Gerichten nebenbei versehen; nur in den mittlern und höhern Stufen hatte dieselbe ihre besondern Behörden.

I. Jülich und Berg[1]) standen unter den 4 Ministern zu München und, seit den Revolutionskriegen unter einem außerordentlichen Kommissar (Frh. v. Hompesch), welcher sämmtliche Verwaltungen bis zu deren beabsichtigter organischer Verbindung unter eine vereinigte Leitung bringen, ihnen Schnelligkeit, Kraft und Zusammenwirkung verschaffen sollte. Von 2 vortragenden Räthen unterstützt, führte er die Oberaufsicht und berichtete zur höchsten Stelle und begleitete, wo es nothwendig war, die Berichte der Kollegien mit seinem Gutachten.

Unter ihnen hatte als oberste Provinzialbehörde der Geheime Rath mit 1 Präsidenten (dem außerordentlichen Kommissar), Vizepräsidenten (v. Pfeil), 6 adligen Räthen, Vicekanzler (v. Knapp) und 12 gelehrten Räthen allgemeine Landesherrlichkeits-, Aktiv- und Passiv-Lehn-, Grenz- und Landeshoheits-, Niederrheinisch-Westphälische Kreis-, Religions- und Kirchen-, obere Polizei- und Vormundschaftssachen, die Oberaufsicht über Schulen, Gewerbe und Handel, Straßenbau, Magistratswahlen und alle übrigen Regierungssachen. Neben demselben besorgte der geheime Steuerrath mit demselben Präsidenten, 4 Räthen, Landmatrikular-, Pfennigmeister und 3 Rechnungverhörern unter dem Finanzminister die Steuerveranlagung, Erhebung und dahin einschlagenden Rechnungs- und Kassenwesen, die Oberaufsicht über Militärökonomie, den aus Landesmitteln zu bestreitenden Wasserbau und die obere Revision der städtischen und übrigen Gemeinderechnungen.

Das *Concilium medicum*, mit einem Direktor (Odenthal), 4 Medikern und 2 pharmaceutischen Beisitzern hatte unter Aufsicht des geheimen Raths das Medizinal- und Sanitätswesen und prüfte die Aerzte, Land- und Stadtphysici, Wundärzte, Apotheker und Hebammen.

Die Hofkammer mit Präsident (v. Bentinck), Vicepräsident (Graf Goltstein), Direktor (v. Collenbach) und 15 Räthen, worunter Fiskal und Bergrath, Landrentmeister, Oberkeller, Brüchtenreceptor, Bergvogt und Bergmeister, Bergschreiber, Münzkommission und Generallandzollpächter verwaltete Domänen, kurfürstliche Gebäude, Bergbau, Münze, Land- und Wasserzoll.

Diese Behörden, so wie das unter dem Präsidio des Oberjägermeisters (Freih. v. Berghe gen. Trips) mit 3 Räthen besetzte Forst- und Jagdamt — sämmtlich in Düsseldorf — wurden 1802 zu einem Landesdirektionsrath in 2 Abtheilungen unter dem Präsidio des außerordentlichen Kommissars vereinigt.

Die aus Amtmann, Amtsverwalter, Richter, Rentbeamten, Steuerempfänger, Gerichtschreiber und Physikus bestehenden Aemter nahmen als Mittelinstanz Polizei-, Schulwesen, Wegebau-, Steuer-, Militairangelegenheiten und dergl. auf, bis zum Theil die geringe besoldeten Schöffen, Schatzheber, Schatzschultheißen und Schützenführer, unter denen Honnen, Rott-, Bauer- und Nachbarmeister, jährlich oder in sonst bestimmten Perioden wechselnd und meist ohne Besoldung gegen Befreiung von Personaldiensten und Einquartirung wahr.

In den Städten waren diese Geschäfte den Magistraten überlassen, welchen je nach dem Umfange und den Mitteln der Gemeinde ein besoldeter Bürgermeister oder Schultheiß, Stadtschreiber, 5 bis 8 Rathmänner und Gerichtsscheffen angehörten.

(…)

§ 99. Französisch-Bergische Verwaltungs-Ordnung.

(…)

II. An die Spitze der großh. Bergischen Verwaltung[3]) stellte das Gesetz vom 14. April 1806 einen Kanzler-Staatssekretair und Siegelbewahrer (Agar); er contrasignirte alle Befehle und andere Verhandlungen des Souverains, hatte solche an die Minister des Innern oder der Finanzen abzusenden, leitete die auswärtigen Angelegenheiten und die Rechtspflege und hatte den Vorschlag sämmtlicher Justizbeamten. Seit der am 31. Juli 1808 eingetretenen unmittelbar kaiserlichen Verwaltung gingen diese Funktionen auf den kaiserlichen Kommissar (Graf Beugnot) über, und trat durch das kaiserliche Dekret vom 24. Sept. 1810 noch ein am Hofe residirender Minister-Staatssekretair (Graf Röderer) an die Spitze. Der Staatsrath aus 1 Direktor, 10, später aus 14 Mitgliedern und 8 Auditeurs gebildet, pflog legislatorische Berathungen und entschied über streitige Ressort- und Verwaltungsangelegenheiten. Das Finanzministerium (Agar, Beugnot; Generalsekr. Masson) hatte 3 Divisionen: direkte Steuern (Debilly), Domänen, Stempel, Hypotheken (Dach), Liquidationswesen (Lind.Horst). Ihm waren 8 Generaldirektionen untergeordnet: direkte Steuern (Moll); Domänen, später mit Stempel und Enregistrement (Rappard, Theremin, Fir); Zölle und Verbrauchssteuern (David); öffentlicher Schatz (Zabel); Rechnungshof (Vetter, später II. Abth. des Staatsraths); Forsten, Jagden und Fischereien (Graf Trips, Neufville); Münze, Bergwerke, Hütten und Salinen (Hardt); Post (Dupreuil).

Das Ministerium des Innern (Gr. Nesselrode; Gen.-Sekr. Blanchard) hatte 4 Divisionen: Verwaltung und Polizei (Villars), Rechnungswesen (Werner), Militär (Jacobi) und Justiz (Sethe), und 5 Generalverwaltungen:

Straßen= und Brückenbau (Ark), Wasserbau (Jakobi), Medizinalwesen (Abel), öffentlicher Unterricht (Hardung) und Kriegsverwaltung (Morin). Als Mittelinstanzen wurden bei der Organisation von 180%/₇ nur die 8 Provinzialräthe, nach der Verwaltungsordnung vom 18. Dez. 1808 aber 4 Departementspräfekten (Gr. Borke, Schmitz, v. Romberg, Gr. Spee), 8 Unterpräfekten für die Distrikte, mit Ausnahme deren, in welchen die Präfekten wohnten und für die einzelnen Gemeinden nach dem französischen Verwaltungssystem Maires mit Beigeordneten und Polizeikommissaren ernannt. Da die Landmunicipalitäten größern Umfang hatten, so ward es gestattet, für einzelne Verwaltungszweige die Beigeordneten zu delegiren; auch konnte ein besonderer Personenstandsbeamter angestellt, und als solcher vereidet werden. Man nahm diese Gemeindebeamten (Art. 3 des Ges. v. 13. Okt. 1807) aus ansäßigen Einwohnern von Vermögen und Stande. Die Geschäftssprache war gemischt.

Die ersten Ernennungen wurden mit der Organisation durch den Minister arrondissementsweise bekanntgemacht⁴). So sehr die neuen Geschäftsformen auch von den bisherigen abwichen, so wenig der Neuangestellten geschäftlich ausgebildet waren, bewegte sich doch die neue Einrichtung bald mit Geläufigkeit und Erfolg. Der großen militairischen und steuerartigen Leistungen ungeachtet, wurden an den meisten Orten die Gemeindeinstitute erhalten und gefördert, die Ortspolizei wohl gehandhabt, und, so verhaßt auch die Fremdherrschaft als solche sein mochte, doch den materiellen Ansprüchen des Publikums zu dessen Zufriedenheit genügt.

Der Generalgouverneur (181³/₇) hob die Zwischenstufe der Präfekturen auf⁵). Die Kreisdirektoren nahmen deren Verrichtungen wahr und standen unmittelbar unter dem Generalgouverneur. Der Direktor des Düsseldorfer Kreises leitete als Landesdirektor zugleich die Brandassekuranz und den Medizinalrath. Unterm 30. Nov. 1813 wurde eine Central-Polizei-Direktion zu Düsseldorf errichtet, welcher in jedem Kanton ein Polizeivogt untergeordnet ward.

---

¹ Das Departement des Rheins wurde aus dem alten Herzogthum Berg mit Ausnahme des Amts Windeck und eines Theils des Amtes Blankenberg, aus den ehemals kölnischen Aemtern Vilich, Wolkenburg und Deutz, aus den Stiftsgebieten Essen, Werden und Elten und aus dem auf dem rechten Rheinufer gelegenen Theile des Herzogthums Kleve mit Ausschluß der an Frankreich und Holland abgetretenen Distrikte gebildet, und umfaßte demnach die bisherigen Kreise Mülheim, Elberfeld, Düsseldorf, Duisburg, Wesel und den südlichen Theil von Siegburg. Hauptort war Düsseldorf; Arrondissements 1) Düsseldorf mit den Kantonen Düsseldorf, Ratingen, Velbert, Mettmann, Ricrath und Opladen;

2) Elberfeld mit den Kantonen Elberfeld, Barmen, Ronsdorf, Lennep, Wipperfürth, Wermelskirchen und Solingen;

3) Mülheim mit den Kantonen Mülheim, Bensberg, Lindlar, Siegburg, Hennef, Königswinter;

4) Essen mit den Kantonen Essen, Werden, Duisburg, Dinslaken, Ringenberg, Rees und Emmerich.

§. 100. Gegenwärtige Verwaltungs-Ordnung.

Die neuere Provinzialverwaltung des preußischen Staats ist durch die Gesetze von 1803, 1815, 1817 und 1825¹) geordnet. Gesondert von der allgemeinen Verwaltung sind Militärökonomie, Bergwesen, indirekte Steuern, Post, Lotterie, Kirchen= und Schuldienst.

I. Der gesammten Provinz steht ein Oberpräsident als beständiger Kommissar der Ministerien und Chef der Verwaltung vor. Dieses Amt begann 1816 der Staatsminister von Ingersleben für die Provinz Niederrhein zu Koblenz, und der Graf zu Solms=Laubach für Kleve=Berg zu Köln. Nach dem Ableben des Letztern 1822 wurden beide zu Koblenz vereinigt; 1830 folgte v. Pestel, 1834 v. Bodelschwingh²). Dem Oberpräsidenten steht ein Konsistorium für die evangelisch=kirchlichen Angelegenheiten, ein Provinzialschul= und ein Medizinalkollegium zur Seite, welche als technische Behörden die Prüfungen der Kandidaten für diese Berufszweige besorgen, die höhern Angelegenheiten derselben selbst verwalten und die übrigen instruktionsmäßig den Regierungen überlassen.

II. Die Regierung zu Düsseldorf als Landespolizei= und Finanzbehörde besteht aus dem Präsidenten (v. Pestel, v. Schmitz, Graf Stolberg), 2 leitenden Oberregierungsräthen, deren ältester (Linden, Bislinger, Fettrit, Cuny) den Präsidenten in Behinderungsfällen vertritt, 1 Oberforstmeister, 16 Räthen, worunter 2 Justitiarien (Warenkamp, Heidweiler) und 3 Assessoren, in 2 Abtheilungen und 9 Sektionen.

A. Abtheilung des Innern (Linden, Bislinger, Cuny).

1) Verfassungs=, ständische, Gränz=, statistische und Hoheitssachen, Anstellung der Regierungs= und Kreisbeamten, Organisationen, Wahl und Bestätigung der Kreisstände, Publikation der Gesetze (Cuny, Hatzfeld; 7340 schriftliche Vortrags=Stücke).

2) (14124 St.) a) Gemeinde= und Armenwesen, Ernennung und Bestätigung der Gemeindebeamten und Vertreter, Aufsicht auf Korporationen, Gesellschaften, öffentliche Institute und Anstalten (Fasbender, v. Diederichs).

b) Allgemeine, Sicherheits=, landwirthschaftliche, Gewerbe= und Ordnungspolizei, Gefängniß=, Straf= und Korrektionsanstalten, Leihhäuser und Sparkassen (v. Ulmenstein, v. Woringen).

3) Fabriken, Handel und Bauwesen (5750 St.), Generalia und Administration (Jacobi), Landbau (Umpfenbach), Wasserbau (Eversmann) u. Deiche (393 St.).

4) Militaria (Schönwald, 1800 St.).

5) Kultus (8305 St.): katholische (Bracht) und evangelische (v. Oven) Kirche, Schulen (Altgelt), Bauten und Haushalt (v. Holzbrink) und Medizinalwesen (Kraus).

B. Finanzabtheilung (Dedekind, Fettich, Klinge).

1) Forstwesen (v. Mülmann; 2290 St.).

2) Domänen (Arndts; 6038 St.).

3) Kataster und direkte Steuern (v. Viebahn, Quest; 6505 St.).

4) Geldstrafen und Gerichtskosten, Etats= und Kassenwesen, welches auch die nicht unter der Regierung verwalteten Zweige der Staatseinnahmen in ihren Resultaten umfaßt, indem die Ueberschüsse derselben in der Regierungshauptkasse zusammenfließen (Klinge; 5315 St.).

III. Die Organe der Regierung und Verwaltungsvorsteher der einzelnen Kreise sind die Landräthe: v. Bernuth II., Graf Seyssel d'Aix, v. Hauer, v. Lasberg, Devens, v. Bernuth I., v. d. Mosel, v. Eerde, v. Monschaw, Melsbach, v. d. Straeten, v. Proepper und v. Bolschwing, deren jedem zwei von den Kreisständen gewählte Kreisdeputirte zur Vertretung in andauernden Behinderungsfällen, sowie ein von der Regierung ernannter Kreissekretär zur Seite stehen. Die Dienstinstruktion von 1817 ist unvollzogen geblieben und die Landräthe auf die für jeden Geschäftszweig bestehenden Gesetze und Verordnungen verwiesen. Die Zahl der Schriftstücke erreicht in dem volkreichsten, betriebsamsten, die mannigfaltigsten Verhandlungen und Erlasse erheischenden Kreise Elberfeld über 18000, in den kleinern Agrarkreisen Neuß und Grevenbroich kaum 5500.

Neben den Landräthen stehen als Kreisbehörden die Kreisphysiker und für die Kirchen= und Schulkreise die Dekane, Superintendenten und Schulinspektoren. Die Fortschreibung des Katasters und extraordinäre Revision der Steuerkassen geschieht durch 6 Kontroleure der direkten Steuern für je 2 oder 3 Kreise; die Sekundäreinnahme der direkten Steuern, Geldstrafen, Gerichtskosten, Feuerversicherungs= und Kollektengelder durch 3 Kreiskassen für je 4 (resp. 5) Kreise.

IV. Die örtliche und Gemeindeverwaltung liegt nach den vorerwähnten französisch=bergischen Gesetzen den Bürgermeistern ob, welche gesetzlich aus den angesehensten und einsichtsvollsten Einwohnern als Ehrenstellen ernannt werden sollen. Bei dem Geschäftsumfange dieser Aemter finden sich indessen selten solche Einwohner dazu geneigt und werden dann Personen, welche Anstellung suchen und sich dazu ausgebildet haben, als Bürgermeister durch die Regierung, die Oberbürgermeister zu Düsseldorf und Elberfeld aber durch des Königs Majestät angestellt. Sie erhalten Büreaukosten bis zu 4 Sgr. pro Kopf, woraus die lediglich auf Verantwortung des Bürgermeisters arbeitenden Büreaugehülfen mit besoldet werden. Neben dem Bürgermeister und seinen Beigeordneten und Polizeikommissaren pflegen die Gemeinderäthe in den Landgemeinden als örtliche Beigeordnete mitzuwirken.

Jede Behörde muß über ihre erheblichen Handlungen schriftlichen Vermerk führen, die eingehenden Schriftstücke so wie das darauf Vorgenommene in ein chronologisches Journal eintragen und in ordentlichen Heften und Registraturen aufbewahren. Zur Erleichterung der Mittheilungen ist für die Dienstbriefe Portofreiheit bewilligt. Bei den ausgedehnten Forderungen aller Verwaltungszweige an die Bürgermeister ist deren Schriftwechsel bedeutend. Die Verwaltungen der großen Städte Barmen, Elberfeld, Düsseldorf und Krefeld stehen hierin den kleinern Landrathsämtern gleich; die übrigen Bürgermeistereien haben jährlich gegen 5000—400 Korrespondenzstücke, außerdem Civilstandsregister, statistische, Steuer= und Bürgerrollen, Paß= und Visajournale, Kassenkontrolen und Hülfsgeschäfte der gerichtlichen Polizei zu besorgen, bedürfen somit einer gewandten schriftlichen Darstellung. Hauptanforderung bleibt, daß sie als örtliche Polizeiobrigkeiten überall persönlich und mündlich die Aufrechthaltung der Gesetze und der öffentlichen Ordnung sichern. Um tüchtige Männer zu diesen wichtigen Aemtern zu erhalten, sind 66 kleinere Stellen, besonders auf dem linken Rheinufer vereinigt und nur 127 Bürgermeister angestellt. Auch von der Anstellung besonderer Polizeikommissare ist aus diesem Grunde in einigen Gemeinden über 5000 Seelen abgesehen und die Handhabung der Sicherheits=, Ordnungs=, Paß=, Fremden=, Feuer=, Bau= und Gewerbepolizei auch hier den Bürgermeistern überlassen. Ordnet der Staat außerdem besondere Polizeibehörden an, so werden diese auch von ihm besoldet³); dies findet indessen im hiesigen Bezirk nicht statt: nur werden Zuschüsse zu den Polizeikosten in Düsseldorf (Inspektor und Kommissar), Wesel (Kommissar) und Kleve (Inspektor und Sekretair) gezahlt. Der Polizeiinspektor zu Elberfeld, 2 Kommissare zu Elberfeld, 2 zu Barmen, 1 zu Krefeld und 2 zu Neuß und die Polizeisekretaire zu Mülheim, Duisburg und Emmerich, welche die Funktionen der Kommissare theilweise ausüben, werden lediglich von den Gemeinden besoldet.

(...)

Im Ganzen dürfte die hiesige örtliche Verwaltung hinsichts ihrer Umsicht und Zuverlässigkeit von wenigen Ländern übertroffen werden. Die wesentlichsten Hülfsmittel dazu bilden das Grundsteuerkataster und die Civilstandsregister, welche die Elementarkenntniß des Bezirks und seiner Einwohner in einer Vollständigkeit, Genauigkeit und Zuverläßigkeit liefern, wie ohne dies nur durch langjährige und unermüdliche Sorgfalt und deshalb nur in Ausnahmsfällen erreicht wird. Eine ebenso sorgfältige Aufnahme der einwandernden Personen ist zu wünschen.

Stadtverfassungen und kommunale Selbstverwaltung

Kommentar 32

Die Aufbringung des nötigen Geldes zum Erwerb des Bürgerrechts allein reichte nicht aus, um Vollbürger der Stadt Elberfeld zu werden. So war es bis 1809 den Juden versagt, das Bürgerrecht zu erhalten, sie zählten zu den „Beisassen", d.h. zu denjenigen Einwohnern, die zwar das nötige Bürgergeld nicht vorweisen konnten, aber aufgrund ihrer dennoch gesicherten materiellen Existenz in der Stadt Wohnsitz und Aufenthaltsrecht hatten, ohne am Stadtregiment beteiligt zu sein. Auch Katholiken erwarben - wie die Entscheidung der Regierung am Ende der folgenden Quelle belegt - offenbar bis zum Ende des 18. Jhdts. in Elberfeld üblicherweise kein volles Bürgerrecht, das sie zur Wahl (aktiv und passiv) von Rat und Bürgermeister befähigt hätte. Seit Anfang des 18. Jhdts. hatte sich zudem unter den Bürgern ein Kreis von „Meistbeerbten" herauskristallisiert, die zu den Wahlen am 1. Mai eines jeden Jahres herangezogen wurden, obwohl dieses Wahlrecht formal jedem Vollbürger zustand. Bei den „Meistbeerbten" handelte es sich vermutlich um Nachkommen haus- und grundbesitzender Familien, die bereits seit der Zeit der Stadtwerdung Elberfelds (1610) ansässig waren und der reformierten Konfession angehörten.

1835 verlangte der Barmer Stadtrat von Bewerbern um die Bürgerwürde den Besitz von 100 Talern Vermögen bzw. eine entsprechende Bürgschaft. Ausnahmen gab es nur in wenigen Fällen, wenn der Bewerber schon seit mehreren Jahren in der Stadt gelebt hatte und sich von seiner Arbeit selbst hatte ernähren können. In den Krisenzeiten der 40er Jahre verschärften sich die Einbürgerungsbedingungen noch, vor allem gegenüber den einwandernden „Ausländern", die aus Hessen oder Waldeck kamen. Die Zurückweisung des Naturalisationsgesuches war ein Hindernis für die Arbeitsbeschaffung und die Eheschließung. 1859 beantragte die Handelskammer die Aufhebung der Beschränkungen von 1835, und 1864 forderte sie die vollständige Freizügigkeit; erst mit der endgültigen Einführung der Gewerbefreiheit und der Reichsgründung wurden die Einbürgerungsbeschränkungen gegenstandslos.

Quelle 32
Bedingungen für den Erwerb des Bürgerrechts in Elberfeld
SAW D II 28 [16.10.1799] handschriftlich

Vorschriften, welche bey Erwerbung des Bürgerrechts in Elberfeld befolgt werden müssen.

Jeder Nichteingebohrne der das Bürgerrecht erwerben will, muß

A. ein ehrlicher, rechtschaffener Mann seyn - um dieses zu bescheinigen, ist Erforderlich, daß er

a. einen Taufschein
b. ein Zeugnis von seiner Obrigkeit über seine bisherige gute, rechtschaffene Aufführung - und endlich
c. wann er ein Geheyratheter ist, einen Kopulationsschein - beibringen muß.

Ferner muß er

B. das Vermögen haben, ein aktiver, d.h. Lasttragender Bürger zu seyn.
Um dieses überzeugend bescheinigen zu können, muß er beweisen, daß er

a. ein Vermögen von 2 bis 300 Gulden besitzt, oder einen Bürgen beibringen, welcher sich für eine solche Summe die im äußersten Falle angegriffen werden kann, verbürgt, ferner daß er
b. ein ordentliches anständiges bürgerliches Gewerbe zu treiben und damit sich und die Seinigen zu ernähren im Stande ist.

Sollte endlich

C. ein Fremdling jenen Vermögensbetrag oder gantz bescheinigen[1], noch eine Kaution dafür anweisen können; so kann derselbe als wircklicher Bürger nicht angenommen werden. Würde er aber

a. die unter A.) festgesetzte Erfordernißen beybringen, und
b. beweisen, daß er eine Zeitlang treu und fleißig in einer Profeßion hier gearbeitet hat, so kann derselbe nur angenommen werden als Beysaße.

Ausser diesen Erfordernißen ist nicht nur jeder Erwerbende schuldig, das herkömmliche Bürgergeld sofort zu erlegen, sondern er muß auch versichern, gleich zwey BrandEymern anzuschaffen so dann an Eydes statt versichern folgende

Huldigung
Ich gelobe und versichere an Eydes statt, daß ich den[2] Durchlauchtigsten[3] Churfürsten Maximilian Joseph, Seiner Herzoglichen Durchlaucht Wilhelm von Beyern Höchstdero Linien und des Regierenden Erstgebohrnen als dem wahren Landes Herren, den Landes Regierungen und dem hiesigen Magistrat jederzeit will treu und gehorsam seyn, auch mich bemühen will, des Landes sowie der Stadt Bestes aus allen Kräften zu befördern, und alles Schädliche und Nachtheilige zu verhüten so wahr mir Gott hilft und sein Evangelium.

Übrigens ist niemand von diesen Erfordernißen befreiet, es wäre dann jemand

- 1. ein Churfürstlicher Beamter, oder
- 2. eine zu sonstigen öffentlichen Geschäften patentisirte Persohn - oder
- 3. ein privatisirender, kein bürgerliches Gewerb und Geschäft treibender Gelehrter oder
- 4. ein öffentlicher Lehrer in Künsten und Wissenschaften - oder endlich
- 5. ein wirklicher praktischer Künstler -

Alle diese sind zwar von aktiver Gewinnung der Bürgerrechte ausgenommen, jedoch die unter No. 3. 4. und 5. genannte Personen schuldig ihre Niederlaßung dahier dem Magistrate anzuzeigen auch sich, woferne sie nicht würklich schon als solche bekannt sind, auf die unter A. bestimmte Art zu legitimiren.

Abschrift:

Hiesiger Landes Regierung ist der Verhalt wegen des beim Magistrat zu Elberfeld von den Catholischen Religions Verwandten, daselbst nachzusuchenden Bürgerrechts umständlich vorgetragen worden - Da nun dieselbe darauf verordnet hat, daß ohne Unterschied der Religion, wenn sonst kein erheblicher Anstand vorwaltet, jene, welche sich und die Ihrige ehrbar zu ernähren im Stande sind, das Bürgerrecht zu erwerben schuldig; daß hingegen jene, welche geringen Vermögens sind, sich gleichwohl mit HandArbeit ein oder zwey Jahre ehrlich ernährt haben, und etwa aus Drang der Zeiten oder sonstige Unglücksfällen arm geworden, als Beysaßen zu dulden seyen; daß sodann für Erwerbung des Bürgerrechts die hergebrachte Gebühr von 3 Reichstaler für Annahme eines Beisaßen aber 1 Reichstaler entrichtet werden solle; daß demnach gemeldter Magistrat dem gemäß künftig die Catholischen zur Annahme als Bürger und Beisaßen anweisen möge, derselbe aber wegen der sich eingeschlichen habenden, keinen gewissen Nahrungsstand angeben könnenden, und ferner sich einschleichender Fremden auf die diesertwegen bestehenden Edikten ohne Unterschied der Religion strenge halten solle;

So wird ihm ein und anderes in Antwort seiner Berichten vom 25ten Jenner und 6ten Julius dieses Jahrs zur gemäßen Nachachtung mit den Zusatz unverhalten, daß der Richter Amts Elberfeld dessen zu Verbescheidung der Catholischen Gemeine benachrichtiget worden. Düsseldorff den 16ten Oktober 1799
Von Landes Regierungs wegen
Freiherr von Pfeil
Schulten
An Magistrat zu Elberfeld
Eingelangt Elberfeld den 23ten Oktober 1799

---

[1] gemeint ist vermutlich: „weder teilweise oder ganz bescheinigen können"
[2] eingefügt: Aller-
[3] eingefügt: Großherzog Joachim

Kommentar 33
Johann Rütger Brüning (1775-1837) beschrieb 1830 rückblickend die Stadtverfassung Elberfelds in der bergischen Zeit. Er selbst war 1802, 1803, 1804 und 1805 Gemeinsmann gewesen, bevor er 1806 Bürgermeister und im darauffolgenden Jahr turnusmäßig Stadtrichter des Elberfelder Stadtgerichts (seit 1708) wurde.

Obwohl ein Amtsinhaber nur für ein Jahr gewählt wurde, waren Wiederwahlen möglich und häufig. So war Peter de Weerth von 1729-1758 mit fünfmal einjähriger Unterbrechung Ratsherr, sein Sohn Werner de Weerth war es ohne Unterbrechung 1767-1794, Johann Jakob Wülfing war Ratsherr von 1774-1796, Peter von Carnap von 1787-1806. Auch Inhaber des Bürgermeisteramtes, das vom Gewählten angenommen werden mußte, wurden erneut berufen: Kaspar von Carnap war zwischen 1681 und 1709 sechsmal Bürgermeister. Neben Wiederwahlen waren Verwandtschaftsbeziehungen der aus dem Kreis der „Meistbeerbten" stammenden Ratsmitglieder untereinander möglich und üblich.

Der Elberfelder Lateinlehrer Hermann Cruse dichtete im 17. Jhdt.:
„De Tempore, quo Civitas Erberfeldana [!] Senatum legit.
ERberfeldana novum gaudet legisse Senatum,
Cum post saeva hyemis frigora, Majus adest.
Mensis Majorum* est; Causam novere

Quelle 33
Johann Rütger Brüning, Elberfeld und seine bürgerliche Verfassung, von dem fünfzehnten Jahrhundert bis auf die neueste Zeit,
Elberfeld 1830, S. 1-2, S. 42-50 Auszüge

Das Herzogthum Berg bestand in frühester Zeit aus Unterherrschaften, Aemtern, Freiheiten und Städten; die Aemter hatten einen Amtmann, der gewöhnlich ein landtagsfähiger Edelmann, also ein Gutsbesitzer des Amts oder des Landes war, welcher jedoch meistens sein Amt durch einen Amtsverwalter gegen eine jährliche ihm zu zahlende Recognition verwalten ließ, — einen Richter, sieben Schöffen und einen Gerichtsschreiber, von welchen die Verwaltung aller bürgerlichen Gegenstände, so wie die Rechtspflege versehen wurde.

Der Amtmann oder der Amtsverwalter hatte mit dem Richter in Personal-, Polizei- und Verwaltungs-Sachen eine gemeinschaftliche Gerichtsbarkeit, — dagegen versah der Richter, die Gerichtsschreiber und die Schöffen die Gerichtsbarkeit in Real- oder Hypotheken-Sachen und in Kriminal-Untersuchungsfällen in erster Instanz. Von ihrem Urtheil wurde die Berufung an den Hofrath in Düsseldorf (2ter Instanz) und an das Appellations-Gericht (früher auch Geheimerath genannt) (letzte Instanz, ebenfalls in Düsseldorf,) genommen. In Verwaltungs-Angelegenheit geschah der Rekurs an die Landes-Regierung in Düsseldorf.

Nicht selten waren die Richter in den Aemtern auch Kellner oder die Erheber der landesherrlichen Domainen-Einkünfte.

Die Gerichtsschreiber waren, in der Regel mit der Umlage der Steuern beauftragt, stellten die Steuerrollen (Sectionen) auf und überwiesen solche, nachdem sie von der Regierung genehmigt worden, den Steuer-Empfängern zur Erhebung. Richter und Gerichtsschreiber gaben, bei Anwendung von Zwangsmitteln, dem Steuer-Empfänger dazu den Auftrag, — und ein solcher Auftrag wurde damals, ebenso wie jeder andere Bescheid oder Erlaß in Polizei- und gerichtlichen Sachen ein Decret genannt. — Was jetzt die Mutterrolle bei den Steuern heißt, nannte man damals Steuer-Repertitorium, das Budget, oder den Gemeinde-Etat „Steuer-Direktorium."

Alle vorerwähnte Beamten wurden vom Landesherrn oder seiner Regierung auf Lebenszeit ernannt, und mußten Eingeborne des Landes seyn. Ebenso der Steuer-Einnehmer, der zur Stellung einer seinem Empfang angemessenen Caution verpflichtet war.

Die Scheffen oder Schöffen wurden auf den Vorschlag von 2 oder auch 3 Subjekten des Amtsverwalters und des Richters, von der Regierung ernannt. Sie waren unbesoldet und hatten nur an den Sporteln der Gerichten einen etwaigen Antheil. — Diese Sporteln bildeten für die Beamten und Richter den wesentlichsten Theil ihrer Besoldungen und Einkünfte.

In den sogenannten Freiheiten bestanden Bürgermeister und Vorsteher, die meist unter der Aufsicht der Amtsverwalter oder Richter der Aemter, in welchen sie gelegen, die Verwaltung leiteten. — In den Städten Magistrate, welche der Landesregierung unmittelbar untergeordnet waren; einige derselben (der Städte) hatten ihre eigene Stadtgerichte.

Elberfeld — ehemals auch Elverfeld (Elveri villa) genannt — (im Amte gleichen Namens gelegen, früher einem eigenen Dynasten als Unterherrschaft zugehörig, später eine Freiheit, welcher auch ein Bürgermeister und einige Mitglieder des Raths und Gemeinsmänner, wie auch mehrere Rottmeister rc. vorstanden) hatte Mauern und Thore, gleichwie dieses bei ähnlichen Ortschaften fast überall der Fall war, erhielt im Jahre 1610 am 10. August vom Markgrafen Ernst von Brandenburg und Wolf-

Quirites,
Fas ergo est illo tempore magna geri.

* Majus dictus est a Majoribus. Nam Romulus postquam Populum in Majores & Minores divisit, ut illo consilio, hi armis Republic. tuerentur, hunc Mensem a Majoribus Majum denominabat, sicut a Junioribus Junium." (Hermanni Crusii Meursani Scholae Erberfeldanae R. Epigrammatum Libri IX., Diusburgi ad Rhenum, Anno M.DC.LXXIX., Liber IV., S. 111).

(Über die Zeit, da die Elberfelder Bürgerschaft den Stadtrat wählt.
Elberfeld freut sich, einen neuen Stadtrat gewählt zu haben,
wenn nach den grimmigen Frösten des Winters der Mai da ist.
Er ist der Monat der Älteren*; den Grund kennen die Bürger,
es ist vom Schicksal bestimmt, daß zu jener Zeit Großes getan werde.
* Der Mai ist nach den Älteren genannt. Denn Romulus nannte, als er die Bevölkerung in Ältere und Jüngere eingeteilt hat, damit jene mit Rat, diese mit Waffen das Gemeinwesen schützen, diesen Monat nach den Älteren Mai wie nach den Jüngeren den Juni.)

gang Wilhelm, Pfalzgrafen bei Rhein, die Stadtgerechtigkeit und das Stadtprivilegium.

(...)

Die Stadtverfassung in Elberfeld bestand also aus dem Magistrate und seinen Mitgliedern, aus einem Bürgermeister (consul) neun Rathsverwandten (senatores), drei Gemeinsmännern (tres vires) einem Syndicus, der zugleich Stadtsekretair war, und einem Rathsdiener.

Nach dem Religionsrezeß wurden die Mitglieder derselben aus den Bürgern evangelisch-reformirter Confession erwählt. Dieß hatte wohl vorzüglich darin seinen Grund, weil in jener Zeit, (namentlich in den Jahren 1700 — 1710) der Katholiken nur einzelne wenige, und der Lutheraner noch gar keine in der Stadt wohnten.

Der Magistrat wurde alljährlich, am ersten Mai, in der Pfarrkirche der reformirten Gemeinde erwählt, mit Ausnahme des Syndicus, der auf die Dauer seines Lebens durch die Wahl des Magistrats und des Stadtgerichts ernannt und vom Landesherren bestätigt wurde.

Die Wahl des Magistrats geschah unter dem Vorsitz des Oberamtmanns des Amtes Elberfeld, der bei gleichen Stimmen die entscheidende hatte.

(...)

Bezüglich der Art und Weise, wie die Wahl des Bürgermeisters und Raths vor sich ging und unter welchen Feierlichkeiten sie Statt hatte, muß vorerst bemerkt werden, daß die Stadt in 4 Wahldistrikten — oder vielmehr in 3 — eingetheilt war, nämlich in:

a) das Kipdorfer Viertel, (früher Oberquartier genannt) in
b) das Mittel-Viertel (früher Unterquartier genannt) und
c) das Ober- und Unter-Jsländer Viertel, (früher Jsländer- und Mirkerbach-Quartier genannt).

Aus einem jeden einzelnen dieser Distrikte wurden 3 Stadträthe und ein Gemeinsmann von den stimmfähigen Bürgern erwählt, und zwar so, daß die Bürger des Kipdorfer Viertels die Mitglieder des Raths im Mittel-Viertel, jene des Mittel-Viertels im Kipdorfer — das Ober-Jsland deren 2 im Unter- und jene des Unter-Jsland 2 im Ober-Jsland erwählten.

Sobald nun der Oberamtmann angekommen war, *) wurde derselbe Abends von dem Bürgermeister und einigen Mitgliedern des Raths empfangen und bekomplimentirt. Am Tage vor der Wahl, (den letzten des Monats April) ließ der Bürgermeister mehrere Bürger, und zwar in unbestimmter Zahl und Menge, aus den verschiedenenen vorbenannten Distrikten zu der Wahl des Magistrats, mündlich durch den Stadtboten, auf den folgenden Tag einladen.

Am ersten May Vormittags gegen 10 Uhr versammelten sich sämmtliche Mitglieder des Magistrats auf dem Rathhause. Zwei — und zwar die ältesten Glieder des Raths verfügten sich dann zum Oberamtmann, um denselben ebenfalls zum Rathhause abzuholen und zu begleiten. Dort angekommen übergab der Bürgermeister demselben in einem verschlossenen Zettel die Namen von vier wahlfähigen, zum neuen Bürgermeister in Vorschlag gebrachten Candidaten, zu welchem Vorschlag ersterer einzig und allein das Recht hatte. Gegen 11 Uhr zeigte das Geläute der Glocke der evangelisch-reformirten Kirche die Stunde der Wahl an, und der Magistrat, (an seiner Spitze vorbenannter Herr Oberamtmann) in der Mitte des Bürgermeisters und Stadtrichters, begab sich zur Kirche. Der Oberamtmann nahm mit dem Stadtrichter seinen Sitz oben auf der Gallerie unter dem Thurme, da, wo die Autoritäten-Bank befindlich ist. Die übrigen Glieder des Magistrats begaben sich zu jenen verschiedenen Stellen unten in der Kirche, wo die Wahl des Magistrats Statt hatte.

Die Bürger wählten vorab sechs Wahlmänner, und zwar aus jedem einzelnen Wahldistrikt zwei, welche den Bürgermeister zu wählen auserfehen, und die, sobald sie ernannt waren, sich zu dem Amtmann verfügten und dort von den Namen der Vorgeschlagenen Einsicht nahmen, ihre Stimmen niederschrieben und so dem präsidirenden Amtmann schriftlich überreichten.

Nachdem dieser die Stimmen gesammelt hatte und die Wahl entschieden war, publicirte derselbe: „Im Namen des Landesherrn, den Herrn N. N. als erwählter Bürgermeister der Stadt;" — und das wiederholte Geläute der Glocken zeigte nun an, daß ein neuer Bürgermeister wirklich gewählt worden war.

Die in der Kirche anwesenden Bürger wählten sodann (unter dem Vorsitz der Magistrats-Glieder aus den vorbenannten Stadtvierteln in der Art und Weise, wie bereits angegeben), die Mitglieder des Raths, durch mündliche Abgabe ihrer Stimmen, die von einem Rathsherrn auf einer Tafel niedergeschrieben und von einem oder den zwei anderen seiner Collegen kontrollirt wurden. Ein jeder Bürger hatte übrigens das Recht vorzuschlagen. Auch konnten die bereits fungirenden Glieder des Magistrats wieder gewählt werden.

War auch dieses Wahl-Geschäft beendigt, so begab sich der Magistrat wieder zum Rathhause und wenn, wie es öfter der Fall war, der neu erwählte Bürgermeister kein Mitglied desselben war, so wurden 2 aus der Mitte des Raths abgeordnet, um das neu erwählte Bürger-Oberhaupt der Stadt zum Rathhause abzuholen. Hier empfing derselbe zuerst die Glückwünsche der Anwesenden und der Untergeordneten, die diese sich schon beim Eintritt zum Rathhause dem geneigten Wohlwollen des neuen Herrn Bürgermeisters.

Die neu erwählten Mitglieder des Magistrats wurden durch den Rathsdiener zum Rathhause gebeten und sobald solche anwesend waren, wurde zuerst der Bürgermeister, und dann jene früher noch nicht im Rath gewesenen neuen Mitglieder des Magistrats vereidet.

Der Eid, der in die Hände des Oberamtmanns abzulegen war, lautete für den Bürgermeister wie folgt:

Ich schwöre einen Eid zu Gott und auf sein Evangelium, daß ich dem Allerdurchlauchtigsten N. N., meinem gnädigsten Fürsten und Herrn alle Zeit will treu und hold seyn, Höchst Deroselben Bestes in Allem werben, und Arges hüten und warnen, wie einem Bürgermeister zur Zeit, und als Richter nächstfolgendes Jahr eignet, und zustehet, Dero Stadt und Bürgerschaft Elberfeld nach meinem besten Sinnen und Vermögen, vorstehen und Deroselben Interesse, Hoch- und Gerechtigkeiten, so viel mir möglich, dabei mit in Acht nehmen; ohne Verschlag erhalten und mich sonsten, wie es einem ehrlichen und frommen Bürgermeister und Richter obliegt, und wohl anstehet, verhalten und wolle, alles treulich und ohne Gefährde; so wahr mir Gott hilft und sein heiliges Evangelium.

Für den Rathsverwandten:

Ich schwöre einen Eid zu Gott und auf sein Evangelium, daß ich dem Allerdurchlauchtigsten N. N., allezeit will treu und hold seyn, Hochderoselben Bestes befördern und alles Schädliche hüten und warnen, Deroselben wie auch der Stadt Elberfeld Bestes rathen und vorstellen, auch Dero Recht und Gerechtigkeit nach äußerstem Vermögen befördern helfen, einem jeden das Recht, so viel an mir ist, widerfahren lassen; was im Rath vorfällt oder beschlossen wird, männiglich, außerhalb wem solches zu wissen gebühret, verschwiegen halten, und mich also dabei erweisen solle, wie dasselbe ehrlichen Rathspersonen gebühret, treu und ohne Gefährde; so wahr mir Gott helfe und sein heiliges Evangelium.

Für den Gemeinsmann:

Ich schwöre einen Eid zu Gott dem Allmächtigen, daß ich dem Allerdurchlauchtigsten N. N., meinem gnädigsten Fürsten und Herrn alle Zeit treu und hold seyn will, Hochderoselben, wie auch der Stadt Bestes, absonderlich in Polizeisachen, und was das gemeine Wesen betrifft, nach meinem Vermögen befördern, und alles Schädliche hüten und warnen, auch Dero und der Stadt Recht und Gerechtigkeit nach meinen äußersten Kräften befördern helfen, anbei die in städtischen Sachen vorfallenden Verfasfungen und Resolutionen männiglich, außer wem es zu wissen gebühret, verschwiegen halten, und mich sonsten also dabei verhalten solle und wolle, wie es einem ehrlichen, getreuen Vorsteher der Gemeine gebühret und zustehet; so wahr mir Gott helfe ꝛc. ꝛc.

Mittags und Abends wurde in einem der ersten Gasthäuser, in ganz solenner Weise gespeiset, und oft um Mitternacht erst trennte sich das Collegium, dessen nicht wieder gewählten Glieder am folgenden Tage in den Bürgerstand zurück — die neuen Mitglieder dagegen gleich in ihre amtliche Funktionen traten. — Der abgehende Bürgermeister versah (vom Jahr 1708 an) das Amt eines Stadtrichters im folgenden Jahre und blieb zugleich erstes Glied des Magistrats. Wurde er im folgenden Jahr nicht wieder gewählt, so trat auch er in seine bürgerlichen Verhältnisse zurück. Weder der Bürgermeister noch die Mitglieder des Magistrats genossen eine Besoldung, nur der Syndicus erhielt (vom Jahre 1708 an) ein jährliches Gehalt von 500 Gld; früher war dasselbe nur 50; gegen das Jahr 1760 und bei zugenommener Bevölkerung 100 Gld. Dabei hatte er das Recht, die Advokatur zu treiben, was später unerläßlich mit diesem Amte und mit jenem eines Gerichtsschreibers befunden ward.

Bürgermeister und Stadtschreiber hatten aber die Sportelen, die von vielen der Magistratischen Geschäfte eingefodert werden konnten, nämlich für die Unterschrift auf ein Dekret, Paß, Certificat, Beglaubigung ꝛc. 10 Albus oder einen Schilling (7½ Stüber); für das Siegel auf einem Passe oder einer Urkunde 10 Albus. Das Siegel der Stadt verwahrte der Bürgermeister; für einen Termin oder eine Tagsfahrt von 2 Stunden wurde dem Bürgermeister 1 fl. 20 ₰, dem Stadtschreiber eben so viel, dem Boten 9 Stüber. Bei Vermiethungen, Verdingungen und Verkäufen wurde immer das Bezahlen eines trockenen Weinkaufs vorbehalten, den Anpächter oder Käufer zu erlegen hatte, u. s. w.

Der Stadtschreiber behielt diese Einkünfte, so wie jene, die von dem Stadtgericht aufkamen, zu seiner Benutzung, der Bürgermeister aber sammelte sie und gab mehreremalen im Jahr seinen Magistrats=Mitgliedern davon kleine Feste, oder er verwandte solche mit Zustimmung des Magistrats zu wohlthätigen Zwecken.

Von dem Landesherrlichen Steuerquantum genoß der Bürgermeister ein pro Cent, dann für sich und die Mitglieder des Magistrats, die der jährlichen Ablegung der Steuerrechnung beiwohnten, ein Tagegeld in 2 Thlr. bestehend, welches ein jeder für sich behielt. Weiterhin wurde der Bürgermeister für seine sonstigen Bemühungen in dem darauf folgenden Jahre noch dadurch entschädigt, daß er als Stadtrichter einen bedeutenden Antheil mit an den Sporteln hatte, welche zu erheben diese Behörde berechtigt war.

Mit dem Bürgermeister versah der Magistrat die gesammte Verwaltung der Stadt, die Umlage der Steuern, das Einquartierungswesen, die Gerichtsbarkeit in Personal= und Polizeisachen. Er verlieh den Fremden das Bürgerrecht, wenn sie häuslich in Elberfeld sich niederzulassen beabsichtigten und ein Vermögen von 200 Rthlr., so wie ein Zeugniß ihrer unbescholtenen Lebensweise nachzuweisen und beizubringen im Stande waren. — Personen, namentlich Fabrikarbeiter, die dieses nicht konnten, wurde ein bloß temporairer Aufenthalt unter dem Namen „Beisassen" gestattet.

Die Gemeinsmänner hatten die Pflicht und die Befugniß, den Bürgermeister in den Polizei= und Steuersachen zu unterstützen. Die Untersuchung der Lebensmittel, insbesondere die Tage des Brods, die Aufsicht über die beiden städtischen Steingruben, die für Rechnung der Stadt verwaltet wurden, und deren Rechnungsführung, lag ihnen vorzüglich ob.

Der Sitzungen hatten wöchentlich regelmäßig zwei Statt: Donnerstags nemlich das Stadtverhör und Samstags eine Plenar=Sitzung des Magistrats; mit Ausnahme der außergewöhnlichen, wozu der Bürgermeister jedesmal besonders einladen ließ. Erstere wurden Verhandlungen „in senatu" — letztere „in senatu extraordinario" genannt.

Rescripte und Verordnungen, und Briefe aller Art, die unter der Rubrik: „Magistrat" oder „Bürgermeister und Rath" eingiengen, entsiegelte und eröffnete der Bürgermeister selbst. Erstere kamen ihm unmittelbar von der Landesregierung zu, an welche auch berichtet wurde. In wichtigen Fällen wurden die Berichte im Collegio discutirt, vom Syndicus entworfen und von den Mitgliedern des Magistrats unterschrieben. Ausfertigungen an die Bewohner, Schreiben, Bescheide, ferner Polizei=Bekanntmachungen und sonstige Anzeigen wurden unter der Rubrik „von Magistratswegen" vom Bürgermeister allein — oft auch und besonders in Sachen der Gerichtsbarkeit, vom Syndicus, welcher diese abzufassen hatte, unterschrieben. Ein jeder Bürger, der etwas vorzubringen hatte, wandte sich an den Bürgermeister mündlich. Von ihm wurden kleine Polizei= und andere Angelegenheiten gleich abgemacht, oder zu dem nächsten Verhör verwiesen, wozu der Kläger den Beklagten durch den Stadtbothen, der für diese Einladung einen Groschen (3 Stüber) erhielt, citiren lassen mußte. An dem Verhörstage hatte der Bürgermeister mit einigen Rathsgliedern seinen besondern Sitz im Saale des Rathhauses. Der Kläger mit dem Beklagten traten vor, und nachdem ersterer vorab 2 Schillinge (15 Stüber) erlegt hatte, wurden mündlich Klage und Anrede vorgebracht. Eine mündliche Entscheidung, welche jedoch in die Hauptsache in ein besonderes Protokollbuch eben vorgemerkt wurde, erfolgte in letzter Instanz, und der, welcher Unrecht erhielt, ersetzte die eben erwähnten Kosten, die den Sportelen des Magistrats anheim fielen, oft aber auch wieder zurückgegeben wurden.

Kommentar 34 und 35

Am 15.11.1804 kam es in Elberfeld zur sogenannten „Laternenrevolte" von Handwerksburschen. Die erste der wiedergegebenen Quellen besteht aus einem Auszug aus dem Bericht der Düsseldorfer Regierungsräte Lenzen und Hardt, die nach Elberfeld gekommen waren, um „die Ursache der dortigen Unruhe, und wer daran betheiliget sey" (SAW S XI 11) zu untersuchen sowie zur „Wiederherstellung der öffentlichen Ruhe die zweckmäßigste Maßregeln zu ergreifen und die Hauptschuldigen gefänglich einzuziehen" (ebenda). Ihre Informationen bezogen die Untersuchungskommissare „bey den versammelten Magistrats Personen, und vielen der angesehensten Mitglieder der Kaufmannschaft und Bürgerschaft" (ebenda).

Die zweite Quelle besteht aus einem Auszug aus dem Vortrag des fiskalischen Anwalts vor dem Hofgericht in Düsseldorf, vor dem schwere Straffälle abgeurteilt wurden. Die Abschrift des Vortrages selbst ist nicht datiert, stammt aber nach Hinweisen aus der betreffenden Akte vom 5.8.1805. Das Protokoll des Hofgerichtes vom selben Tag vermerkte die Urteile, die über die Elberfelder „Later-

Quelle 34
Bericht über die Untersuchungen der Düsseldorfer Regierungsräte Lenzen und Hardt in Elberfeld
SAW S XI 11   17.11.1804   handschriftlich   Auszüge

[...]

Ein von dem Bürgermeister von Carnap entworfenes pro Memoria dessen Inhalt von sämtlichen oben anwesenden Magistrats und Bürgerschaftsmitgliedern als getreu, und ächt bestättigt ward, darf bey dieser Geschichtsstellung um so viel eher zum Grunde gelegt, und durch die gleichzeitige Beyträge der übrigen anwesenden als vollständig geachtet werden; da erwähnter Bürgermeister derjenige war, welcher seines Amtes wegen sowohl die Umstände am genauesten kennen konnte, als auch für seine Person sich bey dem Tumulte selbst hauptsächlich der Gefahr ausgestellet fand. Durch gnädigste Bewilligung ist nämlich seit einiger Zeit hierselbst in Elberfeld eine neue Lohnwache errichtet worden, welche aus drey Compagnien und jede derselben aus einem Wachtmeister 6 Korporälen, und 24 Gemeinen besteht. Selbigen ist ein angemessenes Dienst=Reglement mitgetheilet, und zu dessen genauester Befolgung Wachtmeister und Korporale eidlich, die Gemeinen aber an Eides statt verpflichtet worden. Der Hauptzweck dieser Wache ist, sowohl im allgemeinen Ruhe, und Sicherheit, als im besondern die Befolgung der dahinziehenden publizirten Polizei=Reglements zu handhaben; unter welchen letztern dann besonders hier diejenige zu bemerken sind, wodurch der allgemeinen Brand=Assekuranz=Verordnung gemäß einem jeden das Tabackrauchen auf der Gasse verbothen, und respec. vom Magistrat vor circa 4 Wochen befohlen worden ist, sich Abends nach 10 Uhr, unter 6 Reichstaler Strafe nicht ohne eine brennende Laterne auf der Gasse betretten zu lassen. Vor etwa 4 Wochen seye ein zur Lutherischen Leinwebern Auflage gehörender Pursche, Abends gegen 11 Uhr ein Bürger Wachtmeister Julicher auf der Strase arrestirt, und bis an den Morgen auf dem Rathhause, in Arrest gehalten, und dann am Abend dieses Tages, nachdem er den Tag hindurch, noch in der Nähe von Ronsdorf und auf die

nenrevoltierer" von 1804 gefällt wurden. Von den ca. 30 mit Zuchthaus, Landesverweis und/oder Geldbußen bestraften Handwerksgesellen erhielt der Seidenwebergeselle Wilhelm Webeler die höchste Strafe, "weil er überführt ist, bey dem Auflaufe mit den übrigen Burschen auf eine Ruhestörende Art herumgezogen zu seyn, den Korporal Mand sowohl, als die Wachtmeistern Jülicher und Barthelemy in ihrer Wohnung aufgesucht und sich an den Zerstörungen im Rathhause mit Schlagen und Brechen in voller Maaße betheiligt zu haben mit 40 Ruthen [auszugrisseln], jedoch wegen seinen durch ein medicinisches Gutachten bezeugten schwächlichen Umstände derselbe statt dieser für ihn nicht anwendbaren Strafe öffentlich auf dem Gerichtsplatze eine halbe Stunde lang durch den Nachrichter an einen Pfahl angebunden mit Anhängung eines Schildes mit der Aufschrift: <u>Aufrührer</u>, sodann mit einer Ruth in der Hand auszustellen, und nebstdem mit sechsjähriger Zuchthauses Strafe zu belegen, daß sodann weil er ferner verdächtig ist, sich vor dem Hause des Bürgermeisters durch aufrührerische Reden ausgezeichnet und dadurch die nachher begangenen Ausschweifungen mitbefordert zu haben, derselbe noch vier Jahre im Sicherheits=Verhafte aufzubewahren, und diesemnach des Landes zu verweisen" (HStAD Großherzogtum Berg Nr. 4567).

Kirmeß nach der Gemarke gegangen krank und in seiner Auflage Herberge aufgenommen worden; woselbst er jedoch auf der Genesung, sich noch befinde; ohne daß seinetwegen oder von ihme selbst, eine Anzeige oder Klage, gegen die ihn arrestirt habende Wache, zum Magistrat geschehen sey.

Jetzt jüngst nämlich am vorigen Dienstag den 13. dieses habe sich nun ein neuer Arrestations Fall ergeben indem der Wachtmeister Jülicher [dem] Bürgermeister von Carnap folgenden Rapport erstattet: In voriger Nacht gegen 11 Uhr sey in den Kirdels=Gärten Streit, und Lärmen entstanden, auf welchen die Patrouille zugeeilet und einen Purschen ergriffen, welchen der Korporal Mand (mittlerweile der Patrouille den übrigen Purschen nachgesetzet) nach dem Rathhaus hinführen wollen. Unterwegs in der Gegend des Funkenschen Farbhauses habe der Arrestirte den Korporal gefragt: wohin er ihn führen wolle, und auf die Antwort „nach dem Rathhaus" dem Korporal einen Stoß versetzet, und sich auf die Flucht gegeben. Da der Korporal den Arrestanten verfolgt, und ihn nicht einhohlen konnte, habe er im Laufen nach selbigem geschlagen, ihn an dem Kopf verwundet, und dadurch sich seiner wieder haabhaft gemacht; wo der Arrestat sodann vom Korporal auf das Rathhaus gebracht, zur Stelle aber auch zum Chirurgus Willig geschickt, durch diesen die Wunde verbunden, und der Arrestirte sodann gegen Bürgschaft des Verhaftes entlassen worden.

Während dem der Bürgermeister diesen Rapport gelesen, hätten zwey Leute ihn zu sprechen verlangt. -

Diese seye ein gewisser Bock (allso derjenige welcher in voriger Nacht vom Korporal verwundet worden) und ein Geselle Nahmens Jean gewesen welche unter Erzählung des Vorfalles der vorerwähnten Arrestation, und der Verwundung des Bock, auf eine ganz bescheidene Art um desfallsige Untersuchung und Bestrafung des Schuldigen ersucht, und sich denn ruhig wegbegeben hätten.

Als der Bürgermeister hierauf in sein Comptoir zurückgekommen, und dort der Wachtmeister Jülicher gefunden, habe er nicht nur diesen, wegen dem Betragen des Corporal Mand, einen derben Verweis gegeben, und ihm überhaupt künftig ein gelinderes, und schonendes Betragen empfohlen; sondern diese Empfehlung auch des andern Tages, nemlich Mittwochs Morgens den 14. dieses auf dem Rathhause dem Corporal Mand persönlich, und ernsthaft wiederhohlt.

Donnerstag den 15ten laufenden Monats Vormittag halb 10 Uhr, sey der Bürgermeister zum gewöhnlichen Bürger=Verhör auf das Rathhaus gegangen; wo ihm gleich beym Eintritt in letzteres der Vater des Corporal Mand begegnet, und angezeigt, vernommen zu haben, daß einige junge Purschen seinen Sohn aufsuchen wollten; und bald darnach habe die Mutter des Mand angezeigt, daß wirklich vier Purschen in ihres Sohnes Wohnung sich eingefunden hätten.

Nach Versammlung mehrerer Rathsherrn, und angefangenem Verhör seyen mehrere Purschen in den Saal getretten, welche sich vorläufig mit den übrigen Rathsgliedern in einem anständigen Thone beredet, und dann sich auch an ihn Bürgermeister gewendet, und um Untersuchung ihrer Sache (nämlich wegen der von Corporal Mand dem Weber Pursche der Katholischen Auflage, zugefügt seyn sollenden Verwundung) gebethen hätten.

Diesen habe er, Bürgermeister bedeutet, daß wegen dieses Gegenstandes selbigen Nachmittag 4 Uhr der Magistrat abgeladen werden solle; wo sie sich dann zum ordentlichen Vortrag ihrer Klagen, durch des Endes aus ihrer [Mitglieder Versammlung] zu wählenden Deputirten, einfinden sollten.

Kaum seye aber Er, Bürgermeister, gegen Mittag nach Hause gekomen, und bey dem Mittagessen gewesen, als sich schon der Wachtmeister Barthelemy mit der Anzeige, daß die Handwerks Purschen ihn, und den Wachtmeister Gulicher aufsuchten, eingefunden, und Vorschrift gefordert hätte, wie er sich dabey vernehmen sollte? -

Gleich darauf seye auch der Kaminfeger Thomas erschienen, mit der Anfrage: ob er, nach dem von einigen Purschen an ihn geschehenen Begehren, den Corporal Mand im Schornstein seines Hauses aufsuchen dürfte? - und nicht lange nachher, nemlich schon zwischen 1 und 2 Uhr Nachmittags, sahe der Bürgermeister auf einmahl, daß sich eine große Menge Leute vor seinem Hause versammelten zu welchen er hinaus an die Thür gienge, und sie nach der Ursache ihrer Versammlung fragte; aber auch zugleich, da sich der Haufe um ihn hindrängte, von anwesenden braven Bürgern gebethen ward, in sein Haus zu gehen, wo sie ihn, und seine Familie beschützen würden.

Der Reformirte Prediger Nurney und Rathsmitglied Peter von der Beck, hätten sich anfangs vergeblich bemühet, die zusammen gelaufenen Purschen zum ruhigen nach Hause gehen zu bereden; letzterer sey aber zuletzt selbst auf die Lutherische Leinweber Herberge gegangen, und habe den versammelten Purschen nochmahls vorgestellt, sich ordentlich zu betragen und zu die ihnen schon vom Bürgermeister bestimmten Stunde aus ihrer Mitte gewählten Deputirten, daselbst ihre Sache gehörig vorzutragen.

Hierauf habe sich gegen 3 Uhr der Schwarm vor und nach vermindert, und obschon er (der Bürgermeister) von dem Schreien, und Reden des vor seinem Hause versammlet gewesenen Haufens, nichts verstanden hätte, so sey ihm doch versichert worden, daß einer aus der Rotte gerufen habe „den Bürgermeister heraus wir wollen ihn aufhangen". Nebst dem ward Commißarii nicht nur von mehrern heut anwesenden Mitgliedern des Magistrats und der hiesigen Kaufmannschaft angezeigt, daß während jenes zusammen rottirens vor der Thür des Bürgermeisters, von etlichen ihnen unbekannten Purschen ein Baum (vermuthlich zum Aufsprengen der Thüre an des Bürgermeisters Haus) hingelegt; - sondern auch daß, (wie die Ehefrau des tit.[1] Bürgermeisters Commißariis versicherte) auf den Fensterladen der unten zur Erde aus Vorsicht verschlossenen Fensternladen, einige schwere Schläge geschehen, Ja selbst ein Brecheisen an das Thor des Hauses gelehnt worden. Diesem allem ungeachtet habe der Bürgermeister, so wie die übrige abgeladenen Rathsgliedern sich um 4 Uhr auf das Rathhaus begeben, wo sich dann schon mehrere Handwerks Purschen unangemeldet in den Rathssaal gedränget, und unter diesem einer (welcher wie man vermuthe, bey dem Schmidt Borbeck auf dem Mühlenschütt entweder arbeite oder in die Kost gehe) ihm (Bürgermeister) den Vowurf gemacht, daß er vor einigen Wochen ihm die Anzeige gemacht, bestohlen worden worden zu seyn, ohne daß darüber noch eine Nachsuchung[2] geschehen sey; - ein anderer aber (welcher erklärt Jubeler zu heißen, und Schreiber bey der lutherischen Leinweber Herberg zu seyn) habe ihn um Gehör gebethen und als er sich mit diesen an ein nach dem Hof ausgehendes Fenster des Rathsaales begeben, ihm angezeigt „daß vor etwa vier Wochen ein lutherischer Weberbursche von der Wache auf der Straße angefallen, mißhandelt, und ihm vom Wachtmeister Gülicher selbst eine Pistole auf die Brust gesetzt worden sey; von welcher Zeit an jener Pursche auf der Herberg krank, und der Bruderschaft zur Last liege. Jenem ersterwehnten Purschen habe der Bürgermeister die Unbescheidenheit seines Benehmens verwiesen, und dem letzteren, welcher sich ganz sittsam und ordentlich betragen habe, sein Befremden bezeigt, daß er erst um diese Zeit und nicht früher jene Anzeige, gemacht, zugleich ihm aber aufgetragen, das Verzeichniß der Kurkosten des Kranken beyzubringen, um desfalls das nöthige verfügen zu können. Nachdem sich nun diese Purschen entfernet, und der Bürgermeister vom Geräusch betäubt seine gewöhnliche Stelle am Rathstisch wieder eingenommen hätte, habe sich der Wund Arzt Knoll an den Tisch gedrängt, und sich ungefähr in folgenden Ausdrücken geäußert: „Er habe Einfluß auf viele Purschen, und von diesen seye er beauftragt zu fordern, daß das Verboth wegen des Tabacksrauchens und die Verordnung wegen der Laternen eingezogen werden solle, in welchem Falle alle alsdann beruhigt seyn wollten p."

Der Bürgermeister habe diesem zwar bemerkt, daß der Magistrat jene auf gnädigste Vorschrift sich gründende Verordnungen nicht einziehen könne; unterdessen habe er aber doch, da selbiges anscheinlich das einzige Mittel zur augenblicklichen Handhabung der Ruhe gewesen, den Stadt Syndicum Tit. Schoeler ersucht, einen Bescheid[3] zu verfassen wodurch einstweilen das Verboth des Tabackrauchens auf den Gassen und der Befehl nach 10 Uhr anderst nicht, als mit einer Laterne auf der Gasse zu erscheinen, zurückgenommen worden. Diesen Bescheid habe der Bürgermeister unterschrieben, und dem anwesenden Feldscherer Knoll zugestellt; worauf der anwesende Webergesell Jean hervorgetretten und mit den Worten „Wir danken Ihnen Herr Amtsbürgermeister, und sind zufrieden". Der Bürgermeister habe ihnen also erwiedert „daß sie dann nun auch sich ruhig und friedlich wegbegeben sollten" und wirklich habe sich nun auch dieser Jean nebst einigen wenigen die selbigen begleitet, friedsam vom Rathhause wegbegeben[4].

Mittlerweile man nun gehoft, daß hierdurch der Vorwand aller Ausschweifungen völlig abgeschnitten worden, sey vielmehr gleich nachher bey den versammleten Rathsgliedern die Nachricht eingekommen, daß eine ganze Rotte Purschen, mit einem Trompetter voran, sich dem Rathhause nähere. In der That wären auch diese Purschen, einige der ungestümmesten an ihrer Spitze, die steinerne Treppe vor der Rathhaus Thür hinaufgstürmt, und in das Rathhaus hineinzudringen versucht, wo dann zwar Anfangs einige dort vorhandene gutgesinnte Bürger die Tumultuanten vor der Thüre zu halten sich bemühet hätten. Nachdem aber der Drang zu stark, und auch einige der Bürgerschutz leisten schon thätlich mißhandelt worden habe man die Rathhaus Thüre verschlossen. In diesem Augenblicke sey ein Wurf von aussen durch das Fenster in den Rathssaal hinein geschehen; und diesem also fort so viele, und hef-

Aus der Urteilsverkündung gegen die „Laternenrevoltierer" 1805 (HStAD Großherzogtum Berg Nr. 4567).

tige Steinwürfe gefolget, daß in wenig Sekunden an sechs Fenstern nicht nur Scheiben, und Rahmen, sondern auch die inwendig davor verschlossene Schlagläden zerschmettert worden - so daß, da nun gleichzeitig die Tumultuanten schon die Rathhaus Thür einzuschlagen in Arbeit gewesen, folglich die versammelte Magistratsgliedern der augenblicklichste Gefahr, und selbst der Lebensgefahr ausgesetzt waren, diese kaum soviel Zeit hatten, durch den Hof des Rathhauses über eine dortige Scheidemauer, durch den Garten des dort wohnenden Buchhändler Buschler, und durch dessen Haus, sich zu retten; als auch schon das Schloß der Rathhausthür mit Gewalt offen gesprengt, und so von dem hereindringenden wilden Haufen alle im Rathhaus befindliche Effecten, Stühle, Tische, Kästen, Papieren, und Fenstern, allenthalben mit Gewalt zertrümmert, und selbst ein Ofen mit dem Feuer zur Fenster hinaus geworfen worden; Selbst dem auf dem Rathhause wohnenden Gerichtsbothen von der Heyd, welcher jedoch mit der größten Klugheit und Standhaftigkeit die circa 12000 Reichstaler enthaltende Depositen Kiste glücklich verborgen und gerettet habe, sey ein großer Theil seiner Effecten vom wüthenden Haufen vernichtet worden, und nur auf den mit einer starken eisernen Thür verschlossenen Brand freien Speicher des Rathhauses, sey keiner der Tumultuanten zum Glücke hingekommen; weil sonst nicht nur sicher die von den Tumultuanten laut gedrohete Abwerfung des Daches erfolget sondern auch die dorthin sich gerettet habende zwey Landjäger und 12 bis 13 schwer geladene Gewehre, von dem wüthenden Haufen würden gefunden worden seyn, indem wie gedacht einige gutgesinnte Bürger schon bey dem Anfange der Unruhen auf dem Rathhause mit Gewehr versehen zu dessen Schutz hingeeilet wären zuletzt aber, als sich die Zahl, und Wuth der Tumultuanten zu sehr vermehret, sich endlich auch hätten zurückziehen müssen, vorher aber doch noch die kaltblütige Überlegung hatten, ihre scharf geladene Gewehre auf den Rathhaus Speicher zu verbergen, und selbigen dann zu schließen.

Ein eben so großes Glück sey es gewesen, daß es einigen guten Bürgern durch ihre Zureden und Vorstellungen gelungen, den stürmenten Haufen welcher die nach der Straße gehende Einschrote des Rathhaus Kellers schon beynahe erbrochen hatte, vom völligen Eröfnen desselben abzuhalten; indem, wenn das dort befindliche Weinlager des Weinhändler Koenigsberg, der immer größer, und tobender gewordenen Rotte offen gestanden, die Trunkenheit, und mit dieser die Wildheit des Haufens sicher sich äußerst vergrößert und das Unglück der Stadt unabsehlich geworden wäre.

Endlich gegen sieben Uhr Abends, nachdem sich die Bürger allmählig in Bewegung gesetzet und durch einige eben so angesehene als entschloßene Bürger, (unter welchen folgende vorzüglich in ehrenvollen Andenken gehalten zu werden verdienen, nämlich durch die Herren Jakob Pelzer, Jakob Platzhof, Overmeyer Vater, und Sohn, Siebel A. Sohn Gebrüder Langerfeld C. Becker, Friedrich und Leonard Feldhoff, Adolph Fourier, Diemel, Nieland von der Heyd, Cramer, Fellinger, Jakob Hauptmann, Jakob Wurth und mehrere andere) zur Besetzung des Rathhauses, Organisirung einer Bürgerwache und Verhaftung der Ruhestörer aufgemuntert, und angeführt worden; hätten sich die Tumultuanten völlig von der Gasse verlohren, daß vor diese Nacht keine anscheinbare Gefahr mehr übrig geblieben sey.

Eodem post prandium[5] hat sich Commißio hierauf nach dem Rathhause begeben, und daselbst den in dem besondern Besichtigungs Protokoll vom heutigen Tage enthaltenen Zustand befunden.

1) fehlte auswendig die Hauptthüre.

2) waren sowohl nach der süd= als west Seite an der Straße alle Fenster nicht nur Glaß= und Bley, sondern selbst die Blindrahmen mit sichtbahrer Gewalt ausgerissen.

3) fehlten die an beyden Seiten des Rathhauses gewöhnlichen Laternen, und derselben eiserne Stangen waren zerschlagen, und verbogen.

4) im Inneren des Rathhauses, und zwarn linker Hand in einem großen Tapezirten Saale sah man zwischen der Thür, und den Kamin, den Platz wo eine Registratur Kasten gestanden hatte, der nach Anzeige des Magistrats, verschiedenen Papieren, Bücher, silberne Löffel, und kleinere Verhörs Depositen und Armengeldern mit verschlossenen Thüren enthalten haben solle. Man fande hier

5) folgende weitere Verwüstungen

a) nach allen Seiten auch nach der Hof Seite, wie oben schon bemerkt, die Fenster ausgerissen, es fehlten nicht nur alle innern Thüren; sondern selbst die Pfostenbekleidungen und überhaupt alles was von Holz im Zimmer, war abgerissen.

b) der große Kamin zerschlagen;

c) fande sich auch ein Stück des in diesem Saale gestandenen zerschlagenen Ofens, so wie dessen Fuß.

d) die noch nicht lange auf die Wand gekleppten Tapeten waren an einigen Stellen ab-

Aus der Urteilsverkündung gegen die „Laternenrevoltierer" 1805 (HStAD Großherzogtum Berg Nr. 4567).

gerissen, an andern durch Schlagen beschädigt, und einer Wand ware sichtbar, wie man solche durch Zuschlagen versucht habe.

e. Von Stühlen, Tischen, waren nur noch einige zerbrochene Stücke zu sehen, und am Kamine lage ein blechener Deckel dessen die Ruhestöhrer sich als ein Lärmzeichen bedient haben sollen.

6) In dem Zimmer rechter Hand fande man die Bürgerwache versammelt; auch darin ware alles zerschlagen, und an einer der beyden dort ausgehenden Gefängnisthüre, ware ersichtlich, daß man solche mit schwehren eisernen Hämmern einzuschlagen versucht habe.

7) Auf dem Hofe fanden sich ebenfalls alle Fenster, wie oben bemerkt, ausgeschlagen, und hier lagen noch verschiedene Trümmer von Kästen Stühl, Tischen, Registratur Bretter, Thürbekleidsel, und dergleichen, aufeinander, hier sahe man auch rechter Hand die Mauer und die Oefnung in dem darauf stehenden hölzernen Gitter, welche der Bürgermeister, und Rathsglieder, als sie sich über diese Mauer in das Haus des Büschler geflüchtet, zu machen genöthiget waren.

8) Man begabe sich darauf nach oben, und fande auf der Treppe einen Theil der schweren hölzernen Lehne abgeschlagen, die Thüre zu der Gerichtsstube linker Hand, und der dahinter gelegenen Registratur, so wie unten vom Saale bemerkt worden. Nur ein einziger Kasten war auf dem Zimmer der Registratur unverletzt auf seiner Stelle geblieben;

9) auf dem Gange fande man einen großen Registratur Kasten, abgemachter Sache und alter Bücher dessen eine Thür auch zwar zerschlagen, doch anscheinlich die besten Briefschaften noch darin vorhanden waren, auch war daselbst ein anderer leerer Kasten unbeschädigt. In dem innern der Gerichtsstube, und auf dem Gange umher lagen noch Stücken des zerschlagenen Gerichts Tisches, Stücken der hier gestandenen Gerichts Registratur des umgeworfenen und zerschlagenen Ofens. An Thüren, Fenstern Wänden, überhaupt die Verwüstungen wie unten.

10) Rechter Hand fande man die beyden Zimmer welche der Gerichtsboth noch in dem Augenblicke der Zerstöhrung bewohnte, und wo derselbe zu Rettung der mit 10.000 bis 12.000 Reichtstalern belegte Depositen Kiste der eindringenden Menge widersetzt haben solle. Doch auch hier waren: Thür und Fenster in dem Zimmer nach dem Hofe mehr oder weniger beschädigt;

Da der Sturm nicht bis auf dem Rathhaus Speicher gekommen, und dieser mit einer eisernen Thüre abgeschlossen ware, fande Commißio es unnöthig darauf zu gehen.

Auf dem Gerichtszimmer fande sich auch noch das Portrait Weiland Ihro Churfürstlichen Durchlaucht Elisabeth mit einem Hiebe durchlöchert. Jenes Seiner Churfürstlichen Durchlaucht Carl Theodor solle aber bey der Aufruhr in Stücken zerrissen worden seyn.

Da man nun auf dem Rathhause, in den beyden Gefängnissen, und auf dem Zimmer des Bothen so viele Arrestirten fande, daß für keine mehrere Platz und selbst für die dort befindliche es gefährlich seyn könnte, nahme man den Beschluß alsbald nur ein summarisches Verhör über den Gegenstand anzustellen, in wie weit jeder der Arrestirten, Beweisgeständnisse, oder Verdecht genug gegen sich habe, um zur weitern Inquisition theils nach Düsseldorf theils in andern Gefängnisse überführt, nach Verhältniße seiner sich ergebenden Unschuld an dem Tumulte selbst, einfach oder gegen angemessene Caution entlassen zu werden, wie in den besonders darüber abgehaltenen Protokollen enthalten ist.

[...]

---

[1] titulierten = genannten, erwähnten

[2] Am Rand des Schriftstückes wird der angesprochene Diebstahl und seine amtliche Behandlung vom Schreiber ergänzend erläutert.

[3] An dieser Stelle befindet sich eine weitere erläuternde Anmerkung am Rand des Schriftstücks.

[4] S.o. wie 2. und 3.

[5] Eodem post prandium = an demselben Tage nach dem Mittagessen (Spätfrühstück)

Quelle 35
Auszug aus dem Vortrag zur Sache gegen die „Laternenrevoltierer"
HSTAD Großherzogtum Berg Nr. 4567
undatiert [5.8.1805]   handschriftlich   Abschrift

Um den Ursprung, und die Veranlassung der am 15ten November, vorigen Jahres in Elberfeld Statt gehabten Unruhen desto besser einzusehen, glaube ich etwas weit ausholen zu müssen, theils weil der Grund des Uebels zum Theil in der innerischen Magistratischen, und Stadt Polizey Verfassung liegen dörfte, wenigstens dieses daselbst allgemein geglaubt wird, und theils, weil der Referent von mehreren Ruhe und Ordnung liebenden Einwohnern zu Elberfeld aufgefodert worden ist, die gegenwärtige Beurtheilung des vorgefallenen Aufruhrs als Gelegenheit einer zweckmäßigen Polizey Einrichtung zu benutzen.

Der leztere Punct gehört zwar nicht zu unserer Kompetenz, und daher mag auch dasjenige, was in diesem Vortrag §. 1-6 und § 89-95 darauf Bezug hat, übergangen, oder nach Gutfinden der Herzoglichen Regierung, um davon bey der bevorstehenden Organisation der Städtischen Magistraten allenfalls einigen Gebrauch zu machen, mitgetheilt werden.

Ich habe in der leztern Hinsicht während meiner Anwesenheit in Elberfeld einige Notizen von Erfahrnen und Sachkündigen Männern gesammelt, die ich durch die vorliegende Akten gar nicht bewähren kann, die aber in Elberfeld fast allgemein bekannt sind.

§ 1.

Der Magistrat in Elberfeld besteht aus einem Bürgermeister, welcher im Rath den Vortrag macht, sodann aus neun Rathsgliedern, welche berathschlagen, und beschließen, aus drey Gemeinds Männern, und endlich aus dem Stadt Sekretär, oder Syndicus, welcher nur die Beschlüsse ins Protokoll eintragen, und wenn nöthig ausfertigen sollte, der aber eigentlich der wichtigste Mann im Magistrate ist, ausser diesem, welcher beständig in seinem Amte bleibt, werden die übrigen Mitglieder alle Jahre von den Bürgern der drey Viertel, worin die Stadt eingetheilt ist, auf folgende Art gewählt.

Am 1ten May wird die Burgerschaft durch den Stadt Bothen, und durch das Geleute zur Pfarrkirche eingeladen, dort schlägt der abgehende Bürgermeister, welcher sich mit dem Amtmann, dem Stadt Richter, und dem Magistrate, auf der Gallerie befindet, vier Subjecte, wovon Eines zu seinem Nachfolger gewählet werden muß, vor, und überreicht die Nahmen der vorgeschlagenen dem mitanwesenden Amtmanne, oder dessen Amtsverwalter versiegelt; sobald die Burgerschaft in der Kirche versammelt ist, wählet Sie aus jedem der drey Stadtviertel zwey Wahlmänner, so zwar, daß das 1te die Wahlmänner aus dem 2ten Viertel, dieses aus jenem, und das 3te oder das Eisland, welches aus Ober= und UnterEisland besteht, aus jedem halben Viertel einen Wahlmann ernennt.

Die 6. Wahlmänner begeben sich sodann auf die Gallerie, wo Ihnen die Nahmen der zum Burgermeister vorgeschlagenen 4. Subjecte vorgezeigt werden, Sie geben ihre Stimme einzeln, und schriftlich, und die Mehrheit bestimmt die Wahl.

Nach der Burgermeister Wahl wählt die Burgerschaft, wie vorgemeldt, Viertels Weise die Raths Glieder und Gemeinds Männer, nemlich jedes Viertel drey Rathsherrn, und einen Gemeinds Mann, die Gewählten werden sodann aufs Rathhaus eingeladen, und vereidet.

Man hat mich versichert, daß dem Herkommen gemäß kein Handwerker, und keiner, der um Lohn arbeite ein Mitglied des Magistrats seyn könne, und daher sollen bey der lezten Wahl in diesem Jahre ein Gemeinds Mann, und ein Rathsherr, wobey dieser Umstand bey der Wahl übersehen worden war, nachher ausgeschlossen worden seyn.

§ 2.

Die dem Magistrate aufliegenden Geschäfte sind vorzüglich a) die Verwaltung der Städtischen Einkünfte, die aber, wenn von den Auflagen abstrahirt wird, gar nicht bedeutend seyn sollen, und b) die Besorgung der sämmtlichen Polizey Geschäfte. Der Verwaltungs Punkt erstreckt sich vorzüglich auf die Berichtigung der Kriegs= und Steur Rechnungen, auf die Beytreibung der für die Beschädigte einzunehmenden Assecuranz Gelder, und auf die Umlage=Einnahm, und Berechnung der zu ausserordentlichen Ausgaben erforderlichen Gelder.

Von den Polizey Geschäften des Magistrats sind besonders anzumerken

Titelseite des Auszuges (Quelle 35).

a) die Aufsicht über Maaß und Gewicht,
b.) die Lösch Anstalten
c.) die Oberaufsicht über die bestehenden Handwerks Auflagen und Herbergen, und die hiemit d.) zum Theil in Verbindung stehende Erhaltung der öffentlichen Ruhe, die Besoldung für den Bürgermeister bestehet in 6 und für jedes Rathsglied in 3.- Reichstaler.

§ 3.

Nebst dem StadtMagistrate ist in Elberfeld auch ein Stadtgericht, welches aus einem Stadt Richter, einigen Scheffen, und einem Stadtschreiber besteht, und welches alles, was in den Ämtern zum Gericht gehört, für die Stadt Elberfeld zu besorgen hat, der Stadt Sekretär, welcher auch Stadtgerichtschreiber ist, ist beym Magistrat so wohl, als beym Stadtgericht die Hauptpersohn, er ist gewöhnlich in beyden der einzige Rechtsgelehrte, der also die Maschine sehr oft leiten muß, und beynahe immer durch sein Übergewicht leiten kann, wenn Er nur will, und Gewandheit genug dazu hat.[1]

§ 4.

Aus dieser Verfassung müssen Gebrechen im Polizey und Justitz Fache entstehen; den Bürgermeister, und die Magistrats Glieder kann nur Ehrgeitz, oder die Nothwendigkeit zur Annahme der Stelle bewegen, die gewöhnliche Folge ist Unthätigkeit oder Herrscher Ton; der jährliche Wechsel der Magistrats Glieder läßt weder Gewandheit in den nöthigen Verrichtungen, weder die gehörige Authorithät erwarten, und erzeugt gewöhnlich die missliche Folge, daß die auch Anfangs mit Hitze betriebenen Gemeinde Sachen in der Folge liegen bleiben, und einem Nachfolger zum Theil werden, der vermuthlich noch weniger Hang hat, eine von Anderen angefangene, ihm unbekannte Arbeit fortzusetzen, als dieselbe von neuem anzufangen.
Das Burgermeister Amt ist daher in Elberfeld ein so lästiges als unangenehmes, und undankbares Geschäft, dessen sich bis auf ein paar Ehrgeizige ein jeder gern entziehen mögte, wenn nicht hiezu der Weeg bey der Rangelley seit einiger Zeit gesperrt wäre.
Das aufrichtige Bestreben das gemeine Beste aus allen Kräften, und bey jeder Gelegenheit ohne alle Rücksicht auf privat Vortheile zu befördern ist in Elberfeld so selten, wie anderswo, und wenn dieses auch dort häufiger zu finden wäre, so müßten mit dieser seltenen Eigenschaft auch lokal und Geschäfts Kenntniß und ein hinreichendes privat Auskommen zusammen treffen, welches wohl noch seltner der Fall ist.
Vielmehr wird wichtigen Angelegenheiten öfters etwas Menschliches unterlaufen z.B. bey Zusammenberufung der Beerbten, wenn von der Geld Materie die Rede ist, wird es oft den Rathsgliedern, welche überall ihres Gleichen sehen, an Ansehen und dem Burgermeister der von allen Seiten auf seine Verwandte stößt, an Unbefangenheit fehlen, Mancher wird auch wegen seinen Handlungs= und Kredit Verhältnissen nicht, wie er denkt, oder denken sollte, sprechen dörfen p.
Der jetzige Stadtsekretair oder Syndikus scheint weder das zu seinem Amt nöthige Zutrauen, noch auch die für seine viele Arbeit erforderliche Thätigkeit zu haben, so daß in Elberfeld alles ziemlich zusammentrifft, um den Mangel einer guten Verfassung recht fühlbar zu machen, besonders da eine Solche daselbst wegen der Vielheit der Fremden aus allen Gegenden Deutschlands vorhandenen Arbeiter und der unter diesen eingeführten Auflagen und Herbergen vorzüglich nöthig wäre.

§ 5.

Die meisten Fabrick Arbeiter haben ihre eigene Herberge, und Kranken Auflagen, dort kommen sie zusammen, und zechen oft bis späth in die Nacht, hier werden sie aus den von den Mitgliedern zu leistenden Beiträgen auf Kosten der Auflage während einer <u>blos zufälligen natürlichen Krankheit</u> gepflegt, unterhalten, und ihren Verwandten wird zu Bestreitung der BegräbnißKosten ein ansehnlicher Beytrag geleistet.
In jeder Herberg und Auflage herrscht ein gewisser Gemeingeist, der durch das öftere ZusammenKommen, durch das häufige Zechen, und durch die Aufwartung, welche Einer dem Andern beym Krankwerden leistet, gezeugt, und meistens durch den kühnsten, und gescheidesten unter Ihnen geleitet wird, man braucht sich also nicht sehr zu verwundern, wenn Mißhelligkeiten aller Art, und sogar öffentliche Unruhen hier häufiger, als an jenem anderen Ort entstehen, und wenn deren in 30 Jahren in Elberfeld nur drey entstanden sind.

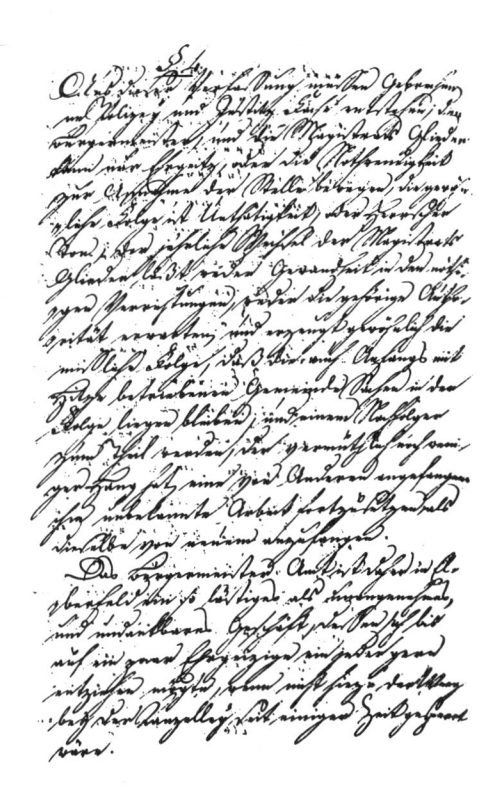

§ 4 des Auszuges (Quelle 35).

§ 6.

Um die öffentliche Sicherheit zu erhalten, war vorhin in Elberfeld eine Bürgerwache[2], welche seit einiger Zeit durch eine Lohnwache ersetzt worden ist, ob diese Abänderung darum, weil die Bürger selbst die Wache doch meistens durch andere thuen ließen, oder selbst nachläßig thaten, oder weil die Bürger Wache selbst über den Magistrat ein Uebergewicht zu erhalten anfienge, geschehen ist, darüber sind die Angaben verschieden, Genug die Lohnwache besteht aus drey Kompagnien, jede Kompagnie aus einem Wachtmeister, Sechs Korporals und 24. Gemeinen, diese Wache hat für die Erhaltung der öffentlichen Ruhe und Sicherheit so wohl, als für die Behinderung aller öffentlichen Immoralität zu sorgen, Sie durchstreift daher auch Nachts in verschiedenen Abtheilungen, welche von einem Korporal geführt werden, die Straßen der Stadt, um einzelne Schlägereien zu verhüten. Um die Sicherheit der Straßen zu erhalten, um die Häußer für äussere Diebereyen zu bewahren, mag diese Wache recht gute Dienste thuen, wie wenig Sie aber, nach der jetzigen Verfassung bey öffentlichen Unruhen zu leisten, im Stande sey, davon habe der am 15ten November vorigen Jahrs Statt gehabte Auflauf ein Beyspiel geliefert.

---
[1] Elberfeld hatte von 1708-1807 ein Stadtgericht. Seit 1738 waren die Ämter des Stadtsyndikus/Stadtadvokaten, das jeweils mit einem Juristen besetzt wurde, und das des Stadtschreibers/Stadtsekretärs vereinigt. Der Stadtschreiber war auch Stadtgerichtsschreiber. 1787-1807 hatte dieses Amt Dr. jur. Friedrich Karl Eberhard Schoeler inne. 1787 war die Stelle mit 500 Tlrn. dotiert.
[2] Vermutlich ist diejenige von 1795 gemeint, die 1802 durch eine Lohnwache ersetzt wurde (vgl. Q 53).

Kommentar 36

Am 1. Mai 1807 fand die letzte Bürgermeister- und Ratswahl nach der alten Verfassung statt; am 13.10.1807 wurde mit dem Dekret des Großherzogs Murat, aus dem nebenstehend Auszüge wiedergegeben sind, die Einführung der Munizipalverfassung proklamiert. Barmen, das damals 14304 Einwohner zählte, wurde mit der am 3.2.1808 erfolgten Vereidigung des neuen Munizipalrates und Stadtdirektors zur Stadt und ging damit aus dem Verwaltungsverhältnis zu Beyenburg in das Arrondissement Elberfeld über. Die Liste des „Stadtpersonals" in Barmen lautete wie folgt:
Stadtdirektor Carl Bredt, Kaufmann und Fabrikant
1. Adjunkt Peter Keuchen,   ,,
2. Adjunkt Friedrich Wilhelm Teschemacher, Kaufmann
Polizeikommissar Leopold Alhaus
Munizipalräte
Hermann Bunger, Kaufmann in Gemarke
Wilhelm Osterroth, Kaufmann in Barmen
Caspar Engels, Kaufmann in Barmen
Abraham Rittershausen, Kaufmann in Barmen
Johann Jaeger, Kaufmann in Barmen
Wilhelm Molineus, Kaufmann in Barmen
Friedrich Heilenbeck, Kaufmann in Barmen

Quelle 36
Die französische Munizipalverfassung
SAW B I 9   13.10.1807   Auszüge[1]

Joachim
Von Gottes Gnaden Großherzog von Berg, Prinz und Groß-Admiral von Frankreich.

Indem Wir der Municipal-Verwaltung der Städte und Gemeinden Unsers Großherzogthums eine gleichförmige Organisation zu geben Willens sind, so haben Wir verordnet und verordnen wie folget.

Artikel 1.

In den Städten, Flecken und an den übrigen Orten, wo gegenwärtig die Verwaltung durch Bürgermeister oder andere Municipal-Agenten geführet wird, und deren Bevölkerung sich nicht über 2500 Einwohner erstreckt, wird die Municipal-Verwaltung einem Director und einem Beygeordneten anvertrauet werden.

Die Städte oder Flecken von 2500 Einwohnern bis 5000 werden einen Director und zwey Beygeordnete haben;

Die Städte von 5000 Einwohnern bis 10,000 einen Director, zwey Beygeordnete und einen Polizey-Commissär.

In den Städten, deren Bevölkerung sich über 10,000 Einwohner beträgt, wird ein dritter Beygeordneter ernannt werden können.

Art. 2.

Es wird an allen Orten, wo ein Director die Verwaltung hat, ein Municipal-Rath seyn. Dieser wird in den Gemeinden, deren Bevölkerung nicht über 2500 Einwohner groß ist, bestehen aus 10, in den Gemeinden von 2500 Einwohnern bis 5000 aus 15, und in den Gemeinden, welche mehr als 5000 Einwohner haben, aus 20 Mitgliedern.

Johann Adolph [Brüning], Kaufmann in Barmen
Johann Samuel Mathei, Kaufmann in Gemarke
Peter Dellenbusch, Kaufmann in Gemarke
Franz Naegele, Arzt
Friedrich Siebel, Kaufmann in Barmen
Carl Cramer, Kaufmann in Barmen
Friedrich von Eynern, Kaufmann in Wupperfeld
Friedrich Wilhelm Born, Kaufmann in Barmen
Peter Wolf, Kaufmann in Wupperfeld
Wilhelm Klingholz, Kaufmann in Rittershausen
Engelbert [Hüninghaus], Kaufmann in Heckinghausen
Johann Melchior Overweg, Kaufmann in Wichlinghausen
Johann Peter vom Scheid, Kaufmann in Wichlinghausen
(französischer Text auszugsweise bei: Wolfgang Köllmann, Sozialgeschichte der Stadt Barmen im 19. Jahrhundert, Tübingen 1960, S. 12, Fußnote 40).
Bredt legte sein Amt bereits im Juni 1808 nieder, ihm folgte Peter Keuchen, der mit der Verwaltungsordnung vom 18.12.1808 die Bezeichnung „Maire" annahm.
Friedrich Wilhelm Emmermann schrieb in seinem „Handbuch für Maires, Beygeordnete, Polizey=Kommissäre, Munizipalräthe, Communal=Empfänger und Munizipalitäts=Sekretäre besonders im Großherzogthum Berg" (Herborn 1812) über die Eigenschaften der „Maires": „Man muß nur solche ernennen, welche Geschicklichkeit, Treue, Diensteifer, Unpartheylichkeit und Verschwiegenheit besitzen. Ein wegen groben Lastern, wegen Hang zur Trunkenheit, zum Spiel, oder wegen sonst einer verderblichen Leidenschaft uebelberüchtigter, ein unentschlossener, verdrossener charakterloser Mensch, so wie jeder, welcher die Achtung und das Vertrauen des Publikums verscherzt hat, ist hierzu durchaus untauglich. Eine wissenschaftliche Ausbildung ist zwar in diesen Stellen nicht nöthig, doch verlangt man mit Recht Kenntniß der Gesetze und Verordnungen, welche die Verwaltung betreffen, die Kunst seine Gedanken schriftlich, deutlich und sprachrichtig auszudrücken, Fertigkeit im Rechnen und wenigstens die allgemeinsten Regeln der Oekonomie. Minder wichtig als die moralische Seite und die Kenntnisse der zu diesen Stellen ausersehenen Personen sind zwar die physischen und zufälligen Eigenschaften derselben, doch dürfen dieselben nicht unberücksichtigt bleiben. Daher kommen hier Gesundheit, Alter, Vermögen, Angesessenheit, Wohnort, Befreyung von andern unverträglichen Aemtern, Neigung, Familien=Verhältnisse mit den bereits Angestellten und Religion zur Sprache" (S. 12/13).

Titel II.
Die Bestellung und Ernennung.

Art. 3.
Die Directoren und Beygeordneten werden, in so fern es immer thunlich ist, aus solchen Einwohnern gewählt werden, welche in der Gemeinde ansäßig sind, sich daselbst gewöhnlich aufhalten, und in Ansehung ihrer Vermögens=Umstände und ihres Standes den Municipal=Verrichtungen am füglichsten abwarten können. Die Rathsglieder müssen aus den Grundbesitzern, Landwirthen, Fabrikanten und Handelsleuten genommen werden, welche durch die öffentliche Achtung als solche ausgezeichnet sind, die vorzüglich verdienen, daß ihnen die Sorge für das Wohl ihrer Mitbürger anvertrauet werde.

Art. 4.
Die Directoren, Beygeordneten, Polizey=Commissäre und Municipal=Räthe werden in den Gemeinden, welche über 2500 Einwohner haben, von Uns ernannt werden. Bey den übrigen Gemeinden wird dieselben der Minister des Innern ernennen. Alle diese Ernennungen geschehen nach einer von dem Provinzial=Rathe vorzulegenden dreyfachen Liste.

Art. 5.
Die Directoren, Beygeordneten, Polizey=Commissäre und Mitglieder der Municipal=Versammlungen werden jährlich in einem fünften Theile Unserer Staaten erneuert, zu welchem Ende die Bezirke, aus denen dieselben bestehen, in 5 Abtheilungen werden abgetheilet werden. Alle diese Staatsdiener können unmittelbar wieder erwählet werden.

Die Ernennung wird zum erstenmal am ersten Jänner 1810 Statt finden.

Art. 6.
Der Minister des Innern wird das Recht haben, die Mitglieder der Municipal=Verwaltungen von ihren Amtsverrichtungen einstweilen zu suspendiren. Eine wirkliche Entsetzung kann bloß von Uns, auf einen Bericht Unsers Ministers des Innern, nach geschehener Vernehmung des Staatsrathes, erkannt werden.

Art. 7.
Kein Mitglied eines Municipal=Rathes wird wegen eines Vergehens im Dienste vor Gericht gefordert werden können, er sey denn vorläufig suspendirt, oder durch ein Decret von Uns von seinem Amte entsetzt worden; worauf alsdenn wider ihn gerichtlich verfahren werden kann.

Art. 8.
Die Verrichtungen der Directoren und Beygeordneten geschehen unentgeldlich. Gleichwohl wird diesen in den Gemeinden, wo man glauben wird, daß die Stellen denen, die damit bekleidet sind, Unkosten verursachen werden, auf Ansuchen des Municipal=Rathes eine Entschädigung zuerkannt werden können.

Die Polizey=Commissäre werden einen steten Gehalt beziehen, den Wir auf den Vorschlag des Ministers des Innern für jede Stadt bestimmen werden. Die Büreau= und Polizey=Kosten, so wie die Gehalte der Agenten und Angestellten werden, wie die übrigen Communal=Ausgaben, nach den Berathschlagungen der Municipal=Versammlungen festgesetzt werden.

Titel III.
Von den Verrichtungen der Directoren.

Art. 9.
Die Directoren werden völlige administrative Gewalt erhalten. Sie werden befugt seyn, einen Theil ihrer Verrichtungen ihren Beygeordneten aufzutragen, welche sie im Namen der Directoren, unter deren Aufsicht und unter der Verpflichtung, ihnen darüber Rechenschaft abzulegen, ausüben werden. Die Beygeordneten werden jederzeit von Allem Kenntniß nehmen können, was auf das Wohl der Gemeinde Einfluß hat; und sie werden das Recht haben, dem Director entweder mündlich oder schriftlich, alle Vorschläge und Bemerkungen zu machen, die sie glauben, für das Beste der Gemeinde thun zu müssen; sie werden sogar diese Vorschläge und Bemerkungen in das Municipalitäts=Protocoll eintragen können.

Art. 10.
Ist der Director entweder krank oder abwesend oder sonst verhindert, so vertritt dessen Stelle der Beygeordnete, und in den Gemeinden, wo es deren mehrere gibt, der erste Beygeordnete; ohne daß es deshalb eines besondern Auftrages bedarf.

Wenn es sich ereignet, daß eine Municipal-Verwaltung sich durch Abwesenheit, Absterben oder sonst ohne Director und ohne Beygeordneten befindet, so wird der Provinzial-Rath aus den Mitgliedern des Rathes provisorisch einen Director bestimmen; vor der Hand wird aber von den Municipal-Räthen der älteste an Jahren, und in dessen Ermangelung dasjenige Mitglied, welches dieser an seine Stelle ernennen wird, die Directors-Stelle vertreten.

In keinem Falle, es sey denn ein rechtliches Hinderniß vorhanden und bescheiniget, darf eine solche Stellvertretung ausgeschlagen werden.

Art. 11.

Die Directoren sind beauftraget, das Vermögen und die Einkünfte der Gemeinden zu verwalten, die Local-Ausgaben zu bestimmen und zu verordnen, wovon in der Folge näher Rede seyn wird; die Arbeiten, welche ihrer Gemeinde anliegen, zu leiten und ausführen zu lassen; alle Anstalten jeder Art, welche den Gemeinden angehören und auf ihre Kosten unterhalten werden, zu verwalten; die Preise der einer Taxe unterworfenen Eßwaaren zu bestimmen; auf Alles zu wachen, was auf den bürgerlichen Zustand der Einwohner Bezug hat; die Lebensscheine, die nöthigen Bescheinigungen bey den Trauungen und die Beglaubigungsscheine des Wohnortes zu ertheilen; bey der Vertheilung der Steuern zu präsidiren; die Militär-Einquartirungen zu reguliren; die Lieferungen für den öffentlichen Dienst, wenn es nöthig ist, mittelst Requisition auszuschreiben und überall die gute Ordnung durch eine genaue Polizey sicher zu stellen.

Art. 12.

Die Directoren werden alle Käufe, Accorde und Verträge jeder Art, bey denen die Gemeinden betheiligt sind, schließen, nachdem sie dazu die nöthige Genehmigung werden erhalten haben. Die Errichtung neuer Gebäude, die Ausbesserungen und andere Arbeiten, bey denen sich etwa die Kosten über 50 Rthlr. belaufen dürften, werden wenigstfordernd vergantet werden. Alle Verpachtungen und Verkäufe werden öffentlich und meistbietend geschehen.

Art. 13.

Die Directoren correspondiren mit den Beamten und Provinzial-Räthen. Sie sind nur alsdenn berechtiget, sich an die Minister zu wenden, wenn sie Grund haben, sich über Mißbräuche oder grobe Nachlässigkeiten dieser Verwalter zu beschweren.

Art. 14.

Die Directoren, Beygeordneten und Polizey-Commissäre haben mit Recht Sitz in den Municipal-Versammlungen, ohne gleichwohl mit unter die Anzahl der Mitglieder gezählet zu werden, aus der der Rath nach dem Inhalt des Art. 2. bestehet. Die Directoren und in ihrer Abwesenheit die Beygeordneten nach ihrem Rang, führen in dem Municipal-Rathe das Präsidium; ausgenommen in den in dem hier nachfolgenden Artikel vorkommenden Fällen.

Die Polizey-Commissäre präsidiren niemals.

Der Raths-Secretär wird untern den Mitgliedern von dem Präsidenten bestimmt.

Art. 15.

Kein Rathsglied kann Theil nehmen an einer Berathschlagung über einen Gegenstand, bey dem er betheiliget ist. Daher müssen, wenn die jährliche Rechnung über die geführte Municipal-Verwaltung zur Sprache kommt, der Director, die Beygeordneten und der Polizey-Commissär abtreten; und es führet alsdann der älteste an Jahren das Präsidium.

Titel IV.
Von den Municipal-Räthen.

Art. 16.

Die Municipal-Räthe berathschlagen über alles, was das Beste der Gemeinde betrifft, vorzüglich über die Käufe, Veräußerungen, Bausachen, Concessionen, Verpachtungen, Erbpächte, Schulden, Anlehne, Accise, Verbesserung der Gemeinde-Einkünfte. Sie leiten die Theilung des Brennholzes, und die Vertheilung der Natural-Dienste. Sie schlagen die bey der Benutzungsart des Gemeinde-Vermögens zu treffenden Abänderungen vor, wie auch in Rücksicht der Gemeinde-Weiden die Verpachtung im Ganzen oder stückweise.

Art. 17.

Die Municipal-Räthe halten nothwendig jährlich eine Sitzung, zu welcher sie auf eine und eben dieselbe Zeit durch einen Beschluß des Ministers des Innern zusammen berufen werden. Außer diesem Falle können sie nie eine berathschlagende Versammlung bilden, als auf eine schriftliche, den Gegenstand der Versammlung ausdrückende, Genehmigung des Provinzial-Rathes.

(...)

Art. 48.

Da die Gemeinden in einem steten Zustande der Minderjährigkeit sind, und keinen Act begehen können, zu welchem Großjährigkeit oder Entlassung aus der väterlichen Gewalt erfordert wird: so kann folglich weder von einer Gemeinde noch wider dieselbe eher eine Klage eingeführt werden, als nachdem Wir auf einen Bericht des Ministers des Innern zur Führung des Prozesses Unsere Einwilligung ertheilet haben. Es folget daher, daß jedes von einer Gemeinde, über irgend einen dem Landesherrn vorzulegenden Act, eingegangene Compromiß, im Falle es nicht genehmiget oder vollzogen wird, keine Folge haben kann. Da eine Gemeinde auch nicht einmal provisorisch verbindlich gemacht werden kann, so sind auch die, welche mit einer Gemeinde einen Vertrag abgeschlossen haben, nicht eher an demselben gebunden, bis der Vertrag die landesfürstliche Bestätigung erhalten hat.

(...)

Art. 57.

Die Directoren, Beygeordneten, Polizey-Commissäre und Municipal-Räthe, werden, wenn sie zu den öffentlichen Feyerlichkeiten und Kirchenfesten in ihren Gemeinden berufen werden, ausgezeichnete Plätze haben.

Die Directoren, Beygeordneten und Polizey-Commissäre werden das Recht haben, in den Kirchen auf einer Tribüne, in den Chorstühlen oder in einer besondern Bank ihren Sitz zu nehmen.

Art. 58.

Die Mitglieder der Municipal-Verwaltung und des Gemeinde-Raths werden sich nebst der Ehre und der Achtung, mit welcher ihre Verrichtungen begleitet sind, eines billigen Vorzuges bey den Ernennungen zu den höhern Stellen zu erfreuen haben, wenn sie nur die dazu nöthigen Kenntnisse besitzen.

Art. 59.
Von der Amtskleidung.

Die Directoren, welche Wir ernennen, werden ein französisches Kleid, von Pucefarbe tragen, mit einer doppelten Leiste von Gold von oben bis unten, auf den Taschen, den Aufschlägen und dem Kragen, nach dem dieser Verordnung beygefügten Muster; mit weisser Weste, weissen Beinkleidern, einer goldenen Schleife auf dem Hut, und einem Degen.

Die Directoren, welche der Minister des Innern zu ernennen hat, werden dasselbe Amtskleid tragen; mit dem Unterschiede in der Verzierung des Kleides, daß dasselbe nur eine einzige Leiste von Gold haben wird.

Die Directoren, welche von den Provinzial-Räthen ernannt werden, haben das Recht, dieselbe Kleidung zu tragen; jedoch nur mit einer einfachen Leiste von Silber.

Die Beygeordneten werden dieselbe Kleidung wie ihr Director tragen; jedoch wird ihr Kleid nur auf den Taschen, den Aufschlägen und dem Kragen gestickt seyn.

Die Mitglieder des Municipal-Rathes haben das Recht, ebenfalls ein solches Kleid, wie ihre Directoren, zu tragen; jedoch nur mit gestickten Aufschlägen und Kragen, mit einer Weste von eben derselben Farbe wie das Kleid, und mit eben denselben oder auch schwarzen Beinkleidern.

Die Directoren und die Beygeordneten werden überdies, wenn sie im Dienste sind, eine Schärpe, nach den Farben des Großherzogthums, wie ein Bandelier tragen.

Die Amtskleidung der Polizey-Commissäre wird bestehen aus einem dunkelgrünen französischen Kleide, aus Beinkleidern von demselben Tuche, aus einer weissen Weste und weissen Strümpfen. Das Kleid mit einer Leiste von Silber auf den Taschen, Aufschlägen und dem Kragen. Ein französischer Hut mit einer silbernen Schleife.

Art. 60.

Die Vorschriften Unserer Verordnung vom 7ten Oktober 1806 in Betreff der Municipal-Verwaltung Unserer Stadt Düsseldorf, welche etwa den Vorschriften der gegenwärtigen Verordnung nicht entsprechen, sind zurückgenommen.

Art. 61.

Unsere Minister, jeder in so fern es ihn betrifft, sind beauftraget, gegenwärtige Verordnung zu vollziehen.

Gegeben zu Fontainebleau den 13. October 1807.

(Unterzeichnet) **Joachim**.

Der die Stelle des Staatssecretärs provisorisch versehende Finanzminister,

(Unterzeichnet) **Agar**.

---

[1] Im Original ist der Text zweispaltig deutsch-französisch angeordnet.

Kommentar 37 und 38

Am 31.12.1807 wurde, wie Quelle 37 berichtet, der Elberfelder Munizipalrat vereidigt. Obwohl sich der neue Stadtdirektor Brügelmann zunächst weigerte, sein Amt anzunehmen, wurde er am 13.2.1808 eingesetzt, gab es aber schon am 1.7.1808 an Jakob de Landas, der es zunächst nur kommissarisch ausübte, ab. De Landas bemerkte über das Amt des Stadtdirektors in einem Memorandum: „[...] [M]ich hat die Erfahrung gelehrt, welche Sorge, Verdruß, Unruhe und Mühe sich der Verwalter täglich gefallen lassen muß, wodurch ich es kühn behaupten darf, daß das Direktor Amt in hiesiger Stadt einem Kauf- und Geschäfts Mann den größten Schaden, ja ich darf es sagen, manchem sein Verderb verursachen könnte" (zit. nach Gerhart Werner, Wuppertal in napoleonischer Zeit, Wuppertal 1967, S. 18). Am 14.9.1808 übernahm der Advokat und Munizipalrat Dr. Franz Georg Schleicher, dessen Einführungsrede in der zweiten Quelle wiedergegeben ist, bis zum 4.12.1809 das Amt. Er wurde mit 1000 Reichstalern zuzüglich 200 Reichstalern für Bürokosten entschädigt, obwohl de Landas die jährliche Besoldung in Höhe von 1200 Rtlr. ohne Bürokosten veranschlagt hatte. Nach einer Zeit als Unterpräfekt wurde Schleicher 1812 Präfekt des Arrondissements Elberfeld und war 1813-23 Präsident des Handelsgerichts.

Quelle 37
Einführung des Elberfelder Munizipalrates am 31.12.1807,
in: Annalen der Stadt Elberfeld für 1832, S. 97-101

Es war am 31. December 1807, als der Herr Provinzial-Rath Theremin hieselbst Morgens um 11 Uhr auf dem Rathhause zu erscheinen, Folgende abladen ließ:

Den bestehenden Magistrat:
Den Herrn Bürgermeister Frowein, den Herrn Richter und Rath J. R. Brüning, die Herren A. E. von Carnap, Wilh. Klier, Casp. v. d. Beck, Tigler, de Landas, Siebel A. Sohn, L. A. Brünninghausen, Leonh. Feldhoff, Carl Grünenthal, E. F. Heimendahl, und F. W. Korten. Ferner den Herrn Stadt-Syndikus Schoeler, den Amtsrichter Herrn von Kochs, den Amtsverwalter Herr Holthausen, und folgende aus Stadt und Kirchspiel: Die Herren Carl Brügelmann, J. P. Schlickum, Teschenmacher in der Merken, Lausberg, Lüttringhausen, Dr. Schleicher, G. Siebel, Hackenberg, P. de Weerth, Jac. Platzhoff, Hücking, A. Bockmühl, D. v. d. Heydt, Dickerhof und Friedr. Feldhoff.

Die Abgeladenen waren bereits von der Ursache durch das hier angeheftete Dekret aus Fontainebleau vom 13. October d. J. unterrichtet, nichts destoweniger aber wurde eine rührende Empfindung bemerkt, als der Herr Provinzial-Rath nach einer Weisung des Ministerii vom 29. December folgende bedeutende Worte sprach:

„Der Magistrat ist in diesem Augenblicke aufgelöst; die „Glieder desselben entlassen, und S. K. K. Hoheit Joachim, „Großherzog von Berg, unser gnädigster Landesherr, hat „aus Venedig vom 7. December d. J. folgendes Dekret er-„lassen, und Se. Exc. der Minister des Innern mir zu ver-„kündigen aufgetragen:"

JOACHIM
par la grace de Dieu, grand duc de Berg, Prince
et grand-amiral de france.

Sur le rapport de Notre Ministre de l'interieur nous avons decrété, et decrétons ce qui suit:

Art. I.

L'administration et le conseil municipal de la ville et du district connu sous la denomination de Baillage d'Elberfeld (excepté cependant la commune de Cronenberg) seront composés ainsi qu'il suit.

Administration:
Directeur, le Sieur Charles Brügelmann, négociant,

1. adjoint, le „   Jacques de Landas, rentier,
2.   „   , le „   Abr. Siebel A. f., négociant.
   Secrétaire (pas encore nommé)
Commissaire de Police: le Sieur Brever,
   Assesseur du Comm. de Police à Düsseldorf
      avec mille écus d'appointement
Secrétaire.

Conseil Municipal:

Le Sieur Fréd. Feldhoff, négociant.
„ „ Jacques Lüttringhausen, idem,
„ „ Fréd. Lausberg, fabricant,
„ „ A. P. de Carnap, négociant,
„ „ Charles Heimendahl, fabricant,
„ „ J. P. Schlickum, idem,
„ „ J. D. Hücking, négociant.
„ „ Ger. Siebel, rentier,
„ „ Charles Grünenthal, négociant,
„ „ Leonh. Feldhoff, idem,
„ „ Jacques Platzhoff, idem.
„ „ D. v. d. Heydt, Banquier.
Le Sieur Schleicher, Advocat,
„ „ Abr. Bockmühl, fabricant,
„ „ Pierre de Weerth, rentier,
„ „ J. C. Hackenberg, négociant,
„ „ Abr. Frowein, fabricant,
„ „ Teschenmacher, blanchisseur,
„ „ L. Brünninghausen, banquier,
„ „ Dickerhoff, négociant.

Art. 2.

Notre ministre de l'interieur est chargé de l'exécution du présent Decret,
   donné à Vénise, le 7. Decembre 1807.
      (signé)   Joachim.

Le ministre des finances, remplissant provisoirement les fonctions de secrétaire d'état:
      (signé)   Agar.

Pour copie conforme
   L'expediteur du ministre de l'Interieur:
      Lehuess.

Dieser Augenblick war für die Stadt einer der wichtigsten. Eine alte Verfassung war aufgehoben und in eine neue Form eingerichtet. Der gütige Landesherr vertraute aber eben so wieder Männern aus der Mitte ihrer Bürger das Wohl der Stadt an.

Der Herr Carl Brügelmann, die HH. de Landas und A. Siebel A. Sohn, weigerten sich der augenblicklichen Annahme ihres Amtes, sie wollten schriftlich ihre Gründe deßfalls zur Behörde gelangen lassen. Die zu Municipal-Räthen Ernannten nahmen indessen (außer der Herr Jacob Lüttringhausen, welcher einstweilen als Gerichts-Scheffe die Stelle anzunehmen, nicht verpflichtet zu seyn glaubte) ihre Ernennung an; der Herr Provinzial-Rath las ihnen nachstehende Eidesformel vor:

„Ich schwöre einen Eid zu Gott dem Allmächtigen,
„daß ich die mir von dem Allerdurchlauchtigsten Landesherrn
„bei der Elberfelder Municipalität aufgetragene Stelle, nach
„Vorschrift des Großherzoglichen Arrété vom 13. October
„1807, und den ferner ergehenden Weisungen zum Besten
„der Gemeinde, mit Fleiß, Treue und Redlichkeit verwalten
„werde; so wahr mir Gott helfe, und sein heiliges Evan=
„gelium!"

Und auf die Versicherung, daß die nähere Instruction ihrer Verpflichtungen ihnen nächstens übergeben werden würde, verbanden sich die ernannten Municipal-Räthe durch die feierlichen Worte:

„Ich schwöre das Beste der Bürgerschaft zu
      befördern"

und gaben darauf dem Herrn Provinzial-Rath die Hand.

Titre III.

Des fonctions des Directeurs.

Art. 9.

Les directeurs seront investis de toute l'autorité administrative. Ils auront la faculté de déléguer une partie de leurs fonctions à leurs adjoints, par qui elles seront exercées en leur nom, sous leur surveillance et à charge de leur en rendre compte.

Anfang des Artikels 9 der französischen Munizipalverfassung von 1807 (SAW B I 9).

Quelle 38
Einführungsrede des Elberfelder Stadtdirektors Schleicher
SAW E I 25   14.9.1808   handschriftlich

Meine Herren!

Es ist zwarn mein Wunsch, ich werde ihn aber schwerlich erreichen, mich mit der ganzen Würde, welche der Zweck der jetzigen Stunde erfordert, laut, und ernst in Ihrem Angesichte zu erklären; denn ich fühle es gar zu gut, welche wichtige Capitulation ich heute mit der Bürgerschaft eingehe, und welche große Erwartungen auf mich gerichtet sind. Diese Erwartungen sind gerecht, aber die Erfüllung ist schwer. Nach dem Anfange des 9. Artikels des Organisations Ediktes vom 13 Oktober vorigen Jahres ist dem Direktor völlige administrative Gewalt gegeben; und nach dem Schluße des 11. Art. ist sogar seiner Sorge überlaßen, überall die gute Ordnung durch eine genaue Polizei sicher zu stellen. In dieser kurzen Deutung liegt sehr viel, man erwartet nach dem Geiste dieses Gesätzes, womit zugleich die Polizei der Aufmerksamkeit des Direcktors anbefohlen ist, mit wenigen Worten: daß er über die Ruhe, das Leben, die Gesundheit, Habe, Sitten, und Bequemlichkeit seiner Mitbürger wache - daß er, so viel an ihm ist, alle Übel, und Mängel entferne, oder die Folgen derselben vermindere,- daß er den HülfsBedürftigen seine Hand biethe, und alles dazu beitrage, den Müßiggänger zur Arbeit zu bringen, und den verborgenen Verbrecher aus seinem Dunkel ans Licht zu ziehen,- daß er ohne Ansehen der Person immer schnell, oft unsichtbar würke, und selbst da, wo der Drang der Umstände ihm eine willkührliche Verfügung zur Pflicht macht, nie die Rechte der Bürger verletze, daß er endlich nicht müde werde, das Böse zu entdecken, oder zu hindern, und das Gute zweckmäßig zu befördern. Also gewiß sehr große Erwartungen! indeßen ist meine kurze Darstellung noch lange kein Vollkommenes Ideal; sie ist nicht mehr und nicht weniger, als ein schwacher Umriß der Haupt Pflichten. Schon die Natur des Gegenstandes selbst läßt kein allgemein erschöpfende Instruktion, keine Vollständige Vorschrift aller Mittel zum Zwecke zu; unendlich Vieles muß der Beurtheilung des Direcktors nach Zeit, und Umständen; nach örtlichen, und persönlichen Verhältnißen überlaßen werden.

Was ist aber bei der Erfüllung solcher wichtigen Pflichten in dem großen Würkungs Kreise gewißer, als eine Menge Beschwerlichkeiten, die ohnehin von einem ununterbrochenen offenen, oder geheimen Kampfe mit dem Verbrechen, und der Pflichtvergeßenheit unzertrennlich sind. Und was soll mich über diese Schwierigkeiten erheben? etwa der Gedanke an die mir zugelegte Besoldung? Allein! wenn auch diese Ihrem Gutachten gemäß ausgefallen wäre, so konnte ich bei dem Vertrauen, welches ich als Advokat dahier genoßen, ohne große Anstrengung, wo nicht ein höheres doch füglich ein ähnliches Quantum verdienen, und dieß zwarn mit Beibehaltung meiner vorigen Freiheit, und Unabhängigkeit, welche auch noch immer von einigem Werthe ist.

Weit mehr wird, und muß mich daher über solche Schwierigkeiten der Eiffer für den schönen Ehren vollen Beruf, und das gute Selbstge[fühl] erheben, das aus der Erfüllung jeder großen, und schweren Pflicht entspringt, so wie mein würdiger Vorgänger Herr de Landas nur blos durch diese edle Absichten angetrieben, sein Amt zur allgemeinen Zufriedenheit und Dankbarkeit bis dahin verwaltet hat.

Meine größeste Erleichterung, und Belohnung finde ich aber zugleich, meine Herren! ich gestehe es Ihnen gern, in dem Vertrauen, womit Sie mich so vorzüglich beehrten - es sind zwarn noch keine 3 Viertel Jahre, daß ich die Ehre hatte unsern MunizipalVersammlungen beizuwohnen; in dieser kurzen Zeit entwickelte sich aber, hoffentlich zur angenehmen Überzeugung eines jeden aus unsrer Mitte, daß bei den verschiedenen Berathungen über das Intereße unserer Mitbürger uns alle ein [] Geist, und gemeinsames Bestreben für das Gemeinwohl beseelte, daher daß meine Gesinnungen mit den Ihrigen so genau übereinstimmten, fanden Sie sich wahrscheinlich zunächst veranlaßt, mich zu dieser [Stellung] vorzüglich in Vorschlag zu bringen; ich setze hierauf keinen geringen Werth, da Sie meine Herren die ganze Bürgerschaft repräsentiren, und durch Ihre pflichtmäßige Äußerungen die Stimme der ganzen Commüne ausdrücken. Dieses läßt mich auch mit gutem Grunde auf Ihre fernere Amts-Brüderliche Liebe; und Unterstützung hoffen, besonders weil Sie alle mit mir darin einig sind, daß ein Mann nicht immer das ganze allein bestreiten könne, und daß die besten Gesätze, und Constitutionen nicht weit reichen, und nur aufm Papier ihre Rolle spielen, wenn sie nicht durch ein gemeinsames Bestreben derjenigen, denen das Wohl ihrer Mitbürger anvertrauet ist, ins Leben eingeführt, und mit vereinigten Kräften verwaltet werden.

In dieser Zuversicht trete ich daher in des Allerhöchsten Namen das wichtige Amt an, und werde den Munizipal Rath beim heutigen Protokoll nur noch auf ein paar Umstände aufmerksam machen, die ich bei dieser Gelegenheit mir selbst schuldig zu seyn glaube.

Übrigens werden sowohl Sie Verehrter Herr Provinzial Rath! als Sie meine Herren Beigeordnete, Herr Polizei Commißär, und Herren Munizipal Räthe mir alle, ein jeder in seinem Würkungs Kreise Ihre geneigte Hülfe, und Unterstützung nicht versagen; und indem ich hierum geziemend bitte, habe ich zugleich die Ehre mich zum allerseitigen freundschaftlichen Wohlwollen gehorsamst zu empfehlen.

Kommentar 39 - 41

Abgesehen von der Eindeutschung der französischen Begriffe „maire" („Bürgermeister"), „adjoint" („Beigeordneter") und „Munizipalrat" („Stadtrat") wurde in der Zeit des Generalgouvernements und in der ersten Zeit nach der Übernahme Bergs durch Preußen an der Stadtverfassung nichts geändert. Der Bürgermeister verwaltete die Gemeindeangelegenheiten unter der Aufsicht des Landrats, der an der Spitze eines Kreises stand. Für den Kreis Elberfeld, der seit 1820 aus Elberfeld, Barmen, Mettmann, Wülfrath, Haan, Velbert, Hardenberg und Kronenberg bestand, war dies bereits seit 1814 der Landrat Carl Theodor Graf Seyssel d'Aix (1780-1863). Die erste der Quellen besteht in einem Verzeichnis der 1833 amtierenden Beigeordneten und Stadträte Elberfelds, das der Oberbürgermeister auf Anweisung des Landrates vom 2.9.1833 erstellte. In einem Schreiben der Düsseldorfer Regierung an den Landrat vom 15.12.1827 hatte es geheißen: „Die durch den Art. 46 der Verwaltungsordnung vom 18. December 1808 vorgeschriebene Erneuerung der Gemeinderäthe, welche alle zwei Jahre erfolgen soll, ist im Kreise Elberfeld nicht gehörig befolgt worden. Wir veranlaßen Sie demnach, in der dortigen Bürgermeisterey, und wo Sie es sonst noch nöthig erachten, die Hälfte der Stadträthe austreten zu lassen, und zu deren Ersetzung Vorschläge zu machen, bei diesen Vorschlägen ist darauf zu sehen, daß alle Stände, so wie die Stadtviertel und das Kirchspiel, gehörig vertreten werden indem namentlich in Elberfeld blos die vermögende Klasse repräsentirt zu sein scheint" (SAW D IV 55). Trotz dieser Mahnung änderte sich bis in die 30er Jahre hinein an der Zusammensetzung des Stadtrates wenig. Am 18.1.1828 hieß es in einem Brief der Regierung an den Landrat: „Da nach Ihrem Berichte vom 8.d.M. und nach der Ansicht des dortigen Oberbürgermeisters der Stadtrat von Elberfeld so vorzüglich zusammengestellt ist, daß in diesem Augenblicke keinerlei Wechsel wünschenswerth erscheint; so

Quelle 39
Namentliches Verzeichniß aller jetzt fungirenden Herren, Ober=Bürgermeister, Beigeordneten und Stadträthe
SAW E I 54 6.9.1833 handschriftlich

[1. Name und Vorname
2. Amt, welches sie bekleiden
3. Deren Wohnort
4. Deren Alter: Jahre
5. Deren Confession
6. Deren Bildung und Geschäftskenntniß
7. Verwandtschaftsverhältniß zu den Angestellten
8. Stand oder Gewerbe
9. Bemerkungen (namentlich welche Oertlichkeit, oder Erwerbstand er zu vertreten berufen sey.)]

1. Brüning. Rütger
2. Ober=Bürgermeister
3. Elberfeld G. 9
4. 58
5. reformirt
6. –
7. Mit keinem
8. ohne Gewerbe. Ritter des rothen Adler=Ordens 3. Classe
9. –

1. Schönian. Friedr. Carl
2. 1. Beigeordneter
3. Elberfeld C 223
4. 44
5. lutherisch
6. ausgezeichnet und talentvoll
7. desgleichen
8. Buchhändler
9. delegirter Präses der Bau=Commission, und Rechnungsführer der Gewerbeschule, auch Mitglied der Rathhausbau=Commission

1. Trabert. Wilhelm
2. 2. dito
3. dito [] 28
4. 54
5. lutherisch
6. ebenfalls
7. desgleichen
8. Kaufmann
9. Direktor der Sparkasse, und Vorsitzer der Classensteuer=Umlage

1. Feldhoff. Carl
2. 3. dito
3. dito A 21
4. 36
5. lutherisch
6. sehr talentvolle Bildung
7. desgleichen
8. dito, Gutsbesitzer und Landwehr= Lieutenant
9. alternirender Präses der Verwaltung der Central=Wohlthätigkeits=Anstalt, stellvertretender Kreistagsabgeordneter und delegirter Chef der Nachtswache

1. Boeddinghaus. Peter
2. dito 4.
3. dito E 227
4. 45
5. lutherisch
6. [angenehme] Bildung und Qualifikation
7. desgleichen
8. Fabrikbesitzer, und Ritter des rothen Adlerordens 4. Classe
9. Delegirter Beamter des Civilstandes

A. älterer Theil des Stadtraths

1. von Carnap. Abraham Peter
2. Stadtrath
3. Elberfeld C 36
4. 68
5. reformirt
6. sehr gesittet und kenntnißreich in seinem amtlichen Verhältniß
7. Mit keinem verwandt

wollen wir gern gestatten, daß für diesesmal von der Erneuerung abstrahirt werde [...]" (ebenda).
Die in der zweiten Quelle erwähnten Stadträte lassen sich kurz folgendermaßen charakterisieren:
1. Friedrich Brinkmann (gest.1829) war 1822-29 Beigeordneter;
2. Abraham Frowein sen.(1766-1829), Bandfabrikant, war 1814-29 Stadtrat;
3. Abraham Bockmühl (1770-1832), Hersteller von Leinenband und Inhaber einer Stoffdruckerei, war Stadtrat von 1814-24;
4. Daniel Heinrich von der Heydt-Kersten (1767-1832), Bankier, war Stadtrat von 1814-32;
5. Peter Conrad Peill (1776-1835), Baumwollspinnereibesitzer, fungierte 1817-21 als Beigeordneter.
Als dritte Quelle folgt ein Auszug aus der Begräbnispredigt für Oberbürgermeister Brüning, die der reformierte Pastor Hermann am 24.7.1837 hielt.

8. Gutsbesitzer
9. Sect. C und des Kirchspiel Kreisdeputirter und Steuer=Umleger

1. Platzhoff. Jakob
2. dito
3. dito D 26
4. 62
5. reformiert
6. Wie vor, besonders im Schulwesen erfahren
7. Oheim von No. 16
8. dito und Fabrikant
9. Sect. D. Mitglied der Schulcommission, und der Rathhaus=Baucommission.

1. Blank. Johann Wilhelm
2. dito
3. dito A 70
4. 60
5. reformiert
6. sehr gesittet, ganz genügend
7. Schwiegervater von No. 20
8. Fabrikant
9. Sect. A Fabrik=, Kaufmanns= und Bürgerstand, auch stellvertretender Kreistagsabgeordneter

1. Bönhoff. David
2. dito
3. dito B 9 1/2
4. 57
5. lutherisch
6. desgleichen
7. keine
8. ohne Geschäft
9. Mitadministrator der Sparkasse, und Steuer=Umleger, auch Mitglied der Rathhausbau=Commission

1. Lucas. Samuel
2. dito
3. dito B 109
4. 53
5. lutherisch
6. gebildet und nicht ohne Talent
7. keine
8. Buchdrucker, Buchbinder und Papierhändler
9. Mitadministrator der Sparkasse

1. Hermes. Johann Peter
2. Stadtrath
3. Elberfeld C 3
4. 37 Jahre
5. gut
6. reformiert
7. keine
8. Bierbrauer und Gutsbesitzer
9. Sect. C, Handwerksstand und das Kirchspiel

1. Krall. Karl August
2. dito
3. dito C 155
4. 37
5. reformiert
6. gesittet und ganz angemessen
7. keine
8. Gold= und Silberarbeiter
9. Sect. C., Handwerks= und Gewerbstand

1. Hecker. Johann Abraham
2. dito
3. dito K 134 1/2
4. 63
5. reformiert
6. gemeinnütziger und patriotischer Sinn
7. keine
8. Fabrikant in baumwollenen Waaren
9. Steuer=Umleger, Kirchspiel links der Wupper vertretend

1. Bertram. Johann Abraham
2. dito
3. dito K 279
4. 55
5. reformiert
6. gesunder, richtiger Verstand
7. keine
8. Gutsbesitzer
9. Kirchspiel rechts der Wupper

B. jüngerer Theil des Stadtraths

1. Peill. Peter Conrad
2. dito
3. dito A 22
4. 56
5. reformiert
6. ganz genügend und sehr gesittet
7. keine
8. Kaufmann und Spinnereibesitzer
9. Fabrikstand, früher Beigeordneter und bewandert in den Lokal=Angelegenheiten

1. Duncklenberg. Johann Conrad
2. Stadtrath
3. Elberfeld A 11 1/4
4. 55
5. reformiert
6. gesittet und ganz angemessen
7. keine
8. Kaufmann und Färbereibesitzer
9. Sect. A. Fabrik=, Kaufmanns= und Bürgerstand auch Mitglied der Rathhaus=Baucommission

1. Platzhoff. Friedrich
2. dito
3. dito A 159
4. 41

Nr. der Abtheilungsliste	Der stimmfähigen Bürger. Zu= und Vornamen.	Stand oder Gewerbe.
	I. Abtheilung.	
83	Achenbach, Gustav	Kaufmann.
3	Aders, Alfred	Banquier.
101	Baum, Ewald	Kaufmann.
22	— Gustav	do.
79	— Hugo	do.
33	— Otto Emil	do.
35	— Rudolph	do.
100	Becher, Carl	Maurermeister.
56	Bemberg, Jul. Peter	Rentner.
115	Bergmann, Joh. Abr.	Kaufmann, Wirth u. Bäcker
78	Berthold, Alb. Christ.	Kaufmann.
80	Blank, Arthur	Banquier.
103	— Ernst	Rentner.
46	Blank=Meckel, Wilh.	Kaufmann.
68	Blaß, Rudolph	do.
117	Boeddinghaus, Carl	Rentner.
51	— Friedr.	Kaufmann.
36	— Heinr.	do.
150	— Herm.	do.
151	— Rud.	do.
19	— Wilh. sr.	do.
44	— Wilh. jr.	do.
110	Borberg, Franz	Rentner.
112	Bröcking, Gust. Ed.	Kaufm.
140	Bunge, Alfred	do.
126	— Hrch. Alb., Justizr.	Notar.
97	Cramer, Wilh.	Wirth u. Brauer
149	Demrath, Gustav	Kaufmann.
7	de Weerth, August	Rentner.
5	— Ernst Eugen	do.
25	Dunckenberg, Conrad	Kaufmann.
114	Edelmann, Wilhelm	Wirth.
76	Erbschloe, Julius	Kaufmann.
54	Erbschloe=Müller, Carl	do.
123	Espenschied, Heinr.	do.
82	Fischbach, Carl Wilh.	Gummirer.
40	Friderichs, Ed.	Kaufmann.
137	— Rud. Ludw.	Buchhändler.
70	Frowein, August	Kaufmann.
13	— Louis sr.	do.
55	— Louis jr.	do.
106	Fubidar, Herm.	do.
14	Gebhard, Fr. Joseph, Commerzienrath	do.
66	— Gust.	do.
24	Gesenberg, Wilh.	Bauuntern.
86	Grafe, Herm. Heinr.	Kaufmann.
127	Greiff, Joh. Wilhelm	do.
89	Grimm, Albert	do.
88	Haarhaus, Adolph	do.
26	Haarhaus, J. Wilh.	do.
107	Haasen, Anton	do.
95	Haft, Heinrich	Bauuntern.
121	Hockelmann, Robert	Kaufmann.

„Alphabetisches Verzeichniß der stimmfähigen Bürger der Gemeinde Elberfeld", 1867 (Auszug, SAW D III 9a).

5. reformiert
6. wie vor
7. keine
8. Kaufmann und Färbereibesitzer
9. Mitglied der Schul=Commission und Steuer=Umleger

1. Wortmann. Wilhelm
2. dito
3. dito D 123 1/2
4. 35
5. reformiert
6. gelehrter Bildung, sehr gesittet und talentvoll
7. Schwiegersohn von No. 20
8. Kaufmann
9. Sekretär des stadträthlichen Collegiums und Steuer=Umleger

1. Hecker. Johann Christoph
2. dito
3. dito D 5 1/2
4. 68
5. lutherisch
6. gesittet und ganz angemessen
7. keine
8. Färbereibesitzer
9. Sect. D, den Stand der Handwerker vertretend

1. Simons. Winand
2. dito
3. dito [] 82 1/3
4. 53 Jahre
5. reformiert
6. sehr gute Bildung, und gründliche Lokalkenntniß
7. Schwiegervater von No. 18
8. Kaufmann und Fabrikbesitzer, Ritter des rothen Adlerordens 3. Classe
9. Sect. F, vertritt seine Mitbürger von allen Ständen.

1. von der Heydt. August
2. Stadtrath
3. Elberfeld C 234
4. 32
5. reformiert
6. sehr gute Bildung und kenntnißreich
7. Schwiegersohn von Nr. 8
8. Banquier u. Ritter des rothen Adlerordens 4. Classe
9. Sect. C. Mitglied der Schul=Commission. Widmet dem Allgemeinen eine große Theilnahme

1. De Weerth. August
2. dito
3. dito C 223
4. 28
5. reformiert
6. kenntnißreicher Mann
7. keine
8. Rentner
9. Ist mit den Verhältnissen vieler seiner Mitbürger bekannt. Mitglied der Bau=Commission des Rathhauses.

1. Köter. Wilhelm
2. dito
3. dito [] 52
4. 45
5. reformiert
6. sehr braver und kenntnißreicher Mann
7. keine
8. Färbereibesitzer
9. besitzt eine genaue Kunde seiner Mitbürger, und vertritt zugleich den geringen Bürgerstand

1. Scheper. Heinrich
2. dito
3. dito A 93
4. 37
5. katholisch
6. sehr diensteifrig
7. keine
8. Tabackfabrikant, Präsident des katholischen Kirchenrathes
9. Die Einwohner der katholischen Gemeinde vertretend.

1. Wolff. Caspar David
2. dito
3. dito A 129 1/2
4. 50
5. lutherisch
6. sehr geachteter Mann, und redliche, patriotische Gesinnung
7. keine
8. Kaufmann und Fabrikbesitzer
9. Sect. A.
   Handels= und Handwerksstand

Quelle 40
Annalen der Stadt Elberfeld für 1829, S. 92-95;
Annalen für 1832, S. 92-95;
Annalen für 1835, S. 51-53

Blieb im Jahre 1828 unser Collegium in seinen Mitgliedern ungetrennt erhalten, so hatten wir in den ersten Monden des begonnenen Jahres den Verlust zweier achtungswerthen Männer zu bedauern, die der Tod aus demselben und aus der Mitte unserer Bürger zur ewigen Heimath rief. Herr Friedrich Brinkmann, geboren zu Bochum in der Grafschaft Mark, Beigeordneter des Oberbürgermeister-Amtes starb am 3. Januar in dem wenig Tage vorher angetretenen 43. Jahre seines Lebens.

Als Beamter und Kaufmann sich in gleicher Weise auszeichnend, erwarb er sich bei seiner bescheidenen anspruchslosen Lebensweise, bei der Herzensgüte, dem Gefühle für eine innige aufrichtige Freundschaft und der Bereitwilligkeit, womit er Allen mit seinem Rathe beistand, wofür er sehr oft in Anspruch genommen wurde, da er bei dem wichtigen Amte des Civilstandes, das er seit einer Reihe von Jahren mit musterhafter Pünktlichkeit und Ordnung verwaltete, vielen seiner Mitbürger nahe stand, überall die Liebe und Anhänglichkeit derselben. Er half thätig und gerne, wo sich eine Gelegenheit dafür zeigte, und wo er zu wirken aufgefordert wurde, waren Ausdauer und Umsicht ihm stets zur Seite.

Seit dem Jahre 1822 bei der Städtischen Verwaltung — früher bei dem evang. reform. Presbyterio als Kirchmeister und Gemeinde-Verordneter, bis zu seinem Tode im öffentlichen Amte, erkannte jeder seinen geraden Sinn für Recht und Wahrheit; seine Vaterlandsliebe war gleich der Liebe zu seinen Mitbürgern, denen er zwar nicht durch Geburt, aber durch seine häuslichen und öffentlichen Verhältnisse angehörte und eine ungeheuchelte Theilnahme folgte seiner Leiche.

Dies zeigte sich unverkennbar am 7. Januar, wo mit uns der Königliche Herr Landrath, die Mitglieder des Königlichen Handels- und Friedensgerichts, die der Central-Wohlthätigkeits-Anstalt und viele unserer Mitbürger seinem Sarge folgten, bei dessen Einsenkung der verdienstlichen Art und Weise, in der der Verstorbene in seinem Amte wirkte, von mir als in Ihrem Organe, einer kurzen Erwähnung geschah.

Möge durch diese Darstellung noch einmal des Verstorbenen, im Kreise unserer heutigen Versammlung, in Rückerinnerung gebracht werden, dessen Andenken unter uns und seinen Mitbürgern sich lange erhalten wird, wie er es im Leben verdient hat.

Einen zweiten würdigen Mann verloren unsere Mitbürger und wir aus dem Kreise unsers Collegiums in der Person des Herrn Abr. Frowein, am 16. März dieses Jahrs. Auch wir folgten seiner Leiche am 20. März zu ihrer Ruhestätte. Von seinen Mitbürgern als ein wahrhafter Biedermann geliebt und hochgeachtet, war sein Leben einfach und geräuschlos, sein Wirken und Handeln aber groß und kräftig, überall im stillen Gange, und wo er eine gute That zu verrichten wußte, da säumte er nie, unbekümmert, wem die Wohlthat galt, die er spendete!

Gesegnet durch sein rastloses Wirken in seinem ansehnlichen Fabrikgeschäft, dem er von frühester Jugend an vorstand, liebten und ehrten ihn alle seine Fabrikarbeiter wie ihren Vater, Freund und Rathgeber, was er ihnen Alles in einem hohen Grade war. Er half ihnen durch hinreichende Arbeit in den Tagen der Gesundheit, und durch eine liebevolle Unterstützung in den Tagen der Krankheit. Für sie, für manche redliche, oft im Stillen leidende Familie ist sein Heimgang nicht minder ein harter Verlust, wie für die Stadt, der er im Jahr 1807 als letzter Bürgermeister nach der damaligen Verfassung und seit dem Jahre 1808 bis zu seinem Todestage als Stadtrath vorstand. Sein Andenken bleibt bei seinen Mitbürgern, es bleibt, so wie sein streng gerechtes Urtheil, das in unserm Kreise uns so oft erfreute, im Segen!

Herr Abr. Bockmühl starb am ersten Ostertage, Sonntag den 22. des Monats April. Wir alle kannten ihn, und mehrere von uns sahen ihn bei der mit dem

Anfange des Jahrhunderts in unserer Stadt gebildeten Allgemeinen Wohlthätigkeits-Anstalt in seinem ersten amtlichen Wirken thätig und in Liebe handeln.

Heute vor 25 Jahren wurde er auf Befehl des Landesherrn zum Mitgliede des Municipalraths ernannt, in welchem Amte er bis zum Jahre 1824 thätig war. Im Jahre 1814 wurde er als Richter des in diesem Jahre im Namen der hohen verbündeten Mächte unserer Stadt verliehenen Handlungsgerichts bestellt.

Seine Redlichkeit, sein gesunder, gediegener Menschenverstand, sein Urtheil, das er stets in der anspruchslosesten Weise abgab, eine unverkennbare Liebe zu allen Menschen hat ihm Vertrauen und Hochachtung erworben, und jeder Bürger zollte ihm diese so wie im Leben so heute nach seinem Tode.

Als der Krieg in den verhängnißvollen Jahren unsere Stadt heimsuchte, und schon in den Zeiten, wo die Republikaner aus Frankreich zu uns gekommen waren, nützte seine vorzügliche Kunde in der französischen Sprache viel, und schon damalen stand er dem Städtischen Magistrate rühmlichst zur Seite, — stets das Wohl seiner bedrängten Mitbürger beachtend.

So wie in der Geschichte der Fabriken und Manufacturen unserer Stadt, der Name »Bockmühl« eine ehrenwerthe Stelle einnimmt, so wie die vor 80 Jahren gegründeten Mühlen für Schnürriemen und Bänder als eine der kunstreichsten Erfindungen die Aufmerksamkeit und die Bewunderung des In- und Auslandes erweckte, so war unser Freund und Zeitgenosse Abr. Bockmühl, bei dem der talentvolle Sinn seiner schon lange verstorbenen Anverwandten ebenfalls heimisch war, der Mitbegründer und der thätigste Vorstand einer neuen, in unserer Stadt, noch nie gekannten Manufactur-Anstalt, die ihr zu einer wahren Zierde gereichte und im vollen Rechte von den Allerhöchsten und höchsten Personen, die ihr alle eine vorzügliche Aufmerksamkeit schenken, und in ihrem gediegenen wahren Werthe anerkannt wird.

Herr Daniel Heinr. von der Heydt-Kersten, im Jahre 1805 von seinen Mitbürgern zum Städtischen Oberhaupt erwählt, versah das Amt eines Bürgermeisters und Stadtrichters mit Würde und Kraft. Der Empfang zweier fürstlichen Personen, die keinem seiner Vorgänger in dem einen Jahre des amtlichen Wirkens zu Theil geworden, — des Herzogs Wilhelm von Baiern im August des Jahres 1805 und des Großherzogs Joachim im April des Jahres 1806 — bewährte eine große Gewandtheit und ließ eine seltene Geistesgegenwart und eine gediegene Art der Rede und der Unterhaltung erblicken, die allgemein mit Dank erkannt wurde.

Seit dem Jahre 1807 als Mitglied des Municipalraths, seit 1814 als Beisitzer des Handlungsgerichts, seit dem Jahre 1823 von den Notabeln des Kreises zum Vorsitzer erwählt, wirkte er thätig und rechtschaffen, und, die hier mit ihm wirkten, erkannten überall sein redliches Streben. —

Er war ein wahrer Freund seiner Vaterstadt; sehr oft und bei den schwierigsten Angelegenheiten wußte eine muntere Laune, als die Gabe einer überall hervorblickenden Herzensgüte die Versammelten zu beleben und zu erfreuen.

Geschwächte Gesundheits-Verhältnisse gestatteten ihm nicht, seinen Aemtern obzuliegen; daher entsagte er beiden Stellen im Jahre 1830 zum Bedauern derer, die mit ihm im Amte thätig waren.

Das von den würdigen und verdienstvollen Männern »Gebrüder Kersten« vor etwa 60 Jahren hier gegründete, in seiner Art das erste hier errichtete Wechsel- und Banquierhaus wurde unter seiner rühmlichen Leitung groß und wichtig, und besteht gesegnet und fortwährend musterhaft geleitet noch als eines der ersten in unserer Stadt und der Provinz.

Sein rühmlicher thätiger Geschäftsgeist und der Geist einer hohen und oft von mir in Dankbarkeit erkannten Tugend der Wohlthätigkeit — ruhe lange auf seinen würdigen Nachkommen, die den Namen des Verewigten führen und ihm Ehre machen!

Er starb im Monat August d. J. in der Heilquelle Wiesbaden, wo er vergebens die Wiederherstellung seiner Gesundheit gesucht hatte. Seine Leiche, die unsere Liebe hier zum Grabe zu geleiten gebot, ruht in einer der Grüfte unserer städtischen Gauen, die zum Theile auch einst uns aufzunehmen die Bestimmung hat!

»»Haben wir, hochverehrte Herren, bereits zu zwei verschiedenenmalen im Laufe d. J. unsere Gefühle auf die Männer zu richten gehabt, die unserm kleinen Kreise entnommen sind, so ist der höchst seltene und nie gekannte Fall eingetreten, daß heute zum drittenmale wir eines theuren Amtsgenossen zu erwähnen uns verpflichtet fühlen, der gleich dem Herrn Beigeordneten Rüttger Siebel und dem Stadtrath und Kreisdeputirten Herrn Carl Feldhoff von uns und aus der Reihe einer uns theuern Bürgerschaft in diesem Jahre geschieden ist. — Es ist der Herr Peter Conrad Peill — geboren in Stolberg, wohnte derselbe früher in Barmen, wo er seine kaufmännische Laufbahn anfing — und seit dem Jahre 1813 in unserer Mitte. — Früher und schon im Jahre 1809 zum Mitgliede des Municipalraths zu Barmen ernannt, versah derselbe im Jahre 1813 u. 1814 auf höhere Bestimmung die Stelle eines Mitgliedes der Schutzdeputation des in jenen bewegten Tagen errichteten Landsturms in unserer Stadt. Seit dem Jahre 1817 fungirte derselbe als Beigeordneter hiesiger Stadtverwaltung — vom Jahr 1822 an als Nachfolger des zu früh verstorbenen biedern Stadtrathes Herrn Benj. Simons, wo er, meine Herren, Ihr würdiger College und Amtsgenosse, und zwar bis zum 12. d. M., wo ihn nach vielen Leiden und einer monatenlang mit Geduld getragenen Krankheit der Tod in seinem 59. Lebensjahre zur ewigen Heimath rief. Wir geleiteten seine Hülle am 14. d. M. zum Grabe.

Im Leben wirkte er rastlos und thätig, und nicht selten da wo es galt, in völliger Kraft. Er war als ein umsichtiger, unternehmender Kaufmann bekannt, welchen Stand er fast ohne eigene Mittel begonnen, und in welchem er sich des zeitlichen Guts nicht wenig zu erwerben wußte. — Sein schätzbares Talent widmete er stets, und als der Tüchtigsten einer, überall dem Gemeinnützigen, Guten und dem Besten unserer Stadt. — Dies erkennend, wählten ihn seine Mitbürger im Jahr 1831 zum ersten Stellvertreter des Landtags-Abgeordneten der Rheinischen Provinzial-Stände. — In der General-Versammlung im Jahre 1823, wo die Vaterl. Feuer-Versicherungs-Gesellschaft ins Dasein gerufen wurde, wurde er zum Director derselben erwählt, eine nämliche Stelle erhielt er bei der Gründung des deutsch-amerikanischen Bergwerk-Vereins im Jahre 1824 — so wie im Jahre 1832 die Stelle eines Mitglieds hiesiger Handelskammer.

Ueberall, wo er wirksam war, erkannte man seine Energie in seinen Handlungen, sein Gefühl für Wahrheit und Recht. — Seinen Freunden war er ergeben und treu, — und machte nicht selten die gerechte Sache derselben zu der seinigen. Daher bleibt bei Vielen sein Andenken im Segen, so wie er in den Collegien, denen er angehörte, namentlich in dem unsrigen, gewiß lange noch, bei uns aber insbesondere, unauslöschbar seyn wird; — auch vom Throne herab wurden seine Verdienste erkannt, und des Königs Majestät ernannte unsern Freund zum Ritter des rothen Adler-Ordens 4. Klasse am allgemeinen Ordenstage 1834.

Er ruhe sanft, — und es werde ihm von dem höchsten Weltenrichter der Lohn seiner gesegnet vollführten Laufbahn; diese wenigen Worte aber seien das Denkmal, was in den Annalen der Stadt und in unseren Verhandlungen hier aufbewahrt werde!«

Quelle 41
Begräbnispredigt für Johann Rütger Brüning am 24.7.1837
(Pastor Hermann), in: Annalen der Stadt Elberfeld für 1837, S. 257-259 Auszug

— Meine Herren! wie zahlreich Ihr Collegium ist, ist mir unbekannt; so viel ist jedoch gewiß, daß vier Todesfälle in einem Collegio binnen so wenigen Monaten vornehmlich für Sie, ein erschütternd ernstes Ereigniß ist. Nach meinem innigsten Wunsche hält die Hand des Herrn jetzt inne und erhält den werthen Ihrigen und uns ihr theures Leben durch eine lange Reihe von Jahren. Aber: — die Wege des Herrn sind wunderbar, und wer will zu ihm sagen: Was machest du? Und gewiß schlägt, wenn auch spät, die Stunde, welche auch Sie aus der Zeit in die ernste Ewigkeit führt! Sie stehen an der Spitze einer Stadt von dreißig tausend unsterblichen Seelen, und haben deren Wohlfahrt zu berathen. Ich weiß auch, daß mir von Ihnen der Einwurf begegnet, als ob es nur das zeitliche Wohl Ihrer Mitbürger wäre, das Sie zu berathen, nur irdische Interessen, die Sie zu vertreten und zu pflegen hätten. Ach vertreten Sie diese, pflegen Sie dieselben mit aller Liebe und mit allem Eifer; — und der Herr segne Ihre Arbeit und fördere das Werk Ihrer Hände, damit der Wohlstand unserer Stadt und jedes Mitbürgers immer blühender werde und sich befestige. Aber erwarten wir keinen Wohlstand, es sei denn daß der Herr, unser Gott, in Gnaden mit uns sei und uns segne! Es sind aber nicht bloß irdische, zeitliche Interessen, die Sie zu pflegen haben; nicht zunächst den Ruhm unserer Stadt haben Sie zu begründen: sondern erzeiget der Herr aller Herren und der König aller Könige der menschlichen Obrigkeit die große Ehre, sie seine Dienerin, seine Gesalbte zu nennen, so ist es Ihr erster und wichtigster Beruf, die Ehre Ihres Herrn und Königs, des dreieinigen Gottes, in der Ihnen anvertrauten Stadt zu suchen, und den Ruhm derselben darin zu stellen, daß der Name des dreieinigen Gottes erkannt und durch entschiedene Bekämpfung alles sündlichen Wesens, so wie durch freudige Förderung einer wahrhaftigen Gottseligkeit geheiligt werde, daß unsere Stadt das Bekenntniß ablege: Der Herr ist Gott, der Herr ist Gott! und unser Ruhm ist der, sein Volk zu sein und seinen Namen mit der That zu tragen. Ihr Beruf, geehrte Herren! wird dadurch ein ehrwürdiger; er wird freilich auch ein schwerer; an Widerstand und Tadel wird es Ihnen nicht fehlen. Aber was ist das? Fleisch vom Fleische geboren. Alles Fleisch aber ist wie Gras und alle Herrlichkeit der Menschen ist wie des Grases Blume. Das Gras verdorret, die Blume fällt ab. Lob und Tadel gehen nur mit bis zum Grabe, aber nicht hindurch, das

Wort des Herrn aber bleibet in Ewigkeit. — Sehen Sie zurück auf das vergangene Jahr. Haben Sie nicht im Schatten der Ewigkeit gearbeitet? War nicht das Grab zu Ihren Füßen geöffnet, wie es jetzt am Tage ist? Ach schreiben Sie deshalb mit großen Buchstaben an unser Stadthaus, damit Jeder wisse, was er dort zu erwarten habe, machen Sie zur Grundlage aller Berathungen, zum Prüfstein aller Anträge, zur entscheidenden Stimme bei allen Beschlüssen das Wort unsers Gottes: »Alles Fleisch ist wie Gras, und alle Herrlichkeit der Menschen wie des Grases Blume. Das Gras ist verdorret, die Blume ist abgefallen; aber des Herrn Wort bleibet in Ewigkeit.« O Heil Ihnen dann! Ihre Arbeit und Mühe wird eine Gott wohlgefällige, eine gesegnete, der Gedanke an Grab und Ewigkeit Ihnen tröstlich sein, und Ihr Andenken im Segen fortleben. — Ja Heil uns, Heil uns geliebte Mitbürger! unter einem Vorstand, der das Wort unsers Gottes zu seinem Panier macht.

Kommentar 42 und 43
Johann Rütger Brüning (1775-1837), auf den sich die Quellen 42 und 43 beziehen, war bereits 1802 mit 27 Jahren Gemeinsmann im alten Elberfelder Magistrat gewesen. In den Jahren 1803-1805 wurde er erneut gewählt, 1806 war er Bürgermeister, 1807 turnusgemäß Stadtrichter, 1808 Mitglied des Munizipalrats, 1809 Adjunkt, 1812 provisorischer und 1813 bestätigter Maire und Präsident der Zentralwohltätigkeitsanstalt. 1814 wurde ihm der Ehrentitel „Oberbürgermeister" verliehen; das Amt versah er bis zu seinem Tod 1837. Nachdem er als Kaufmann in geschäftliche Schwierigkeiten geraten war, hatte er Anfang 1823 sein Amt zur Verfügung gestellt. Daraufhin wurde eine mit 1351 Unterschriften versehene Petition von Bürgern „aus allen Ständen" (Annalen für 1837, S. 230) beim Stadtrat eingereicht, in der für eine weitere Amtsinhaberschaft Brünings votiert wurde, da „die Ansicht der Bürger das Unglück, welches das Handelshaus des Herrn Brüning traf, von dem amtlichen Verhältniß unseres geachteten Oberbürgermeisters gänzlich getrennt betrachtet" (ebenda). Im Mai 1823 wurde Brüning wieder, zunächst kommissarisch, Ende 1825 definitiv, in sein Amt eingesetzt.
Im Rahmen seiner Tätigkeit war Brüning u.a. Dirigent des Aichamtes, Kommissar der „Königlichen allgemeinen Wittwen=Verpflegungsanstalt" und Zensor, in seine Dienstzeit fallen die Gründung des städtischen Leihhauses (1821), der städtischen Sparkasse (1822), der Bau des neuen Armenhauses (1827) und des neuen Rathauses (1831) sowie die Reorganisation des Schulwesens 1829. Brüning, Träger des Allgemeinen Ehrenzeichens I. Klasse und des Roten Adlerordens III. Klasse, war Mitglied mehrerer Deputationen der Bürgerschaft, zum Beispiel derjenigen von 1811 nach Düsseldorf zur Audienz bei Napoleon I. zwecks Vereinigung Bergs mit Frankreich, aber auch derjenigen vier Jahre später nach Aachen, um dem neuen Landesherrn Friedrich Wilhelm III. von Preußen zu huldigen.

Quelle 42
Nekrolog auf Oberbürgermeister Brüning,
in: Annalen der Stadt Elberfeld für 1837, S. 244-247 Auszug

(…)

Brüning war zu der von ihm eingenommenen Stelle mit Gaben ausgerüstet, die weder Studium noch Fleiß einem aneignen können, die ihm angeboren waren. Dahin gehören Geistesgegenwart und persönlicher Muth, eine natürliche Beredsamkeit, die ihn in den Stand setzte, sich gegen Hohe und Geringe in der jeder Sphäre angemessenen Weise fließend auszusprechen, und zwar erfoderlichen Falles ohne alle Vorbereitung. Die Eigenschaft, Leute aus den untern Volksklassen zweckmäßig zu behandeln, besaß Brüning im hohen Grade, wodurch er sich eine seltene Popularität geschaffen hatte. Gegen untergebene Beamte war er billig in seinen Anfoderungen, und dachte stets darauf, treue Dienste in angemessener Weise zu belohnen. Er besaß einen seltenen Scharfblick, vorliegende Verhältnisse richtig aufzufassen, und wußte Verhandlungen solcher Corporationen, denen er präsidirte, besonders wohl zu leiten. Seine Protokolle und sonstigen schriftlichen Arbeiten waren klar und erschöpfend, und wo es angemessen war, ermangelten sie auch eines dichterischen Aufschwungs nicht. Brüning war ein überaus angenehmer Gesellschafter; sein Humor war unerschöpflich, seine Umgebung zu erheitern; eigentlich verdrießlich war er nie. Für seine Familie war Brüning ein sehr liebevoller Bruder, Gatte und Vater, und wer seine Freundschaft besaß, konnte auf ihn rechnen. Daß starke Lichter auch Schatten werfen ist natürlich, und Brüning hatte als Mensch auch seine Schwächen. Er kannte und fühlte die Wichtigkeit seiner Stellung und war sich dessen bewußt, wie er sie ausfüllte. Er foderte daher für seine Stellung die schuldige Ehrerbietung. Dem bescheidenen Gesuchsteller half er gern, wenn es irgend möglich war, aber den Zudringlichen, Unbescheidenen oder Widersetzlichen wies er mit Kraft in seine Schranken zurück. Brüning hatte in dem letzten Abschnitt seines Lebens Tagebücher geführt, die augenscheinlich nur für seine Privat=Notiz bestimmt waren. Aus diesen geht manche schöne Andeutung seines innern Lebens hervor. Sie zeigen an mancher Stelle, daß Brüning im Grunde seines Herzens religiös war. Er war keineswegs blind gegen seine Schwächen, und wenn er aus Uebereilung wehe gethan hatte, so zeigte

Zum Tod Brünings 1834 verfaßte Adolf Schults ein Gedicht, in dem es hieß: „Klag' Elberfeld! klag', Deine Obern fallen, / Ach, Deine Säulen bricht der Parze Hand, / Und in ein fernes, nur geahntes Land / Läßt ihr Geheiß die Sorgenträger wallen. // Klag' Elberfeld! Er dessen Nam' vor allen / Dir hell geglänzt, Er der am höchsten stand / Im Bürgerkreis, ihn väterlich verband, - / Er, unser Brüning ist ja heut gefallen! // Gefallen? nein, - noch lange wird er stehen! / Im Mund', im Herzen Aller lebt er fort, / Und künden wird es unsrer Enkel Wort, / Was einst durch Ihn zum Heil der Stadt geschehen; / Wird künden, deutend auf des Grabsteins Wand: / Dem Mann der Stadt, dem Mann für's Vaterland!" (in: Eduard Liesegang (Hrsg.), Elberfeld's Geschichte in Gedichten, Elberfeld 1851, S. 268).

Preußischer Roter Adlerorden, gestiftet 1705.

seine Reue, daß solches nicht von Herzen kam. So hatte er z. B. einst bei einer festlichen Gelegenheit einen achtungswerthen Verein hiesiger Stadt durch ein übereiltes, tadelnswerthes Wort schwer gekränkt. Wenige Stunden nachher beklagte er gegen einen Freund den Vorfall mit Thränen, als ein ihm widerfahrnes Unglück, das ihm den schönen Tag verdorben, und im Tagebuche findet sich in der nur andeutenden Weise der Vorfall mit den Worten angemerkt: »3ter August. Königs Geburtstag. — In der Kirche. — Bei H. zur Tafel. Schöner Mittag, gestört am Ende durch ein unverzeihliches Wort!« ein Beweis, wie er sich in seinem Innern selbst richtete.

Brüning kämpfte redlich gegen die Gefahren, welche äußere Ehren und Auszeichnung dem menschlichen Herzen bereiten; auch hievon finden sich Andeutungen in den erwähnten Tagebüchern. So schrieb er z. B. an dem Tage, wo er die Nachricht erhielt, daß ihm der rothe Adler-Orden III. Klasse verliehen sei, die folgenden Zeilen in sein Tagebuch:

„Wenn ich geehrt und groß
„In Würden mich erblicke,
„Gott nur erhöhte mich!
„Ist nicht mein Nächster oft
„Bei seinem kleinen Glücke
„Viel würdiger, als ich?"

Brüning war ein eifriger Patriot, seine Vaterlandsliebe war rein und aufrichtig. Eben so warm war seine Anhänglichkeit an Se. Majestät den König und das Königliche Haus. Ein ganz besonderes Gefühl der Liebe und Hochverehrung aber fesselte ihn an des Kronprinzen Königliche Hoheit; es schien dieses Gefühl das höchste und innigste seines Herzens zu sein, und unbeschadet der von ihm gewiß tief empfundenen Ehrfurcht gegen des Kronprinzen erhabene Stellung, glich dieses Gefühl der reinsten und wärmsten Freundschaft, die man gegen ein verehrtes Wesen empfinden kann.

Seinen Amtsgeschäften lebte Brüning mit unbedingter rücksichtsloser Hingabe. Es war nicht allein Pflichtgefühl, daß er seine Amtsobliegenheiten erfüllte, es war auch natürliche Neigung. Er lebte wirklich in seinem Amte und war wirklich darauf bedacht, was seinem Elberfeld nützlich sein möchte. Ein eigenthümlicher Charakterzug Brünings war seine Beharrlichkeit und Ausdauer. Hatte er einmal etwas als nützlich erkannt, so scheute er keine Schwierigkeiten und Hindernisse; er gab den Gedanken nicht auf, und strebte unausgesetzt nach dem Ziele, wenn er es auch voraussichtlich erst nach Jahren erreichen konnte. In seiner Thätigkeit war er unermüdlich und fühlte keine Abspannung so lange er beschäftigt war. Er schonte sich nie, wenn es das Wohl der Stadt galt, und war auch dem Einzelnen stets gern gefällig, ohne Mühe zu scheuen.

Eigennutz kannte Brüning nicht, er mußte natürlich wünschen für seine amtlichen Bemühungen die Bedürfnisse der Seinigen befriedigt zu sehen, dann aber war er auch zufrieden. Er sprach nie den Wunsch aus, Reichthümer zu besitzen, und brachte seiner Seits noch gern dem öffentlichen Wohl ein Geldopfer oder gab seinen Mitbürgern ein seinen Verhältnissen angemessenes Beispiel der Wohlthätigkeit; dabei war er in seinem Privatleben einfach und mäßig. In seinem Tagebuche kommt folgende Strophe vor:

> „Den Bürgern mich zum Dienst zu weihen,
> Auch edle Saaten auszustreuen,
> Dies sei und bleibe meine Pflicht!
> Und seh' ich solche recht gedeihen,
> So will ich dessen sehr mich freuen,
> Nur fodre ich die **Erndte** nicht!"

So lebte und wirkte eine schöne Reihe von Jahren hindurch der Mann, den ein unbefangenes Urtheil den außergewöhnlichen zuzählen wird. Er genoß die Liebe und Achtung vieler hochgestellten Personen im Staate, und hatte nicht unbedeutende Gönner im Auslande, wohin sein weit verbreiteter Ruf gedrungen war; mit manchen derselben stand er in einem vertraulichen für ihn sehr ehrenvollen Briefwechsel, und er empfing ihre Besuche, wenn sie nach Elberfeld kamen. Wer ihn richtig würdigen will, der bedenke die Zeit, in welcher er wirkte, und was dazu gehört, den immer neuen Ansprüchen einer aufblühenden und sich stets ausdehnenden Stadt zu genügen, damit die öffentlichen Anstalten geschaffen, die durch solche Fortschritte erfodert werden, und wie schwierig es ist, diese zu fördern und richtig zu leiten. Dem gesunden, treuen und dankbaren Sinne der Bürger Elberfelds aber bleibe es überlassen, ihren Brüning zu würdigen, der im eigentlichsten Sinne ihr Vorstand war, und ihr Wohl, wie sein eigenes auf dem Herzen trug. Ein liebevolles, dankbares Andenken sichert ihm die Gesinnung der Elberfelder Bürgerschaft. —

Quelle 43
Grabrede des Beigeordneten Wortmann,
in: Annalen der Stadt Elberfeld für 1837, S. 247-251 Auszug

Worte am Grabe
des Herrn
Oberbürgermeisters Brüning,
gesprochen
bei dessen Beerdigung
am 24. Juli 1837
von dem
Beigeordneten des Oberbürgermeister-Amtes,
Wortmann.

Ein überaus trauervolles Ereigniß, meine hochverehrten Anwesenden, hat uns hier versammelt; ein Ereigniß, das wir noch nicht zu fassen vermögen. Unsere Seele sträubt sich, den Gedanken aufzunehmen: »Unser geliebter, verehrter Oberbürgermeister ist todt!« Und dennoch ist es so! Wir stehen an seinem Grabe! — O wie ist es uns möglich, die Gefühle der Liebe und Dankbarkeit gegen den theuern Heimgegangenen, des tiefen herzzerreissenden Schmerzes über unsern unaussprechlichen großen Verlust zu ordnen, daß wir ihnen hier Worte geben? —

Doch in so fern es uns gelingt, in so fern die Ueberraschung, das tiefe Weh unseres Gemüthes uns gestattet, das was wir empfinden, uns zum Bewußtsein zu bringen, wird es uns klar werden, wie der uns betroffene harte Trauerfall auf uns als Menschen im Allgemeinen, dann als Bürger und endlich als Christen mächtig einwirkt.

Wenn wir vernahmen, daß der geliebte verehrte Mann, nachdem er die Nachmittags-Stunde im Kreise seiner so heiß geliebten Gattin und Kinder zugebracht, nachdem er bis gegen 6 Uhr in der ihm eigenen thätigen Weise für das Wohl seiner Mitbürger amtlich gewirkt hatte, an dem schönen Abende des vorgestrigen Tages, der unseren Wünschen und Hoffnungen gemäß ein Bild seines noch übrigen Lebens hätte seyn mögen, hinaus ging, gezogen von Liebe und Freundschaft, um einen langjährigen Freund zu besuchen, — wenn wir vernahmen, daß er von diesem Gange nicht heimkehrte, daß ihn unterwegs gleichsam der Hauch des Allmächtigen aus diesem Erdenleben in die Ewigkeit versetzte, so unerwartet wie schnell seiner Wirksamkeit ein Ende machte, — o dann mußte unser menschliches Gefühl aufs tiefste erschüttert werden, die lebendigste Empfindung der Vergänglichkeit bemächtigte sich unsre und die Schauer der Ewigkeit durchdrangen unser Gebein. — Aber auch das innigste Mitgefühl mit den Schmerzen der theueren Angehörigen unseres Heimgegangenen überwältigte unser Herz. — Wer ist gewaffnet gegen solche Schläge? — Wie die gleichgestimmte Saite beim Anschlagen des verwandten Tons erklingt, so hat Euer Schmerz, Ihr geliebten Verwandten und Freunde des Verblichenen, tausend Herzen durchdrungen. O viele, viele Thränen des Mitgefühls vereinigen sich mit den Euern, und wenn getheilter Schmerz nur halber Schmerz ist, dann muß diese so allgemeine Theilnahme Eure gerechte Trauer mildern. Doch es giebt eine weit bessere Linderung Eures Leides, und gewiß wird im Verborgenen manches Gebet zum Urquell alles wahren Trostes um diese Gabe für Euch emporsteigen, dem wir im Stillen das unsere anreihen. —

Weniger noch als unsere allgemein menschlichen Gefühle zu schildern sind wir im Stande, das auszusprechen, was wir als Bürger empfinden. Ja, unser Schmerzgefühl wird sich noch mehr und mehr entwickeln, wie die Größe unseres Verlustes sich herausstellt und uns klar wird. Erwarten Sie, verehrteste Anwesende, nicht von mir, noch betäubt von den entsetzlichen Vorfällen der letzten Woche, und manchfach in Anspruch genommen durch die Erfodernisse des Tages, erwarten Sie nicht eine Würdigung des von uns Beweinten, eine Schilderung und Aufzählung alles dessen, was er für uns war und wirkte. Die größeren und bedeutenderen, uns Allen bekannten Anstalten unserer Stadt, die er hervorrief, sind die beredetsten Zeugen dafür, und der minder augenfälligen Früchte seines rastlosen Wirkens sind so viele, daß es ohnehin unmöglich wäre, sie hier namhaft zu machen. Unser geliebter Oberbürgermeister war mit mancherlei wichtigen und wesentlichen Gaben und Talenten ausgerüstet für die ihm verliehene Stelle; wir dürfen zu dessen Beweise uns nur seiner Geistesgegenwart erinnern, seiner Fähigkeit Jeden nach seiner Individualität zu behandeln, wir dürfen nur seiner natürlichen, höchst glücklichen Beredsamkeit gedenken, die selten ihren Zweck verfehlte, ihm die Gunst und Huld vieler hochstehenden Männer verschaffte und ihn anderseits zum Manne des Volks machte. Doch bleibe es einem, seiner würdigen, Biographen, woran es ihm sicher nicht fehlen wird, überlassen, den ganzen Umfang seiner vorzüglichen Eigenschaften darzustellen, die ihn zu seiner wichtigen Stellung so sehr befähigten; wir heben hier nur Eine heraus, die noch dauert, wenn alle anderen Gaben im Meere der Unendlichkeit verschwinden, nämlich die Liebe. Hier stellt sich besonders heraus seine hohe Liebe und innige Verehrung für unsern allergnädigsten König und Herrn und das ganze erhabene Königliche Haus, insbesondere des Kronprinzen Königliche Hoheit. Mit dieser Liebe war auf's Innigste verwebt jene zum Vaterlande und zu unserer Stadt. Ja, meine Verehrtesten, vor Gott spreche ich an dieser ernsten Stelle die durch Erfahrung und Zusammenwirken mit ihm gewonnene Ueberzeugung aus: Unser Oberbürgermeister Brüning liebte von ganzen Herzen seine Vaterstadt und ihre Bewohner.

Sein Elberfeld nahm gewiß eine der ersten Stellen in seinem Herzen ein; das Wohl der Stadt war sein Wohl, die Ehre der Commüne war seine Ehre. — Ja, geliebte Mitbürger, Ihr habt einen treuen Freund, Ihr Armen und Waisen, Ihr habt einen Vater an ihm verloren. Wie schwer drückten ihn die Sorgen, in arbeitslosen Zeiten den Armen das Nöthige gewähren zu können; wie innig freuten ihn die Gaben edler Wohlthäter für Kohlen in strenger Winterzeit; wie herzlich froh war er mit den Waisenkindern, wenn liebreiche Bürger ihn in Stand setzten, ihnen eine Weihnachtsfreude zu bereiten; wie bemüht war er stets, den Wohlthätigkeitssinn rege zu erhalten oder nöthigenfalls zu erwecken, sowohl für die allgemeinen Bedürfnisse der Armen, wie für besondere Veranlassungen, etwa an Vaterlandsfesten auch ihnen eine Freude zu bereiten! — Und dann, wie Vielen, wie unzählig Vielen war er im Stillen Rathgeber, Freund und Helfer! Ach! riß ihn doch nicht selten sein Herz hin, Unzulässiges zuzusagen, so daß er sich selbst Kummer und Sorge bereitete, wenn er es später nicht gewähren konnte. Sein löblicher Amtseifer war unermüdlich; zugänglich für jede Bitte, die das Wohl Anderer betraf, war er unerbittlich, wenn seine Verwandten und Freunde ihn angingen, sich wegen seiner Gesundheit zu schonen. Sein erster und letzter Gedanke des Tages war sein Elberfeld, seine Perle, seine Krone — und noch in den letzten Stunden seines Lebens war seine Seele mit Entwürfen zu Euerm Wohl, geliebte Mitbürger, erfüllt, die er, als ich ihn auf jenem letzten Gange, von dem er nicht heimkehrte, begleitete, gegen mich aussprach. — O wir haben unaussprechlich viel an ihm verloren, an dem theuern Manne, dessen Hülle dieser Sarg umschließt! Doch genug der Worte! Unser Herz wird es uns vernehmlicher und tiefer verkündigen, als es äußere Rede vermag. —

Nun bliebe uns noch die Wirkung zu betrachten, welche dieser schmerzbringende Todesfall auf uns als Christen machen sollte. Ach! »Alles Fleisch ist wie Gras und alle Herrlichkeit der »Menschen wie des Grases Blume. Das Gras ist verdorret und »die Blume ist abgefallen. Aber des Herrn Wort bleibet in »Ewigkeit.«

Dem Herrn
Ober-Bürgermeister von Carnap
bei
Seinem Amtsantritt,
Elberfeld, 28. October 1837.

Überschrift zu einem Gedicht im Täglichen Anzeiger Nr. 265 vom 31.10.1837.

Kommentar 44

Die „Gemeinde-Ordnung für die Rheinprovinz" vom 23.7.1845, aus der nebenstehend Auszüge wiedergegeben sind, führte das Dreiklassenwahlrecht in den Gemeinden ein, demzufolge die Meistbeerbten entsprechend ihres Steuerbeitrages in drei Klassen eingeteilt wurden, sodaß auf jede Klasse ein Drittel der Gesamtsumme der erbrachten Steuern entfiel. Da jede Klasse in Elberfeld zehn Gemeindeverordnete und fünf Stellvertreter wählte, entsandten die wenigen Höchstbesteuerten der 1. Klasse ebensoviele Vertreter in den Gemeinderat wie die Masse der Minderbesteuerten der 3. Klasse. Bei der Wahl zum Rat in Elberfeld im Juni 1846 waren von 47000 Einwohnern überhaupt nur ca. 2,3% wahlberechtigt.

Diese rheinische Gemeindeordnung wurde im März 1850 durch eine allgemeine Gemeindeverfassung mit erweiterten kommunalen Selbstverwaltungsrechten (etwa dem der Wahl des Bürgermeisters und der besoldeten Beigeordneten durch den Gemeinderat; vgl. dagegen den § 103 von 1845) ersetzt. Die Einführung dieser Gemeindeordnung im gesamten preußischen Staatsgebiet wurde zwar seit 1852 wieder gestoppt, blieb aber in der Rheinprovinz bis 1856 in Kraft. Die Wählbarkeit des Bürgermeisters durch eine nach dem Dreiklassenwahlrecht zustandegekommene Stadtverordnetenversammlung bestimmte auch die vom 15.5.1856 datierte Städteordnung für die Rheinprovinz, die zum Teil auf die Gemeindeordnung von 1845 zurückgriff. Zur Einführung der Gemeindeordnung von 1845 und des danach gewählten Elberfelder Gemeinderats finden sich in einer Gedichtsammlung folgende Zeilen:

„Durch Königswort ward uns die hohe Wonne, / Die heut das Bürgerherz durchdringt; / Es strahlet uns der Zukunft helle Sonne, / Die neues, frisches Leben bringt. / Feierlich schalle der Jubelgesang / Wackerer Bürger beim Becherklang! / Der König rief: ,Längst sind die Bürger mündig! / Sie kennen selbst ihr Wohl und Weh!' / Das war ein Wort, ihr Bürger, kurz und bündig, / Ein Sonnenblitz auf Alpenschnee. / [...] // Berufen wurden wir, im Rath zu sitzen, / Zu führen selbst das Regiment. / Der Bürger soll das Wohl des Bürgers schützen, / Selbst helfen, wo er Noth erkennt. / [...] // In unseren Händen liegt, was wir begehrten, / Das kühne, freie Männerwort. / Was uns vergang'ne, jetz'ge Zeiten lehrten, / Es ist fortan des Bürger's Hort. / [...]" (in: Eduard Liesegang, a.a.O., S. 322/323).

Quelle 44
Gemeinde-Ordnung für die Rheinprovinz.
Vom 23. Juli 1845, Jülich o.J. Auszüge

Wir Friedrich Wilhelm,
von Gottes Gnaden,
König von Preußen ꝛc. ꝛc.

verordnen über die Verfassung und Verwaltung der Gemeinden in der Rheinprovinz mit Ausnahme der Stadt Wetzlar, in welcher es bei der bereits erfolgten Verleihung der revidirten Städteordnung verbleibt, und mit dem Vorbehalt, nach Befinden auch anderen auf dem Provinziallandtage im Stande der Städte vertretenen Gemeinden auf ihren Antrag die revidirte Städte-Ordnung vom 17. März 1831 zu verleihen und dabei diejenigen statutarischen Anordnungen zu bewilligen, welche nach den eigenthümlichen Verhältnissen der die Verleihung nachsuchenden Städte wünschenswerth erscheinen, nach Vernehmung Unserer getreuen Stände, auf den Antrag Unseres Staatsministeriums, was folgt:

I. TITEL.
Von den Gemeinden und Bürgermeistereien überhaupt und der Grundlage ihrer Verfassung.

§. 1. Alle diejenigen Orte, (Städte, Dörfer, Weiler, Bauerschaften, Honnschaften, Kirchspiele u. s. w.), welche für ihre Kommunalbedürfnisse gegenwärtig einen eigenen Haushalt haben, es sei auf den Grund eines besonderen Etats oder einer Abtheilung des Bürgermeistereietats, sollen fortan eine Gemeinde unter einem Gemeindevorsteher bilden.

§. 2. Orte, welche früherhin besondere Gemeinden bildeten, gegenwärtig aber mit anderen zu einem Haushalte verbunden sind, können als eigene Gemeinden wieder hergestellt werden, wenn sie noch erhebliche besondere Interessen haben und zwei Drittel der zur Ausübung des Gemeinderechts befähigten Gemeindeglieder des Ortes (§§ 33, 36) in einer zu diesem Zweck unter dem Vorsitze des Bürgermeisters abzuhaltenden Gemeindeversammlung sich dafür erklären. Der Oberpräsident hat hierüber auf den Bericht der Regierung zu entscheiden; es müssen aber, bevor für die Wiederherstellung entschieden wird, die zur Ausübung des Gemeinderechts befähigten Gemeindeglieder der übrigen betheiligten Ortschaften in einer unter dem Vorsitze des Bürgermeisters abzuhaltenden Versammlung ebenfalls mit ihrer Erklärung gehört werden.

(...)

II. TITEL.
Von den Gemeinden.

Erster Abschnitt.
Von den Gemeindegliedern, deren Rechten und Pflichten.

§. 12. Mitglieder der Gemeinden sind: 1) sämmtliche selbstständige Einwohner derselben, 2) alle, welche mit einem Wohnhause in der Gemeinde angesessen sind, und 3) diejenigen, welche das Gemeinderecht besonders erlangt haben. (§ 36) Als mit einem Wohnhause angesessen, wird derjenige angesehen, auf dessen Namen das Haus in der Grundsteuer-Mutterrolle eingetragen ist. (Grundsteuer-Gesetz für die westlichen Provinzen vom 21. Januar 1839 § 14.)

§. 13. Inwiefern die Gemeinden neu anziehenden Personen die Niederlassung zu gestatten haben, ist nach den hierüber bestehenden besonderen Vorschriften zu beurtheilen.

§. 14. Von denjenigen, welche in der Gemeinde als selbstständige Einwohner sich niederlassen, kann ein Eintrittsgeld zur Gemeindekasse erhoben werden, wenn 1) ein solches bis jetzt herkömmlich zur Gemeindekasse erhoben worden ist, oder 2) die Einkünfte des Gemeindevermögens, nach Abzug der etwa zur Verzinsung und zur planmäßigen Abbürdung der Schulden erforderlichen Beiträge im Durchschnitte einen Ueberschuß gewähren, aus welchem ein erheblicher Theil der Kommunalbedürfnisse bestritten werden kann, oder 3) Gemeindeanstalten bestehen, welche aus eigenem Vermögen hülfsbedürftigen Einwohnern Unterstützungen gewähren. Das Eintrittsgeld wird in dem Falle unter 1 nach dem herkömmlichen Betrage fortzuerheben, kann aber anderweitig regulirt werden. Die Entscheidung darüber, ob die Observanz für begründet anzuerkennen, und in welcher Art das Eintrittsgeld anderweitig zu reguliren ist, imgleichen über die Zulässigkeit und die Höhe des Eintrittsgeldes in den Fällen unter 2 und 3 erfolgt nach Vernehmung des Gemeinderaths durch die Regierungen, welche der Minister des Innern mit einer Instruktion hierüber versehen wird.

§. 15. Die Mitglieder der Gemeinde nehmen an den gemeinsamen Rechten und Pflichten der Gemeinde Theil, unter folgenden näheren Bestimmungen:

§. 16. Die Theilnahme an den Wahlen und den öffentlichen Geschäften der Gemeinde (das Gemeinderecht) steht nach näherer Vorschrift des zweiten Abschnitts nur 1) den Meistbeerbten (Meistbesteuerten) (§§ 33, 35) und 2) denjenigen zu, welchen dasselbe besonders verliehen worden ist. (§ 36)

(...)

§. 21. Die Gemeinde ist zu allen Leistungen verpflichtet, welche das Gemeinde-Bedürfniß erfordert.

§. 22. Insofern zu diesen Leistungen die Einkünfte aus dem Gemeindevermögen und die sonst den Gemeinden nach den Gesetzen zustehenden Einnahmen nicht hinreichen, sind alle einzelne Gemeindeangehörige (§§ 3 und 12) zu Geldbeiträgen und Diensten, wozu jedoch kunst- und handwerksmäßige Arbeiten nicht gehören, verpflichtet.

§. 23. Die Geldbeiträge sollen in der Regel in Zuschlägen zu den Staats-Steuern bestehen. In welchem Verhältniß die Zuschläge auf die verschiedenen Steuern zu vertheilen sind, hat der Gemeinderath zu beschließen. Zu diesem Beschluß ist die Genehmigung der Regierung erforderlich und sind die von dem Minister des Innern im § 98 erwähnten Instruktionen zu beachten. In Betreff der Erhebung solcher Geldbeiträge, welche nicht durch Zuschläge zu den Staatssteuern aufgebracht werden, kommen die Bestimmungen des § 13 des Gesetzes über die Einrichtung des Abgabenwesens vom 30. Mai 1820 und der Ordre vom 4. Dezember 1826. Die Dienste sollen gleichfalls in der Regel nach dem Maßstabe der Staatssteuern vertheilt werden. Mit Genehmigung des Landraths kann jedoch der Gemeinderath auch einen anderen Vertheilungsmaßstab beschließen. Welche Einwohner Handdienste und welche Spanndienste zu leisten haben, bestimmt der Gemeindevorsteher, vorbehaltlich des Rekurses an den Bürgermeister und den Landrath. Jeder ist berechtigt, die Dienste durch taugliche Stellvertreter abzuleisten, auch kann bestimmten vom Gemeinderathe vorzuschlagenden und vom Bürgermeister festzusetzenden Sätzen in jedem einzelnen Falle durch Zahlung an die Gemeindekasse abzukaufen, ausgenommen in Nothständen. Wer die ihm obliegenden Dienste nicht rechtzeitig leistet, wird zur Zahlung des Geldwerths derselben nach Vorschrift des § 25 angehalten.

(...)

§. 28. Servisberechtigte aktive Militairpersonen, imgleichen auf Inaktivitätsgehalt gesetzte Offiziere und Militairbeamte sind von allen Geldbeiträgen und Diensten (§§ 22 und 26) frei, insofern sie in der Gemeinde weder mit Grundeigenthum angesessen sind, noch Gewerbe treiben, in welchen Fällen sie zu den dem Grundeigenthum und dem Gewerbe aufgelegten Leistungen verpflichtet sind. Doch bezieht sich diese Befreiung nicht auf Zuschläge zu indirekten Verbrauchssteuern, wenn nicht durch besondere landesherrliche Verfügungen darüber Ausnahmen festgesetzt sind.

(...)

Zweiter Abschnitt.
Von den Gemeinderechten (Bürgerrechte) und den Meistbeerbten.

§. 33. Zu den Meistbeerbten gehören:
I. in den auf dem Provinziallandtage im Stande der Städte vertretenen Gemeinden, und zwar 1. in den mahl- und schlachtsteuerpflichtigen Gemeinden und in den mit denselben im Gemeindeverbande stehenden klassensteuerpflichtigen Bezirken diejenigen Einwohner, welche aus ihrem Gewerbe, Vermögen oder aus anderen Quellen ein reines Einkommen beziehen, dessen geringster Betrag nicht unter 200 und nicht über 600 Thlr. festzusetzen ist; 2) in den

klassensteuerpflichtigen Gemeinden diejenigen Einwohner, welche a) entweder von ihren im Gemeindebezirke gelegenen Grundbesitzungen einen Haupt-Grundsteuerbetrag entrichten, dessen geringster Satz nicht unter zwei und nicht über zehn Thaler festzusetzen ist; oder b) einen Klassensteuerbetrag zahlen, dessen geringster Jahressatz gleichmäßig sowohl für den Einzelnen als für die Haushaltung nicht unter vier und nicht über zwölf Thaler zu bestimmen ist;

(...)

§. 34. Die Festsetzung des zur Eigenschaft eines Meistbeerbten erforderlichen Betrags der Grund- oder Klassensteuer und des Einkommens (§ 33) erfolgt durch den Oberpräsidenten mit Rücksicht auf die Ortsverhältnisse nach Vernehmung des Gemeinderaths. Das Einkommen wird vom Gemeinderathe nach pflichtmäßigem Ermessen abgeschätzt, welchem zu dem Ende die Steuerrollen und sonstige Hülfsmittel mitgetheilt werden müssen. Gegen die Abschätzung, welche jedem Betheiligten bekannt zu machen ist, steht diesem sowohl die Führung des Nachweises eines höheren Einkommens vor dem Gemeinderathe, als auch der Rekurs an die Regierung zu. Bei der ersten Einrichtung erfolgt die Abschätzung durch die seitherigen Gemeindevertreter.

§. 35. Das Gemeinderecht kann nur von den Meistbeerbten männlichen Geschlechts ausgeübt werden, welche das 24ste Lebensjahr zurückgelegt haben, Preußische Unterthanen und unbescholten sind. (§§ 38—40) Von mehreren Personen, welche im ungetheilten Besitze eines zum Gemeinderechte befähigenden Grundstücks sich befinden, kann nur Einer das Gemeinderecht ausüben. Beim Mangel einer gütlichen Einigung ist dazu zunächst der auf dem Gründstücke selbst wohnende Mitbesitzer berufen, hierauf der im Gemeindebezirke wohnende und dann erst die übrigen; unter mehreren Gleichberechtigten entscheidet das höhere Alter, und bei gleichem Alter das Loos.

§. 36. Alle übrige Gemeindeglieder, sowie die auswärts wohnenden Grundeigenthümer, welche im Gemeindebezirke nicht mit einem Hause angesessen sind (Forensen), nehmen an dem Gemeinderechte keinen Theil; dasselbe kann aber Letzteren, wenn sie die dazu nach § 35 erforderlichen persönlichen Eigenschaften besitzen, aus besonderem Vertrauen durch Beschluß des Gemeinderaths verliehen werden. Das einem Forensen solchergestalt verliehene Gemeinderecht erlöscht durch Veräußerung von mehr als der Hälfte seines Grundbesitzes in dem Gemeindebezirke. Die Bestimmungen des gegenwärtigen Gesetzes über die Rechte und Verpflichtungen der Meistbeerbten sind in allen Fällen auch auf diejenigen zu beziehen, welchen das Gemeinderecht besonders verliehen worden ist.

§. 37. Das Gemeinderecht wird verloren, wenn ein Meistbeerbter die nach §§ 33, 34 festzusetzenden Steuerbeträge nicht mehr entrichtet, oder das bestimmte Einkommen nicht mehr bezieht. Entsteht die Verminderung der Grundsteuerquote unter den festgesetzten Betrag bloß dadurch, daß in Folge einer Vermehrung des Gesammtkatastralertrages der westlichen Provinzen der allgemeine Steuerprozentsatz sich ermäßigt, so verbleibt den seitherigen Meistbeerbten das Gemeinderecht.

§. 38. Von dem Gemeinderechte sind diejenigen ausgeschlossen, welche zum Verluste der Ehrenrechte verurtheilt worden sind.

§. 39. Das Gemeinderecht kann durch Beschluß des Gemeinderaths auch demjenigen entzogen werden, welcher 1) zu irgend einer Kriminalstrafe verurtheilt oder in irgend einer Kriminal-Untersuchung nur vorläufig freigesprochen worden ist, oder 2) sich durch seine Lebensweise oder durch einzelne Handlungen die öffentliche Verachtung zugezogen hat. Der Bürgermeister hat in diesen Fällen die zum Grunde liegenden Thatsachen zu untersuchen und festzustellen, den Angeschuldigten mit seiner Vertheidigung zu hören und die Verhandlungen dem Gemeinderathe zur Beschlußnahme vorzulegen, wobei er selbst den Vorsitz zu übernehmen hat. Dem Angeschuldigten steht gegen den Beschluß der Rekurs an die vorgesetzte Regierung zu. Soll das Verfahren gegen ein Mitglied des Gemeinderaths oder gegen einen Gemeindebeamten eingeleitet werden, so ist dazu die vorherige Genehmigung der Regierung erforderlich.

§. 40. Das Gemeinderecht ruht, wenn der dazu Berechtigte in Kriminal-Untersuchung, in Konkurs oder, wo das Rheinische Civilgesetzbuch gilt, in Zahlungsunfähigkeit verfällt, bis die Untersuchung aufgehoben oder die Rehabilitirung ausgesprochen ist.

§. 41. In jeder Gemeinde hat der Vorsteher ein vollständiges Verzeichniß der zur Ausübung des Gemeinderechts befähigten Meistbeerbten (Gemeinderolle) zu führen. Wer einmal in diese Rolle aufgenommen ist, kann aus derselben ohne gesetzliche Gründe, welche ihm bekannt gemacht werden müssen, nicht weggelassen werden.

§. 42. Der Verlust des Gemeinderechts hat den Verlust derjenigen Stellen zur Folge, zu deren Erlangung der Besitz desselben erforderlich ist. Im Falle des ruhenden Gemeinderechts ist nach Umständen von der Regierung über die Suspension zu verfügen.

§. 43. Die vom Staate besoldeten Beamten, sowie die Beamten der vormals unmittelbaren deutschen Reichsstände und der im § 5 bezeichneten Standesherren, soweit dieselben den Staatsbeamten gleich zu achten sind, die Geistlichen und Schullehrer bedürfen, wenn sie eine Stelle oder einen Auftrag von längerer Dauer bei der Gemeindeverwaltung übernehmen sollen, dazu der Erlaubniß ihrer vorgesetzten Dienstbehörde und der Regierung. Diese Erlaubniß kann auch, wenn sich aus der Verbindung beider Dienstverhältnisse für den Staatsdienst oder für die Gemeindeverwaltung in der Folge ein Nachtheil ergiebt, von der Dienstbehörde sowohl als von der Regierung zurückgenommen werden.

Dritter Abschnitt.

Von der Vertretung der Gemeinden.

§. 44. Die Gemeinde wird in ihren Angelegenheiten nach den darüber in gegenwärtiger Ordnung ertheilten Vorschriften durch den Gemeinderath (Schöffenrath) oder durch den Bürgermeister und den Gemeindevorsteher vertreten. Ob die Benennung Gemeinderath oder Schöffenrath zu gebrauchen sei, darüber entscheidet das landesübliche Herkommen.

(...)

§. 47. Die Zahl der zu wählenden Gemeinde-Verordneten wird wie folgt festgesetzt: in Gemeinden

von	weniger	als	1000	Einwohnern	auf . . .	6
von	1000	bis	3000	Einwohnern	auf . . .	12
„	3001	„	10000	„	„ . . .	18
„	10001	„	30000	„	„ . . .	24
„	mehr	als	30000	„	„ . . .	30.

Eine Vermehrung oder Verminderung der Einwohnerzahl einer Gemeinde hat erst dann eine Veränderung in der Zahl der Gemeinde-Verordneten zur Folge, wenn aus anderen Gründen neue Wahlen vorzunehmen sind.

§. 48. Für die gewählten Gemeinde-Verordneten werden zur Hälfte ihrer Zahl Stellvertreter gewählt, welche bestimmt sind, in Behinderungsfällen oder beim Abgange einzelner Gemeinde-Verordneten deren Stelle einzunehmen, jedoch in der Art, daß für einen verhinderten Gemeinde-Verordneten nur ein Stellvertreter einberufen werden kann, welcher von derselben Wählerklasse (§ 50) wie der Verordnete selbst, gewählt worden ist. Die Reihenfolge für die Einberufung der Stellvertreter bestimmt sich durch die Zahl der Stimmen, welche sie bei der Wahl erhalten haben. Bei gleicher Stimmenzahl entscheidet das Loos.

§. 49. Die Gemeinde-Verordneten und die Stellvertreter werden durch die zur Ausübung des Gemeinderechts befähigten Gemeindeglieder, mit Ausnahme der im §. 46 erwähnten meistbegüterten Grundeigenthümer, welche ohne Wahl zum Gemeinderathe gehören, aus ihrer Mitte auf sechs Jahre gewählt. Alle drei Jahre scheidet die Hälfte der Gemeinde-Verordneten aus, an deren Stelle neue zu wählen sind. Die Ausgeschiedenen sind wieder wählbar. Die Ausscheidung erfolgt bei dem Ablaufe der ersten dreijährigen Wahlperiode nach dem Loose, nachher nach dem Wahlturnus. Die Stellvertreter bleiben sämmtlich 6 Jahre im Amte und können ebenfalls wieder gewählt werden.

§. 50. Zum Behuf der Wahlen (§ 49) werden die Meistbeerbten nach Maßgabe ihres Einkommens oder der von ihnen zu entrichtenden Steuern in drei Klassen getheilt, und zwar in der Art, daß auf jede Klasse ein Drittheil der Gesammtsummen des Einkommens oder der Steuerbeträge aller Meistbeerbten fällt. In den im § 33 unter I Nr. 1 genannten Gemeinden bilden diejenigen, welche das höchste Einkommen besitzen, bis zur Summe eines Drittheils des Einkommens aller Meistbeerbten die erste Klasse, die zweite Klasse besteht aus den nächst jenen am meisten Begüterten, welche das zweite Drittheil des Einkommens aller Meistbeerbten besitzen; die dritte Klasse umfaßt alle übrige Meistbeerbten.

(...)

§. 51. Jede Klasse wählt für sich eine gleiche Anzahl von Gemeindeverordneten und Stellvertretern, die Wahl ist aber an die Mitglieder dieser Klasse nicht gebunden. Vater und Sohn, sowie Brüder, können nicht zugleich Mitglieder des Gemeinderaths sein. Befinden sich unter den meistbegüterten Grundeigenthümern (§ 46), und wenn die Vertretung der Gemeinde durch sämmtliche Meistbeerbte stattfindet, unter den Letztern dergleichen nahe Verwandte, so kann nur Einer von ihnen Mitglied des Gemeinderaths werden. Beim Mangel einer gütlichen Einigung entscheidet das höhere Alter und bei gleichem Alter das Loos.

§ 52. Wenigstens die Hälfte der Gemeindeverordneten muß aus Grundbesitzern bestehen, welches jedoch auf die Stellvertreter keine Anwendung findet. Wenn von den zu Gemeindeverordneten Gewählten weniger als die Hälfte Grundbesitzer sind, so treten diejenigen Unangesessenen, welche die wenigsten Stimmen gehabt haben, zurück und werden die ersten Stellvertreter, soweit dergleichen überhaupt zu wählen sind. Die Wahl muß alsdann zur Ergänzung der erforderlichen Anzahl von Grundbesitzern in denjenigen Wahlversammlungen, in welchen die Zurücktretenden gewählt waren, erneuert werden. Wo örtliche Verhältnisse es nothwendig machen, kann der Oberpräsident von der Vorschrift, daß wenigstens die Hälfte der Gemeindeverordneten aus Grundbesitzern bestehen soll, eine Ausnahme gestatten.

§. 53. In dem Wahltermine, welcher vier Wochen vorher nach der in der Gemeinde gewöhnlichen Publikationsart bekannt zu machen ist, müssen die Wahlberechtigten persönlich erscheinen. Die Ausgebliebenen sind an die Beschlüsse der Anwesenden gebunden und zur Einsendung schriftlicher Abstimmungen nicht befugt. Wer, obgleich anwesend, sich der Abstimmung enthält, ist den Ausgebliebenen gleichzuachten. Zu einer gültigen Wahl ist in jeder Wahlklasse die Theilnahme von wenigstens eben so vielen Wählern nothwendig, als Wahlen vorzunehmen sind. Kann hiernach eine gültige Wahl nicht zu Stande kommen, so ernennt der Landrath die Gemeindeverordneten und Stellvertreter, welche zu wählen waren, und die Ernannten sind dann, wenn ihnen nicht die gesetzlichen Entschuldigungsgründe, welche von der Uebernahme einer Vormundschaft befreien, zur Seite stehen, zur Annahme der Stellen unbedingt verpflichtet.

§. 54. Die Wahl erfolgt unter der Leitung des Bürgermeisters im Beistand zweier von der Wahlversammlung zu bestimmenden Skrutatoren. Der Bürgermeister kann sich durch den Gemeindevorsteher vertreten lassen.

§. 55. Die Wahl jedes Gemeindeverordneten und jedes Stellvertreters erfolgt in einer besonderen Wahlhandlung. Als erwählt ist derjenige zu betrachten, welcher die absolute Stimmenmehrheit für sich hat. Ergiebt sich nicht eine absolute Mehrheit, so sind diejenigen zwei Kandidaten, welche die meisten Stimmen für sich haben, auf eine engere Wahl zu bringen. Wird auch hierbei nach zweimaligem Versuchen keine absolute Mehrheit erreicht, so entscheidet das Loos. Fallen die meisten Stimmen in gleicher Zahl auf mehr als zwei Kandidaten, so ist unter denselben zum Behuf der engern Wahl eine Vorwahl zu veranstalten, bei welcher die relative Stimmenmehrheit entscheidet. Ergiebt die Vorwahl kein Resultat, so entscheidet unter denen, welche in derselben gleiche Stimmen bekommen haben, das Loos darüber, welche zwei Kandidaten auf die engere Wahl zu bringen seien.

§. 56. Die Wahlstimmen werden mittelst verdeckter Stimmzettel abgegeben. Sollte diese Wahlform in einzelnen Gemeinden nicht anwendbar sein, so hat der Oberpräsident für dieselben eine andere Wahlform zu bestimmen.

§. 57. Reklamationen gegen das Verzeichniß der Wahlberechtigten, welches bei Ankündigung des Wahltermins öffentlich auszulegen ist, machen die Wahlhandlung nur dann ungültig, wenn nachher eine solche Abänderung desselben verfügt wird, durch welche der Gewählte die absolute Stimmenmehrheit verliert.

(...)

Vierter Abschnitt.

Von der Verwaltung der Gemeinden.

Erste Abtheilung.

Von den Rechten und Verhältnissen des Gemeinderathes.

§. 61. Der Gemeinderath hat die Vollmacht und Verpflichtung, für die Gemeinde in ihren Gemeindeangelegenheiten nach Ueberzeugung und Gewissen verbindende Beschlüsse zu fassen. Ueber andere Angelegenheiten kann der

Gemeinderath nur dann berathen, wenn solche durch besondere Gesetze oder in einzelnen Fällen durch Verfügung der Regierung, an ihn gewiesen sind.

§. 62. Der Gemeinderath kann nur dann zusammentreten, wenn er dazu von dem Bürgermeister oder mit dessen Genehmigung von dem Vorsteher zusammenberufen worden ist. Auf den Antrag des vierten Theils der Mitglieder, und wenn ihre Zahl weniger als zwölf beträgt, auf den Antrag von wenigstens drei Mitgliedern, ist der Bürgermeister verpflichtet, den Gemeinderath entweder selbst zusammenzuberufen oder den Vorsteher zu dessen Zusammenberufung anzuweisen. Die Zusammenberufung erfolgt schriftlich, unter Angabe der zur Berathung kommenden Gegenstände, und, mit Ausnahme dringender Fälle, mindestens drei Tage vorher. Es können auch regelmäßige Sitzungstage durch den Bürgermeister, nach Anhörung des Gemeinderaths, ein für allemal bestimmt werden; die Gegenstände der Berathung sind aber auch dann, wenn dieselben nicht dringend sind, wenigstens drei Tage vor der Sitzung den Mitgliedern bekannt zu machen. Jedes Mitglied des Gemeinderathes hat das Recht, Anträge und Vorschläge über die Angelegenheiten der Gemeinde zur Berathung zu bringen. Dieselben müssen jedoch, wenn sie nicht vorher dem Bürgermeister und durch diesen drei Tage vor der Sitzung den übrigen Mitgliedern mitgetheilt sind, auf den Antrag des Bürgermeisters oder auch nur eines Mitgliedes bis zur nächsten Sitzung ausgesetzt werden.

§. 63. Der Bürgermeister führt im Gemeinderath den Vorsitz und hat bei Stimmengleichheit die entscheidende Stimme, sonst aber, wenn er nicht zugleich Gemeindevorsteher ist, kein Stimmrecht. Er kann jedoch in geeigneten Fällen dem Vorsteher den Vorsitz übertragen. Wenn über den Haushaltsetat, über die Abnahme der Gemeinderechnung und über Angelegenheiten, bei welchen mehre Gemeinden des Bürgermeistereibezirks gemeinschaftlich betheiligt sind (§. 60), berathen wird, muß er stets selbst den Vorsitz führen. Der Vorsteher hat immer volles Stimmrecht, und wenn er den Vorsitz führt, bei Stimmengleichheit die entscheidende Stimme. Der Gemeinderath kann einen Protocollführer aus seiner Mitte wählen.

§. 64. Die Beschlüsse werden nach Stimmenmehrheit gefaßt; zur Gültigkeit eines Beschlusses ist die Gegenwart von wenigstens zwei Drittheilen der Mitglieder erforderlich. Wenn der Gemeinderath, nachdem er zur Berathung ein und desselben Gegenstandes zweimal vorschriftsmäßig zusammenberufen ist, beidemale nicht in beschlußfähiger Zahl erscheint, so ergänzt der Landrath seinen Beschluß. Wer nicht mitstimmt oder die Unterschrift des Protokolls verweigert, ist als nicht erschienen zu betrachten. Es kann aber jedes Mitglied des Gemeinderaths verlangen, daß seine abweichende Ansicht in das Protokoll aufgenommen werde.

§. 65. Wer bei einer Angelegenheit ein von dem Interesse der Gemeinde verschiedenes Interesse hat, darf an der Berathung keinen Theil nehmen. Kann wegen persönlicher Betheiligung der Mitglieder und der an deren Stelle einzuberufenden Stellvertreter eine beschlußfähige Versammlung nicht gehalten werden, so hat die Regierung vermöge des ihr zustehenden Oberaufsichtsrechts für die Wahrung der Rechte der Gemeinde Sorge zu tragen und die dazu erforderlichen Einleitungen zu treffen, nöthigenfalls auch einen Rechtsanwalt zu bestellen. Diese Bestimmung findet insonderheit alsdann Anwendung, wenn Streit darüber entsteht, ob ein Gegenstand Eigenthum der Gemeinde oder der einzelnen Gemeindeglieder ist.

§. 66. Die Beschlüsse sind, mit Anführung der dabei gegenwärtig gewesenen Mitglieder, in ein besonderes Buch einzutragen, und sowohl von dem Vorsitzenden, als von allen anwesenden Mitgliedern, in der Sitzung selbst, zu unterschreiben. Die Ausfertigung solcher Beschlüsse, welche Urkunden beigefügt werden, oder als Autorisation für den Bürgermeister zu einzelnen Amtshandlungen dienen sollen (§ 102) müssen von dem Vorsitzenden und zwei Mitgliedern des Gemeinderaths unterschrieben werden. Letztere werden dazu jährlich vom Gemeinderath aus seiner Mitte gewählt.

§. 67. Alle Beschlüsse des Gemeinderaths müssen dem Bürgermeister, in so fern er nicht selbst den Vorsitz geführt hat, sogleich vorgelegt werden.

§. 68. Der Gemeinderath kann zur Vorbereitung der zur Verhandlung kommenden Gegenstände Commissionen aus seiner Mitte ernennen. Dem Bürgermeister steht es frei, auch in diesen Commissionen den Vorsitz zu führen.

§. 69. Den Meistbeerbten und Gemeindeverordneten ist es nicht erlaubt, irgend eine Vergeltung für die Ausübung ihres Berufes anzunehmen; nur baare Auslagen werden ihnen erstattet.

§. 70. Der Versammlung des Gemeinderaths müssen alle Mitglieder regelmäßig beiwohnen und kein Mitglied darf sich der Abstimmung oder der Unterschrift des Protokolls entziehen. Ein Mitglied, welches die Versammlung dreimal nacheinander ohne genügende Entschuldigung versäumt, oder wiederholt durch ungebührliches Benehmen Ordnung und Ruhe gestört und den Zuruf des Vorsitzenden zur Ordnung nicht beachtet hat, oder welches die Theilnahme an der Abstimmung oder die Unterschrift des Protokolls ohne hinreichenden Grund verweigert, kann aus dem Gemeinderath ausgeschlossen werden. Die Entscheidung erfolgt durch die Regierung.

§. 71. Sollte ein Gemeinderath in Unordnung oder Parteiung verfallen, oder fortwährend seine Pflichten in solchem Grade vernachläßigen, daß die im § 64 vorgesehene Maßregel zur Fortführung einer ordnungsmäßigen Verwaltung nicht ausreicht, so werden Wir den Gemeinderath nach genauer Untersuchung der Sache auflösen, die Bildung einer neuen Vertretung anordnen, und die Schuldigen auf gewisse Zeit oder auf immer für unfähig zu einer neuen Wahl erklären.

(...)

Dritte Abtheilung.

Von den Befugnissen und Geschäftsverhältnissen des Bürgermeisters, des Gemeinderaths und der Staatsbehörden hinsichtlich der Verwaltung der Gemeinde-Angelegenheiten.

§. 85. Dem Bürgermeister gebührt in allen Gemeindeangelegenheiten unter der in gegenwärtiger Ordnung vorgeschriebenen Mitwirkung des Gemeindevorstehers (§ 76) die Ausführung, die Entscheidung aber nur in denjenigen Fällen, in welchen sie nicht dem Gemeinderathe übertragen ist. Der Bürgermeister kann, wo das Bedürfniß es erfordert, mit Genehmigung der Regierung zur Verwaltung einzelner Geschäftszweige aus geeigneten Gemeindegliedern Deputationen bilden, wobei auf die bestehenden Einrichtungen dieser Art besonders Rücksicht zu nehmen ist. Mitglieder des Gemeinderaths können nur mit dessen Zustimmung zu einer Deputation bestimmt werden. Solche Deputationen sind nur als im Auftrage des Bürgermeisters bestehend und als ihm untergeordnet zu betrachten.

§. 86. Ueber alle von den Gemeinden zu bestreitende Ausgaben und zu leistende Dienste hat der Gemeinderath zu beschließen. In Ansehung derjenigen Ausgaben und Dienste, welche zur Erfüllung von Pflichten der Gemeinden gegen den Staat, gegen Institute und gegen Privatpersonen nothwendig sind, z. B. zur Anlage und Unterhaltung von Polizei- und Armen-Anstalten, in den Angelegenheiten der Kirchen, Schulen, frommen Stiftungen u. s. w., ist der Beschluß des Gemeinderaths als bloßes Gutachten anzusehen. Was nach den Festsetzungen der Staatsbehörde in Beziehung auf Angelegenheiten dieser Art erfordert wird, ist die Gemeinde zu leisten verpflichtet. In Ansehung derjenigen Ausgaben und Dienste, welche nur das besondere Interesse der Gemeinde betreffen, ist der Beschluß des Gemeinderaths entscheidend. Wegen des Umfanges der Pflichten der Gemeinden behält es bei den bestehenden Gesetzen sein Bewenden.

§. 87. Ueber die Art, wie die Ausgaben gedeckt werden sollen, so wie über den Vertheilungsmaßstab der Dienste, hat der Gemeinderath zu beschließen. (§ 23) Verweigert der Gemeinderath die Abfassung eines Beschlusses oder die Abänderung eines ungesetzlichen oder eines solchen Beschlusses, welchem die nach den Bestimmungen der gegenwärtigen Ordnung erforderliche Genehmigung der Staatsbehörde versagt wird, so läßt die Regierung die fehlende Summe nach dem Maaßstabe der Staatssteuern (§ 23) auf die Gemeinde-Angehörigen vertheilen und zur Gemeindekasse erheben.

§. 88. Ueber die Art und Weise der Ausführung von Gemeindeanlagen und Anstalten, sowie über die Verwaltung des Gemeindevermögens, muß der Gemeinderath in allen Fällen zuvor gehört werden. In Ansehung solcher Angelegenheiten, welche sich auf Erfüllung von Pflichten der Gemeinden beziehen, (§ 86) ist auch hier der Beschluß des Gemeinderaths als bloßes Gutachten anzusehen, welches aber soweit beachtet werden soll, als es den Zwecken entsprechend und mit den allgemeinen Staatsgrundsätzen vereinbar ist. Für die Behandlung derjenigen Angelegenheiten, welche nur das besondere Interesse der Gemeinde und namentlich der Vermögensverwaltung betreffen, ist der Beschluß des Gemeinderaths entscheidend. Wenn jedoch der Bürgermeister die Ueberzeugung hat, daß ein Beschluß den Gesetzen widerspricht, oder dem Gemeindewohl wesentlich nachtheilig werden würde, so soll er die Ausführung versagen und darüber an den Landrath berichten; er muß aber, wenn er bei Abfassung des Beschlusses nicht anwesend war, eine nochmalige Berathung der Sache unter seinem Vorsitz veranlassen und eine Einigung versuchen. Der Landrath kann den Gemeinderath persönlich vernehmen, und hat, wenn auch er keine Einigung zu Stande bringt, die Verhandlungen mit seinem Gutachten der Regierung zur Entscheidung vorzulegen.

§. 89. Ueber alle Ausgaben, Dienste und Einnahmen, welche sich im Voraus bestimmen lassen, stellt der Bürgermeister Etats auf, und hat, nachdem solche vom Gemeinderathe festgestellt worden, innerhalb der Grenzen dieser Etats, ohne über die einzelnen Anweisungen den Gemeinderath zu hören, selbstständig zu verfügen. Ein Duplikat der Etats ist dem Landrath vor der Ausführung einzureichen, welcher, wenn darin gegen gesetzliche Bestimmungen gefehlt ist, die Ausführung nöthigenfalls zu suspendiren, die Entscheidung der Regierung einzuholen und danach den Etat festzustellen und dem Bürgermeister zur Ausführung zuzufertigen hat. Der Entwurf zu den Haushalts-Etats soll, bevor er vom Gemeinderathe geprüft wird, vierzehn Tage lang im Verwaltungslokale zur Einsicht der Gemeindeglieder und der Forensen offen gelegt werden. Der Gemeinderath kann auch die Veröffentlichung der Haushalts-Etats durch den Abdruck beschließen. Bei Vorlegung des Haushalts-Etats hat der Bürgermeister dem Gemeinderath einen ausführlichen Bericht über den Stand der gesammten Verwaltungs-Angelegenheiten der Gemeinde vorzulegen.

§. 90. Der Bürgermeister hat dafür zu sorgen, daß der Haushalt nach den Etats geführt werde. Außerordentliche Ausgaben, welche außer dem Etat geleistet werden sollen, bedürfen der Genehmigung des Gemeinderaths und des Landraths.

§. 91. Die Rechnung über die Gemeindekasse hat der Einnehmer vor dem 1. Juni des folgenden Jahres zu legen und dem Bürgermeister einzureichen. Nach vorläufiger Durchsicht läßt der Bürgermeister in der Gemeinde bekannt machen, daß die Rechnung im Verwaltungslokale während vierzehn Tage offen liege. Jedes Gemeindemitglied ist befugt, die Rechnung daselbst einzusehen und seine Erinnerungen dem Bürgermeister oder dem Gemeinderath schriftlich einzureichen, um davon bei Prüfung der Rechnung in geeigneter Weise Gebrauch zu machen. Der Bürgermeister revidirt sodann die Rechnung und legt sie mit seinen Bemerkungen dem Gemeinderath zur Prüfung und Abnahme vor. Gleich nach der Abnahme der Rechnung des Einnehmers hat der Gemeinderath unter dem Vorsitz eines von ihm zu erwählenden Mitgliedes die Rechtmäßigkeit der vom Bürgermeister ertheilten Ausgabe-Anweisungen und die Vollständigkeit und Richtigkeit der Einnahme-Ueberweisungen zu prüfen. Das darüber aufzunehmende Protokoll reicht der Vorsitzende dem Landrath unmittelbar ein. Der Bürgermeister darf bei jener Berathung nicht zugegen sein.

§. 92. Die Rechnung ist mit den Revisions- und Abnahmeverhandlungen an den Landrath zur schließlichen Prüfung und Feststellung einzusenden. Dieser hat längstens in sechs Monaten die weitere Revision der Rechnung zu bewirken und die Decharge zu ertheilen, oder seine Erinnerungen dem Bürgermeister mitzutheilen. Der Gemeinderath kann die Veröffentlichung der Rechnungen durch den Abdruck beschließen.

(...)

§. 100. Der Gemeinderath kontrolirt die Verwaltung. Er ist daher berechtigt und verpflichtet, sich von der Ausführung seiner Beschlüsse und der Verwendung aller Gemeinde-Einnahmen Ueberzeugung zu verschaffen, die Akten einzusehen, die Richtigkeit der Ausführung der Gemeinde-Arbeiten zu untersuchen u. s. w. Der Gemeinderath kann Behufs dieser Kontrole Ausschüsse aus seiner Mitte ernennen.

§. 101. Wenn der Gemeinderath glaubt, daß dem Vorsteher oder Bürgermeister Vernachläßigungen oder Pflichtverletzungen zur Last fallen, so ist dem Landrath Anzeige davon zu machen, welcher die Sache zunächst im administrativen Wege untersucht und darüber an die Regierung zur Verfügung berichtet. Wenn aber der eine oder der andere Theil sich bei der Verfügung der Regierung nicht beruhigen will, so steht ihm frei, binnen vier Wochen, von dem Eingange der Verfügung an gerechnet, entweder auf die Entscheidung der höheren Verwaltungsbehörde oder in dazu geeigneten Fällen auf den Rechtsweg zu provoziren. Dem Ermessen der Regierung bleibt überlassen, ob ihre Verfügung vorläufig in Vollzug gesetzt werden soll. Ist auf Entscheidung der höheren Verwaltungsbehörde angetragen worden, und sind beide Theile mit diesem Antrage einverstanden, so ist der Rechtsweg ausgeschlossen; die höhere Verwaltungsbehörde bleibt jedoch befugt, die Sache selbst zum Rechtswege zu verweisen. Sollte ein Prozeß gegen den Vorsteher oder Bürgermeister nöthig werden, so hat die Regierung solchen auf den Antrag des Gemeinderaths einzuleiten und für die Gemeinde den vom Gemeinderath vorgeschlagenen Anwalt zu bestellen, welcher Namens derselben den Prozeß zu führen hat.

§. 102. Urkunden, welche die Gemeinde verbinden sollen, müssen Namens derselben vom Bürgermeister und Vorsteher unterschrieben werden; die Beschlüsse des Gemeinderaths und die Genehmigung der Staatsbehörden sind in den geeigneten Fällen der Urkunde in beglaubigter Form beizufügen. (§ 66)

III. TITEL.
Von den Bürgermeistereien.

§. 103. Der Bürgermeister wird nach Vernehmung der gutachtlichen Vorschläge des Landraths von der Regierung ernannt, jedoch behalten Wir Uns vor, für diejenigen Bürgermeistereien, welche eine Stadt von mehr als 10,000 Einwohnern enthalten, den Bürgermeister auf den Vorschlag der Regierung Allerhöchstselbst zu ernennen, und demselben den Titel eines Ober-Bürgermeisters beizulegen. Bei diesen Ernennungen soll auf angesehene Grundbesitzer in dem Bürgermeistereibezirke und auf andere Personen, welche das Vertrauen der Eingesessenen vorzugsweise genießen, sofern sie sonst für das Amt geeignet sind, besonders Rücksicht genommen werden. Für jede Bürgermeisterei sind von der Regierung in gleicher Weise zwei oder, wo es das Bedürfniß erfordert, mehrere Beigeordnete zu ernennen; das Amt derselben dauert sechs Jahre, nach deren Ablauf sie wieder ernannt werden können. Die Beigeordneten sind bestimmt, einzelne Amtsgeschäfte, welche der Bürgermeister ihnen aufträgt, zu besorgen, und diesen in Verhinderungsfällen und während der Erledigung des Amtes nach der unter ihnen von der Regierung festzusetzenden Reihenfolge zu vertreten.

(...)

§. 105. Der Landrath ist der nächste Dienstvorgesetzte des Bürgermeisters, und als solcher befugt, gegen denselben Ordnungsstrafen bis zu zehn Thalern zu verfügen und deren Vollstreckung zum Besten der Armenkasse anzuordnen. Der Beschluß der Regierung über die unfreiwillige Entlassung eines Bürgermeisters aus dem Amte bedarf der Bestätigung des Ministers des Innern. Hinsichtlich der **unfreiwilligen Entlassung eines von Uns ernannten Ober-Bürgermeisters** findet dasjenige Verfahren Anwendung, welches gegen unmittelbar von Uns ernannte oder bestätigte Staatsbeamte vorgeschrieben ist. (Gesetz vom 29. März 1844 § 45)

(...)

§. 107. Für jede Bürgermeisterei wird von der Bürgermeisterei-Versammlung ein Normal-Besoldungsetat aufgestellt und von der Regierung genehmigt. Die Besoldungen, so wie die Entschädigungen für Dienstunkosten, müssen von der Bürgermeisterei aufgebracht werden. Die Besoldung des Bürgermeisters und dessen Entschädigung für Dienstunkosten sollen zusammen 3 Sgr. auf den Kopf der Bevölkerung nicht übersteigen. Neben diesem Einkommen, von welchem zwei Drittheile als Besoldung und ein Drittheil als Büreaukosten angesehen werden, kann der Bürgermeister, wenn er zugleich Gemeindevorsteher ist, (§ 74) die im § 75 gedachte Entschädigung beziehen. In Ansehung der Vergütung für Dienstreisen außerhalb der Bürgermeisterei, sowie der Gebühren und baaren Auslagen für Amtshandlungen des Bürgermeisters, finden die Vorschriften des § 75 Anwendung. Die Bürgermeisterei ist verpflichtet, ein angemessenes Geschäftslokal zu beschaffen. Den bei der Publikation dieses Gesetzes angestellten Bürgermeistern, welchen bereits ein höheres Diensteinkommen zugesichert ist, soll dasselbe für die Dauer ihrer Dienstzeit auch ferner verbleiben.

§. 108. Der Bürgermeister führt die Verwaltung der Kommunal-Angelegenheiten der Bürgermeisterei und ist hierbei die allein ausführende Behörde. Er hat, als die Polizeiobrigkeit des Bürgermeistereibezirks, in demselben die Polizeiverwaltung zu besorgen, sowie alle in Landesangelegenheiten vorkommende örtliche Geschäfte, soweit hierzu nicht besondere Behörden bestellt sind. Unter dieser Beschränkung ist er eben so berechtigt als verpflichtet, darauf zu sehen, daß überall die bestehenden Landesgesetze und Vorschriften gehörig beobachtet werden. In dieser Hinsicht sind ihm auch alle zu öffentlichen Zwecken in dem Bürgermeistereibezirke bestehenden Gemeindebehörden, imgleichen Korporationen und Stiftungen, jedoch unbeschadet der durch ihre Statuten oder besondere Gesetze begründeten Modifikationen Folge zu leisten schuldig. Hinsichtlich der Funktionen der Bürgermeister und Beigeordneten als Zivilstandsbeamte, als Hülfsbeamte der gerichtlichen Polizei und als Vertreter des öffentlichen Ministeriums bei den Policeigerichten, so wie hinsichtlich der Befugnisse der Bürgermeister, Policeiverordnungen und Policeistraf-Resolute zu erlassen, behält es in den verschiedenen Theilen der Provinz bei der bestehenden Verfassung sein Bewenden.

(...)

IV. TITEL.
Von der Oberaufsicht über die Gemeindeverwaltung.

§. 114. Die Oberaufsicht des Staats über die Bürgermeistereien und Gemeinden wird durch die Regierungen und Landräthe ausgeübt. Diese Behörden sind berechtigt und verpflichtet: a) sich darüber, ob in jeder Bürgermeisterei und in jeder Gemeinde die Verwaltung nach den Gesetzen überhaupt und nach dem gegenwärtigen Gesetze insbesondere eingerichtet sei, Ueberzeugung zu verschaffen, zu diesem Zwecke auch die Etats und Rechnungen einzufordern und die dabei wahrgenommenen Mängel zu rügen; b) dafür zu sorgen, daß die Verwaltung fortwährend in dem vorgeschriebenen Gange bleibe und alle Störungen beseitigt werden; c) die Beschwerden einzelner über die Verletzung der ihnen als Mitglieder zustehenden Rechte zu untersuchen und zu entscheiden; d) die Bürgermeistereien und Gemeinden zur Erfüllung ihrer Pflichten anzuhalten, und e) in den Fällen zu entscheiden, welche in der gegenwärtigen Ordnung dahin gewiesen sind.

§. 115. Wegen des Verfahrens bei Ausübung dieses Aufsichtsrechts (§ 114) finden folgende nähere Bestimmungen Statt: 1) In denjenigen Angelegenheiten, welche durch gegenwärtige Ordnung ausdrücklich zur Entscheidung der Regierung gewiesen sind, verfügt dieselbe unmittelbar auf den Bericht des Landraths. 2) In denjenigen Angelegenheiten, welche das Gesetz den Landräthen besonders überweist, handeln diese als selbstständige Behörden. 3) In allen übrigen Fällen wird die der Regierung zustehende Aufsicht auf die Bürgermeistereien und Gemeinde-Angelegenheiten durch die Landräthe, als beständige Commissarien der Regierung, ausgeübt, sofern diese nicht für nöthig findet, die Sache zu ihrer unmittelbaren Einwirkung und Entscheidung zu ziehen. Wo nicht eine Ausnahme dieser Art eintritt, ist in den Angelegenheiten der Bürgermeistereien und Gemeinden an den Landrath zu berichten, welcher in den Fällen zu 1 die Sache der Regierung zur Verfügung vorträgt, in denen zu 2 selbst entscheidet, und in denen zu 3 nach Maßgabe der bestehenden und künftig zu erlassenden reglementarischen Bestimmungen entweder selbst verfügt, oder die Entscheidung der Regierung einholt.

§. 116. In denjenigen Städten, welche der Aufsicht des Landraths bisher nicht unterworfen waren, bleibt dieses Verhältniß ferner bestehen. Alle Funktionen, welche das gegenwärtige Gesetz den Landräthen zuweist, werden in Bezug auf jene Städte unmittelbar von der Regierung ausgeübt.

§. 117. Gegen die Entscheidung des Bürgermeisters bleibt der Rekurs an den Landrath, gegen die Entscheidung des Landraths der Rekurs an die Regierung, und gegen die Entscheidung der Regierung der Rekurs an den Oberpräsidenten vorbehalten. Der Rekurs muß in allen Instanzen binnen einer Präklusivfrist von sechs Wochen, vom Empfang der Verfügung, gegen welche Rekurs ergriffen werden soll, an gerechnet, bei der Behörde eingelegt werden, gegen deren Verfügung Beschwerde erhoben wird. Die Rechtfertigung des Rekurses kann auch an die vorgesetzte Behörde eingereicht werden. Hinsichtlich der Zulässigkeit des Rechtsweges in den dazu geeigneten Fällen wird durch die gegenwärtige Ordnung an den bestehenden Gesetzen nichts geändert.

(...)

Kommentar 45

Bei der Gemeinderatswahl in Barmen im Mai 1846 nach der Gemeindeordnung von 1845 wurden nur 8 von den 20 früheren Gemeindevertretern wiedergewählt. Für die 1. Klasse hatte eine „Vorwahl" im Barmer Verein „Concordia" stattgefunden, wo sich die Honoratiorenschaft über ihre Vertreter verständigte. Mit Dr. Nohl in der 3. Klasse war ab 1846 ein Vertreter liberaler Ideen im Barmer Gemeinderat vertreten. Nohl gründete den „Politischen Klub" und war als entschieden liberaler Delegierter im Frankfurter Vorparlament. Die veränderte Atmosphäre Ende der 40er Jahre dokumentierte ein Essen anläßlich der Einführung des neuen Rates, bei dem die Honoratioren die neuen Gemeinderäte im Sinne einer harmonischen Zusammenarbeit zu gewinnen suchten. Man antwortete ihnen von seiten der „Volkspartei", „daß die absolute Einigkeit, wie sie der Redner von ihnen wünsche, nicht zum Heile führen könne, daß vielmehr ein entschiedenes, charaktervolles Aussprechen der Meinungsverschiedenheiten, die in allen menschlichen Angelegenheiten auftauchen würden, zu dem wahren Ausdruck des Gesamtwillens, den darzustellen die Versammlung berufen sei, führen könne" (Elberfelder Zeitung vom 14.6.1846).

Die Wahlen zum Gemeinderat nach dem Dreiklassenwahlrecht kommentierte ein „Eingesandt" im Mai 1848 in der Barmer Zeitung: „Die 90 reichsten Wähler Barmens zählen mit ihren Familien ungefähr 500 Seelen, die 212 weniger Reichen ungefähr 1000 Seelen, macht 1500. Aus diesen 1500 sind 20 Gemeindeverordnete mit 10 Stellvertretern in den Gemeinderat gesandt worden. Barmen hat 35500 Seelen, nach Abzug jener 1500 bleiben 34000 und aus diesen 34000 sind nur 10 Gemeindeverordnete und 5 Stellvertreter in dem Gemeinderat. Oder: die reichste und demnächst reichste Klasse haben, wie dies aus den neulichen Wählerlisten hervorgeht, 300 Wähler und von ihnen 20 Gemeindeverordnete und 10 Stellvertreter, die dritte Klasse hat 6000 Wähler und nur 10 Gemeindeverordnete und 5 Stellvertreter. Bürger Barmens! Wie gefällt euch diese Zusammensetzung des Gemeinderats?"

Obwohl bereits 1861 der Zensus für die Stadtratswahlen auf wiederholten Antrag auf vier Taler Klassen- bzw. sechs Taler Grundsteuer ermäßigt wurde (1846 lag das Steuerminimum bei 6 Talern Klassen- und 8 Talern Grundsteuer), erschien in der Barmer Zeitung vom 25.11.1863 eine Anzeige, in der es hieß: „Bürger Barmens! Wählt den vervetterten, verschwägerten und verbrüderten Stadtfamilienrat von Eynern, Gaue, Schlieper (Senioren & Junioren)". 1869 waren von 70930 Barmern 2964 wahlfähig.

Quelle 45
Verzeichnis der Gemeindeverordneten der Stadt Barmen
(Wahl vom 25., 27. und 29. Mai 1846)
SAW D II 5   handschriftlich

[Rubriken: Name, Beruf, „verwandtschaftliches Verhältniß"]

III. Klasse

A. Gemeinde = Verordnete

1) Nohl Louis, Med. Dr., Ist mit keinem der Gewählten verwandt
2) Cleff Pet. Abr., Kaufmann, desgleichen.
3) Wescher Wilh., dito, desgleichen.
4) Röder Joh. Pet. jr., Baumeister, desgleichen.
5) [Z]app Bernhard, Kaufmann, Schwager des sub No. 16 aufgeführten p. Hißel
6) Jung Karl, dito, Wie ad No. 1
7) Mittelsten Scheidt Karl, dito, Schwager des sub No. 23 aufgeführten p. Dicke
8) van Hees Karl, Bleicher, Schwager des sub No. 28 aufgeführten p. Brögelmann
9) Lengmann Karl, Kaufmann, Wie ad No. 1
10) Wettstein Theodor, dito, dito.

B. Stellvertreter

11) Junghaus Eduard Ferdin., Kaufmann, Wie ad No. 1
12) Baltershold Peter jr., Schlösser, dito.
13) Kotthaus Friedr. Wilhelm, Holzhändler, dito.
14) Krimmelbein Ferd., Kaufmann, dito
15) Könemann Christian, ohne, dito

II. Klasse

A. Gemeinde = Verordnete

16) Hißel Wilhelm, Kupferschläger, Schwager des sub No. 5 aufgeführten p. Zapp
17) Birschel Wilhelm, Conditor, Wie ad No. 1
18) Mühlinghaus Pet. Kaspar, ohne, desgleichen
19) Werlé Wilhelm, Rentner, desgleichen
20) Lange Wilhelm, Kaufmann, Schwager des sub No. 24 aufgeführten p. Humborg
21) Eykelskamp Abrah., dito, Wie ad No. 1
22) Dönninghaus Joh. Peter, Müller, Schwager des sub No. 23 aufgeführten p. Dicke
23) Dicke Karl, Färber, Schwager des Vorgenannten.
24) Humborg Eduard, Goldarbeiter, Schwager des sub No. 20 aufgeführten p. Lange
25) Hösterey Peter, Kaufmann, Oheim des sub No. 37 aufgeführten p. Gauhe

B. Stellvertreter

26) Lohmeyer Gottfr., Kaufmann, Wie ad No. 1
27) Fischer Niels Christ, Färber & Drucker, desgleichen
28) Brögelmann Gustav, Kaufmann, Schwager des sub No. 8, aufgeführten p. van Hees
29) Schlieper Georg, dito, Wie ad No. 1
30) Goldenberg Karl, dito, desgleichen

I. Klasse

A. Gemeinde = Verordnete

31) von Eynern Wilh., Kaufmann, Schwager des sub No. 39 aufgeführten p. Barthels
32) de Bary Eduard, dito, Schwager des sub No. 38 aufgeführten p. Wittenstein
33) Engels August, dito, Wie ad No. 1
34) Bredt Joh. Peter, Rentner, Schwager des sub No. 40 aufgeführten Osterroth
35) Siebel Wilhelm, Kaufmann, Wie ad No. 1
36) Rosbach G. L., dito, desgleichen
37) Gauhe Julius, dito, Neffe des sub No. 23 aufgeführten p. Hösterey
38) Wittenstein jr. Wilhelm, dito, Schwager des sub No. 32 aufgeführten p. de Bary
39) Barthels Karl, dito, Schwager des sub No. 31 aufgeführten p. von Eynern
40) Osterroth Wilhelm, dito, Schwager des sub No. 34 aufgeführten Bredt

B. Stellvertreter

41) Lehmbach Friedr. Wilh., Kaufmann, Wie ad. No. 1
42) Hasselkus Theod., dito, Schwager des sub No. 44 aufgeführten p. Mühlinghaus
43) Schmidt Friedr., dito, Wie ad No. 1
44) Mühlinghaus Joh. Ferd., dito, Schwager des sub. No. 42 aufgeführten p. Hasselkus
45) Wesenfeld Karl Ludwig, dito, Wie ad No. 1

Kommentar 46

Oberbürgermeister Johann Adolph von Carnap (1793-1871) war nach den Maiunruhen in Elberfeld am 25.6.1849 seines Amtes enthoben worden. Gegen ihn und die Teilnehmer der Gemeinderatssitzung, in der am 10.5.1849 dem Sicherheitsausschuß das Stadtregiment übertragen worden war sowie diejenigen Gemeinderatsmitglieder, die in diesen Sicherheitsausschuß gewählt worden waren (David Peters, Johann Anton Schlösser, Johann F. Blanke und Carl Hecker), wurde von seiten der Regierung eine Untersuchung eingeleitet, die der Regierungsassessor Carl Emil Lischke (1813-1886) führte. Der Gemeinderat wurde aufgelöst, die Teilnehmer an der Sitzung vom 10.5. verloren auf ein Jahr, die Gemeinderatsmitglieder im Sicherheitsausschuß auf sechs Jahre, Carl Hecker und der flüchtige Dr. Höchster für immer ihr passives Wahlrecht; die Beigeordneten Wilhelm Blank-Hauptmann, Carl Heinrich Boeddinghaus und Hermann von der Heydt verloren ihre Ämter. Im Dezember 1849 wurde von Carnap wieder in sein Amt eingesetzt; die Urteile bezüglich der Mitglieder des Gemeinderats wurden bis auf diejenigen gegen Hecker und Höchster aufgehoben. Im Juli/August 1850 wurden in Elberfeld die Wahlen zum Gemeinderat nach der Gemeindeordnung vom 11.3.1850 durchgeführt, die u.a. die Wählbarkeit des Bürgermeisters durch den Gemeinderat und eine Erweiterung des Kreises der Gemeindewähler durch die Senkung des Klassensteuerminimums auf 2 Reichstaler vorsah. In Elberfeld wählten 2498 Männer (1849 hatte Elberfeld ca. 47131 Einwohner); zur 3. Klasse zählten 2199, zur 2. Klasse 249 und zur 1. Klasse 50 Wahlberechtigte. Der Gemeinderat bestand aus 30 Mitgliedern; Stellvertreter waren in der geltenden Gemeindeordnung nicht vorgesehen.

Am 3.12.1850 wählte der Gemeinderat Carl Emil Lischke, dessen Amtseinführung und Angaben zur Person im folgenden dokumentiert sind, zum Bürgermeister; im selben Jahr noch wurde ihm der Titel „Oberbürgermeister" verliehen. Lischke war Oberbürgermeister Elberfelds bis 1872.

Quelle 46
Protokoll der Einführung des Elberfelder Bürgermeisters und Regierungsrates Carl Emil Lischke und Nachweis der persönlichen und dienstlichen Verhältnisse

SAW E I 47   22.1.1851/16.12.1864   handschriftlich   Abschriften

In Folge Verfügung des Herrn Präsidenten der Königlichen Regierung zu Düsseldorf, Freiherrn von Maßenbach, vom 17. dieses, war auf heute Vormittag 11. Uhr eine öffentliche Versammlung des Gemeinderaths, Behufs der Einführung des unterm 3. vorigen Monats und Jahres gewählten, durch Allerhöchsten Erlaß vom 23. nämlichen Monats bestätigten Bürgermeisters, Herrn Regierungs=Raths Lischke, anberaumt.

Der Herr Regierungs=Präsident eröffnete die Sitzung, indem er den Zweck seiner Anwesenheit näher mittheilte, der Wichtigkeit des Amtes gedenkend, wozu der Herr p. Lischke berufen worden. Hierauf sich an diesen wendend, forderte der Herr Regierungs=Präsident denselben auf, mittelst Handschlags unter Bezugnahme auf den früher geleisteten Dienst= und Verfassungs=Eid zu geloben, daß er diesen gemäß auch die Berufspflichten seines jetzigen Amtes treu und gewissenhaft erfüllen wolle. Herr p. Lischke leistete dieser Aufforderung Folge, die Worte sprechend „ich gelobe es an Eides statt". Noch wurde von dem Herrn Regierungs=Präsidenten der langjährigen gemeinnützigen Wirksamkeit des jetzt abgetretenen Herrn Oberbürgermeisters von Carnap und dessen Vorgängers des Herrn Ober=Bürgermeisters Brüning gedacht, und dabei die Zuversicht ausgesprochen, daß der nunmehrige Herr Bürgermeister Lischke gleich wie diese das Vertrauen der Bürgerschaft sich erwerben und bemüht sein werde, das Wohl der Gemeinde Elberfeld mehr und mehr zu fördern.

Der Herr Bürgermeister Lischke dankte für das Vertrauen, welches durch seine Berufung ihm erwiesen worden, wiederholte das Gelöbniß, seinen nunmehrigen Obliegenheiten nach bestem Wissen und Gewissen, ohne irgend welche Nebenrücksichten oder Absichten, nachzukommen, überall das Interesse der großen bedeutenden Stadt Elberfeld zu fördern in Gottesfurcht, Treue gegen den König und sein erlauchtes Haus, wie unverbrüchliches Festhalten an dem Gesetze, und bat den Herrn Regierungs=Präsidenten, der Stadt ferner seinen Schutz zuzuwenden, zugleich ersuchte er den versammelten Gemeinderath, ihm in den schweren Pflichten seines Amtes überall getreulich zur Seite zu stehen.

Der interimistische Vorsteher des Gemeinderaths, Herr Daniel von der Heydt dankte sodann für die von des Königs Majestät vollzogene Bestätigung der Wahl, wie für die Mitwirkung dabei von Seiten des Herrn Regierungs=Präsidenten, und das große Opfer, welches der Herr p. Lischke durch sein Ausscheiden aus dem Königlichen Dienste, um dem Rufe nach Elberfeld zu folgen, gebracht, versicherte ihn des vollen Vertrauens, welches Gemeinderath und Bürgerschaft in ihn setze, und hieß ihn als ihren nunmehrigen Bürgermeister willkommen, wobei noch der Verhältnisse Elberfeld's speziell gedacht und dem Herrn Bürgermeister Lischke der Wunsch ausgesprochen wurde, sein Amt Hand in Hand mit dem Gemeinderathe hier in Gottesfurcht und Nächstenliebe zu verwalten.

Von Seiten des Herrn Regierungs=Präsidenten wurde die Versammlung hierauf, unter dem Wunsche des fernern Emporblühens Elberfeld's geschlossen.

Zur Urkunde dessen ist die gegenwärtige Verhandlung aufgenommen, nach vorheriger deutlicher Vorlesung genehmigt und nachfolgend vollzogen worden.

Nachweisung über persönliche und dienstliche Verhältnisse.

Vor= und Zunamen
Carl Emil Lischke

Amts=Charakter
Königlich Geheimer Regierungs=Rath und Ober=Bürgermeister

Lebens=Alter mit Angabe des Tages und Jahres der Geburt
50 Jahr alt, geboren am 30ten Dezember 1813

Dienstalter überhaupt, und frühere Dienstverhältnisse, mit Angabe der Zeit der erfolgten frühern Anstellungen
30 Jahre im Dienste. Anfangs Oktober 1839 als Auskultator[1] bei dem Oberlandes-

gerichte zu Stettin eingetreten.
Oberlandesgerichts=Assessor am 3ten März 1840.
Als Regierungs=Assessor übernommen am 18. April 1845.
Regierungs=Rath durch Allerhöchste Bestattung vom 26. Juni 1850.
Etatsmäßig bei der Königlichen Regierung zu Düsseldorf als Rath angestellt am 1. November 1850. Mit dem Königlichen Landrathsamte für den Stadtkreis Elberfeld beauftragt seit dem 1. Juni 1863.

Gegenwärtiges Amt und Tag der Anstellung in demselben.
Ober=Bürgermeister der Stadt Elberfeld,
Als Bürgermeister auf 12 Jahre gewählt, bestätigt durch Allerhöchsten Erlaß vom 23. Dezember 1850, eingeführt am 22. Januar 1851. Auf fernere 12 Jahre gewählt und bestätigt durch Allerhöchsten Erlaß vom 15. August 1862.
Amtstitel Ober=Bürgermeister und Befugniß zum Tragen der goldenen Amtskette durch Allerhöchsten Erlaß vom 18. Januar 1854. Charakter als Geheimer Regierungs= Rath durch Allerh. Erlaß vom 15. August 1862.

Confession
Evangelisch

Orden und Ehrenzeichen
Rother Adler Orden dritter Klasse mit der Schleife

Einkommen aus dem Haupt=Amte Reichstaler
2500 Thaler

Neben-Aemter und Einkommen aus denselben
Für die gesetzliche Wahrnehmung der örtlichen Geschäfte der Rheinischen Provinzial Feuer-Societät eine Remuneration, welche im Durchschnitt der 3 letzten Jahre 345 Reichstaler beträgt, woraus aber die Büreaukosten zu bezahlen sind.

Familien= und Vermögens=Verhältnisse
Verheirathet mit Alwine von der Heydt, Tochter des hiesigen Geheimen Kommerzien=Rathes Daniel von der Heydt, seit Januar 1854. Vier Kinder im Alter von 1 1/2 bis 7 Jahren.
Privat Vermögen.
[...]

---

[1] Auskultator = Gerichtsreferendar

„Nachweisung über persönliche und dienstliche Verhältnisse" des Oberbürgermeisters Lischke vom 22.12.1863 (SAW E I 47).

Steuern und Finanzen

Kommentar 47

In der bergischen Zeit wurden die Finanzbedürfnisse des Landes an die Städte und Landgemeinden weitergegeben, die sie wiederum unter Zuschlag der Gemeindebedürfnisse auf die Einwohner als Haus- und Grundsteuern, Laternen-, Personal- und Familiensteuer umlegten und ein „Steuer-Direktorium" (das spätere Budget) erstellten. Unter französischer Verwaltung wurde ein jährliches Budget für den gesamten Staatshaushalt aufgestellt und das sich ergebende Bedarfsquantum auf die Provinzen verteilt. Zur Sicherung der staatlichen Steuereinnahmen waren seit 1810 Steuerinspektoren, Kontrolleure, Bezirks- und Kantonsempfänger angestellt. Die direkten Steuern teilten sich in Grund-, Personal- und Mobiliarsowie Patentsteuer. Die preußische Verwaltung reformierte mit dem Gesetz vom 30.5.1820 das Steuerwesen. Die Grundsteuer blieb bestehen, für die französische Personal- und Mobiliarsteuer wurde die Klassensteuer eingeführt, die Patent- wurde durch die Gewerbesteuer ersetzt; 1851 wurde in Elberfeld eine klassifizierte Einkommenssteuer als Ergänzung der Klassensteuer eingeführt. Die Quelle gibt einen Überblick über die drei erwähnten wichtigsten direkten Steuern des Regierungsbezirks Düsseldorf im Jahr 1836.

Quelle 47
Johann Georg von Viebahn, Statistik und Topographie des Regierungs-Bezirks Düsseldorf,
Erster Theil, Düsseldorf 1836, S. 244-250   Auszüge

§. 109. I. Direkte Steuern.

Die direkte Besteuerung wird grundsätzlich nicht auf den Vermögensstamm selbst, sondern nur auf das Einkommen und zwar entweder von Gründen und Gebäuden, oder vom beweglichen Vermögen, oder von Arbeit und Gewerbe, oder von mehreren dieser Einnahmezweige gerichtet. Das gegenwärtige Steuersystem zieht diese verschiedenen Quellen in folgenden Verhältnissen heran:

§. 109. Gegenwärtige direkte Steuern.

Kreis	Bruttoeinnahme der			Ausgaben bei der			Mithin Ueberschuß				Dir. Gemeindesteuern 1834	Total Thlr.
	Grundsteuer	Klassensteuer	Gewerbsteuer	Grundsteuer	Klassensteuer	Gewerbsteuer	Grundsteuer	Klassensteuer	Gewerbsteuer	Zusammen		
Lennep	27002	31072	13740	919	1239	550	26083	29833	13190	69106	60603	129709
Elberfeld	76901	64358	33380	2615	2565	1335	74286	61793	32045	168124	78564	246688
Solingen	33265	27846	9629	1131	1110	385	32134	26736	9244	68114	38767	106881
Düsseldorf	66547	21831	17719	2263	870	677	64284	20961	17042	102287	40784	143071
Krk. Düsseld.	203715	145107	74468	6928	5784	2947	196787	139323	71521	407631	218718	626349
Duisburg	76053	41260	18074	2770	1644	723	73283	39616	17351	130250	50814	181064
Rees	57277	15444	11102	2225	616	444	55052	14828	10658	80538	18598	99136
Cleve	76961	19908	7281	3015	793	291	73946	19115	6990	100051	21557	121608
Geldern	124074	45510	10558	4907	1814	423	119167	43696	10135	172998	38809	211807
Krk. Wesel	334365	122122	47015	12917	4867	1881	321448	117255	45134	483837	129778	613615
Kempen	50710	26762	8315	2022	1066	333	48688	25696	7982	82366	32767	115133
Krefeld	43231	23746	11314	1704	946	453	41527	22800	10861	75188	26642	101830
Gladbach	34879	25336	7219	1349	1010	289	33530	24326	6930	64786	25234	90020
Grevenbroich	48206	18182	4017	1892	725	161	46314	17457	3856	67627	14854	82481
Neuß	44440	18104	7285	1721	722	291	42719	17382	6994	67095	10269	77364
Krk. Neuß	221466	112130	38149	8688	4469	1526	212778	107661	36623	357062	109766	466828
alle 3 Kreisf.	759546	379359	159632	28533	15120	6354	731013	364239	153278	1248530	458262	1706792
Hauptkasse	4898	1565	—	73183	2903		÷68285	÷1338	—	÷69623		÷69623
Total pr.1835	764444	380924	159632	102716	18023	6354	662728	362901	153278	1178907	458262	1637169
1832	773733	371360	142832	102990	17280	5683	670743	354080	137149	1161972	490668	1652640
1829	785354	367522	152925	118235	14701	6086	667119	352821	146839	1166779	411053	1577832
1826	758493	369542	136772	102631	14781	5471	655862	354761	131301	1141924	387149	1529073
1823	745430	365120	112348	90172	14605	4494	655258	350515	107854	1113627	—	—
1820	730810	250223	81760	70324	10365	10139	651486	239858	71621	962965	—	—
1817	724914	198044	76046	74697	7470	8472	650217	190574	67574	908365	—	—

Nach Abzug der aus dem Gesammtaufkommen zu bestreitenden Ausgaben bleibt etatmäßig 1155450 Thl. Ueberschuß für den Staat.

I. Bei der **Grundsteuer** wurden die 1813 vorgefundenen Veranlagungsgrundsätze und Hauptsteuerbeträge beibehalten und durch das allgemeine Steuergesetz vom 30. Mai 1820 bestätigt. Aus dem bei der Veranlagung vorgefundenen Provisorium konnte nur durch Vollendung des Katasters und Ausgleichung der Veranlagungsunterschiede hinausgelangt werden. Die durch die französischen Behörden 1808 bis 1813 aufgestellten Parzellarkataster umfaßten in 23 Kantonen der westlichen Rheinprovinz 1512000 Morgen mit 1477000 Parzellen, waren jedoch zum Theil noch nicht abgeschlossen, auch nicht gleich zuverlässig vermessen und bonitirt; endlich wurde die Benutzung durch die Abfassung in französischer Sprache, Maaßen und Münze, so wie durch Vernachlässigung der Fortschreibung während der Kriegsjahre erschwert. Unter möglichster Beseitigung dieser Uebelstände wurden dieselben jedoch bis 1820 zur durchgängigen Brauchbarkeit vervollständigt, seit 1823 aber die allmählig fertig werdenden neuen Kataster sofort für die Gemeinden und Verbände desselben Regierungsbezirks und derselben Grundsteuergesetzgebung zur gleichmäßigen Vertheilung der Grundsteuer benutzt. Als von den 817 Q.-M. der westlichen Provinzen 1827: 471 vermessen, 384 abgeschätzt und 317 ganz fertig waren, begann die Ausgleichung der sämmtlichen katastrirten Verbände gegeneinander, welche durch die (oben S. 152) erwähnte Feststellung der Bodenerträge bis 1834 in diesen ganzen Provinzen zur Ausführung gebracht wurde.

Die auf 3246267 Thlr. (Amtsbl. pro 1834 S. 300 pro 1835 S. 92) bestimmte Hauptsumme wird hiernach auf die Regierungsbezirke, Kreise, Gemeinden und Einzelbesitzer nach Verhältniß ihres steuerbaren Reinertrags vertheilt. Der Beitrag jedes Steuerpflichtigen bestimmt sich so hoch, als nöthig ist, um das Kontingent zu erfüllen; er mehrt oder mindert sich nach den steuerbaren Gegenständen. Veränderungen im Ertrage der steuerpflichtigen Grundstücke, insbesondere Abgänge von Wohnhäusern durch Brand, Abreißen und Einsturz, von Ländereien durch Wegschwemmung und Versandung, so wie Zugänge neu angelegter Weinberge, ausgetrockneter Sümpfe, durch verbesserte Kultur und neuerbaute Wohnhäuser betreffen nur die Untervertheilung zum Vortheil oder Schaden der Besteuerten und bleiben ohne Einfluß auf das Kontingent. Veränderungen bei denjenigen Grundstücken dagegen, welche das Gesetz von der Steuer befreit, z. B. öffentliche Wege, Pfarrgrundstücke und königliche Forsten auf dem linken Rheinufer haben Einfluß auf das Kontingent. Die Steuern, aus dem Privatbesitz in die Kategorie der Befreiten übergehenden Grundstücke werden abgesetzt, diejenigen der befreiten Grundstücke, welche in den Privatbesitz übergehen, wachsen vom Monat des Uebergangs ab dem Kontingente zu. Außer diesen unbedeutenden Veränderungen des Prinzipalkontingents sind einige früher im Prinzipal enthaltene Beträge in den Bezirken Koblenz, Arnsberg und Minden später als nicht zum Kontingent für den Staat gehörig von demselben abgesetzt und erlassen. Von 1829 bis 1832 hat sich hierdurch die Hauptsumme von 3263108 auf 3247050 Thlr. vermindert.

Die Grundsteueretats für 1829 wurden noch nach den Beträgen berechnet, welche bis dahin in den einzelnen Regierungsbezirken aufgekommen waren und wurden die Resultate der durch die königl. Kabinetsorder v. 7. April 1828 angeordneten Provinzialausgleichung später als Veränderungen gegen den Etat nachgewiesen. Es waren in preußischen Thalern (Amtsbl. 1834 S. 93.):

Regierungs-Bezirk	ex 1829 zu veranlagen	Katastral-Reinertrag	Mithin 1834	Also Gewinn und Verlust
Münster . .	453050	3538632	422459	÷30591
Minden . .	330949	2985134	357018	+26069
Arnsberg. .	471666	3802810	453717	÷17949
Koblenz . .	358900	3184283	380276	+21376
Trier . . .	251154	2574524	307203	+56049
Aachen . .	337886	2631729	313775	÷24111
Köln . . .	425596	3236065	386146	÷39450
Düsseldorf .	617849	5250208	626456	+8607
Beide Prov.	3247050	27203385	3247050	112101

Die Hauptvertheilung des Prinzipals (pro 1836: 3247304 Thlr.) wird alljährlich von dem Finanzminister nach dem Katastralertrage (ad 27222588 Thlr.) in quanto et quota (11,9287 %) festgesetzt.

(...)

II. Bei der Einführung der Klassensteuer mit dem 1. Sept. 1820 wurden die steuerpflichtigen Haushaltungen und Einzelpersonen unmittelbar in jedem Veranlagungsbezirk nach den gesetzlichen Merkmalen eingeschätzt. Um jedoch den Raum der strengeren oder milderen Einschätzung enger zu begrenzen, nahm man die mit 145661 Thlr. ausgeschriebene Personal- und Mobilarsteuer, gegen welche die neueingeführte Klassensteuer zuerst etwa das Doppelte aufbrachte, zum Maaßstab und forderte nebenbei, daß durchschnittlich 4 Thlr. von jeder besteuerten Haushaltung aufgebracht würden. Das Gemeinde- und Kreisaufkommen konnte demnach nicht überwiegend in Mißverhältniß gerathen, der Kopfsatz bewegte sich von 14 Sgr. 3 Pf. im Kempener, bis 22 Sgr. 11 Pf. im Elberfelder Kreise.

Das Steigen des Wohlstandes und der Familienzahl bot die Mittel dar, die ersten Veranlagungssummen besonders 1822 und 1826 bedeutend zu steigern, welches ähnlich im gesammten Staatsgebiet stattfand[2]) und die Klassensteuer 1829 schon um ein Geringes über die Summe trieb, auf welche Entwerfung des Gesetzes gerechnet war. Dieselben Steigerungen veranlaßten, daß auf Antrag der rheinischen Provinzialstände bestimmte Kontingente nach der 1828 aufgekommenen Steuer, unter Abzug der inmittelst befreiten 15jährigen und 16jährigen Einzelnsteuernden, 1830 für die rheinischen Bezirke fixirt wurden. Von da ab erfolgt von 3 zu 3 Jahren die Festsetzung gemäß der Zu- oder Abnahme der besteuerten Familien und Einzelnsteuernden.

Das Bezirkskontingent wird alljährlich durch eine aus den sämmtlichen Landräthen und ebensoviel kreisständischen Deputirten bestehende Kommission, welche nach Einsicht der Steuerrollen und Nachweisungen etwaige verhältnißmäßige Ueberlastungen prüft, unter die einzelnen Kreise vertheilt. Die Kommission von 1829 vertheilte, gemäß der regulativmäßigen Befugniß, 10% des Kontingents nach dem gemischten Verhältniß der Bevölkerung und Gewerbsteuer von 1828, welches Lennep um 372 Thlr., Elberfeld um 2355 Thlr. steigerte und Rees, Kleve, Geldern und Grevenbroich, zu gut kam. Dieser Vertheilungsmaasstab blieb bis 1831, wo man einwandte, daß die Kopfzahl ein sehr unsicherer Maasstab der Leistungsfähigkeit einer Gemeinde sei, und das Gewerbsteueraufkommen sich großentheils nach der Anzahl der, für die bloße Konsumtion arbeitenden Händler, Wirthe, Bäcker und Fleischer, deren Ueberzahl die Leistungsfähigkeit der Gemeinde nicht erhöhet, sondern vermindert, bestimme, auch bei den eigentlich produktiven Gewerbtreibenden die Leistungsfähigkeit von den leicht wechselnden Konjunkturen, deren Ungunst die gewerbreiche Gegend gerade damals sehr ausgesetzt war, abhänge, endlich auch die Verschiedenheit der Steuersätze und die vielen unbesteuerten Gewerbe hieraus keinen Schluß über den Stand der Gewerbsamkeit zulasse.

Man untersuchte deßhalb 1832/4 die Verhältnißmäßigkeit der Besteuerung durch kommissarische Prüfung der einzelnen Steuersätze, so wie des Vermögenstandes der Steuerpflichtigen an den sämmtlichen Kreisorten unter Zuziehung der Landräthe und einzelner Mitglieder der Kreisvertheilungskommissionen. In Folge dessen sind die Kreise Lennep, Rees, Kleve, Grevenbroich und Neuß um Einiges vermindert, welches hauptsächlich den Kreisen Düsseldorf, Duisburg, Krefeld und Gladbach auferlegt wurde. Für 1835/7 wurde das so gefundene Verhältniß im wesentlichen beibehalten, das Hauptkontingent aber stieg bedeutend durch Volkszunahme.

Zur Deckung der Ausfälle und Abgänge werden mit dem Hauptkontingent 2 2/3 % umgelegt, wovon 2% zur Deckung der Reklamationsabgänge und Ausfälle der drei untern, 2/3 aber zum Departementalfonds für die Abgänge der ersten Hauptklasse und Ausfälle durch Landwehrübung und Unglücksfälle bestimmt sind. Jener Bürgermeistereiremissionsfonds läßt, in Verbindung mit den während des Jahres vorkommenden Steuerzugängen, in der Regel noch bedeutende Ueberschüsse (1834: 4955 Th.) Nur bei wenigen Gemeinden, wo die Zugänge vernachlässigt oder die Individualveranlagung mangelhaft waren, haben kleine Zuschüsse (1834: 713 Thl.) aus Gemeindemitteln stattgefunden. Der Departementalfonds hat so geschont werden können, daß man 1835 begann denselben nur zur Hälfte der bisherigen Quote, also 1/3 % des Hauptkontingents umzulegen.

Die aus öffentlichen Mitteln irgendwie Unterstützten, die Militairpersonen, Geistlichen, Schullehrer und Hebammen, welche im Ganzen 1/8, dem Kreise Gladbach aber über 1/7 und im Kreise Kempen über 1/5 der Einwohner betragen, sind frei.

In den geschlossenen Städten Düsseldorf, Wesel, Emmerich und Kleve, deren Volkszahl, Lage, Wohn- und Bauart eine stetige und sichere Eingangskontrolle der Mahl- und Schlachtsteuer ohne allzugroßen Kostenaufwand möglich machen, besteht keine Klassensteuer. In Duisburg ist sie auf den Antrag der Einwohner an Stelle der Schlacht- und Mahlsteuer getreten[3]).

III. Das Gewerbsteuergesetz[4]) von 1820 klassifizirte den Bezirk nach Wohlhabenheit und Gewerbsamkeit in der (oben S. 178) angeführten Art in 4 Abtheilungen. Die Voraussetzung, daß Handel, Gewerbe und Fabriken von Elberfeld und Barmen entweder schon als ein Ganzes anzusehen seien, oder sich einer Verwandschaft und Verschlingung, wie in einer Gemeinde, rasch näherten, veranlaßte anfänglich deren Vereinigung zu einem Gewerbsteuerverband, bestätigte sich jedoch nicht ganz. Es trat vielmehr hervor, daß Elberfeld eine überwiegende gewerbliche Bedeutsamkeit habe[5]) und entstanden alljährlich bei der gemeinsamen Steuerveranlagung unangenehme Reibungen. In Barmen wurden die Klagen über die Gewerbsteuer in der ungünstigen Periode von 1836 dringender und stieg gleichzeitig durch die Katastralausgleichung die Grundsteuer von 9573 auf 20569 Th. Zudem verglich sich diese Stadt mit Düsseldorf und Krefeld, welche bei höherer Einwohnerzahl und günstigerer Lage in der zweiten Abtheilung standen, und wurde demgemäß 1834 in die zweite Abtheilung, und gleichzeitig die Außenbürgerschaften beider Gemeinden in die vierte Abtheilung zurück versetzt, wodurch eine Steuerverminderung von jährlich 5220 Thlr. entstand. Ebenso waren schon 1822/4 Kleve wegen der bei Vereinigung der dortigen Regierung mit der Düsseldorfer verlorenen Lebendigkeit und Konsumtion, und Emmerich, wegen seiner gegen die übrigen bedeutenden Städte von zurückstehenden Wohlhabenheit, in die dritte Abtheilung zurückversetzt. Uebrigens wurden in die dritte Abtheilung 1820 alle Städte und Fabrikorte von 1500 oder mehr Einwohnern gesetzt.

Das bei der großen Anzahl von Gewerbtreibenden aller Art und bei der häufigen Verbindung mehrerer steuerpflichtigen Gewerbe bedeutende Steueraufkommen mag den gewerblichen Kräften und Gewinnen im Ganzen angemessen sein; doch stehen die einzelnen Steuersätze zu den Leistungskräften der Betroffenen zuweilen in sehr verschiedenem Verhältniß. Es liegt in der Absicht des Gesetzes, daß der umherziehende Gewerbebetrieb strenger besteuert werden soll, da er mitunter zum Umherschweifen und zur Unsittlichkeit führt und ein solides Familienleben erschwert. Der Erfolg hat aber der Absicht, die umherziehenden Gewerbe minder, als die stehenden zunehmen zu lassen, nicht entsprochen und können bei den polizeilichen Besorgnisse auch nicht so dringend erachtet werden, um jenes strenger zu beschränken. Weniger begründet erscheint die strengere Besteuerung bei der, in hiesiger Provinz häufigen Verbindung mehrerer steuerpflichtiger Gewerbe, z. B. der Bäckerei mit der Brauerei und dem Kleinhandel, oder mit dem Müllergewerbe und Frachtfahrt, wo die combinirte Gewerbsteuer nicht selten den Steuersatz eines den zwanzigfachen Gewerbgewinn erlangenden Großhändlers übersteigt.

Kommentar 48

Das preußische Finanzministerium stellte das Klassensteuersoll für die fünf rheinischen Regierungsbezirke fest, die Verteilung auf die Kreise geschah seit 1841 durch eine Bezirks-Klassensteuer-Verteilungskommission, das Kreiskontingent wurde wiederum an die einzelnen Bürgermeistereien von einer Kreis-Klassensteuer-Verteilungs-Kommission weitergegeben. „Die Individualvertheilung in den einzelnen Bürgermeistereien geschieht von einer Commission, welche aus dem Bürgermeister als Vorsitzenden, drei vom Gemeinderathe aus seiner Mitte zu wählenden Mitgliedern, vier vom Landrathe zu bestimmenden klassensteuerpflichtigen Einwohnern der Bürgermeisterei, und dem Steuer=Einnehmer besteht" (Uebersicht der Verwaltung des Kreises Elberfeld im Jahre 1842, mit besonderer Berücksichtigung der Verhältnisse in dem Jahre 1816, (Elberfeld 1843), S. 14). 1842 gab es im Kreis Elberfeld 4 Klassensteuer-Klassen mit 18 Stufen. Das veranschlagte Steuerkontingent des Kreises verteilte sich auf die verschiedenen Klassen folgendermaßen:

*Die 1. Klasse (jährlicher Satz von 48 bis 144 Tlr.) brachte 13% = 9312 Tlr. auf;
die 2. Klasse (jährlicher Satz von 12 bis 36 Tlr.) brachte 19% = 13416 Tlr. auf;
die 3. Klasse (jährlicher Satz von 4 bis 10 Tlr.) brachte 24% = 16752 Tlr. auf;
die 4. Klasse (jährlicher Satz von 15 Sgr. bis 3 Tlr.) brachte 44% = 31130 Tlr. auf (insgesamt 70610 Tlr.).*

9 3/4 % der Bevölkerung des Kreises blieben unbesteuert. Über die Veranlagungsrichtlinien berichtete Oberbürgermeister von Carnap 1846 in einer Gemeinderatssitzung. Es gab vier Steuerklassen mit 20 Stufen, in der 20. Stufe, zu der „meist nur Gesinde und Tagelöhner und Lohnarbeiter" zählten, wurden nur Einzelne besteuert. Zur ersten Steuerklasse (Stufen 1-6) „sollen die reichen und vorzüglich wohlhabenden Einwohner, die Besitzer großer Landgüter oder eines bedeutenden Umfanges von Grundeigentum, Großhändler und Handelshäuser, die kaufmännische oder Geldgeschäfte von größerem Umfange [be]treiben, Inhaber größerer Fabriken und Kapitalisten gehören, und als allgemeines Kennzeichen für diese Klasse soll der Besitz eines solchen Vermögens oder Gewerbes genügen, dessen Beträchtlichkeit dem Eigner nach dem dann zu erwartenden Einkommen eine bequeme und unabhängige Existenz gewährt". Zur zweiten Steuerklasse (Stufe 7-12) gehörten Grundbesitzer, Kaufleute, Fabrikanten und Handwerksmeister, die sich aufgrund ihres Umsatzes oder der beschäftigten Arbeiter bzw. Gesellen nur der „Aufsichtsführung" über ihr Geschäft oder Gewerbe widmen

Quelle 48
Klassensteuer-Rolle der Sammtgemeinde Elberfeld für das Jahr 1851, Elberfeld o.J., S. 4-7, S. 37, S. 40, S. 48   Auszüge

Section und Haus-Nr.	Der Steuerpflichtigen Namen, Vornamen und Stand.	Klassensteuer. Thlr. Sgr.
A.		
106/107	Schniewind, Ludwig, Kaufmann	72 —
108	Platzhoff, Friedrich, Kaufmann	144 —
108a	Lühdorf, August, Kaufmann	18 —
109	Jaspis, Albert Sigismund, Pfarrer	15 —
110	Dietze, Ludwig Theod., Kaufmann	18 —
111	Pagenstecher, Dr. Carl, Arzt	12 —
112	Jung, Wilhelm, Kaufmann	36 —
113	Jung, Fr. August, Kaufmann	144 —
=	Klein, Bertha, Haushälterin (19b)	1 —
114	Lüttringhausen, Carl, Kaufmann	120 —
115	Wülfing, Hermann, Rentner	48 —
116	Siebel, Carl August, Kaufmann	144 —
117	Berninghaus, Carl Friedrich, Kaufmann	6 —
=	Berninghaus, H., Commis	2 —
118	Möller, Julius, Kaufmann	36 —
=	Koch, Emilie, Lehrerin (19b)	1 —
119	Wichelhaus, Fr., Banquier	144 —
=	Krone, Antonette, Haushälterin (19b)	1 —
120	Rurmann, Heinrich, Kaufmann	60 —
=	Schulz, Emilie, Haushälterin (19b)	1 —
=	Platzhoff, Gustav, Kaufmann	30 —
122	Platzhoff, Friedr. Adolph jun., dito	24 —
123	Kruß, August, Reisender	2 —
=	Weber, Gustav, Seidenwebergeselle	2 —
=	Hork, Alouis, Kaufmann	10 —
=	Wiedemeyer, Richard, Commis	3 —
123½	Troost, Christian, Schreiner	3 —
=	Hausmann, Carl Johann, Werkführer	3 —
=	von Dorp, Wtb. Johann, geschäftslos	2 —
=	Schrick, Richard, Commis	4 —
124	Goldenberg, P. J., Stadtrentmeister	10 —
125	van der Beck, Friedrich, Kupferschläger	2 —
126	Holzschmidt, Daniel, Krämer	2 —
=	Jordan, Jakob, geschäftslos	5 —
=	Jordan, Emil, Reisender	5 —
127	Bemberg, Wtb. Julius, geschäftslos	144 —
=	Chrzecinski, Gustav, Hauslehrer	3 —
129	Bröcking, Johann Carl, Kaufmann	36 —
=	Klingenhöver, Friedrich, Commis	2 —
131	Bröcking, Carl Friedrich, Kaufmann	12 —
=	Witthoff, Fr. August, Kaufmann	8 —
130	Wittenstein, Wtb. Wilh., geb. Blank, ohne	2 —
=	Wittenstein, Wtb. Wilh., geschäftslos	2 —
133	Quambusch, J. P., Uhrmacher	5 —
=	Quambusch, Benj., Schlosser	3 —
134	de Landas, Joh. Friedr., Rentner	96 —
135	Preuß, Wtb. Bäcker	2 —
=	Bergmann, Geschwister, geschäftslos	8 —
=	Zapp, Wtb. Friedrich, geschäftslos	4 —
=	Landau, Friedrich, Schuster	2 —
136	Sombardt, Geschwister, Kaufmann	24 —
137	Schlösser, Wtb. Johann, Rentnerin	144 —
138	Kreeft, P. W., Steinbruder	5 —
138a	Scheven, Conrad, Faßbinder	2 —
139	Rogge, Ferd., Färbermeister	4 —
=	Füting, Carl, Musikus (19b)	1 —
140	Schüller, August, Kaufmann	36 —
142	Bäßler, Friedrich, Kaufmann	24 —
144	Bergmann, Joh. Friedrich, Kaufmann	5 —
145	Hohwarde, Albert, Bäcker	4 —
=	Bergerhoff, Ferd., Geschäftsführer	4 —
146	Muthmann, Wilhelm, Kaufmann	8 —
(...)		

Section und Haus-Nr.	Der Steuerpflichtigen Namen, Vornamen und Stand.	Klassensteuer. Thlr. Sgr.
A.		
155	Kralemann, Herm., Wirth und Krämer	2 —
155a	Köster, Joh. Anton, Schlosser	5 —
156	Buchenau, Heinrich, Krämer	2 —
157	vom Scheidt, Richard, Wirth	3 —
158	Dreys, Joh. Fr., Bäcker, Wirth u. Krämer	10 —
159	Waller, Christ., Färbermeister	8 —
160	Söhngen, C. A., Bäcker und Wirth	6 —
160a	Grünewald, Carl Eng., Färbergeselle	2 —
161	Neuhoff, Wtb. Ferd., geschäftslos	24 —
162	Bröcking, Gust. Ed., Kaufmann	12 —
163	Pion, Joh. Ludw., Kupferschläger	2 —
164	Pohlhaus, Joh. Dav., Färbermeister	6 —
165	Wülfing, Friedrich, Färbermeister	3 —
166	Mintert, Wilhelm, Metzger	3 —
167	Hedtmann, Wtb. E., Färberei	5 —
168/169	Becker, Fr. Wilh., Brauer und Wirth	6 —
170	Frowein, Ehefrau Friedrich, Krämerin	2 —
=	Wagner, Wienand, Schneider	2 —
171	de Weerth, Ernst Eugen, Rentner	72 —
172	Fuhr, Joh. Peter, Wirth	2 —
=	Jakoby, Dr. Rud., Arzt	4 —
=	Hürter, Adam, geschäftslos	3 —
=	Erb, Joh. Jakob, Färbermeister	3 —
173	Peill, Richard, Kaufmann	30 —
174	Weisberg, Gottfried, Rentner	4 —
=	Weisberg, Maria, geschäftslos (19b)	1 —
=	Neuhoff, J. Gottfr., Makler	2 —
175	Eckertz, Peter, Schreiner	4 —
176	Blank-Hauptmann, Wilhelm, Kaufmann	144 —
177	Hermes, Gottfried, Maurertaglöhner	2 —
179	Caljon, Gerh., Wirth und Krämer	2 —
180	Giebel, Wtb. Carl, Schreiner	3 —
=	Heeger, Joseph, Baueleve	2 —
=	Rottmann, August, dito	2 —
=	Cadini, Louis, Gypsarbeiter	2 —
182	Fröhlig, Aug., Krämer, Schlosser u. Wirth	2 —
183	Dunkelnberg, Richard, Kaufmann	48 —
184	Bornefeld, Wtb. Friedrich, Pressserin	5 —
185	Kümpel, Wtb. Friedrich, dito	2 —
=	Runkel, Eug., Färbermeister	2 —
186	Dunkelnberg, Wtb. J. E., Kaufmann	144 —
187	Blank, Wilhelm, Kaufmann	30 —
189	Born, Caspar, Krämer u. Färbergeselle	2 —
190	Asrath, Peter, Krämer	6 —
=	Pfifferling, Elise, Victualienhändlerin	2 —
191	von der Way, Wtb. Peter, Bäckerei	2 —
192	Dunkelnberg, Carl, Kaufmann	60 —
=	Killmann, Mar, Commis (19b)	1 —
193	Abers, Alfred, Kaufmann	120 —
=	Proll, Heinrich, Commis	5 —
194	Abers, Wtb. Ewald, Rentnerin	60 —
196	Mühleder, Wtb. Abr., Seidenweber	2 —
197	Fernholz, Friedrich, Gärtner	2 —
197¼	Genuit, Joh. Friedrich, Schreiner	2 —
=	Köhler, Benj., Seidenweber	2 —
197½	Flores, Barthol., Gärtner	2 —
198	Wüsten, Friedrich, Bäcker	2 —
199	Braß, Wtb. Peter, Wirth	2 —
201	Heiderhoff, Joh. Abr., Ackerer	2 —
202	Moll, Peter, Gärtner	3 —
203	Busch, Abr., Seidenweber	2 —
204	Vincens, Fr. Wilh., dito	2 —
204¼	Rittershaus, Wilhelm, Oekonom	30 —
=	von Lohr, Johann, Privatlehrer	2 —
206²/⁴	Grimm, Eduard, Handelsgärtner	2 —
(...)		

konnten. Zur 3. Steuerklasse (Stufen 13-17) zählten diejenigen Grundbesitzer und Gewerbetreibenden, „welche nach dem Umfange ihres Geschäftes sich neben der Aufsicht auf die Arbeit der eigenen persönlichen Mitarbeit nicht entziehen können". Die 4. Klasse umfaßte „den geringeren Bürger- und Bauernstand sowie als Regel nur jede mit Grundeigentum angesessene oder im selbständigen Handwerksbetrieb lebende Haushaltung soweit sich dieselbe nicht schon zu einer höheren Steuerklasse eignet. Außerdem sind zu derselben noch diejenigen in fremdem Lohn und Brot stehenden Personen und Familien zu rechnen, welche nach der Art ihrer Dienste und der dafür gewährten Belohnung nicht als Gesinde oder Tagelöhner angesehen werden können, z.B. Haus-Offizianten, Verwalter auf größeren Gütern, Bauaufseher, Handlungsdiener, Gesellen und Arbeiter bei solchen Handwerkern oder Gewerbetreibenden, welche eine besondere Kunstfertigkeit voraussetzen, Fabrikaufseher etc." (zit. nach Hermann Herberts, Alles ist Kirche und Handel... Wirtschaft und Gesellschaft des Wuppertals im Vormärz und in der Revolution 1848/49 (= Bergische Forschungen Band XII), Neustadt a.d. Aisch 1980, S. 102/103).

1851 betrug das Elberfelder Klassensteuersoll insgesamt 30405 Taler. Am 1. Mai 1851 wurde die Einkommensteuer eingeführt, daher wurde die Klassensteuer nach dem herkömmlichen Modus nicht für das gesamte Steuerjahr umgelegt. Zur ersten Klasse gehörten nach der Klassensteuerrolle, aus der ein Auszug wiedergegeben ist, 84 steuerpflichtige Haushaltungen, die 22,98% des Gesamtkontingentes aufbrachten (= 6960 Tlr.). Die zweite Klasse (282 Haushaltungen) brachte 18,49% (= 5622 Tlr.), die dritte (955 Haushalte) 18,17% (= 3625 Tlr.). Der größte Betrag kam von den Einzelsteuernden der 19. und 20. Stufe (15 Sgr. - 1 Tlr.), in der 17153 Personen 8673 Tlr. (= 28,53% des Gesamtbetrages) aufbrachten.

Section und Haus-Nr.	Der Steuerpflichtigen Namen, Vornamen und Stand.	Klassensteuer. Thlr. Sgr.
D.		
848	Gräffe, Friedrich, Commis	4 —
=	Ascherfeld, Robert, do.	2 —
=	Steinbach, Alwine, Ladenmädchen (19b)	1 —
=	Norrenberg, Julie, do. (19b)	1 —
=	von Lilienthal, Ludwig, Commis	2 —
849	Scheibler, Elise Sophie, Ladenmdch. (19b)	1 —
=	Vogts, August, Commis	2 —
=	Norrenberg, Clara, Ladenmädchen (19b)	1 —
=	Kratze, Bertha, do. (19b)	1 —
=	Friedrichs, Ed., Commis	15 —
=	Motte, Eleonore, Haushälterin	4 —
=	Steinbach, Emma, Ladenmädchen (19b)	1 —
=	Camphausen, Emma, do. (19b)	1 —
=	Dierdorf, Maria, do. (19b)	1 —
=	Kleinjung, Charlotte, do. (19b)	1 —
=	Bohwinkel, Julie, do. (19b)	1 —
=	Metzler, Maria Louise, do. (19b)	1 —
=	Kruse, Laura, do. (19b)	1 —
851	Birschel, Peter, geschäftslos	2 —
853	Römer, Ehefrau Franz Theodor, Krämerin	2 —
=	Caspary, Ferdinand, Knopfmacher	3 —
=	Schmitz, Ferdinand, Antiquar	2 —
=	Pott, Wtb. Peter, geschäftslos	4 —
854	Oberley, Joh. Peter, Buchbinder	3 —
855	Peithmann, Gustav, Commis	5 —
856	Strücker, Joh. Jakob, Lederhdlr.	10 —
857	Margerie, Friedrich August, Buchbinder	2 —
=	Dillenberger, Carl, Agent	4 —
858	Schulz, Gottfried, Anstreicher	3 —
=	Stoy, Sig. Carl, Buchführer	4 —
=	Braumann, Carl, Zeichner	2 —
859	Kirchner, Wtb. Christ., geschäftslos	8 —
=	Kirchner, Dr. Hermann, Arzt	3 —
860	Kost, Hermann, Kaufmann	8 —
=	Schummelketel, Johann, Commis	2 —
861	Breuer, Johann, Lehrer	5 —
864	Löhberg, Wilhelm, Conditor	6 —
(...)		
911	Einermann, Heinrich, Wollfabrikant	2 —
912	Weyerbusch, Fried., Bäcker	4 —
913	Weyerbusch, Barthol., geschäftslos	4 —
913¹/₄	Hoffmann, Carl Wilh., Riethmacher	3 —
=	Braus, Fried. Wilh., Comptoirist	2 —
913¹/₂	Wenig, Gustav, Maler	5 —
=	Hecker, Wtb. Joh., geschäftslos	2 —
=	Calir, Wtb. Peter, geschäftslos	2 —
913³/₄	Back, Peter Fried., Schlosser	2 —
=	Ruthe, Ernst August, Buchdrucker	2 —
914	Göbel, Wtb. Phil., Schreiner	2 —
=	Stüpp, Heinrich, Werkmeister	3 —
915	Polsenberg, Gerh. Wilh., Rentner	8 —
916	Hahn, Peter, Metzger	2 —
=	Schramm, Gottl., Lotterie-Untereinnehmer	3 —
917	Schmidt, Julius, Krämer	2 —
=	Schäfer, Wtb. Ad., geschäftslos	2 —
918	Polsenberg, Wilh., Krämer	4 —
918¹/₁₀	Müller, Caspar, Taglöhner	3 —
=	Hertel, Joh. Heinr., Seidenweber	3 —
918²/₁₀	Seibel, Wtb. Jonathan, Kartenschlägerin	2 —
918³/₁₀	Faßmann, Carl, geschäftslos	8 —
918⁸/₁₀	Berger, Michael, Schreiner	6 —
=	Eifert, Gustav, Werkführer	3 —
918⁹/₁₀	Hilverkus, Joh. Carl, Elementarlehrer	6 —
919	Schindler, Franz, Krämer	3 —
920	Hüsselrath, Carl, Bäcker und Wirth	2 —
=	Pilgram, Leopold, Seidenweber	1 —
=	Hoffmann, Friedr. Wilh., Bäcker	2 —
922a	Pepin, Peter, Schuster	2 —
924	Wagner, Peter, Metzger	2 —
924¹/₂	Böttger, Henriette, Krämerin	2 —
925	Dürholz, Ed., Bäcker	6 —
925¹/₂	Schneider, Wtb. Friedr., geschäftslos (19b)	1 —
926	Büschler, Heinrich, Buchhandlung	12 —
928	Stelzmann, Peter, Seidenweber	2 —
930	Bormann, Friedr., Conditor u. Wirth	2 —

Section und Haus-Nr.	Der Steuerpflichtigen Namen, Vornamen und Stand.	Klassensteuer. Thlr. Sgr.
D.		
1037	Wackernagel, Phil., Direct. der Realschule	24 —
1038	Uhde, Friedrich, Bankagent	24 —
=	Eickert, Gustav, Buchhalter	10 —
1038a	Döhler, Gustav, Bankdiener	2 —
1039	Hoette, Carl Rud., Kaufmann	12 —
=	Dogbson, Walther, Handlungslehrling	2 —
1040	Peill, Wtb. Carl Eduard, geschäftslos	12 —
=	Krimler, Louise, Gesellschafterin (19b)	1 —
1041	Wiebel, Josua, Buchbinder	3 —
=	Kunst, Schwestern, Kleidermacher	4 —
=	Klein, Richard, Commis	3 —
1042	Eick, Carl Wilh., Bäcker	5 —
=	Tumm, Eduard, Commis	4 —
=	Garthe, Otto, do.	8 —
1043	Lavérière, Andrian, Werkführer	18 —
1044	Wolfsholz, Friedrich Wilhelm, Conditor	2 —
=	Spierz, Wtb. Heinrich, geschäftslos	2 —
1045	Otto, Hermann, Bürstenmacher	2 —
1046	Wachs, Friedrich, Wirth und Krämer	10 —
=	Wahl, Hermann, Commis	3 —
1047	Hohrath, Gebrüder, Lohnfuhrwerk	5 —
=	Kraus, Georg, Vergolder	2 —
1048/1049	Jung, Friedrich August, Kaufmann	60 —
1050	Heuse, August, Stadtbaumeister	10 —
1051	Schlieper, Robert, Kaufmann	18 —
1052	Beckmann jun., Friedr., Handlungsreisender	4 —
1053	Simons, Moritz, Kaufmann	60 —
=	Pilgramm, Emilie, Haushälterin (19b)	1 —
1054	Schönenberg, Carl, Kaufmann	4 —
=	Schubert, Franz, Kaufmann	18 —
1055	Judickar, Peter, geschäftslos	36 —
1057	von der Heydt, Carl, Banquier	144 —
1058	Schrick, Johann, Kaufmann	36 —
1059	Boeddinghaus, Carl, Kaufmann	144 —
1060	Wever, Gottfr. Alb., Kaufmann	36 —
1061	Jäger, Helene, Haushälterin (19b)	1 —
1062	Schlieper, Gustav, Kaufmann	48 —

Kommentar 49

Die Städte bezogen in den 50er Jahren ihre Einnahmen, die in jährlichen Etats ausgewiesen wurden, aus einer „Communalsteuer", die sich aus Zuschlägen zu den Staatssteuern entwickelt hatte und - wie der Etat für 1851, aus dem im folgenden Auszüge wiedergegeben sind, zeigt - nach dem Umlagemodus der Klassensteuer ausgerichtet war. Dazu kamen Einkünfte aus der Erhebung von Wege-, Brücken-, Markt- und Standgeldern, Vermietungen und Verpachtungen, Zinsen aus vorhandenen Kapitalien u.a. sowie solche aus wirtschaftlichen Aktivitäten der Kommune wie der städtischen Sparkasse und Leihanstalt. Seit 1852 wurde die Kommunalsteuer, die zunehmend den größten Posten auf der Einnahmenseite der Stadt ausmachte, entsprechend der 1851 eingeführten neuen Klassen- und klassifizierten Einkommenssteuer erhoben; 1858 wurde in Elberfeld eine eigene „Gemeinde=Einkommenssteuer" mit neuem Umlagemodus eingeführt.

1809 betrugen die Einnahmen Elberfelds 23754 Tlr., 1833 waren es 62710, 1850 141106 und 1870 536842 Tlr.. Im Vergleich mit den anderen zum Kreis Elberfeld zählenden Orten standen Elberfeld mit 48797 Tlrn. und Barmen mit 32125 Tlrn. im Jahr 1834 an der Spitze der Einkunftsliste; der Kreis Elberfeld insgesamt stand mit 109574 Tlrn. Kommunaleinkommen wiederum an der Spitze der 13 Kreise, Düsseldorf folgte mit 85168 Talern.

Quelle 49
Einnahmen der Stadt Elberfeld,

in: Haupt=Etat für den Gemeinde-Haushalt der Bürgermeisterei Elberfeld für das Jahr 1851 Auszüge

Einnahme.	Etats-Quantum von 1850. Thlr. Sgr. Pf.	Vorschlag für das Jahr 1851 resp. Festsetzung des Gemeinderaths. Thlr. Sgr. Pf.
I. Canons und Grundrenten.		
1. Nach dem Special-Etat	400 1 10	387 16 10
2. Laudemien (nur fällig bei Veräußerungen von erbpächtigen Grundstücken ɪc.) 2 Proc. vom Kaufbetrage oder Taxwerthe, zur Verfallzeit zu erheben und zur Tilgung von Gemeinderenten mit zu verwenden		
Summa Tit. I.	400 1 10	387 16 10
II. Bestimmte Einnahmen an Pächten ɪc.		
1. Gemäß Special-Etat	7242 — 8	7005 15 8
2. Miethe des Hauses am Osterbaum Sect. A Nr. 4 vom Miether W. Müller	60 — —	
Summa Tit. II.	7302 — 8	7005 15 8
III. Unbestimmte von Gemeindebesitzungen und Anstalten.		
1. Pflaster- und Brückengelder werden einstweilen noch besonders berechnet gemäß Special-Etat, daher hier nur durchlaufend	2600 — —	
2. Entschädigungsrente der Staatskasse für das der Stadt seit dem 6. April 1841 entzogene Recht der Erhebung des Stadtpflastergeldes am Haspel, im Island, auf der Aue und der Gathe		488 8 3
3. Klotzbahn resp. Hohensteiner Pflastergeld, von dem Pächter Johann Abraham Bergmann		44 — —
4. Neuenteicher Pflaster- und Osterbaumer Weggeld, von dem Erheber Joh. Abr. Bergmann 46 Proc. der reinen Einnahme		20 — —
5. Loher Weggeld, von dem Erheber Abr. vom Flöten 21 Proc. der reinen Einnahme		23 — —
6. Entschädigungsrente der Staatskasse für das der Stadt seit dem 1. Juni 1843 entzogene Recht der Isländer Brückengelder-Erhebung, event. Verzinsung des Brückenbaukapitals	—	313 10 2
7. Meßstände-Pachtbeträge pro Mai- und Oktobermesse	1338 15 —	1338 15 —
8. Aichungsgebühren	180 — —	200 — —
9. Gewinn und Ueberschuß bei der städt. Sparkasse aus den Jahren 1849 und 1850. (nach Firirung des Reservefonds auf 42,000 Thlr.)	—	5119 8 —
10. Gewinn bei der städt. Leihanstalt; fließt der Armen- resp. Waisenhauskasse direct zu, daher hier nur durchlaufend; übrigens wie bei Tit. VI. Nro. 11 der Ausgabe	2000 — —	1500 — —
11. Gewinn des Tägl. Anzeigers für Berg und Mark; fließt in die Armenkasse, daher hier durchlaufend, wie bei Tit. VI. Nro. 12 der Ausgabe	—	2664 — —
12. Intraden von den Meßständen zur Bestreitung der Bewachungskosten ɪc., einschließlich der Antheile für den Marktstandgeld-Pächter. Tit. III. Nro. 4 der Ausgabe	922 — —	922 — —
Summa Tit. III.	7040 15 —	12632 11 5
IV. Zinsen von Activis.		
1. Von 550 Thlr. in Staatsschuldscheinen zum Stiftungsfonds für eine Sonntagsfreischule zu 3½ Proc.	19 7 6	19 7 6
2. Von 11 Thlr. von obigen Staatsschuldscheinen in der Sparkasse zu 3 Proc.	— 9 10	— 9 10
3. Von 300 Thlrn. in Staatsschuldscheinen. Herbertz'sches Lösekapital zu 3½ Proc.	10 15 —	10 15 —
4. Von 42 Thlrn. in der Sparkasse. Wetter'sches Lösekapital zu 3 Proc.	1 7 9	1 7 9
5. Von 21 Thlrn. in der Sparkasse. Wendel'sches Lösekapital zu 3 Proc.	— 18 10	— 18 10
6. Von 10 Thlrn. in der Sparkasse. Müsch'sches Lösekapital zu 3 Proc.	— 9 —	— 9 —
7. Zinsen von dem Siebert'schen Ablösekapital ad 500 Thlr. pro 1851	15 — —	15 — —
8. Zinsen der Geschenke von Wtb. Jacob Abers, von 200 Thlrn. für das Allgemeine Krankenhaus, von 100 Thlrn. für das städt. Waisenhaus und von 100 Thlrn. für die Kinderbewahranstalt der Kinderfreunde, falls diese Anstalten eingehen sollten; bis dahin nichts		
9. Zinsen der Geschenke von Wtb. J. W. J. Hauptmann von 200 Thlrn. für das Bürgerkrankenhaus, von 150 Thlrn. für die Kinderbewahranstalt der Kinderfreunde und von 150 Thlrn. für die Elisabeth- und Osterbaumer Kinderbewahrschulen, falls diese Anstalten eingehen sollten; bis dahin nichts, weil die Zinsen den Anstalten direct zufließen		

10. Rentablösungskapital von Pott. 266 Thlr. 15 Sgr. 4 Pf. zu 2 Proc. Zinsen (Lösekapital des Auerschulplatzes vide Tit. VI)	—	—	5	9	10
Summa Tit. IV.	47	7	11	52	17	9

V. Communalsteuern.

a) für den Gemeinde-Haushalt . . Thlr. 67177 . 8 . 2
b) für jenen der Armenanstalt . . 49096 . 2 . 4

gemäß einer besondern Heberolle, durch Zuschläge auf die directen Steuern nach dem vom Gemeinderathe festgestellten, nachstehenden Umlagemodus aufzubringen. | 124173 | 10 | 1 | 116273 | 10 | 6

Modus der Communalsteuer pro 1851.

Klasse.	Klassensteuer.	Satz pro 1 Thlr. der Klassensteuer.	Communalsteuer. Thlr.	Sgr.	Klasse.	Klassensteuer.	Satz pro 1 Thlr. der Klassensteuer.	Communalsteuer. Thlr.	Sgr.
19.	2	mit 12 Sgr. pro Thaler in jeder Stufe steigend	45	3	—	11.	15	mit 13 Sgr. pro Thaler in jeder Stufe steigend	141	70	15
18.	3		57	5	21	10.	18		156	93	18
17.	4		69	9	6	9.	24		171	136	24
16.	5		81	13	15	8.	30		186	186	—
15.	6		93	18	18	7.	36		201	241	6
14.	8		105	28	—	6.	48		216	345	18
13.	10		117	39	—	5.	60		231	462	—
12.	12		129	51	18	4.	72		246	590	12
						3.	96		261	835	6
						2.	120		276	1104	—
						1.	144		291	1396	24

Communalsteuer auf Hunde vide Tit. VI. Nro. 4.

VI. Außerordentliche.

1. Gebühren für Auszüge aus den Civilstands-Registern und alten Kirchenbüchern | 30 | — | — | 30 | — | —
2. Das 4. Veranlagungs-Proc. von der Klassen- und Gewerbesteuer . | 480 | — | — | 480 | — | —
3. Die etwaigen Klassensteuer-Ueberschüsse | | | | | |
4. Steuern auf Hunde, à 15 Sgr. per Hund halbjährlich und für Sicherheitszeichen à 1 Sgr. | 500 | — | — | 500 | — | —
5. Truppenverpflegungskosten-Vergütung (vide Tit. IX. Nr. 1. der Ausgabe) | 150 | — | — | 150 | — | —
6. Militair-Fourage-Vergütung (vide Tit. IX. Nr. 2. = =) | — | — | — | 300 | — | —
7. Militair-Vorspannskosten-Vergütung (vide Tit. IX. Nr. 3. = ,) | 26 | — | — | 26 | — | —
8. Servisvergütung für den Bezirks-Feldwebel der hiesigen Landwehrkompagnie Ausg. Tit. IX. Nr. 4.) | 36 | — | — | 36 | — | —
9. Polizei- und Zuchtpolizei-Strafgelder aus 1849, wie bei Tit. VI. Nro. 10 der Ausgabe durchlaufend, weil sie direct zur Armen- resp. Waisenhauskasse fließen | 600 | — | — | 600 | — | —
10. Von dem Königl. Postamte Vergütung für den Wachtposten bei der Post, von 365 Nächten à 9 1/6 Sgr. | 111 | 15 | 10 | 111 | 15 | 10
11. Von der Leihhauskasse, Vergütung für den Wachtposten bei der Leihanstalt pro 1. Nov. 1850 bis 30. April 1851 | 42 | — | — | 42 | — | —
12. Aus der Staatskasse für Heizung und Beleuchtung der Transportgefangenen-Lokalien | 36 | 2 | 9 | 36 | 2 | 9
13. Von der Direction der Vaterländischen Feuerversicherungs-Gesellschaft hier Besoldungszuschuß wegen der vermehrten Handwerks-Compagnie bei dem städt. Feuerlösch-Corps | 52 | — | — | 52 | — | —
14. Von Joh. Rübel Betrag der Unterhaltungskosten seines schwachsinnigen Sohnes Johann in der Bezirks-Irrenanstalt zu Düsseldorf à 20 Thlr. per Quartal, voraus zahlbar (confer. Tit. VI. Pos. 9. der Ausgabe) | 80 | — | — | 80 | — | —
15. Lösekapital von dem Auerschulplatze (confer. Tit. VII. Pos. 14. der Ausg.) | — | — | — | 1115 | — | —
| Summa Tit. VI. | 2143 | 18 | 7 | 3558 | 18 | 7 |

Wiederholung der Einnahmen.

Tit.				
I. Canones und Grundrenten	400	1	10	387	16	10
II. Bestimmte Einnahme an Pächten . .	7302	—	8	7005	15	8
III. Unbestimmte	7040	15	—	12632	11	5
IV. Zinsen	47	7	11	52	17	9
V. Communalsteuer	124173	10	1	116273	10	6
VI. Außerordentliche	2143	18	7	3558	18	7
Summa aller Einnahmen	141106	24	1	139910	—	9

Kommentar 50

Die Ausgaben der Stadt Elberfeld waren für das Jahr 1809 auf 23733 Tlr. (bergisch) veranschlagt. 1835 beliefen sie sich auf 61544 Tlr., 1842 auf rd. 121008 Tlr., 1850 war die Summe, wie die folgende Quelle ausweist, auf 141106 Tlr. 24 Sgr. 1 Pf. angewachsen; 1870 betrug sie 529180 Tlr. 5 Sgr. und 4 Pf.. Nach dem landesherrlichen Edikt von 1686 gab die Stadt Elberfeld 166 Tlr. bergisch für Magistratsbeamte aus, wobei der „Statt advocatum" und der „Statt secretarium" die wichtigsten Stellen einnahmen; 1809 kostete die Verwaltung bereits 2245 Tlr. 50 Stüber, 1835 5602 Tlr. 16 Sgr. 10 Pf.. Im letztgenannten Jahr empfing Oberbürgermeister Brüning 4300 Tlr. Jahresgehalt zuzüglich 500 Tlr. Wohnungsgeld, wovon er aber die Gehälter sämtlicher Sekretäre und Kanzlisten sowie die anfallenden Bürokosten bezahlen mußte. 1842 verwaltete der Oberbürgermeister die Stadt (ca. 40000 Einwohner) zusammen mit 13 Sekretären und Kanzlisten, 1809 waren es außer dem Maire noch drei Angestellte gewesen. Die Statistik von 1869 weist an Verwaltungspersonal im Jahr 1867 in der „Central=Verwaltung" folgenden Bestand auf (ohne „für das bloße Schreibwerk angenommene" Personen): „ein Büreau=Vorsteher und vier Sekretäre, ein Registrator und Journalist, ein Büreaugehülfe für die Führung der Klassensteuer=Zu= und Abgangslisten; ein Stadtrentmeister und zwei Gehülfen desselben; drei Gemeindesteuer=Exekutoren; ein Civilstands=Beamter und zwei Gehülfen desselben; ein Stadtbaumeister, ein Bau=Assistent, zwei Kommunal=Wegewärter; ein Marktstandgeld=Erheber; ein Kastellan, drei Kommunaldiener, vier Stadtknechte" (Statistische Darstellung des Stadtkreises Elberfeld, unter besonderer Berücksichtigung der Verhältnisse der Jahre 1864, 1865, 1866 und 1867, Elberfeld 1869, S. 182). Dazu kam das Polizeipersonal, das Personal der städtischen Armenverwaltung, der Sparkasse, der Leihanstalt und der Schulen (Lehrer).

Quelle 50
Ausgaben der Stadt Elberfeld,
in: Haupt=Etat für den Gemeinde-Haushalt der Bürgermeisterei Elberfeld für das Jahr 1851   Auszüge

Ausgabe.	Etats-Quantum von 1850. Thlr. Sgr. Pf.			Vorschlag für das Jahr 1851 resp. Festsetzung des Gemeinderaths. Thlr. Sgr. Pf.		
I. Verwaltungskosten.						
1. Dem Oberbürgermeister von Carnap Gehalt (jetzt Bürgermeister Lischke)	2500	—	—	2000	—	—
2. Demselben persönliche Zulage für Repräsentationskosten	500	—	—	—	—	—
3. Dem Bureau-Vorsteher, Stadtsekretär Messerschmidt, Gehalt, (außerdem als Rendant der Sparkasse, 250 Thlr.)	650	—	—	650	—	—
4. Dem zweiten Sekretair Coutelle Gehalt (außerdem auf dem Armen-Etat, 200 Thlr.)	500	—	—	500	—	—
5. Dem Kanzleisekretair Müller, Gehalt	550	—	—	550	—	—
6. Dem Civilstands-Beamten Holthausen, Gehalt	500	—	—	500	—	—
7. Dem Sekretair Meyer, Gehalt	300	—	—	360	—	—
8. Dem Sekretair für die Schulsachen, Reich, Gehalt	350	—	—	350	—	—
9. Dem Registrator	232	—	—	232	—	—
10. Für das Aktenheften	—	—	—	68	—	—
11. Dem Paßkanzlisten Cremer, Besoldung (confer. Tit. II. Pos. 10.)	200	—	—	—	—	—
12. Dem Civilstands-Kanzlisten desgl.	150	—	—	150	—	—
13. Dem Kanzlisten Kuckelsberg (conf. Tit. VI. Pos. 6.)	112	15	—	—	—	—
14. Dem Kanzlisten Lamwers	150	—	—	—	—	—
15. Den Copisten	140	—	—	—	—	—
13/15. Remuneration für die Kanzlisten	—	—	—	450	—	—
16. Dem Kanzleidiener Lamwers, Besoldung	210	—	—	210	—	—
17. Demselben für Kleidung	15	—	—	15	—	—
18. Für Kanzleibedürfnisse	1000	—	—	—	—	—
a) Utensilien	—	—	—	300	—	—
b) Bibliothek	—	—	—	100	—	—
c) Schreibmaterialien, Porto, Frankatur	—	—	—	180	—	—
d) Drucksachen und Kosten der Civilstandsregister	—	—	—	240	—	—
e) Heizung und Oelbeleuchtung	—	—	—	400	—	—
f) Reinigung	—	—	—	100	—	—
g) Gasbeleuchtung in den Corridors, auf den Treppen und den Sälen des Rathhauses	—	—	—	300	—	—
19. Dem Stadtrentmeister Goldenberg, Gehalt	800	—	—	800	—	—
20. Dem Aichmeister Ramberg Besoldung und für die Beschaffung des Amtslokals	126	—	—	126	—	—
21. Kosten der Civilstandsregister	55	—	—	—	—	—
22. Für 2 Gesetzsammlungen für die Stadtkanzlei und den Polizei-Inspektor	4	—	—	—	—	—
23. Für Amtsblätter nebst Register, wie vor	1	18	—	—	—	—
24. Für 2 Bände des Archivs für das rheinische Civil- und Criminalrecht	4	20	—	—	—	—
25. Für eine Zeitschrift des landwirthschaftlichen Vereins für Rheinpreußen	1	—	—	—	—	—
26. Dem Magistrat zu Witten für die wöchentliche Mittheilung der dasigen Fruchtpreise ꝛc.	2	5	—	2	5	—
27. Dem Bürgermeister Bau in Mülheim a. R. für do.	5	—	—	5	—	—
28. Dem Magistrat zu Herdecke für do.	2	5	—	2	5	—
Summa Titel I.	9061	3	—	8590	10	—
II. Polizei=Ausgaben.						
1. Dem Polizei-Inspektor Doering, Besoldung	1000	—	—	1000	—	—
2. Demselben für Dienstkleidung	20	—	—	20	—	—
3. Dem Polizei-Commissar Duclos, Besoldung	600	—	—	600	—	—
4. Demselben für Dienstkleidung	20	—	—	20	—	—
5. Dem Polizei-Commissar Schmidt Besoldung	600	—	—	600	—	—
6. Demselben für Dienstkleidung	20	—	—	20	—	—
7. Dem Polizeiagenten N. N. Besoldung	325	—	—	—	—	—
8. Demselben für Dienstkleidung	20	—	—	—	—	—
9. Dem Polizeisekretair N. N. Besoldung	250	—	—	300	—	—
10. Dem Paßkanzlisten (confer. Tit. I. Pos. 11.)	—	—	—	240	—	—
11. Den nachbenannten Polizeidienern Besoldung incl. Gratification:						
a) Dem ꝛc. Lohoff	210	—	—	210	—	—
b) = Kalsbach	210	—	—	210	—	—
c) = Kreimendahl	210	—	—	210	—	—
d) = Sengewitz	210	—	—	210	—	—
e) = Wuttke	210	—	—	210	—	—

f) = Boos		210 — —	210 — —
g) = Doering		210 — —	210 — —
h) = Böhmer		210 — —	210 — —
i) = Pöppel		210 — —	210 — —
k) = Rieger		210 — —	210 — —
l) = Müller		210 — —	210 — —
m) = N. N.		— — —	210 — —
n) = N. N.		— — —	210 — —
12. Den 11 Polizeidienern für die Dienstkleidung in Waffenrock und Hosen, à 15 Thlr. für jeden,		165 — —	165 — —
13. Den zwei neu anzustellenden desgl.		— — —	30 — —
14. Den 4 Gensd'armen Meßgratifikationen, à 3 Thlr. für jeden pro Messe,		24 — —	24 — —
15. Für neue Dienstmäntel. für den Polizeidiener Kalsbach einen,		90 — —	18 — —
16. Dem Kanzlisten im Polizei-Bureau		— — —	— — —
17. Dem Oberspritzenmeister Pothmann Besoldung		15 — —	15 — —
18. Dem = J. Terstegen desgl.		15 — —	15 — —
19. Den Fahrspritzenmeistern desgl., à 8 Thlr., jetzt 12 à 8 Thlr.		120 — —	96 — —
20. An 19 Fahrspritzen-Schlauchführer desgl. 3 Thlr., jetzt 14,		57 — —	42 — —
21. An 436 Pumper bei den Fahrspritzen und an die 3 Wacht-Tamboure Löhnung à 2 Thlr., jetzt 351 à 2 Thlr.		878 — —	702 — —
22. An 5 Tragspritzenmeister Besoldung à 3 Thlr., jetzt 11 à 3 Thlr.		15 — —	33 — —
23. An 5 Tragspritzen-Schlauchführer desgl. à 2 Thlr., jetzt 11 à 2 Thlr.		10 — —	22 — —
24. An 40 Pumper bei den Tragspritzen Besoldung à 1 Thlr., jetzt 158,		40 — —	158 — —
25. An 4 Aufseher des Wasserzubringers Nro. 1, Besoldung à 4 Thlr.		16 — —	16 — —
26. An 2 , , , , 2, desgl.		8 — —	8 — —
27. = 2 , , , , 3, desgl.		8 — —	8 — —
28. An 60 Pumper des Wasserzubringers Nro. 1 do. à 2 Thlr.		120 — —	120 — —
29. = 8 , , , 2 do. à 2 ,		16 — —	16 — —
30. = 8 , , , 3 do. à 2 ,		16 — —	16 — —
31. = 24 Feuerleitern- und Feuerhakenträger bei den 4 Niederlagen, Löhnung à 1 Thlr.		24 — —	24 — —
32. Den 4 Führern der Handwerkskompagnie, Löhnung à 4 Thlr.		16 — —	16 — —
33. An 60 Mann der Handwerkskompagnie, Löhnung à 2 Thlr.		120 — —	120 — —
34. Zu Gratifikationen für das gesammte Feuerlösch-Personal		200 — —	200 — —
35. Zur Unterhaltung der Gemeinde-Feuerlösch-Geräthe		500 — —	500 — —

(...)

Wiederholung der Ausgaben.			
Tit. I. Verwaltungskosten		9061 3 —	8590 10 —
= II. Polizei-Ausgaben		19432 20 —	20234 1 —
= III. Steuern und Grundrenten		481 1 9	466 1 9
= IV. Zinsen und Schuldentilgung		22418 15 1	23591 15 1
= V. Baukosten		6825 15 —	8414 21 4
= VI. Pensionen und Armenpflege		40702 26 4	56301 27 4
= VII. Schulausgaben		10868 14 10	12326 7 4
= VIII. Kirchenausgaben		— — —	— — —
= IX. Außerordentliche		31316 18 1	9985 7 11
Summa aller Ausgaben		141106 24 1	139910 — 9
Summa aller Einnahmen		141106 24 1	139910 — 9
Resultat balancirt.			

Elberfeld, den 5. Mai 1851. Der Bürgermeister: **Lischke**.

Vorstehender Haupt-Haushaltungsetat der Gemeinde Elberfeld pro 1851 wird in Einnahme und Ausgabe gleichlautend auf „Einhundert neun und dreißigtausend neunhundert und zehn Thlr. neun Pf." festgesetzt

Elberfeld, 23. Mai 1851.

Der Gemeinderath:

(gez.) Lischke, Bürgermeister. D. von der Heydt. F. Frische. J. P. Judickar. Carl von Scheven. L. J. Simons. G. Maas jun. Mauenbrecher. W. Ibbe. G. Kesseler. W. Ulenberg. W. Menze. W. vom Riedt. Friedr. Müller. C. Engels. Abr. Pott. L. Schniewind. Alexander Simons. Walther Kamp. F. W. Wülfing. Stader.

Polizei und Gerichtswesen

Kommentar 51

Mit dem 1610 gewährten, 1623 ergänzten Stadtrechtsprivileg erhielt Elberfelds Magistrat unter Vorsitz des Bürgermeisters das Recht zur niederen Zivilrechtspflege und zur Bestrafung geringer Polizeivergehen, im übrigen blieb die Zuständigkeit des (alten) Landgerichts, d.h. des für das Amt Elberfeld bestehenden Gerichtes, bis 1708 bestehen, das Erbschaftssachen, Zwangsvollstreckungen, Konkurse, die gesamte Strafrechtspflege etc. regelte. 1708 erwarb die Stadt gegen Zahlung von 5000 Reichstalern bergisch an den Landesherrn die Stadtgerichtsbarkeit, die bis zur Einführung der französischen Munizipalverfassung bestehen blieb. Das Stadtgericht „schlichtete oder entschied, kraft der ihm durch das Privilegium verliehenen Competenz, alle Handlungs=, Civil= und Zucht=Polizei=Angelegenheiten in erster Instanz, und verfügte in seinem Bezirk die Inscription und Verwahrung der darin vorkommenden Hypotheken" (Johann Rütger Brüning (Hrsg.), Die Gerichts=Verfassung der Stadt und des Landgerichts= Bezirks Elberfeld..., Elberfeld 1835, S. 38).

Das Stadtgericht bestand aus dem Stadtrichter, d.h. dem jeweils vorjährigen Bürgermeister und gleichzeitigem Ratsmitglied, einem Gerichtsschreiber, der zugleich der Stadtsyndikus war, und einem Stadt- und gleichzeitig Gerichtsboten. Dazu kamen sieben Schöffen, 5 reformierte und 2 katholische, vom Magistrat unter dem Vorsitz des Bürgermeisters gewählte und vom Amtmann vereidigte Bürger, die ihr Amt lebenslang innehatten. Ihre Ämter waren unbesoldet, sie waren aber beteiligt an den eingehenden Sporteln (Gerichtsgebühren). „Vorfälle und Ereignisse, die eine criminelle Untersuchung zur Folge hatten, z.B. Diebereien, Einbrüche u.s.w. wurden vielfach zwar auch vom Magistrat eingeleitet, dann aber dem Stadtgericht zur fernern Fortsetzung übergeben. Die Thäter und Verbrecher wurden dem Hofgericht [Hofrat] zu Düsseldorf überwiesen und die Verhandlung dorthin eingesandt" (ebenda S. 21). Unter französischer Verwaltung, die 1810 den Code Napoléon und 1811 eine neue allgemeine Justizverfassung einführte, war der für Elberfeld zuständige Gerichtsstand Düsseldorf. 1813 erhielt Elberfeld ein Handelsgericht, 1820 wurden Friedens- und Landgerichte nach französischem Muster errichtet; erst 1834 knüpfte Elberfeld mit der Einrichtung des Landgerichts wieder an die alte selbständige Gerichtsverfassung an. Im Rahmen der Bemühungen des Elberfelder Stadtrats um die Gewährung eines Landgerichtes hieß es in einem Sitzungsprotokoll vom 1.11.1824: „In einer Gegend, wo die

Quelle 51
Johann Rütger Brüning (Hrsg.), Die Gerichts=Verfassung der Stadt und des Landgerichts=Bezirks Elberfeld, vom 16. Jahrhundert bis auf die neueste Zeit; mit einer Beschreibung über die Erwerbung und Einsetzung des Königl. Landgerichts zu Elberfeld,
Elberfeld 1835, S. 51-57, S. 77-80   Auszüge

Allerdurchlauchtigster,
Allergnädigster König und Herr!

Von der Stadt Elberfeld sind wir beauftragt, das nachfolgende alleruntertänigste Gesuch zu den Stufen des Thrones Eurer Königlichen Majestät niederzulegen. Die getreue Stadt Elberfeld erkennt mit dem innigsten Dank die vielen und großen Segnungen, welche ihr unter der väterlichen Regierung Eurer Königlichen Majestät zu Theil geworden sind; sie hat mit jedem Jahre ihre Bevölkerung zunehmen, ihre Gewerbe aufblühen gesehen.

Ein Gut ist es jedoch, welches sie bis jetzt immer noch sehr schmerzlich vermißt, ein Gut, welches keine andere Stadt gleichen ja minderen Ranges in der Monarchie entbehrt, das sie selbst früher besessen und nur die Unbill jener Zeiten ihr geraubt hat, und dessen Bedürfniß durch eben jene Segnungen mit jedem Jahre gesteigert ist und tiefer empfunden wird. Wir meinen den Mangel eines Gerichts und einer Hypotheken=Kammer in Mitte unserer volkreichen und betriebsamen Stadt.

Ein volles Jahrhundert hindurch ist die Stadt im Besitz eines eigenen Gerichts für alle Civil= und Criminal=Sachen gewesen, welches ihr durch landesherrliches Privilegium vom 22. Novbr. 1708 verliehen war, und zu dessen Erlangung die zu jener Zeit gar nicht zahlreiche Bürgerschaft sich nicht scheute, ein unter den damaligen Verhältnissen sehr bedeutendes Geldopfer von 5000 Thlr. zu bringen. Erst mit dem Eintritt der Fremdherrschaft im Jahre 1808 wurde ihr dieses Gericht genommen, da obwohl das französische Gesetz und die eingeführte französische Gerichtsverfassung ausdrücklich bestimmten, daß an jedem Hauptorte eines Arrondissements der Sitz eines Tribunals erster Instanz sein solle, so wurde doch auch hiervon die einzige Ausnahme mit Elberfeld gemacht, welches mit seiner nähern Umgebung ein Arrondissement bildete, und zwar aus keinem andern uns bekannten Grunde, als weil man glaubte, daß es für die Beamten in Elberfeld theuer zu leben sein werde. Könnte aber dieser Grund als gültig und zureichend angesehen werden, so würden die Gerichte wie die Verwaltungs=Behörden meistens dort ihren Sitz nehmen müssen, wo man ihrer am wenigsten bedarf.

(...)

Zu keinem andern Theile der Monarchie hat vielleicht die Industrie, die Fabrikation und der Gewerbfleiß einen gleich hohen Grad erreicht, und nirgends ist die Geschäftigkeit größer, der Verkehr lebhafter. Die zahlreiche und dicht zusammengedrängte Bevölkerung besteht zum größten Theile aus Gewerbetreibenden und Arbeitern, die insgesammt von den Früchten ihrer Arbeit, von der nützlichen Anwendung der Zeit als ihres kostbarsten Gutes, ihre Subsistenzmittel erhalten. Nirgend anderswo ist zugleich das Grundeigenthum so getheilet und häufigern Veränderungen oder Verpfändungen unterworfen. Es ist nur eine natürliche und nothwendige Folge dieses so regen Verkehrs und der dichten Bevölkerung, daß hier auch öfter Streitigkeiten und Reibungen vorkommen müssen, welche die Hülfe der Gerichtsbehörden oder deren Einschreiten von Amtswegen nöthig machen, als dies in Gegenden der Fall sein wird, deren Bewohner isolirter leben und sich hauptsächlich mit dem Landbau beschäftigen.

Müssen nun wie bisher die Einwohner Elberfelds und der zunächst gelegenen Orte in allen bürgerlichen Rechtsstreitigkeiten und Untersuchungssachen, welche die Competenz der Friedens= und Polizei=Gerichte übersteigen, so wie bei allen das Grundeigenthum betreffenden Geschäften, den vier Meilen weiten Weg zum Landgericht und Hypotheken=Amt in Düsseldorf machen, so werden dadurch eben so viel fleißige Hände der Industrie entzogen; die Arbeit stockt, und die Vergütung, welche der Staat für Versäumniß gewährt, reicht zu einer wirklichen Entschädigung bei weitem nicht hin. Der Schaden aber, den die Fabrik=Unternehmer dadurch erleiden, bleibt unersetzt. Man betrachtet es als ein Unglück, der Hülfe des Richters nachsuchen oder vor Gericht als Zeuge erscheinen zu müssen. Ja Vergehen und Verbrechen bleiben zuweilen unangezeigt und straflos, weil man sich scheut, in die Prozedur als Zeuge verwickelt und dadurch Kosten und Versäumnissen ausgesetzt zu werden. Polizei=Officianten, wenn den Beschuldigten bei den Gerichten gegenüber gestellt werden, werden theils für ihre Reise nach Düsseldorf zu karg entschädigt, theils dem Dienste durch öftere Abwesenheit entzogen. Wie nachtheilig Alles dies auf die Moralität wirkt, darf nicht erst gesagt werden.

Bei der Organisation der Gerichte in den Rheinprovinzen wurden die vorgefundenen kleinen Tribunale in größere zusammengezogen, und deren Gerichtssprengel den Regierungsbezirken gleich gestellt. Man scheint hierbei von dem Grundsatz ausgegangen zu sein, daß es für die Rechtspflege förderlich sein werde, eine größere Masse von Intelligenz an einem Orte zu concentriren, und daß die Hauptorte der Departements den Richtern mehr Mittel zur ihrer Fortbildung darbieten würden. Vielleicht hat man jedoch diesen Vortheil zu hoch angeschlagen und die Nachtheile übersehen, welche bei einem zu ausgedehnten Geschäftskreise unvermeidlich sind. Möchte aber auch das Prinzip richtig sein, so wird es doch, wie jedes Prinzip, in der Anwendung Modifikationen zulassen, ja erheischen. Es ist nicht zu besorgen, daß in einer Stadt wie Elberfeld die Richter weniger Mittel zu ihrer fortschreitenden Bildung als an andern Orten finden sollten. Das Landgericht zu Düsseldorf hat jedoch, einen größeren Gerichtssprengel, als irgend ein anderes Landgericht am Rhein und die Zahl der bei demselben schwebenden Prozesse in Civil= und Untersuchungs=Sachen übersteigt die der übrigen Gerichte. Eine Theilung desselben und die Errichtung eines besondern Landgerichts zu Elberfeld für den Bezirk, den jetzt schon das Handelsgericht daselbst umfaßt und der eine Bevölkerung von ungefähr 120,000 Seelen enthält, könnte daher keinen Mißstand erzeugen, noch große Schwierigkeiten finden. Vielmehr würde hierdurch der Gerichtssprengel, wie er für die Handelssachen besteht, mit denjenigen in andern Civil= und Untersuchungssachen in eine zweckmäßige und wünschenswerthe Uebereinstimmung gebracht werden.

Indem wir von der Gnade Eurer Königlichen Majestät diese, so lange schon schmerzlich entbehrte Wohlthat erflehen, nehmen wir ein Gesuch wieder auf, welches Euer Königlichen Majestät vorzutragen die Stadt Elberfeld bereits im Jahre 1824 gewagt hatte. Denn schon damals wie jetzt, wurde dieses Bedürfniß tief empfunden.

Euer Königl. Majestät fanden bereit die zur Unterstützung dieses Gesuchs angeführten Gründe nicht unerheblich und geruhten durch die Allerhöchste Kabinetsordre vom 3. Dezember 1824 den Bericht des Justizministers darüber zu erfordern.

Eine fernere Allerhöchste Kabinetsordre vom 13. April 1825 beschied jedoch nach erstattetem Bericht die Stadt Elberfeld, daß ihrem Gesuche für jetzt nicht nachgegeben werden könne.

Wir schmeicheln uns mit der Hoffnung, daß es nur die damals angeordnete allgemeine Revision der Gesetzgebung und Gerichtsverfassung und die beabsichtigte und als nahe bevorstehend angesehene Einführung dieser revidirten Gesetzgebung

Menschen so dicht auf einander wohnen, gibt es täglich Reibungen unter denselben, die in Zänkereien und größeren Unfug ausarten, und so zur Klage kommen; wohnen nun an dem Orte selbst die Richter, die diese Menschen und ihr Verhältniß kennen, so werden solche meist unbedeutende Händel leicht geschlichtet" (ebenda S. 40/41).

Die erste der wiedergegebenen Quellen besteht aus einer entsprechenden Immediateingabe an den König, die durch eine aus Oberbürgermeister Brüning und August von der Heydt bestehende Delegation des Elberfelder Stadtrats in Berlin am 8.3.1834 überreicht wurde.

Als zweite Quelle folgt die Dankadresse von Oberbürgermeister und Stadtrat an den König nach dessen Einwilligung. Die Kabinettsordre vom 12.5.1834 verfügte die Einrichtung eines Landgerichtes für die Kreise Elberfeld, Lennep und Solingen in Elberfeld. Es wurde am 24.11.1834 eröffnet. Im Justizjahr 1841/42 wurden vor ihm, zu dessen Bezirk 1842 203781 Personen gehörten, 1311 Zivil-, 12 Ehescheidungs- sowie 75 Schwurgerichtsprozesse (Assisenhof) und 667 Zuchtpolizeisachen verhandelt.

und Gerichtsverfassung in die Rheinprovinzen gewesen sei, welche jene Zurückweisung des Gesuchs der Stadt Elberfeld motivirt hat. Ja die Stadt hat vielmehr aus der huldvollen Berücksichtigung, welche Euer Majestät ihrem ersten Gesuch geschenkt haben und aus den Ausdrücken der Allerhöchsten Kabinetsordre selbst den Muth geschöpft, unter den veränderten Umständen von neuem damit hervorzutreten.

An Euer Königliche Majestät ergehet daher die unterthänigste Bitte der Stadt Elberfeld:

es Allergnädigst zu genehmigen, daß in ihrer Mitte, für den Bezirk des Handelsgerichts daselbst, ein von Düsseldorf abgesondertes Landgericht und Hypothekenamt errichtet werde, und Euer Majestät Justiz-Ministerium anzuweisen, hierzu die erforderlichen Anordnungen zu treffen.

Die Stadt Elberfeld hat uns, die ehrfurchtsvoll Unterzeichneten, zu dem Ende hierher gesandt, um diese Bitte Euer Majestät zu Füßen zu legen. So sehr glaubt sie ihre Wohlfahrt hiervon abhängig, und so unbegrenzt ist das Vertrauen, welches sie in die väterliche Huld Euer Majestät setzt, daß sie, hierauf die Hoffnung der Gewährung bauend, unsere Anwesenheit hierselbst für nützlich hielt, um für diesen erwünschten Fall Euer Majestät Justizministerium diejenigen Nachweisungen und Aufklärungen zu geben, die Hochdasselbe zu den zu treffenden Anordnungen bedürfen könnte und dadurch zu der beschleunigten Ausführung beizutragen. Möchte diese so wohl begründete Hoffnung in eine baldige und freudvolle Erfüllung gehen. Glücklich und innigst dankbar würden wir uns fühlen, mit der Königlichen Gewährung bei unserer Rückkehr eine treue Bürgerschaft hoch erfreuen zu können.

In tiefster Ehrfurcht und Unterwerfung ersterben wir als Euer Königlichen Majestät

allerunterthänigste
Deputirten der Stadt Elberfeld:
Der Oberbürgermeister, gez. von der Heydt,
gez. Brüning. Stadtrath.

Berlin, den 8. März 1834.

(...)

Dank-Adresse
an Seine Majestät den König.

Allerdurchlauchtigster,
Allergnädigster König und Herr!!

Die in tiefster Ehrfurcht und treuester Unterthanen-Liebe dem Throne ihres Königs sich nahenden, Oberbürgermeister und Stadträthe von Elberfeld, sind sich der Ehre und Vorrechte ihres Amtes nie so freudig bewußt geworden, als heute, wo es ihnen die Pflicht auflegt, die Stimme der Dankbarkeit einer großen Bürgerschaft, deren Vertreter sie sind, an den Stufen des Thrones hören zu lassen.

Unter der Herrschaft der Willkür, hatte der Mißbrauch der Gewalt die Gesetzlosigkeit des Augenblicks zu benutzen gewußt, unsere Stadt derjenigen ihrer Institutionen zu berauben, welche einem Gemeinwesen, wie das uns'rige, die wichtigsten und unentbehrlichsten sind: unsere Gerichtsbarkeit und die damit verbundene Hypothekenkammer.

Der Schmerz über eine solche Beraubung wurde noch geschärft, durch die Rücksichtslosigkeit, womit die damaligen Machthaber dabei zu Werke gingen.

Taub und stumm gegen die Klagen und Vorstellungen, der städtischen Behörden, nicht achtend unser gutes, durch eine gesetzmäßige, mit großen Opfern verknüpfte Erwerbung, und einen mehr als hundertjährigen Besitz, geheiligtes Recht, wurde der Gerichtsstand unserer Stadt nach Düsseldorf verlegt, und mit den dortigen Gerichtsanstalten so verbunden, daß die Absicht unverkennbar war, die tagtäglichen und vielfachen Rechtsbedürfnisse der großen Bevölkerung unseres Kreises, der Hauptstadt der Provinz zinsbar zu machen.

Ob durch diese, vier und mehr Meilen betragende Entfernung ihres Gerichtsorts mehr als 150,000 fleißige Menschen, die in einer so großen Entfernung ihr Recht suchen, oder als Zeugen auftreten, oder ihre Hypothekenangelegenheiten besorgen mußten, Tage lang in ihrem Fleiße gestört und zu Ausgaben gezwungen wurden, deren jährlicher Betrag für

Manchen mehr betrug, als alle Steuern, die er aufzubringen hatte, das kam bei dieser Gesetzwidrigkeit gar nicht in Betrachtung.

Endlich wurde der Fremdherrschaft durch die siegreichen Waffen Eurer Königlichen Majestät und Allerhöchst Ihrer Verbündeten ein Ende gemacht; uns aber wurde das Glück zu Theil, in die große Familie aufgenommen zu werden, derer, die unter Preußens Scepter leben.

Das erste Wort, was Friedrich Wilhelm der Gerechte zu Seinen neuen Unterthanen sprach, war die Verheißung, daß die Wunden, welche die Zeit der Unterjochung ihrem Wohlstand geschlagen, so weit es möglich, geheilt, und das Unrecht, was sie ihnen angethan, wieder zu Rechte gebracht werden solle.

Auch dem an uns begangenen Unrecht galt dieses Königliche Wort und wir baueten auf dasselbe. Zwar konnten wir es uns nicht verhehlen, daß das uns genommene Gerichts- und Hypothekenwesen sich durch die vieljährige Verbindung mit den Rechts- und Hypothekenanstalten der Hauptstadt schon so fest verwurzelt und verzweigt hatte, daß die Wiederauflösung dieser Verbindung nicht so bald erfolgen könne, als wir es wünschten; aber wir zweifelten nie, daß der Augenblick der Wiederherstellung unseres Rechts kommen werde.

Und er ist gekommen, und hat uns die eine der verlornen Anstalten, unsern Gerichtsstand auf eine Weise zurückgegeben, die uns für die Zeit des Wartens und Entbehrens derselben reich entschädigen wird. Müssen wir denn auch aus den nämlichen Gründen der mit unserm Gericht früher besessenen Hypothekenkammer zur Zeit noch entbehren, so warten wir nun um so viel ruhiger den Zeitpunkt ab, wo auch die Hindernisse wegfallen werden, welche ihrer Wiederhierherverlegung jetzt noch im Wege stehen.

Dieses störte die Empfindungen nicht, die wie ein Freudensturm bei der Ankunft der frohen Botschaft unserer Abgeordneten die ganze Stadt bewegten.

Worte vermögen es nicht die Gefühle der Dankbarkeit und Verehrung auszudrücken, welche die Bürgerschaft begeisterte, als diese Handlung der Gerechtigkeit und Gnade des allgeliebten Königs ihrem ganzen Umfange nach bekannt wurde.

Alle Herzen huldigten Ihm von neuem, denn auch der Geringste unter den Bürgern der Stadt erkannte die folgereiche Wichtigkeit dieser Gnade für Wohlstand, Ordnung, Sittlichkeit und Religion.

Darum wurde auch an heiliger Stätte dieses Glücks für Elberfeld gedacht: dankopfernd dem Herrn, der die Herzen der Könige lenkt, und Segen herabflehend auf das Haupt seines Gesalbten, unsern König.

Möge dieser schwache Widerhall des allgemeinen Dankgefühls einer treuen Stadt wohlgefällig am Throne vernommen werden!

Ein wohlgefälliger, täglich sich erneuernder Dank wird sich in den heilsamen Einwirkungen der durch Eurer Majestät Huld und Gnade wiedererlangten Gerichtbarkeit auf alle Zweige unseres Gemeinwesens aussprechen.

Mit diesen Gesinnungen und Empfindungen leben und sterben für Euere Königliche Majestät

Allerhöchst Derselben
treueste und unterthänigste
Oberbürgermeister und Stadträthe von Elberfeld

(gez.) Brüning Oberbürgermeister,

Feldhoff,
Boeddinghaus, } Beigeordnete.

die Stadträthe:

J. Platzhoff.	F. Platzhoff.
J. W. Blank.	Wortmann.
W. Simons.	Köter.
P. C. Peill.	de Weerth.
Bönhoff.	Bertram.
J. C. Dunklenberg.	J. A. Hecker I
J. C. Hecker.	Lucas.
von der Heydt.	Wolff.
	Scheper.

Elberfeld, am 21. Mai 1834.

Kommentar 52

Die „Uebersicht der Verwaltung des Kreises Elberfeld im Jahre 1842, mit besonderer Berücksichtigung der Verhältnisse in dem Jahre 1816" vermerkte im Kapitel „Polizei= Verwaltung": „Chef der Verwaltungspolizei ist der Bürgermeister jeder Sammtgemeinde in dieser, und sind ihm alle Polizei=Angestellten untergeordnet. Wo besondere Polizeikommissare angestellt sind, haben diese die gerichtliche Polizei auszuüben, in welchen Fällen sie nicht dem Bürgermeister, sondern nur der gerichtlichen Behörde untergeordnet sind. [...] Die Ernennung der Polizei=Angestellten erfolgt von der Königlichen Regierung auf den Vorschlag des Landraths" (ebenda S. 38).

1842 hatte Elberfeld einen „Polizei=Inspector", zwei „Polizei=Commissare", einen „Polizei=Agent", acht „Polizei=Diener" und einen „Gefangen=Aufseher[!]", dazu zählten 111 „Besoldete Mannschaften der Nachtwache"; Barmen, das zum Elberfelder Kreis gehörte und daher in die Zuständigkeit des Elberfelder Polizeiinspektors fiel, hatte 2 Polizeikommissare, 6 Polizeidiener, 1 Gefangenenaufseher und 28 Mannschaften der Nachtwache.

Das neue Polizeiverwaltungsgesetz vom 11.3.1850 gab dem Innenminister die Möglichkeit, die örtliche Polizeiverwaltung in größeren Gemeinden aus der Weisungskompetenz der Bürgermeister herauszunehmen und eigens dafür ernannten Staatsbeamten zu übertragen. Gemäß dem § 2 des genannten Gesetzes trat für die Städte Elberfeld und Barmen im „Juni 1852 [...] an die Spitze der Verwaltungspolizei ein Königlicher Polizei= Director, der in dieser Eigenschaft [...] von der Staatsbehörde [...] ernannt wurde und in Elberfeld seinen Wohnsitz hatte" (Statistik 1869, a.a.O., S. 119). Diese Polizeiverwaltung wurde für Barmen 1861, von welchem Jahr an es einen eigenen Stadtkreis bildete, für Elberfeld 1863 wieder den Oberbürgermeistern unterstellt.

In Elberfeld waren Ende 1867 folgende „Executiv=Polizei=Beamte" angestellt:
1 Polizeiinspektor mit 1000 Tlrn. Gehalt,
3 Polizeikommissare mit je 750 Tlrn. Gehalt,
1 Polizeiwachtmeister mit 400 Tlrn. Gehalt,
21 Sergeanten mit je 275 Tlrn. Gehalt,
1 Feldhüter mit 275 Tlrn. Gehalt, ein Gefangenenwärter mit 240 Tlrn. Gehalt (neben freier Wohnung), 2 Nachtwachtmeister mit je 300 Tlrn. Gehalt, 36 Nachtwächter mit je 140 Tlrn. Gehalt (seit 1868 auf 180 Tlr. erhöht) und ein Rathauswächter mit 230 Tlrn. Gehalt. Die im folgenden als Quelle wiedergegebene „Geschäfts Instruction für das hiesige Polizei Amt" (SAW O I 134) legte der Polizeiinspektor mit einem Begleitschreiben vom 8.1.1847 dem Oberbürgermeister „zur weitern gefälli-

Quelle 52
Geschäftsinstruktion für das Polizeiamt zu Elberfeld
SAW O I 134   [8.1.1847]   handschriftlich

§. 1.
Die Oberbürgermeisterei Elberfeld steht im Allgemeinen in Gerichtpolizeilicher Beziehung unter Aufsicht des Polizei Inspectors, welcher als Beamter der gerichtlichen Polizei, alle ihm zur Anzeige gebrachten oder sonst zu seiner Kenntniß kommenden Verbrechen, Vergehen und Contraventionen zu verfolgen hat; zu seiner Aushülfe sind ihm jedoch zwei Polizei Commißarien beigegeben welchem jeden ein specieller District angewiesen ist, in welchem sie als Hülfsbeamte der gerichtlichen Polizei selbstständig zu wirken haben und in dieser Eigenschaft mit dem Oberprokurator direct correspondiren, um jedoch den Polizei Inspector von allen vorkommenden Verbrechen oder Vergehen p.p. in Kenntniß zu erhalten, ist ihm von jedem derartig vorkommenden, sofort mündliche Anzeige zu machen und später die aufgenommenen Verhandlungen welche an die Oberprokuratur p.p. abgesendet [werden] sollen, an ihn abzugeben, damit dieselben in das Haupt Journal des Polizei Amts eingetragen werden.

§. 2.
Als Administrativ Beamte stehen die Commißarien (unter Oberaufsicht des Oberbürgermeisters) unter dem Polizei Inspector, haben dessen Aufträge auszuführen und nach Beendigung demselben die allenfalls aufgenommenen Verhandlungen p.p. an denselben zur weitern Veranlassung abzugeben, so wie im Allgemeinen in administrativer Beziehung die Commißarien nur einzig und allein mit dem Polizei Inspector in Verbindung stehen da durch dessen Hände alles zur Erledigung zu bringen, um jedoch den Commißarien im Allgemeinen einen Anhaltspunkt hinsichts ihrer amtlichen Beschäftigung zu geben so hat

§. 3.
der Polizei Commissair Düclos
1. Die Verwaltung der äußern Polizei in dem von [der] Mirkerbach begrenzten amtlichen Theile der Oberbürgermeisterei
2. Die Revision der Fabricken in Betreff Beschäftigung der jugendlichen Arbeiter in der ganzen Oberbürgermeisterei,
3. Die Beaufsichtigung der Straßen Beleuchtung in der ganzen Stadt.
4. Die spezielle Aufsicht über die Wochenmärkte
5. Die Beaufsichtigung der Schauausstellungen, die Jahresmessen, über die verbotenen Schriften, Carrikaturen und Leihbibliotheken
6. Die Beaufsichtigung des Bahnhofes in der Steinbeck und
7. Das Register über die außergewöhnlichen Dienste der Polizeisergeanten zu führen, wogegen
Dem Polizei Commissair Schmidt
1. Die Verwaltung der äußern Polizei auf dem linken Wupperufer und dem östlich von der Mirkerbach begrenzten Theile der Oberbürgermeisterei
2. die spezielle Aufsicht über das Schlachthaus
3. die spezielle Aufsicht über die Promenade Hardt und den Exerzierplatz auf dem Engelnberge übertragen ist, so wie derselbe auch
4. die vierteljährige Nachweise der in der Oberbürgermeisterei vorhandenen Pferde-Behufs-Prüfung, von deren Diensttauglichkeit für die Armee anzufertigen hat.

§. 4.
Dem Polizei Inspector sind ferner zur Disposition gestellt, der Polizei Sekretair und der Paß Büreau Kanzlist.
Der Polizei Sekretair hat
1. Das Journal des Polizei Amts
2. Das Register der Polizei Contraventionen
3. Das Register der polizeilich Verhafteten
4. Das Verzeichniß der unter Polizei Aufsicht stehenden Personen
5. Das Verzeichniß der jugendlichen Verbrecher
6. Das Verzeichniß der in der Stadt gehaltenen Hunde und
7. Das alphabetische Register der wegen Verbrechen und Vergehen zur Bestrafung gekommenen Individuen

gen Veranlassung vor". Eine in dem Brief erwähnte Dienstinstruktion für die Polizeisergeanten fehlt.

zu führen, außer dem aber auch alle ihm von dem Polizei Inspector zugewiesenen Arbeiten, zu verrichten.

Der Paß Büreau Kanzlist hat sämmtliche Register des Paß Polizei Büreaus zu führen, außerdem aber auch die ihm von dem Polizei Inspector zugewiesenen sonstigen Aufträge zu erledigen.

§. 5.

Da die Commißarien in administrativer Beziehung mit schriftlichen Arbeiten theilweise verschont bleiben so haben dieselben die mit acht Tagen zu wechselnde besondere Aufsicht auf die Straßenpolizei in der Stadt, besonders zu handhaben, zu diesem Zwecke möglichst oft in der Stadt zu patrouilliren und die Polizeisergeanten in diesem Zweige der Polizei Verwaltung auf das Strengste zu kontrolliren wobei etwa bemerkt werdende Ungebührlichkeiten und Unregelmäßigkeiten seitens der Sergeanten, dem Polizei Inspector zur weiteren Veranlassung anzuzeigen sind.

§. 6.

Ebenso haben die Commißarien mit acht Tagen wechselnd, die Nachtswache zu kontrolliren und etwa vorkommende Unregelmäßigkeiten und Zuwiderhandlungen gegen das Wach=Reglement dem Polizei Inspector zur weiteren Veranlassung anzuzeigen.

§. 7.

Alle Morgen um 9 Uhr findet eine Versammlung der Polizei Commißarien und Sergeanten im Büreau des Polizei Inspectors statt, wo der Dienst für den laufenden Tag angeordnet und den Sergeanten die ihnen zu ertheilenden Aufträge und Weisungen mitgetheilt werden. In diesen Conferenzen haben die Sergeanten zugleich über ihre Dienstwahrnehmungen jeder Art mündlich zu rapportiren.

§. 8.

Die Polizeisergeanten erhalten zwar ebenfalls besondere Bezirke zugetheilt, worin sie namentlich die Straßenpolizei zu handhaben zugleich aber auf alle etwa vorkommende Verbrechen, Vergehen und Contraventionen zu vigiliren und dieselben sofort zur Anzeige zu bringen haben. Daß dieselben übrigens nicht auf ihre Bezirke beschränkt sondern im Bereiche der ganzen Oberbürgermeisterei die Polizei zu handhaben versteht sich von selbst, so wie dieselben sich auch im Allgemeinen strenge nach ihrer Dienst Instruction zu richten haben.

§. 9.

Der Polizei Agent hat sich außerdem daß er zur Disposition des Polizei Inspectors steht, mit handhabung der allgemeinen Straßenpolizei zu beschäftigen und dieserhalb auch die Polizeisergeanten zu kontrolliren, alle Arbeiten auf dem Paß Polizei Büreau sind, und bleiben ihm jedoch des Strengsten untersagt, es sei denn daß er hierzu seitens des Polizei Inspectors bei einzelnen Fällen speziell beauftragt würde.

§. 10.

Daß übrigens der Polizei Inspector sowohl wie die Commißarien im Allgemeinen die Aufsicht über die Sittlichkeit gehörig handhaben, auf feuergefährliche Gegenstände, die Gemeinde Lösch Anstalten, auf Maaß und Gewicht, auf Brod und Weisbrod Taxen, auf das Bier, überhaupt auf Lebensmittel, auf die Salubrität[1] der Bewohner, auf die Straßen Reinigung und die Kothabfuhr, auf das Schlachten, auf Hunde p.p. stets ein wachsames Augenmerk richten und Contraventionen sofort zur Bestrafung bringen müssen, versteht sich von selbst.

---

[1] Salubrität = Gesundheit

Verzeichniß
über die vom 1. Jan. bis Ende Dezember v. J. beim hiesigen Königlichen Polizei-Gericht zur Verhandlung resp. Bestrafung gekommenen Polizei-Contraventionen.

Nr.		Delikt	Anzahl
1.	Wegen	verbotswidrigen Aufstellens von Droschken	685
2.	"	Sperrens der Passage durch Fuhrwerk	73
3.	"	Verlassen des Fuhrwerks ohne Beaufsichtigung	135
4.	"	Fahrens ohne Schellengeläute bei Schneebahn	10
5.	"	zu schnellen Fahrens in der Stadt	46
6.	"	unterlassener Anmeldung der Hunde	169
7.	"	Verunreinigung der Straße	92
8.	"	unterlassener Straßenreinigung	199
9.	"	Aufnahme von Fremden und Dienstboten ohne polizeiliche Anmeldung	369
10.	"	nächtlicher Ruhestörung durch Straßenexzeß	205
11.	"	nicht geschlossener Schenkwirthschaft nach der Polizeistunde	40
12.	"	Zechens nach der Polizeistunde	73
13.	"	Bettelei	78
14.	"	verbotswidrigen Aushängens von frischem Fleische vor dem Hause	28
15.	"	zu später Räumung des Gemüsemarkts	61
16.	"	Nichteinholung der polizeilichen Visa auf die Preiszettel des Weißbrods	20
17.	"	Mißhandlung und Prügelei	131
18.	"	Herumlaufens böser bissiger Hunde	6
19.	"	Fahrens ohne Leitseil, auf der Karre sitzend	8
20.	"	Gebrauchs von Knippwagen	2
21.	"	Hazardspiels	4
22.	"	Verlassens ihrer Familie	14
23.	"	Nichtbeibringung ihrer Legitimationspapiere	20
24.	"	Zerschlagens von Fensterscheiben	5
25.	"	unterlassener An- und Abmeldung beim Bezirksfeldwebel	11
26.	"	Auflaufens durch Vorkäufer zur ungesetzlichen Zeit	19
27.	"	verbotswidrigen Schlittenfahrens	4
28.	"	unterlassenen Aufeisens der Rinnsteine	2
29.	"	Schlachtens im Hause	7
30.	"	Tabakrauchens im Theater	6
31.	"	Tabakrauchens aus ungedeckter Pfeife und Cigarren	52
32.	"	verbotswidrigen Fangens von Singvögeln	5
33.	"	verbotswidrigen Knallens mit der Peitsche in den Straßen der Stadt	3
34.	"	Verbreitung ungesunder Dünste	15

Ausschnitt aus dem Verzeichnis der bestraften Delikte im Jahr 1847 im Täglichen Anzeiger Nr. 10 vom 12.1.1848.

Kommentar 53

1795 war in Elberfeld, nach mehrmaligem Wechsel von einer freiwilligen Bürgernachtwache zu einer Lohnwache und umgekehrt, erneut eine „Bürgerwache" eingerichtet worden, die aus 32 Kompanien mit je einem Bürger-Kapitän und 6 Offizieren bestand. Die Verpflichtung eines jeden Bürgers zum Dienst wurde jedoch offenbar so wenig eingehalten, daß 1802 wieder eine besoldete Nachtwache organisiert wurde, deren Verhalten in der „Laternenrevolte" von 1804 (vgl. Quelle 34) eine Rolle spielte. 1824 gehörten zur „nächtlichen Polizeiwache" (Annalen für 1824, S. 44) 3 Wachtmeister, 12 Korporale, 57 Gemeine und 3 Tamboure. 1852 schrieb Karl Coutelle über die Nachtwache, sie habe „zu öfteren Malen, sowohl in ihrer inneren Einrichtung, als auch hinsichtlich der Kosten=Aufbringung, Veränderungen erlitten." 1851 hatte die Nachtwache, nach einem Modernisierungsversuch im Jahr 1847, „3 Wachtmeister, 3 Wachtmeister=Adjunkte, 3 Tambours und 120 Wachtleute, die sämmtlich aus der Gemeindekasse besoldet werden. Die Wachtmeister erhalten 80 Thlr., deren Adjunkte 50, die Trommler 31 Thlr. und die Wachtleute 28 Thlr. jeder pro Jahr und die Gesammtkosten der Nachtwache betragen etatsmäßig 4131 Thlr." (Karl Coutelle, Elberfeld, topographisch-statistische Darstellung, Elberfeld 1852, ND 1963, S. 112).

Das wiedergegebene „Dienst=Reglement für die Nachtwächter der Stadt Elberfeld" stammt vom 30.11.1852 und wurde unter dem königlichen Polizeidirektor Hirsch erlassen.

Quelle 53
Dienst=Reglement für die Nachtwächter der Stadt Elberfeld vom 30.11.1852,

in: Sammlung verschiedener auf die Polizei=Verwaltung im Allgemeinen Bezug habenden Gesetze und Verordnungen sowie der für den Bezirk der Ober=Bürgermeisterei Elberfeld erlassenen Lokal=Polizei=Verordnungen, Elberfeld 1858, S. 28-35

Nächtliche Sicherheits-Polizei.

1. Dienst=Reglement für die Nachtwächter der Stadt Elberfeld.

Zur Handhabung der örtlichen Sicherheit, so wie zur Erhaltung nächtlicher Ruhe und Ordnung, ist die Anstellung von 30 Nachtwächtern zweckmäßig erachtet worden und wird für dieselbe folgendes Dienst=Reglement erlassen:

§. 1. Die Nachtwächter werden auf nachstehend bezeichnete Dienstobliegenheiten durch Handschlag an Eidesstatt verpflichtet und ihnen hierdurch für ihre Dienstverrichtungen die Rechte und Pflichten der Polizei=Sergeanten beigelegt. Besonders wird von ihnen erwartet, daß sie einen durchaus unbescholtenen Lebenswandel führen, stets nüchtern, wachsam, zuverlässig sind, und, wo es nöthig ist, persönlichen Muth zeigen.

§. 2. Die Nachtwächter melden sich an jedem Abend um 9½ Uhr auf dem Rathhause bei den sich daselbst ebenfalls einfindenden Nachtwachtmeistern. Fünf von ihnen bleiben zur Aushülfe für vorkommende Fälle auf der Wachtstube, von wo sie sich ohne Auftrag ihres Vorgesetzten nicht entfernen dürfen. Die andern 25 begeben sich, nachdem sie auf der Wachtstube das Allarmhorn, die Signalpfeife und das Seitengewehr in Empfang genommen haben, von da in dem Jedem von ihnen zugewiesenen Bezirk, in welchem sie während der 6 Wintermonate von 10 Uhr Abends bis 6 Uhr Morgens und während der 6 Sommermonate von 10 Uhr Abends bis 5 Uhr Morgens sich stets aufhalten müssen.

§. 3. Wenn einem Nachtwächter eine Krankheit oder ein anderer Zufall trifft, der ihn an der Ausübung seines Dienstes behindert, so muß er solches sofort der Polizei=Direction melden oder melden lassen, damit für seine Stellvertretung Sorge getragen werden kann. Für die Zeit des unterlassenen Dienstes fällt das Gehalt fort, wovon der Stellvertreter bezahlt wird.

§. 4. Das Allarmhorn dient zum Feuer=Signal, die Pfeife theils zum Herbeiruf der nächststationirten Nachtwächter bei erforderlicher Hilfe, theils zur Antwort auf die Pfeife der Aufsichts-Beamten. Das Seitengewehr endlich nur zur Abwehr von Gewaltthätigkeiten gegen die Person des Nachtwächters, niemals zum Angriff, und bleibt er für den Mißbrauch der Waffe verantwortlich.

§. 5. Die Bezirke werden von der Polizei=Direction bestimmt und zur Kenntniß des Publikums gebracht.

§. 6. Die Nachtwächter sind verpflichtet, ihren ganzen Bezirk fortwährend abzupatrouilliren, und zwar dergestalt, daß sie in jeder Stunde jedes Haus in demselben mindestens einmal berühren. Sie sollen ferner nicht immer denselben Gang in ihren Revieren nehmen, sondern bald in der einen, bald in der andern Straße den Anfang machen, auch öfters nach kurzer Zeit denselben Weg zurückgehen.

§. 7. Die Nachtwächter haben ihr besonderes Augenmerk zu richten:

a. auf die zur Nachtzeit in den Straßen oder an abgelegenen Orten sich umhertreibenden verdächtig scheinenden Personen, besonders, wenn dieselben Gepäck, Waaren, Werkzeuge und dergleichen Gegenstände mit sich führen;
b. auf Individuen, welche auf den Straßen, es sei auf welche Art es wolle, die nächtliche Ruhe stören;
c. auf Leute, welche auf den Straßen in Streit und Schlägerei befangen sind;

d. auf die in den Straßen sich herumtreibenden liederlichen Dirnen und sonstiges Gesindel oder trunkenen Personen;
e. auf Feuer und Licht und etwaige Brandausbrüche;
f. auf die Straßen-Beleuchtung zur Zeit der Herbst- und Wintermonate, indem sie darauf zu achten haben, daß die Laternen in den festgesetzten Stunden gehörig hell brennen, worüber ihnen noch die erforderliche nähere Anweisung ertheilt werden wird;
g. auf den gehörigen Verschluß der Hausthüren, Thore und Fenster der Häuser, Läden, Magazine und dergleichen Behälter; findet sich hierbei irgend Etwas Auffallendes oder gefährlich Scheinendes, so haben sie den betreffenden Besitzer, nöthigenfalls auch den wachthabenden Polizei-Sergeant, sofort davon zu unterrichten;
h. auf einen freien, sichern und ungehemmten Durchgang durch die Straßen;
i. auf die öffentlichen Pumpen, welche sie bei starkem Froste jede halbe Stunde anzuziehen haben, um sie vor dem Erfrieren zu bewahren;
k. auf das Halten der Polizeistunde in den Wirthshäusern, und haben diejenigen Wirthe, welche nach der Polizeistunde noch das Verweilen der Gäste in ihrem Hause gestatten, zur Bestrafung anzuzeigen.

§. 8. In den im vorigen §. ad a. b. und c. gedachten Fällen sind die betreffenden Individuen, insofern sie unbekannt und nicht augenblicklich legitimirt sind; die ad d. bezeichneten jedoch jedesmal von den Nachtwächtern anzuhalten, zur Polizei-Wachtstube abzuführen und daselbst dem wachthabenden Polizei-Sergeanten zu überliefern, welcher dann einzig und allein für dieselben verantwortlich ist, und das Weitere veranlassen wird.

Jedenfalls haben die Nachtwächter in den hier berührten Fällen, wenn die Abführung der Individuen zur Wachtstube nicht erforderlich war, dem revidirenden Nachtwachtmeister oder patrouillirenden Polizei-Beamten oder Gensd'armen deshalb Anzeige zu machen.

§. 9. Jeder, welcher von den Nachtwächtern zur Ruhe und Ordnung ermahnt, oder zur Polizeiwache zu folgen aufgefordert wird, hat demselben unweigerlich Folge zu leisten oder zu gewärtigen, daß er zwangsweise abgeführt oder wegen Widersetzlichkeit, resp. Beleidigung der Nachtwächter im Dienste zur Untersuchung gezogen wird.

Ist der Nachtwächter zur Herstellung der nächtlichen Ruhe, Ordnung und Sicherheit in seinem Reviere allein nicht vermögend, so hat er durch den Gebrauch seiner Pfeife die Hilfe der Nachtwächter der nächstgelegenen Bezirke heranzuziehen.

§. 10. Bei Wahrnehmung eines Brandes in der Stadt hat der betreffende Nachtwächter zunächst die Bewohner des Hauses, worin das Feuer ausgebrochen ist, so wie dessen Nachbarn und die in seinem Reviere wohnenden Polizeibeamten, Spritzenmeister, Aufseher ꝛc. ꝛc. davon zu benachrichtigen, gleichzeitig aber mit seinem Horn das Feuer-Signal nach der besonderen Instruktion zu geben, auch den Ort des Brandes laut durch die Straßen zu rufen. Die übrigen Nachtwächter wiederholen das Feuer-Signal sogleich und müssen sich ebenfalls von dem Orte des Brandes zu benachrichtigen suchen, um die zur Hülfe herbeieilenden Bürger davon in Kenntniß zu setzen. Dieselben sind ebenfalls verpflichtet, die in ihrem Reviere wohnenden Polizei-Beamten ꝛc. vom Ausbruche des Feuers in Kenntniß zu setzen. Wie lange die Nachtwächter das Feuer-Signal zu wiederholen haben, hängt nach vernünftigem Ermessen und von den Umständen ab; dieselben dürfen jedoch ihren Bezirk nicht verlassen und haben mit besonderer Aufmerksamkeit ihren Wachtdienst fortzusetzen. Beim Ausbruche eines Brandes am Tage haben sich die Wächter, sobald Kenntniß davon wird, auf der Polizei-Wachtstube einzufinden, wo ihnen die weiteren Befehle ertheilt werden. Beim Ausbruche eines Brandes außerhalb der Stadt, ist hiervon sofort auf der Polizei-Wachtstube die Anzeige zu machen; jedoch erst auf besondern Befehl Feuerlärm in der Stadt zu blasen. Den Nachtwächtern wird auch zur Pflicht gemacht, wenn bei Nacht Brand ausgebrochen, die Bewohner der zunächst der Brandstätte gelegenen Häuser noch besonders aufzufordern, die Fenster der untern Etage ihrer Wohnungen zu erleuchten.

§. 11. Die Polizeibeamten und zunächst die Nachtwachtmeister führen unter Leitung der vorgesetzten Behörde die Controle über den Dienst der Nachtwächter. Sie sind zum abwechselnden Patrouillendienst bestimmt und haben sich auf ihren Patrouillen nöthigenfalls der Hülfe der betreffenden Nachtwächter zu bedienen, welche ihren desfallsigen Aufforderungen sogleich Folge zu leisten verpflichtet sind.

§. 12. Alle Dienstvernachlässigungen der Nachtwächter, besonders aber Verstöße gegen die §. 1 (am Ende) gedachten Eigenschaften werden strenge mit Ordnungsstrafe und in Wiederholungsfällen nach Umständen mit sofortiger Dienstentlassung nach alleinigem Ermessen der Polizei-Direction unnachsichtlich bestraft.

§. 13. Es soll auf der Polizei-Wachtstube, wie bisher, ein Rapportbuch geführt werden, in welches der wachthabende Polizei-Sergeant außer den von ihm selbst wahrgenommenen Vorfällen alles regelmäßig einzutragen hat, was Seitens der Nachtwächter zur Anzeige gebracht worden, zu welchem Zwecke sich dann auch Morgens vor ihrem Abgange sämmtliche Nachtwächter auf der Polizei-Wachtstube einzufinden, und nach Abgabe des Horns, der Pfeife und des Seitengewehrs Rapport abzustatten haben.

Dieses Rapportbuch wird jeden Morgen dem Polizei-Inspector vorgelegt.

§. 14. Bei eintretender Entlassung eines Nachtwächters hört der Anspruch auf Gehalt mit dem Tage der erfolgten Entlassung auf und findet ein weiterer Anspruch irgend einer Art an die Gemeinde Elberfeld oder die Königliche Polizei-Direction nicht statt.

Das Gehalt des Nachtwächters mit monatlich 10 Thaler wird postnumerando gezahlt.

§. 15. Nähere Bestimmungen, welche das Bedürfniß nothwendig machen möchte, bleiben vorbehalten.

§. 16. Gegenwärtiges Reglement soll abgedruckt und jedem der Polizeibeamten, sowie den Nachtwächtern ein Exemplar zur strengen Nachachtung eingehändigt werden.

Elberfeld, den 30. November 1852.

Königliche Polizei-Direction:
(gez.) Hirsch.

Briefkopf der Königlichen Polizeidirektion von Barmen und Elberfeld (SAW L VIII 1).

Ausgewählte Literatur

Bär, Max, Die Behördenverfassung der Rheinprovinz seit 1815, Bonn 1919

Becker, Rolf, Gründerzeit im Wuppertal - dargestellt am Verhältnis von Polizei und Alltag in Elberfeld und Barmen 1806-1870, in: K.-H. Beeck (Hrsg.), Gründerzeit - Versuch einer Grenzbestimmung im Wuppertal, Köln 1984, S. 64-109

Becker, Rolf, Kommunale Selbstverwaltung und Polizei in der werdenden Industriegroßstadt Elberfeld - Zum Verhältnis von Staat und Gesellschaft zwischen 48er Revolution und Reichsgründung, phil. Diss. (MS) Wuppertal 1987

Coutelle, Karl, Elberfeld, topographisch-statistische Darstellung, Elberfeld 1852, ND 1963

Elberfeld: Festschrift zur Dreihundertjahrfeier 1910, Elberfeld 1910

Goebel, Klaus/Knieriem, Michael/Schnöring, Kurt/Wittmütz, Volkmar, Geschichte der Stadt Wuppertal, Wuppertal 1977

Goebel, Klaus/Wichelhaus, Manfred (Hrsgg.), Aufstand der Bürger. Revolution 1849 im westdeutschen Industriezentrum, 3. Auflage, Wuppertal 1974

Hansen, Joseph, Die Rheinprovinz 1815-1915. Hundert Jahre preußischer Herrschaft am Rhein, Erster Band, Bonn 1917

Herberts, Hermann, Alles ist Kirche und Handel... Wirtschaft und Gesellschaft des Wuppertals im Vormärz und in der Revolution 1848/49 (=Bergische Forschungen Band XII), Neustadt a.d. Aisch 1980

Köllmann, Wolfgang, Sozialgeschichte der Stadt Barmen im 19. Jahrhundert, Tübingen 1960

Schönneshöfer, Bernhard, Geschichte des Bergischen Landes, Elberfeld 1895

Strutz, Edmund, Die Stadt- und Gerichtsverfassung Elberfelds von 1610-1807, Elberfeld 1921

Wernecke, Jürgen, Die Entstehung der Arbeiterbewegung im Bergischen, in: Beeck (Hrsg.), a.a.O., S. 420-445

Werner, Gerhart, Wuppertal in napoleonischer Zeit, Wuppertal 1967

Werth, Adolf, Geschichte der Stadt Barmen. Festschrift zur Jahrhundert=Feier 1908, o.O. o.J.

Wittmütz, Volkmar, Das kommunale Budget in Elberfeld und Barmen während des 19. Jahrhunderts als Indikator für Gründerzeit, in: Beeck (Hrsg.), a.a.O., S. 246-277

Die Arbeitswelten von Unternehmern und Arbeitern im Wirtschaftsverlauf und Produktionsprozeß

Das folgende Kapitel, in dem die am Wirtschaftsverlauf und Produktionsprozeß beteiligten Subjekte bzw. Gruppen in ihren unterschiedlichen Arbeitswelten im Textilgewerbe im Wuppertal des 19. Jhdts. skizziert werden sollen, ist in 5 Unterkapitel eingeteilt. Nach einem (statistischen) Überblick über die Wuppertaler Textilwirtschaft geht es im 2. Unterkapitel um die Wirtschaftskrisen, die die Textilindustrie vom Anfang des Jahrhunderts bis zur „Gründerkrise" 1873 erlebte, und um deren soziale Folgen. Das dritte Unterkapitel befaßt sich nach diesen als Einleitung bzw. wirtschaftsgeschichtlichem Hintergrund konzipierten Abschnitten mit „Unternehmer(n) und Unternehmungen" und enthält neben den Lebensläufen und -erinnerungen einzelner Unternehmer des Wuppertals vor allem Material zu gemeinschaftlichen Unternehmensgründungen bzw. Interessensvereinigungen, in denen Wuppertaler Fabrikanten, Kaufleute und Bankiers aktiv waren. Sollte damit ein Einblick in die Arbeitswelt von Unternehmern gegeben werden, geht es im 4. Kapitel um die Arbeitnehmerschaft vorrangig im Textilgewerbe, deren Lebens- und Arbeitsverhältnisse unter strukturierenden Zwischenüberschriften schlaglichtartig belegt werden sollen. Das letzte Unterkapitel schließlich versucht, anhand von sechs Quellentexten, frühe Auseinandersetzungen und die zu ihrer Beilegung entwickelten Krisenstrategien im Wuppertal zu dokumentieren.

Verzeichnis der Quellen zum Kapitel:
„Die Arbeitswelten von Unternehmern und Arbeitern im Wirtschaftsverlauf und Produktionsprozeß"

1. Das Textilgewerbe im 19. Jhdt.: Ein Überblick

- Q 1: Beschreibung des Handels und der Fabrikken (1815)
- Q 2: Gewerbe und Handel, Bergische Fabrikgegend (1836)
- Q 3: Statistisches Material (1820 ff)

2. Wirtschaftskrisen im Wuppertal

- Q 4: Bericht des Oberbürgermeisters (1816)
- Q 5: Aufruf an die Bewohner Barmens (1817)
- Q 6: Eingabe an die Regierung (1830)
- Q 7: Handelskammerberichte (1846 ff)
- Q 8: Gründerzeit in Barmen (1871)

3. Unternehmer und Unternehmungen

- Q 9: Lebenserinnerungen J.W. Fischers (1817)
- Q 10: Vorschlag zur Gründung eines Exportvereins (1821)
- Q 11: Brief Josua Hasenclevers an J. Aders (1822)
- Q 12: Prospekt der Vaterländischen Feuer= und Lebens-Versicherungs-Gesellschaft (1822)
- Q 13: Nekrolog Jacob Aders (1827)
- Q 14: Statut der Handelskammer von Elberfeld und Barmen (1831)
- Q 15: Rede des Regierungsrates Jacobi (1831)
- Q 16: Lebenslauf Wilhelm Ehrenfest Jungs (1844)
- Q 17: Lebenslauf Caspar David Wolffs (1846)
- Q 18: Artikel: Feste Geldpreise (1848)
- Q 19: Geschäftsberichte des Barmer Bank-Vereins (1870 f)
- Q 20: Ernst von Eynern: Erinnerungen (1868)
- Q 21: Fabrikantenfamilie Frowein (1878)

4. Lebens- und Arbeitsverhältnisse der Arbeitnehmerschaft

Weberei und Wirkerei
- Q 22: Memorandum der Handelskammer (1837)
- Q 23: Artikel im Gesellschaftsspiegel (1845)
- Q 24: Artikelserie im Täglichen Anzeiger (1845)

Handwerk
- Q 25: Artikel im Elberfelder Kreisblatt (1849)

Kinderarbeit
- Q 26: Zwei Berichte an die Regierung (1837)

Löhne
- Q 27: Arbeitsbeschaffungsmaßnahmen (1848)
- Q 28: Lohnforderungen (1861)
- Q 29: Verhältnisse der „arbeitenden Klassen" (1869)

Warenzahlung
- Q 30: 19 Arbeiter an den Oberbürgermeister (1824)

Maschinen
- Q 31: Artikelserie über „Maschinenwesen" (1825)
- Q 32: „Arbeiter"brief (1846)
- Q 33: 2 Artikel über „Maschinenarbeit und Handarbeit" (1866)

Arbeitsplatz
- Q 34: Fabrikordnung (1855)
- Q 35: Arbeitsschutzbestimmungen (1874)

Wohnungen
- Q 36: Vortrag des Missionsinspektors Fabri (1862)
- Q 37: Cholera-Statistik (1867)

Lösungsversuche der Sozialen Frage
- Q 38: Statuten der städtischen Sparkasse Elberfeld (1821)
- Q 39: Statut einer Unterstützungskasse (1856)
- Q 40: St. Joseph's Spar- und Darlehns Verein (1868)

5. „Strikes" und Regelung von Arbeitskonflikten

- Q 41: Fr. Bockmühl über die Stoffdrucker (1834)
- Q 42: Verhandlung des Fabrikengerichts (1845)
- Q 43: Forderungen der Elberfelder und Barmer Weber (1848)
- Q 44: Antrag der Färbergesellen (1848)
- Q 45: Brief der Färbergesellen (1848)
- Q 46: Streikbewegung (1868)

1. Das Textilgewerbe im 19. Jahrhundert: Ein Überblick

Kommentar 1 und 2

1863 stellte Carl Rudolf Hötte, Sekretär der Handelskammer von Elberfeld und Barmen, seinem historischen Überblick über die Industrie des Wuppertals die folgenden Worte voran: „Die Geschichte des Handels ist in gewissem Sinne die Kulturgeschichte der Menschen. Ein Volk, welches abgeschlossen von der ganzen übrigen Welt lebt, erhebt sich selbst in Jahrhunderten wenig über die ersten Stufen menschlicher Bildung. Nur der gegenseitige Verkehr und die gegenseitige Reibung erzeugen den Funken, welcher in seiner Entwickelung zur Geistesbildung wird" (Wilhelm Langewiesche (Hrsg.), Elberfeld und Barmen. Beschreibung und Geschichte dieser Doppelstadt des Wupperthals, nebst besonderer Darstellung ihrer Industrie ..., Barmen 1863 ND Wuppertal o.J., S. 257). Gewerbe und Handel des Wuppertals verschafften der Region ein Ansehen, das von Zeitgenossen des 19. Jhdts. mit Adjektiven wie „wahrhaft reizend[e] und prächtig[e]", „gewerbereich und blühend", „strahlend glänzend" usf. beschrieben wurde. Johann Hinrich Wichern schrieb 1857 von dem „schöne[n], durch Natur und Menschenfleiß unter Gottes Segen so reich ausgestattete[n] Wupperthal, in welchem fast alles anders ist als anderswo im Vaterland" (Jürgen Reulecke/Burkhard Dietz (Hrsgg.), Mit Kutsche, Dampfroß, Schwebebahn. Reisen im Bergischen Land II, Neustadt/Aisch 1984, S. 229); häufig zog man auch den Vergleich mit dem industriellen Vorreiter England. Großherzog Murat etwa bemerkte 1806: „L'industrie dans mon petit pays est semblable à celle d'Angleterre"; Ferdinand Gustav Kühne schrieb 1847 von Elberfeld als dem „deutschen Manchester" (ebenda S. 203).

Die Gründe für die Entwicklung des Bergischen zu einem frühindustriellen deutschen Zentrum sah Johann Schmidt 1804 in dem „vortreffliche[n] Locale des Herzogthums selbst. Wo findet man in einem so kleinen Raume so viele Bäche und Flüsse beisammen, die nicht nur ein reines klares Wasser enthalten, sondern auch stark g[e]nug sind und hinlängliches Gefälle haben, so viele Werkstätte[n] zu treiben als hier? [...] In diesem Herzogthume wohnen Kaufleute, die nicht nur Vermögen, sondern auch ausreichende Kenntnisse, Kunstfleiß, ausgebreitete Bekanntschaft mit unserer Erde und weitläuftige Correspondenz haben; hier sind Arbeiter allerlei Art, sowohl an Fabriken und Manufakturen selbst, als auch an ihren Werkstätten und Werkzeugen zu arbeiten; sie leben unter einer aufgeklärten und milden Regierung,

Quelle 1
„Übersichtliche Beschreibung des Zustandes des Handels und der Fabrikken im Groß=Herzogthum Berg"
SAW J II 47   undatiert [Juni 1815][1]   handschriftlich

Die auffallend große Bevölkerung des Herzogthums Berg nach Verhältnis seines Flächen=Raums deutet die Menge und Reichhaltigkeit der Fabrikken und Manufacturen an, welche dieses Land besizt.

Die Hauptgegenstände und Erzeugnisse sind folgende

I.) Baumwollen Zeuge, und Baumwollen Spinnereien.

Alle Zeuge, zu welchen Baumwolle den Urstoff hergibt, werden, im Bergischen fabrizirt, als: Sack= und Hals Tücher, Siamoisen, Nanquin, Nanquinetts, toile de cotton, dimity, Ginghams, Maderas, Manchester, Westen=Zeuge, Pferdedekken &c. &c. &c.
Im Kreise Elberfeld und zwar in Elberfeld und Barmen ist der Hauptsitz dieser Fabrikken. Baumwollen Spinnereien nach englischer Art bilden einen eigenen wichtigen Gewerbzweig. In den Kreisen Elberfeld, Düßeldorf und Wipperfürth sind große Spinnereien, welche durch Waßer, durch Pferde und durch Menschen=Hände getrieben werden.

II.) Fabricken in Leinen und Garnbleichereien.

Die vorzüglichsten derselben bestehen in Elberfeld und Barmen, man fabrizirt leinen Bänder, Schnürriemen und Kordelen, Bonten für Matrosen=Hemder, Bettzwillich. - u.s.w.
Hiermit ist ein wichtiger Gewerbszweig, die Garnbleichereien, verbunden. Vormals waren dieselbe ein Monopol für die Stadt Elberfeld und für Barmen, und behaupten bis gegenwärtig durch die erreichte Vervollkommenung einen ausschließlichen Vorzug vor allen andern ausländischen Garnbleichereien.

III. Seiden=Zeuge

Seidene Tücher, gewebt und gedruckt in allen Farben, seidene Stoffen, seidene und halbseidene und sammt Bänder, halbseidene und halb baumwollene Zeuge, seidene Westen, Litzen, Schnuren, Sammet in allen Farben werden im Bergischen fabrizirt. Die meisten dieser Manufacturen sind in der Stadt Elberfeld und in Barmen. Auch an anderen Orten bestehen bedeutende Fabrickanstalten dieser Art - nemlich in Mülheim am Rhein, Ronsdorf, Langenberg, Kaiserswerth &c.

IV.) Wollene Zeuge.

Ganz feine, feine, mittel und ordinäre Tücher und Casimire sind die Haupt=Erzeugniße. Die Stadt Lennep vorzüglich, und die Oerter Hückeswagen, Barmen, Lüttringhausen, Rade vorm Wald, Wipperfürth &c. sind die Haupt=Sitze dieses Gewerbfleißes, mit welchem ansehnliche Anstalten von Wollenspinn= und Tuchscheer Maschinen in Verbindung stehen, die wegen ihrer Vervollkommenung, eben so wie die einländischen Baumwollspinnereien den englischen gleich gestellt werden können. Bourg liefert wollene Dekken, die durch eine vorzügliche Güte berühmt sind.

V. Färbereien.

Die Färbereien im Bergischen nicht nur für den Bedarf aller einländischen Fabrikken, sondern auch für den Handel mit gefärbten Baumwollen=Garns in das Ausland bieten einen großen Gewerbzweig dar, und unter diesem ist das so genannte türkisch roth, oder das roth gefärbte Baumwollen Garn ein reichhaltiger Artikel, welcher vormals nur in der Levante zu haben war, durch die Anstrengung des bergischen Kunstfleißes aber ganz einheimisch geworden ist und vor der Konkurrenz anderer Länder, worin dieser Gewerbs Zweig nachgeahmt wird, einen entschiedenen Vorzug hat. Hauptsächlich bestehen diese Färbereien in Elberfeld, sodann in Barmen und Düßeldorf &c.

die den Fabriken, Manufakturen und der Handlung die nöthige Freiheit gönnt, und durch Werbungen den Kunstfleiß nicht verjagt; die Protestanten haben ihre öffentlichen Kirchen und Schulen; der Bergbewohner liebt im Ganzen sein Vaterland, und das Band der von der Natur geknüpften Verwandschaft, und der durch Tugend und Religiosität geschlossenen Freundschaft, hält die Menschen zusammen" (Johann Schmidt, Geographie und Geschichte des Herzogthums Berg ..., Crefeld 1804, S. 14/15). Nachdem unter französischer Herrschaft u.a. 1809 die Gewerbefreiheit eingeführt worden war und durch den Ausbau des Chausseenetzes günstigere Verkehrsbedingungen geschaffen worden waren, wurde im Wuppertal in preußischer Zeit ab 1815 u.a. durch eine staatliche Wirtschaftsförderungspolitik finanzieller und technologischer Art, durch den weiteren Ausbau des Transport- und Informationswesens eine günstige infrastrukturelle Basis geschaffen, die zusammen mit der bereits vorher vorhandenen ausdifferenzierten Gewerbestruktur und der spezialisierten Arbeitsleistung die ökonomische und technische Entwicklung ermöglichte. Die moderne wissenschaftliche Literatur sieht in einem flexiblen, kapitalkräftigen und von einem spezifischen religiösen Arbeitsethos geprägten Unternehmertum, dem ein ausreichendes Bevölkerungs- und Arbeitskräftepotential zur Verfügung stand, die Triebkraft für den Ausbau des Wuppertals zu einem frühindustriellen Zentrum Deutschlands. Die nebenstehenden Quellen aus den Jahren 1815 und 1836 geben einen Überblick über die (textilen) Erzeugnisse der Region, beschreiben und benennen sie und datieren den Beginn ihrer Herstellung.

VI. Eisen und Stahl.

Im Bergischen bestehen eine Menge Eisen=Hämmer und Hüttenwerke und zwar die meisten in dem obern Theil des Landes - vorzüglich im Kreise Wipperfürth.
Vor allem aber zeichnen sich durch Verschiedenheit, Güte und Vollkommenheit die Eisen= und Stahl=Fabrikken aus. In dem Kreise Elberfeld und zwar in den Orten Solingen, Remscheid, Wald und Cronenberg, sind die Hauptsitze dieses Gewerbes.
<u>Solingen</u> ist berühmt wegen seiner Klingen, als: Säbel, Degen, Rappier, Lanzen, Hellebarden, Bajonette, Ladstöcke, wegen seiner Meßer, Gabeln und Scheeren aller Art - wegen der Quincaillerie[2], Stahl=Waaren, als alle Sorten Chirurgische Instrumenten, Uhrmacher= und Silberschmiedgeräthschaften, stählerne Degen=Gefäße nach englischer und französischer Art.
<u>Remscheid</u> und <u>Cronenberg</u> haben eine Menge Eisen= und Stahl=Hämmer.
Außerdem liefern die berühmten zahlreichen Fabrikken dieser Oerter Sensen und alle übrigen Ackerbaugeräthschaften, Sägen, Feilen, Meißeln, Aexte, Hämmer, Hobeleisen, Schlößer, Gehänge, Nägel, überhaupt alle für Tischler und Zimmerleute, für den Colonie=Haus= und Schiffbau erforderlichen Werckzeuge, des gleichen alle Kriegsgeräthschaften. <u>Wald</u> zeichnet sich durch eine entstandene Guß=Stahl=Fabrick nach Englischer Art aus. - Dieser Ort, so wie Greefrath, Rade vorm Wald, Ronsdorf, Hückeswagen, Lennep, Lüttringhausen im Elberfelder Kreise und Velbert im Düßeldorfer Kreise haben Eisen= und Stahlhämmer, Schleifmühlen und Eisen=Fabrikken, zum Theil in vorbenannten Gegenständen. -
Die sämtlichen in den Bergischen Eisen= und Stahl=Fabrikken verfertigt werdenden Artikkeln belaufen sich beinahe auf sechs tausend.

VII. Verschiedene Erwerbszweige

Außer genannten Haupt=Gegenständen begreift das Großherzogthum Berg noch eine Menge, und fast alle nur erdenckliche Zweige des Gewerbs und Kunstfleißes in sich! Hierhin gehören mehrere Metall=Fabrikken, platineten und Compositions= Waaren, - Schleifmühlen, Papier= und Leder=Fabrikken, Oel=Mühlen, Walckmühlen, Lohgerbereien, Leder=Arbeiten, Farbholtz=Mühlen, Pulver=Mühlen, Mineral-Blau=Fabrikken, Pottasch=Siedereyen, Allraun=Seiffen= und Salmiack=Siedereien, Tabacks=Mühlen und Fabrikken, Bier=Brauereien, Brandweinbrennereien und der Gewerbe mehrere, welche in der Statistick des Landes einen wichtigen Theil ausmachen.

VIII. Handel.

Handel aller Art enthält das Herzogthum Berg und unter diesem mehrere Wechsel= Häuser und Handlungen von sehr wichtigem Umfange. Die meisten dieser Etablißements sind in den Städten Elberfeld, Düßeldorf, Barmen, Mülheim am Rhein, Mülheim an der Rhur, Ronsdorf &c.

IX. Absatz.

Der Absatz der Bergischen Fabrick= und Manufactur=Waaren geht nach allen Weltgegenden, wo nur ein Markt dafür zu finden und die Einfuhr erlaubt und nicht zu sehr erschwert ist.
<u>Baumwollen Waaren</u> nach Amerika, Holland, Italien, der Schweitz, Hamburg und Bremen, Dänemarck, nach den Meßen in Teutschland &c. <u>Leinen</u> <u>Bänder</u> und <u>Zeuge</u> nach Amerika, Portugall, Spanien, Franckreich, den Colonien, dem nördlichen Teutschland u.s.w.

Seiden Zeuge nach Holland, Hamburg und Bremen, nach Teutschland, den bekannten teutschen Meßen &c.
Die wollenen Waaren, als <u>Tücher</u> und <u>Casimire</u>, nach Nordamerika, nach Preußen, Baiern, Schwaben, der Schweitz und nach Italien, nach den Hanseestädten &c. - Gefärbtes <u>Baumwollen Garn</u> nach Sachsen, Baiern, Schwaben, Böhmen &c. - <u>Gebleichtes</u> und <u>ungebleichtes leinen Garn</u> nach Belgien, Franckreich, der Schweitz &c. - <u>Eisen</u> und <u>Stahlwaaren</u> nach Teutschland, Franckreich, Spanien, Portugall, Italien, Schweitz. Dänemarck, Rußland, Amerika und nach den Westindischen Colonien, der Levante, dem Vorgebürge der guten Hoffnung &c.

127

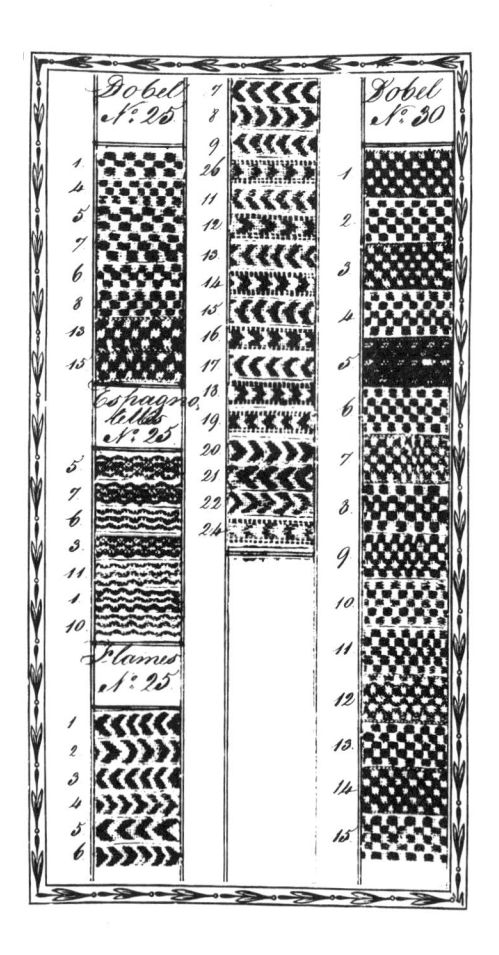

Seite aus einem Musterbuch
(Historisches Zentrum Wuppertal)

X Urstoffe.

Die Bergischen Fabrick= und Manufactur=Waaren beziehen ihre Urstoffe
Baumwolle, aus Amerika. West=Indien, und der Levante;
Leinen Garn aus Minden, Osnabrück, der Grafschaft Ravensberg, - aus Braunschweig, Hildesheim, Wolfenbüttel, Hannover und Heßen.
Seide aus Italien.
Schaafwolle aus Spanien, Schlesien und Sachsen, ordinäre rohe Tücher aus Schlesien und Sachsen, welche im Bergischen vollends Zubereitung erhalten.
Farbwaaren werden bezogen aus Amerika, der Levante, aus Franckreich, Holland und Braband - und durch den Zwischenhandel aus Amsterdam, Hamburg und Bremen, Pottasche aus den Rheingegenden, dem Herzogthum Westphalen &c.
Stahl, Eisen, Meßing, Kupfer, Zinn, Bley, aus der Grafschaft Marck, Siegen, Dillenburg, dem Naßau=Usingschen, dem Herzogthum Westphalen, aus dem Sayn=Altenkirchischen, aus den Rheingegenden und aus Schweden.
Steinkohlen, ein Bedürfnis für die Eisen=Fabrikken, die Bleichereien und Färbereien aus der Grafschaft Marck.

X. Hinderniße.

Überall sind dem Absatz Hinderniße in den Weeg gelegt. Oestreich, England, Rußland, Franckreich und Belgien haben die Einfuhr der Seiden=Baumwollen Waaren und wollenen Tüchern verboten.
Die Leinen=Waaren müßen in Franckreich eine bedeutende Zoll=Abgabe von 10 bis 50% ertragen. In England und Oestreich sind sie verboten. In Franckreich ist die Einfuhr der Eisen= und Stahlwaaren größesten Theils verboten. Die wenigen, welche einzuführen erlaubt sind, zahlen 40 bis 50%. In Rußland, Oestreich und England ist die Einfuhr der Eisen= und Stahl=Waaren ganz verboten; außer einige wenige Artikkeln, welche jedoch nicht von Belang sind. In allen Ländern und Weltgegenden stehen dem Verkehr mit diesen und den übrigen bergischen Fabrick=Waaren viele Hinderniße im Wege, im Gegensatz mit andern Staaten, besonders Engelland, welches Begünstigung genießet.
Baiern, Würtemberg und Baden laßen sich bedeutende Abgaben bezahlen.
In Portugall und Spanien werden von allen Waaren übertrieben hohe Abgaben gefordert. - Franckreich, England und Belgien haben die Einfuhr des gefärbten und ungefärbten baumwollen Garns verboten.
In Amerika müßen 16 bis 20 - in Kriegszeiten das Doppelte im Einfuhrrechte von allen bergischen Waaren bezahlt werden.
Holland fordert verschiedene Abgaben von den transitirenden und eingehenden bergischen Fabricaten.
Zum Nachtheil der Bergischen Tuchfabricken dürfen die besten Gattungen von Schaafwolle aus England und Franckreich nicht ausgeführt werden. Sogar ist der Transit fremder Wolle durch diese Länder verboten.
Die Einfuhr der Tücher und Kasimier aus Oestreich, England und Frankreich, dann aus Sachsen und Polen bringen den bergischen Tuch=Fabricken großen Nachtheil.
So wie die Einfuhr=Verbote und Mauth=Abgaben fremder Staaten dem Bergischen Kunst= und Gewerbfleiß den Verkehr nach Außen verschließen und erschweren, so wird derselbe im Innern und im Auslande durch das Übergewicht des englischen Handels erdrückt, welcher eine Menge Mittel und Vorzüge an Übermacht zur See, an Reichthum, an Colonien=Besitz, an inneren Vortheilen zur Begünstigung der Indüstrie und wo Vollkommenheit der Fabrikken, Manufacturen und Maschinerien geltend macht, um die Fabrikken und Manufacturen des festen Landes zu verdrängen.
Insbesondere schadet dem einländischen Gewerbfleis die Überschwemmung mit englischen Fabricaten, Manufactur=Waaren und Gespinsten, welche aufgehäuft in Commißions=Lagern endlich, wann keine Nachfrage zu Preisen nach Werth mehr ist, zu jedem Preise unterm Werth verkauft, die Concurrentz einländischer Fabrikken unmöglich gemacht und diese still gesetzet werden.

---
[1] Gleichlautende Abschrift im Stadtarchiv Remscheid, mit der Unterschrift: „Im Juny 1815 an Seine Durchlaucht den Staatskanzler Fürsten v. Hardenberg gesandt. - Von den Berg. Dep. aus Ffurt."
[2] Quincaillerien = Kurzwaren

Quelle 2
Johann Georg von Viebahn, Statistik und Topographie des Regierungs=Bezirks Düsseldorf.
Erster Theil, Düsseldorf 1836, S. 166ff Auszüge

C. Gespinnste und Zeugfabriken¹).
§. 76. a. Rohstoffe und Gespinnste.

I. Leinengarnhandel und Bleichen haben zuerst im Wupperthal einen höhern, auf den Welthandel gerichteten Aufschwung genommen. Das klare und harte Wasser der Wupper reizte zur Garnbleicherei, wozu 1532 den Kirchspielen Elberfeld und Barmen ein Privilegium ertheilt wurde. Eine gleichzeitig eingeführte Handelsordnung wurde 1610 bestätigt, welche 4 Garnmeister in Oberbarmen, Unterbarmen, Stadt und Kirchspiel Elberfeld von allen Gewerbsgenossen beschworen ließen und Uebertreter zur Bestrafung brachten. Den Einzelnen wurde die Masse Garns, welche sie bleichen durften nach dem Gewicht, und ebenso die Anfangs= und Schlußzeit des Bleichens bestimmt. Das Garn wurde größtentheils von Westphalen, Hessen und Lüneburg geholt, wo es, wie auch jetzt, von Landleuten in den unbeschäftigten Stunden des Winters und von dürftigen Spinnern gegen geringen Verdienst mit der Hand gesponnen wird. So auch in den landwirthschaftlichen Kreisen der westlichen Rheinseite. In den Fabrikgemeinden Dahlen, Viersen, Gladbach und Rheidt ist seit Jahrhunderten die Feinspinnerei als gewerbliche Fertigkeit einheimisch, und so hoch gestiegen, daß man aus einem Pfund Flachs bis zu 16 Thaler Spinnerlohn gewinnt.

Im Wupperthal werden fortwährend Tausende von Centnern auswärtiges Garns eingeführt und, soweit die dortigen Fabriken sie nicht verbrauchen, roh oder gebleicht nach dem Rhein, den Niederlanden, Süddeutschland und Italien wieder ausgeführt. Versendungen nach Frankreich und England haben diese Staaten durch Steigerung der früher geringen Zölle, besonders hinsichts der gebleichten Garne zurückgebracht. England läßt nur den ausländischen Flachs fast zollfrei ein und hat in der neuern Zeit Flachs gleich der Baumwolle auf Maschinen zu spinnen begonnen, weshalb nur noch die davon weniger gedrückten, ganz feinen Nummern dorthin ausgeführt werden. Die seit Jahrhunderten von der Baumwolle so sehr zurückgedrängten Leinenwaaren scheinen in neuester Zeit, wie sie haltbarer und zuträglicher sind, auch wieder mehr gesucht zu werden, wiewohl die höhern Kosten des Flachs= und Hanfbaues gegen die Baumwolle und der bei jenen Stoffen noch immer üblichen, auch nach den bisherigen Erfahrungen nicht zu entbehrenden Handspinnereien die Maschinengespinnste sie nie so wohlfeil werden lassen.

II. Seit die Genueser und Venetianer im 14. Jahrhundert Baumwolle nach England und den Niederlanden gebracht, hat deren Verbrauch immer zugenommen. Die feinern Sorten kommen aus Georgien, Neuorleans, Karolina, Louisiana, Demerari, Essequibo und Fernambuk; die geringern aus Surrate, Bombay, Macedonien, Alexandrien und Cypern. Die hiesigen Spinner kaufen in Amsterdam, Rotterdam, Antwerpen, Hamburg, Wien, Triest, Smyrna, bei weitem das meiste aber in Liverpool oder andern engl. Häfen direkt oder durch Kommissionairs. Auch auf den erstern Plätzen richten sich die Preise nach England, als Hauptmarkt mit den vollständigsten und ausgesuchtesten Lagern. Für 1200 Pfund Surratebaumwolle, die zu 1000 Pf. Twist erforderlich sind, wurde 1833⅔ in London 172 Thlr. 15 Sgr. gezahlt; dazu die Unkosten des Einkaufs, der Verpackung, Seeassekuranz ꝛc à 10 Thlr. 12 Sgr. und die Transportkosten von London bis Rotterdam à 5 Thl. 23 Sg. und von Rotterdam bis Elberfeld 7 Thlr. 20 Sgr., S. 23 Thlr. 25 Sgr., also Preis an Ort und Stelle 196 Thlr. 10 Sgr. Ebenso für 1150 Pf. Georgiabaumwolle zu 1000 Pf. Twist, in Liverpool 196 Thl. 11 Sgr.; dazu 32 Thl. 9 Sgr. Unkosten, S. 228 Thl. 20 Sgr. an Ort und Stelle. Neuerdings sind die Baumwollpreise in die Höhe, die Unkosten herabgegangen. Der Transport geht nach dem Bergischen den Rhein herauf über Düsseldorf und Duisburg (20782 Centner), für die westrheinischen Spinnereien über Uerdingen und Venlo.

Seit 1736 nahm die Baumwollspinnerei durch das Bedürfniß der einheimischen und benachbarten Siamesen= und sonstigen Webereien so zu, daß 1792 für einen Distrikt von etwa 12000 Einwohnern jährlich 157255 Thlr. kl. Spinnlohn berechnet wurde, und in Wermelskirchen und Wipperfürth fast die Hälfte der Einwohner an diesem Geschäft Theil nahm. Die Vorspinner (Unternehmer) kauften die Wolle in Holland ein, gaben sie an die Spinner aus und verkauften die Garne. Diese Handspinnerei hörte auf, als die 1767 in England erfundene Spinnmaschine durch die Verbesserung des Krempelns (von Hargreaves, Peel und Arkwright) allgemein nutzbar gemacht wurde. Nur wenige Vorspinner folgten dem englischen Beispiele und legten Maschinenspinnereien an, die erste 1783 der Kommerzienrath Brügelmann in Krumfort, noch jetzt eine der bedeutendsten. Die meisten Twiste wurden von England bezogen und als das Dekret von Mailand (1807) die Zufuhr derselben hemmte, geriethen die Färbereien und Zeugfabriken in Verlegenheit. Jedoch entstanden bald in Bonn und Köln, an Wupper, Ruhr, Erft und Sieg und besonders in Brabant zahlreiche Spinnereien. Nach Aufhebung des Kontinentalsystems 1813 überschwemmte England die deutschen Märkte mit seinen Twisten, wogegen 1815 deren Eingangszoll zu 4 Thlr. pro Centner erhöht wurde. Auf die Beschwerden der Twisthändler, Färber und Weber, aber zur Unzufriedenheit der Spinner setzte man ihn 1818 auf 1 Thlr. wieder herab. Demungeachtet haben sich die Spinnereien fortwährend, bis 1833/4 die steigenden Baumwollpreise und der Andrang der im eigenen Lande keinen Absatz findenden Gespinnste eine Abnahme herbeiführten, der man durch Wiedererhöhung des Eingangszolls auf den Satz der östlichen Provinzen von 2 Th. zu begegnen suchte. Diese Erhöhung schien den Spinnern nicht genügend, um den Vorsprung der Engländer und Belgier an stärkern Kapitalien, leichterm Baumwolleinkauf, besseren Maschinen und Arbeitern auszugleichen und erneuerte die Beschwerden der Färber und Fabrikanten, welches Erstere Herr Joh. Ad. v. Carnap zu Elberfeld, Letzteres Herr Pelzer zu Rheidt in vielgelesenen Flugschriften, Andere im Hermann und Westphälischen Anzeiger und die schwankenden Majoritäten der Handelskammern bald nach der einen, bald nach der andern Seite ausführten. Durch diese Bemühungen wurde jedoch keine Aenderung herbeigeführt, sondern stellte sich die Ansicht immer fester, daß der Staat die Spinnereien nicht durch weitere Steigerung des Twistzolles, sondern nur durch Mittel befördern könne, die andern Gewerben und den Konsumenten unnachtheilig seien, insbesondere durch Mittheilung von Mustermaschinen, Beförderung des Maschinenbaues, Unterricht der Arbeiter in den Sonntags= und Gewerbsschulen, gute Straßen nach den Materialienbezugs= und Versendungsorten und Hinwegschaffung der Hindernisse des auswärtigen Absatzes. (...)

§. 77. b. Webereien, Tuch= und Band= Handel.

I. In der westrheinischen Ackergegend ladet sowohl die bessere Nutzbarmachung des Flachses, als das tägliche Bedürfniß dieses brauchbarsten aller Gewebe zur Leinwandweberei ein, welche stark betrieben eine beliebte, glatte und feste Leinwand hervorbringt. Die Gladbacher Leinwand gehört zu den besten Sorten: sie ist feiner und weißer als die Schweizerische, stärker als die Holländische, und steht nur der Bielefelder und Brabanter nach. Auch wird hier Zwillich und trefflicher Damast mit Bildern gewebt. Sowohl diese als Hausleinwand von Nebenstühlen werden durch Aufkäufer in den Großhandel gebracht.

Im Wupperthal ist die Verfertigung halbleinener und halbbaumwollener Zeuge, zu Bettzügen ꝛc. wichtig. Die sogenannten Bonten, Bunten oder Doppelstein, blau und weis gewürfelt, ganz von Leinen oder mit baumwollenem Einschlag, sind in Indien, wo man sie in den Plantagen zu Hemden allgemein verbrauchte, durch dortige Baumwollengewebe verdrängt.

[...]

II. Die seit dem Anfange des vorigen Jahrhunderts entstandenen bergischen Baumwollwebereien wurden immer bedeutender, bis die Verlegung des französischen Grenzzolls an den Rhein ihren Absatz schmälerte und die Verpflanzung vieler Bergischen Fabriken nach Gladbach, Viersen, Rheidt und Neuß herbeiführte, welche seit 1807 durch das Verbot der Englischen Waaren stark gehoben wurden. Die 1813 eingetretene Stockung hat seit dem Zollsystem von 1818 wieder aufgehört. Da jedoch die überseeische Ausfuhr ganz aufgehört hat und der auswärtige Verkehr auf die deutschen Zollstaaten beschränkt ist, so ist doch dieser Gewerbzweig nicht mehr sehr bedeutend und im Wupperthal nur noch kleinere Fabrikanten, mehr aber in Süchteln, Rheidt und Viersen ausschließlich damit beschäftigt. Da die ungedruckten Baumwollwaaren nur noch Bedürfniß der unteren Klassen sind und daher nach möglichster Wohlfeilheit streben, so hat sich dies Geschäft nach den Orten gezogen, wo der Arbeitslohn am niedrigsten steht. Die durch den Zollverein näher gerückte, mit niedrigerm Arbeitslohn überlegene Konkurrenz Sachsens hat den Lohn der Handweber für die gröbern Sorten auf 2 Pf. die Elle, deren höchstens 30 auf das Tagewerk gehen, herabgedrückt. Außerdem sucht man sich zum Verderb der Arbeiter und des Handels durch Waarenlöhnung zu helfen. Bedeutender sind die gemischten Zeuge. Man fabrizirt Siamoisen, Droguets, Nonpareils, Ginghans, Carlins, Cotonade, Katune aller Art, toile de coton, Madras, Chelas, Callicos, Nanquins, Manchester, Shawls, Westenzeuge, Hals= und Schnupftücher aller Art. Von Jahr zu Jahr entwickelte sich der Erfindungsgeist in neuen

Waarengattungen und sinnreichen Mustern mannigfaltiger und schien die Souverainetät der Baumwolle zu begründen. Die Herrn Peil und Kamp zu Elberfeld und Bölling in Gladbach erhielten neu erfundene ausländische Maschinen vom Königlichen Gewerbedepartement, welches durch reisende Techniker und ausgedehnte Korrespondenz sich in der Kunde gewerblicher Fortschritte erhält. Die groben und mittlern Baumwollsorten werden schon seit 4 Jahren in Krumfort, neuerdings auch in Viersen, durch Maschinen gewebt. In Burg werden Decken von Leineneinschlag und einer schlechten Gattung von Baumwolle als Kette verfertigt und durch zahlreiche Hausirer abgesetzt.

(…)

IV. Zwirnmanufakturen sind in Barmen, Elberfeld, Krefeld und Dülken. Mit Band, Litzen und Schnürriemen wurde in Elberfeld und Barmen schon zu Ende des 17. Jahrhunderts ein lohnender Handel getrieben. Als nach und nach die baumwollenen und halbwollenen Bänder geliefert und gesucht zu werden begannen, fügte sich auch das Wupperthal dieser Wendung. Der Hauptmarkt war früher Frankreich, wo die Preise hoch und diese Gewerbe niedrig standen. Die französische Regierung hat aber diesen Absatz, welcher sich bis 1802 auf 8000 Centner gehoben hatte, durch immer gesteigerte Eingangszölle unter $\frac{1}{6}$ jenes Umfanges herabgedrückt. Eine ähnliche Maasregel traf eine Zeitlang ergiebigen Absatz nach Rußland durch den dortigen Zolltarif, um die von Barmen nach Zarskojeselo verpflanzten Bandwebereien in Aufnahme zu bringen. Die Einfuhr nach Oestreich ist gänzlich verschlossen; vom englischen Markt ist diese Waare durch die dortige Konkurrenz verdrängt; in Nordamerika 25% Zoll.

Auf einheimischen allzuengen Absatz beschränkt, fielen die wichtigen Bandfabriken des Wupperthals und seiner Umgegend seit 1812 und 1828 sehr: 5000 Weber und Wirker mußten zu andern, weniger Lohn gewährenden Beschäftigungen übergehen, zum Theil auch mit ihren Familien aus öffentlichen Mitteln erhalten werden. Ein großer Theil der Bleichen, schon durch das Zunehmen der chemischen Bleichen in ihrem Werthe gemindert, konnte für diesen Zweck nicht mehr benutzt werden und wurde in Wiese oder Garten verwandelt[1].

Wenn die Industrie dieser Gegend nicht zurückgehen sollte, mußte sie auf andere Zweige geleitet werden. Die Spinnereien, Rothfärbereien, Tuchwebereien vermochten nicht alles aufzunehmen. Von aufmerksamen Unternehmern wurde deshalb in Seiden- und Sammetbändern mit Erfolg gearbeitet. Mit den schwarzen Taffetbändern haben Krefeld und Viersen schon seit Jahren die französische Konkurrenz im Inlande überwunden, welches um so schwieriger war, da der diesseitige Zollschutz 1827 vermindert wurde, den Normalsatz von 10% des Werths bei diesem Artikel nicht erreicht und durch den Meßrabatt[2] vermindert wird. Neuerdings hat auch die Fabrikation der weißen und farbigen, so wie der Sammetbänder Fortschritte gemacht, hat jedoch noch von der französischen Konkurrenz zu leiden.

Bei dieser Fabrikation sind 2176 Personen jeden Alters und Geschlechts beschäftigt, deren Vermögen mit bewunderungswürdigem Umsicht berücksichtigt ist und in allen Zweigen der Arbeit von der Bereitung des Gespinnstes bis zur Bildung der zierlichen Pakete auf das Korrekteste ineinandergreift.

Seit 1754 wurden Langetten, Bänder mit eingewebten Figuren, und seit 1770 durch das Handlungshaus Kaspar Engels in Barmen die später sehr wichtig gewordenen Spitzen verfertigt. Das Garn, welches sich durch Feinheit und Glätte auszeichnen muß, wird aus Gütersloh, Werther, Halle und Bielefeld bezogen. An den Webstühlen ist überaus sinnreich eine Rolle angebracht, auf welcher die Zeichnungen und Blumenverzierungen der Spitze in scharfen, einen halben Zoll vorspringenden Stiftchen aufgestellt sind. Indem sich diese Rolle um ihre Achse dreht, hebt sie die Kettenfäden, welche dem Einschlag den Weg öffnen und sperren, oder läßt sie verschlossen und macht das Gebilde, dessen volle Feinheit nachher durch die Scheere mit staunenerregender Schnelligkeit, Genauigkeit und Geduld der Arbeiterinnen herausgebracht wird.

Die Spitzen sind von ordinairer Qualität und haben, trotz der mächtigen Rivalität der Niederländer einen weit umfassenden Debit. Sie gehen nach allen Ländern Deutschlands, Preußen und Polen, Italien und von Hamburg aus in großer Masse nach Amerika. Floretseidenband wird ausschließlich in Ronsdorf verfertigt.

(…)

§. 78. c. Bleichen, Färbereien und verwandte Gewerbe.

In den obenerwähnten großen Garnbleichen des Wupperthales wird das Garn gewöhnlich zuerst in Wasser geweicht, dann in großen Kesseln mit Pottasche gekocht, hierauf mit Holzasche gebäucht, dann ausgelegt und begossen. Das Gießwasser wird der Wupper und ihren Nebenbächen, theils durch Ableitungsgräben, theils durch Schöpfräder entnommen. Die Garne erhalten entweder die ganze Bleiche von der Mitte des Monats März bis Ende September, oder die halbe vom Anfang Oktober bis Mitte Dezember, oder dreiviertel, wo sie über diese Zeit noch liegen bleibt. Die erstern beiden Garne werden zu Zwirn und Zeugen, die letztern besonders zu gefärbten Bändern gebraucht.

Neben der Naturbleiche sind in neuerer Zeit auch Kunst- und Geschwindbleichen angelegt, in welchen durch chemische Präparate das Garn in 8 Tagen zu einer blendenden Weiße gebracht wird. Die gebleichten Garne, auf 1674000 Thlr. jährlich angeschlagen, werden zwar nicht mehr im frühern Umfange, jedoch noch immer in großen Quantitäten nach den Niederlanden, Frankreich, Italien und zuweilen auch nach England versandt.

Der gewöhnliche Bedarf an Hausleinwand wird, wie auch früher, in den meisten an geeigneten Gewässern liegenden Orten gebleicht. In alten Zeiten war Goch durch 100 Bleichen berühmt, wo die im Jülichschen und Gelderschen gesponnene und verwebte feine Leinenwand gebleicht und nach Holland verkauft wurde. In Folge des Gelderschen Erbfolgkrieges im 15. Jahrhundert[1]) zogen sich diese Bleichen nach Harlem. Gegenwärtig ist es besonders die obere Niersgegend von Odenkirchen über Neersen, Viersen und Süchteln bis Wachtendonk, wo dieser Gewerbszweig blühte.

Unter den Färbereien sind die des Baumwollengarns auf Türkischroth die wichtigsten. Diese dunkelrothe Farbe ist so fest und dauerhaft, daß sie weder von der Sonne ausgezogen wird, noch durchs Waschen und Bleichen verschießt. Dies Garn kam früher aus der Türkei und dem Orient über Wien, Venedig und Marseille in den europäischen Handel. Die geheim gehaltene Färbeart wurde vor etwa 55 Jahren durch thessalische Griechen nach Frankreich gebracht und seit 1784 solche Färbereien in Rouen und Elberfeld errichtet. An dem letztern Orte nahmen sie am Ende des Jahrhunderts einen solchen Umfang an, daß sie einen großen Theil von Europa, insbesondere aber Deutschland und Frankreich versorgten; bis 1809 waren 150 Färbereien dieser Art in Elberfeld, Barmen und der Umgegend entstanden, welche von da ab durch die Zollabschließung von Frankreich und Italien und die Theurung der Baumwolle und den Stillstand der Spinnereien eine Zeitlang in Abnahme kamen. Nach der Zolleinrichtung von 1818 gingen dieselben aufs Neue so in die Höhe[2]), daß ungeheure Massen von Baumwolle, in Aegypten, Ost- und Westindien erzeugt, in England, Belgien und Deutschland versponnen, hier an der Wupper, Düssel und Niers gefärbt werden, und nach dieser Veredlung zum Theil nach ihren entfernten Ursprungsorten zurückgehen, somit wegen einer anscheinend geringen, jedoch nirgend in dieser Schönheit und Güte zu erlangenden Zurichtung einen Weg von 4000 Meilen zurücklegen. Englische Häuser die ihr Garn hier färben ließen, kamen um den Erlaß der Steuer von 1 Sgr. vom Pfunde ein, welche damals beim Eingehen des Garns erhoben wurden. Seit in neuester Zeit in den meisten Ländern Färbereien nach hiesigem Vorbilde angelegt wurden, hat der Absatz abgenommen. Es zählen die Kreise Elberfeld 44, Solingen 3, Düsseldorf 3, Gladbach 7, Kempen 1, zusammen 58 Rothfärbereien mit 600 Arbeitern. Die Quantität des jährlich gefärbten Garnes dürfte mindestens 50000 Ctr. betragen. Der Gewinn kann kaum auf 2 Sgr. für das Pfund angenommen werden und hat besonders in neuerer Zeit sehr abgenommen, seit Erhöhung der Zölle vom gefärbten Garn in Oestreich und Rußland, wohin $18^{29}/_{30}$ 1200000 Pfd. aus der Rheinprovinz versandt wurden, und vom ungefärbten in Preussen (1831).

Zu den Manufakturen in Leinen, Baumwolle, Wolle und Seide, gehören außerdem 504 Schwarz- und Schönfärber und Zeugdrucker[3]), 19 Mangeln, 64 Cylinder- und Zeugpressen, 49 Kammsetzer und 62 Rietmacher, welche zusammen gegen 1700 Arbeiter beschäftigen. Die Seidenfärberei ist seit der Vertheuerung des Urstoffs doppelt wichtig geworden. Die größern Fabriken haben eigne Färbereien, die übrigen bedienen sich der Lohnfärber. Zu den Desseins werden in den größern Färbereien und Druckereien kunstmäßig gebildete Zeichner und Graveurs benutzt, die neuesten Muster von auswärts bezogen, auch neue entworfen. Neuerdings hat man angefangen, den Steindruck auf seidene Tücher anzuwenden.

Ausgezeichnete Gerbereien mit fabrikmäßigem Betriebe sind in Elberfeld, Düsseldorf, Neuß, Krefeld, Mülheim, Essen und Duisburg. Ihre Fabrikate befriedigen den innern Bedarf nicht; die Zufuhr kommt von Köln, Aachen und Malmedy.

(…)

5—6) Elberfeld und Barmen[3]), welche sich schon im 15. Jahrhundert durch ihren auf Garnhandel, Bleichen, dann auch auf Fabrikation von Band und Zwirn gerichtete Industrie auszeichneten. Garnbleichen waren 1690: 15 auf denen 2400 Ctr. Garn gebleicht wurde, 1774: 100, 1790: 150. Die Siamoisenfabrik wurde gegen 1736, die Bettzügefabrik mit Arbeitern die man von Brabant kommen ließ, und die Floret- und Halbseidenfabrik 1750 begonnen. Beim Besuche Kurfürst Karl Theodors 1767 zählte man 1500 Webstühle für Siamoisen mit Webern, Spulern, Spinnern ꝛc., für jeden Stuhl 12 Personen, 2000 Webstühle auf Doppelstein, Mittel- und Ertrafein à 4 Personen, 2000 Bandstühle mit je 3, 100 Bleichen mit 6 Arbeitern, 200 Färber und Knechte, 500 Fabrikbediente, 600 Floretspinner oder Wirker, im Ganzen 33900 von Elberfelder und Barmer Häusern dort und in der Umgegend beschäftigte Arbeiter. Der zunehmenden Siamoisen- und Doppelsteinfabrik trat 1775 die Seidenfabrik, 178⁸⁄₅ die Türkischrothfärberei und Maschinenspinnerei hinzu. Wohlstand und Bevölkerung stiegen in einem Menschenalter auf das Doppelte. Die neuere Zeit hat jene Fabrikzweige mehr verbessert und ausgedehnt, als neue hinzugefügt.

Quelle 3/1
Zusammenstellung der Barmer und Elberfelder Firmen,
aus: General=Tabelle der vorzüglichsten Fabricken und Manufakturen in den Königlich Preußischen Provinzen Niederrhein, Cleve, Jülich und Berg, Westphalen und Sachsen, Köln 1820, S. 74ff

VI. Regierungs-Bezirk Düsseldorf.

Bezeichnung der Fabricken, Manufakturen und Gewerbe.	Kreis.	Ort, wo diese Anstalten sich befinden.	Nähere Angabe der Gegenstände, welche verfertigt werden.	Bemerkungen.
Baumwolle.	Elberfeld.	Elberfeld.	Baumwollen-Garn, Mule- und Water-Twiste.	Dümmler et Haas; Pet. Reinhold; J. P. Plücker Jakobs Sohn; F. August und Christian Jung; J. R. Brüning.
Desgl.	Elberfeld.	Elberfeld.	Alle mögliche halb und ganz baumwollene Waaren: Siamoisen, Bonten, Barchent, Droguets, Nonpareils, Ginghams, Carlins, Cottonaden, Westenzeuge, Hals- u. Schnupftücher, Toile de coton, Madras, Chelas, Callicots, Nanquins nach ostindischer Art; alle Sorten von Manchester; Zahlreiche Arten weisser (glatter und geköperter) und gefärbter Zeuge zur Kleidung und zu Möbel-Ueberzügen &c. Schawls, Modetücher, Damenkleider mit und ohne Borten; alle Sorten baumwollener Bänder, Schnüre, Litzen, gewebte Spitzen &c. Baumwollen-Sammet und dergleichen Bänder.	680 Webstühle in Elberfeld selbst; außerdem aber noch einige tausend für Elberfelder Rechnung beschäftigte Weber im östlichen Theile des Regierungs-Bezirks. Fabrickbesitzer sind: Joh. Gottfr. Heimendahl; C. D. Wolf; Nurmann et Mecker; Friedr. Feldhoff et Comp.; Gebrüder von Carnap; Wilh. Klier et Comp.; J. C. van der Beck; J. H. Siepermann; Simons et Blank; Lüdorf et Horstmann; Fries et Petersen; Theod. Bethlehem et Comp.; P. J. Meisenburg; J. P. Judikar; Carl Friedr. Heimendahl; P. Schlickum; B. Cahen et Leser; J. P. Melbeck junior &c. &c.
Desgl.	Elberfeld.	Barmen.	Baumwollene Tücher. id. Zeuge. id. Bänder.	1235 Webstühle; 100 Bandstühle. Inhaber sind: Joh. Schuchard; Fr. W. Teschemachers Sohn; Brechtefeld et Finking; Hösterey et Gaube; von Hagen et Reyscher; Abr. Siebels Sohn; Lang et Diepmann &c.
Bleichen.	Elberfeld.	Elberfeld und Barmen.	Nanquinets, Cotonnets, Chelas, Siamoisen.	Zu Elberfeld 12 und zu Barmen 59 Bleichen.
Chemische Präparate				
Desgl.	Elberfeld.	Barmen.	Chemische Präparate.	Friedrich Siebel.
Desgl.	Desgl.	Desgl.	Vitriol und Scheidewasser.	Zwei Siedereien. Besitzer: Kaiser, Wesenfeld et Dünweg.
Färbereien.				
Desgl.	Elberfeld.	Elberfeld.	Türkischroth-Färbereien in baumwollen Garn.	54 Färbereien. Besitzer davon sind: J. W. J. Hauptmann; J. C. Dunkelnberg; J. P. Bemberg; Schlieper et Hecker; Joh. Abrah. Plücker; J. W. et C. Blank; Joh. Rudg. Brüning; August Wesendonk; J. H. Langerfeld; Abrah. Langerfeld; Anton Langerfeld; Weyermann et Köter. jun.; Jakob Klingelhöller; Gebrüder von Dorp. Die Türkischroth-Färbereien in Elberfeld zeichnen sich in Hinsicht der schönen festen und feurigen Farbe vor den meisten Gegenden Deutschlands besonders aus.
Desgl.	Desgl.	Barmen.	Türkischroth-Färbereien, andere Farben in Leinen, Baumwolle und Seide.	14 Türkischroth-Färbereien, 20 andere Färbereien in Leinen und Baumwolle. Besitzer in Türkischroth: Caspar H. Flöring; J. F. Sartorius und Fr. Wittenstein; in andern Farben: Abrah. Metzmacher; Joh. Caspar Braselmann; Wilhelm Abel und Caspar Thüngen.
Desgl.	Elberfeld.	Elberfeld und Barmen.	Seidene Zeuge in schwarz und anderen Farben.	
Leder.				
Desgl.	Elberfeld.	Elberfeld.	Sohl- Rind- und Kalbleder, Stiefelscheften und Umschläge nach englischer Art.	6 Lohgärbereien. Das Leder ist von anerkannter Güte. Der bedeutendste Fabrickbesitzer ist Johann Ball.

Bezeichnung der Fabricken, Manufakturen und Gewerbe.	Kreis.	Ort, wo diese Anstalten sich befinden.	Nähere Angabe der Gegenstände, welche verfertigt werden.	Bemerkungen.
Leinen.	Elberfeld.	Barmen.	Zwirn in allen Sorten.	Friedr. Krebs; J. H. von Dorp, Wittwe; Friedr. und Wilhelm Siebel; Wilhelm Molinäus. 120 Zwirnmühlen.
Desgl.	Elberfeld.	Elberfeld.	1) Leinentuch, Gebild, Damast, Matrosenhemden, Bettzeug und Zwillich. 2) Bänder aller Art, Schnürriemen, Litzen und Kordel.	22 Fabrickbesitzer, wovon die bedeutendsten sind: ad 1) J. H. Siepermann; J. G. Heimendahl; J. C. Aders. ad 2) Abrah. und Gebrüder Frohwein; Gebr. Bockmühl; Peter von Carnap. 460 Bandstühle, größtentheils ausserhalb Elberfeld.
Desgl.	Desgl.	Barmen.	1) Leinenband, 2) Leinewand, 3) Doppelstein, gewebte Spitzen.	765 Bandstühle; 290 Webstühle. Die bedeutendsten Fabrick-Inhaber sind: ad 1) Friedr. Bredt; Michelhausen; Wülfing et Wilkhaus; Carl Bredt; Wortmann; Friedr. Wortmann et Comp.; Rittershaus; Gebr. Keuchen. ad 2) C. Hösterey. ad 3) Caspar Engels Söhne.
Metall.				
Desgl.	Elberfeld.	Barmen.	Plättirte Knöpfe, vorzüglich für das Militair.	Inhaber der Fabrik sind: Ehrenberg et Leuscher.
Desgl.	Desgl.	In der Bürgermeisterey Kronenberg.	Nägel, Schraubnägel, Küchenpfannen, Schraubstöcke, Winden, Zimmermanns- Schreiner- Maurer- Gärtner- und Landbaugeräthe aller Art, Gehänge, Sägen, Schlösser, Tuch- und Baumscheeren, Küchengeräthe, Klingen, Messer, Roßkämme ꝛc. auch Stahl u. Reckeisen.	236 Schmieden; 19 Reck- Breit- und Stahlhämmer; 28 Schleifkothen. Die bedeutendsten Handlungshäuser sind: Gebr. G. et A. Müllers Söhne, in der Gerstau; Isak Rubens; C. Kaienberg, zu Kronenberg; Joh. Abr. Tillmanns und Abraham Friederichs, zu Berghausen; Jakob Bünger; Wilhelm Piccard Wittwe, in Kronenberg; P. Morsbach, zu Kohlfurth; Joh. G. Müller.
Peitschen.	Elberfeld.	Barmen.	Fuhr- und Reitpeitschen.	Heinrich Rocholt; Christian Wescher.
Seiden-Waaren.				
Desgl.	Elberfeld.	Barmen.	Desgl.	Herm. Enneper und Friedrich Beckmann.
Desgl.	Elberfeld.	Elberfeld.	Schwarze und farbige Seidenstoffe; Westenzeuge; schwarze u. farbige Tücher (einfache, geköperte und figurirte) Flortücher; gedruckte u. geblümte Kleider; Schnupf- und Halstücher; Foulards. Verschiedenfarbiger Sammet in Stükken; halbseidene Zeuge; Seiden- und Sammetbänder, Litzen, Kordel, Floretbänder.	900 Web- und 30 Bandstühle in Elberfeld und außerhalb; jedoch im Regierungs-Bezirk Düsseldorf, wenigstens noch 1100 Web- und Bandstühle. Die vorzüglichsten Fabrick-Inhaber sind: Joh. Simons, Erben; J. H. Funke, Eidam; Böddinghaus et Comp.; J. H. Funke, Sohn et Comp.; Gebr. Schnewind; Wm. Aders et Comp.; Oberbeck et Hootte; J. F. Springmühl; Simons et Blank; Feldmann et Engels; Joh. de Werdt et Bredt; B. Cahen et Leeser; Wittwe J. J. Platzhofs, Erben; J. M., aus den Dörnen ꝛc.
Desgl.	Desgl.	Barmen.	Seidene Tücher, Seiden-Band und Kordel.	200 Web- und 160 Bandstühle. Die bedeutendsten Inhaber derselben sind: Metzger; Ritterhaus et Comp.; Chr. Schöne; Fr. Mittelstenscheid et Compagnie; Kampermann et Comp. ꝛc.

Ausschnitt aus der Abschrift des Garnnahrungsprivilegs von 1527 (1691, SAW J 11).

Kommentar 3

Die Betriebsverfassung des Wuppertaler Textilgewerbes charakterisiert eine Barmer „Sammlung und Darstellung der besondern und allgemeinen Fabricken= und Handels= Nachrichten" aus dem Jahr 1817, in der es heißt: „[D]ie hiesigen Fabriken werden nur wenig mit Vereinigung aller Arbeiten getrieben, die Fabrikanten laßen ihre Waaren in andern Häusern von den Webern gegen gewissen Stücklohn aus den Materialien, wenn sie sie ihnen geben, fertigen, die vor und nach arbeiten geschehen so viel einen Theil der Appretur betrift [s]ignanta das Clandern und Pressen größtentheils in den hier vorhandenen Calander und Preßmaschinen gegen Stücklohn. Das Aussuchen und Unterbinden des Garns, fort das Haspeln und Aufmachen des Bandes so wie das Packen der Waaren geschieht von den Fabrikanten in ihren Fabrikgebäuden" (SAW J III 2). Die beschriebene, als Verlagssystem bezeichnete Produktionsorganisation hatte sich im 16. Jhdt. im Wuppertal entwickelt. Der Verleger lieferte den Rohstoff (z.B. Garn) und erhielt vom Produzenten (z.B. Weber), der im Besitz des/der Produktionsmittel(s) (Webstuhl/Webstühle) war, die (halb)fertige Ware. Bei der wöchentlichen Ablieferung auf dem Kontor des „Fabrikanten" erhielt der Weber seinen Lohn und neue Garne zum Verarbeiten. Die Differenzierungen innerhalb des hier grob beschriebenen Verlagssystems in der Textilbranche, vor allem zwischen Breit- und Bandweberei und -wirkerei illustriert ein Schreiben der provisorischen Weberinnung Barmens an das Berliner Handelsministerium aus dem Jahr 1852, in dem es heißt: „Der Weber z.B. erhält nicht nur die Stoffe [gemeint sind die Garne], sondern mit Ausnahme des einfachen Webstuhls, sämtliche Geräthschaften, welche zur Weberei gehören, als: Maschinen, Harnisch, Litzen, Bleie, Kämme, Riether, Karten, p.p. vom Arbeitgeber, er arbeitet nach einer bestimmten Angabe und Vorschrift desselben.[...] Der Wirker hingegen bekommt von seinem Arbeitgeber, außer den Stoffen, gar nichts, er muß seine sehr kostspieligen Geräthschaften (ein Getau kostet 150-350 Thaler) ohne Ausnahme selbst stellen, nach Muster oder gar einer Phantasie-Zeichnung vorrichten, den Faden und Schußzahl dem Arbeitgeber angeben, um danach zu calculieren, die erforderlichen Patronen selbst anfertigen, sowie alle Vorrichtungen, je nach dem die Bänder sein sollen, und die häufig sehr zeitraubend und kostspielig sind, ohne alle Vergütung selbst besorgen" (SAW J VIII 8, zit. nach Karl Emsbach, Die soziale Betriebsverfassung der rheinischen Baumwollindustrie im 19. Jahrhundert, Phil.Diss. Bonn 1982, S. 80). Während die Weberei, die

Quelle 3/2
J.F. Knapp, Geschichte, Statistik und Topographie der Städte Elberfeld und Barmen im Wupperthale,
Iserlohn und Barmen 1835, S. 293f (Elberfeld)

Fabrik= und Kaufherren sind folgende dem Geschäfte und der Zahl nach: Bankier 4, Türkischroth=Färbereien und Rothgarnhandlungen 24; Kouleurenfärbereien 15; Seidenfärbereien 9; Seiden= und Halbseiden=Bändern, Schnüren, Lützenfabriken 46; Kattunfabriken und Druckereien 11; Seidenhandlungen 3; Merinos= und Leastingsfabriken 1; Seidendruckereien 3; Baumwollenfabriken und Handlungen 47; Twist= und Wollehandlungen und Wollenbandfabriken 19; Siamoisenfabriken 3; Manufacturwaaren=Handlungen 30; Leinwandhandlungen und in Leinen, Garn und Band, und Schnüren 18; Baumwollenspinnereien 6; Tuchhandlungen 7; Tabaksfabriken 2; Specerei= und Colonialwaaren=Handlungen 22; Weinhandlungen 7; Kommissions= und Spekulations=Geschäfte 22; Gold=, Silberarbeiter und Juweliere 10; Conditoreien 12; Rentner 20; Gastwirthe 6; Wirthe 108 u. a. m.; 2 Lotterie=Collekteure.

Das oben gegebene Verzeichniß ist nur auf die bedeutenden Fabriken und Manufacturen begründet, so wie die Fabrikate nur unter der allgemeinen Geschäftsfirma der Fabrik= und Kaufherren hier genannt sind. Dem fügen wir zur weitern Erläuterung des Umfangs der Fabriken, Manufacturen, Gewerbe und des Handels noch Folgendes bei, woraus man das Umfassende hiervon besser beurtheilen kann. Unter den Manufactur=Waaren begreifen sich alle ganz= und Halbbaumwollen=Waaren, namentlich Bonten, Barchent, Droguets, Nonpareils, Ginghans, Westenzeuge, Hals= und Sacktücher, Nanquins, Manchester, viele Arten weißer und gefärbter Zeuge zu Kleidung und Möbelüberzügen, Shawls, baumwollene Bänder, Schnüren, gewebte Spitzen u. s. w. in Damast, Zwillich, Bettzeugen und Bändern. Es gibt in der Stadt allein bei 800 Web= und bei 500 Bandstühle für baumwollene Zeuge und Bänder. 900 Web= und 30 Bandstühle und außerhalb 1100 Web= und Bandstühle für schwarze und farbige Seidenstoffe, Westenzeuge, schwarze und farbige Tücher, Hals= und Schnupftücher, Flortücher, gedruckte und geblümte Kleider, Stücksammet, Seidensammet, Floretbänder, Kordel u. s. w. Eine Kattundruckerei wird durch Walze= und Dampfmaschinen getrieben. Unter der obigen Zahl der Türkischrothfärbereien sind die kleineren einzelner Färber, die nicht für selbstständigen Handel arbeiten nicht begriffen. Es gibt in Elberfeld außerdem eine Holzschrauben= und eine Bleiweißfabrik, mehre Eisenfabriken mit emaillirten Kochgeschirren, mehre Lohgerbereien, Lederhandlungen, Fuß= und Tischdecken, Tapetenfabriken und Handlungen, Materialien=Handlungen, Möbel= und Spiegelfabriken und Handlungen, Pelzwaaren=, Hut= und Kappenfabriken und Handlungen, bedeutende Bierbrauereien, Essigsiedereien, Branntwein= und Liqueurfabriken, Luxus=, Mode= und Nürnbergerwaaren=Handlungen, verschiedene Zinngießereien, Blechwaarenfabriken und Drechslerfabrikate und Pfeifenhandel, Papier= und Schreibmaterialien=Handlungen, Frucht=, Oel=, Farbstoffen=Handlungen, neben einer Masse von Schenkwirthen, Detailhändlern und Handwerksleuten u. s. w.

Bleicherei und Teile der Färberei in der 1. Hälfte des 19. Jhdts. fast ausschließlich heimgewerblich und damit dezentral organisiert waren, wurden die Türkischrotgarnfärberei, die Baumwollspinnerei und Teile der Stoffdruckerei bereits in zentralisierten Manufaktur- bzw. Fabrikbetrieben ausgeübt. Mit der Durchsetzung neuer mechanischer Produktionsmittel und der Anwendung der Dampfkraft als Antriebsenergie veränderte sich, differenziert nach Branchen innerhalb der Textilherstellung und -verarbeitung, im Verlauf des 19. Jhdts. mehr oder weniger kontinuierlich die Betriebsform in den einzelnen Gewerben; teilweise blieb das Verlagswesen neben den entstehenden Eigenbetrieben bestehen. Große Teile des Veredelungsgewerbes sowie die Breitweberei wurden in der 2. Jahrhunderthälfte zunehmend fabrikmäßig organisiert, während in der Riemendreherei z.B. durch einen Konzentrationsprozeß größere Lohnbetriebe entstanden, die vom Verleger-Kaufmann abhängig blieben; in der Bandweberei bestanden neben den Eigenbetrieben bis in das 20. Jhdt. hinein die selbständigen Kleinmeister, die sich ebenso wie die Riemendreher durch Anpassung an die technische Entwicklung halten konnten.

Quelle 3 besteht aus einer Zusammenstellung verschiedenartigen statistischen Materials über das Textilgewerbe im Wuppertal des 19. Jhdts.

Quelle 3/3
Wilhelm Langewiesche (Hrsg.), Elberfeld und Barmen.
Beschreibung und Geschichte dieser Doppelstadt des Wupperthals…,
Barmen 1863, ND Wuppertal o.J., S. 309

Resultate der Fabriken-Tabelle von Barmen pro 1861.

	Fabriken	männliche Arbeiter	weibliche Arbeiter
1) Fabrikation von Weber- und Wirkerwaaren	104	5239	1175
2) Watten- und Dochte-Fabriken	3	11	3
3) Fabriken für Eisengarn, Strick- u. Nähgarn	12	135	451
4) Garnbleichen und Garnsiedereien	8	65	—
5) Färbereien:			
a. Türkisch-Roth Färbereien	17	531	6
b. Garnfärbereien in Wolle u. Baumwolle	43	318	21
c. Garn- u. Stückfärbereien u. Appretur-Anstalten für Seidenwaaren	9	39	5
d. Stückfärbereien und Appretur-Anstalten für andere Waaren	7	60	20
6) Druckereien	5	31	—
7) Metallwaaren:			
a. Bleiröhren-Fabrik	1	4	—
b. Kupfer-Walzwerke	2	31	3
c. Maschinen-Fabriken	3	188	—
d. Für Spulen, Schützen-Platinen, Weberringe und Webergeschirre	4	15	1
e. Eisengießereien	4	81	—
f. Zündhütchen	1	11	3
g. Haken und Oesen 2c. 2c.	2	10	—
h. Neugold u. Neusilber plattirte Waaren	2	12	2
i. Schnallen-Fabrik	1	5	—
8) Klavier-Fabrik	1	95	—
9) Kalkbrennereien	4	54	—
10) Ziegeleien	14	135	11
11) Gasbereitung	1	36	—
12) Chemische Fabriken	12	217	—
13) Farbholzmühlen	1	11	—
14) Pottaschsiederei	1	2	—
15) Fabriken von gefärbtem und lackirtem Leder	3	25	—
16) Firniß-Fabrik	1	7	—
17) Leimsiedereien	1	3	—
18) Stearin- und ordinäre Seifen-Fabriken	4	150	53
19) Sonnen- und Regenschirm-Fabriken	1	12	4
20) Fabriken für Knöpfe aus Holz, Horn, Metall 2c.	11	877	235
21) Für Gummiwaaren	4	29	15
22) „ Buntpapier	1	4	2
23) „ Lederwaaren	2	19	—
24) „ lackirte Waaren in Holz und Metall	1	4	—
25) Strohhut-Fabrik	1	5	1
26) Wassermühlen	6	25	—
27) Dampfmühlen	3	34	—
28) Chokolade-, Chichorien- und Senf-Fabriken	3	22	—
29) Essig- und Holzessig-Fabriken	6	18	—
30) Bierbrauereien	44	167	—
31) Branntweinbrennereien	6	43	—
32) Crinolin-Fabrik	1	7	5
Zus.	361	8787	2016

33) Dampfmaschinen:
    a. für Getreide-Mühlen   3 mit 32 Pferdekraft.
    b. für Spinnerei u. Weberei   15 „ 222 „
    c. für Maschinen-Fabriken   3 „ 28 „
    d. für metallische Fabriken   3 „ 18 „
    e. für andere Fabriken   44 „ 396 „

Zus. 68 mit 696 Pferdekraft.

2. Wirtschaftskrisen im Wuppertal

Kommentar 4 und 5

Der Export war eine der Grundlagen für die rasche Entwicklung und Ausdehnung der Wuppertaler Textilindustrie, machte sie aber gleichzeitig abhängig von politischen Veränderungen im In- und Ausland. Kriege, Revolutionen oder wirtschaftspolitische Entscheidungen hatten unmittelbaren Einfluß auf die Wirtschaft der Region und wirkten sich auf die Konjunktur aus. Seit 1789 hatte sich die Wirtschaftslage günstig entwickelt, da Frankreich, wo es durch die Revolution zu Produktionsausfällen gekommen war, Wuppertaler Band- und Baumwollwaren importierte. 1806 endete diese Hochkonjunktur, indem ein französisches Zolldekret die Einfuhr von Baumwollstoffen verbot und diejenige von Bändern und Besatzartikeln mit hohen Importzöllen belegte. Damit war das französische Absatzgebiet so gut wie verschlossen, dazu kam die Blockierung des Transithandels nach Spanien und dem amerikanischen Kontinent sowie der Wegfall des italienischen Marktes durch die französische Besetzung. Die am 21.11.1806 verhängte Kontinentalsperre gegen England schließlich „untergrub derzeit alle wichtigen Beziehungen zum Ausland. Wie die Einfuhr seewärts unterbrochen war, hatte gleichzeitig die Ausfuhr mit deutschen Producten nach Westindien und Südamerika sich verloren. Die Continentalsperre zwang die industrielle Revolution die Runde durch die Welt zu machen, sie wies die einzelnen Staaten auf die Anwendung der eigenen industriellen Leistungsfähigkeit, auf die eigene Ausbildung der Technik und auf die Ausbeutung der inneren Güterquellen an" (Langewiesche, a.a.O., S. 275). Mit der Besetzung Hollands durch die Franzosen ging der Wuppertaler Industrie auch Amsterdam als letzter Überseehafen für Exporte verloren; das Edikt von Trianon 1810 belegte sämtliche Wuppertaler Waren mit hohen Zöllen; das Exportvolumen war 1811 von 2752000 Talern im Jahr 1809 auf 970000 Taler gesunken, was eine Wuppertaler Deputation in Paris zu der vergeblichen Bitte um Vereinigung des Großherzogtums Berg mit Frankreich veranlaßte. Die Aufhebung der Kontinentalsperre durch das Generalgouvernement am 17.11.1813 öffnete den Festlandsmarkt für die englischen Baumwollerzeugnisse. Die überlegene englische Spinnereitechnik brachte für die Wuppertaler Baumwollspinnereien, die bis 1809 floriert hatten, erhebliche Schwierigkeiten; für die Baumwollweberei verschärfte sich die Dauerkrise nach 1815; ihre sozialen Folgen verschlimmerten sich im Wuppertal bis 1816 durch zusätzliche Fakto-

Quelle 4
Bericht des Elberfelder Oberbürgermeisters an den landrätlichen Kreiskommissar Graf Seyssel d'Aix
HStAD Regierung Düsseldorf Nr. 2126 Bl. 25ff.
2.8.1816   handschriftlich

Der Oberbürgermeister berichtet wegen den verminderten Zustand der Baumwollen Fabricken, hinsichtlich der hohen Regierungs Verordnung vom 24 July und der Verfügung des Herrn Kreiskommissarius vom 26ten nehmlichen Monaths

In der neben angezogenen Verfügung wird mir der Auftrag zu Theil über den im monatlichen Bericht pro Juny angegebenen Zustand der Baumwollen Fabricken und den seit einiger Zeit so sehr reduzirten Webstühlen die sichersten bestimmtesten und faktisch gegründete Notizten zu sammeln und einzureichen.
Faktischer können die Notizen nicht seyn, als daß man täglich die Klagen der Weber und der Fabrickbesitzer vernimt, - dieses von allen Orten hört, wie sehr die Geschäffte in den Baumwollenwaaren eine Stockung leiden, und wie sehr die Armuth dadurch zunimmt!
Es würde zu nichts führen, eine genaue Aufnahme der Webermeister bei den hier befindlichen 52 Besitzer der Baumwollengarn Fabricken zu veranlaßen, da nicht jeder Fabrickherr gerne seinen würklichen Fabrickstand angiebt. Wie dieser Zustand aber im allgemeinen beruht, das wird das beigefügte Protokoll bewähren, wo einige Fabrikanten den Stand ihrer Geschäffte darthun, und solches auf ihre Bürgerpflichten bestätigen.
In dem nämlichen Verhältniß ist die Beschaffenheit mit allen anderen hier wohnenden Fabrickanten, die gewiß der Aussage derjenigen, so in dem erwähnten Protokoll befindlich sind, beypflichten werden.
Der Herr J.H. Siepermann hat seine Aussage ferner durch seinen ebenfalls hier beikommenden Brief begründet. Die in demselben und in dem Protokoll erwähnten Muster[1] sind ebenfalls angefügt, und jeder, der nicht Fabrikant ist, wird staunen über den wohlfeilen Preis dieser Waaren, welche die Engländer verkaufen, - und es wohl einsehen, wenn auch noch die Weberey, der Mechanismuß der Maschienen so sehr vollkommen in England ist, kaum die Baumwolle und das Garn an dieser Waare bezahlt wird. Wenn 1500 Webstühle für hiesige Fabrikanten arbeiten, so ist es wohl anzumerken, daß diese Webermeister nicht in der Stadt, sondern in verschiedenen Gemeinden befindlich sind, außer dem Webstuhl meistens ein kleines Gütchen bewohnen und sich dadurch mit ernähren.
Nach den Rollen der Patent Steuer[2] sind im Gebiete dieser Stadt nur 199 Webermeister vorhanden. Die Abschaffung der Weber trifft also nicht die Stadt allein, sondern auch andere benachbarten Gemeinden.
Die Regiester der Armenanstalt, die sich bekanntlich nur auf den alten Theil der Stadt und die Armen derselben ausdehnen, die Kirchspiel Armen hingegen von den Provisoraten der Kirchlichen Gemeinden unterhalten werden, wo die Führung dieser Register nicht so vollständig sind, geben mir folgendes Resultat an.
„Unter den 350 Armen, welche theils als Familien, theils als einzeln Lebende in dieser Woche - (vom 26 July bis 2ten August) unterstützt wurden, befinden sich 48 Weber
7 Schneidermeister
5 Schuster
1 Schreiner
1 Schmied
3 Zimmerarbeiter
1 Hutmacher
1 Posamtenirer"

Es geht also hieraus hervor, daß die größte Armuth unter den Webern herschend ist. So lange den Waaren aus den Preußischen Staaten überall in entfernten und benachbarten Landen Fessen angelegt sind, - jeder kleiner und großer Fürst willkührliche Zoll Abgaben und Zollgesetze einführt - auf den deutschen Messen, wo der Eingang frei ist, aber die Engländer mit so ungeheuren Waaren Partien erscheinen, die unter dem Werth verkauft werden, da ist es doch wohl sehr leicht einzusehen, daß keine deutsche Waaren zu verkaufen sind.
Führen nicht die Sachsen, die Schweitzer und die Fabrikanten in jenseitiger Rheinprovinzen die nehmliche Klage - und will man nicht allgemein das Verbot oder eine beschränkte Einfuhr der Englischen Waaren?

ren wie Mißernte und Verteuerung. Diese Krise belegen die Quellen 4 und 5. 1818 bat der Elberfelder Fabrik- und Handelsstand den Staatskanzler Hardenberg in einer Denkschrift u.a. um Einflußnahme auf die niederländische Regierung wegen der bestehenden Transitzölle, um freien Zugang zu den Provinzen jenseits der Elbe und um Aufhebung der den innerpreußischen Handel erschwerenden Transitzölle. Zu der durch die Konkurrenz der englischen Erzeugnisse bedingten schlechten Absatzlage für die Wuppertaler Produkte waren seit 1815 französische und niederländische Maßnahmen zum Schutz der inländischen Wirtschaft gekommen; Österreich erließ zudem ein Einfuhrverbot für die meisten preußischen Waren. Das preußische Zollgesetz vom 26.5.1818 aber eröffnete der Wuppertaler Industrie einen Absatzmarkt von 10,5 Millionen Abnehmern. „Unter diesem Schutze der nationalen Arbeit erweiterte sich der Absatz der Fabrikate in der Rheinprovinz namentlich dadurch, daß ihnen die Märkte der östlichen Landestheile gesichert waren. Der glückliche Fortgang des errungenen Friedens spendete die segensreichsten Einwirkungen, das Fabrikwesen befestigte sich mehr und mehr, die Seidenmanufacturen und Baumwollwebereien eiferten immer glücklicher den englischen und französichen nach und die speculative Thätigkeit füllte manche Lücke aus. Die Weberei auf Zeugen aus Seide, aus Halbseide und Baumwolle und die mit derselben in Verbindung stehenden gedruckten Waaren, erhielten durch neue Muster und kunstreichere Arbeiten, eine früher nie gekannte Vervollkommnung und in ihrem Absatze eine größere Ausdehnung. Von Jahr zu Jahr entwickelte sich der Erfindungsgeist in neuen Warengattungen" (ebenda S. 291).

Im Jahre 1812 und früher, während der Continental Sperre mußte der Absatz bedeutender seyn. - Das Gesetz gegen die englische Waare, die fürchterlichen Maasregel gegen jene, die sie einzuführen versuchten, bestande in aller Strenge, und obzwar das benachbarte Frankreich, Holland damalen gesperrt waren, so wurde doch noch durch Schleichwege Waaren von hier dahin geführt; in Deutschland mußte der Bewohner Kleidung haben, mithin deutsche Stoffen kaufen. Erwägt man bloß den Artikel Nanquinet, den der tägliche Bedarf erfordert, so kann eine Stockung in den einländischen Baumwollen=fabriken nicht auffallend seyn, weil seit der freien Einfuhr englischer Waare auf allen Plätzen und Messen so viele englische Nanquinets und zu solchen wohlfeilen Preisen vorhanden ist, daß jener der hier verfertigt wird, unmöglich zu verkaufen ist.
Ich bitte Euer Hochgebohren sich dahin geneigt zu verwenden, daß dem großen Uebel wegen den englischen Waaren eine baldige Abhülfe geschehe.

[...]
Abschrift   Elberfeld am 2. August 1816
Die Verfügung des Herrn Landräthlichen Commißarius, in Beziehung auf die Baumwollen=Fabriken in dieser Stadt, mit Bezug auf das hohe Rescript der Regierung vom 24 July hat es veranlaßt mehrere hiesige Fabrickbesitzer zu versamelen, die ersucht wurden, auf ihre Bürgerpflichten eine Erklärung über den gegenwärtigen Zustand ihrer Fabrike und die Anzahl ihrer beschäftigten Arbeiter abzugeben.
Vorhin benanntes Rescript wurde denselben vorgelesen. Herr P.C. Petersen, Gesellschafter der Handlung Fries & Petersen erklärte, daß sie in den Jahren 1811. 1812. & 1813, und besonders in dem Jahre 1812, - 300 Webstühle auf Nanquin beschäftigt hätten, ohne die andere Baumwollen Zeuge, und gegenwärtig keinen einzigen beschäftigen könnten, da die Englischen Nanquin überall, besonders in diesen Landen und auf den Messen in solcher Menge vorhanden wären, und so wohlfeil verkauft würden, daß sie keine mehr zu fabriziren im Stande wären.
unterzeichnet Pet. Casp. Petersen. -
Herr Joh. Gottfr. Heymendahl erklärte, daß sie in dem Jahre 1813 noch 300 Weber ungefähr auf Baumwollen Zeuge in Arbeit gehabt hätten, seit einem Jahr aber mehr denn die Hälfte hätten absetzen müßen, weil sie keine Gelegenheit zum Absatz, nicht allein für ihre Nanquin, sondern auch für andere Baumwollen=Stoffen haben -, und die Engländer eine jede Gegend mit ihren Fabrikaten überschwemten und so sehr wohlfeil verkauften.
unterzeichnet für Joh. Gottfr. Heymendahl
            Fr. Heymendahl
Herr H. W. Peters gab an, daß er in diesem Monat noch die Hälfte jener Weber arbeiten ließ, die er vor 2 bis 4 Jahren beschäftigt habe. Er hätte sehr unbedeutende Aufträge, und alles was er fabriziren ließe, geschehe um die Arbeiter nicht alle brodlos zu stellen, - und müßte auf das Lager gelegt werden, weil die Engländer überall dem Absatze Hinderniße in den Weeg legten, und die Waaren so schändlich verkauft würden.
unterzeichnet Heinr. Wilh. Peters
Herr Joh. Casp. Kost erklärte, daß wenn die Engländer fortfahren würden, so zu verkaufen, wie sie es dermalen thäten, und überall ihre Waaren frei einführen dürften, so müßte er seine Weber, von denen er schon eine beträchtliche Zahl abgesetzt hätte, bis zu zwei Drittel reduziren, da er nirgends für seine Waaren einen Absatz finden könnte. Wenn, was er befürchten müßte, der Belgische Zoll auch in Holland eingeführt werden sollte, so würde er seine Fabrike fast ganz still setzen müßen.
unterzeichnet Joh. Casp. Kost
Herr Joh. Heinr. Siepermann der nur für den Absatz in dieser Gegend seine Fabrike unterhält, und sonst keine fremde Gegenden bereisen läßt, hat mehr denn 50 Weber in den lezten Monathen abgesetzt und würde noch 50 in diesem und künftigem Monat brodlos gehen laßen. - Er übergab die beiliegenden Muster Englischer Waare, das die Engländer zu 14 Stüber hier verkauften, was bei weitem ihm nicht möglich seye. Im Jahr 1811 & 1812 habe er gewiß hundert Weber mehr beschäftigt, wie gegenwärtig, und dafür hinlänglichen Absatz gehabt, und oft noch zu wenig Zeuge gehabt. -
unterzeichnet Joh. Heinr. Siepermann
Herr Joh. Casp. Becker, von der Handlung Becker & Burbach bemerkte daß er jezt mehr dann die Hälfte Weber weniger habe, wie im Jahr 1811 & 1812. Die Engländer schadeten so sehr daß nirgends, wohin er reise, etwas abzusetzen seye, - und wenn diese Verhältniße so blieben, so müße er alles still stellen und die Fabrike ganz aufhören, wenn er nicht alles auf das Lager arbeiten wollte.
unterzeichnet Becker & Burbach

Herr Carl Fried. Heymendahl erklärte, daß er im Jahr 1811 & 1812 gewiß einmal so viel Weber beschäftigt habe, wie in diesem Jahre. Im Inlande sowohl wie im Auslande haußten die Engländer mit ihren Waaren auf eine solche Art, daß er fast nichts verkaufen könnte, und gewiß seine Fabrike noch mehr reduziren müßte, weil so wenig Vortheil bei den Waaren vorhanden wäre, die gegenwärtig noch mit Mühe zu verkaufen sind.
unterzeichnet Carl Fried. Heymendahl

---
[1] Der Bericht enthält Bandmuster.
[2] Gewerbesteuer

Eingesandt.

Folgendes, an den Rittmeister und Stadtrath Herrn Boeddinghaus eingesandte englische Gedicht, auf unser schönes Wupperthal, erlauben wir uns mit der freundlichen Bitte zur Kenntniß der verehrlichen Leser dieses Blattes zu bringen, daß es einem der englischen Sprache Kundigen gefallen möge, daßelbe in unser schönes liebes Deutsch übertragen und so einem größeren Kreise von Lesern zugänglich machen zu wollen.

Sweet Elbervale, sweet Elbervale,
Renowned in many a poet's tale,
Blest of Earth, by Heaven above,
Hount of beauty, hount of love,
Ere J pass from the away
Thy charms demand a parting lay.

Thy wood crown'd hills and shady bowers,
A calm retreat for pensive hours,
Thy gurgling rills and far stretched view,
Ever pleasing, ever new,
Enchants the eye and joys impart
To nobler impulse of the heart.

Enamelled meads of brightest green
On either sloping side is seen,
With corn and cot to intervene,
Whilst Elber's golden currents flow
In sweet meandering stream below;
Oh, the bird that chirps from yonder bough
Eyes not a lovier spot than thou.

Bounteous Nature too has given
In human forms best gifts of heaven:
Kind, honest hearts and heads well fraught
With richest stores of human thought,
Peace, Industry, Content here come
And find nowhere a better home.

Then fare the well, sweet E.bervale,
May every comfort still prevail,
Prosperyty and peace unite
To gain and quard thy very right,
And other bards in fitter verse
Thy many praises shall rehearse.

Oetb. 21. 1845.

Im Täglichen Anzeiger Nr. 260 vom 31.10.1845 abgedrucktes Gedicht.

Quelle 5
Aufruf an die Bewohner Barmens
SAW J XIII 7 a   5.3.1817   handschriftlich

Noch immer fahren die Englische Kaufleute fort, ganz Deutschland mit ihren Fabrikaten zu überschwemmen und diese zu den niedrigsten Preisen ja selbst bey öffentlichen Versteigerungen für jeden Preis loszuschlagen, während die Einfuhr der deutschen Fabrikaten in England durchaus verboten ist.

Unsere deutschen Fabricken müssen ihren jetzigen Verfall diesem Verfahren Englands hauptsächlich zuschreiben.

Es scheint, daß von dem Königlichen Ministerio (vielleicht aus politischen Rücksichten) bis jetzt hierin kein Einhalt geschehen kann, weil mehrere desfallsige Vorstellungen, worin die Laage und die Verhältnisse unsers und des Englischen Handels auseinander gesetzt worden, die erwünschte Wirkung nicht hervorgebracht haben. Alle deutsche Fabrikanten nicht nur, sondern auch die Fabrick=Arbeitern, Weber, Spuhler seufzen unter dem jetzigen Drange der Zeiten, viele ja der größte Theil der Einwohner in hiesiger Fabrick=Gegend sinken dadurch in die gröste Armuth herab.

Können wir auch dem Uebel selbst nicht abhelfen, so halten wir es doch für Pflicht, unserer Seits, so viel wir können, dazu beizutragen, daß solches vermindert wird.

Die HauptStadt des Königreiches (Berlin) ist uns schon mit einem Beispiel vorangegangen, dem wir folgen können und müssen, und das bey allen gutgesinnten Deutschen Beyfall und Nachahmung finden wird.

Wir, die wir dem Druck durch den Verschleiß der Englischen Fabrikaten mehr noch wie andere Gegenden empfinden, wollen nicht zurückbleiben.

Lassen Sie uns daher vielmehr für uns, unsere Gattinnen und Kinder verbinden, von nun an keine Englische Fabrikaten, die Sich durch deutsche ersetzen lassen, von welcher Gattung sie auch seyn mögen wissentlich zu kaufen und zu gebrauchen, auch bey unsern Untergebenen und Gesinde darauf zu halten, daß sie keine Englische Fabrikate zu ihren Kleidungs Stücken gebrauchen, und dieß zwar unter dem Nachtheil, daß wenn einer von uns oder den Unsrigen dieser Verbindung entgegen handeln würde, derselbe schuldig seyn soll und will, an den hiesig löblichen Frauen=Verein für jede Uebertretung zum Besten der Armen zwey Friedrichs d'or zu entrichten.

Wer so patriotisch gesinnt ist, wolle Gegenwärtiges als Beweis, daß er diese Verbindung eingegangen hat, unterzeichnen. Barmen den 5 Merz 1817.

Mit Ausnahme des gesponnenen Englischen Garns, bis auch diesem Erzeugniß Englands, die Einfuhr nach den Fabrickgegenden des Continents versperrt ist.

[folgen 57 Unterschriften]

Kommentar 6

Nachdem in den Jahren 1824/25 Vollbeschäftigung geherrscht hatte, begann im folgenden Jahr eine Rezessionsphase, die 1830/31 zu einer Wirtschaftskrise führte. 1830 erhöhte Rußland, Hauptimporteur türkischrotgefärbter Erzeugnisse, die Importzölle um 1/3, die Bandfabrikation wurde durch französische Zollmaßnahmen seit 1815 - wie die folgende Quelle zeigt - behindert, durch die Julirevolution in Frankreich 1830 bedingt, ergab sich eine zusätzliche Export- und Transitstockung; eine Mißernte und die notwendig folgende Verteuerung der Lebensmittel wirkten sich ebenfalls aus. Die schlechte Lage der Baumwollspinnereien angesichts der ausländischen Importe kennzeichnet ein Brief des Elberfelder Spinnereibesitzers P.C. Peill an den Oberbürgermeister vom 5.10.1831, in dem es heißt: „Ich kann mich nicht länger für meine Arbeiter aufopfern, ohne meine eigene Existenz zu gefährden, weil die Überschwemmung der von auswärts kommenden und zu jedem Preise verschleudert werdenden Baumwollgarne uns den Verkauf sehr erschwert, ja zum Teil unmöglich macht" (SAW J II 59). Nachdem die Spinnerei Peter Reinhold bereits im Februar 1831 die Produktion eingestellt hatte, drohte auch Peill unter Hinweis auf die von den Spinnereibesitzern geforderten Importzölle auf ausländische Garne mit Schließung:

„Die Fabrikanten und Färber entlassen ihre Arbeiter, trotz den vielen und wohlfeilen Garnen, weil sie ihre Waaren, die durch den Mangel an hinlänglichen Spinnereien nicht mehr zeitgemäß sind, nicht verkaufen können. Nun wollen sie auch noch, daß uns das ausländische Garn ersticken soll, und daß auch die Spinnereien ihre Arbeiter entlassen, wie es einige schon gethan haben. Welch ein Egoismus! Das schnelle Verderben Aller ist die nächste Folge, und es ist traurig daß man uns in Berlin nicht erhören will. Ich habe noch 30000 Pfund rohe Baumwolle vorräthig, die ich noch spinnen lasse, und gesponnen bei meine übrigen Vorräthe lege. Kommen bis dahin keine bessere Nachrichten von Berlin, so setze ich alles still, und es kommen dadurch wieder 150 Menschen außer Brod. Herr Jung, der in größerem Maaßstabe im nemlichen Fall ist, wird dasselbe thun, und dann werden in Jungenthal bei Kirchen 600 Menschen brodlos..." (LHA Koblenz Best. 403 Nr. 3345 Bl. 214/215, Brief an den Oberpräsidenten v. 27.7.1831). *Die von der Mehrheit der Handelskammermitglieder bereits 1830/31 geforderte Erhöhung des Importzolls für Baumwollgarne und entschädigende Rückvergütungen bei Exporten von Baumwollerzeugnissen wurde von einer Konferenz in Godesberg, die im Januar 1834 von der*

Quelle 6
Eingabe Barmer Unternehmer an die Düsseldorfer Regierung
HStAD Regierung Düsseldorf   Nr. 2111   Bl. 1ff.

15.6.1830   handschriftlich

Der täglich zunehmende Verfall und der würckliche traurige Zustand worin sich in unserer Stadt, Nahrung und Gewerbe, überhaupt und insbesondere die Bandfabriken jetzt befinden, sind einer Königlich Hochlöblichen Regierung bekannt.

Die Bandfabriken und einige andere damit verwandte Artikel waren früher ausschließlich, und größtentheils auch jetzt noch der Industrie Zweig wovon Barmen und das ehemalige Hochgericht Schwelm ihr Bestehen gehabt haben.

Denselben und den damit in nothwendiger Verbindung stehenden sonstigen Erwerbs Zweigen als Bleichereyen, Färbereyen etc. hat Barmen die schnelle Zunahme seiner Bevölkerung zu verdanken, welche nach gerichtlichen Angaben im Jahr 1759 nur 5000 Seelen, und nach der Aufnahme des vorigen Jahres über 25000, betrug.

Der Haupt Absatz der Bänder war nach Frankreich; bis zur Restauration der Bourbonen in Frankreich, wurde dieser Verkehr durch die bestehenden Eingangs Zölle zwar nicht befördert, aber auch nicht allzu sehr erschwert. Von diesem Zeitpunkt an sind dieselbe aber so sehr gesteigert worden, daß seit einigen Jahren eine gänzliche Abnahme der Versendungen dahin eingetreten ist, so daß die Band Ausfuhr nach Frankreich jetzt vielleicht nicht mehr als den 10ten Theil der früheren betragen mag.

Die unglücklichen Folgen dieser Hemmung wurden erst jetzt in ihrer ganzen Größe sichtbar; der Wohlstand, den ein glücklicher Fortgang des hiesigen Verkehrs mit Frankreich gelegt hatte, bot eine eine Zeitlang die Mittel dar, dem Uebel zu wiederstehen.

Dagegen tritt das Elend der Fabrick Arbeiter, die Verarmung der Bandwirker, nun auch um so schneller an's Licht; wovon die vielen Pfändungen, öffentliche Verkäufe, Subhastationen[1], dann die Werthlosigkeit aller Immobilien, das Sinken des Miethzinses, und die Abnahme der Bevölkerung, die überzeugendsten Beweise liefern; daß Letztere wirklich Statt findet, geht daraus hervor, daß anstatt der sonst gewöhnlichen Vermehrung der Bevölkerung pro Jahr um 7 bis 800 Seelen, bey der im vorigen Jahre statt gefundenen Bevölkerungs=Aufnahme die Bewohner Zahl der hiesigen Gemeinde sich nicht größer vorfand, als solche im Jahr 1828 gewesen war, obgleich die Zahl der Geburten jene der Sterbefälle, und die Anzahl der bey den Polizey Amte <u>angemeldeten</u> Einwanderungen, jenen der <u>angemeldeten</u> Auswanderungen überstieg.-

Die seither hier beschäftigt gewesene, jetzt aber ohne Arbeit sich befindende Fabrick= Arbeiter, von denen die obenbemerkte Seelen Anzahl hier aus der Gemeinde gegangen ist, melden sich auf dem hiesigen Polizey Büreau selten zum Verziehen an, da die Meisten derselben aus der Nachbarschaft zu Hause sind, und daher zu ihren Verwandten zurückkehren.

Wenn diesem Verfall der Bandfabriken nicht bald abgeholfen werden kann, dann ist eine immer stärker werdende Abnahme des hiesigen Wohlstandes und gänzliche Nahrlosigkeit und Verarmung der arbeitenden Volksklassen unvermeidlich, und man kann in der That nur mit Zagen der Zukunft entgegen sehen.

Wir kennen indeßen kein würksameres Mittel um unsere Gemeinde von der ihr drohenden Gefahr zu retten, als die Wiederbelebung der Geschäfte nach Frankreich herbey zu führen, wie wir dies auch dem hohen Ministerium zu Berlin schon seit einigen Jahren durch Immediat=Vorstellungen nachgewiesen haben, welche wie es einer Königlich Hochlöblichen Regierung bekannt sein wird, bey den höchsten Landesbehörden die regste Theilnahme gefunden, und schon zu wichtigen und ernsten Unterhandlungen mit dem französischen gouvernement Veranlaßung gegeben haben.

In diesen Immediat=Vorstellungen sind die eigentlichen Verhältniße ausführlich und erschöpfend dargestellt, so daß wir glauben, uns hierauf, um Wiederholung zu vermeiden, beziehen zu können.

Wenn eine Königlich Hochlöbliche Regierung geruhen wollte, den höchsten Landesbehörden die traurige Lage unserer Fabriken vorzutragen, so zweifeln wir nicht, daß diese berücksichtiget, und die geeignete Maaßregeln getroffen werden, um das französische gouvernement zur Herabstellung des Eingangszolls auf unsere Bandwaren zu bewegen. -

Auch könnte es uns sehr erfreulich sein, wenn eine Königlich Hochlöbliche Regierung zu genehmigen geruhen wollte, den hiesigen Stadtrath, welchem die traurigen

preußischen Regierung einberufen worden war und an der auch Wuppertaler Unternehmer und Sachverständige teilnahmen, erneut vorgeschlagen, von der Regierung aber im Juni 1835 unter Hinweis auf Verträge mit den Zollvereinsstaaten abgelehnt. Mit der Gründung des Deutschen Zollvereins 1834, der dem innerdeutschen Absatz durch Wegfallen von Zöllen eine erweiterte Grundlage verschaffte, und der Aufhebung von Importzöllen in den Vereinigten Staaten, die sich auf den Seidenwarenexport günstig auswirkte, erholte sich die Wirtschaft und erlebte 1834/35 einen Aufschwung. Der Zollverein galt als „bedeutsame[s] Ereigniß der ersten Hälfte des neunzehnten Jahrhunderts", er „ward vom deutschen Volke mit wahrer Begeisterung begrüßt, als das wirksamste Mittel zur Einigung der deutschen Staaten, zum Behuf der Verfolgung nationaler Zwecke, wie zur Erlangung jener Stellung, welche diesen Staaten nach ihrer Stärke, ihrer geistigen Entwickelung und ihren Hülfsquellen unter den Völkern der Erde gebührt" (Langewiesche, a.a.O., S. 300).

Kommentar 7

Zwischen 1845 und 1849 erlebte die Wuppertaler Textilindustrie eine ihrer schwersten Krisen im 19. Jhdt.. Der innereuropäische Markt war durch Zollschranken verschlossen oder durch die entwickelte nationale Industrie einzelner Länder abgedeckt; der Export nach Spanien, Portugal oder Mexiko war durch politische Spannungen oder Krieg versperrt, der Absatz nach Griechenland und in das Osmanische Reich wurde durch den Transit über Österreich behindert. Dazu kam, daß der Zollverein die Eingangszölle auf Rohstoffe erhöht hatte, während die Wuppertaler Textilindustrie im Gegenteil hauptsächlich an Importzöllen auf ausländische Fertigprodukte interessiert sein mußte, wie die von der Handelskammer verschiedentlich vorgetragene Forderung nach gemäßigten Schutzzöllen zeigt. Als aber eine Deputation von Kaufleuten und Fabrikanten aus Elberfeld und Barmen Verhandlungen wegen eines Rückzolls auf Webereiprodukte führte, äußerte der Schatzminister von Thile gegenüber dem Deputierten Boeddinghaus, „die Industrie sei ein Krebsschaden des Landes" (HK-Bericht für 1846, Elberfeld 1847, S. 5) und Minister von Bodelschwingh-Velmede empfahl, „der um 1 Thlr. erhöhte Twistzoll […] sei bei dem bedeutendern Arbeitslohn, welcher die Weberei treffe, leichter an diesem Weberlohne abzuziehen" (ebenda). Die Handelskammer hatte bereits in ihrem Bericht für 1845 befürchtet, daß die französische und englische Konkurrenz

Verhältniße der hiesigen Bewohner leider! nur zu sehr bekannt sind, über unsere Angaben vernehmen laßen zu wollen, damit auch von diesem die Bestätigung unserer gewiß nicht übertriebenen Angaben erfolgen könne.
Einer Königlich Hochlöblichen Regierung
Gehorsamste
[folgen 46 Unterschriften]

---

[1] Subhastation = öffentliche Versteigerung

Quelle 7
Handelskammerberichte für die Jahre 1846 (Elberfeld 1847), 1849 (Elberfeld 1850) und 1850 (Elberfeld 1851)
Auszüge

1846 S. 5f

Die Kammer hat von keinem der Hauptfabrikationszweige in ihrem Bereiche Günstiges zu berichten; — alle der Weberei angehörige Artikel haben bedeutenden Reductionen unterlegen, und eine große Anzahl Arbeiter, von Monat zu Monat an Zahl steigend, sind ohne Beschäftigung; am meisten trifft diese Calamität die aus Baumwolle, aus Wolle und aus diesen Urstoffen allein und mit Seide gemischten Fabrikate, diejenige Branche nämlich, welche entschieden die größte Anzahl von Händen in unserm Thale beschäftigt. Eine Ausnahme machten die Bandfabriken und die türkischroth Garnfärbereien, die sich eines mittelmäßig guten Geschäftsganges erfreuten, weshalb wir der erstern hier, und der letztern im Verlaufe unseres Berichts, bei Schilderung des ostindischen Handels, besonders Erwähnung thun.

Die Bandfabrikation, welche zur größern Hälfte ihren Absatz durch den Export herbeiführt, ist von dem veränderten Zolle auf Twist und Leinengarn ebenfalls besonders beeinträchtigt. Sie ist im verflossenen Jahre dem Einflusse des, durch theure Lebensmittel hervorgerufenen schlechten Geschäftsganges nicht fremd geblieben, allein sie wurde grade wegen ihres Absatzes in's Ausland weniger empfindlich berührt, und die Zahl der Unbeschäftigten war verhältnißmäßig nicht sehr beträchtlich.

Die Fabrikation leinener und baumwollener Bänder ist in Barmen und Elberfeld seit mehr als 80 Jahren einheimisch und wird unbedingt auch in der Folgezeit daselbst bestehen und gedeihen, so lange nicht Verhältnisse eintreten, welche diese Fabrikation so erschweren und benachtheiligen, daß dieselben Fabrikate im Auslande eben so gut und billiger als hier angefertigt werden können.

Leinene und baumwollene Bänder gehören nicht zu den Artikeln des Luxus, werden aber fast in allen Ländern der Welt von der ganzen Bevölkerung ohne Unterschied des Standes gebraucht.

Eine Hauptbedingung zur Erhaltung dieses, so viele Menschen beschäftigenden Industriezweiges ist demnach, daß diese Bänder in keiner andern Gegend billiger und besser zu fabriziren

dazu führen würde, „die Arbeit einzuschränken, wenn eine Vermehrung derselben für die arbeitende Klasse am nothwendigsten wäre […]. Wir erkennen klar und fühlen schwer das ganze Gewicht der traurigen Wahrheit, daß der arme Fabrikarbeiter es ist, der von Zufälligkeiten, die er am wenigsten verschuldet, am meisten zu leiden hat, und sehen der Zukunft, wenn die Geschäfte noch mehr stocken sollten, mit schwerer Sorge entgegen" (HK-Bericht für 1845, Elberfeld 1846, S. 5). In ihrem Bericht für 1846 vermerkte die Kammer schließlich: „Die Noth in dem Bereiche der Kammer ist im Laufe des verflossenen Jahres nach einem wirklich erschreckenden Maßstabe im Zunehmen gewesen…" (HK-Bericht für 1846, a.a.O., S. 4). Die schlechte Absatzlage vor allem für Seiden- und Halbseidenprodukte und die Baumwollweberei führten Ende 1845 zu Entlassungen, die Verteuerung der Lebensmittel infolge von Mißernten führte zu einem sozialen Notstand, der 1847 einen Höhepunkt erreichte. Durch Suppenanstalten, die Ausgabe von Brotmarken und vor allem durch Arbeitsbeschaffungsmaßnahmen suchte man in Elberfeld und Barmen der Arbeitslosigkeit und ihren Folgen zu begegnen. Nachdem die Krise Ende 1848 ausgeklungen war, folgte 1849 ein Aufschwung. Die Krise der 40er Jahre sollen die wiedergegebenen Auszüge, die den Handelskammerberichten entnommen wurden, dokumentieren.

sind, als bei uns, wo seit einer langen Reihe von Jahren alle dazu erforderliche Einrichtungen getroffen sind.

Zu Bändern werden vorzüglich die gröbern Sorten englischer Twiste von Nr. 12 bis 22 Water Twist und Nr. 12 bis 20 Mule Twist gebraucht; auf Nr. 12 Water beträgt nach beigefügter Berechnung der Zoll von Thlr. 3 = — 14¾ %, auf Nr. 20 Water Twist 12⅔ %. Bei dem bedeutenden Export-Geschäft muß deshalb für Bänder die Bewilligung eines angemessenen Rückzolles nicht nur wünschenswerth erscheinen, nein, es ist eine von der Nothwendigkeit gebotene Maßregel, wenn man nicht einen blühenden Industriezweig seinem unvermeidlichen Verderben entgegen führen will.

Grobe englische Tow-Garne von Nr. 16 bis 22 bilden den Hauptconsumo unserer Bandfabriken; durch deutsches Handgespinnst sind diese Sorten wegen dessen geringer, ungenügender Qualität nicht zu ersetzen, und da es im Zollvereine fast keine, oder doch für den Bedarf nur sehr unbedeutende Maschinen-Spinnereien in Leinen-Garn gibt, so lastet die enorme Erhöhung des Eingangszolles von 5 Sgr. auf Thlr. 2 = — pr. Centner in ihrer ganzen Bürde möglichst drückend auf der Fabrikation leinener Bänder.

Auf 16/22 Tow-Garn beträgt der Zoll nach beigefügter Berechnung 9½ %, was circa 5 — 6 % vom fertigen Fabrikat beträgt.

Sollte eine Bewilligung des Rückzolles für leinene und leinene mit Baumwolle gemischte Bänder nicht bewilligt werden, so wäre es unendlich besser gewesen, den frühern Zollsatz von 5 Sgr. für fremdes Leinen-Garn bestehen zu lassen, da es nicht zu rechtfertigen wäre, einen blühenden Industriezweig, welcher so viele Menschen beschäftigt, durch Erhöhung des Zolles ohne Rückzoll zu vernichten.

1849 S. 3ff

Im Jahr 1848 hat die Handels-Kammer von Elberfeld und Barmen keinen Bericht von dem Geschäftsgang, von ihren Wünschen und Befürchtungen erstattet; in dem ungewohnten politischen Parteikampfe waren alle Gewerbe in's Stocken gerathen und auf dem ganzen europäischen Kontingent lag der Absatz so darnieder, daß nur Sorge für die Ernährung der zahlreichen arbeitenden Klassen, einen beinahe gänzlichen Stillstand der Fabriken verhinderte. Zwei Jahre der Theurung und daraus folgenden schlechten Geschäftsgang waren vorhergegangen, große Opfer gebracht, um die Noth der Arbeiter so viel wie möglich abzuwenden und zu verringern, aber willig hat man sie von neuem in größerem Maßstab geleistet, als so unerwartet die schönen Hoffnungen einer bessern Geschäftsperiode verschwanden, die schon Arbeit für Alle zurückgeführt hatte. Elberfeld und Barmen haben im Jahr 1848 ihren alten Ruf bewährt, und gethan was möglich war, die Noth zu lindern; große Summen aus freiwilligen Beiträgen gesammelt, sind zur Beschäftigung brodloser Arbeiter aufgewandt worden. Mit der Gewöhnung an politische Aufregungen kehrte ein Theil des Verkehrs zurück. Der Eintritt festerer politischer Verhältnisse im eigenen Lande belebte das Vertrauen und den Arbeitern wurde gegen Schluß des Jahres wieder volle Beschäftigung.

Dem Jahre 1849 sah der Handel mit vieler Hoffnung entgegen und es bedurfte nur des Glaubens an einen befriedigenden Abschluß der innern politischen Angelegenheiten, um ihm vollen Aufschwung zu geben, wozu auch die gute Erndte ein kräftiger Faktor war.

Das Frühjahrsgeschäft entsprach diesen Erwartungen; von vielen Seiten zeigte sich Waarenbedarf, die Messen waren befriedigend und der wichtige nordamerikanische Markt hatte größern Verbrauch als in den letzten Jahren, wozu noch günstige Berichte aus Mexico, Buenos-Ayres und anderen transatlantischen Staaten kamen. Die Mai-Ereignisse traten störend dazwischen, und ohne die feste Haltung und entschiedenen Maßregeln des preußischen Gouvernements drohte auch dem Handel eine abermalige Stockung, doch war das Zutrauen zu der Kraft Preußens so groß, daß keine namhafte Unterbrechung der Geschäfte stattfand. Was sich in Elberfeld Bedauernswerthes begeben, brauchen wir nicht hervorzuheben; es war auch in merkantilischer Beziehung ein harter Schlag für die Stadt und Gegend und außer sonstigem Verlust das Feiern aller Arbeit eine große Einbuße.

Mit der glücklicher Weise bald hergestellten Ordnung blieben alle Fabriken des Thals in steigender Lebhaftigkeit, so daß es keinem fähigen und willigen Arbeiter an Beschäftigung fehlte. Nur der tänische Krieg brachte mannigfachen Nachtheil, und die Blokade der deutschen Häfen hat auch hier wie im ganzen Lande dem Handel empfindlichen Schaden zugefügt. Möchte es der Regierung gelingen, durch ehrenvollen Frieden eine Erneuerung solcher Vorfälle zu verhüten, aus denen für die Folge gewiß aber das hervorgeht, was Ehrensache für das ganze Vaterland geworden; auch für den deutschen Handel ist eine Kriegsflotte, die ihn schützt, ein unabweisbares Bedürfniß. Mit den Opfern, die unsere Wehrlosigkeit uns diesmal gekostet, hätte schon viel erreicht werden können.

War nun das Geschäftsjahr unbedingt ein günstiges zu nennen, so läßt sich nicht verkennen, daß dazu viele Ursachen mitwirkten, die nur als vorübergehend und ohne Gewähr für die Zukunft zu betrachten sind. Der bedeutende Bedarf des Inlandes war zum großen Theil durch die frühern Einschränkungen hervorgerufen, und die überseeischen Märkte, schon durch die englische Handlungskrise von 1847 und mehr noch durch die störenden Ereignisse von 1848 bei weitem weniger versorgt, gewährten stärkeren Absatz als gewöhnlich. Der billige Stand aller zur Fabrikation dienlichen Rohprodukte erleichterte und vergrößerte das Geschäft, große Summen, die müßig lagen oder in Papiervaluten mancherlei Art creirt werden mußten, traten förderlich in den Verkehr.

[...]

Die Verbesserung der Lage der arbeitenden Klassen, hat wie überall so auch hier große Aufmerksamkeit auf sich gezogen. Abgesehen von den bedeutenden Unterstützungen, die man in den Nothjahren sich willig auferlegte, ist von den Fabrikanten und Arbeitern manche Maßregel vereinbart worden, die frühere Uebelstände beseitigte; wir rechnen dazu namentlich die Vergütungen für das Vorrichten der Stühle und für das sogenannte Passen (Zeitverlust, den der Arbeiter ohne sein Verschulden erleidet). Ist dies nun an und für sich erfreulich, weil es gerecht ist, so legt es den Fabrikanten doch ein die Konkurrenz erschwerendes Opfer auf, und es wäre wünschenswerth, daß im ganzen Zollverband diese Einrichtungen Gesetzeskraft erlangen könnten. Es bleibt noch Manches Andere übrig, was mit einer richtig gegliederten Zollgesetzgebung gleichzeitig eingeführt werden könnte und dann aus gemeinschaftlichen Anstrengungen der Fabrikanten und Arbeiter hervorginge, wir meinen namentlich allgemeine Unterstützungskassen bei Krankheits= und Sterbefällen und Pensionirung der alten und unfähig gewordenen Arbeiter, vielleicht auch Einrichtungen, um in geschäfts= loseren Zeiten Arbeit zu verschaffen. Wenn richtigere Zölle eine vermehrte Beschäftigung herbeiführen, so erkennt es die Kammer für gerecht an, daß gleichzeitig solche Maßregeln getroffen werden, welche auch für die Folge die Gefahr eines wachsenden Proletariats beseitigen, und hält dies auch für ausführbar, falls es im gesammten Zollverband geschieht.

[...]

1850 S. 3ff

Im Jahresbericht pro 1849 sprach die Handelskammer ihre Ansicht dahin aus, daß der damals sehr lebhafte Geschäftsgang, durch Ueberfüllung der inländischen und überseeischen Märkte und durch den gesteigerten Werth aller Rohprodukte, im Jahre 1850 eine Ermäßigung finden dürfte, so günstig auch sonst die allgemeinen Verhältnisse bei gesicherter Ruhe und guter Erndte seien.

In dem größten Theil des vergangnen Jahres verwirklichte sich diese Befürchtung nicht, bis zum Herbst zeigte sich ein fortwährend bedeutender Waarenbedarf von allen Seiten und erhielt sämmtliche Fabriken in so lebhafter Thätigkeit, daß alle Arbeiter genügende Beschäftigung fanden.

Da so günstige Verhältnisse allgemein sich zeigten, mußte es von um so größerem Einfluß auf die Rohstoffe sein, weil bei den für uns so wichtigen Artikeln der Seide und Baumwolle, schon die vorhergegangenen Erndten nicht reichlich waren und die diesjährige noch kleiner ausfiel, so daß sich die Preise demgemäß auch zu einer bedenklichen Höhe steigerten.

Unsere Erndten in Cerealien waren zwar durchschnittlich nicht ungünstig, aber die in vielen Provinzen wieder erschienene verderbliche Krankheit der Kartoffeln, das gänzliche Fehlschlagen der Wein= und Obsterndte, schwächte doch bedeutend die Mittel, welche sonst zur Anschaffung von Fabrikaten daraus hervorgehen.

Die anhaltend starken Versendungen nach allen überseeischen Märkten mußten auch die schon früher befürchtete Ueberführung veranlassen, und es zeigte sich bei Ausgang des Sommers überall eine beträchtliche Minderung des Begehrs.

Bis dahin war in politischer Beziehung Manches geschehen, was die frohen Hoffnungen des vergangenen Jahres bedeutend herabstimmte, die Aussichten auf Einigung des Vaterlandes, auf feste geordnete Zustände schwanden allmälig und in weiteren Schwingungen zeigten sich Mißtrauen und wachsende Zerwürfnisse. Als endlich sich dies bis zur Wahrscheinlichkeit des innern Krieges steigerte, hörte plötzlich aller Verkehr auf, und die beiden letzten Monate des Jahres 1850 waren fast geschäftsloser als irgend eine Epoche in 1848. Auch jetzt noch ist wenig Erwachen der Thätigkeit bemerkbar, die Hoffnung des Friedens verscheucht zwar die Befürchtungen des Augenblicks, aber wenn auch dem Handel die politische Ruhe unschätzbar ist, so bedarf er zur freien Entfaltung doch solcher Zustände, die eine Garantie der Zukunft in sich tragen und im ganzen Volk ein frohes Bewußtsein finden. Der nie aufhörende Bedarf wird immer, vorübergehende Krisen abgerechnet, einige Thätigkeit hervorrufen, aber weithin gehende Unternehmungen und namentlich Fabriketablissements bedürfen ein Vertrauen weit über die Gegenwart hinaus. Augenblicklich sind viele hundert Arbeiter ganz ohne Beschäftigung, seit drei Monaten hat der inländische Absatz aufgehört, und man müßte sich großen Besorgnissen hingeben, wenn nicht bald ein wiederkehrendes Vertrauen zu erwarten wäre. Neue politische Wirren brächten uns dagegen in kaum zu ertragende Lage.

[...]

S. 8ff

Die Kammer kann nicht umhin, bei dem neuerwachten Kampf zwischen Freihandel und Schutzsystem, dessen Ausgang die merkantilische Zukunft unseres Vaterlandes entscheiden wird, sich nochmals darüber auszusprechen; sie ist sich bewußt aller Leidenschaft der extremen Parteien fern zu stehen und nur das zu wollen, was sich historisch bewährt hat und durch die innere Nothwendigkeit beweisen läßt. Die Gemäßigten beider Parteien würden sich vereinigen können, wenn Interesse und Leidenschaft es zuließen, denn so wie der eifrigsten Freihändler nur noch wenige sind, die nicht anerkennen, daß ein mäßiger Schutz zur Entwickelung und Erhaltung der Industrie so lange nöthig sei, bis es ihr faktisch möglich geworden, denselben zu entbehren, so ist auch die Zahl der Schutzzöllner nicht groß, welche nur in einem Prohibitivsystem das Richtige erkennen.

In unserem Thale und der Umgegend sind die meisten Industriezweige vertreten, der Absatz nach dem Ausland ist bedeutend und der Beweis leicht, daß die Preise nicht höher wie anderwärts sind, den Konsumenten also nicht belasten; wir halten uns deßhalb vollständig berechtigt, eine begründete Meinung abzugeben.

Wenn wir nun anerkennen, daß der Freihandel das wünschenswerthe Ziel für alle Nationen sein soll, so müssen sie doch zuvor in der Lage sein, in guter Rüstung den Kampf aufzunehmen und was sie selbst gewähren auch ebenso anderwärts wiederfinden.

Prohibitorische Zölle sind allerdings im Stande eine Industrie in solchen Gegenden eines Landes in's Leben zu rufen, wo sie ohne Schutz nie würde bestehen können; alsdann aber wird sie der besser situirten inländischen Konkurrenz nie auf die Dauer widerstehen können. Jedenfalls mag irgend ein Industriezweig von der Zollgesetzgebung unberücksichtigt bleiben, der nicht nach den Landesverhältnissen die Lebensfähigkeit in sich trägt und dessen Vorhandensein nicht zur wirklichen Wohlfahrt des Ganzen beiträgt. Es zerfallen nun die industriellen Etablissements in zwei Kategorien rücksichtlich des Schutzes, den sie bedürfen, nämlich in die, welche klein betrieben werden können oder doch ohne große Kapitalauslagen für Gebäude, Maschinen 2c., und in solche, wo dies in bedeutendem Maße erforderlich, ein klein anfangender Betrieb gar nicht möglich ist und eine größere Sicherheit des Bestehens vorhanden sein muß, um Kapitalisten zu der Anlage zu veranlassen. Es kommt nun einzig darauf an, ob man solche Etablissements für wünschenswerth und nothwendig erachte oder nicht, denn nichts ist gewisser, als daß sie ohne Schutz nicht in's Leben treten, oder nur in ganz ungenügender Anzahl. Wir werden z. B. nie gehörige Leinenspinnereien erhalten, wenn das Garn wie jetzt mit ungenügendem Zollschutze von England kommt, und es ist doch alles vorhanden, um es für die Folge so billig wie irgendwo zu erzeugen, wenn man das Kapital hinleitet, indem man durch Schutz Gelegenheit gibt, die verlorenen Kosten (faux-frais) zu amortisiren. Dagegen werden wir in wenigen Jahren durch den bestehenden Eisenzoll eine solche Produktion dieses Metalls herbeiführen, daß sie den Bedarf deckt und der Preis durch eigne Konkurrenz und wohlfeilere Erzeugung immer mehr sinkt, bis er mit dem Ausland konkurrirt.

Wenn Kapital, Erfahrung, amortisirte Anlagen, geschickte Arbeiter hinreichend vorhanden sind, dann ist es thunlich, den Schutz zu verringern und der Industrie durch Vergrößerung der Konkurrenz einen neuen Sporn zu geben. So hat es England gemacht und thut es noch; es gibt den Schutz auf, wo er zwecklos geworden, und behält ihn völlig bei, wo es desselben bedarf. Wir sehen sogar die bis jetzt ganz prohibirenden Staaten wie Rußland, Spanien und Oesterreich, deren zu weit gehendes System wir nie billigten, jetzt zu dem Entschluß kommen, die fremde Konkurrenz zuzulassen, und liegt auch darin der Beweis, daß man den Umständen gemäß Modifikationen eintreten lassen kann wie sie als zweckmäßig sich erweisen.

Wäre im Jahr 1818 die Zollgesetzgebung aus einem Guß nach festen Prinzipien gewesen, so befänden wir uns jetzt nicht in der falschen Lage, eine Industrie zu besitzen, die nicht überall den richtigen Zusammenhang hat, die man durch Gewichtzölle dahin führte, mehr die gewöhnlicheren Qualitäten als die feineren zu fabriziren, und weil man unentbehrliche Zweige der Fabrikation zu wenig schützte, dieselben nun auch gar nicht oder nur ungenügend zu haben. Gerade im Gebiete unserer Kammer, ist lange Jahre der heftigste Kampf gewesen, welche Maßregeln man bevorworten solle, um endlich aus dieser falschen Lage zu kommen, und wenn man sich zuletzt zu ähnlichen vereinigte, wie sie von einem Hohen Ministerio in Kassel vorgelegt wurden, so konnte dies nur durch große Selbstverleugnung der Einzelnen geschehn, deren Interessen wesentlich benachtheiligt werden, die aber einem vorübergehenden Opfer zum Wohle des Ganzen, sich nicht entziehen mochten.

In dem Jahresbericht von 1847 ist es mit Zahlen unwiderlegbar bewiesen, daß die stark beschützten Artikel jetzt so billig fabrizirt werden, daß sie einen wichtigen Theil der Ausfuhren bilden und von einem Opfer der einheimischen Konsumenten gar nicht mehr die Rede sein kann. Sollte daran gezweifelt werden, so wäre es leicht durch eine zu ernennende Kommission, an welcher auch Freihändler Theil nähmen, zu ermitteln. Ebenso augenscheinlich ist es, daß ungenügende Zölle uns die wünschenswerthesten Fabrikationszweige nicht haben zuführen können, und daß wir sie ohne ein anderes System nie erhalten werden. Ganz sicher dürfen wir annehmen, daß kein größerer Staat uns seine Märkte öffnen wird, bis er im Stande ist, fremder Konkurrenz zu begegnen. Unvermeidlich ist es, daß da wo in vielen Artikeln die Zölle so gering sind und wie bei uns auf wichtige Artikel noch nicht 5 % betragen, das Ausland einestheils seine sogenannten Soldes (übrig gebliebene Artikel) regelmäßig hinwirft und in Handels-Krisen sich seines Ueberflusses zu verlustgebenden Preisen dahin zu entledigen sucht. Thatsache ist es ferner, daß das vielgepriesene Freihandels-System in keinem größeren Staate existirt und daß auch England es nur in einzelnen ihm ungefährlichen Positionen angenommen und was die **Lebensmittel** betrifft, annehmen mußte, weil es seine gestiegene Bevölkerung nicht mehr zu ernähren vermochte und durch zu theure Preise der nöthigsten Bedürfnisse, seine Fabrikation gefährdet sah.

Ebenso ist es eine Thatsache, daß wir nur dann unserer zahlreichen arbeitenden Klasse bessere Löhne verschaffen können, wenn wir die Arbeit mehren und die schwierigern Artikel einführen. Will man sich ferner auf fremde intelligente Autorität stützen, so verweisen wir auf die Vereinigten Staaten von Nord-Amerika, wo man trotz der überwiegenden Interessen des Landbaues, nach Versuchen aller Art zu der herrschenden Ueberzeugung gelangt ist, die Industrie schützen zu müssen.

Von jeher, und leider in den wichtigsten Angelegenheiten, ist es aber Deutschlands Schicksal gewesen, sich für verschiedene Theorien zu begeistern, darüber herumzustreiten und während dessen das praktisch Mögliche und Nothwendige sich entgehen zu lassen. Große Staatsmänner haben bei der Gründung des Zollvereins einen anderen Weg eingeschlagen und unbeirrt von dem Widerspruch der Interessen und Meinungen, ein Werk gethan, welches nach Jahrhunderten des Irrthums und der Schmach die Lebensfähigkeit hatte, Deutschland zu vereinigen, und dies auch vollbringen wird und muß, wenn man den Weg nicht verläßt, auf dem schon so Großes erreicht worden ist. Die Geschichte wird einst darüber richten, wie die Aufgabe gelöst worden, und der Augenblick ist entscheidend. Wenn man aber den leidenschaftlichen Kampf der Partheien sieht, die maßlose Verblendung Vieler die befähigt sein sollten heller zu sehen, so kann man sich der Sorge nicht erwehren, auch das einzubüßen, was Allen ein Kleinod sein sollte; mit der Zersplitterung des Zollvereins wäre unsere beste Garantie für die größere Wohlfahrt und Einigkeit des ganzen Vaterlands verloren. „Wen die Götter vernichten wollen, den verblenden sie, sagten schon die Alten.

(...)

Kommentar 8

Eine von den englischen und amerikanischen Märkten ausgehende Weltwirtschaftskrise beendete 1857 eine günstige Konjunkturperiode, die 1852 begonnen hatte und vor allem zunächst der Bandindustrie zugute gekommen war. Unter der Baumwollverknappung, die durch den amerikanischen Sezessionskrieg seit 1861 bedingt war, litten zuerst das Garnveredelungsgewerbe und die Garnfabrikation; 1866 stockte durch den Deutschen Krieg Preußens gegen Österreich hauptsächlich der Absatz in die Zollvereinsländer. Der deutsche Sieg im deutsch-französischen Krieg 1870/71 führte, bedingt durch einen plötzlichen Kapitalzustrom in den deutschen Bundesstaaten, dessen Ursache in der Reparationssumme von 5 Milliarden Francs lag, die Frankreich innerhalb von drei Jahren zu zahlen hatte, zu einem „Gründungsfieber", das sich im Bereich der Handelskammer von Elberfeld und Barmen in der Gründung von 48 Fabriken und Unternehmungen innerhalb eines Jahres (November 1871 - November 1872) ausdrückte. Dieser Boom wurde, nachdem im Wuppertal bereits 1872 eine rückläufige Tendenz in der Band- und Besatzartikelindustrie spürbar geworden war, durch Kurseinbrüche an der Wiener und Berliner Börse 1873 gestoppt. Der „Gründerkrach" zog eine Wirtschaftskrise nach sich, die in Barmen bis 1881 spürbar blieb und fast alle Industriezweige des Wuppertals betraf. Die wirtschaftliche Gründerphase von 1871-1873 soll die Quelle 8 für das Wuppertal belegen.

Annonce in der Barmer Zeitung Nr. 20 vom 24.1.1871.

Quelle 8
Friedrich von Eynern. Ein bergisches Lebensbild,
zugleich ein Beitrag zur Geschichte der Stadt Barmen, dem Andenken seines Vaters gewidmet von Ernst von Eynern, Elberfeld 1901, S. 100f

Mit dem wiederhergestellten Frieden entwickelte sich in allen Arbeitsstätten des Thals eine fieberhafte Thätigkeit, welche durch die dem Verkehr zufließenden colossalen Kriegsentschädigungssummen und durch Kündigung von Staatsrentenpapieren immer weiter genährt wurde und zu den krankhaftesten Auswüchsen emporreifte. Banken und industrielle Gesellschaften und Unternehmungen schossen wie Pilze aus der Erde, die Grund- und Häuserwerthe stiegen in nie geahnter Weise; der Arbeitslohn des gewöhnlichen Tagelöhners verdoppelte sich und stieg bis auf 7 bis 9 Mark den Tag. Es war nichts Ungewöhnliches, kleine Bürgerkreise und Lohnarbeiter bei Champagner sitzen zu sehen. Die Genußsucht ergriff alle Stände und häufig genug auch die geschäftlich unerfahrenen Beamtenkreise, aus denen man in den Lesezimmern Viele eifrigst mit dem Studium des Courszettels beschäftigt fand. Auch vor den Geschäftslokalen kleiner Geldleute konnte man sie antreffen. Ueberall begann der Tanz um das goldene Kalb.

An die Inhaber der Firma trat die Versuchung, sich an solchen Unternehmungen und Gründungen zu betheiligen, fortgesetzt, aber vergebens heran, aber viele vom Spekulationsfieber ergriffene Männer verdanken aus jener Zeit den abwehrenden und häufig sehr bestimmt auftretenden Rathschlägen des Vaters die Erhaltung ihres Besitzes. Ich erinnere mich eines Pastors, dessen kleines Vermögen, das Erziehungsgeld für seine Kinder, von dem Vater im Geschäft verwaltet wurde. Der Pastor fragte eines Tages an, wann er sein Capital zurückerhalten könne. Der Vater antwortete „sofort". Als der Pastor zur Auszahlung erschien, mußte der Vater aus ihm herauszuholen, daß der Pastor beabsichtige — mit sicherster Aussicht auf mindestens Verdopplung seines Besitzes, wie ihm gesagt worden war — sein Geld in bestimmte Gründungspapiere anzulegen. Der Vater sagte ihm nun, er habe übersehen, daß das Geld auf Kündigung stände, das müsse doch eingehalten werden. „Und," sagte er ihm freundlich, „wenn Sie kündigen, so bekommen Sie es zu dem Kündigungstermine wahrscheinlich auch noch nicht; Sie müßten mich denn einklagen." Der Pastor gab sich zufrieden und folgte dem Rath. Ich habe ihn nach Jahren in Berlin auf einem Hofball — er war inzwischen zu einem kirchlichen Würdenträger avancirt — wiedergesehen und gab er seiner Dankbarkeit und Verehrung für den Vater den lebhaftesten Ausdruck.

Die Herrlichkeit der Gründungen nahm sehr bald ein Ende und ein Rückschlag ohne Gleichen erfolgte. Spätherbst 1873 fielen z. B. die Actien des Barmer Bankvereins, trotz der Solidität seiner Führung, in wenigen Wochen von 140% auf 82% und die eben durch ganz Deutschland geschaffenen Industriewerthe wurden fast ganz entwerthet.

3. Unternehmer und Unternehmungen

Kommentar 9

Johann Wilhelm Fischer (1779-1845), dessen 1817 niedergeschriebene Lebenserinnerungen in der nebenstehenden Quelle auszugsweise wiedergegeben werden, heiratete 1808 in erster Ehe Caroline von Eynern (gest. 1811), in zweiter Johanna Carolina Keuchen (1785-1858), Tochter des Kaufmanns Johann Peter Keuchen, dessen Familie ebenso wie die Familie von Eynern zur Barmer Honoratiorenschaft zählte.

In den Hungerjahren 1816/17 gehörte J.W. Fischer neben Caspar Engels sen., Abraham Siebel Sohn, Peter Wichelhausen und dem Sekretär Schmitz zur ehrenamtlichen Direktion des Barmer „Verein[s] gegen Kornmangel", als dessen Geschäftsführer er seine eigene Firma als Sicherheit für die Zahlung der angeforderten Getreidelieferungen zur Verfügung stellte. In seinen Erinnerungen hat Fischer seine Tätigkeit wie folgt beschrieben: „Vom Monat September 1816 bis zum Ende des Jahres 1818 habe ich alle meine Zeit ausschließlich dem Barmer Kornverein gewidmet mit dem größtmöglichen Patriotismus, brüderlich und christlich, nach Pflicht und Gewissen - mit Aufopferung meiner selbst - mit unsäglicher Mühe - Sorge und Anstrengung. Ohne ruhmredig zu seyn, kann ich es sagen, daß der Kornverein oder wenigstens die Verwaltung desselben blos in meiner Person bestanden hat unter dem Beifall und der Anleitung derjenigen würdigen Männer, welche so gütig waren, mich mit ihrem Rath zu unterstützen, und ich rechne es mir (ich rede bloß zu meiner Familie) mit Beruhigung und Wohlgefallen zum Verdienst an - wenn dasselbe auch nicht nach Würden bekannt seyn oder anerkannt werden sollte -, daß ich in der Zeit der Noth, vorzüglich im Frühjahr und Sommer 1817, für eine Population von 20000 Seelen allein gewacht und ihr Brod verschafft und Mangel und Hungersnoth verhütet habe" (J.W. Fischer, Geschichte des Kornvereins (1816/17) zu Barmen, hg. von Richard Poppelreuter, in: ZBGV 48(1915), S. 252-312, hier S. 256). An anderer Stelle heißt es: „Was war mein Lohn? Antwort: Einige höfliche Briefe der königlichen Regierungen; die stille Anerkennung der Besseren der Bürgerschaft, vor allem aber ein reines ruhiges Gewissen und die herrliche Überzeugung, Barmen in der Zeit der Noth vor Mangel und Hunger geschützt zu haben. Die süßen Gefühle der Selbstzufriedenheit beglücken mich; mehr bedarfs nicht. In der Einfachheit meines Characters, der Bescheidenheit meiner Gemüthsart, mit der Verachtung alles dessen, was den Schein der Anmaßung trägt, verzichte ich gerne auf

Quelle 9
Johann Wilhelm Fischer, Nachrichten aus meinem Leben (1817),
hg. von Walther von Eynern, in: ZBGV 58 (1929), S. 33-182   Auszüge

Wenn man von einem kleinen Orte, wie Burg, sagen kann, daß es Patrizier daselbst gäbe, so mag dieser Name auf die Fischer angewandt werden; man könnte sogar sagen, daß diese Familie immer und bis auf die jüngste Zeit daselbst mit einem Nimbus umstrahlt gewesen. Von meiner frühsten Jugend an, wo ich immer so viel Gutes und Preiswürdiges von den Vorfahren erzählen hörte, habe ich es stets für ein Glück gehalten, einer so ruhmwürdigen, tugendhaften Familie anzugehören. Der Gedanke an meinen Vater, Johannes Fischer[1], ist und bleibt mir heilig. Wäre er Militär gewesen, man hätte von ihm sagen können, er wäre der schönste Mann in der Armee, wie man das von dem Könige Friedrich Wilhelm II. zu sagen pflegte, mit dem er auch wirklich viel Ähnlichkeit hatte. So liebenswürdig seine Gestalt war, so rechtschaffen, bieder und fromm war sein Sinn. Munterkeit und Heiterkeit umstrahlten seine Stirne; Güte und Tugend waren sein Charakter; einem Patriarchen gleich galt seine Stimme, wenn er sprach; sein Urteil und Rat galten immer als Ausspruch in letzter Instanz. Er war der ganzen Gemeinde Burg ohne Eigennutz und von Herzen ein Vater, ein Ratgeber, ein Helfer und Tröster. In seinem Familienkreise war er ein zärtlicher Gatte und Vater, seinen Kindern ein Muster und Vorbild zu allem Guten. Seine Ordnungsliebe war eben so preiswürdig wie seine Tätigkeit unermüdend. Er pflegte des Morgens immer vor fünf Uhr aufzustehen. Man kann mit Recht von ihm sagen, daß er alle Tugenden und guten Eigenschaften eines Familienvaters besaß, ohne irgend ein Makel oder eine Leidenschaft. Obgleich seit einigen Jahren schon zu seinen Vätern versammelt, ist sein Andenken allen Bewohnern der Burg noch heilig und wird es ihnen auch immer bleiben, da das viele Gute, welches er in der schwierigsten Zeit des Franzosentums schuf, in seinen Spuren sich immer verfolgen wird. Keine der 23 Mairien, woraus das Arrondissement Elberfeld damals bestand, war in ihrer Verwaltung so in Ordnung wie die Mairie Burg, der mein Vater als Maire vorstand, welches ich von der oberen Behörde sehr oft öffentlich haben rühmen hören. Als „deutscher Mann" begrüßte er im November 1813 die zuerst einrückenden Russen zeitgemäß und würdevoll. In diesen merkwürdigen Epochen war auch ich — in Elberfeld — tätig in öffentlichen Angelegenheiten. Mein Vater, der sich früh verheiratet hatte, war nur 25 Jahre älter als ich und so erhielten unsere beiderseitigen Mitteilungen immer ein frisches und angenehmes Interesse.

Meine Mutter Maria Catharina Schmitz[2], von Dhünn gebürtig, war eine kluge Frau. Sie wirkte in ihren Lebenstagen mit unermüdeter Sorgfalt und mit sichtbarem Segen für das Wohl der Ihrigen. Sie liebte alle ihre Kinder mit so großem Wohlwollen und so ausdrucksvoller Zärtlichkeit, daß wahrscheinlich jedes Kind für sich den Glauben gehabt

das Vergnügen öffentlicher Anerkennung" (ebenda S.306).

Im Frühjahr 1822 übernahm Johann Wilhelm Fischer gemeinsam mit seinem Bruder Johann Arnold das Barmer Bankhaus „Nagel & Co.", zu dessen Besitzer sie in verwandtschaftlichem Verhältnis gestanden hatten, und führten es unter dem Namen „Gebrüder Fischer" weiter. J.W.Fischer, der von 1831-37 Mitglied der Handelskammer war, leitete das Bankhaus nach dem Tod des Bruders 1834 als alleiniger Inhaber bis 1845.

hat, es sei von der Mutter vor andern am mehrsten geliebt worden. Von ihr läßt sich sagen, was Salomon spricht im 31. Kapitel: „Sie tut ihren Mund auf mit Weisheit und auf ihrer Zunge ist holdselige Lehre. Sie schauet, wie es in ihrem Hause zugehet und ißt ihr Brot nicht mit Faulheit. Ihre Söhne kommen auf und preisen sie selig; ihr Mann lobet sie." (Vers 25—28.)

Habet Dank, geliebte Eltern, für die Liebe, mit der ich bin gepfleget worden und welche in allen Verhältnissen mich umgeben hat, für die Erziehung, die durch Ihr unsägliches Wohlwollen mir zuteil ward, für das Beispiel religiöser und musterhafter Eltern, deren Bild mir immer mit Heiligkeit vor Augen strahlet! Vorausgegangen ins Land des ewigen Friedens, haben Sie meinen Glauben an ein Wiedersehen gestählt, in dessen Hoffnung ich es auch einstens werde offenbaren können, daß mein kindlicher Dank für so viel Liebe und Treue unvergänglich ist.

Als ich am 27. Februar 1779 an der Burg geboren wurde, lebte noch mein Großvater Johannes Fischer, der damals 72 Jahre alt war, aber noch keinen Enkel in der Familie hatte, durch welchen der Name hätte fortgepflanzt werden können, denn von elf Kindern, wovon mein Vater das zehnte war, war ihm die auf solche Erwartung gegründete Hoffnung bis daran noch nicht erfüllt worden. Seine Freude war bei meiner Geburt groß und sie vermehrte auch diejenige meiner Eltern.

Wenn Kinder ihre früheste Jugend mehrenteils in freier Luft zubringen, so ist dies ihrer Gesundheit ohne Zweifel am Zuträglichsten. Sobald ich gehen konnte war das Freie meine größte Lust; von schlechtem Wetter hatte ich keinen Begriff, wie ich mir noch wohl vorstellen kann. Trocken oder naß schien mir gleich, durch Wasser und Kot gehen eine Freude. Die Aufsicht und Sorgfalt der lieben Mutter hütete mich. Obgleich die Erziehung der Kinder in den Städten nach Maßgabe der Umstände verschieden sein muß von derjenigen auf dem Lande, so mag die erstere auf Kosten der letzteren doch nicht gepriesen werden, nämlich für die ersten Kinderjahre nicht. Da ich früh zur Schule geschickt wurde, so lernte ich auch früh alle Knabenstreiche und war in deren Ausübung nicht der Letzte. Die Knaben sind sich in solchen Jahren überall gleich; ihre Spiele richten sich nach den Jahreszeiten und kehren immer wieder zurück und erneuern sich in Unschuld bis zur Entwicklung des Verstandes. Bei mir trat diese Epoche ein, als mein Bruder Peter starb, der zwei Jahre jünger war als ich, den ich sehr liebte und mit dem ich immer zu spielen pflegte. Ich sah, wie er verschied, konnte den Verlust nicht verschmerzen und er dauert mich noch. Der Tod dieses Bruders war von erstaunlicher Wirkung auf mein Gemüt und auf meine Lebensweise. Ich hatte in steter Erinnerung daran keinen Sinn mehr für die früheren Spielereien. Aller Umgang mit den Schulknaben hörte plötzlich auf und war mir unerträglich. Ich wurde stiller, gesitteter, verständiger, kurz, ich war gleichsam ein anderer Mensch geworden und die Umwandlung meines Gemüts und meines Betragens war so auffallend, daß ein jeder, der mich kannte, davon sprach und daß sie mir selbst heute noch lebhaft erinnerlich ist.

Um dieselbe Zeit kam öfter die Rede auf meine künftige Bestimmung. Der Herr Pastor Gerhardi zu Burg brachte es mehrmalen in Vorschlag, mich Theologie studieren zu lassen. Mein Vater war es zufrieden und ich hatte auch keine Abneigung; meine Mutter aber war dagegen, aus Gründen, welche ich noch dankbar anerkenne.

Ich kam daher im Jahre 1792 in die Pensionsanstalt des Herrn Tops in Mülheim am Rheine und erwarb mir dessen ganze Zufriedenheit durch Fleiß, Aufmerksamkeit und durch eine gute Aufführung. Herr Tops hatte nie einen Schüler gehabt, der es im Rechnen so weit gebracht hatte. In seinem Hause bin ich immer mit ausgezeichneter Liebe behandelt worden. In Mülheim wurde ich bei dem Herrn Pastor Burgmann konfirmiert, welch feierlicher Akt meinem Gedächtnis zeitlebens eingeprägt bleiben wird. Mülheim war damals durch drei Knaben- und zwei Mädchenpensionsanstalten lebhaft und angenehm. In einer der letzteren bei Mademoiselle Ising befand sich zu derselben Zeit meine älteste Schwester Johanna (Ernenputsch)[4].

Von Mülheim kam ich 1793 in das väterliche Haus zur Burg, blieb daselbst 18 Monate und erhielt sodann eine Kondition in dem Handlungshause Anhalt und Wagener in Berlin, wohin ich den 15. Oktober 1795 abreiste, und zwar in Begleitung des Fuhrmanns Braß zu Fuß bis Braunschweig und sodann per Postwagen. Die Handlung von Anhalt und Wagener bestand in Wechselgeschäften, Spedition, Eisen- und Rußwaren (?), Kommission usw. und beschäftigte sechs Personen auf dem Kontor. Sie hat durch Vorsicht und kluge Direktion seit einer Reihe von 40 Jahren zu einer der solidesten in Berlin sich emporgeschwungen.

Meine Lebensart in Berlin während der ersten drei Jahre, war sehr einförmig und eingeschränkt. Es war Sitte, daß die Lehrlinge, welche im Hause des Herrn Wagener wohnten, des Abends gar nicht und des Sonntags abwechselnd und nur nach eingeholter Erlaubnis ausgehen durften. Die Wohnstube war einem Gefängnisse nicht unähnlich; sie bestand in einem langen, dunklen Gewölbe mit einem Gitterfenster, in welches kein Sonnenstrahl je hineinkommen konnte und die Aussicht beschränkte sich auf einen Hofraum von zwanzig Schritten im Quadrat, welcher mit Gebäuden und einer zwanzig Fuß hohen Mauer umgeben war. Um aufs Kontor zu kommen ging man aus der Brüderstraße durchs Haus, dann über den verbauten Hof, dann unter einem Gewölbe her, dessen Hälfte unsere Stube ausmachte und gelangte dann endlich zur doppelten Kontortür. In besagter Stube wohnten drei Personen, nämlich Vetter Samuel Neuhaus, den ich mit Liebe und Achtung nenne und ein Kommis namens Köhr und ich. Kaffee des Morgens wurde aus eigenen Mitteln bezahlt; der Tisch war frei. Die Mittagstafel war immer sehr gut; an den drei hohen Festtagen gab es ein einziges Spitzgläschen voll weißen Wein, sonsten nie, auch weder Bier noch Wasser. Bei festlichen Gelegenheiten wurden wir indes immer mit zur Tafel gezogen. Abends speisten wir in der Stube, mehrenteils kalt, Wurst, Käse und Butterbrot und man kaufte sich dazu eine Bouteille Cottbuser, Mannheimer oder Weißbier. Die Lehrlinge wurden von den Prinzipalen mit „Er" angeredet, ein Ton, der mir immer vorkam, wie der Klang eines zerbrochenen Kessels; die Kommis nach der Berliner Sprache „Diener" genannt, erhielten das Prädikat „monsieur". Dies war aber nicht Mangel an Bildung der Prinzipale, sondern nur Macht einer vieljährigen Gewohnheit und ein allgemeiner Gebrauch, der auch bei ihnen war angewandt worden. Doch entschlüpfte einmal bei Gelegenheit, daß der Hausknecht den Kommis „Herr" nannte, dem Herrn Wagener, der das hörte, der Ausdruck: „Hier im Hause ist niemand Herr als ich!" Ich habe obige Umstände angeführt, weil seitdem die Sitten sich sehr geändert haben. Beiden Prinzipalen muß ich übrigens in Ansehung ihrer Geschicklichkeit und Einsicht vollkommene Gerechtigkeit widerfahren lassen. Herr Anhalt war ein kluger, sehr geschätzter und liebenswürdiger Mann, unverheiratet und Herr Wagener vereinigte in sich jede Tugend und Glückseligkeit eines guten Hausvaters und Familienvaters. Beide waren rein deutsche Männer von edlem Charakter; ihr Haus war bei Hofe, bei den Ministerien und in der ganzen Stadt rühmlichst bekannt und beliebt. Alles, was auf die Politik usw. Bezug hatte, wurde ihnen durch ihren Einfluß und viele Bekanntschaft zuerst mit bekannt. Nach dem, was ich oben von der eingeschränkten Lebensweise gesagt habe, möchte man schließen, als wenn ich damit wenig zufrieden gewesen wäre, aber nein, gerade das Gegenteil! Ich wüßte mich nicht zu besinnen, daß mir je die Zeit lang geworden wäre oder daß ich mich je über etwas beklagt oder zu klagen gerechte Ursache gehabt hätte. Es war die Zeit meines Studiums, die ich gut benutzt habe. Täglich hatte ich mehrere Privatstunden, lernte französisch, italienisch und englisch und las viel — vorzüglich Geschichte — am liebsten Rollin. Alles dieses ist mir in meiner späteren Karriere so herrlich zustatten gekommen. Die Vorlesungen von Hermstädt, Kiesewetter und Rambach hörte ich in den Jahren 1799 bis 1800. O, wie freue ich mich noch jetzt, jene Zeit so gut angewandt zu haben! Ohne Zweifel wurde meine Eingezogenheit und mein Fleiß und Aufführung bemerkt und gerühmt, aber es konnte auch nicht fehlen, daß man mit meinen Verrichtungen auf dem Kontor ebenfalls zufrieden war, denn ich arbeitete mit wahrem Interesse für das Haus, mit steter Ordnung, mit anhaltendem Fleiß, wie ich es noch bis auf den heutigen Tag in meinen eigenen Geschäften nicht emsiger tun kann. Meine Arbeit ging nicht maschinenmäßig; ich füllte zwei Posten aus. Die sichtbare Zufriedenheit aller munterte mich auf, machte mich glücklich. Ich konnte es wohl als einen Beweis des Wohlwollens beider Prinzipale ansehen, daß sie mir aus freien Stücken von sechs kontraktmäßig festgestellten Lehrjahren drei Jahre schenkten und mir vom vierten Jahre an ein Gehalt von 150 Talern Pr. C. zulegten, wodurch ich auch die Freiheit und Vorteile erlangte, welche die älteren Handlungsdiener im Hause hatten.

Jeden Sonntag Mittag ein Gläschen Wein gehörte mit dazu. Ich fing jetzt an Berlin kennen zu lernen. War ich bis daran fast bloß in die Kirche gegangen, so konnte ich nun auch ins Theater gehen, Iffland und die Unzelmann sehen. Wo man die schönsten Jugendjahre verbringt, da ist das zweite Vaterland, so Berlin mir. Gern wäre ich damals zeitlebens dageblieben. Außer dem vielen Erfreulichen, welches aus dem Horizonte von Berlin meinem Gedächtnisse gegenwärtig geblieben ist, ist mir auch die Erinnerung angenehm, daß ich immer sehr gesund war. Weder ein Arzt noch eine Apotheke in Berlin haben je von mir einen Deut gelöset.
(...)

Meine Eltern hatten mir oft schriftlich den Wunsch ausgedrückt, daß ich nach so langer Abwesenheit einmal zum Besuch nach Hause kommen möchte. Sie hatten insbesondere die liebevolle Absicht mich wieder in ihre Nähe zu ziehen und versahen sich dieserhalb der Freundschaft des Herrn L. A. Brüninghausen in Elberfeld. Ich reisete nach Frankfurt an der Oder, um mit den daselbst auf der Messe befindlichen Freunden Rücksprache zu nehmen. Die Herren Anhalt und Wagener kamen meiner Bitte willfährig entgegen und genehmigten eine zweimonatliche Reise zu meinen Eltern. Nachdem ich alle Geschäfte, die mir oblagen, in Ordnung gebracht und möglichst vorgearbeitet hatte, reisete ich von Berlin ab. In Elberfeld angekommen, verfehlte ich nicht, dem Herrn Brüninghausen daselbst meine Aufwartung zu machen, welcher mich mit der ihm eigenen Freundlichkeit empfing und mir sagte, daß bei Herrn J. P. Schlickum eine Stelle erledigt sei usw. Ich ging alsbald zu Herrn Schlickum, welchem ich mit achtungsvollem Vertrauen meinen Antrag machte. Es war mittlererweile Mittag geworden und ich blieb auf Einladung da und hatte das Vergnügen, die werte Madame Schlickum nebst Familie kennenzulernen. Es war einer derjenigen merkwürdigen Tage, in welchen die Zukunft angeordnet wird. Mit wenigen Worten war ich mit Herrn Schlickum über das Engagement einverstanden, doch mit Vorbehalt der Genehmigung der Herren Anhalt und Wagener. Jetzt eilte ich von Elberfeld nach der Burg, der ich mich freudevoll näherte. Als ich sie von Westhausen aus vor mir liegen sah, wie verdoppelten sich da meine eilenden Schritte! Wie schnell ging's hinunter zum väterlichen Hause! Ich stürzte mich in die Arme meiner mich erwartenden geliebten Eltern und Geschwister. Heilige Gefühle des frohen Wiedersehens! Ihr durchströmt heute von neuem mein Herz und lasset es mich wieder empfinden, zu welchen beseligenden Freuden ihr empfänglich macht!

Nach einer Abwesenheit von etwa sechs Jahren sah ich alle diejenigen wieder, welche ich verlassen hatte. Die Familie hatte während dieses Zeitraums von ihren vielen Gliedern auch kein einziges verloren; sie war vermehrt worden durch die glückliche Heirat meiner ältesten Schwester Ernenputsch. Meine Eltern waren in ihren besten Jahren; meine jüngeren Geschwister kannten mich nicht, ich sie nicht mehr. Alle Gegenstände erschienen mir in erneuerter Gestalt; alles hatte in der Erinnerung an meine Kindheit für mich neue Reize. So liebevoll der Empfang im elterlichen Hause war, so herzlich war er bei allen Verwandten und Freunden. Hatte ich eine Betrübnis, so war es die, den Flor der Handlung an der Burg abnehmend zu finden. Das Interesse, welches ich immer an dem Gesamtwohl genommen, hatte mich nicht verlassen. Meine Eltern waren höchst erfreut darüber, daß durch das Engagement bei Herrn Schlickum ihre Wünsche schon waren erfüllt worden. Ich war von Berlin fortgereiset mit Bewilligung zum Besuch, nicht zum Ausbleiben. Auf meine Anzeige und Anfrage erhielt ich von M. Anhalt und Wagener Beweise ihrer freundschaftlichen, teilnehmenden Gesinnungen, indem sie mich zugleich ersuchten, wenigstens noch ein halbes Jahr zu ihnen zurückzukommen, damit sie in dieser Zeit an meine Stelle ein anderes Subjekt engagieren und anlehren könnten. Nach Mitteilung dieser Proposition gab Herr Schlickum dazu seine Zustimmung und meine Eltern fanden selbige auch mit mir ganz in der Billigkeit. Nachdem ich sämtlichen Verwandten in und außerhalb der Burg meinen Besuch abgestattet hatte, wobei ich mich insbesondere dankbar der Liebe erinnere, mit welcher ich in dem neuen Familienkreise in Dhünn bei Herrn Bruder und Schwester Ernenputsch empfangen wurde, so eilte ich in der angenehmen Hoffnung, bald wieder zurückkommen zu können, nach Berlin, woselbst mir die beste Aufnahme zuteil wurde. Ich blieb nun noch etwa ein halbes Jahr in dem Hause der Herren Anhalt und Wagener, das mir ein zweites Vaterhaus geworden war und schied alsdann von ihm unter den Regungen der Wehmut und der Dankbarkeit, begleitet von vielen herzlichen Segenswünschen. Ich sollte sie nicht wiedersehen, die edlen Männer, welche ich hochachtete und zärtlich liebte. Herr Anhalt starb vor etwa drei Jahren in einem Alter von 75 Jahren und Herr Wagener folgte ihm einige Jahre später ungefähr im gleichen Alter. Letzterer hinterließ zwei Söhne und eine Tochter, wovon der älteste Sohn die Handlung unter der alten Firma fortsetzte.

Im Monat Februar 1802 trat ich die Stelle bei Herrn Schlickum an, unter guten Auspizien und angenehmen Hoffnungen, mit dem Vorsatze, mich derselben mit Fleiß, Treue und Ergebenheit ganz zu widmen. Der Horizont bot da folgenden Prospektus dar. Herr Schlickum genoß die allallgemeine Hochachtung und verdiente sie; durch die Einführung der türkisch-roten Waren-Fabrikation hatte er sich Ruhm erworben, die Erfolge seiner energischen Unternehmungen gereichten ihm zur Ehre. Letztere hatten ihn in einen merkwürdigen Prozeß mit der Kommune Barmen verwickelt, den er vor mehreren Jahren sehr glücklich beendigt hatte. Er widmete seine Talente der Fabrikation und der Rotfärberei, die damals in Elberfeld noch neu war und erwarb sich dadurch das größte Verdienst um das allgemeine Wohl. Mit der ihm eigenen Umsicht hatte er ein Haus in München-Gladbach gegründet. Unternehmend im Bauen, in den besten, vierziger Jahren, hatte er das Fabrik- und das Färbereigebäude ausführen lassen. Die Geschäfte gingen mit dem Gladbacher Hause Hand in Hand; ein Reisender bereisete das sogenannte Reich, Bayern usw. und ein Provisionsreisender besorgte die Geschäfte in Turin und Mailand und Piacenza. Weiter war man damals noch nicht gekommen. Nach Maßgabe der neuen Anlagen waren die Geschäfte nicht im Verhältnisse. Turin war 1801 für die Handlung unglücklich gewesen; 15 000 Taler wurden dafür abgeschrieben. Ein halbes Jahr war ich auf dem Kontor allein. Zwei Kommis vom Monsieur Schlickum hatten sich eben in gleichen Geschäften für sich selbst etabliert. Meine erste Reise ging nach Mariakirch im Elsaß, um womöglich eine Forderung von 15 000 Talern sicherzustellen. Als ich dahin kam, hatte der Schuldner sich eben fallit erklärt und ich konnte zu meinem größten Bedauern auch nicht das Geringste ausrichten. Es ist auch nie etwas dafür eingegangen. Herr Schlickum stand bei diesen Umfällen fest wie der Fels im Meere, den das Anschlagen der Wogen nicht zu erschüttern vermag und seine Gemütsruhe blieb sich gleich wie das spiegelnde Wasser. Indes fing die Gladbacher Handlung an, sich emporzuschwingen und zu ernten, eine Folge ihrer günstigen Lage in Frankreich, das seine Grenzen und Douanengesetze bis an den Rhein ausgedehnt hatte. Für diese Handlung, die unter der Leitung der beiden Associés, der Herren Boelling und Rappard stand, machte ich im Oktober und November 1802 eine Geschäftsreise zu Pferde nach Brabant, über Aachen, Lüttich, Brüssel, Antwerpen, Gent usw. Später ging ich mit Herrn Rappard zur Straßburger Messe, welche noch bezogen wurde. Ich war zu jener Reise zwar instruiert worden, von der Fabrikation hatte ich aber wenig oder gar keine Kenntnisse. In Aachen entfaltete ich zum ersten Mal die Musterkarte und der erste, dem ich sie vorlegte, war ein alter mürrischer Praktikus, der mir anriet, wieder nach Hause zu gehen, die Fabrik zu lernen und dann wieder zu kommen. Als ich auf der Retour dieser Reise abermals zu ihm kam, konnte ich ihm schon mehr Bescheid geben.

Herr Schlickum hatte beschlossen, mich nach Italien reisen zu lassen und ich bereitete mich zu dieser Reise vor. Wenn jeder Anfang schwer ist, so hatten mich jene früheren Touren schon ermutiget. Ich reisete ab im Monat Oktober 1803, besorgte die Geschäfte in Schwaben, eröffnete deren in Basel, Aarau, Zofingen, St. Gallen in türkisch rot und kam nach Lindau, wo ich das Pferd verkaufte, mit welchem ich von Elberfeld bis dahin die Reise gemacht hatte und sodann ging es mit dem sogenannten Lindauer Kurier nach Italien.

(...)

Herr Schlickum war mit dem Aufschwung der Geschäfte zufrieden. Derselbe bewilligte mir aus freien Stücken den vierten Anteil der ganzen Handlung und nahm mich zu seinem Associé auf, mittels Circulaire vom 1. Juni 1804, das also lautete:

„Herr Fischer, welcher meinen Geschäften seit einiger Zeit mit vorgestanden hat, wird von heute an Teilhaber meiner Handlung sein. Bemerken Sie gütigst seine Unterschrift und schenken uns gemeinschaftlich Ihr Wohlwollen. Unterzeichnet: J. P. Schlickum, Joh. Wilh. Fischer wird unterzeichnen J. P. Schlickum."

Meine zweite Reise nach Italien trat ich an im August 1804, nach einem Verweilen in Elberfeld von etwa drei Monaten, als die Kommissionen, welche ich eingesandt und mitgebracht hatte, anfingen beizugehen.

(...)

Meine dritte italienische Reise, unternommen im Sommer 1805, nachdem ich in Elberfeld wieder wie früher zwei bis drei Monate verbracht hatte, dauerte 2½ Jahre und war höchst wichtig und merkwürdig für mich, für mein Haus und für das ganze Bergische Land.

(...)

Ich hatte Bestellungen in hinreichender Menge gesammelt und da Herr Plaßmann die Geschäfte in Neapel zur Zufriedenheit des Hauses besorgte, so konnte ich daran denken, nach einer Abwesenheit von 2½ Jahren nach dem geliebten Vaterlande mal wieder zurückzukehren. Dies geschah im Herbst 1807 mit den freudigsten Gefühlen; man hieß mich überall freudig willkommen. An diese Zurückreise knüpft sich die Erinnerung an eine Begebenheit, die mir vor allem wichtig ist und die die Kette der Ereignisse meines Lebens mit einem neuen herrlichen Ringe vermehrte. Ein wichtiger Erfolg lag in einer anscheinend geringen Ursache. Ich hatte nämlich die Reise von Mailand mit einem Freunde de Groote aus Elberfeld unternommen und als wir über Meinertshagen und Schwelm durch Wupperfeld fuhren — die Chaussee über Siegen existierte noch nicht — entspann sich ein Gespräch, in welchem derselbe beiläufig bemerkte, daß da, nämlich in Wupperfeld, für einen jungen Mann eine liebenswürdige und gute Partie zu machen sei; er nannte den Namen Caroline von Eynern [20]. Das war eine Aussaat, die auf ein gut Land fiel, ein Funke, der zündete. Kaum ein paar Tage von der Reise zurückgekommen und bevor ich bei meinen lieben Eltern an der Burg Besuch gemacht hatte, machte ich mich auf, in der Absicht, die Familie von Eynern persönlich kennenzulernen, ritt nach der Pfalz, fragte den Herrn Klier daselbst nach der Wohnung, trat nachmittags ¼4 in die Stube rechter Hand, wo damals das Kontor war und traf da an den Herrn von Eynern Vater, die beiden Brüder Wilhelm und Friedrich und Caroline, die am Kaffeetische saß und strickte. Ich introduzierte mich mit der Anfrage um eine Bandmusterkarte nach Italien [21]. Stante pede unterhielten wir uns über Handelsgeschäfte und Herr Friedrich von Eynern erinnerte freundschaftlich daran, daß wir beide zu gleicher Zeit, wiewohl in verschiedenen Pensionsanstalten, in Mülheim gewesen waren. Ich war gleichsam noch in meinen Reisekleidern und meine beschmutzten Stiefeln und der mit Kot bespritzte Überrock, verursacht durch das wüste

Wetter und den schmutzigen alten Weg längst der Wupper, waren wenig geeignet gewesen, mich in der Eigenschaft zu erkennen, in welcher ich gekommen war. Caroline hatte an dem Gespräch keinen Anteil genommen und, mit Stricken beschäftigt, mich wenig bemerkt. Kein Blick begegnete sich; es war gleichwohl eine verhängnisvolle Stunde. War ich in früheren ähnlichen Gelegenheiten bei der zuvorkommendsten Aufnahme unempfindlich und kalt geblieben, so überließ ich mich hier vom ersten Augenblicke an einem festen Entschlusse und dem stärkenden, trostreichen Glauben, daß meine Absicht vom Himmel begünstigt sei. Nach reiflicher Überlegung schnell zu handeln war in den früheren Jahren immer meine Art und ich habe nie Ursache gehabt, es zu bereuen. So auch diesmal. Des andern Tages nach dem besagten einleitenden Besuche, in Wupperfeld offenbarte ich meine Absicht dem Herrn L. A. Brünninghausen in Elberfeld, dessen freundschaftlich wohlwollende Gesinnungen gegen mich sich schon bei mehreren Gelegenheiten betätigt hatten und dessen seltene Herzensgüte und sanften Charakter zu preisen ich hier für meine Pflicht halte. Herr Brünninghausen unternahm es mit sichtbarem Vergnügen an die Herren von Eynern zu schreiben, daß ich mit meinem Besuche keine Geschäfts- sondern eine Familienverbindung beabsichtigt hätte usw. Damals pflegte des Sonntags die Pfalz noch sehr besucht zu werden und die Herren von Eynern hatten die Güte, dem Herrn Brünninghausen in Antwort anzuzeigen, daß dieses eine schickliche Gelegenheit sein würde, sich zu sehen. An dem dazu bestimmten Sonntage ging ich nachmittags dahin. Wie könnte ich meine Gefühle beschreiben, als ich in den Saal eintrat und die ganze ehrenwerte Familie von Eynern daselbst antraf. Ich gesellte mich zu derselben; wir blieben bis 9 Uhr zusammen; durch gegenseitiges Wohlwollen, durch Liebe und Freundschaft war ich glücklich geworden und ich pries im Stillen die gütige Vorsehung, die mich mit einer so achtungswerten Familie in nähere Vereinigung setzen wollte, deren Grundzüge in Freundschaft und Eintracht, in Edelmut, Tugend und Rechtschaffenheit bestanden, welche auch stets in meinem elterlichen Hause einheimisch gewesen waren. Auch heute noch preise ich es, daß diese Liebe und Freundschaft zwischen uns immer fortbestanden hat und nie und zu keiner Zeit im mindesten getrübt worden ist. Nachdem die Gesellschaft bei der Pfalz voneinander geschieden war, begleitete ich Caroline zum elterlichen Hause [22]) und schied, nachdem wir uns noch ein Stündchen am Klavier unterhalten hatten, von ihr mit frohen himmlischen Gefühlen. Bald zerflossen unsere Herzen in Liebe und Zärtlichkeit. Mir war ein schönes Los gefallen.

Durch nachstehendes Cirkulaire wurde unsere Verlobung bekannt gemacht:

„Wir erfüllen hiermit die angenehme Pflicht, Ihnen unsere am 12. dieses mit beiderseitig elterlicher Bewilligung vollzogene eheliche Verlobung bekannt zu machen.

Versichert von der gütigen Teilnahme an dem, was uns glücklich macht, empfehlen wir uns zu fortdauernder Freundschaft und Gewogenheit.

Elberfeld und Wupperfeld den 15. Januar 1808

Johann Wilhelm Fischer,
Maria Christina Caroline von Eynern."

(...)

Als ich von der Pariser Reise nach Wupperfeld eilte, fand ich die geliebte Braut beschäftigt mit Arbeit für unsere neue Haushaltung, an welche von nun an ernstlich gedacht wurde. Die Hochzeit war am 11. Mai 1808 in dem Stammhause auf Wupperfeld und der Herr Pastor Bartels verrichtete die Kopulation. Meine Eltern von der Burg hatten uns bei diesem feierlichen Akt mit ihrer Gegenwart auch beglückt, sowie Herr Bruder Ernenputsch. Vereinigt mit der geliebten Gattin und an ihrer Hand gelangte ich am 20. Mai nach dem rührendsten Abschiede vom väterlichen Hause zur neuen Wohnung in Pistors Haus, der einzigen, die in der Nähe der Aue in Elberfeld zu finden gewesen war, und indem wir da einzogen, zogen Heiterkeit und Zufriedenheit, Freude und Glück mit uns ein. „Wie die Sonne, wenn sie aufgegangen ist, in dem hohen Himmel des Herrn eine Zierde ist, also ist ein tugendsam Weib eine Zierde in ihrem Hause." Sirach. 26, 21.

Bald nachher mußte ich schon wieder nach Italien reisen, woselbst meine Gegenwart nötig war.

(...)

Fortschreitend in meiner Beschreibung komme ich zum Jahre 1811, das meine Gefühle erregt, denen ich freien Lauf lassen muß. Am 12. Juni 1811 wurde meine zweite Tochter Caroline geboren [33]). Sie wurde getauft am 20. Juni von dem Herrn Pastor Böddinghaus in Elberfeld und Taufzeugen waren 1. Mein Vater Johannes Fischer. 2. Mein Schwager Herr Pastor Ernenputsch, 3. meine Schwägerin Frau Friedrich von Eynern, née Beeckmann.

Viele Jahre sind schon verflossen, seit das warme, gefühlvolle Herz der innigst geliebten und zärtlichen Gattin zu schlagen aufgehört hat und schon ist der Grabhügel geebnet von der Zeit, aber die Klage der Liebe und Freundschaft verhallte noch nicht und mit wehmütigem, trauerndem Blicke sehe ich nach der Stätte, wo sie ruht und rufe mir ihr Dasein und ihr Hinscheiden in die Erinnerung zurück. Je mehr ich durch das erstere beglückt worden war, desto schmerzvoller mußte mir das letztere sein. Das Bild ihres Lebens und den Ausdruck meiner schmerzvollen Gefühle verwahre ich in folgender Elegie:

Wie, Geliebte, Tugend Dich verschönte,
Tugend reizend klang aus Deinem Mund!
Träne, Schwermut, Klag und Lied, Ersehnte,
Tun nicht würdig Deinen Adel kund.
Über Deinem Grabe laß mich weinen!
Aber lange weinen darf ich nicht.
Mög' uns bald die Gottheit da vereinen,
Wo nur Liebe waltet, Heil und Licht!

Ach, die Lust der Liebenden und Gatten
Wird auf Blitzesflügeln oft entführt!
Unser Leben ist ein eitler Schatten,
Der sich in die Ewigkeit verliert.
Wir genossen Liebe, Glück und Frieden;
Golden lächelt' uns die Zukunft an
Und der Tod, der Tod hat uns geschieden,
Die er morgen neu vermählen kann.

Überall umschwebt in süßem Grame
Mich Dein Bild im Trost der Einsamkeit
Und mir Leidendem entschlüpft Dein Name
In der Seufzer traurigem Geleit.
Komm, der ich allein noch angehöre,
Mitternacht mit Deiner Schatten Chor!
Oh, daß sein Gedächtnis auch verlöre
Wer sein höchstes Erdengut verlor!

Es war am 17. Juni 1811, abends ½7 Uhr, als sie, die geliebte Gattin, Maria Christina Carolina von Eynern, dem Herrn entschlief. Weinend kniete ich vor ihrem Bette. Ihr letzter Blick ruhte auf mir; ihr letztes Wort war: „Wilhelm".

Zwei Ärzte konnten das teure Leben nicht erhalten. Nach fünf Leidenstagen — durch Entzündung im Unterleibe entstanden — erblaßten ihre rosigen Wangen, schlossen sich ihre schönen Augen, ihr freundlich bereder Mund. Aber selbst im Tode behielt sie ihre zarten und sanften Züge in Engels Gestalt.

In Frieden wurde sie begraben (Sirach 44, 13³⁴) am 20. Juni abends auf dem lutherischen Kirchhofe in Elberfeld (Grab Numero 30) und nach der Beerdigung wurde das neugeborene Kind in dem Sterbehause in Gegenwart aller Leidtragenden durch den Herrn Pastor Böddinghaus getauft, welcher dabei eine sehr rührende und passende Gelegenheitsrede hielt.

Meine öffentliche Anzeige des traurigen Ereignisses in den Zeitungen lautete: „Gestern Abend gegen ½7 Uhr entschlummerte zu einem bessern Leben meine innigst geliebte Gattin, Karoline geb. von Eynern, an krampfhaften Zufällen, welche sich nach der am 12. dieses Monats erfolgten Entbindung von einem Mädchen einfanden. Die Selige starb im dreißigsten Lebensjahre und im vierten Jahre unserer höchst vergnügten Ehe. Mein Herz überströmt von Wehmut, indem ich dieses traurige Ereignis meinen auswärtigen Verwandten und Freunden bekannt mache. Alle, die die Vollendete und ihre Tugenden kannten, werden meinen großen Verlust in der Stille mit mir teilen und fühlen."

Elberfeld den 18. Juni 1811, Johann Wilhelm Fischer.

Was ich in dieser Zeit der Tränen gelitten habe kann nur empfunden, aber nicht beschrieben werden. Zerknickt war meines Lebens Blume und bis zur Verzweiflung trostlos, wurde es mir damals schwer, die Leitung einer ewigen Liebe anzuerkennen oder mit religiösem Mute die unerforschlichen Ratschläge des Ewigen zu preisen. Das Haus, wo steter Frohsinn, nie getrübte Einigkeit, gesellschaftliche, erheiternde Vergnügungen wohnten, die die Selige für alle, die daran teilnahmen, in hohem Grade zu würzen und mitzuteilen verstand, wo Zärtlichkeit und Liebe sich paarten und die Gefilde des Lebens in reizendem Schmucke erschienen, das Haus war zur Öde geworden und der Nachklang großer Teilnahme meiner Verwandten und Freunde ging an mir vorüber, ohne mich trösten zu können. Mit der Abgeschiedenen verbunden gewesen durch eine sichtbare Kette, durch die zwei geliebten Kinder Fanny und Caroline, fand ich in meiner Schwermut mich getröstet und gestärkt durch die wohltätigen und mächtigen Wirkungen der Zeit und durch Glaube und Hoffnung, die mir zuriefen:

„Bet' ihn in Demut an, der Dich durchs Dunkel führt!
Und wenn Dein Glaube auch den letzten Stab verliert,
Verzage nicht! Was dunkel hier auf Erden
Dir scheint, wird Licht und Klarheit werden."

(...)

Seit dem 1. Januar 1812 führte ich das Fabrikgeschäft unter meinem eigenen Namen. Es bestand in Anfertigung von Baumwollenzeugen, Battisttüchern und Foulards, sowie Nanquin des Indes. Das Färben der Nanquins mit Lohbrühe war erst kürzlich in Gebrauch gekommen und da dieser Artikel wegen der Kontinentalsperre nicht aus England eingeführt werden konnte, so fand derselbe Beifall und Absatz. Durch einen Provisionsreisenden machte ich die Geschäfte in Bayern, Württemberg usw. Außerdem hatte ich auch einige Versendungen nach Hamburg und Kopenhagen gemacht, um die Waren los zu werden, welche ich in der Teilung bei Herrn Schlickum erhalten hatte. Dies hatte eine Reise nach Kopenhagen zur Folge, die eine meiner merkwürdigsten geworden ist.
(...)

Die Kopenhagener Reise war nicht allein interessant für mich in ihren Begebenheiten, sie war für mein ganzes Leben höchst wichtig. Ich bezeichne sie mit Vergnügen als diejenige Epoche, welche mich den Reizen des Lebens zurückgab und auf mein immer noch trauerndes Gemüt ein neues erfreuendes Licht warf. Denn diese Reise veranlaßte es, daß ich auf die Familie Keuchen durch meine Reisegesellschafter aufmerksam wurde und deren Verhältnisse kennen lernte und daß ich mich um die Hand meiner jetzigen geliebten Gattin bewarb⁵⁴). Festen Entschlusses nahm ich wenig Tage nach meiner Zurückkunft Veranlassung nach dem Winkel zu gehen, wo ich den Herrn Johann Peter Keuchen bei diesem ersten Besuche nur allein sah. Ich machte dessen Bekanntschaft, indem ich mich mit ihm über Gegenstände des Handels unterhielt. Einige Tage nachher erlaubte ich mir, demselben schriftlich zu melden, daß mein Wunsch eine nähere Bekanntschaft sei, und daß ich mit seiner Erlaubnis so frei sein würde, meinen Besuch am Sonntag zum Kaffee zu erneuern. Das war am 1. November 1812 und Carolina befand sich mit ihrer Schwester auf der Bleiche, als ich vorbei ging. Von Herrn Keuchen wurde ich freundlich aufgenommen und bald nachher trat die in der Folge mir so lieb gewordene Schwiegermutter in das vordere Zimmer, liebreich zum Kaffee einladend, der im hinteren Zimmer serviert war, woselbst sich auch Carolina mit ihrer Schwester befand, welche ich mit derjenigen Freude und Schüchternheit begrüßte, welche dem Augenblick angemessen waren. Momente wie dieser, an welchen das Schicksal des Lebens hängt, bleiben unvergeßlich. Jetzo, wo ich diese Begebenheit, von ihrem Entstehen bis zu ihrer Entwicklung überschaue, preise ich die weisen Absichten und die Leitung einer gütigen Vorsehung, durch welche mir ein neues Leben und ein neuer Wirkungskreis zuteil wurde.

(...)

---

[1] Johannes Fischer (1754-1814), Wolldeckenfabrikant, Bürgermeister und Schöffe in Burg
[2] Tochter eines Kaufmanns aus Dhünn

Kommentar 10
Mit der Aufhebung der Kontinentalsperre Ende 1813 verschlechterte sich durch die Konkurrenz der englischen Anbieter die wirtschaftliche Situation der deutschen Unternehmungen erheblich.
Am 13.1.1821 veröffentlichte der Elberfelder Kaufmann Jacob Aders (1768-1825), der schon seit 1814 auf die außereuropäischen Gebiete als Absatzmärkte hingewiesen hatte, einen Zeitungsartikel über die Gründung einer „Rheinisch=Westindischen Kompagnie" als Exportgesellschaft auf Aktienbasis. Quelle 10, einem Prospekt aus demselben Jahr entnommen, enthält den Wortlaut des Artikels. Bereits am 8.3.1821 - zu diesem Zeitpunkt waren schon über 150 Aktien à 500 Berliner Taler gezeichnet - traten 44 Aktionäre zur konstituierenden Generalversammlung zusammen; 13 von ihnen kamen aus Elberfeld, 11 aus Barmen. Als provisorische Direktion wurden Jacob Aders, Abraham Troost, J.C.Jung, Valentin Heilmann und Peter Winckelmann gewählt.
Diese Direktion erarbeitete einen Statutenentwurf (SAW J II 88), der am 30.3.1821 von der Generalversammlung in einigen Punkten präzisiert wurde. Es erfolgte u.a. eine genauere Bestimmung von Rechten und Pflichten des Direktorialrates, die Einfügung einer Auflösungsklausel, die im Falle des Verlusts von einem Drittel des Gesellschaftskapitals in Kraft treten sollte, sowie die Ermöglichung einer Umwandlung der Inhaberaktien in eingeschriebene, nicht frei übertragbare Namensaktien. Des weiteren beschloß die Generalversammlung, den Begriff „Patriotismus" in § 15 durch „aus

Quelle 10
Rheinisch=Westindische Kompagnie gestiftet zu Elberfeld im Merz 1821, ihre Entstehung - Form - Zweck und Folgen,
Von einem Aktionair, o.O. 1821, Anhang A, Bl. 13-17
SAW J II 88   Auszüge[1]

Vorschlag
in Beziehung auf andere derselben Art.

Der Handel ist bei dem gegenwärtigen Zustand des gesellschaftlichen Lebens so in das Ganze verflochten, daß eine Stockung in demselben, und in den Fabriken Deutschlands auf alle Bewohner, vom Kapitalisten und Guts=Besitzer, bis zum unbemittelsten Tagelöhner nachtheilig wirken muß.

In der großen Kette des öffentlichen Lebens ist jetzt mehr als ehemals der Handel ein Glied, das nicht Schaden leiden darf, wenn sie zusammen halten soll. Ihn aus diesem Gesichtspunkte betrachtet, mußten die Vorschläge zweier deutschen Männer, der Herren P. Chr. Holzschue und C. E. Becher, zur Beförderung des deutschen Kunstfleißes und des Handels, vermittelst der Errichtung eigener deutscher Etablissements in der neuen Welt, welche durch die Elberfelder Provinzial=Zeitung Nr. 246, 247 und 256, v. J. in den westlichen Provinzen Preußens zur Oeffentlichkeit gebracht wurden, die Aufmerksamkeit mehrerer Freunde des Handels erregen.

Den Lesern jener Vorschläge bleibe es überlassen, über deren Werth oder Unwerth, und über die Verhandlungen für und wider dieselben zu richten. Daß aber Etwas der Art, wie dort angerathen wird, geschehen, daß den deutschen Fabriken wieder ein größerer Antheil an dem Welthandel verschafft werden müsse, wenn es mit Deutschlands Handel und Industrie besser werden soll, scheint so einleuchtend, daß zu hoffen ist, ein ernster, auf Versuche, Erfahrungen und Berechnungen sich gründender Vorschlag zur Aufhülfe, werde die nöthige Theilnahme unmöglich verfehlen.

(...)

Daß eine Stockung im Handel und in den Fabriken wirklich besteht, daß diese bis zu einer Höhe angewachsen ist, die bereits große Verluste herbeigeführt hat, und uns mit noch größeren bedroht, ist zu einleuchtend und allgemein bekannt, als daß es einer weitläuftigen Auseinandersetzung bedürfte.

Eifer und Liebe für die Sache" zu ersetzen und die ursprünglich speziell für nur eine Versuchsladung gezeichneten Aktien als Kapitalgrundstock für eine fortdauernde Gesellschaft anzusehen.

Mit der königlichen Genehmigung der Statuten am 7.11.1821, die in Verhandlungen mit der Regierung in Düsseldorf nochmals überarbeitet worden waren, trat rückwirkend zum 8.3.1821 die „Rheinisch=Westindische Kompagnie" als dritte Aktiengesellschaft in Preußen offiziell in Tätigkeit. Sie wurde vertreten durch die am 31.3.1821 als Direktoren bestätigten Aders, Troost, Jung, Heilmann und Winckelmann, ergänzt durch den Kaufmann Carl Christian Becher als Subdirektor sowie die den Direktorialrat bildenden Johann Caspar Engels, Gerhard von Carnap, Joh. Peter Kampermann, Friedrich von Scheibler, Heinrich Schmidt sen., Josua Hasenclever und August Sternenberg.

Zu den Inhabern der bis November 1821 auf 410 angestiegenen Zahl gezeichneter Aktien gehörten u.a. die Oberpräsidenten Graf von Solms und Freiherr von Vincke, der Oberpräsident von Pestel, der Geheime Regierungsrat Jacobi, die Frankfurter Bankiers Gebrüder Bethmann, das Bankhaus J.H.Stein in Köln und - mit sechs Aktien - auch das Handelsministerium. 1822 schließlich erwarben Friedrich Wilhelm III., Kronprinz Friedrich Wilhelm und der Fürst von Wittgenstein aus Privatmitteln zusammen 110 Aktien im Wert von 55000 Talern.

In enger Verbindung mit den Handelsbeziehungen der Kompagnie nach Übersee, die im November 1821 auf Mexiko ausgedehnt worden waren, stand die Gründung des „Deutsch-Amerikanischen Bergwerksvereins": Von Agenten der Kompagnie über in Mexiko gefundene Silbervorkommen informiert, bildete sich auf Anregung der Brüder F.A. und J.C. Jung und unter Beteiligung einer Vielzahl von Aktionären der „Rheinisch=Westindischen Kompagnie" am 31.3.1824 der Bergwerksverein als Aktiengesellschaft. Zu seinen Direktoren gehörten bis 1828 Joh. Heinrich Daniel Kamp, J.C. Jung, P.C. Peill, Wilh. Wittenstein und Kramer-Wuppermann; ab 1828 übernahmen diese Funktionen u.a. auch J.P. vom Rath, A. von Carnap und August von der Heydt. Als ständiger „Berater" wirkte C.C. Becher, auch Aktionär des Vereins, an der Unternehmung mit.

Infolge innenpolitischer Auseinandersetzungen in Südamerika, der beginnenden Wirtschaftskrise in Europa 1825 und sinkender Erträge beim Verkauf des importierten Kaffees verzeichnete die „Rheinisch=Westindische Kompagnie" ab 1826 einen stetigen Geschäftsrückgang. Das Sinken des Realkapitals der Gesellschaft auf nur noch 44% des Nominalwertes im Jahre 1832 führte am

Es ist aber gewiß nöthiger und zweckmäßiger, über die Ursachen dieser Stockungen nachzudenken und ausführbare Vorschläge ins Leben treten zu lassen, wodurch denselben abgeholfen werden könnte, als fortwährend über die verderbliche Konkurrenz der Engländer zu klagen, und die Regierungen anzugehen, jene vom Kontinent abzuweisen; ein Begehren, das, wenn auch alle Stimmen im Volke über die Nothwendigkeit und Nützlichkeit desselben einverstanden wären, unter den bestehenden Verhältnissen als unausführbar angesehen werden muß.

Eine solche Proskription hat unter den Dekreten Napoleons einige Jahre hindurch auf dem Kontinent bestanden, und wurde selbst unter diesem Zwingherrn nur sehr unvollkommen beobachtet. Europa, und Deutschland ins besondere, sehnte sich nach der Auflösung derselben.

Die Ursachen des Verfalls des Handels und der Fabriken in Deutschland mögen wohl sehr tief liegen und weit zurückgesucht werden müssen, doch sind sie erst mit dem Napoleonischen Kontinental-System, und vorzüglich nach der Aufhebung desselben, fühlbar für Deutschland geworden. Dieses System war eine Kriegs-Erklärung aller Staaten des Kontinents gegen England, das während des Friedens strebt, die Alleinherrschaft über die Meere, den Handel, die Fabriken, und in der Politik auszuüben, im Kriege aber insbesondere über den Handel, weil ihm alles gute Prise ist.

Seit dem allgemeinen Frieden sind die Meere uns offen, so wie die westindischen Häfen größtentheils; wir können also wie die Engländer, Franzosen, Niederländer und die freien Seestädte Welthandel treiben, aber weil wir es nicht thun, und nicht aufhören, jenen freiwillig Tribut zu zahlen, werden sie reich, während wir verarmen; wir beziehen von ihnen **mittelbar**, was uns von Kolonial-Artikeln unentbehrlich geworden ist, geben ihnen nach Umständen einen mehr oder weniger bedeutenden Nutzen darauf, und bezahlen mit baarem Gelde, da uns doch der Weg zur unmittelbaren Beziehung eben so gut offen steht wie ihnen, und wir jene Produkte größtentheils mit den Erzeugnissen des deutschen Kunstfleißes bezahlen könnten.

Durch das auf die Dauer so wenig berechnete als unhaltbare Kontinental-System Napoleons sind in vielen Staaten Fabriken entstanden, die ohne dasselbe nie hätten aufkommen können, und die nun eben durch die Aufhebung dieses Systems in Verlegenheit und Verfall gerathen sind, so daß sie ohne Abhaltung **aller** Konkurrenten, der Deutschen, wie der Franzosen und Engländer, nicht erhalten werden können. Dergleichen Fabriken sind recht übel dran, noch mehr aber die Bewohner solcher Staaten, welche, um die Fabriken durch eine Mauth zu schützen, eine Elle Baumwollenzeug mit 40 Xr. bezahlen müssen, die in Frankfurt auf der Messe um 10 Xr. zu kaufen ist.

In einer solchen wirklich schlimmen Lage, sind indeß bei weitem nicht alle, ja nur wenige Fabriken Deutschlands, und die Ursachen weßhalb, es ihnen jetzt an Absatz fehlt, liegen zum Theil in jenen Schutzmitteln, wodurch diejenigen in Oestreich, Frankreich, Holland und Belgien künstlich erhalten werden müssen. Wenn die Fabrikate Deutschlands noch wie ehedem frei, oder gegen eine mäßige Abgabe in jene Staaten, eingeführt werden dürften, so würden sogar die Baumwoll-Manufakturen, da sie ziemlich allgemein und zu einer gewissen Vollkommenheit gediehen sind und gute Waaren wohlfeil geliefert werden können, ungeachtet der wieder eingetretenen Konkurrenz der englischen, dennoch einen bedeutenden Absatz nach jenen Staaten finden.

[...]

Durch eine beinahe 20 jährige Trennung des Kontinents von Europa von den fremden Welttheilen, hat England den Handel der beiden Indien so unmittelbar an sich gebracht, daß er für den Zwischenhändler in den Niederlanden und den Hansestädten nicht mehr die ehemaligen Vortheile verspricht, daher dieser wichtige Handel fast das ausschließliche Eigenthum der Engländer geworden ist.

Soll den deutschen Fabriken vom Grunde aus und dauerhaft geholfen, ihnen wieder Selbstständigkeit eigen werden, so muß sich ein Zwischenhandel des exportirenden Kaufmanns in den Fabrikgegenden selbst bilden. Diesem verdankt England seinen Glanz und den ungeheuren Umfang seiner Fabriken! Ein solcher Zwischenhandel in unserer Nähe und durch uns selbst, würde unsere Fabriken zuverläßig zu einem hohen Flor führen.

Bei der so hoch gestiegenen Konkurrenz im Fabrikwesen, kommt alles auf die Wohlfeilheit der Manufaktur-Waaren nach ihren Qualitäten an, und diese wird am leichtesten befördert, wenn der Fabrikant den Absatz in der Nähe bei dem exportirenden Zwischenhändler

30.3. jenes Jahres statutengemäß zum Beschluß der Liquidation des Unternehmens, die sich bis 1843 hinzog.
Auch die Entwicklung des „Deutsch-Amerikanischen Bergwerksvereins" wurde, trotz anfänglicher Erfolge und mehrmaligen Aufstockens der Aktienmenge, zum Verlustgeschäft. J.F. Knapp schrieb 1835 in seiner „Geschichte, Statistik und Topographie der Städte Elberfeld und Barmen im Wupperthale": „War die Rheinisch=Westindische Compagnie in großartiger Tendenz: <u>Belebung und Verbreitung der Fabrik=und Gewerbezweige durch den Seehandel</u> aufgefaßt, so verdankte der mexikanische Bergwerk=Verein sein Entstehen der bloßen Privatspeculation auf Bereicherung ohne eigentliche moralische Grundlage, wodurch denn manche Theilnehmer verleitet wurden, das Maß ihrer Vermögensverhältnisse nicht gehörig in Anschlag zu bringen" (ebenda S. 148). In der 1851 von Eduard Liesegang herausgegebenen Gedichtsammlung „Elberfeld's Geschichte in Gedichten" heißt es: „Doch Hoffnung auf Gewinn zerrann; / Denn was in Stoll'n und Strecken / Der Knappschaft reger Fleiß gewann, / Kann nicht die Kosten decken. / Die Mittel wurden zugebüßt, / Und Mancher kam in Schaden; / Statt mit 'Glück auf' ward er begrüßt / Vom gift'gen Grubenschwaden.- //" (S. 234).

findet. Die minder bemittelten Fabrikanten können auch dadurch mit den Vermögenden mehr gleichen Schritt halten; Jedem muß es einleuchten, daß der Vortheil des Ganzen in Herbeiführung des möglichst wohlfeilsten Preises der Fabrikate, nach ihren verschiedenen Gattungen und Qualitäten, auf diesem Wege am sichersten erreicht wird. Müßen die Fabrikanten diesen exportirenden Zwischenhändler auswärts aufsuchen, so gehen für die Fabrikgegenden mindestens 10 Prozent in Kommißionen, örtlichen Unkosten 2c. verloren, welche in der Provinz selbst gewonnen werden können, wenn ganze Ladungen der Kunsterzeugnisse, welche sie liefert, oder liefern kann, ausgeführt werden, und die Retouren dagegen bezogen und von den exportirenden Kaufleuten selbst verkauft werden. Neben den Engländern treiben die Franzosen und Belgier, seit der großen Staaten=Umwälzung, den Handel wieder mit gutem Erfolg, auf dieselbe Art.

Diese Retouren bestehen in Kolonial=Produkten, die der deutsche Handel bisher nur durch die Dazwischenkunft Englands, Frankreichs, der Niederlande, Portugals und der Hansestädte empfängt, welche Dazwischenkunft hiebei eben so wie bei den Hinsendungen der Fabrikate abermalige 10 Prozent unter denselben Rubriken kostet, die wir aber selbst verdienen können, sobald wir den thatkräftigen Willen dazu haben.

Darf man bei dieser Gelegenheit noch fragen, warum die Handels=Operationen des innern Deutschlands, seit mehreren Jahren so unfruchtbar geworden sind? Die Antwort springt in die Augen: weil jene Vormundschaft dem deutschen Handel in der Regel 20 Prozent kostet!

Daß die Hauptartikel für die Indien und Amerika eben so wohlfeil in unsern Provinzen und in besseren Qualitäten fabrizirt werden können, wie England sie liefert, davon habe ich die überzeugendsten Beweise in Händen, die für Jeden zur Einsicht und Mittheilung bereit liegen, der daran zweifelt, und übrigens Interesse für die Sache hat. Der Beweis liegt indeß schon darin, daß aus französischen Häfen viele Abladungen nach den Indien gemacht werden, und es Jedem genugsam bekannt seyn sollte, daß die französischen Fabrikanten, die Baumwollen= wie die Leinen Garne um vieles theurer bezahlen müßen, als sie den unseren in den Rheinprovinzen zu stehen kommen.

So wie der außer=europäische Handel durch die Engländer, Franzosen und Niederländer vermittelst vertrauter Agenten geführt wird, so kann er vom Rhein aus, durch die Niederlande oder über Hamburg und Bremen, ebenfalls getrieben werden. Es gehört dazu, um eine Ladung vollständig zu machen, nur ein Kapital von 60 bis 70,000 Berliner Thaler. Aber eine solche Summe Geldes wird in den Rheinprovinzen nicht leicht von **einzelnen** Kaufleuten in ein neues und fremdes Geschäft gelegt, deßen Realisirung, wenn es aufs glücklichste geht, ein volles Jahr erfordert, das aber auch, wenn man am Bestimmungsorte keinen günstigen Zeitpunkt trifft, leicht die doppelte Zeit kosten kann.

Um dieser Inkonvenienz auszuweichen, würde die Errichtung eigener Etablissements in der neuen Welt von großem Nutzen seyn, und daraus noch andere Vortheile zur Förderung des Handels und der Fabriken hervorgehen.

[...]

Was durch eine Verbindung Mehrerer zur Erleichterung großer Zwecke geleistet werden kann, davon liefert das Ausland und insbesondere England die redendsten Beweise. Und selbst in unserer Gegend haben die ersten Versuche solcher Vereinigungen den segenvollesten Erfolg geliefert. Wem sind nicht die glücklichen Resultate der Kornvereine am Rhein in den Jahren 1816, 1817 noch in frischem Andenken?!

Einen noch größeren Vortheil, für die Unternehmer wie wir für sämmtliche Bewohner Westfalens und der Rheinprovinzen, möchte ich wagen zu versprechen, wenn sich ein Verein in der Mitte unserer Fabriken bildet, der neben dem eigenen Vortheil, die Beförderung des Aktiv=Handels nach dem größeren Maasstab, und die Belebung der inländischen Fabriken zu seinen nächsten Zwecken hat.

Jene Vereine zur Abwehrung des Mangels waren nur für kurze Zeit nöthig und konnten sich bald wieder auflösen, diese neue Hanse aber wird fortwährend zum Segen der westlichen Provinzen Preußens, ja für ganz Deutschland fortwirken. Denn ist einmal die Bahn durch einen Verein am Rhein zur Hülfe des Handels und zur Förderung der Fabriken, durch die Ausfuhr nach fremden Welttheilen, und die unmittelbare Beziehung der Kolonial=Produkte aus denselben, gebrochen, so wird die Theilnahme daran sich so allgemein verbreiten, daß schwerlich gezweifelt werden kann, ob die **Rheinisch=Westfälische Kompagnie** jemals Mangel an den nöthigen Kapitalien haben könne, um alljährlich 24 Schiffe aus= und einlaufen zu lassen. Ja in der Zeiten Hintergrunde könnten diesem Unternehmen so glück= liche Loose aufbewahrt liegen, wie sie jetzt die verwegenste Hoffnung kaum ahnen dürfte!

Betrachten wir die zu bestehenden Konkurrenzen, so habe ich schon oben gesagt, und, was Frankreich betrifft, bewiesen, wie wenig wir dessen Konkurrenz fürchten dürfen. Eben so unschädlich ist die der Niederländer; für welche Behauptung jeder Aufmerksame den Beweis schon darin hat, daß ein großer Theil der Baumwollenfabrikanten hiesiger Gegend, trotz der schweren Auflagen und der theuren Schmuggel=Prämie den Absatz seiner Manufaktur=Pro= dukte in den Niederlanden dennoch findet.

Es bleibt also England, wogegen der Kampf beschwerlicher scheinen könnte. Allein auch mit dessen Fabrikanten können die rheinisch=westfälischen konkurriren, und, selbst mit den Baumwollen=Waaren, wenn sie nur jenen Schritt für Schritt folgen, und sich mit einem mäßigen Nutzen an den exportirenden Zwischenhändler begnügen wollen. Für einen der wichtigsten Artikel, Baumwollen=Bonten (Cotton Cheks), habe ich durch einen kleinen Ver= such den Beweis in Händen.

Die Verwirklichung eines Vereins, zur Vermehrung des Handels und zur Förderung der Fabriken des Landes, scheint mir keineswegs unmöglich. Ueberall und in allen Ständen hört man dieselbe Klagen über Mangel an Gelegenheit zu einer nützlichen Kapital=Anlage. Hier ist sie sicher zu erwarten. Bei einer guten Leitung des Geschäfts ist auch der glückliche Erfolg nicht mehr zweifelhaft als bei jeder anderen Unternehmung, und da bei der Wahl der Direktoren jeder Theilnehmer seine Stimme hat, so darf man sicher seyn, daß dieses Geschäft durch Mitbetheilige gut geleitet werden wird.

Für einen glücklichen Erfolg ist daher die höchste Wahrscheinlichkeit, jeder Theilnehmer wird mit dem Gewinn für seine Kapital=Anlage befriedigt werden, und er befördert neben= bei die Belebung des Handels und der Fabriken, wie den Nutzen der ganzen Provinz; denn es ist nichts gewisser, als daß Fabriken, wenn sie ohne Hülfe des Staats bestehen können, den allgemeinen Wohlstand vermehren.

Mein Wunsch ist es nicht, daß ein solcher Verein sich allein in Elberfeld und Barmen bil= den soll. Eine solche Verbindung würde nicht bedeutend genug werden, um alle Zwecke zu er= reichen. Diese neue Hanse erstrecke sich vielmehr zunächst über die sämmtlichen westlichen Provinzen Preußens, und möge denn ferner in den Bund aufgenommen werden, der Ver= trauen in denselben hat. Nur muß für die Leitung des Geschäfts irgend in einer Hauptstadt am Rhein der Central=Punkt seyn, und das Ganze von da aus geleitet werden. Statuar= Gesetze sichern die allseitigen Interessen.

(...)

So nothwendig und nützlich ich zur Vermehrung des Handels und Beförderung des Ab= satzes deutscher Manufakturen, die Bildung eines Vereins wünsche, welcher die Ausfuhr nach fremden Welttheilen und direkte Beziehung der Kolonial=Produkte zum Ziel nimmt, und so gewiß ich von dem Zustandekommen einer solchen Verbindung überzeugt bin, so zweifele ich doch an einer schnellen Ausführung des Projekts im Großen Ganzen. Deßwegen wage ich den ernstlichen Vorschlag, mit einer Ladung rheinisch=westfälischen Kunst=Erzeugnisse nach einem der wichtigsten Punkte in Amerika oder Westindien den Versuch zu machen, wozu die nöthigen Mittel ohne Zweifel in Westfalen, und den Rheinprovinzen bald beizubringen seyn werden, indem die Vortheile einer solchen Exportation, und damit bezweckten direkten Ein= führung der Kolonial=Produkte jedem Denkenden einleuchten müssen.

Meine Neigung würde jetzt vorzüglich nach der Republik Hayti hingehen. Eine Ladung für diesen Punkt zweckmäßig nach den neuesten Berichten assortirt, würde für eine Summe von 70,000 Berliner Thaler ganz vollständig gemacht werden können. Diese mit einem erfahrnen, vertrauenswürdigen Agenten baldigst abgefertigt, würde am schicklichsten den Weg zur Bil= dung eines größeren Vereins bahnen. Entspricht der Erfolg den Erwartungen, wozu die höchste Wahrscheinlichkeit vorhanden ist, so darf man nach Offenlegung der Resultate, für jeden, der sich zur Theilnahme willig erklärt, an dem Beitritt Vieler bis zur Ergänzung einer näher auszumittelnden Summe gar nicht zweifeln, und rechtfertigt der ausgehende Agent das Zutrauen der Interessenten dieser Versuchsladung, so ist sehr wahrscheinlich in demselben der Mann gefunden, der an die Spitze der Leitung der Geschäfte in der neuen Welt gestellt werden darf. Und auf diese Weise kommt vielleicht die vorgeschlagene neue Hanse noch vor Ablauf dieses Jahrs zu Stande.

Exporttabelle der Rheinisch-Westindischen Kompagnie (SAW J II 88)

Jene Summe von Siebenzig Tausend Berliner Thaler, in Aktien von Fünfhundert Thaler vertheilt, mag leicht und schnell zusammen zu bringen seyn, denn wie oft werden weit größere Summen von Einzelnen in einem Unternehmen gewagt, das bei geringerem Vortheil im Prospektus, denselben Gefahren unterworfen ist.

Möge dieser Vorschlag die Aufmerksamkeit meiner Mitbürger in Westfalen und den Rheinprovinzen auf sich ziehen, die Sache selbst die Theilnahme finden, die ich ihr wünsche, und die sie nach meiner innigsten Ueberzeugung verdient! Die heilsamsten Folgen für die westlichen Provinzen Preußens und für ganz Deutschland, glaube ich von der Verwirklichung desselben unbezweifelt erwarten zu dürfen.

Elberfeld, geschrieben am Anfang des Jahrs 1821.

Jakob Aders.

---

[1] auch in: Beilage zur Provinzial-Zeitung Nr. 13 vom 13.1.1821

Kommentar 11
Der in Quelle 11 wiedergegebene Brief des Remscheider Unternehmers Josua Hasenclever an Jacob Aders aus dem Jahr 1822 spricht unter anderem auch von den bei Überseegeschäften zu erzielenden Gewinnen, die nach seinen Angaben zwischen 20 und 50% lagen. In der 1863 von Wilhelm Langewiesche herausgegebenen Betrachtung „Elberfeld und Barmen" wird über die Ertragssituation in Barmen im Jahr 1785 das Folgende berichtet: „Die tüchtigen Bandfabrikanten namentlich hatten um diese Zeit und etwas später gewöhnlich so viele Aufträge und waren an gute Preise so gewöhnt, daß z.B. Gebrüder Wichelhausen einmal eine sehr beträchtliche Bestellung ablehnten, weil sie dabei nur 45% Gewinn gehabt haben würden!" (ebenda S. 245). Der Umsatz des 1750 in Langenberg von Peter Lucas Colsman (1734-1808) gegründeten Posamentierhandels[1] stieg von 1500 Talern 1758 auf 7219 Taler im Jahr 1788 an, bevor er - kurz nach der Einführung der Seidenproduktion - 1794 schon 20000 Taler erreichte. In den Jahren 1840 und 1850 war der Umsatz auf 400000 bzw. 700000 Taler angewachsen. Bei der Übergabe der Firma an seine Söhne 1814 betrug das Privatkapital Peter Lucas Colsmans (Sohn, 1757-1816) ca. 50000 Taler. Die Gewinnsumme der seit 1827 unter dem Namen „Vorwerk & Sohn" in Barmen ansässigen Bandwarenfabrikation erreichte nach knapp zweijähriger Tätigkeit 7000 Taler; 1832 wiesen die Bilanzen der Firma „Abraham & Gebrüder Frowein" in Elberfeld 30396 Taler, 1835 schließlich 66142 Taler Gewinn aus. Der gesamte Nachlaß der vier Jahre nach dem Tode ihres Ehemannes Abraham Frowein (1766-1829) 1833 verstorbenen Charlotte Luise Frowein geb. Weber wurde mit 465500 Talern preußisch Courant

Quelle 11
Neue Mitteilungen zur Geschichte der Rheinisch=Westindischen Kompagnie.
(Aus dem Nachlaß Josua Hasenclevers), hg. von Prof. Dr. Adolf Hasenclever, in: ZBGV 49 (1916), S. 131-133

Josua Hasenclever an Jacob Aders. 13. II. [1822] [33])

Mit Vergnügen gedenke ich der angenehmen Stunden, die ich wieder in Ihrem gastlichen Hause zugebracht, und an die man um so lieber zurückdenkt, ja seltener dergleichen heitere Familien=Kreise sind; und doch ist mir diesmal ein Genuß nicht zu Teil geworden, auf den ich mich immer zum voraus freue, und der mir nachher immer Gewinn gebracht, nämlich eine Unterhaltung con amore mit Ihnen allein; ich hätte mich gerne über manches mit Ihnen besprochen und beraten; was dann nun auf eine gelegenere Zeit verschoben werden muß; aber eins, woran mir ganz vorzüglich gelegen, mit Ihnen vollkommen einverstanden zu sein, muß ich doch jetzt zur Sprache bringen, und das ist mein und unser Verhältnis zur Kompagnie. Ich denke mir nämlich, es könnte Sie befremdet haben, weswegen wir es neulich abgelehnt, das kleine Assortiment nach Port au Prince zu consignieren; und da es mir wahrhaft unangenehm ist, mit Ihnen in irgend einem Mißverständnis zu sein, so darf der Freund dem Freunde seine desfallsigen Gedanken wohl mitteilen, sowohl in Beziehung unserer, als in Beziehung der Kompagnie. Keine Versicherung, daß das Gedeihen der letzteren mir vielleicht, außer Ihnen, mehr wie irgend einem am Herzen liegt, will ich voranschicken, denn davon sind Sie doch überzeugt. Also zur Sache.

Wir haben die letzten Waaren so billig und gut geliefert, daß dabei notwendig, wenn nicht gar zu ungünstige Conjuncturen eintreten, oder die Angaben des Herrn Thorbecke nicht unrichtig ge=

bewertet, enthaltend eine Geschäftseinlage bei „Abr. & Gebr. Frowein" in Höhe von 288026 Talern. Nachdem die Kattundruckerei „Gebr. Bockmühl, Schlieper & Hecker" 1832/33 14000 Taler hatte erwirtschaften können, stieg die Summe auf jeweils 40000 Taler in den Jahren 1838 und 1840 an; in der Krisenzeit der 40er Jahre verzeichnete die Hammersteiner Baumwollspinnerei Jung 1845 mit 66880 Talern den höchsten Gewinn in der Firmengeschichte. Das Bankhaus „von der Heydt-Kersten & Söhne" verbuchte zwischen 1803 und 1827 einen durchschnittlichen jährlichen Reingewinn von ca. 30 - 35000 Talern, so daß Ende 1827 fast 500000 Taler Privatvermögen der Inhaber vorhanden waren.

Im Jahr 1773 hatte der Hofkammerrat Friedrich Heinrich Jacobi in einem Bericht über die Industrie der Herzogtümer Jülich und Berg geschrieben: „Daß die Prosperität, welche die Manufacturen einem Lande verschaffen, sehr oft die Ursache ihrer Wegziehung wird, ist schon oben angemerkt worden. Diesem Uebel könnte man in den mehrsten Fällen abhelfen, wenn das schädliche Volk der Capitalisten nicht wäre: aber leider ist auch ihre Existenz eine Folge des guten Fortgangs der Fabricken. Daß die Anhäufung der Reichthümer auf eine Person der Gesellschaft nicht vortheilhaft sey, ist eine ziemlich allgemein anerkannte Wahrheit, aber daß in allen Fällen ein sogenannter Rhentenier [!] ein gefräßiges Ungeziefer, eine Heuschrecke ist, wird nicht so durchgängig eingesehen" (Bericht des Hof=Kammerrats Friedrich Heinrich Jacobi über die Industrie der Herzogtümer Jülich und Berg aus den Jahren 1773 und 1774, hg. von W. Gebhard, in: ZBGV 18(1882), S. 1-148, hier S. 14). In einem Artikel vom 8.4.1848 im Täglichen Anzeiger über „Arbeit und Kapital" hieß es dagegen: „Bei jeder großen Fabrik springt als greller Gegensatz zunächst der Umstand in die Augen [...], daß, während der oder die Unternehmer, die auf der obersten Sprosse stehen, in Hülle und Fülle zu leben scheinen, die Arbeiter, welche zu unterst stehen, selten nur mehr verdienen können, als was zur Fristung eines kümmerlichen Daseins unbedingt vonnöthen ist. Ist daran nur der Fabrikant, als solcher der Herr der Arbeit, schuld ? - Mit Nichten.- [...] [Der] Fabrikant [steht] nicht an sich, sondern lediglich dadurch als Herr und Gebieter der Arbeiter da, daß er der Inhaber des Kapitals ist, wodurch die arbeitenden Kräfte in Bewegung stehen. - Nicht er, sondern die Concurrenz des Kapitals, das er in Händen hat, knechtet die Arbeit; ohne Kapital würde er vielleicht selbst Handarbeiter sein müssen" (Täglicher Anzeiger Nr.85 vom 8.4.1848).

---

[1] *Borten, Litzen, Tressen, Schnüren, Fransen*

wesen sind, ein bedeutender Gewinn von wenigstens 20—25 p. Ct. übrig bleiben muß; es wird indessen für den Anfang mehr Mühe und Aufmerksamkeit dabei erfordert, wie bei den mehrsten andern deutschen Fabrikaten, und zwar sowohl wegen ihrer Mannigfaltigkeit, als wegen dem Vorurteil, welches noch hin und wieder für die englischen herrscht; auch kann man selten eine Partie en bloc verkaufen, sondern muß den günstigen Zeitpunkt dafür zuweilen zum detaillieren abwarten. Daß dann aber auch der Nutzen oft bedeutend größer ist, davon kommen hoffentlich bald die Beweise, und daß daher die Kompagnie, die im Stande ist, jedes Bedürfnis zu befriedigen, — welches manchmal größer ist, als Sie sich vielleicht vorstellen — ein solches lucratives Geschäft für sich behalten solle, ist meine Meinung.

Sie fragen mit Recht, wenn es so vorteilhaft ist, warum wir es dann abgelehnt? einesteils weil man nirgends mit mathematischer Gewißheit das Resultat irgend einer merkantilischen Unternehmung voraussagen kann, und ich oben auch nur von großer Wahrscheinlichkeit gesprochen habe; dann weil wir nie gerne nach demselben Orte dieselben Waaren consignieren, deren wir dahin verkauft haben; und endlich weil ich, aufrichtig gesagt, in dieser Beziehung die Öffentlichkeit scheue. Im Vertrauen gesprochen, wir haben manches schöne Geschäft in der letzten Zeit commissionsweise in unseren Waaren gemacht, was uns mehr wie 50 p. Ct. eingebracht hat, ich brauche also Ihnen, als erfahrenem Geschäftsmanne, nicht zu sagen, daß es nur daher gekommen, weil wir uns mit vieler Mühe und Kosten Erfahrungen gesammelt, die aber nur darum zu unserem Vorteil gereichen, weil sie nicht jeder hat.

Das ist doch wahrlich kein Eigennutz zu nennen, daß man das eigene Interesse auf erlaubte Weise tätig zu befördern sucht. Gewinn und Verlust bei Commissionsgeschäften wird, wo so viele Argusaugen sind, gewiß bekannt; die Direktion hat aber vollkommen Genüge getan, wenn sie eine General=Rechnung ablegt. Verkennen Sie mich bei obiger Äußerung in Betreff der Öffentlichkeit nicht; wenn wir uns einmal weiter darüber mündlich unterhalten, verstehen wir uns gewiß.

Ich betrachte dieses schöne von Ihnen ins Dasein gerufene Institut nicht anders als ein wohl gegründetes, von den besten Einsichten geleitetes, auf das deutsche Fabrikwesen aufs vorteilhafteste wirkende Privat=etablissement, welches auch ganz wie die solidesten und bedeutendsten dieser Art zu handeln hat. Darum auch denke ich mir, daß es wohl den Absatz nach allen Weltgegenden befördern, darum aber nicht allen kleinen Fabrikanten den Weg dahin zeigen oder sie zu eigenen Unternehmungen aufmuntern soll; denn wie oft ein anfangs brillanter Gewinn nur in der Folge Ruin nach sich führt, wissen Sie. Ich hätte wohl noch manches zu sagen: wenn ich aber Ihre Geduld nicht ermüden soll, muß ich es bei diesen Andeutungen bewenden lassen; nur das füge ich noch hinzu, daß es mir sehr willkommen sein würde, recht bedeutende Geschäfte mit der Compagnie zu machen, und daß ich, damit solches geschehe, vor allem auf Sie zähle. Daß ich bei unserer Bedienung immer dafür sorgen werde, daß uns auch der Neid nichts anhaben kann, versteht sich.

Was Sie, mein teurer Freund, von meinen Ansichten billigen können, tun Sie, es wird mir zur großen Freude gereichen; was nicht, darüber erwarte ich Zurückweisung und — wir werden uns doch einig. Es ist schade, daß wir nicht 1½ à 2 Stunden näher zusammen wohnen, dann könnte man manchmal zu einer traulichen Unterredung zusammen kommen: so möchte ich um diese Stunde gerne in Ihrem Kränzchen sein.

Ihrer Frau Gemahlin und Schwiegerin empfehlen Sie mich bestens und halten Sie mich immer für Ihren Ihnen treu ergebenen Freund.

Kommentar 12
Die „Vaterländische Feuer= und Lebens-Versicherungs-Gesellschaft zu Elberfeld" konstituierte sich am 14.3.1822 auf Einladung zu einer Notabelnversammlung durch den Landrat von Seyssel, der neben dem Oberbürgermeister Elberfelds, Johann Rütger Brüning, 23 der wohlhabendsten Kaufleute und Fabrikanten gefolgt waren, unter ihnen Daniel von der Heydt, Abraham Frowein jr., J.Ad. von Carnap, J.Ch. Jung, Abr. Bockmühl, J.C. Duncklenberg, Friedrich Feldhoff, W. Blank jr. und Peter vom Rath. Grundlage für die Gründung der Gesellschaft stellte die Arbeit des Elberfelder Kaufmanns Peter Willemsen (1784-1858) dar, der seit 1821 - gestützt auf eine mehrjährige Erfahrung als Vertreter einer englischen Versicherungsgesellschaft - Prämienberechnungstabellen erstellt hatte.
Quelle 12 gibt einen Prospekt zur Einführung der Versicherungsgesellschaft wieder, der von dem dazu beauftragten zeichnenden Komitee im April 1822 in Druck gegeben und veröffentlicht wurde. Dasselbe Komitee, ergänzt durch Peter vom Rath und mit Peter Willemsen als beratendem „General-Agent", war in der Sitzung vom 14.3.1822 mit der Ausarbeitung der Statuten beauftragt worden, welche am 26.3. von der Gründerversammlung angenommen worden waren und am 28.2.1823 nach geringfügigen Korrekturen von Friedrich Wilhelm III. genehmigt wurden.
Geschäftgrundlage der „Vaterländischen" stellte ein Garantie- oder Grundkapital in Höhe von 1000000 Talern dar, wovon 250000 Taler für die Abteilung „Lebensversicherung" vorgesehen waren; dieser Zweig wurde jedoch erst 1872 aktiviert. Das Garantiekapital wurde aufgeteilt in Aktien zu 1000 Taler pro Stück; pro Person durften maximal

Quelle 12
Prospekt,
in: Denkschrift zur Feier der 75jährigen Thätigkeit der Vaterländischen Feuer-Versicherungs-Actien-Gesellschaft in Elberfeld, Elberfeld 1898, S. 150-152

1. Prospect.

Bildung
einer
Vaterländischen Feuer- und Lebens-Versicherungs-Compagnie.

Unter den Anstalten, welche auf das allgemeine Wohl einen bedeutenden Einfluß haben, verdienen die Vereine zur Sicherstellung vor Verlust durch Feuer=Schaden und zur Sicherung eines Kapitals nach dem Tode eines Versicherten, oder einer Leibrente, gewiß eine der ersten Stellen.

Oeffentliche Anstalten dieser Art giebt es; indessen können diese, ihrer Natur nach, selten so umfassend sein, daß sie ohne Beschränkung allgemeine Anwendung gestatten.

Diese Vereine zu gegenseitiger Sicherung vor Feuer=Schaden, wie unter andern die Gothaer Bank, haben den Nachtheil: bei der großen Anzahl der verschiedenartigsten Risiko's nicht zu wissen, Wen man mitversichert, und ob man nicht bei bedeutendem Unglück auch selbst bedeutend nachbezahlen muß.

Die Erfahrung hingegen lehrt: daß Feuer=Assecuranz=Compagnien von Privaten auf Actien begründet, welche sich mit höchster Vorsicht in Annahme und Vertheilung der Versicherungen einen angemessenen Wirkungskreis bilden, am Besten gedeihen; denn es ist nicht bekannt, daß irgend eine Compagnie dieser Gattung ihre Verbindlichkeiten unerfüllt ließ.

Eine solche Assecuranz=Compagnie, welche für eine feste jährliche Prämie versichert, bietet den Unternehmern einen sehr anständigen Gewinn. Der Maßstab der Berechnung hierüber beruht zwar nur auf Erfahrung, aber auf einer Erfahrung von mehr als hundert Jahren, welche auch die öffentlichen Rechnungs=Ablagen dieser Compagnien unserer Zeit jährlich bestätigen.

Einen wenigstens ebenso reichlichen Ueberschuß gewährt eine Lebens=Versicherungs=Gesellschaft, welche gegen jährlich zu entrichtende Prämien den Erben des Versicherten bei dessen Tode eine festgestellte Summe auszahlt oder auch, gegen verhältnißmäßige Einlage, Leibrenten sichert.

25 Aktien erworben werden, das Stimmrecht bei Aktionärsversammlungen war an den Besitz von mindestens zwei Aktien gebunden.
Von Beginn der Aktienzeichnungen am 15.5.1823 bis zum Ende des Monats hatten 108 Personen 537 Aktien erworben, die ausgegebenen 1000 Aktien wurden letztlich von 173 Inhabern gehalten.
Zur Zeit der ersten Generalversammlung am 9.2.1825 unterhielt die Gesellschaft 100 Agenturen in ganz Deutschland und im Ausland, so unter anderem in Kopenhagen, Zürich und St. Petersburg. Betrug die Gesamtversicherungssumme 1825 noch 14 Millionen Taler, so stieg diese bis 1846 auf insgesamt 149769415 Taler an. Der Gesamtgewinn der Gesellschaft bis zum Ende des Jahres 1851 belief sich auf 1152614 Taler, wovon an Zinsen und Dividenden an die Aktionäre zusammen 940000 Taler ausgezahlt wurden.
Die „Vaterländische Feuer= und Lebens-Versicherungs-Gesellschaft", die neben Anlagen der „Rheinisch=Westindischen Kompagnie" in Übersee auch Dampfschiffe versicherte, schrieb in einer „Agenten = Instruction" von 1826 den folgenden Grundsatz fest: „Das Prinzip einer jeden freisinnigen Assekuranz=Compagnie ist: Dem anerkannt rechtlichen Manne bei Schaden=Reklamationen nie Schwierigkeiten in den Weg zu legen, aber alle Mittel des Abwehrens gegen den Uebelwollenden anzuwenden; vor Schaden zu schützen, wie aber dem Versicherten ein Mittel des Gewinnes darzubieten" (zit. nach Denkschrift zur Feier der 75jährigen Thätigkeit der Vaterländischen Feuer-Versicherungs-Actien-Gesellschaft[1] in Elberfeld, Elberfeld 1898, S. 19).

---

[1] *Der Name der Gesellschaft war am 28.2.1863 mittels Statutenänderung in „Actien-Gesellschaft" geändert worden.*

Nach den Grundsätzen einer solchen Compagnie kann dabei versichert werden:

die Auszahlung einer Kapital=Summe, nach dem Ende des eigenen Lebens oder des Lebens eines Anderen;

sowie auch zwei mit einander verbundene Personen, zu Gunsten des Ueberlebenden, eine Summe versichern lassen können.

Sie übernimmt ferner die Verpflichtung zur Auszahlung von jährlichen Leibrenten gegen eine feste Einlage.

Die Sicherung vor dem Verluste durch Feuerschaden ist eine Beruhigung, welche so wenig der Besitzer eines freien Eigenthums als Derjenige, welcher Anvertrautes in Händen hat, sich zu geben versäumen sollte. Sie erscheint als eine Pflicht gegen sich selbst sowohl als gegen Andere und befestigt, besonders in kaufmännischen Verhältnissen, das Vertrauen, indem die Aufrechthaltung Desjenigen, den Brandschaden traf, sehr oft einzig in dem Ersatz des Schadens bedingt ist.

Welche große Beruhigung eine Lebens=Versicherung gewährt, spricht sich in vielfacher Beziehung aus. Wie sehr sie in unseren Zeiten, wo in vielen Verhältnissen die Erhaltung der Familie alle Mittel in Anspruch nimmt, welche das Haupt derselben herbeizuführen vermag, Bedürfniß ist, wird ein jeder Umsichtige leicht beurtheilen.

Wird der Familien=Vater in seiner Lebensblüthe dahingerafft, so geht er, der daher wohl nur wenig noch für die Zukunft der Seinigen zu thun vermochte, gewiß ruhiger hinüber, wenn er sie gesichert weiß; gesichert durch einen Beitrag der Prämien, von vielleicht nur wenigen Jahren.

Erreicht Einer das gewöhnliche Lebensalter und selbst ein solches, daß sich die Berechnung der jährlichen Einlage mit der Auszahlungssumme gleichstellt (was sehr selten der Fall sein wird), so ist ihm die Anstalt doch eine sichere Sparkasse gewesen, in welcher er in guter Zeit für die Seinigen einlegte.

Ein einzelnes Beispiel mag beweisen, wie eine solche Anstalt auch in besonderen Fällen erleichternd und hülfebringend ist.

Gesetzt nämlich, das Vermögen einer Braut, welches ihre Eltern oder Vormünder auf sie festzusetzen wünschen, betrüge zehn Tausend Thaler. Wird dieses Geld auf Interessen gelegt, so hat der Mann keinen Nutzen von dem Vermögen, außer den jährlichen Zinsen. Wenn nun der Mann nicht älter als 30 Jahre ist, so würde die Prämie für die Versicherung von zehn Tausend Thaler auf sein Leben etwa 250 Thaler jährlich sein. Würden alsdann der Braut 5000 Thaler durch Anlegung von Interessen gesichert, so, daß sie 5 Procent gäben, so wären die Interessen davon hinreichend, die Lebens=Versicherungs=Prämie des Mannes zu bezahlen, und die übrigen 5000 Thaler könnten daher in den Händen des Mannes gelassen werden, da die Familie bei seinem Tode die versicherten 10,000 Thaler empfängt. Auch die 5000 Thaler, welche zur Bezahlung der Prämie angelegt wurden, blieben unversehrt, und so stieg das Vermögen von 10,000 Thalern bei des Mannes Tode nicht allein zu einem Kapital von 15,000 Thalern, sondern aller Wahrscheinlichkeit nach sind dann die 5000 Thaler, welche im Geschäfte angelegt wurden, durch sich selbst zu einer Summe angewachsen, vielleicht allein so groß, als sonst der ganze Brautschatz gewesen wäre.

Wie oft hängt ferner das Gelingen oder der glückliche Fortgang eines Unternehmens von der Leitung eines Einzelnen ab, und wie sehr kann demnach das Interesse Desjenigen gefährdet sein, welcher einem Solchen Vorschüsse machte; denn mit dessen Tode schwindet gewöhnlich die Möglichkeit der Erstattung. Befürchtet der Gläubiger einen solchen Fall, so kann er, um jedem möglichen Verluste vorzubeugen, das Leben des Schuldners für den Betrag seiner Forderung versichern lassen.

Aehnliche Fälle, welche die Wohlthat einer solchen Anstalt beurkunden, gestalten sich in den verschiedenen Verhältnissen des Zusammenlebens vielfach. Die Frage: ob die Gelegenheit, sich jene Beruhigung zu geben, welche diese Compagnie gewährt, willkommen sein wird, beantwortet sich demnach wohl von selbst.

Der Wunsch: beide erwähnte Anstalten, die der Deutsche bisher fast nur gewohnt war, auf fremdem Boden entstehen und gedeihen zu sehen, und wofür daher seit Jahren so bedeutende Summen in's Ausland gingen, immer mehr einheimisch zu machen, veranlaßte schon vor einem Jahre Sachkundige, darüber Berechnungen aufzustellen, und diese durch Erfahrungs=Sätze, welche, wie gesagt, ein Jahrhundert darboten, zu belegen.

Diese Aufstellungen sind geprüft und darauf in einer, durch den Herrn Landrath Grafen von Seyßel berufenen, ersten Versammlung beschlossen worden: beide Anstalten in's Leben treten zu lassen.

In jener Versammlung wurde ein Committee zur Entwerfung der Statuten gewählt; darauf diese Statuten vorgelegt, von derselben geprüft und genehmigt, und endlich jenes Committee zur Nachsuchung Allerhöchster Sanktion und ferneren Geschäfts=Einleitung bevollmächtigt und beauftragt.

Es erlauben sich demnach untenbenannte Mitglieder desselben, darauf aufmerksam zu machen: daß die Statuten bis zur erhaltenen Allerhöchsten Sanktion vorläufig zur Einsicht bei ihnen offen liegen; und da darin Alles möglichst berücksichtigt wurde, was der Anstalt einen sichern Grund und Vertrauen geben muß, so glauben sie mit vollem Recht zur Theilnahme an der Gründung eines Unternehmens, welches zugleich wohlthätig und gewinnbringend ist, einladen zu dürfen.

Elberfeld und Barmen, am 15. April 1822.

**Friedr. Aug. Jung. Dan. von der Heydt.
Brüning. Wilh. Wittenstein. Köhler-Bockmühl.
Willemsen.**

Kommentar 13

Jacob Aders (1768-1825), der Initiator der „Rheinisch=Westindischen Kompagnie", war der Sohn des Leinenwarenfabrikanten Johann Kaspar Aders (1719-1798) und der Anna Louise Hofius (1739-1821), Tochter eines reformierten Predigers in Iserlohn. In einem Brief an seine Frau vom 18. April 1810 gab Jacob Aders die folgende Selbsteinschätzung: „Wie gern würde ich Deinen Wünschen nachgeben und den Geschäften weniger leben um mich [] mit Dir zu genießen, aber geliebteste Freundin, so wenig es möglich ist, daß das Wasser gegen den Berg läuft, so wenig kann ich meinen Hang und meine Begierde zu den Geschäften züglen, ich muß so fort arbeiten oder - mich ganz zurückziehen und eine andere Lebensweise wählen, es ist nicht Begierde nach Geld was mich treibt, es mag Ehrsucht, oder auch bloße Gewohnheit seyn, genug die Liebe zur Arbeit ist einmal in mir und ich kann, ich mag sie nicht unterdrücken, wäre ich weniger thätig gewesen, meine liebe theure Freundin, so würden wir und andere Menschen uns manchen Wunsch haben versagen müßen, ich habe übrigens bey weitem nicht so viel Früchte meines Fleißes und meiner Anstrengungen genoßen als mancher andere der nicht zur Hälfte so wirksam gewesen ist, ich habe immer mehr für andere als für mich gearbeitet, doch darüber will ich nicht murren ..." (SAW J III 104 a).

Quelle 13
Biographie Jakob Aders',
in: Neuer Nekrolog der Deutschen, 3. Jg. 1825, 1. Heft, Ilmenau 1827, S. 399ff

Aders gehört zu der Zahl derjenigen ausgezeichneten Menschen, die das, wodurch sie dieses waren, meist durch sich selbst wurden. Er hatte der Erziehung und dem Unterrichte weiter nichts zu verdanken, als für die Characterbildung ein festes, sittlich= religiöses Fundament, das ihm sowohl in seinem Privatleben, als bei den Pl[ä]nen, die er für das allgemeine Beste entwarf, belebte, leitete, und durch alle Widersprüche und Hindernisse ruhig und siegreich hindurch führte und für den Geist eine gewisse praktische Logik und Consequenz im Denken und Urtheilen, welche zwar nicht in der Schule, die er besuchte, gelehrt wurde, sich aber von selbst durch die Form und den klassischen Stoff des Unterrichts in ihm ausbildete und mit in das Geschäftsleben überging, während die alten Sprachen und was er sonst in Verbindung mit denselben in der Gymnasialschule seiner Vaterstadt getrieben, längst von ihm vergessen waren. Gleich nach beendigten Schuljahren wurde er bei einem Handlungshause in Bremen in die Lehre gegeben, wo er für Alles, was Pünktlichkeit und Odnung betrifft, eine gute Schule fand, aber da jenes Haus sich nur mit inländischem Absatz beschäftigte, nicht mit jener größern Sphäre der kaufmännischen Thätigkeit bekannt wurde, in welcher er später mit so viel Einsicht als Ruhm und Erfolg gewirkt hat. Nach vollendeten Lehrjahren kehrte er sogleich in das Vaterhaus zurück und stand den Geschäften desselben, die sich hauptsächlich mit der Fabrikation von leinenen und baumwollenen Zeugen bezogen, bis 1793 vor. In diesem Jahre lernte er die Tochter des mit seinem väterlichen Hause befreundeten, dieselben Geschäfte treibenden Kaufmanns J.H. Brink kennen, und, ehe das Jahr verfloß, wurde unter dem Segen der Aeltern eine Verbindung zwischen beiden geschlossen, die man zu den glücklichsten Ehen rechnen kann. Aders trat nun als Theilhaber in das Geschäft seines Schwiegervaters über, und bald wurde er durch die verhängnißvolle Zeit genöthigt, seine Kräfte zu entwickeln und in Thätigkeit zu setzen. Seit einer langen Reihe von Jahren hatte sich der Fabrikzweig, der sein Haus beschäftigte, in sicherem Gleise immer gleichförmig fortbewegt, aber jetzt verstopfte die eben ausgebrochene, sich immer weiter verbreitende Französische Revolution den Haupt=Absatzkanal nach Holland, wodurch sämmtliche Fabrikanten in Verlegenheit gesetzt, ja manche zu Grunde gerichtet wurden. Aders aber fand in seinem weitsehenden Blicke und seiner besonnenen Combinationsgabe bald neue Absatzwege für seine Fabrikate, und eben so bald gelang es ihm, eine Menge Erzeugnisse der ausländischen Industrie einheimisch zu machen. Da er weit entfernt von kleinlicher Geheimnisthuerei und engherziger Geschäfts=Eifersucht war und gern jedem Standesgenossen Rath und Auskunft gab, so trug er in jener Periode wesentlich zu den zeitgemäßen Veränderungen im Fabrikations- und Handelssystem seiner Vaterstadt bei.

Bis jetzt war Aders nur Kaufmann gewesen, aber im Jahre 1799 nahmen seine Mitbürger seine Thätigkeit für die Angelegenheiten seiner Vaterstadt in Anspruch und erwählten ihn, ihm ganz unerwartet, in seinem 31. Jahre zum Bürgermeister, was er jedoch erst nach langem Widerstreben annahm. Dies Amt war in jener Zeit, wo die Französischen Armeen das Land besetzt hielten, eines der beschwerlichsten, aber als er es einmal übernommen, stand er ihm auch mit der größten Thätigkeit und Theilnahme vor. Er begnügte sich nicht, der Bürgerschaft die unvermeidlichen Lasten des Krieges durch Ordnung und Gerechtigkeit in der Vertheilung derselben so viel als möglich zu erleichtern, sondern er erwarb sich auch durch Stiftung der allgemeinen Armenanstalt ein außerordentliches Verdienst um Elberfeld, wo bis jetzt die Straßenbettelei nicht nur tolerirt, sondern förmlich privilegirt war. Noch ehe das Jahr seiner Amtsführung verflossen, hatte er durch seinen rastlosen Eifer die Anstalt völlig begründet und das Heer der Straßenbettler war verschwunden. Im folgenden Jahre bekleidete er die Richterstelle, und später war er Beisitzer oder Schöffe des Gerichts, welches Amt er auch bis zur neuen Organisation der Gerichte unter Französischer Herrschaft behielt. Den Gemeinsinn, den Aders unter seinen Mitbürgern bei der Errichtung der Armenanstalt erregt hatte, wußte er 1803 zu einem andern, nicht minder wichtigen Zweck zu benutzen. Er bewog nämlich einige seiner Collegen in der Armenverwaltung, die eben so, wie er, von dem schlechten Zustande der höhern Schulanstalten überzeugt waren, einen ausgezeichneten Lehrer für ihre Rechnung an die Spitze einer zu errichtenden höhern Bürgerschule zu stellen, ein Schulhaus mit hinlänglichem Wohnraum aus eigenen Mitteln zu bauen und für alle übrigen Schulbedürfnisse zu sorgen. Auch diese Anstalt kam schnell zu Stande und erfreute sich eines so fröhlichen Gedeihens, daß die von den Stiftern geleistete Bürgschaft nie in Anspruch genommen zu werden brauchte. Aders nahm als Mitglied des Vorstandes fortwährend lebhaften Antheil daran, alle seine Kinder wurden darin gebildet, und jener Lehrer blieb bis an seinen Tod sein persönlicher Freund.

Ein sogenannter Gesellschaftsmensch war Aders nie gewesen. Er besuchte die öffentlichen Clubbs nur als Nothbehelf für das Erholungsbedürfniß. Seitdem er aber eine bessere Befriedigung im gemeinnützigen Wirken für Armen= und Schulanstalten gefunden, nannte er die Stunden, die er diesen täglich widmete, seine Erholungsstunden, und starb dem öffentlichen Gesellschaftsleben nach und nach ganz ab.

Seine kaufmännischen Unternehmungen breiteten sich indeß immer weiter aus und ließen sich weder durch das Continentalsystem der Franzosen, noch durch das Blokadesystem der Engländer hemmen. Jedem Prohibitionssystem aus Grundsatz feind, haßte er das Eine wie das Andere, aber streng und rechtlich verabscheute er alle gesetzwidrige Mittel und Wege. Demungeachtet litt auch sein Haus von der ungerechten Maßregel, wodurch im Sommer 1813 so viele Häuser in der Nähe von Elberfeld heimgesucht wurden. Durch das berüchtigte Decret von Nossen wurden nämlich in jenem Jahre alle aus England gekommenen Waaren und Stoffe, welche die Douanen in dem von den Franzosen noch besetzten Theile von Deutschland auffanden, ohne Rücksicht auf Erwerb und Besitztitel, für gute Prise erklärt und über den Rhein geschafft. Dieser Raub kostete Elberfeld und Barmen mehr als zwei Millionen Franken, und das Haus Brink und Comp. war für eigene und fremde Rechnung am bedeutendsten dabei betheiligt. Bald hernach erlosch bei Leipzig Napoleons Herrschaft über Deutschland, die Verbündeten kamen an den Rhein, und mit ihrer Ankunft ging auch über Elberfeld die Morgenröthe einer bessern Zeit auf. Aders nahm als Mensch und Bürger an dieser glücklichen Wendung den wärmsten Antheil und verschmerzte um so leichter den Verlust, den ihm die Franzosen noch in den letzten Tagen ihrer Macht zugefügt hatten.

Im Jahre 1814 wurde er zum Stadtrath ernannt, und benutzte auf diesem Standpunkte abermals jede Gelegenheit, um für das allgemeine Beste zu sorgen. Im Jahre 1815, als Fürst Blücher mit seinem Heere dem von Elba zurückgekehrten Napoleon gegenüber stand, erschien in Elberfeld ein Abgeordneter des Preußischen Feldherrn mit dem Auftrage, zum Bedarf der für den Augenblick erschöpften Kriegskasse ein Anlehn zu unterhandeln. Der Abgeordnete wendete sich zuerst an Aders, und trotz der kritischen Zeit überwog das Interesse an der Sache des Vaterlandes, das Vertrauen auf die Tapferkeit des Preußischen Heeres und das Wort seines Anführers jede engherzige kaufmännische Bedenklichkeit. Er war der Erste, der eine ansehnliche Summe unterzeichnete und dadurch dieser Angelegenheit einen solchen Impuls gab, daß die ganze bedeutende Anleihe innerhalb zweier Tage zu Stande kam.

Unter den Entschädigungs=Forderungen, die man beim zweiten Friedensvertrag mit

Elberfeld.

Achenbach, Wilh. Rentenier.
Achenbach & Brüninghausen, Wechselgeschäfte und Tuchhandlung.
Frau M. Achenbach, née Voerster, Ellenwaarenhandlung in Tuch, Casemir, Cattunen
Aders, Ioh. Casp. Baumwollewaarenfabrik und türkischroth Garn.
• Aders, Wilh. & Comp. Fabrik von seidenen Tüchern und Sammet.
Altgeldt & Rupprecht, Materialwaaren.
Altgelt, Christ., Ludw. Sohn, desgleichen.
Altgelt, Carl Fried. Specereiwaaren.
Arrenberg, I. P. Zinn und Composit. Fabrik.
Andrä, Theod. Nürnberger Waaren.
Auffermann, I. P. Leder.
• Aus den Dörnen & Grünenthal, Seiden= u. Sammetband, wie auch Stück=Sammetfabrik.
Ball, Ioh. Lederhandlung und Lohgerberei.
Baum, I. P. Knopf= und Schnallenfabrik.
Bargmann, Ioh. Papierfabrik.
Bechem, Makler.
Becker, jun. & Comp. Chelassen und türkischrothe Tücher.
• Becker, I. C. & Sohn, baumwollene u. halbseidene Westenfabrik.
Beckmann, A. A. Nürnb. u. Frankf. Waaren.
Bemberg, I. P. Farbstoffen, Baumwolle, greife und gefärbte Garne.
Bergmann, I. Eng. Bandfabrik.

Auszug aus dem „Merkantilischen Handbuch für's Großherzogthum Berg..., Elberfeld 1809" von Johann Jacob Ohm (SAW J II 240a)

Jakob Aders.
Ernst steh' ich da an Deiner Grabesstätte,
Wehmütig blicke fragend ich hinab:
Auch Du schon, Freund, im kalten Friedensbette?
Dich Rüstigen umfängt das stille Grab? -
Ich will nicht weinen! denn was sollen Zähren? -
Viel helle Blicke hat das Vaterland,
Dem Du gehörest, fragend hergesandt,
Laß geistig ihnen mich Dein Bild verklären.
(Erste Strophe eines Gedichtes von A. Köttgen im Rheinisch=Westphälischen Anzeiger Nr. 26 vom 30.3.1825, S. 586-587)

Frankreich geltend zu machen suchte, war auch die der Kaufleute aus den Rheinprovinzen, an denen der oben erwähnte Douanenraub begangen worden war. Sie hatten deshalb den ehemaligen Französischen Staatsanwalt Krill nach Paris gesendet, wo er diese Sache mit dem größten Eifer, aber vergebens, betrieb. Schon stand Krill im Begriff, Paris zu verlassen, als ein zufälliges Zusammentreffen mit dem Preußischen Geheimen Ober=Finanzrath Crull der Sache eine günstige Wendung gab. Es war nämlich derselbe, der als Abgeordneter des Fürsten Blücher jene Anleihe in Elberfeld unterhandelt hatte. Er erwähnt des Patriotismus der Elberfelder, und nun erinnert sich Krill, daß er Briefe von Aders an den Fürsten Blücher erhalten und noch nicht übergeben habe. Er übergab sie sogleich, und noch in derselben Nacht ließ der Fürst durch den Grafen von Gneisenau diese Angelegenheit dem Preußischen Minister vortragen, und am folgenden Tage - so wirksam war des großen Feldherrn Fürwort und so nahe der letzte entscheidende Augenblick - wurde mit dem Friedens=Document auch die völlige Vergütung jenes Raubes unterzeichnet.

Als im Anfange des Jahrs 1816 die verderbliche Witterung eintrat, welche dieses Jahr auf so unglückliche Weise ausgezeichnet hat, äußerte Aders schon früh im Kreise der Freunde seine Furcht vor den Folgen derselben, und als später die Regengüsse immer stärker und anhaltender wurden, sprach er sein Vorgefühl des drohenden Mangels an die Nothwendigkeit vorbeugender Maßregeln so eindringend aus, daß es ihm gelang, einen Verein zu bilden, dessen Plan er längst im Stillen entworfen hatte. Auf seine Aufforderung im Monat Juli unterzeichneten 153 Bürger ein Kapital von 100000 Thalern, wovon jedoch nur 60000 Thaler benutzt und damit binnen Jahresfrist ein Umschlag von 400000 Thalern in Getreide für Elberfeld gemacht wurde. Die Zufuhren waren so regelmäßig geordnet, daß nur einmal durch plötzliches Anschwellen des Rheins Noth drohte, da gab Aders, für dessen Haus kurz vorher eine bedeutende Ladung angekommen war, dieselbe dem Verein zum kostenden Preise, den großen Gewinn aufopfernd, den er in einem solchen Augenblick daraus hätte ziehen können. Der Vortheil, den Elberfeld, abgesehen von dem Schutze vor Mangel, durch wohlfeilere Brodpreise, im Vergleich zu denen der benachbarten Orte, binnen jenen 13 Monaten gehabt hatte, betrug über 50000 Thaler. Die von dem Kornverein gewonnenen 10500 Thaler wurden nicht vertheilt, sondern von den Gliedern des Vereins der Stadt zum Bau eines Bürger=Krankenhauses geschenkt.

Um auf den schlimmsten Fall vorbereitet zu seyn, hatte man Versuche mit Brod aus gemahlenem Moos und Baumrinden angestellt, und, obgleich man nicht nöthig hatte, zu diesem Aushelfemittel seine Zuflucht zu nehmen, so genoß Aders jedoch jeden Mittag aus eigenem Antriebe ein Stück von diesem Brode, um zu zeigen, daß man sich auch bei noch entfernter Noth auf dieselbe vorbereiten müsse.

Nach dem Aufhören des Kornvereins schien Aders in dem Gemeinwesen seiner Vaterstadt keinen ihm genügenden Stoff für seine gemeinnützige Wirksamkeit finden zu können. Es trat daher eine andere, in einem weitern Sinn gemeinnützige Idee seinem Leben näher. Schon seit Jahren war es ein Lieblingsgegenstand mündlicher und schriftlicher Unterhaltung mit seinen Freunden gewesen, darzuthun: der Glaube an die Ueberlegenheit der englischen Industrie sey nichts als Aberglaube oder Unwissenheit, und gerade Englands gepriesenes Zollsystem sey ein Hauptpunkt, wodurch es zum deutschen Gewerbfleiß im Nachtheil stände. Es sey daher, abgesehen von der Unausführbarkeit desselben auf dem zerstückelten Continent, eine verkehrte Idee, dem deutschen Kunstfleiße durch Aufstellung eines ähnlichen Prohibitivsystems aufhelfen zu wollen, aber das Aufsuchen und Benutzen der außereuropäischen Märkte und Absatzkanäle sey für Deutschland das sicherste Mittel. England erzwinge alles durch die Vereinigung der Kräfte Einzelner zu einem Ganzen, und dieselben Mittel zu denselben Zwecken ständen auch Deutschland zu Gebote.

Diese Ideen waren das Thema mehrerer Aufsätze, die er in den Jahren 1818, 19 und 20 in verschiedenen deutschen Blättern, abdrucken ließ. Als im Jahre 1820 von zwei Kaufleuten in Hamburg zu gleicher Zeit verschiedene Pläne zu einer deutschen Exportations=Gesellschaft erschienen, und Aders in einem der Verfasser seinen langjährigen, im großen Welthandel viel erfahrnen Freund Becher erkannte, so trat er auch mit seinem Plane hervor und forderte Bechern zu einer Reise nach Elberfeld auf. Da beide über den Zweck ihrer Pläne schon einig waren, ehe sie einander sprachen, so wurden sie es auch bald über die Mittel, und Becher schloß sich der Unternehmung seines Freundes an, die so rasch von Statten ging, daß bis zum März 1821 die erforderliche Anzahl Aktien unterzeichnet war und die erste Versammlung gehalten werden konnte. Wenig Monate nachher gingen mit den ersten Schiffsladungen auch schon die Agenten ab, welche bestimmt waren, an mehreren Punkten der neuen Welt Niederlassungen für die Gesellschaft zu gründen und zu leiten. So sah Aders ein

161

Unternehmen erfolgreich fortschreiten, wozu er die Idee Jahre lang in seinem Geiste still genährt und gepflegt hatte, und hatte die Freude, das Lieblingskind seines Geistes, wie er dies Institut gern nannte, mit einer Achtung und einem Vertrauen vom Vaterlande aufgenommen zu sehen, die seine bescheidenen Erwartungen bei weitem überstiegen. Indeß war es auch die höchste Zeit, daß ihm dieser Lohn zu Theil wurde, denn er hatte den vielen, mit der Ausführung jener Idee verbundenen Arbeiten und Anstrengungen aller Art die letzten Kräfte seiner schon lange wankenden Gesundheit geopfert. Bereits in frühern Jahren hatte er durch zu anhaltendes Sitzen und vieles Kopfarbeiten den Grund zu Uebeln gelegt, die nur durch gänzliches Zurückziehen von seinen gewohnten Geschäften hätten gehoben werden können, aber das wollte oder konnte er nach seiner Individualität nicht. Ein Spaziergang bei schönem Wetter in einen Garten, den er mit einem Jugendfreunde gemeinschaftlich besaß, und wegen seiner herrlichen Aussicht über das Wupperthal besonders liebte, war die einzige Erholung, die er sich gönnte. Im Sommer genoß er oft hier sein Frühstück, und da immer diese Stunde seine Erbauungsstunde gewesen war, so war es auch hier seine Bibel, mit der er den Tag begann. Aber diese Spaziergänge, so viel Genuß sie ihm auch gewährten, konnten das immer fortschreitende Sinken seiner Kräfte nicht aufhalten, da er von ihnen stets zu seinem Schreibtische zurückkehrte. Im Sommer 1824 ließ er sich zu einer Badekur bereden, die zu neuen Hoffnungen berechtigte, aber nur für sehr kurze Zeit. Mit dem Winter wurden die Symptome immer bedenklicher, die Abnahme seiner Kräfte immer sichtbarer. An einem der ersten schönen Tage des März 1825 machte er noch einmal seinen Lieblingsspaziergang nach dem oben erwähnten Garten; es war sein letzter Gang in die schöne Natur, deren Wiederaufleben er mit stiller Wehmut betrachtete, und empfand. Den Freunden, die hier ihre Hoffnungen zu seiner Wiederherstellung aussprachen, erwiederte er innig bewegt, aber ruhig und gefaßt: „Mit mir gehts immer weiter bergab." Wenige Tage nachher überfiel ihn ein heftiges Brustfieber, das den Rest seiner Kraft schnell verzehrte.

Am 14. März hielten die Theilhaber der Rheinisch=Westindischen Compagnie ihre dritte General=Versammlung. Eine Deputation wurde an Aders abgesandt, um ihm zu sagen, mit welcher allgemeinen Trauer die Versammelten seine Gegenwart vermißten. Er empfing sie mit sichtbarer Rührung auf seinem Krankenbette und bat sie, der Versammlung in seinem Namen zu versichern, daß er gern fortfahren werde, das begonnene Werk mit Rath und That zu unterstützen, so lange seine Kräfte es ihm gestatten würden; doch diese verließen ihn schon, indem er sprach. In den folgenden Tagen war sein Zustand abwechselnd, aber schon am 21. stellten sich die unverkennbaren Vorboten des Todes ein, und am 22. März, um 2 Uhr Nachmittags, zerbrach der bis zum letzten Tage thätig gebliebene Geist seine Hülle.

Zweimal beschenkte die Gnade des Königs von Preußen den Verewigten mit den Beweisen der Anerkennung seiner Verdienste um das Gemeinwohl: einmal mit dem allgemeinen Ehrenzeichen erster, und das andere Mal mit dem rothen Adlerorden dritter Classe. Er schätzte und verehrte diese Zeichen königlicher Huld nach ihrem ganzen Werthe, aber nur bei sehr außerordentlichen Gelegenheiten erlaubte ihm seine Gesinnung, sie zu tragen.

Sein Character vereinigte alle Eigenschaften, die auf Achtung und Liebe Anspruch geben. Ernst in Geschäften, war er freundlich und mild im Kreise der Seinigen und seiner Freunde; er überlegte sorgsam, ehe er begann, aber, war es einmal begonnen, so führte er es aus, ohne sich durch Hindernisse oder Schwierigkeiten abschrecken oder aufhalten zu lassen. Der frühe Morgen und der späte Abend fanden ihn am Schreibtische; denn alle Arbeiten für öffentliche Zwecke und einen ausgedehnten freundschaftlichen Briefwechsel besorgte er in diesen Stunden, und versäumte darum keine seiner Berufsarbeiten, deren er sich nur zu viele aufgeladen hatte. Schlicht und einfach ging er einher, aber groß und unternehmend war sein Geist. Obgleich ihm der Jahre wenige beschieden waren, so lebte er doch lange; durch Verdienste und Tugenden hat er sich ein ewiges Leben erworben, und er lebt fort im Herzen aller Redlichen, die ihn kannten.

Kommentar 14 und 15

Mit dem Edikt Napoleons über Zünfte und gewerbliche Privilegien vom 7.2.1810, in dem die Aufhebung aller Monopole und gewerblichen Korporationen angeordnet wurde, war auch die offizielle Auflösung des Handelsvorstandes der Garnnahrung als frühester Form einer wirtschaftlichen Interessenvertretung im Wuppertal verbunden; in seiner schwerpunktmäßigen Beschränkung auf den Leinengarnhandel und die Bleicherei repräsentierte er allerdings zu dieser Zeit schon nicht mehr das gesamte Spektrum des Handels und der Fabrikation.

Erst am 21.6.1827 bildete sich in Elberfeld eine Initiative aus Kaufleuten und Fabrikanten, die sich zur Aufgabe gestellt hatte, beim Finanzminister von Motz die Genehmigung zur Gründung einer Handelskammer zu erwirken. Neben dem Initiator J. P. vom Rath waren u.a. Ewald Aders, August von der Heydt, Ad. von Carnap, Frowein jr., Carl Blank, P.C. Peill und C.C. Becher beteiligt; J.H.D. Kamp (1786-1853), der der Sache einer offiziellen Interessenvertretung der Wirtschaft im Rheinischen Provinziallandtag vorgearbeitet hatte, nahm beratenden Einfluß auf die Initiative. Nachdem die Regierung ihre Zustimmung zur Gründung einer Handelskammer von der Einbeziehung zumindest Barmens in diese Institution abhängig gemacht hatte, arbeitete eine vorbereitende Kommission aus den Barmer Unternehmern Caspar Engels, J. Schuchard, J.W. Osterroth und Carl Bredt sowie den Elberfeldern vom Rath, von Carnap, Kamp und Becher erneut einen Regelungsversuch aus.

Die erste der beiden Quellen gibt die nach langwierigen Verhandlungen zwischen Kommission und Regierung am 22.6.1830 genehmigten Statuten der „Handelskammer von Elberfeld und Barmen" wieder. Im Gegensatz zu den nach französischem Recht konstituierten „chambres de commerce", in denen Staatsbeamte wie Landräte oder Maires den Vorsitz zu übernehmen berechtigt waren, verlangten die Statuten von 1830 die Wahl des Präsidenten und Vizepräsidenten aus den Reihen der Kammermitglieder. Dieses Recht sowie der in § 2 formulierte Zweck der „Handelskammer von Elberfeld und Barmen" wurden als erste Regelungen dieser Art ab 1831 auch auf die schon bestehenden Kammern angewendet und im preußischen Handelskammergesetz von 1848 aufgenommen. Auf der konstituierenden Sitzung der Kammer vom 22.10.1830 - zu dieser Zeit waren 162 Elberfelder und 139 Barmer Kaufleute wahlberechtigt - wurde J.H.D. Kamp zum ersten Präsidenten gewählt; für Elberfeld waren weiterhin vertreten: Winand-Simons, F.A. Jung, J.A.

Quelle 14
Statut und Regulativ der Handelskammer von Elberfeld und Barmen,
Elberfeld 1831   SAW J II 15   Auszüge

Statut
der
Handelskammer von Elberfeld und Barmen.

Wir **Friedrich Wilhelm** von Gottes Gnaden, König von Preußen ꝛc. ꝛc., haben zur Beförderung des allgemeinen Handels-Interesses, die Einsetzung einer Handelskammer für die Stadtbezirke Elberfeld und Barmen beschlossen, und verordnen deshalb auf den Antrag unsers Ministers des Innern wie folgt:

§. 1.

Es wird für die Stadt-Gemeine Elberfeld und Barmen eine Handelskammer errichtet, welche ihren beständigen Sitz in der Stadt Elberfeld hat, und die Benennung Handelskammer von Elberfeld und Barmen führt.

§. 2.

Die Handelskammer besteht aus sechszehn Mitgliedern, wovon acht aus dem Elberfelder und acht aus dem Barmer Handelsstande berufen werden. Sie wählt den Vorsitzenden alljährlich aus ihrer Mitte. Wenn die Regierung es jedoch für angemessen erachtet, an den Berathungen über einzelne Gegenstände unmittelbaren Antheil zu nehmen, so ernennt sie dazu einen Commissarius, welcher alsdann die Sitzungen anberaumt und darin den Vorsitz führt.

§. 3.

Zum Mitgliede der Handelskammer kann nur berufen werden, wer dreißig Jahre und darüber alt ist, ein Handlungs- oder Manufaktur-Geschäft wenigstens fünf Jahre lang, für eigene Rechnung persönlich und selbstständig betrieben, auch in dem Gemeinde-Bezirk, für welchen er erwählt wird, gegenwärtig seinen ordentlichen Wohnsitz und den Hauptsitz seines Gewerbes hat, und durchaus unbescholtenen Rufes ist.

§. 4.

Die Bestimmung der Handelskammer ist, den Staatsbehörden ihre Wahrnehmungen über den Gang des Handels und Manufaktur-Gewerbes und ihre Ansichten über die Mittel zur Beförderung des Einen und des Andern darzulegen, denselben die Hindernisse, welche der Erreichung dieses Zweckes entgegenstehen, be-

*von Carnap, J.P. vom Rath, J.W. Blank sen., Köhler-Bockmühl und Johann Keetmann, die Vertretung Barmens stellten J.C. Engels, W. Osterroth, Abr. Rittershaus, Friedr. von Eynern, Johann Peter Fischer, F.W. Bredt, Wilhelm Siebel und Fr. Wilh. Enneper.
Mit der in der zweiten Quelle wiedergegebenen Rede vollzog der Geheime Regierungsrat Jacobi die Eröffnung der Handelskammer. Bis ins Jahr 1870 bestand die Handelskammer im Wuppertal als gemeinsame Interessenvertretung Elberfelder und Barmer Unternehmer; durch Erlaß vom 15.12.1870 erhielt Barmen das Recht zur Gründung einer eigenen Kammer, als deren erster Präsident der Kommerzienrat Fr. W. Osterroth amtierte.*

Statut und Regulativ
der
Handelskammer
von
Elberfeld und Barmen.

Elberfeld 1831.
Gedruckt bei Samuel Lucas.

Titelseite des Handelskammerstatuts (SAW J II 15)

kannt zu machen, und ihnen die Auswege anzuzeigen, welche sich zur Hebung derselben darbieten. Auch kann sie beauftragt werden, über zweckmäßige Ausführung und Verwaltung der öffentlichen Anstalten und Anordnungen, die auf den Handel Bezug haben, die Aufsicht zu führen.

§. 5.

Die Beschlüsse der Handelskammer werden durch Stimmenmehrheit gefaßt; bei Gleichheit der Stimmen entscheidet die Stimme des Vorsitzenden. — Die Kammer berathschlagt gültig, wenn wenigstens neun ihrer Mitglieder gegenwärtig sind.

§. 6.

Der Handelskammer ist es gestattet, in eiligen Fällen ihre Vorstellungen und Eingaben unmittelbar an die Ministerien zu richten; sie hat jedoch eine Abschrift derselben gleichzeitig der Regierung einzureichen. Ueber Gegenstände, welche ihr zur Begutachtung von der Regierung vorgelegt werden, berichtet sie an diese.

(...)

§. 8.

Die Handelskammer hat über die Qualifikation der Personen, welche zu vereideten Mäklern oder zu der Verwaltung öffentlicher Handels- oder Fabrik-Anstalten ernannt werden sollen, ihr Gutachten abzugeben.

§. 9.

Bei vorkommenden Berathungen über Anstalten, Anlagen oder Anstellungen, welche das Gewerbe einer der beiden Stadt-Gemeinden ausschließlich betreffen, haben nur diejenigen Mitglieder der Handelskammer ein Stimmrecht, welche derselben Stadt-Gemeinde angehören, und können darüber, als Abtheilung der Kammer, einen Beschluß fassen.

§. 10.

Für die erste Bildung der Handelskammer beruft der Landrath zuvörderst durch Umlaufschreiben diejenigen Kaufleute und Fabrik-Inhaber in Elberfeld, welche eine Gewerbesteuer zu zwölf Thaler und darüber erlegen, zu einer Versammlung, um unter seinem Vorsitze diejenigen acht Mitglieder der Handelskammer zu erwählen, welche die Stadt Elberfeld für dieselbe zu stellen hat.

(...)

§. 12.

Jeder Stimmberechtigte hat die Befugniß, einen Kandidaten in Vorschlag zu bringen. — Die Protokollführer stellen diese Vorschläge in ein Verzeichniß zusammen, welches zur Einsicht der Anwesenden vor der Wahl auf den Tisch des Wahlvorstandes niedergelegt wird.

§. 13.

Die Wahl wird darnach von den anwesenden Wahlberechtigten durch Geheimstimmung auf Stimmzetteln nach absoluter Stimmenmehrheit vollzogen.

§. 14.

Ergiebt die Wahl nicht für alle zu besetzende Stellen eine absolute Stimmenmehrheit, so werden für diese Stellen diejenigen, welche verhältnißmäßig die meisten Stimmen für sich vereinigt haben, wieder zur neuen Wahl gebracht, so lange, bis alle Stellen durch absolute Stimmenmehrheit besetzt sind.

§. 15.

Darnach werden eben so viele Stellvertreter, als Mitglieder der Handelskammer, in gleicher Weise gewählt. Im Verhinderungsfalle eines Mitgliedes wird einer der Stellvertreter zu den Sitzungen berufen.

§. 16.

Acht Tage nach Vollbringung dieser Wahl wird in gleicher Art die Wahl der acht Glieder der Handelskammer und deren Stellvertreter vollzogen, welche die Stadt-Gemeinde Barmen zu stellen hat.

§. 17.

Jede Wahl wird dem Minister des Innern zur Genehmigung vorgelegt.

§. 18.

Die Handelskammer wird alle Jahre zu einem Viertheile erneuert, in der Art, daß Mitglieder und Stellvertreter von jeder der beiden Stadt-Gemeinden austreten, und eben so viele in gleicher Art, wie in dem §. 10. festgesetzt worden ist, wieder erwählt werden.

§. 19.

Nach der ersten Wahl wird durch das Loos bestimmt, welche von den erwählten Mitgliedern der Kammer am Schlusse des ersten, zweiten und des dritten Jahres austreten. — Die Stellvertreter treten in derselben Art aus, wie die Glieder der Kammer selbst.

§. 20.

Die austretenden Mitglieder und Stellvertreter können immer wieder erwählt werden.

§. 21.

Solche Mitglieder der Handelskammer oder Stellvertreter, welche ihren Wohnsitz oder den Hauptsitz ihres Geschäfts aus dem Umkreise der beiden Gemeinde-Bezirke Elberfeld und Barmen verlegen, können an den Berathungen der Kammer nicht länger Theil nehmen, und ihre Stellen werden als erledigt angesehen. — Dasselbe ist der Fall, wenn ein Mitglied der Kammer oder Stellvertreter aus einem der beiden Gemeinde-Bezirke in den andern verzieht. Jedoch versteht es sich, daß diese für den Ort, wohin sie ihren Wohnsitz verlegt haben, wieder erwählt werden können.

(...)

§. 24.

Ueber die zur Bestreitung der Bedürfnisse der Handelskammer erforderlichen Ausgaben entwirft dieselbe jährlich einen Etat, welcher durch die Regierung dem Minister des Innern zur Genehmigung vorgelegt wird.

§. 25.

Die Kosten werden zur Hälfte in den beiden betheiligten Gemeinden nach dem Fuße der Gewerbesteuer von denjenigen Kaufleuten und Fabrik-Inhabern erhoben, welche eine Gewerbesteuer zu zwölf Thaler und darüber erlegen, und der Gemeinde-Kasse zu Elberfeld zur Verausgabung auf die Anweisungen der Handelskammer zur besondern Verrechnung überwiesen.

§. 26.

Die Ordnung der Geschäftsführung wird durch ein Regulativ festgesetzt, welches von der Handelskammer selbst nach ihrer Einführung zu entwerfen und von der Regierung zu bestätigen ist.

Urkundlich haben wir dies Statut, welches durch die Amtsblätter zur allgemeinen Kenntniß zu bringen ist, durch Unsere eigenhändige Unterschrift und unter Beifügung Unseres Königlichen Insiegels vollzogen.

Gegeben Berlin, den 22. Juni 1830.

(L. S.)   (gez.) **Friedrich Wilhelm.**

Schuckmann.

Quelle 15
Rede des Herrn Geheimen Regierungs=Raths Jacobi
bei der durch ihn als Abgeordneten der Königlichen Regierung zu Düsseldorf am 17ten Januar 1831 vollzogenen Installation der Handels=Kammer von Elberfeld und Barmen SAW J II 15[1]

Rede
des
Herrn Geheimen Regierungs=Raths Jacobi
bei der

durch ihn als Abgeordneten der Königlichen Regierung zu Düsseldorf

am 17ten Januar 1831 vollzogenen

INSTALLATION
der

Handels=Kammer
von

Elberfeld und Barmen.

———✱✱✱———

Es ist eine große Freude mir in meinem vorgerückten Alter geworden, daß ich, zufolge des mir ertheilten ehrenvollen Auftrages, diese würdige Versammlung heute eröffnen und in ihre Verrichtungen einführen darf. Gewohnt aus früher Jugend dieses schöne Thal, diese vielbelebten Orte als einen Theil meiner nächsten Heimath anzusehen, angezogen durch den milden, rechtlichen Sinn, wie durch die verständige Betriebsamkeit und vielseitige Bildung ihrer Bewohner, mit vielen unter ihnen befreundet, und seit langer Zeit durch meinen Beruf an die Betrachtung ihrer guten und widrigen Schicksale gefesselt, habe ich, wie wenig Andere, außer ihrer Mitte, Veranlassung an jedem Fortschritt ihrer gesellschaftlichen Einrichtungen Theil zu nehmen und ihnen dazu Glück zu wünschen; da ich dieses als einen Theil des meinigen betrachte. Und einen solchen Glückwunsch kann ich, wenn jemals, heute aussprechen; da wir hier vereinigt sind ein neues Organ des gemeinen Wesens dieser beiden großen Bürgerschaften zu fruchtbarer Lebensthätigkeit zu weihen, welches sich als einen der Schlußsteine ihres gesellschaftlichen Verbandes darstellt, und diesem ein Siegel der Einheit aufdrückt, die, in der Natur gegründet, durch eine zufällige Abtheilung und getrennte Nebenverhältnisse nicht aufgehoben werden konnte.

Lange wurde ein solches Organ der gesammten Gewerbsthätigkeit dieses Thales, welchem wenige der bewohnten Erde vergleichbar sind, vermißt. Der Vorstand des frühern Hauptgewerbes seiner Bewohner, welches noch zur Zeit unseres Gedenkens den ganzen Thalgrund in schimmerndes Weiß kleidete, aber seitdem durch die vielseitige Entwickelung freier Betriebsamkeit mehr und mehr hinter Andern zurückgetreten ist, vertrat in voriger Zeit diese Stelle.

Die vormalige Pfalzbaierische Regierung dieses Landes, von deren wohlwollendem Streben uns eine freundliche Erinnerung immer bleiben wird, faßte in den letzten Jahren ihres Bestehens den Plan einer zugleich örtlichen und in dem Verein von Abgeordneten der verschiedenen Vorstände für allgemeine Zwecke zusammenwirkenden Vertretung des Bergischen Gewerbes; allein der dazwischen getretene Wandel des Regiments ließ die begonnene Verwirklichung dieses Plans nicht zur vollständigen Entwickelung gedeihen.

Unter den Verhältnissen, in welche die Großherzogliche Regierung verstrickt war, konnte darin nichts weiter kommen, und so fand es sich bei der Auflösung dieser Regierung, daß das Wupperthal durch den Wechsel der Dinge das frühere Hülfsorgan seiner Gewerbsthätigkeit verloren hatte und kein anderes den Abgang ersetzte.

Wenn dieser Mangel dennoch in einer Reihe von fünfzehn Jahren nicht fühlbarer geworden ist, wenn dennoch der Gewerbsfleiß sich hier von Jahr zu Jahr mehr entwickelt und verzweigt, in dieser Entwickelung und Verzweigung zu den mannigfachsten und großartigsten Unternehmungen, sowohl der Einzelnen als der Verschiedenen aus ihnen und durch sie gebildeten Vereine sich erhoben hat, so verdanken wir dieses der von ehrwürdigen Vorfahren mit ihrem rechtlichen und milden Sinne zugleich ererbten vielseitigen Thätigkeit, welche dem hiesigen Gewerbstande eigen ist, der das Bedürfniß und den Vortheil des Augenblicks verständig erfassenden Vielseitigkeit seines Strebens, und einem stets bewährten Gemeinsinn, als den Grundlagen alles gewerblichen Wohlstandes auf einer Seite, wie auf der andern, und vor allen Dingen der Freiheit der Bewegung unter dem Schirm eines mächtigen und in seiner ursprünglichen, von einem so weisen wie wohlwollenden und wohlthätigen Könige unverrückt erhaltenen Richtung zu allem Guten, Schönen und Nützlichen festgegründeten Staats und der lebendigen Einwirkung der in eben diesem Geiste stets wachenden, jeder nützlichen Unternehmung mit Aufmunterung, Belehrung und gewichtigen Unterstützung entgegen kommenden obern Staatsbehörden, deren immer wohlthätiges von weiser Einsicht geleitetes Streben und Thun wir auch hier schon so vielfach erfahren haben.

Es bedurfte aber allerdings noch eines solchen Organs, wodurch die jederzeitigen Bedürfnisse, Bestrebungen und Besorgnisse des Gewerbes dieser beiden wichtigen Gemeinen — in welchem ihr Lebensprinzip beruht — sich aussprechen und, durch solche Mittheilung, jene Thätigkeit und Wachsamkeit der oberen Behörden zu seinem Besten immer fruchtbarer werden können. Dieses Organ ist Ihnen, nach einem mit Ihnen selbst, meine Herren, und Ihren Genossen vorher berathenen Entwurf, durch die Gnade des Königs in der Anordnung einer gemeinsamen Handelskammer für beide Gemeinen jetzt geworden.

Unbeschwert mit andern Verwaltungsgeschäften, als solchen, die — ihrer nächsten Bestimmung verwandt — ihr in der Folge aufgetragen werden können, hat diese Handelskammer den Beruf, den Gang des in seinen Verbindungen bis in die entferntesten Erdtheile verbreiteten Gewerbes dieser beiden großen Gemeinen in seinem ganzen Umfange, wie in allen seinen einzelnen Verzweigungen unabläßig zu beobachten, von allen Ereignissen, Einschreitungen, Unternehmungen, überhaupt von allen Zeitverhältnissen, die dasselbe fördern, oder sich ihm feindlich entgegenstellen können, Kunde zu nehmen und ihre Wahrnehmungen zugleich mit ihren Anträgen zur Beförderung ihrer Wünsche, oder Entfernung ihrer Besorgnisse den oberen Verwaltungsbehörden mitzutheilen, so wie, aufgefordert, die Bestrebungen dieser Letzteren zu den gleichen Zwecken mit ihren Kenntnissen und Erfahrungen zu unterstützen. Sie wird dabei an der Ueberzeugung festhalten, daß alle diese Behörden, die entfernteren, wie die ihr zunächst stehenden, nichts Anders wollen können, als was sie selbst wollen muß, und daher ihrer Stellung und Bestimmung stets eingedenk, diesen allezeit mit vollem Vertrauen entgegen kommen.

Sie wird nicht einseitig ein Gewerbe vorzugsweise vor dem andern, sondern auch in ihrer Wirksamkeit für das Einzelne, dieses nicht ohne alle seine Beziehungen auf das Ganze in das Auge fassen.

Sie wird nicht Elberfeld, nicht Barmen, sondern immer das unvergleichlich schöne und große Ganze des Wupperthales in den Gränzen beider Gemeinen als ihre nächste Heimath erkennen, ohne dabei ihre Beziehungen auf das weite Vaterland, worin aller Leben und Bestehen gegründet ist, welches sie schützt und schirmt, zu vergessen.

Sie wird neben ihren Bestrebungen und Vorschlägen zu jeder Vervollkommnung der Fabrikation, zu jeder Erleichterung der Handelswege in dem ganzen Umfange des Werks auch ihre besondere Aufmerksamkeit auf das oft nur zu drückende Loos der Fabrikation richten und auf jede Anordnung, wodurch der Zustand dieser Klasse in aller Beziehung gehoben und verbessert werden kann.

Sie wird gedenken, daß alles Sinnen und Wollen des Hauptes nichtig ist, bei verkrüppelten Gliedern.

Bei solcher Richtung ihres Strebens wird sie die Wege erkennen und zeigen, den Wohlstand, welchen hochachtbare Vorfahren bei einfacher Sitte und fester Sinnesart mit unermüdeter Thätigkeit in diesem Thale gegründet haben, nicht nur zu erhalten, sondern auch, gemäß der großartigen Gestaltung, welche beide Orte fast einer gänzlichen Umwandlung gleich bei unserm Gedenken gewonnen haben, zu vermehren, und durch besonnenes Fortstreben, ohne ausschweifende Unternehmungen, wodurch der Handel zu einem verderblichen Glücksspiel wird, den ehrenvollen Namen mehr und mehr festzustellen, welchen die weit verbreitete Betriebsamkeit des neueren Geschlechts dieser Orten in der ganzen Handelswelt erworben hat.

Solchen Willen hat der hiesige Gewerbstand zuvörderst schon in der Wahl der hochachtbaren Glieder dieser Versammlung bewiesen, die ihn selbst nicht weniger ehrt, als Sie, meine Herren, diese Anerkennung Ihres bisherigen Wirkens und Strebens und Ihrer vielfach erprobten Einsichten würdigen werden.

Wir wollen, wir dürfen uns nicht verbergen, daß es eine ernste Zeit ist, in der Sie Ihre Verrichtungen antreten. Unsaubere Geister mancher Art treiben sich umher und suchen Herberge. Auch die früher Ausgetriebenen kehren zurück, ob sie irgendwo ein Haus ihnen gekehrt und geschmückt fänden; wo sie aber ein wachendes in Gerechtigkeit und Wohlwollen fest begründetes Regiment antreffen, beben sie zurück. Die Preußische Regierung bietet, wenn eine, auf der bewohnten Erde, ein solches Beispiel. Aber es thut Noth in dieser, wenn in irgend einer Zeit, daß alle so verwaltende, wie berathende Behörden in unermüdeter Aufmerksamkeit und Thätigkeit sich zu einer Einheit des Willens und Bestrebens die Hände bieten, um festzuhalten, was wir haben, und zu vervollkommnen, was mangelhaft ist. Es ist keine die dazu nicht berufen wäre, dazu nicht an ihrem Theile fruchtbar mitwirken könnte, und alle dürfen dabei nur einen Richtpunkt im Auge halten, ein Beispiel, welches ihnen in jedem Streben zum Guten und Schönen im hohen Sinne und unerschütterlich festen Willen vorleuchtet und vorangeht, das Wollen und Thun unseres weisen, gerechten, gütigen, unseres in allen Beziehungen ehrwürdigen Königs, den Gott uns lange erhalten wolle.

Gewiß, daß ich in Allem, was ich eben angedeutet, Ihre eigenen Ueberzeugungen und die Regungen Ihres mir seit so langer Zeit um so mehr bekannten Bürgersinnes nur zusammengefaßt habe, bleibt mir nun noch übrig zu vollenden, wozu ich gesandt bin, und ich erkläre daher, Namens der Königlichen Regierung, daß die Verrichtungen der Handelskammer für **Elberfeld und Barmen** eröffnet sind.

---

[1] auch wiedergegeben bei: W. Langewiesche (Hrsg.), Elberfeld und Barmen. Beschreibung und Geschichte dieser Doppelstadt des Wupperthals... , Barmen 1863, ND Wuppertal o.J., S. 296ff

Kommentar 16

Wilhelm Ehrenfest Jung (1800-1867), aus dessen Lebenserinnerungen in Quelle 16 Auszüge wiedergegeben werden, trat 1825 in das Kontor der Firma seines Onkels Friedrich August Jung (1769-1852) in Elberfeld ein. Nach dem Tod F.A. Jungs im Jahr 1852 übernahm Wilhelm als Schwiegersohn und Teilhaber gemeinsam mit zweien der drei Söhne des verstorbenen Onkels, Friedrich August jr. und Eduard, die 1838 in Betrieb genommene Hammersteiner Spinnerei sowie das dazugehörige Gut. Die Hammersteiner Fabrik galt zwischen 1838 und 1850 als größte und modernste Baumwollspinnerei Preußens; zusammen mit den ebenfalls in Jung'schem Familienbesitz befindlichen Spinnereien in Jungenthal bei Kirchen und Struth bei Betzdorf waren dort im Jahr 1843 von insgesamt 92000 Spindeln im gesamten Rheinland allein 40000 in Betrieb. Im „Gesellschaftsspiegel", dem „Organ zur Vertretung der besitzlosen Volksklassen" von 1845, wurde die folgende Beschreibung des Firmenkomplexes wiedergegeben: „Die Baumwollspinnerei Hammerstein, mit ihren Pertinenzgebäuden, als Dampfhaus, Radhaus, Directions= und Arbeiterwohnungen, wurde von 1835 bis 1838 auf dem Rittergute gleichen Namens in dem freundlichen Wupperthale, unterhalb Elberfeld, errichtet. Als Muster=Anstalt wurde sie mit den

Quelle 16
„Erinnerungen aus meinem Leben, niedergeschrieben im Februar 1844. Angefangen mit dem Jahr 1801 und endend mit dem Jahr 1830"
Lebensbeschreibung des Spinnereibesitzers Wilhelm Ehrenfest Jung
Historisches Zentrum Wuppertal, Depositum Bergischer Geschichtsverein
handschriftlich   Auszüge

1815 [S. 44ff]
Im Januar trat ich aus der Schule und arbeitete bei dem Vater auf dem Comptoir, um mich etwas im Geschäft zu orientiren und im Spätsommer zu den Oheimen F.A. & C. Jung in Elberfeld aufs Comptoir zu gehen. Im May & Juny wurde die Spinnerei still gestellt und eine große Reparatur an Rad und Aquaduct des Hauses B vorgenommen.
Da sich bei der Bilanz im Januar 1815 in Jungenthal nur ein Gewinn von Taler 494 - pro Anno herausstellte, so erklärten F.A. & C. Jung, daß der gemeinschaftliche Spinnbetrieb nach dem Contrakt von 1802 nicht mehr fortgehen könne und proponirten[1] am 15. Juny den Lor. & Ernst Jung, die Spinnerei im Spinnlohn zu betreiben, wozu sie die Baumwolle fourniren[2] wollten. Es wurde am 31 July 1815 Bilanz gemacht und der Betrieb im Spinnlohn nahm wirklich seinen Anfang, indem sich damals ein Verlust von Taler 15147 - herausstellte und der Betrieb geändert werden mußte.
[...]
Vor dieser Zusammenkunft in Kirchen war die Mutter Anfangs August 1815 nach der Vollme mit den kleinsten Kinder gereist. Friedericke & Caroline Stein Töchter von Schichtmeister Stein reiseten am 10 August zu dem im vorigen Herbst nach Kronenburg gezogenen Pastor Sturm und lernten daselbst bei einer Tour auf den Feldberg den Student Ludwig Mühlenfels kennen, der später wegen demagogischer Umtriebe in Coeln (1819) verhaftet wurde.
Ende August 1815 reisete ich mit dem Vater nach der Grafschaft Mark zu den Eisenkunden und Anfangs September (5) mit nach der Frankfurter Messe, wo wir mit Oheim und Tante F.A. Jung von Elberfeld zusammen trafen, die ihre Tochter Doris und die Nichte Minchen Springmann von der Frau Hofräthin Dapping in Heidelberg aus der Pension zurück geholt hatten, wo Doris sich seit Herbst 1813 befand. Die

neuesten und vollkommensten Maschinerien versehen; das colossale eiserne Wasserrad von 75 Pferdekraft sammt Hülfsdampfmaschine von 40 Pferdekraft, sämmtliche Getriebe und Dampfheizungsapparat aus den ersten Werkstätten Englands und sämmtliche Spinnmaschinen nebst Vorbereitungsapparat aus den besten Werkstätten Frankreichs bezogen. Das Etablissement enthält 24,000 Spindeln, welche von 400 Menschen bedient werden, die mit ihren Familien etwa 1200 Personen ausmachen und neben den außerhalb wohnenden, für das Etablissement beschäftigten Gießern, Drechslern sc. durch die Fabrik ernährt werden. Die Arbeit dauert ununterbrochen fort, da in trockenen Sommern und kalten Wintern, bei vermindertem Wasserfluß, die Dampfmaschine, die Betriebskraft ergänzend, eintritt. […] Der größte Theil der Fabrikarbeiter wohnt in der Nähe des Etablissements; 75 Familien wohnen in 18 auf dem Grund und Boden des Gutes Hammerstein größtentheils neu erbauten steinernen, gesunden und zerstreut liegenden Häusern. Jede Familie hat ihren eigenen Garten und ihr eigenes Stück Kartoffelland, welches ihr nach Bedürfniss zugemessen wird. […] Der Miethzins der Wohnungen ist äußerst gering, nämlich 8 bis 12 Thaler, was einen großen Gegensatz gegen die nahe Stadt bildet, wo, wie mir versichert wird, an 30 bis 40 Thaler für eine minder schöne und gesunde Wohnung bezahlt werden muß. Der Gutsverwalter nimmt regelmäßig alle Wohnungen in Augenschein und ermahnt zur Ordnung und Reinlichkeit" (1. Band, Elberfeld 1845, S. 59ff).

Der Fabrik angeschlossen waren weitere Einrichtungen wie eine Fabrikschule für 120 Kinder, eine Kranken- und Unterstützungskasse mit eigenem Arzt sowie eine Sparkasse für die Arbeiter nebst einer Nähschule. Nachdem Friedrich August Jung jr. 1858 seine Teilhaberschaft aufgekündigt hatte, zahlten ihm 1859 Eduard und Wilhelm Ehrenfest Jung als ein Drittel des festgestellten Bilanzwertes des Unternehmens den Anteil von 72645 Talern 10 Sgr. in vier Raten innerhalb des laufenden Jahres aus. Wilhelm Ehrenfest, der von 1835 bis 1842 Mitglied des Elberfelder Stadtrates gewesen und 1856 zum Kommerzienrat ernannt worden war, vermerkte zu dieser Transaktion in seiner „Geschichte von Hammerstein": „Nicht aus Liebe zum Gewinn, sondern um die väterliche, viele Menschen ernährende Stiftung, zu erhalten geschah diese Uebernahme, indem Wm. Jung 58 Jahre und Eduard Jung 50 Jahre zählt. Gott wolle das Werk segnen!" (W.E. Jung, Geschichte von Hammerstein, 2.Bd., HZ Wuppertal, Dep. BGV, S. 355).

Reise nach Frankfurt wurde über Hachenburg, Bad Seltzer, Limburg, Niederbrechen, Wirges und Kronenburg, wo wir Sturm besuchten, gemacht und der Eintritt in die herrliche Stadt Frankfurt, das gröste Meßgewühl, Theater und Oper, wo mir besonders die Schweizer=Familie gefiel, eröffnete mir gleichsam eine nie gekannte neue Welt. Auf der Rückreise durchs Rheingau bis Neuwied war Herr Vetter Geck von Brüninghausen bei uns, der mich zurecht wieß, als ich ein rasches Urtheil über die Klöster fällte. Von Frankfurt erinnere ich mir noch, daß Herr Pastor Sturm mit uns auf den Schneidwall am Main stieg und daß die beiden Nichten von Elberfeld mich als 14jährigen Burschen nicht für einen vollgültigen Chapeau[3] ansehen wollten, was mich verdroß.

Nachdem die Angelegenheiten in Jungenthal Anfangs November 1815 ihre Erledigung gefunden, war für mich der Augenblick des Scheidens aus dem väterlichen Hause gekommen.

Am 10 November Morgens früh fuhren die beiden Oheime von Elberfeld mit meinem Vater und mir in der großen Wuppermanns Chaise über Fischbach und den Hohenhain nach Drolshagen, wo wir den Wagen der beiden Oheime fanden. Den andern Tag am 11 November 1815 Abends 6 Uhr kamen wir in Elberfeld an und als wir den Ronsdorfer Berg herunter fuhren, machten die vielen Lichter im Wupperthal einen angenehmen Eindruck auf mich. Ich wurde im Hause des Oheims F.A. Jung sehr freundlich empfangen und darauf beschlossen, da es mir noch an Kenntniß des Französischen und Englischen mangelte, die Schule von Herrn J.F. Wilberg noch ein Jahr zu besuchen, bevor ich auf dem Comptoir eintreten sollte.

Ich kam demnach gleich zu Herrn Wilberg in die Schule und wurde in die erste Bank zwischen Wilhelm Simens und Julius Mylius von Mailand gesetzt, welche bald meine besten Freunde wurden.

Im December 1815 starb Tobias Ermert in Alsdorf.

Fritz Wuppermann kam 1814 nach Kirchen in die Schule.

Ich zahlte beim Eintritt bei Herrn Wilberg Taler 11, 42 Stüber Eintrittsgeld und für das 1/2 Quartal 1815 noch Taler 6, 15 Stüber indem das ganze Schulgeld pro Jahr Bergische Taler 50 - betrug.

Der Lektionsplan in dem Wilbergschen Institut war folgender:

Montag
Morgens von 8-9 deutsche Sprache bestehend in Stylübungen (Wilberg)
von 9 bis 10 Geschichte der Deutschen, wird zu Hause aufgeschrieben (Wilberg)
von 10-11 sagt jeder 2 Seiten aus Duverz französischen Gesprächen auf und übersetzt dann Französisch bei Lehrer [Closset].
von 11-12 Rechnen aus Schürmanns Rechenbuch und Meyer Hirsch Algebra bei Lehrer Heuser
Nachmittags von 1-2 Geometrie, wird zu Hause abgeschrieben (Wilberg)
von 2 bis 3 wird Französisch diktirt aus Cornelius Nepos, was zu Hause übersetzt und ins Reine geschrieben wird.
von 3-4 Geographie, wird zu Hause geschrieben
(beide Stunden Wilberg)

Dinstag
Morgens von 8-9 Religionsunterricht (Wilberg)
von 9-10 Schönschreiben
10-11 Französisch Duvez
11-12 Rechnen
Nachmittags 1-2 Geometrie
Euklids Elemente
von 2-3 Französisch Diktiren
" 3-4 Geographie

Mittwoch
Morgens 8-9 Deutsche Sprache
" 9-10 Deutsche Geschichte
" 10-11 Französisch Diktiren
" 11-12 Rechnen
Mittwoch Nachmittag von
1-2 Geometrie, von 2 bis 3 Französisch und von 3-4 Geographie

Donnerstag
Morgens 8-9 Deutsche Sprache
" 9-10 Geschichte
" 10-11 Französisch
" 11-12 Rechnen

Nachmittag 1-2 Geometrie
" 2-3 Französisch
" 3-4 Geographie

Freitag

Morgens 8-9 Religions Unterricht
" 9-10 Schönschreiben
" 10-11 Französisch
" 11-12 Rechnen
Nachmittags 1-2 Geometrie
2-3 Französisch
3-4 dürfen die Schüler für sich arbeiten

Samstag

Morgens 8-9 werden die Tagebücher nachgesehen oder ein Lied diktirt.
Alle Monat wird alsdann das Zeugniß ausgetheilt.
von 9-11 Zeichnen bei Jacob Korff
von 11-12 Singen oder Ferien
Des Samstags Nachmittags ist keine Schule.
Als ich in die Wilbergsche Schule eintrat, trug ich einen schwarzen deutschen Rock mit einfachem Kragen und einer Reihe Knöpfe, eine schwarze Sammtmütze mit einem silbernen deutschen Kreuz und den Hemdkragen übergeschlagen ohne Halstuch. Das Haar in Locken über den Nacken und gescheitelt.
[…]

1819 [S. 79ff]

Im Januar stiftete J. Schornstein in Elberfeld die Singstunde und ich trat als Mitglied ein. Zu dieser Zeit lernte ich auch Carl Luckemeyer kennen, der von Antwerpen zurück kam. Am 9 Januar wurde Doris Jung Braut von Heinr. Horstmann und ich erhielt 1 Paar goldne Pettschafte[4] zum Geschenk. Zugleich wurde auch Helene Troost Braut von A. Kleinschmit aus Arolsen. Die Schwester Julie Wolff hatte bereits geheirathet.
Im Februar hatte die Mutter in Kirchen den Wurm[5] am Finger und litt viele Schmerzen. Am 16 Februar starb Frau Wm. Wuppermann in Barmen. Am 20 Februar auf Doris Geburtstag schenkte ihr Horstmann einen Wiener Flügel von 60 Louisd'or und es war ein großes Fest.
[…]
Während dieser Zeit fanden seit Ermordung Kotzebue's (23.März) durch Sand, die Untersuchungen wegen demagogischer Umtriebe Statt. Ludw. Mühlenfels von Coeln kam einmal zum Besuch hierhin. Ad. Follenius war Redakteur der Elberfelder Zeitung, wurde aber plötzlich verhaftet und aufs hiesige Rathhaus gesetzt, von wo er mir Inserate für die Speyerer Zeitung an Dr. Butenschön auf einer Leye[6] vom Dachfenster zuwarf. Bald darauf ward Follenius nach Berlin abgeführt und ich ging zu Fuß nach Coeln, um Mühlenfels davon in Kenntniß zu setzen, was mir zwar noch gelang, aber dennoch zu spät war, indem er bei meiner Ankunft in Coeln ebenfalls verhaftet ward.
[…]

1824 [S. 129ff]

[…]
Am 9. April reiste ich von Elberfeld über Vollme nach Kirchen zurück und war in der größten Gemüthsbewegung, weil ich während meines Aufenthaltes in Elberfeld mich unwiderstehlich zu der Tochter des Oheims F. A. Jung, Sophie hingezogen fühlte, es aber nicht wagte, ihr meine Gefühle zu offenbaren. Schon seit meinem Besuch in Nassau war ich unaufhörlich von diesen Gedanken erfüllt. Während des Monates April studirte ich, Morgens wenn der Tag graute, das Französische und Englische und baute mir die schönsten Luftschlösser in die Zukunft. Ich reiste darauf am 10 May nach Elberfeld und bei einem Spaziergang auf der Hard, den ich mit Fritz und Sophie machte, verlobte ich mich mit letzterer am 15 May des Samstags worauf wir zu den Eltern eilten und um ihren Segen baten. Da ich im Begriff stand, mit Fritz abzureisen, so wurde übereingekommen, die Sache einstweilen ganz geheim zu halten.
[…]

1825 [S. 143ff]

Am 28 Februar kaufte Oheim F.A. Jung den Rittersitz Hammerstein ca. 130 Cölnische Morgen für Taler 19,000 - Preußisch courant von Heinr. Reiffe[r] und baute in demselben Jahr ein Stück an die Mühle, so wie die große Wiese nach Siegerländer Art durch einen gewissen Thomas von [].
Mein Lebensplan war um diese Zeit, mich in Kirchen zu etabliren und entweder das

Eisengeschäft vom Vater zu übernehmen, oder die Direktion von der Jungenthaler Spinnerei zu leiten, da Oheim Ernst, der 1824 bereits das []wehr und den Canal gebaut hatte, im Jahr 1825 sein neues Spinnereigebäude errichtete und seine eigene Spinnerei haben wollte. Da sich aber dadurch die Familienverhältnisse in Kirchen sehr unfreundlich gestalteten, so glaubte Oheim F. A. Jung, es sei nicht angemessen für mich, in solche trübe Verhältnisse zu heirathen und da sein Sohn Fritz in England war und er nur fremde Leute (Löwenstein, Bödecker & Bechem) auf dem Comptoir hatte, so hielt er es für geeigneter, daß ich in sein Geschäft in Elberfeld einträte und dagegen mein Bruder August von Luchtemayer & Winkelmann ausscheide und den Vater in Kirchen im Geschäft unterstützte. Letzterer gab auch hierzu seine Einwilligung, jedoch mit schwerem Herzen.
[...]
Die Jungenthaler Spinnerei ging in diesem Jahr auf gewöhnliche Art voran; es fand im Frühling ein ungeheurer Aufschlag in Baumwolle und Garnen Statt, dem aber im Spätjahr der Abschlag und viele Bankerotte folgten.
[...]
Am Charfreitag machte ich der Tante Elise bekannt, daß ich verlobt sei und am 16 Juny 1825 reiste ich zu Pferd in Begleitung von Jacob Bayer über Gummersbach nach Elberfeld, um meine Verlobung öffentlich zu erklären. Am 17 Juny machte ich bereits die Besuche mit meiner Braut bei den Geschwistern und war an demselben Abend mit ihr vor der Hard bei J.P. Rittershaus - auf einen Thee, den das Brautpaar Fried. Hecker und Emilie Lausberg gab, die beide im October heiratheten. Ich blieb bis zur Feier von des Schwiegervaters F. A. Jung Geburtstag in Elberfeld und reiste am 10 July wieder nach Kirchen. Für unsere künftige Wohnung wurden 3 Zimmer im 2ten Stock des Doppelhauses vom Schwiegervater für uns schön hergerichtet, indem wir uns solche selbst meublirten oder das Ameublement von Ernst Meyer kauften. Unsere Hochzeit wurde auf den Herbst festgesezt und ferner bestimt, daß wir einstweilen keine eigene Haushaltung haben, sondern bei den Schwiegerältern an den Tisch gingen.
[...]
Am Dienstag den 15 November 1825 Morgens 11 Uhr fand im Hause der Schwiegerältern meine Trauung mit meiner Braut Sophie Jung durch Pastor Hülsmann im kleinen Familienkreis Statt; nach dem Diner fuhren wir mit des Vaters Pferden nach Düsseldorf ab.
[...]

1830 [S. 212ff]

[...]
Nachdem unsere Haushaltung auf vorstehende Weise im Laufe des Jahres 1830 mit den nöthigen Anschaffungen versehen worden, so daß das ganze Mobilar mit Einschluß des von 1825 bis 1830 angeschafften Taler 3000 - Preußisch courant betrug, wurde zu gleicher Zeit gegen September das Comptoir aus dem Wohnhaus des Schwiegervaters ins Hinterhaus verlegt und die früher dazu benutzten Räume für mich eingerichtet, so daß ich außer Küche & Keller 3 Zimmer im untern Stock, 3 Zimmer im 2ten Stock und auf dem Söller 1 Mägdekammer nebst Vorrathszimmer hatte. Unsere eigne Haushaltung begannen wir am 15 Januar 1831 mit Sophiechen und der Magd Charlotte Gilliam, welche bereits am 1 May 1830 eingetreten war. Das Jahr 1830 führte eine Versöhnung in den Jungenthaler Angelegenheiten herbei. Während der neue Maschinen Apparat von Mülhausen im Frühling heranrückte, erschien auch unterm 21. April 1830 das Urtheil des Cassationshofes in Berlin, welches das frühere Urtheil des Justizsenates in Coblenz bestätigte, die Theilung der Spinnerei als unzulässig verwarf, dagegen aber die Theilung der nicht dazu nothwendigen Liegenschaften erkannte. Die Interessenten hielten nun eine Vereinigung für wünschenswerth und es reisten Anfangs (5) July F.A. Jung, J. Chr. Jung und Wm. Jung nach Kirchen, woselbst sich auch Herr Gottlieb Geck Brüninghaus von Rönsahl als Schwager des Oheim Ernst Jung mit einfand.
[...]

---

[1] proponieren = vorschlagen
[2] fournir (fr.) = liefern
[3] chapeau = hier i.S. von „Begleiter"
[4] Petschaft = Siegel
[5] Wurm = Nagelumlauf
[6] Leye = Schiefer

Kommentar 17

Das 1811 von Caspar David Wolff (1782-1847) gegründete Unternehmen ließ neben Leinen- und Halbleinenprodukten sowie Baumwollwaren später auch halbseidene Erzeugnisse bei auswärtigen Hauswebern herstellen, von denen viele außerhalb der Stadt lebten und Handwebstühle betrieben. Die für den Verlag arbeitenden Heimweber erhielten in der Gründungsphase des Unternehmens einen Durchschnittslohn von ca. 3 Talern pro Woche.

Caspar David Wolff, dessen 1846 niedergeschriebene Lebenserinnerungen in Quelle 17 wiedergegeben werden, war zwischen 1833 und 1838 Mitglied des Elberfelder Stadtrates und unterzeichnete die Vereinbarungen zwischen Fabrikanten und Webern aus den Jahren 1845 und 1848. Die bis 1936 bestehende Firma beschäftigte noch bis nachweislich 1913 Hausweber.

Quelle 17
Lebensbeschreibung Caspar David Wolffs
Abschrift wahrscheinlich von Gustav Wolff (1818-1896; zweitältester Sohn)
Privatarchiv Wolff   handschriftlich

Unter den Nachlassenschafts-Papieren meines innigst geliebten Vater's Caspar David Wolff, gestorben den 9ten August 1847; fand sich auch nachfolgendes Schreiben vor

Einiges aus meinem Leben, bloß für meine Kinder bestimmt.

Am 19ten März 1782 wurde ich in Schwelm in der Grafschaft Mark geboren, mein Vater ebenfalls von Schwelm gebürtig hatte die Namen wie ich, Caspar David, meine Mutter, eine geborene Catharina Elisabeth Asbeck war von der blauen Rose beim Vogelsang, Gerichtsbezirk Hagen.
Den Unterricht genoß ich in einer Elementarschule beim Preceptor Woeste wofür wöchentlich 2 Stüber oder 9 Pfennige Preußisch Courant Schulgeld entrichtet wurde, die dem Lehrer an jedem Montage mitgebracht werden werden mußten. Obgleich mein Vater sich zur reformirten Religion bekannte, so wurden die Kinder aus obiger Ehe, laut einer Uebereinkunft mit der Mutter, welche lutherisch war, zu dieser Religion bestimmt, und ich wurde, nachdem ich das dazu erforderliche Alter, und nöthige Kenntnisse erlangt hatte, von den beiden lutherischen Pfarrern Spitzbarth und Müller confirmirt. Nachdem ich nun die Schule verlassen hatte, wollte ich das Bäckergeschäft, welches auch meine Eltern betrieben, erlernen, und ich hatte darin auch schon einige Zeit gearbeitet, als der in Schwelm wohnende Gerichts-Actuar[1], Hofrath Rittmeyer zu meinen Eltern schickte, und anfragen ließ, ob sie mich ihm nicht als einen Schreiber überlassen wollten, indem bei ihm eine Stelle für einen solchen vacant sei. Hierüber von meiner guten Mutter, welche sich, überhaupt der Erziehung ihrer drei Kinder, mehr, wie mein Vater annahm, und für mich als dem jüngsten ihrer Kinder besonders wegen der künftigen existence, sehr besorgt war, befragt, äußerte ich derselben, daß ich bei einer derartigen Beschäftigung künftig mein Bestehen nicht zu finden glaube, und deßhalb ein ordentliches Geschäft zu erlernen für besser halte; obgleich sie nun diese Ansicht vollkommen theilte, so war sie doch auch der Meinung daß ein paar Jahre beim Gericht zu arbeiten, dem Handwerker, besonders dem Bäcker nur von Nutzen sein könne, indem man mit Manche bekannt würde was einem in seinem Wirkungskreise dienen könne, was mich denn bewog die Stelle anzunehmen.
Im ersten halben Jahre bestand meine Beschäftigung bloß im Copiren, dann, wurde ich aber bei einem oder andern der beiden Richter zum Protocolführer, das heißt zum Niederschreiben desjenigen benutzt, was mir in den terminlichen Verhandlungen von diesen in die Feder dictirt wurde, was täglich, besonders in den Vormittagsstunden von 10 bis 1 Uhr auf dem Rathhause geschah.
Mein Verdienst für diese Arbeiten beim Hofrath Rittmeyer, welche von Morgens 7 bis Abends 7 à 8 Uhr währten, bestand bei freier Station, außer Wäsche, in jährlich Reichsthaler Zwanzig bergisch Courant, nach dem Abend Essen konnte ich aber mit meinem Collegen noch bis 10 Uhr arbeiten wofür uns denn je Bogen 1 1/2 Stüber oder 6 Pfenninge vergütet wurde. Trotz des vorerwähnten langen und durch das stete Sitzen gewiß sehr ermüdenden Arbeitstages war die Liebe zum Verdienst doch so groß, daß ich in der Regel wöchentlich noch 20 bis 30 Stüber verdiente, wofür ich mir späterhin eine ordinaire Taschenuhr anschaffte, zu einer guten fehlten natürlich die Mittel und meine Eltern waren leider nicht in der Verhältnissen mir solche gewähren zu können. Da ich eine gute Behandlung genoß, der Herr Hofrath Rittmeyer mir auch als Anerkennung meines Fleißes im zweiten Jahre mein jährliches Salair mit 5 Reichstaler also auf Reichsthaler 25 erhöhte, und ich es meiner künftigen Laufbahn wegen, für sehr nachtheilig hielt, meine Stelle bald zu verlassen, so blieb ich in derselben 3 sage Drey Jahre: Während dieser Zeit lernte ich den Vetter des Herrn Hofrath Rittmeyer, den Kaufmann Heinrich Georg Everling von Elberfeld, welcher oft seinen Oheim und seine Tante Rittmeyer besuchte, kennen, und da mir dieser biedere Mann so gut gefiel, so bat ich den Herrn Hofrath, sich bei diesem für mich zu verwenden, daß er mich als Lehrling in seine Handlung aufnehmen möchte, indem mein bisheriges Wirken mit dem eines Handwerkers oder Bäcker's zu sehr abweichend, ich auch zur Erlernung desselben schon zu sehr in den Jahren fortgeschritten sei. Mein Wunsch ging in Erfüllung und ich trat im Februar 1802 als Lehrling in das Geschäft des erwähnten Herrn Everling in Elberfeld ein, worin ich in dieser Eigenschaft 4 sage

Vier Jahre ohne Salair, bloß freie Kost und Logis, zu bleiben mich verbindlich machen und es mit übernehmen mußte das Reisepferd, wenn es hier war zu füttern und das Feuer im Comptoir anzumachen und dasselbe so wie auch das Waarenlager zu reinigen. Mein guter Oheim J.C. Kylmann welcher in seiner Jugend auch ein paar Jahre bei dem Herrn Hofrath Rittmeyer gearbeitet, und auf seine Anfrage von diesem eine gute Auskunft über mich seinem Vetter eingeholt hatte, machte mir, durch diesen eingehändigt, feines Tuch zu einem Rock und Hose zum Geschenk, und sagte mir bei meiner Ankunft in Elberfeld, daß ich während der Dauer meiner Lehrjahre bei seinem Schneider und Schuhmacher für seine Rechnung daß benöthigte machen lassen könnte. Wie sehr mich diese edle Handlung überraschte und erfreute vermag ich nicht zu schildern, denn dadurch entging ich der großen Sorge, diese Kosten nicht von meinen Eltern, welche es ohnedem nicht gut konnten, verlangen zu müssen. Von meinem, wenn auch kleinen Salair in Schwelm nebst dem was ich mir durch Ueberarbeiten verdient, hatte ich mir weil ich sonst gar nicht's ausgab, ordentliche Kleider angeschafft und so durfte ich unter Gottes gnädiger Hülfe, die mir bisher so sichtbarlich zu Theil geworden war, auch hoffen meine Lehrjahre zurückzulegen, ohne meinen Eltern sonderlich etwas zu kosten, denn Bedürfnisse hatte ich nicht, und weil ich nicht rauchte, so wurde auch gar nichts ausgegeben.

An große Thätigkeit gewöhnt, blieb mir, obgleich ich alle Handarbeiten, als Packen u.s.w. verrichtete doch noch oft Zeit übrig; diese suchte ich dadurch auszufüllen, daß ich mich mit der Waare, mit den Beziehungsquellen, und mit den Ein und Verkaufspreisen derselben genau bekanntmachte, auch besserte ich vorräthige alte Musterkarten aus, indem ich sie nur mit vorräthigen Gattungen versah. Diese Beschäftigung entging meinem Principale Herrn Everling nicht, und dieser fand sich dadurch veranlaßt, nachdem er mich geprüft ob ich alle Waarengattungen, die Ein und Verkaufspreise genau kenne, mir zu sagen, daß ich einmal eine kleine Reise, jedoch zu Fuß machen solle. Hierzu bestimmte er mir die Orte Langenberg, Hattingen, Bochum und Witten. Schon im September, nachdem ich erst stark 6 Monate im Geschäft gewesen war, trat ich diese Tour an einem Montage an und kam am folgenden Donnerstage Abend spät mit schönen Aufträgen von guten Kunden zurück, welches dem Herrn Everling viele Freude machte, und bewog mir zu sagen, daß ich nach Effectuirung[2] dieser Aufträge gleich eine zweite Tour in derselben Art machen möchte. Nachdem auch diese zur vollkommnen Zufriedenheit ausgefallen war, äußerte Herr Everling, daß ich nun eine größere Reise, und zwar zu Pferde machen sollte. Dies geschah, und da mir stets Gottes Segen im reichen Maße zu Theil wurde, so machte ich auch größere Reisen, und war, da der Reisende Herr Ising abging, schon über 6 Monat jährlich abwesend. Hierdurch änderte sich meine Stellung in der Art, daß ich zwar kein Salair, aber manches schöne Geschenk für Kleidungsstücke bekam, wodurch meine große Sorge diese zu beschaffen gehoben wurde, auch entband man mich der Verpflichtung, das Pferd zu füttern, Ofen anzumachen und das Comptoir und Waarenlager zu reinigen. Wie schon bemerkt war ich im Februar 1802 als Lehrling eingetreten, am 1ten Januar 1806, also kurz vor Ablauf meiner 4 Jahre, überreichte mir Herr Everling folgendes Schreiben:

Mein lieber Freund Herr Wolff!

Mit dem heutigen ersten Tage im neuen Jahre erkläre ich hiermit Ihre Lehrzeit als geendigt, und betrachte Sie von heute als Bedienter. Ich wünsche Ihnen zur Beendigung Ihrer Lehrjahre, die Sie in Gesundheit vollbrachten, von Herzen Glück und Freude, danke Ihnen zugleich für den bisher bewiesenen Fleiß und Dienst-Eifer, und ersuche Sie darin fortzufahren. Nehmen Sie eingeschlossen 50 Reichsthaler als einen Beweis meiner Erkenntlichkeit für Ihre Unverdrossenheit und als Ersatz von Reisekleidung an.

Befördern Sie nun als Bedienter ferner mein Interesse, Sie befördern dadurch das Ihrige, jede gute That belohnt sich selbst in ihren Folgen. Glück und Heil im neuen Stande wünscht Ihnen zum fröhlichen neuen Jahre.

Ihr aufrichtiger Freund
Everling
Elberfeld 1 Januar 1806.

Das Original dieses Briefes befindet sich in der Wechselmappe im hintersten Gefache. Herr Everling hatte mich nun zwar zum Bedienten, das heißt Geschäfts-Gehülfen erklärt, sich aber nicht darüber ausgesprochen welches Salair er mir zu geben beabsichtige, und weil ich in meinem jetzigen Stande auch meinem Oheim Kylmann nicht länger Kosten verursachen konnte und mochte, so erlaubte ich mir, nachdem ich ihm dies mit aller Bescheidenheit auseinandergesetzt und bemerkt hatte, daß ich

Vignette auf einem Geschäftsbuch der Fa. C.D.Wolff (SAW J III 489, Depositum Wolff)

nunmehr meine Bedürfnisse von meinem Verdienst bestreiten müßte, die Frage, wie viel Salair er mir zu geben beabsichtige, worauf er mir Reichstaler 100.- bergisch Courant bestimmte. Diese Summe reichte natürlich nicht hin um meine noch so sparsam einzurichtende Bedürfnisse für Reise und andere Kleidungsstücke u.s.w. davon bestreiten zu können, was ich ihm auch bemerklich machte und ihm dabei sagte, daß ich nach seiner eigenen Anerkennung in Betreff meines bisherigen Wirkens wohl hoffen dürfe ebenso hoch wie mein College, welcher bei weitem nicht so viel zu reisen brauche wie ich, nämlich mit Reichstaler 200.- salarirt zu werden; so war er doch darzu, vorgebend, die Geschäfte gingen jetzt schlecht, nicht zu vermögen, und ich war deßhalb Willens eine andere Stelle außerhalb Elberfeld, wo mir während meiner Thätigkeit im Everling'schen Geschäfte von dem Principal eines Geschäfts, welchen ich auf Reisen traf, Reichstaler 300.- offerirt waren, wenn ich in sein Geschäft nach Beendigung meiner Lehrjahre eintreten wolle, anzunehmen, als mein Oheim Kylmann den ich davon in Kenntniß setzte mir sagte, ich dürfe Elberfeld nicht verlassen, er könne mich bei Hauptmann & Duncklenberg einem neuen Geschäft, placiren, in diesem könne ich nützen, und dadurch mir auch selbst. Auf meine Bemerkung, daß mir dies Geschäft zu klein erschiene, und man, um voran zu kommen nicht fallen sondern steigen müßte erwiederte mir derselbe, er kenne dasselbe ganz genau und wisse daß mein Wirken in demselben sicher zu meinem künftigen Wohle dienen würde. Bekannt mit seinen reifen Einsichten und von seinen wohlwollenden Gesinnungen gegen mich überzeugt, sagte ich ihm, daß ich ganz damit zufrieden sei was er für mich thäte, worauf er mich denn bei Hauptmann & Duncklenberg engagirte. In dies Geschäft trat ich am 6ten April 1806, und machte in demselben für ihre Fabrik in baumwollenen Waaren die Reisen nach Holland, dem Münsterlande und den Rheingegenden, die mich jährlich 8 à 9 Monat außerhalb Elberfeld beschäftigten. Die Bekanntschaft welche ich mit der Schwester meines Principals Hauptmann, und der Schwester der Frau Duncklenberg anknüpfte, führte zum ehelichen Bunde, ich verlor dieselbe aber leider schon im ersten Wochenbette mit ihren Zwillingen welche sie geboren hatte. Nachdem ich nun noch bis primo März 1811 in dem Geschäfte meiner Schwäger Hauptmann & Duncklenberg geblieben war, gründete ich mein eigenes mit dem 1ten May 1811, und heirathete am 21ten May desselben Jahres meine jetzige Frau Maria Catharina Langerfeld geboren am 3ten Februar 1790, Tochter des Färber's Abraham Langerfeld und Charlotte Stuckmann, womit ich 13 Kinder, 6 Knaben und 7 Mädchen zeugte, wovon aber der älteste Knabe Namens Richard in seinem 10ten Lebensjahre starb, es sind mir jedoch die übrigen, 7 Mädchen und 5 Knaben Dank sei Gott am Leben erhalten und gewähren mir diese sehr viel Freude.

Unser oben erwähntes, gegründetes eigenes Geschäft wurde mit unsern kleinen Mitteln mit aller Thätigkeit & Sparsamkeit betrieben, und der Grundsatz, daß man ein Geschäft wie ein Kind betrachten, dasselbe mit der Zeit wachsen müsse, strenge festgehalten und so erlebten wir das Glück, dasselbe so fortschreiten, und so gesegnet zu sehen, daß wir es uns so, nie geträumt, geschweige gedacht hätten. -

Wie das Familien-Verhältniß sich gestaltet hat, geht aus dem Verzeichniß welches darüber geführt, und in der alten Bibel zu finden ist, hervor, und so kann ich denn diese Notitzen unter dem wärmsten Danke gegen Gott für seinen reichen Segen und unter dem einigen Wunsche, daß es meinen sämmtlichen Kindern so gut wie mir ergehen, und ich mit meiner treuen, guten Frau dereinst ein sanftes, und seliges Ende erreichen möge, hiermit schließen
Amen

Elberfeld 1 October 1846   C.D. Wolff

---

[1] Aktuar = Gerichtsbeamter
[2] Effektuierung = Auftragsausführung

Kommentar 18

Schon in den „Patriotischen Gedancken über das Münz-Wesen" eines Kaufmanns aus dem Jahre 1761 hieß es, das Münzwesen habe „wo es dieserhalben in einer solchen Confusion ist", sehr viel „Verdruß, Schaden und Unheil verursachet" (zit. nach Hans Kurzrock, 200 Jahre von der Heydt-Kersten & Söhne 1754-1954, o.O. o.J. (Wuppertal 1954) S. 18). Einen Überblick über die noch bis in die 20er Jahre des 19.Jahrhunderts im Wuppertal kursierenden Währungen gibt eine Schilderung des Oberbürgermeisters Brüning in den Annalen für das Jahr 1826: „Den alten Münzen, die hier seit fünfzig Jahren in so mannichfaltigen Sorten gangbar waren, sey hier eine Rückerinnerung gebracht. Es kursirten hier Füchse (1/4 Stüber), Fettmännchen (1/2 Stüber), Stüber von Kupfer und versilbert, Poststüber, Apfelstüber, Churköllnische, Triersche und Preußische, (erstere wurden nur bei den Briefposten angenommen), Bergische Stüber, deren zwei 9 Füchse oder 2 1/4 Stüber galten, Köllnische zwei Albusstücke oder 1 1/2 Stüberstücke, Jöskes oder 1/4 Stüberstücke, Bergische 1 1/2 Stüberstücke, - Bergische 2 Stüberstücke (Groschen), dergleichen 3 Stüberstücke (Blaffert), welche im Jahr 1810, nachdem sie in Millionen geprägt waren, auf 2 Stüber reduzirt wurden [,] Bergische 3 1/2 Stüberstücke, Kassenmännchen (Preuß.1/12), und doppelte Kassenmännchen (Preuß. 1/6), frühere erstere 6, andere 12 Stüber geltend; Preußen (15 Stüber geltend) oder 2 Schillinge; (so üblich der Verkehr auch früher in Schilling Statt fand, so gaben es doch keine eigentliche Stücke oder Geldsorten davon); Kopfstücke (14 1/2 Stüber), halbe (7 1/4 Stüber) in Baiern geprägt und fein Silber; Baierische halbe Gulden (21 Stüber), Sechs Bätzner, (16 1/2 bis 17 Stüber), Kasperle, (1/4 Brab. Krone) Köllnische Rathszeichen (früher 30, später 18 Stüber) Bergische Thaler von Maximilian und Joachim (64 Stüber geltend). Außerdem kursirten brabänder und französische Kronenthaler, Conventionsthaler, Preußischethaler, Piasterstücke, neue Louisd'or, Friedrichsd'or, und zu französischen Zeiten halbe und ganze und fünf Frankenstücke, holländische und östreichische Dukaten, holländische ein Gulden und drei Guldenstücke" (S. 73/74).

Durch das Gesetz vom 30.9.1821 wurde die Einführung des preußischen Talers à 30 Silbergroschen zu 12 Pfennigen vorgeschrieben; es bedurfte allerdings einer erneuten Kabinettsordre vom 22.6.1823 - in deren Folge beispielsweise das Bankhaus von der Heydt-Kersten & Söhne zum 1.1.1824 die Buchführung von Bergischen Talern auf preußisch Courant umstellte - und einer weiteren Anweisung vom 25.11.1826, bis

Quelle 18
Artikel aus dem Täglichen Anzeiger Nr. 126 vom 27.5.1848

Feste Geldpreise.

Die preußischen Goldstücke von 5 Th'r. — sehr unpassend noch Louisd'or genannt — waren in wenigen Wochen von 5 Thlr. 20 Sgr. auf 5 Thlr. 25 Sgr. gestiegen, und sind in noch kürzerer Zeit auf 5 Thlr. 21 Sgr. wieder gefallen, werden auch wahrscheinlich sehr bald auf 5 Thlr. 20 Sgr. zurückkommen, weil sie in Berlin nicht höher stehen. Eben so wird es mit den anderen Gold- und Silbersorten sich verhalten, die seit der Pariser Revolution über ihre früheren Geltungen gestiegen sind.

Wer wird den Schaden davon haben? — Nicht die Geldleute, — denn diese verstehen zu rechter Zeit der fallenden Sorten sich zu entledigen, sondern die Leute, die weniger Geldsorten haben, und die sich müssen gefallen lassen, was die Wechselherren ihnen zu geben für gut finden. Wer bestimmt aber hier die Preise der Gold- und fremden Münzsorten? — Es ist nicht die Regierung, oder wie in anderen Handelsplätzen, eine Corporation von Maklern, sondern es thun dieses eben diese Wechselherren, wobei sie allerdings nach dem Auslande sich richten.

Die Geldmänner und die Wechselherren sind zur besten Welt nicht erforderlich: sie sind aber — leider eine Nothwendigkeit, seit das Geld der Nerv der Staaten geworden ist. Das Geld wird auch mit dem Blute des Staates verglichen Der rasche Umlauf des Blutes befördert die Thätigkeit des Körpers. Das Geld soll ein Bindungsmittel des Verkehrs sein. Es kann aber nicht rasch umlaufen, und den Verkehr befördern, wenn über seine Geltung Meinungsverschiedenheiten bestehen. Von alter, alter Zeit her hat zwischen Rhein und Maas, hauptsächlich in den Fabrikbezirken, eine Geldverwirrung geherrscht, wie sie in anderen Kreisen des heiligen römischen Reichs kaum so arg war. Größtentheils kam dies her von der Zerrissenheit dieser Landestheile unter den verschiedenen deutschen und fremden Souverainitäten. Dann aber auch, und hauptsächlich, weil es keine wirkliche Landesmünzen gab, um die fingirten Rechnungsmünzen darzustellen.

Ich will versuchen, zu beschreiben, wie es seit ungefähr 60 Jahren im Geldwesen hergegangen hat.

Wer von uns hat je ein Geldstück gesehen, mit der Präge von 60 Stüber bergisch Courant? — und doch haben wir, von ungefähr Anfang des vorigen Jahrhunderts bis 1825, unsere Rechnungen darin geführt, so wie früher in Reichsthaler pr. 78 und 80 Albus kölnisch. Siehe Servatius Schlievers Rechenbuch. Viele von uns erinnern sich, daß wir hier 5 Rechnungsmünzen oder Währungen hatten Die gewöhnlichste war:

1. Bergisch Courant, worin aller kleine Verkehr stattfand, die Arbeitslöhne bezahlt und Colonial- und andere Waaren auch im Großen verkauft wurden. Hierin galt der französische Laubthaler, der Kürze halber Neuethaler, Rthlr., bezeichnet, Anfangs 1⅞ Rthlr., bald nachher für lange Zeit 1¹¹⁄₁₂ Rthlr. oder 115 Stbr., stieg auf einmal auf 117 Stbr. und in der französischen Zeit bis 123 Stbr. Vorher hatten wir Conventionsthaler zu 1⅔ Rthlr., welche schnell auf 104 Stüber stiegen, aber bald nach Frankfurt wanderten. Brabanter Kronthaler kamen 1793—95, als die Kaiserlichen am Rhein standen, galten Anfangs weniger als 113 Stbr., blieben lange Zeit auf 114 Stbr. stehen, und stiegen bis 120 Stbr. Preußische Thlr., auch Cassenthaler genannt, stiegen schnell von 72 Stbr. auf 78 Stbr. Dieses waren die gangbarsten Silbersorten. Der Plage mit den oft sehr leichten Geldmünzen aus aller Herren Ländern und der wiederholten Ver-

endgültig alle alten Münzen aus dem Umlauf gezogen waren. J.F. Knapp schrieb dazu 1835: „Seit fünfzig Jahren waren die alten Münzen in so mannichfachen Sorten in Umlauf und die Verkehrenden, als Erbe ihrer Väter, so sehr daran gewöhnt sich derselben zu bedienen; die ganze Berechnung nach dem Rthlr. in Stübern usw. ihnen von Jugend an gelehrt und gangbar, wich ferner sehr von der, wenn auch leichten, ihnen aber fremden preußischen Rechnungsweise ab, so daß es den unteren Ständen unmöglich schien, sich besonders im kleineren Verkehr einer solchen, von ihnen als unnöthig angesehenen Neuerung zu fügen - und doch waren sie in wenigen Monaten schon ganz vertraut damit und hatten den Nutzen der Abänderung vollkommen eingesehen" (J.F. Knapp, a.a.O., S. 150-151).

Der wiedergegebene Artikel vom 27.5.1848 gibt einen Einblick in die Problematik des Währungsgeschäfts.

Nach der Reichsgründung 1871 wurde durch das Gesetz über die Prägung von Reichsgoldmünzen vom 4. Dezember der Übergang von den Landeswährungen zur einheitlichen Reichsgoldwährung in Mark à 100 Pfennige eingeleitet.

luste an preußischen und nachher bergischen Bloffert's oder 3 Stüberstücken will ich gar nicht erwähnen. Alles, wenn es nur rund war, und obgleich nirgend mehr Cours habend, fand denselben in den Fabrikgegenden von Rheinland und Westphalen. Halbe französische Laubthaler, ganz abgeschliffen, galten lange Zeit 60 Stüber, kamen dann centnerweise von Leipzig, fielen 1814 auf einmal bis 56 Stbr. und verschwanden im Schmelztiegel.

2. Wechselgeld, für die Bücher der Wechsel- und andern Handelsherren, war ursprünglich der 24-Gld.-Fuß, wurde aber im Laufe der Jahre in dem Maße schlechter, wie die Geldsorten im Preise stiegen. Französische Laubthaler z. B. von 110 auf 112½ Stüber. Brabanter Krthlr. haben Anfangs kurze Zeit 107 Stbr. gegolten und ich kann mich nicht erinnern, daß sie über 108 Stbr. Wechselgeld gestiegen sind. Der Aufschlag kam uns gewöhnlich von Westen und der Abschlag von Osten her zu. Viele Kaufleute, um den Schwankungen der Courentwährung, besonders in den Goldsorten, weniger ausgesetzt zu sein, reduzirten die Courentrechnungen gleich in Wechselgeld. Dieses geschah nach dem jedesmaligen Cours, den die französischen oder brabanter Krthlr. hatten, z. B.:

nach franz. Rthlr. 110 = 115 Stbr. 22 pr. 23
=   =   =   111 = 117 = 37 = 39
=   =   =   112 = 120 = 14 = 15
=   brab. Krthlr. 108 = 114 = 18 = 19
=   =   =   108 = 117 = 12 = 13

Es war dies wirklich: alle Gewalt anwenden, um durch unnütze Arbeit sich lächerlich zu machen.

3. Die Leinengarne, seiner Zeit der Hauptgegenstand des hiesigen Handels, wurden in Louisd'or zu 5 Rthlr. verkauft, und ursprünglich auch so bezahlt. Später aber, als das Gold stieg, blieben die sogenannten Garnlouisd'or auf 122 % in Wechselgeld stehen, und es entstand dadurch diese neue Rechnungswährung von Louisd'or à 5 Rthlr. oder Werth.

4. Baumwolle und Baumwollengarne wurden zuerst auch in bergisch Courant verkauft. Als aber die brabanter Krthlr. über 114 Stbr. Courant stiegen, wollte man darin etwas Festes hervorbringen, und erschuf eine neue Rechnungsmünze von Brbk 114 Stbr. a. W., welche 19 pr. 18 in Wechselgeld reduzirt und gewöhnlich darin bezahlt wurden, sehr häufig aber auch nach einer abermaligen Reduction 111 pr. 117 und 37 pr. 39 in Courant. Etwas Festes wurde aber dadurch nicht bewirkt, denn der Werth dieser Währung verminderte sich, so wie die Krthlr. in Wechselgeld stiegen.

5. Edictmäß, für die Steuerzahlungen, nach einem churfürstlichen Münzedict von 1773, war der 24-Guldenfuß in Thaler und Stüber berechnet. Als geschichtlich sei erwähnt, daß in den 60r Jahren des vorigen Jahrhunderts nach dem 7jährigen Kriege der Minister Graf von Goltstein den Conventions- oder 20-Guldenfuß mit Gewalt hier einführen wollte, welches so weit ging, daß die Behörden die Ladeninhaber zwangen, ihre Cassabestände gegen die neue Münzsorte umzuwechseln. Der Minister konnte aber die Sache nicht durchführen, und es erfolgte darauf das Edict von 1773. Eine Münzsorte des 20-Guldenfußes blieb lange im Course; die sogenannten neuen Korfstücke, mit 12 St. bezeichnet, welche von schlechtem Gehalte waren und 14 Stbr. edictmäßig oder 15 Stbr. Courant galten. Die 3 Stüberstücke, 20-Guldenfuß, nachher 3½ Stbr. gangbar, waren besser von Gehalt.

6. In Rthlr. à 1½ Rthlr. wurde Heffengarn und Münsterländisch verkauft.

7. Conventionsspecies, 1⅓ Rthlr., galten für Frachten aus Hannover und Braunschweig.

Alle diese Währungen wurden in Reichsthaler zu 60 Stüber, auch zu 36 Mariengroschen oder 24 Gutegroschen ausgedrückt, allein es gab kein Geldstück, womit man einen Reichsthaler derselben hätte bezahlen können. Nur unter Maximilian und unter Joachim 1806 wurden bergische Thaler nach dem 24 Guldenfuß, 16 Stück auf die Mark, geschlagen, die 64 Slbr. Courant galten, deren aber für den Verkehr viel zu wenig waren, und die bald wieder verschwanden.

In Cöln waren andere Währungen, in Aachen wieder andere. Andere Goldpreise bei den Bauern, andere in den Städten. Am schlimmsten war die Geldverwirrung nach der französischen Revolution in Lüttich, Brabant und den andern abgerissenen Reichstheilen. Ein Dekret und Münztarif von 1809 bestimmte den Werth aller ausländischen und der älteren französischen Münzsorten und sogleich war die Verwirrung zu Ende.

In allen Läden und Wirthshäusern fand man bequeme Reductionstabellen der alten Münzsorten und Rechnungswährungen in Franken und Centimen und umgekehrt, und es fiel Niemand ein, sich von diesem Tarif zu entfernen. In Frankreich ist die Münzverwirrung nie so schlimm gewesen, als bei uns. Von Lille bis Bayonne gelten nur französische Geldsorten, fremde werden gar nicht oder nur so genommen, daß sie bald zu den Wechselherren und von diesen zurück ins Ausland wandern, und wenn auch in Kriegszeiten das Gold zuweilen am Geldmarkt um mehrere Prozente steigt, so fällt es doch Niemand ein, ein 20 Frankenstück im gewöhnlichen Verkehr auch nur um 1 Centime höher als 20 Franken auszugeben oder anzunehmen.

Als Rheinland an Preußen kam, und wir eine Landesmünze erhielten, hörten die hiesigen Rechnungsmünzen auf und damit auch ein Theil der Ungewißheit in den Geldpreisen, weil die Wechselherren anfingen, die Preise der fremden Sorten in den Zeitungen bekannt zu machen. Feste Preise aber bekamen wir dadurch noch nicht, denn sehr häufig las man in den Courszetteln z. B. franz. Rthlr. 46¾ Sgr. Geld, 47 Sgr. Briefe, wodurch immer Ungewißheit blieb. Es waren aber nicht die Wechselherren allein, welche aus den Münzwirren Nutzen zogen, sondern es hat auch andere Handelsherren gegeben, welche die abgeschliffnen halben Laubthaler von Leipzig mitbrachten, und leichte Dukaten sogar einwechselten, um zu Hause Färber und Arbeiter damit zu bezahlen.

Allerdings hat sich seit 1825 in dieser Hinsicht sehr Vieles gebessert, und das deutsche Parlament wird es hoffentlich noch besser machen. Auch muß anerkannt werden, daß die Wechselherren des Wupperthales nicht einen Unterschied in Einnahme oder Ausgabe der fremden Münzsorten machten, wie früher in Cöln geschah, und wie jetzt noch in Frankfurt der Fall ist. Der Antrag, den preuß. Thaler zu 105 Kreuzer dem französischen Fünffrankenstück zu 2 Gulden 20 Kreuzer zur Wechselzahlung im 24 Guldenfuß gleich zu stellen, ist, in vorigem Jahre noch, in Frankfurt nicht durchgegangen. Man wollte auf die Achtelchen und Sechszehntel nicht verzichten. Eine Unbequemlichkeit hat uns der schwere Münzfuß aber gebracht; nämlich, wir zahlen seitdem für manche der kleinen Handwerkslöhne und besonders für Trinkgelder fast eben so viel Sgr., als früher Stüber. Die Ausgleichung dieser Unbequemlichkeit möge man der Concurrenz überlassen, aber nach festen unveränderlichen Geldpreisen für den gewöhnlichen Verkehr, wie in Frankreich und England, müssen wir streben. Gewerbe und Handel können dadurch nur erleichtert werden. — Der deutsche Michel ist von jeher gegen alles Ausländische unterthänig gewesen, und hat sich von Grund- und Geldaristokraten viel gefallen lassen. Die Herrschaft des Geldes werden wir nicht los, bis wir zur Urzeit des Paradieses vor dem Sündenfalle zurückkehren, wo von Münzsorten Nichts geschrieben steht und wo die Zeiten wahrscheinlich besser waren. Bis dahin aber müssen die Menschen suchen, die Herrschaft des Geldes soviel möglich zu erleichtern, und dazu trägt bei, wenn z. B. die Gewerbtreibenden und Kleinhändler sich vereinigen, alle Münzsorten nicht höher anzunehmen, aber auch in Zahlung nicht höher auszugeben, als solche in den Regierungskassen gelten.

Ein Silbergroschen
(1825, Historisches Zentrum Wuppertal)

Vereinigt Euch, ihr Bürger Elberfelds, zu einem solchen Beschluß. Glaubt nicht, ihr erzeigtet der Regierung dadurch einen Gefallen, und wolltet Euch nicht dadurch bevormunden lassen. Die Regierung stört sich nicht daran. Die Empfänger nehmen die fremden Münzsorten nur nach dem Tarif, werden sich aber wohl hüten, solche auch dazu abzuliefern. Sagt auch nicht, die fremden Münzsorten sind mehr werth, als sie im Tarif stehen. Der größte Theil von uns versteht dies nicht. Diejenigen aber, die es verstehen, verstehen auch, uns dadurch zu brandschatzen. Wir brauchen die ausländischen Münzsorten gar nicht. Es ist patriotisch sogar, solche zu zu verdrängen. Je mehr Geld unser Staat kann prägen lassen, je mehr gewinnt er an Schlagschatz und dieser kommt dem Ganzen zu gut. Man sage auch nicht, die französischen und holländischen Geldsorten richten sich bei uns nach dem Wechselcours. In Frankreich ist dies nicht der Fall. Was geht den Krämern und Handwerkern der Wechselcours an? Dieser ist Sache der Wechselherren, welche allein bei den Schwankungen der Münzpreise gewinnen.

In jetzigen geldlosen Zeiten mag freilich das Interesse für feste Geldpreise bei Manchen nur ein sehr untergeordnetes sein. Es werden aber hoffentlich auch bessere Zeiten wiederkommen, und es schadet nicht, wenn ein Ausfluß der Geldgewalt dann schon gehemmt ist. Der jetzige Zeitpunkt ist vielleicht geeignet dazu. Wenn mehrere Gewerbtreibende der Meinung sind, es sei vortheilhaft für ihre Geschäfte, wenn die Preise der Münzsorten unabänderlich festgestellt wären, so würde es angemessen sein, sich einmal zu näherer Besprechung zu versammeln. Dieses könnte in einem passenden Wirthschaftslokale geschehen, und es würde sich dann zeigen, ob der Vorschlag Anklang findet.

Elberfeld, den 18. Mai 1848.

A. Brüning.

Kommentar 19

Zu den Voraussetzungen für den Prozeß der Industrialisierung im 19. Jahrhundert zählte unter anderen auch die Verfügbarkeit von Kapital, sowohl für den Aufbau neuer als auch den Ausbau bestehender Unternehmungen. Neben der in der ersten Hälfte des Jahrhunderts bedeutenden Rolle der Eigenfinanzierung der Betriebe aus angesparten Gewinnen oder mittels Anleihen in Verwandtenkreisen gewann das Bankenwesen im Wuppertal zunehmend an Bedeutung.

Zu Beginn des 19. Jhdts. gab es in Elberfeld drei Bankhäuser, die alle aus dem Garn- und Tuchhandel hervorgegangen waren: Als erstes Bankgeschäft des Wuppertals und als eine der ältesten Banken Deutschlands ist die ab 1754 unter der Bezeichnung „Gebrüder Kersten" bestehende Handlung zu nennen, die nach der Heirat der ältesten Tochter des Inhabers Abraham Kersten mit Daniel Heinrich von der Heydt (1767-1832) 1794 ab dem Jahre 1827 unter dem Namen „von der Heydt-Kersten & Söhne" ihre Geschäfte weiterführte. 1790 gründete Johann Wichelhaus (1765-1820) eine Handelsunternehmung, die sich ab 1801 ausschließlich Banktätigkeiten widmete. Als drittes Bankhaus in Elberfeld bestand seit 1795 das Institut „J.H. Brink & Co.", zu dessen Teilhabern Jacob Aders und J.H.D. Kamp gehörten.

Im Mittelpunkt der Finanzunternehmungen der Banken bis um die Jahrhundertmitte standen das Wechselgeschäft sowie die Kontokorrent- oder Überziehungskredite als kurzfristige Finanzierungen im Sinne des Betriebsmittelkredits (z.B. zur Bezahlung von Löhnen und Rohstoffen). Betrug die Laufzeit von Wechseln maximal bis zu drei Monaten, so mußten die Überziehungskredite in der Regel spätestens nach 6 Monaten zurückgezahlt werden. Die Bedeutung dieser Finanzierungsformen illustrieren die folgenden Zahlen: Der Wechselbestand des Hauses von der Heydt-Kersten & Söhne stieg zwischen 1828 und 1846 von 150000 auf 700000 Taler an, während in den 30er Jahren die Elberfelder Bank Köhler & Bockmühl sogar ausschließlich Wechselgeschäfte ausführte.

Im Jahr 1817 verteilten sich auf ca. 275 Konten des Hauses Kersten Kontokorrentkredite in Höhe von 861594 Talern, größte Kreditnehmer waren u.a. J.P. van der Beek & Sohn mit 20534 Talern und J.Wm. & Carl Blank mit 20286 Talern. Die Kontokorrentkreditsumme der Bank stieg bis 1846 auf über 2 Millionen Taler. 1835 führte die Bank J. Wichelhaus P. Sohn über 400 laufende Konten, darunter u.a. für die Firmen Frowein, Schniewind, Lucas, Mittelsten Scheid, Bemberg und Barthels-Feldhoff.

Neben der 1798 gegründeten ersten Barmer Bank im Besitz des früheren Hofbankiers

Quelle 19/1
Actien-Commandit-Gesellschaft Barmer Bank-Verein Hinsberg, Fischer & Comp.,
Bericht über das Geschäftsjahr 1870, Barmen 1871, S. 3
SAWJ IV 18   Auszug

Actien-Commandit-Gesellschaft
BARMER BANK-VEREIN
Hinsberg, Fischer & Comp.

Oberbürgermeister Bredt in Barmen, **Ehrenmitglied des Aufsichts-Rathes.**

Mitglieder des Aufsichts-Rathes:

Carl Ludwig Wesenfeld, Präsident,	Inhaber der Firma	Wesenfeld & Comp. in Barmen.
Emil Blank, Vice-Präsident	" " "	E. Blank in London.
Commerzienrath Carl Asbeck in Hagen,	Theilhaber der Firma	Carl Asbeck & Comp. in Hagen.
Ew. Caron,	" " "	Caron & Comp. in Newyork.
Consul Gust. Gebhard,	Theilhaber der Firma	Gebhard & Comp. in Elberfeld.
Heinrich Heegmann,	Inhaber der Firma	H. Heegmann H. Sohn in Barmen.
Georg Schlieper,	Theilhaber " "	Schlieper-Wülfing & Söne. in Barmen.
Carl Siebel,	" " "	Abr. Siebel Sohn in Barmen.
Banquier Heinrich Stein in Cöln.	" " "	J. H. Stein in Cöln.

Mitglieder der Aufnahme-Commission:

Fr. Tillmanns, Präsident,	Theilhaber der Firma	Fr. Tillmanns & Comp. in Barmen.
Rob. Barthels,	" " "	Carl Barthels & Söhne in Barmen.
Herm. Engels,	" " "	Ermen & Engels in Barmen.
Carl Goldenberg,	Inhaber " "	Carl Goldenberg in Barmen.
Otto Jaeger,	Theilhaber " "	Carl Jaeger in Barmen.
Aug. Klingholz,	" " "	Merklinghaus & Klingholz in Barmen.
Franz Koenen,		Rentner in Barmen.
Wm. Lekebusch,	" " "	Lekebusch & Comp. in Barmen.

Ehren-Mitglieder dieser Commission:

Fr. Bayer,	Theilhaber der Firma	Fr. Bayer & Comp. in Barmen.
Fr. Pet. Ostermann,	Inhaber " "	Fr. Pet. Ostermann in Barmen.
Wm. Matthaei,		Rentner in Barmen.
Abr. Siebel,	Theilhaber " "	Abr. Siebel Sohn in Barmen.
Victor Schöller,	" " "	J. P. Schöller in Düren.
Hugo Schuchard,	" " "	Grisar, Schuchard & Comp. in Valparaiso.
Otto Schüller,	Inhaber der Firma	Otto Schüller in Barmen.
Herm. Wahl,	" " "	S. & R. Wahl in Barmen.
Abr. Wülfing,	Theilhaber " "	J. A. Wülfing Söhne in Barmen.

Persönlich haftende Gesellschafter:
G. A. Fischer.
M. Hinsberg.

Juristischer Beirath:
Advokat-Anwalt Esser II. junior in Cöln.

Wilhelm Bredt (gest. 1806) führten auch die Garn- und Warenkommissionshäuser Werninghaus & Bredt und Kampermann & Wemhöner Bankgeschäfte aus.

Der „Barmer Bank-Verein", dessen Geschäftsberichte der Jahre 1870 und 1871 die Quellen 19/1 und 19/2 auszugsweise wiedergeben, war aus dem Institut „Nagel & Co." hervorgegangen, das 1822 von den Brüdern J.A. und J.W. Fischer als „Gebrüder Fischer" übernommen worden war und im Verlauf einer allgemeinen Bankenkrise am 17.5.1866 seine Geschäftstätigkeit wegen Zahlungsunfähigkeit einstellen mußte. Nach der unter Vorsitz des Oberbürgermeisters August Bredt erfolgten Bildung eines Komitees aus Fabrikanten und Kaufleuten zur Gründung eines Bankvereins auf der Basis einer Aktienkommanditgesellschaft erging am 23.7.1866 der Aufruf zur Aktienzeichnung; am 29.3.1867 fand die Gründung des Barmer Bank-Vereins zwischen den Gesellschaftern Mathias Hinsberg und G.A. Fischer sowie 43 Kommanditisten statt. Zum Zeitpunkt der ersten Generalversammlung des „Vereins" am 9.5.1867 betrug das Aktienkapital über 1000000 Taler, wobei - neben einer Reihe anderer, privater Banken - die im Oktober 1847 eingeführte staatliche Kommandite der Preußischen Bank in Elberfeld den größten Einzelposten hielt. Die Kommandite war das erste Bankinstitut im Wuppertal, das gegen Wertpapiere und Handelswaren als Sicherheiten langfristige Industriekredite vergab.

Quelle 19/2
Actien-Commandit-Gesellschaft Barmer Bank-Verein Hinsberg, Fischer & Comp.,
General-Versammlung vom 31. Mai 1872, Bericht über das Geschäftsjahr 1871, Barmen 1872, S. 3ff
SAW J IV 18   Auszug

Bericht des Aufsichtsrathes.

Meine Herren!

Auf die siegreiche Durchführung des Riesenkampfes, dessen Ende wir in unserm vorigjährigen Rapporte zu registriren hatten, ist ein Aufschwung des Handels und der Industrie gefolgt, wie er in der wirthschaftlichen Entwickelung unseres Vaterlandes ohne Gleichen dasteht.

Selbstredend hat diese erhöhte Thätigkeit auch auf das Bankgeschäft günstig eingewirkt, und wenn auch vielfach Ausschreitungen auf dem Gebiete der Speculation und der Schaffung von Börsenwerthen vorgekommen sind, so ist doch die Steigerung fast aller mobilen und immobilen Werthe, welche in den letzten 12 Monaten sich vollzogen hat, bis zu einem gewissen Grade eine naturgemässe zu nennen.

Der Bank-Verein hat von dieser Steigerung verhältnissmässig wenig profitirt, da die Direction es für ihre Pflicht gehalten hat, die Fonds, welche für die Dotirung der Commandite in Berlin bestimmt waren, in einer stets mit Leichtigkeit und ohne Verlust zu realisirenden Form anzulegen. Diese Form ist — wir sehen dies in den letzten Wochen — die Anlage in Effecten nicht, und wir glauben uns vollkommen mit Ihnen eins in dem Ausspruch, dass die Direction bei dieser Disposition in dem Sinne der Actionaire des Bank-Vereins gehandelt hat, die in ihrer Majorität eine regelmässige, sichere Rente einer Dividende vorziehen werden, welche den Chancen der Speculation ausgesetzt ist.

Ueber die Vergrösserung der Umsätze des Bank-Vereins geben Ihnen die statistischen Tabellen Aufschluss. Dieselben bieten ein erfreuliches Bild der Thätigkeit, welche unsere Direction fortdauernd nach allen Seiten hin entwickelt, ohne dabei die strengste Vorsicht ausser Augen zu lassen. Es illustrirt sich dies am besten durch die Ziffer von Thlr. 2800 (incl. Thlr. 500 pro 1871), welche seit Begründung des Bank-Vereins, also innerhalb 4½ Jahren, für directe Verluste auf Delcredere-Conto zu verbuchen war, bei einem Gesammt-Umsatze von Thlr. 173,500,000.

Der Bewegung, welche die Schaffung neuer Banken und industrieller Werthe zum Zwecke hatte haben wir nur da uns angeschlossen, wo es sich um Begründung von Instituten in der Nähe handelte, deren Solidität und Zweckmässigkeit sich als unzweifelhaft darstellten; wir haben in diesem Sinne die Bergisch-Märkische Industrie-Gesellschaft in Barmen begründet und im Vereine mit dieser und der Disconto-Gesellschaft in Berlin bei Begründung der Bergisch-Märkischen Bank mitgewirkt.

Kommentar 20
Neben den alteingesessenen wohlhabenden Familien Barmens, Bredt, Wichelhaus, Keuchen, Schuchard, Engels, Barthels und Wuppermann zählte seit dem Ende des 18.Jahrhunderts auch die Familie des aus Werden zugezogenen Bauernsohnes Johann Peter von Eynern (1735-1809), der in eine Wichlinghauser Bandmanufaktur eingeheiratet hatte, zur Honoratiorenschaft der Stadt. Sein Sohn Johann Friedrich, Großvater Ernst von Eynerns, war unter anderem Mitglied des Stadtrats, Beigeordneter, Handelsrichter, Handelskammermitglied und stellvertretender Abgeordneter auf dem Provinziallandtag. Der Vater Ernst von Eynerns, Friedrich, Inhaber eines Handelsgeschäftes mit Indigo, hatte als Stadtverordneter und Erster Beigeordneter sowie als Mitglied in der zweiten Kammer des preußischen Landtags einflußreiche Funktionen inne.

Auch Ernst von Eynern (1838-1906) selbst, dessen Lebenserinnerungen von 1868 in Quelle 20 auszugsweise wiedergegeben werden, war zwischen 1875 und 1898 Mitglied des Barmer Stadtrates. Ernst von Eynern vertrat 1879 die Stadt Barmen als Abgeordneter im Rheinischen Provinziallandtag und wurde im selben Jahr erstmals als Kandidat der Nationalliberalen (für den Wahlkreis Lennep-Solingen) in den preußischen Landtag gewählt, dem er bis zu seinem Tod 1906 angehörte. Zunächst Schriftführer der nationalliberalen Fraktion, übernahm er ab 1886 das Amt des Geschäftsführers. Ernst von Eynern bezog außer gegen die Sozialdemokraten auch gegen Fortschrittspartei und Zentrum politisch Stellung und unterstützte die Flottenpolitik. 1894 erhob ihn Kaiser Wilhelm II. durch Anerkennung des „von" als Adelsprädikat in den Adelsstand, worum von Eynern selbst gebeten hatte.

Das Handelsgeschäft seines Vaters in Barmen, dem er schon 1863 als Teilhaber beigetreten war, hatte er nach dem Tod Friedrich von Eynerns 1882 gemeinsam mit seinem Bruder übernommen und führte es ab 1887 mit seinem Sohn Max noch zehn Jahre fort. Nach der Auflösung des Geschäftes zog Ernst von Eynern 1898 nach Berlin, wo er als Aufsichtsratsmitglied der Bergwerksgesellschaft „Hibernia" sowie 1903 als Aufsichtsratsvorsitzender der Farbenfabriken (vormals Bayer & Co.) Unternehmerinteressen vertrat. In seiner Schrift „Wider die Socialdemokratie und Verwandtes" (Leipzig 1874) machte Ernst von Eynern seine unternehmerische Grundeinstellung wie folgt deutlich: „Niemand wird dem berühmten Arzt einen Vorwurf daraus machen, wenn er seine seltene Befähigung sich so hoch bezahlen läßt, wie er zur Befriedigung eines ihm

Quelle 20
Ernst von Eynern. Erinnerungen aus seinem Leben,
mitgeteilt von seinem Sohne Max von Eynern, Barmen 1909   Auszüge

Obschon mein Lebensgang allem Anschein nach ein ruhiger und wenig bedeutender sein wird, und meine geringen, über das Durchschnittsmaß der Gebildeten nicht hinausreichenden Fähigkeiten mir nicht gestatten werden, eine höhere Lebensstellung, als die mir durch meine Geburt angewiesene, einzunehmen, so entschließe ich mich doch von heute ab eine Art Tagebuch zu führen, dessen Durchblätterung mir eine Rückerinnerung, meinen Kindern späterhin vielleicht von Nutzen, jedenfalls aber von Interesse sein wird. Mag man über die Zufälligkeiten der Geburt denken, wie man will, ich glaube in mir selbst zu finden, daß die Eigenschaften meiner Voräter, ihre Neigungen und ihre Interessen in mir forterben, und daß das Beispiel ihres Lebens zunächst auf meine Eigen-Erziehung durchgreifend eingewirkt hat und mich seit meiner Selbständigkeit veranlaßt, mich Zielen zu widmen, die ich wahrscheinlicher Weise sonst nicht anstreben würde. Schon mein Urgroßvater, dann mein Großvater und vor allem mein geliebter Vater, sie alle haben ihre begünstigte Lebensstellung, in welcher sie sich durch Fleiß, Ausdauer und Umsicht gesetzt und zu erhalten gewußt haben, dazu benutzt, sich dem öffentlichen Wohl ihrer Mitbürger und ihres Landes zu widmen. Sie haben das Wort „noblesse oblige" wahr zu machen gesucht und sich Liebe und Vertrauen in weiten Kreisen erworben. Ich will versuchen, ihnen nach meinen schwachen Kräften darin zu folgen, mich den Aufgaben meiner Zeit widmen und mich des Vertrauens würdig zu machen suchen, welches mir schon so vielfach von meinen Mitbürgern entgegengebracht worden ist.

So mögen die kleinen Notizen, welche ich meinen Kindern zu hinterlassen gedenke, denselben zunächst das Bild einer Zeit zurückstrahlen, die durch große und mächtige Ereignisse sich auszeichnet und ferner auszeichnen wird; sie mögen ihnen zeigen, wie ein dem Bürgerstamme entstammter und diesem zugehöriger Mann aus seinem ihm zugewiesenen kleinen Kreis heraus diese Ereignisse auffaßte; sie mögen ihnen endlich das Leben ihres Vaters vorführen, welches, so Gott seine Hülfe und Unterstützung dabei leiht, als ein solches verlaufen wird, auf welches meine Kinder mit Freuden und Befriedigung zurückblicken können.

Geschrieben Ende Februar 1868, einige Wochen
vor Vollendung meines dreißigsten Lebensjahres
Ernst von Eynern.

* * *

Ich bin geboren am 2. April 1838 zu Wupperfeld, Stadt Barmen, im Hause neben dem Gasthause zur Pfalz, in welchem meine Eltern damals wohnten, um von dort aus ihr neugebautes, eigenes Haus, neben demjenigen meines Großvaters, zu beziehen. Getauft bin ich am 17. Mai durch Pastor Feldhoff.

Die Familie meiner Mutter war und ist eine in der Stadt sehr angesehene. Der Großvater Rittershaus hatte eins der größten Geschäfte in seidenen Stoffen, welches er in seinem späteren Lebensalter, gezwungen durch den Verlust seines Sohnes und seines Schwiegersohnes, Komm.-Rat Karl Roth, an Herrn Georg Schlieper verkaufte. Seine Frau war eine geborene Wilkhaus; ihr Vater war Bürgermeister von Barmen gewesen, und ihr Bruder bekleidete bis 1850 denselben Posten. Ich erinnere mich beider würdigen Großeltern noch sehr gut.

Die Familie meines Vaters ist seit dem Urgroßvater, Johann Peter von Eynern, in Barmen ansässig und stammt von dem Hofe in der Grafschaft Mark „Eynern". Das, was wir über die frühere Geschichte der Familie wissen, hat mein Vater in der Lebensgeschichte seines Vaters aufnotiert, welche ich in meinem Besitz habe.

behagenden gewohnheitsmäßigen Daseins für recht hält. [...] Warum in aller Welt soll nun die geistige, qualificirte Leistung des Fabrikanten, nicht auch einen höheren Verdienst beanspruchen dürfen, wie diejenige der gewöhnlichen physischen Arbeit des Arbeiters? [...] Die Zähigkeit, der Fleiß, die Umsicht, das Genügenlassen an dem kleinsten Nutzen oder selbst das jahrelange Verfolgen der Idee trotz empfindlicher Verluste, die Geschicklichkeit das Maschinenwesen zu ordnen, den Handarbeiter und die Fabrikmeister einzulernen, die Absatzgebiete und die in denselben gebräuchlichen Qualitäten zu erfahren, den ganzen Betrieb der Fabrik und das Comptoirwesen zu organisiren, alles Das mußte dem Fabrikanten eigen sein. Seine geistige qualificirte Arbeit steht auf der Höhe jeder andern geistigen Anstrengung, und heute will man ihn des Lohnes für dieselbe berauben [...]" (S. 70ff).

Titelseite eines Geschäftsbuches der Firma Johann Peter von Eynern & Sohn (Historisches Zentrum)

In meiner ersten Jugend besuchte ich einige Jahre die Wupperfelder Elementarschule des Herrn Kriegskotte und trat im Herbst 1846 in die Sexta der hiesigen Realschule. Die Anstalt verließ ich am Schlusse des Sommersemesters 1855. Ich war also 17 Jahre alt beim Austritt aus der Schule, und lautete mein Abgangszeugnis wie folgt:

> Ernst von Eynern, Sohn des hiesigen Kaufmanns Herrn Friedrich von Eynern, geb. den 2. April 1838, trat im Herbst 1846 in die Sexta der hiesigen Realschule und verließ die Anstalt am Schlusse des Sommersemesters 1855, nachdem er zuletzt zwei Jahre in Sekunda gewesen und bei der Herbstprüfung für reif zur Versetzung nach Prima erklärt worden war. Er benutzte den Unterricht im ganzen, besonders während des letzten Jahres, mit Aufmerksamkeit und hinreichendem Fleiß. Sein Betragen war ziemlich gut. Über seine Kenntnisse und Fertigkeiten beim Abgang von der Schule haben seine Lehrer mit Rücksicht auf die Klasse, in welcher er zuletzt war, folgende Urteile abgegeben:
>
> Deutsch, Geschichte, Schreiben: Sehr gut;
> Religion, Französisch, Englisch,
> Physik, Chemie, Naturgeschichte,
> Geographie, Rechnen, Algebra,
> Geometrie, Zeichnen, Gesang: Gut.
>
> Barmen, den 15. August 1855.
>
> Realschule zu Barmen.
>
> In Abwesenheit des Direktors:
>
> Dr. Fasbender, Oberlehrer.

Auf den ersten Blick könnte dieses Zeugnis als das eines tüchtigen, strebsamen und fleißigen Schülers erscheinen. Ich bin aber das Gegenteil eines solchen gewesen, wie auch daraus erhellt, daß ich in keiner Klasse weniger als 2 Jahre gesessen habe. Ich habe, als ich zum Selbstbewußtsein gelangte, und dieses ehrgeizige Triebe in mir erweckte, in meinem späteren Leben viel von dem nachholen müssen, was ich in der Jugend versäumte. Das Lehrerkollegium der Realschule war aber auch zu meiner Zeit am wenigsten geeignet, einen, wenn auch aufgeweckten, aber sehr unruhigen und zu allen Streichen aufgelegten Knaben richtig zu behandeln. Bei den überfüllten Klassen war der ruhigste und artigste Schüler stets der beste, ein mechanisches Auswendiglernen ging damit Hand in Hand. Ich entsinne mich heute keines Lehrers, dem ich eine Neigung nachgetragen habe, mit Ausnahme des jetzigen Direktors der Realschule, Herrn Dr. Thiele, der im letzten Jahre als Oberlehrer eintrat und der es verstand, mich aus der Lethargie zu erwecken, in welche mich Gleichgültigkeit und Trotz geworfen hatten.

An meine Schulzeit denke ich aber niemals mit angenehmer Erinnerung zurück und habe „die glücklichen Tage der Kindheit" noch nicht zurückersehnt.*)

Während der Schuljahre waren Ewald Bellingrath, Alfred Bellingrath, Abraham Rittershaus, Robert Barthels, Philipp Barthels, Fritz Doench, Wilhelm von Eynern meine Spielgefährten. Wir hatten unter dem Namen „Corona" ein Kränzchen gebildet, welches Sonntag nachmittags abwechselnd an den Häusern unsrer Eltern stattfand. Unser Hauptspielplatz lag an der Wupper hinter Bellingraths Garten. Wir badeten fleißig und wurden tüchtige Schwimmer. Ein Nachen vertrieb uns in angenehmer Weise manche Freistunden. Bei Hochwasser wurde auch gefischt, häufig mit einigem Erfolg. Große Fische kamen aber höchst selten vor, bei gewöhnlichem Stande der Wupper gar nicht, da dann die Beizen der Färbereien alle Fische töteten. Ein Ereignis war es für uns, als einmal zwei unglückliche, durch die Hochflut in diesen Teil der Wupper verschlagene Fischottern, von einem geschickten Jäger erlegt und dann für einen Groschen gezeigt wurden.

In meine Jugendzeit fallen noch die Erinnerungen an die Ereignisse der Jahre 1848 und 1849. Ich war noch nicht ganz 10 Jahre alt, als der erste Aufstand in Berlin ausbrach, erinnere mich aber wohl noch der gewaltigen Nachwirkung desselben auf die Provinzen. Mein Vater war nun ein eifrig konstitutionell gesinnter Mann, Gesinnungsgenosse von Camphausen, Hansemann, Beckerath usw. Er beteiligte sich aufs allerlebhafteste an den politischen Ereignissen und ich weiß, wie sehr meine gute, den Frieden liebende Mutter darob in steter Sorge war. Mit gleichgesinnten und energischen Freunden erreichte mein Vater aber, daß die Ausschreitungen und Agitationen der extremen Parteien in Barmen keinen Boden fanden. In Volksversammlungen und Vereinen vertrat er, häufig nicht ohne persönliche Gefahren, seine Ansicht, der sich dann auch die Mehrzahl der ruhigeren Bürger zuneigte. Bei den späteren Wahlen zum Landtage wurde mein Vater in dankbarer Anerkennung seiner Wirksamkeit, zum Abgeordneten für Elberfeld-Barmen erwählt. Er hat diesen Wahlkreis mit einigen Unterbrechungen bis jetzt vertreten.

(...)

Einige Jahre später, am 1. August 1854, wurde ich von Herrn Pastor Josephson konfirmiert. Einen nachhaltigen Eindruck hat der Unterricht desselben nicht auf mich gemacht. Die Vorschriften einer starren Orthodoxie befolgte ich soweit, um mit Ehren die Prüfung bestehen zu können. Von den Hunderten von Bibelversen und Gesangbuchliedern, welche ich auswendig lernen mußte, habe ich aber nichts im Gedächtnis behalten. Religionsfragen haben überhaupt nie mein besonderes Interesse erregt. Ich denke schlicht und recht durchs Leben zu gehen, ohne äußerlich einem bestimmten Glauben huldigen zu müssen, von dem mein Inneres unberührt bleibt. Wahrhaftig in diesem Punkte zu sein, dünkt mich erste Pflicht. Wie ich hoffe, dabei unbelästigt zu bleiben, so werde auch ich jedem sein Recht lassen, sich auf seine eigne Art mit seinem Schöpfer abzufinden.

Am 3. September 1855 meldete ich mich in Düsseldorf bei der „Departements-Ersatz-Kommission zur Prüfung der Freiwilligen" zum einjährigen Militärdienst. Der untersuchende Arzt, Kreisphysikus Dr. Ernst, fand mich „für jetzt noch zu schwach zum Felddienste in der Königlichen Armee". Diese körperliche Schwäche sowohl, als auch meine zurückgebliebene geistige Ausbildung veranlaßten meinen stets für das Wohl seiner Kinder aufs lebhafteste besorgten Vater, mich noch nicht in die kaufmännische Karriere, der ich bestimmt war, eintreten, sondern mich noch ein Jahr lang meiner Freiheit und meiner weiteren Ausbildung leben zu lassen. Er beschloß, mich auf ein Jahr in einem Pensionat der Schweiz unterzubringen und wählte dazu das Institut des Herrn Dor in Vevey. Dieser Aufenthalt in der Schweiz ist meine liebste Jugenderinnerung.

Die Reise nach Vevey trat ich gleich von Düsseldorf aus, am 5. September 1855, in Begleitung meines Vaters an. Wir fuhren über Aachen nach Brüssel, besuchten per Abstecher Antwerpen und kamen nach Paris zur großen Weltausstellung, die der Kaiser Napoleon III. im Mai eröffnet hatte, trotzdem der Krimkrieg, seit dem März des Jahres vorher angefangen, noch nicht beendet war. In Paris sahen wir wenig von diesem fernab geführten Kriege, der erst im folgenden Jahr durch den Frieden von Paris, 30. März 1856, beendigt werden sollte, nachdem er hunderttausende von Menschen verschlungen und doch ohne bestimmtes Resultat geblieben war.

Vater und ich trafen im Hotel Violet, wo wir abgestiegen waren, viele Bekannte; unsern gemeinsamen Rendezvous-Platz bildete stets das Ausstellungsgebäude, welches wir täglich besuchten. Bei der großen geistigen Regsamkeit meines Vaters konnte mir nicht leicht etwas Sehenswertes in der großen Stadt entgehen, obgleich ich doch von dem Treiben und Wühlen der unruhigen Franzosen so betäubt war, daß ich zu einem ruhigen Genuß nicht kommen konnte.

Am 8. September besuchten wir im Théâtre italien eine Vorstellung der Frau Ristori. Bei der Anfahrt des Kaisers vor dem Theater wurde auf denselben geschossen. Wir hörten die Schüsse, welche aber unbeachtet blieben, bis sich nach einigen Minuten die Nachricht von dem Geschehenen im Saale verbreitete. Von der dadurch hervorgerufenen gewaltigen Aufregung macht man sich schwer eine Vorstellung. Auf mich wirkten die schreienden Menschen und in Ohnmacht fallenden Damen höchst komisch, und der lächerliche Eindruck vermehrte sich noch, als Mme. Ristori um eine halbstündige Pause zur Restaurierung ihres angegriffenen Nervensystems durch den Regisseur bitten ließ. Die begeistertsten Rufe von „vive l'empereur" und „vive Mme. Ristori" vermischten sich dabei in der seltsamsten Weise. Der Kaiser selbst erschien inmitten derselben in seiner Loge und ich hatte von einem guten Parkettplatze aus Gelegenheit, diesen seltsamen Mann zu betrachten.

Von Paris aus reisten wir über Lyon nach Genf und von dort per Dampfboot nach Vevey. Am 15. Sept. 1855 erfolgte mein Eintritt in das Pensionat des Herrn Louis Dor.

Dasselbe war zur Aufnahme auch von älteren Schülern bestimmt, und ich fand dort 16 Schüler oder junge Leute meines Alters vor, welche, ebenso wie ich, zu dem Zwecke fernerer Ausbildung eingetreten waren. Diese 16 jungen Leute bewohnten ihre eigenen Zimmer, das Rauchen war ihnen gestattet, ebenso wie das Ausgehen in die Stadt und die Umgebung, eine Erlaubnis, von welcher nicht immer der bescheidenste Gebrauch gemacht wurde. Ich befand mich bald in diesem Kreise heimisch. Mein Stundenplan wurde in Gemeinschaft mit meinem Vater festgestellt; sehr genau habe ich mich aber nicht daran gehalten. Es glückte mir nach und nach den Unterricht in die Morgenstunden zu verlegen, so daß ich die Nachmittage meinen eigenen Neigungen nachgehen konnte.

Zu jener Zeit versuchte ich mich viel in poetischen Ergüssen. Wenn ich dieselben heute noch durchlese, so kann ich mich über die unreifen und in der Mehrzahl unwahren Gefühle und Ideen nicht genug ärgern.*) Da unter zehn deutschen Philologen einer stets einen Dichterberuf zu erfüllen bestrebt ist, so fehlte es auch im Pensionat nicht an einem solchen Manne. Er war ein Württemberger namens Ebersbach, Lehrer in deutscher und lateinischer Sprache, Flüchtling der badischen Revolutionsarmee, mit welchem ich meine Produkte austauschte. Er hat später geheiratet und in St. Gallen ein Pensionat errichtet. Im Jahre 1864 schrieb er mir einmal in großer Geldbedrängnis, woraus ihn zu befreien aber nicht in meiner Macht stand.

Große Neigung habe ich nie zu ihm empfunden. Ein Lehrer, den ich sehr gern hatte, war ein Dr. Vogt, später Gymnasiallehrer in Elberfeld und jetzt, wie ich glaube, Direktor des Gymnasiums zu Arolsen. Ich hatte nur Fechtstunde bei ihm, schloß mich aber gerne an ihn an und blieb unter dem Eindruck seines sich stets gleichen und glücklichen Naturells. Auch ein Herr Winkler aus Braunschweig, früher Pfarrer in Rio de Janeiro, sowie der Musiklehrer Plumhof, gefielen mir durch ihr kerniges Wesen. Alle diese Herren unterrichteten die kleineren Schüler, deren es 26 im Pensionat gab, und schliefen mit denselben in großen Dortoirs. Von diesen kleineren Schülern schlossen sich besonders an mich an Ernst von Knigge von Hannover, Ernst Preyer von Manchester und ein junger Graf von Isenburg-Philippseich. Diese belagerten mich stets in meinem Zimmer, wohin sie aus ihren großen Sälen hinaus flüchteten.

Wilhelm Werth von Barmen war zur selben Zeit in einem Geschäftshause von Vevey als Lehrling eingetreten; mit ihm machte ich fast allsonntäglich lange Spaziergänge.

Auch an den „courses", die bei günstigem Wetter fast allwöchentlich vom ganzen Pensionat gemacht wurden, nahm ich gerne teil. Wir nahmen zudem Tanzstunde und hatten Gelegenheit, bei verschiedenen Soireen das Gelernte anzuwenden. Denn, da es an

Tänzern gebrach, so wurden die jungen Herren des Pensionats Dor gerne mit Einladungen aus der Stadt beehrt, wo wir uns dann so gut wie möglich benehmen konnten. Ich habe aber stets wenig Ehre mit meiner Tanzkunst eingelegt.

Vom 16. Juli bis 10. August 1856 machten zwölf meiner Kameraden und ich, unter Anführung des Herrn Dor, eine Fußreise durch die Schweiz, welche wir bis Oberitalien und Venedig ausdehnten.

Die Tour berührte folgende Orte: Leukerbad, Thun, Meyringen, Luzern, Rigi, Weesen, Ragatz, Reichenau, Splügen, Como, Mailand, Venedig, zurück über Mailand nach Lugano, Domo d'Ossola, Martigny, Chamounix und Vevey. Es ist das, nächst meiner Hochzeitsreise, die schönste Tour meines Lebens gewesen. In der Erinnerung macht sie mir heute noch stete Freude und Wonne.

Kurze Zeit nachher, am 14. September 1856, reiste ich nach Hause zurück.

(...)

Bei meiner Rückkehr nach Barmen war es meinem Vater gelungen, mir eine Lehrlingsstelle im Hause der Herren Carl Karthaus & Co. zu verschaffen, und zwar mit dem günstigen Vorbehalt eines zweijährigen Austritts. Ich trat im Oktober 1856 in diese Stelle ein. Die Zeit meines Aufenthalts in diesem großen und geachteten Hause war eine der angenehmsten und lehrreichsten für mich. Ich habe mit allem Eifer gesucht, mir die einem Kaufmann notwendigen Kenntnisse zu erwerben, und meine Prinzipale bewiesen mir oftmals ihre Zufriedenheit mit meinen Leistungen. Das Kontorpersonal bestand aus den Herren Reinhold Biermann, Krebs, Störing usw., mit denen ich gute Kameradschaft hielt. Meine Chefs waren meine jetzigen Onkels: August Boelling und Fritz Boelling, dann Herr Kommerzienrat Karthaus und Julius Beckmann. Nach anderthalbjährigem Aufenthalt in diesem Geschäftshause glaubte ich in Übereinstimmung mit meinen Chefs mir die Technik der kaufmännischen Bildung genügend angeeignet zu haben, und mein Austritt wurde mir gestattet. Ich erhielt bei demselben mannigfache Beweise von der Liebe meiner Kameraden. Carl Spannagel, Stief- jetzt Schwiegersohn von Herrn Karthaus, trug bei einem mir gegebenen Essen ein sehr launiges Gedicht vor, und der später als Buchhalter eingetretene, jetzt schon verstorbene Herr Koenemann, besang diesen Austritt ebenfalls in einem längeren poetischen Erguß.

Meine jetzige Frau war damals ein kleines Mädchen, Nichte von Herrn August Boelling, und mit meiner Schwester Auguste eng befreundet. Ich hatte dort häufig Gelegenheit, sie zu sehen und faßte eine Zuneigung zu dem schönen und muntern Mädchen, welche später in die wärmste Neigung und Liebe übergehen sollte.

Im Mai 1858 erfolgte mein Austritt bei Carl Karthaus & Co. und in demselben Monat, am 12. Mai, trat ich eine Stelle als Volontär bei Langer & Co. in Hâvre an.

Herr Langer war preußischer Konsul und stand mit seinen Söhnen Paul und Eduard, sowie seinem Schwiegersohn Rollhaus, einem großen Speditions-, Kommissions- und Importgeschäft vor. Dieses, sowie das ganze Leben in der großen Seestadt, regten mein Interesse für den Handel aufs lebhafteste an, und es wurde mir Gelegenheit gegeben, mich tüchtig nach allen Seiten hin auszubilden. Da ich als Volontär dieselben Obliegenheiten wie ein Kommis zu erfüllen für meine Aufgabe hielt, so erkannten meine Chefs dieses nach einem Monat schon durch Gewährung eines kleinen Gehaltes von 1000 Francs im Jahre an. Dieses erste verdiente Geld machte mir unendliche Freude.

Ich war längere Zeit mit deutscher Korrespondenz betraut und bekam schließlich, bei Abgang eines Kommis, die Buchhalterstelle übertragen. Da nach einjähriger Tätigkeit auf diesem Posten die Herren meinen Wunsch, mich mit einer andern, mehr zum Aneignen weiterer Kenntnisse geeigneten Stelle zu betrauen, nicht erfüllen wollten, und mir sowieso das Benehmen der Chefs und des Prokuristen Gassen gegen das Kontorpersonal nicht immer zusagte, so kündigte ich später meine Stelle und trat am 25. Mai 1859 als Volontär in das Geschäft des Maklers Marie, in welchem ich einige Monate bis zu meiner Rückkehr nach Hause verweilte. Da Herr Marie der erste Makler in Indigo war, so hatte ich Gelegenheit genug, mich mit diesem Artikel vertraut zu machen und den Hâvreser Markt dafür kennen zu lernen. Der Liebenswürdigkeit des Herrn Marie und seines Associés Bourdain verdanke ich lehrreiche und angenehme Monate. Mit Herrn Langer blieb ich aber auch auf befreundetem Fuße und sein schönes Landhaus in Ingonville sah mich häufig als Gast.

Für Hâvre hatte ich einen Empfehlungsbrief an meinen jetzigen treuen Freund Wichelhaus von Elberfeld mitgebracht, der eine Stelle bei A. Reinhardt innehatte. Ich fand bei diesem eine sehr freundliche Aufnahme und zog mich derselbe in seinen Freundeskreis, den wir bis zu unserer Abreise nicht verließen.

(...)

Kurz vor meinem Austritt aus dem Geschäft von Carl Karthaus & Co. im Februar 1858 war ich mit Carl Spannagel und Wilhelm von Eynern jun. nach Berlin gereist, um mich zum Eintritt als Einjährig-Freiwilliger bei dem Garde-Dragoner-Regiment zu melden. Mein Aufenthalt von 14 Tagen in Berlin war mir höchst angenehm und interessant. Mein Vater war Abgeordneter und wohnte im Viktoria Hotel; durch ihn machte ich die Bekanntschaft mancher bedeutender Persönlichkeiten und wohnte häufig den Kammerverhandlungen bei. Ich logierte bei meinem Freunde Ewald Bellingrath, der als Einjähriger bei den Garde-Pionieren stand. Andere Freunde, Julius Schüller, Carl Barthels, Carl Siebel standen bei anderen Truppenteilen. Die an sie gestellten dienstlichen Anforderungen waren gering, so daß man Zeit genug fand, den besuchenden Freunden die Stadt zu zeigen. Mich regte die große Stadt, namentlich die historischen Erinnerungen, aufs lebhafteste an, und stets ist mir seitdem Berlin das schönste Reiseziel geblieben. Mein Vater wünschte, verschiedener Umstände halber, daß ich vom Militärdienst befreit bliebe; ich wünschte, als junger Mann, natürlich das Gegenteil. Seit meiner Jugend hatte ich an schwachen Augen gelitten, und mein Vater drang auf eine Untersuchung und Attestierung derselben durch den berühmten Augenarzt Dr. von Graefe. Derselbe schrieb mir folgendes Attest:

Herr Ernst von Eynern leidet an Kurzsichtigkeit beider Augen. Auf dem linken Auge ist die Kurzsichtigkeit geringer als auf dem rechten, dagegen ist ersteres zugleich mit Schwachsichtigkeit behaftet. Dieser letztere Umstand macht es unmöglich, durch verschieden gewählte Gläser, einen gemeinschaftlichen Gebrauch beider Augen für die Entfernung zu erzielen. Die Aufhebung des gemeinschaftlichen Sehaktes spricht sich auch durch ein interkurrent auftretendes gemeinschaftliches Schielen aus.

Dieses Zeugnis legte ich am 9. Februar dem untersuchenden Arzte des zweiten Garde-Dragoner-Regiments, Oberstabsarzt Dr. Müller vor. Nachdem er mich auch körperlich untersucht hatte, lautete sein Ausspruch: „Er ist wegen Gesichts- und Körperschwäche für jetzt nicht einstellungsfähig im Regiment erachtet worden".

Ich war über meine Zurückweisung sehr unzufrieden, söhnte mich aber damit aus, als ich später die mancherlei Anforderungen sah, welche der militärische Dienst an meinen Bruder stellte, der in Düsseldorf bei den Husaren gedient und dort sein Landwehroffizierexamen gemacht hatte.
(...)

Am 25. April 1860 mußte ich mich vor der Königlichen Departements-Ersatzkommission auf dem Johannisberg in Elberfeld stellen, um dort mein definitives Schicksal, ob diensttauglich oder nicht, zu erfahren. Meine keineswegs nach übermäßiger Stärke und Gesundheit aussehende Gestalt veranlaßte aber die Entscheidung dieser Kommission: „Der Ernst von Eynern ist als dienstuntauglich ausgemustert worden". — Damit war ich definitiv vom Militärdienst frei.

Am 19. September 1859 reiste ich über Calais nach London. Mein Freund Robert Wichelhaus hatte eine Wohnung für mich in demselben Hause genommen, wo er ein angenehmes Unterkommen gefunden. Dieselbe lag Upper Baker Street, in der Nähe von Regents Park, und nahe bei der Wohnung unseres gemeinsamen Freundes Georg Horne, in dessen Hause wir viel verkehrten. Seine Eltern, die Mutter eine geborene Deutsche aus Bayern, empfingen uns stets auf das artigste und zuvorkommendste.

Das Geschäftshaus, in welches ich am 26. September eintrat, William Jameson & Son, Fencourt, in der Nähe von Mincing Lane, stand mit meinem elterlichen Geschäft in lebhaftem Verkehr. Meine Prinzipale: Herr Jameson und zwei Herren Koebel wetteiferten in Gefälligkeiten, und ich suchte dieselben durch Tätigkeit im Geschäft und durch gewissenhafte Erfüllung der mir zugewiesenen Obliegenheiten zufriedenzustellen. Ich verkehrte noch in vielen anderen Häusern, bei Edmund Sibeth (Firma Suse & Sibeth), Th. Andreae (Firma Th. Andreae & Co.), Carl Andreae (Firma Nestle, Andreae & Co.), Pfeiffer (von Fr. Huth & Co.), Siordet (Firma Siordet, Meyer & Co.), alles Geschäfte, mit denen mein Vater regen Verkehr unterhielt. Vor allem aber wurde ich ein steter Gast im Hause des Herrn Charles Meyer, der oben auf Brixton Hill sein Haus hatte. Derselbe trat Anfang 1868 aus dem Hause Siordet Meyer & Co. zurück, um sich nach Antwerpen, wo seine Frau gebürtig war, zurückzuziehen. In vielen anderen Familien fand ich freundliche Aufnahme und es verging keine Woche, wo ich nicht Gelegenheit fand, 3—4 Einladungen zu Mittagessen oder Tanz anzunehmen. Da meine Wohnung etwas sehr entfernt lag, um diese Einladungen ohne großen Zeitaufwand zu benutzen, auch die tägliche lange Fahrt zur City lästig wurde, so änderten Wichelhaus und ich unsere Wohnung und zogen nach 34 Bloomsbury Square in schöne große Zimmer. Diese Wohnung haben wir dann auch beibehalten. Ganz in der Nähe hatten Aug. Stenger von Barmen, Heinr. Scheibler und Richard Coenen von Crefeld, sowie andere Freunde ihre Wohnung ebenfalls genommen, so daß wir eine förmliche, eng zusammenverbundene deutsche Kolonie bildeten, die stets von den vielen, aus Deutschland zu kurzem Aufenthalt eintreffenden Bekannten, besucht wurde. Auch unser Mittagessen nahmen wir gewöhnlich zusammen während der Wintermonate ein. Alle diese Freunde besuche ich noch stets auf meinen häufigen Reisen nach London.

(...)

Kommentar 21
Zum Zeitpunkt der Veröffentlichung des in der nebenstehenden Quelle wiedergegebenen Lexikonartikels von Wilhelm Crecelius aus dem Jahr 1878 wurde die Firma Abraham & Gebrüder Frowein von dem jüngsten Sohn des Abraham Frowein (1766-1829) und der Charlotte Luise Frowein, geborene Weber (1770-1833, siehe K 11), Louis Frowein (1808-1882) und dreien seiner Söhne als Teilhabern fortgeführt. Nach dem Tod seiner Brüder Abraham (1797-1848) und August (1805-1850) war Louis 1850 alleiniger geschäftsführender Inhaber geworden; zeichnungsberechtigt war neben ihm nur seine 1832 geehelichte Frau Julie von der Heydt (1810-1884).
Die Produktion zunächst der Leinen- und Baumwollbänder, später insbesondere der Seiden- und Halbseidenprodukte sowie der schwarzen und weißen Atlasbänder wurde zu großen Teilen auf überseeischen Märkten abgesetzt: Die Firma Abr. & Gebr. Frowein besaß 1847 Lager in New York, Baltimore, Philadelphia, in Mexiko, auf Haiti, in Havanna, Buenos Aires, Pernambuco, Valparaiso und Rio de Janeiro; ferner unterhielt das Unternehmen Verbindungen nach Kalkutta, Bombay und Singapur. Der Gesamtwert des Frowein'schen Warenbestandes in New York 1861 belief sich auf mehr als 66000 Taler preußisch Courant und stellte den zu dieser Zeit größten Außenbestand der Firma dar.
Die Herstellung der Bänder und Litzen erfolgte hauptsächlich bei den für die Firma

Quelle 21
Frowein, in: Allgemeine Deutsche Biographie, Bd. 8, Leipzig 1878, S. 151-153   Auszüge

Frowein: Fabrikantenfamilie in Elberfeld seit dem 17. Jahrhundert. Das Wupperthal, in welchem sich heute die beiden Städte Elberfeld und Barmen zwei Stunden lang in ununterbrochener Häuserreihe von West nach Ost erstrecken, kann sich einer fast 400jährigen Industrie rühmen. Schon im 15. Jahrhundert fertigte es für den Verkauf Pelz- und Lederwaaren (namentlich Beutel, Säcke und Ranzen), und noch lange nachdem diese Erwerbsquelle vor einer andern zurückgetreten war, gaben die vielen Familien „Teschenmacher" (aus einer von ihnen stammte der bekannte Annalist Werner Teschenmacher) durch ihren Namen Zeugniß von der Beschäftigung der Vorfahren. Gegen Ende des 15. Jahrhunderts muß das Bleichen von Garn und das Verarbeiten desselben zu Band (Lint) allgemeine Verbreitung im Thal gefunden haben, und das letztere war allerdings durch das weiche und klare Wasser der Wupper und der zahlreichen in dieselbe fließenden Bäche, sowie durch den schönen, überall in die kleinen Seitenthäler sich hineinziehenden Graswuchs für diesen Zweck besonders geeignet.

(...)

In Elberfeld scheint um die Grenzscheide des 16. und 17. Jahrhunderts der Zuzug von Außen besonders stark gewesen zu sein. Damals ließ die Regierung des Herzogthums Berg das Territorium der 1537 abgebrannten Burg von Elberfeld parzellenweise verkaufen, und so bildete sich in dem Mittelpunkte des dortigen Kirchspiels der Anfang zu einem größeren, zusammengebauten Orte. In dieser Zeit wanderte Caspar (Jasper) F., Sohn von Hermann F., aus einer angesehenen Familie der benachbarten Stadt Lennep, in Elberfeld ein und erbaute 1603 auf einem der Regierung abgekauften Platze der Burgfreiheit ein Haus. Schon 1601 hatte er sich mit Gertrud, der Tochter des Elberfelder Scheffen Jasper Rittershaus, verheirathet. Hierdurch mit einer der begütertsten Familien des Wupperthals ver-

beschäftigten Hausbandwirkern, die auch nach dem Aufkommen des mechanischen Webstuhls Ende der 40er Jahre noch mit Handwebstühlen arbeiteten.

Nach dem Tode Louis Froweins (senior) im März 1882, der in den 70er Jahren zum königlichen Kommerzienrat ernannt worden war, wurden in den Geschäftshäusern des Unternehmens am Neumarkt selbst bis zu 100 Bandwebstühle betrieben; in Folge der Produktionserweiterungen wurde 1886 ein Fabrikgebäude im Uellendahl neu errichtet, in dem bis zu 500 Bandstühle liefen - und zwar neben dem fortgeführten Einsatz von Heimwirkern.

Nachruf an
Herrn August Frowein
von sämmtlichen Arbeitern.

Auch Du gingst heim ins schöne Himmelsland,
   Wo Eltern, Bruder und Freund Kretzmann wohnen,
Mit Engelzungen und im Lichtgewand
   Jehovah preisen und Sein Gnadenlohnen.
Du siehst entzückt den Sohn, der für Dich starb
Und Dir in Salem Bürgerrecht erwarb.

Doch wir, die Pilger noch, wir steh'n betrübt
   An Deiner Bahr', der Jüngling gleich dem Greise.
Der gute Herr, der Freund — so heiß geliebt —
   Du, Du fehlst uns im trauten Froweins-Kreise.
Ach! Deines Grabes allerschönste Zier
Sind Diener-Thränen, und die weinen wir.

Gott tröst' die Deinen, tröste unser Herz!
   Hat er doch Balsam für die tiefsten Wunden.
Einst läßt Er uns vom herben Trennungsschmerz
   Durch unaussprechlich Wiedersehn gefunden.
O Wiedersehn in sel'ger Ewigkeit,
Du tröstest uns in unserm Herzeleid!

Gedicht im Täglichen Anzeiger Nr.74 vom 28.3.1850

schwägert, wurde er selbst Mitglied des Raths und trat auch einmal als Bürgermeister (diese wechselten jährlich) an die Spitze der Verwaltung des Ortes, der 1610 Stadtfreiheit erhielt. Daß F. nebst seinen Söhnen kaufmännische Geschäfte betrieben (ohne Zweifel mit gebleichten Garnen und Bändern), geht aus einer Aeußerung von ihm hervor, welche uns Johann Leonhard Weidner (dieser war eine Zeit lang Rector der Lateinschule in Elberfeld) in dem dritten Theil der Teutschen Apophthegmata (Amsterdam 1653, S. 267) überliefert: „Casparus Frowin, Burgermeister zu Elberfeld, — gab seinen Söhnen zur lehr, daß, wann sie der Waar mit dem geringsten gewin könten abkommen, sie nicht verziehen solten, sondern gedencken, der erst gewin ist besser dann der zweyte, so vngewiß". Von seiner strengen Rechtlichkeit zeugt eine andere Aeußerung, welche Weidner a. a. O. berichtet: „Als gesagt ward, es könne kein guter Kauffman seyn, der nicht zum wenigsten zwey oder drey mahl Banquerot gespielt, sagt er: Ist eben so viel gesagt, Es könne keiner ein Ehrlich Man seyn, als der nicht zwey oder drey mal ist zum Dieb worden". F. starb 1631. Einer von seinen Söhnen, **Johannes** (geb. 1608, † 1674), wohnte seit 1636 in Barmen auf dem durch Erbschaft ihm zugefallenen Gut zur Furt, mit welchem eine Bleiche verbunden war. Da Unter-Barmen in kirchlicher Beziehung zu Elberfeld gehörte, so bekleideten er und seine Nachkommen wiederholt kirchliche Ehrenämter in der reformirten Gemeinde zu Elberfeld; so wurden z. B. 1638, als Herzog Wolfgang Wilhelm diese Gemeinde mit Gewalt zum Katholicismus zurückführen wollte, die Sitzungen des reformirten Consistoriums (Presbyteriums) heimlich in der Wohnung von F. abgehalten. Nachdem die Familie auf ihrem Gute in Barmen ohne Zweifel unausgesetzt Garnbleicherei getrieben und mit den Fabrikaten aus Leinengarn gehandelt hatte, zog der Sohn eines Urenkels des Johannes F., Namens **Abraham** (geb. 1734, † 1813), nach Elberfeld und gründete dort 1763 unter der Firma „Abraham Frowein jun." eine Fabrik in leinenen und wollenen Bändern und Litzen. Im J. 1787 nahm er die beiden Söhne seines Bruders Caspar, Caspar (geb. 1759, † 1823) und Abraham (geb. 1766, † 1829), weil sie, wie es in dem betreffenden Circular heißt, eine Zeit her der Handlung auf's Beste vorgestanden, zu Compagnons an; die Firma ist seitdem „Abraham & Gebrüder Frowein" geblieben, und bereits in der vierten Generation ist ein Abraham F. mit seinen Brüdern unter den Inhabern des Geschäftes gewesen. Schon 1776 waren die directen Absatzquellen der Bänder und Litzen, abgesehen von Deutschland und den Niederlanden, in Frankreich, Italien, Spanien, Portugal und Rußland, 1790 wurden die ersten Sendungen nach Nord-Amerika gemacht. Als der Gründer des Geschäftes 1813 gestorben war, setzten es seine beiden Neffen fort; doch einige Jahre später zog sich ältere derselben, Caspar F., wegen Kränklichkeit zurück, der jüngere, Abraham F. (er war 1807 der letzte nach der alten Verfassung auf ein Jahr gewählte Bürgermeister von Elberfeld gewesen), nahm 1820 seinen gleichnamigen ältesten Sohn als Theilhaber in das Geschäft. Nach dem Tode des älteren Abraham (1829) traten noch zwei jüngere Söhne, August und Louis, ein, von welchen der Letztere es gegenwärtig mit drei Söhnen fortsetzt. Bei dem gesteigerten Absatz nach Nord- und Süd-Amerika, Westindien rc. schritt man in den zwanziger Jahren auch zur Herstellung der dort beliebten baumwollenen Bänder und Litzen, später wurde die Fabrikation auf seidene, halbseidene und wollene Bänder, Litzen, Kordeln und Besatzsachen ausgedehnt, wofür der Hauptabsatz in überseeischen Plätzen sich findet. So kann die Familie F. als Repräsentant der alten Industrie des Wupperthals gelten, welche sie von den ersten einfachen Anfängen ab durch alle Erweiterungen und Fortsetzungen der Branche hindurch bis jetzt durchgemacht und festgehalten hat.

Nach den Geschäftsbüchern, Familiennachrichten und sonstigen handschriftlichen Quellen.   Crecelius.

4. Lebens- und Arbeitsverhältnisse der Arbeiternehmerschaft

Weberei und Wirkerei

Kommentar 22

Das im folgenden wiedergegebene Memorandum der Handelskammer aus dem Jahr 1837 enthält eine Unterscheidung der Weber und Wirker von den Handwerkern (auf der Grundlage des Verlagssystems als geltender Betriebsverfassung in dieser Branche und der wirtschaftlichen Lage) und beschreibt zugleich die soziale Situation der Weber. 1808 noch hieß es im Protokoll einer Sitzung des Munizipalrates bezüglich der Personensteuer, daß gegen die vorgesehene Klassifizierung „die Färber, Weber, und sonstige Fabrickarbeiter, welche den größten Theil der hiesigen Einwohner der mittleren Klasse ausmachen" aufgrund der Wirtschaftslage Einspruch erheben würden (Sitzung v. 26.11.1808, SAW D V 189, S. 151). Im Täglichen Anzeiger vom 20.8.1848 erschien ein Artikel mit ähnlichem, z.T. gleichem Wortlaut wie das in Quelle 22 wiedergebene Memorandum. In einer Erwiderung darauf hieß es drei Tage später in derselben Zeitung: „Es ist nun aber schon seit einer Reihe von Jahren die Anordnung zur Ausführung gebracht worden, daß die Weber von der Steuerklasse der Handwerker getrennt und der gedachte Mittelsatz auf jene nicht angewendet werden soll. Die Weber werden seitdem nach der Zahl der Stühle, auf welchen sie Beschäftigung haben, in der Gewerbesteuer veranlagt. Von 3 Stühlen werden nämlich 2 Thlr., von 4 und 5 Stühlen 4 Thlr., von 6 und mehr Stühlen 6 Thlr. erhoben. Wenn im Laufe des Jahres dem Weber, welcher z.B. für 4 Stühle veranlagt ist, auf einem Stuhle die Arbeit abgeht, so hat er noch das Recht, denselben abzumelden, und er zahlt dann für den übrigen Theil des Jahres statt 4 nur 2 Thlr." (Täglicher Anzeiger Nr. 201 v. 23.8.1848). Während die „Uebersicht der Verwaltung des Kreises Elberfeld im Jahre 1842" die heimgewerbetreibenden Weber und Wirker ebenfalls nicht zu den Handwerksberufen gezählt hatte, schloß Coutelle sie 1852 in die Auflistung der Handwerksbetriebe mit ein (vgl. Karl Coutelle, Elberfeld, topographisch-statistische Darstellung, Elberfeld 1852 ND Wuppertal 1963, S. 75-77).

Quelle 22
„Die Gewerbsteuer der Weber und Wirker",
in: Jahresbericht der Königlichen Handelskammer von Elberfeld und Barmen für das Jahr 1837, S. 18f
Archiv der HK Wuppertal-Solingen-Remscheid   handschriftlich   Auszug

[...]

Nach dem Allerhöchsten Gewerbsteuer Gesetze vom 30 Mai 1820 §. 13, sind Weber und Wirker nur dann frei von Entrichtung der Gewerbsteuer, wenn sie auf nicht mehr als zwei Webstühlen arbeiten. Haben sie einen dritten Stuhl in Betrieb, so werden sie zur Gewerbsteuer herangezogen. Die Weber gehören in die Steuer Abtheilung der Handwerker, die in den Städten erster Klasse, wozu Elberfeld gehört, einen Mittelsatz von 8 Talern aufbringen müßen, und dieser Mittelsatz muß bekanntlich von der ganzen Corporation so oft aufgebracht werden, als dieselbe steuerpflichtige zählt. Diese letztern wählen nun unter sich fünf Abgeordnete, welche die nach vorstehendem Verhältniß berechnete, von der Corporation aufzubringende Totalsumme auf die einzelnen Contribuenten, nach Verhältniß der Leistungsfähigkeit des Einzelnen, vertheilen, dergestalt jedoch, daß der geringste Satz, wozu in Elberfeld in der Klasse der Handwerker veranschlagt werden kann, vier Thaler ist.

Es ist leicht einzusehen, daß an einem Orte, wo die nothwendigsten Lebensbedürfnisse so theuer sind, wie hier, die Entrichtung einer solchen Steuer dem armen Weber in den meisten Fällen, eine unerschwingliche Last ist; -

Wenn man den Grundsatz, der die Weber und Wirker in Betreff der Gewerbsteuer, in die Klasse der Handwerker versetzt, näher prüft; so zeigt sich derselbe als mit den hierorts bestehenden Verhältnissen durchaus unverträglich. Denn der Handwerker ist selbstständig; er besitzt seine eigenthümlichen Handwerksgeräthe und Werkstätte; das Material, was er verarbeitet, als Holz, Leder, Eisen p.p. schafft er sich selber an, und verkauft die daraus gefertigte Arbeit an wen er will. Er arbeitet also nicht für Lohn blos für einen Einzelnen, sondern für das ganze Publicum, und setzt dabey den Preis seiner Arbeiten nach eigenem Ermessen so hoch, als es die Umstände gestatten. Er ist also in dieser Hinsicht ebenso selbstständig und unabhängig, wie der Fabrik Inhaber.

Der hiesige Weber und Wirker ist dahingegen nichts als ein Lohn= oder Fabrikarbeiter, der eher zur Klasse der Tagelöhner, als der selbstständigen Handwerker zu zählen ist. Denn wenn er auch zuweilen Eigenthümer des Webstuhls ist, worauf er arbeitet, so ist doch die dazu gehörige Geräthschaft immer das Eigenthum des Fabrikherrn, der ihn beschäftigt, und zwar in der Regel auf lange, ja oft auf Lebensdauer. Er kauft nicht selber das Material, das er verarbeitet, sondern sein Fabrikherr liefert ihm ein selbiges und bezalt ihm seine Arbeit stückweise nach Lohnsätzen, die zwar ungleich höher als in andern, wohlfeilern Gegenden Deutschlands sind, die aber der Concurrenz wegen nicht so hoch gestellt werden können, daß es dem Weber möglich wäre, neben der theuren Miethe die er zu bezalen hat, auch noch die Gewerbsteuer heraus zu sparen, ohne den härtesten Entbehrungen ausgesetzt zu sein. Und, sowie der Fabrikherr von den Fluktuationen des Handels abhängig und gezwungen ist, die Production nach dem Consumo zu reguliren: ebenso ist der Weber wiederum von jenem abhängig. Er kann daher nicht immer vollauf arbeiten, sondern muß sich hierin jeder Einschränkung unterwerfen, die ihm vorgeschrieben wird, so daß er, wenn er heute mit drei Stühlen arbeitet, im nächsten Quartal vielleicht deren nur zwei in Betrieb hat. Der Weber und Wirker ist demnach nicht zu den selbstständigen Handwerkern, sondern nur zu der Klasse der Lohnarbeiter, oder Tagelöhner zu rechnen, und hat daher ebenso begründeten Anspruch auf Befreiung von der Gewerbsteuer, wie dieser letztere.

Wer die hiesigen Verhältnisse kennt, wer es weiß, wie theuer hier die nothwendigsten Lebensbedürfniße, wie hoch die Miethen der Wohnungen sind; und wie sauer und mühselig daher das Leben für die armen Weber und Wirker ist: der muß es im höchsten Grade unbillig und hart finden, dieselben neben der Klassensteuer, auch noch einer so hohen Gewerbsteuer unterworfen zu sehen. Auch die Ortsbehörden von Elberfeld und Barmen haben dies längst gefühlt, aber immer vergebens gegen diese Ausdehnung der Gewerbsteuer reklamirt. Es ist daher unsre Pflicht, auch unsrerseits diesen Gegenstand zur Sprache zu bringen, und das wohlwollende Intresse Eurer Excellenz für diese armen Leute in Anspruch zu nehmen, damit ihnen eine so sehr Noth thuende Erleichterung zu Theil werde. -

Diese Erleichterung wäre erreicht, wenn die Pflichtigkeit zur Gewerbsteuer erst dann anfinge, wenn ein Weber oder Wirker mehr wie drei Stühle in Betrieb hat, oder wenn doch wenigstens der §. 12 des bezogenen Gesetzes vom 30. Mai 1820 Anwendung fände, nach welchem die Handwerker frey von Gewerbsteuer sind, so lange sie für ihre Person mit einem Gesellen und einem Lehrlinge arbeiten, wobei die Hülfe weiblicher Hausgenossen und eigener Kinder unter 15 Jahren unberücksichtigt bleibt. -

Unser dringender, durch die Umstände so sehr gerechtfertigter Antrag geht demnach dahin, daß es Euer Excellenz gefallen möge:

das Verhältniß der Weber und Wirker in Betreff der Gewerbsteuer in Erwägung zu nehmen, und hochgeneigtest dahin zu wirken, daß, wofern diese Klasse nicht gänzlich von der Gewerbsteuer zu befreien sein sollte, die Steuerpflichtigkeit doch erst dann beginne, wenn ein Weber oder Wirker mehr als drei Stühle in Betrieb hat; eventualiter aber doch wenigstens zu verordnen zu geruhen, daß der §. 12 des Gesetzes vom 30 Mai 1820 auch auf diese Klasse volle Anwendung finde.

[...]

Kommentar 23

Der 1845/46 erscheinende „Gesellschaftsspiegel" nahm zahlreiche kleinere und größere Situationsberichte über die soziale Lage der „arbeitenden Klassen" im Wuppertal auf. Dazu gehört auch der Artikel über „[d]as gesegnete Wupperthal", der in Quelle 23 auszugsweise wiedergegeben ist. Am 29.7.1845 hieß es in einem Schreiben des Innenministeriums an den Regierungspräsidenten in Düsseldorf: „Unter den neuerdings sich mehrenden Schriften, welche es sich zum Beruf machen, die Lage der arbeitenden Classen, namentlich der Fabrikarbeiter, ihre Stellung zu den Fabrikinhabern, das Verhältniß zwischen Lohn und Arbeit und die sonstigen Fragen auf diesem Gebiete zu untersuchen und zu erörtern, verdient der in Elberfeld bei Baedecker erscheinende Gesellschaftsspiegel um so mehr besondere Aufmerksamkeit, als er und sein Inhalt unter den Arbeitern selbst Verbreitung finden dürfte. Dergleichen Erörterungen und Untersuchungen müssen, wenn sie auch Mißbräuche und Nothstände zur Sprache bringen, doch dem gemeinen Manne Ansichten über seine Lage, über seine Ansprüche und über den Vermögens=Unterschied der einzelnen Stände beibringen, welche ihn über die Mittel zur Abhülfe mancher Übelstände und Ungerechtigkeiten irre leiten und zur Selbsthülfe dagegen aufreizen können. Dies hat der Censor jener Schrift wohl zu beachten und alles vom Drucke fern zu halten, was, sei es nach der darin sich aussprechenden Tendenz des Verfassers, sei es blos objectiv, geeignet ist, solche Ansichten bei der urtheilsunfähigen Menge zu erwecken und damit den Fortbestand der öffentlichen Ruhe und Ordnung zu gefährden" (HStAD Reg. Düsseldorf Präsidialbüro Nr. 687 Bl. 196).

Quelle 23
„Das gesegnete Wupperthal",

in: Gesellschaftsspiegel. Organ zur Vertretung der besitzlosen Volksklassen und zur Beleuchtung der gesellschaftlichen Zustände der Gegenwart, 1. Band, Elberfeld 1845, S. 9ff   Auszug

Das gesegnete Wupperthal.

Neben den allgemeinen Schilderungen der gesellschaftlichen Zustände der civilisirten Welt werden wir der Reihe nach die einzelnen Länder, Provinzen und Distrikte unsres Vaterlands in ihren gesellschaftlichen Verhältnissen unsern Lesern vorführen. Wir beginnen mit unsrer nächsten Umgebung und wollen zunächst die Lage einer Klasse unsrer Mitbürger schildern, welche wegen ihrer Zahl und Beschäftigung die beachtenswertheste sein dürfte.

Fragt man einen Wupperthaler Fabrikanten oder Kaufmann, wie sich die Weber hierorts stehen, so heißt es: „Wer hier arbeiten will, hat einen **schönen Verdienst**; es gibt Weber, die sechs, acht Thaler die Woche, andere, die fünf oder auch nur vier Thaler verdienen" u. s. w. Man vergleicht diese Thaler mit den Groschen, welche an andern Orten wöchentlich verdient werden, und stimmt dann das Loblied vom „gesegneten Rheinland", dem „gesegneten Wupperthale" u. s. w. — Wir wollen diesen „Segen" etwas näher in Augenschein nehmen.

In der folgenden Darstellung der Verhältnisse unsrer hiesigen Weber schließen wir uns den neulich von der Barmer Zeitung veröffentlichten Mittheilungen an, welche von einem Manne herrühren, der die Lage dieser Unglücklichen aus eigner Anschauung kennt, und der uns in den Stand gesetzt hat, jene Mittheilungen zu benutzen und zu ergänzen. Dieser Mann hat seine Berichte unter den Augen der Wupperthaler Fabrikanten veröffentlicht, ohne daß ihm in irgend einem Punkte eine Uebertreibung, viel weniger eine Unwahrheit nachgewiesen werden konnte.

„Da bei den jetzigen Lohnsätzen", sagt unser Berichterstatter, „das ungestört fortgehende Weben höchstens das tägliche Brod gewährt, so ist der Weber genöthigt, durch Ueberarbeiten die Ausfälle zu decken, welche durch die vielen Störungen, Hemmnisse und Plackereien entstehen, die wir hier mittheilen werden. Er muß daher Morgens auf den Hahnenruf aufstehen und bis Mitternacht und wohl darüber arbeiten. Seine Kräfte werden schnell verbraucht, seine Sinne vor der Zeit abgestumpft. Seine Brust kann dem ununterbrochenen Zusammenhocken nicht widerstehen; die Lungen werden krank, Blutspeien stellt sich ein. Auch seine andern Glieder erschlaffen und erlahmen, seine Augen ermatten und erblinden. So wird seine ganze physische Person eine frühe Kirchhofblume. Aber nicht nur physisch, auch geistig und sittlich verdirbt der unglückliche Weber. Sein Geist verdüstert, sein Wille erlahmt. Der Weber kann keinen Sonntag halten. Und doch thäte seinem von Strapatzen und Entbehrungen ausgemergelten und heruntergebrachten Körper (man schaue sich die Jammergestalten doch nur an!) Ruhe und Erholung so sehr Noth! Aber dem Armen, von Schulden Ueberbürdeten ist sie nicht gegönnt. Er vergißt am Ende, wie Feld und Wald, Wolke und Abendroth gestaltet sind! Seine ganze Erholung ist — der Branntwein; seine ganze Erbauung — ein wegen Nahrungssorgen keifendes Weib. Wenn die Jahreszeit Fensteröffnung gestattet und man an Sonn= und Festtagen durch unsre abgelegenen Straßen geht, und links und rechts das Webegeklapper rasseln hört, so wird man versucht zu fragen: „Was wollen die Glocken? Läuten sie Sturm?" — Wie das Elend den Vater aus dem Gotteshause hält und ihn an seinen Webstuhl bannt, so hält es dessen Kinder aus der Schule und kettet sie ans Spulrad oder sperrt sie in eine Fabrik ein. Unsere Elementarschulen sind für die Kinder dieser Unglücklichen nicht da. Um des Brodes willen müssen sie schon arbeiten. Die abendlichen Freischulen, die Freistunden am Sonntag können — das hat die Erfahrung sattsam gelehrt — die entbehrte Elementarschule nicht ersetzen. Auch geht das Kind nur träge und verdrossen zum Unterrichte — es ist müde, überarbeitet, nur halb satt, wohl gar hungernd, es ist schläfrig, matt, sehnt sich nach Erholung — es ist ja noch ein Kind!*) — Dem armen Weber bleibt zuletzt noch das Armenhaus, falls es ihm glückt, dort eine Nummer offen zu finden und über die vielen Mitwerber den traurigsten aller Siege davon zu tragen. Häufiger, weil er im Armenhause selten Asyl finden kann, verelendet und verfault er mit Frau und Kind, ungesehen und unbetrauert vor und neben des Reichen Thür. Und wohl ihm und den Seinigen, wenn sie ihr Schicksal dulden und tragen. Aber wo oft wird der arbeitslose Arbeiter ein Verbrecher, und Weib und Tochter durchschweifen die Stadt und geben sich Preis! ... Nicht wahr, ein düstres Gemälde das? Aber schaut nur um Euch — Ihr werdet mit Entsetzen und Schmerz die Originale dazu finden! — Ja, das Elend unsrer Weber ist groß, größer als man denkt. Durch das heillose, unvergütete „Vorrichten" werden Tausende ins Elend gestürzt und es entsteht ein Heer von Armen, das kaum mehr zu bewältigen. Und das alles tritt ein bei einer Menschenklasse, die vor wenig Jahren zu den rührigsten, lebensfrohesten, ehrenhaftesten und mildherzigsten Bürgern unsres Thales gehörte, bei einer Menschenklasse, deren fleißige und kunstgeübte Hände die Palläste Elberfelds und Barmens gebaut haben! — Wo und wie wohnt diese Klasse von Arbeitern? — Der hohen unerschwinglichen Miethe wegen wohnt der Weber in den entlegensten Gassen, in armseligen Höhlen ohne Luft und Sonne. Dringt man durch die mit Unrath und Koth bedeckten Gassen bis zu ihm hin, was findet man in seiner Wohnung? Den Hausrath, die Bettung, die Kleidung, die Kost eines Bettlers; eine Unreinlichkeit, einen Qualm, eine Ausdünstung, die kaum zu athmen. Hinter zwei oder drei Stühlen sitzen eben so viele Skelette und daneben, in einer Ecke, spult die alte Groß- oder Schwiegermutter, in andern Ecken die schulbenöthigten und schulpflichtigen, zerlumpten Kinder — und durch sie alle hin windet sich die Hausfrau, die den Rest ihrer Jugendkraft aufwendet, den schreienden, siechenden Säugling zu beschwichtigen. Ohne Stütze, ohne Kredit, ohne Aufmunterung, leben diese Jammergestalten ihr Leben in einer solchen Erstarrung dahin, daß sie eine Verbesserung ihres elenden Zustandes kaum für möglich halten.

Unser Berichterstatter findet die Ursache der von Tag zu Tag zunehmenden Verarmung der hiesigen Weber in den heutigen Lohnverhältnissen; er eifert daher gegen die: gegen den geringen Lohn überhaupt; sodann gegen das Vorrichten, welches die Weber oft viele Wochen in Anspruch nimmt, ohne daß ihnen dafür vom Fabrikanten etwas vergütet wird, wie das sonst der Fall war und noch jetzt hin und wieder wohl vorkommt; ferner gegen das Warten (Passen), Probiren und Ausbessern, „was alles zur Zeit unentgeltlich verlangt wird, und bei alle dem kann der Weber jetzt nicht mehr, wie früher, Geldvorschüsse vom Fabrikanten erhalten." — Das sind allerdings sehr beklagenswerthe Uebelstände, aber es sind nicht die Ursachen, sondern die Wirkungen der heutigen Gesellschaftszustände, wie dies der Berichterstatter an andern Orten, wo er von der „Concurrenz" und dem „Druck der Zeit" spricht, selbst einzusehen scheint.

Als besonders eigenthümliche Uebelstände der hiesigen Weber verdienen die genannten Verhältnisse jedoch näher in Betracht gezogen zu werden, und wir wollen daher auch hierüber unsern Berichterstatter hören:

„Der Lohn wird nach der Zahl der Ellen und der Einzeltücher berechnet. Er ist vor und nach von einer sattsam nährenden Höhe auf einen solchen Bestand herabgesunken, daß eine ununterbrochene vierzehn bis fünfzehnstündige Arbeit einem geschickten Arbeiter nur knapp das tägliche Brod gewährt. Ja, es gibt Gewebe, wo im günstigsten Falle nimmer herausgebracht werden kann, was man zum täglichen Unterhalt nothwendig bedarf. In dieser Beziehung allein schon wäre Hülfe insoweit nöthig, daß ein Webermeister den Unterhalt für seine Familie verdienen könnte. Es ist ein niederschlagender Gedanke, daß eine Arbeit, welche des Mannes ganze Kraft und Tüchtigkeit beansprucht, den Familienvater nicht in den Stand setzt, den Seinigen das Nöthige zu verschaffen! — Das Gewebe muß schon gut gehen und zu den bessern gehören, was die Woche 4 bis 5 Thaler abwirft. Was ist aber dieser Höhepunkt des Arbeitsertrags hierortig für eine Familie mehr als eben das Allernöthigste? — Nun aber kommt außer dem im Allgemeinen geringen und mitunter gar nicht entsprechenden Arbeitslohn noch der höchst fatale Umstand hinzu, daß dem Weber unentgeltliches Vorrichten verlangt wird. Dieses Vorrichten erfordert bei ordinären Gegenständen vierzehn Tage, bei feinern drei bis vier Wochen, bei Kunstsachen fünf bis sechs Wochen Zeit. Dazu nimmt jede Vorrichtung einen Gehülfen in Anspruch, dem man, wenn man sich nicht gegenseitig aushilft, den Tag einen Thaler Lohn geben muß! Außerdem erfordert das Vorrichten baare Auslagen, so daß die dazu nöthigen Gegenstände und Vorkehrungen oft bis vierzehn Thaler verschlingen. Die Ausgaben sind nämlich dann am größten, wenn man einen alten, schmaler Stuhl auf ein breiteres Gewebe vorzurichten ist, eine Nothwendigkeit, die sich oft genug einstellt. — Und wie verhält sich nun zu dieser Vorrichtung die folgende Arbeit, das bezahlte Werk zur unbezahlten Einleitung? — Manchmal dauert das Werk nicht länger als die Einleitung, so daß wer sechs Wochen vorgerichtet, auch sechs Wochen zu weben hat. Dadurch wird denn der Lohn, der in einem Webetage allenfalls erarbeitet werden kann, und der, wie gesagt, kaum den eignen Tag zu nähren vermag, auf zwei Tage ausgereckt. Man muß schon Vorrichtungen gehabt, von einer 60 Ellen haltenden Kette, die bei vierzehntägigem Vorrichten nur 7 Thaler eintrug. Wenn nun das Abweben auch in 14 Tagen vollbracht wurde, so waren binnen 28 Tage 7 Thaler, also auf den Tag 7½ Sgr. verdient worden. Man muß jetzt wegen der wechselnden Moden viel öfter vorrichten, und die Kosten sind wegen der steigenden Anforderungen der Kunst dabei weit bedeutender, als früher. Vor zehn Jahren hat das Vorrichten nur ein Drittheil der Zeit und der Auslagen gekostet, als jetzt, wo der Arbeitslohn noch dazu durchgängig um ein Drittheil geringer steht, als damals, bei manchen Sachen sogar um die Hälfte. Bis vor zwölf Jahren war es dazu im Allgemeinen noch Regel, das Vorrichten zu bezahlen. Seit dieser Zeit ungefähr begannen die Häuser, welche bis dahin das Vorrichten bezahlten, sich dessen anzuschließen, die niemals etwas dafür vergüteten. Die Gewerbefreiheit unterstützte die Herren Fabrikanten mächtig in dem ihnen gar natürlichen Streben, unentgeltliches Vorrichten einzuführen. Junge Anfänger, auswärtige Dörfler, welche den Winter, wo sie keine Feldarbeit hatten, nicht verschlafen mochten (was ihnen auch gar nicht zu verübeln war) und solche, denen das Feld auch im Sommer nicht volle Beschäftigung gab, kamen zu neuen Firmen und boten unentgeltliches Vorrichten an, drückten nebenher auch durch Minderforderungen die bestehenden Löhne herab. Die Nothwendigkeit, mit auswärtigen Fabriken die Concurrenz bestehen zu können, und das Verlangen nach Reichthum haben endlich das unentgeltliche Vorrichten zur Bedingung gemacht, ohne welche keine Arbeit mehr gegeben wurde. So wurden die nicht geringen Vorrichtungskosten vom Fabrikanten ab auf den Weber gewälzt, die Folgen dieser Operation bei später sinkenden Löhnen hatte man damals wohl nicht vorhergesehen. — Aber das unentgeltliche Vorrichten ist es nicht allein, was unsere Weber in's Elend stürzt; nicht minder nachtheilig wirkt das unvergütete Warten. Ist nämlich das Vorrichten zu Ende, so fehlt es häufig bald an der Kette, bald am Einschlag oder Schuße, bald an den erforderlichen Karten, oder die abgegebenen Karten weisen sich als fehlerhaft aus und deren Ausbesserung verschlingt wieder eine gute Zeit. Ein Weber mußte einmal sechs Wochen mit dem Vorrichten zubringen, weil man mit Verabreichung der Zuthaten so lange zögerte — diese Arbeit hätte sonst in vierzehn Tagen geschehen können. Und nun, nach sechswöchentlicher unvergüteter Arbeit, stand vorgerichtet und fertig. Jetzt fehlten Muster und Karten. Der nach Arbeit schmachtende Vorrichter ging aufs Komptoir und fragte nach derselben: „Daran ist noch nicht zu denken!" hieß es hier. Und das ging so fort von einem Tage zum andern, bis dem Vorrichter Wartetagen Wartewochen wurden und der Mann, er es nicht mehr aushalten konnte, den vorgerichteten Stuhl unbenutzt wieder abgeben mußte! Er hatte an neun Wochen umsonst vorgerichtet und gewartet. — Es ist nicht selten, daß auf Kette und Einschuß acht, vierzehn Tage und darüber gewartet werden muß. Das sonst so reelle Haus ...... zeichnet sich hinsichtlich des Wartenlassens vor andern traurig aus. Dort ist dieses sogenannte Passen an der Tagesordnung. — Bei einem andern Hause mußte Webermeister Z. nach eingerichtetem Stuhle auf die Kette und Einschuß acht Tage passen, und das Haus ...... ließ den Webermeister F. nach sechswöchentlicher Vorrichtung eines schwierigen Tuches noch 32 Tage auf die Kette warten, ohne dafür etwas zu vergüten. Zwar soll nach Feststellung des hiesigen wohllöbl. Fabrikengerichts eine nach geschehener Vorrichtung Wartezeiten für jeden Wartetag 20 Sgr. vergütet werden. Wer aber diese Bestimmung in Anspruch nimmt, verbrennt sich die Finger! — Man kann die 20 Sgr. Vergütung einziehen, allein man verliert alsdann dafür die Arbeit! — Ein ferneres Hinderniß für den Weber ist das kostspielige und zeitraubende Probiren. Dieses Probiren tritt ein, so oft der Musterzeichner oder irgend ein Anderer ein neues Muster ersonnen hat, dessen Ausführbarkeit nun aber auf dem Stuhle erst versucht werden muß. Da eine Firma der andern durch neue Muster den Rang ablaufen will, so tritt das Probiren sehr häufig ein. Jedes Probiren ist ein Herumtasten, ein Umhertappen, und es verschlingt nicht nur viele Zeit, sondern nöthigt noch zu allerlei Nebenauslagen. Für alle diese Probirarbeiten wird aber dermalen gar nichts vergütet. Die Webermeister Elberfeld's und Barmen's, weil sie die geschicktesten sind und unter den Augen der Herren Aufgeber arbeiten, leiden vorzugsweise darunter. Aber das ist noch nicht Alles. Auch der Liefertag geht für den Arbeiter in der Regel ganz verloren; denn die Leute werden haufenweise zu einer Stunde bestellt, müssen, wenn sie zur anberaumten Stunde nicht erscheinen, 2½ Sgr. Strafgeld bezahlen, werden aber nach dem bon plaisir des dienstthuenden, fabrikherrlichen Personals früher oder später abgefertigt. — Endlich ist noch zu bemerken, daß ein We-

---

*) Trotz der bestehenden gesetzlichen Verpflichtung des Schulbesuchs sind im Wupperthale stets mehr als 1200 Kinder, die durchaus keine Art von Unterricht bekommen.

bermeister für alles verantwortlich gemacht wird. Da mag nun der Kettenscheerer, der Spuler, der Werkführer, Kartenzeichner, Maschinenbauer u. s. w. irgendwie etwas vernachlässigt haben, der Weber, der Weber muß einstehen. Der Buchführer z. B. gibt den Schuß oder Einschlag verkehrt an, so wird dafür der Weber unter Lohnabzug verantwortlich gemacht und zwar zu 33⅓ pCt., ohne daß ihm gestattet wäre, die Waare für diesen Preis selbst zu behalten. — Durch alle diese Hemmnisse und Prellereien kommt es denn, daß, bei allem scheinbar erträglichen Wochenverdienst in Arbeitstagen, doch der durchschnittliche Wochenverdienst eines Webejahres nicht zum Auskommen ist. — Webermeister P., ein Mann von Kenntniß und Fleiß, wie wenige, hatte einmal zwei Jahre hindurch dieselbe Arbeit; er brauchte nichts vorzurichten. Er, ein Vierziger, arbeitete täglich fünfzehn Stunden. Er hatte Wochen, in welchen er 7½ Thlr. verdiente. Aber was hatte er am Ende des Jahres als durchschnittlichen Wochenlohn: 2 Thlr. 5 Sgr. Dabei hatte seine Frau noch gespult. — **Der größte Theil der Weber kann durchschnittlich die Woche keine zwei Thaler verdienen.** — Es sei uns gestattet, einige Fälle, die gerade unserm Gedächtniß gegenwärtig sind, die sich aber mit leichter Mühe vermehren ließen, hier namhaft zu machen. Webermeister St. hatte für das Haus ...... zwölf Jahr gearbeitet. Er sprach einmal in großer Geldnoth den Buchführer um Wartegeld an, welches, wie gesagt, nach der Verordnung des Fabrikengerichts vergütet werden muß. Der Buchführer entgegnete: „Sie sind doch so lange Arbeiter dieses Hauses und werden daher doch wohl wissen, daß dasselbe kein Wartegeld bezahlt; wenn Ihnen das nicht genehm ist, so mögen Sie abgehen!" In der entsetzlichsten Verlegenheit trug der Arbeiter um einen kleinen Vorschuß an, um seine Miethe bezahlen zu können. Auch dieser wurde ihm aber geweigert.*) Man überließ den alt bewährten Arbeiter hartherzig seinem herben Geschicke, das man durch Entziehung der gesetzlich ihm zukommenden Wartegelder eingeleitet hatte. — Webermeister Sch. arbeitete fünf Jahre bei dem Hause . . . . . . Nach abgelaufener Kette mußte er zum Mindesten immer zwei bis drei Wochen unvergütet warten, einmal sogar fünf Wochen. Er hatte nun einmal ein schwieriges Werk vorzurichten, was ihm sechs Wochen Zeit wegnahm, und als die Vorrichtung zu Stande gekommen, zeigte es sich, daß der Werkmeister vergessen hatte, den bezeichneten Rand mit anzugeben. Nun mußte auch dieser noch nachträglich zugerichtet werden. Und für alles dieses erhielt der Arme zur Vergütung — die unverdientesten Vorwürfe! Als er sah, daß unter diesen Verhältnissen nicht auszukommen, verließ er die Firma und trat in die Dienste des Hauses ...... Er war aber aus dem Regen in die Traufe gekommen. Hier traf ihn ein unaufhörliches Vorrichten. Die Schulden häuften sich, die Armuth brach herein, und als er Martini die Miethe nicht zahlen konnte, ließ ihm der Hausherr alles, sage alles, selbst seine Webstühle auf öffentlichem Markt verkaufen und ihn außer Wohnung setzen. Nun lag Webermeister Sch., ein Fünfzigjähriger, seit 25 Jahren Meister, auf offener Straße, mit seiner Frau, einem 14jährigen Töchterchen, einem fünfjährigen gebrechlichen Knaben, und einem ⁵⁄₄jährigen Kinde. Er fand für die nächsten Tage bei seinem Eidam Logis, um Brod mußte er die Armenpflege angeben. Jetzt wohnt er auf einem Speicherkämmerchen, welches keinen Webstuhl faßt, ohne Bettung und fast ohne allen Hausrath. Ein andrer Weber hat sich seiner erbarmt und ihm einen Webstuhl geliehen; für den Stand dieses Stuhles muß er wöchentlich 7 Sgr. Miethe bezahlen. Sein 14jähriges Töchterchen muß für einen Wochenlohn von 20 Sgr. von einem Ende der Stadt zum andern Spuhlen gehen und zwar fast baarfuß. Auf der Gathe könnt Ihr ihn in seiner Wohnung treffen, diesen zum Skelett abgemagerten Frühgreis. Er webt in der Nähe des Sargmagazins, dessen stille Häuser er gerne, gerne gegen seine Speicherkammer vertauschen möchte!"

(...)

Kommentar 24

Im Täglichen Anzeiger des Jahrganges 1845 erschienen Artikel eines unter dem Pseudonym „Gewerker Gutwill" schreibenden Autors, die eine heftige Diskussion über die Situation der Weber und Maßnahmen zu deren Verbesserung auslösten. Auszüge aus dieser Kontroverse, der der Tägliche Anzeiger als Forum diente, werden in der Quelle 24 wiedergegeben.

Über „Gutwill" und seine Artikel urteilte der Gesellschaftsspiegel im Jahr 1846, er habe „der blanken Wahrheit mit Fäusten in's Gesicht geschlagen, die Ursache des Elendes der Weber leitete er damals von diesen selbst her, weil sie zu viel ‚auf den Bierbänken herumlümmelten'. Es war rührend zu lesen, wie die Bestrebungen der Arbeitgeber, den Arbeitern aufzuhelfen, von denen wir bis dahin nichts gehört hatten, bis in den Himmel erhoben wurden und wie den Arbeitern der wohlmeinende Rath ertheilt wurde ‚sich nur um den Kern der Kaufmannschaft zu schaaren und mit ihr, die es ja so gut meine, vereinigt dem Uebel Trotz zu bieten'; zugleich wurde sie nebenbei vor den ‚heillosen Irrlehren der neueren Zeit' väterlich gewarnt. Es war nicht schwer, solche handgreifliche Lügen über den Verdienst und die Arbeitszeit der Weber in Nichts aufzulösen, was denn auch sogleich seitens einiger <u>wirklicher</u> Innungsmitglieder geschah. Denn ein solches Innungsmitglied war jener Hr. Gutwill nicht; es war sehr bald ruchbar geworden, daß er ein von einem Fabrikanten bezahlter Lohndiener war, gemiethet um im Interesse der hochgebietenden Herren einen

Quelle 24
Artikelserie im Täglichen Anzeiger 1845

Täglicher Anzeiger Nr. 258 vom 29.10.1845

So wie man's treibt, so geht's.

Wir Leute der Arbeit und Gewerke finden an den dermaligen Zuständen mancherlei auszustellen. Viele von uns fühlen sich unbehaglich, beengt, gedrückt, wohl gar unzufrieden und haben wenig Vertrauen auf die Zukunft. —

Und es fehlt nicht an solchen, welche uns in die Ohren zischeln, reden und rufen: „Der Boden ist hohl, das Gebälk ist wurmstichig, morgen, längstens übermorgen stürzet das Gebäude zusammen — und das Alte ist nicht mehr!" —

Andere gehen noch weiter, sagen und reden zu uns: „Ihr Männer der Arbeit, der Plage, der Besitzlosigkeit, die ihr mit Recht der Vergangenheit fluchet und der Gegenwart zürnet, was stehet ihr müßig und gaffet, bis sich alles von selbst ändere und mache? Frisch heran! gebrauchet eure rüstigen Hände, gebet dem alten Baum einen Schub — und das Paradies ist wieder erobert — bei vierstündiger Arbeit kann jeder von euch des Besten vollauf haben."

Achten wir nicht auf derlei thörichtes Geschwätz und trügerische Vorspiegelungen. — Der Bau stehet fester, als man ihn verschreiet, und noch fest genug, um den Kinderhändchen einiger Tollhäusler zu trotzen. — Ja, gelänge es auch, und das heutige oder morgige Geschlecht risse den gegenwärtigen Bau nieder: so würde es sofort einen gleichen aufführen müssen, wenn es nicht in Unordnung vergehen, in Zwietracht sich selbst aufreiben wollte. — Nach wie vor müßte gearbeitet, gewirthschaftet, gespart, gesammelt werden. — Wir Leute der Arbeit hätten also nur die Herren, nicht die Sache gewechselt. — Und dafür sollten wir freveln am Recht, uns vergreifen am Eigenthum? Eine anständige Zumuthung, die! — eine herrliche Belohnung, das!

Frankreich dekretirte Menschenrechte, und ließ tausende seiner Bürger niederschießen ungehört, ohne Spruch, ohne Recht; Frankreich bot Freiheit und gab Sklaverei; Frankreich verkündete Gleichheit und theilte seine Bürger in active und nicht active, d. h. in befehlende und gehorchende; Frankreich prahlte mit Einheit und verblutete unter der Zwietracht. — Umwälzung ist wohl Umsturz, aber noch nicht Neubau, verändern ist noch nicht verbessern. —

Aber verbessern wollen wir, sollen wir, können wir. — Jedoch auf rechtlichen Wegen und in ehrlicher Weise. —

kleinen Feldzug gegen die armen Weber auszuführen" (2. Band 1846 S. 57). Des weiteren wurde „Gutwill" beschuldigt, zuvor für den Gesellschaftsspiegel in ganz anderer Weise über die sozialen Verhältnisse berichtet zu haben. Das Sprichwort „So wie man's treibt, so geht's", das der Autor für seinen ersten Beitrag als Überschrift gewählt hatte, wurde von dem Wuppertaler Poeten A. Schults, der Ende der 40er Jahre mit politischen und sozialkritischen Arbeiten an die Öffentlichkeit trat, in einer Strophe seines Gedichtes „Ein neues Lied von den Webern" (1845) folgendermaßen verwendet:

„Die Weber haben schlechte Zeit,
Doch wer ist schuld an ihrem Leid?
Einleuchten muß es Jedermann:
Sie selber nur sind schuld daran.

Das alte Wort bewährt sich stets,
Das Sprichwort: Wie man's treibt, so geht's!
Sie sollten, statt zu klagen, weben,
So könnten sie gemächlich leben!"
(in: Leierkastenlieder, Meurs o.J. (1848), S. 27-29)

Das Lied zum Wupperthal.

Preiset die Wupper, hochpreiset das Land
An unsers Wupperstrom's grünendem Strand!
Wo ist das Leben wol schöner als hier?
Wißt ihr's, o Freunde, so saget es mir!
Schwinget den funkelnden, vollen Pokal:
Hoch das glückselige Wupperthal!

Seht doch die Wupper, die liebliche an!
Ob wol ein Fluß ihr vergleichen sich kann?
Grüne, schwarzblaue, goldgelbe gibts viel,
Solche zu finden ist Kinderspiel —;
Aber die Wupper! wie herrlich sie strahlt!
Aecht Türkischroth ist das Kleid ihr bemalt!

Prächtige Palläste sind ringsum zu schaun,
Sagt doch, wo mag man sie stattlicher baun?
Staunst Du, o Fremdling! so wisse, daß hie
Thronen die Fürsten der Industrie!
Weithin bis über das ärmlichste Haus
Strecken sie segnend ihr Scepter aus.

Geht durch das Wupperthal, blickt nur umher:
Lacht euch das Herz nicht, ob solchem Verkehr?
Rasseln der Räder, Maschinengeklapp,
Fahren und Rennen im Trott und im Trab,
Wirbelnde Dämpfe und triefender Schweiß,
Künd'gen des Wupperthals Ehre und Preis.

Doch im geselligen Kreis offenbart
Erst sich zu recht unsers Wupperthals Art:
Ordnung vor Allem! so hört man wol's gern!
Hüben die Diener und drüben die Herrn!
Mischt man doch niemals das Bier mit dem Wein —
Sollt' es im Leben denn anders wol sein?

Fragt ihr, ob Abends man schwelget und praßt?
Nimmer! hier schafft man ohn' Ruo' und ohn' Rast.
Wirkern und Webern und Färbern dazu
Raubt oft der Fleiß gar die nächtliche Ruh,
Und, sie zu hüten vor lockerer Bahn,
Alle hübsch mäßigen Lohn sie empfahn.

Preis't d'rum die Wupper, hochpreiset das Land
An unsers Wupperstroms lachendem Strand!
Wo blüht ein Leben, noch schöner als hier?
Wißt ihr's, o Freunde! so saget es mir!
Schwinget den funkelnden, vollen Pokal,
Hoch das gesegnete Wupperthal!

Gedicht im Täglichen Anzeiger Nr. 252 vom 22.10.1845

Mit Gewerbe und Gewerke steht es hin und wieder herzlich schlecht, und unter den heutigen Zuständen hat das Fortkommen seine Last und Beschwerde. —

Aber hat man diese Zustände uns aufgedrungen, oder haben wir sie machen helfen? Laßt uns sehen! Man sagt, der Ländler schaffe und bringe, was nur der Städter schaffen und holen sollte. Mag sein und ist so. Aber, wie sehr es auch ist und drücket, wir sind zu gutem Theile selbst Schuld daran. —

Schuster und Schneider klagen, sie wären kaum zur Hälfte gewerblich beschäftigt und werde mehr herein gebracht, als sie selbst fertigen. — Schlimm das! Allein wollten manche dieser Herren solider arbeiten, mit billigen Preisen fürlieb nehmen, auf die wahren Bedürfnisse des gemeinen Mannes eingehen, wollten zumal ihre Innungen Vorrathshallen anlegen und so dem festen Arbeiter den Bedarf auf Abschlagszahlungen liefern, so würde des schlechten und trügerischen Zeuges, was durch Wohlfeilheit Käufer lockt — $7/8$ weniger herein kommen. — Die Tischler, Sattler und Klempner mögen es eben so halten. — Wenn einige Hütler und Modebändlerinnen fast nur Eingebrachtes verkaufen, warum ringen sie nicht mit der Kunst und fertigen selbst? —

Wenn die Lager einiger Schlosser und Schmiede fast nur Artikel aus Remscheid, Solingen, Kronenberg haben, warum hämmern sie nicht, wie unsere Nachbarn in den Bergen? Hat man hier doch, weiß Gott! Schlosser, die reiche Lager halten und — keine Feuerschaufel fertigen können. —

Wahr ist es, Wisdorf, Hittorf und Hilden zimmern unsere Häuser, unbekannte Winkel an der Agger und am Brölerbache liefern dazu die Thüren, die Fenster und das Getäfel. — Wahr ist es, die Reichen führen Gebäude auf durch Gesellen und Taglöhner — das ist ein arger Mißbrauch. — Allein, um des Himmels willen! wie viele Bau-, Zimmer-, Schreiner- und Maurermeister hat denn Elberfeld und Barmen, welche im Stande wären, durch die gesetzliche Prüfung ihre Tüchtigkeit darzuthun? — Fast kein Zuchtpolizeigericht, oder vor dessen Schranken stehen Maurer, Zimmerer, Schreiner, welche unbefugt Meister spielen; und die Fabrikengerichte werden belagert von Gesellen und Arbeitern, welche von ihren Meistern keinen Lohn erhalten können. —

Es ist wahr, das Kapital gibt Bauten auf bestimmte Zeit, hält strenge über Einhaltung der Termine, bezahlt im Nichterfüllungsfalle mit — Schadenrechnungen. — Allein warum gehen Narren Kontrakte ein, die nicht erfüllbar sind? Hätten diese Herren Unternehmer weniger Brodneid und Leichtsinn, es würde ihnen so etwas nicht begegnen.

Metzger und Bäcker klagen, daß sie hohe Gewerbesteuer zahlen, und die Umgegend fast ebenso viel Brod und Fleisch hereinbringe, und zwar abgabenfrei. Böse Sache das, allerdings! Allein, wenn Alle gute Waare lieferten, billigen Markt stellten, so würde das Uebel mehr und mehr schwinden. Jedoch einige dieser Gewerker wollen sich wenig bemühen, viel verthuen und dabei über Nacht reich werden.

Die Herren Wirthe klagen, es seien fast so viele Wirthe, als Gäste. Die Sache ist wahr, die Geschichte trauerlich. Allein, betrübte, leidtragende Nachbarn, wer hat euch denn zu Wirthen gemacht? Das Bedürfniß oder Arbeitsscheu? Manche junge Wirthe könnten Anderes und Besseres thun.

Man klagt, die Fabriken werden Zwinger, die Werkführer strenger, die Arbeit flauer und zufälliger, der Lohn geringer, der Arbeiter ärmer und willenloser. Ist die Klage aber auch begründet und gerecht?

Die Fabriken sind allerdings Zwinger, aber nur zum Heile aller derer, welche sich selbst nicht zwingen können. Der Beweis liegt vor. Ist z. B. der Färber nicht besser geordnet, genähret und gekleidet, als der Weber? Und doch kann der Weber bei weit erträglicherer Arbeit wöchentlich 1 — 2 Thlr. mehr verdienen, als der Färber. Wie kommt nun das? Den Färber regelt und ordnet die Fabrik, der Weber ist sich selbst überlassen, d. h. seiner Laune, seinen Leidenschaften. Redliche Werkführer sind noch lange nicht strenge genug. Denn, obgleich hier vergleichsweise die höchsten Löhne gezahlt werden, so stehen dennoch die hiesigen Fabrikate manchen auswärtigen nach. Von der Güte des Fabrikates aber hängt ab dessen Verkauf. Wo aber das Werk übereilet und nur so obenhin abgethan wird, muß nothwendig auf die Dauer auch der Absatz und mit diesem die Beschäftigung flauen und stocken. Die Löhne werden geringer, und ist dieses bei den steigenden Bedürfnissen sehr zu beklagen; allein wenn man Kunstarbeiten Lehrlingen anvertraut, kann man dann für Kunstarbeit auch andern, als Lehrlingslohn erwarten?

Wahr ist es, durch alles Dieses und Anderes werden wir Arbeiter ärmer und somit willenloser; allein zeigen wir alle und sämmtlich einmal guten Willen, so wird unser Wille auch wieder stark, ja mächtig werden.

Zunächst mögen wir uns bescheiden, und vom Leben nicht mehr fordern, als was Arbeitern und Gewerkern zukommt. Das aber werden wir finden und für Frau und Kind haben, wenn wir auch redlich dafür einsetzen, was wir haben und können, Thätigkeit, Ehrlichkeit, Sparsamkeit und Kunstfleiß. Arbeiter sind viele, aber — wir müssen es gestehen — gute, kunstfertige sind rar. Wer was versteht, ehrlich denkt und rüstig handelt, wird noch immer sein Brod finden und haben.

Entfernen wir daher vorab aus unserer Mitte die Täuscher, Betrüger, Pfuscher und Stümper!

Suchen wir es nicht in windbeutelnden Anzeigen, noch in Schwindeleien, auch nicht darin, daß wir einander schlecht machen. Bisher ist Einer des Andern Neider, Verläumder, Ankläger. Statt uns gegenseitig an die Hand zu geben, zu helfen, zu unterstützen, liegen wir uns in den Haaren, zerren uns vor die Gerichte. Lasset uns aufgeben Neid, Haber und Zank, die uns so unglücklich machen, seien wir einander Freund, Stab und Schild!

Man klagt über Mangel an Geld, und wirklich in unserm geschäftlichen Verkehre wird das Anschreibebuch mehr angewendet, als der Beutel, und dadurch allgemeine Lahmheit und Flauheit hervorgebracht. Woher nun dieser verderbliche Zustand? Es ist doch Geldes genug im Lande, und unsere Kaufleute zahlen. Daher: Mancher gibt mehr aus, als er einnimmt und muß daher auf Borg nehmen. Das aber gehet von Hand zu Hand, bis die Reihe an ihn kommt, und er auch auf Borg geben muß. Leider nicht Wenige von uns wohnen die Hälfte des Tages und der Woche im Wirthshause, und Sonntags bevölkern sie Düsseldorf. Die Sitte ist allgemein, aber nothwendig ist sie nicht. Blieben diese Gewerker hübsch in unserm schönen Thale, führten Sonntags Frau und Kind mal an den Schinkenbrill oder dergleichen Lokale, blieben Werktags in ihren Häusern und bei ihren Weibern, verzichteten auf Restaurationen, Schenken und Müßiggang, so könnten die windigen Herren auch den Mann bezahlen, hätten Frieden im Hause, Vertrauen, und Verläßigkeit im Verkehr.

Wenn aber wo wenig verdient wird, so ist's um so nöthiger, das Wenige zu Rathe zu halten. Mit Vielem hält man Haus, mit Wenigem kommt man auch aus.

Zur Aufbesserung unserer Zustände, die drückend und schlimm genug sind, ist vor Allem noth die Aufbesserung der Gewerke. Das Gewerk aber wird flüchtig und nur so halbweg erlernt, das mangelhaft Erlernte nachlässig, stümperhaft, betrügerisch ausgeführt. Ein zuchtscheuer Lehrling reißet aus, ein Pfuschermeister, dem er gerade hantlich kommt, nimmt des Schores wegen ihn auf und lässet ihn Geselle spielen. Ein solcher Geselle verstehet nur nichts, nützet auch nichts, fackelt hin, fackelt her, krakeelt die Meister, verpfuscht die Arbeit, verjagt die Kunden. Zuletzt wird auch er wo gejagt. Was thut er? Verläßt er den Ort? Sucht er ein anderes Unterkommen, wo er allmälig aus einem Stümper ein brauchbarer Arbeiter werde? Nichts von alle dem. Dem Meister gegenüber miethet er ein Zimmer, verlocket die Kunden, und — der Pfuscher spielet Meister, hält kurz nachher selbst Lehrjungen und Gesellen, die dann ihm reichlich vergelten, was er an Lehrherr und Meister gefrevelt.

In dieser Manier muß denn wohl die Kunst verfallen, das Gewerk verarmen, Rechtlichkeit und Verläßigkeit, Treue und Ehre schwinden. Gewerbestolz und Handwerksehre sind leider Vielen, Vielen von uns längstens abhanden gekommen. Ist Ehrfurcht, Gehorsam und Zucht unter den Lehrlingen? Achtung, Ordnung, Sparsamkeit unter den Gesellen? Ehrenhaftes, gewerbrechtliches Leben unter den Meistern? Mancher spielt jetzt Meister, der als Geselle kaum Arbeit finden würde. Wie kann nun aber ein Pfuscher, ein Bruder Liederlich, ein Trunkenbold bei Gesellen in Achtung stehen, Lehrlingen Ehrfurcht und Gehorsam abnöthigen?

Ein ächter Meister leget rührige und rüstige Hand ans Werk, ist der Erste, ist der Letzte auf der Werkstatt; er übersieht alles, ihm entgeht nichts. — Hand aufs Herz! erfüllen wir alle, alle diese Elementar-Meisterverpflichten? Wie Manche von uns spazieren umher im Ausgehrocke, schwiemeln, bommeln durch die Wirthshäuser, sitzen auf jeder Bank, nur nicht auf der Werkstätte. Indessen stümpern Lehrlinge und Gesellen eine Arbeit zusammen, daß sich Gott erbarm! und diese wird um so höher gehalten, je stattlichern Rock der Meister trägt und je mehr Bier er trinkt. — Ein solcher Meister schaffet nun mal selbst nicht und — verlümmelt viel; das soll nun alles am Gesellen und Lehrling wieder heraus. An diesen Armen, an welchen man sich schon so schwer versündiget, daß man sie nicht gehörig beaufsichtiget und leitet, will man für Alles sich erholen; diesen Versäumten läßt man kaum das nackte Leben, verpraßet deren Schweiß so frech, als sei man ein polnischer Starost, ein ungarischer Magnat.

Den Kaufleuten gegenüber wird über strenge und schnöde Behandlung geklagt. Mag hin und wieder auch wohl vorkommen. Allein wir selber gehen guten Theils mit den Unsern um, wie mit nichts Gutem, und haben für sie weder Mitgefühl, noch Erbarmen, noch Rechtlichkeit. Nicht Wenige betrachten in Fällen den Lehrling wie einen Vogelfreien, womit zu schalten und zu walten nach Belieben. —

Wenn wir nun dieses und das uns so zurechtlegen und ehrlich erwägen, so werden wir wohl eingestehen müssen, daß, wenn wir es übel und schlimm haben, wir auch größtentheils es uns selbst so eingebrockt haben. — Hören wir nur einmal auf, unsere Sache selber zu verderben, — und die Hälfte des Uebels ist gehoben; die Kaufmannschaft und die Gesetzgebung wird dann schon die andere Hälfte bannen. — Zeigen wir durch die That, daß wir gerettet, geholfen sein wollen, und man wird helfende Hand uns reichen. — Aber wir müssen den Anfang machen. Das ist jedoch Eines Mannes Sache nicht. Das kann nur geschehen, wenn wir uns verständigen, vereinen, wenn wir **Innungen** bilden. — Durch die Gewerbordnung hat der Landesvater uns Gewerkern das Mittel gegeben, aus unserm Elende heraus und in Ordnung, Sicherheit und Auskommen hinein zu kommen. — Gebrauchen wir nun das Mittel und es wird bald um Vieles besser werden. Die Innung vereint und einet, verbindet, schützet und stärket; Vereinigung säubert und ändert, verbrüdert und Einheit macht stark. —

Und nun verehrliche Werkgenossen, liebe Nachbaren, beim Anblicke unseres gemeinschaftlichen, vielfach selbst verschuldeten Elends schwoll mir das Herz und ich nahm das Wort. — Habe ich nun unrecht oder thöricht geredet, bin ich wo im Eifer zu weit gegangen: so haltet meine Irrungen meiner Absicht zu gute; berichtiget, wo ich geirrt, ergänzet, wo ich unvollständig, widerlegt, wo ich verkehrt gesprochen. — Belehren, vervollständigen, versöhnen und einigen wir uns in diesem Blatte! — Besprechungen im Wirthshause können wohl vorarbeiten und nachhelfen; etwas Rechtes, Gediegenes, Ganzes aber nimmer liefern. — Hier habt ihr nun Freundes Wort, Mahnung und Rath, nehmt's hin als Freunde und benutzet es als verständige Gewerker und weise Bürger. —

Elberfeld, den 18. Oktober 1845.

Der Gewerker **Gutwill.**

Täglicher Anzeiger Nr. 262 vom 2.11.1845

Eingesandt.

Wenn Einsender dieses dem Gewerker Gutwill, wie er sich nennt, in Nr. 258 d. Bl. auch im Allgemeinen seinen Beifall zollt, so muß ich doch in Bezug auf die Färber und Weber Folgendes berichtigen:

Der ehrenwerthe Verfasser sagt: der Färber wäre besser genährt und gekleidet, allerdings, aber warum? Weil er einen mäßigen, aber bestimmten Verdienst hat, denn der Färber verdient doch (bei mühevoller Arbeit) durchschnittlich wöchentlich 3 Thlr. 25 Sgr. bis 4 Thlr. Nach der Aussage des Verfassers müßte also der Weber durchschnittlich ungefähr 5 bis 6 Thlr. verdienen, aber ohne zu übertreiben will ich behaupten, daß der, die durchschnittlich 2 Thlr. verdienen, mehr sind, als die 3 Thlr. verdienen, und der, die 3 Thlr. verdienen, mehr sind, als die 4 Thlr. durchschnittlich verdienen; also verdient der Färber (mit wenigen Ausnahmen) durchschnittlich mehr, wie der Weber, hat keine besondern Auslagen und kann eine billige Miethe verwohnen.

Daß viele durch ihre Willenlosigkeit und Leichtsinnigkeit ihre Lage noch bedeutend verschlimmern, ist leider zu wahr, aber wodurch entsteht, oder wodurch ist dieses entstanden? Durch eine mangelhafte Beaufsichtigung während ihrer Lehrzeit, denn wenn der Lehrling schon während der Lehrzeit Wirthshäuser besucht, des Abends nach den Arbeitsstunden bis spät in die Nacht auf der Straße herum bommelt und allerhand Unfug treibt; man sehe und höre nur die Gruppen, die Abends aus vollen Kehlen sich in den unheilvollen Nachtschwelgereien üben, aus diesen mangelhaft beaufsichtigten Fabrik- und Lehrjungen können keine tüchtigen, ordentlichen Gesellen und Meister werden.

Darum frisch an's Werk, ihr Handwerksgenossen, tretet zusammen und bildet Innungen, suchet den Kunstfleiß, die Sittlichkeit und Thätigkeit zu heben, denn es ist der Wille unseres allergnädigsten Königs, er giebt uns die Mittel, die Jugend in sittlicher und gewerblicher Hinsicht zu beaufsichtigen und zu tüchtigen Gesellen auszubilden. Denn, um was Gutes zu schaffen, müssen wir die Wurzel des Baumes pflegen und beaufsichtigen, daß er mächtig anwachse und gute Früchte trage. Die Behörden, die Herren Fabrikinhaber und gewiß jeder ordnungsliebende Bürger werden hierin mitwirken, so viel in ihren Kräften steht; möchten aber auch alle Eltern, Vormünder und Lehrer dieses beherzigen und vereint dahin wirken, daß diesem Uebel gesteuert werde. Dieses ist der dringendste Wunsch

Eines ordnungsliebenden Handwerkers.

Täglicher Anzeiger Nr. 268 vom 9.11.1845

Oertliches.
(Eingesandt.)

Lerne erst das Einmaleins recht wohl. —

Der Verfasser antwortet in Nr. 262 auf Nr. 258 über die Berechnung des Verdienstes zwischen Färber und Weber. Der Verfasser in Nr. 262 erklärt, daß ein großer Theil Weber die Woche 2 Thlr., ein Theil 3 Thlr. und ein Theil 4 Thlr. verdiene; — dieser benannte Lohn scheint dem theoretischen Kenner unwahr zu sein, oder er möchte sich in seiner Aussage geirrt haben, darum nehme ich mir die Freiheit, dem unbekannten Verfasser das Vorurtheil vorzubeugen. Das ist wahr, daß man einen Theil Weber hat, der die Woche 6 Thlr. verdient, das scheint ein Gegenspruch zu sein gegen den Verfasser in Nr. 262. Aber wir wollen es genauer besehen, ob ein Schein ein Sein ausmacht. Der Färber verdient die Woche 3 Thlr. 25 Sgr., und erhält bei dem Lohn täglich für 16 Pfg. Brantwein, das ist die Woche 8 Sgr.; also erhält er 4 Thlr. 3 Sgr. Dieser Verdienst ist in unsrer Stadt spärlich genug, doch verdient hiernach der Färber im Jahre 213 Thlr. 6 Sgr. Allein wie verhält sich's, daß der Weber 6 Thlr. verdient und doch mit dem Färber keine Rechnung macht? — erstlich darum, daß der Weber nicht allein arbeiten kann und daß er zu seinem Geschäft sieben Gehülfen haben muß; zweitens eine große Wohnung, berechnet zu 15 Thlr. Miethe mehr, wie der Färber; drittens 9 Sgr. mehr für Kolben, wie der Färber, und viertens 8 Sgr. mehr an Oel für sein Geschäft. Der Spuler bekommt von den 6 Thlr. Verdienst von jedem Thaler 6 Sgr.; für Einen, der Wolle einschlägt, jährlich für Bäumen und Aneinanderdrehen 6 Thlr.; für Oel zum Schmieren wöchentlich 7 Pfg.; für jährlichen Gebrauch der Geräthschaften 15 Thlr.; acht Wochen im Jahre auch gerechnet, wo der Weber nichts verdienen kann — also hat der Weber von 312 Thlr. Einnahme 166 Thlr. Auslage, wofür er nichts hat. — Und wie ist es denn bei dieser Rechnung dem Einsender in Nr. 258 zu Muthe? der denkt wohl in seinem Sinn: das hat keinen Boden. Aber freuen Sie sich nicht zu früh, denn ich rechne nicht theoretisch, sondern praktisch, nicht in einem leisen Gefühle, sondern in dem lebendigen Bewußtsein. Ich fordere daher alle Werkführer auf, welche doch die größten Kenner in dem großen Felde der Weberei sind und selbige nicht theoretisch, sondern praktisch kennen, und habe Hochachtung für den, der mir mit Grund und Boden in meiner Rechnung einer Lüge strafen kann. — Nun, werther Aussteller in Nro. 258 d. Bl., Sie haben das Geschäft theoretisch gelernt, ich aber praktisch, und das ist ein großer Unterschied, eine Sache theoretisch oder praktisch zu wissen. Wie können Sie sich unternehmen, den Verdienst auf 5 Thlr. festzustellen, ohne es praktisch zu wissen; darum schreiben Sie viel lieber für den Komödienzettel, das von einem großen Felde, daß Sie mit keinem Fuße betreten haben — ein Feld, das die Herren Werkführer unserer Stadt vor 20, 25 Jahren betreten und dasselbe gewiß in dieser langen Zeit bereist haben, folglich es nicht theoretisch, sondern praktisch kennen. — Welcher Werkführer aber darf auftreten, der behaupten könnte für einen praktischen Weber, daß er nicht in neuerer Zeit theoretische Waaren verfertigen ließe? Und Sie, werther Aufsteller in Nr. 258, wollen dies praktisch erklären und behaupten, was für ein Unterschied zwischen Färber und Weber sei? Der Unterschied zwischen Färber und Weber ist nach Ihrer Aussage in Nro. 258 ein mühevolles Geschäft; aber zweitens, das ist nicht mühevoll: daß der Weber sich mit den verdorbenen Stoffagen bis in die halben Nächte herumschlagen muß, das ist nicht mühevoll. Was der Färber, was Scheerer, was Maschiner, was der Spuler, was der Werkmeister, der Kartenschläger, was der Maschinenbauer u. s. w., was Alle verdorben und verfehlet haben, muß der Weber wieder gut machen. Nicht wahr, das ist eine schöne Harmonie, das geben per Woche 4 Thlr. in die Tasche, das sind angenehme Klänge; bei einer solchen Musik freut er sich nicht auf den Morgen. Darum, werther Aufsteller in Nr. 258, möchte ich Ihnen das Vergnügen einmal ein halb Jahr überlassen, es würde bald hohl unter Ihren Füßen werden; der sichere Balken, auf den Sie festzustehen vermeinen, wird anfangen zu verfaulen, und Sie werden dann nicht einen so undeutlichen Posaunenschall abgeben, und das Echo: „Es florire der Weber!" wird Ihnen im Halse stecken bleiben. — Wenn Sie nun noch mehr von der Weberei zu wissen wünschen, wollen wir es zu gute halten, bis auf ein ander Mal; darum nehmen Sie es mir nicht für ungütig, daß ich für dies Mal abbreche.

Ein Freund der Weberei.

| Täglicher Anzeiger Nr. 271 vom 13.11.1845

Aufforderung an den Gewerker Gutwill.
(Ein schöner Name.)

In Nr. 268 haben Sie eine Sache verhandelt, die Berichtigung verdient. Da kommen Färber, Weber, Mädchen in Uniform, Donnerkiels, alles mögliche zur Sprache. Auch sind Sie in Sachsen, Frankreich, England bewandert. Doch scheint's, als könnten Sie in Ihrem Hause das rechte Gemach kaum finden.

Zur Sache der Weber: denen dichten Sie einen so hohen Lohn an, wie es zu wünschen wäre; — daß die Sache aber nicht so ist, ist erwiesen, und wenn Sie damit nicht auskommen, so steht noch mehr zu Diensten. —

Sie versprechen dem auch Abhülfe. Das ist es, warum es sich handelt; — sind Sie der Mann der Abhülfe, so lassen Sie mich doch wissen, wo Sie wohnen, denn ich kann Ihnen Sachen bewahrheiten, die Abhülfe sollten und müßten haben. — Aber schicken Sie mich nicht zum Bildungs- oder Enthaltsamkeits-Verein, damit bin ich versehen. —

Ein Weber.

| Täglicher Anzeiger Nr. 280, (281) und 282 vom 23., 25. und 26.11.1845

Ich muß wohl wieder kommen, Nur mög' es frommen, frommen!

Als ich an meine Brüder das Wort nahm, hatte ich die Absicht, allgemein aufmerksam zu machen auf die Gebrechen der Zeit und auf die Mittel, diese zu heilen.

Ich sprach strafend und lobend, klagend und ermuthigend. — So brachte es der Sachverhalt. Will man heilen, muß man kennen die Krankheit. Es ist mißlich, zum Theil schlimm mit uns bestellt. Allein davon tragen wir selber mindestens die halbe Schuld. Wir haben also auch die Hälfte der Heilmittel in eigener Hand.

So lange wir diese Einsicht nicht gewinnen, ist eine Aufbesserung unserer Gewerke unmöglich.

So lange wir selbst nicht Hand an's Werk legen, wird weder die Kaufmannschaft, noch die Gesetzgebung sich mit unserer Aufbesserung ernstlich befassen.

Und thäte sie es, es würde nichts helfen, nichts fruchten, es wäre ein Pflaster auf einen Todten.

In einem Kreise der Nachbarschaft wird jährlich so viel Branntwein getrunken, daß auf neun Seelen (Weiber und Kinder mitgerechnet) ein Ohm kommt; dort wird viermal so viel verfuselt, als an Steuern gezahlt; dort wird so viel Branntwein getrunken, daß man auf den Kopf jährlich 4 Thlr. 20 Sgr., und auf den Thaler Klassensteuer, den man ungern gibt, neun Thlr. Branntweinsteuer freiwillig und mit tausend Freuden hingibt. Und wie viele, viele gibt es, die gar keine Klassensteuer oder kaum und mit Murren 1 bis 1½ Thlr. Klassensteuer zahlen, dagegen 20 — 30 Thlr. Fuselsteuer mit beiden Händen wegwerfen! Manche Familie wäre miethefrei, würde sie erst fuselfrei!

Wo 66,000 Menschen jährlich 300,000 Thlr. verfuseln, kann da wohl Kaufmannschaft und Gesetzgebung eine durchgreifende Aufbesserung machen? Je mehr solche Branntweinsklaven bekommen, je mehr verliederlichen die Verwöhnten.

Wenn diesen armen Leuten geholfen werden soll — und arm sind sie leiblich und geistig — so müssen sie vorerst das Fuselglas an den Eckpfosten werfen.

In diesem Sinne der nothwendigen Selbstrettung führte ich die Thatsache an, daß der Färber bei geringerm Verdienste häuslich, bürgerlich und sittlich besser geordnet ist, als der Weber. Und zwar deßhalb es ist, weil den Färber die Fabrikordnung schützet vor Bockssprüngen und tollem Wesen, wogegen der Weber heimgegeben ist seiner Laune und Leidenschaftlichkeit. Freilich ist Färbers Hausordnung strenge. Von Morgens 5 bis Abends 8 Uhr muß er arbeiten, kommt er um eine Viertelstunde zu spät, so wird ein Vierteltag in Abzug gebracht. Muße- oder Schwiemelstunden darf er gar nicht machen. Und hat er auch nur den Anflug von einem Rausche, so — ist seine Stelle vor der Thüre. Aber eben diese scheinbare Strenge, dieser Sturm der Geschäfte gereicht ihm zum Heile, reißt ihn nach oben!

Bei dieser Vergleichung stellte ich einfache Weberfamilie und einfache Färberfamilie gegenüber, d. h. Hausvater und Hausvater, beide ohne Lehrling und ohne Gesellen.

Nun trat ein ordnungsliebender Handwerker auf, gab zu, daß „viele Weber durch ihre Willenlosigkeit und Leichtsinnigkeit ihre Lage noch bedeutend verschlimmern", bestritt aber, daß der Weber mehr verdiene, als der Färber, und das Gegentheil meiner Behauptung aufstellend, sagte er: „Ich will behaupten, daß der Weber, die durchschnittlich 2 Thlr. verdienen, mehr sind, als die 3 Thlr. verdienen, und der, die 3 Thlr. verdienen, mehr sind, als die 4 Thlr. durchschnittlich verdienen; also verdient der Färber (mit wenigen Ausnahmen) durchschnittlich mehr, wie der Weber, hat keine besondern Auslagen und kann eine billige Miethe verwohnen."

Hierauf stellte ich in der Nr. 265 an den Herrn Berichtiger die freundnachbarliche Bitte, durch hinlängliche Aufführung von Webebüchlein seine Behauptungen rechtfertigen zu wollen.

Diesen Beweis forderte ich nicht aus Rechthaberei, sondern um der Wahrheit, um der Weber willen, und fügte gleich bei: „Leute von 2 — 3 Thlr. Wochenverdienst können an diesem theuern Platze nicht leben, zumal Weber nicht. Besteht daher dieser Uebelstand, so muß er gehoben werden."

(Schluß folgt.)

Ich muß wohl wieder kommen, Nur mög' es frommen, frommen!
(Fortsetzung statt Schluß.)

Hierauf erklärte der Herr Berichtiger in Nr. 270, daß er den geforderten Beweis in der angegebenen Weise nicht erbringen könne, indem er blos Ordnungsbücher oder Einschreibebüchlein für empfangene Materialien bekannt seien, und forderte die hiesige Webermeister-Innung auf, sich über dergleichen Büchelchen oder doch durch den durchschnittlichen Verdienst der Weber zu erklären.

Die Weber-Innung unserer Stadt, welche bereits 470 Meister zählt, ist allerdings im Stande, den durchschnittlichen Verdienst des Webers anzugeben; sie kann allerdings Aufschlüsse geben, ob der Wechsel der Mode, die Konkurrenz, die Flauheit, mangelhafte Einrichtungen in Fabriken, oder Unthätigkeit und mangelhafte Kenntnisse oder alles dieses zusammen den durchschnittlichen Weber-Verdienst so geringe stelle.

Möchte es daher der Weber-Innung gefallen, auf diese Kleinigkeit einzugehen und im Interesse aller Weber und unserer guten Stadt die erbetenen Aufschlüsse in diesem Blatte uns zu kommen zu lassen; — damit allseitig erschaut werden könne, wo der Schuh drückt, von wem das Uebel, falls es besteht, ausgehe und von wem und wie dasselbe zu bannen aus unserm Weichbilde.

Indem ich so der Aufforderung des ordnungsliebenden Handwerkers an unsere Weber-Innung mich anschließe, ersuche ich zugleich die löbliche Weber-Innung Barmens um gleiche gefällige, aber streng wahren Mittheilungen, wenn sie anders bis jetzt zu Wort und Sprache vorgedrungen, und ihre ernsten Beschäftigungen in tiefen Betrachtungen bei J. C. Döpper nicht vorgehen. Und hiemit, Herr Berichtiger, einstweilen guten Tag, kommen Sie ja recht bald wieder mit Ihnen plaudert es sich leicht. —

Aber mittlerweile ist in Nr. 268 ein neuer Degen auf die Mensur gesprungen und legt gewaltig aus. —

Er nennt sich ein Freund der Weberei, ist zweifelsohne ein guter friedlicher Nachbar, wenn er auch etwas unwirsch sich ausdrückt. —

Dieser Nachbar nun behauptet, daß, wenn der Weber wöchentlich auf dem Comptoir sechs Thaler hole, so werde er dennoch im Jahre nur 146 Thlr., wöchentlich also nur 2 Thlr. 24 Sgr., mithin einen Ertrag haben, der geringer als des Färbers Löhnung, und ich hätte sonach eine Dummheit, wenn nicht gar eine Bosheit gesagt, als ich aussprach: der Färber verdient weniger und lebt ordentlicher, als der Weber. —

Für diese Behauptung giebt er an des Färbers Löhnung und stellt auf eine Weberrechnung.

Wir müssen Beides prüfen. —

Er sagt: „Der Färber verdient die Woche 3 Thlr. 25 Sgr. und erhält bei dem Lohn täglich für 16 Pfg. Branntwein, das ist die Woche 8 Sgr.; also erhält er die Woche 4 Thlr. 3 Sgr. Dieser Verdienst ist in unserer Stadt spärlich genug, doch verdient hiernach der Färber im Jahre 213 Thlr. 16 Sgr." —

Die Färberlöhnung gelte, obgleich geringere und höhere Sätze vorkommen. **Aber der Branntwein!** Was hat doch der Nachbar mit dem Branntwein? Ist der Freund der Weberei zugleich auch ein Freund des gebrannten Wassers?

Der dampfende Kessel, die Trockenkammer, die Schmierarbeit, die Pottasche, die Spülung in der Wupper macht dem Färber ein Kännchen fast zum Bedürfniß.

Der blaue Spiritus ist dem Färber ein **erhaltender**, dem Weber aber ein **zerstörender** Geist.

Wenn nun des Färbers Beschäftigung durch ihre Natur ein Bedürfniß hervorruft, was der Weber nicht hat, so kann doch die Befriedigung dieses Bedürfnisses dem Weber gegenüber nicht gebucht werden als Verdienst. In vielen Färbereien wird der Branntwein nicht mehr gereicht, sondern vergütet, aber mit fünf und nicht mit acht Sgr., wie der Nachbar bucht. Der Fabrikant legt also an den Färber nur 4 Thlr. und nicht 4 Thlr. 3 Sgr. Und wo noch der Branntwein gereicht wird, dort wird nicht für 8 Sgr., sondern nur für 4 Sgr. 6 Pfg. gereicht. Denn das Kännchen kostet den Fabrikanten im Fäßchen nur 4½ Pfg. Ein Kännchen Morgens, ein Kännchen Nachmittags macht 9 Pfg., 6 × 9 aber 54 nach dem Einmaleins oder Schürmann's Rechenbuche, wie Nachbar Deckinghaus zu sagen pflegt. Man ist allgemein so sehr überzeugt, daß die anstrengenden und erschöpfenden Arbeiten des Färbers eine besondere Erfrischung erfordern, daß man in einigen Färbereien statt des Kännchens ein Bierglas eingeführt hat, so in der Färberei des Herrn Küster zu Barmen.

Aber nicht nur eines Labsals bedarf der Färber, er bedarf zugleich auch reichlichere und kräftigere, somit kostspieligere Nahrung, als der Weber. Luft, Wasser, Dampf, schwere Lasten und volle Schiebkarren sind gewaltige Zehrer.

Der hungrige Arbeiter wird alles thun, seinen bellenden Magen zu schwichtigen. Der Färber mag leicht den Tag 1½ Sgr. mehr an Nahrung verbrauchen müssen, als der Weber, was also die Woche zehn Sgr. und auf's Jahr 52 × 10 = 520 = 17 Thlr. 10 Sgr. ausmacht, und somit würde des Färbers Lohn dem Weber gegenüber um so viel kürzer werden und sich also das Jahr auf 190 Thlr. 20 Sgr. gestellen.

Nun zur **Weberrechnung.**

Erster Posten lautet: „der Weber muß sieben Gehülfen haben."

Welche sind diese sieben Gehülfen, und wenn er sie hat, muß er sie lohnen und womit?

Zweiter Posten: „eine große Wohnung, berechnet zu 15 Thlr. Miethe mehr, als der Färber."

Der Weber mit einem Stuhle, und nur einen solchen kann ich einem Färber gegenüberstellen, kann in hiesiger Stadt für 25 Thlr. wohnen, mithin muß der Färber für 9 Thlr. wohnen können. In einem Schneckenhäuschen vielleicht.

Will man annehmen, daß der Färber zwei Zimmer wolle, so ist das für den Färber auch nicht zu viel, und das Verhältniß bleibt wie vorher.

Drittens: 9 Sgr. mehr für Kohlen.

Für 9 Sgr. erhält man einen Sack guter Kohlen. Diese speisen mir acht Tage meinen Kochofen und zugleich noch das Kanönchen meiner Werkstätte. Der Färber und der Weber, die in der Regel nur einen Ofen halten und brauchen, werden daher auch wohl mit einem Sacke auskommen. Wenn nun der Nachbar noch für 9 Sgr., d. h. einen Sack mehr braucht, so muß er es gerne warm haben, oder es andern gern warm machen.

Das ist nun aber Liebhaberei, Bedürfniß nicht. Nur ein Fall ist denkbar, in welchem der Weber einen Sack Kohlen mehr nöthig hat, als der Färber, und dieser ist, wenn der Weber den ganzen lieben Tag durch die Wirthshäuser lümmelt, somit die Kochwärme unbenutzt läßt, des Nachts webet, dann bedarf er freilich doppelter Heizung; jedoch auch diese nur während 5 bis 6 Monaten.

Vierter Posten: „acht Sgr. mehr an Oel für sein Geschäft."

Der ordentliche Weber webet nicht länger, als der Färber arbeitet. Mehr kann sein Körper nicht wohl aushalten und reicht auch für den Lieferertrag. — In dieser Ordnung braucht er nur ein halb Maß Oel für die Webelampe, mithin nicht für 8, sondern nur für 5½ Sgr. die Woche und auch dieses nur während sechs Monaten. —

Die Montagmacher und die Tagschwiemler, welche das Weben auf die letzten Tage laufen lassen und dann zur Plage der Nachbarschaft die Nächte hindurch schießen, mögen freilich ein Maß verthuen, allein diese verthun auch noch andere Maße, die man unmöglich dem Fabrikanten zur Last stellen kann. —

5. Posten. „Der Spuler bekommt von den 6 Thlrn. Verdienst von jedem Thaler 6 Sgr., für Einen, der Wolle einschlägt."

Hier ist die theuerste Spulart, der höchste Satz und Spulenlassen angenommen, das ist finnig. —

Ich stellte Weber- und Färberaushaltung gegenüber. — Der Weber mit einer Haushaltung hat eine Frau und auch wohl Kinder. Diese verrichten das Spulen und die herausgerechneten 53 Spulthaler bleiben in des Webers Tasche, werden von seinen Leuten verdient. Während die Färberfrau mit Flicken und dergleichen unmöglich die Woche 1 Thlr. 6 Sgr. gewinnen kann. —

Aber wir wollen das Spulrad noch etwas näher beleuchten, ob es wirklich eine so einbringliche Kurbel habe.

Gewisse Tücher, in welche 6 Stränge Wolle geschlagen werden, thun 6 Sgr. Webelohn, ihrer fünf bringen 1 Thlr. Das Spulen von 6 Wollsträngen wird mit 9 Pfg. gelohnt. Fünfmal 9 sind 45 nach dem Einmaleins, somit wird für den Webethaler 3¾ Sgr. und nicht 6 Sgr. Spulgeld gezahlt. —

Für den breiten Stuhl in Seide wird wöchentlich 1 Sgr. und für den schmalen nur 7 und 8 Sgr. gezahlt. Und doch können auch auf diesen Stühlen 6 Thlr. verdient werden und mehr.

Ja, wenn der Wollgarnschießer 6 Sgr. vom Thaler, d. h. ein Fünftel des Webelohns zahlte, so hätte im angenommenen 6 Thalerverdienste die Spulerin am Ende der Woche der harrenden Mutter 1 Thlr. 6 Sgr. nach Hause zu bringen. Warum werden dann die armen Dinger, welche die lange Woche hindurch in eine Ecke geduckt und in gebückter Stellung krumm und lahm sich sitzen, mit 20 höchstens 26 Sgr. nach Hause geschickt? Manche rechnen nach oben, geben aber nach unten nichts aus. —

6. Posten. „Für Bäumen und Andrehen der Kette jährlich 6 Thlr."

Auch dieser Posten ist geschlagen über Goliaths Leisten. Wir wollen annehmen eine Kette sechsundvierzighundert von 25 Schmitz oder 25 × 7 = 175 Ellen.

Diese kostet zu bäumen 3, höchstens 4 Sgr. Der Andreher erhält für 1000 Fäden 2 Sgr., mithin von dieser Kette 9 Sgr., bäumen und andrehen zusammen 12 oder 13 Sgr.

Eine solche Kette hält gewöhnlich 4 Wochen, mithin kommen auf die Woche 3 Sgr., mithin auf's Jahr nur 5 Thlr. 6 Sgr. und noch weniger, falls Wochen ausfallen.

Bei halben und viertels Ketten ist es freilich ein anderes, da kann ein Mehr herauskommen, das ist aber die Ausnahme, nicht die Regel.

Allein das Andrehegeld möge der Weber selber verdienen. Verstehet er die Weberei nach Gebühr, so kann er auch vorrichten und andrehen, mithin diese Auslage sparen und die Vorrichtegelder selber säckeln. Versteht aber der Weber sein Geschäft nur stückweise, so kann mindestens der Fabrikant nicht dafür in Anspruch genommen werden, daß der Weber durch Andere thun lassen muß, was er selber verrichten sollte.

Siebenter Posten: „Für Oel zum Schmieren wöchentlich 7 Pfenning."

Ich glaube die Webelampe könne das Schmierfederchen noch mit netzen. Allein um nicht knickerig zu sein, lasse ich das Artikelchen passiren. — „Wer gut schmiert, der gut fährt."

8. Posten. „Für jährlichen Gebrauch an Geräthschaften 15 Thlr."

Ich unterstelle und muß unterstellen, daß der Weber habe einen wohl gebauten und in alle Wege gehörig eingerichteten Stuhl mit Kantenkasten, Lade und Schlittspule, (was alles für 25 Thlr. beschafft werden kann; und nun wage ich zu behaupten, daß man noch nicht 5 Thlr. brauche, um den Verschliß und etwaige Veränderungen des Stuhls zu decken. —

Weber, welche gewohnt sind, das Geräth abgegangener Sachen sofort zu verquackeln oder zu verbrennen, mögen über die Oberleiste ihrer Thür schreiben des Schotten Sprüchwort: „Verwahre etwas 7 Jahr und es wird Dir handlich kommen."

9. Posten. „Acht Wochen im Jahr, wo der Weber nichts verdienen kann."

Als das Vorrichten noch nicht bezahlt wurde, konnten allerdings im Jahre acht Wochen ausfallen. — Das ist aber nun anders und besser geworden. — Wenn jetzt noch Arbeitswochen ausfallen, so kann dieses nur geschehen, daß gar keine Arbeit aufgegeben wird, oder daß der Weber warten muß auf Sachen und Zuthaten. Wird gar kein Gewebe gegeben, so hat auch der Färber nichts zu färben, hat dieviertel und halbe Tage, beide haben gleiches Kreuz zu tragen. — Geschäftsflauen lassen sich nun mal von Fabriken nicht trennen, eben so wenig als Hagelschlag und Maifröste vom Ackerbau.

Muß aber der Weber auf Sachen und Zuthaten warten, so ist dieses ein Uebel, dem der Fabrikant vorbeugen kann und billiger Weise auch sollte. —

(Schluß folgt.)

Ich muß wohl wieder kommen,
Nur mög' es frommen, frommen!

(Schluß.)

Ich glaube indessen, daß — ein oder das andere Comptoir ausgenommen — nicht vier Wochen im Jahre für den Weber irgend verloren gehen durch Warten auf Sachen und Zuthaten. Wir wollen aber ein Uebriges nachgeben und vier Wartewochen annehmen. —

Und nun laßt uns mal summiren:
1) Die 7 Gehülfen sind unbestimmte Größen, kosten dem Weber nichts . . . . Thlr. —=—=—
2) An Miethe . . . . = 25=—=—
3) An Kohlen 9 × 52 = 468 : 30 = 15=18=— . = 15=18=—
4) Für die Webelampe in 26 Wochen 26 × 5½ . = 4=23=—
5) Das Spulgeld verdient des Webers Frau
6) Für Bäumen und Andrehen . . . . = 5= 6=—
   Der geschickte Weber kann hievon ⅔ oder 3 Thlr. 14 Sgr. selber verdienen. —
7) Schmieröl 48 × 7 = 336 : 12 = 28 Sgr. . . = —=28=—
8) An Geräthschaften . . . . = 5=—=—
9) Vier Wartewochen . . . . = 24=—=—

Summa . . = 80=15=—

Der Weber hat also nicht 166 Thlr. Auslagen, wofür er nichts hat, sondern nur 80 Thlr. 15 Sgr., und dafür hat er was, nämlich: Wohnung und Feuerung. —

Nach der Annahme verdient er . . . . . Thlr. 312=—=—
Davon gehen ab . . . . = 80=—=—

Bleiben für das Leben noch . . . . . = 231=15=—
und Miethe und Heizung sind bezahlt. —

Nach des Nachbars Aufstellung erhält der Färber 3 Thlr. 25 Sgr. Wochenlohn.

Hat nun der Weber vier Wartewochen, so hat sie auch der Färber, mithin 48 × 3⅚ . . . . Thlr. 184=—=—
Hievon muß der Färber verwohnen Thlr. 20=—=—
Für Heizung ausgegeben . . . . . 15=18=—
Bedarf an Nahrung mehr . . . . . 17=10=—
                                52=28=—   Thlr. 52=28=—

Zieht man diese Summe nun ab von seinem Jahrverdienst, so steht er mit dem Weber gleich, hat Miethe, Heizung und die nothwendige Mehrnahrung, behält also für das Leben noch . . . . . . = 131= 2=—

Mithin hat er weniger als der Weber zu verleben = 100=13=—

Der Weber hat nach obiger Aufstellung wöchentlich zu verleben nahe zu 4½ Thlr., während der Färber nur 2½ Thlr. hat.

Daß also der Weber bei weit erträglicherer Arbeit wöchentlich 1—2 Thlr. mehr verdiene, als der Färber, hat sich nun vor dem Einmalein ebenso richtig herausgestellt, als es sich alle Tage herausstellt, und Jedermann es sehen kann, daß der Färber dennoch besser geordnet, genähret und gekleidet ist, als der Weber.

Wie gemächlich und wohl könnte der Weber leben, wollte er des Färbers Leben führen, sich an der Arbeit halten und mit dem Nothwendigen begnügen! Noch einmal sage ich's, der Färber muß von 5 Uhr früh, bis Abends 8 Uhr, keinen Tag der Woche ausgenommen, erscheinen — und arbeiten. Der Färber verliert, wenn er nur scheinbar betrunken ist, sofort seine Arbeit, ebenso wenn er die Arbeitszeit auch nur um eine Mußestunde verkürzen wollte.

Hier hilft kein Widerstreben,
Hier heißt es „Fuß bei Mahl!" —

Und nun will ich des Nachbars Rechnung etwa nicht Lügen strafen, allein ich meine, mit Grund und Boden nachgewiesen zu haben, daß er zu hoch und zu tief gerechnet hat.

Und nun glaube ich, auch einigen Anspruch zu haben auf die Hochachtung, die er als Preis für die Nachweisung eines Rechnungsfehlers ausgestellt hat. Diesen Preis gewonnen zu haben, ist mir um so angenehmer, als der Nachbars ganzer Aufsatz beweiset, daß ich en der Hochachtung, die er für seine Nebenmenschen hat, bisher nur ein winziges Theilchen hatte.

Der Nachbar fährt fort: „Wie können Sie sich unternehmen, den Verdienst auf 5 Thlr. festzustellen, ohne es praktisch zu wissen? darum schreiben Sie viel lieber für den Komödienzettel, als von einem großen Feld, daß Sie mit keinem Fuße betreten haben."

Eine höfliche Frage die, ein guter und weiser Rath das!

Es ist mir nirgend eingefallen, den Verdienst auf 5 Thlr. festzustellen, eben weil der Verdienst abhängt von der Arbeit.

Aber ich kann drei Weber nennen, welche seit Februar in Damasttüchern, was doch die ordinärste Arbeit unseres Platzes ist, durchschnittlich 5 Thlr. die Woche verdient haben. Freilich verstehen diese zu weben und thuen es auch. — Was nun den Komödienzettel angeht, da verfällt der witzige Nachbar just in den Fehler, den er mir vorwirft, er wird unpraktisch. — Schon manches Jahr bin ich Gewerker an hiesigem Platze, habe aber noch nie das Theater besucht, kann also auch für dessen Komödienzettel nicht schreiben. — Aber dennoch soll der gegebene gute Rath nicht auf den Mist gegossen sein. — Ich will Zettel schreiben, aber für jene Komödien und Tragödien, welche wir Gewerker in unserm Leichtsinne und in unserer Dummheit aufführen.

Ferner möchte der Nachbar behaupten, der Weber habe so saure Arbeit, als der Färber, und führt dafür an: „Ist das nicht mühevoll, daß der Weber sich mit den verdorbenen Stoffagen bis in die halben Nächte herumschlagen muß?"

Von dem Weben bis halbe Nacht will ich so wenig etwas wissen, als vom Weben am Sonntage. Nachbaren bedürfen der Nachtruhe, und der Sonntag gehört dem Herrn, nicht dem Himmel, und die Webespule der Welt. Mit verdorbenen Stoffagen arbeiten thut kein Weber und braucht kein Weber. Erst kürzlich noch ward einem Weber für Abarbeiten einer schlechten Kette auf dessen Klage beim Fabrikgericht eine Vergütung von 12 Thalern zuerkannt; und wäre einmal eine Kette schlecht, so ist dies noch immer nicht Lasten tragen, Karren schieben, spülen, krappen schmieren. Das Herumschlagen halte ich bei verdorbenen Stoffagen nun gar nicht allein gethan. Meiner einfältigen Meinung nach kommt es hier mehr an auf ein Binden und Knüpfen, als auf ein Dreinschlagen, seie es auch nur mit Donnerkiel.

Der Nachbar fährt fort: „was der Färber, was der Scheerer, was Maschinen, was der Spuler, was der Werkmeister, der Kartenschläger, der Maschinenbauer u. s. w., was Alle verdorben und verfehlt haben, muß der Weber wieder gut machen."

Bei einem so verflochtenen Geschäfte, als die Weberei ist, sind dergleichen Aufbesserungen nicht zu umgehen. Das liegt nun mal im Geschäfte. Wer sich damit nicht befassen will, der stecke einen langen Stiel in einen Dozhammer, setze sich auf die Chaussee und klopfe Steine, da hat er es einfacher und nahezu aus erster Hand. Die Hauptsache ist, daß bei all den geklagten 1000 Aufbesserungen dennoch wöchentlich 5 — 6 Thlr. verdient werden können.

Der Nachbar benutzt diese Gelegenheit, um den Vorarbeitern des Webers einen Puff zu geben; allein der Gummirer giebt ihm hierauf den Kopf zurück, denn er klagt, daß er die Gliedschüsse des Webers zu pappen und dessen durch Schmier verheblte Flecken, wodurch das Gummiren mißlingen muß, zu bezahlen habe im Versantpreise, wogegen der Weber für seine Krebse nur die Stoffage und aufgegangene Kosten zahlt. —

Was nun noch kommt, mag passiren, es ist weder Witz noch Blitz. —

Und nun, Herr Nachbar, wenn Sie wieder kommen, und Sie scheinen so etwas in Aussicht zu stellen, so lassen Sie doch gefälligst ihr Hündchen zu Hause. Einmal läßt man sich einen Wadenkniff wohl gefallen, weil es just Nachbars Hündchen ist; für den Wiederholungsfall warne ich jedoch vor meinem kurzen, grauen Knüppelchen; ich möchte die Geduld verlieren, und Spitzchen damit auf sein Schwänzchen tippen! — Dem Herrn H. G. in Nr 270 werde ich besondere Aufwartung machen. — Den Weber in Nr. 271 lade ich zu einem Spaziergange, sobald das Wetter nichts dagegen hat, ein. — Dem Kläffchen in Nr. 273 antworte ich kurz: $0 \times 0 = 0$. Klipp, klapp, auf und ab, trab, Schimmelchen trab klaffe, Kläffchen, aff! —

Gutwill.

| Täglicher Anzeiger Nr. 286 vom 30.11.1845

An den Gewerker Gutwill.

Es ist offenbar Ihre Absicht unsern Täglichen Anzeiger ganz allein auszufüllen, damit kein Anderer Ihren verkehrten Begriffen von Arbeiter-Zuständen widerspreche, sonst würden Sie Ihre Aufsätze nicht so unbestimmt und schreibselig in die Länge dehnen können, maßen solches oft Ihrer Rundung und Schönheit noch besonderen Abbruch thut. Wir sind indessen nachgerade nicht zu vielen fruchtlosen Schreibereien aufgelegt, und namentlich durch Ihren letzten Monolog zu sehr ermüdet, um jeden Mißgriff darin beleuchten zu können, wollen deswegen nur über einige Punkte, die Ihnen, Werthester, dunkel zu sein scheinen, das gehörige Licht verbreiten.

Wenn Sie die Berechnung von wegen dem Branntwein im Fäßchen bei einem Schnapswirth gemacht haben, so werden Sie nicht wenig erstaunt sein, dennoch für nur ⅔ Kännchen 9 Pfg. bezahlen zu müssen, mithin Ihnen das Kännchen circa 1 Sgr. kam. So kann es für den Färber ebenso wenig Vortheil haben, wenn sein Herr den Branntwein en gros einkauft und ihm en detail eingeschenkt wird, zu seinem Bedarfe kostet ihm ein Kännchen Rittershauser vor wie nach 7 Pfg. Ihre Rechnung ist also richtig, kann aber hierbei keine vortheilhafte Anwendung finden. Dabei möchten Sie dem Weber einen Schnaps, als kein Bedürfniß, entziehen, wodurch Sie sich wieder eine große Unkenntniß der Dinge zu Schulden kommen lassen. Der fleißige Weber, der von Morgens 6 bis Abends 10 — 11 Uhr mit dem Leibe vorm Brustbaum liegt und Hände und Füße unablässig kräftig regt, sollte dem es nicht möglich sein, am Morgen und am Abend einen Schluck Branntwein verdauen zu können? Sollte es dem weniger als dem Färber Bedürfniß sein, bei schlechter Kost und schlechter Kette solchen kleinen Sorgenbrecher zu genießen? Sie sind entweder im Besitz eines vollen Magens oder eines vollen Geldbeutels gegen solche Gründe eines armen Webers verblendet, des braven Webers, dem der Kainsstempel der Trunksucht alsbald aufgedrückt wird, wenn er an einem bittern Liefertag sich mit 5 Sgr. sein Elend vergessen macht, während wie oft Pelotons von Champagnerpfropfer die Sinne der Glücklichen berauschen, womit in unsrer Zeit so mancher Kummer gebrochen werden könnte! Doch warum, lieber Mann, die Armuth zur Armuth halten, um zu erforschen, wer am wenigsten verzehren dürfe? Liegen wir denn Alle in einem Lazareth, daß nach Verhältniß diesen ¼ und ½, den andern dagegen ganze und doppelte Portionen zugetheilt werden müssen? Dann sagen Sie uns doch auch gefälligst, wer noch ferner einen Schnaps zu trinken berechtigt ist, und wer Champagnerflaschen zu zerstören bemüht sein soll?

Zeit und Oertlichkeit erlauben es uns nicht, Sie über die folgenden Mißverständnisse in Betreff der Auslagen und des Verdienstes der Weber in's Klare zu setzen — versteht sich von selbst, daß Webers Frau nicht gleich Kinder zur Welt bringt, die spulen können, und wenn solche so weit sind, ist ein löblicher Zwang, sie in die Schule schicken zu müssen — denn das Ganze ist ein Gallimathias von boshaften Absichten. Wir fordern Sie daher im Namen einer großen Anzahl Weber auf, Ihre Ansichten persönlich zu rechtfertigen, den fingirten Namen abzulegen, damit Sie sich von dem allgemeinen Verdacht, größere Interessen für sich dahinter zu verstecken, reinigen, und mit offener Stirn und redlichen Worten zu sprechen, denn es handelt sich hier um das Wohl der Arbeiter.

Weder die höhnende Gewalt, noch die literarische Geißel kann das Heilmittel für die Uebelstände unsrer ehrlichen Weber hervorrufen, und zeugt dieses sowohl, wie alles Andere, was wir bisher von Ihnen vernommen, von wenig Menschenkenntniß und gänzlichem Unvermögen, die Volksstimmung zu regieren, da Ihre Aufstellungen im Schluß Ihres letzten Artikels gegen einander zu widersprechend und verläumderisch sind, um nicht jeden redlich denkenden Mann hoch oder niedrig mit gerechtem Abscheu zu erfüllen.

Noch einmal fordern wir Sie auf, Ihren wirklichen Namen zu nennen und sich von einem allgemeinen Verdacht zu reinigen.

Ein Proletarier für Viele.

| Täglicher Anzeiger Nr. 290 vom 5.12.1845

Etwas über die Rechnung des Herrn Gewerker Gutwill.

In Nr. 242 d. Bl. findet sich ein Aufsatz über den wöchentlichen Verdienst des Webers, gegen den des Färbers. Einsender dieses erlaubt sich aber, zu sagen, daß Hr. Gutwill ganz und gar keine Kenntnisse von des Webers Verdienst, viel weniger von seinen Auslagen und Hindernissen hat. Einsender hat 3 Stühle, und will Herr Gutwill für jeden Stuhl wöchentlich 4 Thlr. rechnen, so muß er, im Jahr gerechnet, 259 Thlr. mitbringen und dem Einsender auszahlen. Von Auslagen an Geräthschaften wollen wir nicht sprechen, dieselben kann der Weber, der die Weberei praktisch kennt, nicht berechnen, weil dieselben zu mannigfaltig und vielerlei sind, viel weniger Herr Gutwill, der allem bisherigen Schreiben nach gar keine Kenntnisse der Weberei besitzt, sonst würde er nicht von einem 4wöchentlichen Aufenthalt im Jahr sprechen; wenn er im Jahre 3 oder 4 Mal 4 Wochen gesagt hätte, würde er es bald gerathen haben.

Einsender ist kein Faulenzer und auch kein Trunkenbold, sein Name ist in der Expedition und sein Betragen ist bei den Nachbarn zu erfragen, wo er schon 3 Jahre wohnt, ob er in den 3 Jahren noch einmal betrunken war, und ob er nicht ein rastloser, thätiger, flinker Weber ist, und dennoch hat er keinen wöchentlichen Verdienst von 3 Thlr. durchschnittlich wegen aller Hindernisse und Passens, was man wegen Mangel an Raum nicht angeben kann. Ein Beweis, daß Herr Gutwill die Weberei ganz und gar nicht kennt, sonst würde er keinen Färber gegen einen Weber vergleichen.

Eine Fliege kann ja dem Weber mehr schaden, als Herrn Gutwill bekannt ist, weil dieselbe dem Weber die Kette oder die fertige Waare befleckt, wofür der Weber einen Abzug erleidet oder die Waare wiedernähmen muß. Eine Maus kann ja dem Weber mehr schaden, als Herr Gutwill berechnen kann, denn sie geht des Nachts dem Weber über den Kettenbaum spazieren und befeuchtet denselben, es bringt in 5 bis 6 oder 8 Baumkör hinein und überall giebt's Flecken; gefällt's ihr da nicht mehr, so geht sie auf den Brustbaum und thut dasselbe bei der fertigen Waare und verdirbt dieselbe; sie beißt auch Ketten und Harnisch kaput, wo der Weber nach Verhältnissen einen halben auch einen ganzen Tag binden und knüpfen kann. Will der Weber dem vorbeugen und dem Thierchen einen sogenannten Pott hinsetzen, da geht sie nicht d'rauf, weil sie so wenig von dem Schaden weiß, die sie anstellt, als Herr Gutwill von der Rechnung der Einnahme und Auslage und allen Umständen, Hindernissen und Versäumnissen des Webers. Ich sage und schreibe und kann behaupten und behaupte es, daß die Weberei für die jetzige Zeit die schlechteste Profession ist, und daß die Rechnung des Herrn Gutwill mit einer Phantasie bekleidet ist.

Wie kann Herr Gutwill einen Färber gegen einen Weber vergleichen? Wie manchmal muß der Weber wöchentlich nach dem Fabrikhause gehen oder seine Frau schicken, um die erforderlichen Werkzeuge oder Stoffage zu holen, wo man mehrere Stunden immer versäumen muß, und dem Weber seine Frau muß also dem Färber seiner Frau das Spulen überlassen; also von des Webers Verdienst geht das Spulgeld auf Färbers Verdienst über. Was des Färbers Montirung anbelangt, gegen die des Webers, wie Herr Gutwill schreibt, kann dahin gestellt sein, der Färber hat jedenfalls mehr Credit beim Schneider, als der Weber, weil der Färber per Woche festen Verdienst hat, und der Weber jetzt auch beim besten guten Willen doch nicht mehr bezahlen kann, und zudem sind immer 3 auch 6 Mal mehr Weber in der Stadt, wie Färber, also auch stillschweigend mehr Huddelige oder schlecht Gekleidete, mithin ist der Satz immerhin kenntnißlos. Was das Spazirengehen des Webers anbetrifft, kann ich sagen, daß dieses eben phantastisch lautet; das ist eben das Elend des Webers, daß er so viel spaziren gehen muß, und wem ist das zuzuschreiben? Dem Wechsel der Zeit. Wenn der Fabrikant nicht verkaufen kann, kann er nicht arbeiten lassen. Sieht denn so ein Herr Gutwill einen Weber 3 bis 4 mal die Straße gehen, dem der Kopf von aller Leidmuth in dem Busen hängt, spricht er im Anzeiger von vielem Spazirengehen. Ich sage, Herr Gutwill kennt die Weberei mit ihren hundertfältigen Versäumnissen und Kosten so wenig, als der Bauer oder Landmann die Theologie. Was das Branntweintrinken aber anbetrifft, sage ich, der hat man unter allen Ständen, Reiche und Arme, Kalte und Warme, Schweinefleischverächter und Christen, Schauspieler und Choristen, Damen und Diener, Berliner und Wiener, Schwaben und Preußen und wie sie alle heißen, vielleicht auch Herr Gutwill, denn seine Aufsätze scheinen mir mit Branntwein bekleidet zu sein.

Ein unparteiischer rechtsliebender Webermeister der Innung.

Täglicher Anzeiger Nr. 291 vom 6.12.1845

Eingesandt.

Als wir die Nr. 258 dieses Blattes lasen, glaubten wir, einen unparteiischen Vertreter der Gewerke auftreten zu sehen, denn der Verfasser sagte: berichtiget, wo ich verkehrt gesprochen, und wir glaubten, die nächsten Artikel des Gewerkers Gutwill würden Versöhnung und Liebe sein; doch nein, er zweifelte schon in der nächsten Nr. an die Berichtigung des Verfassers in Nr. 262 und forderte das Unmögliche, denn der Berichtiger sollte seine Behauptungen durch eine hinlängliche Zahl von Webebüchelchen rechtfertigen, obgleich ihm auch nicht ein einziges dieser Art bekannt war; er wendet sich nun an die Innung, um die erbetenen Aufschlüsse zu erlangen. In den folgenden Nummern finden wir auch den guten Willen nicht, wie wir ihn erwartet hatten, denn wir finden in den folgenden Nummern mehrere gemeine Worte und abgetragene Witze, die in kein öffentliches Blatt passen, und die wir nicht unter die Feder nehmen mögen. Der Weber ist an allem Schuld.

O wüßte, o wollte er es wissen, wie mancher thätige Weber des Nachts arbeiten muß, um seine Angehörigen redlich ernähren zu können, er würde vielleicht anders sprechen. Er spricht von Liebe zum Arbeiten und erbittert die Gemüther — ein schöner Gedanke bei der jetzigen Zeit. — Er spricht von Abhülfe und behauptet, der Weber verdiene bei allen Aufbesserungen, was der Färber, Scheerer, Kartenschläger u. s. w. verdorben, die Woche 5 bis 6 Thlr., und meint, wenn er diese Aufbesserungen nicht wollte, sollte er sich auf die Landstraße setzen und klopfen Steine. Nein, lieber Gutwill, mit solchen Tönen gewinnt man keine Herzen.

Bei der Aufstellung des Verdienstes hat er nur bloß die glücklichen Weber aufgeführt. Wahrlich, glückliche Weber die, welche ¾ Jahr wöchentlich 5 Thlr. verdienen! Das sind aber die wenigen Ausnahmen, wie der Verfasser in Nr. 262 bemerkte.

Er sagt, der Färber brauche mehr Nahrung; wir wollen dies zugeben, wiewohl von keiner Nahrung die Rede war, sondern vom Verdienst, müssen aber fragen, ob der Weber, der oft am Tage um Kette, Karten, Einschlag und sonstige Sachen laufen und dafür des Nachts arbeiten muß, ob dieser mit wenig Kost vorlieb nehmen kann. Er wirft dem Weber vor, den ganzen Tag in den Wirthshäusern herum zu lümmeln und des Nachts zur Plage der Nachbarschaft zu arbeiten. Wir müssen dies in vielen Fällen zugeben, denn wir wissen, daß mancher den letzten Groschen an Branntwein verschwendet und seine Kinder dafür darben läßt; wir wissen aber auch, wie mancher thätige und ordentliche Weber durch Verdruß und unverdiente Vorwürfe seine Zuflucht zum Branntwein nimmt, sehr traurig, aber wahr.

Er sagt ferner, der Färber hätte oft nur ¾ Tage zu arbeiten. Dieß ist richtig, jedoch hat der Weber jede Woche einen halben und einen dreiviertel Tag, nämlich wenn er liefert und Einschlag holt, ohne die sonstigen Wartetage, also 52 × ¾ . . . . 39 Tage.

Alle vier Wochen, wenn's ganze Ketten gibt, einen Tag zum Einliefern der Kette, Holen und Bäumen der neuen Kette, ein Tag zum Andrehen und Einschlagholen, also 13 × 2 Tage 26 "
(Ganze Ketten sind aber Ausnahme und keine Regel)
Außergewöhnliche Feiertage . . . . 6 "
Vier Wartewochen, daß keine Arbeit gegeben wird, . . 28 "
                                                    ———
                                                    99 Tage

oder 15 Wochen, wo der Weber nichts verdienen kann.

Die Wohnung des Webers veranschlagt er zu 25 Thlr., falls er ein Zimmer hat. Dies ist richtig, aber wie kann ein Weber in einem Zimmer wohnen? Herr Gutwill will vielleicht des Nachts den Webestuhl zu einer Schlafstelle umgewandelt haben. Der Färber kann 2 anständige Bodenkammern für 20 bis 25 Thaler bewohnen, die der Weber aber nicht gebrauchen kann. Dieser muß helle, hohe Zimmer und auch Räume für seine Geräthschaften haben, mithin wird der Weber auch 15 Thaler mehr verwohnen — auswärtige Dörfler wohnen billiger. — Ganz spezielle Rechnungen können darüber nicht aufgestellt werden, denn die Wohnungen, die Arbeit, die Auslagen der Geräthschaften und die fatalen Wartetage sind zu verschieden, um darüber eine gehörige Controle führen zu können.

Er sagt, das Vorrichten würde doch jetzt bezahlt. Ja, dieses müssen wir gestehen, und zum Lobe unserer geehrten Hrn. Fabrikanten müssen wir es sagen, daß dieses bei den meisten unaufgefodert geschieht, und müssen dieses um so dankbarer anerkennen, da dadurch manchem Laster und dem Ruin mancher Familie vorgebeugt wird. Neulich klagte ein Weber indessen, er müsse schon wieder vorrichten; auf die Frage, ob er denn das Vorrichten nicht vergütet bekäme, sagte der arme Weber, wenn ich es forderte, würde ich beim Abgang der Kette die Arbeit quittiren müssen. Solcher Gewinnsucht oder Bedrohung der Concurrenz müßten alle geehrten Herren Fabrikanten entgegen arbeiten, denn freiwillig muß dem Arbeiter dieses verdiente Geld überreicht werden, es muß nicht heißen, ich will mal nachsehen und dann dabei bleiben — ein solcher Fabrikant muß mehr Gewinn haben oder um so viel billiger verkaufen können. — Wir wollen aber nicht weiter anklagen und mit dem Kern unserer Kaufmanschaft dahin wirken, daß solche Uebel beseitigt werden.

Jetzt, ein Wort an Euch, liebe Gewerker: Laßt ab von den Lastern, womit man Euch beschuldiget! Wir wissen zwar, daß sich diese um viele gemindert haben, aber es hilft Alles noch nicht, wir müssen immer vorwärts schreiten auf der Bahn der Ordnung, damit wir nicht von Einzelnen als die unterste Hefe des Volks betrachtet werden. Nein, diese Schmach müssen wir um jeden Preis zu vermeiden suchen, denn das Geschäft des Webers gehört doch mit zu den geschicktesten. Warum kann letzterer denn nicht auch zu den ordentlichsten der Handwerker gezählt werden? Nein, wir sagen's noch einmal, es muß anders werden, legen wir mal Hand an's Werk. Laßt uns an der Jugend anfangen, um diese sittlich und gewerblich zu beaufsichtigen; darum laßt Eure Lehrlinge in die Verzeichnisse der Innung oder in die Verzeichnisse der Comunalbehörde eintragen, wie es Seine Majestät der König will. Tretet mit Euern Lehrverträgen hervor, damit keine Lehrverträge von ¼, ½ oder einem Jahre abgeschlossen werden, wodurch nur Pfuscher entstehen — durch eine gehörige dreijährige Lehrzeit und strenge Beaufsichtigung kann der Lehrling nur zu einem tüchtigen Gesellen ausgebildet werden.

Zum Schluß müssen wir alle Innungsmitglieder dringend bitten, dem Gewerker Gutwill in öffentlichen Blättern nicht weiter Rede zu stehen! Er, wie auch der gepriesene Gesellschaftsspiegel sind es nicht, die uns helfen können. Nein, Seine Majestät der König, die Gesetzgebung, und der Kern unserer Kaufmannschaft sollen die Verbündeten sein, um die wir uns schaaren wollen. Wenn wir dieses thun, dann wird die Innung segensreiche Früchte bringen und manchem Laster, womit die menschliche Gesellschaft so oft bedroht ist, vorgebeugt werden.

Mehrere Mitglieder der Webermeister-Innung.

Täglicher Anzeiger Nr. 299 vom 16.12.1845

Auch Etwas an den Gewerker Gutwill.

In einigen Nrn. d. Bl. unternehmen Sie eine Besprechung eines Gegenstandes, worüber sich vieles erwarten ließ, und so erwartete denn auch ich, mit etwas ungeduldig, weil es sich so in die Länge zog, daß mir, so wie Tausenden meiner mitangehörigen Gewerker, Geheimnisse würden offenbart werden, welche uns nach langem schmerzlichen Entbehren wieder zu einem sattsamen Brod verholfen hätten. Da sich bisher daher nun nichts derartiges erwiesen, und scheint, auch nichts erweisen sollte, deshalb nachstehende Worte und Fragen:

Sie haben nunmehr das übereinstimmende Zeugniß hiesiger und benachbarter Weber gehört, nämlich: daß man unmöglich den von Ihnen angegebenen Verdienst erschwingen könne, und ob zwar ich auch nicht leicht bei der Hand bin, eine Behauptung wie die Ihrige unmöglich zu heißen, dieweil es sich vor und mit uns sehr oft ergeben hat, daß das, was alle Welt für unmöglich hielt, dennoch durch die Möglichkeit dargethan wurde, und so hörte, dachte, forschte ich über manches in unserm Gewerk, wovon mir oft die Ausführung schien unmöglich zu sein, einen glücklichen Einfall, nachdenken, nachsehen, Unternehmungen und die Möglichkeit ergab sich und so habe ich mir auf alle mögliche Art und Weise Mühe gegeben, Kenntnisse und (wenn auch nicht der geschickteste), doch Geschicklichkeit der Weberei zu erwerben, und dennoch weiß ich auch nicht an die Höhe des Verdienstes Ihrer Behauptung zu kommen, und ob zwar ich auch so viel Stunden an meinem Gewerke arbeite, wie ein Färber, welches in meinem Interesse liegt, und den Branntwein so gut im Leibe entbehren kann, wie Schuhnägel, so gehöre ich doch nur erst vom Februar an (ich hatte damals vorgerichtet und 3 Wochen nichts verdient, mein Werk war jetzt neu und konnte deshalb arbeiten) bis jetzt zu den Glücklichen unter den Unglücklichen, welche per Woche 5 Thlr. Arbeitslohn einnehmen, und zwar durch Zuziehen eines 13jährigen Sohnes, welcher mir spult, die Kette hilft rein und in Ordnung halten (mein Nachbar Färbers 13jähriger Sohn verdient à Woche 1 Thlr.); ich habe keine ordinäre und nicht die feinste, doch feine Arbeit, worauf ich oft des Abends so müde gearbeitet bin, daß ein Färber besser über einen Zaun, als ich über einen Stecken springen kann, fand auch, daß man oft an leichter und ordinärer Arbeit mehr verdienen konnte, wie an feiner und schwerer Arbeit und oft umgekehrt, auch arbeite ich in einer der löblichsten Fabriken unserer Stadt, wo man von tausend unserer Gewerker gerechter Weise beneidet wird, und dennoch sehen Sie, daß ich nicht einmal zu einem gewöhnlichen Färberverdienst, vielweniger aber noch zu 1 — 2 Thlr. mehr kam; auch habe ich rund um mich her keinen Weber gehört, der nach allem ordentlichen Abzug zu Eurer Behauptung hinsichtlich des Verdienstes kam, außerdem daß der eine oder andere von seinem Fabrikinhaber oder Führer bevorzugt wurde, dieses alles und noch viel mehr anderes gibt mir aber noch keine genügenden Gründe, um mich zu befriedigen, denn ich bin nicht allein lernbegierig, sondern auch in einem Verhältnisse, wo ich den von Ihnen angegebenen Verdienst, welcher von allen geschickten, fleißigen, ordentlichen Webern zu erreichen sei, sehr nothwendig hätte, nämlich 1 — 2 Thlr. mehr, wie der Färber. Wenn Sie in einer mir abgefallenen Nr. d. Bl. von 3 Webern sprachen, welche ¾ Jahr hindurch 5 Thlr. Arbeitslohn eingenommen hatten, so konnte Ihnen dieses doch wohl kein Ernst sein, um ja selbst so viel à Woche abgethan, daß man gezwungen wäre, über den zu lachen, welcher nicht zugeben wollte, daß dieser Grund, wenn nicht an der galoppirenden, doch gewiß an der Schwindsucht sei. Und über die Rechnungsaufstellung, worin es sich ergiebt, daß der Weber 100 Thlr. mehr zu verzehren hat, wie der Färber, fällt jeder unpartheiische und von den Gewerken Kenntniß besitzende Mann das Urtheil, daß sie einem ausgehungerten Wolf gleicht, der auf's Beutemachen herausgeht, er nimmt's, wo er es auch immerhin kriegt.

Sie sagen, daß das Vorrichten jetzt bezahlt würde und à Woche zu 4 Thlr. berechnet sei. Dieser Berechnung nun meine ich könne man füglich einen eben so großen Zweifel zuziehen, wie Ihnen, und doch ist hierüber noch nichts gesagt worden; ich richtete in 3 Jahren 5 Mal vor (wenn ich nicht der Glücklichste in dieser Zeit, so kann ich doch weniger sagen, daß ich der Unglücklichste war) und zwar in diesen 5 Mal gingen für mich 30,000 Bleyen verloren, 17 Wochen, 2 Mal 4 und 3 Mal 3 Wochen; hätte nun, wenn ich das Vorrichten wie jetzt bezahlt bekam, 30 Thlr. verdient, und mußte doch jedenfalls zum Passiren und Durchziehen des Rieths Hülfe haben. Man mag nun dieses nach Belieben berechnen, wie man will, so bleibt's doch im allergesuchtesten Falle nur per Woche 1 Thlr. 23 Sgr. und sollte es Ihnen belieben zu berechnen, daß man doch auch an Trittarbeit Passiren und durch's Rieth ziehen müsse, und ziehen dann für diese Arbeit 3 Wochen ab, so bleibt es doch immer nur noch 2 Thlr. 2 Sgr. 2 Pf., und verlassen Sie sich darauf, daß ich in jeder Beziehung mein Gewerk verstehe. —

Nun geht's mir noch um meinen vielgeliebten Nachbar. Sie sagen, wer etwa Arbeit habe, daß er 3 Thlr. die Woche verdiene, würde solche nicht nehmen, wer schlechte Ketten ꝛc. bekäm, da wäre das Fabrikengericht in Anspruch zu nehmen und trüge für dessen Vergütung Sorge.

Mein lieber Vorerwähnter arbeitete seither in eine Fabrik, er mußte vorrichten, er hatte die erste halbe Kette ab, und sollte von der Elle 4 Sgr. Arbeitslohn haben. Nein, sagte er, mit 5 Sgr. pro Elle würde ich erst 4 Thlr. die Woche verdienen, ich hege die Zuversicht, daß Sie dieses von uns nicht verlangen. Nach Hin- und Wiederreden hieß es, Sie sollen 5 Sgr. haben, bringen Sie mir meine Sachen wieder. Nach Hin- und Herlaufen um Arbeit bekam er sie und mußte vorrichten. Die zweite Kette, welche er hatte, war bitter schlecht; er glaubte mit Recht, er müsse, wenn er doch mit Frau und Kindern am Essen bleiben sollte, Zusatz haben. Nach Allem, was dazwischen vorfiel, bekam er pro Tuch 2 Sgr. mehr als gewöhnlichen Lohn, als aber die Kette ab war, bekam er gar nichts mehr. Lange nun hatte jener keine Arbeit mehr. Endlich bekam er solche wieder, er mußte vorrichten, hatte eine Kette ab und mußte wieder vorrichten; als dieses geschehen, noch drei Wochen auf die Karten warten. Er verlangte Vergütung, bekam solche, und wie die Kette ab war, konnte man ihm einstweilen keine Arbeit wieder geben. Nach langem Müßiggange hat er jetzt wieder Arbeit. Er ist ein sittlicher, rüstiger, geschickter Arbeiter, er hat nebst Frau ein Kind vom halben Jahre, eins 2 — 3½ und eins von 5 Jahren, verdient jetzt die Woche 5 Thlr., wenn er die ganze Woche arbeitet, schlägt Lamawolle ein, muß die Woche 27 Sgr. Spulgeld bezahlen. Wir nun soll hier das Spulen thun? Ein weiser ausführbarer Rath würde diesen rüstigen Leuten helfen, daß sie in 20 Wochen ihre Kleidungsstücke, welche sie im Schweiße ihres Angesichtes verdienten, wieder aus dem Leihhause holen könnten und nicht mehr zerlumpt herumzulaufen brauchten.

Nun meine ich nach meinem eingeschränkten Verstande, dieweil Sie alle vorerwähnte Gegenstände zu Gunsten des Webers berührt haben, daß Sie sich auch gewissermaßen verpflichtet hätten, uns darzuthun, über welche Art und Weise man ferner solchen und ähnlichen Uebeln vorbeuge. Sollten Sie es dann von mir verlangen, Ihnen auch mit Wort und That an die Hand zu gehen, so werde ich Ihnen an jedem rechtmäßigen und dafür geeigneten Orte noch viel schmerzlichere Sachen mittheilen.

Colombus behauptete, es gäbe ein unbekanntes Land, fast alle Welt spottete seiner; er behauptete, man könne das Ei auf die Spitze setzen, kein Lebender wollte es glauben; aber er hat es seiner Mit- und Nachwelt gezeigt und bewiesen, indem er seine Geheimnisse offenbarte. Die Folge ist, daß sein Name unvergeßlich bleibt.

Und so meine ich, auch noch immer glauben zu dürfen, daß Sie uns doch nach langem Harren endlich die Geheimnisse offenbaren und den Weg angeben würden, durch welche man dem Zwecke Eurer Behauptungen entsprechen könne, um nur dadurch Ihren Ruhm so viel größer zu machen und aller Mund zuzustopfen, welche jetzt Eurer spotten. Ich bitte deßhalb dringend, benutzen Sie doch dazu die ersten Feierabendstunden, mir (einem Manne, welcher ein sorgsames Weib und bei Weitem die meisten von einem Dutzend Kinder besitzt, wovon er seit 6 Jahren unablässig 4 zur Schule schickt, und jetzt nur noch eins hat, welches die Woche 1 Thlr. verdient) sowie Tausenden meiner Mitgewerker und sehr vielen andern Mitmenschen werden Sie ein ehrenvoller und unvergeßlicher Mann bleiben, so lange wie ein Athemzug in uns ist. Dank, Dank wird Ihnen zufließen von jeder rechtschaffenen Weberzunge; jeder es mit den Seinen wohlmeinende Mann wird seinen Kind- und Kindeskindern immer auf's Neue wieder zurufen: der Gewerker Gutwill, der ist der Mann, der uns wieder auf einen grünen Zweig geholfen hat u. u.

So aber auch, lieber Mann, im Gegentheil. Aus Ihren Schreiben ist man genöthigt, zu schließen, daß Sie über vieles nachdenken, recht kennen und Bildung genossen haben, und doch wird im Falle des Gegentheils einem jeden Unbefangenen der Schluß nahe liegen, daß Sie entweder an einem armen wehrlosen Volke, hinsichtlich der Schreibensfähigkeit, Ihre Kunst beweisen wollten, — wahrlich nicht lobenswerth! könnte es auch einem Ehrenmanne einfallen, sich mit einem Kinde schlagen zu wollen? — oder doch nicht nachgedacht haben, welch ein Feuer Ihre Schreibereien anzünden könnten. Wäre das ein zu verantwortendes Recht, sittliche, geschickte, rastlose Gewerker mit den andern durch Berg und Mark auf einen und denselben Präsentierteller zu setzen, und sie Jedermann zu einem Spielball darzubieten und ihnen eine unverdiente Schmach anzuhängen? Kann man sich auch unter einem gebildeten Stande noch Männer denken, welche einen Charakter zum Eigenthum besitzen, der darauf hinausgeht, die Ehre und den Credit der vorhinerwähnten Gewerker zu schmälern, wovon es vielleicht eine große Streitfrage wäre, ob Ihre Existenz von Jenen oder Jene von Ihnen abhängen? Und wer hat Sie zu diesem Allen berufen und befugt u. u.

Noch immer lebe ich der Hoffnung, daß Sie sich Letzteres nicht zu Schulden kommen lassen. Entschuldigen Sie gütigst meine Schreibart, wie Fehler; ich bin kein Studirter, sondern

ein Weberinnungsmitglied.

Elberfeld, den 12. Dez. 1845.

Handwerk

Kommentar 25

Karl Coutelle bezifferte die Zahl der Handwerksberufe Ende 1851 auf 50, wobei er Weber, Band- und Strumpfwirker sowie Riemendreher zu den Handwerkern zählte. In diesen Handwerksberufen arbeiteten in Stadt und Landgemeinde Elberfeld zusammen 4505 Meister und 3471 Gesellen. Rechnete man die heimgewerbetreibenden Weber, Wirker und Riemendreher ab, verblieben 1979 Meister und 2098 Gesellen in den restlichen Handwerksbranchen. Die „Allgemeine Gewerbe-Ordnung" vom 17.1.1845 führte unter Abschaffung sämtlicher noch bestehender Beschränkungen die Gewerbefreiheit ein, die in der Folge zur Überfüllung der Handwerksberufe führte. In den 40er Jahren erlebte das Wuppertal eine starke Zuwanderung von Handwerkern vor allem aus Waldeck und Hessen. 1845 schrieb der Gesellschaftsspiegel: „Elberfeld und Barmen haben zusammen nur 1100 Schustermeister und 400 Schustergesellen. Davon kommen auf Elberfeld 700 Meister und 200-210 Gesellen, auf Barmen 400 Meister und 190-200 Gesellen. Unter den 700 Meistern Elberfelds sind aber mindestens 300 und unter den 400 Meistern Barmens ungefähr 200, welche wenig oder gar nichts zu tun haben" (1. Band 1845 S. 89). Von den 670

Quelle 25
Artikel im Elberfelder Kreisblatt Nr. 35 vom 23.3.1849

* Gedanken eines Handwerkers über die Gewerbefreiheit.

Wir Menschen sind unablässig bemüht, der Wahrheit auf die Spur zu kommen; sei es im Staatsgesetz, Communal-Einrichtungen, oder häuslichen Mängeln u. Unsere Augen aber sehen immer durch die Gläser der Gegenwart; verwirrt sich der Blick, gleich nach künstlichen Conservativmitteln gegriffen, um die Gegenstände nach unserem Interesse zu ordnen; hier steht der Mensch mit der Wahrheit im Widerspruch, er schaudert vor ihr zurück! Er will sich nicht nach ihr, sondern die Wahrheit soll sich nach ihm richten. Jedes Krebsgeschwür wird künstlich conservirt, jeder Schaden mit einem Schönheitspflästerchen verkleistert; ein solcher Krebsschaden ist die Gewerbefreiheit uns gegenüber, mit ihr stehen wir im letzten progressiven Stadium der socialen Verhältnisse; in der Zeituhr scheint das letzte Körnchen bald durchfallen zu wollen, dann macht sie eine Pause. O, schrecklich eine solche Pause!

Was dann beginnen? Herum muß das politische Stundenglas, das Oberste zu Unten, das letzte Körnchen, das lange auf der trüben Oberfläche der Gegenwart willenlos gehalten, muß zuerst in den freien Wirkungskreis herab; ohne Bewegung ist Fäulniß und Verwesung. Herum die Gewerbefreiheit, die der Menschheit Sklavenfesseln schmiedet! Herum das Wort, das uns mit gleißnerischem Schimmer entgegenkam und uns in die Falle lockte! Gewerbeknechtschaft nennt es! Dann habt ihr das Uebel erkannt, das seine Herrschaft über uns erlagt hat; ihr sehet dann die Nothwendigkeit eines Gesetzes ein, das dem zügellosen Trieb der Gewerbefreiheit hemmend in den Weg tritt, wenn wir uns nicht dem Abgrund nähern sollen.

Die meisten Geschäfte tragen die Symptome einer Krankheit, welche sich bis zur Epidemie gestalten, an sich, die Tagesblätter führen sie uns in Menge vor Augen; als da ist: außergewöhnlich billig; durch vortheilhafte Einkäufe in den Stand gesetzt; Ausverkauf zum Fabrikpreis; um aufzuräumen, unter dem Fabrikpreis, u. s. w.; ohne viele andere Geschäftsfieberkranke zu gedenken, die im Stillen ihr Unwesen treiben.

Daher die vielen Sterbefälle; Firma auf Firma, eine neuer wie die andere, werden zu Grabe getragen. Nicht ohne Ursache; es wird von Seiten der Gläubiger zu wenig auf den wirklichen Gesundheitszustand des Geschäftskranken geachtet; die zu starken Creditpillen, die der Kranke genossen und fortgenossen, wurden ihm mehr und mehr verderblich; hierzu gesellte sich der Fallissementschwindel, und, hat dieser sich eingestellt, dann ist der Patient rettungslos verloren, und die Nachlassenschaft ist hier eine umgekehrte; hier lassen die Zurückgebliebenen nach, und der Hingeschiedene erbt mitunter 75 bis 100 pCt., diese geben für sie in die Ewigkeit; und fällt es einem solchen Todten ein, wieder auferstehen zu wollen, um noch einigemal auf diese Weise zu erben, so ist kein Gesetz da, was dieses ihm werth. Die Gewerbefreiheit streicht ihn flugs aus dem Sterberegister und er ersteht

Meistern in Barmen, die als durchschnittliche Zahl in den Jahren 1845/50 für das Schuhmacher-, Schneider- und Schreinergewerbe angegeben wurden, waren nur 88 gewerbesteuerpflichtig. Ebenso wie der Artikel aus dem Elberfelder Kreisblatt, der in Quelle 25 wiedergegeben ist, beschäftigte sich ein „Eingesandt" in der Beilage des Täglichen Anzeigers vom 2.7.1848 unter der Überschrift „Handwerker und Arbeiter" mit dem Problem: „Die Gewerbefreiheit, im Prinzipe richtig, mußte, praktisch ausgeführt, nothwendig zur Freiheit der Armuth führen; ja sie mußte, weil nicht einmal consequent und vollständig durchgeführt, die Arbeiter zu Sclaven der Kapitalisten machen - Die Concurrenz machte es bald unmöglich, daß die Arbeit des Einzelnen diesen ernähre, er kann nicht mit dem concurriren, welcher im Stande ist, für sich mehrere Arbeiter zu beschäftigen, und dieser kann widerum nicht mit dem concurriren, welcher Kapital genug besitzt, um für sich viele Arbeiter zu beschäftigen. Es mußte also dazu kommen, daß das Kapital die Arbeit ausbeutet und sich dienstbar macht. Aber in natürlicher Steigerung des Mißverhältnisses, und nachdem selbst das größere Kapital das kleinere in der Concurrenz unterdrückt, ist es nun soweit gekommen, daß selbst das Kapital zur Beschäftigung der Arbeiter nicht mehr ausreicht. Der Herr hat so viele Sclaven daß er weder sich noch diese ernähren kann!" Ende der 40er Jahre petitionierten Handwerksmeister gegen die Gewerbefreiheit. Die preußische Verordnung vom 9.2.1849 änderte Bestimmungen der Gewerbeordnung von 1845 u.a. hinsichtlich des Niederlassungsrechtes für Nicht-Preußen und der Berechtigung zur Ausübung eines selbständigen Handwerks. Zu den Ursachen, denen das Handwerk im Wuppertal seine schlechte Lage zuschrieb, gehörte u.a., daß die Konsumenten ihren Bedarf häufig außerhalb des Wuppertals deckten oder die gelieferte Ware statt nach Ablieferung erst zu Neujahr bezahlt wurde. Hinsichtlich der „Neujahrszahlung" kam es 1848 in Elberfeld zu einer Vereinbarung, derzufolge Schmiede, Schlosser und Stellmacher halbjährlich, alle anderen Gewerbe quartalsweise bezahlt wurden.

wie der Phönix aus der Asche, hier einen der faulen Flecken im Handelsstand.

Unser Handwerksstand geht allmälig zu Grunde, seine Embleme sind ganz verschwunden, Schürze und Schurzfell werden seltener, man schämt sich seines Standes durch Wort und That; außerhalb seines Wohnorts steigt der Barometer desselben, der Bauhandwerker wird zum Bauunternehmer oder gar Baumeister; der Schneider mit einem kleinen Vorrath von Tuchstoff und einigen Paar Westenmustern im Ausstiefelfenster, ein Manufakturist; der Schmied ein Ofenfabrikant oder Eisenhändler; der Schuhmacher zum Lederhändler; der Stellmacher zum Wagenfabrikant. So hat jeder das Bestreben sich zu entäußern. Woher diese Standesverläugnung? Kein Wunder! Die Gewerbefreiheit steht uns Handwerkern am feindseligsten gegenüber, sie läßt uns die ganze Wucht ihrer Vernichtung fühlen, sie giebt allen über uns stehenden Ständen den Commandostab in die Hand, um ihn mit gefühlloser Hartherzigkeit über uns zu schwingen, so werden wir als die, auf der untersten Geschäftsstufe Stehenden, als erstes Opfer der Knechtschaft fallen, und somit der Standesverachtung preisgegeben.

Die noch Bemittelten unter uns entziehen ihre Kinder mit Aufoperung ihrer letzten Habe, ihrem eignen Stande, um sie einem Höhern einzuverleiben, hier wird der Handwerkerstand doppelt geschwächt; die Geldmittel die sonst hinreichten, sie als tüchtige Handwerker und Handwerker-Frauen heranzubilden, geben für ihn nutzlos verloren, und helfen in vielen Fällen den Ruin ihrer eignen Eltern vollenden, und so gräbt er, von Ehrgeiz getrieben, sein eigenes Grab.

Hier zwei Bilder aus der großen Galerie des Gewerbetempels.

Erstes Bild, aus dem Vorsaal.

Auf der Mitte des Tableau steht als Hauptfigur die Gewerbefreiheit mit in die Augen gestrichenen Haaren und tückischem Blick, und steht mit dem rechten Fuß auf den Trümmern von Handwerks-Emblemen und mit dem andern auf einem Polster, sie nimmt einen aus der Lehre gelaufenen Burschen mit heuchlerischer Freude in die Arme, giebt ihm ein Meisterprivilegium, läßt ihn seine Handwerksgenossen ruiniren, führt ihn in die Fabrikwerkstätte und dann mit seiner Familie der Armenverwaltung zu.

Zweites Bild, aus dem Hintersaal.

Das Gemälde stellt ein Arbeitsgemach vor, die einzige Wohnung der Familie, in dessen Mitte 7 menschenähnliche Geschöpfe in Lumpen gehüllt, von Noth und Kummer abgezehrt, es sind Glieder aus der Familie, die Hände ringend, sich nach der Thüre wendend, wo man soeben einen Todtensarg hinausträgt. Rechts an der Werkbank steht die Gewerbefreiheit; in ihren Gesichtzügen ist Gefühllosigkeit mit Habsucht innig verschmolzen; angethan mit einem halb gelben Gewande, in der linken Hand eine lange morsche Schnur, an dessen Ende einen mit vielen eisernen Bändern und Plombirzeichen versehenen Ballen das Gewissen enthalten befestigt; dann greift sie mit der Rechten nach dem letzten Stück Arbeit, welches der Familie ihr kümmerliches Dasein noch fristen soll, um es auch den Fabriken zuzuwenden. Der herausgetragene Todte ist das Familienhaupt, welcher dem Elende erliegen mußte, die Ehre und das Schamgefühl trugen den Sieg davon, am Bettelstabe des Glaubens wird er ein höherer Erbarmer gefunden haben als an der Menschheit. Genug, von allen den übrigen Bildern wollen wir den Wahrheitsschleier nicht lüften, auch nicht ein einziges Bild würde uns eine freundliche Seite zuwenden. Wo ich hingesehen, da waren zu sehen Wechselverlegenheiten, Sconto und Disconto, Nothverkäufe, Waarenzahlungen, Preisedrückungen, dann die Branntweinwirthschaft die in Kellern und Victualienläden den Gräuel des Verderbens frönte u. f. w. Nach dem Obigen haben wir gesehen, mit welchem furchtbaren Troß die Gewerbefreiheit einherzieht, sie kennt weder Schonung noch Mitleid, sie drückt mit allen ihr zu Gebot stehenden Kräften nieder was sich neben ihr erheben will, ihr Losungswort ist: Eigennutz und Selbstsucht!

Mit dieser Dame sind wir auf dem Entwicklungswege angelangt wo wir uns gegenwärtig befinden. Sie bietet uns den Arm, um uns dem Abgrunde noch näher zu führen, sie ist zu jedem Dienste bereit, was sie hilft schaffen (hier die Scheidung zwischen Ursache und Wirkung) das hilft sie auch zerstören, seien es Privathäuser, Fabriken, Zeughäuser, Eisenbahnen rc. bauet Barrikaden und greift in ihrem Wahnsinn auch zur Guillotine.

Hier das Resultat auf eine seit mehreren Jahren genossenen Freiheit. Was wird erst aus uns werden, da wir mit so vielen Freiheiten beglückt sein wollen!

Fort mit der Gewerbefreiheit! sie haßt uns und rächt sich an jede Willkür, und läßt ihr helles Gewand von der Menschheit Eigennutz nicht besudeln; sie ist eine Tochter des Himmels, deren hellleuchtende Fackel in Menschenhände nur Verderben anrichtet. Herum mit der Freiheit, wandelt sie in Rechten (keine Vorrechte), Rechte mit Humanität durchdrungen, von energische Gesetze unterstützt, die dem Aermsten wie dem Reichen gleichen Schutz und Wohlthat spenden, dann erst wird's besser gehen.

Elberfeld, am 15. März 1849.

F. R.......d.

Kinderarbeit

Kommentar 26

Otto von Mülmann räumte in seiner "Statistik des Regierungs-Bezirkes Düsseldorf" ein: "Wir dürfen die Schattenseite der hier waltenden intensiven industriellen Beschäftigung nicht verschweigen, bei der sich der ungemässigte Erwerbstrieb der Arbeitgeber und die Noth der Arbeiterfamilien zu einem gefährlichen Eingriffe in die Zukunft des Arbeiterstandes in der verfrühten Heranziehung der Kinder zu regelmässiger Fabrikarbeit vereinigten" (II. Band, II. Hälfte, Iserlohn 1867, S. 597).

Die beiden Berichte über die Kinderarbeit (Quelle 26) in Baumwollspinnereien stammen aus dem Jahr 1837, in dem der Barmer Kaufmann und Abgeordnete des rheinischen Provinziallandtages Johann Schuchard, veranlaßt durch den Selbstmordversuch eines 12jährigen Mädchens, einen Artikel im Rheinisch=Westphälischen Anzeiger veröffentlichte, in dem es u.a. hieß:

"Der Menschenfreund schaudert, wenn er in die Zukunft blickt, da sich ohne Zweifel auch in unserm Lande die großen massiven Gebäude vervielfältigen werden, worin eine Menge Kinder von früh Morgens bis spät in die Nacht eingesperrt werden, worin sie um ihre Jugendheit, um die zum Wachsthum unentbehrliche Luft, um Gottes liebe Sonne, ja um Alles, Alles gebracht werden, was des Kindes Gedeihen und Frohsinn bewirkt, oft um arbeitsscheuen Aeltern, die sich selbst dem Betteln ergeben, als einziges Werkzeug ihres Erwerbs zu dienen" (Nr. 25, Jg. 1837).

Schuchards Bemühungen im Landtag führten zum Antrag der Versammlung auf ein Kinderschutzgesetz; im März 1839 erließ die Regierung ein Regulativ zum Schutz jugendlicher Fabrikarbeiter, wonach Kindern unter 9 Jahren regelmäßige Arbeit verboten war; Jugendliche unter 16 Jahren durften nicht mehr als 10 Stunden täglich arbeiten, Nachtarbeit war untersagt. Obwohl diese Schutzbestimmungen 1853 noch eine Erweiterung erfuhren, wurden sie häufig übertreten und waren vor allem im hausindustriellen Gewerbe, wo Kinder häufig als Familienangehörige mitarbeiten mußten, kaum durchzusetzen. 1843 verzeichnete eine Liste in Elberfeld und Barmen 408 jugendliche Arbeiter unter 16 Jahren in 23 Fabriken, von denen 10 Knopffabriken, 5 Stoffdruckereien, je 2 Seidenzwirnereien, Knüpfereien und Webereien sowie je 1 Spinnerei und Tapetenfabrik waren.

Im September 1841 hatte der Landrat nach Düsseldorf berichtet, der Wochenlohn der "jugendlichen Arbeiter" würde in Geld ausgezahlt und betrüge "nach Maasgabe der Leistungsfähigkeit und des Fleißes in Abstu-

Quelle 26/1
Bericht des Regierungsschulrats Altgelt an den Oberpräsidenten der Rheinprovinz, Freiherrn von Bodelschwingh-Velmede[1]
LHA Koblenz   Best. 403 Nr. 8082 Bl. 113ff   29.6.1837
handschriftlich   Auszüge

Euer Hochwohlgeboren verehrlichen mündlichen Aufforderung vom 27 dieses Monats zufolge bin ich sogleich nach Barmen abgereist, und ermangele nicht, das Resultat meiner Untersuchung der Zustände der Kinder in den baumwollen Spinnereien des Herrn Oberempt zu Rauenthal und des Herrn Wittenstein zu Wupperfeld in den beiden Anlagen ehrerbietigst zu überreichen, und das mir anvertraute Reglement der erst genannten Fabrik ganz gehorsamst zurückzureichen.

Daß diese Kinder übermäßig angestrengt werden, ist meines Erachtens erwiesen, und nicht einmal von den Werkmeistern und Aufsehern, mit denen ich mich vielfach unterhalten habe, in Abrede gestellt worden.

Einen Theil der Schuld der körperlichen und geistigen Verkrüppelung ist aber den Ältern zuzuschreiben, welche in Armuth und Elend die Kinder zeugen und gebären, und sie von der Geburt an an allem Nöthgen Mangel leiden lassen.

Nahrung, Kleidung, Schlafstätte alles fehlt diesen armen Kindern, so daß viele von ihnen vorziehen in der Fabrik zu schlafen und an den Thüren zu betteln, als zu Hause mit den Ältern zu essen und sich dort nieder zu legen.

Die Speise, welche den Kindern zum Mittag gebracht wurde, war der Masse nach durchgehends mehr als Kinder des Alters zu essen pflegen, aber ohne Fett und Geschmack, Kartoffel und etwas Gemüse in Wasser das lau warm, und eine Schnitte Brod.

[…]

Die Baumwollen=Spinnerei des Herrn Oberempt im Rauenthal, Gemeinde Langerfeld Kreis Hagen beschäftiget durchgängig 200 Personen, darunter 2/3 Kinder zwischen 9 und 14 Jahren.

Die Arbeitszeit ist:
im Sommer
von 5 bis 11 und von 1 bis 8;
im Winter:
von 6 bis 11 und von 1 bis 9 Uhr
demnach durch alle Jahreszeiten täglich 13 Stunden.

Die Stunde von 11 bis 12 wird zum Schulunterricht benutzt, und von 12 bis 1 Uhr zum Mittagessen freigegeben.

Da die beiden Dachstuben des thurmartigen Gebäudes zu Schulzimmern benutzt werden, und nur die in der Nähe wohnenden Kinder um Mittag zu den Ältern gehen, so fehlt es nicht an Kindern, welche täglich fünfzehn Stunden lang in demselben Gebäude sind.

Wolf, Blowing und Spreading heißen die drei Maschinen, welche zur Reinigung der Wolle benutzt werden, und deren Betrieb die Räume mit einem dichten Staube erfüllt.

An dem Wolfe wird nur 6 Stunden des Tages von einem Erwachsenen und einem Knaben gearbeitet, an den beiden andern Reinigungsmaschinen aber den ganzen Tag hindurch, woran 5 Knaben beschäftigt sind.

Summa	6
In dem ersten Kratzenzimmer sind beschäftigt	15
in dem zweiten ditto	17
Knaben unter 16 Jahren.	
In dem 1sten Verspinnszimmer	26
2 ditto	44
3 „	45
Knaben unter 12 Jahren	
und Mädchen desselben und	
höhern Alters.	
Summa Summarum	153

An dem Wolfe wird verdient per Woche 1 Taler an dem Blowing 1 Taler, an dem Spreading 24 Silbergroschen, in dem sogenannten Kratzenzimmer 18 bis 30 Silbergroschen, und an den Verspinnsmaschinen 15 bis 45 Silbergroschen.

*fungen von 15 bis 30 Sgr. pro Woche"
(HStAD Reg. Düsseldorf Präsidialbüro Nr.
1018 Bl. 267). Im Juli desselben Jahres
kostete ein siebenpfündiges Schwarzbrot
3 10/12 Silbergroschen.
1876 hieß es in einer Veröffentlichung über
die Industrie des Regierungsbezirkes Düsseldorf: „Die Beaufsichtigung der Bestimmungen über die Beschäftigung der Kinder und
jungen Leute ist im hiesigen Bezirke bereits
seit 1855 einem besonderen Inspektor übergeben gewesen, und es ist schon an betreffender
Stelle nachgewiesen, daß die günstigen
Verhältnisse betreffs der Beschäftigung von
Kindern in Fabriken sowohl im Allgemeinen,
wie namentlich in den einzelnen Kreisen in
der Hauptsache der exakten Durchführung
des Schulzwanges, wie der besseren wirtschaftlichen Lage des Arbeiterstandes zu
danken sind. Daß die Aufsicht hierzu viel
beigetragen, kann nicht behauptet werden,
wie ja auch bereits angeführt ist, daß die
Bestimmungen über die Beschäftigung
jugendlicher Arbeiter bisheran nur mangelhaft zur Durchführung gekommen sind. So
lange jedoch die Kinderarbeit gesetzlich
gestattet ist und für die Beschäftigung jugendlicher Arbeiter besondere Bestimmungen
bestehen, ist zur Durchführung der Bestimmungen eine exakte Aufsicht unbedingt
erforderlich und wenn hierfür auch in erster
Linie den Ortspolizei=Behörden die Verpflichtung obliegt, so lehrt doch die Erfahrung, daß eine derartige Aufsicht besser
durch einen besonderen, den lokalen Verbindungen und Beeinflussungen fernstehenden
Beamten ausgeführt wird" (Ed. Beyer, Die
Fabrik-Industrie des Regierungsbezirkes
Düsseldorf..., Oberhausen a.d.R. 1876, S.
136).*

Für den Schulunterricht erleiden die Kinder keine Abzüge, vielmehr erhalten die Lehrer eine Entschädigung aus den Armencassen der kirchlichen Gemeinden, per Kind und Jahr 1 Taler.
Ich fand in der untersten Classe der Schule unter dem Lehrer Weber der Dorfschaft Heckinghausen versammelt
27 Knaben
24 Mädchen,
51 Kinder unter 12 Jahren, darunter fünf zuvor noch in keiner Schule gewesen, sammt und sonders in den ersten Anfängen des Elementarunterrichts; nothdürftig zum Lernen angeregt. In der ersten Classe waren unter der Leitung des Lehrers Kappe zu Rittershausen versammelt:
24 Knaben
34 Mädchen
58 Kinder
unter 14 Jahren, welche in den ihnen vorliegenden biblischen Historien lesen konnten. Mit dem Schreiben ging es schlecht, und konnten nicht alle das Ein mal Eins aufsagen, noch auf Befragen antworten, dagegen wußten die Schüler beider Classen einige Liederverse auswendig zu singen, in dieser Classe waren 5 Kinder, welche zuvor in keiner andern Schule gewesen, und daran leicht kenntlich, daß sie am meisten zurück waren.

Die Spinnerei des Herrn Wittenstein zu Wupperfeld beschäftigt 140 Personen, darunter 60 zwischen 9 und 14 Jahren.
Die Arbeitszeit ist
im Sommer
von 5 bis 1 und von 2 bis 7;
im Winter
von 6 bis 1 und von 2 bis 8 Uhr.
demnach durch alle Jahreszeiten täglich 13 Stunden.
Die Stunde von 1 bis 2 Uhr ist für das Mittagessen freigegeben.
Im Sommer wird von 7 bis 8 Uhr Abend in einem nahe liegenden Hause Schule gehalten; im Winter aber ist der Unterricht auf den Sonntag Nachmittag beschränkt.
Für den Schulunterricht erleiden die Kinder keinen Abzug vielmehr wird der Lehrer Peters aus der Dorfschaft Heid mit 33 1/3 Thaler von der lutherischen Gemeinde, mit demselben Betrage von der reformirten Gemeinde, ingleichen von dem Fabrikherrn, demnach mit 100 Talern remunerirt[2].
In der Schule waren versammelt
31 Knaben
19 Mädchen
50 Kinder darunter 8 über 13 Jahren und 5 überhaupt, welche zuvor in keiner Schule gewesen.
Etwa die 6 Ältesten konnten nothdürftigst aus der ihnen vorliegenden Heiligen Schrift Neuen Testament lesen. Das Rechnen ging sehr schlecht, und eben so schlecht das Buchstaben schreiben auf der Schiefertafel. Der größte Theil dieser armen Kinder erschien so matt und müde, daß gewiß das Mitleid den Lehrer zurückhält, sie in der fünfzehnten Stunde des Tages zur Aufmerksamkeit anzuregen.
Der Liederves, den sie zum Schlusse anstimmten tönte wie Weinen und Verlangen endlich frei zu werden.

---

[1] auszugsweise auch bei: Siegfried Quandt (Hrsg.), Kinderarbeit und Kinderschutz in Deutschland 1783 – 1976, Paderborn 1978, S. 40
[2] remunerieren = vergüten

Quelle 26/2
Bericht des Barmer Bürgermeisters Wilckhaus an den Regierungsrat von Viebahn, Düsseldorf
LHA Koblenz   Best. 403 Nr. 8082 Bl. 123ff   12.5.1837   handschriftlich
Abschrift

In Folge der mit Euer Hochwohlgeboren vor etwa 8 Tagen gepflogenen Unterredung die Arbeiten in der hiesigen Baumwoll=Spinnerei der Herren Wittenstein & Reinhold mit Rücksicht auf die Stundenzahl und Jugend der Kinder betreffend; beehre ich mich Euer Hochwohlgeboren auf den Grund meiner eingezogenen Erkundigungen nach Absprache ausseramtlich ganz ergebenst zu berichten.

Es sind in dieser Fabrik Kinder von 8. 9. 10 pp. und Erwachsenen beiderlei Geschlechts bis zu einem Alter von 25. und mehreren Jahren beschäftigt und zwar auf folgende Weise,

während dem Sommerhalb=Jahr beginnt die Arbeit: Morgens präcise um 5 Uhr, wer einige Minuten zu spät kömmt verfällt in eine Strafe von 6 Pfennig, welche ihm von seinem kärglichen Wochenlohn gekürzt wird, entfernt wohnende Kinder müssen wie ich es aus dem Munde der Eltern selbst gehört habe, schon gleich nach 4 Uhr aufstehen, um zur rechten Zeit dorten zu seyn, um so zu sagen 13. Stunden eingesperrt zu werden.

Gegen 8. Uhr Morgens wird den Kindern von ihren Eltern oder Angehörigen ihr kärgliches Frühstück in die Spinnerei gebracht, und durch die Thüre der Arbeits Locale gereicht, der Genuß desselben muß aber während den Arbeiten welche ununterbrochen bis um 1 Uhr fortgehen, statt finden.-

Von 1 bis punkt 1/2 2. Uhr wird die Spinnerei stille gesetzt, und während dieser Zeit müßen die Kinder resp: sämmtliche Arbeiter wovon keiner nach Hause gehen darf, ihr Mittags Mahl, das ihnen auch wieder durch ihre Angehörigen muß hingebracht, genossen, haben sie dann bis um 1/2 2. Uhr noch einige Minuten übrig, dann dürfen sie <u>seit etwa 3 Wochen eben an die Luft gehen, früher wurden sie von Morgens 5 bis Abends 7 Uhr nicht an die Luft gelassen</u>, und es scheint daß diese zwar kleine und wohl nicht hinreichende Einrichtung durch jenen Euer Hochwohlgeboren bekannten Aufsatz des Herrn Landtags=Deputirten Johann Schuchard in No. 25 des Westphälischen Anzeigers hervorgerufen worden.- Nachdem die Kinder nun 13. Stunden (doch zur Steuer der Wahrheit muß auch dieses gesagt werden) in geräumigen Localen eingeschlossen gewesen, soll auch ihr Geist noch wirksam und beschäftigt werden und von 7 bis 8 Uhr Schul=Unterricht genießen, also 14 volle Stunden müßen diese kleinen Wesen mit Hände und Kopf arbeiten, - um per Woche 12, 15, 18. bis 20. Silbergroschen zu verdienen die Größeren resp. erwachsenen Arbeiter bekommen 25 Silbergroschen bis zu 1 Taler 5 à 10 Silbergroschen:

Im Winter Halb=Jahr beginnt die Arbeit erst Morgens um 7 Uhr und endigt Abends um 9 Uhr; es ist selbstredend, daß die armen Eltern der Kinder ihnen von dem kleinen Verdienst keine Schutz gewährende Kleidung anschaffen können, und so sind diese armen Kleinen in ihrem Berufe auch noch der oft strengen Kälte und schlechten Witterung ausgesetzt dagegen sind sie in den Fabriklocalen in körperlicher Hinsicht oft bedeutend besser wie zu Hause aufgehoben, während des Winterhalbjahres entbehren die Kinder an den Wochentagen die Schule und es wird ihnen dagegen ein nothdürftiger gewiß unzureichender Unterricht, Samstags von 2 bis 4 Uhr ertheilt, da aber das Schul=Local nicht einmal die Hälfte der Kinder fassen kann, so wird ein Theil denselben entbehren müßen, auch ist wohl anzunehmen, daß die Kinder selten durch ihre Eltern darzu angehalten, an der Samstag=Schule Theil nehmen werden, und endlich wohl kein Gesetz besteht wodurch sie darzu angehalten werden könnten, dagegen dürfte der mangelhafte und unzureichende Schul=Unterricht an den Wochentagen wohl nicht im Sinne und Einklang mit der Allerhöchsten Kabinets= Ordre vom 14. May 1825. resp. 20. Juny 1835 seyn, und werde ich Veranlaßung nehmen dieses besonders in der nächsten Sitzung der Schul=Commission zur Sprache zu bringen.

Nach dieser getreuen und wahren Darstellung scheint es mir wünschenswerth, daß keine Kinder in dem zarten Alter von 8. à 12. Jahren wie es so viel es mir bekannt in England der Fall ist, in solchen Fabriken dürften beschäftigt werden, und daß sie strenge angehalten würden, diese ihre Jugend Jahre zur Schul=Unterricht zu benutzen, um jener Allerhöchsten Landesväterlichen Bestimmung zu genügen, und dadurch zu künftigen brauchbaren Staatsbürgern in etwa heran gebildet zu werden, ob aber durch eine solche strenge durchführende Maaßregel den Fabrik=Besitzern namentlich den Inhabern von Spinnereyen dadurch nicht entgegen gearbeitet resp. ihre Concurrenz in dieser Beziehung mit dem Auslande resp. England erschwert würde, indem erstere dann, erwachsenern Kindern von 14 Jahren und älter, zu höhern Löhnen benutzen müßten, dürfte gleichfalls nicht unerwogen bleiben, und will ich mir darüber kein näheres Urtheil erlauben.

Löhne

Kommentar 27

In der wirtschaftlichen Krisenzeit in den 40er Jahren wurden in Elberfeld ebenso wie in Barmen Maßnahmen zur Arbeitsbeschaffung ergriffen, die in Elberfeld 1848 von einer „Arbeitskommission", in Barmen von einem „Arbeiterbeschäftigungsverein" (auch „Armen=Beschäftigungsverein") organisiert wurden. Es handelte sich bei den ausgegebenen Arbeiten hauptsächlich um Rodungen, Wegebauarbeiten, Flußregulierungsarbeiten, aber auch um Tätigkeiten im städtischen Eisenbahnschacht. Der erste der beiden nebenstehenden Quellenteile zeigt ein Verzeichnis der in Elberfeld beschäftigten Berufsgruppen, der Orte des Arbeitseinsatzes und der Löhne. In Elberfeld betrug der Tagelohn im allgemeinen für Familienväter 13 Silbergroschen, für alleinstehende Unverheiratete über 20 Jahre 10 Silbergroschen und für jüngere 7 1/2 Silbergroschen. Am 1.8.1848 beschloß der Elberfelder Stadtrat die Einführung eines neuen Turnus', demzufolge nach 14 Tagen Beschäftigung eine Woche ohne Arbeit folgen sollte; am 8.9.1848 wurde vereinbart, die beschäftigten Weber zu entlassen, um sie zur Arbeitssuche zu veranlassen. Die Kosten für die Arbeitsbeschaffungsmaßnahmen wurden auf freiwilligem Wege aufgebracht (der zweite Quellenteil zeigt eine Spendenliste für Elberfeld); in Barmen wurden die Kosten 1848 durch eine steuerliche Umlage gedeckt. Nach einem Bericht der Arbeitskommission des Elberfelder Gemeinderates am 10.11.1848 waren zwischen April und November 56194 Taler für Tagelöhne ausgegeben worden. Neben den Arbeitsbeschaffungsmaßnahmen gab es Lebensmittelvereine und Suppenanstalten, die warmes Essen verteilten; Brotmarken ermöglichten den Bezug des Schwarzbrotes für 5 1/2 Silbergroschen. In einem Zeitungsartikel aus dem Jahr 1849 wurde der notwendige Lebensbedarf einer fünfköpfigen Arbeiterfamilie mit 3 Talern 21 Silbergroschen 10 4/13 Pfennig pro Woche angegeben, wobei das Brot zu 3 1/2 Silbergroschen berechnet wurde und pro Tag 250 g Fleisch für 5 Personen kalkuliert waren; Bekleidung war in dieser Summe nicht eingeschlossen. Legt man den Lohn von 13 Silbergroschen pro Tag für einen Familienvater bei den städtischen Notstandsarbeiten um 1848 zugrunde, konnte er in 6 Tagen 2 Taler 18 Silbergroschen verdienen.

Quelle 27
Arbeitsbeschaffungsmaßnahmen in Elberfeld und deren Finanzierung,
Beilage zum Täglichen Anzeiger Nr. 164 vom 11.7.1848
und 2. Beilage zum Täglichen Anzeiger Nr. 164 vom 11.7.1848   Ausschnitte

Uebersicht der Arbeiter.

I. Von den 2795 Personen, welche sich um Arbeit gemeldet, sind 1643 Weber, 294 Taglöhner, 187 Färber, 123 Schreiner, 118 Fabrikarbeiter, 46 Schmiede, 38 Drucker, 31 Schuster, 30 Bandwirker, 27 Schneider, 21 Gummirer, 23 Maurer, 17 Anstreicher, 12 Drechsler, 11 Handelsleute, 12 Steinbrecher, 11 Spuhler, 10 Bäcker, 9 Kettenscheerer, 8 Kartenschläger, 9 Posamentirer, 6 Nagelschmiede, 6 Hausknechte, 5 Lohndiener, 4 Presser, 1 Gärtner, 4 Korbmacher, 4 Zinngießer, 4 Fabrikzeichner, 4 Appreteure, 5 Wachspapiermacher, 5 Schieferdecker, 3 Packer, 3 Eisengießer, 3 Bildhauer, 3 Metzger, 3 Maschinenbauer, 3 Formenstecher, 4 Wattenmacher, 2 Riethmacher, 2 Cigarrenmacher, 2 Kupferschläger, 2 Gelbgießer, 2 Lackirer, 2 Spinner, 2 Faßbinder, 2 Tapetendrucker, 3 Bürstenmacher, 2 Buchbinder, 3 Holzschneider, 2 Riemendreher, 1 Kettenbäumer, 1 Bergmann, 1 Postillon, 1 Stuhlbinder, 1 Bleicher, 1 Drathmacher, 1 Lohgerber, 1 Handlungsgehülfe.

II. Von den 233, welche noch Arbeit suchen, sind 113 Weber, 27 Taglöhner, 13 Färber, 17 Fabrikarbeiter, 11 Schreiner, 8 Bandwirker, 4 Schneider, 3 Schuster, 7 Schmiede, 4 Drucker, 3 Gummirer, 4 Anstreicher, 3 Gärtner, 2 Steinbrecher, 2 Riemendreher, 7 Maurer, 2 Drechsler, 1 Cigarrenmacher, 1 Bürstenmacher, 1 Faßbinder, 1 Handlungsgehülfe.

III. Von den 2795 Personen, welche sich überhaupt gemeldet haben, sind verheirathet 1826, unverheirathet 969. Von den Letzteren sind 726 über und 243 unter 20 Jahren.

IV. Am Schlusse der vorigen Woche waren in Arbeit 2055.

Davon sind		Von diesen sind beschäftigt per Tag für Sgr.						
		25	20	18	15	13	10	7½
359	auf dem Katernberger Weg	2	2	—	—	235	81	39
328	= = Kohlstraßer Weg	1	1	—	1	262	54	9
152	neuen Engelnbergerweg	—	2	—	—	101	41	8
146	auf dem Lipkes-Katernb. Weg	—	—	1	—	96	39	10
74	= = Dornberger Weg	—	1	—	—	38	31	4
58	= = Holzer Weg	—	1	—	—	37	13	7
33	= = Arrenberger Weg	—	1	—	—	17	9	6
18	= = alten Engelnb. Weg	—	1	—	—	13	—	4
37	= = Wege neben der neuen luth. Kirche	—	1	—	—	30	6	—
237	in der Waldparzelle auf dem Vogelsang	—	3	—	—	123	74	21
216	auf dem Nützenberg	—	2	—	—	117	72	25
160	in dem Hosfelds Busch	—	2	—	—	89	61	8
71	= = Oberbeils Busch	—	2	—	—	57	10	2
51	= = Bohnekempers Busch	—	1	—	—	41	5	4
99	an der Wupperregulirung	—	1	—	—	77	14	7
16	bei der Reinigung des Mirkerbachs	—	—	—	—	14	2	—
2055 Personen		3	21	1	1	1347	512	154

(16 zu verschiedenen Lohnsätzen)

205

Zurechtweisung.

An den Verfasser des in Nr. 252 dieses Blattes enthaltenen Gedichts:
„Das Lied vom Wupperthal."

Du böser Wolf im Kleid der Schafe,
Glaubst Du, man kennte Dich so schlecht?
Glaubst Du, wir lägen all' im Schlafe?
Nimm Deine wohlverdiente Strafe,
Tritt her: wir setzen Dich zurecht!

Du spöttelst ob der Wupper Farben?
O, bester Mann, Du thust uns leid!
Was einem Helden sind die Narben,
Die ihm den Ruhm, den Sieg erwarben,
Was einer Braut ihr Goldgeschmeid,
Ist unserm Strom sein rothes Kleid!

Du stichelst auf's gesellige Leben —
Willst Du vermengen Reich und Arm?
Das wär' ein ganz verrücktes S reben!
Wie würd' das Volk sich überheben?!
Die Ordnung könnt' uns wiedergeben
Kein Polizist und kein Gensd'arm!

Auch die Palläste Dich geniren —
So denk' doch nur ein Bischen nach,
Statt immerfort zu raisonniren!
Willst Du das Schicksal corrigiren?
Den Einen läßt es hungern, frieren,
Dem Andern giebt es tausendfach.

Das Schicksal weiß es stets am Besten!
Sag' an, was sollte mit Pallästen
Zum Beispiel der geringe Mann?
Er hat ja doch kein Geld zu Festen,
Kein Geld, daß er Truthähne mästen
Und Roß und Wagen halten kann!

Zum Schluß willst Du uns vorsermonen:
Der Arbeitslohn sei hier zu knapp?
Wie bist Du da erst in den Bohnen!
Frag' nur die Käufer aller Zonen:
Je mäß'ger wir die Arbeit lohnen,
Je flotter geh'n die Waaren ab!

Je flotter nun die Waaren gehen,
Je besser geht's in der Fabrik!
D'rum ist ja klar doch einzusehen:
So lange die Fabriken stehen,
Ist jeder Abzug blos geschehen
Für der Fabrikarbeiter Glück!

Du arger Wolf im Kleid der Schafe,
Was willst Du weiter sagen jetzt?
Glaubst Du, wir lägen all' im Schlafe?
Dir ward die wohlverdiente Strafe —
Geh heim! Du bist zurechtgesetzt!

*Gedicht im Täglichen Anzeiger
Nr. 280 vom 23.11.1845*

Kommentar 28 und 29
Färbergesellen verdienten 1865 bei einer 13stündigen Arbeitszeit (mit 2 Stunden Pause) pro Woche 4 1/3 Taler (1867: 4 1/2 Taler); Arbeiter in den Zanella-Webereien erhielten bei gleicher Arbeitszeit (1 1/2 Stunden Pause) 4 Taler (1867: 5 Taler); für Weber lag der Wochenlohn zwischen 2 1/2 und 3 2/3 Talern (sie wurden pro Stück bezahlt) bei einer effektiven Arbeitszeit von 12 Stunden. Ein Arbeiter in einer Riemendre-

Generalliste der freiwilligen Beiträge.

Um den Gemeinderath in den Stand zu setzen, die brodlosen Arbeiter zu beschäftigen, verpflichten sich die Unterzeichneten, zu dem ihrer Unterschrift beigesetzten freiwilligen Beitrag, den sie sofort zur Verfügung stellen, unter der Bedingung, daß derselbe in Anrechnung gebracht werde, für den Fall, daß wegen unzulänglicher Zeichnungen von der Beschaffung der erforderlichen Mittel mittels freiwilliger Beiträge gänzlich abgesehen und zu diesem Behufe sofort zu einer Umlage oder Anleihe geschritten werden müßte:

Peter de Weerth und Söhne	4000 Thlr.
Wtb. J. F. Wülfing und Sohn	3000 =
Johann Simons Erben	2000 =
J. H. Funke Eidam Böbbinghaus u. Comp.	1200 =
von der Heydt=Kersten u. Söhne	1200 =
Gebr. Schniewind	1000 =
Rurmann u. Meckel	1000 =
Joh. Wichelhaus Pet. Sohn	1000 =
Joh. Jac. u. Friedr. Lüttringhausen	1000 =
Gebr. Bockmühl, Schlieper u. Hecker	1000 =
J. W. J. Hauptmann	1000 =
J. P. Bemberg und Frau Wtb. J. A. Bemberg	1000 =
Wtb. J. R. u. J. W. Haarhaus	1000 =
Vaterländische Feuerversicherungsgesellschaft	800 =
Abr. u. Gebr. Frowein	800 =
M. Leser u. Comp.	800 =
J. C. Dunclenberg	750 =
Joh. Friedr. Wolff	400 =
A. Weyermann	250 =
Gebr. Boedbinghaus	200 =
Für Feldmann=Simons bei von der Heydt=Kersten u. Söhne zu erheben	250 =
Wilhelm Ulenberg	600 =
Wittwe Carl Feldhoff	400 =
Wtb. Ewald Abers und Alfred Abers	450 =
Wtb. Schlösser u. Sohn	450 =
C. W. Ostermann	200 =
Carl Seyd	400 =
C. Eller	250 =
J. H. Reuhoff	200 =
Köhler=Bockmühl	300 =
J. Lühdorf u. Comp.	150 =
H. Buhl u. Comp. und Dahm u. Schlösser	150 =

Quelle 28
Beschwerde der Druckereiarbeiter bei der Fa. Lucas
SAW J IX 8a   9.10.1861   handschriftlich   Abschrift

An die Herrn Gebrüder Lucas Wohlgeboren hier.
Euer Wohlgeboren wollen geneigtest entschuldigen, wenn gehorsamst Unterzeichnete, überzeugt von der Humanität Ihrer Gesinnung es wagen, untenstehende Bitte, zur geneigten Berücksichtigung Euer Wohlgeboren zu übergeben.
Seit ungefähr 10 Jahren sind durch die Steigerung der Lebensmittelpreise und Wohnungsmiethe um fast ein Drittel der frühern Höhe, durch die bis zur Unerschwinglichkeit angewachsenen öffentlichen Abgaben, Steuern etc. die Nothstände der ar-

herei verdiente bei gleicher Arbeitszeit 3 1/2 - 5 Taler; ein Bandwirker mit eigenen Stühlen 4-5 Taler (12 Stunden Arbeitszeit), wobei die Mitarbeit von Frau und Kindern vorausgesetzt war. Als Beispiele für Arbeiter in den mechanischen Webereien und Riemendrehereien seien Riemendrehergesellen mit 4 1/2 Talern und Bandwirkergesellen mit 4 1/2 - 5 Talern Wochenlohn angeführt. In der Barmer Statistik, der die genannten Zahlen entnommen sind, werden die Löhne der Buchdrucker mit 5 1/2 Taler pro Woche für 1865 bei einer effektiven Arbeitszeit von 10 Stunden angegeben. Die Bergische Zeitung berichtete am 16.10.1861 über die Vorgänge um die Druckerei Lucas, die durch den in Quelle 28 wiedergegebenen Brief ausgelöst wurden: „Elberfeld, 14.10.1861. Angesichts der mit jedem Tage mehr in die Höhe gehenden Preise der Lebensmittel sc. haben sich sämmtliche Gehülfen der größten Buchdruckkerei unserer Stadt an ihre Prinzipalität mit der Bitte um Lohnerhöhung gewandt. Im Weigerungsfalle erklärten dieselben die Arbeit einstellen zu müssen. Nach längerem Hin= und Herdebattiren wurde einer Anzahl eine angemessene Erhöhung ihres Lohnes bewilligt, andere blieben jedoch hiervon ausgeschlossen und berathen augenblicklich darüber, welche Schritt[e] zu thun seien, um ebenfalls zu dem ersehnten Ziele zu gelangen." Eine polizeiliche Untersuchung ergab, daß die Arbeiter doch nicht die Absicht hatten, einen Streik durchzuführen, der gegen Bestimmungen der Gewerbeordnung von 1845 verstoßen hätte.

Quelle 29 enthält eine Klassifizierung der Arbeiterschaft aus einer Statistik des Jahres 1869, in der für 1867 1 Pfund Kalbfleisch (die billigste der angegebenen Fleischsorten) mit einem Preis von 4 Silbergroschen, ein Pfund Butter mit 10 Silbergroschen 3 Pfennigen, 25 Eier mit 13 Silbergroschen verzeichnet sind, 1 Scheffel (in Preußen 54,962 l) Kartoffeln kostete 1 Taler 10 Silbergroschen 8 Pfennige.

Ausschnitt aus einer Rechnung der Druckerei Lucas (1860, SAW J V 209)

beitenden Klassen furchtbar gestiegen. Mehrere Arbeitgeber sahen das ein, und so hören wir seit längerer Zeit von Compromissen zwischen Arbeitgebern und Arbeitern in vielen Städten Deutschlands. Auch in Elberfeld traten ähnliche Bewegungen auf. Erhöhten doch die hiesigen Färberei=Besitzer in Folge eines Vergleiches mit ihren Arbeitern den Lohn derselben auf 4 1/2 Reichstaler.

Was wir über die Noth der arbeitenden Klassen im Allgemeinen erwähnten, trifft beim Buchdrucker nur zu sehr zu. Er ist stellenweise tief unter den Fabrikarbeiter gedrückt, er verdient nicht einmal soviel, wie der gewöhnliche Arbeiter in vielen hiesigen Fabriken. Das ist nicht blos demüthigend, das nimmt auch die Liebe zum Geschäft weg, das beweist, wie unzureichend unser Verdienst ist. Wir glauben daher auch volle Berechtigung zur Ueberreichung dieser Schrift zu haben. Euer Wohlgeboren zahlen für zehnstündige Arbeit ein gewisses Geld von Vier Thaler. Sie sahen aber ein, daß es schwer ist, bei den theuern Lebensverhältnissen hier mit Vier Thaler zu existiren. Sie stellten deßhalb ein nur für die gewöhnlichen laufenden Arbeiten berechnetes Setzerpersonal an, überdies noch bestimmt, für die sonstigen etwa noch einlaufenden Druckarbeiten durch Nacharbeiten verwendet zu werden. Der Zeitung wegen wurde der Sonntagmorgen Jahr aus Jahr ein gearbeitet. So arbeiteten Ihre Setzer permanent zwölf Stunden täglich und den Sonntagmorgen, verdienten durch 15 Ueberstunden wöchentlich Einen Thaler mehr, freilich auf Kosten ihrer Gesundheit, ihrer zur Erholung nöthigen Zeit. Wir glauben die Ueberzeugung zu haben, daß Euer Wohlgeboren seit Kurzem nach einem andern Pincip handeln, denn Sie haben ein so starkes Setzerpersonal angenommen, daß es alle Arbeiten bequem bei der gewöhnlichen Tagesarbeit bewältigen kann, die Ueberstunden fielen somit theilweise weg. Führen Sie sie nicht wieder in Permanenz ein, wir bitten darum. Zehn Arbeitsstunden genügen vollkommen. Die übrige Zeit gehört dem Leben an. Bei dem ungesunden Aufenthalt in einem Druckereilokale sollte der Setzer besonders hierauf Rücksicht nehmen. Wird hiergegen gesündigt, so folgt die Strafe auf dem Fuße. Unsre ruinirte Krankenkasse zeugt zu deutlich dafür.

Es ist wohl überflüssig, Ihnen zu detailliren, daß man mit Vier Thaler in Elberfeld nicht existiren kann. Wenn man auch noch so bescheidene Ansprüche ans Leben macht, immer wird's nicht langen. Die bessere Setzer werden Ihr Geschäft nach und nach verlassen, und die etwa nach Rückenden ebenfalls nicht bleiben. Verbessern Sie deßhalb in Aller Interesse das Loos Ihrer Arbeiter. Die Herrn Büdecker[1] in Essen, Dümont in Cöln, Martini hier, Staats in Barmen, Rackhorst hier etc. sind Ihnen bereits vorangegangen. Sollten Sie gegen diese Herrn zurückbleiben wollen, sollten Sie zurückbleiben wollen inmitten der Bewegung einer großen Zeit, wo die gewaltigsten Ideen auf staatlichem und volkswirthschaftlichem Gebiete nach Anerkennung ringen, wo die Besten unsers Volks ihre ganze Kraft eingesetzt haben um Verbesserung in unsern öffentlichen Zuständen anzubahnen, die aber nur erreicht werden können, wenn das Capital der arbeitenden Klasse gerecht wird, wie Herr Schulze=Delitzsch am vergangenen Sonntag so treffend ausführte. Nein, Euer Wohlgeboren werden nicht zurückbleiben wollen, Ihre öffentlich anerkannten humanen Gesinnungen sind uns Bürge dafür, und so sind wir im Voraus von der Gewährung unserer unterthänigsten Bitte überzeugt.

1. ein gewisses Geld von 4 1/2 Reichstaler statt 4 Reichstaler zu gewähren.
2. die Ueberstunde (übrigens nur bei dringenden Fällen zu machen) mit 2 1/2 Silbergroschen zu bezahlen (Es ist nicht mehr wie billig, daß das Geschäft, wenn der Arbeiter seine Erhohlungsstunden zu Gunsten des Geschäfts abbricht den Arbeiter dafür extra entschädigt).
3. Den Sonntagmorgen mit 15 Silbergroschen zu bezahlen. Wenn der Arbeiter dem Geschäft das Opfer bringt, den Erhohlungstag, den Sonntag, zum Opfer zu bringen, so ist er vollkommen berechtigt, dafür in oben angegebener Weise entschädigt zu werden. In renommirten Druckereien Deutschlands bezahlt man den halben Sonntag für den ganzen Tag, auch hiesige Fabriken thun es.

Wir bitten Euer Wohlgeboren, obige Punkte in ernstliche Erwägung zu nehmen, uns baldige Rückantwort zu Theil werden zu lassen, noch bemerkend, daß wir wegen der Sonntagsarbeit und der Ueberstunden hiermit einen unwiderruflichen Entschluß gefaßt haben, und zeichnen als Euer Wohlgeboren
Gehorsamste Diener
[folgen 33 Unterschriften]

---

[1] gemeint ist Bädecker in Essen.

Quelle 29
Statistische Darstellung des Stadtkreises Elberfeld,
unter besonderer Berücksichtigung der Verhältnisse der Jahre 1864, 1865, 1866 und 1867, Elberfeld 1869, S. 87f

XV. Verhältnisse der arbeitenden Klassen und Abwehr der Verarmung.

Der Jahresbedarf einer der arbeitenden Klasse angehörenden Familie läßt sich füglich nur in seinem Minimum, d. h. in dem zum Unterhalte unbedingt Nothwendigen, bestimmen. In diesem Sinne wird zu rechnen sein:

für das Familienhaupt	25	Sgr.
„ die bei dem Manne lebende Ehefrau	19	„
„ ein Kind von 15 Jahren und darüber	17	„
„ „ „ „ 10—15 Jahren	15	„
„ „ „ „ 5—10 „	11	„
„ „ „ „ 1—5 „	9	„
„ „ „ „ weniger als 1 Jahr	6	„

(Ausschlußsätze der städtischen Armenverwaltung)
demnach für eine aus den genannten
Personen bestehende Familie . . . . 3 Thlr. 12 Sgr. wöchentlich.

In Wirklichkeit ist jedoch das Einkommen einer Arbeiter=Familie, wie schon aus den sogleich zu erwähnenden Lohnverhältnissen erhellt, erheblich höher; außerdem ist hierbei zu berücksichtigen, daß bei der vielseitigen Gestaltung der hiesigen Fabrikation auch der Jugend vom zwölften Jahre ab und den weiblichen Familiengliedern hinreichende Gelegenheit zu einer lohnenden Beschäftigung geboten ist.

Die arbeitenden Klassen können in folgender Art unterschieden werden:

1. Tagelöhner,
2. Fabrikarbeiter,
3. Weber,
4. Handarbeiter, Gesellen und Gehülfen,
5. Handwerker, die auf Stück arbeiten,
6. Dienstboten.

Zur ersten Klasse sind diejenigen Personen zu rechnen, welche sich ausschließlich mit Arbeiten gegen täglichen Lohn beschäftigen; ihr täglicher Verdienst ist, mit Rücksicht auf ihre Leistungsfähigkeit und die Jahreszeit, zwischen 15 und 20 Sgr. anzunehmen.

Zur zweiten Klasse gehören die ausschließlich in den Fabriken beschäftigten Personen, deren Verrichtungen rein mechanischer Art sind. Der Verdienst derselben berechnet sich auf 3½ bis 5 Thaler pro Woche; derjenige der Fabrikarbeiterinnen — welche namentlich in den mechanischen Webereien in großer Anzahl beschäftigt werden — auf 2½ bis 3½ Thlr.

Bei den Vertretern der dritten Klasse, den Webern, variirt das Einkommen — in seiner Abhängigkeit von der Geschicklichkeit des Arbeiters, der Beschaffenheit des Stoffes und der Concurrenz mit auswärtigen Orten — zwischen 3½ und 6 Thlr.; Voraussetzung ist hierbei, daß der Weber nur mit einem Stuhle arbeitet; bei mehreren Stühlen ist das Einkommen verhältnißmäßig höher.

Die vierte Klasse besteht aus den Gesellen der verschiedenen Handwerke; ihre wöchentliche Einnahme wird zwischen 4 und 6 Thlr. zu suchen sein.

Zur fünften Klasse gehören diejenigen Handwerker, welche früher selbstständig arbeiteten, durch die Concurrenz und den Mangel an Kundschaft in der eigenen Ausübung ihres Geschäftes aber behindert wurden und jetzt für andere Meister arbeiten. Ihr Einkommen wird dem der Gesellen gleichkommen, ja in vielen Fällen dasselbe kaum erreichen. Fabrikmäßige Herstellung der Waaren, kaufmännischer Betrieb, großer Umschlag mit geringerem Verdienste im einzelnen Falle sind die Momente, welche dem Handwerke auf verschiedenen Gebieten mit Erfolg Concurrenz machen und dessen Fortkommen erschweren.

Die sechste Klasse endlich bilden die Dienstboten. Außer freier Station erhalten Knechte 60 bis 100, Mägde 30 bis 40 Thlr.

Daß vorstehende Verdienstangaben nur die Regel bezeichnen, die betreffenden Zahlen daher in einzelnen Fällen das wirkliche Einkommen nicht erreichen, beziehungsweise überschreiten, bedarf wohl keiner besonderen Erwähnung.

Da Elberfeld wesentlich Fabrikstadt ist, so haben Stockungen im Fabrikbetrieb auf die Verhältnisse der arbeitenden Klassen stets einen nachtheiligen Einfluß. Die Gemeinde als solche wird hierbei theils durch die Erhöhung der Ausgaben der Armenverwaltung, theils dadurch in direkte Mitleidenschaft gezogen, daß die brodlosen Arbeiter von der Stadt — in der Regel mit Erdarbeiten — beschäftigt werden. —

Warenzahlung

Kommentar 30

Die Weber, die den nebenstehenden Brief an Oberbürgermeister Brüning 1825 verfaßten, forderten die Bestimmung von Lohnsätzen durch eine Kommission von Fabrikanten und Kaufleuten. Dazu bemerkte der Oberbürgermeister in einem Schreiben an den Landrat: „Eine Bestimmung der Lohnsätze ist mit dem herrschenden freien Verkehr nicht verträglich, und der Fabrikherr würde sich nie einer solchen Preisbestimmung unterwerfen" (SAW J II 53). Gegen die zweite angesprochene Beschwerde, die Bezahlung in Waren, sprach sich auch Brüning aus.

Im März 1835 schrieb der Landrat dem Oberbürgermeister, es unterliege „nun gar keinem Zweifel mehr, daß auch hier jener verwerfliche Wucher stattfindet, welcher die Moralität zu vernichten droht, indem er durch das gegebene Beispiel den Sinn für das Gesetzliche untergräbt, den Luxus und den Hang zum niedrigen, ungesetzlichen Erwerb weckt, der früher oder später der Ruin des redlichen Fabrikanten und Gewerbetreibenden" (SAW J II 61) herbeiführe und beauftragte den Oberbürgermeister, in einem Bericht das Ausmaß des Trucksystems darzustellen. In seiner Antwort vom 14.4.1835 schrieb der Oberbürgermeister, „jener Mißbrauch" habe sich in Elberfeld „nicht zu einem Uebel" entwickelt, „das irgend erheblich, noch weniger allgemein aufgetreten wäre". Aber „[w]ie es in jedem bürgerlichen Gewerbe Unredliche giebt, so allerdings auch hier". Diese warenzahlenden Fabrikanten seien aber in Elberfeld nur 4-[8], deren Unternehmen zu den unbedeutenden zählten (SAW J II 61). 1849 wurde das Trucksystem verboten, der Kaufzwang in fabrikeigenen, nunmehr von Commis oder Werkführern übernommenen Läden existierte weiterhin.

Quelle 30
19 Arbeiter an Oberbürgermeister Brüning
SAW J II 53   11.2.1824   handschriftlich

Herrn Oberbürgermeister Brüning Wohlgeboren

Gehorsamstes Gesuch der unterschriebenen Fabrikarbeiter, einige Ungerechtigkeiten hiesiger Fabrikanten betreffend.

Wenn es dem Bürger im Staate wohlgehen, wenn er seine Pflichten als Unterthan in jeglicher Beziehung erfüllen soll: so ist es nothwendig daß es ihm möglich sey durch angestrengten Fleiß und kluge Sparsamkeit seine Lebensbedürfnisse zu erwerben. Im entgegengesetzten Falle versinkt er in Armuth und Gemeinheit und wird endlich dem bürgerlichen Vereine zur Last.

Wenn im Laufe der Zeiten, durch Stockung der Gewerbe Nahrlosigkeit eintritt, so denkt der fromme, redliche Arbeiter, das kommt von Gott und duldet und schweigt, wenn aber solcher Zeiten [Druck] von niedrig denkenden und gewinnsüchtigen Menschen noch benutzt und der arbeitenden Classe die Last unerträglich gemacht wird: dann tritt der Redliche aber auch hin vor seine Obrigkeit, die bestellt ist von Gott, ihm zu helfen und ihn vor Ungerechtigkeit zu schützen, und klagt und bittet um Hülfe. Jetzt walten die angedeuteten Verhältnisse ob, und daher wenden die Unterschriebenen sich vertrauensvoll an Euer Wohlgeboren um Ihnen die herrschenden Mißbräuche darzustellen, und um Sie zu bitten zur Abhülfe derselben das Zweckdienliche zu verordnen. Die vorzüglichsten Ursachen zu diesem Schritte sind: der äußerst geringe Arbeitslohn und das Bezahlen der Arbeit mit Waaren.

So wird z.B., um den ersten Punkt zu bewahrheiten, dem Spulen von 7 und 8 Strängen 1 Stüber bezahlt, der vor kurzem noch von vieren und fünfen gegeben wurde, von Stücken Zeug wofür der Weber sonst 13 Reichstaler bekam und dann noch kaum durch kommen konnte, gibt man jetzt 8 und 9 Reichstaler wobei dann nicht das trokkene Brod zu verdienen ist, da zudem der arme Weber anstatt 130 oder 140 Ellen, 150 und 160 Ellen weben muß. Tücher welche sonst 7, 8, 9, Stüber Arbeitslohn hatten, müssen jetzt für 4 und 5 Stüber gemacht werden. Dazu kommt noch die Schlechtigkeit der Stoffe und der Umstand, daß es hier Kaufleute gibt, welche dem Arbeiter nur Waaren für sein saures Verdienst geben; woran er dann auch noch Schaden hat. Wie kann dabei auch der redlichste Arbeiter sich vor der drückendesten Noth bewahren, und seine Pflichten als Bürger erfüllen? Muthlosigkeit, Bitterkeit gegen die Menschen und oft Unsittlichkeit und Lasterhaftigkeit treten dadurch veranlaßt, nicht selten an die Stelle des Fleißes und der Bürgertugend.

Wir reden die Wahrheit, und bitten daher Euer Wohlgeboren um strenge Untersuchung und darum daß:
1) eine stehende Commission aus den redlichsten und denkendsten Kaufleuten und Fabrikanten (deren es Gottlob hier noch viele gibt) gebildet werde, welche nach den Forderungen der Zeitverhältnisse, den Arbeitslohn für das Ganze zu bestimmen hätte; und welche der Ungerechtigkeit, den Arbeiter mehr arbeiten zu lassen, als akkordmäßig ist, einen Damm setze.
2) es jedem Fabrikanten strenge untersagt würde dem Arbeiter Waaren als Lohn zu geben.

Viele christlich denkende Kaufleute hiesigen Ortes, sind mit uns, und eben[] unzufrieden über die Ungerechtigkeit ihrer Standesgenossen, deren Maßregeln auch sie der Conkurenz wegen, ergreifen müssen.

Euer Wohlgeboren besondere Sorgfalt für das Wohl der Bürger und die Gerechtigkeit unserer Beschwerdeführung, unterstützt durch das Zeugniß achtungswürdiger, redlicher Kaufleute lassen uns zuversichtlich die Erfüllung unserer billigen Wünsche erwarten.

Euer Wohlgeboren
Elberfeld den 11 Februar 1824 unterthänigste
[folgen 19 Unterschriften]

Maschinen

Kommentar 31-33

Die drei Quellen 31, 32 und 33 sollen die Diskussion um die gesellschaftlichen Konsequenzen des Einsatzes neuer Techniken (etwa des mechanischen Webstuhles) und Antriebsenergien (Dampfmaschine) dokumentieren, der auch im Wuppertaler Textilgewerbe des 19. Jhdts. zu tiefgreifenden Strukturveränderungen in der Produktion und Betriebsverfassung führte. Während die Zeitungsausschnitte aus den Jahren 1825 und 1866 das Problem des „Maschinenwesens" bzw. der „Maschinenarbeit und Handarbeit" allgemeiner abhandeln, bezieht sich der wiedergegebene Brief mehrerer „Manufacktur Arbeiter" von 1846, der offenbar von Barmer Riemendrehermeistern verfaßt wurde, auf konkrete Verhältnisse im Wuppertal. Um die Mitte des 19. Jhdts. hatten einige Firmen begonnen, Riementische zentralisiert in einem Fabrikbau aufzustellen. Wie ein Schreiben des Landrates vom 24.3.1847 an die Düsseldorfer Regierung ausweist, handelte es sich um die Unternehmen C. Karthaus & Co., Schröder & Rittershaus, F. Mittelstenscheid & Co., J.P. Neuhaus und C. Lenzmann, von denen einige in dem Schreiben der „Arbeiter" erwähnt werden. Karthaus & Co. und Schröder & Rittershaus trieben ihre Riementische schon mit Dampfkraft an, Mittelstenscheid folgte 1858 mit der Installation einer Dampfmaschine. In den 60er und 70er Jahren des 19. Jhdts. setzte sich in der Riemendreherei der mechanische Betrieb durch; durch die Verlegung der Produktion in außerhalb der Wohnung liegende Gemeinschaftswerkstätten, die mit der Anmietung von Dampfkraft verbunden war, konnten sich selbständige Riemendrehermeister neben den Eigenbetrieben behaupten. In einem Konzentrationsprozeß entstanden sogenannte „Lohnbetriebe", die vom Verleger-Kaufmann abhängig blieben. Ähnlich wie die Riemendreher nutzten auch die Bandwirker seit den 70er Jahren die beschriebene „Mietfabrik", die ihnen durch Nutzung der technischen Entwicklungen die Erhaltung der Selbständigkeit ermöglichte. Neben den Bandfabriken blieb mithin auch die Lohnbandwirkerei bestehen. In einer Veröffentlichung über die „Fabrik-Industrie" im Regierungsbezirk Düsseldorf aus dem Jahr 1876 hieß es über das Barmer Besatzartikelgewerbe: „Die große Leichtigkeit, mit welcher diese Industrie bei dem Vorhandensein von Dampfkraft in den verschiedensten Lokalitäten eingerichtet und auch in kleineren Anlagen mit Vortheil betrieben werden kann, hat bisheran das allgemeine Vorwärtsdrängen zur Groß=Industrie noch aufgehalten, und erklärt sich hieraus die verhältniß-

Quelle 31
Artikelserie im Rheinisch=Westphälischen Anzeiger
Jg. 1825, S. 170/171, S. 407-411 und S. 590-594   Auszüge

Maschinenwesen.

Wenn wir die, in neueren Zeiten erfundenen und sich täglich vermehrenden und vervollkommten Maschinen betrachten, so müssen wir erstaunen ob der Kraft und Kühnheit des menschlichen Geistes, und fragen: wo soll das enden?

Auf der andern Seite liegt aber auch etwas Trauriges und Niederbeugendes in dem Gedanken: was die Menschheit dadurch eingebüßt und verloren, und wie viele Arme, Nothleidende, Bettler, Taugenichtse, Straßenräuber und Diebe das Maschinenwesen, gleichsam auch maschinenmäßig hervorgebracht hat!

Man kann darüber, nachsinnend, den Wunsch nicht unterdrücken, daß der Maschinenbau nie und nirgends zu der Vollkommenheit und der Verfeinerung ins Unendliche möchte gediehen seyn! -

Standen wir nicht vor 50 Jahren, in dieser Hinsicht, noch auf einer glücklichern Stufe?

Wie Mancher ist durch die Dampf=, Scheer=, Web= und die Legion anderer Maschinen um sein liebes Brod gekommen, womit er sich und seine Familie ernährte?

Wer kann es berechnen, was diese Maschinen nicht schon alle für Unheil in der Welt bereits hervorgebracht haben, und noch hervorbringen werden?

Sollten sie nicht auch an den schlechten bedrängten geld= und nahrungslosen Zeiten mittel= und unmittelbar mit schuld seyn?

Sonst ergoß und vertheilte sich der nervus rerum gerendarum[1] in hunderttausend Kanäle, der jetzt in den Händen Einzelner bleibt und sich dort zusammen häuft!

Daß ein Land bei dieser Maschinensucht und Wuth nicht hinter dem andern zurückbleiben kann, wenn es nicht in seinen Erwerbszweigen zerstört und in seinen Grundvesten erschüttert seyn will, das leidet keinen Zweifel; widerlegt aber den Satz nicht: ob es nicht besser gewesen, wenn es nicht dahin gekommen wäre? Wie mögen in England, dem eigentlichen Sitze so vieler, ins Größte, wie ins Kleinste, gehenden Maschinen, die Armentaxen sich seitdem vermehrt haben, und welchen Antheil mögen sie nicht an den Verbrecherversendungen nach Botany=Bay gehabt haben und noch haben?

Kurz, man mag auch ein noch so großer Lobredner dieser ungeheuren Erfindungen neuerer Zeit seyn, Einsender glaubt, daß die Maschinen an vielem Unheil in der Welt schuld sind, der Menschheit zum größten Verderben gereicht haben und noch immer mehr gereichen werden!

Das: „Bleibe im Lande und nähre dich redlich," haben die Maschinen im Allgemeinen untergraben und zerstört!

[...]

Wenige Menschen geben sich die Mühe, eine Sache gründlich zu behandeln, und so wird diese im Allgemeinen irrige Ansicht von Vielen ohne weitere Prüfung als richtig angenommen. Ich glaube, daß einige Worte darüber in diesen Blättern eine geeignete Stelle finden werden; nur schade, daß eine gründliche Widerlegung und Erörterung zu weit führen, und Stoff zu einer weitläufigen Abhandlung liefern würden.

In einem Staate, in welchem viel produzirt wird, und ein gehöriger Austausch der Produkte - Handel - Statt findet, ist Wohlstand; die Einwohner sind nicht nur im Stande, die unumgänglich zum Leben erforderlichen Gegenstände sich zu verschaffen, sondern auch noch viele künstlich geschaffene Bedürfnisse zu befriedigen. -

Der Landmann, Bergmann, Fabrikant, Handwerker und Künstler schaffen, was im Handel erscheint. - Durch tausend Verknüpfungen der menschlichen Gesellschaft sucht ein Jeder sich einen Theil davon zuzueignen. Je größer dieser Theil ist, desto mehr Bedürfnisse kann er sich schaffen und befriedigen, und nach diesem ist sein Wohlstand zu ermessen. Will er nicht Alles gleich verzehren, bietet ihm das Geld, als Repräsentant aller Produkte, ein Mittel dar, das Erworbene aufzubewahren, und nach Belieben zu benutzen. Zum Vortheil der Gesellschaft findet stillschweigend die Uebereinkunft statt, daß jedes Mitglied sich gewöhnlich nur mit einer Arbeit befaßt, und Alles also eigentlich gemeinschaftlich erzeugt und gebildet wird. Dadurch ist Handel entstanden, ist wohlthätig und nützlich, nur muß man nicht glauben, daß er selbst Wohlstand erzeugen könne. Sein Zweck ist nur, das Ueberflüssige abzugeben und dagegen das Mangelnde zu erhalten - zu tauschen. - Der Fabrikant verkauft an den Großhändler, dieser an die Konsumenten u.s.w. Um die Produkte nicht stets in natura austauschen zu müssen, welches mit größtem Nachtheil und Beschwernissen verbunden seyn würde, hat man das Geld erfunden und eingeführt. Nach diesem Re-

mäßig große Anzahl der Etablissements, von denen manche den eigentlichen Charakter der Fabrik=Industrie kaum erkennen lassen und in der Art des Betriebes dem Handwerk und der Haus=Industrie näher stehen. Das bedeutendste hierher gehörige Etablissement, die Barmer Aktien=Gesellschaft für Besatz=Industrie beschäftigte im Jahre 1874 269 Personen, und die Zahl der Fabriken, welche mehr als 100 Personen beschäftigen, betrug nur 8. Vielfach benutzen in einem und demselben Gebäude mehrere Firmen miethweise dieselbe Dampfkraft, und mitunter findet man sogar in einem und demselben Arbeitsraume zwei Firmen vertreten" (Beyer, a.a.O., S. 62f). In der Breitweberei entwikkelte sich dagegen seit der Mitte des 19. Jhdts. die fabrikmäßige industrielle Produktion; die Baumwollspinnereien, die bereits in den 20er Jahren mit dem Einsatz von Dampfkraft begonnen hatten, sind als früheste Fabriken im modernen Sinne zu bezeichnen. In einer 1874 erstellten „Uebersicht über die Verteilung der Großindustrie", in der nur solche Unternehmen aufgeführt wurden, die nicht unter 10 Arbeitern beschäftigten, finden sich folgende Firmen: (Elberfeld) Wilhelm Böddinghaus & Comp., Manufakturwaaren=Fabrik. Zanella, 1874: 667 Arbeiter; Joh. Simons Erben, Mech. Weberei für wollene, seidene und halbwollene Stoffe, 1874: 710 Arbeiter; Schlieper & Baum, Kattun=Druckerei, 1874: 400 Arbeiter; J.C. Dunklenberg, Türkischroth=Garn=Färberei, 1874: 383 Arbeiter; (Barmen) Barthels & Feldhoff, Eisengarn=Fabrik, 1874: 598 Arbeiter (Beyer, a.a.O., S. 30).

präsentanten aller im Handel erscheinenden Gegenstände wird der Werth eines Jeden, oder eigentlich das Verhältniß des Einen zum Andern, ermessen. Durch dieses Mittel findet der Austausch in unsern Zeiten so unbestritten statt, daß die Meisten das wahre Sachverhältniß übersehen und im Wahne sind, nicht die Erzeugnisse, sondern das Geld allein habe einen wirklichen Werth; woher denn auch wohl die sonderbare Aeußerung oft entsteht: Schadet nichts, das Geld bleibt ja im Lande. - Um sich vom Gegentheil zu überzeugen, hat man nur anzunehmen, ein Jeder besäße so viel Geld, als er wolle. Was würde daraus folgen? Daß das Geld den ihm zur Erleichterung des Austausches beigelegten Werth verlöre, und durch dessen Besitz Niemanden geholfen wäre. Besäße aber ein Jeder Erzeugnisse: würden Alle im Wohlstand seyn, d.h. ihre Bedürfnisse befriedigen können, und zwar ohne zu arbeiten, so lange der Vorrath hinreichte.

Wenn diese Ansichten, wie wohl nicht in Abrede gestellt werden wird, richtig sind, würde der Wohlstand in Hervorbringung aller zum angenehmen Leben wünschenswerthen Gegenstände bestehen, und mithin die Thätigkeit und Geschicklichkeit der Bewohner eines Landes im Erzeugen derselben den Wohlstand allein gründen, und das Geld nur als Austauschmittel erscheinen.

Es ist also ein nicht zu bestreitender Vortheil, wenn die menschliche Gesellschaft durch Fleiß und sinnreiche Erfindungen, wozu Maschinen zu rechnen, die Erzeugung aller zum angenehmen Leben erforderlichen Gegenstände vermehrt und befördert. - Sollte ungeachtet dieser Bemerkungen das Gegentheil noch behauptet werden, würde dieses so viel heißen, als: Es ist ein Vortheil für die Gesellschaft, wenn man durch zehn Menschen verrichten läßt, was einer allein zu wege bringen könnte, weil so viele Menschen Beschäftigung erhalten.

Aus diesem Satze würde nun ferner gefolgert werden müssen: 1) Wenn alle Mühlen verboten würden, müßte diese Kraft durch Menschen erzeugt werden, und mithin viele Arbeiter Beschäftigung erhalten. 2) Würde es wünschenswerth seyn, daß weder Zug= noch Lastthiere gebraucht werden dürften. 3) Würde es ein unfehlbares Mittel seyn, allen Leuten Unterhalt zu verschaffen, wenn eine Verordnung erschien, welche verfügte, daß Niemand länger als den halben Tag arbeiten dürfe, allein ganze Zahlung dafür erhalten solle.

Kurz, die Resultate würden gar drollig werden, wenn im Ernste nach dem Grundsatze verfahren würde: Man muß unnöthige und zwecklose Arbeit verrichten lassen, damit Alle Beschäftigung finden.

[...]

(Auch ein Wort über das Maschinenwesen).

Nichts ist seltsamer, als die so allgemein herrschende Meinung: die Vermehrung der Maschinen, die allerdings Einzelnen einen temporären Schaden bringen kann, sei im Ganzen auch der Populazion und dem Wohlstande nachtheilig. Beide sind doch offenbar und einzig durch die Menge der vorhandenen Existenz= und Genußmittel bedingt. Mehren sich diese, so steigt unfehlbar auch die Populazion oder der Lebensgenuß, und gewöhnlich erfolgt beides. Was anders aber bewirken die Maschinen? Die Produkzion nützlicher Dinge, die Masse der Existenzmittel wird unstreitig dadurch vermehrt, denn keine hat einen andern Zweck. <u>Nicht die Masse der menschlichen Arbeit, d. h. der Mühe, bedingt das Leben, sondern die der Erzeugnisse...</u> Könnten die Maschinen uns auch zuletzt von aller Arbeit befreien: würden deshalb weniger Menschen leben können, wenn doch gleich viel erzeugt würde?

Jene irrige Ansicht gründet sich zum Theil noch auf die Vorstellung, die Viele sich von den Vortheilen machen, welche aus einer plötzlichen Abschaffung der Maschinen, oder auch nur der meisten, hervorgehen würden. Wie gesucht, denken sie, würden dann nicht die Arbeiter seyn; wie bedeutend ihr Lohn steigen und die Lage des Volkes sich verbessern? Allein nur Anfangs würde diese Wirkung sich äußern; nur eine kurze Zeit würde das Herbe: Gewohntem zu entsagen, die Reichsten noch vermögen, ihre Bedürfnisse nach gewohnter Art auch zu weit höhern Preisen zu kaufen. - Aber einmal ist zu bedenken, daß den Produzenten auch dieser höhere Lohn wenig nutzen würde, weil auch sie wieder Alles theurer bezahlen müßten; und dann muß Jeder bald seine Ausgaben wieder nach den Einnahmen richten und beschränken - und das Endresultat der Abschaffung der Maschinen würde also kein anderes seyn, als daß die Gesammtheit, bei größerer Mühe und Arbeit, weit weniger Genuß hätte und der Zustand Aller daher viel elender würde. - Maschinen sind also kein Uebel, nicht einmal ein nothwendiges, sondern ein unschätzbares Gut, wodurch uns der Schöpfer, indem er uns den Verstand verlieh, sie zu erfinden, von dem ersten Fluch wieder befreien wollte, im sauern Schweiße unsers Angesichts unser Brod zu essen. -

Kürzer: die Maschinen werden nie schuld seyn, daß auch nur <u>ein</u> Korn Brodfrucht

211

weniger gebaut, <u>ein</u> Wollschaf weniger gezogen wird. Sie helfen uns vielmehr unsere Bedürfnisse weit über unsern Bedarf vermehren, ohne auch nur den geringsten Theil davon für sich in Anspruch zu nehmen: dem Pflug verdanken wir einen unerschöpflichen Ueberfluß an den ersten Lebensmitteln, und Englands Fabriken allein reichen hin, die ganze Welt in Linnen, Wolle, Baumwolle und Seide zu kleiden. Und doch sollen die Maschinen schuld daran seyn, daß Millionen Brod und Fleisch entbehren, mit dem schlechtesten [Gemüse] vorlieb nehmen, sich in Lumpen hüllen, [eure] Hausthiere um ihr besseres Obdach beneiden müssen! Tausende darben, damit Einer schwelge! - [...]

Und daran sollen die Maschinen schuld seyn, weil durch sie die Zahl der Arbeitslosen vermehrt und die Menschenkraft, die edelste in der Natur am Werth gesunken sei?! [...]

---

[1] nervus rerum gerendarum = Hauptsache; das, worauf es ankommt

Quelle 32
Brief Barmer „Arbeiter" an die Düsseldorfer Regierung
HStAD Regierung Düsseldorf Nr. 2111 Bl. 50
11.2.1846   handschriftlich

An die Hochwohllöbliche Königliche Regierung in Düsseldorf.

Wir armen Unterdrückten und Arbeits Mangelgelden Fabrickarbeiter wenden uns an Ihnen mit der Gnädigsten Bitte um uns doch hier in der Sache Helfen zu Wollen, das wir armen Familienväter doch Mehr Arbeit und Verdienst hätten, denn bei der geringsten Kost kann man doch nicht durch kommen, und kann nicht das Schulgeld bezahlen für unsere Kinder noch ihnen Kleidung geben, auch weiß man nicht die Miethe zu bezahlen, Ueberdies sehen wir Manufacktur Arbeiter in eine dunkle Betrübte Aussicht, Und dieses unser Unheil haben wir zu Verdanken Viele Reiche Kaufleute die einen großen Handel und Vekehr haben in weite Länder, So viele Reich bemittelte Kaufmänner haben seit einigen Auch viele Kaufmänner seit ein paar Jahren und Einige jetzt noch im Begrif damit, haben in Ihren Gebäuden Selber viele Bandstühle und Litzen und Kord Maschinen auch Spitzenstühle aufgestelt oder aufstellen laßen durch die Arbeiter. So hat einer Namens Milltzenscheidt in Barmen seit nur einige Jahre in die dreißig Bandstühle und bei die Hundert Kord und Litzen Maschinen aufstellen laßen, Auch Namens Karthaus hat wohl dreihundert Maschinen aufstellen laßen und werden getrieben durch eine Dampfmaschine; auch Schröder und Rittershaus haben einen großen Pallast drauf gebaut um Maschinen der Manufacktur Aufstellen zu laßen und durch eine Dampfmaschine zu Treiben, und noch sonst so viele Kaufleute in Barmen auch viele in Ronsdorf haben binnen ein paar Jahren neben ihrem Handel so viele Maschinen und Bandstühle aufgesetzt. Die Reiche Haabgierige Kaufleute wissen es selber wohl daß der Aeltere Meister oder Familien Vater mit seinen ein oder zwei Bandstühlen oder hinreichenden Maschinen Als er bedarf um Leben zu können mit Frau und Kindern in seiner Wohnung und sich Redlich davon zu nähren, zu seinem Verderben und Untergang ist, Wir können mit Wahrheit behaupten das wohl über Tausend Seelen davon Nachtheil haben und so viele ganze Familien dadurch in die äußerste Noth gerathen, An diesem unserm Verderben ist meistens Schuld der Reiche Haabsüchtige Kaufmann, Ach Reichthum wird so oft durch List und durch Gewalt erworben, Ein Mann der Reich an Mitteln ist, hat andre oft verdorben, Nur daß sich mehr des Geldes hauf, Denkt er bei Tag und Nacht darauf. Nun aber wir hoffen es werde sich ändern, daß uns die Kaufleute so nicht die Arbeit entziehen, deshalb Bitten wir die Hochwohllöbliche Königliche Regierung um uns doch in der Sache zu helfen, Unser Lieber König will ja auch so gern das Algemeine Wohl.

Und Schlißlich wäre es wohl doch zu Wünschen für so viele Bedrängten in Jeziger Zeit, Wenn nur der Kaufmann mit seinem Handel sich begnügen ließ, Und ließ seine Manufacktur Arbeit machen bei uns Meistern wie in frühern Zeiten. Wir hoffen Sie werden es nicht übel nehmen, Wir mochten nicht gerne Unterzeichnen, wegen der Hiesigen Kaufleute halben, um nicht ihren Zorn auf uns zu Laden, wegen dieser Bittschrift.

Im Namen Mehere Manufacktur Arbeiter.
Barmen den 11 Februar 1846

(3062) **Oeffentlicher Dank**
dem braven Fabrikherrn, Herrn Ostermann u. Comp. von einer hülflosen Wittwe mit sechs Kindern, für die christliche Liebe, die von diesen Fabrikherren nicht allein mir, sondern auch den andern Spulerinnen dadurch erzeigt worden, daß in dieser bedrängten Zeit der edle Menschenfreund, Herr Ostermann, anstatt wir früher für 24 Stränge Cattun 1 Sgr. als Lohn erhielten, jetzt nur 18 Stränge zu spulen brauchen. Möchte dieses edle Werk viele Nachahmer finden, dann würde es gewiß bald für unsere Fabrikarbeiter beßer stehen! Dieses wünschet
Eine arme Wittwe.
Elberfeld, den 1 April 1848.

Anzeige im Täglichen Anzeiger Nr. 80 vom 2.4.1848

Quelle 33
Täglicher Anzeiger Nr. 164 und 166 vom 15. und 18.7.1866

Maschinenarbeit und Handarbeit.

Als der Mensch zum Bewußtsein seiner Bedürfnisse gekommen war, mußte er zur Befriedigung derselben arbeiten, d. h. durch körperliche und geistige Anstrengung absichtlich erzeugen, was er bedurfte. Man kann ihm nicht verdenken, daß er bemüht war, für einen Theil seiner körperlichen Thätigkeit Erleichterung zu ersinnen, und so kamen zur Leistung rein mechanischer Arbeiten Werkzeuge auf die Welt, die Anfangs freilich primitiv genug aussahen, aber immer doch noch besser waren, als gar keine.

Der Mensch schritt mit der Zeit vorwärts, sein Denken und Trachten führten ihn von einer Culturstufe zur anderen, und während man bis da nur Holz und Stein zu Werkzeugen benutzen konnte, machte ein vielleicht zufälliger Fund auf die Metalle aufmerksam und ihre Verarbeitung ordnete die Menschen in zwei wesentlich verschiedene Klassen: Ackerbauer und Handwerker, welche die mit fortschreitender Kultur immer gesteigerten Bedürfnisse befriedigten und dazu Säge, Bohrer, Hobel, Töpferscheibe und Drehbank ersannen, die Grundtypen der complicirten Apparate, die den raffinirten Ansprüchen der Gegenwart entsprechen müssen.

Der große Kraftaufwand rein mechanischer Art, der zur Verrichtung gewisser Operation, z. B. Mehlbereitung, Herstellung von Brettern aus Baumstämmen nöthig war, brachte den Menschen auf die Idee, für seine Muskelkraft andere, größere und für ihn außerdem bequemere Kräfte zu substituiren. Zur Verwirklichung dieser Idee dienten ihm zunächst Zugthiere, die er am Göpel wirken ließ, bis ihm Elementarkräfte (Wind, Wasser, Schwere) ein neues Feld des Denkens eröffnete, dessen Bebauung mit Wasser- und Windrädern begann (Windräder wahrscheinlich deutsche Erfindung vom Jahre 1000; Wasserräder schon z. Z. des Mithridates d. G. 137 v. Chr.) und dessen Ernte unsere Zeit mit den Dampfmaschinen und deren segensreichen Gefolgen antrat.

Welche Kämpfe mit Aberglauben und Dummheit, welcher Aufwand an geistiger Thätigkeit nothwendig war, um unsern Culturzustand zu fundiren; wie das Gebiet der mechanischen Arbeit Mutter der übrigen Zweige des Wissens, aber auch zugleich deren Tochter ist, indem Alle, auf einander rückwirkend, gleichzeitig fortschritten — das kann hier nicht untersucht werden, nur sei gestattet, einige einfache Betrachtungen über Maschinen und deren Arbeit vorzuführen, um dadurch vielleicht das Interesse für einen Gegenstand zu erwecken, der durch den Aufwand von Kapital und Intelligenz den wichtigsten Culturbewegungen jeder Zeit mindestens gleichsteht.

Eine Maschine ist eine Zusammensetzung von besonderen Körpern zwecks der Umwandlung oder Verrichtung nützlicher mechanischer Arbeiten. In dieser Erklärung liegt gleichzeitig der Cardinalzweck aller Maschinen, nämlich Unterstützung oder Ersparung von Menschenkräften, dem sich ein fernerer Zweck, Erhöhung der Quantität, Qualität und Billigkeit anreiht, sowie die Verrichtung solcher Arbeiten, die durch Menschenhand überhaupt nicht gefertigt werden können.

An die Stelle der Kräfte von Tausenden von Menschen treten wenige Maschinen. Die Neuzeit giebt uns davon entsprechende Beispiele. So wurden bei der Aufstellung der Alexandersäule in Petersburg, deren Schaft ca. 18,000 Ctr. wiegt, die Kräfte von 681 Arbeitern verwendet, denen 1950 Soldaten und außerdem 62 Winden und 180 Flaschenzüge coordinirt waren. Die Aufstellung der großen Eisenblechkästen (von 460 Fuß Länge und in der Mitte 25½ Fuß Höhe bei ca. 36,000 Ctr. Gewicht) zur Ueberbrückung der Menai-Straße geschah mittelst dreier hydraulischer Pressen, die von einer Dampfmaschine bewegt wurden.

Die größte in der Neuzeit bewegte Last war der Schiffskörper des Great-Eastern von 248,000 Ctr. Schwere, der mit Hülfe von hydraulischen Pressen parallel seiner Längsaxe eine schiefe Ebene von 250 Fuß Länge herabgelassen wurde. Wie viele Menschen hätten da angespannt werden müssen? Aber noch viel überraschender sind die Leistungen von Arbeitsmaschinen, welche Gegenstände liefern, die auch durch Handarbeit hergestellt werden können. Ein einziger Arbeiter erzeugt an der Circular-Strick-Maschine innerhalb zwölf Stunden zwanzig Dutzend Paar langer Frauenstrümpfe aus starkem Garn, das per Hand ungefähr drei Dutzend liefert. Ein Tuchscheerer konnte in der Stunde nicht mehr als 4½ Q.-Elle Tuch scheeren, während an der Transversal-Cylinderscheermaschine ein Mann per Stunde 60 Q.-Ellen so sauber scheeren kann, wie der Handarbeiter nimmer. Noch viel größer ist die Leistung der Longitudinal-Cylinderscheermaschine, die 500 bis 600 Q.-Ellen in der Stunde scheert und dabei in der Minute 7000 Schnitte macht. Allerdings ist diese flüchtige Arbeit nicht sonderlich sauber. In den Papierfabriken giebt es einen Apparat, der die Lumpen, aus denen man bekanntlich Papier macht, zermahlt, den Holländer. Er besteht aus einer rotirenden Walze, die an ihrem Umfange mit Messern besetzt ist, welche ihrerseits mit am Boden der Maschine befestigten Messern scheerenartig zusammenwirken. Die Messer machen in der Minute 240,000 Schnitte! Gegen diese Leistungen steht unsere Arbeit ebenso zurück, wie gegen die Geschwindigkeit verschiedener Maschinen. Ein Courierzug legt die deutsche Meile in 7 Minuten zurück, d. h. in der Secunde 52 Fuß. Die Feinspinnspindeln machen in der Minute 5000 bis 6000 Umdrehungen und die Röhrchen an einer gewissen Sorte von Vorspinnmaschinen drehen sich sogar 10,000 bis 12,000 Mal, während der Leser bis 60 zählt!

Sehr interessante hierhergehörige Belege für Maschinenproductionen liefern auch die Druckverrichtungen für Papier und Zeuge. Die alten Buchdrucker waren froh, wenn sie auf ihrer Handpresse 120 bis 200 Abdrücke per Stunde erhielten und dabei mußten sich drei Arbeiter abquälen. Gegenwärtig liefern die Schnell= (Maschinen=) Pressen gerade zehn Mal so viel, also 1200 bis 2000 Abdrücke und bei einem geringeren Kraftaufwande. Um nun gar die Hof'schen Riesenschnellpressen! Diese geben bei 10 Druckcylindern 20,000 bis 25,000 Abdrücke.

Die Kattundrucker sind noch besser daran. Wenn sie früher ein Stück Zeug von 42 Ellen Länge und 30 Zoll Breite mit einer Farbe bedrucken wollten, so mußten sie ihre Form, ein Holzstück, welches das Muster erhaben enthielt, 672 Mal aufsetzen. Nämlich, wenn die Form 8 Zoll lang ist, bei 5 Zoll Breite 112 Mal in der Länge und 6 Mal in der Breite. Wollten sie also Tupfen von dreierlei Farbe aufdrucken, so mußten sie auf 30 Ellen 30 Zoll breites Zeug ihre Form 2016 Mal aufsetzen und dabei noch Acht geben, daß die Tupfen nicht durch einander kamen. Auf einer Walzendruckmaschine macht man jetzt 28 Ellen in der Minute fertig und druckt gar drei bis vier Farben auf. Dazu gehören nur zwei Arbeiter und ein Junge, während dieselbe Leistung bei Handarbeit 200 Arbeiter und eben so viele Jungen erfordern würde.

Aber wenn man auch ganz von der quantitativen Leistung der Maschinen absieht, so ist doch die Güte des Products in den meisten Fällen für Handarbeit unerreichbar, und so kommt es, daß es jetzt kaum noch in größeren Mengen auszuführende Arbeiten giebt, die nicht von Maschinen verrichtet würden. Ich habe hierbei vorzüglich die Spinnmaschinen und mechanischen Webstühle im Auge. Und wenn auch, wie ich mir habe sagen lassen, das Spinnen eine sehr poetische Arbeit ist und die gewandtesten Füßchen und Händchen am Spinnrade thätig sind, so würde das schnurrende Rädchen doch nimmer Fäden von der Gleichartigkeit der Feinheit erzeugen, wie die Maschinen, die dafür allerdings ganz abscheulich brummen und klappern und nicht im mindesten poetisch aussehen.

Und vollends verdrängt wurde die Handarbeit beim Verarbeiten von Holz und Metall. Da giebt es Säge=, Hobel=, Bohr=, Schneide=, Fräse=, Stemm= und andere sogenannte Werkzeugmaschinen, die in Maschinenfabriken, Wagenfabriken und Häuserfabriken die erste Geige spielen. Sogar die Säemänner, Schnitter und Drescher geben ihre Geschäfte auf und räumen den Säe=, Mähe= und Dreschmaschinen das Feld.

Aber nicht nur quantitativ überragt die Maschinenarbeit die Handarbeit, sondern auch qualitativ. Das ist ja sprichwörtlich und liegt in der hohen Gleichförmigkeit der Bewegung der Maschinen. Alle Arbeitsgegenstände, die zu ihrer Herstellung vorzüglich gleichförmige Bewegung voraussetzen, fallen qualitativ unübertrefflich aus. Sobald aber an eine Maschine Ansprüche auf ganz verschiedene und ungleichartige Bewegungen erhoben werden, erwachsen dem Techniker einmal sehr große Denkschwierigkeiten, dann aber auch umständliche Ausführungen, welche die Aufgabe bis zum Unerreichbaren compliciren können. — Ebenso wie ungleichartige Bewegungen, erschweren ungleichförmige Rohmaterialien die Maschinenarbeit, und daher wird es für alle Zeiten noch Arbeiten geben, die nur durch Handarbeit vollendet ausfallen. Beispielsweise die vollständige Anfertigung von Stiefeln und Schuhen aus Leder, das Feilenhauen, die Herstellung tadelloser Nägel Stecknadeln, Fässer, Flaschenkörbe ꝛc.*) Auf der anderen Seite hingegen steht beispielsweise die Verarbeitung der Metalle durch Maschinen auf einer Stufe, die für Handarbeit unerreichbar ist.

(Schluß folgt.)

Maschinenarbeit und Handarbeit.
(Schluß.)

Aber auch die Wohlfeilheit der Maschinenarbeit gehört hierher. Chemnitzer Strumpffabrikanten liefern das Dutzend Paar lange baumwollene Frauenstrümpfe für 16 Gr. Der englische Tüll (Bobbinet) wird jetzt nach der Erfindung der Heathcoat'schen Maschine 50 Mal billiger verkauft als am Ende des vorigen Jahrhunderts. Ebenso wunderbar niedrig sind die Fabrikpreise von Spitzen, Zwischensätzen, Stickereien, baumwollenen Vorhangzeugen mit eingewebten Mustern (feine Waare 40 Leipziger Ellen ⁵⁄₄ Elle breit 6¼ Thlr.; noch recht gute für 4½ Thlr.), Kattunen (Berliner Elle 2⅓ preußische Pfennige), Schlössern (Tapp in Beaucourt liefert Kästchenschlösser das Stück zu 3½ Pfg.!) und einer Unmasse von anderen Gegenständen, deren Preise mir augenblicklich nicht zur Hand sind. Diese billigen Preise sind aber nur möglich durch das Princip der Arbeitstheilung. Nach ihm werden die Haupttheile einer Arbeit stets denselben Händen zugewiesen, die dadurch eine fast maschinenartige Uebung erlangen und sich zu einem hohen Grade von Geschicklichkeit und Arbeitsgeschwindigkeit ausbilden. Nur dadurch ist es möglich, der zeitmessenden Welt Cylinderuhren für 5 Thlr. per Stück zu liefern.

Und trotz alledem und alledem hat mancher Handwerker und mancher Beamte den frommen Wunsch, es möge aufhören mit dem Maschinenwesen und wieder so werden wie in der alten guten Zeit. Und warum? Weil — so sagt man — die Maschinenarbeit ein ungeheures Arbeiterproletariat schaffe. Einige Romane, welche die Fabrikanten als Sklavenhalter hinstellen und die Armuth, das Elend und die Verdummung der Arbeiter zu spannenden Scenen und pomphaften Verwünschungen der modernen Industrie verwenden, steigern die Bedenken. Und man wünscht in Folge dessen womöglichst sehnlichst, daß die Menschen nicht mehr an Maschinen beschäftigt werden, sondern zur Handarbeit zurückkehren.

Derartige Wünsche werden und müssen unerfüllt bleiben. Umkehr zur Handarbeit hieße Aufgabe unserer Stellung in der Cultur und Wissenschaft. Und dennoch reichte der Verdienst der Arbeiter nach der Umkehr, wenn unsere Bedürfnisse und deren Preise dieselben blieben, kaum hin zum Verhungern, es sei denn, daß sich die Ansprüche der

Menschheit z. B. an Kleidung nicht über Schaffelle versteigen.

Jetzt bedarf die civilisirte Welt so viel Baumwollgespinnst, als 50 Millionen Feinspindeln liefern können, nämlich etwa 1400 Millionen Pfund Garn. Dies Quantum hat, das Pfund zu 11 Gr. geschätzt, einen Werth von 500 Millionen Thlr. und darin sind an Arbeitslohn ca. 182 Millionen Thaler enthalten. Dasselbe Quantum durch Handarbeit zu liefern, würde die jährliche Arbeit von 50 Millionen Arbeitern erfordern, von denen der einzelne natürlich verdienen würde: $\frac{182}{50}$ = 3 Thlr. 19 Gr. jährlich! Nun verdient aber in der Spinnerei Linden ein weiblicher Arbeiter 2½ Thlr. und ein männlicher 4 Thlr. per Woche.

Aehnlich ist es bei der Flachsspinnerei. Da ergiebt sich außerdem noch (Karmarsch), daß Flachs und Handgarn denselben Preis haben können, der Verdienst des spinnenden Bauernmädchens also Null ist!

Man muß nur die wunderbaren Mittel und Wege der Industrie verfolgen, um zur Beurtheilung der unzähligen Erwerbsquellen zu gelangen, die durch sie neu geschaffen wurden. Wie viel Köpfe und Hände müssen nicht ihre ganze Thätigkeit entwickeln, um z. B. nur einen der zierlichen Knöpfe, wie sie die Damen tragen, fertig zu bringen? Vom Bergmann an, der den Eisenstein fördert und unter dem Schutze der zwei- bis dreihundert pferdestarken Dampfmaschinen, die donnernd und stöhnend das Wasser abhalten, sein gefährliches Handwerk treibt, bis zum Papierfabrikanten und Lithographen hinauf, welch die Verpackungsmaterialien liefern und verzieren. Und so gehen alle Industriezweige verschlungene Wege. Die Arbeiter, die diesen Wegen folgen, sind nicht die gefühlsduseligen verhungerten Gestalten der Romane, sondern kräftige Männer, die Herz, Kopf und Hand an rechter Stelle haben und die Poesie, die in ihren Beschäftigungen liegt, wenigstens empfinden.

Die Industrie und die Maschinen sind ihnen gute Eltern. Sie machen es den Aermsten möglich, sich in Stoffe zu kleiden, die im vorigen Jahrhundert Luxus waren, und ihre Wohnungen mit Annehmlichkeiten zu versehen. Selbst die Aermsten stehen unter dem günstigen Einflusse der Transportmittel und können sich auf verschiedene Weise Zustände verschaffen, die Annehmlichkeit und im Gefolge davon Wohlbefinden erzeugen.

Allerdings haben die Industrieverhältnisse mancherlei Uebel geboren, aber diese waren vorübergehend und hauptsächlich dadurch bedingt, daß man Maschinen- und Industriewesen der Gesellschaft anpassen wollte und nicht umgekehrt.

Man bestrebe sich nur, den sittlichen Werth der Arbeiter durch Fortbildung, Belohnungen für lange und gute Dienste, genossenschaftliche Verbindungen aller Art, Beschaffung von guten Wohnungen, Wasch- und Badeanstalten etc. zu erhöhen, dann werden auch die socialen Bedenken schwinden und die politische Seite der Frage der Lösung näher kommen. Die Arbeiter haben gesunden und practischen Sinn und werden schon durch sich selbst ihre Lage bessern und sichern.

A. L.

Arbeitsplatz

Kommentar 34

1845 schrieb der Gesellschaftsspiegel über Fabrikordnungen, „die der Fabrikant selbst erläßt und welche er von seinen Arbeitern, bevor er sie in Dienst nimmt, unterschreiben läßt. Diese gewöhnlich als kleine Büchlein gedruckten Fabrikordnungen sind ganz geeignet, den gesetzlichen Schutz, den der Arbeiter seinem Fabrikherrn gegenüber noch hat, unwirksam, illusorisch zu machen. Denn da diese Büchlein vom Arbeiter durch Namensunterschrift auf= und angenommen werden, so gewinnen sie den Schein eines freiwilligen Vertrags zwischen Fabrikherr und Arbeiter, in welchem der Letztere von den gesetzlich ihm zustehenden Rechten und Ansprüchen genau so viele abgibt, als dem Fabrikherrn eben beliebt, ihm zu entwinden" (Band 1 1845 S. 14). Die Fabrikordnungen enthielten z. B. die Arbeitszeit- und Pausenregelungen, Kündigungsbestimmungen, Vorschriften und Anordnungen bezüglich

Quelle 34
Fabrikordnung vom 1.1.1855 [genehmigt am 2.1.1855]
SAW J V 207   Auszüge

Reglement

für

das in der Dampfweberei und Winderei

von

M. Leser & Comp.

beschäftigte Arbeiter-Personal.

der Maschinenwartung - wie u.a. in der in Quelle 34 wiedergegebenen Fabrikordnung aus dem Jahr 1855 - sowie Straffestsetzungen für bestimmte Verstöße.
Als Beispiel für Verbote sei an dieser Stelle der Artikel 14 der Jung'schen „Polizei=Ordnung für die Baumwoll=Spinnerei zu Hammerstein" aus dem Jahr 1838 angeführt, in dem es hieß: „Das Tabakrauchen und der Genuß geistiger Getränke ist in der Fabrik und ihrer Umgebung bei schwerer Strafe verboten. Ebenso ist dem Arbeiter unnützes Plaudern, Fluchen, Streiten, Singen unanständiger Lieder und überhaupt jedes Störung verursachende, unanständige Benehmen bei Strafe untersagt" (u.a. wiedergegeben in: Katalog der Ausstellung „Das Wuppertal im 19. Jahrhundert", Wuppertal 1977, S. 25). 1876 schrieb Ed. Beyer über die Fabrikordnungen: „Einen wesentlichen Faktor für die Gesundheitspflege des Fabrikwesens und zwar zunächst bezüglich der Fürsorge für Leben und Gesundheit der Arbeiter bildet die Handhabung der Aufsicht in den Fabriken. Das Fundament hierfür bilden die Fabrik=Ordnungen oder Reglements; die Handhabung derselben liegt zunächst den Aufsehern - Meistern - ob, während die obere Leitung in den Händen der Unternehmer resp. deren Vertreter ruht. Eine Fabrik=Ordnung besitzt heutzutage die große Mehrzahl der Fabriken und findet sich dieselbe in der Regel in den Arbeitsräumen ausgehängt; sie vertritt in vielen Fällen auch gleichzeitig die Stelle eines förmlichen Vertrages zwischen Arbeitgeber und Arbeitnehmer, indem meist Bestimmungen in denselben enthalten sind, wonach der Arbeiter durch Empfangnahme derselben oder durch Eintritt in die Fabrik sich ausdrücklich zur Anerkennung der darin enthaltenen Bestimmungen verpflichtet. […] In vielen Fabrik=Ordnungen wird ein großer Werth auf die Handhabung der Ordnung und Reinlichkeit, auf die Sicherheit des Arbeiterpersonals und dergl. gelegt und findet dies in vielfachen detaillirten Bestimmungen seinen Ausdruck; so ist z.B. das Betreten der Maschinenräume, die Vornahme von Verrichtungen an laufenden Maschinen in der Regel streng untersagt und ebenso werden über die Behandlung der Arbeitsmaschinen Vorschriften ertheilt; der Beginn und das Ende der Arbeit wird meist durch Glockensignal oder das Pfeifen der Maschine angekündigt u.s.w.; in denjenigen Fabriken, in welchen auch Frauen und Kinder arbeiten, werden namentlich Verstöße gegen die Sittsamkeit durch unziemliches Betragen, ungehörige Redensarten, Neckereien, Zänkereien und dergl. mit Strafe belegt" (Beyer, a.a.O., S. 134f).

Allgemeine Bestimmungen.

§. 1. Mit dem Eintritt in die Fabrik erhält eine jede Arbeiterin ein Büchelchen, in welchem dieses Reglement vorgedruckt ist, und über dessen Empfang sie, und bei Unmündigen die Eltern oder Vormünder zu quittiren haben.

§. 2. Jede Arbeiterin hat, bevor sie bei uns Arbeit erhalten kann, über ihre bisherigen Leistungen einen Schein ihres letzten Arbeitgebers beizubringen. Dieser Schein sowie die Quittung über das erhaltene Büchelchen bleiben in unseren Händen.

§. 3. Die hierorts übliche Kündigungsfrist von **Vierzehn Tagen** gilt auch bei uns für beide Theile. Wir behalten uns jedoch vor, in dem Falle, daß Arbeiterinnen durch Ungehorsam, unsittliches Betragen u. s. w. unsern Vorschriften zuwiderhandeln, dieselben ohne Kündigung oder Entschädigung sofort zu entlassen. Letzteres tritt auch ein, wenn die Arbeiter die ihnen übertragenen Arbeiten nicht zu unserer Zufriedenheit herstellen.

§. 4. Jede Arbeiterin hat die Arbeitsstunden genau einzuhalten, welche das in jedem Saal angeheftete Reglement vorschreibt; sie muß sich ordentlich und reinlich in der Fabrik einfinden und sich ohne Aufenthalt oder Geräusch an ihre Arbeit begeben, auch während des Tages im Arbeitszimmer sowie auf den Treppen und Gängen jedes unnöthige Geräusch vermeiden.

§. 5. Jeder Verstoß gegen die im §. 4 enthaltenen Bestimmungen hat zum ersten Male eine Verwarnung zur Folge; die erste Wiederholung wird mit einem, die zweite mit fünf Silbergroschen bestraft, — die dritte aber hat sofortige Entlassung zur Folge. Die auf diese Weise eingehenden Strafgelder werden in einer verschlossenen Büchse gesammelt, und helfen die Kosten eines jährlich zu feiernden gemeinsamen kleinen Festes bestreiten.

§. 6. Den Vorschriften und Anordnungen ihrer unmittelbaren Vorgesetzten — sei es in Betreff der Handhabung der Maschinen oder in Bezug auf die Arbeit selbst — hat jede Arbeiterin auf das Genaueste nachzukommen.

§. 7. Alle Geräthschaften oder Utensilien, welche eine Arbeiterin von uns empfängt, werden ihr in dieses Büchelchen eingeschrieben, und sind uns beim Ausscheiden aus der Fabrik gut erhalten zurückzugeben. Fehlende oder durch Schuld der Arbeiterin verdorbene Sachen muß diese auf ihre Kosten ersetzen.

§. 8. Jede Arbeiterin hat sich auch außerhalb der Fabrik eines moralischen Lebenswandels zu befleißigen, und muß nicht nur selbst treu und redlich sein, sondern auch, sobald ihr eine noch so kleine Veruntreuung seitens einer Mitbeschäftigten bekannt wird, uns sofort Anzeige davon machen, da sie andernfalls als Mitschuldige angesehen und mit sofortiger Entlassung bestraft wird.

§. 9. Eine jede nachweisliche Veruntreuung seitens einer Arbeiterin wird — abgesehen von dem Ersatz für das Entwendete — durch die öffentlichen Blätter bekannt gemacht, damit ein jeder vor dergleichen Dieben gewarnt werde.

§. 10. Dagegen sollen diejenigen fünf besten Arbeiterinnen, welche sich im Laufe des Jahres durch ihre Moralität und Betragen wie durch pünktliche und gute Arbeiten ausgezeichnet haben, mit einem Sparkassenbuch von je zehn Thaler belohnt werden.

§. 11. Es ist allen Arbeiterinnen auf das strengste verboten, irgend jemanden, sei es einen Verwandten oder Bekannten, sobald dieser nicht zur Fabrik gehört, darin einzuführen, auch dürfen dieselben während der Arbeitszeit die Fabrik nicht ohne besondere Erlaubniß verlassen.

§. 12. Um unsern Arbeiterinnen in Krankheitsfällen die Wohlthat der ärztlichen Hülfe und Arznei in vollem Maaße zu Theil werden zu lassen, errichten wir für den weiblichen Theil unserer Arbeiter eine Kranken- und zugleich eine Sterbe-Kasse, der eine jede Arbeiterin beitreten muß. Die Bestimmungen, wornach diese Kasse eingerichtet, sind folgende:

    a. Tritt ein Krankheitsfall bei einer Arbeiterin ein, so muß dieselbe gleich bei dem betreffenden Aufseher Anzeige machen, und sorgt dieser dafür, daß der Kranken die ärztliche Hülfe und Arzenei sowie ein Thaler wöchentlich als Unterstützung zu Theil werde.

b. Zur Bestreitung der Kosten dieser Kasse wird einer jeden Arbeiterin von jedem Thaler ihres verdienten Lohnes [~~zwei~~] *ein halber* Silbergroschen bei der Auszahlung abgehalten. Die am Ende eines jeden Jahres etwa überschießende Summe wird bei uns als Kapital niedergelegt und mit 5 % jährlich verzinst. Sollten die eingezahlten Beiträge zur Bestreitung der Auslagen zeitweise nicht hinreichen, so werden wir der Kasse Vorschüsse machen, für die jedoch keine Zinsen in Anschlag kommen.

c. Die unter a vermerkten Unterstützungen hören auf, sobald der Fabrikarzt erklärt, daß die Erkrankte sich die Krankheit durch eigenes Verschulden zugezogen, ferner wenn dieselbe nach Ausspruch des Arztes wieder arbeitsfähig und ebenso, wenn nach dessen Ausspruch die Krankheit unheilbar ist, indem keine Pension, sondern nur Unterstützungen für vorübergehende Krankheiten aus der Kasse geleistet werden sollen.

d. Stirbt eine unserer Arbeiterinnen, so erhalten deren Eltern oder sonstige Hinterbliebene behufs Bestreitung der Beerdigungskosten und der zu diesem Zwecke erforderlichen Anschaffungen aus der Kasse die Summe von **Acht Thaler**.

e. Auf alle unter a und d festgestellten Unterstützungen haben nur diejenigen Anspruch, welche mindestens drei Monate lang den vorgeschriebenen Beitrag zur Kasse geleistet haben.

f. Sobald eine Arbeiterin aus unserer Fabrik austritt, sei es mit oder gegen ihren Willen, verliert sie ihre Ansprüche an die zur Kasse gezahlten Beiträge.

g. Sollte je der Fall eintreten, daß der Betrieb dieser Fabrikanlage eingestellt würde, so soll der dann in der Kasse etwa vorhandene Bestand den Wohlthätigkeitsanstalten dieser Stadt übermacht werden.

Kommentar 35
Neben der Verletzungsgefahr bei der Arbeit an ungesicherten Maschinen waren es vor allem die Staubentwicklung bei der Verarbeitung z.B. von Rohbaumwolle oder auch Garnen und mangelnde Belüftung der Arbeitsräume, die zu den durch die Arbeit bedingten Gesundheitsproblemen beitrugen, die sich als Lungentuberkulose oder Anämie äußerten, bei den Färbern waren es vor allem rheumatische Erkrankungen aufgrund des mit dem Färbevorgang verbundenen ständigen Wassergebrauchs und der Dampfentwicklung. Über die Arbeiter im Riemendreherei- und Besatzartikelgewerbe hieß es 1876 zusammenfassend: „Die Spaltung dieser Industrie in zahlreiche kleine Etablissements und die Leichtigkeit, mit welcher die Maschinen beliebig aufgestellt und auch für den Fabrikbetrieb nicht errichtete Räume benutzt werden können, hat jedoch für die Arbeiter den großen Uebelstand, daß die Arbeitsräume vielfach ungenügend, niedrig, beengt und nicht gehörig ventilirt sind, so daß der Aufenthalt in vielen dieser kleineren Fabriken bezüglich der Luftbeschaffenheit, Wärme u.s.w. keineswegs die günstigen Verhältnisse bietet, wie größere, gut eingerichtete Fabriken. Der Habitus der Arbeiter zeigt deshalb auch vielfach in recht charakteristischer Weise die Folgen des ununterbrochenen Aufenthaltes in geschlossenen Räumen, die graubleiche Farbe, schlaffe Muskulatur u.s.w." (Beyer, a.a.O., S. 63).

Regelungen wie die in Quelle 35 wiedergegebene aus dem Jahr 1874, deren Umsetzung in „größeren Fabrikstädten [wie] Barmen und Elberfeld" (ebenda S. 137) durch Fabrikrevisionen von Kommissionen, denen neben einem Verwaltungs- und einem Medizinalbeamten auch ein Techniker angehörte, überprüft wurden, dürften das Hausgewerbe kaum betroffen haben: „Dahingegen bietet die Haus=Industrie eine erhebliche Anzahl allgemeiner gesundheitlicher Gefährdungen und Schädlichkeiten, welche die mannigfachen sonstigen Vorzüge derselben leider wesentlich beeinträchtigen, dieselbe sogar in nicht wenigen Fällen der Fabrik=Industrie gegenüber weit im Nachtheil erscheinen lassen" (ebenda S. 160). Die Zeitschrift „Freie Presse" urteilte am Ende des Jahrhunderts über die Arbeitsbedingungen im Textilgewerbe: „Wer jemals in dem Spinn- und Websaal einer größeren Fabrik gearbeitet, wird wissen, was es heißt, von morgens früh bis abends spät das ohrenzerreißende, auf Körper und Geist deprimierend einwirkende Geräusch der Spinn-, Web- und anderen Maschinen anzuhören, das gleich einer ewigen monotonen Melodie in den Ohren saust und sich im Schlafe noch fortsetzt. Auch der die Nase kitzelnde,

Quelle 35
Arbeitsschutzverordnung vom 13.10.1874,
in: Ed. Beyer, Die Fabrik-Industrie des Regierungsbezirkes Düsseldorf vom Standpunkt der Gesundheitspflege, Oberhausen a.d.R. 1876, S. 165ff

Anweisung,
betreffend die in gewerblichen Anlagen und Fabriken zur Sicherung der Arbeiter gegen Gefahr für Leben und Gesundheit zu treffenden Einrichtungen.

Nachdem wir durch Polizei-Verordnung vom heutigen Tage I. III. 5654 angeordnet haben, daß bei Errichtung und Veränderung auch aller derjenigen gewerblichen Anlagen und Fabriken, welche der besonderen Konzessionspflicht gemäß § 16 der Gewerbe-Ordnung[1] nicht unterliegen, seitens der Unternehmer bei Nachsuchung der Bau-Erlaubniß den Ortsbehörden gleichzeitig alle diejenigen Nachweise geliefert werden müssen, nach denen festgestellt werden kann, ob und welche Einrichtungen mit Rücksicht auf die besondere Beschaffenheit des Gewerbebetriebes und der Betriebsstätte zu thunlichster Sicherung der Arbeiter gegen Gefahr für Leben und Gesundheit getroffen und event. noch herzustellen sind, nehmen wir Veranlassung, nachstehend die wesentlichen Gesichtspunkte und Normen zusammenzustellen, welche von den Ortsbehörden bei Prüfung der Vorlage ins Auge zu fassen sind und deren Durchführung denselben hiermit zur Pflicht gemacht wird.

Dieselben erstrecken sich zunächst auf die Beschaffung gesunder Arbeitsräume, sowie einiger anderen, zur Sicherung des Lebens und der Gesundheit der Arbeiter erforderlichen Einrichtungen, während die betreffs der aufzustellenden Maschinen zu machenden Anforderungen bis auf Weiteres nach den darüber bereits bestehenden Vorschriften zu bemessen sind und ferneren speziellen Verordnungen vorbehalten bleiben.

Indem wir ausdrücklich anerkennen, daß seitens mancher Industriellen bereits seit Jahren in rühmlicher und erfolgreicher Weise aus eigenem Antriebe vortreffliche, gesunde Arbeitsräume hergestellt, sowie alle diejenigen Einrichtungen getroffen werden, welche zur Sicherung der Arbeiter gegen Gefahr für Leben und Gesundheit erforderlich erscheinen, werden doch andererseits auch nicht wenige gewerbliche Anlagen und Fabriken errichtet, bei denen sowohl durch die ungenügende Beschaffenheit der Arbeitsräume, wie durch ungeeignete Anlage resp. gänzlichen Mangel der erforderlichen Einrichtungen der Gesundheit der Arbeiter erhebliche Gefahren und Nachtheile erwachsen. In nicht wenigen dieser Fälle liegt die Ursache lediglich in der Unkenntniß der einschlägigen Verhältnisse; außerdem findet aber nicht selten eine übelangebrachte, zu rechtfertigende Sparsamkeit, sowie in einzelnen Fällen eine völlige Rücksichtslosigkeit gegen das Wohl der Arbeiter Statt und hiergegen haben die Behörden gemäß der in § 107[2] der Gewerbe-Ordnung getroffenen Bestimmung mit Nachdruck einzuschreiten.

Wir verkennen nicht die Schwierigkeiten, welche sich bei der außerordentlichen Mannigfaltigkeit der Gewerbebetriebe und der Betriebsstätten dem Erlaß allgemeiner Vorschriften entgegenstellen, und beschränken uns deshalb zunächst darauf, diejenigen Gesichtspunkte und Normen vorzuschreiben, welche den Behörden zur Richtschnur dienen sollen und auf Grund welcher sie in den einzelnen Fällen zu verfahren ist. - In besonderen Fällen werden geeignete Sachverständige, namentlich auch die Sanitäts-Kommissionen zu Rathe zu ziehen oder die Vorschläge der zuständigen Bau- und Medizinalbeamten in geeigneter Weise einzuholen sein. Unsererseits werden wir fortfahren, die Behörden auf besonders erprobte Einrichtungen und dergl. aufmerksam zu machen oder je nach Umständen für einzelne Industriezweige besondere Anordnungen zu treffen, wie wir den ersteren auch anheimgeben, sofern in besonderen Fällen über die zu treffenden Einrichtungen Zweifel oder Bedenken obwalten, sich behufs Entscheidung an uns zu wenden.

Wenn auch für manche Industriezweige, wie z. B. für die metallurgische Groß-Industrie, die Färbereien und dergl., wo die Arbeiten vorwiegend in großen Räumen und Hallen, oder in der Nähe größerer Feuerungs-Anlagen stattfinden, die nachstehenden Bestimmungen betreffs der Arbeitsräume kaum in Betracht kommen können, so dürfte dennoch keine gewerbliche Anlage existiren, welcher die Behörden nicht nach der einen oder anderen Richtung bezüglich des Schutzes der Arbeiter ihre Aufmerksamkeit zuzuwenden hätten.

Auch bei den bereits bestehenden gewerblichen Anlagen und Fabriken ist, sofern dieselben den Anforderungen nicht genügen, thunlichst auf eine Aenderung nach Maßgabe der untenstehenden Bestimmungen hinzuwirken; bei wirklich erheblichen Uebelständen, so z. B. bei Benutzung offenbar gesundheitsschädlicher Arbeitsräume, Ueberfüllung derselben, Verpestung durch üble Ausdünstungen und dergl., sind die zur Beseitigung erforderlichen Einrichtungen anzuordnen und deren Ausführung auf Grund des in der Gewerbe-Ordnung festgesetzten Strafverfahrens herbeizuführen.

Wir erwarten, daß die Ortsbehörden dieser für das Leben und die Gesundheit eines sehr großen Theils der Bevölkerung des hiesigen industriellen Bezirkes so wichtigen Angelegenheit die gebührende Aufmerksamkeit und Sorgfalt widmen, sich mit den Einrichtungen und dem Betriebe der in ihrem Bezirke befindlichen gewerblichen Anlagen und Fabriken genau bekannt machen und sich durch öftere Revisionen unter Zuziehung Sachkundiger von den vorhandenen Zuständen Kenntniß verschaffen.

Nicht minder erwarten wir, daß auch die Kreis-Bau- und Medizinalbeamten den Einrichtungen der gewerblichen Anlagen und Fabriken ihres Kreises eine besondere Aufmerksamkeit zuwenden, die Behörden auf zu ihrer Kenntniß gelangende Uebelstände in angemessener Weise aufmerksam machen und denselben bei Requisitionen mit geeigneten Vorschlägen zur Hand gehen.

Der Fabrik-Inspektor ist von uns angewiesen, über die bei seinen Revisionen vorgefundenen Mängel und Uebelstände sich mit den Unternehmern resp. den Ortsbehörden zu benehmen, im Wege der Belehrung auf deren Beseitigung hinzuwirken, gleichzeitig aber auch uns spezielle Mittheilung zu machen und darauf

in der Lunge sich festsetzende Wollstaub gehört nicht zu den Annehmlichkeiten dieser Branche, und diejenigen Arbeiter, welche an den sogenannten Kratzern, am Wolf (einer Maschine, welche die rohe Baumwolle zuerst in Arbeit nimmt und sie auseinanderreißt, wobei ein fürchterlicher Staub aufwirbelt) und anderen Vorbereitungsmaschinen beschäftigt sind, wissen ein Lied davon zu singen. Fast alle in dieser Branche Beschäftigten haben ein leidendes Aussehen" (Freie Presse v. 11.1.1891).

---

1. Für das Jahr 1864 soll in unserer „Mechanischen Weberei" versuchsweise eine Kranken-Casse für Arbeiterinnen unter folgenden Bedingungen eingerichtet werden.

2. Zur Bestreitung der Leistungen dieser Casse werden jeden Monat jeder Arbeiterin 2½ Sgr. von ihrem Lohn abgehalten; sollte sich dieser Satz als unzureichend herausstellen, so darf derselbe bis auf 5 Sgr. erhöht werden.

3. Sämmtliche Ordnungsstrafgelder sollen in diese Casse fliessen.

4. Die Casse gewährt einer erkrankten und arbeitsunfähigen Arbeiterin die ärztliche Hülfe und Arznei, sowie einen Thaler wöchentlich als Unterstützung.

5. Erkrankt eine Arbeiterin, so muss dieselbe gleich unserm Werkmeister davon Anzeige machen, derselbe hat in Betreff des Arztes einen Schein auszustellen, da nur der von der Fabrik beauftragte Arzt die Kranke für Rechnung der Casse in Behandlung nehmen wird. Das Recept des Arztes muss in der Fabrik gestempelt werden und wird einer näher zu bestimmenden Apotheke zugewiesen.

6. Auch bei Verletzungen etc. sollen auch bei nicht unbedingter Arbeitsunfähigkeit nach dem Ermessen der Herren Johann Simons Erben, die Kosten für den Arzt und die Apotheke aus dieser Casse bestritten werden.

7. Die oben angeführten Unterstützungen treten nicht ein, sobald der Arzt erklärt, dass die Erkrankte sich ihre Krankheit durch eigenes Verschulden zugezogen, sie hören auf, wenn dieselbe nach dem Ausspruch des Arztes wieder arbeitsfähig, und ebenso, wenn nach dessen Ausspruch die Krankheit unheilbar.

Reglement der „Kranken=Casse für Arbeiterinnen der ‚Mechanischen Weberei' der Herren Johann Simons Erben in Elberfeld" vom 15.1.1864 (SAW J V 207, 1. Teil).

---

bezügliche Anträge zu stellen.

Endlich werden wir auch noch Veranlassung nehmen, durch einen aus den Mitgliedern unseres Collegii zu ernennenden Kommissar uns von den Einrichtungen und Zuständen der Fabriken direkte Kenntniß zu verschaffen und je nach Umständen das Erforderliche veranlassen.

Die nachstehenden Bestimmungen finden eine vorzugsweise Berücksichtigung bei folgenden Fabrik-Anlagen:

1. Tabak- und Cigarren-Fabriken;
2. Mechanische Spinnereien und Webereien für Baumwolle, Seide, Wolle, Flachs und Hanf;
3. Kattun-, Seide-, Wollen-Druckereien;
4. Färbereien aller Art;
5. Flachszubereitungs-Anstalten (Schwingereien, Hechelereien);
6. Wattenfabriken;
7. Sengereien und Appretur-Anstalten;
8. Wollwäschereien;
9. Farbwaaren-Fabriken, soweit dieselben nicht zu den chemischen Fabriken gehören;
10. Mechanische Werkstätten, Maschinen- und Metallwaaren-Fabriken;
11. Schleifereien;
12. Glas-, Porzellan-, Fayence- und Thonwaaren-Fabriken;
13. Kautschuk-, Gutta-Percha- und Lichterfabriken;
14. Papier- und Pergament-Fabriken;
15. Buchdruckereien, Cartonnage-, Buntpapier- und Tapeten-Fabriken;
16. Spiegelfabriken;
17. Zuckersiedereien;
18. Kurzwaaren- und Posamentirwaaren-Fabriken.

I. Gewerbliche Anlagen und Fabriken, in welchen eine größere Anzahl Arbeiter beschäftigt wird, oder in welchen feuergefährliche Gewerbe betrieben oder in denen leicht brennbare Stoffe bei Licht verarbeitet werden, sind mit Treppen von Stein oder Eisen zu versehen. Zu den Arbeitsräumen in den oberen Stockwerken solcher Anlagen müssen wenigstens zwei Treppen führen, welche in einem von feuerfesten Mauern umgebenen Raume anzulegen sind.

II. Die Arbeitsräume müssen trocken, der Zahl der in denselben beschäftigten Arbeiter entsprechend geräumig und hinlänglich mit Licht und Luft versehen sein.

III. Die Höhe der Arbeitsräume darf in der Regel nicht unter 3,5 Mtr. betragen und es wird überall da, wo eine erhebliche Anzahl Arbeiter beschäftigt wird, oder wo sich bei der Arbeit Staub, üble Ausdünstungen und dergl. entwickeln, von vorn herein auf eine Höhe von 4 Mtr. zu halten sein. Für große Arbeitssäle, z. B. in Spinnereien, Webereien, Druckereien u. s. w., wird je nach Umständen eine lichte Höhe bis zu 5 Mtr. und mehr gefordert werden müssen.

Die Arbeitsräume müssen jedem in denselben beschäftigten Arbeiter mindestens 5 Kubik-Mtr. Luftraum gewähren.

IV. Alle Arbeitsräume sind mit einer ausreichenden Zahl gehörig großer Fenster zu versehen. Ueberall da, wo feuergefährliche Gewerbe betrieben oder leicht brennbare Stoffe bei Licht verarbeitet werden, ist in den oberen Stockwerken eine genügende Anzahl Fenster so einzurichten, daß sie mit Leichtigkeit geöffnet werden können, um den Ein- und Austritt eines Menschen zu gestatten.

V. Behufs Abführung des in den Arbeitsräumen sich ansammelnden Staubes, übler Dünste und der verdorbenen Luft, sowie behufs der erforderlichen Luft-Erneuerung sind in denselben ausreichende und zweckentsprechende Ventilations-Vorrichtungen — stellbare Fenster-Vorrichtungen, Luftzüge und Luftkamine, Dachreiter u. s. w. — anzubringen. Räume, in welchen eine größere Anzahl Arbeiter beschäftigt wird, oder in welchen sich bei der Arbeit bedeutendere Mengen Staub, üble Ausdünstungen, Gase und dergl. entwickeln, erfordern in der Regel die Einrichtung einer wirksamen künstlichen Ventilation. Dieselbe wird auch überall da angebracht werden müssen, wo erfahrungsgemäß die Temperatur in den Arbeitsräumen schon bei gewöhnlichen Witterungsverhältnissen 17–18° R. zu überschreiten pflegt, was z. B. in größeren Spinn- und Websälen in der Regel der Fall ist.

Die Wahl des Ventilations-Systems richtet sich je nach der Art des Gewerbebetriebes, der Beschaffenheit und Größe der Räume, der Heizmethode u. s. w. und können deshalb allgemeine Vorschriften nicht gegeben werden. Es bestehen aber bereits in manchen Fabriken derjenigen Industriezweige, bei welchen die Anlage künstlicher Ventilations-Vorrichtungen erforderlich ist, recht zweckentsprechende und nachahmungswerthe Einrichtungen, worüber unser Fabrik-Inspektor Auskunft zu geben angewiesen ist.

In Arbeitsräumen, in denen sich erfahrungsgemäß in Folge des Betriebes eine schädliche Trockenheit der Luft entwickelt, wie z. B. in manchen Spinnsälen, ist in geeigneter Weise für Herstellung einer angemessenen Luftfeuchtigkeit Sorge zu tragen.

VI. Die Lagerräume für leicht brennbare Materialien dürfen nur zur Seite und nicht unter den Arbeitsräumen angelegt werden und sind außerdem durch Brandmauern gehörig abzuschließen.

VII. Ebenso sind die Räume und Gelasse, welche zur Lagerung oder Aufbewahrung faulender oder schädliche Ausdünstungen verbreitender Stoffe dienen, von den Arbeitsräumen thunlichst zu trennen.

VIII. Sofern sich bei einem Gewerbebetriebe oder in einer Fabrik flüssige Betriebsabgänge bilden, welche durch faulende Stoffe verunreinigt sind oder gesundheitsschädliche Beimischungen — z. B. Säuren, Laugen, Metallsalze u. s. w. — enthalten, ist für eine angemessene Abführung derselben aus den Fabriklokalen mittels dichter Rinnen oder Rohrleitungen Sorge zu tragen. Sollen diese Flüssigkeiten in Senkbrunnen geleitet werden, so ist, sofern diese Art der Beseitigung in Anbetracht der örtlichen Verhältnisse überhaupt statthaft ist, darauf zu halten, daß die Senkbrunnen isolirt und verschlossen, namentlich aber von den Trinkbrunnen gehörig entfernt angelegt werden.

ist, indem jede Kranke nur ¼ Jahr lang Unterstützungen aus der Casse erhalten kann.

8. Auf die Unterstützung der Casse haben nur Diejenigen Anspruch, welche ¼ Jahr in der Fabrik der Herren Johann Simons Erben beschäftigt gewesen sind.

9. Elternlose Mädchen werden auf Rechnung der Casse auf ihren Wunsch in einem Hospitale gepflegt werden; die Baar-Unterstützung fällt jedoch in diesem Falle selbstredend aus.

10. Das Unterstützungsgeld wird nur bei Krankheiten von der Dauer mindestens einer Woche gewährt; bei Krankheiten von kürzerer Dauer ist nur der Arzt und die Apotheke frei.

11. Sobald eine Arbeiterin aus der Fabrik austritt, sei es mit oder gegen ihren Willen, verliert sie ihre Ansprüche an die zur Casse gezahlten Beiträge.

12. Bei'm Tode einer Arbeiterin erhalten die Angehörigen zur Bestreitung der Beerdigungskosten aus dieser Casse ein Todtengeld von Thlr. 8.—

13. Etwaige Ueberschüsse werden die Herren Johann Simons Erben zu 5 % verzinsen.

14. Sollte die Casse aufgelöst werden, so wird das Geld einer hiesigen Wohlthätigkeits-Anstalt überwiesen werden.

Elberfeld, den 15. Januar 1864.

gez. **Johann Simons Erben.**

Gesehen und genehmigt.

Düsseldorf, den 26. Februar 1864.

Königliche Regierung.
Abtheilung des Innern.
gez. **Schmitz.**

2. Teil des Reglements der „Kranken=Casse" ‚Mechanischen Weberei' der Herren Johann Simons Erben in Elberfeld" vom 15.1.1864.

IX. Jede gewerbliche Anlage und Fabrik muß mit einer ausreichenden Zahl angemessen eingerichteter und in gehöriger Ordnung zu haltender Aborte versehen sein, und zwar da, wo auch Arbeiterinnen beschäftigt werden, für die Geschlechter getrennt. Die direkte Verbindung der Aborte mit den Arbeitsräumen, so daß in letztere üble Ausdünstungen einzudringen vermögen, ist unstatthaft.

Da, wo die Arbeiten in verhältnißmäßig warmen Räumen und bei leichter Bekleidung stattfinden, ist darauf zu achten, daß die Aborte zugfrei sind und von den Arbeitsräumen aus ohne besondere Gefahr vor Erkältung erreicht werden können.

X. In allen größeren Fabriken, wo die Arbeiter während der Arbeit einen Theil der Kleider abzulegen oder besondere Arbeitskleider anzulegen gezwungen sind, müssen geeignete und angemessen eingerichtete Räume hergestellt werden, in welchen die Kleider abgelegt und aufbewahrt werden; ganz besonders ist hierauf zu halten, wenn auch weibliche Arbeiter und Kinder beschäftigt werden.

Diese Räume sind für die Geschlechter zu trennen und müssen überall da, wo die Arbeiter in erheblicherem Maße dem Staub oder Erhitzung ausgesetzt sind, mit ausreichenden Wasch-Vorrichtungen versehen sein.

XI. Können in größeren Fabriken die Arbeiter während der Mittagsstunde sich nicht nach Hause begeben, so sind für dieselben ausreichende, heizbare und angemessen eingerichtete Speiseräume herzustellen, während gleichzeitig geeignete Vorkehrungen zum Erwärmen der mitgebrachten Speisen einzurichten sind.

Die sub X. erwähnten Räume können bei angemessener Größe und Einrichtung auch als Speiseräume verwandt werden.

Ein gesundes Trinkwasser muß in allen Fabriken den Arbeitern zu Gebote stehen.

XII. Wo neben den Arbeitern auch Frauen und Mädchen beschäftigt werden, ist darauf zu halten, daß die Geschlechter während der Arbeit thunlichst getrennt sind. In großen gemeinsamen Arbeitssälen — Spinn= und Websäle — ist darauf zu halten, daß die Arbeiter und Arbeiterinnen in gesonderten Abtheilungen angestellt werden.

XIII. Sofern in Fabriken die Arbeiterinnen wegen der in den Arbeitsräumen herrschenden Wärme oder in Folge der speziellen Betriebsart die Oberkleider abzulegen genöthigt sind, sind dieselben mit anschließenden, bis an den Hals reichenden Arbeitsschürzen zu versehen. Wo gleichzeitig auch Arbeiter in denselben Arbeitsräumen beschäftigt sind, haben dieselben ebenfalls Arbeitsschürzen zu tragen.

XIV. Betreffs der für die Arbeiter im gesundheitlichen Interesse erforderlichen Ruhepausen empfiehlt sich der Erlaß allgemeiner Bestimmungen nicht. In den meisten gewerblichen Anlagen und Fabriken sind diese Verhältnisse bereits in ausreichender Weise geregelt und bei einigen Industriezweigen ist die Anordnung bestimmt einzuhaltender Pausen wegen der während des Betriebes sich von selbst ergebenden Unterbrechungen ganz unthunlich.

Im Allgemeinen ist dahin zu wirken, daß bei 12stündiger Arbeitsdauer eine Mittagsfreistunde und Nachmittags eine ½stündige Ruhepause gewährt wird; wo die Arbeit bereits Morgens um 6 oder 5 Uhr beginnt, ist in der Regel auch Vormittags eine ¼—½stündige Ruhepause erforderlich. Wird die Mittagsfreistunde auf die Dauer von 1½ Stunden ausgedehnt, so erscheint eine Verkürzung resp. das Ausfallen der sonstigen Pausen zulässig. Wo erfahrungsgemäß die in dieser Beziehung bestehenden Einrichtungen nicht genügend sind oder in Anbetracht der besonderen Art des Fabrikbetriebes sich als nachtheilig herausgestellt haben, ist durch Lokal-Verordnung das Erforderliche anzuordnen.

Die für die jugendlichen Arbeiter in § 129 der Gewerbe=Ordnung vom 21. Juni 1869 betreffs der Freistunden und Pausen gegebenen Bestimmungen bleiben hiervon unberührt.

XV. Gehören zu einer Fabrik besondere Arbeiterkasernen behufs Unterbringung unverheiratheter oder nicht am Orte wohnender Arbeiter, so ist der Unternehmer gehalten, für ausreichende und gesunde Schlaf= resp. Wohnräume, gehörige Lagerstätten und Handhabung der erforderlichen Ordnung, Reinlichkeit und Aufsicht Sorge zu tragen. Sollen die Kasernen auch zur Unterbringung von Arbeiterinnen dienen, so sind die von Letzteren benutzten Räume mit besonderem Eingang zu versehen.

Für jede derartige Kaserne ist eine von der Ortsbehörde zu genehmigende Haus=Ordnung zu entwerfen, in den Wohn= und Schlafräumen anzuschlagen und jedem Arbeiter bei seinem Eintritt einzuhändigen. Der Hausvater oder Aufseher ist für die Befolgung verantwortlich zu machen.

Düsseldorf, den 13. Oktober 1874.

I. III. 5681.

---

[1] Gemeint ist die Gewerbeordnung für den Norddeutschen Bund vom 21.6.1869.
§ 16 bestimmte die Konzessionspflicht für Gewerbe, deren Produktionsverfahren Schädigungen verursachen konnten.
[2] § 107 verpflichtete jeden Unternehmer, auf eigene Kosten für Arbeitsschutzmaßnahmen zu sorgen.

Wohnungen

Kommentar 36 und 37

Die beiden Quellen 36 und 37, bestehend aus Auszügen eines Vortrages des Missionsinspektors Friedrich Fabri im Dezember 1861 in Elberfeld und Barmen sowie Statistiken über die Choleraopfer aus dem Jahr 1867, sollen die Wohnverhältnisse der Arbeiter und ihre Folgen im frühindustrialisierten Wuppertal des 19. Jhdts. belegen. Hatte die Bevölkerung Elberfelds und Barmens bereits im letzten Viertel des 18. Jhdts. zugenommen, kam es zunächst in den 20er, dann aber vor allem seit Ende der 50er Jahre zu einer Zuwanderungsbewegung aus dem Bergischen, Waldeckischen, Hessischen, der Rheinprovinz und Westfalen, die zusammen mit einem, allerdings erst in den 70er Jahren sich auswirkenden natürlichen Bevölkerungswachstum (Geburtenüberschuß), zu einem rapiden Anstieg der Einwohnerzahlen führte: Barmen, das 1807 noch 14304 Einwohner zählte, wuchs bis 1910 auf 169214 Einwohner an; in Elberfeld stieg die Bevölkerung im selben Zeitraum von 16868 auf 170196 Einwohner; 1858 lagen Barmen-Elberfeld mit zusammen 98073 Einwohnern in Bezug auf die Bevölkerungszahl an vierter Stelle in Preußen nach Berlin, Breslau und Köln. Die Folge dieser Bevölkerungsexplosion war Mangel an Wohnraum bei gleichzeitig hohen Mietpreisen. 1864 kostete eine Beamtenwohnung in Barmen (6-8 Zimmer, Keller, 1 bis 2 Dachzimmer) 200-300 Taler Jahresmiete; Ernst von Eynern zahlte 1864 für das Haus, das er für seine Familie gemietet hatte, 450 Taler. Die Familie des Amerikaauswanderers Hermann Enters bewohnte mit 8 Personen 2 Dachstuben: „Die Wohnung war zu klein für uns, trotz unserem armseligen Möblement, der Webstuhl nahm zu viel Platz. […] [W]ir waren jetzt 6 Kinder. Eine alte, zweischläfrige Bettstelle, die vor Alter mit Stricken zusammengebunden war und eine kleine Bettstelle, wo wir Kinder drin schliefen. Die Hälfte schlief mit dem Kopf nach unten, die andere mit dem Kopf nach oben in beiden Betten. Der Bettraum diente auch als Vaters Arbeitsraum. Die andere Stube diente als Küche und Wohnraum. Beides waren Dachstuben" (Klaus Goebel/ Günter Voigt (Hrsgg.), Die kleine, mühselige Welt des jungen Herman Enters. Erinnerungen eines Amerika-Auswanderers an das frühindustrielle Wuppertal, Wuppertal 1971², S. 30, S. 53). Über den 1. Mai im Wuppertal, an dem ein allgemeiner Wohnungswechsel stattfand, schrieb der Gesellschaftsspiegel 1846: „Welch' ein Lärmen und Rennen heute in allen Straßen der Stadt, welches Drängen der Möbel und Karren aller Art. Es ist heute allgemeiner Wohnungswechsel - und wie-

Quelle 36
Friedrich Fabri, Die Wohnungsnoth der Arbeiter in Fabrikstädten und deren Abhülfe. Mit besonderer Beziehung auf die Verhältnisse des Wupperthales,
Elberfeld 1862, S. 26ff   Auszug

Gottlob erreichen unsere Zustände in dieser Beziehung den Maßstab Londoner und Glasgower Zustände allerdings noch nicht, aber sie sind bereits schlimm genug, und namentlich da, wo die Industrie in rapider Entwicklung sich vorwärts bewegt, auf direktem Wege jenen üblen Vorbildern von Jahr zu Jahr gleicher zu werden. Ein Paar Beweise erlauben Sie mir unserem Wupperthale zu entnehmen. In dem Anbau eines elenden, übervölkerten Hauses, der von außen einem schlechten Schweine- oder Ziegenstalle gleicht, fand ich vor Kurzem in einem Raume, der 12' lang, 7' breit und 6' hoch ist, 10 Personen verschiedenen Alters und Geschlechtes zusammenwohnen, in Einem Bett, d. h. einer Bettstelle mit Lumpen und auf dem ungedielten bloßen Boden liegend. In einem Raume, einem eigentlichen Taubenschlage unter den Dachziegeln, der 6' lang, 7' breit und 5' hoch ist, 4 Personen. In einem Keller, 10' lang, 8' breit, 6' hoch, 6 Personen. Und diese äußersten Fälle lassen sich bei genauerer Untersuchung leider in allen Arbeiterquartieren in nicht geringer Zahl nachweisen. In gewissen langen Häusern fand sich, als im Jahr 1849 Untersuchungen in Betreff der Unterbringung von Militairs gemacht wurden, derselbe Uebelstand, wie in jenen alten Häusern der Drury Lane, d. h. man fand Schmutz und Ungeziefer so durch Alles hindurchgedrungen, daß zur Herstellung einer einigermaßen reinlichen und gesunden Kaserne eine völlige innere Renovation nöthig erschien. In den inzwischen verflossenen 12 Jahren ist es aber in diesen von ca. 600 Personen bewohnten Häusern in dieser Beziehung sicherlich nicht besser geworden. Noch dazu sind dies aber Wohnungen nicht eigentlich armer, der öffentlichen Unterstützung bereits anheimgefallener Familien, sondern Wohnungen von Arbeitern, die sich und die Ihrigen mit ihrem Verdienste zum größten Theile noch redlich zu nähren bemüht sind. Und eben in diesen Kreisen hat, abgesehen von den äußersten Fällen, die Wohnungsnoth im allgemeineren Sinne recht eigentlich ihren Sitz.

Ich kann mich hier natürlich nicht auf eine nähere Untersuchung dessen, was zu einer durchschnittlich guten Wohnung nach allgemein sittlichen und vernünftigen, sowie nach technischen und sanitätischen Gesichtspunkten gehört,*)

derum ist es nicht die Classe der Besitzenden, sondern fast nur die ärmere Classe, welche aus ihren bisherigen Spelunken in andere zieht; man erkennt das leicht an dem schlechten Hausgeräthe aller Art, das oft nicht einmal mehr so viel werth zu sein scheint, daß es von einem Hause zum andern geschleppt wird. Wer die Armuth Elberfelds in ihrer ganzen Ausdehnung kennen lernen will, gehe an diesem Tage in die vom Proletariate vorzugsweise bewohnten Straßen, besonders in die s. g. Gathe, welche fast nur von Arbeitern bewohnt ist" (2. Band 1846 S. 137). Die unhygienischen Wohnverhältnisse bedingten, zusammen mit Ernährungsfaktoren und Arbeitsbedingungen, eine hohe Säuglings- und Kindersterblichkeit sowie ein häufiges Vorkommen von Krankheiten wie Krätze und Formen der Tuberkulose. Eine Elberfelder Statistik wies für 1864 1692 Gestorbene auf, von denen u.a. 164 Totgeburten und 114 kurz nach der Geburt gestorbene Kinder waren, 57 Menschen waren an „Altersschwäche", 260 an „innere[n] acute[n] Krankheiten" und 977 an „innere[n] chronische[n]" Krankheiten gestorben (Statistische Darstellung des Stadtkreises Elberfeld, Elberfeld 1869, S. 36/37). Die letztgenannte Rubrik weist - außer in den Cholerajahren 1866 und 1867 - die höchste Zahl auf. Die Wohnungssituation bedingte auch eine rasche Verbreitung epedemischer Krankheiten wie Masern und Blattern (1831), Pocken (1827-1830, 1832-34, 1836/37, 1859, 1867, 1871) und der Cholera (1849, 1859, 1866/67). 1851 schrieb der Elberfelder Arzt Pagenstecher sen. anläßlich der Cholerawelle 1849: „[…][E]ine Stadt von 50000 Einwohnern, welche mit einem zahllosen Fabrikproletariat in den ungesundesten Wohnungen bevölkert ist, wo außerdem enge, winklige Straßen, stationäre Feuchtigkeit des Climas und Bodens, und andere üble Localverhältnisse vorwalten, mußte als besonders empfänglich für die Ausbildung der Seuche erachtet werden.[…] Unter den von mir behandelten 171 Cholerafällen gehörten nur vier unserer Aristokratie, nur dreiundzwanzig dem bemittelten Bürgerstande, und ein hundert vier und vierzig dem Proletariat und der nackten Armuth" (K. Pagenstecher, Die asiatische Cholera in Elberfeld vom Herbst 1849 bis zum Frühling 1850, Elberfeld 1851, S. 5/6 und S. 41/42).

einlassen. Es ist klar, daß in dieser Beziehung vornämlich die Forderungen der nöthigen Räumlichkeit im Verhältniß zur Personenzahl, der gesunden Luft, des Lichtes und der Wärme und resp. der Trockenheit in Betracht kommen. Würde aber nach diesen Gesichtspunkten bei uns im Wupperthale eine genauere amtliche Revision vorgenommen werden, so würde ein sehr beträchtlicher Theil von Wohnungen schon aus sanitätspolizeilichen Rücksichten cassirt werden. Man kann aber daran, wie die Verhältnisse jetzt liegen, gar nicht denken, weil es an Wohnungen für Arbeiter und für ärmere Familien überhaupt mangelt, und Hunderte von Familien in jenem Falle geradezu an die Straße gesetzt werden müßten; in unserem Klima ist aber der Grundsatz: lieber die schlechteste Wohnung, als gar keine — ein zwar trauriger, aber doch völlig berechtigter. Wie sehr aber jener Mangel an Wohnungen für unsere armen Familien überhaupt besteht, hat der erste Mai dieses Jahres in Elberfeld an einem schlagenden Beispiele nachgewiesen. Mehrere Hunderte von Personen waren, als der verhängnißvolle Umziehtag erschien, zu großer Verlegenheit der Commune und der Armenverwaltung ohne jede Wohnung. Man sah sich genöthigt, die Weiber und Kinder dieser Familien in einer ehemaligen Schule unterzubringen, natürlich, daß die Räume dieser im Ganzen kleinen und engen Lokalität buchstäblich von Menschen vollgepfropft waren. Die Männer wurden für die Nacht aus dem Hause verwiesen und völlig auf's Pflaster gesetzt. Dieser Zustand dauerte mehrere Monate, und noch heute sind die Ausläufer desselben dort zu beobachten. Wenn eine Stadt, die eine in manchem Betracht musterhaft organisirte Armenverwaltung besitzt, und in deren Schooße, was die Hauptsache, Männer, die sich mit Einsicht und hingebender Treue der Verwaltung annehmen, zu solch' heroischen Mitteln zur Lösung der Frage der Wohnungsnoth greifen muß, zu Mitteln, die aus sittlichen und polizeilichen Gründen doch unmöglich öfter wiederholt oder gar permanent gemacht werden können, so ist dies doch ein handgreiflicher Beleg nicht nur einer vorhandenen, sondern einer bereits schreiend gewordenen Wohnungsnoth. — Sehen wir aber wiederum von diesen äußersten Fällen, bei denen allerdings fast ausschließlich bereits sehr verkommene Familien das Contingent stellen, ab, und gehen wir in die Kreise unseres eigentlichen Arbeiterstandes mit einem den hiesigen Löhnen entsprechenden, durchschnittlichen Verdienste, so begegnen Sie auch hier fast allgemein der Klage über Wohnungsmangel. Ein rechtschaffener Weber sagte mir kürzlich, er sei ein halbes Jahr in allen Theilen der Stadt herumgelaufen, eine Wohnung zu suchen, ehe er seine gegenwärtige gefunden. Bei dem einen Hauseigenthümer sei er abgewiesen worden, weil er auf einem Stuhle arbeite, bei dem andern, weil er 4 Kinder habe, bei dem dritten sogar deshalb, weil er ein Wittwer sei. Seine jetzige Wohnung sei ihm freilich zu theuer, aber er müsse eben doch froh sein, daß er sie überhaupt habe. Dies ein Beispiel für hundert ähnliche.

Wir gedachten aber vorhin der auf dem Uebergang zum eigentlichen Pauperismus stehenden und in unserem Thale zahlreich vertretenen Arbeiterfamilien. Gerade hier stehen wir an einem für unser Thal sehr wichtigen Punkte, den ich bei Besprechung meines Thema's unmöglich ganz unberührt lassen kann. Es ist Thatsache, daß in unserem Thale alljährlich eine bald größere, bald kleinere Anzahl von Familien, die bis dahin, wenn auch sehr kümmerlich, sich durch ihren Verdienst noch über dem Wasser gehalten haben, in Folge von Mangel an Arbeit, dem eigentlichen Pauperismus und also unseren Armenverwaltungen anheimfällt. Dies trifft namentlich wiederum den Weberstand vor Anderem. Ein Beispiel aus Vielen. Ich trat kürzlich bei einem Weber ein. Es war ein kräftiger Mann in der Mitte der Dreißiger, hatte Frau und drei Kinder. In 4 Wochen hatte er 7 Tage gearbeitet, in 3 Monaten im Ganzen 25 Thlr. verdient. Ich fragte nach der Miethe; er sei seit Monaten im Rückstande, lautete die Antwort, obwohl seine Kinder in dieser Zeit sich öfter als einmal hungrig zu Bette gelegt. Wie es da werde am ersten Mai? das wisse er nicht, lautete die Antwort; er werde wohl zu Grunde gehen, und dabei funkelte eine Thräne ihm in den Augen. Man sagt freilich, es giebt auch bessere Zeiten, wo die Meisten sich für die Zeit der Noth etwas ersparen könnten. Abgesehen, daß dies kaum in allen Fällen gilt, wäre es aber eben darum um so nöthiger, auf die Sparsamkeit der Arbeiter eine höhere Prämie zu setzen, als eine Sparkasse sie zu bieten vermag. Leider bin ich nicht im Stande gewesen, über jenen Uebergang vom Arbeiterstand in die eigentliche Armuth mir genauere statistische Notizen zu verschaffen, wie denn nach der Erklärung von Männern, die unsere städtische Verwaltung leiten, es uns an einer gründlichen, für alle diese Fragen wichtigen Statistik über die Verhältnisse unseres Arbeiterstandes leider noch gebricht. Jene Thatsache des fortwährenden Ueberganges einzelner Arbeiterfamilien in den eigentlichen Pauperismus aus Mangel an Arbeit ist aber für unsere Gesammtlage eine Thatsache von großer Bedeutung. Es ist freilich wahr, daß in den meisten Fällen auch sittliche Verkommenheit mit dem Arbeitsmangel Hand in Hand geht. Aber man muß auch in solchen Fällen barmherzig sein und bedenken, daß eben die Noth selbst die Verkommenheit in den allermeisten Fällen fördern muß. Im Blick auf diese Lage wird man aber unwillkürlich zu dem Ausrufe gedrängt: wenn das am grünen Holz geschieht, in guten und leidlich guten Zeiten, was soll am dürren, zur Zeit lang andauernder Krisen, werden? Schon jetzt sind wir mit Communalsteuern gedrückt, denen gegenüber unsere vielbeschrieenen Staatssteuern nur etwa ein gutes Drittheil ausmachen. Die Ansprüche der Armenverwaltungen sind im steten Wachsthum, und dennoch müssen diese sich zufrieden geben, wenn sie das Nöthigste thun können und unsere Armen Tag für Tag eben vor dem Hunger-Tode geschützt wissen. Es fehlen ihnen durchaus die Mittel, unsere wirthschaftlich verkommenen Familien wieder in den eigentlichen Arbeiterstand zurückzuversetzen. Die Erbauung von ein Paar Arbeitshäusern, in denen diejenigen, die noch arbeiten können und wollen, geeignete Arbeit finden, scheint unter diesen Umständen eine, wenn nicht von der Pflicht der Menschenfreundlichkeit, so schon von der Pflicht der Selbsterhaltung gebotene Nothwendigkeit. Diese Sache ist so klar, daß sie eigentlich keines Beweises bedarf, und wird darum auch von Jahr zu Jahr als ein pium desiderium von Vielen besprochen. Aber man blieb bisher immer wieder vor dem lähmenden Eindruck der vielen ohnzweifelhaft vorhandenen Schwierigkeiten stehen. Ich erlaube mir an das oben Gesagte zu erinnern; wo eine vor Gott und Menschen klar zu erkennende Pflicht, ja ein Gebot der Nothwendigkeit vorliegt, da gilt es zu glauben, daß die Schwierigkeiten, wie groß sie sein mögen, doch jedenfalls nicht unüberwindbar sind, und in diesem Glauben getrost Hand an's Werk zu legen.

Quelle 37
Cholera-Statistik 1867,

in: Erster Nachtrag zur Statistik des Stadtkreises Barmen, die Jahre 1865, 1866 und 1867 umfassend, Barmen 1868, S. 27 und S. 29

IV. Den Stand und das Gewerbe der Kranken giebt folgende Tabelle an.

Stand und Gewerbe.	Gestorben.	Genesen.	Summa.	Stand und Gewerbe.	Gestorben.	Genesen.	Summa.
Fabrikarbeiter	17	28	45	Uebertrag	81	104	185
Weber, Bandwirker, Riemendreher	12	22	34	Fuhrleute	1	4	5
				Klempner	—	1	1
Tagelöhner	17	15	32	Gelbgießer	—	1	1
Färber	9	8	17	Metalldrechsler	1	—	1
Maurer	5	4	9	Brunnenmacher	1	1	2
Schneider	1	7	8	Krämer, Handelsleute	—	2	2
Schuhmacher	7	2	9	Stellmacher	1	—	1
Schreiner	8	3	11	Pflasterer	1	—	1
Schmiede, Schlosser	3	2	5	Lumpensammler	1	—	1
Anstreicher	—	3	3	Steuerdiener	—	1	1
Metzger	1	—	1	Lehrer	—	1	1
Bäcker	—	4	4	Eisenbahnarbeiter	1	—	1
Buchbinder	—	2	2	Männliche Dienstboten	2	2	4
Müller	—	1	1	Ohne Beschäftigung	6	9	15
Ziegelbrenner	—	3	3	Dazu Knab. unter 15 J.	23	55	78
Gärtner	1	—	1		119	181	300
Zu übertragen	81	104	185				

Ferner:

Stand und Gewerbe.	Gestorben.	Genesen.	Summa.	Stand und Gewerbe.	Gestorben.	Genesen.	Summa.
Fabrikarbeiterinnen	5	5	10	Uebertrag	12	24	36
Wäscherinnen	—	3	3	Ohne ein Gewerbe	39	67	106
Dienstmägde	7	16	23	Dazu Mädch. unt. 15 J.	25	32	57
Zu übertragen	12	24	36		76	123	199

Es starben:

			Uebertrag 314
Bandwirker, Riemendreher, Weber	.	.	68
Fabrikarbeiter	.	.	66
Färber	.	.	33
Tagelöhner	.	.	33
Maurer	.	.	17
Ohne Beschäftigung	.	.	17
Schreiner	.	.	15
Schlosser, Schmiede, Maschinenbauer	.	.	13
Schuhmacher	.	.	9
Krämer, Handelsleute	.	.	7
Schneider	.	.	5
Metzger	.	.	4
Bäcker	.	.	4
Fuhrleute	.	.	7
Kaufleute	.	.	4
Anstreicher	.	.	2
Drechsler	.	.	2
Zimmerleute	.	.	2
Uhrmacher	.	.	2
Barbiere	.	.	2
Gärtner	.	.	2
zu übertragen 314			

Wirthe	2
Männliche Dienstboten	2
Bleicher	1
Bierbrauer	1
Kupferschläger	1
Sandformer	1
Stellmacher	1
Müller	1
Ziegelbrenner	1
Buchbinder	1
Buchdrucker	1
Briefträger	1
Faßbinder	1
Pflasterer	1
Brunnenmacher	1
Stuccateur	1
Eisenbahnarbeiter	1
Bahnwärter	1
Also männliche Erwachsene . . .	334
Dazu Knaben unter 15 Jahren . . .	225
Summa	559

Ferner starben:

Weibliche Erwachsene ohne Gewerbe .	362
Fabrikarbeiterinnen	20
Hebammen	4
zu übertragen	386

	Uebertrag 386
Wäscherinnen	1
Also weibliche Erwachsene . . .	387
Dazu Mädchen unter 15 Jahren . . .	190
Summa	577

Mahnung zum Beitritt zu einer „Leich Cassa", vor 1808 (SAW J V 75)

Lösungsversuche der Sozialen Frage

Kommentar 38

Am 18.8.1821 wurde in Elberfeld auf Initiative des Oberbürgermeisters Brüning eine städtische Leihanstalt eröffnet, die dem „Wucher" in der Stadt Einhalt gebieten sollte. Der Gewinn der Anstalt sollte z.T. der städtischen Armenpflege zufließen, z.T. aber auch im Leihhaus als Fonds verbleiben. In den Annalen für 1822 hieß es: „Und wenn auch kein Gewinn mit dieser Anstalt für das städtisches Aerarium verbunden seyn würde, so hat sie einen unverkennbaren Nutzen in einer Fabrikstadt, wo der Arbeiter sehr oft in augenblickliche Geldverlegenheit kommen kann, und wo für eine kurze Zeit dem Leihhause zugesprochen werden muß. Die Tage vor Mai und Martini, wo die Miethe der Wohnungen, oder die Zeit des Herbstes, wo die Miethe für Garten und Kartoffelland bezahlt werden muß, beweisen dieses..." (S. 58). Die zweite Brüningsche Gründung in sozialer Hinsicht war die städtische Sparkasse, die ursprünglich als Sicherung für die Einlagefonds des Leihhauses gedacht war. Die Statuten vom 13.12.1821, die in Quelle 38 wiedergegeben sind, wurden am 22.12.1821 von der Regierung genehmigt, Veränderungen und Nachträge erfuhren sie 1840, 1855, 1864 und 1867. Die vom Stadtrat gewählten Verwalter waren Stadtrat J.P. vom Rath, Abraham Frowein jr., Stadtrat J. David Bönhoff und Jacob Schwaiger als Stellvertreter; der Oberbürgermeister war Direktor der Sparkasse, die am 5.1.1822 ihre erste Sitzung erlebte; Stadtrat Platzhoff „machte die erste Einlage in diese gemeinnützige Anstalt für seine Dienstboten" (Annalen für 1822, S. 59). Die Elberfelder Sparkasse, die die älteste rheinische Einrichtung dieser Art ist, verzeichnete am 31.12.1822 für ihr erstes Geschäftsjahr 286 Kapitaleinlagen in Höhe von 32467 Talern und 9 Silbergroschen; 1842 hatte sie seit ihrem Bestehen 36779 Taler und 1 Pfennig Gewinn erwirtschaftet, 1845 waren es 47264 Taler 27 Silbergroschen 7 Pfennige. 1855 betrugen die Spareinlagen 500000 Taler; 1871 überschritten sie eine Million. Die Barmer Sparkasse wurde 1841 eingerichtet.

Quelle 38
Beilage zur Allgemeinen Zeitung Nr. 360 vom 29.12.1821

Statuten der Sparkasse für die Stadt Elberfeld.

Mit dem Leihhause soll nach §. 44 des Regulativs über dasselbe, eine Sparkasse verbunden werden. So wie durch die Leihanstalt dem Wuchern Schranken gesetzt, und dem Hülfsbedürftigen eine Gelegenheit verschafft worden ist, auf eine für ihn wohlthätige und leichte Art sich in der Noth einen Geldbedarf zu verschaffen, so soll die Sparkasse ein Mittel werden, jene Ersparnisse, die redliche ~~Handwerker und Dienstboten erübrigen~~, sicher und auf Zinsen, in kleineren und in größeren Summen anzulegen.

Es ist daher über die Errichtung einer Sparkasse nach eingeholtem Gutachten des Stadtraths, folgendes Regulativ entworfen, um von Hoher Königlicher Regierung bestätigt zu werden.

1.

Es wird in Elberfeld eine Sparkasse errichtet werden, die mit dem Leihhause in einer Verbindung steht, und die einstweilen die Fonds, so der erstern zufließen, in das letztere anlegen wird.

Sie wird so wie die Leihanstalt für die Stadt Elberfeld und die Umgegend derselben bestehen. Die Stadt übernimmt die Garantie dieser Anstalt.

2.

Den Bürgern für sich und für ihre Kinder, den Dienstboten, Gesellen und Lehrlingen, den Handwerks-Herbergen oder sogenannten Auflagen, soll diese Sparkasse dazu dienen, das Erübrigte in derselben einzulegen.

3.

Jede Summe von 1 bis 200 Rthlr. wird angenommen.

4.

Sobald die eingelegte Summe mehr als fünf Rtlr. ausmacht, wird sie mit Vier vom Hundert für jedes Jahr verzinst.

5.

Für höhere Summen als 200 Rtlr. Berliner Courant, die auf einmal eingelegt werden sollen, besteht die Sparkasse einstweilen nicht.

6.

Die Zinsenberechnungen fangen jedesmal mit dem ersten und 15ten eines Monats an, so daß der, wer mit dem 12. April eine Summe einlegt, die Zinsen vom 15. April an, so wie der, wer am 20. Mai eine Zahlung macht, mit dem ersten Juni die im §. 4. festgestellten Zinsen zur Vergütung und Berechnung erhält.

7.

Die Zinsen werden, so lange das Anleihen, was über fünf Rthlr. gemacht worden, nicht rückgefodert wird, alljährlich zum Kapital geschlagen, so daß wer 20 Berliner Thaler einlegt,

			Rtl.	Sgr.	Pf.
nach dem ersten	Jahr		20	24	—
" " zweiten	"		21	19	—	—
" " dritten	"		22	15	—	—

"	"	vierten	"	23	— 12	— —
"	"	fünften	"	24	— 10	— —
"	"	sechsten	"	25	— 9	— 2
"	"	siebenten	"	26	— 9	— 4
"	"	achten	"	27	— 10	— 11
"	"	neunten	"	28	— 13	— 9
"	"	zehnten	"	29	— 17	— 11

Berliner Courantgeld zu empfangen berechtigt ist, und solche erheben kann.

8.

Nichts destoweniger können die Summen so eingelegt werden und nach erfolgender Kündigung stets erhoben und zurückgenommen werden.
Bei 5 bis 10 Rthlr. gleich.
" 11 " 20 " ⎫
" 21 " 50 " ⎬ nach 8 Tagen.
" 51 " 100 " nach 14 Tagen.
" 101 " 200 " nach 1 Monat.

Bei der Rückzahlung werden die Zinsen jedesmal bezahlt.

9.

Eben so sind die Zinsen bei größern Summen in halbjährigen, und bei kleineren Summen in jährlichen Terminen zu fodern und zu erhalten, und der Darleiher kann dieses bei der Einlieferung bestimmen.

10.

Sollte die Sparkasse größere Summen einnehmen, wie der Bedarf des Leihhauses fodert, — so wird die Administration für die sichere Unterbringung dieser Fonds sorgen.

11.

Die Administration der Sparkasse besteht aus
einem Direktor,
zwei Administratoren, und
einem Gehülfen oder Buchführer.

Der Direktor und die Administratoren versehen ihre Stelle unentgeltlich, und nur der Buchführer hat auf eine jährliche Entschädigung Anspruch.

Die Verwaltung und die Geschäfte der Sparkasse geschehen auf dem Rathhause, und können auf keinen Fall von demselben verlegt werden.

12.

Die Stelle des Direktors wird aus den Verwaltungs-Beamten, dem Ober-Bürgermeister, oder seinen Beigeordneten, von Hoher Königlicher Regierung ernannt.

Der Stadtrath wählt die beiden Administratoren, und zwar einen aus seiner Mitte, den andern aus der Bürgerschaft. — Die Königliche Regierung bestätigt diese Wahl.

Alle zwei Jahre gehen die Administratoren ab, können aber wieder gewählt werden.

13.

Um denen, so die Sparkasse benutzen wollen, die Einlage zu erleichtern, sind alle 14 Tage des Samstags Nachmittags von 4 bis 7 Uhr die Beamten der Sparkasse auf dem Rathhause versammelt, wo jeder Beitrag angenommen und vom Buchhalter in ein Tagebuch eingeschrieben wird.

Jeder welcher Geld in die Sparkasse niederlegt, erhält ein mit dem Stadtwappen gestempeltes Bescheinigungs-Büchelchen, worin die Zahlung, so er einlegt, verzeichnet wird. Das Büchelchen erhält eine fortlaufende Nummer, die mit der Nummer des Tagebuchs stimmt.

Niemand ist dabei verpflichtet, seinen Namen zu nennen, und in die Bücher einschreiben zu lassen.

Die bloße Einschreibung der Nummer in das Büchelchen und die nämliche im Tagebuch, ist hinlänglich; doch soll diese Nummer außer mit Ziffern, überall auch noch mit Buchstaben geschrieben werden.

14.

Außer dem Tagebuch hat der Buchführer ein Hauptbuch zu führen, in welchem ein Jeder eine offene Rechnung erhält, der Geld in der Sparkasse entweder unter seinem Namen oder seiner Nummer hat.

Die Zinsen werden in diesem Buch alljährlich zugeschrieben. — Die Bücher sind mit dem Handzuge des Ober-Bürgermeisters bezeichnet.

15.

Nach Ablauf eines jeden Jahrs werden in das Bescheinigungs-Büchelchen, so wie in das Hauptbuch, dem Inhaber seine erworbenen Zinsen zum Kapital niedergeschrieben, eben so es auf der andern Seite des Büchelchen bemerkt, wenn er eine abschlägige Zahlung auf die eingelegte Summe, oder die Zinsen empfangen hat.

16.

Wird die eingelegte Summe ganz zurückgefodert, so wird über den Rückempfang des Geldes quittirt, und das erhaltene Büchelchen bleibt der Administration, die solches ins Archiv der Sparkasse legt. — Bei allen und jeden Zahlungen, wo der Name nicht ausdrücklich angegeben, sondern nur die Nummer gewählt worden ist, wird derjenige, welcher das Bescheinigungsbuch bringt, für den rechtmäßigen Inhaber gehalten, es wird daher ein Jeder gewarnt, dieses Büchelchen genau und sorgfältig aufzubewahren, damit das Geld nicht von einem unrechtmäßigen Besitzer erhoben werden kann.

Kinder unter 15 Jahren wird nie Geld zurückbezahlt, als in Gegenwart ihrer Eltern oder Vormünder.

17.

Wer sein Bescheinigungs-Büchelchen verliert, und sich sichern will, daß es nicht in unrechtmäßige Hände fällt, hat davon dem Buchhalter der Sparkasse die Anzeige zu machen, und die Nummer zu bezeichnen. Stirbt der Besitzer eines Bescheinigungs-Büchelchen, so können seine Kinder oder seine Erben, wenn letztere sich gehörig als solche legitimiren, den Kapital-Betrag auf ihre Namen einschreiben lassen, oder das Kapital nebst Zinsen nach der §. 8 vorgeschriebenen Kündigung erheben.

18.

Die Administration ist für die Verwaltung der Anstalt, und für die Befolgung der Statuten, verantwortlich. — Sie ist gehalten, alljährlich eine gedruckte Abrechnung, verbunden mit der Verwaltung des Leihhauses, durch den Buchführer anfertigen zu lassen. Die unter ihrer Unterschrift dem Stadtrath zur Einsicht und zur Begutachtung, sodann der Hohen Regierung zur Prüfung und Anerkennung vorgelegt wird. — Der Saldo des reinen Gewinns wird darin stets vorgetragen. — In dieser Berechnung werden eben so wenig jene Individuen namhaft gemacht, die etwas in die Sparkasse gelegt, noch jene welche die Leihanstalt benutzt haben.

19.

Jedes Bescheinigungs=Büchelchen, so ausgegeben wird, erhält diese Statuten vorgedruckt.

20.

Keiner hat bei dem Einlegen in die Sparkasse etwas zu entrichten; jedes Geschäft für dieselbe muß gratis geschehen, nur ist bei der Ueberreichung des besagten Büchelchen, also im Anfange, wo Geld eingezahlt wird, ein Silbergroschen für dasselbe zu zahlen, das so oft geschieht, als ein neues erforderlich, und das alte abgenutzt oder vollgeschrieben ist.

21.

Zusätze und Verbesserungen, welche diese Anstalt erfodern sollten, können in Vorschlag gebracht werden.

Gegeben Elberfeld, am 13. Dezember 1821.

Der Ober=Bürgermeister.

Brüning.

Vorstehende Statuten werden hierdurch genehmigt; zugleich der Ober=Bürgermeister Brüning als Direktor der Anstalt ernannt, und die von dem Stadtrathe gewählten Administratoren vom Rath und Abr. Frowein junior auf zwei Jahre bestätigt.

Düsseldorf, der 22. Dezember 1821.

Königl. Regierung I. Abth.

Linden. v. Pestel. Fasbender.

Kommentar 39

Das gewerbliche Ortsstatut für die Stadt Elberfeld, das auf der Basis der Gewerbeordnung von 1845 und der Verordnung vom 9.2.1849 vom Gemeinderat am 14.3.1854 verabschiedet worden war und vom Minister für Handel, Gewerbe und öffentliche Arbeiten am 14.5.1854 genehmigt wurde, sah in § 7 vor, daß „[a]lle in der Gemeinde Elberfeld beschäftigten Gesellen und Gehülfen […] verpflichtet [seien], den daselbst bestehenden oder noch zu errichtenden Verbindungen und Kassen zur gegenseitigen Unterstützung beizutreten, und die den Mitgliedern nach den betreffenden Statuten obliegenden Leistungen so lange zu erfüllen, als ihre Beschäftigung in Elberfeld dauert" (Sammlung verschiedener auf die Polizei=Verwaltung im Allgemeinen Bezug habenden Gesetze und Verordnungen..., Elberfeld 1858, S. 115). Dieselbe Verpflichtung galt für Fabrikarbeiter (§ 12, ebenda S. 116); die selbständigen Gewerbetreibenden mußten bestehenden Innungskranken-, -sterbe- und -hilfskassen beitreten (§ 17, ebenda S. 118). Das in Quelle 39 wiedergegebene „Statut der Unterstützungskasse der für Fabrikanten beschäftigten Färber, Drucker, Formenstecher und Graveure in Elberfeld" vom 18.1.1856 ist ein Beispiel für eine solche, von der Stadt initiierte Unterstützungskasse. 1868 wurde in Elberfeld ein „Statut einer allgemeinen Gesellen=Kasse für verschiedene Gewerbe" verabschiedet. Bis zur preußischen Kassengesetzgebung 1849/54, in der der Staat den Ortsbehörden bzw. den Bezirksregierungen die Möglichkeit eröffnete, die oben beschriebenen Kassen anzuordnen, die Gesellen und Fabrikarbeiter zum Beitritt zu verpflichten und einen Arbeitgeberanteil einzufordern, waren (Betriebs)krankenkassen die Privatsache des Unternehmers gewesen. Die preußische Kassengesetz-

Quelle 39

Statut der Unterstützungskasse vom 18.1.1856,

in: Sammlung verschiedener auf die Polizei=Verwaltung im Allgemeinen Bezug habenden Gesetze und Verordnungen sowie der für den Bezirk der Ober=Bürgermeisterei Elberfeld erlassenen Lokal=Polizei=Verordnungen. Aus amtlichen Quellen zusammengetragen und herausgegeben von einem Polizei=Beamten, Elberfeld 1858, S. 121ff Auszüge

7. Statut der Unterstützungskasse der für Fabrikanten beschäftigten Färber, Drucker, Formenstecher und Graveure in Elberfeld.

Auf Grund des am 31. Mai 1854 publizirten gewerblichen Ortsstatuts soll eine Unterstützungskasse der für Fabrikanten beschäftigten Färber, Drucker, Formenstecher und Graveure in Elberfeld gegründet werden, und werden für dieselbe hierdurch die folgenden Festsetzungen getroffen:

§. 1. Jeder, im Gemeindebezirke von Elberfeld wohnende und in einer daselbst belegenen Fabrik als Färber, Drucker, Formenstecher oder Graveur gegen Entgeld beschäftigte männliche Arbeiter, welcher das 16. Lebensjahr überschritten hat, muß der Unterstützungskasse der Färber, Drucker, Formenstecher und Graveure beitreten und die den Mitgliedern nach diesem Statut obliegenden Leistungen erfüllen.

§. 2. Anmeldung. — Die Inhaber der im Gemeindebezirk von Elberfeld belegenen Fabriken haben die von ihnen beschäftigten Arbeiter, auf welche die Bestimmung des §. 1 Anwendung findet, innerhalb dreier Tage vom Beginn des Arbeitsverhältnisses bei dem Rendanten der Kasse anzumelden.

Dieser verzeichnet den Namen des Angemeldeten und des Fabrik=Inhabers, sowie den Tag der Anmeldung in das Mitgliederverzeichniß, fertigt ein auf den Namen des angemeldeten Arbeitnehmers lautendes Quittungsbuch aus und übergiebt dasselbe dem Fabrik=Inhaber, welcher es während der Dauer des Arbeitsverhältnisses aufzubewahren hat. Das Quittungsbuch wird unentgeltlich verabfolgt. Wird aber eine Erneuerung nothwendig, so sind dafür 2½ Sgr. zur Kasse zu entrichten.

Fabrik=Inhaber, welche die in diesem Paragraph vorgeschriebene Anmeldung innerhalb der gesetzten Frist unterlassen, verfallen nach §. 14 des Ortsstatuts in eine Geldbuße von 10 Sgr. bis 1 Thlr., welche von dem Polizeigerichte festgesetzt und der Unterstützungskasse überwiesen wird.

§. 3. Erwerbung der Mitgliedschaft. — Durch die nach §. 2 geschehene Anmeldung wird der angemeldete Arbeitnehmer Mitglied der Kasse mit allen statutenmäßigen Rechten und Pflichten eines solchen, sofern nicht etwa später festgestellt wird, daß die Anmeldung zu Unrecht geschehen und daher wirkungslos sei. (Vergleiche §. 17, Nr. 2.)

gebung stieß zunächst auf wenig Entgegenkommen auf Arbeitgeber- wie auf Arbeitnehmerseite. Am 4.10.1858 richteten über 1000 Barmer Arbeiter aus 22 Betrieben eine Petition wegen Befreiung vom Versicherungszwang an Handelsminister von der Heydt, da sie der Auffassung waren, daß freiwillige Unterstützungskassen bzw. Lohnfortzahlung der Firma im Krankheitsfall genug Schutz böten. In Barmen hatte die Gemeindeverwaltung schon 1845 den Meistern verboten, Gesellen aufzunehmen, die nicht Mitglied einer Kranken- oder Sterbeauflage waren. 1857 gründete die Stadt eine allgemeine Unterstützungskasse für die bis dahin nicht in Innungs- oder Betriebskrankenkassen Versicherten; 1868 wurde der Beitrittszwang endgültig eingeführt. 1871 hatte die allgemeine Unterstützungskasse 2193 Mitglieder; daneben existierten 76 Fabrikkranken- und Sterbekassen und 86 weitere freiwillige Kranken- und Sterbekassen. In Elberfeld gab es Ende 1867 10 Unterstützungskassen für Gesellen und Gehilfen der verschiedenen Handwerksarten, 18 Unterstützungskassen für selbständige Gewerbetreibende und 2 Fabrikarbeiterkassen, dazu kamen 50 freiwillige Unterstützungskassen. Die Beiträge betrugen vierwöchentlich 3 bis 12 Silbergroschen, wovon die Arbeitgeber mittlerweile 50% trugen. Die Kassen zahlten 1867 ein wöchentliches Krankengeld zwischen 1 und 3 Talern.

§. 4. **Beiträge.** — Jedes Mitglied hat einen Beitrag von wöchentlich einem Silbergroschen vier Pfennigen und jeder Fabrik-Inhaber hat für jedes bei ihm beschäftigte Mitglied einen Zuschuß hierzu aus eigenen Mitteln von wöchentlich acht Pfenningen zu leisten.

Dieser Beitrag von zusammen zwei Silbergroschen wird an jedem Montage für die mit demselben beginnende Woche fällig, und zwar zum erstenmale an dem ersten Montage nach der erfolgten Anmeldung. Die Berechnung geschieht wochenweise, so daß bei einer im Laufe der Woche erfolgenden Anmeldung oder Abmeldung für die noch übrigen Wochentage weder eine Zahlung, noch Rückzahlung erfolgt.

Außer diesen laufenden Beiträgen wird bei der Aufnahme eines Mitgliedes von demselben ein Eintrittsgeld von 10 Sgroschen zur Kasse entrichtet.

Sollte sich herausstellen, daß die hiernach zu erzielende Einnahme zur Bestreitung der statutmäßigen Ausgaben nicht hinreichend sei, so darf der Vorstand, mit Genehmigung der Communalbehörde, die laufenden Beiträge auf so lange Zeit, als es nothwendig ist, bis zum Betrage von wöchentlich 2 Sgr. für den Arbeitnehmer und von 1 Sgr. für den Fabrikinhaber erhöhen.

Sollte auch dieser erhöhte Beitrag von zusammen 3 Sgr. zur Bestreitung des Bedürfnisses nicht genügen, so darf eine weitere Erhöhung nicht stattfinden. Der Vorstand hat vielmehr mit Genehmigung der Kommunalbehörde eine entsprechende Herabsetzung des in den §§. 8 und 9 bestimmten Betrages der Unterstützungsgelder zu beschließen.

Sowohl die Erhöhung der Beiträge als die Herabsetzung der Unterstützungsgelder muß acht Tage vor dem Zeitpunkte, mit welchem sie eintreten soll, durch die Elberfelder Blätter zur öffentlichen Kenntniß gebracht werden.

§. 5. **Zahlung der Beiträge.** — Die Fabrikinhaber sind verpflichtet, die nach §. 4 von ihren Arbeitern zu entrichtenden Beiträge und Eintrittsgelder gleichzeitig mit ihren Zuschüssen an die Kasse zu zahlen, vorbehaltlich des Rechtes, jedem Arbeiter die für ihn geleisteten Zahlungen auf seinen Lohn anzurechnen. Sie sind hierzu auch dann verpflichtet, wenn sie dem Arbeiter den Lohn bereits vorschußweise gezahlt haben.

Die Zahlungen erfolgen alle vier Wochen für vier Fälligkeitstermine zusammen, oder, wenn das Arbeitsverhältniß während dieses Zeitraums aufgelöst wird, bei der Abmeldung für die bis dahin verflossene Zeit.

Die Zahlung ist im Kassenlokale an den Rendanten, unter Vorlegung der Quittungsbücher zu leisten, welcher den Empfang in den letztern bescheinigt.

Wird die Zahlung in den vorbezeichneten Terminen nicht geleistet, so erläßt der Rendant binnen 14 Tagen nach der Fälligkeit eine Mahnung mit achttägiger Frist an den Schuldner, welche demselben durch den Kassenboten zugestellt wird, und für welche er einen Silbergroschen zur Kasse zu entrichten hat.

Bleibt auch diese Mahnung fruchtlos, so überweist der Rendant die Forderung der Communalbehörde, welche dieselbe durch den Gemeinde-Einnehmer exekutivisch beitreiben läßt.

§. 6. **Art der Unterstützung.** — Die Kasse gewährt ihren Mitgliedern:
1) im Falle der Erkrankung die nöthige ärztliche Hülfe und die vom Arzte verordneten Arzneien und sonstigen zur Heilung erforderlichen Mittel und Vorrichtungen;
2) im Falle einer durch die Krankheit herbeigeführten Unfähigkeit zur Arbeit, die Verpflegung in einer Krankenanstalt, oder eine Geldunterstützung;
3) im Sterbefalle ein angemessenes Begräbniß.

Die näheren Bestimmungen hierüber sind in den folgenden Paragraphen enthalten.

Möchte sich später ergeben, daß die Einnahmen durch Gewährung dieser Unterstützungen nicht erschöpft werden, so soll in Erwägung genommen werden, ob durch einen Nachtrag zu diesem Statute die Verwendung der Ueberschüsse zu anderweiter Unterstützung der Kassenmitglieder zu bestimmen sei.

§. 7. A. **Aerztliche Hülfe und Heilmittel.** — Krankheiten, wohin auch körperliche Verletzungen gerechnet werden, berechtigen zu ärztlicher Hülfe und Gewährung der nöthigen Heilmittel. Ist eine Krankheit jedoch durch grobes Selbstverschulden, insbesondere durch Trunk, Schlägerei oder Unsittlichkeit herbeigeführt, so findet keine Art der Hülfe oder Unterstützung Seitens des Kassenverbandes statt.

Die ärztliche Hülfe wird durch Aerzte gewährt, welche der Vorstand mit Genehmigung der Communalbehörde zu diesem Behufe anstellt. In derselben Weise wird die Lieferung der Arzneien und sonstigen Heilmittel bestimmten Personen übertragen.

Die Besoldungen der Aerzte und die Heilmittel werden aus der Kasse bezahlt.

Die Behandlung erfolgt in der Regel in der Wohnung des Kranken. Doch bleibt es dem Vorstande überlassen, solche Mitglieder, welche weder verheirathet sind, noch dem Haushalte ihrer Eltern angehören, für Rechnung der Kasse einer Privat-Kranken-Anstalt zu überweisen, und soll dasselbe jedenfalls geschehen, wenn der Arzt bescheinigt, daß dem Kranken in seiner Wohnung die erforderliche Hülfe nicht zu Theil werden könne.

Der Vorstand wird zu diesem Zwecke die nöthige Vereinbarung mit der Direction einer solchen Anstalt treffen.

Die Gewährung der ärztlichen Hülfe und der Heilmittel hört auf, wenn sie ein Jahr lang ununterbrochen oder mit Unterbrechungen von höchstens vier Wochen gedauert hat.

§. 8. B. **Pflegegelder.** — Wenn der Arzt bescheinigt, daß ein Mitglied in Folge seiner Krankheit arbeitsunfähig sei, so soll dasselbe während der Dauer dieses Zustandes in der Regel ein bestimmtes Pflegegeld aus der Kasse erhalten. Dasselbe wird auf zwei Thaler wöchentlich, oder, wenn die Arbeitsunfähigkeit nicht eine volle Woche dauert, auf 10 Sgr. täglich festgesetzt. Die Zahlung erfolgt an jedem Samstage für die Woche, oder die einzelnen Tage der Arbeitsunfähigkeit, welche seit der Bescheinigung der letztern oder seit der letzten Zahlung verflossen sind.

Mitglieder, deren Behandlung nach §. 7 in einem Krankenhause erfolgt, erhalten daselbst die nöthige Verpflegung in Natura und werden ihnen keine besondern Pflegegelder gezahlt.

Hat die Arbeitsunfähigkeit 6 Monate hindurch ununterbrochen oder mit Unterbrechung von höchstens vier Wochen gedauert, so wird von dem Schlusse dieses Zeitraumes ab, nur die Hälfte der obigen Pflegegeldsätze und zwar längstens auf fernere sechs, in derselben Weise zu berechnende Monate gewährt. Nach Ablauf dieser Frist fällt die weitere Unterstützung Demjenigen anheim, welcher sonst dazu verpflichtet ist, nöthigenfalls dem betreffenden Armen-Verbande.

Die Unterstützung aus der Kasse kann erst wieder in Anspruch genommen werden, wenn das Mitglied von derjenigen Krankheit, während welcher es zuletzt aus der Kasse verpflegt wurde, hergestellt ist und seit der Herstellung drei Monate verflossen sind. Mitglieder, deren Krankheit von dem Arzte als unheilbar bescheinigt wird, können nach Ablauf des nach obigen Grundsätzen zu berechnenden Jahres überhaupt keine Unterstützung aus der Kasse mehr erhalten.

§. 9. C **Beerdigungskosten.** — Stirbt ein Kassenmitglied, so erhält, wenn dasselbe verheirathet war oder im Hause seiner Eltern lebte, die Wittwe oder die Eltern aus der Kasse die Summe von fünfzehn Thalern zur Bestreitung der Beerdigungskosten. Hinterläßt der Verstorbene keine solche Angehörige, so wird die Beerdigung durch den Pflegevater des Bezirks (§. 13) besorgt, welcher zu diesem Behufe den Betrag erhebt und über die Verwendung dem Vorstande Rechnung legt.

§. 10. **Abmeldung.** — Die Fabrikinhaber sind verpflichtet, die für sie beschäftigten Kassenmitglieder binnen drei Tagen nach dem Ausscheiden derselben aus der Arbeit, unter Vorlegung des Quittungsbuches, bei der Kasse abzumelden.

Der Rendant hat diese Abmeldung in dem Quittungsbuche zu vermerken, außerdem eine besondere Bescheinigung darüber zu ertheilen und beides dem Fabrikinhaber zuzustellen. Letzterer händigt das Quittungsbuch nunmehr dem Arbeitnehmer aus, welcher dasselbe so lange behält, bis er es bei dem Eintritt in ein neues Arbeisverhältniß wiederum dem Fabrikinhaber übergibt.

Fabrikinhaber, welche die in diesem Paragraphen vorgeschriebene Abmeldung innerhalb der gesetzten Frist unterlassen, verfallen nach §. 14 des Ortsstatuts in eine Geldbuße von zehn Sgr. bis zu einem Thaler, welche von dem Polizeigerichte festgesetzt und der Unterstützungskasse überwiesen wird.

§. 11. **Dauer und Verlust der Mitgliedschaft.** — Mit der nach §. 10 erfolgten Abmeldung hört die Verpflichtung des Fabrikinhabers zur Zahlung für das abgemeldete Mitglied auf, sofern nicht etwa später festgestellt wird, daß, der Abmeldung ungeachtet, das Arbeitsverhältniß fortdauere und dieselbe daher wirkungslos sei. (Vergl. §. 17 Nr. 2.)

Das Mitglied selbst aber scheidet aus dem Kassenverbande, wenn dasselbe

1) die Gemeinde Elberfeld verläßt, oder
2) seine Beschäftigung als Arbeiter einer hiesigen Fabrik aufhört.

Bei nur zeitweiser Arbeitslosigkeit bleibt, sofern dieselbe nicht ein Jahr übersteigt, das Mitglied befugt, seine Rechte durch fernere Zahlung seines Beitrages und des statutenmäßigen Arbeitgeber-Zuschusses zu erhalten.

Bleibt ein solches Mitglied mit seinen Beiträgen drei Monate lang im Rückstand, so kann der Vorstand dasselbe, vorbehaltlich seines Rekurses an die Communalbehörde, aus dem Kassenverbande ausschließen.

(...)

§. 13. **Wahl des Vorstandes und der Pflegeväter.** — Die Angelegenheiten der Unterstützungskasse werden durch einen Vorstand geleitet, welcher aus drei Fabrikinhabern und vier Arbeitnehmern besteht, und in welchem einer der erstern das Amt des Vorsitzers bekleidet.

Die Vorstandsmitglieder werden jährlich im November für das folgende Kalenderjahr gewählt, und zwar jede der beiden genannten Abtheilungen in einer General-Versammlung ihrer Standesgenossen. Die Wahl leitet die Communalbehörde. Die Wahl erfolgt mittelst Stimmzettel durch Stimmenmehrheit. Die erfolgten Wahlen bedürfen zu ihrer Gültigkeit der Bestätigung der Communalbehörde und ist dieselbe, wenn ein nicht bestätigtes Mitglied wiedergewählt oder wenn die Wahl nach zweimaliger Aufforderung verweigert wird, befugt, die betreffenden Vorstandsmitglieder selbst zu ernennen.

Die General-Versammlung der Arbeitnehmer wählt zugleich aus ihrer Mitte und zwar für jeden der Bezirke, in welche die Gemeinde zu diesem Zwecke getheilt werden soll, einen Arbeitnehmer als Pflegevater. Die Zahl dieser Pflegeväter wird vorläufig auf .... festgesetzt, die Vermehrung derselben aber nach Maaßgabe des Bedürfnisses bleibt dem Vorstande, unter Genehmigung der Communalbehörde vorbehalten. Für jedes Vorstandsmitglied, so wie für jeden Pflegevater wird gleichzeitig ein Vertreter gewählt.

Der Vorstand wählt aus seiner Mitte seinen Schriftführer und dessen Vertreter.

Alle diese Aemter sind Ehrenämter und werden unentgeltlich verwaltet.

§. 14. **Geschäfte der Pflegeväter.** — Will ein erkranktes Mitglied ärztliche Hülfe oder Pflegegeld nachsuchen, so hat sich dasselbe an den Pflegevater seines Bezirks zu wenden, welcher sofort die Untersuchung durch den Bezirksarzt veranlaßt. Der Arzt hat über den Befund ein Attest auszustellen, worin er die Natur der Krankheit bezeichnet, auch im Falle der Arbeitsunfähigkeit diese ausdrücklich bescheinigt. Wenn hiernach und nach den sonst obwaltenden Umständen der Kranke zu einer statutmäßigen Unterstützung berechtigt erscheint, so hat der Pflegevater dieselbe sofort eintreten zu lassen. Er überweiset also den Kranken entweder:

1) dem Bezirksarzte zur ärztlichen Behandlung und Anordnung der nöthigen Heilmittel, oder
2) dem Krankenhause zur ärztlichen Behandlung und Verpflegung, und ertheilt ihm im geeigneten Falle
3) eine Anweisung auf die Kasse zur Erhebung des Pflegegeldes.

Alle diese Anordnungen sind als vorläufige zu betrachten. Die schließliche Genehmigung gebührt dem Vorstande.

Die Anweisung der Pflegegelder erfolgt nur für die Dauer der abgelaufenen Woche (§. 8). Für jede folgende Woche muß dieselbe auf Grund eines neuen ärztlichen Attestes wiederholt werden.

Der Pflegevater hat die Kranken seines Bezirks mindestens wöchentlich einmal zu besuchen, sowohl um sich zu überzeugen, daß ihnen die erforderliche Hülfe zu Theil werde, als um den Zustand derselben, namentlich in Betreff der Arbeitsunfähigkeit, zu kontroliren.

Im Uebrigen wird die den Pflegevätern obliegende Geschäftsführung durch eine besondere, von dem Vorstande zu erlassende Instruction geregelt werden.

§. 15. Stirbt ein Kassenmitglied, so beschafft der Pflegevater des Bezirks dessen Todtenschein und ertheilt demjenigen, welcher nach §. 9 zur Erhebung der Beerdigungskosten berechtigt ist, die erforderliche Anweisung auf die Kasse.

Ist ein solcher Berechtigter nicht vorhanden, so erhebt der Pflegevater selbst den Betrag bei der Kasse, besorgt die Beerdigung, bestreitet die Kosten derselben und zahlt dasjenige, was etwa übrig bleibt, an den Rendanten zurück.

(...)

Kommentar 40

1869 hieß es in einer „Statistischen Darstellung des Stadtkreises Elberfeld": „Von Anstalten und Einrichtungen, welche den Schutz gegen die Verarmung der arbeitenden Klassen zum Zwecke haben, sind hervorzuheben:

1. eine städtische Sparkasse,
2. eine städtische Leihanstalt,
3. gewerbliche Unterstützungskassen,
4. freiwillige Unterstützungskassen (Kranken= und Sterbe=Auflagen),
5. Consum=, Spar= und Darlehns=Vereine"

(a.a.O., S. 88). Nachdem in den vorhergehenden Quellen und Kommentaren die ersten vier der genannten Sozialmaßnahmen dargestellt bzw. erwähnt worden sind, soll in Quelle 40 ein Beispiel für das unter Punkt 5 angeführte Genossenschaftswesen im Wuppertal des 19. Jhdts. angeführt werden. In der Diskussion um die Lösung der Sozialen Frage wurde in den 60er Jahren von unterschiedlichen Seiten der Assoziationsgedanke i.S. einer Selbsthilfe der Arbeiterschaft in Form genossenschaftlicher Vereine vorgetragen. Neben den (Sozial)politikern Hermann Schultze-Delitzsch (1808-1883), Viktor Aimé Huber (1800-1869) und Ferdinand Lassalle (1825-1864), die die genossenschaftliche Selbsthilfe in unterschiedlichen Formen von Spar-, Konsum- und Lebensmittelvereinen bis zur staatlich unterstützten Produktionsassoziation propagierten, äußerte sich von konservativer Seite der Wuppertaler Pädagoge Friedrich Wilhelm Dörpfeld 1867 unter dem Pseudonym „Dr. German" in seiner Schrift „Die Sociale Frage - Eine Lebensaufgabe für alle Stände, zugleich ein Mahnwort an die politischen Parteien" zu den sozialen Problemen und u.a. auch zum Genossenschaftswesen. Dörpfeld definierte und erweiterte den Begriff der Genossenschaft im christlichen Sinne: „Genossenschaft' ist nur ein anderer Ausdruck für ‚Bruderschaft': es ist - begrifflich genau gefaßt - die Idee der ‚Brüderlichkeit' angewandt auf social-wirtschaftliche Verhältnisse. [...] Die Idee der ‚Brüderlichkeit' stammt, wie auch die andern, aus bekanntem, altem heiligem Boden. [...] Das Princip der ‚Brüderlichkeit' in alle social-wirtschaftlichen Verhältnisse einzuführen, oder die Genossenschaftlichkeit auf dem gesamten wirtschaftlichen Gebiete zur Geltung zu bringen, - das ist ‚die sociale Frage'.[...] ‚Genossenschaftlichkeit', sociale ‚Brüderlichkeit' - das ist, soweit uns zu sehen gegeben, das Ende der Wege Gottes in der socialen Frage" (zit. nach Karl-Hermann Beeck, Friedrich-Wilhelm Dörpfeld - Anpassung im Zwiespalt, Neuwied und Berlin 1975, S. A 34/A 35). 1867 bestanden in Elberfeld drei gewerbliche Genossenschaftsvereine: der

Quelle 40
Rechenschaftsbericht für den St. Joseph's Spar- und Darlehns-Verein
SAW J IV 36   19.3.1868   Auszüge

St. Joseph's
Spar- und Darlehns-Verein
in
Elberfeld.

Rechenschafts-Bericht
für
das zweite Geschäftsjahr,
(1. März 1867 bis Ende Februar 1868)
erstattet in der General=Versammlung
am 19. März 1868.

Meine Herren!

Der Spar- und Darlehns-Verein zum h. Joseph feiert heute seinen zweiten Jahrestag, sein zweites Geburts- und Namensfest.

Wir haben es nicht unterlassen, nach christlicher Sitte heute zunächst den Blick nach Oben zu richten, Dem zu danken, von dem uns Heil und Segen kam, unser gemeinsames Streben und Wirken unter den göttlichen Schutz zu stellen; wir haben es nicht unterlassen, heute am Feste des heil. Joseph, dieses unseres herrlichen Schutzpatrones uns zu erinnern und unser Werk, wie uns selbst, seiner mächtigen Fürbitte zu empfehlen.

Es hat nämlich der Vorstand in Ausführung Ihres einstimmigen Beschlusses vom 30. Dezember v. J. ein feierliches Leviten-Hochamt zu Ehren des h. Joseph auf heute Morgen veranlaßt und sämmtliche Mitglieder unseres Vereins dazu eingeladen.

Die gegenwärtige Abend-Versammlung, wozu die Vereinsmitglieder statutmäßig eingeladen worden und wozu ich Sie, m. H., Namens des Vorstandes herzlich willkommen heiße, soll Ihnen zunächst Bericht geben über die Wirksamkeit des Vereins im letztverflossenen Jahre.

Am 19. März 1866 hat sich unser Verein nach längern Vorberathungen constituirt. Ende Februar 1867 schlossen wir unser erstes Geschäftsjahr ab. Vom 1. März vorigen Jahres bis Ende Februar a. c. rechnet also unser zweites Geschäftsjahr, worauf sich der gegenwärtige Bericht bezieht.

(...)

Konsumverein „Eintracht", der „Elberfelder Consum= und Spar=Verein" und der „Spar= und Darlehns=Verein zum heiligen Joseph", dessen Rechenschaftsbericht vom 19.3.1868 hier als Quelle wiedergegeben ist. Während der Spar- und Darlehnsverein zum Hl. Joseph von Katholiken für Katholiken gegründet und aktiv war und auf finanzielle Unterstützung abzielte, ging es den beiden anderen Vereinen darum, „gute Lebensmittel und sonstige Haushaltungsbedürfnisse zu beschaffen und solche gegen sofortige Zahlung nicht allein an Mitglieder, sondern auch an Nichtmitglieder möglichst billig abzulassen" (Statistische Darstellung..., a.a.O., S. 96). Unter dem Motto „Durch Einigkeit, Sparsamkeit, Bildung werden wir uns selbst helfen. Keine fremde Hülfe" konstituierte sich 1863 der „Barmer Arbeiter-, Consum- und Spar-Verein", der, wie die „fortschrittliche" Sozialpolitik überhaupt, vom ADAV abgelehnt wurde: „Sparvereine sind ganz schön, aber wir haben nichts zu sparen" (Barmer Zeitung vom 27.5.1863).

Statut

des

Barmer Arbeiter-, Consum- und Spar-Vereins.

Durch Einigkeit, Sparsamkeit, Bildung werden wir uns selbst helfen.

Keine fremde Hülfe.

Barmen, 1863.
Gedruckt bei Wilh. Wandt.

Titelblatt des Statuts des „Barmer Arbeiter-, Consum- und Spar-Vereins" von 1863 (SAW J II 25)

Auf das Geschäfts-Ergebniß vom letztverflossenen Jahre können wir mit wahrer Genugthuung, ja mit Stolz hinblicken. 131 Mitgliedern haben wir in 742 Fällen aus kleineren und größeren Geldverlegenheiten geholfen. Einzelne haben den Verein ein- oder zweimal, Andere dagegen haben ihn zehn- und zwanzigmal benutzt.

Denken wir uns einen reichen Mann in unserer Gemeinde, an den sich kleine Geschäfte und Haushaltungen in Nothfällen mit Vertrauen wenden dürften und der in **einem** Jahre 742mal durch kleinere und größere Summen Hülfe leistete; wir würden einen solchen Mann mit Recht den größten Wohlthäter der Gemeinde nennen. Nun, dieser Wohlthäter sind wir selber, wenn wir uns Alle als eine Person ansehen; dieser Wohlthäter ist unser Verein zum h. Joseph. Das erkennen sogar solche hier im Kreise an, die früher nimmer geahnt haben, daß sie jemals den Verein in Anspruch nehmen würden. Denn nicht nur sogenannte kleine Leute frequentiren unsere Kasse, sondern auch solche, deren Namen in der Geschäftswelt noch einen guten Klang hat und die gleichwohl in Geldverlegenheit kommen können und gekommen sind.

Was solche Verlegenheiten auf sich haben, wie sie nicht nur das Geschäft und den Haushalt stören, sondern auch Ehre und Reputation in Gefahr bringen, das bedarf keiner weitern Ausführung. Wie mancher Vortheil entgeht dem Handwerker, wenn er sein Material auf Borg beschaffen muß, wie leicht verliert er seine Kundschaft, wenn er bei Ablieferung seiner Arbeit die Rechnung präsentiren und um den Lohn betteln muß! Arme Handwerker, sie mögen noch so tüchtig sein, sind in der öffentlichen Meinung Stümper, und wer kein Geld hat, ist — ein Lump, d. h. er wird von gewissen Leuten dafür gehalten.

Wo aber die Noth anfängt, hört nicht selten die Ehrlichkeit, die Moralität und Religiösität auf; denn wer von Andern verachtet und für Nichts gehalten wird, kommt leider gar leicht dazu, sich auch selbst zu verachten und wegzuwerfen.

Diese Reflexionen, die der Erwägung wohl werth sind, müssen die Ueberzeugung geben, daß unser Verein wirklich ein sehr wohlthätiges Institut ist. Freilich wird sein Zweck und unsere Absicht nur unvollkommen erreicht, weil die Mittel noch zu beschränkt sind, um allen Ansprüchen zu genügen; aber aus dem diesjährigen Rechnungs-Abschluß dürfen wir für die Zukunft fröhliche Hoffnung schöpfen.

Unser Verein leidet an einem Uebel, wenn man es so nennen will. Er ist nicht von Herrenleuten, sondern von ehrsamen Arbeitern und Leuten aus dem mittlern und untern Bürgerstande geboren und hat auch zumeist nur geringe Leute zu Taufpathen gehabt. Um deßwillen ist es ihm schwer, nach Oben sich Ansehen zu verschaffen, ja, er muß es sich gefallen lassen, daß manche Bessergestellte ihn über die Schulter und mit Verkennung und Mißtrauen ansehen. Gar Viele, die am meisten zur materiellen Hebung des Bürgerstandes in unserer Gemeinde thun könnten, die thun erfahrungsmäßig am wenigsten. Sie bedürfen des Vereins nicht und haben kein Verständniß dafür, wie sehr der Verein ihrer bedarf und wie großen Vorschub ihre Mitwirkung der schönen Sache geben würde. Wir beklagen dies als einen Uebelstand, fern von jeder Lieblosigkeit im Urtheil, und anerkennen dabei rühmend, daß manche unserer Mitglieder in der uneigennützigsten Absicht, einzig um dem wohlthätigen Zwecke zu dienen, dem Verein angehören. Nicht wenige haben nämlich, ohne für sich der Hülfe des Vereines zu bedürfen, durch namhafte Einlagen das Betriebs-Capital vermehrt und uns dadurch in den Stand gesetzt, um so mehr Andern Hülfe zu gewähren. War diese Hülfe auch nicht immer eine radicale, so hat sie doch ganz gewiß entschiedene Vortheile geboten sowohl denjenigen, welche von uns Geldsummen empfingen, als auch denjenigen, deren Forderungen durch diese Geldsummen gedeckt wurden. Wer mag es wissen, ob wir nicht den Einen oder Andern in unserm Verein durch solche Hülfe momentan über dem Wasser gehalten und ihn selbst und sein Geschäft oder sein sinkendes Renommée vor dem Versinken gerettet haben! Wir wollen nicht stolz sein; aber während die moderne Wohlthätigkeit sich leider oft damit begnügt, dem Ertrinkenden einen Strohhalm zur Rettung hinzuwerfen, bietet unser Verein wenigstens etwas Reelles, ein festeres Brett, das bei treuer und verständiger Benutzung demjenigen, der nicht gar zu weit in die strömende Fluth gerathen ist, wirklich helfen kann. — Wie manche, die guten Willens sind können nicht voran, weil ihnen ein kleines Kapital fehlt, das ihnen nicht leicht Jemand bloß auf ein ehrliches Gesicht hin vorstrecken mag. Könnten wir in solchen Fällen **ausreichende Hülfe** gewähren, wie würde man den Verein segnen und ihm Dankesthränen weinen!

(...)

5. "Strikes" und Regelung von Arbeitskonflikten

Kommentar 41

Die 1826 gegründete Stoffdruckerei Gebr. Bockmühl, Schlieper & Hecker gehörte zu den bedeutendsten ihrer Art im Rheinland und arbeitete von Beginn an als mechanische Stoffdruckerei mit dampfgetriebenen Walzen. Schon anläßlich der „Unruhen" in Elberfeld 1830 bemerkte Oberbürgermeister Brüning in seinem Bericht, einem Gerücht zufolge sei geplant gewesen, die „Maschiene bei den H. Gebr. Bockmühl, Schlieper u. Hecker" (J.R. Brüning, Amtliche Darstellung der unruhigen Vorfälle in den ersten Tagen des Septembers 1830 in der Stadt Elberfeld, als Handschrift gedruckt, o.O. o.J., S. 15) zu zerstören. Am 7.6.1834 schließlich kam es - so hieß es in einer Stellungnahme des Betriebs - in der Firma zu einem „Auftritt": „[...][A]bends bei der Ablöhnung, trat dieser Privo als Rädelsführer auf und verlangte einen Lohn, der ihm nicht gebührte. Er ward mit seiner Forderung abgewiesen und regte nun durch sein freches, ungebührliches Betragen seine übrigen Mitarbeiter so weit auf, daß an demselben Abend noch vier vortraten, welche ihre Arbeit kündigten". Am „Montag, dem 9., blieben zwischen 40 bis 50 Arbeitstische unbesetzt. Die Gesellen waren zwar anwesend, arbeiteten aber nicht, beriethen sich und schickten Deputationen an uns ab, um Sachen ohne allen Grund zu verlangen, auf welche wir alle jedoch erklärten, daß wir keine Antwort erteilten, bis sie alle ruhig an der Arbeit wären. An demselben Abend erhielten wir von den Gesellen Privo, Schweiger, Teschemacher, Erxleben und Petzold

Quelle 41
Bericht des Fabrikbesitzers Fr. Bockmühl
HStAD Regierung Düsseldorf Präsidialbüro Nr. 773 Bl. 39ff
3.10.1834 handschriftlich Abschrift Auszug

Euer Hochgeboren
beehre ich mich auf Ihre unterm 19. vorigen Monats an mich gerichtete Anfrage ganz gehorsamst zu erwiedern; daß ein bestimmter Verein unter den Kattundruckern gegen die Fabrikherren wohl weniger existirt als daß Vereinigungen aus einem gewissen Esprit des Corps plötzlich entstehen, der sich unter dieser Handwerks Klasse fast allein noch erhalten hat.

Der Grund davon mag in der Eigenthümlichkeit des Druckgeschäfts liegen, indem die Drucker in großer Anzahl auf einem Raum zusammenarbeiten und irgend eine Bewegung sich urplötzlich über die Gesammtheit verbreitet und indem das Geschäft nur <u>eine</u> lebhafte Periode im Jahre, hat, wo Jedem Drucker mangeln und diese das Uebergewicht fühlen, welches sie über den Fabrikherrn haben. Er liegt aber auch in verjährten Ansichten und Gebräuchen, die sich unter den Druckern in allen Ländern bis auf diese Zeit erhalten haben, im leichten und zu großen Erwerb und in der Immoralität eines großen Theils der Druckers, besonders derer, welche den Wanderstab ergreiffen.

Sobald der Bursche bei Beendigung seiner Lehrjahre seine Steuer an die Herbergs Kasse erlegt, hat er Anspruch auf die Kassen aller Herbergen im Inn und Auslande, er kann ein halbes Jahr reisen, ohne zu arbeiten, findet überall Unterstützung und ein Reisegeld, welches von jedem Drucker und Formstecher besonders subscribirt wird und welches daher meist sehr bedeutend ausfällt. Entlassung ist für den Drucker keine Strafe, er kann bis aufs äußerste trotzen und eine Masse kann auf einmal Fabrik und Ort verlassen, was sie unter andern Verhältnissen nicht konnte

Daß bei Lohnreductionen, die wir, so nöthig sie bei uns wären, indem wir gegen alle Druckplätze den höchsten Lohn bezahlen, nicht vorzunehmen wagen - ein Widerstandsgeist die Drucker leitet, ist erklärlich, ob gleich sie die Nothwendigkeit oft einsehen und wissen, daß sie gegen andere Gewerbe noch am Besten bezahlt werden; auch durch Fleiß alles einholen können. Sie begnügen sich nicht damit zu reclamiren oder jeder für sich aufzukündigen, sondern erzwingen eine Aufkündigung en masse, sei es durch Drohungen, die nie verfehlen, in Thätlichkeiten auszuarten, sei es durch eine Art von Verruf, der die Nachgebenden trifft, sie aus ihrem Wohnort oder wo sie später erkannt oder von den Briefen der Herberge der Stadt, wo sie büßten, erreicht werden, von Ort zu Ort treibt, Fälle, die wir schon mehrmal erlebt haben

Sie widersetzen sich sogar dem, daß andre Drucker ihre Stelle einnehmen und wir waren schon genöthigt, ein Dutzend Drucker, die wir in Eile vom Elsaß hatten kommen lassen in Düsseldorf wieder einzuholen, nachdem sie erst 2. Tage gearbeitet hatten. Sie hatten uns wegen heftiger Drohungen der andern Drucker verlassen.

Citationen auf den 11. Juni vor das hiesige Königl. Friedensgericht. Heute, Dienstag, den 10. Juni, haben sich außer den fünf Benannten, welche nicht mehr arbeiten dürfen, beinahe alle Drucker mit ihren Streichjungen wieder eingefunden und nach einer beinahe zweistündigen Beratung wieder angefangen zu arbeiten. Heute haben sich einige Drucker zum Austritt gemeldet, wir haben aber die Erklärung gegeben, daß wir uns auf nichts einlassen würden, bis alles zur Ordnung zurückgekehrt sei. Wir hoffen übrigens, daß sich die ganze Sache auf gütlichem Wege wird beilegen lassen" (SAW J II 59). Das Friedensgericht wies die Klage der Gesellen ab; zwei Drucker wurden ausgewiesen. Oberbürgermeister Brüning bemerkte am 24.6.1834 in einem Bericht nach Düsseldorf: „Der Auftritt am 7. d. Abends mit den bekannten Druckergesellen in dem Comptoir der Gebr. Bockmühl, Schlieper & Hecker - welcher nicht vor das Polizeigericht zu bringen war, weil er, in Ermangelung eines Zeugenberichtes sich nicht gehörig darstellte - würde, gehorsamst und <u>vertraulich</u> bemerkt, nach dem, was später darüber verlautete, und nach den <u>eben so vertraulich</u> mir eröffneten Ansichten des Polizeirichters nicht zu Gunsten der Brodherren entschieden worden seyn, und so konnte es mir nur höchst willkommen seyn, daß diese Fabrikbesitzer die Klage nicht vorbrachten, weil sonst sehr leicht eine größere Inkonvenienz hätte entstehen können" (HStAD Reg. Düsseldorf Nr. 770). Obwohl in den Elberfelder Berichten nach Düsseldorf die Belanglosigkeit des Vorfalles betont wurde, war die Regierung in den 30er Jahren doch an detaillierten Erkenntnissen über eventuelle politische Organisationen der Handwerksgesellen interessiert, wie der nebenstehende Bericht Fr. Bockmühls, den er auf Anforderung verfaßte, beweist. Einem Schreiben Brünings an den Landrat vom 2.7.1835 zufolge kamen besonders Zeugdrucker, wie sie bei der Firma Bockmühl, Schlieper & Hecker arbeiteten, oft „aus der Schweiz und anderen Gegenden" (SAW O IX 8) und gehörten damit automatisch zu denjenigen Gesellen, die in den 30er Jahren unter besonderer polizeilicher Beobachtung standen.

Mehrmal geschah es, daß bei allgemeinen Aufkündigungen, Nachts Briefe von mehreren Druckern einliefen, welche sich mit dem Zwang entschuldigten und uns ihrer Treue versicherten

Noch im vorigen Jahr engagirten Schlieper & Hecker 20 Drucker in Berlin. Während sie weit über die bestimmte Zeit hinaus erwartet werden, läuft eine Anfrage von der Berliner Herberge an die hiesige ein, ob dem Engagement eine Lohnreduction zum Grunde liege. In diesem Fall werde keiner kommen - Später trafen die Leute ein. - Das geschah, während in Berlin eine große Menge Drucker arbeitslos umherlief. Ähnlicher Fälle gäbe es noch viele anzuführen, die theils unserm Gedächtniß entschlüpft, theils zu weitläuftig zu erzählen sind und wozu meistens der gröbste Uebermuth einzelner schlechten Subjecte Veranlassung gab, aber auch nur als Drucker Veranlassung zu geben wagen dürfte; Wir haben uns gegen diese drückende Verhältnisse dadurch zu schützen gesucht, daß wir Lehrlinge anführten, um die Druckerei hier einheimisch zu machen und gratuliren uns in so weit dazu, als es immer ein kleines Gegengewicht gibt. Vom Erfolge sind wir aber noch weit entfernt, da, wie wir geargwohnt und wie uns auch jüngst hinterbracht worden, die Drucker beim Austritt aus ihrer Lehrzeit die Burschen ganz planmäßig verderben, sie ins liederliche Leben einführen, mit uns und ihren Eltern überwerfen, um sie aus der Stadt zu bringen und sich unentbehrlich zu machen. Wirklich haben uns von 50. 60 Lehrlingen die wir uns angezogen über 9/10 tel verlassen und auch die wenige Uebriggebliebene würden ohne ganz besondere Veranlassung nicht mehr bei uns sein.

Die im verflossenen Sommer vorgefallene Meuterei wurde von 2 der faulsten und liederlichsten Subjecte veranlaßt. Mit unendlicher Geduld und erst nach Wochen gelang es uns eine Aufregung zu stillen, die von den Druckern anderer Fabriken erhalten wurde. Gegen 30 unserer Drucker verließen uns fast auf einmal. Die Beßeren sind treu geblieben, dafür aber auch gleich unsrer Druckerey förmlich in Verruf erklärt.

Unsere Drucker wurden seitdem häufig beschimpft und aufs brutalste mißhandelt, so daß wir den Schutz der Polizei für sie anrufen mußten. Heute steht einer der Thäter vor dem Corrections Tribunal in Düsseldorf, dem seine Gefangenschaft durch häufige Geldsendungen von den hiesigen Druckern versüßt worden ist. Für uns waren die Folgen nicht so hart, jedoch bemerkbar; denn Drucker, welche sich bei uns engagirt hatten sind ausgeblieben und während hiesige aus Mangel an Arbeit verzogen und Fremde durchgewandert sind, hat sich keiner bei uns seit mehreren Monaten gemeldet, was früher niemals geschehen ist.

Ich bin mir bewußt, der Wahrheit getreu und ohne alle Leidenschaft berichtet zu haben. Ich bin aber nicht im Stande Beweise zu liefern, wie sie eine gerichtliche Untersuchung erfordert, da die Vorfälle theils nicht neu, die Zeugen verzogen oder mir nicht mehr bekannt sind und manches durch Vertraute in Erfahrung gebracht wurde, die für ihr Leben sich nicht als Zeugen stellen würden.

Euer Hochwohlgeboren wollen den davon zu machenden Gebrauch demnach ermessen, andere Fabrikstädte werden wohl auch ihre Beiträge liefern. Für die Aufstellung der Maschine sind wir der Sorge enthoben, es ist alles ruhig abgelaufen. Dieselbe ist in Thätigkeit, sehr interessant und nach Wunsch ausgefallen.

[...]

Kommentar 42

Dem französischen Dekret vom 31.3.1809, das die Einführung der Gewerbefreiheit bestimmte, folgten mit dem Dekret vom 3.11.1809 arbeitsrechtliche Bestimmungen betreffend u.a. die Verträge zwischen Arbeitgeber und Arbeitnehmer, Streiks oder Koalitionen; ebensolche Bestimmungen enthielt der Code Napoléon, der am 1.1.1810 in Kraft trat. Mit der Einführung des code de commerce am 17.12.1811, dem die Einrichtung des Elberfelder Handelsgerichtes 1813 folgte, erging ein Dekret über die Installierung von Fabrikengerichten, deren Aufgabe wie folgt definiert wurde: „Art. 2. Das Fabriken=Gericht beseitiget im Wege der Güte die Streitigkeiten, welche sich, es sei zwischen den Fabrikanten und Arbeitern, oder zwischen den Aufsehern der Werkstatt und den Gesellen oder Lehrlingen entspinnen. Kann solches in Güte nicht bewerkstelliget werden, so entscheidet es unter den Parteien durch ein Definitiv=Erkenntniß, oder mit Vorbehalt der Appellation, [...].

Art. 51. Der Gerichtsbarkeit der Fabriken=Gerichte sind unterworfen die Fabrik=Kaufleute, die Vorsteher der Werkstatt, die Werkmeister, Färber, Arbeiter, Gesellen und Lehrlinge, und zwar bloß in Absicht derjenigen Zwistigkeiten, welche sich auf den Gewerbzweig, den sie treiben, oder auf die Vereinbarungen, die dieses Gewerbe zum Gegenstande haben, beziehen. [...] Art. 54. Jedes auf die Störung der Ordnung und Zucht in der Werkstatt abzielende Vergehen, jeder grobe Fehltritt der Arbeiter und Lehrlinge gegen ihre Meister kann von den Fabriken=Gerichten mit Gefängniß, welches jedoch nicht über drei Tage hinausgehen darf, bestraft werden" (Sammlung der Verordnungen und Regulative für die Fabrikengerichte im Herzogthume Berg, Elberfeld 1841, S. 40 ff). Die beiden Regulative über die Errichtung und Verwaltung der Fabrikengerichte für Elberfeld und Barmen vom 23.11.1840 waren auf das genannte französische Dekret vom 17.12.1811 bezogen. Laut Karl Coutelle bestand das Fabrikengericht, später Gewerbegericht genannt, das in Elberfeld mit dem 15.5.1841 in Wirksamkeit trat, aus 9 Mitgliedern und 9 Stellvertretern, „und zwar aus 5 Fabrik=Kaufleuten und 4 Mitgliedern aus der Klasse der Werkmeister, gewerbesteuerlichen Fabrikarbeiter, Färber, Drucker und Handwerker, welche mindestens 4 Thaler Klassensteuer zahlen, 30 Jahre alt sind, das Gewerbe seit 6 Jahren treiben, noch nicht fallirt haben, lesen und schreiben können und unbescholtenen Rufes sind. Dieselben Eigenschaften werden für die Stimmberechtigung zur Wahl der Mitglieder und Stellvertreter erfordert" (Coutelle, a.a.O., S. 80). Die Mitglieder wählten einen

Quelle 42
Protokoll einer Verhandlung des Fabrikengerichts
HStAD Gewerbegericht Elberfeld Nr. 80/4 Bl. 200-210
31.7.1845   handschriftlich   Auszüge

Oeffentliche Sitzung des Königlichen Fabrikengerichts zu Elberfeld, vom ein und dreißigsten Juli achtzehnhundert fünf und vierzig, wo anwesend waren die Herren G. Schlieper, Vice=Präsident, Neuhoff, Kampf, Jäger, Mand, Schlößer, Stüpp Richter und Sekretair Sauer

[...]

Zur Sache
des in Elberfeld wohnenden Fabrikanten und Kaufmanns Herrn J.C. van der Beeck, Kläger;
wider
den in der Steinbeck, bei Elberfeld wohnenden Weber August Fichthorn, Verklagten;
hatte der Kläger in der Sitzung der Vergleichskammer hiesiger Stelle vom neun und zwanzigsten dieses Monats vorgetragen:
der Verklagte habe als Weber für ihn eine Zeit lang gearbeitet, und eine Kette 14/4 breite Tücher nebst Maschiene und Geräthschaften erhalten, wovon er mehrmals, und zuletzt am Samstag den 26 dieses Monats sechs Tücher geliefert habe. - Als ihm darüber eine Bemerkung gemacht worden: daß diese Lieferung zu wenig sei, habe der Verklagte unter Fluchen und Toben auf der Wiegkammer, einen Kettstock verlangt, um die Kette abzuschneiden, und zurückzuliefern. - Er - Kläger - verlange, daß der Verklagte entweder die Kette gehörig abwebe, oder eine angemessene Entschädigung bezahle, und daß derselbe wegen seines ungebührlichen Benehmens auf der Wiegkammer, wodurch die Zucht und Ordnung in seiner Fabrik gestört worden, in die gesetzliche Strafe verurtheilt werde. -
Der Verklagte hatte erklärt:
daß er von dem Kläger die fragliche Arbeit übernommen habe, daß er dieselbe aber nicht machen könne, weil er zu wenig darauf verdiene. - Dieses rühre daher, daß er auf vier Spulen sechzehn verschiedene Farben anbringen müsse, und hiefür keinen Spuler haben könne. -
Was die Angabe über das Toben und Fluchen auf der Wiegkammer betreffe, bemerke er: daß er dem Werkmeister des Klägers p. Krieger einen Kettstock abverlangt, dieser ihm aber im unwilligen Tone gesagt habe: er solle die Arbeit abmachen, worauf er - Verklagter - erwiedert: ich bin verdammt kein Sclave! -
Da zwischen den Partheien ein Vergleich nicht zu Stande gebracht werden konnte, wurde die Sache in die heutige Sitzung verwiesen. -
Hierin erschienen beide Theile persönlich und wiederholten ihre in der Vergleichskammer abgegebenen Erklärungen, nachdem das desfallsige Protokoll verlesen war. -
Der Kläger bemerkte noch, daß der Verklagte von der fraglichen Kette ein und fünfzig Tücher gewebt, und von jedem Tuche fünf Groschen Lohn erhalte, und daß ein gewöhnlicher Weber wöchentlich wenigstens zwei Dutzend Tücher machen könne und hierfür vier Thaler Lohn erhalte. -
Der Verklagte entgegnete: daß er nicht im Stande sei, von den fraglichen Tüchern p[ro] Woche zwei Dutzend zu weben, indem er keinen Spuler für diese Arbeit haben könne und daher das Spulen selbst besorgen müsse. - Er verpflichte sich dennoch die Kette gehörig abzumachen. -
Der Kläger acceptirte das Versprechen des Verklagten, daß er nemlich die Kette abmachen wolle, trug aber zugleich auf die Bestrafung des Verklagten an, deshalb: weil derselbe am Samstag dem 26 dieses Monats die Zucht und Ordnung in seiner Fabrik gestört habe. -
Der Verklagte bezog sich in dieser Beziehung auf seine in der Vergleichskammer gemachten Aussagen. -
Der Kläger produzirte zur Begründung seiner desfallsigen Klage, die nachbenannten Zeugen, welche den gesetzlichen Zeugeneid leisteten, und einzeln und getrennt, in Gegenwart der Partheien wie folgt deponirten:

<u>Der erste</u> ad generalia. Ich heiße Heinrich [C]ox bin sechs und zwanzig Jahre alt; Handlungsdiener bei dem Kläger; sonst bin ich mit den Partheien nicht verwandt, nicht verschwägert, auch nicht in deren Diensten.

235

Präsidenten und einen Vizepräsidenten, die ebenso wie die Mitglieder von der Regierung bestätigt werden mußten; dazu kam ein bezahlter Gerichtssekretär. Das Verfahren - ein Beispiel aus dem Jahr 1845 ist in Quelle 42 wiedergegeben - war mündlich und öffentlich. Zunächst wurde vor der wöchentlich tagenden Vergleichskammer unter dem Vorsitz von zwei Richtern ein Vergleich angestrebt. Schlug dieser Versuch fehl, gelangte die Sache vor das Hauptbüro, das vierzehntägig zusammenkam und voll besetzt war. In dem Zeitraum vom 1.10.1850 - 1.10.1851 waren vor dem Elberfelder Gericht 284 Sachen verhandelt worden, von denen 37 durch außergerichtlichen, 191 durch gerichtlichen Vergleich beigelegt wurden. 56 Fälle, zu denen noch 17 weitere wegen Nichteinhaltung von Vergleichen kamen, wurden vor dem Hauptbüro verhandelt.

3268 **Bekanntmachung.**

Mit Bezug auf meine Bekanntmachung vom 10. l. Mts., betreffend die frevelhafte Zerstörung von Fabrikstoffen zum Nachtheile der Tuchfabrikanten Schürmann & Schröder zu Lennep, bringe ich hierdurch zur allgemeinen Kenntniß, daß die auf die Entdeckung des Thäters gesetzte Prämie auf mindestens 50 Thaler erhöht worden ist.

Elberfeld, den 13. April 1847.

Der Ober-Prokurator:
v. **Kösteritz.**

Anzeige im Täglichen Anzeiger Nr. 89 vom 16.4.1847

Zur Sache
Es war am jüngstverflossenen Samstage, als der Verklagte in unsere Fabrik auf die Wiegkammer zu mir kam, und mich ersuchte, ihm einen Kettstock zu geben mit dem Bemerken: daß er die Kette nicht abmachen, sondern abschneiden und zurückbringen wolle. Ich entgegnete: daß er sich dieshalb an Herrn van der Beeck wenden möge. - Krieger, der hinzutrat, äußerte: er müsse jedenfalls die Kette abmachen, worauf der Verklagte unter Fluchen entgegnete: ich mache die Kette nicht ab. Als demnach der p. Fichthorn noch fortfuhr zu fluchen und zu toben, äußerte der anwesende p. Thurn: er möge dies lassen, sonst müsse er ihn zur Thüre hinaus bringen. Fichthorn entgegnete: wer das versuchen will, der komme. -
= auf Zeugengebühr verzichtet =

Der zweite ad generalia Ich heiße Philipp Krieger, bin acht und vierzig Jahre alt, Werkmeister in der Fabrik des Klägers; sonst bin ich mit den Partheien nicht verwandt, nicht verschwägert, auch nicht in deren Diensten.
Zur Sache
Am verflossenen Samstage kam der Verklagte in unsere Wiegkammer zu mir, und verlangte einen Kettstock, nachdem er deshalb mit [C]ox gesprochen hatte. - Ich sagte ihm, daß er die Kette abmachen müsse, worauf er erwiederte: Gott verdamme mich, ich mache sie nicht ab, ich muß bei der Arbeit verhungern. Der Verklagte fluchte und tobte dabei in unserer Wiegkammer, worin noch mehrere Arbeiter anwesend waren. -
Was die Arbeit selbst betrifft bemerke ich, daß der gewöhnliche Weber von uns p[ro] Woche zwei Dutzend Tücher liefert und daß die Weber auch mehr liefern können. Jeder Tuch thut fünf Groschen Lohn, und so hat der Weber sein hinlängliches Bestehen.

Der dritte ad generalia. Ich heiße Johann Karl Thurn, bin vier und dreißig Jahre alt; Werkmeister in der Fabrik des Klägers; sonst bin ich mit den Partheien nicht verwandt, nicht verschwägert auch nicht in deren Diensten.
Zur Sache
Ich hörte am vergangenen Samstage auf unserer Wiegkammer hinter mir einen lebhaften Wortwechsel und gewahrte beim Umdrehen den Verklagten Fichthorn, der unter Fluchen erklärte: die Kette nicht abmachen zu wollen. Ich sagte ihm er solle ruhig sein, worauf er aber zu fluchen fortfuhr; worauf ich dann erklärte: wenn er nicht ruhig sei, müsse ich ihn hinausbringen. Als dies nicht half, faßte ich ihn um den Leib und brachte ihn hinaus. -
Auf die Frage: ob überhaupt dieser Vorfall die Ruhe und Ordnung in der Fabrik gestört habe, entgegnete der Zeuge:
allerdings er hätte bei der Anwesenheit von 70 bis 80 Arbeitern großes Aufsehen gemacht, und die Arbeit wäre dadurch eine Zeit lang gestört worden. -
= auf Zeugengebühren verzichtet =

Hiernach hat das Gericht sofort folgendes Urtheil verkündigt:
Nach Anhörung der Partheien und vorheriger Berathung.
In Erwägung, die Klage auf Abmachung der Kette betreffend, daß es durch die Erklärungen der Partheien feststeht, daß der Verklagte die fragliche Kette, und die dazu gehörigen Geräthschaften von dem Kläger übernommen, wovon er bereits an mehreren Liefertagen im ganzen ein und fünfzig Tücher geliefert, und hierfür jedesmal den Lohn empfangen hat;
daß durch die Annahme der fraglichen Kette und die davon gemachten Lieferungen zwischen den Partheien ein Vertrag besteht, und der Verklagte verpflichtet ist, den Rest der fraglichen Kette um so mehr abzuweben, als es sich durch die eidlichen Aussagen der Zeugen herausgestellt hat, daß der gewöhnliche Weber p[ro] Woche vier und zwanzig Tücher abmachen kann, und hiefür vier Thaler Lohn erhält, abgesehen davon, daß einige Weber p[ro] Woche noch mehr anfertigen zu können;
daß daher die Einrede des Verklagten: als könne er durch die fragliche Arbeit seine Existenz nicht finden, sich als unbegründet herausgestellt hat, er demnach auch zum Abmachen der Kette verbindlich erscheint, sich auch zur Erfüllung dieser Verbindlichkeit heute bereit erklärt hat;
In Erwägung den Antrag des Klägers auf Bestrafung des Verklagten betreffend, daß nach Artikel 54 des Dekrets vom 17 Dezember 1811 die Fabrikengerichte jedes auf die Störung der Ordnung und Zucht in der Werkstatt abzielende Vergehen, jeden groben Fehltritt der Arbeiter gegen ihre Meister u.s.w. mit Gefängniß von höchstens drei Tagen ahnden können;

daß der Verklagte am Samstag den sechs und zwanzigsten dieses Monats durch sein Benehmen in der Fabrik des Klägers sich eines Vergehens schuldig gemacht, wodurch die Zucht und Ordnung der Fabrik des Klägers gestört worden ist - und deshalb mit einer Gefängnißstrafe bestraft werden mag;

daß indeß der Verklagte wegen eines ähnlichen Vergehens noch nicht bestraft worden ist, weshalb gegen ihn das Minimum des gesetzlichen Strafmaaßes ausgesprochen werden mag;

Aus diesen Gründen

erkennt das Königliche Fabrikengericht in letzter Instanz für Recht, verurtheilt den Verklagten die fragliche Kette gehörig abzuweben und dem Kläger einzuliefern; erklärt sodann den Verklagten für überführt, daß er am sechs und zwanzigsten dieses Monats die Ruhe und Ordnung in der Fabrik des Klägers durch Fluchen und ungebührliches Benehmen gestört habe, und verurtheilt ihn deshalb in eine Gefängnißstrafe von einem Tage, verordnet die sofortige Vollziehung dieser Strafe, und legt dem Verklagten die aufgegangenen und zu neun Groschen zwei Pfennig liquidirten Kosten zur Last. - Stempel [restirt] wegen Geringfügigkeit des Streitgegenstandes.

Also geurtheilt zu Elberfeld, wie vor. -

[folgen die Unterschriften der Richter]

Kommentar 43

Im Anschluß an die preußische Gewerbeordnung vom 17.1.1845, die die Innungsbildung zuließ (§ 101), reichten auch 332 Weber aus Elberfeld am 21.6.1845 einen Statutenentwurf ein, der am 20.11.1845 von der Regierung zunächst abgelehnt wurde. Erst am 28.3.1848 wurden die Statuten der Webermeisterinnung in Elberfeld genehmigt. Als Zweck der Vereinigung war im § 1 bestimmt: „Der Zweck der Innung besteht in der Förderung der gemeinsamen gewerblichen Interessen des Weber-Handwerks, insonderheit soll die Innung 1) die Aufnahme, die Ausbildung und das Betragen der Lehrlinge, Gesellen und Gehülfen der Innungsgenossen beaufsichtigen; 2) die Verwaltung der mit der Innung verbundenen Sterbe=und Hülfskasse der Innungsgenossen leiten; 3) der Fürsorge für die Wittwen und Waisen der Innungsgenossen, namentlich durch Förderung der Erziehung und des gewerblichen Fortkommens der Waisen, sich unterziehen" (SAW J VIII 32). Die Novelle zur Gewerbeordnung vom 9.2.1849 bestimmte für die Ausübung der meisten Gewerbe, auch für die Weberei, wieder Qualifikationsnachweise und Ausbildungsvorgaben; die Selbständigkeit war an Prüfungen gebunden, die vor bestimmten Gremien, z.B. vor Innungs-Prüfungs-Kommissionen abgelegt werden mußten. Bedingt durch den Beitritt vieler neuer Mitglieder nach der Novelle, u.a. zahlreicher Bandwirkermeister (die Mitgliederzahl stieg auf über 2000 Meister an), nannte sich die Organisation in den 50er Jahren „Weber- und Wirkermeisterinnung"; in Barmen entstand 1853 eine gemeinsame Innung von Webern und Wirkern erst auf Druck der Behörden. Neben den Webern und Wirkern kam es zu Grün-

Quelle 43
Forderungen der Elberfelder und Barmer Weber
SAW J XI 1   undatiert [März 1848][1]   handschriftlich

An die Herrn Fabrikanten im Wupperthal!

Hochgeehrte Herrn Fabrikanten!

In den gegenwärtigen Verhältnissen haben wir uns veranlaßt gefunden die unten bemerkte Forderungen an Ihnen einzureichen. Wir haben nicht die Absicht niederzureißen, sondern aufzubauen; Nicht die Absicht Oel in die bereits ausgebrochenen Flammen zu gießen, sondern zu löschen, und jedes noch glimmende Flämmchen zu ersticken.

Hierzu gehört eine Reformation der Weberei und wir legen dieselbe Ihnen frei und offen vor. Also offen frei und redlich sei unser Wahlspruch. Wir <u>müssen</u> und <u>wollen</u> einig sein. Wir haben Wünsche wir wollen Sie offen und frei nennen. Wir Weber von Elberfeld & Barmen wünschen und verlangen.

1tens
Daß nur dann Arbeit nach auswärts gegeben wird wenn wir Beschäftigung haben.

2tens
Eine Arbeits=Kündigung von 10 Tagen oder eine Entschädigung von 5 Thaler. -

3tens
Jede Unterbrechung im Verdienst pr. Tag mit 20 Silbergroschen zu vergüten.

4tens
Bei Ketten welche unter 6 Thaler an Arbeitslohn ausmachen eine Vergütung von 20 Silbergroschen.

5tens
Bei Einrichtung aller Tritt Arbeit für 1000 Faden 20 Silbergroschen zu vergüten. -

6tens
Auf jedem Stuhle muß bei geschickter Hand und treuem Fleiß mindestens 4 Thaler wöchentlich verdient werden können.

7tens
Von dem einmal festgestellten Lohn darf unter keinem Vorwand ein Abzug mehr stattfinden.

dungsaktivitäten bei den Bleichern, Färbermeistern, Stoffdruckern und Kartenschlägern, abgesehen von Innungsgründungen bei den anderen Handwerken. 1867 bestand im Bereich des Textilgewerbes nur die Weber- und Wirkerinnung mit 500 Mitgliedern. Auf Initiative der Weberinnung konstituierte sich, wie Quelle 43 dokumentiert, im Jahr 1848 in Elberfeld ein „Arbeitsrat für Weberei", in dem unter dem Vorsitz des Beigeordneten Hermann von der Heydt 5 Fabrikanten und Webermeister, um „die Verhältnisse zwischen Fabrikanten und Fabrikarbeitern auf dem Wege der freien Vereinbarung zur Genugtuung der Betheiligten zu gestalten und die Uebelstände [...] allmählig aus dem Wege zu räumen" (Beilage zum Täglichen Anzeiger Nr. 157 vom 2.7.1848). In Versammlungen, denen Webermeister, Deputierte des Gemeinderats, der Handelskammer und des Gewerbegerichts angehörten, einigte man sich im März 1848 auf „Vereinbarungen" u. a. bezüglich der „Vorrichtarbeiten" in der Weberei, die für den Weber große Verdienstausfälle bedeuteten (SAW J XI 1). Diese Versammlung bildete die Vorstufe zum „Arbeitsrat". 1848 hielt dieser 20 Sitzungen ab; 1851 waren es noch 12; das letzte Sitzungsprotokoll ist vom 21.5.1856 datiert. 1848 hatte der Ausschuß der vereinigten Kartenschläger von Elberfeld und Barmen die Forderung nach Errichtung eines Arbeitsrates für das Gewerbe folgendermaßen begründet: „Doch wäre es eine unrichtige Anmaßung, wenn die Arbeiter den Lohn zur Stockung und Störung der Concurrenz des Fabrikzweiges unbedingt erhöht sehen wollten; nein, nur Mißbräuche durch Vereinbarung mit den Arbeitgebern auf gütlichem Wege zu schlichten, das soll unsere Aufgabe sein" (SAW J III 128).

Annonce im Täglichen Anzeiger Nr. 266 vom 5.11.1848

8tens
Das Mustern=Machen werde wie früher doppelt bezahlt.

9tens
Darf ohne Selbstverschuldung des Meisters demselben der letzte Stuhl Arbeit nicht abgenommen werden.

10tens
Kein Werkführer oder sonstiger Komptoir=Gehülfe darf es erlaubt sein Webestühle zu halten.

11tens
In Elberfeld und Barmen werde ein Arbeits=Rath errichtet, bestehend aus Fabrikanten und Webermeistern der Innung.

12tens
Dieser Arbeits Rath, werde von sämmtlichen Mitgliedern der Innung nach Stimmenmehrheit gewählt.

13tens
Dieser Arbeits Rath bestimmt die Löhne neu aufkommender Artikel, höre unter Namensverschweigung auf die Klage des Arbeiters, untersuche die Sache - versuche gütliche Ausgleichung, und wenn diese nicht erfolgt, so bringe er Sache vor das Gewerbe=Gericht.

Da Unsere Forderungen eben so billig wie gerecht sind so hoffen wir daß dadurch die alte Eintracht in unserem Wupperthale wieder eintrete, und statt den bisherigen Verwünschungen gegen Fabrikanten, und Werkführer wieder Liebe und Achtung an die Stelle tritt.
Was wir Weber seit bereits 6 Jahren geopfert und gelitten haben ist nicht mit der Feder darzustellen, noch weniger zu begreifen. Der Weber war (und ist es noch) stolz darauf durch seinen Fleiß das Erforderliche hervorzubringen.
Wie viele Nächte, Sonntage, ja sogar hohe Fest=Tage sind von der Mehrzahl gearbeitet worden, um den Herrn Fabrikanten mit eiligen Bestellungen zu helfen. Hierdurch ist vielfach von Seiten der Herrn Fabrikanten Mißbrauch entstanden, und Lohnverkürzung eingetreten.
Dieses Uebel muß mit der Wurzel ausgerottet werden; und durch eine Verordnung daß kein Lohn=Abzug mehr stattfinden darf wird es gelungen sein.
[11 Unterschriften]

---

[1] auch bei Emsbach, a.a.O., S. 650/651

9237 **Aufruf an sämmtliche Webermeister der Bürgermeisterei Elberfeld.**

Motto: Eintracht macht stark.

Bei einer Generalversammlung der Webermeister-Innung wurde folgender Beschluß gefaßt: daß von jetzt an ein jeder Webermeister sich an der Innung betheiligen könne, ohne an der Unterstützungskasse Theil nehmen zu müssen. Wir lassen deshalb diesen Aufruf öffentlich ergehen, daß Jedermann davon in Kenntniß gesetzt werden soll, mit der Hoffnung, daß sich jetzt auch ein Jeder an diesem für die Weberei so nützlichen Institute betheiligen werde. Um diese gute Sache nun so schnell wie möglich zu befördern, hat unser Vorsitzer, Herr Anton Trosset, das Einschreiben der zur Innung Beitretenden einstweilen übernommen und folgende Stunden dazu festgestellt: Sonntag, Nachmittags von 6 bis 8 Uhr und Montag, Abends von 8 bis 10 Uhr, im Innungslokale bei Hrn. Scharpenack am Wall. Um nun einem jeden Beitretenden die Sache so viel als möglich leicht zu machen, fügen wir die Bemerkung hinzu, daß man seine Einschreibegebühren in 12 Wochen, das heißt von 4 zu 4 Wochen erlegen kann. Wir glauben nun alles Mögliche gethan zu haben, um den Zutritt zur Innung zu erleichtern, reichen deshalb einem jeden Beitretenden brüderlich die Hand und deuten noch einmal auf obiges Motto.

Der Vorstand der Webermeister-Innung.

Kommentar 44 und 45

Die beiden Quellen 44 und 45 beziehen sich auf die Färbergesellen im Wuppertal, die im Jahr 1848 auf dem Hintergrund der sozialen und politischen Bewegungen sich zu organisieren und ihre Forderungen durchzusetzen begannen. Das Färbereigewerbe im 19. Jhdt. teilte sich in die Couleur- und die Türkischrotfärberei, wobei erstere verlagsmäßig organisiert und damit die Gesellenschaft in den Lohnbetrieben eher handwerklich orientiert war, während in den Türkischrotfärbereien als Eigenbetrieben eine Form moderner Fabrikarbeiterschaft im Entstehen begriffen war. Am 9. April 1848 konstituierte sich die Färbergesellen - „Innung" von Elberfeld und Barmen, wobei es sich im Grunde nicht um einen handwerklich orientierten Interessensverband Selbständiger gemäß der Allgemeinen Gewerbeordnung von 1845 (§§ 101, 102) handelte, sondern, wie das „Arbeits=Statut" (4.6.1848) und der als erste Quelle wiedergegebene „Antrag" vom 9.4.1848 zeigen, um einen schon gewerkschaftsartigen Zusammenschluß zum Zweck der Durchsetzung von Tarifverträgen. In Verhandlungen mit den Färbermeistern setzten die Gesellen in Elberfeld am 6.10. und 14.12.1848 (in Barmen wahrscheinlich 1849) die Annahme ihrer Forderungen durch. Die zweite Quelle besteht aus einem (offenen) Brief der Färbergesellen an die Färbereibesitzer (über den Oberbürgermeister) vom 30.11.1848. Schon im Jahr 1847 gab es, wie ein Flugblatt, gerichtet an Weber des van der Beekschen Unternehmens, belegt, „Unruhe" unter den „Arbeitern" im Wuppertal. Im Text des „Einladung" betitelten Schreibens hieß es abschließend: „Der Mensch ist, frei, geschaffen, ist, frei, und [w]en[n] er, in Ketten, Gebohren," (beigefügt einem Bericht Oberbürgermeisters von Carnap nach Düsseldorf vom 29.4.1847, HStAD Reg. Düsseldorf Präsidialbüro Nr. 792 Bl. 78). Im März 1848 liefen Nachrichten von Maschinen- und Fabrikstürmereien aus anderen Städten ein, am 18.3. kam es zu Zerstörungen der van der Beekschen Gebäude, im April zu wiederholten „Plünderungen" und „Zwangsverkäufen" von Lebensmitteln, die Hungernde den verkaufenden Bauern abgenommen hatten.

Am 23.3.1848 erließ der Oberprokurator von Kösteritz an die „Fabrikarbeiter des Landgerichtsbezirkes von Elberfeld" einen Aufruf, in dem es u.a. hieß: „Hört die Stimme Eures Freundes! Laßt ab von Unternehmungen, die Euren bisher anerkannten Sinn für Gesetzlichkeit beflecken würden! Laßt ab von Unternehmungen, die, Unheil für Andere bereitend, Euer eigenes Elend nur vermehren können! Was Ihr zerstört, ist Eure eigene Nahrungsquelle! Oder wähnt Ihr, Euren Zustand zu verbessern, wenn Ihr Eure

Quelle 44
„Antrag" der Färbergesellen von Elberfeld und Barmen,
in: Elberfelder Zeitung Nr. 112 vom 21.4.1848[1]

Hochgeehrte Herren Arbeitgeber!

Die Völker brechen die Ketten, welche im Laufe der Zeit List, Verrath und Gewalt ihnen angelegt; die Personen fordern Anerkennung der Menschenrechte, die Armuth fordert vom Reichthume die Möglichkeit zu leben; die Arbeiter Frankreichs wollen möglichst wenig arbeiten und möglichst flott leben, einige Nichtbesitzer möchten Theilung der Güter oder vielmehr vollständige Abtretung derselben an sie. —

Auch wir haben Wünsche, aber diese beschränken sich auf's Unentbehrliche, Unveräußerliche und gehen nicht hinaus über Möglichkeit, Gerechtigkeit und Billigkeit. Wir wollen sie nennen kurz und einfach.

Wir verlangen:

1. Daß die dieser Tage von unsern Brodherren freiwillig eingeführte Verkürzung der Arbeitszeit von 6 bis 12 Uhr Morgens und von 1 bis 7 Uhr Nachmittags allgemein eingeführt werde und für immer bestehen bleibe. Die Verrichtungen eines Färbers sind so angreifend, daß diese Arbeitsstunden selbst den stärksten Mann erschöpfen.

2. Der Sonntag und der allgemeine Feiertag soll ohne Ausnahme ein Tag der Ruhe sein. Auch unsere Körper müssen einen Sabbath, auch unsere Seele einen Sonntag haben. — Dagegen sind wir erbötig, an Sonn- und Feiertagen gegen Vergütung von 20 Silbergroschen für den Mann in die Färbereien die erforderliche Wache zu stellen und zwar nach der Reihenfolge. — Aber andere Arbeit bleibt am Sonntage für immer ausgeschlossen.

3. Kein Färbereibesitzer darf auf einmal mehr als zwei Lehrlinge halten.

4. Es werde Niemand in die Gesellschaft aufgenommen und zur Arbeit zugelassen, der nicht seinen Lehrbrief aufweisen kann.

5. Jeder wirkliche Färbergeselle erhält die Woche wenigstens 4 Thaler Löhnung, zufällige Ueberstunden müssen besonders vergütet werden; die Kesselarbeiter und Kunstfärber sollen eine angemessene Lohnerhöhung erfahren.

6. Kein Färbermeister darf zu Ueberstunden zwingen, oder im Verweigerungsfalle aus der Arbeit entlassen.

7. Wir verlangen eine Kündigungsfrist von 14 Tagen, sowohl für den Meister, als für den Gesellen.

8. Der Meister kann Gesellen annehmen, aber sofort entlassen nur bei groben Verstößen und unter Zuziehung zweier Altgesellen.

9. Werden aus Mangel an Arbeit Entlassungen nothwendig, so sollen diese nicht nach Willkür, sondern nach der Dienstzeit erfolgen und mit dem Jüngsten muß der Anfang gemacht werden.

10. Dem Färbergesellen werde Samstag Mittags die Löhnung mit nach Hause gegeben, damit dessen Frau den Markt besuchen könne, wodurch dieselbe in der Regel zehn Groschen und mehr Minderauslage hat.

11. Wir verlangen von unsern Meistern eine menschliche und anständige Behandlung, von den Färbereibesitzer darf man ohnehin das Gegentheil nicht erwarten. — Wir wollen weder mit Flüchen noch mit Schimpfworten angeredet sein. Wir gehen nicht nach übermäßigen Löhnen, wie ein übermüthiger Färbereibesitzer in den Dörnen über uns auszusprechen sich erlaubt hat. Alles, was wir verlangen, ist erträgliche Arbeit gegen ausreichenden Lohn, menschliche und anständige Behandlung.

12. Damit die gegenwärtige Bewegung Ruhe und das gegenwärtige Durcheinander Ordnung werde, soll über die Erfüllung der hier ausgesprochenen Wünsche zwischen den Färbereibesitzern und uns unterzeichneten Färbergesellen ein Vertrag errichtet werden, dessen Urschrift in das Archiv der Innung der Färbergesellen in Abschrift davon in die Archive der Städte Elberfeld und Barmen, in die Schreine der Gewerbegerichte unseres Thales, sowie bei der etwaigen Commission der Färbereibesitzer niedergelegt werden. Die Kosten der Herstellung des Vertrages und der Abschriften tragen zu zwei Drittel die Färbereibesitzer und zu einem Drittel die Färbergesellen.

13. Wir Unterzeichneten erklären uns laut des Gegenwärtigen und Kraft unserer Unterschrift zu einer Vereinigung oder Innung.

14. Die durch Artikel 13 gebildete Innung wird zu einer Generalversammlung zusammentreten, um einen vorläufigen Vorstand zu wählen, dessen Obliegenheit ist, Satzungen zu entwerfen, zur Anerkennung und Genehmigung zu bringen, und die laufenden Interessen der Innung und der Innungsgenossen wahrzunehmen.

15. Ausländer, wozu jedoch die Schweizer nicht gerechnet werden, sollen nur dann in den Färbereien zugelassen werden, wann deren Vaterland auch deutsche Arbeiter zuläßt. —

16. Sollte — wider alles Erwarten — ein Färbergeselle aus der Arbeit entlassen werden lediglich, weil er zu der Innung getreten ist; so verpflichtet sich die Innung ihren Genossen auf Ehre und Gewissen, ebenfalls sämmtliche Arbeit so lange einzustellen, bis Dem ob seiner Theilnahme an der Innung Entlassenen auch wieder Arbeit gegeben worden ist. Jeder Innungsgenosse, welche der in diesem Artikel übernommenen Verpflichtung sich entzieht, ist gewerklich ehrlos, darf im Wupperthale nicht mehr arbeiten.

Auf diese Weise glauben wir sowohl für uns eine gewisse Bürgschaft für die Zukunft zu erlangen und den Arbeitgebern gegenüber einen Körper zu bilden, mit dem sie gütlich unterhandeln können.

Arbeitgeber ruinirt und Maschinen zerstört? Ihr befindet Euch alsdann in einem argen Irrthume. Eure Arbeitgeber werden gezwungen sein, sich und ihr Vermögen von hier fort und in andere Gegenden zu flüchten, wo sie größere Sicherheit genießen. Maschinen, die Ihr hier zerstört, werden in anderen Gegenden neu erstehen und zu arbeiten fortfahren" (Elberfelder Zeitung Nr. 85 vom 25.3.1848).

Wir ersuchen die Zeitungen von Elberfeld Barmen zur Anbahnung gegenseitiger Verständigung und gütlicher Ausgleichung, was in dieser stürmisch bewegten Zeit vor allen Dingen noth thut, sowohl gegenwärtiger Antrag als das Protokoll unserer Versammlung am Westende vom 9. April in ihre Spalten aufzunehmen und wollen darin ein Zeichen der Wohlgeneigtheit für uns Färbergesellen erkennen.

Und nun, Ihr Herren Arbeitgeber, wir gestatten vom Tage der Veröffentlichung des Gegenwärtigen durch die Presse vierzehn Tage Zeit zu einer Besprechung und werden durch unsern vorläufigen Vorstand die Antwort entgegennehmen.

Elberfeld u. Westende, Sonntag den 9. April 1848.

Zur Beglaubigung des Gegenwärtigen unterzeichnen:

Martin Schwartner, Vorsitzer.
Heinrich Eickelberg, Zahlmeister.
Ferdinand Hüffing, Schriftführer.

---

¹ Das Zeitungsexemplar ist beschädigt.
Der Text ist auch wiedergegeben bei Wolfgang Köllmann, Wuppertaler Färbergesellen-Innung und Färbergesellenstreiks 1848-1857, Wiesbaden 1962, S. 22ff

Quelle 45
Offener Brief der Wuppertaler Färbergesellen
SAW J III 128   30.11.1848   handschriftlich

Wunsch der Färbergesellen
Aufruf An Alle Herrn
Aller Färbereien

Hochgeachteste Herrn da ihr unsere Rechtfertigung in der Zeitung vernommen habt und dadurch wohl einsehen werdet daß Es uns nicht möglich ist daß wir von 3 Taler als Rechtschaffene Färbergesellen Leben Können Da Es Aber jetzt der Fall ist daß So vile unserer Mitbrüder Arbeitsloos sind Und schon daß Blut eines unserer Mitbrüder von der Erde zu unseren Ohren schreit der villeicht um den Hunger seynes Armen Weibes und seiner Kinder zu stillen in den Wald ging um holz zu hohlen Und dadurch seyn Leben verlor verhüttes doch dadurch solche Vorfälle daß jeder von Euch einige so viel es in Euren Kräften steht wider annehmt. Und ihnen wider Arbeit und Brodt gebet ferner An Euch Edle Herrn riechten wir nur Einige Worte die uns daß waß ihr uns versprochen habt biß jetzt noch gehalten habt. Auf unsere Treue könnt ihr Felsen bauen haltet nur daß waß ihr versprochen habt So ist uns kein Feind zu stark wer dann Anders will Als waß Recht und billig ist und waß ihr Rechtschaffen wolt der soll die stärcke unserer Arme fühlen sonstige Waffen brauchen wier nicht. Auch an dich, liber guter König richten wir eine paar Worte halt du nur daß jenige waß du versprochen hast So wird dieser Vers unser Wahlspruch seyn

Drum schwören wir heut aufs Neue
dem König Deutsche Treue
Soll seyn so Ächt so Ächt wie Türkischroth
fürs Vaterland im Leben
Und im Todt.

Wer dann Anders will wie du wilst der soll sehen wie stark die Krafft und Einigkeit der Elberfelder und Barmer Färbergesellen ist.
[Unterschriften]
Auch Sie Edler Herr Oberbürgermeister
Sie können auf unsere Treue bauen
berufen Sie uns wenn Sie wollen
bei Tag oder bei der Nacht wir stehn
immer bereit dem Rechtschaffenen
zu helfen.

Mit hochachtung unterzeichnen
Alle Färbergesellen
deß Wupperthales

Wenn Sie nichts dagegen haben
waß wier auf der vorigen Seite
Schreiben So bitten wir Es gleich
durch die Zeitung zu veröffentlichen.

Ausschnitt aus dem offenen Brief (Quelle 45)

Kommentar 46
Die Allgemeine Gewerbeordnung von 1845 bestimmte in ihren §§ 182-184, daß Koalitionen und Streiks der Arbeiter mit Geld- und Gefängnisstrafen belegt werden sollten. Dieses Koalitionsverbot wurde zwar im Mai 1848 zur „Bildung von Ausschüssen und Commissionen für die Erörterung der Verhältnisse zwischen den Gewerbetreibenden und den von ihnen beschäftigten Arbeitern" (8.5.1848) gelockert, aber erst mit der Gewerbeordnung von 1869 (§ 152) für das Gebiet des Norddeutschen Bundes, 1872 für das Reichsgebiet, aufgehoben. Insofern fielen die Streikbewegungen der 50er und 60er Jahre im Wuppertal unter das Streik- und Koalitionsverbot. Schon 1855 und 1857 war es zu Streiks wegen Lohnerhöhungen vor allem der Färbergesellen gekommen, denen Verhaftungen und auch Verurteilungen folgten. 1865 berichtete der Oberbürgermeister erneut nach Düsseldorf von Lohnforderungen der Färber, denen Weber, Wirker und Riemendreher folgten, sowie von Arbeitsniederlegungen der ersteren, die aber offenbar nicht erfolgreich waren. 1868 kam es zu einer Streikwelle im Wuppertal, angesichts derer die Handelskammer formulierte: „Die soziale Frage pocht in fast allen Ständen an, der Arbeiterstand erwacht aus dumpfer Apathie und erhebt noch unklar über seine wahren Aufgaben und Interessen an vielen Orten begehrliche Anforderungen an den Staat und die besitzende Klasse!" (HK-Bericht 1868). Die „Bewegung" hatte, wie der wiedergegebene Bericht des Elberfelder Oberbürgermeisters vom 16.6.1868 ausweist, in Barmen im Mai mit Streiks der Lastingsweber begonnen, denen Riemendreher, Bandwirker und Weber folgten. Den Lohnforderungen der Elberfelder Weber und Wirker folgten die Färber (Bericht vom 27.6.1868), die 5 Taler Wochenlohn und 3 Silbergroschen pro Überstunde sowie einen Taler für Sonntagsarbeit forderten, was von Duncklenberg, dem Inhaber der größten Färberei, mit dem Hinweis abgelehnt wurde, „er werde es vorziehen seine Fabrik, und sei es auf ein ganzes Jahr, zu schließen" (HStAD Reg. Düsseldorf Präsidialbüro Nr. 803 Bl. 188).

Hinter den Lohnforderungen vermutete man behördlicherseits eine Strategie des ADAV, die Fabrikanten zu zwingen, „sich dem Willen der Arbeiter zu fügen" (Bl. 189). Am 26.6. fand eine Versammlung von Elberfelder und Barmer Arbeitern (etwa 800) in Elberfeld statt, auf der der Barmer Arbeiter Raaspe „unter anderem das Loos der Arbeiter mit dem der Droschkenpferde verglich und das der letzteren als günstiger bezeichnete; wenn die Kraft des Arbeiters von dem Fabrikanten ausgenutzt sei, könne er von Glück sagen, wenn man ihn in einem Armen-

Quelle 46
Bericht des Oberbürgermeisters Lischke über die „Arbeiterbewegung in Elberfeld"
HStAD Regierung Düsseldorf Präsidialbüro Nr. 803 Bl. 174ff
16.6.1868   handschriftlich

Euer Hochwohlgeboren sind bereits von der seit einigen Wochen in der Stadt Barmen hervorgetretenen, die Erlangung höherer Löhne bezweckenden Arbeiterbewegung unterrichtet. Diese Bewegung hat sich seit Kurzem auch nach Elberfeld verpflanzt. Sie begann am 2ten dieses Monats mit einer Versammlung der Weber und Wirkermeister in einem hiesigen Wirthschaftslokale, zu welcher dieselben von einigen ihrer Gewerbsgenossen öffentlich eingeladen worden waren. In dieser, von 5 bis 600 Personen besuchten Versammlung wurde von den Rednern über die unzulänglichen Löhne der Weber geklagt und die gegenwärtige Zeit als besonders günstig bezeichnet, um eine Erhöhung derselben zu erreichen. Mehrfach wurde darauf hingedeutet, daß eine Arbeitseinstellung in der Barmer Fabrik von Brüninghaus sich zu diesem Zwecke als wirksam erwiesen habe. Auch nahm die Versammlung ein an sie gerichtetes „die Strike = Weber von Rittershausen" unterzeichnetes Telegramm, worin den Elberfelder Webern von ihren Genossen in Rittershausen (Barmen) ein Gruß und die Mahnung zur Einheit zugerufen wurde, mit Jubel entgegen.

Die Redner vermieden jedoch sorgfältig jede direkte Aufforderung zur Arbeitseinstellung; auch kam es zu keiner Erörterung einer solchen Maßregel; es wurde vielmehr ermahnt, eine Lohnerhöhung „auf gesetzlichem Wege" herbeizuführen, und wurde ein Komite von 12 Personen eingesetzt, um die zu diesem Zwecke erforderlichen Schritte bei den Fabrikanten zu thuen. Dieses Komite - in welchem sich, außer Elberfelder Webern und Wirkern, auch zwei in Barmen wohnende Weber, darunter ein gewisser Stigler, der sich in der Versammlung durch den bittern, aufreizenden Ton seiner Reden besonders ausgezeichnet hatte, befinden, - eröffnete seine Thätigkeit damit, daß es die Fabrikanten durch die Elberfelder Zeitung einlud, am 8ten dieses Monats in dem Versammlungslokale des Komites zu erscheinen, um mit demselben „wegen Erhöhung der Löhne in Unterhandlung zu treten". Da, wie zu erwarten, hierauf keiner der Fabrikanten erschien, erging auf demselben Wege eine neue Einladung an dieselben: „selbst ein Lokal zu bestimmen und die Stunde anzugeben, wo die, die Fabrikanten und Arbeiter in gleichem Maße interessirende Frage einer Abänderung der Lohnverhältnisse auf dem Wege der gütlichen Verständigung zu erledigen sei." Gleichzeitig richtete das Komite an diejenigen Fabrikanten, welche gewillt seien, über die Lohnfrage mit den Webern und Wirkern zu unterhandeln, das dringende Ersuchen, demselben am Donnerstag, dem 11ten dieses Monats ihre Entschlüsse mitzutheilen. Auch auf diese Aufforderung erfolgte keine Antwort Seitens der Fabrikanten, und das Komite entsendete darauf am Freitag, dem 12ten dieses Monats, eine aus dem Vorsitzenden, Webermeister Schur, und 3 anderen Elberfelder Webern bestehende Deputation an mich, um meine Vermittelung oder doch jedenfalls meinen Rath zu erbitten, wie sie sich weiter zu verhalten hätten, um zum Ziele zu kommen.

Ich konnte über das, was ich dieser Deputation zu sagen hatte, nicht zweifelhaft sein. Erfahrungsmäßig haben Versuche der Obrigkeit, auf die Lohnsätze der Fabrikarbeiter einzuwirken, überhaupt wenig Aussicht auf Erfolg. Die privatrechtliche Natur der Lohnverträge würde einen solchen Versuch überhaupt verbieten, wenn nicht die Bedingungen, unter welchen diese Verträge geschlossen und die Weise, in welcher sie erfüllt werden, eine, die öffentliche Ordnung und Sicherheit gefährdende Tragweite haben könnten. Mit Rücksicht auf die Bedeutung, welche die Lohnverhältnisse für das gesammte Gemeindewesen haben, kann der Vertreter des letzteren nicht von vorne herein zurückgewiesen werden, wenn er es versucht, im öffentlichen Interesse zwischen den Streitenden zu vermitteln, durch seinen Rath die eingetretenen Verwikkelungen zu lösen und drohende Bewegungen in die Bahn ruhiger Verhandlung zu leiten. Aber der Fabrikant sieht dennoch eine solche Einmischung in der Regel ungern, und er weiß auch, daß das Gesetz der Obrigkeit keine Mittel gegeben hat, um ihn zu einer Aenderung der Löhne zu zwingen. Er ist entweder ein Mann, dem der kaufmännische Vortheil die alleinige Norm seiner Entschließungen in Geschäftsangelegenheiten ist, und in diesem Falle ist selbstverständlich jede Vorstellung nutzlos; oder er hat neben dem rechnenden Verstande auch ein Herz für seine Arbeiter, und dann wartet er nicht auf die Mahnungen der Behörde, um dasselbe zu Gunsten der Arbeiter sprechen zu lassen und demgemäß zu handeln.

hause langsam zu Tode hungern lasse; das arbeitsunfähige Pferd befördere der Abdekker wenigstens rasch zum Tode" (Bl. 191). Nachdem das ADAV-Mitglied Klein die Arbeiter mit Sklaven gleichgesetzt hatte, wurde die Versammlung, ähnlich wie diejenige in Barmen vom Tag vorher, polizeilich aufgelöst. Im Verlauf des Monats Juli legten ca. 700 Rotfärber in Elberfeld und Barmen und 80 Weber eines Elberfelder Unternehmens die Arbeit nieder, wobei letztere, nachdem ihnen eine Gleichstellung mit den Löhnen in ähnlichen Betrieben zugesagt worden war, ihre Arbeit wieder aufnahmen. „In anderen Fällen sind, in Folge der stattgehabten Verhandlungen […] die Löhne in aller Stille geregelt und die Arbeiter zufriedengestellt worden. Von der verlangten allgemeinen Lohnerhöhung um 25 Procent ist zur Zeit nicht weiter die Rede" (Bericht vom 8.8.1868, Bl. 220).

Dies gilt selbst dann, wenn der Behörde hinreichendes Material vorliegt, um sich über die Zulänglichkeit und Angemessenheit der Lohnsätze ein selbstständiges Urteil bilden zu können. Das letztere ist aber den Webern gegenüber ganz unmöglich. Die Weber arbeiten nicht gegen einen bestimmten Tage= oder Wochenlohn, sondern sie erhalten Stücklohn, und der letztere ist ganz so verschieden, wie es bei der endlosen Mannigfaltigkeit der Webewaaren, nach Gattung, Qualität und Zusammensetzung der Stoffe, Muster u.s.w., der Fall sein muß. Die Zeit, welche der Weber auf die Herstellung eines Stückes verwenden, das Maß der Kunstfertigkeit und Sorgsamkeit, welches ihm dazu beiwohnen muß, sind ebenso wie andererseits die vielfachen, aus der Konkurrenz, dem Begehr, den Zoll= und Transportverhältnissen, den eigenen Mitteln oder dem Kredit des Fabrikanten sich ergebenden Momente, bedingend für den Lohnsatz, welcher gezahlt wird, und, wenn die Waare überhaupt mit Gewinn verkäuflich sein soll, gezahlt werden kann. Aber auch die Höhe dieses Lohnsatzes ist für das Einkommen eines Webers nicht <u>allein</u> entscheidend. Es liegt zunächst in der Natur des Stücklohns, daß der Ertrag desselben wesentlich von der Kraft, dem Fleiß und der Tüchtigkeit jedes einzelnen Arbeiters abhängt. Ein Fabrikant hat mir, unter Vorlegung seiner Löhnungsbücher, nachgewiesen, daß in vielen Fällen während gleicher Arbeitszeit die Anfertigung der völlig gleichen Waare, bei gleichem Stücklohnsatze, einigen Arbeitern doppelt so viel Lohn ertragen habe wie anderen, weil sie eine doppelt so große Menge von Waaren angefertigt hatten. Sodann ist der häufige Wechsel in den zu fabrizirenden Waaren von großem Einflusse. Derselbe wird theils durch die wechselnde Mode, für Elberfeld aber noch wesentlich dadurch herbeigeführt, daß fast jeder Artikel, welcher sich günstiger Aufnahme erfreuet, in kürzester Frist in den Fabrikgegenden, welche billigere Lebensmittelpreise und deshalb auch geringere Arbeitslöhne haben, nachgeahmt und billiger hergestellt wird, demgemäß aber in Elberfeld aufgegeben und durch etwas Neues ersetzt werden muß. In Folge dessen haben die meisten Weber die Vorrichtungen ihrer Stühle oft zu wechseln, und hierüber geht soviel Zeit verloren, daß der Lohn, welchen ein Weber während der Zeit wirklicher Arbeit verdient, keinen Schluß auf seinen durchschnittlichen Wochenverdienst in einem längeren Zeitraume zuläßt.
Man darf daher bei dem Lohne der Weber Elberfeld's an keine bestimmte Ziffer denken. Was ich darüber jetzt so wie vielfach bei früherem Anlaß habe erfahren können, ergiebt allerdings, daß ein Theil der Weber eine geringere Einnahme hat, als die gegen festen Wochenlohn beschäftigten Fabrikarbeiter, namentlich die Färber. Aber es erhellt gleichzeitig eine solche Verschiedenheit des durchschnittlichen Wochenverdienstes in den einzelnen Fällen, daß die Frage nach einer Zulänglichkeit dieser Sätze gar nicht allgemein beantwortet werden kann. Noch weniger aber ist es der Behörde möglich, sich ein Urteil darüber zu bilden, ob und in wie weit die Fabrikanten zu einer Erhöhung der Sätze <u>im Stande</u> seien. Die vielfachen thatsächlichen Verhältnisse, von welchen dies abhängt, sind oben allgemein andeutet worden; und aus der Natur derselben folgt ebensosehr, daß mir die Fabrikanten selbst deren Tragweite in Bezug auf die Höhe der zulässigen Arbeitslöhne zu bemessen, als daß auch sie dies nur für jede einzelne Waare und jedesmal nur für einen unbestimmten Zeitraum zu thuen im Stande sind.
Ich habe diesen Gegenstand noch in diesen Tagen mit dem Präsidenten des hiesigen Gewerbegerichtes, Kommerzien=Rath Moritz Simons, - früher Mitinhaber einer der ältesten und größten hiesigen Webewaaren=Fabriken, jetzt Rentner, - einem Manne von ungewöhnlicher Einsicht, großer Erfahrung und lebhaftem Mitgefühl für den Arbeiterstand, eingehend erörtert. Derselbe sprach es als seine Ueberzeugung aus, daß jeder Versuch, die Löhne der Weber durch Einwirkung der Behörden, durch Kommissionen von Fabrikanten und Arbeitern, Arbeitsräthe oder auf welchem anderen Wege, allgemein zu regeln, an der Mannigfaltigkeit und Wandelbarkeit der bedingenden Verhältnisse nothwendig ebenso scheitern müsse, wie in der That die hier in den Jahren 1847 bis 1849, unter damaligem bereitwilligem Entgegenkommen der Fabrikanten, gemachten Versuche vollständig gescheitert sind.
Nach allem diesem habe ich den Deputirten des Weber=Komites nur rathen können: die gemeinsame Agitation, welche, wie der Augenschein lehre, nur ein ebenso gemeinsames Ablehnen Seitens der Fabrikanten hervorrufe, aufzugeben, und ihren Genossen zu empfehlen: daß diejenigen Arbeiter jeder einzelnen Fabrik, welche glaubten, mit Grund annehmen zu dürfen, daß ihnen ein höherer Lohn gebühre und gezahlt werden könne, sich mit ihren Anträgen unmittelbar an ihre Arbeitgeber wenden möchten.
Die Deputirten versprachen, dies dem Komite mitzutheilen, aber sie ließen durchblicken, daß sie zu solchem individuellen Behandeln jedes einzelnen Falles wenig

Neigung hätten, daß sie einen durchgreifenden Erfolg vielmehr nur von einer Arbeitseinstellung erwarteten. Ja, ich gewann den Eindruck, daß die letztgenannte Maßregel eigentlich in den Wünschen der leitenden Persönlichkeiten liege, und daß die bisherigen Schritte des Komites: - die beiden Zeitungseinladungen an die Fabrikanten und die Entsendung einer Deputation an mich - nur geschehen seien, um sich und Dritten für alle Eventualitäten sagen zu können: man habe es nicht unterlassen, vorher eine Verständigung zu versuchen. Es ist mir seither bestätigt worden, daß dies in der That der Standpunkt der radikalen Partei unter den Arbeitern, namentlich der Mitglieder des Deutschen Arbeiter=Vereins, sei. Dieselben sollen von von Schweitzer die Weisung erhalten haben, jetzt eine gründliche Besserung der Lohnverhältnisse zu erzwingen, und es soll ihnen dazu eine allgemeine Arbeitsniederlegung als das bewährteste Mittel empfohlen worden sein. Es ist auch nicht zu verkennen, daß dieses Mittel mit voller Kenntniß der gegenwärtigen Verhältnisse ausgewählt ist. Die Fabrikation, welche jahrelang darniedergelegen, hat seit Kurzem einen neuen und sehr lebhaften Aufschwung erhalten, die Fabriken haben vollauf zu thuen, und ihre Besitzer würden bei einer Arbeitseinstellung von einiger Dauer in um so größere Verlegenheit gerathen, als sie auch von Außen her keine erhebliche Anzahl von Arbeitern erlangen könnten.

Andererseits vernehme ich, daß unter den Arbeitern selbst die Absichten jener Radikalen Widerspruch fänden, und daß ein Theil derselben geneigter sei, die Angelegenheit, nach meinem Rathe, durch Verhandlung mit den Arbeitgebern zum möglichst günstigen Austrag zu bringen.

Selbstverständlich habe ich die Besprechung mit den Komitemitgliedern nicht unbenutzt gelassen, um sie auf das eindringlichste vor Aufreizungen und Ruhestörungen irgend einer Art, sowie auch vor der Arbeitseinstellung zu warnen und ihnen das unverzügliche Einschreiten der Behörde bei jedem Versuche einer Ungesetzlichkeit mit allem Ernste anzukündigen.

Ich habe mich indessen hiermit nicht begnügen und wenigstens versuchen wollen, durch unmittelbares Handeln dazu beizutragen, daß die Bewegung, welche einmal nicht zu hemmen ist, einen ruhigen Verlauf nehme. Ich habe mich deshalb mit einigen der größeren Fabrikbesitzer in Verbindung gesetzt, und habe dieselben bestimmt, eine allgemeine Berathung der Webewaaren=Fabrikanten zu veranlassen. Zu dieser Berathung ist von dem Vorsitzenden des Fabrikanten=Vereins, - einer Vereinigung, welche zunächst den Zweck hat, die Verfolgung und Entdeckung der Seiden=Diebstähle zu erleichtern, welche aber auch den Ausgangspunkt für die Besprechung anderer allgemeiner und erheblicher Interessen der Webewaaren=Fabrikanten zu bilden pflegt, - eingeladen worden, und hat dieselbe gestern Nachmittag im Rathhause unter meiner Betheiligung stattgefunden. Die Versammelten sprachen sich einstimmig dahin aus, daß, bei der großen Verschiedenheit des durchschnittlichen Wochenverdienstes der Weber und Wirker, - ein Fabrikant gab beispielsweise an, daß die von ihm beschäftigten Arbeiter von 3 bis zu 9 Thalern wöchentlich verdienten, - die Forderung einer <u>allgemeinen</u> Erhöhung der Löhne um gewisse Prozentsätze, wie sie beansprucht zu werden scheine, nicht einmal in der Lage der Arbeiter eine Unterstützung finde, daß aber auch eine solche allgemeine Erhöhung den Fabrikanten unmöglich sei, weil die meisten Artikel dadurch in einem Maße vertheuert werden würden, welches sie unverkäuflich mache. Die Elberfelder Webelöhne seien, wie durch wiederholte Ermittelungen festgestellt worden, im Durchschnitt die höchsten, welche in Deutschland gezahlt würden, die hiesige Fabrikation befinde sich dadurch, ihren Konkurrenten am linken Rheinufer, in Berlin, in Sachsen u.s.w. gegenüber, bereits in einer sehr ungünstigen Lage, weil sie einen ihrer alten Artikel nach dem anderen aufgeben und immerfort auf die Erfindung und Herstellung neuer Fabrikate Bedacht nehmen müsse.

Die Versammelten lehnten es deshalb ab, über eine <u>allgemeine</u> Lohnerhöhung auch nur zu verhandeln. Dagegen wurden mehrere Aeußerungen laut, dahin gehend, daß die Löhne für einzelne Artikel, namentlich solche, welche noch im Wupperthale allein, ohne auswärtige Konkurrenz, fabrizirt würden, einer Erhöhung bedürftig und fähig seien, daß ferner gewisse, in früheren Jahren getroffene Vereinbarungen, welche den Webern für die Tage des Wartens auf eine neue Kette und der nothwendigen Veränderungen an der Einrichtung ihrer Stühle bestimmte Entschädigungsbeträge zusichern, nicht immer, ihrer Absicht entsprechend, erfüllt würden, auch zu Gunsten der Weber zu ergänzen und auszudehnen sein dürften. Die Versammelten würden es als den naturgemäßen Weg angesehen haben, wenn die Arbeiter der einzelnen Fabriken sich mit ihren Arbeitgebern über solche Fragen in unmittelbare Verhandlung setzen würden. Aber der offenkundige Charakter der gegenwärtigen Bewegung, - als

Auszug aus S. 179 des nebenstehenden Berichts.

einer, nicht aus der Lage der Arbeiter hervorgegangenen, sondern von der social=demokratischen Partei im günstig erscheinenden Augenblicke organisirten und nach einem vorgeschriebenen Plane geleiteten, - ließ es doch gerathen erscheinen, auf dem Verlangen einer solchen Privatverhandlung mit den Einzelnen nicht zu bestehen, sondern sich zu einer Verhandlung mit Abgeordneten der, als eine Gesammtheit auftretenden Weber= und Wirkermeister Elberfeld's über einzelne und bestimmte Anträge bereit zu erklären.

Es wurde demgemäß der folgende Beschluß gefaßt und protokollirt: „die Versammlung vereinigte sich, nach eingehender Erörterung der Sache, zu der Ansicht, daß eine Beschlußfassung in Bezug auf die Wünsche der Arbeiter so lange unmöglich sei, als der Gegenstand derselben, wie bisher geschehen, mit dem allgemeinen Worte: „Lohnerhöhung" bezeichnet werde. Die Versammlung war dagegen bereit, diese Wünsche in nähere Erwägung zu ziehen, sobald dieselben ihr im Einzelnen und in bestimmter Fassung vorgetragen sein würden. Sie wählte demgemäß ein Komite, bestehend in currentis[1] (folgen die Namen von 8 Fabrikanten); und beauftragte dasselbe, mit einem, von den Weber= und Wirkermeistern Elberfeld's aus ihrer Mitte zu wählenden Komite von gleichfalls acht Personen zusammenzutreten, von dem letzteren die Wünsche der Weber= und Wirkermeister entgegenzunehmen und demnächst dem Fabrikanten=Vereine darüber zu berichten."

Dieser Beschluß soll mir noch heute Vormittag mitgetheilt werden, um das Komite der Weber Behufs weiterer Veranlassung davon zu unterrichten. -

Inzwischen haben auch die Rothfärber der beiden Städte des Wupperthales eine Versammlung in Barmen gehalten, in welcher, nach der Elberfelder Zeitung, beschlossen worden ist, von den Fabrikanten eine Erhöhung des jetzt 4 Taler 12 Silbergroschen 6 Pfennige betragenden Wochenlohnes auf 5 Taler, sowie der Vergütungssätze für Ueberstunden und Sonntagsarbeit, zu begehren. -

Von meinen Verhandlungen mit den Besitzern der Riemendrehereien wegen der Gewährung von Freistunden an ihre Arbeiter, sind Euer Hochwohlgeboren durch meinen Bericht an die Königliche Regierung vom 11ten dieses Monats unterrichtet. Die, Behufs allgemeiner und nachhaltiger Durchführung der vereinbarten Aenderungen erlassene, von der Königlichen Regierung unter dem 12ten dieses Monats genehmigte Polizei=Verordnung[2] ist heute publizirt worden.

---

[1] currentis = folgenden

[2] In dieser Verordnung wurde auf der Grundlage des Gesetzes über die Polizei-Verwaltung vom 11.3.1850 und der Verordnung vom 9.2.1849 verfügt, daß „[i]n allen Fabriken und geschlossenen Arbeitsräumen" mittags eine Stunde und nachmittags eine halbe Stunde Pause eingeräumt wurde. Dabei durfte „[z]ur Mittagszeit [...] den Arbeitern und Arbeiterinnen das Verlassen des Arbeitslokales nicht untersagt werden". Wurde mit der Arbeit vor 7 Uhr morgens begonnen, gab es eine zusätzliche halbstündige Pause am Vormittag. Übertretungen sollten mit 1 - 10 Talern Geldstrafe bzw. Gefängnis geahndet werden. (Veröffentlicht im Täglichen Anzeiger Nr. 140 vom 16.6.1868; die gleiche Verordnung hatte Oberbürgermeister Bredt für Barmen in der Barmer Zeitung Nr. 131 vom 4.6.1868 veröffentlichen lassen.)

Ausgewählte Literatur

de Buhr, Hermann, Sozialer Wandel und Moderne im Wuppertal, in: K.H. Beeck (Hrsg.), Gründerzeit - Versuch einer Grenzbestimmung im Wuppertal, Köln 1984, S. 42ff

Dietz, Walter, Die Wuppertaler Garnnahrung. Geschichte der Industrie und des Handels von Elberfeld und Barmen 1400 bis 1800 (=Bergische Forschungen Band IV), Neustadt a.d. Aisch 1957

Emsbach, Karl, Die soziale Betriebsverfassung der rheinischen Baumwollindustrie im 19. Jahrhundert (=Rheinisches Archiv 115), Bonn 1982

Gottheiner, Elisabeth, Studien über die Textilindustrie und ihre Arbeiter in den letzten 20 Jahren, Phil. Diss. Zürich 1903

Herberts, Hermann, Alles ist Kirche und Handel... Wirtschaft und Gesellschaft des Wuppertals im Vormärz und in der Revolution 1848/49 (=Bergische Forschungen Band XII), Neustadt a.d. Aisch 1980

Hoth, Wolfgang, Die Industrialisierung einer rheinischen Gewerbestadt - Dargestellt am Beispiel Wuppertal (=Schriften zur Rheinisch-Westfälischen Wirtschaftsgeschichte Band 28), Köln 1975

Jordan, Horst/Wolff, Heinz (Hrsgg.), Werden und Wachsen der Wuppertaler Wirtschaft. Von der Garnnahrung 1527 zur modernen Industrie, Wuppertal 1977

Jung, Michael, Die Arbeitsverfassung in Handwerk und Verlag im Bereich der Textilindustrie zur Zeit der Frühindustrialisierung im Wuppertal, Staatsarbeit Wuppertal 1985

Köllmann, Wolfgang, Sozialgeschichte der Stadt Barmen im 19. Jahrhundert (="Soziale Forschung und Praxis" Band 21), Tübingen 1960

Köllmann, Wolfgang, Wirtschaft, Weltanschauung und Gesellschaft in der Geschichte des Wuppertals (=Beiträge zur Geschichte und Heimatkunde des Wuppertals Band 1), Wuppertal 1955

Oehm, Hans-Joachim, Die Rheinisch-Westindische Kompagnie (=Bergische Forschungen Band VII), Neustadt a.d. Aisch 1968

Thun, Alphons, Die Industrie am Niederrhein und ihre Arbeiter, Zweiter Theil. Die Industrie des bergischen Landes (=Staats- und socialwissenschaftliche Forschungen, Zweiter Band. Drittes Heft), Leipzig 1879

Wernecke, Jürgen, Die Entstehung der Arbeiterbewegung im Bergischen, in: K.H. Beeck (Hrsg.), a.a.O., S. 420ff

Wittenstein, Klara, Die Entstehung der sozialen Frage und Bewegung in Wuppertal in den 40er Jahren des 19. Jhdts. und ihre wirtschaftlichen Grundlagen, in: ZBGV 54 (1923/24), S. 118-187

Formen, Äußerungen und Organisation von Frömmigkeit

Das folgende Kapitel enthält Quellentexte, die die spezifische Frömmigkeit, wie sie im Wuppertal des 19. Jhdts. herrschte und die es zu einem religiösen Zentrum im Bewußtsein der Zeitgenossen machte, charakterisieren sollen. Dies bedeutet, daß der Aufbau des Kapitels keiner Einteilung nach Gemeinden oder konfessionellen Unterscheidungen folgt. Das erste Unterkapitel beschreibt als Einführung das „Wuppertal als religiöses Zentrum" aus der Sicht Wuppertaler Pastoren. Die Quellen des zweiten Abschnitts markieren Stationen im Verhältnis von „Kirche und staatlichem Wandel"; der dritte ist der Beschreibung des Pastorenamtes gewidmet, das sich im Wuppertal großen Ansehens erfreute. Der vierte Abschnitt soll die Organisation Kirche als Erziehungsmacht, die sich in den Formen der Predigt, der Seelsorge, der Jugendlehre und der direkt disziplinierenden „Kirchenzucht" äußerte, darstellen. Das fünfte Unterkapitel besteht aus Quellen, deren Inhalt geeignet ist, religiöses Empfinden, „Glaubensäußerungen", zu dokumentieren, sei es in der institutionalisierten, kollektiven Form des Kirchenliedes oder in der individuellen, subjektiven des Gedichts, des Briefes oder der Tagebucheintragung einzelner. Das sechste Unterkapitel schließlich beschäftigt sich mit „religiösen Minderheiten" im Wuppertal insofern, als es das Verhältnis der protestantischen Konfession zu den Katholiken und Juden sowie die Entstehung und Eigenart einiger evangelischer Freikirchen anhand von Einzelbeispielen zu belegen sucht.

Verzeichnis der Quellen zum Kapitel: „Formen, Äußerungen und Organisation von Frömmigkeit"

1. Das Wuppertal als religiöses Zentrum

- Q 1: „Das Wupperthal". Ode von Karl August Döring (1831)
- Q 2: Erinnerungen F.W. Krummachers (1869)
- Q 3: Antrittspredigt I.F.E. Sanders (1838)
- Q 4: Brief Leopold Schultzes (1864)

2. Kirche und staatlicher Wandel

- Q 5: Rede Elberfelder Pastoren (1806)
- Q 6: Predigt Caspar Gottlieb Wevers (1814)
- Q 7: Predigt F.W. Krummachers (1833)
- Q 8: Predigt Albert Sigismund Jaspis' (1848)
- Q 9: Artikel aus dem „Reformirten Wochenblatt" (1866)

3. Charakteristik und Bedeutung des Pastorenamtes

- Q 10: Berufung Gottfried Daniel Krummachers (1816)
- Q 11: Einzug Gerhard Friedrich Strauß' ins Wuppertal (1820)
- Q 12: Ode über das Pfarramt (K.A. Döring) (1831)
- Q 13: Gedicht zum Amtsjubiläum Anton Hermann Nourneys (1834)
- Q 14: F.W. Krummacher über das Pfarramt (1869)

4. Kirche als Erziehungsmacht

4.1 Predigt
- Q 15: Auszüge aus Predigten Hilmar Ernst Rauschenbuschs (1806)
- Q 16: Über die Wirkung von Predigten F.W. Krummachers (1830)
- Q 17: Predigt von August Wilhelm Hülsmann (1831)
- Q 18: Predigt von Albert Sigismund Jaspis (1845)
- Q 19: Bußtagspredigt von I.F.E. Sander (1848)

4.2 Seelsorge
- Q 20: Gottfried Daniel Krummacher als Seelsorger (1838)
- Q 21: I.F.E. Sander als Seelsorger (1860)

4.3 Jugendlehre
- Q 22: Rauschenbuschs Konfirmandenunterricht (1840)
- Q 23: Daniel Hermann an seinen Sohn (o.J.,1887)

4.4 „Kirchenzucht"
- Q 24: Eingabe der Elberfelder Pastoren (1821)
- Q 25: Kreissynode Elberfeld an die Gemeinden (1850)

5. Glaubensäußerungen

- Q 26: Gesangbuchtexte (1774 ff)
- Q 27: Brief G.D. Krumachers an Johann Ball (1799)
- Q 28: Auszug aus einem Verhörprotokoll (1819)
- Q 29: Brief Wilhelmine von der Heydts (1821)
- Q 30: F.W. Krummacher über seinen Glauben (1835)
- Q 31: Die Elberfelder Waisenhauserweckung (1861)
- Q 32: Erweckung Hermann Heinrich Grafes (1882)
- Q 33: Gedicht Daniel Hermanns (1887)

6. Religiöse Minderheiten

- Q 34: Beschwerdebrief des Pfarrers Friderici (1845)
- Q 35: Satzung des Evangelischen Brüdervereins (1850)
- Q 36: Brief des Baptistenpredigers Köbner (1854)
- Q 37: Austritt H.H. Grafes aus der reformierten Gemeinde (1854)
- Q 38: Proclama der Niederländisch-reformierten Gemeinde (1854)
- Q 39: Proclama der Niederländisch-reformierten Gemeinde (1855)
- Q 40: Artikel über den Synagogenbau in Elberfeld (1860)

1. Das Wuppertal als religiöses Zentrum

Kommentar 1

Bereits im 18. Jhdt. hatten sich im Wuppertal, angeregt und zum Teil geleitet von den Laien Gerhard Tersteegen (1697-1769) und Dr. Samuel Collenbusch (1724-1803), pietistische Konventikel zusammengefunden, denen u.a. Johann Engelbert Evertsen (1722-1807) und die Familie Siebel in Barmen angehörten. Während die Tersteegensche Frömmigkeit ein mystisch-quietistisches Lebensideal, verbunden mit Rückzug von der Welt, Askese und Ehelosigkeit nahelegte, sah die Collenbuschsche Lehre von der stufenweisen Heiligung die Möglichkeit einer Selbstvervollkommnung des Menschen und zeigte eudämonistische Züge. Eine dritte Gruppe schließlich bildeten die sogenannten „Praedestinatianer" oder „Gnadenwähler", die seit Beginn des 19. Jhdts. zur Anhängerschaft der beiden Pastoren Krummacher zählten. Über die Collenbuschianer und die Gnadenwähler schrieb 1818 ein Diasporaarbeiter der Herrnhuter Brüdergemeinde: „Erstere befleißigen sich einen guten Wandel vor Menschen zu führen und beweisen sich auch öfters sehr freygebig. Leztere wollen zwar keine Werkheilige seyn, aber der geistliche Stolz und Eigensinn ist bei ihnen sehr auffallend, und der Arme Sünder Sinn ist nirgends zuspüren" (zit. nach Friedrich Wilhelm Krummacher, Gottfried Daniel Krummacher und die niederrheinische Erweckungsbewegung zu Anfang des 19. Jhdts., Berlin und Leipzig 1935, S. 129). Neben und in Verbindung mit diesen Laienkreisen, die ihre Aktivitäten innerhalb des kirchlichen Organisationsrahmens hielten, wirkten u.a. Pastoren wie Matthias Krall (1762-1832, 1792-1825 in reformiert Gemarke), Christian Ludwig Seyd (1744-1825, 1776-1821 in lutherisch Wichlinghausen), Hilmar Ernst Rauschenbusch (1745-1815, ab 1790 in lutherisch Elberfeld), Friedrich Wilhelm Merken (1727-1803, 1770-1802 in reformiert Elberfeld) oder Caspar Gottlieb Wever (1754-1820, 1787-1816 in reformiert Elberfeld) im Sinne pietistischer Frömmigkeit. Am Ende des 18. Jhdts. nahm der Lederhändler Johann Ball Kontakt zur 1780 gegründeten Baseler Christentumsgesellschaft auf, die die frommen „Stillen im Land" lose zusammengeschlossen hatte und deren Zeitschrift „Sammlungen für Liebhaber christlicher Wahrheit und Gottseligkeit" (seit 1786) über Balls Freundeskreis Eingang ins Wuppertal fand. Diese religiösen Aktivitäten veranlaßten 1792 den Bremer Pastor Menken in einem Brief zu bemerken: „In dieser Gegend ist überhaupt soviel Religiosität und Frömmigkeit, wie vielleicht in keiner

Quelle 1
„Das Wupperthal",
in: Karl August Döring, Christlicher Hausgarten, Elberfeld 1831, S. 433-434

17. Das Wupperthal.

Mögen And're dich preisend verherrlichen, Thal, weil so lieblich
    Strahlt dein blühend Gefild, wie ein Garten;
Mögest du, lieblich reizend, von Hügelreihen umschlossen,
    Laden den Freund der Natur an den Busen;
Mögen ihm Wies' und Gebüsch, der Strom, die verstreuten Palläste,
    Aug' und Gemüth anlächelnd ergötzen!
Mögen Andere dich, das sinnig geschäftige, preisen,
    Wie du, rüstig bewegt und voll Kunstfleiß,
Reichthum sammelst, und dir in behaglicher Fülle des Wohlstand's
    Schöne Palläst' und Gemächer geschmückt hast!
Staune die Welt ob deinen Gewerben, Geschäften, Vereinen,
    Welche der Fittig des Ruhms schon umhertrug!
Mögen dein Wohlthun rühmen die Sammelnden: Hunderte kamen
    Leer; doch leer nicht kehrten zurück sie!
Dreifach gesegnetes Thal durch Natur und Reichthum und Wohlthun!
    Aber, ich kenn' in dir höheren Segen!
Nein, dich rühm' ich vor Allen, daß du im Himmel dir Schätze
    Suchst, die Güter des ewigen Lebens!
Daß du geistig-geschäftig, bei leiblicher Thätigkeit, rastlos
    Gräbst nach dem lauteren Golde der Wahrheit.
Nicht die schöne Natur, nur Gottes Gnade genügt dir,
    Gottes Natur zu erneu'n dir im Innern!
Also werde noch Vielen des höheren Lebens Geburtsort,
    Fremdlingen, Eingebor'nen, wie lang' schon! —
Ewig Heil dir, o Thal, daß heiligen Ernstes du trachtest,
    Reicher und reicher zu werden in Christo,
Daß du dem ewigen Wort, die Verkündiger ehrend, im Tempel
    Lauschest mit himmlischer Lust und mit Andacht;
Daß du daheim auch gern in den Schacht der Schriften hinabgräbst,
    Hier das köstlichste Gold zu gewinnen!
Sieh', so erziehst du in dir, bei den Gütern der Erde, des Himmels
    Liebliche Frucht, erquickend und heilsam!
Wahrlich, du pflegst dir im Schooße den Baum des göttlichen Lebens,
    Dessen gereifte, belebende Früchte,
Weit versendet, erquicken entferntester Länder Bewohner,
    Sonneverbrannt' in Afrika's Wüsten,
Wo ein Gefild' aufgrünt, das deinen Namen auch dort nennt, *)
    Wo nur der Wilde nach Wild sonst jagte! —
Heil sey deinem Verein, das göttliche Wort zu verbreiten,
    Reich schon gekrönt mit göttlichen Gaben!
Immer erhöhterer Segen dem Bund, der, Boten für Heiden
    Bildend, Opfer nicht achtet, noch Mühe!
Immer bewahre dir Glauben, in Liebe geschäftig; so bleibst du
    Himmlisch beglückt und vom Vater gesegnet!
Ja, die Seligen droben, sie freu'n sich deiner, und danken,
    Daß du die heiligen Pfade zu ihnen
Froh hinwallest, und treu fortpilgerst zur himmlischen Heimath,
    Göttlich beschützt und vom Vater geleitet!
Reichlicher streue die Saat des Göttlich-guten; sie reifen
    Ewigen Aernten entgegen mit Freuden!
Muthiger ring' um dein Heil, um die Krone, die ewig einst strahlet!
    Wirk' und schaffe je länger, je mehr, Thal!
Schaaren erzeuge dir noch von ewigen Kindern des Vaters,
    Durch die Kräfte des Worts und des Geistes,
Daß sie aus deinen Tiefen die Höh'n aufschweben des Himmels,
    Selige Erben des Lichts und des Lebens!

anderen Gegend von Deutschland, aber die Menschen sind sehr verschieden" (zit. nach Adolf Werth/Adolf Lauffs, Geschichte der Evangelisch=Reformierten Gemeinde Barmen=Gemarke 1702-1927, Barmen o.J. (1927), S. 181). Gedanken der Aufklärung fanden zwar im Wuppertal Anklang und wurden in der Ersten Lesegesellschaft und der Freimaurerloge sowie von einzelnen Personen wie dem Pädagogen Johann Friedrich Wilberg vertreten, konnten sich aber nicht durchsetzen.

Die in Quelle 1 wiedergegebene Ode „Das Wupperthal" entstammt der Feder des lutherischen Pastors Karl August Döring (1783-1844), der 1816-1844 in Elberfeld tätig war. Die lutherische Gemeinde Elberfeld, die 1695 die kurfürstliche Genehmigung zur Religionsausübung erhalten hatte, zählte 1790 6000, 1851 16724 Seelen.

Kommentar 2 und 3

Vor dem Hintergrund der Wirtschaftskrise und der Hungersnot nach dem Ende der Befreiungskriege in den Jahren 1816/17 erlebte das Wuppertal eine religiöse Erweckung, die 1816 von Schülern der reformierten Pfarrschule am Hofkamp ausging und auf Jugendliche und Erwachsene übergriff. In den bereits erwähnten Baseler „Sammlungen" erschien 1819 ein Artikel über die „außerordentliche Kinder=Erweckung in Elberfeld", in dem es hieß: „Ein großes Werk Gottes ist hier durch seine unbegreifliche Gnade entstanden. Es ist nicht zu beschreiben, und erfahrene Christen wissen sich nicht einer ähnlichen Erweckung zu erinnern. Ueber ganze Schulen beynahe ist der Geist Gottes ausgegossen. Kinder von 5 bis 6 Jahren suchen den Heiland und schreyen zu Ihm um Vergebung der Sünden. Zu 8 bis 10 kommen sie unaufgefordert zu ihren Lehrern und bitten mit Thränen, daß sie ihnen verzeihen möchten. Kinder der gottlosesten Eltern werden ergriffen und lassen sich durch nichts abhalten, dem HErrn Jesu sich hinzugeben. An mehreren Orten kommen sie unter sich zusammen, und bringen fast ganze Stunden im Gebete zu" (Sammlungen ..., Basel 1819, S. 24). Pastoren, die wie Karl August Döring, Gottfried Daniel Krummacher (1774-1837, 1816-1837 in reformiert Elberfeld) oder Gerhard Friedrich Abraham Strauß (1786-1863, 1814-1822 in lutherisch Elberfeld) selbst eine religiöse Erweckung erfahren hatten oder diesem Frömmigkeitstypus nahestanden, übernahmen die geistliche Leitung dieser Laienbewegung, die der Rheinisch-Westphälische Anzeiger 1818 folgendermaßen kommentierte:

Quelle 2
Erinnerungen Friedrich Wilhelm Krummachers,
in: ders., Eine Selbstbiographie, Berlin 1869, S. 96/97 und 112-114

In Barmen herrschte damals[1] ein reges kirchliches Leben, dessen Wogen fortan von Jahr zu Jahr höher gingen. Die ausgedehnte Unterbarmer Gemeinde[2] zeigte in vollendeter Darstellung das schöne Bild einer wahren christlichen Kirchen=Union und war mit der Jugendwirksamkeit mit reichen Gnadengaben ausgestatteter Männer, Snethlage[3] und Leipoldt[4] gesegnet. In Wupperfeld goß neben dem beredten Heuser[5] dessen Erscheinung, so oft er die Kanzel betrat, der Gemeinde die Verheißung des Herrn bei Zephanja: „Alsdann will ich den Völkern mit freundlichen Lippen predigen lassen, daß sie Alle des Herrn Namen anrufen sollen," zu vergegenwärtigen pflegte, der theosophisch gerichtete Pastor Feldhoff[6] sein feuriges Herz aus und erweckte Viele. In Wichlinghausen posaunte Sander[7] daß es weithin als Werberuf zur Fahne Christi über Berg und Thal erscholl. Den genannten Männern gesellte sich bald auch noch der bekannte, aus dem russischen Sarepta nothgedrungen zurückgekehrte ehemalige römische Pastor Lindl bei, der bald hier, bald da durch seine gewaltigen Bußpredigten die Gemüther erschütterte und in meiner Amtswohnung feierlich zum ersten Inspektor des eben erst gegründeten Barmer Missionsseminars geweiht wurde.

In den Kirchen drängten sich überall die Zuhörermassen, und es war etwas Gewöhnliches, daß man aus Werkstätten und Fabriksälen, und Sonntags Nachmittags aus den Wäldern und von Bergeshöhen vielstimmigen Choralgesang herüberschallen hörte. Freilich wurde unsere Zeit fast gänzlich von unserm Amte in Anspruch genommen. Zu den Sonntagsgottesdiensten kamen die Wochenpredigten und zahlreichen Parentationen. Zu unserer Catechisation fanden sich die Kinder nicht selten schon von achten und neunten, in der Regel aber vom zehnten Lebensjahre ein. Taufen und Trauungen wurden sämmtlich in den Häusern der Betheiligten vollzogen und daran die Erwartung geknüpft, daß der Prediger nach verrichteter Handlung noch in der Gesellschaft verweile und die Unterhaltung durch geistliche Mittheilungen würze. Fortgesetzte Hausbesuche in der Gemeinde wurden zu unseren amtlichen Verpflichtungen gerechnet. Ueberdies erkannte nicht leicht Jemand, der nicht den wiederholten Zuspruch seines Seelsorgers begehrte. Dazu kamen die Vereinsthätigkeiten für Bibelverbreitung, Mission und andere christliche Zwecke, und nebenher die häufigen Anläufe Heil suchender oder auch weltlichen Raths Bedürftiger in unsern Wohnungen. Aber Alles wurde mit Freuden übernommen, weil uns die Früchte unseres Thuns unter den Händen zu wachsen pflegten. Auf unsern Arbeitsfeldern traf das Jakobische Gleichniß von dem „Ackermann, der die köstliche Frucht der Erde wartet und geduldig darüber ist, bis er den Morgen= und Abendregen empfange", ein. In der Regel sahen wir Aussaat und Ernte in denselben Moment zusammenfallen.
(...)

Elberfeld.

Im Jahre 1834 wurde ich zum zweiten Male nach Elberfeld berufen. Neuer Kampf in mir, neue Bewegung in beiden Gemeinden. Mein Oheim hatte den Elberfelder Freunden versprechen müssen, aus dem Bodenfenster seiner Wohnung ein weißes Tüchlein wehen zu lassen, sobald meinerseits eine zusagende Antwort eintreffen würde. — Es kam der Tag, da das Tüchlein wehte. Aber ich bedurfte eines gleichen, um mir die Augen zu trocknen, denn der Abschied wurde mir, der freudigen Begrüßungen, die nun auf mich einstürmten, ohnerachtet, schwer, ja ebenso schwer, wie den Lieben, die sich um mich geschaart hatten, mit denen ich so tief verwachsen war, und deren Zürnen, wie es auch sich mitunter kund gab, mir wohler that, als ihre Trauer. Genug, ich zog; aber mir war's, als lichtete ich den Anker, um von friedlicher Küste in ein sturmbewegtes, klippenreiches Meer hinaus zu steuern. Ich kannte die große Gemeinde ja mit ihren stolzen Traditionen, mit ihrer umfassenden Schriftkenntniß, mit ihren hochgespannten Anforderungen an ihre Pastoren und mit ihrer vorwiegend kritischen Richtung. Auch mußte ich um ihr mitunter ungestümes Freiheits= und Unabhängigkeitsbestreben, um die intensive Stärke des sogenannten Laienelements in Presbyterium und Repräsentation, um die Freimüthigkeit, mit der sie gewohnt war, dem Prediger, auch was ihr an ihm mißfiel, oft derbe genug vorzurücken, aber zu meinem Troste freilich auch von der durchhaltenden, aufopferungsfreudigen Liebe, die sie ihm, wenn er sich als ein treuer Haushalter über Gottes Geheimnisse erfinden ließ, zu beweisen pflegte. Eine große Schaar lieber bewährter Freunde, mein in der Gemeinde hochangesehener Oheim Gottfried Daniel und die Familie von der Heydt an der Spitze, harreten mein, und so schnürte ich denn doch wieder ziemlich guten Muthes mein Bündlein.

Ich habe es nie bereut. Nicht allein gewann mein amtliches Wirken hier einen großartigeren Rahmen und ein weiteres Bette; es sah sich auch mit einer Fülle neuer, erfrischender, anfeuernder und verinnerlichender Elemente getränkt. Ich glaube nicht, daß es damals auf dem europäischen Continent einen Punkt gab, wo das Evangelium sich in höherem Maße als eine Macht erwies, und das kirchliche Leben gewaltigere und frischere Wellen schlug, als in Elberfeld. Wie hier wir Prediger von der geistlichen Bewegung der Gemeinde getragen, gehoben und unablässig in Athem erhalten wurden, davon hat man in anderen Sprengeln unserer vaterländischen Kirche wenigstens keinen Begriff. O diese imposanten allsonntäglichen kirchlichen Versammlungen, Kopf bei Kopf und die Männer nicht minder zahlreich als die Frauen! Dieser volltönige, wahrhaft überwältigende und den Nachziehenden schon weithin in die Straßen entgegenschallende Choralgesang, der die liturgischen Chöre und Responsorien nicht vermissen, ja vielmehr überflüssig erscheinen ließ! Diese gespannte Aufmerksamkeit der Tausende auf das Wort der Predigt und die lebhafte Wiederspiegelung der empfangenen Eindrücke auf deren Angesichtern! Diese großartigen feierlichen Communionen, über welche statt der Lichter des Altars das Feuer einer wahren Andacht und aufrichtigen Hingebung den Glanz einer höheren Verklärung verbreitete! Und dann das lebendige Echo, das den am Sonntag gehörten Predigten die Woche hindurch in den Häusern der Gemeinde nachklang; die herzliche Freude, womit der Pastor, so oft er in diese Kreise eintrat, bewillkommt wurde; die animirten und wirklich fruchtbaren Unterredungen über Biblisches oder Kirchliches oder Innerchristliches, welche solch' Zusammensein zu würzen pflegten, und vor Allem die glaubensstärkenden Erfahrungen von der heiligenden, tröstenden und aufrichtigen, Noth und Tod überwindenden Macht des Worts vom Kreuze in so vielen Hütten der Armuth und des Elends und an so vielen Sterbebetten triumphirend Heimgehender, in den höheren, wie in den niederen Ständen! Welche mächtigen Anregungen, Ermuthigungen, aber auch Aufforderungen, einer solchen Gemeinde sein Bestes darzureichen, mußten dem Geistlichen aus jenem Allem nicht erwachsen!
(...)

---

[1] Bezieht sich auf 1825 als das Jahr, in dem Krummacher seine Wirksamkeit in reformiert Gemarke begann.
[2] Gemeint ist die 1822 gegründete unierte Unterbarmer Gemeinde
[3-7] Karl Wilhelm Moritz Snethlage (1792-1871)
Johann Wilhelm Leipoldt (1794-1842)
Wilhelm Heuser (1790-1868)
August Feldhoff (1800-1844)
Immanuel Friedrich Emil Sander (1797-1859)

„Wer gegen die Zeichen der Zeit nicht blind ist, dem kann es nicht entgehen,[…] wie der immer wachsende Geist des Mystizismus und sektirerischer Schwärmerei zuletzt alle bürgerliche und kirchliche Ordnung […] auflösen und unser vergeistigtes Zeitalter gewaltsam in die finsterste Barbarei […] zurückstürzen müßte!" (Nr. 21). Das rege religiöse Leben, das sich in fleißigem Kirchenbesuch, Bibel-, Gebet- und Erbauungsstunden und in der Gründung von Missions-, Bibel- und Traktatgesellschaften niederschlug, charakterisierte Friedrich Wilhelm Krummacher (1796-1868, 1825-1834 Pastor in reformiert Gemarke, 1834-1847 in reformiert Elberfeld) 1860 rückblickend: „Die Gotteshäuser faßten die sich herzudrängenden Hörermassen nicht mehr. Die Wochengottesdienste wurden nicht minder stark besucht, als die sonntäglichen. Der Erwekkungen zum neuen Leben war in allen Gemeinen kein Ende. Die Wälder umher erklangen, namentlich an den Sonntagabenden, von geistlichen Gesängen, wie an den Wochentagen die Häuser und Werkstätten. Das religiöse Interesse verschlang bei Tausenden jedes andere. Die gesellige Unterhaltung drehte sich meist um kirchliche Vorgänge oder um Wahrheiten der heil. Schrift. Eine erwartungsvolle Heiterkeit bildete den Grundton in der Stimmung aller Gläubigen, und ein lebhaftes Bedürfniß nach Herzensergießung und Gedankenaustausch führte die Erweckten täglich nach gethaner Arbeit zu unzähligen trauten Bruderkreisen zusammen" (Friedrich Wilhelm Krummacher, Immanuel Friedrich Sander. Eine Prophetengestalt aus der Gegenwart, Elberfeld 1860, S. 81). Der erste der beiden Quellentexte stammt aus den Erinnerungen F.W. Krummachers an seine Barmer und Elberfelder Zeit, der zweite stellt Auszüge aus der Antrittspredigt des lutherischen Pastors Immanuel Friedrich Emil Sander (1797-1859) über Apostelgeschichte 18, 9 und 10 in Elberfeld am 20.5.1838 vor.

Quelle 3
„Antritts=Predigt I.F.E. Sanders in der evangelisch-lutherischen Kirche zu Elberfeld am 20. Mai 1838",
S. 10-25   Auszüge

Was ich am heutigen Tage höre ist auch dies Gebot: Fürchte dich nicht, rede und schweige nicht. Ich komme mit demselben Auftrage, zu reden und nicht zu schweigen, zu bezeugen das Evangelium Gottes, zu Euch. — Freilich sehe ich Elberfeld ganz anders vor mir liegen: das große Volk, das Paulus, da er gen Corinth kam, noch in Todesschatten verhüllt fand, in den Tempeln der Götzen, und das eben durch sein Wort sollte hervorgezogen werden aus dieser Verhüllung, — das ist hier schon zum großen Theil ans Licht hervorgetreten; die Predigt des lautern Wortes, hier einheimisch, so lange evangelische Gemeinden in dieser Stadt gegründet sind, hat durch alle diese Zeiten hindurch dem Herrn ein großes Volk zugeführt. Der Grund dieser Gemeinden ist weit ein anderer, als in Corinth; die Gründe dieser Stadt, namentlich wenn wir von dem Theile der Stadt reden, der einst in jener Stadt dort oben sich wieder finden wird, sind patriarchalische Einfalt, im Leben glaubensstarker und kindlicher Seelen, deren Bild den Gemeinden noch vorschwebt, uns vorgestellt; ferner reformatorische Bestimmtheit mit sehr ausgeprägten Zügen, — und daneben ein stilles, verborgenes Leben mit Christo in Gott, nach Terstegens Weise, und hin und wieder auch eine apokalyptische Sehnsucht, ein Warten auf die herrliche Zeit, da die Reiche unsers Gottes und seines Christus sein werden. Auf diesen Grund, oder vielmehr neben denselben hat erst später griechisches und anderes Heidenthum sich angesiedelt, und corinthische Ueppigkeit ist hereingezogen durch unsre Straßen, hat Wohnung aufgeschlagen in unsern Häusern. Aber es ist doch nun da, dieses heidnische Wesen oder Unwesen. Man darf sich nicht verbergen, daß der Geist der Zeit, welcher heidnische Dichter und Redner über Moses und die Propheten, und heidnische Philosophen über die Apostel erhebt, den Zaun durchbrochen, der früher dies Thal umschloß. Ueber unsre Berge herüber hat die neuere unchristliche und widerchristliche Literatur ihren Weg nicht bloß auf die Bücherbretter, sondern in die Herzen, in die gesellschaftlichen Kreise gefunden. Es sollte einen wundern, wenn unsre Jugend in den höhern Schulen von den Liedern der Meistersänger, die von Abaddon inspirirt sind, und denen man zu dieser Zeit weit und breit sein Bravo zuruft, nichts gehört hätte, wenn sie nichts vernommen hätte von den Theorien des alten Sophisten, die mit großen Buchstaben auf ihrem Schilde die Inschrift führen: Ihr werdet sein wie Gott und wissen, was gut und böse ist. Und wundern sollte es uns, wenn nicht hin und wieder in unsern Volksschulen jene Lesebücher und Kinderfreunde Eingang gesucht und gefunden hätten, welche den Einen Kinderfreund verdrängen. Ueberhaupt möchte ich wohl zu bedenken geben, ob die Stimme, die in dieser Zeit in weiten Kreisen gehört wird: Wir wollen nicht, daß Er über uns herrsche, nicht auch hie und da unter uns sich vernehmen läßt. Es findet sich also genug, das einen bange machen und in Versuchung bringen könnte zu schweigen, oder doch, wenn auch nicht ganz geschwiegen wird, grade das wegzulassen, was dem sündlichen Herzen am mehrsten mißfällt. Man könnte versucht werden, das Aergerniß des Kreuzes in etwa aufhören zu lassen, oder doch erst nach und nach, fein sachte und leise, durch manche menschliche Vorbereitungen und Vermittelungen hindurch, die Zeugnisse auftreten zu lassen, welche Haß und Feindschaft der Welt erregen. Aber nein, es heißt: Fürchte dich nicht, rede und schweige nicht.

(...)

Ich habe ein großes Volk in dieser Stadt — dies ist Grund des Gebots: Rede und schweige nicht, und zugleich ist es Verheißung. Der Herr hatte ein großes Volk in Corinth, wie er dort Joh. 10. sagt: Und ich habe noch andere Schaafe, die sind nicht aus diesem Stalle. Er hatte geheischet vom Vater die Eine Heerde, aus Juden und Heiden bestehend, und sie war ihm schon gegeben. Nicht vergeblich also sollte Paulus arbeiten, sondern ein großes Volk dem Herrn sammeln; und wie es verheißen war, so wurde es auch erfüllt. Corinth wurde eine der bedeutendsten Gemeinden; Paulus konnte den Gläubigen zurufen: Ihr seid an allen Stücken reich, an aller Lehre und an aller Erkenntniß, und habt keinen Mangel an irgend einer Gabe. Und obgleich manches zu tadeln war, so war doch auch vieles zu rühmen von großen Offenbarungen der Herrlichkeit Gottes; in was für ein reiches Geistesleben lassen uns Kapitel wie das 12te und das 14te im Briefe an die Korinther hineinsehen. Was waren das für Gottesdienste, die wir in den Worten beschrieben finden: Wenn ihr zusammenkommt, so hat ein jeglicher Psalmen, er hat eine Lehre, er hat Zungen, er hat Offenbarung, er hat Auslegung. Mit keiner Gemeinde scheint Paulus in so inniger Verbindung gestanden zu haben; keiner schüttet er sein Herz so aus; seine geheimsten Anliegen, seine besondersten Anfechtungen und Tröstungen läßt er die Corinther wissen, wie jenes Entzücktwerden bis in den dritten Himmel und das schwere Leiden, vom Satans-Engel ihm erregt. Freilich wurde diese Gemeinde auch besonders angefochten; der Feind verstellte sich in einen Engel des Lichts, und seine Diener in Prediger der Gerechtigkeit. Darum eifert aber auch Paulus mit göttlichem Liebeseifer, daß er eine reine Jungfrau Christo zuführe. Keine Gemeinde gibt uns ein solches reiches Bild einer Kirche; nirgends sehen wir so das Volk des Herrn, als die Mahanaim, als ein großes Volk Gottes. Wollen wir uns daher das Bild der Kirche recht vorhalten, — den Grund auf den sie erbauet ist, die Predigt, die sie hört, wie sie genährt wird mit dem Wort und Sacrament, wie sie geschützt wird durch Handhabung des Binde- und Löseschlüssels, wie sie geschmückt ist mit Gaben des Geistes, wie sie Gottesdienst hält: wir müssen nach Corinth gehen und den Brief an diese Gemeinde studieren. — Soll das Wort des Herrn über Corinth auch auf unser Thal, auf diese Stadt, auf unsere Gemeinde angewendet werden, so ist viel Bescheidenheit dabei zu gebrauchen: aber in etwa dürfen wir es doch. Ja, zum Preise des Herrn können wir sagen, der Herr hat ein großes Volk, wie oben schon angedeutet, hier gesammelt schon seit langen Zeiten; treue Knechte des Herrn haben Grund gelegt, der für und für bleibt, wie in der Schwesterkirche, so auch hier; besonders hat seit den Jahren 1816 und 17 diese Stadt eine neue Gnadenheimsuchung erfahren. Von den erwähnten corinthischen Uebelständen findet sich freilich auch hier manches; — Partheiwesen — Sattsein, zu sehr sich zeigen wollen mit seinem Christenthum, hier und da auch antinomistisches, oder nikolaitisches Anstreifen an die Götzentempel der Welt: aber dennoch hat der Herr ein großes Volk hier. Was dem Auge sich zuerst darbietet, ein großartiges kirchliches Leben, wie es vielleicht, ja wohl gewiß, sonst in unserm Vaterland sich nicht findet; ein Sinn, für Kirchen und Angelegenheiten des Reiches Gottes Opfer zu bringen, die bedeutend sind, wie auch die Gründung der Stelle beweiset, zu der ich berufen. Nicht zu verkennen ist reges Fragen nach dem Wort, Sorge, daß es recht verkündigt werde, ein freies Bekenntniß der erkannten Wahrheit, — Eifer, daß es weiter erschalle in der Nähe und in der Ferne. — Und was Allem erst rechten Werth gibt, es liegt dem Allen ein Fundament zum Grunde, vom Herrn selbst gelegt; — es ist ein Volk da, Kinder, dem Herrn geboren, wie der Thau aus der Morgenröthe, die nichts wissen wollen als den Gekreuzigten, und vor dem Lamme anbeten, das für uns erwürget ist. Will daher jemand eine anschauliche Erkenntniß von corinthischen Zuständen haben, von einem Gemeindeleben, wo ein großartiger kirchlicher Organismus besteht, so können wir ihn hieher weisen. Der Herr hat dies Thal auch in der Zeit des allgemeinen Abfalls besonders bewahrt; es ist etwas Großes: auf keiner Kanzel der evangelischen Kirchen unsers Thals hat der Unglaube sein Panier erheben dürfen.

Aber das bisher Gesagte scheint uns mehr eine Beschreibung dessen zu sein, was da ist, als eine Verheißung der Zukunft zu sein. — Ja Manche beziehen das Wort: Ich habe ein großes Volk in dieser Stadt, fast mehr auf die Vergangenheit. Mit Wehmuth, wie auf eine vorübergegangene Zeit der ersten Liebe, sehen Solche auf frühere Erweckungszeiten, auf die Zeit der Offenbarung der Herrlichkeit des Herrn zurück, — und sehen es fast als Träume an, wenn man erwartet und erbittet eine herrlichere Zeit, wo es sich noch offenbarlicher zeigen werde, daß der Herr hier ein großes Volk hat. Aber das sei ferne, zuzugeben, als sei solche Erwartung ein Traum, so wenig als wir zugeben, daß in einer frühern Zeit, auch die von 1816 mit eingeschlossen, das Evangelium die Stelle hier eingenommen habe, die ihm gebührt. Auch in Zeiten der Erweckung hat es sich noch nicht so erwiesen, daß es die Welt von sich ausgeschieden, daß es sie gerichtet und sich unterthänig gemacht hätte. Auch in den Zeiten, wo das Wort der Gnade gewaltiglich verkündigt wurde, hat der evangelische Geist, der Liebesgeist — sich nicht so mächtig erwiesen, daß das Paulisch, Apollisch, Kephisch gebührend zurückgetreten wäre: ein Geist der Engherzigkeit verkannte oft Christum in den Brüdern. Auch in den Zeiten besonderer Gnadenheimsuchungen, sonderten sich die Gemeinden hier zu sehr von den andern ab, und vertraten nicht ernstlich genug das Interesse der ganzen evangelischen Kirche. Aber wir hoffen auf eine noch herrlichere Zeit als die früheren, und daß das Wort: Ich habe ein großes Volk in dieser Stadt, auch ein Wort der Verheißung sei, in eine gesegnete Zukunft hinüberweisend. — Wir wagen es nicht, die Gestalt dieser Zukunft näher zu bezeichnen; wer wollte mit Bestimmtheit dieselbe als eine solche verkündigen, wo die eben gerügten Mängel und Gebrechen sich nicht mehr finden würden! Aber bitten können wir, daß der Herr allen Mangel erstatte, darnach ringen können wir, daß Christus in uns Allen mehr Gestalt gewinne, und der Herr hat uns so Vieles sehen lassen von seinen Wundern, daß wir Muth haben, um noch Mehreres zu bitten. In dem Wort, daß er ja vielen unter uns hat hören lassen, ich habe ein großes Volk — liegt auch dies, daß Er geben wolle, und wir nehmen dürfen, was zum Gedeihen und Leben dieses Volkes gehört. Laßt uns also nur bitten um den Geist der Kraft, das offenbar Sündliche auszustoßen, um den Geist der Liebe und der Einigkeit, daß Alle Eins werden, — um den Geist des Glaubens, daß wir muthig in dem Kampfe streiten, und die Noth aller unserer Brüder mit aufs Herz nehmen. Das Angeld zu dem Allen ist da; — schöne Anfänge zur Einigkeit, die sich durch die eine oder andere Verschiedenheit in unwesentlichen Punkten nicht stören und zertrennen läßt; Anfänge zu einer kräftigen kirchlichen Gestaltung, um das Böse hinauszuthun, Anfänge zur Ausübung der priesterlichen und königlichen Privilegien, alle Reichsangelegenheiten mit aufs Herz zu nehmen und durchzukämpfen. (...)

Kommentar 4
Der in Quelle 4 wiedergegebene Brief des lutherischen Pastors Leopold Schultze (1827-1893), der von 1861-1864 in Wupperfeld wirkte, war an seinen Amtsnachfolger Emil Frommel (1828-1896) gerichtet und stammt wahrscheinlich aus dem Jahr 1864. Die Wupperfelder lutherische Gemeinde, an der Frommel von 1864 bis 1870 Geistlicher war, war 1778 als Abspaltung von der 1744 offiziell bestätigten lutherischen Gemeinde in Wichlinghausen, die inoffiziell schon seit der Mitte des 17. Jhdts. bestanden hatte, entstanden. Die reformierte Gemeinde in Gemarke hatte 1702 die kurfürstliche Erlaubnis zur Religionsausübung erhalten, die katholische Gemeinde, die 1841 3394 Mitglieder zählte (zum Vergleich: im selben Jahr hatte reformiert Gemarke 4935, lutherisch Wupperfeld 8591 und lutherisch Wichlinghausen 2840 Mitglieder) war erst 1805 förmlich gestiftet worden. Die größte Gemeinde des Wuppertals war die seit dem 16. Jhdt. bestehende reformierte in Elberfeld, die 1851 20888 Mitglieder zählte (42,58% der Gesamtbevölkerung); die Elberfelder lutherische Gemeinde hatte im selben Jahr 16724 (34,9%), die katholische 10470 (21,34%) Angehörige. Seit 1822 bestand in Unterbarmen eine unierte Gemeinde, deren Gründung auf das 1817 anläßlich des Reformationsjubiläums erlassene Unionsreskript Friedrich Wilhelms III., das eine Vereinigung der lutherischen und der reformierten Konfession vorsah, zurückging. Anlaß zur Trennung des kirchlich zu Elberfeld gehörenden Unterbarmer Gebietes, das seit 1807 eine eigene Armenpflegeorganisation unter Leitung des Unternehmers Johann Caspar Engels hatte, war die Neuorganisierung der Elberfelder Armenpflege im Jahr 1816.

Freundlicher Gruß
beim Einzuge des Herrn Pastor Schulze als Prediger und Seelsorger der Wupperfelder Gemeinde.

Wer ist der Fremdling denn? — dem dieses Fest zu Ehren,
Das heut' gefeiert wird, so schön ist anberaumt?
Wozu kommt Er ins Thal? so wird man fragen hören.
Denn über solch ein Fest ist Mancher hoch erstaunt!
Doch nein: die Zeitung hat die Antwort schon gegeben
Und solche Nachricht geht recht bald von Mund zu Mund.
Drum wollen wir dem Mann die Hand zum Gruße geben,
Weil Nam' und Zweck bekannt, ja Tausenden ist kund.

Ausschnitt aus dem Begrüßungsgedicht für Leopold Schultze (Bergische Zeitung vom 19.3.1861)

Quelle 4
Brief Leopold Schultzes an Emil Frommel,
in: J. Schöttler, Emil Frommel. Schlichte Bilder aus seinem Leben, Barmen o.J. (1897), S. 51-55[1] undatiert [1864]

„Wupperfeld hat nicht nur den Namen, daß es lebe. Ich habe hier schon in der kurzen Zeit eine große Schar von Seelen kennen gelernt, denen der Friede Gottes in Christo aus den Augen leuchtete, besonders in dem kleinen Bürgerstande, der sich aus den verschiedenen, so sehr gesegneten Jünglings-Vereinen rekrutiert. Es ist nicht zu sagen, wieviel Verständnis der Schrift, wieviel ernstes Forschen, wieviel treuer Wandel mit Christo in Gott bei diesen einfachen Leuten zu finden ist, wie sie die Schrift kennen und durchsuchen, wie sie im Joh. Arndt und andern Büchern beschlagen sind, wie sie für sich studieren. Es dauert auch nicht 5 Minuten, so ist man mit ihnen in irgend einem Hauptstück christlicher Lehre oder geistlicher Erfahrung. In diesen Kreisen blüht auch die Missionssache. Man trifft die Leute in ihren Mußestunden an den Krankenbetten der Armen, wo sie zu je zweien die Nacht hindurch wachen und beten. Sie kommen zum Pastor (wohl ohne ihren Namen zu nennen) und bitten ihn zu den Sterbenden, geben ihm dabei die eingehendsten Winke über die Verhältnisse, namentlich über den geistlichen Zustand des Kranken, versichern dem Pastor, daß sie ihn mit ihrer Fürbitte dahin begleiten und tragen wollen. Das sind köstliche Erfahrungen. Und ich könnte dir von den etwa 200 Familien, die ich bis jetzt kennen gelernt, reichlich 60—70 nennen, wo ich den Eindruck habe, daß es wahrhaftig bekehrte Menschen sind.

Die Äußerlichkeiten in der Gemeinde-Verwaltung, worunter die Pastoren im Osten vielfach zu leiden haben, werden hier dem Pfarrer durch das Presbyterium fast völlig abgenommen. Mit Kassenwesen, statistischen Arbeiten, Listen u. s. w. ist das geistliche Amt hier nicht beschwert. In der Armenpflege gehen die Pastoren mit den Presbytern Hand in Hand, sie schlagen die Bedürftigen vor, die sich zur Unterstützung melden, der betreffende Provisor (kirchlicher Armenpfleger), in dessen Bezirk der Arme wohnt, untersucht die näheren Verhältnisse persönlich, erstattet dann dem Presbyterium Bericht und das letztere beschließt über Art und Höhe der Unterstützung. Es hat doch etwas Imponierendes, wenn so ein Mann, der über Millionen gebietet, in eigner Person die Hütten und Spelunken der Elenden durchschreitet und die Verhältnisse erfragt — oder wenn er, von dem Hunderte ihren Erwerb nehmen, Sonntags mit dem Teller an der Kirchthüre steht und die Dreier und Pfennige der Armen einsammelt; oder wenn er, — falls seine Vorschläge im Presbyterium angefochten oder als zu hoch befunden werden, einfach den andern zuruft: „Ich bin Provisor für die Armen und nicht für die Reichen; mir liegen die am Herzen, die da empfangen, und nicht, die da geben!" Und bei aller freien, offnen Aussprache habe ich nirgends soviel Respekt vor dem Amt, soviel achtungsvolle Unterordnung unter die Autorität desselben gefunden, als gerade im Schoß des Presbyteriums.

Was die christliche Lehre betrifft, so werden hier die objektiven, thatsächlichen Heilsverbürgungen doch über den schwankenden Sandgründen innerer „Gewißheit" und „Versiegelung", ich will nicht sagen vergessen, aber doch zurückgestellt. Daran krankt hier im allgemeinen das geistliche Leben. Die innere Versiegelung der Seligkeit, — das ist und bleibt den meisten das Ziel alles Christenlebens. Daher bei viel Glauben doch ein so geringes Maß von Glaubensfreudigkeit; viel ernstes, treues, wahrhaftiges Bekümmertsein um die Seele, aber wenig getröstes Ruhen in der Gnade. Wie oft habe ich schon denen, die mich besuchten nach der Predigt, um mir ihr Herz auszuschütten, — wie oft habe ich ihnen schon sagen müssen: „Baue doch bein Heil nicht auf bein Herz, sondern auf des Herrn felsenfeste Gnade; siehe doch nicht auf die innere Versiegelung, sondern auf das Wort, aufs Sakrament, — da liegen deine Anker." Es mag hiermit zusammenhängen die ungeheure Menge von Gemütskranken, die hier zu finden sind; ihre Zahl erschreckt uns. Kaum eine Familie, wo nicht dergleichen vorgekommen ist, oder noch vorliegt. Doch meinen die Ärzte — notabene die christlichen, — daß auch klimatische Einflüsse, die schwere, gedrückte Luft u. a. dabei im Spiel sind, was ja wohl sein mag.

Einen ungeheuren Vorsprung haben die Pastoren hier darin, daß auch die Predigt wirklich gehört wird. Jede Predigt hier im Thal ist eine That. Die Leute hören zu. Sie nehmen den Prediger beim Wort. Sie achten genau auf seine Auslegung. Sie nehmen alles hier als bare Münze, — daß ich so sage. Man muß sich daher zusammenfassen und genau studieren. Die Predigt wird durchgesprochen — aber nicht bloß das. Sie gilt in allen Teilen als ein festes Fundament der Lehre, darauf man sich verlassen darf — natürlich wenn sie erst überhaupt durchgefühlt haben, daß es ein gläubiger Prediger ist. Z. B. ich predigte neulich am Himmelfahrtstage über den Schluß des Matthäus-Evangeliums, und zwar über das ewige Königreich Jesu Christi; im dritten Teil besprach ich das Reichsziel: „Lehret alle Völker und taufet sie u. s. w." und führte aus, der Heiland habe nicht bloß ein Recht auf die Seelen, sondern auf die Völker, — nicht bloß das Einzelleben, sondern auch das Volksleben in seinen mannigfachen Einrichtungen und Beziehungen sei sein, müsse durch ihn geheiligt und normiert werden, es gebe keine „neutralen Gebiete," kurz: sein Reichsziel sei, wirklich auch ein Völkerkönig zu sein. Da sagte mir nach der Predigt ein Pastor, der das Thal seit lange kennt und als Gast in der Kirche war: „Heute haben Sie mit jener Stelle das entscheidende Wort gegen unsere Independenten, Baptisten u. s. w. gesagt — das war gerade die Art an die Wurzel gelegt —, haben Sie nicht bemerkt, was für eine Bewegung bei dieser Stelle durch die Gemeinde ging? Wie man plötzlich lauschte? Die Leute waren wie elektrisiert. —

Das ist so ein Beispiel. Die Leute nehmen — ich sage es nochmal — nichts als Spiel der christlichen Phantasie, sondern alles als bare Münze. Nichts steht daher hier so in Verruf, als allegorisierende Predigten.

Ein Übelstand ist freilich wieder dabei. Das Volk hier hat reflektierenden Charakter und sucht daher auch in allem, was man sagt, eine Absicht, irgend eine Tendenz. Das stört, bei den vielen so verschiedenen christlichen Richtungen in der Gemeinde, die Unbefangenheit, die man sich hier von Gott besonders erbitten muß, weil man sie besonders nötig hat." —

---

[1] auch bei August Witteborg, Geschichte der evangelisch-lutherischen Gemeinde Barmen-Wupperfeld von 1777 bis 1927, Barmen 1927, S. 173f

2. Kirche und staatlicher Wandel

Kommentar 5

Die französische Regierung, der ab 1806 das neugeschaffene Großherzogtum Berg zugeordnet war, griff durch organisatorische Veränderungen u.a. des Schul- und Armenwesens, die zu Aufgaben kommunaler Verwaltung werden sollten, in bis dahin kirchlich-gemeindliche Zuständigkeiten ein. Die Synodalverfassung, das seit dem 16. Jhdt. bestehende Selbstverwaltungsprinzip der Kirchengemeinden des Bergischen Landes, dessen Hauptbestandteile die freie Pfarrerwahl der Gemeinden, die Teilnahme der Ältesten (Konsistoriale, Presbyter) an den Synoden (Kirchenversammlungen auf Kreis-, Provinz- und Landesebene), die Wahl der Präsides der Synoden aus ihrer Mitte sowie die kirchenrechtliche Funktion der Synoden waren, wurde unter französischer Verwaltung in den wesentlichen Zügen beibehalten, da die 1802 von Napoleon erlassenen Organischen Artikel, die die Bildung einer reinen Staatskirche vorsahen, nur für das linke Rheinufer galten.

Quelle 5 gibt die Anrede an Herzog Joachim Murat bei seinem Einzug in Elberfeld am 12.4.1806 durch die Prediger Wever, Kamp und Nourney, alle an der reformierten Gemeinde Elberfeld beschäftigt, wieder. Im August 1806 war in einer Predigt Napoleon I. erstens wegen seiner „ausgezeichneten Geistesgröße, die er in Ansehung der Kriegswissenschaft und Staatspolitik so unläugbar und weltkundig an den Tag gelegt hat", zweitens aufgrund des Friedens, den „er uns durch seine Siege erhalten hat" und drittens dafür geehrt worden, „daß er uns aus seiner Familie einen so guten Landesherrn gegeben". Schließlich wurde die Gemeinde aufgefordert, dem Kaiser für den „rheinischen Bund, dessen Stifter, Haupt und Beschützer er ist", zu danken (zit. nach Reformirtes Wochenblatt 1888, S. 250ff).

1888 schrieb man im Reformirten Wochenblatt anläßlich dieser Predigt: „Was den Inhalt der Predigt betrifft, so können wir sie nur als eine Entweihung einer evangelischen Kanzel betrachten, und nur einigermaßen als Entschuldigung gelten lassen, daß die Bewunderung Napoleons damals eine ziemlich allgemeine durch Europa gehende war, und daß man die schrecklichen Folgen der fremdländischen Regierung in den ersten Monaten nach der Besitzergreifung noch nicht übersehen konnte" (ebenda).

Titelseite der Predigt Wevers vom 6.4.1814 (Quelle 6)

Quelle 5
Anrede der Elberfelder reformierten Pastoren Wever, Kamp und Nourney an Herzog Murat
Archiv der Evangelisch-reformierten Gemeinde Elberfeld 13,08 1 und 2
12.4.1806   handschriftlich   Abschrift[1]

Durchlauchtigster Herzog, Gnädigster Fürst und Herr!
Bey dem Wechsel dem die Staaten unterworfen sind, ist unser Looß, wie wir zuversichtlich hoffen aufs Liebliche gefallen, indem wir in der geheiligten Persohn Eurer Durchlaucht einen Beherrscher erlangt haben vor dem der Ruhm großer Thaten herfliegt, und der einen noch größern Ruhm darin setzet, das Glück seiner Unterthanen zu fördern, dadurch werden sich Euer Durchlaucht ein unvergängliches Denckmahl in den Herzen dieser Unterthanen stiften, Dankbarkeit und Liebe werden Ihnen, dem unverbrüchlichsten Gehorsahm zur freudigsten Pflicht machen. Wenn das Volck daß Euer Durchlaucht Scepter küßet nach höchst Ihnen mit froher Hofnung hinaufblickt, so belebt auch uns Diener der Religion das freudigste Zutraun daß hochdieselben die Macht, die Gott Ihnen anvertraute, zum Schutz der Wahrheit und Gottseeligkeit gern gebrauchen werden, und in diesem Zutrauen bewillkomnen wir Euer Durchlaucht mit dem lautesten herzlichsten Seegenswünschen. Jesus Christus! der oberste unter den Fürsten auf Erden, durch den sie alle regieren, salbe Euer Durchlaucht mit Weisheit Liebe und Eifer um seine Ehre unter Ihrem mächtigen Gebiete auszubreiten und Ihre Herrlichkeit als ein heiliges Opfer zu seinen Füßen zu legen; Er segne Sie dafür mit langer glücklicher Regierung und einst mit ewiger Wonne, an seinem Throne amen.
Er wird sie seegnen. Unser Gebeth soll deshalb täglich für Euer Durchlaucht himmel an steigen.
Sehen Sie, Gnädigster Fürst und Herr! daß sind die Gesinnungen der reinsten Ehrfurcht, des freudigsten Gehorsahms und der feurigsten Liebe, womit wir Ihrer höchsten Persohn huldigen.
Die zahlreiche reformirte Gemeinde der wir dienen, wird nicht die lezte seyn, ihrer Pflichten gegen höchst Ihre geheiligte Persohn zu erfüllen, sie weiß was für ein Geboth sie deshalb von dem Herren aller Herren empfangen hat, und so vertrauet sie auch, daß Euer Durchlaucht bey ihren Gottes dienstlich[en] Vorrechten, sie erhalten, ihren [Fortgang] befördern und sie über all in [höchst] Ihren mächtigen Schutz nehmen werden. Diese höchste Gnade erflehn wir für besagte Gemeinde und für uns als
Euer Durchlaucht
unterthänigst treuste Unterthanen die Prediger der Reformirten Gemeinde zu Elberfeld.

---

[1] Der Text ist auf der linken Blattseite in französischer, auf der rechten in deutscher Sprache wiedergegeben.

Danfrede und Gebät
bei Gelegenheit der Feyer
des
siegreichen Einzugs
der
hohen verbündeten Mächte
in
Paris
in
Gegenwart sämtlicher Autoritäten
in der
reformirten Kirche zu Elberfeld
gehalten
von dem
Pastor C. G. Wever
den 6. April 1814.

Anhang:
Die von Sr. Excellenz dem Herrn General-Gouverneur erlassenen officiellen Bekanntmachung der großen entscheidenden Schlacht bei Paris, und des darauf erfolgten siegreichen Einzuges der hohen verbündeten Mächte.

Elberfeld,
gedruckt und zu haben bei J. C. Eyrich, J. C. Kreeft und H. Büschler.

Kommentar 6

Am 13.11.1813 wurde die französische Regierung der Region durch das Generalgouvernement abgelöst. Gouverneur von Solms-Lich verfügte 1814 die Bildung eines Oberkonsistoriums in Düsseldorf, das als staatliche Kirchenbehörde fungierte. Die Synodalversammlungen wurden verboten, unter preußischer Regierung wurden ab 1817 Kreis- und Provinzialsynoden mit eingeschränkten Rechten wieder zugelassen. Die Provinzialsynode in Duisburg erklärte 1818 zu den kirchenregimentlichen Plänen der Regierung, sie beruhten „offenbar auf der Voraussetzung, daß die Kirche in einem Subordinations-Verhältnisse zum Staate stehe, oder daß Seine Königliche Majestät der oberste Bischof der Kirche sei. Daher wird der Kirche […] nur eine berathende Stimme […] gegeben und dieselbe nicht allein unter die Aufsicht, sondern auch unter die Leitung des Staates gesetzt. Ein solches Subordinations-Verhältnis streitet aber gegen unsere Begriffe vom Standpunkte und Rechte der Kirche überhaupt und gegen die Rechte unserer reformierten und lutherischen Kirchen der hiesigen Provinz insbesondere" (zit. nach Justus Hashagen, Der rheinische Protestantismus und die Entwicklung der rheinischen Kultur, Essen 1924, S. 36/37). Der Tendenz des Staates, landesherrliche kirchenregimentliche Befugnisse zu erhalten, begegneten vor allem die Gemeinden der bergischen Region und des Wuppertals mit Ablehnung. Die 1817 anläßlich des Reformationsjubiläums ergangene Aufforderung des Königs zur Union der beiden evangelischen Konfessionen wurde im Wuppertal, wo im Zuge der Erweckungsbewegung Lutheraner und Reformierte vielfach zusammenarbeiteten, als oktroyiert abgelehnt. Die 1822 staatlicherseits geplante Agende (Gottesdienstordnung) wurde als Eingriff in das jus liturgicum der Synoden und als „katholischer" Kultus verworfen, bis die Provinzialsynoden von Köln und Koblenz 1830 eine modifizierte Agende akzeptierten. Die 1835 erlassene Kirchenordnung, die eine Mischung aus Selbstverwaltungsbestandteilen und staatlicher Präsenz darstellte, fand bei ihrer Einführung im Wuppertal regen Widerstand.

Die in Quelle 6 auszugsweise wiedergegebene Predigt hielt der bereits erwähnte Pastor Caspar Gottlieb Wever 1814 in „Gegenwart sämtlicher Autoritäten" in der Elberfelder reformierten Kirche. Im Mai 1815, anläßlich der Huldigung der Rheinlande vor dem neuen Landesherrn Friedrich Wilhelm III., predigte der reformierte Barmer Pastor Matthias Krall über 1. Könige 1, 39: „Und alles Volk sprach: Glück dem Könige!"; am 25.6.1815 war sein Predigttext „zum Dankes-

Quelle 6

„Dankrede und Gebät bei Gelegenheit der Feyer des siegreichen Einzugs der hohen verbündeten Mächte in Paris in Gegenwart sämtlicher Autoritäten in der reformirten Kirche zu Elberfeld gehalten von dem Pastor C.G. Wever den 6. April 1814",

Elberfeld o.J., S. 1-14   Auszug

Meine geliebten und geehrten Zuhörer!

Die Absicht, die uns Heute in diesem Hause des Herrn versammelt, ist, besonders in Hinsicht auf die lange erfahrnen traurigen Zeitumstände, eine der wichtigsten und freudigsten die wir als Glieder der bürgerlichen Gesellschaft, und besonders als Christen, zu beantworten uns können, und mit Dankbarkeit uns sollen angelegen seyn lassen. Wir wollen nemlich den Herrn der Heerschaaren feyerlich preisen für den gesegneten Erfolg, den seine Macht und Güte den Waffen der hohen verbündeten Mächte verschaffet, und dadurch die süße Hoffnung eines beglückenden Friedens der leidenden Menschheit näher gebracht hat.

Daß so viele Opfer in dem Kampfe für die gerechteste Sache gefallen sind, so viele wackere Streiter bluteten, verstümmelt wurden und starben, darüber müßen wir freylich mit dem Vaterlande und den Angehörigen trauern; aber wenn dieses, ohne Wunder, in einem jeden Kriege nicht anders seyn kann, so wollen wir den Tod dieser Helden ehren, die das Mittel in der Hand der Vorsehung gewesen sind, verbunden mit den Anstrengungen der weit größern Zahl der übriggebliebenen Streiter, den unterdrückten Völkern die schönsten Siege zu erringen; wir wollen diese Siege als einen gnädigen Beweis ansehen, daß der Gott, der so lange über uns zürnte, sich wieder in verzeihender Liebe zu uns gewendet hat. Ja, ja, Gott ist es, dem wir die Ehre davon geben müßen, daß er der Menschheit Retter an den Mächtigen dieser Erde erwecket, und ihrer Heere ausdauernde Anstrengungen mit einem so erstaunlichen Erfolg gekrönet hat, daß sie sogar den Hauptsitz, wovon das meiste Uebel, was die Menschheit drückte, ausgegangen ist, daß sie Paris, dies neue Babylon, siegreich eingenommen haben. Von dem Herrn ist dies geschehen, und ist ein Wunder in unsern Augen. Ps. 118,23. Billig rufe ich daher Ihnen, geehrte Herren, die uns vorgesetzt sind, wie uns allen ohne Ausnahme, aus dem nemlichen Siegespsalme zu: Schmücket das Fest mit Mayen bis an die Hörner des Altars, Psalm 118, 27., denn Gott half uns von der Hand dessen der uns haßete, und erösete uns von der Macht des Feindes. Ps. 106, 20.

Denken wir zurück an die verlebten Trauerjahre, an die Schrecken und namenlose Wuth des Krieges der so lange gewüthet hat, an die bangen Aussichten die uns für die Zukunft ängsteten; o so müßen wir bey dieser Rückerinnerung der schrecklichen Gegenwart und der noch bängern Zukunft, es lebhaft fühlen, wie fürchterlich das Uebel war, unter dem wir ächzten. Ein übermüthiger Eroberer, dem Gewalt, List und Betrug gleich gut waren, wenn er nur seinen herrschsüchtigen Zweck erreichen konnte, hatte seine eherne Bande so fest um uns geschlungen, daß keinerlei Freiheit mehr übrig blieb, kaum die Freiheit zu denken, geschweige zu reden und noch

weniger zu würken. Das Gewerbe erlag unter den drückendsten Beschränkungen und Auflagen, das eine Volk durfte mit dem andern kein Verkehr mehr haben, die arbeitende und handelnde Menschenklasse, der Bürger und der Landmann, alles sah sich überall beengt und in Noth versetzet, überall lauerten unbarmherzige Frohn-Vögte die von dem Schweiß und Blut der Unterthanen lebten, oft schwelgten, um die Lasten noch schwerer zu machen. Das Heilige wie das Irdische mußten sich unter den eisernen Willen eines stolzen Beherrschers und seiner raubsüchtigen Gehülfen beugen. Was noch das schlimmste war, so mußten sogar unsre Kinder für die Eroberungssucht eines Despoten Blut und Leben hingeben, und sich zu Werkzeugen unsrer eigenen Sklaverey mißbrauchen laßen. Der Uebermuth dieses wilden Eroberers hatte keine Gränzen — er wollte seine Herrschaft über alle Länder bevestigen, und wähnete sich in seinem Stolze sicher, daß ihm keine göttliche, geschweige menschliche Macht Schranken setzen werde. Wie schrecklich waren da die Aussichten in die Zukunft? Ein beständiger Krieg Aller wider Alle, der immerwährende Gräuel drohete, und Europa in den schauderhaften Zustand einer völligen Barbarey zurückstieß, gehörte unter die gerechten und quälenden Besorgnisse, welche die Brust eines jeden redlichen Vaterlands- und Menschenfreundes preßten. O wie oft haben sich da heiße Gebäte um Errettung von der Gewalt eines solchen Feindes, gen Himmel gedränget! Wie manche Thräne stieg aus einer beklemmten Brust, mit dem heißen Wunsche zu Gott: O du Schwerdt des Herrn, wann wirst du aufhören! Fahre doch in deine Scheide und sey stille! Jer. 47, 6.

Aber lange Zeit hatte es sogar nicht das Ansehen, daß dieser Wunsch erhört werden würde. Die Fesseln schienen den unterjochten Völkern vielmehr noch immer vester angeschmiedet werden zu sollen. Und gewiß, wäre es nach dem frechen Sinne jenes Barbaren gegangen, so würde er sich durch Ströme von Blut und über Berge von Leichen, den Weg zur Alleinherrschaft gesichert haben.

Doch nun war der Troz dieses schrecklichen Menschen zu seiner höchsten Höhe gediehen, jetzt sollte er so gebrochen werden, daß alle Welt sehen konnte, Gott sey noch immer der nämliche, von dem im Psalme 76, 11. gesagt wird: Wenn Menschen wider dich wüthen, so legt du Ehre ein, und wenn sie noch mehr wüthen, so bist du auch noch gerüstet. Hatte Gottes Gerechtigkeit diesen furchtbaren Eroberer, eine Zeitlang wie eine Geißel für die versunkene Menschheit, um ihrer Sünden willen gebrauchet, so dachte er auch wieder an seine Barmherzigkeit, und wollte um der Fürbitte seines Sohnes willen, die Gefangenen des Tyrannen in die Freiheit setzen. Jes. 49, 25. Mit dem nämlichen Erfolge, womit er dem Sturme gebot: Verstumme! Marc. 4, 39., verherrlichte er auch hier den Reichthum seiner Macht und Güte. Ps. 89, 10. Wunderähnliche Begebenheiten mußten

Kommentar 7

fest nach dem Sieg der Verbündeten bei Waterloo" Psalm 50, 23 („Wer Opfer des Lobes bringt, ehrt mich; wer rechtschaffen lebt, dem zeig' ich mein Heil"); zur Gedenkfeier der Völkerschlacht bei Leipzig sprach Krall über Psalm 148, 5 und 6.

Friedrich Wilhelm Krummacher, der ehemalige Burschenschaftler und Teilnehmer am Wartburgfest 1817, hielt am 20.10.1833 eine Predigt über 1. Könige 8, 65.66 vor dem in Elberfeld anwesenden Kronprinzen. Krummacher, der eine „germanisch=christliche Wiedergeburt des Vaterlandes in Staat, Kirche und Haus" (F.W.Krummacher, Eine Selbstbiographie, Berlin 1869, S. 52) als Student für wünschenswert gehalten hatte, schrieb 1869: „Es wird den Rheinländern öfter vorgeworfen, daß sie im Ganzen keine rechten Preußen seien". Preußischer Patriotismus werde aber, so Krummacher, mit der Zeit auch im Bergischen Land nicht zuletzt durch die „allgemeine Militärverpflichtung" Eingang finden und der „bergische, wie der ehemals dem Krummstabe untergebene Mann, trotz der aus Naturell, Confession,

Quelle 7

„Gebet A.H. Nourneys, Pastor in Elberfeld, und Predigt über 1. Könige 8, 65. und 66. von F.W. Krummacher, Pastor zu Gemarke, gehalten am 20. October 1833 in der evangelisch=reformirten Kirche zu Elberfeld, in Gegenwart Sr. Königl. Hoheit des Kronprinzen", o.O. (Elberfeld), o.J. Auszüge

eintreten, die den großen und gnädigen Endzweck seiner Liebe herbeyführten. Die Eintracht der Fürsten, die bey ihren Kräften sammelten, um für die Schmach sich zu rächen, die ihnen und ihren Völkern so lange und höhnisch zugefüget worden, der bessere Geist, der in ihre Heere gekommen war, der Sinn der Religiosität, der nun wieder herrschend wurde, das Hinsehen auf die Hand und den Segen der Allmacht, eine brennende Liebe zu dem unterdrückten Vaterlande, die jedes Opfer, auch Blut und Leben, gern brachte — dies alles vereinigte sich von ihrer Seite, um ihnen Muth und ausdauernde Standhaftigkeit im Kampfe einzuflößen. Dazu kamen von der Seite ihres Gegners bedeutende Fehler, die aus der Blindheit des Stolzes herflossen, und ihnen den Sieg erleichterten. Mit Einem Worte: der Herr, der die Welt regiert, war wider ihn, aber durch seine Macht und Weisheit krönte er die Pläne und Anstrengungen der hohen Alliirten mit Glück und Segen. Gelobet sey dafür von Welt und Nachwelt sein hoher herrlicher Name!

Nun haben wir gegründete Hoffnung, da der Riesenarm des vermeinten Weltbezwingers auf seinem eignen Boden gänzlich zerbrochen ist, daß er bald den Frieden begierig suchen, und froh seyn wird, wenn er ihn nur erlangen kann.

Der Drangsale des armen Landes, wo jetzt der Schauplatz der Angst und des Elendes ist, dürfen wir uns durchaus nicht freuen, das würde Christen nicht geziemen, die mit den Weinenden weinen, und für die Feinde bäten sollen, sondern mit Anliegen müßen wir unsre Fürbitte vor dem Herrn einlegen, daß er die Herzen der Fürsten und Völker, die er in seiner Hand hat, zum Frieden neige, damit die Quellen des Jammers verschlossen, und die Segnungen der Ruhe und Eintracht wiederkehren mögen. Gott, der du heilig, aber auch barmherzig und gnädig bist, laß dich doch des Elends reuen, das so lange mit allen seinen Schrecken gewüthet hat, und führe bald die Zeiten der Erquickung herbey, wo die Völker der Zwietracht müde, wie Brüder einträchtig bey einander wohnen. In Frankreich sind doch auch noch solche die des Herrn Namen fürchten, die von dem Gift des Leichtsinns und Unglaubens nicht verpestet sind. Die wollen wir, wie Abraham die wenigen Gerechten in Sodom, unserm Gott in herzlichem Mitleiden vortragen, und für die andern bitten, daß die fürchterlichen Ereignisse dieser Zeit, sie zum Nachdenken bringen, und dem Wort der Gnade, das sie zur Buße ruft, Bahn in ihrem Herzen machen mögen.

Für die fernern gesegneten Erfolge der Waffen der hohen Verbündeten, für ihre brüderliche Eintracht, und das dadurch zu erreichende glückliche Ziel, einen gerechten und glorreichen Frieden, soll unser Gebät unablässig gen Himmel steigen. Der ewig reiche Gott vergelte unsern irdischen Rettern ihre schwere Arbeit und großen Opfer, er bewahre sie vor Stolz und ungerechten Anmaßungen, und laße sie unter dem Schatten des Friedens wahre Wohlthäter der Länder und Völker seyn und bleiben. Wir wollen ihnen aufs neue mit Ehrerbietung huldigen, aber vornemlich wollen wir dem Herrn der Heerschaaren huldigen, der in Christo ein Gott der Gnade ist, und uns in seinem Friedensreich, so gern für Zeit und Ewigkeit beglücken will. Unsre Sünden wollen wir vor ihm bekennen, und sie in seiner Kraft bestreiten und ablegen. Wir haben es bitter empfunden, daß sie der Leute Verderben sind. Nun sollen sie denn forthin nicht mehr unter uns herrschen. Nein, zurückgekehrt zu dem einfältigen Glauben und Gehorsam an das heilige Wort Gottes, zurückgekehrt zu dem Fleiß, der Redlichkeit und Eingezogenheit unsrer Väter. Nun werde das Gebät, und die öffentliche wie die häusliche Uebung des Gottesdienstes, auf ihren hohen Werth gesetzt. Nun werden dem Heilande, der uns mit seinem Blute erkauft hat, Herz und Leben zum Dankopfer hingegeben. Insbesondere wollen wir diesen Dank= und Siegestag nicht in eiteln sündlichen Freuden verderben, sondern in herzlicher Beugung vor ihm, und in glaubigem Gebäte zu ihm, denselben heiligen. Sammelt dann jetzt zum Schlusse unsrer Andacht eure Herzen zu diesem kurzen und redlichen Flehen, das der Herr gnädig erhören wolle.

Laß, o Herr! Deine Gnade groß werden über unserm vielgeliebten König. Erfreue Ihn in dieser schweren, bewegten Zeit immer mehr mit Erfahrung der Liebe, womit seine Unterthanen Ihm zugethan sind, und der Treue, womit diese Ihm anhangen. Erhalte sein theures Leben, und laß Ihn noch lange zum Wohl des ganzen preußischen Staates und zu unserm Wohl regieren; befestige immer mehr seinen Thron, und laß uns unter seinem Scepter fortdauernd Ruhe und Frieden genießen und glücklich seyn.

Sitte und Mangel an Geschichte erwachsenden Hemmungen, als normaler Preuße aus demselben [dem Naturalisationsprozeß] hervorgehen" (ebenda S. 134/135).
Von Friedrich Wilhelms Onkel Gottfried Daniel Krummacher wird die Anekdote berichtet, daß er, als man ihm die Anwesenheit des Kronprinzen in einer seiner Predigten ankündigte, darauf mit den Worten reagiert habe, „er werde deßwegen die Reihenfolge seiner Predigten über die Wanderungen der Kinder Israel nicht unterbrechen, wenn aber Seine Königliche Hoheit geruhen wolle, mit der Gemeinde durch das rothe Meer zu ziehen, so werde man diesen theuren Reisegefährten gar sehr willkommen heißen" (Gottfried Daniel Krummacher's gute Botschaft in fünfundvierzig Predigten. Hg. und mit einer Biographie des Verfassers begleitet von Emil Wilhelm Krummacher, Elberfeld 1838, S. XLV).

Laß Deine Gnade groß werden über unserm Kronprinzen, — Er ist in unserer Mitte, in unserm Tempel, mit uns vor Dir versammelt, um mit uns vereint Dich im Geiste und in der Wahrheit anzubeten und Dein Wort zu hören. — Erbaue Ihn durch dasselbe, gieb dadurch seinem Geiste Nahrung und erquicke seine Seele. Du hast Ihn in diese Rheinlande geführt, um sich mit den Bedürfnissen derselben näher bekannt zu machen, sich von der Anhänglichkeit ihrer Bewohner an Ihn zu überzeugen und ihr Wohl zu fördern. Laß diesen Endzweck erreicht werden, daß dieselben sich noch lange des Segens davon erfreuen. Laß Ihn an jedem Orte, wo Er auf seiner Besuchsreise hinkommt, — auch in unserer Gegend und in unserer Stadt, — fühlen, wie warm die Herzen der Bewohner der Rheinlande, — und auch unsere Herzen, — für Ihn schlagen. — Laß Ihn immer mehr des Landes Freude und der Unterthanen süße Hoffnung werden.

Laß, o Herr! Deine Gnade walten über die Kronprinzessin, welche während der Zeit, daß ihr Gemahl uns besucht, bei ihren hohen geliebten Anverwandten verweilt. Laß Sie die Zeit ihres Aufenthalts bei Ihnen in Gesundheit und Wohlergehen vergnügt zubringen, und der Familienfreuden für Sie viel werden, welche für edele, liebende Seelen so süß und erquickend sind. — Herr! laß blühen das ganze königliche Haus, und laß es an Glanz immer mehr zunehmen.

Segne uns und alle königlichen Länder; — laß es uns erfahren, daß Du uns gnädig bist und für uns sorgst; laß es uns erfahren, daß Du uns hilfst, wenn wir in der Noth unsere Zuflucht zu Dir nehmen; daß Du uns tröstest, wenn wir in Leiden, welche uns drücken, bei Dir Trost suchen; daß Du uns bewahrest, wenn wir in Gefahr gerathen, Schaden an unserer Seele zu leiden, und in Zeit und Ewigkeit unglücklich zu werden. Laß uns erfahren, daß Du uns an Deiner Hand nach Deinem weisen Rathe leitest, und uns dem Himmel, unserm Vaterlande, immer näher zuführest, wo wir Dich von Angesicht schauen und uns ewig Deiner Vaterliebe freuen werden.

Was wir jetzt von Dir, o Herr! erfleht haben, das erhöre. — In dem Glauben und Vertrauen, daß dieses geschehe und wahr werde, sagen wir Alle Amen! Ja, Amen. —

(...)

Predigt.

1. Könige 8, 65. 66.

Und Salomo machte zu der Zeit ein Fest, und alles Volk Israel mit ihm, eine große Versammlung, von gegen Hemath an bis an den Bach Egyptens, vor dem Herrn, unserm Gott, sieben Tage und abermal sieben Tage; das waren vierzehn Tage. — Und ließ das Volk des achten

Tages gehen. Und sie segneten den König, und gingen hin zu ihren Hütten fröhlich, und gutes Muthes über alle dem Guten, das der Herr an David, seinem Knechte, und an seinem Volk Israel gethan hatte.

(...)

Ja, Brüder, wenn ihr mich fragen wolltet, welches unter den Völkern der Erde ich für dasjenige erachte, das vorzugsweise zum Israel des neuen Testamentes von Gott erkoren sey, ich spräche mit freudigster Ueberzeugung: Du bist's, mein deutsches Volk! und würde ohne Mühe euch beweisen können, wie dieser Glaube nicht ungegründet sey, nicht aus der Luft gegriffen. — Ich würde damit beginnen, die Tiefen der deutschen Sprache euch aufzudecken, die, gleich der des alten Israels, wie keine andere ganz zu einer Sprache des Heiligthums geschaffen ward, und, ehe das Evangelium noch zu uns kam, dasselbe andeutungsweise schon in ihrem Schooße trug. Diese Sprache wußte schon von Anfang her, was Gott gebiete, sey »Gesetz«, das ist ein Festgestelltes, ein Unwiderrufliches; die Uebertretung des Gesetzes sey »Sünde«, ein Etwas, das zu sühnen sey; des Menschen größter Jammer sey sein »Elend«, seine Ausländigkeit, seine Verbannung und Entfremdung vom Vaterhause; zu seiner Wiederbringung bedürfe es der »Versöhnung«, einer Sühnung also, und zwar einer Sühnung durch den Sohn. — Seht, so führe ich fort, die wundersame Tiefe unserer Sprache euch zu enthüllen, und nachzuweisen, wie diese Sprache in der That schon christlich dachte, ehe sie noch die Botschaft von Christo geschichtlich in sich aufnahm. Tausende von Ausdrücken würde ich euch benennen, die in ihr von Anbeginn bereits durch eine göttliche Bildung als eben so viele fertige Schaalen und Formen vorräthig lagen, um die Ideen der göttlichen Offenbarung, sobald sie daher kamen, gleich allseitig, wie keine andere Sprache, in sich aufzunehmen, sie vollwichtig in sich zu bewahren, sie unverkümmert weiter fortzutragen, und würde euch den Umstand, daß unsere deutsche Bibelübersetzung als die ausgezeichnetste, gesalbteste und tiefste unter allen dasteht, schon aus dem Bau und Wesen unserer Sprache zu enträthseln wissen. — Nach diesem würde ich euch daran erinnern, daß unser deutsches Vaterland dasjenige ist, das, gleich dem alten Israel, wie kein anderes mit der lieblichen Gabe einer wahrhaft heiligen Kunst von Gott beschenkt ward. Ich würde euch hinstellen vor die alten, himmelan strebenden Dome, die als gedankenvolle Nachbilder des israelitischen Tempels in der Andacht und dem Glauben der deutschen Kirche ihre ersten Modelle fanden. An euch vorüberführen würde ich alle die gottinnigen Bilder unserer vaterländischen Vorzeit, die, als hätte ein christlicher Bezaleel sie hingehaucht, wie keine anderen, den Stempel des tiefsten, evangelischen Lebens an der Stirne tragen. Vor allem aber würde ich euch darauf aufmerksam machen, daß unsere Kirche den Choral gebar, diese wahrhaft christlich = heilige Sangesweise, und daß sie es war, die Kirche unseres Vaterlandes, auf welche, neutestamentlich nur besaitet, die Harfe Davids sich vererbte. Den evangelischen Psalm, das wahre Kirchenlied hat sie. Sie gab den Ton an; die andern haben nachgesungen. — Hierauf würde ich die Jahrbücher unserer vaterländischen Geschichte vor euch öffnen, und euch entschleiern die Aehnlichkeiten alle zwischen dem Erziehungsplane Gottes über unser Volk und den Führungen des alten Israels. Zeigen würde ich euch, wie Israels Theocratie nirgends so ihr getreues Ab = und Gegenbild gefunden, als in dem Verhältnisse des deutschen Volks zu seinen Herrschern; wie im Blicke auf die letzteren die vom ewigen Wort getragene Idee einer Statthalterschaft im Namen Gottes in allen Herzen unantastbar fest stand; wie eine Fürstenkrone je und je nur als im Glanze einer unmittelbaren göttlichen Belehnung strahlend angesehen wurde, und Staat und Kirche nirgends so eng, so innig sich umschlungen hielten, als in unserm Lande. — Ich würde hierauf an euch vorüberführen die Schaaren von Propheten und Evangelisten, womit der Herr vor andern unser Volk gesegnet hat, und euch daran erinnern, wie die ausgezeichnetsten Gestirne, die seit Jahrhunderten am Kirchenhimmel strahlten, dem bei weiten größten Theile nach aus dem Schooße der deutschen Kirche emporgestiegen sind. Darthun würde ich euch, wie keiner Kirche eine solche Fülle evangelischen Lichtes zufloß, wie der unseren; ja wie sie berufen ward, der Mond zu seyn, durch welchen die Sonne der Gerechtigkeit zum zweiten Mal die Welt erhellen wollte. Ich würde euch den Mann vor Augen rücken, der, ein wandelnder Leuchtthurm in der Nacht, fast einem Paulus und Petrus würdiglich zur Seite steht, den gewaltigen Gotteshelden, verordnet, nicht seine Zeit allein, sondern Jahrhunderte zu salzen und zu salben; — ihn, dessen Fackel, am Heerde des Evangeliums entzündet, noch heute von Pol zu Pol, ihre befestigenden Lichter über die Erde streut, und auf welchen, in einem merkwürdigen geschichtlichen Umstande schon frühe gleichsam prophetisch hingedeutet wurde. Denn die Galater, an welche jener Brief geschrieben wurde, der vorzugsweise den Kern = und Centralpunkt des Evangeliums, die Lehre von der Rechtfertigung durch den Glauben allein, ohne die Werke hervorhebt, diese Galater waren nach einer alten Nachricht Deutsche, vielleicht gar aus der Nachbarschaft der Elbe, und wurden über Italien unter Anführung eines Lothar, oder Luther nach Kleinasien ausgeführt. Und nun siehe, viele Jahrhunderte später tritt in derselben Gegend wieder ein Luther auf, der zündet grade an dem Galaterbrief sein Licht an, und überkommt von Gott den Auftrag, vorzugsweise den Inhalt dieses Briefes in ungetrübtem Glanze der Kirche zurückzugeben, und also sein Volk zum zweiten Male, nur in einem seligeren Sinne, nach Galatien zu führen. —

(...)

Deutschland das Israel der neuen Bundeszeit! — O lieblicher, herzquicklicher Gedanke! — Möge sich's als solches mehr und mehr erweisen! — Ist es das aber wirklich, — mein Vaterland im engeren Sinne, werde ich dann dich nicht als das Benjamin und Juda in diesem Israel begrüßen dürfen? — Ja, mit dir ist der Herr ganz sonderlich, du liebes Preußenvolk; mit dir vor allen augenscheinlich, also, daß du wieder selbst zu einem Beweise dienen könntest, daß über den deutschen Grenzen die Augen Gottes noch in großer Huld und Gnade offen stehen. — Daß wir des nicht werth sind, ach, das ist von allem Klaren das Allerklarste. Mein Herr, viel zu geringe sind wir solcher Liebe; viel zu geringe all der Barmherzigkeit und Treue, die Du an uns gethan hast, und bis zu dieser Stunde an uns thuest!

Nicht zu verkennen ist es, daß insonderheit aus dem Schlachtendunkel jener unvergeßlichen Octobertage die Morgenröthe eines neuen Zeitraums über uns heraufzog, und daß jene zum Staub gebeugten Knie auf blut'ger Wahlstatt, so wie selbst die Kreuze an den Hüten unserer tapferen Krieger, ohne daß wir es ahndeten, nur bedeutsame Symbole waren, und auf den nahen Anbruch eines neuen schönern Tages prophetisch hinüberwinkten. Daß dem wirklich also war, die Gegenwart besiegelt's in tausendfacher Weise. Ich blicke mich um in unserm Lande. Ja, lobe den Herrn, meine Seele! Der Herr ist unter uns, der Herr ist mit uns! — Was nehme ich wahr? — Siehe, in der Kirche ein neues Regen und Bewegen; in der Wissenschaft unverkennbar ein ernsterer Sinn, ein tieferes Bedürfniß; auf den Hochschulen, und zwar auf allen wieder Feuerzungen, die von Christo zeugen; auf den Kanzeln mehr und mehr das alte gute Wort in neuen Klängen; in den Lehrer-Seminarien ein mächtiger Entwickelungsproceß zu immer evangelischerer Gestaltung, und daneben blühende Missionsschulen unter dem Schirme eines milden Scepters, Bibelvereine in regster Thätigkeit, Anstalten errettender Liebe für Verwahrloste und Gefangene, und, was mehr noch ist, als dieses Alles, in allen Gegenden, Classen, Ständen eine nicht unbedeutende, in steter Zunahme begriffene Schaar, die sich verschworen hat, daß sie vor Baal die Knie nicht mehr beugen will; ein Beterchor, als eine geistliche Salzlage in weiter, festverschlungener Kette das Land durchziehend. Und bedürfte es dafür noch weiter Zeugniß, daß Gott mit uns sey, so erwäget. In einer Zeit, in welcher da und dort die heiligsten Bande unter Verräterhänden reißen, wird unser Volk zu einem herzerhebenden Belege hingestellt, daß wahrhaftige Treue doch von der Erde noch nicht geschwunden sey. In Tagen, da sich um unsere Grenzen her ein wüster Abgrund öffnet, um von Gott verfluchte Geister in die Welt zu speien, da sieht man Preußens Volk um seinen Thron den Kreis nur dichter schließen. Und flammt auch unter uns ein Feuer auf, so ist es nur das Feuer einer gesteigerten Liebe und Begeisterung für ein theures, angestammtes Fürstenhaus. Und die schauerlichen Catastrophen da und dort vermögen auf uns nicht weiter einzuwirken, als nöthig ist, die glühendsten Protestationen gegen den gottvergeßnen Sinn, dem sie entwuchsen, hervorzurufen. Wahrlich, auch dieser Umstand hilft's kräftiglich versiegeln, daß der Herr uns mit seiner Gnade noch nicht verlassen habe. — Und was soll ich weiter dafür sagen? — Ich schweige. — O, euer Herz wird den Gedankenstrich, den ich hier ziehe, sich schon zu deuten wissen. —

(...)

»Also — beginnt der Seher — spricht der Herr zu dir, Seinem Gesalbten: Ich ergreife dich bei deiner rechten Hand, daß ich die Heiden vor dir unterwerfe, und den Gewaltigen das Schwert abgürte; auf daß vor dir die Thüren geöffnet werden, und die Thore nicht vor dir verschlossen bleiben. — Ich will vor dir hergehn, und die Höcker eben machen. Ich will die ehernen Thüren vor dir zerschlagen, und die eisernen Riegel will ich zerbrechen. Und will dir geben die heimlichen Schätze und die verborgenen Kleinodien; auf daß du erkennest, daß Ich der Herr, der Gott Israels, dich bei deinem Namen genennet habe. — Siehe, mein Hirte sollst du seyn, und allen meinen Willen sollst du vollenden, daß man sage zu Jerusalem: Sey gebauet; und zum Tempel: Sey gegründet. — Und Ich der Herr will dein Land machen, wie einen Lustgarten, und seine Gefilde wie einen Garten des Herrn, und großen Frieden geben deinem Lande, daß man eitel Wonne und Freude darinnen findet, und Dank und Lobgesang an allen Enden!« — — So der Seher Gottes in Jehovahs Namen. — »Ja Amen, jauchzen wir, also geschehe es!« — Schwinge dich aufwärts, Preußens Adler, auf Fittichen des Glaubens, und wähle dir dein Element in dem Wunderlichte jener Sonne; unter deren Flügeln Heil und Genesung. — Horste in dem starken Felsen Christo, und unüberwindlich wirst du seyn, und der Blitz deiner Krone wird die Völker beben machen! —

»Und sie segneten den König.« — — — Nun, theure Brüder, lange genug legte ich eure Herzen in Zaum und Zügel. So weiche denn jede hemmende Schranke jetzt hinweg, und euerer Begeisterung sey der freiste Raum gegeben. Schaart euch denn frohlockend um den Stuhl des besten Landesvaters her; gebt den Gefühlen, die euch durchflammen, Sprache; grüßet ihn mit dem Jubelgruße: »Lange lebe der König!« und nehmt nicht Anstand länger, kindlich und froh, wie einem jeden das Herz gibt auszusprechen, euere Segenswünsche Ihm in den Schooß zu schütten. — Ja der Herr unser Gott sey mit Ihm, und kröne Ihn mit Gnade, wie mit einem Schilde. Es freue sich der König in Jehovahs Kraft, und sehr fröhlich sey Er über Seiner Hülfe. Der Herr gebe Ihm, was Sein

Herz begehrt, und weigere Ihm nicht, was Sein Mund erbittet. Er erfülle alle Seine Anschläge. Er setze Ihn zum Segen für und für, und erfreue Ihn mit Freuden Seines Angesichtes. — Ferner stehe Er da durch Gottes Macht als eine schöne Säule unter dem Tempeldach der wahren Kirche; als ein starker Pfeiler, an welchem sich die Wogen des Abgrunds brechen. Großes Heil sey Ihm vom Herrn bescheert; Ihm, und Seinem Saamen nach Ihm ewiglich. — Heil dem künftigen Erben Seines Thrones! — Die Gnade Gottes in Christo Jesu bedecke Ihn mit ihrem seligen Fittich! — Der Herr, vor welchem Er mit uns am Staube liegt, erfülle die tausend freudigen Hoffnungen, womit ein ganzes Volk auf Ihn den Heißgeliebten hinblickt. — Von Seines Vaters Gott sey Ihm geholfen, sey Er gesegnet, und der Segen Gottes über Ihn, er reiche bis hin »zur Wonne der ewigen Hügel!« —

Von Tag zu Tag verengere sich das Band, das, von Gott geknüpft, so lieblich uns und unser Fürstenhaus umschließt. Immer tiefer wurz'le in der Liebe Christi und im Wort des Lebens das heilige Verhältniß, auf daß es Zeit und Stunde überdaure, und bis in die Ewigkeit hinübergrüne. — Brüder, was vernehme ich! — Wahrlich, unsere Segenswünsche und Gebete bringen durch die Himmel! — Eine Stimme aus der Höhe schwebt zu uns nieder. — Ihr hört sie Alle. In der Zuversicht und großen Freude eurer Herzen hört ihr sie wiedertönen. Die Stimme Gottes ist es; des Getreuen »Amen, so sey es!« ruft die Wolkenstimme. — So jauchze und frohlocke denn, was Odem hat! — — Es wird geschehen, Brüder, was wir begehreten! — — Amen, es wird! — — Ja, Hallelujah! — Amen!

(...)

Kommentar 8

In der Zeitschrift „Stimmen aus und zu der streitenden Kirche" hieß es 1848 anläßlich der Märzereignisse: „Wessen Werk der Aufruhr ist und wessen Kinder die sind, welche die Majestäten lästern und die Herrschaften verachten, brauchen wir denen nicht zu sagen, welche wissen, daß der Teufel der erste Aufrührer wie der erste Mörder ist; noch denen, welche in ihrer Bibel die Stellen Röm. 13, 1-7 und 2. Petr. 2, 10 u.s.w. kennen" (3(1848), S. 97). Die Revolution wurde als „Gericht" über diejenigen aufgefaßt, die sich - „Reiche" wie „Arme" - nicht unter die „gewaltige Hand Gottes" zu „demüthigen" wußten (ebenda S. 99). Für die Christen galt, „daß sie sich nicht dem tollen Singetanz anschließen, womit die Welt diese Freiheiten, wie dort das goldene Kalb, als die Götter anbetet, die Israel aus Egypten, die Menschheit ins Paradies führen könnten. [...] Wir aber wissen, daß alle diese Freiheiten, wenn sie wirklich Güter sind, dennoch nicht Das sind, was dem Volke hilft, was ihm frommt, was ihm fehlt; - das Eine und Einzige, was uns fehlt und hilft, was allein die Wohlfahrt der Nationen wie die Seligkeit des Einzelnen bedingt und schafft, ist das Evangelium, die Freiheit des Sohnes Gottes, ist Christus und seine Gerechtigkeit; denn die Gerechtigkeit und nur sie allein erhöht ein Volk; die Sünde aber, und nur sie allein, ist der Leute Verderben" (ebenda S. 102). Die folgenden Auszüge entstammen einer Predigt, die der lutherische Elberfelder Pastor Albert Sigismund Jaspis (1809-1885, 1845-1855 in lutherisch Elberfeld) am 29.11.1848 anläßlich eines königlichen Hochzeitsjubiläums hielt.

Quelle 8

„Predigt über Jesaias 49, 22-26 gehalten am 29. November 1848, als am Tage der Ehejubelfeier unsres Königspaares, in der evangelisch=lutherischen Kirche zu Elberfeld… von Albert Siegismund Jaspis", Elberfeld 1848 Auszüge

Das theure Königspaar unsers Volkes feiert heute das erste Jubelfest seiner Ehe. Dieser Gedenktag der königlichen Familie ist auch für viele Bewohner unsrer Stadt ein Tag stiller Freude. Wir wissen, es gibt Feste ohne Festglanz. Gerade sie aber sind oft die lieblichsten, denn an ihnen feiern recht eigentlich die Herzen. Eine Thräne sagt dann mehr als hundert Worte. Was solchen Tagen an Pomp und Lärm abgeht, ersetzt die Gehobenheit und Innigkeit der Empfindungen. Der innere Mensch, nicht der äußere feiert die Feste. Die Liebe handthiert da auf den Gebieten einer unsichtbaren Welt, unbekümmert um die Sitten und Moden des Außenlebens. Je kleiner die Kreise der Feiernden sind, desto mehr macht sich der Glaube mit dem Herrn zu schaffen.

Ein solches Fest ohne Festglanz ist für Viele im Lande auch die Jubelfeier unsres Königspaars. Das Unscheinbare dieser Feier könnte uns stören, wenn nicht die Liebe dazu getrieben hätte; wir wären aber arm, wenn unsre Liebe nicht mit dem Glauben im Bunde stände.

Allen Adressen bleibe ihr Werth, allen Liebesgaben ihre vollste Anerkennung; auch den theuren Trägern der Wünsche unsrer Stadt unser ganzes Vertrauen. Mags der König in dieser Stunde fühlen, daß, weil's im vielverschrieenen Wupperthale gläubige Christen gibt, es auch treue Unterthanen gibt; aber die rechte Gabe zum Jubelpaare muß glauben und dieser Liebesglaube muß beten können.

Dies ist auch der Grund, theure Gemeindeglieder, warum wir heute zum Hause Gottes euch gerufen haben. Nicht bloß das Königspaar, auch das Königthum, das Vaterland überhaupt bedarf gerade jetzt unsrer Gebete. Eine neue Periode unsres Volkslebens wird mit dem neuen Jahre anheben. Laßt uns die Gnade des Herrn erbitten, damit das Neue nicht bloß durch göttliche Zulassung, sondern durch göttliche Fügung erfolge; laßt uns den heutigen Tag durch Fürbitte für unser Königshaus heiligen. Es liegt hierin nicht bloß ein großer Segen, sondern auch eine große Seligkeit. Fürbittende vereinen wir uns nicht bloß mit der göttlichen Allmacht, sondern auch mit der göttlichen Allgegenwart. Fürbittende überschreiten Länder und Meere; Fürbittende sind heute in der Residenz, wenn sie auch in den Provinzen zurückblieben. Als Fürbittende stehen wir auch jetzt vor dem Könige und der Königin; wir bringen Liebesgaben, auch wenn wir mit leeren Händen dastehen; wir segnen, auch wenn wir arm sind.

Laßt uns beten:

Herr, barmherziger lebendiger Gott und Heiland! Wir sehen jetzt von uns ab und gedenken des Ehepaars, das Du so viele Jahre erhalten und gesegnet hast.

Preis und Dank Dir für diesen Segen; Preis und Dank für jeden Segen, der durch diese Ehe über das Land gekommen; Preis und Dank namentlich dafür, daß diese Ehe in Dir gegründet und durch Deine Gemeinschaft geheiligt war. Du hast den König und die Königin heimgesucht, Du hast sie in diesem Jahre schwerer gedemüthigt, als den ärmsten ihrer Unterthanen; mache auch dieses Kreuz ihnen zum Segen.

Viele Gebete haben heute Dein Herz, Deine Hand über ihnen geöffnet; so laß auf diese Gebete eine gnädige Erhörung folgen. Segne heute, gerade heute, gerade in dieser Woche den König! Er hat Dich bekannt vor den Menschen, so halten wir Dich beim Worte, bekenne ihn wieder vor den Menschen!!

Deiner Gnade, Gott Vater, Deinem Erbarmen, Gott Sohn, Deinen Gnadenwirkungen, Gott heiliger Geist, befehlen wir das Königshaus und unser Land. Deine Güte sei über uns, wie wir auf Dich hoffen! Amen.

(...)

Die Könige sollen deine Pfleger und ihre Fürstinnen deine Säugammen sein. Ihr hört, die Bibel weiß nichts von einem allgemeinen Sturze der Königsthrone. Wie der 72. Psalm und das 7. Cap. der Weissagungen Michaä hoffen läßt, werden Könige dem Herrn des Himmelreichs Geschenke bringen, ja alle Könige ihn anbeten und ihm dienen. Hieraus sehen wir, die Triumphe der demokratischen Wühler sind vorübergehend und nicht dauernd. Eine allgemeine Republik steht nach der Bibel nicht in Aussicht; im Gegentheil wird in der Letztzeit des Himmelreichs das Königthum erstarken; Könige sollen zu jeder, namentlich in der letzten Zeit dem Heilande huldigen. Der Herr des Himmelreichs könnte eine Stellung und Würde in der Kirche gar nicht als ein Königthum bezeichnen, wenn es dem Königshasse der Thronräuber auf immer gelänge. Könige sollen deine Pfleger, Kirche Gottes, sein!

Ich weiß, die demokratischen Großsprecher unsrer Zeit werden diesen Beweisgrund verachten. Wenn man mit dem 23. Verse unsres Textcapitels ihren hochtrabenden Reden entgegentreten wollte, würde es uns ergehen, als wollte man mit einem Mantel einen Orkan aufhalten. Bedenket aber, mit Gottes Wort ist nicht zu scherzen, es findet sich doch zuletzt. Ein Mantel hält Orkane nicht auf, aber ein Sonnenblick Gottes ändert in einem Nu empörte Luftschichten.

Gottes Wort behielt jetzt in andern Stücken recht. Es behielt recht im Psalmenworte: Wo der Herr nicht das Haus bauet, arbeiten umsonst, die daran bauen; recht in dem Jakobusworte: Ihr hasset und neidet und gewinnet damit nichts, ihr streitet und krieget und habet nichts. Recht im Petrusworte: Gott widerstehet den Hoffärtigen, aber den Demüthigen gibt er Gnade. Recht in jenem Königsworte: Die Völker werden wild und wüste, weil die Weissagung aus ist, die für nichts geachtet wird. Recht in andern Salomonsworte: Wenn du den Narren im Mörser zerstießest, wie Grütze, so ließe doch seine Narrheit nicht von ihm; also werden wir auch die Aussicht bestätigt sehen: Könige sollen die Pfleger der Kirche bleiben. Die demokratischen Agitatoren unsrer Zeit werden sich freilich an dieses Warnungszeichen nicht kehren. Was ist ihnen überhaupt noch heilig? Alle Gebote des Gesetzes treten sie mit Füßen, so werden sie auch bei ihren Majestätsbeleidigungen nicht das siebente achten. Aus dem Verhältnisse zum Herrn, dem lebendigen Gott, sind sie längst getreten und treiben mit allem Andern, selbst den versunkensten Menschen, Abgötterei. I. Den Namen Gottes haben sie getästert durch falsche Eide. II. Sabbathsentheiligung ist ihre Sitte und weder in der Schule noch in der Kinderstube bewiesen sie Gehorsam. III. IV. Menschenleben sind ihnen nicht heilig, können sie nur ihre Pläne durchsetzen. V. Viele von ihnen sind gebrandmarkte Ehebrecher. VI. Kein Wunder, wenn diese Unflätter (Jud. 12.) noch weiter gehen werden, wenn sie vielleicht Königen ihre Ehrennamen, Vorrechte und Würden an hellem Tage stehlen wollen. Irret euch nicht, ihr Unglücklichen! der Richter ist vor der Thüre. Eure Sünden schreien gen Himmel, und zum Händegreifen könnt ihr's erfahren, daß auch im Reiche Gottes standrechtliche Urtheile vollzogen werden.

(...)

Die heutige Feier gelte aber nicht sowohl einer Person, sondern einem Prinzipe, der Treue gegen das Königthum von Gottes Gnaden, dem Gehorsam gegen Gottes Ordnungen im Staatsleben überhaupt. Laßt uns den Herrn fürchten! Gerechtigkeit ist seines Stuhles Festung. Er hat jetzt Gericht gehalten durch Verarmung der Völker und Gericht unter Rauch und Blutvergießen. Viele Schinder der Völker kauen noch jetzt an ihrem Fleisch, und manche Frevel am Heiligen, besonders die Greuel an heiliger Stätte, die als Zeichen der Zeit immer bedeutsamer werden, sind noch ungesühnt. Welche Sündenmassen, wie viel Todte nimmt das hinscheidende Kirchenjahr in sein großes Grab! Wie sehr strotzen die Schuldbücher Gottes von Strafnotizen! Welche Menschen der Sünde stehen in der Menschheit da! Nicht bloß in Frankfurt, Wien und Berlin, auch in Cöln, Düsseldorf und Elberfeld liegt Vielen die Axt an der Wurzel und für Manche zu beten hat Mancher keinen Muth. Herr Jesu, unser Heiland, wäre Deine Gnade nicht mächtiger, als unsre Sünde, wo wollten wir bleiben? Wenn das Urtheil aus dem Gerichtshof herniederschallt: haue den Baum ab! nimm du das Wort und rufe: Laß den Baum dies Jahr noch! Wir blicken nicht auf Andre, ein Jeder fühle seine eigne schwere Schuld; ein Jeder rufe für seine arme Seele: Herr, laß mich dies Jahr noch! Amen.

Herr, unser Gott und Heiland, mein Wort endet in ernsten Tönen. Was helfen aber alle Jubelpredigten, wenns bei uns nicht zu der Bußklage gekommen ist: sei mir Sünder gnädig!

Das Kirchenjahr eilt dem Ende zu und es scheint, als tage ein Advent ohne Ende, wo die Geschlechter der Erde unter Heulen sich zurufen: Du kommst, Du kommst, uns zu richten!

Rufe und rede denn auch in der elften Stunde: Es ist noch Raum da. Kommet, Alles ist bereit!

Richte diesen Ruf heute auch an den König, die Königin, alle Prinzen und Prinzessinnen ihres Hauses. Du hast in diesem Jahre eine rauhe Thatensprache vor ihnen geredet, öffne ihnen das Verständniß darüber. Mache ihnen aber auch diesen Festtag zu einem Feste. Lade das ganze Land zur Hochzeit des Lammes!

Erhebe den Muth des Königs, stärke seine Hand, wappne ihn mit Glauben, allen Aufrührern in der Kraft Deines Rechts entgegen zu treten; gib ihm das Scepter aufs Neue und erinnere ihn an die Rechenschaft über diese Periode seines Regiments.

Ueber die stille, starke Königin gieße den Geist der Zuversicht aus. Sende Beiden viel Liebesgrüße aus unsern Gebetskammern und sei ihr Schild und großer Lohn.

Bändige die Belialskinder im Volke, beschwichtige die Rebellen, mache der Tyrannei der vielen kleinen Tyrannen ein Ende.

Du hast schon hie und da durchs Volksurtheil über die Bosheit Gericht gehalten; zeige lebendiger noch, daß Du ein Herz für Preußen hast; offenbare Dich als Oberherrn des Staats, wenn auch seine Verfassung wechselt, richte Herr Deine Sache.

Segne unsre Stadt, den Gemeinderath und seinen Vorstand, laß unsre Obrigkeit fest und frei in den Riß treten, wenn die Verstörer unter uns sich breiter machen.

Raffe keinen Wühler des Volks in seinen Sünden hin; bringe uns alle zur Buße und zum Glauben an Deine Erlösung, dann feiern wir Jubiläen ohne Ende, und diese Freude nimmt Niemand von uns. Thue das, Herr, um Deines Opfers willen! Amen.

Kommentar 9
Während des deutsch-dänischen Krieges (1864) erschien im Reformirten Wochenblatt eine Artikelserie „Vom Kriegsschauplatz" und „Etwas von den Dänen und ihrem Uebermuth". Im folgenden Jahr vermerkte der Synodalbericht, daß nach 50jährigem Frieden „in einem Krieg für die gerechte Sache eines unterdrückten deutschen Bruderstammes das Schwert gezogen" werden mußte (zit. nach Herwart Vorländer, Evangelische Kirche und soziale Frage in der werdenden Industriegroßstadt Elberfeld, Düsseldorf 1963, S. 54). Im Deutschen Krieg 1866 engagierten sich die Wuppertaler Gemeinden durch Spenden und die Organisation von Hilfe, u.a. auch durch Entsendung der Pastoren Ernst Hermann Thümmel (1815-1887, Pfarrer in Unterbarmen seit 1851) und Karl Krummacher (1831-1899, seit 1863 in reformiert Elberfeld) als Feld- und Lazarettprediger, deren Berichte im Reformirten Wochenblatt abgedruckt wurden. In der Nummer 22 des Jahrgangs 1866 hieß es in einem Artikel unter der Überschrift „Die Kriegsbereitschaft im Lichte des göttlichen Wortes" angesichts des sich anbahnenden Krieges: „Der Krieg, der an und für sich ein schreckliches Uebel ist, kann doch geheiligt werden durch das Wort Gottes und das Gebet. Wir bedürfen vor Allem der Waffen, die nicht fleischlich sind, des Harnisches Gottes, den wir anziehen sollen…" (S. 170).

Quelle 9
„Der Dank für den Sieg",
in: Reformirtes Wochenblatt Nr. 28 (1866), S. 217/218

Der Dank für den Sieg.

Am 4. Juli, als dem Tage, wo hier eine wichtige Siegesnachricht von unserem Heere einlief, wodurch sich die ganze Stadt erregte, haben wir auf den Wunsch vieler Gemeindeglieder uns am Abende vor dem Angesichte des Herrn versammelt, um dem Herrn Himmels und der Erden, welchem Majestät und Gewalt, Herrlichkeit, Sieg und Dank gebühret, von Herzensgrunde zu danken, daß es Ihm gefallen hat, die Gebete von vielen Tausenden zu erhören. Wir lasen das Lied Mosis, des Mannes Gottes, und sangen insbesondere aus Psalm 118:

> In jeder Angst, Noth und Gedränge
> Rief ich Ihn, den Erbarmer, an;
> Er gibt mir Antwort in der Enge,
> Und führt mich auf geraumer Bahn.
> Der Herr ist für mich, Macht und Gnade
> Läßt mich in Seinem Schutze ruh'n,
> Wer unternimmt's, daß er mir schade,
> Was kann ein schwacher Mensch mir thun?
>
> Der Herr ist für mich, hilft mir siegen,
> D'rum seh' ich im Triumphe schon
> Hier alle Feinde vor mir liegen
> Und trage Seine Siegeskron'.

Quelle 9 ist ein Artikel, betitelt „Der Dank für den Sieg", und bezieht sich auf den Sieg über das österreichische Heer bei Königgrätz am 3.7.1866. Am 20.7.1870 richtete die Synode an den König in Bezug auf den gerade begonnenen Krieg gegen Frankreich eine Depesche des Inhalts, daß „[d]ie in Barmen versammelte Kreis-Synode Elberfeld [...] sich zum Gebet um den Segen des Herrn für Eure Majestät und das zum Kriege gerüstete Heer unter dem Eindrucke des Losungswortes vom heutigen Tage: Gott ist unsere Zuversicht und Stärke, eine Hülfe in den großen Nöthen, die uns betroffen haben" versammelt habe (zit. nach Vorländer, a.a.O., S. 55).

O besser ist's, auf Gott vertrauen,
Als ruh'n auf Menschen Macht und Kunst,
Ja, besser ist's, auf Gott vertrauen,
Als hoffen auf der Fürsten Gunst.

Der Herr aber wolle gnädig weiter helfen und die ganze große Sache hinausführen zu Seines Namens Ehre. Laßt uns wohl bedenken, daß der furchtbare Krieg selbst mit dem Siege in voriger Woche noch nicht zu Ende gekommen ist, und daß es noch vieler Gnade, Durchhülfe und Errettung bedarf, ehe wir das rechte Sieges- und Friedenslied singen dürfen. Das fleischliche Rühmen, welches aus dem alten, ungebrochenen Menschenherzen stammt, ist ja nichts nütze, und kann gar bald in den entgegengesetzten Ton übergehen. Laßt uns ernstlich am Beten bleiben bis zum Ende und Austrag der Sache. Ein König des Reiches Israel, der auch im Kriegswesen Erfahrung hatte, ließ einst einem andern Könige sagen: **Der den Harnisch anlegt, soll sich nicht rühmen, als der ihn hat abgelegt.** (1. Kön. 20, 11.) Diesen Rath des israelitischen Königs wolle unser Volk wohl beachten. Wir sind noch nicht daran, den Harnisch abzulegen, sondern wir sind noch im Anlegen desselben, möchte nur auch der rechte Harnisch angelegt werden, den wir nicht in der irdischen Feldschlacht gebrauchen, von welchem der Diener Christi redet: Ergreifet den Harnisch Gottes, auf daß Ihr an dem bösen Tage Widerstand thun, und alles wohl ausrichten könnt und das Feld behalten möget. Dann dürfen wir in rechtem Sinne singen nach Psalm 68:

Gab unser Gott Befehl zum Krieg,
So schallte bald der Ruf vom Sieg
Von unserm ganzen Heere,
Und Tausend' kündigten es an,
Was Gott für unser Volk gethan,
Wie sich sein Ruhm vermehre;
Die stolzen Herrscher decket Hohn,
Die mächt'gen Heere sind gefloh'n,
Da Angst sie ganz zerstreute.
Des stillen Zeltes Hüterin
Tritt auch einher als Siegerin
Und theilt die reiche Beute.

Diese Siegesbeute besteht nicht in eroberten Kanonen und sonstigem Kriegsmaterial, nicht in der Menge von gefangenen Feinden, sondern in der Erfüllung der dem Knechte Gottes gegebenen Verheißung: Darum will Ich Ihm große Menge zur Beute geben, und Er soll die Starken zum Raube haben, darum daß Er Sein Leben in den Tod gegeben hat, und so den Uebelthätern gleich gerechnet ist, und Er Vieler Sünde getragen hat, und für die Uebelthäter gebeten. (Jes. 53, 1—2.)

Auszug

der Bekanntmachung des Königlich-Preußischen Generalgouvernements zu Achen an die Bewohner des Verwaltungsbezirkes Nieder- und Mittelrhein, vom 20. Juny 1815.

Feurige Gebete für den Sieg Eurer tapfern Waffenbrüder waren seit drey Tagen, wo das Verderben über Euern Häuptern schwebte, in Euern Herzen auf Euern Lippen.

Gott, zu dem ihr flehtet, hat Euch erhöret: — Er hat geschwebt über unseren Fahnen, und aufs neue sie mit Sieg und Ruhm gekrönt. Ein von Euch allen im innersten Herzen tief empfundenes Bedürfniß glauben wir daher auszusprechen, wenn wir veranlassen, daß zu einer und derselben Stunde aus allen heiligen Stätten dieses gesegneten und sichtbar von Gott beschirmten Landes von allen Zungen seiner erretteten Bewohner ein lautes Dankgebet zum Himmel steige.

Wir beauftragen daher die Geistlichkeit aller Confessionen, am bevorstehenden Sonntage, dem 25. d. M., die Andacht des Haupt-Gottesdienstes vor allen Dingen auf diesen Zweck zu lenken, und mit einem feyerlichen, Herr Gott dich loben wir! sie zu beschließen.

Im Geiste des Königs, unseres Herrn, der im Unglück stets fest gehalten am Anker des Glaubens und der Hoffnung, und im Glücke nie sich überhoben seines Glückes, sondern sich gedemüthiget vor dem Gotte der Heerschaaren, dem König aller Könige, werden alle Behörden diesem feyerlichen Gottesdienste beiwohnen, und ihre Knie beugen vor dem Allmächtigen, der sich verherrlicht in dem Thun der Feldherrn und der Krieger, und im glänzenden Siege der gerechten Sache über die Verworfenen.

Achen, den 20. Juny 1815.

Das Generalgouvernement vom Nieder- und Mittelrhein.

Sack.   v. Dobschütz.

Bekanntmachung 1815 (Auszug, SAW M I 101)

3. Charakteristik und Bedeutung des Pastorenamtes

Kommentar 10

*1840 schrieb der evangelische Pastor Wilhelm Leipoldt (1822-1842 Pastor an der unierten Gemeinde Unterbarmen) in einer Biographie über seinen lutherischen Kollegen Rauschenbusch, der 1790 nach Elberfeld berufen worden war: „Die höchste Spannung erhielt das christliche Interesse bei einer Predigerwahl. Nicht nur die Gemeinde selbst, die zu wählen hatte, sondern auch die Nachbargemeinden zeigten die regste Theilnahme, weil man mit Recht solch ein Ereigniß als eine Angelegenheit des ganzen Thals betrachtete. Während die Christen sich untereinander zum Gebete ermunterten, zogen andre von allen Ständen aus, um die ihnen geeignet scheinenden Prediger der Nachbarschaft zu hören, und urtheilten nicht selten mit großer Einsicht über den Inhalt einer Predigt und über die ganze Amtsführung eines Geistlichen" (W. Leipoldt, Hilmar Ernst Rauschenbusch weil. Pastor der ev. luth. Gemeinde Elberfeld, in seinem Leben und Wirken dargestellt, Barmen 1840, S. 167/168).
Gottfried Daniel Krummachers Wahl nach reformiert Elberfeld, deren Bestätigung die in Quelle 10 wiedergegebene Vocationsurkunde darstellt, hatte offenbar nicht die uneingeschränkte Billigung aller wahlfähigen Gemeindemitglieder gefunden; im letzten Wahlgang waren 27 Stimmen auf ihn und 25 auf zwei andere Kandidaten entfallen. Die Gegner einer Berufung Krummachers meinte sein Biograph Emil Wilhelm Krummacher 1838 vor allem unter „jene[n] Vornehmen" zu finden, deren „fleischliche und feindselige Gesinnung" der durch Krummacher vertretenen erweckt-religiösen Position entgegenstand (Gute Botschaft, a.a.O., S. XXXIII). Krummacher hielt am 11.2.1816 seine Antrittspredigt, „worin er der Gemeinde sich ankündigte, nicht als einen Herrn ihres Glaubens, sondern als einen Gehülfen ihrer Freude. Die stille Gemeinde des Herrn frohlockte über dieses erste Zeugniß ihres neuerwählten Hirten und ahnte mit Recht, was die Folgezeit allerdings bestätigte, daß mit ihm in der Entwickelungsgeschichte der Gemeinde eine neue Periode anbrechen werde; die Weltkinder aber stutzten und fühlten die Gränzen ihres Reichs bedroht" (ebenda S. XXXV). Krummacher schloß seine Antrittspredigt mit den üblichen Grußadressen an den „wohllöblichen Stadtmagistrat hieselbst [...] als meiner nächsten bürgerlichen Obrigkeit", der er „mit schuldigster Ehrerbietung und Unterthänigkeit" begegne, und bat „die Obrigkeit, als Gottes Dienerin [...], die ihr von oben herab anvertrauete Gewalt, ferner zum Nutz und*

Quelle 10
Berufung Gottfried Daniel Krummachers an die reformierte Gemeinde Elberfeld
Archiv der Evangelisch-reformierten Gemeinde Elberfeld (14) 11 4,5
8.1.1816   handschriftlich   Abschrift

Dem Christlichen Leser Heil und Seegen:
Da es Gott gefallen, unsern hochehrwürdigen Prediger den Herrn Caspar Gottlieb Wever in seinem Alter mit Zufällen und Körper Schwachheiten heimzusuchen, daß derselbe verhindert wird, die Pflichten seines Pastoral=Amtes gehörig mehr wahrnehmen zu können; Er selbst aber und der Vorstand der Gemeine herzlich gern gesehen, daß durch Abgang seiner Arbeit, der Gemeine kein Nachtheil erwachsen mögte: So hat ein Christliches Consistorium dieser Gemeine, nebst denen Meist Beerbten der Stad, Kirchspiels, und Unterbarmen die ander=weitige Wahl eines Predigers bey hiesiger Evangelisch=Reformirten Gemeine auf den 20ten December 1815 anberaumt; an diesem bestimten Wahltage kamen die Wahlglieder im Namen des Herrn in unserer Pfarrkirchen zusammen, und nahmen, nach geschehener Wahlpredigt und inbrünstigem Gebäth zu Gott, die Prediger Wahl würklich vor mit dem Erfolg daß aus den vorgeschlagenen Predigern, in Friede und bester Ordnung durch die mehrsten Stimmen, der hocherwürdige und hochgelehrte Herr Gottfried Daniel Krummacher Pastor zu Wülfrath, erwählet worden. Mann sagte Gott Dank, wünschte der Gemeine Glük, und die gewöhnliche dreimalige Proclamation sind alsofort an dreien Sonntagen ohne die geringste Einsprache verfüget worden.
Diesem zufolge wird hiemit wohlgemelter Herr Gottfried Daniel Krummacher Kraft gegenwärtigem Vocations-Instrumente mit Gutfinden der ganzen Gemeinde More Solito[1], und in bester Form wie solches geschehen kann und soll, zum ordentlichen und rechtmäßigen Seelen Hirten in diese Gemeine berufen, und zur willigen Annehmung dieses göttlichen Berufs ermahnet und ersucht.
Gleichwie wir nun nicht zweifeln es werde dieser erwählte und berufene Herr Gottfried Daniel Krummacher den Finger des Erz=Hirten hierin erkennen, einwilligen, und baldigst zu uns herüber kommen, die Gemeine hieselbst in Stadt, Kirchspiel, und Unter Barmen, mit rechtsinniger und erbaulicher Verkündigung des heiligen Evangeliums aus den Schriften des Alten und Neuen Testamentes wovon ein kurzer Auszug in unserm christlichen heidelbergischen Catechismo verfaßet ist, mit fleißigem Catechisiren, reiner Bedienung der heiligen Sacramenten, rechter Ausübung der Kirchen Zucht, fleißiger Hausbesuchung der Gemeinds=Glieder, dergestalt daß jedes derselben nach Möglichkeit alle 3 Jahre des Zuspruchs des Predigers sich zu getrösten habe, Besuchung der Kranken, der Alt[en und] Schwachen in der Gemeine, auf= und unaufgefordert, Besuchung der Gemeinde=Schulen, samt ordentlicher Wahrnehmung der Consistorial Geschäfte, endlich auch mit einem erbaulichen Wandel, als ein Vorbild der Heerde sich erweisen, und ins gemein in allen diesem heiligen Amte anklebenden Pflichten sich also betragen, wie es einem rechtschafnen Seelen Hirten obliegt und gebühret.
Also verbinden wir uns hiemit Namens der ganzen Gemeine uns nicht nur seiner rechtmäßigen Unterweisung, Bestrafung, und Ermahnung gebührend zu unterwerfen, und daran durch Gottes Gnade Folge zu leisten, sondern auch, da er uns das Geistliche säen wird, verbinden wir uns, ihn samt den Seinigen unser Leibliches ernd ten zu laßen, und zwar dergestalt, daß ihm Loco Salary Fixi[2], jährlich von zeitlichen Kirchmeistern der dreyen Theilen in sein Haus gebracht werden sollen Reichstaler 500 setzen Fünf Hundert Reichsthaler Edicktmäßig Item eine bequeme Wohnung mit Garten, auf Kosten der Gemeinde wie auch die Succession in eines der Pastorat Häuser, nach Gottgefälligem Ableben unserer jetzigen Herren Prediger, und endlich die in seiner Woche fallenden Accidentien, ausgenommen des Freitags in der Kirchen als welche unserem Herrn Prediger zu Kronenberg gebühren es seye denn in den Pasions Wochen, und das alles nach hiesiger Observanz[.] Im Fall aber die hiesige reformirte Gemeine wegen starken Anwachs derselben, noch einen neuen Prediger zue[r]wählen resolviren möchte, daß also die Anzahl aus Vier Predigern bestünde, so hätte er alsdann nur die vierte Woche, und die darin fallende Accidentien zu genießen. Gleichwie dann Seine HochEhrwürden der Herr Gottfried Daniel Krummacher, als unser ordentlicher Prediger hiemit und Kraft dieses berufen wird, also hoffen und wünschen wir, daß die Vorsehung Gottes die aller Menschen Herzen regieret, auch das seinige dermaßen zu uns lenken und neigen wolle, damit derselbe baldmöglichst zu uns herüber kommen möge (Als wozu wir die Kosten wie auch zur Erhaltung

262

Frommen der Kirche, zur Erhaltung guter Sitten und Steuer des Bösen gebrauchen zu wollen" (Antritts=Predigt bei der reformirten Gemeine in Elberfeld von Gottfried Daniel Krummacher, Elberfeld o.J.(1816), S. 17/18). Des weiteren begrüßte er seine Amtsgenossen, die Mitglieder des Presbyteriums, die Lehrer und schließlich die Gemeinde.

des Placiti³ tragen wollen) und demnächst lange, ja bis an sein seeliges Ende, bey uns bleiben werde, allermeist aber daß Gott sein Pflanzen und Biessen mit vielen Früchten bekrönen wolle!

Wenn demnächst unser hiemit berufener Herr Prediger Gottfried Daniel Krummacher nach geschehener verhoffter Einfolge, den Weg alles Fleisches gehen wird, welches Jehova lange verhüten wolle, so hat dessen nachzulassende Frau Wittwe, nebst andern hiesigen Prediger Wittwen die Intreßen von einem Capital zu genießen welches weyland die Frauen Wittib Wortmann, Wittib Caspar von Carnap, und Witwe Lomberg gebohrene Siebel und verschiedene Andere für die Prediger Wittwen der reformirten Gemeine hieselbst per Testamentum vermacht, oder sonsten hiezu verschenkt haben.

Solte der neuberufene Prediger Herr Gottfried Daniel Krummacher vor seinem Hintritt durch Krankheit oder Schwachheit verhindert werden sein Amt ferner pflichtgemäß verwalten zu können so tritt derselbe die Predigerwohnung an die Gemeinde ab; und diese sorgt außer der Ehrengebühr für eine Andere.

Zur Urkunde der Wahrheit ist dieses Vocations Instrument aufgesetzt, vorgelesen, vom ganzen Wahl Colegio aprobiert mit unserem gewöhnlichen Kirchen Siegel bestätigt und von unsern zeitlichen Pastoren und den dreyen Kirchmeistern aus Stadt, Kirchspiel, und Unter=Barmenn, Unterschrieben worden, So geschehen in unserm Consistorio.

Elberfeld den 8ten Jannuary 1816
Casp.Gottl. Wever Pastor
Daniel Kamp Pastor
Ant.Herm.Nourney Pastor
P. Kohl Stadtkirchmeister
Joh. Abraham Teschemacher Kirchspiel Kirchmeister
Benj. Engels unterbärmer Kirchmeister

---

¹ more solito = auf gewohnte Weise
² loco salarii fixi = anstelle eines festen Gehaltes
³ placiti = hier: der Erlaubnis

Kommentar 11

Im Wuppertal war es üblich, die neugewählten Pastoren feierlich abzuholen und ihnen einen großen Empfang zu bereiten. In einem Brief beschrieb die Frau des reformierten Pastors Franz Friedrich Graeber (1784-1857, 1820-1846 Pastor in reformiert Gemarke) die „Einholung" ihres Mannes im November 1820 von seiten der Barmer Gemeinde: „Es war ein wirklicher Sommertag, und in Mettmann konnten wir nun schon kaum durch die Wagen bis ans Wirtshaus kommen. Herr Siebel empfing mich am Wagen und führte mich durchs Gedränge zum Prediger Krall, der uns alle sehr liebreich willkommen hieß. […] Ich erstaunte über die Menge der Menschen, die dort waren. Von dort aus setzte sich nun der ganze Zug in Bewegung, es waren 45 Wagen und 80 Pferde, und noch viele Fußgänger dazu. […] Von Elberfeld kam Strauß und Döring und das Wupperfelder Consistorium auch noch zu uns. In Elberfeld standen tausende Menschen in dichten Reihen auf den Straßen, und alle Fenster waren voll" (Werth/Lauffs, a.a.O., S. 212).

Quelle 11
Einzug Gerhard Friedrich Strauß',

in: ders., Glockentöne. Erinnerungen aus dem Leben eines jungen Geistlichen, 4. Auflage, Elberfeld 1820, S. 167-171

Jetzt zogen wir in's reiche, gesegnete Thal hinab. Auf der Spitze des Bergrückens übersicht man seine Städte, seine Palläste, seine Kirchen, seine Bleichen und Anlagen. Der Zug ordnete sich.. Vorauf die Kinder, dann die Lehrer der Gemeinde, und der Ankömmling in ihrer Mitte, darauf die Reiter und die Menge der Fußgänger, die mit jedem Augenblicke größer wurde.

Im Herzen des Volkes ist noch Liebe zur Kirche. Bey solchen Gelegenheiten zeigt sie sich in ihrer ganzen Kraft, und übt ihre Gewalt selbst über rohe Gemüther aus. Ich hörte Anreden, Wünsche, Aeusserungen, über die ich bald wegen ihrer Innigkeit, bald wegen ihrer Bedeutsamkeit erstaunte. Merkwürdig und trostreich in einer Zeit und unter einem Volke, von denen man oft aussagt, daß alles kirchliche Leben aus ihnen verschwunden sey. Nein, im Herzen des Volkes ist noch ein Heiligthum des Herrn! Der Altar des Bundes im Gotteshause, und die Diener der Kirche, die am Altare stehen, bleiben seiner Liebe gewiß. Seine Begeisterung mag vorübergehend, seine Liebe oft dem Unwürdigen zugewandt scheinen, man mag seine Rohheit und Unerfahrenheit anführen: — o es weiß in den meisten Fällen besser was es will, als die Gebildeten, und es kann sich wenigstens noch für etwas Uebersinnliches begeistern. Fest und sicher steht des Volkes Liebe. Es täuschet sich seltener, denn es siehet auf Eins, auf das Innerste, auf Glauben und Liebe. Der Heuchler mag es auf eine Zeit irre führen, aber es blickt bald tiefer, als ihr denkt, und wenn er sich erhält, so erhält er sich nur durch den Schein von dem, was das

Die wiedergegebene Quelle über einen solchen Einzug entstammt der Feder des lutherischen Geistlichen G.F.A. Strauß, der 1814-1822 an der Gemeinde in Elberfeld tätig war, bevor er als Hofprediger nach Berlin ging. Anläßlich der „Einholung" des in der Gemeinde nicht unumstrittenen Gottfried Daniel Krummacher schrieb der Rheinisch-Westphälische Anzeiger von einem „ungemessenen Gepränge", das die „siegende Parthei" an den Tag gelegt habe. Sein Neffe Friedrich Wilhelm vermerkte in Erinnerung an seinen Einzug in die reformierte Gemeinde Gemarke im Jahr 1825: „Mein Einzug ins Wupperthal, im Geleite der langen Cortège glänzender Equipagen und der stattlichen Reiterschaaren an deren Spitze, repräsentierte in würdigster Weise die Wohlhabenheit des industriereichen Städtegürtels" (Selbstbiographie, a.a.O., S. 91).

Programm der Beerdigungsfeierlichkeiten für A. Feldhoff 1844 (SAW M I 14)

Rechte ist. Des Volkes Liebe ist noch Liebe. Seht die Thränen am Grabe seiner Lehrer, fragt nach dem Manne, bey dem es das Glaubensbekenntniß abgelegt, geht in seine Kammern und Hütten, wenn der Tod vor der Thür steht, — und ihr werdet mit mir lieben und hochachten das Volk. In der Kirche bist du noch etwas, edles, treues Volk! In allen andern öffentlichen Angelegenheiten mußt du dienen, aber hier hast du Stimme und Wahl! O sey mir gesegnet, des Landes Kraft und Mark, und gesegnet die Stunde, da ich deinen Werth erkannt!

Immer größer wurde der Zug, immer rascher das Rufen, immer lauter der entgegen Kommenden Gruß und Willkomm. Aus dem gesegneten Thale wandten wir uns einen Berg hinan. Etwas weiter war der Gränzstein der Gemeinde. Man übersieht bey ihm die ganze herrliche Gegend. Er steht auf dem höchsten Gipfel des bergreichen Landes. Aus der Tiefe ragen unter Bäumen das Städtchen und der Kirchthurm hervor. Hier stand plötzlich die ganze Menge, die Häupter wurden entblößt, das Rufen verstummte, und auf einmal verbreitete sich eine feyerliche Stille. Es ist in dieser Gegend Sitte, daß ein einziehender Prediger an der Gränze eine Dankrede halte. Wie freute ich mich dieser Sitte! Wahrlich ein Volk, das so seine Lehrer empfängt, hat sich das Wort des wärmsten Dankes verdient.

Gott grüß' Euch, lieben Freunde! — Ich bin angelangt an den Gränzen der Gemeinde, wo ich von nun an das Pfarramt verwalten soll. Laßt mein erstes Wort ein Wort des Gebethes seyn! — Gottes Segen sey mit uns! Glauben, Liebe, Hoffnung, aber die Liebe die größte unter ihnen. — Wir sind auf der höchsten Spitze des Landes: die ganze Gegend liegt zu unseren Füßen; wir sind dem Himmel näher. Freunde, ihr habt mich ihm näher gebracht! Gebe der Allmächtige mir Kraft, Euch ihm wieder näher zu bringen. Da blickt der Thurm Eurer Kirche aus den Bäumen herauf. Seht, er weiset gen Himmel. Der Gott unserer Väter segne mein Wort, daß es Euch gleichfalls gen Himmel weise. — Mein Gebeth, meine Liebe, meine Arbeit sey mein bester Dank. Aber jetzt schon empfange das Wort des Dankes, du innig geliebte Gemeinde, für deine große, unverdiente Liebe. Ihr Kindlein, Dank — ich sehne mich, Euch zu dem heiligen Kinderfreunde zu führen! Ihr Greise, Dank — an Euerm Sterbebette möchte ich Eure Liebe vergelten! Ihr Waisen und Wittwen, ihr Armen und Verlassenen im Volke, Dank — Gott helfe mir, daß ich Euch trösten und aufrichten möge. Ihr Männer und Frauen, Dank — ich reiche Euch meine Hand brüderlich, nehmt sie an brüderlich, damit wir einander stärken im Glauben und in guten Werken! Ihr Väter und Vorgesetzten der Gemeinde, Dank — mit Gott im Glauben lasset uns wirken Frucht die da bleibet in's ewige Leben! Dank, Euch allen, und vor allen Dir Dank, Du Hirt und Bischof Deiner Gemeinde, daß Du mich an diese Gemeinde wiesest. Aus dem blauen Frühlingshimmel herab, und aus den vollen liebererfüllten Herzen dieser Menschen herauf tönet mir Dein Wort: nimm hin den heiligen Geist, Schutz und Schirm vor allem Uebel, Stärke und Kraft zu allem Gutem. Der Herr segne meinen Ausgang aus Jugend und Vaterland, und meinen Eingang in Euern Tempel, in Eure Häuser und in Eure Herzen! Amen.

Kommentar 12

Friedrich Wilhelm Krummacher sagte in seiner Antrittspredigt am 8.2.1835 vor der reformierten Gemeinde in Elberfeld: „Wozu trete ich denn in eure Mitte ein? Seid unbesorgt ihr Lieben. Ich komme nicht als Stockmeister, euch eure Tage zu versauern, nicht als jener Schriftgelehrten einer, die den Leuten unerträgliche Lasten aufbürden, welche sie selbst mit keinem Finger anrühren; nicht als ein päpstischer Hierarch mit Bullen, Decretalien und verketzernden Anathema's für die, welche in meine Infallibilität einen Zweifel setzen mögten; nicht als ein beschränkter Zelot, der tausend Dinge in der Welt nur niederhauen kann und verdammen, weil er den Platz nicht zu ersehen weiß, den sie auch im Heiligthum einnehmen könnten. Nicht als ein Buchstäbler komme ich, nur frostige Theorien euch einzubläuen, sintemal ich weiß, daß von Alters her der große Gott nicht Kopfschmerzen begehret, sondern Pulsschläge. Ich komme nicht als ein Sittenvogt, vorzugsweise eure äußerlichen Auswüchse aufs Korn zu nehmen. [...] Nein, ich trete als der Boten einer her, deren Füße lieblich sind auf den Bergen; ich erscheine mit freundlichen Lippen, mit herzigem Gruß, mit heiterem Anblick und in holdseligster Absicht. Es sendet mich der große Gott, nicht Rauchdampf und Blitze, nein, einen Blüthenduft auszuströmen, der an balsamischer Süße und wunderthätiger Kraft schlechthin im Himmel und auf Erden nicht seines Gleichen hat" (Worte der Begrüßung an die evangelisch=reformirte Gemeine zu Elberfeld…, Elberfeld 1835, S. 10).

Die in Quelle 12 wiedergegebene Ode schrieb der lutherische Pastor Karl August Döring (1783-1844). Döring betätigte sich in der missionarischen Jugendarbeit und entfaltete eine rege schriftstellerische Tätigkeit.

1817 hatte Pastor Strauß eine regelmäßige Predigerversammlung ins Leben gerufen, die als „Farbmühlenkonferenz" bekannt wurde. Die Vereinigung, die 25 Jahre lang bestand, brachte die Geistlichen beider protestantischen Konfessionen vorzugsweise zu exegetischen Gesprächen zusammen.

Quelle 12
Ode über das Pfarramt,

in: Karl August Döring, Christlicher Hausgarten, Elberfeld 1831, S. 426f

11. Mein Amt.

Anderes nichts begehr' ich zu seyn, als Verkünder der Wahrheit,
    Welche vom Himmel stammt, und zum Himmel zurückführt!
Nimmer den Kaufmann neid' ich, der, Gold zum Golde zu häufen,
    Staub, vergänglichen Staub zu gewinnen, sich abnützt!
Seelen gewinnen ist mehr, rastloser Bestrebungen werther:
    Eine gerettete mehr, als Sonnen und Welten!
Nicht auch neid' ich den Krieger, der, ach, die Jünling' und Männer
    Führt zum blutigen Sieg auf das dampfende Schlachtfeld:
Schönere Sieg' erring' ich; zu edleren Kämpfen ermahn' ich,
    Seelen errettend und an den Beseliger bindend!
Nicht reizt Königeswürde, die, mächtig waltend und herrschend,
    Vielen Menschen erschafft nur irdischen Segen.
Mein Diadem ist das Wort, das göttliche, himmlisch uns segnend,
    Das ist mein Scepter, mein Schwerdt des Herrschers! Mein Thron ist
Jener geweihete Ort, wo die Schaaren umher sich versammeln,
    Licht und Heil zu empfangen, und ewige Wahrheit.
Ja, Schatzkammer ist mir das Buch der Bücher; da spend' ich,
    Königlich, Güter, die einst im Himmel noch währen. —
Nicht auch begehr' ich, Künstler zu seyn, unsterbliche Werke
    Schaffend mit Geniuskraft für die späteste Nachwelt:
Edleres Ziel erstreb' ich, nach Gottes Bild zu erneuern
    Durch des Worts und des Geistes Mächte die Seelen.
Wahrlich, den blühenden Kranz unsterblicher Dichter verschmäh' ich,
    Kann den Horchenden ich nur verkünden die Wahrheit,
Gottes ewiges Wort dem ewigen Geiste gegeben! —

    O, wie bin ich in diesem Amte beseligt!
Heiliges Werk, ein göttlich Geschäft, von der Huld des Erlösers
    Mild mir vertraut, vermöcht' ich dich würdig zu preisen!
All' dein Wirken ist Segen der Welt! Dein Lehren, Ermahnen,
    Warnen, ermuntern, ja, Alles ist Heil für die Menschheit.
Was ist lieblicher doch dem Gemüth, als liebende Paare
    Segnend zu weihen dem innigsten Bunde der Herzen?
Was ist freundlicher denn, als Lämmer des himmlischen Hirten
    Früh' in Christi Bade mit Gott zu vereinen?
Ewigen Segen schafft es, die Schaaren gelehriger Kindlein
    Mit der Milch der himmlischen Weisheit zu tränken.
Köstlich und festlich ist dieß, froh, kindlich vor ihnen zu stammeln
    Von dem Vater im Himmel, dem Freunde der Kinder,
Ernstlich sie dann zu ermahnen: nun selbst zu wählen des Heiles
    Bahn, den Bund mit Gott zu erneuern, dem treuen!
Hehr, hochheilig und göttlich ist mir's, im Namen des Höchsten
    Sündebewußten verzeihende Huld zu verkünden,
Ja, an Christi Altar die Pfänder unendlicher Liebe
    Darzureichen: des Geistes Nahrung und Labsal!
Ernst, still, feierlich ist's, zu bereiten zum Tode, zum Himmel,
    Welche der Herr des Lebens gebietend hinwegruft,
Daß in des Himmels Licht den schaurigen Gang sie betreten,
    Welcher sie führt in die Wonnegefilde der Heimath!

Mein unschätzbares Amt, deß Preis ich stammelnd verkünde,
    Werde mir köstlicher stets, und heiliger, hehrer!
Mächtig und mild bist du, still-öffentlich, freundlich und ernst auch!
    Heil, du vereinst mir in dir das Höchst' und das Tiefste!

Kommentar 13

Anton Hermann Nourney, seit 1801 Prediger an der reformierten Gemeinde Elberfeld, feierte am 21.4.1832 sein 50jähriges Amtsjubiläum. Das Fest, das zu seinen Ehren ausgerichtet wurde, begann mit einem feierlichen Abendläuten am vorangehenden Abend, einem „Weihgesang" der Elementarlehrer und einer festlichen Beleuchtung des Armenhauses. Am 21.4. morgens wurde das Jubiläum eingeläutet, es folgten eine Posaunenchordarbietung vom Turm der reformierten Kirche, Begrüßung des Jubilars durch Gesang der Schüler der Pfarrschule vor seiner Wohnung, Festgruß u.a. des Presbyteriums und der Kreis- und Stadtbehörden. In der reformierten Kirche wurde ein „dem Gegenstande der Feier angemessenes Gebet" gesprochen, worauf Nourney eine Predigt hielt. „Nach Beendigung der Predigt und des darauf folgenden Gesanges, wurde der Jubilarius von der Kanzel zu einem prächtigen Sessel geführt, der auf einer Erhöhung des Chors vor das Angesicht der ganzen Gemeinde gestellt war. Im Namen Sr. Majestät des Königs übergab nun der Deputirte der hohen Königl. Regierung zu Düsseldorf, Herr Consistorialrath von Oven, nach einer herzergreifenden Anrede, dem Jubelgreis die Insignien des rothen Adlerordens dritter Classe, den Se. Majestät demselben zur Anerkennung und Belohnung seiner Verdienste um Kirche und Staat Allergnädigst zu verleihen geruht hatten" (Annalen für 1834, S. 57). Nachdem Glückwunschschreiben verlesen und Reden gehalten worden waren, wurde Nourney zu seiner Wohnung geleitet, in der ihm zahlreiche Geschenke überreicht wurden. Im Saal der Gesellschaft „Casino" wurde der Tag mit einem Festessen beendet, „an welchem eine große Anzahl der Herren Geistlichen mit den Herren Deputirten von Coblenz und Düsseldorf, dann die Autoritäten der hiesigen Stadt und der von Barmen, nebst den angesehensten Bürgern von beiden Städten, über 200 Personen", teilnahmen (ebenda). F.W. Krummacher begrüßte seinen Amtskollegen anläßlich dieses Galadinners mit dem in Quelle 13 abgedruckten Gedicht. Schließlich wurde bei dieser Gelegenheit ein „höchst eigenhändiges Schreiben" (ebenda S. 58) des Kronprinzen an den Jubilar verlesen. Gegen Abend verließ Nourney die Gesellschaft „um sich in die Stille zurück zu ziehen" (ebenda).

Quelle 13
Gedicht zum Amtsjubiläum Anton Hermann Nourneys (1834),
in: Friedrich Wilhelm Krummacher, Eine Selbstbiographie, Berlin 1869, S. 115-120

Der Zionsbote an den Jubelgreis.

Sieh denn auch mich dem Reigen Deiner Gäste,
Ehrwürd'ger Greis! in Liebe angereiht.
Ich meide sonst die lauten Erdenfeste,
Doch nicht, wo sie, wie Dein's, der Himmel weiht.
Was ich Dir bringe? — O vielleicht das Beste,
Das man in treuer Lieb' Dir heute beut.
Die Welt pflegt Manches höher anzuschlagen —
Du, Priester Gottes, wiegst mit andern Waagen!

Woher ich nahe? — Nicht von Königsthronen,
Nicht aus den Prunkgemächern dieser Welt.
Es haben anderweit'ge Regionen
Zu ihrem Herold heute mich bestellt.
Dorther, wo Deine Reichsgenossen wohnen,
Hab' ich den Feiernden mich beigesellt.
Mich schickt die Stadt, die Tausende nicht schauen;
Du aber kennst sie, denn Du halfst sie bauen.

Kaum daß Dein Jubeltag mit leisen Tritten
Den ersten Gruß von Gott Dir dargebracht,
Bin spähend ich durch sie hindurch geschritten,
Ob drinnen man auch Deiner schon gedacht.
Doch sieh, da brannten schon in allen Hütten
Die Feierlämpchen durch die stille Nacht.
Ob's auch kein Glockenklang noch angedeutet,
Das Fest war in den Herzen eingeläutet.

Zwar schwiegen noch die Jubelmelodieen;
Doch vor dem Herrn war schon kein Schweigen mehr.
Ich traf die Heil'gen betend auf den Knieen,
Und kaum ein Auge fand ich thränenleer.
Wie eine Wolke sah ich aufwärts ziehen
Viel tausend Seufzer, heiß und inhaltsschwer.
Und immer wieder hört' ich Deinen Namen; —
Und aus der Höh' rief's freundlich: „Amen! Amen!"

Was man gefleht, gern möcht' ich Dir's berichten,
Doch allzu schnell flog ich von Haus zu Haus.
Man sprach von Deines Lehramts reichen Früchten,
Und brach in lautes Lobgetöne aus.
Man flehte um ein sel'ges Ankerlichten,
Wie Simeons, — doch schob man's weit hinaus;
Und bat sogar, daß Deiner jungen Seele
Sich, könnt's gescheh'n, ein Jünglingsleib vermähle.

Als wollte man um jeden Preis Dich halten,
So stürmisch hörte ich die Beter fleh'n.
Du solltest lange noch, gleich jenem Alten
Zu Ephesus im Tempel Gottes stehn:
Die Herzen, wo die Liebe am Erkalten,
Mit Deinem warmen Odem anzuwehn,
Und könntest Du dereinst auch nicht mehr lehren,
Zu leuchten noch an Deines Herrn Altären.

Und als man vom Gebete sich erhoben,
Das Amen Gottes in bewegter Brust,
Da hub man an, den Herrn in Dich zu loben,
Und Jung und Alt jauchzt' auf in heil'ger Lust.
Was Schönes je in's Leben Dir gewoben
Die ew'ge Güte, Jedem war's bewußt.
Die Liebe hatt's geheim und zart ergründet,
Nun ward's in Dankesliedern laut verkündet.

D'rauf schlossen dichter sich die Bruderkreise,
Und an's Erzählen ging's von all' dem Guten,
Das Gott durch Dich in tausendfält'ger Weise
In sein Gemeinlein ließ hinüberfluthen.
O reiches Dasein, schöne Pilgerreise,
Auf welcher nichts als Segensernten ruhten.
O Leben, wie ein grüner Gottesgarten
Der Blumen voll, und Früchte aller Arten.

O welch ein Segensmann bist Du gewesen,
Und bist's, durch Gottes Huld, noch diese Stunde.
Wie manches Herz ist durch Dein Wort genesen,
Und durch Dein Wort geheilt wie manche Wunde.
Wie manchen Höllenzauber halfst Du lösen,
Das Schwert des Geistes im gesalbten Munde.
Wie manches Joch zersprang vor diesem Schwerte! —
Ich war erstaunt, als ich's erzählen hörte.

„Uns" rief man hier, „wies er den Pfad, den rechten!"
„Uns" jauchzten And're, „bracht' er sanft zur Ruh'!"
„Uns" hieß es dort, „trug er in finstern Nächten
„Des Lebens Licht, des Friedens Oelzweig zu!"
Wenn, sagten viele, derer sie gedachten,
Durch die sie Gott gesegnet, dann seist Du
Der Erste. — Als ein Engel des Erhöhten
Seist Du in's Leben ihnen eingetreten.

Und wie vermag ich's Alles anzusagen,
Was in den Bruderkreisen man erzählte.
Die Alten sprachen von den schönen Tagen,
Da Gott zu ihrem Hirten Dich erwählte,
Und wie ein neues Feuer Du getragen
In die Gemeine, in die Gottverhüllte,
Und sich bei Deines Wortes Flügelschlägen
Das ganze Todtenfeld begann zu regen.

Den Jungen, die in ungezählten Schaaren
Du zum Altar geführt, bedünkt' es allen,
Es wolle mehr und mehr sich offenbaren,
Wie nicht in's Steinigte Dein Wort gefallen.
Ja, holde Kindlein selbst, noch zart an Jahren,
Hört' ich in Liebe Deinen Namen lallen.
Und den Vermählten stand's im Blick geschrieben,
Dein Segen über sie sei ruh'n geblieben.

Auch Abgeordnete der lieben Heerden,
Die früher Du geweidet, hört' ich künden,
Daß dort, was sich verkehrte auch auf Erden,
Doch Deine Segensspur noch frisch zu finden. — —
Kurz! des Erzählens wollt' kein Ende werden,
Und der Erinn'rung bilderreichen Gründen
Enttauchten immer schönere Geschichten.
Mit hundert Zungen könnt' ich's kaum berichten.

Ich wollte gehn. Da rief's von allen Enden:
„Du eilst wohl nun zu uns'res Freundes Haus,
„So laß als unsern Herold ihn erzählen,
„Nicht' Ihm die schönsten Grüße von uns aus.
„Du triffst ihn schon umglänzt von reichen Spenden,
„Umblüht von manchem duft'gen Blumenstrauß;
„Doch wag's, auch dieses Kränzlein ihm zu bieten,
„Und sprich: die Deinen senden diese Blüthen."

„Des Kränzleins Sinn wird sich Ihm selbst erschließen;
„Nur Bilder sind des Kranzes bunte Blüthen,
„Von Blumen, die in Herzensgärten sprießen,
„Und die er selber pflegen half und hüten;
„Von Blüthen, deren Farben nie zerfließen,
„Von Liebesrosen, die in Gott erglühten,
„Von Dankesknöspeln, die erst auf den Triften
„Des Paradieses ganz die Schleier lüften."

Man sprach's. Ich nahm den Kranz und zog von dannen.
Da klang vom Thurm das erste Festgetön,
Und wie die Glocken ihren Chor begannen,
Nicht sagen kann ich's, wie mir da gescheh'n.
Die hellen Thränen mir vom Auge rannen,
Und hörte Geisterlispel weh'n.
Mir deucht', ich sah mich der Erd' enthoben,
Und war im Geiste in der Stadt da droben.

Kommentar 14
Die Bedeutung des Pfarramtes im Wuppertal drückte sich auch in der Besoldung des geistlichen Amtes aus. 1805 hatte die französische Regierung für Prediger ein Mindestgehalt von 500 Francs eingeführt, bei Gemeinden mit über 3000 Mitgliedern lagen die Bezüge bei 1000 Francs. 1820 zahlte die reformierte Gemeinde Gemarke ihrem Pastor 800 Reichstaler Gehalt, wozu ein Willkommensgeschenk von 400 Talern hinzukam; die unierte Unterbarmer Gemeinde gewährte 1823/24 ihren Pastoren neben einer freien Wohnung sogar 1200 Taler im Jahr.

Das Leben eines Geistlichen und seiner Familie war stark eingebunden in das der Gemeinde. Krummacher schrieb 1869: „Für Wahrung ihrer pastoralen Würde hilft eine althergebrachte, tiefeingewurzelte Sitte sorgen, die sie mit den Schranken eines Dekorums umzieht, dessen leiseste Verletzung ihren ganzen Einfluß kosten würde. Es versteht sich von selbst, daß kein Prediger in irgend einer Weise der Unmäßigkeit sich hingiebt, an den Lustbarkeiten der Weltkinder Theil nimmt, auf einem Ball, in einem Schauspielhause, ja selbst in einem Concerte erscheint, und an einem Kartentisch oder mit einem Jagdgewehr bewaffnet sich blicken läßt" (Selbstbiographie, a.a.O., S. 174/175). Neben den genannten Tabus zählten der Besitz eines Pelzrockes, „weltliche" Bilder an den häuslichen Wänden oder das Zitieren ebensolcher Dichter auf der Kanzel zu den Verstößen gegen die Erwartungen, die sich an die Lebensführung eines Geistlichen knüpften, der sich über seine Aufgaben als Seelsorger, Schulvorstand, Prediger und Präses des Presbyteriums mit der Gemeinde in ständigem Kontakt befand. 1823/24 hieß es in einem anonymen Bericht über das Wuppertal: „Der Geistliche genießt hier die ausgezeichnetste Achtung, und es ist etwas ganz Gewöhnliches, die gemahlten Bildnisse der Prediger bei ihren Gemeindegliedern als eine Zierde ihrer Wohnungen anzutreffen" (zit. nach Reulecke/Dietz, a.a.O., S. 134).

Und was ich da geschaut, was da vernommen,
O könnt' ich's, wie ich's möchte, Dir verkünden.
Die Schaar, aus großer Trübsal hergekommen,
Ich sah sie, lichtumflossen, rein von Sünden.
Und viele, viele dieser sel'gen Frommen,
Sie grüßen Dich, der in den Irrgewinden
Des Lebens ihnen, durch Jehovahs Gnade,
Gewiesen einst die sel'gen Himmelspfade.

Welch großes Volk wird dort Dich einst begrüßen,
Das Gott durch Dich mit Gnaden überfluthet,
Wie Mancher freudig in den Arm Dich schließen,
Den nicht einmal da droben Du vermuthet,
Doch hatte auch für ihn das Lamm geblutet,
Auf das Du ihn so herzlich hingewiesen. —
Ich schweige. — Ford're nicht bestimmt're Kunde;
Doch freue Dich auf Deines Heimgangs Stunde.

Und als der Sel'gen Grüße ich empfangen,
Da traten hohe Männer zu mir her,
Die einst Leuchtthürmen gleich die Welt durchgangen,
Jetzt leuchten sie dort am crystall'nen Meer,
Wo schon manch' Jahr das Lied des Lamms sie sangen.
Ob's Eidel war, Krall, Merken oder wer,
Ob Weyer, Herminghaus — ich kann's nicht sagen,
Genug, Dich kannten sie seit Jahr und Tagen.

„Auf, folge uns!" rief Einer mir entgegen.
Ich folgt' und unter grünen Lebensbäumen
Ging's über lichten, blumenreichen Stegen
Hin zu des Wundergartens innern Räumen,
Und o der Pracht, des Glanzes allerwegen!
Das Schönste, was in holden Erdenträumen
Mein trunk'ner Geist je sah vorüberstreichen,
Wie mußt's vor solcher Herrlichkeit erbleichen.

Und immer schöner ward's von Schritt zu Schritte,
Stets dichter drängten sich die sel'gen Schaaren.
Da merk' ich's endlich, daß der Priesterhütte,
Dem Thron Immanuels wir nahe waren.
Wie da mir's ward, ich kann's nicht offenbaren,
Mir schmolz das Herz, es wankten meine Tritte.
Ihn sah ich nicht. — Ich mußt' vorübereilen,
Denn wer ihn sieht, kann d'runten nicht mehr weilen.

Doch ferne nicht vom Licht umfloß'nen Throne,
Da hießen mich die Männer stille stehn.
„Schau!" sprachen sie. — Was sah ich? — Eine Krone
Für einen Gottesliebling auserseh'n.
Und dicht dabei, gebaut vom ew'gen Sohne,
Ein Friedenszelt, hellstrahlend, wunderschön;
Und d'rin ein Ehrenkleid aus Licht gewoben,
Und eine Harfe, wie sie tönen droben.

Ich staunte. — „Sagt, für wen das?" — Doch sie schwiegen
Und wiesen hin auf des Gezeltes Pforte.
Und sieh, da las ich in den hellsten Zügen
Was? — — Deinen Namen — und dabei die Worte:
„So geh' denn ein zum stillen Friedensporte,
„Getreuer Knecht, und jauchz' in Christi Siegen!
„Die Lehrer, die die Kreuzesfahne schwangen,
„Sie sollen sonnengleich im Himmel prangen!"

Mit Wonne las ich's, doch zugleich mit Leide.
„Ach, rief ich, er wird's doch nicht bald schon erben?" —
Die Männer, lächelnd, daß die Himmelsfreude
Ich mit so armer Sorge mochte färben,
Entgegneten: „O nur mit Frieden scheide,
Denn jener Jünger, er wird nimmer sterben!" —
Ich hört's, — — da senkte sich des Traumes Gefieder,
Ich war erwacht und auf der Erde wieder.

Nun steh ich hier vor Deinem Angesichte,
Ehrwürd'ger Greis, und biete Gruß und Segen,
Wie aus des Himmels wunderbarem Lichte,
So von den Brüdern auf den Pilgerwegen.
Sieh hier den Kranz auch für die tausend Früchte,
Die man gepflückt auf Deines Lebens Stegen.
Darf Deine Stirn ich nicht damit umschließen,
So wirf ihn hin zu Deines Meisters Füßen.

Doch zu den fremden Grüßen, die ich künde,
Bring' ich zuletzt Dir auch den meinen dar,
Und biete freudig Dir, als Angebinde,
Psalm zwei und neunzig. — O, so werd' es wahr! —
Ja jugendkräftig, gleich wie heut, erfinde
Im Kreis der Deinen Dich noch manches Jahr.
Und fort und fort sei es an Dir zu schauen,
Wie selig die, die auf den Herrn vertrauen. —

Quelle 14
Über den Amtsbegriff,
in: Friedrich Wilhelm Krummacher, Eine Selbstbiographie, Berlin 1869, S. 123-131
Auszüge

Der Amtsbegriff, wie man ihn in neuester Zeit, wohl mit aus Verzweiflung über den lamentabeln Zustand der geistlich todten Gemeinden, hin und wieder, namentlich lutherischer Seits, geltend zu machen strebt, ist der rheinischen Kirche völlig fremd und als „römischer Sauerteig" von ihr perhorrescirt.

(...) Nach der Lehre aller Reformatoren, und Luther's zumeist, sind Wort, Sacrament und Schlüssel der ganzen Gemeine der Gläubigen gegeben. Christus entäußerte sich seines dreifachen Amtes, des prophetischen, priesterlichen und königlichen nicht, sondern setzt dasselbe fort in seiner Kirche. Aber seine Gemeine soll als Dienerin seines Amtes sich bethätigen; sie soll mit dem Worte sich und Andre segnen, die Sacramente zu eigenem und Anderer Genuß verwalten, und in seinem Namen lösen und binden, d. h. den Bußfertigen Heil ansagen, den Verstockten das Gericht verkündigen. Weil Er aber will, daß es ordentlich in seiner Gemeine hergehe, weil ferner nicht Alle können, wozu sie wohl Befugniß und Vollmacht hätten, und weil endlich, wenn Alle ihrer Vollmacht sich bedienten, die allgemeine Erbauung darunter leiden würde, so hat er verordnet, daß Einzelne vorzugsweise begabte und ausgerüstete Persönlichkeiten in der Gemeine zu beauftragen seien, öffentlich predigend, Sacrament verwaltend, und das Schlüsselamt handhabend, die Gemeine zu vertreten.

Er hat das Pastoren= oder Hirtenamt gestiftet. „Aber so sind ja die Hirten Botschafter an der Gemeine Statt?" Nein, Botschafter an Christi Statt sind sie, wie die Gemeine berufen ist, es zu sein, nur sind sie der Gemeine Mund und Hand, das Organ der Gemeine. „Aber besteht denn kein Unterschied zwischen dem Priesterthum der verordneten Hirten und Lehrer und dem allgemeinen Priesterthum aller Gläubigen?" — Kein anderer, als daß jenes in einen geordneten, öffentlichen Dienst gefaßt erscheint, und dieses nicht. Doch durch die Aussonderung zu jenem Dienst tritt der Berufene in keine höheren Rechte und Machtvollkommenheiten ein, als diejenigen sind, die er als gläubiges Glied der Gemeinde bereits besaß. Als Träger seines kirchlichen Amtes steht er nicht unmittelbarer zu Gott, als zuvor. Er bringt auch vermöge seiner bediensteten Stellung zur Heilswirksamkeit des Worts und Sakraments nichts Neues hinzu. Ja, es ist möglich, daß mancher der Laien, die zu seinen Füßen sitzen, tiefer die Schrift versteht, salbungsreicher zu reden, kräftiger und eindringlicher zu überzeugen und zu trösten weiß, als er, die Amtsperson, ja daß alle seine Pfarrkinder, ehe er noch die Absolution verkündete, sich unmittelbar von dem Herrn ihre Sünden vergeben ließen. Er bleibt ein Glied an dem großen geistlichen Leibe, dessen Haupt Christus ist, mit den anderen Gliedern. Er bedarf ihrer Handreichung, wie sie der seinigen. Die Amtsgnade ist keine wesentlich andere, als die allgemeine, der alle Gläubigen sich rühmen, mag sie auch in anderen Formen der Bethätigung zu Tage treten. Hören wir Luther'n! — „Wort — Sakrament — und Schlüssel sind der Kirche, d. i. des Volkes Christi, so weit die ganze Welt ist. Wir Alle sind Priester und wir haben gleiche Gewalt an dem Wort Gottes und an jedem Sakrament. Wir werden Alle aus der Taufe eitel Priester und Pfaffen geboren. Es ist dem Wörtlein „Priester", „Pfaff", „Geistlich" und desgl. Unrecht geschehen, daß sie von dem gemeinen Haufen sind abgezogen auf den kleinen Haufen, den man jetzt nennt: Geistlicher Stand. Doch Ordnung und öffentlich Zeugniß muß sein. Darum nimmt man aus solchen geborenen Pfaffen, und beruft oder erwählet sie zu solchen Aemtern, daß sie von unser Allerwegen solch Amt ausrichten sollen. Fragst du: was ist denn für ein Unterschied zwischen Priestern und Laien in der Christenheit, so sie alle Priester sind? Antwort: Die heilige Schrift giebt keinen Unterschied, denn daß sie die Gelehrten oder Gewählten nennt: Diener, Knechte, Schaffner, die da sollen den Anderen Christum, Glauben und christliche Freiheit predigen. Denn ob wir wohl Alle gleich Priester sein, so können wir doch nicht Alle dienen oder schaffen und predigen. Durch die Weihe werden nicht heiligere und bessere Pfaffen gemacht, als die getauften Christen sind. Wenn du nicht einem Pfaffen beichten willst, nimm vor dich einen Mann, er sei Laie oder Priester, und beichte ihm, und wie er dir sagt, so laß dir's eine Absolution sein. Ein jeder Christ ist ein Beichtvater. Was St. Paulus 2. Cor. 3, 6 sagt, nämlich: „Welcher uns auch tüchtig gemacht hat, das Amt zu führen des neuen Testaments, nicht des Buchstabens, sondern des Geistes", das sagt er zu allen Christen, doch sollen nicht ihrer Viele zugleich predigen, obwohl sie dieselbe Gewalt hätten." Soweit Luther.

Woher entnahmen die Reformatoren ihren freien Amtsbegriff? Theils folgerten sie ihn aus der Grundlehre des Evangeliums von der Rechtfertigung des Sünders aus Gnaden durch den Glauben an Christum, theils beriefen sie sich für ihn auf ausdrückliche Zeugnisse der heiligen Schrift. Nach der Rechtfertigungslehre haben alle Gläubigen, wie sie mit Einem Opfer entsündigt und versöhnt und durch Einen Geist zu Einem Leibe getauft sind, gleichen Anspruch an alle Gnadengüter des Neuen Testaments und dasselbe Recht des freien, unmittelbaren Zugangs zum Gnadenthron. Es braucht ihnen Niemand mehr die Pforte erst dazu zu öffnen; sie steht ihnen Allen zum Eintritt offen und eines Vormundes und Zwischenhändlers zwischen sich und Gott sind sie nicht mehr bedürftig. Freilich sind sie als Glieder Eines Organismus zu gegenseitiger geistlicher Handreichung auf einander angewiesen, und wer diese Handreichung in der Form eines öffentlichen Gemeindedienstes leistet, leistet sie nicht aus einem besonderen Geiste und einer besonderen Machtvollkommenheit, sondern aus dem Geiste, der Allen gemein ist, aus der Vollmacht, die Alle haben; und nicht empfing er die reichere Begabung, die er etwa besitzt, durch die Weihe zum amtlichen Dienste, sondern er wurde um des Charismas willen, das man in ihm wahrnahm, zu jenem Dienste ausgesondert.

Die Schrift sagt Epheser 4, 11: „Christus hat Etliche gesetzt zu Aposteln, Etliche zu Propheten, Etliche zu Evangelisten, Etliche zu Hirten und Lehrern, daß die Heiligen zugerichtet werden zum Werke des Amts (des Dienstes) zur Erbauung des Leibes Christi." — Sämmtliche hier Genannte verwalten kein anderes Priesterthum, als dasjenige aller

Christen. Nur verwalteten es die Apostel mit einem Charisma, das auf sie beschränkt bleiben und sich nicht verallgemeinern sollte, mit dem Charisma der Grundlegung der Kirche in dem gottgewirkten, irrthumsfreien, für jede weitere Verkündigung Norm gebenden canonischen Zeugniß von Christo und seinem Worte. Ihnen stand es zu, zu sprechen: „So Jemand euch anders Evangelium predigen würde, und wäre es auch ein Engel vom Himmel, als wir euch gepredigt haben, der sei verflucht." Der Apostolat in der specifischen Bedeutung des Wortes schloß sich in der Zwölfzahl ab. Aber auch die Apostel nahmen, jenen Sonderberuf abgerechnet, in welchem sie auch nur διάκονοι (Diener) waren am Amte Christi, der Gemeine gegenüber keine bevorrechtigte, geschweige eine mittlerische Stellung ein. Sie waren nicht die Anfänger eines privilegirten, klerikalen Instituts. Das Amt der Schlüssel wurde nicht ausschließlich ihnen, sondern nach Matth. 18, 17. 18. und ebenso nach Joh. 20, 21 ff. der Gesammtheit der Gläubigen gegeben. Das Sacrament wurde nicht erst kräftig, wenn sie es verwalteten. Der Diakon Philippus taufte mit allem Erfolg, und die Gläubigen brachen auch ohne ihre Gegenwart das Brod hin- und her in den Häusern. Das evangelische Zeugniß übte seine Heilswirkung durch den Mund gläubiger Laien ebenso vollständig und energisch, als durch ihren Mund. Nach Apostelgesch. 8, 4 verkündeten die aus Jerusalem vertriebenen Gläubigen, wohin sie kamen, mit Segen das Wort vom Kreuz. Wir lesen nirgends, daß die Gemeinen auf die Apostel als auf Solche gewartet hätten, die erst die Schale der göttlichen Heilsgnade über sie ausgießen müßten. Sie begrüßten mit großer Freude die Gegenwart dieser hochbegnadigten Gehülfen ihrer Freude und Ordner ihrer Angelegenheiten. Aber wenn die Apostel mit Handauflegung den Geist mittheilten, wußten die Gemeinen wohl, daß sie dies nicht thaten kraft ihres Amtes, sondern kraft ihres Glaubens; und wenn sie sich kräftig durch sie getröstet fühlten, dankten sie ihnen nicht als Männern, die noch in einem andern Sinne Priester wären als sie, und über Trostesquellen geböten, zu denen ihnen, den Laien, der Zugang gewehrt sei, sondern als erleuchteteren und erfahreneren Brüdern, die übrigens des Geständnisses sich nicht schämten, daß sie wechselsweise auch wieder ihres Trostes bedürften.

Wenn nun selbst die Apostel durch ihren amtlichen Hinzutritt weder der Wirksamkeit des geoffenbarten Wortes, noch der Kraft des Sacraments irgend etwas zusetzen konnten und in ihrer Eigenschaft als Apostel weder eines näheren Verhältnisses zu Gott, noch einer ausgedehnteren Vollmacht über die göttlichen Heilsgüter, noch einer gültigeren Gerechtsprechung bußfertiger Sünder sich zu rühmen hatten, als jeder andere Gläubige, wieviel weniger wird dies Alles bei den nachfolgenden Leitern der Gemeinden, den Aufsehern oder Presbytern zutreffen. Diese, auf Grund ihrer hervorstechenden charismatischen Begabung durch Wahl aus den Gemeinden hervorgehend, und nicht einmal ausschließlich mit der Befugniß der kirchlichen Predigt betraut, unterschieden sich von den übrigen Gliedern der Gemeinden durch nichts, als dadurch, daß sie, auf daß Ordnung in der Gemeinde herrsche, dasjenige öffentlich und als Sache ihres Lebensberufes übten, wozu Alle Gewalt und Ermächtigung hatten.

Dies der Amtsbegriff, wie er von jeher in der evangelischen Kirche Rheinlands, auch der lutherischen, der allein herrschende war, und um so stärker betont wird, je näher ihr die römische Propaganda auf der Ferse sitzt.
(...)

4. Kirche als Erziehungsmacht

4.1 Predigt
Kommentar 15 - 19

Art und Wirkung der Predigten, die die Kirchenbesucher meist sonntäglich anhörten, sollen durch fünf Quellentexte belegt werden. Quelle 15 besteht aus Auszügen von Predigten H.E. Rauschenbuschs, von dem sein Biograph Leipoldt urteilte, „[s]eine eigentliche Seelenführung [habe] er auf der Kanzel" geübt (Rauschenbusch, a.a.O., S. 218). Quelle 16 beinhaltet die Beurteilung einer Predigt Friedrich Wilhelm Krummachers. Krummachers spektakuläre Predigtweise, von Goethe als „narkotisch" bezeichnet, führte 1828 zu einem Eingreifen des Koblenzer Konsistoriums, das die Predigt-

Quelle 15
Predigten zur Beförderung eines evangelischen Sinnes und Wandels,
von H.E. Rauschenbusch, Elberfeld 1806
Auszüge aus den Predigten „Die Seligkeit eines Menschen der wiedergeboren ist" (IV, S. 62-79); „Das richtige Verhalten gegen unsern Nächsten" (VI, S. 93-114); „Ueber das richtige Verhalten wahrer Christen unter der Welt" (IX, S. 160-173)

IV.
Die Seligkeit eines Menschen der wiedergeboren ist.

Der natürliche Mensch wird seines Lebens in dieser Welt nicht froh, und er kann solches, wenn er aufrichtig seyn will, selbst nicht läugnen. In ihm ist ein Verlangen nach Glückseligkeit, das ihn hin und her treibt, das Befriedigung sucht, und sie nicht findet; welches um so weniger zu verwundern ist, da ihn die Sinnlichkeit beherrscht, und auf lauter geschaffene Gegenstände hinleitet, die ihn auf eine kurze Zeit reizen, anziehn, schmeicheln, zerstreun und täuschen. Unterdessen schmachtet aber der Geist, und der Mensch empfindet solches tief, wenn er wieder in die Einsamkeit kommt, und seiner selbst wahrzunehmen anfängt. — Was er in dem Vergänglichen noch findet, das däucht ihm immer so wenig zu seyn, in Vergleichung mit der Summe seiner wahren oder eingebildeten Bedürfnisse; denn er fühlt sich von vielen Seiten so beschränkt, und

reihe „Blicke ins Reich der Gnade" wegen „homiletische[r] Verirrungen und Ausschweifungen" bedenklich fand und Krummacher ermahnen ließ, „die in jenen Predigten so häufig vorkommende seltsam mystische und allegorische Art der Bibelauslegung, dieses Haschen nach humoristischen Witz- und Wortspielen, und diese[n] Drang, bald durch grelle und grausige Bilder zu erschüttern, bald wieder durch ganz burleske Darstellungen zu vergnügen" zu unterlassen (zit. nach Werth/Lauffs, a.a.O., S. 229/230). Krummacher selbst schrieb: „Daß die Kirche des Niederrheins, namentlich die Bergische, verhältnißmäßig reicher ist an begabten Predigern und eifrigen Seelsorgern, als alle übrigen Provinzen unsres Vaterlandes, steht wohl außer Frage. Die kirchliche Verfassung thut dazu wohl das ihrige. Das Recht der freien Pfarrwahl, dessen die Gemeinden sich erfreuen, bildet für die Candidaten einen mächtigen Sporn zu rastloser Selbstausbildung. Vor Allem aber feuert die Pastoren das geistliche Leben an, dessen keine der dortigen Gemeinen gänzlich baar ist. Sie fühlen sich von Beterhänden gehoben und getragen, und das reiche, helle Echo, das aus der Gemeine ihren Zeugnissen antwortet, hilft ihnen den Mund weit aufthun, und ihre Parrhesie [Freimütigkeit im Reden] wesentlich fördern. Der ununterbrochene Seelsorgerverkehr mit der Gemeine, der stillschweigend von ihnen erwartet wird, läßt sie um den Stoff für ihre Predigten nicht verlegen werden und lehrt sie praktisch und einschlagend reden" (Selbstbiographie, a.a.O., S. 174). Die Quellen 17, 18 und 19 bestehen aus Predigtauszügen der Pastoren Hülsmann, Jaspis und Sander. Über letzteren schrieb 1840 ein Gemeindemitglied: „Wie Sander predigt, so ist unsrer Gemeine noch nie gepredigt worden. Auf ihn darf das Wort des Propheten angewendet werden: ‚Der Herr hat meinen Mund gemacht wie ein scharfes Schwerdt;' und zugleich das Zeugniß in den Sprüchen Salomons: ‚Die Reden des Frommen sind Honigseim und ein Balsam den Gebeinen'" (I.F. Sander, a.a.O., S. 102).

gegen andere fürchtet er auf der Bahn des Glücks weit zurück zu seyn. Daher mangelt es ihm, nach seiner Meinung, an Naturgaben, an Glücksgütern, an Ehre, an Freuden dieses Lebens noch viel zu viel; und sein Eifer wächst, um diese Lücken in seiner Wohlfarth auszubessern. — Wenn nun das bey das angehäufte Menschenelend seinen Begierden, so unwiderstehlich, in den Weg trit, wenn Sorgen dieses Lebens, Krankheit, Verfolgung, Furcht und Gedränge sich bey ihm einfinden und nicht weichen wollen, wie heftig wird er es dann gewahr, daß sein Wohlstand noch so gering und so unbehaglich ist. Und was das Meiste ist, so wird seine wenige Zufriedenheit so oft von innen her getrübt. Denn sein Gewissen, welches ihn um der Sünden willen beunruhigt, und die Erinnerung an Tod und Ewigkeit, verursachen ihm nicht selten sehr dunkle und schreckende Stunden.

Soll es also besser werden, so muß eine geistliche Revolution in dem Menschen vorgehn. Die Regentin, die auf dem Throne sitzt, muß entsetzt, und in sorgfältige Aufsicht und Verwahrung genommen werden. Und das ist die herrschende Sinnlichkeit, die sich in Fleischeslust, in Augenlust und hoffärtigem Wesen, so sichtbar eine Gewalt über den Menschen anmaßt. Ihre Gesetze der Sünde, die Eigenliebe, der Eigenwille, der fleischliche Sinn, die Weltgleichstellung müssen zerbrochen, mit Ernst, Eifer und Aufrichtigkeit zernichtet und weggeschafft werden. Dagegen muß ein neues Wesen in dem Menschen hervorkommen, daß sein Verstand von der Wahrheit erhellt, sein Herz mit Kraft zum Guten beseelt, und das Gesetz der Freiheit, Jesus Evangelium anerkannt und befolgt wird. Da entsteht ein Gleichgewicht in ihm, ein gutes Zusammenwirken seiner Kräfte, und es ist Harmonie da, weil Jesus Geist ihn beherrscht. Und nun erst lebt der Mensch, er fühlt sich glücklich und ist froh; denn er ist wiedergeboren.

(...)

Diese neue Beschaffenheit des Menschen — veredelt seine Gesinnung im Ganzen; denn da er geistlich ist, so ist er auch geistlich gesinnt, er ist redlich, ohne falsch, will sich keine wissentliche Unlauterkeiten vorbehalten, und er kämpft da am ernstlichsten gegen die Sünde, wo er sich wegen seines Temperaments, oder Berufs und Geschäfte, oder wegen ehemaliger schädlichen Gewohnheiten der meisten Schwäche bewußt ist. Denn ist jemand in Christo, so ist er eine neue Kreatur; das Alte ist vergangen, siehe, es ist alles neu worden. Und Johannes sagt: wer aus Gott geboren ist, der thut nicht Sünde. Daher betrügen sich alle diejenigen selbst, die von sich als Wiedergebornen halten, und die gleichwol ihre alte Gesinnung nicht gründlich verläugnen, und sich der Welt in ihren Lüsten gleichstellen wollen. — Die neue Gesinnung, die der Mensch in der Wiedergeburt erlangt, ist besonders im Anfange, und auch oft hernach, unter heftigen Versuchungen dieses Lebens, sehr schwach; denn es mangelt noch an den nöthigen Erfahrungseinsichten und geübten Kräften, an geistlicher Weisheit, Muth und Festigkeit. Daher ergeben sich sichtbare Unlauterkeiten, Uebereilungen, und wol gar ein trauriges Straucheln und Fallen, daran sich die Welt zu ihrem eignen Gerichte stößt, und nicht erwägt: daß menschliche Abweichungen die Wahrheit Gottes, und die Kraft seiner Gebote nicht aufheben, und daß jene Fehler und Gebrechen jeden Freund des Guten desto mehr anspornen sollen, gut zu werden; und den Ernst im Christenthum zu verdoppeln. Es sollen also die Schwachen, bey der Ansicht ihrer Mangelhaftigkeit, den Muth nicht sinken lassen, und ihr Vertrauen nicht wegwerfen. Paulus kam nicht gleich und auf einmal zu der Christenstärke und Völligkeit, darin er hernach alles vermogte, und bis zu seinem Märtyrertode siegte; sondern er hatte auch Zeitpuncte darin er klagte: das Gute, das ich will, das thue ich nicht; und das Böse, das ich nicht will, das thue ich. Wenn aber dieses zum Troste geschrieben ist, so sollen es die Unbekehrten nicht auf sich anwenden, sich damit in ihrem Weltsinne, herrschenden Sünden und Unthätigkeit im Guten zu beruhigen, und Wiedergeborne müssen es nicht mißbrauchen, nicht denken: sie könnten, sie dürften schwach bleiben, und sich doch der Kindschaft Gottes erfreun. Vielmehr müssen sie nach Wachsthum und Ausbildung im Guten angelegentlich streben, und deswegen mit Treue gegen jede Sünde kämpfen, und die Gnadenmittel kindlich zu ihrer täglichen Förderung gebrauchen. Merkwürdig sind hier die Worte, welche wahren Christen nach 1 Petr. 2, 1. 2. gesagt werden; denn wenn der Apostel sie vorher an ihre Wiedergeburt erinnert hatte, so setzt er hinzu: so legt nun von euch ab alle Bosheit, und allen Betrug und Heuchelei, und Neid, und alles Afterreden; und seyd begierig nach der vernünftigen lautern Milch, als die jetzt gebornen Kindlein, auf daß ihr durch dieselbige zunehmet; so ihr anders geschmeckt habt, daß der Herr freundlich ist. Dieses Schmecken der Freundlichkeit des Herrn leitet uns noch zu der Bemerkung — daß Wiedergeborne sich ihrer geistlichen Umwandlung recht gut bewußt sind. Sie sagen: die ganze Welt liegt im Argen, wir aber sind von Gott: wir wissen, daß wir aus dem Tode in das Leben kommen sind, denn wir lieben die Brüder. Das müßte doch diejenigen besorgt machen, die ihre geistliche Beschaffenheit in keine Prüfung ziehen wollen, und die wol gar glauben, man könne es nicht ausmachen, nicht wissen, ob man durch Wiedergeburt in Gottes Reich, eingegangen sey. Um so mehr wollen wir noch die seligen Erfahrungen selbst betrachten, welche mit diesem Eingange unzertrennlich verbunden sind.

(...)

VI.
Das richtige Verhalten gegen unsern Nächsten.

Ich bin doch ein guter Bürger! So sagt Mancher, der an eigentliche Frömmigkeit vor Gott keinen Anspruch macht, weil sein Gewissen es ihm verbietet; der sich damit nur gegen die rühmen will, deren Frömmigkeit er bezweifelt, und sie lieber für Heuchler hält. Sind sie Heuchler, nun ja! so glaube ichs auch, daß ein guter Bürger den Vorzug vor dem hat, der sich nur in dem Schein der Gottseligkeit erwärmt, und sie selbst weder kennt noch besitzt. Aber wie? wenn es mit diesem Ruhme nicht richtig stünde, und es an dem ein guter Bürger seyn, noch sehr mangelte? Denn diese Behauptung sagt so wenig nicht, als viele glauben. Und da käme es auf die Frage an: wer ist ein guter Bürger? Ist's der, der seinem Nächsten zu Zeiten Gutes erweiset? der sich nicht eine jede Unart gegen ihn erlaubt? und sich in seinem Benehmen so zu mäßigen weiß, daß er nie, den Vorstehern des gemeinen Wesens und der Obrigkeit, in die Hände fällt? Dann gäbe es freilich viele gute Bürger, die sich aber untereinander selbst nicht dafür halten. Fast ein jeder beklagt sich über herschenden Betrug, Lügen und Unrecht, und ein Freund soll ja dem Andern nicht ganz in der Welt mehr trauen können. Wenn solches aber unter guten Bürgern statt finden könnte, so hieße das, die Moral der Pharisäer in Aufnahme bringen, die offenbare Laster verbietet, kleine und geheime Sünden aber begünstigt. — Ein guter Bürger zu seyn, setzt voraus, daß ich in Absicht meiner selbst ein guter Mensch bin, und eine wohlgeordnete Selbstliebe kenne und übe; daß ich meine Wohlfarth durch meine Schuld nicht versäume, sie aber auch nicht auf Kosten meines Nächsten, und zu seinem unvermeidlichen Nachtheil gründen und aufbauen will. Dann muß ich zugleich die Pflichten gegen meinen Nächsten richtig einsehen, prüfen, unterscheiden, sie befolgen, und mir darin mit Wissen und Willen keine Uebertretung zu Schulden kommen lassen. Und dies muß nicht bloß vor Augen, sondern mit Zustimmung meines Herzens geschehn. Sonst hält man mich für falsch, und ich bin Jedem, der mich so kennt, unzuverläßig, wol gar gefährlich. Ist man in diesem Sinne ein guter Bürger, so ist jener Ruhm wahr, und der Lehre Jesu gemäß. Wo nicht, so ist man höchstens ein leidlicher, aber kein guter Bürger. Man ist allenfalls gut in den Augen einiger kurzsichtigen Menschen, aber nicht vor Gott. Ach! er zählt die Summe des Guten und Bösen in der Welt, gar anders, als es Menschen thun. Jene Wittwe hatte von ihrer Armuth mehr in den Gotteskasten eingelegt, als die Begüterten, ohnerachtet diese weit ansehnlicher gegeben hatten. Und sieht im hellen Lichte, was hier noch vor Menschen im Finstern bleibt. Da sagt mancher, ich bin kein Dieb, kein Mörder, kein Ehebrecher, der erröthen und verstummen müßte, wenn er das vor dem Angesichte Jesu sagen sollte. Laßt uns deswegen richtig von uns selbst halten und urtheilen; aber auch sorgfältig in unserm Benehmen gegen den Nächsten zu Werke gehn. Um so wichtiger muß uns hierüber die Belehrung Jesus werden, wenn er Matth. 7, 12. sagt:

Alles nun, was ihr wollet, daß euch die Leute thun sollen, das thut ihr ihnen; das ist das Gesetz und die Propheten.

(...)

Nun laßt uns doch diese Forderungen auf unsern Nächsten anwenden. Wir sind es also ihm schuldig, daß wir ihn sein Eigenthum ruhig besitzen lassen, ihn nie betrügen oder schaden, nicht an seinem Gute, Ehre, oder Gesundheit, oder Menschenfreiheit, oder an seinem Leben, und daß wir überhaupt die mehr oder weniger glückliche Lage, darin er sich befindet, auf keine Weise beeinträchtigen. — Mit Nachsicht sollen wir gegen ihn handeln, und sein Wohlergehn befördern, auch wo er es nach Recht gar nicht fordern kann; sollen gern gefällig und dienstfertig seyn, ihm da die Hand unserer Freundschaft schenken, wo er es bedarf, und wir im Stande sind, ihn zu beglücken. — Nie sollen wir uns gegen ihn und von ihm eine Lüge erlauben, sondern aufrichtig, mit Klugheit und Offenheit reden, unser Versprechen halten das wir ihm geben, und uns in allen unsern Urtheilen, und im Umgange mit ihm der Wahrheit, aufs genaueste befleißigen. — Und wo unser Nächster krank, arm, oder sonst bedrängt ist, da sollen wir solches zu Herzen nehmen, ihm zu Hülfe eilen, und es uns gern etwas kosten lassen, um seine Verlegenheit zu heben, und ihm mit allerley Unterstützung eine Thräne abzutrocknen. — Wenn wir dagegen auf die hinblicken, die uns Gutes thaten, so muß sie unser Herz vorzüglich lieben, und als Werkzeuge Gottes ehren, durch deren Hände er uns Segen bereitete. Gern sollen wir ihnen unser Dankgefühl versichern, und wo wir es können, auf ihre Zufriedenheit und Wohlstand hinwirken. — Die schwachen Seiten unsers Nächsten sollen uns wol Vorsichtigkeit, aber keinen Argwohn einflößen. Mit tragender Liebe, mit Sanftmuth und Versöhnlichkeit, mit heiterm Ernst und nachdrücklichen Vorstellungen über Recht und Unrecht, über Lüge und Wahrheit, sollen wir an ihm arbeiten, und sein Herz, wo es unlauter und trüglich erscheint, zu bessern Gesinnungen überleiten. — Und nie dürfen wir sein Gewissen kränken, und dem Beruf Gottes zu seiner Seligkeit Hindernisse in den Weg legen. Fern muß es von uns seyn, ihm Aergerniß zu geben, ihn vom Gebrauche der Gnadenmittel und des öffentlichen Gottesdienstes zurückzuhalten, oder uns über das, was ihm heilig ist, einen Spott zu erlauben. Vielmehr sollen wir durch unsern guten Wandel bemüht seyn, seine Religionsgefühle und Einsichten zur That und Wahrheit überzuleiten.

(...)

IX.
Ueber das richtige Verhalten wahrer Christen unter der Welt.

Man macht denen, die den Weg Gottes zu ihrer Seligkeit erwählen, und sich von Sünden und Weltliebe scheiden, so oft den Vorwurf, daß man sie nicht umgänglich und gesellig finde. Diese Klage ist allerdings wichtig. Gott hat ja den Menschen zur Geselligkeit erschaffen, die Triebe dazu in die Seele gelegt, und durch die verschiedene Austheilung der Gaben, einen Menschen dem andern unentbehrlich gemacht. Wenn kein Umgang statt findet, so verlieren sich viele Vortheile, und Menschenglück verschwindet. So viele erlaubte Freuden, die unsere Tage erheitern können, werden uns durch den Mangel an Umgang entrissen.

Jener Vorwurf, den man wahren Christen macht, ist oft sehr wahr und gegründet; besonders entziehen sie sich dem Umgange mit der Welt gar sehr im Anfange der Bekehrung. Dieses rührt aber weder aus Menschenfeindschaft noch aus Hochmuth her, und die Beschuldigung damit ist unwahr, und widerspricht den ersten Erfahrungen von einer wahren Frömmigkeit. Blödigkeit und Besorgniß ist vielmehr häufig die Veranlassung. Die Welt frägt über eine Veränderung nach, die so merklich ist, und für sonderbar gehalten wird; und das fürchten Erweckte, die bey sich weder Muth noch Einsicht und Gewandtheit genug finden, sich zweckmäßig darüber äußern zu können; die deswegen lieber ausweichen, und sich entziehn, weil sie sorgen, daß sie Andern nicht nützlich und erbaulich werden, selbst aber Schaden nehmen mögten.

Indessen ist's auch wahr, daß diese Beschuldigung viele gute Christen gar nicht trifft, bey denen man Umgänglichkeit findet, und die sich gern mittheilen. Bey ihnen treten aber neue Verlegenheiten ein; denn die Welt findet oft ihr Wesen nicht freundlich, nicht belebt und nicht offen genug; und manche Erweckte sehen einen solchen Umgang, als nachtheilig und unerlaubt an, und lassen oft mit Recht, oft aber auch mit Unrecht ihr Zutrauen fahren. Die Folge davon ist, daß umgängliche Christen leicht irre werden, und nicht wissen, was für sie das Beßte sey. Die gegenwärtige Betrachtung giebt hierüber nöthige Aufschlüsse, nach Anleitung der Worte Paulus,

Col. 4, 5. 6. **Wandelt weislich gegen die, die draußen sind, und schicket euch in die Zeit. Eure Rede sey allezeit lieblich, und mit Salz gewürzt; daß ihr wisset, wie ihr einem Jeglichen antworten sollt.**

Wir betrachten nach diesen lehrreichen Versen, das richtige Verhalten wahrer Christen unter der Welt, und wir fragen dabey:

Darf ein wahrer Christ in die Gesellschaft der Welt gehen? — Wenn er hingeht, wie muß sein Verhalten beschaffen seyn? — Und welche Erfolge darf er sich dann versprechen?

(...)

Ueberhaupt ist es für ein Kind Gottes gefährlich, mit der Welt Umgang zu nehmen; denn ihre Gesellschaften werden selten so ehrbar gehalten, daß nicht offenbare Sünden, als Scherz, Fluchen, und ein liebloses Richten darin vorfallen sollten. Dieser Umgang ist auch an sich unfruchtbar. Von der Hauptsache wird nicht geredet, und von andern Angelegenheiten unterhält man sich so unerheblich, daß sie selten mit der nützlichen Ansicht erscheinen, die sie sonst wol haben können. Die Zeit, die so edel und köstlich ist, wird daher meistentheils in solchen Gesellschaften nur verschwendet. Auch geht die Welt oft zu verfänglich mit Freunden Jesus um, stellt sie auf die Probe, und versucht es so sehr sie in ihr sündliches Wesen hineinzuziehen, daß sie nicht sorgfältig genug seyn können, wenn sie sich in einer christlichen Moralität behaupten wollen. Hieraus folgt, daß da Weisheit nöthig ist, wo die Welt uns in ihren vertrauten Umgang ziehn will, daß wir nicht ohne Noth, und ohne erheblichen Grund, in ihre Gesellschaft gehen müssen; und daß, wenn wir da sind, wir alle Vorsichtigkeit gebrauchen, um keine Gemeinschaft mit den unfruchtbaren Werken der Finsterniß zu haben, sondern sie vielmehr zu strafen.

Aber nicht alle Weltgesellschaften haben in sittlicher Rücksicht gleiche Beschaffenheit. Es giebt ihrer, in welche ein Christ gar nicht geht, weil sie an sich Sünde sind, und es darin auf Spiel, Tanz und unerlaubte Lustbarkeiten sichtbar angelegt ist. Andere leiten offenbar zur Sünde hin, z. B. die Sonntagsgastereien, wenn sie mit solchen Zerstreuungen, und solchem Zeitverlust verbunden sind, daß der öffentliche und Privatgottesdienst theils gehindert, theils unfruchtbar gemacht wird. Und eben so verhält sich's mit allen den Gastmahlen, wo Pracht und Verschwendung herrscht, Unmäßigkeit gefördert, und Gottes Ordnung in der Welt aufgehoben wird. Denn wir sollen den Tag zur Arbeit und die Nacht zur Ruhe verwenden, und essen, damit wir leben, wirken und thätig seyn können. Und das wird in vielen solchen Gesellschaften umgekehrt; daher der wahre Christ nicht hingeht, wenigstens nicht ausharrt, es koste was es wolle. Er befolgt vielmehr die Erinnerungen im göttlichen Worte, wißt ihr nicht, daß der Welt Freundschaft Gottes Feindschaft ist? Darum geht aus von ihnen, sondert euch ab, und rühret kein Unreines an.

Dagegen giebt es aber auch bessere Gesellschaften unter der Welt, die weder an sich sündlich sind, noch Sündethun zur nothwendigen Folge haben. Unser Stand und Beruf, unsere bürgerlichen oder Familienverhältnisse machen uns oft dergleichen Umgang und Verbindung zur Pflicht, und wir müssen den Einladungen unserer Verwandten oder Freunde bey wichtigen Ereignissen Folge leisten. Und warum sollte der wahre Christ sich entziehn, da er ja Jesus Beispiel für sich hat, welcher sich auch da einfand, und das Brodt aß, wo er sogar von erklärten Gegnern eingeladen worden war. Zudem hebt ja die Religion Jesus die Ordnung im menschlichen Leben, und die Freuden desselben nicht auf, sondern heiligt sie vielmehr. Und das Verlangen, nie ohne Noth anstößig zu seyn, so wie der Drang Gutes zu stiften, und unsern Nächsten zur Freude und zur Besserung zu seyn, soll uns stets bewegen, den Erwartungen Anderer, in Absicht auf unsere Gegenwart, zu entsprechen, wenn nur unser Gewissen nichts erhebliches dagegen einzuwenden hat.
(...)

Quelle 16
Mitschrift einer Predigt Friedrich Wilhelm Krummachers in Barmen
SAW M III 37 undatiert[1] [1830] handschriftlich Auszug

[...] Schon daß Äusere des Redners Pastor Krummacher schien einen geistvollen, aber leidenschaftlichen Menschen anzukündigen. Auch kam in der ganzen Predigt nicht ein Wort der Liebe, der Sanftmuth und Demuth, aber leider desto mehr Schelten, Verfluchen und öffentliches Verläumden seiner Gegner vor. Die Stelle der Begeisterung vertrat Heftigkeit, wo sich inniges religiöses Gefühl hätte zeigen können und sollen, ließ die unruhige Bewegung den Redner nicht dazu kommen, er mußte sich mit einem affectirt gefälligen Ton der Stimme begnügen.
Er fing damit an: die wichtigste Ermahnung in der jetzigen Zeit sei: „halte, was du hast", nämlich Christus, der unser Schatz, ja eine ganze Schatzkammer sei. Kurze Ausführung, inwiefern alle Schätze unseres Heils in ihm liegen und diese Schatzkammer wolle man uns jetzt rauben. Einige zwar, die sich mit den wahren Gläubigen einstimmig stellten, wollten ihnen nicht die ganze Schatzkammer, sondern nur einige ihrer theuersten Kleinodien rauben - Ausführung - Andere aber mit frecher, unverschämter Hand die ganze Schatzkammer, den ganzen Christus, Alles, was uns das Wichtigste und Theuerste sei. Darum sei es nöthig, sich zu waffnen und mitzukämpfen den großen Kampf, der jetzt allenthalben entbrannt sei, jetzt, wo Brüder um ihres Glaubens willen vor protestantische Ketzergerichte geschleppt würden, und in Gefahr ständen, Amt, Gunst, Ehre und Brot zu verlieren, wo die Provinzialsynode dieser Landestheile versammelt sei, um über die wichtigsten Kirchenangelegenheiten zu berathschlagen. Es sei nöthig, daß die Gemeinde wieder einmal hinausblicke über ihre Berge auf den Zustand der ganzen protestantischen Kirche. Hierauf ein langes Gebet, worin mit Leidenschaftlichkeit der Herr Christus um Hülfe wider die Feinde seiner Kirche angerufen wurde, die ihn verlästern und verhöhnen, ihm seine Ehre und sein Reich schmälern. (Ob[g]leich dies keineswegs mit Rührung oder auch nur mit gerührter Stimme, sondern mit der größten Heftigkeit gesprochen wurde, bekamen doch viele Weiber solches Mitleid mit dem armen Heiland, der so viel von den bösen Menschen leiden müsse, daß sie häufig Thränen aus den Augen wischten. Das Gleiche war auch die beiden Mahle der Fall, wo von den protestantischen Ketzergerichten und von den Verfolgungen der Brüder im Herrn durch sie die Rede war.) Auch die Fürbitten für den König, den Kronprinzen, die jetzt zu Köln versammelte Synode u.s.w. wurden durchaus in den gleichen leidenschaftlichen Beziehungen vorgetragen. An das Hauptgebet schloß sich, nach kurzem Zwischengesang, der Text an, Psalm 137, 1-5[2] [...]. Da diese Worte eigentlich eine Weissagung auf die jetzige Zeit seien denn die Propheten sprächen ja öfter von Künftigem, als ob es schon vergangen wäre; da man auch jetzt den Zustand der Kirche rühme und die Gläubigen zur Freude auffordere („singet uns ein Lied von Zion") während sie nur zum Heulen Ursache habe, so solle der jetzige Zustand der protestantischen Kirche, den der Text

schildere, betrachtet werden. I. die Stellung der wahren Kirche gegen ihre Gegner, II. das Verhalten, das ihr obliegt, III. ihr Trost.

ad I. wurde behauptet: die in der Schrift vorausverkündigte Zeit des großen Abfalls sei gekommen. In ihr befinde sich jetzt die wahre Kirche. Dieß zeige sich vorerst klar aus den Lehren der Gegner: in der früheren Kirche sei doch nur die Frage gewesen, ob das Wort Gottes allein oder neben ihm auch noch die kirchliche Ueberlieferung gelten solle; ob nur Gott und Jesus, oder auch noch die Heiligen angebetet werden dürfen; ob das einige Opfer Christi, uns ein für allemal erlöse, oder ob es immer aufs neue wiederholt werden müsse? Jetzt aber werde in der protestantischen Kirche gefragt: giebt es überhaupt ein Wort Gottes, eine göttliche Offenbarung? Darf Christus angebetet werden? Kann es ein erlößendes Opfer geben? und diese Fragen wurden verneint, mit schamlos frecher Stirn verneint; und mit ihnen zugleich Alles, was nicht in den kalten dürftigen Worten: Gott, Tugend, Vorsehung, Unsterblichkeit ausgesprochen sei – „eine Lehre, die wir hiermit feierlich im Nahmen Gottes verfluchen" (später kam der Ausdruck: [„]verfluchte Lehre" und dergleichen noch öfter vor) - die Bibel werde für eine Lüge erklärt, die Lehre von der Dreieinigkeit, weil sie sich gar nicht mit dem Einmaleins reime, verlacht, über Jesus und seine Mutter schändlich gelästert, an der Wiederkunft Christi zum Gericht, an Himmel und Hölle, an Teufel und Engel gezweifelt u.s.w. Daher gäbe es viele Gegenden im protestantischen Deutschland, wo Katholicken sich höchlich wunderten, wenn sie je zuweilen einen Protestanten träfen, der noch an ein Wort Gottes, an einen Gottmenschen Jesus glaube. Aber nicht genug, daß man diese Irrthümer für sich hege, man suche sie auch auf jede Weise und durch jedes Mittel allenthalben herrschend zu machen. Dazu wirkten Regierungsbehörden, Synoden, Universitaeten, Prediger, Lehrer, höhere und niedere Schulanstalten aller Art, Bücher, Journale, Zeitschriften Almanache, Jedes in seiner Art (die Ausführung des hier angedeuteten schiene Einsender, der in der Gegend von Barmen fremd ist, voller Persönlichkeiten); auf der glatten Schüssel einer bekannten Schullehrerbibel wohlzubereitet sämtlichen Volksschullehrern dargereicht, um die Jugend methodisch damit vergiften zu können (dieser Ausdruck, daß das heranwachsende Geschlecht in den Schulen methodisch vergiftet werde, kam später noch einmal vor). Ja die heilige Schrift selbst werde jetzt neu übersetzt auf eine solche Weise, daß dadurch die Quelle der Wahrheit selbst vergiftet werde, so daß Niemand etwas Anderes als diese verfluchte Lehre aus ihr schöpfen könne - ohne Zweifel das kühnste und schlaueste Werk, was der Teufel noch je unternommen. Wie frech aber diese Werkzeuge des Satans (wenn auch dieser Ausdruck nicht vorkam, so versteht es sich von selbst, daß der Teufel in dieser Predigt eine Hauptrolle spielte, und daß die Gegner Krummachers nur als dessen Werkzeuge figurirten.) wie frech sie wider diese Wahrheit ankämpften könne man aus der Aeußerung des Rectors eines Gymnasiums sehen, der unlängst geschrieben habe: „Ewig Palmen in der Hand mit den Engeln Hallelujah singen, das ertrug ich nicht, drum hab ich mich nun der Hölle zugewandt." (Ein lautes Murren des Unwillens und Entsetzens durchlief bei dieser Mittheilung die Gläubige Versammlung. Eben so wurde ein berühmter Consistorialrath, der im Rufe der Rechtgläubigkeit stehe, „vor diesen Rechtgläubigen gezüchtigt, und das Betragen einer bekannten Synode „mit den Worten des Königs von Preußen ein empörendes genannt.")

Nicht minder augenscheinlich, als in der Lehre, charakterisire sich aber im Leben die jetzige Zeit als die des großen Abfalls. Da gingen alle Laster und Ungerechtigkeiten mehr als je im Schwange, Hurerei und Unzucht seien an der Tagesordnung, schon würden sie nicht mehr mit Schande gebrandtmarkt, wie früher, und bald werde es dahin kommen, daß man sie öffentlich billige und lobe. Habe doch einer der hochgepriesendsten und beliebtesten jetztlebenden Dichter sich nicht entblödet ein Werk zu verfassen, worin die schändlichste Art der Unzucht, die Sodomiterei, empfohlen werde, ja der eigentliche Gegenstand und Inhalt, das Süjet (sic) das Werk sei die gräuliche Sünde der Sodomiter. Ein anderer habe ihn in öffentlichen Blättern zwar darüber getadelt, aber keineswegs weil er eine so verruchte Sünde empfehle, denn das halte er grade nicht für tadelnswürdig, sondern nur weil das Süjet nicht wohl gewählt sei. Ein solches Werk sei so recht nach dem Sinn der Zeit, da frage Einer den Andern: hast du das interessante, geistvolle Buch noch nicht gelesen? (Referent gesteht, von einem solchen neueren Dichterwerk nicht zu wissen, auch unter allen seinen Bekannten fand er nicht einen Einzigen, der etwas davon wußte, oder die Existenz eines solchen auch nur für möglich hielt. Ist Herr Krummacher etwa mystificirt worden [?] Warscheinlich! Aber gesetzt auch, es existire ein Gedicht, worin die Sodomiter[ei] nicht blos scheinbar, sondern unverkennbar das Süjet wäre und angepriesen würde, so ist es doch Verläumdung, daß sich darin der moralische Sinn und Zustand

Abbildung in K.A. Dörings „Christliche[m] Taschenbuch auf das Jahr 1830"

der protestantischen Kirche, die nicht zu Krummachers Partei gehört, charakteri-[siere]. Wenn solche übertriebene, vielseitige Behauptungen nicht in der Unterhaltung mit Kundigen, die sie zu würdigen und zu widerlegen vermögen, sondern vor einer unwissenden Menge aufgestellt werden, die sie aus dem Mund ihres vergötterten Apostels für baare Münze nimmt, und in einem kirchlichen Vortrag, wo Niemand ein Wort der Widerlegung oder des Zweifels laut werden lassen darf, so werden sie zu öffentlichen Verläumdungen, dasselbe gilt auch von der Charakteristik aller nicht pietistischen Gymnasiallehrer mittelst der angeführten frivolen Aeuserung eines einzelnen.)

So sei die Stellung der wahren Kirche gegen ihre offenkundigen Gegner in der jetzigen Zeit. Aber die in Vielem mit ihr einstimmig schienen seien im Grund nicht minder ihre Feinde. Denn wenn sich diese vornehmen Christen einmal entscheiden müßten mit wem sie halten wollten, so würden sie ganz gewiß mit der Andern Parthei machen, und das arme Würmlein Jakob werde dann von Allen verachtet und getreten werden.

II. Welches Verhalten liegt nun der wahren Kirche ob in dieser Zeit? 1.) Sie soll die Gegner aus der Schrift widerlegen. Das Wort: „es steht geschrieben", könne der Teufel nicht leiden, damit sei er geschlagen. Jeder Ungelehrte könne damit jeglichen Gegner überwinden. Der Hirtenknabe werde mit der Schleuder des Wortes Gottes den Riesen Goliath darnieder schmettern. Denn sage man nur immer: „hier steht's geschrieben", so müsse der Gegner entweder es zugeben oder er müsse sagen: „daran glaube ich nicht, das Wort Gottes ist eine Lüge." So könne aber ja nur der Teufel selbst sprechen, dieser sei [dann] von dem Gläubigen, sobald er nur klar wisse, daß er es mit dem Teufel zu thun habe, leicht überwunden.

2.) Jeder soll in seinem Kreise laut schreien gegen diesen Teufelsunfug, wo und wie er sich zeigen möge, denn jetzt sei es nicht mehr Zeit zu ruhen und zu schweigen; laut soll Jeder schrei[n] gegen die Verkehrtheit der Einzelnen in ihrem Privatleben wie gegen die im öffentlichen Leben, gegen die Prediger, die Lehrer, der höheren und niederen Schulen, man soll die Kinder der Vergiftung in ihnen nicht preißgeben, soll die Journale, die Zeitschriften verbannen, die von jenem Gifte voll sind p. Dadurch würden die kämpfenden Freunde ermuthigt, die Feinde aber entmuthigt werden, wenn sie sähen, daß der Herr noch ein so groß Volk habe. 3.) Die Glieder der wahren Kirche sollen einig sein unter sich, alle ihre Streitigkeiten müssen jetzt aufhören, daß man sehe: Alle stehen für Einen und einer für Alle. 4.) Sie sollen ihre Hände in den Himmel recken und nicht nachlassen zu beten, daß der Herr seine Kirche schütze, daß er seine Streiter stärcke und dergleichen.

III. Den Trost der wahren Kirche in dieser Zeit des allgemeinen Abfalls wollte Krummacher diesmal nicht näher bezeichnen, schon oft sei ja von diesem süßen Troste die Rede gewesen (die 2 ersten Theile hatten zu viele Zeit weggenommen.) Mit einem Aufblick zu dem, der zur Rechten Gottes seine Kirche schirmt, und mit einer Aussicht auf das himmlische Jerusalem wurde die Predigt geschlossen.

---

[1] Dieses Predigtprotokoll lag einem Brief des Oberbürgermeisters Brüning an den Landrat bei. In Brünings Brief wird das Datum der Krummacher-Predigt mit dem 6.6.1830 angegeben; der Mitschriftverfasser, der anonym bleibt, wird als zuhörender „Gelehrte[r]" bezeichnet. Friedrich Wilhelm Krummacher war 1830 zum erstenmal an die reformierte Gemeinde Elberfeld gewählt worden. Einflußreiche Mitglieder der Gemeinde hatten sich an Oberbürgermeister Brüning mit der Bitte gewandt, die Bestätigung der Krummacher-Wahl durch die Regierung zu verhindern (SAW M III 37, Brief vom 10.6.1830). Das Problem erledigte sich von selbst, da Krummacher die Wahl von 1830 ablehnte und zunächst in Barmen blieb.

[2] „An den Strömen von Babel,/da saßen wir und weinten,/wenn wir an Zion dachten.
Wir hängten unsere Harfen/an die Weiden in jenem Land.
Dort verlangten von uns die Zwingherren Lieder,/unsere Peiniger forderten Jubel:/‚Singt uns Lieder vom Zion!'
Wie können wir singen die Lieder des Herrn,/fern, auf fremder Erde?
Wenn ich dich je vergesse, Jerusalem,/dann soll mir die rechte Hand verdorren."

Quelle 17
„Die genaue Verbindung häuslicher Frömmigkeit mit häuslichem Glücke. Predigt […] den 16. Januar 1831 gehalten von A.W. Hülsmann",

in: Evangelische Zeugnisse aus dem Wupperthale. Eine Sammlung von Predigten der evangelischen Prediger in Elberfeld und Barmen, hg. von der Rheinischen Missionsgesellschaft…, Barmen 1832, S. 70-74   Auszug

Schon auf die äußere Wohlfahrt einer Familie hat ächte Frömmigkeit den segensreichsten Einfluß. Zwar ist es zum Glück einer Familie nicht nöthig, daß sie große Reichthümer besitze und im Ueberfluß leben könne; nein, auch mit Wenigem kann man zufrieden und glücklich leben; auch bei geringer Haabe kann man wahrhaft glücklich seyn. Aber eben so gewiß ist es, daß gänzliche Armuth und Dürftigkeit, daß Kämpfe mit ängstlichen Nahrungssorgen das häusliche Glück sehr vermindern, wo nicht gänzlich zerstören; daß es höchst wichtig für die Wohlfahrt einer Familie ist, wenigstens so viel zu haben, als sie bedürfe, um vor Mangel und Noth gesichert zu seyn. Und schon hier äußert ein frommer Sinn seinen segensreichen Einfluß.

Zuerst, wo frommer Sinn wohnt, da wohnt auch Arbeitsamkeit und Fleiß, da beseelt auch der Geist einer gewissenhaften Thätigkeit alle Glieder des Hauses. Der Mangel dieses Fleißes ist es, der so manche Familien in Armuth und drückenden Mangel stürzt. Sie versäumen ihre Geschäfte, sie vernachläßigen ihren Beruf, sie ergeben sich einem schimpflichen Müßiggange, sie thun ihre Arbeiten nur halb oder gar nicht, sie folgen lieber der Stimme der Lust und des Vergnügens, als der ernsten Stimme der Pflicht. Ist es ein Wunder, daß da der Erwerb immer mehr abnimmt; ist es nicht natürlich, daß sich die nothwendigen Folgen des Müßigganges und der Trägheit einstellen, daß bald Mangel und Noth, Armuth und Dürftigkeit hereinbricht? Ach, wie oft bestätigen traurige Erfahrungen das Gesagte; wie manche Familienväter und Hausmütter haben selbst die Noth verschuldet, in der sie sich befinden! Wie ganz anders ist es in einem Hause, wo ächte Frömmigkeit und Gottesfurcht wohnt! Da betrachten alle Glieder eines Hauses ihre Obliegenheiten als heilige Pflichten, die ihnen der Herr aufgetragen hat; da sind sie überzeugt, daß jeder mit seiner Gabe dem andern dienen und zum Besten des Ganzen thätig und wirksam seyn solle. Da gehen alle mit Gebet an ihre Geschäfte und sind bei ihrer Arbeit der Nähe des Herrn und seines Schutzes eingedenk. Da weiß es ein jeder, daß uns Gott zu nützlicher Thätigkeit bestimmt, und das Gebot gegeben hat: Wer nicht arbeiten will, der soll auch nicht essen. In einer frommen Familie blickt man zu dem empor, dessen Grundsatz es war, zu wirken, so lange es Tag ist, ehe die Nacht kommt, wo niemand wirken kann. Da prüft man sich am Ende des Tages, ob man redlich das Seine gethan und treulich sein Tagewerk vollbracht hat; da arbeitet man nicht bloß, um den Menschen zu gefallen, sondern seinem eigenen Gewissen genug zu thun, und dem Herrn wohlgefällig zu werden.

Der fromme Sinn heiligt dann auch den irdischen Beruf und feuert alle an, ihn mit gewissenhafter Treue zu erfüllen; er macht die Glieder eines Hauses fähig, auch die schwere Arbeit mit Eifer zu beginnen, und mit Lust und Kraft zu vollenden. Für die Seinen zu sorgen, und das äußere Glück seiner Kinder nach Kräften zu begründen, das ist dem treuen Hausvater wichtige und heilige Pflicht, das liegt der frommen und treuen Hausmutter am Herzen. Und wird das nicht auf den Wohlstand segensreich einwirken? Nein, nicht so leicht wird drückender Mangel und Noth da hereinbrechen, wo ein solcher Fleiß und solche treue Thätigkeit wohnt. Auch in arbeitsloser und nahrungsloser Zeit, wie die gegenwärtige ist, wird die Familie noch immer am besten stehen, am sichersten Arbeit und Theilnahme finden, die sich immer durch Fleiß und Thätigkeit ausgezeichnet hat. Der Segen des Herrn wird die nicht verlassen, die mit frommem Sinne sich redlich zu ernähren suchen und Gebet und Arbeit mit einander verbinden. Ich bin jung gewesen, und alt worden, sagt David, Ps. 35, 25., und habe noch nie gesehen den Gerechten verlassen oder seinen Samen nach Brod gehen.

Aber ein frommer Sinn bewahrt auch vor vielen Thorheiten, Fehlern und Sünden, welche nur zu häufig den häuslichen Wohlstand und damit auch das häusliche Glück untergraben. Warum geht so manche Familie zu Grunde, warum versinken so Viele in Noth und Bedrängniß? O, fraget die Erfahrung, achtet auf die Geschichte unserer Zeit, und sie wird euch darüber gewisse, wenn gleich traurige Auffklärung geben. Ist es nicht der Geist der Welt, der Geist der Genußsucht, der Vergnügungs- und Zerstreuungssucht, der wie ein giftiger Wurm an dem Bestehen mancher Familien nagt und zuletzt auch die schönste Blüthe des Wohlstandes verdorren macht? Ist es nicht die rücksichtslose Verschwendung, das unbesonnene und gedankenlose in den Tag Hinein-leben, wodurch mancher sich selbst und die Seinigen dem Elende Preis gibt? Ist es nicht das wilde, zügellose Leben mancher Hausväter, die lieber schwelgen, als für Frau und Kinder sorgen, was sie am Ende ins Verderben stürzt? Ist es nicht bei noch andern ihre Unredlichkeit, die an den Tag kommt, ihre falschen und gewissenlosen Schritte, die am Ende entdeckt werden, was ihnen das Vertrauen ihrer Freunde und Mitbürger raubt, was ihnen ihre Arbeit entzieht und ihren Erwerb zerstört, wodurch der Grund zum Verfall und Untergange gelegt wird? Ist es nicht bei Manchen der traurige Hang, lieber durch Zufall und Spiel, als durch Arbeit und Fleiß, lieber durch gewagte, tollkühne Unternehmungen, als durch besonnene und weise Thätigkeit sich schnell emporzuschwingen, was sie um Alles bringt und in kurzer Zeit zu Grunde richtet? Es sey ferne von uns, verkennen zu wollen, daß auch den Treusten und Frömmsten, den Gewissenhaftesten und Redlichsten Unglücksfälle treffen und um das Seinige bringen können; es sey ferne von uns, es läugnen zu wollen, daß es auch ganz unverschuldete Armuth und Dürftigkeit gibt, die nicht bloß Anspruch auf unsere Theilnahme, sondern auch auf unsere Achtung und Liebe hat. Aber eben so gewiß ist es, daß Viele durch eigene Thorheiten und Sünden ihr Elend und Verderben verschulden. O wie segensreich erscheint hier häusliche Frömmigkeit! Nein, da, wo wahre Gottesfurcht wohnt, wo Jesus Christus aufrichtig verehrt wird, wo sein Wort noch etwas gilt und sein Evangelium heilig gehalten wird, da können jene Sünden und Thorheiten so leicht nicht aufkommen und herrschend werden. In wahrhaft christlichen Familien wird er nie einreißen, der Sinn der Ueppigkeit, des Leichtsinns und der Verschwendung, der Unredlichkeit und Untreue. Der Christ hält auch das Wenige zu Rathe; er hat gelernt, sich genügen zu lassen und vermag Alles durch den, der ihn mächtig macht, Christum. Er kennt höhere Güter, als die irdischen und wird darum niemals im Genuß der letzteren sein höchstes Glück und seine höchste Freude finden. Er betrachtet auch das irdische Gut als ein ihm von Gott anvertrautes Pfund, von dessen Verwaltung er einst Rechenschaft geben soll. Still und genügsam, treu und redlich zu seyn, in Mäßigkeit und Nüchternheit zu wandeln, durch weise Sparsamkeit für die Bedürfnisse der Zukunft zu sorgen, seine Freude, sein Glück am liebsten in dem Kreise der Seinigen zu suchen, die Güter der Welt zu gebrauchen, aber sie nicht zu mißbrauchen, sich zu freuen, aber mit Gottesfurcht, das, das ist der Sinn eines wahrhaft frommen Hausvaters, einer christlichen Hausmutter, das der Geist, den sie den Ihrigen einzuflößen und unter denselben zu erhalten suchen. Und wem leuchtet es nicht von selbst ein, daß dadurch vielen Unfällen vorgebeugt und der Wohlstand des Hauses und mehr in unsern Tagen erkannt werden! Möchten doch Alle ihre Häuser zu Wohnstätten wahrer Frömmigkeit heiligen und Gott und Jesum Christum aufrichtig verehren. Möchten besonders die Väter und Mütter ihre Kinder vor allem zu ächter Frömmigkeit erziehen! Mehr, als sie glauben und denken, steht dieses schon mit dem äußeren Bestehen ihrer Familien, mit dem Wohlstand ihres Hauses, an dem ihnen ja sonst so viel gelegen ist, in Verbindung. (...)

Quelle 18
„Das Evangelium von Petri Fischzug, ein Evangelium für bedrängte Arbeiter in unserer Mitte. Predigt, gehalten am 5. Trinitatis=Sonntage 1845 und auf Verlangen dem Druck überlassen von M.A.S. Jaspis", Elberfeld 1845, S. 6-16 Auszüge

Das Evangelium von Petri Fischzug werde heute wirklich ein Evangelium für bedrängte Arbeiter in unserer Mitte!

Es stellt erstens einen Ruf an ihre Werkstätten: Den Herrn Jesum Christum darin aufzunehmen. Es zeigt zweitens einen Ort für ihre Klagen: Den Gnadenthron des Herrn. Es giebt drittens einen Text für ihre Morgengebete: Auf Dein Wort will ich mein Netz auswerfen! Es ertheilt viertens einen Wink für ihren Geschäftsverkehr: In Liebe einander näher zu treten, und weist fünftens auf den Punkt hin, bei welchem die Rettung auch im Aeußern beginnt: Hingabe an den Herrn in wahrer Buße.

I.

Das Sonntagsevangelium stellt einen Ruf an die Werkstätten bedrängter Arbeiter: den Herrn Jesum Christum darin aufzunehmen.

Wie freundlich lautet der Anfang unseres Textes: Es begab sich, daß sich das Volk zum Herrn Jesu drang, aber nicht um Zeichen und Wunder zu sehen, nicht um leibliche Hülfe zu suchen, sondern um das Wort Gottes zu hören. O, daß diese Erscheinung sich auch jetzt unter den Volksklassen wiederholen möchte, welche den Druck der Zeit besonders fühlen und beklagen! Daß ein Hunger nach dem Brode des Lebens unter ihnen reger würde! O, daß Mancher unter uns die Bibel aus den Schlupfwinkeln hervorsuchen möchte, wohin der Weltsinn günstiger Gewerbzeiten sie verwies! Die Bibel bringt freilich nicht unmittelbar Brod in's Haus, sie verbindet uns aber mit dem Gott des Heils, der das Brod giebt. Die Bibel scheucht nicht, wie durch einen Zauberschlag, die Noth aus den Hütten, sie erfüllt uns aber mit Lebenskräften, die Noth zu ertragen. Wo neben Schriftlesen auch ein Wandel nach Schrift herrscht, da herrscht auch Segen, und Segen in den Gemächern des Wohlstands, wie in den ärmsten Werkstätten.

Der Zudrang des Volks war damals so groß, daß der Herr vom Kahne aus dem Volke das Wort predigen mußte.

Ein Kahn war also die Kanzel des Lehrers aller Lehrer. Die Werkstätte eines Fischers war der Wohnsitz des Sohnes Gottes; kein Wunder, daß diese Werkstätte bald mit Segen angefüllt wurde. Richtet auf diesen Vorgang jetzt euer Augenmerk, bedrängte Handwerker. Er kann nicht bloß, er soll sich auch bei euch geistig wiederholen. Er richtet darum an eure Werkstätten den Ruf: Nehmet den Herrn Jesum Christum darin auf! — Daß Christus in uns eine Gestalt gewinne, ist das Ziel jedes Christenlebens. Wenn man das Verhältniß kurz bezeichnen will, in welchem Christus zu uns und wir zu ihm stehen sollen, so kann man sagen: Wir müssen den Christus für uns ergreifen und den Christus in uns lebendig werden lassen. Christus für uns! Christus in uns! Das ist der Kern des Christenlebens. Die Mittlergnade des Erlösers muß unser Eigenthum, aber auch der Geist des Herrn muß unser Lebenselement sein. Was nun von Einzelnen gilt, gilt von Allen. Soll der Christenheit geholfen werden, so muß sie die Erlösungsgnade ergreifen. Christus muß aber auch in ihr eine Gestalt gewinnen. Christi Geist muß auf Kanzeln und in Gemeinen, unter Rathleuten und unter Bürgern, in Schulzimmern und Kinderstuben, in Kaufläden und Werkstätten herrschend werden. Warum? Statt vieler Gründe führe ich das Schriftwort an: Die fleischlich sind, mögen Gott nicht gefallen. Wer Christi Geist nicht hat, ist sein nicht sein. So lange Handwerker von diesem Geiste sich nicht regieren lassen, muß ihnen alles wahre Wohlsein fehlen, und wenn sie auch von reichem Wohlsein überschüttet würden, es wäre für sie kein Segen. — Der Geist des Herrn weht überall, und wenn ein Haus von diesem Hauche unberührt bleibt, so trägt das Haus, aber nicht der Herr die Schuld. Der Geist des Herrn strömt z. B. durch sein Wort in unsre Häuser. Achtet darauf, ihr Hauswirthe, daß in dem Dachstüblein der ärmsten eurer Hausgenossen das Wort des Lebens nicht fehle. Die hiesige Bibelgesellschaft kommt jedem Bedürfniß und Verlangen auf's Willigste entgegen. Der Geist des Herrn strömt durch's Sacrament in unsre Wohnungen. O, ihr Armen der Gemeinde, warum kommt ihr so selten zum Mahle der Gnade! In großen Anfechtungen genoß Luther oft alle vierzehn Tage das heilige Sacrament. Ihr habt vielleicht Jahrzehnte hiervon euch geschieden. — Wo nun Christi Geist unter bedrängten Arbeitern weht, da herrscht auch Christi Sinn. Die goldenen Tugenden des Fleißes, der Ordnung, der Genügsamkeit und Treue zieren unsern Hauskreis. Den Sonntag lassen wir dem Herrn, drum findet uns der Morgen des Montags mitten in unserm Tagewerke, nicht in üppiger Trägheit, und der Abend des Samstags ist für uns ein wahrer Vorsabbath. Wo Christi Geist in Werkstätten herrscht, da darf keine Stimme das Heilige bespötteln. Tischgebet würzt das einfache Mahl. Narrentheidinge können während der Stunden des Gottesdienstes nicht vorkommen. Zieht dieser Geist bei uns ein, so weicht der böse Geist; denn mit dem Satan verträgt sich der Herr nicht unter Einem Dache. Immer seltener werden dann in den Zünften die Werkstätten, wo Geld das höchste Verlangen, Essen und Schlafen die höchste Freude, Ränkeschmieden die höchste geistige Anstrengung ist; wo man über dem Arbeiten das Beten, über seinen Schulden seine Sünden, über der Sorge für's Durchkommen die Sorge um's Hinkommen vergißt. Dieser böse Geist muß auch von uns weichen, sonst steht für uns keine Hülfe zu hoffen. Auf die Frage: Warum sind der Thränen auf der Welt so viel? sagt der treue Claudius: Laßt uns besser werden, gleich wird's besser sein!! Das Wort der Wahrheit bezeugt: die fleischlich sind, können Gott nicht gefallen. Es bleibt euch nichts übrig: wollt ihr Segen in euren Werkstätten haben, müßt ihr den Herrn darin aufnehmen!

(...)

IV.

Das Evangelium ertheilt auch einen Wink für den Geschäftsverkehr bedrängter Handwerker: In Liebe einander näher zu treten.

Das Netz zerriß, und sie winkten ihren Gesellen, daß sie kämen und hälfen ihnen ziehen. Neidlos eilen diese herbei, und durch die gemeinsame Hülfe wurden beide Schiffe gefüllt. Dieß sei allen bedrängten Arbeitern ein Wink, durch gemeinsame Noth sich verbinden zu lassen, wie dort der gemeinsame Segen vereinte. Friede ernährt, Unfriede verzehrt, sagt' ein altes Sprüchwort. Liebe mindert, Haß steigert den Druck äußerer Verhältnisse. Es ergeht aber diesen Stimmen der Erfahrung nicht besser, als den Stimmen bejahrter Eltern. Weil sie nichts Neues sagen, überhört man sie. Möchten sie jetzt mehr Gehör finden! Ihr wißt, der Communismus unserer Tage legt es darauf an, unter bedrängten Volksklassen einen gleichmäßigen Wohlstand, eine gegenseitige Hülfsleistung mit Gewalt ins Werk zu setzen. Abgesehen aber davon, daß er der freien Erbarmung Gottes in's Regiment greift, so will er durch äußere Anordnungen hervorrufen, was nur von innen heraus durch die Kraft der Liebe sich bilden kann. Diese Liebe wird nicht bewirkt durch communistische Versammlungen; in ihnen herrscht im Gegentheil die Selbstsucht Einzelner vor. Diese Liebe kann allein der Herr durch seinen Geist anfachen. Gebet diesem Geiste je mehr und mehr Raum; leiht aber nicht jenen Vorkämpfern der Volksfreiheit das Ohr, die euch in süßer Rede lose Grundsätze einschmeicheln. Kehrt euch nicht an die Außenseite, durch die sie täuschen; prüft ihre Zwecke am Worte der Wahrheit. Sie lassen sich eure Nothstände darlegen. Sie geben euren Klagen Recht. Entfesseln sie aber nicht eure Leidenschaften, um euch an ihre Person zu fesseln? Suchen sie nicht eine Volksmacht zu bewaffnen, damit ihr ihnen Triumphe erringen helft? Bruderliebe tönt ohne Aufhören von ihren Lippen; aber in dieser Liebe sitzt der Arge. Sie verkünden eine Freiheit ohne Glaubensgehorsam, das ist eine Sclaverei in anderm Gewande. Sie versprechen ein Wohlsein ohne Gottseligkeit; das ist ein Luftbild. Sie predigen eine Reform des Bestehenden ohne Wiedergeburt des Herzens; das sind erfolglose Vorspiegelungen. Der nächste Ort für eure Klagen ist der Gnadenthron des Herrn. Wer aber den Zugang zu dem treuesten Herzen gefunden hat, dem bleiben auch menschliche Thüren nicht verschlossen. Oeffnet sie euch mit offner, vertrauensvoller Liebe! Was man ohne Liebe thut, muß ohne Segen bleiben. Bannt in der Kraft des Geistes Neid und finstern Trotz, dann wird der Abstand von Gesegneten weniger drückend euch erscheinen. Bannt aus eurem Familienleben das kalte, unfreundliche Wesen, und ihr werdet das Leben der Euren nicht noch mehr erschweren. Lernt in dieser Zeit gemeinsamer Noth die drei Grunderfordernisse der Liebe ins Werk setzen: Geben, Vergeben, Nachgeben, und eure Kummerbissen werden euch versüßt. Verläugnen wir die Liebe, so erkaltet das Gebet, es ermattet der Glaube, und unser Arbeiten leidet unter einem geheimen Bann. Wie treffend zeichnet die Schrift diesen Grundschaden in mancher unserer Verbindungen: Ihr seid begierig und erlanget es damit nicht. Ihr hasset und neidet und gewinnt damit nichts; ihr streitet und krieget, ihr habet nicht darum, daß ihr nicht bittet.

Quelle 19
„Bußtags=Predigt, gehalten am 17. Mai 1848 in der lutherischen Kirche zu Elberfeld von Fr. Sander",
Elberfeld 1848, S. 8-10   Auszug

Wird des Menschen Sohn Glauben finden auf Erden, wenn er wiederkommt? so lautet das Schlußwort, welches unsre Sünde uns vorhält. Also, wenn der Herr wiederkommt, so wird er wenig Glauben finden; denn daß selbiger nie ganz aufhören werde auf Erden, sagt uns unser Text, der von Auserwählten redet, die Tag und Nacht zu Gott schreien. Die Pforten der Hölle, lesen wir an einer andern Stelle, wird die Gemeine des Herrn nicht überwältigen. — Daß der Unglaube, wenn der Herr wiederkommt, auf eine ganz auffallende Weise sein freches Haupt erheben und sein Lästermaul aufthun wird, sagen uns mehrere Stellen, welche das Geschlecht zur Zeit dieser Wiederkunft mit dem gottesleugnerischen zur Zeit der Sündfluth vergleichen. Von einem Heer der Spötter redet Petrus, das dann abermals wie zu Noah's Zeit fragen würde: Wo ist die Verheißung seiner Zukunft? — Ein Geschlecht ist aufgekommen, dessen Bild wir 2. Timoth. 3. gezeichnet finden; es werden Menschen sein, heißt es daselbst, die von sich selbst halten, geizig, ruhmräthig, hoffärtig, Lästerer, den Eltern ungehorsam, undankbar, ungeistlich, störrig, wild, unversöhnlich, Schänder, unkeusch, Verräther, aufgeblasen, die mehr Wollust lieben denn Gott. Nicht nur wie die Heiden sind diese Menschen — denn da war noch eine Furcht vor der Gottheit, — sondern antichristisch, da sie sich wider Christum erheben. Er soll nicht herrschen, sein Wort nicht, sein Geist nicht, seine Gnade nicht. Es hat immer Ungläubige gegeben; aber sie suchten ihren Unglauben mehr zu verhüllen: jetzt tritt selbiger frank und frei daher. Auf der hohen Schule in der Hauptstadt unsers Landes wurde die Atheisterei, welche einen persönlichen Gott, den allmächtigen Schöpfer Himmels und der Erde leugnet, so wie auch die persönliche Fortdauer des Menschen nach dem Tode viele Jahre hindurch von hoch angesehenen und mächtig begünstigten Lehrern öffentlich gelehrt. Mit lauter Stimme hört man allerwärts Professoren und Prediger verkündigen, daß man nicht erst durch den Sohn zum Vater zu kommen brauche. Man scheuet sich nicht, während man seines Protestantismus sich rühmet, die Werkgerechtigkeit, das Hauptstück in den papistischen Irrlehren, auf den Thron zu erheben. Auf den Glauben, ruft man uns zu, kommt es gar nicht an, — auf die Werke, und weiß nicht, daß eben nur der rechte Glaube auch die rechten Werke hat und hervorbringt. Redet man ja von Glauben, so soll es doch Jedem überlassen sein, sich selbst seinen Glauben zu machen, die Heilsordnung nach seinem Belieben zu bestimmen. Wenn man nur dieser seiner Meinung oder Ueberzeugung, wie man's auch nennt, treu ist, also überzeugungstreu oder gesinnungstüchtig, d. h. seine Gesinnung tüchtig ausschreiet, so ist Alles in Ordnung. Gottes Wort muß sich verdrängen lassen vom Worte menschlicher Rabbi's; was die sagen, muß vom

Himmel herab geredet sein. Dazu kommt nun noch eine Fluth von schöngeistrischen Schriften und von Zeitschriften allerlei Art, daß eben so wenig Zeit als Lust und Kraft übrig bleibt, den heiligen Propheten und Aposteln zuzuhören und zu folgen, die uns das Geheimniß Gottes verkündigen. So Vielen unsers Geschlechts ist verloren gegangen wie des Herrn Wort, so des Herrn Tag, des Herrn Haus und des Herrn Tisch; sie haben keinen Sonntag, besuchen kein Gotteshaus, feiern kein Abendmahl mehr. Da ist denn auch nicht daran zu denken, daß das Haus, wo sie schlafen und arbeiten, essen und trinken, ein Heiligthum wäre; von Hausgottesdienst, von Morgen- und Abendsegen, von Tischgebet weiß man in vielen Häusern nichts mehr. Desto eifriger ist man in dem elenden und jämmerlichen Dienste, wo der Bauch zum Gotte gemacht wird. Diese Bauchdiener sind natürlich Feinde des Kreuzes, wollen aber, daß ihre Feindschaft gegen den Herrn und sein Kreuz, da sie sein Joch von sich geworfen, als Freisinnigkeit gerühmt werde. Die Verwerfung des Wortes Gottes soll Wahrheitsliebe sein; in der Verachtung der Rechte der Kirche, in der Verhöhnung ihres Bekenntnisses meinen Viele Erlösung von Menschensatzungen gefunden zu haben. Doch das Bild eines Geschlechts, an dem vom Glauben wenig oder nichts zu finden, haben wir nun in seinen Hauptzügen betrachtet; könnten wir uns noch länger dabei aufhalten, so würden wir als sehr bemerkenswerthe Züge in diesem Bilde finden: Mammonsdienst, dem fast Alles sich verkauft hat, Ungeistlichkeit, d. h. eine Unfähigkeit, geistliche Dinge zu verstehen, Impietät oder Unehrbietigkeit und Undankbarkeit gegen Eltern, Herren und Vorgesetzte jeder Art, Frevelmuth und wilden Trotz, der mit eigenem und fremdem Leben spielt, Unkeuschheit, Lieblosigkeit, Härte und Unbarmherzigkeit.

4.2 Seelsorge
Kommentar 20 und 21

In einem Protokoll des Stadtrates, verfaßt anläßlich des 50jährigen Amtsjubiläums des Pastors Anton Hermann Nourney, hieß es: „Wenn Mißjahre eintreten, wenn Stockung der Gewerbe, Noth und Armuth über die gewöhnlichen Gränzen hinaus verbreitet, bis dahin ausgedehnt, wo Schaam die Enthüllung der Bedrängnisse vor den gewöhnlichen Armenpflegern nicht zuläßt, - wie willkommen ist da der Besuch des treuen Seelsorgers, dessen Herz die vorhandene Noth ahnet, durch liebreichen Zuspruch zu erforschen weiß, worin der seine Wohlthat krönt, indem er die Bedrängten dahin zu führen strebt, wo alle Mühseligen und Beladenen überschwenglich Erquickung finden können. So ergänzt der treue Pfarrer hierin die Wirksamkeit bürgerlicher Anstalten, wo diese beschränkt ist, und erwirbt sich so auch den innigsten Dank der Bürger, die nicht unmittelbar solche Wohlthat genossen haben" (Zur Jubel-Feier des Herrn Anton Herm. Nourney, Elberfeld 1834, S. 44/45). Die seelsorgerische Tätigkeit der Pastoren sollen die beiden Quellentexte 20 und 21 belegen. Der erste charakterisiert Gottfried Daniel Krummacher, der zweite seinen lutherischen Amtskollegen Sander.

Quelle 20
Gottfried Daniel Krummacher als Seelsorger,

in: Gottfried Daniel Krummacher's gute Botschaft in fünfundvierzig Predigten, hg. und mit einer Biographie des Verfassers begleitet von Emil Wilhelm Krummacher, Elberfeld 1838, S. XXVIII-XXXIII

Wer den Entschlafenen näher kannte, der weiß wohl, mit welch' einer wunderbaren Kraft und Tiefe er zu trösten verstand. Aber da er wie ein Samuel das Ohr der Stimme des Herrn zuwandte, so war es nicht immer Zeit für ihn, tröstliche Worte zu reden, vielmehr fühlte er sich oft wider seine Neigung gedrungen, zurückhaltend, oder wohl gar scharf zu sein. Solche, die ihm ferner standen, erblickten in solchem Verhalten nichts als eine wunderliche Launenhaftigkeit und klagten über ihn, als über einen unumgänglichen Sonderling, nannten ihn auch wohl hart, barsch, unfreundlich und kalt. Wer ihn aber recht genau kannte, wußte wohl, daß er durch des Herrn Rath und an seinen Seilen geführt wurde, obwohl wir allerdings nicht in Abrede stellen wollen, daß ihm eine herzgewinnende Zuthunlichkeit, namentlich solchen gegenüber, die ihm ferner standen, nicht eigenthümlich war, was er oft selbst beklagte. Er wußte sehr wohl, daß seine Erscheinung für Manche etwas Beengendes und Niederdrückendes habe und pflegte selbst zu sagen: »Es ist kein Wunder, daß sich viele Leute in mir nicht finden können, da mein ganzes Auftreten oft etwas Steifes, Wunderliches und Paradoxes an sich tragen mag.« Besonders waren ihm solche Leute schwer zu tragen, welche über geistliche Dinge geistlos schwätzten und sich mit ihren frommen Aeußerungen breit machen wollten. Alle, nicht aus dem Geiste stammende Reden über das Wort Gottes und geistliche Erfahrungen, waren ihm in den Tod zuwider. Er war in dieser Beziehung der Frau von Guion ähnlich, von der er gern erzählte, daß sie bei ungesalzenem Gewäsch über geistliche Dinge von einem solchen Ekel gefaßt worden sei, daß sie sich jedesmal habe übergeben müssen. — So kam unser vollendeter Freund einst zu einer Kranken, welche, nachdem der Seelsorger sich an ihr Lager gesetzt hatte, so redselig wurde, daß sie wie in einem Athem die ganze Heilsordnung daher sagte und mit der größten Geschwätzigkeit den Weg zur Seligkeit, den Zweck der Leiden, den Trost der Gläubigen ꝛc., schilderte. — Geduldig ließ der Pastor sie eine Zeitlang fortreden. Endlich aber stand er plötzlich auf, nahm Stock und Hut und entfernte sich mit den Worten: »Sie sind ja so weise, so unterrichtet, so fromm und so erleuchtet, daß außer mir noch vieles Andere hier völlig überflüssig wäre.« — Wo er aber ein Schreien nach der Gnade des Herrn wahrnahm, da konnte er wunderbarlich und in ganz origineller Weise trösten. So kam er einst zur Winterzeit zu einem schwer angefochtenen Christen, der sich so verzagt aussprach, als ob ihm das Licht nimmermehr wieder aufgehen werde. Der Pastor trat an das Fenster, durch welches man in den Garten des Kranken sehen konnte, und sprach: »Was doch die Bäume in Ihrem Garten für eine armselige Gestalt haben! Die Zweige sehen den Besenreisern ähnlich!« — Der Kranke setzte seine an Verzweiflung gränzenden Klagen fort. Der Seelsorger aber hielt sich noch immer bei den kahlen Bäumen und bei der harten Erde auf. Endlich sagte er dem Kranken: »Sie haben Recht, diese Bäume da werden so kahl und kalt, so unfruchtbar und häßlich bleiben, wie sie sind, sie können unmöglich wieder grünend und blühend werden und an die Hervorbringung guter Früchte ist vollends gar nicht zu denken. Es ist Winter und wird Winter bleiben.« Was geschieht da? Wie in einem Nu wird der angefochtene winterliche Zustand des Kranken in den lieblichsten Geistesfrühling verwandelt! Mit der freudigsten Zuversicht richtete er sich an dem Bilde des Seelsorgers empor und sein Seufzen verwandelte sich in Lobgetön.

Ein anderes Mal kam ein bekümmerter Sünder zu ihm, der im ersten Selbstgerichte vor dem Angesichte Gottes so zu Schanden geworden war, daß er am Ende auf die Frage aus Jesu Munde: »Hast du mich lieb?« glaubte antworten zu müssen: Nein, Herr, Du weißt alle Dinge, Du weißt um meine Kälte, um mein sündiges Thun und Treiben, um mein armseliges Beten, Glauben und Frommsein, Du kennst meine vielfachen und wiederholten Uebertretungen, Du weißt, daß ich Dich nicht lieb habe. — Da schwankte denn der Boden unter seinen Füßen; die Donner vom Sinai schreckten ihn; sein ganzer Gnadenstand wurde ihm zweifelhaft, ja er war so heruntergekommen, daß er an der Möglichkeit, jemals begnadigt und beseligt zu werden, ganz und gar verzagte. So kam er denn zu unserm Freunde und schüttete ihm das bedrängte Herz aus. Da gab ihm dieser einen Rath, dessen Befolgung alle seine Angst und Noth verjagte; er sagte ihm nämlich: Kehr' du die Frage um; fragt der Heiland dich: Hast du mich lieb? frage Du ihn: Hast Du mich lieb? Siehe, sprach er weiter, Deine Liebe zu ihm kann ja nimmermehr der Grund und Boden sein, darauf Du das Haus deiner Hoffnung bauest. Darin bestehet die Liebe, sagt Johannes, nicht, daß wir Gott geliebet haben, sondern daß er uns geliebet und gesandt hat seinen Sohn zur Versöhnung für unsere Sünden. Dieser Trost aus Gottes Wort war dem zerbrochenen Herzen dieses Bekümmerten ein himmlischer Balsam; die Liebe des Herrn, welche alle Erkenntniß übersteigt und deren Höhe, Breite, Länge und Tiefe unermeßlich ist, trat ihm in ihrer unaussprechlichen Verklärung vor die Seele, sie leuchtete ihm aus dem Leben des Herrn, aus seinem Tode, aus seiner Auferstehung so klar in die Augen, er fand so unzählige Spuren und Beweise davon in seiner ganzen Führung, daß er sich alsbald mit kindlicher Freudigkeit ihm in die Arme werfen und jauchzen konnte: Ja Herr, ja, du weißt zwar alle Dinge, aber du weißt auch, daß ich dich lieb habe!

Manchmal lenkte es Gott so, daß er unbewußt sein Volk trösten mußte. So kam er einmal an einem heißen Sommertage auf das Dachstübchen einer Kranken, die ihm unter vielen Thränen klagte, daß sie so entsetzlich von gotteslästerlichen Gedanken geplagt werde, die ihr Tag und Nacht, schlafend und wachend keine Ruhe ließen. Der Pastor befand sich, von der Hitze angegriffen, in einer so ungünstigen Stimmung, daß er gar nicht wußte, was er dieser angefochtenen Seele zum Troste sagen sollte. Er trocknete sich die von Schweiß triefende Stirn, wehete sich Kühlung zu und sagte, ohne im Mindesten an die Spendung eines geistlichen Trostes zu denken, während er die Fliegen abwehrte: Was gibt es doch viele Fliegen im Sommer! Bald nachher brach er mit dem einfachen Wunsche, daß Gott der Kranken gnädig sein wolle, auf und begab sich nach Hause. — Als er nach Verlauf einiger Zeit dieselbe Kranke wieder besuchte, empfing sie den Pastor mit gar freudigem Antlitz. »Nun,« sprach dieser, »was ist mit Ihnen vorgegangen? Als ich das letzte Mal bei Ihnen war, saßen Sie in der finstern Grube und jetzt scheinen Sie unter den Friedenspalmen ihre Wohnung zu haben.« »Ja!« war die Antwort, »all mein Leid ist verschwunden, seitdem Sie das letzte Mal bei mir waren.« — »Wie so?« antwortete der Pastor, »ich war durch die damalige Hitze so lahm und matt, daß ich Ihnen leider gar nichts

Tröstliches sagen konnte.« — Bei näherer Erkundigung, was denn in aller Welt der Kranken so gute Dienste geleistet habe, erwiederte diese: »O Herr Pastor, als Sie mich neulich besuchten, da haben Sie ein Wörtchen gesagt, das mir nachher recht zum Stecken und Stab geworden ist, an welchem ich aus dem finsteren Thale meiner schrecklichen Anfechtungen herausschreiten konnte. Sie sagten: Im Sommer geben es viele Fliegen! — »Aber wie konnte Sie diese rein äußerlich hingeworfene Bemerkung trösten?« erwiederte der Pastor. »Sehen Sie,« sprach die Kranke, mein angefochtener Zustand erschien mir alsbald wie ein heißer Sommer und die gotteslästerlichen Gedanken als Fliegen, welche nicht aus mir herauskämen, sondern von außen her mich belästigten. Da dachte ich, auf den Sommer folgt der Herbst, da werden meine Plagen, wie die Fliegen, schon weichen; es ist ja dem Allmächtigen ein Leichtes, jene Fliegen zu zerstreuen. Und kaum hatte mir der Herr Ihr Wort ausgelegt, da bekam ich Ruhe und Friede und ward auf die liebevollste Weise getröstet.« — Der Pastor, über diese Mittheilung nicht wenig erfreut, staunte über die große Freundlichkeit, mit welcher der Herr sich zu dieser angefochtenen Seele herabgelassen. Er wiederholte der Kranken die Versicherung, daß er bei jener Bemerkung an nichts Geistliches, also auch an keine Tröstung gedacht habe, wies aber zugleich darauf hin, wie sie eben deßwegen um so mehr Ursache habe, Gott selbst als den Urheber ihres Trostes anzusehen. Ihm selbst aber, unserem Freunde, diente jene Erfahrung sehr zur Ermunterung: denn sie war ihm ein Beweis mehr für die tröstliche Wahrheit, daß der Herr seine gebrechlichen Werkzeuge, auch ohne ihr Wissen, zum Troste seines geistlichen Israel brauchen könne.

Quelle 21
I.F.E. Sander als Seelsorger,
in: Immanuel Friedrich Sander. Eine Prophetengestalt aus der Gegenwart, gezeichnet von Friedrich Wilhelm Krummacher, Elberfeld 1860, S. 111-113

Auch in Elberfeld blieb er seiner früheren Gewohnheit treu, allnachmittäglich seinen Stab zu nehmen, und seelsorgerisch die Gemeine zu durchwandern. Und was für ein Seelsorger ist er gewesen! Mit welcher Weisheit verstand er's, denen, die dem Evangelium noch entfremdet waren, die Wege zum Heiligthum des Herrn zu bahnen, und wie wußte er die Halsstarrigen zu erschüttern, aber auch die Armen am Geiste zu trösten, und die Verzagten mit dem Worte von dem Gekreuzigten und siegreich Auferstandenen über alle Schrecken des verdammenden Gewissens, des Todes und des Gerichtes emporzuheben! Ein Freund, der ihm oft auf seinen Seelsorgerwegen begegnete, bezeugt von ihm: „An Krankenbetten war Sander einzig. Sein Gebet zerriß den Himmel, sein Zuspruch sprengte die Sorgen und Zweifelsketten, womit die Seelen gebunden waren, und sein Trostwort mahnte nicht blos an die Herrlichkeit der zukünftigen Welt, sondern schloß die Pforten der letztern auf, daß man die heiligen Engel meinte darin singen zu hören." — Einst besuchte ihn ein Mann aus dem Arbeiterstande und sprach zu ihm: „Was sagt Ihr dazu, Herr Pastor, daß Ihr mich heute wieder vor Euch stehen seht? Das Gebet, das Ihr gestern an meinem Krankenbett gethan habt, und worin Ihr Gott batet, daß Er mich unfruchtbaren Baum noch nicht umhauen, sondern von meinem Lager mich wieder aufrichten möchte, weil ich für den Himmel noch nicht parat sei, das ist mir wie ein Wunderbalsam in die kranken Glieder gefahren. Ihr seht, ich bin wieder gesund. Jetzt helft mir nur, daß ich ein guter Baum und parat werde!" — Ein Anderer begrüßte ihn mit den Worten: „Sie sind mein Ananias. Seitdem Sie neulich in meiner Krankheit mich besucht, und, auf alle meine Zweifel so freundlich eingehend, mit mir geredet haben, ist mir's wie Schuppen von den Augen gefallen. Preisen Sie mit mir den Herrn; ich beginne zu sehen!" — Unzählige Male geschah es, daß Solche, die vor dem nahenden Tode zitterten, sofort, nachdem Sander ihnen zugesprochen und mit ihnen gebetet hatte, freudestrahlenden Angesichts ihm zuriefen: „Ich habe überwunden, Herr Pastor! Ich sterbe jetzt gern!" und in vollem Frieden Gottes heimgingen. — Gläubige, aber in dürftigen Verhältnissen lebende Familien, die unter Seufzern und Klagen den Eintretenden in ihren Hüttchen willkommen hießen, tröstete er öfter durch Vorhaltung des göttlichen und geistlichen Reichthums, der ihnen ja vor tausend Andern in Christo geschenkt sei, mit solchem Nachdruck und Erfolg, daß sie ihrer Noth nicht mehr gedachten, und, da er von ihnen scheiden wollte, ihn herzlich baten, vorher noch irgend ein Verslein zum Lobe Gottes mit ihnen anzustimmen. — In der Regel ging er dann auch aus solchen leiblich darbenden Familien nicht hinweg, ohne ihnen auch für „Cad und Krüglein" irgend etwas zurückzulassen; und den Segen der Armen nahm er immer mit sich.

Die oftmals, und nicht ganz mit Unrecht, gerügte Sitte, nach welcher in der rheinisch-westphälischen Kirche die Amtshandlungen der Taufe und der Copulation statt in der Kirche, in den Häusern der Betheiligten, und obendrein nicht selten Angesichts der schon aufgestellten Kaffeetassen und Kuchenschüsseln vollzogen wurden, verlor ihr Anstößiges ganz, wo Sander taufte oder traute. So merklich brachte er in seiner persönlichen Erscheinung und Haltung die Kirche mit, und wußte eine Weihe und Feier um sich her zu verbreiten, die auf dem ganzen häuslichen Feste, welches an die heilige Handlung sich anzuschließen pflegte, ruhen blieb. Gestattete es ihm seine Zeit, so gab er auch gern den Bitten nach, solchen Familienfesten länger beizuwohnen; und wie trefflich verstand er's dann, der geselligen Heiterkeit immer das rechte Maaß zu sichern, und aus seinem reichen Wissens- und Gedankenschatze die Unterhaltung zu würzen und zu heiligen. Bei solchen Gelegenheiten war er kindlich fröhlich mit den Fröhlichen, und nicht selten merkte man solchen Gästen, die ihn bis dahin nur aus der Ferne und von der Kirche und Kanzel her gekannt, ein nicht geringes Erstaunen darüber ab, daß der ernste Mann so zutraulich sich zu ihnen herablassen, und mitunter selbst in heiterster Weise in ihre harmlosen Scherze eingehn konnte. Uebrigens brauche ich wohl nicht erst zu bemerken, daß er seiner amtlichen Stellung niemals auch nur im allergeringsten etwas vergeben hat. Im Gegentheil behielt er immerdar die Zügel der Gesellschaft in seiner Hand, und durfte überall im Blick auf diejenigen, mit denen er zusammen war, die Worte Hiobs zu den seinen machen: „Wenn ich sie anlachte, wurden sie nicht zu kühn, und das Licht meines Angesichtes machte mich nicht geringer!"

4.3 Jugendlehre
Kommentar 22 und 23

Die Quellen 22 und 23 sollen Art und Wirkung des kirchlichen Jugendunterrichtes belegen, der mit der Konfirmation, d.h. der Selbständigkeit (vgl. Q 23) im bürgerlichen wie im kirchlichen Leben abschloß. Der erste Text entstammt der Biographie des Pastors H.E. Rauschenbusch, der zweite von dem als christlichem Vereinsaktivisten bekannt gewordenen Kaufmann Daniel Hermann. Über I.F.E. Sanders Konfirmandenunterricht hieß es in der von F.W. Krummacher verfaßten Biographie: „Selten kamen die Kinder nach Hause, ohne ihren Eltern wieder irgend etwas mittheilen zu können, was ihre jungen Herzen bewegt und ergriffen hatte; und es mögen wohl nur Wenige aus dem Unterrichte Sanders geschieden sein, ohne mindestens einen unauslöschlichen Eindruck von der historischen Wahrheit des Evangeliums, und selbst auch von der Seligkeit derer, die an dasselbe glauben, auf ihren Lebenspfad mitzunehmen" (I.F. Sander, a.a.O., S. 110/111). Der 1838 geborene Kaufmannssohn Ernst von Eynern bemerkte dagegen über seinen Konfirmationsunterricht: „[A]m 1. August 1854 wurde ich von Herrn Pastor Josephson konfirmiert. Einen nachhaltigen Eindruck hat der Unterricht desselben nicht auf mich gemacht. Die Vorschriften einer starren Orthodoxie befolgte ich soweit, um mit Ehren die Prüfung bestehen zu können. Von den Hunderten von Bibelversen und Gesangbuchliedern, welche ich auswendig lernen mußte, habe ich aber nichts im Gedächtnis behalten. Religionsfragen haben überhaupt nie mein besonderes Interesse erregt. Ich denke schlicht und recht durchs Leben zu gehen, ohne äußerlich einem bestimmten Glauben huldigen zu müssen, von dem mein Inneres unberührt bleibt" (Ernst von Eynern, Erinnerungen aus seinem Leben, mitgeteilt von seinem Sohne Max von Eynern, Barmen 1909, S. 11).

Quelle 22
H.E. Rauschenbusch als Jugendlehrer,
in: Wilhelm Leipoldt, H.E. Rauschenbusch weil. Pastor der ev. luth. Gemeinde Elberfeld, in seinem Leben und Wirken dargestellt, Barmen 1840, S. 192-199

Rauschenbusch als Jugendlehrer.

Rauschenbusch hatte schon in seinen frühern Verhältnissen sich große Achtung als Jugendlehrer erworben. Er hatte viel über Jugendbildung gedacht und gebetet, und der Ertrag von beidem ging in seine amtliche Wirksamkeit über. Doch war die Pädagogik als Wissenschaft nicht sehr accreditirt bei ihm. Die anmaßende Sprache der Stimmführer derselben und der so oft wechselnde Zuschnitt von Grundsätzen und Methoden war ihm gleich verdächtig. Die hochgepriesene, pädagogische Weisheit, äußerte er wohl, ist oft nur ein andrer Schnitt eines alten Kleides, oder höchstens ein neuer Lappen dazu. Man wird es im nächsten Jahrzehend halten, wie man es im verflossenen gehalten hat, man wird verändern, ohne zu verbessern. Wollte ich es darauf anlegen, Kinder abzurichten, welche weise Kinder wollte ich Euch vorführen! Doch trug er's gerne, wenn jüngere Prediger, die ihm nahe standen, sich eifrig des pädagogischen Studiums beflissen, und sagte dann wohl halb scherzend: Ihr seid weise Leute, denen ich weit nachstehe, aber mein Amt läßt mir nicht Zeit zu Euren Studien.

Sein katechetischer Unterricht war einfach, klar und gründlich, und schloß sich in der allgemeinen Kinderlehre an Luthers kleinen Katechismus, in der näheren Vorbereitung der Confirmanden an ein Lehrbuch an, das er im Jahre 1804 unter dem Titel: Christliche Glaubens- und Sittenlehre, zum Unterricht für Confirmanden, und zur Erbauung für erwachsene Christen, herausgegeben und seinen Bündner und Elberfelder Confirmanden gewidmet hatte. Er strengte das Gedächtniß der Kinder nicht gar zu sehr an, denn er meinte, das hindre die Verstandes-Thätigkeit und schwäche den Eindruck auf's Herz. Aber in ernstem, einfachem und herzlichem Gespräche wußte er die aus Gottes Wort gelernten Wahrheiten dem Verstande und Herzen der Kinder so nahe zu legen, und durch Beispiele und Erzählungen so zu beleben, daß der Unterrichtsgang dem Ungeübten verständlich und dem Weitergeförderten nicht langweilig wurde. Er klagte oft, daß ihm in Elberfeld eine Unwissenheit sehr schwerer Art begegnet sei und er nirgend eine so verwahrlosete und sittlich verderbte Jugend gefunden. Aber er verstand es sehr wohl, die Ausgelassenheit und den Leichtsinn einer Schaar von oft über hundert Kindern wenigstens für die Dauer der Katechisation in Schranken zu halten, ohne gerade viel zu schelten und zu strafen. Der feierliche Ernst seiner Persönlichkeit und die Wichtigkeit, mit der er diese Unterrichtsstunden behandelte, machten auch auf rohe Gemüther einen tiefen Eindruck. Außerdem hatte er eine pünktliche, bis auf's Kleinste sich erstreckende Ordnung eingeführt, die als eine feine äußerliche Zucht eine heilsame Schranke bildete. Sobald er merkte, daß die Kinder sich in seinem Hause zum Unterrichte sammelten und jedenfalls eine Viertelstunde vor dem Beginn desselben, trat er im schwarzen Amtsrocke in die Katechisationsstube, grüßte freundlich ernst und hing dann seine Taschenuhr neben sich an die Wand. Das wußte nun Jedes wohl, daß man fein manierlich die Treppe hinaufsteigen, vor der Thüre die Füße abputzen, die Mütze abnehmen, und beim Eintritte grüßen mußte, sonst lief man Gefahr, daß er gesagt hätte: Geh' noch einmal hinaus und komme dann wieder. Im Zimmer standen alle Bänke wohlgeordnet, das Ofenfeuer mußte vorher wohl gebrannt haben und war nun, zur Bewahrung der richtigen Temperatur, dem Erlöschen nahe, kein fremdartiger Gegenstand, der von sonstigem, häuslichem Gebrauche der Stube zeugte, war je zu sehen, alles deutete auf einen heiligen, zu diesen wichtigen Unterrichtsstunden ausgesonderten Ort. Die Viertelstunde vor dem Beginne der Katechisation benutzte er dazu, mit einzelnen Kindern über ihr Lernen ꝛc. zu sprechen, fragte nach Kranken in ihrer Nachbarschaft oder Familie, oder warf auch für alle interessante Fragen auf, deren Beantwortung er von den Geförderteren erwartete. Ich habe heute dies oder jenes Gleichniß in der Bibel gelesen, wie versteht Ihr das? — Zwei Stellen der Schrift scheinen sich zu widersprechen, denkt einmal nach, ob Ihr sie für die Lösung findet. Einmal sagte er: Ich habe heute Morgen einen schweren Amtsgang gehabt, ich mußte einer Mutter den Tod ihres in der Fremde gestorbenen, hoffnungsvollen Sohnes anzeigen. Ich suchte sie allmählig dazu vorzubereiten, und sagte ihr, daß Nachrichten von ihrem Sohne gehört habe, die nicht erfreulich seien, als die Mutter laut schreiend und händeringend auf mich zustürzte mit der Frage: Ist er todt? — Was sollte ich ihr in diesem Augenblicke sagen, und was würdet Ihr an meiner Stelle gesagt haben? — Unsre Stimmen waren getheilt zwischen Nein und Ja! Und er erfreute sich eine Zeitlang daran, von der einen Seite die Gründe der zarten Schonung gegen den mütterlichen Schmerz, der die traurige Wahrheit auf einmal nicht tragen konnte, und von der andern Seite die Bedenken gegen eine wissentliche Unwahrheit zu hören, bis er den Streit damit schlichtete: Ich hab's doch anders gemacht! Ich entgegnete der aufgeregten Mutter: Habe ich Ihnen denn das schon gesagt? — Setzen Sie sich, fassen Sie sich, laßen Sie mich Ihnen erzählen, was ich gehört habe, laßen Sie mich fragen, ob Sie Ihre Kinder als Ihr Eigenthum ansehen, oder als ein Eigenthum des Herrn ꝛc., so gelang es mir, ihre stürmischen Gefühle ohne Unwahrheit zu beschwichtigen und nach einigen Augenblicken nahm sie mit Ergebung die Trauerbotschaft hin. So waren diese wenigen Minuten vor dem Unterrichte schon köstlich und segensreich, und die eigentliche Unterweisung, die mit dem Glockenschlage begann, war es noch mehr. Er selbst aber wendete so sehr alle seine Kraft auf diese Stunden, daß es nicht selten seine Gesundheit ergriff und er in höheren Jahren oft bekannte, er wolle lieber zwei Predigten halten, als eine Katechisation.

Schmerzlich traf es ihn jedesmal, wenn Aeltern seiner Gemeinde, wie es damals aus verschiedenen Gründen oft geschah, ihre Kinder frühe von sich thaten, und sie an einem andern Orte confirmiren ließen, und zumal dann, wenn die Kinder zu ihrer Ausbildung in solche Gegenden gesandt wurden, wo sie den Unterricht eines wahrhaft gläubigen Predigers und den Segen christlicher Umgebung entbehrten. Das suchte er, so viel er konnte, mit der vollen Auctorität seines Amtes zu hindern, und machte die Aeltern mit großer Freimüthigkeit auf ihre Pflichten in dieser Hinsicht aufmerksam, selbst dann, wenn ihre Gleichgültigkeit oder ihr dem ernsten Christenthum abgewandter Sinn ihm nicht unbekannt war. Es ist meine heiligste Angelegenheit, sprach er, darüber zu wachen, daß mir die Kinder nicht entzogen und entfremdet werden. Sie sind meine künftigen Gemeindeglieder, denen ich gesunde Grundsätze mitgeben muß, damit sie einst gute Vorbilder und Stützen der Wahrheit in der Gemeinde werden und das Reich Gottes durch sie unter uns erbauet werden könne. Er erbot sich dann gerne, so schwer es ihm wurde, zu besondrer Unterweisung und Privatconfirmation. Diese Privatermahnungen waren von Zeit zu Zeit von ernsten Predigten über die Wichtigkeit und die rechte Weise einer christlichen Kinderzucht begleitet, in denen er alle diese Abweichungen mit großer Umsicht und Weisheit zu rügen verstand.

Mit seinen Confirmanden trat er, je länger der vorbereitende Unterricht dauerte, immer mehr in ein herzliches, väterliches Verhältniß. Seine Ermahnungen wurden immer dringender, je näher das Ende des Unterrichts heranrückte. Kinder, was Euch jetzt zugerufen wird, das wird Euch nie wieder so speciell für Euch nahe gelegt. Jetzt sind die Tage für Euch, wo sich Gottes Gnade besonders nach Euch umsieht, und wo es auf Euch ankommt, welchen Segen Ihr empfangen wollt! pflegte er wiederholt zu sagen. Vor allem gingen ihm die Zurückgebliebenen zu Herzen, und er suchte jedem nach seinen Fähigkeiten noch beizukommen, ihm die Ordnung des Heils in Buße, Glaube und Heiligung so einfach wie möglich vorzusagen, damit sie, wenn einst ihr Gewissen erwachte, nicht aus Unwissenheit verloren gehen dürften. Gewöhnlich blieben nach den Unterrichtsstunden noch einige sitzen, die er selbst im Lesen unterrichtete, weil er strenge an dem Grundsatze fest hielt, kein Kind zu confirmiren, das nicht lesen könne; und weil seine Erfahrung ihm sagte, daß auf Abweisung ihre gänzliche Verwahrlosung erfolgen würde. Wie dringend bat er oft von der Kanzel die Aeltern und Lehrherren, sich der ihnen anvertrauten Kinder in dieser Hinsicht zu erbarmen, und wies sie darauf hin, daß Gott sie einst von ihrer Hand fordern würde.

Die Confirmationshandlung geschah in den ersten Jahren seiner Amtsführung Sonntags Nachmittags. Später verlegte er sie auf den Mittwoch Morgen, wo außer den Aeltern der Kinder ein zwar kleinerer, aber stillerer, geweihterer Kreis die heilige Stätte umgab. Selten war diese Feier durch irgend eine außergewöhnliche Aeußerlichkeit geschmückt; absichtlich schien er es zu vermeiden, daß die weiter Geförderten unter den Confirmanden nicht Gelegenheit fanden, bei der Prüfung ihre Kenntnisse zur Schau zu legen, es war nicht ein Examen, es war ein Bekenntniß, in welchem die Grundwahrheiten des Evangeliums klar und einfach aus der Schrift erwiesen dargelegt wurden. Die Erneuerung des Taufbundes und die Aufnahme in die Gemeinde schloß sich auf eine würdige Weise an die letzten Stunden der Ermahnung an und versiegelten das Empfangene und Gehörte. Er selbst stand so recht als Hirte unter den Lämmern, mit Wahrheit und Liebe gleich gerüstet. Noch einmal überblickte er mit ihnen die durchlebte Jugend, die empfangenen Gnadenerweisungen, die herrlichen Vorzüge der Gemeinschaft Gottes in Christo Jesu, und dann schloß er, wie ein Vermittler, im Namen des dreieinigen Gottes den Bund, den das gerührte Ja der Kinder besiegelte. Eine solche Ansprache aus dem Jahre 1811, die damals Vielen gesegnet war, weckt vielleicht in manchen Confirmanden jener Zeit eine heilsame Erinnerung, wir theilen sie daher, wenn auch nur in kurzem Entwurfe, mit:

Ansprache vor dem Glaubensbekenntniß.

Jetzt ist die Stunde da, wo ich Euch Alle, wo ich jedes Kind besonders, wo ich Eure Herzen in Anspruch nehme, — in Euch dringe, Euch allen Sünden und der sündlichen Gleichstellung dieser Welt zu entreißen. Die Stunde, wo ich Euch auffordere, Euch Gott zu ergeben, dessen Eigenthum Ihr in der Taufe geworden seid, und es Euch verkündige, daß Er, ob Ihr gleich den Bund mit ihm gebrochen, dennoch über Euch Alle Gedanken des Friedens hegt und Eure Wiederkehr sucht. Es ist die Stunde gekommen, wo ich Euch anleite, Euch zur Erneuerung Eures Taufbundes mit Zerknirschung des Herzens, mit dürstendem Verlangen und mit aufrichtigen Vorsätzen anzuschicken. Bedenkt, daß Ihr selbst Zeugen seid dessen, was Gott an Euch gethan, besonders während des Unterrichts, daß Er jetzt hier gegenwärtig ist, auf Euch sieht, wie Ihr es meint; und daß so viele Zeugen Euch umgeben; — daß Ihr es so gut haben könnt, wenn Ihr mit Treue schwört und Treue beweiset; daß ich unmöglich an Euch will und kann vergeblich gearbeitet haben. Ich muß Euch mit zu Jesu haben. An jenem Tage will ich Euch nachfragen.

Quelle 23
Daniel Hermann an seinen ältesten Sohn bei dessen Konfirmation,
in: C. Krafft, Erinnerungen an den Kaufmann Daniel Hermann zu Elberfeld, o.O. (Elberfeld) o.J. (1887), S. 198f   Auszug

Mein lieber Sohn!

Eine eigentümliche Erscheinung ist, daß die Väter selten mit ihren erwachsenen Kindern so frei, so unbefangen von ihrer Seelen Seligkeit reden können, als mit andern Leuten; ebenso umgekehrt. Das liegt zum teil daran, daß sie gegenseitig zu sehr ihre Schwachheiten kennen, zum teil aber auch in dem Gedanken, den der Heiland ausspricht: Ein Prophet gilt nirgend weniger als in seinem Vaterlande und daheim bei den Seinen. So laß mich denn auf diesem Wege Dir einige Gedanken an's Herz legen, die mir bei der Konfirmation meines ersten Sohnes und ältesten Kindes wichtig genug vorkommen, um sie aufzuschreiben und Dir für's Leben mitzugeben; vielleicht kommt eine Zeit, wo sie Dir lieb und nützlich sind. Jedenfalls sollen sie Dir ein redender Beweis sein von der innigen Liebe, die gerne Dein Herz mit dem Frieden Gottes füllen möchte, wenn sie könnte.

Die Konfirmation

ist keine Verwandlungsmaschine, und doch ist sie ein Wendepunkt. Viele Kinder glauben, sie seien nach der Konfirmation etwas Anderes als vorher und sind fast verwundert, wenn es doch so weiter geht wie es gegangen hat. Allein in dem oft unklaren Gefühle liegt doch ein tiefer Gedanke. Was meinst Du — der liebe Gott würde ein Kind: was nicht 2 bis 3 Jahre den Unterricht eines gläubigen Pastors besucht hat, und nicht in den Wahrheiten der heiligen Schrift so gründlich unterwiesen wurde, ebenso beurteilen wie Dich und Deine Mitkonfirmanden? Da liegt der große Wendepunkt, von dem nur wenig Konfirmanden sich eine klare Vorstellung machen. Deine Stellung zu Gott ist eine andere wie vorher; Deine Verantwortung ist eine viel größere wie zur Zeit, da Du noch jünger warst. Das zeigt sich schon im bürgerlichen Leben; ein Nichtkonfirmierter kann vor Gericht noch nicht zeugen. Es ist also

Voraussetzung, daß der Konfirmations-Unterricht über die Bedeutung des Eides Klarheit geschafft hat. Dem ewigen Richter gegenüber gilt das noch in ganz anderer Weise. Da kannst Du nicht sagen, das wußte ich nicht, denn Du könntest es wissen nach solchem Unterricht; Deine Entschuldigungen werden vor Gott nicht mehr angenommen. Darauf kommt's nicht an, ob Du alle Fragen und Bibelsprüche wörtlich genau im Kopfe hast; ich weiß, daß die wenigsten Konfirmanden das haben, sondern ein halbes Jahr nachher das meiste vergessen; aber all das Gelernte und Gehörte zusammengenommen hat Deine innere Kenntnis des Willens Gottes gefördert; Du weißt besser wie früher, was der Herr von Dir fordert, Dein Gewissen ist durch das Wissen geschärft worden. Du bist selbständiger Deinem Gott gegenüber, wie Du es auch im allgemeinen geworden bist. Ich will gar nicht davon reden, daß bei der Konfirmation ein Gelübde abgelegt wird, daß Ihr offen vor der Gemeinde bekannt habt, die heilige Schrift alten und neuen Testaments als Gottes Wort anzuerkennen und zur Richtschnur eures Lebens nehmen zu wollen, — ich weiß, wie es leider die Meisten thun und sagen, ohne sich für gebunden zu halten. Das ist traurig, höchst traurig, und ich hoffe, daß Du nie zu solchen gehören möchtest, die aus Leichtsinn oder Gleichgültigkeit um des Pastors und der Sitte willen mitsprechen, ohne sich bewußt geworden zu sein, daß Gott solche Komödie keinesfalls ungestraft hingehen läßt. Aber wenn auch leider bei sehr vielen dieses Bekennen und Geloben von sehr wenig Wert ist, damit ist keineswegs aufgehoben, daß ihre Verantwortung nicht gesteigert ist. Selbst die jüngsten und dummsten Konfirmanden sind in dieser Beziehung nach ihrer Konfirmation anders gestellt vor Gott als vorher.

4.4 „Kirchenzucht"
Kommentar 24 und 25

Gemäß 1. Thess. 2, 12 (neben anderen diesbezüglichen Bibelstellen) verfügten frühe protestantische Kirchenordnungen bestimmte Maßregeln gegen Gemeindemitglieder, deren Verhalten gegen die Norm verstieß. In einem Artikel aus den Palmblättern von 1848 wurde die Ausübung der „Kirchenzucht" folgendermaßen legitimiert: „So gewiß die Kirche ein Lazareth ist für alle sündenkranken Seelen, damit sie durch das Blut des Herrn Jesu geheilt werden, so gewiß ist sie kein Wohnhaus, welches nach Belieben auch diejenigen in Gebrauch nehmen können, die sich nicht nur für gesund halten, sondern auch alle Einrichtungen zur Heilung der Kranken zerstören und vernichten. Die Kirche des Herrn hat die Aufgabe, den Leib des Herrn darzustellen, es sollen alle ihre Glieder auch Glieder am Leibe des Herrn sein; darum muß sie alle diejenigen, welche offenbare und unzweideutige Kennzeichen an sich tragen eines ungebrochenen Herzen, ausschließen; sie muß von ihren Gliedern, wenn sie auch alle Geduld hat mit ihrer Schwachheit, fordern, daß sie die göttliche Wahrheit mitbekennen und als die Kinder Gottes darnach leben, mindestens der Wahrheit nicht widersprechen und mit ihrem Wandel keinen Anstoß geben" (Jg. 1848, S. 236). Die Quellentexte 24 und 25 sollen die Stellungnahmen und Vorstöße der Kirche auf dem Gebiet des „moralischen" Wandels ihrer Gemeindeglieder belegen. Der Eingabe der Pastoren folgt als zweiter Text ein im Elberfelder Kreisblatt abgedruckter „Hirtenbrief" der Kreissynode Elberfeld aus dem Jahr 1850.

Quelle 24
Eingabe der Elberfelder Geistlichen Kamp, Nourney, G.D. Krummacher, Strauß, Döring und Oberrhe an den Oberbürgermeister
SAW M I 101   16.12.1821   handschriftlich

Euer Wohlgeboren sind wir so frey, eine Bitte vorzutragen, welch[e] schon seit mehrern Jahren uns drückend auf dem Herzen gelegen.- [Als] unser Vaterland vom Joche der Fremde befreit wurde, da schien ein besserer Sinn in Vielen erwacht. Die Heiligthümer des Herrn wurden fleißiger besucht; das religiöse Bedürfniß war unverkennbar rege ge[worden].

Da aber schienen manche bürgerliche Einrichtungen diesen neuerwach[ten] frommen Sinn und Geist wieder ertödten zu wollen. Die Zahl der öffe[ntlichen] Lustbarkeiten nahm überhand; Häuser der rohesten Sinnlichkeit wurde[n] geduldet und mehrten sich; Märckte und andere Geschäfte wurden auf [die] Sonntage verlegt, oder doch an denselben nachsichtig gestattet; überhaupt mancherley Missbräuche und öffentliche Aergernisse, die von unseren Vät[ern] geahndet wurden, ungestraft gelassen; Weder die Ordnung der früheren Z[eit] noch die Preußischen Gesetze, welche in der angedeuteten Beziehung gegeben, [sind] in Kraft gesetzt.

Wenn weltliche und geistliche Macht vereint allen solchen öffe[ntlichen] Verletzungen göttlicher und menschlicher Gebote sich nicht entgegenstemmt; [so ist] die höchste Sittenverderbniß und Ausartung der Mehrzahl im Volke m[it] Gewißheit vorauszusehn.

Euer Wohlgeboren Gesinnungen, Wünsche und Bestrebungen, in di[eser] Hinsicht, sind uns Allen wohl bekannt; eben sie flößen uns das gegr[ündet]ste Vertrauen ein, daß wir keine Fehlbitte thun werden.

Es geht nämlich unser dringendes Gesuch dahin, daß bald noch kräftige[re] Maaßregeln gegen öffentliche Aergernisse möchten ergriffen werden. [N]ämlich ist es unser lange gehegter, sehnlichster Wunsch: daß die, selbst je[den] Kindern wohlbekannten, Hurenhäuser unterdrückt, daß die halbjährliche M[ärkte] nicht mehr am Sonntage gehalten werden, daß Färber und Bleicher und [be]sonders Soldaten nicht mehr öffentlich allsonntäglich arbeiten und überhaupt eine ächt chris[tliche] Sittenzucht die zugleich eine wahrhafte [h]umane ist, unter uns geübt werde.

Religion und Menschenliebe erheischen solche Maaßregeln mit ge[bie]tendem Ernst. Soll geistige und sittliche Barbarey, soll Elend und Ve[rderbnis] aller Art fern von uns bleiben und immer mehr da, wo sie schon einger[issen] wiederum ausgetilgt werden; so muß nothwendig bald dem täglich höhe[r] anschwellenden Strome der Zuchtlosigkeit ein genügend stärkerer Damm entgegen gesetzt werden.

Doch wir enthalten uns, unsere Vorstellung weitläuftiger zu mo[ti]viren; sie fand längst an Ihrem eigenen Geist und Herzen die besten Fürspre[cher].

Desshalb legen wir sie vertrauensvoll in Ihre Hände, Sie auf das in[ständigste] bittend, nach Ihrer Weisheit und Liebe in dieser so wichtigen Sach[e] die nöthigen Schritte zu thun, und unterzeichnen uns mit ganz vorzüglicher Hochachtung als Euer Wohlgeboren ergebenste
[folgen die Unterschriften]

Quelle 25
„An die evangelischen Gemeinen der Kreissynode Elberfeld",
in: Elberfelder Kreisblatt Nr. 33 vom 19.3.1850

An die evangelischen Gemeinen der Kreissynode Elberfeld.

In dieser Zeit, wo die Stimme des Herrn mit Macht gehet, wo Er uns, nachdem man lange genug sein heiliges Wort überhört, die Donner seiner Rede in ganz ungewöhnlichen Ereignissen, in Theuerung, Krieg, Empörung, verheerenden Seuchen hören läßt, achtet es die unterzeichnete Synode für eine vom Herrn ihr gestellte Aufgabe, die zu ihr gehörenden Gemeinden darauf hinzuweisen, daß doch Jeder in denselben die Frage sich ernstlich vorlege: was will der Herr mit dem Allen uns sagen? Daß allgemeine Landplagen auf allgemeine Verschuldungen hinweisen, daß um der Sünde willen der Herr die Einwohner eines Landes verschmachten läßt, glaubt die Synode nicht erst denen beweisen zu müssen, die, wie den Evangelischen es geziemt, das Wort Gottes zu ihres Fußes Leuchte erwählet haben. Und wenn nun jetzt, besonders in den letzten zwei Jahren, die Hand Gottes schwer auf unserm Vaterlande liegt, so daß es manchmal schien, als wäre den Gottlosen und Verderbern es in die Hand gegeben, Throne und Altäre umzustürzen und Alles zu verwüsten, so müssen große Verschuldungen vorhergegangen sein, die wir nicht bloß bei denen zu suchen haben, welche Gott als seine Zuchtruthen gebraucht, sondern auch bei denen, die über die Verwüster und Zerstörer seufzen und die Greuel der Gottlosigkeit verabscheuen. Hätte der Herr nicht so viel auch an denen zu rügen, die nach seinem Namen sich zu nennen begehren, es würden uns diese ernsten Heimsuchungen, deren Ende sich noch gar nicht absehen läßt, nicht betroffen haben.

Als vor einigen Jahren (1841) die Kreis-Synode ein Sendschreiben an die Gemeinen ergehen ließ, worin vor den in Schwange gehenden Sünden gewarnt wurde, waren namentlich drei hervorgehoben: Völlerei und Trunksucht, dann Unkeuschheit und Unzucht, und endlich Sonntags-Entheiligung. Die Synode erinnert an das, was damals den Gemeinen zugerufen wurde, erinnert an das Wort des Herrn: Die Hurer und Ehebrecher wird Gott richten! — und an den Ausspruch des heil. Apostels, daß eben so wenig als Diebe, Mörder und Ehebrecher, die Trunkenbolde das Reich Gottes ererben können. — Daß sich muthwillig den Wirkungen des heiligen Geistes verschließt, wer sich berauschenden Getränken hingiebt, ist eben so unbestreitbar, als, daß nichts so sicher an den Bettelstab bringt und dem sogenannten Proletariat überantwortet, als Trunkenheit. Doch, dies eben nur berührend, macht die Synode jetzt besonders auf eine der drei im erwähnten Sendschreiben genannten Sünden aufmerksam, in der sie eine Hauptquelle des herrschenden Verderbens erblickt, — auf die Sonntags-Entheiligung. Die Synode, indem sie auf diese Eine Sünde die Gemeinen hinweiset, gehet dabei von dem Gedanken aus, daß solches jetzt besonders nöthig sei, weil die Stellung des Staats zur Kirche eine ganz andere geworden ist, als sie es bis zum Jahre 1848 war. Der Schutz, der bisher der Kirche für Handhabung und Aufrechthaltung ihrer Ordnungen und Einrichtungen zu Theil wurde, wird später aufhören; auch die Sonntagsfeier wird künftig nur durch geistliche Mittel aufrecht zu halten sein. Desto nöthiger ist, daß die Kirche dieselben gebrauche, allso vor Allem Belehrung und Ermahnung. Die Frage möchte die Synode Allen zur Beherzigung vorlegen: Was wird aus der Kirche werden, was aus unsern gottesdienstlichen Versammlungen, wenn es mit der Sonntags-Entheiligung in der bisherigen Weise fortgehet? Wird in die Länge das Evangelium bei einem Volke bleiben, das zum großen Theil keinen Sonntag mehr hat, von der Sabbathsruhe fast nichts mehr weiß, wo, zumal in den großen Städten und Gemeinen, Tausende Jahr aus und Jahr ein dahin leben, ohne von einer Sonntagsfeier noch etwas zu wissen, ohne die Predigt zu hören, ohne mit der Gemeine durch Gesang und Gebet sich zu erbauen, ohne am Tische des Herrn zu erscheinen, und ohne eben darüber von dem öffentlichen Urtheil der Gemeine sonderlich angeklagt oder gerichtet zu werden? — Die Schrift sagt, „wo die Weissagung aufhört, da wird das Volk wüste;" die Weissagung ist das Zeugniß von Jesu Christo. Dieß wird aber da nicht mehr vernommen, wo man nicht mehr die Predigt hört, sich nicht mehr zu den Altären hält, da man verkündigt und rühmt des Herrn Wunder, wo Geiz und Habgier oder Genußsucht zum Besuche des Hauses Gottes, zur stillen Sonntagsfeier daheim, wie die Zeit so die Lust rauben. Es ist für Alle ein Bedürfniß, wenn der unsterbliche Geist nicht in den Mühen dieser Welt und in ihren Lüsten untergehen soll, an des Herrn Tage vom irdischen Getreibe zu ruhen, sich zu sammeln, mit der Gemeine sich auf den allerheiligsten Glauben zu erbauen, durch Anhören des Wortes, durch gemeinschaftliches Gebet, Bitte und Fürbitte das geistliche Leben zu wecken und zu stärken. Fröhnen Höhere und Niedere statt dessen nur dem Mammonsdienst am Tage des Herrn und der Genußsucht, so verliert das ganze Leben seine Weihe, und fällt Alles je länger je mehr der Gemeinheit anheim, der Geistlosigkeit, und der Barbarei, trotz alles Scheins von Bildung; denn das Wort Gottes allein reicht die Kräfte der zukünftigen Welt und die Gaben des Geistes dar.

Die Synode giebt insbesondere Eltern, Lehrern, Fabrikherren, Beamten und Vorstehern jeglicher Art allen Ernstes zu bedenken, ob sie's verantworten können vor ihrem Gewissen, und einst vor dem Richter aller Welt, wenn Kindern, Schülern, Untergebenen so gar selten vergönnet wird, sie in den Reihen derer zu erblicken, die mit Danken eingehen zu den Vorhöfen des Herrn?

Was soll, — fragen wir, — aus dem heranwachsenden Geschlechte, aus unsrer Jugend werden, wenn sie, namentlich unsere Jünglinge wie in höhern, so in niedern Ständen, nicht genug eilen können, die Gelübde hinter sich zu werfen, die sie an dem Tage der Confirmation ablegten, wo sie ja unter Anderm auch gelobten, Gottes Wort fleißig zu hören und treulich zu bewahren? — Und wann gab es wohl eine Zeit in der Kirche, wo auf die Jugend so viele Versuchungen von allen Seiten einstürmten, wie jetzt? Und wann war es nöthiger, aus der wilden Hast und Eile, welche das Geschlecht dieser Zeit ergriffen hat, in sabbathliche Stille die arme Jugend zu führen, die sonst den Stricken des Argen, den tödtlichen Pfeilen des Mörders preisgegeben ist?

So viel ist also gewiß, wenn wir auch nur bei dem stehen bleiben, was hier angedeutet wurde, Kirche, Schule, häusliches und bürgerliches Leben fällt dahin, wenn mit der Entweihung des Tages des Herrn es so fortgehet, wie bisher. Das Wort der Predigt verstummt, wenn nicht mehr kommen, die es hören wollen; der Herr nimmt sein Wort weg von solchen Gemeinen, die es verschmähen. Die Jugend verwelkt und stirbt schnell hin in sinnlichen und sündlichen Genüssen, die Häuser hören auf Bethel zu sein, Hütten des Friedens, wenn die Bewohner darin den Weg zum Hause Gottes nicht mehr finden können; die Wirthshäuser werden die Stätten, wo die Gemeine der Sonntags=Entheiliger sich zusammenfindet; man begegnet wandernden Bevölkerungen, die des Sonntags auf den Eisenbahnen von Stadt zu Stadt umherziehen; in dem Tempel der freien Natur, wo sie, wie sie sagen, sich besser erbauen, als in den Kirchen, werden Orgien des Heidenthums gefeiert, Gelage, in welchen das wüste unordentliche Wesen des Heidenthums in Unzucht, Lüsten, Trunkenheit, Fresserei, Sauferei und gräulichen Abgöttereien (1 Petr. 4, 3. 4) zur Schau getragen wird. Vorzugsweise, wie allbekannt, wird der Tag des Herrn dazu gewählt, um in den niedern Schichten des Volks das höllische Feuer des Neides gegen die Reicheren und das Feuer des Ingrimms anzuschüren, das nur auf den starken Luftzug neuer Revolutionen und Barrikadenzeiten wartet, damit auf den Trümmern von Hütten eine Gleichheit hergestellt werde, über die, wenn sie da ist, ihre feurigsten Lobredner sich entsetzen werden.

Es wird wohl Niemand im Ernst behaupten wollen, daß hier mit zu schwarzen Farben gemalt sei, noch weniger, daß die Synode in ungebührlicher Weise mit Schrecken drohe: die Ereignisse dieser letzten Jahre bestätigen nur zu sehr das hier Gesagte. Wir Aelteste und Diener am Worte, die hier zu den Gemeinen reden, — wir drohen nicht, wir bitten. Wir bitten aber mit allem Ernste und ermahnen dabei und rufen den Gemeinen zu: Soll dem Verderben, das unserm Volke drohet, gewehret werden, so muß dasselbe sich zum Herrn wenden, Buße thun ob seines großen Abfalls, sich erbauen auf den Felsen, der köstlich ist denen, die da glauben uud der unbeweglich stehet in allen Stürmen, auf Jesum Christum. Wie sollen sie aber glauben, wenn sie das Wort nicht hören? Wie können sie aber hören, wenn der Sonntag sie überall findet, nur nicht in den Kirchen, — die Einen am Webstuhl, auf den Werkstätten, die Andern auf den Comptoirs, in den Bureau's, und wieder Andere in den Trink= und Spielhäusern, auf der Jagd, auf der Kegelbahn, auf den Landstraßen? Wir ermahnen, wir bitten: Kehret um zu den Sitten der Väter, wo es eine Schande war, unter den Sonntags=Entheiligern sich finden zu lassen, und von den Feiernden sich nur ganz verkommene Leute oder solche absonderten, die als offenbare Verächter des Herrn der allgemeinen Sitte Hohn zu sprechen wagten. Kehret wieder, — bitten, ermahnen wir, — zu dem sittlichen Ernst einer früheren Zeit, da Eltern, Lehrer, Herren, Vorgesetzte mit den Kindern, Schülern, Untergebenen sich unter die göttliche Zucht beugten und den heiligen Anordnungen Gottes unterthänig waren. Die ihr etwa meinet, für euch der Segnungen der Sonntagsfeier entbehren zu können, unterlasset dann wenigstens um eurer Kinder, um der Jugend willen, die auf euch siehet, um derer willen, die euch sonst anvertraut sind, hinführe die Sonntags-Entheiligung. Ihr Andern aber, die ihr von dem Segen dieser Feier etwas wisset, zu sagen wisset von Erquickungen am Tage des Herrn, die ihr im Heiligthum erfuhret, aber zur rechten Sonntagsfeier noch nicht gekommen seid, theils von Menschenfurcht, theils von Aussichten auf irdischen Gewinn aufgehalten, lasset euch erbitten, beweiset den sittlichen Muth, der einem Christen so wohl anstehet, waget es, eure Kaufläden, eure Comptoire, eure Werkstätten zuzuschließen und trauet es dem Herrn zu, daß Er um des Gehorsams willen gegen sein Wort euch nicht wird darben lassen. — Die Synode braucht wohl kaum hinzuzusetzen, daß sie diesen sittlichen Muth vor Allen bei denen erwartet, die mit den Predigern Vorbilder der Heerde sein sollen, bei den Mitgliedern der Presbyterien und Repräsentationen. Die Gemeinen haben ernstlich zu erwägen, ob recht gethan wird, so man die zu Aeltesten und Repräsentanten erwählet, welche durch offenbare Sonntags-Entheiligung Anstoß geben.

Nun ihr Alle, Presbyter und Repräsentanten und ihr andern Gemeineglieder, — ihr Alle, die ihr Gott fürchtet, wisset ihr nicht, daß der Herr, wenn man über der Sorge für das Irdische das Heiligthum des Herrn geringschätzig behandelt, den Segen verfluchen kann und machen, daß es den Verächtern des Heiligthums ergehet, wie Jenen, die sich so saumselig finden ließen, des Herrn Haus zu bauen, während sie hinlänglich dafür gesorgt hatten, daß sie selbst in getäfelten Häusern wohnten? „So spricht der Herr Zebaoth: dies Volk spricht: die Zeit ist nicht da, daß man des Herrn Haus baue. Aber eure Zeit ist da, daß ihr in getäfelten Häusern wohnet; und dies Haus muß wüste stehen? Schauet, wie es euch gehet! Ihr säet viel und bringet wenig ein; ihr esset und trinket und werdet doch nicht satt; ihr kleidet euch und könnet euch doch nicht erwärmen; und welcher Geld verdienet, der legt es in einen löcherichten Beutel." (Haggai 1, 2—7.)

Wir sehen's ja mit sehenden Augen, wie Hand in Hand mit der überhandnehmenden Sonntags-Entheiligung der sogenannte Pauperismus gehet, die Bettelarmuth, die von Almosen leben muß. Aber schrecklicher als diese Verarmung an leiblichen Gütern die wir, drohend genug, in unserm Volke überhand nehmen sehen, ist die Verarmung, da unser Volk als ein armes, geplündertes, des Evangeliums beraubtes in die Laster- und Diebeshöhlen der Volksverführer, der Blutgierigen und Falschen zu sinken droht, denen nichts zur Erreichung ihrer höllischen Pläne so sehr im Wege steht, als Menschen, die durch's Wort Gottes in ihrem Gewissen gebunden, den bösen Zumuthungen das einfache Bekenntniß entgegensetzen: Man muß Gott mehr gehorchen, als Menschen.

Diese Verarmung an geistlichen Gütern, dieses Armsein in Gott (Luc. 10, 21) würde, wenn es so fortginge, nichts anders, als den schrecklichsten Bankerott zur Folge haben, den ein Volk nur erleiden kann, — das heißt, der Herr würde seinen Leuchter unter uns umstoßen, und aus unserm Volke seine Kirche, die Kirche, welche lediglich auf's Wort Gottes sich gründet, aufhören und verschwinden lassen. Davor behüte uns Gott in Gnaden! — Ist es uns aber mit solchem Seufzer ein Ernst, nun so lasset uns auch allen Ernst damit beweisen, daß wir den Namen des Herrn heiligen, und dieß wie in allen Stücken auch in dem Einen beweisen, worauf die Aufmerksamkeit der Gemeinen besonders hinzurichten, die Synode aus den oben angeführten Gründen sich gedrungen fühlt. Sie schließt das Wort der Ermahnung mit der Bitte, daß doch Niemand, zu dem dieses Blatt gelanget, es bei Seite legen wolle, ohne einer sorgfältigen und wiederholten Prüfung dasselbe gewürdigt zu haben. Der Bitte fügen wir den Segenswunsch hinzu: Der Herr, der dort verheißet, Er wolle um Jerusalem eine feurige Mauer sein und sich herrlich darin erweisen, wolle um uns Alle, um unsere Gemeinen in dieser Zeit großer Kämpfe und großer Entscheidungen eine feurige Mauer sein, und sich also herrlich in denselben erweisen, daß wir immer von neuem das uralte Sabbathslied singen können: „Ein Tag in deinen Vorhöfen ist besser, denn sonst tausend; ich will lieber der Thüre hüten in meines Gottes Hause, denn lange wohnen in der Gottlosen Hütten." (Psalm 84, 11.)

Im Februar 1850.

Die Kreissynode Elberfeld.

5. Glaubensäußerungen

Kommentar 26

In seiner Abhandlung über „[d]ie evangelischen Gesangbücher in Berg, Jülich, Cleve und Grafschaft Mark…" (Düsseldorf 1843) bemerkte Heinrich Engelbert Oven, Gesangbücher trügen einerseits „wesentlich dazu bei, das religiöse Leben in der Gemeinde zu wecken und zu nähren", und repräsentierten andererseits „das christlich=religiöse Bewußtsein, das zu irgend einer Zeit in der Kirche vorhanden und wirksam gewesen ist" (S. V und VI). Dieser zweite Aspekt rechtfertigt die Aufnahme von Liedertexten in das Kapitel „Glaubensäußerungen". Die Quellen entstammen drei lutherischen Gesangbüchern aus der Zeit zwischen 1774 und 1850. Die „Singenden und klingenden Berge" waren 1697 entstanden und wurden 1762 durch einen pietistisch gefärbten Anhang mit 246 Liedern ergänzt. 1800 war das aufklärerisch beeinflußte Gesangbuch des Mülheimer Pastors Reche herausgekommen, das den Titel „Christliche Gesänge zur Beförderung eines frommen Sinnes und Wandels und zum Gebrauch bei der öffentlichen und häuslichen Gottesverehrung" trug. Um dieses Gesangbuch, das als Ersatz für die veralteten „Singenden und klingenden Berge" gedacht war, entstand unter den lutherischen Gemeinden ein heftiger Streit. Über drei Jahre nach seinem Erscheinen war das Buch nur in Mülheim in Gebrauch; die bergischen Gemeinden lehnten es zum überwiegenden Teil ab. Als Ersatz erschien 1808 bei Eyrich in Elberfeld das „Bergische Gesangbuch", das 1855 in den lutherischen Gemeinden des Wuppertals durch das „Evangelisch-lutherische Gesangbuch" ersetzt wurde, da man es als „rationalistisch" ablehnte.

Die reformierten Gemeinden benutzten das „Elberfelder Gesangbuch" von 1702 und das „Neu verbesserte Kirchen=Gesangbuch … der reformirten Kirchen in den vereinigten Ländern Cleve, Jülich, Berg und Mark"(1738), das die Psalmenbereimung Ambrosius Lobwassers (1515-1585) enthielt. 1772 erhielt das reformierte Gesangbuch einen von der Aufklärung beeinflußten Liederanhang ("Neue Sammlung auserlesener geistlicher Lieder"), gegen dessen Einführung sich 1781 die bergischen Gemeinden, u.a. Elberfeld und Gemarke, wehrten; noch 1793 hatte reformiert Elberfeld den Anhang nicht akzeptiert. 1803 beschloß die Bergische Provinzialsynode die Abschaffung der Lobwasserschen Bereimung; reformiert Elberfeld und Gemarke übernahmen dafür die 1806 bei Eyrich in Elberfeld erschienenen „Psalmen Davids, neu übersetzt und in Reime gebracht von Matth. Jorissen…".

Quelle 26
Singende und klingende Berge,

Das ist: Bergisches Gesang=Buch, Bestehend In 630 auserlesenen, Geist=Kraft und Trost=reichen, so wol alten als neuen Psalmen und Geistlichen lieblichen Liedern …, Mühlheim 1774

Der Wille GOttes an Christliche Dienstboten.
Mel. An wasserflüssen Babylon/ ꝛc.

280. Ihr knecht und mägd und alle, die Mit dienst sich nähren müssen, Merckt, was euch wil lehren hie, Und laßts euch nicht verdrießen: Erstlich müßt ihr der herrschafft sein Von hertzen grund gehorsam seyn, So wohl auch ihren kindern. Ihr wolfahrt sucht all stund und zeit, Halt über ihn in lieb und leid, So lang ihr seyd verbunden.

2. Erzeigt euch unterthäniglich, Halt sie in allen ehren, Antwortet fein bescheidentlich Der frauen und dem herren. Tragt sie nicht bey den leuten aus, Und schwätzet gar nichts aus dem haus. Wird euch was übergeben, Geht treulich mit demselben um, Entwendet nichts, bleibt treu und fromm, So wird GOtt ob euch schweben.

3. Allzeit müßt ihr gehorsam seyn, Mit furcht und auch mit zittern, In einfalt eures hertzens rein, Euch keiner arbeit widern; Sondern als Christi mägd und knecht, Alles mit fleiß ausrichten recht, Darzu mit gutem willen, Und nicht mit dienst vor aug'n allein, Wann herr und frau zugegen seyn, Wie jetzt geschicht bey vielen.

4. Gedenckt vielmehr, daß JEsus Christ, Der Sohn des allerhöchsten, Eur HErr, selbst diener worden ist, Und ist bey euch der nächsten, Der sieht und höret alle ding, Ist schon dein arbeit schlecht, und g'ring, Hält ers doch für die seine, Wanns nur geschicht im glauben gut, Dieselb er wohl belohnen thut, Dem grossen und dem kleinen.

5. Darum so lebt in Gottesfurcht, Thut ihm nicht widerstreben Sein'm heilgen wort mit fleiß gehorcht, und betet stets darneben: Dann die GOtt bitten früh und spat Um seinen segen, hülff und gnad, In JEsu Christi namen, Den'n wil er geben ihr.begehr, Jedoch zu seines namens ehr, Wer das begehrt, sprech: amen.

Von Kauff- und Handels-Leuten.
In voriger Melodey.

287. Ich weiß, daß du regierest, O Gott! die gantze welt, Und jeden menschen führest, Nachdem es dir gefällt, Du HErr, hast es gegeben, Daß, als ein handels-mann, Ich ehrlich hier mein leben Durch dich erhalten kan.

2. Du hast mir anvertrauet Ein pfund aus deiner hand; Dein heilig antlitz schauet, Obs werd angewandt. Drum gib mir deinen segen, Regiere meinen sinn, Daß ich auf allen wegen Geschickt und klüglich bin.

3. Was ich mir fürgenommen Zu thun, auf dein geheiß, Gedeye mir zu frommen, Doch so, daß auch mein fleiß, Zu deinem preiß und ehren Gereiche fort und fort, Du kanst die nahrung mehren, O HERR! an jedem ort.

4. Laß mich am ersten trachten, O GOtt! nach deinem reich, Ich weiß, die dich verachten Die müssen bald zugleich An leib und seel verderben; Wer aber bleibt bey dir, Der kan sein brod erwerben, Nach wunsch und nach begier.

5. Gib mir zu meinen sachen Verstand und guten rath, Laß mich so alles machen, Wie man es gerne hat, Regier auch die gedancken, Wann ich im schreiben bin, Und laß nicht leichtlich wancken, Im rechnen, meinen sinn.

6. Du wollest, HErr! auch senden Die engel für mir her, Auf daß sie von mir wenden All unglück und beschwer, Doch wann es wär dein wille Mit creutz zu plagen mich, So laß mich halten stille, Bis du hilffst gnädiglich.

7. Diß alles wollst du geben, O Gott! aus gnaden mir, Leib, seele, gut mein leben Hab ich alleine von dir, Drum es mir auch behüte, Gib, was kan nützlich seyn, Nimm mich aus lauter güte, Zuletzt in himmel ein.
Joh. Rist.

Von Handwercks=Leuten/ und bey allerley Beruffs Geschäfften.
Mel. Von GOtt wil ich nicht lassen/ ꝛc.

288. HErr JEsu! weil ich trete An mein'n beruff und stand, Ich hertzlich für dich bete, Regiere meine hand, Und segne meine werck, Daß ich sie glücklich richte, Und meinen handel schlichte, Verleihe, krafft und stärck.

2. Mein wandel und vermögen Stehn nicht in meiner macht, Drum nimm mein thun in acht, Daß mir mein täglich brod Zu haben mög gelingen, Mit ehren könn erringen, Was mir zum leben nöth.

3. Du hast mir anvertrauet Ein pfund aus deiner hand, Dein heilig antlitz schauet, Obs wohl werd angewandt, Regiere meinen sinn, Und gib mir deinen segen, Der ich auf meinen wegen, Zur arbeit willig bin.

4. Behüte mich für sorgen, Für geitz, betrug und list, Für klagen heut und morgen, Was dir zuwider ist; Laß mich dir gantz allein, Weil du in guten wercken Mich krafftiglich kanst stärcken, Getrost ergeben seyn.

5. Behüte mich für schaden, Gib, daß ich immer sey Ein werckzeug deiner gnaden, Mein arbeit mir gedeih, Zu deines namens ehr, Und meines nächsten frommen, Bis ich endlich mög kommen, Wo keine sorgen mehr.

Anläßlich der Einführung eines neuen reformierten Gesangbuches 1854, das aufgrund der Arbeit der Kommission einer Presbyterialkonferenz und eines Gutachtens von Pastor Roffhack zustande gekommen war, hieß es in einer Predigt des genannten Geistlichen: „So ist unser neues Gesangbuch entstanden, den Titel des reformierten ohne irgend eine Unionsfeindlichkeit nur darum an der Spitze führend, weil's zunächst den reformierten Gemeinden dargeboten, aus deren Schoße es hervorgegangen, mit der strengsten Wahrung der Schriftwahrheit, nach reformiertem Prinzip zugleich jene echte reformierte Weitherzigkeit verbindet, die auf dem Grunde des apostolischen ‚Alles ist euer' - nicht fragend, ob von Genf oder Wittenberg? - neben der Kurfürstin Luise Henriette, Lampe, Neander, Tersteegen die mit der heiligen Liedergabe so hoch begnadeten lutherischen: Nicolai, Herberger, Heermann, Mayfart, Paul Gerhard, Arnold, Richter und viele, viele andere, den lieben Gottesmann Luther an der Spitze, mit Freuden zu ihren Vorsängern im Heiligtum bestellt" (zit. nach Werth/Lauffs, a.a.O., S. 283/284). Die unierte Gemeinde Unterbarmen führte 1824 ein eigenes Gesangbuch mit 366 Liedern ein, zu dem seit 1851 ein Anhang erstellt wurde. 1841 waren im Gebiet der rheinischen Kirche 28 verschiedene Gesangbücher in Gebrauch.

Bergisches Gesangbuch

bestehend in 930, sowohl alten als neuen geistlichen Liedern für die evangelischen Gemeinen zur Erweckung heiliger Andacht, Uebung wahrer Gottseligkeit und zum christlichen Gebrauch bei dem öffentlichen und häuslichen Gottesdienste, nebst Gebeten, Elberfeld 1844

Mel. Wenn wir in höchsten.

278. Wenn Gott dich über Brüder hebt; Denk, ob ein Mensch für sich nur lebt, Und ob die Tugend, die Gott lohnt, Nicht auch in niedern Hütten wohnt!

2. Sind Brüder dir hier unterthan; So sey ihr Bruder, kein Tyrann! Sey liebreich, und nicht blos gerecht! Du bist, wie sie, des Höchsten Knecht.

3. Es nimmt ja jeder höhre Stand Sein Brod nur aus des Niedern Hand. Ihr Reichen, eure Füll' und Pracht Wird aus den Hütten euch gebracht!

4. Verachtet sey in aller Welt, Wer niedern Stand verächtlich hält! Wär' er, und was ihm gleicht, allein, Wo würden die Palläste seyn?

5. Was ist der Gottheit ewge Lust; Dies ist ihr Wille, ihre Lust, Daß wir uns ihrer Liebe freun, Und liebevoll und selig seyn.

6. O Christen, hört der Liebe Ruf! Folgt dem, der euch dazu erschuf! Die Liebe ist das schönste Band, Und führt zum wahren Vaterland.

Mel. Mir nach, spricht Christus.

279. Durch dich, Gott! bin ich, was ich bin, Und es ist deine Gabe, Daß ich Erleichtrung und Gewinn Von meinen Brüdern habe. Ersparung, mancher eignen Müh Schafft deine Vorsicht mir durch sie.

2. Gieb, daß ich ihnen jederzeit Mit Freundlichkeit begegne; Nie hart sey, ihre Thätigkeit Mit meinem Beifall segne, Und unter schlechtem Vorwand nie Dem Fleiße seinen Lohn entzieh.

3. Erfüllen sie mit Redlichkeit, Mit Aufwand ihrer Kräfte, Was ihnen ihre Pflicht gebeut, Im häuslichen Geschäfte, So gieb, das ich für ihre Treu Nicht fühllos, nein, erkenntlich sey.

4. Hilf, daß ich jedem seine Pflicht Aufs möglichste versüße; Daß er, wenn Hülfe ihm gebricht, Sie auch von mir genieße; Daß ich ihm, fehlt er, gern verzeih', In Krankheit auch sein Pfleger sey.

5. Auch der geringste Diener ist Bestimmt zum höhern Leben. Für ihn und mich hat Jesus Christ Sich in den Tod gegeben. Vor dir, o Richter, hat mein Knecht Mit mir dereinst ein gleiches Recht.

6. O präge dies recht tief mir ein! Nie darf ich mich erkühnen, Tyrannisch gegen die zu seyn, Die meinem Hause dienen. Auch wer mir dient, ist Mensch, wie ich; Herr, hilf mir lieben ihn, wie mich!

Mel. Ach Gott vom Himmel.

290. *Herr Christe, du wollst Glück und Heil Zu meiner Nahrung geben! Beschere gnädig mir mein Theil In diesem kurzen Leben! Du weißt am besten Maaß und Ziel, Mir nicht zu wenig, nicht zu viel, Von Gütern zuzulegen.

2. Denn, würdest du zu wenig Brod Und Nahrung mir abmessen; So könnt' ich leicht aus großer Noth Der Furcht des Herrn vergessen, Und etwa suchen unrecht Gut; Dadurch dann in gottlosem Muth Zur Höllen endlich fahren.

3. Gieb mir auch solchen Reichthum nicht, Der mir gereicht zum Schaden; Ich möchte sonst, wie oft geschieht, Mißbrauchen deiner Gnaden, Und etwa treiben einen Spott Mit deiner Furcht, und von dir, Gott, Das Herz sogar abwenden.

4. Drum gieb, so viel mir selig ist, Mehr will ich nicht begehren. Hilf, daß ich ohne Trug und List Mich ehrlich mag ernähren. Dann gieb durch deine Gnade auch, Daß ich den Segen recht gebrauch', Den du mir wirst bescheren.

5. Vor allem gieb die Seligkeit; Das ist das Allerbeste. Hier sind wir doch nur kurze Zeit, Und nichts als lauter Gäste. Eh man's vermuthet, sind wir hin, Wohl uns, wenn wir mit festem Sinn, Stets nach dem Himmel trachten!

289

Evangelisches Gesang=Buch,
Herausgegeben nach den Beschlüssen der Synoden von Jülich, Cleve, Berg und von der Grafschaft Mark, Elberfeld 1850

Vierte Abtheilung.
Besondere Zeiten und Verhältnisse.

I. König und Obrigkeit.

599.

Mel. Freu dich sehr, o meine Seele.

Vater, kröne du mit Segen Unsern König und sein Haus, Führ durch ihn auf deinen Wegen Herrlich deinen Rathschluß aus. Deiner Kirche sei er Schutz, Deinen Feinden biet er Trutz. Sei du dem Gesalbten gnädig, Segne, segne unsern König.

2. Rüst ihn mit des Glaubens Schilde, Reich ihm deines Geistes Schwerdt, Daß Gerechtigkeit und Milde Ihm des Friedens Heil gewährt. Mach ihm leicht die schwere Last, Die du auferlegt ihm hast. Sei in Jesu du ihm gnädig, Schütze, segne unsern König.

3. Sammle um den Thron die Treuen, Die mit Rath und frommem Flehn Fest in deiner Streiter Reihen Für des Landes Wohlfahrt stehn. Baue um den Königsthron Eine Burg, o Gottessohn. Sei du ihm auf ewig gnädig, Leite, segne unsern König.

4. Nähre du die heilge Flamme, Die das Herz des Volks erneut, Daß es unserm Königsstamme Liebe bis zum Tode weiht. In der Zeiten langer Nacht, Hast du über ihn gewacht, Du erhieltest ihn uns gnädig, Segne, segne unsern König.

5. Fürchtet Gott, den König ehret! Das, o Herr, ist dein Gebot, Und du hast es selbst bewähret, Warst gehorsam bis zum Tod. Wer dich liebt, der folget dir. Drum so beten alle wir: Vor dem Bösen schütz uns gnädig, Gott, erhalte unsern König.

6. Gib uns Muth in den Gefahren, Wenn der Feind uns ernst bedroht, Daß wir Treue dann bewahren, Gehen freudig in den Tod. Du bist unser Siegspanier; Gott mit uns! so siegen wir. Deine Treuen krönst du gnädig. Segne, segne unsern König.

7. Breite, Herr, dein Reich auf Erden Auch in unserm Lande aus, Daß wir deine Bürger werden, Ziehen in dein Vaterhaus. Frieden und Gerechtigkeit Gib uns, Gott, zu aller Zeit. Sei du deinem Volke gnädig, Segne, segne unsern König.

Kommentar 27
Gottfried Daniel Krummacher (1774-1837) erlebte während seiner Tätigkeit in Baerl (seit 1798) in einer Laienbibelstunde in seiner Gemeinde eine religiöse Erweckung, die zu einer örtlichen Bewegung führte. Schon vor seiner Wirksamkeit in Elberfeld lernte Krummacher bei Besuchen verschiedene Wuppertaler Pastoren und Laien kennen, unter anderem den Lederhändler und Korrespondenten der Baseler Christentumsgesellschaft Johann Ball (1764-1846?), an den der nebenstehende Brief gerichtet war.

Quelle 27
Brief Gottfried Daniel Krummachers an Johann Ball vom 5.9.1799, in: Gottfried Daniel Krummacher. Lebensbild eines Zeugen der freien Gnade, von W[ilhelm] Rotscheidt, Elberfeld 1903, S. 35-39

Geliebtester Bruder in dem Herrn Jesu!

Zuerst danke ich dem Vater unseres Herrn Jesu Christi so innig, als ich kann, daß er mir Armen Sie zum Freunde geschenkt hat; drei leibliche Brüder drehen mir den Rücken, und ein Freund, den ich ehemals wie meine Seele liebte, aber ich achte dieses für Dreck, da Sie mir geschenkt sind. Jesu, du tust mir viel Gutes, lehre mich schätzen, lehre mich dankbar sein, du weißt, ich bin's nicht.

Schon hatte ich einen Brief fertig, den Ihnen Herr G i e s e n überreichen sollte, aber Sie sind mir zuvorgekommen, und ich eile, Ihnen zu antworten, um mir zu vergegenwärtigen, daß ich Sie, Bruder, daß ich Ihre Gattin, daß ich so manche fromme Seele kennen lernen konnte. Nun bin ich wieder in meiner stillen Einsiedelei, o möchte bei mir ein stilles Bethel sein, Jesus, mein Gesellschafter, mein Alles! Wie leicht, mein Teuerster, wie leicht werde ich mir fremd, und wieviel habe ich zu tun, ehe ich wieder mit mir bekannt werde, eine unangenehme Bekanntschaft, wahrlich, aber nur recht die Wunden gefühlt, desto ersehnter ist der Arzt! O wie gut hat Gott es gemacht, daß ich so einsam sein muß, so gerne einsam bin, also mir selbst nicht entfliehen kann, das ich so gerne tue. O lieber, lieber B., ich bin erstaunlich verkehrt, Sie glauben es nicht, in meinem Fleische wohnt löblich n i c h t s Gutes, und kennten Sie mich recht, ich fürchtete, Sie nennten mich ihren Freund nicht. O, ich bitte Sie, denken Sie sich bei diesen Worten alles, denn es ist mir oft unerträglich, zu denken, daß ein Mensch eine zu gute Meinung von mir hat. Sie sollen noch Dinge von mir hören, denn ich möchte Ihnen nach und nach gern alles sagen, was in mir ist, nichts hält mich schon jetzt davon ab, als der Gedanke, Sie würden keine Geduld mit mir haben können. O guter, großer, hoher, gnädiger Hoherpriester, du, du hast Mitleiden mit uns; welch ein Wort! Ich höre jetzt die Exegese der Bibel in einer strengen Schule, die heißt: Herz; das Thema heißt: Verdorbenheit, und mein Meister redet hart mit mir, und ich muß zuhören, weil ich sonst kein Zeugnis bekommen kann. Herr Jesu, schlag zu, schlag zu und schone nicht, bis alles, alles, was ich bin und habe, zu deinen gebenedeiten Füßen liegt! Nimm, o nimm die Wurfschaufel und fege die Tenne meines Herzens, bis nichts darin übrig ist, als du! Ach, lieber Herr Christus, wie werde ich dein Lob verkündigen können, wenn du auch mir, auch mir aushilfest. O nein, ich mag deiner Schule nicht entlaufen, lehre du den dummen, eigenweisen, stolzen und eigenwilligen Krummacher nur; ach nimm dir die Mühe!

O lieber Bruder, ach, es ist mir sonderlich, wenn ich Sie Bruder nenne; o möchte ich es sein, möchte ich aus Gott geboren sein, — nun dann in Gottes Namen, lieber Bruder, sollten Sie es wohl leiden können, wenn ich zuweilen meine Klagen auch in Ihren Busen ausschütte? Doch ja, Sie haben mir schon ein Recht dazu gegeben, und vielleicht gibt mir Gott die Gnade, mich durch Sie trösten, beruhigen, anfeuern zu lassen, sowie der erste Brief von Ihnen mir schon so wichtig und aus dem Herzen geschrieben ist. Doch sage ich Ihnen mein Leid, so will ich Ihnen auch meine Freude erzählen, wenn Sie es nur haben und leiden wollen. Der Herr kann und wird auch mir helfen, denn er kann sich sehr an mir Widerspenstigen verherrlichen. Aber wahrlich, ich bin jetzt in großer Not, ich fühle das satanische Gift der Sünde, das alles durchdringt, ich fühle es in seinen mannigfaltigen Farben, ich fühle es, daß Sünde nichts anderes ist als Abweichen von Gott! Was sagen Sie dazu? Ich muß mich oft zum Gebet zwingen, und, o wie elendiglich bete ich, ach wahrlich, wenn Gott will gebeten sein, so muß er's mir geben, ich kann und will es nicht einmal. Doch der Jesus, der so oft schon sein hohes „Friede" in meine Seele hineinrief und Sturm und Wellen gebot, der Jesus lebt noch, und sein Name ist Treu und Wahrhaftig, und dann freue ich mich, daß ich doch einst, ist es dann nicht in der Versammlung der Heiligen hienieden, doch dort oben mit vollem Munde und noch vollerer Seele ausrufen werde: Hallelujah dem Lamme, Hallelujah, und alles bete an!

O freie Gnade, welche Worte, welche Gedanken, welche Seligkeiten, und welch' eine namenlose Bosheit meines Herzens, das da will gezwungen sein, um sich derselben zu unterwerfen! Ist für mich die ewige Verdammnis zu hart? Doch freie Gnade fordert nichts, ich habe auch nichts als ein ungeheures negatives Vermögen, also erkläre ich mich insolvent, und mein geistlicher Bankerott ist gemacht. Also, Herr Jesu! du kennst das Bürgenrecht, du hast dich freiwillig dargeboten, ich hätte dich nicht darum gebeten, o so bezahle auch für mich, und sei mir Leben, Friede, alles! Ich werde mich sehr dankbar beweisen, wenn du mich dankbar machst. Ich sage mit Augustin: Fordere Herr, was du willst, aber gib uns, was du forderst, so sollst du nicht vergebens befehlen.

Ihre Anmerkung, lieber Bruder, über die Rekonvaleszenten ist mir teils aus der Seele gegriffen, teils sehr wichtig und tröstlich. O, auch ich fühle es, und meine Feinde kommen nicht nur gesund aus dem Lazarett, sondern auch schwer bewaffnet aus dem Zeughause, sie feiern nur bei einem Angriffe, um so eine größere Macht zu haben als je zuvor, als hätten sie meine schwachen Seiten recht studiert. Was das Schlimmste ist, ehe ich's mir versehe, haben sie den Schild weg, und mein Schwert ist oft stumpf und verrostet, weil ich's lange nicht mehr nötig zu haben meinte. Grade in dieser Lage trifft mich Ihr lieber Brief und stärkt den fast müden Arm des Kämpfers. O wie ist des Kämpfens noch so viel, bald im Herzen, bald im Kopf, bald in beiden zugleich! O sende mir Kraft von oben: Jetzt heiße ich Legio!! Hilf mir, Herr, denn ich werde vom Teufel geplagt! Ich lasse nicht ab zu fragen: Gib mir Geduld, Herr, mich dürstet nach dir! O mein lieber Johannes, ich kann Ihnen nicht alles sagen, ich kenne mich selbst nicht, und muß rufen: Durchforsche mich, o Gott, und leite, ach leite mich auf ewigem Wege! Heute ist mir das so wichtig geworden: Weib, was habe ich mit dir zu schaffen, meine Stunde ist noch nicht kommen. O wäre uns die Sprache erkennbar! Halten wir uns doch mit dem harten „Weib" nicht so viel auf, sondern bedächten mehr: „Meine Stunde" usw., wie gut, wie gut wäre das! Ach, warten, warten müssen wir lernen, da hilft nichts, gebricht es an Wein, so müssen wir uns im Durstleiden üben, es wird hernach desto besser schmecken. Vielleicht steht schon Wasser in den Krügen, wenn ich gleich noch nicht weiß, wozu. Alles ist dem Christen gut, Fallen, Schläge, Sünde, selbst des Irrsals Nacht. Ueber die Bosheit meines Herzens, über die Unlauterkeit meiner Handlungen, über die List des Satans, über die Tücke meiner Seele brauche ich mich ja nicht zu wundern, ja, ja, es sieht da übel aus, Herr, ich mache dir dein Recht nicht streitig, mich zu verdammen, das fällt mir nicht ein, was hast du aber davon, wenn du mich zertrittst! Ja, ich fürchte dich und bebe, du Furchtbarer, o! aber zeige dich mir in deinem Sohne, so liebe ich dich.

Lieber Herzensbruder! Ich fürchte, ich schreibe zu lange, ich ermüde Sie, denn Sie bitten, ich soll erlauben u. s. w., aber daran störe ich mich nicht, es ist noch Raum da, und wenn Sie nicht alles lesen wollen, so können Sie es auch lassen. Es würde mir leid sein, wenn ich in einem Briefe an einen Christen mich der weltlichen Etikette unterwerfen müßte. Ja, auch auf der Kanzel respektiere ich andere nur als Menschen und als Christen, und ein begnadigter König dürfte mehr nicht von mir erwarten. Sie, lieber Bruder, müssen auch erwarten, daß ich allenfalls 6 Bogen an Sie schriebe, wenn ich Drang dazu spürte, denn ich beurteile leicht andere nach mir selber. So bitte ich Sie denn, daß wir doch alles Zeremoniell bei Seite schieben, o ich liebe so das Herzliche und nirgends ist mir besser, als wo es herzlich zugeht, und Ihnen, weiß ich, ist es auch so. Soll ich Ihnen mal was bekennen: Ich bete sogar nie herzlicher, als wenn ich holländisch oder plattdeutsch bete, weil da mit einem mal alles Horchen auf Worte wegfällt. Ach, das Evangelium ist Einfalt, und je größere Gnade, desto mehr Einfalt! Wie lebendig ist mir dies auch an dem großen Diederichs geworden. Die Einfalt ist das Gewand der Gnade, denn wo die Einfalt ist, da ist Demut, da ist Liebe, da ist Geduld, da ist Sanftmut, da ist — Christus. O möchte auch ich recht unmündig werden wie ein Kind! Unser ganzes Christentum ist ja nichts als ein Amen-sagen. O könnte ich alles schreiben, was ich dabei fühle! Doch Sie, Lieber, harmonieren mit mir, Sie werden da ein Konzert hören, wo mir die heilige Harfe Töne zulispelt.

Am vorigen Sonntag habe ich über den Text gepredigt, den Bruder Rauschenbusch[1]) mir aufgab: Ps. 66, 16. Ich hatte nur wenige Stunden zum Studieren, aber desto herzlicher sprach ich vielleicht durch Gottes Gnade und Ihr Gebet. Ich konnte nicht aufhören. Mancher ist auch dadurch gestärkt und erquickt worden. Seien Sie so gütig, Br. Rauschenbusch dafür zu danken! Auch hat der Herr mir klare Blicke von meinem Dienst gezeigt. Ein Knabe klagte über Sünden, verriet ein gedemütigtes, liebevolles Herz, und ich weinte vor Freuden. Der Herr helfe ihm und versetze immer mehrere aus der Finsternis in sein wunderbares Licht zu seines Namens Preise!

Ich habe mich recht über H. Eylert[1]) gefreut. Wie ist doch die Sprache Kanaans immer dieselbe! Ich bitte Sie, lieber Bruder, Sie wollen uns öfters Nachrichten aus dem Reiche Gottes mitteilen, damit auch wir uns freuen und danken.

Ach, mein Köstlicher, wie soll ich dem Herrn genug danken, daß ich Sie, daß ich Ihre Gattin, diese fromme Jüngerin Jesu, daß ich so viele andere kennen lernte, was soll ich sagen, daß Gott mir Sie zum Freunde geschenkt hat. O! es ist mir, als ob mir jemand sagte: Dieser soll ein Mittel in Gottes Hand sein, wodurch du viel Trost und Stärkung empfangen sollst. O so sei mir gesegnet, sei mein Johannes, an dessen Busen mein gepreßtes Herz seine Klagen zuweilen ausschütte, lieber Bruder! O beten Sie für mich, daß der Herr Jesus mir wolle gnädig sein, ach, ich habe es so nötig. O, ich bin ein erstaunlich verderbter Mensch, mich däucht, es ist keiner so gewesen. Ach das Feine, der Staub der Sünde, die Feindschaft, das ist das Bitterste unseres Elendes, das steinerne, ungefällige, aufrührerische Herz, die stete Galle von Ungöttlichkeiten, der Unwilligkeit zum Guten, der Unbeugsamkeit, sehen Sie, das ist das Herz des Menschen, den Sie Ihren Freund nennen. O, wie werde ich dem Herrn noch danken, wenn er mich einmal dankbar macht. O, ich muß Ihnen alles sagen, Sie möchten sich in mir irren, und ich möchte das nicht gerne, es ist mir sogar oft, als begehrte ich keine Gnade. Ja, ich kann nicht anders, als Ihnen alles bekennen, Sie haben das sicher nicht gedacht und werden mir vielleicht böse sein, daß ich Sie Bruder nannte. Sie ziehen sich vielleicht zurück, doch unser Hohepriester kann Mitleid mit uns haben, und anders weiß ich nicht als zu rufen: Unrein! unrein!

Nun dann, er, der Friedefürst, lasse seine Gnade auf uns triefen, er heilige uns je mehr und inniger, er werde verherrlicht an uns und in uns, und durch alles, was wir reden, schweigen, denken, tun und schreiben! Der Herr sei Ihr und Ihrer lieben Gattin Schild und Lohn und Ihres

Freundes Krummacher.

Kommentar 28

Das in Quelle 28 abgedruckte Verhörprotokoll vom 19.10.1819 gibt die religiösen Auffassungen zweier Mitglieder einer wegen ihrer großen Anhängerschaft auf der Bauernschaft „Wüstenhof" bei Elberfeld als „Wüstenhöferianer" bezeichneten Sekte wieder, die sich um 1818/19 gebildet hatte und der auch Stadtbürger angehörten. Die Eigenarten ihrer Anschauungen beschrieb Friedrich Wilhelm Krug, Elberfelder Predigtamtskandidat, 1851 wie folgt: „Insofern dieselben an ein Erwähltsein vor Grundlegung der Welt, an Sündenfall und Erlösung glaubten, theilten sie ihre Personen zwischen den dreieinigen Gott und den Teufel, und hoben damit ihre Persönlichkeit auf. Die kirchliche Lehre vom totalen Verderben und Unvermögen des Menschen, selbst zu seinem Heile beizutragen, dehnten sie bis zu der Vorstellung aus, daß ihr alter Mensch wesentlich vom Teufel oder ganz teuflisch sei; die kirchliche Lehre von der stellvertretenden Genugthuung Christi faßten sie so objektiv, daß ihr neuer Mensch, nämlich Christus, im Himmel sei. Zwischen diesem und ihnen selbst oder ihrer Teufelsnatur nahmen sie gar keine Vermittlung an, als welche im Glauben an die prädestinirte Zugehörigkeit jenes neuen Menschen lag.[…] [Sie] bestritten […] die dereinstige Auferstehung des Fleisches, behauptend, sie wären in ihrem neuen Menschen: Christo, schon auferstanden, eine andere Auferstehung gäbe es nicht. Dabei war denn die Lehre von der Heiligung oder die Sittenlehre des Christenthumes für sie gar nicht da …" (F.W. Krug, Kritische Geschichte der protestantisch=religiösen Schwärmerei, Sectirerei und der gesammten un- und widerkirchlichen Neuerung im Großherzogthum Berg, besonders im Wupperthale, Elberfeld 1851, S. 261/262).

Die Wüstenhöferianer, die bei ihren privaten Zusammenkünften „[…] bei einem Glase Brandwein über das irdisch=menschliche Leben klagten, und sich auf endliche Erlösung aus demselben einander weidlich zutranken" (ebenda S. 261), hatten schon im Februar 1819 die Predigt des Tersteegenschen Kreisen nahestehenden Pastors Matthias Krall in der reformierten Kirche in Gemarke durch lautes Lachen, Grimassenschneiden und Tabakrauchen gestört und waren in Konventikel eingedrungen, um dort - z.T. mit Tätlichkeiten verbunden - ihre Glaubenssätze zu verbreiten. Beides führte zu einer Anzeige beim Barmer Bürgermeister Brüninghausen und einer ersten Vernehmung der „Sektierer" Spieker und Raunert, die die Vorwürfe nicht bestritten und sich auf die Lehre des Elberfelder reformierten Pastors Gottfried Daniel Krummacher beriefen, worauf Brüninghausen reagierte: „Dieses

Quelle 28
Auszug aus dem Verhörprotokoll des außerordentlichen Konsistoriums der reformierten Gemeinde Elberfeld
SAW M VI 36   19.10.1819   handschriftlich   Abschrift

§ 1.) Zu dieser Versammlung, welche in dem Hause des Pastor Kamp gehalten w[urde], waren die Herren Prediger und sämmtliche Herren Aeltesten abgeladen.

§ 2. Die Absicht dieser Versammlung war die Vernehmung des Wilhelm Raunert und Johann Spieker, welche in Actis Consistorii ordinarii[1] vom 4. October anni currentis § 40 beschlossen, und in Actis consistorii extraordinarii[2] vom 13. October anni currentis auf heute Nachmittag um 4 Uhr festgesetzt ist.

§ 3.) Wilhelm Raunert und Johannes Spieker, welche Tages vorher durch den Küster schriftlich eingeladen waren, erschienen, und Consistorium sahe ihre Erscheinung als einen stillschweigenden Beweis an, daß sie sich verbunden achten, aller menschlichen Ordnung unterthan zu seyn, und über das, was man sie zu fragen nöthig erachtet, so gut sie vermögen, zu antworten.

§ 4.) Zuerst wurde Wilhelm Raunert vorgefodert, demselben wurde erklärt, daß er durch seine am 14. September anni currentis vor dem Consistorium geäußerte ungewöhnliche und seltsame Reden den Verdacht gefährlicher Irrthümer bei mehrern Consistorial=Gliedern veranlaßt habe, das Consistorium weit entfernt sey, ihn leichtlich verdammen zu helfen, sondern nur Grund fodere der Hoffnung, die in ihm sey, und daß es deßwegen verlange, daß er sich schriftmäßig, kurz und bestimmt über die ihm vorzulegenden Fragen ausdrücken möge.

§ 5.) Hierauf wurden demselben folgende Fragen vorgelegt:

1.) Ob er gestehe, erklärt zu haben:

a.) Auf seinen Willen hin nicht angeloben zu können, daß er künftig die Ruhe bei der öffentlichen Gottesverehrung durch Lachen nicht stören werde?

Bejahet und erklärt, er störe keine Ruhe; wenn der Herr Jesus ihn in das Loch oder die Mördergrube schicke, so gehe er hinein, sonst könne er keinen Fuß bewegen.

b.) Daß er in der Predigt des Herrn von Recklinghausen bei der dießjährigen Kreis=Synode gehalten, mehrere Irrlehren bemerkt?

Bejahet und erklärt: Lauter Irrtum und Lüge. Ein wenig Sauerteig versäure den ganzen Teig. - Die Wahrheit werde in dem Munde der Lügner Lüge. Der Pastor von Recklinghausen sey vom Vater der Lügen, dem Teufel, so wie Alle, die nicht geschrieben sind im Buche des Lebens.

c.) Daß er heilig sey, wie Gott heilig ist, und in welchem Sinne? Bejahet und erklärt, in dem Sinne: daß er heilig sey, wie Gott heilig ist. - Jesus habe zu den Pharisäern nicht anders als in Gleichnissen geredet, damit sie mit sehenden Augen nicht sehen, und sich bekehren, und er ihnen hölfe; - und die Consistorialen seyen Pharisäer.

d.) Ich bin aus Gott geboren, bin rein aus dem Himmel kommen, ohne Sünden, Flekken, Makel.

Bejahet; auf die Auffoderung, sich darüber zu erklären, sagte er: er könne nichts erklären, weil auch der Herr Jesus den Pharisäern nichts erklärt habe.- Es gehe, wie geschrieben steht: Es haben sich versammelt wider dein heiliges Kind, loco citato Acta 4 vs 273[3].- Es sey die Zeit, wo Christus in seinen Gliedern gekreuzigt werde, Gott habe Consistorium dazu gesetzt, sich an dem Herrn zu vergreifen, und es sey Allen solchen besser, nie geboren zu seyn, und daß ein Mühlenstein an ihren Hals gebunden und sie ersäuft würden im Meer, wo es am tiefsten ist.

Er sey aus Gott geboren, und ein solcher thue nicht Sünde, und könne nicht sündigen; zwischen ihm, dem Herrn Jesu und Gott dem Vater sey kein Unterschied. Wer Ohren hat zu hörn, der höre, was der Geist der Gemeinde sage.-

§ 6.) Hierauf wurde er gefragt:

1.) Ob er einige Lehren unseres Catechismus für Irrlehren halte?

Erklärt, er halte Alles für Irrthum, was außer dem Worte Gottes sey; alle Menschensatzungen seyen Lügen.

2.) Ob er durch Ruhestörung der öffentlichen Gottes=Verehrung die gute Sache Jesu und seines Reiches zu fördern glaube?

Siehe die Antwort auf § 5, 1.a.

§ 7.) Hierauf wurde Raunert entlassen, und Joh. Spieker hereingerufen; nachdem ihm § 3 & 4 vorgelesen, wurden die beiden letzten Fragen § 6. 1 & 2. von ihm folgendermaßen beantwortet:

ad 1.) erklärt, sey ein menschlich Buch, ein christlicher Unterweiser. Er lasse nichts gelten, als die aus der heiligen Schrift genommenen Sprüche. Es stehen viele

293

und der Umstand, daß der eine von den Ruhestörern sich ausdrücklich bei dessen Vernehmung äußerte, er freue sich darüber, daß er um Christi Willen vor die Obrigkeit gestellt würde, fort, daß er mich als einen Pilatus ansehe, veranlaßte mich der königlichen Regierung zu Düsseldorf durch den Herrn Landrath zu Elberfeld eine Abschrift sämmtlicher Verhandlungen einzusenden und mir die Verbescheidung auszubitten, wie ich mich in Ansehung der Ruhestörer welche sich, wann sie bestraft werden würden, als Märtyrer betrachten würden, verhalten solle" (SAW M VI 36). In der Folge weitete sich der Fall einerseits zu einer von der Regierung in Düsseldorf und dem königlichen Konsistorium in Köln gleichzeitig geführten Untersuchung der Krummacherschen Interpretation der absoluten göttlichen Gnadenwahl aus; seine Schriftauslegung war schon seit seinem Amtsantritt im Wuppertal umstritten. Andererseits wurden Spieker und Raunert am 31.7.1820 gerichtlich zu je 14 Tagen Haft, 15 Franken Geldstrafe und Übernahme der Prozeßkosten verurteilt. Sie hatten am 8.9.1819 erneut - diesmal die Kreissynodalpredigt des Pastors von Recklinghausen aus Langenberg - gestört, worauf sich nebenstehendes Protokoll bezieht. Die Wüstenhöferianer bestanden weiterhin als privater Kreis fort, der an Gottesdiensten überhaupt nicht mehr teilnahm; einige von ihnen traten der 1847 gegründeten niederländisch-reformierten Gemeinde bei. G.D. Krummacher, der sich von den Auffassungen der Wüstenhöferianer völlig distanziert hatte, wurde nach langen Kompetenzstreitigkeiten um die Zuständigkeit in Predigtamtsfragen vom königlichen Konsistorium in Köln zu einer „Reinigungspredigt" über den Text Römer 6, 1. und 2. gezwungen.

menschliche Dinge darinnen.
Seine Kirche sey im Himmel, die Welt eine Mördergrube.
ad 2.) Er habe keinen Glauben. Sie sagen Dank für Alles. Jesus sey der Glaube, und das einzige, kein Mensch könne Ruhe stören. Sie seyen an den Gnadenstuhl gebunden, und würden von Gott bewahrt.
Auf die Bemerkung, daß dieß ja auch keine Bibelstellen seyen, sagte er: Er sey aus dem Himmel, und wer aus dem Abgrund sey, verstehe nichts.
Auf folgende Fragen :
1.) Ob man es verbieten wolle, wenn Jesus lache?
antwortete er, sich solches nicht zu erinnern, gesagt zu haben.
2.) Ob der Teufel so fromm mache, daß man kein Lachen vertragen könne?
Bejahet und erklärt, sämmtliche, die da gesessen, gemeint zu haben.
3.) Die Kirche sey eine Mördergrube?
Bejahet, und erklärt: Die Welt sey eine Mördergrube, die Kirche stehe in der Welt, und sey eine Mördergrube, wie der Herr Jesus gesagt: die ganze Kirche auf Erden und alle die darin predigen, haben eine Mördergrube im Herzen, und thäten nichts anders als stehlen, rauben, morden, und umbringen, haben Schafspelze um sich, mit Lammeshörnern, und reden wie der Drache, haben eherne Klauen, und reißen Alles unter sich.
So schrecklich sehe es in der Welt aus.
4.) In der Welt sey nur antichristisches Wesen?
Bejahet, und erklärt: was in unsern und allen Kirchen auf Erden, keine ausgenommen, gepredigt werde, sey antichristisch.
5.) Ich bin Christus?
Bejahet es und sagte, sein Sinn sey der: Christus sey sein Bruder, von ihm habe er den Namen, und Christus sey Gott, über Alles hochgelobet.
6.) Wenn ich lache, lacht Jesus aus mir ?
Bejahet, und erklärt: Jesus lache aus ihm, in ihm sey keine Macht, der Herr Jesus thue es selbst. [...]

Elberfeld, am 19. October 1819

[Unterzeichnet von den Pastoren Daniel Kamp, Krummacher, Nourney sowie Konsistoriumsmitgliedern Meisenburg, Becker, Halfmann, Rübel, Engelb. und P.E. Wülfing, Engels, Köter, Dierichs, Friedrichs]

---
[1] in den Akten des ordentlichen Konsistoriums
[2] in den Akten des außerordentlichen Konsistoriums
[3] am angegebenen Ort

Kommentar 29
Der nebenstehende Brief ist der Korrespondenz zwischen Wilhelmine von der Heydt (1771-1854), seit 1794 mit dem Elberfelder Bankier Daniel von der Heydt verheiratet, und den Töchtern der St. Gallener Kaufmannsfrau Anna Schlatter (Babette, Kleophea, Anna, Margaretha, Henriette) entnommen.

Quelle 29
Brief Wilhelmine von der Heydts an Kleophea Zahn, geb. Schlatter, in: Adolph Zahn (Hrsg.) Frauenbriefe von Anna Schlatter, Wilhelmine von der Heydt und Kleophea Zahn, 2. Auflage, Halle 1863, S. 230-246
undatiert [1821] Auszüge

Geliebte Kleophea!
Obwohl ich Dir seit langer Zeit kein sichtbares Zeichen meiner mütterlichen Liebe gegeben, so war ich doch ganz vorzüglich lebhaft und viel in der Gemeinschaft Jesu Christi unseres Herrn mit Dir beschäftigt; fühlte mich aber auch wie im Geist gebunden, Dich nicht anders segnend zu grüßen, als durch unsern ewigen Hohenpriester, welcher in der Kraft des unendlichen Lebens der Pfleger aller himmlischen Güter ist, uns vor dem Angesicht der Majestät Gottes als unser Mittler und Fürsprecher vertritt, immerdar für uns bittet und unfehlbar allezeit erhöret wird. In dieser herrlichen Wahrheit schenkt mir der Herr im kindlichen Vertrauen die Glaubenszuversicht, daß Dir „nach der Wirkung, womit er sich kann alle Dinge unterthänig machen", und nach dem Wohlgefallen seines Willens, durch welchen wir geheiligt sind, auch ohne Brief von der reichhaltigen, innern Unterhaltung das jenige mitgetheilt wird, was der Herr, der der Geist ist, davon lebendig und wahrnehmlich macht, denn er bläset wohin er will, und theilet auch einem Jeglichen seines zu wie er will. Gelobet sei der große und herrliche Name des Allgenugsamen und Allgewaltigen für alle Gnade, Liebe, Treue, Geduld, Hülfe, Trost und unausdenkliche Barmherzigkeit, die er uns aus seinem unerschöpflichen Segensmeer aus freiem Erbarmen zufließen lässet. Ihm, ihm dem Unvergleichlichen und

eigentlich Unnennbaren sei ganz und gar allein die Ehre und der Ruhm, daß er auch Dich, mein liebes Kind! wunderbarlich, gnädig geleitet; ja bis ins Stollbergische Haus, wo es Dir meinem stehenden Wunsche gemäß fortwährend so wohl gehet, wie Dein letzter, mir überaus angenehmer Brief dankbar davon zeuget.

Sehr gerne habe ich Deine Bitte erfüllt und einige Predigten abschreiben lassen von dem hochbegnadigten Herrn Pastor Krummacher, und weil ich nicht wußte, ob Du von den früher geschickten Abschrift genommen, so wählte ich von solchen, die Du noch nicht wirst gelesen haben. Der große Erzhirte und Bischof unserer Seele, der sich das Lehramt selbst bestellt und zurichtet, bedient sich seines apostolischen Knechts immer kräftiger als sein Werkzeug in unserer Stadt, worin er, der Herr, ein großes Volk hat, daß Viele hinzugerufen werden, welche die gesalbten Predigten gern hören: „so erquicket man die Müden, so wird man stille, so hat man Ruhe," und manche heilsbegierige Seelen, die sich „zerarbeitet hatten in der Menge ihrer Wege," weil sie noch ein Leben in ihrer Hand fanden, wovon sie sprachen: ich lasse es nicht, werden gründlich überzeugt, wie jämmerlich es um ihre „hie und da selbstgemachte, löcherichte Brunnen aussieht, die doch kein Wasser geben," und müssen Noth- und Gnade gedrungen vermittelst der gewaltigen Predigten als von einem auserwählten Rüstzeuge in der Hand Gottes stark ergriffen, der freundlichen Einladung folgen: „Wohlan, alle die ihr durstig seid, kommet her zum Wasser; warum zahlt ihr Geld, wo ihr kein Brot habt? warum arbeitet ihr, wo ihr nicht satt werdet? höret mir zu, kommt doch zu mir und esset das Gute, und wen dürstet, nehme das Wasser des Lebens umsonst!" Und o wie wohl ist allen denen, welche als die Müden Kraft und Unvermögende Stärke genug empfangen, und sicher die selige Erfüllung der Verheißung erfahren: „Ihr werdet mit Freuden Wasser schöpfen aus den Heilsbrunnen." Die ganze ewige Seligkeit ist ein Erbschafts-Segen von Anbeginn der Welt bereitet, aber freilich nur in dem Maaße, wie der heilige Geist uns geoffenbaret hat das hochwichtige Testament des Friedens — welches durch Eidschwur, Blut, Tod und Siegel so fest geworden — kann sein Inhalt richtig verstanden werden, als auch nur durch keine Zueignung im Glauben diese ewigen Güter in Besitz genommen sein können. So lange wir unter Pflege und Vormundschaft verwahrt sind, ist zwischen Knecht und Erbe kein Unterschied, bis auf die bestimmte Zeit des Vaters. O wie offenbaret sich überhaupt die mannigfaltige Weisheit Gottes an der Gemeine, sowohl durch die Zucht als Kraft der Gnade; durch Gesetz und Evangelium, Testament der Knechtschaft und Kindschaft; bis wir durch's Gesetz dem Gesetz gestorben, alle hinankommen zu einerlei Glauben des Sohnes Gottes und ein vollkommner Mann werden in Christo; und in allen Stücken wachsen, nicht in uns selbst, sondern an dem, der das Haupt ist, Christus, welchem sei Ehre in Ewigkeit. Getreu ist der, der uns rufet, der wird's auch thun.

O meine theure Kleophea! wie unaussprechlich glücklich sind wir, wenn die allmächtige freie Gnade uns recht geistlich arm macht, solcher ist das Himmelreich. Wohl mag dieses Selig als die Gnade aller Gnade obenanstehen in der allermerkwürdigsten Predigt, die je auf Erden gehalten ist. Nur den Armen wird das herrliche Evangelium des seligen Gottes geprediget, wo man dann nichts und doch Alles hat, schwach und doch stark ist, gedemüthigt und doch groß wird, als ein Volk, das durch den Herrn selig, der seiner Hülfe Schild und das Schwert seines Sieges ist.

Mein Gemüth wird weit gegen Dich eröffnet, während ich unvermerkt in tiefen Gottesfrieden hineingerathe, wie Christus in uns als Hoffnung unserer Herrlichkeit die einzige wahre Ursache aller Gottseligkeit ist; und weil der Herr sich seiner Gnadenmittel dazu dienstbar macht, um uns zu der Glaubensvereinigung mit Christo hinzuleiten, zu der Fülle, die alles in Allem erfüllet, woraus uns allein die Gnade und Gabe des heiligen Geistes zufließen muß, so schicke ich Dir zu einem solchen köstlichen Handleiter beikommendes vortreffliches Buch, welches Dir, im Fall Du noch nicht damit bekannt bist, Freude machen wird. Vielleicht habe ich Dir bei anderer Gelegenheit erwähnt, daß ich selten und wenig außer der heiligen Schrift lese, und auch in Betreff derselben erweiset mir Jehovah seine wunderbare Güte, als ein Heiland derer, die ihm vertrauen, daß sein Geist mich meistens ohne den Buchstaben des Worts auch dessen erinnert, was er uns geredet. Denn meine Augen werden immer schwächer und leiden sehr von dem vermehrten periodischen Nervenkopfweh — zudem lebe ich innerlich abgezogen in wirkloser Ruhe des Herrn und gehöre in dem verborgnen Leben mit Christo in Gott aus lauter Erbarmen je mehr und mehr zu den „Gästen und Fremdlingen in dieser Welt," die damit zu erkennen geben, daß sie ein anderes Vaterland suchen in dem himmlischen Jerusalem — und sehne mich bei mir selbst und warte auf meines Leibes Erlösung, ja mich verlangt daheim zu sein beim Herrn, wo wir ihn sehen werden wie er ist und uns freuen mit unaussprechlicher und herrlicher Freude. Dieser neutestamentliche Geist der Sehnsucht wurde mit großer Erquickung und Befestigung rege, als mein väterlicher Lehrer Herr Pastor Krummacher mir von dem evangelischen Geheimniß der Heiligung die letzte Abhandlung vorlas, worin ich mit ihm übereinstimme und die liebliche, friedensvolle Bahn des lebendigen Glaubens mit solcher Bestätigung und Ermunterung beschrieben fand, daß ich begierig wurde, den ganzen Inhalt dieses Buchs zu wissen, und nun entstand auch das Verlangen, Dich und Deine lieben Schwestern, welchen Du es gelegentlich mittheilen wirst, damit in Kenntniß zu bringen, weil es dem allein guten Willen des Herrn gemäß von unfruchtbarer Wirksamkeit ableiten kann, damit uns Gott befestige und salbe und versiegele und das Pfand, den Geist, gebe.

(...)

O mein liebes Kind! wie möchte ich Dir aus innerem Trieb noch so vieles hersetzen aus der heiligen Schrift, welches Du ja freilich ohne mein Zuthun lesen kannst; aber ich folge, ohne mich mit der Vernunft zu berathen, wie mein Gemüth mich dazu drängt. Des Herrn Wort wird nicht leer zurückkommen, sondern auch bei Dir ausrichten, wozu es gesandt wird, und ich stimme wohlgemuth mit unserm apostolischen Lehrer ein, daß es mich nicht verdrießt, wenn ich Dir immer einerlei schreibe. In diesem Augenblick bekräftigt mir der Herr unaussprechlich, was er uns zuruft: „Alle, die mit meinem Namen genannt sind, nämlich die ich erschaffen habe zu meiner Herrlichkeit und sie zubereitet und gemacht — sie sollen meinen Ruhm erzählen."

(...)

Ohne Zweifel gehört das etwas sein wollen, welches uns als Abfall von Gott angeerbt ist, zu den schwersten, unerkanntesten Sünden, zumal da sie meistentheils mit einem frommen Tugendmantel umhangen werden; daher auch gewöhnlich viel mehr Wesens gemacht und viel wichtiger gethan wird mit der vorhergehenden Forderung des nöthigen Fleißes, als mit der verheißenen Ruhe, um da hinein zu kommen in das verborgne Leben mit Christo in Gott, wo man im Geiste lebt und wandelt, ja der Wandel im Himmel ist, und ausruhet von unsern Werken, damit man den Herrn durch seinen Geist in sich wirken läßt und also den ewigen Sabbath in diesem Leben anfängt. Uebrigens stimmt die Erfahrung mit Gottes Wort darin überein, sofern wir in der allgetreuen Führung sind, die uns in alle Wahrheit leitet, daß wir beten, arbeiten, ringen und kämpfen müssen, ehe wir das Kleinod erlangen, nicht um dafür Lohn zu bekommen, sondern rechtschaffen, müde und unvermögend zu werden, weil den Müden Kraft und Stärke genug den Unvermögenden gegeben wird; und auf diesem anbetungswürdigen Wege verwandelt sich die Zucht des Geistes: „Machet euch ein neu Herz" — welches alles umfaßt, was nur Gesetz und Gebet mag genannt werden — in die evangelische, köstliche Verheißung: „Ich will euch ein neues Herz geben", worin nicht weniger als alles vereinigt, was auf das Testament des Friedens im Gnadenbund mit allen seinen Schätzen und Gütern Bezug hat.

(...)

Nun, liebe Kleophea! der heilige Geist mache uns zu nichts, damit der dreieinige Gott in uns Alles in Allem ist, welcher nichts außer sich, sondern alles in, durch und zu ihm selbst thut, zu seiner Ehre und Verherrlichung.

Sei gesegnet aus den Händen unseres für uns gen Himmel gefahrenen, allertheuersten, alleinwürdigen Jesus.   Wilhelmine v. d. Heydt.

Kommentar 30
Quellentext Nr. 30 entstammt der Antrittspredigt Friedrich Wilhelm Krummachers vom 8.2.1835 in Elberfeld über 2. Korinther 2, 14-17.

Quelle 30
F.W. Krummacher über seinen Glauben,
in: Worte der Begrüßung an die evangelisch=reformirte Gemeine zu Elberfeld gesprochen bei seinem Amts-Antritt daselbst den 8. Februar 1835, Elberfeld 1835, S. 7-9   Auszug

Auch ich bin eine Trophäe und Kampfesbeute des Allmächtigen. Auch ich ein Gefangener vor dem strahlenden Siegeswagen der Ueberwinderin Gnade. Und daß ich das bin, mein größter Ruhm ist's, ja mein einziger. Wohl führten auch über mich einst andere Herren ihr Tyrannenscepter. Lange hielt mit ihren bunten Todesnetzen auch mich die Welt umgarnt. Es umfingen auch mich die Schauerbande dessen, der die Sinne der Ungläubigen verblendet. Auch in mir herrschte die Sünde, dem Tode Frucht zu bringen; und ohne Gott und ohne Hoffnung in der Welt nachtwandelte meine Seele an den Abhängen ewiger Verderbenstiefen. — O Irrsaal meines früheren Lebens! Klägliche Blindheit! Armseliges Schattendaseyn! da noch die Zauberreiche irdischer Kunst mein Himmel waren, und die Irrlichter menschlicher Wissenschaft und Weisheit die einzigen Fackeln auf meiner dunkeln Straße; und das Kinderspiel am Wege meine höchste Lust; und der lose Schaum geselliger Eitelkeiten mein Manna! — — O wie kann man doch inmitten der Christenheit ein Heide seyn! Wie kann man todt seyn, blind und taub, bei wandelnden Füßen, sehenden Augen, und hörenden Ohren; und wie gefangen, bezaubert, und umkettet, beim Wahne, in der unbeschränktesten Freiheit sich zu bewegen. — Doch was begab sich. Ein Griff aus den Wolken, ein Hauch und Hephata von Oben reichte hin, um die größte und folgenreichste Katastrophe, die ein Mensch erleben mag, auch in meinem Daseyn hervorzurufen. Ich ward ein Anderer. Nach einer Seite freilich blieb ich derselbe. Nichts desto weniger bin ich nicht mehr, der ich war. Ich sehe jetzt auf meinem Lebensgange einen Gränzstein ragen, der ein betrübtes Einst von einem seligen Heute auf immer scheidet. Ich schmücke ihn mit den schönsten Blumenkränzen diesen Stein, und salbe ihn mit heißen Freudenthränen. Es steht darauf geschrieben Petri Wort: »Ihr waret weiland wie die irrenden Schaafe; nun aber seyd ihr bekehret zu dem Hirten und Bischof eurer Seele.« Ich aber setze noch hinzu das Wort des Herrn beim Propheten: »Ich werde gefunden von denen, die mich nicht suchten, und zu denen, die nicht nach mir fragten, spreche ich: »Hie bin ich, hie bin ich!« — — »Ist jemand in Christo so ist er eine neue Kreatur. Das Alte ist vergangen, siehe, es ist Alles neu geworden.« Christi Blut und Gerechtigkeit ist jetzt mein höchster Schatz, die Theologie des Worts meine Wissenschaft und meine Weisheit; die Versenkung in die Schöne meines Königs die Aesthetik meines Herzens; der Verkehr mit Sioniten mein süßester Genuß; der Psalm auf Jesu Namen mein liebstes Lied; mein liebster Wandergang der Gang durch seines Reiches Schätze; mein angenehmster Gast Immanuel selbst; und meine erquicklichste und freudenreichste Aussicht: ein Blick in das Jerusalem da droben. Und wenn ich selbst auch nach dieser seligen Reform noch, die ich erfahren, viel zu klagen hätte über dies und das an mir, über das Gesetz in meinen Gliedern, über große, mannichfaltige Schwachheit, über allerlei Faustschläge, Anfälle und Ueberrumpelungen des Satans-Engels, so stehe ich doch in Christo so, daß immer wieder ein bedeutsam Aber dem klagenden Vordersatz einen fröhlichen Nachsatz anreiht, und die Periode, die mit Lamento's begann, sich schließt und schließen darf mit einem heitern: »Gott sey gedankt! Gott sey gepriesen!« Ich überwinde weit, — und da droben kennt man mich nicht mehr nach dem Fleische.

Doch nicht darum nur offenbarte mir der gnadenreiche Gott den Namen seines Sohnes, daß ich in diesem Namen selig würde. Dieser Name ward mir zugleich überantwortet als ein Panier, das ich aufwerfen und in die Reihen der Freunde wie der Feinde tragen soll. Ich bin nicht blos ein Zögling des göttlichen Worts; ich bin auch ein Diener desselben, ein Träger der seligsten Botschaft, ausgesondert dazu und verordnet von dem, der da gesetzt hat Etliche zu Aposteln, Etliche zu Propheten, Etliche zu Evangelisten, Etliche zu Hirten und Lehrern, auf daß die Heiligen zugerichtet werden zum Werke des Amts, zur Erbauung des Leibes Christi. Und wenn ihr Zeugnisse begehret für diese meine göttliche Investitur, so machte auch dieses Ansinnen mich nicht verlegen. Lebendige hätte ich aufzuweisen, Legitimationsscheine wundersamer Art, Briefe Christi durch unsern Dienst bereitet, geschrieben nicht mit Dinte, sondern mit dem Geist des lebendigen Gottes, nicht in steinerne Tafeln, sondern in fleischerne Tafeln des Herzens, erkannt und gelesen von vielen Menschen. Genug in dieser Eigenschaft, nicht bloß eines Bruders in Christo, sondern auch eines repräsentirenden Gesandten meines himmlischen Souveräns, eines Botschafters an Christi Statt, trete ich heute in eure Mitte ein; und wie ich mit Zuversicht erwarte, es werde mein Herr als einen Solchen auch unter euch mich mächtiglich beglaubigen, so versehe ich mich zu euch, daß ihr euererseits die ehrerbietige Liebe mir nie versagen werdet, die ihr mir in dieser meiner Stellung um des Herrn willen schuldet.

(...)

Kommentar 31

Nach einem Choleraausbruch in Elberfeld 1859, der von frommen Bürgern als göttliche Heimsuchung angesehen wurde und dem fast 1000 Menschen zum Opfer gefallen waren, hatten Gebetsversammlungen und Gebetsstunden großen Zulauf erhalten. Nachdem sich diese Tendenz im darauffolgenden Jahr 1860 weiter verstärkt hatte, kam es am Ende einer von den Gemeinden angesetzten Gebetswoche vom 6. bis zum 13.1.1861 in dem ca. 295 Insassen zählenden, 1850 als rein bürgerliche Anstalt gegründeten Elberfelder Waisenhaus zu einer mehrere Wochen andauernden „Kindererweckung", die in den in Quelle 31 wiedergegebenen „Erklärungen" aus der Sicht der evangelischen Pastoren Künzel, Rinck, Hassenkamp und Lichtenstein beschrieben wird.

Infolge eines von dem Direktionsmitglied des Waisenhauses Hermann Heinrich Grafe am 13.2.1861 verfaßten und in der Zeitschrift „Der Säemann" veröffentlichten Berichtes, in dem er die Vorgänge als „gewaltige[] Thaten Gottes", als ein „Feuer, das er auf Erden anzuzünden sich in dieser Zeit wieder mächtiger aufgemacht hat" (zit. nach Die Gartenlaube vom 7.3.1861) bewertete, führte aufkommende Kritik an den Vorfällen am 18.2.1861 zur ersten amtlichen Untersuchung durch den Oberbürgermeister Lischke und einen Polizeikommissar. Schon am 28.2.1861 beschloß der Elberfelder Stadtrat auf Vorschlag der städtischen Armenverwaltung, der das Waisenhaus unterstand, mit der Begründung des Verstoßes gegen die Hausordnung und der Unterlassung ihrer Wiederherstellung die Absetzung H.H. Grafes, die vorläufige Suspendierung des Hausvaters Klug und dessen Frau sowie die Entlassung aller männlichen Angestellten. An die Stelle der alten Direktion unter Grafe, der nach den ersten Anzeichen von „Erweckungen" den Vorsteher Klug zur Einrichtung zusätzlicher Gebetsstunden veranlaßt hatte, trat als provisorischer Aufseher der Gymnasialdirektor Dr. Bouterwek, der gemeinsam mit einem Düsseldorfer Regierungsrat Verhöre im Waisenhaus mit dem Ergebnis vornahm, „daß nach ihrer Ansicht die Mehrzahl der von Krämpfen befallenen Kinder solche erheuchelt habe, ein anderer Theil dagegen durch Schreck=oder Mitleidenschaft in solche verfallen sei" (zit. nach Beleuchtung der Waisenhaus=Angelegenheit in Elberfeld, Elberfeld 1861, S. 29). Insbesondere bei den Pastoren der evangelischen Gemeinden Elberfelds, die zu keiner der Untersuchungen herangezogen worden waren, lösten die amtlichen Maßnahmen und deren Begründung heftige Kritik aus, zumal von kirchlicher Seite die Vorgänge wie folgt beurteilt wurden: „Es ist uns kaum begreiflich, wie

Quelle 31
Zeugnisse von sieben evangelischen Pastoren über die Erweckung im städtischen Waisenhause zu Elberfeld, nebst einer Beleuchtung derselben in einer Anzahl von Artikeln aus dem Kirchlichen Anzeiger, Elberfeld 1861, S. 15-20   Auszug

Erklärung

der Pastoren Barner, Dr. Hassencamp, Köllner, Kraft, Künzel, Lichtenstein und Rink zu Elberfeld über ihre bei der Kinder-Erweckung im städtischen Waisenhause daselbst gemachten Beobachtungen.

I.

Zweimal habe ich, das erste mal vor etwa drei Wochen, das zweite mal vor vielleicht vierzehn Tagen, einen kurzen Besuch im Waisenhause gemacht, um die Vorgänge unter den Kindern in demselben zu beobachten. Ich fand viele, in tiefster, auch körperlich hervortretender Erregung auf ihren Betten liegende Kinder und sprach ein kurzes, einfaches Wort evangelischen Trostes zu ihnen. Nie habe ich, so weit meine Erinnerung reicht, solchen tiefen, heiligen Ernst in einem Kindergesichte gesehen, als mir hier entgegentrat. Von schwärmerischer Ueberspannung bemerkte ich keine Spur; wohl aber schwebt das Bild einer alles Irdische vergessenden, den innersten Menschen durchdringenden Bußnoth noch klar vor meinen Augen.

Später fand ich im großen Saale des Waisenhauses eine Schaar von vielleicht 120 Kindern mit den Vorstehern und Vorsteherinnen zum Gebete versammelt. Ich blieb am Eingange stehen: Ein Knabe war im Gebete begriffen; nach ihm betete ein Anderer: ein dritter dann. Es waren Gebete, die mein tiefstes Erstaunen erweckten: einfach, kindlich, inbrünstig, schriftgemäß, im Geiste des Glaubens, zum Theil in musterhaftem Ausdrucke gehalten.

Der Geist des Herrn, das ist meine innerste Ueberzeugung, hat ein Werk im Waisenhause angefangen.

Elberfeld, den 27. Februar 1861.

Friedrich Künzel, Pastor.

II.

Am 7. Februar d. J. ging ich in das städtische Waisenhaus, um die erweckten Kinder, unter denen ich etliche Confirmanden habe, zu besuchen. In dem Schlafsaale, den ich betrat, waren etwa 40 Knaben zu Bette wegen Schwächegefühls, nur sehr wenige sah ich in Convulsionen. Sogleich kam einer meiner Confirmanden mit strahlendem Angesichte auf mich zu mit den Worten: „ich bin ein anderer Mensch geworden, Hr. Pastor, der Herr Jesus hat mir meine Sünden vergeben." Alle Kinder freuten sich über meinen Besuch und hatten es sehr gern, daß ich mit ihnen betete. Ich begab mich von da wieder in das Wohnzimmer des Hausvaters, und nach etwa einer halben Stunde besuchte ich in Gemeinschaft mit Pastor Hassenkamp, der unterdessen gekommen war und sich anschloß, ein Schlafzimmer der Mädchen (das an den obigen Knaben-Schlafsaal anstößt). Nur ganz wenige Mädchen (etwa fünf) lagen da zu Bett, indem bei den Mädchen die bei den Kna-

man den entschiedensten Thatsachen zum Trotz, den[] göttlichen Faktor in der Bewegung so sehr verkennen kann. Denn solche Verkennung ist unstreitig ausgesprochen, wenn das Ganze aus menschlicher Macherei und Treiberei abgeleitet wird. Wird die Bewegung als eine ihrem Kerne nach göttliche und geistliche anerkannt, dann ist die Behandlung nicht möglich, welche seitens des Gemeinderaths der Sache widerfahren ist. Bei jener Verkennung hat man folgerichtig die Alltäglichkeit und Gewöhnlichkeit zum leitenden Gesichtpunkt gemacht" (ebenda S. 22). Dagegen schrieb der damalige Protokollführer des Regierungsrates: „Viele waren durch das Geschrei der andern und durch den heiligen Ernst und die fromme Verzükkung, mit welchen die Anstaltsbeamten die Sache behandelt hatten, in hochgradige geistige und gemütliche Aufregung und selbst in ernsthafte nervöse Zuckungen verfallen. Die ganze fromme Anstalt hatte auf dem Punkte gestanden, verrückt zu werden" (zit. nach Reulecke/ Dietz, a.a.O., S. 239). In einem Schreiben des Superintendenten Taube an das königliche Konsistorium in Koblenz vom 24.2.1862 forderte er dieses dazu auf, „noch einmal für diese Sache, soweit sie die kirchlichen Interessen berührt, hochgeneigtest eintreten zu wollen, da der Triumph des Weltgeistes, der die quaestionirte Angelegenheit ohnehin maaßlos zu seinen Zwecken ausgebeutet hat, der Kirche eine schwere Wunde schlagen" werde (Evangelisches Zentralarchiv Berlin, Best.7/Rheinland XIV/7).

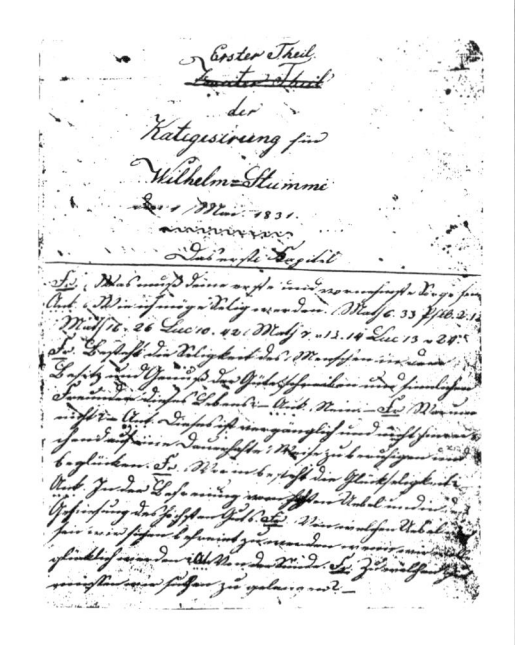

Religiöse Unterweisung des Wilhelm Stumme 1831 (Stadtbibliothek Wuppertal)

ben in der Regel eintretenden körperlichen Zufälle nur selten vorkamen. Kaum waren wir einige Augenblicke in dem Zimmer, so hörten wir in dem anstoßenden Knaben=Saal (nur durch eine dünne Wand von uns getrennt) einen Knaben ein Gebet sprechen — es war ein 16—17jähriger Knabe, bis dahin einer der verkehrtesten des Hauses —; er betete (unsere Gegenwart in seiner Nähe nicht wissend,) mit solcher Macht, Ruhe und Inbrunst für andere Kinder, die noch keinen Frieden gefunden, daß es mir durch Mark und Bein ging; das Gebet hatte nichts Aufgeregtes, Stürmisches an sich, sondern glich einem ruhigen Strom, so voll, so wohlgeordnet und wahrhaft schön und zugleich so in den Herrn eindringend, daß ich noch selten also beten gehört habe. Es war mir sofort klar, daß der Geist des Herrn aus dem Knaben betete. Darauf hörten wir noch einen jüngeren Knaben beten, der einfältig und kindlich für einen andern den Herrn anrief, ungefähr also: „Lieber Heiland, siehe der N. N. ist noch so verstockt und vom Satan gebunden, erbarme dich doch über ihn und bekehre ihn zu dir ꝛc." Ich verließ das Haus mit dem gewaltigen Eindruck: hier ist ein herrliches Werk Gottes!

Elberfeld, den 25. Februar 1861.

Pastor **Rinck.**

2.

Von den vier Kindern des Waisenhauses (drei Knaben und ein Mädchen), die meinen Confirmanden=Unterricht besuchten und um Ostern d. J. confirmirt worden sind, gehören zwei zu den Erweckten, ein Knabe und ein Mädchen. Dieselben habe ich in der letzten Zeit viel beobachtet und öfter allein gesprochen. Das Mädchen ist von Natur ein stilles, übrigens wenig begabtes Kind; dasselbe hat gewaltige Eindrücke von dem lebendigen Gott und Herrn bekommen, was sich in der Zeit der Bewegung in seinem Verhalten auch im Unterrichte kund gab. Ob die Erweckung bei ihm eine tiefergehende und fruchtbringende ist, muß die Zukunft lehren. Der Knabe, der wie das Mädchen körperliche Affectionen hatte, ist nach meinem Erachten tiefer erfaßt und gründlich zum Herrn gezogen, so daß ich nicht daran zweifle, daß er treu bleiben wird. Er ist eine überaus liebliche Erscheinung, hat in der letzten Zeit der Sichtung sich musterhaft benommen und einen sehr wohlthätigen Einfluß auf die übrigen Kinder ausgeübt. Obwohl sicherem Vernehmen nach von gewisser Seite die ungebührlichste Zumuthung ihm gemacht wurde, sich als Heuchler zu bekennen, ist er nicht nur fest geblieben, sondern hat auch seinen Herrn treu bekannt.

Elberfeld, den 16. April 1861.

Rinck, Pastor.

III.

Ich zu Ende dieses Unterzeichneter hielt es, als ich von den Vorgängen im Waisenhause hörte, für meine Pflicht, als städt. ev. Schulpfleger die nur aus Waisenkindern bestehende und im Waisenhause befindliche Schulklasse der Arrenberger Schule zu inspiciren. Da ich in derselben Außerordentliches nicht wahrnahm, machte ich dem Vorsteher des Waisenhauses, welcher als solcher mit den Organen der Kirche und Schule in keiner amtlichen Beziehung steht, einen privatlichen Besuch. Ich kann nicht leugnen, daß ich in das Haus mit einigen Vorurtheilen gegen die Bewegung eingetreten war. Ich fürchtete, daß die Erweckung durch ein methodistisches Dringen auf Buße, das mir meinem innersten Wesen nach so sehr zuwider ist, hervorgerufen sei. Der Vorsteher beruhigte mich nun vollständig, indem er mir auf mehrere und detaillirte Fragen die Erklärung abgab, daß durchaus nichts Besonderes geschehen sei, um diese Bewegung hervorzurufen, und versicherte, daß die ganze Angelegenheit in möglichster Stille und mit Ruhe behandelt werde, weshalb denn auch Fremde nicht zu den Kindern zugelassen würden. Da Pastor Rinck dahier, welchen ich bei dem Vorsteher traf, eben im Begriffe stand, einen seiner Confirmanden zu besuchen, so begleitete ich denselben. Wir traten im obern Stockwerk zunächst in ein kleineres Zimmer ein, worin sich 7—9 Mädchen befanden, welche, so viel ich mich erinnere, theils schliefen, theils auf Stühlen saßen, theils stehend lasen oder sich anderweitig beschäftigten. Diese Kinder sahen etwas angegriffen aus. Als wir noch vor denselben standen, hörten wir eine immer mächtiger anschwellende, betende Stimme in einem Nebenzimmer. Auf meine Frage „wer da bete", antwortete mir die Frau des Vorstehers, welche uns eingeführt hatte, „daß ein Knabe bete." Ich habe kaum jemals ein einfacheres, schöneres und erwecklicheres Gebet gehört und wurde so ergriffen, daß ich unwillkührlich mitbeten mußte. Da nun aber sowohl die Art des Vortrages und namentlich die Reinheit der Stimme, als auch der männliche Ton der Stimme mich entschieden darauf hinwies, einen Irrthum der Frau Vorsteherin zu vermuthen, und ich glaubte annehmen zu müssen, daß nicht ein Knabe, sondern ein gesalbter Prediger bete, so trat ich, um eine bestimmte Ueberzeugung zu gewinnen in das Nebenzimmer ein. In diesem befanden sich etwa 7 Knaben, zum Theil zu je zwei und zwei im Bette liegend. Ich ging auf den Knaben (etwa 16 Jahre alt) los, den mir die Frau Vorsteherin als den bezeichnete, der gebetet habe und erhielt von diesem auf meine Frage eine bejahende Erklärung. In einem der Betten lag ein anderer älterer Knabe, welcher in den heftigsten Convulsionen lag, mit zurückgebogenem Haupte, zuckenden Armen und in tiefem erschütterndem Stöhnen begriffen. Für diesen war gebetet worden. Da die Convulsionen während unserer Anwesenheit zunahmen, so rief, nachdem schon vorher von einem der Knaben der vergebliche Versuch gemacht worden war, ihn durch freundliche Zusprache und Liebkosungen zu beruhigen, derjenige Knabe, welcher laut gebetet hatte, einen dritten auf mit den Worten: Bete für Peter! ... Ein etwa 12 Jahre alter Knabe erhob sich nun vom Bette, kniete neben demselben nieder und betete ein einfach kindliches Gebet, in das einige Bibelstellen sehr passend eingeflochten waren. Er hob an ungefähr mit den Worten: „Lieber Herr Jesu, ich bin aufgefordert für den und den zu beten. Nun weißt Du, daß wir nicht beten können aus uns. Gib doch, daß u. s. w." Auch kam die Stelle vor: „Sollte hier Jemand sein, der noch unbekehrt ist, so bekehre Du ihn doch." Aus diesem Zimmer trat ich in einen größeren Saal, worin 30—40 Knaben zu Bette lagen, theils schlafend, theils wachend, viele offenbar in großer Abspannung. Ich suchte einen meiner Confirmanden auf. Ich fand bei diesem eine so geweckte Sündenerkenntniß, daß ich nicht umhin konnte, anzunehmen, daß der Herr mit seinem heilgen Geiste in ihm sein Werk habe. Auch bekannte er sich auf eine bestimmte Frage zu einer bestimmten Sünde, wegen welcher ich ihn längst in Verdacht hatte.

An den andern Kindern aus dem Waisenhause, welche meinen Unterricht besuchen, nahm ich nur günstige Veränderungen wahr.

Ich habe das Waisenhaus überhaupt nur einmal und zwar am 7. Februar besucht.

Elberfeld, den 27. Februar 1861.

Dr. Hassenkamp, ref. Pfarrer.

IV.

Am 8. Februar Abends besuchte ich das Waisenhaus, um durch eigene Anschauung mir ein Urtheil über die dortigen Vorgänge zu bilden. Ich fand in dem Schlafsaal der Knaben ungefähr 25 auf den Betten liegend und mit sehr geringer Ausnahme in Convulsionen. Es boten diese Kinder unter den beständigen Zuckungen seufzend und klagend, mit allen Zeichen einer heftigen, innerlichen Angst einen tief erschütternden Anblick, aber aus allen diesen ungewöhnlichen Zuständen, welche einem zuerst entgegentraten, blickte doch für jeden Beobachter der eigentliche Lebenspunkt der Erscheinung hervor. Die Knaben waren sämmtlich, bis auf zwei vielleicht, bei Bewußtsein; sie streckten mir ihre Hände entgegen, man mußte beruhigend, tröstend, ermunternd von einem Bette zum andern gehn. Hier kann ich eine Wahrnehmung nicht unterdrücken, welche mir für die Beurtheilung von großer Bedeutung schien. War das, was die Kinder allein bewegte, die Angst um ihre Seligkeit, so suchten sie nicht im Haschen nach freudigen Gefühlen Ruhe zu gewinnen, sondern sie dürsteten ordentlich nach dem Trost des göttlichen Wortes; wie sie auch eine Erleichterung ihres Zustandes zu finden schienen, wenn sie denselben in der Schrift beschrieben fanden. Hier zeigte mir ein Kind die ersten Verse des Psalms 13 und deutete dabei auf sich; dort rückten Mehrere aus den zusammenstehenden Betten zu einander und richteten ihre Aufmerksamkeit zusammen auf einen Gegenstand. Es war nichts Anderes als eine Schriftstelle, welche ein Knabe gefunden, und die er den Anderen als eine kostbare Perle zeigte, welche sie dann Alle mit großer Begierde betrachteten. Wieder wurde ich zu Andern gerufen, und als ich ihnen einzelne Gnaden zu sagen vorhielt und ihrem kindlichen Verständniß nahe zu bringen suchte, strahlte ihr Angesicht von Freude und sie klatschten in die Hände, um den Eindruck zu bezeichnen, welchen das Wort auf sie machte. Diese Bedeutung, welche das Wort Gottes für die Kinder in diesem Zustand hatte, ist doch ein Hinweis darauf, daß sie schon früher in ihrer ganzen Erziehung eine solche Richtung auf das Wort hin empfangen haben müssen, als auf den Grund ihres Heils und doch durch keinen Anderen, als durch den Vorsteher der Anstalt, in dessen Händen ihre Erziehung lag. Wie derselbe die Bewegung zu leiten suchte, trat mir noch aus einem andern Vorgang vor Augen. Eine Woche nach meinem Besuch hatte ich die Anmeldung der Communicanten entgegen zu nehmen; es meldete sich auch ein Knabe, welcher zu den im Waisenhause noch befindlichen Confirmirten gehörte, die von der Bewegung ergriffen waren. Er war durch den Vorsteher Herrn Klug auf das heil. Abendmahl hingewiesen, um darin eine festere Gestaltung der geistlichen Lebensanfänge zu gewinnen. Es ist mir aus diesen Erfahrungen gewiß geworden, daß der Vorsteher mit seinen Gehülfen die ganze Erscheinung, wie sie ihren Ausgang aus Gott gehabt, so auch ihren Fortgang und ihre Weiterbildung durch die Gott geordneten Mittel zu leiten suchten. War das Bewußtsein der Kinder nur ein Sünden= und Schuldbewußtsein, ging ihr ganzes Verlangen nur nach Vergebung auf Grund der göttlichen Zusage im Wort, so war das auch der Mittelpunkt ihres Gebets. Ich bin Zeuge davon gewesen, wie an jenem Abend aus der Unruhe des Seufzens und Klagens eine betende Kinderstimme sich erhob, welche aus dem Grunde eines geängsteten Herzens nur um Vergebung der Sünden, Tilgung der Missethat, Beschaffung eines neuen Herzens in ganz kurzen Worten bat.

Bei einem zweiten Besuche fand ich die Kinder so ruhig und ohne alle erregte Freude, daß ich nichts Besonderes darüber zu berichten hätte.

Elberfeld, den 5. März 1861.

A. Lichtenstein, ev. luth. Pastor.

Kommentar 32

Hermann Heinrich Grafe (1818-1869), aus dessen Biographie der Quellentext Nr. 32 entnommen ist, wurde vor allem als Mitbegründer der „Freien evangelischen Gemeinde zu Elberfeld und Barmen" (1854) bekannt.

Quelle 32
Erweckungserlebnis Hermann Heinrich Grafes

in: [Heinrich Neviandt], Erinnerungen an H.H. Grafe. Seinem lieben Neffen Eduard Grafe als Erinnerungsgabe an den 12. Mai 1882 vom Verfasser, S. 2-6 handschriftlich   Auszug

[...]

Bis dahin [bis zu seinem 16. Lebensjahr] war Grafe eigentlich christlichen Einflüssen ganz fremd geblieben. Weder im elterlichen Hause noch auch im Religionsunterrichte Seitens der Prediger, war ihm das Evangelium nahe getreten. Zwar lag eine Bewahrung vor manchen Jugendsünden in einem gewissen Ernste, der bei ihm mit einer natürlichen Abneigung gegen alles Unrecht gepaart war. Nach einem Zuge von Edelmuth, den wir auch in seinem späteren Leben wiederfinden, verschwieg er, als einst sein Bruder bei einem jugendlichen Spiele ihm die Hand so sehr verletzte, daß ein Finger derselben für immer lahm ward, seinen Eltern den Vorfall so lange, bis die Noth ihn dazu drängte. Bei einer anderen Gelegenheit tritt uns schon die Entschiedenheit entgegen, die sein ganzes Wesen kennzeichnete, wenn es sich darum handelte, einer Ueberzeugung zu folgen. Es war die Rede von einem Aufenthalte in einem als gottlos bekannten Hause, womit, äußerlich angesehen, für den jungen Mann bestimmte Vortheile verbunden gewesen wären. „In ein so gottloses, unchristliches Haus gehe ich nicht", war die Antwort Grafes. „Gott wird auch auf anderem Wege ferner für mich sorgen. Lieber will ich die Schweine hüten, als bei Spöttern und Gottesverächtern zu sein." Auch die lakonische Antwort des Vaters, der übrigens auch nicht für den Plan war, „Dann hüte die Schweine bis es dir besser geboten wird," machten ihn in seinem Vorsatz nicht irre. Indessen, wie gesagt, lebte Grafe damals ohne Gott in der Welt, voll von jenem Selbstvertrauen, das seine Nahrung aus einer angeborenen Charakterstärke und aus der Ueberwindung mancher Hindernisse, durch die hindurch er sich von Jugend auf seinen Weg hatte bahnen müssen, empfing. - Charakteristisch für seine damalige Stellung war der Wahlspruch, den er sich, um ihn täglich vor Augen zu haben, an der Wand seines Zimmers befestigte: „Was Du beginnst, das führe aus." Und doch sollte dieses Wort in einem anderen Sinne, durch die allmächtige Gnade des Herrn, in seiner Laufbahn Wahrheit werden. -

In Duisburg, wo er in einem bedeutenden Geschäft seine Lehre bestand, schlug bald die Stunde, die der Herr versehen hatte, um ihn seinen Sohn, Jesum Christum, zu offenbaren.- Obwohl Grafe auf die Art seiner Bekehrung kein besonderes Gewicht legte, noch weniger dieselbe zum Maßstabe für die Beurtheilung der Aechtheit anderer Bekehrungen machte, hat er doch wiederholt im Freundeskreis, wenn er dazu aufgefordert wurde, mit jener ihm eigenthümlichen Lebendigkeit und Frische erzählt, was der Herr Großes in jenen Tagen an seiner Seele gethan hatte. Und in der That gefiel es dem Herrn, unseren Freund innerhalb weniger Tage, wie einst seinen Knecht Paulus und den Kerkermeister von Philippi, von der Finsterniß zum Licht und von der Gewalt Satan's zu Gott zu bekehren. Grafe war ein eifriger und gewandter Turner und wanderte in Freistunden gerne nach dem benachbarten Düssern, wo eine Turnanstalt sich befand.

Eines Abends will er ein schwieriges Stück, das er übrigens schon häufiger gemacht hatte, von Neuem machen. Aber es gelingt diesmal nicht, trotz der verzweifeltsten Anstrengungen, zu denen ihn besonders die Schadenfreude und der Spott seiner Bekannten über das Mißlingen aufstachelten. Unmuthig und gekränkt verläßt er den Platz, um auf einem einsamen Wege nach Hause zurückzukehren. Einer seiner Freunde, der ihm etwas näher stand, folgt ihm, redet ihn freundlich an, spricht seine Verwunderung darüber aus, daß ihm an diesem Abend das Stück nicht habe gelingen wollen, und so bahnt sich eine Unterhaltung an, im Verlauf deren der Freund ihn darauf aufmerksam macht, daß man doch nicht Alles ausführen könne, was man wolle. „Und wer wollte mich denn hindern?" erwiederte Grafe erregt. „Gott" war die kurze Antwort des Freundes. Wie ein Blitzstrahl fährt dieses Wort, durch den heiligen Geist lebendig gemacht, in das Herz Grafe's, und in seinem Innern entsteht ein furchtbarer Kampf. Zum ersten Male in seinem Leben wird er es inne, daß es einen allmächtigen Gott gibt, in dessen Hand er ist, und vor dem er sich beugen muß. Nach Hause zurückgekehrt, zerreißt er zunächst seinen Wahlspruch. Dann geht er herunter zu seinem Hauswirth, der zuerst seinen Ohren kaum trauen will, als der junge Mann eine Bibel fordert. Mit dieser schließt sich unser Freund in seinem Zimmer ein; aber der Kampf dauert fort. Bald nimmt er die Bibel, bald wirft er sie wieder von sich. Mitten in der Nacht will er aufstehen, um das Stück, das ihm mißlungen, zu machen. Und

doch kommt es nicht dazu. Der Geist Gottes greift tiefer in sein Herz, seine Sünde und Schuld tritt ihm vor Augen; das Haupt gesenkt, hält er sich nicht für würdig auf einem Stuhl zu sitzen und setzt sich zwischen zwei Stühle. Aber nicht lange dauert der harte Kampf. Da zeigt ihm der Herr, der ihn getödtet hat, durch die Offenbarung seiner Heiligkeit, das helle Licht seiner Klarheit in dem Angesichte Jesu Christi. Seliger Friede, selige Gewißheit des Heils erfüllten das Herz des Jünglings, der noch wenige Tage zuvor nichts von Jesu wußte. - Das helle Licht, das seiner Seele aufgegangen war, konnte nicht verborgen bleiben; er glaubte nun von Herzen an das Evangelium; wie sollte er anders, als von dem zeugen, was der Herr an ihm gethan? Und gleich von Anfang an finden wir in ihm den unerschrockenen, muthigen Bekenner des Herrn Jesu, wie er es durch des Herrn Gnade bis an's Ende seines Lebens geblieben ist. Dabei war ihm von vorn herein ein besonders klarer Blick in das Heil aus freier Gnade geschenkt. Die ewige Gnade Gottes, die mit allmächtiger Hand den Sünder auf seinem Wege aufhält, die allen Widerstand überwindet und ihn aus einem Kinde des Zornes zu einem Kinde des Friedens macht, ohne alles eigene Verdienst, war ihm so unwidersprechlich durch seine eigene Lebensführung in's Herz geschrieben, daß sie von da an das A und O in seiner ganzen christlichen Anschauungsweise blieb.
[…]

Schmuckblatt, undatiert (SAW M I 85)

Kommentar 33
Der Kaufmann Daniel Hermann (1835-1887), der das in Quelle 33 wiedergegebene undatierte Gedicht verfaßte, trat vor allem als Vereinsgründer hervor.

Quelle 33
Gedicht Daniel Hermanns,
in: C. Krafft, Erinnerungen an den Kaufmann Daniel Hermann zu Elberfeld, o.O. (Elberfeld) o.J. (1887), S. 140/141

Etwas Ganzes.

Ein ganzer Mann, das ist mein Streben;
Ach, nur nichts Halbes, treuer Herr.
Wenn doch in meinem ganzen Leben
Nichts Halbes mehr zu finden wär!
O, durch und durch von dir erfüllt,
Als Gotteskind auch Gottesbild.

Ja „durch und durch," das ist mein Flehen,
Möcht ich von dir geheiligt sein;
Es kann, es wird, es muß geschehen,
Denn Gottes Wort kennt keinen Schein.
Mein ganzer Geist, samt Seel und Leib
Unsträflich zum Gerichte bleib.

Zerstöre doch dies halbe Wesen,
Das sich mit halbem Werk begnügt;
O laß mich ganz zu dir genesen,
Daß sich mein All' in Dir vergnügt.
Das ganze Herz von Dir erfüllt,
Mein ganzes Wesen Christi Bild.

In Demut ganz und in der Liebe,
Im Glauben ganz und in der Zucht,
Ein ganzer Schüler deiner Triebe,
Ganz treu in aller Sündenflucht.
Von deinem Geiste ganz erfüllt,
In allem meines Vaters Bild.

O laß mich recht dein Bild studieren,
Geist Gottes, o verklär es mir;
Du wollst mich täglich wiederführen
An dieses Bild voll Kraft und Zier.
Ja gieb, daß meines Heilands Bild
Mein ganzes Denken nur erfüllt!

6. Religiöse Minderheiten

Kommentar 34

Seit dem Übertritt der Elberfelder Kirchengemeinde zum evangelischen Glauben Mitte des 16. Jhdts. befanden sich die Anhänger der katholischen Kirche in Elberfeld wie auch in der 1804 gegründeten Barmer Gemeinde gegenüber Lutheranern und Reformierten in der Minderheit: In Elberfeld standen im Jahr 1810 3780 Katholiken 14911 Protestanten gegenüber, 1850 waren es 10687 katholische und 37966 evangelische Gemeindemitglieder. Hatten noch Anfang der 30er Jahre die evangelischen Gemeinden den von Pfarrer Franz Stephan Oberrhe (1768-1843) initiierten, 109676 Taler teuren Bau der St. Laurentiuskirche in Elberfeld unterstützt - sie wurde am 8.11.1835 eröffnet - so kam es im Zusammenhang mit der sich seit 1843/44 in Deutschland entwickelnden Bewegung des Deutschkatholizismus zu Spannungen sowohl innerhalb der katholischen Kirche als auch zwischen den Konfessionen: Die Exkommunizierung des schlesischen Pfarrers Johannes Ronge (1813-1887) wegen dessen Kritik an der Ausstellung und Verehrung des heiligen Rockes in Trier hatte zu einer Protestbewegung von Katholiken in Deutschland geführt, in deren Verlauf es im Oktober 1844 in Schneidemühl zur Gründung der ersten, von Rom unabhängigen „Christlich-Apostolischen Gemeinde" kam, gefolgt von einer Reihe weiterer katholischer Abspaltungen. Auf ihrem ersten Konzil in Leipzig 1845 organisierten sich diese Gemeinden als „Deutsch-Katholische Kirche". Am 15.2.1845 konstituierte sich auch in Elberfeld eine „deutsche christlich=katholische-apostolische Gemeinde", die Mitte 1845 über 200 Mitglieder zählte und deren Vorstand u.a. der Zeichenlehrer Aloys Körner angehörte. In ihrem Glaubensbekenntnis vom 15.2.1845 hieß es: „Im Angesichte Gottes sagen wir uns los von dem Papste und der Hierarchie und von allem damit zusammenhängenden, unevangelischen Wesen - welche Kämpfe, welche Schmach uns beschieden sein werden - wir sagen uns los!" (Elberfelder Zeitung Nr. 55 vom 24.2.1845).

Den sich auf eine rationalistische Bibelauslegung stützenden Elberfelder Deutschkatholiken wurde für ihre Gottesdienste von seiten des evangelischen Gymnasiums die Aula zur Verfügung gestellt, der reformierte Pastor F.W. Krummacher nahm an der Einführungsfeier des ersten Pfarrers der Gemeinde, Pfarrer Licht, teil, und publizistische Unterstützung erfuhren sie in der Elberfelder Zeitung durch deren Redakteur Dr. Rave, dessen Wirken Adolf Schults im Januar 1845 im Stuttgarter Morgenblatt für gebildete Leser wie folgt beschrieb: „[B]esonders seit

Quelle 34
Artikel aus der Beilage zur Elberfelder Zeitung Nr. 164 vom 16.6.1845

Hochwohlgeborner Herr!
Hochgebietender Herr Oberpräsident!

Ew. Hochw. haben in dem verehrlichen Erlasse vom 14. März c. in hohem Grade die Art und Weise, wie die hiesige Zeitung religiöse und kirchliche Angelegenheiten bespricht, mißbilligt und den Unfrieden beklagt, welchen die Polemik der hiesigen Zeitung zur Folge hat, und hierin hat die hiesige, sehr gedrückte, kath. Bevölkerung die zartesten Sympathien, und den erwünschten Trost gefunden und dankbar verehrt, um so mehr, als von Ew. Hochwohlgeboren uns in dem bezogenen Erlasse die Zurückführung der hiesigen Zeitung in die Schranken der Censurgesetze zugesichert worden ist. Ich habe in diesem hohen Erlasse zugleich den Grund gefunden, die hiesigen kathol. G:meindeglieder zu beruhigen, und hiezu keine Gelegenheit vorübergehen lassen, sogar öffentlich von der Kanzel die Gemeinde ersucht und aufgefordert, den Ort der Zusammenkunft der sogenannten Deutsch=Katholiken zu meiden.

Daß nun aber Ew. Hochw. hochgefälliger Absicht entsprechend, wie erwartet werden durfte, verfahren worden, dieß dürfen wir leider nicht bejahen, müssen vielmehr behaupten, daß die Zeitung nach wie vor in ihrer gehässigen Polemik und Lästerung kathol. Institutionen und Personen fortfährt. Am meisten ist aber nunmehr die von mehreren nichtkathol. Einwohnern bethätigte Theilnahme und Begünstigung der sogenannten deutsch=kathol. Gemeinde zu beklagen, eben weil sie nur die Aufregung vergrößert und die Erbitterung vermehrt, die bis jetzt glücklicher Weise noch zu keinem gemeingefährlichen Ausbruch gekommen ist. Ich halte es indeß gegenwärtig für meine Pflicht, Ew. Hochw. auf die gesteigerte Aufregung der hiesig. Bevölkerung wiederholt aufmerksam zu machen. Nichts wird hierorts unversucht gelassen, was nur geeignet ist, die Katholiken zu kränken und zu erbittern, und sogar am heil. Pfingstfeste war es nahe daran, daß Menschenblut vergossen wurde. Mehrere tausend Menschen waren vor dem Gebäude unseres städtischen Gymnasiums, wo einige zwanzig der Sectirer ihren sogenannten Gottesdienst, unter Theilnahme vieler evangelischen Gemeindeglieder eröffneten, versammelt, und ließen durch Pfeifen und Schreien ihre Erbitterung gegen die Separatisten laut werden. Glücklicherweise ist dieser Auftritt, wobei zwei Menschen von der Polizei verhaftet worden sein sollen, ohne Blutvergießen vorübergegangen. Ich befürchte aber, daß es bei der von Tag zu Tag sich steigernden Aufregung und Erbitterung nicht immer so leicht abgehen werde, wenn von Seiten unserer städtischen Behörde nicht anders verfahren wird, als wie bisher. Die kath. Bevölkerung fühlt sich tief gekränkt, und glaubt, daß die städtische Behörde dem Unwesen Vorschub leiste. Und in der That, wenn man ihr Benehmen in dieser Angelegenheit beobachtet, so kann man wenig zu ihrer Vertheidigung vorbringen; öffentlich läßt sie hier den Gesetzen Hohn sprechen.

Das Volk kann es nicht begreifen, daß den wenigen Separatisten, die größtentheils durch ihr bisheriges unkirchliches Leben keine besondere Ansprüche und Anerken=

303

Johannes Ronge gegen den heiligen Rock zu Felde gezogen, ist unser Mann so recht in seinem Elemente, und mehr als jemals schlägt er um sich nach allen Seiten. Rave ist Katholik, aber ein erklärter Feind des Ultramontanismus; bei den hiesigen Katholiken ist daher seine Zeitung sehr in Mißkredit geraten und der Pastor Loie hat sie allen seinen Beichtkindern aufs strengste verboten" (Adolf Schults, Elberfeld in den vierziger Jahren des 19. Jhdts., hg. von Hanns Wegener, in: MBGV 20.Jg.(1913), S. 1ff, hier S. 26). In dem wiedergegebenen Beschwerdebrief des katholischen Pfarrers Friderici (gest. 1883) wendet sich dieser ein zweites Mal an den Oberpräsidenten, nachdem eine erste Eingabe katholischer Bürger vom 14.2.1845 zu dem in der Quelle angesprochenen Erlaß vom 14. März geführt hatte. In dem Schreiben vom 14.2. hatte es geheißen: „Wer mit den Verhältnissen unserer Fabrikstadt bekannt ist, wer insbesondere weiß, daß die Mehrzahl unserer arbeitenden Classe auf ihrer beschränkten Bildungsstufe für religiös überspannte Ansichten leicht empfänglich ist; der kann nicht zweifeln, daß bei der herrschenden Gährung es nur eines äußern Anlasses bedarf, um die gehässigen Gesinnungen, welche die hiesige Zeitung durch ihre religiösen Artikel im Volke erregt hat und täglich auf jede Weise nährt, thatsächlich ausbrechen zu machen, und hier die traurigsten Auftritte herbeizuführen" (LHA Koblenz, Best.403, Nr. 6576). Die in nebenstehendem Artikel erhobenen Vorwürfe gegen Polizei und Verwaltung wurden von Oberprokurator von Kösteritz zurückgewiesen.

Titel des Gemeindeblattes der Elberfelder Katholiken

nung in einem christlichen Staate sich erworben haben, hierorts alles gestattet wird, was schnurgerade unseren Gesetzen zuwider ist. So ist ihnen längere Zeit zu ihren Versammlungen die Benutzung eines Schulgebäudes eingeräumt worden, und ohne höhere Erlaubniß gestattet, nach von ihnen beliebter Weise gottesdienstliche Andachtsübungen zu halten, obgleich dies, wie alle Zusammenkünfte über 20 Personen, auf's bestimmteste durch die Gesetze untersagt sind. Zu seinem Aerger muß das aufgeregte Volk sogar jeden Sonnabend lesen, wie die ungesetzlichen Zusammenkünfte der Separatisten durch unsere Localblätter angekündigt, und diese dem Gottesdienste der rechtlich bestehenden Confessionen gleichgestellt werden. — Am zweiten Mai gestattete die Schul-Commission die Aula des städtischen Gymnasiums zur Abhaltung ihres Gottesdienstes. Katholischer Seits hat man sich deshalb an die vorwaltende Polizeibehörde gewandt, und verlangt, diesen ungesetzlichen Zusammenkünften und deren unerlaubtem Treiben zu steuern. Allein vergebens. Der Oberbürgermeister schob es auf den Oberprokurator, und dieser umgekehrt wieder auf den Oberbürgermeister, beide das Ungesetzliche anerkennend. Ja, statt es zu untersagen, war an hohen Pfingsttage die ganze Polizeimacht in Bewegung, um die ungesetzliche Versammlung gegen mögliche Unbilde zu schützen. Ich kann nicht beschreiben, wie sehr das kathol. Volk, das sich bis dahin so ruhig erhalten hat, sich dadurch beleidigt sah. Laut hört man sie aussprechen, daß unter den Augen der Behörde den Gesetzen Hohn gesprochen werden dürfe, wenn dadurch nur den Katholiken geschadet und wehe gethan werde. Wie dabei die Liebe zur Regierung noch gepflegt werden kann, sehe ich nicht ab. Mit Recht ist den Katholiken untersagt, gegen andere anerkannte Confessionen Controverspredigten zu halten, und diese Separatisten, die noch keine rechtliche Existenz haben, können ungestraft in erlaubten Zusammenkünften gegen die katholische Kirche, deren Oberhaupt, Verfassung und Lehre auf die gemeinste und lästerlichste Weise predigen, in kleinen, wohlfeilen Brochüren und in den Tagesblättern unsere höchsten Dignitäten verhöhnen. Zum Belege lege ich das Schmählibell vom Vorstande der hiesigen Separatisten, dem Zeichenlehrer Körner, bei, und weise auf jede beliebige Nummer der Elberfelder Zeitung hin, die rastlos und ungescheut Alles aufbietet, um die Katholiken bei ihren andersgläubigen Mitbürgern verächtlich zu machen. Selbst den hiesigen, täglichen Anzeiger muß die Bevölkerung durch hämische Ausfälle und übertriebene Darstellungen, die er gegen die katholische Kirche aufnimmt, ungestraft gegen sich gerichtet sehen, obgleich dies Lokalblatt zu dergleichen Mittheilungen durchaus keine Concession hat; denn allgemein ist hier bekannt, daß dies Blatt mit der Wegnahme der Concession bedroht wurde zur Zeit, als es gegen eine gewisse Richtung in der protest. Kirche des Wupperthals Mittheilungen lieferte, die bei Weitem nicht so beleidigend waren, als die Erzählungen und Gedichte, die es jetzt liefert. Auch ist wiederholt vorgekommen, daß kathol. Eltern, die ihre neugeborenen Kinder als katholisch angaben, von Personenstandsbeamten nachträglich gefragt wurden, ob sie deutsch-katholisch werden sollten. Ueberflüssige Fragen, die nur erbittern müssen. Auch kann man nicht begreifen, wie die Separatisten sich noch immer fort öffentlich Katholiken nennen dürfen, obgleich sie weder die Lehre, noch die

Verfassung der katholischen Kirche haben, und dadurch große Unannehmlichkeiten herbeiführen. So wurde in verwichener Woche ein Brief mit der Adresse versehen: „An den Vorstand der kathol. Gemeinde in Elberfeld" von dem unrecht und unerlaubt sich katholisch nennenden Vorstande der Separatisten erbrochen.

Ich halte es daher für meine Pflicht, Ew. Hochwohlgeboren um Schutz und Abstellung dieser ungesetzlichen Mißstände anzurufen, nicht als ob ich für meine Gemeinde fürchtete, denn die ganze Zahl von einigen zwanzig Separatisten, die aus meiner über 9000 Seelen starken Gemeinde geworden werden konnten, obgleich hier die empörendsten Mittel versucht wurden, um die abhängigen Gemeindsglieder irre zu machen, sind dafür hinlänglich Beleg, sondern darum, weil ich die traurigsten Auftritte unter dem hiesigen Fabrikvolke befürchte. Durch die Zulassungen und Bewilligungen der hiesigen Behörde, und die unermüdlichen Kränkungen der Katholiken von Seite der Elberfelder Tageblätter steigert sich die religiöse Aufregung in dem Grade von Tag zu Tag, daß bald eine militärische Besatzung der Stadt nothwendig werden wird. Meine warnenden Worte an die Gemeinde: als Christen alle Kränkung still, ohne Rache zu ertragen, werden auf die Dauer nicht mehr ausreichen. Die unzähligen traurigen Familien- und Bürgerverhältnisse, die das hiesige Treiben herbeigeführt, werden sie gewiß überwiegen. Um aber meinerseits nichts zu versäumen, was dazu beitragen kann, daß dem wilden Ausbruche hier mit einer bittern Gemüthsstimmung vorgebeugt werde, spreche ich mich vor Ew. Hochwohlgeboren frei aus, daß durch diese erwähnten Mißstande, die weit und breit in unserer Provinz kund und beklagt werden, Vermuthungen und Aeußerungen beim Volke Platz greifen, die alle Liebe zum Throne und zur hohen Regierung ersticken müssen.

Im Bewußtsein der Pflichterfüllung auf diese staatsgefährlichen religiösen Bewegungen, und auf die drohende Stimmung im Volke, auf die große Gefahr für die bürgerliche Ruhe unserer volkreichen Stadt aufmerksam und zur Zeit die gehörige Anzeige gemacht zu haben, unterzeichnet u. s. w."

Kommentar 35
Ausgehend von der Erfahrung der Revolutionsereignisse in den Jahren 1848/49 konstituierte sich am 19.6.1850 der „Evangelische Brüderverein" in Elberfeld, zu dessen tragenden Mitgliedern neben den Unternehmern Hermann Heinrich Grafe (1818-1869), F.W. von den Steinen (keine Daten) aus Wülfrath und Karl Wilhelm Neviandt (1792-1870) aus Mettmann der Elberfelder Gymnasialdirektor Karl Wilhelm Bouterwek (1809-1869), der Lehrer Carl Brockhaus (1822-1899) sowie der Prediger Julius Köbner (1806-1884) zählten. Der Verein, der 1852 aus 65 aktiven Mitgliedern - davon 10 hauptamtliche Prediger - bestand, von 400 Freunden unterstützt wurde und die Zeitschrift „Der Säemann" herausgab, stieß bei seiner privaten Missionstätigkeit in über 70 Gemeinden im Bergischen Land, bei der ca. 346000 religiöse Schriften verteilt wurden, auf massive Ablehnung seitens der Landeskirche, die ihm separatistische Tendenzen vorwarf. Um diesem Vorwurf zu entgehen, wurden am 11.12.1852 8 von 12 Lehrbrüder des Vereins, die darbystische Auffassungen vertraten - unter ihnen Carl und Wilhelm Brockhaus - zum Verlassen des Vereins bewegt. Nachdem gemäß der Neufassung der Satzung von 1850, dem „Statut des evangelischen Brüdervereins" vom 18.12.1852, die Vereinsmitglieder auf einen Kanon von 9 Glaubensgrundsätzen verbindlich festgelegt worden waren, darunter die „göttliche Einsetzung des christlichen Predigtamtes und die Autorität und Dauer der Stiftung der heil. Taufe und des heil. Abendmahls" (zit.

Quelle 35
Satzung des Evangelischen Brüdervereins (1850),
in: W. Hermes, Hermann Heinrich Grafe und seine Zeit, Witten 1933, S. 119

<u>Satzung des Evangelischen Brüdervereins vom 3. Juli 1850</u>

§ 1. Der Evangelische Brüderverein setzt sich die Verkündigung des lauteren Evangeliums von Jesus Christus, dem Heiland der Sünder, zunächst in den Gemeinden des Bergischen Landes zur Aufgabe.

§ 2. An diesem heiligen Werke, welches die Pflicht und das Vorrecht <u>aller</u> Kinder Gottes ist, kann jeder evangelische Christ teilnehmen, der die erlösende Kraft des Evangeliums an seinem eigenen Herzen erfahren hat.

§ 3. Die zur Verkündigung des Evangeliums aus der Mitte des Vereins berufenen Brüder haben sich in ihren Vorträgen vor allem Streiten über die besonderen Lehrpunkte der evangelischen Konfessionen sorgfältig zu hüten und alles zu vermeiden, wodurch die anerkannten Kirchengemeinschaften, denen wir angehören, in ihrem Stande bedroht werden könnten.

§ 4. Dabei soll indessen die persönliche Glaubensüberzeugung eines jeden unserer Sendboten ihre volle Berechtigung behalten; ein solcher Bruder aber, sobald er für den Verein wirkt, dem ursprünglichen Zwecke desselben treu bleiben und Christus und das Heil <u>allein</u> in ihm verkündigen.

§ 5. Zu dem Ende haben sich die lehrenden Brüder mit den Pfarrern derjenigen Gemeinden, in denen zu wirken sie berufen sein könnten, über ihre Tätigkeit <u>womöglich</u> zu besprechen, aber unter keiner Bedingung aus Anbequemung an die Ansichten anderer die Verkündigung des Evangeliums zu unterlassen.

§ 6. Da der Brüderverein, was schon sein Name besagt, auf dem Grunde christlicher Brüderlichkeit beruht, so sind auch alle Mitglieder desselben gleichberechtigt.

§ 7. Bis zu dem Zeitpunkte, wo es gelungen sein wird, durch des Herrn Weisung einen begabten und frommen Mann für die ausschließliche Verwaltung des Vereins zu gewinnen, soll die Leitung desselben einstweilen einem Vorstande anvertraut werden, der aus einem Vorsitzenden, einem Schriftführer, einem Rechnungsführer und

nach der Beilage zu Nr. 53 des Säemanns, Statut des ev. Brüdervereins, § 12), entzog der Verein am 25.11.1853 seinen baptistisch orientierten Mitgliedern die Lehrberechtigung, was zum Austritt Ferdinand Ribbecks und Julius Köbners führte. Neben Köbner, der im November 1852 an der Gründung der „Baptistengemeinde Elberfeld/Barmen" maßgeblich beteiligt war, sowie Carl Brockhaus, der als zentrale Person der „darbystischen" Brüderversammlung in ganz Deutschland Bedeutung erlangte, ging mit H.H. Grafe als Mitbegründer der „Freien evangelischen Gemeinde" der dritte Initiator außerkirchlicher Gemeinden aus dem „Evangelischen Brüderverein" hervor.

einer beliebigen Anzahl von Beisitzern zu bestehen hat. Hauptsitz des Vereins ist Elberfeld.

§ 8. Die Mitgliedschaft wird erworben durch persönliche Wirksamkeit und regelmäßige, jedoch freiwillige Geldbeiträge, welche von Zeit zu Zeit zu erheben sind. Anmeldungen zum Eintritt in den Verein können bei jedem wirklichen Mitgliede desselben gemacht werden, dem dann auch das Recht des Vorschlages zusteht; die Entscheidung über die Aufnahme steht indessen dem Verein als solchem zu.

So beschlossen in der dritten Versammlung des Evangelischen Brüdervereins zu Mettmann, den 3. Juli 1850

Der Vorstand:
Bouterwek von Elberfeld; K. Brockhaus von Elberfeld; H.H. Grafe von Elberfeld; Fr. Wilh. v.d. Steinen von Wülfrath; K.W. Neviandt von Mettmann; Albert Schoel von Gruiten.

Kommentar 36

Die Gründung der 31. Baptistengemeinde Deutschlands - der „Baptistengemeinde Elberfeld/Barmen" - am 17.11.1852 durch den Prediger Julius Köbner (1806-1884) und sechs weitere „Brüder" erfolgte, nachdem in den Jahren 1847 und 1852 die Wuppertaler Anhänger des Baptismus' schon zweimal mit Johann Gerhard Oncken (1800-1884), dem Begründer des deutschen Baptismus, zusammengetroffen waren und dieser eine Reihe von Erwachsenentaufen in der Wupper vorgenommen hatte. Die als Verein konstituierte Gemeinde, die sich in ihrem Gründungsprotokoll auf das allgemeine Glaubensbekenntnis getaufter Christen in Deutschland von 1847 festlegte, führte detaillierte Gemeindestatistiken und Bilanzen, aus denen neben der Beteiligung wohlhabender Unternehmer die starke Teilnahme von Handwerkern und Facharbeitern, aber auch von ungelernten Fabrikarbeitern hervorgeht. Innerhalb der baptistischen Gemeinde, in der Armut nicht als gottgewollt, sondern als persönliches Versagen betrachtet wurde, herrschte eine strenge Kontrolle über die Befolgung religiöser Normen, besonders hinsichtlich des Verstoßes gegen die Sonntagsheiligung, der Heirat Andersgläubiger und des Tragens „unsittlicher" Kleidung, was zum Ausschluß aus der Gemeinde führte. In seinem „Manifest des freien Urchristentums an das deutsche Volk" vom Mai/Juni 1848 hatte Julius Köbner den Charakter der Gemeindeordnung wie folgt beschrieben: „Demgemäß gibt es in der Gemeinde keine entscheidenden Stimmen. Die allgemeine Abstimmung entscheidet jede Frage. Die einfache Stimmenmehrheit ist die höchste irdische Autorität, die einzige und höchste Instanz aller Urteile, die alleinige Quelle aller Beschlüsse und Ordnungen, die

Quelle 36
Brief des Baptistenpredigers Julius Köbner an den Oberpräsidenten von Kleist-Retzow

LHA Koblenz   Bestand 403 Nr. 15889 Bl.63/64   28.6.1854   handschriftlich

An Euer Excellenz
einige Worte des Dankes für die überaus gütige Aufnahme in der Audienz am 20sten dieses Monats zu richten, ist mir und den Brüdern, die mit mir von der hiesigen Baptisten=Gemeinde gesandt waren, in dem Maße Herzensbedürfniß, daß wir nicht umhin können, in diesen wenigen Zeilen unserm Gefühle Ausdruck zu verleihen.
Was uns allen jene Augenblicke besonders theuer machte und unsere Herzen mit Freude erfüllte, war das in uns hervorgerufene Bewußtsein, daß wir uns nicht bloß einem hohen, menschenfreundlich gesinnten Oberen gegenüber befanden, sondern auch einem Manne, dessen Herz dem gekreuzigten Sünderheiland angehört, und daher einem Miterben ewiger Herrlichkeit.

Erlauben Euer Excellenz, daß ich in Verbindung mit der schwachen Aeußerung unserer Dankbarkeit und Freude, zu dem Bilde, welches Sie Sich von unserer Gemeinde zu verschaffen suchten noch zwei Züge hinzufüge, ohne welche das Bild nicht der Wirklichkeit treu sein würde.

Obwohl die apostolische Urform der Gemeine Christi uns ein hohes Ziel ist, welches wir erstreben, und wir deshalb mit den Ansichten Seiner Majestät unseres theuren Königs in der bekannten Cabinets=Ordre an die Rheinisch=Westphälische Synode von Herzen übereinstimmen; obwohl wir die Ueberzeugung von der Beschaffenheit christlicher Urformen, die uns durch das Wort Gottes geworden ist, festhalten: steht uns doch das große Versöhnungsopfer und der lebendige, von Gott gewirkte Glaube an dasselbe so hoch über jeder Form, auch der göttlich gegebenen, daß wir uns herzlichst mit Jedem verbunden fühlen, den Jesus ergriffen und der Jesus ergriffen hat, ob er sich in einer protestantischen oder selbst in der katholischen Kirche befinde. Ein über allen confessionellen Rücksichten stehender evangelischer Bruder=Bund wahrer Christen wäre die Verwirklichung eines der höchsten Wünsche aller deutschen Baptisten.

Obwohl nach unserer Ueberzeugung den Elementen einer Gemeine Christi noch heute die neutestamentlichen Prädicate „Heilige und Geliebte" müssen beigelegt werden können, weil die Heiligkeit Christi durch den Glauben ihr Eigenthum ist, so bleiben diese Elemente doch in sich selber höchst schwach und sündhaft, weshalb auch die Schwachen im Glauben, in denen aber Leben aus Gott erkennbar ist, ihren rechtmäßigen Platz in der Christengemeine finden müssen, und nur die geistlich Todten von derselben ausgeschlossen sind. Freilich fordern wir von Christen einen gottseligen Wandel als Legitimation der Aechtheit ihres Glaubens; aber beide, Glaube

ausschließlich gültige Bestimmung in allen erheblichen Angelegenheiten. Die Abstimmung entscheidet über die Aufnahme eines neuen Mitgliedes in den Gemeindeverband und über den Ausschluß eines solchen, das dem Christentum Schande macht durch Verstöße gegen das Moralgesetz. Mit dem Worte: ‚Einer ist euer Meister, Christus; Ihr aber seid Brüder' hat der Herr jedes aristokratische oder hierarchische Element aus einer Gemeinde entfernt" (zit. nach Hermann Gieselbusch (Hrsg.), Um die Gemeinde. Ausgewählte Schriften von Julius Köbner, Berlin 1927, S. 159).

und Wandel, und überhaupt alles Subjective, betrachten wir nur als Wirkung des großen Glaubens=<u>Objectes</u>, das unser Heil ist, und unsere Beseligung anfängt durchführt und vollendet. Bittend um gütige Nachsicht für diese Zeilen und mit dem Herzensgebet, daß der Herr Euer Excellenz mit jedem Segen krönen wolle, verharre ich
Euer Excellenz
unterthänigster
J. Köbner
Prediger der Baptistengemeinde

Kommentar 37

Am 22.11.1854 gründeten die Unternehmer Hermann Heinrich Grafe (1818-1869) und Friedrich Wilhelm Bartels (1819-1891) gemeinsam mit vier weiteren Bürgern die „Freie evangelische Gemeinde in Elberfeld und Barmen" (FeG) als Verein im Rahmen des preußischen Vereinsgesetzes. Ähnlich der Baptistengemeinde wies die soziale Struktur der FeG neben Unternehmern auch Arbeiter und unverheiratete Arbeiterinnen sowie einen großen Anteil verarmter selbständiger Handwerker auf. Der erste Prediger der Gemeinde, die 1855 20, 1864 145 und 1874 schließlich 250 Mitglieder zählte, Heinrich Neviandt (1827-1901), begründete die Notwendigkeit einer weiteren außerkirchlichen Gemeinde im Wuppertal in der folgenden Weise: „[D]ie betreffenden Brüder [hatten] zum Theil aus eigener Erfahrung in ihren kirchlichen Aemtern sich davon überzeugt, wie lähmend und hemmend für die eigentliche Arbeit im Reiche Gottes die Gleichberechtigung der Gläubigen und Ungläubigen, wie sie eine Thatsache in den kirchlichen Verhältnissen war und ist, sich erwies.[...] Von dem Anschluß an die Baptistengemeinde oder an die Darbystengemeinschaft, die sich mittlerweile ebenfalls gebildet hatte, hielten die betreffenden Brüder bestimmte Bedenken zurück. Somit war der Boden für eine andere Gemeinschaft, die, womöglich die zu große Enge der Baptistischen Brüder und den Radikalismus der Darbystischen Brüder zu vermeiden hatte, gegeben" (H. Neviandt, Erinnerungen an H.H. Grafe, S. 107/108). Im Gegensatz zu der um 1853 entstandenen „darbystischen" Brüderversammlung um Carl Brockhaus (1822-1899), für die es eine feste Organisation Gläubiger in einer Gemeinde oder Kirche als weltlicher, in ihrem Sinne folglich „fleischlicher" und damit sündiger Institution nicht geben konnte und

Quelle 37
Austrittsschreiben H.H. Grafes u.a. aus der reformierten Gemeinde Elberfeld

Archiv der Evangelisch-reformierten Gemeinde Elberfeld (13) 07 1,3
30.11.1854   handschriftlich

Ehrwürdige Herren.
Die Unterzeichneten zeigen Ihnen hierdurch ihren Austritt aus der reformierten Gemeine an.
Wir können diese Erklärung nicht machen, ohne Ihnen zugleich den Beweggrund dazu kurz anzugeben.
Es handelt sich für uns nicht um herrschende Uebelstände, um eine mangelhafte <u>Praxis</u> in der Kirche, die mit der Zeit und nach Umständen beßer werden könnte; es handelt sich für uns vielmehr um die <u>Grundlage</u> der bestehenden Volkskirche, in welcher der Ungläubige mit den Gläubigen, auf Grund einer Massenkonfirmation, dasselbe Recht genießt.
Ueberzeugt von der Nothwendigkeit des <u>persönlichen</u> Glaubens, um Christo anzugehören, fühlen wir uns in unserm Gewißen gebunden, diesen großen evangelischen Grundsatz nicht nur mit dem Munde zu bekennen, sondern auch mit der That zu bewahrheiten. Und was uns in dieser Beziehung für die <u>Person</u> gilt, als Christ, das gilt uns auch für die <u>Gemeinschaft</u>, als eine christliche, die aus Personen besteht und nicht aus Institutionen, welche blos objectiv gehalten, subjectiv <u>nichts</u> bedeuten.-
Der kirchliche Formalismus enthält für die geistliche Lebensgemeinschaft dieselbe Gefahr, wie die todte Orthodoxie für den seligmachenden Glauben. Es ist ein Unrecht an der Wahrheit, Jemanden auf ein Glaubensbekenntniß zu verpflichten, deßen Inhalt er doch nicht glaubt. Wozu der bloße Schein, wenn man wirklich die Wahrheit will! - Es ist deßhalb nothwendig, das <u>persönliche</u> Verhältniß zur Wahrheit entscheiden zu laßen, wenn es sich darum handelt, einer Gemeinschaft beizutreten oder anzugehören, deren erste Bedingung und Pflicht es ist, der Wahrheit zu dienen. Diese <u>Gemeinschaft</u> selbst soll aber auch eine <u>Wahrheit</u> sein: und da dürfen wir uns und Ihnen, ehrwürdige Herren, nicht verhehlen, daß wir die Wahrheit der Gemeinschaft in Christo da nicht finden, wo auch offenbar Ungläubige und Feinde Jesu Christi noch Raum haben. Wir trennen uns deßhalb von Ihrer Gemeine, weil die Gläubigen in derselben sich <u>grundsätzlich</u> nicht von der Welt trennen wollen, deren Freundschaft doch Gottes Feindschaft ist und bleibt.
Indem wir so die Trennung der Gläubigen von den Ungläubigen nach II. Cor. 6, 14-18, verlangen, könnte es den Schein haben, als wären wir in dem Wahne befangen, eine <u>absolut</u> reine Gemeine von Auserwählten und Wiedergeboren[en] herstellen zu wollen. Wir protestiren gegen einen solchen Irrthum. Wir wißen nur zu gut aus der Geschichte der ersten christlichen Gemeinen, daß sich <u>Heuchler</u> oder <u>falsche Brüder</u> <u>„neben einschleichen"</u> können, als daß wir etwas verlangen, wozu uns das Wort Gottes kein Recht verleiht. Sie werden aber, ehrwürdige Herren, mit uns den großen Unterschied erkennen, der darin besteht, <u>Heuchler</u> in der Gemeinde zu dulden die als

durfte, hieß es in Artikel 15 des Glaubensbekenntnisses der FeG: „Wir glauben, daß die besonderen Gemeinen, welche an verschiedenen Orten bestehen, sich der Welt kund thun sollen durch das Bekenntniß ihrer Hoffnung, durch ihre Gottesdienste und die Arbeit ihrer Liebe. Wir glauben aber auch, daß über allen diesen besonderen Gemeinen, die gewesen sind, die sind und die sein werden, vor Gott eine heilige allgemeine Kirche besteht, die aus allen Wiedergebornen gebildet ist und einen einzigen Leib ausmacht, dessen Haupt Jesus Christus ist, und dessen Glieder erst an seinem Tage vollständig offenbar werden" (Freie evangelische Gemeine in Elberfeld und Barmen (Glaubensbekenntnis und Verfassung), Elberfeld 1854, S. 9). Der innerhalb der Gemeinde bis zu seinem Tode 1869 unbestritten die zentrale Position einnehmende H.H. Grafe vollzog mit dem nebenstehend wiedergegebenen Schreiben vom 30.11.1854 gemeinsam mit weiteren Bürgern seinen Austritt aus der reformierten Gemeinde Elberfeld.

Kommentar 38 und 39

Aus Protest gegen die mit der neuen Kirchenordnung vom 5.3.1835 verbundenen Änderungen sowohl der Kirchenorganisation als auch der Liturgie traten im selben Jahr eine Reihe lutherischer und reformierter Bürger - darunter die Bankiers Daniel und Carl von der Heydt sowie deren Schwager, der Unternehmer Louis Frowein - aus der Landeskirche aus und nahmen Kontakt mit dem holländischen Pastor Dr. Hermann Friederich Kohlbrügge (1803-1875) auf. Kohlbrügge, wegen abweichender Schriftauslegung mit der alt-lutherischen Kirche in Amsterdam uneins, hatte sich zwischen Mai 1833 und Ende 1834 im Wuppertal als Gastprediger an den reformierten Gemeinden aufgehalten und eine eigene Anhängerschaft gewonnen. Am 18.4.1847 bildete sich unter maßgeblicher Initiative Daniel und Carl von der Heydts sowie Louis Froweins die „Niederländisch-reformirte Gemeinde", die am 28.4. ein aus drei Ältesten und drei Diakonen bestehendes Presbyterium wählte, welches am 9.5.1848 Kohlbrügge zum Prediger der neuen Gemeinde ernannte. Die unabhängige Gemeinde, die am 30.9.1849 eine eigene Kirche eröffnete und am 24.11.1849 durch eine königliche Kabinettsordre als juristische Person anerkannt worden war, nahm in ihre Gemeindeordnung neben dem Heidelberger Katechismus auch das niederländische und schottische Glaubensbekenntnis auf. Das Verhältnis der Gemeinde, der 1852 828

solche nur Gott bekannt sind, der das Herz prüfet und die Seinen kennt, oder mit der offenbaren Welt Gemeinschaft zu pflegen und an Einem Joche zu ziehen, die als solche doch den breiten Weg des Verderbens geht.

Wir bitten Sie daher, ehrwürdige Herren, unsern Austritt aus der Volkskirche als einen Act des <u>Gewißens</u> anzusehen und nicht als den Ausdruck einer bloßen Opposition. Wir erklären es vor dem Herrn, daß wir die Brüder in Ihrer Gemeine, wie in jeder andern Kirche, von Herzen lieb haben, und daß wir das Band, welches uns mit ihnen in Christo, unserm erhöhten Haupte, auf ewig umschlingt, nicht gering achten. Wir wünschen vielmehr durch die That zu beweisen, daß wir mit ihnen, als Gliedern Eines Leibes, aufs engste verbunden sind, damit die Welt an der brüderlichen Liebe unter einander erkenne, daß wir Christi wahre Jünger sind.

Mit dem Grüße aufrichtiger Ehrerbietung!
Johann Peter Wülfing & Sohn
Johann Friederich Gottlob Paul
Hermann Heinrich Grafe
Elberfeld, 30. November 1854

Quelle 38
Proclama für Sonntag den 12.11.1854
Archiv der Niederländisch-reformierten Gemeinde Elberfeld   handschriftlich

Das Presbyterium hat in seiner Sitzung vom 7. dieses den Beschluß gefaßt den Carl Birker, früher in Barmen jetzt ohne bekanntes Domicil, aus der Mitgliedschaft unserer Gemeine auszuschließen; und sieht sich veranlaßt dieß heute von der Kanzel bekannt zu machen. - Schon vor mehreren Jahren gab Birker Anlaß zu gerechter Klage, aber in der Gelindigkeit Christi hat das Presbyterium Geduld gehabt. Jetzt aber, nachdem Birker bei verschiedenen Anlässen durch leichtsinniges Schuldenmachen Aergernis gegeben, und weil er überdieß der Anmahnung und Bestrafung der Aeltesten mit Verachtung begegnet ist, erfordert der gute Ruf unserer Gemeine, daß wir die apostolische Vorschrift „den der böse ist aus unserer Mitte hinwegzuthun" strenge handhaben.

Das Presbyterium darf es bei dieser Gelegenheit nicht unterlaßen Alle, welche es angeht, ebenso ernst als liebreich vor dem leichtsinnigen Schuldenmachen zu verwarnen. Nicht nur, daß dadurch ganze Familien in ihrem äußeren Bestande auf die Dauer zerrüttet werden: der Satanas „dessen Absichten wir recht gut kennen" hat es zugleich darauf abgesehen die lieben unsrer Hut anvertrauten Seelen in Verderben zu stürzen und Untergang. Das bitten wir auch Diejenigen zu bedenken, welche aus übel angebrachter Großmuth solchem Unwesen Vorschub leisten.

Ihr Alle, Geliebte, seid eingedenk der Worte, welche der heilige Geist durch die Hand des Apostels an uns gebracht hat, nämlich: „daß ihr eure Ehre darein setzt stille zu sein und das Eure zu schaffen, fleißig arbeitend; daß ihr ehrbarlich wandelt in Ansehung Derer da draußen."

Der Gott aber des Friedens möge euch zugerüstet haben zu jeglichem guten Werk, schaffend in euch was vor Ihm wohlgefällig ist durch Jesum Christum unsern lieben Herrn, welchem sei Ehre in die Ewigkeit der Ewigkeiten. Amen.

Mitglieder angehörten und der neben Lutheranern auch Wüstenhöferianer beigetreten waren, zu anderen Christen beschrieb der Elberfelder evangelische Predigtamtskandidat Friedrich Wilhelm Krug 1851: „Alles noch so lebendige Christenthum außer derselben [niederländisch-reformierten Kirche] ist ein pures Nam= und Scheinchristenthum, weil es nicht ihren Glaubensgrund in der Lebensform hat! und konsequent folgt daraus, daß alle geistige und liebethätige Gemeinschaft mit den lebendigen Gliedern der evangelischen Landeskirche als vom Uebel seiend, angesehen wird.[...] Diese grundsätzliche Stellung aber erhellt [...] wenigstens indirekt aus folgenden Stellen in Dr. K.'s Predigt über das zehnte Gebot: ‚Laß dich nicht gelüsten alles was dein Nächster hat,' spricht der Herr. ‚Ich bin bekehrt, der dort ist auch bekehrt, ich arm, er reich, er kann mir sein Geld wol geben, so ist mir geholfen und ich bin aus der Noth.' Lieber, weiß es dein Vater in dem Himmel nicht, daß du nichts im Beutel, nichts im Schrank, nichts in der Lampe hast? Warum klagst Du ihm deine Noth nicht, warum klagst du ihm deinen Hunger nicht, ja auch den Hunger von Weib und Kind? [...] ‚Lieber, bist Du von Gott berufen, so werde kein Bettelmönch, so wird's vor Dir her des Geldes genug regnen; - wo nicht, laß Dich nicht gelüsten alles was Dein Nächster hat'" (Friedrich Wilhelm Krug, a.a.O., S. 347/48). Die praktische Anwendung dieses Glaubens sah Krug in der ausweichenden Antwort der Gemeindemitglieder auf Beistandsbitten: „‚Das ist kein Glaube. Wäre der rechte Glaube da, so würde man nicht zu mir kommen und mich in Anspruch nehmen, sondern unmittelbar von Gott die Hülfe begehren und erwarten. Darum geb' ich nichts'" (ebenda S. 348). Die Quellen 38 und 39 geben Beispiele für die Anwendung der Kirchenzucht in der niederländisch-reformierten Gemeinde.

Quelle 39
Proclama vom 10.6.1855
Archiv der Niederländisch-reformierten Gemeinde Elberfeld   handschriftlich

Geliebte in dem Herrn Jesu Christi!
Vielen unter euch ist es bereits bekannt geworden, welche große Sünde und schweres Aergernis unser Mitglied Gerrit Josua van Eckeris gethan und gegeben hat. Dadurch daß er seine jetzt in Christo selig vollendete Ehefrau boshafterWeise verläumdet und ihre Ehre muthwillig geschändet, nachdem sie eben zuvor ihm ein Kind geboren, hat er Anlaß gegeben daß sowol die arme schwache Wöchnerin als das neugeborene Kind in schwere Krankheit gefallen und nach einigen Tagen des Todes Beute geworden ist. Mag auch eine solche That dem Urtheil des weltlichen Richters sich entziehen, so schreit sie als sittlicher Todschlag um so lauter gen Himmel; und muß nicht über uns Alle eine Blutschuld kommen, auf daß also der Leib der Gemeine nicht in ernste Gefahr gestellet und der Name Gottes geläßtert werde, sind wir genöthigt dem Befehl und Auftrage zu folgen, welche[n] Gottes heiliges Wort uns gegeben hat.
Nachdem wir [ihm], der die Missethat begangen, wiederholt allen Ernstes seine schwere Verschuldung vorgehalten haben, deren er geständig ist ohne aber Reue und Traurigkeit darüber zu empfinden, dürfen wir jetzt als Wächter über das Haus Gottes nicht versäumen das Urtheil zu fällen. Derhalben wir, Diener und Vorsteher der Gemeine, die wir im Namen und in der Macht unseres Herrn Jesu Christi versammelt sind, verkünden vor euch allen, daß besagter Gerrit Josua van Eckeris aus vorhier offenbarten Ursachen ausgeschlossen werde und hiermit ausgeschlossen ist aus der Gemeine des Herrn, daß er demnach fremd ist von der Gemeinschaft Christi und der heiligen Sakramente, fremd von allen geistlichen Segen und Wohlthaten Gottes, welche er seiner Gemeine verheißt und beweiset, so lange er unbußfertig in seiner Eigengerechtigkeit beharret. Und so wir das, was wir in der Macht des Christus auf Erden binden, auch im Himmel gebunden ist: so sollt ihr, Geliebte! euch mit demselben nicht gemein machen, auf daß er beschämt werde; ihr sollt ihn aber ermahnen und für ihn bitten, daß Gott ihm Buße schenke zu Vergebung der Sünden, so daß wir nicht länger die Schärfe brauchen müssen vermögen der Gewalt, welche uns gegeben hat der Herr zum Aufbauen und nicht zum Niederreißen. - Ihr alle aber Geliebte, gedenket daß der Herr unser Gott ein Gott aller Götter ist und ein Herr aller Herren ein großer Gott mächtig und schrecklich der keine Person achtet und kein Geschenk nimmt und schaffet Recht den Waisen und Witwen. Um so auf unseren allerheiligsten Glauben auferbauend und heiligen Geiste betend bewahret euch selbst in Gottes Liebe, abwartend das Erbarmen unseres Herrn Jesu Christi zu ewigem Leben.
Herr, hilf deinem Volk und segne dein Erbe, und weide sie und erhöre sie ewiglich. Amen.

Ankündigung im Täglichen Anzeiger Nr. 70 vom 23.3.1861

Freie evangelische Gemeine.

Heute Samstag den 23. März:
Gebetsstunde in Elberfeld Abends 8½ Uhr.

Sonntag den 24. März:
Predigt in Elberfeld, Morgens 9½ Uhr: Herr Prediger Neviandt.
Erbauungsstunde in Barmen, Nachmittags um 5 Uhr.

Kommentar 40

Noch zu Beginn des 19. Jhdts. besaßen die Juden in Deutschland nicht die vollen Bürgerrechte; ihr Aufenthalt in den jeweiligen Regionen war vom Erwerb landesherrlicher Geleitscheine abhängig, in denen Art und Umfang ihrer Tätigkeiten, Rechte und Pflichten festgesetzt wurden. Für Elberfeld und Barmen hatte die ansässige Garnnahrung von Kurfürst Karl Theodor im Jahre 1794 ein völliges Niederlassungsverbot für Juden erwirkt, so daß es 1800 offiziell keine Juden in den beiden Orten gab. Noch in der Einleitung zu einer Verordnung des Kurfürsten Maximilian Joseph im Jahre 1804 hieß es: „Die Juden in ihrer dermaligen Verfassung sind schädliche Mitglieder des Staates, die liberalen Grundsätze einer uneingeschränkten Duldung können bei ihnen ohne Nachteil der bürgerlichen Gesellschaft nicht angewendet werden. Es wäre ungerecht, sie auszuweisen, aber es sollen Einrichtungen getroffen werden, durch die sie zu nützlichen Staatsbürgern erzogen werden und die ihnen zwar nicht vollen, so doch ausgedehnten Genuß der Bürgerrechte gewähren" (zit. nach Fritz Jorde, Zur Geschichte der Juden in Wuppertal, Wuppertal-Elberfeld 1933, S. 6). Erst die französische Herrschaft seit März 1806 leitete die Entstehung einer jüdischen Gemeinschaft in Elberfeld und Barmen ein, verbunden mit der Möglichkeit, über den Erwerb von „Bürgerbriefen" - wie alle anderen Einwohner auch - in den vollen Besitz der Bürgerrechte zu gelangen. Zu den Trägern der 1816 in Elberfeld 15 Familien mit zusammen 104 Personen zählenden, nicht als gesetzliche Gemeinde, sondern nur in der Form einer losen religiösen Gemeinschaft organisierten jüdischen Einwohnerschaft gehörten die 1809 zu Vorstehern gewählten Joseph Meyer und Bernhard Cahen. Der Seidenfabrikant Cahen, zusammen mit seinem Kompagnon Moses Leeser, war der höchste Steuerzahler der insgesamt armen jüdischen Gemeinschaft: 1818 zahlten drei der fünf Barmer jüdischen Familien als zur 20. Steuerklasse gehörend keine Abgaben, bis 1820 gab es unter ihnen keinen Hausbesitzer. Die Juden besaßen noch 1840 keine eigene Schule und beschäftigten keinen Rabbiner; die 64 schulpflichtigen Kinder besuchten christliche Schulen, die Kosten für den Religionslehrer wurden unter Elberfelder und Barmer Juden geteilt. Hatte nach den Befreiungskriegen die preußische Regierung noch 1830 den Versuch unternommen, den Anstieg der jüdischen Bevölkerung durch Zulassungsbeschränkung für Handwerker auf zwei Jahre, Anordnung von Ausweisung landfremder jüdischer Angehöriger, Dienstboten, Angestellter und Arbeiter sowie durch die Forderung eines Vermögensnachweises

Quelle 40
Artikel aus dem Reformirten Wochenblatt Nr. 50 (1860), S. 397-398 und Nr. 52 (1860) Beilage S. 1-2

Der Elberfelder Synagogenbau.

Der Redaktion dieses Blattes ist Folgendes eingesandt worden:

„Mit Bezug auf die im letzten reformirten Wochenblatte enthaltene Besprechung der Theilnahme reformirter Gemeinde-Glieder an den Bau der hiesigen Synagoge finde ich mich veranlaßt, zu erklären, daß ich, nachdem mir die Versicherung gegeben, daß in derselben das alte Testament, also die Schrift, „die von Jesu zeuget", gelesen werde, gerne zu ihrem Bau beigetragen habe; gewiß, daß auch dort das Wort Gottes nicht leer zurückkommen, sondern ausrichten werde, wozu es gesandt ist.

Elberfeld, den 11. December 1860.

Ein Glied der ref. Gemeinde."

Wir gestehen dem lieben und theuren Einsender zunächst gerne zu, daß es allerdings ein großer Unterschied ist, ob Geldbeiträge zu einem jüdischen Synagogenbau in der Hoffnung und mit dem Gebete gegeben werden, daß das Volk Israel sich dereinst zu Seinem Herrn, den es als Gotteslästerer verurtheilt und an das Kreuz geschlagen hat, bekehre, oder ob der Unglaube, und der Indifferentismus solche Gaben darreicht, der da spricht: alle Religionen sind im Grunde einerlei, und nur in der Form verschieden. Von letzterem Standpunkte aus — diese Aufklärung sind wir zu geben schuldig — sind die Gaben für den Elberfelder Synagogenbau ursprünglich gefordert worden, wie folgender Artikel der Elberfelder Zeitung deutlich beweist.

„Elberfeld, den 30. April. Unsere israelitischen Mitbürger haben sich seit Jahren mit einem Gotteshause behelfen müssen, das der Verehrung des Höchsten wenig angemessen ist. Es befindet sich in einem Saale, unter dem eine offene Bierwirthschaft gehalten wird. Die kleine Gemeinde, die hier und in Barmen kaum 40 besteuerte Familienhäupter zählt, fühlte das Bedürfniß eines ihrem Gottesdienste entsprechenden Tempels schon lange und tief und strengte ihre finanziellen Kräfte nach Möglichkeit an, um sich die Mittel zur Erfüllung ihres Wunsches zu verschaffen; aber klein und nur wenige etwas vermögende Mitglieder besitzend, vermöchte sie bei aller Opferbereitwilligkeit der Einzelnen nur 3600 Thlr. an freiwilligen Beiträgen zu steuern. In Rücksicht der kleinen und wenig wohlhabenden Gemeinde ist diese Summe sehr viel; doch in Bezug auf den Zweck, der mit ihr erreicht werden soll, langt sie nicht hin; dennoch will sie ihr Bauwerk, in der Hoffnung auf die Gnade des Ewigen und den Beistand ihrer christlichen Mitbürger, unternehmen, indem sie überzeugt ist, daß dieselben eine Gottesverehrung unterstützen werden, die, wenn auch in andern Formen, doch in gleicher Aufrichtigkeit und Wärme des Herzens von ihren Bekennern begangen wird. Es würde nicht das erste Mal sein, daß Israeliten für den heiligen Zweck sich mit der Bitte um Hülfe an Christen wenden und daß Christen dieselbe erhört und an dem Baue eines israelitischen Tempels mitgeholfen haben, so wie sie umgekehrt sich nicht ausschließen, wo es die Förderung rein christlicher Zwecke gilt. Schenkte doch bekanntlich das israelitische Banquier-Haus Heine in Hamburg die Hälfte zum Baue einer protestantischen Kirche in der Nähe Hamburgs. Vor einigen Jahren bauten hauptsächlich christliche Beiträge, in Crefeld gesammelt, die Synagoge zu Crefeld. Warum sollten sie auf die Hoffnung verzichten, ähnliche milde und tolerante Gesinnungen bei ihren christlichen Mitbürgern in Elberfeld und Barmen anzutreffen?"

In diesem Artikel, der offenbar die Absicht hat, auf die Collekte für den Synagogenbau vorzubereiten und günstig zu stimmen, wird als ein Hauptbeweggrund, der die Bekenner der christlichen Religion zur Unterstützung jenes

von hinzuziehenden Juden zu stoppen, wurde diesen durch das Gesetz vom 23.7.1847 endgültig das volle Bürgerrecht zuerkannt. Mit der Annahme der Gemeindestatuten auf der Generalversammlung aller wahlberechtigten Juden am 29.1.1852 konstituierte sich offiziell die „Synagogen= Gemeinde in Elberfeld=Barmen". Die jüdische Gemeinde, der Begräbnisse auf christlichen Friedhöfen untersagt waren, hielt in Ermangelung einer Synagoge seit 1813 ihre Gottesdienste in einem Hinterhauszimmer für 115 Taler Jahresmiete ab. Die nebenstehend wiedergegebenen Artikel vom 14. und 28.12.1860 kennzeichnen die Haltung des Reformirten Wochenblattes zu den im gleichen Jahr angelaufenen Sammlungen für den Bau einer Synagoge, an denen sich auch reformierte Bürger finanziell beteiligt hatten. In einer Entgegnung in der Elberfelder Zeitung vom 1.2.1861 verwies der damalige Rabbiner Dr. Engelbert u.a. auf die jüdischen Gebete für das gemeinsame Vaterland. Am 15.9.1865 wurde die Synagoge mit Schule und Wohnung eingeweiht; sie kostete insgesamt ca. 28000 Taler. Am 3.4.1894 trennte sich die schon 1880 auf 229 Personen angewachsene Barmer jüdische Einwohnerschaft von der Elberfelder Gemeinde durch Konstitution der selbständigen Barmer jüdischen Gemeinde.

Baues veranlassen könne, angegeben, daß die Israeliten eine Gottesverehrung hätten, die, wenn gleich in anderen Formen, doch mit gleicher Aufrichtigkeit und Wärme des Herzens begangen würde.

Wir entgegnen darauf Folgendes: Wenn es sich bei der jüdischen Religion in ihrem Unterschiede von der christlichen nur um eine Verschiedenheit der Formen handelte, so wäre gegen die Bitte um Betheiligung der Christen an dem Bau der Synagoge nichts einzuwenden, ja die allgemeine Menschenliebe müßte sich verpflichtet fühlen, bedürftigen Mitbürgern in diesem ihrem Cultusbedürfniß unter die Arme zu greifen.

Nun aber erkennen die Urkunden unserer christlichen Religion, worauf wir eidlich verpflichtet sind, keinen Cultus als eine Gottesverehrung an, worin Jesus Christus nicht als der Sohn Gottes verehrt wird. „Wer ist ein Lügner," so lauten die gewaltigen Worte des Schülers Christi, den Er lieb hatte, „ohne der da leugnet, daß Jesus der Christ sei? Das ist der Antichrist, der den Vater und den Sohn leugnet. Wer den Sohn leugnet, der hat auch den Vater nicht."

Ein ächter Jude, der sein Volk so unaussprechlich liebte, daß er wünschte verbannet zu sein von Christo für seine Brüder, die seine Verwandten waren nach dem Fleisch, ein Judenfreund, wie es außer Moses keinen von solcher Stärke der Zuneigung gegeben hat, — der Apostel Paulus sagt: „So ein Engel vom Himmel euch würde Evangelium predigen, anders, denn das wir euch gepredigt haben, der sei verflucht." Und wie ernst es diesem Israeliten war mit diesem Ausspruch, sehen wir daraus, daß er denselben noch einmal wiederholt: „Wie wir jetzt gesagt haben, so sagen wir auch abermal: So Jemand euch Evangelium predigt anders, denn das ihr empfangen habt, der sei verflucht. —" Er spricht sogar den Bann aus über alle, die den Herrn Jesum nicht lieb haben: „So Jemand den Herrn Jesum nicht lieb hat, der sei Anathema, Maharam, Motha. —"

(Schluß folgt.)

(Schluß.)

Jesus Christus selbst, der sanftmüthige und von Herzen demüthige Heiland, rief den Vorstehern des jüdischen Cultus zu: „Wäre Gott euer Vater, so liebtet ihr mich. Ihr seid von dem Vater dem Teufel, und nach eures Vaters Lust wollt ihr thun." Schrecklich lauten die Beschuldigungen, die dieser von Gott gekommene Lehrer den Rabbinen seiner Zeit aussprach: „Ihr Narren und Blinde, ihr verblendete Leiter!" Furchtbar ertönt der achtfache Weheruf, den der Sohn Gottes im jüdischen Tempel, im Hause seines Vaters, erschallen ließ, als Er zum letztenmal denselben betrat. Sollen wir nun — um dem Zeitgeiste zu schmeicheln — sagen, Jesus Christus hat sich zu intolerant ausgedrückt, und Er würde, wenn er jetzt aufträte, mildere Gesinnungen zeigen? Das sei ferne. Dann würden wir uns des Heilandes und seiner Worte schämen vor dem ehebrecherischen Geschlecht unserer Zeit, und Er hingegen würde sich unserer schämen vor seinem Vater. Wenn Jesus Christus wirklich derjenige ist, wofür er sich ausgab, der Sohn Gottes, der Erlöser und — der Richter der Welt, der unser aller Loos — und auch das der Israeliten in Elberfeld — in alle Ewigkeiten bestimmt, so sind wir nicht berechtigt, zu einem andern Cultus beizutragen, als zu einem solchen, worin Er selbst geehrt und verherrlicht wird. Derjenige Cultus, der in den Synagogen getrieben wird, ist aber nicht einmal der, den Moses den Israeliten befohlen hat, denn die Hauptvorschriften der mosaischen Religion, welche einen wesentlichen Theil des Gesetzes bilden — die Opfer — werden gar nicht mehr dargebracht, weil der Tempel zu Jerusalem, in dem allein die Opfer stattfinden durften, wie es Jesus vorher verkündigt hat, verbrannt und zerstört ist. Gott selbst hat den Cultus des alten Testaments abgeschafft und unmöglich gemacht; darum singen wir nach unserm reformirten Gesangbuch — welches auch ein Bekenntnißbuch unsrer Gemeinde ist — und rufen der jüdischen Gemeinde zu:

> Geh ein in Ihn und habe Ruh'
> Schleuß deine Synagogen zu,
> Das Lämmlein sei dein Friedenshafen!

darum beten wir:

> O, du Gott Amen, Jacobs Fels,
> Gedenke deines Israels,
> Bring's bald zu Zions Friedenshügeln.
> Auf, samml' es um dein Kreuzpanier,
> Sei seine Zuflucht für und für
> Und trag's wie einst auf Adlersflügeln!
> O, gieb, so wird dein Treuse'n kund,
> Ein neues Lied in Jacobs Mund.

Es wäre aber ein Widerspruch für unsre Gemeinde, wenn dieselbe mit dem Munde das: „Schleuß deine Synagogen zu" singen, und dabei die Börsen öffnen wollte, um eine sogenannte Gottesverehrung möglich zu machen, die weder eine jüdische im biblischen Sinne, noch eine alttestamentliche, noch eine mosaische — sondern, wenn Johannes Recht hat, — eine antichristische ist.

Was aber den Crefelder Synagogenbau betrifft, so ist es leider nur zu wahr, daß bedeutende Beiträge dazu von Vielen, die den evangelischen Namen tragen, gegeben worden sind. Der Crefelder Unglaube hat allerdings in dem großartigen Kuppelbau der weit ins Land hineinschauenden Synagoge ein redendes Denkmal seines Indifferentismus hingestellt, und rühmt sich vielfach dieser That. Soll aber Elberfeld beim Crefelder Unglauben in die Schule gehen? dann wäre der alte Geist unserer Stadt, durch den sie in aller Welt, und auch im Himmel genannt und bekannt ist, dahin, und es würde auch bald der äußere Ruin unserer Verhältnisse folgen. Denn Elberfeld und das Wupperthal sind das, was sie geworden sind, durch das Evangelium von Christo geworden, der von den Juden — die freilich meist nicht wissen, was sie thun — verleugnet, und zum Theil gekreuzigt wird.

Ausgewählte Literatur

Beeck, Karl-Hermann, Die religiöse Einstellung des Pädagogen Friedrich Wilhelm Dörpfeld, in: MRhKG 30. Jg.(1981), S. 299-365

Hashagen, Justus, Der rheinische Protestantismus und die Entwicklung der rheinischen Kultur, Essen 1924

Heinrichs, Wolfgang, Die protestantischen Freikirchen als religiöse Organisationsform der Moderne - dargestellt am Beispiel Wuppertals, in: Karl-Hermann Beeck (Hrsg.), Gründerzeit. Versuch einer Grenzbestimmung im Wuppertal, Köln 1984, S. 312 - 359

Heinrichs, Wolfgang, Freikirchen - eine religiöse Organisationsform der Moderne. Dargestellt anhand der Entstehung und ersten Entwicklung von fünf Freikirchen im frühindustrialisierten Wuppertal, phil.Diss. Wuppertal 1987

Herkenrath, Peter, 140 Jahre Geschichte der Vereinigt-evangelischen Gemeinde Unterbarmen 1822-1962, o.O. 1963

Hesse, Hermann Klugkist, Kirchenkunde der evangelisch=reformierten Gemeinde Elberfeld, Elberfeld o.J. (1926)

Jorde, Fritz, Zur Geschichte der Juden in Wuppertal, Wuppertal=Elberfeld 1933

Krummacher, Friedrich Wilhelm, Gottfried Daniel Krummacher und die niederrheinische Erweckungsbewegung zu Anfang des 19. Jahrhunderts, Berlin und Leipzig 1935

Mohr, Rudolf, Das Pfarrerbild und rheinische Pfarrergestalten der Erweckungsbewegung, in: MRhKG 26. Jg.(1977), S. 99-134

Mühlhaupt, Erwin, Rheinische Kirchengeschichte. Von den Anfängen bis 1945, Düsseldorf 1970

Müller-Späth, Jürgen, Protestantismus und Gründerzeit im Wuppertal, in: Karl-Hermann Beeck (Hrsg.), Gründerzeit. Versuch einer Grenzbestimmung im Wuppertal, Köln 1984, S. 360 - 419

Müller-Späth, Jürgen, Die Anfänge des CVJM in Rheinland und Westfalen. Ein Beitrag zur Sozial- und Kirchengeschichte im 19. Jhdt., Köln 1988

Pöls, Carl, Die Lutherische Gemeinde in Elberfeld. Ein Beitrag zur Elberfelder Stadtgeschichte, Elberfeld 1868

Przybylski, Lothar, Die Kirche am Kolk. Die Geschichte der evangelisch-lutherischen Gemeinde Elberfeld, Wuppertal 1977

Vorländer, Herwart, Evangelische Kirche und soziale Frage in der werdenden Industriegroßstadt Elberfeld, Düsseldorf 1963

Werner, Gerhart, Die Stillen in der Stadt. Eine Betrachtung über die Sekten, Freikirchen und Glaubensgemeinschaften Wuppertals, Wuppertal 1964

Werth, Adolf/Lauffs, Adolf, Geschichte der Evangelisch=Reformierten Gemeinde Barmen=Gemarke 1702-1927, Barmen o.J. (1927)

Witteborg, August, Geschichte der evangelisch-lutherischen Gemeinde Barmen-Wupperfeld von 1777 bis 1927, Barmen 1927

Bedingungen und Möglichkeiten der Schulbildung

Die im folgenden Kapitel aufgeführten Quellen, die aus einer Fülle möglichen Materials zum Thema ausgewählt wurden, sollen das Schulwesen im Wuppertal des 19. Jhdts. in seinen Formen, Zielen, Inhalten und Bedingungen repräsentativ beschreiben. Das gesamte Kapitel ist in zwei große Abschnitte geteilt, deren erster und größerer dem Elementarschulbereich gewidmet ist, da dieser für den überwiegenden Teil der Bevölkerung den einzigen möglichen Bildungszweig darstellte. Dieser erste Teil wird eingeleitet mit Quellen zum „Beruf des Elementarlehrers", d.h. seiner Ausbildung und den Bedingungen seiner Lehrtätigkeit. Dem folgen Quellen zu den „Formen und Bedingungen der Elementarbildung", die die Schulformen des Elementarbereiches, ihre Wandlungen und Inhalte sowie ihre Probleme dokumentieren sollen. Daher sind dort Texte zu den Tages- ebenso wie zu den Abend-, Sonntags- und Fabrikschulen, zur Schuldisziplin, zur Organisation des Schulwesens von staatlicher und behördlicher Seite, zu speziellen Schulproblemen ebenso enthalten wie Auszüge aus Lesebüchern. Dem zweiten, kleineren Teil der Quellenauswahl, in dem es um eine Charakterisierung der höheren Schulbildung geht, sind Quellen vorangestellt, die die Berufsbedingungen, pädagogischen Ansichten und zeitgenössische Charakterisierung dreier Lehrer innerhalb des weiterführenden Schulwesens dokumentieren. Die nachfolgenden Texte sollen exemplarisch Schultypen, deren Ziele und Inhalte sowie ihre Arbeitsbedingungen belegen. Ausgewählt wurden Quellen zur Gymnasial- und Realschulbildung, zum gewerblichen Schulwesen und zur Frauenbildung.

Verzeichnis der Quellen zum Kapitel: „Bedingungen und Möglichkeiten der Schulbildung"

1. Der Beruf des Elementarlehrers

Q 1: Prüfungsarbeit von Peter Daniel Schmits (1812)
Q 2: J.F. Wilberg über den Lehrerberuf (1834)
Q 3: Berufsschein für Franz Abraham Fuchs (1838)
Q 4: Vertrag des Hilfslehrers Volckmann (1842)
Q 5: Bericht über Lehrer in Wupperfeld und Rittershausen (1850)
Q 6: Bewerbungsschreiben von Gustav Grube (1852)

2. Formen und Bedingungen der Elementarbildung

Q 7: Lesebuchauszüge (1793)
Q 8: Antrag des Lehrers Ulrich (1805)
Q 9: Schultabelle der Gemarker Kirchschule (1810)
Q 10: Lesebuchauszug (1815)
Q 11: Schulreorganisation in Elberfeld (1829)
Q 12: Einrichtung von Sonntagsschulen (1829)
Q 13: Brief des Spinnereibesitzers Oberempt (1831)
Q 14: Lesebuchauszüge (1832)
Q 15: Prüfung der Trübsaler Schule (1838)
Q 16: Bericht über eine Abendschule (1843)
Q 17: Antrag der Witwe Brögeler (1843)
Q 18: Liste schulpflichtiger Kinder (1843)
Q 19: Revisionsbericht des Schulrates Sebastiani (1846)
Q 20: Instruktion für die Lehrer in den Abend- und Sonntagsschulen (1850)
Q 21: Brief Friedrich Wilhelm Dörpfelds (1865)
Q 22: Antrag des Schreiners Joh. Heinr. Nolten (1865)
Q 23: Revisionsbericht des Schulrates Woepcke (1868)

3. Pädagogen und Pädagogik des weiterführenden Schulwesens

Q 24: Berufsurkunde Johannes Grimms (1823)
Q 25: Johann Friedrich Wilberg über die höhere Bürgerschule (1836)
Q 26: Über Peter Kaspar Nikolaus Egen (1849)

4. Formen und Inhalte der weiterführenden Bildung

Q 27: Bericht über das „Bürger-Institut" (1815)
Q 28: Statuten des Gymnasiums in Elberfeld (1823)
Q 29: Verzeichnis der mathematisch-physikalischen Instrumente und Abgangszeugnis Fr. Engels' (1822 u. 1837)
Q 30: Entwurf zu den Statuten der Barmer Stadtschule (1824)
Q 31: Schuldisziplin (1825/66)
Q 32: Gründung der Elberfelder Gewerbeschule (1825)
Q 33: Aus dem Programm der Königlichen Provinzial-Gewerbeschule (1866)
Q 34: Peter Kaspar Nikolaus Egen über die höhere Bürgerschule (1830)
Q 35: Bericht über die Beckmannsche Töchterschule (1841)
Q 36: Einrichtung der städtischen höheren Töchterschule in Elberfeld (1845)

1. Der Beruf des Elementarlehrers

Kommentar 1

Über den normalen Bildungsgang eines Lehrers am Anfang des 19. Jhdts. heißt es in einem Rückblick aus dem Jahr 1847: „[...] [E]r besuchte die Schule bis zur Confirmation, half dann Federn schneiden und Dinte rühren sc., las fleißig die Bibel, besonders um an den fremden Wörtern nicht anzustoßen, erwarb sich durch Vorschreien eine starke Stimme, übte sich in der Fracturschrift - und er war zum Lehrerberuf reif" (Johann Friedrich Wilberg, der „Meister an dem Rhein". Blätter zum wohlverdienten Lorbeer=Kranze von Diesterweg, Heuser und Fuchs, Essen 1847, S. 92/93).

Der Lehrer Daniel Schmits (1775-1827), von 1811 bis zu seinem Tod Lehrer an der Katernberger Schule, mußte wie alle Elementarlehrer nach Art. 24 des französischen Gesetzes vom 17.12.1811 vor einer staatlichen Kommission in Düsseldorf eine Prüfung ablegen, deren Bestehen ihn zum „patentisirten Primärlehrer" machte. Schmits, der zur Zeit der Prüfung als 37jähriger bereits 17 Jahre Schulerfahrung vorweisen konnte, unterrichtete „1.) Kenntnisse der Buchstaben 2.) Buchstabiren 3.) Lesen 4.) Rechnen, sowohl im Kopf als an der Tafel 5.) Kalli=, Ortho=, und Stilographie 6.) Die Anfangsgründe der theuren Religion Jesu", wie aus einem der schriftlichen Prüfungsarbeit beigelegten „Unterrichtsplan" hervorgeht, wobei letzteres Unterrichtsfach Schmits veranlaßte, den Schülern „Unterthänigkeit, Gehorsam, Ehrerbietigkeit und Achtung gegen alle Vorgesetzten einzuprägen, und ihnen mit Nachdruck zu sagen: ‚Gebt dem Kaiser was des Kaisers ist, und Gott was Gottes ist'" (HStAD Best. Großherzogtum Berg Nr. 6550). Schulrat Kortüm bemerkte am Ende der Arbeit: „Die Fragen sind alle gut und richtig beantwortet. Dem Ausdruck fehlt es [hie] und da an Leichtigkeit und Rundung."

Quelle 1
Prüfungsarbeit des Elementarlehrers an der Katernberger Schule, Peter Daniel Schmits
HStAD   Best. Großherzogtum Berg   Nr. 6550
2.4.1812   handschriftlich   Auszug

1. Frage: Welches ist das Verhältniß, worin der Lehrer zu den Schülern, zu den Aeltern, Vorgesetzten und zu dem Staate steht? -
Antwort. Der Lehrer steht in der Hinsicht im Verhältniß mit den Aeltern, daß er mit ihnen arbeitet und wirkt die Kinder oder Schüler zu nützlichen Gliedern der menschlichen Gesellschaft und dem Staate zu machen; und da den Vorgesetzten und einem Edlen Staate es Pflicht ist dahin zu arbeiten daß dieses geschieht: so steht der Lehrer in dieser Hinsicht im Verhältniß mit den Vorgesetzten und dem Staate. -
Der Lehrer muß sich gegen den Schüler so betragen, daß er ihnen Achtung abnöthigt. -
2. Frage. a) Welches sind die Anlagen und Fähigkeiten im Menschen, welche der Lehrer durch seinen Unterricht entwickeln und üben soll?, und b) Was hat er um diesen seinen Zweck zu erreichen vorzüglich zu beobachten
Antwort. Die Anlagen sind: Verstand, Vernunft, Gedächtniß und Wille, welche der Lehrer muß üben und entwickeln; und um diesen Zweck zu erreichen muß er 1.) die Kenntnisse besitzen, welche dabei nothwendig sind; 2.) allen Fleiß anwenden diese Kenntnisse in Ausübung und Vollzug zu bringen.-
3. Frage. Man zeige in einem Beispiele a) beim Rechnen; b) beim Religions=Unterrichte, wie man die Jugend zum Selbstdenken anführen könne? -
Antwort. a) Wenn man die Jugend besonders im Kopfrechnen übt, und dazu Gegenstände oder Aufgaben wählt, welche für ihr Alter angemessen, ihren Wünschungen lieblich und angenehm sind; -
b) Beim Religions=Unterrichte, wenn der Lehrer die Jugend aufmerksam macht auf die große Allmacht, Weisheit und Güte ihres erhabenen Schöpfers, welche überall in allen Geschöpfen der Natur zu finden ist. - Und um nun auch hierin das Selbstdenken zu befördern, wähle der Lehrer vorerst solche Gegenstände, welche ihrem Verstande faßlich und angenehm sind, als Blumen, Früchte, Vögel und dergleichen, und dann gehe er von diesen Dingen immer stufenweise zu schwereren Gegenständen. -
4. Frage Wie benutzt man auserwählte Geschichte aus der Bibel a) in moralischer Hinsicht für das Herz; b) in wissenschaftlicher Hinsicht für den Verstand. Man zeige dieses in Abrahams Geschichte in dem Zuge von Haran in Ur nach Kanaan? -
Antwort. a) Man erzähle aus Seilers Biblische Geschichte den Kindern von dem großen Gehorsam, Liebe, Vertrauen und Dankbarkeit, welches der fromme Abraham gegen Gott, und wie er dieses auch auf dieser Reise oder Zuge bewies; denn wie groß war nicht seine Rechtschaffenheit, die er dadurch zeigte, daß er den Egiptiern auch das Geringste, nicht entwendete; aus Liebe und Dankbarkeit dem Allerhöchsten einen Altar bauete; wegen dem Gehorsam gegen Gott durchaus keinen Streit liebte, und deswegen zu seinem Vetter Lot sprach: „Willst du mit deinem Vieh zur Rechten, so will ich zur Linken" u.s.w.
b) In wissenschaftlicher Hinsicht, kann der Lehrer hieraus Anleitung nehmen, um die Jugend mit den Gegenden und Oertern daselbst näher bekannt zu machen, sowohl in Rücksicht der Fruchtbarkeit, als auch mit der wahre Lage und Beschaffenheit.-
5. Frage. Wie werden Gedächtniß=Uebungen im Auswendiglernen am Zweckmäßigsten angestellt? -
Antwort. Man gebe der Jugend für ihren Verstand und Herz angemessene Gebeter, geistliche oder auch wohl unschuldige Lieder oder Verse auf zum Auswendiglernen. Laße sie erzählte Geschichte wieder hersagen; so wie auch alles dasjenige wiederhohlen, was sie zweckmäßig, vor Zeit und Ewigkeit schon gelernet haben. -
6. Frage In wie fern ist das häufige Fragen der Kinder von Lehrern und Aeltern zu berücksichtigen, und zu beschränken? -
Antwort. Der Lehrer muß die Wißbegierde der Kinder zu nützlichen Gegenständen suchen zu befördern und die Fragen darnach suchen rege zu machen, und zu erlauben; übrigens aber die Fragen zu beschränken suchen, wenn dieselben nach Gegenständen gehen, die ihnen schädlich, oder die sie durch Nachdenken erfahren können. Dieses gilt auch für die Aeltern, in so fern sie den Kindern über die gethane Frage Antwort geben, und zum Nachdenken halten können. -
7. Frage In den Schulen soll und will man aufklären, es fragt sich also a) Was versteht

man unter diesem Aufklären; b) Wornach soll man hier die Grenzen bestimmen?
Antwort. a) Daß der Lehrer sich bemüht seinen Schülern richtige und deutliche Begriffe, sowohl von natürlichen als religiösen Dingen sucht beizubringen, und ihnen alle irrige Vorstellungen und Vorurtheile benehme; sich ernstlich bestrebe den phisischen und religiösen Aberglauben an der Jugend suche auszurotten; - Doch aber auch b) muß der Lehrer das Talent besitzen, damit ganz nach Sicherheit zu verfahren, und die Grenzen auch darin zu bestimmen wissen, - und also keine Gegenstände zu verwerfen suchen, die würklich ihr Daseyn haben; obschon er sie nicht begreifen kann, und eben so auch Wahrheiten annehmen, die man mit hinreichenden Gründen beweisen kann. -

8. Frage. Ein Lehrer theilt dem andern schriftlich seine Gedanken darüber mit, a) Woher es komme, daß der Lehrstand im Allgemeinen, die ihm der Natur des Amtes nach gebührende Achtung nicht genieße; und b) Wie der Lehrer selbst dazu beitragen müße, seinem Stande mehr Achtung zu verschaffen?
Antwort Theuer und Werthgeschätzter Herr College.
In einer ruhigen Stunde dachte ich einmal mit Bedauren darüber nach, wie das doch wohl wäre, daß jetzt unser Stand so wenig Achtung genießet, und fand, daß wie ich glaube der Fehler daran liegt, daß mancher Lehrer 1.) keinen moralischen und sittlichen Lebenswandel führt, und also dadurch die gebührende Achtung sich beraube; 2.) aber auch daß von Seiten des Lehrers und der Aeltern den eigentlichen Gehorsam, Liebe und Ehrfurcht den Kindern nicht eingeflößt wird. - Laß uns also, mein Bester, in diesen 2. Haupt=Stüken das Unserige vollkommen suchen beizutragen, und darin keine Fehler machen: so werden, nach meiner Meynung, wir und unsere Nachkommende Brüder mehrere Achtung genießen. -
Genehmigen Sie den Gruß und Achtung
Ihres
treuen Amtsbruders.
Schmits

9. Frage. Worin bestehen die allgemeine Gesetze einer guten Methodik im Rechnungsunterrichte?
Antwort. a) Darin daß der Lehrer die Gabe besitze, Theorie mit Prakxis zu verbinden, und die Vortheile kenne und benutze, welche im Rechnen können mit Nuzen gebraucht werden; b) aber auch die wahre Gründe von einer jeden theoretischen als praktischen Regel auf eine deutliche und faßliche Art suche den Kindern beizubringen. -

10. Frage. Es werde bei einer selbst gewählten Rechnungs=Aufgabe gezeigt, wie man sich mit den Kindern über den Gang der Operationen unterhalten müße?
Antwort. Einer leihet ein Kapital von 500 Reichstalern auf 4 Jahr lang, gegen 4 pro Cento pro Anno: Wieviel muß Debitor an Kapital und Zins wieder abrück geben?
Nun, wenn du liebes Kind diese Aufgabe durch die Zweifache=Detri[1] machen willst, was setzest du dann hinten?
-Die beiden Fragezahlen 500 und 4 - Reichstaler
Warum?
-Weil die Regel mir sagt, daß das, was gefragt wird, zur rechten Hand stehen, - und was diesem am Namen gleich ist vorn linker Hand stehen muß.
Wo bleibst du aber mit dem Uebrigen?
-Dieses wird in die Mitte gesetzt.
Jetzt hast du die Aufgabe fertig. Wieviel Stüke hast du nun zu beobachten?
-Drei, 1.) daß das 2te Glied mit dem dritten muß multipliziert; und dieses Produkt 2.) durch das 1ste Glied gedividirt werden, was dann heraus kommt ist 3.) dem mittleren Gliede am Namen gleich oder das Facit.
Schön, gerade so würde ichs dir gesagt haben. Sage mir nun, welche Vortheile du hierbei anwenden kannst?
-Die Nullen des 1sten Gliedes gegen die Nullen des letzten auszustreichen und das Dividiren dadurch aufheben, - wo dann nach dem Gesagten 580 Reichstaler an Kapital und Zins zur Antwort käme.

Rechenaufgabe, in:
Neueröffnete, vollständige, wohlgezierte Rechenstube…, von Servatius Schlyper, Mülheim 1799, S. 4

---

[1] Regeldetri=Dreisatz

Kommentar 2

Ab den 20er Jahren des 19. Jhdts. standen die Lehrerseminare in Brühl, Moers oder Neuwied als Anstalten der Lehrerbildung im Rheinland zur Verfügung, die 1826 ein erstes Reglement von seiten der Regierung bezüglich der Prüfungen und Zeugnisse erhielten. Dennoch bestimmte die Elberfelder Elementarschulordnung von 1827 in ihrem § 12, daß neben seminarisch gebildeten Lehrern auch noch solche zum Lehramt an Elementarschulen wählbar blieben, „die sich dem Schulamte gewidmet und sich zu ihrem Beruf unter Anleitung eines erfahrenen Lehrers gebildet und ihre Tüchtigkeit bei anzustellender Prüfung bewiesen haben" (zit. nach Fritz Jorde, Geschichte der Schulen von Elberfeld mit besonderer Berücksichtigung des ältesten Schulwesens, Elberfeld 1903, S. 485). Neben der zahlreicher werdenden pädagogischen Fachliteratur, zu der in Elberfeld u.a. der Schulpfleger Johann Friedrich Wilberg beitrug, standen dem an Aus- und Weiterbildung interessierten Lehrer die samstäglichen „Unterhaltungen" Wilbergs zur Verfügung, in denen zwischen 1806 und 1834 didaktische und methodische Fragen erörtert wurden. An den 2-3stündigen Veranstaltungen in der lutherischen Schule am Thomashof nahmen 40-60 Lehrer teil, zu denen auch Auswärtige gehörten. Wilberg stiftete zudem eine Lehrerbibliothek, die bald über 1000 Bände enthielt. In den „Stiehlschen Regulativen" vom Oktober 1854 wurde, nachdem die Elementarschullehrer in der Revolutionszeit eine Reform des Schulwesens gefordert hatten, die Seminarausbildung der Lehrer auf die Lehrbefähigung für die Elementarfächer Religion, Lesen, Schreiben, Rechnen und Singen eingeschränkt; die Lehrer sollten auf eine weiterführende Bildung verzichten. Die „Präparandenbildung", d.h. die Vorbereitung der Gehilfen zum Seminarkurs, wurde den privaten Präparandenanstalten bzw. den (Haupt)lehrern und örtlichen Pastoren anheimgestellt. Erst die „Allgemeinen Bestimmungen für das Volksschul=, Präparanden= und Seminarwesen" vom 15.10.1872, an deren vorbereitenden Konferenzen u.a. auch der Barmer Hauptlehrer und Pädagoge Friedrich Wilhelm Dörpfeld teilgenommen hatte, sahen neben verbindlichen Vorschriften für Lehrerprüfungen für verschiedene Schultypen und erweiterten Ausbildungsinhalten auch die Gründung staatlicher Präparandenanstalten als Vorbereitung auf den dreijährigen Seminarkursus vor.

Quelle 2
Johann Friedrich Wilberg, Ein zweites Wort eines Schulpflegers an Jugendlehrer,
o.O. o.J. (Elberfeld 1834), S. 31/32

Herrlich, erhaben ist der eigentliche Beruf des Lehrers, der geschriebene ist es nur dadurch, daß er den eigentlichen ganz und deutlich ausspricht. Mag nun die Welt aus Unkunde und Unwissenheit des treuen, echten Lehrers Bemühen nicht gehörig würdigen, er besitzt Stärke des Gemüths, und so kann die Geringschätzung der Menschen nicht nachtheilig auf ihn einwirken. Ja, er wird ihre Feindschaft nicht scheuen, wenns darauf ankommt, dem Unrecht zu wehren und das Laster recht zu verachten. Ein echter, wahrer Kinderlehrer ist ein Diener Gottes, und, wenn er sich dieser Ehre stets würdig erhält, wer kann sie ihm rauben? Kein Umstand und kein Mensch, so lange der Lehrer sein hochstehendes Ziel vor Augen hat, und er sich zu gut dazu hält, aus Liebe zum Haben, zum Besitze und zum Genusse irdischer Dinge der Menschen Knecht zu werden. Mögen die Menschen aus Unwissenheit, oder aus Rangsucht und Undankbarkeit dem echten, wahren Kinderlehrer es nicht durch Darreichung des irdischen Gutes zu vergelten suchen, was er thut, er hört nicht auf, treu zu sein, und er weiß es, daß die Welt mit ihrem Golde die Treue nicht aufwägen kann. Unwissenheit und Rangsucht stören ihn nicht, und die Undankbarkeit kann sein starkes, reiches Gemüth nicht verwunden, und ihm kein Gut entreißen. Aber verachten müßte er sich selbst, wenn Gaben der Menschen, wenn Irdisches hinreichender, vollgültiger Lohn für sein Wirken sein könnte. Ein echt gebildeter Lehrer ist schon dadurch ein glücklicher Mensch, daß er Vieles von dem, was von gewöhnlichen Menschen Glück genannt wird, ohne Unruhe des Gemüths leicht entbehren kann. Er bedarf des Reichthums nicht, der Vielen das Herz verdreht, den Kennern seines Wirkens nöthigt er die Achtung ab, die ihm gebührt, und der äußern Ehre kann er entbehren. Er lebt froh und vergnügt durch sein pflichtmäßiges, fleißiges Wirken in seinem Amte, und wahrhaft frei und glücklich durch Sittenreinheit, Sparsamkeit und Einfachheit. Keinem Menschen ist er knechtisch dienstbar aus Noth, wie viele Arme, noch aus Furcht vor Verlust, wie viele Reiche. Er der echte, wahre Lehrer kann also auch in Betreff dessen, was er für des Leibes Leben nöthig hat, in einer gesegneten Lage sein.

Und wie könnte er, da sein ganzes Leben stets der höhern Welt geweihet war, wie könnte er den Tod scheuen, den Richterstuhl Christi fürchten? Er lebt hier schlicht und gerecht, kann, er wird den Tod eines Gerechten sterben. Und er kann mit dem Bewußtsein, treu und redlich nach dem ewig geltenden Werth des Menschen gestrebt zu haben, schuldlos, obgleich nicht fehlerfrei, aber auf Gottes Barmherzigkeit kindlich fest trauend und bauend vor den Richterstuhl treten.

Wohl uns Lehrer, wenn Niederes uns nicht aufhält und abhält, dem schönen und herrlichen Ziele des Menschen uns täglich mehr zu nähren! Dann, und nur dann sind wir mit vielem Segen geschmückte Menschen.

Kommentar 3

Bis 1812 konnte ein Lehrer kaum mit einem ausreichenden festen Betrag an Einkommen rechnen. Neben freier Wohnung im Schulhaus wurde ihm der sogenannte „Wandertisch" (auch „Wandeltisch") angeboten, d.h. die täglich wechselnde Einnahme des Mittag- bzw. Abendessens bei den Familien seiner Schüler. Außer dem Schulgeld, das er von jedem Kind kassierte, konnte 1798 der Lehrer Kämpmann von der Schule am Ostersbaum noch mit 8 Reichstalern jährlich vom Konsistorium und mit Kohlengeld rechnen; dafür erwartete man von ihm „Subordination gegen die Pastores und Consistorien unserer Gemeinde, sowie Subordination gegen die Scholarchen [Schulvorsteher] unserer Schule" (zit. nach Jorde, a.a.O., S. 303). Der Sonnborner Lehrer Johann Melchior verdiente sich noch 1809 durch das „Leichensingen" bei Beerdigungen (15 Stüber) ein Zubrot. Die französische Regierung bestimmte 1812 für alle Primärlehrer ein Normalgehalt von mindestens 250 Francs (später 66 Taler 20 Silbergroschen); der Wandertisch und der „freie Umgang", d.h. die Kollekte des Lehrers zur Aufbesserung seines Einkommens bei den an der Schule beteiligten Familien, wurden aufgehoben. Nachdem seit der Einführung der allgemeinen Schulpflicht 1825 die Schülerzahlen gestiegen waren und die Lehrer Gehilfen anstellen mußten, erhielten sie eine persönliche Zulage, mußten aber eine bestimmte Anzahl armer, d.h. kein oder wenig Schulgeld einbringender Kinder aufnehmen. Die Haupteinnahme des Lehrers blieb das Schulgeld, das er monatlich von seinen Schülern erhob. Im Rahmen der Elberfelder Schulreorganisation sollte das Schulgeld von der städtischen Kasse eingezogen werden. Die Lehrer erhielten ein festes Jahresgehalt von 350 Talern. Diese Regelung, die mit einer Schulgelderhöhung verbunden war, stieß auf erheblichen Widerstand bei den Eltern und führte zu organisatorischen Problemen und finanziellen Engpässen für die Lehrer. 1831 wurde diese Einrichtung wieder aufgehoben. 1844 schrieb der Lehrer Wilhelm Rothstein an den Elberfelder Oberbürgermeister von Carnap in einem Dankesbrief wegen einer Gehaltszulage, die ihn von „drückenden Nahrungssorgen" befreit habe: „Nächst Gott habe ich das Einer Wohllöblichen Schulkommission zu verdanken" (SAW L I 214). Ab 1862 wurde das Schulgeld endgültig von der Stadt eingezogen; die Lehrer erhielten 600 Taler jährliches Gehalt. 1868 wurden die Elberfelder Elementarschulen schulgeldfrei.

Franz Abraham Fuchs war bereits 1832 von der Gather Schule an diejenige am Thomashof gewählt worden. Sein Berufsschein

Quelle 3
Berufsschein des Lehrers Franz Abraham Fuchs
SAW L I 129   2.6.1838   handschriftlich

Nachdem Sie, Herr Franz Abraham Fuchs, zum Elementarlehrer an der evangelisch lutherischen Pfarrschule im Thomashof, hieselbst, berufen und ernannt worden sind, wird Ihnen über die mit dieser Stelle verbundenen Obliegenheiten und Verpflichtungen, Einkünfte und Vortheile, gegenwärtige Berufs=Urkunde ausgefertigt.

1, Sie haben an allen Wochentagen, Vormittags von acht bis eilf Uhr und ebenso, mit Ausnahme des Mittwochs und Sonnabends Nachmittags von ein bis vier Uhr die Schuljugend in allen Elementarkenntnissen, namentlich in der deutschen Sprache, im Lesen, Schreiben, Kopf= und Tafelrechnen, Singen, insbesondere der Kirchenmelodien, und in der biblischen Geschichte, so wie auch in andern der Jugend nützlichen Kenntnissen, nach einer guten Methode treulich und gründlich zu unterrichten, und durch Ihren Unterricht dahin zu wirken, daß die geistigen Kräfte der Kinder geweckt und ausgebildet werden. Die jährlichen Ferien sind: Die Zeit zwischen Weihnachten und Neujahr, von Donnerstag vor Charfreitag bis Donnerstag nach Ostern und endlich vierzehn Tage im Herbste, zu einer Zeit die von der Schul=Commission als die schicklichste erkannt und bestimmt wird.

2, Ganz vorzüglich haben Sie sowohl durch Ihren Unterricht, als durch Ihren Wandel und Ihr Beispiel dahin zu wirken, daß die Ihnen übergebene Jugend zur Frömmigkeit und Gottesfurcht erweckt, mit Liebe zu Gott und zu Jesu und seinem Worte erfüllt, und zu einem frommen, gesitteten und bescheidenen Betragen, wie es einer christlichen Jugend geziemet, namentlich auch zur Ehrfurcht vor der Obrigkeit und den Landesgesetzen wie Liebe zu König und Vaterland, angeleitet werde. - Sie haben deshalb die Kinder mit Bibelsprüchen, erbaulichen Liederversen, so wie auch mit dem Inhalte, der bei den Gemeinden eingeführten Katechismen nach Anleitung der Herren Pfarrer bekannt zu machen, den Unterricht jedesmal mit Gebet zu beginnen und zu beschließen, der Jugend durch fleißige Theilnahme am öffentlichen Gottesdienste mit einem guten Beispiel vorzuleuchten, und dieselbe soviel an Ihnen ist, zu einem gedeihlichen und gesegneten Kirchenbesuch anzuhalten, überhaupt Alles anzuwenden, was zur Erreichung frommer und gottesfürchtiger Gesinnung, der Vaterlandsliebe gereichen möge.

3, Die Schulzucht haben Sie mit väterlichem Ernst und mit Liebe zu handhaben, und Ihre Strafen, die niemals, bei Vermeidung der gesetzlichen Ahndung in Mißhandlung ausarten dürfen, immer so einzurichten, daß sie als wahre Besserungsmittel des Sinnes und des Wandels der Kinder wirken.

Bei vorkommenden Störungen und Hemmungen Ihrer amtlichen Wirksamkeit, namentlich bei Zwistigkeiten mit den Eltern der Kinder, haben Sie sich an den Schulvorstand zur Beseitigung derselben zu wenden.

4, Sind Sie verbunden die von der Schulcommission für erforderlich gehaltene Anzahl Gehülfen bei Ihrer Schule zu halten, welche in den andern Klassen den Unterricht ertheilen; dieselben ohne besondere Vergütung in Ihre Wohnung aufzunehmen und zu beköstigen. Die Anstellung dieser Gehülfen geschieht nach den darüber bestehenden höheren Verordnungen. Ueber den Wandel und die amtliche Wirksamkeit derselben haben sie sorgfältig zu wachen, und stets dahin zu sehen, daß Unterricht und Schulzucht von denselben auf eine zweckmäßige Art ertheilt und gehandhabt werde.

5, Ueber den Schulbesuch der Jugend haben Sie in Gemäßheit der darüber bestehenden und noch zu erlassenden höhern Verordnungen genau Aufsicht zu führen, die Schulversäumnisse sorgfältig zu vermerken, und die darüber aufzustellenden Listen zur rechten Zeit einzureichen, überhaupt aber durch zweckmäßiges und weises Benehmen mit den Eltern des Schulbezirks, so wie durch treue Erfüllung Ihrer Pflichten dahin zu wirken, daß der Schulbesuch nach seiner Wichtigkeit und seinen segensreichen Wirkungen immer mehr erkannt, und dadurch immer regelmäßiger und die Schulversäumnisse immer seltener werden.

6, Ueber die Vertheilung der Unterrichtsgegenstände haben Sie einen Stundenplan anzufertigen, und solchen, nachdem er von der Schulcommission revidirt und festgestellt ist, in der Schulstube anzuheften und nach diesem Stundenplan den Unterricht regelmäßig zu ertheilen. Die Einführung neuer Schulbücher darf nicht ohne Vorwissen des Schulvorstandes und Genehmigung der Behörde geschehen.

7, Alljährlich haben Sie, wenn es von Ihrer vorgesetzten Behörde für dienlich erachtet wird, eine öffentliche Schulprüfung auf eine zweckmäßige Weise zu veranstalten und das Programm zu derselben vorher dem Schulvorstande vorzulegen.

wurde 1838 nach einem einheitlichen Schema, das bis 1868 galt, abgeändert. 1868 erhielt der Lehrer Heinrich Reiffen, Hauptlehrer an der städtischen Schule am Katernberg, die Zusicherung eines jährlichen Gehaltes von 500 Talern, freier Wohnung, 20 Talern für Reinigung und Heizung der Schulräume und 130 Taler für die Versorgung eines Hilfslehrers.

Kommentar 4
Zu Beginn des 19. Jhdts. war der Hilfslehrer zunächst meist ein älterer Schüler, der die jüngeren im Lesen und Schreiben unterrichtete. Dafür erhielt er vom Lehrer, dem „Meister", freie Kost und Logis und Ausbildung. Nach mehreren „Ausbildungsjahren" konnte sich der Hilfslehrer, ausgestattet mit einem Zeugnis, als selbständiger Lehrer bewerben. Nachdem schon 1801 eine Prüfung des Gehilfen durch einen Synodal-Inspektor und 2 zugezogene Lehrer vorgeschrieben worden war, führte die französische Regierung für Schulgehilfen Lehrkurse und die Verpflichtung ein, sich durch eine staatliche Prüfungsbehörde „patentisiren" zu lassen. Als Hilfslehrer durften nur solche Kandidaten aufgenommen werden, die von den Schulpflegern, den seit 1814 für das Schulwesen der Kreise eingesetzten (meist geistlichen) Amtspersonen, geprüft waren. Nach einigen Praxis- und Vorbereitungsjahren folgte eine Ausbildung an einem der seit den 20er Jahren entstandenen Lehrerseminare, dessen Abschlußzeugnis den Kandidaten zur Bewerbung auf eine Lehrerstelle berechtigte. Noch das 2. der „Stiehlschen Regulative" vom 2.10.1854 über die „Vorbereitung evangelischer Präparanden" sah keine Vorbereitung der zukünftigen Seminaristen in staatlichen Präparandenschulen vor, sondern überließ diese Aufgabe den bestehenden privaten Präparandenanstalten und den Ortsgeistlichen bzw. vorgesetzten Lehrern. Seit 1854 existierte auf Initiative der Hauptlehrer Elberfelds eine „Aspiranten-Bildungsschule", in der die Hilfslehrer als Vorbereitung auf das Seminar täglich von 17-18 Uhr Unterricht erhielten. An den Seminaren konnten Hilfslehrer eine „Gehilfenprüfung"

Ueberhaupt aber erwarten wir von Ihnen, daß Sie die Wichtigkeit Ihrer amtlichen Stellung stets erkennen, Ihre Fortbildung eifrig erstreben, die Pflichten Ihres Berufs mit Liebe und Eifer erfüllen, den gegenwärtigen oder noch zu erlassenden Verordnungen der Schulbehörde treulich und willig nachkommen, Ihren Vorgesetzten alle geziemende Achtung und Folgsamkeit beweisen, und überhaupt Ihr Amt so wahrnehmen werden, wie es einem gesitteten und frommen Lehrer der Jugend geziemt und wie Sie es vor Gott und Ihrem Gewissen verantworten können.
Für die treue Erfüllung Ihrer Berufspflichten erhalten Sie:
1, Das gesetzliche Normalgehalt von sechs und sechszig Thalern zwanzig Silbergroschen preußisch Courant.
2, Eine nach den Verhältnissen der Schule bemessene persönliche Zulage von dreizehn Thalern zehn Silbergroschen, wogegen wir uns dreißig Freistellen für arme Kinder vorbehalten, deren Verleihung der Schulcommission zusteht.
3, Für jeden qualificirt und vorschriftsmäßig angestellten Gehülfen eine jährliche Besoldung von vierzig Thalern.
4, Von jedem Schulkinde erhalten Sie ein monatliches Schulgeld von 7 1/2 Silbergroschen und von den Schreibschülern noch einen Silbergroschen mehr, außerdem für das Wintersemester das herkömmliche Kohlengeld. Hinsichtlich der etwa vorkommenden Restanten haben Sie nach den bestehenden Verordnungen zu verfahren. Für die Ihnen von der Armen=Verwaltung überwiesenen Armenkinder wird Ihnen das Schulgeld zu dem Satze von drei Silbergroschen monatlich, nach dem wirklich genossenen Unterricht der höhern Verordnung gemäß vergütet.
5, Freie Wohnung im Schulhause.

Noch bemerken wir, daß für die Wittwen der hiesigen Elementarlehrer, eine durch den Herrn Dr. Wilberg gestiftete Wittwenkasse besteht, zur Theilnahme an derselben sind Sie verpflichtet und berechtigt, wie die Statuten dieser Stiftung solches näher bestimmen[1].
So geschehen Elberfeld am zweiten Juni 1800 acht und dreißig
Die Schul=Commission
Namens derselben:
Der Oberbürgermeister
v. Carnap

---
[1] 1822 legte J.F. Wilberg mit einem Stiftungskapital von 323 Talern Berliner Courant den Grundstock zur „Elberfelder Lehrer=Witwen=und Waisen=Kasse". 1845 betrugen die Beiträge pro Jahr und Lehrer 25 Taler (15 Taler aus der Kommunalkasse und 10 Taler von den Lehrern selbst). Bereits 1855 betrug das Vermögen der Kasse 17500 Taler. Aus dem Fonds wurden Lehrerwitwen und -waisen unterstützt.

Quelle 4
Berufsschein bzw. Vertrag zwischen dem Lehrer Fuchs und dem Hilfslehrer Volckmann
SAW L I 129   15.11.1842   handschriftlich

Nach Vorschrift der Königlichen Hochlöblichen Regierung des Jahres 1828, vom 8. Januar, ist unter Zuziehung des Schulvorstandes, und genehmigt von demselben, dem mit dem gehörigen Qualifications=Zeugnisse versehenen Hülfslehrer, Carl Volckmann aus Breckerfeld gebürtig, eine Classe der Schule im Thomashof hiesiger Stadt angetragen, und nach Zusage desselben, nachstehender Berufschein, respective Contract zwischen dem Hauptlehrer der Schule, und dem genannten Volckmann ausgefertigt, und von beiden Theilen zur pünktlichen Befolgung eigenhändig unterschrieben worden.

§ 1.
Der Volckmann übernimmt eine Classe der Schule im Thomashof, und arbeitet in derselben, hinsichtlich der Zeit und der Unterrichtsgegenstände nach Vorschrift des vom Hauptlehrer angefertigten Lektionsplans. Er verspricht wöchentlich 30 Stun-

ablegen. Solche seminarisch gebildeten Gehilfen, wie der in Quelle 4 erwähnte Carl Volckmann, der das Soester Seminar besucht hatte, erhielten außer freier Station im Haus des Hauptlehrers zunächst 20-30 Taler, ab 1830 40 Taler pro Jahr. Die nicht seminarisch gebildeten Gehilfen verdienten neben kostenloser Versorgung jährlich 2-4 Taler. Johann Carl Hilverkus, der 1823 als Gehilfe bei Lehrer Fuchs an der Gather Schule begann, mußte wöchentlich 38 Stunden unterrichten (manche Gehilfen gaben 44 Stunden), täglich 100 Federn schneiden, Hefte linieren und korrigieren. Sein Einkommen besserte er mit Privatunterricht auf. 1830 erreichte J. F. Wilberg als städtischer Schulinspektor ein Mindestgehalt von 25 Talern pro Jahr für diese Hilfslehrer. Ab 1827 mußten die Anstellungsverträge der Hilfslehrer von der städtischen Schulkommission und von der Düsseldorfer Regierung bestätigt werden. 1828 arbeiteten 11 Hilfslehrer in Elberfeld, die im Durchschnitt 31 Taler im Jahr verdienten, der jüngste von ihnen war 17 Jahre alt; 2 Lehrer kamen vom Moerser Seminar. In den 50er Jahren lag das Gehalt bei ca. 60 Talern, Ende der 60er bei 275 Talern zuzüglich 30 Talern Mietzuschuß, nachdem 1866 der „Stationszwang" zunächst für die seminarisch gebildeten Gehilfen aufgehoben worden war. 1867 wandelte sich die Bezeichnung „Hilfslehrer" in „Lehrer".

den mit Treue in seiner Classe zu unterrichten, und sich allen Arbeiten, welche diese Classe, sowie das gesammte Interesse der Schule nothwendig machen, bereitwillig zu unterziehen.

§ 2.
Ein in jeder Hinsicht gesitteter, dem Amte des Lehrers angemessener Lebenswandel, so wie ein freundliches, gefälliges Betragen gegen den Hauptlehrer, Aufmerksamkeit auf die bestehende Ordnung des Hauses, wird vorausgesetzt und erwartet.

§ 3.
Für pünktliche, treue Erfüllung der angedeuteten Pflichten, überhaupt für die möglichst umfassende Ausfüllung seiner Stellung in dem Schulleben der genannten Schule erhält Volckmann:
1, freie Station, d.h. Essen, Trinken, Feuerung, Leuchtung, Waschen des gewöhnlichen Bedarfs, mit Ausnahme der sogenannten feinen Wäsche, und Reinhaltung der Stiefeln,
2, an festem Gehalte, quartaliter aus der Schulkasse durch den Hauptlehrer zu beziehen, vierzig Thaler Preußisch Courant jährlich.

§ 4.
Was die Schule außergewöhnlich bei [Ein]tritt des Kindes in dieselbe, bei Neujahr p.p. einbringt, gehört selbstredend dem Hauptlehrer, und nur die bestimmte Weisung der Eltern kann in solchen Fä[l]len zu Gunsten des Hülfslehrers entscheiden.

§ 5.
Die Auflösung dieses Contrakts ka[nn] nur unter den von der Königlich Hochlöblichen Regierung erlassenen, gesetzlichen Best[im]mungen, und zwar nach vorhergegange[ner] sechs wöchentlichen Aufkündigung, in Krankheitsfällen; oder durch Berufung zu einer eigenen Lehrerstelle Statt fi[nden].[1]

---
[1] Der Vertrag wurde am 19.1.1843 von der städtischen Schulkommisssion, am 7.2.1843 von der Düsseldorfer Regierung bestätigt.

Kommentar 5
Die Aufsicht über das städtische Schulwesen führten in Elberfeld und Barmen seit 1827 städtische Schulkommissionen, denen u.a. die Pfarrer der Gemeinden, Mitglieder des Stadt- oder Gemeinderats und der Kirchengemeinden unter dem Vorsitz des (Ober)bürgermeisters angehörten. 1847 gehörten zur Barmer Schulkommission unter dem Vorsitz des Bürgermeisters Windhorn 9 Pfarrer, 3 Gemeinderäte, je 1 Mitglied der 5 Kirchengemeinden und der Direktor der Realschule; in Elberfeld waren es 1830 die Pfarrer der Gemeinden, die Scholarchen der lutherischen und reformierten Gemeinde bzw. ein Mitglied des katholischen Schulvorstandes, 3 Mitglieder des reformierten, 2 des lutherischen und 1 Mitglied des katholischen Kirchenvorstandes. Die Jahresberichte der Schulkommission gingen über den Landrat an die Düsseldorfer Regierung. Sie wurden

Quelle 5
Bericht des Pfarrers Josephson über Amtsführung und Wandel der Lehrer an den Schulen in Wupperfeld und Rittershausen an die Barmer Schulkommission
SAW D IV 24 b   11.6.1850   handschriftlich

Folgendes hat der Unterzeichnete über die Lehrer an den Schulen in Wupperfeld und Rittershausen zu berichten:
1. Der Hauptlehrer an der Schule in Wupperfeld, Friederich Wilhelm Dörpfeld, hat sich in den 1 1/2 Jahren, die er der Schule vorsteht, als einen sehr tüchtigen, vorzüglichen Lehrer bewährt. Mit seiner Überzeugung auf dem Grunde des Wortes Gottes stehend, ernst und unanstößig in seinem Wandel, sehr regsam und strebsam, hat er in kurzer Zeit die Schule durch seinen Eifer, seine ernste Disziplin, seine besondere Lehrgabe und vorzügliche Methode, deren Wesen <u>Gründlichkeit</u> ist, sein treus Zusammenarbeiten mit seinen Hülfslehrern außerordentlich gehoben. Ein sehr treuer Patriot sucht er patriotischen Sinn, Liebe zum Könige und Ehrfurcht gegen die Obrigkeit in den Kindern zu wecken.
Was
2. Seine Hülfslehrer, Peter Ellenbeck, Friederich Becker und Johann Carl August [Kutaler] betrifft, so suchen alle drei ihrer Pflicht gewissenhaft nachzukommen, namentlich legen die beiden ersten regen Eifer an den Tag. Dem letztern wird es schwer,

*von den einzelnen Schulvorständen erstellt, d.h. von 2 oder 3 Bürgern, im Fall der kirchlichen Schulen Scholarchen oder Provisoren genannt, unter dem Vorsitz des dienstältesten zuständigen Pfarrers, in dessen Gemeinde die fragliche Schule lag. Diese Schulvorstände, denen der Lehrer untergeordnet war, wurden 1814 unter die Leitung meist geistlicher Schulpfleger gestellt. In Elberfeld wurden sie 1829 im Zuge einer Reorganisation des Schulwesens durch einen städtischen Schulinspektor ersetzt, aber bereits 1832 nach einer Neueinteilung der Schulbezirke mit detaillierten Instruktionen wieder eingesetzt.
Am 2.8.1850 ließ die Düsseldorfer Regierung dem Barmer Bürgermeister mitteilen: „Wir haben aus den nachträglich beigefügten Bemerkungen zu dem Jahresbericht über die Elementarschulen in Barmen gerne ersehen, daß die Schulvorstände in Charakteristik der Lehrer, ihrer Amtsführung, ihres häuslichen Fleißes und des Erfolges ihres Wirkens so genau unterschieden haben, daß die Schul= Commission dadurch in den Stand gesetzt ist, auf jeden einzelnen Lehrer und die fördersamen oder hindernden Umstände angemessen einzuwirken" (SAW D IV 246).*

Kommentar 6

*Bis zum Anfang des 19. Jhdts. wurden die Lehrer von den Schulinteressenten und Schulvorständen ausgesucht und gewählt. Nachdem dieses Recht durch ein französisches Gesetz 1811 bereits eingeschränkt worden war, bestimmte die Elberfelder Elementarschulordnung von 1827, daß der Schulvorstand und diejenigen Mitglieder der „Schulgemeine, die in derselben Eigenthümer und Hausväter sind" (zit. nach Jorde, a.a.O., S. 485), drei Bewerber in Vorschlag bringen konnten, aus denen die städtische Schulkommission einen auswählte, der von der Regierung in Düsseldorf ernannt wurde. Im Fall der lutherischen und reformierten Pfarrschule verblieb die Bestimmung des Lehrers, der aus drei von zur Schulkommission gehörenden Gemeindemitgliedern ausgesuchten Bewerbern gewählt werden mußte, bei den Gemeindevertretungen.
Bei der vorliegenden Quelle handelt es sich um ein Bewerbungsschreiben, das aufgrund einer Stellenanzeige in der Elberfelder Zeitung einging. Der Bewerber Gustav Grube, dessen Lebenslauf in Quelle 6 wiedergegeben ist (er spricht von sich selbst in der 3. Person Singular) schrieb in den Begleitbrief, er dürfe „Eins nicht verschweigen, weil es der Grundtypus meines ganzen Lebens ist: Gottes Gnade und Barmherzigkeit ist nicht vergeblich gewesen an mir. Will der HErr mir die Leitung einer so zahl-*

die gewünschten Erfolge seiner Arbeit an den Kindern der untersten Klasse zu erzielen, weil dieselbe so sehr überfüllt ist, ein Übelstand, dem nun bald abgeholfen werden wird. Alle drei führen einen guten Wandel, besuchen fleißig die Kirche und fördern auch auf mannichfache Weise die hier bestehenden Jünglingsvereine, für die sich namentlich auch der Hauptlehrer selbst sehr interessirt, wie er denn auch selbst Unterricht darin ertheilt.
3. Der Hauptlehrer an der Schule in Rittershausen, Julius Boos, ist ebenfalls ein sehr wackerer, tüchtiger, strebsamer, gottesfürchtiger Lehrer, der sich die allgemeine Achtung und Liebe erworben hat, mit den Kindern freundlich und ernst umzugehen weiß, sie gründlich unterrichtet und ihnen Liebe zur Wahrheit und Treue gegen den König mit Eifer einzuflößen sucht. Seine beiden Hülfslehrer, Heinrich Potz und Eduard Kuhr, stehen mit ihrer religiösen Überzeugung auf dem Grunde des biblischen Christenthums und suchen ihr Leben in Wort und Werk damit in Übereinstimmung zu bringen. In ihrer Amtsführung sind sie treu, was schon daraus hervorgeht, daß sie fast immer über die gesetzliche Zeit hinaus unterrichten und schwer lernenden Kindern nach dem Unterricht, ohne Bezahlung zu erwarten und zu verlangen, voranhelfen, und daß sie ferner in kleinen Freundeskreisen darauf bedacht sind, durch gegenseitige Belehrung zur gedeihlichen Amtsführung sich immer mehr zu befähigen. Die Art und Weise ihrer Disziplin und ihre Gabe zum Unterrichten sind gut.

Quelle 6
Bewerbungsschreiben des Lehrers Gustav Grube auf die Lehrerstelle am Thomashof
SAW L I 129   9.9.1852   handschriftlich

Kurze Lebensbeschreibung des Lehrers Gustav Grube, geboren 1808

Carl Albrecht Gustav Grube ist der älteste Sohn von acht, jetzt noch drei lebenden Kindern des auf der Aue, später im Nützenberge wohnenden Empfängers[1] Daniel Albrecht Grube aus Unna und der Jeannette Tiggemann, gebürtig aus Rotterdam, mit den ihrigen nach der Mark geflüchtet. Von drei ältern Halb=Geschwistern lebt noch Bruder Gottfried.
Den ersten Unterricht erhielt der Knabe von seiner zärtlichen Mutter. Nachdem er nacheinander die Elementarklassen des alten Lantermann, dann die Privatschulen der Lehrer Pabst und Scherer, Candidat der Theologie auf dem Hofkamp, frequentirt hatte, ward er nach derem Verziehen im Jahre 1818 Zögling des Wilberg'schen Institutes fast sechs Jahre hindurch. Nach dieser Zeit ergab sich der sechzehnjährige Grube mannigfaltigen Studien und Beschäftigungen, bis er im Jahre 1829 als Lehrer= Gehülfe und Aspirant das Seminar zu Mörs betrat. Dort klärte sich ihm die Würde und der Inhalt, aber auch die Schwere des Lehrerstandes auf; noch mehr aber zeigte das wechselvolle Leben ihm, Schein vom Sein, Wahrheit vom Irrthum zu unterscheiden. Nach dem Seminare ward Grube Gehülfe an der zweiten Klasse der lutherischen Schule auf der Gemarke und als der zeitliche Lehrer nach langwieriger Krankheit in dem Herrn entschlief, leitete er über ein halbes Jahr die damals noch dreiklassige Schule. In derselben wirkte und dirigirte er bis Ende November 1836, zog im folgenden Dezember in Begleitung seiner seligen Mutter und seligen Schwester Mathilde nach Lövenich, Kreis Erkelenz, wohin ihn die evangelische Gemeinde des größtentheils katholischen Dorfes berufen hatte, übernahm 1841 eine zu damaliger Zeit noch existirende, nach ihm eingegangene Privatschule bei Stolberg, an welcher seine junge Frau den Unterricht in weiblichen Handarbeiten übernahm. Mittlerweile entstand und blühete in Aachen eine neue Töchterschule; Grube trat in mündliche Unterhandlungen mit der Vorsteherin derselben, eingeleitet durch einen Collegen in der ehemaligen freien Reichsstadt. Die Folge war, daß er gleich nach Ostern 1844

reichen Schule anvertrauen, wie Er sie an [I]hrem Orte gebildet hat, ich zage wohl, aber ich verzage nicht, mich glaubensvoll Seiner höhern Leitung unterwerfend; will der HErr dieselbe einem Würdigern geben, als ich bin, so geschehe Sein Wille, welcher immer der beste ist" (SAW L I 129). Die Wahl fiel auf Friedrich Atzerodt, der bis 1875 Lehrer am Thomashof blieb.

1851 besuchten die Schule 500 Kinder, die von einem Lehrer und drei Hilfslehrern in vier Klassenzimmern unterrichtet wurden.

nach Aachen zog, um, wo möglich, die betreffende Töchterschule von etwa 150 Töchtern, katholisch und evangelisch, zu übernehmen; aber da fanden sich so viele Widerwärtigkeiten, Ereignisse und Gegenwirkungen, denen er nicht gewachsen war, daß er sich glücklich schätzte, als Düren ihm, wenn auch eine provisorische, doch eine gesichertere Existenz freundlich anbot. Früher schon waren Mutter und Schwester gestorben, diese in Lövenich, jene 1841 in Stolberg; dennoch waren sorgenvolle Monden sein Loos. Ihm schien das Leben nur trüber sich gestalten zu wollen, wenn er auch Heiterkeit und Vertrauen zu Gott hinreichend besaß, um nicht zu erliegen; dennoch hielt er sich für überglücklich, als er mit dem Anfange des Jahres 1846 hier in Gartrop eine Land=Gemeindeschule von ca. 120 Kindern und hiermit eine sorgenfreie Zukunft, ein hinreichend genügendes Auskommen errang. Er zog damals hin mit dem Gedanken, daß wol das friedliche und liebliche Gartrop sein Hafen der Ruhe werden würde; denn eine angenehmere Stellung, eine schönere Stätte findet sich in Wahrheit nicht leicht. Der Unterricht ist angenehm, die Disciplin zu erhalten eine Kleinigkeit, das Landleben gesund, die Bedürfnisse geringe und das Wirken in der Gemeinde hat einen wichtigern Einfluß als in der Stadt. Zudem hat seine Frau in diesem Jahre unter der Direction der liebenswürdigen Gemahlin des Herr[n] Baron, des Patrons unserer Kirche und Schule, den Unterricht in weiblichen Handarbeiten begonnen, was allgemeinen Beifal[l] gefunden hat, nach ihr aber in Schlummer und Tod gerathen wür[de]. Mithin nicht daran denkend, je diese Stelle verlassen zu wollen, noch weniger hoffend, daß sein Lebensschiff noch einmal die Anker lichte, um einer kurzen, aber unruhigen Fahrt sich anzuvertrauen: da erschien die Anzeige vom 31. August currentis, in welcher eine Wiede[r=]Besetzung der Thomashofer Schule baldigst gewünscht wird; und Grube [ent]schloß sich rasch, der Zukunft überlassend, ob der Wille des Herrn ein anderer ist, als der seinige. Dennoch muß er aufrichtig gestehen, daß die Liebe zur Heimath, die bewegenden, erregenden Momente der Stadt Elberfeld, nicht eine gar kleine Potenz in seinem wichtigen Entschlusse gewesen. Solches geschrieben am 9. September [1852]

---

[1] Empfänger = (Geld)einnehmer

2. Formen und Bedingungen der Elementarbildung

Kommentar 7

Einer Bemerkung des Schulmeisters Daniel Schürmann, 1785-1820 Lehrer in Remscheid, zufolge war der Katechismus neben der Bibel bis 1806 Fibel, Lese-, Sprach- und Lehrbuch der Religion zugleich. Die am Anfang des 19. Jhdts. in Gebrauch kommenden Fibeln enthielten neben dem Alphabet u.a. das Vaterunser, die zehn Gebote, verschiedene Gebete und das Glaubensbekenntnis. Fortgeschrittenen Schülern gab man Briefe, Urkunden, alte Akten, Zeitungen oder Kalender zu weiteren Leseübungen. Den 100 Schülern der reformierten Pfarrschule Elberfeld standen 1806 u.a. 50 Bibeln, 50 Mühlheimer Lesebücher, 50 Gesangbücher, 50 Schwelmer kleine Lesebücher und 50 ABC-Bücher zur Verfügung, womit die Schule als gut ausgestattet galt. 1805 schickte die kurfürstliche Schulkommission in Düsseldorf dem Lehrer Hubert Ulrich für seine katholische Elementarschule 25 Fibeln für 59 Schüler. Die Katernberger Schule besaß 1827 (106 Schüler) neben 26 Bibeln, 69 Testamenten, 24 Liederbüchern und „30 dicke[n] und 46 dünne[n] Lesebücher[n]"

Quelle 7
Johann Friedrich Wilberg, Lesebuch für Kinder, die gern verständiger und besser werden wollen, Hamm bei Bochum 1793, S. 189-192

89. Lied für Herrschaften.

1.
Durch dich Gott bin ich was ich bin
Und es ist deine Gabe;
Daß ich als Herr, mir, zum Gewinn,
Die mich bedienen, habe.
Ersparung mancher eignen Müh
Schafft deine Vorsicht mir durch sie.

2.
Gieb, daß ich ihnen jederzeit
Mit Freundlichkeit begegne;
Nie hart sey, ihre Thätigkeit
Mit meinem Beyfall segne,
Und unter leerem Vorwand nie
Ihr den verdienten Lohn entzieh.

3.
Erfüllen sie mit Redlichkeit
Mit Aufwand ihrer Kräfte,
Was ihnen ihre Pflicht gebeut,
In meinem Hausgeschäfte:
So gieb, daß ich für ihre Treu'
Nicht fühllos, nein, erkenntlich sey.

4.
Hilf, daß ich jedem seine Pflicht
Aufs möglichste versüße;
Daß er, wenn Hülfe ihm gebricht,
Sie auch von mir genieße;
Daß ich ihm, fehlt er, gern verzeih',
Und, wird er krank, sein Pfleger sey.

5.
Auch der geringste Diener ist
Bestimmt zum ew'gen Leben;
Für ihn und mich hat Jesus Christ
Sich in den Tod gegeben;
Vor deinem Richtstuhl hat mein Knecht
Mit mir dereinst ein gleiches Recht.

O präg aufs tiefste dieß mir ein!
Nie müß' ich mich erkühnen,
Tyrannisch gegen sie zu seyn
Die meinem Hause dienen.
Auch wer mir dient, ist Mensch wie ich,
Hilf, daß ich ihn so lieb', als mich.

(zit. nach Jorde, a.a.O., S. 245) 16 Titelbüchern und 17 Exemplaren des „Kinderfreundes", einem seit 1776 in Elberfeld verbreiteten Lesebuch des Pädagogen Friedrich Gerhard von Rochow, auch „23 Central=Wohlthätigkeits=Anstalt" (ebenda), womit vermutlich Berichte der Elberfelder Armenverwaltung als Lesestoffe gemeint waren.

Dem Rochowschen „Kinderfreund" und dem „Mühlheimer Lesebuch" von Tops und Berger folgten die Wilbergschen Lesebücher in der Benutzung. 1793 erschien sein „Lesebuch für Kinder, die gern verständiger und besser werden wollen" (Hamm); sein „Lesebuch für Kinder in Stadt- und Landschulen" (2 Teile) erlebte 1832 in Elberfeld die 20. Auflage. Neben Wilberg waren die Lehrer Peter Heuser und Carl Ludwig Theodor Lieth als Lesebuchautoren aktiv. Ein Verzeichnis der im Regierungsbezirk Düsseldorf gebräuchlichen Bücher aus den 40er Jahren (LHA Koblenz Best. 405 Nr. 4397) nennt unter den 22 aufgeführten Lesebüchern für Schüler auch Wilbergs „Lesebuch", seine „Lese= Denk= und Sprachübungen als Vorbereitung zum Unterricht in der deutschen Sprache" (Düsseldorf o.J.(1818)) und Lieths „Neues Elementarbüchlein zu leichter und gründlicher Erlernung des Lesens" (Elberfeld, um 1812). Auch Friedrich Adolf Wilhelm Diesterweg (1790-1866), 1818-1820 Konrektor an der lateinischen Schule in Elberfeld, war in dieser Liste mit 2 Lese- bzw. Sprachbüchern vertreten.

Seit 1855 bildeten die Hauptlehrer Elberfelds eine Gemeinschaft zur Herausgabe einheitlicher Lehrbücher. Aus dem Jahr 1873 ist ein „Elberfelder Lesebuch. Dritter Theil. Zweite Abtheilung. Für die Oberklasse der evangelischen Elementar-Schulen", herausgegeben von Elberfelder Hauptlehrern, erhalten.

Titelblatt des Wilbergschen Lesebuches (Quelle 7)

90. Lied eines Dienstboten.

1.
Gott! deinen weisen Willen
Soll jeder hier erfüllen.
Laß ihn mir heilig seyn!
Und alle meine Kräfte
Von Herzen dem Geschäfte,
Zu dem du mich beriefest, weihn.

2.
Du heißt mich andern dienen,
Und dien' ich treulich ihnen:
So folg' ich dir, mein Gott!
Drum hilf der Herrschaft Willen
Mich gern und treu erfüllen,
Als deinen Willen, dein Gebot.

3.
Lehr' ohne bittre Klagen
Des Lebens Müh mich tragen,
Und immer auf dich sehn.
Im Reden und im Schweigen
Laß mich stets so mich zeigen
Wie es mit Ehrfurcht kann bestehn.

4.
Der Herrschaft Wohlergehen
Zu fördern, zu erhöhen,
Sey meines Herzens Lust.
Vor schadenfroher Freude,
Vor Argwohn, Stolz und Neide
Bewahre, Höchster, meine Brust!

5.
In meinem Dienst auf Erden
Stets tüchtiger zu werden,
Sey Freude mir und Pflicht!
Ich bin ja, wo ich wandle,
Bey allem was ich handle,
O Herr, vor deinem Angesicht.

6.
Du bist stets der Gerechte,
Der Herr der Herrn und Knechte,
Und Aller Trost und Heil.
Der Niedrigste auf Erden
Kann groß im Himmel werden
Hat, Fürsten gleich, an dir, Gott, Theil.

7.
Laß mich dieß recht ermessen,
Nie meine Pflicht vergessen
Und recht zu thun mich freun.
So wirst du, Herr der Welten,
Es reichlich mir vergelten,
Und ich werd' ewig glücklich seyn.

Lesebuch für Kinder,

die

gern verständiger

und

besser werden wollen.

Zu finden
bey dem Verfasser zu Hamm bey Bochum,
wie auch in Commißion
bey H. L. Brönner in Frankfurt am Mayn,

1793.

Kommentar 8

In den Annalen für 1835 hieß es im Abschnitt über die Elementarschulen im Zusammenhang mit dem unregelmäßigen Schulbesuch der schulpflichtigen Kinder: „Vom <u>Gesetze</u> aus thut aber zweierlei Noth. Eine gute Aufsicht und die Beschaffung der hinreichenden Schulräume.[...] Aber die Beschaffung der hinreichenden Schulräume ist einzig und allein unsere Sorge" (Annalen für 1835, S. 61). Im städtischen Etat des Jahres 1836 sind an Baukosten für die Auer Schule 2307 Taler 25 Silbergroschen 1 Pfennig aufgeführt, die restlichen Elementarschulen, die 1829 in städtischen Besitz übergegangen waren, erforderten 484 Taler Unterhaltskosten. Die mit der Einführung der Schulpflicht 1825 verbundene Steigerung der Schülerzahlen machte einen Ausbau der Schulen notwendig.

Im 1. Klassenzimmer der reformierten Pfarrschule in Elberfeld, das ca. 44 m² (28 Fuß lang und 16 Fuß breit, der Fuß zu 0,314 m gerechnet) umfaßte, wurden 1837 124 Schüler unterrichtet, pro Kind standen somit weniger als 0,36 m² zur Verfügung, da der Platz für das Lehrerpult, Tafel, Bänke und Tische etc. noch abgerechnet werden muß. Im 2. Klassenzimmer waren es nur 0,18 m² pro Schüler (15 Fuß Länge, 14 Fuß Breite bei 118 Schülern). Johann Carl Hilverkus, seit 1829 Lehrer an der Pfarrschule, der außer seiner 5köpfigen Familie noch ein Dienstmädchen und drei Gehilfen im Schulhaus unterbringen mußte, schrieb in seinen Memoiren 1877 von „unerträgliche[n] Uebelstände[n]" (J.C. Hilverkus, Erinnerungen aus meinem Leben..., Elberfeld 1877, S. 65). 1842 berichtete der Düsseldorfer Schulrat Altgelt über die räumlichen Verhältnisse: „Das Schulgebäude [...] entspricht seiner Bestimmung nicht, die Schulzimmer sind niedrig, dunkel und feucht, das der III. Klasse ist dergestalt verbaut, daß es von einem Dunghaufen des Nachbarhauses und den s.v. Latrinen der Schule zu leiden hat" (zit. nach Jorde, a.a.O., S. 56). Johann Wilhelm Schlupkoten, 1820-1864 Leiter der Auer Schule, berichtete im Juni 1867 dem Oberbürgermeister: „Das kleine Schulzimmer ist aber seit den letztverflossenen Jahren so überfüllt, daß schon die Hälfte der schulbesuchenden Kinder für den engen Raum zuviel sein würde. Dieses Zimmer ist höchst unpassend für eine Schule, nicht nur des sehr engen Raumes wegen, in welchem nicht eine Handvoll gesunder Luft sein kann, sondern auch wegen seiner Lage. Den ganzen Nachmittag über ist es den Strahlen der Sonne ausgesetzt" (zit. nach Wilhelm Schöpp, Johann Friedrich Wilberg. Seine pädagogischen Ansichten in ihrem Verhältnis zu den damaligen und modernen Reformbestrebungen, o.O. o.J. (Köln 1929), S. 55/56).

Quelle 8
Antrag des Lehrers Hubert Ulrich von der katholischen Schule in Elberfeld an die Kurfürstliche Schulkommission in Düsseldorf
HStAD   Best. Großherzogtum Berg   Nr. 6551   4.12.1805   handschriftlich

Ich hab zwar gleich Anfangs gesucht, die hiesigen Schüler, deren Anzahl itzt 59 beträgt, in gehörige Classen abzutheilen; allein die innere Einrichtung des Schulzimmers ist nicht geeignet, diese Abtheilungen gehörig beobachten zu können, weil 5 alte niedrige Bänke, 1 Schreibbank und 2 baufällige und wankende Tische das ganze Geräthe des Schulzimmers ausmachen, deren Anzahl zu gering ist, indem die Kinder allzugedrängt sitzen müßen; auch gestattet deren Stand nicht, die Kinder alle beobachten zu können, welches doch hie um desto nothwendiger ist; weil die hiesige Jugend wider mein Erwarten sehr ausgelassen und ungesittet ist, und an gar keine Ordnung gewohnt war, die ich auch nicht einführen und beobachten kann, wenn mir vor allem die höchstnöthige Schulbanke nicht angeschafft werden; Ich hab mit einem hiesigen Schreiner gesprochen, der sich erboth, die größere doppelte Bänke per Fuß für 1 Reichstaler zu verfertigen: Ich bitte daher mir baldigst die nöthige Bänke verfertigen zu lassen, indem die Zahl der Schüler sich täglich vermehrt, ich aber keinen Platz mehr für selbige habe. Ich bleibe mit tiefester Ehrfurcht
Der Churfürstlichen Schulcommission
Demütigster
H. Ulrich Lehrer zu Elberfeld[1]

---

[1] Ulrich erhielt die Erlaubnis, dem Schreiner den Auftrag über 4 Sitz- und Schreibbänke zu 8 1/2 Fuß Länge zu 34 Reichstalern und 5 Sitzbänke von gleicher Länge zu 3 Reichstalern pro Stück zu erteilen. (1 Fuß = 0,314 m) D.h. 4 Bänke = 10,7 m Länge und 5 Bänke = 13,4 m. Insgesamt 24,1 m:59 Kinder = 0,41 m pro Kind.

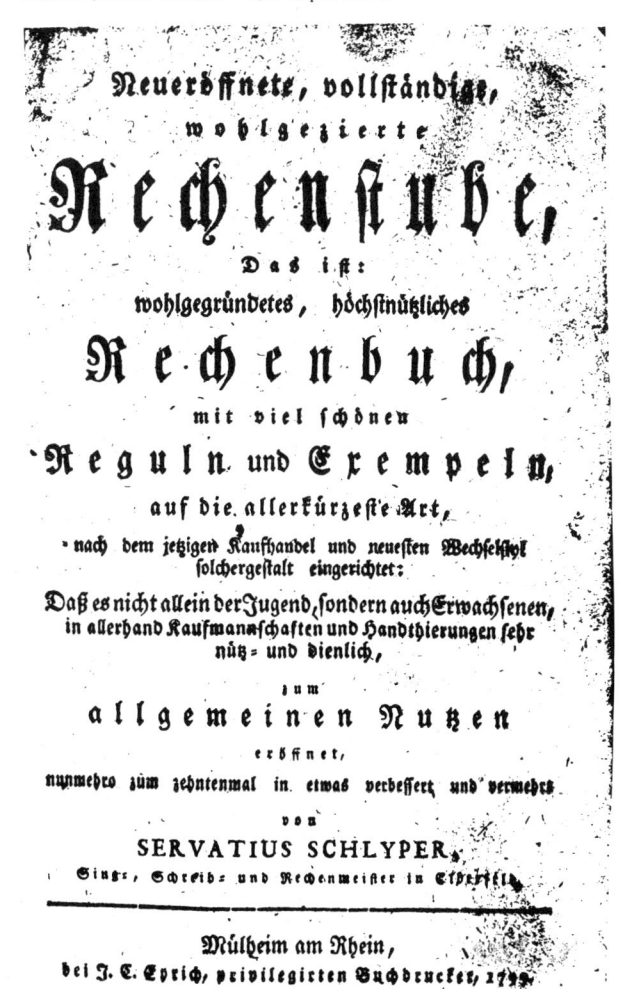

Neueröffnete, vollständige, wohlgezierte
Rechenstube,
Das ist:
wohlgegründetes, höchstnützliches
Rechenbuch,
mit viel schönen
Reguln und **Exempeln,**
auf die allerkürzeste Art,
nach dem jetzigen Kaufhandel und neuesten Wechselstyl solchergestalt eingerichtet:
Daß es nicht allein der Jugend, sondern auch Erwachsenen, in allerhand Kaufmanschaften und Handthierungen sehr nütz- und dienlich,
zum
allgemeinen Nutzen
eröffnet,
nunmehro zum zehntenmal in etwas verbessert und vermehrt
von
SERVATIUS SCHLYPER,
Sing-, Schreib- und Rechenmeister in Elberfeld.

Mülheim am Rhein,
bei J. E. Eprich, privilegirten Buchdrucker, 1795.

Kommentar 9

Die französische Regierung forderte Schultabellen ein, die dem monatlichen Polizeibericht des Maire beilagen. Mit der in Quelle 9 wiedergegebenen Aufstellung kam der Lehrer vom Stein, an der Gemarker reformierten Pfarrschule tätig, einer Aufforderung vom 10.5.1810 nach. Im selben Jahr hatte Barmen 11 Elementarschulen, an denen 12 Lehrer unterrichteten. 1909 schulpflichtige Kinder besuchten die Schule, 297 blieben aus. Als Ursachen des Ausbleibens wurde im Bericht des Maire angegeben: „Fabrick oder Hausarbeiten, Krankheit, Mangel an Kleidung, Nachläßigkeit oder Gleichgültigkeit der Eltern und vorzüglich in diesem Monat [i.e. Mai] das Verziehen der Eltern aus einem Hause ins andere" (SAW L I 73).

Quelle 9
Schultabelle über die reformierte Gemarker Kirchschule
SAW L I 73   22.5.1810   handschriftlich

Rhein=Departement
Arrondissement Elberfeld
Canton Barmen

Schul=Tabelle
über die reformierte Gemarker Kirch=Schule, angefertigt vom Schullehrer Joh. Wilh. vom Stein.

gemischt aus reformiert lutherisch und katholisch

Zahl der schulfähigen Kinder von 6 bis 12 Jahren
May   männlich weiblich Summa [keine Eintragung]
Zahl der Kinder, welche zur Schule gehen
männlich 126   weiblich 115   Summe 241
Zahl der ausbleibenden Kinder
männlich 35   weiblich 20   Sume 55

Ursachen des Ausbleibens und Bemerkungen
Da hier besonders die geringern Leute, fast alle halb Jahre verziehen, so kann ich diese Kinder unmöglich angeben[1]. Wollte man dies aber durchaus wissen, so wüste ich keinen andern Rath, als daß alle 14 Tage nach May oder Martini den Rottmeistern oder Sergeanten aufgegeben würde, diese Kinder=Classe aufzunehmen, und den Schullehrern mitzutheilen, den es leuchtet ein, daß <u>diesen</u>, wenn sie wie ich, sich bis Abends 9 Uhr mit 200 bis 250 Kindern beschäftigen müssen, keine Zeit dazu übrig bleibt. - Dann aber entsteht die Frage: wie viel zu einer jeden Schule gehören? da noch keinem sein District angewiesen ist, welches doch, <u>vorzüglich unter diesen Umständen</u> sehr zu wünschen wäre. Denn manche Aeltern sehn es für eine Gunstbezeugung an, wenn sie uns die Kinder schicken, und so bald es ihnen der Lehrer einmal nicht trift, nehmen sie dieselbe wieder weg; er hat also nie etwas gewisses, indem er blos von ihrer Laune abhängt.
1.) Sonst durfte sich hier keiner als Lehrer setzen, um uns nicht zu schaden, seit einigen Jahren aber sind mehrere Schulen entstanden, die den Haupt=Schulen, wenn auch nicht so sehr an der Zahl der Kinder, doch desto beträchtlicher an <u>Abgang der Wohlhabendern</u> sehr schaden. Auch auf dem Heydt existirt seit 4 Jahren eine Schule, wo ich sonst viele Kinder her hatte. Sogar Fabrick=Arbeiter geben sich mit Privat= Unterricht ab. Sollte dies alles auch nicht ganz zu behindern seyn, so steht es doch

zu erwarten, daß man zu nutz und frommen der Hauptschulen, auf Ersatz oder Vergütung denken wird, - wollte man z.B. wie zu Wupperfeld, das Schulgeld erhöhen, so müßte es allgemein geschehen, weil sonst die Kinder gleich weggenommen und einem andern zugeschickt werden.

2.) Ich wünschte mir für meine Schule eine Naturlehre nebst Technologie. Die von Funke ist nicht übel, nur etwas kostspielig, weil ich wenigstens 48 Stück haben müßte, die von Bechstein und Fröbing sind auch gut, vielleicht giebts noch wohlfeilere.

3.) Es gibt Kinder, doch Gott lob, nicht viele, die die Schule vorbey gehen, und die auch die Aeltern so gar nicht zwingen können, was für ein Mittel ist hier anzuwenden? da Güte und Strenge nichts hilft.

4.) Meine Wohnung ist seit 26 Jahren, so lange ich hier bin, inwendig nicht angestrichen worden, von aussen geschah dies noch vor 4 Jahren, allein leider mitten im Winter bei Regenwetter, die Folge war, daß das Wasser die Farbe abspülte, welche über die Fenster herlief. Jetzt sieht man schon davon nichts mehr! Schade für die schöne Schule, die dadurch bald neue Fenstern Belege haben muß, indem die jetzigen schon am faulen sind.

5.) Prämien sind hier noch keine ausgetheilt worden, um aber die Lust zum Lernen zu reitzen, ist es sehr löblich von unserer guten Regierung, daß Sie auch daran denkt, und verdient daher unsern verbindlichsten Dank, allein, wo sollen diese herkommen?

6.) Es fehlen jedesmal mehr als 50, oft gar 70 bis 80 Schüler. Die Ursachen sind sehr verschieden, und lassen sich schwer bestimmen, besonders da in Fabrick=Gegenden der Hinderniße so viele sind, die sich mit Gewalt nicht auf lange Dauer beseitigen laßen, so lange die mancherlei Quellen nicht verstopft werden können, aus denen sie entsprangen.

Ausgefertigt Barmen den 22sten Mai 1810.

---

[1] Angabe bezieht sich auf die erste Spalte (Zahl der schulfähigen Kinder)

Kommentar 10

Johann Friedrich Wilberg schrieb in seinen „Erinnerungen" von 1836 rückblickend über die Methoden der Elementarlehrer, denen er geraten hatte, „beim Lehren der Buchstaben die Kennzeichen derselben auf[zu]suchen, Buchstaben miteinander vergleichen zu lassen, und die Kinder durch Fragen zum Sprechen zu nöthigen": „Da wurden denn die kleinen Kinder angehalten, sylbenweis und im Chor langsam herzusagen, aus was für Theilen ein Buchstabe besteht, welche Theile oft sehr sonderbare Namen erhielten. Als die Kinder in einer Schule nicht wußten, was außer den Steinen noch zur Mauer gebraucht wird, antwortete der Lehrer selbst: ‚Ka, Ka, Kal, Kal, Kalk; Kalk, nicht wahr?' Und die Kinder riefen laut: ‚Ja'. In einer andern Schule antwortete ein Kind auf die Frage des Lehrers, wer am geschwindesten laufen könne: ‚Der liebe Gott'; und alle Kinder wiederholten gemeinschaftlich diese Antwort. Dergleichen Verkehrtheiten wurden Denkübungen genannt" (Johann Friedrich Wilberg, Erinnerungen aus meinem Leben, nebst Bemerkungen über Erziehung, Unterricht, und verwandte Gegenstände, Essen 1836, S. 119). Das Lesen wurde buchstabenweise gelernt. Der Kenntnis der Buchstaben folgte das Lesen von Silben, Wörtern, schließlich von ganzen Sätzen.

Quelle 10
Johann Friedrich Wilberg, Lesebuch für Kinder in Stadt= und Landschulen, 2. Theil, 6. Auflage, Elberfeld 1815, S. 23

Maschinen, mit denen der Mensch große Lasten vortheilhaft bewegt, sind Winden mancher Art, Wagen, Schlitten. Um das Gewicht der Körper zu erfahren, dienen Schnellwagen und andere Wagen. Einige Maschinen dienen dazu, um manche Sachen in einer kurzen Zeit in großer Menge und mit Bequemlichkeit zu verfertigen, z. B. Weberstühle, Strumpfwirkerstühle, Zwirnmühlen, Spinnmaschinen, Mühlen, auf welchen Spielsteine für Kinder und auch größere steinerne Kugeln verfertigt werden. Auf manchen Mühlen werden nützliche Körper noch brauchbarer für die verschiedenen Zwecke der Menschen gemacht, z. B. auf Oehl- Mehl- Grütz- Schleif- Säge- Loh- Farb- und andern Mühlen. Wasser zu heben oder fortzupressen gibt es Dampfmaschinen, Schöpfräder, Pumpen, Spritzen. Die Uhren sind Maschinen, welche, weil sie einen gleichförmigen Gang haben, dazu dienen, die Zeit einzutheilen. Die Keile werden gebraucht, um feste Körper zu theilen oder auch einen Körper in dem andern zu befestigen. Degen, Messer, Scheeren, Aexte sind Keile, die aber auch zugleich wie Sägen wirken. Die Bohrer sind Keile mit gekrümmten Flächen, die sich in geschärften Linien endigen.

24. Kräfte, durch welche Maschinen bewegt werden.

Der Mensch benutzet bei dem Gebrauche der Maschinen seine eigenen Körperkräfte, die Kräfte der Thiere und die Kräfte verschiedener Körper. Die leblosen Körper, deren Kräfte zum Gebrauche der Maschinen angewendet werden, sind das fließende Wasser, die Luft, die elastischen Körper, die heißen Dämpfe &c. Das Wasser und der Wind werden meistens zur Bewegung der Mühlen angewendet. Da das Wasser gleichförmiger wirkt als der Wind, so ist es auch zur Bewegung vieler Maschinen geschickter als dieser. Die heißen Dämpfe benutzt man bei den Dampf- oder Feuermaschinen, durch welche, vermittelst der von ihnen in Bewegung gesetzten Pumpen, Wasser aus sehr großen Tiefen gehoben wird. Bei dem Gebrauche der Maschinen sind auch Hindernisse zu bemerken, die ihre Bewegung aufhalten. Wenn Körper, die sich in einer Maschine gegen einander bewegen sollen, nicht recht glatt gearbeitet sind, so reiben sie sich zu viel an einander, wodurch die Bewegung erschwert oder gehindert wird. Man sucht das Reiben der Maschinen durch Einschmieren mit Fett, Oehl, Theer u. s. w. zu vermindern. Wenn Körper von derselben Art, z. B. Eisen gegen Eisen, sich gegen einander in Maschinen bewegen, so ist die Reibung stärker als wenn es Körper von

Über den Leseunterricht der II., also vorletzten Klasse der Friedrichsschule in Elberfeld bemerkte der Lehr- und Unterrichtsplan, den der Seminardirektor Bühring 1855 sah: „Die zweckmäßigste Methode für den Leseunterricht möchte wohl diese sein: Man lese Satz für Satz vor, lasse von einzelnen nachlesen, besonders von den Schwächeren, dann von der ganzen Klasse usf., bis auch der Schwache den Satz deutlich und fest lesen kann. Oft wird es sogar wichtig sein, um Einförmigkeit und das Auswendigkönnen zu vermeiden, Wort für Wort rückwärts lesen zu lassen, namentlich, wenn die Fähigkeit des Wörterlesens noch nicht den erforderlichen Grad erreicht hat" (zit. nach Klaus Goebel, Schule im Schatten. Die Volksschule in den Industriestädten des Wuppertals und seiner niederbergischen Umgebung um 1850, Wuppertal 1978, S. 48/49).

Kommentar 11

Bis 1829 waren die meisten Schulen Elberfelds im Besitz der privaten Schulinteressenten oder der Kirchengemeinden. Der mit der Neuorganisation des Schulwesens betraute Regierungs- und Konsistorialrat Kortüm schrieb: „Von den Elementarschulen folgt keine einem bestimmten Plan. Alle sind einer fortdauernden strengen Aufsicht entzogen. Die Disciplin ist in den meisten durchaus mangelhaft, die Behandlungsweise des Unterrichts in jeder verschieden und ganz der Willkühr des Lehrers überlassen" (zit. nach Jorde, a.a.O., S. 488). Zusammen mit den Mitgliedern der städtischen Schulkommission Elberfelds, die seit 1827 die Aufsicht über das gesamte Schulwesen innehatte, 1828 aber neu zusammengesetzt werden mußte, erarbeitete Kortüm einen Reorganisationsplan für das Elberfelder Schulwesen, dessen Bestätigung am 3.2.1829 durch den Kultusminister von Altenstein erfolgte. Mit dieser Umgestaltung, die den Elberfelder Bürgern durch die Tageszeitungen bekannt gemacht wurde, gingen die Schulen in städtischen Besitz über, das Elementar- und höhere Schulwesen wurden neu geregelt bzw. sollten neu eingerichtet werden. Die Schulvorstände wurden aufgelöst, an ihrer Stelle übte Johann Friedrich Wilberg als städtischer Schulinspektor die Aufsicht über die Elementarschulen sowie die höhere Töchterschule aus. Bereits 1832 wurden die Schulvorstände mit detail-

verschiedener Art sind. Auch die schickliche Form, welche man den Körpern gibt, die sich gegen einander bewegen, ist ein Mittel, die Reibung zu vermindern. Obgleich die Reibung die Bewegung der Maschinen hindert, so hat sie doch auch sehr große Vortheile.

25. Erfindung und Entdeckung.

Maschinen und viele andere Dinge, welche die Menschen jetzt kennen und benutzen, waren nicht immer da und nicht immer bekannt. Durch Aufmerken, eigenes Denken und Versuchen haben die Menschen viele Dinge erfunden und manches Nützliche entdeckt. Wer etwas erkennt oder hervorbringt, was bis dahin noch nicht erkannt oder nicht vorhanden war, der ist ein Erfinder. Wer eine Sache auffindet oder kennen lehrt, die zwar schon vorhanden, aber bis dahin noch gänzlich unbekannt war, der heißt ein Entdecker. Eine Erfindung oder Entdeckung hat oft Gelegenheit zu mehrern gegeben. Einige Erfindungen der Menschen sind zur leichtern Betreibung ihrer Geschäfte gemacht worden, z. B. die Erfindung des Pfluges und mancher andern Werkzeuge, die bei dem Ackerbau, der Landwirthschaft und den Gewerben gebraucht werden. Durch manche Erfindungen und Entdeckungen können sich die Menschen vor großen Uebeln schützen. Die Erfindungen des Glases, des Kompasses und der Buchdruckerkunst sind zum Erwerb und zur Verbreitung nützlicher Kenntnisse und noch in mancher andern Absicht sehr wichtig. Ohne den Kompaß wäre die Schifffahrt auf dem großen Meere nicht möglich, und ohne Schifffahrt könnten die Menschen von den entfernten Völkern und Ländern nicht viel wissen, nicht großen Handel treiben und also auch viele nützliche Dinge nicht haben. Durch die Buchdruckerkunst ist es möglich geworden, die Gedanken anderer Menschen mit weniger Mühe und für geringe Kosten zu erfahren und sich dadurch zu belehren. Auch kann durch diese so überaus wichtige Kunst Einer in kurzer Zeit Tausende durch seine Gedanken belehren. Viele Erfindungen lehren uns die Vortrefflichkeit des menschlichen Geistes erst recht schätzen und zeigen, daß der Mensch viel Wichtiges und Großes verrichten kann, wenn er nur immer darauf denkt, wie etwas noch besser zu machen sei. Durch die Anwendung mancher Erfindung wird es auch Menschen, die nicht viel Verstand haben, möglich, sehr bewundernswürdige Dinge zu Stande zu bringen.

Quelle 11

„Bekanntmachung an die Bewohner unserer Sammtgemeinde in Betreff der neuen Schuleinrichtung",
in: Annalen für 1829, S. 29-35[1] Auszug

Jeder aufmerksame und denkende Mensch sieht ein, daß in unsern Tagen der Jüngling, welcher in die Welt treten soll, und der Bürger, welcher zur Herbeiführung seines Glückes in seinem Gewerbe mit Ehre und Erfolg wirken will, mehr wissen, kennen, verstehen und leisten muß, als in der vorigen Zeit gefordert wurde. Täglich werden in den Naturwissenschaften, in der Physik, Chemie, Mechanik ꝛc. neue Entdeckungen gemacht, und von Denkenden und Verständigen die auf jene Entdeckungen sich gründenden Erfindungen bei den Arbeiten in Werkstätten, Fabriken, Manufacturen, Künsten ꝛc. angewendet. Viele Geschäfte des Gewerbstandes ändern daher sich unaufhörlich, und mit den Kenntnissen, welche der Lehrling in den Lehrjahren sich erwirbt, mit den Fertigkeiten, die er sich einübt, und den Handgriffen, die er sich aneignet, und durch welche er zu einem Beruf-Fache gleichsam nur abgerichtet wird, reicht er also, wie es wohl ehemals war, in der Folge und für sein ganzes Leben nicht mehr aus, um seinen Posten als Geschäftsmann und ehrenwerther Bürger auszufüllen. Der junge Mensch muß deshalb in unserer Zeit früh kräftig an-

lierten Instruktionen wieder eingesetzt. Die städtische Schulkommission bestand ab 1829 unter dem Vorsitz des Oberbürgermeisters aus sämtlichen Pastoren der christlichen Gemeinden, den städtischen Scholarchen (=Schulvorstehern) der reformierten und lutherischen Gemeinde, einem Mitglied des katholischen Kirchenrates und drei Mitgliedern des Stadtrates. Die Schuldeputation löste 1881 die städtische Schulkommission ab.

Das erhöhte Schulgeld sollte in einer zentralen Schulkasse zusammenfließen und nicht mehr von den Lehrern, die ein festes Gehalt bezogen, eingesammelt werden. Auch diese Neuregelung wurde bereits 1831 rückgängig gemacht; das Schulgeld wurde gesenkt und wieder von den Lehrern eingezogen.

geregt, vielfach geistig geübt, mit mannigfachen, gründlichen Kenntnissen bereichert, mit bildenden Fertigkeiten vollkommen ausgestattet und so hinlänglich befähigt werden, mit denkendem Kopfe und durch eigenen verständigen Fleiß die Schätze des Wissens sich zu erwerben, die zur Erstrebung einer höhern Stufe der echten Bildung ihm nöthig, und zur bessern und einträglichern Betreibung der bürgerlichen Berufsgeschäfte ersprießlich sind.

Die Unterrichtsanstalten, sowohl die öffentlichen als die Privatinstitute, in den Ortschaften der Rheinprovinzen konnten, ihrem eigentlichen Zwecke nach, und ohne diesen aufzugeben, oder mangelhaft für die Erfüllung desselben zu wirken, die Lehrgegenstände und Beschäftigungen der Zöglinge und Schüler nicht mit Hinsicht auf Bildung für den künftigen Stand derselben wählen, und wenn es geschah, so war die Einrichtung der Anstalten doch von der Art, daß sie die für den bürgerlichen Stand nothwendige Schulbildung unmöglich gehörig befördern und vollenden konnten. In Erwägung dessen trugen die achtbaren Landstände dieser Provinzen Sr. Majestät dem Könige den Wunsch vor, daß Bürgerschulen errichtet werden mögten. In diesen sollte nicht allein, wie in allen christlichen Lehranstalten, die Bildung zum **Christen·und echten Menschen** beabsichtigt werden, sondern auch jeder Lehrgegenstand und jede einzuübende Fertigkeit auf das Praktische abzielen, mehr Sachen als Formen gelehrt werden, der Schüler die Gegenwart recht auffassen lernen, er sich für das werkthätige Leben in der bürgerlichen Gesellschaft vorbereiten und seine geistige Vorbildung vollenden.

Der Aufforderung der Königlichen Regierung zufolge und unter besonderer Leitung derselben haben die verschiedenen kirchlichen und bürgerlichen Behörden unserer Kommüne in Verbindung mit der frühern städtischen Schul-Commission einen Plan entworfen, dem gemäß unser gesammtes Schulwesen ein zusammenhangendes Ganzes ausmacht und in welchem das Bedürfniß in Hinsicht auf Unterricht und Schulbildung der Kinder für die verschiedenen Stände berücksichtigt und befriedigt werden soll. Für unsere Stadt, die in Betreff der Gewerbthätigkeit einen bedeutenden Rang im Staate einnimmt, war ein Schulwesen, in Beziehung auf den Bürgerstand eingerichtet, schon lange nothwendig. Das Königl. hohe Ministerium der Geistlichen, Unterrichts- und Medizinal-Angelegenheiten hat nun vermöge Rescripts vom 3. Februar a. c. eine Schuleinrichtung für unsere Kommüne genehmigt, so daß nicht allein die ursprüngliche gemüthige und geistige Kraft unserer Jugend nach den Hauptrichtungen hin in Thätigkeit gesetzt und in ihr der Grund zur christlichen Erziehung und menschlichen Bildung gehörig angebaut, sondern auch ihr die für das verständige, thätige Bürgerleben allgemein erforderlichen Kenntnisse und Fertigkeiten hinreichend und jedem Knaben und Mädchen diejenige Vorbereitung zum sichern Fortschreiten in der Bildung ganz zu Theil werden könne, die vernünftige Eltern nach Bedürfniß und nach dem künftigen Berufe der Kinder für nöthig erachten und wünschen.

Die Schul-Commission hat sich bisher mit den Vorarbeiten zur Verwirklichung des Schulplanes beschäftigt, welche so weit gediehen sind, daß in den bestehenden Lehranstalten und in denen, welche schon jetzt eingerichtet werden können, am Anfange des neuen Schuljahres, nemlich am 1. des künftigen Novembers mit Genehmigung der höhern Landesbehörde der Unterricht dem Plane gemäß ertheilt wird.

Die schon bestehenden Elementarschulen sind:

a. in der Stadt

1) auf der Aue mit zwei Klassen,
2) im Island mit drei =
3) im Thomashof mit drei =
4) auf dem Hofkamp mit 3 Klassen,
5) auf der Gathe mit vier =
6) die Knabenschule der kathol. Gemeinde mit zwei Klassen,
7) die Mädchenschule der kathol. Gemeine mit zwei Klassen,
8) die Schule am neuen Teich mit zwei Klassen,
9) die Schule am Wüstenhof = = =

b. im Kirchspiel

10) auf Uellendahl,
11) auf dem Katernberg,
12) vor dem Arrenberg,
13) am Langenfeld mit zwei Klassen,
14) am Trübsal = =

In der Elementarschule soll gelehrt werden, was das Kind als Mensch, Christ, künftiger Unterthan des Landes und brauchbarer Bürger der Welt nothwendig denken, verstehen, wissen und können muß. Die Haupt-Lehrgegenstände der Elementarschulen sind:

a) Uebung in einem mit Nachdenken verbundenen Auswendiglernen und deutlichen, verständigen Hersagen dessen, was immer über die wichtigsten und heiligsten Angelegenheiten des Menschen, über Gottesfurcht, Frömmigkeit, Rechtschaffenheit, Bestimmung des Menschen, wahres Christenthum 2c. richtig und gründlich belehren, vor der Sünde ernstlich warnen, zum Besserwerden und Rechtthun kräftig ermuntern, im Leiden beruhigen und trösten und im Genuß der Freude schuldlos erhalten kann.

b) Deutliches, richtiges, fertiges Lesen der Druck- und Schreibschrift.

c) Reinliches, leserliches, fehlerfreies Schreiben.

d) Verständiges, richtiges und schnelles Rechnen im Kopfe und auf der Tafel.

e) Die Muttersprache zur Uebung im verständigen und richtigen Gebrauch derselben in Rede und Schrift, und im Nachdenken über Begriffe, die in der Lehr- und Büchersprache unentbehrlich sind, z. B. Ursache, Mittel, Zweck, Verhältniß, Kennzeichen 2c.

f) Einfaches, sanftes, liebliches Singen der Melodien der Kirchengesänge.

Andere wichtige Gegenstände des Unterrichts der Elementarschulen sind alle Belehrungen, welche dazu helfen, auf die zunächst umgebenden Dinge und auf die Erscheinungen in der Natur aufmerksam zu machen — durch welche das Kind Gott in seinen Werken kennen und ihn bewundernd verehren lernt — welche auf Erhaltung der Gesundheit und des Lebens Einfluß haben — welche dazu beitragen können, schlechte Sitten, verderbliche Vorurtheile und abergläubige Vorstellungen fortzuschaffen — welche Anhänglichkeit an das Vaterland und Liebe zu demselben und zum Landesherrn befördern — überhaupt Alles, was die Volksbildung erhöhen kann, sobald jenes Nothwendige und Wesentliche des Elementarunterrichts darüber nicht vernachlässigt wird.

Jeder Unterricht in der Elementarschule soll so ertheilt werden, daß dadurch die Denkkraft des Schülers erregt, geübt, durch Uebung erhöht, der Schüler zum Lernen befähigt, der Wille auf das Gute gerichtet, das Gefühl für das Gutseyn, Besserwerden und Rechtthun belebt und die Sprache in Beziehung auf das Verstehen der Lehre und das deutliche und richtige Sprechen und Schreiben des Schülers ausgebildet werden kann.

Damit die Schulzeit der Elementarschüler nicht mehr wie bisher, durch die drei verschiedenen Tags- und Abendschulen zersplittert werde, jeder Schüler den erforderlichen und genügenden Unterricht unverkümmert erhalte, und der kostspielige, für ächte Schulbildung oft ganz fruchtlose und in mancher Hinsicht nachtheilige Privatunterricht wegfallen könne, sind die bis jetzt in den Elementarschulen üblichen 36 Lehrstunden wöchentlich folgendermaßen vertheilt: Alle Tage in der Woche soll Morgens von acht bis zwölf, viermal Nachmittags von zwei Uhr bis fünf unterrichtet werden, und die beiden Nachmittage, Mittwochs und Sonnabends, sind der Fortbildung und Erholung der Lehrer und der freien Bewegung der Schüler bestimmt. (...)

---
[1] auch bei Jorde, a.a.O., S. 490-498

Kommentar 12

Im Schulreorganisationsplan von 1829 wurde verfügt, daß Kinder, die das 11. Lebensjahr erreicht hatten und halbe Tage lang „in den Spinnereien und Manufakturen, in Gesellschaft rechtschaffener, ordentlicher Menschen arbeiten, oder Nähen, Stricken sc. erlernen sollen" (zit. nach Jorde, a.a.O., S. 494), einen Erlaubnisschein zum halbtäglichen Unterrichtsbesuch erhalten sollten, wenn sie nach Befund der Lehrer „in der auf das Notwendigste beschränkten Schulbildung soweit gefördert und zum Lernen befähigt sind, daß ihnen, ihrer Erziehung zu Christen und zu verständigen Menschen unbeschadet, jene Erlaubniß gegeben werden kann" (ebenda). Der Halbtagsunterricht, der den offenbar schon vorher bestehenden Abendschulunterricht ablösen sollte, hatte keinen Erfolg. 1830 wurde mit der Einrichtung von Sonntagsschulen im Zusammenhang mit Wilbergs und Schmachtenbergs Plan begonnen, in denen „Lesen; Verstehen des Gelesenen" gelehrt werden sollte, „damit die Kinder wissen können, was Gott von dem Menschen gethan haben will; Auswendiglernen und Hersagen des Katechismus und solcher Sprüche und Liederverse, welche lehren, wie der Mensch leben soll; und Schreiben und Rechnen" (SAW L I 212). Die Sonntagsschulen wurden 1832 mangels Geldmitteln aufgegeben und die Abendschulen wieder eingeführt. 1839 berichtete der Oberbürgermeister an den Landrat, daß eine Kontrolle des Schulbesuchs gezeigt habe, „daß noch viele Schul-Besuche armer Eltern durch diese vom Schul-Besuche zurückgehalten wurden, weil die Familien den Verdienst der in Fabriken arbeitenden Kinder, der bei der größeren oder geringeren Arbeitsunfähigkeit der Eltern nicht selten den bei weitem größten Theil der Subsistenz-Mittel ausmachte, unmöglich entbehren konnten. Eine zwangsweise Einweisung auch der älteren Kinder dieser Cathegorie in die Tages-Schulen würde die Ansprüche der betroffenen Familien an die Armen-Verwaltung auf eine bedenkliche, nicht zu befriedigende Höhe gesteigert haben und außerdem würde den hiesigen Fabriken eine ansehnliche Zahl mitunter unentbehrlicher Hände entzogen worden seyn" (SAW L I 212). Auf Vorschlag eines städtischen Komitees wurden 1838 3 Abend- und 2 Sonntagsschulen eingerichtet. In die Abendschulen (zunächst 18-20 Uhr, dann 19-21 Uhr) gingen viermal pro Woche arbeitende Kinder ab 10 Jahren, die Sonntagsschule (8-11 Uhr) besuchten solche, die bis spät abends arbeiten mußten und daher die Abendschulzeiten nicht einhalten konnten.

Die Abendschule im Island hatte 120, die katholische Abendschule 130, die Friedrichsschule 120 Schüler; die Sonntagsschule auf

Quelle 12
Memorandum Johann Friedrich Wilbergs über Abend- und Sonntagsschulen und Sonntagsschulplan des Lehrers Schmachtenberg, an den Elberfelder Oberbürgermeister Brüning
SAW L I 212   22. und 18.11.1829   handschriftlich

Viel, sehr viel läßt sich mit Recht gegen die Sonntagsschulen sagen, und wenn England, wo sie zuerst in großer Zahl eingeführt wurden, seine hoch gepriesene Glückseligkeit nur dem kleinsten Theile nach den Sonntagsschulen verdankt, so haben wir Deutsche nicht Ursache, nach dem Insellande mit neidischen Augen zu blicken. Aber noch mehr läßt sich gegen die bis jetzt hier üblichen Abendschulen einwenden. Sie gewähren keinen Gewinn für die Schüler, und können es nicht. Der lernlustige und lernfähige Mann, welcher schon zwölf und mehr Stunden lang am Tage körperliche und meistens geisttödtende Arbeit verrichtet hat, wird nicht im Stande sein, sich dann Abends noch eine Stunde lang einem Geschäfte zu widmen, das mit Aufmerksamkeit und Liebe betrieben werden muß, wenn es nicht ganz fruchtlos sein soll. Das Unmögliche verlangen wir aber in den Abendschulen von den armen, zum Lernen unbefähigten, ermatteten, schläfrigen Kindern, die in den Spinnereien und Werkstuben den ganzen Tag arbeiten müssen. Und das Schlechte, was die Kinder dort sehen und hören, wird durch sie auf dem Schulwege weiter verbreitet, mehr durchdacht, es entstehen Begehrungen und Entschließungen, Entwürfe werden gebildet und mancher Unfug wird von ihnen verübt, wobei ihnen die Dunkelheit und der Mangel an Aufsicht günstig ist. Es ist nicht zu verwundern, daß sich unsere Gefängnisse mit jungen Verbrechern füllen, daß unter unsern Bürgern der niedern Stände so viel Rohheit, Sittenlosigkeit, Nichtachtung göttlicher und menschlicher Ordnung sich findet, und daß die Kinder der höhern Stände durch Dienstmägde, Lehrlinge, Arbeiter pp. und durch das Leben auf der Gasse sittenlos und frech werden. Wir thun für die Erziehung und Bildung der Kinder, die ihre Zeit, ihre Jugend und Kraft für den Broterwerb und doch auch zum Gewinn für Andere verwenden müssen, viel zu wenig, und eigentlich Nichts. Kaum kommen die armen Geschöpfe dahin, daß sie den Konfirmanden=Unterricht empfangen, und noch weniger dahin, daß sie ihn verstehen können. Wie ist es möglich, daß dieser Unterricht seine Kraft zur Besserung des Sinnes und Wandels beweise! Dürfen wir deß rühmen, daß wir zur Verbreitung des Christenthums wirken, wenn es hier unter uns noch vielen Menschen ganz unbekannt bleibt?

Ich füge hiebei die Gedanken des Lehrers Schmachtenberg
- betreffend die Abendschulen und die anstatt ihrer zu errichtenden Sonntagsschulen; und
- ein Schema, nach welchem die Armenkasse mit der Schulkasse sich über das Schulgeld für Armenkinder berechnen könnte.

Herzlich wünsche ich, daß die Schul=Commission durch zweckmäßig eingerichtete Sonntagsschulen - die Mittel zur Einrichtung und Unterhaltung derselben können ja in unsrem Orte nicht mangeln - zur christlichen Erziehung und Bildung vieler Verlassenen und Versäumten wirken und sich ein wahres Verdienst erwerben möge!

Elberfeld, den 22sten November   J.F. Wilberg

Vorschläge zur Errichtung einer Sonntagsschule
So sehr die neue Schuleinrichtung für die Sammtgemeinde Elberfeld, die mit dem Anfang dieses Monaths ins Leben getreten ist, und deren Folgen nicht anders als wohlthätig sein können, jeden Schul= und Kinderfreund mit einiger Freude erfüllen muß, so betrübend muß ihm auch der Gedanke sein, daß für eine große Zahl Kinder unsrer Stadt und des Kirchspiels aus dieser wohlthätigen Einrichtung kein Gewinn erwächst. Ich meine diejenigen Kinder, denen das harte Loos zum Theil geworden ist, vom frühen Morgen bis zum späten Abend in den Spinnereien, Druckereien oder am Spulrade p. beschäftigt sein zu müssen, um dadurch ihren Eltern die nothwendigsten Lebensbedürfnisse erwerben zu helfen.

Zufolge der von der Wohllöblichen Schul=Commission hieselbst erlassenen Bekanntmachung vom 15. vorigen Monats ist es der Wille derselben, daß in Zukunft kein Kind zu irgend einer Arbeit zugelassen werden soll, bis es das 11te Jahr zurückgelegt hat, und auch dann nur, wenn es zu einer gewissen Fertigkeit in den nöthigsten Schulkenntnissen gelangt ist. Jeder vernünftige Mensch wird dieser weisen Verfügung seinen Beifall nicht versagen [können], eben so wenig ist es indessen auch zu bestreiten, daß sich der Erfüllung derselben große Hindernisse in den Weg stellen und wir sobald die Freude noch nicht haben werden, sie erfüllt zu sehen.

331

dem Hofkamp zählte 214, diejenige im Wüstenhof 135 Kinder; insgesamt genossen 719 arbeitende Kinder den Unterricht. Eine Sonntagsschule verursachte im Jahr 80, eine Abendschule 120 Taler Unkosten. Der Oberbürgermeister bemerkte in seinem Schreiben darüber hinaus, man habe, „um den Besuch dieser Schulen zu befördern […], außer den öffentlichen Einladungen noch an die hiesigen Fabrikbesitzer geschrieben und dieselben ersucht, die bei ihnen arbeitenden Kinder zum Besuche der Abend- resp. Sonntagsschulen anzuhalten" (SAW L I 212).

Angenommen aber auch, diese Hindernisse [seien] auf irgend eine Weise gleich zu beseitigen, so wird es doch für diejenigen Kinder, die das schulpflichtige Alter überschritten haben, dadurch nicht anders. Und auch diesen Kindern, welche die größere Zahl von den in den Spinnereien p.p. arbeitenden ausmachen, dazu zu verhelfen, daß sie doch wenigstens im Stande sind, das Wort Gottes zu lesen, und daß sie zur Confirmation zugelassen werden können, gebietet das Christenthum.
Zeller sagt in seinen Lehren der Erfahrung, Band II, Seite 58: „Um des Wortes Gottes willen ist es allein ewig der Mühe werth, lesen zu lernen." Bis jetzt ist der Unterricht für diejenigen Kinder, die am Tage arbeiten müssen, auf die [Abendschule] beschränkt gewesen, und zwar [] auf die Stunde abends von 8 bis 9 Uhr. [Wenn] man bedenkt, daß die Kinder nach ei[ner] fast ununterbrochenen Arbeit [müde an] Leib und Geist zur Schule kommen [und kein] größeres Bedürfniß fühlen als das eines erquickenden Schlafes, so läßt sich wol mit ziemlicher Gewißheit behaupten, daß von keinem günstigen Erfolg des Unterrichts die Rede sein kann. Erwägt man ferner, daß besonders in den Wintermonathen die Kinder in den Spinnereien p. erst um halb 9 Uhr und noch später von der Arbeit entlassen werden, für den Unterricht also nur 1/2 Stunde, und, wie es eben jetzt der Fall ist, oft nur 1/4 Stunde übrig bleibt, so wird man es wol nicht übertrieben finden, wenn ich eine solche Abendschule, die mit keinem vernünftigen Zwecke in Einklang gebracht werden kann, nur eine Plage für Lehrer und Schüler nenne. In meiner Abendschule habe ich unter ungefähr 100 Schülern solche, die 12 bis 17, ja sogar 20 Jahre alt sind, und von welchen mehrere kaum im Stande sind, einzelne Silben und Wörter richtig auszusprechen. Diese haben denn nun im Durchschnitt wöchentlich höchstens zwei Stunden Unterricht, und zwar noch zersplittert an vier Abenden. Rechne ich auch nur 40 Schüler für jede Klasse, so kommt auf jeden Schüler an jedem Abende 3/4 Minute, woraus sich leicht der Schluß machen läßt, wie lange es noch währen muß, bis solche Kinder auch nur so weit gekommen sind, daß sie mechanisch fertig lesen können. So kann, so darf es nicht länger bleiben!
Mit der innigen Ueberzeugung, daß unsere Wohllöbliche Schul=Commission aus allen Kräften dahin wirken werde, auch diesem Uebel abzuhelfen, wage ich es, derselben zu diesem Zwecke folgende
Vorschläge zur Errichtung einer Sonntagsschule
zu machen.
Für diejenigen Kinder, welche das schulpflichtige Alter überschritten haben, bisher nur die Abendschule besuchten und an dem öffentlichen Unterrichte in der Woche <u>durchaus</u> nicht Theil nehmen können, wird eine Sonntagsschule errichtet. Die Zahl der Klassen für dieselbe, von welchen jede nicht über 60 Schüler zählen dürfte, wird durch die Zahl der Schüler bestimmt.
Für jede Klasse wird ein Lehrer oder Hülfslehrer ernannt, der derselben vorsteht. Damit in alle Klassen Ordnung komme, und in jeder derselben um so mehr gewirkt werden [könne], werden alle Kinder vor der Aufnahme geprüft, nach ihren Fähigkeiten geordnet, und [so] die verschiedenen Klassen gebildet. Versetzung[en] aus einer Klasse in die andere dürfen ebenfa[lls] nur nach vorhergegangener Prüfung Statt finden.
Da ich als gewiß voraussetzen darf, daß man auf mehr als 300 Schüler rechnen kann, also wenigstens 5 Klassen sein müßten, so wären auch wenigstens 5 Lehrzimmer erforderlich. Diese würden am schicklichsten im Mittelpunkt der Stadt sein, weil aus allen Sectionen und auch aus dem Kirchspiel Kinder an diesem Unterrichte Theil nehmen müssen.
Die Schulzeit währet drei Stunden, zur Sommerzeit, und so lang es angeht, morgens von 6 bis 9 Uhr, zur Winterzeit nachmittags von 1 bis 4 Uhr. Daß von Seiten der Kinder der Unterricht auch nicht eine einzige Stunde versäumt werde, es sei denn durch Krankheit, darüber muß mit allem Ernst gewacht werden, und man muß sie nöthigenfalls auf polizeilichem Wege dazu anhalten. Eben so wenig darf von Seiten des Lehrers der Unterricht auch nur Eine Stunde ausgesetzt werden. Jeder Lehrer oder Hülfslehrer, der eine Klasse übernommen hat, muß in allen Fällen, in welchen er verhindert wird, den Unterricht selbst zu ertheilen, für einen Stellvertreter zu sorgen. Es läßt sich nicht erwarten, daß es je an Lehrern und Hülfslehrern mangeln werde, die in solchen Fällen so gefällig wären, den Unterricht zu übernehmen.
Die Lehrgegenstände könnten dieselben sein, die sie in unsern Elementarschulen sind, nur würde ich aus dem oben ausgesprochenen [Grunde] das Lesen und die Sprachübungen, welche zum Verstehen des Gelesenen erforderlich sind, als Haupt=Lehrgegenstand aufstellen, und für diesen die meiste Zeit bestimmen.
Hinsichtlich des Schulgeldes und des Gehaltes für die Lehrer erlaube ich mir fol-

gende Bemerkungen. Die Verwaltung der Central=Wohlthätigkeits=Anstalt bezahlte bisher für die Abendschüler jährlich Taler 2 " 9 Silbergroschen (monatlich 5 3/4 Silbergroschen) - Wenn nun das Gehalt für den Lehrer jeder Klasse zu 50 Talern festgesetzt wird, (wofür sich Lehrer und Hülfslehrer werden bereit finden lassen, den Unterricht zu übernehmen,) so beträgt das Schulgeld für jeden der 60 Schüler 25 Silbergroschen, und mit den Kosten für Schreibmaterialien, Heizung und Reinigung des Schulzimmers höchstens 1 Taler jährlich (2 1/2 Silbergroschen monatlich). Die Armenkasse hätte bei dieser Einrichtung von 200 Kindern, welche in dem letzten Quartal für ihre Rechnung freien Unterricht in den Abendschulen genossen haben, einen Gewinn von Talern 260 jährlich, und wenn nicht die meisten, so würden doch viele Eltern ein so geringes Schulgeld selbst bezahlen können.

Schließlich gedenke ich noch des Einwurfs, der allenfalls gemacht werden könnte, daß eine Sonntagsschule den Sonntag entweihe. Es ist allerdings recht traurig, daß in unserm, in jeder Beziehung so reichlich gesegneten, Wupperthale es dahin gekommen ist, daß eine große Zahl armer Kinder um der Erhaltung ihres leiblichen Lebens willen den Tag des Herrn dazu verwenden muß, zu der auf das Nothwendigste beschränkten Schulbildung zu gelangen; ich sehe indessen noch nicht ein, wie ohne eine Sonntagsschule dieser Zweck erfüllt werden könne. Und so lang die Mittel dazu nicht vorhanden oder herbei zu führen sind, trage ich auch kein Bedenken das Gegentheil obiges Einwurfes zu behaupten. Eben durch die Sonntagsschule sollen die Kinder befähigt werden, den Sonntag zur Ehre Gottes und zum Heil ihrer unsterblichen Seelen feiern zu können. Bis jetzt sind sie nicht im Stande, am öffentlichen Gottesdienste Theil zu nehmen, weil sie weder lesen noch singen, noch einen einfachen Satz, am wenigsten eine zusammenhängende Rede verstehen können. Aus denselben Gründen sind sie auch nicht im Stande, im elterlichen Hause den Sonntag auf eine Gott wohlgefällige Weise zuzubringen. Und so bleibt ihnen dann weiter nichts übrig, als - das Nichtsthun. Nichtsthun aber führt zum Uebelthun, wie es die Erfahrung leider an so vielen dieser Kinder lehrt.-

Möchte es bald besser werden! Und möchte Gegenwärtiges Etwas dazu beitragen, daß den armen Kindern möglichst bald und kräftig geholfen werde!

Elberfeld, 18. November 1829
Schmachtenberg

An die Rechenschüler.

Kinder, lernt rechnen!
Es schärfet des Menschen Verstand,
Und lehret ihn denken und schließen:
Drum laßt euch die Müh nicht verdrießen
Und macht es euch gründlich bekannt.

Kinder, lernt rechnen!
Doch nicht mit dem Griffel allein;
Ihr müßt mit vernünftigen Gründen
Die Arbeit des Griffels verbinden,
Dann trifft auch das Facit recht ein.

Kinder, lernt rechnen!
Es dient einem jeglichen Stand.
Ihr werdet in künftigen Jahren
Den Nutzen des Rechnens erfahren:
Drum macht es euch gründlich bekannt.

Gedicht, in: Practisches Schulbuch der gemeinen Rechenkunst und Geometrie mit Figuren, dem Lehrer beim Unterricht bequem und dem Schüler zur Uebung nützlich, von Daniel Schürmann, 2. Auflage, Gemarke 1804

Kommentar 13

Neben den Tages-, Abend- und Sonntagsschulen wurden auch die Fabrikschulen zum Elementarschulwesen gezählt. Sie wurden von den Fabrikbesitzern, meist Inhabern von Spinnereien, auf dem Firmengelände für die bei ihnen beschäftigten Kinder eingerichtet. Über den Fabrikanten und Elberfelder Stadtrat P.C. Peill hieß es in den Annalen für 1835 in einem Nachruf: „Seine Sorge, welche ihm Gott lohnen wolle, war dahin gerichtet, den in seiner Spinnerei arbeitenden zahlreichen Kindern auf seine eigenen Kosten den jedem vernünftigen Menschen und Christen nothwendigen Unterricht ertheilen zu lassen..." (Annalen für 1835 S. 61). 1855 bestand in Elberfeld außer der Simonsschen Fabrikschule (52 Schüler) noch diejenige der Firma Jung in Hammerstein, in der 99 Fabrikkinder 2 Stunden täglich unterrichtet wurden. Seminardirektor Bühring notierte bei seinem Besuch: „Die Disziplin macht dem Lehrer keine Not, Ungebührlichkeiten und Unfleiß in der Schule werden gleich mit Entlassung aus der Arbeit bestraft" (zit. nach Goebel, a.a.O., S. 77). Das Schreiben des Barmer Spinnereibesitzers J.A. Oberempt, dessen Fabrikschule 1831 101 Schüler hatte, steht im Zusammenhang mit Anträgen des Fabrikbesitzers auf finanzielle Unterstützung. Am 18.3.1831 hatte Oberempt an den Landrat geschrieben, daß die Geschäfte schlecht gingen und er es daher „als Familienvater und zur Sicherung meiner eigenen Existenz für meine erste Pflicht [hielt], da, wo es möglich war, Einschränkungen zu machen" (SAW L I 69a) und u.U. die Fabrikschule aufgeben müsse.

Quelle 13
Brief des Spinnereibesitzers J.A. Oberempt über die in seiner Fabrik bestehende Schule an das Barmer Bürgermeisteramt
SAW L I 69 a   4.6.1831   handschriftlich

Habe ich die Ehre Seines geschätzten Befehles vom 1. dieses die Anfrage im Betreff der bisherigen Kosten der Rauenthaler Fabricksschule ganz unterthänigst dahin zu erwiedern, daß die beiden Lehrer Herr Hammerschmidt von Rittershausen und Herr Wewer von Heckinghausen zusammen jährlich Reichstaler 200 - bergisch Courant für den täglichen Unterricht vom 100 bis 200 Kindern erhielten.
Die anderweitigen Kosten entsprangen aus folgender Ursache.
Da die Kinder die den ganzen Tag 13 Stunden eine stehende Arbeit verrichten müßen, durch den Taumel und Geräusch der Spinnerey am Abend abgestumpft und zum lernen und Nachdenken müde und schläferig sind, so wurde es vor 7 Jahren bei Errichtung dieser Lehranstalt für zweckmäßig erachtet den Kindern die beste Zeit des Tages (nemlich des Vormittags von 11 bis halb ein Uhr, wo der Mensch am besten zu jeder geistigen Arbeit aufgelegt ist) zu geben. Meine eigene Erfahrung hat mich vollkommen von der Richtigkeit dieser Ansicht überzeugt, und ich zweifle nicht daß Herren Schullehrer, die den Kindern diesen Unterricht ertheilten, mit mir behaupten werden, den haben die Kinder auf oben angeführten Weise 13 Stunden sich in Thätigkeit erhalten, so fühlen sie sich nach Verlauf derselben, so bald sie in eine Ruhe treten, wie gesagt, müde und schläfrig, und zum Lernen unfähig. Es ist Ihnen auch bei der getroffenen Einrichtung eine Erholung, wenn sie nach dem sechsstündigen stehen, 1 1/2 Stunde sitzen können, und es kann nicht anders als vortheilhaft für Ihre Gesundheit und zarte Glieder wirken. Die Stunde die von 11 bis 12 dem Gange der Fabrick zum Nachtheil ist, müßen Sie am Abend nachholen, weil dieses anders ein zu großer Verlust für mich sein würde, und ich mit andern Fabricken nicht concurriren könnte, diese Stunde der Nacharbeit verursacht mir in 8 Monaten des Jahrs eine Auslage an Oehl für 64 organtische Lampen, à 3 Maaß pro Tag, in die 8 Monate, den Monat zu 25 Arbeitstage gerechnet, 624 Maaß greinigten Rüboehl à 11 Silbergroschen pro Maaß sind Reichstaler 228, 24 Silbergroschen. Diesen Betrag von Oehl, sowie die Reinigung und Unterhaltung der Schulzimmern und die Entbehrung derselben aus dem Geschäft sowie alle sonstige nicht zu nennende Kosten, zum Behuf dieses Zwecks, will ich gerne so wie bis jetzt, der guten Sache zum Opfer bringen wenn nur die Herren Schullehrer aus irgend einem Fonds für den Unterricht können bezahlt werden, da es mir ferner bey dem schlechten Gang der Geschäfte und schwere Verpflichtungen unmöglich ist solche Auslage weiter bestreiten zu können.

Kommentar 14

Quelle 14 enthält Stücke aus einem auflagenstarken Lesebuch des Pädagogen Johann Friedrich Wilberg.

Quelle 14
Johann Friedrich Wilberg, Lesebuch für Kinder in Stadt= und Landschulen, 1. Theil, 20. Auflage, Elberfeld 1832, S. 42-45

Es ist Gottes Wille, daſs jeder Mensch sein Bedürfen durch Arbeit rechtmäſsig erwerbe. Schlechte Menschen wollen das, was sie brauchen, nicht verdienen, sondern sie suchen es auf eine unerlaubte Weise zu bekommen. Kläglichthun und Frommthun, Schmeichelei und Schleicherei, Kartenspiel und Lotterie sind Wege, auf welchen arbeitsscheue Menschen zu dem gelangen wollen, was sie bedürfen. Im Schweiſse seines Angesichtes soll der Mensch sein Brot essen. Der Mensch ist zur Arbeit geboren, wie der Vogel zum Fliegen. Der Erdboden ist nie freigebig mit seinen Schätzen gegen die, welche mit ihrer Arbeit gegen ihn karg sind. Gott hat das Glück an den Fleiſs geknüpft, und wer diesen nicht liebt, wird vergebens nach Wohlstand und Glück trachten, das mit Ehre verbunden ist. Wer fleiſsig arbeitet, hat einen guten Schutz wider Thorheit und Unfug, und eine Zuflucht wider Verdruſs und Gram. Schwere Arbeit bekommt dem Menschen meistens besser, als Schmauſs und Lustbarkeit. Tüchtige Arbeit lehrt mit Ueberlegung handeln, macht verständig, die Kost wohlschmeckend und die Ruhe sanft. Arbeitsamkeit lehrt Mäſsigkeit und Ordnung, und macht froh; und Frohsinn, reger Fleiſs und Mäſsigkeit in allen Dingen sind die besten Aerzte. Durch Arbeitsamkeit und Fleiſs verlängert der Mensch sein Leben, und ein frommer, treuer, arbeitsamer Mensch kann dem Tode ohne Furcht entgegen sehen.

Jede Arbeit muſs mit Verstand und Ueberlegung begonnen und betrieben werden. Um mit Ueberlegung arbeiten zu können, muſs man sich mancherlei Kenntnisse erworben haben. Wer zu Kenntnissen gelangen will, muſs gelehrig und aufmerksam sein und recht nachdenken. Ein Mensch mit treuem Gemüthe, mit Liebe und Geschick zur Arbeit, und mit einem guten Namen hat ein groſses Vermögen, und ist in jedem Stande reich. Ein denkender Kopf und eine geschickte Hand sind grosse Kapitalien, die reiche Zinsen tragen. Geschickte, arbeitsame Menschen werden gesucht, und haben nicht nöthig von den Brosamen zu leben, die von den Tischen des Reichen fallen. Durch Geschicklichkeit und Arbeitsamkeit erwerbt sich der Mensch nicht bloſs den Zehrpfennig, sondern auch einen Noth- und Ehrenpfennig. Wer Alles ausgibt, was er einnimmt, und die Kunst des Sparens nicht versteht, wird bei aller Arbeit arm, und fällt in der Noth andern Leuten zur Last. Unverständige Menschen sehen ihre Einnahmen durch ein Vergröſserungsglas und die Ausgaben durch ein Verkleinerungsglas an. Zu Wohlstand und Reichthum gelangt man nicht sowol durch groſse Einnahmen, als vielmehr dadurch, daſs man sich recht bedenkt, ehe man einen Pfennig ausgibt.

Wo geht der Weg zu Thalern hin;
Dem kleinen Pfennig folget er,
Und wer den Pfennig nicht recht ehrt,
Wird schwerlich eines Thalers Herr.

(...)

Die Menschen leben in Gesellschaft. Eine kleine Gesellschaft von Mann, Frau und Kindern heißt eine Familie. Die Familien zusammen, die in einem Lande wohnen, nennt man ein Volk, auch einen Staat. In einem Volke sind einige Menschen, welche den andern etwas gebieten und verbieten. Die Vorschriften, welche einem Volke gegeben werden, damit es sich in seinem Thun und Lassen darnach richten solle, nennt man Gesetze. Die Menschen, welche die Gesetze geben und dafür sorgen, daß darnach gehandelt werde, nennt man Obrigkeiten. Ein Mann, der einem ganzen Volke Gesetze gibt, heißt ein Landesherr. Die Menschen, welche einem Landesherrn gehorchen müssen, heißen Unterthanen. Wenn die Unterthanen gern und mit Verstand nach den Gesetzen der Obrigkeiten thun, so geht es im Lande wohl zu. Lehrer in Kirchen und Schulen sorgen für die Bildung der geistigen Kräfte der Menschen, und helfen, daß die Unterthanen die Gesetze verstehen lernen, und daß sie willig werden, sich darnach zu richten. Die Soldaten sind dazu in einem Lande, daß die übrigen Unterthanen ruhig und sicher darin leben können. Wer die Vortheile der Gesellschaft der Menschen genießen will, muß sich auch manche Beschwerlichkeiten gefallen lassen, und von seinen Gütern bisweilen etwas wissen.

»Jeder, der sein Vaterland
Herzlich liebt, und mit Verstand
Für das Wohl desselben strebt,
Hat als guter Mensch gelebt.

Kommentar 15

Die 1829 zunächst abgeschafften, 1832 mit genauen Instruktionen aber wieder eingeführten Schulvorstände hatten u.a. die Aufgabe, den Prüfungen beizuwohnen, denen sich die die Schule verlassenden Kinder unterziehen mußten. Die Schulpflicht galt zwar vom vollendeten 5. bis zum vollendeten 14. Lebensjahr, aber nach den Bestimmungen der Schulreorganisation von 1829 konnte ein 11jähriges Kind - wie bereits erwähnt - für halbe Tage vom Unterricht befreit werden, um einer Erwerbsarbeit nachzugehen. Der Schulvorstand war auch zur Aufsicht des Schulgebäudes, der Lehrer, zum Beschluß über Anträge auf unentgeltlichen Unterricht und zur Erfassung der schulpflichtigen Kinder sowie der Schulversäumnisse verpflichtet. Seit dem 20.6.1835 waren die Schulvorstände nämlich mit der Aufsicht des Schulbesuchs betraut worden; bis dahin hatte die Polizei diese Aufgabe wahrgenommen. 1852 berichtete Karl Coutelle, daß sich „früher" die Maßregeln für säumige Eltern „hauptsächlich nur auf Ermahnungen durch die Schulvorstände beschränkten" (Karl Coutelle, Elberfeld, topographisch-statistische Darstellung, Elberfeld 1852, ND 1963, S. 180/181), 1850 aber seien 1723 und 1851 1242 Eltern vorgeladen und 261 bzw. 196 mit Geldbußen bestraft worden. Am 17.10.1838 hatte die städtische Schulkommission beschlossen, daß neben den monatlichen Besuchen durch den Schulvorstand zweimal pro Jahr eine überraschende Visite stattfinden sollte. Der wiedergegebene Bericht des Pastors Ball war Ergebnis einer solchen Prüfung.

Die Schule am Trübsal, 1819 und 1829 durch Vereinigung der Schulen am Wolfshahn, am Küllenhahn und am Rennbaum entstanden, wurde 1827-1880 von dem Lehrer Wilhelm Rothstein geleitet. Die 1829 neuerbaute Schule besuchten 1851 von 273 schulpflichtigen Kindern 223. 1835 bestanden in Elberfeld 15 Elementarschulen und eine Schule im Allgemeinen Armenhaus mit insgesamt 33 Klassen. Von 4496 schulpflichtigen Kindern besuchten 1734 keine dieser Schulen; rechnete man, wie dies in den Annalen für 1835 geschah, über 900 Kinder davon den Privat- oder höheren Lehranstalten zu, blieben fast 800 Kinder ohne Unterricht; 1838 waren es bei gleichbleibender Klassenzahl 700 Kinder, von denen 600 Analphabeten waren. Die Schulversäumnisse waren in den „Verhältnisse[n] des Orts, einer Fabrikstadt" gegründet (Annalen für 1835 S. 60), in den „Verhältnisse[n] der arbeitenden schulpflichtigen Kinder gegen ihre Arbeitsherren" (Annalen für 1836 S. 148). Dennoch hoffte der Berichterstatter, „daß auch unsere Elementarschulen, als Hauptquellen der Gesittetheit und

Quelle 15
Protokoll des Schulvorstandes der Trübsaler Schule (Elberfeld) über die abgehaltene halbjährige Schulprüfung (Bericht des Präses Pastor Ball)
SAW L I 195   15.11.1838   handschriftlich   Auszug

Zur Abhaltung der von der städtischen Schul=Commission angeordneten halbjährigen Prüfung der Schule am Trübsal, fand sich der unterzeichnete Pastor Ball, Präses des Schulvorstandes am heutigen Tage in der genannten Schule ein und ließ die Schul=Vorsteher
Peter Friedrich Freund
Peter Görts
Johann Jansen
und Peter Fleuß
ungesäumt einladen, sich ebenfalls in der Schule einzufinden. Leider traf es sich, daß, weil bei der weiten Entfernung es nicht möglich gewesen war, für dieses Mal die Verabredung früher zu treffen, nur der erstgenannte der Schul=Vorsteher erscheinen konnte, indem die andern abwesend waren.

Beim Eintritt fanden wir die Schule in ordnungmäßigem, dem Lehrplan entsprechenden Gange und das Ganze des Schullebens, wie es sich auf den ersten Blick darbot, machte einen günstigen Eindruck der Ordnung und Zucht, der auch durch die genauere Prüfung bestätigt wurde.

Die Schule bildet 2 Classen. Die zweite Classe wird unter der Leitung des Lehrers von dem Schulamts Präparanden Daniel Grünerz aus Kronenberg unterrichtet. Die Prüfung dieser Classe, womit wir begannen, stellte heraus, daß die Kinder derselben in drei Abtheilungen recht zweckmäßig und mit gutem Erfolge in den Anfangsgründen unterrichtet werden. Lautiren, sylbenweises Aussprechen, zusammenhängendes Lesen einzelner Wörter und kleinere Sätze, bezeichnete die drei Stufen, sowie Fertigkeit in letzterem das Erforderniß ist, um in die erste Classe versetzt zu werden. Die Leistungen der Kinder waren hierin, wie in den Anfangsgründen des Zählens, und den Anfängen des Schreibens genügend.

Die erste Classe wurde von uns in ihren beiden Abtheilungen im Lesen und im Rechnen geprüft. Das Ergebniß war im Allgemeinen befriedigend: Nur zeigte sich hier noch auffallender, wie schon in der kleinen Schule die große Verschiedenheit, die der unregelmäßige Schulbesuch zwischen Schülern derselben Abtheilung unvermeidlich hervorruft. Darin mag es denn auch wohl noch mehr, als in Mängeln des Unterrichts liegen, daß verhältnißmäßig nur wenige Kinder in jeder Abtheilung das wirklich leisteten, was von ihnen gefordert werden muß.

Die Ansicht der Schreibhefte gab im Ganzen ein befriedigendes Urtheil über die Leistungen der Kinder in diesem Unterrichts=Gegenstand, nur daß jene Verschiedenheit sich auch hier gleich herausstellte. Zur Prüfung der Kinder in der biblischen Geschichte, und den übrigen Lehrgegenständen, gebrach für dieses Mal die Zeit: der Vorstand gibt sich gern dem Vertrauen hin, daß eine Prüfung auch hierin ein befriedigendes Ergebniß würde ergeben haben.

Gesang der Kinder, Ansprache und Gebet des Präses beschloß die Prüfung, die im Ganzen dem Vorstande einen befriedigenden Eindruck von dem Stande der Schule gegeben hat.

§. 2. Eine weitere berathende Besprechung leitete der Präses durch Mittheilung des verehrlichen Schreibens der Schul=Commission ein, dessen Maßnahmen mit besonderer Freude aufgenommen wurden.

§. 3. Wir kamen dahin überein, zu festen halbjährigen Termine[n] in der letzten Woche des Aprils, wie des Mays die Prüfung der Kinder, die von der Schulpflicht entbunden sein wollten, festzustellen, und sie mit einem von uns ausgefertigten Prüfungs= Zeugniß ihrem Seelsorger zuzuweisen. Erst auf von demselben ertheilte Entlaßungs=Zeugniß darf der Name des Kindes aus der Liste gelöscht werden. Ein Verzeichni[ß] der also entlaßenen Kinder soll Behufs der Catechumenen[=]Liste nach den verschiedenen Confessionen aufgestellt werden.

§. 4. Der Schulbesuch ist in so fern Gut, als nach der Aussage des Lehrers, wie des Schulvorstehers im ganzen Bezirke kein einziges, schulpflichtiges Kind ganz ohne Unterricht ist. Dagegen ist die Unregelmäßigkeit im Schulbesuche so groß[,]daß selten mehr als 2/3 der schulpflichtigen Kinder die Schule zugleich besucht, und auch unter diesen verhältnißmäßig nur sehr wenige, wie die ordnungsmäßig geführte Schulbesuchs=Liste auswies regelmäßige Schüler genannt werden können. Der Vor-

der Wohlfahrt unserer künftigen Bürgerschaft, sich des Segens Gottes und der thätigen Theilnahme hiesiger Menschenfreunde erfreuen [mögen], und unsere sämmtliche Schulanstalten ächte Religiosität, und Tüchtigkeit zur Erfüllung der Berufspflichten durch alle Stände verbreiten" (ebenda S. 149).

Kommentar 16 und 17
1838 wurde in Barmen die Einrichtung von außergewöhnlichen Abendschulen beschlossen. In den „Bestimmungen über die Einrichtung und den Besuch eines Abendschul=Unterrichts in Barmen" vom 30.11.1838 wurde dargelegt, daß die Kabinetts-Ordre vom Mai 1825 zwar die Schulpflichtigkeit jedes Kindes vom vollendeten 5. Lebensjahr an bis zu dem Zeitpunkt vorschreibe, wo die Schüler „diejenigen Kenntnisse erlangt haben, deren sie als Mitglieder der bürgerlichen Gesellschaft und der christlichen Kirche bedürfen", daß aber ein Regierungsreskript aus dem Jahr 1827 einräume, „daß in Fabrikgegenden eine billige Rücksicht auf die lokalen Verhältnisse genommen werden könne" (SAW L I 69). In Barmen wurde daher bestimmt, daß für erwerbstätige Kinder nach dem vollendeten 9. Lebensjahr mit Genehmigung des jeweiligen Schulvorstandes „in dringenden Fällen" entweder die Tagesschule nur halbtags, eine Fabrikschule, die gewöhnliche Abendschule (17-19 Uhr) oder eine außergewöhnliche Abendschule (18-20 Uhr, später ist ausschließlich von einer „späten" Abendschule von 19-21 Uhr die Rede) besuchen sollten. Sonntagsschulen galten nicht als Ersatz. Die Lehrer sollten für den Abendschulunterricht 5 Silbergroschen Schulgeld pro Monat erhalten; die Fabrikinhaber wurden „zur Einhaltung des Schulgeldes von dem Wochenlohn der Kinder, die in ihren Fabriken arbeiten" aufgefordert. Von der späten Abendschule des Lehrers Caspar Wilhelm Holthausen in der Schule am Loh

stand wird es sich zur besondern Aufgabe machen, durch die monatliche Untersuchung der stattgehabten Versäumnisse diesem Uebelstand, soweit er in Nachlässigkeit und Willkühr der Eltern seinen Grund hat, abzuhelfen. - Die Aufnahme der schulpflichtigen Kinder ist May dieses Jahres vom Lehrer geschehen und weiset gegen 200 Kinder nach. - Der Lehrer erklärte, vorschriftsmäßig nur mit dem Beginn des Halbjahrs am 1. May und 1. November neue Schüler aufzunehmen. Ausnahmen davon sind nur mit Bewilligung des Vorstandes zuzulaßen.
§. 5. Wechsel der Kinder aus und in andern Schulbezirk findet in Folge einer Uebereinkunft mit dem benachbarten Lehrer für jetzt nicht statt.- Eine Liste der Armenkinder ist vom Lehrer eingereicht worden. Der Vorstand wird darauf antragen, daß in Zuweisung solcher Kinder ihm eine Mitwirkung zugestanden werde oder ihm wenigstens Anzeige davon gemacht werde.
§. 6. Mit Lehrmitteln ist im Ganzen die Schule genügend ausgestattet. Ein Inventar derselben wird der Lehrer dem Praeses einreichen. Der Präses fand sich veranlaßt, [von] sämmtlichen eingeführten Schulbüchern 1 Exemplar einzufordern, um dieselbe sowohl in ihrer Zweckmäßigkeit, wie namentlich auch in dem Verhältnisse ihres Inhalts zum Worte Gottes und der Lehre unserer evangelischen Kirche zu prüfen, indem er es für seine Pflicht achtet, gewissenhaft darauf zu wachen, daß nicht durch solche Schulbücher den jugendlichen Herzen statt der lautern Nahrung göttlicher Wahrheit das Gift ungläubiger Lüge gereicht werde. - Dem Antrage des Lehrers, Zahn's biblische Historie durch Anschaffung von Seiten der Kinder in die Schule einzuführen, gab der Vorstand seine freudige Zustimmung, so wie ebenso der Präses sich für das Bedürfniß der Schule an Bibeln zu verwenden gerne zusagte.
[...]

Hab Ohr und Auge stets gespannt,
Merk alles um dich her;
So wächset dein Verstand.

3. Es ist ein grosses Glück, wenn Kinder rechtschaffene Aeltern und Lehrer haben.

Auszug aus dem „Lesebuch für Kinder, die gern verständiger und besser werden wollen" von J.F. Wilberg, Hamm 1793, S. 3

Quelle 16
Bericht des Lehrers Holthausen an den Barmer Bürgermeister Wilckhaus über seine Abendschule am Loh
SAW L I 69   8.11.1843   handschriftlich

Die späte Abendschule besteht seit dem Jahre 1837. Der Grund ihrer Einrichtung war der, den Eltern und Brodherrn die Entschuldigung in Betreff der ungelegenen Zeit, ihre Kinder oder Pflegebefohlenen nicht in die Schule schicken zu können, zu benehmen.
Die Abendschule wurde nun von solchen Kindern, die entweder über Tag in Arbeitshäusern dienten, oder bei den Arbeiten ihrer Eltern und Dienstherrn vorgeblich nicht entbehrt werden konnten, besucht. So ist es noch bis heute. Ihre Zahl beträgt durchschnittlich 25. bis 30. Es liegt in der Zeit und in den übrigen Umständen, daß nur Nothdürftiges geleistet und gefordert werden kann.
Ich beschränke mich in der Regel auf Leseübung im neuen Testame[nte] [und] etwas Schreiben; auf Einübung der fünf Hauptstücke und des Einmaleins. Auch ist die Einnahme immer eine geringe gewesen. Wenn deßhalb Euer Hochwohlgeboren die Güte haben wollten, sich dahin für mich zu verwenden, daß auch mir einmal eine besondere Vergütung dafür zu Theil würde, wie sie den ande[rn] Lehrern, welche späte Abendschulen abhalten, zu Theil geworden ist, so würde mir dies zur Freude und fernern Aufmunterung gereichen.

erfuhr die städtische Schulkommission erst 1843, als Holthausen um Unterstützung in Bezug auf rückständige Schulgelder gebeten hatte. Die Abendschule wurde anerkannt und genehmigt; neben der Abendschule am Loh bestanden 1843 noch drei weitere in Gemarke (Lehrer Peters), in den Dörnen (Lehrer Krengel) und am Haspel (Lehrer Müller). Nach einer Revision am 14.3.1846 schrieb Pastor Balke über die Abendschule Holthausens, die Schüler seien im Lesen „ziemlich fertig, aber nachläßig und ungenau, wohl zum guten Theil um der müden Augen willen". Während Rechnen „genügend" und Schreiben „schwach" sei, erscheine das „Verständniß des Gelesenen [...] gegen früher befriedigend". Im übrigen verwende der Lehrer „zumal in letzter Zeit, anerkennungswerthen Fleiß auf die späte Abendschule" (SAW L I 69).

Kommentar 18

Auf Initiative des Barmer Kaufmanns und Landtagsabgeordneten Johannes Schuchard beschloß der Rheinische Provinziallandtag 1837 einen Gesetzesvorschlag zur Begrenzung der Kinderarbeit, der dem König als Petition eingereicht wurde. Am 9.3.1839 wurde das „Regulativ über die Beschäftigung jugendlicher Arbeiter in Fabriken" erlassen. Es verbot Fabrikarbeit vor dem 9. Lebensjahr, beschränkte die tägliche Arbeitszeit für Kinder unter 16 Jahren auf 10 Stunden - mit Ausnahmen bis zu einer Stunde pro Tag für die Dauer von 4 Wochen - und verbot die Anstellung von Arbeitern unter 16 Jahren, die nicht einen dreijährigen Unterricht nachweisen konnten. Nacht- und Sonntagsarbeit wurden untersagt. Der § 9 bestimmte, daß die Regierungen „da, wo die Verhältnisse die Beschäftigung schulpflichtiger Kinder in den Fabriken nöthig machen, solche Einrichtungen treffen, daß die Wahl der Unterrichtsstunden den Betrieb derselben so wenig als möglich störe" (zit. nach Siegfried Quandt (Hrsg.), Kinderarbeit und Kinderschutz in Deutschland 1783-1976, Paderborn 1978, S. 46). Am 3. Juni 1839 schrieb der Barmer Spinnereibesitzer und Fabrikschulbetreiber J.A. Oberempt dem Kronprinzen und schlug ihm vor, die festgesetzten zehn Stunden als reine Arbeitszeit zu betrachten, somit die Wege zur Arbeit und die Pausen nicht mitzurechnen, da die Kinder oft gezwungen seien, ihr Mittagessen zusammenzubetteln

Quelle 17
Antrag der Witwe Brögeler an den Barmer Bürgermeister auf Entlassung ihrer zwölfjährigen Tochter aus der Tagesschule

SAW L I 69   undatiert [November 1843]   handschriftlich

Hochwohl zu Ehrender Herr Bürgermeister
Ich möchte Sie doch bitten das sie so gütig wären, und Prüfen meine Tochter Wilhelmina Brögeler ob sie wol fäig ist die tages Schule zu verlaßen, und die Abend schule könnte bei wohnen, den wir haben ein kleines verdienst und ich habe mein Alter Vater bei mich wie sie wissen so das ich gezwungen bin meine Tochter an Arbeit zu stellen.
Ich möchte sie bitten das sie meine bitte gewähren
Ich bitte Unterthänist
Wittwe Brögeler[1]

---

[1] Der Bürgermeister ersuchte am 13.11.1843 den Schulvorsteher Gosmann, die 12jährige Wilhelmine Brögeler, die die späte Abendschule des Lehrers Peters besuchen wolle, zu prüfen und ihr die Erlaubnis zum Verlassen der Tagesschule zu geben. Er selbst habe Wilhelmine Brögeler im Lesen geprüft, und sie „darin nach den gesetzlichen Erfordernissen wohl für fähig befunden", die Tagesschule zu verlassen.

Antrag der Witwe Brögeler (Quelle 17)

Quelle 18
Liste schulpflichtiger Heckinghauser Kinder, die keinen regelmäßigen Unterricht erhalten (von Lehrer Weber)

SAW L I 69   10.11.1843   handschriftlich   Auszug

[Rubriken: Namen - Alter - Namen der Eltern oder Pfleger - Bemerkungen]

<u>Cleff Abrah.</u>, 13, Carol., 10, Johna., 7, Abr. Cleff, Dreher. Zogen am 1. Mai dieses Jahres nach Heckinghausen, waren mehrere Monate ohne Unterricht. Unsere desfallsigen Anzeigen hatten zur Folge, daß sie vor etwa zwei Monaten zur Hammesberger Schule gingen und in derselben ohne den Vorschriften nachgekommen zu sein auch Aufnahme gefunden haben. Abr. Cleff soll aber noch ohne Schule sein. -

<u>Thee, Julie</u>, 12, Heinr. Thee, Wirker; <u>Buck, Friedr.</u>, 10, Buck, August, 14, Fr. Buck, Färber; besuchen fortwährend, trotz der dem Schulvorstand wiederholt eingereichten Anzeige die Fabrikschule und können nicht lesen; auch in dieser Schule nicht so weit gebracht werden um derselben entlassen werden zu können. Letzterer Aug. Buck kennt noch nicht alle Buchstaben, derselbe ist von Cöln herüber gekommen. -

<u>Schmitz, Johna.</u>, 13 1/2, Abr. Bockmühl, Wirker, ist einige Monate ohne Unterricht; ist zwar schwächlich, kann aber bei gutem Willen der Pfleger wol zur Schule gehen. -

<u>Schweflinghaus, Mina</u>, 15, Chr. Schweflinghaus, Barbierer, fehlt seit vielen Monaten trotz den desfallsigen Anzeigen in der Fabrikschule.

und sich daher „eine ganz geraume Zeit verspäten" (ebenda S. 47). Im Winter seien die Arbeiter nach Ankunft in der Fabrik so „naß oder kalt geworden, [...] daß sie in der Fabrik erst noch eine Zeitlang beim Ofen verweilen" (ebenda) müßten. Oberempt plädierte daher für eine erweiterte Arbeitszeit von täglich 11 Stunden. In einem Revisionsbericht der Abendschulen aus dem Jahr 1846 wurde darauf hingewiesen, daß in der Oberemptschen Spinnerei Kinder von morgens 4 bis abends 20.30 Uhr sowie sonntags von 6 bis 12 Uhr gearbeitet hätten. Der Fabrikant Heimendahl beschäftigte seit dem 24.11.1839 die Kinder von 7 Uhr morgens bis 20 Uhr abends. Mit dem Gesetz vom 16.5.1853 wurde Fabrikarbeit erst ab dem 12. Lebensjahr gestattet; vor dem 14. Lebensjahr durften die Jugendlichen nur 6 Stunden arbeiten, dazu kam ein dreistündiger Schulunterricht.
Schulversäumnisse wurden im Anschluß an die Kabinetts-Ordre von 1825 mit Geldstrafen von 1 Silbergroschen bis 1 Taler bestraft. Bei Zahlungsunfähigkeit gab es Gefängnisstrafen bis zu 24 Stunden, wobei für 5 Silbergroschen jeweils 4 Stunden Gefängnis gerechnet wurden. 1833 verdiente ein Kind in der Spinnerei P.C. Peill zwischen 14 und 25 Silbergroschen pro Woche.

Kommentar 19
1823 übernahm Peter Lambertz als Lehrer die katholische Knabenschule in Elberfeld, in der 1838 eine Abendschule eingerichtet wurde. Im Dezember 1844, etwa 1 Jahr vor der Revision des Schulrates Sebastiani, dessen Bericht in Quelle 19 wiedergegeben ist, besuchte der Kassenführer der Elberfelder Elementarschulen, Johann Christoph Hackenberg, dieselbe Schule und berichtete, daß von 82 Kindern 45 Minuten nach Unterrichtsbeginn (der Unterricht dauerte insgesamt 120 Minuten) 45 anwesend waren. Hackenberg schrieb: „Viele Knaben kamen um 7 1/2 bis 8 Uhr zur Schule, einzelne sogar nach 8 Uhr, woran angeblich das späte Arbeiten Schuld ist.[...] Unter diesen Umständen können die Leistungen dieser Schule kein besonders erfreuliches Resultat darbieten und es muß genügen, daß die Kinder in den Elementargegenständen nothdürftige Kenntniße erlangen. In der ersten Klasse lesen einige Schüler ziemlich gut; die meisten nur nothdürftig und einige wenige noch sehr schlecht. In der zweiten Klasse war es verhältnißmäßig eben so und einige waren noch am

Westermann, Wilh., 6 1/2, Heinr. Westermann, Wirker, ist gesund und stark und noch ohne allen Schulunterricht. Dessen Bruder konnte erst mit 18 Jahren der Schule entlassen werden. -

Wüster, Johne., 6, Carl Wüster, Wirker, hätte den 1. Mai schon zur Schule kommen sollen, ist noch ohne Unterricht.

Keipes, Lisette, 10, Joh. Wilh. Keipes, Bürstenmacher, ist seit dem 1. Mai ohne Schule, wurde stets ohne Erfolg dem Schulvorstand angezeigt.

Hülsberg, Carl, 5 oder 6, Fr. Wilh. Hülsberg, Wirker, dito, dito

Wüster, Fritz, 7, Fr. Wüster, Wirker, läuft herum und ohne Schule.

Manhardt, Wilh., 12, Joh. Abr. Manhardt, Wirker, kann nicht lesen; Mai nach Hekkinghausen gezogen und jetzt ohne Schulunterricht. -

Zeise, Carl, 7 1/2, Zeise, Schreiner, war beinahe ein ganzes Jahr ohne Unterricht. Darauf seit dem 15 July bis Ende September in der Schule und läuft seitdem wieder ohne Schulunterricht auf der Straße herum.

Wilms, Mina, 11, Wilms, Wirker, konnte in der diesjährigen Prüfung der Schule nicht entlassen werden und soll nun dieselbe auch nicht mehr besuchen.
[...]

Quelle 19
Bericht des Schulrats Sebastiani an die Düsseldorfer Regierung über eine Revision der Abendschule des Lehrers Lambertz
HStAD Regierung Düsseldorf Nr. 2591 Bl. 39-42   26.1.1846   handschriftlich

Die Abends-Schule des Lehrers Lamberts zu Elberfeld zählt nach Aussage des p Lamberts selbst 40 Kinder, die zum Besuch des Abends-Unterrichts von 7 bis 9 Uhr verpflichtet sind.
Gegen 1/2 8 Uhr, waren am 19ten dieses, an welchem Tage ich die Schule besuchte, erst 14 Kinder in der Unterrichtsstube erschienen. Gegen 1/2 9, eine Stunde später, hatten sich nach und nach 18 eingefunden.
Die Abends-Schüler des Unterlehrers van Brakel, deren 34 sind, waren an diesem Abende mit der Schule [des] p Lamberts kombinirt, welche Kombination nach Lust der beiden Lehrer wechselseitig nicht selten stattfinden soll. Eine Kontrole scheint nicht stattzufinden. Die Pfarrer gehören nicht zu dem Ausschuß der Schul-Kommission, denen die Beaufsichtigung der Abends-Schulen anvertraut ist.
Von den van Brakel'schen Kindern waren gegen 1/2 8 Uhr 7, eine Stunde später im Ganzen 12 eingetroffen.
Es beweist diese geringe Zahl, wie schlecht für den Schulbesuch dieser Kinder gesorgt wird.
Allein diese Vernachlässigung gehört zu den wenigen Wohlthaten, die diesen unglücklichen Geschöpfen in ihrer Jugend zu Theil werden. Gäbe Gott, daß die Schulbehörde ihrer nur vollends vergäße! es lastete dann eine Plage weniger auf ihrem gedrückten Dasein.
Nach genauem Erfragen bei jedem einzelnen der anwesenden Kinder habe ich über das Loos dieser armen Geschöpfe im Allgemeinen Folgendes ermittelt.

Buchstabiren. In der ersten Klasse waren mehrere gute Schreibschüler vorhanden, die Mehrzahl blieb jedoch unter der Mittelmäßigkeit. Im Rechnen kann wegen Mangel an Zeit nur Weniges gethan werden" (SAW L I 214). Am 8.5.1846 - in Elberfeld existierten mittlerweile 4 Abend- und 3 Sonntagsschulen - machte der Oberbürgermeister die Lehrer wiederholt darauf aufmerksam, daß ohne Entlassungs- bzw. Erlaubnisschein kein Kind aus der Tages- in die Sonntagsschule übernommen werden dürfe und daß diese Scheine bei den Revisionen vorgelegt werden müßten. Im übrigen sollten die Namen derjenigen Fabrikherrn und Meister, die die Kinder über die seit 1839 gesetzlich festgelegte Arbeitszeit von 10 Stunden täglich beschäftigten und damit vom Besuch der Abendschulen abhielten, auf den monatlich einzureichenden Versäumnislisten aufgeführt werden.

(167)

81. Die Würde des Menschen.

Im Ausguß seiner Vatermilde,
schuf Gott die sämmtliche Natur
gar herrlich schön: jedoch zu seinem Bilde
schuf er den Menschen nur.
Der Mensch, die Fülle seiner Kraft,
sein Meisterwerk, sein höchstes Wohlgefallen,
der Inbegrif der Welt, der Mittelpunkt von allen
prangt hoch in langer Reihe
der Kreatur, um sichtbar, das für sie zu seyn
was Gott ihm selbst, unsehbar ist —
Der Erde Herr! —
Sein edler, hochgerader Gang, sein Schaun zum
                   Morgenstern

Ein Theil derselben muß schon morgens früh um 5 Uhr, ein anderer um 6, wieder ein anderer um 1/2 6, also alle zwischen 5 bis 6 Uhr das Ruhelager verlassen, um ihre zarten Glieder, nach dem sie ein spärliches und schlecht zubereitetes Frühstück eingenommen, unter eine von präzise 7 Uhr bis 12 Uhr ohne Unterbrechung fortdauernde Arbeit zu beugen. Eine kleine Stunde, von 12 bis 1 Uhr, wird ihnen zur Erholung und zum Mittagessen vergönnt, eingerechnet den Weg, den sie nach Hause zu machen haben, der für manche 10 Minuten, für einige so gar eine 4tel Stunde beträgt. - Präzise um 1 Uhr - hier gilt kein zu spät kommen - beginnt wieder das Mühewerk und dauert ohne Unterbrechung bis 7 Uhr in die Nacht fort. Beim Schlage 7 wird man sich nun für die armen Kinder freuen, daß es endlich nach einer 11stündigen Arbeit auchmal Brod und Ruhe gibt.

Doch nein; die Schulpflicht ruft die Hungerigen und Müden sofort unter die Zuchtruthe eines von der Tagesarbeit selbst ermüdeten und mürrischen Lehrers. Das Tageswerk hat die Unglücklichen noch nicht ganz ausgetrocknet. Es sind an dem edlern Theile ihres Wesens noch einige Säfte zurückgeblieben; die müssen noch ausgepreßt werden. Sie sollen ganz entseelt, ganz Leiche ihren Eltern in der tiefen Nacht um 9 Uhr zurückgegeben werden.

Ich sah wie die armen Geschöpfe nach überstandenen 11stündigen Leiden aus den Fabrikkerkern in den Schulsaal traten. Wie Schatten kamen sie Eins nach dem Andern herangezogen und ließen sich in dem halbdunkeln Licht einer fast ersterbenden Lampe, welche die armen Kinder des Öhles nicht werth zu erachten scheint, auf ihren Bänken nieder, um sich von Neuem der Folter eines dreifachen Feindes zu unterwerfen; des Hungers nämlich, der sie quält, des Schlafes, der sich ihrer bemächtigt, während der 3te, der Lehrer, mit der Zuchtruthe sie den Armen des Letzteren entreißt und durch seinen Unterricht ihm doch immer wieder zustößt. Ja wahrlich, der Unterricht, den die Gequälten erhalten, ist einschläfernd, ist folternd, ist geisttödtend.

Das Lesebuch, welches gebraucht wird, ist der [1]te Theil von Willbergs Lesebuch - ein Buch das auf mittlere Schulklassen, also auch noch zum Theil auf die Einübung eines mechanischen Lesens, berechnet ist und von den Kindern schon durchgemacht sein muß, bevor sie gesetzlich zu der Abends-Schule zugelassen werden dürfen.

Fragt man nun ein 14jähriges Kind, welches nach vollendeten 9 Jahr das Unglück hatte, zur Abends-Schule zugelassen zu werden: was für ein Lesebuch hast du? So wird es antworten: Willbergs Lesebuch. Was für ein Buch hattest du voriges Jahr? Willbergs Lesebuch. Vor 2 Jahren? Wilbergs Lesebuch. Vor 3 Jahren? Willbergs Lesebuch. Vor 4 Jahren? Ebenfalls Willbergs Lesebuch. Also 2, 3, 4 bis ins 5te Jahr ein und dasselbe Buch, um die Kinder das nutzlose Manöver eines todten Buchstaben-Werks täglich einexerziriren zu lassen.

Es ist wahrlich unverantwortlich, daß die verwaltende Behörde so auffallende Uebelstände nicht aufdeckt und beseitigt[!]

Ich fragte nach den Schreibheftche[n]. Da griff der Lehrer in dunkeln Schrank mit beiden Händen, wie man in Heu und Stroh greift, und legt mir ein Gemenge von zerissenen und abgenutzten Schreibheftchen vor, [] aus denen er die einzelnen, wie sie bestimmten Kindern angehörten, nicht herauszufinden wußte.

Bei näherer Nachfrage erfuhr ich, daß, wie der Lehrer sich ausdrückte, die Heftchen den Kindern <u>dargeleiht</u> seien. Es seien nämlich die Ueberreste von unbeschriebenen Blättern, welche die Kinder, welche zuletzt aus der Tages Schule entlassen worden, in ihren Heftchen der Schule hinterlassen hätten.

Durch die Schulverwaltung werde nicht gesorgt. Es seien indeß, was früher nicht geschehen, für das laufende Jahr von derselben 12 neue Heftchen bewilligt worden. So sorgt man für die Abendschule! Die armen Kinder leben von den Brosamen, die man am Abend nach dem Karrendienst den Hündlein vorwirft. Es versteht sich von selbst, daß an ein ordentliches Schreiben bei den Kindern unter diesen Umständen nicht zu denken ist. Die mehrsten könnten sich der Zeit nicht einmal mehr erinnern, wo ihnen die Heftchen mit dem unbeschriebenen Paar Rest-Blättern zugekommen waren.

Erfreulicheres bietet auch das Rechnen nicht. Die Fragen, womit die Lehrer die Kinder quälte[n], bewegten sich nicht [ü]ber die 2-3 Groschen hinaus für welche sie täglich ihr junges Leben den Fabrikherrn verkaufen müssen. Man glaubt sie weit genug gebracht zu haben, wenn sie ausrechnen können, wieviel Stunden sie dem von der Natur gebotenen Schlafe und der Ruhe täglich entziehen müssen, um ihre traurige Existenz zwischen Sterben und Leben einem frühen Grabe entgegen schleppen zu können. Ein solches Groschen und Pfennig-Berechnen ist zwar practisch und recht gut; allein wenn dasselbe nach tausendmaliger Widerkehr immer nochmal wi[e]der-

verkündigt schon in ihm der Erde Herrn.
Sein Angesicht im Lockenkranz
verbreitet um sich Himmelsglanz;
Die Stirn hat Felsenmuth;
das Auge Sonnenblick;
die Wange Ros' im Blut;
die Stimme Melodie;
der ganze Körper Simmetrie;
und seine Seele Weltenglück.
Unendlich mehr, als er ist da; doch nur: um da
zu seyn.
Der Mensch allein,
mit göttlicher Vernunft beschenkt
ist da, und — denkt.
Wenn alles um ihn her sich ohne Absicht regt:
so horcht er forschend auf, und überlegt,
was diese Rege sey. Er fragt,
was ists, wenn's tagt?

Gedicht, in: Lesebuch für Kinder, die gern verständiger und besser werden wollen, von J.F. Wilberg, Hamm 1793, S. 167 (Auszug)

Kommentar 20

1850 wurden die Abend- und Sonntagsschulen Elberfelds neu organisiert. Oberbürgermeister von Carnap gab in der Beilage zum Täglichen Anzeiger vom 24.10.1850 bekannt, daß, da die „Zahl der Kinder, für welche die Eltern um des Broterwerbs willen Entlassung aus der Schule entweder ganz oder zu halben Tagen in Anspruch nehmen […] in den letzten Jahren sehr zugenommen" habe, die fünfmal wöchentlich stattfindenden Abendschulen (18-20 Uhr) „für die jüngeren Kinder bestimmt [sind], welche noch nicht das gesetzliche Alter und die erforderlichen Kenntnisse zur Entlassung erlangt haben; in die Sonntagsschulen werden die ältern Kinder aufgenommen, denen nach ihrem Alter und ihren Kenntnissen eine bedingte Entlassung zugestanden werden kann".
Karl Coutelle berichtete 1852 von vier bestehenden Abend- und drei Sonntagsschulen, in denen morgens von 6 bis 9 Uhr unterrichtet wurde. Die Abendschulen hatten 266, die Sonntagsschulen 100 Schüler. In der Schulordnung von 1827 war bestimmt worden, daß ein Kind, ungeachtet der Schulpflichtigkeitsgrenze mit dem vollende-

kehrt und das Spulen-Gesche[uer] in den Köpfen der Kindern von Neuem wieder aufweckt und bis in den Schlaf hinein noch vibriren läßt, so ist es nur eine nutzlose Quälerei der Kinder.
In der beschriebenen Verfassung fand ich die Abends-Schule des Lehrers Lamberts und des Unterlehrers van Brakel.
Dieselbe soll indeß, wie der [p] Lamberts und der Pfarrer Friderici meinen, bei weitem nicht die schlechteste in der Stadt Elberfeld sein. Beide erkennen indeß an, daß in ihr nur Rückschritte gemacht werden, wie es denn bei dem Uebermaaß von Anstrengung der jugendlichen Kräfte nicht anders möglich ist, als daß die in der Tagesschule gewonnenen Eindrücke aus den zarten Seelen der Kinder wieder heraus gequält werden.
Bevor die armen Geschöpfe um 9 Uhr nach Hause entlassen werden, wollte ich, mißtrauisch gegen das Schicksal, welches ein Vergnügen darin zu finden scheint, sie zu verfolgen, mir Sicherheit verschaffen, ob nun endlich ihre Quaal für diesen Tag zu Ende sei und fragte daher, wann sie ihr Abendbrod bekämen und zu Bette gingen?
Aus ihren Antworten ergab sich, daß den mehrsten, sobald sie nach Hause kommen, Brod und Ruhe zu Theil wird. Bei einigen aber ist das Maaß der Leiden noch nicht erfüllt. [Sie] müssen den Eltern noch spulen. Wie lange? Bis 11, 12, mannigmal 1/2 1 Uhr Uhr. - Von Morgens 7 bis 1/2 1 Uhr Nachts!!
Möge Eine Hochlöbliche Regierung aus dem Vorstehenden geneigtest Veranlassung nehmen eine nähere Revision sämmtlicher Abends Schulen in Elberfeld zu verfügen und hiernach eventuell auf irgend eine Weise eine Verbesserung derselben herbeiführen. Ich habe bei meiner vorlezten Anwesenheit in Barmen mit dem dortigen OBurgermeister die Sache schon besprochen und hat dieser eine Einrichtung, wie sie in Ratingen oder in Werden stattfindet, so wenig unausführbar gehalten, daß er mir sagte, er habe schon einleitende Besprechungen mit einigen Fabrikherrn in Betreff dieses Gegenstandes gehabt. Der Ober-Burgermeister Carnap lag krank darnieder, was mich verhinderte, ihm die Sache vorzutragen.

Quelle 20
„Instruction für die Lehrer in den Abend= und Sonntagsschulen", (festgestellt durch die städtische Schulkommission Elberfelds)
SAW L I 215   10.10.1850   handschriftlich   Auszüge

Die gegenwärtige Instruction, durch welche die städtische Schul=Commission den von ihr mit dem Unterrichte in den Abend= und Sonntagsschulen beauftragten Lehrern die besonderen Vorschriften für diese amtliche Wirksamkeit ertheilen will, hat selbstredend die allgemeinen Grundsätze und Vorschriften für die Führung des Lehramtes zu ihrer Voraussetzung. Sie beschränkt sich demnach nur auf Mittheilung der besonderen Vorschriften, welche die gesonderte, eigenthümliche Einrichtung dieser genannten Schulen erforderlich macht.
Die gesonderte Eigenthümlichkeit dieser Schulen stellt sich in ihrer besondern Aufgabe und der dadurch bedingten Lehrordnung dar.
Die Aufgabe der Abendschulen ist, den Kindern, welche um des Brod=Erwerbes willen gar nicht oder nur theilweise - zu halben Tagen - die Schule besuchen können, einen möglichst einfachen, zusammenhängenden Unterricht zu ertheilen, der dieselben bis zu dem für sie erreichbaren Maße der Schulbildung führen soll.
Die Aufgabe der Sonntagsschulen ist, in der denselben grundsätzlich gegebenen Bestimmung ausgesprochen, daß sie den Kindern, welchen bei erreichtem gesetzlichen Alter die Entlassung aus der Tages= oder Abendschule nur bedingt ertheilt werden kann, Gelegenheit und Nöthigung zu geben, noch zwei Jahre lang einen Nachhülfe= und Beibehaltungs=Unterricht zu empfangen. Eine solche durch die Verpflichtung zum Besuche der Sonntagsschule bedingte Entlassung wird aber immer dann von den Schulvorständen zu ertheilen sein, wenn der Stand der erreichten Schulbildung, sowie die Preisgebung des Kindes an die Arbeit zum Brod Erwerbe befürchten lassen, daß die erworbenen Kenntnisse und Fertigkeiten bald wieder verloren gehen.

341

ten 14. Lebensjahr zum Schulbesuch weiterhin verpflichtet werden konnte, wenn es die für die Entlassung notwendigen Leistungen nicht erbringen konnte. Diese Bescheinigung mußte den Pastoren vor der Konfirmation vorgelegt werden. 1837 hatte die preußische Regierung, wie der Landrat an den Oberbürgermeister berichtete, bei 20jährigen Rekruten festgestellt, daß diese nicht konfirmiert waren und die Schule seit ihrem 10. Lebensjahr nicht mehr besucht hatten.

Die LehrOrdnung für diese Schulen ist in folgenden Grundzügen festgestellt:
Es wird nach der den Schulvorständen in Betreff der Entlassung der Kinder zu diesen Schulen gegebenen Vorschrift vorausgesetzt, daß die eintretenden Schüler mechanisch lesen können, einen Anfang im Schreiben gemacht haben, und im Rechnen bis zum EinmalEins einschließlich gekommen sind. Von diesem Ausgangspuncte aus wird als das Lehrziel für diese Schulen festgestellt:
1. Bekanntschaft mit der biblischen Geschichte des Alten Testaments in den wichtigsten Geschichten (Schöpfung, Sündenfall, Kain und Abel, Sündfluth, Abraham, Isaaks Opferung, Joseph, Auszug aus Aegypten, Gesetzgebung, David, Zerstörung Jerusalem, die wichtigsten Weissagungen von dem Erlöser) und genauere Kenntniß der Geschichte Jesu bis zum ersten Pfingsten im Anschluß an die christlichen Feste. Auswendigwissen der fünf Hauptstücke, sowie einer von dem beaufsichtigenden Pastor zu bestimmenden Auswahl einiger Kernsprüche und Liederverse und des kleineren Katechismus der betreffenden Kirche.
2. geläufiges Lesen, verbunden mit einiger Uebung im Verstehen des Gelesenen und den allgemeinsten Zügen des Sprachunterrichts von den Wortarten, der Wortverbindung und der Satzbildung.
3. geläufiges Schreiben, verbunden mit einer durch Abschreiben gewonnenen Uebung im Rechtschreiben sowie der Fähigkeit, kurze schriftliche Aufsätze aus dem gewöhnlichen Lebenskreise eben zur Genüge machen zu können.
4. Im Rechnen Geläufigkeit in den vier Grundarten, in benannten Zahlen, besonders Uebung in sicherm und raschem Lösen der im gewöhnlichen Leben vorkommenden Aufgaben ohne Zifferrechnen.
5. Gesang - einige Sicherheit im Singen nach dem Gehör, bis zur Befähigung zum Mitsingen der bekanntesten Choräle.
Dieses Lehrziel im Auge haltend wird der Lehrgang in einfacher, stufenweiser Entwicklung nach folgenden Grundzügen geordnet werden müssen.
A. Im Allgemeinen.
1., Der Lehrcursus wird durchgängig auf zwei Jahre berechnet, und dem entsprechend sind zwei Abtheilungen zu machen, welche jedoch in allen Lehrgegenständen gemeinsam zu unterrichten empfohlen wird.
2., Der Unterricht muß allerdings im Blick auf die so früh schon mit geistig abstumpfender Arbeit beschäftigten Kinder vorzugsweise anregend und geistig weckend sein; jedoch darf in Berücksichtigung der beschränkten Schulzeit für die Kinder die mehr mechanische Seite des Unterrichts, wodurch das Erlernte eine eingeübte Fertigkeit wird, nicht zurücktreten.
3., Das gesteckte einfache Ziel muß streng im Auge gehalten und deshalb alles nicht unmittelbar dahin Führende in fester Beschränkung ausgeschlossen werden. In wiefern für einzelne befähigtere oder im vollen Schulunterrichte bereits weiter geförderte Schüler davon eine Ausnahme gemacht werden darf, wird der beaufsichtigende Pastor auf den Antrag des Lehrers entscheiden.
B. im Besondern.
1., Bei dem biblischen Geschichts=Unterrichte, für welchen in den evangelischen Schulen Zahn's, in der katholischen von Driesch biblische Geschichte zu gebrauchen ist, bleibt allerdings die Einwirkung des Wortes Gottes auf das Herz die Hauptsache, jedoch ist zugleich darauf besonders zu achten, daß die Geschichten möglichst treu und anschaulich den Kindern eingeprägt werden. In der alttestamentlichen Geschichte sind die Zwischenräume zwischen den bezeichneten Geschichten durch gedrängte Erzählung auszufüllen, in der neutestamentlichen Geschichte die Hauptzüge der Geschichte unsres HErrn im Anschluß an die christlichen Feste sorgsam einzuprägen. Bei der Wichtigkeit, im Lesen geläufige Fertigkeit durch tägliche Uebung zu gewinnen, wird der für die Unterrichtsstunde bestimmte Abschnitt zugleich als Lesestück zu benutzen sein.
2. Für das Auswendiglernen wird dringend empfohlen, nach Anweisung des beaufsichtigenden Pastors ein WochenPensum für jede Abtheilung zu bestimmen, in dasselbe mit den betreffenden Kindern zu lesen, um richtiges Lesen und durch Erläuterung unbekannterer Ausdrücke das Verständniß des Gelesenen zu sichern; das Ueberhören wird am zweckmäßigsten so eingerichtet, daß an jedem Unterrichts= Abend ein Theil der Schüler nach dem Unterrichte zum Aufsagen bestimmt wird.
3. Der Leseunterricht, für welchen in den evangelischen Schulen das Barmer Lesebuch, in der katholischen das Cölner Lesebuch für mittlere Classen vorgeschlagen wird, hat die Aufgabe festzuhalten, die Schüler zu richtigem, sicherm und geläufigem Lesen zu führen. Dabei ist jedoch, um möglichst verständiges Lesen mit richtigem Ausdruck zu fördern, auf Verständniß des Lesens hinzuwirken und grade auch zu die-

Rechenaufgabe, in: Neueröffnete, vollständige, wohlgezierte Rechenstube..., von Servatius Schlyper, Mülheim 1799, S. 151

Fr. Was heißt denn Buchstabiren, und zwar der einzelnen Sylben und einsylbigen Wörter?

A. Die Buchstaben einer jeden Sylbe einzeln nennen und zusammen aussprechen; als: b, a, b das K, i, n, d Kind.

Fr. Was heißt ein vielsylbiges Wort buchstabiren?

A. Die Buchstaben einer jeden Sylbe einzeln nennen und zusammen aussprechen, auch dabei allezeit die vorhergehenden Sylben wiederholen; als: l, e, r ler, n, e, t net lernet, f, l, e, i ß, i, g fig fleißig.

Allgemeine Regeln des Buchstabirens.

Fr. Worauf kommt es vornehmlich an, im Buchstabiren?

A. Auf die rechte Abtheilung der Sylben.

Fr. Was muß man dabei wissen?

A. Daß eine jede Sylbe einen Selbstlauter haben muß: denn so viel Selbstlauter in einem Worte sind, so viel Sylben sind auch darinnen. Z. B. Tod, Grabe, begraben.

Fr. Was noch mehr?

A. Die zusammen gesetzte Selbstlauter und Mitlauter müssen nur für Einen Buchstaben gerechnet, und in der Aussprache beisammen gelassen werden. Zum Beispiel: Ausbeute, aufsteigen.

Fr. Gib mir nun eine allgemeine Abtheilungsregel?

A. Man muß ein jedes Wort so theilen, wie es in der guten Aussprache, nach einer jeden Sylbe besonders gehöret wird; als: an-be-then, ab-ge-ben, mä-ßi-gen.

Besondere Abtheilungsregeln.

Fr. Wie verfährt man nun, wenn man ein vielsylbiges Wort buchstabiren will?

A. Man zertheilt es in Sylben; als: un-aus-sprech-li-che.

Fr. Wie weiter?

A. Man geht von einem Selbstlauter zu dem nächstfolgenden, und siehet ob, und wie viel Mitlauter dazwischen stehen? als: bau-e, Bäu-me, zer-schla-gen.

Fr. Worauf siehet man also zuerst?
A. Ob Mitlauter da sind.

Fr. Worauf noch weiter?
A. Wie viel deren da sind.

Fr. Welches ist nun die erste Abtheilungsregel?

A. Wenn kein Mitlauter da ist, so theilet man die Selbstlauter; als: A-i, Hi-ob, Jo-el, bau-e.

Auszug aus: Neu=eingerichtetes Lesebuch für Deutsche Schulen, Neueste Auflage, Elberfeld 1820, S. 8/9

---

sem Zwecke die allgemeinsten Züge des Sprachunterrichtes mit demselben zu verbinden.

4. Bei dem Schreibunterrichte ist auf geläufige, leserliche Handschrift mehr, als auf schulgerechtes Nachmalen der Vorschrift Bedacht zu nehmen. Um zugleich aus der Uebung Sicherheit in der Rechtschreibung zu gewinnen, wird Abschreiben des Gelesenen, sowie Aufschreiben dictirter Sätze anzuwenden sein. Der fünfmalige Unterricht in der Woche wird demnach so vertheilt werden müssen, daß zweimal nach der Vorschrift geschrieben, zweimal das Gelesene abgeschrieben und einmal Dictirtes aufgeschrieben wird. An letzteres würde sich für die erste Abtheilung die Uebung im Niederschreiben kurzer, den gewöhnlichen Vorkommenheiten des Lebens entnommener Aufsätze (Rechnungen, Scheine, u.s.w.) anschließen.

5. Im Rechnen wird die Uebung im Kopfrechnen in jeder Beziehung vor dem Tafelrechnen den Vorgang haben müssen, damit die Kinder die ihnen für's Leben wichtige Fertigkeit, die gewöhnlichsten Aufgaben, wie sie im Leben vorkommen, ohne Zifferrechnen lösen zu können.

6. Der Gesang wird nur als gesonderter Lehrgegenstand keine Stelle finden können, so wenig es gestattet sein wird, den Unterricht nach Noten aufzunehmen. Es wird sich darauf beschränken müssen, daß nach dem Gehör leichtere Schullieder in die gebräuchlichsten Choräle eingeübt werden. Zu dieser Uebung wird vor oder nach dem Gebete, womit die Schule begonnen und geschlossen wird, und in der Mitte bei dem Uebergange von dem biblischen Geschichts= oder Leseunterrichte zu dem Schreiben die angemessene Stelle gefunden.

Nach diesen Bestimmungen ordnet sich der Stundenplan für die wöchentlichen zehn Lehrstunden der Abendschule einfach so, daß jeden Abend die erste Stunde der biblischen Geschichte oder dem Lesen bestimmt ist und in die zweite Stunde die beiden andern Lehrgegenstände sich theilen. Abwechselnd nach den Wochen würden einmal der biblischen Geschichte, das andre Mal dem Lesen drei Stunden zuzuweisen sein.

Dieselbe LehrOrdnung findet in ihren Grundzügen auf die Sonntagsschule Anwendung, so daß in entsprechender Weise die drei Lehrstunden sich also ordnen, daß die erste Stunde dem biblischen Geschichtsunterrichte, verbunden mit Lesen in der Bibel oder der biblischen Geschichte, die beiden andern Stunden in gleicher Vertheilung dem Lesen, Schreiben und Rechnen zufallen. In Bezug auf das Ueberhören des Auswendiggelernten wird dem Lehrer unter Benehmen mit dem beaufsichtigenden Pfarrer die zweckmäßigste Einrichtung anheimgegeben.

[...]

Für die Handhabung der Schulzucht sind allerdings besondere Vorschriften nicht zu geben; indessen legen die eigenthümliche Verhältnisse und Einflüsse, unter welchen die diese Schulen besuchenden Kinder durchweg stehen, sowie die so merklich verkürzte Schulzeit, es nahe, dem Lehrer christlich treue und ernste Zucht im Geiste der suchenden, ziehenden und pflegenden Liebe doppelt dringend aufs Herz zu legen. Je schwieriger die Schulzucht unter den eigenthümlichen Verhältnissen sich gestaltet, desto mehr ist dadurch der Lehrer darauf hingewiesen, des Rates und der Mithülfe des seiner Schule vorgesetzten Vorstandes sich zu bedienen.

[...]

Kommentar 21

Johann Peter Fasbender, 1805-1819 Lehrer in Burg a.d. Wupper und später in Ronsdorf, schrieb in seinen Erinnerungen 1855: „Bekanntlich beschränkte sich die alte Schule, welche mehr Dressur= als Erziehungs=Anstalt war, in Belohnung und Bestrafung zunächst auf solche Vorkommnisse, die in dem Organisationsplan Störungen herbeiführten und also ohne Rücksicht auf eine vernünftige Pädagogik kurz mußten abgethan werden. Stockschläge, Ruthenhiebe, Klapse mit dem Lineal, Handschmisse, Maulschellen, Ohrfeigen, Kopfnüsse, Notabene mit Bibel, Katechismus und Gesangbuch, Knieen auf Erbsen oder einem dreikantigen Holze, Tragen eines hölzernen Esels und dergleichen mehr waren die gewöhnlichen Korrectionsmittel" (J.P. Fasbender, Beobachtungen und Erfahrungen aus meinem Leben..., Wesel o.J.(1855), S. 33). Fasbender erinnerte sich weiterhin, daß unter dem Einfluß der philantropischen Pädagogik diese „barbarische[n] Strafmittel" (ebenda S. 34) abgeschafft worden seien, allerdings zum Nachteil der Ordnung in der Elementarschule, die „mehr eine militärische Disziplin sich zum Muster nehmen muß" (ebenda). Die Ablehnung körperlicher Strafen habe zu immer größerer „Ungebundenheit und Keckheit der Jugend" (ebenda) geführt. Die Kabinetts-Ordre vom Mai 1825 und die entsprechende Verordnung der Düsseldorfer Regierung dazu hatten bestimmt, daß körperliche Züchtigungen keine Formen der Mißhandlung annehmen durften.

Friedrich Wilhelm Dörpfeld (1824-1893), 1849-1879 Hauptlehrer an der Elementarschule in Wupperfeld, wurde durch Veröffentlichungen zu schul- und lehrplantheoretischen sowie politisch-sozialen Fragen, die als „Gesammelte Schriften" 12 Bände umfassen, bekannt. Dörpfeld war Mitbegründer und zeitweiliges Vorstandsmitglied verschiedener Standesorganisationen, so dem Verein evangelischer Lehrer und Schulfreunde (gegründet 1849), dem Deutschen Schulverein (1853) und dem Verein für wissenschaftliche Pädagogik ("Herbartverein", ab 1868), gehörte aber auch dem Rheinisch-Westphälischen Jünglingsverein (ab 1850) und der Wupperthaler Bibelgesellschaft (ab 1854) z.T. in leitenden Funktionen an. Von 1857 bis zu seinem Tod war Dörpfeld zunächst Mit-, dann Alleinherausgeber des „Evangelischen Schulblattes" (bis 1861: für Rheinland und Westfalen), in dem seine Aufsätze meist veröffentlicht wurden.
Der in Quelle 21 wiedergegebene Brief bezieht sich auf den Schulalltag des Hauptlehrers Dörpfeld in Wupperfeld, der sein Amt am 4.1.1849 mit einer Ansprache vor seiner

Quelle 21
Brief des Hauptlehrers Friedrich Wilhelm Dörpfeld an den Barmer Oberbürgermeister
SAW L VIII 1   6.2.1865   handschriftlich
Euer Hochwohlgeboren
Wollen gütigst entschuldigen, daß ich mir die Freiheit nehme. in einer Angelegen-[heit], die zunächst mich selbst aber nicht minder die städtischen Elementarschulen überhaupt betr[ifft,], auf confidentiellem[1] Wege Ihre Einsicht um gefälligen guten Rath zu bitten. Es han[delt] sich um die <u>Herstellung und Aufrechthaltung einer guten Schuldisciplin.</u>
Den Bemühungen für eine gute Schulzucht stehen in unsern Elementarschulen n[ach] den vielen lokalen Hindernissen auch <u>allgemeine</u>, die in der <u>Gesetzgebung</u> begründe[t] sind, im Wege. Die wichtigsten der letzteren hat auch meine Schrift „Die freie Schulgemeinde"[2] erwähnt und beleuchtet. Eins derselben, das drückendste, unter dem wir Lehrer gar [sehr] haben seufzen müssen, wollte ich schon längst Ihnen zu gefälligem Bedenken vorlegen. [Die] Collegen, mit denen ich gelegentlich meine Klagen austauschte, mahnten fort und for[t] daran; und auch in den persönlichen Erfahrungen des vorigen Jahres fehlte es an wiederholte[n] Mahnungen dazu nicht. Die Besorgniß indessen, daß hier kein durchschlagendes M[ittel] der Abhülfe möglich sei, und die vielen Arbeiten, welche meine Zeit in An[spruch] nehmen, ließen leider das Vorhaben nicht zur Ausführung gelangen. Eine Erfah[rung] der jüngsten Tage legt mir aber wieder einen einschlägigen Fall vor die Füße, da muß ich denn nothgedrungen mit meiner Feder an Ihre Thür klopfen.
Die allgemeine Frage ist diese: Gesetzt, ein Schüler beträgt sich so, [daß] er dem Lehrer zur unerträglichen Last und den Mitschülern zum Aergerniß [wird. Was] ist da zu thun? Oder nehmen wir einen noch specielleren Fall: Ein Schü[ler ist unregier]bar <u>renitent</u>[3], was doch keine Disciplin dauernd dulden kann, und <u>bleibt</u> [es trotz] der angewandten zuläßlichen Strafmittel - dazu wollen die Eltern in i[hrer Dumm]heit oder Affenliebe usw. nicht mit eingreifen, gehen sogar so weit, das [Kind im] Ungehorsam zu bestärken: - was soll da der Lehrer beginnen? [Einen solchen] Schüler no länger in der Schule zu halten, das leidet die Schuldisciplin und die Rücksicht auf die andern Kinder absolut nicht; ihn zu relegieren[4], - dazu gibt das Gesetz den Elementarlehrern keine Erlaubniß, es schweigt über diesen Fall und muß eigentlich wohl schweigen, weil es den Schulzwang statuirt. Nimmt man auch die günstige Auslegung an, daß das, was nicht verboten ist, erlaubt sei, - so fehlt doch ganz und gar die Weisung über die <u>Formalitäten</u>, nach denen die <u>Relegation</u> geschehen könne. Bringt man einen solchen Fall vor den Schulvorstand, so fühlt sich dieser natürlich rathlos; und da er befürchten muß, mit etwaigen strengen Maßnahmen an höherer Stelle nicht durchdringen zu können, so verlegt er sich, wie billig, auf die mildeste Praxis, räth hüben und drüben zum Frieden und Nachgeben, woraus dann in der Regel folgt, daß der Lehrer nothgedrungen den „Klügsten" spielen und nachgeben muß - zum größten Schaden der Schulzucht.
Innerhalb des engern Bereichs habe ich an meinem Theil nach Kräften auf gute Disciplin gehalten und auch mit solchem Erfolg, daß die Hülfslehrer in dieser Hinsicht eine leichte Aufgabe hatten. Von wesentlicher Wirksamkeit war aber dabei, daß ich mir die Freiheit nahm, solche renitente Schüler, welche bei den Eltern einen Rückhalt fanden, sans façon[5] aus der Schule zu weisen. Das ging auch in der Regel glatt ab; die Leute suchten eine andere Schule und fanden sie leicht. Der Schulvorstand wurde mit diesen Vorkommnissen <u>amtlich</u> nicht behelligt. Seitdem aber die in <u>anderm Betracht gute Einrichtung</u> getroffen ist, <u>daß die Kinder, welche in eine andere Schule übergehen wollen, beim Schulvorstande ihr Zeugniß präsentiren müssen, muß auch der Schulvorstand von etwaigen</u> Relegationen <u>amtlich</u> Notiz nehmen. Nun tritt also das Gesetz mit seinen vorerwähnten Calamitäten[6] in Wirksamkeit; und obgleich der hiesige Schulvorstand mir in der That treulich zur Seite steht, so weit er kann und weiß: so ist er doch in den fraglichen Fällen von der Furcht beherrscht, an höheren Stellen sei in denselben kein Rückhalt; [kein] Durchkommen zu finden. Im vorigen Jahre habe ich daher wiederholt Gelegenheit gehabt, mich im Drücken und Schicken üben zu können, weil ich den Schulvorstand mit der Angelegenheit nicht behelligen wollte, - natürlich zu nicht geringem Nachtheil für die Disciplin, weil jede Renitenz, die ungestraft bleibt, zu neuem Ungehorsam anreizt. So weit mir die Erlebnisse der übrigen Collegen bekannt sind, scheint es, daß ich im Ganzen nicht das Schlimmste erfahren habe, weil d[ie] meisten wohl auch früher das Relegiren nicht wagen wollten. Das frühere fest[e] Durchgreifen hatte mir eine feste Basis geschaf-

Schulgemeinde angetreten hatte, in der er u.a. sagte: „Es ist die Schule vor allem eine Hülfsanstalt der Familie, und der Lehrer ein Gehülfe der Eltern am Werk der Erziehung. Wie Vater und Mutter einig sein müssen, wenn ihre Arbeit an den Kindern gelingen soll, so müssen Eltern und Lehrer zusammenhalten in der Arbeit und im Gebet. Ja, liebe Väter und Mütter und alle, die mit über diese Kinder zu wachen haben, vergessen Sie meiner und dieser Kinder in Ihrem Gebet nicht. Das vor vielem tut uns Lehrern not. Ist es doch nicht bloß ein köstliches, sondern auch ein schweres Werk, das Bischofsamt bei den Kleinen. Schwer in der Arbeit, schwer in der Verantwortung nach außen, schwer in der Verantwortung nach oben. Es liegt mir schwer auf der Seele, wenn ich die große Zahl der Kinder übersehe und des großen Zieles gedenke." An die Schüler gewandt fuhr Dörpfeld fort: „Und wenn ihr mich, den fremden Mann, forschend, fragend und verlangend ansehet, und gerne wissen möchtet, wie er es mit euch halten werde, so kann ich euch das mit kurzen Worten sagen. Ich werde es so halten, wie ihr wollt, daß ich es halten soll. Wer sich durch Freundlichkeit und ein mahnendes Wort leiten läßt, den werde ich auch nur so zu leiten suchen. Wer aber nur der Strenge und dem Ernste sich beugen und gehorchen will, der wird auch, wie ich meine, über den Mangel an dem, was dann nöthig ist, bei mir sich nicht zu beklagen haben. Mit Gott will ich versuchen, dem nachzutrachten, was Paulus tat: dem Kindlichen zu werden ein Kind, dem Schwachen schwach, dem Starken ein Starker und dem Harten so hart wie es nötig ist, damit ich alle ziehe und gewinne zu allem, was ehrbar, was nützlich und löblich ist und zu dem, der unser aller Heil und Leben ist" (zit. nach Anna Carnap, Friedrich Wilhelm Dörpfeld. Aus seinem Leben und Wirken, 2. Auflage, Gütersloh 1903, S. 87/88).

fen, von deren Vortheilen ich auch jetzt noch ein wenig zehren kann. Freilich mußte ich mich auch manchen üblen Nachre[den] preisgeben, - Nachreden, die mit den Disciplinarfällen nichts zu thun hatten, sondern eben aus Böswilligkeit oder Widerwilligkeit ausgestreut wurden. Das Gesamtres[ultat] brauche ich indeß nicht zu beklagen; doch muß ich das auch sagen: 75% und noch mehr der Verdrießlichkeiten und Kränkungen, welche mir in meinem Amtsleben im Wupper[thal] begegnet sind, rühren daher, <u>daß die Elementarschulen des genügenden gesetzlichen Schutzes entbehren</u>. Als einmal ein paar Collegen mir ihr desfallsiges Kreuz klagten, und ich ihnen mein durchgreifendes Mittel, die Relegation empfahl, hieß es: „Ja, das können Sie wohl thun, aber wir können es nicht." Freilich, die Guten hatten Recht: <u>der Eine konnte es nicht aus Schulgeldnoth, der Andere au[s] Schulgeldliebe, und der Dritte</u> und Vierte usw. hatte wieder andere Sorgen. So seu[fzt] man fort und leidet Druck, aber die Schuldisciplin leidet <u>Noth</u>.

Lassen Sie mich jetzt das jüngste Erlebniß erzählen, das meine Feder so [mobil] gemacht hat.

Unter meinen Schülern ist ein Knabe, der im gewöhnlichen Tageslauf gar nicht übel ist, sich sagen und lenken läßt, aber da, wo seinem Willen etwas ganz in [die] Quer kommt, namentlich dann, wenn er glaubt im Recht zu sein, um so verdrehter und verkehrter sich geberdet. Ein paar Mal schon erlebte ich einige Auftritte mit ihm, die mir nicht wenig anstößig waren, da eine eigentliche Renitenz zu meinen sehr se[ltenen] Erfahrungen gehört. Da sie aber von den andern Schülern weniger bemerkt wurden, auch der unregelmäßige Schulbesuch, wodurch sie theilweise veranlaßt waren, dur[ch] Zwangsmaßregeln sich besserte: so ließ ich sie gern in Geduld und auf Ho[ffnung] passiren. In der vorigen Woche, am Freitag Morgen, als er im Recitiren [seiner] Memorir=Lektion Fehler machte, hieß ich ihn sich setzen und forderte den Nach[barn auf]. Da warf er - ein 13jähriger Junge - den Kopf auf das Pult, schluchzte, schrie und [rief:] „ich kann es doch, - ich kann es doch." Ich geduldete mich eine Weile und als das [Schreien] nicht aufhörte, forderte ich ihn auf, aus der Bank zu kommen und sich an die [Wand zu] stellen. Er that es nicht, sondern fuhr in seiner Ungeberdigkeit fort. Ich zog [ihn] aus der Bank und gab ihm einige derbe Schläge mit der Hand auf den Rüc[ken], als er noch immer bei seiner Ungeberdigkeit blieb, noch einige, und setzte ihn dann [neben] mich auf die Erhöhung des Fußbodens am Katheder. Eine Weile schwieg er, da[nn be]gann wieder sein Knurren: „ich kann es doch." Wäre dies das erste Mal gew[esen], daß mir eine Widerspenstigkeit an ihm begegnet wäre, so würde ich vielleicht [gedacht] haben, der arme Junge ist vielleicht durch Befangenheit in die Fehler verfallen, [und ich] würde gesagt haben: Gut, dann mache dein Probestück noch einmal. Im vor[liegenden] Falle aber wußte ich nichts Besseres zu thun, als ihm einfach die Thür zu wei[sen.] Mit Knurren und Poltern ging er dann nach Hause. Nach der Stunde schickte ich ein Mädchen zu den Eltern und ließ ihnen mit einem Gruß bestellen, der Knabe se[i] deshalb aus der Schule gewiesen worden, weil er sich ungehorsam gezeigt habe. [Der] Junge hatte aber zu Hause gesagt, ich hätte ihn heimgeschickt, um erst seine Le[ktion] zu lernen; meine Bestellung fand kein Gehör. Um 10 Uhr, während der freien Viertelstunde, kam der Vater und wollte mich vor der Thür in Gegenwart der übrigen Kinder ernstlich zur Rede stellen, warum ich seinen Sohn nach Hause geschickt hätte[, um] seine Lektion zu lernen, da er doch ein theures Schulgeld bezahle, damit er in der Schu[le] lernen könne usw. Dergleichen Vorwürfe mußte ich vor den umstehenden Kindern anhören. Als ich ihm nun den näheren Sachverhalt auseinandergesetzt hatte und ihm bedeutete, daß er entweder seinen Knaben zur Abbitte und zum Gehorsam anhalten oder aber sich eine andere Schule aussuchen sollte, - kam er dennoch nicht zur Raison, sondern ging scheltend und drohend von dannen. Im Vorbeigehen sei bemerkt, daß der Vater ein roher Tagelöhner ist (C. Lauber), der meines Wisse[ns] weder Lesen noch Schreiben kann; auch hat der Knabe früher, als die Eltern auf Wichlinghausen wohnten, den dortigen Lehrern Mühe und Noth gemacht.

Als der Vater fortgegangen war, getröstete ich mich der armseligen Hoffnung, er werde nun den Sohn in eine andere Schule zu bringen suchen. Am Nachmittag aber kam der Knabe wieder - zu meinem Schrecken. Ich ließ ihn, da er sich ordentlich betrug, den gewohnten Gang gehen. Nach der Schule nahm ich ihn allein bei Seite und frug, ob er mir in Betreff des Vorfalles am Morgen nichts zu sagen hätte. Da er beharrlich schwieg, so sagte ich, er solle sich bis zum folgenden Tag bedenken; ich würde dann wieder nachfragen. Am folgenden Tage (Sonnabend) kam er wieder, und da ich ihn absichtlich nicht frug, ging er auch am Schluß der Schule gleichgültig heim. Darauf schrieb ich an den Vater und ersuchte ihn noch ein Mal, den Sohn zu veranlassen, daß er Abbitte thue und aufs Künftige Gehorsam verspreche; fal[ls] er (der Vater) dazu nicht in der Lage sei, so könnte ich den Knaben in Rücksicht auf die andern Kinder nicht mehr als Schüler behalten. Ohne Zweifel hat der arme, unberathene Mann sich mittlerweile schlimmen Rath geholt. Heute Mittag kam er nach der Schule zu mir und forderte eine Bescheinigung, daß ich den Knaben nich[t] mehr in der Schule haben wolle. Ich stellte ihm das [übliche] vorschriftsmäßige Zeugniß aus, und bemerkte darin das Nämliche, was auch der erwähnte Brief an ihn gesagt hatt[e]. Der gute Mann geberdete sich noch immer, wie früher sein Sohn: er hat seine Lektion doch gekonnt, hieß es; und in Betreff der Renitenz meinte er, dafür habe er genug Straf[e] erhalten. Beim Weggehen bemerkte er noch: die Sache sei noch nicht zu Ende, das solle ich erfahren. Was er dabei im Sinne gehabt hat, weiß ich eben nicht; vielleicht ist ihm irgendwo gesagt worden, der Lehrer dürfe kein Kind ausweisen, oder aber er will [mich] verklagen, daß sein Sohn ungebührlich gestraft worden sei; - auf den letztern Geda[nken] komme ich darum, weil er bei Erwähnung der Strafe äußerte, ich hätte den Knaben auf die Erde geworfen. Vielleicht hatte dieser so etwas gesagt, weil er sich, wie oben erwähnt, auf die Erhöhung des Fußbodens hatte setzen müssen.

Das ist der vorliegende Fall aus den vielen Fällen, die in unsern Schulen je und je vorkommen. Es thut mir leid, daß ich Sie mit dem weitläufigen Detail habe behelligen müssen; es kann aber, wie mich dünkt, anschaulich zeigen, mit welchen elendigen Widerwärtigkeiten und Kümmernissen wir Elementarlehrer Jahr aus Jahr ein zu kämpfen haben, so lange es dem preußischen Schulregiment gefällt, uns in unserer Schutzlosigkeit stecken zu lassen. Hätten wir das Recht, einen renitenten Buben, der von seinen unverständigen Eltern in seiner Widerhaarigkeit bestärkt wird, ohne Weiteres aus der Schule zu weisen, so würde es mir nicht einfallen, einen solchen erst zu züchtigen, weil sich eben ein bequemerer Weg darbietet, dieser Last los zu werden, - es würden dann aber auch solche Nothfälle von Jahr zu Jahr seltener vorkommen.

Was denken Euer Hochwohlgeboren über diesen Fall? Wissen Sie einen bessern Rath, als meine Rathlosigkeit ihn denkt? Soll ich dem Schulvorstande davon Anzeige machen? und wenn Ja, worauf darf ich mich dann berufen, da das nackte Gesetz keine Stütze bietet? Die Hauptsache ist übrigens nicht dieser einzelne Fall, sondern die allgemeine trostlose Lage, in der dieser einzelne nur einer von vielen ist.

Sollten Euer Hochwohlgeboren diese Angelegenheit lieber mündlich besprechen wollen, so möchte ich ergebenst und angelegentlich bitten, gütigst eine Stunde bestimmen zu wollen, wo es mir vergönnt sein kann, die ganze Frage eingehend mit Ihnen zu verhandeln.

Wenn sich ein guter Ausweg in dieser Klemme entdecken ließe, so würde die Schuldisciplin überall, wo man es ehrlich und ernstlich meint, eine kräftige Förderung erfahren.

Mit aller Hochachtung empfiehlt sich
Euer Hochwohlgeboren
gehorsamster
F.W. Dörpfeld[7]

---

[1] confidentiell = vertraulich
[2] Die freie Schulgemeinde und ihre Anstalten auf dem Boden der freien Kirche im freien Staate - Beiträge zur Theorie des Schulwesens, Gütersloh 1863
[3] renitent = widerspenstig
[4] relegieren, Relegation = Verweisung von der Schule
[5] sans façon = ohne Umstände
[6] Calamitäten = Schwierigkeiten, Schaden
[7] Am 23.2. 1865 notierte Dörpfeld auf einem Briefbogen: „Der Schüler Carl Lauber hat heute an der Stelle, wo er früher gefehlt hatte, wegen seines Vergehens um Verzeihung gebeten und für die Zukunft Besserung gelobt. Ich gebe mich auch gern der Hoffnung hin, daß der Fehler des Ungehorsams künftig nicht mehr vorkommen werde" (SAW L VIII 1).

Titelblatt einer Veröffentlichung Friedrich Wilhelm Dörpfelds

Kommentar 22

Die Schulgelderhöhung von 1829 auf 10 Silbergroschen für die Elementarschulen in der Stadt und 6 im Kirchspiel Elberfeld, zu denen dann noch zusätzlich 1 Silbergroschen für Tinte und Federn der Schreibschüler kam, wurde in Elberfeld nicht positiv aufgenommen. Die städtische Schulkasse, die das Schulgeld einziehen und die Gehälter der Lehrer ausbezahlen sollte, war zu letzterem aufgrund säumiger Zahlungen nicht in der Lage. Nachdem Oberbürgermeister Brüning noch 1830 in einer Bekanntmachung darauf hingewiesen hatte, daß nur „notorisch Arme auf Ermäßigung oder Erlaß [des Schulgeldes]" Anspruch hätten und ausbleibende Schulgelder „im Wege der strengsten Exekution beigetrieben" (SAW L I 195) würden, wurde 1831 das Schulgeld wieder gesenkt und erneut von den Lehrern eingezogen; die gerichtlichen Zwangsmaßnahmen bei säumiger Zahlung blieben bestehen.

Bis 1868 blieb das Schulgeld bei monatlichen 7 1/2 Silbergroschen für Stadt- und 5 Silbergroschen für Kirchspielschüler zuzüglich dem einen Silbergroschen für Schreibzeug. Im selben Jahr besuchten 8000 Kinder die Elberfelder Elementarschulen, von denen 567 zu Eltern gehörten, die gar keine Steuern zahlten, weil sie meist Armenunterstützung empfingen und 5031 aus Familien stammten, die zur untersten Einkommensklasse zu rechnen waren und daher einen Klassensteuersatz von 15 Silbergroschen bzw. 1 Taler pro Jahr entrichteten. Erstere bezahlten gar kein Schulgeld aufgrund einer Bescheinigung der Armenverwaltung, die anderen ein ermäßigtes Schulgeld von 4 Silbergroschen. 1868 wurde das Schulgeld für Elberfelder Elementarschulen aufgehoben; für Barmen verfügte Bürgermeister Bredt im Mai desselben Jahres, daß bei einem Schulgeldsatz von monatlich 7 Silbergroschen Familien der 1. und 2. Steuerklasse nur noch für zwei gleichzeitig die Schule besuchende Kinder zahlen müßten.

1863 wurden dem Barmer Schreiner Karl Walbrächt wegen rückständigen Schulgeldes (incl. Bearbeitungsgebühr 12 Silbergroschen 6 Pfennige) eine Hobel- und eine Drehbank gepfändet. Dem Schreiner Nolten, dessen Antrag auf Streichung der Schulden in Quelle 22 wiedergegeben ist, wurden nach gutachtlicher Auskunft des zuständigen Armenpflegers vom 28.1.1865 die Schulden in Höhe von 17 Talern und 3 Silbergroschen bis zum 1.4.1865 gestundet. Der Armenpfleger hatte berichtet, daß Nolten „augenblicklich allerdings außer Stande ist, das rückständige Schulgeld zu bezahlen, da er keine Arbeit hat als die, an Stelle der verkauften Möbel einige neue zu schreinern" (SAW L VIII 14).

Quelle 22
Antrag des Schreiners Johann Heinrich Nolten an das Landratsamt wegen Erlassung des rückständigen Schulgeldes

SAW L VIII 14   11.1.1865   handschriftlich

<u>Barmen, den 11. Januar 1865</u>
Ganz gehorsamstes Gesuch des Schreiners Johann Heinrich Nolten um Niederschlagung der <u>sämmtlichen Steuern, Schulgeld etc.</u> weil er im Fallit[1] Zustande sich befindet ihm Alles verkauft und er gänzlich <u>verarmt sei.</u> -
Krautsberg 77

Zufolge anliegender Steuer=Zetteln, Schulgeld etc., zehn Stück an der Zahl, soll ich eine Maaße Gelder noch bezahlen, die ich unmöglich aufzubringen weiß, und da ich im Fallitzustande bin, so dürften dieselben zunächst von dem Syndike[2] zu erheben sein. -
Nicht allein habe ich den ganzen vorigen Sommer auch nicht das Geringste verdient und mit meiner Familie darben müßen, sondern es sind mir <u>auch alle meine Mobilien verkauft worden</u>, so daß ich <u>nichts</u> mehr habe was mir gehört, und ich ganz total verarmt bin. -
Ein hochlöbliches Landraths=Amt muß ich deshalb hierdurch dringendst und ganz gehorsamst <u>bitten</u>: „die sämtlichen Steuern
etc. hochgefälligst niederschlagen
und mich davon entbinden zu wollen,
indem ich auch jetzt noch im
Fallitzustande bin; oder aber
dieselbe andernfalls bei dem
Syndikate beitreiben zu lassen,
da mir auch nicht das Geringste
zu bezahlen möglich ist." -
Mit aller Hochachtung zeichnet
Ein hochlöbliches Landrath=Amt
ganz unterthänigster [Diener]
Joh. Heinr. Nolten

[1] Fallit = Bankrott
[2] Syndikus = in diesem Fall vergleichbar dem heutigen Konkursverwalter

Anträge auf freien Schulunterricht 1868 (Auszug, SAW L VIII 14)

Kommentar 23

Bereits 1855 berichtete Superintendent Ball, der in Elberfeld den Vorsitz des Komitees für die Sonntags- und Abendschulen innehatte, dem Seminardirektor Bühring von einem seit 1853 bestehenden Plan, demzufolge die Sonntags- und Abendschulen von zweierlei Elementarschulen abgelöst werden sollten.

Die „höhere" Elementarschule sollte für Schulgeld zahlende Schüler zur Verfügung stehen, die „niederen" Elementarschulen sollten für Kinder eingerichtet werden, die vom Schulgeld befreit waren oder einen ermäßigten Beitrag zahlten und schon während des schulpflichtigen Alters erwerbstätig waren. Diese „Freischulen" wurden 1856 eingerichtet, nachdem zahlungskräftige Eltern ihre Kinder zunehmend den städtischen Schulen entzogen hatten, um ihnen privaten Unterricht angedeihen zu lassen. Der Schulbesuch schulpflichtiger Kinder blieb mangelhaft, dies besserte sich trotz der Strafen nicht wesentlich: 1854 konnten mehr als 80 reformierte Konfirmationsanwärter nicht lesen. Zunächst wurden 3 evangelische Freischulen mit je 5 Klassen und 7 katholische Freischulklassen eingerichtet; 1868, beim Besuch des Schulrates Woepcke, bestanden 4 evangelische und 2 katholische Freischulen. Eine Freischule hatte 4 Klassen, in der ersten Klasse fand Halbtagsunterricht statt. Schulrat Woepcke, dessen Bericht in Quelle 23 auszugsweise wiedergegeben ist, sprach sich gegen die Freischulen aus, deren Aufhebung am 25.6.1868 von der Elberfelder Schulkommission beschlossen wurde. Am 1. November 1868 wurden vier Fabrikklassen eingerichtet, in denen junge Arbeiter und Arbeiterinnen von 12-14 Jahren täglich drei Stunden Unterricht erhielten; die Jungen von 8-11 Uhr, die Mädchen von 13-16 Uhr. Von den 18 Stunden Wochenunterricht für die weiblichen Schüler entfielen 6 auf Handarbeiten, 2 auf biblische Geschichte, 3 auf Rechnen, 2 auf Lesen, 1 auf „Sprache", 1 auf Schönschreiben, 1 auf Gesang, 1 auf „Katechismus und Spruch" und eine auf „Lied und Psalm" (SAW L I 219). 1871 hatte der katholische Pfarrer Friderici Oberbürgermeister Lischke darauf hingewiesen, daß von den Mädchen aufgrund der Belastung, morgens zur Fabrik, nachmittags zur Schule und danach wieder zur Fabrik zu gehen, keine Leistungen zu erwarten seien. Der Hauptlehrer Peter Ludwig Schmidt wandte sich im Juni 1873 mit einer Eingabe an den Kultusminister Falk, in der er schrieb: „In den Halbtagsschulen für die jugendlichen Arbeiter von 12-14 Jahren muß bei täglich dreistünd[lichem], meist unregelmäßig besuchtem Schulunterricht auf weitere Fortschritte um so mehr verzichtet werden, als der vorhergegangene Schulbesuch bei diesen Kindern aus

Quelle 23
Bericht des Konsistorial-, Regierungs- und Schulrats Woepcke über die Freischulen in Elberfeld
SAW L I 219   18.6.1868   handschriftlich   Abschrift   Auszüge

Zu Elberfeld bestehen 6 Freischulen, 4 evangelische und 2 katholische, mit Halbtagsunterricht in den Oberklassen für Knaben Vormittags und Mädchen Nachmittags. Die Einrichtung derselben - zunächst von drei evangelischen Freischulen und sieben katholischen Freischulklassen - erfolgte im Mai 1856 unter Genehmigung der Königlichen Regierung vom 12. September 1855 und des Herrn Ober=Präsidenten vom 29. September 1856, nachdem seit dem Jahre 1854 die umfassendsten Vorverhandlungen gewährt hatten und eine völlige Uebereinstimmung aller höheren und niederen Instanzen, auch der Elberfelder Bevölkerung erzielt war, mit der einzigen Ausnahme, daß innerhalb der Schul=Commission, der Director Dr. Wackernagel sein Votum gegen die Sonderung der Schüler in Zahlschüler und Freischüler abgegeben und zur Abhülfe der bestehenden Uebelstände vornehmlich Vermehrung der Elementarschulen nach Zahl wie Räumlichkeit vorgeschlagen hatte.[...] Die letztere Forderung, Vermehrung der Schulräume, war ebenfalls durch ein Ober=Präsidial Rescript vom 8. Juny 1855, hervorgegangen aus einem durch den Seminar=Director Bühring aus Neuwied erstatteten Revisionsbericht, dringend eingeschärft worden[1].

Der allgemeine Begriff, unter welchem die Einrichtung beschlossen und ausgeführt worden ist, war <u>Reorganisation</u> des städtischen Elementarschulwesens; die spezielle Begründung für die Sonderung der Schüler ist aus den Nahrungs= und Vermögensverhältnissen der Eltern, welche ihre Kinder zur Erwerbsarbeit und zu häuslicher Hülfe bedürfen, hergenommen, und die gesetzliche Rechtfertigung für die Einrichtung des Halbtagsunterrichts in der Oberklasse aus dem Gesetz vom 16. Mai 1853, §: 4. über die Beschäftigung jugendlicher Arbeiter in Fabriken und aus dem Regulativ vom 3. October 1854 pag.[2] 62. abgeleitet worden.

Ein Fortschritt wäre in der Einrichtung insofern zu erkennen gewesen, als das Uebel des schlechten Schulbesuches auf die Freischulen localisirt zu sein schien und als dasselbe, wenigstens beim Halbtagsunterricht nicht ganz so augenfällig ward, noch mehr aber, wenn die übrigen Schulen wirklich von dem Leiden befreit wurden, welches der schlechte Schulbesuch vieler Schüler einer ganzen Klasse zufügt.

Dennoch blieb nicht blos die Sonderung in socialer Hinsicht ein Wagstück, bei welchem die Vorzüge, welche die Gemeinschaft der Kinder einer Schule aus Familien aller Stände unter der Zucht des Lehrers äußert, Preis gegeben wurden, sondern der Einrichtung selbst hafteten sogleich zwei Grundfehler an, welche bis auf den heutigen Tag theils geblieben, theils nachwirken.

Diese sind folgende:

<u>1.</u>, Unter Halbtagsunterricht ist ein täglich 3stündiger Unterricht zu verstehen, was wöchentlich 18 Stunden beträgt. Dagegen haben die Elberfelder Freischuloberklassen nur 15 Stunden, Vormittags für die Knaben und 15 Stunden Nachmittags für die Mädchen, welche letztere 6 Stunden Unterricht in weiblichen Handarbeiten und 9 Stunden in den übrigen Elementarfächern haben.

<u>2.</u>,Die Schülerzahl pro Klasse wurde auf 130 normirt unter Anrechnung von 15% fehlenden Kindern, anstatt diese, als der Erziehung und des Unterrichts besonders bedürftig erachteten Kinder in kleinere, übersichtliche Normalklassen zusammen zu nehmen; die Schulversäumnisse blieben aber nach wie vor sehr zahlreich, und deren Controle war umso schwieriger, als wegen häufigen Wohnungswechsels der Eltern, auch die Schule von den Kindern gewechselt ward.

Dazu kommt noch folgende Thatsache. Das System der Sonderung wurde nicht rein ausgeführt, da durch einen der genehmigten Paragraphen solchen Kindern, für welche die Aufnahme gegen Entrichtung des monatlichen halben Schulgeldes von 4 Silbergroschen nachgesucht wird, der Eintritt in die Freischule je nach Befund des Vorstandes gestattet werden kann.
[...]
Nachdem ich am 14. December vorigen Jahres die evangelische Freischule 6 am Neuenteich revidirt und meine Bemerkungen über die Einrichtung dem Ober=Bürgermeister und dem Schulpfleger mündlich mitgetheilt, am 27. März currentis die Locale, Lehrapparate und Schreibhefte in der Freischule No. 1 besichtigt hatte, habe ich aus Veranlassung hoher Verfügung vom 28. vorigen Monats No. 3384. I. V. am 8. und 9. dieses Monats die 4 evangelischen Freischulen, die katholische Freischule 4 in der Carlsstraße und die Filialklasse der katholischen Freischule No. 5 am Grifflen-

dem Arbeiterstande in der Regel nur ein gezwungener und unzureichender gewesen ist.[...] Es dürfte gerade jetzt an der Zeit sein, gesteigerte Anforderungen an die Ausbildung der jugendlichen Fabrikarbeiter zu machen, weil einmal bei den höheren Lohnsätzen ein Heranziehen der jüngsten Kräfte zum Broderwerb für die Eltern dieser Kinder nicht mehr so nothwendig erscheint als früher, und zum Andern mit dieser Lohnsteigerung unter einem Theil der Lohnarbeiter eine größere Zügellosigkeit, Betrinken, unregelmäßiges Erscheinen zur Arbeit und dergleichen zur Sitte geworden ist, welche es doppelt wünschenswerth macht, dem jugendlichen Fabrikarbeiter eine größere Entwicklung seiner Geistes- und Körperkräfte zu sichern, ehe er in diese Genossenschaft eintritt" (SAW L I 219). 1874 wurden die Fabrikklassen aufgelöst.

berg in Gegenwart der betreffenden Schul=Präsides besichtigt, in jeder Schule 1 1/2 Stunde verweilt, Schulbesuch, Zahl der Schüler, Beschäftigung, Bekleidung, Reinlichkeit und gesammte Haltung derselben controlirt, in den meisten Klassen wenigstens einen Unterrichtsgegenstand vorführen lassen, vornehmlich aber den Bildungsstand der 2. Klassen zu erforschen gesucht.

Unterricht.

Die Lehrer machen sämmtlich den Eindruck, daß sie die ihnen zugefallene unterrichtliche und erzieheliche Aufgabe richtig erfaßt haben und nach Verhältniß ihrer besonderen Gaben zu lösen suchen. Die Hauptlehrer, welche außer der Leitung der Schule die 2 Coetus[3] der Oberklasse in wöchentlich 24 Stunden allein unterrichten, setzen der Oberklasse kein weiteres Ziel als Wiederholung, Vertiefung und Befestigung des in der 2. Klasse durchgearbeiteten Pensums. Etwas weiter geht die katholische Freischule No. 4 in der Carlsstraße. Der Bildungsstand der 2. Klassen ist ein sehr verschiedener. Hervorragend in den Leistungen und darin vielen Zahlschulen gleichstehend, sind die 2ten Klassen der evangelischen Freischule No. 1 und der katholischen Freischule No. 4 obwohl die Knabenklasse der letzteren sehr überfüllt ist. Auch von den unteren Klassen zeigten viele recht befriedigende Leistungen; so die 3. Klasse der 1. evangelischen Freischule, die unteren Klassen der 6. evangelischen Freischule, und die Filialklasse der Grifflenberger katholischen Freischule No. 5. Dagegen steht die 2. evangelische Freischule, die freilich mit Schülern sehr überbürdet ist, fast in allen Klassen zurück und es muß der Hauptlehrer mehr eingreifen; auch die 3te evangelische Freischule, obwohl der Schülerzahl nach begünstigt, läßt noch vieles zu wünschen übrig, und dem Lehrer der 2. Klasse in der 6. evangelischen Freischule am Neuenteich ist mehr Frische und concentrirende Kraft im Unterricht zu wünschen.

Der Näh= und Strickunterricht ist gut organisirt; in 2 Schulen, der 1. und 6. evangelischen Freischulen, habe ich ihn, da er mit der Zeit meines Besuches zusammenfiel, besichtigt.

Turn=Unterricht wird nur den Knaben der 2ten Klassen ertheilt.

Schülerzahl.

Zur besseren Schätzung der Unterrichts=Resultate lasse ich die Schülerzahl hier folgen:

No. I Evangelische Freischule.
1. Klasse Mädchen 74
"   "   Knaben 52
2. "   Knaben 96
"   "   Mädchen 96
3. Klasse Knaben 115
"   "   Mädchen 79
4. "   gemischt 166
[...]
No. VI Evangelische Freischule.
1. Klasse Knaben 42
"   "   Mädchen 40
2. "   gemischt 94
3. "   " 81
4. "   " 70
5. "   " 120
[...]

Zweifellos würden die Unterrichts=Resultate besser sein, wenn durchweg der Ueberfüllung seit Jahren gewehrt und gerade bei diesen Schulen die Normal=Zahl 80 pro Klasse respective 100 nach früherer Auffassung, niemals überschritten worden wäre, so daß der Organismus jeder Schule mehr Stetigkeit erhalten hätte. Daß ein Fortschritt in Reduction auf die Normal=Zahl bereits erheblich eingetreten ist, wird gern anerkannt.

Erziehung.

Die disciplinarische Haltung der Schüler ist in allen Schulen und Klassen gut, der Schulbesuch dagegen nicht genügend. Die wenigsten Versäumnisse am Tage der Besichtigung waren in der katholischen Schule. (Pfarrer Friderici ermahnt auch von der Kanzel die Gemeindeglieder, ihre Kinder fleißig zur Schule zu schicken.)

Reinlichkeit und Bekleidung.

Die Lehrer sorgen sehr für Reinlichkeit. Alle Kinder waren gründlich gewaschen und gekämmt; und wie viele ich auch genauer besehen habe, an keinem war

Stundenplan von Fabrikklassen 1868 (SAW L I 219)

Schmutz. Die Kinder derjenigen Klassen, welche ich Nachmittags besichtigte, hatten über Mittag sich frisch gewaschen und gekämmt.

Die Bekleidung ist größtentheils reinlich und ganz, oft tüchtig gestückt mit großen Flicken, aber ganz. Kinder, deren Kleider zerissen waren, habe ich trotz genauer, bankweise angestellter Besichtigung, in den Unterklassen fast gar nicht, in den Ober= und Mittelklassen etwa je 3-5 gefunden; es fand sich bei ihnen wohl eine Naht aufgegangen, oder ein Loch im Aermel, oder ein loser Vorstoß, oder ein aufgerissenes Knopfloch, oder daß Knöpfe fehlten - Schlimmeres nicht. Nur unter den Knaben der katholischen Oberklasse hatte eine größere Zahl die Arbeitsjacken nicht flicken lassen, eine Vernachlässigung, welche in wenigen Tagen beseitigt sein wird.

Das Aussehen der Kinder macht durchweg einen günstigen Eindruck; ich vermuthe allerdings, daß im Wintersemester derselbe etwas verändert sei. Vorkommen von Ungeziefer ist sehr selten und ganz vereinzelt; folglich ist gegenüber den im vorigen Dezember mir gewordenen Aussagen eine Besserung eingetreten.

Erwerbtsthätigkeit der Schüler der Oberklasse.

Da ich in jeder Freischule nur einen Coetus der Oberklasse, Knaben oder Mädchen sehen und befragen konnte, auch in allen mehrere fehlten, so bedürfen folgende Angaben noch der Ergänzung.

in No. I evangelische Freischule sind von 74 Mädchen 21 in Fabriken oder mit Fabrikarbeit beschäftigt.

in No. II [evangelische Freischule sind] von 80 Mädchen 30 [in Fabriken oder mit Fabrikarbeit beschäftigt]

[in No.] III [evangelische Freischule sind von] 68 Knaben 30 [in Fabriken oder mit Fabrikarbeit beschäftigt]

[in No.] IV katholische [Freischule sind von] 61 [Knaben] 37 [in Fabriken oder mit Fabrikarbeit beschäftigt]

[in No.] V [katholische Freischule] nicht besichtigt

[in No.] VI evangelische [Freischule sind] von 40 Mädchen 21 [in Fabriken oder mit Fabrikarbeit beschäftigt].

Wöchentlicher Verdienst beträgt 15 bis 20 Silbergroschen, wozu bei einigen noch eine Tasse Kaffe täglich kommt. Die Fabrikbeschäftigung besteht in Spulen, Säubern, Weben, Knöpfe putzen, Band knüpfen Couverte falzen u.s.w.

Die übrigen Kinder helfen in häuslicher Arbeit oder beim Kinderverwahren ihren Eltern oder anderen Familien; Mädchen lernen Kleidermachen, Knaben verdienen als Ausläufer.

[...]

Schluß.

Gesetzt das System der Sonderung wäre an sich gerechtfertigt und nur die Ausführung der Verbesserung bedürftig, so müßten folgende Einrichtungen oder Veränderungen eintreten:

1., Reduction auf 80 Schüler pro Klasse und Einrichtung von mindestens 8 neuen Schulklassen respective 2 neuen Freischulen.

2., Verbindung der Filialklassen, welche von ihren Schulen und Hauptlehrern getrennt eingerichtet sind, mit ihren resp. Schulen.

3., Vermehrung der Unterrichtsstunden in den Oberklassen von 15 auf 18, das ist für 2 Coetus zusammen um 6 Stunden, was für 6 Schulen 36 Stunden ausmacht.

4., Ausweisung der nicht mit Fabrikarbeit beschäftigten Kinder aus dem so eingerichteten Halbtagsunterricht, unter Aufhebung der genehmigenden Verfügungen.

5., Einrichtung von Oberklassen mit Ganztagsunterricht für solche Kinder, die auf Halbtags=Unterricht keinen Anspruch haben.

Es läßt sich jedoch für Aufrechthaltung der Sonderung und der Freischulen überhaupt nichts Gegründetes sagen, und in administrativer Hinsicht ist das bisherige System bei Einrichtung von neuen Schulen und Schulbezirken nur eine Erschwerung, ganz abgesehen von dem häufigen Wohnungswechsel, dem häufigen Wechsel des Vermögensstandes, dem durch beides bedingten Schulwechsel und der erschwerten Controle der Schulversäumnisse.

Ich enthalte mich der Widerlegung der aus socialen und erziehlichen Gründen abgeleiteten Behauptung, daß die Sonderung aufrecht erhalten werden müßte, da durch meine Besichtigung thatsächlich constatirt ist, daß die Haltung, das Benehmen, die Reinlichkeit der Freischüler der der Zahlschüler nicht nachsteht, daß die Leistungen der unteren und mittleren Stufen, wo nicht besondere Erschwerungen oder Vernachlässigungen, die sich beseitigen lassen, entgegenstehen, befriedigen, daß also eine Verschmelzung der Freischüler mit den Zahlschülern nach dem Unterrichtsbetriebe und dessen Erfolgen zulässig ist. Ueber grobe Vergehungen gegen Anstand, Sitte, Gehorsam, Ehrerbietung habe ich keine Klage der Freischullehrer vernommen. Ich halte die Einrichtung der Freischulen in Elberfeld für überlebt; ich weiß daß dort gewichtige Stimmen gegen dieselbe sich mehr und mehr äußeren, auch in untergeordneten Kreisen die Gegner sich mehren, wie denn das System bei der Grifflenberger katholischen Freischule schon mannigfach durchbrochen ist; ich finde in der Umwandelung der Freischulen in gewöhnliche Volksschulen und in der theilweisen Umwandlung ihrer Oberklassen in Fabrikschulen die einfachste Befriedigung der vorher aufgestellten Minimal=Forderungen, die billigste, weil gleichmäßige Erfüllung der Gesammterfordernisse, welche Elberfeld durch Vermehrung von Schulräumen noch sich zu stellen hat; ich finde darin einerseits die Rückkehr zu den Bestimmungen der Schulgesetzgebung, andererseits die allen Schichten der Bevölkerung gebührende gleichmäßige Pflege und Rücksichtnahme, und kann der Königlichen Regierung nur gehorsamst empfehlen, diese Umwandlung gleich wie die nothwendige Einrichtung von Fabrikschulen herbeizuführen.

---
[1] Der Bericht dieser Revisionsreise ist wiedergegeben bei Klaus Goebel, Schule im Schatten. Die Volksschule in den Industriestädten des Wuppertals und seiner niederbergischen Umgebung 1850, Wuppertal 1978.
[2] pagina = Seite
[3] coetus = lat. Zusammentreffen, Versammlung, Verein, hier im Sinne von Abteilung

3. Pädagogen und Pädagogik des weiterführenden Schulwesens

Kommentar 24

Johannes Grimm (1757-1829), der nach einem Studium an den Universitäten Utrecht und Oxford 1781 Konrektor des Gymnasiums in Moers gewesen war, wurde 1782 als Rektor und einziger Lehrer an die Barmer Lateinschule berufen, die seit 1717 im Besitz der reformierten Gemeinde Gemarke war. Grimm, der neben den alten Sprachen (Latein, Griechisch, Hebräisch) auch die neuen (Französisch, Italienisch, Englisch, Holländisch) beherrschte und theologisch sowie historisch gebildet war, besaß außerdem Kenntnisse in Physik und Chemie, die ihn als Berater für Türkischrotfärbereien empfahlen. Grimm gab 1823 das Rektoramt der Lateinschule auf, nachdem diese seit 1809 ständig an Schülern verloren hatte und 1822 mit 10 Schülern nur noch als einklassige Schule bestand. Die wiedergegebene Berufsurkunde dokumentiert Grimms Wechsel an die neugegründete Barmer Stadtschule, an der er bis 1827 als Lehrer tätig war. Von 1827 bis zu seinem Tod 1829 bezog er als Rentner ein jährliches Ruhegehalt von 500 Talern. Als Lehrer an der Stadtschule verdiente Grimm pro Jahr 800 Taler; in seiner Amtszeit als Regens der Lateinschule hatte er 1789 267 Taler zuzüglich eines Schulgeldes von 40 Stübern pro Schüler monatlich bezogen. Sein Elberfelder Kollege Daniel Theodor Denninghoff, Rektor der Elberfelder Lateinschule, verdiente 1812 insgesamt 470 Taler, sein Nachfolger Johann Ludwig Seelbach

Quelle 24
Berufsurkunde des Rektors Johannes Grimm
SAW L II 10 a   S. 81-85   21.11.1823   handschriftlich

Im Namen Gottes.

Nachdem unsere Bemühungen eine allgemeine höhere Stadtschule für Barmen zu gründen, dadurch, daß die bisherigen höheren Unterrichtsanstalten vereinigt und die anderweitig nöthigen Mittel durch freye Beyträge gewonnen wurden, einen erspriesslichen Fortgang gefunden, so daß uns die gerechtesten Hoffnungen ein gutes Gedeihen der Anstalt erwarten lassen, so ist unsere nächste Sorge darauf gerichtet gewesen, diejenigen Lehrer welche durch eine lange und verdienstvolle Wirksamkeit im Jugendunterrichte sich in unserer Mitte bewährt haben, von Neuem mit der gegenwärtigen Anstalt zu verbinden.

Indem wir nun Sie, Herr Rector Joh. Grimm, zum Lehrer dieser Stadtschule berufen, ertheilen wir Ihnen folgende, Ihre Amtsverhältnisse bestimmende, der innern Einrichtung der Anstalt und der neuen Anordnung angemessene Bestallung.

1) Sie werden Kraft dieses zu einem Lehrer der allgemeinen höhern Stadtschule in Barmen mit der Zusicherung ernannt, daß keinem der Lehrer je ein Vorrang vor Ihnen wird gestattet werden, und verbindlich gemacht, Ihr Amt mit Treue und Gewissenhaftigkeit nach Ihren besten Einsichten zu verwalten.
2.) Sie verpflichten sich, in Verbindung mit den andern beygeordneten oder noch beyzuordnenden Lehrern den Unterricht vorzugsweise in der lateinischen und griechischen Sprache, in Mechanik und Chemie, daneben aber auch im Fall des Bedürfnisses in andern Wissenschaften zu ertheilen. Die italien'sche und ebräische Sprache bleiben dem Privatunterricht anheimgestellt.
3.) Sie machen sich verbindlich, weder durch Lehre noch durch Beyspiel etwas zu veranlassen, was der sittlichen und religiösen Bildung der Jugend schaden könnte, und im Gegentheil vorzüglich darüber zu wachen, daß christliche Frömmigkeit in den Herzen der Schüler befördert und erhalten werde.
4.) Ueber die Feststellung des Lectionsplans, Auswahl und Vertheilung der Lehrgegenstände unter die Lehrer und in die Classen und Stunden haben Sie Sich in collegialischer Gemeinschaft mit den übrigen Lehrern dahin zu verstehen, daß der allgemeine Lehrplan, wenn er die Gutheißung des Curatorio[1] erlangt hat, mit dem Ende des Monats August der Königlichen Regierung zur Bestätigung vorgelegt werden kann.

erhielt neben dem Fixum von 350 Talern 1813 zusätzlich von 6 Schülern je 20 Taler Schulgeld im Jahr, sodaß er bereits 1815 mit 33 Schülern über ein Jahreseinkommen von ca. 1000 Talern verfügte. 1829 erhielt der Direktor der Barmer Stadtschule, Wilhelm Wetzel, ausschließlich Wohnung 1000 Taler, während der Elberfelder Realschuldirektor Peter Kaspar Nikolaus Egen (1793-1849) 1830 1200 Taler Gehalt bezog. Aus dem Etat der Barmer Stadtschule von 1859 geht hervor, daß das durchschnittliche Gehalt eines wissenschaftlichen Lehrers bei 733 Talern lag. Hilfslehrer, die keine Universitätsbildung hatten, bezogen erheblich weniger Geld; ihre Einkommen lagen 1830 zwischen 200 und 250 Talern im Jahr.

Ausschnitt aus der Grimmschen Berufsurkunde (Quelle 24)

5.) Ueber jede wesentliche Veränderung im Lehrplan, müßen Sie die Genehmigung des Curatorii einholen.

6.) Die täglichen Lehrstunden werden gemeinschaftlich in dem größern Lehrsaal mit Ermahnung und Gebeth des Lehrers, oder mit einem religiösen Gesang der Schüler oder mit Vorlesen einer religiösen Betrachtung eröffnet.

7.) Das maximum Ihrer öffentlichen Lehrstunden ist auf 30 wöchentlich bestimmt. Wir setzen voraus, daß die Correctur der schriftlichen Arbeiten der Schüler in der Weise gemeinnützig gemacht werde, daß dadurch die Lectionen selbst so wenig als möglich unterbrochen werden.

8.) Auch außer der Schule sind die Schüler Ihrer Aufsicht und Leitung in Ansehung der Schulerziehung unterworfen; Sie werden daher Ihre Beobachtungen auf dieselben auch außer der Schule richten, den häuslichen Fleiß der Schüler auf jede zweckmäßige Weise in Anspruch nehmen, auf die pünktliche Bearbeitung des Aufgegebenen halten, öftere Erkundigungen über ihr Betragen einziehen, und Sich als Erzieher Ihrer Schüler erweisen.

9. Sie prüfen in Gemeinschaft mit den andern Lehrern und dem Directorio[2] der Anstalt den in die Lehranstalt aufzunehmenden Schüler; der Name desselben wird in der Classe, für welche er, nach Ausweise der größten Zahl der Lehrobjekte, tüchtig befunden wird, in die Schülerlisten eingetragen, und diese Verzeichnisse werden dann vierteljährig dem Cassirer des Directorii zur Erhebung des Schulgeldes eingereicht.

10.) In diesen Privat= und öffentlichen Prüfungen, desgleichen bey den, wöchentlich und in Mitwirkung der Eltern zu ertheilender Zensurzeugnissen werden Sie Ihr Urtheil mit strenger Gewissenhaftigkeit abgeben, damit die wahrhafte Bildungsstufe der Schüler klar hervorgehe.

11.) Sie verpflichten sich, die Statuten unserer Anstalt, sobald sie die Genehmigung der Königlichen Regierung erlangt haben, so wie die Anordnungen des Curatorii und des Directorii in allen Beziehungen, so wie namentlich in Hinsicht der Disciplin zu beobachten.

12.) So lange die mit der neuen Einrichtung verbundenen vielseitigen Arbeiten es nöthig machen, daß das Directorium für's Erste die oberste Leitung der Anstalt behalte, so werden Sie selbiges oder den aus seiner Mitte Beauftragten in der Verwaltung der Pflichten und Rechte eines Directors anerkennen.

13. In dieser Beziehung werden Sie nöthige allgemeine Anordnungen, die erforderliche Achtsamkeit auf die Befolgung des Lehrplans, den zuweilen Besuch der Schulclassen, die Zusammenberufung und Leitung der Lehrerconferenzen, nöthige freundschaftliche Ermahnungen an die Lehrer, die Anwendungen schärferer Schulstrafen, wo die gewöhnlichen Correctionsmittel gegen widersetzliche Schüler nicht ausreichen, die Erledigung der Beschwerden der Schüler, Eltern und anderer Personen, so wie der Klagen der Lehrer gegen einander - kurz Alles was einer obern Aufsicht zukommt, vom Directorio oder dessen Beauftragten wahrgenommen sehen.

14.) Wenn irgend ein Lehrer sich durch ein anderes Hinderniß als Krankheit verhindert sieht, die Lehrstunden zu halten, so hat er sich unmittelbar beim Directorio zu entschuldigen, und die Erlaubniß nachzusuchen. In solchem Fall muß, damit der Unterrichtsgang nicht gestört werde, ein anderer Lehrer der Anstalt aushelfen, und die Stunden, zu deren Uebernahme er vom Director ersucht wird, annehmen.

15.) Ueber die Ferien besagen das Königliche Schulreglement und die Statuten der Anstalt das Nähere. Der Unterricht darf ohne Erlaubniß des Directorii auf einzelne Tage nicht ausgesetzt werden.

16.) Ueber das am Ende des Schuljahrs eintretende öffentliche Examen treten Sie in der Lehrerconferenz mit Ihren Collegen in ein freundschaftliches Benehmen, was den Gang und die Gegenstände der Prüfung betrifft, und können, was die Schlußrede angeht, mit einander in Beschließung des Examens abwechseln.

17.) Sie sind verpflichtet, in keine Wirksamkeit zu treten, welche unsere Anstalt beeinträchtigen könnte. Was unter diese Rubrik fällt, ist der Beurtheilung des Curatorii überlassen.

18.) Bey treuer Wahrnehmung aller Ihrer durch diesen Beruf und die Statuten unserer Anstalt auferlegten, und Ihrerseits übernommenen Verbindlichkeiten bieten wir Ihnen

1.) Ein jährliches Gehalt von Acht Hundert Reichsthaler Bergisch, welches Ihnen in vierteljährigen Quoten von dem rechnungsführenden Theil des Directorii wird entrichtet werden.

2.) eine freye Wohnung, welche Sie entweder in Ihrem gegenwärtigen Hause oder im

obern Stock des Schullokals zu wählen haben; zugleich wird der Genuß einer freyen Feuerung aus den zum Bedarf der Schule angeschafften Kohlen gestattet.
3.) Die zum Unterricht in der Chemie und Mechanik nöthigen Lehrbücher werden auf den darüber von Ihnen dem Directorio eingereichten Vorschlag nach erhaltener Genehmigung aus der Schulcasse als Bestand der Schulbibliothek bestritten.
4.) Sollten Sie eine Entlassung vom Schulamt zu wünschen genöthigt sein, so empfangen Sie als Ruhegehalt die jährliche Summe von wenigstens 400, sage Vier Hundert Reichsthaler Bergisch mit freyer Wohnung oder von Fünfhundert Reichsthaler Bergisch ohne freye Wohnung.
Mit der festen Ueberzeugung, daß Sie in der Achtung, welche Sie gegen die Würde Ihres Berufes in Sich tragen, weit kräftigere Verpflichtung fühlen, als die oben dargelegten Punkte Ihnen je auflegen können, verbinden wir die frohe Hoffnung, daß unter Ihrer Mitwirkung unsere Anstalt blühen und gedeihen, und sich eines seegenreichen Einflusses auf das Wohl unserer Jugend erfreuen möge! Welche Hoffnung der Gott aller Gnade reichlich erfüllen wolle!
Urkundlich ist gegenwärtiger Beruf durch eigenhändige Unterschrift von uns vollzogen, und in zwey gleichlautenden Exemplaren ausgefertigt, wovon die eine Ausfertigung dem Herrn Rector J. Grimm übergeben, die andere ins Schul-Archiv hinterlegt worden.
So geschehen Barmen am 21. November 1823
Das Curatorium der Barmer Stadtschule

---

[1] Curatorium : Die Verwaltung der Barmer Stadtschule, die eine Stiftung darstellte, geschah durch ein Kuratorium, das von den Stiftern gewählt wurde. Die Hälfte der Mitglieder wurde jährlich erneuert. Das Kuratorium bestand aus sämtlichen Barmer Geistlichen (7) und ebensovielen Bürgern.
[2] Direktorium: Von der Gründung der Schule 1823 bis 1828 (Berufung des Rektors Wilhelm Wetzel) wurde die Barmer Stadtschule von einem Ausschuß des Stifterkuratoriums, einem vierköpfigen Direktorium geleitet. Von 1826-1828 führte ein Mitglied des Kuratoriums die Geschäfte.

Kommentar 25
Johann Friedrich Wilberg (1766-1846) wurde nach einer Schneiderlehre, dem Besuch der von Rochowschen Musterschule in Rekahn und der anschließenden Seminarzeit in Berlin Hauslehrer in Overdiek bei Hamm, bevor er 1802 als Inspektor und Lehrer der allgemeinen Armenanstalt nach Elberfeld ging. Wilberg war ab 1814 als Schulpfleger im Kreis Elberfeld und ab 1829 als städtischer Schulinspektor hauptsächlich für das Elementarschulwesen zuständig, dem auch seine Lesebücher und der größte Teil seiner pädagogischen Fachveröffentlichungen gewidmet waren.
Wilberg war aber auch 25 Jahre lang Vorsteher und Lehrer des 1804 gegründeten „Bürger-Instituts", das 1830 in einer „höheren Bürgerschule" aufgelöst wurde. Die in Quelle 25 wiedergegebenen Auszüge aus Wilbergs „Erinnerungen" von 1836 beinhalten seine Reflexionen über höhere Lehranstalten. Anläßlich des Planes zur Einrichtung einer „höheren Bürgerschule" schrieb Wilberg in seinen Memoiren, er habe „mit zu denen [gehört], die eine höhere Bürgerschule in Elberfeld für Bedürfniß hielten, und hatte sich in einer Schrift dahin geäußert, daß, wie aus dem Gymnasium die künftigen treuen Bewahrer und emsigen Pfleger der tief begründeten Einsicht und der Wissenschaft, und die sorgsamen Erhalter der edelsten Güter für Leib, Geist und Gemüth und das gesellschaftliche Leben, so aus der höhern Bürgerschule hauptsächlich Jünglinge mit geübtem Auge, geschickter Hand und denkendem Kopfe, selbstdenkende Erfinder von Kunstprodukten, kenntnißreiche Stifter von Anstalten zur Einführung neuer Erwerbszweige und zur Beschäftigung vieler Menschen, und großsinnige Beförderer des Kunst= und Gewerbefleißes hervorgehen müßten" (Wilberg, Erinnerungen, a.a.O., S. 177/178).

Quelle 25
Johann Friedrich Wilberg, Erinnerungen aus meinem Leben, nebst Bemerkungen über Erziehung, Unterricht und verwandte Gegenstände,
Essen 1836, S. 160-174   Auszüge

Menschen, welchen das Schulwesen Theilnahme einflößte, die sich um die Schulen selbst und deren innere Einrichtung bekümmerten, den Zweck der Schulen, den Erfolg ihrer Wirksamkeit recht ins Auge faßten, gelangten je länger je mehr zu der Ueberzeugung, daß in den Gymnasien nicht Alles gelehrt werden, und daß der Jüngling, ohne dem Studiren sich zu widmen, in diesen Lehranstalten doch das Erforderliche zur zweckmäßigen Vorbereitung auf seinen bürgerlichen Beruf nicht erlernen könne. Damit nun jeder Schüler seiner künftigen Bestimmung gemäß belehrt, und dem Schulunterricht eine größere, allgemeinere Nutzbarkeit verschafft werden möge, fand man es noch für nöthig, die höhere Bürgerschule zu errichten. Beim Aufstellen der Lehrgegenstände für dieselbe dachte man aber weniger an das durchaus Nothwendige, und an die formelle Bildung, als an das Nützliche, das für Geldgewinn und Sinnengenuß Einträgliche; und that man zu vornehm, um dem Gymnasium am Range nicht nachzustehn, wählte man, statt der einfachsten, künstlich zusammengesetzte und mehr Mittel, als man Zweck hatte, und wurde das physische Bedürfniß der Jugend und die jugendliche Kraft nicht genug berücksichtigt. In der Schrift: **Der Zeitgeist und die Gelehrtenschulen,** heißt es Pag. **17:** „Der

Knabe und Jüngling, begriffen im Wachsthum, mit seinem heitern Sinn, mit seiner starken Empfänglichkeit für Sinnengenuß; der Sohn des Großstädters, unter den unvermeidbaren Einflüssen städtischer Sitten in Weichheit aufgewachsen: er sollte bei einer zwölfstündigen Thätigkeit, die von seinem zehnten bis achtzehnten Jahre täglich von ihm gefordert wird, seine physische und geistige Gesundheit, Stärke und Frohsinn in sein reiferes Lebensalter hinüber retten? Der Knabe und Jüngling erliegt früher oder später, und verliert nicht nur die Spannkraft für ein anstrengendes Leben, sondern bringt wol gar einen siechen Körper und muthlosen Geist auf den ihm angewiesenen Platz seiner männlichen Thätigkeit, wo er kräftig eingreifen und wirken soll für Kirche und Staat, für Wahrheit und Recht". Luther sagt: „Viele halten die Jugend gefangen, wie man Vögel in die Bauer setzt; und es ist nichts ausgerichtet mit solchem Zwang. Jungen Leuten ist solcher tyrannischer Zwang ganz schädlich, und ihnen ist Freude und Ergötzen so hoch vonnöthen, wie ihnen Essen und Trinken ist, denn sie bleiben auch desto eher bei Gesundheit".

Nach und nach wurde der höhern Bürgerschule, als einer neuen Erfindung, mehrmals gedacht, und sie häufig besprochen. Einige Menschen bezogen das Adjektiv höhere auf Bürger, andere auf Schule, und hielten eine solche Lehranstalt für etwas Vornehmes, jene wegen der Personen, deren Kinder in diese Schule gehen, diese um der hohen Sachen willen, die in derselben gelehrt werden sollten. Aus dem angeführten Grunde erachteten diese und jene eine höhere Bürgerschule für wünschenswerth; Andere, damit ihr Wohnort großen Städten in Betreff des Neuen im Schulwesen nicht nachstehe; noch Andere, weil sie meinten, in einer solchen Schule werde Viel und Vielerlei gelehrt, und also fürs Geld noch Etwas gegeben, das der Rede werth sei. Einigen wenigen Denkern, und Personen, welche Verhältnisse der Zeit und der Menschen beobachten, schien, mehrerer Umstände wegen, eine solche Lehranstalt für diese und jene Stadt Bedürfniß zu sein, sprachen diese ihre Meinung aus, und Nichtdenker sprachen sie ihnen nach, ohne daß diesen die Fragen: „Warum? Weßhalb? Was ist eine höhere Bürgerschule?" irgend Sorgen gemacht hätten.

Nicht allein damals war, auch jetzt noch ist es schwer, die wesentlichen, unterscheidenden Merkmale einer höhern Bürgerschule anzugeben, die auch wol Realschule genannt wird. Von vielen, auch noch sehr oft von solchen Personen, die dem Zwecke der Schule gemäß in derselben arbeiten zu können meinen, wird sie nicht immer für eine Unterrichtsanstalt angesehen, in der das Fundament zu einem Bau der Erkenntniß heilsamer Wahrheit und zur wahren Bildung tief und fest gelegt, gerichtet, und der Schüler durch mancherlei tüchtige, strenge Uebung befähigt, ermuthigt, gekräftigt und angeleitet werden soll, auf diesem Grunde erfolgreich fortzubauen, und nicht für eine Erziehungs- und Kraftentwickelungsanstalt, sondern für eine Abrichtungs- und Lernanstalt, in welcher so gewirkt und dahin gestrebt werden müsse, daß der, welcher sie besucht, in Allem und zu Allem ganz fix und fertig gerichtet, aus ihr hervortrete, wie einst die blauäugige Minerva in voller Rüstung aus Jupiters Haupt hervorging. In Betreff des Wortes Realschule sagte ein Spötter: „So wie man in Reale und Bücherschränke Schriften in Hinsicht auf Inhalt in bestimmte Fächer stellt, damit man bei vorkommendem Bedarf gleich zugreifen kann; so wird in Realschulen dem Schüler ein Wissen dieser und eines anderer Art 2c. gegeben, um es in seinem Kopfe fachweise aufzuspeichern, damit er später nicht ein Wissen zu schaffen, sondern nur von seinem Vorrath zu nehmen brauche".

„Durchs Schlechtmachen lernt man das Rechtmachen" sagt das Sprüchwort, und es mag sich auch wol auf die höhere Bürgerschule in einer Hinsicht anwenden lassen. Denn noch ist es nicht recht klar, welches die eigentliche, erreichbare Bestimmung der h. B. ist, und was durch sie besonders und durch welche unumgänglich nothwendige Mittel es von ihr bewirkt werden soll. So lange nun dieß nicht deutlich vor Augen liegt, so lange ist es auch nicht anders möglich, als daß in ihr nur zufällig das Rechte geschieht, also daß weder der Endzweck klar gedacht worden ist, zu dessen Erfüllung, noch der Plan, nach welchem es geschehen soll. Und so wird erst aus mißlungenen Versuchen, aus Fehlern und Verkehrtheiten der h. B. sich ergeben, was sie nicht sein und nicht leisten kann, und durch Hülfe der Erfahrung erst spät sich bestimmen lassen, was eine h. B. ist, und wie sie eingerichtet werden muß. Freilich soll sie, wie das Gymnasium und wie die Elementarschule, durch zweckmäßige Belehrung in Gegenständen von allgemeiner materialer Brauchbarkeit zur Erziehung und Geistesbildung wirken, und die Menschen der künftigen Generation zu einer tüchtigen, obgleich verschiedenen Wirksamkeit befähigen; von jenem wird sie aber nicht für ebenbürtig anerkannt, und die Elementarschule wird im Allgemeinen nur von oben herab über die Achsel angesehen. Damit nun die h. B. das Rechte zu thun nicht verfehlen möge, setzt sie sich vor, sehr viel, ja Alles, und wol gar das rein Unmögliche zu leisten. Die h. B. soll, sagt man, die Jünglinge, welche, ohne sich dem gelehrten Stande zu widmen, dennoch sich in den höhern Verhältnissen des Lebens bewegen wollen, für alle Forderungen der Gegenwart entwickeln, die Schüler für die Auffassung des wirklichen Lebens in allen seinen Beziehungen genügend vorbereiten, in dem Schüler die Empfänglichkeit für wissenschaftliche und überhaupt geistige Bewegungen des Zeitalters wecken, und die Anwendung dieser Empfänglichkeit dem Schüler für die künftigen Lebensjahre sichern. Wenn Jemand Ueberschwänglichkeiten zu leisten verhieß, oder sie geleistet zu haben vorgab, pflegte unser W. an den König zu erinnern, der, nachdem man ihm vorgelesen, Simson habe mit einem Eselskinnbacken tausend Mann geschlagen, dem Vorleser zurief: „Laß Er es gut sein; ich bin vierzig Jahr Soldat gewesen, und weiß wol, was ein ehrlicher Mensch thun kann".

Da die höhere Bürgerschule sich vorsetzt, durchs Lehren so große Zwecke zu erfüllen, so muß sie auch diesen gemäß die Mittel wählen, wie sie denn auch zu thun glaubt. Nemlich: einen vornehmen, hohen Namen führen die meisten Gegenstände, welche zu lehren die h. B. verheißt, und wegen der bedeutenden Menge und großen Verschiedenheit derselben läßt sich vermuthen, daß die rechten und geeigneten nicht alle verfehlt sind. Schon lange nun hat man Bedenken getragen, ob auch das Viele und Vielerlei, welches man lehrt, nach einem und demselben Grundgesetze, welches die echte Erziehung und Bildung vorschreibt, gewählt, dadurch zu einer Einheit verbunden, die Aufmerksamkeit des Schülers auf den Unterricht bei der Mannigfaltigkeit der Gegenstände gefesselt erhalten, sein Denkvermögen gehörig erregt, zur Denkkraft erhöhet, Lernliebe in ihm geweckt und genährt, und bei einem beständigen und schnellen Wechsel der Sachen, mit welchen sich der Schüler unter Anleitung verschiedener Personen beschäftigt, ein fester und sicherer Grund zu einer der Achtung würdigen, lebenstüchtigen Sinnes- und Denkweise im Schüler gelegt werden könne. Gegen das Ende des vorigen Jahrhunderts versprach Jemand in seinem in M. neu zu gründenden Institut in zwölf Wissenschaften gründlich unterrichten, vier Sprachen vollkommen lehren, und sechs Schulfertigkeiten ganz einüben zu wollen, wie der gedruckte Plan aussagte. Der schon verstorbene Prediger Goes zu Rönderath meinte damals: „Wenn der Mann nicht drei tüchtige Köpfe hätte, so wäre sein Versprechen nichts als Aufschneiderei". Eben so viele Lehrgegenstände wenigstens, als jener Mann zu lehren sich vermaß, zählt, wie mehrere Schriften darthun, jetzt fast jede h. B. in dem Lektionsplane ihres halbjährlichen Lehrkursus für ihre obere Klasse, welche Gegenstände alle der Schüler, der doch nur einen einzigen Kopf hat, und wahrscheinlich nicht den eines Universalgenie's, fassen soll, wenn es das Glück will.

Vieles nun, was unter den Lehrgegenständen Wissenschaft heißt, wird mit Vornehmthun auch als Wissenschaft der Form nach und dem Leitfaden zufolge in mancher h. B., und auch in manchen Gymnasien gelehrt, eigentlich mehr oder weniger vorgesagt und nachgeschrieben, so gut es geht. Man gibt, sagt man, die Definition der Wissenschaft, den Entwurf zu derselben oder das System, die Hauptstücke des Systems, ihre Unterabtheilungen, vorläufige Erklärungen ꝛc., sagt dann noch Einiges über die Geschichte, die Wichtigkeit und den Nutzen der Wissenschaft ꝛc., ermahnt, recht fleißig zu sein, und vor Allem ein gutes Heft zu führen ꝛc., und das Alles bloß erst als Einleitung zum Lehren derselben. Der Schüler bekommt nun gleich von vorn herein nicht ein Bäumchen, sondern einen ganzen Wald voll von Begriffen, die ihm aber oft nur Wörter sind; anstatt daß ihm ein Zweiglein voll genießbarer, nährender Frucht gedeihlich für das Wachsthum seines Verstandes, und erquicklich für sein Gemüth sein würde. Es wird also, wie man meint, diese und jene Wissenschaft in der h. B. gelehrt, aber es wird in der Regel nicht wissenschaftlich in manchen Sachen unterrichtet. Dieß ist auch schon deßhalb nicht möglich, weil viele Lehrer dazu nicht im Stande, dazu nicht angeleitet, darin nicht geübt sind *); dann aber auch nicht möglich, weil oft in einer zu kurzen Zeit ein sogenannter Kursus, wie es heißt, gemacht werden muß. Wer wissenschaftlich unterrichtet, führt den Schüler von Anschauungen zu Vorstellungen, gibt Anleitung, aus diesen Begriffe, aus Begriffen Urtheile, und aus diesen Schlüsse über den behandelten Lehrgegenstand zu bilden, geht stets vom sichern, festen Grunde aus und zu der Folge über, und ahmt in seinem scheinbar langsamen Fortschreiten dem Elephanten nach, der nicht eher das Vorderbein aufhebt, als bis das Hinterbein feststeht, und welcher daher auch ohne Straucheln bedeutende Strecken zurücklegen kann. Ohne den Schüler gehörig zu unterrichten, hat er nie den Geistesgenuß, Etwas gefunden zu haben, sind dem Schüler die Wörter, wie Schalen ohne Kerne, wie Nägel in der Seele, ohne daß er Sachen hat, sie daran zu befestigen, und genügt ihm oft schon der ähnlich lautende Schall. Unser W. weiß, daß Jemand immer Insekten sagte, wenn dieser von den mancherlei Religionssekten in großen Handelsstädten sprach; und Kirchenelster und Drahtzieher ist schon oft statt Kirchenältester und Thrazier gesagt und geschrieben worden.

Schon vor alten Zeiten hat man die Nahrung für den Leib verglichen mit der Lehre, die ertheilt wird, und hat man geglaubt, bei der Wahl des Lehrmaterials und der Art der Mittheilung desselben auf das Bedürfniß und die Empfänglichkeit dessen Rücksicht nehmen zu müssen, der belehrt werden soll. Paulus sagt von den Korinthern, daß er zu ihnen über Christenthum nicht anders reden könne, denn wie mit jungen Kindern, und daß er ihnen Milch gegeben habe, und nicht Speise. Und in dem Briefe an die Ebräer, Kap. 5, 12 ꝛc., heißt es ungefähr so: „Man darf euch nur Sachen lehren, welche leicht zu fassen sind; aber nicht solche, welche durch ernstes Nachdenken müssen eingesehen werden. Einem Kinde, einem Anfänger lehrt man, was leicht zu begreifen ist; denjenigen aber, deren Verstandeskräfte durch den Gebrauch geübt und erhöhet sind, kann man Sachen lehren, zu denen Einsicht und Nachdenken erfordert wird". Es scheint, als ob man bei der Bestimmung der Lehrgegenstände für die höhere Bürgerschule jenes Gleichniß nicht immer vor Augen gehabt, oder mit den Namen derselben die Sachen so eigentlich nicht gemeint habe; denn manche Wissenschaft als solche ist doch wol eine zu starke, zu derbe Speise für den Schüler, so daß sie nicht verdauet, sie von seinem gesammten Innern diesem nicht ganz verähnlicht werden, nicht in Saft und Kraft übergehen, und Geist und Herz des Schülers nicht nähren kann. Da auch der Schüler wegen der Vielheit der Lehrgegenstände unaufhörlich mit dem Empfangen und Fassen neuer Kenntnisse beschäftigt ist, so hat er nicht einmal Zeit zur geistigen Verdauung, und er wird nur satt, aber nicht genährt und gekräftigt. Vieles muß beim Lehren der Gegenstände, wie es noch gar häufig geschieht, dem Schüler, weil ihm die Anschauungen mangeln, unverständlich bleiben, wenn man ihm auch für manche Begriffe verständliche Wörter gibt; und es ist ein Zeichen von Kopf, wenn der Schüler es sich nicht weißmacht und nicht einreden läßt, daß er das Unverstandene einsehe. Manche Lehrer haben es nemlich an der Art, nachdem sie eine sogenannte Erklärung oder einen Beweis gegeben, zu fragen: „Ist es nicht wahr?" und bequeme und denkfaule Schüler sagen dann leicht „ja", und Lehrer und Schüler täuschen sich, überreden einander, ohne überzeugt zu sein. Erst dann, wenn klare und deutliche Begriffe im Kopfe des Schülers die Stelle der Sachen, die er kennen lernen soll, ganz vertreten, vollständig dafür stehen, so hat er die Sachen verstanden. Und nur von dem recht verstandenen Unterricht kann man die beabsichtigte heilsame Wirkung desselben mit einigem Grunde erwarten; nur das, was durch geübtes, mit reger Theilnahme des Gemüths verbundenes Mit- und Nachdenken von dem Schüler erfaßt, ganz begriffen, klar eingesehen, noch einmal gleichsam von ihm gemacht, von ihm gefunden wird, das kann gedeihlichen Einfluß auf sein Gemüth haben, und hat ihn auf seinen Verstand. Im Allgemeinen nimmt man nun beim Unterricht wenig Bedacht auf die Uebung des Verstandes der Schüler, obgleich man viel davon spricht, und noch weniger auf die Erregung und Kräftigung ihres Gemüths. Es wird aber, wenn erst in dem Herzen ein Heerd voll lebendiger Gluth für eine Sache lodert, der Kopf leicht erhellet; da hingegen oft das wärmelose Licht im Kopfe ohne wohlthätige Wirkung auf das Gemüth bleibt. Wenige Menschen kennen und bedenken es recht, daß gründliches Wissen und Können vom Gemüthe sehr abhangig ist. Ein recht regsamer, guter Wille sucht und findet leicht gute Gedanken; aber diese erzeugen nicht immer ein gutes Gemüth, das sich durch Thaten äußert, die das Herz bessern, und nützlich für die Welt sind. Der Unterricht in manchen Lehrgegenständen bleibt bloß deßhalb so unwirksam für die eigentliche Bildung des Schülers, weil das Herz dabei ganz leer ausgeht; und wenn mit der Bildung des Verstandes der Sinn für sittliches und religiöses Leben sich nicht erweitert, er nicht gekräftigt und erhöht wird, so ist jene Bildung nicht eine echt menschliche, sondern nur Mittel für animale Zwecke.

Manches Lehrmaterial der höhern Bürgerschule, z. B. Metrik, Litteraturgeschichte ꝛc., scheint des eigentlichen Nahrungsstoffes zum Wachsthum des Verstandes und zur Kräftigung und Veredlung des Gemüths des Schülers wenig zu enthalten. Der Unterricht über solche Lehrgegenstände hat häufig die schlimme Wirkung, „daß er aufbläht mit losen Reden", Hiob 15, und daß, wenn der Schüler von Sachen, von welchen Vater und Mutter, Oheim, Tante und Nachbarn gar nichts wissen, z. B. von Trochäus, Spondeus, Daktylus ꝛc., vom Zeitalter der Minnesänger, der Meistersänger, der klassischen Litteratur hört und spricht, dieser der Bescheidenheit und der Einfalt der Sinnesart entfremdet und in ihm ein Wissensdünkel erregt wird. Andere herrliche Lehrgegenstände, z. B. Geschichte, Geographie, Naturgeschichte ꝛc., werden zwar in der höhern Bürgerschule, technisch gesprochen, vorgetragen, aber selten so behandelt, daß auch die nicht stark befähigten Schüler, die schwachen und die Mittelköpfe, die darin so reichlich enthaltene treffliche Nahrung für Geist und Herz finden und sie auffassen können; und sogar bessere Schüler hören und schreiben das Vorgetragene ohne wahres, lebendiges und dauerndes Interesse für den Lehrgegenstand, wenn die rechte Behandlung desselben mangelt, und kommen wol dahin, daß sie bei dem Unterricht denken, wie die alten Israeliten in der Wüste: „Unsere Seele ekelt über dieser losen Speise". Jene Sachen werden meistens für das bloße Wortwissen, hauptsächlich für das Gedächtniß, weniger für den Verstand gelehrt, und werden mehr angesehen wie Getreidekörner für den Kornboden, denn wie keimreicher Samen, der neue und mehr Frucht bringen soll. Die Sachen werden aber auch eigentlich nicht gelehrt, sondern meistens nur vom Lehrer mehr oder weniger diktirt, und vom Schüler erst wirklich nachgeschrieben, und zwar schlecht genug, dann noch einmal von ihm außer der Schulzeit in ein besonderes Heft abgeschrieben, und dann soll der Schüler, ebenfalls außer der Schulzeit, diese Sachen seinem Gedächtnisse einprägen, damit er seiner Zeit sagen kann, was im Buche steht. Und was soll er nicht Alles sich einprägen! An gewissen Tagen muß dann der Schüler Rechenschaft ablegen darüber, nicht, was er bei dem Unterrichte und über denselben gedacht, sondern was er von dem Vorgesagten behalten hat, und muß er seine Hefte vorzeigen, in welchen sich auch oft wörtlich nachgeschriebene angewöhnte Redensarten des Lehrers finden. Man sieht an der Gesundheit und Kräftigkeit des Leibes, daß ein Mensch gedeihliche, nährende Speise genossen, er sie gehörig verdauet hat, und daß sie ihm wohl bekommen ist; und nicht daran, daß er die Speisen nennt, die man ihm vorgetragen hat, und daß er einen Theil derselben auf einer zierlichen Schüssel darbringt. Dadurch, daß der Schüler sagt, welche Geistesnahrung, kräftige oder laffe, ihm dargeboten worden ist, und daß er einen Theil der Lehre in einem Hefte vorzeigt, wird nur dargethan, was der Lehrer gelehrt, aber nicht, was der Schüler eigentlich gelernt hat, und wie durch den Unterricht sein innerer Mensch genährt und gekräftigt worden ist. Kommt dann die Zeit heran für einen Schüler von geringer geistiger Kraft, in welcher er die Sachen, die ihm gelehrt worden, jede für sich in ihrem Zusammenhange und alle in ihrem Verhältnisse zu einander durchdenken und suchen soll, welche Anwendung er davon im Leben machen kann, also die Geistesnahrung, die ihm einige Jahre hindurch gegeben, auch endlich gleichsam zu verdauen, wenn er Lust und Fähigkeit dazu hat, so macht er vorher noch wol das Examen eines Abgehenden. Damit aber doch den Eltern die Hoffnung auf den Sohn nicht vernichtet, der Ruf der Schule nicht gefährdet, die Tüchtigkeit der Lehrer nicht bezweifelt werde, und der Schüler zum Examen gehörig präparirt sei, ein gutes Zeugniß erhalten und mit Lobsprüchen entlassen werden könne, so wird wol noch Manches vorher privatim dozirt, explizirt, repetirt, aber auch honorirt, und so der Bursche in die Welt geschickt.

Durch den Leib wirkt die Außenwelt auf die Seele, werden der Seele die zu allen klaren Vorstellungen und deutlichen Begriffen durchaus nothwendigen Anschauungen zugeführt. Die frühern Jugendjahre des Menschen scheinen ganz zur Bildung des Leibes bestimmt zu sein, und die unaufhörliche Beweglichkeit des gesunden Kindes, seine Unruhe, die Neigung der Jugend zum Laufen, Rennen, Springen, Hüpfen, Ringen, Werfen ꝛc. sind Veranstaltungen der Natur, wie man sagt, dem Leibe Reizempfänglichkeit, Wachsthum, Gedeihen, Gewandtheit, Kraft ꝛc. zu geben. Die Sinne sind unsere ersten Erzieher und Lehrer, und die Kräfte der Seele mögen sich wol nicht eher gehörig entwickeln können, als bis die sinnlichen Werkzeuge zu dem Grade der Ausbildung gelangt sind, die Erscheinungen recht aufzufassen. „Was nicht in den Sinnen ist, ist auch nicht im Kopfe", sagt Aristoteles, und je größer das Empfindungsvermögen der sinnlichen Werkzeuge ist, desto fähiger mag wol die Seele zu ihren Verrichtungen werden, hauptsächlich was den Erwerb der Kenntnisse und des Verstandes betrifft.

Die Seele wirkt durch den Leib auf die Außenwelt, und eine an heilsamer Erkenntniß reiche, wahrhaft gebildete Seele, die auf das

Höchste und Ewige gerichtet, in welcher geübte Kraft zum klaren, deutlichen Denken mit Liebe zum Suchen des Wahren, mit zartem, feinem Gefühl für das Rechte und Schöne, und mit festem, kräftigem Wollen des Guten vereint ist, eine solche Seele bedarf eines in jeder Hinsicht ganz geeigneten Werkzeuges zu ihrem Wirken auf die Außenwelt. Der Leib soll ein gesunder, tauglamer, gewandter und geschickter Diener der wahrhaft gebildeten Seele sein, und sie ist eines solchen Dieners würdig. Ein kränklicher, weichlicher, schwächlicher Leib ist je länger, je mehr die Herberge der süßlichen, leeren Empfindelei und der reizbaren Empfindlichkeit, vieler närrischen Gelüste, heftiger Begierden und Leidenschaften, macht unlustig und unlustscheu, und zuletzt wird die Seele Dienerin eines solchen Leibes, ohne die Forderungen desselben befriedigen zu können, und wirkt dann nachtheilig ein auf ihre Umgebung.

Eine gesunde Seele in einem gesunden Leibe war der erste Grundsatz der Erziehung bei den Alten, welcher jetzt im Allgemeinen und auch von den höhern Schulen wenig beachtet wird.

"Wie? Gymnasium nennen die jetzigen Menschen die Stätte,
Wo die Jugend versitzt! ach, wo der Körper verdirbt?
Den Ort, wo er wurde geübet, bezeichnet der Name.
Bei den Hellenen war That, aber wir — reden davon."

So lautet das Urtheil des Königs Ludwig von Baiern; und fast von allen höhern Schulen kann man sagen: "Ihr lehret Wissenschaft, Kunst, Sprachen, Bürgerpflicht; auf Stärke, Körperkraft des Schülers seht ihr nicht". Nemlich, die große Zahl der Lehrgegenstände der höhern Schulen macht eine Menge Lehrstunden nöthig, deren wenigstens 36 wöchentlich gegeben werden, während welcher der Schüler sitzen, also in einem nicht natürlichen Zustande leben muß, durch den seine Gesundheit gefährdet wird. Zum Führen der vielen Hefte, zur Anfertigung von Tabellen, Landkarten ꝛc., zu den Uebersetzungen, Aufsätzen, zum Auswendiglernen, Präpariren ꝛc. bedarf er täglich auch noch mehrere Stunden, in welchen er wieder sitzt, so daß ihm vom Tage wenig oder fast gar keine Zeit zu dem unentbehrlichen Genuß der frischen Luft, der freien, lebendigen Natur und zur körperlichen Bewegung übrig bleibt. Anhaltendes Sitzen ist aber, wie die Erfahrung an den Kindern der ganz Armen und der weichlichen Vornehmen lehrt, der gehörigen Entwickelung des noch nicht ausgewachsenen Körpers sehr hinderlich. Weil, wie die Aerzte lehren, das Sitzen das Blut nach den Organen des Unterleibes treibt, und hier sich anhäuft, so wird das Dasein des Blutes als fühlbarer Reiz empfunden, die Wärme und Thätigkeit jener Organe vermehrt, und hier ein vorzeitiger, krankhafter Entwickelungstrieb geweckt, der sich in den Organen der Zeugung und der Ernährung äußert. Anhaltendes Sitzen verursacht also nicht allein Verkrüppelungen, sondern auch, wie die Aerzte lehren, die Geist und Körper zerstörende Reizung der Geschlechtstheile, die Leiden der drüsigen Theile des Unterleibes, Hämorrhoiden, Krankheiten der Lungen, Hypochondrie ꝛc. und, was lebenslang sehr lästig und nachtheilig ist, die Stimmung zum Unwohlsein, zur Launenhaftigkeit und zum herben Benehmen gegen die Menschen.

Da der Schüler während der meisten Stunden des Tages das Auge nur zum Lesen und Schreiben abrichtet, er auch nur einen sehr beschränkten Sehraum hat, von den Wänden der Schulstube oder des Wohnzimmers begränzt, so entbehrt das Auge der Uebung, und der Schüler kann nicht mehr in mäßiger Entfernung Buchstaben, Figuren ꝛc. an der Wandtafel der Schule unterscheiden. Da ferner der Schüler der höhern Schule sehr viel, und auch oft bei Licht schreiben und in Wörterbüchern mit kleinem blassem Drucke viel suchen muß, so wird das Auge erhitzt und von unmäßiger Anstrengung matt und schwach. Ehemals war es auffallend, wenn ein bejahrter Mann mit einer Brille über die Straße ging; jetzt muß man sich fast wundern, noch einen Schüler ohne Brille zu sehen, und in Zukunft wird es noch wol Regimentsbrillenmacher geben müssen. Ueberhaupt führt der Sinn des Gesichts dem Schüler wenige Anschauungen zu, er gewährt ihm wenig Freude und Ergötzung, und der Sinn wird fast gar nicht geübt. (...)

Durch das viele Sitzen, neun bis zehn Stunden täglich, wird der Schüler unnatürlich müde; er empfindet drückende Schwere in seinem ganzen Körper, und zuletzt verliert er den heitern, frohen Sinn der Jugend, und Lust und Kraft zu einer tüchtigen Körperbewegung. Er geht dann, weil ihm doch Bewegung angerathen wird, wie ein Schwächling spaziren, aber auf Nebenwegen und durch Gesträuch, nicht, um Etwas zu sehen, das gestattet ihm sein schwaches, ungeübtes Auge nicht, sondern, um ungestört rauchen zu können. Der Engländer Sinclair behauptet, daß die Menge bleicher Gesichter und magerer und siecher Körper unter der Jugend auch zum Theil ihren Grund in der Unsitte des Tabakrauchens habe. Da ein Schüler der höhern Schulen fast nie freiwillige Beschäftigung gehabt hat und nicht hat, so weis er auch eine freie Zeit, wenn sie ihm ja zu Theil wird, nicht würdig anzuwenden, und wird er in derselben von der Langweil geplagt. Um diese zu vertreiben, und auch seiner, schon andern Natur zufolge sitzen zu können, ergreift er, wenn er darf und kann, das Kartenspiel, sonst das geistreiche, ehrbare Domino- oder Grillenspiel, oder lieset er, am liebsten Romane, durch welche nicht selten Vorstellungen und Gefühle in ihm geweckt werden, die noch lange und tief in ihm schlummern sollten; des Nachtheils nicht zu gedenken, daß das anhaltende, schnelle Lesen die Augen sehr schwächt, und daß sie bei sitzender Stellung des Körpers von Seiten des Unterleibes leiden, wie die Aerzte lehren. Daß es den Schülern der höhern Schulen an Zeit gebricht, in Anstrengung und Schweiß natürliche Gymnastik zu treiben, ist großentheils Ursache, daß man so wenige unter ihnen findet mit blühender Gesichtsfarbe und von strotzender Gesundheit. Aber wol sieht man jetzt viele spillrige, schmächtige Schüler mit blassen, hohlen Wangen, Schüler, denen Sonnenschein Kopfschmerzen, der Regen Flußfieber, der scharfe Wind Halsentzündung verursacht ꝛc., die aber doch ihre vermeintliche Bildung wie angelegten Putz zur Schau tragen, viel gelten wollen, mit unbeschäftigter Seele nur Weniges und nur von der Oberfläche der Außenwelt nicht auffassen, sondern nur in ihr Auge

fallen laſſen, aus welchem aber weder Geiſt blitzt, noch tief Empfundenes, fein Gefühltes, noch klares, deutliches Wiſſen ſtrahlt. Und oft wirken einige unter dieſen, wie Schwächlinge an Leib, Geiſt und Gemüth, alſo wie Ungebildete, durch ungeziemendes Betragen und ungebührliche Reden gegen ihre Lehrer ſehr nachtheilig auf ihre nächſte Außenwelt, auf ihre Mitſchüler, und bringen durch unfeines Benehmen und durch thörichte Sitten die Schule in einen üblen Ruf.
(...)

Kommentar 26

Der Artikel in Quelle 26 über den Direktor der Elberfelder Realschule, Peter Kaspar Nikolaus Egen (1793-1849) entstammt den „Rheinisch=Westfälischen Schul=Angelegenheiten", die zwischen September 1848 und August 1849 von einer Redaktionskommission aus fünf Barmer und Elberfelder Elementarlehrern im Rahmen des Elberfelder Kreisblattes (Beilage zur Elberfelder Zeitung) herausgegeben wurden. Die „Schul=Angelegenheiten" boten in der Revolutionszeit 1848/49 den an Emanzipation und Reform interessierten Lehrern eine Plattform für „Abhandlungen, welche die Stellung der Schule zur Kirche und zur Gemeinde betreffen, Berichte über neue und interessante Einrichtungen in einzelnen Schulgemeinden; Mittheilungen über ungesetzliche oder den Lehrer kränkende Eingriffe einzelner Schulbehörden; Vorschläge zu Verbesserungen, mögen sie nun das Aeußere oder das Innere der Unterrichtsanstalten betreffen" (Ankündigung der „Rheinisch=Westfälischen Schul=Angelegenheiten", in: Elberfelder Kreisblatt Nr. 113 vom 28.9.1848).

Quelle 26
Über P.K.N. Egen, 2 Teile,
in: Elberfelder Kreisblatt/Rheinisch=Westfälische Schul=Angelegenheiten,
13.1.1849 und 27.1.1849

✠ **Einiges aus der Lebensgeschichte des ehemaligen Elementarlehrers jetzt aber Geheimrath und Director der Gewerbschule in Berlin Herrn Profeſſor Dr. P. N. C. Egen.**

Egen wurde im Jahre 1793 den 26. April zu Breckerfeld im Märkischen geboren. Seine Eltern, dem Handwerksſtande angehörend, waren dürftige Leute und unſer junger Egen erhielt in der dortigen Elementarſchule ſeinen erſten und alleinigen Unterricht. Hier zeichnete er ſich bald durch ſeine Fortſchritte in der ſogenannten Rechenkunſt aus und dieſes mochte auch wohl die Hauptveranlaſſung ſein, daß er ſich dem Lehrerſtande widmete. Die Schulen haben immer ihre eigenen Perioden, gewiſſe Lehrgegenſtände mit Liebhaberei zu bearbeiten, und in dieſer Zeit beſchäftigten ſich die Elementarlehrer hauptſächlich damit, Zahlengleichungen mit großen Zahlen und ſonſtigen Verwickelungen aufzulöſen. Sie gaben ſich gegenſeitig ſolche Aufgaben zu löſen, theils um ſich zu üben, theils aber auch, um ſich gegenſeitig zu necken und ihre eigene Rechenfertigkeit an den Tag zu legen. Man muß jetzt erſtaunen, wenn man an den vielen Zahlen die Anſtrengungen ſieht, die ſich die Lehrer in dieſer Zeit gemacht haben. Ein vor 15 Jahren verſtorbener Elementarlehrer, Stein auf der Gemarke, hinterließ einen 10 Fuß hohen Stapel von ihm beſchriebenen Papieren, worauf ſich Gleichungen aller Art fanden. Seine Hauptconcurrenten waren die drei jetzt verſtorbenen Lehrer: Vormann aus Rüggeberg bei Schwelm, Daniel Schürmann aus Remſcheid, der durch ſein Rechenbuch und durch ſeine ſonſtigen Schulthätigkeiten rühmlich bekannt geworden iſt, und Klingelhöller aus Elberfeld, der ſeine Kunſt mehr im Stillen trieb und mehrere Kiſten voll mathematiſcher Schriften eigener Arbeit hinterließ. Er ſtarb 1847, 86 Jahr alt. Als er 1812 in den Ruheſtand verſetzt wurde, waren algebraiſche Rechnungen ſeine tägliche und einzige Beſchäftigung, und in den letzten Jahren ſeines Lebens gerieth er daran, das Ende der Welt zu berechnen. Nur noch zwei Veteranen aus dieſer Periode, die ſich aber auch in andern Fächern auszeichneten, ſind ſo viel uns bekannt iſt, noch am Leben und in Thätigkeit, und dieſe ſind die Herren Lehrer Faßbender in Ronsdorf und P. Heuſer in Elberfeld. In beiden iſt die Liebhaberei für Mathematik warm geblieben, obgleich die wechſelnde Zeit den Lehrern ganz andere Themata zum Studium anpries.

Dieſes gewiß ſchöne Streben und Studiren der Lehrer in der damaligen Periode ging durch die Einrichtung der Seminarien beinahe gänzlich verloren. Die Lehrer wurden zwar durch dieſe Anſtalten vielſeitiger gebildet, und für ihr Amt beſſer eingeſchult, aber ihr Boden in einzelnen Lehrfächern verflachte ſich. Das Seminar in Weſtphalen, das, Anfangs in Weſel, und jetzt in Soeſt, mehr als ein halbes Jahrhundert auf die Fortbildung der Lehrer gewirkt hat, kann keinen einzigen Mathematiker als ihr mittelbares oder unmittelbares Produkt, als die genannten ſieben Herren, nämlich: Stein, Vormann, Schürmann, Klingelhöller, Egen, Faßbender und Heuſer ſich rühmen. Es ſoll hiermit keinesweges geſagt ſein, daß die Seminarien nicht wohlthätig auf die Lehrerwelt eingewirkt haben und gewiß ſteht unſere Zeit, eben durch dieſe höher als die frühere Nichtſeminarzeit, aber wir können auch nicht abſtreiten, daß die Autodidakten die kräftigſten Menſchen ſind, und mit dem, was ſie lernten, auch etwas anzufangen wiſſen.

Doch wir kehren zu unſerem Thema zurück. In eine ſolche Rechenperiode fiel die Jugendzeit unſeres Geheimraths, und es iſt alſo kein Wunder, daß er, als ein Schüler, der mathematiſche Talente zeigte, von den Lehrern beachtet wurde. Egen widmete ſich dem Lehramte, und erhielt ſeine erſte Stelle in Kronenberg, Kreis Elberfeld. Es wird dort noch erzählt, daß er nur ein kleines Wohnzimmer gehabt habe, das ihm aber nie mit Kalk überzogen oder geweißt wurde. Indeſſen benutzte Egen dieſe vier ſchwarzen Wände aufs beſte, indem er ſeine mathematiſchen Probleme und alles das, was er ſeinem Gedächtniß einprägen oder woran er erinnert ſein wollte, darauf anfreidete. Später wurde er zu Halver unweit Breckerfeld als Lehrer angeſtellt, und hier beginnt ſeine literariſche Thätigkeit. Sein erſtes Werk erſchien 1820 unter dem Titel: Handbuch der allgemeinen Arithmetik, beſonders in Beziehung auf die Sammlung von Beiſpielen, Formeln und Aufgaben aus der **Buchſtabenrechnung und Algebra von Meier Hirſch**, 2 Theile, bei Duncker und Humblot in Berlin. Dieſes Werk machte durch ſeinen Umfang und Inhalt außerordentliches Aufſehen in der mathematiſchen Welt und gibt ihm das ſchönſte Zeugniß von ſeiner mathematiſchen Beleſenheit in den franz., engliſchen und lateiniſchen Schriftſtellern, die ſich ſeinem Lieblingsfache gewidmet hatten. Seine Darſtellungen ſind faſt immer neu und eigenthümlich, und nicht, was man jetzt ſo häufig trifft, Compilationen aus andern Schriften; man kann von dieſem Buche ſagen, daß es die Wiſſenſchaft weiter gefördert habe, indem es Zweige der Algebra behandelt und Aufgaben wiſſenſchaftlich auflöſt, die vor ihm durch tatonniren geſucht wurden. Profeſſor Greſon macht Sachs, der die Auflöſungen der Beiſpiele aus

Meier Hirsch bearbeitet hatte und manche Aufgaben darin als auf direktem Wege nichtlösbar erklärte, auf das Werk von Egen, als ein Buch, worin er sich eines Bessern belehren könne, aufmerksam.

Dieses Buch war dem Minister Altenstein gewidmet, und mochte auch dazu beitragen, daß er als Lehrer der Mathematik an dem Gymnasium zu Soest angestellt wurde. Es wird unnöthig sein, hier bemerken zu müssen, daß er seine ganze Zeit, die er als Lehrer seinem Amte abgewinnen konnte, dem Studium geopfert habe; und noch erzählen die Bauern von ihm, daß er nie Zeit gehabt habe, Kindtaufen, Hochzeiten und andere Feste besuchen zu können. Indessen erzählt die Fama auch von ihm, daß er der Hauptkämpfer gewesen, der das Schwert gegen die Geistlichkeit in Sachen der Lehrer geführt, und sich immer durch drollig und sarkastische Witze als Schriftsteller Art ausgezeichnet habe. Seine sonstigen Schriften der und seine Persönlichkeit, scheinen aber dieses nicht zu bestätigen, soviel aber ist gewiß, daß in Sprockhövel noch ein Brief aufbewahrt wird, worin er das Benehmen eines Geistlichen mit vielem Schulmeisterernst (man denke sich die damalige Zeit) von sich weist. Seine Schule daselbst war eine zweiklassige. Der zweite Lehrer war sein eigentlicher Famulus; dieser mußte ihm die Thermometer- und Barrometerstände täglich notiren, und alle von Egen angestrichenen Stellen aus Büchern, die er nicht behalten konnte, abschreiben. Der Famulus that dieses in der Hoffnung, selbst davon zu profitiren, sehr gern, und zog sich Vorwürfe zu, wenn er nicht exact copirt hatte. Uebrigens können wir auch weiter nichts über seine Elementarwirksamkeit sagen, aber sein Ruf als geschickter Mathematiker begründete sich so, daß ihm die mathematische Gesellschaft in Hamburg zum Ehrenmitgliede aufnahm. Seine Probearbeit war: die fünf regelmäßigen Körper künstlich ineinander zu schieben, und dann nach einem bestimmten Radius den Inhalt zu bestimmen. Die Elementarwelt verlor ihn: er kam, wie schon angedeutet, als Lehrer der Mathematik nach Soest an das Gymnasium. Hier machte er sich zuerst bemerklich, daß er in Verbindung mit der Regierung über das Erscheinen und den Ursprung des Haarrauchs Beobachtungen anstellte, die später in einem Programm in Elberfeld erschienen sind. Das Resultat dieser Schrift ist, daß der Haarrauch aus den in Ostfriesland angesteckten Moorgrundbränden herrührt. Diese Schrift, die den Titel führt: Der Haarrauch, Ursprung, Erscheinung und Verbreitung desselben, mit vier Tabellen, bei Bädecker in Essen. 1835. Preis 15 Sgr., schien den Grund dieses Rauches als vom Moorbrand herrührend, außer Zweifel zu stellen, aber die spätere Zeit hat das Publikum belehrt, daß sich auch solcher Rauch in Pernabuco (Brasilien), am Cap der guten Hoffnung zeigt, der doch wohl schwerlich aus Ostfriesland herrühren könne; dann half Egen auch in Soest das Stadtgebiet, die sogenannte Soesterbörde, trigonometrisch aufnehmen. Im Jahr 1830 im Mai wurde er als Direktor der Realschule in Elberfeld berufen.

Seine erste schriftstellerische Thätigkeit hier war, ein Werk unter folgendem Titel herauszugeben:
Untersuchungen über den Effekt einiger in Rheinland und Westphalen bestehenden Wasserwerke. 2 Abtheilungen. 12 Kupfern. Fol. Preis 4½ Thlr.
Die Regierung kaufte das Manuscript und ließ es auf ihre Kosten drucken. Das Buch mag einen großen theoretischen Werth haben, aber für den praktischen Mühlenbauer war es nicht zu gebrauchen, weil die Darstellung an Formeln, die solchen Leuten in der Regel unverständlich sind, geknüpft war. Aber auch ein Nicht-Mühlenbauer las es mit Interesse. Ferner erschien von ihm als Programm: Die Constitution der Erdrinde. Obgleich dieser Gedanke von Lyell im andern ausgesprochen war, so erregte doch seine Darstellung die Aufmerksamkeit des Publikums. Der Hauptgedanke dieses Buches ist: die ganze Erde war früher durch Hitze in einem flüssigen Zustande, alle organischen Stoffe, das Wasser und alles, was sich in hoher Temperatur in Dampf verwandelte, schwebt auf der Oberfläche. Nach und nach nahm die Erde durch Abkühlung eine harte Oberfläche an, und die darauf folgenden Niederschläge bildeten die verschiedenen Erdschichten. Aber der Kern der Erde war nicht ruhig, zerbrach bisweilen die dünne erkaltete Rinde, hob sie wie Berge hervor. Egen schätzt die jetzige Erdrinde auf 5 Meilen und weist nach, wie sich in den zu verschiedenen Zeiten und Wärmetemperaturen organische Gebilde zeigen, die je näher an die jetzige Periode reichen, mit unserer jetzigen Pflanzen- und Thierwelt eine größere Aehnlichkeit annehmen, und daß die späteren Schichten selbst zu solche Ueberbleibsel in, die sich versteinert nur erhalten konnten, auch reicher werden. Wir verweisen auf die Schrift selbst; sie ist populär gehalten, für jeden vernünftigen Menschen les- und verstehbar und man wird sich von der Wahrheit derselben überzeugen. Seine letzte Schrift behandelt die Stationirung der Seide. Wer nicht in einer Fabrikstadt, wo rohe Seide bearbeitet, gekauft und verkauft wird, lebt, wird auch nicht wissen, was er sich unter diesem Titel denken soll. Wir wollen es bei dieser Gelegenheit andeuten. Die Seide ist ein harziger Stoff, und zieht leicht die Feuchtigkeit an, die sich in dem Raum befindet, wo sie aufbewahrt wird. Die Feuchtigkeit macht aber, daß die Seide schwerer wiegt, und das Auge und Gefühl ist nicht im Stande an 100 Pfund Seide 3 Pfund Feuchtigkeit zu entdecken. Da aber das Pfund Seide an 5 bis 8 Thlr. kostet, so ist einem habsüchtigen Verkäufern es leicht unendlich das Gewicht der Seide durch Feuchtigkeit zu vermehren und die Käufern um bedeutende Summen zu prellen. In unserm Buche findet man Apparate angegeben, womit man den Wassergehalt der Seide bis zum kleinsten Gewichtstheil schätzen kann. Egen errichtete selbst eine solche Seidenstationirung in Elberfeld, die sich als vorzüglich praktikabel bewährte. Wir könnten noch von ihm eine große Zahl kleiner Aufsätze in Poggendorfs Annalen ꝛc. anführen, aber dieses würde den Raum, der uns für diese Darlegung gestattet ist, überschreiten, und heben blos noch eine von ihm gefundene Formel über die Expansivkraft des Wasserdunstes hervor, die in keinem Lehrbuche der Physik fehlen wird. Sie steht P. An. XXVIII. 9.

Es scheint, als wenn Egen's Liebhaberei für reine Mathematik in der Zeit, in welcher er ein höheres Lehramt bekleidete, sich verloren habe, denn ungefähr vor einigen Jahren erlebte sein Handbuch der allgemeinen Arithmetik eine zweite Auflage, und man findet in dieser neuen Ausgabe auch nicht eine Zeile verbessert, welches er gewiß gethan haben würde, wenn er die Bestrebungen und Verbesserungen der neuern Mathematiker gekannt hätte; seine eigentliche Thätigkeit war auf das Praktische gerichtet und namentlich waren es die Eisenbahnen und Locomotiven, denen er seine ganze Zeit und Aufmerksamkeit widmete. Er war Mitglied der Direktion der bergisch-märkischen Eisenbahn, und machte durch seine gründlichen theoretischen Kenntnisse den übrigen Technikern und anderen Offizianten viel zu schaffen, die ihm eben wegen seiner scharfen Aufsicht nicht hold waren, und wir glauben, daß von Letztern eben die Schmähungen herrühren, die gegen ihn in der Rheinischen Zeitung ausgetischt wurden. Als die Düsseldorf-Elberfelder Bahn projektirt wurde, war Egen es, der gegen das Projekt der stationäre Dampfmaschine sprach und sie durch eine Krümmung umgehen wollte. Man rief einen Engländer Steffenson zur Entscheidung zu Hülfe. Dieser entschied sich gegen Egen und eine Dampfmaschine von 100,000 Thlr. wurde zu Hochdahl erbaut, aber nach Verlauf von einigen Wochen erwies sie sich als völlig unbrauchbar, und jetzt hat es sich als unumstößlich herausgestellt, daß Egen dem Engländer gegenüber Recht hatte. Doch finden wir auch ein Protokoll aus dem Jahre 1836 von ihm unterschrieben, worin die Kosten dieser Bahn auf 600,000 Thlr. gesetzt wurden, die später in der Wirklichkeit 2,400,000 Thlr. gekostet hat. Doch das ist ein gewöhnlicher Rechenfehler, der bei der Erbauung aller älteren Eisenbahnen vorgekommen ist, und blättert man in das jetzt verschollene Werk über Eisenbahnen von Hansemann, so findet man auf jeder Seite etwas Aehnliches. Die bergisch-märkische Eisenbahn verdankt ihm viel.

(Schluß im nächsten Schulblatt.)

(Schluß.)

Wir erlauben uns hier etwas nachzuholen, was wir in dem vorigen Abschnitt vergessen hatten.

Ein halbes Jahr vor Egens Abgang von Soest veröffentlichte er in dem Programm des dortigen Gymnasiums eine mathematische Abhandlung, welche später um im Buchhandel erschienen ist unter dem Titel: „Ueber die verschiedene Methoden Zahlengleichungen durch Näherung aufzulösen." Mit der ihm eigenthümlichen Klarheit und Folgerichtigkeit entwickelte er darin die für das angegebene Problem bis dahin bekannt gewordenen Methoden, erläuterte dieselben an Beispielen und stellte sie, hinsichtlich ihrer Brauchbarkeit und Genauigkeit kritisch neben einander. Besonders anziehend ist diese Abhandlung auch durch die geschichtlichen Notizen, welche über die Auffindung und Vervollkommnung der verschiedenen Methoden gegeben werden. Leider gehört diese Abhandlung zu der großen Zahl derjenigen, welche in den Programmen der gelehrten Schulen jährlich bekannt gemacht werden, ohne bekannt zu werden.

Aber auch als Lehrer wirkte er kräftig. Da er Meister seines Stoffes war und von der Pike an gedient hatte, so war er nie um die Methode verlegen. Er bekam die Schüler ziemlich vorbereitet, und hatte sich auch deshalb nicht ängstlich an eine Methode zu binden. In der Geometrie hatte er als Direktor seinen Schülern die Steriometrie, die ebene und sphärische Trigonometrie nebst der Kegelschnitte zu lehren; in der Algebra waren es die Auflösung der Gleichungen aller Grade, der binomische und polynomische Lehrsatz, die Lehre von den Reihen nebst die Anfangsgründe der Differenzial- und Integralrechnung, womit er sich mit seinen Schülern beschäftigen mußte. Tüchtige Schüler konnten viel bei ihm lernen, aber für Schwachköpfe oder solche die nicht lernen wollten, konnte er so wenig, wie jeder andere Lehrer, klug machen. Er ließ solche, wie man zu sagen pflegt, links liegen. Sein Unterricht war mehr auf praktische Fertigkeit als auf theoretisches Erkennen gerichtet, davon zeugen die großen Zahlen, die man in den Aufgaben, die er seinen Schülern gab, findet. Er ließ so z. B. das Verhältniß des Durchmessers durch die bekannte Näherungsmethode, vermittelst der Verdopplung der Bielecken bis zur Richtigkeit der 21. Dezimalstellen ausrechnen. Auch verlangte er, daß alles, was er in der Stunde vortrug, zu Hause schriftlich ausgearbeitet wurde. Gedruckte Lehrbücher, außer Meier Hirsch Algebra und Wegas Logarithmen-Tafeln, liebte er nicht in den Händen der Schüler. In seinem Unterricht war er strenge, ja selbst heftig, wenn er extraordinäre Faulheit antraf. Kein Schüler konnte sich seinem Blicke entziehen, und ihn zu betrügen, war keine Kleinigkeit; sie fürchteten ihn zwar, aber sie haßten ihn nicht, denn er war gerecht ohne Unterschied, und die Kinder vornehmer Eltern hatten wahrlich nichts vor andern voraus. Mit seinen Collegen stand er nicht immer im besten Vernehmen, indessen ist dieses eine natürliche Erscheinung und findet sich überall, wo einer die Direktion über andere hat, die ihm gleichstehen, und dieselben Ansprüche zu machen berechtigt sind.

Mit den Elementarlehrern hatte er eigentlich gar keine Verbindung mehr, doch war er freundlich und hülfreich, wenn ihn ein solcher um Rath fragte.

Als Direktor war er Mitglied der Schul-Commission, und hatte deshalb auch die Aufsicht über die Elementarschulen, namentlich was ihre eigentliche äußere Stellung anbetrifft, aber er war den Elementarlehrern nicht günstig, wenn es sich um die Verbesserung des Lehrergehaltes handelte. Wir wollen hier nur eine Probe beifügen. In Elberfeld mußten die Lehrer die Armenkinder für 3 Silbergroschen monatlich unterrichten, ohne daß für Federn, Dinte, Heizung ꝛc. etwas bezahlt worden wäre. Die Nichtarmenschüler bezahlten dagegen jährlich 12 Sgr. für Federn und Dinte, und 6 Sgr. für Heizung; zieht man dieses von dem Schulgeld des Armenkindes für das ganze Jahr ab, so bleibt noch 18 Sgr. als reines Schulgeld. Wir glauben nicht, daß in ganz Deutschland ein solcher Schulgeldsatz vorkommt, und supplicirten an unsere nächste Behörde, an die Schulcommission. Unsere Klage wurde an einen Ausschuß verwiesen, wobei Egen präsidirte.

Wer hätte jetzt nicht denken sollen, daß Egen für die Lehrer gesprochen und gestimmt hätte, — aber es geschah nicht — Egen war ihr heftigster und einziger Widersacher, obgleich ihm vorgerechnet wurde, daß wenn die Schule mit 100 Armenkindern gefüllt sein würde, welches in Elberfeld jetzt häufig der Fall ist, diese 60 Thaler einbringen würde. Egen fand das Schulgeld von 18 Sgr. billig, obgleich ein Schüler seiner Klasse 40 Thlr., sage vierzig Thaler preuß. Courant zahlen mußte. Die Elementarlehrer sahen indessen dieses durchaus nicht als ein persönliches Uebelwollen von seiner Seite gegen sie an; diese Eigenschaft an ihm war generell indem seine Collegen an seiner Schule über dieselbe Tugend klagten.

Erst spät, 1841 den 3. April, heirathete er sich mit der Tochter eines hiesigen geschätzten Kaufmanns C. D. Wolf und zwei Töchter ist bis jetzt die Frucht dieser ehelichen Verbindung gewesen.

Egen liebte die nützliche Thätigkeit und deswegen fand man ihn selten in Gesellschaft, nur des Sonntag Nachmittags sah man ihn häufig mit einer kleinen Zahl seiner innigen Freunde nach Sonnborn spaziren. Seine Gesundheit war dauerhaft, seine Körperconstitution kräftig; als äußeres Merkmal fiel seine große, stark gebogene Nase auf, sein Gesicht welches einige Blatternarben trug, wurde, wenn er in Aufregung gerieth, krebsroth, sonst zeigte es sich in der Regel ernst und ruhig. Es existirt eine Lithographie von ihm, die zwar die Umrisse seines Gesichts treu wieder giebt, aber daraus seinen ernsten Caracter nicht ausdrückt.

Wir müssen schließlich noch ein anderes Talent von ihm erwähnen, das namentlich bei dem Elementarlehrer ganz verloren zu sein scheint und in den meisten Fällen für sie so nützlich wäre, nämlich bei einem Gehalte von 130 Thlr. noch etwas erübrigen zu können. Bei der Vergrößerung seines Gehaltes war er auch im Stande mehr zurückzulegen, und Egen verläßt unsere Stadt, ohne ein nicht unbedeutendes Vermögen mit sich zu nehmen.

Wir sahen unsern Geheimrath und Professor nur ungern von uns scheiden und wir waren in der Lage eines Ehemannes, der sich zwanzig Jahre mit seiner Frau gezankt hat und doch weinend ihrem Sarge folgt. Wir wünschen ihm schließlich Glück zu seiner so glänzenden Beförderung und sind fest überzeugt, daß er sie seiner Kenntniß halber verdient, und er auch sicher mit aller Ehre seinen jetzigen Wirkungskreis ausfüllen wird. Er ist für uns Elementarlehrern, und überhaupt für jeden Menschen den das Schicksal an seiner Wiege nicht mit irdischen Gütern gesegnet hat, ein glänzendes Beispiel, daß es nur an ihm selbst liege, voran zu kommen, namentlich die Lehrer können von ihm lernen sich selbst emanzipiren.

4. Formen und Inhalte der weiterführenden Bildung

Kommentar 27

Das „Bürger-Institut", geleitet von Johann Friedrich Wilberg, wurde 1804 von Jakob Aders, Jacob Platzhoff, Jacob Peltzer, Abraham Bockmühl und Friedrich August Jung als „Schule für die Kinder aus den höheren Ständen" gegründet. Die Anstalt, deren philanthropisches Motto „Der Mensch erzieht im Kinde den Menschen" lautete, sollte vorrangig Kaufmannskinder aufnehmen. Im Unterschied zur Elberfelder Latina, die primär akademische Bildung für zukünftige Staatsbeamte oder Freiberufler vermittelte, waren die Lehrpläne des Bürger-Instituts stärker an einer späteren kaufmännischen und gewerblichen Tätigkeit der Schüler orientiert.

Das „Bürger-Institut", dem ein Pensionat für auswärtige Schüler angegliedert war, konnte sich von Anfang an steigender Schülerzahlen erfreuen. 1830 gab Wilberg seine Privatschule gegen eine jährliche Entschädigung von 800 Talern zugunsten der neu errichteten höheren Bürgerschule (ab 1834 „Realschule") auf. Neben Wilbergs Schule existierten in Elberfeld zur Zeit des wiedergegebenen Berichtes noch die Institute Pabst (40 Schüler) und Scherer (36 Schüler). Der wiedergegebene

Quelle 27
Bericht Johann Friedrich Wilbergs über das Bürger-Institut an den Oberbürgermeister Brüning
SAW L II 245   11.3.1815   handschriftlich   Auszug

In der von einigen Familien hierselbst gestifteten Schule, an welcher ich als Lehrer arbeite, sind jetzt 45 Schülerinnen und 60 Schüler, unter welchen 14 auswärtige sind. Sobald Kinder der Schulinteressenten das 5te Jahr vollendet haben, können sie als Schüler eintreten. Mehrere Schüler sind jetzt hier, die schon das 15te Jahr zurück gelegt haben; auch sind schon zwei neunzehnjährige Schüler in der Anstalt gewesen, die wacker gearbeitet haben, und von welchen einer als Reisender für seines Vaters Handelshaus aus der Anstalt nach Polen und Preußen, der andere aber nach Mainz in Kondition ging.
An dieser Schule arbeiten neben mir
1) Heuser, früher Lehrer in der Grafschaft Mark, jetzt schon im 10ten Jahre an dieser Anstalt, lehrt in allen Klassen das Rechnen, in der 2ten Abtheilung der 1ten Klasse die französische Sprache, und ertheilt den Anfängern den Elementarunterricht.
2) Grube, früher Schüler dieser Anstalt, hat jetzt den Unterricht im Schreiben in allen Klassen übernommen, übt die Schüler der 2ten Abtheilung der ersten Klasse in der Rechtschreibung, in der Kenntniß der deutschen Sprache und im Lesen, und lehrt in der untersten Abtheilung das Zeichnen, das Lesen pp.
3) Closset, ein Franzose, lehrt in neun Stunden wöchentlich in der ersten Abtheilung der ersten Klasse die französische Sprache.
4) Korff, der von früher Jugend an sich der Kunst des Zeichnens gewidmet hat, lehrt in vier Stunden wöchentlich das Zeichnen in den beiden Abtheilungen der ersten Klasse.
Das Schulgeld für einen Schüler der untersten Klasse beträgt jährlich 30 Reichstaler und als Eintrittsgeld wird für jeden bezahlt 11 Reichstaler 42 Stüber. Die Schüler der beiden andern Abtheilungen bezahlen, wenn sie Kinder der Interessenten sind, jährlich 50 Reichstaler, die Kinder anderer hiesiger Bürger 60 Reichstaler und Auswärtige, welche bei mir in Kost sind, zahlen jährlich 80 Reichstaler aber kein Eintrittsgeld.

Bericht steht im Zusammenhang mit Plänen der Düsseldorfer Regierung, denen zufolge Mittelschulen eingerichtet werden sollten, die nach den Vorstellungen des Vorsitzenden des Bergischen Schulrates, Georg Arnold Jacobi, die Ausbildung der Kaufleute ebenso garantieren sollten wie die Vorbereitung für die Universität, d.h. die Erziehung der zukünftigen „Gelehrten". Dies sollte durch eine Verschmelzung der Institute mit den Lateinschulen erreicht werden. Nachdem am 28.1.1815 per Erlaß des Generalgouverneurs Justus Gruner die Einrichtung von Mittelschulen angeordnet worden war, wandte sich Jacobi am 4.3.1815 an den Landrat Seyssel d'Aix und wies ihn an, über die in Elberfeld bestehenden Institute und die Rektoratsschule Berichte einzureichen. Demzufolge bildete sich in Elberfeld am 11.3.1815 ein Ausschuß zur Einrichtung der Mittelschule, die aber in Elberfeld nicht zustande kam.

Kommentar 28
1592 wurde der deutschen Schule in Elberfeld, die sich in der Trägerschaft der reformierten Gemeinde befand, eine lateinische Klasse angegliedert. 1801 hatte die Schule unter Regens Denninghoff 30 Schüler, 1812 waren es nur noch 10, 1813 schließlich eröffnete der neue Rektor Johann Ludwig Seelbach die Schule mit 6 Schülern. Die Schülerzahl stieg auf 33 im Jahr 1815, obwohl 1814 kein mathematisch-naturwissenschaftlicher Unterricht erteilt worden war. Entgegen den staatlichen Mittelschulplänen beschloß das reformierte Konsistorium 1817 die Anstellung eines weiteren Rektors. Die Wahl fiel auf Friedrich Adolf Wilhelm Diesterweg (1798-1866), der 1818-1820 Konrektor war. Wegen eines Verstoßes gegen das preußische Abiturreglement von 1812 wurde der Schule das Recht auf Abnahme von Abiturprüfungen, auf Ausstellung von Zeugnissen sowie die Bezeichnung „Gymnasium" 1819 aberkannt. Mit Reskript vom 16.12.1822 wurde die Schule durch Kultusminister von Altenstein wieder in die alten Rechte eingesetzt, nachdem u.a. der Elberfelder Stadtrat einen jährlichen Zuschuß von 500 Talern beschlossen hatte. In den Annalen für 1822 wurde das Gymnasium als eine Schule für jene Bürger bezeichnet, „die ihre Söhne einem gelehrten Stande, als dem der Prediger, Aerzte oder Rechtsgelehrten widmen" (Annalen für 1822, S. 53). 1824 hatte die Schule 120 Schüler, von denen drei Primaner im September die erste Abiturprüfung bestanden. Als Studienfächer der in den folgenden Jahren abgehenden Abiturienten wurden Theologie, Medizin, Philosophie

Für die Schülerrinnen, welche des Nachmittags die Schule nicht besuchen, um anderswo weibliche Handarbeiten erlernen zu können, wird von dem Rendanten der Schulkasse etwas weniger Schulgeld eingefordert.
Andere Ausgaben, als das Schulgeld und dann die für Papier, schwarze Kreide und andere Schulbedürfnisse, deren Betrag aber ungleich ist, gibt es in dieser Anstalt nicht.
[...]

Quelle 28
„Statuten und Einrichtungen für das Gymnasium in Elberfeld unter dem Patronat der evangelisch reformirten Gemeinde. Erneuert und genehmigt 1823"
SAW L II 156   handschriftlich   Auszüge
[...]

§ 1.
Zweck und Bestimmung des Gymnasiums
In dem Gymnasium in Elberfeld soll veredelte Menschenbildung auf dem Wege der Religion und Wissenschaft, dem die Erwerbung technischer Fertigkeiten zur Seite steht, im Allgemeinen erstrebt werden. Das Ziel, welches das Gymnasium als solches in seiner obersten Stufe zu erreichen hat, ist demselben, wie allen Gymnasien in den Königlich Preußischen Staaten, in dem Allerhöchsten Edict vom 12. October 1812[1] vorgeschrieben, und bezweckt die Vorbereitung und Bildung des künftigen Gelehrten, bis zu der Stufe, wo ihre Vollendung unmittelbar auf der Universität erlangt werden kann. Diese Bildung ist der wesentliche, der Hauptzweck der Anstalt; sie wird indeß nicht ausschließend bezweckt; es schließt sich vielmehr an diese, die Erziehung und Vorbereitung solcher Schüler, welche unmittelbar aus dem Gymnasium in die bürgerlichen Geschäfte übergehen, ohne jedoch den Hauptzweck zu stören, und ohne der Schule die nöthige Einheit im Streben zu nehmen.

§ 2.
Lehrgegenstände
Die Unterrichts=Gegenstände, welche zur Erreichung des angegebenen Zweckes führen und gelehrt werden, sind folgende:
1) Religionsunterricht bis zu einer wissenschaftlichen Kenntniß der christlichen Religion, ihrer Glaubens und Sittenlehren der heiligen Schrift und ihrer einzelnen Bücher, und einer Uebersicht der christlichen Kirchengeschichte.
2) Deutsche Sprache bis zu einer tieferen Kenntniß ihres Baues und ihrer Regeln, zu einer Fertigkeit in mündlicher und schriftlicher Darstellung, zu einer Bekanntschaft mit den klassischen Werken der deutschen Literatur.
3) Lateinische Sprache, mit strenger Gründlichkeit in Hinsicht der Grammatik, bis zu einer Sicherheit und Fertigkeit im Verstehen ihrer klassischen Schriftsteller, und im mündlichen und schriftlichen Ausdruck.
4) Griechische Sprache, vorzüglich als Mittel höherer allgemeiner Bildung in gleichem Grade wie die Lateinische, nur mit Ausschluß des mündlichen Ausdrucks in derselben.

und Kameralwissenschaften genannt. Am 3.8.1825 formulierte der 1. Lehrer Dr. Hantschke, der zwischen 1830 und 1842 die Direktion der Schule kommissarisch innehatte, in einer Rede, ein am Gymnasium vermitteltes, „an alten Sprachstoffen geübtes und geschärftes Denken [bereite] für alle Zweige des staatsbürgerlichen Lebens am beßten [vor]" (zit. nach Volkmar Wittmütz, Schule der Bürger. Die höhere Schule im Wuppertal 1800-1850, Wuppertal 1981, S. 145).

Obwohl ein ursprünglicher Plan des Regierungs- und Schulrates Kortüm eine Auflösung des Elberfelder Gymnasiums in einer höhere Bürgerschule vorsah, bestand das Gymnasium auch nach der Reorganisation des Schulwesens in Elberfeld von 1829 neben der neugegründeten Realschule weiter. Nachdem die zuständige Schulbehörde aufgrund der finanziellen Belastung, die das Gymnasium für den öffentlichen Etat bedeutete, 1833 eine Vereinigung mit der Realschule angedroht hatte, übernahmen August von der Heydt und vier weitere Kaufleute für 6 Jahre eine Ausfallbürgschaft in Höhe von 1000 Talern. 1834 wurde die weitere Eigenständigkeit des Gymnasiums bestätigt; 1839 bewilligte der König einen jährlichen staatlichen Zuschuß von 1000 Talern für die Schule. Als Karl Wilhelm Bouterwek (1809-1869) 1844 die Schule als Direktor übernahm, betrug die Schülerzahl 178, am Ende seiner Dienstzeit 1868 besuchten 281 Schüler das Gymnasium. Die in Quelle 28 wiedergegebenen Statuten der Schule von 1823 bilden eine Abänderung derjenigen von 1817 als Anpassung an die Gymnasialnormen des Staates.

5) <u>Hebräische Sprache</u>, hauptsächlich nur in grammatischer Hinsicht.

6) <u>Französische Sprache</u>, mit grammatischer Begründung und häufigen practischen Uebungen im Sprechen und Schreiben.

7) <u>Eine allgemeine Sprachlehre</u>; nur in der obersten Klasse, nachdem die Gesetze der einzelnen vorher genannten Sprachen bereits vollständig aufgefaßt sind.

8) <u>Mathematik</u> in ihrer doppelten Richtung, hauptsächlich als Mittel der formellen Bildung, jedoch mit häufigen Uebungen in der Anwendung ihrer Lehren, wenigstens bis zur ebenen Trigonometrie und der Lehren von den Gleichungen höherer Grade einschließlich.

9) <u>Naturlehre</u> und <u>Naturbeschreibung</u>, zu einer genaueren und wissenschaftlich begründeten Kenntniß der Natur, ihrer Kräfte und Erscheinungen

10) <u>Geographie</u> und <u>Geschichte</u>, in wechselseitiger Verbindung bis zu einer Uebersicht des gesammten Feldes beider Wissenschaften; einer genauern Bekanntschaft mit der griechischen, römischen, und deutschen Geschichte, verbunden mit einer Kenntniß der Staatseinrichtungen dieser Völker in verschiedenen Zeitaltern.

11) <u>Gesang=Unterricht</u>, bis zu einer wissenschaftlichen Kentniß der Grundsätze dieser Kunst, und einer Sicherheit in der Rhytmik, Methodik, und Dy[n]amik, womit die Bildung eines Chores, für kirchliche Zwecke zu verbinden ist.

12) <u>Schreib=Unterricht</u> bis zur Gewöhnung der Hand an eine leichte und gefällige Handschrift.

13) <u>Zeichnen</u> - Wenigstens zur Entwickelung und Uebung des Talents nach einer naturgemäßen Methode.

Wenn gleich die Logik als Wissenschaft zu den Gegenständen des Unterrichts gehört, so soll doch jeder Unterricht, vorzüglich der Mathematische und Grammatische eine practische Uebung ihrer Gesetze enthalten. Die allgemeine Sprachlehre wird Veranlassung zur Entwickelung des Denkens geben.

§ 3.
Nähere Erklärung über einzelne Gegenstände des Unterrichts.

Von der gehörigen Verarbeitung dieser Gegenstände als Lehrmateriale und deren richtigen Vertheilung in den verschiedenen Klassen hängt gar sehr der gute Erfolg ab.

Unter den angegebenen Lehrgegenständen ist außer der hebräischen und griechischen Sprache keiner, den nicht jeder Schüler mit gleichem Nutzen betreibt.

Von Erlernung der Hebräischen Sprache sind jene Schüler, die sich der Theologie, der Philologie oder überhaupt dem höhern Schulfach nicht widmen, auf Verlangen befreit; die Dispensation vom Griechischen kann in der Prima gar nicht, in den übrigen Klassen nur auf einen ausdrücklichen Revers der Eltern oder deren Stellvertreter: daß der betheiligte Schüler für ein höheres wissenschaftliches Studium, wozu er der Vorbereitung auf der Universität bedürfe, nicht bestimmt sei und auf alle übrigen damit verbundenen Vortheile verzichte, ertheilt werden;

Von allen andern Unterrichts=Gegenständen findet gar keine Dispensation Statt.

Der Unterricht in der christlichen Religion ist ein höchst wichtiger Theil der Schulbildung, und darf daher nur von einem Prediger unserer Gemeinde, oder von dem Director - im Fall derselbe als Kandidat der Theologie geprüft worden ist - in Uebereinstimmung mit den symbolischen Büchern ertheilt werden; denn es soll an Niemand der Religions=Unterricht übertragen werden, der nicht als Kandidat der Theologie geprüft ist. Bis dahin, daß einer der Prediger diesen Unterricht übernehmen kann, hat der Director, wenn er Theologie studirt hat, den Religions=Unterricht ganz zu ertheilen, und es sollen zuweilen, wie beim Anfange und Schlusse eines Lehr=Cursus, oder bei andern wichtigen Vorfällen diese Religionsstunden allgemeine Andachtsstunden für alle Schüler und Lehrer sein.

Kein Nicht=evangelischer Schüler ist verpflichtet, am Religions=Unterricht Theil zu nehmen; jedoch ist auch Keiner wider seinen Willen davon ausgeschlossen.

§ 4
Klassen des Gymnasiums.

Der eigentliche Gymnasial=Unterricht soll auf <u>vier</u> überall getrennte Klassen, und zwar in einem lückenlosen Fortschreiten durch die drei Bildungsstufen, wie folgt, vertheilt werden:

Die <u>vierte</u> Klasse muß der Quinta und Sexta eines vollständigen Gymnasiums gleich stehen, oder die untere Bildungsstufe für den höhern Unterricht umfassen, und daher in zwei Abtheilungen nach einem zweijährigen Cursus gesondert sein. Die dritte

Klasse umfaßt die mittlere Bildungsstufe, oder Tertia und Quarta, etwa mit Ausnahme der Ober=Tertia; sie ist daher ebenfalls in zwei Abtheilungen nach einem zweijährigen Cursus getrennt. Die zweite Klasse steht der Secunda gleich, und nimmt in ihrer Unterabtheilung die Ober=Tertia mit auf; der Cursus ist ebenfalls zweijährig.

Die Erste Klasse muß durchaus keine fremdartigen Theile in sich enthalten, sondern ganz rein der Prima eines Gymnasiums gleich stehen, welches sechs getrennte Klassen zählt.

Das Gymnasium zu Elberfeld hat demnach nur vier getrennte Klassen für den höhern Unterricht, welcher die Vollendung des Elementar=Unterrichts in seiner Unter=Stufe voraussetzt; es umfaßt aber die sechs Klassen eines Gymnasiums nach der obigen Vertheilung, gemäß der hohen Konsistorial=Verordnung vom 3. August 1818. Die Klasse ist nach der letztern zu bestimmen, in welcher der Schüler sitzt; z.B: wer zur obern Abtheilung der vierten Klasse gehört heißt ein Quintaner u.s.w.

Außer den vier getrennten Klassen für den höheren Unterricht, wird eine Vorbereitungsklasse innerhalb den Grenzen einer Elementarschule bei dem Gymnasio sein, in welcher ein besonders dafür erwählter Elementar=Lehrer unterrichtet. Außer dem zu ertheilenden Elementar=Unterricht wird in dieser Klasse der Anfang mit dem Latein gemacht, um die Vereinigung der Quinta und Sexta in Einer Klasse zu erleichtern.

§ 5.
Dauer der Schulzeit.

Die tägliche Unterrichtszeit dauert sechs Stunden. Im Sommer fängt die Schule Morgens um 7. Uhr an und dauert bis 10. Uhr; Im Winter=halbjahr von 8 bis 11; Nachmittags immer von halb zwei bis halb fünf Uhr. Der Samstag Nachmittag ist frei.

Die hebräische Sprache, Kalligraphie, Zeichnen und Gesang werden außer der Zeit des gewöhnlichen Unterrichts in Nebenstunden gelehrt.

Das Schuljahr beginnt mit dem Herbst im Monat October.

Die Dauer des vollständigen Schul=Cursus beträgt gewöhnlich 9 bis 10 Jahre für Schüler die mit dem Achten Jahre die Schule zu besuchen anfangen. Es ist indeß diese Zeit nicht gesetzlich, und es kommt auf die Talente, den Fleiß oder den künftigen Beruf des Schülers an, ob er früher absolviren könne.
[...]

§. 8
Lectionsplan - Lehrbücher

Jährlich zu Anfang des Monats July, revidirt und entwirft der Director nach vorhergegangener Berathung mit sämmtlichen Lehrern in der Conferenz, nach Maaßgabe des Bedürfnisses des Gymnasii, und innerhalb der, für dasselbe jedesmal bestehenden Unterrichtsverfassung, den Lectionsplan für das folgende Schuljahr; und reicht ihn mit einem Erklärungs=Bericht, dem Curatorium und Presbyterium in der bestimmten Zeit zur Prüfung und Genehmigung ein; Presbyterium sendet ihn darnach, spätestens in der Mitte des Monats August, zur Bestätigung an die hohe Provinzial Schul=Behörde. Der Bericht des Directors über den Lectionsplan wird an die Provinzial Schul=Behörde gerichtet geht aber durch das Presbyterium und auf demselben Wege wieder zurück. Ein gleiches findet statt bei allen Verfügungen, die unmittelbar zu dem Bereiche des Directors gehören und worüber sich die Provinzial Schul=Behörde sich zunächst an diesen zu halten hat.

In Hinsicht eines Normal=Lectionsplanes wird folgende Vertheilung des Unterrichtsstoffes durch die vier Klassen des Gymnasiums nach ihrer wöchentlichen Stundenzahl fortgesetzt, und der jährlichen Aufstellung eines speciellen Lectionsplans zum Grunde gelegt.

Klassen	I.	II.	III.	IV.	Summa
1. Religion	2	2	2	2	8
2. Latein	9	8	8	6	31
3. Griechisch	6	6	6	-	18
4. Hebräisch	2	2	-	-	4
5. Deutsche Sprache	2	4	4	6	16
6. Geschichte und Geographie	3	4	3	4	14
7. Mathematik	5	5	6	6	22
8. Naturkunde	2	2	2	2	8
9. französische Sprache	3	3	3	3	12
10. Kalligraphie	-	-	4	4	8

Bekanntmachungen.

Zu einem praktisch=methodischen, gründlichen und billigen Unterricht in den gangbarsten alten und neueren Sprachen, so wie auch in den gewöhnlichen Schulwissenschaften hält sich Unterzeichneter dem verehrlichen Publikum überhaupt weiterhin bestens empfohlen. Insbesondere beehrt er sich, die Mittwochs= und Samstags=Nachmittags=Stunden von 4 Uhr an zum Unterrichte für Mehrere zusammen im Hebräischen, Griechischen, Lateinischen, Französischen ꝛc. ꝛc. per Stunde zum Gesammtpreise für 12 Sgr. anzubieten. Auf schnellen Fortschritt in jeder Sprache kann gerechnet werden.

Mit ergebenster Empfehlung
Elberfeld, im October 1848.
F. W. Krug,
Predigtamtskandidat und concessionirter Privatlehrer,
wohnhaft in der Deweerthstraße bei Herrn Bäcker Wüster.

Anzeige im Elberfelder Kreisblatt

11. Zeichnen	2x	2	2x	2	4
12. Gesang	2x	2	2x	2	4
			Summa der Lehrstunden:		149

Diese 149 wöchentliche Lehrstunden sind am zweckmäßigsten in folgender Weise zu vertheilen:

1. Der Director	14 bis 16	Stunden	
2. " Prorector	18 " 20	"	
3. " Conrector	20 " 22	"	
4. " Subrector	22 " 24	"	
5. " Collaborator	24 " 26	"	
6. dem französischen Sprachlehrer	12 " 13	"	
7. einem 2. Lehrer der Mathematik	- " 12	"	
8. dem Gesanglehrer	- " 4	"	
9. " Zeichenlehrer	- " 4	"	
10. " Schreiblehrer	- " 8	"	

in Summa 149 Stunden

In den obern Klassen ist stets dafür zu sorgen, daß die lateinische und griechische Sprache, in den untern die lateinische und deutsche Sprache in jeder Klasse von demselben Lehrer ertheilt werde, damit derselbe Gelegenheit erhalte, diesen zweifachen Lehrstoff in eine gegenseitige Verbindung zu setzen, und den einen durch den andern zu ergänzen, zu erläutern und zu begründen.

Ein Gleiches ist in Hinsicht der Geschichte und Geographie zu beobachten und überall von dem Director darauf zu halten, daß ein wesentlicher Lehrgegenstand, der in einer Klasse mehr oder weniger zurückgetreten ist, auf eine kürzere Zeit in derselben mehr Umfang an Zeit und Kraft gewinne bis die Schüler auch hierin auf die vorgeschriebene Stufe der Gleichmäßigkeit ihrer Fortschritte gelangt sind.

Die Mathematik in den beiden untern Klassen muß in einem streng=wissenschaftlichen Gewande vorgetragen, und mit demselben Unterricht für die beiden obern Klassen in einen lückenlosen Zusammenhang gesetzt werden.

In Hinsicht der in den obern Klassen zu lesenden Schriftsteller, wird darauf zu halten sein, daß kein gewaltsamer Sprung vom Leichtern zum Schwern, Statt finde; daß immer nur zwei, ein Dichter und ein Prosaiker neben einander gelesen, und daß unter den Letztern vorzüglich solche gewählt werden, welche den Schülern als Muster des Styls dienen können, da das gesammte philologische Studium auf Schulen vorzüglich auf das Eindringen in den Geist der Sprache gerichtet sein, und darin seine Begründung finden muß.

Was die Lehrbücher betrifft: so sollen eines Theils nicht unveränderlich dieselben beim Unterricht zum Grunde gelegt werden, damit die Schule mit dem Geiste der Zeit gehörig fortschreiten könne; andern Theils soll Rücksicht auf die Lehrbücher anderer, anerkannt guter Gymnasien genommen werden, damit von andern Gymnasien kommende, oder auf andere Gymnasien übergehende Schüler sich leichter orientiren.

[...]

§ 17.
Schulgeld.

Die Bezahlung des Schulgeldes geschieht in vierteljähriger Vorausbezahlung an den jedesmaligen städtischen Scholarchen oder Rechnungsführer des Curatoriums; der ganze Ertrag desselben fließt in die Casse des Gymnasiums, und die Verwendung desselben geschieht nur zum Besten der Anstalt.

Der Betrag des jährlichen Schulgeldes ist dermalen folgender:
In der ersten Klasse .... 32 Taler Berliner Courant
" " 2ten " 32 " "
" " 3ten " 24 " "
" " 4ten " 20 " "
" " Vorbereitungs" 16 " "

für Reinigung und Heitzung der Schule muß von jedem Schüler vierteljährlich ein halber Berlinerthaler besonders bezahlt werden.

Für Eltern, denen dieser Ansatz ihrer Umstände wegen zu schwer sein sollte, kann

Abbildung in den „Annalen" des Oberbürgermeisters Brüning

eine Verminderung des Schulgeldes Statt finden; worüber das Curatorium die Verfügung hat.
[...]
Die Kinder der Lehrer bezahlen kein Schulgeld.

---

[1] Im preußischen Abiturreglement von 1812 wurden Prüfungskommissionen bestimmt und die Prüfungsanforderungen beschrieben. Ein Bevollmächtigter der Provinzialbehörde mußte als Leiter der Prüfungsgeschäfte hinzugezogen werden. Mit Reskript des Kultusministers von 1818 wurde das Abiturreglement auf die Provinz Jülich-Kleve-Berg übertragen.

Kommentar 29

Die in Quelle 29/1 aufgelisteten „mathematisch=physikalischen Instrumente" wurden im Auftrag des preußischen Kultusministers von Altenstein von einem Berliner Mechaniker hergestellt und anläßlich der Wiederernennung zum Gymnasium 1822 der Schule geschenkt. Ebenfalls Anfang der 20er Jahre ließ das Ministerium dem Gymnasium ein chemisches Laboratorium zukommen. 1831 unterstützte die preußische Unterrichtsbehörde auf Anregung des Barmer Stadtschuldirektors Wilhelm Wetzel die Anschaffung verschiedener Geräte für physikalische und chemische Experimente, für die insgesamt 350 Taler aufgewendet wurden. 1834 erhielt die Elberfelder Realschule von staatlicher Seite 150 Taler Beihilfe für ein Planetarium und Tellurium; im selben Jahr spendeten Friedrich Bockmühl, Johann Adolf von Carnap, J.C. Duncklenberg, Friedrich August Jung und P.C. Peill 281 Taler 20 Silbergroschen für die Anschaffung eines 1250 Gulden teuren Fraunhoferschen Achromaten (optisches Gerät zur Aufspaltung von weißem Licht in die Spektralfarben). Die Realschule erhielt im Eröffnungsjahr 1830 vom preußischen König ein Geldgeschenk in Höhe von 769 Talern 6 Silbergroschen und 11 Pfennigen für die Gründung einer Schulbibliothek. Diese erhielt insgesamt 177 Büchergeschenke, darunter 92 von Wilberg, von Winand Simons eine 25-bändige Enzyklopädie, von Friedrich Platzhoff das „Vollständige Natursystem des Ritters Carl von Linné" (8 Bände), Carl Blank spendete 3 Gedichtbände von Schiller.

1829 stand für das Fach Naturwissenschaften an der Barmer Stadtschule für Botanik, Mineralogie und Zoologie eine Schulsammlung von Mineralien, Drogen, Pflanzen, Conchilien (Schalen von Schnecken und Muscheln) und ausgestopften Tieren zur

Quelle 29/1
Verzeichnis der mathematisch-physikalischen Instrumente,
in: Annalen für 1822, S. 47-49

Verzeichniß
der vom Hohen Ministerium an das hiesige Gymnasium geschenkten mathematisch-physikalischen Instrumente.

1. Eine Luftpumpe mit 2 Stiefeln.
2. Eine Spindelflasche.
3. Ein Fall-Apparat.
4. Eine Guerik'sche Halbkugel von Messing.[1]
5. Ein Glockenwerk.
6. Zwei Halbkugeln mit Cylinderrohr.
7. Ein Quecksilber Heber.
8. Ein Pressungs-Cylinder.
9. Ein Apparat zum Gefrieren des Wassers.
10. Ein Luftpumpen-Barometer.
11. Eine Electrisirmaschine[2] nebst Auslader und Leidnerflasche[3] mit Kette.
12. Ein Quadranten-Electrometer.[4]
13. Eine electrische Sichel.
14. Ein Glockenspiel.[5]
15. Ein electrisches Pistol.[6]
16. Eine Blitzflasche.
17. Eine galvanische Säule.[7]
18. Ein Apparat zu Zerlegung des Wassers.
19. Ein Aerometer nach Nicholson.[8]
20. Ein Heronsbrunnen.[9]
21. Ein Heronsball nebst Compressionspumpe.
22. Eine pneumatische Wanne[10] und eine Weingeistlampe.
23. Ein Eudiometer.[11]
24. Eine hydrostatische Wage mit einem Schachtel-Gewicht.[12]
25. Ein Hygrometer.
26. Ein Sprachrohr.
27. Eine Partie Glastafeln von verschiedener Gestalt, zur Hervorbringung der Chladnischen Klangfiguren.[13]
28. Die fünf einfachen Maschinen: zwei Paar Flaschenzüge und eine Schraube ohne Ende[14] mit Planum inclinatum.
29. Eine Vorrichtung zur Erläuterung der Gesetze des Stoßes.
30. Zwei Stück convere und zwei Stück concave Gläser.
31. Eine Magnetnadel mit Stativ und ein Magnet.
32. Ein großer hölzerner Zirkel und Lineal.
33. Eine Meßkette[15] von fünf Ruthen.[16]
34. Zehn Stück Zeichenstäbe, zwei Stück Kettenstäbe[17] und zwei Stück Tableaux.[18]
35. Ein Meßtisch[19] nebst Diopterlineal[20] und Stativ.
36. Eine Wasserwage und eine Setzwage.[21]
37. Eine Boussole.[22]
38. Ein geradliniger Transporteur.[23]

---

[1] Otto von Guericke (1602-1686), Physiker, Erfinder der Luftpumpe, der Elektrisiermaschine und der Zentrifuge; im Innenraum von zwei aufeinander gesetzten Halbkugeln wurde ein Vakuum erzeugt, wodurch die Kraft des Luftdrucks veranschaulicht werden konnte.
[2] Demonstrationszwecken dienende Vorrichtung zur Erzeugung hoher elektrischer Spannungen durch Reibung.
[3] Älteste Form des elektrischen Kondensators.
[4] Elektrostatisches Meßgerät zur Spannungs- und Ladungsmessung.
[5] (Elektrisches) Glockenspiel: Vorrichtung zur Umwandlung aufgespeicherter Energie (Spannung) in Bewegungsenergie; beruhend auf dem Prinzip sich abstoßender gleichnamiger Ladungen wird der Klöppel in Pendelbewegung versetzt.
[6] Eine mit einem Korken verschlossene, z.B. Wasserstoffgas enthaltende Blechbüchse, in deren Inneren ein bei elektrischer Entladung (in Verbindung mit einer Elektrisiermaschine) überspringender Funke das Gas entzündet und den Korken mit lautem Knall wegschleudert.
[7] Gerät zur Verwandlung chemischer Energie in elektrische (Batterie); hier wohl in einem Glasrohr geschichtete Zink-Kupfer-Plättchen in Verbindung mit Wasser.

365

Verfügung, die insgesamt 400-500 Stücke enthielt. 1833 war diese Sammlung auf 2351 Exemplare angewachsen.
Quelle 29/2 enthält das Abgangszeugnis Friedrich Engels' (1820-1895) vom Elberfelder Gymnasium aus dem Jahr 1837. Engels hatte während seines Elberfelder Schulbesuchs bei seinem Lehrer Hantschke logiert.

[8] Gerät zur Bestimmung des Luftgewichtes oder der Luftdichte.
[9] Nach Heron von Alexandria (um 100 n.Chr.), synonym mit Heronsball: Mit Flüssigkeit gefüllter Glaskolben, in der Mitte eine nach oben gerichtete, am Kolbenhals abgedichtete Röhre, durch die bei Erhöhung des Innendrucks im Kolben die Flüssigkeit austritt (Prinzip von Spritzflaschen und Parfumzerstäubern).
[10] Mit Wasser gefüllte Wanne zum Auffangen kleiner Gasmengen: In die pneumatische Wanne wird ein flüssigkeitsgefüllter Glaskolben mit der Öffnung nach unten eingetaucht, das aufzufangende Gas von unten eingeleitet, wobei es das Wasser im Kolben verdrängt.
[11] Einseitig geschlossenes Glasrohr mit einer mm-Einteilung auf der Außenseite zum Auffangen und Messen von Gasen, zur Bestimmung von Dampfdichten und des Molekulargewichts.
[12] Gerät zur Bestimmung des spezifischen Gewichts von Flüssigkeiten und zur Demonstration des Archimedischen Prinzips.
[13] E. Chladni (1756-1827), dt. Physiker; Gerät zur Sichtbarmachung von Knotenlinien stehender Wellen auf schwingenden Platten mittels eines feinen Pulvers, z.B. durch Anstreichen der Glasplatten mit einem Geigenbogen.
[14] Vergleichbar einer „Schnecke" oder Spindel, dient zur Bewegungsübertragung.
[15] Feldmeßinstrument für Längenmessungen auf der Bodenlinie von 20 m Länge, zusammengesetzt aus 50 cm-Stücken aus Stahldraht.
[16] Altes Längenmaß, gemeint ist vermutlich die „gewöhnliche Rute" (Duodezimalrute), entspricht 12 Fuß zu je 12 Zoll = 3,768 m.
[17] Kettenstäbe dienen zum Straffziehen der Meßkette an den Endpunkten. Sie sind 1,25 m lang und mit Eisenspitzen versehen.
[18] Vorrichtung an Klingelanlagen in Hotels und dergl., die den Rufer angibt, indem von einer Gruppe von Klappen die dem Rufer zugeordnete fällt.
[19] Instrument zur Aufnahme von Geländepunkten durch Zeichnung; ein Lineal mit Zielfernrohr und Zeichenbrett sind auf einem Stativ befestigt, der Meßtisch diente zur Landvermessung z.B. beim Eisenbahnbau sowie zu topographischen Aufnahmen; auch im militärischen Gebrauch.
[20] Diopter (gr.): Vorrichtung zur Bestimmung einer Ziellinie, z.B. aus Kimme und Korn oder aus Sehschlitzen bestehend.
[21] Instrument zur Bestimmung der Waagerechten.
[22] Gemeint ist wohl „Boussole" oder „Bussole" (ital. bussola=Büchschen): Vorrichtung mit Magnetnadel, dient als Winkelmeßinstrument und Orientierungsmittel in der Vermessungstechnik (z.B. Feldmesserbussole).
[23] Geteilter Halbkreis aus Messing, Zelluloid oder Papier, zur Messung von Winkeln.

Quelle 29/2
Abgangszeugnis Friedrich Engels',
ausgestellt von Dr. J.C.L. Hantschke
Historisches Zentrum Wuppertal   25.9.1837   handschriftlich

22. Abgangs=Zeugniß für den Primaner Friedrich Engels (Nr. 713) geboren den 28. November 1820 zu Unter=Barmen, evangelischer Confession, seit Herbst (den 29. October) 1834 Schüler des Gymnasiums zu Elberfeld, und zwar seit Herbst (17. October) 1836 Mitglied der Prima desselben, hat sich vorzugsweise während seines Aufenthaltes in Prima eines recht guten Betragens befleißigt, namentlich durch Bescheidenheit, Offenheit und [Freundlichkeit] seinen Lehrern sich empfohlen, ingleichen, von guten Anlagen unterstützt, ein rühmliches Streben, sich eine möglichst umfassende wissenschaftliche Bildung anzueignen, an den Tag gelegt, weßhalb denn auch die Fortschritte auf erfreuliche Weise hervortreten, wie Solches die nachfolgende besondere Zusammenstellung der einzelnen Lehrfächer bestimmter ausweist.

I. Sprachen.
1. Lateinisch. Das Verständniß der betreffenden Schriftsteller, prosaischer wie poetischer Diction, namentlich des Livius und Cicero, des Virgilius und Horatius, wird ihm nicht schwer, sodaß er mit Leichtigkeit in den Zusammenhang größerer Ganze eingehen, den Gedankengang mit Klarheit aufzufassen und mit Gewandheit das Vorliegende in die Muttersprache überzutragen versteht. Weniger ist es ihm gelungen, des grammatischen Theiles sich mit durchgreifender Sicherheit zu bemächtigen, sodaß die schriftlichen Arbeiten, obwol nicht ohne sichtbares Fortschreiten zum Besse-

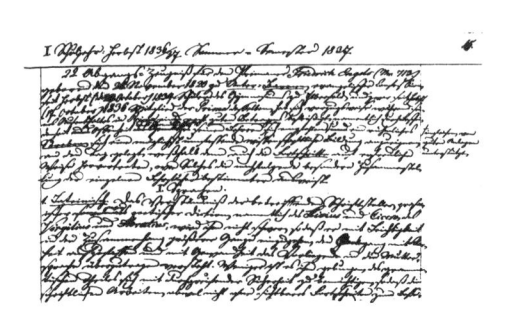

Auszug aus dem Abgangszeugnis Friedrich Engels'
(Quelle 29/2)

ren, doch in grammatisch=stylistischer Beziehung noch Manches zu wünschen übrig ließen.
2. Griechisch. E. hat sich eine genügende Kenntniß der Formenlehre und der syntaktischen Regeln, insbesondere aber eine gute Fertigkeit und Gewandtheit im Uebersetzen der leichteren griechischen Prosaiker, sowie des Homer und Euripides erworben, und wußte den Gedankengang in einem platonischen Dialoge mit Geschick aufzufassen und wiederzugeben.
3. Deutsch. Die schriftlichen Aufsätze zeigten besonders in dem letzten Jahre ein erfreuliches Fortschreiten der allgemeinen Entwicklung; sie enthielten gute, selbstständige Gedanken und waren meist richtig disponirt; die Ausführung hatte die gehörige Fülle und der Ausdruck näherte sich sichtbar der Correctheit. Für die Geschichte der deutschen Nationalliteratur und die Lectüre der deutschen Classiker legte E. ein rühmliches Interesse an den Tag.
4. Französisch. Die französischen Classiker übersetzt er mit Gewandtheit. In der Grammatik besitzt er gute Kenntnisse.

II. Wissenschaften.

1. Religion. Die Grundlehren der evangelischen Kirche, deßgleichen die Hauptmomente der christlichen Kirchengeschichte sind ihm wohl bekannt. Auch ist er in der Lectüre des Neuen Testaments (im Originale) nicht unerfahren.
2. In der Geschichte und Geographie besitzt derselbe eine genügende übersichtliche Kenntniß.
3. In der Mathematik hat E. im Ganzen erfreuliche Kenntnisse erlangt; er zeigte überhaupt eine gute Auffassungsgabe und wußte sich mit Klarheit und Bestimmtheit mitzutheilen. Dasselbe gilt
4. von seinen Kenntnissen in der Physik.
5. Philosophische Propädeutik. An den Vorträgen über empirische Psychologie nahm E. mit Interesse und Erfolg Theil.

Der Unterzeichnete entläßt den lieben Schüler, der ihm in Folge der häuslichen Beziehungen insbesondere nahegestellt und in dieser Stellung durch religiösen Sinn, durch Reinheit des Gemüthes, gefällige Sitte und andere ansprechende Eigenschaften sich zu empfehlen bemüht war[,] bey seinem am Schlusse des Schuljahres (den 15. September des Jahres) erfolgten Uebergange in das practische Geschäftsleben, das er statt des früher beabsichtigten Studiums als seinen äußeren Lebensberuf zu wählen sich veranlaßt sah, mit seinen beßten Segenswünschen. Der Herr segne und geleite ihn!
Elberfeld den 25. September 1837

Kommentar 30
Die Gründung der Barmer Stadtschule 1823 ging zurück auf eine Verordnung der Düsseldorfer Regierung vom 5.8.1816, für deren Vollzug der Regierungsrat Ferdinand Delbrück am 9.10.1816 einen Plan vorlegte, der an das Mittelschulvorhaben Jacobis anknüpfte. Vorgesehen war eine Verbindung der Barmer Rektoratsschule mit dem seit 1807 bestehenden Privatinstitut Riepe und dem Institut Johann Jakob Ewichs (seit 1811) zu einer Schule unter der Trägerschaft einer bürgerlichen Stiftung, die „als höheres Erziehungsinstitut die Zwecke einer gelehr-

Quelle 30
Entwurf zu den Statuten der Barmer Stadtschule (1824)[1]
SAW L II 10a   S. 111-120   handschriftlich   Auszüge

Erster Abschnitt.
Was die innere Anordnung der Stadtschule betrifft, so ist
1.) der Zweck der Stadtschule
eben so wohl auf die Bildung zu den bürgerlichen als zu den gelehrten Ständen angelegt. Die Stadtschule beabsichtigt nemlich, denjenigen welche sich dem Kaufmannstande widmen, zu einer völlig ausreichenden und abgeschlossenen Schulbildung zu verhelfen; diejenigen aber, welche den Gelehrtenberuf ergreifen, so weit zu führen, daß sie nach Maaßgabe der gegenwärtigen Anzahl der Lehrer und der Classen in die zweyte Classe eines dimittirenden Gymnasiums eintreten können.
Danach bestimmt sich nun

ten und einer Handlungsschule in sich vereinigt" (SAW L II 10a). Aufgrund der wirtschaftlich angespannten Lage wurde trotz der Zustimmung des Stadtrates und eines Gründungsausschusses der Plan zunächst nicht verwirklicht, sondern erst Ende 1822 wieder aufgegriffen.
Zwischen 1823 und 1827 wurde die Stadtschule von einem Direktorium geleitet, bis am 11.1.1828 Wilhelm Wetzel (1801-1868) zum Direktor gewählt wurde. Das Schulgeld betrug 20 Taler für die IV., 24 Taler für die III., 32 Taler für die II. und 40 Taler für die I. Klasse; 1823 hatte die Schule 21 Schüler, 1828 waren es 62. 1829-1834 besuchte Friedrich Engels die Barmer Stadtschule. 1839 schrieb er: „Die Barmer Stadtschule, sehr schwach dotiert und deshalb sehr schlecht mit Lehrern besetzt, tut indes alles, was in ihren Kräften steht. Sie liegt ganz in den Händen eines beschränkten, knickerigen Kuratoriums, das meist auch nur Pietisten zu Lehrern wählt. Der Direktor, der dieser Richtung auch nicht fremd ist, versieht sein Amt indes nach festen Prinzipien und weiß sehr geschickt jedem Lehrer seine Stelle anzuweisen" (MEW Bd. I S. 426). 1832 erhielt die Stadtschule als eine von 9 preußischen Schulen das Recht, eine Entlassungsprüfung (Abitur) abzuhalten. Ab 1840 genügte für die Berechtigung zum reduzierten freiwilligen einjährigen Militärdienst der erfolgreiche Besuch der II. Klasse (Sekunda), woraufhin die 7 zur Abiturprüfung angemeldeten Schüler 1840/41 vom Examen zurücktraten.

Auszug aus den Statuten der Barmer Stadtschule (Quelle 30)

II.) die Sphäre der Unterrichtsgegenstände dahin, daß wir zu allgemeinen und öffentlichen Unterrichtsgegenständen ausheben:
a) von todten Sprachen die lateinische und griechische,
b) von lebenden Sprachen die deutsche, französische und englische,
c) von Wissenschaften Mathematick, Geometrie, bürgerliche und höhere Rechenkunst und Kopfrechnen, biblische, Universal= und ältere und neuere Völkergeschichte, Naturgeschichte, Naturlehre, Mechanik, Chemie und die zur classischen Literatur nöthigen Hülfswissenschaften.
d) von Fertigkeiten, die Kalligraphie.
Die für diese Lehrobjekte in den 4 Classen bestimmten Stunden legen wir in folgendem Schema vor:

Classen	I	II	III	IV
Deutsche Sprache	4	4	4	7
Latein	7	7	7	6
Französisch	4	4	6	
Griechisch und Englisch	5	3		
Mathematik Unterricht	5	5	6	7
Naturlehre und Naturgeschichte	2	2	2	2
Geographie und Geschichte	3	3	3	3
Schreiben		2	2	5
	30	30	30	30.

Die italiensche Sprache, Gesang, Zeichnen und Musik bleiben dem Unterricht in Privatstunden anheimgestellt. Wir befolgen dabey den Grundsatz daß, wenn eine gehörige Anzahl von Privatschülern sich findet, diese eine Classe bilden, für deren Unterweisung der Schulvorstand sich mit dem betreffenden Lehrer in Hinsicht der Vergütung benimmt.
[...]

IV. Das Lehrerpersonal.
Sämmtliche Lehrer, unter welchen immer Einer ein Candidat der evangelischen Theologie sein muß, stehn mit Ausnahme der Hül[f]slehrer in einem Coordinationsverhältniß. Sollte künftighin die Wahl eines Directors eintreten, so wird diese Maasregel auf das Coordinationsverhältniß nur in der Weise abändernd einwirken, wie dieselbe in den Schulen besserer Art, z.B. im Gymnasio zu Düßeldorf wirklich eingeführt ist.

V. Stundeneintheilung.
Jeder Lehrer ertheilt wöchentlich höchstens 30 Stunden Unterricht. Wenn anderweitige Schulbeschäftigungen eines der Lehrer oder des Directors eine billige Rücksicht auf Verminderung der Schulstunden erheischen, so wird diese vom Curatorio genommen werden. - Im Sommer beginnt die Schule um 8 Uhr Morgens, im Winter ein Viertel über 8 Uhr.

VI. Schulprüfung.
Die jährliche Schulprüfung findet am Schluß des Sommerhalbjahres Statt. So lange kein eigentlicher Director der Anstalt vorsteht, wechseln die Lehrer mit einander in Beschließung des Examens ab. Außer dieser öffentlichen Prüfung wird das Curatorium auch im Lauf des Winterhalbjahrs in den freyen Nachmittagen Privatprüfungen einzelner Classen veranstalten.

VII. Ferien.
Nach geschehener Schulprüfung werden 3 Wochen Ferien gegeben. Zu Ostern ist von Gründonnerstag bis Mittwoch nach Ostern Ferie. Beim Weihnachtsfest schließt die Schule mit dem Vormittagsunterricht des 24ten December und fängt am zweyten Tage des neuen Jahres wieder an.
[...]

---

[1] Der Entwurf wurde in der Sitzung des Kuratoriums vom 13.2.1824 bestätigt und im April 1825 bei der Königlichen Schulkommission eingereicht.

Kommentar 31

Friedrich Engels schrieb 1839 über Peter Kaspar Nikolaus Egen, den Direktor der Realschule, daß dieser seine Anwesenheit „nur durch übertriebene Strenge" betätige (MEW Band I S. 427). Im übrigen stünden die Schüler der Realschule „in einem sehr schlechten Rufe" und seien „die Veranlassung zu Diesterwegs Klagen über die Jugend Elberfelds" (ebenda). Eine von Egen entworfene Disziplinarordnung von 1839 wurde in wesentlichen Punkten vom Provinzialschulkollegium in Koblenz, der zuständigen Behörde, mildernd abgeändert. Körperliche Strafen, die Egen für alle Schüler anwenden wollte, wurden auf die jüngeren Schüler eingeschränkt. In den nebenstehenden Quellen werden verschiedene Disziplinarordnungen sowie ein Disziplinar„fall" aus dem weiterführenden Schulwesen wiedergegeben.

Quelle 31/1
„Ueber Schulgesetze",
in: Zu der am 9ten und 10ten September zu haltenden Oeffentlichen Prüfung der Schüler des Gymnasiums werden hierdurch die Eltern der Schüler und die Schulfreunde ehrerbietigst eingeladen von dem Director, Elberfeld o.J. (1825), S. 1ff
SAW L II 156a   Auszüge

I. Ueber Schulgesetze.

Wo mehrere Menschen gemeinschaftlich zu Einem Zwecke zusammenwirken, da müssen gewisse Regeln und Grundsätze befolgt werden, welche der Wirksamkeit Einheit geben und erhalten, und ohne welche der Erfolg vom Zufall abhängt. Insofern jene Regeln und Grundsätze nicht von der Willkühr derer, die sie befolgen, abhangen, sondern die Befolgung durch innere Nothwendigkeit bedingt und von einem Vorgesetzten geboten ist, heißen sie Gesetze, d. h. **allgemeine nothwendige Regeln für Handlungen**. [1] Die Gesetze bestimmen, was geschehen und was nicht geschehen soll. [2] So wenig, wie ein Staat, oder eine Stadt und Gemeinde, kann eine Schule ohne Gesetze ein sicheres Bestehen haben. Ob diese Gesetze geschrieben seyn müssen, oder ob die **angebornen**, in des Menschen Herzen geschriebenen, genügen, das hängt von der grössern oder kleinern Zahl der Glieder der Gesellschaft ab, gleichwie von der moralischen Beschaffenheit dieser Glieder. — Die Gesetzgebung des Staates bezweckt, daß der Staat als Ein Ganzes nach den beliebten Einrichtungen bestehe und ordentlich verwaltet werde, daß alle seine Bürger im Genusse des ihnen gebührenden Rechtes der Wohlfahrt theilhaftig werden können, welche mit dem Bestehen des Ganzen und ihrer eigenen innern Beschaffenheit verträglich ist. [3] Ebenso werden die Schulgesetze nichts anders bezwecken, als das sichere Bestehen der Schule in ihrer Selbstständigkeit, und die Beförderung des Erfolges, welchen sich die Schule in ihrer Wirksamkeit vorsetzt, und Abhaltung aller Hindernisse und Störungen, welche dieser Wirksamkeit von innen und außen feindselig in den Weg treten.

(...)

Durch die Schulgesetze werden also Schulvorgesetzte, Eltern, Lehrer, und Schüler verpflichtet, da ohne die richtige Stellung und Pflichtleistungen derselben die Schule auf der höchsten Stufe ihres wahren Lebens sich nicht denken läßt.

Die **Schulvorgesetzten** werden gesetzmäßig dafür zu sorgen haben, daß der Schule vor allen Dingen die **nöthigen Mittel** zufließen, durch welche sie ihren Zweck im ganzen Umfange erreichen kann; daß die zum Bestehen der Schule nothwendig ist, erhalten werden könne; daß das **Publicum der Schule für dieselbe gewonnen**, oder die Gewogenheit desselben der Schule erhalten werde; daß den Lehrern insbesondere (wenn sie anders von Pflichttreue beseelt sind) in ihrem schweren Amte (oder paßt, was Melanchton de miseriis paedagogorum sagt, so gar nicht mehr auf unsere Zeiten? Möchte es wahr seyn! die nöthige Lebensfreudigkeit nicht fehle, wie auch, daß ihr guter Name nicht unverdienter Weise im Publikum verlästert werde. [4] Ueberhaupt wird die Stellung der nächsten Vorgesetzten der Schule anders seyn, wo die über eine Schule wachen, die schon in ihrer Bedeutung und Wichtigkeit vom Publikum anerkannt wird, weil sie durch längere Dauer und beyfällige Leistungen als ehrwürdige Anstalt dasteht; anders da, wo eine Schule sich neu gestaltet, und erst nur Hoffnungen anregt, welche in der Regel von übermäßigen Wünschen begleitet sind, welche sich bei der größten Anstrengung nicht befriedigen lassen.

Die **Eltern** übergeben ihre Kinder der Schule, nachdem sie die Schulgesetze eingesehen und nach ihrem Sinne erkannt, und durch dieselben vorläufig von der Einrichtung und Ordnung der Schule die nöthige Kenntniß erlangt haben. Indem sie nun das Versprechen ablegen, Alles genehmigen zu wollen, was die Lehrer jenen Gesetzen gemäß über ihre Kinder beschließen, und selbst von ihrer Seite alle die Obliegenheiten zu erfüllen, welche ihnen (den Eltern) in den Schulgesetzen vorgeschrieben sind: so schließen sie mit der Schule eine Art Vertrag (pactum, conventio), woraus denn auch **Rechte** für sie entspringen. [5] Hieraus folgt aber auch, daß auch von Rechten der Schüler gegen die Lehrer die Rede seyn könne, indem ja mit Unmündigen nicht contrahirt werden kann, [10] jeder Schüler der (ohne Rücksicht auf das Alter), so lange er die Schule besucht für unmündig angesehen wird, mögen immerhin manche Schüler in andern Beziehungen nach den bürgerlichen Rechten als Mündige gelten. Die Eltern selbst treten den Lehrern einen Theil ihrer Elternrechte gegen die Kinder ab, sobald die Lehrer einen Theil ihrer Elternpflichten übernehmen. Dadurch erkennen die Eltern zugleich die Lehrer als diejenigen Personen an, welche an ihrer Stelle Richter und Bestrafer der Handlungen ihrer Kinder sind, und genehmigen, daß die Bestraften wohl an das Herz der Eltern, nicht aber an diese als an Richter über die Lehrer appelliren können, (es sey denn, daß der Lehrer selbst manche Vergehungen der Kinder zur endlichen Entscheidung der Eltern überließe, was oft rathsam ist), selbst dann nicht, wenn sogar der Vater in andern staatsbürgerlichen Verhältnissen ein gesetzmäßiger Vorgesetzter der Lehrer ist, eben so wenig, wenn Reichthum und hoher Stand den Eltern im Publikum ein entschiedenes Uebergewicht über die sämmtlichen Lehrer einer Anstalt begründet. —

(...)

Die Schule erzieht dem Staate seine künftigen Bürger, die als selbstständige Menschen gelernt haben müssen, nicht nur, wie eben gesagt, sich selbst gesetzmäßig zu bestimmen, sondern auch nach den Gesetze im Staate sich in christlicher Unterthänigkeit zu betragen. Darum wird der Gesetzgeber dahin zu sehen haben (und die Eltern und Lehrer als erste Obrigkeit des Zöglings werden diesen Zweck im Auge befördern), daß die Gesetze dem Schüler als Postulate der Nothwendigkeit zur Erhaltung der Schule, und als Gebote der Vernunft zur Beförderung der Schülerwohlfahrt angesehen werden können; daß im Gegentheil begreiflich wird, wie die Nichtachtung dieser Gesetze verderbliche Unordnung und des Schülers Unheil zur Folge habe. So wird er geneigt werden, frühzeitig die Gesetze **zu achten**, und aus Gründen, welche Vernunft und Religion an die Hand geben, zu gehorchen, und sich als Theil dem Ganzen willig anzuschließen und unterzuordnen. Gesetzlosigkeit wird ihm kein wünschenswerther Zustand, vielmehr, bei seiner Gewöhnung zur Gesetzmäßigkeit, nicht einmal erträglich seyn. Freiwillige Befolgung der Gesetze, darum weil sie in sich gut und Gott wohlgefällig ist, veredelt seine Legalität zur Moralität, Gewissenhaftigkeit, Gottesfurcht. — Dies wird erfolgen, wenn anders die Wurzeln aller Schulgesetze, und namentlich die den Schüler verpflichtenden, im Geiste des Christenthums liegen und haften. [21] Die Gesetze seyen also berechnet auf das Fundament des **Glaubens**, der in jeder guten Schule in den jugendlichen Seelen belebt werden wird; sie werden sich ankündigen als wahre **Liebe**, welche als Triebfeder in den Zöglingen die Gegenliebe in Bewegung setzen; sie beleben durch die Eröffnung von Aussichten auf heilsame **Hoffnungen**, welche in schwierigen Fällen die Willigkeit stärken. — [22] Ueberhaupt wird die Gesetzgebung für Schulen möglichst auf die Motive Rücksicht nehmen, welche bei der Jugend die wirksamsten sind zur Beförderung der **Tugendhaftigkeit**.

(...)

Die Gesetze für die Schüler seyen nicht zu strenge. Man vergesse nicht, daß die Jugend Jugend bleibe, und daß sich durch die strengsten Gesetze nicht erwirken lasse, daß der 16jährige Jüngling die Gesetztheit des wohlerzogenen 30jährigen Mannes habe, und daß manche Fehler in frühern Jahren mehr Versehen als Vergehen, mehr Irrthum als Sünde sind, daß zu große Strenge oft Sünder macht, die es anders nicht seyn würden, überbaurt aber das Zutrauen des Zöglings zum Erzieher so leicht stört, oft zerstört. 25)

(...)

Wie unglücklich muß der Erzieher seyn, der nicht vergeben und vergessen kann! — Leichtsinn, Muthwille, Unbesonnenheit, Unfleiß, Faulheit, Lüge, Diebstahl, Eigensinn, Trotz, Widersetzlichkeit, Schamlosigkeit, Unkeuschheit, Liederlichkeit etc. — wie verschieden sind diese Fehler auf dem Prüfstein der Sittlichkeit! wie verschieden die Quelle! 26) Wie verschieden werden die Strafen seyn müssen! Andere Strafe für den, der zum ersten Male, andere für den, der wiederholt fehlt; andere Strafe für den Verführer, andere für den Verführten; andere Strafen für den Unwissenden, andere für den wissentlich Fehlenden. Gemüthsart und Neigungen, Erziehung, und wie viele Umstände treten bei der Beurtheilung des Fehlers auf die Wagschale. Wie mannichfaltig werden die Züchtigungen und Strafen seyn müssen! — 27) Es wird in den Gesetzen, wenigstens im Allgemeinen, angegeben werden, wo Verweise, Ehrenstrafen, Geldstrafen, körperliche Züchtigungen anzuwenden sind, und ob alle diese Strafen angewendet werden sollen. Was die körperlichen Strafen betrifft, so waren schon im Alterthume die Stimmen über deren Zulässigkeit getheilt: Plutarch. de lib. educ. c. XII. init. p. 18. u. Quinctilian. Institut. Orat. I. 3. (p. 27. edit. Bip.) erklären sich dawider; bei griechischen und römischen Schriftstellern finden sich auch Stimmen dafür; eben so getheilt sind die Meinungen der neuern Pädagogen. 28) Die Gesetzgebung Napoleons, welche die Menschen glauben machen wollte, sie seyen frey, wenn niemand feindselig ihren Körper ungestraft berühren dürfe, verbot bekanntlich alle körperliche Züchtigung der Schüler; die vaterländischen Verordnungen gestatten ihre Anwendung. Die Sache ist wichtig, und verdient, ungeachtet schon Vieles darüber gesagt worden ist, eine öftere Untersuchung, wobey Volks-Charakter und Geist der häuslichen Erziehung nicht zu übersehen seyn dürften. Die möglichen Gefahren, die mit körperlichen Strafen verbunden sind, können allein keinen entscheidenden Grund dagegen angeben, denn welche positive Strafen könnten nicht durch Mißbrauch Schaden nach sich ziehen? Wahr bleibt aber, daß überhaupt die Strafen nicht zu strenge seyn dürfen, eben so wenig als die Gesetze selbst, denn am wenigsten durch die Gymnasial-Erziehung sollen die Menschen zu Maschinen erzogen werden, bey denen das Vermögen der Selbstbestimmung gelähmt ist. Der Geist der Liebe gebe den Gesetzen die nöthige Milde. 29) Alsdann wird willige Folgsamkeit, wenigstens bei Vielen, sich erzielen lassen. 30) Die der übergroßen Strenge entgegengesetzte zu große Gelindigkeit schadet gleichfalls, und verträgt sich darum auch nicht mit dem Geiste einer Gesetzgebung, welche eine energische Erziehung bezweckt; sie würde wenigstens, wenn nicht großer Nachtheil für die Sitten erfolgen sollte, eine durchaus gute häusliche Erziehung voraussetzen.

(...)

Unser Zeitalter bedarf in der That mehr einer kräftigen Erziehung für seine verweichlichte, zum Theil mit Eigendünkel und Anmaßung, zum Theil mit verkehrten Lebensansichten gesättigte Jugend, wenn anders die nöthigen Menschen- und Bürgertugenden (die ohne Kraftanwendung nicht zu erringen sind) belebt werden sollen. Der Philanthropinen ist die Zeit überdrüssig geworden, die Pestalozzischen Anstalten werden seltener: möge der rechte Menschensinn und der Enthusiasmus der Pestalozzianer in unsern Elementar-, Mittel-Schulen und Gymnasien Herberge nehmen! — 32) Die Schulgesetze müssen demnach die glückliche Mittelstraße halten in Ansehung der Strenge, indem sie Ernst und Milde zu verbinden suchen.

(...)

Quelle 31/2
Reglement für den Vorstand der Gewerbeschule und für die Schuldisziplin (Juli 1825),
in: Fritz Jorde, Geschichte der Schulen von Elberfeld unter besonderer Berücksichtigung des ältesten Schulwesens, Elberfeld 1903, S. 389

II. Von der Disciplin.

Der Lehrer muß selbst ein ordentlicher Mann und die Ordnung zu erhalten im Stande sein, sonst sind alle Bestimmungen über Zucht u. Ordnung in der Schule unnütz. Einige Schulgesetze aufzustellen, hat aber doch einigen Werth

Ehre deinen Lehrer und befolge seinen Rath.

Halte die Schulstube in Ordnung, so wie Alles, was der Schule gehört.

Sei reinlich in deinem Anzuge und an deinem Leibe.

Erscheine pünktlich und zur bestimmten Zeit in der Schule, und meide jede Versäumniß.

Störe in der Schule nicht.

Sei verträglich mit deinen Mitschülern.

Beweise dich als ein gesitteter Mensch außer der Schule.

Strebe darnach, ein nachahmenswürdiges Exempel deinen Mitschülern zu geben.

Wenn du das Deinige treu thust, so hast du Ehre und Freude.

Wenn du das Deinige nicht treu thust, so hast du Verdruß und Schande, und du wirst aus der Schule entfernt."

(...)

(Schüler?)zeichnung in einem Schreibheft, in das Schürmanns Rechenbuch von 1804 seitenweise eingeheftet ist. In demselben Heft befinden sich außer handschriftlichen Rechenaufgaben auch Zeichnungen zu Webmustern und mehrere Rezepte gegen Krätze (SAW L V 10).

Quelle 31/3
Verfügung einer Disziplinarstrafe in der Barmer Stadtschule durch das Kuratorium der Schule
SAW L II 10 a   S. 133   18.2.1825   handschriftlich   Auszug

Es hat sich zu unserm großen Bedauern der Fall ereignet, daß ein Stadtschüler sich mehrfache überlegte Eingriffe in das Eigenthum seiner Mitschüler auf eine höchst strafbare Weise erlaubt hat. Curatorium beschließt in der Voraussetzung, daß der betreffende Knabe noch einer Correction fähig sei, und in Berücksichtigung des traurigen Gefühls für die Aeltern die mildeste Art der Bestrafung in Anwendung zu bringen, indem der Knabe zu Anfang der Schulstunden nächster Woche vor den versammelten Schülern in Gegenwart mehrerer Glieder des Curatorii ernstlich an die Verwerflichkeit seines Verhaltens erinnert und zur Besserung ermahnt werden soll, ferner bestimmt der Schulvorstand ihm bis zu den Osterferien eine abgesonderte Stelle während der Schulstunden und ein achttägiges, in einem abgesonderten Local abzuhaltendes Carziren[1] bei Wasser und Brod. Außerdem aber wird diese Strafe durch die Verwarnung geschärft, daß das geringste Vergehen ähnlicher Art unabänderlich die Verweisung aus der Stadtschule nach sich ziehen werde.

---
[1] carcer, Karzer = Arrestraum in Gymnasien, Universitätsgefängnis

Quelle 31/4
Schulordnung der Königlichen Provinzial-Gewerbeschule, enthalten im Programm der Schule
SAW L III 103   April 1866

Schul = Ordnung

1. Wer durch die Prüfung zum Besuche der Königlichen Provinzial=Gewerbeschule oder zu deren Vorschule zugelassen ist, hat in seiner äußern Erscheinung, sowie in seinem ganzen Betragen, sowohl in der Schule, als wie außerhalb derselben, Alles zu vermeiden, was mit der guten Sitte und der Ehre der Schule unverträglich ist.
2. Jeder Schüler hat sich pünktlich vor dem Beginn des Unterrichts, der durch den Lectionsplan festgestellt ist, im Schullokale einzufinden.
Ueber die Anwesenheit der Schüler wird in jeder Klasse ein Präsenzbuch geführt.
Wer durch Krankheit an dem Besuche der Schule behindert ist, hat dem Director einen von seinen Eltern oder Vormund beglaubigten Schein einzusenden, in welchem die Krankheit namhaft gemacht sein muß.
Wünscht ein Schüler aus andern Gründen vom Schulbesuche entbunden zu sein, so muß von Seiten der Eltern oder Vormünder schriftlich oder mündlich bei dem Director um die Erlaubniß nachgesucht werden. Dieser entscheidet über die Zulässigkeit und setzt die übrigen betheiligten Lehrer davon in Kenntniß.
3. Der Abgang eines Schülers vor vollendetem Unterrichts=Cursus muß dem Director 4 Wochen vor dem wirklichen Austritt schriftlich angezeigt werden.
Wer ohne diese schriftliche Abmeldung und ohne begründete Veranlassung im Laufe des Unterrichts=Cursus die Schule verläßt, erhält kein Zeugniß über seinen Schulbesuch und bleibt der Schul=Klasse für das nächste Quartal verpflichtet.
4. Der Schüler hat jedem Lehrer pünktlichen Gehorsam zu leisten.
5. Es wird von jedem Schüler ein ernster anhaltender Fleiß verlangt.
6. Der Schüler soll sich durchaus und in allen Dingen wahr und redlich zeigen.
7. Wer diesen Forderungen der Schule nicht gewissenhaft nachkommt oder sich sonst Vergehen zu Schulden kommen läßt, verfällt den Schulstrafen. Diese bestehen ansteigend in Ermahnung zur Besserung, in Klassen=Arrest; bei anhaltenden und wiederholten Vergehen in ernstlicher Verwarnung vor der Lehrer=Conferenz und als höchste Schulstrafe in Verweisung von der Schule.
Letztere beschließt das gesammte Lehrer=Collegium, nachdem zuvor die Eltern oder Vormünder schriftlich von dem Disciplinarfall und der vorhergegangenen Verwarnung in Kenntniß gesetzt sind.
8) Die halbjährlich ertheilten Schulzeugnisse, welche sich über Leistungen und Führung des Schülers ausführlich aussprechen, sowie die vierteljährlich ertheilten Quartal=Censuren, welche ein summarisches Urtheil über die Führung und die Fortschritte des Schülers enthalten, müssen, mit der eigenhändigen Unterschrift des Vaters oder Vormundes versehen, dem Director vorgezeigt werden.

9) Jede Beschädigung von Lehrapparaten und an Utensilien der Schule muß nach Umständen von dem Thäter ersetzt werden.

10) Diese Schulordnung wird beim Beginne jedes Schulhalbjahrs den versammelten Schülern vorgelesen und jeder Neuaufgenommene erhält ein Exemplar, welches er, mit der eigenhändigen Unterschrift des Vaters oder Vormundes, als Zeichen des Einverständnisses, versehen, dem Director vorzuzeigen hat.

Kommentar 32 und 33

1822 besuchte ein Gewerbe-Departements-Rat der Regierung die Wilbergsche Handwerker-Sonntagsschule in Elberfeld, die dieser im selben Jahr gegründet hatte. Dort erhielten Elberfelder Lehrlinge und Gesellen sonntags von 13-16 Uhr unentgeltlichen Unterricht in Deutsch, Rechnen und Zeichnen. Der Regierungsrat empfahl die Erweiterung dieser Sonntagsschule zur Gewerbeschule. Wilberg arbeitete im Auftrag der Regierung ein „Reglement für den Vorstand der Gewerbeschule und für die Schuldisciplin" aus, das 1825 genehmigt wurde. Am 1.12.1825 wurde die Gewerbeschule mit 5 Lehrern und 13 Schülern eröffnet. Die Handwerker-Sonntagsschule bestand neben der neuen Gewerbeschule bis 1856 fort.

Ab 1830 wurde die Gewerbeschule der Realschule angegliedert. Im ersten Bericht der Real- und Gewerbeschule schrieb Direktor Egen über die Gewerbeschule: „Es werden in dieser Anstalt Schüler aufgenommen, die sich für die Ausübung der Gewerbe, folglich als Färber, Drucker, Formenstecher, Bauhandwerker, Möbelarbeiter, Werkmeister usw. vorbilden wollen" (Egen, Bericht über das Bestehen der höhern Bürgerschule in Elberfeld in ihrem ersten Semester von Ostern bis Michaelis 1830, Elberfeld o.J.(1830), S. 7). Die Schüler der Gewerbe- und Realklassen hatten z.T. gemeinsamen Unterricht in Mathematik, Physik, Deutsch, Geographie und Schönschreiben. Die Gewerbeschüler erhielten 44 Unterrichtsstunden wöchentlich. Egen begründete diese hohe Stundenzahl folgendermaßen: „Es kommt hier nemlich darauf an, die Schüler in möglichst kurzer Zeit so zu befähigen, daß sie künftig ihr Gewerbe mit Erfolg treiben können, oder, wenn sie weiter studiren wollen, für die Aufnahme in das Gewerbe=Institut in Berlin reif sind. Der Staat muß also von ihnen mehr Anstrengung als von andern Schülern fordern" (ebenda). Am 21.3.1855 erfolgte die Trennung von Real- und Gewerbeschule und die Gründung einer Provinzial-Gewerbeschule unter dem Direktor Ferdinand Luthmer (1806-1870). Unter Luthmer stiegen die Schülerzahlen von 1855 bis 1870 von 33 auf 155.

Quelle 32

Ankündigung der Eröffnung der Elberfelder Gewerbeschule,

in: Allgemeine Zeitung vom 30.10.1825[1]

4483   Gewerb-Schule.

Die für die Stadt Elberfeld gebildete Gewerb-Schule wird am Mittwoch den 2. Nov. eröffnet.

Die Gegenstände des Unterrichts in derselben bestehen in:

1) architectonischem Zeichnen, 12 Stunden;
2) in freiem Handzeichnen nach Modellen, Maschinen und den zweckmäßigsten Vorbildern, 8 Stunden;
3) in der Arithmetik, 4 Stunden;
4) in der Geometrie und Körperlehre, 4 Stunden;
5) in der Naturlehre, 2 Stunden;
6) in der Naturgeschichte, 2 Stunden;
7) in der Chemie, 4 Stunden; und
8) im Schönschreiben 2 Stunden in jeder Woche, welcher von anerkannt tüchtigen Lehrern ertheilt wird.

Die Stunden des Unterrichts sind Vormittags von 8 bis 12 und an einigen Tagen von 9 bis 12, sodann Nachmittags von 2 bis 5 Uhr, jeden Wochentag festgestellt, und das Schullokal für das laufende halbe Jahr in dem Hause Sect. D. Nr. 1, welches dermalen von Carl Reiffen bewohnt wird, bestimmt.

Jene Schüler, welche dem Unterricht beiwohnen wollen, wollen sich vor dem Ersten November persönlich, oder durch ihre Eltern bei dem Vorstande der Gewerbschule, der aus dem Herrn Schulpfleger Dr. Wilberg, dem Herrn Stadtrath vom Rath und dem Oberbürgermeister Brüning besteht, anmelden.

Unerläßige Bedingungen der Aufzunehmenden sind: daß sie 14 Jahre alt seyen, eine gute Erziehung und Fertigkeit im Lesen, Schreiben und Rechnen besitzen.

Das Schulgeld ist, ohne Entrichtung irgend einer Nebenzahlung, auf zwölf Thaler für das Jahr festgestellt.

Diese neue, höchst gemeinnützige Anstalt erfreut sich einer bedeutenden Unterstützung der hohen Staatsbehörde.

Mögen Fabrikbesitzer, Handwerker und alle Gewerbtreibende Bürger dieses darin dankbar erkennen, daß sie für jene Angehörigen, die ihrer Erziehung und Bildung anvertraut sind, die Benutzung dieser Schule zahlreich in Anspruch nehmen, deren Daseyn für jeden Stand von den segensreichsten Folgen seyn wird.

Elberfeld, den 21. Oct. 1825.

Der Vorstand der Gewerb-Schule.

---

[1] auch bei Ernst Hintzmann, Oberrealschule in Elberfeld. Festschrift zum 75jährigen Bestehen der Anstalt, Elberfeld 1900, S. 6/7. Die Schule wurde mangels Schülern erst am 1.12.1825 eröffnet.

Die erste der beiden folgenden Quellen bezieht sich auf die Eröffnung der Elberfelder Gewerbeschule im Jahr 1825, die zweite besteht aus Abschnitten aus dem Programm der Provinzial-Gewerbeschule, die sich ab den 50er Jahren als „Königliche" Gewerbeschule bezeichnete. 1870 wurde Dr. Gustav Julius Hermann Artorpe Leiter der Anstalt, die ab 1882 als Oberrealschule mit 9-jähriger Kursdauer zur höheren Lehranstalt wurde.

Barmer Rechenbuch,

enthaltend

Kopf- und Tafelrechen-Aufgaben.

Zweites Heft.

10. Auflage.

Nach den neuen Münzen, Maßen und Gewichten.

Bearbeitet von Barmer Hauptlehrern.

Hierzu gehört:
3. Heft.

Enthaltend Aufgaben aus der Längen-, Flächen- und Körperberechnung nebst den nach der Ministerial-Verfügung vom 15. October 1872 nöthigen Constructions-Aufgaben.

Die Antworten zu diesen beiden Heften sind besonders erschienen.

Barmen, 1874.

Verlag der Barmer Hauptlehrer-Wittwen-Kasse.

Zu haben bei **Eberhard Biermann** in Barmen, Wertherstraße Nr. 83.

Quelle 33
Aus dem Programm der Königlichen Provinzial-Gewerbeschule (April 1866)
(SAW L III 103) zit. nach: Ernst Hintzmann, Oberrealschule in Elberfeld. Zur Geschichte der Schule. Festschrift zum 75jährigen Bestehen der Anstalt, Elberfeld 1900, S. 31-40 Auszüge

„Königliche Provinzial-Gewerbeschule zu Elberfeld.

I. Zweck, Einrichtung und Verfassung.

1. Zweck und Ziel der Lehr-Anstalt.

Die Gewerbeschule unterscheidet sich in ihrem Zwecke und ihrem Ziele dadurch von den anderen höheren allgemeinen Lehr-Anstalten:

a. dass sie künftigen Gewerbetreibenden eine gründliche, theoretisch-praktische, für die bewusste selbständige Ausübung ihres künftigen Lebensberufes notwendige Ausbildung giebt. — Zu solchen Gewerbetreibenden, für welche die Schule vorzugsweise bestimmt ist, zählen insbesondere: Maschinenbauer und Mechaniker, ferner diejenigen Bauhandwerker, die sich nach § 9 der Verordnung vom 24. Juni 1856 einer vom Staate vorgeschriebenen Prüfung zu unterziehen haben; dann Berg- und Hüttenleute, Färber, Gerber, Bierbrauer, Destillateure und alle solche Techniker, welche praktische Chemie bei ihrem Geschäfte in Anwendung bringen; endlich künftige Fabrikanten und Werkführer von Fabrik-Anlagen und technischen Etablissements aller Art;

b. dass sie jungen Leuten, die sich dem Ingenieur-Fache und den höhern technischen Fächern widmen wollen, Gelegenheit gibt, sich für ein weiter fortgesetztes Studium auf höheren polytechnischen Lehr-Anstalten gründlich vorzubereiten; wie denn schon das, nach bestandener Abiturienten-Prüfung, an hiesiger Gewerbeschule erlangte Zeugniss der Reife zum Eintritt in das Königliche Gewerbe-Institut in Berlin berechtigt (vid. § 7. 1).

Dieser spezielle Zweck der Gewerbeschule macht eine Beschränkung auf wenige, wichtige Unterrichtszweige nötig, und sie befolgt daher, indem sie ein tieferes Eingehen auf den Gegenstand möglich macht und fordert, den Grundsatz: nicht Vielerlei, sondern Viel zu lehren. Zugleich aber erzeugt diese unter sich verwandte Geistes- und Denkthätigkeit bei dem Gewerbeschüler meist eine Energie des Fleisses und Strebens, die es möglich macht, in einer verhältnismässig kurzen Schulzeit, bei einer auffallenden Umgestaltung seines intellektuellen Wesens, überraschende Ziele zu erreichen, während diese Energie und Ausdauer zugleich vorteilhaft auf die Ausbildung des Charakters wirkt.

(...)

II. Unterrichts-Gegenstände der Provinzial-Gewerbeschule.

A. Die Vorschule.

Der Unterricht umfasst in dem 2jährigen Kursus folgende Gegenstände:

Religion. Glaubens- und Sittenlehre.

Deutsch. Allseitige Übungen des schriftlichen und mündlichen Ausdrucks. Lesen, Erklären und Memorieren von prosaischen und poetischen Musterstücken. Übungen im freien Vortrage. Vielfache stilistische Übungen (Briefe, Geschäftsaufsätze etc). Übungen im Disponieren leichter, aus dem Anschauungskreise der Schüler entnommener Themata.

Französisch. Die Grundgesetze der Grammatik. Übung im Übersetzen aus dem Französischen ins Deutsche und umgekehrt. Lektüre.

Mathematik.
- a. Geometrie. Mathematischer Anschauungsunterricht. Die Elemente der Planimetrie bis zur Kongruenz der Dreiecke etc. Kreislehre. Vielfache Anwendung der erkannten Sätze auf Lösung geometrischer Aufgaben.
- b. Arithmetik. Die Sätze von den Summen, Differenzen, Produkten und Quotienten. Die vier Spezies mit entgegengesetzten Grössen. Die Lehre von den Potenzen mit ganzen positiven Exponenten. Einfache Gleichungen des ersten Grades.
- c. Rechnen. Rechnen mit gemeinen und Dezimalbrüchen. Elementare Begründung der Lehre vom Vielfachen und von Teilern. Aufgaben aus allen Gebieten des bürgerlichen Lebens ohne Anwendung von Proportionen. Berechnung der im gewerblichen Leben am häufigsten vorkommenden Flächen und Körper.

Naturkunde. Übungen im Beobachten und Beschreiben charakteristischer Naturkörper. Besprechung leicht fasslicher Gesetze solcher physikalischer und chemischer Erscheinungen, die im Gebiete der eigenen Beobachtungen der Schüler liegen.

Geographie und Geschichte. Heimatskunde. Rheinland und Westfalen. Preussen. Deutschland. Kurze Behandlung der Erdteile. Grundbegriffe der mathematischen Geographie.

Die alte, mittlere und neuere Geschichte in biographischer Behandlung. Die preussische Geschichte speziell.

Freihand- und Linearzeichnen wird in systematischer Folge in einer bevorzugten Anzahl von Unterrichtsstunden geübt, mit besonderer Berücksichtigung des künftigen gewerblichen Lebensberufes der Schüler.

Übungen im Schönschreiben.

B. Die Gewerbeschule.

Die Unterrichtsfächer der eigentlichen Gewerbeschule, welche in einem zweijährigen Cursus durchgenommen und abschlossen werden, sind:

1. Mathematik.
- a. Planimetrie in ihrem ganzen Umfange.
- b. Stereometrie. Die Lehre von den Ebenen und den graden Linien im Raum. Prisma, Pyramide, Cylinder, Kegel, Kugel in ihren wesentlichen Eigenschaften. Körperberechnungen in vielfachen Beispielen. Simpsonsche und Guldinische Regel. Kegelschnitte.
- c. Trigonometrie. Goniometrie. Berechnung ebener Dreiecke mit besonderer Rücksicht auf die Lösung logarithmisch-trigonometrischer Berechnungen. Das Material zu den Beispielen liefern Fragen aus dem Gebiete der Geometrie, der Physik (namentlich Mechanik) und die Berechnungen fingierter oder wirklich ausgeführter geodätischer Messungen.

Übungen im praktischen Feldmessen und Nivellieren.

- d. Arithmetik. Potenzen. Wurzeln, Logarithmen. Wissenschaftliche Begründung der Dezimalrechnung. Gleichungen des I. und II. Grades mit einer und mehreren Unbekannten. Arithmetische und geometrische Reihen. Zinseszins- und Rentenrechnung. Bestimmung des Maximums und Minimums algebraischer Funktionen. Kombinationslehre. Binomischer Lehrsatz.
- e. Praktisches Rechnen. Übung und wissenschaftliche Begründung der im Geschäftsleben vorkommenden Rechnungsarten.

Die Anwendung der Geometrie auf das Projektionszeichnen wird in der beschreibenden Geometrie besonders gelehrt.

2. Naturwissenschaften.

a Physik. Der Unterricht erstreckt sich unter vorzugsweiser Berücksichtigung dessen, was für den künftigen Techniker von Interesse und Wichtigkeit ist, über die Lehre von den flüssigen und luftförmigen Körpern, von der Wärme, dem Schalle, dem Lichte, dem Magnetismus und der Elektrizität.

Das reich ausgestattete physikalische Kabinett der Anstalt giebt Gelegenheit, alle besprochenen Erscheinungen dem Schüler experimentell vorzuführen.

b. In der Chemie und chemischen Technologie beginnt der Unterricht mit den Elementen dieser Wissenschaft und erteilt den Schülern genaue Kenntnis der in Handwerk und Gewerbe benutzten chemischen Rohstoffe etc. Der Kursus verbreitet sich über das ganze Gebiet der unorganisch technischen Chemie und geht mit gleicher Sorgfalt in wichtige Kapitel der organischen Chemie ein.

Vielfach angestellte Experimente, eine reiche Sammlung, so wie nach genauen Massstäben ausgeführte Modelle erleichtern die Aufnahme des im Unterricht Gegebenen. In dem grossen Laboratorium der Anstalt ist den Schülern Gelegenheit geboten, das Gelernte durch eigene Experimente und Arbeiten unter Leitung des Lehrers zu befestigen.

Die Mineralogie betrachtet alle für Gewerbe nötigen Mineralien.

3. Mechanik, Maschinenlehre und mechanische Technologie.

a. Statik. Zusammensetzung und Zerlegung der Kräfte. Schwerpunkt. Einfache Maschine. Festigkeit der Körper.

b. Dynamik. Gleichförmige und beschleunigte Bewegung. Rotierende Bewegung (Schwungmassen). Pendel. Stoss fester Körper, Reibung etc.

Die Maschinenlehre giebt Anleitung zum Konstruieren und Berechnen der in Maschinenbau vorkommenden Maschinen-Details nach ihren Zweck-, ihren Formen- und Stärkebestimmungen, sowie einen speziellen Einblick in die Anordnung der gebräuchlichsten Dampfmaschinen und Kessel-Anlagen, der Wasserräder, Wassersäulen-Maschinen und Turbinen.

Die mechanische Technologie wird mit besonderer Rücksicht auf die speziellen Verhältnisse der Gegend behandelt und den Schülern Gelegenheit gegeben, in den Fabrik-Anlagen Elberfelds oder auf kürzeren und weiteren Exkursionen in der industriereichen Umgegend sich, durch lebendige Anschauung des Betriebes, zu belehren.

4. Die Architektur und Bau-Konstruktion.

Der Unterricht umfasst teils die Lehre von den architektonischen Formen und Verhältnissen, wie sie im bürgerlichen Bau in Anwendung kommen, (Gesimse, Gliederungen, Säulenordnungen, Pilasterstellungen etc.) — teils und vorzugsweise alles für die Bauhandwerker Wesentliche und Wissenswerte aus der Materialkunde, Konstruktionslehre und der Lehre von den Kostenanschlägen, was das Reglement für die Prüfung der Bauhandwerker nach der ministeriellen Verordnung vom 24. Juni 1856 verlangt.

Beide Gegenstände bilden neben einem zusammenhängenden Vortrage zugleich einen Teil des Zeichenunterrichts.

5. Die verschiedenen Zweige des Zeichnens.

Da die Fertigkeit im Zeichnen gleichsam Schrift und Sprache des künftigen Technikers bildet, so sind diesem wichtigen Unterrichts-Gegenstande vor allen andern Unterrichtsfächern die grösste Stundenzahl (wöchentlich 14 bis 16 Stunden) zugewiesen und sind diese nach einem wohlgeordneten Plan teils auf rationelle allgemeine Uebungen im Linearzeichnen, teils speziell auf Bau-, Maschinen- und Freihandzeichnen verteilt, wozu die reichen Sammlungen von Modellen und Vorbildern das Lehr-Material bilden."

Kommentar 34
Die Gründung der „höhern Bürgerschule" in Elberfeld ging auf den Schulreorganisationsplan von 1829 zurück. Im Gegensatz zu den Vorstellungen des Regierungsrates Kortüm kam es in Elberfeld zu keiner Organisation von höherer Bürgerschule und Gymnasium in Form einer Anstalt mit gemeinsamer dreiklassiger Vor- und dreiklassiger Elementarschule. Am 2.11.1829 wurde Peter Kaspar Nikolaus Egen (1793-1849) von der Elberfelder Schulkommission zum Direktor der neuen Realschule gewählt, deren Einweihung am 7.5.1830 stattfand. Die vierklassige Schule hatte im 1. Semester 182 Schüler. Das Schulgeld betrug für die I. und II. Klasse 28 Taler, für die III. Klasse 24 Taler, die IV. 20 Taler und für die Vorbereitungsklasse 16 Taler zuzüglich vierteljährlich 15 Silbergroschen für Reinigung, Heizung und Beleuchtung. Noch 1830 genehmigte die Regierung den Schulabsolventen die Berechtigung zum einjährigen freiwilligen Militärdienst; nach dem 8.3.1832 durfte die Realschule Entlassungsprüfungen vornehmen, sodaß im Sommer 1832 die erste Abiturientenprüfung, an der 3 Schüler mit Erfolg teilnahmen, stattfinden konnte. Seit 1833 wurde die Schule unter die Aufsicht des Provinzial-Schulkollegiums in Koblenz gestellt, dem

Quelle 34
Ueber die Einrichtung der höhern Bürgerschule in Elberfeld. Ein Bericht, womit die Eröffnung dieser Anstalt auf den 10ten Mai 1830 ankündigt [Peter Kaspar Nikolaus] Egen, Director und Professor, Elberfeld 1830, S. 1-6, S. 11   Auszüge

Es mag billig erscheinen, daß bei der Eröffnung einer neuen Anstalt, den Bewohnern der Stadt, in deren Mitte sie in Wirksamkeit tritt, das Ziel dargelegt werde, welches sie sich zu erreichen vorgesteckt, und der Weg, auf welchem sie zu demselben zu gelangen hofft. Die Verpflichtung zu einer solchen öffentlichen Mittheilung, möchte um so mehr bindend sein, als es sich hier um eine Anstalt handelt, wie sie erst in den neuesten Zeiten das Bedürfniß der fortschreitenden Civilisation hervorgerufen, und die also ihren wesentlichsten Beziehungen nach noch wenig bekannt ist, und sich erst Geltung erwerben muß.

Die Sorge des preußischen Gouvernements für die intellectuelle Bildung der Staatsbürger hat sich bisher besonders auf die Volksschulen, Gymnasien und Universitäten bezogen. Was für diese Anstalten in einem kurzen Zeitraume von Jahren Erfolgreiches geschehen, wird vom In- und Auslande mit hoher Achtung anerkannt. Die Verbesserung und Vermehrung der Gymnasien hatte den Erfolg, daß sich nun auf dem gebahntern Wege zu viele Jünglinge den gelehrten Studien zudrängten, so daß sich besonders in den letztern Jahren die Ueberzeugung ergab, der Staat werde nicht alle, die sich um die Aemter bewerben, welche eine gelehrte Bildung voraussetzen, versorgen können. Dieses, und besonders die erfreuliche Erscheinung der neuern Zeit, daß sich die Gewerbe auf eine Stufe der Vervollkommnung erhoben, wo sie sich der Ergebnisse der exacten Wissenschaften bemächtigen konnten; daß der Handelsverkehr unter den Nationen, wenn auch durch mancherlei Hemmung, die die Staatsklugheit immer mehr wegräumen wird, gebildet, dennoch eine Ausbreitung gewonnen, und aus diesem Grunde für alle Theilnehmenden eine Ausbildung bedingt, wovon man in frühern Zeiten, wenigstens in unseren Gegenden, keinen

375

im Normalfall nur die Gymnasien unterstanden; ab 1834 galt für die höhere Bürgerschule die offizielle Bezeichnung „Realschule". 1830 wurde neben Deutsch, Französisch, Englisch und Italienisch, Mathematik, Technik- und Naturwissenschaften, Schönschreiben und Singen, Religion, Geschichte, Geographie auch Zeichnen unterrichtet. Zu diesem Unterrichtsfach bemerkte Egen: „Der Unterricht im Zeichnen hat den Zweck, die Zöglinge zu befähigen, Plane, Risse oder auch andere Zeichnungen von den Gegenständen selbst aufzunehmen; so wie ferner fremde Zeichnungen zu verstehen und über sie ein richtiges Urtheil zu fällen" (Egen, Ueber die Einrichtung der höhern Bürgerschule in Elberfeld. Ein Bericht, womit die Eröffnung dieser Anstalt auf den 10ten Mai 1830 ankündigt (Peter Kaspar Nikolaus) Egen, Director und Professor, Elberfeld 1830, S. 18). Innerhalb der Arithmetik sollten „auf der 3. Stufe [...] die Regeln der Waaren=, Wechsel= und höhern Zinsrechnung entwickelt [werden][...]. Besondere Rücksicht wird dabei auf das kaufmännische Buchhalten genommen" (ebenda S. 15). Nachdem Egen 1848 als Vortragender Rat ins Handelsministerium und als Direktor des königlichen Gewerbeinstituts nach Berlin berufen worden war, folgte ihm nach Interimsdirektor Förstemann am 5.7.1849 K.E.P. Wackernagel (1800-1878) als Leiter der Schule, der 1859 von J. Carl Fuhlrott (1804-1877) abgelöst wurde.

Gewinn= und Verlustrechnung.

Weil Nutzen und Schaden sich findet im Handel,
Beids wird hier gelehret: durch Rechnen gezeigt;
Wie viel nun der Kaufmann im Handel und Wandel
Pro Cento gewinnet? Verschweigt er, mich deucht.

Aus: Neueröffnete, vollständige, wohlgezierte Rechenstube..., von Servatius Schlyper, Mülheim 1799, S. 139

Begriff hatte; — diese beiden Umstände ließen das Bedürfniß erkennen, eine neue Art von Gymnasien für den Gewerb und Handelsstand, so wie für die Besitzer von größeren Landwirthschaften in das Unterrichtswesen mit aufzunehmen, so daß es diesen achtbaren Ständen, deren hohe Wichtigkeit immer mehr anerkannt wird, möglich gemacht werde, sich die für ihr Geschäft nöthige Ausbildung zu erwerben, und an Wissenschaft und Kunst den innigen Antheil zu nehmen, welcher das Leben der Menschen verschönert, und ihrem Fühlen, Denken und Handeln eine edlere Haltung giebt.

(...)

Es muß natürlich erscheinen, daß nächst der Hauptstadt unsers Staats in den Rhein-Provinzen, wo sich die Gewerbe am kräftigsten entwickeln und der ausgedehnteste Handelsverkehr seinen Sitz hat, das Bedürfniß von Anstalten, worin die Jünglinge, welche an diesem regen Leben einst fördernd Theil nehmen sollen, eine gediegene Bildung erlangen können, am lebhaftesten gefühlt werde. Auch hier ist das erkannte Gute rasch ins Leben getreten. Was wohlmeinende Einsicht der obern Behörden in Vorschlag brachte, hat der Gemeinsinn einer hochachtungswerthen Bürgerschaft angenommen, und ihm die Mittel gewährt, damit es in ihrer Mitte sich entwickeln und bilden könne. So ist die Schule begründet worden, deren Eröffnung durch diese Schrift angezeigt wird, und zu deren Leitung das hochachtbare Zutrauen der hohen und obern Behörden, so wie der verehrten städtischen Schul=Commission mich berufen hat.

Wenn Universitäten und Gymnasien eine Verfassung gegeben werden kann, welche für alle Länder der civilisirten Welt dem Wesentlichen nach dieselbe ist, weil eben Gelehrsamkeit und Wissenschaft überall dieselben sind, und an die Gelehrten überall dieselben Forderungen gestellt werden; so sind die oben bezeichneten neuen Schulen mehr Local=Anstalten, die nach den Verhältnissen und der Lage des Orts, wo sie errichtet werden, ihre Einrichtung erhalten müssen. Die neu entstehende Anstalt soll auf diese Verhältnisse achten, und sich mit ihnen befreunden; sie soll in ihrer Ausbildung den verständigen Stimmen der Bürgerschaft, für deren Interesse sie errichtet wurde, Gehör geben, doch ohne von jeder Ansicht beherrscht zu werden, und auch im Widerstreit mit der wogenden Tagesmeinung der Menge das klar erkannte und erprobte Gute beharrlich fest halten.

* * *

Die neue Anstalt will also für die höheren Gewerbe, für den ausgebreiteteren Handelsverkehr, für den größeren landwirthschaftlichen Betrieb allgemein ausbilden. Sie will vorzugsweise für das Leben lehren, ohne jedoch für einen ganz abgeschlossenen Kreis der bürgerlichen Thätigkeit vorbereiten, ohne also eine Spezial=Schule für irgend ein Fach sein zu wollen. Es bleiben ihr demnach alle speculativen Wissenschaften, alle Sprachkenntnisse, die um ihrer selbst willen betrieben werden, alle Tendenz der eigentlichen Gelehrten=Bildung fremd. Es soll hier aber das bürgerliche Leben in einer höheren Bedeutung aufgefaßt werden. Die Ausbildung für dasselbe soll keine Abrichtung für das Handwerk, sei es auch das vornehmere, sein. Sie soll nicht bloß das berücksichtigen, was als Fertigkeit oder Wissen so fort klingende Zinsen trägt. Eine allgemeine und tüchtige Vorbereitung für die Wirksamkeit des gereifteren Mannes bleibt zwar ihr Haupt=Ziel. Aber die Anstalt will durch diese Vorbereitung die Seelenkräfte ihrer Zöglinge harmonisch entwickeln. Sie will den geistigen Gesichtskreis in solchen Dingen, die zu wissen und wissenswerth sind, erweitern. Sie will eine lebendige Theilnahme an Wissenschaft und Kunst vermitteln, und zwar in solchen Disciplinen der Wissenschaft, und in solchen Theilen des großen Kunstgebiets, welche sich dem Leben am nächsten anschließen und sich mit ihm befreunden, damit nicht Ueberspannung der Bildung von dem Berufe abziehe, und diesen verächtlich erscheinen lasse. Endlich will die Anstalt ihre Zöglinge an eine thätige, geregelte, das Gesetz achtende Lebensordnung gewöhnen; sie will ihnen Sinn für das Gemeinnützige, für Wahrheit und Recht, für alles Edle und Hohe einflößen; sie will sie zu bürgerlichen Tugenden, und was die Krone von Allem ist, für das wahre Christenthum erziehen.

(...)

Möge es der Anstalt gelingen, den thatsächlichen Beweis zu führen, daß die von ihr entlassenen, etwa 17—18jährigen Jünglinge, welche alle Cursus absolvirt haben, auch für das Geschäftsleben so vorgebildet sind, daß sie nach einer 2 bis 3jährigen einübenden Lehrzeit, als gewandte tüchtige Geschäftsmänner gelten können. Die Gewerbe stehen jetzt auf einem zu hohen Punkte, und der Handelsverkehr hat sich zu sehr entfaltet, als daß eine handwerksmäßige Aneignung ihrer Verrichtungen auf die Dauer ausreichen könnte. Daß der Geschäftsmann alle Arbeiten seines Betriebs im Einzelnen genau kennen müsse, ist gewiß eine sehr weise Forderung, von welcher abzugehen man nie zu vornehm werden sollte. Aber man sehe diese Forderung nicht als die Hauptforderung, oder gar als die einzige an. Wer mit gewecktem Geiste, mit geschärfter Beobachtungsgabe, mit heller

Einsicht an die Einübung geht, wird bald das Handwerk überbieten. Ternaur hat wahrscheinlich mehr in seiner Jugend gethan, als Packen, Kettenscheeren und Weben, und die Tuchfabrikanten der heimischen Gegend, welche nach der löblichen Sitte der Väter ihr Gewerbe vom Zurichten der Wolle an bis zum Appretiren des Tuchs practisch erlernten, haben sich in neuerer Zeit von den Ausländern müssen unterrichten lassen, unter denen diese löbliche Sitte nicht so gebräuchlich ist, bei denen aber naturwissenschaftliche und mathematische Kenntnisse im gleichen Grade, wie bei uns die Buchgelehrsamkeit, verbreitet sind. Doch das Gute muß sich selbst Bahn brechen, und im Leben erproben. Es läßt sich nicht erwarten, daß eine seit langen Jahren bestehende Einrichtung sogleich könne verlassen werden. Umsichtige, denkende Väter werden das Bessere prüfen, und nicht darum das Gebräuchliche beibehalten wissen wollen, weil es einen so langen Bestand gehabt und bisher bewährt befunden worden. Der Verkehr unter den Menschen wogt, gleich Meeresströmungen auf und nieder schwankend, seinem Ziele zu. Die Fluthen des bewegten Oceans lassen sich durch keine menschliche Macht an einzelnen Orten hemmen; sie tragen das Schiff des geübten Steuermanns ruhig auf ihrem Rücken dahin, während sie die starren Ufer des widerstrebenden Eilands untergraben und zertrümmern.

(...)

Allgemeiner Lectionsplan.

Namen der Lehrgegenstände	Anzahl der wöchentlichen Stunden				Summe der wöchentlichen Stunden für jeden Gegenstand.
	IV	III	II	I	
a) **Wissenschaften**					
Religion.	2	2	2	2	8
Geschichte und Geographie.	4	4	4	4	16
Naturwissenschaften.	3	4	4	4	15
Mathematische Wissenschaften.	8	7	6	6	27
Technische Wissenschaften.	—	1	2	2	5
b) **Sprachen**					
Deutsch.	5	3	3	3	14
Französisch.	6	5	4	4	19
Englisch.	—	3	3	3	9
Italienisch.	—	—	3	3	6
c) **Kunstfertigkeiten**					
Zeichnen.	3	3	2	2	10
Schönschreiben.	3	2	2	2	9
Singen.	2	2	1	1	6
Summa	36	36	36	36	144

6) A, B, C treten in einen Kompagniehandel, A legt ein 1000 Thl. und handelt damit 2 Jahre, B 1200 Thl. auf 18 Monate, C 1600 Thl. auf 1¼ Jahr. Sie gewinnen damit 1450 Thl.; wie viel erhält jeder vom Gewinn?

Aufl. A legt ein 1000 Thl. auf 2 Jahr = 2000 auf 1 Jahr ⎫
    B   : 1200   : 1½ : = 1800   ⎬ Normaltheile.
    C   : 1600   : 1¼ : = 2000   ⎭
                                     5800 das Normalganze

Dividirt man die Normaltheile mit 100, so erhält man 20, 18, 20; ihre Summe ist 58. Auf jeden Normaltheil kommen daher $^{1450}/_{58}$ = 25 Thl. Gewinn, und A erhält also 20 × 25 = 500, B 18 × 25 = 450, C 20 × 25 = 500.

Anmerkung. Daß die zusammengesetzte Gesellschaftsrechnung, außer gemeinschaftlichen Unternehmungen, auch in anderen Fällen ihre Anwendung findet, wird folgende Aufgabe darthun.

Rechenaufgabe, in:
Methodisches Handbuch für den Gesammt=
Unterricht im Rechnen.
Von Dr. F.A.W. Diesterweg und P. Heuser.
Zweite Abtheilung, bearbeitet von P. Heuser,
Elberfeld 1845, S. 99

Kommentar 35 und 36
Bereits 1806 leitete Friederike Teichmüller in Elberfeld ein Pensionat für auswärtige Kaufmannstöchter sowie ein Institut für Mädchen, in dem die Elementarfächer und Französisch, Tanz und Musik gelehrt wurden. Am 1.10.1817 übernahm Carl Ludwig Theodor Lieth (gest. 1853) das seit 1806 von Lehrer Pabst geführte Institut und eröffnete eine Töchterschule mit 15 Schülerinnen. In einem Bericht vom 23.12.1841 hieß es über die Lieth'sche Schule, sie sei eine „Anstalt für hiesige und auswärtige Mädchen der gebildeten Stände, in welcher die Kinder für das Leben in ihren Familienkreisen geistig, gemüthlich und technisch vorbereitet werden" sollten (SAW L II 223). 1828 gründete die Kaufmannswitwe Antoinette Beckmann eine „Schule für Mädchen", die 1836 von ihrem Schwiegersohn Friedländer übernommen wurde. Während die 1833 von der Witwe Krause eröffnete katholische höhere Töchterschule mit 19 Schülerinnen ebenso wie das 1835 von Fräulein d'Anthoin ins Leben gerufene Pensionat bis 1841 eingingen bzw. unbedeutend wurden, hatte Lieth 1830 62 Schülerinnen, von deren Vätern 34 der Kaufmannsschicht angehörten, der Rest verteilte sich auf Pfarrer, Ärzte und Lehrer. Das Institut Beckmann (auch Beeckmann) hatte zur gleichen Zeit 70 Schülerinnen, von deren Vätern waren 26 Kaufleute und 14 Handwerker. In einem Brief an die Schulkommission aus dem Jahr 1832, in dem es um Einrichtung eines billigeren Instituts ging, hieß es über die Töchterschulen Lieth und Beckmann, sie seien „für die mittlere Bürgerklasse zu kostspielig" und „erfüllen [...] deshalb auch nur ihren Zweck für die reiche und wohlhabende Bürgerklasse" (SAW L II 222). Da im Schulreorganisationsplan von 1829 eine städtische Töchterschule vorgesehen, jedoch als zu kostenintensiv abgelehnt worden war, wählte die Elberfelder Schulkommission erst 1841 ein Komitee für die Gründung einer städtischen Mädchenschule, das Berichte von den bestehenden Töchterschulen erbat. In diesem Zusammenhang steht Quelle 35. Mit dem 1.4.1845 übernahm die städtische Schulkommission mit Zustimmung des Stadtrates die ehemalige private Töchterschule Lieth als städtische höhere Töchterschule, die mit 63 Schülerinnen eröffnete und bis 1847 auf 101 Schülerinnen anwuchs. Das weiterhin als Privatschule bestehende Institut Friedländer hatte 1847 143 Schülerinnen und löste sich erst 1875 auf.

An der städtischen Töchterschule unterrichteten außer dem Leiter Richard Schornstein ein Lehrer (August Schlupkoten), zwei Lehrerinnen (Olympe Clerc und Helene Henn) sowie der Hilfslehrer D'Egger. Schornstein formulierte in der Einladung zur ersten

Quelle 35
Bericht des Leiters Friedländer über die B[e]eckmannsche Lehranstalt
SAW L II 223 14.12.1841 handschriftlich Auszüge

Anstalten dieser Art, in deren Absicht es nicht liegen kann, eine bloße Vorbereitung zu späterem wissenschaftlichen Leben, noch eine gewisse Befähigung zu einer bürgerlichen Stellung zu geben, werden ihr Ziel in der Bildung des weiblichen Geschlechts überhaupt finden. Ihrem Wesen nach sind sie hauptsächlich Erziehungsanstalten, und selbst der Unterricht soll teilweise dazu dienen, diesen Charakter bestimmter hervortreten zu lassen. Dieser Auffassung zufolge, kann der Standpunkt einer Mädchenschule kein andrer, als der christlich=religiöse sein, und ihre Bestrebungen, so sehr sie auch auseinander zu laufen scheinen, werden doch in diesem Punkte zusammentreffen müssen. Durch den Religionsunterricht, durch Gebet und Gesang, durch den Unterricht in Geschichte, durch Schulfeste u.s.w. soll die Innerlichkeit des weiblichen Wesens eine feste Richtung erhalten. Bildung des Gemüthes, Weckung wahrer Frömmigkeit und Gottesfurcht, dieß der Inbegriff von der Wirksamkeit der Anstalt.

Die zukünftigen Beziehungen des heranwachsenden Mädchens machen es jedoch bei der gegenwärtigen Gestaltung des Lebens dringend nothwendig, daß zur Gemüthsbildung eine entsprechende Entwickelung der geistigen Fähigkeiten trete. Die Nothwendigkeit einer solchen harmonischen Ausbildung der ihr anvertrauten Jugend erkennt auch unsre Anstalt und sie nimmt ernstlich bedacht, daß die intellectuellen Kräfte der Mädchen an geeignetem Stoffe entwickelt und geübt werden. Diese Bestrebungen verfolgt sie jedoch keineswegs, wie Manche es für nothwendig halten, auf eine tändelnde, dem Ernste der Wissenschaft zu nahe tretende Weise, sie erkennt im Gegentheile in dem Ernste eines ununterbrochenen, kräftig anregenden Unterrichts ein wichtiges Erziehungsmoment für Schulen dieser Art, ein wirksames Mittel, um einer überhand nehmenden Oberflächlichkeit, Flatterhaftigkeit des Sinnes vorzubeugen. Von solchen Grundsätzen geleitet, suchen wir durch methodisch geordneten, in das Wesen der Sache einführenden Sprachunterricht Selbstdenken, Klarheit des Begriffes, Fähigkeit und Gewandtheit des Ausdrucks zu erzielen. Durch den Unterricht in der Muttersprache sollen die Schülerinnen nicht allein mit den Regeln, sondern mit den Gesetzen des denkenden Geistes, die sich in denselben manifestiren, bekannt gemacht werden. Außerdem sollen sie im Stande sein, jeden Klassiker mit Nutzen zu lesen und sich mündlich, wie schriftlich fließend und gewandt auszudrücken. Von anerkannter Wichtigkeit für die formale Bildung der Jugend ist die Erlernung fremder Sprachen durch die häufigen Beziehungen zur Muttersprache, zur Geschichte der Völker, welchen sie angehören, durch ihre Literatur. Wir sehen deßhalb unser Ziel für den Unterricht im Französischen in einer möglichst vollständigen Kenntniß dieses Idioms, in einer gründlichen Aneignung des theoretischen und praktischen Theiles dieser Sprache: Grammatik, reine Aussprache, Lesen von Klassikern, mündlicher und schriftlicher Ausdruck. Dasselbe gilt auch von dem Unterrichte im Englischen, jedoch ist die Theilnahme an demselben dem Ermessen der Eltern anheimgestellt. Es versteht sich von selbst, daß die Unterrichtsmethode für die genannten, wie für die übrigen Unterrichtszweige, als: Erdbeschreibung, Naturkunde, Naturlehre und Rechnen, deren formale und materielle Bedeutung die Anstalt ebenfalls erkennt, sich genau an den Gegenstand und das Alter der Kinder anschließen muß, wenn die beabsichtigte Wirkung erreicht werden soll. Im Allgemeinen ist die Methode entwickelnd, anregend; sie soll nicht so sehr geben, als finden lassen, sie soll kräftigen, selbstständig machen.

Folgende Lehrbücher sind in der Anstalt in Gebrauch:
<u>Klasse I</u>. Im Religionsunterrichte wird die Bibel gebraucht; Heuser's Jugendfreund 2. Theil, Handbuch der französischen Sprache und Literatur von Ideler und Nolte, 1. Theil, die Prosaiker enthaltend;
Kohlrausch's chronologischer Abriß der Weltgeschichte,
Stieler's Schulatlas,
Heuser's Rechenbuch,
60 deutsche Lieder, 1. und 2. Theil
<u>Klasse II</u>. Biblische Historien von Rauschenbusch,
Heuser's Jugendfreund 1. und 2. Theil,
Heuser's historischer Abriß,
dessen Rechenbuch, 1. Theil,
Französisches Lesebuch von Peters und Weyden,

öffentlichen Schulprüfung am 18. und 19.12.1845 als Ziel der Schule die Erziehung der Schülerinnen zu „Mädchen von frommer, edler Gesinnung und gebildetem Geiste" (zit. nach Wittmütz, a.a.O., S. 272). Von insgesamt für alle Klassen erteilten 124 Unterrichtsstunden entfielen auf Handarbeiten, Gesang, Zeichnen, Schreiben und Religion 60 Stunden.

Stieler's Schulatlas,
deutsche Dichtungen, 2. Theil,
60 deutsche Lieder, 1. und 2. Theil.
Klasse III. Heuser's Jugendfreund, 1. Theil,
Schifflin's Anleitung 1. Theil
Heuser's Rechenbuch für Töchterschulen,
deutsche Dichtungen, 1. Theil
Klasse IV. Heuser's Jugendfreund, 1. Theil
deutsche Dichtungen, 1. Theil,
Lieth's Elementarbüchlein.
Lehrmittel der Anstalt: Landkarten, Globus, eine Sammlung ausgestopfter Vögel, eine Mineralien= und Conchiliensammlung, Abbildungen vierfüßiger Thiere, Wandtafeln, Schulvorschriften und Vorlageblätter zum Zeichnen.
Schulgesetze sind bei uns nicht geschrieben vorhanden, nichts desto weniger dürfen wir versichern, daß Ordnung und Regelmäßigkeit in der Anstalt herrschen. Wir stimmen keinesweges für Einführung von Gesetztafeln in Mädchenschulen, sind vielmehr der Ansicht, daß in ähnlichen Anstalten nicht äußerer Zwang, sondern eine auf Pietät beruhende, durch die Persönlichkeit des Lehrers bedingte Freiwilligkeit das Verhalten der Jugend bestimmen müsse.
[...]
Das Schulgeld wird in vierteljährlicher Vorausbezahlung erhoben, und zwar:
4 Thaler für Klasse III und IV,
6 "   "   "   II,
8 "   "   "   I.
[...]

Quelle 36
Eröffnung der städtischen höheren Töchterschule,
in: Täglicher Anzeiger Nr. 69 vom 23.3.1845

(2278) **Städtische höhere Töchterschule.**
Die von dem Herrn Direktor Lieth bisher geleitete Privat-Töchterschule ist mit Genehmigung Königlicher Hochlöblicher Regierung von der städtischen Schulkommission dahier übernommen und wird, nachdem sie neu organisirt worden, als städtische Töchterschule in dem bisherigen Lokale am nächsten 1. April eröffnet. Die städtische Schulkommission hat es sich angelegen sein lassen, tüchtige und geeignete Lehrerkräfte für dieselbe zu gewinnen, und für eine zweckmäßige Anordnung des Unterrichtes Sorge getragen. Es werden 4 Hauptklassen eingerichtet, von denen die 4. in 26 wöchentlichen Stunden die kleineren Mädchen besonders mit den Elementargegenständen beschäftigt, und in ihrer ersten Abtheilung zur Erleichterung des spätern Lernens, den französischen Sprachunterricht beginnt. In den übrigen Klassen wird ein stufenweise geordneter Unterricht in den für

Gott zum Gruß, verehrter Jubelgreis!
In der Schülerinnen buntem Kreis
Stehst Du vor uns, rüstig, unerschlafft,
Noch in Jünglingsmuth und Manneskraft.

O, wol magst Du freudig um Dich schau'n!
Mädchen, holde Jungfrau'n, edle Frau'n
Bringen Dir, der Allen Lehrer war,
Einen Gruß aus vollem Herzen dar!

Jubiläumsgedicht für Lehrer Lieth 1842
(Auszug, SAW L II 222)

379

die Ausbildung der Mädchen geeigneten Wissenschaften: der Religion, der Geschichte und Geographie, Naturwissenschaft, in der deutschen Sprache und Literatur, in der französischen Sprache und Conversation, so wie in den Elementargegenständen und den weiblichen Handarbeiten ertheilt. Damit die französische Conversation um so anhaltender und leichter geübt werde, ist eine Lehrerin aus der französischen Schweiz für die Anstalt berufen worden. Das Schulgeld beträgt in Klasse IV. 20 Thlr.; in Klasse III., bei 32 wöchentlichen Unterrichtsstunden, 30 Thlr.; in Klasse II, bei 35 wöchentlichen Unterrichtsstunden, 36 Thlr, und in Klasse I., wo ebenfalls 35 Unterrichtsstunden wöchentlich ertheilt werden, 42 Thlr. jährlich, und ist quartaliter zu entrichten.

Zur Anmeldung neuer Schülerinnen wollen sich die Eltern und Pflegeeltern gefälligst an den im Schulgebäude wohnenden Herrn Direktor **Schornstein** in den letzten Tagen der Ferien am 29. und 31. März wenden.

Elberfeld, den 22. März 1845.
Der Präses der städt. Schulkommission,
Oberbürgermeister:
v. Carnap.

Auszug aus dem Schülerinnenverzeichnis der Liethschen Töchterschule 1843 (SAW L II 223)

Ausgewählte Literatur

Beeck, Karl-Hermann, Friedrich Wilhelm Dörpfeld - Anpassung im Zwiespalt. Seine politisch-sozialen Auffassungen, Neuwied/Berlin 1975

Bouterwek, Karl Wilhelm, Geschichte der Lateinischen Schule zu Elberfeld und des aus dieser erwachsenen Gymnasiums, Elberfeld 1865

Carnap, Anna, Friedrich Wilhelm Dörpfeld. Aus seinem Leben und Wirken, 2. Auflage, Gütersloh 1903

Goebel, Klaus, Schule im Schatten. Die Volksschule in den Industriestädten des Wuppertals und seiner niederbergischen Umgebung um 1850, Wuppertal 1978

Henke, Oskar, Chronik des Gymnasiums zu Barmen, 1. Teil: Geschichte und Entwicklung der Schule, Barmen 1890

Hintzmann, Ernst, Oberrealschule in Elberfeld. Zur Geschichte der Schule. Festschrift zum 75jährigen Bestehen der Anstalt, Elberfeld 1900

Jorde, Fritz, Geschichte der Schulen von Elberfeld mit besonderer Berücksichtigung des ältesten Schulwesens, Elberfeld 1903

Schacht, Ludwig, Die Realschule zu Elberfeld von ihrer Gründung bis zur Gegenwart, Elberfeld 1880

Tiemann, Dieter, Vom „Instrument" der Kirchen zum „Objekt" staatlicher Verwaltung: Das Schulwesen des Wuppertales in der Entstehungskrise der Industriegesellschaft, in: Karl-Hermann Beeck (Hrsg.), Gründerzeit. Versuch einer Grenzbestimmung im Wuppertal, Köln 1984, S. 125-158

Wittmütz, Volkmar, Friedrich Engels in der Barmer Stadtschule 1829-1834, in: Nachrichten aus dem Engels-Haus 3/1980, S. 53-79

Wittmütz, Volkmar, Schule der Bürger. Die höhere Schule im Wuppertal 1800-1850, Wuppertal 1981

Entwicklung und Wirkungsweise der bürgerlichen Armenpflege Elberfelds

Im folgenden Kapitel sollen die Entwicklung der Organisationsformen der bürgerlichen Armenpflege Elberfelds, ihre Ziele und deren Umsetzung sowie ihre Probleme dokumentiert werden. Diese Schwerpunktsetzung bedeutet, daß weder Quellen zur kirchlichen Armenpflege, noch solche zur Barmer Entwicklung berücksichtigt wurden. Bürgerliche Armenpflege als eine spezifische, von der kirchlichen Diakonie im Aufbau und in der Wirkungsweise unterschiedene Form des Umgangs mit sozialen Problemen, entwickelte sich in der 1. Hälfte des 19. Jhdts. in Elberfeld als Reaktion auf einen Wandlungsprozeß, innerhalb dessen sich die vorindustrielle „alte" Armut zum frühindustriellen massenhaften „Pauperismus" und zur „Sozialen Frage" nicht nur quantitativ, sondern auch qualitativ veränderte. Die Versuche, die neuen Probleme zu lösen, äußerten sich in verschiedenen Organisationsformen. Das folgende Kapitel ist nach der Abfolge dieser sich wandelnden Organisationsformen in Elberfeld aufgebaut: Das erste Unterkapitel ist der von Jakob Aders gegründeten „Allgemeinen Armen=Anstalt" von 1800 gewidmet, der im zweiten Abschnitt die „Central=Wohlthätigkeitsanstalt" von 1818 folgt, im dritten Unterkapitel geht es um das 1853 von Daniel von der Heydt und anderen initiierte „Elberfelder System". Der äußeren Struktur der bürgerlichen Armenpflege lagen immer auch die Auffassungen ihrer Gründer und Verwalter von Staat, Gesellschaft und Wirtschaft zugrunde, die die Definition von Armut, die Diagnose ihrer Ursachen und die darauf basierenden Zielformulierungen bestimmten sowie die Art des Umgangs mit dem einzelnen Armen festlegten. Die in diesem Kapitel zusammengestellten Quellen sollen daher neben der Veränderung der Organisationsformen auch die Einstellungen und Handlungsweisen der Verwalter, Direktoren, Bezirksvorsteher und Armenpfleger sowie die der „Armen" selbst dokumentieren.

Verzeichnis der Quellen zum Kapitel: „Entwicklung und Wirkungsweise der bürgerlichen Armenpflege Elberfelds"

1. Die Elberfelder Allgemeine Armenanstalt 1800-1816

- Q 1: Auszug aus dem Bericht der Allgemeinen Armenanstalt (1801)
- Q 2: Verfügung gegen die Straßenbettelei (1802)
- Q 3: Referat über das Amt des Quartiervorstehers (1802)
- Q 4: Auszüge aus einem Abhörungsbogen für Arme (1801)
- Q 5: Antrag auf Bestrafung „frecher" Armer (1807)
- Q 6: Leumundszeugnis für die Eheleute Gabriel Keller (1814)
- Q 7: Bilanz der Allgemeinen Armenanstalt (1804)
- Q 8: Öffentlicher Aufruf bezüglich der Armensteuer (1814)
- Q 9: Einnahmen und Ausgaben der Armenanstalt (1816)
- Q 10: Rechnung für die Rumfordsche Armensuppe (1816)
- Q 11: Aus dem Bericht über die Armenanstalt (1816)
- Q 12: Brief über die Finanznot der Armenanstalt (1816)

2. Die Central-Wohltätigkeitsanstalt 1818-1853

- Q 13: Bericht des Polizeiinspektors Holthausen (1819)
- Q 14: Fall des Seidenwebers Drube (1819)
- Q 15: Bericht über den Bettler Jacob Meyer (1820)
- Q 16: Adresse an die Bürgerschaft (1827)
- Q 17: Fall des Heinrich Gabriel Gilhausen (1826/27)
- Q 18: Bericht über eine Bettlerjagd (1831)
- Q 19: Bericht über die Familie Kötting (1835)
- Q 20: Verzeichnis der Hilfsprovisoren (1841)
- Q 21: Artikel im Täglichen Anzeiger (1843)
- Q 22: Abhörbogen für Familie Schütz (1844)
- Q 23: Hausordnung für das allgemeine Armenhaus (1843)
- Q 24: Bericht über bettelnde Kinder (1847)
- Q 25: Anweisung des Beigeordneten Blank (1849)
- Q 26: Brief der Witwe Budde (1850)
- Q 27: Denkschrift bezüglich des Armenwesens (1850)
- Q 28: Bittbrief an den Oberbürgermeister (1851)

3. Das Elberfelder System 1853-1919

- Q 29: Referat des Oberbürgermeisters Lischke (1881)
- Q 30: Verpflichtung der Armenpfleger (1886)
- Q 31: Antragsformulare (1861)
- Q 32: Statistisches Material (1853/1864)
- Q 33: Beschwerdebrief (1876)

1. Die Elberfelder Allgemeine Armenanstalt 1800-1816

Kommentar 1

Bis zum Ende des 18. Jhdts. lag die Armenpflege bei den Provisoraten der Kirchengemeinden; eine bürgerliche Organisation zur Armenversorgung existierte nicht. Die Folgen der französischen Revolutionskriege - Stockung des Handels nach Frankreich, französische Einquartierungen, Plünderungen etc. - führten zu einer wirtschaftlichen Krise in den 90er Jahren. Die daraus resultierende Arbeitslosigkeit wurde durch eine Teuerung verschärft, die durch die Mißernte des Jahres 1794 entstanden war. Die Armut und die damit verbundene Bettelei nahmen ein Ausmaß an, dem die kirchliche Armenpflege nicht mehr gewachsen war.

In dieser Situation schlug der Bürgermeister und Kaufmann Jakob Aders 1799 die Einrichtung einer bürgerlichen Armenpflege nach dem Muster der „Hamburgischen Armenanstalt" (1788) vor; ein der landesherrlichen Regierung eingereichter Plan wurde im Februar 1800 genehmigt, und die Elberfelder Armenanstalt installiert.

An der Spitze der Elberfelder Allgemeinen Armenanstalt standen zunächst sechs, ab 1801 12 Verwalter, die von Magistrat und Beerbten gewählt wurden. An den Sitzungen der Verwaltung nahmen daneben noch ein Magistratsmitglied und Abgeordnete der drei Kirchengemeinden teil. Die Stadt wurde in acht Bezirke zu je vier Quartieren eingeteilt; jedes der Quartiere wurde einem Quartiervorsteher oder Pfleger zugewiesen, der die Armen regelmäßig zu besuchen hatte. Aus den 12 Verwaltern wurden 8 Bezirksvorsteher gewählt, die übrigen 4 Verwalter führten die Aufsicht über die Finanzen der Einrichtung sowie über deren Zweiganstalten Armenhaus und Armenschule, später auch über die Suppenanstalt. Jeder Bürger war bei Androhung einer Geldstrafe von 100 Reichstalern verpflichtet, die Wahl zur ehrenamtlichen Tätigkeit eines Verwalters oder Quartiervorstehers anzunehmen; nur in begründeten Ausnahmefällen konnte das Amt abgelehnt werden.

Zur Finanzierung der Einrichtung war jeder Bürger Elberfelds aufgerufen, freiwillig einen bestimmten Betrag auf ein Jahr festzulegen, der wöchentlich eingesammelt wurde.

Die von seiten der Allgemeinen Armenanstalt vorgeschlagene Vereinigung der bürgerlichen Armenpflege mit der kirchlichen kam nicht zustande; kirchliche und bürgerliche Organisationen bestanden bis zum Ende der Allgemeinen Armenanstalt (1816), das vorrangig durch Finanznöte bedingt war, nebeneinander, da die Kirchengemeinden den biblisch begründeten Auftrag zur Versorgung der

Quelle 1

„Die Vorsteher des allgemeinen Armen=Instituts an ihre Mitbürger im Januar 1801"

HStAD Best. Großherzogtum Berg   Nr. 4738   S. 1-7   Auszug

Als am Anfange des vorigen Jahres Eure Wahl uns an die Spitze der neuen Armenanstalt rief, fühlten wir zwar das Ehrende eines solchen Zutrauens in seinem ganzen Umfange, aber zugleich fühlten wir auch die vielen Pflichten, die hohe Verantwortlichkeit, die Ihr uns dadurch auflegtet, und die große Menge von Schwierigkeiten und Hinderrnißen, die sich uns bey so vielen ungünstigen Zeit= und Lokal=Umständen hier in den Weg stellen würden. — Und nur das Vertrauen auf die thätige Theilnahme unserer Mitbürger, auf die gute Sache des Unternehmens, und auf den Beystand Dessen, Der es dem ernsten, redlichen Willen zu einer guten That nie an Kräften und Mitteln zum Vollbringen fehlen läßt, konnte unsern Muth bey'm Anfange dieses wichtigen und schwierigen Werkes stärken und erhalten.

Die ersten Schritte sind nun gethan, die ersten Schwierigkeiten aus dem Wege geräumt, und die seichten Einwürfe, womit eine kleine Anzahl Menschen, der Eine aus Geiz und Gefühllosigkeit, der Andere aus Eigensinn oder Unverstand, ein Dritter aus Bequemlichkeit und Widerwillen gegen jede mit einiger Mühe und Anstrengung verbundene Neuerung, diesem Unternehmen entgegen zu wirken suchten, durch den Erfolg widerlegt.] *)

Die Straßenbetteley, diese Pflanzschule der Müßiggänger und der Verbrecher aller Art, diese Hauptquelle der moralischen Versunkenheit und Unverbesserlichkeit der niedern Volksklassen, ist ganz aus unserm Orte verbannt und viele unserer Mitbürger werden sich schon allein dadurch für das kleine Opfer ihres wöchentlichen Beytrags hinlänglich entschädigt fühlen, daß das zahllose Heer der Landstreicher und Tagediebe der ganzen Gegend nicht mehr die Straßen überschwemmt, ihre Thüren belagert, und ihre Wohlthätigkeit mehr ertrotzt als erbettelt — daß der unglückliche, mit schmerzlichen oder eckelhaften Gebrechen behaftete Theil dieser Klasse nur mehr Ihrer Milde genießt, ohne daß durch den, sonst täglich und stündlich wiederkehrenden Anblick

Armen nicht aufgeben wollten und einer Zentralisierung der Gelder daher nicht zustimmten.

Bei dem in Quelle 1 wiedergegebenen Text handelt es sich um Auszüge aus dem ersten Tätigkeitsbericht der Verwalter der Allgemeinen Armenanstalt.

dieser Uebel, Ihr menschliches Gefühl ohne Noth in unangenehme Bewegung gesetzt wird?*)

Schon sind mehrere Freyschulen angelegt, in denen die Kinder der Armen, aller drey Religionen im Lesen, Rechnen, Schreiben und jenen allgemeinen Grundsätzen des Christenthums unterwiesen werden, die dem Catholiken wie dem Protestanten wahr und ehrwürdig sind. In diesen Schulen genießen bereits mehr als zweyhundert Kinder eines Unterrichts, der den Saamen beßerer Gesinnungen in ihre noch dafür empfängliche Herzen streut, der ihre Fähigkeiten entwickelt, ihre Begriffe bildet und erweitert, ihr Ehrgefühl und ihr Selbstvertrauen weckt, und sie so zu einem nützlichen Leben vorbereitet. 3

Durch diese Schulen sind jeden Sonntag mehr als zweyhundert Kinder unter der Aufsicht rechtschaffener Lehrer versammelt, die sonst an diesem Tage der Ruhe, in frecher zügelloser Wildheit, die Straßen durchtobten, und mit ihrem Unfug die ganze Stadt erfüllten.

Endlich ist durch den zweymal persönlich von uns angestellten Hausbesuch bey den Armen, die unumgänglich nöthige Klaßifikation derselben, nach dem Grade ihrer Armuth, ihrer Hülfsbedürftigkeit und Arbeitsfähigkeit, nicht nur vorbereitet, sondern sogar ziemlich weit gebracht worden. —

Euch das alles in einem treuen, ungekünstelten Gemälde darzustellen, was wir auf dieser traurigen Wanderung durch die Wohnungen des Elends und des Jammers sahen, hörten und empfanden, vermag unsere Sprache nicht und würde das Herz manches unserer so menschlich fühlenden Mitbürgers zu tief und zu schmerzhaft verwunden. Nur den unsinnigen Verschwender, den fühllosen Geizhals wünschen wir einmal für einen Augenblick auf jenen jammervollen Schauplatz führen zu können, wo sein Bruder, sein oft beßerer Bruder, ohne Hülfe, ohne Trost, ohne Hofnung, selbst ohne Theilnahme, mit Leiden ringt, die nie in seine Vorstellung gekommen sind; Ihm wünschten wir den alten, kranken Greis zeigen zu können, der in dem dunkeln Winkel eines tiefen Kellers ohne Decke, fast ohne Kleidung auf der nackten, kalten, feuchten Erde, auf einem halbverfaulten Lager von Laub und Hobelspänen lag, und hier ohne Trost und ohne Erquickung seinem nahen Tode entgegen sah. — In sein Ohr mögten wir das erschütternde klägliche Gewinsel jenes unschuldigen Geschöpfs bringen, das, ein trauriges frühes Opfer der Armuth und der Verwahrlosung, noch lebend schon mit der Verwesung kämpfte; das in dem Augenblick wo wir es fanden, von aller menschlichen Hülfe verlaßen, in einem leeren Zimmer jämmerlich stöhnend auf dem harten Tische lag, der mit Würmern bedeckt war, die überall aus seinem Körper hervorkamen.

Verzeiht uns, gefühlvolle Leser, wenn euer weiches Herz durch die Schilderung dieser beynahe gräßlichen, schauderhaften aber buchstäblich wahren Scenen zu heftig erschüttert wurde! Nicht für Euch, sondern für jene Menschen steht sie da, deren Gefühl durch keine sanftere Berührungen mehr in Bewegung gesetzt werden kann!

Euch, Ihr Edlen, sagen wir es zum Trost und zur Freude, daß durch Eure Gaben zwar nicht alle, aber doch viele Thränen getrocknet worden sind, daß Ihr viel Hungrige gespeist, viele Nackende gekleidet, viele Kranke gestärkt und erquickt habt. Wir sagen's Euch zur Aufmunterung und zur Freude, daß manche unglückliche Familie von uns entdeckt worden ist, die einst Wohlstand und Lebensglück mit Manchem unter Euch theilte, und nun schon Jahrelang in der traurigsten Verlaßenheit schmachtete, weil Mangel an Vertrauen, oder falsche Schaam sie zurückhielt, an der gewöhnlichen Quelle Hülfe und Unterstützung zu suchen; — daß diese Unglückliche nun auch des Seegens Eurer Wohlthätigkeit sich freuen, und im Stillen für Euch dankbare Hände zu Gott empor heben.

Dieses, theure Mitbürger, sind die Früchte des ersten Jahres.

Vieles ist schon gethan, aber mehr, viel mehr als noch gethan ist, bleibt für uns, unsere künftige Nachfolger und Mitarbeiter noch zu thun übrig, wenn Eure Stiftung fortdauern und das werden soll, was sie ihrer eigentlichen Bestimmung nach werden muß und bey den großen Mitteln unseres Orts, werden kann.

War die Abschaffung der Straßenbetteley einer der ersten Zwecke, worauf hingearbeitet werden mußte, so darf er von der Anstalt selbst, doch nur als untergeordneter angesehen werden, und ihre Hauptwirksamkeit muß nun dahin zielen, daß künftig nur dem durch Krankheit oder Alter ganz unvermögenden Armen, der Seegen Eurer Wohlthätigkeit zu Theil werde, dem vorsätzlichen, arbeitsfähigen Müßiggänger aber Mittel an die Hand gegeben werden, sich seinen Unterhalt, wo nicht ganz, doch zum Theil selbst erwerben zu können. Solange auf diesen Zweck nicht hingearbeitet wird, geht von den Früchten dieser schönen, menschenfreundlichen Anstalt ein großer Theil dadurch verloren, daß sie an Unwürdige verschwendet und ehender eine Ursache ihrer moralischen Verschlimmerung, **als ein Mittel zu ihrer Beßerung werden.**

Die allen niedern Volksklassen fast angeborne Sorglosigkeit für ihr Fortkommen, wird durch die Gewisheit einer unbedingten Unterstützung unterhalten und bestärkt, die Zahl der Hülfesuchenden und Bedürfenden von Jahr zu Jahr vergrößert, und zuletzt weit über unsre Hülfsmittel hinaus vermehrt werden.

Ferner wird es alle Wachsamkeit unserer Polizey nicht verhindern können, daß alles müßige und schlechte Gesindel des ganzen Landes, durch den Ruf unserer Grosmuth herbeygelockt, sich allmählig bey uns einniste, die Quellen unserer Wohlthätigkeit erschöpfen, und die Anstalt selbst noch im Keim zerstören helfe.

Was nun, diesen Uebeln vorzubeugen, alle Verordnungen der Polizey, alle Bemühungen ihrer Diener, nicht werden bewirken können, wird ohne viel Geräusch und Mühe eine Maasregel zu Stande bringen, deren Nothwendigkeit wir schon gleich bey'm Antritt unserer Verwaltung einsahen; die wir Euch aber nicht ehender vorschlagen wollten, bis wir uns durch eine hinlängliche Reihe von Erfahrungen, sowohl von ihrer Anwendbarkeit als Ausführbarkeit würden überzeugt und uns in den Stand gesetzt haben, Euch einen möglichst überdachten und sowohl den kaufmännischen als örtlichen Verhältnißen unserer Stadt angemeßenen Plan vorlegen zu können.

Wir wollten diesen Plan, den Plan zu einem allgemeinen Arbeitshause, worin ein jedes Alter, ein jedes Geschlecht, nach seinen Kräften und Fähigkeiten beschäftigt werden kann, in diesen Blättern Eurer Einsicht und Prüfung vorlegen, glaubten aber bey reiferer Ueberlegung beßer zu thun, wenn wir uns bis jetzt noch darauf einschränkten, Euch die Nothwendigkeit und Heilsamkeit dieser neuen Einrichtung so einleuchtend zu machen, wie sie es uns geworden ist, Euch dann ganz kurz die Grundsätze anzudeuten, aus denen nach unserm Dafürhalten der Plan gebildet werden muß, und Euch endlich eine Vermehrung im Personale der Verwaltung vorzuschlagen, die sowohl zur Ausbildung als Ausführung jenes Plans unumgänglich nöthig ist.

Was die Nothwendigkeit eines Arbeitshauses betrift, so halten wir dieselbe nach unsern Erfahrungen so groß, daß wir nicht glauben können, daß ohne ein solches Haus unser Institut noch lange fortdauern kann und beziehen uns hierbey auf die Gründe, die wir Euch oben schon angeführt haben. Hingegen haben wir die feste Ueberzeugung, daß die zweckmäßige Verbindung der Unterstützungs- mit der Arbeits-Anstalt, und ihr harmonisches Zusammenwirken, dem Ganzen Dauer und Festigkeit geben, die Quellen der Verarmung allmählig verstopfen, den Charakter und die Sitten der Armen beßern, ihre Kinder für ein nützlicheres und glücklicheres Leben bilden und so endlich für Elberfeld einen Zeitpunkt herbeyführen werde, wo die Menschlichkeit und Grosmuth seiner Einwohner sich nur über diejenige kleine Klasse von Unglücklichen wird verbreiten dürfen, die Schicksale und Verhängniße, denen Niemand ausweichen kann, allein in die Lage gesetzt haben, des Mitleidens und der Wohlthätigkeit ihrer glücklicheren Nebenmenschen bedürfen zu müßen.

Alle Hülfsbedürftigen unseres Orts können wir in vier Hauptklassen eintheilen.

Zu der Ersten gehören diejenige, deren wir eben erwähnt haben, das heist solche, die durch Alter, unheilbare Krankheiten oder wichtige Gebrechen, ganz außer Stand gesetzt sind für ihre Selbsterhaltung wirksam zu seyn.

In die zweite rechnen wir diejenigen, die ebenfalls ohne eigenes Verschulden, durch Unglücksfälle, Krankheiten, Theurung, Stockung in ihren gewöhnlichen Erwerbsquellen, allmählig so zurückgekommen sind, daß sie sich ohne fremde Hülfe nicht wieder so weit emporarbeiten können, um sich und die ihrigen durch ihren eigenen Fleiß zu ernähren.

In die dritte Klasse gehören diejenigen, die durch Leichtsinn, Nachläßigkeit oder schlechte Wirthschaft, von Stuffe zu Stuffe bis zu der Klasse der gemeinsten Straßenbettler herabgesunken sind, und nun theils aus Noth, theils aus Faulheit, dieses zwar schimpfliche, aber bequeme Gewerbe bisher fortsetzten.

Die letzte Klasse endlich besteht aus jener Art von Bettlern, die man die geborne Bettler nennen kann, weil sie dieses Handwerk von ihrer frühesten Jugend an getrieben, so in Müßiggang und roher Unwissenheit ihr ganzes Leben zugebracht und nie etwas erlernt haben, wodurch sie ihr elendes Daseyn für sich und andere nützlich machen könnten.

Bey der ersten Klasse haben wir nur das noch zu bemerken, daß sie die unglücklichste, die hülfsbedürftigste von Allen und in jeder Rücksicht Eures ganzen Mitleids und Erbarmens werth ist.

Für diese Bedauernswürdige hat noch nicht genug gethan werden können, weil ihre Anzahl zu groß war, ihr Elend zu tief lag, und unsere Hülfsmittel noch zu klein waren, um ihnen alle die Hülfe angedeihen zu laßen, deren sie bedurften. Diese Klasse hat in den letzten Jahren über alle Vorstellung bey uns zugenommen. Theurung, Mangel an gesunden Nahrungsmitteln, schlechte, feuchte, allen Einwirkungen der Witterung ausgesetzte Wohnungen, erzeugen unter derselben zu allen Jahrszeiten eine Menge Krankheiten, die durch Unwissenheit, Verwahrlosung, Mangel an schneller Hülfe und Pflege, oft schon in wenigen Wochen unheilbar werden.

Wir bitten Euch, theure Mitbürger, denkt an diese Eure unglückliche, im tiefsten Leiden dahinschmachtende Brüder, wann Ihr Euch nun bald zu dem neuen wöchentlichen Beytrage des zweiten Jahrs verbinden werdet. Sie sind diejenige, von denen der erhabene göttliche Freund der Menschen sagt: „Armen habt ihr allezeit bey euch." Sie sind es, auf die er am großen Tage der Vergeltung hinweisen und dann zu Euch sagen wird: „Das, was ihr gethan habt dem Geringsten unter Diesen, das habt ihr Mir gethan." — —

Auch die zweite Klasse der schuldlos Verarmten ist Eurer Theilnahme und unserer Aufmerksamkeit im hohen Grade werth. Die mehresten Individuen derselben können durch zweckmäßige Unterstützung, durch kleine Vorschüße, durch Empfehlungen oft schnell wieder in die Lage gesetzt werden, keiner fremden Hülfe mehr zu bedürfen. Die Unterstützung, die wir an diese Menschen zur Wiederherstellung ihres ehemaligen Wohlstandes wenden können, war und bleibt eine der angenehmsten und belohnendsten Ausübungen unserer Amtspflichten.

Die dritte und vierte Klasse endlich besteht aus denen Menschen, die die Errichtung eines Arbeitshauses so unumgänglich nöthig machen, und auf die also auch der Plan zu demselben vorzüglich berechnet werden muß. Wir haben bey unserer letzten Hausvisitation den grösten Theil dieser beiden Klassen zur Gnüge kennen lernen; wir haben die Mehresten derselben mit Eckel, Widerwillen und der Ueberzeugung verlassen, daß das Almosen, welches wir ihnen bisher reichten und ferner werden reichen müßen, an Unwürdige verschwendet wird, die Kräfte und Fähigkeiten genug hatten, ihren Unterhalt selbst zu erwerben; wir haben ermahnt, wir haben gebeten, wir haben gedroht, aber alle Ermahnungen, Bitten und Drohungen wurden mit der allgemeinen und gewöhnlichen Ausflucht abgekehrt: „wir können nirgend Arbeit bekommen, verschaft uns welche." Diese Antwort, die wir überall erhielten, war nach unserer Ueberzeugung unter zehn Fällen wenigstens neunmal ein leerer Vorwand. — Aber wo hatten wir ein Mittel um die Wahrheit oder Falschheit dieser Angaben auf die Probe zu stellen??

Oeffentliche Arbeiten haben wir wenige oder gar keine, und wenn sich auch hier und da ein Bürger dazu entschließen sollte, um einen so rohen, unwissenden und sittenlosen Menschen, wie es jene der Regel nach sind, in seinem Hause Beschäftigung zu geben und ihm sein Eigenthum anzuvertrauen, so sind diese Gelegenheiten zu selten, um sie in Anschlag bringen zu können.

Ist aber unser Institut im Besitz eines Arbeitshauses, so ist es den Verwaltern leicht den vorsätzlichen, unverbesserlichen Müßiggänger von demjenigen unterscheiden zu lernen, der es nur aus langer Gewohnheit oder aus Noth ist — Diesen durch die Mittel und Anweisungen die man ihm gibt, allmählig wieder zur Thätigkeit zu gewöhnen, jenem aber durch die Wahl, die man ihm läßt, zwischen Arbeit und Hunger, entweder endlich noch zu beßern, oder aus unserm Ort zu verbannen.

Dieses sind die zu hoffenden ersten heilsamen Früchte eines Arbeitshauses!"

(...)

---

[1] An dieser Stelle folgt eine längere Fußnote über Stimmungen innerhalb der Bürgerschaft gegen das Armeninstitut.
[2] An dieser Stelle folgt eine längere Fußnote über die Straßenbettelei; die Mitbürger werden aufgefordert, ihr „Gefühl nicht zu leicht bestechen und zu unzeitiger, zweckwidriger Großmuth hinreißen zu laßen" (S. 3) bzw. die Bettelnden an das Armeninstitut zu verweisen.
[3] Es bestanden zwei Sonntagsschulen, in denen zwei Lehrer 250 bis 280 Kindern einen zweistündigen Unterricht erteilten, und eine Armenschule, in der 400 Schüler dreimal täglich zwei Stunden lang unterwiesen wurden. Johann Friedrich Wilberg wurde 1802 zum Lehrer an der Freischule und zum Inspektor des Arbeitshauses ernannt.
[4] 1801 wurde das Brügelmannsche Fabrikhaus für 7000 Taler, die per Subskription aufgebracht worden waren, gekauft. Ein Aufseher wurde angestellt, zwei Verwalter der Allgemeinen Armenanstalt führten die Oberaufsicht über das Armen- und Arbeitshaus, in dem neben alten Menschen auch Waisenkinder untergebracht waren; arbeitsfähige Arme mußten arbeiten.

Kommentar 2 und 3
Schon vor der Einrichtung der Elberfelder Allgemeinen Armenanstalt hatte es Versuche gegeben, das Betteln in den Griff zu bekommen, etwa durch Privilegierung bestimmter Bettler, die ein Schild mit dem städtischen Wappen auf der Brust tragen mußten oder durch Anstellung eines Bettelvogtes (seit 1678), der die Oberaufsicht über die Bettler innehatte und auswärtige „Eindringlinge" vertreiben sollte. Solche Versuche der Institutionalisierung - 1771 bestimmte der Elberfelder Magistrat den Samstag als Betteltag -

Quelle 2
Verfügung des Elberfelder Bürgermeisters Abraham Peter von Carnap
SAW R II 54   19.6.1802   handschriftlich

Da durch die Unterstüzungen die das Armenjnstitut einem jeden wahrhaft Hülfs Bedürftigen unseres Orts angedeyhen läßt, der öffentlichen und geheimen Noth immer mehr gesteuret und geholfen wird, so ist es dem Unzeitigen und zweckwidrigen Mittleiden unserer Bürger alleine beyzumessen daß dem ohn erachtet die Straßen Betteley noch [i]mmer nicht ganz aufgehöret hat.
Obschon nun zwar durch dienliche mittel und würcksame Polizey Maßregeln dem Eindringen fremder Bettler künftig hin noch Kräftiger als bisher gesteuret werden soll; so ist dieses doch nicht hinreichend so lange die Bürger selbst fortfahren dem herum ziehenden Gesindel Allmosen zu geben. Magistrat siehet sich also genöthiget

oder Verbote (1777 und 1781), sowie „Bettlerjagden" (1782 durch ein herzogliches Jägercorps für Jülich und 1805 für Berg) blieben offenbar erfolglos. 1788 bemerkte ein Anonymus im „Bergischen Magazin": „Auch mein stiller Wunsch war es seit langer Zeit: den Gassenbettel abgeschaft [!] zu sehen, der für eine Stadt, die wie unser Elberfeld im Auslande in einem so vorteilhaften Rufe steht - so viel erniedrigendes [!] hat, und bey jedem Fremden, der - an den Sonnabenden besonders - in keine Straße kommt, wo nicht die Bettler einzeln oder haufenweise herumschwärmen - im Vergleich mit dem, was er zu Hauße [!] von dieser Stadt hörte - einen seltsamen Kontrast erwecken muß" (XX. Stück, Elberfeld 10.12.1788, S. 156).

In einem Artikel aus dem selben Jahr wird die Zahl der Elberfelder Bettler auf 1000 geschätzt - bei einer Einwohnerzahl von ca. 14000.

Die in Quelle 2 wiedergegebene Verfügung aus dem Jahr 1802 bezieht sich auf die §§ 1 und 12 der Armenordnung von 1800. Im § 1 wird den Bürgern das „Allmosengeben an den Thüren und auf der Straße bey einer gewißen, der neuen Armenanstalt zu Theil werdenden Strafe" untersagt, des weiteren wird das Betteln nicht nur verboten, sondern verfügt, daß „jeder öffentliche Bettler arrestirt, auf hiesiges Rathhaus gebracht, daselbst gebührend gestraft, und solche Strafen im ferneren Übertretungsfall geschärft werden sollen". Der § 12 sah vierteljährliche allgemeine Haussuchungen vor, um neu Hinzugezogene „sofort unter angemeßenen Drohungen oder Strafen ausweisen zu lassen, wenn dieselben sich nicht gleich mit gehörigen Zeugnißen von ihrem Pfarrer, wie auch von der Obrigkeit jenes Orts, wo sie sich zuletzt aufgehalten, sowohl über ihr Wohlverhalten, als über ihr betriebenes Gewerb, und sonst den landesherrlichen Vorschriften gemäs, rechtfertigen können" (Verbesserter und von Ihro Churfürstl. Durchlaucht gnädigst privilegirter Plan der neu errichteten allgemeinen Armen=Anstalt für die Stadt Elberfeld, o.O. (Elberfeld) 1800, S. 8 ff). Damit sollte der Zuzug möglicher zukünftiger Armer bzw. Bettler verhindert werden.

Quelle 3 nimmt Bezug auf das Amt des Quartiervorstehers. Ein Quartiervorsteher oder Pfleger - insgesamt waren es 32 - hatte etwa 10-12 Armenfamilien zu betreuen. Über seine Tätigkeit heißt es im abgeänderten Organisationsplan von 1801: „Für jedes der vier Armenquartiere eines Bezirks steht dem Bezirks=Vorsteher oder Verwalter ein Pfleger oder Quartier Vorsteher zur Seite, welcher die Armen seines ihm übergebenen Quartiers in besonderer genauer Aufsicht hält, selbige zu bestimmten Zeiten besucht, und an den sich die Armen seines Quartiers, wegen ihren Bedürfnissen zuerst wenden, diese Pfleger

den Artickel der Bestehenden Armen verordnung, wodurch einen jeden hiesigen Bürger das Allmosen geben an den Thüren bey einer Strafe von 5 Reichstaler verboten ist, noch einmahl öffentlich verkündigen zu lassen, weil von der Befolgung dieser verordnung allein daß gänzliche aufhören der Straßen und Thüren Betteley zu erwarten steht. Es wird daher ein jeder hiemit nochmahls alles Ernstes gewarnet, gedachten Artickel der Armen verordnung pünklichst zu Befolgen und Keinen Bettler an den Thüren oder auf den straßen ein allmosen zu geben, oder im übertrettungs fall sich der unnachsichtlichen Strafe selbst zu zu messen. Wornach sich ein jeder zu zu Achten und für Strafe zu hüten hat.

Herren Pastores werden ersucht gegenwärtiges zu verkündigen und darüber zu referiren.

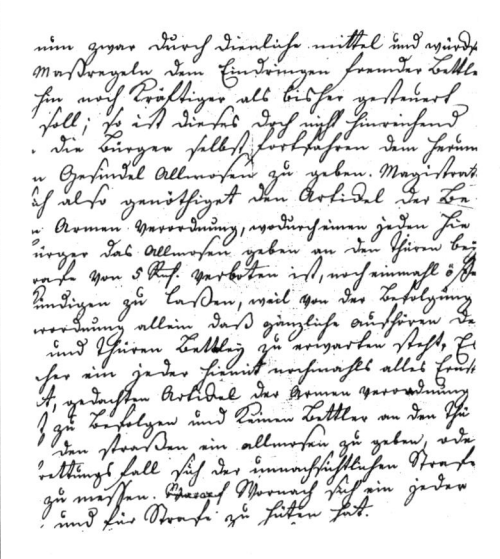

Ausschnitt aus der Verfügung (Quelle 2)

Quelle 3
Niederschrift eines Referates, gehalten auf einer Sitzung der Verwaltung des Allgemeinen Armeninstituts[1]
SAW R II 54   undatiert [8.10.1802]   handschriftlich   Auszug

[...]

In dem neuen Organisationsplan der allgemeinen Armenanstalt ist in der Bestimmung des nöthigen Personals zur Verwaltung derselben oft der Person des Pflegers oder Quartier=Vorstehers gedacht worden. Der demselben bestimmte Wirkungskreis als solcher ist so unumgänglich nothwendig für die Verminderung der Noth in unserer Stadt, und überhaupt von solchem ausgebreiteten Nutzen, daß wir die Quartiervorsteher als den Grund des Wohlthätigen und Guten, das durch das Armeninstitut gestiftet wird, ansehen müssen.

Nach dem Plane der neuen Einrichtung ist er der nächste bey dem Armen, ihm soll dieser zuerst sein Leiden klagen, seine Noth, das Traurige seiner Lage und Umstände entdecken, von ihm die kräftigste Verwendung für die Verbesserung seines Zustandes erwarten. Er soll den Armen, oft, wenn seine Noth am größten ist, durch zweckmäßigen Rath unterstützen, ihm dadurch heraus ziehen helfen und durch Trost den Kummer desselben erleichtern. Er soll auf das bürgerliche und sittliche Betragen des Armen und seiner Kinder achten, darüber wachen, wo es Noth thut, mißbilligen, zurecht weisen, und so nicht nur Sorge tragen, daß die Lage des Armen in ökonomischer Hinsicht, sondern auch sein Zustand als Mensch verbessert werde.

Soll dieß Alles der Quartier=Vorsteher thun, wie wir denn wünschen, daß er es thue, wie nöthig ist es, daß er den erhabenen Standpunkt, den der Mensch in der Schöpfung hat aus eigener Überzeugung kenne, und in dem Armen, sey er auch lasterhaft,

statten darüber an ihren Bezirks Vorsteher schriftlich oder mündlich Bericht ab, welcher denselben an die Hauptverwaltung zu bringen hat" (SAW R II 54).
Die Bewilligung der Unterstützungen, die in Bargeld, Lebensmitteln (Brot), Kleidungsstücken oder medizinischer Versorgung bestehen konnten, lag bei der Verwaltung.
Da Unterstützung und Beschäftigung der Armen die Hauptziele der Armenanstalt waren, sollte der Pfleger auch bei der Arbeitsbeschaffung behilflich sein, die den Armen in die Lage versetzen sollte, seinen Lebensunterhalt wieder selbst zu verdienen.
Die Quartiervorsteher oder Pfleger waren verpflichtet, ihr Ehrenamt zwei Jahre lang zu versehen, sie konnten nach dem Ende ihrer Dienstzeit nach einer bestimmten Zwischenzeit wieder gewählt werden.

doch den Menschen, im eigentlichen Sinne des Wortes, nie vergesse. Er muß also gerecht seyn, die Rechte des Menschen achten, nichts gegen dieselben thun wollen, und wenn es erforderlich ist, die nöthigen Zwangsmittel vorschlagen, um seine ihm anvertrauten Armen anzuhalten, gerecht zu handeln, wie es die Pflicht vom Menschen fordert. Aber diese strenge Gerechtigkeitsliebe des Quartiervorstehers soll nicht seine Geneigtheit, andern das zu thun, was ihnen frohe und angenehme Empfindungen verursacht [zu] ersticken, nein, nur mildern soll sie die Wärme seines Herzens, wenn etwa der Anblick des oft erkünstelten Elendes sein Mitleiden zu rege machte, damit er nicht unterlasse, zur rechten Zeit streng[e] zu seyn. Sie soll ihn nur bewahren, aus Schwachheit gegen einige zu gütig, und gegen andere ungerecht, und also nicht gut zu seyn. Sein Herz muß gütig und stark für Menschenwohl schlagen, empfänglich für das seyn, was dieß befördern kann, damit der Unglückliche nicht zurückgeschreckt werde, sondern Muth genug habe, frey seinen Kummer zu entdekken, theilnehmenden Trost bey seinem Vorsteher zu finden. Edel und groß muß er denken, damit er für die Mühe und So[rg]falt, die ihm sein Amt kostet, schon in der Erfüllung der Pflicht desselben, in der Erleichterung, die er dem vom Leiden niedergedrückten Armen verschafft, in dem Wohl, das er verbreitet, seine Entlohnung finde.

Damit der Quartiervorsteher aber von manchem Armen, der sein moralisches Gefühl durch die harten Schläge des Schicksals, durch das Zurückstoßen der Fühllosen abgestumpft und auf Kniffe denken gelernt hat, nicht hintergangen werde, muß er Menschenkenntniß genug besitzen, um diesen von andern, die noch nicht so tief als Mensch gesunken sind, richtig unterscheiden zu können. Bey jenem muß das Gewicht des Quartiervorstehers als Bürger groß genug seyn,[um] ihn dadurch wenigstens in den Schranken der bürgerlichen Ordnung zu erhalten, da edle Motive, dieß zu bewirken, in ihm fehlen. Diesem muß der Vorsteher noch oft, wenigstens so lange, bis der Schein zur Besserung da ist, da Drückende seiner Abhängigkeit der Art, das Drückende der Gaben fühlen lassen, da andere hingegen, die es schon von selbst tief fühlen, von ihm gütig, schonend, leutselig, mit einem Worte, human behandelt werden müssen.

Bey dieser für seine Armen nöthigen Sorge muß der Quartiervorsteher auch einen schnellen und richtigen Blick haben, um bald die nützlichsten und wirksamsten Mittel und Arten zu entdecken und dem Ganzen der Armenverwaltung vorschlagen zu können, wodurch und wie diesen Armen am besten zu helfen sey. Als Menschenfreund wird er denn darauf denken, wie dem Armen <u>bald</u> und <u>ganz</u> geholfen werden könne, und als patriotisch denkender Bürger sinnt er darauf, welche Mittel und Unterstützungsarten die wenig kostspieligsten für seine Mitbürger seyen.

Vielleicht aber schon hier, wenn auch noch mehr gute Eigenschaften eines Quartiervorstehers aufzuzeichnen wären, schon hier möchte man fragen: Wo ist der Mann, der die genannten alle in sich vereinigt?

Wohl unserm Orte! Wem sind nicht Bürger genug darin bekannt, die beständig ein ernstes Streben beweisen, jenem mit wenigen Zügen hingeworfenen Bilde eines denkenden und guten Menschen und Bürgers, der auch zugleich der beste Freund der Armen ist, immer näher zu kommen! Gewiß nicht allein unter den Begüterten und Reichen, sondern auch unter den Wohlhabenden und unter den Bürgern, die wir nicht selten ihres Vermögens wegen die Mittelklasse zu nennen pflegen, sind sie zu finden. Es ist nur zu bedauern, daß diese für jene Zahl von frechen und schamlosen Armen, die der Quartiervorsteher auch zu bessern suchen muß, selten bürgerliches Gewicht genug dazu haben.

Doch ein Hochlöbliches Magistrats=Beerbten=Collegium hatte stets Mittel und Wege genug, die Bürger unserer Stadt, sowohl in Hinsicht ihres moralischen als bürgerlichen Charakters kennen zu lernen. Wir thun daher gewiß keine Fehlbitte, wenn wir Magistrat Beerbten ergebenst ersuchen, bey der Wahl aus den von uns zu Quartiervorstehern vorgeschlagenen Bürgern darauf zu sehen, daß diese Stellen mit solchen Männern besetzt werden, die durch ihr Bemühen dem Institut, worauf unser Ort stolz seyn kann, und wodurch die Leiden der Erde sich wirklich vermindern, mehr innere Festigkeit und eine noch nützlichere Wirksamkeit zu geben im Stande sind.

[...]

---

[1] Unterzeichnet ist dieses als „Aufsatz" betitelte Referat von der „Verwaltung des Allgemeinen Armen-Instituts". Es wurde offenbar auf einer Sitzung der Verwaltung am 8.10.1802 gehalten. Die Niederschrift und eine Liste, in der der Personenkreis aufgeführt war, aus dem die Quartiervorsteher und Verwalter gewählt werden sollten, wurden dem Magistrat zugestellt.

Kommentar 4

Der Abhörungsbogen der Elberfelder Armenanstalt, von dem ein Muster vorliegt, wurde nach dem Vorbild desjenigen der Hamburger Anstalt mit entsprechenden Veränderungen angelegt. Er wurde vom Pfleger/Quartiervorsteher für jede Armenfamilie ausgefüllt, so daß die Elberfelder Armen innerhalb von zwei Monaten zentral erfaßt worden waren. Er bildete die Grundlage für die Höhe und Art der Bewilligung. Die Armen wurden persönlich vom Pfleger vernommen und ihre Angaben überprüft. Ging bei der Armenanstalt ein Hinweis ein, der die Glaubwürdigkeit der Angaben in Frage stellte, wurde dem nachgegangen. Als Grundsatz der Unterstützung galt: „Einem Armen, der von Almosen lebt, und nicht durch Alter, Krankheit oder körperliche Gebrechen in den Zustand versezt ist, einer besondern Pflege zu bedürfen, darf zu demjenigen, was er selbst noch verdienen kann, nur das <u>Allernothdürftigste</u> gegeben werden; will er mehr als dieses: so muß er es sich durch seine eigenen Kräfte zu erwerben suchen" (Die elberfelder allgemeine Armenanstalt, in: Niederrheinische Blätter 1803, S. 714). Die angenommenen Sätze für den Lebensunterhalt einer Familie für eine Woche waren so festgelegt, daß Einzelpersonen im Sommer wöchentlich 70, im Winter 80 Stüber Unterstützung erhielten, arbeitsfähige Väter oder Mütter 60 bzw. 70 Stüber (im Winter), für Kinder über 15 Jahre gab es 45, für die Gruppe zwischen 10 und 15 Jahren 40 Stüber, für diejenige im Alter zwischen 6 und 10 Jahren 30 Stüber, zwischen 1 und 5 Jahren 25 Stüber, für Säuglinge schließlich zahlte die Verwaltung 15 Stüber pro Woche, im Sommer wie im Winter.

Zu diesen Unterstützungssätzen hieß es in den „Niederrheinischen Blättern": „Wem dieser Ueberschlag zu karg gemacht scheint, verweisen wir auf den Anschlag der benachbarten düsseldorfer Anstalt, nach welchem das Bedürfniß eines erwachsenen, einzeln lebenden Armen im Sommer nur zu 42 Stüber, im Winter zu 63 Stüber wöchentlich angeschlagen ist" (ebenda).

Im Muster, aus dem in Quelle 4 Auszüge aus dem Fragenkatalog wiedergegeben sind, fällt die Unterstützung weg, da das Einkommen der neunköpfigen Familie (Eltern und 7 Kinder im Alter zwischen 6 und 18 Jahren) von 491 Stübern (= 8 Taler bergisch 11 Stüber) die angelegten Sätze übersteigt. Zum Einkommen der Familie zählte auch das Verdienst außer Haus etwa als Dienstmädchen dienender Kinder und die Unterstützung seitens der kirchlichen Provisorate. Reichte der Unterhalt der Familie dann immer noch nicht an die errechneten Bedürfnisse heran, wurde die Differenz von der Armenanstalt gezahlt. Im vorliegenden

Quelle 4
"Fragen an Arme" aus dem Muster eines Abhörungsbogens
(Anlage zum Bericht der Armenanstalt von 1801)
HStAD Best. Großherzogtum Berg Nr. 4738[1]   Auszüge

Abhörungsbogen   No. 94
für die Eheleute Georg und Elisabeth S....
wohnhaft Section E. No. 229. 1ter Bezirk, 2tes Quartier.
Elberfeld den 20ten September 1802.

Fragen an Arme.	Männlichen Geschlechts.	Weiblichen Geschlechts.
1. Wie heißt ihr?	Georg S.	Elisabeth O.
2. Wie alt seyd ihr?	46 Jahr.	36 Jahr.
3. Zu welcher Confession bekennt ihr euch?	Catholischen.	Reformirten.
4. Woher seyd ihr gebürtig?	Harlem.	Solitz.
5. Seit wie lange seyd ihr hier?	24 Jahr.	20 Jahr.
6. An welchem Orte hieltet ihr euch ehedem auf?		
7. Seyd ihr gesund?	Nein.	Ja
8. Welche Krankheit habt ihr?	engbrüstig.	
9. Seyd ihr verheyrathet und wie lange?	19 Jahr.	
10. Seit wann seyd ihr Wittwer, Wittwe?		
11. Geht ihr in die Kost und bey wem?		
12. Wie viel Kostgeld zahlt ihr wöchentlich?		
Ueber Kinder.		
1. Wie viel Kinder habt ihr?	3.	4.
2. Wie heißen sie, und wie alt sind sie?	a Johann 18 Jahr	d Luisa 17 Jahr
	b Carl 8	e Lotta 12
	c Pollux 6	f Maria 11
		g Catharina 10
3. Wer ist davon noch bey euch?	Die fünf jüngsten.	

Fragen an Arme.
1. Wie heißt ihr?
2. Wie alt seyd ihr?
3. Zu welcher Confession bekennt ihr euch?
4. Woher seyd ihr gebürtig?
5. Seit wie lange seyd ihr hier?
6. An welchem Orte hieltet ihr euch ehedem auf?
7. Seyd ihr gesund?
8. Welche Krankheit habt ihr?
9. Seyd ihr verheyrathet und wie lange?
[...]
Ueber Kinder.
1. Wie viel Kinder habt ihr?
2. Wie heißen sie, und wie alt sind sie?
3. Wer ist davon noch bey euch?
4. Wer ist davon krank, und was fehlt ihnen?
5. Können sie buchstabiren, lesen und schreiben?
6. Gehen sie in die Schule?
7. Was hindert sie am Schulgehen?
8. Was, und wo arbeiten die Kinder, die nicht mehr bey euch sind?
9. Was verdienen sie?
10. Was erhaltet ihr von diesen an Unterstützung, oder können sie euch keine geben?

Ueber Gewerbe.
1. Was arbeitet ihr?
2. Habt ihr immer Arbeit?
3. Wo und für wen arbeitet ihr?
4. Könnt ihr noch andere Handwerke oder Handarbeiten, und was habt ihr ehedem gearbeitet?
5. Könnt ihr lesen und schreiben?
6. Wo, was und für wen arbeiten die Kinder, die noch bey euch sind?
7. Sind diese stets mit dieser Arbeit beschäftigt?

Muster mußten die Armen, getrennt nach Geschlechtern, 39 Fragen beantworten; vom Pfleger wurden Bemerkungen zu 16 Einzelpunkten erwartet.

8. Wer ist der Fabrikherr des Meisters?
9. Können die Kinder auch schon andere Arbeiten verrichten, und können sie schon stricken, nähen sc.
10. Ist eure Krankheit euch an eurem Gewerbe hinderlich?
11. Ist sonst noch etwas, was euch oder eure Kinder hindert, stets zu arbeiten, oder andere Arbeit zu verrichten, die euch mehr einbringt?

Ueber Verdienst.
1. Was verdient ihr wöchentlich?
2. Was verdienen eure Kinder wöchentlich?

Ueber Wohnung.
1. Wohnt ihr allein?
2. Wer ist euer Hausherr?
3. Wie viel Stuben und Gemächer bewohnt ihr?
4. Wie viel Pacht zahlt ihr halbjährlich oder wöchentlich?
5. Wie lange wohnt ihr in eurer jetzigen Wohnung?
6. Bleibt ihr wohnen, und wohin zieht ihr?
7. Wo und unter welchem Hauswirthe habt ihr ehedem gewohnt?

Ueber Schulden.
1. Seyd ihr dem Hauswirthe schuldig, und wie viel?
2. Habt ihr auch noch andere Schulden?
3. Habt ihr etwas versetzt - was - bey wem - für wieviel - zu welchen Zinsen?

[...]

Ueber Unterstützung.
1. Erhaltet ihr von der kirchlichen Armenpflege, von Verwandten oder andern Menschen Unterstützung zu bestimmten oder unbestimmten Zeiten, Gaben an Geld, Feurung oder andern Sachen? Wie oft? Wie viel? Seit wie lange?

Ueber Ausgaben.
1. Habt ihr sonst jemand, außer euren Kindern zu ernähren, und wen?

Nach vorgenommener Visitation der Armen in ihren Wohnungen, wo sämmtliche vorstehende Fragen noch einmahl durchgegangen und die etwa gebliebenen Lücken ausgefüllt worden sind, und nach eingezogener näherer Erkundigung bey den Hauswirthen, Nachbarn, Arbeitsherrn sc. werden die Herren Pfleger ersucht, obigen Antworten ihr Gutachten über folgende Punkte beyzufügen.
1. Ob vorstehende Antworten bey der Visitation der Wahrheit gemäß befunden worden, oder ob, und worin dieselben unrichtig gewesen.
2. Ob obbenannte Arme dem Scheine nach gute Menschen sind, die gerne ehrlich fort wollen.
3. Ob sie sich und die Kinder den Umständen nach reinlich halten.
4. Ob Erwachsene und Kinder die nöthigen Kleidungsstücke - Betten - Hausgeräthe - und das zu ihrem Betriebe erforderliche Handwerkszeug haben.
5. Ob die Wohnung hinreichend gut oder zu schlecht sey, oder ob sich der Arme in Hinsicht der Wohnung nicht einschränken könne.
6. Ob es nicht nützlich und thunlich sey, daß der Arme mit einem oder mehrern Armen zusammen wohne.
7. Ob die häusliche Einrichtung des Armen dazu geeignet sey, daß einer oder mehrere Armen bey ihm wohnen können, und ob derselbe dazu geneigt sey.
8. Ob diesen Leuten durch Einlösung oder Anschaffung von Betten, Kleidungsstükken oder Handwerkszeug, oder durch Abmachung ihres rückständigen Hauspachts oder anderer kleiner Schulden hinlänglich geholfen werden könne, und wie hoch sich dieses wohl belaufen würde.
9. Ob sie ihren Kräften und ihrer Gesundheit nach noch mehr verdienen können, und ob die Herren Pfleger Gelegenheit wissen, wo und wodurch es möglich sey.
10. Ob nicht das eine oder andere Glied der Familie zu einer einträglichern Arbeit brauchbar wäre.
11. Ob die Frau und die erwachsenen Kinder außer dem Hause arbeiten können, oder ob sie, um die jüngern Kinder zu warten, die Arbeit nur in ihrer Wohnung verrichten können.
12. Ob der den Armen bedienende Arzt glaube, daß die vorgeschützte Arbeitsunfähigkeit des Armen in einer fehlerhaften Beschaffenheit des Körpers wirklich ihren Grund habe.
13. Ob es etwa nöthig sey, der Familie eine unvermögende Person, oder eines oder mehrere Kinder abzunehmen.
14. Ob diese Familie der bisher aus der Kirche oder andern Wohlthätigkeitsquellen sc. erhaltenen Gaben auch wirklich bedürftig sey.
15. Ob die Herren Pfleger besondere verdächtige Umstände in Absicht der Wirthschaft überhaupt von Mann, Frau oder Kindern wahrgenommen haben.

Antworten auf die Fragen 1-6 an die Pfleger (Quelle 4)

Aus den schriftlichen beyliegenden Zeugnissen der Arbeitsherren und der Hrn. Prov. ergiebt, daß der Mann wöchentl. 2 Rthlr. Carl 50 flor. und Catharina 45 flor. verdient. Von ihnen wurde auch behauptet, sie können wegen Mangel an Kleidung die Schule nicht besuchen, welches sich nicht so verhält. Auch wird der Familie vom Provisoral wöchentlich noch 25 flor. gereicht.

Ergibt sich zum Theil aus obiger vorstehenden Antwort.

Nicht so ganz.

Kleidungen und Hemden für Kinder fehlen.

Die Familie wohnt gesund, könnte aber mit zwey Zimmern fertig werden, und also am Pacht ersparen.

Ist nicht möglich.

16. Ob die Herren Pfleger sonst noch in Betreff dieses Armen etwas anzuzeigen oder in Betracht zu ziehen für nothwendig finden.
[...]

---

[1] auch in HStAD Reg. Düsseldorf Nr. 1664 und im Anhang zu dem Artikel „Die elberfelder allgemeine Armenanstalt", in: Niederrheinische Blätter, Dortmund 1803, S.780-789. In den vorliegenden Auszug wurden die aufgeführten Fragen aufgenommen. Die Antworten auf die Fragen zu den Personalien, den Kindern und der Beschäftigung sind im Muster nach Geschlechtern getrennt.

Kommentar 5

Auf den in Quelle 5 wiedergegebenen Antrag des Vizepräsidenten der Allgemeinen Armenanstalt hin, drei Arme disziplinarisch zu belangen, verfügte der Oberbürgermeister Brüning noch am selben Tag, daß dem Antrag stattgegeben und die geforderte Strafe vollzogen werde. Bereits am 10.7.1807 wurde der Oberbürgermeister von der Anstalt erneut aufgefordert, „die Wittwe Schmalz [...] der üblen Pflege und Behandlung ihres Kindes wegen" (SAW R II 56) vorladen zu lassen.

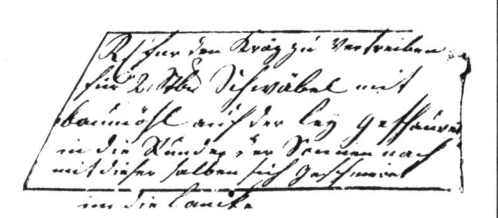

Rezept „fur den Kräz zu vertreiben" (SAW L V 2)

Quelle 5
Antrag des Vizepräsidenten der Allgemeinen Armenanstalt, Jung, an den Magistrat
SAW R II 56   4.4.1807   handschriftlich

Seit der Entstehung des allgemeinen Armeninstituts hat die Verwaltung den Daniel Himm mit seiner blinden Frau, mit 85 Stüber wöchentlich, unterstüzt und nicht selten hat sie neben dem, mit diesen Menschen viele Mühe und Unannehmlichkei[ten] gehabt. Jezt hat sich der Fall ereignet, daß die Frau von gedachtem Himm am 29 Merz gestorben, Himm ohne seine[m] Vorsteher, Herr Meyer, davon Anzeige zu machen, die Auflagengelder[1] Reichstaler 35.- an sich gebracht, und ohngeachtet, der Bemühung des Vorstehers, nicht zur Herausgabe, zu bewegen gewesen ist, er behauptet, das Geld sey sein Eigenthum, er könne darüber nach seiner Willkühr schalten.
Weiterhin kam die Verwaltung nicht umhin gedachten

Daniel Himm	sämtlich in Section E No. 85 wohnhaft,
Wittib[2] Schmalz und	als einen Komplot anzuklagen,
Witib Chr. Kindt	der sich, den auf

Ordnung und Reinlichkeit entworfenen Gesezen, nicht nur gar nicht, unterwerfen will, sondern auch den Vorsteher Herrn Meyer auf die niederträchtigste Weise schimpft und durch boshafte Ausstreuung: er habe die Frau Himm, durch seine Strenge gemordet und wolle auch sie auf gleiche Weise umzubringen suchen [etc.] - Der Verwaltung ist obiges Kleeblath - fähig zu dem angeführten Vorgang - längst bekannt, und mehrmalen sind Vergehungen ähnlicher Art geahndet worden, es scheint aber daß dies nicht hinreichend gewesen, weswegen die Verwaltung bey einem Hochedlen Magistrat darauf antragen muß, daß gedachte 3 Subjecte auf wenigstens 8 Tage bey Wasser und Brod in Arrest gebracht und anbefohlen werde daß ihre Frechheit und Bosheit aufhoeren und sie sich den Gesetzen der Armenverwaltung, die auf ihr wahres Wohl berechnet sind, unterwerfen müssen.
Schließlich wiederhohlt die Verwaltung ihre Bitte um gehoerige Bestrafung, indem es sonst nicht möglich sein wird, dem Zweck der allgemeinen Armen Anstalt näher zu kommen, und versichert die schuldige Ergebenheit.

---

[1] Auflage = Versicherung
[2] Wittib, Witib = Witwe

Kommentar 6

Der 36jährige Johann Keller, aus Elberfeld gebürtig, hatte in verschiedenen preußischen Regimentern gedient - wie aus einem Zeugnis des Elberfelder Platzkommandanten von Petersdorff vom 2.6.1814 hervorgeht - und wollte Elberfeld verlassen, um nach Wesel zu gehen. Ein weiteres Schriftstück, ausgefertigt von der Elberfelder Armenanstalt, bescheinigt, Keller sei „ehemals eine Zeit hindurch in einem Verpflegungshause der Wohlthätigkeitsanstalt hieselbst unterhalten [worden]. Er hat aus Unbesonnenheit und Leichtsinn diesen Verpflegungsort verlassen, sich aber übrigens daselbst weder Untreue noch Betrug zu Schulden kommen lassen" (SAW R II 66). Das nebenstehende Leumundszeugnis (Quelle 6) bezieht sich offenbar auf die Eltern Kellers, der dann aufgrund seiner körperlichen Gebrechen Elberfeld doch nicht verlassen konnte oder wollte. Der Zusammenhang des Falles wird deutlich durch ein Schreiben des Kreisdirektors an den Oberbürgermeister vom 14.6.1814, in dem es heißt: „Bringer dieses Johann Keller ist gemäß anliegenden Certifikaten hieselbst gebürtig, hat viele Jahre bei den Königlich Preußischen Truppen gedient, und kann seiner Angabe gemäß nirgendwo mehr sein Unterkommen finden, es versteht sich mithin von selbst, daß derselbe nunmehr in seinem Geburtsorte verpflegt und unterhalten werden müße" (ebenda).

Johann Keller, der sich offenbar längere Zeit nicht an seinem Geburtsort aufgehalten hatte, mußte nachweisen, daß er in Elberfeld gebürtig war, daß seine Eltern bzw. er selbst sich nichts hatten zuschulden kommen lassen, daß er aufgrund seines Zustandes Elberfeld nicht mehr verlassen und nicht mehr für sich selbst sorgen konnte und daher Anspruch auf Verpflegung von seiten der Elberfelder Armenanstalt hatte. Die überlastete Armenanstalt versuchte, wie auch andere Fälle beweisen, Antragsteller mit schlechtem Leumund, solche, die bereits einmal verpflegt worden waren und gegen die Regeln der Anstalt verstoßen hatten oder diejenigen, deren Herkunfts- oder langjähriger Aufenthaltsort nicht Elberfeld gewesen war, abzulehnen.

Quelle 6
Leumundszeugnis für die Eheleute Gabriel Keller
SAW R II 66   12.6.1814   handschriftlich[1]

---
[1] Transkription:
Wir unterschriebene Nachbarn bezeugen und bekennen hiermit, daß sich die Eheleute Gabriel Keller selige, welche als Bürger in hiesiger Stadt gewohnt haben, sich allzeit kristlich, redlich und brav betragen haben, und sich dieses beweißt, daß Vorgemelter 18 Jahre als Wachtmann der hiesigen Stadt gedient hat.
Elberfeld den 12. Juny 1814.
Joh. Eng. Conrady bezeugt dieses
Johann Abraham Kuckelsberg als Zeuge

Kommentar 7

Vom Februar 1800 bis zum selben Monat im Jahr 1801 versorgte die Allgemeine Armenanstalt 1200 Arme und gab dafür 13410 Taler aus. 1802 betrugen die Ausgaben 17313 Taler, 1804 - der abgebildeten Bilanz zufolge - 18739 Taler. 1806 waren bereits 26319 Taler erforderlich. Die Ausgeglichenheit der Bilanz von 1804 trügt: 1803 bereits ergab sich ein Defizit von 3000 Talern, das in den folgenden Jahren anstieg, da die Beiträge der Bürger sich bei steigenden Ausgaben verminderten.

Quelle 7
Bilanz der Allgemeinen Armenanstalt
SAW R II 54   23.10.1804   Ausschnitt

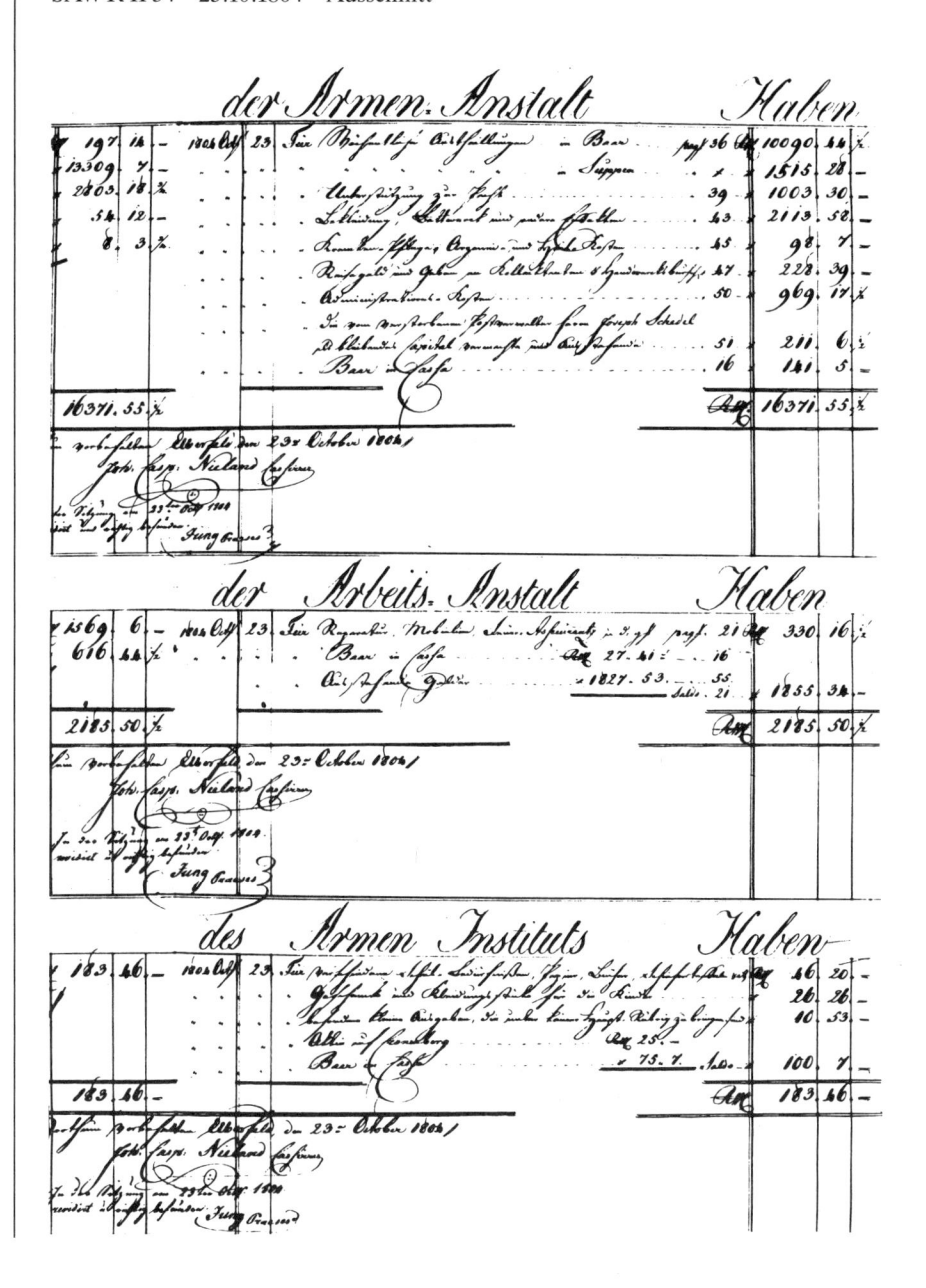

Kommentar 8

Die finanzielle Misere der Allgemeinen Armenanstalt war 1814 so weit gediehen, daß Inspektor Wilberg auf eine Armensteuer zur Sicherung der Bedürfnisse des Instituts drang. Die Steuer wurde auch bei der Regierung beantragt, obwohl sie in großen Teilen der Bürgerschaft keine Unterstützung fand. Wie das nebenstehende „Publicandum" des Kreisdirektors Sybel, das „unter zweckmäßigen Erinnerungen und Ermahnungen" (Sybel an den Oberbürgermeister, 20.8.1814, SAW R II 66) von den Kanzeln verlesen werden sollte, deutlich macht, wurde die Einführung der Steuer auch höheren Orts abgelehnt. Die Diskussion über die Art der Aufbringung der Armenmittel kam dennoch bis zur endgültigen Regelung dieser Frage durch die Gemeindeordnung von 1850 bzw. die Städteordnung von 1856, die die Finanzierung des Armenwesens aus dem planmäßigen städtischen Etat bestimmte, immer wieder auf. Jakob Aders, Begründer der Allgemeinen Armenanstalt von 1800, schrieb 1815 bezüglich der für das vorhergegangene Jahr abgelehnten Steuer: „Es ist vieles gegen eine Armensteuer zu sagen, aber sicher in vielen Orten, wo wegen der vielen und mancherley Fabriken so viele Armen sind, wo deswegen die Bedürfnisse bald weniger, bald mehr, aber immer sehr groß seyn werden, wo die Einnahme einzig auf freywilligen, und also willkührlichen Beiträgen besteht [...] bleibt in der jetzigen Zeit kein anderes Mittel übrig. [...] Die Versorgung der Armen ist Pflicht in jedem Staate, und jeder vermögende Staatsbürger ist zu einem verhältnißmäßigen Beitrage zur Erhaltung seiner unvermögenden Mitbürger verpflichtet, daher die Einführung einer Armensteuer nichts Gehässiges haben kann" (Abschrift eines Aufsatzes im „Rheinisch=Westphälischen Anzeiger" 1815, in: SAW R II 2). Einer der immer wieder vorgetragenen Einwände gegen eine steuerliche Umlegung der Armenbedürfnisse war, daß diese Form der Finanzierung dem christlichen Wohltätigkeitssinn der Bürger widerspreche, der sich im freiwilligen Geben äußere.

Quelle 8
Öffentlicher Aufruf des Kreisdirektors Sybel
SAW R II 66   20.8.1814   handschriftlich   Abschrift

<u>Publicandum.</u>

Die Vorsteher der hiesigen Armen- und Wohlthätigkeits=Anstalt haben mir die Anzeige gemacht, daß der Ertrag der wöchentlichen Beiträge, und die Zahl der freiwilligen Geber zum Besten der Armen, sich so vermindert, daß selbst die dringendsten Bedürfniße der Anstalt nicht mehr bestritten werden könnten, und das nützliche und wohlthätige Institut aus Mangel an Mittel aufgelößt werden müße.

Die ausgeschriebene Armensteuer hat bei ihrer Erhebung Hinderniße gefunden; die Gründe warum ein großer Theil der Bewohner der Stadt sich gegen diese Erhebungsart erklären, mögen einstweilen auf sich beruhen -; nichts destoweniger aber darf auf keinen Fall die für das Ganze und den Einzelnen so nützliche Anstalt, zumal jetzt, wo wir in der Hoffnung einer bessern Zukunft leben, wo ein allgemeiner Wohlstand uns bald erfreuen, und die Zahl der Armen sich vermindern wird, untergehen. Ich darf zu den Bewohnern dieser Gemeinde das Vertrauen hegen, daß sie, selbst mit ungewöhnlicher Anstrengung das Gute, was in den Tagen des Unglücks und der öffentlichen Noth erhalten worden, auch jetzt in der bessern Zeit nicht werden untergehen lassen. Aus freyem Antrieb soll die Gabe gespendet werden, die der Hülfsbedürftige von seinem wohlhabendern Mitbürger, nach göttlichem Gebote, fordern kann. Die Wohlthätigkeit läßt, als solche, sich nicht erzwingen.

Darum fordere ich hierdurch nun im allgemeinen die Bewohner der Stadt Elberfeld auf, durch freiwillige Gaben dem Bedürfniß der Armen-Anstalt schleunigst abzuhelfen. Der diesjährige Bedarf ist nicht unbedeutend, künftig wird er bey weitem geringer seyn. Ueber die Gaben soll den Bürgern Rechenschaft gegeben werden. Ich zweifle nicht daran, daß die auf meine Weisung zu veranstaltende Einsammlung so viel aufbringen wird, als erforderlich ist, das Armen-Institut vor seinem Untergange zu retten. Möchte dies nicht geschehen, so wird von Obrigkeits wegen der unwillige Geber nach Maßgabe seines Vermögens, und im Verhältniß zu seinen Mitbürger veranschlagt und das Quantum von ihm nicht als ein Allmosen, sondern als eine gesetzmäßige Abgabe zur Bestreitung der Gemeinde Lasten erzwungen werden. Einem jeden von diesen wird es freistehen, gegen das ihm auf solche Art angesetzte Beitrags Quantum seine Erinnerung vorzubringen.

Doch ich darf hoffen, daß es dieser Maßregel nicht bedürfen wird. Die Bewohner der Stadt Elberfeld haben sich von jeher durch die große Tugend der Wohlthätigkeit, und durch wahren religiösen und patriotischen Sinn ausgezeichnet, dieser wird sich auch jetzt offenbaren, wo von der Aufrechthaltung einer Anstalt die Rede, die zur Zierde der Stadt und ihrer Bürger gehört.

Möge jeder bedenken, daß nicht sowohl das Gute, was der Mensch empfängt, als das, so er andern erzeigt, ihn an jenen knüpft, und daß ja die Freude lebendiger und größer in dem Wohlthäter, als selbst die Dankbarkeit in dem Empfänger ist. Jeder freue sich daher des Glückes ein Wohlthäter der Armen seyn zu können.

Kommentar 9

Die nebenstehende Übersicht über Einnahmen und Ausgaben der Armenanstalt in den Jahren 1813, 1814 und 1815 befindet sich im Anhang zum letzten Bericht der Anstalt von 1816. Zu dem Defizit von ca. 3004 Talern, das sich aus der Differenz von Einnahmen und Ausgaben errechnen läßt, müssen die bei den Einnahmen in der drittletzten Spalte angegebenen Zuschüsse aus der städtischen Gemeindekasse hinzugerechnet werden, da die allgemeine Armenanstalt ihr reguläres Einkommen nur aus den angegebenen Quellen, vor allem aus den wöchentlichen Beiträgen der Bürger, bezog. Damit ergibt sich ein wirkliches Defizit von ca. 8997 Talern. Die Ausgabenzahlen für die drei angeführten Jahre beziehen sich zudem nur auf die Leistungen der bürgerlichen Armenpflege; die kirchlichen Provisorate gaben noch einmal jährlich 18500 Taler für Armenunterstützungen aus.

Quelle 9

Einnahmen und Ausgaben der Armenanstalt 1813-1815,

in: Nachricht über die allgemeine Armenanstalt in Elberfeld. Die bisherigen Vorsteher derselben an ihre wohlthätigen Mitbürger am 16. März 1816.
SAW R II 66

Einnahme der allgemeinen Armenanstalt in den Jahren 1813, 1814 und 1815.

Jahr	Pacht von der Hardt		Kapital-Zinsen		Wöchentliche Beiträge		Freiwillige Beiträge und Geschenke		Von Brüchten und confiscirten Sachen		Verdienst der Kinder in der Erziehungsanstalt		Von öffentlichen Lustbarkeiten	
	Rthlr.	St.	Rthlr.	St.	Rthlr.	St.	Rthlr.	St.	Rthlr.	St.	Rthlr.	St.	Rthlr.	St.
1813	140	—	8	27	14532	26	964	45¾	158	12½	276	25¼	483	22½
1814	140	—	8	27	12432	33½	1506	34½	164	20	226	7¼	643	46¾
1815	140	—	8	29½	12987	8½	1108	9¾	101	14	281	15¼	756	58½
	420	—	25	23½	39952	8	3579	30	423	46½	783	47¾	1884	7¾

Jahr	Nachlassenschaft verstorbener Armen		Ersatz geleisteter Unterstützungen u. Vergütungen von den Provisoraten		Aus dem Verkauf alter Effecten		Von Legaten und Vermächtnissen		Zuschuß aus der städtischen Gemeindekasse		Ueberschuß aus der Suppenkasse im J. 1813, 14 u. 15.		Total-Summe	
	Rthlr.	St.	Rthlr.	St.	Rthlr.	St.	Rthlr.	St.	Rthlr.	St.	Rthlr.	St.	Rthlr.	St.
1813	43	19	1458	2	—	—	250	—	1528	53½	—	—	19843	53½
1814	250	42½	1532	-	50	30	—	—	2434	21½	—	—	19389	23
1815	58	14	1558	38	—	—	—	—	2030	20	2267	41½	21298	9
	352	15½	4548	40	50	30	250	—	5993	35	2267	41½	60531	25½

Ausgabe.

Jahr	Gehalt des Kassirers, Bücher, Papier, Druckkosten ꝛc		Schule		Wöchentliche Unterstützungen in baar, Pacht und Suppe		Beköstigung der Kinder in der Erziehungsanstalt		Verpflegung der Alten in der Preßburg		Krankenpflege und Begräbnißkosten		Bekleidungskosten		Reparatur und Unterhaltungskosten des Hauses		An arme Reisende		Beiträge zu Kranken- und Sterbeauflagen		Steuer- und Assekuranz			Total-Summe	
	Rthlr.	St.	Rthlr.	St.	Rthlr.	St.	Rthlr.	St.	Rthlr.	St.	Rthlr.	St.	Rthlr.	St.	Rthlr.	St.	Rthlr.	St.	Rthlr.	St.	Rthlr.	St.		Rthlr.	St.
1813	592	10½	406	46½	13253	59	1159	55	2341	50	2751	28½	1856	20	191	28½	33	35	50	3	4	57	. . . .	22642	33
1814	562	10	377	6	12149	43¾	1159	45	2201	50	2406	11½	1709	21½	143	11¾	73	47	42	10	23	50	. . .	20849	6½
1815	522	28	426	6½	11301	26½	1257	14	1881	10	1918	14½	2476	32	153	34	58	28	34	11	14	36	. . . .	20044	0½
	1676	48½	1209	59	36705	9¼	3576	54	6424	50	7075	54½	6042	13½	488	14¼	165	50	126	24	43	23		63535	40

Kommentar 10

Die Suppenanstalt war im Rahmen der Allgemeinen Armenanstalt von Jakob Aders und Johann Friedrich Wilberg gegründet worden. Wilberg notierte darüber in seinen „Erinnerungen" (1836): „Für acht Pfennige konnten zwei Pfund nahrhafter, aus geschälter Gerste, Kartoffeln oder Erbsen, Gallerte, dem nöthigen Fette und Gewürz bestehenden Speise und etwas Brot gegeben werden, welche Masse hinreichend war, einen starken Esser zu sättigen. Zufolge eines Beschlusses der Armenverwaltung empfingen nun viele Armen anstatt des Geldes ihrer ganzen Wochengabe oder eines Theils derselben sogenannte Rumfordsche Suppe, einmal, damit der Arme eine reinliche, gesunde und nahrhafte Speise haben mögte, dann aber auch, daß der Armenfamilie die Ausgabe für Feuerung in etwa erspart und den Frauen der Armen zur ordentlichen Besorgung ihres Hauswesens und zu einträglicher Arbeit Zeit verschafft werde. Mehrere der Armen wollten aber lieber durch erbettelte Ueberbleibsel von den Tischen ihren Gaumen kitzeln, und haßten unsern W[ilberg], der auf die Ausführung jenes Beschlusses streng hielt, und die Aufsicht über die Kochanstalt, die Bereitung der Gallerte sc. führte. Man band nachts Knochen an das Treppengeländer vor seiner Hausthür, nannte ihn, wenn er über die Straße durch die Quartiere der Armen ging, Knochenkerl, Bluthund sc., und verfolgte ihn mit Geschrei und Steinwürfen. W[ilberg] ließ sich nicht irre machen; die Anstalt wurde häufig besucht, vielfach untersucht, z.B. von dem bairischen Minister v. Hompesch, von der Frau Gräfin v. Reden sc.; sie bewährte sich je länger je mehr als sehr nützlich, und es wurden in der Nähe und Ferne von Elberfeld, in Schlesien, in der Schweiz und sogar in München, ähnliche Kochanstalten eingerichtet. In den Jahren 1816 und 17 erkannten begüterte und reiche Personen das Bedürfniß einer solchen Speiseanstalt; und Bürger, die dem Verarmen nahe waren, und die Armen priesen mit Dank den Werth derselben" (J.F. Wilberg, Erinnerungen aus meinem Leben, nebst Bemerkungen über Erziehung, Unterricht und verwandte Gegenstände, Essen 1836, S. 91).

Auch nach dem Ende der Allgemeinen Armenanstalt (1816) blieb die Suppenanstalt bestehen; für das Jahr 1846 werden 3500 wöchentliche Portionen angegeben, für den November desselben Jahres sogar über 6500 Austeilungen pro Woche.

Quelle 10
Rechnung für eine Rumfordsche Armensuppe, ausgefertigt von Johann Friedrich Wilberg für den Oberbürgermeister
SAW R II 66   28.7.1816   handschriftlich

Transkription:
Heute, am 28ten Juli sind stark vierhundert Portionen Suppe im Armeninstitut vertheilt worden. Zu diesen war erforderlich:

18 Becher[1] Erbsen	Reichstaler 6" 22 1/2
29 Becher Kartoffeln	3" —
10 [Pfund][2] Speck, a) 16 Stüber	2" 40
10 Brodte, a) 13 Stüber[3]	2" 10
Weißbrodt	1" 30
10 [Pfund] Gerstenmehl a) 5 Stüber	"- 50
2 [Pfund] Butter, a) 14 Stüber	"- 28
Sellerie und Porree	"- 6
3 Viertel Kohlen, a) 8 Stüber	"- 24
Lohn an die Arbeiter	"- 30
Salz 1 1/2 Becher	36
	Reichstaler 18-36 1/2

Sie, Herr Oberbürgermeister, wollen die Güte haben, und helfen, daß wir das von der Regierung zu der Suppe bewilligte Geld in diesen Tagen bekommen.

[1] 1 Becher = 5 Pfund
[2] An dieser Stelle steht im Original das stilisierte Zeichen für libra = Pfund (lb)
[3] Es handelt sich um altes oder subventioniertes Brot.

Kommentar 11
Die Jahre zwischen 1806 und 1817 bezeichnen eine wirtschaftliche Krisenperiode für das Wuppertal; hingewiesen sei an dieser Stelle nur auf die Konsequenzen der Kontinentalsperre von 1806, des Ediktes von Trianon 1810 und der mit der Aufhebung der Kontinentalsperre 1813 einsetzenden Überschwemmung des Marktes mit englischen Produkten. Dazu kamen in den Jahren 1814-1816 Truppendurchzüge, Einquartierungen und Rückmärsche im Rahmen der Befreiungskriege, die die Stadt, deren Bevölkerung in Zeiten des Aufschwungs u.a. durch Zuzug von Arbeitskräften zugenommen hatte, finanziell stark belastete. Elberfeld hatte Ende 1810 18873 und Ende 1816 21710 Einwohner. Die Handels- und Gewerbedepression im Jahr 1816 wurde durch eine Pockenepidemie und eine Mißernte verschärft, die erhebliche Lebensmittelverteuerungen nach sich zog, denen der „Elberfelder Kornverein" (1816/17) durch Abgabe verbilligten Brotes zu begegnen suchte.

Die Elberfelder Armenanstalt, die bereits im dritten Jahr ihres Bestehens Defizite aufgewiesen hatte, kam zunehmend in finanzielle Schwierigkeiten. 1810 berichtete die Anstalt über die wieder zunehmende Bettelei und über damit begründete Spendenverweigerungen von Bürgern, und forderte u.a. in Schreiben an den Präfekten und Bürgermeister ein härteres Durchgreifen der Polizei auf der Grundlage des kaiserlichen Strafgesetzbuches, das für Bettelei in solchen Orten, in denen eine öffentliche Armenversorgung bestand, eine drei- bis sechsmonatige Zuchthausstrafe vorsah. Da die geforderten Maßnahmen offenbar wirkungslos blieben, verminderte sich die Spendenwilligkeit der Bürger weiterhin, während die Ausgaben der Armenanstalt stiegen. Der Bericht der Allgemeinen Armenanstalt von 1816, aus dem Auszüge in Quelle 11 wiedergegeben werden, ist der letzte des Instituts vor dessen Auflösung aus finanziellen Gründen im selben Jahr.

Quelle 11
„Nachricht über die allgemeine Armenanstalt in Elberfeld. Die bisherigen Vorsteher derselben an ihre wohlthätigen Mitbürger am 16. März 1816", S. 2-8
SAW R II 66   Auszüge

Die hiesige allgemeine Armenanstalt und ihr Wirken wurde ehemals von jedem Bürger, in welchem auch nur bisweilen einiger Gemeinsinn sich regte, mit Wohlgefallen und mit einer Art von Stolz betrachtet. Jenes war eine gerechte Folge seiner Theilnahme an dem Werke, und dieser war verzeihlich. Denn die Anstalt rückte nicht allein ihrem zuvörderst gestecktem Ziele näher, nemlich daß sie durch hinlängliche Unterstützung der Armen, die bis zu ihrer Stiftung zum Theil gutgeheißene Bettelei meistens abstellte, sondern sie wirkte auch mit gutem Erfolge dahin, den Hauptzweck einer Armenanstalt zu erfüllen. Dieser besteht aber nicht in rücksichtslosem, bequemen Darreichen der Gaben an jeden, welcher fordert, sondern im Verhüten der Verarmung, und in einer guten Vormundschaft über solche Menschen, welche ihrer eigenthümlichen Beschaffenheit nach arm bleiben müssen, ohne Aufsicht und fremde Sorge bald dürftig werden und bald zum Betteln gelangen. Und damals, als das Interesse der Neuheit der Anstalt noch Gönner erwarb, als noch sich Alles in ihrem frischem, jungem Leben bewegte, damals hatte höchst wahrscheinlich ganz Deutschland, Hamburg kaum ausgenommen, nicht eine so vollkommene Armenanstalt aufzuweisen, als Elberfeld sie besaß. Und weil die Anstalt das war und das wirkte, so war sie gemeinsinnigen Menschen sehr schätzbar, und sie freueten sich des durch echten Bürgersinn gestifteten und durch diesen und durch Gottes Beistand bis dahin erhaltenen Werks.

Mehrere verhängnisvolle Jahre, die viele lieb gewonnene Verhältnisse zerrissen, andere dafür mit Strenge aufstellten, diese wieder ohne Beachtung des Rechts, der Billigkeit und des Bürgerwohls zerstörten, um neue zu knüpfen, haben hin und wieder, aber ziemlich allgemein, den Sinn für echte Bürgerlichkeit, für das Tüchtige geschwächt, und Lauheit und Gleichgültigkeit gegen gemeinnützige Werke herbei geführt. Unvermerkt haben sie auch Manche, und ohne, daß diese es glauben, gelehrt, ohne theilnehmende Herzen und ohne helfende Hände über zweckmäßige Einrichtung guter Anstalten gut zu sprechen und sie schön zu loben, und gelehrt, die Menschenliebe, die andere üben, zu lieben, sich aber der thätigen Liebe gegen Arme und Nothleidende mit gutem, aber wesenlosem Scheine gänzlich zu entziehen. Und diese Jahre, und das, was in ihrem Gefolge war, haben die allgem. Armenanstalt in ihrem Wirken gehemmt, und haben sie mehr als einmal ihrem gänzlichen Verfalle nahe gebracht.

So hatte im Jahre 1813 unsere Stadt mehr als 1500 Bürger, (und wahrscheinlich jetzt nicht weniger) die auch nicht einen einzigen Stüber für die allgemeine Armenanstalt beitrugen, und die doch im Stande waren, wenigstens einen kleinen Beitrag dafür darzureichen. Viele andere entzogen ihre wöchentliche Gabe ganz und andere einen Theil derselben unter mancherlei nichtigen Vorwänden dieser nothwendigen, gemeinnützigen Stiftung, und sehr viele gaben nicht zur Erhaltung derselben, was sie ihrem Vermögen angemessen und zufolge des Vortheils, den sie von der Anstalt zogen, hätten geben müssen. Als ferner in den früheren Jahren die hiesigen Manufakturen stockten, zogen viele Arbeiter jenseit des Rheins, und ließen Frauen und Kinder zurück. Andere, die mit ihren Familien sich dahin begeben hatten, kehrten nach Gefallen ausgehungert, kränklich und entblößt von Allem, wieder hieher, und machten um desto größere Ansprüche auf Unterstützung, jemehr ihr Zustand durch Arbeitslosigkeit und Krankheit zerrüttet und elend, und je weniger es ihnen möglich war, etwas zu erwerben. Die Freiheit, daß jeder sich hier niederlassen durfte, wer wollte, wenn er auch nicht für sein Brot gut war, und die kurze Zeit, in welcher überall nach Arbeitern in den Manufakturen gesucht und ihnen hin und wieder Gelegenheit gegeben wurde, ihre Forderungen sowol als ihr Bedürfen über die Gebühr auszudehnen, lockten Menschen herbei, von welchen viele sogleich und hauptsächlich nach der abermaligen Stockung des Handels ohne Unterstützung der Armenanstalt nicht leben konnten. Eine kaum glaubliche eingerissene Liederlichkeit hat verursacht, daß die Anstalt viele Kinder verpflegen muß, deren Väter gewissenlos umherlaufen, die sich des Vaternamens schämen müssen; und nicht allein diese Kinder, auch einige Mütter fallen noch immer der Bürgerschaft zur Last. Einige solcher Mütter haben ihre Kinder ganz verlassen, und mehrere haben oft genug ausgesagt, daß sie diesem Exempel folgen wollen. Jene Liederlichkeit ist ferner Ursache vieler Krankheiten unter ganzen Familien geworden, von welchen ehemals nur äußerst selten Spuren bei den schlechtesten Armen waren, und die Pflege und Unterstützung der Armen im Allgemeinen wurde auch dadurch mit jedem Jahre kostspieliger. Der unerhörte Pachtwucher, der beim Vermiethen der Wohnungen an die Armen hieselbst Statt findet, hat ihr Bedürfen um ein Bedeutendes vermehrt, und mit Schaudern vernimmt es der Menschenfreund, wenn er hört, wie elend und ungesund die Hütten sind, in welchem der arme Arbeiter bei dem wucherischen Miethzins sein Leben verleben muß. Der Aufmerksame, gemeinnützig Den-

Nachricht
über
die allgemeine Armenanstalt
in
Elberfeld.

Die bisherigen Vorsteher derselben
an ihre
wohlthätigen Mitbürger
am 16. März 1816.

Gedruckt bei J. C. Eyrich

---

kende, der tüchtige Bürger, welcher das Wirken der Armenanstalt, ihre, durch jene Umstände herbei geführte Lage und ihr Streben, sich, wenn möglich, durch dienliche und rechtmäßige Mittel zu erhalten, wahrnahm, konnte sich eines bitter wehmüthigen Gefühls nicht erwehren, als er sah, wie sie in ihrer Verlassenheit aus Mangel an Mitteln Vieles von dem, was sie schon gewirkt hatte, zerfallen lassen mußte, sie so wenig leisten konnte, und wie ihre gänzliche Auflösung mit schnellen Schritten heran zu rücken schien.

Näher mögen hier die Ursachen des Verfalls dieser nothwendigen Stiftung nicht aufgestellt, und es mag nicht bemerkt werden, woher es wol kommen mogte, daß das Institut sich nicht fortdauernd einer allgemeinern, thätigern Theilnahme zu erfreuen hatte. — Vergessen werde es aber nicht, daß ein gewisser Edelsinn erforderlich ist, um eine gute Sache hoch genug und höher als Personen und sich selbst zu schätzen, daß dieser dazu gehört, wenn man einer guten Sache sich zum Dienste widmen und es rühmlicher finden will, ihr zu dienen, als von ihr Vortheil zu ziehen; und nie möge es vom Bürger vergessen werden, daß aus Mangel dieses Edelsinnes, aus Mangel an Hochherzigkeit jede gute Anstalt, jede gute Sache endlich zerfallen muß. Aber gesellet sich auch nur ein Guter zu dem andern, schämt man sich der Feigheit, Hindernissen und Schwierigkeiten der guten Sache zu entwischen zu suchen, und ist man muthig genug, diesen die Stirn zu bieten, nachdrücklich dem Schlimmen Widerstand zu leisten, und wird das Ich gehörig beiseite gesetzt, dann gedeihen gute Anstalten, die vorhandenen werden erhalten, und wenn sie vergehen wollen, gerettet. Und auf unsere Armenanstalt die Anwendung zu machen: die Schicksale der letztern Jahre haben sie sehr, aber doch nicht so sehr in Verfall gebracht, als der durch Zeit und Umstände veranlaßte Mangel an Gemeinsinn, als die Engherzigkeit und die Selbstsucht, welche entweder ihre geringfügigen Thaten hoch erhebt, oder mit vornehmen und gesalbten Worten Alles gut zu machen sucht, und das Thun Andern überläßt.

In den so eben gedachten Jahren aber nahmen Arbeitslosigkeit und Hülfsbedürftigkeit in unserm Orte ungewöhnlich zu, und Mancher war während derselben einer Gabe bedürftig, der früher sich im Stande befand, eine zu reichen; die wöchentlichen Beiträge verminderten sich, und außergewöhnliche gingen wenig ein. Und da die Armenanstalt nicht zweckerfüllend helfen und auch ihrer übrigen Verhältnisse wegen der Bettelei nicht wehren konnte, so riß dieß so eben ausgerottete schandbare Uebel wieder ein.

Und Bettelei ist ein größeres Uebel, als viele Menschen meinen. Nöthig ist es aber, daß der Bürger es recht kenne, und die Folgen derselben recht beherzige. Nicht der Schande zu gedenken, welche Bettelei jedem Orte zuzieht, der sie duldet: der Bettelsinn und die Aeußerungen desselben wirken auf die Bildung der höhern Stände äußerst nachtheilig, erzeugen zuerst Gleichgültigkeit gegen Elend, gegen Unordnung und üble Sitte, dann Gemeinheit und Härte im Benehmen gegen andere, und zuletzt unedlen, niedern Sinn. Jeder aber, welcher sich der Bettelei ergibt, ist mit seinen Fähigkeiten und Kräften für das Beste der menschlichen Gesellschaft gänzlich verloren; und da er nur genießt und viel verzehrt, ohne zu nützen und zu erwerben, so wird er wie das Ungeziefer eine drückende Last für seine Mitmenschen. Rechnet eine Haushaltung nur nur zwei Stüber täglich für die Bettelgaben, so macht dieß für das Jahr noch über 12 Rth. Welch eine Besteurung für einen Ort, in welchem Bettelei geduldet wird! Und je stärker und gesunder und je besser ein Bettler zu Fuße ist, desto mehr kann er einsammeln; und je unbescheidener, unverschämter, lügenhafter, frecher und verwegener der Bettler ist, und je schlechter die Armenanstalten im Stande sind, desto mehr glückt es dem Bettler, desto mehr bekommt er, und desto mehr erhöhet er seine Bedürfnisse. Was muß es aber für einen Eindruck auf die Handwerker, auf die Taglöhner machen, wenn sie sehen, daß der Bettler ein sogenanntes gutes Leben führt, und sie doch bei regelmäßigem Fleiße, bei mühsamer Thätigkeit, ja oft bei übermenschlicher Anstrengung kaum so viel erwerben, daß sie sich und die Ihrigen nothdürftig erhalten können. Bei einigem Mangel werden sie anfangs ihre Kinder zum Betteln nöthigen, und zuletzt kommen sie selbst auch dazu. Derjenige aber, welcher sich der Bettelei ergibt, wird nach und nach ein feindseliger Gegner jedes Reichen, von dessen Gütern er auf eine oder die andere Weise einen Theil zu bekommen sucht. Bettelsinn bringt mit der Zeit ein Nichtachten aller bürgerlichen Verhältnisse zuwege, und der Bettler und die Bettlerin, welche nur Sinnenkitzel und Genuß, aber keine Herrschaft über denselben kennen, werden mit jedem Tage frecher und schamloser, und sind für jedes Laster und für jede Schandthat käuflich, wie manche brave Eltern mit bitterm, tiefem Gram erfahren. Wie kann aber ein Ort sich des wahrhaften, des echten Bürgersinns rühmen, wenn er ein solches, leicht vermeidliches Uebel duldet? Wie können Bürger auf Ehre Anspruch machen, wenn sie zugeben, daß durch Bettelei dem Armen, welcher nicht betteln mag, das, was ihm nothwendig ist und gebührt, geraubt wird? Schändlich ist es: der redliche Arme muß arbeiten und oft über die Maße, und muß bisweilen dabei hungern, weil er nicht bitten und betteln mag, und der freche, schamlose Bettler vergeudet oft mehr, als der Arme bedarf. Denn nicht jeder Arme bettelt, und die wenigsten Bettler sind arm, wovon man sich bald überzeugen kann. Die meisten Bettler sind schändliche Zeitverschwender, Wollüstlinge, und da sie heute wissen, woher sie morgen nehmen, so leben sie in sorglosem Wohlbehagen, oft in großem Ueberflusse und in einem Luxus, der nur der Art nach und sonst gar nicht von dem Luxus der Reichen verschieden ist.

(...)

In Manufakturgegenden gibt es nun der Armen stets viel. Diese sind zwar in der Regel mehr arm dadurch, daß ihnen nach und nach in dem Kreise, in welchem sie leben, viel zum Bedürfniß geworden ist, als durch wirklichen Mangel des Unentbehrlichen. Aber viele unter ihnen können auch durch unaufhörliches Arbeiten kaum erschwingen, was sie in solchen, gemeiniglich theuren Gegenden nöthig haben, welches um so eher der Fall ist, wenn Manufakturen neben andern nur dann bestehen können, wenn der Arbeitslohn niedrig ist. Damit nun solche Arme nicht genöthigt werden zum Betteln, muß jeder Bürger, da jeder Gewinn von der Verwendung der Zeit und von dem Verbrauch der Kraft der Armen gehabt hat oder noch hat, ein Gewisses zu deren Unterstützung beitragen. Und damit der Arme sich nicht noch mehr Bedürfnisse erkünsteln und nicht Mißbrauch von der ihm dargereichten Gabe mache, muß er unter Aufsicht stehen. Diese Arbeiten, welche mit der Aufsicht über die Armen verbunden sind, und jene Gaben, welche zur Verhütung des gänzlichen Versinkens in Dürftigkeit zur Verhütung der Bettelei dargereicht werden, sind eben so wenig Werke der Wohlthätigkeit, als Wachtdienste und Beiträge zur Sicherheit der Stadt, sondern sie sind Bürgerlasten, wie jede andere. Da aber mit der freiwilligen Uebernehmung derselben das Gefühl des Rechts- und Wohlthuns vorzugsweise verbunden ist, so sind auch die Menschen, welche dieß Gefühl zu schätzen wissen, am meisten mit der Sorge für die Armen beschäftigt, und werden dadurch wohlthätig für andere. Da aber jene Lasten von Manufacturgegenden nicht zu trennen sind, so wäre es wünschenswerth, hier Mittel ausfindig zu machen, durch welche solche Menschen zur Erfüllung ihrer Bürgerpflichten angehalten werden könnten, die etwa aus Geiz, Laune, Bequemlichkeit und Mangel an Gemeinsinn sich davon los zu machen suchen, damit dem gutwilligen Bürger die Last nicht zu schwer fiele. Der gute Bürger und der echt wohlthätig gesinnte Mensch bedarf dieser Mittel nicht, aber er freuet sich, wenn durch sie zum Besten der Nothleidenden befördert wird, was er aus freiem Willen und gern thut. Solche gutwillige Menschen waren es, welche bis jetzt die allgemeine Armenanstalt erhielten. Ihren Dank haben sie schon oft durch das Bewußtseyn empfangen, daß durch sie mancher Noth abgeholfen, manches Leiden gemindert worden ist.

(...)

Die Zahl der Armen, welche am Ende des Jahrs 1815 wöchentlich eine Unterstützung empfingen, war 1005 in 307 Familien und 114 einzelne Alte und Kinder. Außerdem hatten in dem Laufe des jetzt gedachten Jahres Pacht, Bekleidung, vorzüglich ärztliche Hülfe und freien Schulunterricht für Kinder noch wenigstens 400, also im Ganzen 1405 Personen Unterstützung von der Armenanstalt empfangen, diejenigen noch ungerechnet, welche manchen Mittag in der Kochanstalt der Rumfordschen Suppe ihren Hunger stillten. Rechnet man hiezu die Armen der Stadt, welche nicht von der Anstalt unterstützt werden, und nimmt man auch nur eine ganz geringe Anzahl von stillen, verschämten Armen an, so ergibt sich, daß in Elberfeld wenigstens der neunte, vielleicht der achte Mensch ein Armer ist, der im Laufe eines Jahres der Unterstützung nicht ganz entbehren kann; und allem Anscheine nach, wird die Zahl sich nicht sobald vermindern.

Und wenn denn auch Elberfeld seine Straßen von müßigen Bettlern frei hält, wenn es auch im Flor seiner Manufakturen im Stande ist, jedem Arbeitsfähigen Gelegenheit zu geben, sich reichlich zu nähren, so thut die Stadt doch nicht genug. Die redlichen Bürger derselben müssen sorgen und helfen, daß der unglückliche Arme nicht zu bitten braucht, daß der Arme seine Bedürfnisse einschränken lernt, und daß der, welcher ein verdientes Almosen empfängt, unter Aufsicht gesetzt und ihm Mißbrauch seiner milden Gabe unmöglich gemacht wird. Ohne diese Aufsicht sind Almosen oft, und in Elberfeld vielleicht öfter als in andern Orten, schlimme Saaten, die eine schlimme Ernte tragen, indem der Arme dadurch an Bequemlichkeiten gewöhnt, zu Sinnenkitzel gereizt, zu Unordnungen, zur Lügenhaftigkeit verleitet gar oft ärmer wird, als er ohne jene Almosen war. Um diese Aufsicht, die seit einigen Jahren zum Theil mangelte, herbei zu führen, hat die Verwaltung Männer als Vorsteher der Armenanstalt vorgeschlagen, die auch bereits von der Kreisdirektion ernannt und durch die Stadtbehörde eingesetzt worden sind, solche Bürger, von welchen sie glaubt, daß sie mit echtem Bürgersinn sich der Erhaltung und Vervollkommnung einer Sache, wie das Armenwesen, werden angelegen sein lassen, das in einer ordentlichen Stadt nothwendig und, gehörig eingerichtet und zweckmäßig verwaltet, von den wohlthätigsten Folgen ist. Wir werden aber, dem Wunsche des Herrn Kreisdirektors zufolge, gern in der Sache noch helfen, wenn unsere Hülfe gewünscht wird und von nützlichen Folgen sein kann.

Lange Zeit haben wir die Pflichten unsers Amtes nach Recht und Gerechtigkeit erfüllt, manches Elend gesehen und tief mit empfunden, manchen Händedruck des Dankes für geleistete Hülfe empfangen, viele Sorge für die Erhaltung der Armenanstalt getragen, manches harte Urtheil über uns gehört, oft die Billigung unsers Thuns vernommen ꝛc. Wir danken unsern Mitbürgern für Ihr uns geschenktes Zutrauen.

Noch zeigen wir unsern Mitbürgern an, daß die alten, abgelebten Armen, welche bis dahin die Preßburg bewohnten, — ihre Zahl beläuft sich gegenwärtig auf 51 — vom Mai d. J. an mit den Waisenkindern, deren jetzt 32 sind, in dem Hause der Armenanstalt ihre Verpflegung erhalten werden.

Kommentar 12

1816 stieg der Preis für ein 7pfündiges Schwarzbrot auf 23 Stüber, 1817 lag er bei 36 Stübern (für Inhaber von Brotmarken des Kornvereins kostete das Brot 31 Stüber), erst 1818 fiel der Preis wieder auf 14 Stüber (1815: 15 Stüber). Legt man den Lohn eines Gesellen oder Arbeiters von 1815 zugrunde, der mit 2 bis 3,5 Talern wöchentlich bei einer Arbeitszeit von bis zu 80 Stunden angegeben wird, so mußte der Arbeiter für ein Brot 1815 10 bzw. ca. 6 Stunden, 1816 ca. 15 bzw. 9 Stunden und 1817 (bei subventioniertem Brot) ca. 20 bzw. 12 Stunden arbeiten. Die Löhne für Meister lagen bei 4 bis 4,5 Talern, diejenigen für Arbeiterinnen bei 1,5 bis 2 und für Kinder bei 1 bis 1,5 Talern pro Woche. Von diesen Löhnen waren meist mehrere Personen zu versorgen. Zwei Fälle aus dem Jahr 1817 verdeutlichen dies: Ein 20jähriger Kattunweber mußte von 1,5 Talern Lohn zwei arbeitsunfähige Familienmitglieder ernähren; ein 57jähriger Vater von 5 Kindern verdiente zusammen mit seiner Frau als Maurer im Tagelohn etwas mehr als drei Taler in der Woche.

Die Entwicklung der Brotpreise, die der Oberbürgermeister in seinen „Annalen" verzeichnete, können als Maßstab für eine Einschätzung des Ernährungsstandards gelten, da Brot neben Kartoffeln und Kaffee das Hauptnahrungsmittel der Arbeiter darstellte. In einer Beschreibung Barmens von 1814 heißt es: „Erdäpfel, welche hier besonders gut gedeihen, ist die allgemeinste und Lieblingsspeise. Sie machen oft Monate lang das einzige Gericht des Armen aus, der sie Morgens, Mittags und Abends gleich schmackhaft findet und bald gekocht, bald gebraten, bald zu Pfannkuchen verbacken - letztere mit Kaffee, das gewöhnliche Abendbrod vieler Fabrikarbeiter - genießt" (W. Huthsteiner/C. Rocholl, Barmen in historischer, topographischer und statistischer Beziehung, Barmen 1841, S. 64).

Die in dem in Quelle 12 wiedergegebenen Brief des Inspektors Wilberg an Oberbürgermeister Brüning erwähnten Ausgaben der Suppenanstalt erhöhten sich zum Ende des Krisenjahres 1816 auf 800-900 Portionen pro Tag.

„Jeder redliche Bürger, dem die Ehre seines Standes und der gute Ruf der Stadt lieb ist, wünscht gewiß, daß die allgemeine Armenanstalt unserm Orte erhalten werde. Und Elberfeld, das in trüben Kriegsjahren ein nothwendiges und nützliches Institut erhalten hat, Elberfeld sollte jetzt, da die Stadt den Segnungen des Friedens, und dem Heile einer gerechten und Bürgerwohl beabsichtigenden Regierungsverfassung entgegen sieht, ein Institut eingehen lassen, das ein so dringendes Bedürfniß für sie ist? Nein, die Stadt kann nicht, ohne ihren guten Ruf zu verlieren, die einzige Anstalt, die sie als Stadt besitzt, und die immer mehr ein Bedürfniß für sie wird, zerfallen lassen. Wir finden das Mittel, sie fortdauernd zu erhalten, in der Annahme unsers den Provisoraten gethanen Vorschlages, wodurch zugleich den Kirchengemeinen die Last, für die Armen zu sorgen, erleichtert, und Einheit und Allgemeinheit des Armenwesens der Sammtgemeine Elberfeld hervor gebracht werden wird.

Unsere Mitbürger werden ihren guten Sinn, der Armenanstalt wieder aufzuhelfen, bei der neuen Subscription für die wöchentlichen Beiträge bezeigen. In diesen Tagen werden die Bürger, welche von jetzt an Rathgeber, Helfer und Vorsteher der Armen sein werden, ihre Mitbürger um die Bestimmung ihres wöchentlichen Beitrags ersuchen."

Quelle 12
Schreiben des Inspektors der Allgemeinen Armenanstalt, Johann Friedrich Wilberg, an den Oberbürgermeister
SAW R II 49   Bl.30/31   5.10.1816   handschriftlich

Eine Reihe von Jahren habe ich mich dem Armenwesen der Stadt, und mit Liebe dafür, gewidmet, habe oft von guten Menschen Gaben erbeten, um an ihrer Statt Armen zu helfen, und sie zu erfreuen, habe manche Unbequemlichkeit übernommen, manchen Verdruß erlitten, habe mich bemüht, die für unsere Stadt nothwendige, ehemals sie ehrende allgemeine Armenanstalt aufrecht zu erhalten, und habe manchem meiner Mitbürger, welcher am Bestehen derselben zweifelte, Hoffnung und Thätigkeit dafür einzuflößen gesucht. Jetzt muß ich von dem Armenwesen der Stadt scheiden, ich kann nicht mehr dafür sorgen, die Anstalt kann nicht ferner bestehen, wenn sich niemand ihrer annehmen will. Jetzt, da mehr als 500 Menschen aus Stadt und Kirchspiel täglich aus der Küche der Anstalt gespeiset werden; da mehrere ganz Verlassene ihre Pflege, mehrere Hundert Kinder ihren Unterricht von der Anstalt empfangen; jetzt da die Arbeitslosigkeit so groß ist, da die Zahl der Armen sich täglich mehrt, da alle Nahrungsmittel so theuer sind, da jeder Arme mit kummervollem Herzen jedem Tage entgegen sieht, jetzt muß die allgemeine Armenanstalt in Elberfeld eingehen. Meiner Meinung nach, müßte die Kochanstalt zu erhalten gesucht werden, und da die Waisen nicht betteln dürfen und die aufgearbeiteten Alten sich nicht mehr das Nöthige erbetteln können, so müßte auch für diese gesorgt werden. Den übrigen Armen muß ich am Mittwoch, wenn nicht Rath geschafft wird, anzeigen, daß sie von dem Tage an ihr übriges Bedürfniß von ihren wohlhabenden Mitbürgern zu erbetteln haben. Zur Ergreifung dieser Maßregel sehe ich mich genöthigt, da die wöchentliche Ausgabe die Einnahme um mehr als 120 Reichstaler übersteigt, da die Anstalt keinen Kredit mehr hat, und ich also nicht mehr im Stande bin, die billigen und mäßigen Wünsche der Armen zu erfüllen.
Euer Wohlgeboren wollen dem wohllöblichen Stadtrate bei der heutigen Versammlung desselben die Lage des Armen=Instituts vorstellen.
Ich danke für das mir bisher erwiesene Zutrauen, und bitte Sie um Genehmigung der Versicherung meiner Hochachtung.

2. Die Central-Wohltätigkeitsanstalt 1818-1853

Kommentar 13-15

Die Elberfelder Allgemeine Armenanstalt war 1816 an ihrem finanziellen Tiefpunkt angelangt; ein Rettungsversuch von seiten der Regierung unter Einsatz des Regierungsrates Ruppenthal scheiterte. Nachdem von städtischer Seite die Einführung einer „Centralwohlthätigkeits=Anstalt" nach dem napoleonischen Dekret von 1809 - es bestimmte die bürgerlichen Gemeinden als Träger der vorgeschriebenen Armenversorgung - beantragt worden war, der die Kirchengemeinden ihre Unterstützung aber verweigert haben würden, kam es zur Bildung einer Kommission, in der Geistliche und Provisoren der Kirchengemeinden sowie 10 Bürger der Stadt über die Frage berieten, ob die Versorgung der Armen die Sache des Staates oder der Kirche sei, und ob die Mittel in ersterem Fall durch freiwillige Beiträge zu erheben seien. Die Provisorate der Kirchengemeinden versicherten, die Armen versorgen zu können und sich dabei gegenseitig zu unterstützen. Am 16.11.1816 bestimmte die Regierung, daß die Armen an die Provisorate verwiesen werden sollten; am 14.12.1816 wurde die Allgemeine Armenanstalt aufgelöst und im Februar 1817 die Einrichtung der „Vereinigten und Allgemeinen Armen=Commission" auf ein Probejahr gestattet. Diese Commission bestand aus den Vorständen der drei kirchlichen Verwaltungen und hielt am Grundsatz der Freiwilligkeit der Armengaben gegenüber einer Armensteuer fest. Da die Kirchengemeinden der Auffassung waren, die bisherige bürgerliche Armenverwaltung habe die Gaben zu großzügig verteilt, legte sie strengere Maßstäbe bei der Unterstützung an. So heißt es etwa in dem 1816 vorgelegten Plan der reformirten Gemeinde: „Der Zustand des unterstützten Armen muß schlechter seyn als der des geringsten Tagelöhners" (HStAD Reg. Düsseldorf Nr. 1664 Bl. 314). Eine Sammlung 1816/17 ergab eine Summe von 70000 Talern bergisch. Obwohl diese Summe außerordentlich hoch war, kam es zu finanziellen Schwierigkeiten zwischen den einzelnen Kirchenvorständen. Dazu mag ein Umstand beigetragen haben, von dem Landrat Seyssel d'Aix im November 1817 an die Düsseldorfer Regierung berichtete: „Es soll nämlich bei mehreren Fabrikherrn, die gegen alle andere Claßen der Einwohner ungerechte und von den Engländern zuerst in Ausübung gebrachte Maaßregel Beifall und Nachahmung gefunden haben, nämlich: den Lohn der Arbeiter zu verkürzen, und sie für den Rest ihres Bedürfens an die Armenanstalten zu verweisen. Wenn z.B. der Weber

Quelle 13
Bericht des Polizeiinspektors Holthausen an den Oberbürgermeister
SAW R II 72   1.3.1819   handschriftlich

Unter Rücksendung der Anlage - die Wittwe Loh betreffend - ermangele ich nicht, Euer Wohlgeboren über diese Person diejenige Auskunft zu erteilen, in so weit ich hierzu im Stande bin; indem die Wittwe Loh nicht vom Polizei= sondern Oberbürgermeister=Amte der hiesigen Armen=Anstalt zugewiesen worden ist.

Die Wittwe Helena Margaretha Loh geb. Scharrenberg - in Haan geboren, 38 Jahre alt, reformirter Konfession vor 16 Jahren hierselbst verehelicht, seit 9 Jahren Wittwe, deren Mann von hier, auch hierselbst gestorben ist, seit vielen Jahren hier wohnhaft, - hat im Wittwenstande einen unehelichen Knaben, jezt 3 Jahre alt, geboren, soll aber auch vor ihrer Verheirathung ein Mädchen unehelich geboren haben, das jezt, 19 Jahre alt, in Graefrath sich aufhalte.

So sehr auch diese Person in der Anzeige des Präses der Armen=Verwaltung Herrn Peltzer als: ein Auswurf der Menschheit, ein in allen Lastern und Schändlichkeiten versunkenes Weib, als ein scheusliches Subjeckt geschildert wird, so konstirt doch beim hiesigen Polizeiamte nicht, daß gedachte Person je wegen eines Vergehens oder Verbrechens zur Untersuchung hätte gezogen werden müssen.

Daß sie aber ein unruhiges, troziges, bösartiges, unverträgliches und liederliches Weib ist, geht aus ihrem bisherigen Betragen genugsam hervor.

Als sie, ich glaube im vorigen Jahre, von allen Lebensmitteln entblößt, ohne Arbeit, mit ihrem unversorgten Kinde hier in der Stadt nirgendwo ein Unterkommen finden konnte, (oder finden <u>wollte</u>, weil sie mit ihrem hülflosen Kinde in die Armenanstalt aufgenommen zu werden trachtete) trieb sie sich am Tage durch die Stadt herum, und fand sich, ohne Obdach, am Abend jedesmahl hier auf der Wachstube im Arrestlokal ein, von wo sie durch kein Zureden, durch keine Maasregeln abzubringen war; nothwendige Rücksicht, und Mitleid gegen das Kind gaben auch nicht zu, mit Strenge gegen sie zu verfahren.

Die hiesige Armen=Verwaltung war nicht geneigt, sie so wenig als das Kind aufzunehmen; man wollte: sie solle nach Haan verwiesen werden, auch dies geschah; sie wurde aber von da hierher zurückgewiesen und mit Recht, weil hier in Elberfeld ihr gesezliches Domizil begründet war; sie fuhr also fort, hier auf der Wachstube Obdach zu suchen, und als man dies in Gesundheitspolizeilicher Hinsicht nicht länger zugeben dorfte, lagerte sie sich mit ihren Lumpen, voller Ungeziefer und Krätze bald vor die Thüre der Wachstube, bald auf den Rathhaushof unter dem Behälter der Brandleitern.

In diesem elenden Zustande mußte endlich die Wittwe Loh mit ihrem Kinde in die Armenanstalt aufgenommen werden.

Ich bin der Meinung, so weit diese Sache mir jezt vorliegt, daß, da hier keine gesezliche Gründe vorhanden sind, die einen Antrag zur Einsperrung dieser Person in's Arresthaus zu Werden rechtfertigen, diese, als <u>gesund und arbeitsfähig</u>, mit Zurückbehaltung, oder sonstiger Unterbringung ihres Kindes, aus hiesiger Armen=Anstalt ausgewiesen werde, wenn diese die Disciplin hierin gegen genannte Widerspenstige nicht zu halten vermag.[1]

---

[1] Am 4.3.1819 verfügte der Landrat, daß der Frau keine weitere Unterstützung zu gewähren und sie unter Androhung einer Zuchthausstrafe zu verpflichten sei, das Betteln zu unterlassen und sich eine Arbeit zu suchen. Das Kind wurde von der Mutter getrennt und in Pflege gegeben.

Quelle 14
Antrag des Präses der Central-Wohltätigkeitsanstalt, Peltzer, bezüglich des Seidenwebers Drube und die Stellungnahme des Polizeiinspektors Holthausen zu dem Fall
SAW R II 72   28.5.1819/3.8.1819   handschriftlich

An den Herrn Oberbürgermeister Brüning
Wohlgeboren

Über den wahnsinnigen Eng. Drube ist berichtet worden, daß derselbe gestern Mittag gantz besoffen auf dem Marckte gelegen hat. - Da dieser wöchentlich [1]10 Stüber

für sein Stück Arbeit sonst 1 Taler erhielt, so erhält er für dasselbe nun nur 45 bis 30 Stüber. Er erhält aber vom Fabrikherrn eine Bescheinigung, daß er <u>wegen Mangel an Arbeit</u> nur so und so viel verdiene. Damit begibt er sich zu den Armenvorständen, diese, nicht das Verhältniß kennend, urtheilen nach der Bescheinigung, und der Arbeiter erhält Zusatz aus Armenmitteln" (HStAD Reg. Düsseldorf Nr. 1665). Die reformierte Gemeinde machte schließlich den Vorschlag, jede Gemeinde solle ihre Armen wieder allein versorgen. Dies widersprach dem ausdrücklichen Auftrag der Regierung, alle Armen ohne Rücksicht auf ihre konfessionelle Zugehörigkeit zu betreuen. Schließlich ordnete die Regierung per Reskript vom 18.2.1818 die Einrichtung einer „Central=Armen=Commission" nach dem Gesetz vom 3.11.1809 an und sandte den Regierungskommissar Clemens nach Elberfeld, um den Wandel der Elberfelder Armenpflege zu einem „bürgerlich polizeilich[en] Institut" (Reskript vom 18.2.1818, HStAD Reg. Düsseldorf Nr. 1666) zu vollziehen. Die wesentlichen Bestimmungen der neuen Ordnung bezogen sich auf die Finanzierung und Organisation des Armenwesens. Jedes „Armenmittel", gleich welchen Ursprungs (also auch kirchliche) mußte an die neu eingerichtete „Central=Wohlthätigkeitsanstalt" überwiesen werden. Defizite im Armenhaushalt mußten aus der städtischen Kasse gedeckt bzw. zwangsweise von den Bürgern erhoben werden. Die Verwaltung der Anstalt bestand aus 5 Vertretern der Bürgerschaft, die nicht mehr gewählt, sondern vom Landrat vorgeschlagen und von der Regierung bestätigt wurden, sowie einem Mitglied des Magistrats, einem Regierungskommissar und je einem Vertreter der Kirchen. Die Haltung der Bürgerschaft der neuen Einrichtung gegenüber illustriert ein Bericht Clemens' an seine vorgesetzte Behörde vom 4.3.1818, in dem er von einer Stadtratssitzung berichtet, die „sehr laut" gewesen sei und in der ihm „Dinge gesagt" worden seien, die er „als Regierungs=Beamter nicht hätte ertragen sollen" (HStAD Reg. Düsseldorf Nr. 1666). Die Quellen 13, 14 und 15 dokumentieren „Fälle", in denen die Armenanstalt tätig wurde oder die in ihren Zuständigkeitsbereich fielen.

Unterstützung von der Anstalt erhält, mehr wahnsinnig zu seyn scheint, als er wirklich ist & nach der Vermuthung mehrerer Bürger - die uns ohnehin den Vorwurf machen, warum solche wichtige Gaben an Menschen dieser Art verschwendet werden? - wohl fähig wäre zur Arbeit:
So ersuchen wir Euer Wohlgeboren das Verhalten dieses Menschen durch die Polizei untersuchen zu laßen und bey der hohen Regierung dahin anzutragen, daß derselbe ins Zuchthauß nach Werden abgeführt werde um den Versuch zu machen, ob er arbeitsfähig ist oder nicht. Auf alle Fälle wäre dieser dort beßer aufgehoben wie hier wo er müßig herum geht, Toback raucht und in den Kneippen die Karten schlägt, auch würde nun der Unterhalt deßelben in Werden weit wohlfeiler als hier zu stehen kommen. Sollte Drube in Werden nicht als Kostgänger können aufgenommen werden, so wäre vielleicht in Brauweiler[1] eine Stelle für ihn zu erhalten!
Von Central=Wohlthätigkeits=Anstalt wegen
Peltzer

An den Herrn Oberbürgermeister Brüning
Wohlgeboren
dahier.
Der Seidweber Drube, der taub und schwachsinnig ist, und gesunder Constitution zu sein scheint, treibt sich in diesem seinem Zustande den Tag hindurch auf der Straße und mitunter in Wirthshäusern herum, und schlägt daselbst zur Belustigung derjenigen Gäste, welche mit diesem Narren ihr Spiel zu treiben Vergnügen finden, die Karten auf. Er verhält sich in seinem Zustande ruhig, und ist meines Wissens keinem Bürger lästig, als nur in so weit dieser zur Unterstützung dieses unbemittelten Narren beizutragen hat.
Glaubt die Armen=Verwaltung, daß dieser Schwachsinnige nach seiner Körperkonstitution zur Betreibung seiner Seidweber=Profession wohl fähig sei, so dürfte doch wohl schwerlich gegen diesen und dergleichen Individuen amtlicher Zwang zur Arbeit anzuwenden, und dieser hier, wo es an einer öffentlichen Arbeitsanstalt mangelt, gar nicht ausführbar sein.
Hält die Armen=Verwaltung den Gemüthszustand des Drube mehr für Verstellung, um nicht zu arbeiten, so wäre durch die Armen=Ärzte der fragliche Zustand leicht zu untersuchen, zu beobachten und zu ermitteln.
So gern die Polizei der Central=Wohlthätig[keits=]Anstalt jede mögliche Erleichterung in ihrer Last und ihren Ausgaben mitwirkend zu verschaffen suchen mögte, so muß sie doch bedauern, daß sie, so wie es der Fall mit der schwachsinnigen Gertrud Lückenhaus ist, auch hier gegen den Drube, der ja weder als Bettler noch als Vagabund zur Untersuchung gekommen, keinen Antrag zu dessen Unterbringung in die Zuchtanstalt zu Werden höhern Orts vorzubringen wagen darf.
Sämtliche mir mitgeteilte Verhandlungen, den Drube betreffend - kommen hierbei zurück.
Elberfeld den 3. August 1819.
Der Polizei Inspector
Holthausen

---

[1] In Brauweiler war die „Landesarbeitsanstalt" untergebracht. Sie diente zur Aufnahme und Disziplinierung von Bettlern. An der Anstalt waren die Regierungsbezirke Köln, Düsseldorf und Koblenz beteiligt; die Oberaufsicht lag beim Oberpräsidenten der Rheinprovinz.

Quelle 15
Bericht des Polizeiinspektors Holthausen an den Oberbürgermeister bezüglich des Bettlers Jacob Meyer und das polizeiliche Vernehmungsprotokoll, unterzeichnet vom Polizeiinspektor und Polizeisekretär
SAW R II 74   27.5.1820/20.5.1820   handschriftlich

Polizei Inspection Elberfeld No. 884
Bettler Jacob Meyer betreffend.
Euer Wohlgeboren bitte ich aus dem anliegenden urschriftlichen Vernehmungs=Protokoll eines hier aufgegriffenen Bettlers Jacob Meyer, hier geboren und beinahe 70 Jahre alt, zu entnehmen, daß dieser unruhige Alte mehrere Jahren hindurch, wie mir selbst bekannt ist, in den hiesigen Armen=Anstalten aufgenommen war, sich aber vor ungefähr drei Jahren aus dem reformirten Armenhause[1] entfernte, und seit dieser Zeit sich heimathlos herumgetrieben hat.
Da die Wiederaufnahme dieses Menschen im hiesigen reformirten Armenhause verweigert wird, ungeachtet er in seinen Umständen rechtliche Ansprüche auf die Unterbringung in die eine oder andere Anstalt zu haben scheint, so will ich Euer Wohlgeboren das Weitere anheimstellen mit dem Bemerken, daß Meyer einstweilen noch in hiesiger Wachtstube sitzt.
Elberfeld den 27. May 1820
Der Polizei Inspector

Elberfeld am zwanzigsten May achtzehn hundert zwanzig
wurde der Gestern[2] durch einen hiesigen Polizei Sergent auf der Landstraße am Nützenberg als Bettler betroffene und zum hiesigen Detentionshause[3] gebrachte Jacob Meyer zur Vernehmung über seine Verhältnisse vorgeführt.
Auf die Generalfrage erklärte er:
Ich heiße Johann Jacob Meyer, bin hier geboren, im 70sten Altersjahr, ein Wittwer, und habe blos eine Tochter, die in Volmarstein mit dem Johannes Luhn, einem Taglöhner und dürftigen Manne verheirathet ist, bin reformirter Konfession, ein Taglöhner; kann aber als solcher teils wegen hohen Alters, teils weil mein rechter Arm lahm ist, mein Gesicht es auch nicht zuläßt, weil ich so zu sagen fast blind bin, nichts mehr arbeiten.
Auf ferneres Befragen gab er an:
Seit ungefähr einem Jahr bin ich von hier weggegangen, ich hielt mich bei meiner vorgenannten Tochter ein viertel Jahr auf, da diese aber mich nicht ferner behalten konnte, ging ich nach Witen, bettelte mir in dortiger Gegend mein tägliches Brod und suchte bei Bauren Nachtquartier zu erhalten.
Gestern Nachmittag kam ich vom Heiligenhaus hierher, und forderte am Nützenberg von den hier Vorübergehenden ein[en] Almosen. Ich mogte 1/4 Stunde daselbst gesessen haben, als mich der Polizei Sergent Heis traf und mich hierher nahm.
Ich war früher hier in der Preßburg[4], demnach aber in der allgemeinen Armenanstalt[5] untergebracht, in welchen Anstalten ich wohl sieben Jahre gewesen bin, demnach wurde ich in das reformirte Armenhaus untergebracht, wo ich mich stark ein Jahr befunden; mich aber hieraus entfernte, weil ich die Arbeit im Holzhauen, Mistschieben und dergleichen bestehend, nicht aushalten konnte.
Es mögen nun bald drei Jahren sein, daß ich aus letzterer Anstalt mich fortbegeben, und mich seit dieser Zeit bei Bauern herumgetrieben habe.
Vorgelesen, genehmigt und unterschrieben.
Meyer erklärte Schreibens unerfahren zu sein.

Wir Friedrich Wilhelm, von Gottes Gnaden, König von Preußen ꝛc. ꝛc.
haben die bestehenden Vorschriften über die Bestrafung der Landstreicher, Bettler und Arbeitsscheuen einer Revision unterworfen, und verordnen demnach auf den Antrag Unserer Minister der Justiz und des Innern und nach erfordertem Gutachten Unseres Staatsraths für den ganzen Umfang der Monarchie was folgt:

§. 1.
Wer geschäfts- oder arbeitslos umherzieht, ohne sich darüber ausweisen zu können, daß er die Mittel zu seinem redlichen Unterhalt besitze oder doch eine Gelegenheit zu demselben aufsuche, hat als Landstreicher Gefängniß nicht unter sechs Wochen oder Strafarbeit bis zu sechs Monaten verwirkt.
Nach ausgestandener Strafe ist der Ausländer aus dem Lande zu weisen, und der Inländer in eine Korrektionsanstalt (§. 8.) zu bringen.

§. 2.
Das Betteln wird mit Gefängniß bis zu sechs Wochen geahndet, worüber in dem Bezirke des Appellationsgerichtshofes zu Köln die Polizeigerichte zu erkennen haben.
Ausländische Bettler können nach ausgestandener Strafe von der Polizeibehörde aus dem Lande gewiesen werden.

Auszug aus dem "Gesetz über die Bestrafung der Landstreicher, Bettler und Arbeitsscheuen vom 6. Januar 1843", in: Gesetz=Sammlung für die Königlich Preußischen Staaten, Nr. 2320

---
[1] Das Armenhaus der reformierten Gemeinde in Elberfeld bestand seit 1677 und nahm alte und kranke Arme auf.
[2] korrigiert: „Vorgestern"
[3] Detension = Haft, Gewahrsam
[4] Preßburg = Ein seit Mai 1808 von der Allgemeinen Armenanstalt gemietetes Haus, in dem alte oder kranke Personen verpflegt wurden.
[5] Das allgemeine Armenhaus war seit dem Beginn des Jahrhunderts in einer ehemaligen Fabrik untergebracht.

Kommentar 16 und 17

Die Diskussion um die Ursachen der Armut und die Möglichkeiten zu ihrer Beseitigung kam vor allem in wirtschaftlichen Krisenjahren und finanziellen Notsituationen des Armenwesens immer wieder auf. 1834 und 1838 veröffentlichte der Pädagoge und langjährige Inspektor des Armenwesens, Johann Friedrich Wilberg, zwei kleinere Beiträge zur sozialen Frage und zur Armensteuer, die er - entgegen seiner früheren Position - als Armut und „Verkommenheit" fördernde ablehnte: „Wird nun aber sogar, etwa durch eine Armensteuer, das Geben für Arme zum Gesetz gemacht, so werden sich der Ehrlosen und Faulen sehr viele finden, die ohne Arbeit von Armenmitteln leben, ihre Zeit verschlafen und verplaudern, keine Miethe, keine Abgaben bezahlen, sich nach Gefallen beweiben, und nach Willkür von ihrem Weibe trennen; die ihre Kinder, wie die Thiere des Feldes, ohne Ehre und Zucht aufwachsen lassen, und welche Kinder sich, wenn es durch's Betteln nicht geht, wie wilde Thiere, durch List, oder später durch Gewalt, das Nöthige zueignen" ((J.F. Wilberg), Ueber Armenwesen, Elberfeld 1834, S. 7). Wilberg sah den entscheidenden Ansatz zur Lösung der Probleme in der Erziehung der Armenkinder, deren Grundsätze das Verhalten des späteren (armen) Erwachsenen bestimmen sollten: „Die Kinder der Armen müssen auf die Natur achten lernen, damit sie immer und überall Zwecke und Zweckmäßigkeit, Ordnung und steten Fleiß zum Hervorbringen der Mittel zum Leben in der Natur sehen; und zur Belehrung sowol als zur Ermunterung. Mit den Pflichten, die der Mensch als Unterthan Gottes, die er gegen die Menschen in jedem Verhältnisse und jeder Lage, und die er als Bürger eines Staates erfüllen soll, müssen Armenkinder hinlänglich bekannt sein, und innig überzeugt werden, daß auch die Noth ein Gebot hat, und daß der Mensch auch in der Armuth, in Trübsal und Ängsten und in allen Dingen sich beweisen soll als einen treuen Diener Gottes" (ebenda S. 21).

Die Erziehung und Beaufsichtigung der Kinder armer Eltern wurde durch freien Elementarunterricht, durch Sonntagsfreischulen und durch Abendfreischulen für arbeitende Kinder zu gewährleisten gesucht; daneben waren Vereine, wie der 1836 gegründete „Verein zur Beaufsichtigung und Unterweisung kleiner Armenkinder" tätig. Zur Erziehung bzw. Disziplinierung erwachsener Armer standen mehrere Maßnahmen zur Verfügung, u.a. die Einweisung in Arbeitshäuser oder Gefängnisse (bei Bettelei), der Entzug der Armenunterstützung, die Vermittlung von Arbeit, wo dies möglich war, oder die Aktivitäten von Vereinen wie dem

Quelle 16
Adresse des Oberbürgermeisters Brüning und des Stadtrates an die Bürgerschaft vom 22.10.1827,
in: Annalen für 1827, S. 64-75   Auszug

(...)

Armenanstalten werden um so viel besser verwaltet, je mehr sie streben, überflüssig zu werden, je mehr Arme durch die umsichtige Wirksamkeit der Armenverwaltung wieder zur Selbstständigkeit gelangen, und sich ohne Unterstützung helfen können. Eine solche Wirksamkeit ist aber nur dann möglich und recht erfolgreich, wenn mehrere gemeinnützig denkende Menschen sich des Armenwesens ernstlich annehmen, und darauf sinnen, die Quellen der Verarmung zu verstopfen. Vor allem gehört dazu, keinem Armen die Armuth, die ihrer Natur nach lästig ist, angenehm zu machen, und den, der unthätig, müßig, nachlässig, träge und faul ist, auch arm seyn lassen, weil er es seyn will. Den Armen also so viel als möglich nöthigen, so thätig, arbeitsam und sparsam zu seyn, als er vermag, und ihm alle Hülfe entziehen, wenn er es nicht ist, heißt, ihm helfen, wieder in die Reihe selbstständiger, ehrenwerther Bürger treten zu können; heißt, ihm wahrhaft wohlthun. Und bis jetzt ist Elberfeld wie eine große Arbeitsanstalt anzusehen, in welcher noch jede kräftige, auch schwache, aber geschickte und fleißige Hand nährende Arbeit hinlänglich findet; und Taglöhner, Gartenarbeiter, Wäscherinnen ꝛc. sind nicht einmal immer, und nur gegen einen offenbar zu hohen Tagelohn zu haben. Unsere Mitbürger würden also wahrhaft wohlthäthig und zur Verbesserung des städtischen Armenwesens handeln, wenn sie ernstlich sorgten, daß dem Trägen und Nachlässigen, wenn er gesund ist und Mangel hat, wohl Arbeit, aber durchaus keine Unterstützung anderer Art zu Theil würde.

Wer durch seine Arbeit und durch Gottes Segen nur das hat, was er bedarf, und nicht mehr, ist arm zu nennen, braucht aber keine Unterstützung, so lange er gesund bleibt, Arbeit hat, und ihn kein besonderer Unfall trifft. Ein solcher Armer wird indessen bald ein Dürftiger werden, und fremde Hülfe nöthig haben, wenn er mit seinem Erwerb nicht gut haus hält, und allerlei Unnöthiges und Ueberflüssiges sich anschafft. Dies geschieht aber häufig von unsern Manufacturarbeitern, Dienstboten ꝛc., und diese Kauflust, und die Neigung zu Genüssen, zum Aufwande in der Kleidung, zur Theilnahme an Gelagen und Lustbarkeiten ꝛc. ist eine der stärksten Quellen der Verarmung unserer Zeit. Unvermerkt wird mancher sonst

„Frauen-Verein" von 1816, der armen Mädchen Strick- und Nähunterricht erteilen ließ. Der Auszug aus einer Adresse des Oberbürgermeisters und Stadtrats an die Bürgerschaft von 1827 (Quelle 16) steht im Zusammenhang mit einer erneuten Diskussion um die Einführung der Armensteuer. Quelle 17 dokumentiert den „Fall" eines Bittstellers.

ehrbarer Bürger durch seine Genußliebe ein Säufer, ein Schwelger, ein wüster Trunkenbold; manche Magd, um ihren Hang zum Aufwand befriedigen zu können, wird eine ehrlose Person, eine Hure, eine Diebin; und viele Arme setzen sich durchs Karten= und Lottospiel der Gefahr aus, Almosen annehmen zu müssen. Gesetze können hier nicht viel helfen, können diese Quelle der Verarmung nicht verstopfen. Aber ein gutes Exempel, einfache gute Sitte und stete Aufmerksamkeit der angesehenen Bürger auf das Leben ihrer Dienstboten, ihrer Arbeiter, ernste Warnungen vor dem Aufwande jeder Art, Ermunterung zur Sparsamkeit, strenge Verweise, wenn die ihnen dienenden Personen etwa den Weg des ordentlichen, einfachen Lebens verlassen 2c., dies Alles kann ungemein wohlthätig wirken. Und den Wankenden vor dem Fall bewahren, ist leichter, als den Gefallenen wieder aufrichten. Gewiß, wenn jeder Bürger unserer Stadt es sich zur ernsten Pflicht, zur Gewissenssache macht, darauf zu halten, daß jeder um ihn her, auf den er zu wirken vermag, allen Aufwand vermeide, so wird auch das Armenwesen unserer Stadt besser werden, wird sich die Armuth vermindern.

Ehemals bestanden in manchem deutschen Staate Gesetze, daß alle Personen, die den Ehebund schließen wollten, den Beweis geben mußten, daß sie im Stande seyen, eine Familie zu unterhalten. Dergleichen Gesetze bezweckten viel Gutes. Denn bei vielen jungen kränklichen Leuten, die kaum das Nöthige haben und erwerben können, und in die Ehe treten wollen, ist es mit Wahrscheinlichkeit, ja, fast mit Gewißheit voraus zu sehen, daß sie bald in den Zustand der gänzlichen Dürftigkeit gerathen und ihren Mitmenschen zur Last fallen müssen. Wie viele von ihren Männern schändlich verlassene Frauen, wie viele junge, kinderreiche Wittwen giebt es nicht, die aus Armenmitteln verpflegt werden müssen, und durch ihre Umstände klar darthun, daß sie ohne ernste Ueberlegung und zu früh in den Ehestand getreten sind? Frühe Ehen ganz armer Menschen sind eine furchtbare Quelle vieler Uebel, und es ist Recht und Pflicht, daß Herrschaften ihre Dienstboten, Meister ihre Gesellen, Arbeitsgeber ihre Arbeiter aufmerksam machen, daß, wenn sie auch als einzeln Lebende ihren Unterhalt erwerben können, noch nicht immer im Stande sind, eine Familie zu ernähren. Ja, es ist Recht und Pflicht, daß Bürger, wenn sie es vermögen, ehelustigen Personen mit liebreichem Ernste es abrathen, ohne möglich sichere Aussicht auf ein hinlängliches Auskommen in die Ehe zu treten, sich der Gefahr auszusetzen, in Mangel und Kummer zu schmachten, zu verzweifeln, bundbrüchig zu werden und übernommene Pflichten zu verletzen. Mancher Noth würde, wenn jeder Bürger es sich zu Herzen nähme, in dieser Hinsicht auf seine Untergebenen durch väterliche Ermahnung und guten Rath wohlthätig zu wirken, mancher Noth würde dadurch vorgebeugt, Mancher vor der Dürftigkeit bewahrt, und das Armenwesen unserer Stadt würde dadurch gebessert.

Mögte denn jeder Bürger unserer Stadt es sich ernstlich angelegen seyn lassen, dazu beizutragen, daß die Quellen der Armuth unter uns aufgesucht und verstopft werden! Und jeder Bürger wird, das hoffen wir, nach seinem Gewissen und nach seinem Vermögen seine wöchentliche Gabe für die Armen bestimmen, damit wir nicht nöthig haben, zur Versorgung unserer Armen die drückende, den Wohlthätigkeitssinn untergrabende, Armensteuer einzuführen."
(...)

Brief des Schreibers Gilhausen (Quelle 17)

Quelle 17
Bittbrief des Heinrich Gabriel Gilhausen an den Oberbürgermeister, Vermerk des Oberbürgermeisters auf dem Schreiben und Gutachten des zuständigen Provisors Withof
SAW R II 75   23.9.1826/24.9.1826/13.2.1827   handschriftlich

Elberfeld den 23. September 1826
Hochgeehrtester Herr oberbürgermeister
Sie werden es mir als Bekümmerten nicht übel nehmen, wenn ich mich abermals in einer dringenden Noth an Sie wende und um gütige Weisung ergebenst bitte[.] Unsere Lage ist ihnen leider bekannt daß wir reich an allen Bedürfnißen, worunter auch das gehöret, daß wir keine Schuh haben, um in die Kirche gehen zu können, auch dazu keine Auswege sehen, wenn nicht eine höhere Hand uns darin beistehet. Gebeugt flehe ich Sie also, ob Sie dazu keine Quelle wißen? Gott wird mir doch endlich Arbeit geben werden Sie doch nicht böse -
ihr gehorsamster Diener
Gilhausen
bey Färber Grond auf der Gathe

Nummer 4270. Dem Schreiber Gabriel Gillhausen wird auf seine neuere Eingabe von gestern bemerkt daß wenn er glaubt, in seiner Lage Anspruch auf die öffentliche Unterstützung machen zu dürfen, er sich nur an die hiesige Central-Wohlthätigkeits-Anstalt zu wenden, mich aber mit ähnlichen Supliken ferner zu verschonen habe. Elberfeld, den 24. September 1826. Der Oberbürgermeister.

Pro Memoria, in Betreff des Heinrich Gabriel Gillhausen
In Gemäßheit des von der verehrlichen Oberbürgermeisterey an die Central Armenverwaltung gerichteten Erlasses, dessen Gegenstand die von dem p. Gillhausen bey Ersterer geschehene Klage ist, „daß er mit der ihm bewilligten wöchentlichen Unterstützung nicht ausreiche": - wird von dem betreffenden unterzeichneten Provisor nachstehendes bemerkt.-
Wenn es sich blos darum handelte, ob die wöchentliche Unterstützung des p. Gillhausen, von 15 Silbergroschen, zu einer Befriedigung aller seiner Bedürfnisse hinreiche, so muß solches unbedenklich verneint werden. Zum richtigen Maaßstabe aber scheint mir eine Gegeneinanderstellung des p. Gillhausen mit denen übrigen Personen, welche Gaben durch mich empfangen, nöthig zu seyn. Davon würde aber das Resultat seyn, daß bey weitem die Mehresten derselben alsdann mit größerm Rechte auf eine Erhöhung ihrer Gaben Ansprüche machen könnten. - Hier folgen die Gründe:
1. Gillhausen, aus Hattingen gebürtig, ist im 60ten Jahre, und hat sich die 11. Jahre seines Auffenthalts in hiesiger Stadt vorzüglich dadurch ernährt, daß er für andre Personen Rechtsangelegenheiten, Einfoderungen pp. besorgte, kurz so einen Winkel=Notar oder Anwald machte. Da er einen so precären, unsichern Broderwerb wählte, und, so zu sagen, von Industrie lebte, so springt schon daraus in die Augen, daß er ein Müssiggänger sey. Doch dieß bey Seite gestellt, so geht aus dem Gesagten hervor,

daß sein Broderwerb von dem Steigen und Fallen des hiesigen Handels= und Fabriquenwesens, wo nicht ganz, doch nur mittelbar abhängig, und es daher seine individuelle Sache ist, wenn er kein Zutrauen genießt, mithin nicht viel gebraucht werden möchte; wozu noch kommt, daß solcher rücksichtlich des Trunks nicht ohne verdienten Tadel ist.

2. Die wöchentliche Unterstützungsgabe von einem halben Berliner Taler reicht grade zur Bestreitung seiner jährlichen Pacht hin (wobey nur eine ganz unbedeutende Kleinigkeit übrig bleibt) - und eben dieser Maaßstab findet bey vielen andern Armen statt, welche ihre anderweitigen Bedürfnisse dann ohne Anspruchnahme der Centralverwaltung zu befriedigen suchen.-

3. kommt noch der Umstand hinzu, daß Gillhausen zwar verheirathet, aber kinderlos ist. (Seine Frau hat bisher gestrickt und genäht, wo sich Gelegenheit dazu fand) - Nun habe ich aber mehrere Arme, welche mit 2 - 3. und mehreren Kindern, sich mit einer Gabe durchzuhelfen suchen, welche verhältnißmäßig geringer ist, als des Gillhausen seine; und welchen demnach, meines Dafürhaltens, mit noch größerm Fuge als dann eine Erhöhung zu bewilligen wäre, als dem Gillhausen.

Wonach das weitere der Verwaltung überlassen muß
Der Provisor
der 14ten Abtheilung
Withof
Elberfeld den
13. Februar 1827

Kommentar 18

Waren die Jahre von 1819 bis 1825 von wirtschaftlichem Aufschwung gekennzeichnet gewesen, so setzte 1826 eine Krise ein, die bis in die 30er Jahre hinein anhielt und 1830/31 ihren Höhepunkt fand. Zu der hohen Arbeitslosigkeit kam eine Mißernte, die den Preis für das 7pfündige Schwarzbrot auf über 6 Silbergroschen (1835: 3 Silbergroschen) steigen ließ. Eine Reaktivierung des Kornvereins von 1816/17 sowie eine zusätzliche Bewilligung von 1000 Talern für Brotausteilungen von seiten des Stadtrats konnten die Situation kaum verbessern. Zu Arbeitslosigkeit und Lebensmittelverteuerungen kamen 1830 eine Blattern- und eine Masernepidemie und ein außerordentlich kalter Winter, so daß, wie Oberbürgermeister Brüning berichtet, „unverhältnißmäßig viele aus der ärmern Volksklasse, die sich nicht genügend vor dem Einfluß der Kälte verwahren konnten, gestorben sind" (Annalen für 1830, S. 3). Waren zwischen 1822 und 1825 im Durchschnitt pro Jahr ca. 2500 Arme unterstützt worden, verdoppelte sich diese Zahl auf 5000 Personen, die als arm und unterstützungsbedürftig eingeschätzt wurden. Die Annalen vermerkten für 1831: „Bei der Stockung fast aller Gewerbe herrschte hier eine nie gekannte Armuth. Wegen Mangel an Arbeit konnten viele, die früher noch gaben, ihren Beitrag nicht mehr entrichten, und Hunderte Andere, namentlich aus den Fabrikarbeitern, mußten sogar in Geld und Kleidungsstücken ansehnlich unterstützt werden" (S. 10). Dieses Zitat verweist auf die sich verschlechternde Situation der Armenfinanzen. In den Jahren 1821 bis 1829 hatten die Ausgaben im

Quelle 18
Bericht des Polizeiinspektors Ellenberger an Oberbürgermeister Brüning über eine durchgeführte Bettlerjagd und ein Auszug aus der angefügten Auflistung und dem Verhör der Bettler
SAW O VI 23   23.7.1831   handschriftlich

Zufolge der von Euer Hochwohlgeboren ertheilten Verfügung vom 17. July wurde am 22. dieses Monats eine Bettlerjagd in der ganzen Stadt angeordnet, und diese durch fünfzehn Wachtmänner vollzogen. Es wurden durch die Thätigkeit dieser Leute bis am Abend fünfzehn Bettler worunter vier auswärts Wohnende waren hier gefänglich eingebracht, und wird gegen sie nach den gesetzlichen Bestimmungen verfahren werden.[1]
Der Polizei Inspector
Ellenberger

[transkribierte Rubriken: Nummer, Name und Gewerbe der vorgeführten Bettler, Alter, Religion, Resultat der Untersuchung]
[...]

9.
Franz Schmitz
14
Katholisch
Läugnet gebettelt zu haben und giebt an er sey von andern Kindern mit in das Haus des Krämer Garnich genommen worden, wo man ihnen freywillig etwas warme Speise bereits aufgeschöpft habe, stellt jedoch nicht in Abrede von seiner Mutter beauftragt zu sein, etwas zu erbetteln.

10.
August Grundmann
8
[Katholisch]
Gesteht ein aus Hunger gebettelt zu haben.

11.
Joh. Hein. Weiß
47
Reformiert
Gesteht ein aus Mangel gebettelt zu haben. Er ist hierher gekommen um Arbeit zu suchen hat bey dem Wirth Weber 1 Reichstaler 29 Silbergroschen Schuld gemacht und demselben versprochen diese abzuarbeiten. Laut seines Passes ist er in Kettwig ebenfalls mit 24. Stunden Gefängniß bestraft worden.

12.
Abraham vom Weege
13
Lutherisch
Hatte die Erlaubniß bey dem Bierbrauer Wermels Essen zu hohlen, welche Auf-

Durchschnitt pro Jahr bei 28000 Talern gelegen, 1831 gab die Central-Wohltätigkeitsanstalt rund 37000 Taler aus. 1832 beliefen sich die Ausgaben aufgrund der „günstigen Zeitverhältnisse" nur auf rund 32000 Taler, die Armenanstalt schloß aber dennoch mit erheblichen Defiziten ab, da an freiwilligen Beiträgen 1831 nur ca. 17000 Taler eingenommen worden waren. Obwohl sich die wirtschaftliche Lage bis zur Mitte der 30er Jahre entspannte und wieder Arbeitsplätze zur Verfügung standen, schloß die Armenanstalt jedes Jahr mit Defiziten ab, für die die Gemeindekasse aufkommen mußte. Die Armensteuer wurde daher immer wieder erwogen und diskutiert - etwa 1833 -, aber erst Anfang der 40er Jahre eingeführt und dann auch zu einer dauerhaften Einrichtung.

lage constatirt[2] worden ist, weshalb er vorhin wieder entlassen wurde.

13.
Abraham Nober
13
[Lutherisch]
Gesteht ein aus Hunger gebettelt zu haben und wurde von seinem Vater Wilhelm Nober aus Gemarke reklamirt.

14.
Ferdinand Diedrichs
10
[Lutherisch]
Gesteht ein aus Hunger gebettelt zu haben, und seinem Vater Johann Diedrichs von Barmen entlaufen zu sein. Er hat bey Tage gebettelt und Nachts, auf den Treppen geschlafen.

15.
Ehefrau Johanna Schnurmann geb. Lauterjung
38
Reformiert
Gesteht ein gebettelt zu haben, weil sie durch aus nichts verdienen kann, da sie ein halb jähriges Kind, ihr Mann sie verlassen hat, und sie keine Armen Unterstützung erhält. Aus Mangel an Pflege für obers Kind wurde sie vorläufig entlassen.

[...]

---

[1] Nach der Kabinettsordre vom 31.12.1828 konnte der Landrat bzw. die Ortspolizeibehörde Bettler für 8 Tage in Haft nehmen. Wenn sie bis dahin nicht von ihrer Familie oder Heimatgemeinde „reklamirt", d.h. zurückgefordert und daraufhin mit der Auflage, nicht mehr zu betteln, entlassen worden waren, wurden sie nach gerichtlichem Urteil in das Landesarbeitshaus Brauweiler verbracht bzw. - bei „auswärtigen" Bettlern - in die Heimatgemeinde abgeschoben. Kinder unter 16 Jahren kamen in Besserungsanstalten, Frauen, Mädchen, Alte und Kranke in ein Bettlerhaus.

[2] constatirt = hier: bestätigt

Kommentar 19

Das Aufschwungjahr 1835 - das 7pfündige Schwarzbrot kostete im November 3 Silbergroschen 4 Pfennige - verzeichneten die Annalen rückblickend als gutes Jahr für die Central-Wohltätigkeitsanstalt: „Mit aufrichtigem Danke gegen Gott blickt die Verwaltung [...] auf den Lauf dieses Zeitraums zurück, der mit Recht zu den freudigsten ihres Bestehens gezählt werden darf" (Annalen für 1835, S. 68). 1833 hatte die Verwaltung eine Kürzung aller Unterstützungen um 25% beschlossen sowie eine erneute Untersuchung sämtlicher registrierter Armer angeordnet. Die Folge war, daß in vielen Fällen die Unterstützung vermindert oder sogar ganz gestrichen wurde. Die Einsparung betrug 3241 Taler 12 Silbergroschen 12 Pfennige; 1834 mußten nur noch 2400 Arme versorgt werden, während die Zahl in den Krisenjahren bis auf 5000 gestiegen war.

Quelle 19
Bericht des Armenhausinspektors Mewis an Oberbürgermeister Brüning über die Familie des Reinh. Kötting, der in Barmen gebettelt hatte
SAW O VI 23   22.12.1835   handschriftlich

Unter Rückanschluß nebenerwähnter Marginal=Verfügung beehre ich mich, Euer Hochwohlgeboren über die Verhältnisse des in Barmen auf dem Betteln betroffenen Reinh. Kötting von hier Nachstehendes gehorsamst zu berichten.
Der Kötting wohnt hier am Trübsal und hat 4 Kinder, nämlich 3 Söhne, 29, 12 und 9jährigen, und 1 Tochter, 15jährigen Alters; er ist 66 Jahre alt und wegen bedeutender Brustschwäche arbeitsunfähig; seine 53jährige Frau ist gesund und maschint, der älteste Sohn und die Tochter dienen bei anderen Leuten, und die 2 anderen Kinder besuchen noch die Schule.
Von dem geringen Verdienste der Frau und der bisherigen wöchentlichen Unterstützung ad 11 1/2 Silbergroschen muß die Familie leben, womit sie aber, wie ich gestern vernehme, nicht ausreicht, daher auf eine größere Unterstützung anträgt.
Euer Hochwohlgeboren bitte ich gehorsamst, hochgefälligst zu genehmigen, daß derselben unter diesen Umständen bis zur nächsten Sitzung eine Zulage von 3 1/2 Silbergroschen wöchentlich zu Kohlen durch den Herrn Provisor Thomas vorschußweise verabreicht werde.

Kommentar 20

Gemäß der revidierten Armenordnung vom 28.5.1841 wurde die Stadt in zehn Bezirke, jeder Bezirk wiederum in 5 Quartiere aufgeteilt. Für jeden Bezirk war ein Bezirksvorsteher oder Verwalter zuständig, für jedes Quartier ein Hilfsprovisor. Dieser mußte die Armen seines Bezirkes wöchentlich aufsuchen, die Abhörbögen ausfüllen und die Angaben der Armen überprüfen, hatte aber nur in dringenden Ausnahmefällen das Recht, Geld oder andere Unterstützung auszuteilen. Die alleinige Entscheidungsbefugnis über die Zuwendungen lag bei der Verwaltung, die in wöchentlichen Sitzungen über die Anträge der Armen befand. Der Hilfsprovisor war zuständig für die Kontrolle des Schulbesuches der Armenkinder, für ärztliche Hilfe, die Verteilung des ihm ausgehändigten Geldes oder anderer Unterstützungen, für die Arbeitsbeschaffung, die Anträge auf Aufnahme in das Armenhaus und für die Organisation des Armenbegräbnisses. Außerdem mußte er die Armenverwaltung bei organisatorischen Arbeiten, wie z. B. dem Einsammeln von Kollekten, unterstützen. Quelle 20 zeigt die erste Seite einer im „Täglichen Anzeiger" veröffentlichten Liste der Hilfsprovisoren für 1841, ihre Berufe und das ihnen zugeteilte Quartier werden außerdem aufgeführt. Auf jeden Hilfsprovisor kamen mehr als 20 „Fälle", einzelne hatten 40, 50 und mehr Arme zu betreuen. Das Ehrenamt des Provisors war unpopulär, ein großer Teil der Ernannten wollte das Amt nicht antreten. 1847 bemerkte der Präses der Armenverwaltung, von Carnap, in einem Rundschreiben, dieses Amt sei eines „der wichtigsten bürgerlichen Ehrenämter", und eine „gewissenhafte Erfüllung dieses Berufs und eine sorgfältige Verwaltung dieses Amtes" sei „mühevoll", aber sehr notwendig. Der große Umfang der Quartiere und die sich verstärkende Armut in den 40er Jahren hatte offenbar zu einem Nachlassen der Sorgfalt bei den Hilfsprovisoren geführt. Von Carnap forderte sie auf, „sich neuerdings mit den Bestimmungen der Armen Ordnung und der Instruction, wovon einem Jeden von Ihnen ein Exemplar mitgetheilt worden, zur genauesten Beachtung bekannt machen" zu wollen, und erinnerte daran, daß die Abhörbögen nur dann angenommen würden, „wenn alle Columnen gehörig ausgefüllt, und mit den Verdienstscheinen belegt sind" (SAW R II 51).

Quelle 20
Verzeichnis der Hilfsprovisoren,

in: Beilage zum Täglichen Anzeiger Nr. 135 vom 8.6.1841   Auszug

Beilage
zum Täglichen Anzeiger Nro. 135.
Elberfeld, den 8. Juni 1841.

Verzeichniß
der jetzt fungirenden Herren Hülfs-Provisoren der Central-Wohlthätigkeits-Anstalt in Elberfeld.

Der Herren Hülfs-Provisoren			Nro. der Abtheilung.	Die Abtheilung besteht in:
Namen.	Geschäft.	Wohnung.		
W. Rittershaus.	Oekonom.	Bredt A Nro. 204.	1 a	Ostersbaum Sekt. A. Nro. 1 bis 12.
Carl Beck.	Färber.	Neuenteich A Nro. 94.	1 b	Ostersbaum, Steinenfeld und Judenkirchhof A. Nro. 13 bis 27.
G. Grahl.	Schreiner.	Neuenteich A Nro. 154a.	2	Schnackenhäuschen und die Häuser des Bau-Vereins A. Nro. 28 bis 41; ferner auf der Hardt Nro. 201 bis 205.
P. Gottfr. Schmitz.	Schreiner.	Neuenteich A Nro. 103.	3	Neuenteicherstraße A. Nro. 43 bis 102 und an der Hardt Nro. 76 bis 79.
Wm. Klein.	Bürstenfabrikant.	Letzten Heller B Nro. 306.	4	Letzten Heller und Berlinerstraße A. Nro. 103 bis 194; auf der Hardt Nro. 195 bis 200; Haspeler Brücke, Eiland, kleine Hofaue u. Zollstraße A. Nr. 206 bis 297.
W. Cramer.	Wirth und Brauer.	Letzten Heller A Nro. 105.	5	Sekt. B. Nro. 298 bis 482, nämlich: letzten Heller Nro. 298 bis 305, Neustadt, Kipdorffstraße Nro. 306 bis 311, Hofkamper-, luth. Kirchhof, ref. Kirchhof, Moriansstraße Nr. 377 bis 385, Schwanenstraße Nro. 386 bis 402, Kipdorf Nro. 403 bis 437, Hofaue Nr. 438 bis 445, Beckhof, Thomashof Nro. 446 bis 455, Kipdorf Nro. 456 bis 472, und Kolk bis 482.
G. Kron.	Kupferschläger und Pumpenmacher.	Lutherische Kirche B Nro. 480.	6	Sekt. C. Nr. 483 bis 669, nämlich: Schwanenstraße Nr. 483 bis 488, Poststraße Nro. 489 bis 500, Schönengasse und luth. Kirche Nro. 501 bis 519, Thomashof Nro. 520 bis 537, Kipdorf Nro. 538 bis 566, alten Markt Nro. 567 bis 583, alte Rathhaus Nro. 584 bis 590, Burgstraße Nro. 591 bis 593, Schwanenstraße Nro. 496 bis 604, Poststraße Nro. 605 bis 612, Kerstensplatz, Graben-, Morians-, Heubruch-, Funken- und Märkerstraße Nro. 613 bis 669.
Pet. Echtermann.	Kupferschläger und Pumpenmacher.	Mühlenstraße C Nro. 736.	7	Neustraße Nro. 670 bis 681, Heubruch Nro. 682 bis 688, Wallstraße Nro. 689 bis 693, Schwanenstraße Nro. 694 bis 703, neue Rathhaus Nro. 704 bis 706, Wallstraße Nro. 707 bis 710, Kirchstraße Nro. 711 bis 714, Burgstraße Nro. 715 bis 725, Kirchstraße Nro. 726 bis 739, Mühlenstraße Nro. 740 bis 744, Mühlenstraße, alten Markt, Kirchplatz und Wallstraße Nro. 745 bis 827.

Kommentar 21

Die neue Armenordnung von 1841 hatte im § 58 als Quellen ihrer Einkünfte folgende festgelegt:
„1. Die Zinsen der vorhandenen Capitalien, dem Inhalte der Stiftungen gemäß, 2. die Intraden der verschiedenen Armenprovisorate, 3. der jährliche Gewinn des Täglichen Anzeigers und Fremdenblattes, 4. die Geschenke bei Festen und sonstigen Gelegenheiten, 5. die Abgabe von öffentlichen Lustbarkeiten, 6. die Polizei= und Zuchtpolizeistrafgelder, 7. das Pflegegeld für die gegen Vergütung aufgenommenen Armen, 8. die Intraden von Kranken= und Sterbeauflagen, 9. der jährliche Gewinn des Leihhauses zu Gunsten der Waisenkinder, 10. der Arbeitsgewinn der Pfleglinge, 11. die freiwilligen Beiträge der Bürger" (Armenordnung der Stadt Elberfeld, Elberfeld 1841, S. 15).
Im § 60 war für den Fall, daß die eingenommenen Gelder nicht ausreichen sollten, eine steuerliche Umlage vorgesehen. Die freiwilligen Beiträge, die den Hauptteil der Finanzierung ausmachten, hatten sich 1840 bis 1842 fortwährend vermindert, so daß, um die für 1843 erforderlichen 39093 Taler aufzubringen, noch 25272 Taler durch eine besondere Steuer im Herbst 1843 erbracht werden mußten. Ein Versuch, die Ausgaben für 1844 wieder durch Freiwilligkeit zu decken, scheiterte; die Armensteuer wurde eine dauerhafte Einrichtung. Der Artikel im „Täglichen Anzeiger" (Quelle 21) dokumentiert eine Position gegen die Armensteuer. Es gab auch Stimmen, die sich für eine Steuer aussprachen. Oberbürgermeister von Carnap kommentierte die Armensteuer, die nach dem Klassensteuersatz umgelegt wurde, am Ende der 40er Jahre mit folgenden Worten:
„Elberfeld hatte stets seine Bereitwilligkeit, immer zu helfen, wo die Not es forderte, nach allen Gegenden hin so vielfach nachgewiesen, ja bringt noch täglich so manche Opfer auch für fremde Zwecke, daß selbst keine Empfänglichkeit für die Aufbringung des Armendefizits mittels Steuer auf diesem Gebiete seinen wohlbegründeten Ruf der Wohlthätigkeit nicht zu erschüttern vermag; diese Steuer für die laufenden Bedürfnisse erscheint ihm vielmehr wie eine Pflicht für die Armen und wie ein Schutz für jeden Einzelnen gegen Willkür und Eigennutz [...]" (2. Beilage zum Täglichen Anzeiger Nr. 286 vom 29.11.1846).

Quelle 21
Artikel im Täglichen Anzeiger Nr. 181 vom 1.8.1843

Die Armensteuer in Elberfeld.
(Eingesandt.)

Unsere Stadt wäre endlich so weit gekommen, daß ihr eine Steuer für die Armen aufgelegt werden müßte! Gewiß eine traurige Erscheinung! Wir sind Menschen, und nehmen Theil an der Menschheit, deßhalb mußte es kein Zwang sein, diese Verbindlichkeit gegen unsere Mitmenschen zu erfüllen; wenn wir aber die häufigen Klagen hören, die sich beim Einsammeln der Armengelder erheben, wenn wir sehen, daß jeder, der irgend eine Geldbuße erlegen muß, diesen Betrag am Armengeld abzieht; wenn wir endlich erfahren, daß es Mammonshüter gibt, die so an ihrem Gotte hangen, als ob sie denselben einst mit sich hinüber nehmen könnten, und derselbe dort in allen Zahlungen für voll gelte: dann will es uns bedünken, als wenn die Armensteuer das letzte Mittel wäre, diese zu ihren Bürgerpflichten zu zwingen. Ohne eine gehörig vertheilte Steuer wird dem fröhlichen Geber zu viel aufgebürdet, und dem Geizhals in seiner Habsucht gefröhnt. Aber auch vom christlichen Standpunkte ist diese Steuer nicht billig, indem die Barmherzigkeit als erste Pflicht denen geboten ist, welche Barmherzigkeit verlangen wollen.

Die Armensteuer ist durch das Anwachsen der Zahl Armen und die verhältnißmäßige geringe, freiwillige Beisteuer nöthig geworden. Wird diese Steuer, wird man vielleicht fragen, jemals wieder aufhören? Wir antworten, unter der Voraussetzung, daß der jetzige Vertheilungsmodus fortbestehe, kühn: Nein, und fügen noch hinzu, daß die Zahl der Armen, und mit ihr ihre Anforderungen sich von Jahr zu Jahr noch vermehren werden. Ein merklicher Theil von dem Wohlstande wird durch dieselben verschlungen, und die Stadt gleicht einem Thurme, an welchem der Zahn der Zeit nagt, und von welchem er, wenn auch unmerklich, nach und nach aufgezehrt wird, und endlich in Trümmer zusammenfallen muß. Ich will aber hiermit nicht sagen, daß diese Ausgaben allein die Zerstörung des Wohlstandes nach sich ziehen; es gibt noch größere, verderblicher wirkende Potenzen; hierüber ein anderes Mal.

In Italien gibt es Städte, worin Marmorpaläste sind, die von einem lumpigen, schmutzigen Gesindel bewohnt werden; die spezielle Geschichte der Abnahme des Wohlstandes derselben wäre für uns eine Warnungstafel. Doch wieder zu unserm Thema. Ich sagte, die Armuth wird sich von Jahr zu Jahr mehren, und der Grund davon mag in Folgendem aufgefunden sein.

Unsere Stadt hat Aehnlichkeit mit jenen, die Romulus und Remus eröffneten, weil sie den größten Zuwachs durch Einwanderung bekommt. Ein altes Sprüchwort sagt: „Bleibe im Lande und nähre dich redlich." Diejenigen, die aus ihrem Vaterlande ziehen, wollen sich auch in der Regel den letzten Theil dieses Sprüchworts nicht aneignen. Die Auswanderer haben in der Regel Etwas, was sie aus ihrer Heimath treibt. Unbescholtene, ruhige, treue und fleißige Leute wandern selten aus und hiernach haben wir einen großen Theil unserer Eingewanderten zu tariren. „Hätte ich arbeiten wollen, dann hätte ich auch zu Hause bleiben können," sagte neulich Jemand. Was Dieser laut aussprach, halten Andere geheim, sind aber mit ihm ganz einverstanden. In einer Fabrikstadt können die Menschen häufiger und leichter beschäftigt werden, als anderswo, und daher mag der Zudrang dahin von Ausländern herrühren.

In einer Fabrikanstalt werden die Arbeiten in kurzen Zeitfristen regelmäßig ausbezahlt; der Arbeitsmann verläßt sich darauf, und fast jeder Krämer borgt ihm bis zum Lohn. Auch wird ihm hier ein, in andern Orten nicht gekannter Kredit gegeben; wie nützlich und nöthig dieser auch zum Fortkommen mancher Geschäftszweige ist, um so verderblicher wird er der größeren Menge. Der Kredit verführt. Was mancher in dieser Woche, in diesem Jahre verdient, hofft er auch in künftiger Woche, künftiges Jahr zu verdienen. Er borgt und es wird ihm geborgt. Wie der Erwerb indessen wechselt, ist bekannt, und welche fürchterliche Folgen dieses für manche Familien gehabt hat und noch hat, ist hiesigen Orts nicht verborgen. So war früher das Zeugdrucken ein Erwerbszweig, wovon sich eine Familie recht gut ernähren konnte; jetzt, da diese Quelle beinahe gänzlich versiegt ist, leiden alle diese Drucker, die zur guten Zeit nichts gespart haben, den größten Mangel.

Der fürchterlichste Dämon aber, der so Viele zur Armuth bringt, ist unstreitig der Branntwein, und wir nennen ihn, gewiß ohne alle Widerrede, die Hauptwurzel alles Uebels. Es sind nicht gerade Trunkenbolde, die sich durch Branntwein ruiniren, sondern auch Leute, die, ohne auf irgend eine Weise betrunken zu werden, jeden Tag eine nicht unbedeutende Quantität Branntwein zu sich nehmen. Täglich nur ein Kännchen von 5 Pf. macht im Jahr mehr als 5 Thlr. Man nimmt es in der That keinem Menschen mehr übel, der täglich zwei Kännchen trinkt, und doch sind 10 Thlr. in einem Jahre für eine sparsame Familie schon eine bedeutende Summe. Einer, der in der Noth ist, und auf einmal 10 Thlr. bekommt, ist für den Augenblick gegen allen Mangel geschützt, und gewinnt Zeit, sich Etwas für seinen fernern Unterhalt erwerben zu können. Aber auf welche Weise wird der Branntwein gemißbraucht! Grimmige Armuth, häuslicher Zwist, Verbrechen aller Art und vor allem das Armenhaus sind die unglücklichen Folgen davon. Hier mit ernster Hand eingegriffen, wäre das erste Hauptmittel gegen die Armuth. Man hat häufig gesagt: Die Reichen haben Wein, und brauchen nicht zum Branntwein zu greifen; dem Armen will man diesen letzten Labetrunk nehmen; aber seit der Zeit, daß wir die Ueberzeugung gewonnen haben, daß der Branntwein weder Stärkung noch Nahrungsmittel ist, sondern den Menschen, der ihn liebt, vielmehr geistig und körperlich abstumpft, nehmen wir gar keinen Anstand, jedes Mittel zu billigen, das dahin wirkt, dieses Getränk auf jede Weise zu unterdrücken.

Es gehört nicht zu unserer Aufgabe, den Weintrinkern hier Vorwürfe machen zu wollen, nur so viel sei uns hier erlaubt zu sagen, daß wenn dieses Getränk weniger an der Tagesordnung wäre, man keine Krebsgesichter, weniger hinkende Boten und auch weniger Perrückenstöcke sähe.

Eine andere Ursache, die auch so viele Armuth nach sich zieht, ist, daß diejenigen, welche sich von ihrer Händearbeit ernähren müssen, das Sparen nicht verstehen. „Sparen hilft Haushalten", sagte Friedrich Wilhelm I., König von Preußen, und das, was man ausgibt, braucht man nicht zu verdienen. Aber wie sieht's hier aus? Die meisten Frauen der ums tägliche Brod arbeitenden Klasse sind Dienstmädchen wohlhabender Bürger gewesen und an eine kostspielige Haushaltung gewöhnt; wenn diese auch einsehen, daß sie eine solche Haushaltung mit ihren eigenen Mitteln nicht fortsetzen können, so behalten sie doch noch Manches von dieser Lebensweise bei, indem ihnen Einiges zum Bedürfniß geworden ist, wovon sie nicht ablassen zu können meinen. Als Beispiel möge hier stehen, daß dem Schreiber dieses es auffallend war, als er zuerst ins Wupperthal kam, daß ihm überall auf sein Butterbrod eine Schnitte Weißbrod gelegt wurde. Hier würde man einen für sehr arm, oder für sehr sparsam resp. geizig halten, der Schwarzbrod ohne Weißbrod ißt. Auch ein Fürstenvermögen kann verschwendet werden, und das Knallen des Propfens einer Champagnerflasche scheinen Fußtritte zu sein, die einer auf sein einstweiliges Vermögen macht. Ein fleißiger Mann wird noch immer gesucht, und es kann hier in der That Viel verdient werden. Könnten die Einwohner mancher armen Dörfer (die doch fast gar keine Armen zu unterstützen haben) hier in die Arbeit gehen und ihre Lebensweise und Sparsamkeit beibehalten, es würde mit diesen bald ganz anders aussehen. Sparsam theilt die Natur ihre Gaben aus, aber bei Fleiß und Haushaltung haben alle Menschen Brod. Auch hat Jedermann einmal in seinem Leben eine Blüthenperiode; diese benutze er, und er wird mit ruhigem Auge auf Tage hinaussehen können, in welchem sein Verdienst kärglicher ausfällt.

Es ist bereits gesagt worden, die Armenverwaltung sollte äußerst vorsichtig mit dem Austheilen der Gaben sein. Es heißt, und wir zweifeln nicht daran, daß unter der großen Zahl der Kranken, die sie auf ihre Kosten heilen läßt, am häufigsten solche vorkommen, die sich ihre Krankheit nur durch Lüderlichkeiten zugezogen hätten! Ist dieses Recht? Man höre, was das Publikum darüber urtheilt. Dieses wird dadurch verleitet, freiwillig beizusteuern, und wir glauben mit Recht. Man überlasse solche Kranke doch ja ihrem Schicksale, selbst wenn sie auf der Straße umkommen; sie werden wenigstens eine ernstliche Warnung für andere gleichen Gelichters sein. Ist dieses Volk, namentlich der weibliche Theil, wieder geheilt, so fangen sie ihr böses Geschäft von Neuem an, und die Verwaltung hat abermals Gelegenheit, sie wieder heilen zu lassen. So lange aus freiwilligen Beiträgen die Unterstützung geschieht, mögen die Schranken der Wohlthätigkeit ziemlich weit gezogen werden können; ist aber der Unterstützungsfond von den Bürgern gezwungen genommen, so halte ich es für eine Ungerechtigkeit, solchen vorher bezeichneten Individuen Unterstützung zu leisten.*)

*) Es hinkt hier ein 16jähriger Taugenichts durch die Straßen, der ebenfalls zu dieser Kategorie gehört.

Man denke sich einen thätigen, sparsamen Bürger, der es sich sauer werden läßt, sich und die Seinigen redlich ernähren zu wollen, gezwungen, die Kurkosten für ein lüderliches Frauenzimmer zu bezahlen. Diese Härte wird freilich gemildert durch die Masse, und daß es neben diesen auch Personen gibt, die der Wohlthat auch wirklich bedürfen.

Man schaudert mit Recht bei solchen Betrachtungen, aber das Uebel ist einmal da, und darf unserer Besprechung nicht entgehen. Wer sich des Armen erbarmt, der leihet dem Herrn, aber da, wo die Natur drohend ihre Geißel erhebt, um den Uebelthäter zu züchtigen, den fallenden Arm zu hemmen, heißt das Uebel auf eine fürchterliche Weise vermehren helfen. Doch ein ander Bild.

Der bestehende Schulzwang ist auch ein Institut, Aspiranten für die Armenklasse zu ziehen. Eine große Zahl säumiger Eltern schützt Armuth vor. Mit großer Freigebigkeit wird ihnen Freischule gewährt, und so ist der erste Schritt gethan, auf Kosten Anderer zu leben. Die Zahl der sogenannten Freischüler hat sich in der letzten Zeit beunruhigend vermehrt. Es liegt immer etwas Hartes darin, geringe Leute zu Ausgaben zu zwingen; dieses fühlen der Schulvorstand und die Armenverwaltung sehr wohl, und daher die leichte Gewährung der Forderungen der Bittsteller. Es gibt Leute, wie es scheint, die einmal aus Trägheit oder Schwachheit ihre Kinder nicht zur Schule schicken wollen, und bei diesen hilft der Zwang nicht viel. Wir sind auch noch aus andern Gründen geneigt, den Vorschlag zu machen, den Schulzwang aufhören zu lassen.

Wir werfen die Frage auf: Wer bekommt Unterstützung? Die Antwort lautet: Jeder, der ihrer bedarf! Ja, es wird nicht einmal darauf gesehen, auf welche Weise sich Dieser oder Jener in die hülfsbedürftige Lage gesetzt hat. Wir behaupten, dieses ist ein Mißgriff. Jeder Mensch hat so viel Verstand empfangen, wie er nöthig hat, um einsehen zu können, daß er sich durch Taubheit und Verschwendung so weit zurückkommt, daß er sich selbst nicht einmal ernähren kann und nothwendig andern Menschen zur Last fallen muß. Hat sich nun Jemand, indem er sich der Verschwendung hingab, in Armuth gestürzt, sind dann seine Nebenmenschen verpflichtet, ihn heraus zu helfen, und besonders, wenn er sieht, daß, sobald ihm geholfen ist, er sich demselben Laster wieder hingibt? Wir sagen nein, und fügen hinzu, daß, wenn wir dieses Prinzip ganz durchführten und alle diejenigen unterstützen wollten, die es auch wirklich nothwendig hätten, ohne Rücksicht auf ihr Selbstverschulden zu nehmen, so würde das Vermögen der ganzen Stadt nicht hinreichen, alle Ansprüche zu befriedigen. Schenkten heute die reichsten Leute ihr ganzes Vermögen an die Armen, würde es morgen besser mit diesen sein? Keinesweges! der augenblickliche Besitz würde ihrer Trägheit, Gleichgültigkeit, Verschwendung, Trunksucht, Lüderlichkeit etc. einen neuen Secours darbieten, und wozu sie heute keine Lust haben, das werden sie morgen um so weniger ergreifen. Hierzu kommt noch, daß, je leichter Almosen gewährt werden, desto leichter und häufiger werden sie in Anspruch genommen. Statt daß sich manche Armen auf irgend eine Weise anstrengen, ihr Brod selbst zu erwerben, geben sie sich ganz der Passivität hin; und was haben sie zu fürchten? Sie wissen's, daß sie doch am Ende ernährt werden müssen. England gibt uns hievon einen hinreichenden Beleg. Es gibt arbeitscheue Menschen, die so zu sagen Arbeit suchen, und Gott danken, daß sie keine finden können. Wenn diese aus Noth gezwungen würden, endlich arbeiten zu müssen, was läge daran? Es gibt Familien, die seit 50 Jahren, also deren Eltern und Großeltern, von der Armenverwaltung unterstützt sind. Daß diese der Unterstützung bedürftig waren, wollen wir nicht bezweifeln, wären sie aber damals abgewiesen worden, sie würden sehr wahrscheinlich aus Noth getrieben sich auf irgend eine Weise ernstlicher bemüht haben, ihr Brod selbst zu verdienen. Auch ihre Kinder hätten ein besseres Beispiel bekommen, und würden erfahren haben, daß Fleiß und Sparsamkeit eine Goldgrube ist, worin auch der Aermste sein Glück finden kann.

Zum Schlusse möchten wir der Armenverwaltung noch einige Vorschläge machen:

1) Da der Hauptgrund der Armuth vom Branntweintrinken herrührt, so fordere sie vorab von allen Denjenigen, die Unterstützung von ihr verlangen, daß sie dem Mäßigkeitsvereine beitreten müssen.

2) Sie mache die Namen der Unterstützten, so lange sie das 60. Jahr noch nicht erreicht haben oder ernstlich krank sind, durch ein geeignetes Blatt bekannt, und verlange von der ganzen Bürgerschaft, daß kein Unterstützter die Statuten des Mäßigkeitsvereins übertritt.

3) Sie unterstütze kein lüderliches Volk, und vor allen Dingen solche

nicht, bei welchen die Armuth aus irgend einer Lüderlichkeit herrührt.
4) Sie unterstütze nur momentan, und suche keine Familie fortwährend zu ernähren, selbst wenn die Armuth aus Arbeitslosigkeit oder aus geringem Verdienste herrühren sollte.
5) Fordere sie alle edeldenkende Menschen auf, welche sich überzeugen, daß irgendwo ein Unterstützter seine ihm dargereichte Gaben nicht im Sinne der Verwaltung verwendet, denselben bei der Polizei derselben zu denunciren; hierdurch wird sich nicht selten herausstellen, wie Arznei sowohl als Suppe in die Gosse geschüttet werden.

Man findet häufig, daß Familien einzeln oder vereint das eine oder andere Glied ihrer Verwandtschaft oder Freundschaft unterstützen; ferner, Nachbarn, die selbst Hand ans Werk legen, wenn sie einen aus ihrer Mitte darben sehen, und für diesen Hülfe in ihrer eigenen Tasche suchen. Möchten es solche außerordentliche Unterstützungsvereine recht viele geben. Sie wirken durchgreifender, vorsichtiger und segensreicher. Hier sieht derjenige den, der es empfängt; er kennt seine Noth, und der Entschluß zur That ist aus dem rechten Boden entsprungen. Da, wo eine Armenverwaltung eine ganze Stadt, wie die unsrige, umfaßt, hört die warme Theilnahme des einzelnen Gebers auf. Er gibt aus kaltem Pflichtgefühl, was wir indeß keineswegs tadeln wollen, aber die rechte Hand nicht wissen zu lassen, was die linke thut, heißt viel mehr.

Wir haben hier nur eine, und zwar die active Seite, wodurch so mancher in Armuth geräth, hervorgehoben; wir hätten noch eine andere, und zwar die passive, zu beleuchten. Wir könnten von den täglichen Beschränkungen der arbeitenden Klasse sprechen, von den Discontos- und andern Abzügen, von Zahlungen der Arbeiter, selbst mit verlegenen Waaren; wir könnten vielleicht Manchem zurufen: Siehe, dein Eigenthum, worauf du stolz bist und dir bequeme Tage verschafft, gehört Jemand, den der Kummer über seinen Verlust ins Grab senkte; die abgezehrte Mutter arbeitet bis nach Mitternacht, um ihre hungernden kleinen Kinder mit Brod zu stillen. Wir könnten noch andere schreckliche Bilder ihrem Urheber vorführen, aber wir denken diese weitere Darlegung für einen künftigen Bußtag aufzubewahren. —

---

[1] secours = Beistand, Hilfe, Unterstützung
[2] Im Januar 1843 wurde innerhalb der protestantischen Enthaltsamkeitsbewegung in Deutschland der „Elberfelder Enthaltsamkeitsverein" gegründet. Sein Ziel war die Propagierung der Abstinenz vor allem unter den Arbeitern.

Kommentar 22

In der Ausgabe des „Elberfelder Kreisblattes" vom 12.6.1841 hieß es: „Abgesehen von Krankheit und Verdienstlosigkeit ist die Frage aufzuwerfen, ob ein Familienvater von Frau und 3 kleinen Kindern bei einem Verdienst von 2 bis 3 Thaler wöchentlich die Kosten des Lebensunterhaltes, der Kleidung und Bettung, die Wohnungsmiethe, Schulgeld und Abgaben etc. bestreiten kann". Das in dem Artikel angesprochene Problem verschärfte sich im Verlauf der 40er Jahre erheblich. Kam es bereits 1843 zu Entlassungen z.B. in der Bandindustrie, verstärkte sich diese Tendenz ab 1845 auch in den Bereichen der Seiden-, Halbseiden- und Baumwollweberei, und wuchs sich in den Jahren 1846/47 zu einer schweren Wirtschaftskrise aus. Bedingt durch eine Kartoffelmißernte kam dazu eine Steigerung der Lebensmittelpreise um 20-50%. Die Kommunen reagierten mit umfangreichen Hilfsmaßnahmen durch Arbeitsbeschaffungsprogramme - die Elberfelder „Arbeitskommission" vergab Arbeit im Eisenbahn- und Wegebau und bei Rodungen - oder durch Abgabe verbilligten Brotes und Verteilung von Suppe. Quelle 22 zeigt einen Ausschnitt aus dem Abhörbogen für die Familie des Webers Friedrich Wilhelm Schütz aus dem Jahr 1844. Der 47jährige Antragsteller war Vater von vier Kindern und verdiente zusammen mit seinem 18jährigen Sohn in der Woche 3 Taler 15 Silbergroschen

Quelle 22
Abhörbogen für die Familie Schütz
SAW R II 86   [Februar] 1844   Ausschnitt und Rubriken

[Rubriken des Fragebogens:]
Namen des Familienhauptes der Frau und der Kinder
Alter derselben
Confession
Geburtsort
Zeit seit wann die Familie hier wohnt
Jetzige Wohnung - Section - No.
Zahl der Zimmer
Jährliche Pacht - Taler - Silbergroschen - Pfennige
Gesundheitszustand eines Jeden
Arbeit oder Beschäftigung
Arbeitsherr
Durchschnittlicher wöchentlicher Verdienst eines Jeden - Taler - Silbergroschen - Pfennige
Kranken=Auflagen - monatlicher Beitrag - wöchentlicher Ertrag - beim Tode - Namen des Rechnungsführers und des Wirthes wo die Auflage befindlich ist
Todten Auflagen - monatlicher Beitrag - Ertrag beim Tode - Namen des Rechnungsführers und des Wirthes wo die Auflage sich befindet.
Bemerkungen des Hülfsprovisors über das moralische Betragen d[es] Armen dessen Fleiß, und über die Beschaffenheit dessen Wohnung, namentlich in Bezug auf Ordnung und Reinlichkeit in derselben ferner ob alimentationsfähige Kinder bei dem Armen wohnen oder nicht.
Maaßstab zur Unterstützung. Für einen Armen der alle Bedürfnisse eines Hausvaters bestreiten muß wird als Bedürfen angenommen 23 Silbergroschen - für dessen Frau 19 [Silbergroschen] - für 1 Kind über 15 Jahr 17 [Silbergroschen] - für 1 Kind von 10 bis 15 Jahr 15 [Silbergroschen] - für 1 Kind von 5 bis 10 Jahr 11 [Silbergroschen] - für 1 Kind von 1 bis 5 Jahr 9 [Silbergroschen] - für 1 Säugling 6 [Silbergroschen]
Die Familie hat Einkommen - a) Durch vorstehenden Arbeits Verdienst…Silbergroschen - b) an Gewinn von Kostgängern oder sonstiger Einnahme - c) Von Kranken

(1 Taler = 30 Silbergroschen). Die Familie bewohnte 2 Zimmer, für die sie 20 Taler Jahresmiete zahlen mußte. Legt man die Angabe der Handelskammer für 1845 zugrunde, nach der pro Tag und Person mit mindestens 3 Silbergroschen für Nahrungsmittel gerechnet werden mußte, ergibt sich, daß die Familie 126 Silbergroschen in der Woche, d.h. ca. 540 Silbergroschen im Monat für Nahrung aufwenden mußte. Dafür standen aber - nach Abzug der Miete - nur 370 Silbergroschen zur Verfügung.

Auflagen - Summa alles Einkommens…Silbergroschen - Nebenstehendes Bedürfen beträgt - folglich ein Unterschied von…Silbergroschen
Gehen die Kinder in die Schule?
Und wohin?
Sind dieselben mit den Schutzblattern versehen worden?
Haben die Leute einen Hund oder sonst ein Hausthier
Da nach genauer Prüfung d[er] Verhältnisse eine Unterstützu[ng] nothwendig befunden wird, so werden wöchentlich bewilligt - Silbergroschen - Portionen Suppe - Brode
Sonstige Bewilligungen so wie Bemerkungen der Verwaltung

Kommentar 23
Das allgemeine Armenhaus war im Rahmen der Elberfelder Allgemeinen Armenanstalt 1801 in einer ehemaligen Fabrik eingerichtet worden. 1825 wurde der Grundstein zu einem Neubau gelegt, der 1827 bezogen wurde und für 300 Pfleglinge berechnet war. Die Kosten für den Bau betrugen 30756 Taler 25 Silbergroschen und belasteten die Armenetats der folgenden Jahre erheblich. Bis 1843 wurden im Armenhaus außer alten oder arbeitsunfähigen Armen auch verwaiste Kinder und bis 1847 arme Kranke aufgenommen.

Die Annalen für 1832 erwähnen erstmals eine notwendig gewordene Hausordnung, die im folgenden Jahr verabschiedet wurde. 1843 stand offenbar eine Überarbeitung dieser Regelung an; die 2. Abteilung der Armenverwaltung, zuständig für die geschlossene Armenpflege, reichte einen Entwurf ein, der aber nicht genehmigt wurde, da der Landrat gegen die Bestimmungen des § 29 Einspruch erhoben hatte und die Regierung sich seinen Einwänden anschloß. In § 29 waren als Strafen für regelwidriges Verhalten der Armenhausinsassen u.a. „leichte körperliche Züchtigungen" vorgesehen, die der Hausvater im Einvernehmen mit der Verwaltung verabreichen sollte. Dies, so argumentierte der Landrat, stehe „nicht einmal dem Vorsteher einer Strafanstalt" zu und müsse geändert werden. In einem Protokoll einer Sitzung der Armenhausverwalter vom 29.1.1844 heißt es zu diesen Einwänden: „Da die Pfleglinge des allgemeinen Armenhauses größtentheils aus Menschen bestehen, die moralisch tief gesunken, und sogar entlassene Sträflinge unter ihnen nicht selten sind, so ist es zur nothwendigen Aufrechterhaltung der Ordnung unumgänglich nöthig, dem Hausvater, nachdem er das Vergehen gründlich untersucht, die Befugniß zu zugestehen, folgende Strafen zu dictiren und in Ausführung zu bringen:

1) eintägige Entziehung aller warmen Speisen; 2) zwölfstündige Einsperrung in einem dazu eingerichteten Lokal des Hauses; 3) leichte körperliche Züchtigungen, wobei es sich von selbst versteht, daß der Hausvater für die Anwendung dieser Strafen der Ober= Inspektion verantwortlich bleibt und dieselbe darüber zu unterrichten hat. Bei Subjekten, die bereits eine Strafe von 5-20jährigem Arrest erlitten haben, wie deren wirklich anwesend sind, kann eine eintägige Entziehung der warmen Speisen, und 12=stündiges, selbst mehrtägiges Einsperren nicht mehr als Strafe angesehen werden" (HStAD Reg. Düsseldorf Nr. 1674). Da Regierung und Landrat jedoch auf ihrem Standpunkt beharrten, wurde der entsprechende § abgeändert und die körperliche Züchtigung

Quelle 23
Entwurf einer Hausordnung
für das allgemeine Armenhaus in Elberfeld
HStAD Reg. Düsseldorf Nr. 1674   Bl. 46 ff[1]   5.12.1843 [genehmigt 1844]
handschriftlich   Auszug

Da das allgemeine Armenhaus den Zweck hat,
I   obdachlosen, verarmten und hülfsbedürftigen Menschen für eine bestimmte Zeit oder für immer einen Zufluchtsort zu geben, und
II. Kranken, deren Verhältnisse eine Heilung in ihrer Wohnung erschweren, ein Lokal zu bieten, in welchem eine ärztliche Behandlung mit besserm Erfolge angewendet werden kann, so sind diesem gemäß auch die Vorschriften der Hausordnung eingerichtet.

I. Hausordnung für alle Pfleglinge

§ 1
Allgemeine Vorschriften

Zur Handhabung der Ordnung ist vor Allem Gehorsam und Achtung Seitens der Pfleglinge gegen ihre Vorgesetzten erstes Bedürfniß. Wer dieser Pflicht nicht nachkommt, wird als ein Feind der Ordnung angesehen und hat die dafür zu bestimmende Strafe zu gewärtigen.
Damit die Pfleglinge sich mit Unwissenheit nicht entschuldigen können, wem sie Gehorsam und Achtung schuldig sind, werden die ihnen vorgesetzten Personen hier unten bezeichnet.
Diese bestehen:
1) in der ganzen Verwaltung, namentlich aber den Mitgliedern derselben, welche mit der Ober=Aufsicht des allgemeinen Armenhauses beauftragt sind,
2) in dem Hausvater der Anstalt und dessen Frau, so wie in den zu deren Hülfe angestellten Personen.

a) Reinlichkeit

§ 2
Jeder Pflegling, sowohl Erwachsene wie Kinder, hat sich beim Aufstehen des Morgens Hände und Gesicht gehörig rein zu waschen und die Haare zu kämmen; vor dem Schlafenlegen hat er seine Kleider zu reinigen, die Schuhe zu putzen, die Kleider re-

aus dem Entwurf gestrichen. 1849 wurden die Bestimmungen für das Armenhaus erneut überarbeitet und durch genaue Vorschriften für Stuben- und Türaufseher ergänzt. Quelle 23 enthält einen Auszug aus dem Entwurf einer Hausordnung für das allgemeine Armenhaus.

gelmäßig aufzuhängen und die Schuhe vor das Bett hinzustellen, so daß er sämmtliche Gegenstände des Morgens beim Aufstehen ohne Suchen wieder anziehen kann. Daß dieses bei den Kindern geschieht, dafür haben die denselben zur Aufsicht beigegebenen Personen strenge zu sorgen.

§ 3

Keiner darf des Morgens eher das Frühstück zu sich nehmen, als bis er die eben vorgeschriebene tägliche Reinigung besorgt hat. In dem Nichtbefolgungsfalle werden die dafür zu bestimmenden Strafen unnachsichtlich in Ausführung kommen.

§ 4

Um die Reinlichkeit auf den Zimmern zu handhaben und dadurch die Gesundheit deren Bewohner zu fördern, müssen sie täglich durch Oeffnen der Fenster im Sommer drei= und im Winter zweimal gelüftet werden. Dieses muß des Morgens, nachdem die Pfleglinge das Bette verlassen, des Mittags nach gehaltener Mahlzeit und des Abens beim Dunkelwerden regelmäßig und jedesmal, wenigstens eine halbe Stunde lang, geschehen. Sind Kranke auf den Zimmern, so werden diese während der Lüftung so lange auf andere Zimmer gebracht, oder wenn dieses nicht möglich ist, so zugedeckt, daß die Luft ihnen nicht schaden kann.

§ 5.

Wenigstens alle acht Tage einmal müssen sämmtliche Zimmer geschrubbt, und jeden Tag regelmäßig einmal gereinigt werden. Das Schrubben der Speisezimmer und der Gänge muß des Freitags Nachmittags und jenes der Schlafzimmer des Samstags Morgens in der Weise geschehen, daß die Zimmer vor Abend wieder völlig trocken sind. Des Samstags Vormittags begeben sich die Bewohner (mit Ausnahme der Altersschwachen, welche das Bett nicht verlassen können und daher durch erwärmende Zudeckung vor Nässe und Zugwind gesichert werden müssen) der zu schrubbenden Zimmer so lange in die Eßzimmer, in so fern die Witterung und die Luft es nicht gestatten, daß sie sich so lange draußen aufhalten können.

§ 6.

Nur die vom Hausvater zu ernennenden Stubenaufseher haben sich um die Reinigung und Lüftung der Zimmer zu bekümmern; jedoch muß Jeder, wenn es verlangt wird und nöthig ist, hülfreiche Hand dabei leisten; namentlich gilt dieses beim Bettenmachen des Morgens, das vor 7 Uhr geschehen seyn muß.

§ 7.

Alle arbeitsfähige und ihrem Alter nach noch rüstige Personen, so wie die Kinder über acht Jahre müssen im Sommer um 5 Uhr, im Winter um 6 Uhr spätestens aufstehen und sich nach vorheriger körperlicher Reinigung an die ihnen angewiesenen Beschäftigungen begeben.

§ 8.

Um 7 Uhr wird gefrühstückt, was von allen Pfleglingen (mit Ausnahme der Kranken und Alten, so wie der Garten= und Mistarbeiter, die vom Frühjahr an um 6 Uhr an der Arbeit seyn müssen, und der Schneider und Schuster, welche verpflichtet sind des Morgens um dieselbe Zeit ihre Arbeit zu beginnen, und deshalb erst um 8 Uhr ihr Frühstück einnehmen, wobei Abänderungen nach Verhältniß der Jahreszeiten dem Hausvater anheimgegeben werden) gleichzeitig geschehen muß; die dazu gebrauchten Geschirre sind von den Stubenaufsehern zu reinigen und an ihren gehörigen Ort zurück zu bringen.

§ 9.

Nach beendigtem Frühstück begibt jeder Pflegling sich sofort an seine Arbeit und die Kinder besuchen dann die Schule.

b. <u>Beschäftigung</u>

§ 10.

Die Pfleglinge sind verpflichtet, die ihnen von ihren Vorgesetzten aufgetragenen Arbeiten sowohl in als außer dem Hause, ohne alle Einreden auszuführen. Sämmtliche arbeitsfähige Personen dürfen sich während der festgesetzten Arbeitszeit nicht mü-

417

ßig betreffen lassen; wer seine Pflicht gar nicht, oder auch nicht gehörig erfüllt, der hat die dafür zu bestimmende Strafe zu erwarten.

§ 11.

Beim Mittagsessen müssen alle Pfleglinge ebenfalls gleichzeitig anwesend seyn, und ist von dem Hausvater dafür zu sorgen, daß solches punkt 12 Uhr Statt finde, damit diejenigen Arbeiter, welche für Lohn außer dem Hause arbeiten, um 1 Uhr wieder an ihrem Posten sind.

§ 12

Diejenigen, welche ohne genügende Entschuldigung nicht zur gehörigen Zeit bei der Austheilung des Frühstücks, Mittags= und Abendessens sich einfinden, haben es sich selbst beizumessen, daß sie davon ausgeschlossen werden.

§ 13.

Nach beendigtem Mittagsessen, begibt jeder Pflegling sich ohne alle Weigerung wieder an seine gewohnte Arbeit und bleibt daran bis zum Abendessen, das um halb 8 Uhr von Allen zugleich eingenommen wird, mit Ausnahme derjenigen, die für Lohn in hiesigen Fabriken bis 8 Uhr Abends arbeiten müssen; für diese wird die Abendspeise bis dahin warm aufbewahrt.

c. Verhalten der Pfleglinge

§ 14.

Keinem der Pfleglinge ist es gestattet, ohne vorher bei dem Hausvater eingeholte Erlaubniß das Haus zu verlassen. Beim Nachsuchen der Erlaubniß hat er dem Hausvater den Ort anzugeben, wohin er gehen will, und darf er unter keiner Bedingung, bei Vermeidung der dafür zu bestimmenden Strafen, irgendwo anders hingehen. Es wird ihm vom Hausvater die Stunde angegeben, wo er wieder im Hause seyn muß, wogegen er durchaus nicht fehlen darf.

§ 15.

Keiner der Pfleglinge darf sich unterstehen, mit dem Einen oder mit dem Andern seiner Hausgenossen in irgend einen die Ruhe im geringsten störenden Wortwechsel, geschweige in thätliche Streitigkeiten und Schimpfungen zu gerathen. Alle Klagen und Beschwerden, die Einer gegen den Andern vorzubringen hat, sind dem Hausvater anzuzeigen, der dann den unrechthabenden Theil mit Ernst zurecht zu weisen, oder aber, wenn die Klage erheblich ist, solche der Verwaltung zur Entscheidung vorzulegen hat. Noch weniger ist der Umgang der Pfleglinge von verschiedenem Geschlechte gestattet, und vermuthet der Hausvater oder sonst ein Beamter oder Angestellter etwas der Art, schon das ungewöhnliche oder unnöthige Zusammenstehen derselben, so soll dies alsbald untersucht und bestraft werden.

§ 16.

Das größte, zu vielen anderen führende Laster, ist die Trunkenheit, welches sich daher keiner der Pfleglinge, auch nicht einmal, zu Schulden kommen lassen darf. Ueberhaupt ist den Pfleglingen der Genuß des Branntweins in und außer dem Hause auf's strengste untersagt und soll vorkommenden Falles gehörig bestraft werden.

§ 17.

Diejenigen Pfleglingen, welchen für ihre ausgezeichnete Dienstleistung, auf den Vorschlag des Hausvaters von der Direktion des Hauses eine kleine Remuneration[2] zuerkannt wird, können dieselbe nur zu solchen Zwecken verwenden, welche die Direktion als erlaubt oder zweckmäßig bezeichnet.

§ 18.

Den Pfleglingen, welche sich vor ihrem Eintritt in's allgemeine Armenhaus an's Rauchen oder Schnupfen gewöhnt haben, wird solches zwar ferner gestattet; sie dürfen aber dazu nicht mehr Rauch= oder Schnupftaback verwenden, als ihnen wöchentlich vom Hausvater verabreicht wird, und womit sie auch bei mäßigem Genuß auskommen. An Rauchtaback wird Jedem wöchentlich bis zu 1/4 Pfund und an Schnupftaback höchstens 2 Loth[3] verabreicht. Nur auf besondere Veranlassung des Hausarztes werden den Bedürfenden größere Portionen bewilligt und das Tabakskauen zugegeben.

Ausschnitt aus der Verdienstbescheinigung für Wilhelm Busch, ausgestellt von Webermeister Rhein (SAW R II 84)

§ 19.
Da die Armen=Verwaltung für die Bedürfnisse der Pfleglinge hinlänglich sorgt, so ist es Keinem erlaubt, für Arbeiten außer dem Hause eine Vergütung für sich in Anspruch zu nehmen. Der Lohn ist entweder direct mit dem Hausvater zu verrechnen oder demselben sofort abzuliefern, falls die Pfleglinge solchen in Baar empfangen. Unterschleife werden auf das strengste geahndet. Diejenigen Pfleglinge indessen, welche außer den für das Armenhaus bestimmten Arbeitsstunden durch Nähen und Stricken noch Gelegenheit haben, des Abends spät oder des Morgens früh, nach dem Abendessen und vor dem Frühstück etwas zu verdienen, sollen dieses thun dürfen, jedoch dabei verpflichtet seyn, davon den Hausvater in Kenntniß zu setzen, den Verdienst und die Verwendung desselben anzugeben; findet dann der Hausvater letztere unzweckmäßig, so hat er die Arbeit zu untersagen oder nöthigenfalls die Ober=Inspektion dieserhalb um nähere Entscheidung zu bitten.

§ 20.
Die sämmtlichen Pfleglinge sind, wenn ihre Gesundheitsumstände und Körperkräfte es erlauben, verpflichtet, jeden Sonn= und Feiertag den Gottesdienst zu besuchen, und zwar jede Confession gesondert, in Begleitung eines von dem Hausvater zu bestimmenden Aufsehers. Diejenigen, welche Morgens durch Hausarbeiten abgehalten sind, müssen dem Nachmittagsgottesdienste beiwohnen. Außerdem werden im allgemeinen Armenhause wöchentlich Erbauungsstunden durch die Herren Prediger unserer Stadt gehalten, zunächst für Solche, welche nicht im Stande sind, die Kirche zu besuchen, dann auch für alle Pfleglinge, welche daran Theil zu nehmen wünschen. Der Hausvater, so wie die übrigen Angestellten des Hauses sind verbunden, den durch die Prediger ihrer Confession geleiteten Andachtsstunden beizuwohnen, in so fern ihre anderweitigen Verpflichtungen dieses gestatten.

§ 21.
Es wird den Pfleglingen hiemit zur Pflicht gemacht, des Morgens beim Aufstehen, beim Mittags= und Abendessen und beim Schlafenlegen mit Andacht zu beten. Beim Mittags= und Abendessen, wo alle Pfleglinge auf den verschiedenen Zimmern beisammen sind, muß einer der angeordneten Stuben=Aufseher laut beten, die anderen aber hören mit Andacht zu oder beten leise für sich. Bei den Kindern haben die denselben zur Aufsicht beigegebenen Personen das laute Beten zu besorgen. Hiebei wird ferner bestimmt, daß namentlich des Mittags und Abends das Essen nicht eher begonnen werden darf, als bis das Gebet vorangegangen ist, bei welchem Störungen strenge bestraft werden.

§ 22.
Keinerlei Art von Spiel wird im Hause gestattet.

§ 23.
Kein Pflegling darf sich unterstehen, irgendwo in der Stadt oder Umgegend zu betteln.

§ 24.
Damit die Sicherheit des Hauses nicht gefährdet werde, ist es keinem der Pfleglinge erlaubt, Besuche seiner Angehörigen, Verwandten oder Bekannten anzunehmen, ohne dazu vorher bei dem Hausvater die Erlaubniß eingeholt zu haben; unter keinem Beding dürfen solche Besuche des Morgens vor 8, und des Abends im Frühjahre, Winter und Herbste nach 5 und im Sommer nach 8 Uhr Statt finden. Wird der Besuch vom Hausvater gestattet, so sind die betreffenden Personen von Letzterm anzuweisen, daß sie ihre Wiederentfernung anmelden. Solche Besuche dürfen nur an Sonn= und Feiertagen Statt finden. Bei bedeutend kranken Personen ist die Genehmigung des Besuches von Angehörigen außer obiger Zeit auch dann zu gestatten, wenn nach vorheriger Erkundigung bei den Hausärzten und dem Oberkrankenwärter sonst keine Hindernisse, namentlich Ansteckungsgründe, dagegen obwalten und gegen die Individualität des Besuchenden Seitens des Hausvaters nichts zu erinnern ist.

§ 25.
Um im Allgemeinen das unnöthige Ausgehen aus dem Hause nach Möglichkeit zu beschränken, ist ein Pförtner angestellt, der einzig und allein darauf zu wachen hat, daß die <u>Hausthüre</u> möglichst <u>geschlossen bleibe</u>, und nur Solchen das Ausgehen ge-

stattet wird, welche sich dazu durch eine bei dem Hausvater in Empfang zu nehmende Karte legitimiren; diese Karte muß beim Wiedereintritt ins Haus dem Pförtner zurückgegeben werden. Die Stunde der Rückkehr in den Sommermonaten wird auf 9 Uhr Abends und in den Wintermonaten auf 8 Uhr Abends festgestellt; da aber die Essenszeit um 7 Uhr bestimmt ist, so können die später Ausbleibenden keinen Anspruch mehr auf die versäumte Abendmahlzeit machen; diese Maaßregel wird auch auf alle übrigen Mahlzeiten des Tages angewendet, damit die Ordnung des Hauses nicht gestört werde. Der Pförtner muß die Haus= und Hofthüren zu den ihm vom Hausvater festgestellten Stunden öffnen und schließen und ferner so oft öffnen und schließen, wie der Geschäfts=Verkehr es erfordert. Derselbe hat ferner jedes ihm zuwider scheinende Betragen der Pfleglinge entweder gleich dem Hausvater anzuzeigen oder aber in das jeden Sonntag Morgen 8 Uhr dem Letztern zum nähern Ermessen vorzulegende Conduitenbuch[4] zu bemerken, sich aber sonst jeder Einmischung in das Hauswesen zu enthalten, es sey denn, daß ihm dazu von dem Hausvater der Auftrag ertheilt wird; namentlich ist er verpflichtet, dem Hausvater bei Widerspenstigen und Unordentlichen, wo dessen Körperkräfte nicht hinreichen, den gehörigen Beistand auf Erfordern zu leisten.

§ 26.
Die größte Vorsicht und Behutsamkeit beim Umgehen mit Feuer und Licht wird allen Hausgenossen zur strengsten Pflicht gemacht. Die Stubenaufseher haben des Abends auf den Zimmern die Lichter anzuzünden, so wie im Winter die Oefen zu heizen und dürfen es nicht zugeben, daß die andern auf den Zimmern befindlichen Pfleglinge sich damit beschäftigen. Wer es dennoch thut, den haben sie sofort dem Hausvater zur Bestrafung anzuzeigen. Auf allen Zimmern, wo nicht wegen Kranken eine Ausnahme Statt finden muß, sollen die Lichter und Ofenfeuer um 10 Uhr spätestens durch die Aufseher ausgelöscht werden. Der Hausvater ist verpflichtet, um 10 1/4 Uhr die Runde durch alle Zimmer zu machen, um sich von der Ausführung dieser Bestimmung zu überzeugen.

§ 27.
Da für eine hinreichende Anzahl Abtritte auf dem Hofe gesorgt ist, so wird es strenge untersagt, daß die sonstigen Umgebungen des Hauses und der Höfe von den Pfleglingen verunreinigt werden. Zum Wasserabschlagen darf nur die hintere Seite des Hofes benutzt werden, und da für die männlichen und weiblichen Pfleglinge besondere Abtritte bestehen, so dürfen solche auch nur von den betreffenden Theilen, wie vorgeschrieben, benutzt werden.

§ 28.
Pfleglinge oder Unter=Angestellte, welche sich gegen die Behandlungsweise von Seiten des Hausvaters oder dessen Frau und Gehülfen zu beschweren Ursache zu haben glauben, wenden sich dieserhalb nur an die Mitglieder der Ober=Inspektion des Hauses, welche dann den Gegenstand auf's strengste untersuchen und nach Umständen das Geeignete, und nöthigenfalls auf gerichtlichem Wege veranlassen werden; es ist daher auf's Ausdrücklichste verboten, daß die Pfleglinge ihre Beschwerden bei der polizeilichen oder gerichtlichen Behörde anbringen, bevor die Ober=Inspektion über den betreffenden Fall erkannt hat, was in kurzer Frist geschehen muß.

§ 29.
Zuwiderhandlungen gegen vorstehende Bestimmungen werden mit:
a) Entziehung einer oder mehrerer warmen Mahlzeiten,
b) zwölfstündiger bis mehrtägiger Isolirung,
c) Entfernung aus dem Hause geahndet.
Die Strafen unter a und b können auch vereint in Anwendung gebracht werden. Die Kranken können nur nach vorheriger Rücksprache mit dem Armenhausarzte bestraft werden, indem dieser zu ermessen im Stande ist, welchen Grad der Strafe der Kranke bei seinen körperlichen Leiden ertragen kann, ohne demselben zu schaden.
[...]
Die Armen=Verwaltung
[folgen die Namen: von Carnap, Schniewind, Keetmann, Brinkmann, Friderici, Kampf, Frische, Königsberg, Hackenberg, de Weerth, Sander, Dietze, Kohl, vom Riedt, Maurenbrecher, Feldmann, Peill, Marées, Rübel]

[1] auch in SAW R II 51
[2] Remuneration = Vergütung
[3] 2 Lot = ca. 30 Gramm
[4] conduite = Führung, Betragen

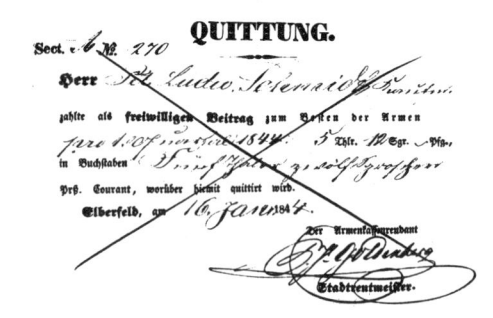

Spendenquittung (SAW R II 79)

Kommentar 24

Für 1846 vermerkte die Handelskammer in ihrem jährlichen Bericht:
„Die Noth in dem Bereiche der Kammer ist im Laufe des verflossenen Jahres nach einem wirklich erschreckenden Maßstabe im Zunehmen gewesen. [...] Freiwillige Gaben der Bemittelten, große, von der Privatmildthätigkeit gebrachte Opfer haben, in Verbindung mit Armensteuern, wie frühere Jahre sie nicht kannten, bis jetzt eine Menge der Bevölkerung kümmerlich am Leben erhalten, welche auch heute noch trostlos in die Zukunft blickt" (Elberfeld 1847, S. 4).
Die Krise fand 1847 ihren Höhepunkt, da der Absatz von Webereiprodukten weiter zurückgegangen war. Der Preis des 7pfündigen Schwarzbrotes, das 1844 noch 4 Silbergroschen 4 Pfennige gekostet hatte, lag bei fast 9 Silbergroschen. Über 16000 Menschen erhielten Brotzeichen für verbilligtes Brot, wöchentlich verabreichten die Suppenanstalten 20900 Portionen.
Das Monatseinkommen der in nebenstehendem Bettelfall angeführten Familien belief sich auf 12 Taler im Fall der 8köpfigen Familie Schmitz, und auf 9 Taler 10 Silbergroschen (incl. des Armenzuschusses) in demjenigen der Familie Kraut/Marsch. Offenbar wurden beiden Familien Unterstützungen in Form von Suppe bzw. Kleidung und Bettzeug (d.h. Bettücher, Bettdecken, Strohsäcke und Stroh) verabreicht.
Der Spinnereibesitzer Wilhelm Ehrenfest Jung gab, wie sein privates Haushaltsbuch ausweist, im Januar 1846 206 Taler 13 Silbergroschen für seinen Haushalt aus, wovon etwa 46 Taler 1 Silbergroschen 8 Pfennige allein auf Nahrungsmittel entfielen.

Kommentar 25

Die Elberfelder „Armenkommission" legte Ende 1848 einen Bericht vor, demzufolge zwischen April und November 1848 insgesamt 2358 Arbeiter im Rahmen von Arbeitsbeschaffungsmaßnahmen beschäftigt worden waren. Dafür waren 56195 Taler an Lohngeldern bezahlt worden, wovon 44112 Taler durch freiwillige Beiträge gedeckt worden waren. Der größte Teil der Beschäftigten waren Weber (4/7), 1/10 entfiel auf Tagelöhner, nur 1/15 auf Färber. Obwohl die wirtschaftliche Lage 1849 entspannter war, suchten noch 2000 Leute Arbeit. Ein Artikel im „Elberfelder Kreisblatt" vom 20.2.1849 errechnete als Mindestbedarf einer Arbeiter-

Quelle 24
Bericht des Inspektors der Armenanstalt, Mewis, an Oberbürgermeister von Carnap über beim Betteln aufgegriffene Kinder
SAW O VI 23   24.4.1847   handschriftlich

Die von dem Herrn E.W. Müller auf dem Betteln betroffenen Kinder Johanna Schmitz und Geschwister Kraut betreffend.

Euer Hochwohlgeboren berichte ich hiemit ganz gehorsamst, indem ich ebenmäßig die hochverehrliche Marginal=Verfügung hier wieder anfüge, -
1) Johanna Schmitz ist die 6jährige Tochter des hier am Engelnberg wohnenden Seidewebers Adam Schmitz, der 36 Jahre alt, gesund ist und wöchentlich 2 1/2 Taler bis 3 Taler verdient; dessen Frau ist erst 42 Jahre alt, jedoch schwächlich, und versieht die Haushaltungsgeschäfte, eine 17jährige Tochter ist Seideweberin, hat aber augenblicklich keine Arbeit; dann sind noch 5 kleinere Kinder vorhanden; der Familie sind täglich 6 Portionen Suppe bewilligt und erhält außerdem seit dem 9. April vorigen Jahres die benöthigten Bekleidungs= und Bettwerksgegenstände.

2) Die Geschwister Kraut sind die Kinder des in gefänglicher Haft befindlichen Heinr. Ernst Kraut und der hier bei Ludy aufm Böckel sub Nr. 1174 wohnenden N. Marsch. Letztere ist gesund und Taglöhnerinn mit einem Verdienste von ungefähr 20 Silbergroschen wöchentlich, der älteste Sohn Carl verdient als Seideweberlehrling bei Kirberg wöchentlich 1 Taler 7 Silbergroschen 6 Pfennige; dann sind noch 3 kleinere Kinder vorhanden; die Frau erhält wöchentlich von der Armen=Anstalt 12 1/2 Silbergroschen und sind ihr außerdem 4 Portionen Suppe bewilligt worden, die sie nicht abholt; Dann arbeitet sie bei Madame Gebhard, die sie auch manchmal für die Haushaltung beschenkt.
In beiden Fällen glaube ich, daß keine Ursache zum Betteln vorhanden ist, dagegen ist anzunehmen, daß die Eltern der Kinder diese vernachlässigen.

Quelle 25
Anweisung des Beigeordneten Blank in Stellvertretung des Oberbürgermeisters an den Polizeiinspektor Döring
SAW O VI 23   19.4.1849   handschriftlich

Ungeachtet die hiesige Armen=Verwaltung jeden wirklich Hülfsbedürftigen mit dem Nothwendigsten zu unterstützen sucht, sieht man doch noch tagtäglich an den hiesigen Hausthüren Bettler und Bettlerinnen, welche die Bürger um Almosen quälen. Gewöhnlich sind dies solche, welche von der hiesigen Armen=Verwaltung Unterstützungen empfangen und die angewiesen sind, sich zu dieser auf ehrliche Weise so viel zu verdienen, daß sie bestehen können. Statt aber dieses zu thun, geben sie sich dem Müßiggange und der Betteley hin. Von den Vielen, die auf diese Weise umherschwärmen, will ich hier nur die Nachverzeichneten namhaft machen, um die betreffenden Polizeisergeanten anweisen zu können, auf diese strenger zu vigiliren[1], da es bei einiger Aufmerksamkeit gar nicht schwer fallen kann sie zur gesetzlichen Strafe und in die öffentlichen Straf= und Besserungs=Anstalten zu bringen.
Elberfeld den 19. April 1849
Der Oberbürgermeister
für denselben
Der Beigeordnete Blank

familie von 5 Personen 4 Taler 4 Silbergroschen pro Woche. Diesem Bedarf stand ein „guter Verdienst" von wöchentlich 3 Talern 7 Silbergroschen gegenüber. Der Verfasser des Artikels stellte fest: „Wer die aufgestellte Rechnung prüft, wird sich über die mäßigen Schranken, in welchen Verfasser derselben die nothwendigsten Bedürfnisse einer mittleren Arbeiterfamilie zusammenfaßt, verwundern. Wie verträgt sich aber nun eine solche Rechnung mit dem guten Verdienst von 3 Talern 7 Silbergroschen in guten Arbeitsmonaten? Wie stellt sich die Sache in schlechten Monaten, bei eintretender Theuerung, in Krankheitsfällen?"

Die Bettelei, auf die sich die in Quelle 25 wiedergegebene Verfügung des Beigeordneten Blank bezieht, war seit 1840 wieder angestiegen und hatte in den Krisenjahren zugenommen. Nach dem Gesetz vom 6.1.1843 „über die Bestrafung der Landstreicher, Bettler und Arbeitsscheuen" wurde Bettelei mit bis zu 6wöchiger Gefängnisstrafe bzw. Einweisung in Arbeitsanstalten (bis zu 3 Jahren) geahndet. Wenn „Jemand eines fremden Kindes beim Betteln sich bedient[e], oder ein Kind zu diesem Zweck her[gab]" (Gesetz=Sammlung für die Königlichen Preußischen Staaten, Nr. 2320), wurde er mit mindestens sechs Wochen Gefängnis oder Strafarbeit bis zu sechs Monaten bestraft, danach wurde er in eine „Korrektionsanstalt" eingewiesen.

1., Taglöhner Joh. Schweihofen wohnt an der Kupferhütte in Schmits Haus, bettelt den ganzen Tag, war wegen Diebstahl schon mehreremale in Haft.
2., Die Familie Heidtmann an der Kupferhütte ist erst im vorigen Jahre von Kronenberg hieher gezogen (Mann, Frau und Kinder betteln).
3., Friedr. Bröcker, wohnt am Ostersbaum, zeigt um Mitleiden zu erregen, seine verkrüppelte Hand.
4., Ehefrau Carl Kreimendahl, wohnt Böckel in Ludys Haus, schwärmt bettelnd den ganzen Tag mit dem Kinde auf dem Arme herum, Der Mann ist ein Müssiggänger.
5., Lumpensammler Abr. Ley, Bachstr., in Oberbeils Haus wohnhaft, - spricht gewöhnlich die Reisenden am Posthause an,
6., Ehefrau Abr. Wonnenberg, in Kleins Haus Bachstr. wohnhaft, sitzt gewöhnlich an den Chausseen, Der Mann will nicht arbeiten
7., Wittib Joh. Luhn, wohnt Bachstr. in Kleins Haus, ist alt, hat kranke Augen, ist bei ihrem Schwiegersohne Weber Block, welchem sie tagtäglich eine gewisse Quantität zusammen zu betteln hat. Die Frau kann jeden Tag ins Armenhaus kommen, der Schwiegersohn entbehrt sie aber nicht gerne.
8., Spuler Gottl. Lange ebenfalls in Kleins Haus wohnhaft, gesteht offen wenn man ihn frägt, daß er sich vom Fechten[2] ernähre,
9., Wittib Jac. Lendt, ist blind, wohnt Bachstr. in Kleins Haus, wird reichlich unterstützt geht aber den ganzen Tag mit einem schulpflichtigen Kinde längs den Hausthüren.
10., Pet. Noll, auf der Bredt, thut Nichts wie Betteln.
11., Ant. Brodmann, Grünewalderberg in Gölts Haus wohnhaft, ist alter Krieger und thut nichts lieber wie Betteln, ist zudem gewöhnlich betrunken.
12., Ehefrau Pet. Tilly, Grünewalderberg wohnhaft hat einen hervorstehenden Zahn,
13., Jungfer Anna Schulten, wohnt Carlsstr. in Dulligs Haus, war im lutherischen Armenhause aber ent entlassen, weil sie das Betteln nicht aufgeben wollte.
14., Besenbinder Pet. Mühlr[a]th, Wilhelmsstraße in Gretens Haus,
15., Die Kinder der Wittib Scheuß genannt Dentzler. Die Mutter eine rüstige und arbeitsfähige Frau hält die Kinder aus der Schule und schickt sie betteln.
16., Wittib Hch. Rack, in Driesacks Haus, Albrechtsstraße,
17., Der ehemalige Friseur Joh. Nahr, Albrechtsstraße, treibt sich schon seit längerer Zeit zum allgemeinen Scandal bettelnd auf der Straße umher.
18., Wittib Wilh. Siepen in Hoßfelds Haus Ludwigsstr., hat einen Hasenschaden[3] am Mund.
19., Wittib Wilh, Schnurmann, G. 1844[4], ernährt sich nur durch Betteln, obgleich sie rüstig und arbeitsfähig ist.
20., Sophie Meckel in P. Jansens Haus Bachstr. desgleichen wie vor.

---

[1] vigilieren = aufmerksam sein, beobachten
[2] fechten = betteln
[3] Hasenscharte
[4] Wohnort der Frau in Sektion G, Nr. 1844

Allerhöchste Kabinets=Ordre.

Bei der ungewöhnlichen Theuerung aller Lebensmittel, welche in Meinen Staaten in der letzten Zeit geherrscht und einen beklagenswerthen Nothstand unter der ärmeren Klasse Meiner Unterthanen herbeigeführt hat, habe Ich Mich bewogen gefunden, denjenigen, welche durch die augenblickliche Noth zu Vergehen oder Verbrechen verleitet und deshalb zur Untersuchung gezogen worden sind, in nachstehender Art Begnadigung zu Theil werden zu lassen. — Es sollen in allen Untersuchungen wegen Entwendung von Lebensmitteln, auch wenn das Verbrechen mittelst Einbruchs verübt worden ist, ferner wegen Entwendung von Brennmaterial, wenn deshalb Kriminal-Untersuchung eingeleitet worden, so wie wegen kleinen gemeinen Diebstahls, wegen Betruges, Unterschlagung und Veruntreuung, Versatz und Verkauf fremden Eigenthums, sofern der gesuchte Gewinn weniger als fünf Thaler beträgt, wegen Veräußerung von Sachen, welche im Wege der Execution mit Beschlag belegt gewesen sind, endlich wegen Bettelns und Landstreicherei, denjenigen Angeschuldigten, welche sich vor der Verübung des Vergehens untadelhaft aufgeführt haben und nach dem pflichtmäßigen Ermessen des betreffenden Obergerichts, beziehungsweise des General-Prokurators zu Köln, durch die Noth zu dem vorliegenden Verbrechen verleitet worden sind, die erkannten Strafen, so weit sie dieselben noch nicht verbüßt haben, in Gnaden erlassen, und, falls noch nicht rechtskräftig erkannt worden, die eingeleiteten Untersuchungen niedergeschlagen werden. — Ich beauftrage Sie hierdurch, wegen Ausführung dieses Meines Befehls das Erforderliche zu veranlassen.

Sanssouci, den 15. Oktober 1847.

Friedrich Wilhelm.

An den Staats- und Justiz-Minister Uhden.

Veröffentlichung im Täglichen Anzeiger Nr. 250 vom 20.10.1847

Kommentar 26

Auf den nebenstehenden Brief der Witwe Budde hin verlangte der Oberbürgermeister bei der Armenverwaltung eine Untersuchung des Falles. Der zuständige Hilfsprovisor Müller äußerte, die Witwe müsse sich persönlich bei ihm melden, was sie bisher nicht getan habe, und er sei nicht „Armen Provisor […] um die Armen aufzusuchen, sondern [um] die mir überwiesenen Armen die [!] zuerkannten Gaben zu verabreichen und dieselben zu controlliren". Armeninspektor Eichholz schrieb in einer Randbemerkung zu Müllers Bericht, er habe den Provisor über seine „irrige Ansicht resp. Meinung von seinen Verpflichtungen belehrt" (SAW R II 84).

Quelle 26
Brief der Witwe Budde an Oberbürgermeister von Carnap
SAW R II 84   undatiert [22.4.1850]   handschriftlich

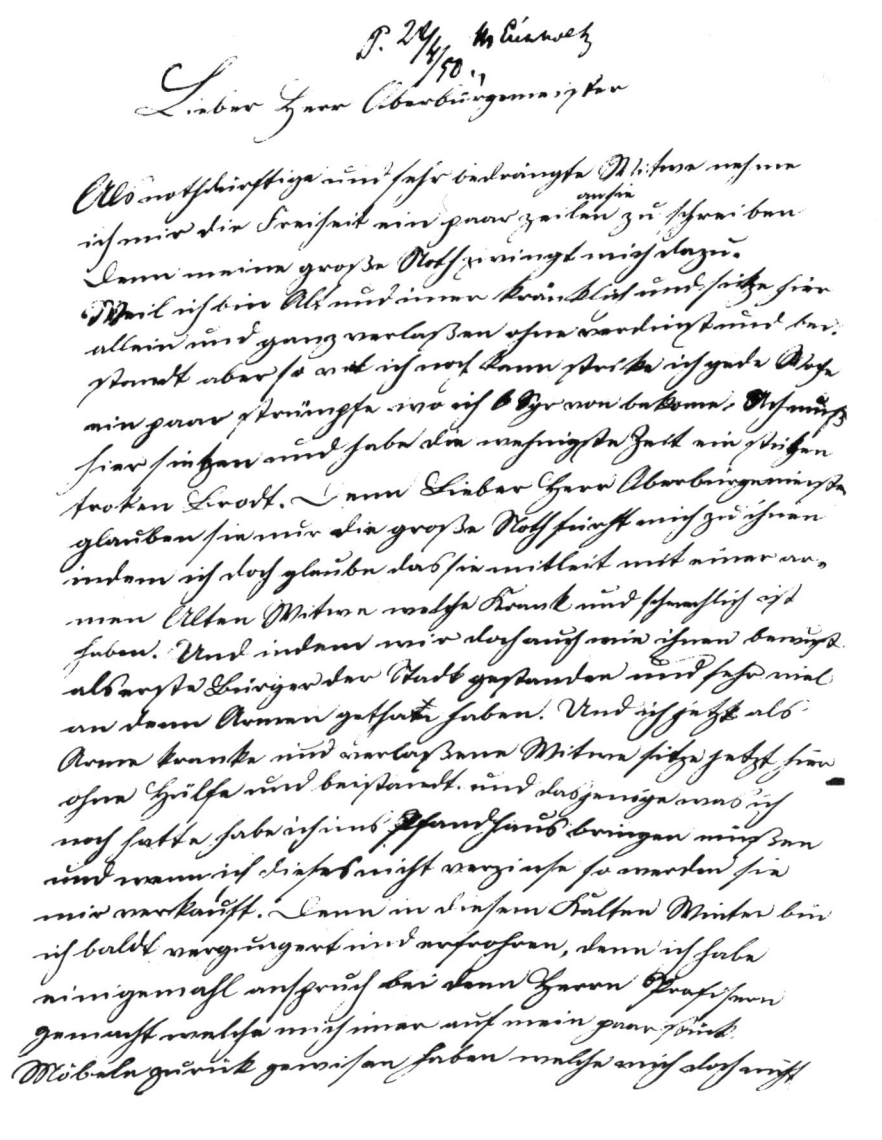

Lieber Herr Oberbürgemeister
Als nothdürftige und sehr bedrängte Witwe nehme ich mir die Freiheit ein paar zeilen an sie zu schreiben Denn meine große Noth zwingt mich dazu.
Weil ich bin Alt und imer kränklich und sitze hier allein und ganz verlaßen ohne verdinst und beistandt aber so viel ich noch kann, strike ich gede Woche ein paar strümpfe wo ich 6 Silbergroschen von bekome, Ich muß hier sietzen und habe die wehnigste Zeit ein stükgen troken Brodt. Denn Lieber Herr Oberbürgermeister glauben sie mir die große Noth fürht mich zu ihnen indem ich doch glaube das sie mitleit mit einer armen Alten Witwe welche Krank und schwechlich ist haben. Und indem wir doch auch wie ihnen bewust als erste Bürger der Stadt gestanden und sehr viel an denn Armen gethan haben. Und ich jetzt als Arme kranke und verlaßene Witwe sitze jetzt hier ohne Hülfe und beistandt und dasjenige was ich noch hatte habe ich ims Pfandhaus bringen müßen und wenn ich dieses nicht verzinse so werden sie mir verkauft. Denn in diesem Kalten Winter bin ich baldt vergungert und erfrohren, denn ich habe einigemahl anspruch bei denn Herrn Profisern gemacht welche mich imer auf mein paar stück Möbeln zurück gewiesen haben welche mich doch nicht helfen

423

Kommentar 27

Bereits im März 1848 war in einem Artikel des „Elberfelder Kreisblattes" unter der Überschrift „Die Armenverwaltung in Elberfeld" zu lesen: „Die Erfahrung hat gelehrt, daß die Armenverwaltung, seit sie aufgehört hat eine kirchliche zu sein, viel kostspieliger geworden ist, und man ist auf den Gedanken gekommen, daß man sie wieder in diese Hände zurückgeben möchte [...]" (Nr. 29 vom 9.3.1848). Der anonyme Verfasser wies auf Initiativen der reformierten und der lutherischen Gemeinde in dieser Richtung hin. Vor allem die 1846 gegründete lutherische Armenversorgungsanstalt wurde als beispielhaft dargestellt, da sie eine effektive Armenpflege nach „evangelischen Grundsätzen" durchführe. Doch schon Ende 1848 war diese kirchliche Organisation finanziell am Ende. Obwohl die Krisenjahre 1850 überwunden schienen, mußten in diesem Jahr 9000 Menschen unterstützt werden, der entsprechende Etat veranschlagte Kosten in Höhe von 54312 Talern 20 Silbergroschen 1 Pfennig, tatsächlich wurden 1850 66377 Taler aufgewendet. Der finanzielle Zustand der Armenverwaltung, die mit den anfallenden Problemen auch organisatorisch überfordert war, veranlaßte Daniel von der Heydt, Oberbürgermeister von Carnap u.a. zu der in Quelle 27 wiedergegebenen „Denkschrift", in der der Gedanke einer kirchlichen Armenpflege wieder aufgenommen wurde. Es kam im Anschluß auch zur Bildung einer Kommission des Gemeinderats, die mit den Kirchengemeinden verhandelte. Untersucht wurden die Ursachen der Schwierigkeiten in der bürgerlichen Armenverwaltung und die Möglichkeiten einer Übernahme des gesetzlichen Auftrages zur Armenversorgung durch die Kirchengemeinden. Die Verhandlungen zogen sich bis 1852 hin und schlugen schließlich fehl, weil die Gemeinden sich dagegen wehrten, die Armenversorgung als Auftrag der bürgerlichen Gemeinde zu übernehmen, da, wie es in der Stellungnahme der reformierten Gemeinde hieß, „die dem Presbyterium angebotene Uebernahme der bürgerlichen Armenmittel <u>prinzipiell und wesentlich etwas anderes ist, als die nach dem Worte Gottes in der Ordnung unserer Kirche gegründete christliche Diakonie</u>" (Beilage zum Täglichen Anzeiger Nr. 12 vom 15.1.1852), die u.a. die Ausübung einer „kirchliche[n] unabhängige[n] Armenzucht" beinhalte. Nur die niederländisch-reformierte Gemeinde willigte ein, ihre eigenen Gemeindemitglieder zu versorgen; mit der lutherischen Gemeinde konnte 1852 ein Vertrag abgeschlossen werden, demzufolge die Gemeinde ihre Armen unterstützte. Der Vertrag blieb bis 1854 in Kraft.

könen, denn wie ihnen doch auch bewust das man jetzt nichts verkaufen kann oder man muß sie fort schenken. Ach Lieber Herr Oberbürgemeister ich bin fremd und ohne Familie und sietze hier ohne Hülfe und beistandt und hoffe sie werden mir doch wohl beistehn. Und jetzt ist mir angekündigt wenn ich Mai die Mithe nich bestahlte so würde ich for Thür gesetzt und weiß auch nicht wo ich sie hernehmen soll und ich jetzt keine andere hülfe sehe als bei ihnen was ich hochs ungern thue indem wir auch so viel an denn Armen gethan haben so wird mir auch hoffentlich geholfen werden.
so grüßet sie mit achtung
Wittwe Budde

Quelle 27
„Denkschrift, betreffend die nachtheiligen Folgen der ausschließlich bürgerlichen Armenpflege in Elberfeld und die Heilsamkeit einer den Kirchengemeinden wieder einzuräumenden selbstständigen Theilnahme an der Sorge für die Dürftigen",

in: Beilage zum Täglichen Anzeiger Nr. 76 vom 31.3.1850

Denkschrift,
betreffend die nachtheiligen Folgen der ausschließlich bürgerlichen Armenpflege in Elberfeld und die Heilsamkeit einer den Kirchengemeinden wieder einzuräumenden selbstständigen Theilnahme an der Sorge für die Dürftigen.

Elberfeld im Februar 1850.

Es ist nachgerade ein Menschenalter verflossen, seitdem die Armenpflege in dieser Stadt, mit alleiniger Ausnahme einzelner kirchlicher Armenstiftungen, ausschließlich Gegenstand der bürgerlichen Stadtgemeinde geworden ist. Viele Kämpfe, ein aufopfernder Widerstand seitens der Kirchengemeinden sind dem Verzicht auf die Pflege der Armen vorhergegangen; es war nicht die Verpflegung aller Armen der Stadt durch eine bürgerliche Verwaltung das einzige Ziel, was die Verfechter der bürgerlichen Armenpflege im Auge hatten; in der That beabsichtigte man eine bedeutende Annäherung der Gemeinden der verschiedenen christlichen Bekenntnisse, indem man einer jeden die besondere selbstständige Pflege der konfessionellen Armen nehmen, hingegen sie sämmtlich und vermischt in den bürgerlichen Verhältnissen zu der Unterhaltung der Armen heranziehen wollte.

Die Berichte des Oberbürgermeisters zu den Etats der Armenverwaltung pro 1847 und 1848 geben in gedrängtem Auszuge die Geschichte der Armenpflege seit dem Anfange dieses Jahrhunderts. Man kann demselben und den Akten über diesen schwierigsten Theil des Communalwesens viele Resultate entnehmen. Hier genügt es, auf einen wesentlichen Eindruck aufmerksam zu machen, den ein Rückblick auf die Zeiten der kirchlichen Armenpflege im Vergleich mit dem etwa ein Drittheil eines Jahrhunderts umfassenden Zeitraum seit Einführung der bürgerlichen Armenpflege bis heute augenscheinlich hinterläßt:

„Die sogenannten freiwilligen, in der That steuerähnlich manchmal in bestimmten Beträgen beanspruchten Beiträge der Bürgerschaft haben dem Bedarf nie genügt; es sind die fehlenden Summen meist steuerlich umgelegt, und nach 25 Jahren des Bestehens der allgemeinen bürgerlichen Armenverwaltung ist von freiwilligen Gaben ganz Abstand genommen und die Beibringung des Gesammtbedarfs auf dem Wege der Steuer beliebt worden.

Mit andern Worten:

„Der Wohlthätigkeitssinn der Bürger ist erkaltet."

Indem wir hier eine gedrängte Uebersicht der verschiedenen Zweige der verdienstlichen Thätigkeit der Armenverwaltung geben, werden wir wenige und kurze Bemerkungen daran knüpfen.

a) Die Sorge um arme Waisen liegt zum größten Theile dem städtischen Waisenhause ob. Wie sehr unsere Mitbürger geneigt sind, den dürftigen Waisen zu helfen durch Pflege und Erziehung, das haben sie in den letzteren Zeiten mehrmals bewiesen, indem sie im Jahr 1842/3 14000 Thlr. für den Ankauf eines Waisenhauses und in den letzten Monaten eine Summe von nahe an 50000 Thlr. für den Bau eines neuen Waisenhauses an freien Geschenken beitrugen. Die Sorge um die armen Waisenkinder kann als ein für sich abgeschlossenes Ganze betrachtet werden. Möchte bei der nach dem Neubau des Waisenhauses bevorstehenden Einrichtung der Administration desselben die ausschließliche Ueberwachung durch eine bürgerliche Behörde in Frage kommen, so möge man alsdann auf den Grund der Erfahrungen die nützlichsten Anordnungen treffen; wir haben hier diese Anstalt nicht ferner in's Auge zu fassen.

b) Es verhält sich beinahe in ähnlicher Weise mit dem Allgemeinen Armenhause und mit dem Städtischen Krankenhause. Beide Anstalten beherbergen eine zwar wechselnde, aber durch das Maß der Räumlichkeit begränzte Zahl von Pfleglingen. Hier, wo es unsere Absicht ist, vornehmlich auf den Einfluß der ausschließlich bürgerlichen Verwaltung des Armenwesens aufmerksam zu machen, werden wir das Krankenhaus nach seiner Natur und nach seiner Neuheit außer Betracht lassen; was jedoch das allgemeine Armenhaus betrifft, so werden wir uns auf die Bemerkung beschränken, daß nur mit großer Schwierigkeit neben die vorherrschend bürgerliche Verwaltung eine Vertretung der kirchlichen Gemeinden als solche wirksam aufgestellt werden könnte. Jedenfalls ist aber nicht zu verkennen, daß die Ausübung einer periodischen Controle durch die verschiedenen Kirchenvorstände über ihre im Armen- und Krankenhause der Stadt untergebrachten Gemeindeangehörigen auf die Disciplin der Häuser und auf das öffentliche Interesse an beiden Anstalten nur heilsam einwirken wird.

c) Außer den drei genannten besonderen Anstalten pflegt die bürgerliche Armenverwaltung eine wachsende Zahl von dürftigen Familien durch Gaben an baarem Gelde, Lebensmitteln, Kleidung, Unterricht der Kinder, ärztliche Hülfe und Arznei bei Krankheit u. s. w. zu unterstützen. Dieser Zweig der Thätigkeit einer besonderen dafür angeordneten Abtheilung der Armenverwaltung ist hauptsächlich in's Auge zu fassen, wo der Einfluß der ausschließlich bürgerlichen Armenpflege untersucht werden soll.

Zweierlei leuchtet aus der Geschichte der bürgerlichen Pflege der sogenannten Außen-Armen hervor: Erstlich, daß vorkommende erhebliche Beschränkungen des Bedarfs in der Regel eine unmittelbare Folge einer allgemeinen Revision der Verhältnisse der unterstützten Personen gewesen sind; zweitens, daß eine fortgesetzte, aber regelmäßige, wenngleich geringe Unterstützung solcher Familien, welche als unfähig zum Erwerb des vollen nothwendigen Auskommens betrachtet werden, fortgesetzte und regelmäßige Vermehrung des Bedarfs zur Folge gehabt, und demnach die, einmal der Hülfe bedürftig gewesene Familie durch Bewilligung regelmäßig wöchentlicher Gaben zu Gewohnheitsarmen gemacht hat.

In ersterer Beziehung muß es auffallen, daß im Sommer des Jahres 1847 nach zwei Jahren der Theurung und des meist im Gefolge der Mißerndte eintretenden Arbeitsmangels, und vor der Jahreszeit, wo der überschwängliche Erndtesegen jenes Jahres übersehen werden konnte, die Armenverwaltung den Wochenbedarf für Baarunterstützungen zu 300 Thlr. ermittelte, daß sie vor jetzt zwei Jahren sich die Aufgabe stellte, den Wochenbedarf an Baarunterstützungen auf 200 Thlr. zurückzuführen, indem sie hoffte, nach den Jahren der Theurung sich dem Bedarf zu nähern, der in den Jahren 1837 bis 1844 genügt hatte, und 180 Thlr. pro Woche nicht erreichte; daß sie aber jetzt, nachdem wiederum ein Jahr der allgemeinen politischen Stürme, 1848, mit nie gekannten Erscheinungen vergangen und das Jahr 1849 mit voller Beschäftigung der arbeitenden Classen bei ungewöhnlichem Ueberfluß und seltenster Wohlfeilheit der Lebensmittel gefolgt ist, für das Jahr 1850 eine Summe von circa 400 Thlr. pro Woche für Baarunterstützungen fordert.

Und zwar ist Arbeit reichlich vorhanden, der Preis der Lebensmittel nach drei gesegneten Erndten ist sehr niedrig, und der im Vergleich zu der wohlbegründeten Furcht nur gelinde auftretende Character der Seuche, die nach der Theurung und Hungersnoth und Arbeitslosigkeit und den Schrecken des Aufruhrs unsere Stadt heimgesucht hat, beansprucht nicht entfernt eine so abnorme Erhöhung des Wochenbedarfs. Der Bericht der Armenverwaltung für 1849 enthält mit Bezug auf diesen Zweig ihrer Thätigkeit die höchst bedeutende Mittheilung, daß eine **Revision der Verhältnisse aller mit wöchentlichen Gaben unterstützten Armen stattgefunden**, daß ein Beamter dieselbe ausgeführt habe, und in deren Folge der wöchentliche Bedarf unmittelbar nach der **Revision** auf 300 Thlr. gefallen sei.

Das Resultat zweier Revisionen liegt vor. Die eine von 1847 ergibt einen Wochenbedarf von 300 Thlr., selbst in dem Jahre der Theurung, und die Hoffnung der Zurückführung des Bedarfs auf die alten Verhältnisse; die andere von 1849 ergibt das gleiche Maß des Bedarfs.

Zu der ersten Betrachtung, wie nämlich eine allgemeine Revision unmittelbar eine erhebliche Verminderung des Bedarfs mehrere Male erwiesen und zur Folge gehabt habe, gesellt sich die zweite, daß fortgesetzte regelmäßige kleine Gaben an baarem Gelde die Familie, welche sich auf sie verläßt, zu Gewohnheitsarmen zu machen pflegen. Ausnahmen von dieser Regel bestehen und werden sie vollkommen anerkannt. Aber die Wahrheit dieser Betrachtung im Allgemeinen findet, wenn nicht in dem sittlichen Zustande einer großen Zahl der unterstützten Armen, so jedenfalls in dem Antrage der Armenverwaltung ihre Bestätigung. Wie ist anders der Widerspruch zu erklären, der zwischen dem Resultat der Ermittelung des Sommers 1849 und dem Vorschlag pro 1850 besteht?

Die Familie oder das Individuum, welche, zwar arbeitsfähig, nicht das volle unentbehrliche Auskommen erwerben können und wöchentlich eine Gabe an baarem Gelde und andere Gaben bekommen, gewöhnen sich an dieses Almosen. Die Hauptaufgabe der Armenpflege, welche dahin zu richten ist, den Dürftigen nicht mit dem nach Groschen berechneten Almosen, sondern mit Rath, Ermahnung, schonender Aufsicht ernst und beharrlich im Auge zu behalten, bis die Zeit des Mangels am Nothwendigsten vorüber und der Dürftige sich zum Selbstunterhalt zu beschaffen im Stande ist, kann in der bürgerlichen Pflege nicht erreicht werden. Die Armenpflege soll bemüht sein, des Armen Ehre und Glimpf zu fördern; aber sie wird in das gerade Gegentheil verfallen, wenn sie dem arbeitsfähigen Armen ein regelmäßiges Almosen, als einen Theil wöchentlichen Einkommens gewährt. Der Unterstützte trachtet sein Einkommen zu erhalten und zu erhöhen. Ist regelmäßig eine Quelle von Einkommen für ihn zugänglich, die um so mehr darreicht, je weniger er, der Arme, durch Arbeit erwirbt, so wird in der großen Mehrzahl der Fälle der Arme die Arbeit vernachlässigen, sein Arbeits-Einkommen wird augenscheinlich geringer und um nicht mit den Seinigen zu hungern, beansprucht er von der Armenverwaltung das verhältnißmäßig höhere wöchentliche Almosen.

Die Einwirkung der Jahre 1845, 1846, 1847 und 1848 auf die Verhältnisse der Dürftigen in unsrer Stadt muß in ihrer ganzen Macht in's Auge gefaßt, es muß erwogen werden, daß während dieser Jahre solche Personen einer Unterstützung bedürftig wurden, die zu anderen Zeiten den Unterhalt selbst erwarben, — daß die gewöhnlich unterstützten Armen vielfach größere Gaben bedurften. — Gerade aber die anerkannte Nothwendigkeit der größeren Gaben in den Zeiten allgemeiner Calamität führt zu dem allgemeinen Grundsatz zurück, daß in den Zeiten guten Gewerbebetriebs und wohlfeiler Lebensmittel ein geringeres Maß des Bedarfs für Baarunterstützungen in's Auge gefaßt werden muß.

Schon unmittelbar nach 2 Hunger- und Theurungsjahren ergibt die Juli-Revision von 1847 einen Bedarf von 300 Thlr. per Woche; im Herbst 1847 wird eine Reduction auf 180 Thlr. in Aussicht genommen; es folgt das Jahr 1848 mit allgemeiner Arbeitslosigkeit: der Bedarf wird riesengroß; aber der reichen Erndte von 1847 folgt die zweite ergiebige von 1848; die Gewerbeverhältnisse nehmen seit Anfangs 1849 einen so erfreulichen Aufschwung, daß in den meisten Hauptzweigen der Fabrikthätigkeit eine ersprießlichere Periode nicht existirt hat, — noch kommt die glückliche Erndte von 1849 hinzu; eine Revision ergibt, daß schon mit dem im Sommer 1847 ermittelten Bedarf auszureichen sei, — aber das System wirft alle guten Berechnungen zu Boden, die Gewohnheit an regelmäßiges Almosen hat solche Wirkungen hervorgebracht, daß bei vollem Geschäftsgang und billigsten Preisen der Lebensmittel nicht etwa der Wochenbedarf auf 180 Thlr. reducirt worden, selbst nicht wie im Sommer 1847 und 1849 auf 300 Thlr. verbleiben kann, sondern auf 400 Thaler steigt.

Wir wiederholen, was wir in dem Vorhergehenden ausgeführt haben:

> daß die bürgerliche Armenpflege hat den Sinn für Wohlthätigkeit erkalten gemacht; das schönste Vorrecht dessen, der hat, mitzutheilen dem, der nicht hat, ist außer Gebrauch gekommen in Folge der steuerlichen Auflage, welche rücksichtslos fordert, — der Gesammtbedarf ist über Gebühr und über das von der Verwaltung mehrmals als ausreichend erkannte Maß angewachsen; Defizit häuft sich auf Defizit.

Ist aber in Hinsicht auf Sitte und Zucht und Ehrbarkeit der unterstützten Familien der Erfolg etwa weniger unerfreulich? — Der Zuwachs an Geldbedarf für Gaben an Arme kann am Ende nicht unbedingt als ein Uebel betrachtet werden — soweit in vielen Fällen wenigstens der Geber in Betracht kommt — wenn nur der Arme in Folge der auf ihn verwandten Sorge der Sitte, dem Gefühl von Ehre, der Selbstständigkeit zugeführt wird.

Hat die Mühewaltung unserer Mitbürger, die in Hingebung und Selbstverleugnung das Amt der Armenpflege wahrnehmen, eines solchen Erfolges sich zu erfreuen gehabt? — In welchem Verhältniß steht eine große Zahl der Unterstützten zu den Gebern, zu den Provisoren, die ihr schweres Amt oft mit Seufzen führen, zu den steuerpflichtigen Bürgern? — Wo findet sich, von Vielen darf man's klagen, das Gefühl und die Frucht der Dankbarkeit? — Erstirbt nicht vielmehr diese schönste Tugend des Menschen, wo dem ungenügenden Erwerb des Mannes von Woche zu Woche das ergänzende Almosen hinzutritt, das Selbstgefühl, das Gefühl für Selbstständigkeit erstickend, und ist es nicht zu natürlich, daß der Arme, Versuchungen ausgesetzt, die der Wohlhabende in gleicher Weise nicht kennt — die bewilligte Gabe weniger oder gar nicht als das Geschenk des Mitleids, als vielmehr nach ihrer wahren Natur, als eine Steuer betrachtet, welche zu lange zu niedrig umgelegt werde, als dem Armen zur Befriedigung seiner Wünsche Etwas mangelt?

Diese Schrift würde ihre Aufgabe nicht erkennen, wenn sie nicht im Namen der Stadt das Bekenntniß ablegte:

> daß die Entziehung der Armenpflege auf die kirchlichen Gemeinen und auf die Gesammtheit ihrer Glieder nachtheilig einwirken muß; daß man den Gemeinen den berechtigten Kreis ihrer Wirksamkeit, welche die gemeinsamen Gottesdienste und die Unterstützung der Armen umfaßt, ungebührlich verkürzt, wenn man ihnen, als solchen, das Vorrecht der Pflege ihrer Armen streitig macht; daß, indem die Liebe des Nächsten sich nicht mehr auf dem ordentlichen Wege der Diaconate aller Gemeindeangehörigen annimmt und also weniger geübt wird, der Eifer auch für Anderes erkaltet, namentlich die Armen sich weniger hingezogen fühlen zu den Vorstehern der Gemeine und zu den Gottesdiensten und daß diese Ursachen eine betrübende Entsittlichung eines großen Theils der unterstützten Armen zur Folge gehabt haben.

Wie ist dem vorhandenen Uebel zu steuern? Der Sinn für freudiges, bereitwilliges Wohlthun zu beleben? Wie ist dem Armen neben der Gabe an Geld, Rath und Zuspruch zu verschaffen und bei dem Dürftigen der Geist der Dankbarkeit für empfangene Wohlthat wiederum zu beleben?

Den kirchlichen Gemeinen werde, in Uebereinstimmung mit ihren in der Vergangenheit zum Oefteren vorgetragenen Wünschen, die Pflege der Außenarmen auf's Neue übertragen. —

In den wohlbestellten Presbyterien und Vorständen der kirchlichen Gemeinen stehen den Predigern die Aeltesten und Diaconen zur Seite; jene mit dem Amt, auf die Gemeine, welche ihnen befohlen ist, fleißig zu sehen, diese aber, fleißig die Gaben für die Armen einzusammeln und mit Vorsicht und Freudigkeit die gesammelten Almosen zu spenden.

An diese Einrichtungen wird sich in unserer Stadt die kirchliche Armenpflege ohne Mühe noch Schwierigkeit anschließen. Zwei Gemeinen haben und verwalten bereits eigene Armenhäuser für eine gewisse Anzahl von Armen der Gemeine, von welchen Anstalten die eine, durch ihr Alter ehrwürdig, Zeugniß ablegt von dem Wohlthätigkeitssinn unsrer Väter.

Es würde sich empfehlen, entweder die Zahl der Diaconen ansehnlich in jedem Presbyterio zu vermehren, oder aber ihnen Gehülfen, Armenpfleger oder dergleichen zur Seite zu stellen. Unmittelbarer und heilsamer wird sich eine ansehnliche Vermehrung der Zahl der Diaconen in den größeren Gemeinen erweisen; jede Gemeine wird sich in acht oder zehn Armenbezirke eintheilen und jedem Bezirk zwei Diaconen vorsetzen. Es ist aus vielen Ursachen gut, daß Untersuchung der Verhältnisse des Armen und Bemessung der Gabe nicht von einem einzelnen Provisor oder Diaconus ausgehe. Die Diaconen werden den Armen periodisch besuchen; sie werden ihm Hülfe gewähren, wann und so lange sie Noth thut, übrigens aber mit tröstlichem Zuspruch und gutem Rath dem Armen behülflich sein, daß er sein eigen Brod verdiene und mit seinen Händen das Gute schaffe, damit er selbst zu geben habe denen, die in Noth sind. Und an diese Hausbesuche knüpfet sich der gewöhnliche Bericht an das Diaconat, sodann an das Presbyterium, welcher Bericht den Predigern und Aeltesten zum Wegweiser wird, welche Armen zunächst ihrer Ermahnung und Aufsicht bedürfen.

Eine solche Armenpflege macht einerseits die Herzen der Reichen und Wohlhabenden und Aller, die etwas zu geben haben für Dürftige, zum Geben geneigt. Periodische Sammlungen der Mitglieder des Presbyterii bei allen Gliedern der Gemeine wecken und unterhalten den Sinn für Wohlthätigkeit, und es wird in einer christlichen Gemeine auf die Dauer nicht geschehen, daß nicht reichliche Mittel dargebracht werden. — Es ist den Wohlhabenden und denen, die ihr Auskommen haben, das Vermögen gegeben, um damit auch dem Armen mitzutheilen; die Gemeine hat ein Recht, die willigen Gaben in Anspruch zu nehmen, und wird nicht vergebens durch die von der Vertretung der Gemeine gewählten Diaconen ihre Einsammlungen halten.

Die freiwillig dargebrachte und von einem sorgsamen Diaconate verwaltete, sodann von den Diaconen ausgetheilte Gabe und Unterstützung jeder Art wird bei dem Dürftigen nothwendig ein Gefühl erwecken, sehr verschieden von demjenigen, womit er die steuerlich auferlegte Gabe der bürgerlichen Gemeine entgegennimmt; — er sieht die Genossen des Glaubens in seine Hütte einkehren, die Liebe der Gemeine und die freudige Willigkeit der Diaconen hat sie ihm zugeführt, er öffnet sein Herz und findet sie geneigt, ihm in allen seinen Anliegen Gehör zu geben.

Der Arme wird sich an die Gemeine, welche sich seines Elends hülfreich annimmt, eifriger anschließen durch sittlichen Wandel, Besuch der Gottesdienste und die ganze Gemeine, Liebe übend und empfangend, wird durch ein neues Band sich fester verbunden fühlen.

Bei solchem lebendigen Liebeseifer in den Gemeinen wird auf das bürgerliche, städtische Zusammenleben der Bewohner dieser Stadt nur erwünschter sich gestalten, und die städtische Gemeine wird ihre Aufmerksamkeit nur um so ungetheilter auf Schulen und andere Zweige des Communal-Wesens richten können, wenn ihrerseits die kirchlichen Gemeinen für alle diejenigen Armen sorgen, welche nicht in den städtischen Armenanstalten aufgenommen werden können.

Für die Verwaltung der drei Anstalten: Waisenhaus, allgemeines Armenhaus, städtisches Krankenhaus, wird die aus Communal-Beiträgen zu bestellende Communal-Armen-Kasse die Mittel darreichen, wenn nicht vielleicht ein künftig dem Waisenhaus vorzusetzendes Curatorium freiwillige jährliche Gaben der städtischen Bürgerschaft für den Jahresbedarf des Waisenhauses belieben möchte.

Auch könnte in Jahren der theuern Lebensmittel oder des Arbeitsmangels, der hiesigen römisch katholischen Gemeine die Beschaffung der Mittel für ihre Armen verhältnißmäßig schwer werden. Es kann in einem solchen Falle nichts im Wege stehen, daß nach ermittelten Verhältnissen die Stadtgemeine jener kirchlichen Gemeine einen Beitrag zu ihren Armenbedürfnissen leiste.

Die Denkschrift sei Allen, die unserer Stadt durch Geburt oder längeren Aufenthalt angehören und in den kirchlichen und städtischen Collegien die Aemter höchsten Vertrauens zu führen, berufen sind, empfohlen zur sorgfältigen Beachtung ihrer Absichten; sie hat ihre Absichten dann erreicht, wenn sie eine geringe Hülfe war in dem allgemeinen Streben nach der Verbesserung unseres Armenwesens.

Der allmächtige Gott, der unsere Stadt groß und mächtig gemacht und durch viele Trübsal und Elend wunderbar bewahrt, auch in jüngsten Zeiten mit der Felder triefendem Segen vielen Tausenden das gesunde Mahl und Brodes die Fülle und so vielen buchstäblich umsonst dargereicht hat, als mit weniger Geld das gleiche Maß früherer Jahre gekauft werden kann, — mache den Reichen, den Gebenden, und den Armen dankbar; und werde dieser Dank erwiesen in solchen Einrichtungen, welche die geeignetsten sind, um die Sorge derjenigen, die etwas zu geben haben, für das Wohl derer, die darben, auf die ersprießlichste Weise zu regieren und auszuüben.

Vorgelesen, genehmigt und und unterschrieben.
von Carnap, Meckel, J. P. Judicar, Dan. von der Heydt.

---

[1] Ursprünglich nahm das allgemeine Armenhaus verwaiste Kinder auf, bis 1842 ein eigenständiges Waisenhaus eingerichtet wurde. 1851 mußte der Bau eines neuen Hauses begonnen werden, da das alte zu klein geworden war.
[2] Das allgemeine Armenhaus war 1827 in einem neuerbauten Haus eingerichtet worden. 1851 lebten darin 238 Arme.
[3] Das 1847 eröffnete städtische Krankenhaus mit einer Abteilung zur Aufnahme psychisch Kranker (seit 1848) war für die Versorgung mittelloser Patienten vorgesehen, außerdem für bedürftige Durchreisende und Handwerksgesellen. Das Personal bestand aus einem Arzt (Internist), einem Wundarzt (Chirurg) und einer größeren Anzahl von Wärtern bzw. Wärterinnen. 1849 wurden 785, 1850 821 Kranke im städtischen Krankenhaus verpflegt.
[4] Gemeint ist die 1849 in Elberfeld grassierende Cholera.
[5] Glimpf = Anstand.

Kommentar 28
Der in Quelle 28 wiedergegebene Antrag des Seidenwebers Schweinefuß wurde abschlägig beschieden, da - wie die Armenverwaltung am Rand des Bittschreibens bemerkte - der Sohn Laufbursche sei, Geld verdiene und sich seine Schuhe somit selbst kaufen könne, Schweinefuß selbst sei Trinker, und Brot erhielten nur solche Arme, „welche die Suppe nicht verschmähen", daher werde die Brotzuteilung im vorliegenden Fall verweigert.

Speise-Anstalt
im allgemeinen Armenhause.

erhält auf täglich für	Wochen Portionen Suppe Personen.
Elberfeld, am	18
Der Verwalter:	Der Hülfs-Provisor:

Suppenmarke (SAW R II 84)

Quelle 28
Brief des Seidenwebers Heinrich Schweinefuß an Oberbürgermeister Lischke
SAW R II 84   20.6.1851   handschriftlich

Seiner Hochwohlgeborn, dem Hern Burgermeister Lischke hier
Elberfeld am 20 Juni 1851.
Endes unterzeichneter erlaubt mit Gegenwärtiger die Freiheit mit einer Bitte zu Ihnen zu kommen und um derer Gütige Gewährung Ganzergebenst zu ersuchen. Schon vor einigen Monaten habe ich in dieser Beziehung Ihre Gütige Hülfe erfahren. Ich bin Familienvater von 3 Kinder wovon 2 noch klein sind seit längerer Zeit habe ich keine Arbeit mehr der Hern Inspecktor hat mir ein Schein Gegeben an den Schachtmeister Berg er mögte wo möglich wäre Arbeit geben Hern Berg Schrib mir auf das Brifgen er köne Keine Leute mehr Beschäftigen weill am Weisenhaus Noch kein fortgang währe Der Schein hat der hernn Inspektor auf dem Bürou liegen Trotz aller Bemühung weis ich noch keine Arbeit zu krigen und meine Frau geht zuweilen in Tagelohn wo mir dieselbe den Tag 5 Silbergroschen verdint, daß ist mein Verdinst, wovon ich leben muß als ich damals bei Ihnen war, war ich verkleinert worden, daß ich Eimal im Trunkenen Zustand gewesen bin, daß ist auch waß mir zur last gelegt werden kan, dieses ist aber keine Gewohnheit bei mir, sondern ich kam Damals durch Zufall unentgeltlich Dazu, Sie werden sich auch noch zu erinren wißen, als sie den Hern Inspektor Eicheholz rufen lisen, und Demselben sagten das darüber doch die Kinder keine Noth leiden solten, und mir Damals durch Ihre Hülfe gleich Brod gegeben wurde es ist mir aber nachher wieder abgezogen worden
Blos dem einfachen Grunde, weill ich keine Suppenkarte nehmen will, und ich kann dieses nicht denn erstens meine Frau ist nicht immer zu Hause, und kann Daher nicht gehen, ich kann selbst auch nicht gehen, und meine 2 Kleine Kinder sind noch zu Jung darzu das ich dieselben schicken kann, sodann habe ich noch einen Grösseren Sohn der will sich, wem Demselben ein Paar Schuch gegeben werden, selbständig ernähren, ich habe Denselben zu dem Ober Provisor Hern Keßeler geschickt wegen den Schuch und Brod, Hern Keßeler sagte zu meinem Sohn, er solte in die Fremde gehen. Ich kann mir von solchen Ausdrüken gar keinen Begriff machen, den Derselbe ist noch nicht 18 Jahr und noch - Seideweberlehrling kann also nicht in der Fremde färtig werden zu dem hat er keine Schuch an den Füsen, kein Geld kann ich Demselben mitgeben, er währe also nothgezwungen gleich zu betteln, und nach unseren Gesetzen werden diese Leute gleich nach Brauweiler gebracht. soll ich denn

nun selbst mein Kind ins Unglück stürzen, und zur Gottlosigkeit anlernen lasen Nein, das kann von einem rechtschaffenen Familien Vater nicht verlangt werden, und wenn ich die Süppe nicht holen kann, so entsteht ja der Verwaltung Nuzen Daraus, ich verlange nur 2 Brod die Wochge und Schuhe für meinn Sohn bis ich wider Arbeit habe. Ich bitte daher mir in dieser Beziehung Ihre Gütige Hülfe nicht zu versagen und zeichne mit Hochachtung Ergebenst
Heinerich Schweinefuß

3. Das Elberfelder System 1853-1919

Kommentar 29

Da sich die Verhandlungen der städtischen Kommission mit den Kirchengemeinden über die Übernahme der Armenpflege schwierig gestalteten und eine Lösung im Sinne der „Denkschrift" von 1850 nicht erreichbar war, arbeitete eine Gruppe unter dem Vorsitz Daniel von der Heydts und David Peters' einen Plan zur Umgestaltung der bürgerlichen Armenpflege aus. Der Grundgedanke dabei war, daß die Hauptaufgabe der Armenpflege die Bekämpfung der Ursachen der Armut durch „Einwirken auf das Individuum" sei und diese eigentlich nur von den Kirchengemeinden erfüllt werden könne. Da aber die rechtliche Lage einer Übernahme der Armenversorgung durch die Kirchengemeinden entgegenstand - das Gesetz vom 31.12.1842 verpflichtete die bürgerlichen Gemeinden zur Armenpflege, nach der Gemeindeordnung vom 11.3.1850 mußten die dazu notwendigen Mittel im planmäßigen Etat berücksichtigt werden - mußte man akzeptieren, daß die bürgerlichen Gemeinden zur Erfüllung dieses Auftrages aus Gemeindemitteln verpflichtet waren. Das neue kommunale Armenwesen sollte aber die Prinzipien der christlichen Diakonie aufnehmen. Die neue Armenordnung, basierend auf dem Plan von der Heydts, Peters' und anderer, trat am 1.1.1853 in Kraft und wurde als „Elberfelder System" bekannt. Das von seinen Gründern als „Provisorium" eingeschätzte System blieb, mit Abänderungen, bis ins 20.Jahrhundert hinein erhalten. Die Verwaltung bestand ab 1853 nur noch aus 7 Mitgliedern (4 Stadtverordnete und 3 wahlfähige Bürger), die unter dem Vorsitz des Oberbürgermeisters in 14tägigen Abständen zusammenkamen. Das Kernstück der neuen Organisation bildeten die 150 Armenpfleger (später waren es noch mehr), die sich von den früheren „Hülfsprovisoren" vor allem dadurch unterschieden, daß sie erheblich weniger Arme zu betreuen hatten (höchstens 10 Familien, später sogar nur 4) und ein unmittelbares Bewilligungsrecht für Notfälle

Quelle 29
Referat des Oberbürgermeisters Lischke auf dem Hamburger Kirchentag 1858,
in: Adolph Zahn, Der Großvater (Daniel von der Heydt). Ein Lebensbild, Stuttgart 1881, S. 97-123   Auszug

(...)

Die bürgerliche Armenpflege ist die den weltlichen Körperschaften auferlegte Fürsorge für die Armen. Zunächst und hauptsächlich trifft diese Verpflichtung die Gemeinden; in anderen, seltneren Fällen geht sie auf weitere Verbände, Kreise, Provinzen oder den Staat über.

Während die gegenseitige Unterstützungspflicht der Familienglieder und der christlichen Bekenntnissgenossen durch göttliche Gebote angeordnet ist, hat die Armenpflege der bürgerlichen Gemeinden keinen anderen Ursprung, als im weltlichen Gesetze. Während jene auf den engsten und heiligsten Banden beruht, sind es hier rein äusserliche Merkmale, nach welchen die Verpflichtung bemessen wird. Nach dem Preussischen Gesetze genügte bis in die neueste Zeit die blosse polizeiliche Anmeldung eines selbstständigen Mannes, um ihm am Tage nach der Meldung das Recht auf Armenhilfe aus Gemeindemitteln zu geben; jetzt muss einjähriger Wohnsitz hinzukommen; bei unselbstständigen Personen wird durch dreijährigen Aufenthalt in dem Gemeindegebiete der „Unterstützungs-Wohnsitz" erworben. Die blosse Thatsache also, dass ein Mensch sich eine verhältnissmässig kurze Frist hindurch innerhalb eines bestimmten Raumes befunden hat, verpflichtet die Mitbewohner dieses Raumes, die zu seiner Unterstützung nöthigen Mittel in ihren Steuern herzugeben und zwingt die Obrigkeit, ihm diese Mittel zu spenden! Solche Gesetze sind unbedingt nothwendig, wenn jene engen Bande locker geworden oder zerrissen sind, oder so lange es Menschen gibt, welche durch keines derselben an ihre Mitmenschen geknüpft sind. Sie sind vollberechtigt, aber darum nicht weniger äusserlich, und deshalb liegt es auch nahe, dass sie äusserlich gehandhabt werden.

Die Vollziehung des Gesetzes ist Sache der Obrigkeit; die Angehörigen der Gemeinde werden umsoweniger Beruf fühlen, sie darin freiwillig zu unterstützen, je mühevoller und lästiger die damit verbundenen Pflichten sind. Für die Obrigkeit ist der Arme zunächst nichts weiter als ein Gegenstand, an welchem sie dem Gesetze zu genügen hat. Sie

besaßen. Alle „normalen" Zuwendungen wurden von der Bezirksversammlung beschlossen, der neben den Armenpflegern eines Bezirks auch dessen Vorsteher angehörte. Dieser Bezirksvorsteher vermittelte zwischen der „leitenden Behörde" (der Verwaltung) und der „ausführenden Behörde" (den Armenpflegern). Neben der Außenarmenpflege bestand die „geschlossene Armenpflege" weiter fort und wurde ausgebaut: 1854 wurde ein neues Waisenhaus, 1863 ein neues Krankenhaus bezogen, daneben wurden ein Obdachlosenasyl und eine „Anstalt für epidemische Krankheiten" gegründet.

Der Ruf des „Elberfelder Systems", das in den folgenden Jahrzehnten in vielen deutschen Städten eingeführt wurde, beruhte auf seiner Effektivität, die sich in einer Verminderung der unterstützten Armen bei steigenden Bevölkerungszahlen äußerte. Diesen Erfolg garantierte eine Verwaltungsstruktur, die die „Methode des Individualisierens" (wenige Arme unter Aufsicht eines Pflegers) auf der Basis strenger Untersuchungen des Bewilligungsanspruches - der Unterstützung ging in jedem Fall die Prüfung etwaiger Unterstützungspflicht anderer Kommunen, Verbände oder der Familienmitglieder voraus - verfolgte.

Das Referat des Oberbürgermeisters Lischke über Armenpflege auf dem Hamburger Kirchentag (Quelle 29) erläutert die Grundlagen des „Elberfelder Systems" als einer Organisation der bürgerlichen Gemeinde unter Einbeziehung christlicher Grundsätze.

thut dies, wenn sie dem wirklich Nothleidenden das Nothdürftige reicht; weiter legt das Gesetz ihr nichts auf.

Wird nun die Armenpflege lediglich in diesem Sinne geübt, so kann sie es, so lange die Mittel der Gemeinde reichen, dahin bringen, dass jeder Hungernde gewiss sei, ein Brod, der Nackte ein Kleid, der Obdachlose einen Schutz gegen Wind und Wetter auf Kosten der Gesammtheit zu erhalten. Das scheint viel zu sein und gewiss darf eine gute Armenpflege dem Bedürftigen nicht weniger leisten; aber in den meisten Fällen ist es zu viel und geradehin verderblich für die Gesammtheit wie für den Einzelnen, dass es als öffentliches Almosen geschehe; es ist zu wenig, wenn der Armuth gegenüber nichts weiter geschieht. Almosen sind für den Empfänger gefährliche Gaben. Die erste Bitte darum ist der erste Schritt auf einer abschüssigen Bahn, die bei gänzlicher Ertödtung der Selbstachtung, des Bewusstseins eigener Kräfte und Pflichten, bei stumpfem Hingeben an die erniedrigte Lage oder bei frechem Fordern, bei Trotz gegen Gott und Menschen, enden kann. Ueberhaupt aber ist die Armuth gleich einer leiblichen Krankheit, welche nur in ganz bestimmten Fällen durch äussere Mittel geheilt werden kann. Die Ursache kann tausendfältig verschieden sein und weit abliegen von den Erscheinungsformen. Die letzteren können augenblicklich von der Oberfläche verdrängt werden; aber sie kehren um so schlimmer zurück, so lange der Sitz des Uebels nicht erkannt und vernichtet ist.

Ich weiss es wohl, dass ein solches rein amtliches und äusserliches Verfahren in den Armen-Ordnungen der Gemeinden nicht vorgeschrieben oder beabsichtigt ist, dass der Obrigkeit Gehilfen aus der Bürgerschaft unter mancherlei Namen beigeordnet und dass ihnen vielfache Anweisungen zur Vermeidung unnützer oder gefährlicher Almosenspende, zur Erforschung und Bekämpfung der Ursachen der Armuth, an die Hand gegeben sind. Aber ich berufe mich auf die Erfahrung, dass diese Vorschriften in den meisten Fällen nicht genügt haben, um die Erstarrung der bürgerlichen Armenpflege zu dem todten Schematismus, zu welchem der Keim in ihrem weltlichen und äusserlichen Ursprunge gegeben ist, zu verhindern, dass insbesondere die grossen Städte, in welchen das weite Arbeitsfeld kaum zu übersehen ist, in dem Bestreben, dasselbe zu durchackern, haben erlahmen müssen. Die Armenpflege ist, ungeachtet jener Vorschriften und obgleich sie dem Namen nach in den Händen von Pflegern, Provisoren oder Helfern liegt, thatsächlich auf Armen-Inspektoren, Armenboten oder ähnliche Beamte übergegangen; nur diese kommen mit dem Armen in persönliche Berührung; auf ihre Mittheilungen und Anträge hin werden die Gaben bewilligt. Die Gesammtthätigkeit aller Organe der Verwaltung ist thatsächlich auf die blosse Verabreichung des Almosens beschränkt; vorbeugende Hilfe ist selten oder unbekannt. Die meisten Almosen sind ständige, die Zahl der Almosen-Empfänger ist grösser, ihr Fordern unbescheidner, ihre Dankbarkeit zu nichte geworden.

Dies sind die Verhältnisse in vielen grossen deutschen Städten, bald offen daliegend, bald mehr oder minder verhüllt. Der Grundfehler der bürgerlichen Armenpflege ist das Angebinde, welches sie bei ihrer Geburt erhalten hat: das äusserliche, amtliche, todte Wesen, welchem der Arme nicht mehr eine Persönlichkeit, sondern ein Gegenstand geworden ist, und welches einem Nothstande gegenüber, dessen Ursachen die allerverschiedensten und allerpersönlichsten sind, völlig machtlos bleiben muss.

Liegt hierin aber der Fehler, so ist auch der einzige Weg zur Besserung mit Nothwendigkeit vorgezeichnet. Er besteht in der Umkehr zu einem lebendigen Organismus, welcher in stetem und ernstem Kampfe gegen den fortbestehenden und sich immer wieder geltend machenden Anlass zur Erstarrung errungen und vertheidigt werden muss.

Wie aber ist ein solcher Organismus herzustellen? wie zu erhalten?

Die Anleitung dazu liegt in einem trefflichen Worte, welches in einer Spezial-Conferenz des Congresses zu Berlin gesprochen worden ist:

„der Unterschied von kirchlicher und bürgerlicher Armenpflege liegt nicht in dem Titel und Charakter der Persönlichkeiten, sondern in dem Sinne und Geiste, in welchem beide gefasst werden."

Nicht der Name dessen, welchem die Armenpflege anvertraut ist, nicht sein Amt ist für den Erfolg seiner Arbeit von Bedeutung; nur der Geist, in welchem er es übt, entscheidet. Wenn aber der Geist ihres Ursprunges seine Herrschaft in der weltlichen Armenpflege befestigt hat, so mögen wir doch getrost sein, dass es mit redlichem Wollen unter Gottes Hilfe gelingen könne, diesen Bann zu lösen. Ich knüpfe hier wieder an mein Einleitungswort: „Die Träger der weltlichen Macht im christlichen Staate sollen ja auch und vor allen Dingen Christen sein, ihr Amt als das ihnen von Gott anvertraute, nach Seinen Geboten üben." Die Obrigkeit, welche, eingedenk dieses Satzes, ihre Armenpflege ordnet, die Bürgerschaft, welche sie in diesem Geiste unterstützt, — haben damit die Aufgabe gelöst. Ich sage, nach meiner Auffassung von der kirchlichen Armenpflege, nicht, dass sie damit die letztere ersetzt oder dargestellt haben; aber sie haben der bürgerlichen Armenpflege den Erfolg gesichert, welchen sie als solche überhaupt erreichen kann; sie haben das gefunden, was gesucht wird: das unter den gegebenen Umständen Beste.

Welch' ein Feld für die Bethätigung lebendigen Christenthums durch Liebe ist aber dem eröffnet, in dessen Hände die Pflege der Armen gelegt ist! Möge er doch in dem weltlichen Gesetze, welches ihn in dieses Feld einweist, nicht den Grund einer lästigen Verpflichtung beklagen, sondern eine Mahnung zur Erfüllung seiner Christenpflicht und die Bereitung reichlicher Gelegenheit dazu mit dankbarem Herzen anerkennen. Möge er dem Armen gegenüber vergessen, wie locker und äusserlich die Bande sind, woran der Buchstabe des Gesetzes seine Pflichten gegen ihn geknüpft hat, wie gering die Forderung ist, welche das Gesetz an ihn gestellt hat und wie bequem er sich ihrer entledigen kann! Möge er in dem Nothleidenden den Nächsten sehen, zu dem ihn zwar zunächst sein Amt gewiesen hat, bei welchem er aber nach Gottes Gebote helfend zu stehen und auszuharren hat. Wenn dies geschieht, so wird sich die amtliche, äusserliche Verrichtung von selbst zur christlichen Liebesthat der persönlichen Hingebung und selbstverleugnenden Treue verklären. Dann wird der wirklich Nothleidende weder vergebens bitten, noch mit unzeitiger und schädlicher Gabe abgefertigt werden; nicht ein polizeiliches Regulativ, nicht die weichherzige Erregung des Augenblicks oder die gedankenlose Bequemlichkeit wird die Art und das Mass der Hilfe bestimmen, sondern die Liebe und der, wenn sie rechter Art ist, von ihr unzertrennliche Ernst und die in jedem besonderen Falle zu wahrer Hilfe dienenden Mittel erkennen und nachhaltig in Anwendung bringen.

In Bezug auf das Mass der eigentlichen Gaben ist der bürgerlichen Armenpflege, welche ihre Mittel im Steuerwege aufbringen oder ergänzen muss, allerdings eine Schranke gesetzt, welche auch die Liebe nicht überspringen darf. Sie ist durch das geschriebene Gesetz und durch die Natur ihres Wesens auf die Gewährung des Nothwendigen hingewiesen. Sie würde zwiefach gewissenlos handeln, wenn sie mehr geben wollte; denn sie würde das Gesetz verletzen, in dessen Vollmacht sie handelt, und sie würde sich das genugthuende Gefühl der Freigebigkeit auf Kosten Dritter erkaufen. Allein für den Geist christlicher Liebe bleibt auch innerhalb dieser Schranken ein reichlicher Spielraum; denn das Verabreichen von Gaben bildet ja nur einen der Akte, aus welchen sich eine rechte Armenpflege zusammensetzt, und der Werth der Gabe hängt weniger von ihrem Geldbetrage als davon ab, dass sie zur rechten Zeit und in der rechten Weise gegeben werde.

In diesen Sätzen ist, ich wiederhole es, die Lösung der uns beschäftigenden Aufgabe theoretisch vorgezeichnet. Der Erfolg ihrer Anwendung muss nothwendig in der Verminderung der Zahl der Armen, in der bessern Pflege derer, welche der Hilfe bedürftig bleiben, in der Erleichterung der jetzt auf den Gemeinden liegenden Last und in veränderter, dankbarer Stellung der Armen zu ihren helfenden Brüdern offenbar werden.

(...)

Kommentar 30
Der Armenpfleger hatte innerhalb der Organisation des „Elberfelder Systems" eine entscheidende Position. Er besuchte die ihm zugewiesenen Armen mindestens alle 14 Tage in ihren Wohnungen, teilte persönlich die bewilligten Unterstützungen aus und war verpflichtet, deren Verwendung zu kontrollieren. Da die Unterstützung nur für jeweils 14 Tage von der Bezirksversammlung bewilligt wurde, mußte jeweils ein neuer Antrag gestellt werden, dessen Bewilligung wiederum eine genaue Prüfung der Situation des Antragstellers durch den Armenpfleger vorausgehen mußte. Dabei wurde entschieden, ob der Arme arbeitsfähig oder -unfähig war, die Armut verschuldet oder unverschuldet und ob Familienmitglieder zur Unterstützung herangezogen werden konnten. Oberbürgermeister Lischke berichtete in seinem Referat von 1858 über die Auswahl und Zusammensetzung des Armenpersonals: „Für die zahlreichen Aemter der Bezirksvorsteher und Pfleger aber erbat sich die städtische Behörde, um der Einrichtung von vorneherein den Geist zu sichern, in welchem sie gedacht und geschaffen war, die Vorschläge der kirchlichen Presbyterien. Unter den solchergestalt gewählten Männern sind fast alle Stände vertreten: Beigeordnete und Stadtverordnete, Directoren und Lehrer der höheren Schulen, Elementarlehrer, große und kleine Kaufleute und Fabrikanten, Rentner, Handlungsgehilfen, Webermeister und andere Handwerker" (zit. nach A. Zahn, Der Großvater (Daniel von der Heydt). Ein Lebensbild, Stuttgart 1881, S. 116).
Die Armenverwaltung, deren Ziel einem Rundschreiben an die Bezirke von 1867 zufolge die „Förderung des wirklichen Wohlstandes der Hilfsbedürftigen" war, sah auch eine an christlichen Prinzipien orientierte „Armenzucht" als Bestandteil ihrer Aufgabe an. So wurde eine „zweckentsprechende Behandlung derer, welche durch eigenes Verschulden in Armuth gerathen waren oder darin befangen blieben, der Trunkenbolde, Vagabunden und Taugenichtse aller Art unternommen", die von „Rath und Ermahnung", Arbeitsvermittlung, „geistlichem Zuspruch" bis zur Übergabe an die Polizei und Einweisung in die Arbeitsanstalt reichte. Ausgehend von der Idee der intakten Familie als Grundlage des funktionierenden christlichen Gemeinwesens kümmerte sich der Armenpfleger auch darum, „[v]agabundierende Ehemänner [...] ihren Frauen, widerspenstige und unordentliche Frauen ihren Männern [zuzuführen] und zu Zucht und Sitte" (ebenda S. 121) zu ermahnen. Die Erfüllung dieser

Quelle 30
Verpflichtung der Armenpfleger in Elberfeld und eine Ansprache des Vorsitzenden,
in: Victor Böhmert, Das Armenwesen in 77 deutschen Städten und einigen Landarmenverbänden, Dresden 1886, S. 69/70

Es ist eine schöne, auch in anderen Städten nachahmungswerthe Sitte, neue Armenpfleger mit einer gewissen Feierlichkeit öffentlich durch Handschlag zu verpflichten. Es geschieht dies in Elberfeld nach der ausdrücklichen Vorschrift der Armenordnung in einer außerordentlichen Sitzung, zu welcher die Mitglieder der städtischen Armen-Verwaltung, die Bezirks-Vorsteher und die neugewählten Armenpfleger eingeladen werden. In einem der älteren Jahresberichte der Elberfelder Armen-Verwaltung von 1872 ist eine auf diese Verpflichtung bezügliche Ansprache des damaligen stellvertretenden Vorsitzenden, Beigeordneten Prell, mitgetheilt, welche folgendermaßen lautet:

„Ich habe Sie, meine Herren, zu unserer heutigen außerordentlichen Sitzung eingeladen, um Sie in das durch die Wahl der städtischen Behörde Ihnen übertragene Amt einzuführen und nach den Vorschriften der Armenordnung zu verpflichten.

Zunächst lassen Sie mich Ihnen einiges sagen über die Bedeutung Ihres Amtes, welches, wie Ihre Instruction besagt, „zu den wichtigsten bürgerlichen Ehrenämtern gehört, dessen würdige Führung ein großes Maß thätiger Nächstenliebe und einen ernsten Sinn für Gerechtigkeit erfordert". Die Instruction bezeichnet es als Erfordernisse Ihres Amtes: „mit wohlwollendem Herzen und Freundlichkeit die Bitte des Armen zu hören, mit Ernst den unberechtigten Anspruch abzuweisen, durch sorgfältige Prüfung das Maß der nothwendigen Unterstützung zu finden, und zu verhindern, daß durch das gewährte Almosen Müßiggang und Sittenlosigkeit unterstützt und gefördert werden". An Sie ist jedes Unterstützungsgesuch zu richten. Die Instruction giebt Ihnen in dem § 3 eine Norm zur Beurtheilung des Bedürfnißgrades. Die in diesem Paragraph aufgestellten Sätze, welche im vorigen Jahre den heutigen Preisverhältnissen entsprechend erhöht worden sind, bezeichnen das Einkommen, welches, wenn es vorhanden ist, den Anspruch auf Unterstützung ausschließt; sie gewähren zugleich einen Anhalt für das Maß der zu bewilligenden Unterstützung, wenn das Einkommen des Hilfesuchenden diese Sätze nicht erreicht.

Die Instruction unterscheidet zwei Kategorien von Hilfsbedürftigen: 1. Arbeitsunfähige. Einzelnstehende und Familien, in welchen vorübergehend oder dauernd keine Arbeitskraft vorhanden ist. Die Zahl der Unterstützungspositionen dieser Kategorie ist in gewöhnlichen Zeiten, wenn nicht durch Arbeitsstockung ein besonderer Nothstand in der arbeitenden Klasse hervorgerufen wird, die überwiegende; sie beträgt in der Regel zwei Drittel aller Unterstützungspositionen. Diese Hilfsbedürftigen erfordern zwar Ihre unausgesetzte Aufmerksamkeit, aber sie nehmen nur in verhältnißmäßig geringem Maße Ihre Thätigkeit in Anspruch.

2. Arbeitsfähige. Hier treten wichtigere und schwierigere Aufgaben an Sie heran. Die Ursachen der Hilfsbedürftigkeit sind mannigfaltige: Arbeitsmangel, unzureichender Verdienst durch Kränklichkeit, Gebrechlichkeit, kleine Kinder oder zahlreiche Familie,

Aufgaben war dem einzelnen Armenpfleger, der sein Amt ehrenhalber versah, nur aufgrund der kleinen Anzahl der von ihm zu betreuenden Armen möglich. Lischke verzeichnete als Erfolg dieser Vorgehensweise, daß „[d]urch solche Arbeiten [...] die Zahl der Unterstützungsbedürftigen wesentlich auf Diejenigen beschränkt worden [ist], welche wirklich ausser Stand sind, sich selbst zu helfen, und für welche zu sorgen auch Niemand anders verpflichtet und befähigt ist" (ebenda).

Verzeichnis in der „Instruction für die Bezirksvorsteher und Armenpfleger" von 1861, Anlage G

insbesondere bei Wittwen, beschränkte Erwerbsfähigkeit u. s. w. Oft sind es moralische Schäden, welche die Noth begründen: Arbeitsscheu, Lasterhaftigkeit u. s. w. Sie treten in die Familie des Hilfesuchenden mit dem Ansehen des Amtes, von welchem die Hilfe in der Noth begehrt worden ist. Wie der Arzt den Zustand des Kranken, so haben Sie die Quellen der Noth zu erforschen. Diese Quellen zu verstopfen, die Ursachen der Hilfsbedürftigkeit zu heben, das ist Ihre wichtigste Aufgabe und wird immer die wirksamste Hilfe sein, welche Sie dem Dürftigen gewähren. Den Arbeitslosen auf seine Arbeitskraft hinweisen und in den geeigneten Fällen ihm Hilfe leisten Behufs Erlangung von Arbeit; den unzureichend Verdienenden zu besserer Verwerthung seiner Arbeitskraft anhalten und ihm nöthigenfalls zu lohnenderer Arbeit verhelfen; der Ehefrau oder Wittwe mit Ermahnung, Rath und Beistand zur Seite stehen, um sie in den Stand zu setzen, neben den Geschäften des Haushaltes und der Kinderpflege durch redlichen Erwerb aus häuslicher Arbeit das Geldbedürfniß des Unterhaltes ganz oder zum Theil selbst aufzubringen; den Arbeitsscheuen und Lasterhaften ermahnen, verwarnen und bei Fruchtlosigkeit zur Bestrafung nach den Landesgesetzen anzeigen — dies und anderes sind die Wege zu jenem Ziele. Ob eine Unterstützung überhaupt zu gewähren, ob sie das an den Sätzen des § 3 der Instruction Fehlende ganz oder nur zum Theil gewähren müsse, das ist in jedem Falle Gegenstand Ihrer sorgfältigen Prüfung. Die Gewährung des Almosens ist nicht immer und nicht allein die rechte Hilfe. In manchen Fällen wird Ihnen die Verweigerung oder die Einschränkung desselben auf ein geringes Maß in Verbindung mit Ihrer ernstfreundlichen Ermahnung das Mittel zu dem Zwecke sein, in dem arbeitsfähigen Hilfsbedürftigen die durch Noth und Widerwärtigkeit und durch die Beschreitung des Weges des öffentlichen Almosenempfanges gesunkene sittliche Kraft wieder aufzurichten und ihn den Vorzug der Selbständigkeit erkennen zu lassen. Fürchten Sie nicht, daß eine ernste gewissenhafte Erfüllung der durch die Instruction Ihnen auferlegten Pflichten jemals Härten mit sich führen könne, welche nicht der Gerechtigkeit entsprächen und nicht immer zum Besten des Betroffenen gereichen. Eine verständige Armenpflege wird immer zu verhüten wissen, daß das Almosen zu einem Ruhekissen werde, auf welchem die Liebe zur Selbständigkeit, die Lust an der Arbeit und zur Selbsterhaltung einschlummern. Der Erfolg, eine Familie in der bürgerlichen Selbständigkeit erhalten oder aus dem Almosenempfange zur Selbständigkeit und Erkenntniß ihres sittlichen Werthes zurückgeführt zu haben, — eine rathlose hilfsbedürftige Ehefrau oder Wittwe durch Ihren Rath und Beistand in die Lage versetzt zu haben, das durch eigenen Fleiß erworbene Brot zu essen und mit den Ihrigen zu theilen, anstatt vom öffentlichen Almosen zu leben — ein solcher einzelner Erfolg ist nicht hoch genug anzuschlagen und das Bewußtsein, ihn erreicht zu haben, schließt reichen Lohn in sich für alle Ihre darauf verwendeten Bemühungen.

Noch einen wichtigen Punkt möchte ich kurz erwähnen. Sie werden in Ihrer Amtsführung oft genug die betrübende Wahrnehmung machen, daß alte Eltern Ihre Hilfe und die öffentliche Unterstützung in Anspruch nehmen, weil die erwachsenen Kinder ihrer Unterstützungspflicht nicht nachkommen. Niemals dürfen wir ein solches Mißverhältniß ignoriren oder auch nur eine kurze

Zeit bestehen lassen. Abgesehen von der sittlichen Verderbniß, welcher wir mit der Autorität unseres Amtes und mit allen uns zu Gebote stehenden gesetzlichen Mitteln entgegenzuwirken berufen sind — es legt die Instruction uns die Pflicht auf, nur solche Hilfsbedürftige zu unterstützen, zu deren Unterstützung nicht Andere verpflichtet sind. Wenn aber nach Lage der Verhältnisse eine Unterstützung nicht aufgeschoben werden kann, so darf sie nur so lange gewährt werden, bis die Verpflichteten zur Erfüllung ihrer Verpflichtung willig gemacht sind. An Ihnen ist es, in einem jeden solchen Falle die Verhältnisse der Verpflichteten genau zu erforschen, und wenn es Ihnen nicht gelingt, durch Zusprache und Ermahnung dieselben zur Gewährung einer angemessenen Unterstützung willig zu machen, dem Bezirks-Vorsteher das Ergebniß Ihrer Ermittelungen mitzutheilen, welcher seinerseits uns in den Stand setzen wird, gegen solche Verpflichtete die gesetzlichen Schritte zu ihrer zwangsweisen Heranziehung zu thun. Wir können Sie nicht genug auf den Ernst dieser Aufgabe aufmerksam machen. Wenn wir vorhin das sittliche Element in unserer Fürsorge über die materielle Hilfe, welche wir zu gewähren im Stande sind, hervorgehoben haben, so trifft dies ganz besonders zu, wenn unser Amt uns den Beruf auferlegt, das geordnete Verhältniß in einer Familie zwischen Eltern und Kindern aufrecht zu erhalten oder wieder herzustellen. Segensreich für den Einzelnen wie für das öffentliche Wohl wird unsere Thätigkeit sein, wenn wir dem Gebote der Ehrerbietung und der Unterstützungspflicht der Kinder gegen die Eltern — selbst mit den Mitteln des Zwanges — Geltung verschaffen.

In diesem Sinne, meine Herren, fassen Sie Ihr Amt auf, welches Ihnen vielfach Gelegenheit darbietet, an der Besserung der socialen Schäden mitzuwirken. Treues entschiedenes Festhalten an der Instruction, in deren Grenzen sich Ihnen ein weites Feld thätiger Nächstenliebe eröffnet — das betrachten Sie als Ihre erste Pflicht." —

Es erfolgte nunmehr in Gemäßheit des § 5 der Armenordnung die Einführung der neugewählten Armenpfleger. Der stellvertretende Vorsitzende richtete folgende Worte an dieselben: „Sie haben das Amt eines städtischen Armenpflegers anzunehmen sich bereit erklärt. Sie geloben, die Pflichten, welche dieses Amt Ihnen auferlegt, treu und gewissenhaft zu erfüllen, insbesondere die Vorschriften der Armen-Ordnung und der Instruction in Ihrer Amtsführung getreu zu beobachten. Darauf nehme ich Ihren Handschlag entgegen."

Kommentar 31

Quelle 31 zeigt eine Zusammenstellung von Anträgen, die der „Instruction für die Bezirksvorsteher und Armenpfleger" vom 4.1.1861 entnommen sind. Hatten die „Instructionen" von 1853 nur 2 Zeitungsseiten beansprucht (21 Paragraphen), waren es nach der Revision der Armen- und Geschäftsordnung vom 4.1.1861 23 Buchseiten mit 54 Paragraphen, die detaillierteste Anweisungen für die Bezirksvorsteher und Armenpfleger, ergänzt durch Gesetzestexte und armenpolizeiliche Bestimmungen, enthielten. Hatte der „Hülfsprovisor" von 1841 im wesentlichen den Abhörungsbogen auszufüllen und noch eine Verdienstbescheinigung zu beschaffen gehabt, sah sich der Armenpfleger von 1861 mit etwa 20 Formularen konfrontiert, die das Leben eines Armen buchstäblich von der „Wiege bis zur Bahre" erfaßten.

Quelle 31
Antragsformulare,

in: Städtische Armenverwaltung. Elberfeld. Instruction für die Bezirksvorsteher und Armenpfleger vom 4. Januar 1861 (In Ergänzung des § 12. der Armenordnung vom 4. Januar 1861), Anlagen A - T   Auszüge

Städtische Armen-Verwaltung.

Die Unterzeichneten bescheinigen, daß die durch Hülfe der Hebamme

_____ entbundene

_____ wegen Dürftigkeit

nicht selbst die Kosten der Entbindung bezahlen kann und daß auch andere verpflichtete und zahlungsfähige Personen nicht bekannt sind.

Elberfeld, am ____ ten _____ 186__

Der Bezirks-Vorsteher: Der Armenpfleger:

Die Hebamme hat diesen Schein ihrer Monatsrechnung beizufügen.

Städtische Armenverwaltung.

Die Aufnahme in das städtische Waisenhaus (in die städtische Anstalt für verlassene Kinder) aus dringlichen Gründen

Vorname, Familienname, Alter u. s. w. der aufzunehmenden Waisen (verlassenen Kinder), und Confession der verstorbenen (abwesenden) Eltern, beziehungsweise des Vaters.)

wird de

von Amtswegen vorläufig und, bis auf den Antrag der Bezirks-Versammlung die städtische Armenverwaltung entschieden haben wird, gewährt.

Elberfeld, am   ten   186

Der Bezirksvorsteher des   ten Bezirks:

(unterzeichnet)

An den Vorsteher
des städtischen Waisenhauses (der städtischen Anstalt für verlassene Kinder).

Elberfeld Schule, Lehrer   **Anträge auf Freischule** aus dem Bezirk   der städtischen Armen-Verwaltung.
Quartier   , Armenpfleger   , für die Zeit vom   bis   186 . Eingereicht am   186

Nummer dieses Sect.	Wohnung Hausnummer.	Namen der Eltern und Pflege-Eltern, welche Armen-Freischule beantragen.	Gewerbe der Eltern.	Namen der Kinder für welche die Freischule beantragt wird.	Alter. Jahre.	Confession.	Gründe, welche dem Lehrer seitens der Eltern für die Bewilligung der Freischule angegeben sind.	Gutachten des Schul-Vorstandes.	Entscheidung der Armen-Verwaltung durch das Organ der Bezirks-Versammlungen.

Anlage F.

Verdienstbuch
für

(Vor- und Zuname:) ....

(Gewerbe:) ....

(Wohnung:) ....

1.

Die Herren Fabrikanten und andere Arbeitgeber werden ersucht, allen Arbeitsverdienst, welchen sie dem Inhaber dieses Buches ausbezahlen, jedesmal am Tage der Auszahlung genau und vollständig in dieses Buch einzuschreiben.

2.

Wenn mehrere Arbeitgeber gleichzeitig den Inhaber dieses Buchs beschäftigen, so wird ersucht, daß Jeder für seine Einschreibungen die nächste freie, unbeschriebene Seite so lange benutze, bis sie voll ist; und demnächst mit der nächsten freien Seite wieder anfange.

3.

Wenn ein Arbeitgeber weiß oder erfährt, daß der Inhaber dieses Buchs noch für einen oder mehrere Andere arbeitet, und wenn er alsdann den Verdienst aus dieser Arbeit in diesem Buch nicht eingeschrieben findet, so wird derselbe hiermit ersucht, uns in der Colonne: „Bemerkungen" davon Nachricht zu geben.

4.

Die Arbeitgeber werden auch ersucht, unnachsichtlich in der Colonne: „Bemerkungen" uns Anzeige zu machen, so oft der Inhaber dieses Buchs sich Mangel an Fleiß oder an Ordnung oder Anderes hat zu Schulden kommen lassen.

5.

Der Inhaber dieses Buchs muß dasselbe bei jeder Lieferung zur Wiegkammer mitbringen, und außerdem in seiner Wohnung an einem sicheren Ort aufbewahren und reinlich halten. Wer das Buch verliert, bekommt ein neues; aber es werden ihm dafür bei der nächsten Armengabe zwei Silbergroschen einbehalten.

6.

Dieses Buch ist blos dazu bestimmt, daß die Armen-Verwaltung den wöchentlichen Verdienst genau erfahre. Wer überführt werden sollte, sich desselben bedient zu haben, um die Privatwohlthätigkeit anzusprechen, zu betteln oder dergl., wird der Behörde zur Bestrafung angezeigt werden.

Elberfeld.

Städtische Armen-Verwaltung.

(NB. Das Buch enthält mehrere wie folgt liniirte Seiten:)

Fabrik-Fol.

(Arbeitgeber:) ....

Städtische Armen-Verwaltung.

Der unterzeichnete Vermiether erklärt hiermit anzuerkennen, daß das dem miethweise bei ihm wohnenden

von Seiten der städtischen Armen-Verwaltung leihweise überlassene Hausgeräth, nämlich:

1.
2.
u. s. w.

Eigenthum der genannten Verwaltung ist, und zu keiner Zeit von dem Vermiether aus irgend einem Grunde, z. B. als Sicherstellung des Miethbetrages angehalten und vorenthalten werden darf, wenn zu irgend einer Zeit die städtische Armen-Verwaltung die benannten Möbeln zurücknehmen will.

Elberfeld, am   186......

Der Armenpfleger: Der Vermiether:

Städtische Armen-Verwaltung.

D...... an .... erkrankte ....

Sect. Nro. .... straße wohnhaft, muß dem

Anmerkung. Der Arzt wird in jedem Falle die nicht zutreffenden Worte streichen.) städtischen Krankenhause (Irrenhause) (wegen Mangels an häuslicher Pflege) (aus sanitätspolizeilichen Rücksichten) (wegen Geistesstörung) überwiesen werden.

Elberfeld, den ten 186

Der Armen-Arzt:

Städtische Armenverwaltung.

(Hier ist auszudrücken, ob die Aufnahme
a. wegen Altersschwäche,
b. wegen Gebrechlichkeit,
c. wegen Obdachlosigkeit
bewilligt wird.)

Die Aufnahme in das städtische Armenhaus aus dringlichen Gründen, und zwar wegen

(Vorname, Familienname, Alter, Stand, Geschlecht u. s. w. der aufzunehmenden Person oder Personen.)

wird de

von Amtswegen vorläufig und, bis auf den Antrag der Bezirks-Versammlung die städtische Armenverwaltung entschieden haben wird, gewährt.

Elberfeld, am   ten   186

Der Bezirksvorsteher des   ten Bezirks:

unterzeichnet:

An den Hausvater
des Allgemeinen Armenhauses.

Städtische Armen-Verwaltung.

Für die Leiche d..........

wird d

die unentgeltliche Verabfolgung eines Sarges aus dem städtischen Armenhause bewilligt.

Elberfeld, am   ten   186

Der Armenpfleger: Der Bezirks-Vorsteher:

Städtische Armen-Verwaltung.

Bewilligung des Leichenwagens des städtischen Armenhauses und Bedingungen, welche zu erfüllen sind.

(Von dem Herrn Bezirksvorsteher ist auszufüllen:
1. Nummer seines Bezirks.
2. Name, Vorname, Alter, Confession des Verstorbenen.
3. Section.
4. Hausnummer.
5. Benennung der Gemeinde.
6. Wochentag, Datum, Monat, Stunde.)

Der unterzeichnete Bezirksvorsteher   städtischen Armenbezirks bewilligt den unentgeltlichen Gebrauch des Leichenwagens des städtischen Armenhauses mit Fuhrknecht und Pferd zur Beerdigung der Leiche de

und für deren Fahrt von dem Hause Sect.   Nr.   zum Kirchhof der   Kirchengemeinde auf   den   ten   mittags   Uhr.

Bedingungen:

1. Der Fuhrknecht hat sich bei der Ankunft vor dem Hause zu melden. Alsdann ist der Sarg ohne Verzug auf den Leichenwagen zu heben.
2. Kein Geleite eines oder mehrerer Wagen darf dem Leichenwagen des Armenhauses folgen, weil ein solches zeigen würde, daß die Hinterbliebenen des Verstorbenen eine Geldausgabe bestreiten können, und folglich zur Ungebühr die freie Bewilligung des Armenhaus-Leichenwagens in Anspruch genommen haben. — Wenn aber ein Geleit in einem oder mehreren Wagen dem Leichenwagen folgen will, so hat der Fuhrknecht einen Thaler Fuhrlohn vor der Abfuhr der Leiche zum Besten der Armenhaus-Kasse zu fordern, und wenn die sofortige Zahlung nicht geschieht, augenblicklich und ohne die Leiche zu fahren, zum Armenhause zurückzukehren.

Elberfeld, den   ten   186

Der Bezirksvorsteher   Bezirks

---

349 Särge

in Tannenholz   von 3½ bis 6 Thlr.
in Eichenholz   = 7   = 20 =
für Grabgewölbe = 30   = 50 =
Grabdenkmäler   = 1½ =   8   =

bei **Rübenstrunk**
im Sargmagazin am Altmarkt.

Anzeige im Täglichen Anzeiger Nr. 27 vom 2.2.1847

Kommentar 32

Das „Elberfelder System" genoß große Popularität in Deutschland, nicht nur wegen der christlichen Grundprinzipien seines Wirkens, sondern vor allem wegen der unter anderem daraus resultierenden Einsparungen an Armenaufwendungen bei steigenden Bevölkerungszahlen. Daniel von der Heydt, Mitbegründer des Systems und Vorsitzender der Armenverwaltung, legte im dritten Quartalbericht der Armenbehörde vom September 1853 Zahlen vor, denen zufolge im Januar 1853 7-8%, Ende September aber weniger als 4% der Gesamtbevölkerung Elberfelds unterstützt wurden. Die erste der beiden nebenstehenden Übersichten zeigt eine Aufgliederung der unterstützten Armen nach ihren Berufen und die Verminderung der Unterstütztenzahl vom Ende des 2. bis zum Ende des 3. Quartals 1853. Obwohl die Zahlen in den folgenden Jahren schwankten, konnte von der Heydt 1864 berichten, daß weniger als 3% der Gesamtbevölkerung von der Armenbehörde versorgt wurden und daß der Prozentsatz in den Jahren vor 1864 nicht über 4% gelegen habe.

Die zweite Abbildung zeigt eine Übersicht der Kosten der Armenverwaltung und der Aufwendungen für Außenarme im Zusammenhang mit den Einwohnerzahlen von 1846 bis 1863 sowie eine „Zusammenstellung der Minderausgaben" für dieselben Aufwendungsbereiche ab 1853, gemessen an den Kosten für das Jahr 1852. Von der Heydt schrieb abschließend: „Es ist ein Verdienst der neuen Ordnung, binnen eilf [!] Jahren mehr als 300000 Taler an Almosen erspart zu haben […]" (Einleitende Bemerkungen des Vorsitzenden der städtischen Armenverwaltung zum Etat der Armenpflege für das Jahr 1865. Vorgetragen in der Sitzung der Stadtverordneten=Versammlung vom 13. Dezember 1864, Elberfeld o.J. (1864), S. 15). Diese hohen Einsparungsangaben sind aber zumindest irreführend, da die erheblichen, ebenfalls unter die Rubrik „Armenpflege" im städtischen Etat fallenden Finanzen für die geschlossene Armenpflege bei den Berechnungen von der Heydts nicht berücksichtigt wurden. So ergibt sich z.B. für 1853, rechnet man zu den Verpflegungskosten der Außenarmen die Aufwendungen für das Armen-, Waisen- und Krankenhaus hinzu, eine im städtischen Etat ausgewiesene Gesamtsumme von 60234 Talern für die Armenpflege. Ebenso verhält es sich mit den Gesamtzahlen für die Jahre 1854 (60443 Taler), 1855 (74861 Taler) und 1856 (78143 Taler). Die von von der Heydt ausgewiesenen Einsparungen in Höhe von 318718 Talern beziehen sich also nur auf einen Teilbereich des Armenwesens; zudem wird die Ausgabe des Jahres 1852 als fixer Maßstab für einen Zeitraum von 11

Quelle 32
Anzahl und Berufe der versorgten Armen,
in: Dritter Quartal-Bericht, umfassend die Monate Juli, August und September, und das Gesammt=Resultat der drei abgelaufenen Quartale von 1853 (erstattet von der städtischen Armenverwaltung) SAW R II 96 und Kosten der Büroverwaltung und der Außenarmenpflege 1846-1863, Anlage zu: Einleitende Bemerkungen des Vorsitzenden der städtischen Armen=Verwaltung zum Etat der Armenpflege für das Jahr 1865. Vorgetragen in der Sitzung der Stadtverordneten=Versammlung vom 13. Dezember 1864, Elberfeld o.J. (1864), S. 12/13   SAW R II 97

Anlage I.

Vergleichende Uebersicht
der nach den Protokollen der Bezirks-Versammlungen am 30. Juni und 30. September 1853 von der städtischen Armenverwaltung zu Elberfeld unterstützten Armen.

Nummer dieser	I. Nach Stand und Beschäftigung.	Es wurden als Arme unterstützt				Also am 30. Septbr. gegen den 30. Juni			
		am 30. Juni		am 30. September		mehr		weniger	
		Familienhäupter und einzelnstehende Personen.	Haupt-Seelenzahl.	Familienhäupter und einzelnstehende Personen.	Haupt-Seelenzahl.	Familienhäupter und einzelnstehende Personen.	Haupt-Seelenzahl.	Familienhäupter und einzelnstehende Personen.	Haupt-Seelenzahl.
1	Anstreicher, Glaser ic.	4	17	2	7	—	—	2	10
2	Bäcker und Conditoren	1	2	1	2	—	—	—	—
3	Metzger	—	—	—	—	—	—	—	—
4	Drechsler	2	4	1	1	—	—	1	3
5	Schuhmacher	8	44	7	32	—	—	1	12
6	Schneider	5	16	6	23	1	7	—	—
7	Schmiede und Schlosser	1	5	1	5	—	—	—	—
8	Zinngießer	—	—	—	—	—	—	—	—
9	Schreiner	1	4	1	4	—	—	—	—
10	Maurer	1	3	1	3	—	—	—	—
11	Steinhauer und Pflasterer	—	—	—	—	—	—	—	—
12	Schieferdecker	—	—	—	—	—	—	—	—
13	Korbmacher	—	—	—	—	—	—	—	—
14	Regenschirmmacher	1	5	1	5	—	—	—	—
15	Faßbinder	1	2	1	2	—	—	—	—
16	Wattenmacher	—	—	—	—	—	—	—	—
17	Buchbinder, Papparbeiter ic.	1	2	1	4	—	2	—	—
18	Leisten- und Holzschuhmacher	2	8	1	5	—	—	1	3
19	Posamentirer	—	—	1	6	1	6	—	—
20	Weber und Wirker	33	147	13	58	—	—	20	89
21	Kettenscheerer ic.	2	12	1	6	—	—	1	6
22	Färber	1	5	2	11	1	6	—	—
23	Drucker, Gummirer	2	8	1	4	—	—	1	4
24	Spuler, Maschiner	122	264	112	237	—	—	10	27
25	Knüpferinnen	7	19	6	18	—	—	1	1
26	Näherinnen, Stickerinnen ic.	29	55	25	48	—	—	4	7
27	Friseure	1	1	—	—	—	—	1	1
28	Hausirer, Händler	7	18	6	14	—	—	1	4
29	Ackerwirthe	—	—	—	—	—	—	—	—
30	Tagelöhner, Sandträger ic.	64	178	63	175	—	—	1	3
31	Boten, Wärterinnen ic.	3	4	2	3	—	—	1	1
32	Unbestimmt oder ohne Beschäftigung	123	297	118	250	—	—	5	47
33	Pflegekinder	—	73	—	65	—	—	—	8
	Summa	422	1193	374	988	3	21	51	226
						das Mehr abgezogen		3	21
						bleibt weniger		48	205

	II. Nach den Confessionen.								
1	Evangelisch-Reformirte	258	727	226	582	—	—	32	145
2	Evangelisch-Lutherische	18	65	16	59	—	—	2	6
3	Römisch-Katholische	146	401	132	347	—	—	14	54
	Summa	422	1193	374	988	—	—	48	205

Jahren (bis 1863) angenommen. Absolut weisen die Ausgaben der städtischen Armenpflege zumindest bis 1870 eine steigende Tendenz auf.

Summen der Kosten der Büreau-Verwaltung des städtischen Armenwesens und der Außen-Armenpflege.

extrahirt aus den Gemeinderechnungen der Jahre 1846 bis 1863, beide einschließlich.
Mit Angabe der Bevölkerungszahl.

	1846	1847	1848	1849	1850	1851	1852	1853	1854
Kosten:	34006 11 10	50954 23 2	46094 23 2	44607 9 1	32286 7 10	43879 7 7	59548 11 9	30027 28 3	34263 12 2
Bevölkerungs-Zahl:	46966	46104	45701	47131	48801	49058	50364	50418	50612

	1855	1856	1857	1858	1859	1860	1861	1862	1863
	38182 12 6	32193 5 4	24946 5 1	36132 7	31333 14 7	27650 11 5	26992 1 8	27063 6 10	27529 15
	51259	51632	52590	53375	53495	54002	56277	57937	59774

Zusammenstellung der Minder-Ausgaben der Jahre 1853 bis 1863 im Vergleich mit 1852.

Das Jahr 1852 erforderte	59,548 11 9					29,520 13 6				
„ „ 1853 „	30,027 28 3	demnach weniger als 1852				25,284 29 7	insgesammt weniger Ende 1854	54,805 13 1		
„ „ 1854 „	34,263 12 2	„	„	„	„	21,365 29 3	„	„	„ 1855	76,171 12 4
„ „ 1855 „	38,182 12 6	„	„	„	„	27,355 6 5	„	„	„ 1856	103,526 18 9
„ „ 1856 „	32,193 5 4	„	„	„	„	34,602 6 8	„	„	„ 1857	138,128 25 5
„ „ 1857 „	24,946 5 1	„	„	„	„	23,416 4 9	„	„	„ 1858	161,545 — 2
„ „ 1858 „	36,132 7 —	„	„	„	„	28,214 27 2	„	„	„ 1859	189,759 27 4
„ „ 1859 „	31,333 14 7	„	„	„	„	31,898 — 4	„	„	„ 1860	221,657 27 8
„ „ 1860 „	27,650 11 5	„	„	„	„	32,556 10 1	„	„	„ 1861	254,214 7 9
„ „ 1861 „	26,992 1 8	„	„	„	„	32,485 4 11	„	„	„ 1862	286,699 12 8
„ „ 1862 „	27,063 6 10	„	„	„	„	32,018 26 9	„	„	„ 1863	318,718 9 5
„ „ 1863 „	27,529 15 —	„	„	„	„					

Kommentar 33

Der § 2 der „Allgemeinen Bestimmungen" für Armenpfleger von 1861 bestimmte, daß der arbeitsfähige Arme nur dann Anspruch auf Unterstützung anmelden konnte, wenn er sich zuvor erfolglos um eine Arbeitsstelle bemüht hatte. Er war zur Arbeit verpflichtet und konnte Unterstützung nur vorübergehend erhalten. Die Armenverwaltung war berechtigt, dem Armen Arbeit anzuweisen, indem sie ihm eine Stelle vermittelte oder ihn innerhalb der städtischen Arbeitsbeschaffungsprogramme unterbrachte, die für Arbeitslosigkeitszeiten und für die Wintermonate erstellt wurden. Die städtischen Arbeiten bestanden aus Beschäftigungen im Straßenbau, bei Planierungs- und Rodungsarbeiten. So wurden 1858 in Elberfeld 2400, in Barmen 1200 Arbeiter beschäftigt; 1866 wurden in Elberfeld 400 Arbeiter im Straßenbau eingesetzt. Nach dem § 52,2 der „Instructionen" konnte - in Übereinstimmung mit dem § 119 des Strafgesetzbuches - mit Gefängnis von einer Woche bis zu drei Monaten bestraft werden, wer sich weigerte, „die ihm von der Behörde angewiesene, seinen Kräften angemessene Arbeit zu verrichten" (Städtische Armenverwaltung Elberfeld. Instruction

Quelle 33
Beschwerdebrief städtischer Arbeiter an den Oberbürgermeister der Stadt Barmen
SAW R II 30   6.11.1876   handschriftlich

Barmen den 6ten November 1876
Hochgeehrter Herr Oberbürgermeister
Euer Hochwohlgeboren erlauben wir uns, Nachstehende Bitte zur weiteren veranlassung ganz ergebens vorzulegen in der Hoffnung daß uns unsere Bitte gewährt wird.
Wir sind Arbeiter, doch solche, die das Zeugniß der besten Moralität von der Bürgerschaft haben und besitzen; Obschon wir durch unsere Verhältniße und dieser Arbeitslosenzeit dazu gedrängt sind, daß wir auf dem Städtischen Arbeitsfeld auf Karnap Arbeiten müßen, dazu wir auch ohnehin Dankbar sind.
Doch Glauben wir und sind der Meinung, daß wir ergebens und bescheiden alle Moralische Gerechtigkeit fordern dürfen.
Da uns aber solche nach unserm dafür halten nicht gewährleistet wird So wenden wir uns hiermit an Euer Hochwohlgeboren in guter Zuversicht, daß solches nicht Euer Wille, so wie auch übehaupt der Väter der Stadt der Stadtverordneten sei.
Erstens da wir Jetz des morgens um 7 Uhr anfangen zu Arbeiten da ist es also eine unmittelbare folge daß viele der Arbeiter um 6 Uhr schon ihr Früstück verzährt haben müßen, Nun ist Ja doch die Pause bis 12 Uhr Mittig zu lang daß wird Jeder Rechtdenkende Mensch zugeben zumahl wen[n] man betrachtet daß es zumeist Fabrick Arbeiter sind denen diese Rauhe Witterung hart ankommt weil sie zumeist nicht einmahl die erforderliche Kleidung an haben. Doch wollen wir nicht mehr fordern als was die Algemeine Regel in sich fast, und auf allen Reellen Arbeitsstellen gehandhabt wird nähmlich, daß in mitten dieser Zeit eine Pause eintrete, wo man zeit hat eine Warme taße Kaffe zu trinken um sich wieder etwas zu beleben und zu stärcken, doch bitten wir daß es angeortnet wird von der Städtischen Verwaltung selbst damit

für die Bezirksvorsteher und Armenpfleger vom 4. Januar 1861, S. 22).
Der in Quelle 33 wiedergegebene Beschwerdebrief stammt von Arbeitern, die im Rahmen einer solchen Maßnahme der städtischen Armenverwaltung Barmens in der Krisenzeit nach dem „Gründerkrach" von 1873 beschäftigt wurden. In Barmen war das „Elberfelder System" 1863 übernommen worden.

wir nicht der Wilkühr des Schachtmeisters preisgegeben sind
Wen[n] aber entgegnet wird, daß den Arbeiter deßhalb solches benommen sei um des Brantwein Saufens, so müßen wir als Urtheilsfähigen Menschen entgegnen daß dadurch dem Übel nicht gestört wird sondern es wird vielmehr ärger dadurch, Zumahl da der Schach[t]meister oft stunden lang nicht zur Stelle ist und dan einem Menschen nahmen[s] Heer Jauer die aufsicht übergeben hat, der darauf aus geht mit den Arbeitern zu Saufen so viel wir wissen steht Er in dem stadium daß er die Bürgerlichen Ehrenrechte verlustig ist, und denselben soll der Schach[t]meister ohne die Städtische bewiligung angenommen haben, Da können Euer Hochwohlgeboren wohl denken wie das zugeht Da muß der Ehrliche und Fleißige Arbeiter sich plagen für den Nichtswürdigen Faulenzer.
Und nun kommen wir zu dem zweiten Übel nähmlich diese beiden Herren der Schachtmeister und sein vertreter achten sich für so Sofurain und maßen sich das recht an die Arbeiter zu Prügeln, Ja sie haben einige dadurch so stark geschädigt daß sie Arbeits unfähig sind, folge dessen, auch hat der Schachtmeister den betreffen einen Krankenschein ausgestellt, was doch nicht in der Ordnung ist, die betreffen heißen Zeltzer und Lorenz Der Schachtmeister aber wird täglich dreister und bei Jeder gelegenheit und kleinigkeit droht Er die Arbeiter ohne ansehen der Person mit Prügel, aber alle werden sie sich nicht Prügeln lassen denn es sind doch noch viele Arbeiter die das bewußtsein ihrer selbstendigkeit als Bürger des Deutschen Reiches und der Stadt Barmen noch nicht verloren haben, und wissen somit daß sie nicht in Sibierien sind.
Aus diesen trieftigen Gründen, und um weitere Exseßen und möglicher Weise zuletzt noch ein Großes Unglück zu verhüten Bitten wir Euer Hochwohlgeboren Diese Angelegenheit doch Hochgeneigt untersuchen zu lassen und dem Hern Schachtmeister seine gewiße und bestimmte Grenze anweisen. denn es thut noht, heute Nachmittag ist Er eben fast gar nich zur stelle gewesen sein vertreter aber, machte eben wieder lange züge aus der Brantwein flaschen
Die Gewährung unserer Bitte entgegen sehend
Zeichnet mit der größten Hochachtung
Mehrere Arbeiter

Wier bitten nochmahl um recht baldige untersuchung der Sache Denn die unregelmäßigkeiten in der Anordnung der Arbeit Und daß Unzuverlässige und Flächmathische handeln des Schachtmeisters ist von einem Ehrlichen und Rechtdenkenden Menschen nicht zum ansehen und aushalten
Denn ist die Bau Comision der Stadt nähmlich die betreffen Herren nicht da, so läßt Er sich auch kaum erblicken.

Ausgewählte Literatur

Berger, Giovanna, Die ehrenamtliche Tätigkeit in der Sozialarbeit - Motive, Tendenzen, Probleme - dargestellt am Beispiel des „Elberfelder Systems", Frankfurt/Main 1979

Emminghaus, Arwed (Hrsg.), Das Armenwesen und die Armengesetzgebung in europäischen Staaten, Berlin 1870

Die Neuordnung des Armenwesens der Stadt Elberfeld vor 50 Jahren. Jubiläums= Festschrift der Städtischen Armenverwaltung, Elberfeld 1903

Herberts, Hermann, Alles ist Kirche und Handel… . Wirtschaft und Gesellschaft des Wuppertals im Vormärz und in der Revolution 1848/49 (=Bergische Forschungen Band XII), Neustadt a.d. Aisch 1980

Köllmann, Wolfgang, Sozialgeschichte der Stadt Barmen im 19. Jahrhundert (=Soziale Forschung und Praxis Band 21), Tübingen 1960

Lube, Barbara, Mythos und Wirklichkeit des Elberfelder Systems, in: Karl-Hermann Beeck (Hrsg.), Gründerzeit. Versuch einer Grenzbestimmung im Wuppertal, Köln 1984, S. 158-184

Markull, Friedrich, Die städtische Armenverwaltung in Barmen 1863-1913, Barmen 1913

Reulecke, Jürgen, Das „Elberfelder System" als Reiseziel - Johann Hinrich Wichern (1857), William Rathbone (1871), Andrew Doyle (1871), in: Jürgen Reulecke/Burkhard Dietz (Hrsgg.), Mit Kutsche, Dampfroß, Schwebebahn. Reisen im Bergischen Land II (1750-1910), S. 225-234

Schell, Otto, Kurze Geschichte des Elberfelder Armenwesens, Elberfeld 1903

Weisbrod, Bernd, Wohlthätigkeit und „symbolische Gewalt" in der Frühindustrialisierung. Städtische Armut und Armenpolitik im Wuppertal, in: Hans Mommsen/ Winfried Schulze (Hrsgg.), Vom Elend der Handarbeit. Probleme historischer Unterschichtenforschung (= Geschichte und Gesellschaft. Bochumer Historische Studien Band 24), Stuttgart 1981, S. 334-357

Werth, Adolf, Die reformierte Armenpflege in Barmen von der Reformation bis zur Gegenwart, Barmen 1888

Vereine als Institutionalisierung bürgerlicher Mentalität

Der „Verein" - diese Bezeichnung verdrängte nach 1800 die Begriffe „Vereinigung", „Gesellschaft", „Assoziation" oder „Klub" - wurde von dem Staatsrechtler Otto von Gierke (1841-1921) als das „eigentlich positive, gestaltende Prinzip der neuen Epoche" (Genossenschaftsrecht, Bd. 1, Berlin 1868, ND Graz 1954, S. 652) bezeichnet. In der Phase des Übergangs von der ständisch geprägten zur bürgerlichen Gesellschaft stellte der Verein eine der wichtigsten sozialen Organisationsformen dar.

Die Formen und Inhalte dieser Vereinstätigkeit im Wuppertal durch eine repräsentative Dokumentenauswahl zu belegen, ist Aufgabe und Absicht des folgenden Kapitels, das in sechs größere Abschnitte eingeteilt ist. Da der Verein als Organisationsform für die verschiedensten Lebens- und Problembereiche relevant war, wurden Vereinsaktivitäten im inhaltlichen Zusammenhang anderer Kapitel dieses Buches dokumentiert; verwiesen sei hier auf die Kapitel 1 (Politik) und 2 (Wirtschaft).

Nach einer einleitenden Quelle zur Geschichte des deutschen Vereinswesens werden Texte zu Barmer und Elberfelder geselligen Vereinen, in denen sich die Honoratiorenschaft der Wupperstädte organisierte, zu deren Gesetzen und Regeln sowie den Fragen nach den Aufnahmemodi und der Exklusivität der Vereine vorgestellt. Dem folgen im dritten Abschnitt Quellen zu je einem gewerblichen, einem naturwissenschaftlichen und einem Musikverein. Das 4. Unterkapitel, „Vereine mit religiöser Zielsetzung", beinhaltet Vereine missionarisch-sozialer Ausrichtung, die ihre Entstehung der Erweckungsbewegung am Anfang bzw. der Anstöße durch die innere Mission seit der Mitte des 19. Jahrhunderts verdankten. Die im 5. Abschnitt aufgeführten „Vereine zur sozialen Krisenbewältigung" umfassen Initiativen zum Wohl der „arbeitenden Klassen", die auf die Lebensbereiche „Nahrung" (Kornvereine), „Wohnung" (Bauvereine), „Erziehung" (z.B. Mäßigkeitsvereine), „Bildung" und gegenseitige Unterstützung in Krisenzeiten abzielten. Den Abschluß bildet das Unterkapitel „Vereine zur patriotisch-politischen Betätigung".

Verzeichnis der Quellen zum Kapitel: „Vereine als Institutionalisierung bürgerlicher Mentalität"

1. Zur Geschichte des Vereinswesens in Deutschland

Q 1 : Lexikonartikel (1866)

2. Vereine zur geselligen Unterhaltung

2.1 Elberfelder und Barmer Honoratiorengesellschaften
Q 2 : Über die Elberfelder „Erste Lesegesellschaft" (1863)
Q 3 : Artikel über die Geselligkeit in Barmen (1873)
Q 4 : Jubiläumsgedicht für die Barmer „Concordia" (1851)

2.2 Gesetze und Regeln
Q 5 : Einleitung zu den Statuten der „Neuen Elberfelder Lesegesellschaft" (1799)
Q 6 : Statuten der Gesellschaft „Erholung" (1823)

2.3 Aufnahme und Exklusivität
Q 7 : Über die Ballotage (1863)
Q 8 : Ballotage in der Gesellschaft „Erholung" (1828)
Q 9 : Artikel im „Elberfelder Intelligenzblatt" (1836)

3. Vereine mit gewerblicher und wissenschaftlich-kultureller Spezialisierung

Q 10 : Aus den Verhandlungen des Gewerbevereins (1837)
Q 11 : Über naturwissenschaftliche Vereine (1851)
Q 12 : Gedicht zum 50jährigen Jubiläum des „Elberfelder Gesang-Vereins" (1861)

4. Vereine mit religiöser Zielsetzung

4.1 Vereine der Erweckungszeit
Q 13 : Pfarrer Strauß zur Gründung der Bibelgesellschaft (1814)
Q 14 : Zur Geschichte der „Rheinischen Missionsgesellschaft" (1856)

4.2 Vereine der inneren Mission
Q 15 : Statuten des „Christlichen Vereins für junge Handwerker und Fabrikarbeiter" (1840)
Q 16 : Flugblatt über die Jünglingsvereinssache (o.J.)
Q 17 : Adolph Kolping über Gesellenvereine (1849)

5. Vereine zur sozialen Krisenbewältigung

Q 18 : Geschichte des Elberfelder Kornvereins (1817)
Q 19 : Vortrag über den Elberfelder Bauverein (1827)
Q 20 : Aufruf des Barmer Mäßigkeitsvereins (1842)
Q 21 : Aufruf zur Gründung eines Kreisvereins für Volksbildung (1844)
Q 22 : Statuten des „Allgemeinen Fabrik=Arbeiter=Vereins in Elberfeld" (1850)

6. Vereine zur patriotisch-politischen Betätigung

Q 23 : Aufruf des Kreisdirektors Sybel (1814)
Q 24 : Aus dem „Lieder-Kranz" des Elberfelder Schützenvereins (1836)
Q 25 : Artikel über ein Turnfest (1847)
Q 26 : Programm und Ankündigung des „Politischen Klubbs" (1848)
Q 27 : Artikel aus der „Volksstimme" (1848)
Q 28 : Satzungen des „Constitutionellen Vereins" (1848)
Q 29 : Artikel aus dem „Elberfelder Kreisblatt" (1849)
Q 30 : Artikel aus dem „Jünglings-Boten" (1848)
Q 31 : Politische Vereine im Stadtkreis Elberfeld (1865)

1. Zur Geschichte des Vereinswesens in Deutschland

Kommentar 1

Das Vereinswesen blieb im 19. Jahrhundert stets unter Kontrolle staatlicher Aufsichtsbehörden. Bereits in einer Verordnung aus dem Jahr 1816 erneuerte die preußische Regierung ein Edikt von 1798, das alle Vereine verbot, die Veränderungen der Staatseinrichtungen oder -verwaltung in ihren Versammlungen diskutierten. Im Rahmen der Karlsbader Beschlüsse von 1819 erfolgte ein Verbot der Burschenschaften; die preußische Zensur-Verordnung aus demselben Jahr, die eine der Vollzugsverordnungen zu besagten Beschlüssen darstellte, bestimmte in ihrem Artikel 2 als Aufgabe der Zensur u.a. auch die Verhinderung solcher Versuche, „Partheien oder ungesetzmäßige Verbindungen zu stiften, oder in irgend einem Lande bestehende Partheien, welche am Umsturz der Verfassung arbeiten, in einem günstigen Lichte darzustellen" (zit. nach Ernst R. Huber (Hrsg.), Dokumente zur deutschen Verfassungsgeschichte, Bd. 1, Stuttgart 1961, S. 96). 1832 verfügte ein Bundesbeschluß das Verbot politischer Vereine und stellte Volksversammlungen und -feste unter behördliche Aufsicht. Die Maßnahmen zur Durchführung der Karlsbader Beschlüsse von 1819 und der Geheimen Wiener Beschlüsse von 1834 gegen die Meinungs-, Vereinigungs- und Versammlungsfreiheit in den 30er Jahren fanden ein vorübergehendes Ende durch die §§ 161 und 162 des Artikels VIII der Grundrechte in der Verfassung des Deutschen Reichs von 1849, die von der Frankfurter Nationalversammlung beschlossen wurde. Diese Paragraphen bestimmten die uneingeschränkte Vereins- und Versammlungsfreiheit außer bei „dringender Gefahr für die öffentliche Sicherheit und Ordnung" (zit. nach Huber, a.a.O., S. 320). Die revidierte Verfassung für den preußischen Staat vom 31.1.1850 erlaubte zwar nach den Artikeln 29, 30 und 31 Versammlungen und gewährte Vereinsfreiheit, die aber durch regelnde gesetzliche Bestimmungen in konservativen Sinn interpretiert wurden: Die Verordnung vom 11.3.1850 „über die Verhütung eines die gesetzliche Freiheit und Ordnung gefährdenden Mißbrauchs des Versammlungs- und Vereinigungsrechts" schränkte diese Rechte stark ein und unterstellte die Vereine erneut der strengen Aufsicht der örtlichen Polizeibehörden. Der Bundesbeschluß von 1854 regelte in diesem Sinne schließlich das Vereinswesen für alle Bundesstaaten.

Der Textauszug in Quelle 1 entstammt dem „Staats-Lexikon", das 1855-66 in dritter Auflage erschien. Dieses politisch-staatswissenschaftliche Nachschlagewerk wurde von

Quelle 1

Artikel „Verein, Vereinswesen, Vereinsrecht" (K. Biedermann), in: Das Staats-Lexikon. Encyklopädie der sämmtlichen Staatswissenschaften für alle Stände, hrsg. von Karl von Rotteck und Karl Welcker, 14. Band, 3. Aufl. Leipzig 1866, S. 355-370 Auszüge

<u>Verein, Vereinswesen, Vereinsrecht.</u> Der Trieb, sich zu gemeinsamem Handeln zu einigen, ist, wie den Menschen überhaupt, so namentlich den civilisirten Völkern eigen und unter diesen wieder vorzugsweise, wie es scheint, den germanischen. Wir finden ihn (abgesehen von den blos geselligen Vereinigungen) zuerst - aus nahe liegenden Gründen - auf dem Gebiet des religiösen Lebens thätig, wo der gleiche Drang bestimmter Glaubensansichten und das gleiche Bedürfniß bestimmter Cultusformen die einzelnen verbindet und und zu gemeinsamer Andacht auch äußerlich einigt. Solche religiöse Vereine hat es von früh an fast allerwärts gegeben. Die ersten Christengemeinden waren nichts anderes; später, als das Christenthum Staatsreligion geworden, sonderten sich wieder aus ihm heraus einzelne religiöse Gesellschaften, Sekten. Jüngern Datums sind, der Natur der Sache nach, die Vereinigungen zu wissenschaftlich=ästhetischen oder sittlich=gemeinnützigen Zwecken. Solchen begegnen wir in Deutschland seit Anfang des 17. Jahrhunderts, so z.B. der von Fürsten, Adelichen und Gelehrten 1617 in Weimar gestifteten „Fruchtbringenden Gesellschaft" (Palmenorden) zur Pflege der Muttersprache und der nationalen Sitte und Kunst, ferner der von dem bekannten Theologen Andreä (1620) in Schwaben gebildeten Gesellschaft „zur Rettung aus der wissenschaftlichen, sittlichen und religiösen Barbarei der Zeit" und zur „Anfachung des heiligen Feuers des Glaubens, der Liebe und der Erkenntnis" und einer andern unter Leitung des berühmten Naturforschers Jungius (1622 - 25), societas ereunetica oder zetetica[1], mit dem Zweck, „mit gemeinsamen Kräften alle Wissenschaften nach den Grundsätzen der Vernunft und der Erfahrung anzubauen".

[...]

Die eigentliche Blütezeit des freien Vereinswesens auf socialem und politischem Gebiet beginnt aber freilich erst da, als die Kraft der corporativen Bildungen, an denen bis dahin der einzelne einen Halt und zugleich eine Schranke seines Handelns und Strebens hatte, mehr und mehr erlahmte, als daher der einzelne sich einerseits auf die eigene Kraft sich angewiesen, anderseits durch den erwachten Trieb der Selbstthätigkeit dazu hingedrängt fand, sein Leben und womöglich auch das der Allgemeinheit, des Staats, der Gesellschaft, der Menschheit, von sich aus freischöpferisch zu gestalten. So - alleinstehend und zugleich streb= und thatenlustig - empfand der einzelne bald das Bedürfniß, mit andern, die in der gleichen Lage waren, zu gemeinsamen Anstrengungen sich zu vereinigen. Und weil das eigentlich politische Feld des Wirkens damals noch ziemlich allerwärts in Deutschland verschlossen war, so warf sich dieser Trieb zunächst auf mehr ideale Ziele, auf die Vervollkommnung der Menschheit durch Aufklärung, Beseitigung des Aberglaubens, Förderung der Denkfreiheit, Verbesserung des Erziehungswesens u.dgl.m.

[...]

Was Deutschland betrifft, so trat hier die Vereinsthätigkeit in den ersten dreißiger Jahren [des 19. Jhdts.] öffentlich, und zwar mehr unter der Form größerer Versammlungen als regelmäßiger Zusammenkünfte eines geschlossenen Kreises von Mitgliedern auf. Die namhafteste [!] und folgereichste Versammlung dieser Art war das große Volksfest zu Hambach im Jahre 1832, dessen Leiter strafrechtlich verfolgt und zum Theil verurtheilt wurden. Eine zweite Versammlung ebenda im Jahre darauf ward gleich in ihrem Beginn mit Waffengewalt auseinandergesprengt. Nach diesen Vorgängen und nachdem die bekannten Bundesbeschlüsse von 1832 der Vereinsthätigkeit die engsten Schranken gesteckt hatten[2], zog sich diese aus der Öffentlichkeit zurück, und es entstanden wol hier und da geheime Verbindungen, die indeß sicherlich weder die Ausdehnung noch die Bedeutung hatten, welche man bei den damals wiederum eingeleiteten politischen Untersuchungen denselben zu geben versuchte. Auch noch später haben solche angebliche geheime Verbindungen bei ähnlichen Gelegenheiten, unter andern in dem Prozeß wider Sylvester Jordan[3], eine große Rolle gespielt, ohne daß doch etwas wirklich Erweisliches darüber zu Tage gekommen wäre.

Bei der namentlich seit 1840 mehr und mehr erstarkenden politischen Regsamkeit des Volks auch in Deutschland ward das Bedürfniß nach lebendigem Ideenaustausch und nach einer thätigen Propaganda für bestimmte Parteirichtungen mit Hülfe von Vereinen und Versammlungen immer allgemeiner und unwiderstehlicher. Gegen-

442

den Professoren Karl von Rotteck (1775-1840) und Karl Theodor Welcker (1790-1869) - beide seit 1831 Führer der liberalen Opposition in Baden - herausgegeben.

über den Beschränkungen, welche Gesetzgebung und Polizei der Befriedigung dieses Bedürfnisses auferlegten, suchte man sich auf mancherlei Weise zu helfen. Theils verbarg man den praktischen Zweck politischer Agitation unter der Firma blos theoretischer Thätigkeit, man stiftete z.B. sogenannte Redeübungsvereine; theils flüchtete man sich auf das Gebiet religiöser oder gemeinnütziger Bestrebungen und hielt die eigentliche Politik planmäßig fern, wie es die Lichtfreunde[4] in der Provinz Sachsen und anderwärts thaten, welche Versammlungen von Tausenden zur Besprechung kirchlicher Fragen, daneben auch noch „Volksversammlungen" zur Besprechung socialer Verbesserungen, z.B. Hebung der Volksbildung, hielten; theils endlich wagte man sich direct hervor und suchte nur durch möglichste Mäßigung in der Form der gepflogenen Verhandlungen den Argwohn der Polizei zu entwaffnen. So fanden namentlich in Preußen vielerorten regelmäßige „Bürgerversammlungen" statt oder auch, wie in Königsberg, förmliche politische Gesellschaften, wenn auch ohne den äußern Anstrich solcher, indem die Gleichgesinnten zu bestimmten Stunden an bestimmten öffentlichen Orten zusammenkamen, wobei dann wie zufällig ein politisches Gespräch aufs Tapet gebracht wurde. Auch mannichfache Zweckessen bei Verfassungsfesten, bei der Feier der Rückkehr eines Abgeordneten vom Landtage u.s.w., mußten als Einigungspunkte und als Gelegenheiten zu öffentlicher Discussion und zu politischer Ideenpropaganda dienen. Das Vereinswesen nahm überhaupt schon damals einen breiten Raum im Culturleben des deutschen Volks ein. Neben den großen Wanderversammlungen der Naturforscher und Ärzte, der Philologen und Schulmänner entstanden andere, deren Bestrebungen dem öffentlichen Leben schon unmittelbarer nahe traten, wie die deutschen Anwalttage und die Germanistenversammlungen, wo über gemeinsame deutsche Gesetzgebung, Schwurgerichte und dgl. verhandelt wurde. Auch die Schriftsteller einigten sich in localen Schriftstellervereinen und in allgemeinen Versammlungen, um ihre gemeinsamen Interessen, Freiheit der Presse, literarisches Eigenthumsrecht u.s.w. zu vertreten. Auf dem Gebiet materiellen Lebens bestanden schon seit länger vielerorten Gewerbe= und ähnliche Vereine, desgleichen solche für landwirthschaftliche Zwecke; jetzt kamen mancherlei gemeinnützige Vereine hinzu, wie der Verein für das Wohl der arbeitenden Klassen in Berlin u.a. Gegen andere Übelstände der Gesellschaft suchten die Mäßigkeitsvereine, die Vereine zur Besserung entlassener Sträflinge und verwahrloster Kinder u.a. zu wirken. Die äußere wie die innere Mission ward Gegenstand eifriger Vereinsbestrebungen. Der zum Schutz des protestantischen Elements gegründete Gustav=Adolph=Verein breitete sich bald über das ganze protestantische Deutschland aus; ihm standen auf katholischer Seite andere Vereine (wie der St.=Vincentiusverein) zur Förderung des katholischen Lebens gegenüber.

Neben allen diesen Vereinen, in denen der einzelne nicht einem Eigeninteresse, sondern einem allgemeinen diente, gingen dann noch jene Associationen der mannichfaltigsten Art her, bei welchen die Vereinigung der einzelnen nur das Mittel war, um ihren Mitgliedern gewisse mit vereinzelten Kräften nicht wohl zu erreichende Vortheile zuzuwenden, wie z.B. die vielerlei Versicherungsgesellschaften, die Actiengesellschaften zur Betreibung industrieller Unternehmungen u.dgl.m.

Diese vielseitige und äußerst lebhafte Entwickelung des Vereinswesens war eine gute Schule öffentlichen Lebens. Hier bildete sich auch außerhalb der Ständesäle das Talent und die Übung der freien Rede, der öffentlichen Debatte, der parlamentarischen Ordnung aus.

Als dann das Jahr 1848 kam, welche die politische Thätigkeit allerorten entfesselte und in Schwung versetzte, concentrirte sich das Vereinsleben eine Zeit lang fast ausschließlich auf dem politischen Gebiet, nahm aber hier Dimensionen und Formen an, wie man sie bis dahin nicht gekannt hatte. Alle Schattirungen politischer und socialer Parteiung suchten und fanden ihren Ausdruck in Vereinen und Versammlungen. Da gab es republikanische, demokratische und social=demokratische, constitutionelle, deutsch=nationale, allmählich auch wieder conservative und sogar reactionäre Vereine, daneben noch besondere Vereine für das „Volk", d.h. die niedern Klassen und deren Interessen, Volksvereine, Arbeitervereine u.s.w. Der polizeiliche Bann, der bis dahin über dem politischen Vereins= und Versammlungswesen gewaltet hatte, machte einer fast unbeschränkten Freiheit Platz.

[…]

Daß man solchergestalt dem so wichtigen Princip politischer Association die freieste Entfaltung gönnte, war richtig; bedauerlich dagegen war, daß durch falsche Anwendung und besonders durch Übermaß des Gebrauchs dasselbe auf lange Zeit hin in der öffentlichen Meinung ruinirt und einem Rückschlag dagegen der Weg gebahnt ward. Statt den Engländern nachzuahmen, welche immer nur für ganz bestimmte Zwecke

Gesang-Verein.

1365

Nach einer Mittheilung der verehrlichen Direction des Casino kann unsere gewöhnliche Uebung dennoch heute Mittwoch Abend jedoch auf dem Orchester des Concertsaales stattfinden. Die geehrten Damen wollen sich punkt 6 Uhr, die Herren punkt 7 Uhr einfinden. Die besprochene Probe am Donnerstag oder Freitag fällt demnach aus.

Der Vorstand.

Gesellschaft Genügsamkeit.

1333 **Winter-Vergnügen**

Samstag den 2. Februar 1861, Abends 6 Uhr.
Eingeführte Fremde zahlen 20 Sgr. Entrée.

Der Vorstand.

Orpheus.

1359 Statt heute — morgen Donnerstag den 30. d., Abends punkt halb neun:
Uebung und Ballotage.

Polytechnischer Verein.

1357

Heute Abend 8 Uhr: **Generalversammlung**, nachher **Vortrag nebst Experiment.**
1331 Der Vorstand.

Eichen-Gesellschaft.

1358

Heute Abend 8 Uhr: **Sitzung des Vorstandes.** Zugleich werden die Mitglieder auf heute und jeden künftigen Mittwoch Abend zu einer

Geselligen Versammlung

in den oberen Räumen des Herrn Aßmann eingeladen.

Anzeigen im Täglichen Anzeiger Nr. 25 vom 30.1.1861

Vereine gründen, in diesen fort und fort auf das Eine Ziel hinarbeiten, nicht eher ruhen, bis sie dieses erreicht haben, dann aber ihre Agitation einstellen und sie erst da wieder aufnehmen, wo ein neuer dringender Anlaß dafür gegeben ist (man denke an die Reformvereine 1830 folgende, an die Anti=Cornlaw=League, an O'Connell's Repealvereine[5] u.a.m.!), statt dessen gefiel man sich bei uns 1848 darin, Vereine zu gründen, die sich mit „allen Dingen und noch einigen mehr" beschäftigten, die heute für Wahlreform, morgen für Intervention der Reichsgewalt in Ungarn oder Italien, oder gar für „Cultivirung der Insel Cypern behufs einer Colonisirung von Deutschland aus" agitirten, übermorgen eine Verordnung der Regierung kritisirten, dann wieder einmal über einen Beschluß des frankfurter Parlaments ihr Verdict abgaben, kurz eine förmliche Mitregierung neben Regierung und Kammern im Einzelstaat, neben Centralgewalt und Parlament für ganz Deutschland ausübten. Abgesehen von den Schwierigkeiten, welche dies ewige Controliren, Kritisiren, Agitiren „im Namen des souveränen Volks" den geordneten Gewalten und den gesetzlichen Vertretern des Volks bereitete, von der fortwährenden Erregung, in der es die Massen erhielt und welche einer Herstellung geordneter Zustände und einer ruhigen reformatorischen Thätigkeit der Gesetzgebung keineswegs günstig war, abgesehen davon, hatte es auch den weitern Nachtheil, das Instrument selbst, von welchem man einen so unmäßigen und zum Theil unüberlegten Gebrauch machte, in kürzester Zeit abzunutzen, den öffentlichen Geist durch zeitweilige Überreizung einer langandauernden Abspannung entgegenzuführen, das Vereinswesen selbst zu einem Gegenstande des Überdrusses, um nicht zu sagen des Ekels und der Lächerlichkeit zu machen, sodaß viele Jahre lang kaum jemand daran denken durfte, zur Bildung eines politischen Vereins oder zu einer öffentlichen Versammlung aufzufordern. Die Reaction hatte leichtes Spiel, diesen Misbrauch des Vereinswesens zu rügen und, gestützt auf die dadurch im Volk dagegen erzeugte Abneigung und Abspannung, mit Präventiv[=] und Polizeimaßregeln, zum Theil sehr strenger Art, dagegen vorzugehen[6].

[...]

Theils infolge dieser strengen Vereinsgesetze, theils, und wol mehr noch infolge jener obenangedeuteten Abspannung des Volksgeistes durch die Übersättigung mit den Früchten des Vereinswesens selbst, ruhte dieses eine geraume Zeit in Deutschland fast gänzlich. Nur die mehr auf sociale oder materielle als auf politische Verbesserungen abzielenden Vereine, wie die Arbeiterbildungsvereine, Gewerbevereine u.s.w. fristeten ihr Dasein, soweit nicht auch sie dem Argwohn der Reaction gegen jede selbstthätige Regung des Volksgeistes zum Opfer fielen. Erst seit der neuen Ära in Preußen und dem bald darauf gefolgten italienischen Kriege (also seit 1858-59) begann die öffentliche Vereinsthätigkeit in Deutschland wieder einen neuen Aufschwung zu nehmen. Auf volkswirthschaftlichem Gebiet entstand neben verschiedenen Arten von volkswirthschaftlichen Provinzial= und Landschaftsvereinen der „Allgemeine Congreß Deutscher Volkswirthe", der anfangs für einen einzigen ganz bestimmten Zweck, das Princip der Gewerbe= und Handelsfreiheit, agitirte, später seine Thätigkeit auch über andere Seiten des wirthschaftlichen Lebens ausdehnte. An die Stelle der schon vor 1848 versuchten Deutschen Anwalttage traten jetzt Allgemeine Deutsche Juristentage mit Tausenden von Mitgliedern. Die Versammlungen deutscher Lehrer, welche lange unter Verboten und Beschränkungen aller Art gekränkelt hatten, nahmen einen freiern Aufschwung und größere Maßstäbe an. Die Turn=, Gesang=, Schützenvereine zählten ihre Mitglieder in allen Klassen der Gesellschaft bald nach Tausenden.

Die bedeutsamste Vereinsbildung auf politischem Gebiet war der im Jahre 1859 entstandene Deutsche Nationalverein, welcher das Programm der bundesstaatlichen oder sogenannten Gothaischen Partei aus den Jahren 1848-49 wieder aufnahm, sich über den größten Theil von Deutschland verzweigte und es bis auf 25-30000 Mitglieder brachte. Im Gegensatz zu ihm trat ein paar Jahre später der (großdeutsche) Deutsche Reformverein auf. In mehrern Einzelstaaten entstanden Fortschrittsvereine und im natürlichen Rückschlag dagegen dann wol auch conservative Vereine unter verschiedenen Namen. Doch hielt sich diese ganze Vereinsthätigkeit diesmal in gemessenern Schranken als 1848 und 1849, beschränkte sich auf das eigentlich Nothwendige und Wesentliche, vermied namentlich das zweifelhafte Mittel allzu häufiger Versammlungen, Resolutionen, Adressen u.s.w. und wirkte vorzugsweise auf die Presse. Das englische Princip der Vereinigung für einen bestimmten Einzelzweck fand in Deutschland seine volle Bethätigung bei Anlaß der durch den Tod des Königs Friedrich VII. von Dänemark hervorgerufenen schleswig=holsteinischen Krisis[7]. Allerwärts bildeten sich Schleswig=Holsteinische Vereine, theils zur Unterstützung der Schleswig=Holsteiner mit Geld, theils zur Einwirkung auf die Politik der Cabinete in

Bezug auf diese Angelegenheit. Sogar die Parteigegensätze von liberal und conservativ, klein= und großdeutsch lösten sich in diesem gemeinsamen Bestreben auf.

Auf kirchlich=religiösem Gebiet wirkte der 1863 gestiftete Deutsche Protestantenverein für eine freiere Auffassung und Gestaltung des protestantischen Kirchenwesens, insbesondere für eine richtigere Abgrenzung zwischen Kirche und Staat, Wissenschaft und Glauben.

Das Vereinswesen in seiner Richtung auf Lösung socialer Fragen gewann eine bedeutende Erweiterung und eine erhöhte Wichtigkeit. Neben die Bestrebungen für geistige und materielle Hebung des Arbeiterstandes durch vereinte Kräfte (dort in den Arbeiterbildungsvereinen, hier in den Genossenschaften) traten andere für mehr oder minder weiter gehende Umgestaltungen der wirthschaftlichen, socialen und politischen Grundverhältnisse dieses Standes. Die Partei der Lassallianer[8] wollte durch Vereinigung aller Arbeiter und mit Hülfe des zu erkämpfenden allgemeinen Stimmrechts die Verfügung über den Staat und seine Mittel in die Hände dieser Klasse bringen und auf diesem Wege eine radicale Umgestaltung der ganzen Arbeiterverhältnisse anbahnen, während der größere Theil der deutschen Arbeiter sich auf eine möglichst umfassende Benutzung und Entwickelung des Genossenschaftsrechts und der Bildungsanstalten für den Arbeiterstand beschränkte und nur etwa in einzelnen Fällen, behufs Besserstellung bestimmter Arbeiterklassen durch Lohnerhöhung, von einer weitern Ausdehnung des Vereins=oder Associationsrechts durch gemeinsame Arbeitseinstellungen Gebrauch machte.

[...]

---

[1] societas ereunetica oder zetetica = forschende oder skeptische Gesellschaft

[2] Die Bundesbeschlüsse vom 5.7.1832 verboten u.a. politische Vereine und ließen - unpolitische - Volksversammlungen nur nach behördlicher Genehmigung zu.

[3] Sylvester Jordan (1792-1861), deutscher Staatsrechtler und Politiker, 1861 Professor in Marburg. In der kurhessischen Ständeversammlung war er führend an der Ausarbeitung der Verfassung von 1831 beteiligt. 1839 wurde er wegen Hochverrats verhaftet, 1845 freigesprochen. 1848 war er Mitglied der Frankfurter Nationalversammlung. Er kann als entschieden liberal bezeichnet werden.

[4] 1841 gegründete freireligiöse, rationalistisch beeinflußte (protestantische) Gemeinschaft, die in Sachsen und Preußen verboten wurde. Seit der Mitte des 19. Jhdts. näherten sich Lichtfreunde und freireligiöse Deutschkatholiken einander an; zusammen gründeten sie 1859 den „Bund freier religiöser Gemeinden".

[5] Es handelt sich um drei britische Beispiele für kurzfristige, schichtenübergreifende Zusammenschlüsse zur Erreichung ökonomischer bzw. politischer Ziele. Die Reformvereine, die seit 1829 unter Führung der „Birmingham Political Union of Public Rights" (Thomas Attwood, Francis Place) bestanden, bezweckten und erreichten eine Wahlrechtsreform; die „Anti-Corn Law-League" (seit 1840) bekämpfte die protektionistischen Korngesetze; Daniel O'Connells „Repeal Association" (seit 1840) strebte die Auflösung der parlamentarischen Union zwischen Irland und Großbritannien an.

[6] Gemeint ist hier wohl vor allem das „Gesetz über die Verhütung eines, die gesetzliche Freiheit und Ordnung gefährdenden Mißbrauchs des Versammlungs= und Vereinigungsrechtes" vom 11.3.1850, das die im Titel genannten Rechte erheblich einschränkte.

[7] Die Krise wurde 1864 ausgelöst durch die Bestätigung einer Verfassung durch Christian IX. von Dänemark, die vorsah, Schleswig in den dänischen Staatsverband einzugliedern. Dies führte zum Krieg gegen Preußen und Österreich, der im selben Jahr mit dem Frieden von Wien endete, demzufolge Dänemark die Herzogtümer Schleswig, Holstein und Lauenburg abtreten mußte.

[8] Gemeint sind die Mitglieder des „Allgemeinen Deutschen Arbeitervereins" (ADAV, gegr. 1863) unter ihrem Präsidenten Ferdinand Lassalle (1825-64).

CASINO.
1265 Zur Feier des Stiftungsfestes
BALL
Sonnabend den 2. Februar, Abends 6½ Uhr.
Der Vorstand.

Anzeige im Täglichen Anzeiger Nr. 26 vom 31.1.1861

2. Vereine zur geselligen Unterhaltung

2.1 Elberfelder und Barmer Honoratiorengesellschaften

Kommentar 2

Als Anstoß zur Gründung der Elberfelder „Ersten Lesegesellschaft" im Januar 1775 gilt der Besuch Johann Wolfgang Goethes bei dem in Elberfeld als Augenarzt praktizierenden Johann Heinrich Jung-Stilling im Juli 1774 und das anschließende „Kränzchen", an dem u.a. Heinse und Johann Caspar Lavater teilnahmen. Jung-Stilling, der von 1775-1778 Mitglied der Lesegesellschaft war, hielt am 5.1.1775 die Eröffnungsrede „Ueber die Pflichten des Instituts", der u.a. Vorträge „Ueber die göttlichen Offenbarungen an die Menschen", „Ueber die besondere Vorsehung Gottes in Absicht auf die Handlungen der Menschen" und „Ueber die Brille" folgten. Der in Quelle 2 wiedergegebene Auszug entstammt einem Vortrag des Duisburger Professors J.P.L. Withof (1725-1789). Gelehrte, zu denen vermutlich auch Jung-Stilling gezählt wurde, entrichteten nur 4 Conventionstaler als Gebühr, wenn sie sich zur Lieferung von mindestens zwei Abhandlungen im Jahr verpflichteten, während das übliche Eintrittsgeld 30 Reichstaler betrug, ab 1784 aber auf 100 Reichstaler erhöht wurde, wozu noch ein verzinstes Darlehen von 250 Reichstalern kam. Der Mitgliederkreis wies demnach außer den zu verbilligten Bedingungen eingetretenen Gelehrten, zu denen Pastoren, Ärzte und Professoren zählten, ausschließlich wohlhabende Kaufleute und Fabrikanten auf. Die Liste der Vorträge umfaßt Themen aus der Philosophie, den Naturwissenschaften, der Pädagogik, der Wirtschaft, Politik, Technik und Theologie. Kurfürst Karl Theodor, der 1785 die Gesellschaft besuchte, bestätigte ihre Statuten und erklärte sich zu ihrem Protektor. Auch nachdem 1792 das Verbot aller aufgeklärten Gesellschaften verfügt wurde, da sie - wohl angesichts der Revolution im Nachbarland Frankreich - als politisch verdächtig galten, konnte die Elberfelder „Erste Lesegesellschaft" durch eine Loyalitätserklärung ihres Präsidenten Peter Jacob de Landas ihr Bestehen sichern, da ihre Mitglieder sich, wie de Landas formulierte, „nur durch Rechtschaffenheit, Sittsamkeit und Nutzbarkeit für den Staat [...] auszeichnen" (A. von Carnap, Zur Geschichte des Wupperthals. Die geschlossene Lesegesellschaft in Elberfeld, in: ZBGV 1(1863), S. 81). 1818 fusionierte die Elberfelder „Erste Lesegesellschaft" mit der 1812 als literarischem Lesezirkel der Freimaurerloge initiierten Gesellschaft „Museum",

Quelle 2
Vortrag des Professors J.P.L. Withof: „Von der Elberfelder Lesegesellschaft" am 24.11.1784,
in: A. von Carnap, Zur Geschichte des Wupperthals. Die geschlossene Lesegesellschaft in Elberfeld, ZBGV 1(1863), S. 58-62 Auszug

„Den eigentlichen Körper der Gesellschaft machen angesehene Kaufleute aus, wiewohl auch Gelehrte und sonstige wackere Männer gern mit aufgenommen werden. Das mag denn auch ein Theil der Ursache sein, warum sie zuweilen eine g e l e h r t e Gesellschaft genannt wird. Die Gegensätze sonstiger Weinhäuser, wovon sich dieses Haus durch eine nützliche Sammlung auserlesener Bücher, die immer vermehrt wird, und auch durch die Hintansetzung der Spielsucht, genugsam unterscheidet, sind dieser Benennung sogar zuträglich. Die historischen, moralischen, physischen, statistischen und merkantilischen Abhandlungen werden theils von wirklichen Mitgliedern, theils von Fremden vorgelesen. Denn einem Jeden gebührt das Recht, einen auswärtigen Bekannten, aber keinen in dem eigentlichen Elberfeld Wohnhaften auf seine eigene Unkosten mitzubringen. Die angesehenen Einwohner auf der Aue und der Gemarke werden als Auswärtige gehalten und mit Freundlichkeit zugelassen."

„Sonstige geschriebene Ausarbeitungen werden auch mit Beifall angenommen und sorgfältig verschlossen aufbewahrt; zu welchem besonderen endlichen Gebrauche, danach habe ich mich nicht befraget. Bei dem allen ist diese Gesellschaft doch keine eigentlich gelehrte und müßte es auch nicht werden wollen. Nur die ganze Thätigkeit einer Seele ist die Kraft des Handelsgeistes, und mit nichts Geringerem nimmt auch der Gelehrte vorlieb."

„Die festgesetzte Zusammenkunft geschieht Mittwochs Nachmittags gegen fünf Uhr; je dennoch können auch alle Tage mehrere oder wenigere Mitglieder sich nach Wohlgefallen versammeln. Nur ist jener Tag der förmlichste und eigentlich nur zum Vorlesen bestimmt, wiewohl diese Einrichtung kein unverbrüchliches, medisches[1] oder persisches Gesetz ist, das dem freien Manne in Elberfeld ein sträfliches Verbrechen daraus machte, wenn er entweder später kommen, oder gar ausbleiben wollte. So wie aber leutselige und in die Natur des guten Menschen recht einpassende Verfügungen in der That weit mächtiger sind, als despotische Gesetze, so wird auch keines der Mitglieder säumen oder zurückbleiben, dem sich kein erhebliches Hinderniß in den Weg legt."

„In der allgemeinern Zusammenkunft am Mittwochen werden zuerst die mitgenommenen Bücher (denn auch zu dem häuslichen Gebrauche der Mitglieder sind sie bestimmt) wieder eingebracht, oder die fernere Beibehaltung angezeigt, und nach Belieben wieder andere Bücher mitgenommen, ordentlich dies alles und protokollmäßig. Es wird Tabak geraucht, ein Glas Wein getrunken in den verschiedenen Zimmern, und des Sommers in dem niedlichen Luftgärtchen gewandelt, oder angesessen und gesprochen. Etwa eine Stunde hernach, wenn eines von den Mitgliedern oder ein Fremder was vorzulesen hat, wird ein Zeichen gegeben, die Pfeifen hingelegt, die Hüte abgenommen, nicht weiter getrunken und bei einer allgemeinen Aufmerksamkeit alsdann gelesen."

„Nachdem der Vortrag gehalten ist, wird hierauf der Tisch gedeckt und an einer schön geordneten Tafel ein wohl zubereitetes, aber nicht ungereimt verschwenderisches Abendmahl, mit verschiedenen guten Weinen eingenommen. Die durchgängige Ordnung, die Reinlichkeit, der Wohlstand und auch die Pracht sind allerdings lobenswerth. In Hinsicht auf Letzteres kann man den Saal nebst den beiden Kabinetten

deren Führungskreis aus Mitgliedern der Loge „Hermann zum Lande der Berge" (1815) unter dem Elberfelder Kaufmann Gerhard Siebel (1784-1831) bestand. 1814 gehörten dem „Museum", das 50 Reichstaler Eintrittsgeld und 20 Reichstaler Jahresbeitrag verlangte, 7 Stadträte, 1 Beigeordneter und der Oberbürgermeister an; alle waren gleichzeitig Mitglied in der Loge und im „Museum"; 4 Stadträte und 1 Beigeordneter waren Mitglied der „Ersten Lesegesellschaft". Damit war bis auf den Polizeiinspektor und drei Beigeordnete die gesamte politische Führung Elberfelds in 2 Honoratiorengesellschaften organisiert.

Titelblatt der Statuten der Gesellschaft „Genügsamkeit" (SAW P III 108)

sammt allem Geräthe, so wie auch insonderheit das schöne Tischgedeck nicht ohne Wollust ansehen."

„Wenn man hierbei erwägt, daß dieses prächtige Haus der Gesellschaft eigenthümlich zugehört, so erscheint der ausschließende Gebrauch desselben desto befugter. Ob die Gesellschaft auch Tadeler habe, davon weiß ich nicht. Neider zu haben, das verdiente sie wohl. Jenen, wenn sie laut spotten wollten, könnte ohngefähr mit der Abfertigung des Paul Aemil[2] begegnet werden; denn als dieser belobte Römer, nachdem er den macedonischen König Perses überwunden hatte, ein herrliches Siegesmahl veranstaltete und sich die Griechen darüber verwunderten, daß er so viele Sorgfalt auf dieses Gepränge verwendete, behauptete er, nach dem Zeugniß des Plutarch[3], daß es einer gleich vernünftigen Ueberlegung bedürfe, sowohl ein schönes Gastmahl, als ein Treffen und die richtige Stellung eines Heeres anzuordnen; was denn ohngefähr so viel heißen kann: ein ordentlicher Mann zeige sich auch im Kleinen so."

„Jetzt (denn anfänglich war es weniger) erlegt ein neu erwählter Gesellschafter sofort Hundert Thaler. Außerdem muß er 250 Thaler gegen jährliche Vier vom Hundert, und diese auf sich, gut elberfeldisch, das heißt ganz richtig ausgezahlt, vorschießen. Mit diesem Gelde und dem erhöheten Weinpreise, einer allerliebsten Erhöhung die nur den betrifft, der sie sich selber auferlegt hat und davon den Nutzen zieht, werden alle fürwahr nicht geringe Kosten bestritten. Dergleichen Einrichtung könnte bereits allein, wenn sonst nichts mehr, den heilsamen Gang des freien merkantilischen Geistes in seiner festen Größe und in seiner thätigen Würde außer Zweifel setzen. Nicht von dergleichen verständigen Leuten würde der treffliche Scythe Anacharsis[4] gesagt haben, was er demjenigen antwortete, der ihn fragte, wozu die Griechen ihr Geld gebrauchten? Ihr Geld gebrauchen sie, sprach er, lediglich um es zu zählen."

„Der sichtbarste Werth besteht größtentheils darin, daß Personen, die sonst vom Privatinteresse der Handlung, von angeerbter Abneigung und Familien-Kaltsinn, oder von anderwärtigen Anläßen zur Unbiegsamkeit und zum scheuen Mißtrauen einer gegen die anderen eingezwängt, sich mieden, durch solchen öfteren Umgang verträglich, leutselig und endlich gar artig werden. So ein unversklavter Umgang ist der wahre Deukalion[5] der Steine zu Menschen umschuf; der kunstreiche Orpheus[6], von dem stolze Eichen, harte Felsen und wilde Thiere sich erweichen ließen; er ist der liebliche Amphion[7], auf dessen Citherschlag die thebanischen Mauern in die Höhe kamen. Und dieser Werth hätte somit durch gemeinschaftliche Beförderung der Annehmlichkeiten des Lebens bereits einen unverwerflichen Anspruch auf unbestechliches Lob, wenn nicht noch obendrein kräftige Veranlassung zur Begünstigung von mehrerlei Wohlfahrt und zu wichtigen Pflichten der Menschenliebe und der Hülfsbegierde dadurch Raum gemacht würde, wovon mir selbst redende Beispiele, obgleich nur sehr zufälliger Weise, bei der wenigen Bekanntschaft, vorgekommen sind. An Orten, wo die Begüterten sich, wie die Schnecken in ihren Gehäusen, eingezogen halten, oder wie die vormaligen von einander getrennten patriarchalischen Hirten in ihren Zelten, die nur etwa für Fremde auf eine kurze Zeit herbergsam sein konnten, einsam wohnen, ist keine dauerhafte und oft verwickelte thätige Hülfe so leicht zu vermuthen."

„Gesetzt aber, daß diesem auch nicht so wäre; dennoch ist es unleugbar, daß die geselligen Tugenden, die ich aus gutem Grunde die kleineren zu nennen pflege, in den für freundschaftlichen Besuch verschlossenen Häusern und auf vielen nur dem Handel offenen Comptoiren allerdings wohl in einige, obwohl mehrentheils allzu selbstische Betrachtung, aber nie anderswo, als in der größeren Welt, in volle

Blüthe und zur Reife kommen können. Also Freundlichkeit, sanfter froher Muth, Nachgiebigkeit, zuvoreilender bescheidener Diensteifer, liebreiche und vorsichtige Theilnehmung, anständiger Ernst mit Abweisung alles eiteln Großthuns, aller sauersichtigen Härte und grimmigen Bitterkeit, einladende unverstellte Mienen, offene und höfliche Freimüthigkeit mit kluger Zurückhaltung unzeitiger und schmerzhafter Offenherzigkeit, — sind die so gar gefälligen Pflanzen, die, von der Natur getrieben, selbst unter den Füßen solcher Gesellschafter zusehends empor wachsen. Ohne diese kleineren Tugenden macht sich der Anhänger der größeren, der Gottesfurcht, der Geduld, der Enthaltsamkeit, der Großmuth, des unverdrossenen Fleißes, der Tapferkeit und der wahrhaftig patriotischen Menschenliebe, gehässig und unausstehlich; so wie durch den Beitritt der kleineren Tugenden die größeren erst in ihrem wahren, das heißt in dem sanftesten, Lichte erscheinen; darum hatte der Kaiser Otto der Große ganz recht, der von keiner wahren Größe, die nicht zugleich sanft sei, etwas wissen wollte. Nihil est magnum, quod non idem sit placidum, war der Leibspruch dieses würdigen Kaisers."[8]

„Und dieß ist vorerst ein hinlängliches Ziel, das die Societät, meinem Ermessen nach, fröhlich und mithin nach Wunsch erreicht. Wer damit nicht zufrieden glänzende Unmöglichkeiten wünscht, hat die Kunst zu wünschen nicht ordentlich gelernt, sondern träumt Feenschlösser, die keine Grundlagen haben. Aber auch ein Fremder, wenn gleich nicht kaufmännisch gestimmt, kann diesem schätzbaren Ziele, im Falle er will, sehr nahe kommen. Dann aber muß er kein selbstsüchtiger Mann, immer nur mit seiner Goldwage der Untersuchung in der Hand, nicht Isokrates sein."[9]

„An der gesprächigen Tafel des Nikokreon, Herrn von Cypern, antwortete dieser berühmte Grieche auf die Frage eines der Gäste, warum er denn nur sich so stumm halte?: „„Sachen, die ich verstehe, erwiederte er, kommen hier nicht vor, und wovon hier gesprochen wird, das verstehe ich nicht."" Solche starrköpfige Witzlinge erbauen keine Versammlung, und von der besten Versammlung gehen sie selber, wie billig, leer und unerbaut aus. Dinge, die er nicht begreift, geben oft einem guten Manne Gelegenheit zu nützlichen Fragen, und nicht selten verschaffen geschickte Fragen eine bessere Unterhaltung als großsprecherische Lehren."

„Zu einem recht angenehmen und genüglichen Abendmahl erforderte Terentius Varro[10] in einer menippeischen[11] Satire diese vier Stücke, die uns A. Gellius im 13. Buche Kap. 11 aufbehalten hat: 1) ausgesuchte und gefällige wohlgesittete Leute; 2) einen schicklichen angenehmen Ort; 3) eine bequeme Zeit; 4) einen wohl besorgten Tisch. Das vierte Stück, den Tisch, kann Niemand, der kein Schwärmer sein will und kein Fürst sein kann, besser wünschen. Das dritte, die Zeit, ist nach Maßgabe der Hauptgeschäfte die gelegenste; des zweiten Stückes, des Ortes, habe ich bereits erwähnet, und davon nur noch dieses: wer Elberfeld, aber nicht dieses Haus, besehen hat, ließ etwas Sehenswürdiges aus der Acht. Dies zweite und das vierte Stück bewähren den guten Geschmack, wenn auch nur oberflächlich untersuchende, aber unbefangene, Richter den Ausspruch thun sollen, am leichtesten. Das Auge, das sich so schnell ergötzen kann, sättigt sich zwar an vielen Kunstwerken am ersten, und die Neugierde ist sein gewöhnlichstes Element. Seine auffallendsten Gegenstände aber sollen auch nicht immer feste Nahrung für den Geist, sondern gar oft nur ein bloßer Köder für die Aufmerksamkeit und die Theilnehmung an dem Uebrigen sein. Das erste Stück, die Gesellschafter, müssen, wie allenthalben, auch hier nach den Lokalumständen beurtheilt werden. Gesprächig, munter, gefällig und nicht ausgelassen, scheint hier ein herrschendes Gesetz zu sein. Von ungebundenen und schmachvollen Scherzen habe ich nichts bemerkt; desto durchgängiger war dagegen die kummerfreieste Heiterkeit in dem ganzen Umgange. Das ist die wohlerzogene Schöne, die sich immerfort mit beliebtem Anstande geltend machen kann. Der Scherz aber ist mehrentheils der lose und muthwillige Knabe, der Manchem unbesonnen und schmerzhaft auf die Füße tritt, wenn ihn nicht viele Welt- und Menschenkenntniß und männlicher Witz und eine immer helle Laune unbemerkt vorsichtig bei der Hand führt."

„Ob alle (eine Gesellschaft von fünfzig Personen) im Uebrigen gleich tugendhaft und gemeinnützig gesinnt seien, das wäre selbst für den neidischen Anfeinder eine allzu abgeschmackte Frage. Die ausgesuchteste Gesellschaft, die je die Sonne seit ihrer Erschaffung beleuchtet hat, hatte doch sogar einen erzbösen Schalk in ihrer Mitte, ungeachtet ihrer nur in allem zwölf waren, und ungeachtet ihrer höchst wichtigen Aufträge an das ganze menschliche Geschlecht und für alle künftige Jahrhunderte. Jene Gesellschafter hingegen prangen mit keiner höhern Aufgabe, als umgänglich zu sein und sich einander zu ermuntern."

„Die urältesten Dichter, die die eigentlichsten Volkslehrer waren, thaten sich mit dem ungemein anlockenden Gemälde gewisser auf dem Ozean irgendwo gelegener Inseln, die sie die glückseligen nannten, sie thaten sich damit und ihren Zuhörern gar sehr was zu gut. Die unschuldigsten, sanftesten und erwünschlichsten Erquickungen waren das tägliche Brod der höchst geselligen und friedfertigen Bewohner. Nur allen Bitterkeiten des habsüchtigen und mißgünstigen Erdenlebens auf dem festen Lande war der Zugang völlig verspertt. Das Elberfeldische Gesellschaftshaus mag eine wirkliche Darstellung dieses sonst bloßen Ideals, und es müße (das wenigstens wünsche ich mit der brüderlichsten Gesinnung der Menschenliebe) zum mindesten wöchentlich einmal für alle Mitglieder ohne Ausnahme, eine solche glückselige Insel sein."

---

[1] medisch = von den Medern, einem altorientalischen westiranischen Volk stammend. Die Meder werden erstmals 835 v.Chr. erwähnt; sie zerstörten das assyrische Großreich, unter dessen Herrschaft sie bis in das 7. Jhdt. v.Chr. standen; ab 550 war Medien ein Teil des persischen Großreiches.
[2] Aemilius Paullus Macedonicus (ca. 228-160 v.Chr.), röm. Staatsmann und Feldherr
[3] Plutarch (ca. 46-ca. 125 n.Chr.), gr. philosophischer Schriftsteller
[4] Anarchisis, ein Skythe aus fürstlichem Geschlecht, erscheint bei Herodot als ein Mann, der - entgegen der sonst allgemeinen skythischen Gewohnheit - Reisen besonders in Griechenland unternahm, um höhere Bildung kennenzulernen.
[5] Deukalion, in der gr. Mythologie Sohn des Prometheus und der Klymene. Als er die Götter um Erneuerung des Menschengeschlechts nach einer großen Flut bat, wurde ihm und seiner Frau gewährt, daß die Steine, die beide hinter sich warfen, zu Menschen wurden; die Steine Deukalions wurden zu Männern, die seiner Frau zu Frauen.
[6] Orpheus, in der gr. Mythologie Sänger und Kitharaspieler, von dessen Gesang und Spiel berichtet wird, es hätten sich sogar Steine davon erweichen lassen.

[7] Amphion, in der gr. Mythologie Sohn des Zeus und der Antiope; er lockte durch sein Leierspiel die Steine für die Ummauerung Thebens heran.
[8] Nichts ist groß, was nicht zugleich auch sanft sein kann.
[9] Isokrates (436-338 v.Chr.), gr. Rhetor und Schriftsteller
[10] Marcus Terentius Varro (116-27 v.Chr.), röm. Gelehrter und Schriftsteller
[11] Menippos, (um 270 v.Chr.) gr. satirischer Schriftsteller, seine Satiren dienten Varro als Vorlage.

Kommentar 3

Friedrich Engels bemerkte 1839 über das Vereinsleben der Kaufleute im Wuppertal: „Es ist ein schreckliches Leben, was diese Menschen führen, und sie sind doch so vergnügt dabei; den Tag über versenken sie sich in die Zahlen ihrer Konti, und das mit einer Wut, mit einem Interesse, daß man es kaum glauben möchte; abends zur bestimmten Stunde zieht alles in die Gesellschaften, wo sie Karten spielen, politisieren und rauchen, um mit dem Schlage neun nach Hause zurückzukehren. So geht es alle Tage, ohne Veränderung, und wehe dem, der ihnen dazwischenkömmt; er kann der ungnädigsten Ungnade aller ersten Häuser gewiß sein" (MEW Bd. 1 S. 428).

Außer der „Concordia", die als Verein für die Honoratiorenschaft Barmens galt und gegenüber der 1829 gegründeten Unterbarmer „Union", die die zweite Generation nach den Unternehmensgründern aufnahm, unbestrittene „erste" Gesellschaft Barmens war, entstanden in der ersten Hälfte des 19. Jhdts. die Vereinigungen der weniger vermögenden Bevölkerungsschichten. Die Gesellschaft „Eintracht" setzte in ihren Statuten von 1831 fest, daß ihr Zweck sei, „die geselligen, nicht gegen gesetzliche Vorschriften und Sittlichkeit anstoßenden Vergnügungen zu genießen" (SAW P III 1). Als Beitrittsgeld und als Jahresbeitrag wurden je zwei Berliner Taler verlangt. Die Höhe der Beiträge und Entrées war unterschiedlich: Die Gesellschaft „California" (1850) forderte 2 Taler Jahresbeitrag, die „Genügsamkeit" (1823) 3 Taler, die „Alliance" (1846) 1 Taler und der „Bürgerverein" (1830) nur 25 Silbergroschen. Neben diesen Vereinen bestanden u.a. die „Heiterkeit" (1846), die „Einigkeit" (1835), die Gesellschaft „zur Freundschaft" (1845) und die „Minerva" (1846), in der neben „Vorlesungen resp. Vorträge[n] über wissenschaftliche Gegenstände" auch deklamatorische „theatralische Unterhaltungen" geboten wurden. Dagegen waren „Vorträge etc. über religiöse und politische Gegenstände [...] strenge untersagt" und es durften „auch nur

Quelle 3
Barmer Beiträge zum Vergnügen des Verstandes und Witzes,
Frühlingsblätter. Hg. als Manuskript nur für Mitglieder, Nr. 44, 23.10. 1873. Barmer Beiträge zur Culturgeschichte der Wupper, X. Geselligkeit, S. 293/294
SAW P III 15 b Autographie

In den Formen des geselligen Verkehrs läßt das Wupperthal den Eindruck der Großstadt noch weniger zurück, wie in seiner äußeren, zu lange gerathenen Gestalt. Vielfach hemmt das Bleigewicht althergebrachter, frömmelnder Steifigkeit den Flug des geselligen Lebens, vielfach fehlt es an der rechten Schulung des geistigen Interesses, um andere Kreise, als die zunächstliegenden aufzusuchen. Namentlich der von außen kommende, im Wupperthal fremde Beamte findet für sich und seine Familie selten eine gesellschaftlich befriedigende Aufnahme. Die Damen sind hierin noch bei Weitem exclusiver, als die Männer; sie halten sich in autochthoner Selbstgenügsamkeit gegen Eindringliche, welchen weder Verwandtschaft, noch hoher Rang zur Seite steht, ziemlich vollkommen abgeschlossen.

Ausnahmen finden natürlich von dieser Regel immerhin statt; aber im Großen und Ganzen ist, für die Frau des Beamten oder Lehrers eine Versetzung in's Wupperthal keine günstige.

Ziemlich intolerant sind auch unsere jungen Herren, die sich der Mehrzahl nach Abend für Abend in demselben Local an demselben Stammtisch versammeln und sich in demselben Circel von Unterhaltungsstoffen bewegen, worunter Damen und Cigarren, Reiten und Tanzen primo loco[1] zu nennen sind. Eine Theilnahme an den geistigen Interessen des Lebens, eine Wahl des Umgangs nicht nach Kasten, sonder[n] nach Gleichheit der Bildung und Anregbarkeit gehört zu den großen Seltenheiten. Obwohl die Jugend vor dem gereiften Alter den großen Vortheil hat, ihren Umgang da suchen zu dürfen, wo sie ihn für Geist und Herz - unbekümmert um gesellschaftliche Tüfteleien - am besten zu finden hofft; scheint sich unsere Jugend dieses Privilegs im Durchschnitt nicht bewußt zu werden. Kein Wunder, daß der Kastenstolz dann mit den Jahren zunimmt und endlich zum alten Wupperthaler Localton wird.

Nicht zu läugnen sind die Fortschritte, die wir seit 10-20 Jahren auch in dieser Beziehung zu verzeichnen haben, und die wir gewiß nicht zum kleinsten Theil der Verstärkung des studirten Elementes durch die Heranziehung von Gymnasiallehrern, Advocaten, besoldeten Beigeordneten, vielen jungen Aerzten und dergleichen zu danken haben. Elberfeld ist uns auch hierin - wie in einem früheren Artikel angedeutet - nicht unwesentlich vor. Ein thé dansant[2], zu welchem auch dem Hause ferner Stehende eingeladen würden, war bis vor einigen Jahren etwas so abnormes in Barmen, daß Niemand damit den Anfang machen wollte. Auch jetzt finden den ganzen Winter über höchstens 2-3 Privatbälle statt. Dagegen sind Familientage und Verlobungsessen an der Tagesordnung; beide natürlich mit stark ausgesprochener Beschränkung auf den engeren Familienkreis oder sehr bevorzugte Bekannte.

Der Familientag, so gut sein Tisch vom gastronomischen Standpunkte sein mag und so angenehm er alle Monate oder halbe Monate als Sammelpunkt der Nächststehenden erscheint, wird durch die erstaunliche Häufung dieser Zusammenkünfte in vielen unserer Familien zur Landplage, die den Kastengeist ungemein befördert und die nepotische[3] Abgeschlossenheit nährt. Vom culturgeschichtlichen Standpunkt aus hat der Familientag, der einerseits für das Glück und die Biederkeit des hiesigen Lebens

449

solche Schauspiele etc. zur Aufführung kommen, welche die Censur passirt" hatten (SAW P III 1).
Die Gesellschaft „Der Frühling", aus deren Vereinsblatt Quelle 3 stammt, fand sich in den frühen 70er Jahren zusammen. Sie war in Barmen u. a. von den dichtenden Fabrikantensöhnen Karl Ludwig Wesenfeld (1851-1876) und Viktor Richard Bredt (1849-1881) als literarischer Zirkel gegründet worden. Der Artikel „Geselligkeit" gehörte zu einer Artikelserie unter dem Titel „Barmer Beiträge zur Culturgeschichte der Wupper", die in den „Barmer Beiträgen" erschien.

Kommentar 4

„Im Jahr 1801 verbanden sich einige Freunde des geselligen Vergnügens in der Absicht, nach dem Beyspiel der in Elberfeld bestehenden gesellschaftlichen Verbindungen, eine Societät hierselbst zu errichten, um da in freundschaftlichem Zirkel die der Erholung gewidmeten Abendstunden genießen zu können" (zit. nach F.W. Bredt, Concordia. Eine Jahrhundertstudie aus dem Wupperthal, Barmen 1901, S. 1). Mit diesen Worten wurde 1802 die Gründung der „ersten Gesellschaft zu Gemarke", ab 1803 „Concordia" genannt, beschrieben. 1818 wurde ein Gesellschaftshaus eingeweiht, in dem sich ein „geräumiger schöner Saal [befand], welcher zu Concerten und Bällen benutzt" wurde (W. Huthsteiner/ C. Rocholl, Barmen in historischer, topographischer und statistischer Beziehung, Barmen 1841, S. 139). Zu Ehrenmitgliedern dieses Vereins zählten neben Wilhelm in Bayern, für den eine Apanagialregierung in Berg eingerichtet worden war und der 1805 die „Concordia" besuchte, u.a. zwei Grafen, zwei Freiherren, Geheime Staats- und Provinzialräte, abgesehen von Bürgermeistern und Beigeordneten. Aber auch Ferdinand Freiligrath, der sich 1837-1839 in Barmen als Kontorist aufhielt, wurde Mitglied der Gesellschaft.
Das Vereinshaus der „Concordia", die 1861 einen neuen Konzertsaal einweihte, diente dem „Singverein" (1817) und dem 1835 gegründeten „Liederkranz" als Konzertsaal; darüber hinaus gingen aus der Gesellschaft mehrere eigenständige Vereine hervor, so der Barmer Kornverein von 1816/17, der „Verschönerungsverein" (1864), der Barmer Kunstverein (1866) und der „Verein für wissenschaftliche Vorlesungen" (1869); 1871 folgte die Barmer Abteilung des „Vaterländischen Frauenvereins". Die Mitglieder der „Concordia" unterstützten darüber hinaus

zeugt, anderseits also seine bedeutenden Nachtheile für die Entwickelung des hiesigen gesellschaftlichen Lebens mit sich gebracht. In Elberfeld ist der Boden der Geselligkeit sogar nochmehr mit dem üppigen Schlinggewächs der Familientage bedeckt, wie bei uns.

Für die bessere Gesellschaft in Barmen ist übrigens auch die „Concordia" ein neutraler Boden, auf dem sich die Herrenwelt der verschiedensten Alters= und Berufskreise wie der verschiedensten Steuersätze im ungezwungensten Verkehr begegnet, während in Elberfeld eine solche Concentration fehlt.

Mit dem Wachsthum des Interesses für Kunst und Wissenschaft wird hoffentlich das hiesige Familienleben, indem es seinen biedern, edlen Character sich zu bewahren weiß, die Fesseln der pedantischen Abgeschlossenheit mehr und mehr abstreifen.

---
[1] primo loco = an erster Stelle
[2] thé dansant = Tanztee
[3] Nepotismus = Vetternwirtschaft

Quelle 4
Jubiläumsgedicht
zum 50jährigen Bestehen der Gesellschaft „Concordia" [1851],
in: F.W. Bredt, Concordia. Eine Jahrhundertstudie aus dem Wupperthal, Barmen 1901, S. 25/26 Auszug

„Concordia hieß die Parole,
Geselligkeit ihr Feldgeschrei.
Die Flasche galt als Terzerole,[1]
Der Wein als Pulver, Scherz als Blei.
Im Mühlenweg versammelt waren
Zuerst Concordias Husaren.

Sonnabendlich da war Attacke
Auf pommes de terre[2] und Kalbsragout,
Zur Sommerzeit im Bivouake[3]
Da floß der Rheinwein flott dazu.
Wenn sie bei scharfer Klinge waren,
Wie hauten ein die Herren Husaren!

Und wenn es ging zur Ball=Parade
Erstrahlten sie in vollstem Glanz,
Gestriegelt und in Wichspomade
Lancirten[4] sie gar manchen Tanz.
Eroberer sie alle waren,
Die minnewerbenden Husaren.

So trieben sie's seit vielen Jahren
In Carrière wie im Trab,
Und als sie schier ergraut an Haaren,
Da sahn's die Jungen ihnen ab,
Die sämmtlich gut gezogen waren
Als echte Söhne der Husaren." —

---
[1] Terzerole = kleine Pistole
[2] pommes de terre = Kartoffeln
[3] Biwak = Nachtlager im Freien
[4] Lancieren = in Gang bringen, etwas in die Wege leiten

*wohltätige Vereine. Emil Rittershaus dichtete in diesem Zusammenhang:
„Wo's dem Guten galt zu dienen / Und der Kunst ein Heim zu sein, / Ist sie hülfreich stets erschienen, / Stets bereit, die Kraft zu weih'n. / An der Spitze frisch zu schreiten, / Wo ein edles Werk geschah, / Ehrenpflicht zu allen Zeiten / War es der Concordia" (zit. nach Bredt, a.a.O., S. 35).*

2.2 Gesetze und Regeln

Kommentar 5 und 6

Die Quellen 5 und 6 sollen belegen, wie die Vereine durch Formulierung von Regeln in Form von „Statuten", „Verfassungen", „Satzungen" oder „Gesetzen", die von den Behörden genehmigt werden mußten, die Verhaltensweisen der Vereinsmitglieder und die Funktionen der Vorstände zu normieren suchten. Die erste Quelle, bestehend aus der Einleitung zu den Statuten der „Neuen Elberfelder Lesegesellschaft" von 1799, belegt den Argumentationszusammenhang, aus dem heraus die verbindliche Regelung des Vereinslebens für notwendig erachtet wurde. Die nachfolgend auszugsweise wiedergegebenen Statuten der Gesellschaft „Erholung" (= „Neue Elberfelder Lesegesellschaft") sollen die Formen und Inhalte solcher Vereinsgesetze stellvertretend für andere Statuten dokumentieren.

Gesetze

der

Gesellschaft Erholung

in

Elberfeld

1832.
Gedruckt bei Sam. Lucas.

Titelblatt der Statuten der Gesellschaft „Erholung" (SAW P III 106)

Quelle 5
Einleitung zu den Statuten der „Neuen Elberfelder Lesegesellschaft"
SAW P III 106 31.7.1799 handschriftlich Auszug

Wenn wir den Menschen, als gesellschaftliches Glied nach seinen verschiedenen Anlagen, Neigungen, Empfindungen [etc.] oder nach seinem individuellen Temperamente betrachten; so lehrt es die Geschichte aller Zeiten und Völker, daß ihm gewiße Normen oder Vorschriften unentbehrlich sind, an die er sich in manchen vorkommenden Fällen, oder Lebensverhältnißen halten, und nach denen er seine Handlungsmaximen, sowohl zu seinem eigenen Besten, als auch zur Dauer und zum Wohl der Gesellschaft selbst, einrichten kann.

Daher erfordert jede größere oder kleinere gesellschaftliche Verbindung, von welcher Art sie auch sey, gewiße Statuten oder Gesetze, die jedem Societäts=Gliede heilig seyn müßen, weil nur allein durch deren treue Befolgung die sämmtlichen Glieder der Gesellschaft gleichsam nur eine einzige engverbundene Kette bilden; nur auf einen festen Gesichtspunkt in ihren Gesinnungen und Handlungen hinwirken, und durch den Verein ihrer gesammten Kräfte, nur Einen Körper ausmachen, der mittels seiner Stärke die erhabensten Zwecke der Gesellschaft realisirt; indem er jeden frohen Lebensgenuß höher, wärmer und reiner empfinden, und jede Ausbildung, und Veredlung des Herzens, und Geistes leichter und reiflicher gedeihen läßt.

Wenn dem zufolge der erste Zweck nämlich: froher und erhöhter Lebensgenuß im Kreise trauter Freunde auch vorzüglich der Zweck unserer Vereinigung ist, so dürfen wir doch auf keine Weise zweifeln, daß nicht auch die zweite Absicht unserer Verbindung, nämlich: Kultur, und Veredlung des Herzens, und der Seele, oder die Verbindung alles Nützlichen, Edlen und Guten, mit dem Angenehmen glücklich erreicht werde, und daß wir im trautesten brüderlichen Verein manches Gute und Nützliche zu stiften fähig sind, was dem einzelnen Gliede durch sich allein zu bewirken, unmöglich ist.

Blos und allein aus diesem Gesichtspunkte entwarf die Gesellschaft bereits im Jahre 1795[1] am 27. Januar als an ihrem ersten Stiftungs=Tage ihre ersten Gesetze, die aber durch Zeit und Verhältniße eine Abänderung erheischten, und deshalb auf's neue ausgefertigt, an dem heutigen Tage jedem Societäts Gliede vorgelegt, von demselben genehmigt, und zur treuesten Befolgung, und Aufrechterhaltung durch eigenhändige Unterschriften sanktionirt wurden.

[...]

---
[1] Nach dieser Angabe wurde die Gesellschaft am 27.1.1794 gegründet, nach anderen am 5.11.1786 (vgl. dazu Otto Schell, Wann wurde die Gesellschaft „Erholung" in Elberfeld gegründet?, in: MBGV 1. Jg. (1894), S. 167-169).

Quelle 6
Gesetze der Gesellschaft „Erholung" in Elberfeld
(ausgefertigt am 30.10.1823, genehmigt am 1.10.1828), o.O. (Elberfeld) 1832, S. 3-16
SAW P III 106 Auszüge

§. 1.

Mitglied dieser Gesellschaft kann jeder gebildete Bürger werden, wenn er dazu von einem Mitglied vorgeschlagen, und demnach die Kugelwahl günstig für ihn ausfallen wird.

§. 2.

Der Vorschlag geschieht an einem Samstag Abend, auf einer dazu bestimmten Tafel, von Seiten der Deputation, und ist der Vorschlagende verbunden, sich deshalb schriftlich an den Sekretair zu wenden, der die Aufschreibung zu besorgen hat.

Die Kugelwahl ist dann acht Tage nachher, in den Sommer=Monaten nämlich vom 1. April bis ultimo September um 7 Uhr, in den übrigen Monaten um halb 7 Uhr. Tags vorher muß der Präses sämmtliche Mitglieder dazu einladen lassen.

§. 3.

Nachdem der Name des Vorgeschlagenen auf der Tafel bemerkt ist, hat keine Zurücknahme statt, und muß bei der Aufnahme das Eintritts=Geld bezahlt werden, wofür das vorschlagende Mitglied haftet.

§. 4.

Sind Mehrere zugleich vorgeschlagen, so kann die Kugelwahl an einem Abend, jedoch nach der Reihenfolge und für Jeden insbesondere vorgenommen werden.

§. 5.

Jedes Mitglied hat dabei eine Stimme, und kann daher daran Theil nehmen.

§. 6.

Drei Viertheile der gegenwärtigen und stimmenden Mitglieder sind zur Aufnahme erforderlich. Ein Viertheil verneinende Kugeln verwirft dieselbe. Doch steht es dem Nichtaufgenommenen frei, sich nach einem Vierteljahre neuerdings vorschlagen zu lassen.
(...)

§. 10.

Die Kugelwahl wird in dem Gesellschaftssaal vom Präses zur bestimmten Zeit pünktlich eröffnet, indem er jedes Mitglied dazu, der Reihefolge nach, aufruft, der Sekretair überreicht dann jedem Erscheinenden eine Kugel, welche dieser in den im Nebenzimmer befindlichen, zur Kugelung bestimmten Kasten, nach, hinter sich geschlossener Thüre, eingelegt.

§. 11.

Der Präses und der Sekretair geben ihre Kugeln zuletzt ab.

§. 12.

Der Kasten wird nach geschehener Kugelung vom Präses und dem Sekretair, welche dazu die Schlüssel haben, gleich, vor der ganzen Versammlung geöffnet.

§. 13.

Ist die Kugelwahl zu Gunsten des Vorgeschlagenen ausgefallen, so steht es dem Vorschlagenden frei, denselben einzuführen.

§. 14.

Bei dessen Eintritt werden ihm die Statuten zur Unterzeichnung vorgelegt, und nach deren Unterzeichnung ist er daran verpflichtet, so wie aller Rechte eines Mitgliedes theilhaftig.

§. 15.

Das Eintrittsgeld ist 20 Thlr., für dessen Zahlung das vorschlagende Mitglied haftet.

§. 16.

Der jährliche Beitrag ist, sofern Umstände keine etwaige Erhöhung erheischen, auf 4 Thlr. 20 Sgr. festgesetzt, er wird halbjährig mit 2 Thlr. 10 Sgr. an den Kassirer gegen Schein praenumerando bezahlt.

§. 17.

Ehren-Mitglieder werden keine aufgenommen.

§. 18.

Fremde, nicht in der Stadt noch im Kirschspiel Elberfeld wohnhaft, dürfen in jedesmaliger Begleitung eines Mitgliedes, sonst aber durchaus nicht, in der Gesellschaft erscheinen, und an allen Vergnügungen derselben Theil nehmen. Das Mitglied, welches den Fremden einführt, ist für dessen Betragen verantwortlich, so wie zur Zahlung dessen, was der Fremde an Erfrischungen genießt, verpflichtet. Ausnahmen finden statt, wenn ein Fremder, welcher sich länger als einen Monat aufhält, mit Genehmigung der Verwaltung, eine Monatskarte erhalten hat, wofür monatlich 23 Sgr. zum Besten der Armen zu entrichten sind. Ueberhaupt aber wird jedes Mitglied, welches einen Fremden einführt, auf dessen Untadelhaftigkeit Rücksicht nehmen.

§. 19.

Einheimischen, welche nicht Mitglieder sind, ist auf keine Weise der Besuch der Gesellschaft erlaubt. Sollte ein Mitglied deren einführen, so zahlt dasselbe zum Erstenmale 1 Thlr. 16 Sgr. Strafe, im Wiederholungs-Falle hat die Verwaltung eine angemessene höhere Strafe zu bestimmen.

§. 20.

Die Gesellschafts-Zimmer sind täglich von 10 Uhr Morgens an geöffnet.

§. 21.

Außer Hazard-Spielen sind alle Spiele erlaubt.

§. 22.

Getränke und Erfrischungen sind Sachen zur Dekonomie gehörig, weshalb man sich an den Dekonomen oder an dessen Aufwärter zu wenden hat, doch versteht es sich von selbst, daß der Dekonom nur für seine Rechnung borgen darf.

§. 23.

Für Zeit- und Flugschriften ist ein eigener Tisch bestimmt, wo solche gelesen werden; — deren mit nach Hause nehmen, ist bei 23 Sgr. Strafe verboten.

§. 24

Der Austritt aus der Gesellschaft steht in eines Jeden freien Willen. Der Austretende hat jedoch nicht die geringsten Rückansprüche auf das Eintritts-Geld noch auf das Eigenthum der Gesellschaft. Er ist überdem zur Zahlung des Beitrags für das laufende Jahr verpflichtet, und haftet bis zum Ende dessen, jedoch nicht länger, für die allenfalls seyn könnenden Schulden. Wer aus der Gesellschaft den hiesigen Ort verläßt, über einige Zeit aber zurückkommt, kann als Mitglied wieder eintreten, sobald er dasjenige nachbezahlt, was jedes Andere während seiner Abwesenheit — als außergewöhnlichen Zuschuß — beilegen mußte, und wenn, was die Hauptsache ist, seitdem nichts Nachtheiliges von ihm bekannt wurde.

§. 25.

Der Mitgliedschaft wird verlustig:

a) wer durch eine schlechte Handlung sich einer entehrenden Strafe oder der Verachtung seiner Mitbürger aussetzt;

b) wer in der Gesellschaft Jemand öffentlich auf eine entehrende Weise beleidigt;

c) wer bei Entstehung eines lauten ungebührlichen Wortwechsels, auf die Ermahnung des Präses, oder eines Deputirten, zur Ruhe und Ordnung, nicht achtet; derselbe soll in diesem Falle gleich aus der Gesellschaft gewiesen werden;

d) derjenige endlich, welcher den jährlichen Beitrag oder eine ihm aufgelegte Geldbuße nach dreimalig vergeblicher Anmahnung nicht bezahlt.

§. 26.

In jedem der oben erwähnten Fälle kann jedoch, nach den Umständen, von der Verwaltung auf eine angemessene Geldstrafe angetragen werden.

§. 27.

Ueberhaupt gehen alle Beschlüsse, Bestimmungen und Anordnungen von der Verwaltung aus; ehe solche aber in Vollzug gesetzt oder zum Gesetz gemacht werden, müssen selbige in einer General-Versammlung den anwesenden Mitgliedern zur Genehmigung vorgelegt werden.
(...)

§. 31.

Die Verwaltung besteht aus 6 Deputirten, nämlich:
1) einem Präses,
2) einem Sekretair,
3) einem Buchhalter,
4) einem Kassirer,
5) einem Deputirten über das Weinlager,
6) einem Deputirten über das übrige Mobilar-Eigenthum der Gesellschaft.

Diese werden aus der Mitte der Gesellschafts-Glieder gewählt.
(...)

§. 37.

Der Präses hat die Aufsicht über alle Verrichtungen der übrigen Verwaltungs-Deputirten, über deren pünktliche Erfüllung er zu wachen hat. Er trägt in den Sitzungen die Gegenstände der Berathschlagung gründlich vor, und hat bei gleichen Stimmen die Entscheidende.

§. 38.

Der Sekretair führt das Protokoll bei den Berathschlagungen, er faßt die Beschlüsse ab, und trägt sie gehörig ein.

§. 39.

Der Buchhalter führt die General-Controlle über die gesammte Einnahme und Ausgabe.

§. 40.

Dem Kassirer liegt die Einnahme und allenfallsige Eintreibung der Eintritts-Gelder, der jährlichen Beiträge und Straf-Gelder auf; er soll darüber am Ende jeden Monats der Verwaltungs-Deputation Rechenschaft ablegen, und zugleich ein Verzeichniß der Zahlungssäumigen übergeben, damit gegen dieselben nach den Gesetzen verfahren werde; derselbe darf keine Rechnungen bezahlen ohne Zustimmung des Präses und Sekretairs, und nur die von Letzteren ausgestellten Zahlungs-Anweisungen sind gültig.
(...)

§. 58.

Den vorstehenden Gesetzen, Anordnungen und Vorschriften, woran durchaus keine Abänderungen gemacht werden sollen, wenn solches nicht von der Mehrheit der Mitglieder verlangt wird, unterwirft sich Jeder von uns aufs Feierlichste und Strengste, durch seine eigenhändige Unterschrift. Damit sich Keiner mit Unwissenheit entschuldigen könne, soll jedem dermaligen als jedem künftigen Mitgliede ein gedrucktes Exemplar eingehändigt werden.

Elberfeld, den 30. October 1823.

2.3 Aufnahme und Exklusivität

Kommentar 7 - 9

*Die Aufnahme in einen geselligen Verein geschah durch das Verfahren der Ballotage, bei der von den wahlberechtigten Mitgliedern Kugeln in bestimmte Fächer eines Kastens gelegt wurden. Schwarze Kugeln bedeuteten Ablehnung, weiße Annahme eines Kandidaten. In der Elberfelder „Ersten Lesegesellschaft" genügte seit 1785 der 6. Teil schwarzer Kugeln, um den Aspiranten abzulehnen; die Gesetze der Gesellschaft „Erholung" von 1823 bestimmten denselben Anteil, in der „Harmonie" verwarf der dritte Teil den Bewerber. In den Statuten der „Erholung" von 1807 hieß es über das Ballotieren: „Die unbeschränkte Freiheit beym Ballotiren, d.h. das freymüthige Zu-erkennen-geben seines subjectiven Willens oder Wunsches, verehrt die Gesellschaft als eins der wesentlichsten Rechte ihrer Mitglieder, und sieht dagegen die Verletzung desselben als einen strafbaren Eingriff in ihre Verfassung an" (Gesetze der Gesellschaft zur Erholung in Elberfeld, Elberfeld 1807, § 14, SAW P III 106). Die Ballotage stellte sich vordergründig als weitgehend demokratisches Wahlritual dar, hob aber gerade im Fall der Ablehnung eines Bewerbers die Exklusivität einer Gesellschaft besonders hervor. Obwohl, wie es in den Statuten des „Museums" von 1819 formuliert war, „[d]er Kastengeist [...] verbannt, und von Beurteilung des Mannes nach den Gaben des Glücks oder nach seiner Familie und seinen Verhältnissen [...] bei der Ballotage keine Rede sein" (Erich Breitenbach, Die Entwickelung der Gesellschaft Casino in Elberfeld 1775-1927, o.O. (Elberfeld) 1927, S. 25) sollte, gab es Diskussionen um die Aufnahme von Katholiken in die „Erste Lesegesellschaft". 1825 wurde der Sohn des jüdischen Kaufmanns Cahen im „Museum" vorgeschlagen. Obwohl der Kaufmann Peter Willemsen sich in einem Memorandum für die Gleichberechtigung der Juden engagierte, setzte sich eine Gruppe um den Oberbürgermeister Brüning durch, die die Aufnahme von Juden in den Verein ablehnte. Cahen fiel bei der Ballotage durch. Die Bedeutung einer solchen Ablehnung durch die Ballotage, die in einem Vortrag des Duisburger Professors Withof vom 24.11.1784 in der „Ersten Lesegesellschaft" (Quelle 7) angesprochen wurde, zeigt Quelle 8, in der es um die Beschwerde eines Handlungscommis geht, der gegen seinen Willen in der Gesellschaft „Erholung" ballotiert worden war und durchfiel. Quelle 9 enthält einen Artikel, der im Februar 1836 im Elberfelder Intelligenzblatt erschien.
In den Annalen des Oberbürgermeisters Brüning für 1823 waren die bestehenden*

Quelle 7
Vortrag des Professors J.P.L. Withof am 24.11.1784:
„Von der Elberfelder Lesegesellschaft",
in: A. von Carnap, Zur Geschichte des Wupperthals. Die geschlossene Lesegesellschaft in Elberfeld, ZBGV 1(1863), S. 57/58 Auszug

„In der lediglich durch die allgemeinste Thätigkeit gedeihenden, wie hohe Saat auf gutem Acker blühenden Stadt Elberfeld ist aus klug veranstalteten und eben darum unansehnlichen Anfängen einer kleineren Lesegesellschaft in Zeit von wenigen Jahren eine Societät entstanden, die ohngefähr aus fünfzig dortigen angesehenen Mitgliedern besteht und, außer den anständigsten Verpflichtungen zur Geselligkeit und einem angenehmen Umgange, von keinen geheimen Anordnungen weiter etwas weiß. Sie ist geschlossen, und die in dieselbe aufgenommen zu werden verlangen, werden ihr von einem oder mehrern ihrer Mitglieder angezeigt und durch Ballotage aufgenommen oder abgewiesen, welches letztere durchfallen heißt."

„Ich denke keinen Tadel zu verdienen, wenn ich mir bei diesem Worte „durchfallen" die beiläufige Anmerkung erlaube, daß es einen etwas gehässigen Nebenbegriff habe und demjenigen, der die erforderlichen Stimmen nicht erhalten hat, einige Spöttelei des Publicums zuziehe. Und doch, gewiß ist es nicht und muß es auch die Absicht der Gesellschaft nicht sein, ihrem Ansehen durch einige Kränkungen Glanz zu verschaffen. Vielleicht also geschähe besser die Anzeige geheim und nur in Gegenwart der Mitglieder, so wie auch das Ballottieren selbst, und nicht im Beisein von Fremden. Auch ein geringerer Anwerber um eine ansehnliche Jungfer, wenn er übrigens bescheiden ist, macht ihr Ehre. Denn auch er ist ein Beweis mehr, daß sie begehrungswürdig sei. Sie kann immer Nein! sagen; denn seine Sehnsucht ist nicht Gesetz für sie. Allein auch durch die mindeste Verachtung ihn kränken wollen, muß sie nicht; sie, wie liebenswerth sie auch ist, ist doch nicht mehr als Mensch und recht tugendhaft ausgebildet, gerade das, was auch ihr Verehrer sein kann. Eine solche begehrungswürdige Schöne ist die Gesellschaft."

Quelle 8
Beschwerdebrief des J.M. Brühl an Landrat Seyssel d'Aix
SAW P III 106 23.7.1828 handschriftlich Abschrift

Am 19. dieses Monats fand hieselbst in der Gesellschaft, genannt die Erholung, eine mein Ergefühl höchst kränkende Ballotage statt. -
Es war nämlich einige Tage zuvor einigen meiner Freunde eingefallen, mich ohne mein Wissen gedachter Gesellschaft als Mitglied in Vorschlag zu bringen, und mein Name wurde auf ihren Antrag gleich auf eine in der Gesellschaft aushängende Tafel gesetzt.
Ich will diesen Freunden ihren Leichtsinn nicht missgelten lassen, denn ich bin allzusehr von ihrer guten Absicht überzeugt, auch daß sie diese Handlung nur in der Voraussetzung meiner Genehmigung begingen, allein meine Verhältnisse gestatten es mir nicht, mehreren Gesellschaften, als worin ich schon wirklich Mitglied bin, anzugehören, besonders der gedachten Erholung, welche mit einem Entre von 30 Talern und einem jährlichen Beitrag von Talern 6. - verknüpft ist. -
Ich habe meinen Freunden auf der Stelle meine Mißbilligung zu erkennen gegeben, und auch der gedachten Gesellschaft brieflich angezeigt: daß ich diesen Vorschlag nicht genehmigen könne, ja, wie ich hören mußte, daß die Deputation der Gesellschaft dennoch auf die Ballotage bestehen würde, habe ich den Schutz der hiesigen Polizeibehörde angerufen, und selbst durch den hiesigen Gerichtsvollzieher Neubauer förmlich gegen die Ballotage protestiren lassen. -
Alles dieses nicht achtend und selbst den scharfen Befehl des hiesigen Herrn Oberbürgermeisters verhöhnend, schritt man doch zur Ballotage, und ließ mich gleichsam zweimal Spitzruthen[1] laufen, einmal über die Frage: ob ballotirt werden sollte, wel-

*Elberfelder „gesellschaftliche[n] Vereine"
mit folgenden Mitgliederzahlen verzeichnet:
„Harmonie" (115), „Museum" (270),
„Erholung" (138), „Genügsamkeit" (140),
„Gesellschaft für Kunst und Gewerbe" (110),
„Eichengesellschaft" (70) (Annalen für
1823, S. 68).*

Gesellschaft Parlament.
Mittwoch den 30. Jan. 1861, Abends 8 Uhr:
Ballotage.
1355   Die Verwaltung.

1566 **Gesang=Verein.**
Heute Nachmittag halb 4 Uhr
Concert-Probe
für das am 9. d. stattfindende letzte Abonnements-Concert.

*Anzeigen im Täglichen Anzeiger
Nr. 25 vom 30.1. und Nr. 29 vom 3.2.1861*

ches mit 70 Stimmen gegen 13 bejaht, und das anderemal über die Aufnahme selbst, wo ich dann mit 28 schwarzen Kugeln durchfiel. -
Ein freundliches Mitglied der Deputation, nämlich der Herr Notar Lützeler hatte früher der Gesellschaft einen zweckmäßigen und ernsten Vortrag gemacht, sie gegen Umtriebe gewarnt, ja gleichsam gebeten, doch keine schwarze Kugeln zu geben, allein umsonst, die Unbilde sollte nun einmahl an mir vollendet werden, die Deputation selbst hatte gegen die Statuten gefehlt, indem nach diesen jeder Vorschlag schriftlich eingereicht werden muß, sie aber oder doch wenigstens ihr Vorsizer mich auf den mündlichen Vortrag meiner Freunde auf die Vorschlags=Tafel brachte. -
Nach diesen Premissen sind folgende Verbrechen begangen:
1., Eine Injurie gegen meine Person, denn einen jungen noch nicht versorgten Manne, der in Diensten eines hiesigen Handlungshauses als Commis steht, muß die Ehre ein schätzbares Gut seyn; die mindeste Verunglimpfung derselben schadet seinem künftigen Fortkommen, und wenn Jemand in eine Gesellschaft durchfällt, so hat man ihm hiedurch ein Zeichen der Verachtung gegeben, welches besonders bei den Begriffen, die man hievon in Elberfeld und bei der merkantilischen Welt hat, sehr ehrenkränkend ist, die Injurie ist öffentlich begangen, denn sie geschah in der öffentlichen Gesellschaft Erholung bei der Versammlung von wenigstens 87 Mitgliedern; man dürfte mir einwenden, daß die fragliche Gesellschaft eine geschlossene sey, allein dieses kann den Charakter der begangenen Unbilde nicht ändern, denn es bleibt immer dann ein in einer geschlossenen Gesellschaft begangenen öffentliche Unbilde, welche durch die ganze Stadt so verbreitet wurde, daß sie ein Gegenstand aller Gespräche wurde. -
2., Hat die Deputation die Befehle der städtischen Behörde nicht geachtet, sie hat sich zu Schulden kommen lassen, daß sie ein Staat im Staate bildet, und daß sie, obschon die geschlossenen Gesellschaften unter besonderer Aufsicht der Behörden stehen, den Gesetzen und ihren Behörden mit beispielloser Frechheit Hohn sprechen kann. -
Die Deputation scheint zwar ihr Verfahren dadurch beschönigen zu wollen, daß in ihren neuesten Statuten vom Jahr 1824 ein § enthalten, wonach ein einmal in Vorschlag gebrachtes Mitglied durchaus ballotirt werden muß, dieser Vorschlag war nicht, was auch die Statuten sagen, schriftlich eingereicht, also an und für sich null, diese neue Statuten sollen vernehmlich noch nicht die erforderliche Genehmigung der höhern Behörden erhalten haben[2], und dann, wann auch [durch] diese Formalitäten keine Sünde begangen wäre, und der § wirklich das besagte bestimmt, wie könne dieses aber anders erklärt werden, als daß der Vorgeschlagene mit seiner Einwilligung vorgeschlagen seyn muß, oder soll ich gegen diese Intrepertation[3] annehmen, daß die Gesellschaft zur Erholung in Elberfeld sich ein gegen alle gute Sitten anlaufende Kontrakt=Bestimmung gegen ein Nichtmitglied, und gleichsam ein Privilegium vielleicht einzig in der Preußischen Monarchie zu erfreuen hätte, sich ein Späßchen gegen jeden guten Bürger zu machen, und dieselben ungestraft durch Ballotagen herabwürdigen zu können. -
In einem durch weise Gesetze regirten Staate, als dem unsrigen, kann so etwas nicht ungeahndet bleiben. - Ich habe heute die Sache durch meinen Sachwalter in Düsseldorf dem öffentlichen Ministerium zur Bestrafung denunziert, und da dieselbe zugleich den Charakter einer polizeilichen Administration annimmt, so habe ich auch nicht ermangeln wollen, solche Euer Hochgeboren als den ersten Polizeibeamten der hiesigen Stadt zur gefälligen nähern Veranlassung vorzutragen[4]. -
[...]

---
[1] gemeint ist „Spießrutenlaufen"
[2] Brühl bezieht sich auf die §§ 2 und 3 der Statuten, die am 30.10.1823 ausgefertigt, aber erst im Oktober 1828 von der Düsseldorfer Regierung genehmigt wurden.
[3] gemeint ist „Interpretation"
[4] Der Landrat leitete das Schreiben Brühls am 24.7.1828 an den Oberbürgermeister mit der Bemerkung weiter, die Sache sei keine Verwaltungsangelegenheit und daher das von Brühl eingeleitete Verfahren bei der „gerichtlichen Polizei=Behörde das Geeignete" (SAW P III 106).

Quelle 9
Artikel über das gesellige Leben in Elberfeld,
in: Elberfelder Intelligenzblatt Nr. 11 vom 4.2.1836

An die verehrliche Redaktion des Elberfelder Intelligenzblattes.

Wenn Sie nur in etwa für die Intelligenz sorgen wollen, so werden Sie, selbst sich in Elberfeld einbürgernd, hoffentlich meinen Artikel nicht verschmähen, der denn doch wenigstens nicht ganz ohne Interesse für hier sein soll. Ich trete zwar gegen einen Collegen von Ihnen auf, aber mir ist es ja nur um die Sache, nicht um Personen zu thun. So hat denn der Redakteur des Welt= und Staatsboten, Herr Dr. Rave, ein Buch "Köln und Jerrmann," herausgegeben, das in Köln vor einigen Tagen erschienen ist. Der Streit geht mich nichts an, der darin geführt wird, denn er ist um des Kaisers Bart; ich lese lieber etwas, was mich amusirt oder belehrt. Komödiantensachen sind mir gleichgültig. Der Dr. Rave schildert nun darin das gesellige Leben in Rheinland und Westphalen, und findet es nirgend als in Köln. Er hat da 12 Jahre gelebt und mag der Stadt etwas Flattousen[1] sagen. Aber darum braucht er nicht Dinge in die Welt zu schicken, die, gelinde gesagt, unrichtig sind. Man höre nur, wie er von Elberfeld spricht:
„In Elberfeld wird die reitzende Gabe des Himmels, Geselligkeit des Lebens, nicht besser gewartet; Geld oder Vermögen und religiöse Ansichten spalten dort die Gesellschaft auf die verschiedenartigste Weise und halten die Markungen der mannichfachen Trennungen fast wie einen Ehrenpunkt fest; Vermögen, Besitz, der größere oder geringre Erwerb eines Geschäfts, kurz, das Geld ist in dieser Stadt das Prinzip der Classen=Eintheilung der Gesellschaft. Die direkten und indirekten Steuer=Register lösen dort aus der allgemeinen Gesellschaft eine Menge kleinerer Cirkel ab und begrenzen sie durch einen Geist, der eben so eifersüchtig über sein Gebiet wacht, wie ehemals viele deutsche Edelmänner über ihren Stammbaum und Jagdrevier wachten und mitunter noch wachen, oder wie nur immer Gelehrten= und Künstler=Stolz dies vermögen. Der Thaler hat in Elberfeld 24 oder 32, ich weiß es nicht recht wie viele Klassen der Gesellschaft und beinahe eben so viele Cirkel geschaffen, über deren Thüre der Beutel Wache hält und die Einlaßkarte strenge prüft. Der Beutel ist zwar höflich genug, den Hut abzuziehen, sobald ein Unbekannter erscheint und um Einlaß bittet; aber er vergißt auch nie die Fragen und sucht ihre Lösung auf direkte oder indirekte Weise: Wie viel besitzt er, wie hoch laufen seine Einkünfte, welche Bedeutung hat sein Geschäft? Fällt die Antwort für den klassificirenden Geldgeist nicht befriedigend aus, so setzt der Beutel seinen Hut auf, verbeugt sich eben mit dem Kopf und Nacken, was man vornehmes Nicken nennt, und sagt ziemlich mürrisch: On ne passe pas par ici![2] Und die Thüre der Elberfelder Geselligkeit wird dem Anklopfenden so lange verschlossen, bis er so viele Thaler aufgehäuft hat, daß er, auf ihnen stehend, die höhere Etage, worin die reichere Klasse sich gesellig versammelt, erreichen kann. Bei einem solchen Maßstabe der Menschenschätzung wird man sich nicht wundern, wenn Talent, Kunst und Wissenschaft nur in dem Verhältnisse dort geachtet werden, als sie größre und geringere Prägstöcke sind und mehr oder weniger Thaler schlagen. Ich tadle grade nicht die Richtung des geselligen Tones in Elberfeld, denn Geld ist in unsern Tagen eine große Macht geworden, eine so große, daß sie jede andere zu verschlingen droht, selbst die Macht der Tugend und des Charakters, und auf dem Wege ist, ihr Panier, den Rothschild'schen Comptoir=Rock, zum Weltbanner zu erheben; man muß demnach auch dem Gelde auf die Gestaltung der Geselligkeit und ihren Ton einen großen Einfluß zugestehen, aber auf der andern Seite leuchtet es mir auch ein, daß, wenn die Geldmacht in einer Gesellschaft zur Geld=Allmacht wird und den Geselligkeits=Sinn ausschließlich beherrscht und ihm ihre einseitige Richtung giebt, das Gedeihen der Volks=Geselligkeit wenig befördert wird. Die Suprematie[3], welche nicht selten im geselligen Umgange das Geburtsrecht ausübt und jene, welche Talent, Gelehrsamkeit und Kunst in ihm geltend machen wollen, sind allerdings für einen gebildeten Mann, der die Quelle seines Daseins vielleicht nur bis auf seinen Großvater verfolgen kann und der kein Buch geschrieben und nichts zu dociren hat, sehr beengend und drückend und er wird sich selten heimisch unter denselben fühlen; aber diese Suprematien vergüten doch in einiger Hinsicht noch das Uebergewicht, welches sie sich anmaßen und machen dadurch den Gesetzgeber= Ton, den sie in einem geselligen Verein zu führen sich anmaßen, weniger schneidend, weniger einengend; denn die eine Suprematie hat in den meisten Fällen doch noch eine gewisse Politesse[4] und übt ihren vorherrschenden Einfluß zu mildern, zier-

Anzeige im Täglichen Anzeiger Nr. 35 vom 10.2.1861

lichern Formen aus, auch flößt sie noch immer eine gewisse Achtung, wenn auch nur ihrer historischen Erinnerungen wegen, ein, und von der andern kann man doch noch etwas lernen, wenn gleich sie Einen diese Kenntniß=Erwerbung durch den absolutistischen Professor=Ton und die dictatorische Rechthaberei etwas theuer bezahlen läßt. Aber von der Geld=Suprematie, was ist um Gotteswillen von diesem kalten, starren, metallenen Klumpen im gesellschaftlichen Umgange zu gewinnen? Nur der Egoismus und die Habsucht, die gebornen Erbfeinde aller Geselligkeit, können mit der Geld=Suprematie einen Umgangs=Vertrag schließen und ruhig, selbst zufrieden den harten Druck derselben auf ihre knochigen, schwieligen Schultern nehmen, in der Hoffnung, durch Unterthänigkeit, Schmeichelei und die andern Katzen=Künste der Hofirung ein Stück von dem reichdurchwirkten Rothschild'schen Comptoir=Rock zu erhaschen; aber nie werden und können die edlern, schönern Gefühle der menschlichen Brust, aus deren Blumenkelchen die Biene der Geselligkeit ihren süßesten Honig holt, mit der Geld=Suprematie einen Umgangs=Vertrag abschließen, ohne sich verletzt und durchkältet zu fühlen. - In eine der 24 Elberfelder Hast=du=was=Classen gepackt und darin festgehalten zu werden, hat zum wenigsten für mich keinen geselligen Lebens=Reiz und hätte mich auch das Glück in die höchste Klasse gesetzt, würde ich eiligst aus derselben fortlaufen, um lieber meinen Umgang unter den Capite Censi[5], unter den Proletariern zu suchen, als in dem Geldkasten unter lauter Geld zählenden Insassen gesellig zu leben. Ich würde zwar bei ihnen keine Eleganz, keine feinen Sitten finden; dafür würden mir aber unverkrüppelte natürliche Gefühle, zwar unpolirt und etwas derbe, aber doch in Bezug auf ihre Naturquelle redliche, aufrichtige Gesinnungen begegnen, die zum mindesten die künstliche Farbenschminke des Goldes und Silbers nicht besitzen. Ich liebe nicht sehr die Herzen, die unten an einem Geldbeutel hangen und deren Empfindungen, wenn sie zum Tageslichte gelangen wollen, sich erst durch die obenliegenden harten Thaler drängen müssen und, wie die Wasserquellen in der Natur, von den Eigenschaften der über ihnen lagernden Schichten Färbung und Geschmack annehmen.

„Mit der Geld=Suprematie in Betreff ihres Einflusses auf die Gestaltung des geselligen Lebens würde ich mich allenfalls noch abfinden, ihr eigner Vortheil macht sie oft dem Scheine nach geselliger, als sie ihrer Natur gemäß ist und mildert das Schroffe ihrer Abstoßung mehr oder weniger; aber meinem innersten Gemüthe zuwider ist, wenn die Religion, wenn religiöse Ansichten und Gefühle zum Vorwande dienen, in dem geselligen Umgange Trennungen und Spaltungen hervorzubringen und den so natürlichen und menschlichen Sinn der Geselligkeit zu verwunden; aus der allgemeinen Gesellschaft Stücke zu schneiden und die einzelnen Abtheilungen feindlich gegenüber zu stellen. Ein solcher Mißbrauch der edelsten Gabe des Himmels, die gerade darauf berechnet ist, die einzelnen Menschen näher aneinander zu ziehn, und den Geselligkeits=Sinn zu beleben, erwärmen und erhöhen, streitet eben so sehr gegen alle Religion, als er mit der Vernunft im Widerspruch steht und von dem bessern Herzen verworfen wird. Ich habe alle Religionen, die auf der Welt waren und noch sind, ein Bischen studirt und ich habe gefunden, daß sie Alle im Grunde einen Haupt=Charakter tragen; sie führen alle die Herzen der Menschen zu einer Urquelle der Liebe, und die Geister zu einem unendlichen Verstande und vereinen sie zu einer höchsten Vernunft=Idee. Die Vernunft thut mithin durch die Religion, so verschiedenartig auch ihre Formen sein mögen, das, wohin die Natur durch den Sinn der Geselligkeit wirkt; sie verbindet, sie vereint, sie schafft eine Gesellschaft und knüpft ihre Bande fester, indem sie dieselben ehrwürdig und heilig macht. Die Menschen also, welche von dieser oder jener positiven Religion die Veranlassung hernehmen, Spaltungen in der allgemeinen Volks=Gesellschaft zu stiften und aus jeder einen abgeschlossenen Zirkel, der die anders Denkenden abstößt, d.h. ungesellig behandelt, bilden, mögen allerdings gründliche Theologen, stets kampffertige Polemiker, selbst fromme Menschen nach ihrem Sinne sein; aber Religion haben sie nicht, nicht jenen Geist der Geselligkeit dieser Gottestochter, dessen freundlich wohlwollendes Wesen man in allen Religionen, wenn gleich in den verschiedenen Arten verschieden stark, verspürt. Dieser Geist ist die eigentliche Religion und der Werth jeder religiösen Form hängt von dem größern oder geringern Maße ab, in welchem sie diesen Geist in sich aufgenommen hat und hegt und pflegt. Es ist nicht möglich, daß man irgend eine Religion von diesem Geiste völlig entblößt denken kann; wäre aber eine wirklich so unglücklich, dieses Geistes gänzlich blank und baar zu sein, so würde diese Religion der grimmigste Fluch für die Menschheit sein und würde den höchsten Frevel gegen Gott begehn, weil sie gegen seine beiden heiligen Gesandten, gegen Vernunft und Natur, frevelt.

„Aus diesem Grunde habe ich mir denn auch nie vorstellen können, daß Menschen,

Festprogramm (SAW C II 64)

welche sich der Religion bedienen, um Partheiungen, Abscheidungen in einer Volksgesellschaft hervorzubringen, wahrhaft religiös sind und in den meisten Fällen, wo ich solche religiöse Demagogen - Religion ist am häufigsten der Deckmantel der Demagogie gewesen - näher betrachtete, habe ich gefunden, daß theologischer Stolz, dogmatische Rechthaberei, Ehrgeiz, der nach einem überwiegenden Einflusse strebt, und dergleichen Beweggründe die Partei= und Sectenmacher leitete; aber diese Motive stimmen doch mit dem schönen Geiste aller wahren Religion so wenig überein, als sie gesellige Tugenden sind. Sie hauen überall in der Gesellschaft die Palme des Friedens und des heitern, geselligen Umgangs nieder und säen die Drachenzähne des Streits und Haders und der Trennung. Namen, mit denen viele gar keinen Begriff verbinden, und welche den Meisten so dunkel sind, daß sie den Begriff einem Andern nicht klar machen können, werden dann zu Shibolets[6] der Parteiungen, und mit diesem Namen flieht man sich und feindet sich oft gegenseitig. „Er ist ein Krummachianer! Er ist ein Döringer! Er gehört zu den Mittel=Feinen, zu den Supra=Feinen" und wie die Feldgeschreie weiter heißen. Man fühlt sich geneigt zu solchen Leutchen zu sagen: „Ist Euer Kopf so wenig selbstständig, daß er einen Leithammel haben muß, dessen Schellenklingel er folge? Gut wir haben nichts dagegen; glaubt an Hans oder Clas und schwört bei ihm; wir sind dessen zufrieden; aber bringt diese Dummheiten nicht stöhrend in den geselligen Umgang und verkümmert mit ihnen nicht uns und Euch die Würze des Lebens."

Das ist doch zum Haarausraufen! Wir könnten darüber lachen, müssen aber doch jemand bedauern, der so was schwatzt. „Schnell fertig ist die Jugend mit dem Wort," aber so ganz jung kann der S. T.[7]Rave nicht mehr sein, denn er ist ja nach vollendeten Studien, als Doktor und Compagnie=Chirurgus Ende Mai 1824 um 6 1/2 Uhr Abends in Köln eingezogen, wie er selbst jedermänniglich zu wissen thut. Bis jetzt hat man nun in den Annalen der Stadt Elberfeld auch nichts darüber gelesen, daß derselbe sich hier lange aufgehalten hat - wenigstens so lange, daß er alle Cirkel und Ansichten unserer Stadt kennen lernen konnte. Wahrscheinlich ist er hier einmal durchmaschirt, und hat demnach die Stadt gesehen; vielleicht hat ihm dann einer auf die Hühneraugen getreten, deren offizieller Feind er sonst ist, und das hat ihn so gegen unsere gute Stadt eingenommen. Hat er aber sonst nur von Hörensagen dergleichen niedergeschrieben, so ist es um so unverzeihlicher. Einer Widerlegung solcher Aeußerungen, wie sie nur vor Jahren einmal in der Dominikanerkaserne im dritten Stock zu Papier gekommen sein können, bedarf es für keinen Verständigen, denn was an den Aeußerungen etwa richtig ist, das wissen hier viele längst, sehen aber ein, daß es kaum vermeidlich und schwer verbesserlich ist. Gegen Köln aber so aufzutreten, wie es gegen uns geschehen ist, schäme ich mich, obgleich ich sonst auch ein Liedchen darüber singen könnte. Aber ich bilde mir nicht ein, dem Publikum ganz unabhängig gegenüber zu stehen und alle Vorurtheile in einer Stadt, wo die menschlichen Verhältnisse klar überblickt werden, abgelegt zu haben, wie es gewisse Leute thun. Darum schone ich Köln, will mir aber auf mein Elberfeld nichts gesagt haben. Der gebildete Elberfelder achtet ganz so gut Talent, Wissenschaft und Kunst, als irgend ein gebildeter Mann in irgend einer Stadt: es herrscht viele Ruhe, Thätigkeit und Zurückgezogenheit bei uns - meinetwegen auch mitunter der überall zu findende Vermögensstolz - wer aber sich als achtbar und vertrauenswerth zeigt, der wird gewiß auch geachtet, ohne daß er Beutel und Thaler producire. Soll ich hier Elberfeld rühmen, da wir es ja kennen? Nein, ich möchte nur den züchtigen, der es schmäht, ohne etwas davon zu wissen. Aber es giebt leider solche Scribenten, die in der eitelsten Bescheidenheit über alles abzuurtheilen wagen, so daß man den Franzosen ihre leichtfertigen Bemerkungen über deutsche Sitten nicht mehr vorwerfen darf: diese jungen Deutschen sind so einzig und wichtig, daß sie gleich alles kennen und beobachten und daß sie dann von den Verständigen ausgelacht werden. Könnte ich Satyren schreiben, so erginge es dem S.T. Scribenten sehr schlimm, indeß verstehe ich mich nicht auf Poesieen: aber das gestehe ich, ich zählte lieber den ganzen Tag Silbergroschen, als daß ich solch ein Buch mit meinem Namen in die Welt schickte. Nun genug! -

> Will der Herr Rav' ein Tänzlein wagen,
> Darf er's nur sagen, ich spiel' ihm eins auf!

Nehmen Sie, Herr Redakteur, noch meine Entschuldigung, Sie mit diesem Geschwätze behelligt zu haben, aber tischen Sie es nur Ihren Lesern auf, denn so weit dürfen Sie die collegialische Freundschaft nicht treiben, daß Sie mir die Aufnahme desselben verweigerten. Ich verbleibe mit Hochachtung
Einer Ihrer Leser.

Ankündigung in der Barmer Zeitung vom 8.1.1861

---
[1] Flattousen = Schmeicheleien
[2] Hier im Sinne von : Hier ist kein Durchgang!
[3] Suprematie = Oberherrschaft, hier i.S. von „Überordnung" oder „Übergeordnetheit"
[4] Politesse = Höflichkeit
[5] Capite Censi = die (wie Vieh nur nach Köpfen gezählten) Angehörigen der untersten Bürgerklasse
[6] Shibolet = Erkennungswort (Richter 12, 5 und 6)
[7] S.T. = sine titulo: ohne Titel

3. Vereine mit gewerblicher und wissenschaftlich-kultureller Spezialisierung

Kommentar 10

Am 10.8.1836 konstituierte sich in Elberfeld ein „Lokal-Gewerbeverein" unter dem Vorsitz des Landrates Seyssel d'Aix. Dieser Lokalverein war einem Zentralverein in Düsseldorf mit dem Namen „Gewerbe=Verein für den Regierungs-Bezirk Düsseldorf" angegliedert, dessen Gründung im Februar 1836 auf eine Initiative des Regierungspräsidenten Graf Stollberg-Wernigerode in Düsseldorf zurückging. Zum Elberfelder Vorstand gehörten die Kommerzienräte von Carnap und Meckel, der Realschullehrer Egen, die Kaufleute und Unternehmer Eller, Jung, Schlieper, Duncklenberg, Hecker, Haarhaus, Holthaus, Davidis und Jaeger. Zum Vorstand des ebenfalls gebildeten Barmer Vereins, der 1837 eine Freischule für Handwerker einrichtete, gehörten außer dem Vorsitzenden Kaufmann Schuchard und dem Sekretär Neuhaus (Kaufmann) noch drei weitere Kaufleute (Cleff, Wittenstein, Siebel) und sieben Fabrikanten (Roth, Röhrig, Osterroth, Bartels-Feldhoff, Hösterey, Matthai, Mittelstenscheid). Als Zweck wurde im 1. Heft der „Verhandlungen des Gewerbe=Vereins" bestimmt, „das betheiligte Publikum auf Alles, was für die einheimische Gewerbthätigkeit und hauptsächlich für deren Vervollkommnung, Belebung und Ausdehnung von Wichtigkeit ist, aufmerksam, und dasselbe zu diesem Behufe mit neuen Entdeckungen und Erfindungen, so wie mit den Verbesserungen in der Maschinerie oder in der Appretur bekannt zu machen" (Verhandlungen des Gewerbe=Vereins..., Düsseldorf 1837, S. 5, SAW J XII 2). Dies sollte durch Anlage von Fachbibliotheken, durch Abhaltung von Warenausstellungen, Zeitschriften, Preisverleihungen für technische Innovationen, Finanzierung von Fortbildungsreisen und Kreditbereitstellung „zur Förderung industrieller Unternehmun-

Quelle 10
Verhandlungen des Gewerbe=Vereins für den Regierungs-Bezirk Düsseldorf,
Erstes Heft, Düsseldorf im Januar 1837, S. 1-4
SAW J XII 2 Auszug

Schon oft ist die Zeit der Gegenwart eine Zeit der Vereine genannt worden, — und in der That, wer wahrnimmt, wie allenthalben ein Verein nach dem andern entsteht, zu den verschiedenartigsten Zwecken, sei es, um gegenseitige Unterstützung oder Sicherheit, Anregung oder Förderung zu gewähren, der wird jene Bezeichnung nicht ganz unrichtig finden.

Die Mehrzahl dieser Vereine geht unstreitig aus einem Bedürfniß der Zeit hervor und ihre Tendenz ist in solchem Falle auf das gemeine Beste gerichtet und demnach löblich. Andere gehören aber mehr einer besondern Richtung der Zeit an, und ihre Tendenz ist in solchem Falle nicht immer gemeinnützig.

Zu den gemeinnützigsten Vereinen der neuern Zeit darf man wohl zunächst diejenigen zählen, deren Aufgabe und Zweck darin besteht, durch vereintes Bestreben Gewerbthätigkeit und Kunstfleiß zu beleben, zu fördern und auszubreiten, und es spricht ohne Zweifel sehr zu Gunsten der Gegenwart, daß die Zahl solcher und ähnlicher Vereine im In= und Auslande ziemlich ansehnlich geworden ist.

Abgesehen von ihrer gemeinnützigen Tendenz, befriedigen die Gewerbe=Vereine ein wahres Bedürfniß, und ein Hervorrufen derselben ist deshalb nicht allein als nützlich, sondern selbst als nothwendig zu betrachten.

Seitdem die Fortschritte in Kunst und Wissenschaft im Allgemeinen so überraschend groß geworden sind und so schnell auf einander folgen, daß Entdeckungen und Erfindungen sich drängen, und oftmals sogar sich verdrängen, noch bevor sie in Anwendung gebracht worden, — macht auch die Entwickelung der Gewerb=

gen" (ebenda) geschehen. Handwerker und Bauern waren als Mitglieder zugelassen, aber nicht stimmberechtigt.

Der Elberfelder Lokalverein löste sich, nachdem er bereits seit 1840 vom Zentralverein getrennt war, Ende der 40er Jahre auf; erst Ende der 50er Jahre bildete sich mit dem „Handels- und Gewerbe-Verein für Rheinland und Westphalen" wieder ein überregionaler Industriellenverband. Der Barmer Lokalgewerbeverein hatte sich bereits Anfang der 40er Jahre mangels Interesse wieder aufgelöst. 1868 kam es in Barmen zur Gründung eines „Vereins für Technik und Industrie", der „gemeinsame Besprechungen über Gegenstände der Technik und Industrie, Förderung gewerblicher und technischer Bildung und gegenseitige freundschaftliche Annäherung seiner Mitglieder" bezweckte (SAW P III 21). Dies sollte durch Vorträge und Diskussionen, Einrichtung einer technischen Bibliothek und die Förderung der gewerblichen Bildungsanstalten in Barmen erreicht werden.

Ankündigung in der Bergischen Zeitung vom 20.2.1861

thätigkeit Riesenschritte. — Den größten Einfluß darauf üben zunächst die fortschreitenden Kenntnisse in der Chemie und Mechanik aus, und wem ist es unbekannt, in welchem Maaße dieselben seit 2 bis 3 Jahrzehenden erweitert, berichtigt und ergänzt worden sind, und welchen Umschwung sie bereits in Kunst und Gewerbe gebracht haben? — Der Einzelne vermag kaum, die raschen Fortschritte darin mit einiger Aufmerksamkeit zu verfolgen und schwerer noch pflegt es ihm zu werden, die wichtigen von den minder wichtigen zu unterscheiden, oder neue Erfindungen und Verbesserungen im Gebiete der genannten Wissenschaften bei sich einzuführen. Und gleichwohl bildet es für jeden Gewerbtreibenden eine der wesentlichsten Aufgaben, darauf ganz besonders achtsam zu sein, um hinter den allgemeinen Fortschritten der Zeit nicht zurückzubleiben; keiner kann sich derselben entziehen, denn, wo Alles fortschreitet, ist jeder Stillstand schon ein Rückgang.

Was hier dem Einzelnen schwierig ist, wird den gemeinsamen Bestrebungen Vieler weniger schwer, und deshalb sind fast allenthalben, wo Gewerbthätigkeit und Kunstfleiß ihre Regsamkeit entfalten, Vereine entstanden, welche jene Aufgabe des Einzelnen gemeinschaftlich zu lösen sich zum Zweck gemacht haben, und deren Streben demnach darauf gerichtet ist, den Zustand des Handels und der Gewerbe in allen Zweigen und Beziehungen zu ermitteln; die Fortschritte des In- und Auslandes sorgfältig zu beobachten und zu verfolgen; die Gewerbtreibenden auf dieselben aufmerksam zu machen und ihnen deren Anwendung zu erleichtern; die Einführung anerkannt nützlicher Verbesserungen, Erfindungen und Entdeckungen zu befördern und durch Alles dieses für Gewerbe und Kunstfleiß nützlich und förderlich zu werden.

Dem Regierungs-Bezirke Düsseldorf, der zwar nach seinem Flächeninhalte einer der kleinsten des Preußischen Staates ist, gleichwohl einen bedeutenden Rang durch die Zahl und Betriebsamkeit seiner Bewohner, so wie durch die Wichtigkeit seiner gewerblichen Anlagen und industriellen Anstalten, einnimmt, durfte ein solcher Verein am wenigsten fehlen. Er vereinigt innerhalb seiner Gränzen fast sämmtliche Zweige der Industrie; in seinen zahlreichen Fabriken und Manufakturen, welche hauptsächlich in den Kreisen Crefeld, Duisburg, Elberfeld, Gladbach, Lennep und Solingen ihren Sitz haben, werden die verschiedenartigsten Gegenstände und Stoffe verarbeitet; die Erzeugnisse und Fabrikate derselben genießen größtentheils eines weit verbreiteten

Rufes und werden nach allen Gegenden der Erde versandt; und die Zahl der Arbeiter, welche sie unmittelbar und mittelbar beschäftigen, ist so bedeutend, daß dadurch die Bevölkerung in den genannten Kreisen eine Dichtigkeit erreicht hat, wie sie auf dem Kontinente nicht häufig gefunden wird. — Aber gerade aus diesem Zustande der Dinge erwächst allermeist die Verpflichtung, um so aufmerksamer auf das zu sein, was im Gebiete des Handels und der Industrie vorgeht, damit das Vorhandene nicht bloß durch ein zeitgemäßes Fortschreiten erhalten, sondern zugleich nach den Forderungen der Zeit auch immer mehr verbessert, vervollkommnet und erweitert werde.

Bei aller Anerkennung der desfallsigen Bestrebungen, so wie der Leistungen, darf man wohl nicht in Zweifel ziehen, daß dem Unternehmungsgeist noch ein weites Feld geöffnet ist; noch weniger aber kann es bestritten werden, daß, so weit auch die fortschreitende Entwickelung der Industrie bei uns gediehen sein mag, die auf allen Seiten sich mehrende und wachsende Konkurrenz stets zu neuen Anstrengungen nöthigt. Wer nun weiß und erwägt, daß unsere Eisen- und Stahlfabriken die Zahl ihrer Fabrikate noch mit manchem Gewinn versprechenden Gegenstande vermehren können; — daß unsere Seidenmanufakturen in einzelnen Artikeln noch immer dem Auslande nachstehen, und zwar hauptsächlich aus dem Grunde, weil es für die Arbeiter noch keine Webe- und Zeichnenschulen gibt; — daß wir von der Verarbeitung der Baumwolle noch bei Weitem nicht den Nutzen ziehen, den wir nach Maaßgabe des vorhandenen inländischen Bedürfnisses davon zu ziehen berufen sind, — und daß es endlich noch mancherlei andere Erwerbs- und Industriezweige gibt, welche vielfacher Verbesserung und Vervollkommnung fähig sind, oder welche zum großen Vortheil eingeführt werden können, der wird zu der Ueberzeugung gelangen, daß ein Verein gerade hier durch Anregung und Förderung äußerst wohlthätig werden kann.

(...)

Kommentar 11
Bereits 1832 hatte sich in Elberfeld ein „Wissenschaftlicher Verein" zusammengefunden, dessen 14tägig stattfindenden Versammlungen der „wissenschaftliche[n] und literarische[n] Belehrung und Unterhaltung" (Karl Coutelle, Elberfeld, topographisch-statistische Darstellung, Elberfeld 1852, ND Wuppertal 1963, S. 59) gewidmet waren. Die erste Zusammenkunft des „Naturwissenschaftlichen Vereins von Elberfeld und Barmen" fand am 9.4.1846 statt. Als Zweck des Vereines, dessen Vorsitzender bis zu seinem Tod Johann Carl Fuhlrott (1804-1877), seit 1830 Lehrer an der Elberfelder Realschule und 1856 Entdecker des Neandertalmenschen, war, wurde zunächst die „Erforschung des naturhistorischen Materials in den Umgebungen von Elberfeld und Barmen" (Jahres=Berichte des naturwissenschaftlichen Vereins von Elberfeld und Barmen, Elberfeld 1851, S. 11) angegeben, zwei Jahre später ging es um die „Erforschung der physischen Constitution der Gegend von Elberfeld und Barmen" (ebenda S. 29). Die Untersuchungen der 46 aktiven Vereinsmitglieder (1848) gehörten in die Bereiche der Mineralogie, Botanik und Zoologie, später u.a. auch der Paläontologie, Geologie und Geognosie. Quelle 11 enthält einen Teil des von Fuhlrott erstatteten ersten Jahresberichts vom 10. April 1847.

Quelle 11
Carl Fuhlrott, Erster Jahresbericht. Vorgetragen am Stiftungsfeste des naturwissenschaftlichen Vereins für Elberfeld und Barmen am 10. April 1847, und bevorwortet durch: Einige Gedanken über die Bedeutung naturwissenschaftlicher Vereine,
in: Jahres=Berichte des naturwissenschaftlichen Vereins von Elberfeld und Barmen, Elberfeld 1851, S. 1-6 Auszug

Meine Herren.

Man hat die Frage aufgeworfen, ob Jemand, der irgend ein Gebiet wissenschaftlicher Thätigkeit berufsmäßig anbaut, sei es aus angeborner Bequemlichkeit, oder aus Fügsamkeit unter die Autorität Anderer, auf eigenes Schauen und Prüfen verzichten und in einer abgeschlossenen Sphäre des Wissens und Könnens wahre Befriedigung finden könne?

Bei der Ansicht, die ich von der Natur des Menschen und dem biegsamen Wesen seiner geistigen Freiheit habe, muß ich die bestimmte Beantwortung dieser Frage ablehnen. Müßte sie aber bejaht werden auch in Betreff derer, die einzelne Wissenschaften anbauen und die Pflege höherer geistiger Güter des Menschen zu ihrem Lebensberufe gemacht haben, so würde ich mich nicht wundern, wenn Leute dieser Art, ohne Ahnung von dem mannichfachen Zusammenhange alles menschlichen Wissens, den beschränkten Kreis ihrer Anschauungen zu erschöpfen und hier tiefer zu blicken und mehr zu wissen glaubten als Andere, wenn sie demzufolge ihre Weisheit höher anschlügen, als was durch die Arbeit und Erfahrung Vieler

In Barmen wurde 1869 aus einem bereits bestehenden Zirkel als erster seiner Art ein „Verein für wissenschaftliche Vorträge" gegründet, der seine Veranstaltungen im Haus der Barmer „Concordia" abhielt. In der Saison 1866/67, also noch vor der eigentlichen Vereinsgründung, hielt u.a. Prof. Springer aus Bonn drei Vorträge, z.B. über „Schinkel und die Architektur im 19. Jhdt." (20.12.1866), Heinrich von Sybel, ebenfalls Professor in Bonn, sprach über die „Ueberlieferung der Republik Venedig an Oesterreich 1797" (10.1.1867), Prof. Wüllner über den „Luftdruck und die von demselben bedingten Erscheinungen" (7.2.1867) und Geheimrat Bluntschli aus Heidelberg über die „Geschichte des Bekenntnißzwangs und des Rechts der Bekenntnißfreiheit" (18.3.1867).

Am 13.6.1863 fand die konstituierende Sitzung des „Bergischen Geschichtsvereins" statt, dessen Initiatoren der Elberfelder Gymnasialdirektor Dr. Wilhelm Bouterwek und Pastor Karl Krafft waren. Der Verein hatte das Ziel, die politische und Kirchengeschichte der vormaligen Herzogtümer Jülich-Kleve-Berg und der angrenzenden Gebiete zu erforschen. Als Grundsatz galt dabei, „die reine geschichtliche Wahrheit zu ermitteln und […] jedes nicht berechtigte Parteiinteresse fern [zu] halten" (§ 4 der Statuten des BGV, in: ZBGV 1(1863), S. 413). Zum ersten Vorstand gehörten neben dem Vorsitzenden Bouterwek als Kassierer Peter von Carnap (Mitglied des Herrenhauses und Beigeordneter), Gymnasiallehrer Dr. Crecelius und Realschullehrer Döring als Sekretäre. 1864 hatte der Verein 22 Ehren-, 36 korrespondierende und 141 ordentliche Mitglieder, „darunter Größen ersten Ranges auf politischem wie sozialem Gebiete" (Festschrift zum fünfundzwanzigjährigen Jubiläum des BGV, Düsseldorf 1888, S. 7). Das erste Heft der „Zeitschrift des Bergischen Geschichtsvereins" erschien im Gründungsjahr 1863.

und durch freie Kritik an geläuterten Resultaten für die Wissenschaft gewonnen werden kann; — ich würde es dieser exclusiven Stellung ganz angemessen finden, wenn sich ihre Anhänger von jeder gemeinsamen, auf die Förderung höherer Zwecke abzielenden Wirksamkeit fern hielten, wenn sie sich isolirten und dann den Forderungen ihrer Wissenschaft und ihres Berufs nicht genügten und unsere Zeit in sehr wesentlichen Beziehungen nicht verständen.

Wir leben in einer Zeit, die nicht allein nach allen Richtungen hin ungewöhnliche Anforderungen an die Zeitgenossen stellt, sondern diese Anforderungen fast täglich mehr steigert, so daß sich ihnen die Kräfte des Einzelnen unmöglich gewachsen fühlen können. Zum Belege dessen bedarf es nur eines Blickes auf die Gebiete des praktischen Lebens, — und überall sehen wir Vereine entstehen und durch gemeinsames Wirken und gegenseitige Unterstützung der Vereinsgenossen Resultate erzielen, denen der Einzelne mit Aufbietung aller seiner Kräfte vergebens nachstreben würde.

Das eben Gesagte findet seine volle Bestätigung auch auf den verschiedenen Gebieten des geistigen Lebens, auf den Gebieten für Kunst und Wissenschaft. Auch hier, wo es doch weit mehr auf den innern Gehalt als auf den Umfang der Arbeit, mehr auf die intensive Stärke geistiger Thätigkeit als auf extensive Anhäufung des bezüglichen Materials abgesehen ist — wo gleichsam der Mensch in abstracto als Zweck und die Menschen in concreto als Mittel erscheinen, wo der Einzelne, insofern er Beruf hat, von dem sicheren Standpunkte seiner isolirten Selbstständigkeit aus neue Theorien begründen und den Fortschritt menschlicher Erkenntniß sichern kann, — auch hier tritt unsere Zeit durch die Mannichfaltigkeit ihrer Entwickelungen und die Eile des Fortschritts mit ihren Forderungen so gebieterisch an den Einzelnen heran, daß er ohne die Mitwirkung Gleichgesinnter und Gleichbedrängter hinter der raschen Bewegung zurückbleiben, den Ueberblick und damit zugleich das Gefühl der Sicherheit des eigenen Standpunktes verlieren muß. Nur in der Verbindung mit Anderen, in der Association überhaupt wird dem Einzelnen auch hier das einzige Mittel zur Erreichung seines Zieles geboten.

Sehen Sie da, meine Herren, die allgemeinen Grundbedingungen aller Vereine und erkennen Sie darin, wenn ich so sagen darf, den ursprünglichen Keim- und Bildungsproceß unseres naturhistorischen Vereins für Elberfeld und Barmen! — Lassen wir aber alle anderen Vereine auf sich beruhen und fassen wir die naturwissenschaftlichen und vor Allem die naturhistorischen ins Auge!

Wenn wir, wie denkenden Männern geziemt, der wahren Wissenschaft, welches Gebiet von Kenntnissen sie auch umfassen möge, gewiß alle mit Hochachtung, ja mit zärtlicher Neigung zugethan und daher weit entfernt sind von jeder kleinlichen Bekrittelung und unlauteren Deutelei an jenen Wissenschaften und ihren Vertretern, denen die verschiedenen Gebiete der geistigen Erscheinung des Menschen und seiner historischen Entwickelung angewiesen sind, — so muß es eben darum schwer werden zu begreifen, wie so viele Männer, die diesen Richtungen angehören, zu den Naturwissenschaften in eine feindliche Stellung treten und bei völliger Vernachlässigung derselben sich dennoch ungünstige Urtheile über sie erlauben können. Dieß Verhalten erscheint um so auffallender, wenn es von Männern ausgeht, die mit anerkanntem Scharfsinn auf ihren Gebieten die Logik üben und dennoch nicht einsehen mögen, wie sehr sie durch Urtheile über Dinge, die sie nicht kennen, die Grundregeln der Logik beleidigen. Begegnet so etwas einem Menschen ohne logische, ohne Schul= und Gelehrtenbildung, so mögen wir mitleidig die Achseln zucken und unseres Weges gehen; — welcher Verkehrtheit der menschlichen Natur wir es aber beimessen sollen, daß sie auf anerkannt hoher Stufe geistiger Entwickelung und formaler Bildung in Ansehung der einfachsten logischen Postulate gleichsam mit Bewußtsein sündigen kann, — das muß dem schlichten, unverdorbenen Sinn ein Räthsel bleiben. Hat man jemals auch nur einen Naturkundigen, wenn er für seine Wissenschaft das Wort ergriff, in ähnlichen Widersprüchen sich bewegen, mit gleichen unwürdigen Waffen kämpfen sehen? Hat man auf dieser Seite neben der Begeisterung für die Erforschung der Natur jemals die unfreie Einseitigkeit, die Anmaßung im Urtheil gefunden, wie auf der andern Seite? — Meine Erfahrung, und sie ist nicht gering auf diesem Gebiete, kann nur das Gegentheil bezeugen. Und so ist's mir denn auch stets unmöglich gewesen, diese Gegensätze einfach aus der menschlichen Beschränktheit zu erklären, die auch das Beste, wenn es noch neu ist, tadelt und anfeindet; ich muß vielmehr ihre Quelle in einer absichtlichen Verkehrtheit suchen, die den nothwendigen und darum unaufhaltsamen Verfall ihrer alten bequemen Wohnung so lange als möglich und selbst auf Kosten des äußeren und inneren Sinnes zu verzögern sucht.

Wie schlicht, wie rein in seinen Absichten erblicken wir diesem Treiben gegenüber den ächten, kundigen Freund der Natur! — Treu den Regeln seiner Wissenschaft jede unlautere Art des Kampfes, jedes Urtheil a priori, d. h. über Dinge, die er nicht sorgsam untersucht hat, verschmähend, gelten ihm alle Erscheinungen des geistigen wie des physischen Lebens, wenn sie sich naturgemäß entwickeln, als nothwendige Glieder einer höhern Einheit, als ebenbürtige Geschwistern einer und derselben unermeßlich großen Familie, die sich nicht anfeinden, sondern einander lieben, pflegen und gegenseitig fördern sollen. Wenn es sich demnach darum handelte, auf welchem Gebiete des Wissens, sowohl im Princip wie in der Praxis die objectiven Erscheinungen nach ihrem wahren Werthe abgewogen, wo der freien und dennoch gesetzmäßigen Entwickelung, somit der wahren Bildung des Menschen, insofern er auf seine eigenen Kräfte angewiesen ist, am meisten Vorschub geleistet werde, so dürften wir Alle keinen Augenblick anstehen, uns für die Naturwissenschaften zu entscheiden.

Dieser Bemerkungen, ich gestehe es, hätte es in einem Kreise von Männern, die sich mit Eifer verschiedenen Zweigen der Naturkunde gewidmet haben, nicht bedurft; sie verstanden sich da von selber. Es sind aber heute nicht bloß die Mitglieder des naturhistorischen Vereins hier versammelt; unser Kreis sieht sich vielmehr ansehnlich erweitert durch ehrenwerthe Gäste, die sattsam beschäftigt in anderen Sphären geistiger Thätigkeit mit naturwissenschaftlichen Studien sich weniger befreunden konnten. Diesen lieben Gästen sind vorzugsweise meine bisherigen Bemerkungen gewidmet; mögen sie dazu beitragen, daß die scheinbar heterogenen wissenschaftlichen Bestrebungen, die einerseits auf die Erzeugnisse des menschlichen Geistes, andererseits auf die Erzeugnisse der Natur gerichtet sind, einander nicht ausschließen oder gar feindlich bekämpfen, sondern sich als nothwendige Elemente in dem Bildungsprocesse der Menschheit achten und anerkennen und nur in gegenseitiger Durchdringung ihr wahres, ihr höchstes Ziel zu erreichen vermögen.

Ich habe bereits angedeutet, meine Herren, wie sehr unsere vielbewegte Zeit zur Association, zur Vereinigung gleichartiger, auf ein gemeinsames Ziel gerichteter Bestrebungen hindrängt. Wenn dieß auf irgend einem Gebiete weniger durch die Regsamkeit der Geister überhaupt, als recht eigentlich durch die Natur der Sache bedingt ist, wenn hiezu also irgendwo neben der subjectiven Bedrängniß eine objective Nöthigung vorliegt, — so ist es auf dem weiten Gebiete der Naturkunde, und zwar zu allermeist auf dem Gebiete naturgeschichtlicher Forschungen. Wer vermag sie zu zählen, ja nur zu überblicken die in unendlicher Mannichfaltigkeit vor uns ausgebreiteten Erscheinungen, welche in ihrer individuellen Abgeschlossenheit Naturkörper genannt werden und deren genaue Kenntniß und Unterscheidung der Naturhistoriker zu erstreben hat, — wer ist jemals mit der Untersuchung und Bewunderung einer einzigen von diesen Erscheinungen zum völlig befriedigenden Abschluß gekommen? — Niemand — so lautet die bestimmte Antwort eines Jeden, der in diesen Dingen Erfahrung hat. Aber weit entfernt, uns dadurch entmuthigen oder zu der Überzeugung bestimmen zu lassen, daß wir in Ansehung derjenigen Befriedigung, die wir in unseren Forschungen suchen, umsonst arbeiteten, uns vergebens abmühten, lernen wir vielmehr uns dahin bescheiden, daß jede individuelle Erscheinung in ihrem Zusammenhange mit dem Ganzen der Natur zu einer — man möge den Ausdruck nicht mißbilligen — kleinen Unendlichkeit anwachse und mithin von einer Befriedigung im absoluten Sinne der Wissenschaft hier nicht die Rede sein könne. Das wahre Wissen will alle Erscheinungen nach Grund und Folge in ihrem nothwendigen Zusammenhange erkennen und bedingt ein rastloses unaufhörliches Streben, so daß wir einerseits über die Größe der Aufgabe erstaunen, uns andererseits aber auch an dem erhebenden Gedanken erfreuen mögen, in der geringsten Einzelnheit mannigfachste Beziehungen zu einem Unendlichen zu finden.

Haben wir es demnach zu thun beim Anblick des Ganzen mit einer Unendlichkeit von Erscheinungen, und bei der Untersuchung des Einzelnen mit einer Unendlichkeit von Beziehungen, — muß aber Jeder diesen Unendlichkeiten gegenüber seine individuellen Kräfte als durchaus unzureichend erkennen — wo möchten dann die Anforderungen von Außen stärker, das innere Bedürfniß für den Einzelnen dringender sein, als hier: sich gleichartigen Bestrebungen Anderer anzuschließen und unter freudiger Hingebung auch des Besten, was man an Erkenntniß und Erfahrung besitzt, die Leistungen der Genossen zu eigener Förderung zu benutzen? — Was nun so die Freunde der Natur zusammenführt, das hält sie auch dauernd zusammen. Es ist nämlich rein unmöglich, daß bei gehöriger Würdigung seiner Aufgabe der besonnene Naturforscher irgend welche Leistungen hoch genug anschlagen könnte, um sich in eitler Ueberschätzung damit zu brüsten und seinen Genossen gegenüber eine unangemessene, Frieden und Freundschaft störende Haltung anzunehmen. Hat Jemand ein Problem gelöst, so sind ihm unter der Hand hundert andere Probleme daraus erwachsen. Wer empfände somit besser die Unzulänglichkeit der eigenen Leistungen, als der forschende Freund der Natur? Wie möchte er an Ueberhebung denken oder den unlautern Regungen Raum geben, die auf anderen Gebieten so leicht die Menschen trennen und miteinander verfeinden? Hat doch der Naturforscher das ewige Bild des Friedens, die Natur selber immerdar vor Augen! Wie hier der Kampf ein scheinbarer ist, der den gesetzmäßigen Fortschritt nicht hemmt, sondern unaufhaltsam fördert und die Allmacht des ewigen Friedens, die über dem Ganzen lagert, nur um so bedeutungsvoller hervorhebt: so ist auch der Kampf der Meinungen, wie sie der Tag erzeugt, auf unserem Gebiete kein störender, sondern ein entwickelnder, insofern wir durch ihn weit leichter als ohne ihn zu der unumstößlichen Wahrheit gelangen, daß Niemand Recht hat als allein — die Natur. Wenn aber die Natur allein Recht hat und allein Recht behält, welche andere Ueberzeugung könnte uns dann beständig leiten und in unsere Versammlungen begleiten als jene, daß wir überall im Dienste einer höheren Macht arbeiten, Angesichts welcher alle selbstischen Zwecke jede reelle Bedeutung verlieren? Braucht man sich nun noch zu wundern, warum die Versammlungen der Naturfreunde eine so friedlich heitere Gestalt annehmen, warum sich jeder Lernbegierige dort wohl fühlt, warum sich der Einzelne gehoben und Alle gefördert sehen und weshalb solche Versammlungen, einmal besucht, in der Folge so unwiderstehlich anziehen? Könnte es, selbst wenn wir die Erfahrung nicht für uns hätten, nun noch zweifelhaft bleiben, ob naturwissenschaftliche Vereine für die Wissenschaft bedeutsam, für die humane Entwickelung der Mitglieder förderlich und für das praktische Leben ersprießlich seien? — Eine verneinende Antwort dürfte hier ganz unmöglich sein, und so erlassen Sie mir wohl die weitere theoretische Begründung der Ansicht, die ich von Vereinen, wie der unserige ist, habe. Gestatten mir die Vereinsmitglieder, daß ich sie herzlich willkommen heiße im Namen der Wissenschaft, die wir als treue Jünger verehren und nach Kräften zu fördern trachten, im Namen der Städte Elberfeld und Barmen, die in der Zukunft unseres Vereins eine neue Zierde erblicken, endlich in meinem Namen, insofern ich mich glücklich schätze, den ersten Anstoß zu einem Unternehmen gegeben zu haben, das in seinen Erfolgen meine Erwartungen weit übertroffen hat. — Meine freundlichsten Willkommensgrüße richte ich aber auch an die verehrten Gäste, die durch ihre Anwesenheit das Fest verschönern, die Tendenz unseres Vereines anerkennen und neue Hoffnungen für seine gedeihliche Entwickelung begründen.

(...)

Kommentar 12

In einem Artikel der Vereinszeitschrift der literarischen Gesellschaft „Der Frühling" (Barmen) hieß es 1873: „Ganz gewiß gab es eine Zeit - und sie liegt noch nicht lange hinter uns, ja sie reicht noch mit einigen Ausläufern in die Gegenwart hinein - wo der Wupperthaler auf die beiden letzten Sylben seines Namens einen solchen Nachdruck legte, daß ihm Kunst und Wissenschaft entweder nur als tüchtige Kühe, oder aber als Handel und Fabrikation störende Luxuspflanzen erschienen. Heute finden derartige Parallelen aus dem animalischen oder vegitabilischen [!] Leben der Natur bei uns fast keine Anwendung mehr auf aesthetische Erholungen. Seit den letzten beiden Decennien haben Kunst und Wissenschaft das Bürgerrecht der Schwesterstädte an der Wupper im vollsten Maße erworben und sind auf mannigfache Weise beschäftigt, das Leben der Thalbewohner zu verschönern. [...] Diese Errungenschaften sind aber [...] eine ganz natürliche Folge des Entwickelungsganges der bergischen Industriestädte. Eine aesthetische Ausschmückung des Lebens mit den Gaben, welche die Kunst, ‚die hohe, himmlische Göttin', darreicht, wird nur da, aber auch ganz gewiß da stattfinden, wo die materiellen Verhältnisse des Lebens mehrere Generationen hindurch eine gewisse Behäbigkeit aufweisen. Der Parvenü ist selten ein Mäcen, und der aesthetisch Gebildete, dem es an Wohlstand fehlt, kann Keiner sein, denn die dilettirende Beschäftigung mit Kunst und Wissenschaft setzt eine gewisse Unabhängigkeit von den nächsten Sorgen des Lebens voraus" (SAW P III 15 b, S. 262 f).

Auf dem Gebiet des musikalischen Vereinswesens setzten die Aktivitäten in beiden Wupperstädten bereits am Anfang des 19. Jhdts. ein. 1806 wurde in Barmen eine

Quelle 12
Emil Rittershaus, Prolog zum 50jährigen Jubiläum des „Elberfelder Gesang-Vereins",
in: Gedenkblatt zur fünzigjährigen Jubel-Feier des Gesangvereins in Elberfeld, o.O. o.J. (1861), S. 3-5

Ein fünfzigjährig' Jubiläum! — Seid
Uns hoch willkommen, all' ihr lieben Gäste!
Wir baten Euch zu einem trauten Feste,
Zu einem Fest, der hohen Kunst geweiht! —

*   *   *

Ein Jubelfest, doch unser Jubilar
Ist nicht ein schwacher Greis mit weißem Haar,
Der heut' nur sagen kann von früh'ren Tagen,
Von beß'ren Jahren, die vorbeigezogen,
Wo jugendfrisch das junge Herz geschlagen,
Wo um die Schläfen braune Locken flogen;
Nein, unser Bund, der fünfzigjähr'ge Bund,
Zu dessen Jubelfest wir Euch gebeten,
Noch fühlt er jung sich tief im Herzensgrund
Und festen Schrittes will er vor Euch treten.
Euch grüßen will er mit des Dichters Wort,
Mit Liederton und mit dem Spiel der Saiten,
Und dienen will er heut' und immerfort
Treulich der Kunst, der hohen, gottgeweihten!

*   *   *

Ein halb' Jahrhundert! Eine düstre Zeit
War jene Zeit, wo dieser Bund entstanden;
Das Vaterland, es trug das Trauerkleid
Und Ketten trug's, die harten Sclavenbanden.
Im Jahre Elf war's. Der Kometenwein,
Noch hatt' er nicht im Fasse ausgegohren,
Noch hatte nicht in heißen Schlachtenreih'n
Der deutsche Muth die deutsche That geboren,
Doch durch die Herzen zog ein heimlich' Beben
Wie Morgenwehn durch nächtlich trüben Dunst,
Und dieser Bund, er trat hinaus in's Leben,
Ein treuer Diener am Altar der Kunst! —

*   *   *

Wenn das Verderben ob den Völkern kreis't,
Wenn ihre Kraft ein starker Feind bezwang,
Dann flüchtet gern des Volkes Herz und Geist
In's Reich der Kunst; sein Fühlen wird Gesang;
Es jauchzt, der Lerche gleich, dem Lenz entgegen
Und träumt von einem künft'gen Sonnensegen,
Und, ob's auch rings umspohnen der Verrath,
Und beugt das Schicksal noch so hart es nieder:
Es rettet einen Keim zu neuer That,
Es rettet Herz und Geist im Schatz der Lieder!

Im Jahre achtzehnhundert elf, da war
Geburtstag hier von unser'm Jubilar!

*   *   *

Viel Stunden kamen, thränenreich und trüb;
Gar schwere Lasten gab die Zeit zu tragen,
Doch ein Asyl der Kunst, es war und blieb
Stets dieser Bund in allen, allen Tagen!
Er diente nicht der Mode leichtem Tand,
Dem Klingelspiele unberuf'ner Geister,
Doch Ehr' und Pflege, treue Pflege fand
In diesem Bund das Werk der ächten Meister.
Er sang der Freude hellen Jubelsang,
Manch' fröhlich' Lied, voll Lust und Sonnenschein,
Und sang auch, ach, in Tönen, traurig, bang,
Das Grablied an des Führers Leichenschrein,
Des Meisters, der der Töne Kunst gepflegt
Mit Lieb' und Treu' — doch stille, feine Klagen!
Längst ward ihm der Kranz ihm auf die Gruft gelegt. —
Es ziemt die Thräne nicht in diesen Tagen!
Nein, keine Thräne, keiner Klage Ton! —
Es lebt uns fort der Vater in dem Sohn! — — —

*   *   *

Wir hätten wohl an manchem Grab zu klagen,
Wenn wir zurückschau'n zu entschwund'nen Tagen:
Von Jenen, die gestiftet diesen Bund,
Schläft mancher schon den Schlaf im kühlen Grund;
Doch blieb ein Stamm aus jener alten Zeit,
Daß uns'rem Fest der schönste Schmuck nicht fehle!
Euch, die Ihr unsres Bundes Gründer seid,
Euch sei ein Kranz, der Liebe Kranz geweiht,
Ein Jubelgruß, ein Gruß aus vollster Seele!
Ja, Euch der Kranz, die schönste Ehrenkron'! —
Euch dankt das Herz mit seinem wärmsten Schlage!
Euch dankt der Bund, den Vätern dankt der Sohn
Am Jubelfest', an seinem Ehrentage!

*   *   *

Heil uns! Noch steht er blühend, der Verein!
Hell klingt das Lied und hell der Ton der Saiten! —
O, mög' mit uns des Himmels Segen sein,
Wie er's gewesen in vergangnen Zeiten,
Daß in des Tag's geschäft'gem Thun und Treiben
Der edlen Kunst wir Freund' und Diener bleiben!

*   *   *

Zu großer Sendung ward die Kunst geweiht!
Sie führt zurück uns Edens Wunderland.
Als Trösterin in trübem Erdenleid
Ward sie vom Ew'gen in die Welt gesandt!
Ihr Auge lächelt auf die Erde nieder
Und Strahlen sendet's auf des Lebens Bahn;
Aus unsrem Auge strahlt die Welt nur wieder,

„Musikalische Gesellschaft" gegründet, die
bis 1813 bestand. Nach den Befreiungskriegen entstand aus den Überresten dieser
Gesellschaft der „Barmer Singverein"
(1817), der jährlich die „Gemarker Konzerte" veranstaltete. Das in Quelle 12 wiedergegebene Gedicht von Emil Rittershaus
entstand zur 50jährigen Jubiläumsfeier des
„Elberfelder Gesang-Vereins", der 1814 aus
der „Elberfelder Singschule" von 1811
hervorgegangen war. Direktor auf Lebenszeit wurde der Organist der reformierten
Gemeinde in Elberfeld, Johannes Schornstein. Aus einer 1817 veranstalteten Aufführung der „Schöpfung" Haydns in Elberfeld
zusammen mit dem Düsseldorfer Musikdirektor Burgmüller entstanden ab 1818 die
„Niederrheinischen Musikfeste", an deren
Aufführungen Elberfeld bis 1827 teilnahm.
Aufgeführt wurden Werke von Händel,
Mozart, Haydn und Beethoven. In Barmen
entstand 1841 der „Städtische Singverein" als
Zusammenschluß des „Singvereins" von
1817 und des 1835 gegründeten Barmer
„Liederkranzes", der zwischen 1837 und
1839 bei seinen in der „Concordia" veranstalteten Konzerten großen Erfolg gehabt hatte.
Aus der Menge der in den 30er und 40er
Jahren gegründeten Gesangs- und Musikvereine sei an dieser Stelle nur noch der Barmer
„Sängerkranz" hervorgehoben, der es sich
zur Aufgabe gemacht hatte, „zur Verdrängung der unsittlichen Lieder beizutragen,
den Kirchengesang zu fördern und durch
vereintes Wirken irgend einem Zwecke
wohlthätig zu sein" (SAW P III 1, Statuten
von 1847).

4. Vereine mit religiöser Zielsetzung

4.1 Vereine der Erweckungszeit

Kommentar 13

*Die „Bergische Bibelgesellschaft" wurde am
14.7.1814 auf Initiative des Auslandssekretärs
der „Britischen und Ausländischen Bibelgesellschaft" (London), Dr. Robert Pinkerton,
gegründet. Neben dem lutherischen Pastor
Friedrich Strauß nahmen an der Gründungsversammlung u.a. die Bürgermeister Elberfelds und Barmens, mehrere Kaufleute und
der Lehrer Johann Friedrich Wilberg teil.
Erster Präsident der Gesellschaft wurde
Generalgouverneur Justus Gruner, Vizepräsidentenämter übernahmen Oberbürgermeister Brüning, Bürgermeister Brüninghausen
und der Elberfelder Beigeordnete Feldhoff.*

Aus ihrem Aug' schaut uns die Gottheit an! —
Kaum ist der Mensch zum Leben auferwacht,
Da grüßt sie ihn im ersten Wiegenliede,
Und über'm Katafalke haucht sie sacht
Im Grabgesang noch: „Friede, Friede, Friede!"
Die Jugend ruft sie auf zu stolzem Flug;
Aus seinem Traum erwecket sie den Alten,
Sie küßt vom Mund des Grames herben Zug
Und von der Stirne alle düst'ren Falten.
Die Stammbuchblätter, die der Kummer schenkt,
Die Runenschrift, gegraben von den Sorgen,
Sie löscht sie aus und in den Busen senkt
Sie leis' der Freude lichten Maienmorgen.
Zur linden Wehmuth wird der bittre Schmerz,
Wort wird der Seufzer und die Thräne Lied!
Ihr Flügel trägt die Seele himmelwärts
Zum Thron des Schöpfers, wo der Engel kniet!
Sie läßt des Geistes ew'gen Frühling sprossen,
Sie gibt dem müden Herzen neuen Schwung! —
Auch unsren Liederbund, ihr Sanggenossen,
Den fünfzigjähr'gen, hielt sie frisch und jung!

* * *

O hohe Kunst, dir dreifach Lob und Preis!

* * *

Wenn wieder fünfzig Jahr' vorbeigefahren,
Sei dieser Bund kein schwacher Jubelgreis,
Ein Jubeljüngling sei's von hundert Jahren!
Ein Jubeljüngling, voll von Lebenskraft,
Der hundert Jahr' wuchs, wie die Eiche thut,
Der für das Schöne freudig wirkt und schafft
Mit Jugendkraft und frohem Jugendmuth!
So geb' es Gott! Er segne den Verein,
Er geb' Gedeihen diesem Sangesbunde! —
„Getreu der Kunst!" soll unser Wahlspruch sein! —
Erkling', Musik, zur Feier dieser Stunde,
Weck' in den Herzen heil'ge Flammengluth,
Um unser Haupt laß' deine Schwingen wehen!
Aus wirrem Chaos, dunkler Töne Fluth
Laß' du, Musik, ein Paradies erstehen!

Quelle 13
Rede zur Stiftung der Bibelgesellschaft vom Pfarrer Strauß in Elberfeld,

in: Verhandlungen der Bergischen Bibel=Gesellschaft. Erstes Heft, Elberfeld 1814
SAW M I 118 handschriftlich Abschrift (1828) Auszug

Meine Herren! daß ich, noch ein Fremdling unter Ihnen, das Wort nehme, um den
Vorschlag des Herrn Pfarrer Pinkerton zu unterstützen - wollen Sie entschuldigen.
Von der einen Seite bewegten mich der Wunsch dieses thätigen Freundes der heiligen
Schrift, und die Bitte mehrerer Anwesenden dazu; von der andern Seite meine ich,
bei einem lebhaft ergriffenen Gemüthe dürfe man reden, und was im Innern der
Seele nach freier Mittheilung ringt, dem möge sie nicht versagt werden.
Aus dem glücklichen Eilande, wo ein ernstes Volk irdische und himmlische Schätze
sich erworben und bewahrt hat, in einer Zeit, wo das ganze übrige Europa im Begriff
war, sie zu verlieren, erscheint uns in diesen Tagen des hergestellten bürgerlichen
Friedens ein Bothe des höhern Friedens, und macht uns den Antrag zur Stiftung einer Bibelgesellschaft.
Ein würdiger Antrag! Denn über allen menschlichen Dingen stehen die ewigen und
mitten unter den vergänglichen Anstalten der Menschen gibt es eine unvergängliche,
die des Christenthums. Das Christenthum gründet sich auf das Wort Gottes. Dieses
verbreiten, es in die Hütten der Armen tragen, und dem lange verachteten Buche
wieder neue Ehrerbietung erwecken, heißt, das Christenthum selbst verbreiten.
Betrachten wir die Wirkungen des Wortes Gottes nur in zeitlichen Beziehungen, wo
war mehr Bildung, wo war mehr Wohlstand, als da, wo dasselbe gekannt und geehrt
wurde? Wo war mehr Bildung? In dem Grade seit achtzehnhundert Jahren die Bibel
gekannt, gelesen, und in ihr geforscht wurde, in dem Grade waren die Geschlechter
der Menschen gebildet, weise, und erleuchtet. Alle Anstrebungen des menschlichen
Geistes, alle tieferen Forschungen über die wichtigsten Angelegenheiten, alles Licht,
das in diesen Jahrhunderten der Menschheit aufgieng, schloß sich näher oder entfernter an die heilige Schrift an, gieng meistentheils von ihr aus, und kehrte gern auf
sie zurück.
Diese langen Zeiträume haben es bewährt, daß die Gebothe des Herrn lauter sind,
und die Augen erleuchten, und daß das Wort Gottes in uns die seltene, aber herrliche
Vereinigung von Taubeneinfalt, und Schlangenklugheit hervorbringt. - Wo war mehr
Wohlstand? Gewöhnlich hält das äußere Bestehen eines Volkes gleichen Schritt mit
seinem Glauben und seiner Gottesfurcht. Reichgewordene Völker mögen beides
übergehen, aber reichwerdende Völker haben von jeher auf beide sich gestützt, um
sich empor zu schwingen. Wenn ich so eben Englands gedachte, so muß man einge-

Zweck der Gesellschaft war, Bibeln übersetzen zu lassen und zu verbreiten. Robert Pinkerton sagte in seiner Rede zur Stiftung der „Bergischen Bibelgesellschaft" unter anderem: „Die ungeheuren Veränderungen und Schicksale des Continents in den letzten zwanzig Jahren haben jeden nachdenkenden Mann überzeugt, daß die Gegner des Wortes Gottes, Feinde der Menschheit, des Friedens und der allgemeinen Wohlfahrt gewesen, und daß hingegen die Lehren der Bibel, jedes häusliche und öffentliche Glück sicher und unumstößlich begründen" (SAW M I 118). 1825 wurde ein hauptamtlicher Bibelbote angestellt, der auf dem Kolportageweg Bibeln verbreitete. 1839 belief sich die Zahl der ausgeteilten Schriften auf 112281.

Auszug aus der Rede Pastor Strauß'
(Quelle 13)

stehen, wenn kein Volk jetzt reicher ist, so hat auch keines den Glauben, und die ernste Sitte treuer bewahrt. Und selbst unser Wupperthal! Es ist aufgeblüht vor tausend andern Thalen des deutschen Vaterlandes, und unter den gesegneten ist es immer das hoch gesegnete gewesen. Warum? Ich will gern alle anderen Gründe, die aus seinen Anlagen und Verhältnissen genommen werden, zugeben, aber der Grund, der diese anderweitigen Gründe in Kraft und Leben setzte, liegt in der Frömmigkeit unserer Väter, und in den unzähligen, heißen Gebethen, die von unsern Hügeln, und aus unsern Gründen zu Gott emporgestiegen sind. Und das alles geht aus dem Worte Gottes [h]ervor. Ist es nun nicht ein würdiger Auftrag, wenn man aufgefordert wird, ein solches Buch verbreiten zu helfen! Und dennoch sind dies nur seine äußeren Erfolge, die gering und kaum der Erwähnung werth sind, wenn man sie gegen die innern hält. Wo ist Trost in unserer Trostlosigkeit, Hülfe in hülfsbedürftigen Umständen, Vergebung unter Schulden, und Kraft in Schwachheit zu erwarten, wenn nicht durch das Wort Gottes? Doch - davon kann das Wort nur ungenügend reden, und wo der Mund verstummt, muß das Herz selber zeugen.
Ob aber eine solche Anstalt nicht überflüssig sey? Diesen Einwurf kann man aus dem Munde vieler erwarten, aber er darf uns so wenig stören, da wir ihm entgegensetzen müssen: Eine solche Anstalt ist Bedürfniß. Lassen Sie uns einmal gehen durch die Hütten der Armen, nachsuchen in den Werkstätten, wo hunderte arbeiten, und sehen, wieviel Bibeln wir finden! Eigentlich sollte jeder, der sich Christ nennt, unter allem andern Eigenthum das Wort Gottes als das höchste besitzen, und wer nur Ein Gewand hat, seine Blöße zu decken, sollte doch eine Bibel haben, und wer sich alle Bequemlichkeiten und Verzierungen des Lebens versagen muß, sollte doch das Nothwendigste nicht entbehren müssen. Und zu diesem unumgänglich Nothwendigen, zu dem schlechterdings Unentbehrlichen, zu dem, was in der Bitte ums tägliche Brod enthalten ist, und was uns so nahe liegt, als des Leibes Nothdurft und Nahrung, gehört die Bibel. Aber weit entfernt, daß jeder Einzelne unter uns dieses heilige Besitzthum habe, gibt es Häuser und Familien, und gibt es manche Häuser und Familien, in denen keine Bibel gefunden wird. Und fragt man warum? so erhält man eine Antwort, die eine Klage über ihre Armuth, und eine Anklage unserer Wohlthätigkeit ist. Zu unserer Väter Zeit grüßte man sich an Festtagen mit Sprüchen der Bibel, und war die Hausbibel das erste und geehrteste Kleinod im Hause, gleichsam der heilige Altar der Familie. Wenn der Sohn in die Ferne zog, und die Tochter das mütterliche Haus verließ, wurden ihnen fromme Sprüche mitgegeben. An Sonn= und Festtagen wurde in der heiligen Schrift gelesen, und das theuerste Andenken der Freundschaft und Liebe war eine kostbare Bibel mit goldenem Schnitt und silbernem Beschlag. Und zu der Zeit war noch Treue und Glauben unter den Menschen; da gab es noch Einfalt, Liebe und Vertrauen; da waren Hütten Gottes bei den Menschen noch nichts Seltenes. Aber jetzt könnt ihr in zehn Häusern kommen, und ihr werdet nicht eine Bibel sehen, und hundert Menschen aus der ärmeren Klasse fragen, und kaum einen finden, der die heilige Schrift kennt. Wenn in unserm wohlthätigen Wupperthale noch Eins Noth thut, so ist es eine Gesellschaft, welche Bibeln unentgeltlich verbreitet, und wenn wir unsere vielen Gaben an Dürftige krönen wollen, so geschehe es mit dem Geschenk des Wortes Gottes.
Und gerade jetzt! Jetzt ist es möglich, den[n] die Quellen des Erwerbes sind wieder eröffnet, und die Hand, die empfängt, kann wieder geben. Jetzt ist es thunlich, denn unsere weisen, deutschen Regierungen fördern alles Gute, und unter dem allerlei Guten gewiß das Beßte! Jetzt ist es nothwendig! Darüber noch ein Wort. Wunder Gottes haben uns errettet. Am Rande des Abgrundes haben sie uns aufgeweckt, und uns geholfen aus großer, und schmählicher Trübsal. Was mußten wir seyn, wenn wir nicht dankbar wären? Der Gerettete macht sich menschlicher und göttlicher Hülfe nur würdig durch Dankbarkeit. In aller Munde ist auch jetzt Lob und Dank, und thätig will jeder Herz und Hand reichen, daß zu den Worten eine bleibende That des Dankes komme. Aber sollen wir nur durch prunkende Festlichkeiten danken? Wir wollen unsere rückkehrenden Sieger ehren, und jeden mannhaften Feldherrn und seine Heere empfangen mit aller Freude des Herzens, und mit aller Feierlichkeit des Anstandes. Aber diese Festlichkeiten kommen, und sie gehen, und unsern Enkeln wird kaum eine Kunde davon. Unser Dank muß bleibender seyn. Wollen wir denn steinerne Denkmahle aufrichten? O laßt sie an der Katzbach, und bei Leipzig, und am Rhein[1] die prangenden Steine für Welt und Nachwelt errichten; aber der Stein ist doch nur ein kaltes Denkmahl, Tausende werden im Vaterlande geboren und sterben, ohne ihn zu sehen, und auf Erden bleibt er doch gewiß. Hier sey ein Anderes; ein Denkmahl, das in unzähligen Gemüthern lebend errichtet werde; ein Denkmahl, an dem alle, wohlthuend die Reichen, empfangend die Armen, Theil nehmen; ein

Denkmahl, das nicht auf Erden bleibe, sondern bis in die Ewigkeit, bis in den Himmel sich erhebe. Das ist die Bibelgesellschaft!

Dazu kommt noch eine andere Erwägung. Ist gleich der Erzfeind deutschen Sinnes über den Rhein getrieben, sein Arm gebrochen und sein Frevelmuth gezüchtigt, ist gleich das Volksgefühl mit edler Wärme im ganzen deutschen Reich wieder erwacht, so müssen wir es doch Gott, und einander klagen: des Erzfeindes Thorheit ist noch vielfach unter uns geblieben, und seine verkehrte Art hat in unzähligen Herzen und Leben sich festgesetzt. Diese Thorheit muß heraus gemerzt, diese verkehrte Art muß [er]tödtet werden, und eine bessere Zeit muß kommen. Wie soll das geschehen? Wir kennen nur Einen Weg, in dem alle andern auslaufen. Christenthum! Unsere Verderber hatten es listig genug zu unserm Untergange angelegt.

Der Baum sollte verdorren, darum schnitten sie ihm die Wurzeln ab. Der Glaube ist die Wurzel des Völkerlebens. Das ganze Heer fremder Thoren verspottete unsere Bibel, höhnte unsern Glauben, und raubte dem deutschen Volke Kern und Mark, das heißt: sein Christenthum. Und so ist das aus uns geworden, was wir in den vorigen Jahren waren. Die Heilung muß gründlich sein, und gründlich ist sie nur, gründlich wird auch unser künftiges Glück nur sein, wenn das Wort Gottes die Grundlage ist. In Christi Wort und Liebe hat unser Volk immer sein Gedeihen gefunden, und wird es auch fernerhin finden. Wohlan denn, jeder, der seinem Volke ein Helfer sein will, reihe sich an, und wem das ewige Wohl unsterblicher Seelen, wie das irdische Heil seines väterlichen Volkes am Herzen liegt, der trete bei, die Bibel zu vertheilen und auszubreiten!

[...]

---

[1] Es handelt sich um Schauplätze im Zusammenhang mit den Befreiungskriegen: 26.8.1813: Sieg Blüchers und der schlesischen Armee in der Schlacht an der Katzbach; 16. - 19.10.1813: Völkerschlacht bei Leipzig; Niederlage Napoleons gegen die Koalition; in der Neujahrsnacht 1814 setzte die schlesische Armee unter Blücher über den Rhein.

Kommentar 14

Die „Vereinigte Rheinische Missions=Gesellschaft", deren Elberfelder Vorgeschichte der nebenstehende Quellentext dokumentieren soll, wurde 1828 durch den Zusammenschluß der Missionsgesellschaften in Köln, Elberfeld und Barmen gegründet; 1829 kam Wesel dazu. Um die Hauptvereine bildeten sich zahlreiche Hilfsvereine, die die Hauptgesellschaften finanziell unterstützten. Ziel war die Aussendung von in Barmen ausgebildeten Missionaren, von denen die ersten vier 1829 nach Südafrika gingen. 1863 unterhielt die Gesellschaft in Südafrika vier Missionsstationen, seit 1836 war sie auf Borneo, seit 1847 in China und seit 1861 auf Sumatra durch insgesamt 38 Missionare, 10 Lehrer und Katecheten sowie „eine Anzahl farbiger Nationalgehülfen" (Wilhelm Langewiesche (Hrsg.), Elberfeld und Barmen. Beschreibung und Geschichte dieser Doppelstadt des Wupperthals, nebst besonderer Darstellung ihrer Industrie..., Barmen 1863, ND Wuppertal o.J., S. 16/17) vertreten. 1870 verfügte die Gesellschaft über 43 Stationen mit 62 Missionaren. Publizistische Wirksamkeit im Wuppertal entfaltete die Missionsgesellschaft durch die Herausgabe ihrer „Berichte", des „Barmer Missionsblattes" (seit 1826) und der Jugendzeitschrift „Der kleine Missionsfreund".

Quelle 14
L. von Rohden, Geschichte der Rheinischen Missionsgesellschaft,
Barmen 1856, S. 1-15 Auszüge

Wie der deutsche Weserstrom Dasein und Namen empfängt durch den Zusammenfluß der beiden Ströme, die bei Münden ihre Wasser vermischen, so verdankt die Rheinische Missions=Gesellschaft ihre Entstehung dem Zusammentritte zweier bedeutender Local=Missions=Vereine, die, verstärkt durch mehrere Nebenvereine, im Jahre 1828 ihre Kräfte und Gaben vereinigten, um fortan ein gemeinsames Werk im Namen Gottes zu beginnen. Es waren das die Elberfelder und die Barmer Missions= Gesellschaft. Die erstere hatte bereits eine lange Reihe von Jahren hinter sich, denn sie war schon 1799 begründet; die andere, bedeutend jünger, bestand erst seit 1818. Sehen wir uns die Geschichte beider Gesellschaften etwas näher an.

Die Anfänge der <u>Elberfelder</u> Missions=Gesellschaft liegen in einer öden und stürmischen Zeit, in welcher der Glaube weit und breit erstorben und die Liebe erkaltet war, dagegen die Revolutionsstürme von Frankreich her unser deutsches Vaterland mit giftigem Hauche erfüllten. Die in England zuerst aufgebrachten philosophischen Angriffe gegen Staat und Kirche, welche in Frankreich sogleich in scheußliche Praxis umgesetzt waren, hatten alle Bande der Ordnung gelöst. Kirche und Christenthum war verspottet, die Obrigkeit in den Staub getreten, das verblendete Volk, trunken von dem Taumelkelch der neuen Aufklärung, hatte den Thron Frankreichs umgestürzt, die Existenz Gottes durch amtliche Dekrete geleugnet, und sich einen neuen Götzendienst erfunden, da sie die Göttin Vernunft in Person einer Buhldirne anbeteten. Von Frankreich aus waren die Schrecknisse des Krieges über die Schweiz, Italien und das südliche Deutschland hereingebrochen. Der Herr rief mit furchtbaren, von Jahr zu Jahr verdoppelten Geißelschlägen die abtrünnigen Völker zur Buße. Aber da war kein Hören noch Aufmerken. In der evangelischen Kirche Deutschlands herrschte der starre Tod. In den untersten Schichten des Bürger= und Bauernstandes fand sich wohl noch eine ehrenfeste Frömmigkeit, aber die Vornehmen waren meist aufgeklärte Leute, die über den veralteten Aberglauben lächelten. Die Kanzeln ertönten von bewußten oder unbewußten Lästerungen des Lammes, das für uns geschlachtet ward; die Geheimnisse der Trinität, der Menschwerdung Gottes, der Weltversöhnung durch das Blut des Sohnes Gottes, der Gnadenwirkungen des Geistes und der Sakramente, der Auferstehung des Fleisches und des Endegerichts waren entweder vollständig bei Seite geworfen, oder dienten zur Zielscheibe des Spottes. Von Kartoffelbau und Stallfütterung, vom Nutzen des Frühaufstehens und Spazierengehens, von dem besten Mittel wohlhabend zu werden und die leibliche Gesundheit zu bewahren, konnte man desto häufiger predigen hören. Die Kinder sollten nicht mehr erzogen werden in der Zucht und Vermahnung zum Herrn, sondern zur Erkenntniß ihres eignen Menschenwerthes und zur tugendhaften Selbstständigkeit. Die Philosophie, welche damals Mode geworden, erklärte es für ziemlich gleichgültig, ob ein Mensch an Gott und Unsterblichkeit glaube oder nicht, wenn er nur dem kategorischen Imperativ seines Gewissens folge. Von Gebet, Gottesdienst und kirchlichen Akten blieb nicht viel mehr übrig, als eine wankende Ruine, die ihres lebendigen Grundes längst beraubt war. Konnte sich doch nun ein Jeder durch eigene Kraft zur Gottheit aufschwingen. Und in eine solche Zeit fällt die Gründung unserer ältesten deutschen Missions=Gesellschaft?

Es hat zu keiner Zeit, auch nicht zur Zeit des am weitesten verbreiteten Unglaubens an wahrhaftigen Kindern Gottes in der christlichen Kirche gefehlt. Nur standen sie meist vereinzelt und zum Theil ohne Kunde voneinander. Da faßte zuerst der Senior Dr. Urlsperger[1] zu Augsburg den Gedanken einer Verbindung aller zerstreuten Kinder Gottes zu einer „deutschen Christenthumsgesellschaft." Die erste Erscheinung eines freien christlichen Vereins auf deutschem Boden, welcher über alle Schranken der Kirchen, Confessionen und Parochialgrenzen[2] hinaus sich die Hand reicht, um einen gemeinsamen Zweck ohne Vermittelung der angestellten Geistlichen und Kirchenbehörden zu verfolgen. Wie viele christliche Vereine sind nach diesem Muster später gegründet, zum Theil aus ihm hervorgegangen! Die Aufgabe, welche die Christenthumsgesellschaft sich stellte, war die Erhaltung der reinen Lehre und eines christlichen Lebenswandels. Die Mitglieder sollten sich gegenseitig stärken im Glauben und Bekenntniß, sich aufmuntern, belehren; sie verbanden sich zu regelmäßigem Gebet, gewissenhafter Heilighaltung des Sonntags, zur Aufrechthaltung des häuslichen Gottesdienstes, zur strengen Zucht und Selbstprüfung. Wo nur immer Personen sich finden, „die Freude an dem Evangelium Jesu haben, ihn als ihren Gott und Herrn, einigen Mittler und Seligmacher anerkennen, ihm anhangen, folgen und durch ihn selig werden wollen, und die sich gern mit wahren Christen verbinden möchten, die Reinigkeit der Lehre und die Gottseligkeit des Lebens zu erhalten", die sollten in dieser Gesellschaft Aufnahme finden können. In London und Basel fand dieser Plan sofort Beifall. An beiden Orten errichtete man einen engeren Ausschuß, der sich am Anfang jedes Monats versammelte, die eingelaufenen Briefe und Aufsätze durchging, über wichtige Wahrheiten sich unterhielt, und alles Merkwürdige der Session den übrigen Mitgliedern in einem Protokoll mittheilte. In vielen deutschen Städten - von Stuttgart bis nach Magdeburg und Berlin hin - wurden gleiche Gesellschaften errichtet. Alle standen unter einander und mit Basel als ihrem Mittelpunkt in enger Verbindung. Dorthin schickten sie ihre Berichte und Protokolle, und von dort wurde der umfassende allgemeine Bericht oder das Hauptprotokoll wiederum allen einzelnen Gesellschaften mitgetheilt.

Nach diesem Muster ist auch die Elberfelder, und in ihrer weiteren Gliederung die gesammte Rheinische Missions=Gesellschaft eingerichtet worden. Statuten, Ausschuß, monatliche Zusammenkünfte, Protokollführung, zusammenfassende Berichte, die jedem Mitglied mitgetheilt werden, das sind ja die bekannten Formen unseres Vereinslebens. Lange Zeit stand Elberfeld mit der Baseler Christenthumsgesellschaft in regem Verkehr. Aber der eigentliche Anstoß zur Gründung eines Missionsvereins in Elberfeld kam nicht aus Basel, sondern aus England. Dort war im letzten Jahrzehend des vorigen Jahrhunderts der Missionseifer in gewaltiger Weise erwacht, und über alle kirchlichen Partheien verbreitet. 1792 war die Baptisten=Mission gegründet, 1795 die Londoner, 1796 die Schottische, 1797 die Niederländische, 1799 die englisch=kirchliche. Besonders die Londoner Missions=Gesellschaft, die im Jahre 1796 mit ihrem Missionsschiff Duff unter dem frommen Captain Wilson 29 Missionare mit einem Male nach den Südsee=Inseln sandte, erregte in unseren Gegenden große Theilnahme. Schon die Wahrnehmung, daß doch noch Christen, gläubige und eifrige Christen existirten, welche ein so großes Vertrauen zu den göttlichen Verheißungen hatten, daß sie sich in solch' ungewöhnliches und schwieriges Unternehmen einließen, wirkte wie ein elektrischer Funke auf die erstarrten Glieder in der deutsch=evangelischen Kirche. Auch in Elberfeld war Tod und Erstarrung genug zu

Titel des Barmer Missionsblattes Nr. 67 vom 20.3.1861

finden. Rationalismus und Unglaube war hier freilich von den Kanzeln niemals verkündigt, die Rechtgläubigkeit war in den Gemeinden unangetastet geblieben, aber das Leben fehlte. Da waren viel ausgezeichnete, altehrwürdige Christen, mächtige Beter, voll Opferfreudigkeit für die Bedürfnisse der Gemeinde, tief gegründet in der heiligen Schrift, in all ihrem Wandel ehrenhaft, aber die Masse der Gemeinde anzuregen, mit sich fortzureißen, war nicht ihre Sache. Sie liebten es in kleinem Freundeskreise vielmehr sich abzuschließen, mit wenigen Auserwählten erbaulich zu reden und zu beten, als öffentlich hervorzutreten, und der ganzen Gemeinde eine neue Richtung zu geben. In dieser Weise trat auch der Elberfelder Missionsverein zusammen. Während heutigen Tages bei Gründung eines Vereins das erste ist, so viel Mitglieder als möglich heranzuziehen, durch Wort und Schrift die Zwecke des Vereins Jedermann darzulegen, die Thätigkeit und Erfolge vor die größtmögliche Oeffentlichkeit zu bringen, gelobten sich die Gründer des ersten Missionsvereins die strengste Verschwiegenheit, und daß nie mehr als 12 Mitglieder aufgenommen werden sollten. Ganz nach der Art der Conventikel begannen die Versammlungen der kleinen Schaar von Missionsfreunden, am 3. Juni, am Pfingstmontag des Jahres 1799 in dem Hause des ehrwürdigen Ball[3] in Elberfeld, des herrlichen Greises, dessen Name jetzt in weiteren Kreisen durch seine Enkel bekannt geworden ist. Es waren ihrer Anfangs nur 9, alles Laien, nur ein Prediger unter ihnen, der reformirte Pastor Wever. Später trat auch sein jüngerer College Nourney mit ein und noch zwei Bürger. Was thaten nun diese werthen Alten? Jeden ersten Sonntag im Monat, Abends 8 Uhr, kamen sie zusammen und beteten, lasen mit einander die eingelaufenen Missionsberichte, und die Briefe, die etwa von den christlichen Freunden in England, Holland, Ostfriesland, Frankfurt, Basel eingegangen waren, beriethen und entwarfen die Antwort, redeten mit einander von geistlichen, lieblichen Dingen, legten beliebige Beiträge in eine Büchse, und gingen betend wieder heim. „Es waren jedesmal Festtage, sagt ein Zeuge der Versammlungen, worauf sich das ganze Haus tagelang rüstete und freute. In jenen Tagen tiefster Erniedrigung und des Umsturzes aller Reiche dieser Welt sammelten sie sich meist trübe und gedrückt um den einfachen Tisch, aber fröhlich und erquickt verließen sie in später Abendstunde das Gemach, denn sie hatten sich getröstet an dem Reich, dessen Herrlichkeit ihnen aus den großen Thaten Gottes in der Heidenwelt entgegenstrahlte." „Der heilige Geist verklärte uns Jesum, bekennt ein werther Greis, der als Gast jenen Versammlungen bisweilen beiwohnte, er nahm es von seinen Errungenschaften, und gab sie uns so lebendig, kräftig und fruchtbar zu erkennen, daß wir seiner Missionssache zugethan waren und blieben." Sich auf wirkliche Unternehmungen einzulassen, selbstthätig in's Missionswerk mit einzugreifen, dazu fühlten diese stillen Beter keinen Beruf.

[...]

Die einzige bescheidene Thätigkeit, mit welcher sie öffentlich hervortraten, war die Herausgabe kleiner Schriften, besonders der „Nachrichten von der Ausbreitung des Reiches Jesu," welche in zwanglosen Heften erschienen und von dem ehrwürdigen Peltzer[4], dem Präsidenten des Vereins, der zu diesem Zwecke noch in seinem 66. Jahre die englische Sprache lernte, aus englischen Missionsjournalen übersetzt wurden. Natürlich fand diese Schrift bei dem damaligen geringen Interesse für die Mission nur sehr unbedeutenden Absatz. Dagegen wurden die kleinen Traktate, Predigten, Reden, Lieder, welche der Verein von Zeit zu Zeit herausgab, schneller vergriffen, besonders eine Reihe sogenannter Dorfgespräche, die mehrmals neu aufgelegt wurden. Außerdem vereinigten sich die Mitglieder des kleinen Vereins im Jahre 1802 jährlich nach Weise der Londoner Societät eine Anzahl neuer Testamente und Gesangbücher zur Vertheilung an dürftige Confirmanden anzuschaffen: „damit auch auf diese Weise unter denen, die uns am nächsten sind, das Wort Gottes ausgebreitet werde."

[...]

In ihre friedlichen Versammlungen darf das Getümmel des Krieges nicht dringen; die schlimmen Zeitungsberichte, die eigenen traurigen Erlebnisse drängen nur zu desto anhaltenderem und eifrigerem Bitten, daß aus all' diesem Elend und Wirrwarr heraus der Herr möge Seiner Sache und Seinem Volke zum Siege helfen. Und hat nicht solch' gläubiges Gebet eine herrliche Erhörung gefunden? Der Friede kehrte wieder 1814, dann noch gesicherter 1815. Jetzt that eine neue Bahn des Handelns und Wirkens für alle Freunde des Reiches Gottes sich auf. Nun mußte auch der alte Beterbund eine neue Gestalt annehmen. Die ganzen ersten 14 Jahre waren es immer dieselben 12 treuen Knechte Gottes gewesen, welche mit seltenen Unterbrechungen jeden Monat in demselben Lokal sich zum Gebet um Ausgießung des heiligen Geistes und das Kommen des Reiches Jesu vereinigt hatten. Jetzt aber riß der Tod schnell eine Lücke nach der anderen in die eng verschlungene Kette, und etliche Mitglieder mußten fortziehn. Die bisherige fast alleinige Thätigkeit des Vereins, die Vertheilung von Bibeln und Traktaten wurde von der im Jahre 1814 neu gestifteten Bergischen Bibelgesellschaft und Wupperthaler Traktatgesellschaft übernommen und in umfassenderer Weise fortgeführt. Sie waren beide Töchter, wenigstens geistliche Töchter der kleinen Missionsgesellschaft, und nahmen beide ihren Antheil an dem Gebetkapital, das die Mutter aufgehäuft hatte, mit sich hinweg. Das konnte man merken an ihrem gesegnetem Anfang und gesegnetem Fortgang. Die Missions=Gesellschaft selbst blieb zwar so lange der Altvater Peltzer noch lebte - bis 1817 - trotz der Veränderung fast des ganzen Personals, noch wesentlich in den alten Geleisen. Das Gebet war noch immer die Hauptsache, die Herausgabe einzelner Hefte „Nachrichten von der Ausbreitung des Reiches Jesu" dauerte noch fort; aber man schaute doch schon fleißig aus, besonders die neu eingetretenen jüngeren Mitglieder, (die Zwölfzahl war sofort überschritten) ob der Herr nicht noch andere Arbeit für sie habe, und sie zu unmittelbarer Theilnahme am Missionswerk berufen wolle. Da meldete sich der erste Jüngling, der sich durch Vermittelung des Elberfelder Vereins zum Missionsdienst wollte ausbilden lassen. Man kann denken, mit welchem freudigen Dank gegen den Herrn er angenommen ward. Seine Prüfung und Ausbildung, seine Sendung nach Berlin, um dort zum Heidenboten ausgebildet zu werden, galt den Freunden als erstes Unterpfand, daß der Herr ihren Gebeten dereinst noch die Möglichkeit zur selbstständigen Aussendung von Missionaren eröffnen werde. Der 84jährige Präsident Peltzer, sah wie Moses vom Berge Nebo noch hinüber in das Land der Verheißung, sah im Glauben schon aus dem Wupperthal die Friedensboten hinausziehen in die Heidenwelt. Dann starb er. Nun waren nur noch zwei aus jenem alten Beterbunde der Zwölf übrig. Ein Josua und Kaleb[5] ragten sie noch hinein in die neue Entwicklung der Missions=Gesellschaft, die noch erst durch viel Kampf und viel Schwanken gehen sollte, ehe sie wirklich zu dem ersehnten und erflehten Ziele gelangte.

Es trat zunächst nach 1817 eine Zeit ein, wo die neu eingetretenen jungen Kräfte erst sich üben sollten. Sie wußten noch nicht recht, wohin sie vorzugsweise ihre Thätigkeit richten sollten; daher zuerst viel Unsicherheit und Lässigkeit. Auf allen Seiten erhoben sich neue Missionsvereine, und forderten den alten Elberfelder Verein zum Wetteifer auf. An Thatkraft und gutem Willen fehlte es ihm auch nicht, wenn ihm nur erst einmal ein wohl begrenztes, klar erkennbares Arbeitsfeld angewiesen war. Da wurden mehrere Mitglieder in ganz besonderer Weise zu einer Wirksamkeit unter den Juden in ihrer nächsten Umgebung veranlaßt, und dies gab den Antrieb, daß der Verein, ohne die Heidenmission aus den Augen zu verlieren, sich für einige Zeit fast ausschließlich die Verbreitung unter den Juden angelegen sein ließ. Nun ist aber die Judenmission bekanntlich eine höchst schwierige Aufgabe, reich an Täuschungen und bitteren Erfahrungen. Und noch dazu hatte sich unsere Gesellschaft den allermißlichsten Theil der Judenmission ausgesucht, nämlich die Proselytenpflege.[6]

Wenn irgendwo Weisheit, Geduld, unermüdliche Liebe, verbunden mit eiserner Beharrlichkeit und unnachsichtiger Strenge nöthig ist, so ist das bei der Pflege der zum Christenthum übergetretenen Juden der Fall. Unsere Gesellschaft sollte das auch erfahren. Zwar der brennende Liebeseifer der drei Männer, welche schon seit 1818 sich zur Wirksamkeit unter dem alten Bundesvolk verbunden hatten, hob über die ersten Schwierigkeiten leicht und siegreich hinweg. Schon gleich im Jahr 1820, da die Gesellschaft zuerst beschlossen hatte, sich an der Judenmission zu betheiligen, ward der Erstling aus den Juden getauft, ein Lehrer in Solingen. Nach vielen, vielen Sorgen ihn unterzubringen, ward er endlich von einem Freunde nach Amerika gesandt und dort im Dienst des Evangeliums verwendet. Aber schon hatten sich andere gemeldet. Aus Nassau, aus Kreuznach, aus Frankfurt, aus Bayern, aus Prag, ja gar aus Polen kamen jüdische Jünglinge und Männer hergezogen, begehrten und erhielten die Taufe. Aber was mit ihnen machen nach der Taufe? Sie hatten meist durch ihren Uebertritt zum Christenthum die Mittel zu ihrem Unterhalt verloren; sollte man sie ohne weitere Hülfe und Unterstützung lassen? Man ließ sie Lehrer, Handwerker, Schreiber werden, wie es gehen wollte; man scheute keine Mühe und Kosten, um ihnen zu helfen. Aber fast noch schlimmer schien es zu stehen mit denen, welche sich zur Taufe nur erst gemeldet hatten, erst unterrichtet werden mußten, und doch schon um ihres Verlangens nach der Taufe willen von den Ihrigen verstoßen und aus ihrem bisherigen Broderwerb vertrieben wurden. Für sie konnte man kein neues Unterkommen suchen, so lange der Unterricht bei dem nunmehrigen Präses der Gesellschaft dem Pastor Döring und etlichen anderen Geistlichen währte, und der Unterricht selbst hatte wieder seine besonderen Schwierigkeiten, weil die Tauf=Candidaten nicht zusammen und unter christlicher Aufsicht waren. Daher der Gedanke, ein Proselytenhaus zu gründen, oder noch lieber eine kleine Colonie von Proselyten, in der sie selber beginnen könnten, ihr Brod sich auf christliche Weise zu verdienen. Dieser Gedanke, wie er nur ausgesprochen war, fand überall bei den Freunden Israels den größten Anklang. Ein englischer Judenmissionar aus Polen, und der Agent der englischen Judenmissions=Gesellschaft aus Frankfurt boten zur Ausführung die Hand. In Stokkamp bei Düsseldorf ward das neue Institut errichtet. Um diese Zeit, von 1823 bis 1825 sehen wir die Elberfelder Gesellschaft auf der Höhe ihres Wirkens für Israel und ihres Ruhms. Von allen Seiten kommen Besuche, Anfragen, Deputirte, um die neue damals noch einzig in ihrer Art dastehende Proselytenanstalt kennen zu lernen. Da kamen Missionare und Abgeordnete aus London, aus Glasgow, aus Edinburg, aus Basel, aus Berlin, aus Dresden, aus Frankfurt, ganz zu schweigen von den häufigen Bes[u]chen aus der näheren Umgebung; da kamen Beiträge und Briefe her aus dem Norden und Süden, Osten und Westen und wünschten Glück oder verlangten nähere Kunde von der Einrichtung und von dem Umfang des neuen Unternehmens. Eine größere Anzahl Israeliten meldete sich zur Aufnahme, als man unterbringen konnte. Die erfreulichsten Berichte kamen von der Wirksamkeit unseres Missionars Becker unter den Juden (bisher in Warschau, jetzt in Hamburg), der zuerst für die Heidenmission bestimmt, später in die Dienste der englischen Judenmissions=Gesellschaft getreten war. Noch wurden zwei andere Jünglinge auf Kosten unserer Gesellschaft im Berliner Missionsseminar ausgebildet, die sich beide ebenfalls für die Judenmission entschieden, und später im Segen wirksam waren, Reichard und Rösgen. Aber unter all dieser fröhlichen Ausbreitung des Werkes waren die Arbeiter in Elberfeld, vor allem diejenigen Mitglieder der Gesellschaft, welche das besondere Comittee für die Judenmission bildeten, mit Schwierigkeiten und Sorgen überladen. Mit dem Institut auf Stockamp wollte es nicht fort.

Die Unternehmer, von viel Krankheit gehindert, waren nicht im Stande, die Anstalt mit fester Hand zu leiten. Auch wich ihr Plan etwas von dem der Gesellschaft ab. Sie hätten lieber ein Judenmissionsseminar gegründet, statt einer vorübergehenden Zufluchtstätte für Taufkandidaten und eben getaufte Israeliten. So mußte Stockkamp nach zwei Jahren wieder aufgegeben werden. Ein neuer Versuch wurde gemacht in dem nahe gelegenen Düsselthal durch den Grafen von der Recke[7]. Das hielt sich einige Zeit, blühte schön auf, dann zerfiel es ebenfalls. Schwere Täuschungen, harte Glaubensproben, bittere Erfahrungen hatte die Gesellschaft durchmachen müssen, aber Gottlob, sie hatte unter den 16 oder 18 Getauften auch einzelne köstliche Früchte ihrer mühevollen Wirksamkeit für Israel reifen sehen, von so erquickendem Duft, daß dadurch allein schon die Mühen und vielen niederbeugenden Erfahrungen reichlich vergütet wurden. Was aber die Hauptsache ist, die jungen Streiter in der Gesellschaft hatten in einem fast 10jährigen Kampfe zur Ehre des Herrn recht aus dem Grunde gelernt, die Waffenrüstung zu gebrauchen, welche Epheser 6[8] beschrieben steht. Das also war der Hauptgewinn. Denn der Herr wollte die so geübten Streiter auf einem größeren Kampfplatz gebrauchen.

Jetzt galt es nämlich wieder unmittelbar die Heidenmission. Wir müssen aber nicht glauben, als ob in den letzten 8 oder 10 Jahren die Elberfelder Gesellschaft sich um die Heidenmission gar nicht mehr bekümmert hätte. Nicht doch. Mehrere Jünglinge, welche als Boten des Evangeliums unter die Heiden zu gehen gedachten, ließ sie auf ihre Kosten im Jänikeschen Institut in Berlin unterrichten; unter anderen den trefflichen, leider so früh vollendeten Missionar Terlinden, der im Dienst der niederländischen Missions=Gesellschaft arbeitete. Auch mit dem aus Elberfeld gebürtigen Missionar Kruse in Egypten unterhielt sie einen regelmäßigen Verkehr. Einen anderen jungen Mann, Bonekemper ließ sie in Basel ausbilden, um ihn nach den Küsten des schwarzen Meeres zu den dort wohnenden Deutschen zu senden. Sie unterstützte die Brüdergemeinde und einzelne grönländische Missionare. Ja sie hatte schon einen Heiden aus Mohrenland, der als wilder Mensch hier für Geld gezeigt, nachher auf seine Bitten von der Gesellschaft aufgenommen und in Düsselthal untergebracht war, dort in den Tod des Herrn taufen lassen und sich an seinem gottseligen Sterben erquicken können. Ferner hatte sie fast durch alle evangelische Kreise unsrer westlichen Provinzen (93 verschiedene Gemeinden werden genannt) Lesekreise errichtet, welchen von hier aus die Missionsnachrichten regelmäßig zugesandt wurden, um die Kunde von dem Bedürfnisse der Heidenwelt und der Thätigkeit der verschiedenen Gesellschaften allgemein zu verbreiten. Aber das alles, so wichtig es war, sollte doch nach dem Willen des Herrn nur erst eine Vorbereitung sein für die Hauptaufgabe, nämlich für die Bildung einer Rheinischen Missions=Gesellschaft zur unmittelbaren Aussendung von Friedensboten unter die Heiden, zur Anlegung Rheinischer Stationen in den fernen Welttheilen. Als hierzu die bestimmte Zeit gekommen war, da ließ

der Herr die bisherigen Lieblingsbeschäftigungen der Elberfelder Gesellschaft ein Ende nehmen. Eben jetzt zu Anfang des Jahres 1828 löste er die 28jährige Verbindung mit dem Jänicke'schen Missionsinstitut auf, denn nach dem Tode des alten Vaters Jänicke, war es unmöglich, sie noch fortzusetzen; und zugleich setzte er der bisherigen Proselytenpflege in Düsselthal ein Ziel. Dagegen ließ er nun die Barmer Gesellschaft hervortreten mit dem Antrag, ihr bei der Aussendung ihrer Missionszöglinge zu helfen. Wer es weiß, welche ganz besondere Gaben und Erfahrungen zur Auswahl, Leitung, Aussendung und Berathung von tüchtigen Missionaren gehören, der wird auch ermessen können, welch eine Gnadenführung des Herrn es war, daß er gerade in Elberfeld und Barmen auf zwei ganz verschiedenen Wegen sich Männer erzogen und ausgerüstet hatte, die solchem Werk gewachsen waren.
[...]

---

[1] Johann August Urlsperger (gest. 1806), Gründer der Deutschen Christentumsgesellschaft in Basel
[2] Parochie = Pfarrei
[3] Johann Ball (1764-1846?), Lederhändler
[4] Hermann Peltzer (1733-1817), Kaufmann
[5] Bezieht sich auf 4. Mose 14, 38: „Nur Josua, der Sohn Nuns, und Kaleb, der Sohn Jefunnes, blieben am Leben, als einzige von allen, die ausgezogen waren, um das Land zu erkunden."
[6] Proselyt = urspr. Bezeichnung für einen „Heiden", der zum Judentum übergetreten ist; allgemein für eine Person, die einen Bekenntniswechsel vollzogen hat.
[7] Adelbert Graf von der Recke-Volmerstein (1791-1878), Gründer von Erziehungsanstalten für verwahrloste Kinder, u.a. der Düsselthaler Anstalt
[8] Eph. 6, 13-17: „Darum legt die Rüstung Gottes an, damit ihr am Tag des Unheils standhalten, alles vollbringen und den Kampf bestehen könnt. Seid also standhaft: Gürtet euch mit Wahrheit, zieht als Panzer die Gerechtigkeit an und als Schuhe die Bereitschaft für das Evangelium vom Frieden zu kämpfen. Vor allem greift zum Schild des Glaubens! Mit ihm könnt ihr alle feurigen Geschosse des Bösen auslöschen. Nehmt den Helm des Heils und das Schwert des Geistes, das ist das Wort Gottes."

4.2 Vereine der inneren Mission

Kommentar 15 und 16

1848 schlossen sich die Jünglingsvereine von Elberfeld, Barmen, Ronsdorf, Remscheid, Düsseldorf, Cronenberg, Schwelm, Ruhrort und Mühlheim/Ruhr zum „Rheinisch-Westphälischen Jünglings=Bund" zusammen, dessen Statuten als Zweck des Vereins bestimmten, „a) [a]llen Gefahren möglichst entgegenzuwirken, welchen die Jünglinge im Verkehr mit ihresgleichen sonderlich durch den Besuch der Wirthshäuser jetziger Zeit ausgesetzt sind; b) durch fernere elementar= wissenschaftliche Anleitung sie zur geschickten Ausübung ihres Berufes mehr zu befähigen, und c) durch Darreichung des Wortes Gottes und Einführung in dieses und die christliche Gemeinschaft sie für die Antwort geneigt zu machen, welche Psalm 119, 9 nach der Frage steht: ‚Wie wird ein Jüngling seinen Weg unsträflich gehen? - Wenn er sich hält nach Deinem Wort'" (zit. nach Leopold Cordier, Evangelische Jugendkunde, Bd. 1, Schwerin 1925, S. 78/79).

Quelle 15
Statuten des
„Christlichen Vereins für junge Handwerker und Fabrikarbeiter"
SAW M I 109 undatiert [Dezember 1840] handschriftlich

§ I.
Das unterzeichnete Comité bietet allen Jünglingen, welche gern den Gefahren und den Versuchungen, die mit dem Besuche der Wirthshäuser verbunden sind, entgehen wollen, eine Zufluchts=Stätte an, wo sie in ihren Freistunden zum gesellschaftlichen Leben zusammen kommen können, um zu ihrer Unterhaltung und Bildung allerlei nützliche Bücher, Zeitschriften, Landcharten, wie auch Schreibmaterialien, um nach Hause schreiben zu können, vorfinden.

§ II.
Diese Zufluchtsstätte ist aber nur für diejenigen bestimmt, welche sich zu einem Verein bilden, der den Namen:
"Christlicher Verein für junge Handwerker und Fabrikarbeiter" führen soll, und dessen Zweck die Beförderung eines ordentlichen, fleißigen, sittlichen und religiösen Lebens und Wandels ist, und also damit die Grundlegung zum wahren Glück und Wohlseyn des ganzen Lebens.

§.III.
Es kann ein Jeder, ohne Rücksicht auf Confession, Stand und bisherigen Lebenswandel in diesen Verein aufgenommen werden, dem es ein Ernst ist, ein ordentlicher Mensch zu werden, und der sich gerne verpflichtet

Präsident des Bundes wurde der Ronsdorfer Pfarrer und Leiter des dortigen Jünglingsvereins, Dürselen, der seit 1847 den „Jünglings-Boten" herausgab. Vorläufer des Jünglingsbundes waren die Bibelstunden für Jünglinge, die der lutherische Pastor K.A. Döring abhielt und eine Missionsversammlung in Elberfeld um den Kaufmann Anton Haasen (1802-1882). 1823 hatte der Blechschläger und spätere Missionar Carl Wihelm Isenberg den ersten Missionsjünglingsverein in Barmen gegründet; 1836 entstand der „Sonntagsverein für junge Handwerker und Fabrikarbeiter" in Barmen, 1838 der Elberfelder „Christliche Verein für junge Handwerker und Fabrikarbeiter", dessen Vorsitz Anton Haasen übernahm und der 1847 auf einen Aufruf anderer Jünglingsvereine zur Zusammenarbeit in einem offenen Brief positiv reagierte. In Quelle 15 werden die Statuten des „Christlichen Vereins für junge Handwerker und Fabrikarbeiter" von 1840, in Quelle 16 ein undatiertes Flugblatt, in Barmen gedruckt, zur Jünglingsvereinssache wiedergegeben.

1855 wurde von dem Kaufmann Daniel Hermann in Elberfeld ein „Christliche[r] Verein für junge Kaufleute" gegründet, dessen „Tendenz Paragraph" in den Statuten von 1856 bestimmte: „Die Tendenz ist eine entschieden christliche; der Verein verwirft demnach alles was wider Gottes Wort streitet und verpflichtet seine Mitglieder, auch außerhalb des Vereins demselben nicht zur Unehre zu handeln" (C. Krafft, Erinnerungen an den Kaufmann Daniel Hermann zu Elberfeld, o.O. (Elberfeld) o.J. (1887), S. 112). Der Verein bot seinen Mitgliedern (Ende 1856 waren es 30, 1881 67 Mitglieder) zunächst die gemeinsame Lektüre ausgewählter Literatur und Vorträge religiöser, naturwissenschaftlicher oder auch historischer Art sowie eine kleine Bibliothek. Später wurde ein wöchentlicher Bibelabend eingerichtet; Schach- und Dominospiele wurden zugelassen. 1863 hieß es in einer Beschreibung von Elberfeld und Barmen: „Die Vereine für junge Kaufleute haben dieselbe Tendenz wie die Jünglingsvereine, nur daß sie in Bezug auf Bildung und Weiterförderungsmittel höher stehen. Häufig werden von Lehrern und Andern auch wissenschaftliche Vorträge in ihnen gehalten" (Langewiesche (Hrsg.), a.a.O., S. 20).

1. Zur Treue und zum Fleiß in seinem Berufe,
2. Zur Vermeidung schlechter Gesellschaft,
3. Zu einem ordentlichen, anständigen und sittlichen Wandel, und
4. Zur Beobachtung der Regeln, welche zur Erhaltung der Ordnung in dem Verein nothwendig sind.

§.IV.
Die Aufnahme in den Verein, wozu man sich aber vorher bei einem Vorsteher desselben muß gemeldet haben, geschieht im Lokal des Vereins. - Vor= und Zuname, Heimath und Tag der Aufnahme wird in ein Buch eingetragen, und der Name des Aufgenommenen dem Vereine bekannt gemacht. Wer aber, statt sein Versprechen zu erfüllen, das gegebene Wort bricht, wird [von den] Vorstehern wenigstens dreimal gewarnt und ermahnt; ist dieses aber fruchtlos, so erklärt er damit selbst seinen Austritt aus dem Verein, sein Name wird wieder ausgestrichen und ihm der Besuch des Lokals des Vereins verboten.

§ V.
An der Spitze des Vereins stehen zwölf Vorsteher, welche von den Mitgliedern desselben aus ihrer Mitte durch Stimmenmehrheit unter Leitung und Mitstimmung des Comité's gewählt werden. Die Hälfte der Vorsteher geht alle Jahre ab, doch sind die Abgehenden wieder wählbar. Ihnen liegt ob
1. Ueber die Beobachtung der Gesetze zu wachen,
2. Die Aufnahme, nothwendige Ermahnungen und Entlassung der Mitglieder zu besorgen,
3. Die Einnahme des Vereins zu verwalten,
4. Die Ordnung auf dem Versammlungssaale zu handhaben,
5. Die Bücher auszugeben und zurückzunehmen.

Die Vorsteher treffen deßhalb unter sich die Verabredung, daß wenigstens zwei von ihnen jedesmal zugegen sind.

§.VI.
Es versteht sich von selbst, daß ein Jeder auf dem Versammlungssaale sich anständig und ordentlich betrage. Zur Erhaltung der Ordnung wird aber noch Folgendes als Regel festgesetzt:
1. Das Mitbringen oder Holenlaßen von Bier oder geistigen Getränken kann nicht gestattet werden.
2. Alles, wodurch Andere in ihrer Unterhaltung oder im Lesen gestört werden, z.B. lautes Pfeifen, oder Singen, so wie auch jedes Spiel, ist verboten.
3. Die gebrauchten Bücher, Zeitungen, Landcharten oder Schreibmaterialien müssen nach dem Gebrauch immer wieder an ihren bestimmten Ort hingestellt, und weder ein Buch, noch sonst irgend etwas, was dem Verein angehört, darf mit nach Hause genommen werden.
4. Sollte man etwas vorzulesen, oder einen Gesang wünschen, so kann dieses nur geschehen, wenn auf die Anfrage eines der Vorsteher alle Anwesende dazu ihre Einwilligung gegeben haben.
5. Es wird eine Büchse zur Sammlung von Geschenken im Versammlungslokale aufgehängt, die jeden Monat von dem Comité geleert, und über Einnahme und Ausgabe von demselben Rechnung geführt wird. Der Betrag derselben wird zur Bestreitung der Kosten, zur Anschaffung von Büchern, Schreibmaterialien pp verwendet, mit dem etwaigen Ueberschuß aber solche Mitglieder des Vereins unterstützt, die durch Krankheit oder andere Umstände unverschuldet in Noth gekommen sind, oder bei ihrem Abgange von hier um eine kleine Unterstützung zu ihrer Reise ansprechen.
6. Das Vereins=Lokal wird von den Vorstehern an jedem Werktage um acht Uhr Abends, an Sonn= und Festtagen aber nach dem Schluß des letzten Gottesdienstes eröffnet, und um zehn Uhr geschlossen, wo dann auf ihre Aufforderung ein Jeder den Saal verlaßen muß.

§.VII.
Alle diese Anordnungen können nur durch einen <u>einstimmigen</u> Beschluß des Comité's geändert, und neue Gesetze und Einrichtungen nur durch dasselbe gemacht werden. Die Vorsteher des Vereins bleiben mit ihm in beständiger Verbindung, legen ihm alle halbe Jahr Bericht von dem Fortgange des Vereins ab, tragen ihm ihre und des Vereins Bitten und Klagen vor, und haben an ihm eine beständige und kräftige Stütze zur Erhaltung ihrer Autorität und zur Führung ihres Amtes.

§.VIII.

Zur Aufrechterhaltung vorstehender Statuten verpflichtet sich das unterzeichnete Comité, und stellt diese ganze Anstalt unter den Schutz unsers Herrn und Heilandes Jesu Christi, ohne dessen Beistand und Segen all unsre Mühe und Arbeit vergebens ist, der aber keinen Stein zum Bau seines Zions verwirft, und keine Anstalt zum Besten der von ihm bis in den Tod geliebten und so theuer erkauften Menschen kann unbeachtet und ungesegnet laßen.

Und um den Grund auszusprechen, auf den wir bauen, und die Hoffnung, die uns beseelet, wählen wir zum Wahlspruch unsers Vereins die Worte: Röm. 8, 31. „Ist Gott für uns, wer mag wider uns seyn?"

Quelle 16
Flugblatt über die Jünglingsvereinssache
Archiv des Diakonischen Werkes Rheinland undatiert

Ein Gespräch.

Wilhelm: Da bin ich, um Dich abzuholen. Du hast mir ja versprochen, heute Abend mit in unseren Verein zu gehen.

Gustav: Du hast Recht, Wilhelm, das Versprechen habe ich Dir gegeben, aber ich leugne nicht, daß es mir beinahe leid ist, es ertheilt zu haben.

Wilhelm: Aber warum denn, lieber Gustav, hast Du für einen alten Schulkameraden nichts mehr übrig?

Gustav: Das wohl, aber ich habe seit unserem letzten Beisammensein so viel Nachtheiliges über Euren Verein gehört, daß mir die Lust, demselben beizutreten, gänzlich vergangen ist.

Wilhelm: Also das ist der Grund. Man hat unsern Verein bei Dir angeschwärzt und darum magst Du nichts mit ihm zu schaffen haben. Aber Du kennst doch das Sprüchlein: Prüfet Alles und das Gute behaltet! Ich sollte sagen, dieses Sprüchlein könntest Du auch unserem Vereine gegenüber in Anwendung bringen. Beitreten brauchst Du ja nicht, aber einen einzigen Abend das Vereinslokal besuchen, das würde Dir sicherlich nicht schaden und das könntest Du schon einem alten Freunde zu Gefallen thun. Hat es Dir dann schlecht bei uns gefallen, so will ich auch nie wieder in Dich dringen, Deinen Besuch zu wiederholen, es wäre aber ja möglich, daß Du eine andere Meinung von unseren Zusammenkünften bekämest, als unsere Gegner Dir beizubringen versucht haben.

Gustav: Verschone mich, lieber Wilhelm, ich bin Dir gewiß nicht böse, aber zu Eurem Vereine habe ich nun einmal keine Neigung. Ich sage Dir zum Voraus, ob ich mitgehe oder nicht, das wird gar keinen Unterschied machen, denn ich bin fest entschlossen, mich von Eurem sogenannten Jünglingsvereine fern zu halten.

Wilhelm: Es versteht sich von selbst, daß Du in dieser Hinsicht vollständige Freiheit hast, zu thun und zu lassen, was Du willst, und so seist Du hiermit förmlich und feierlich von Deinem mir gegebenen Versprechen entbunden. Du wirst mir aber auch zugestehen müssen, daß ich von Beitritt zum Vereine kein Wort zu Dir gesagt habe, ich habe Dich nur gebeten, ihn kennen zu lernen und zu prüfen. — Aber darf ich fragen, was Dir mit einem Male einen so gründlichen Abscheu gegen den Verein eingeimpft hat, während Du doch vor Kurzem noch ganz anders zu ihm standest?

Gustav: Von Abscheu habe ich nichts gesagt, aber nach meinem Geschmack ist er allerdings nicht — wofern auch nur halbwege wahr ist, was man mir über ihn gesagt hat.

Wilhelm: Nun mit der Sprache herausgerückt! Du klagst unseren Verein an, da halte ich mich für verpflichtet, ihn mit aller Entschiedenheit zu vertheidigen. Was für Beschuldigungen hast Du gegen den Jünglingsverein vorzubringen?

Gustav: Weil Du es verlangst, so will ich mit meinem Bedenken nicht zurückhalten. Zunächst und vor Allem habe ich gegen ihn einzuwenden, daß es so trübselig in demselben zugeht. Da ist nichts von jugendlicher Heiterkeit und Fröhlichkeit, sondern Langeweile über Langeweile. Nicht einmal lachen dürft Ihr, wenn ihr beisammen seid, geschweige denn einen munteren Scherz treiben. Du weißt, ich bin auch kein Wirthshausheld und Schwiemeler; wenn ich auch zuweilen mein Glas Bier trinke, so hat mich doch noch Niemand betrunken gesehen, aber in den engen Schnürleib Eures Vereinswesens mich einzwängen zu lassen, dafür bedanke ich mich schön. Auch die Bibel sagt: Freue dich, Jüngling, in deiner Jugend! und diese Freude möchte ich mir in der schönen Jugendzeit, die nie wiederkehrt im Leben, nicht verkümmern lassen.

Wilhelm: Da redest Du einmal wieder wie der Blinde von der Farbe. Wer hat Dir denn gesagt, daß es in unserem Vereine so trübselig zugeht? Wahrscheinlich jene Brüder Saufaus, mit denen Du selbst keine Gemeinschaft haben magst und deren Worten Du dennoch mehr Glauben schenkest, als denen eines guten Freundes von der Schulbank her. Ich sage Dir: es ist nicht wahr, daß wir immer traurig dreinschauen und den Kopf hängen lassen wie ein Schilf; wir sind fröhlich und guter Dinge. Wer Dir erzählt hat, das Lachen sei uns verboten, der hat die Unwahrheit geredet, nur mit jenem tollen Lachen, wie es aus dem Munde der Gottlosen und Verächter des Heiligthums erschallt, mögen wir nichts zu schaffen haben, und ich sollte sagen, das könnte auch Dir nicht mißfallen, wenn Du bedenkst, was uns unser lieber Pastor im Confirmandenunterrichte über den Ernst des Lebens und des Sterbens gesagt hat. Du führst den Bibelspruch an: Freue dich, Jüngling, in deiner Jugend! aber Du kennst auch den Zusatz: und wisse, daß Dich Gott um dies Alles wird vor Gericht führen! und an einem andern Orte heißt es: Ich sprach zum Lachen: Du bist toll! und zur Freude: was machst Du?

Gustav: Ja, lieber Wilhelm, ich möchte ja auch gerne auf Gottes Wegen wandeln, wiewohl ich noch weit genug davon entfernt bin, es so thun zu können, wie ich sollte und müßte, aber immer nur beten, erbauliche Gespräche führen und in der Bibel lesen, wie das in Eurem Vereine geschieht, das kann ich nicht, das ist gegen meine Natur und würde mich nur zum Heuchler machen.

Wilhelm: Aber wer sagt Dir denn, daß wir nichts Anderes thun, als in der Bibel lesen, beten und erbauliche Gespräche führen? Ich muß immer wieder darauf zurückkommen, du kennst unseren Verein nicht, und thätest deßhalb besser, Dich mit seinen Einrichtungen vertraut zu machen, als Dir von unsern Gegnern etwas in die Ohren hängen zu lassen, was entweder auf Unkunde oder böswilliger Verdrehung beruht. Es ist wahr, wir beten und lesen in der Bibel, aber wir thun noch vieles Andere, und wenn Du mich ruhig anhören willst, so will ich Dir erzählen, was wir Alles in unserem Vereine vornehmen, Du wirst dann selbst sehen, daß Du wenigstens in diesem Stücke schlecht berichtet worden bist. Oder hast Du noch weitere Anklagen, dann heraus damit, damit ich weiß, wohin ich meine Vertheidigung zu richten habe.

Gustav: Die wesentlichsten Bedenken gegen Euren Verein habe ich bereits ausgesprochen, ich könnte zwar das Eine oder Andere noch namhaft machen, will aber lieber damit zurückhalten, bis Du mir etwas über Euer Vereinsleben erzählt hast, was mir natürlich nur erwünscht sein kann.

Wilhelm: Ich will mit etwas beginnen, von dem ich glaube, daß es Deinen Beifall findet. Du meinst, wir läsen nur in der Bibel; ja, die Bibel gilt uns als das theuerste und heiligste Buch, und ist sie es nicht, da sie uns den Rathschluß Gottes von unserer Erlösung offenbart? Aber außer der Bibel haben wir noch viele andere Bücher.

Gustav: Wahrscheinlich Predigtbücher.

Wilhelm: Nicht etwa blos Predigtbücher, wie Dir Deine neuen Freunde weiß gemacht haben, sondern sehr interessante Schriften erzählenden und belebrenden Inhalts. Schon sehe ich meinen Freund Gustav, dessen Neigungen mir nicht unbekannt sind, sich mit großem Eifer über unsere Bibliothek hermachen, und bald ein Buch von Glaubrecht oder Stöber, bald eine der prächtigen Erzählungen von Jeremias Gotthelf mit wahrem Heißhunger verschlingen.

Gustav: Ihr hättet wirklich eine reichhaltige Bibliothek? Das hatte ich allerdings nicht gedacht. Aber fahre nur fort!

Wilhelm: In der Woche erhalten wir Unterricht im Rechnen, Schreiben, der deutschen Sprache und anderen Lehrgegenständen. Niemand ist genöthigt, an diesen Stunden Theil zu nehmen. Wer keine Lust dazu hat, der kann sich unterdessen in eine Ecke setzen und lesen, oder mit einem guten Freunde ein Stündchen verplaudern, soweit dies ohne Störung der Uebrigen möglich ist. Was mich anbetrifft, so besuche ich alle Unterrichtsstunden, wofern ich es nur irgend möglich machen kann, in den Verein zu kommen. Es ist gut und nützlich, die Kenntnisse, die man in der Schule erlangt hat, wieder aufzufrischen und zu erweitern. Wie leicht vergißt man wieder, wenn man nicht beständig in der Uebung bleibt. Nichts für ungut, meiner Meinung nach wären diese Stunden auch für Dich nicht ganz überflüssig; im Rechnen wenigstens —

Gustav: Still, still, nicht aus der Schule geplaudert, aber Unrecht hast Du nicht, ein fleißiger Rechner bin ich nie gewesen, da wäre es in der That so übel nicht, wenn ich den alten Schürmann wieder einmal aus seinem Kasten hervorholte.

Wilhelm: Außerdem treiben wir an einem Abende vierstimmigen Chorgesang. Dieser Abend findet besonders zahlreiche Betheiligung. Es klingt aber auch gar zu schön, wenn wir unsere Lieblingslieder anstimmen: Das Wandern ist des Jünglings Lust; Preisend mit viel schönen Reden; Jesus Christus herrscht als König! und wie die Lieder in unserem Gesangshefte alle weiter heißen. Ich weiß, vom Gesange bist Du kein Freund; wenn du aber eine gute Lunge im Leibe hast und Dir der Athem nicht leicht ausgeht, so kannst Du auch unserem Posaunenchor beitreten, der bläst so laut und kräftig, daß man es weithin hören kann, und bisweilen die Fenster an zu klirren fangen.

Gustav: Ich beginne wirklich allmählig, eine etwas andere Meinung von Eurem Verein zu bekommen.

Wilhelm: Von einer Stunde habe ich Dir noch nichts erzählt, die Vielen unter uns die liebste ist, das ist die Bibelstunde. Da lesen wir ein Buch der heiligen Schrift im Zusammenhang, gegenwärtig stehen wir an der Geschichte Josephs, im ersten Buche Mosis. Alle haben eine Bibel vor sich. Nachdem zuerst durch den Vorsitzenden die Stelle erklärt worden ist, kann ein Jeder in der Versammlung eine Frage stellen, eine Bemerkung machen, eine Erfahrung mittheilen, wie es ihm gerade um's Herz ist. Diese Bibelstunden oder biblischen Besprechungen haben sich stets als besonders segensreich erwiesen. Wir bekommen noch häufig Briefe von ehemaligen Vereinsgliedern, in denen es heißt: Könnte ich doch noch einmal Eurer Bibelstunde beiwohnen! Die Worte, die ich dort gehört habe, kann ich nicht wieder aus dem Gemüthe los werden. In der Vereinsbibelstunde habe ich zuerst fragen gelernt: was soll ich thun, daß ich selig werde?

Gustav: Daß Ihr eine Bibelstunde in Eurem Vereine habt, will ich nicht tadeln. Nur hoffe ich, daß Niemand gezwungen ist, in derselben das Wort zu nehmen, denn das würde ich aus mehr als einem Grunde für gefährlich halten.

Wilhelm: Hierin stimme ich Dir bei. Es entspricht dies aber auch ganz der Weise, die in unserem Vereine üblich ist. Wer reden will, der redet, wer schweigen will, der schweigt, und die Meisten — schweigen. Wir Jünglinge wissen sehr wohl, weßhalb uns der liebe Gott zwei Ohren und einen Mund gegeben hat und kennen auch ganz gut das Sprüchlein des Jacobus: Ein jeglicher Mensch sei schnell zu hören, und langsam zu reden.

Gustav: Aber was treibt ihr am Sonntag?

Wilhelm: Davon wollte ich eben noch erzählen. Sonntag Morgen gehen wir zur Kirche, häufig auch am Sonntag Nachmittag, denn die schönen Gottesdienste des Herrn können wir nicht missen, sie sind uns theuer und werth. Um 4 Uhr dagegen öffnet sich unser Vereinslokal und pflegt gerade an diesem Tage sich ungewöhnlich zu füllen. Manche, die in der Woche nicht regelmäßig abkommen können, weil sie bis an den späten Abend mit Nadel, Pechdrath, Hobel oder Weberschifflein beschäftigt sind, fehlen am Sonntage nie und freuen sich schon die ganze Woche hindurch auf die Stunden, die sie in der Gemeinschaft der Brüder zubringen dürfen. Am Sonntag wird nun Allerlei vorgenommen. Das eine Mal ist Generalversammlung, in der die neu eintretenden Mitglieder feierlich aufgenommen, die Fragen des Fragekastens beantwortet und eingelaufene Briefe von Vereinsgenossen vorgelesen werden. An einem zweiten Sonntage ist Missionsstunde, in der Mittheilungen über die großen Thaten Gottes unter den Heiden gemacht werden. Wieder an einem andern Sonntage hält uns ein Prediger, Lehrer oder Bürger der Stadt einen Vortrag über irgend einen interessanten und wissenswürdigen Gegenstand, bald aus der Welt- oder Kirchengeschichte, bald aus der christlichen Heilslehre, bald von dem weiten Gebiete der Naturwissenschaft, denn auch das große Buch der Natur ist mit dem Finger Gottes beschrieben, ja, wir haben auch schon Vorträge gehört über Gesundheitspflege und Verdauung der Speisen, die sehr nützlich waren und uns viele Freude machten. Im Sommer aber pflegen wir gemeinsame Spaziergänge zu unternehmen, und Wald und Flur und Berg und Thal mit unseren lieblichen Liedern zu erfüllen. Namentlich gern besuchen wir in der schönen Sommerszeit die Feste benachbarter Vereine, von denen jedes uns neue Freude bereitet und neue Anregung bietet. Kurz, wir erfahren es reichlich und herrlich, daß diejenigen, die da begehren, nach der Regel des göttlichen Wortes ihr Leben einzurichten — denn das begehren wir, der eine mehr, der andere weniger — weit fröhlicher ihre Jugendzeit zubringen können, als diejenigen, welche den Freuden und Lustbarkeiten dieser Welt nachhängen, die die tieferen Bedürfnisse des Herzens nicht befriedigen und zugleich einen nagenden Wurm im Gewissen zurücklassen.

Gustav: Lieber Wilhelm, Du hast mir das Herz warm gemacht. Ich ziehe sogleich meinen Rock an, und gehe mit.

Wilhelm: Ja wohl, jetzt willst Du mitgehen, nachdem wir die Zeit verplaudert haben. Für heute müssen wir beide auf den Verein verzichten, und ich bin gewiß, daß schon Mancher dort gefragt hat: wo mag nur der Wilhelm stecken? Aber wenn ich morgen wiederkomme, wirst Du mich dann zum zweiten Male abweisen?

Gustav: Ganz gewiß nicht, im Gegentheil, ich werde Dir dankbar sein, wenn Du mich morgen mitnehmen willst, denn ich sehe jetzt ein, daß ich mir ein falsches Bild von Eurem Vereine gemacht hatte. Sei mir nur nicht gar zu böse, daß ich mich heute so spröde gezeigt habe.

Kommentar 17
Der erste katholische Gesellenverein ging aus einem Junggesellenchor für Fronleichnamsprozessionen hervor, den der Elberfelder Schreinermeister Josef Thiel gründete. Der Lehrer Johann Gregor Breuer (1820-1897) erlaubte die Benutzung der Räumlichkeiten seiner Schule und erteilte den Mitgliedern Unterricht im Rechnen und Schreiben. Aus dieser Gruppe entstand 1846 auf Initiative Breuers der „Katholische Gesellen-Verein", dessen erster Präsident Kaplan Johann Josef Steenaerts wurde; Breuer und der Buchhändler Jakob Ermekeil fungierten als Vereinsvorsteher. Adolph Kolping (1813-1865), der 1845 als Kaplan an die Laurentius-Kirche in Elberfeld gekommen war, hielt zunächst Vorträge im Verein, dessen Präses er 1847 wurde. Kolping, der vor seiner geistlichen Laufbahn eine Schuhmacherlehre gemacht hatte, wurde im folgenden zum Propagandisten und Organisator des Gesellenvereinswesens. 1848 wurde der Kölner, 1849 der Düsseldorfer Gesellenverein gegründet; 1850 schlossen sich die bestehenden Organisationen im „Rheinischen Gesellenbund" zusammen. 1854 konstituierte sich der Barmer Gesellenverein. Ende der 50er Jahre existierten in Deutschland 191 Gesellenvereine mit mehr als 63000 Mitgliedern. Kolping, der 1846 mit einer Denkschrift Breuers zur Gründung von Gesellenvereinen bekannt geworden war, publizierte mehrere Aufsätze zum Gesellenvereinswesen, von denen einer, aus dem Jahr 1848 stammend und in Elberfeld entstanden, in Quelle 17 auszugsweise wiedergegeben wird. Der Elberfelder Verein, der am 6.11.1846 mit 30 Mitgliedern gegründet wurde, verfügte im § 1 seines von Breuer verfaßten Statuts: „Der Zweck des Vereins ist, katholischen Jünglingen, insbesondere Handwerker-Gesellen und Lehrlingen zweimal in der Woche und zwar Sonntags von 5-9 Uhr und Montags von 6-9 Uhr abends durch Vortrag und passende Lektüre, Belehrung, Erbauung, Fortbildung und anständige angenehme Unterhaltung zu verschaffen" (zit. nach Rudolf Vitus, Die Anfänge des katholischen Gesellenvereins zu Elberfeld, Wuppertal-Elberfeld 1834, S. 86).

Quelle 17
Der Gesellenverein. Zur Berherzigung für Alle, die es mit dem wahren Volkswohl gut meinen.
Von Adolph Kolping, Kaplan und Religionslehrer in Elberfeld. Cöln und Neuß 1849, ND o.O. o.J., S. 9ff Auszug

[...]
Was dem jungen Handwerker zunächst fehlt, ist ein kräftiger moralischer Halt im Leben, eine freundlich zurechtweisende Hand, eine wenn auch von weitem um ihn wandelnde liebende Sorge, die sein Vertrauen verdient. Jeder fühlt sich aber recht eigentlich behaglich unter seinesgleichen. Den genannten moralischen Halt müßte man ihm eben bei und mit seinen Genossen geben können. Wer ihn weisen und leiten soll, zu dem muß er von Natur aus eine gewisse Neigung haben und seiner tätigen, uneigennützigen Sorge bei vorkommenden Fällen versichert sein. Weiter fehlt ihm zumeist die Gelegenheit, sich außer der Werkstätte und dem Wirtshause irgendwo behaglich niederzusetzen und wenigstens eine Weile sich mit ernsten, ihn bildenden Dingen zu befassen. Das Bedürfnis dazu liegt in der Natur des Menschen und wird nur dann verdrängt, wenn er sich unbefriedigt ohne Aufhören dem schalen Genusse der Sinne hingeben muß. Ganz besonders wird dies Bedürfnis fühlbar an den langen Winterabenden, die an gewissen Tagen wirklich zur Tortur werden können und gewöhnlich deswegen zu allerlei Fahrten und Exzessen verleiten, an die man am Morgen noch nicht gedacht hatte. Es fehlt dem jungen Arbeiter ein Zufluchtsort außer der Herberge und dem Wirtshause, wo er recht eigentlich eine Weile rasten und Nahrung für seinen Geist erhalten könnte, die auf ihn berechnet, ihm zusagen müßte. Es fehlt ihm ferner die Gelegenheit, sich für seinen Beruf, für seine Zukunft gewissermaßen auszubilden, abgesehen von der technischen Fertigkeit, welche ihm die Werkstätte des Meisters mitgeben soll. Noch mehr fehlt ihm: eine passende, Geist und Gemüt wahrhaft aufrichtende und stärkende Unterhaltung und Erheiterung, wie er sie weder zu Hause, noch im Wirtshause, noch an öffentlichen Vergnügungsorten erhält. Auch muß die Religion wieder wachgerufen und aufgefrischt werden in seinem Herzen, indem ihm wieder ein lebhafteres Interesse dafür eingeflößt wird. Deshalb müssen seine Kenntnisse in dieser Beziehung erweitert und ihm Gelegenheit geboten werden, seines Glaubens wieder froh zu werden. Dann mangelt ihm zuletzt noch die Gelegenheit, von Herzen tätig zu sein mit und für andere. Auch sein Herz will Gegenstände haben, an denen seine Liebe sich übt. Ob man diesen Bedürfnissen füglich abhelfen könne? Ich sage ja, man soll es sogar, wenn man es mit diesem so wichtigen Teile des Volkes noch gut meint. Wie wäre das denn anzufangen?
Man richte nur in allen Städten, wenn nicht in allen größeren Gemeinden, einen freundlichen, geräumigen Saal ein, sorge an Sonn- und Feiertagen wie am Montagabend für Beleuchtung und im Winter für behagliche Wärme dazu und öffne dann dies Lokal allen jungen Arbeitern, denen es mit ihrem Leben und ihrem Stande nur immer Ernst ist. Da die jungen Leute, die der Einladung folgen, Gemeinsames mit ziemlich gleichen Kräften wollen, bilden sie dadurch einen Verein, für dessen Bestehen und Gedeihen ein Vorstand von achtbaren Bürgern, die dem guten Zwecke zu dienen entschlossen sind, zu sorgen hätte, und an dessen Spitze ein Geistlicher stehen soll, der dieser Stelle mit all der persönlichen Hingebung und Aufopferung vorzustehen hat, welche sein heiliges, grade dem Volke gewidmetes Amt und die gute Sache erheischen. Je nützlicher und angenehmer, je freier und würdiger der Aufenthalt in dem Vereinslokal für die jungen Leute gemacht wird, um so größer wird die Teilnahme sein, um so fester werden sie bei der guten Sache halten. Da dürfte es nicht an guten Büchern, Schriften und Zeitungen fehlen, nicht bloß, die das religiöse Interesse vertreten, sondern die auch, was ja nicht zu übersehen wäre, dem bürgerlichen Leben gelten, die gewerbliche Gegenstände behandeln und, soviel wie möglich, jedem Handwerker von Nutzen sein können. Dazu muß das lebendige Wort treten. Da wäre die Gelegenheit günstig, die Religion, als die Grundlage des Volks- und Menschenglückes, wieder anzubauen und den Herzen nahezubringen wie überhaupt auf alle Lebensverhältnisse einzugehen, die den Gesellen berühren und deren Besprechung ihm von überaus großem Interesse sein müßte. Wenn man einesteils dahin zu wirken hätte, die jungen Leute mit nützlichen und angenehmen Kenntnissen aus allen ihnen zugänglichen und passenden Gebieten des Wissens zu bereichern, würde man von der andern Seite sie warnen, führen und leiten können auf den Wegen, die sie gegenwärtig wandeln. Erfahrung und Beispiel würden eindringlicher durch das lebendige Wort wirken. Klar und unablässig könnte man ihnen ihren wahren Beruf, ihr

475

echtes Lebensziel vor Augen halten wie die Mittel besprechen, dies Ziel auf die sicherste Weise zu erreichen. Tüchtige Bürger sollen sie werden, zu tüchtigen Bürgern muß man sie erziehen. Ein tüchtiger Bürger muß ein tüchtiger Christ und ein tüchtiger Geschäftsmann sein, nun, dann muß man der betreffenden Jugend wenigstens insoweit zur Hand gehen, daß sie beides werden kann. Tüchtige Bürger gedeihen aber nur in einem tüchtigen Familienleben. Wenn das für unsere Jugend anderwärts fehlt, und daß es fehlt, wissen wir alle sehr gut, dann suchen wir unsern jungen Leuten durch einen solchen Verein wenigstens annähernd die Vorteile zu gewähren und darauf mit allen Kräften hinzuwirken, daß diejenigen, welche sich um uns scharen, einst eine bessere, an Leib und Seele gesündere Generation in besserm Familienleben erziehen. Unendlich reich und mannigfaltig ist das gewöhnliche bürgerliche Leben, und tausend Seiten bietet es dar, die der belehrenden, zurechtweisenden, züchtigenden und freundlich weisenden, gar heitern Betrachtung Stoff bieten. Nichts dürfte da verschmäht werden, keine Freude, kein Leid; in allem liegt ein Keim, oft sogar ein reicher Fonds des Guten, den man nicht zertreten, nicht wegwerfen dürfte, weil vielleicht der Mißbrauch sich desselben entstellend bemächtigt hat. Das Volksleben hat, seit man die Kirche ihm immer mehr zu entfremden gesucht, gar keine erziehende Pflege gefunden, und wenn es vielfach verwilderte oder abstarb, ist das unter gegebenen Umständen wohl nicht anders möglich gewesen. An die Stelle der Kirche hat sich zwar die Polizei zu setzen gewußt, indes ist und bleibt diese doch die schlechteste Volkserzieherin, die es nur geben kann. Die Zeitungen liefern uns gegenwärtig dazu die nötigen Belege. Jetzt ist die Zeit gekommen, wo dies Volksleben, nachdem es die unnatürlichen Bande gesprengt, welche kurzsichtige Weisheit mit Gewalt ihm angelegt, wieder frisch und fröhlich emporblühen soll und will.

Hoch und wild bäumt es sich zwar auf, böse Kräfte und Säfte haben sich unter langjährigem Druck gesammelt, die nun in leidenschaftlichem Streit sich zu entzünden drohen. Aber nichtsdestoweniger liegt noch gesunde Kraft im Volke, nur muß sie bewahrt, gepflegt, gemehrt werden, indem das Wilde und Schlechte mit sorgsamer, freundlicher, aber fester Hand ab- und ausgeschieden wird. Das könnte füglich durch einen solchen Verein geschehen. Je klarer und einfacher nämlich diesen Leuten mit ihrem meist guten Willen und gesunden Verstande die Wahrheit gesagt wird, je schonender man das Leben in allem Zulässigen behandelt, ihre Freuden wi[e] ihr Leid auf den wahren Wert zurückführt, je fester man hinwieder bei dem einmal erkannten Guten verharrt, um so lieber nehmen sie das Gute an, um so williger lassen sie sich lenken und leiten, um so schonungsloser darf man dem wahrhaft Schlechten zu Leibe gehen. Ist dann erst das Bewußtsein des Bessern geweckt, werden sich die Herzen dem Guten wieder mit doppelter Freude öffnen. An des Volkes, speziell der jungen Arbeiter Freud und Leid habe ich erinnert: beides müßte gleichmäßig Gegenstand der ernstesten Betrachtung werden. Ich füge hinzu, beides müßte sozusagen mitgelebt werden, um beiden die rechte Seite abzugewinnen, von der aus es nützen könnte. Da dürfte kein Übelstand sein, dem man nicht seine Aufmerksamkeit zuwendete, keine Bedrängnis, unsere Sorge müßte ihr abzuhelfen suchen. Den unverschuldeten Armen werde Unterstützung, den Kranken Pflege, den Toten der Beweis christlicher Liebe. Von der andern Seite könnte es gar nichts schaden, wenn mancher Abend zu heiteren Spielen, zu anständigem Scherz ganz verwandt würde. Zur Sommerzeit bei schönem Wetter könnten an freien Nachmittagen alle miteinander einen Ausgang in Gottes Natur unternehmen, um in gemeinsamer Lust sich herzlich und anständig zu freuen. Ein solcher Verein böte eine gar schöne Gelegenheit dar, den Volksgesang zu heben und auszubilden nicht bloß für die Kirche, sondern auch fürs bürgerliche Leben. Welche Jugend singt nämlich nicht gern? Diejenige, vor der mir allein bang ist. Soll ich noch ausführen, welchen Einfuß der Volksgesang auf das religiöse und bürgerliche Volksleben übt? Wenn die jungen Leute einmal zu ordentlichem Singen angeleitet und im Besitz eines Vorrats guter Lieder sind, wird das wilde Lärmen und unausstehliche Geschrei in der Werkstätte, im Wirtshause und auf der Straße von selbst aufhören. Und es würde mehr gesungen werden als bisher. Es ist wahrhaft betrübend, daß der anständige, fröhliche Gesang immer mehr aus dem Volke schwindet, man oft durch die belebtesten Gegenden wandert, ohne auch nur einen fröhlichen Laut zu hören, es sei denn die Vögel des Himmels üben noch ihr fröhliches Amt. Es kommt mir da vor, als seien die Vögel besser dran als die Menschen. Und dies Verschwinden des Gesanges, der Fröhlichkeit, des frisch sich äußernden Lebensmutes ist ein böses, ein sehr böses Zeichen. Entweder sind die Menschen elender oder schlechter geworden, da der behagliche wie der gute und reine Mensch nicht lange traurig dreinsehen und den Kopf hängenlassen kann. Indem man nun die jungen Leute wieder zu einem vernünftigern Lebenswandel anleitete und zum Gesange dazu, würde man eine gesunde anständige Fröhlichkeit wieder wecken, eine der edelsten Blüten des Lebens wieder hervortreiben. Viel, sehr viel wäre dabei gewonnen. Noch mehr, noch viel mehr könnte durch einen solchen Verein eine wahre Volksakademie angeregt, gepflegt und gefördert werden, was gut, was löblich, was anständig wäre für das Menschen- und deshalb für das Volksleben, was Haus und Familie schmückte, der Menschheit zu Nutzen, zur Freude und zur Ehre gereichte. Doch das würde sich mit der Zeit finden, würde naturgemäß aus der Sache herauswachsen und sich schon geltend machen. Vorerst bleibe allerdings die Hauptsache, das nächste und dringendste oben angegebene Bedürfnis, Hauptgegenstand der Sorge. Doch kann ich noch eines nicht gut verschweigen, sind erst die jungen Leute in Ernst und Scherz aneinander gewöhnt, haben sie eine Zeitlang zusammen in der Kirche gesungen und draußen sich gefreut, ist das Bewußtsein, ein Gutes gemeinsam zu wollen, einmal recht lebendig geworden, dann sollt ihr, die ihr euch tätig um sie bekümmert, sehen, wie sie zusammenhalten, wie sie Freud und Leid auch außer dem Vereine teilen, wie die Herzen füreinander tätig werden. Ich bescheide mich, viel zu sagen. Gewisse Dinge wollen erfahren sein, um gefaßt zu werden.

Das wäre also das versprochene Heilmittel für viele Wunden und Schäden im Volke, eine Volksakademie im Volkston. Nennen mag man das Heilmittel, wie man will, wenn es sich nur hilfreich erweist, und hilfreich wird es sein, wenn es von den rechten Ärzten appliziert wird, und zwar in der rechten Weise. Und wer soll dann der Sache sich besonders annehmen? Kein anderer als, wie schon gesagt, der Klerus, der aus dem Volke stammt und nun einmal von Gottes und Rechts wegen den Beruf hat, wie das Christentum auszubreiten in der Welt, mit demselben auch das Volk erziehend ganz zu durchdringen. Auch kennt der Klerus das Volk am besten, soll wenigstens kennen, er ist persönlich unabhängiger als irgendein anderer Stand und kann sich deshalb in seinem Amte auch mit einer persönlichen Hingebung und Aufopferung widmen wie kein anderer. Ja, der Geistliche ist der geborene Volkserzieher, er kann und soll auf dies wichtigste aller möglichen Ämter nicht verzichten. Ihm kommt deshalb auch das Volk da, wo er sich ihm nur nähert, mit seltenem Vertrauen entgegen, und übt er mit sorgender Liebe sein Amt, stehen ihm aller Herzen offen. Wenn das Volk sich aber vernachlässigt, ungeliebt sieht, nun, dann wendet es auch sein Herz ab, nicht ohne einen gewissen Groll dem nachzutragen, von dem es so gern geliebt wäre. Wenn in neuester Zeit da und dort das Volk dem Geistlichen abgeneigt sich erwiesen, ich meine das eigene Volk (das andere wird gehetzt), und gar Befürchtungen laut wurden, die Ärg[er]nis in Aussicht stellen; mag das allerdings zum großen Teil einem Geiste zugeschrieben werden, der in ihm seinen geborenen Feind erkennt und der gar so gern herrschen möchte: doch ist andererseits nicht zu leugnen, daß auch manche Geistliche sich dem Volke zu sehr entzogen, wenn nicht entfremdet haben. Wir sind bei einem Zeitpunkte indes angekommen, wo wir alle allenfallsige Schuld beim Volke austilgen müssen, alte Scharten auswetzen, altes, uns zugehöriges Terrain wieder erobern, soll nicht bald Gericht über uns gehalten werden. Lautere, hingebende, alle Verhältnisse umfassende und durchdringende Liebe muß wieder zu Felde ziehen, sie wird die Welt erobern. In unserm Falle kann und muß ich deshalb an den Klerus weisen. Er wird dem Unternehmen Halt und Würde geben, er wird für ihre Dauer wie für ihr Gedeihen bürgen, wie anderseits er am leichtesten die Idee rein bewahren und schädliche Auswüchse verhindern kann. Ich wage nicht von der größeren Arbeit zu reden, aus Furcht zu beleidigen, noch die Schwierigkeiten schon jetzt in den Weg zu werfen, die sich wahrscheinlich darbieten werden, besorgt, einen Mut in Zweifel zu ziehen, der den Stand auszeichnen soll und von jeher ausgezeichnet hat. Nein, ich glaube nur nach oben weisen und an die Aufgabe des herrlichsten Berufs unter Gottes Sonne appellieren zu dürfen, um das Nötige gesagt zu haben.

Was nun noch die Leitung des Vereins betrifft, die Art und Weise mit den Leuten umzugehen, die angegebenen Gegenstände zu behandeln, den Aufenthalt im Vereinslokal angenehm, anziehend und dadurch wirksam zu machen, wird jeder leicht begreifen, daß eben davon sehr viel abhängt. Um deswillen müßte das aber nicht bloß Gegenstand gelegentlicher Beobachtung, sondern geradezu des ernstesten, aufmerksamsten Studiums sein. Nun ja, mancher hat seine Freude an großen und kleinen Tieren, mancher verwendet bedeutende Sorgfalt auf die Kenntnis von Kräutern und Blumen, andere pflegen Umgang mit den Sternen, noch andere spekulieren auf andere Dinge, die vielleicht noch weniger wert sind. Darin mag nun an sich nichts Böses liegen, aber sich mit dem Nebenmenschen da, mit seinem Wohl und Wehe befassen und in seiner Behandlung eine gewisse Virtuosität erwerben, gilt doch unendlich mehr; und etwas unter den edelsten Geschöpfen Gottes, die endlich grade soviel wert sind wie wir, weiß Gott oft noch mehr, bessern, ist doch ohne Vergleich größer, als alles Wissen der Erde bloß besitzen. Ein Mehreres über die Art und Weise, mit den Leuten zu verkehren, behalte ich mir in dem Falle vor, daß diese Anregung, und mehr soll es nicht sein, wirklich Anklang findet und man dann meine Meinung wünscht. Wer Besseres weiß, dem höre ich mit Freuden zu.

[...]

5. Vereine zur sozialen Krisenbewältigung

Kommentar 18
Nachdem in den Kriegsjahren 1813/14 die Kornvorräte aufgebraucht worden waren und aufgrund einer Mißernte 1815 nicht wieder ergänzt werden konnten, zeichnete sich für den Winter 1816 und das darauf folgende Frühjahr eine Verknappung des Getreides, gefolgt von wachsender Spekulation und starker Verteuerung, ab. Die zu erwartenden Auswirkungen auf das Hauptnahrungsmittel der ärmeren Bevölkerung, das siebenpfündige Schwarzbrot,- Preisanstieg oder gar völliger Mangel- charakterisierte die Zeitschrift „Hermann" vom 4.3.1817: „Eins kommt zum Andern und vermehrt die allgemeine Noth ins Unleidliche! Bevor der Mensch sich dem Verhungern ergiebt, greift er zum Aeussersten; es wird bei nächtlichen, heimlichen Diebstählen und Einbrüchen nicht bleiben, sie werden in öffentliche, gewaltsame übergehen." Auf die in einem Vorschlag vom 6.7.1816 dargelegte Auffassung des Elberfelder Kaufmanns Jakob Aders, „[mit] einem Kapital von hundert tausend Reichsthaler [sei] einem Mangel vorzubeugen und wahrscheinlich eine fernere Vertheurung in der hiesigen Gegend zu verhüten, wenn mit dieser Summe mit Verzichtleistung auf Gewinn - außer den gewöhnlichen Zinsen - nur nach den gedachten Zwecken gearbeitet wird" (Wie schützte sich Elberfeld in den Jahren der Noth 1816-17 durch seinen Bürgersinn vor Brod=Mangel? Elberfeld 1817, Beilage A, S. 12), konstituierte sich am 13.7.1816 der Elberfelder „Verein gegen die Korn=Theurung", dessen Geschichte Quelle 18 in Auszügen dokumentiert. Der Verein kaufte im Zeitraum von August 1816 bis September 1817 insgesamt 22968 3/4 Malter Roggen auf, die zur Herstellung von ca. 1150000 Broten à 7 Pfund ausreichten. Der in der Quelle angesprochene Gewinn betrug ca. 10000 Taler und diente im Mai 1820 als Grundstock zur Gründung des Elberfelder Bürgerkrankenhauses.
In Barmen konstituierte sich am 12.11.1816

Quelle 18
Wie schützte sich Elberfeld in den Jahren der Noth 1816-1817 durch seinen Bürgersinn vor Brod=Mangel?
Elberfeld 1817, S. 3-11
SAW 3446 Auszüge

Wahr und treu!

Als im Sommer 1816 das anhaltende Regenwetter überall Bedenklichkeiten für die Getreide-Ernte erregte, da wurden auch in hiesiger Stadt die gutgesinnten Bürger besorgt vor dem kommenden Winter und Frühling, und es war schon zu Anfang des Monats July die tägliche Unterhaltung in allen Gesellschaften, wie man es wohl anzufangen habe, Elberfeld vor Brodmangel und einer übergroßen Theurung zu schützen.

Es war nicht eine kleine Aufgabe, einen Ort, der über 20,000 Einwohner und fast gar kein eigenes Wachsthum hat, auf ein ganzes Jahr mit Brodkorn zu versorgen.

Manche Vorschläge wurden in dieser Zeit gemacht und wieder verworfen, weil man entweder in der Ausführung zu viele Schwierigkeiten fand, oder sich überzeugte, daß der Zweck dadurch doch nicht erreicht werden würde; und so blieben solche unbeachtet.

Am 6. July, als sich eben die Besorgnisse allgemein und laut äußerten, wurde von einem unserer Mitbürger ein Plan vorgelegt, durch Zusammenbringen einer Summe Geldes von 100,000 Rthlr., in Abschnitten von 500 Rthlr. eingetheilt, und zu 5 vom Hundert zinsbar, eine Gesellschaft zu bilden, welche es übernähme, für diese Summe aus der Fremde das Brodkorn für das Bedürfniß der Sammtgemeine von Stadt und Kirchspiel anzuschaffen, und nach Maaßgabe des Verbrauchs von Zeit zu Zeit das Abgehende durch neue Einkäufe wieder zu ersetzen.

Dieser Plan, laut Anhang unter Buchstaben A, war einfach, und er leuchtete dem größten Theil unserer vermögenden und wohlhabenden Bürger als ausführbar und zweckerfüllend ein. Ihr guter Sinn und der Wunsch, ihren weniger begüterten Mitbürgern, in einer Zeit, die bei der gänzlichen Stockung aller Gewerbe schon so äußerst drückend war, auf eine kräftige Art zu Hülfe zu kommen, ließ sie die Gefahr eines möglichen großen Verlustes nicht achten, indem es ihnen einleuchtete, daß der Gewinn für die Bewohner der Sammtgemeine, ja für die ganze Umgegend unmöglich ausbleiben könnte.

Schon nach wenigen Tagen war die Summe von 55,000 Rthlr. durch Unterschriften zusammengebracht und der Verein gegen die Korn-Theurung fing am 13. July an, sich zu gestalten.

An diesem Tage wurden im Beisein des Landraths des Elberfelder Kreises, Herrn Grafen von Seiffel, der sich als Mitbetheiligter angeschlossen hatte, vorläufig sechs derselben gewählt und diesen die Führung des Geschäfts anvertraut und übertragen.

Sie übernahmen die damit verknüpften Arbeiten gerne, beorderten sofort in Holland einige bedeutende Ankäufe von Getreide und deren schleunigste Verschiffung nach Düsseldorf, welches auch rasch ausgeführt wurde.

Von Seiten der königlichen Regierung fand die Bildung des Vereins großen Beifall und allen möglichen Vorschub.

Auf eine Bittschrift wurde die Befreiung vom Landzoll, Hafen-, Weg- und Pflastergeld für die zu beziehenden Vorräthe gestattet, auch wurden dem Vereine mehrere herrschaftliche Speicher in Düsseldorf eingeräumt, um das ankommende Getreide aufzusöllern, da es in hiesiger Stadt an dergleichen Räumen ganz mangelt.

Durch dieses Zuhülfekommen der königlichen Regierung wurde ein Ansehnliches in den Nebenkosten erspart und durch die späterhin nachgesuchte und von Sr. Excellenz dem Oberpräsidenten Herrn Grafen von Solms-Laubach bewilligte Erstattung der Rheinschiffungs-Gebühren dem Verein die bedeutende Summe von ungefähr 3500 Rthlr. zugewendet. Es wurde auch um die Erstattung der bezahlten ein- und ausgehenden Rechte auf die über Holland bezogenen Partieen Roggen bey Sr. Majestät dem Könige der Niederlande, vermittelst des Gesandten unseres Königs, dem Fürsten von Hatzfeld Durchlaucht, gebeten, dieses Gesuch war indeß, zufolg eines Schreibens Sr. Durchlaucht vom 30. August 1817, abgewiesen worden. Wäre die Bitte vor der Einführung eingereicht, so würde sie sehr wahrscheinlich Eingang gefunden haben.

In dem vorgedachten Plan war die Summe von 100,000 Rthlr. als zum Geschäft erforderlich angenommen. Die Stockung in den Gewerben und der große Geldmangel, der in Deutschland allgemein und insbesondere in den Fabrikstädten des Wupperthals drückend fühlbar war, erschwerten das Zusammenbringen jener Summe, da einige der sehr Vermögenden den Beitritt zum Verein verweigerten, theils vielleicht aus Besorgniß vor gar zu großem Verlust, theils aber, und mehr noch in der Meinung, der Mangel und die Theurung würden nicht so groß werden, als die Besorgnisse sich vernehmen ließen.

Indeß äußerte sich doch der Beifall für dieses Unternehmen ziemlich allgemein und so, daß sich sehr viele aus der Klasse der Mittelbürger freiwillig erboten, für 500 Reichsthaler, verhältnismäßig aufs Ganze vertheilt, Theil an einem dereinstigen Verlust zu nehmen, wenn man ihnen den baaren Zuschuß erlassen könne und wolle.

auf Einladung des Bürgermeisters Brüninghausen der „Verein gegen Kornmangel", der neben dem Kaufmann und Fabrikanten Johann Wilhelm Fischer - bis zur Auflösung des Vereins als Geschäftsführer fungierend -, Caspar Engels sen., Abraham Siebel Sohn, Peter Wichelhausen und den Sekretär Schmitz zu seinen Direktoren ernannte. Im Gegensatz zum Elberfelder Kornverein verfügten die Barmer nur über einen von 29 Hauptinteressenten gezeichneten Kapitalfonds von 27950 Talern, zu 5% jährlich verzinsbar, die allerdings von Verlustdeckungsgarantien nahezu aller Barmer Bürger ergänzt wurden. Der Verein schlug bis zu seiner Auflösung am 10.7.1817 10274 3/10 Malter Roggen um und schloß - unter anderem in Folge des den Transport verzögernden schlechten Wetters - mit 16641 Talern Verlust ab. Die Einlösung der von den Bürgern gegebenen Verlustgarantien mußte gerichtlich geregelt werden und zog sich bis ins Jahr 1831 hin, wobei 999 Taler unbezahlt blieben. Dem Kornverein als bedeutendster Einrichtung zur Milderung der Hungersnot stand ferner ein „Lebensmittelverein" zur Seite, der nach einem vergleichbaren Prinzip zwischen Dezember 1816 und Juli 1817 1202874 Pfund Kartoffeln, 40200 Pfund Erbsen und 1660 Pfund Gerstengraupen auf- und in Barmen weiterverkaufte.

Dieses von ächtem Gemeinsinn zeugende Anerbieten mußte angenommen werden und die festgesetzte Summe von 100,000 Reichsthaler wurde dadurch noch um ein Bedeutendes vermehrt und die Gesellschaft am 14. August 1816 mit 225,500 Rthlr. geschlossen.

Jetzt bestand der Verein gegen die Korn-Theurung aus 153 Betheiligten, von welchen 97 ohne Darreichung eines baaren Zuschusses, aber für verhältnißmäßige Theilnahme bei einem Verluste, — den damals jeder als gewiß annahm, — die übrigen für Verlust mit dem Vorschuß des Geldes in verschiedenen Summen von 500 Rthlr. bis zu 5000 Rthlr. Theilnehmer waren.

Die wirklich zu verfügende Summe belief sich auf nicht mehr als 74,000 Rthlr. gangbaren Geldes, den Laubthaler zu 2 Rthlr. gerechnet.

(...)

Die Betheiligten des Vereins hatten nöthig gefunden, das Getreide von Holland kommend, für die Gefahr der Rheinreise versichern zu lassen, auch wurden die Vorräthe in Düsseldorf und hier lagernd, bei der Londoner Phönix-Gesellschaft für Feuersgefahr versichert, und so auf keine Weise eine Vorsichtsmaaßregel zur Sicherstellung des Geldes außer Acht gelassen.

Jeden Monat war wenigstens eine Berathung unter den sämmtlichen Betheiligten, in welchen Zusammenkünften die Geschäftsführer die Vorräthe und den muthmaßlichen Zustand der Geld-Verhältnisse ihren Mitbetheiligten vorlegten.

Obgleich aus diesen Mittheilungen den Anwesenden die Wahrscheinlichkeit eines bedeutenden Verlustes in einzelnen Versammlungen klar einleuchtete, so war doch nach Ausweis der Beschlüsse in den monatlichen Zusammenkünften jedesmahl der einstimmige Wille: das angefangene Werk durchzuführen und auch auf die Gefahr eines möglichen Verlustes fortzufahren, aber in den Preisen der anschießenden Märkte zu verkaufen. Ja gewöhnlich äußerten die Anwesenden den Wunsch sehr laut, daß die Preise des Getreides im Allgemeinen doch so sinken möchten, daß auf die Vorräthe des Vereins ein namhafter Verlust fallen möge.

Indeß wurden diese Berechnungen getäuscht und leider mußten bei dem immer fortwährenden Regenwetter die Besorgnisse für den kommenden Winter und das folgende Frühjahr immer zunehmen.

Auch die Anfangs noch gehegten Hoffnungen, die Ernte der Sommerkörner und der Kartoffeln mögte den Ausfall der Winterfaaten zum Theil decken, wurden durch den nicht aufhörenden Regen vernichtet.

Die königliche Regierung fand es daher für nöthig, auf den 15. September 1816 die sämmtlichen Landräthe des Düsseldorfer Bezirks und aus jedem Kreise einige Bürger nach der Hauptstadt einzuladen, um mit diesen kräftige Maaßregeln zur Verhütung des Mangels zu verabreden, und wurde in dieser Versammlung die Bildung von Vereinen nach dem Beispiel des hier aus eigenem Antrieb bereits in Thätigkeit getretenen, als eine der erforderlichsten und wirksamsten anerkannt.

In Barmen hatte sich vor dieser von der königlichen Regierung angeordneten großen Berathung ebenfalls ein Verein nach dem Muster des Elberfelder gebildet und da jener schon Einkäufe in Holland beauftragt hatte, so ließ der hiesige Verein seinem Barmer Bruder eine ansehnliche Partie Roggen, um denselben so viel schneller in Thätigkeit und Barmen ebenfalls von den Kornmärkten im Lande zu bringen und um dadurch so viel kräftiger auf die Preise der Umgegend einzuwirken.

Für das Bedürfniß des Herbstes und einen großen Theil des Winters war in Zeiten gesorgt, so daß der Verein, ohne eben großen Verlust zu befürchten, auf dem Preise von 15 Rthlr. bis zum 22. October, und von da an auf 16 Rthlr. bis zum 6. März 1817 stehen bleiben konnte.

Aber es war noch für die letzte Hälfte des Winters, den Frühling und den Sommer bis nach der Ernte zu sorgen und dieses war eine schwere Aufgabe, da die Mittel des Vereins nicht nur erschöpft, sondern noch Schulden aus den zu machenden Verkäufen zu tilgen waren.

Die Preise waren in Holland mittlerweile immer mehr und mehr gestiegen, die Witterung war für die Aussaat aufs Jahr 1817 sehr ungünstig, es mangelte an gutem gesunden Korn zur Saat und bange sah Jeder in die dunkle Zukunft.

In dieser bedenklichen Lage beschlossen die Geschäftsführer des Vereins, sich in die Ostsee zu wenden und etwa 100 Last in einem Hafen zunächst dem Hollsteinischen Kanal gelegen, und 400 Last in Riga auf Lieferung im Frühjahr zu bestellen.

Diese Einkäufe wurden (wenn nicht gerade im günstigsten Augenblick) doch in einem Zeitpunkt gemacht, wo die Preise, nach den sehr widrigen Umständen, noch sehr niedrig waren, und diesen Einkäufen insbesondere mögen wir das über alle Erwartung günstige Ergebniß verdanken.

Es war darauf gerechnet, daß das in Rostock gekaufte Getreide Anfangs April 1817 in Holland, und gegen Ausgang desselben Monats hier eintreffen würde, und die Rigaer Einkäufe im May nach und nach ankommen müßten, indeß verspäteten sich die einen wie die andern, wie das Folgende zeigen wird.

Der große Unterschied in dem Brodpreise hiesigen Orts gegen die ganze Umgegend vermehrten hier den Verbrauch des Brods, indem auf viele Stunden dasselbe aus der Stadt geholt, auch von einigen gewinnsüchtigen Bäckern in großer Menge heimlich ausgeführt wurde. Alle Maaßregeln einer aufmerksamen Polizei konnten diesen Unfug, der jedem Bürger unangenehm war, nicht hindern und man überzeugte sich von der Nothwendigkeit, ein Mittel zu suchen, wodurch der Vortheil des Vereins den Bürgern der Sammtgemeinde erhalten und das Ausführen des Brods, wenn nicht ganz verhütet, doch mindestens sehr erschwert werden könnte.

In der monatlichen berathenden Zusammenkunft, am 7. Novbr. 1816, wozu alle Betheiligten, wie gewöhnlich, eingeladen waren, billigten die Anwesenden einen Vorschlag ihrer Angestellten, als das beste Mittel, der vielen Unterschleifen zu steuren.

Es wurde nemlich beliebt, kupferne Münzen einzuführen, welche, nach Maaßgabe der Brodbedürfnisse, jeder Haushaltung wöchentlich unentgeltlich ausgetheilt werden sollten und welche die Bäcker zu 5 Stbr. als Zahlung annehmen, und damit zum selben Preise wieder den Einkauf machen konnten. Jeder Bäcker war demnach verpflichtet, für jedes Malter Getreide, 50 der Brodzeichen einzuliefern, welche ihm zu 4 Rthlr. 10 Stbr. aufgerechnet wurden.

Obgleich auch während dieser Einrichtung Unterschleife gemacht seyn mögen, so sind solche doch weniger beträchtlich und gegen die frühere Zeit unbedeutend, und es wäre schwerlich irgend ein anderes Mittel für den Zweck so entsprechend gewesen.

Diese Brodmünzen wurden von rothem Kupfer geprägt, auf der einen Seite die Innschrift, Elberfelder Korn-Verein mit der Umschrift: Kauft in der Zeit, 1816, und auf der Rückseite 1 Brod, umschrieben: So habt ihr in der Noth 1817, so daß diese Münze das alte Sprichwort: kauft in der Zeit, so habt ihr in der Noth und die durch die große Theurung merkwürdigen Jahre 1816 — 1817 kommenden Geschlechtern im Andenken erhalten wird.

Die wöchentliche Vertheilung dieser Brodmünzen in einer so bevölkerten Stadt, war eine nicht geringe Bedenklichkeit der Geschäftsführer des Vereins, indeß zeigte sich auch hier, der gute Sinn der Elberfelder durch alle Stände, und auf allen Straßen fanden sich dazu bereitwillige Männer.

(...)

Um der Willkühr und den Unterschleifen mit den Brodzeichen so viel als möglich vorzubeugen, waren vorher die Namen aller Einwohner und die Zahl ihrer Kinder und Hausgenossen aufgenommen und die Bestimmung gemacht, daß jeder

Kopf nicht über 3/4 Pfund Brod auf den Tag angeschlagen werden dürfe, und demnach die Brodmünzen vertheilt. Indeß wurde den Vertheilern Freiheit gelassen, nach Gutdünken einzelne Ausnahmen zu machen und den Maaßstab zu überschreiten, wo sie die Ueberzeugung haben könnten, daß eine oder andere dürftige Familie mit den ihr zukommenden Brodmünzen nicht ausreiche. Und diese Einräumung ist denn auch von den Vertheilern bescheiden und mit Umsicht nach genau eingeholten Erkundigungen benutzt worden. Damit den übrigen vermögenderen Bürgern bei dem Maaßstab von 3/4 Pfund nicht etwa das Brod fehlen könne, wurde den Bäckern / auch ohne Brodmünzen, Korn, um den vollen Preis vom Verein überlassen, es wurden jedoch vom 1. Decbr. 1816 bis 9. July 1817 nur 179¾ Malter ohne Brodmünzen gekauft.

Dieser Brodmünzen wurden in obigem Zeitraum 542,325 vertheilt. Es sind derselben 40,000 Stück geprägt und in Umlauf gesetzt worden, und ungeachtet mehrmals wiederholter Aufforderungen und Bitten, nicht mehr als 26,710 wieder eingekommen, welche zu 1/2 Stbr. zu dem Ueberschusse gerechnet sind, welcher sich nach der, unter dem Buchstaben B anhangenden Uebersicht der Einnahme und Ausgabe ergeben hat.

Der Verlust dieser kupfernen Münzen ist kein bedeutender Gegenstand, indeß ist er unerklärbar, da es sich nicht erwarten läßt, daß die Bewohner der Sammtgemeine, welchen damit von den Betheiligten des Vereins sieben Monate hindurch so großer Vortheil zugewendet worden ist, so undankbar hätten seyn sollen, an diesen Zeichen, welche, nach ihrer Aufhebung als Brodzeichen, einen höchst unbedeutenden Geldwerth haben, sich damit haben sollen bereichern wollen.

Sollte nicht die Ursache vielmehr darin zu suchen seyn, daß die von der Polizey angenommene Berechnung zu 50 Brod von 7 Pfd. aufs Malter Roggen auf die jetzige Art Brod zu backen, nicht die richtige sey? und daß durch Beimischen von wohlfeileren Zuthaten eine größere Anzahl Brode aus dem Malter gebacken worden? Auf diese Weise nur ließe sich der große Verlust der kupfernen Zeichen erklären, und vermuthen, daß ein großer Theil der fehlenden in den Händen von Bürgern zurückgeblieben sey, welche sie zurückzugeben der Klugheit nicht angemessen finden mögen.

So viel hat sich während des Bestehens des Korn-Vereins bewiesen, daß es eine sehr schwere Aufgabe ist, das richtige Verhältniß auszumitteln: wie viel Pfund Brod aus dem Malter Roggen gebacken werden können, ohne die Bäcker zu sehr zu bereichern, oder sie zu zwingen, bei einem zu scharf berechneten Verhältniß sich durch Minderung der Güte oder des Gewichts zu erholen.

Sollte je wieder eine Zeit der Theurung eintreten, in welcher die vermögenden und wohlhabenden Bürger durch Stiftung eines Vereins zu Verhütung des Mangels und Minderung der Theurung sich aufgefordert fühlen könnten, so würde für solchen Fall die Einrichtung einer eigenen kleinen Bäckerei zu empfehlen seyn, damit die Polizey für den Brodsatz die sichere Ueberzeugung erlangen kann, was sowohl in Betreff der Güte als der aus dem Malter zu liefernden Anzahl Brode zu leisten ist, damit weder den Bäckern noch den übrigen Bürgern Ursache zur Beschwerde gegeben werde.

Diese Erfahrung haben die Geschäftsführer des Korn-Vereins gemacht, daß insbesondere bei dem aus der Fremde bezogenen Korn in der Güte und dem Mehlgehalt ein größerer Unterschied sich findet, als man bisher in hiesiger Gegend gewußt hat, und daß zur Beziehung sowohl aus der Ostsee, als auf dem Rheine aufwärts, das gedörrte Rigaer, Petersburger oder Archangeler Korn vorgezogen zu werden verdient. Das ungedörrte ist bei langen Seereisen oder auch bei der Verführung den Rhein hinauf, der Beschädigung, ja dem gänzlichen Verderben, unterworfen.

Erst spät machten die Geschäftsführer des Vereins die Entdeckung, daß aus gut gehaltenem Rigaer Roggen von 116 bis 117 Pfund der holländische Sack, 52 Brod von 7 Pfund aus dem Malter, aus reinem Korn ohne einigen Zusatz, gebacken werden können; eine Entdeckung, die, wenn sie zu Anfang gemacht worden wäre, eine noch günstigere Abrechnung bei Auflösung des Korn-Vereins würde herbeigeführt haben. Denn mehr als 300 Last des schwersten gedörrten rußischen Korns sind nach dem Maaßstab von 50 7pfündigen Brod aufs Malter verkauft, welches auf beiläufig 5000 Malter 10,000 Brod und diese zu 21 Stüber 3500 Rthlr. austrägt, welche aus Unkunde von Seiten der Betheiligten des Vereins und weil die Polizeibehörde diesen Unterschied auch nicht gekannt haben mag, den Bäckern als ein Nebenvortheil zugeflossen sind.

Der bedenklichste Zeitpunkt für den hiesigen Korn-Verein trat gegen das Ende des Monats May 1817 ein, und es war nahe daran, daß, ungeachtet der zum Denkspruch angenommenen und befolgten Worte: „Kauft in der Zeit ꝛc." doch Mangel an Brodkorn eingetreten wäre, indem zwei von Lübeck bezogene kleine Partieen Roggen durch widrige Winde lange von Holland abgehalten wurden, dadurch in einem erhitzten Zustande in Amsterdam ankamen und nun vor der Weiterversendung da abgekühlt werden mußten.

Zu dieser Widerwärtigkeit kam nun noch eine andere, nemlich die, daß die Rheinschiffahrt durch starke Wolkenbrüche Anfangs Juny und einige Wochen unterbrochen wurde, so daß diese beide Partieen um volle 6 Wochen später in Düsseldorf ankamen, als sie erwartet werden durften.

In diesem Zeitpunkt mußten sich die Geschäftsführer des Vereins zum Einkauf einländischen Getreides, und da für Geld kein Roggen in Düsseldorf und Neuß aufzutreiben war, zu Gerste und Weitzen entschließen, um mit dem zu Ende gehenden Roggen-Vorrath so viel länger auszureichen.

Diese beängstigende Verlegenheit währte indeß nicht lange und nur für 10 Tage haben die Bewohner der Sammtgemeine Elberfeld Brod zur Hälfte aus Roggen und zur andern Hälfte aus Gerste essen müssen; indeß waren die Geschäftsführer auf Schlimmeres gefaßt und hatten für den höchsten Nothfall eine Partie ostfeesischen Hafer in Bereitschaft und für solchen Fall besprochen.

So kurz dieser Zeitpunkt auch war, so brachte er doch eine Lücke in die Geldverhältnisse des Korn-Vereins. Auf den gekauften 212½ Malter Gerste und Weitzen ging sehr viel Geld verlohren, weil man den Brodpreis in diesen drückendsten Tagen nicht mehr erhöhen wollte, als nöthig war, um den Rest zum Ausschwärzen des Brods nicht gar zu sehr zu vermehren.

Dieser nicht unbedeutende Verlust wurde indeß bald und unerwartet durch einen Verkauf und Wiederankauf auf Lieferung einer ansehnlichen Partie Roggen reichlich wieder ausgeglichen.

Die von Riga entbotenen 400 Last waren fast zugleich durch den Sund gesegelt und mithin innerhalb wenigen Tagen auf einmal in Amsterdam zu erwarten und zwar in einem Zeitpunkt, da es an Rheinschiffen in Holland sehr fehlte und die Preise den höchsten Gipfel, nämlich 310 bis 320 Gl. die Last erreicht hatten.

Von einem unserer Mitbürger, der gerade in Amsterdam war, als jene 400 Last täglich erwartet werden konnten, wurde den Geschäftsführern des Vereins der Rath gegeben, die Hälfte dieser 400 Last zu verkaufen und sich durch einen Wiederankauf auf eine spätere Ablieferungszeit, einer gleichen Partie wieder zu versichern.

Es leuchtete dabei der doppelte Vortheil ein: einmal wurde durch den aus diesem Umschlag sich ergebenden Gewinn der Verlust wieder gedeckt, der sich nach einem gemachten Ueberschlag darstellte; dann aber auch wurde die wirklich große Verlegenheit, eine so bedeutende Partie hier und in Düsseldorf auf einmal aufzuspeichern, gehoben. Der Entschluß wurde also rasch gefaßt, eine Estafette nach Amsterdam abgefertigt, die Ausführung des Vorschlages aufgetragen und dieser Auftrag selbst so vollzogen, daß sich ein reiner Ueberschuß von ohngefähr 10,000 Rthlr. auf diesem Umsatz ergeben hat.

Mit Ende Juny ließ dann nun auch die übergroße Theurung nach und die Kornpreise fielen täglich, wozu die sehr bedeutenden Anfuhren aus Holland, die günstiger gewordene Witterung und dadurch immer fester um sich greifende Hoffnung, auf eine wenigstens mittelmäßige Ernte vieles beitrug.

Und so beschlossen dann die Geschäftsführer des Vereins am 9ten July, die seit dem ersten December 1816 bestandene Einrichtung mit den Brodmünzen wieder aufzuheben, da der Roggenpreis nun wieder auf 16 Rthlr. herabgesetzt werden durfte, mit welchem Preise sie eingeführt worden waren.

Vom ersten Verkauf am 20. August 1816 bis zur Auflösung des Vereins am 20. September 1817 wurde der Preis nach dem Wunsch und Willen der Betheiligten bedeutend unter dem laufenden Preise der anschießenden Märkte gehalten, wie sich aus der beiliegenden Uebersicht unter dem Buchstaben C ausweist. Aus dieser ergiebt sich auch genau, wie der Kornpreis in Elberfeld nach Maaßgabe des Düsseldorfer Markts und mit Zuziehung der Fracht, hier hätte seyn müssen und wie er die ganze Zeit durch gewesen ist, welcher Unterschied sich dadurch auf jedes Malter ergeben hat, wie viel wöchentlich und wie viel auf die ganze Dauer der Sammtgemeine Elberfeld durch den Korn-Verein an reinem Vortheil zugewendet worden ist. Endlich ist auch aus derselben zu ersehen, wie viel Malter der Verein in dem Zeitraum von 13 Monat umgesetzt hat und wie viel davon in der Samtgemeine an die Bäcker verkauft worden ist.

So hat die Hand des Allgütigen in den unvergeßlichen Jahren der großen Theurung die Bewohner der Sammtgemeine Elberfeld durch einen Verein von 153 Bürgern vor Mangel geschützt und, vor allen benachbarten Orten, vor der höchsten Theurung bewahrt. Ihm, Ihm allein gebührt dafür Preis und Dank und Anbetung!

Klein waren die Mittel, welche den Führern des Geschäfts zur Verfügung gestellt waren, klein in Vergleich des sehr großen Bedürfnisses einer so volkreichen Stadt. Daß aber durch ihre Anwendung die großen Zwecke erreicht sind, ohne daß einer der Theilnehmer ein Opfer hat bringen müssen, werden die Geschäftsführer des Vereins weder ihrer Klugheit zurechnen, noch mag ihnen zur Last gelegt werden, daß sie eben sowohl ängstlich diesen Verlust zu vermeiden gesucht haben, noch daß, wie in anderen Staaten, die Bürger genöthigt worden wären, zu Verhütung des Verlustes auf diesem Unternehmen, ihr Brod noch theurer zu bezahlen, während dessen das Korn in der Umgegend wohlfeil gewesen.

Die bereits erwähnte Uebersicht Buchstaben C beweist, daß bis zur Auflösung des Korn-Vereins die Bäcker aus der Umgegend und bis tief aus der Grafschaft Mark beim Verein gekauft, und es dankbar anerkannt haben, wenn ihnen um 1¼ Rthlr. theurer, als der Preis für die Städtischen war, einige Malter überlassen wurden.

Der Anschein und die allgemeine Meinung war indeß auf weit niedrigere Kornpreise, als zur Zeit noch stehen, und die Geschäftsführer des Vereins sahen noch einen Vorrath von mehr als 5000 Malter unverkauft, als man sich allgemein mit der Hoffnung schmeichelte, den Preis des Roggens unter 12 Rthlr. hier zu sehen, weßfalls dann am 17. July der Beschluß genommen wurde, zu schnellerer Aufräumung der Vorräthe, auch an Auswärtige zu verkaufen.

Daher ist dann die Abrechnung des Vereins weit vortheilhafter geworden, als irgend Jemand es erwarten konnte; indeß wird der sich ergebende Ueberschuß, nach dem ursprünglichen Plan der Gesellschaft, zu einem wohlthätigen Zwecke gewidmet werden und wahrscheinlich noch irgend ein nützliches, sichtbares Denkmal an die merkwürdigen Jahre 1816 und 1817 damit gestiftet oder wenigstens begonnen werden.

Solche allgemeine Mißwachs-Jahre fallen, Gott sey Dank! nur selten vor, daher denn auch die Geschäftsführer des Vereins in fremder Erfahrung keinen Rath holen konnten. So viel aber glauben sie in der Führung des Geschäfts gelernt zu haben, daß sobald die Ueberzeugung da ist, daß das inländische Getreide-Wachsthum zum Unterhalt der Bewohner nicht ausreicht, entschlossenes rasches und nicht zu ängstliches Handeln das sicherste Mittel ist, dem Mangel zu wehren und der Theurung Grenzen zu setzen.

Wo sich Vereine zu Erreichung dieser Zwecke bilden wollen, da suche man nur diejenigen Bürger zur Theilnahme auf, die einen wirklichen Bürger- und Gemeinsinn haben; die Erreichung der Zwecke ist dann gewiß und so viel sicherer und umfassender, als mit Entschlossenheit ins Große gehandelt wird. Je größer die Vorräthe, die aus der Fremde bezogen werden, um so viel sicherer und umfassender ist der Erfolg!

Gott aber wolle uns nach seiner großen Barmherzigkeit noch lange Jahre vor ähnlicher Theurung in Gnaden bewahren!!

Kommentar 19
War in den Jahren 1816/17 die Versorgung der ärmeren Bevölkerungsschichten mit Nahrung das Hauptproblem, so zeichnete sich insbesondere seit 1822 der mit Wirtschaftsaufschwung und Bevölkerungswachstum einhergehende Arbeiterwohnungsmangel als besonderer sozialer Krisenbereich ab. Als erster Versuch seiner Art in Deutschland konstituierte sich mit der Generalversammlung von 30 angesehenen Elberfelder Fabrikanten wie z.B. Johann Wilhelm Blank, Boeddinghaus, Schlieper, Siebel und Schniewind am 18.6.1825 der „Elberfelder Bau=Verein" mit dem in § 1 seiner Satzung postulierten Ziel der Erbauung „einer Anzahl, dem Bedürfnisse entsprechender Wohnungen, zunächst für Fabrikarbeiter und Handwerker" (Annalen für 1825, S. 74). Als Vereinsform wählten die Mitglieder die zu dieser Zeit noch seltene gewinnorientierte Aktiengesellschaft; der Erwerb von Aktien zu 100 Talern pro Stück schuf einerseits den Kapitalstock für Bauvorhaben und bestimmte andererseits die Stimmanteile der jeweiligen Aktionäre bei Generalversammlungen, denen gegen-

Quelle 19
Vortrag des Direktionsmitgliedes Adolph von Carnap in der fünften Generalversammlung des Elberfelder Bau-Vereins
SAW P III 166a 24.3.1827 Auszug

Herr Präsident und meine Herren!

Am 18. April des vorigen Jahres hatten wir zuletzt das Vergnügen, uns gemeinschaftlich mit Ihnen über einige Angelegenheiten des Bauvereins zu berathen; derzeit beschloß die General-Versammlung den Bau der zweiten Häuserreihe und wählte dazu die Stelle, so unmittelbar hinter der Ersten liegt; sie genehmigte die durch einen Plan anschaulich gemachte innere Einrichtung derselben, übergab dem Herrn Joh. Dorff in Hittorff den Bau der zweiten Reihe im Ganzen, und sprach endlich einhellig ihre Meinung über die erste Häuserreihe dahin aus: daß auf den Grund der darüber vorliegenden Berechnung, eine Miethe von 9% mit Zuversicht zu erwarten stehe.

Der Bericht den wir heute Ihnen zu erstatten haben, steht mit diesen Beschlüssen in genauer Berührung und umfaßt nachfolgende Gegenstände:

Mit dem Herrn Joh. Dorff in Hittorff wurden die Verhandlungen über den Bau der zweiten Häuserreihe schon am 25. April fortgesetzt, und endlich für die Capitalsumme von Thlr. 22400 Preuß. Courant zum Abschluß gebracht, nachdem die Bedingungen vorgängig besprochen und festgestellt waren, auf deren Grund die Ausführung dieses Plans dem Herrn Dorff, Ihrer Bestimmung gemäß, vorzugsweise anvertraut werden sollte; der desfallsige Vertrag wurde am 11. Juni notariell vollzogen, und schon ist das Gebäude seiner Vollendung so nahe daß die Wohnungen bis zum 1. Novbr. bezogen werden können.

Die erste Häuserreihe wurde, wie Ihnen bekannt ist, öffentlich und zwar alle einzelne Theile, als Fundament, Mauerwerk, Steinhauer-, Holz-, Treppen-, Fenster-, Thüren-, Dach-, Glaser-, Pflaster- und Putzarbeit besonders vergantet, und war schon im August des vorigen Jahres so weit aufgeführt, daß wir uns ernstlich mit der Verpachtung derselben beschäftigen konnten. |

Wir hielten uns verpflichtet, zunächst in dieser Absicht an jene Herren Fabrikanten zu wenden, welche das Unternehmen durch Actien-Uebernahme beförderten und wovon Mehrere bei'm Beginn der Sache, sich dahin

über die gewählte geschäftsführende Direktion rechenschaftspflichtig war. Quelle 19 enthält einen Auszug aus dem Vortrag des Direktionsmitgliedes Adolph von Carnap vom 24.3.1827, in dem es um die Auseinandersetzung des Bauvereins mit den Vermietungsproblemen, die nach der Fertigstellung des ersten Wohnblocks aus acht dreistöckigen Reihenhäusern mit je 24 nicht voneinander abgetrennten Wohneinheiten seit August 1826 auftraten, ging. Erst 1829 waren alle Wohnungen vermietet. Trotz der in den folgenden Jahren durchgehend niedrigen Gewinnspannen löste sich der Elberfelder „Bau=Verein" erst 1905 endgültig auf. Während am 15.5.1858 ein weiterer gewinnorientierter Verein, die „Elberfelder Aktienbaugesellschaft", deren Aktionäre vorwiegend Elberfelder Firmen waren, gegründet worden war, stellte der am 1.8.1865 konstituierte „Elberfelder Bürger=Bau=Verein" den Versuch einer genossenschaftlichen Bewältigung des verschärften Arbeiterwohnungsmangels dar. Monatliche Mitgliederbeiträge und bürgerliche Schenkungen oder Darlehen dienten als Finanzierungsgrundlage des als Arbeiterselbsthilfeorganisation geplanten Vereins. In den Statuten von 1865 waren neben dem Vorstand noch eine Wahlfunktionen wahrnehmende Generalversammlung, ein Aufsichtsrat und eine exekutive Hauptversammlung - zusammengesetzt aus Vorstand und Aufsichtsrat - vorgesehen. Zur Erlangung der Rechtsfähigkeit forderte die preußische Verwaltung eine Änderung der bereits modifizierten Statuten vom Januar 1866, die erst im Jahre 1875 vollzogen wurde: Zur Kontrolle des Vorstands wurde wieder eine Generalversammlung eingesetzt, die Mitgliedschaft jedoch nicht an einen monatlichen Beitrag, sondern an eine einmalige Schenkung von 25 Talern gebunden. Weiterhin erfolgte die Wohnungszuteilung nicht mehr durch Verlosung, sondern nur noch an vom Arbeitgeber empfohlene Arbeiter. Entgegen den veranschlagten maximal 25 Talern betrug die tatsächliche Miete in den zwischen 1872 und 1875 erstellten zweigeschossigen Reihenhäusern mit je 10 voneinander getrennten 2-Zimmer-Wohnungen zwischen 50 und 55 Talern jährlich. Die in den folgenden Jahren nachlassende Investitionstätigkeit der finanzkräftigeren Vereinsmitglieder führte zur Auflösung 1886, wobei der Besitz der Stadt Elberfeld zufiel. Die umfassendste Bautätigkeit mit 157 zwischen 1872 und 1880 in Barmen erbauten Häusern entwickelte die am 3.5.1872 gegründete „Barmer Baugesellschaft", wobei hier im Unterschied zu den Elberfelder Vereinen vorwiegend der Erwerb von Doppelkleinhäusern durch Arbeiter mittels eines Miet-Kauf-Systems angestrebt wurde. Nach anfänglich großer Resonanz kam die Bautätigkeit 1881 zum Erliegen.

---

geäußert hatten, daß sie nicht ungeneigt wären, einzelne Häuser selbst für ihre Arbeiter anzupachten, um solche vor dem Nachtheil geschützt zu wissen, der mit dem öfteren Wechsel der Wohnungen verbunden sey, und sie mithin auf einem Punkte vereinigt zu haben, von welchem aus eine genauere Uebersicht statt finden, und sowohl auf das Bestehen als überhaupt auf die Moralität und die Wohlfahrt ganzer Familien wohlthätig eingewirkt werden könne. — Die Herren Fabrikanten wurden daher im Monat August zunächst von der Vollendung der ersten Reihe durch ein Circularschreiben unterrichtet, und gebeten diejenigen Wohnungen zu bezeichnen auf die sie für ihre Arbeiter etwa selbst Rücksicht zu nehmen gedächten.

Nachdem aber bei Ablauf der dafür anberaumten Frist, keine Anforderungen eingegangen waren, beschloß die Direction die 24 geräumige und gesunde Wohnungen der ersten Häuserreihe, öffentlich auszustellen und zwar unter folgenden Hauptbedingungen:

1. Ordentliche Behandlung der Wohnungen sowohl im Innern als Aeußern.
2. Anfertigung der Glasscheiben sobald solche zerbrechen, auf Rechnung der Miether.
3. Kälken, wie es üblich ist, wenigstens jährlich einmal.
4. Reinigen der Dielen, der Stuben und der Zimmer, wenigstens einmal wöchentlich.
5. Sorgfalt mit Feuer und Licht, Reinigung der Schornsteine zur gesetzlichen Zeit (wenigstens zweimal im Jahr); deren Unterlassung Aufkündigung und Räumung der Wohnungen zur Folge hat.
6. Dauer der Miethe auf 2, 4 oder 6 Jahre.
7. Zahlung des Miethbetrages alle 6 Monate.
8. Wo der Pächter Unordnung im häuslichen Wesen zeigt, Leidenschaft zum trinken hat, sittenloses Leben führt, da tritt eine Kündigung der Miethe sofort ein.
9. Der Abschluß der Pacht geschieht auf den Grund schriftlicher Verhandlungen, gesetzlich, und auf Kosten der Miether.

Die Miethe selbst, meine Herren! wurde mit Rücksicht auf die Bestimmungen der General-Versammlung vom 30. August für die Wohnungen
    im Erdgeschoß zu Thlr. 90 Preuß. Courant
    im ersten Stock zu   » 85
    im zweiten Stock zu » 80
und für eine Dachwohnung von 2 Zimmer und einen Vorplatz Thlr. 25 Preuß. Courant festgesetzt, ohnerachtet eigentlich die erste Reihe, schon ihrer besseren Lage an der Straße wegen, eine höhere Miethe einbringen müßte, weil bei den letzteren Reihen oben am Abhange des Berges, eine ungleich Geringere zu erwarten steht.

Es erschienen nun zwar im ersten Termin am 17. Octbr. eine größere Zahl Pachtliebhaber, als Wohnungen zu vermiethen waren, viele aber erklärten, daß sie die Miethe zu hoch fänden, und so wurden nur 3 Wohnungen im Erdgeschoß zu obigen Ansätzen abgegeben.

Wir konnten diese Aeußerungen nicht für zu hoher Pacht, eigentlich nur als Versuche ansehen, diese über Gebühr niedrig zu erhalten, denn nicht nur hatten der Herr Präses, vereint mit Herr Winand Simons und Herr vom Rath, die Localitäten vieler Fabrikarbeiter in hiesiger Stadt selbst besucht, und die dafür gezahlt werdenden Miethen in einem richtigen Verhältniß zu den Unsrigen gefunden, sondern auch Sie, meine Herren! waren in der General-Versammlung vom 18. April ja einstimmig der Meinung, daß diese Miethe billig sey.

Um nun aber dem Vorwurf von zu hoher Pacht auf eine noch anschaulichere Weise zu begegnen, beschloß die Direction in der Hoffnung daß unter günstigeren Verhältnissen vielleicht ein Mehreres zu erlangen sey, die Miethe vor der Hand im Verhältniß zu 8% Zinsen zu stellen und demnach, mit Inbegriff einer Dachstube, die fast von allen Arbeitern gewünscht wurde
    jede Eckwohnung zu . . . . Thlr. 100
    jene im Erdgeschoß zu . . . » 90
    jene im ersten Stock zu . . . » 80
    jene im zweiten Stock zu . . » 75
in einem zweiten Termin am 28. Oct. auszustellen.

Es ist wahr, meine Herren! dieser Beschluß war Ihrer Bestimmung vom 30. August 1825 entgegen, wodurch Sie die Miethe auf 9% als Minimum und 10% als Maximum vom Werth der Wohnungen festzustellen erkannten, daß allerdings eine Abänderung dieses Beschlusses nur von der General-Versammlung selbst getroffen werden konnte; die Zeit aber wo dergleichen Verpachtungen gewöhnlich war, war so nahe, daß nicht füglich eine neue Versammlung vorher statt finden konnte, und da es uns schien, daß bei längerm Zögern noch größerer Schade sey, beschloß die Direction, die Verpachtung zu obigen Sätzen in dem Vertrauen zu vollziehen, daß Sie, meine Herren! die Beweggründe anerkennend, die zu diesem Beschlusse führten, sie später genehmigen würden. Für den Fall aber daß wir uns in dieser Erwartung täuschen sollten, und Sie eine andere Ansicht der Sache haben möchten, erklärt die Direction sich schon derzeit bereit: zur Aufrechthaltung des Beschlusses der General-Versammlung, das fehlende 1% aus eigenen Mitteln zu decken, dann aber, selbstredend, diesen Pächtern die Wohnungen gleich wieder aufzukündigen.

In diesem zweiten Termin hatten unsere Bemühungen auch bei dieser um 8 à 10 Thaler herabgesetzten Miethe, dennoch keinen bessern Erfolg, wenn gleich nun eine solche Wohnung aus einem großen und hellen Arbeitsgemach 27 hiesige Fuß lang und 13½ Fuß breit und 10½ Fuß hoch, ein Raum der fünf Webstühle fassen kann, ferner aus einer großen Wohnstube 16 Fuß lang, in welcher noch zwei Webstühle Platz haben, ein Schlafzimmer von 11 Fuß Länge und 13½ Fuß Breite und dann noch einer geräumigen Dachstube von 15 Fuß lang und 12 Fuß breit, außer der Hälfte einer, vom übrigen abgeschlossenen Stelle im Keller, besteht. Wohl fanden sich abermals mehrere Personen ein; jedoch nur um wiederholt über die hohe Miethe zu klagen, und ohne daß irgend einer die Pachtung bereit war. — Später nur meldeten sich noch drei Pächter und mietheten 2 Wohnungen im dritten Stock und eine Wohnung im Erdgeschoß, so daß jetzt von 24 Wohnungen nur 6 auf nächsten Mai ihre Bewohner haben, und hierunter 3 Fabrikarbeiter sind.

Zwei Jahre, meine Herren! sind es nun, seit uns dieser Ort zum erstenmal in dieser Angelegenheit versammelte; mit diesem Blick in die Vergangenheit, in die ersten Verhandlungen hin, ist es nicht zu verkennen, daß die Zeit manche Frage anders gelöst hat wie damals es erwartet wurde. Die Idee der Sache selbst aber entwickelte sich ja immer dringender aus einem allgemein gefühlten Bedürfniß, und für die Möglichkeit der Ausführung liefern so viele Fabrikgegenden in Frankreich und den Niederlanden den sichtbaren Beweis, denn dort finden wir ebenfalls eine Menge für Fabrikarbeiter eigends gebaute, gesunde und geräumige Wohnungen, die alle von Ihnen benutzt werden. Die Schwierigkeiten, die sich hier der Sache entgegen stellen, müssen also besonderer Art seyn, die näher zu prüfen und gemeinschaftlich zu beseitigen, für das Bestehen des Vereins eben so nöthig als dringend ist.

Zwischen dem Monat März 1825 und dem Monat März 1827 liegt allerdings in Beziehung auf Handel und Fabriken eine Kette unglücklicher Ereignisse und Begebenheiten, die hindernd einwirken mußte. Während derzeit die Fabrikanstalten in unserm Thale in blühendem Zustand und großer Thätigkeit waren, sind jetzt viele Industrie-Zweige in einem hohen Grad gelähmt; diese Verhältnisse aber, sie sind es nicht allein, welche die gegenwärtige Lage des Vereins herbeigeführt haben, denn schon ist während einer solchen Zeit, der Einfluß auf die arbeitende Klasse am stärksten, und bei diesem wenn Stockung werden doch immer noch eine große Menge Arbeiter beschäftigt, die anderswo ein Obdach gesucht und gefunden haben, und es sollten doch eigentlich gerade diese Wohnungen, die für jenen Zweck besonders eingerichtet und gesunder sind, bei Allen den Vorzug vor den Uebrigen finden?

Andere Ursachen treten hier also hinzu, und diese liegen, nach unserer Ansicht, in folgenden Umständen:

1. Die Fabrikarbeiter haben eine ganz irrige Vorstellung von dem ursprünglichen Zweck des Vereins; sie glauben daß das Ganze nur unternommen sey um ihnen, auf Kosten anderer Bürger und Hauseigenthümer, im Verhältniß zur bisherigen Miethe ganz ungewöhnlich billige Wohnungen zu verschaffen, und glauben nicht, daß wenn man auch zugleich bezwecke, die Ursachen von zu hoher Pacht durch Concurrenz zu heben, doch eigentlich

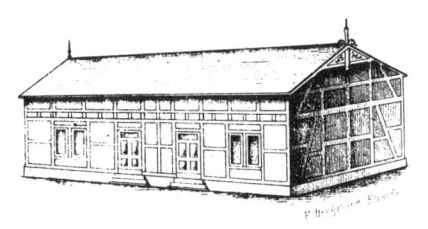

Elberfelder Bürger-Bau-Verein.

Illustration zu den Statuten des „Elberfelder Bürger=Bau=Vereins" (SAW P III 169)

Kommentar 20

„Die von Jahr zu Jahr steigende Verarmung, und die damit in Verbindung stehende Demoralisation in den unteren Klassen der bürgerlichen Gesellschaft" (SAW P III 47) veranlaßte die Regierung in Düsseldorf zum *„Aufruf zur Theilnahme an einem Vereine zur Beförderung von Arbeitsamkeit, Sparsamkeit, Wohlstand und Sittlichkeit unter der arbeitenden Bevölkerung der Oberbürgermeisterei Düsseldorf"* am 11.1.1841, der als Vorbild allerorts zu gründender Vereine gleicher Intention dienen sollte. In den so gespannten Rahmen fiel die von Nordamerika über Großbritannien 1837 nach Preußen gekommene Enthaltsamkeitsbewegung, die 1842 116 Mäßig- bzw. Enthaltsamkeitsvereine mit ca. 7000 Mitgliedern zählte. Der in Quelle 20 auszugsweise wiedergegebene *„Aufruf an unsere Mitbürger"* (undatiert, wahrscheinlich vom November 1842) lud zur Teilnahme an dem am 11.11.1842 gegründeten *„Barmer Mäßigkeits=Verein"* ein, der im Mai 1844 947 und im November 1846 1900 Mitglieder zählte, womit er der größte Enthaltsamkeitsverein aller Städte des Rheinlandes und innerhalb des im Oktober 1845 gebildeten *„Central=Enthaltsamkeitsvereins für die Rheinprovinz"* wurde. Der bereits im Januar 1843 in Elberfeld gegründete *„Enthaltsamkeitsverein"* unter Leitung der ansässigen Prediger, die einen *„große[n] Theil der nur zu häufig, auch in dem hiesigen Stadtgebiete zu Tage tretenden physische[n] und moralische[n] Verkommenheit dem Genusse des Branntweins als deren nächster*

---

nur der Bau zweckmäßiger und gesunderer Fabrik-Wohnungen wie man in der Regel sie findet, der einzige Hauptzweck des Vereins war, und so wollen sie nun nicht gleich ihre Hoffnungen, durch ihre Einwilligung zu höherer Pacht aufgeben.

2. Viele Fabrikarbeiter fürchten, ohne allen Grund, eine zu lästige Kontrolle in Betreff ihres häuslichen Lebens und Wandels, und ziehen es daher vor, bei gleicher, ja wohl selbst bei höherer Pacht, mit einer schlechteren und ungesunderen Wohnung vorlieb zu nehmen, als ihre häusliche Freiheit vermeintlich zu opfern.

Diese Vorurtheile, so gering sie scheinen mögen, haben sehr nachtheilig eingewirkt; sie erschweren das Gelingen des Unternehmens, und haben sie einmal unter der arbeitenden Klasse Wurzel gefaßt, so hält es schwer sie zu heben. In der Regel gelingt es nur jenen Personen, die mit ihnen in genauer Berührung stehen, die ihren Charakter, ihre Gesinnungen kennen, und von denen sie wissen, daß sie wirklich für ihre und der ihrigen Wohlfahrt gern und willig sorgen, und diese Personen sind hier die Fabrikherren selbst.

Zu ihnen hat der Arbeiter ein größeres Vertrauen; er glaubt ihnen, wenn die Miethe nicht billiger gestellt werden kann und nicht zu hoch ist, während dem er in den Gliedern einer Direction, nur die Vorsteher eines Vereins erkennt, deren Absicht und Zweck es sey, so viel in Pacht von ihm zu erwirken als es nur immerhin möglich ist. In Frankreich und den Niederlanden werden Fabrikwohnungen von den Fabrikherren selbst, an die Arbeiter verpachtet, und nur solche Verhältnisse, bei solchem Einfluß, sichern eigentlich ähnliche Unternehmungen.

Aus dem Gesagten geht wohl zur Genüge hervor, daß eine thätige Mit- und Einwirkung von Seiten der sämmtlichen hiesigen Herren Fabrikanten, hier durchaus nöthig ist, wenn nicht der eigentliche Zweck und der Nutzen für die Fabrikation durch die Möglichkeit einer reinern Aufbewahrung der Stoffe, ganz verloren gehen soll. Es ist also eben so unser Vortheil wie es unsere Pflicht ist, die Lage der Sache klar anzuschauen, und nicht mit ungewissen Hoffnungen auf eine bessere Zukunft uns zu vertrösten, und hat man nur irgend etwas als Hinderniß erkannt, so ist auch die Abhülfe schon um vieles näher.

Für das Bestehen des Vereins wäre es daher sehr zu wünschen, wenn die Herren Fabrikanten, bei den vielen Arbeitern, die sie beschäftigen, diese wenige Wohnungen für die Besten an- und wieder verpachteten, so wie Anfangs wohl oft Rede davon war. Wenn aber gewichtigere Gründe dieses nicht gestatten, so ist es doch durchaus nöthig, daß sie ersucht werden, und einen Theil ihrer Arbeiter als Miether solcher Wohnungen zu bezeichnen und gemeinschaftlich mit der Direction zur Beseitigung etwaiger Hindernisse mit einwirken; denn nur alsdann hat das Gelingen des Unternehmens in etwa eine Garantie.

(…)

Quelle 20
Aufruf zur Teilnahme am Barmer Mäßigkeitsverein
SAW P III 46 undatiert [November 1842] Auszüge

Aufruf an unsere Mitbürger.

Liebe Mitbürger und Mitchristen! Am 11. dieses Mts. ist auf dem hiesigen Rathhause von Männern aus allen Ständen ein Verein gegen das Branntweintrinken gestiftet worden. Ihre Losung ist: Mäßigkeit in allem unschädlichen und erlaubten Genuß, aber Branntwein hinweg. Sie haben sich durch Namensunterschrift, als auf ehrlichen Mannes Wort, ernstlich verpflichtet: im allgemeinen für ihre eigene Person sich von den destillirten spirituösen Getränke in jeder Art und Gestalt zu enthalten; auch weder Familiengliedern, Dienstboten und von ihnen in Lohn genommenen Arbeitern noch Gästen in ihrem Hause dergleichen zu verabreichen oder mit ihrem Wissen verabreichen zu lassen; überhaupt nach Kräften, so viel Jedem in seiner Stellung möglich wird, durch Wort und That dahin zu wirken, daß dem Branntweingenuß gewehret werde. Und keineswegs sind sie die Ersten, die solches gethan und einen Mäßigkeits-Verein gegründet haben. Wir kommen damit schon ziemlich spät nach. Nicht nur jenseits des großen Weltmeeres, sondern auch in unserm Welttheile und in unserm deutschen Vaterlande bestehen solcher Vereine bereits gar viele.

(…)

Gewiß haben wir Gott zu danken, daß er in vielen Landen den Kriegsruf: Branntwein hinweg! erweckt, und allenthalben Vereine gegen das Branntweintrinken gebildet hat. Der Branntwein ist ein gefährlicher Feind. Nach dem übereinstimmenden Zeugniß der angesehensten amerikanischen, englischen und deutschen Aerzte ist er ein Gift, ein Gift an und für sich, auch bei mäßigem Genusse; eins von jenen vorzüglich auf die Nerven, das Gehirn und die Sinne wirkenden Gifte, die Betäubung, Schlaf, Raserei, Convulsionen erregen und durch Schlagfluß und Lähmung tödten, welche man narkotische Gifte nennt. Es gebe, so bezeugen jene Aerzte, bei diesem Gifte, wie bei jedem andern, eine doppelte Art von Vergiftung, eine schnelle, durch den Genuß einer großen Quantität auf einmal, und eine langsame oder schleichende, die gewöhnlich dann erst als Vergiftung erkannt wird, wenn es zu spät ist.

(…)

Der Branntwein ist und bleibt seiner Natur und der allgemeinsten Erfahrung nach derjenige Genuß, welcher auf die trinkenden Völker zerstörender, als jedes andere, ja als alle Gifte zusammengenommen, wirkt; und weit entfernt ein Präservativ gegen Krankheiten zu sein, macht er den Körper für dieselben empfänglicher. Das zeigt sich besonders bei ansteckenden Krankheiten. Z. B. in der Stadt Albany, die eine Bevölkerung von 25,000 Seelen hat, starben im Jahre 1832 von Solchen, die über 16 Jahre alt waren, 336 Personen an der Cholera, während von den 5000 Mitgliedern einer Gesellschaft, die sich des Genusses aller Spirituosen enthielt, nur zwei hingerafft wurden. Ferner beträgt nach den mühsamen Berechnungen eines österreichischen Physikus, welche er in seinen amtlichen Kreisen anstellte, die definitive Anzahl der jährlichen Opfer der Trunksucht über ein Viertel aller gestorbenen Erwachsenen; weshalb die Trunkenheit schlimmer ist als eine Pest, die nach vielen Jahren einmal kommt. Ferner befanden sich im J. 1831 unter 400 Geisteskranken im Irrenhaus zu Liverpool 257, die der Branntwein in diesen Zustand versetzt hatte; und unter 781 Wahnsinnigen, die sich in den verschiedenen Anstalten der Vereinigten Staaten befanden, waren, den Aussagen ihrer eigenen Familien zufolge, 392 durch den Trunk dahingeführt. Eben so verderblich ist das Zollwasser, wie der Indianer den Branntwein nennt, in sittlicher Hinsicht. Er schwächt den Willen, nimmt dem Menschen alle Kraft und Energie, allen Sinn und Empfänglichkeit für das Wahre, Gute und Schöne, und verhärtet das Gewissen, wäh-

Quelle" (SAW P III 135) zuschrieben, zählte im November 1846 460 Mitglieder. Im Jahre 1834 wurden in Preußen bei einer Gesamtbevölkerung von 13510000 Personen insgesamt 225 Millionen Quart, d.h. ca. 258 Millionen Liter Branntwein getrunken, pro Kopf durchschnittlich 19 Liter pro Jahr; im gesamten Wuppertal hatte sich die Zahl der Branntweinschenken zwischen 1841 und 1848 von 215 auf 280 erhöht.

Der eingangs zitierte Aufruf der Düsseldorfer Regierung propagierte als eine von Vereinen zu fördernde Tugend insbesondere die Sparsamkeit: „Die Sparsamkeit ist die Quelle vieler Tugenden. Sie bewahrt vor Ausschweifung, zähmt die Leidenschaften, fördert die Arbeitsamkeit, sichert das Familienglück, führt zum Eigenthum, und consolidirt auf solche Weise den Zustand der bürgerlichen Gesellschaft" (SAW P III 47). Ein Aufruf des Landrats zu einer diesbezüglichen Vereinsgründung in Barmen am 27.1.1841 führte dort nicht zum Erfolg, „da man ferner damit beschäftigt sey […] eine Sparkasse […] ins Leben treten zu laßen, so dürfte hierin schon ein Mittel geboten werden das ersparte verwahrlich und sicher anzulegen" (SAW P III 47). Erst am 12.6.1850 konstituierte sich auf Initiative des Vorstandes des „Vereins für wahres Bürgerwohl" in Elberfeld die „Spargesellschaft für Handwerker und Arbeiter jeder Art", auch „Verein zur Beförderung der Sparsamkeit" genannt.

rend er auf der andern Seite die thierischen Begierden und Leidenschaften aufregt und stärkt. Ich kenne nichts, sagt daher der berühmte Dr. Hufeland, was dem Menschen so sehr den Charakter der Brutalität mittheilen könnte, als diese Vergiftung. Endlich ist die Trunksucht die Hauptquelle der Verarmung. Zahlen reden auch hier am besten, und sie müssen wieder aus England und Amerika genommen werden, weil nur da diese Verhältnisse genau constatirt sind. Eine genaue Untersuchung hat ausgemittelt, daß in der Regel drei Viertheile aller Armuthsfälle in England und Wallis dem Trunke zugeschrieben werden müssen. In der Grafschaft Washington in Nordamerika waren von 334 Armen 290 es aus Trunk geworden, und von 1969 Hülfsbedürftigen, die vor wenigen Jahren in den verschiedenen Wohlthätigkeits-Anstalten der Vereinigten Staaten unterhalten wurden, sollen sich 1790 ihr Elend durch den Trunk zugezogen haben. Ja, von den 633 in Einem Jahr in das Armenhaus zu New-York Aufgenommenen, waren 616, also bis auf 17, sämmtlich direkt oder indirekt durch Trunk verarmt. — Fügen wir diesem noch hinzu, daß im Jahr 1831 in England und Wallis 95,000 Processe vor die Assisen gebracht waren, wovon ⅘ der Verbrechen dem Trunke zugeschrieben waren; daß in einem Gefängnisse in New-York von 647 Delinquenten 467 dem Trunke ergeben waren, und 346 ihr Verbrechen im Trunke verübt; daß von 643 Personen, die in einem Jahr in das Zuchthaus zu Boston gebracht wurden, 453 Säufer waren; daß nach amtlichen Nachforschungen von den etwa 200 Mordthaten, die 1831 in den Vereinigten Staaten vorgekommen sind, kaum eine sich fand, bei der die Trunkenheit nicht im Spiel gewesen wäre; und schließlich, daß die in größeren Städten immer mehr wachsende Zahl jugendlicher Verbrecher besonders dem Branntweintrinken zuzuschreiben ist, indem von 690 Kindern, welche in einem Jahre in der Stadt New-York Verbrechen halber eingekerkert waren, mehr als 400 solchen Familien angehörten, in denen der Trunk herrschte.

Wer, der dieß lieset, könnte wohl anders sagen, als: es thut noth, daß man nicht länger müßig zusah, sondern ernstlich dem Verderben zu steuern suchte; und wer müßte darin nicht einstimmen, wenn er einen Blick wirft auf den vollen Umfang und die schauerliche Tiefe jenes Verderbens, das aus der einen giftigen Quelle des Branntweintrinkens sich verheerend über die Menschheit ergießt. Ist sie doch nicht allzuwahr jene Schilderung, welche eine deutsche, religiöse Zeitschrift vor fünf Jahren von dem Umfang und der Tiefe des zu wenig beachteten Uebels in Deutschland entwirft. „Es geht ein Verderben durchs Land und Niemand wehrt ihm. Ein Pesthauch weht durch Städte und Dörfer, und läßt mehr Leichen hinter sich, als die Cholera; ein schwüler Sturm aus der Wüste, ein dorrender Samum durchzieht die Gauen auch unsers deutschen Vaterlandes, und saugt den Männern das Mark aus den Gebeinen, das Feuer aus den Augen, die Kraft aus dem Gehirn. Schlaff hangen ihre Arme, die Füße schlottern, der Blick stiert und glotzt, die Zunge lallt. Sorge, Muthlosigkeit, Verzweiflung sind die Genossen dieses höllischen Dämons, und Elend, Krankheit, Gebrechlichkeit, Tod seine Trabanten. Wohin er tritt, da verwelkt die Saat des Wohlstandes, des häuslichen Glücks, des ehelichen Friedens, der älterlichen Freuden. Zorn, Zwietracht und Haß sind in seinem Gefolge; Bettler, Landstreicher, Dummköpfe, Blöd- und Wahnsinnige, Frevler jeder Art, Todtschläger und Mörder, — ein unabsehbares, scheußliches Heer von Lasterknechten reiht sich ihm an. Ein wüstes Geschrei — es soll Fröhlichkeit heißen, — ein rasendes Gebrüll — die Stimme der Lust soll es sein, sie erschüttern die Luft, wo die Sclaven jenes Dämons ihre wilden Gelage feiern, ihre entsetzlichen Feste begehen. Die Sinne schwinden, die Vernunft weicht, die unreinen Geister ziehen ein, das Heilige wird mit Füßen getreten, verspottet, gelästert; Flüche, Zoten, rasender Unsinn quillen über die bebenden Lippen; entmenscht, den Verrückten gleich, ja gleich wüthenden Säuen taumelt die sinnlose Schaar von dannen; Jammergeschrei der Weiber, der Kinder ertönt in den Wohnungen, wohin die trunkenen Gatten und Väter heimkehren; das Entsetzen zieht mit ihnen ein und Hader, Wunden, Todtschlag sind die Früchte jener Becher, aus welchen Kraft und Frohsinn zu trinken man lügnerisch vorgibt."

Bei solchem Umfang, bei solcher Tiefe des Verderbens that es aber um so viel mehr noth, Vereine gegen das Branntweintrinken zu stiften, als der Strom des Verderbens in den letzten Jahrzehnten auf eine höchst bedenkliche Weise im Anschwellen begriffen ist.

(...)

Unter so bewandten Umständen und bei dem Anblick des schrecklichen Verderbens, das der Branntwein anrichtet, erscheint, sollten wir denken, der Ruf: „Branntwein hinweg!" und das Stiften von Vereinen mit dieser Losung genugsam gerechtfertigt. Meinete aber auch jemand: es sei genug mit Vereinen, da man sich verbindet nur mäßig starke Getränke zu genießen, — dem müssen wir erwiedern: Die Erfahrung hat es sattsam bewiesen, daß solche Vereine nicht zum gewünschten Zwecke führen und dem Verwüstungsgreuel zu steuern nicht im Stande sind. Dreizehn Jahre haben solche in Amerika bestanden, und nur wenig ausgerichtet, bis man dazu überging Entsagungs-Vereine zu gründen. Lebenskraft hat der Baum der Mäßigkeits-Vereine überhaupt nur da gehabt, wo er als Branntwein-Entsagungs-Verein gepflanzt war. Es gilt hier: entweder — oder, und soll gründlich geholfen werden, so muß der Branntwein wieder in die Apotheken zurückgewiesen werden, und nur zu arzneilichem Gebrauche von dort her bezogen werden können.

Und so wenden wir uns denn vertrauungsvoll nun an unsre lieben Mitbürger mit der dringenden Bitte: sich unserm Vereine anzuschließen. An Alle, ohne Ausnahme, richten wir sie, denn je größer die Zahl derer ist, welche das Gute ernstlich wollen, desto sicherer wird der gewünschte Zweck erreicht.

Zuerst im allgemeinen wenden wir uns an Euch alle, Ihr mäßigen Trinker in allen Ständen, und bitten ernstlich um euern Beitritt. Ihr seid Freunde der guten Sache unseres Vereins, aber dennoch ihr bleibt sehr gefährliche Gegner derselben, wenn ihr nicht aus stillen Freunden öffentliche Freunde derselben werdet und beitretet. Ihr besonders sollt unsrer guten Sache zum Siege verhelfen, und müsse sich fortan kein unmäßiger Trinker auf Euch berufen können. Das Beispiel erzieht, und so Jemand ein unmäßiger Trinker wird, ist er zuvor ein mäßiger gewesen. Wir wollen jetzt nicht mit euch streiten, ob selten und in kleinen Portionen genossen, der Branntwein ein Gift sei; wir wollen nicht näher daran erinnern, daß, wer stehet, wohl zuzusehen habe, daß er nicht falle; auch nicht den Erfahrungssatz euch vorhalten, daß die Neigung zum Branntwein sich von anderen Neigungen dadurch unterscheidet, daß sie, wie der Hang zum Geiz, mit den Jahren nicht abnimmt, sondern zunimmt: aber sagt, wie geht es doch zu, daß einer zum Trunkenbold wird? Kommt das nicht, wenn er den Vater, Bruder, Freund, oder seinen Meister oder Gesellen in der Arbeit Branntwein trinken sieht, auch wohl sie sich rühmen hört, wie sie so gestärkt danach sich fühlen, oder so fröhlich, oder sorgenfrei danach würden? Wenn auch alle Säufer in den Verein gezerrt würden, oder man weiß nicht, in welcher plötzlichen Bewegung demselben beiträten, sagt doch, Ihr mäßigen Trinker, erzieht ihr selber nicht, so lange ihr bei dem Genusse des Branntweins beharrt, neue Säufer, freilich nicht absichtlich, sondern um ihrer Schwäche willen, aber thut ihr es nicht? seid ihr nicht, in deren geistigen Lebensluft Viele endlich verderben, so lange es ihnen nicht von Jugend auf für eine Schmach gilt, von euch beim Branntwein gesehen zu werden. Wir fordern mit einem berühmten amerikanischen Schriftsteller einen Jeden auf, der da bekannt ist mit der Natur des Branntweins und fortfährt auch nur mäßig zu trinken und dadurch Andre zu verlocken, — wir fordern ihn auf zu beweisen, daß er nicht verwickelt ist in die Schuld an dem großen Verderben, das die gebrannten Wasser anrichten. Ihr wisset es ja, liebe Freunde, daß die Trunkenbolde selber fast immer zu schwach sind, dem Laster sich zu entreißen; ihr selbst habt wohl über diesen und jenen geurtheilet: er kann es nicht lassen; aber das wisset ihr doch auch, daß mit dem mäßigen Genuß des Branntweins ebenso bald der unmäßige aufhören müßte. Darum lasset davon ab, die Sache zu bemänteln, und gebet den Gaumenkitzel dahin um eurer Brüder willen. Sprechet nicht mehr: es ist doch nicht so arg, sondern saget Euch und Andern was wahr ist. Wahrlich, wahrlich, es ist ein furchtbares Wort, das da spricht: Wehe denen, die Böses gut und Gutes böse heißen, die aus Finsterniß Licht und aus Licht Finsterniß machen. Wehe dem Volk der Aergerniß halben, und wehe dem Menschen, durch welchen Aergerniß kommt. Bedenket auch: Wer da weiß Gutes zu thun und thut's nicht, dem ist's Sünde! und kommt und tretet unserm Vereine bei.

Insbesondere noch wenden wir uns sodann zuvörderst an Euch, Ihr geliebten Mitbürger, die Ihr im Schweiß Eures Angesichts Euer Brot verdienen müsset, und zur Stärkung oder Erquickung bei Eurem sauren Tagewerke bisher den Branntwein genossen habt: Kommt in unsere Vereinsstunden!

so bitten wir. Da wird das Vorurtheil bald schwinden, daß man die Euch nothwendige Stärkung oder die Euch heilsame Erquickung Euch rauben wolle; da werdet Ihr Euch bald überzeugen, daß Ihr beides wahrlich im Branntwein nicht findet. Da werdet Ihr bald durch viele Thatsachen überführt werden, wie gefährlich dieser Genuß, wie unnöthig auch bei der schwersten Arbeit, und erkennen, daß man Euer wahrhaft Bestes, Eure Gesundheit an Leib und Seele, Euern Wohlstand und glückliches Fortkommen, Euern Frieden mit Gott und der Welt, das Heil Eurer Frauen und Kinder bezweckt, wenn man Euch auffordert: Kommt, tretet unserm Vereine bei!

Auch ergeht unser bittender Ruf an Euch, die Ihr bisher den Branntwein schenktet oder verkauftet. Sollten wir Euern Widerspruch fürchten? Es wird den Bessern unter Euch doch wohl einmal der furchtbare Gedanke durch die Seele gefahren sein, daß durch Eure Darreichung so mancher Jüngling zum Laster verführt, so mancher Mann in Schande und Verderben gestürzt worden; daß Ihr, ohne es zu wollen, die mittelbaren Zerstörer des ganzen häuslichen Glückes so vieler Eurer Mitbürger, ja, die ersten unbewußten Anstifter so manches Verbrechens und schrecklichen Elends geworden seid! Darum vertrauen wir Euch, Ihr werdet unsern Bestrebungen nicht in den Weg treten; Ihr werdet vielmehr aufhören Branntwein zu verkaufen, Ihr Winkeliers, und Ihr Euren Gästen, Ihr Wirthe, künftig Heilsameres reichen, als bisher, und Euch keineswegs ausschließen wollen von unsrer wahrlich! guten Sache.

Und endlich Ihr, Vorsteher der Gewerke, Inhaber der Fabriken und Färbereien, Ihr alle, die Ihr über eine kleinere oder größere Zahl von Mithelfern und Arbeitern zu gebieten habt, und Ihr höhergestellten und wohlhabenden Mitbürger überhaupt — die Ihr durch Euern Einfluß, beitretend der Sache des Vereins, so sehr nützen könnt, laßt Euch nicht vergeblich bitten: schließt Euch an uns an! Es ist viel in Eure Hand gegeben. Großes wird es wirken, wenn Euere Namen gezeichnet stehen in den ersten Reihen der Unterschriften. Von christlicher Liebe gedrungen, werdet Ihr ja ein geringes Opfer nicht scheuen, um in einer zahllosen Menge von Familien Gesundheit und Wohlstand, Sittlichkeit und Religiösität wieder mehr zu heben! Noch einmal: Schließt Euch an uns an. Wir vertrauen auf Euern Beitritt.

Der Segen des Herrn begleite diesen Aufruf!

Die nächste Versammlung des Barmer Mäßigkeits-Vereins wird Freitag, den 2. December, Nachmittags 2 Uhr, in dem Saale des hiesigen Rathhauses gehalten werden, wozu wir hiermit einen Jeden, ohne Unterschied, der sich für die Sache interessirt, einladen.

Die Mitglieder des Vereins.

Kommentar 21

Mit dem Beginn der 40er Jahre nahm die öffentliche Diskussion der sich zuspitzenden sozialen Mißstände - insbesondere unter dem Eindruck des schlesischen Weberaufstandes im Sommer 1844 - immer breiteren Raum ein und führte zu einer Welle von Hilfs- oder Bildungsvereinsgründungen für die „unteren Klassen". Friedrich Engels schrieb in einem Brief an Marx vom 19.11.1844: „Wir haben jetzt überall öffentliche Versammlungen, um Vereine zur Hebung der Arbeiter zu stiften; das bringt famos Bewegung unter die Germanen und lenkt die Aufmerksamkeit des Philistertums auf soziale Fragen" (MEW Bd. 27 S. 10). Dieser Bewegung ist auch der in Quelle 21 wiedergegebene „Aufruf zur Begründung eines Kreisvereins für Volksbildung" vom 15.10.1844 zuzurechnen. Über die darin angekündigte Generalversammlung am 27.10. berichtete Adolf Schults im „Stuttgarter Morgenblatt für gebildete Leser" vom Januar 1845: „Man hat [...] auch hier [in Elberfeld] einen Verein für Volksbildung zu stiften gesucht. Das Interesse dafür und die Teilnahme daran war groß, und mehr als einmal war der große neue Rathaussaal zu klein, die Menge der das Volk bilden wollenden Elberfelder Bürger zu fassen. Was geschah aber? Gleich anfangs entstanden Zwistigkeiten der Art, daß eine förmliche Spaltung in zwei Parteien und später in zwei verschiedene Vereine erfolgte. Es handelte sich nämlich um die Grundlage, die für die Volksfortbildung anzunehmen und im Statut festzustellen sei. Die einen wollten es klar und deutlich ausgesprochen wissen, daß man vor allem die christliche Religion, die Bibel, als Grundlage jeglicher Fortbildung anerkenne; die anderen wollten von dieser Basis nichts wissen, wenigstens sie nicht förmlich im Statut ausgesprochen haben" (Adolf Schults, Elberfeld in den vierziger Jahren des

Quelle 21
Aufruf zur Gründung eines Kreisvereins für Volksbildung,
in: Elberfelder Zeitung Nr. 290 vom 19.10.1844

Aufruf zur Begründung eines Kreisvereins für Volksbildung.

Festere Begründung und Erweiterung des Volksunterrichts, Beförderung der sittlichen und praktischen Bildung, namentlich des Hand- und Fabrikarbeiters ist eine dringende, unabweisbare Aufgabe unserer Zeit. Was unser preußischer Staat dafür gethan, wie segensreich einzelne Vereine auf dem religiösen, oder dem streng praktischen Gebiete gewirkt, das ist bekannt; — durchgreifende Resultate aber lassen sich nur von freien Vereinen einer sehr großen Zahl gleichgesinnter und thätiger Männer erwarten. Ein solcher Verein hat sich in Dortmund gebildet. Seine Statuten sind von den hohen Ministerien genehmigt. Was Dortmund in Westphalen that, das verdient in den Rheinlanden vor Allen Elberfeld und sein Kreis zu thun, — voranzugehen mit einem großen Beispiele zum geistigen und materiellen Segen so Vieler.

Das Bedürfniß liegt am Tage. Unsere Elementar-Schulen erfüllen würdig ihren hohen Beruf; die aufopfernde Menschenfreundlichkeit unserer edlen Frauen hat schon mehrere Kleinkinder-Schulen ins Leben gerufen; auch arbeiten Sonntags-Schulen und ein Verein für junge Handwerker und Fabrikarbeiter rühmlich mit an dem großen Werke.

Reichen wir diesen Anstalten mit herzlichem Willkommen freudig die Hand, — es bleibt uns noch genug zu thun.

Noch fehlen uns eigentliche Fortbildungs-Anstalten für die aus den Elementar-Schulen und dem elterlichen Hause Ausgeschiedenen. Befestigung des in der Schule Erlernten, Erwerbung nützlicher Kenntnisse für den praktischen Beruf, geistige Anregung mancherlei Art, und die Pflege eines ächt religiösen, sittlichen Sinnes — wem thun sie mehr Noth, als diesen kräftigen, aber der Verwilderung so leicht preisgegebenen Jünglingen! Wie manche gute Keime,

19. Jahrhunderts (Korrespondenznachrichten für das „Stuttgarter Morgenblatt für gebildete Leser"), hg. von Hanns Wegener, in: MBGV 20. Jg. (1913), S. 24/25). Während sich der kleinere Teil der an der Generalversammlung Beteiligten am 12.11.1844 mit dem Ziel „sittlich=geistige[r] Fortbildung des Volkes auf dem Grunde der heiligen Schrift" als „Verein zur Beförderung christlicher Volksbildung" mit 134 Mitgliedern konstituierte (§ 1 der Statuten SAW J XII 4), verabschiedete die Mehrheit am 24.11.1844 die Statuten des „Vereins für Volksbildung" mit dem § 1: „Der Zweck des Vereins ist die Beförderung der sittlichen und geistigen Ausbildung der arbeitenden Klassen" (Elberfelder Zeitung Nr. 314 vom 12.11.1844). Sie orientierte sich an dem „Centralverein für das Wohl der arbeitenden Klassen", der im Oktober 1844 vorwiegend von Unternehmern in Berlin gegründet worden war und dessen Ziel darin bestand, „dahin zu wirken, daß durch die Kraft des moralischen Einflusses und die zur Förderung desselben zu treffenden Einrichtungen unter thätige[r] Mitwirkung der arbeitenden Klassen selbst, der sittliche und wirthschaftliche Zustand derselben allmälig gehoben und ein auf Wohlwollen gegründeter unzerstörbarer Bund zwischen ihnen und den andern Klassen der Gesellschaft mehr und mehr befestigt werde" (Beilage zur Elberfelder Zeitung Nr. 311 vom 9.11.1844). Obwohl der König zunächst zur landesweiten Nachahmung aufgerufen hatte, verweigerte die preußische Regierung im Frühjahr 1845 den Elberfelder Vereinen die Bestätigung ihrer Statuten.

die der erste Unterricht und das Beispiel der Eltern pflanzte, gehen nicht später durch die Verführung wilder Genossen, vor denen der junge Mann keinen Schutz findet, unwiederbringlich verloren!

Der Lehrling, der Geselle, meistens fremd am Orte der Arbeit, ohne Anhalt und Familien-Umgang, ist um 7 oder 8 Uhr Abends, wie auch fast den ganzen Sonntag von der Arbeit frei und sich selbst überlassen. Die Langeweile und der Mangel an würdiger Beschäftigung führen ihn in die Branntweinsschenken oder in noch schlimmere Gesellschaft, oder lassen ihn am Abend in den Straßen sich herumtreiben. Und was wird hier gelernt als Rohheit und Unsittlichkeit!

Bahnen wir unserm deutschen Gewerbstande, einem so ehrenwerthen und nützlichen, wie nur immer im Staate, den Weg zu einem würdigern Ziele; machen wir auch den Aelteren, den Meistern und Lehrherrn eine zugleich angenehme und nützliche Unterhaltung möglich; eröffnen wir endlich würdigen Lehrern — für ihre Mußestunden einen weitern, segensreichen, auch für ihre äußere Stellung ersprießlichen Wirkungskreis!

An diese Fortbildungsschulen würden sich dann, — und das ist ein zweites großes Bedürfniß, — in jeder Gemeinde Sammlungen guter Volksschriften anschließen, die in gleicher Weise den religiös=sittlichen Sinn beleben, und dem erwachten Streben nach intellektueller und technischer Weiterbildung würdige Nahrung bieten. Gute Volksschriften sind zugleich am Besten geeignet, die Pest einer Geist und Herz vergiftenden Leserei auszutilgen.

Das Bedürfniß ist groß, aber auch die Mittel sind groß, wenn Viele, wenn Alle sich betheiligen. Und so ergeht denn unser Aufruf zur Begründung eines Kreisvereins für Volksbildung an sämmtliche Mitbürger unseres Kreises, an die Vorstände der Gemeinden, und die Geistlichen und Lehrer, an die Meister und Fabrikherren, an Alle, denen das Wohl des Volkes, das Wohl des Staates am Herzen liegt. Jeder Einzelne ist ein wesentliches Glied des Ganzen, und einträchtiges Wirken unter dem göttlichen Beistande macht auch das Schwierigste möglich. Gott gebe seinen Segen dem guten Werke!

Indem wir nun sämmtliche Mitbürger unseres Kreises zu einer Generalversammlung im Assisen=Saale des hiesigen Rathhauses auf Sonntag den 27. October d. J., Nachmittags 4 Uhr, einladen, lassen wir die von den beiden betreffenden hohen Ministerien genehmigten Statuten des Dortmunder Vereins mit folgenden erläuternden, zum Theil ergänzenden Bemerkungen folgen:

1) daß nach dem Protokoll der Generalversammlung vom 1. September d. J. Fortbildungs-Schulen allerdings ein Hauptaugenmerk des Vereins sein werden;
2) daß nach demselben Protokoll der Director und der Rendant zunächst keine Besoldung, und nur der Secretär für seine vielfältigen Bemühungen und materiellen Aufopferungen 100 Thlr. Vergütung erhält;
3) daß die an die General-Direction zu überlassenden 40 pCt. der Einnahme den Kreisvereinen wieder zuflößen;
4) daß der Mittelpunkt des Vereins vorläufig Dortmund ist, daß aber im Laufe der Zeit und wenn das Bedürfniß es erfordert, der Sitz des Vereins auch an einem andern Orte sein kann.

Elberfeld, den 15. October 1844.   Mehrere Bürger.

---

[1] 1844 war in Dortmund ein „Verein für die deutsche Volksschule und für Verbreitung gemeinnütziger Kenntnisse" gegründet worden.

Kommentar 22
*Im Juli 1850 bestanden in der Oberbürgermeisterei Elberfeld, abgesehen von Kranken- und Sterbeauflagen (die Innungsbildungen nach der Gewerbeordnung vom 17.1.1845 waren meist noch nicht abgeschlossen), 5 Arbeitervereine, von denen der Oberbürgermeister berichtete, „daß in denselben bisher hauptsächlich nur die Errichtung von Unterstützungskassen für Krankheits- und Unglücksfälle, mitunter aber auch die Verhältnisse zwischen den Arbeitgebern und Arbeitnehmern und die Verbesserung der Zustände der Letzteren besprochen" (HStAD Reg. Düsseldorf Nr. 302, zit. nach Wolfgang Köllmann, Wuppertaler Färbergeselleninnung und Färbergesellen-Streiks 1848-1857, Wiesbaden 1962, S. 49) würden. Quelle 22 gibt auszugsweise die Statuten des 1848 gegründeten „Allgemeinen Fabrik=Arbeiter=Vereins" wieder, der in der dem Bericht beigefügten Liste erwähnt wird. Der Verein zählte 1850 350 Mitglieder; in der Rubrik „Bemerkungen" hieß es, es sei im „Allgemeinen in polizeilicher Hinsicht" nichts gegen ihn einzuwenden, „da er sich bisher nur mit Errichtung der Unterstützungskasse beschäftigt [...] und bei den Berathungen über die Verbesserung der Arbeitslöhne p.p. die gesetzlichen Schranken nicht überschritten" (ebenda S. 51; gleichlautende Liste: SAW O IX 14) habe. Neben dem Fabrikarbeiterverein werden in der Liste noch ein „Vereinigter Weber-Verein" (38 Mitglieder), ein „Buchdrucker-Unterstützungs-Verein" (60 Mitglieder), ein „Färbergesellen-Verein" (1200 Mitglieder) und die „Verbrüderung" (47 Mitglieder) erwähnt. Die Mitglieder letzterer (Weber, Färber, Drucker) hatten mit der Leipziger Zentrale der gesamtnationalen Arbeiterverbrüderung (gegründet 1848) korrespondiert, was nach dem § 8, b. des Gesetzes „über die Verhütung eines, die gesetzliche Freiheit und Ordnung gefährdenden Mißbrauchs des Versammlungs= und Vereinigungsrechtes" vom 11.3.1850 strafbar wurde und vom Verein offenbar auch aufgegeben worden war. Über diesen hieß es in der zitierten Liste, er gehe „[w]egen Mangel an Theilnahme [...] seiner Auflösung entgegen" (ebenda).
Obwohl Oberbürgermeister von Carnap, wie oben zitiert, keinen Anlaß für ein Einschreiten der Polizeibehörden bezüglich der Vereinsaktivitäten sah, bemerkte er in demselben Bericht, daß die Versammlungen genannter Vereine „geeignet [seien], die Gemüther der Arbeiter zu erregen" (ebenda S. 49).*

Quelle 22
Statuten des „Allgemeinen Fabrik=Arbeiter=Vereins" in Elberfeld
SAW J III 128   7.7.1850   handschriftlich   Auszüge

Motto:
Wer dem Herrn vertraut, und
glaubet, daß er es segne, was
in seinem Namen begonnen,
dessen Werk wird gelingen.

Titel I.
Allgemeine Bestimmungen

§ 1.

Die Fabrikarbeiter Elberfelds treten in diesem Verein zusammen, um,
1. Arbeitslosen, wenn unverschuldet, möglichst Arbeit und Lebensunterhalt zu verschaffen.
2. Verunglückten, oder Arbeitsunfähigen, Unterstützung respektive Unterhaltung zu gewähren.

§ 2.

Um diese Grundideen nach allen Seiten gewissenhaft verfolgen zu können, theilen sich die Regeln oder Statuten des Vereins in zwei Theile, und zwar:
1. Die Verhältnisse des Vereins und des Vorstandes im Allgemeinen, und Einzelnen,
2. Die finanzielle Verwaltung des Vereins.

§ 3.

Mitglied des Vereins kann jeder achtzehn, und nicht über fünfzig Jahre alter Fabrikarbeiter werden. Die erste Bedingung ist: daß der Aufzunehmende gesund und arbeitsfähig ist, und sich durch Unterzeichnung der Statuten im Protokoll=Buche zur Haltung derselben, Zahlung eines Einschreibegeldes, wie § 33 sagt, und des laufenden Beitrages verpflichtet.

§ 4.

Im Vereins=Lokale wird eine Tafel aufgehängt, auf welcher die Namen derjenigen, die Mitglied des Vereins zu werden wünschen, geschrieben werden, kommt im Laufe von vier Wochen keine Einwendung gegen ihre Aufnahme, so sind sie aufgenommen, und haben nach § 3. die Statuten zu unterzeichnen. Kommt ein Einwand, so entscheidet der Vorstand über die Aufnahme.

§ 5.

Die zusammengetretenen Mitglieder wählen durch einfache Majoritäts=Wahl einen Vorstand aus ihrer Mitte, bestehend aus acht, bei Vergrößerung des Vereins aber aus zwölf Mitgliedern, dessen Geschäftsordnung ein besonderes Reglement besagt, die Vermehrung des Vorstandes geschieht auf Antrag desselben.

§ 6.
Gültige Stimme bei der Wahl und allen übrigen Verhandlungen hat jedes anwesende Mitglied.

[...]

§ 8.

Jedes Mitglied erhält eine Eintrittskarte mit seinem Namen und dem Datum seines Eintritts in den Verein, mit dem Stempel des Vereins versehen.
Ohne diese Karte hat Niemand Stimme, oder überhaupt Zutritt im Versammlungs= Lokal bei Verhandlung von Tagesfragen. Bei bloßen Zusammenkünften und geselligen Unterhaltungen können Nichtmitglieder eingeführt werden.

Titel II.
Vom Vorstande.

§ 9.

Nach geschehener Wahl eines Vorstands=Mitgliedes, erklärt sich der Erwählte über die Annahme, und gelobt in diesem Falle durch Handschlag an die Drei ältesten an Jahren der anwesenden Mitglieder für das wahre Wohl des Vereins, nach besten Kräften zu wirken, und sein Amt gewissenhaft und treu zu verwalten.

[...]

§ 11.

Der Vorstand besteht:
1. Aus einem Präsidenten und dessen Stellvertreter.
2. Aus einem Cassirer und dessen Stellvertreter.
3. Aus einem Schriftführer und dessen Stellvertreter.
4. Aus zwei dem Cassirer Beigeordneten.

[...]

§ 26.

Der Vorstand wird auf die Dauer eines Jahrs und zwar in der ersten Hauptversammlung des Monats May gewählt.

[...]

Titel III.
Von Einlagen.

§ 31.

Die Einnahme des Vereins besteht aus den regelmäßigen vierwöchentlichen Einlagen und aus den Einschreibegeldern.

§ 32.

Jedes Mitglied zahlt als vierwöchentliche Einlage vier Silbergroschen.

§ 33.

Das Einschreibegeld richtet sich nach dem Alter des Betreffenden, und beträgt für den Eintretenden im Alter von:
18 bis 25 Jahr   - 4 Silbergroschen
25 ” 30 ”   - 8   ”
30 ” 35 ”   - 16   ”
35 ” 40 ”   Taler 1.2   ”
40 ” 45 ”   ” 2.4   ”
45 ” 50 ”   ” 4.8   ”

§ 34.

Die Zahlung des Beitrages geschieht in der alle vier Wochen zu diesem Zwecke anberaumten ordentlichen Hauptversammlung.

§ 35.

Im Interesse des Vereins ist jedes Mitglied gehalten, die Zahlung des Beitrages nie mehr als zweimal zu versäumen, da, wenn zum Drittenmal nicht bezahlt würde, ein Eintreiben von Seiten des Vorstandes erfolgen müßte, welches Recht dem Vorstand nach § 59 der Gewerbe=Ordnung zusteht.

§ 36.

Sollte ein Mitglied dreimal den Beitrag schuldig bleiben, und dasselbe nach dieser

*Einleitung zu den Statuten des
„Elberfelder Handwerker-Vereins" vom 31.8.1848
SAW J III 128)*

Zeit (der Zeit der dritten Einlage) ein Unglück, welches ihm Anspruch auf Unterstützung giebt, treffen, so hat er durch dieses Nichtbezahlen die Ansprüche auf die Unterstützung verloren.

[...]

§ 38.

Die eingezahlten Gelder werden in der städtischen Sparkasse niedergelegt, und die Quittungsbücher in dem von den Vorstands=Mitgliedern verschlossenen Kasten aufbewahrt.

[...]

Titel IV.
Von den Unterstützungen.

§ 41.

Die Unterstützungen des Vereins sind dreierlei Art, und zwar:
1. für schuldlos aus Arbeit gekommene, und sich ohne Arbeit befindliche Mitglieder in Räthlicher und Thätlicher Unterstützung, um anderweitige Arbeit zu erlangen.
2. in rathender und vermittelnder Unterstützung in einer etwaigen Streitigkeit mit seinem Arbeitgeber, und im Falle des Unvermögens seine eigene Sache zu führen, in Vertretung seiner Sache, von Seiten des Vorstandes bei dem Gewerberath, oder, der zuständigen Behörde.
3. im Falle der Arbeitsunfähigkeit, sei es durch Unglück oder Alter, durch statutgemäße Unterstützung.

§ 42.

Ist einer fünfzehn Jahre Mitglied des Vereins gewesen, und hat in dieser Zeit keine Unterstützung an Geld erhalten, und würde sterben, so sollen an seine Hinterbliebenen zehn Thaler courant ausbezahlt werden.

§ 43.

Sobald ein Arbeiter außer Arbeit kommt, hat er sich von seinem bisherigen Arbeitgeber einen Entlassungsschein mit der Bemerkung der Ursache seiner Entlassung, geben zu lassen, um im Fall er, die Hülfe des Vereins in Anspruch nehmen würde, sich bei dem Vorstande über seine Entlassung legitimiren zu können.

§ 44.

Kann der Arbeiter durch eigene Bemühungen im Laufe von vierzehn Tagen keine andere Arbeit erlangen, so meldet er sich mündlich beim Präsidenten oder Schriftführer des Vereins unter Vorzeigung seines Entlassungsscheines. Dieselben sind verpflichtet, in der nächsten Vorstands=Sitzung, in welcher der Betheiligte selbst erscheinen kann, dessen Gesuch vorzubringen.

§ 45.

Der Vorstand hat nach diesem Entlassungsschein vorerst zu untersuchen, ob der Arbeiter unschuldig arbeitslos geworden ist, oder nicht. Stellt es sich heraus, daß die Entlassung in Folge eines Fehlers von Seiten des Arbeiters geschehen ist, so ist der Vorstand verpflichtet, eine Vereinigung zwischen dem Arbeitgeber und Arbeiter durch Vermittelung zu versuchen, zu welchem Zwecke der Vorstand eine Commission ernennt. Ist diese Vermittelung nicht möglich, so kann in diesem Falle der Arbeiter, falls keine offene Stellen angezeigt sind, keine andere Unterstützung verlangen, sind aber solche vorhanden, so kann er eine von diesen annehmen.

§ 46.

Sind bei dem Vorstande keine offene Stellen für den Arbeitsuchenden angezeigt, so hat der Vorstand die Pflicht, binnen zwei Wochen vom Tage der Vorstands=Sitzung ab, in welcher das Gesuch eingebracht, entweder, anderweitige Arbeit zu verschaffen, oder ihm eine Unterstützung von Zwei Thaler wöchentlich angedeihen zu lassen.

§ 47.

Will der Arbeitssuchende die ihm vom Vorstand angebotene Arbeit nicht annehmen, so hat er auch auf keine baare Unterstützung Anspruch. Es versteht sich aber von selbst, daß es in den Kräften des Arbeiters liegen muß, die ihm angebotene Arbeit zu übernehmen, und hat sich der Arbeitsuchende mit dem Vorstande hierüber zu benehmen.

§ 48.

Ist die Entlassung eines Arbeiters in Folge einer Streitsache zwischen dem Arbeitgeber und Arbeiter geschehen, so hat der Vorstand die Pflicht, wenn er von dem einen Theile darum ersucht wird, eine Vermittelung zu versuchen; kommt diese Vermittelung nicht zu Stande, so hat der Vorstand, wenn ihm das Recht auf Seite des Arbeiters scheint, auf Verlangen des Arbeiters ein Mitglied aus seiner Mitte zu beauftragen, die Sache des Arbeiters bei der gesetzlichen Behörde zu vertreten.

§ 49.

Vor Entscheidung der gesetzlichen Behörde kann der Arbeiter keine Unterstützung verlangen. Fällt die Entscheidung gegen den Arbeiter aus, so kann der Vorstand demselben keine andere Unterstützung bieten, als anderweitige Arbeit, wenn solche angemeldet ist, (§ 45) im anderen Falle gibt das Gesetz die Weisung zum fernern Verhalten.

§ 50.

Die Entschädigung für die Mitglieder de[s] Gewerberath[s], und die Verhältnisse des Vereins zu denselben bestimmt ein besonderes Reglement, auch können nur Gewerbe=Räthe, welche Mitglieder des Vereins sind, Unterstützung vom Verein erhalten.

§ 51.

Ein Mitglied des Vereins, welches nach § 46 in baarem Gelde unterstützt worden, ist verpflichtet, bei Verlust der Unterstützung, die von dem Vorstande demselben nach § 47 gebotene Arbeit anzunehmen, so wie überhaupt Alles aufzubieten, selbst Arbeit zu erhalten, und im Falle, er solche erhält, sogleich den Vorstand davon in Kenntniß zu setzen; Es wird im Vereins=Lokale eine solche Anzeige stets entgegen genommen, um in ein dazu vorliegendes Buch verzeichnet zu werden.

§ 52.

Den Anordnungen des Vorstandes hat jedes Mitglied, als im Namen des Vereins Folge zu leisten, da sonst eine regelmäßige Verwaltung unmöglich ist.

§ 53.

Arreste oder sonstige Beschlaglegungen auf Gelder von Seiten eines Andern sind in keinerlei Weise zulässig.

§ 54.

Ein Mitglied, welches vom Vereine unterstützt wird, und es versäumt, erhaltene Arbeit anzumelden, oder sogar die Unterstützung absichtlich forterhebt, hat die Ausstoßung aus dem Vereine zu gewärtigen.

§ 55.

Statutgemäße Unterstützungen werden jeden Freitag Abend von acht bis zehn Uhr vom Präsidenten, Cassirer und Schriftführer im Vereins=Lokale bezahlt.

Plakat (SAW O IX 14, beschädigt)

§ 56.

Ein Mitglied, welches von dem Verein in Baar unterstützt wird, kann nie mehr aus eigenem freien Willen aus dem Verein treten.

§ 57.

Die vierwöchentlichen Beiträge müssen auch während der Unterstützungszeit bezahlt werden.

§ 58.

An der Kassenverwaltung haben auch nach § 58 der Gewerbe=Ordnung die beitretenden Fabrikanten und Arbeitgeber Antheil, und zwar durch vier von denselben gewählten Deputirten, jedoch sind diese von jeder andern Berathung ausgeschlossen, es sei denn, daß der Vorstand dieselben zu einer Berathung speciell einladet.

[...]

Titel V.
Von Verunglückten und Arbeitsunfähigen.

§ 60.

Arbeitsunfähige haben, sobald sie durch ein Unglück in diesen Fall kommen, dem Vorstand Anzeige hievon zu machen (respektive machen zu lassen) Der Vorstand hat sich von dem Befinden des Verunglückten zu überzeugen, und in zweifelhaften Fällen sich ein ärztliches Attest beibringen zu lassen, und sodann dem Verunglückten die statutgemäße Unterstützung von dem Tage der Anzeige an zukommen zu lassen.

§ 61.

Entsteht die Arbeitsunfähigkeit durch eine gewöhnliche Krankheit, welcher Art sie auch sei, und nicht in Folge eines Beinbruchs, Armbruchs, Sturzes während der Arbeit, Unglück durch Dampf oder andere Maschinen, Feuer, oder überhaupt in Erfüllung seiner Berufpflichten, so kann das Mitglied keine Unterstützung verlangen. Jedoch soll es die erste Sorge des wirklichen Vorstandes sein eine besondere Casse für Krankheitsfälle zu errichten, deren Verwaltung ein besonderes Reglement bestimmt.

§ 62.

Die statutgemäße Unterstützung für Arbeitsunfähige nach § 61. beträgt zwei Thaler per Woche.

§ 63.

Ein Mitglied, dem ein Unglück zugestoßen, und welches drei Monat statutgemäß unterstützt worden ist, kann auf eine Abfindungs=Summe seiner Ansprüche an den Verein antragen, jedoch ist für eine solche Uebereinkunft die Genehmigung der General=Versammlung erforderlich.
Die spätere Wiederaufnahme eines Solchen ist für immer unzulässig.

§ 64.

Jedes Mitglied, welches das sechszigste Lebensjahr erreicht hat, und sich beim Vorstande legitimirt, hat Anspruch auf eine Pension von wöchentlich Drei Thaler.

§ 65.

Die Unterstützungen in Baar treten für jedes Mitglied in Kraft, nachdem dasselbe Fünf Jahre Mitglied des Vereins gewesen ist.
[...]

6. Vereine zur patriotisch-politischen Betätigung

Kommentar 23

Das sich vor dem Hintergrund der Befreiungskriege in den Jahren 1813-1815 offenbarende frühe patriotisch-nationale Bewußtsein drückte sich überall in Deutschland auch in der Gründung patriotischer Hilfsvereine von Frauen aus. Quelle 23 besteht aus einem Aufruf des Kreisdirektors Sybel vom 9.3.1814, der zur Gründung des „Elberfelder Frauen=Vereins" am 17.3.1814 führte, wobei ein „Avertissement" des Oberbürgermeisters Brüning auf das schon zuvor bestehende rege Engagement der Elberfelder Frauen verwies: „Schon seit Monaten wetteiferten die Frauen und Jungfrauen unserer Stadt, für die Krieger und Söhne des Vaterlandes Hemden und Strümpfe, Socken und andere nötige Bedürfniße einzusenden; schon sind sehr viele der Braven von diesen schönen Gaben unserer Frauen damit versehen worden" (zit. nach Otto Schell, Die Gründung des Elberfelder Frauenvereins, in: MBGV 21. Jg., Nr. 3(1914), S. 44). Aus der Mitte seiner zunächst 22 Mitglieder wählte der Verein Cornelia von Carnap zur Vorsteherin. Mit dem am 21.3.1814 vom Generalgouverneur Alexander Prinz zu Solms erlassenen „Plan zu einem bergischen Frauenverein" (SAW S XIII 31a) erfuhren die Frauenvereine der Region ihre organisatorische Gliederung gemäß den preußischen Verwaltungskreisen mit Sitz des Zentralvereins in Düsseldorf. Der Elberfelder Frauenverein, der schon im Mai 1814 306 Taler bergisch 53 1/4 Stüber eingenommen hatte, wurde nach seiner vorübergehenden Auflösung infolge des Friedensschlusses von Paris am 28.4.1815 mit dem wiederaufflammenden Krieg reaktiviert und stellte bis zum 17.12. des Jahres neben einer Geldsumme von 4119 Talern 7367 Bandagen, 17752 Kompressen, 1444 Hemden und eine Vielzahl weiterer Kleidungsstücke zur Verfügung. In derselben Zeit erging auch ein Aufruf des Barmer „Frauen= Vereins" vom 8.6.1815, in dem es hieß: „Der heilige Krieg, welchen wir im vorigen Jahre durch den allmächtigen Gott überlebt, mußte das Innerste des Herzens des gesammten deutschen Volks, durch alle Stände und Geschlechter ergreifen, denn er war, seit undenklichen Zeiten, der erste vaterländische, im eigentlichen Sinne des Worts. […] In einem solchen Kampfe, worin es des Lebens höchsten Güter betrifft, bleibt Niemand zurück: das haben Deutschlands sämmtlichen Gauen, das hat auch unser liebes, gutes Barmen bewiesen. Selbst die Töchter des Vaterlandes, die Frauen und Jungfrauen, empfanden die Noth tief, und wirkten überall zum allgemeinen Beßten mit. An ihren

Quelle 23
Aufruf des Kreisdirektors Sybel zur Gründung von Frauenvereinen, in: Allgemeine Zeitung Nr. 69 vom 10.3.1814

AVERTISSEMENTS

Elberfeld den 9. März 1814

An

sämmtliche Herren Bürgermeister des Kreises Elberfeld.

Mit Muth und Tapferkeit sehen wir in diesen Tagen durch der Deutschen Männerarme unser höchstes Kleinod, Freiheit und Vaterland, wieder erringen, und befestigen. Die Jugend unseres Landes ist begeistert mit in den heiligen Kampf gezogen; es bedurfte nur ihres Rufs. — Auf vielen Punkten Deutschlands sehen wir, wie die edelsten Frauen und Mädchen, im treuen Verein, sich eifrigst bemühen durch Arbeiten und Gaben das Schicksal der Tapfern besonders der unvermögenden Krieger zu erleichtern und dadurch ihre Theilnahme an dem heiligen Kriege an den Tag zu legen. Unsere Frauen und Mädchen werden hinter diesem schönen Beispiele ihrer deutschen Mitschwestern nicht zurück bleiben wollen; es wird nur der Aufforderung und der Veranlassung bedürfen, um auch hier in unsern Familienkreisen ein gleiches großes nachahmungswürdiges Werk zum Beginnen und zur Vollendung zu bringen.

Ein Geist, ein Wunsch, eine Sorge, ein Bestreben beseelt alle Deutsche: der Sieg soll unser seyn, ein sicherer Friede und glorreiche Ruhe; — deswegen opfern wir alle mit gleichem Eifer, Blut und Leben, Gut und Habe, Mühe und Arbeit.

Sie, meine Herren, als Vorstand Ihrer Verwalteten, muß ich zunächst in Anspruch nehmen, dem Frauenverein in Ihren Verwaltungsbezirken, so weit es noch nicht geschehen, Form und Daseyn zu geben. Wenden Sie sich, gleich nach dem Empfange dieses, an diejenigen edeln Frauen und Mädchen, von denen Sie die Ueberzeugung hegen, daß sie Ihnen bei diesem Unternehmen behulflich seyn werden. Entwerfen Sie mit diesen einen nach Ihrer besten Einsicht zweckmäßigen Plan, um dem gemeinschaftlichen Werke einen gewissen Zusammenhang und eine Einheit zu geben. Lassen Sie durch ein Rundschreiben die Einzelnen sich zur Theilnahme an dem Verein durch ihre Unterschrift verpflichten. Eine von diesen wird als Vorsteherin des Vereins zu ernennen seyn. Uebernehmen Sie es, oder ein Bürger aus Ihrer Mitte, der das Vertrauen und die nöthigen Eigenschaften besitzt, die innere Verwaltung der Gesellschaft und die Correspondenz derselben zu besorgen. Veranstalten Sie, in so fern es für rathsam erachtet wird, eine Subscription unter den Mitgliedern des Vereins zu freiwilligen Beiträgen, die jadoch nicht nothwendig an einen wiederkehrenden Zeitpunkt zu fixiren sind. Disponiren Sie einen der Bürger, oder eine der Bürgerinnen, über diese Beiträge eine Berechnung zu führen. Aus den eingehenden baaren Geldern müssen Materialien zu Kleidungsstücken, besonders zu Strümpfen, Hemden, Leibbinden &c. angeschafft, und diese zur Arbeit ausgetheilt werden. Diese Austheilung wird jedoch nur an diejenigen Mitglieder des Vereins hauptsächlich erfolgen können, welche nicht selbst die Materialien sich anschaffen können oder nicht wollen.

Gesinnungen wurden die Söhne, Brüder, Verwandten und Geliebten nur noch mehr entflammt, und ergriffen um so viel muthiger das heilige Schwerdt" (SAW O IX 1). Nach Beendigung des Krieges widmete sich der Elberfelder Verein bis zu seiner endgültigen Auflösung mit dem Tode der Vorsitzenden Cornelia von Carnap 1862 allgemeinen sozialen Aufgaben: Neben der „Unterstützung der Nothleidenden, der Armen und Kranken unserer Stadt und Kirchspiels" (zit. nach Otto Schell, a.a.O., S. 48) unterhielt er eine Nähschule und einen Hilfsfonds für Invalide und Veteranen.

Alles was an fertigen Sachen, namentlich an Hemden, Strümpfe (Socken) wollene Leibbinden, leinene Verbandsbünden, Leinenfasern ꝛc. geliefert wird, muß in das zu etablirende Depot abgeliefert, und in das anzulegende Register eingetragen werden.

Ich wünsche, daß dieses Verzeichniß demnächst monatlich mit den gelieferten Sachen hierhin an mich eingesandt werde. Ich werde die öffentliche Bekanntmachung der Gaben und die weitere Beförderung der Sachen und Gelder an den Vorstand des großen Frauen-Vereins in Düsseldorf besorgen, und dem Hohen Gouvernement von den patriotischen Bemühungen der edlen Frauen meines Verwaltungskreises einen pflichtmäßigen Bericht erstatten.

Ich ersuche Sie unverzüglich Hand an dieses Werk zu legen, und nur über 8 Tage von dem Erfolge Ihrer Bemühungen ausführlichen Bericht zu erstatten.

Der Kreisdirektor
Sybel.

Kommentar 24

Als frühester für das 19. Jhdt. in Elberfeld nachzuweisender Schützenverein konstituierte sich am 12.10.1805 die „Schützen-Gesellschaft" mit 12 wohlhabenden Mitgliedern aus der Bürgerschaft, darunter Jacob Peltzer, Peter Wilhelm von Carnap und Benjamin Simons, um „in einer traulichen Verbindung die Freuden des Schießens und der Geselligkeit anständig, frey und angenehm genießen zu können" (zit. nach Erich Breitenbach, Die Entwicklung der Schützengesellschaft am Brill von 1805, 1805-1951, o.O. (Wuppertal) 1951, S. 13/14). Der Verein, der sich seit Anfang der 20er Jahre „Schützengesellschaft am Brill" nannte, zählte 1815 52 und 1834 181 Mitglieder. War bis zum Jahre 1821 ein wöchentlicher Beitrag in Höhe von 6 Stübern zu entrichten, so erhob der Verein seit 1821 einen Jahresbeitrag von 2 Talern berlinisch und ein zusätzliches Eintrittsgeld in derselben Höhe, das schließlich 1837 auf 25 Taler heraufgesetzt wurde. Als Ehrenmitglieder gehörten dem Verein unter anderen Landrat Seyssel d'Aix, Oberbürgermeister Brüning und Handelskammerpräsident Schleicher an. Im Rahmen der Volksbewaffnung als Reaktion auf das erneute Vordringen Napoleons im Jahre 1815 zeigte sich der patriotisch-politische Geist der Schützengesellschaft in deren Organisation als besondere Landsturmabteilung, dem Corps des „Landsturms Schützenvereins". Das Corps, das nicht mehr zum Einsatz kam, hielt bis zu seiner Auflösung 1819 Wehrübungen ab. Innerhalb der vom Gemeinderat im März 1848 zum Schutz des Eigentums in Elberfeld aufgestellten bewaffneten Bürgergarde war die „Schützengesellschaft am Brill" wiederum mit einem besonderen Corps vertreten.

Quelle 24
Zwei Lieder aus dem „Lieder-Kranz zur Feier des Elberfelder Schützen-Festes. Gesungen beim fröhlichen Königsschiessen am 10., 11. und 12. Juli 1836"
SAW P I 17

Zelt-Lied.

(Nach der Melodie: „Schier dreißig Jahre bist du alt," ꝛc.)

Frisch auf zum frohen Waffenspiel,
 Die Büchse von der Wand!
Es sammeln sich der Menschen viel
Und lockend winkt das schöne Ziel,
 Des Schützen sich'rer Hand!

Die in Quelle 24 aufgenommenen Liedtexte stammen aus dem „Lieder-Kranz zur Feier des Elberfelder Schützen-Festes" vom Juli 1836, durchgeführt von dem am 2.8.1830 gegründeten „Elberfelder Schützenverein". Die Vereinsmitglieder, die einen jährlichen Beitrag von 2 Talern zu entrichten hatten, waren nach Rängen abgestuft (Chef, Adjutant, Lieutenant, Fähndrich und Schützen). Über die Aufnahme in den Verein entschieden - wie auch bei der „Schützengesellschaft am Brill"- mindestens 30 Mitglieder mittels Ballotage; ein Drittel ablehnende Stimmen bewirkten die Nichtaufnahme des Anwärters. Der auf dem jährlichen Schützenfest - das im Jahre 1841 ca. 15000 Menschen anzog - geküerte Schützenkönig wurde in einem großen Zeremoniell, in dem er auch einen Thron besteigen mußte, gekrönt; die Vereinsmitglieder trugen bei öffentlichen Anlässen eine einheitliche Uniform mit Säbeln und Gewehren. Auch der „Elberfelder Schützenverein" war im August 1848 Teil der Bürgerwehr, er wurde vom preußischen Kriegsministerium mit Waffen ausgestattet.
1869 bestanden im Stadtkreis Elberfeld 12 „Landwehr-, Krieger- und Schützen-Vereine", darunter außer der „Schützengesellschaft am Brill" und dem „Elberfelder Schützen=Verein" ein „Krieger=Verein ‚Meerumschlungen'" (seit 1868) und ein „Elberfelder Landwehr=Krieger=Verein pro 1866" (Aufstellung in: Statistische Darstellung des Stadtkreises Elberfeld, unter besonderer Berücksichtigung der Verhältnisse der Jahre 1864, 1865, 1866 und 1867, Elberfeld 1869, S. 167).

Elberfelder Schützen=Verein.

Der Verein feiert zum ersten Male den

Geburtstag unseres allverehrten Königs Majestät

Wilhelm I.

Freitag den 22. März 1861.   im schön decorirten Saale
auf der   **Wilhelmshöhe**
                                 durch

Concert und Ball.

Die Musik-Vorträge werden von der **Pommnitz'schen** Capelle ausgeführt.
Von 4 Uhr ab Concert. Entrée à Person 2½ Sgr.
Von 8 Uhr ab Ball. Für Herren 15 Sgr.
☞ Damen zum Balle frei.

☛ Karten sind zu 10 Sgr. für Concert und Ball bis zum Vorabende des Festes bei den Mitgliedern des Vereins zu haben.
Hierzu ladet freundlich ein

Das Fest-Comitee.

Anzeige im Täglichen Anzeiger Nr. 65 vom 17.3.1861

Laut ruft des Hornes munt'rer Ton,
 Die schmucke Jägerschaar,
Es ruft zum schönen Siegeslohn,
Der bei den wackern Vätern schon,
 Der Stolz des Schützen war.

Trompetenschall und Hörnerklang,
 Und hoch den Fest-Pokal!
Und mit ihm schalle weit und breit,
Das Lied der ächten Fröhlichkeit,
 Im freien Schützensaal.
Fürwahr, es ist ein schönes Fest,
 Für diesen Männerkreis,
Ein Bürgerfest, so hehr als schlicht,
Geheiligt stets der Bürgerpflicht,
 Zu ihrem Ruhm und Preis.

Und weil von neuem unser Land,
 Erblüht in Glück und Ruhm,
D'rum knüpften wir mit froher Hand
Mit deutschem Sinn' das alte Band
 Für ächtes Bürgerthum.

D'rum nehmen wir so treu und wahr,
 Am frohen Feste Theil;
D'rum wählen wir für immerdar,
Zur Losung für die Schützenschaar:
 Des Bürgers Glück und Heil!

So paart sich Patriotenernst
 Mit lauter Fröhlichkeit.
D'rum ist dies Fest so hehr als schlicht,
D'rum ist es auch der Bürgerpflicht,
 Nicht blos der Lust geweiht!

Marschlied.

Mit frohem Muth und heiterm Sinn,
    Hurrah! Hurrah! Hurrah!
Zieh'n wir zum Schützenfelde hin,
    Hurrah! Hurrah! Hurrah!
Heut schüchtert nichts so leicht uns ein,
Wir lassen Sorge, Sorge sein,
Und jubeln, und jubeln, und jubeln mit Hurrah!

Dem Schwarz der Scheibe sei gedroht,
    Hurrah! Hurrah! Hurrah!
Im Abendroth, im Morgenroth,
    Hurrah! Hurrah! Hurrah!
Schnell wie der Wind, die Büchs' zur Hand,
Das Ziel ist uns nicht unbekannt,
Wir laden, wir laden, wir laden mit Hurrah!

Ein deutscher Schütz verzaget nicht,
    Hurrah! Hurrah! Hurrah!
Er schaut dem Feind in's Angesicht,
    Hurrah! Hurrah! Hurrah!
Wir machen's wie der alte Fritz,
Verlachen dummen Aberwitz,
Und zielen, und zielen, und zielen mit Hurrah!

Schon Mancher hat auf uns gezielt,
    Hurrah! Hurrah! Hurrah!
Sogar den Kritiker gespielt,
    Hurrah! Hurrah! Hurrah!
Laßt sie nur bellen, laßt sie ruhn,
Der Schütz hat nur mit sich zu thun,
Wir schießen, wir schießen, wir schießen mit Hurrah!

Und wenn die letzte Kugel fällt,
    Hurrah! Hurrah! Hurrah!
Wie strömt's dann auf dem Freudenfeld,
    Hurrah! Hurrah! Hurrah!
Den Sieger, der die Kron' errang,
Staunt Alles nun als König an,
Er siegte, er siegte, er siegte mit Hurrah!

Der Schütz' muß heut' sich gütlich thun,
    Hurrah! Hurrah! Hurrah!
Er soll in Liebchens Armen ruh'n,
    Hurrah! Hurrah! Hurrah!
Beim Tanze und beim Gläschen Wein,
Soll er mit Freunden heut' sich freu'n,
Und trinken und singen und küssen mit Hurrah!

Kommentar 25

Nachdem gegen Ende des 18. Jhdts. im Rahmen aufgeklärt-philantropischer Bildungsvorstellungen Johann Christoph Friedrich GutsMuths (1759-1839) als erster deutscher Lehrer „Leibesübungen als Lehr- und Erziehungsmittel wissenschaftlich bearbeitete" (Rotteck/Welcker, Staats-Lexikon, 14. Band, Leipzig ³1866, S. 200), erhielt das Turnen in der Zeit der Befreiungskriege durch Friedrich Ludwig Jahn (1778-1832) in Berlin eine politische Akzentsetzung, die im „Staats-Lexikon" folgendermaßen beschrieben wurde: „Die Hauptziele, welche Jahn durch die Turnanstalt anstrebte, waren: Leibesübung, Belebung der Gemeinschaft und Ausbildung nationaler Gesinnung" (ebenda). In einer Festdichtung des Elberfelder Schriftstellers Friedrich Storck aus dem Jahr 1897, „Gut Heil Germania!" (SAW P II 33a) findet dieser Akzent Ausdruck: „Germania und die Turnerei, - / Auf's engste verwachsen sind diese Zwei! / Von einem Geiste durchdrungen ganz / Tragen Beide den gleichen Ehrenkranz, / Geh'n einen Weg - sind nicht zu trennen!- / Der müßt' sich als Widersacher bekennen / Der sich einen Jünger Jahns genannt / Und dabei verleugnet sein Vaterland!" (S. 26). Nachdem das Turnen 1819 von der preußischen Regierung untersagt und erst am 6.6.1842 als Körpererziehung an den Schulen wieder offiziell zugelassen worden war, konstituierten sich aus den schon zuvor bestehenden Kreisen aktiver Turninteressierter am 1.10.1846 der „Barmer Turnverein" unter Vorsitz des Fabrikanten Heinrich Colsmann und am 20.4.1847 die „Elberfelder Turngemeinde" (ETG) mit Oberbürgermeister von Carnap als Vorsitzendem. Die Mitgliederzahl der ETG wuchs innerhalb kurzer Zeit von 35 auf über 200 an, worunter sich neben Kaufleuten wie August von der Heydt Handlungsgehilfen und auch Arbeiter befanden. Innerhalb des Vereins, der seine Mitglieder zu „geistig und leiblich rüstigen, sittlich tüchtigen Männern heranzubilden, den Brudersinn unter denselben zu befördern, und dadurch für die Entwicklung wahrer Menschlichkeit, und im Verein mit allen Turngemeinden des deutschen Turnerbundes für die Kräftigung, Einheit und Freiheit des deutschen Volkes thätig zu sein" (Satzungen der Turngemeinde zu Elberfeld HStAD Reg. Düsseldorf Präsidialbüro Nr. 859 36/33, S. 96c) beabsichtigte, besaßen alle Mitglieder gleiches Stimmrecht. Der Hauptversammlung oblag der Entscheid über alle zentralen Vereinsfragen; die Organisation regionaler und überregionaler Turnfeste - worüber in Quelle 25 berichtet wird - gehörte zu den Hauptanliegen.

Infolge der im Frühjahr 1848 einsetzenden offenen Politisierung auch innerhalb der

Quelle 25
Artikel über das Turnfest vom 29.8.1847,
in: Täglicher Anzeiger Nr. 208 vom 2.9.1847

Deutsches Turnwesen.

Die alte Eiche Germanien treibt heuer frisches Laub; ihre Krone strebt sonnenwärts, und des epheuumrankten Stammes Zweige winden sich zum schattigen Dome. Das deutsche Herz jubelt laut auf; unsre Pygmäen aber mit Zopf und Schlafmütze schütteln das hirnlose Haupt, und können's doch nicht ändern. — Wo sie sind, die grünen Blättlein? — Du findest sie auf etlichen deutschen Thronen und in Männern drumher; du siehest sie in Ständeversammlungen, in den volksthümlich umgewandelten Richter-Tribunalen, im Zollverein und im Drangeben des Sonder-Interesses; es zeigen sie dir hundert Tagesblätter mit freier Stirn und dem Wahlspruch: „Vorwärts!", und Liedertafeln und Turnvereine rufen dir freudig zu: Auch wir sind Kinder des deutschen Frühlings!

Wir gedenken, vom Turnwesen redend, vorab mit Dankgefühl unseres deutschen Königs, und preisen Vater Jahn schier als Propheten; denn er verhieß mit Seherblick und Freimuth die bessere Zeit, als noch schwere Wetterwolken über ehrwürdigen deutschen Häuptern schwebten oder sich schrecklich entluden. Sie sind wieder zu Recht und Ehren gekommen, die Herz und Leib kräftigenden olympischen Spiele deutscher Jünglinge. Der Turner Gruß heißt: „**Gut Heil!**"; ihre Losung ist: „**Fromm, frei, frisch, fröhlich!**" Das sind köstliche Worte; es liegt ein Segen drin für Gegenwart und Zukunft. Das Herz des gesinnungsvollen, thatkräftigen jungen Turners bleibt auch im Mann stecken, im Greise, und erbt sich fort von Vater auf Sohn. Deutschland muß Millionen solcher Erbschaften haben, soll es groß sein im Rath der Völker, soll die Asche der Urväter in seinem Schooß es nicht verklagen.

Mehrere unserer Fürsten haben das Turnwesen wiederum tolerirt; einige derselben leisten ihm sogar Vorschub und haben seine Einführung beim Militär verordnet, wohl wissend, daß ein seiner Glieder vollkommen mächtiger Krieger ein ganz anderer Mensch ist, als die nur „Rechts und Links" und „Parademarsch" exercirende Garnisonpuppe. — Kaum ist noch eine Stadt in unserer Provinz, wo nicht Schüler und Erwachsene turnten. Elberfeld sieht seine Gymnasiasten und Realschüler schon seit vier Jahren turnen; sein Turnverein für Erwachsene grünt und blüht; er zählt an 150 Mitglieder und eben so viel eingeschriebene Turnfreunde in Beamten, Lehrern, Aerzten und Kaufleuten. Der Verein hat seine von der Regierung genehmigten Statuten, er besitzt ein Turnhaus und vollständiges Geräth. —

Vorgestern beging dieser Verein sein erstes öffentliches Turnfest, und mit ihm feierten es Tausende wackerer Bürger und Frauen. Früh Morgens war Versammlung der Mitglieder im Turnhause; hierauf wurden die Barmer Brüder und die von Düsseldorf, Crefeld u. a. Orten feierlich eingeholt und herzlich begrüßt. Nach gemeinschaftlichem Frühstück auf dem Johannisberge fand eine Turnfahrt über Bendahl, die Hardt bis zur Wilhelmshöhe (dem Festlokale) Statt; dort vereinigte das Mittagsmahl die Turner mit ihren Freunden, und des deutschen Liedes Zauber, des freien Wortes Wärme und der Becher schön' Geläut stimmte zur höchsten Freude. Der Festsaal erschien in sinnigster Dekoration; Fahnen, Farben, Guirlanden, Embleme — Alles sprach zum Herzen. — Gegen 4 Uhr Nachmittags begann unter schmetternden Fanfaren das Schauturnen aller Riegen zu-

Turnerschaft spaltete sich der im April 1848 als Dachverband gegründete „Deutsche Turnerbund" in den zu politischer Aktion aufrufenden „Demokratischen Turnerbund" und den die Nichteinmischung postulierenden neu konstituierten „Deutschen Turnerbund", dem sich im August 1848 die Elberfelder anschlossen. Im selben Jahr bildete die ETG eine hundertköpfige Turnerwehr, die im Mai 1849 der Elberfelder Bürgerwehr angehörte. Nach der Niederschlagung des Maiaufstandes sanken die Mitgliederzahlen des Vereins von 420 bzw. 352 in den Jahren 1848/49 auf 183 Mitglieder im August 1851.

gleich, von denen jede ein besonderes Turnstück producirte. Trompetensignale geboten den Riegen das Wechseln der Standpunkte und Vorstellungen; das Publikum aber verfolgte mit der größten Aufmerksamkeit das ernste Spiel und lohnte die Meisterschaft mit Bravo und Händeklatschen. Abends wurde den auswärtigen Turnern das Geleit gegeben; dann ging's zurück zum trauten Freundeskreise und dort nach alter Väter Weise: es wurde in allen Ehren gezecht, geredet, gesungen, bis —

> Doch was kümmert's Mond und Sterne,
> Wenn man wohlgemuth und gerne
> Einmal länger sitzt, als sonst!

Wir haben ein ächt deutsches Volksfest gefeiert. Die Turnerei hat sich hier für immer eingebürgert. Mancher junge Mann, der mit Kaltsinn oder gar mit Vorurtheilen erschienen war, ging mit dem Entschlusse, Turner zu werden, von dannen.

Gut Heil! liebe Turner; auf fröhliches Wiedersehen beim nächsten Fest — gut Heil!

Am 31. August.   S — r.

Kommentar 26 und 27

Unter dem Eindruck des Pariser Februaraufstandes und der Märzereignisse in den deutschen Staaten 1848 nahm auch in Elberfeld die öffentliche Auseinandersetzung mit politischen Fragen einen starken Aufschwung, der sich unter anderem in der Gründung von Vereinen niederschlug. Neben dem Zusammenschluß von Handwerksmeistern und Gesellen im „Elberfelder Handwerkerverein" am 16.5.1848, der Organisierung von Textilarbeitern und Druckern in der „Verbrüderung" konstituierte sich Ende März 1848 der „Politische Klubb" in Elberfeld als Podium allgemeiner politischer Diskussion. Die Zusammensetzung dieses Vereins, der einen Monatsbeitrag von 2 1/2 Silbergroschen erhob, wies eine relativ breite Streuung in der Mitgliedschaft auf: Neben Kaufleuten, Beamten, Lehrern, Freiberuflern und Handwerkern waren auch Arbeiter vertreten, die gemäß den demokratischen Regeln des Klubs in den Sitzungen gleichberechtigt das Wort ergreifen konnten. Der Verein, der schon einen Monat nach seiner Gründung über 500 Mitglieder hatte, rief auch Frauen zur Teilnahme an den Sitzungen auf. Den liberaldemokratisch-konstitutionellen Charakter des „Politischen Klubbs" prägten hauptsächlich als aktivste Träger des Vereins der Fabrikant und Handelskammerpräsident Carl Hecker (Ratsmitglied), die in den 30er Jahren wegen Zugehörigkeit zur Burschenschaft verurteilten Dr. Felix Bracht (Arzt) und Staatsprokurator Alexis Heintzmann, der Jurist Dr. Ernst Hermann Höchster (Ratsmitglied) sowie die

Quelle 26/1
Programm des Elberfelder „Politischen Klub[b]s",
in: Elberfelder Zeitung Nr. 97 vom 6.4.1848

Es hat sich hier ein Verein gebildet, welcher sich den Namen „politischer Klub" gegeben und sein Programm in folgender Weise festgestellt hat:

1) Begründung der konstitutionellen Monarchie und Fortbildung der konstitutionellen Verfassung, beides im Sinne der dem Wesen dieser Verfassung nach möglichsten Volksberechtigung.

2) Erstrebung eines in sich und nach Außen einigen Deutschlandes.

3) Beide Zwecke sollen erreicht werden mit den gesetzlichen Mitteln und auf gesetzlichem Wege.

4) Jeder ist Mitglied, der sich durch seine Unterschrift mit den in vorstehendem Programme ausgesprochenen Grundsätzen einverstanden erklärt, und sich zu einem monatlichen Beitrage von 2½ Sgr. verpflichtet.

Das der Thätigkeit des Vereines gegebene Geschäftsreglement ist folgendes:

Die gewöhnlichen Versammlungen finden wöchent-

Assessoren Riotte, Pung und Bohnstedt, die sich einerseits gegen die monarchisch-konstitutionelle Honoratiorenschaft um den Bankier und späteren Handelsminister August von der Heydt - organisiert im „Konstitutionellen Verein" - abzugrenzen suchten und andererseits radikal-demokratische Strömungen sowie gewaltsame Aktionen scharf verurteilten. Standen zunächst vorrangig die theoretische Ausarbeitung und Diskussion der Fragen nach dem Verhältnis von Parlament zu König, Staat zu Kirche und Bildung sowie jene nach der Verfassung und deutschen Einheit im Vordergrund der Vereinstätigkeit, so nahm der „Politische Klubb" im Laufe der Entwicklung immer stärkeren aktiven Anteil am politischen Geschehen. Während im Juni 1848 der „Konstitutionelle Verein" vor dem Hintergrund des „Berliner Zeughaussturmes" das Staatsministerium zum Einsatz von Militär aufrief, bekannte sich der „Politische Klubb" im März des Jahres öffentlich zum revolutionären Sturz des Absolutismus; im April 1849 rief er als Reaktion auf die Auflösung der zweiten Kammer der preußischen Nationalversammlung (Volksvertretung) in von 3000 - 5000 Bürgern besuchten Volksversammlungen zum Festhalten an der Frankfurter Reichsverfassung auf; darüber hinaus forderte das Mitglied Körner die Befehlsverweigerung der Landwehr für den Fall ihres Einsatzes zur Durchsetzung der königlichen Position. In dem während des Maiaufstandes in Elberfeld am 9.5.1849 konstituierten „Sicherheitsausschuß", der bis zum Ende des Aufstandes die Funktionen des Elberfelder Gemeinderates übernahm, waren Dr. Höchster als „Commissar" sowie die Klubmitglieder Riotte, Römer, Bohnstedt, Körner, Hecker und Heintzmann vertreten; bis auf Carl Hecker, der sich 1851 den Behörden in Elberfeld stellte, flohen nach der Niederschlagung des Aufstandes alle ins Ausland. Der „Politische Klubb" löste sich am 10.2.1850 auf.

lich zweimal am Montage und Donnerstage Abends 7 Uhr statt.

Die Leitung der Geschäfte und Verwendung der Beiträge wird einem Ausschusse von drei Personen anvertraut; — einem Präsidenten, einem Sekretair und einem Kassirer, welche durch Stimmenmehrheit auf einen Monat erwählt werden.

In der durch äußere bedenkliche Ereignisse wie durch die unvermeidliche Unruhe im Innern unseres Vaterlandes bezeichneten Uebergangsperiode ist es Bedürfniß sich Klarheit über das Wesen der konstitutionellen Monarchie zu verschaffen, die durch dasselbe dargebotenen Fragen durch Vortrag und Besprechung sich eigen zu machen, und die Reife unseres Volkes zu dieser Staatsform zu bethätigen; die Bürger Elberfelds werden daher nicht säumen recht, zahlreich dem Vereine beizutreten.

Quelle 26/2
Ankündigung des Elberfelder „Politischen Klubbs",
in: Volksstimme. Organ des Elberfelder politischen Klubb's, Nr. 1 vom 30.4.1848

Ankündigung.

Gestützt auf das dem preußischen Volke gesetzlich verbürgte Recht der freien Vereinigung, hat sich vor einigen Wochen in Elberfeld unter dem Namen

politischer Klubb

ein Bürgerverein gebildet, und sein Programm bereits bekannt gemacht. Sein Inhalt besteht kurz
1) in der Erstrebung und Fortentwickelung einer konstitutionellen Monarchie, mit möglichst weiter, dem Wesen dieser Staatsform entsprechender Volksfreiheit;
2) in der Förderung der Einheit Deutschlands nach Innen und nach Außen.
Wiewohl seinem Wesen nach durchaus konstitutionell, und daher sowohl dem Absolutismus wie der Republik widerstrebend, hat der Klubb seine Bezeichnung als eines politischen, der eines konstitutionellen vorgezogen, weil er sich die Erörterung aller, das Staatswohl betreffenden Fragen zur Aufgabe gemacht hat.
Aber seinem Zwecke getreu, hat er bis jetzt gestrebt die Grundlagen einer freien konstitutionellen Verfassung sich selbst klar zu machen, und zu deren Begründung mitzuwirken gesucht; er hat das volksthümliche Staats=Ministerium nach Kräften zu unterstützen sich bemüht; er hat seine Stimme gegen solche Maßregeln desselben erhoben, die seiner Ueberzeugung nach dem Wesen einer konstitutionellen Monarchie und den Wünschen des Volkes nicht entsprechen. Er hat hierbei stets eine schickliche, unnöthige Aufregung vermeidende, Form für seine Beschlüsse zu finden gesucht, hat sich, um ihnen Anerkennung zu verschaffen, nur der gesetzlichen Mittel bedient und ist übrigens um deren Erfolg unbekümmert gewesen. Das Gute und Rechte wird sich, mag es auch lange verkannt und angefeindet werden, doch zuletzt Anerkennung verschaffen.
Für die Gestaltung Deutschlands hat der Klubb den Grundsatz aufgestellt und treu festzuhalten gesucht, daß dieselbe nur durch eigene geistige Kraft, ohne Einwirkung physischer Gewalt, ohne Hülfe eines ausländischen Elements zu erzielen sei. Zu diesem Ende hat er seine Entrüstung über das landesverrätherische Treiben Einzelner,

seine Anerkennung für kräftiges Entgegentreten gegen Verrath an der Freiheit und der Einheit im deutschen Vaterlande ausgesprochen.

In diesem Geiste wird der politische Klubb seine Thätigkeit verfolgen; er betrachtet jeden Gleichgesinnten als sein Mitglied, und öffnet ihm brüderlich seine Räume; er bleibt aber auch unerschüttert durch die Mißgunst und das Geschrei derer, die in dem Hergebrachten verknöchert, sich in das Neue nicht finden können, die in dem Bewußtsein ihrer seitherigen Alleinherrschaft in öffentlichen Angelegenheiten und in der Annahme eigener Unfehlbarkeit Anderen den rücksichtlosen Ausdruck ihrer Ansichten mißgönnen und verkümmern möchten.

Der Confusions-Clubb: Verein für allgemeine Verwickelungen.

Unser ganzes politisches Leben trägt die Spuren seiner Wirksamkeit. Jeder Deutsche, der nicht weiß, was er will, hat freien Zutritt; man kann sich daher denken, wie voll die Versammlungen immer sind. Schon auf der Straße sah ich mehrere Leute hin und herlaufen, die bald auf dieses Haus, bald auf jenen Baum loszingen. Sie sahen in die Luft, scharrten den Boden auf, stießen aneinander, lachten, und ich erfuhr, das seien Mitglieder des Confusionsclubbs, die allmälig in ihre Lokalität gerathen möchten. Endlich tritt ein junger Mann mit offenem Hemdkragen und einer politischen Falte im Gesicht, zum Thor hinein. Die andern folgen nach einigen Umwegen. Die Düfte, die uns entgegen wehten, waren schon ganz verwirrt; man wußte nicht, kamen sie von der Küche, vom Keller oder sonst wo her. Die Krüge wurden in der Zerstreuung nur halb gefüllt, die Lichter wußten nicht, ob sie brennen oder verlöschen sollten, und der Kellner war so confus, daß er mir auf meinen Zwanziger gar nicht herausgab. Der Saal wurde immer voller, und die Verwirrung immer größer. Auf der Tagesordnung standen mehrere Anträge, wodurch die Bestimmungen für die Parlamentswahlen durcheinander gebracht werden sollten.

Auszug aus einem Artikel im Täglichen Anzeiger Nr. 157 vom 18.8.1848

Quelle 27
Artikel „Arbeiter und Arbeitgeber",
in: Volksstimme. Organ des Elberfelder politischen Klubb's, Nr. 12 vom 7.6.1848

Als die französischen Republikaner das Königthum stürzen wollten, da bemüheten sie sich vorzüglich, die Fabrikarbeiter in ihr Interesse zu ziehen, sie stellten das Königthum als Hinderniß der „Organisation der Arbeit" dar und versprachen den armen Menschen: Ausgleichung zwischen Kapital und Arbeit und hundert andere schöne Dinge. Nun ist das Königthum gestürzt, das vermeintliche Hinderniß hinweggeräumt, aber die Arbeiterfrage ist nicht gelös't und kann auf dem Wege, den der Führer der französischen Arbeiter Louis Blanc[1], und die Pariser eingeschlagen haben, auch gar nicht gelös't werden.

Der Markt regelt die Waare, der Satz steht fest und ist nicht umzustoßen: sind viele Arbeiter da, so ist die Arbeit wohlfeil und der Arbeiter ist schlimm daran, sind wenig Arbeiter da, so ist sie theuer, und der Arbeitgeber ist schlimm daran. Kann der Arbeitgeber mit Maschinen arbeiten, so muß er, auch wenn er nicht wollte, die Maschinenarbeit der Menschenarbeit vorziehen, denn die erste ist wohlfeiler und setzt ihn allein in Stand, mit andern Fabrikanten zu concurriren, arbeitet er mit Menschenhänden, also theurer, so wird er vom Markt verdrängt, muß sein Geschäft einstellen, und dann ist der Arbeiter wieder schlimm daran. Man hat von einem Antheil am Gewinn gesprochen, der dem Arbeiter werden solle, das ist jetzt im Allgemeinen ein Unding - denn die Arbeiter werden nicht z.B. Jahre lang ohne Lohn arbeiten, wenn das Geschäft einmal keinen Gewinn abwirft, sie werden den Arbeitgeber nicht entschädigen, wenn er bankerutt wird u.s.w. Die vollklingenden Schlagworte unserer Tage: Organisation der Arbeit, Ausgleichung zwischen Kapital und Arbeit und wie sie alle heißen mögen, sind nichts als Irrlichter, die Niemandem mehr schaden als dem Arbeiter selbst - doch wird sich auch der Arbeiter mit seinem gesunden Menschenverstand bald klar über den falschen verlockenden Schimmer.

Um das harte Loos der Arbeiter zu verbessern, muß man einen ganz andern Weg einschlagen; erstlich muß man alle Verbrauchssteuern, sie mögen einen Namen haben, welchen sie wollen, abschaffen.

Man gehe aber dem ganzen Uebel zu Leibe! Das längst verlangte Ministerium der Arbeit beschäftige sich damit, ein möglichst großes Kapital dem Kleinhandel, dem Kleingewerbe zuzuwenden. Man errichte allenthalben Arbeiterbanken, die dem Arbeiter Kredit geben, und ihn so in den Stand setzen zu arbeiten.

Also Arbeiterbanken, Anstalten, die dem Industriellen Kapital leihen, ohne welches er von seiner Industrie gar keinen oder doch nur einen geringen Nutzen ziehen kann. Nächstdem führe man ein vernünftiges Steuersystem ein, besteuere vorzüglich direkt und zwar das Einkommen, nicht die Industrie.

Das sind Vorschläge, die zwar den Arbeiter nicht zum reichen Mann machen, aber wenigstens ein Resultat geben werden, ein Ergebniß, das der Arbeiter versteht, dessen Folgen er einsieht und das er aus Interesse, dem mächtigsten Beweggrund menschlicher Handlungen, zu fördern bemüht sein wird.

---

[1] Jean-Joseph-Charles-Louis Blanc (1811-1882), fr. Journalist und Politiker, forderte in seinem Hauptwerk „L'Organisation du travail" (1840) i.S. des reformistischen Sozialismus als Voraussetzung für eine soziale Reform die Einführung des allgemeinen Wahlrechts. Der Staat sollte zur Regulierung des Wirtschaftslebens soziale Werkstätten (Arbeiterproduktionsgenossenschaften) schaffen und finanzieren, in denen die Arbeiter frei über die Produktionsmittel verfügen konnten.

Kommentar 28 und 29

Vor dem Hintergrund der Plünderungen und Fabrikzerstörungen im März und April 1848 in Elberfeld fand sich am 29.4.1848 der „Konstitutionelle Verein" zusammen, dessen Gründungsprogramm in Quelle 28 wiedergegeben wird. Gegenüber der breiten sozialen Streuung der Mitgliedschaft des „Politischen Klubbs" bestimmten Fabrikanten und Kaufleute mit einem Anteil von mehr als der Hälfte aller Mitglieder den politischen Standort des „Konstitutionellen Vereins". Insbesondere die Brüder Daniel, Carl Friedrich und der - formell - erst am 22.11.1848 dem Verein beigetretene August von der Heydt, der am 4.12.1848 zum preußischen Handelsminister ernannt wurde, prägten die monarchisch-konstitutionelle Ausrichtung des Vereins, dessen Vorsitz neben dem Juristen Dr. von Hurter die Lehrer Dr. Beltz und Dr. Liebau wahrnahmen. Nachdem in der Sitzung vom 21. Juli 1848 Carl Friedrich von der Heydt ein nur suspensives Vetorecht des Königs als untragbar abgelehnt hatte und am 16.8.1848 König Wilhelm IV. im Hause Daniel von der Heydts zu Gast gewesen war, verabschiedete eine auf Einladung des „Konstitutionellen Vereins" am 10.9.1848 veranstaltete und von 400-500 Teilnehmern besuchte Bürgerversammlung eine von August von der Heydt vorgelegte Adresse an das preußische Staatsministerium, in der es hieß: „Die Versammlung zur Vereinbarung der preußischen Verfassung hat [...] zur Erfüllung ihrer Pflicht, welche in Nichts Anderm als in der Ausführung des ihr vom Volke gegebenen Mandats besteht, nur sehr wenig gethan. [...][S]tatt [...] durch erneuerten Aufschwung von Handel und Gewerbe den gesunkenen Wohlstand des Landes wieder zu heben, hat sie es geschehen lassen, daß aus ihrem eigenen Schooße neue Erschütterungen des Vertrauens ausgingen, und die allgemeine Verarmung beförderten. [...] Desto zuversichtlicher erwarten die Unterzeichneten, daß ein Hohes Staats=Ministerium Alles thun werde um die drohende Gewalt einer absoluten Parlaments=Herrschaft zu beseitigen, und die Freiheit des Volkes gegen jeden Despotismus zu schützen. Demnach tragen wir darauf an, daß die zur Vereinbarung der Verfassung mit der Krone berufene Versammlung sofort aufgelöst, neue Wahlen angeordnet, und die neue Versammlung in kürzester Frist berufen werde" (2. Beilage zur Elberfelder Zeitung Nr. 249 vom 12.9.1848). Der Verein, der im Februar 1849 die vom König am 5.12.1848 oktroyierte Verfassung bindend in seine modifizierten Statuten aufnahm, verzeichnete zwischen November 1848 und Februar 1849 einen Mitgliederanstieg und zog mit dem „Politischen Klubb" gleich, dessen Mitgliedschaft

Quelle 28
Satzungen des „Constitutionellen Vereins",
in: Beilage zur Elberfelder Zeitung Nr. 121 vom 1.5.1848

□*□ Elberfeld, den 30. April. Eine zahlreiche Versammlung unserer Mitbürger ist gestern Abend zur Begründung eines constitutionellen Vereins in dem Saale des Hrn. Königsberg auf dem Döppersberge zusammengetreten. Dieselbe beschäftigte sich zuvörderst mit der Aufstellung derjenigen Gesichtspunkte, welche die Thätigkeit des Vereins zu leiten bestimmt sind und hat sich hierüber in folgender Weise ausgesprochen:

In der Ueberzeugung daß es wünschenswerth sei, die Kreise in welchen die Entwickelung des politischen Bewußtseins angestrebt wird, zu vervielfältigen, tritt der con-constitutionelle Verein zusammen, um durch Besprechung und Untersuchung derjenigen Fragen, welche das bürgerliche und staatliche Leben darbietet, eine begründete Ueberzeugung über die **praktische** Lösung derselben zu gewinnen und zu verbreiten und dadurch auf eine bewußte Theilnahme der Staatsbürger an öffentlichen Angelegenheiten hinzuwirken. Derselbe bekennt sich zu den Grundsätzen der **constitutionellen Monarchie**, der ausgedehntesten und berechtigtsten Berufung aller Staatsbürger, zu den öffentlichen Angelegenheiten und der Gestaltung Deutschlands, zu einer Staatseinheit unter einer die gemeinsamen Angelegenheiten leitenden Gesammtregierung.

Die Versammlung ging sodann dazu über, diejenigen Maßregeln und Ansichten zu besprechen, in deren Ausführung sie den Ausdruck dieser Grundsätze findet, damit über die Art wie sie dieselben auffaßt kein Zweifel stattfinden möge und sich zugleich vorläufig für ihre Arbeiten Gegenstand und Maaß feststelle.

Unter Festhaltung der bereits in jüngster Zeit gesetzlich festgestellten Rechte erblickte die Versammlung vorläufig in folgenden Sätzen die Richtpunkte für die Umgestaltung unseres öffentlichen Lebens:

1) eine im Einverständnisse der Fürsten begründete Reichsverfassung Deutschlands, welche der Reichsregierung diejenigen Angelegenheiten, welche ganz Deutschland betreffen, überweist und die Reichsgesetzgebung dem Zusammenwirken des Reichshaupts der Fürsten und der Abgeordneten anvertraut;

2) die Staatseinheit Deutschlands für allgemeine Angelegenheiten erscheint nur dadurch für die Dauer gesichert, daß der **König von Preußen** an die Spitze Deutschlands als dessen Reichsoberhaupt gestellt wird;

3) die Einzelstaaten fahren fort ihre besonderen Interessen innerhalb der durch die Reichseinheit gebotenen Beschränkungen zu wahren;

4) in Preußen werden die Gesetze, welche das besondere Interesse erfordern, durch die **Vereinbarung des Königs und der Abgeordneten** festgestellt;

5) der König ist im alleinigen Besitze der vollziehenden Gewalt, seine Minister sind dafür verantwortlich, daß die Ausübung derselben innerhalb der Schranken des Gesetzes erfolge;

im selben Zeitraum von 600 auf 300 sank. Unterstützt sowohl von zentralen Wahlkampfkomitees wie dem „Konstitutionellen Zentral-Verein für Rheinland und Westfalen" in Köln, als auch von der lokalen Presse, fand der „Konstitutionelle Verein" im Wahlkampf zum preußischen Abgeordnetenhaus am 22.1.1849 insbesondere in ländlichen Wahlkreisen Resonanz und trug zum Wahlsieg der monarchisch-konstitutionellen Fraktion bei. Seit April 1849 nur noch 31 Mitglieder zählend, löste sich der „Konstitutionelle Verein" im Mai 1849 auf.

Ankündigung im Täglichen Anzeiger Nr. 67 vom 20.3.1861

6) die Gemeinen verwalten sich selbst und so unabhängig als es die Rücksicht auf die Einheit des Staates gestattet; es werden ihnen nicht blos die Angelegenheiten, welche sie allein betreffen, sondern auch die, welche in ihnen zunächst zur Ausführung gelangen, überwiesen;

7) auch in den höhern Verwaltungskreisen (Kreisen, Regierungsdepartements, Provinzen) gelangt der Grundsatz der Selbstregierung des Volkes zur Anwendung, ohne jedoch die Thätigkeit von Delegirten der Staatsregierung, welche durch deren nähere Beziehung zum Ganzen des Staates nöthig gemacht wird, auszuschließen;

8) die innere und äußere Freiheit und Sicherheit Deutschlands werden durch eine geordnete Volksbewaffnung gewährleistet; die in dem ihr angehörigen stehenden Heere ihre Bildungsanstalt findet und sich an dasselbe anschließt. Eine Kriegsflotte vollendet das deutsche Wehrwesen;

9) die allgemeine Wohlfahrt Deutschlands werde gesichert durch eine die Nationalthätigkeit vertheidigende Zollgesetzgebung, durch eine Reorganisation der Gewerbe, welche, hervorgegangen aus einer die gegenseitigen Verhältnisse der Arbeiter und Arbeitgeber würdigenden Benutzung des Associationsrechtes, dem Stande der Arbeiter eine ehrenhafte Stellung in Gemeine und Staat gewährt, und durch Leitung der Auswanderung zur Begründung deutscher Colonien;

10) für ganz Deutschland ein Strafrecht ein gerichtliches Verfahren; das Handelsrecht ist den Beschlüssen der Reichsgewalt anheimgegeben.

Die Versammlung behielt sich vor, im Laufe ihrer Arbeiten diese Sätze zu vervollständigen.

Bei den Verhandlungen über die Geschäftsordnung machte sich die Ansicht geltend, daß die Besprechungen vom Platze aus zu führen seien, theils um dem Ueberschweifen der Erörterung des vorliegenden reichhaltigen Stoffes in bloße rhetorische Uebungen auszuweichen, theils auch um diejenigen Kräfte für die Arbeiten zu gewinnen, welche bei einem Reichthum von Erfahrung und bei der vollendetsten Durchschauung des Gegenstandes doch sich nicht die Fertigkeit und Sicherheit der Rede zutrauen, um mit Zuversicht auf eine Tribüne zu steigen, welche aber kein Bedenken tragen werden sich in der Rede vom Platze aus, welche dem Character der geselligen Unterhaltung sich mehr anschließt, zu versuchen.

Der Verein beschloß seine Arbeiten am 3. k. M. Abends 7 Uhr fortzusetzen.

Quelle 29
Bericht über eine Diskussion im „Constitutionellen Verein",
in: Elberfelder Kreisblatt Nr. 22 vom 20.2.1849

* Die Verhandlungen der sogenannten Arbeiter-Frage im hiesigen constitutionellen Verein.

In dem hiesigen constitutionellen Vereine ist die Stellung der Fabrikarbeiter seit einiger Zeit Gegenstand der Besprechung; die erste Anregung dazu gab Herr Martini, indessen lange vorher hatten bereits Leute, die weder ein Herz noch einen Beutel für leidende Nebenmenschen besaßen, unter die Arbeiter die Lehre verbreitet, sie müßten in materieller Beziehung besser gestellt werden und sie hätten **das Recht** dies von ihren vermögenderen Mitbürgern zu **fordern**. Herr Martini hatte durch seinen ersten Vortrag die Neugierde der Zuhörer aufs höchste dadurch gespannt, daß er versprach zu beweisen: daß es **möglich** sei höhere, angemessenere Löhne zu zahlen; indessen im zweiten, im dritten und im vierten Vortrage blieb Herr Martini den Beweis schuldig, und die Zuhörer fanden sich in ihren Erwartungen gewaltig getäuscht, wie das auch nicht anders sein konnte; denn es möchte eben so leicht sein die Landenge von Panama zu durchstechen, als jenen Beweis zu erbringen. Die Verwunderung des Hrn. Martini, daß bis dahin noch Niemand auf seine Vorträge eingegangen ist, oder mit andern Worten, daß bis dahin noch Niemand hat zugeben wollen, daß Herr Martini der Finder des Steins der Weisen, war daher gar nicht an seinem Platze. Die von Herrn Martini gemachten Vorschläge zur Organisirung und Gliederung der Arbeitsräthe, sind ganz zweckmäßig aber nichts weniger als ein Radikal-Mittel zur Hebung der Armuth und Noth unter den Arbeitern und zur Herstellung eines antediluvianischen Zustandes. Wir werden weiter unten noch auf die Arbeiterräthe und ihre Wirksamkeit im Martini'schen Sinn zurückkommen und schicken uns nun an die Arbeiter-Frage von unserm Standpunkte aus zu beleuchten. Wir bitten jedoch unsere Leser sich durchaus von jeglichem Vorurtheil frei zu halten, und gewiß zu sein, daß wir nicht für ein besonderes sondern für das allgemeine Interesse aus erfahrungsmäßiger Ueberzeugung schreiben. Wir haben uns dabei die Beantwortung von etwa fünf Fragen vorgesetzt, zuvor aber müssen wir noch auf zwei Cardinal-Punkte aufmerksam machen, woran man leider den Einen nicht zu erkennen, und den andern falsch zu beurtheilen scheint; und hierin liegt eben der Grund, weshalb alle Berathungen über die Stellung der Arbeiter nun und nimmer zu einem ersprießlichen Resultate, wohl aber zu unsäglichem Unheile führen werden.

Alle Vorträge nemlich, die wir im constitutionellen Verein über diese Angelegenheit gehört, verbreiten sich lediglich über die **Noth des Arbeiters**; die leugnet Niemand und es möchte kaum Jemand geben der nicht wünschen sollte, daß alle Menschen, nicht die Weber allein — ohne Sorgen, ohne Kummer leben könnten, obgleich das nun selbstredend ein Ding der Unmöglichkeit ist; allein es gibt auch **eine Noth des Fabrikanten und Arbeitgebers!**

Die muß erkannt und zugestanden werden, und wo das nicht geschieht, da geht's mit allen Vorschlägen zur Verbesserung der Lage der Arbeiter, wie mit den Mitteln des Arztes, der die Krankheit des Patienten noch nicht kennt; statt ihn zu kuriren, bringt er ihn mit seinen Medikamenten vielleicht an den Rand des Grabes!

Wollen die Leser wissen worin die Noth des Arbeitgebers besteht, so können wir ihnen des Raumes wegen hier nur Andeutungen darüber geben; sie besteht:

1) in der äußerst mühsamen und oft kostspieligen Auffindung von Absatzwegen;
2) in den zumeist verlustbringenden Conjuncturen der Preise der Rohstoffe;
3) in den Schwierigkeiten die ihnen träge und nachlässige Arbeiter verursachen;
4) in dem Schaden den sie an und durch die von den Webern verdorbenen Waaren leiden, ein Schaden, der durch die jeweilige

Kürzung des Lohnes keinesweges compensirt wird;

5) in dem Druck der Preise, theils herbeigeführt seitens der Käufer, welche den einen Verkäufer perfiderweise gegen den andern hetzen, so daß sie in der beängstigenden Alternative, entweder keine Aufträge zu erhalten, oder zu erniedrigten Preisen zu verkaufen, in der Regel zu letzteren übergeben, um ihre Arbeiter nicht entlassen zu müssen; theils aus demselben Grunde herbeigeführt durch die Concurrenz unter den Fabrikanten selbst, da ein jeder gerne Aufträge haben will und auch natürlicherweise haben muß;

6) in den unzähligen Plackereien und Abzügen der Käufer;

7) in den immer häufiger werdenden Verluste durch Falliten und den Wechsel der Mode und endlich

8) in der empörenden und ruinirenden Concurrenz des Auslandes.

Ein Fabrikant würde diesen Punkten noch manche hinzuzusetzen wissen; sie erheischen zu ihrem Verständniß aber eine genaue Kenntniß der Verhältnisse des Fabrikanten, und wer sich diese verschafft haben wird, wird es ebenso ungereimt als gefährlich finden, immer Ansprüche und nichts als Ansprüche an denselben zu machen, gleich als wäre seine Kasse eine Goldader Californiens; man halte sich doch nicht immer an dem äußern Schimmer und Glanze der so einen Fabrikanten umgibt, wer darauf ohne Weiteres seine Schlüsse baut, raisonnirt ohne allen Verstand und Rücksicht!

Ein anderer Cardinal=Punkt, oder genauer: eine grundfalsche Voraussetzung ist die: „daß es blos am Willen des Arbeitgebers liege, einen bessern Lohn zu zahlen;" dieser Satz in seiner Allgemeinheit ist eine Lüge, und es ist sehr anzurathen, daß diejenigen die sich kein Gewissen daraus machen, daß sie sich erst ganz genau mit der schwierigen Lage der Arbeitgeber bekannt zu machen suchen, damit sie ohne vorgefaßte Meinung und mit Gerechtigkeit eine so wichtige Sache, wie die sogenannte Arbeiter=Frage ist, zu beurtheilen im Stande sind!

Um den Raum dieses Blattes nicht zu sehr in Anspruch zu nehmen, schließen wir für heute und behalten uns — um mit Herrn Martini zu reden — vor, des Pudels Kern in einem der nächsten Blätter zu bringen, so bald uns dazu die nöthige, uns sparsam zugemessene Zeit vergönnt sein wird.

„Die verehrlichen Leser wollen gefälligst nicht denken, daß wir nicht noch mehr als das Obige wüßten, vielmehr können dieselben kühn annehmen, daß wir auch das wissen, wovon wir weder geschrieben haben noch schreiben werden."

Elberfeld, den 15. Februar 1849.

---

[1] Der Panamakanal wurde am 15.8.1914 eröffnet.
[2] Diluvium = ältere Bezeichnung für das Pleistozän, Abteilung des Quartärs (vor ca. 1,5 Mio. Jahren)

Kommentar 30
Die streng konservativen Kreise sammelten sich in Barmen, wo es in der Revolutionszeit neben einem „Politischen Klub" mit liberal-demokratischer Orientierung einen „Patriotischen" und einen „Konstitutionellen" bzw. „Politischen Verein" (auf Initiative Friedrich von Eynerns aus dem „Verein für Kunst und Gewerbe" entstanden) mit liberal-konservativer Ausrichtung gab, im „Treubund", dem auch die Pädagogen Wetzel und Dörpfeld unter dem Motto „Mit Gott für König und Vaterland" angehörten.

Quelle 30
Artikel im „Jünglings-Boten" Nr. 13 (Juli 1848), S. 52/53

Ueber Betheiligung an politischen Vereinen.

Allerdings kann der Christ nicht das politische Gebiet als sein Lebensgebiet betrachten, und wird sich immerdar auf jenem mit seinem Herzen nicht zu Hause fühlen. Auch das wissen wir, daß das Christenthum nicht an irgend welche politische Form gebunden ist, und unter jeder, sie mag heißen wie sie wolle, bestehen kann und bestehen wird. In sofern könnte es uns also unserem Christlichen Standpunkte gemäß ganz egal sein, unter welcher Staatsverfassung wir leben. Das ist denn auch einer der Gründe, warum manche christlich gesinnte Leute sich von den politischen Dingen ganz ferne halten. Aber diese mögen doch auch bedenken, daß die Christenpflicht die Bürgerpflicht in sich schließt, und daß diese Bürgerspflicht fordert, da nicht zu-

In Elberfeld bestanden seit 1848 der „Verein für wahres Bürgerwohl" und die „Evangelische Gesellschaft für Deutschland" des Pastors Ludwig Feldner. Gemeinsam war den explizit christlich geprägten Vereinen, daß sie die Revolution von 1848 als gottlose „Empörung" verwarfen; die Forderungen nach nationaler Einheit und politischer Freiheit lehnten sie als „wühlerische[s] Treiben der Demokraten" (Jünglings-Bote vom Januar 1849) ab.

Quelle 30 entstammt dem „Jünglings-Boten", dem Organ des 1848 gegründeten „Rheinisch-Westphälischen Jünglings=Bundes". Über die Vereinstätigkeit hieß es 1852 in der Zeitschrift: „Um nun diesen socialistischen, das Mark unseres Volkes, den Handwerkerstand, leiblich und geistig ganz zu zerstören drohenden Bestrebungen dieser wahren Teufelsvereine einen festen Damm entgegenzusetzen, fand sich offenbar kein besseres Mittel, als die Gründung christlicher Jünglingsvereine; denn wie jene socialistischen Vereine durch alle mögliche Ränke und Kniffe die Jünglinge in ihre Netze und in's Verderben zu ziehen suchten, so sollte es die Aufgabe der christlichen Jünglingsvereine sein, dem Reiche der Finsterniß mit aller Macht entgegenzuwirken und alle durch das Wort Gottes gebotene und erlaubte Mittel anzuwenden, um die Tausende bethörter und von der Welt und ihrem Fürsten gefesselter Jünglinge den Klauen dieses Seelenräubers zu entreißen und sie unserm Herrn und Heiland zu gewinnen suchen" (zit. nach Jürgen Müller-Späth, Die Anfänge des CVJM in Rheinland und Westfalen. Ein Beitrag zur Sozial- und Kirchengeschichte im 19. Jhdt., Köln 1988, S. 292).

rückzubleiben, wo es gilt für Staats= und Bürgerwohl thätig zu sein. Es ist am Ende doch genau besehen eine strafbare Pflichtverletzung, Lethargie oder Feigheit, wodurch viele sich bestimmen lassen, nicht frisch und freudig sich anzuschließen, wenn es in Beziehung auf die Wohlgestaltung der politischen Verhältnisse etwas zu thun giebt. In unseren Tagen bildet man an vielen Orten patriotische Vereine, die dem wühlerischen Treiben der republikanischen und demokratischen Clubbs die Spitze zu bieten und das Gegengewicht zu halten beabsichtigen. Da ist es aller Gutgesinnten, welche Ruhe und Ordnung wollen, Gesetz und Gerechtigkeit verlangen, König und Vaterland lieben, unabweisbare Pflicht, sich daran zu betheiligen. Wollt ihr denn ruhig zusehen ohne euch zu rühren, während auf Seiten der Umsturzleute alles aufgeboten, alles aufgeopfert wird, um ihre Zwecke zu erreichen? So schlaft denn nur; vielleicht kommt's ehe der Morgen graut schrecklich über euch; ihr werdet dann euch hinter den Ohren kratzen, daß ihr nicht besser auf der Wacht gewesen seid, und nicht bei Zeiten Vorkehrungen getroffen, ehe die Mörder und Räuber euch überfallen haben. Sofern in irgend welchen Vereinen etwas festgestellt werden sollte, das eurem christlichen Bewußtsein widerstrebt, so tretet dagegen auf, und duldet's nicht. Aber so lange das nicht der Fall ist, ziehet euch nicht zurück, bringet vielmehr das conservative, von der Fäulniß schützende Salz hinein, denn ihr Christen seyd ja das Salz, und mit diesem Salze soll alles, also auch diese politischen Vereine, gesalzen werden. Wenn ihr meinet, daß ihr in eurer Minderzahl doch dazu nicht im Stande sein würdet, so setzt diese Meinung schon einen Mangel an Glauben und an Vertrauen auf die Kraft des Salzes voraus, worüber ihr euch zu schämen Ursache habt. Also, wo es gilt etwas mit zu thun, und durch Anschluß an gutgesinnte Vereine etwas mit dazu beizutragen, daß dem gottlosen Treiben der Wühler ein Damm gesetzt werde, da bleibt nicht zurück; ihr dürft's nicht, wenn ihr euch recht besinnet. Aber alles, was ihr thut mit Worten oder mit Werken, das thut in dem Namen des Herrn Jesu Christi.

Titel des Jünglingsboten (1849)

Kommentar 31

Quelle 31, datiert aus dem Jahr 1865, stammt damit noch aus der Zeit der „Neuen Ära" in Preußen, die 1858 mit einem liberalen innenpolitischen Kurswechsel begann. Der „Preußische Volksverein" als der erste Verein, der auf der von Oberbürgermeister Lischke in Düsseldorf eingereichten Liste verzeichnet ist, bezeichnet eine konservative Gegengründung zur im selben Jahr enstandenen liberalen „Deutschen Fortschrittspartei". Auf Initiative des konservativen Sozialpolitikers Hermann Wagener (1815-1889) fand sich der Verein zusammen, in dessen Gründungsprogramm vom 20.9.1861 es u.a. hieß: „Kein Bruch mit der Vergangenheit im Innern unseres Staates; keine Beseitigung des

Quelle 31

„Uebersicht der in dem Stadtkreise Elberfeld vorhandenen Mitgliederzahl der großen politischen Landes[-] und auswärtigen Vereine"
HStAD Regierung Düsseldorf Präsidialbüro Nr. 866 Bl. 51f 1.11.1865
handschriftlich

[Rubriken:
1. Name des Vereins
2. Zweck und politische Richtung
3. Name der Vorsteher und leitenden Persönlichkeiten
4. Zahl der Mitglieder
   a. in Elberfeld
   b. der auswärtigen unter Angabe der Orte/Zahl/Ort
5. Zeit der Entstehung des Vereins
6. Angabe ob die formellen Vorschriften des Vereinsgesetzes, wegen Einreichung der Statuten und des Mitgliederverzeichnisses u.s.w. beobachtet sind.

christlichen Fundaments und der geschichtlich bewährten Elemente unserer Verfassung; […] kein parlamentarisches Regiment und keine konstitutionelle Minister-Verantwortlichkeit; persönliches Königtum von Gottes- und nicht von Verfassungs-Gnaden; kirchliche Ehe, christliche Schule, christliche Obrigkeit; kein Vorschubleisten der immer weiter um sich greifenden Entsittlichung und Nichtachtung göttlicher und menschlicher Ordnung" (zit. nach Hans Fenske (Hrsg.), Der Weg zur Reichsgründung (= Quellen zum politischen Denken der Deutschen im 19. und 20. Jhdt., Band V), Darmstadt 1977, S. 227/228).

Der „Deutsche Nationalverein", ein Sammelbecken liberaler Kräfte, wurde 1859 in Frankfurt/Main gegründet und zielte auf eine bundesstaatliche Einigung Deutschlands unter preußischer Führung. Maßgeblichen Einfluß im „Nationalverein" hatten Hermann Schulze-Delitzsch (1808-1883), Rudolf von Bennigsen (1824-1902) und Hans Viktor von Unruh (1806-1884), die später an der Gründung der „Deutschen Fortschrittspartei" (1861, von Unruh, Schulze-Delitzsch) und der „Nationalliberalen Partei" (1867, von Bennigsen) beteiligt waren. Im Wuppertal fanden Ziel und Zweck des „Nationalvereins" vorübergehend ein publizistisches Organ in der „Bergischen Zeitung" (1861). Die Spaltung der Liberalen auch im Wahlkreis Barmen-Elberfeld wurde u.a. bei den Wahlen zum Norddeutschen Reichstag 1867 deutlich, bei denen die Arbeiterpartei und der liberale Fortschritt je einen eigenen Kandidaten benannten, während sich Altliberale und Konservative gemeinsam auf einen Vertreter einigten.

Der an letzter Stelle genannte „Allgemeine Deutsche Arbeiterverein" (ADAV) war 1863 in Leipzig gegründet worden; erster Präsident war Ferdinand Lassalle (1825-1864), ihm folgte Johann Baptist von Schweitzer (1833-1875), der 1872 aus dem ADAV ausgeschlossen wurde. Der ADAV war nach der seit 1850 aufgelösten „Arbeiterbrüderung" der erste überregional organisierte Arbeiterverein Deutschlands; der Bevollmächtigte für Elberfeld war der in der Quelle genannte Brauer und Schankwirt Hugo Hillmann (1823-1898). „Ehren-Hillmann" (Marx an Engels, 24.4.1869; MEW Bd. 32 S. 308) trat 1868 dem „Verband Deutscher Arbeitervereine" bei und war 1869 Delegierter des Eisenacher Kongresses.

7. Ob der Verein oder dessen Vorsteher, Ordner, Leiter &c. zu einem Einschreiten oder Bestrafungen wegen Verstößen gegen das Vereinsgesetz Veranlassung gegeben haben.
8. Bemerkungen, insbesondere über den Umfang und den Einfluß der Thätigkeit des Vereins, über etwaige latente Verbindung mit anderen Vereinen, etwa vorhandenes Vermögen u.s.w.]

1. Preußische[r] Volks=Verein
2. Die hiesigen Mitglieder bilden, nach der der Polizeibehörde gemachten Anzeige, einen Kreisverein des Preußischen Volksvereins in Berlin und haben das Programm des letzteren angenommen.
3. 1. Feldner Pastor der von der Landes=Kirche getrennten lutherischen Gemeinde hierselbst, Leiter des Vereins.
   2. Wilh. Beißenherz Lehrer an der Schule dieser Gemeinde, Schriftführer des Vereins und Redakteur des Vereinsblattes.
   3. Hermann Haupt Commis
4. a. etwa 400
4. b. unbekannt
5. 10 Juli 1862
6. Es sind Festsetzungen eingereicht, welche auf das Programm des Preußischen Volks=Vereins Bezug nehmen.
7. nein
8. Die Hauptthätigkeit des Vereins besteht in der Herausgabe einer politischen Zeitschrift, deren Titel „Rheinisches Conservatives Volksblatt" die Aufgabe desselben bezeichnet, und welches etwa 1000 Abonnenten zählt. Die Mitglieder halten außerdem periodische Zusammenkünfte.

1. National=Verein
2. Dieser Verein hatte auch in Elberfeld Mitglieder, welche sich, unter der Leitung einiger junger, fortschrittlicher Fabrikbesitzer, eines Arztes und eines Advokaten, einigemale versammelt haben, um die ihnen empfohlenen Resolutionen zu fassen oder Aehnliches zu verhandeln. Seit Jahr und Tag scheint die Sache aber eingeschlafen zu sein.

1. Allgemeiner deutscher Arbeiter=Verein
2. Der Vereinszweck ist in dem Statut dahin bezeichnet: „auf friedlichem und legalen Wege, insbesondere durch das Gewinnen der öffentlichen Ueberzeugung, für die Herstellung des allgemeinen gleichen und direkten Wahlrechts zu wirken."
3. Hugo Hillmann, als Vorstandsmitglied des Vereins in Leipzig gewählt und Mitunterzeichner des Statuts d.d.[1] Leipzig den 23. Mai 1863, Vorsitzer der Versammlungen der Elberfelder Vereinsmitglieder und Leiter ihrer gesammten Vereinsthätigkeit.
4. a. etwa 400
4. b. unbekannt
5. 23. Mai 1863
6. Hillmann hat das Leipziger Statut und ein Verzeichniß der Elberfelder Mitglieder eingereicht
7. 1. Am 22. Mai 1864 wurde ein zum Empfange Lassalle's gegen das polizeiliche Verbot veranstalteter öffentlicher Aufzug polizeilich gehindert.
   2. am 12. April 1864 wurde p. Hillmann vom Kreisgericht zu Schwelm wegen Veranstaltung und Abhaltung einer öffentlichen Volks=Versammlung ohne polizeiliche Anzeige zu einer Geldbuße von 5 Thalern verurteilt.
   3. am 17. Februar respektive 31. März 1864 wurde Hillmann durch Urtheile der beiden Kammern des Königlichen Landgerichts hierselbst auf Grund der §§ 4. 5. und 15 der Verordnung vom 11. März 1850[2], zu 10 Talern Geldbuße verurteilt.
8. Die hiesigen Mitglieder bilden <u>thatsächlich</u> ohne Zweifel, gleich denen an anderen Orten, einen Lokal[-]Verein des Leipziger Centralvereins. Zur Umgehung der betreffenden gesetzlichen Bestimmungen ist aber bekanntlich in dem Statute ein einheitlicher, die deutschen Bundesstaaten umfassender Verein fingirt, welcher keine Zweigvereine haben könne, und diese Fiktion wird hier, wie anderorts, dadurch aufrechterhalten, daß die Mitglieder sich als jenem Gesammtverein unmittelbar angehörig darstellen und äußerlich alles vermeiden, was die Behörde berechtigen könnte, sie als einen Lokalverein bildend zu behandeln. Daß Hillmann mit anderen Vorstandsmitgliedern korrespondirt, kann wohl nicht bezwei-

felt werden, ist aber noch nicht in die äußere Erscheinung getreten. Hillmann ist ein verwegener höchst gefährlicher Mensch, der schwerlich vor irgendeiner Gewaltthat zurückschrecken würde. Er war Mitglied des sogenannten Sicherheits Ausschusses, welcher im Mai 1849 Elberfeld beherrschte und terorisirte, wurde deshalb durch Urtheil des Königlichen Appellationsgerichtshofes zu Cöln vom 16. November 1849 „wegen Betheiligung an einem Attentate zur Aufreizung der Bürger oder Einwohner des Staates gegen die Königliche Gewalt respektive zur Erregung eines Bürgerkrieges" unter Anklage gestellt und vor den Assisenhof verwiesen, entzog sich aber der Verhaftung durch die Flucht nach England und hat dort gelebt, bis er im Jahre 1861, in Folge der Allerhöchsten Amnestie, hierher zurückgekehrt ist. Von Gewerbe Bierbrauer hat er hier eine Schankwirthschaft errichtet; die Conzession dazu ist ihm jedoch wieder entzogen worden, weil er in Fallitzustand gerieth. Das Verhalten, welches er seit seiner Rückkehr beobachtet hat, beweist, daß sich in seinen Anschauungen und Bestrebungen nichts geändert hat. Er hat den hiesigen Arbeiterverein in das Leben gerufen, und derselbe ist der Sammelplatz der unzufriedenen und unruhigen Elemente des hiesigen Arbeiterstandes geworden. In den Versammlungen, - die übrigens stets nur von einem kleinen Theile der Mitglieder, etwa 30 bis 40, besucht sind - wird meist von Hillmann selbst, hauptsächlich über die Nothwendigkeit gesprochen, das von dem Vereine angestrebte allgemeine und direkte Wahlrecht herbeizuführen und dadurch dem Arbeiterstande zu einer kräftigen Vertretung seiner Interessen in den verschiedenen Körperschaften des Staates und der Gemeinde zu verhelfen, es werden darauf bezügliche Thatsachen mitgetheilt, Denkschriften verlesen, u.s.w.

Neben dieser, der polizeilichen Kontrole unbedingt zugänglichen Beschäftigung in den Versammlungen, sind aber offenbar, wenngleich bis heute nicht in greifbarer Weise, - p. Hillmann und seine Genossen in der Stille bemüht, unter den Arbeitern den Geist der Unzufriedenheit mit ihrer Lage immer mehr zu wecken und zu schüren und sie gegen die Besitzenden aufzureizen. Die in diesem Sommer wiederholt ausgeführten oder versuchten Arbeitseinstellungen sind ohne Zweifel das Werk des Hillmann'schen Vereins gewesen, dessen Mitglieder in allen Versammlungen vorzugsweise das Wort führten.

Der Verein hat in neuerer Zeit an Mitgliederzahl zugenommen, wenngleich sich der bei weitem größte Theil des Arbeiterstandes noch immer von demselben abwendet. -

---

[1] de dato = datiert

[2] Es handelt sich um das „Gesetz über die Verhütung eines, die gesetzliche Freiheit und Ordnung gefährdenden Mißbrauchs des Versammlungs= und Vereinigungsrechtes"; den genannten Paragraphen zufolge hatte Hillmann den anwesenden Polizeibeamten keinen angemessen Platz in der Versammlung angewiesen und/oder keine Auskünfte gegeben, er hatte sich offenbar der Auflösung der Versammlung widersetzt, die nicht angemeldet war oder auf der politisch unzulässige Gegenstände erörtert worden waren, und sich nach der Aufforderung der Beamten nicht sofort entfernt.

Einladung.

Samstag, den 2. Februar, Abends präcise 8½ Uhr,
im Locale des Herrn Jos. Keuter auf der Kluse in Elberfeld.

Wissenschaftlicher Vortrag

des Herrn Dr. J. B. von Schweitzer aus Berlin:

Die „Selbsthülfe" und die „Staatshülfe".

Der Zutritt steht Jedermann frei.
Zu zahlreichem Erscheinen laden ein
Barmen=Elberfeld, den 31. Januar 1867.

1397

Annonce in der Barmer Zeitung Nr. 27 vom 31.1.1867

Ausgewählte Literatur

Breitenbach, Erich, Die Entwickelung der Gesellschaft Casino in Elberfeld 1775-1927, o.O.(Elberfeld) 1927

Breitenbach, Erich, Die Entwicklung der Schützengesellschaft am Brill von 1805, 1805-1951, o.O. (Wuppertal) 1951

Diederich, Gustav, Die Bergische Bibelgesellschaft. Schlichte Bilder aus der Geschichte ihrer Entwicklung, Elberfeld 1907

Diederich, Gustav, Die Vereine und Anstalten der äußeren und inneren Mission im Wupperthal, Elberfeld 1895

Festschrift zum 150jährigen Bestehen der Gesellschaft Concordia zu Wuppertal-Barmen, o.O. (Barmen) 1951

Festschrift zum fünfundzwanzigjährigen Jubiläum des Bergischen Geschichtsvereins, Düsseldorf 1888

Festschrift: 125 Jahre Bergischer Geschichtsverein 1863-1988. Sonderheft der Zeitschrift Romerike Berge 38. Jg.(1988), Heft 2/3, Juni 1988

Heinrichs, Wolfgang, Die Entwicklung des Vereinslebens im Wuppertal als "Indikator" für Gründerzeit, in: Karl-Hermann Beeck (Hrsg.), Gründerzeit. Versuch einer Grenzbestimmung im Wuppertal, Köln 1984, S. 109-124

Holtschmidt, H., Verein für Kunst und Gewerbe, Barmen. Ein Bild 100jähriger gemeinnütziger Vereinstätigkeit, Barmen 1927

Illner, Eberhard, Bürgerliche Organisierung in Elberfeld 1775-1850 (=Bergische Forschungen, Band XVIII), Neustadt/Aisch 1982

Jorde, Fritz, Johann Gregor Breuer. Ein Lebensbild, Elberfeld 1897

Kriegeskotte, Emil, 100 Jahre Turnen in Wuppertal-Elberfeld, Wuppertal-Elberfeld o.J.(1947)

Regenbrecht, Michael, Lösungsversuche der Arbeiterwohnungsfrage im Wuppertal des 19. Jahrhunderts. Das Beispiel der gemeinnützigen Wohnungsbauunternehmen im Wuppertal, in: Karl-Hermann Beeck (Hrsg.), Gründerzeit. Versuch einer Grenzbestimmung im Wuppertal, Köln 1984, S. 185-245

Vitus, Rudolf, Die Anfänge des katholischen Gesellenvereins zu Elberfeld. Ein Beitrag zur Geschichte der kirchlich-sozialen Bewegung im 19. Jahrhundert, Wuppertal-Elberfeld 1934

Werden und Wirken des Barmer Turn-Vereins 1846 (Korporation) von der Gründung bis zur Gegenwart, o.O.(Wuppertal) 1971

Literaturzugänge, Lektürevermittlung und Lesestoffe

Im folgenden Kapitel werden Quellen vorgestellt, die das Wuppertal im 19. Jhdt. als Region charakterisieren sollen, in der Lesestoffe verschiedenster Art verfaßt, verlegt, gedruckt, veröffentlicht und konsumiert wurden. Die Quellen, deren Auswahl nicht an literaturwissenschaftlichen Kategorien der Wertung literarischer Erzeugnisse, Gattungsspezifika oder Epocheneinteilungen orientiert ist, sind Unterkapiteln zugeordnet, die die Literatur des Wuppertals unter sozialgeschichtlichem Aspekt, d.h. unter Betonung ihrer gesellschaftlichen Funktion, erfassen sollen. Da die damit verbundene Akzentuierung der Quellenauswahl vor allem in Bezug auf die Literatur mit Dichtungsanspruch eine Einschränkung bedeutet, sei an dieser Stelle auf die den entsprechenden Quellen beigefügten Werkverzeichnisse der Autoren bzw. auf die ausgewählte Literatur am Kapitelende hingewiesen.

Das erste Unterkapitel „Bedingungen des Zugangs zu Literatur" soll die Institutionen der Literaturproduktion und -verbreitung, wie Buchdruckerei, Leihbibliothek und Theater, deren staatliche oder gesellschaftliche Rahmenbedingungen sowie die Entwicklung des Lesepublikums dokumentieren. Die folgenden fünf Unterkapitel stellen Lesestoffe, unterschieden nach ihrem Anspruch, ihrer inhaltlichen Tendenz und ihrem Adressatenkreis vor, wobei jeweils repräsentative Auszüge oder die Absichtserklärungen der Verfasser oder Herausgeber als Quellen wiedergegeben werden. Nach den im zweiten Abschnitt aufgeführten „Zeitschriften mit allgemeinem Informationsanspruch", in dem sechs (Tages)Blätter vorgestellt werden, folgen im dritten und vierten Unterkapitel („Literatur mit politisch-sozialer Programmatik" und „Literatur mit christlicher Programmatik") Lesestoffe, die ausdrücklich weltanschauliche und politische Standpunkte oder Programme vertraten und sich an ein bestimmtes Lesepublikum wandten. Das Unterkapitel „Literatur mit Dichtungsanspruch" bietet eine Auswahl von zeitbezogenen Gedichten, deren Verfasser sich als „Dichter" bestimmten Kunstidealen verpflichtet fühlten; die unter „Unterhaltungsliteratur" gefaßten Quellen schließlich sollen die Entwicklung, Formen und die gesellschaftliche Funktion unterhaltender Lektüreangebote dokumentieren.

Verzeichnis der Quellen zum Kapitel: „Literaturzugänge, Lektürevermittlung und Lesestoffe"

1. Bedingungen des Zugangs zu Literatur

- Q 1: Verzeichnis der Büchereien (1834)
- Q 2: Instruktion für Leihbibliothekare (1819)
- Q 3: Zensurliste einer Leihbibliothek (1825)
- Q 4: Beschwerdebrief eines Traktatverteilers (1831)
- Q 5: Rundschreiben des Innenministers (1842)
- Q 6: „Die Zeitungsleser" (Gedicht) (1848)
- Q 7: Zeitungsverzeichnis (1850)
- Q 8: Prolog zur Eröffnung der Theaterspielzeit (1835)
- Q 9: Polizeidirektor Hirsch über das Vaudeville-Theater (1860)

2. Zeitschriften mit allgemeinem Informationsanspruch

- Q 10: Artikel aus dem „Bergischen Magazin" (1789)
- Q 11: Vorwort zum „Magazin für Politik, Geistesbildung und Humanität" (1806)
- Q 12: Artikel aus der „Elberfelder Zeitung" (1844)
- Q 13: Artikel aus der „Barmer Zeitung" (1844)
- Q 14: Titelseite des „Täglichen Anzeigers" (1861)
- Q 15: Abonnementsanzeige der „Bergischen Zeitung" (1861)

3. Literatur mit politisch-sozialer Programmatik

- Q 16: Vorwort zum „Volksfreund" (1827)
- Q 17: Gedicht aus dem „Volksfreund" (1827)
- Q 18: Vorwort zum „Gesellschaftsspiegel" (1845)
- Q 19: Vorwort zur „Volksstimme" (1848)
- Q 20: Artikel aus der „Volksstimme" (1848)

4. Literatur mit christlicher Programmatik

- Q 21: Artikel aus dem „Barmer Missions=Blatt" (1842)
- Q 22: Gedicht aus dem „Barmer Missions=Blatt" (1844)
- Q 23: Artikel aus den „Palmblättern" (1848)
- Q 24: Artikel aus dem „Reformirten Wochenblatt" (1857)
- Q 25: Artikel aus dem „Wupperthaler Kirchenblatt für Katholiken" (1859)
- Q 26: Geschichte aus dem „Kinder=Boten" (1850)
- Q 27: Traktatauszug (1869)

5. Literatur mit Dichtungsanspruch

- Q 28: „Der Pöbel" (Gedicht) (1831)
- Q 29: „Unsere Zeit" (Gedicht) (1848)
- Q 30: „Fabrikskind" (Gedicht) (1845)
- Q 31: „Ein neues Lied von den Webern" (Gedicht) (1845)
- Q 32: „Die Armen" (Gedicht) (1856)
- Q 33: „Ein Bettlerkind" (Gedicht) (1859)
- Q 34: „Ein Mahnwort in schweren Tagen" (Gedicht) (1867)
- Q 35: „Glück" (Gedicht) (1878)
- Q 36: „Arbeitersonette" (1893)

6. Unterhaltungsliteratur

- Q 37: „Besitznahme des Großherzogthums Berg durch Preußen 1815" (Gedicht) (1851)
- Q 38: „Der Kornverein 1816-1817" (Gedicht) (1851)
- Q 39: „Bei Anwesenheit Sr. Königlichen Hoheit des Kronprinzen" (Gedicht) (1825)
- Q 40: „Festgesang" (Gedicht) (1832)
- Q 41: „Am Todestage des Oberbürgermeisters Brüning" (Gedicht) (1837)
- Q 42: „Dem Oberbürgermeister von Carnap bei seinem Amtsantritt" (Gedicht) (1837)
- Q 43: „Der arme Urwähler" (Gedicht) (1849)
- Q 44: „Mina Knallenfalls" (1895/96)
- Q 45: Einleitungsverse im „Fennekieker" (1876)

1. Bedingungen des Zugangs zu Literatur

Kommentar 1

A. Sincerus schrieb 1887 über das Wuppertal: „Die Zustände im Thale waren im Anfang dieses Jahrhunderts noch sehr einfache. Man lebte in stiller Abgeschlossenheit von der Welt, ganz befriedigt mit den kleinen Dingen um sich herum. […] So manches Original des Kaufmannsstandes fand sich. Die Buchhalter in Perücken und Stripärmeln hatten ihre ganze Welt und ihren Ideenkreis in dem ungeheuerlichen Folianten eingeschlossen, den man Hauptbuch nennt […]. Bis gegen das Ende des vorigen Jahrhunderts war im ganzen Thal keine einzige Buchhandlung gewesen" (A. Sincerus, Ein Gang durchs Wupperthal in diesem Jahrhundert, Heilbronn 1887, S.5/6). Diese Beschreibung erweckt den Eindruck einer von geistiger Enge und „Literaturlosigkeit" geprägten Region und wird zumindest relativiert durch den Hinweis, daß bereits das 1709/10 erstellte Inventar des Elberfelder Kaufmanns und Bürgermeisters Johannes Plücker eine gut sortierte Bibliothek aufweist, in der neben religiösen Werken auch lateinische und französische Bücher enthalten waren. Ein französischer Emigrant bemerkte am Ende des 18. Jhdts. über die Elberfelder Kaufleute: „Ich habe Verschiedene kennen gelernt, die ihre eigenen Bibliotheken besitzen, und oft die nützlichsten neuern Werke, bald aus dem theologischen, bald aus dem philosophischen, historischen, geographischen, merkantilischen, technologischen, poetischen, oder naturhistorischen Fache enthalten. […] Hang zu guter Lektüre, Geschmack, Beurteilungskraft und Einsicht in die deutsche Literatur findet man hier bei vielen" (zit. nach Otto Schell, Vorläufer unserer Stadtbücherei, in: Mitteilungen der Stadtbücherei Nr. 3, 10(1927), S. 1/2). Am Ende des 18. Jhdts., das als Zeitalter der Aufklärung eine Steigerung der Literaturproduktion und einen Wandel der Lesegewohnheiten mit sich brachte, bestanden in Elberfeld vier Buchhandlungen, von denen zumindest eine 1789 mit einer Leihbibliothek verbunden war, deren Katalog 1600 Bände umfaßte. Die Buchhändler Wilhelm Christian Jahn, C.W. Giesen, Christian Wescher und J. Peter Krimmelbein boten Werke von Klopstock, Gellert, Goethe und Schiller an, während in Barmen die Witwe Eggers vorwiegend medizinische Schriften und Reinh. Zöller Memoirenliteratur verkauften. Daneben besaß die 1775 gegründete Elberfelder Erste Lesegesellschaft eine gut sortierte Bibliothek, die allerdings nur ihren Mitgliedern zugänglich war. Allgemein kann für das 18. und weite Teile des 19. Jhdts. gelten, daß der

Quelle 1
Vom Oberbürgermeister dem Landrat eingereichte Liste der in Elberfeld bestehenden Buchhandlungen, Buchdruckereien, Leihbibliotheken, Lesegesellschaften und Lithographieranstalten
(Stand: 31.12.1833)[1]
SAW K II 30   3.1.1834   handschriftlich

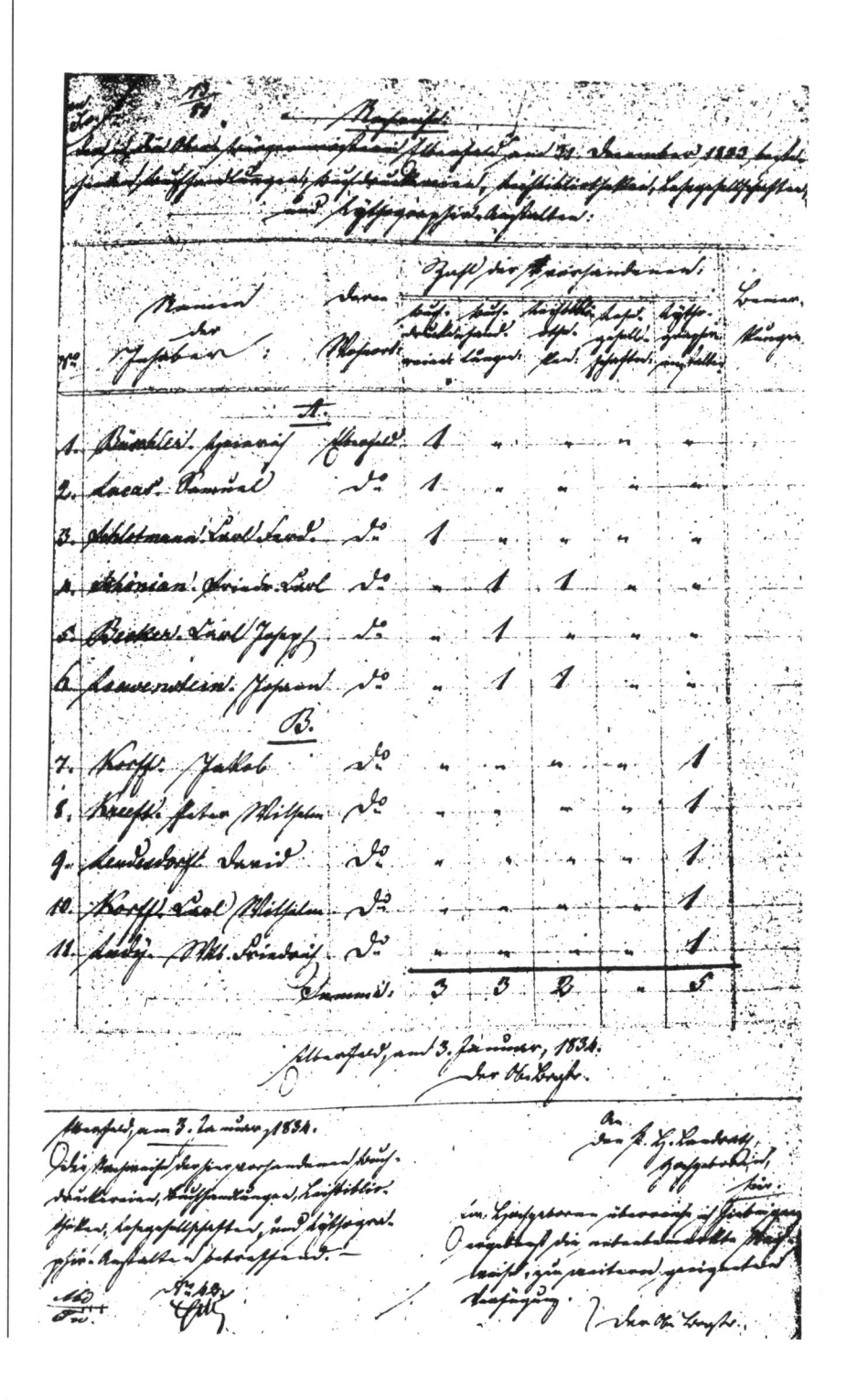

Erwerb von Büchern nur den vermögenden Teilen der Bevölkerung möglich war, obwohl bereits gegen Ende des 18. Jhdts. allgemein über die „Lesesucht" der Unterschichten geklagt wurde.

Quelle 1 zeigt eine Aufstellung der in Elberfeld Ende 1833 bestehenden Buchdruckereien, Buchhandlungen, Leihbibliotheken, Lesegesellschaften und Lithographierbetriebe, die der Oberbürgermeister 1834 dem Landrat einreichte. 1835 existierten in Barmen drei Buchhandlungen, die von Wilhelm Langewiesche, Jul. Falkenberg und J.F. Steinhaus, in Elberfeld werden für dasselbe Jahr sechs Buchhändler genannt (Schönian, Becker, Loewenstein, Schmachtenberg, Hassel, Lausberg).

[1] Transkription

Nachweise: Der in der Ober=Bürgermeisterei Elberfeld am 31. December 1833 bestehenden Buchhandlungen, Buchdruckereien, Leihbibliotheken, Lesegesellschaften und Lythographiranstalten:
[Rubriken: 1. Namen der Inhaber 2. Deren Wohnort 3. Zahl der vorhandenen Buchdruckereien - Buchhandlungen - Leihbibliotheken - Lesegesellschaften - Lythographiranstalten 4. Bemerkungen]

A.
1. Büschler. Heinrich Elberfeld [Buchdruckerei]
2. Lucas. Samuel [Elberfeld] [Buchdruckerei]
3. Schlotmann. Carl. Ferd. [Elberfeld] [Buchdruckerei]
4. Schönian. Friedr. Carl [Elberfeld] [Buchhandlung] [Leihbibliothek]
5. Becker. Carl Joseph [Elberfeld] [Buchhandlung]
6. Loewenstein. Johann [Elberfeld] [Buchhandlung] [Leihbibliothek]

B.
7. Korff. Jakob [Elberfeld] [Lithographieranstalt]
8. Kreeft. Peter Wilhelm [Elberfeld] [Lithographieranstalt]
9. Leudesdorf. David [Elberfeld] [Lithographieranstalt]
10. Korff. Carl Wilhelm [Elberfeld] [Lithographieranstalt]
11. Ludy. Wtb. Friedrich [Elberfeld] [Lithographieranstalt]

Summa: 3 [Buchdruckereien] 3 [Buchhandlungen] 2 [Leihbibliotheken] 5 [Lithographieranstalten]

Kommentar 2

Die Leihbibliothek wurde in der Restaurationszeit nach den Befreiungskriegen zur wichtigsten Institution der Lektürevermittlung im 19. Jhdt. Sie bot einer breiter werdenden lesenden Öffentlichkeit die Möglichkeit des Zugangs zu Lesestoffen verschiedenster Art, ohne daß diese als Bücher gekauft oder als Zeitschriften abonniert werden mußten. Die Leihbibliotheken wurden von seiten staatlicher Aufsichtsbehörden aufmerksam beobachtet und reglementiert. Im Zuge der Karlsbader Beschlüsse gegen „demagogische Umtriebe" von 1819 entstanden die „Provisorischen Bestimmungen hinsichtlich der Freiheit der Presse" (20.9.1819), die scharfe Zensurmaßnahmen für alle Arten von Druckerzeugnissen bestimmten und bei Zuwiderhandlungen Geld- und Gefängnisstrafen vorsahen. Zunächst auf fünf Jahre befristet, wurden die Gesetze 1824 durch Bundesbeschluß auf unbestimmte Zeit verlängert; sie galten - mit Verschärfungen in den 30er Jahren - bis zur Revolution 1848/49. Auch die Leihbibliotheken - in Elberfeld waren es zwischen 1833 und 1850 immer 2 bis 3 - waren davon betroffen. So verfügte die Düsseldorfer Regierung per Reskript vom 30.11.1819 eine strenge Kontrolle bei der Vergabe von Konzessionen für solche Einrichtungen. Außer einem Gewerbepatent mußte der Bewerber nun auch ein polizeiliches Führungszeugnis vorlegen. Die in Quelle 2 wiedergegebene „Instruction für die Besitzer der Leih=Bibliotheken" war von Oberbürgermeister Brüning im Auftrag des Landrates Seyssel d'Aix entworfen worden (31.12.1819; am 13.1.1820 vom Landrat genehmigt) und wurde allen Leihbibliothekaren zur Unterschrift vorgelegt.

Quelle 2
„Instruction für die Besitzer der Leih=Bibliotheken"
SAW K II 29   31.12.1819/13.1.1820   handschriftlich

Nach Hoher Ministeriellen Bestimmung, und in Gemäßheit Verordnungen Hochlöblicher Regierung, so wie jener des Königlichen Herrn Landraths,- wird für die Inhaber der hiesigen Leihbibliotheken, folgende Vorschrift erlassen:

§ 1.
Die bestehenden und noch künftig entstehenden Leihbibliotheken stehen unter spezieller Aufsicht des von dem Herrn Landrath des Elberfelder Kreises dazu beauftragten unterzeichneten Ober=Bürgermeisters, und in seiner Abwesenheit oder Verhinderung, unter dem zur Verrichtung seiner Amtsgeschäffte delegirten Beigeordneten.

§ 2.
Die Inhaber einer solchen Leihbibliothek, sowohl die neu errichtet werden, als jene die schon bestehen, sind gehalten, keine neue Cataloge, noch einen Anhang oder Fortsetzung desselben, drucken und ausgeben zu lassen, bevor sie nicht solche dem Ober=Bürgermeister im Manuscript eingereicht haben, der jene im § 8 benannten Bücher im Cataloge nicht zulassen wird.

§ 3.
Alle zur Bibliothek gestellten Bücher und Schriften müssen mit fortlaufenden Nummern bezeichnet, und unter den nämlichen Nummern im Cataloge aufgeführt werden.

§ 4.
Alljährlich, und zwar im Monat Januar, muß das Verzeichniß der Bücher (Catalog), dem Ober=Bürgermeister eingesandt werden; dieses Verzeichniß mag mit neuen Büchern versehen seyn oder nicht.

§ 5.
Kein neues Buch darf außer der Zeit in die Leihbibliothek aufgenommen werden, es sey denn daß der vollständige Titel desselben dem Ober=Bürgermeister, und auf sein Verlangen das ganze Werk vorab zur Einsicht mitgetheilt wird; nur nach seiner gegebenen Erlaubniß geschieht die Aufnahme.

§ 6.
Jedes in der öffentlichen Bibliothek vorhandene Buch, das der Ober=Bürgermeister zur Durchsicht verlangt, muß ihm auf sein Begehren ohne Weigern vorgelegt werden. Er verweigert die Rückgabe zur Bibliothek, sobald sein Inhalt es veranlaßt, und macht davon die gehörige Anzeige bei der Behörde.

Vignette auf dem Titelblatt der „Instruction"
(Quelle 2)

§ 7.
Bei der dem Ober=Bürgermeister obliegenden Untersuchung, ist ihm die Einsicht eines jeden in der Bibliothek aufgenommenen Buchs gestattet, und werden Weigerungen auf deßfallsige Anzeige, gesetzlich geahndet.

§ 8.
Bücher oder Drucksachen, et cetera, welche entweder durch ihren Inhalt, oder dabei befindliche Kupferstiche, in irgend einer Beziehung für Religion, Sittlichkeit, Anstand und bürgerliche Ordnung - anstößig, zweideutig oder schlüpfrig sind, so wie diejenigen, welche die Ehrerbietung gegen den Regenten und die Achtung vor der Staats=Verfassung verletzen, oder gar auf Erregung der Unzufriedenheit mit der Regierung abzwecken, und frechen unehrerbietigen Tadel ihrer Anordnungen und Handlungen enthalten, dürfen durchaus in keiner Leihbibliothek geduldet werden, und sind die Bücher=Verleiher verantwortlich, da wo Bücher solchen Inhalts in ihrer Sammlung enthalten sind, solche sofort aus derselben zu nehmen, und hievon dem Ober=Bürgermeister Anzeige zu machen.

§ 9.
Würde der Inhaber einer Leihbibliothek Druckschriften ohne Genehmigung des Ober=Bürgermeister=Amts, oder der von diesem gemachten besondern, oder auch im vorstehenden § enthaltenen allgemeinen Bestimmung, wegen nicht auszugebenden Büchern, - entgegen handeln, dergleichen Bücher ausgeben, oder in der Leihbibliothek behalten, so hat derselbe außer der Confiskation der in Rede stehenden Bücher, eine, nach der Beschaffenheit derselben, den Umständen angemessene Strafe, und allenfalls die Schließung der Leihbibliothek zu gewärtigen.

§ 10.
Gegenwärtige Vorschrift für die Inhaber der Leihbibliotheken, soll denselben zur Nachachtung und Befolgung in Abschrift zugestellt, und die Anzeige über deren Empfang, bescheinigt werden.

Kommentar 3
Die ursprünglich aufklärerische Funktion der Leihbibliotheken im Sinne einer „nützlichen" Bildung veränderte sich in der Phase der Restaurationszeit, wohl auch aufgrund der Zensurbestimmungen, die kritische politische Druckerzeugnisse kaum in den Leihverkehr kommen ließen. Die Leihbücherei wurde zu einer Unterhaltungsinstitution, deren Bestände sich zum größten Teil - Schätzungen für Deutschland belaufen sich auf 75% - aus belletristischer Literatur, vor allem in Form von Romanen, zusammensetzten. Diese Annahme bestätigen auch die Elberfelder Zensurakten aus den 20er und 30er Jahren, die die Listen solcher Bücher enthalten, die die Leihbibliothekare in ihr Sortiment aufnehmen wollten und dafür beim Oberbürgermeister um Erlaubnis nachsuchten. Eine Liste von 1824 sieht 23, eine von 1840 bereits 129 Titel zur Aufnahme vor. Die Lektüre belletristischer Lesestoffe galt als gefährlich und „verderblich", doch die genaue und fortgesetzte Prüfung der Bestände erwies sich in der Praxis als problematisch, da die mit der Zensur beauftragten amtlichen Stellen - z.B. die Polizeibehörden - dieser umfangreichen Aufgabe nicht gewachsen waren; die Streichung „unsittlicher" Bücher hätte eine eingehende Lektüre erfordert. So war man weithin auf die Zusage

Quelle 3
„Verzeichniß derjenigen Bücher aus der Schönianschen Leihbibliothek, deren Inhalt entweder in moralischer, religiöser oder gesetzlicher Hinsicht verdächtig ist."
SAW K II 28   undatiert [7./8.4., 1. und 8.6.1825]   handschriftlich   Auszüge

1) 13. Braune Abendstunden. Leipzig in der Joachimschen Buchhandlung.
Ein Buch, welches nur abgeschmackte Gespenstergeschichten enthält.
fällt aus

2) 16. Abentheuer einer einzigen Nacht. Reichs=Commission & Industrie=Büreau
Ein Buch, welches wider Sittlichkeit und in einem schlüpfrigen Style geschrieben ist. Was ein Leser dieses Buches bei manchen Stellen empfunden hat, hat er nicht ermangelt, am Rande zu bemerken.
ebenfals

3) 17. Abentheuer eines Tartaren in Sachsen. Leipzig bei J. C.Schiegg 1811.
Ein Buch, welches für die Jugend besonders nicht zu empfehlen ist.
[...]

9) 23. Abentheuer und theatralische Wanderungen eines Souffleurs, Theater=Schneiders und Friseurs. Leipzig 1801 in Commission bei J.G. Feind.
Was dieses Buch enthält, zeigt der Titel hinlänglich an. Nur das leichtsinnige Gemüth kann Geschmack an dem Lesen dieses Buches haben. Der Held dieses Romans beschreibt sein leichtsinniges Leben & treibt Spott mit der Religion.
fällt aus
[...]

34) 175. Der junge Antihypochondriakus oder: Etwas zur Erschütterung des Zwergfells und zur Beförderung der Verdauung in 9 Portionen. Lindenstadt 1796
Anekdoten, von welchen manche auf das Gemüth nachtheilig wirken können.

35) 181. Anton und Mariane oder die Räuber Familie in zwei Theilen. Leipzig bei Friedrich Schöde, 1801
enthält auch einige schlüpfrige Stellen
fällt aus

der Leihbibliothekare angewiesen, „keine verbotene Werke annehmen oder bestellen zu wollen", wie Oberbürgermeister Brüning 1834 in einem Schreiben an den Landrat bemerkte. 1824 vereinbarte der Oberbürgermeister mit den Pädagogen Wilberg und Seelbach, daß diese die Kataloge prüfen sollten. Der in Quelle 3 aufgenommene Auszug (1825) enthält solche Bücher aus der Schönianschen Leihbibliothek in Elberfeld, „deren Inhalt entweder in moralischer, religiöser oder gesetzlicher Hinsicht verdächtig" war (SAW K II 28). Bei 79 von 220 aufgeführten Titeln findet sich die Bemerkung „fällt aus" von der Hand des Oberbürgermeisters, der die Liste gemeinsam mit dem Beigeordneten Brinkmann im April und Juni des Jahres 1825 überprüfte. Der Randvermerk bedeutete, daß der Bibliothekar das entsprechende Buch aus seinem Bestand herausnehmen mußte. Darüber hinaus versuchte man, den Benutzerkreis einzuschränken. Bereits 1821 gab der Landrat dem Oberbürgermeister die Anweisung, dafür Sorge zu tragen, „daß Gymnasiasten und Schüler" nicht ohne Erlaubnis Bücher ausleihen dürften (SAW K II 30), 1825 verbot das Berliner Innenministerium die Ausleihe an Schüler ganz. Dieses strikte Verbot, das 1847 unter Androhung des Konzessionsentzuges erneuert wurde, scheint nicht durchgehend gegriffen zu haben. Am 27.8.1835 schrieb der Vater des damals 15jährigen Friedrich Engels an seine Frau: „So hatte ich heute wieder den Kummer, ein schmieriges Buch aus einer Leihbibliothek, eine Rittergeschichte aus dem 13. Jahrhundert, in seinem Sekretär zu finden. Merkwürdig ist seine Sorglosigkeit, mit welcher er solche Bücher in seinem Schranke läßt. Gott woll sein Gemüth bewahren, oft wird mir bange um den übrigens trefflichen Jungen" (zit. nach G. Mayer, F. Engels. Eine Biographie, 1.Bd., Berlin 1920, S. 10).

Nr. 133 der zensierten Bücher (Quelle 3)

36) 208 Aristobul der Fürstengünstling. Ein Roman vom Verfasser Angelika oder der weibliche Agathon. 1 Band Posen und Leipzig bei Johann Friedrich Kühn 1809
Dieses Buch müßte mancher schlüpfrigen Stellen wegen, von der Jugend nicht gelesen werden.
fällt aus
37) 222 Der Mann mit dem rothen Ermel, eine Geistergeschichte von Dr. J.F. Arnold. Gotha bei C.W. Ettinger 1798
Dieses Buch kann wegen mancher sehr schlüpfrigen Stellen nachtheilig aufs Herz und wegen des Inhaltes nachtheilig auf den Geist wirken.
2 Bände fallen aus
38) 240 Die Aufklärung nach der Mode, oder eine komisch tragische Geschichte, wie sie die Welt aufstellet zur Beherzigung meiner Brüder. Schweinfurth bei J.S.F. Riedel, 1793
Vorstehendes Buch enthält einen Streit zwischen einem Orthodoxen und einem Heterodoxen. Der Jugend möchte dieses Buch nicht in die Hand gegeben werden, weil ihr Gemüth nur allzu leicht zur Heterodoxie gestimmt werden kann.
fällt aus
[…]
128) 2827. Lenchen. Ein komischer Roman. Leipzig bei J.C. Schiegg.
Dieses Buch verdient mit Recht den Namen Roman; der ganze Inhalt desselben ist romanisch, d.h. schlüpfrig und verführerisch.
fällt aus
129) 3011. Mädchenstreiche. Seitenstück zu Studentenstreiche von [] Berlin im Selbstverlage.
In diesem Buche erzählt ein Frauenzimmer ihre Liebes= und Fehltrittsbegebenheiten. Daß darin manches vorkommt, was die Jugend nicht lesen darf, läßt sich leicht erachten.
130) 3065 Der seltsame Mann. Von dem Verfasser der sieben wunderbaren Lebensjahre eines Kosmopoliten. Glogau 1808. Neue Güntersche Buchhandlung.
In diesem Buche werden einige schlüpfrige Bilder beschrieben.
131) 3091 Marionetten im neuesten Geschmack. Eine Familiengeschichte, wie es manch' andere gibt. Nürnberg 1801 in der Riegel= und Wießnerschen Buchhandlung.
In diesem Buche wird das Leben eines jungen Bonvivant und anderer Personen seines Sinnes beschrieben. Diese Beschreibung kann durch deren Lesung nachtheilig aufs Gemüth wirken, indem viele unmoralische und andere verderbliche Grundsätze darin vorkommen, daher es denn auch nicht an schlüpfrigen Stellen in diesem Buche fehlt.
fällt aus
132) 3129 Die unruhige Matrone von Pfyrt. Seitenstück zum alten Ueberall und Nirgends aus dem dreizehnten Jahrhundert. Prag und Leipzig bei Albrecht und Compagnie 1795.
Eine abentheuerliche, zum Theil Geistergeschichte, welche geeignet ist, die Phantasie aufs höchste zu spannen. Erzieher und Bücher müssen dem Lehrling und dem Leser Gelegenheit geben, sich in der Einbildungskraft zu üben. Das, wodurch dieses befördert werden soll, darf aber nicht Gelegenheit geben, daß jene mit Vorurtheilen und Aberglauben erfüllt werden. Dieses thun aber Geistergeschichten, und gewiß auch vorbezeichnete, daher muß dieselbe gewiß verworfen werden. Auch befindet sich bei derselben ein gegen die Sittlichkeit anstoßendes Titelkupfer.
133) 3222 Der neue Mensch. Herausgegeben von Georg Conrad Meyer. 1796. Fiensburg bei dem Herausgeber und in Commission bei Fr. Bechtold in Altona.
Dieses Buch enthält größtentheils republikanische Grundsätze. Es wurde zu der Zeit (1796) herausgegeben, als Frankreich sein Gaukelspiel mit der Freiheit trieb.
fällt aus
134) 3275 Die Mönche von San Martino auf der Keuschheitsprobe von Richard Roos. Leipzig 1797, in der von Klefeldschen Buchhandlung.
Die Proben, auf welche nach der in diesem Buche enthalten[en] Erzählung die Mönche von San Martino gesetzt werden, sind, wie sich leicht schließen läßt, geeignet, dem Leser die Wollust recht anschaulich zu machen und ihn damit zu vergiften. Was für einen Eindruck das Lesen dieses Buches auf einen gewissen jungen Menschen, dessen Namen ich nicht angeben mag, gemacht hat, habe ich aus seinen Reden gehört.
fällt aus

513

Kommentar 4

Der Ruf des Wuppertals als Verlags- und Druckort religiös-erwecklicher Schriften gründete sich nicht nur auf die ausgedehnte Predigtliteratur, die in Elberfeld und Barmen erschien, sondern wesentlich auf die Druckerzeugnisse, die von religiösen Gesellschaften herausgegeben wurden. Erweckte Kreise im Wuppertal hatten frühzeitig Kontakt zu der 1780 gegründeten Deutschen Christentumsgesellschaft in Basel, deren „Sammlungen für Liebhaber christlicher Wahrheit und Gottseligkeit" (ab 1786) im Wuppertal kursierten. Daneben wurden von den Freunden der Gesellschaft aus Basel außer der Bibel andere erbauliche Lesestoffe bestellt, erwähnt werden Arndt, Bogatzky, Bengel und Tersteegen. 1799 wurde die Elberfelder Missionsgesellschaft gegründet, die mit den „Nachrichten von der Ausbreitung des Reiches Jesu" eine eigene Zeitschrift herausgab.

Auch die religiöse Literatur unterlag den seit 1819 verschärften Zensurbestimmungen, die in den 30er Jahren nach der französischen Julirevolution weiter ausgebaut wurden. Am 6.10.1830 teilte der Landrat dem Elberfelder Oberbürgermeister mit, daß in Berlin eine Zensurkommission für die Kontrolle der „kleinen Schriften" eingerichtet worden sei. Jedes Traktat, das von einer Tochtergesellschaft des 1814 gegründeten „Haupt=Vereins für christliche Erbauungsschriften in den preußischen Staaten" herausgegeben wurde, mußte vor der Verteilung dieser Kommission vorgelegt werden. Außerdem wurde der Oberbürgermeister angewiesen, alljährlich im Juni ein Verzeichnis der in seiner Gemeinde verteilten Schriften einzureichen (SAW M I 110). Der Brief Johann Friedrich Wetschkys (Quelle 4) bezieht sich auf die beschriebenen Zensurmaßnahmen.

Der Traktatverteiler Johann Friedrich Wetschky war Kontorist bei einer Barmer Firma und unterhielt eine ausgedehnte Korrespondenz mit der Baseler Christentumsgesellschaft. In einem Brief nach Basel vom 4.1.1824 schrieb er über seinen Plan einer christlichen Leihbibliothek: „Die Welt hat ja auch ihre verfluchten Leihbibliotheken, ihre Lese-Zirkel, ihre Museen und Gesellschaften, wo sie Gift statt Seligkeit saugen. Dann würde ich ordentlich Buch darüber führen, und die armen, unvermögenden Brüder, die sich nicht gut viele Bücher anschaffen können, einladen, morgens von 7 bis 10 Uhr zu mir zu kommen, sich was sie wollen, aussuchen, um Wasser des Lebens umsonst zu kaufen, das uns der Herr so reichlich in seinem Wort darbietet, oder holen zu lassen" (zit. nach Robert Steiner, Die Christentumsgesellschaft im Wuppertal, in: MRhKG 29. Jg.(1980), S. 101).

Quelle 4
Brief des Traktatverteilers Johann Friedrich Wetschky an den Oberbürgermeister
SAW M I 110   29.5.1831   handschriftlich

Hochwohlgebohrner Herr Oberbürgermeister,
Hochgeehrtester Herr!
Euer Hochwohlgebohrn finden beyliegend meine Antwort auf Hochderoselben geehrtes Schreiben vom 30. October vorigen Jahres daß ich mich künftig nicht mehr mit Verbreitung der christlichen Tractaten befassen werde. Denn wenn es mit solchen Schwierigkeiten verbunden ist, und alle dergleichen Schriften erst nach Berlin zur Censur gesandt werden sollen, da sie doch ganz in dem Sinn und Geist der Tractaten, die von der Berliner Tractatgesellschaft selbst gedruckt werden, verfaßt sind, und bloß das heilige Wort Gottes zum Grund haben, so will ich lieber aufhören, und habe deßwegen alles, was möglich war, zurückgesandt. Jedoch kann ich meine Verwunderung nicht verhehlen, daß, während schädliche Romanen[1] und dergleichen Schriften ohnangefochten im Lande freyen Lauf haben, dergleichen Maaßregeln getroffen werden[2], wo es doch Jedem in die Augen leuchtet, daß wenn es je nöthig war, die Menschen auf die Bibel, auf Gottseeligkeit, auf Ordnung und Gehorsam gegen die Obrigkeit hinzuweisen, es in dieser bewegten Zeit geeignet wäre, alle mögliche von Gott gegebene Mittel[3] darzu anzuwenden, denn was ist ein Staat ohne Gottesfurcht, was ist ein Land ohne Glauben an Gottes Wort? Ich füge mich übrigens gerne den Befehlen unserer hochpreißlichen Regierung und bleibe
Euer Hochwohlgebohrn ergebenster Diener
Joh. Fried. Wetschky

---
[1] Anm. am Briefrand: „sind auch der Censur unterworfen."
[2] Anm. am Briefrand: „Um möglichen Mißbrauch zu verhüten, war die [] angeordnete Aufsicht nöthig."
[3] Anm. am Briefrand: „Es sind andere Mittel als Traktätchen vorhanden um Glauben und Gottesfurcht zu erwecken."

Schreiben Johann Friedrich Wetschkys (Quelle 4)

Kommentar 5

Schon 1824 hatte Oberbürgermeister Brüning in einer Notiz vermerkt, daß es „gerathen sey[en] und die gute Absicht sehr fördern [würde], wenn auch den Dienstboten das Lesen in den Leihbibliotheken untersagt werden könnte" (SAW K II 28). In den 30er und 40er Jahren entwickelte sich, bedingt durch Verbesserungen im preußischen Volksschulwesen, auch in den sogenannten Unterschichten ein potentielles Lesepublikum. Damit rückten breitere Bevölkerungskreise ins Blickfeld der Zensurbehörden. In den 40er Jahren setzte eine Welle von Vereinsgründungen zur Verbreitung „guter Volksschriften" ein, deren Tätigkeit dem möglichen Einfluß demokratischer und damit „verderblicher" Literatur entgegenwirken sollte. Im Wuppertal waren seit Beginn des Jahrhunderts die Bergische Bibel- und die Wuppertaler Traktatgesellschaft in diesem Sinne aktiv. 1837 rief der Elberfelder Arzt Pröbsting, unterstützt u.a. von dem Verleger und Buchhändler Büschler, zur Bildung eines „gemeinnützig=wohlthätigen Bücher=Vereins" auf, der „Tausenden geldloser Wißbegierigen" zur Förderung „religiöser, sittlicher Gesinnung" unentgeltlich Bücher zukommen lassen sollte. Die Regierung in Düsseldorf lehnte in einem Gutachten für den Oberpräsidenten in Koblenz die Genehmigung des Vereins ab, da dieser „nicht etwa auf die Verbreitung von technischen Kenntnissen, Austheilung von Zeichnungen, Modellen, technologischer Blätter und Schriften sich beschränkt, vielmehr die sogenannte Aufklärung des Volkes bezweckt" (LHA Koblenz Best. 403 Nr. 7576). Der 1836 in Barmen gegründete „Sonntags=Verein für junge Handwerker und Fabrikarbeiter" bot den Besuchern des Vereinslokals eine kleine Bibliothek, die neben der Bibel und Erbauungsbüchern auch Reisebeschreibungen und biographische Literatur enthielt. Wollten die „unteren Volksklassen" ihre Lektüre selbst auswählen, waren sie weiterhin auf die Leihbibliotheken verwiesen. Der Buchhändler W. Langewiesche inserierte am 16.10.1845 im Elberfelder Kreisblatt, daß 1236 neue Bände für seine Leihbibliothek eingetroffen seien, die damit insgesamt 10516 Bände enthielt, und hoffte, „daß man mein Bestreben, eine unserer volkreichen Gegend entsprechende und für alle Bildungsstufen Genügendes bietende Bibliothek zu schaffen", anerkenne. Der Abonnementspreis betrug pro Jahr 3 1/2 Taler.

In einer Stellungnahme zu dem nebenstehenden Rundschreiben des Innenministers schlug Oberbürgermeister von der Heydt am 18.5.1842 vor, einen Generalkatalog aller gestatteten Schriften zu erstellen, der als inhaltlicher Leitfaden für alle Leihbibliotheken gelten sollte.

Quelle 5
Rundschreiben des preußischen Ministers des Innern und der Polizei (von Rochow)
SAW K II 29   19.3.1842   handschriftlich   Abschrift

Wenn die Allgemeinheit unseres Volksunterrichts bereits gründliche Elementar= Kenntnisse durch alle Volksklassen verbreitete, so hat zugleich die auf möglichste Anregung der Denkkräfte hinzielende Richtung desselben die Wirkung gehabt, daß jene Kenntniß keine Todte mechanische blieb, sondern zum lebendigen Impulse des Volksgeistes nach Weiterbildung ward.- Namentlich äußert sich dies rege Streben nach geistiger Fortentwickelung in der durch alle Stände verbreiteten Neigung zum Lesen; die Lektüre ist unläugbar zum Volksbedürfniß geworden.- So erfreulich dieser lebhafte BildungsTrieb in einem Staate sein muß, dessen Kraft vor Allem auf geistigen Hebeln beruht, so dringend nothwendig erscheint es, diesen Trieb durch sorgfältige Ueberwachung und Leitung vor Abwegen zu bewahren, da derselbe, in der Wahl der Mittel seiner Befriedigung sich selbst überlassen, in demselben Maaße zur Ausartung führen kann, wie er, auf das Gute und Nützliche gelenkt, auf geistige Entwickelung und sittliche Veredlung entschieden einwirken muß.

Vor Allem sind es die <u>Leihbibliotheken</u>, aus denen das große Publikum sein Lesebedürfniß befriedigt. Der Einfluß dieser Anstalten auf den Volksgeist, in einem Lande, in welchem selbst der Landmann seine Mußestunden mit Lesen auszufüllen beginnt, ist kaum zu berechnen und übersteigt an Umfang wie an nachhaltiger Wirkung den des gesammten Buchhandels und der Tagespresse. Nur sehr selten werden Bücher von den unteren Volksklassen gekauft, Tagesblätter gehen flüchtig durch die Hände, die Bücher der Leihbibliotheken sind dagegen bei der Geringfügigkeit der Ausgaben Allen, auch den Ärmern, zugänglich, sie können mit Muße gelesen werden, und müssen, sei ihr Inhalt, welcher er wolle, um so entschiedener auf Meinung und Gesinnung einwirken, je weniger der Halbgebildete im Stande ist, den Inhalt durch ein selbstständiges Urtheil zu beherrschen.- Die bisher zur Ueberwachung des Bibliothek=Wesens und zur Verhütung des schädlichen Einflusses schlechter Lektüre genommenen Maaßregeln, welche sich wesentlich auf eine polizeiliche Kontrole der Kataloge, auf die Prüfung der persönlichen Qualifikation des Leihbibliothek=Inhabers und auf das Verbot des Bücherverleihens an Gymnasiasten beschränken, haben sich in ihrer strikten Durchführung schwierig und unzureichend gezeigt. Der verschiedene Bildungsstand desjenigen Publikums, welches seine Lektüre aus dem Buchhandel entnimmt, und des bei weitem größeren Leserkreises, welcher auf die Benutzung der Leihbibliotheken angewiesen ist, erheischt eine strengere Kontrolle der in den Leihbibliotheken, als der im Buchhandel ausgegebenen Bücher, weshalb nicht allein die verbotenen, sondern alle Schriften, deren Inhalt, dem Halbgebildeten schädlich werden kann, in den Leihbibliotheken nicht zugelassen werden sollen.- Obwohl nun die Cirkulare vom 1. October und 23. November 1819, die nicht zuzulassenden Bücher im Wesentlichen charakterisiren, so sind und können doch die in denselben aufgestellten Kategorien, der Natur der Sache nach nur ganz allgemein sein und die Entscheidung über Zulässigkeit oder Unzulässigkeit muß wesentlich dem Ermessen der betreffenden Polizei=Behörden überlassen bleiben. Ein kompetentes literarisches Urtheil ist indeß von der Ueberzahl der mit der Prüfung beauftragten Polizei=Beamten, besonders in kleineren Städten, nicht wohl zu erwarten und es gehört namentlich dieser Umstand, und der daraus hervorgehende Mangel eines grundsätzlichen und methodischen Verfahrens in der Büchersichtung zu den wesentlichsten Unvollkommenheiten der bisherigen Anordnung. Dazu kommt, daß die bisherige Organisation der Kontrolle, weil ihre Einwirkung nur eine zeitweise eintretende, keine ununterbrochene ist und sein kann, den Leihbibliotheken, wie die Praxis lehrt, den größten Spielraum zu Umgehungen läßt, wie denn namentlich die strenge Ausführung eines Verbots des Bücherverleihens an Schüler fast gar nicht zu be[auf]sichtigen ist. Eben so wenig bietet die [durch] die Allerhöchste Ordre vom 23. Oktober [1833] verordnete Prüfung der Qualifika[tion] der Leihbibliothekare eine ausreichende Ga[ran]tie, da der verlangte Grad von Bildung u[nd] Urtheilsfähigkeit keine sichere Gewähr f[ür] Sittlichkeit und Loyalität der Gesinnung zu leisten vermag.-

Mit jedem Jahr steigert sich in Folge de[r] rasch fortschreitenden Gesammtbildung d[as] geistige Bedürfniß der Nation, und der E[in]fluß der Leihbibliotheken, aus denen dass[elbe] vorzugsweise seine Befriedigung sucht. Die Wichtigkeit des Gegenstandes erheischt deshalb die ernsteste Beachtung und macht allgemeine, dem Zwecke entsprechende Maßnahme dringend nothwendig. Ich glaube daher diese

Meine Leihbibliothek,

durch einen so eben erschienenen **fünften Catalog-Anhang** abermals um 1236 Bände vermehrt und nunmehr 10,516 Nummern zählend, erlaube ich mir einem hiesigen und auswärtigen geehrten Publikum freundlichst in Erinnerung zu bringen, — hoffend, daß man mein Bestreben, eine unserer volkreichen Gegend entsprechende und für alle Bildungsstufen Genügendes bietende Bibliothek zu schaffen, immer mehr anerkennen und dieß durch recht fleißige Benutzung bethätigen werden.

Abonnementspreis praenumerando: pro Jahr 3½ Thlr., ½ Jahr 2 Thlr., ¼ Jahr 1 Thlr. 7½ Sgr., 1 Monat 15 Sgr.

Barmen, den 4. Oct. 1845.

W. Langewiesche.

Inserat im Elberfelder Kreisblatt 1845

Angelegenheit der Erwägung des Königlichen Ober=Präsidiums besonders empfehlen zu müssen, indem ich dasselbe um gutachtliche Aeußerung darüber ergebenst ersuche, wie eine durchgreifende Kontrole des Leihbiblioth[ek]wesens zu bewirken sein möchte.-

Schwerlich dürfte die hier zur Erwägung gest[ell]te Frage durch eine nur geschärftere Handhabung der bisherigen Verordnungen genügend zu erledigen sein.- Polizeiliche Maaßregeln scheinen zur Lösung derselb[en] überhaupt nicht auszureichen, und es wäre daher zu erwägen, ob es nicht rathsam erscheine, den Gemeinsinn für diese Angelegenheit zu interessiren, und die Bildung von Privatvereinen zu begünstigen, welche es sich zur Aufgabe stellten, die polizeiliche Controle der Leihbibliotheken zu unterstützen, und durch Errichtung von Vereinsbibliotheken, wie schon an mehreren Orten geschehen ist, einen durchgreifenden Erfolg zu sichern. Die Einwirkung der Polizei, welche, ihrer Natur nach, nur eine negative, den schädlichen Einfluß schlechter Lektüre durch Ausscheidung und Beschlagnahme verderblicher Bücher möglichst abwehrende sein kann, würde in solcher Unterstützung durch Privatvereine erst ihre positive Ergänzung finden. Soll nämlich die erwachte Neigung des Volks zu fortgesetzter geistiger Entwikelung und das vorhandene Lesebedürfniß zu einem wahrhaften Hebel des Fortschritts, der Sittlichkeit und der Loyalität dienen, so darf auch die nützliche Seite des Leihbibliothek=Wesens und einer zweckmäßig gesichteten, wohlfeil gebotenen Volks=Lektüre nicht verkannt und es muß neben dem Verbote der schlechten Bücher, zugleich dahin gewirkt werden, die guten in Umlauf zu setzen und zur möglichst ausgebreiteten Geltung zu bringen. Leihbibliotheken, bei deren Anlage nicht sowohl die Zahl, als vielmehr der Inhalt der Bücher, nach der umsichtigen Entscheidung eines von praktischem und patriotischen Sinn geleiteten Vereins=Ausschusses, in Betracht gezogen und gute Lektüre in einer großen Anzahl von Exemplaren gehalten würde, müßten von entschiedenstem Einflusse auf Sittlichkeit, auf Erweckung, und Erhaltung eines gesunden Volkssinnes sein. Bei der unverkennbar[en] Empfänglichkeit der Gegenwart für die Förderung gemeinütziger Zwecke auf dem Wege der Association bedürfte es viellei[cht] nur eines geringen Anstoßes, um derartige Vereine ins Leben zu rufen und es ist kaum zu bezweifeln, daß es denselben mit der Zeit gelingen würde das größere Publikum für den Gebrauch der Vereins=Bibliotheken zu interessiren. In Folge des Einflusses solcher Anstalten und der von ihnen gebotenen besseren Geistesnahrung würde der Geschmack des größeren Publikums mehr und mehr geläutert, die Kataloge allmälig von schlechten Büchern gesäubert, und namentlich die große Zahl seichter und gesinnungsloser Schriftsteller diskreditirt und zum Schweigen genöthigt werden, welche aus der Vielschreiberei ein Gewerbe machen, und eine Fülle verderblicher, mindestens zeittödtender Lektüre in die Welt senden, weil sie eines Honorars für ihre Machwerke, bei dem gegenwärtig durch die Leihbibliotheken gesicherten Absatze derselben gewiß sein können. Die vorstehenden Andeutungen sollen der rückhaltlosesten Erörterung der hier zur Erwägung gestellten Frage, welche aus verschiedenen Gesichtspunkten eine mehrseitige Auffassung zuläßt, und bei ihrer Wichtigkeit die gründlichste Beleuchtung erfordert, keinesweges als maaßgebende in den Weg treten.- Zugleich wünsche ich, daß dem Berichte des Königlichen Ober=Präsidiums eine statistische Uebersicht der in dessen Bezirke befindlichen Leihbibliotheken und ihres Verhältnisses zur Bevölkerungszahl beigefügt werde.-

Kommentar 6

In den 30er und 40er Jahren des 19. Jhdts. gewann die Presse für breite Bevölkerungskreise, die von politischer Mitsprache ausgeschlossen waren, zunehmend an Bedeutung. Vor allem das liberale Bürgertum maß den Zeitschriften großen Einfluß bei, obwohl die verschärften Zensurmaßnahmen, die Anfang der 40er Jahre nur vorübergehend gelockert wurden, die Redakteure wesentlich auf literarische Inhalte einschränkte. Als im Revolutionsjahr 1848 eine - allerdings nur bis 1850 anhaltende - „Preßfreiheit" durch die Bundesbeschlüsse vom 3.3. und 2.4. gewährt wurde, setzte eine Welle von Zeitungsgründungen ein. 1848 erschienen in Deutschland 269 neue Zeitungen, die aber bald wieder verschwanden.

Auch im Wuppertal läßt sich diese Entwicklung nachvollziehen. Die von der Oberbürgermeisterei und dem Landratsamt eingereichten Verzeichnisse der „Zeit= und Flugschriften" zeigen, daß sich in den Jahren 1840 bis 1847 in der regionalen Zeitungslandschaft nichts wesentliches bewegte. Für Elberfeld wurden neben der „Elberfelder Zeitung", dem „Täglichen Anzeiger" nur die „Verhandlungen der Bergischen Bibelgesellschaft" angegeben, für Barmen das „Barmer Wochenblatt", die „Barmer Zeitung" mit dem „Wupperthaler Lesekreis" und das „Missionsblatt" der Missionsgesellschaft. Dies änderte sich im Jahr 1848 schlagartig. In dem entsprechenden Verzeichnis vom 4.6.1849 (HStAD, Reg. Düsseldorf, Nr. 316) wurden für Elberfeld und Barmen insgesamt 12 Zeitschriften aufgeführt, von denen 6 1848 erstmals erschienen waren. Von den Neuerscheinungen wurden wiederum fünf, nämlich die „Freie Presse", die „Volksstimme", das „Volksblatt für Remscheid und Umgegend", das „Volksblatt" und die „Dorfzeitung" des Lehrers Brockhaus als „politische" ausgewiesen, während die letzte, der „Kirchliche Anzeiger für's Wupperthal" als „kirchliche" bezeichnet wurde. Dieser „Presseboom" des Jahres 1848 wird im Gedicht eines Anonymus im „Täglichen Anzeiger" vom August 1848 persifliert.

Quelle 6
(anonym), „Die Zeitungsleser"
in: Täglicher Anzeiger Nr. 202 vom 24.8.1848

Die Zeitungsleser.

Neuer Text zu einer alten Melodei.

Der Herr, der schickt die Köchin aus,
Sie soll ihm Essen holen;
Die Köchin bringt das Essen nicht,
Sie muß die Zeitung lesen!

Da schickt der Herr den Burschen fort,
Der soll die Köchin rufen —
   Die Köchin bringt das Essen nicht,
   Der Bursche ruft die Köchin nicht,
   Er lies't, wie sie, die Zeitung!

Da schickt der Herr die Kindsmagd fort,
Sie soll nach Beiden schauen —
   Die Köchin bringt das Essen nicht,
   Der Bursche ruft die Köchin nicht,
   Die Kindsmagd schaut nach Beiden nicht,
   Sie lies't, wie sie, die Zeitung!

Da schickt der Herr den Hausknecht fort,
Der soll sie tüchtig prügeln —
   Die Köchin bringt das Essen nicht,
   Der Bursche ruft die Köchin nicht,
   Die Kindsmagd schaut nach Beiden nicht,
   Der Hausknecht prügelt Niemand nicht,
   Er lies't, wie sie, die Zeitung!

Da schickt der Herr den Teufel aus,
Der soll sie Alle holen! —
   Die Köchin bringt das Essen nicht,
   Der Bursche ruft die Köchin nicht,
   Die Kindsmagd schaut nach Beiden nicht,
   Der Hausknecht prügelt Niemand nicht,
   Der Teufel holt sie selber nicht,
   Er lies't, wie sie, die Zeitung!

Da will der Herr nun selber fort,
Will heut im Gasthof essen —
   Die Köchin bringt mein Essen nicht,
   Der Bursche ruft die Köchin nicht,
   Die Kindsmagd schaut nach Beiden nicht,
   Der Hausknecht prügelt Niemand nicht,
   Der Teufel holt sie selber nicht,
   Der Herr speist auch im Gasthof nicht,
   Er lies't, wie sie, die Zeitung!

Kommentar 7

Wie das in der nebenstehenden Quelle abgebildete „Verzeichniß der im Bereiche der Oberbürgermeisterei Elberfeld erscheinenden Zeitungen", das der Landrat beim Oberbürgermeister am 2.7.1850 angefordert hatte, zeigt, hatten die „politischen" Blätter die gescheiterte Revolution nicht überlebt. Dennoch waren 1850 zwei neue Zeitschriften hinzugekommen: der „Kinderbote", eine Zeitschrift für Kinder, und die konservative „Rheinisch=Westphälische Zeitung"; die liberalen Blätter existierten nicht mehr. Die Einschränkung der Pressefreiheit in der Zeit der Reaktion nach 1849 bedeutete eine erneute strenge Zensur aller politischen Presseerzeugnisse. Das „Bundes-Preßgesetz" vom 6.7.1854 bestimmte in den §§ 9 und 10 eine Kaution für periodische Druckschriften in Höhe von 5000 Talern, von der nur amtliche und „solche Blätter befreit [wurden], welche alle politischen und socialen Fragen von der Besprechung ausschließen". Die §§ 16 und 17 schließlich legten fest, was als „Mißbrauch der Presse" galt: So waren „Angriffe auf die Religion" ebenso untersagt wie solche auf „die Grundlagen des Staates und der Staatseinrichtungen, auf die letzteren selbst, auf die zur Handhabung derselben berufenen Personen, die Beleidigungen der letzteren, der Regierungen und des Oberhauptes eines fremden Staates" (zit. nach E.R. Huber (Hrsg.), Dokumente zur deutschen Verfassungsgeschichte, Bd. 2, Stuttgart 1964, S. 4/5).

Zeitschriftenverzeichnisse von 1864 zeigen, daß die Wuppertaler Zeitungslandschaft in den 60er Jahren eine spezifische Richtung repräsentierte: Von 14 in Elberfeld erscheinenden Periodika fielen 9 unter die Rubrik „Kirchliches" (HStAD Reg. Düsseldorf Nr. 319).

Die Verhältnisse in Barmen gestalteten sich ähnlich: Dort waren von sieben erscheinenden Zeitschriften 6 kirchliche oder religiöse. Das einzige profane Blatt, die „Barmer Zeitung", hatte 1800 Abonnenten, die christlichen oder konfessionellen Periodika bezogen insgesamt 25800 Leser in- und außerhalb der Stadt.

Quelle 7
„Verzeichniß der im Bereiche der Oberbürgermeisterei Elberfeld erscheinenden Zeitungen"
SAW K II 30   9.7.1850[1]   handschriftlich

---
[1] Transkription
[Rubriken: No./1. Namen der Zeitung oder des Blattes/2. Namen des Druckers - 3. des Verlegers - 4. des Redacteurs/5. Wie oft das Blatt erscheint/6. Inhalt und Tendenz der Zeitung respektive des Blattes]

1. 1. <u>Elberfelder Zeitung</u> /2. und 3. Albert Lucas/4. Dr. Rave/5. täglich mit Ausnahme des Montags/6. Politik vom constituionellen Standpunct aus.
2. 1. <u>Elberfelder Kreisblatt</u>/2. und 3. derselbe [Albert Lucas]/4. dergleiche [Dr. Rave]/5. zwei bis dreimal wöchentlich/6. Erzählungen und Anzeigen, zuweilen werden auch soziale und politische Fragen besprochen.
3. 1. <u>Täglicher Anzeiger für Berg und Mark</u>/2. Schober Fried. August/3. Städtische Verwaltung/ 4. Weber Premier Leutnant a.D./5. täglich mit Ausnahme des Montags/6. wie vor.
4. 1. <u>Jünglingsbote</u>/2. derselbe [Schober]/3. und 4. Pastor Dürselen in Ronsdorf und Musiklehrer Hommann in Elberfeld/5. alle 14 Tage/6. Moralische Bildung der Jünglinge mit Ausschluß aller politischen und sozialen Fragen.
5. 1. <u>Kinderbote</u>/2. Haßel W.(Hironimus)/3. und 4. ErziehungsVerein in Elberfeld (Lehrer Brockhaus)/4. Alle 8 Tage/6. Erzählungen für Kinder mit Ausschluß aller politischen und sozialen Fragen.
6. 1. <u>Kirchlicher Anzeiger aus dem Wupperthale</u>/2. derselbe [Hassel]/3. und 4. Feldner, L. lutherischer Pastor/5. Alle 8 Tage/6. Im allgemeinen kirchliche Anzeigen und Aufsätze religiösen Inhalts, es werden jedoch auch soziale Fragen verhandelt.
7. 1. <u>Rheinisch Westphälische Zeitung</u> /2. Haßel W. (Hironimus W.)/3. und 4. Dr. Günther/5. täglich mit Ausnahme des Montags/6. Politick in streng conservativen Sinne.

Kommentar 8

Die sprachliche und mimische Umsetzung dramatischer Texte in der Form von Tragödie oder Komödie, Posse oder Singspiel etc. verweist auf das Theater als möglichen Zugang zu Literatur. Diese Funktion wurde seit der zweiten Hälfte des 18. Jhdts. bis zum Jahr 1806 im Wuppertal allein von vorübergehend gastierenden Wanderbühnen wahrgenommen, die in Gärten, Bretterbuden oder Gasthäusern auftraten. Der Impuls zur Errichtung eines dauerhaften Theaters kam von außerhalb: Am 6.2.1805 erhielten die Düsseldorfer Kaufleute Jacobi, Reimann und Winkelmann von der kurfürstlichen Regierung eine Schauspielkonzession für sechs Jahre, die sich auf Düsseldorf und Elberfeld erstreckte und von der französischen Regierung Murat 1806 nochmals bestätigt wurde. Das „Bergische Nationaltheater", finanziert und geleitet von den genannten Kaufleuten, sollte während der Sommermonate in Elberfeld gastieren. Zu diesem Zweck erwarben zwei Vertreter der Düsseldorfer Theaterdirektion im Februar 1806 ein Grundstück an der „Kleinen Hofaue" in Elberfeld und veranlaßten den Bau eines Theatergebäudes. Gegen dieses Vorhaben formierte sich der gemeinsame Widerstand der fünf evangelischen Gemeinden Elberfelds und Barmens im Verein mit der Kaufmannschaft, die, unterstützt durch die Unterschriften von 635 Bürgern, über den Stadtmagistrat Beschwerde- bzw. Bittschriften an die Regierung verfaßten, die jedoch abschlägig beschieden wurden.

1811 wurde das Theater, das für seine Träger aufgrund des schlechten Publikumsbesuchs ein großes Verlustgeschäft geworden war, geschlossen.

Den weiteren Entwicklungsgang des Theaters im Wuppertal kennzeichneten große Raumprobleme. Kehrten in den Jahren bis 1821 verschiedene Schauspielgruppen in die Gasthaussäle zurück, so konnte sich das von 1821-1834 jeweils in den Sommer- und Herbstmonaten in Elberfeld auftretende Ensemble des Düsseldorfer Theaters unter der Direktion Joseph Derossis (von 1823-1829 gemeinsam mit Ad. Wolff) in den Jahren 1821-1825 in einem Anbau des Zweibrücker Hofes bei Gastwirt und Posthalter Obermeyer einquartieren, bevor dessen über einem Reitstall errichteter Theatersaal aus feuerpolizeilichen Gründen für Aufführungen geschlossen wurde. 1833 schließlich konnte Derossi die sieben Jahre zuvor als Reitbahn erbaute Halle von Hauser in der Luisenstraße für Theaterzwecke provisorisch einrichten lassen. Vor diesem Hintergrund nimmt der nebenstehende Prolog, verfaßt von dem neuen Direktor Karl Leberecht Immermann (1796-1840), Bezug auf eine

Quelle 8
Prolog zur Eröffnung des Theaters in Elberfeld, verfaßt von Karl Leberecht Immermann, gesprochen von Mathilde Limbach am 29.7.1835,
in: Täglicher Anzeiger Nr. 212 vom 31.7.1835[1]

Prolog
zur Eröffnung des Theaters zu Elberfeld
am 29. Juli 1835.

Ein neu Verhältniß freundlich einzuleiten,
Bin ich herausgesandt mit schlichtem Wort
An die verehrten Männer, edlen Frauen
Der lebenvollen Stadt. — Wir Gäste sind
Voll guten Willens, frischen Muthes, Euch
Gar manche Gaben, bunte, darzubringen;
So laßt des schönen Gastrechts uns genießen,
Und in dem Sinne, wie wirs treulich bieten
Nehmt, was wir unser nennen, gütig hin! —

Nicht unter Marmorhallen, nicht von Säulen
Mit gold'nen Capitälen eingerahmt,
Wird sich das Spiel der Muse hier entfalten.
Ein leicht Gerüst stieg raschgefügt empor.
Kaum ist der Schlag des Zimmerers verhallt,
Kaum trocknete die muntre Farbe; wohl
Geläng dem Spötter mancher Spott. Er dürfte
Nur sagen: daß sich Thespis[2] Karr'n verjüngt. —

Wir aber fürchten weder Spott noch Spötter.
Denn aus dem Geiste wird die Kunst geboren,
Zum Geiste strebt sie hin, in ihm zu wohnen,
Und nur mit geist'gen Schwingen will sie rühren.
Gar oft geschah's, daß Prunk und Pomp das Auge
Von ihrer strengen Schönheit abgeleitet,
Drum machen aus der Noth die Tugend wir,
Und glauben kühn, Apollo's höchste Kraft,
Sie könne auch in diesem engen Raume,
Von diesen Pfosten eingezwängt, sich regen,
Sind wir nur würdig zu des Gottes Dienst.

Und was ein froh Vertrau'n uns giebt zu Euch,
Der hohe Sinn ist's, großes hier erzeugend.
Nichts schätzt der Müßiggänger. Seiner Leere
Scheint selbst die Fülle leer, die Tiefe hohl,
Am Würd'gen schweift sein Auge matt vorüber,
Allein dem Fleiß steht alles Gute nah.
Der Ernst, der dieser Thäler sich bemächtigt,
Wird unsern Ernst erkennen. Unsre Müh?,
Oft Tage=, Wochen=, Mondenlang geübt,
Um dreier Abendstunden kurze Frucht,
Wird da die gute Stätte finden, wo

*nur renovierte und teilweise hinsichtlich der Bühnentechnik modernisierte Hausersche Reithalle. Die Bedingungen, unter denen die Aufführungen stattfanden, illustriert ein Artikel im Täglichen Anzeiger vom 4.9.1835: „Sollte Herr Hauser nicht auf freundschaftliches Ersuchen namens sämtlicher Theaterfreunde die Anordnung treffen, daß während der Vorstellung weder Pferde aus noch in den Stall geführt werden?, daß ferner das Wasserpumpen auf dem Hofe, Kehren desselben, Öffnen des Regenfasses, Hin- und Herlaufen auf Holzschuhen durch die Höfe für diese Zeit unterbliebe? Könnten nicht auch die Hunde eingehalten werden, welche durch ihr Bellen manchen schönen Moment verderben? Vorstehendes wiederholt sich bei jeder Vorstellung und stört ungemein.[...] Auf Seiten der Luisenstraße macht sich die Straßenjugend stets das Vergnügen, gegen die Türe zu werfen und darauf zu trommeln."
Immermanns Spielplan, der u.a. Stücke von Schiller, Shakespeare, Victor Hugo, Kleist und Lessing aufweist, stieß beim Elberfelder Publikum nur auf wenig Interesse. Am 6.11.1835 notierte Immermann in seinem Tagebuch: „Am Sonntage ist Faust, wo es vermutlich ein brechend volles Haus geben wird, da die Elberfelder wissen, daß vier Meerkatzen darin vorkommen. Das Gedicht würde sie wohl nicht anziehen. Ich will einen Zettel, zwei Ellen lang, drucken lassen. So suche ich mit Aufbietung aller Kräfte die Sache zu halten" (zit. nach Fritz Kayser, Immermann und das Elberfelder Theater, Wuppertal-Elberfeld 1935, S. 45). Permanente Schwierigkeiten finanzieller und organisatorischer Art veranlaßten Immermann, die zweite Spielzeit schon nach 70 Tagen am 19.10.1836 zu beenden.*

Ein tüchtig Streben jedes Menschenwerk
Mit sich'rem Maaß gerecht zu messen weiß. —

Nur mäß'ge Spenden bringen heute wir,
Die neck'sche Qual der Eifersucht; ein Mädchen,
Das mit dem Gecken spielt, und den Geliebten
Darüber einbüßt; solche heit're Bilder,
Die nur den Sinn anregen, nicht erschüttern.
Schaut man in jeglichem Verhältniß doch,
Die höchsten Loose zum Beginn zu ziehen,
Und war der Bund noch stets der dauerndste,
Der nach und nach Gehalt und Kraft errang.
So laßt Euch heute zum Beginn gefallen,
Mit uns durch Komus³ munt'res Reich zu wallen!
Allmählig werden dann sich andre Geister
Mit stärk'rem Ton und ernst'rem Laute rühren,
Und ihren Reigen die erhab'nen Meister
Durch dieses Haus im Feierzuge führen!

---
[1] auch wiedergegeben bei Fritz Kayser, Immermann und das Elberfelder Theater, Wuppertal-Elberfeld 1935, S. 7 f
[2] Thespis = gr. Tragödiendichter des 6. Jhdts. v. Chr.; Thespiskarren = Wanderbühne; Horaz erwähnt, daß Thespis mit einem Karren umherzog, auf dem seine Stücke aufgeführt wurden
[3] Komus, Komos = Bezeichnung für festlich-ausgelassene Umzüge im Zusammenhang mit dem athenischen Dionysoskult

Inserat im Täglichen Anzeiger Nr. 116 vom 18.5.1850

4629 **Kunstnotiz.**
In dem berühmten
Affen-Theater
von
Monsieur Le Cerf
unter Mitwirkung der englischen und afrikanischen Künstler
N. Sisha, Folds und Eichler,
auf der Schlossersbleiche,
finden täglich zwei Vorstellungen statt, die erste präcise 5, die zweite 7 Uhr Abends. **Sonn-** und **Feiertage drei** Vorstellungen, um 3, 5 und 7 Uhr Nachmittags.
Preise der Plätze: Erster Platz 10 Sgr., zweiter Platz 5 Sgr., dritter Platz 2½ Sgr., Kinder zahlen die Hälfte.
Le Cerf.

Kommentar 9

Für die Spielzeit 1844/45 vermietete eine 1841 gegründete Theaterverein-Aktiengesellschaft das wiederaufgekaufte Theatergebäude an der „Kleinen Hofaue" an Friedrich Spielberger, der als Regisseur und Geschäftsführer den Lustspieldichter Roderich Benedix verpflichtete. Aufgrund der rigiden Geschäftsbedingungen des Theatervereins und der steigenden Abgaben an die Armenkasse mußte Spielberger sein Unternehmen hochverschuldet aufgeben; bis 1856 folgten ihm weitere fünf Theaterdirektoren. Nachdem die Vaterländische Feuerversicherungsgesellschaft das Gebäude vom verschuldeten Theaterverein übernommen hatte, ging es 1861 in den Besitz einer neugegründeten Theaterverein AG über. Die Führung des Vereins hatte der Elberfelder Polizeidirektor Hirsch übernommen, der sich für eine finanzielle Unterstützung des Theaters durch die Stadtverwaltung ohne Erfolg einsetzte. Von 1861 bis 1874 stand das Theater mit Unterbrechungen unter der Leitung der Gastwirtsfamilie Küpper, die bereits in den 50er Jahren auf dem Johannisberg in einem Anbau Theatervorstellungen veranstaltet hatte, und diese bis in die 80er Jahre fortführte.

Die in Quelle 9 wiedergegebene Stellungnahme des Polizeidirektors Hirsch, zu der er von der Regierung aufgefordert worden war, steht im Zusammenhang mit einer Eingabe der reformierten und lutherischen Presbyterien bei der Düsseldorfer Regierung vom 7.7.1860, in der um ein Verbot der Vaudeville-Vorstellungen auf dem Johannisberg nachgesucht wurde, da diese den Bestimmungen zum Schutz der Sonntagsfeier vom 14.12.1853 zuwiderliefen. Des weiteren heißt es in der Eingabe: „Durch die sonntäglichen Vaudeville Vorstellungen wird in der That eine große Menge vom Besuche der Kirche abgehalten und an einen Ort hingezogen, wo meist nicht unschuldiger Frohsinn herrscht, wo nicht der Sinn für Schönes und Edles geweckt wird, sondern das Volk durch die schlechteste Literatur leicht zur Unsittlichkeit verführt und auf böse Gedanken geleitet werden kann" (SAW M I 101). Die Klage der Kirchenvorstände ging bis nach Berlin und wurde dort mit Schreiben vom 3.4.1861 abgelehnt.

Quelle 9
Stellungnahme des Elberfelder Polizeidirektors Hirsch
zu einer Beschwerde der reformierten und lutherischen Presbyterien
SAW M I 101   28.10.1860   handschriftlich

[...]

Es ist vollständig erdichtet, daß sich hier im Wupperthale sowol die Genußsucht als die Entheiligung des Sonntags durch öffentliche Lustbarkeiten steigert. Wenn irgendwo in der ganzen Monarchie so hat grade hier die sogenannte kirchliche Parthei, die allerdings im Haupt=Besitze der materiellen Mittel ist, dafür gesorgt, daß dem Volk an Vergnügungsmitteln überhaupt so wenig als möglich geboten werde. Eins im Allgemeinen vorausschickend, bemerke ich, daß es unwahr ist, daß am Sonntage nach Pfingsten zur Zeit der Gottesdienste ein Wettrennen gehalten worden ist; ein solches Wettrennen hat allerdings Statt gehabt, und zwar zur unschuldigen Freude und Belustigung von mehreren Tausenden, aber nicht zur Zeit des Gottesdienstes, sondern erst nach jener Zeit[1]. Der Hauptgottesdienst in allen hiesigen Kirchen mit einziger Ausnahme der niederländisch reformirten findet, nach der deshalb speziell eingeholten und abgegebenen Erklärung der Geistlichkeit, Vormittags von 9-11 Uhr und Nachmittags von 2 bis gegen 4 Uhr Statt, und ebenso unwahr ist die Behauptung, daß die Sommertheater-Vorstellungen um 5 Uhr, also zu einer Zeit beginnen, während welcher die Glocken zur Kirche einladen, denn im Sommer findet nur in einer Kirche Abendgottesdienst Statt; noch viel weniger läuten die Glocken alsdann zur Kirche, denn zu der einen Kirche wird um 1/2 5 Uhr geläutet, und ist das Läuten um 5 Uhr zu Ende. Selbst aber wenn dies der Fall, so wäre kein gesetzlicher Grund vorhanden, wegen des AbendgottesDienstes das Theater zu verbieten. Es wird meinerseits mit aller Strenge darauf gehalten, daß die gesetzlichen Vorschriften über die Sonntagsheiligung aufrecht erhalten werden, darüber hinaus aber kann und werde ich nicht gehen und nicht dazu mitwirken, daß dem Publikum, welches 6 Tage in der Woche von Morgens früh bis Abends spät im Schweiße seines Angesichtes arbeitet, auch noch am Sonntage jede Gelegenheit benommen werde, sich an erlaubten Vergnügungen zu betheiligen. Daß der Kirchenbesuch unmöglich gemacht oder eine große Menge vom Besuche der Kirche durch die Vaudeville-Vorstellungen[2] abgehalten wird, ist ferner ebenso unwahr wie die folgende Behauptung, daß letztere durch ihre schlechte Litteratur zur Unsittlichkeit verführen und auf böse Gedanken leiten; denn wer überhaupt zur Kirche gehen will, hat dazu am Vormittage und Nachmittage Gelegenheit und was die Entsittlichung durch das Vaudevilletheater anlangt, so haben die Beschwerdeführer durchaus kein Urtheil darüber, da sie weder dies noch den Johannisberg selbst jemals besuchen. Bei vielen Gelegenheiten und in speziellen Berichten habe ich oft schon Veranlassung gehabt, mich über die Nothwendigkeit des Bestehens dieses Etablissements für das Wupperthal auszusprechen als des einzigen, welches dem Volk außer Bier und Schnaps (der hier nicht geschänkt wird), ein anständiges und billiges Vergnügen und Zerstreuung von dem mühseligen Wochenleben bietet. Aber freilich, die Parthei, welche sich nicht entblödet, auf den letzten Barmer Kirchentage durch eines ihrer Mitglieder zum gerechten Erstaunen des ganzen gebildeten Deutschlands erklären zu lassen, daß sie in dem größten Dichter Deutschlands „Träber"[3] gefunden, diese Parthei kann und will dem Volke kein andres Sonntagsvergnügen [gestatten] als den Besuch der Kirche und das Bibellesen. Oft genug habe ich die Häupter dieser Parthei und die Geistlichen aufgefordert, mich nur ein einziges Mal am Sonntag Abend auf den Johannisberg zu begleiten und sich davon zu überzeugen, wie gesittet und still es daselbst zugeht, wie vergnügt und billig der Arbeiter mit seiner Frau oder Braut daselbst sitzt und sich an den Klängen einer guten Musik oder an einem heitern Lustspiel ergötzt und um 10 Uhr ruhig nach Hause geht; aber jene Parthei will nicht überzeugt sein und deshalb habe ich auch nie ein Mitglied derselben für jenen Vorschlag gewinnen können. Es ist ganz dieselbe Parthei endlich, welche es zu meinem und dem Kummer des größten Theils der hiesigen verständigen Leute durchgesetzt hat, daß an den Meßsonntagen die Schaubuden selbst nach dem Schluß des Gottesdienstes geschlossen bleiben, wodurch eben nichts anderes bewirkt wird, als daß das zu Tausenden auf der Straße befindliche Volk, welches sonst für einige Groschen ein anständiges, erlaubtes und billiges Vergnügen hätte, in die Kneipen getrieben und zu größern Ausgaben und Ausschweifungen verleitet wird, was sich durch die polizeilichen Rapporte nachweisen läßt.

Das Resumé meiner Auseinandersetzung ist also ganz kurz: die Beschwerde ist unbegründet, weil es an einer gesetzlichen Bestimmung des nachgesuchten Verbotes fehlt

Johannisberg.
(Vaudeville-Theater.)
Samstag, den 6. Juli:
Benefiz
für Hrn. Musikdirector Marter.
**Das Volk
wie es weint und lacht.**
Volksstück in 5 Akten mit Gesang
von Kalisch.
Der sterbende Komödiant.
Lebendes Bild.
Anfang 7¼ Uhr. Entree 7½ Sgr.
Die Direction.

Ankündigung in der Bergischen Zeitung Nr. 156 vom 6.7.1861

und auch nicht der mindeste Grund dazu vorhanden ist und bitte ich so dringend als g.g.[4], die Beschwerdeführer ernstlich zur Ruhe verweisen zu wollen.

---

[1] In der Beschwerde der Presbyterien war darüber Klage geführt worden, daß am Pfingstsonntag 1860 mit polizeilicher Genehmigung ein Kunstreiter-Wettrennen stattgefunden habe.
[2] Vaudeville = seit dem 18. Jhdt. zeitkritische, satirisch-witzige Form des franz. Singspiels (Jahrmarktstheater, musikalische Posse); am Schluß der Opéra comique übliche Rundgesänge auf populäre Melodien
[3] Träber, auch Treber = Abfälle, Schweinefutter (vgl. Luk. 15, 16)
[4] gg = eigentlich „großgünstig", hier kann eher „ergebenst" gemeint sein

2. Zeitschriften mit allgemeinem Informationsanspruch

Kommentar 10

Das „Bergische Magazin", das vom 1.10.1788 bis zum 30.9.1789 in Elberfeld erschien, wurde bei Johann Eyrich gedruckt. Bis zum Juli 1789 war der Buchhändler Wilhelm Christian Jahn der Herausgeber und Redakteur; die letzten Ausgaben betreute der Elberfelder Wundarzt und Dr. phil. Johann Stephan Anton Diemel. Das Magazin erschien zweimal wöchentlich, manchmal aber auch unregelmäßig, desgleichen wurde der Umfang von normalerweise acht Seiten bei Bedarf erweitert. Das Magazin, das im Jahr der Französischen Revolution 1789 mangels Interesse einging, hatte aufklärerischen Impetus. Trotz seiner literarischen Akzentuierung - es brachte Gedichte von Gellert, Schiller, Jacobi und Bürger - kamen auch politische und soziale Artikel vor, so z.B. der in Quelle 10 wiedergegebene „Ueber das Verhältniß des Luxus gegen den Wohlstand der Bürger und das Vermögen der Nazion" oder die „Patriotischen Versuche" (IX. Stück 1.11.1788 ff), in denen es um die Möglichkeiten zur Abschaffung der Armut ging. Neben solcherart belehrenden und unterhaltenden Beiträgen, zeitgenössischer Lyrik und Anekdoten wurden die Wechselkurse mitgeteilt und Anzeigen eingerückt. Im „Vorbericht" zum I. Stück, unterzeichnet vom Herausgeber, hieß es: „Jeden Leser zu befriedigen, werde ich auch zuweilen mit lustigen Anekdoten und gar schönen weltlichen Reimen, Liedern und Gedichten, ausser den moralischen und andern Aufsätzen, meine Aufwartung machen, doch sollen weder die Sitten noch der gute Geschmack dadurch beleidigt werden" (zit. nach O. Schell, Vom geistigen Leben in Elberfeld beim Ausbruch der französischen Revolution

Quelle 10
„Ueber das Verhältniß des Luxus gegen den Wohlstand der Bürger und das Vermögen der Nazion"
Artikel, in: Bergisches Magazin, XXXVI. Stück, Elberfeld 9.5.1789, S. 283-286

Das Gesetz des Eigenthums brachte Ungleichheiten im Vermögen hervor; diese Ungleichheiten im Vermögen zogen eine ungleiche Zahl der Bequemlichkeiten nach sich, und das Uebergewicht, das Einige über Andere erhielten, ward durch das Wort Luxus ausgedrückt.

Dieser Luxus würde keines Zuwachses fähig gewesen seyn, wenn nicht jedes Geschlecht von den Früchten seiner Arbeit überlebt würde; wenn nicht eine grosse Menge der Erzeugnisse des Landes und des Fleißes länger dauerten, als das menschliche Leben. So lange keine ausserordentlichen Staatsveränderungen entstehen, die sie zerstören, so häufen sich die beweglichen Güter in der bürgerlichen Gesellschaft. Ein neuer Luxus tritt aber ein, den man den Luxus der Jahrhunderte nennen könnte, und die ungleichen Verhältnisse werden auffallender. Auf der einen Seite schließt sich die Menge der von der Zeit gesammelten Reichthümer an die Erzeugnisse der neuen Generation, und vertheilet ihren Prunk ganz zügellos durch die Veränderung des Besitzes; auf der andern werden die höchstnöthigen Bedürfnisse das nie zunehmende Erbtheil derjenigen Klasse von Menschen, die ihrer Menge und gegenseitigen Neides wegen, die Gesetze des reichen Eigenthümers annehmen, und durch ihre Armuth das Andenken seines Geizes verewigen.

Durch diese Bemerkungen erregt zwar der Luxus unser Erstaunen und empört unser Gefühl; aber man sieht doch, daß er in seinem höchsten Glanze noch die natürliche Folge des Gesetzes vom Eigenthum, der Arbeit, und der Zeit bleibt. Sollte er in einem Lande, z.B. in Frankreich, in seinem Laufe gehindert werden, so müßte die Erde aufhören fruchtbar, und der Mensch fleißig zu seyn; oder man müßte den Grundbesitzern befehlen, nicht mehr gegen die Früchte des Fleißes ihre überflüßigen Nahrungsmittel umzusetzen, sondern sie dem Unterhalte müßiger Leute zu widmen; was würde aber die Glückseligkeit der Nazion bei einer solchen Einrichtung gewinnen?

Der Arme, der in der Trägheit erzogen ist und von Verdruß verfolgt wird, würde Arbeit und Mühe bedauern; und der Reiche, den man in dem Gebrauch seiner Reichthümer einschränkte, würde aus einem Lande fliehen, wo man dieselben nicht geniessen dürfte.

Solche strenge Einrichtungen passen so wenig für industriöse, als überhaupt für keine grossen Staaten. Allenfalls dürften sie in kleinen Republiken zuträglich seyn, wo die Erhaltung der Staatsverfassung von der Gleichheit der Bürger abhängt. In einem monarchischen Staate hingegen, wo Rang und Geburt frühzeitig zu gewissen Unterscheidungen berechtigen, kann der Vorzug, den man dem Reichthum zugesteht, nicht anstößig seyn; er beruhigt vielmehr andere, er bietet der Geschicklichkeit verschiedene Mittel an, sich empor zu schwingen; und diejenigen Leute, die das Eigenthumsrecht nur zum Erwerb des Nothdürftigen zwingt, sehen die Reichen als Wesen einer andern Gattung, und ihre Pracht als eine Eigenschaft ihrer Größe an.

(1789), in: MBGV, 19.Jg.(1912), S. 37).
Wilhelm Christian Jahn vermerkte zudem an die Adresse möglicher Artikeleinsender: „Wer nur Beyträge senden will, und nicht weiß: ob sie in meinen Plan gehören oder nicht? dem sage ich hiermit: daß ich moralische, statistische, litterarische, ökonomische, merkantilische, medizinische, und aufs lokale eines jeden Orts im Bergischen Lande Bezug habende Aufsätze und Nachrichten in dieses Blatt aufnehmen kann und darf" (ebenda S. 48).

Durch dieses Schauspiel ist der Arme nicht unglücklich. Der prächtige Aufzug blendet wie die Stralen [!] eines hellen Lichts seine Augen und läßt ihn nicht durch Neid unglücklich werden.

Wie es aber einen Luxus giebt, der von der Arbeit erzeugt und von Verfassungen unterhalten wird, die dem Glücke der Menschen und der Macht der Nazionen günstig sind, so findet sich auch ein anderer, der diesen Grundsätzen zuwider ist. Er dankt seinen Ursprung der Schwäche und der Ungerechtigkeit. Es entstehen nemlich die Ungleichheiten der Glücksumstände, die ich darunter begreife, aus einer unwissenden oder getäuschten Regierung, die in wenig Händen ihre Wohlthaten aufhäuft, die in der Hauptstadt dem Glücke Wege bahnt, welche mit Arbeit und Klugheit in keiner Verbindung stehen, die endlich bey Vertheilung der Abgaben die Klasse der Geringern belastet, die Großen aber vorbeigeht.

Gesetzt auch, wird man sagen, daß eine Art von Luxus den Wohlstand nicht zerstört, so schadet sie doch allemal der Macht der Nazion. Sie macht die Sitten weibisch, sie unterwarf den Griechen das persische Reich, sie stürzte die mächtigen Römer. Diese Zeiten haben sich sehr verändert. Wenn man bemerkt hat, wie sich in Europa zahlreiche Heere bildeten, und genaue Betrachtungen über die strenge Mannszucht die hiebei beobachtet wird, anstellt, so sieht man wie durch diesen Mechanismus viele tausende auf einen Wink und durch eine Bewegung sich lenken lassen, daß die alten Tugenden Griechenlands und Roms, die Vaterlandsliebe, die Begeisterung des Ruhms, nicht mehr die einzige Gewalt der Staaten sind, noch seyn können.

Kommentar 11
Dorothea von Eicken, Witwe des Hofrates Dr. Gerhard Wilhelm von Eicken, der bereits 1800 von Barmen aus den „Niederrheinischen Staatsboten" herausgegeben hatte, beantragte noch bei der kurfürstlichen Regierung die Erlaubnis zur Herausgabe eines „Magazins für Politik, Geistesbildung und Humanität", das ab Juli 1806 viermal wöchentlich in Gemarke erschien; Redakteur war Johann Caspar Korten. Der Abonnementspreis betrug jährlich 4 Reichstaler. Derselbe Preis galt für die am selben Druckort und auch von Dorothea von Eicken herausgegebene „Gazette de Gemarke". Das Magazin stand den „Herren Beamten, Pastoren, Notarien und Schullehrern" (Ausgabe vom 4.7.1806) unentgeltlich zur Verfügung. Bereits im Juli 1806 wurde dem Publikum für die gute Aufnahme gedankt: „Dank, herzlichen Dank, euch allen in der Ferne und Nähe, die ihr uns eurer Theilnahme und eures Beifalls würdigtet! Vorzüglichen Dank euch, ihr biedern Gemarker und Bärmer, die ihr das Zutrauen, das wir in euren Patriotismus und in euren Sinn für Wahrheit, Tugend und Bildung setzten, nicht nur rechtfertigtet, sondern übertrafet!" (11.7.1806). Dennoch überlebten weder das „Magazin" noch die „Gazette" ihr Gründungsjahr. Neben diesen politischen Zeitschriften erschienen 1806 in Barmen das Unterhaltungsblatt „Ährenlese" (hergestellt bei Franz Anton Stahl) und die „Biene", eine belehrende Wochenschrift.
Der nebenstehende Text gibt den zweiten Teil der Einleitung bzw. Vorstellung des „Maga-

Quelle 11
Letzter Teil des Vorwortes,
in: Magazin für Politik, Geistesbildung und Humanität, Nr. 3 vom 4.7.1806, S. 1-3 (beschädigt)

Gespräch zwischen dem Redacteur und seinem Freunde, als Einleitung. (Beschluß)

Der Freund des Redacteurs.
Was die innere Einrichtung einer gutgeschriebenen Zeitung betrifft [!], die kann ich nicht besser vergleichen, als mit der Einrichtung eines Gastmahls.

Der Redacteur.
Eines Gastmahls? Du erregst meine Neugierde; und ich wüßte nicht, welche Aehnlichkeiten du zwischen einem öffentlichen Blatt und einer Schmauserei auffinden könntest. Ein wichtiger Unterschied zwischen beiden fällt mir dagegen gleich auf: das Gastgebot füllt den Magen, und läßt den Kopf leer; (höchstens möchte er dabei von den aufsteigenden Weindünsten angefüllt werden!) die Zeitung aber macht es gerade umgekehrt; sie füllt den Kopf, und läßt den Magen leer, ausgenommen den Magen des Herrn Verlegers, wenn sie guten Absatz findet. Aber welche Aehnlichkeiten findest denn du zwischen beiden?

Der Freund.
Sehr viele. Der alte Roderique in Cölln, der die dortige französische Zeitung so lange Jahre mit dem allgemeinsten Beifall herausgab, und bei dem es Wahrheit war, was bei manchem seiner spätern Herren Collegen nur schamlose Pralerei zu sein scheint, wenn er behauptete, seine Correspondenz erstrecke sich hier und da bis in die Nachbarschaft der Cabinete, - dieser Roderique verglich authentische Neuigkeiten aus dem Gebiete der Politik mit einem Stück kräftigen Rindfleisches, das auf keiner guten Tafel fehlen dürfe.

Der Redacteur.
Eine appetitliche Vergleichung! Doch, der Mann hatte im Grunde ganz Recht. Ein öffentliches Blatt, bloß mit Gedichten, oder mit trockenen Aufsätzen über Schulsachen, Kuhpocken und Verbesserung der Brandweinbrennerei, oder mit Berechnungen über den jährlichen Ertrag der milchgebenden Kühe in Ostfriesland angefüllt, kömmt mir, wenn nicht wenigstens ein bischen Politik [!] das übrige würzt, gerade vor, wie eine Tafel, wo man mich mit Confect und Schaugerichten bewirthete, aber nach nahrhafterer Kost, nach Brod, Gemüse und Fleisch, vergebens hungern ließe. Aber weiter in deiner Vergleichung, wenn's beliebt!

523

zins" in Form eines fiktiven Dialoges zwischen dem Redakteur und seinem Freund über die „innere Einrichtung einer gutgeschriebenen Zeitung" wieder.

Der Freund.
Politik wäre also das nahrhafte Rindfleisch auf der politischen Table d'hôte. So wie nun aber manchem Gast sein Fleisch nicht munden will, wenn er nicht vorher eine daraus gekochte Brühe genossen hat: so liebt auch mancher Zeitungsleser [unl. durch Beschädigung]
Du wirst dich also wohl diesem verschiedenen Geschmack nach Möglichkeit fügen, und heute diese, morgen jene Brühe, zuweilen auch gar keine, kochen müssen.
Auf diesen ersten Gang folgen jetzt die Nebengerichte, die mancher kaum an den Mund nimmt, und die viele ganz unberührt vorbeigehen lassen. Was diese bei der Tafel sind, das sind in einer Zeitung gemeiniglich die Neuigkeiten auf der zweiten und dritten Seite, die mancher Redacteur nur flüchtig ausarbeitet und aus Schiffsnachrichten oder östreichischen Finanzberechnungen zusammen setzt; weil er weiß, daß sie ohnehin von den meisten seiner Leser nur flüchtig überlaufen und von manchem ganz ungelesen bei Seite gelegt werden.
Nun kommen wir zu dem unabsehbaren und mannigfaltigen Felde der vermischten Nachrichten, für welches ich kein passenderes Bild weiß, als das Gericht, welches die Spanier Ola potrida[1] nennen, und das eine zusammengehackte Vermischung aller nur erdenklichen Sorten von Fleisch und Kräutern ist. Freilich gehört schon ein etwas starker Magen dazu, um aus einer und der nemlichen Schüssel zartes Lämmerfleisch und eine harte Schweinsrippe, Zwiebeln und Artischocken, zu essen und zu verdauen: und so erfordert es wahrlich auch bei dem Zeitungsleser eine gute Verdauungskraft, wenn er oft auf der nemlichen Spalte die Thaten des Kaisers von Rußland und die Weiber des Kaisers von Marocco, die Verwüstungen eines feuerspeienden Bergs und die Freuden einer Badesaison, das Heidenbekehrungspersonale von Otaheiti und ein europäisches Theaterpersonale, Abhandlungen über die Veredlung der Juden und Berechnung des jährlichen Milchertrags der ostfriesischen Kühe, in der friedlichsten Eintracht beisammen findet.
Endlich macht denn das Confect den Beschluß, wobei sich auch wieder viele Verschiedenheit und Geschmack zu äußern pflegt. So scheinen z.B. jetzt die Nüsse und Mandeln, die mit Mühe aufgeknackt werden müssen, an der Tagesordnung zu sein; ich meine die Charaden und Worträthsel, die in den politischen Obstgärten von Elberfeld dieses Jahr so häufig wachsen, daß mancher beinahe den Raum, den sie einnehmen, zuweilen mit nützlichern Gewächsen angepflanzt zu sehen wünschte. Sollte auch dich zuweilen die Lust anwandeln, deine Gäste mit solchen Näschereien zur Abwechselung einmal zu bewirthen: so hüte dich wenigstens, sie ihnen durch gar zu oft wiederholte Auftischung zum Ekel zu machen, und sei strenge in der Auswahl; weil diese Art von Kernobst leider so oft inwendig hohl ist, oder (welches mir noch weit schlimmer scheint,) statt eines genießbaren und gesunden Kerns den widerlichen Wurm der Chicane und Personalität beherbergt. Und so wären wir denn mit dem ganzen Schmaus und zugleich mit der ganzen Einleitung zu deiner Zeitung fertig.

Der Redacteur.
Nicht doch, Freund! Die Einrückungen hast du vergessen; und hierüber will ich noch selbst einige Worte zum Schluß beifügen.
Möchte es doch recht viele Heiraths= und Geburts=Anzeigen geben! Denn wahrlich, mit der theilnehmendsten Freude werde ich es jedes Mal bekannt machen, wenn priesterliche Einsegnung zwei gleichgestimmte Herzen zum Bündniß für die Ewigkeit einweiht; oder wenn die Zahl unserer Erdenbewohner durch einen rüstigen Knaben oder ein liebliches Mädchen vermehrt wird. Nur der Todesanzeigen wünsche ich mir so wenige, als möglich; denn ich gönne es allen, die mich lesen oder nicht lesen, so herzlich, daß sie ihre Gatten, Eltern, Kinder, Freunde, und jeden andern, der dazu beiträgt, ihnen das Alltagsleben hienieden durch Freundschaft oder Liebe zu würzen, lange, recht lange behalten, und spät erst an ihrer Bahre weinen mögen.
Gerichtliche Anzeigen, Verkäufe, Verpachtungen, Vorladungen? Ach, möchten sie doch recht häufig herbeiströmen! Denn erstens gewähren sie den vielen Lesern, die, wie die Juden, mit ihrer Zeitungslectüre von hinten anfangen, eine angenehme Augenweide; weil mancher derselben sich mehr für die Vermiethung oder Veräusserung eines Nachbarhauses interessirt, als für die Regierungsveränderungen in Neapel und Holland: und zweitens bringen sie, wie ich mir habe sagen lassen, viel Geld ein.

Der Freund.
So eigennützig darfst du nicht sprechen, sondern mußt dem Publikum weiß zu machen suchen, du bezweckst bloß seinen Vortheil bei der ganzen Unternehmung. Es freuet mich indessen einstweilen, daß du alles so gut gefaßt hast; und ich hoffe, du werdest etwas liefern, das sich sehen läßt. Dafür wirst du dann auch große Ehre ge-

nießen. Rühmen wird man dich, wohin deine Füße dich nie tragen; und du wirst die Freude erleben, daß deine Blätter erst spät, nemlich nach zwei bis drei Tagen, das Schicksal aller Zeitungen erleben, daß man sie stückweise in dem Archiv jener geheimen Kanzlei niederlegt, wo auch der Kaiser keinen Secretär gebrauchen kann, sondern persönlich arbeiten muß; oder daß man sie um Limburger Käse oder schmutzige Kämme wickelt; oder endlich, daß sie in den schönen nußbraunen Haaren eines achtzehnjährigen Mädchens als Papilloten flattern.

Der Redacteur.
Um dieses letztere Schicksal möchte ich wahrlich beinahe meine alten zerrissenen Blätter beneiden!

Der Freund.
So wollen wir denn jetzt eine kleine Probe mit deinen Fähigkeiten anstellen. Erzähle mir die merkwürdigsten Neuigkeiten, die man dir aus den „europäischen Cabineten" gemeldet hat.

Der Redacteur.
Recht wohl. Aus Neapel vom 8. Jun. schreibt mir ein „wichtiger Mann" folgendes: [...]

---
[1] gemeint ist: olla podrida

Kommentar 12

Seit 1790 erschien in Elberfeld zunächst drei-, dann sechsmal wöchentlich die von Johann Anton Mannes verlegte und gedruckte „Churfürstlich Bergische Provinzialzeitung", die einen eigenen Nachrichtendienst besaß. Nach zweimaliger Namensänderung hieß die Zeitung ab 1808 „Provinzial-Zeitung" und erschien seit 1810 siebenmal pro Woche. Zwischen 1790 und 1801 lagen ihr als Wochenblatt die kommerziellen „Churfürstlich privilegirte[n] Elberfelder Adreß- und Comptoir-Nachrichten" bei; ab ca. 1802 erschien als Beilage zweimal pro Woche der „Niederrheinische Anzeiger", ab ca. 1826 die unterhaltenden „Erholungen". Zwischen 1794 und 1800 hatte der Verleger Mannes in Form des „Courier d'Elberfeld" eine französische Zeitung herausgegeben; seit 1815 führte die „Provinzial-Zeitung" den preußischen Adler im Kopf. Nach mehreren Verlegerwechseln übernahm 1831 Samuel Lucas die Zeitung.
Eine andere frühe Elberfelder Zeitungsgründung erfolgte 1803, als im Verlag von Heinrich Büschler die „Allgemeine Niederrheinisch-Westfälische Handlungszeitung" viermal wöchentlich erschien. Auch sie wechselte mehrmals den Namen; ab 1808 hieß das nunmehr sechsmal wöchentlich erscheinende Blatt „Allgemeine Zeitung"; ab 1811 lag ihr zweimal in der Woche das belletristische „Intelligenz-Blatt" bei.
Beide Zeitungen, die „Provinzial" und die „Allgemeine" Zeitung wurden am 1.7.1834

Quelle 12
Artikel über eine Formatänderung,
in: Elberfelder Zeitung Nr. 165 vom 16.6.1844   Auszug

Deutschland,

Elberfeld, den 15. Juni. Beim Anblick der Vergrößerung und Veränderung, welche mit der Elberfelder Zeitung vorgegangen sind, dürfte der Leser fragen: Zu welchem Zwecke? Warum wandelt sich die Gestalt der Elberfelder Zeitung um, die alt und darum lieb geworden war? Wird derselbe Geist in der neuen Wohnung hausen, welcher in der alten gehaust, und die eine abgerissen und nach einem vergrößerten Maßstabe aufgebaut, um dem alten Wesen mehr Raum zur Bewegung zu geben? — Auf diese Fragen, welche die Leser an die Elberfelder Zeitung zu stellen berechtigt sind, ist sie verpflichtet zu antworten. In jeder Hinsicht vom Publikum abhängig, verschuldet sie ihm Rechenschaft über ihr Thun und Lassen. Sie giebt die Antwort in diesem Artikel.

In den beiden letzten Jahren war der politischen Bewegung viel in Deutschland, besonders auf dem Gebiete der Journalistik. Fast alle politische Meinungen nahmen die Feder in die Hand und stellten sich vor das Gericht des Publikums: Vor ihm enthüllten, vertheidigten sie sich und griffen die andern an. Woraus entsprang diese Bewegung der Meinungen, das, immer lebendige, wenn auch nicht immer verständige und schöne, Aussprechen ihrer Beschwerden, Hoffnungen, Aussichten, Vorschläge? War es ein bloßes Aussprudeln, Ausströmen der publicistischen Schriftsteller, welche den Spieltag benutzten, welchen der Censor, ihnen gewährte? Bei einigen sah es allerdings so aus. Politische Richtungen wollten sich geltend

zur „Elberfelder Zeitung" zusammengeschlossen, die von den Verlegern Büschler und Lucas gemeinsam herausgegeben wurde, bis Lucas sie ab 1847 allein übernahm. Beide Verleger kündigten 1834 an: „Wir werden nicht nur die wichtigsten politischen Neuigkeiten möglichst schnell mittheilen, sondern auch durch eine strenge Auswahl der neuesten Nachrichten über Handel, Erfindungen, wichtige Ereignisse usw. zu unterhalten suchen […]" (zit. nach Wolfgang van der Briele, Wuppertal und die Schwarze Kunst. Ein Querschnitt zur Druck- und Kulturgeschichte. Zugleich ein Beitrag zum 150jährigen Bestehen der Druckerei Sam. Lucas, Wuppertal-Elberfeld 1947, S. 28). 1841 wurde das „Intelligenz-Blatt" als Beilage aufgegeben und durch das „Amtsblatt der Kreise Elberfeld, Barmen und Mettmann" („Elberfelder Kreisblatt") ersetzt. Die Auflagenzahl, die nach der Fusion 1700 betragen hatte, lag 1864 bei 3090. Unter Dr. Martin Runkels Redaktion (1835-1843) entwickelte sich die Zeitung zu einem äußerst regierungsfreundlichen und staatsloyalen Blatt, das Friedrich Engels 1839 als „eine der ersten Zeitungen des preußischen Staates" (MEW Bd. I S. 429) bezeichnete. Die „Elberfelder Zeitung" unterstützte die preußische Politik; ihre konfessionelle protestantische Prägung führte in den 40er Jahren zu Beschwerden katholischer Bürger beim Oberpräsidenten. Im Juni 1848 übernahm sie den preußischen Adler in den Zeitungskopf. Über die Entwicklung des Blattes, dessen Tendenz in der Zeitungsliste von 1864 als „constitutionell" angegeben wurde, schrieb Adolf Schults 1849: „[D]ie Elberfelder Zeitung fing, nachdem sie lange Zeit für sehr echt schwarz=weiß gegolten hatte, kurz vor und während der Barrikadentage an, etwas ins Rötliche zu spielen, doch hat sich dieser fremdartige Schimmer wieder verloren; um ihr übrigens nicht unrecht zu tun, muß man gestehen, daß sie keine engherzig preußische, noch weniger eine neupreußisch=revolutionäre Richtung hat, vielmehr dem preußisch=deutsch=liberalen Justemilieu angehört" (Adolf Schults, Elberfeld in den vierziger Jahren des 19. Jahrhunderts (Korrespondenznachrichten für das „Stuttgarter Morgenblatt für gebildete Leser"), hg. von Hanns Wegener, in: MBGV 20. Jg. (1913), S. 155). Der wiedergegebene Artikel erschien anläßlich einer Formatänderung des Blattes.

machen, die schon vor langem im geistigen und materiellen Leben des Volkes gestorben waren oder die nur noch ein kümmerliches Dasein in irgend einem versteckten Treibhause irgend eines egoistischen Standes Interesse fristen; wieder Andere drängten sich vor, für welche die politische Volks=Gesinnung Deutschlands keinen Boden, kein Licht, keine Luft hatte und die nicht leben konnten, weil die bürgerliche Gesellschaft, die große Amme aller politischen Ansichten und Systeme, die nach einem Dasein streben, sie nicht säugen wollte. Und so sahen wir die sonderbare Erscheinung in der letzten Zeit, daß der Todte und der Ungeborne — der Ultra=Aristocratismus und der Radicalismus — sich umfaßten und mit einander rangen. Trüge das publicistische Treiben und Schreiben vom vorvorigen Jahre durchgängig diesen Charakter an sich, würde man über dasselbe einfach urtheilen: Es war eben eine große Seifenblase, die eine Zeitlang in der Sonne schillerte und dann platzte, ohne in dem wirklichen Leben des Volkes etwas anderes zurückzulassen, als die immer mehr verblassende Erinnerung ihres Schillerns und Platzens. War dies allein der Character der politischen Publicität in der eben verflossenen Zeit oder regten sich auch in ihren Richtungen und Bestrebungen, die von der Mehrzahl der deutschen Nation als die ihrigen anerkannt wurden und welche demnach die Presse nicht erzeugte, sondern deren Geburt im Geiste der Nation nur bezeugte? Solche Richtungen und Bestrebungen würden das politische Gepräge unserer Zeit bilden und das politische Denken und Wollen der Mehrzahl der Deutschen bezeichnen. Eine Zeitung, die wirklich etwas sein will, muß dieselben kennen und mit ihnen in Berührung treten, es sei in Feind= oder Freundschaft. Sie unberücksichtigt lassen oder vornehm auf sie als unwürdige Kleinigkeiten herabsehen, wie manche Regierung in der Geschichte that, würde sich an der Zeitung rächen, wie es sich an jenen Regierungen gerächt hat. Was den Geist oder die Brust einer großen Nation, wie die deutsche ist, bewegt, ist nie eine Kleinigkeit, selbst ihre Phantasien sind sehr beachtenswerth.

Wenn nun die Presse der letzten Zeit, trotz der Masse des Ueberspannten, Undurchgedachten, Verwirrten, mit einem Worte, des Unpractischen, welches sie mit sich führte, doch der Ausdruck solcher nationalen Ideen war, woran erkennen wir sie dann? Das Erkennungs=Merkmal derselben ist nicht schwer aufzufinden. Die Ideen sind national, welche die Nation zu verwirklichen sucht. Unverkennbar ist es aber, daß die Deutschen gewisse Ideen verwirklichen, ihnen Inhalt, Form und Kraft des Lebens geben wollen. Wir wollen mehrere hervorheben und kurz andeuten, welche Stellung ihnen gegenüber die **Elberfelder Zeitung** einnehmen wird.

Eine größere Theilnahme an der Politik im Denken, Schreiben und Handeln ist vorwärts in Deutschland erwacht. Das Bedürfniß, über politische Verhältnisse und Ereignisse zu urtheilen, ist überall fühlbar geworden. Wenn der Deutsche aus Bescheidenheit, Kenntnißlosigkeit oder geistiger Faulheit nicht urtheilen wollte, so müßte er doch. Seine geographische Lage macht die äußere Politik der Welt immer mehr zu einer innern Deutschlands. Im Herzen Europa's wohnend und in tausendfachen Beziehungen mit den drei Nationen stehend, die mit ihm materiell und moralisch die Welt umspannen, kann weder in Europa noch in den andern Erdtheilen eine etwas wichtige Veränderung eintreten, ohne ihre Wirkungen und Folgen bis in Deutschland fortzupflanzen. Werden sie seine Interessen befördern oder verletzen? Der Deutsche muß sich diese Frage vorlegen und entscheiden, oder er verdient nicht die Stellung, welche Natur, Geschichte und die neuern Entwickelungen und Fortschritte der Völker ihm angewiesen haben. Ohne eine solche geistige Theilnahme ist er auf dem Schiffe der fortsegelnden Weltgeschichte nur ein Matrose, kein Führer, nicht einmal Passagier; der Letzte fragt zum wenigsten: Wohin jetzt die Fahrt gehe, wo der nächste Hafen liege und in welcher Breite man sich befinde? Der Matrose spannt oder refft die Segel nach der Pfeife des Offiziers, ißt seinen Zwieback und trinkt seinen Thee auf den Ton der Glocke und kümmert sich um Weiteres nicht. Der Deutsche war lange eine solche Matrosen-Nation auf dem Schiffe der Weltgeschichte, eben weil er nicht politisch urtheilte und aus der Hand der Erzeugnisse alles so hinnahm, wie vom Himmel Wetter und Wind. Diese Zeiten der selbstzufriednen geistigen Trägheit haben auch für ihn aufgehört und die mannigfachen Verwickelungen, in welcher ihn die neuere Geschichte versetzt, haben ihm seine Tabaks-Kollegien der Kannegießerei, die, wenn der Tag zur Rüste gegangen, am Abende genügsam träumten und faselten, zugeschlossen. Er muß jetzt gründlich und umsichtig urtheilen. Das Urtheil aber, was der Einzelne für sich über eine politische Erscheinung fällt, genügt weder dem Gegenstande, noch giebt es dem Verständigen Bürgschaft der Richtigkeit. Die Verhältnisse, welche ein wichtiges Ereigniß erzeugten, sind meist zu zahlreich und verschlungen, als daß der Verstand des Einzelnen sie alle kennt, begreift und würdigt; allein das Urtheil was an der Sonne der Oeffentlichkeit reift, verspricht Früchte, welche diese Bedingungen erfüllen.

Viele deutsche Zeitungen waren bis jetzt nicht die Organe, nicht einmal die Träger des deutschen Urtheils; sie brachten nur was die Franzosen, Engländer, Nordamerikaner, selbst die Hofpolitiker aus fremden Staaten über dies oder jenes dachten. An die kleine Schaar deutschen Zeitungen, die vom deutschen Standpunkte selbst urtheilen oder das deutsche Urtheil Anderer in sich aufnehmen, soll die Elberfelder Zeitung sich schließen.

Eine herrschend gewordene Idee in unserm Vaterlande ist die größere Einigkeit, die innigere Verschmelzung der deutschen Stämme. Diese Idee hegen und pflegen Fürsten und Volk gleich warm. Der politische Ausdruck derselben, die Bundes-Verfassung der Nation, ward in der neuen Zeit durch eine größere Einigkeit unsrer Fürsten, besonders durch die der beiden Hauptmächte Deutschlands, die bei bedeutenden Fragen der äußern Politik sich nie getrennt haben, erkräftigt und der Zollverein, der wahrscheinlich im Laufe einiger Jahre ganz Deutschland umfassen möchte, wird den großen Zweck noch in einem höhern Grade befördern. Der Zollverein wird und muß über kurz oder lang Maßregeln ins Leben rufen, welche die einigen, brüderlichen Gesinnungen aller Deutschen immer mehr ausdrücken, ausprägen und groß erziehen werden. Ein deutsches Münz-, Maß- und Gewicht-System, ein Patent- und Wechselrecht, ein Paßreglement, eine Polizei der Straßen und Wege und viele andere Maßregeln, welche die innige Vereinigung der deutschen Stämme verkünden, werden und müssen die Folge sein. Was der Zollverein begann, wird das große Eisenbahn-System weiter führen. Dampfschifffahrt- und Eisenbahngesellschaften, deutsche Vereine von Gelehrten, Aerzten, Advokanten, Kaufleuten, Industriellen ꝛc. sind in der Absicht entstanden, Wissenschaft, Kunst, Industrie, Gewerbe, Handel ꝛc. zu einem allgemeinen deutschen Gute zu machen, immer mehr die Schranken zwischen der Nation zu ebnen. Ganz Deutschland fühlt den reichen Inhalt, die großen Hoffnungen dieser Idee, betrachtet sie als die Hauptquelle seiner künftigen Macht und Größe, segnend das Innere, furchtbar der feindlichen Fremde. Die Elberfelder Zeitung wird wie Deutschland fühlen; für jede Maßregel, welche, von Fürst oder Volk ausgehend, die Nation diesem edlen Ziele näher bringt, zum wenigsten mit dem Feuer des Herzens reden und jeden Gedanken, der sich dieser vaterländischen Idee feindlich zeigt, mit allen honetten Waffen, die ihr zu Gebote stehen, bekämpfen.

Die Idee der Oeffentlichkeit ist herrschend in Deutschland geworden. Die Rechtspflege wünscht sie nicht so sehr, denn, mit Ausnahme der rheinischen Justiz, ist das Verlangen nach ihr in der andern Gerichtswelt etwas zweideutig; aber andere Interessen sehnen sich nach ihr mit Recht. Die Börse, der Geld- und Papier-Markt, die großen Handels- und Industrie-Unternehmungen ꝛc. können, ohne öffentliche Besprechung aller Verhältnisse, welche auf sie Bezug haben, auf keinen sichern Boden treten. Dem Grundsatze nach, wünschen wir mögliche Oeffentlichkeit in Allem, was mit dem innern Leben einer Nation in Beziehung steht. Die Elberfelder Zeitung ist daher auch in der Theorie für eine gesetzliche Freiheit der Presse, wenn gleich sie nicht verkennt, wie schwierig, wie beinahe unmöglich sie unter den gegebenen Verhältnissen in Deutschland ist. In einem Staatenbunde hat jeder Staat eine Menge Rücksichten auf jeden einzelnen und alle Verbündeten zu nehmen, die zwischen fremden Regierungen wegfallen. Diese Stellung jedes Bundesgliedes gegen die Andern hat und muß Einfluß auf seine Presse haben und seine Regierung, die Trägerin der Pflichten des Staates gegen den Bund, ein gewisses Oberaufsichts-Recht über dieselbe zuweisen. Jeder Versuch eines einzelnen deutschen Staates die gesetzliche Preßfreiheit einseitig zu begründen, wird wie in Baden scheitern und meinte er es auch eben so redlich wie Baden mit ihr. In dieser Ueberzeugung wird die Elberfelder Zeitung, den Grundsatz der gesetzlichen Preßfreiheit ehrend, doch das Oberaufsichts-Recht von Seiten des Staats über die Presse anerkennen; dagegen wird sie Alles thun, was nur immer an ihr selber liegt, die Censur zu mildern und sie immer mehr überflüssig zu machen.[1] Ein practisches Räthsel, wird man sagen. — Man frage sich: War ein Theil der Presse im vorvorigen Jahre ohne Sünde? Hat sie nicht die Verhältnisse miskannt und das verletzt, was ihr achtbar hätte sein sollen, weil es in unserm Vaterlande mit einer geschichtlichen Nothwendigkeit besteht und lebt? —

---

[1] Dieser Teil des Artikels steht im Zusammenhang mit anderen Stellungnahmen der Elberfelder Zeitung zu den Zensurbestimmungen der preußischen Regierung im Vormärz. Am 24.12.1841 hatte es nach der Thronbesteigung Friedrich Wilhelms IV. eine Erleichterung der Pressezensur gegeben, die aber durch die Presseinstruktion vom 31.1.1843 wieder eingeschränkt wurde.

Kommentar 13

Die „alte" Barmer Zeitung war 1801/02 von dem bereits erwähnten Hofrat Dr. Gerhard Wilhelm von Eicken gegründet worden, sie wurde später ergänzt durch die Beilage „Wupperthaler Lesekreis", die zweimal wöchentlich erschien. Finanzielle Probleme, häufiger Verleger- und Druckerwechsel führten zu unregelmäßigem Erscheinen und schließlich - ab 30.3.1834 - zur völligen Einstellung des Blattes, das von dem konservativen Dr. Martin Runkel bis dahin redaktionell betreut worden war. Im selben Jahr noch erhielt der Verleger Friedrich Staats die Erlaubnis, eine neue Barmer Zeitung herauszugeben. Diese „neue" Barmer Zeitung erschien sechsmal wöchentlich und kostete im halben Jahr 2 Taler 15 Silbergroschen. Die liberale Haltung, die das Blatt mit der Neugründung einnahm - unter anderem übte die „Barmer" scharfe Kritik an den sozialen Zuständen im Wuppertal - brachte Schwierigkeiten mit den Zensurbehörden. Friedrich Engels bemerkte 1839: „Die ‚Barmer Zeitung', deren Verleger, Redaktoren und Zensoren häufig wechselten, steht jetzt unter der Leitung von H. Püttmann […]. Er möchte die Zeitung wohl gerne heben, aber durch des Verlegers wohlbegründete Kargheit sind ihm die Hände gebunden. […] Der sie begleitende ‚Wupperthaler Lesekreis' nährt sich fast nur von Lewalds ‚Europa'" (MEW Bd. 1 S. 430). Nach dem Tod des Verlegers Friedrich Staats 1847 veränderte die Zeitschrift ihre Tendenz, sie wurde zum unpolitischen Unterhaltungsblatt, dem „Barmer Anzeiger", bis sie ab 1852 als „Barmer Bürgerblatt und Täglicher Anzeiger für das Wupperthal" erneut als politisches Blatt erschien und ab 1860 auch wieder den Titel „Barmer Zeitung" führte. Die „Barmer Zeitung" von 1844, aus der in Quelle 13 ein Artikel wiedergegeben ist, kostete vierteljährlich 1 Taler 6 1/2 Silbergroschen.

Barmer Zeitung

Quelle 13
Artikel aus der Barmer Zeitung Nr. 4 vom 4.1.1844

<u>Spaltungen.</u>
„Die Lerche war's, und nicht die Nachtigall!"
<u>Shakespeare</u> (Romeo und Julie).

Der Verfasser eines Pamphlets, welches im vorigen Jahre im Druck erschien, und welches wir damals in einem Feuilleton=Artikel unseres Blattes einer näheren Betrachtung unterworfen haben, spricht in dem genannten Werke sehr viel über den „<u>hohlen Liberalismus unserer Tage.</u>" Mit dem Worte „hohl["] will er seinen Lesern die Idee geben, als sei der Liberalismus, und zwar einzig der „unserer Tage," ein tolles Unding, eine Seifenblase aus der Pfeife einer muthwilligen Knabenhorde - schillernd vielleicht im Aeußern aber nichtig und leer im Innern - ein Gebäude aus Wind und Fett und Wasser, dem der leiseste Hauch des Mundes gefährlich wird. Dazu kommt denn noch, daß sich derlei Leute den Schein geben wollen, als ginge ihre „Gotteskämpferei" nur gegen einen solchen „h[o]hlen" Liberalismus, der besonders aber <u>unsern</u> Tagen eigenthümlich sei. Das ist nun weiter nichts als ein verstecktes „laus temporis acti,"[1] ein Reaktionswunsch in Zivil, ein Stoßseufzer nach dem Gewesenen, der sich im grünen Domino breit macht.

Daß derlei Leute lügen, das wollen wir nicht sagen. Aber die Unwahrheit reden sie, und sie wissen, daß sie es thun. Uebrigens irren sie, wenn sie mit dergleichen Phrasen viel auszurichten glauben, und sie sind nur insofern das Salz der Erde, als sie durch stetes Zurücksehen in Salzsäulen verwandelt worden sind, wie weiland das Weib des Lot. Sie sind nur insofern das Salz, als sie zum Ballast dienen, wie dies ja bekanntlich mit dem Steinsalz geschieht, welches dann zum Viehfutter und zur Düngung gebraucht wird.

Es hat doch Alles in der Welt seinen Nutzen. -

Sehen wir übrigens einmal dahin, wo diese Herren hin wollen, nämlich zurück, so finden wir, daß sie dem Liberalismus zu allen Zeiten dergleichen Schmähtitelchen angehangen haben. Daraus muß man schließen, entweder daß niemals ein gutes Haar am Liberalismus gewesen ist - und das wäre ihnen just recht -, oder daß ihnen der Liberalismus überhaupt nicht zusagt. Das wird es am Ende auch wohl sein, aber der Umstand, daß sie ihn mit allerlei Quasi=Schimpfworten belegen, spricht deutlich dafür, daß sie gegen die Sache selbst nicht viel Vernünftiges zu sagen haben können.

Und wie sollten sie auch? Betrachten wir nur einmal was es heißt, das verpönte Wort „Liberalismus." Es ist ein Sohn des liber, und das heißt „frei." Es ist blutsverwandt mit „Libertas," und das heißt „Freiheit." Es ist zur Manneskraft gereift in „Liberalitas," d.h. Jedem das Seine, Recht, Gerechtigkeit - Tugend mit einem Worte. Dagegen läßt sich denn nicht gut sprechen, und will man dagegen ankämpfen, so muß man verläumden. Oder auch sie zucken die Achseln und sagen: „was ist denn eigentlich der Liberalismus?" Er steht ja weder im Gothaischen Hofkalender, noch in irgend einer Rang= und Quartierliste. Wo kommt er her, was treibt er, wo ist sein Paß?

Hört mal: wenn der erste Sonnenstrahl durch die Nacht bricht, - das ist Liberalismus; - wenn das Samenkorn in die Furche fällt und bringt Frucht tausendfältig - das ist Liberalismus; - wenn ein tiefdunkles wonniges Mädchenauge Euch in's Auge blickt und's Euch ahnen läßt, daß es eine Unsterblichkeit gibt außer der des Archivs - das ist Liberalismus. Wenn das hülflose schwache Kind zum Manne wächst, zum starken, kräftigen Manne, - wenn das Knospenräthsel eines Mädchendaseins sich zur fruchtbringenden Blume entfaltet, - so ist das der Liberalismus. Der Liberalismus ist der Wechsel, und der Wechsel ist ewig.

Und wo er herkommt? Er war das erste Dasein - er war der Widerspruch gegen das Nichts, und aus diesem Widerspruche entstand die Welt, schön und herrlich wie sie ist.

Und sein Paß? was er treibt? Er schafft Alles Gute und Schöne und Edle - er schafft die Freiheit - er selbst ist sein Paß, denn er geht frei durch und auch in euch wohnt er, obgleich ihr sprecht: „wir kennen ihn nicht!"

---
[1] laus temporis acti = Lob der zugebrachten, verlebten Zeit, Lob der Vergangenheit im Sinne einer Zeit, die abgelaufen, zu Ende ist.

Kommentar 14

Die Tageszeitung, die sich ab 1841 „Täglicher Anzeiger für Berg und Mark" nannte, hatte in dem ab 1819 erscheinenden „Verzeichniß der in Elberfeld angekommenen [ab 1.7.1827 mit dem Zusatz: „und hier anwesenden"] Fremden" ihren Ursprung. Mit verschiedenen Namensänderungen zwischen 1819 und 1841 waren auch inhaltliche Neuerungen verbunden. So wurden seit 1821 außer der Fremdenliste auch Zivilstandsnachrichten, Temperaturangaben, Lebensmittel- und Brotpreise und amtliche Nachrichten aufgenommen, ab 1826 nahm das Blatt bezahlte Anzeigen auf. In den 30er Jahren vergrößerte sich der Textteil, mit der Einführung der neuen Gemeindeordnung von 1845 begann der „Tägliche Anzeiger" mit der Veröffentlichung der Sitzungsprotokolle des Gemeinderats. Das Blatt, das 1861 im Vierteljahr 22 1/2 Silbergroschen kostete und dessen Überschüsse seit 1832 an die Armenkasse der Stadt gingen, war von Oberbürgermeister Brüning gegründet worden. Die Redaktion lag lange bei der „Polizei=Verwaltung", so 1819 bei dem Polizeiagenten Schnabel, 1833-1836 bei dem Polizeisekretär Krackrügge. Ab 1836 übernahm der Premierleutnant a.D. Ferdinand Weber die Redaktion. Eine Durchsicht etwa des Jahrgangs 1848 zeigt, daß das Blatt, das in den Zeitungslisten als „Unterhaltungsblatt, und Mittheilung von lokalem Interesse" (Zeitungsverzeichnis für Elberfeld 1841; SAW K II 30) bestimmt wurde, auch die politischen und sozialen „Bewegungen" der Zeit widerspiegelt.

Die Ausgabe vom 14.11.1861, von der in Quelle 14 die Frontseite abgebildet ist, brachte außer dem Abdruck des Ministerial-Erlasses die Rubriken „Aus der Tagesgeschichte", „Oertliches", „Vermischtes", „Bekanntmachungen", Wechsel- und Geldkurse, Anzeigen, die Fremdenliste und die sonnabendliche Beilage. Während im „Täglichen Anzeiger" die „Mittheilungen von lokalem Interesse" einen breiten Raum einnahmen, beschränkte sich sein Barmer Pendant, das „Barmer Wochenblatt", das ab 1829 zunächst zwei-, dann dreimal wöchentlich erschien und als Amtsblatt konzipiert war, wesentlich auf kleine literarische Artikel christlichen Tenors; die amtlichen und lokalen Nachrichten erschienen auf der letzten Seite. Das „Barmer Wochenblatt", das halbjährig 15 Silbergroschen kostete, erschien bis mindestens 1856, in der Zeitungsliste von 1864 wird es nicht mehr geführt. Friedrich Engels schrieb über das Wochenblatt 1839, es sei „eine alte Nachtmütze, dem die pietistischen Eselsohren alle Augenblick unter der belletristischen Löwenhaut hervorschauen" (MEW Bd. 1 S. 430).

Quelle 14
Titelseite des Täglichen Anzeigers für Berg und Mark
Nr. 269 vom 14.11.1861

Täglicher Anzeiger für Berg und Mark

№ 269 — Elberfeld, Donnerstag den 14. November 1861 — 36. Jahrg.

Ministerial-Erlaß.

In dem Circular-Erlaß vom 10. October d. J. habe ich mir vorbehalten, über die Unterstützung, welche die Staats-Regierung im Sinne dieses Erlasses bei den bevorstehenden Wahlen von ihren Organen erwartet, nach Erforderniß weitere Anweisungen zu ertheilen und demgemäß eröffne ich Euer Hochwohlgeboren Folgendes:

[...Text des Ministerial-Erlasses...]

Berlin, den 5. November 1861.
Der Minister des Innern.
gez.: Graf von Schwerin.

An den Königlichen Regierungs-Präsidenten Herrn von Massenbach, Hochwohlgeboren zu Düsseldorf. S. J. 29:0.

Aus der Tagesgeschichte.

Berlin, 12. Novbr. JJ. MM. der König und die Königin sind gestern 3 Uhr Nachmittags in Breslau eingetroffen und haben sich unter dem Geläute aller Glocken nach dem Königlichen Schlosse begeben. [...]

Breslau, 12. Novbr., Nachmittags 1 Uhr 15 Minuten. Kanonen-Salven erschüttern so eben die feierliche Enthüllung des Standbildes Königs Friedrich Wilhelm III. [...]

München, 12. Novbr. In den Landtagsabschiede werden sämmtliche durch die Kammern angenommene Gesetze sanktionirt und die Mehrzahl der Anträge, insbesondere die Verhältnisse der Israeliten, so wie auch die Aufhebung der Biertaxe genehmigt. [...]

Bern, 11. Novbr. Nach einer Mittheilung des diesseitigen Gesandten in Paris, Dr. Kern, hätte ihm Thouvenel erklärt, daß nach den Berichten des französischen Generals Faucheux im Dappenthale eine Gränzverletzung nicht stattgefunden habe. [...]

Brüssel, 12. Novbr. Der König hat heute die Kammern mit einer Thronrede eröffnet, in welcher er erklärt, daß die Beziehungen Belgiens [...]

Kommentar 15

In der Zeit der „Neuen Ära" seit Ende der 50er Jahre des 19. Jhdts., die in Preußen eine Milderung der Reaktionspolitik seit der Revolution von 1848/49 erwarten ließ, entstand die „Bergische Zeitung", die am 1.1.1861 zum erstenmal erschien. Sie wurde von Baedecker in Barmen verlegt, bei Martini, Grüttefien und Co. in Elberfeld gedruckt und von Dr. Heinrich Hertz redigiert.

In der Ausgabe vom 2.7.1861 hieß es auf der ersten Seite zur Einleitung des neuen Quartals: „[Die Bergische Zeitung] vertritt, auf dem Boden der Verfassung stehend, in entschieden freisinniger Weise die freiheitliche und namentlich gesunden volkswirthschaftlichen Ansichten entsprechende Fortentwicklung unserer Zustände, sie unterscheidet sich durch ein bestimmt durchgeführtes Programm von farblosen Blättern und hält sich von allen zu weit gehenden Doctrinen fern. In der preußisch-deutschen Frage schließt sie sich dem Programm des Nationalvereins [1859 gegr.; Ziel war die Einigung Deutschlands unter preußischer Führung] an".

Die Zeitung, deren Ausgabe vom 29.3.1861 Quellentext 15 entnommen ist, bestand über ihr Gründungsjahr hinaus wahrscheinlich nicht weiter.

Anzeige in der Bergischen Zeitung Nr. 73 vom 28.3.1861

Quelle 15
„Abonnements-Einladung" der Bergischen Zeitung
Nr. 74 vom 29.3.1861 Auszug

Abonnements - Einladung.

Als die „Bergische Zeitung" mit dem Anfange dieses Jahres ins Leben trat, haben wir uns klar über die politische Richtung ausgesprochen, welche wir mit Entschiedenheit zu verfolgen beabsichtigten. Wir hegen die Ueberzeugung, daß unsere geehrten Abonnenten dieses Programm in unsern bisherigen Leistungen getreulich wieder gefunden haben und daß sie in Berücksichtigung der großen Schwierigkeiten, die mit der Gründung einer neuen Zeitung stets verknüpft sind, unsern angestrengten Bemühungen Gerechtigkeit widerfahren lassen. In diesem Vertrauen erlauben wir uns, beim bevorstehenden Beginn des zweiten Quartals zu recht zahlreichem Abonnement einzuladen und erinnern zu diesem Zwecke an das „was wir wollen."

Die „Bergische Zeitung" steht fest und streng auf dem Boden der Staatsverfassung vom 31. Januar 1850 als der rechtlichen Basis des Staates. Wir wollen den Ausbau dieser Verfassung und ihre sichere Begründung durch die von ihr selbst vorgezeichneten Gesetze; — aber wir wollen keine Aenderung an ihrem formalen und materiellen Inhalte. Wenn wir auch manches darin anders wünschen, mehr als die zeitige Veränderung thut es noth, daß sie sich in ihrer Unantastbarkeit und Unverletzlichkeit in das Volksbewußtsein hineinlebe. Wir wollen eine starke und mächtige Krone, die Preußens Ehre und Macht nach innen und nach außen zu erhalten weiß; — aber wir wollen keinen exclusiven Feudalismus, der es für sein Vorrecht hält, nach seinen egoistischen Grundsätzen der Krone die Hand zu führen. — Wir suchen in dem Landtage das Organ, das durch entscheidende Mitwirkung bei der Gesetzgebung und bei der Ordnung des Staatshaushaltes das wahre Volksinteresse repräsentirt; — aber wir wollen keine Majoritätenwirthschaft, die allein auf einer demokratischen Autonomie der großen Masse beruht. — Wir kämpfen für die Selbstregierung der Gemeinden, Kreise und Provinzen in dem ganzen Umfange, worin eine solche mit dem Wohl des Staatsganzen als einer festgeschlossenen Einheit vereinbarlich ist; — aber wir wollen darin nicht mehr die verfassungswidrige Gliederung nach Ständen. — Wir stehen für christliche Wahrheit und christlichen Glauben und werden alles, war in unsern Kräften steht, zur Förderung eines gesunden, christlichen Lebens aufbieten; — aber wir kämpfen gegen alle krankhaften Erscheinungen auf religiösem Gebiete, mögen sie nun als engherziger Eifer eines sectirerischen, pietistischen Subjectivismus oder als Unduldsamkeit eines blinden Ultramontanismus hervortreten.

Wir blicken mit hoffnungsvollem Vertrauen auf die nationale Einigung Deutschlands und wollen fleißig Bausteine dazu sammeln; — aber wir erkennen es auch als die Aufgabe unserer Staatsregierung, daß Preußen zur Förderung dieses großen Werkes der entgegenstrebenden Bundesversammlung gegenüber mit allem seinem Einfluß und seiner Macht eintritt und sich durch Schutz eines jeden gefährdeten Volksrechtes und durch lebendige Förderung gemeinsamer, deutscher Interessen als der nothwendige Führer legitimirt. Wir suchen darum seine Allianzen nicht in traditionellen Sympathien oder Antipathieen, sondern allein nach dem Maßstabe seiner deutschen, seiner europäischen Machtstellung und nach dem eigenen wohlverstandenen Interesse. —

Wer mit uns diese Grundsätze bekennt, ist unser Freund und wird seine Ansichten in diesem Blatte vertreten sehen. Die Gegner werden uns auf dem Platze finden!

Unsere Freunde aber, bitten wir dieses Organ des entschiedenen Constitutionalismus nach Kräften zu fördern und in befreundeten Kreisen zu empfehlen.

3. Literatur mit politisch-sozialer Programmatik

Kommentar 16 und 17

Das Zeitschriftenverzeichnis für 1827 verzeichnete den „Volksfreund", der vom 1. Januar 1827 an monatlich in Elberfeld erschien, als Zeitschrift zur „Belehrung und Bildung vorzüglich der arbeitenden Volks= Classe" (SAW K II 30); zensiert wurde sie von Landrat Graf Seyssel d'Aix. Der „Volksfreund" wurde von Peter Willemsen (Direktor der Vaterländischen Feuerversicherungsgesellschaft), Peter Conrad Peill (Spinnereibesitzer und Mitglied des Stadtrates) und Wilhelm Peltzer (Seidenhändler), alle Mitglieder der Loge „Hermann zum Lande der Berge", herausgegeben und nannte als Adressatenkreis neben Handwerkern und Fabrikarbeitern auch den „Landmann" (Umschlagtext). Redigiert von Dr. Rauschnick und später von Dr. A.J. Becher brachte der „Volksfreund" unter dem Motto „Auf Gott trau!/Arbeite nicht lau!/Lobe genau!" für 25 Silbergroschen Jahresabonnementspreis Artikel, Anekdoten, Erzählungen und Gedichte, u.a. „Ein Geschichtchen vom frühen Heirathen" (1. Heft), „Gesundheitspflege" (2. Heft), „Haus=Moral" (4. Heft), „Besser machen, besser werden/Ist der Menschen Zweck auf Erden" (6. Heft) oder „Das Laster der Trunksucht" (11. Heft).

Quelle 16
Vorwort,
in: Der Volksfreund, 1. Jg. Januar 1827, 1. Heft, S. 1-3

<u>Der Volksfreund an seine Landsleute.</u>
Der Volksfreund war nie ein Freund vieler und unnützer Worte. Dießmal will er seinen Landsleuten nur kurz erklären, was es mit diesem Büchlein für ein Bewenden hat, und wie er wünscht, daß man es lese und benutze - So wißt denn, ihr guten Leute, daß der Volksfreund, lange und oft, bevor er die Feder für dieses Blatt schnitt, euch und eure Lebensweise aufmerksam und theilnehmend beobachtet hat. Da sah er dann wohl Manches was ihm gefiel, aber noch mehr dessen, woran er leider keine Freude hatte. Er sah, daß gar Manchen der Schuh recht derb drückte, und zwar oft bloß deßhalb, weil der Schuh von einem ungeschickten Schuhmacher verfertigt war, das heißt: daß ihr euch oft beschadetet, wo ihr euch zu nützen glaubtet, daß ihr oft fehlet, wo ihr es nicht besser gelernt hattet, daß ihr euch krank machtet durch schädliche Gewohnheiten, ja daß wohl Einer oder der Andere sich den Tod holte, indem er sich ein lustiges Leben zuzurichten gedachte. Immer und überall aber sah der Volksfreund, daß eure Irrthümer und Fehler Niemanden mehr schadeten als euch selbst. Schon oft hatte er sich im Stillen darüber betrübt, schon Manchem hatte er durch Rath und That zu helfen gesucht - will's Gott, auch wirklich geholfen - das Uebel im Allgemeinen aber blieb wie es war. So hat er sich dann zuletzt ein Herz gefaßt, und beschlossen: öffentlich vor den Leuten zu reden, ihnen mitzutheilen, was e[r] etwa gelernt, beobachtet und erfahren hat, sie auf ihre Fehlgriffe aufmerksam zu machen, und ihnen die Vorsicht und die Klugheit, die Sittsamkeit und d[ie] Ordnung, den Fleiß und die Mäßigkeit, die Rechtschaffenheit und die Tugend um ihres eigenen Besten willen zu predigen. - Dieß ist die <u>Veranlassung</u> zu dem Büchlein, worin ihr leset. Die <u>Art und Weise wie ihr es lesen sollt</u>, sey folgende. Am Sonntag Nachmittag, wenn ihr aus der Kirche kommt, und eh' ihr in das Wirthshaus zu gehen gedenket, nehmt das Büchlein zur Hand. Vielleicht findet ihr manches von dem, was der Geistliche auf der Kanzel gesagt hat, nur auf etwas andere Weise, in dem Büchlein wieder; vielleicht sagt es euch noch etwas Neues dazu, was ihr in der Haushaltung brauchen könnt, und wovon man in der Kirche gerade nicht reden kann. Am liebsten aber wäre es mir, wenn euch der Inhalt des Büchleins so wohl gefiele, daß ihr das Wirthshaus vollends darüber vergäßet, und der Salat auf dem Tisch stände, wann ihr das letzte Blatt gelesen hättet. - Leset aber das Büchlein nicht bloß zum Zeitvertreib, und wenn ihr es durchgelesen habt, so hebt es fein auf, damit ihr am Ende des Jahres deren zwölf beisammen habt. Wenn's nach des Volksfreundes Willen geht: so sollen auch zu Zeiten Bilder dabei erscheinen, an denen ihr Gefallen findet. - Sollte euch im Büchlein zuweilen etwas nicht ganz verständlich seyn: so laßt euch das vorerst nicht groß anfechten. Les't dann nur bis an's Ende, wo einem ja in gar vielen Dingen erst der Anfang klar wird. Doch kann's auch nicht schaden, wenn ihr solche schwerzuverstehende Sachen zwei= bis dreimal les't: nicht jeder Baum fällt auf den ersten Hieb!
<u>Die Hauptursache aber ist, daß ihr das Büchlein nicht bloß les't, sondern auch darnach handelt.</u> Wollt ihr das, was ihr etwa daraus lernt, bloß als einen Schmuck für euren Verstand betrachten, und es zu großen Reden in eurem Munde gebrauchen, nicht aber zur Veredlung eures Herzens, und besonders eures Wandels: dann würde der Volksfreund glauben, besser Holz gehauen oder den Acker gepflügt, als ein Feld bearbeitet [zu] haben, welches statt des Waizens nur Unkraut trüge. Doch wir wollen mit Gottes Hülfe das Beste hoffen, wie denn der Volksfreund überhaupt so lange das Beste von den Menschen denkt, bis sie ihn von dem Schlechten - oft zu seinem Schaden - überzeugt haben.
Zuletzt sollt ihr noch erfahren, daß ein ganzer Jahrgang dieses Büchleins, zu zwölf solcher Hefte, nur 25 Silbergroschen kostet, und daß ihr die Bestellungen deßhalb, wenn ihr sonst keinen Rathgeber zu finden wüßtet, bei jedem Postamte machen könnt. Und somit wünsche ich euch und dem Büchlein zum neuen Jahr ein recht herzliches <u>Gottbefohlen!</u>

Quelle 17
Gedicht,
in: Der Volksfreund, 1. Jg. Februar 1827, 2. Heft, S. 38/39

Fragen und Antworten.

Wie werd' ich wohl ein reicher Mann?
Freund, deine Frag' gefällt mir schlecht;
Du bist schon reich, bist du gesund,
Und lebst du fromm und schlicht und recht.

Wie komm ich denn zu meinem Brot?
Die Frag' i[st] gut. An Müh und Fleiß
Hat Gott den Segen fest geknüpft;
Auf, und erringe dir den Preis!

Thu treu, was deine Pflicht gebeut,
Arbeite gern, und rasch und gut,
Und denke nach bei deinem Werk,
Und hoff auf Gott mit frohem Muth.

Und hast du dann nicht Ueberfluß,
So wünsch ihn nicht, er ists nicht werth;
Nimm dankbar an dein täglich Brot,
Das Gott aus Gnaden dir beschert.

Wo mag der Weg zum Thaler gehn?
Du fragst? Dem Pfennig folget er,
Und wer nicht auf den Pfennig sieht,
Wird schwerlich eines Thalers Herr.

Das Sparen mußt du recht verstehn;
Das Große wird dir nicht gebracht.
Aus kleinem Sand besteht der Berg;
Nimm du das Kleine recht in Acht!

Wo geht der Weg zur Ruhtagsfreud?
Am Werktag treib' frisch deine Sach
Zu Hause, und an jedem Ort;
Von selbst kommt Ruhtagsfreude nach.

Wo geht der Weg zur Armuth hin?
Sieh dich nur stets nach Freuden um,
Und eil darnach, genieße sie;
Der Weg ist lustig, aber krumm.

Gefährten triffst du viel drauf an,
Die machen gerne Alles mit,
Und unter Lust und Spiel gehst du
Zur Armuth hin, mit raschem Schritt.

Am End' des Weges steht die Schand,
Die triffst du auch noch obenein,
Und Niemand kennet dich dann mehr,
Dein Freund will auch dann Niemand seyn.

Wo geht der Weg zur Freud' und Ehr,
Zum Leben, das kein Alter schwächt?
Gerade zu, in Mäßigkeit,
Mit stillem Sinn für Pflicht und Recht.

Wenn du an einen Kreuzweg kommst,
Und gar nicht weißt, wohin es geht,
Steh still, frag dein Gewissen erst
Um Rath, das deine Frag' versteht.

Und hör' auf dein Gewissen fein,
Was es dir räth, ist deine Pflicht;
Erhalte dein Gewissen rein,
Und känk es nun und nimmer nicht.

Wo mag der Weg zum Kirchhof gehn?
Was fragst du doch? Geh, ruhe nie!
Zum stillen Grab in kühler Erd'
Führt jeder Weg, man fehlt ihn nie.

Doch wandle ihn in Gottesfurcht,
Ich rath dirs, was ich rathen kann.
Du weißt's, das Grab hat eine Thür,
Und jenseits gränzt gar Vieles dran.

Kommentar 18

Anfang 1845 fanden auf Initiative des Frühsozialisten Moses Heß und Friedrich Engels' im Elberfelder Zweibrücker Hof „Kommunistische Versammlungen" statt, über die Adolf Schults im „Stuttgarter Morgenblatt für gebildete Leser" berichtete: „Die erste dieser Versammlungen war nur klein, da noch nicht viele darum wußten. Bei der zweiten fanden sich bereits an 200 Personen ein, und das drittemal war der Andrang so groß, daß bei weitem nicht alle Platz finden konnten in dem sehr geräumigen Gasthaussaale.[...] Zweck der Versammlungen war zunächst, das Wesen des Kommunismus zur allgemeineren Anschauung zu bringen und über die Notwendigkeit einer Reform der sozialen Zustände, sowie die Heilsamkeit und Möglichkeit der Einführung kommunistischer Institutionen zu debattieren.[...] Zur Eröffnung der Verhandlungen wurden [...] etliche Gedichte von Wolfgang Müller und H. Püttmann vorgetragen, deren Stoff dem sozialen Leben der Gegenwart entnommen war und die ihre Wirkung auf die Gemüter der Anwesenden nicht verfehlten. Heß und Oswald [Pseudonym Engels'] traten sodann auf mit gut durchdachten Vorträgen, die aber, da beiden eigentlich Redetalent mangelt, weit weniger Effekt machten, als die darauf folgenden Reden zweier rheinischen Juristen [...]" (Schults, a.a.O., S. 31/32). Diese Versammlungen wurden nach der dritten Veranstaltung verboten.

Im Zuge der Diskussion der sozialen Probleme, die im Wuppertal der 40er Jahre besonders deutlich wurden, entstand 1845 der von Moses Heß und Friedrich Engels gegründete, von Julius Bädeker verlegte und bei Lucas gedruckte „Gesellschaftsspiegel. Organ zur Vertretung der besitzlosen Volksklassen und zur Beleuchtung der gesellschaftlichen Zustände der Gegenwart". Die als Monatsschrift geplante Zeitung brachte auf der Grundlage „wahr"-sozialistischer Gesellschaftstheorie u.a. Berichte über die Lage der Arbeiter in Deutschland, England, Frankreich und anderen europäischen Ländern, aber auch solche über die Verhältnisse im Wuppertal und in Solingen. Neben diesen Artikeln druckte der „Gesellschaftsspiegel" sozialkritische Lyrik von Georg Weerth, Gustav Reinhard Neuhaus und Hermann Püttmann. Adolf Schults, der die im „Gesellschaftsspiegel" erscheinenden Artikel ausführlich besprach oder sogar wiedergab, bemerkte anläßlich des 2. Heftes: „Mehreren für den Gesellschaftsspiegel bestimmt gewesenen Arbeiten hat die Zensur, die beim zweiten Hefte sich schon bedeutend schärfer zeigte als beim ersten, das Imprimatur versagt" (ebenda S. 85). Im Juni 1846, nachdem es das Blatt auf 600 Abonnenten gebracht hatte, wurde es ganz verboten.

Quelle 18
Vorwort,
in: Gesellschaftsspiegel. Organ zur Vertretung der besitzlosen Volksklassen und zur Beleuchtung der gesellschaftlichen Zustände der Gegenwart, 1. Band Elberfeld 1845

An die Leser und Mitarbeiter des Gesellschaftsspiegels.

Das edle Streben, der leidenden Menschheit zu Hülfe zu eilen, welches sich zur Ehre des neunzehnten Jahrhunderts gegenwärtig überall kund giebt, hat in Deutschland noch kein Centralorgan, worin einestheils die Uebel, denen abgeholfen werden soll, anderentheils die zur Abhülfe vorgeschlagenen oder bereits in Ausführung gebrachten Mittel publicirt und in ihrer gedeihlichen oder verfehlten Wirksamkeit näher beleuchtet werden. Wir legen dem Publikum hiermit das erste Heft eines solchen Organes vor, und hoffen, daß jeder Menschenfreund sich von selbst aufgefordert fühlen wird, den **„Gesellschaftsspiegel"** durch geeignete Mittheilungen zu unterstützen.

Um die Mittel aufzufinden und anzuwenden, welche die vielfach verzweigten und obendrein noch künstlich verhüllten Uebelstände unseres socialen Lebens gründlich und nachhaltig beseitigen sollen, ist es vor allen Dingen nöthig, diese Uebelstände selbst kennen zu lernen. Der **„Gesellschaftsspiegel"** wird daher alle Krankheiten des gesellschaftlichen Körpers vor sein Forum ziehen; er wird allgemeine Schilderungen, Monographien, statistische Notizen und einzelne charakteristische Fälle veröffentlichen, welche geeignet sind, die socialen Verhältnisse aller Klassen in ihr rechtes Licht zu stellen und den zur Abhülfe gesellschaftlicher Uebel sich bildenden **Vereinen** an die Hand zu gehen; er wird sich durchaus auf den Boden der Thatsachen stellen, nur Thatsachen und das unmittelbar auf Thatsachen beruhende Raisonnement bringen — ein Raisonnement, dessen Schlußfolgerungen selbst wieder evidente Thatsachen sind.

Die Lage der arbeitenden Klassen wird uns vor Allem beschäftigen, da sie von allen Uebeln der heutigen civilisirten Gesellschaft das schreiendste ist. Schilderungen, statistische Angaben, einzelne schlagende Facta aus allen Gegenden Deutschlands, besonders aus denen, in welchen ungewöhnliche Noth herrscht, werden uns willkommen sein. Ebenso Nachrichten über das numerische Verhältniß der unterstützungsbedürftigen, überhaupt besitzlosen Klasse zur besitzenden; über Zunahme des Pauperismus u. s. w.

Wir werden sowohl die geistige, intellectuelle und moralische, wie die physische Lage der Arbeiter in den Kreis der Betrachtung ziehen, und mit Vergnügen Berichte über den Gesundheitszustand, in so fern dieser durch die gesellschaftlichen Verhältnisse bedingt ist, und über den Stand der Bildung und Sittlichkeit der Proletarier entgegennehmen. Die Statistik des Verbrechens, der Prostitution, besonders wenn eine Vergleichung verschiedener Zeitabschnitte, Localitäten oder Lebenslagen damit verbunden ist, wird ebenfalls sehr zu beachten sein.

Die ergiebigsten Felder für die Zwecke des **„Gesellschaftsspiegels"** sind in dieser Hinsicht:

1) **Die großen Städte,** die ohne eine zahlreiche, auf einem kleinen Raum zusammengedrängte besitzlose Klasse nicht bestehen können. Außer den gewöhnlichen Folgen, die die Besitzlosigkeit überall nach sich zieht, werden wir hier die Wirkungen ins Auge zu fassen haben, welche diese Centralisation der Bevölkerung auf die physischen, intellectuellen und moralischen Verhältnisse der arbeitenden Klassen hervorbringt. Schilderungen, statistische, medicinische und sonstige Nachrichten, nebst einzelnen Thatsachen, welche Licht über die meistens in Dunkel gehüllten „schlechten Viertel" unserer größern und kleinern Städte verbreiten, werden uns willkommen sein.

2) **Die Industrie- und Fabrikbezirke,** deren Existenz ebenfalls auf einer zahlreichen, besitzlosen Klasse beruht. Wir wünschen hier die Aufmerksamkeit unserer Mitarbeiter unter anderen auf folgende Punkte hinzulenken:

a. **Die Natur der Arbeit** an und für sich; einzelne Arbeiten, welche durch ihre Beschaffenheit oder durch die ungeeignete oder übermäßig lange anhaltende Weise ihres Betriebs der Gesundheit nachtheilig sind; Arbeit von Kindern, von Weibern in Fabriken und die Folgen davon; Vernachlässigung der arbeitenden und nicht arbeitenden Kinder und Weiber der Proletarier, Auflösung der Familie, Verdrängung männlicher erwachsener Arbeiter durch Weiber und Kinder, Unglücksfälle durch Maschinen u. s. w.

b. **Abhängigkeit der Arbeiter von ihrem Brodherrn.** In Beziehung auf diese Rubrik werden wir es uns zur Pflicht machen, die Vertretung der schutzlosen arbeitenden Klasse gegen die Macht, und namentlich die leider oft genug vorkommenden Uebergriffe der Kapitalisten zu übernehmen. Wir werden jeden einzelnen Fall von Unterdrückung der Arbeiter schonungslos dem öffentlichen Unwillen Preis geben, und unseren Correspondenten für die genauesten Mittheilungen über diesen Punkt mit Name, Ort und Datum besondern Dank wissen. Wenn in Fabriken übermäßig lange oder gar Nächte durch gearbeitet wird, wenn die Arbeiter in Freistunden Maschinen putzen müssen, wenn Fabrikanten sich brutal oder tyrannisch gegen ihre Arbeiter betragen, tyrannische Arbeitsreglements erlassen, den Lohn statt in Geld in Waaren auszahlen — die Verfolgung dieses infamen „Truksystems" überall, wo es gehandhabt wird und unter allen

Gestalten und Umhüllungen, werden wir besonders betreiben — wenn Arbeiter in ungesunden Räumen arbeiten oder schlechte, dem Fabrikanten gehörige Wohnungen beziehen müssen, kurz, wenn irgend ein ungerechter Act von Seiten der Kapitalisten gegen die Arbeiter ausgeübt wird, so bitten wir Jedermann, der in den Stand gesetzt wird uns darüber zu berichten, um möglichst baldige und genaue Mittheilung. Wir wollen alle und jede Uebertretung der zum Schutze der Armen gegen die Reichen erlassenen Gesetze mit den genauesten und beschämendsten Umständen veröffentlichen. Nur auf diese Weise können die bis jetzt meist nur auf dem Papiere existirenden Gesetze wirklich in Kraft treten.

c. Die **Vernachlässigung der Arbeiter** durch die Gesellschaft im Allgemeinen, wenn sie durch die Concurrenz, durch Einführung vollkommenerer Maschinen, durch Anstellung von Weibern und Kindern, durch commerzielle Schwankungen und die Concurrenz des Auslandes broblos, oder durch Krankheit, Verstümmelung und Alter arbeitsunfähig geworden sind, sowie jede Verschlechterung der Lebenslage des Arbeiters durch fallenden Lohn.

Außer der **besitzlosen** werden wir auch die **besitzende Klasse** in ihrer äußern und innern Lage schildern. Wir werden durch Thatsachen zu beweisen haben, daß die freie Concurrenz der Privaterwerber ohne Organisation der Arbeit und des Verkehrs den Mittelstand verarmt, um den Besitz in den Händen Einiger zu concentriren und so indirekt das Monopol wiederherzustellen; daß die Parcellirung des Grundbesitzes den kleinen Grundbesitzer ruinirt und indirekt den großen Grundbesitz wiederherstellt; daß der Kampf der Concurrenz, in den wir alle hineingerissen werden, die Grundfesten der Gesellschaft untergräbt, und die ganze Gesellschaft, durch einen brutalen Eigennutz, demoralisirt.

Der „**Gesellschaftsspiegel**" wird nicht allein das materielle Elend, oder das geistige und moralische Elend etwa nur da schildern, wo es mit jenem Hand in Hand geht, er wird vielmehr das Elend in allen seinen Gestalten, also auch das der höheren Volksklassen zur Darstellung bringen, — und er wird sich in seiner Darstellung nicht allein auf statistische Notizen und wirkliche Historien aus dem Leben beschränken, er wird auch Dichtungen in Prosa und in Versen, aber nur solchen, die das Leben getreu schildern, seine Spalten öffnen. Schilderungen nach dem Leben werden ihm nicht minder willkommen sein, als Schilderungen aus dem Leben.

Wem eine so schonungslose Enthüllung der bisher größtentheils gleißnerisch übertünchten oder verhüllten Zustände unserer industriellen sowohl wie ackerbauenden und übrigen Bevölkerung — wem eine so offene Darlegung unseres ganzen gesellschaftlichen Zustandes, wie sie der „**Gesellschaftsspiegel**" zu geben beabsichtigt, etwa zu viel Kopf- und Herzweh macht, um sich mit diesem Unternehmen befreunden zu können, der mag bedenken, daß der Muth, der dazu gehört, einem Uebel in's Antlitz zu schauen, und die Beruhigung, welche aus einer klaren Erkenntniß entspringt, am Ende doch noch wohlthätiger auf Geist und Gemüth wirkt, als die feige idealisirende Sentimentalität, welche in der Lüge ihres Ideals, — das weder existirt noch existiren kann, weil es auf Illusionen gebaut ist — Trost sucht, Angesichts einer trostlosen Wirklichkeit! Solche idealisirende Sentimentalität trägt wohl heuchlerisch ihre Theilnahme an den Leiden der Menschheit zur Schau, wenn dieselben einmal zum politischen Scandal geworden sind, — wie wir bei Gelegenheit der schlesischen Unruhen plötzlich alle Zeitungen und Zeitschriften von sogenanntem Socialismus überströmen sahen — sobald aber die Unruhen aufhören, läßt man die armen Leute wieder ruhig verhungern.

Vor das Forum des „**Gesellschaftsspiegels**" gehören endlich die Bestrebungen, welche den socialen Uebeln und der gesellschaftlichen Unordnung zu steuern suchen — also einerseits **die Thätigkeit der jetzt sich bildenden Vereine** und andererseits die Zwangsmittel, welche gewisse Uebel in Schranken halten, aber nur um andere zu erzeugen. Dahin gehören die verderblichen Wirkungen der entehrenden Verurtheilungen, welche den Verbrecher für immer außerhalb der Gesellschaft stellen, des Umgangs mit erfahrenen Verbrechern in den gewöhnlichen, und der einsamen Einsperrungen in pensylvanischen Gefängnissen, die zahlreichen Morde im Gefolge der Wildschadengesetze, der Stand und die Handhabung der Armengesetze und Gesundheits-Polizei, characteristische Kriminalfälle u. s. w.

Indem wir nun Jeden, der im Stande ist, uns über die erwähnten oder über ähnliche vor das Forum des „**Gesellschaftsspiegels**" gehörende Punkte Mittheilungen zu machen, namentlich auch die Herren Pfarrer, Schullehrer, Aerzte und Beamten um freundliche Mitwirkung im Interesse der Sache bitten, garantiren wir in allen Fällen, wo es verlangt wird, Verschweigung der Namen, und werden die Verantwortlichkeit unserer Correspondenten nur für die Richtigkeit der von Ihnen mitgetheilten Thatsachen in Anspruch nehmen. Die Verantwortlichkeit für die Publikation übernimmt die Redaktion.

Kommentar 19 und 20

Über die „Tendenz" der „Volksstimme. Organ des Elberfelder Politischen Klubb's", die vom 30.4. bis zum 31.12.1848 im Verlag von Julius Schellhoff erschien, schrieb das Landratsamt im Juni 1849 - obwohl das Blatt zu diesem Zeitpunkt gar nicht mehr existierte: „Theilt die Protokolle des politischen Klubbs mit, bespricht Politik und theilt Gedichte und Lieder der Tendenz des politischen Klubbs entsprechenden Inhalts mit" (HStAD Reg. Düsseldorf Nr. 316). Der 1848 gegründete Politische Klub, dessen Vorsitzender Dr. Ernst Hermann Höchster Jurist und Gemeinderatsmitglied war, vertrat einen bürgerlich-liberalen Standpunkt und setzte sich für die Einheit Deutschlands unter einer konstitutionellen Monarchie ein. Adolf Schults, dessen vormärzliche Gedichte in der „Volksstimme" zum Abdruck kamen, schrieb über die Mitglieder, sie seien „großenteils jüngere Leute, Handlungsgehilfen, Kaufmannssöhne, sodann Männer aus dem Handwerkerstande, kurz, es ist hier besonders die mittlere und geringere Bourgeoisie zu treffen [...]. Die hauptsächlichsten Redner des politischen Klubs sind Juristen, teils Advokaten, teils Landgerichtsbeamte" (Schults, a.a.O., S. 111). Die „Volksstimme", die vierteljährlich 7 1/2 Silbergroschen kostete und zweimal wöchentlich erschien, brachte im wesentlichen die Protokolle der Sitzungen des Klubs, Gedichte und politische Artikel, z.B. über „Staat und Kirche", „Die Politik und die Frauen" oder „Der Adel". Ihr Motto war „Freiheit - Wahrheit - Recht".

Eine weitere Neugründung des Revolutionsjahres 1848 war die „Freie Presse", die bis Mai 1849 dreimal in der Woche in Elberfeld und Barmen erschien. Ihr Motto lautete „Wahrheit, Gerechtigkeit und Freiheit für Jedermann". Die „Aurora, freies Volksblatt aus dem Wupperthale" (Motto: „Freiheit, Licht, Recht") erschien ab April 1848, wurde aber im selben Jahr durch Zusammenschluß mit dem „Volksblatt fürs Wupperthal" (herausgegeben und gedruckt bei Farre in Barmen) zum „Volksblatt aus dem Wupperthale", das aber Ende 1848 oder Anfang 1849 sein Erscheinen einstellte. Als letzte Neuerscheinung des Jahres 1848 ist noch der von Hermann Püttmann geleitete frühsozialistische „Volksmann" zu nennen, der bis 1850 dreimal wöchentlich erschien und bei Staats in Barmen gedruckt wurde. Aus Zensurberichten geht hervor, daß das Blatt in Arbeiterkreisen viel gelesen wurde und stark verbreitet war. Anfang Juli 1850, nachdem der „Volksmann" 500 Abonnenten hatte, gab der Nachfolger Püttmanns, L. Pleß, aufgrund des Drucks der Behörden die Herausgabe auf.

Quelle 19
Vorwort,

in: Volksstimme. Organ des Elberfelder Politischen Klubb's, Nr. 1 vom 30.4.1848

Der politische Klubb hat, nachdem er in der kurzen Zeit seines Bestehens über 500 Mitglieder und mit ihnen die nothwendigen geistigen Mittel zum Schutze seiner Integrität gewonnen, das Bedürfniß erkannt eine Zeitschrift zu begründen, die ihm zur Darlegung seiner Grundsätze und zur Bekanntmachung seiner Beschlüsse dienen soll; er hofft in der eigenen Kraft und in der Theilnahme seiner deutschen Mitbürger die Mittel zu finden, welche ihr Bestehn sichern werden.

Diese Zeitschrift wird von jetzt an hier in Elberfeld im Verlage von Julius Schellhoff wöchentlich zweimal - Mittwochs und Sonnabends - im Formate dieses Blattes erscheinen. Ihr Inhalt wird bestehn aus:

1) dem Abdrucke der Sitzungs=Protokolle des politischen Klubbs;
2) Mittheilung seiner Vorstellungen an öffentliche Behörden und seiner Correspondenz mit anderen politischen Körperschaften;
3) es werden ferner kürzere Abhandlungen über in das Volksleben tief eingreifende politische Begebenheiten, über gesellschaftliche Zustände und Gemeinde=Angelegenheiten, Aufnahme finden, wobei Nichtmitgliedern mit Mitgliedern des Klubbs in gleicher Weise das Blatt offensteht.

Unerläßliche Bedingung ist dabei nur, daß der Inhalt solcher Aufsätze der Tendenz des Klubbs nicht widerspricht und nichts Strafbares enthält. Um hierüber zu wachen ist eine Redaktionskommission niedergesetzt, welche befugt ist Abänderungen eintreten zu lassen, insofern der Einsender nicht ausdrücklich erklärt, daß er die Rücklegung seines Aufsatzes einer Abänderung vorzieht.

4) Damit dem Nützlichen das Schöne, dem Werke des Verstandes der Schmuck der Phantasie nicht mangle, wird die „Volksstimme" von Zeit zu Zeit Lieder und Gedichte entsprechenden Inhaltes mittheilen.

Hiermit empfiehlt sich unser Organ allen freisinnigen Bürgern zur wohlwollenden Aufnahme. Es sieht einer Opposition entgegen und es wird sich mit ihr in offenen Kampf einlassen, falls derselbe ein verständiger, die große Sache des zur Freiheit erstandenen Vaterlandes fördernder ist. Das Blatt will sich freihalten von allen reinen Persönlichkeiten, aber es unterscheidet streng zwischen dem moralischen Werthe und der politischen Gesinnung des Menschen. Indem es jenen gänzlich und unter allen Umständen vor einen anderen Richterstuhl verweist, wird es diese seinem Urtheil unterwerfen und erkennt dabei keine schonenden Rücksichten an. -

Elberfeld, den 29. April 1848
Die Redaktions-Commission des politischen Klubbs.

Quelle 20
Artikel aus der Volksstimme Nr. 31 vom 12.8.1848

Republik und konstitutionelle Monarchie.

Wir leben in einer Zeit des Kampfes, und wir freuen uns dessen. Ohne Kampf gibt's kein Leben, und wo kein Leben, da ist Tod. Im Kampfe - Bewegung, im Tode - Ruhe. Wir wollen die Ruhe nicht, weil wir den Tod nicht wollen; wir freuen uns der Bewegung, weil wir des Lebens uns freuen. In dem Kampfe aber, in dem wir leben, fehlt bei gar vielen Streitern das Bewußtsein von dem, um was es sich handelt, es fehlt gar häufig die klare Erkenntniß dessen, was das Ziel, der eigentliche Zweck des Kampfes ist. Diese Unklarheit, diese Unentschiedenheit namentlich ist zugleich die Ursache, aus welcher jene Mißverständnisse entstehen, welche Genossen desselben Strebens zu Gegnern macht, welche in verschiedene Lager theilt, was unter ein und derselben Fahne zu kämpfen berufen ist. Das darf nicht sein, wenn das gemeinsame Ziel erreicht werden soll, das darf nicht sein, damit nicht die Bruderhand sich verwandle in eine feindliche. Also weg mit der Unentschiedenheit! Bei Seite mit der Unklarheit! Offen und aufrichtig, ohne Rückhalt ehrlich gesagt, was wir wollen, damit die getrennten Kräfte sich einigen, damit die geschiedenen Lager sich verbrüdern können! Wir wollen die konstitutionelle Monarchie, weil wir die Freiheit, die ganze Freiheit,

Bekanntmachungen.

Boninger pinxit.
Wie der Censor Zopf gen Rußland abreiset.
s—r.

in: Täglicher Anzeiger Nr. 69 vom 21.3.1848

- nicht bloße Freiheiten, - die volle Freiheit für Alle wollen. Wir wollen die konstitutionelle Monarchie so, daß die Republik keinen Reiz mehr für uns haben kann; wir wollen sie so, daß diese nicht im Stande sei, uns irgend eine erstrebenswerthe einzelne Freiheit zu bieten, die wir in jener nicht schon besitzen. Wir wollen mehr noch als irgend eine Republik uns bringen kann. Die konstitutionelle Monarchie, die wir erstreben, soll uns schützen vor den Nachtheilen und Gefahren, die unauflöslich mit jeder republikanischen Staatsform verbunden sind; sie soll fern von uns halten jene krampfhaften Zuckungen, die bei dem Wechsel der obersten Staatsgewalt in der Republik oft tödtlich, immer aber gefährlich erschütternd auf den ganzen Staatskörper wirken. Demnach ist die konstitutionelle Monarchie in keiner Weise eine bloße Uebergangsstufe vom Absolutismus zur Republik; sie ist uns eine höhere, veredelte Phase der Republik selbst, eine Phase, die aller Zerrbilder der wahren Volksfreiheit entledigt, nur noch das ungetrübte Bild des vollen Segens der Republik an ihrer Stirne trägt. In dem erblichen Monarchen erkennen wir den Damm gegen die Fluten, welche die Freiheit der Republiken allüberall gefährden; wir erkennen in ihm die geheiligte Majestät des Volkswillens, der in ihm sich verkörpert, der seine Einheit repräsentirt, der unverletzlich und unverantwortlich sein muß, wenn nicht das Volk einen Selbstmord und einen Widerspruch sanktioniren soll. Die konstitutionelle Monarchie also unterscheidet sich keineswegs durch einen größern oder geringern Grad der Volksfreiheit von der Republik; sie unterscheidet sich nur der Form nach von dieser, und wenn sie ins Leben tritt, mit allen ihren Consequenzen, wie unser konstitutioneller König am 18. März es verheißen, so ist unserer vollsten Ueberzeugung nach, jedes Streben zur Republik ein Rückschritt. Es ist die heiligste Pflicht unserer Vertreter dafür zu sorgen, daß die Verfassung, welche sie mit dem Könige zu vereinbaren, uns eine solche Monarchie verbürge, die nicht hinter der Republik zurückbleibe, die vielmehr jede spätere Umwälzung zu Gunsten einer republikanischen Form unmöglich mache. Offen und ehrlich sagen wir uns demnach los von Allem, was irgendwie die Republik zu fördern strebt; redlich und treu bieten wir die Bruderhand Allen, die mit uns die konstitutionelle Monarchie als bleibende Staatsform wollen. Wir thun noch mehr: wir erkennen die Entwickelungsfähigkeit der konstitutionellen Monarchie in gleicher Weise an, wie wir der Republik eine solche zugestehn, und wenn schon wir allerdings nach der höchsten Stufe der Vollkommenheit streben, so verkennen wir nicht, daß dieses Ziel ein ideales ist. Wir fordern nur, und das fordern wir für alle Zukunft und mit unerbittlicher Entschiedenheit: daß man nie den gegebenen Standpunkt der Wirklichkeit uns anpreisen wolle als das zu erstrebende Endziel der Bewegung. Wenn wir Entwickelungsfähigkeit unserer künftigen Verfassung anerkennen, so sind wir vollkommen in unserm Rechte, wenn wir dann auch auf's entschiedenste die Entwickelung selbst fordern. Fortentwickelung auf dem konstitutionellen Boden, das ist Bewegung, das ist politisches Leben, und dieses Leben gestalte sich in den mannigfachsten Formen. Aber ewig bleibe es der unversöhnliche Feind seines Gegensatzes, des Todes, des Absolutismus, unter welcher Gestalt er sich auch zeigen möge. Was dorthin führen kann, und sei es auf Schleichwegen oder auf Umwegen, das ist der wahre Feind, und das werden wir unablässig bekämpfen, wo wir es finden, und wäre es selbst an geheiligter Stätte!

Volksstimme.
Organ des Elberfelder politischen Clubb's.

Motto: Freiheit — Wahrheit — Recht.

№ 1.   Sonntag, den 30. April   1848.

4. Literatur mit christlicher Programmatik

Kommentar 21 und 22

„Wer selbst aus der Nacht und Blindheit der Sünde errettet worden ist und es weiß, daß er sein Leben und seinen Frieden nur der Barmherzigkeit Gottes in Christo Jesu verdankt, der freut sich von ganzem Herzen, wenn dasselbe Licht auch über den Todesschatten anderer Gegenden aufgeht und die herzliche Barmherzigkeit auch den fernsten Heiden kund wird. Zur Fürbitte, zur Mitfreude, zum Dank, zu tätiger Hilfe werden alle, ohne Unterschied des Standes, angesprochen, und nicht nur die Vornehmen, Reichen und Gelehrten haben zur Förderung dieser Sache Gottes beigetragen, sondern auch Geringe und Arme, Kinder und Dienstboten haben manch Scherflein des Glaubens und der Liebe gegeben, ja, sie haben nach Verhältnis das meiste dargebracht. So ist es ja auch billig, daß nicht nur die, die Zeit und Kraft haben, große Bücher darüber zu lesen, mit den herrlichen Taten Gottes bekannt werden, sondern daß auch die etwas davon erfahren, die weniger Zeit zu lesen und weniger Kraft zu fassen haben" (zit. nach Wolfgang Schneider (Hrsg.), Mission der Väter. Texte aus den ersten Jahrgängen 1826-1828 des Barmer Missionsblattes, Wuppertal 1975, S. 9/10). Mit diesen Worten kündigten die Barmer Pfarrer Sander und Leipoldt als Präsident und Sekretär der Barmer Missionsgesellschaft (gegründet 1818) 1825/26 das „Barmer Missionsblatt" an, das das erste seiner Art in Deutschland war und bis 1923 erschien. Sein erster Redakteur war der Pastor Ernst Friedrich Ball, verlegt wurde es von der Missionsgesellschaft und bei Steinhaus in Barmen gedruckt. Das Missionsblatt erschien 14tägig und kostete im Jahr 10 Silbergroschen. Im März 1826 hatte es 4000 Abonnenten, 1864 waren es 9600, wobei in den 30er und 40er Jahren ein Auflagenhöchststand von 18 - 20000 erreicht wurde. Das vierseitige Blatt brachte Missionsnachrichten aus dem Ausland, Gedichte, missionarische Reiseberichte, Anekdoten und Bekanntmachungen der Barmer Missionsgesellschaft. Als Quellen fungierten Berichte englischer und amerikanischer Missionsgesellschaften, das Baseler Missionsmagazin oder das Calwer Missionsblatt.

Quelle 21
Artikel
in: Barmer Missions=Blatt Nr. 14 vom 11.7.1842

Greuel des Heidenthums.

Wir würden diese Ueberschrift, die sich so oft in unserm Blatte findet, nicht nöthig haben und noch mehr des traurigen, widrigen Geschäfts überhoben, Beispiele desselben in unserm Blatte aufzunehmen, wenn es nicht noch immer derer so viele in der sogenannten Christenheit gäbe, denen die Mission etwas sehr Ueberflüssiges scheint, weil ihnen selbst das Evangelium, das jene den Heiden bringt, höchst überflüssig dünkt. Eine Wahrheit, wie jene, die Petrus Apostg. 4, 12. mit Gefahr seines Lebens bezeugte, daß in keinem Andern das Heil ist und kein andrer Name, als der Name Jesus, die Menschen selig machen könne, macht in ihrer stumpfen Gleichgültigkeit gegen das Heil ihrer eigenen Seelen keinen Eindruck auf sie. Um die Seele und nach der Ewigkeit fragen sie nicht. Denen muß man dann die Greuel des Heidenthums in ihrer sogenannten moralischen Abscheulichkeit zeigen und sie fragen, ob sie es denn nicht der Mühe werth achteten, diesen Greueln mit dem Evangelium entgegenzutreten, von dem sie denn doch eingestehen, daß es die reinste Morallehre ist. Doch abgesehen von diesen Gegnern der Mission, bei denen am Ende, nach Spr. 27, 22. *) kein Grund hilft, wirkt ein solcher Blick in die Greuel der Heidenwelt doch auch bei den Jüngern Christi wieder ein neues Mitleid und dadurch neuen Gebets= und Missionseifer. So leset denn nachfolgende Geschichte.

Eines Morgens kommt ein Wilder zu dem Missionar und fragt: Habt ihr eine junge Katze verloren? Nein! wie so? — O, erwiedert Jener, mir däucht, ich hörte Miauen im Walde dort. Ein zweiter, ein dritter kam mit derselben Frage. Der Missionar wird dadurch aufmerksam, geht in den Wald; seine Frau, begierig zu sehen, was das sei, folgt. Er geht der angewiesenen Richtung nach, er hört bald das leise Gewimmer, das allerdings mit dem einer jungen Katze Aehnlichkeit hat, aber sie können nirgends etwas entdecken. Er horcht schärfer, bückt sich zur Erde und vernimmt nun, daß der Ton aus der Erde kommt. Nach langem Suchen, um den rechten Punkt zu finden, glaubt er endlich ihn getroffen zu haben, scharrt, da er keine Hacke hat, den Sand mit der Hand fort und stößt auf einen großen Stein; er hebt diesen mühsam weg und — es ist keine Katze, sondern ein kleines Kind, was dort lebendig von der Hand seiner eigenen unnatürlichen Mutter verscharrt war. Eine ganze Nacht hindurch hatte das arme Würmchen in der Erde zugebracht, und war nur wie durch ein Wunder bis zum Morgen erhalten. Der treue Gott, der das Schreien der jungen Raben hört, hatte das Wimmern dieses von einer Rabenmutter verstoßenen Säuglings gehört, und zuerst andere Heiden und durch sie seinen treuen Diener, den Missionar, darauf aufmerksam gemacht, daß durch ihn das ungeheure Verbrechen der Heidenmutter, die am Ende dadurch noch ihren Götzen zu dienen glaubte, gutgemacht würde. Er nahm es aus der Erde, legte es in die Arme seiner Gattin, die es nach Haus trug und mit Milch tränkte und es mit großer Treue aufzog. Jetzt ist es ein liebes, verständiges Mädchen geworden, das im Hause und im Dienste seiner Pflegeeltern, des Missionars Moffat aus Südafrika, wohnt und mit ihnen nach London gekommen ist. Es hängt mit zärtlicher Liebe an ihnen.

---

*) Sprüchw. 27, 22. Wenn du den Narren im Mörser zerstießest mit dem Stämpel, wie Grütze, so ließe doch seine Narrheit nicht von ihm.

Quelle 22
Gedicht,
in: Barmer Missionsblatt Nr. 26 vom 30.12.1844

Zum Jahresschluß.

Was wir den Heiden abgenommen,
Ein jedes Volk, ein jedes Land,
Wie sich im Licht der Gnade sonnen,
Und wo der Götzendienst verschwand,
Das überblicken wir aufs Neue,
O Herr! mit dankerfülltem Sinn,
Und sehn ein Zeichen deiner Treue,
Ein Zeichen deiner Huld darin.

Und wie im Jubel seines Sieges
Einst Samuel, der Gottesmann,*)
Am Ende jenes Heiden-Krieges,
Den er nach langem Kampf gewann:
So richten wir demselben Horte
Im Herzen heut' ein Denkmal auf,
Und zeichnen jene fromme Worte
Des auserwählten Streiters drauf.
*) 1. Sam. 7. 12.

„Bis hieher hat der Herr geholfen!" —
So schallet unser Dankgebet; —
Nicht jene Flotten in den Golfen*)
Mit ihrem stolzen Kriegsgeräth,
Nicht jene kampfgeübte Heere,
Nein! Du mit Deines Geistes Schwert
Weit über Länder, über Meere,
Hast uns den schönen Sieg bescheert.
*) Meerbusen.

Auch nicht die Klugheit dieser Tage
Ersann den Weg in's Heiden-Herz;
Nur Du mit Deinem Zauberschlage
Entdecktest und erhubst das Erz.
Und rathlos war, wie allerwege,
Auch jetzt die Weisheit dieser Welt.
Dein Segen war es nur, Dein Segen,
Der Deinen Streitern gab das Feld.

Wir schreiben drum uns nicht vermessen
Die Palme zu aus eigner Kraft:
Wie könnten wir, o Herr, vergessen,
Daß Du es bist, der Alles schafft;
Der in den Schwachen mächtig waltet,
Aus Kleinem Herrliches gebiert?
Du hast auch jetzt durch uns geschaltet
Und Wunderbares ausgeführt.

Von Dir kommt Alles, was wir haben,
Mehr, als wir bitten und verstehn:
Du segnest unsre Liebesgaben,
Du segnest unser brünstig Flehn.
Drum will es nimmer uns geziemen,
Jetzt stolz des Sieges uns zu freun;
Nein, wenn wir Einen heute rühmen,
So rühmen, Herr, wir Dich allein.

Bis hieher sind wir durchgedrungen,
Hilf, daß uns nicht der Feind bezwingt,
Damit Dir bald in allen Zungen,
In allen Sprachen Lob erklingt.
Wir kämpfen ja für Deine Ehre,
Du hochgelobter Gottessohn,
So ziehe denn mit unserm Heere
Voran, als unser Gideon!

Kommentar 23

Im Vorwort zum 1. Heft der „Palmblätter" schrieb der Herausgeber, Pastor Friedrich Wilhelm Krummacher: „Die ‚Palmblätter' werden sich nur Original=Aufsätzen, und zwar nur solchen als Organ bequemen, die sich als frische, urwüchsig und gesund aus dem Kern des göttlichen Worts und dem Leben des Glaubens hervorgesproßte Geistesblüthen erfinden lassen" (Palmblätter 1 (1844), Januar/Februar, S. 4). Die „Palmblätter", die im Untertitel als „Organ für christliche Mittheilungen" definiert wurden, erschienen ab 1844 in zweimonatlichen Abständen; als Krummacher 1847 das Wuppertal verließ, übernahm sein Kollege, der Wichlinghauser Pastor Immanuel Friedrich Sander, die Herausgabe, bis die Zeitschrift ihr Erscheinen Ende 1848 einstellte.

Quelle 23
Artikel von I.F. Sander,
in: Palmblätter. Organ für christliche Mittheilungen, 5. Jg. März/April 1848, S. 83-92
Auszüge

Die deutsche Revolution.

Nicht, ohne daß wir uns in das Herz unseres Vaterlandes hinein schämen, können wir einem Aufsatze solche Ueberschrift, wie die hier vorstehende an die Stirn drucken. - Wer hätte das noch vor Kurzem gedacht, daß eins der gräulichsten Ungethüme, was dem Abgrunde nur entsteigen mag, - Revolution, d.h. gewaltsame Umwälzung des ganzen bürgerlichen, gesellschaftlichen und kirchlichen Lebens, an unser deutsches Volk, an seine Fürsten sich nicht nur heranwagen, sondern dieselben überwältigen würde? Das wurde ja immer laut verkündigt, wenn überall, so würde doch in Deutschland nie eine Revolution zu Stande kommen. Die in allen Stürmen bewährte Anhänglichkeit der deutschen Stämme an ihre alten Fürstenhäuser, die sittliche Substanz des deutschen Volkes überhaupt, seine Religiosität und Pietät insbesondere, dazu die eigenthümliche politische Gestaltung des in viele Fürstenthümer und mehrere Königreiche zertheilten Deutschlands, würden, - meinte man, - eine Revolution unmöglich machen. Und doch ist es geschehen; - wie so manches Andere, was die

Die „Palmblätter" brachten neben theologischen Reflexionen, Artikeln über den Katholizismus, evangelische Freikirchen oder die „Kirchenzucht" auch religiöse Gedichte und Aufsätze über die politischen Zeitereignisse, wie der in Quelle 23 wiedergegebene Auszug aus einem Artikel Sanders über die „Deutsche Revolution" beweist. Als weitere theologische Zeitschrift erschienen von 1846-1849 in Elberfeld die „Stimmen aus und zu der streitenden Kirche", die von den Pastoren Ball und Müller herausgegeben und redigiert wurden. Bereits 1825 hatte Immanuel Friedrich Sander den „Menschenfreund. Eine christliche Zeitschrift" herausgegeben, die anfangs in Elberfeld, dann in Düsselthal erschien und an der Karl August Döring und Friedrich Wilhelm Krummacher mitarbeiteten.

Alle drei genannten Zeitschriften können als Repräsentanten christlich-erwecklicher Zeitschriftenliteratur gelten, die wesentlich von einzelnen Pastorenpersönlichkeiten im Wuppertal geprägt war und durch die Erörterung „religiöse[r] Zeitfragen und wichtige[r] Erscheinungen in der Kirche" (Vorwort der Herausgeber, „Stimmen" 1(1846), S. 6) das politische und soziale Denken ihrer Leser beeinflußten.

Weissagungen unberufener Propheten für unmöglich erklärt hatte. Jetzt bei diesem hohen Grade der Bildung, den die Völker erreicht haben, - jetzt, wo die materiellen Interessen so vorherrschen, wo die Eisenbahnen die Völker so nahe gebracht haben, und Jedermann weiß, daß durch einen großen Krieg der Industrie unheilbare Wunden geschlagen würden, und wo die Völker nicht mehr für die dynastischen Interessen gekrönter Häupter auf's Schlachtfeld sich führen lassen, jetzt ist kein großer Krieg mehr möglich. Statt des Schwertes entscheiden nun die Federn der Diplomaten Alles.

[...]

Wie es nun mit diesen Weissagungen gegangen ist, die Friede verhießen, da doch kein Friede war, so auch mit der, welche Deutschland vor Revolutionen gesichert erklärte. Wie ein Sturm hat dieselbe, als in Frankreich das Zeichen gegeben war, unser Vaterland durchbrauset und alles umgewühlt von Oben bis Unten, daß wir nun seit vier Wochen ein anderes Deutschland haben, andere Fürsten und Throne, andere Regierungs=Gewalten. Zu dem Jubel, mit dem man von vielen Seiten, besonders aus Baden und andern süddeutschen Staaten her die neue Ordnung der Dinge[1], - die freilich in vielen Gegenden noch Unordnung und förmliche Anarchie ist, - begrüßt hat, kann ein nüchterner Beobachter und besonnener Beurtheiler keine Veranlassung finden, wohl aber zum Gegentheil. Es ist wohl zu bemerken, daß die Stimmen, die von der neuen Herrlichkeit Deutschlands, von seiner nun nahe bevorstehenden Einheit, von seiner Freiheit so Großes und Ueberschwängliches verkündigen, zunächst und vorzüglich aus den Ländern des ehemaligen Rheinbundes[2] ertönen, da also her, wo man noch hartnäckig für Deutschlands Knechtung und Schmach unter dem Banner des Völkerverwüsters Napoleon stritt, während Preußen, damals nur 5 Millionen Einwohner zählend, schon in heißen Schlachten dem Erzfeinde der deutschen Freiheit und Einheit entgegengetreten war. Also in diesen Jubel können wir nicht einstimmen, und kann Niemand einstimmen, der sich sagt und sagen läßt, was Revolution ist. Sie ist ihrem Begriffe nach eine gewaltsame Aufhebung des ganzen bis dahin bestehenden Rechtszustandes oder Vernichtung desselben. Sie ist also ihrem Wesen nach ein Unrecht. Alle die, so mit Gewalt, d.h. mit Drohungen und mit Schwert wider die bestehende Rechtsordnung und deren Handhaber und Ausrichter, d.h. wider die Obrigkeit auftreten, fallen unter das Urtheil Röm. XIII. 2. wo es heißt: die der Obrigkeit widerstreben, widerstreben Gottes Ordnung und werden ein Urtheil wider sich empfahen. -

[...]

Das Unrecht einer jeden Revolution, also auch der deutschen, also auch der preußischen, die in Berlin am 18ten und 19ten März[3] auf den Barricaden ihr Banner entfaltete, wird sich Jedem, der sehen will und sehen kann, darin auch sehr deutlich zeigen, daß sie nicht umhin kann, zu Waffen ihre Zuflucht zu nehmen, deren Ursprung aus dem Reiche der Finsterniß kein verständiger in Abrede stellen kann. Sie heißen Mord und Lüge. Sie weisen also hin auf den Mörder und Lügner von Anfang. Es wäre sehr überflüssig, erst noch nachweisen zu wollen, daß nie eine Revolution zu Stande gekommen ist, ohne diese obengenannten Waffen aus dem Reiche der Finsterniß zu gebrauchen: denn eine Revolution, die nicht durch offenbares Widerstreben wider die bestehende Regierung, - nicht durch gewaltsames Niederschlagen der bestehenden Macht, wozu auch Drohungen und Einschüchterungen gehören - ins Werk gesetzt wird, sondern nur durch die Macht des Wortes, durch das Zeugniß derer, die für ihr gutes Zeugniß zur Uebernahme aller Leiden bereit sind, ist keine Revolution, keine gewaltsame Umstürzung des Staats, sondern organische Entwicklung und Fortbildung, ist Neugestaltung aus dem innern Lebenskern des Staats. In jeder Revolution aber öffnen sich die finstern Abgründe, und es steigen aus demselben dem Staatsleben feindselige Todeskräfte heraus und dringen in dasselbe nicht allein hinein, sondern erheben sich auch, wenigstens für einige Zeit, auf den Thron der Herrschaft.

Bei jeder Revolution, von der uns die Geschichte berichtet, ist etwas von dem zum Vorschein gekommen, was der heilige Seher erblickte, da er sah „ein fahles Pferd, und der darauf saß, deß Name hieß der Tod und die Hölle folgte ihm nach." (Offenb. Joh. C. VI. V. 8) Alle nun, die dazu mitwirken, seien es nun Verführer oder Verführte, daß dieser Reuter auf dem fahlen Pferde, deß Name ist Tod, und dem die Hölle nachfolgt, durch Stadt und Land seinen Heereszug hält, ist mitschuldig an dem dadurch verursachten Jammer.

Vom Unrecht der Revolution haben wir nun gehört; wir haben zur Genüge die Beweise für die Eine Hälfte des Paulinischen Wortes, Röm. C. XIII. V. 2., gehört, daß die, so der Obrigkeit widerstreben, sich versündigen, weil sie der Ordnung Gottes wi-

539

derstreben. Die andere Hälfte des Satzes wird sich leicht beweisen lassen, daß diejenigen ein Urtheil über sich oder ein Gericht [...] empfahen werden, die der Obrigkeit widerstreben. - Jede Revolution, wie sie ein Unrecht ist, ist daher auch ein Unglück oder Unheil. Sie werden ein Urtheil empfahen über sich, heißt es. Dies theils schon hier, theils dort, wo der gerechte Richter Jedem geben wird nach seinen Werken, nachdem er gehandelt hat bei Leibes Leben, es sei gut oder böse - und zwar ohne Ansehen der Person, auch ohne Ansehen der Menge, die so oft hier das Urtheil des Richters besticht oder gefangen nimmt. - Wir wissen, es ist Einer, der selig machen kann und verdammen, Jeder steht und fällt seinem Herrn. Ferne sei's, vor der Zeit zu richten, ferne, das Gericht über die einzelne Person uns anzumaßen: aber wir wissen auch, daß wir aufgefordert sind, ein geistliches Gericht zu richten, und daß wir keine Berechtigung aufzuweisen haben, ohne große Besorgniß an die zu denken, die mitten im Ungehorsam gegen ein göttliches Gebot dahingerissen sind. - Sie werden ein Urtheil empfangen über sich: das gehet zum Theil schon hier in Erfüllung; jede Revolution ist ein Unheil, wie selbst der höchst liberale Dahlmann[4] sagt: „Jede Revolution, heißt es bei ihm, ist nicht bloß das Zeugniß eines ungeheuern Mißgeschicks, welches den Staat betroffen hat, und eine keinesweges bloß einseitige Verschuldung, sondern selbst ein Mißgeschick, selbst schuldbelastet. - Auch die auf's Beste ausgehende Revolution ist eine schwere Krise, die Gewissen verwirrend, die innere Sicherheit unterbrechend." - - In jeder Revolution, wie's wenigstens bisher von der Geschichte aufgezeichnet ist, treten die Leute vorzugsweise auf den Vordergrund, die vom Strom der Leidenschaft dahingerissen, das Steuerruder der Besonnenheit verloren haben und für allerlei politische oder kirchliche Ideale schwärmen, die sie sich entweder selbst geschaffen haben oder, nur zu gelehrig, von Andern haben ihrer Phantasie eindrücken lassen. Unter diesen Schwärmern gibt es allerdings viele gutmüthige, die es auch gut meinen und in allem Ernst von dieser und jener Staatsform das Heil erwarten. Es gibt aber auch Andere, die fest stehen auf bösem Wege, kein Arges scheuen, Leute, die Brandmahl in ihrem Gewissen haben, die zertreten um des Bauches willen und die Ideale, wofür die Gutmeinenden schwärmen, eigentlich nur als Aushängeschilde gebrauchen, hinter denen sie die Pläne ihres Egoismus verbergen. Die erste französische Revolution zeigt sehr anschaulich, wie die gutmüthigen, für ihr Ideal von Freiheit schwärmenden geistreichen Girondisten[5] den bornirtesten Bösewichtern weichen und unterliegen mußten. Wer sich auf einen bezauberten Boden begibt, wo Gottes Wort nicht Führer und Regierer sein darf, der hat nicht Macht, den Entwicklungen aus dem Argen zum Aergern und Aergsten zu wehren und zu sagen: Bis hierher und nicht weiter. Daß hingegen in den Revolutions=Kämpfen die Stillen im Lande noch stiller werden, sich vom Schauplatze großen Getümmels und wilder Leidenschaft, wo's nur die Pflicht erlaubt, zurückziehen, daß die sich nicht hervordrängen, die es als ihren Hauptberuf hier auf Erden ansehen, ihre Seligkeit mit Furcht und Zittern zu schaffen, wird man leicht einsehen. Und so wirkt denn alles dazu mit, daß in Folge der Revolutionen vorzüglich die hinaufgehoben werden, die von einem durch's Wort Gottes gebundenen Gewissen sich eben nicht sehr in Schranken gehalten sehen: und das ist kein geringes Unheil jeder Revolution.

Weiter ist dies eine der unseligen Folgen gewaltsamer Staatsumwälzung: ein Zustand allgemeiner Rechtlosigkeit tritt ein, oder der Unsicherheit alles Rechts.
[...]
Die rauchenden Brandstätten verwüsteter Schlösser, zerstörter Fabriken, die bewaffneten Horden und Rotten, die in die Kreuz und in die Quere unser Vaterland durchziehen, und das herrlichste Volk der Erde (wie wir Deutschen uns jetzt so gern nennen,) in Schrecken setzen, - die sagen uns sehr deutlich, wo wir uns befinden, nämlich, daß die Wogen der Anarchie uns umbrausen, daß die Elementar=Kräfte des Volkes, wie man in freudiger Begrüßung der Berliner März=Ereignisse das rühmte, losgelassen sind. Die Bewegungs=Partei, die so lange daran gearbeitet hat, Alles in Bewegung zu bringen, die kann sich deß rühmen, daß Alles nun in ungewöhnlich schneller Bewegung, und zwar durch ihre Mitwirkung gekommen. Jahrhunderte haben sich in wenige Wochen zusammengedrängt, - Jahrhunderte sind wir hindurchgeeilt: aber siehe da, wie ganz anders ist es gekommen, als man es erwartete, als man verheißen hatte: wir sind drei, vier und noch mehr Jahrhunderte zurück, - mitten in die Zeit des Faustrechts, also in die Zeit des so verschrienen Mittelalters! Dahin haben uns die Männer gebracht, die sich des Fortschrittes rühmen, denen aber der Herr durch seinen Propheten wie jenen Abtrünnigen zuruft: Ihr seid Leute von Rückwärts (wie es Ewald übersetzt) und nicht des Fortschritts (Jerem. C. VII. V. 24.) Ja wir können noch weiter zurückkommen: in's 4te und 5te Jahrhundert, wohin Napoleon die Völker zurückzuversetzen hoffte, da er die Continental=Sperre empfahl[6], und die Ge-

nüsse der fremden Zonen verbot. Denn so wie jetzt darf es nicht viele Monate mehr gehen, so tritt eine allgemeine Verarmung ein, Handel und Industrie haben tödtliche Wunden bekommen, von denen sie sich vielleicht für viele Jahrzehnte nicht wieder erholen. Von den schrecklichen Bauernkriegen - die wir jetzt wieder entbrennen sehen - haben sich große Gebiete unseres Deutschlands jetzt nach mehr als 300 Jahren nicht wieder erholt. Es ist eine sehr verkehrte Meinung, aus der [f]euchtigen Weisheit der Conversations=Lexikons hervorgehend, und jetzt weithin herrschend, wenn man meint, im Bösen sei das Gegengift gegen das Böse selbst enthalten. Will man der Bibel nicht glauben, so bezeugt es uns die ganze Weltgeschichte, daß ein Volk in innern Kriegen und beständigen Umwälzungen sich selbst verzehren kann.
[...]
Darüber nun, daß es also bei uns worden ist, daß es bei uns, wo vorher Ordnung herrschte und das Gesetz, ohne welche keine Freiheit sich denken lassen, daß es bei uns zu dieser Gesetzlosigkeit gekommen ist, sollen wir uns freuen? Auf diesem Wege der Gesetzlosigkeit erlangen wir nicht allein nichts von einer größern Freiheit, sondern verlieren die wir bisher noch hatten.
[...]

---

[1] Im Februar/März 1848 beriefen mehrere deutsche Regierungen, u.a. die von Bayern, Württemberg, Baden, Hessen-Darmstadt, Sachsen und Hannover als Reaktion auf die sich verschärfende politische Krise „Märzministerien" mit liberalem Einschlag.
[2] Von Napoleon I. 1806 geschaffene Konföderation unter französischem Protektorat, der sich zunächst 16 süddeutsche Territorien anschlossen und ihren Austritt aus dem Heiligen Römischen Reich Deutscher Nation erklärten. Bis 1811 kamen zahlreiche weitere deutsche Gebiete hinzu. Der Rheinbund wurde 1813 aufgelöst.
[3] Nach Straßenkämpfen am 18. März 1848 verließ am 19. März auf Befehl des preußischen Königs das Militär die Stadt. Es folgten die Bildung einer Bürgerwehr zur Aufrechterhaltung der Ordnung und zum Schutz des Schlosses sowie eine Amnestie für politische Vergehen.
[4] Friedrich Christoph Dahlmann (1785-1860), Politiker und Historiker; als Professor in Göttingen und Führer der "Göttinger Sieben" 1837 des Landes verwiesen; Mitglied der Frankfurter Nationalversammlung; dort neben Ernst Moritz Arndt, Johann Gustav Droysen, Jacob Grimm u.a. dem rechten Flügel der Liberalen angehörend, der die kleindeutsche Lösung und eine Volksvertretung mit eingeschränkten Rechten (Legislative) befürwortete.
[5] Bürgerlich-liberale republikanische Gruppe, die die erste Phase der französischen Revolution von 1789 mittrug und in der Nationalversammlung vertreten war. Nach zunehmender Spaltung zwischen Girondisten und der erstarkenden radikaldemokratischen jakobinischen „Bergpartei" wurden erstere im Konvent in die Opposition gedrängt und ihre Mitglieder schließlich 1793/94 zum großen Teil hingerichtet.
[6] Von Napoleon I. 1806 eingeleitete Wirtschaftsblockade des Kontinents gegen britische Güter.

Kommentar 24 und 25
Mit dem „Reformirten Wochenblatt" und dem „Wupperthaler Kirchenblatt für Katholiken" sollen zwei Gemeindeblätter aus dem Wuppertal vorgestellt werden. Das „Reformirte Wochenblatt" wurde seit 1856 vom Presbyterium der reformierten Gemeinde in Elberfeld herausgegeben und erschien zunächst unter der Redaktion von Pastor Schröder, später von Pastor Krafft, wöchentlich zum Quartalspreis von 5 Silbergroschen; 1864 wird die Abonnentenzahl mit 1060 angegeben. Das Blatt brachte außer Gemeindenachrichten, dem Kirchenzettel und der Gemeindestatistik Beiträge zur Geschichte der Gemeinde, Biographien, Tagebuchauszüge, Bekehrungsgeschichten, Bibelauslegungen und kleine theologische Abhandlungen unter dem Motto „Wir wollen unter Gottes Schutz/mit unsern Vätern gläuben!".
Das „Wupperthaler Kirchenblatt für Katholi-

Quelle 24
Artikel,
in: Reformirtes Wochenblatt Nr. 29 vom 17.7.1857, S. 225/226

Gespräch eines römischen Priesters mit einem Mädchen.
(Eingesandt.)

Der reformirte Pastor, der das folgende Gespräch aus dem Munde des Mädchens sich aufgeschrieben hat, bemerkt über dies Mädchen: Sie ist erst 16 Jahre alt, von armen und geringen Eltern, ist ganz ungebildet, sonst blöde und dem Anscheine nach dumm. Aber „den Unmündigen ist's geoffenbaret." „Das Geringe habe Ich erwählet." Sie hatte zwei alten Mütterchen versprochen, für dieselben die Suppe im Armenhause zu holen. Da sie nicht ganz bettelhaft gekleidet war und an der Thür mit den Uebrigen wartete, wurde sie von diesen ausgescholten, daß sie sich auch schon an's Betteln gewöhne. Sie wurde Gegenstand des Gelächters. Sie schwieg. „Der Herr Jesus",

ken" erschien nach Auskunft der Zensurakten erstmals 1851 (eine andere Quelle nennt 1858 als erstes Erscheinungsjahr) in Elberfeld und war 1864 noch mit 1700 Abonnenten vermerkt; 1871 mußte man sein Erscheinen aufgeben. Als Herausgeber des Blattes, das von dem Lehrer Johann Gregor Breuer gegründet worden war, fungierte die katholische Geistlichkeit. Das bei Martini, Grüttefien und Comp. gedruckte Blatt erschien wöchentlich und kostete vierteljährlich 6 Silbergroschen. Es brachte Nachrichten aus dem katholischen Ausland und über regionale Vorkommnisse, etwa über die Waisenhauserweckung in Elberfeld 1861, Artikel wie „Der aufgeklärte Katholik" oder „Ueber das [!] Sittenverderbnis unserer Jugend" sowie Rundschreiben des Papstes zum Abdruck. Als dritte Gemeindeblattgründung der 50er Jahre ist der „Lutherische Kirchenbote" zu nennen (1864: 650 Abonnenten), der von Pastor Ludwig Feldner für die von ihm 1858 gegründete selbständig-lutherische St. Petri Gemeinde herausgegeben und redaktionell betreut wurde.

sagte sie nachher, „hat auch gestanden und hat sich anspeien lassen; ich will mit Ihm Seine Schmach tragen."

Priester: Warum liesest du in der Bibel, da es dir doch verboten ist?

Mädchen: Weil ich finde, daß dieses Lesen mich besser macht. Sonst mußtet Ihr mich treiben, zur Kirche zu gehen, nun komme ich von selber. Ich habe den Herrn Jesum aus der Bibel kennen gelernt.

Priester: Was — was willst du sagen vom Herrn Jesus? Schweig! Das ist eins von den protestantischen Wörtern. Du kannst „Gott" sagen.

Mädchen: Aber es heißt doch: Es ist kein anderer Name den Menschen gegeben, darinnen wir sollen selig werden.

Priester: Ha! Ha! Da haben wir es. — Also nun meinst du, du brauchtest gar nichts zu thun. Er hat Alles für dich vollbracht.

Mädchen: Aber ich finde doch in der Bibel, daß wenn wir sagen, wir haben alles gethan, so sind wir unnütze Knechte, weil wir nur gethan haben, was wir zu thun schuldig waren!

Der Priester schwieg. Ueber eine Weile fuhr er fort zu dem Mädchen: Aber du verstehst das Buch gar nicht. Wer erklärt es dir?

Mädchen: Der Herr Jesus hat gesagt, wir sollten den Vater um den heiligen Geist bitten, der erklärt's.

Priester: Also du meinst, du bekämst den heiligen Geist? Den hat Petrus erhalten, der hat ihn den Bischöfen, dem Papste mitgetheilt und dadurch erhalten ihn nur die Geistlichen durch Auflegen der Hände.

Mädchen: Aber es steht geschrieben: Wer Christi Geist nicht hat, der ist nicht Sein. Dann wären wir allzumal verloren. Ein geistlicher Herr kann ich ja nicht werden!

Priester über eine Weile: Wie bist du doch jetzt so besonders, und warum bist du nicht mehr so gehorsam?

Mädchen: Als ich in der Welt war, da hatte die Welt das Ihre lieb. Als ich ihr aber den Rücken drehte, da warf sie mich mit Steinen.

Quelle 25
Artikel,
in: Wupperthaler Kirchenblatt für Katholiken Nr. 33 vom 13.8.1859, S. 265-267

Aus der Gegenwart.

Vor wenigen Wochen wurden in einem hiesigen Kirchenblatte „Erinnerungen" geliefert, welche die schlechte Behandlung der Protestanten von Seiten der Katholiken, so wie die ärgerliche Art, wie von katholischer Parthei Proselytenmacherei getrieben worden, leichtgläubigen Lesern darthun sollten. Die Tendenz der Machwerke, die aus faulen Quellen geschöpft waren, und auf die im „Täglichen Anzeiger" noch besonders hingewiesen wurde, damit doch Jeder von dieser Suppe koste, lag am Tage. Die Katholiken Elberfelds haben nicht nothwendig, Thatsachen aus der Vergangenheit aufzutischen, zum Beweise, daß der Protestantismus gerade nicht sehr gelinde seine Proselyten gewonnen habe. Die Gegenwart liefert Beispiele genug, in welch' einer schändlichen, ja diabolischen Weise man hierorts die Katholiken, besonders die der geringern, ärmern Klasse zum Abfall zu bringen sucht. Aus der großen Menge der Beispiele führen wir für jetzt nur eines, das in den letzten Tagen sich zugetragen, an. Für die Wahrheit stehen wir ein, und sie kann nöthigen Falls und sie wird hoffentlich eidlich und durch Zeugen bekräftigt werden.

Seit einigen vierzehn Tagen macht sich ein „Diener am Wort" ein Geschäft daraus, seine Netze um ein katholisches Mädchen von c. 21 Jahren, das auf einer hiesigen Fabrik arbeitet, zu schlingen und durch Disputationen (er — der gelehrt sein wollende Herr und ein einfaches Mädchen!) und Schimpfen über katholische Lehren und Gebräuche, besonders über Maria, Messe ꝛc., ferner durch Drohungen und Geldversprechungen zum reformirten Bekenntniß hinüber zu locken. Der Bekehrungsversuch ist wirklich tragisch und verdient, etwas näher auseinander gesetzt zu werden. Der genannte Diener am Wort besuchte vor vierzehn Tagen einen kranken Mann aus seiner Gemeinde und fand dabei jene katholische Person, die aus Auftrag ihrer Herrin dem Kranken eine Labung brachte und bei der Entledigung des Auftrags nach der Behauptung des Kranken selbst nichts Anderes sprach, als was man gewöhnlich einem Kranken sagt. Beim Eintritt des Pastors entfernte sie sich und sprach im Vorzimmer mit der Frau des Kranken. Unterdessen wurde man im Krankenzimmer laut, und schon die protestantische Frau bemerkte der Katholikin: „es geht über euch Katholiken los." Und wirklich die Katholikin wird hereingerufen und der Kranke selbst fragt sie in Gegenwart des Seelsorgers: „Nicht wahr, wir haben von Religion nichts gesprochen!" — Nun ergoß sich der Diener am Worte (Gottes?) in Schmähungen über die katholische Religion, fing an zu lästern über Maria, über die unbefleckte Empfängniß und dabei verfluchte und verdammte er die Katholiken — er, der so viel Aufhebens macht von den lügenhaften Berichten, wonach die Katholiken die Andersgläubigen verdammen sollen. Die Katholikin blieb ihm keine Antwort schuldig, und mochte er auch in der Bibel hin und her schlagen und toben und schreien, er bekam auch aus der Bibel gehörigen Bescheid, worin er, wenn er übrigens noch Wahrheitsgefühl hat, sehen konnte, daß die Katholiken, auch die vom gewöhnlichen Schlage, wohl einmal etwas von der Bibel zu hören bekommen. Andern Tages trafen sich diese Beiden — der Diener am Wort und das Mädchen — bei demselben Kranken; jener hatte aber noch einen Amtsbruder bei sich, der auch seinen Senf mit dazu gab, als jetzt wieder das Lästern losging über katholische Lehre. Da fragte man die Person nach dem Ave-Läuten, behauptete, das sei verfluchte Abgötterei und sagte: die Person solle sich doch zureden lassen, daß sie „aus der Patsche (soll wohl die katholische Religion sein) komme." Hier vernahmen nun auch die Herrn, wo das Mädchen arbeitete, und wirklich bei Abwesenheit des Prinzipals kommt der erstgenannte Diener am Wort zur Fabrik, das Mädchen wird heruntergerufen und ihr zugemuthet „reformirt zu werden, damit es das „wahre Licht" bekomme. Hier warf man dieser katholischen Person vor, sie sei Schuld, daß ihr Vater katholisch geworden, worauf sie erwiederte: sie habe nur für den Vater gebetet und der liebe Gott habe ihm die Augen geöffnet, worauf wieder der Fluch des „Dieners am Wort" erfolgte: des Vaters Beine würden verflucht sein, da er den Eid gebrochen, den er geschworen. (Fällt einem da nicht der Eidbruch Luthers und Calvins ein?) Auf einmal wird eine andere Saite angeschlagen. Der eifrige Diener am Wort versucht eine neue, aber sehr unevangelische Bekehrungsmethode; er bot seiner Gegnerin eine Stelle an, wo sie, natürlich auf Kosten ihres Glaubens und unter der ausgesprochenen Bedingung, reformirt zu werden, zwei und einen halben Thaler wöchentlich verdienen könne, was ihr bei ihrer Kränklichkeit gewiß gut komme. Mit Entrüstung wurde das Anerbieten abgewiesen, und das Schimpfen ging weiter fort: „es scheint, als wenn sie in den Klauen ihrer **Pfaffen** lägen," „der Teufel spielt in dem **Mädchen**, sonst könnte es nicht solche Antworten geben." — Das waren die **noblen** Ausdrücke des Dieners am Wort und er, der doch so hochbegnadigt ist und voll des Herrn Jesu, (?) muß sich eine Zurechtweisung von einer ungelehrten Person über seine unanständigen Ausdrücke gefallen lassen. Dieselben Manöver wurden an den folgenden Tagen aufgeführt, wobei der Herr Diener am Wort sich von einem angesehenen Herrn secundiren ließ; Carrikaturen über katholische Ceremonien, Tractätchen wurden gezeigt — und endlich als man die Blamage einsah, verwandelte sich die Comödie in ein Trauerspiel: hört!

Der Diener am Wort bittet das katholische Mädchen um Verzeihung, offerirt ihm seine Hand, und dabei sagt er: (die Schlange aber war listiger als alle Thiere der Erde, I. Mos. 3, 1) er habe nur sehen wollen, ob ein Katholik sich auch zu helfen wisse, jetzt habe er erkannt, daß die Katholiken nicht so dumm seien und (o si tacuisses) da bittet er sehr eindringlich, das Mädchen möge von der Sache nichts lautbar machen, wenigstens den katholischen Geistlichen nichts davon erzählen. (Böses Gewissen?) Am Freitag den 5. d. wurde trotz der erbetenen Verzeihung ein neuer Versuch gewagt, und da kam das interessante Ende vom Drama: der (nicht katholische) Fabrikherr ist der Bekehrungssucht überdrüssig, er kommt hinzu und sagt: der Herr Prediger solle die Menschen bekehren, wo er wolle, aber nur nicht bei ihm, und als der Herr Prediger auf wiederholte Aufforderung sich dem Hausrecht nicht unterwerfen will, da braucht der Herr des Hauses das Faustrecht und schmeißt den Unberufenen zur Thür hinaus. So geschehen in Elberfeld am 5. August 1859. Die Reflexionen über diese Affaire überlassen wir den geneigten katholischen wie evangelischen Lesern. Nur einige Fragen wollen wir stellen: Wie nennt man einen Menschen, der gegen sein besseres Wissen sagt: die Katholiken beten die Heiligen an 2c.? Wie nennt man einen Menschen, der Ausdrücke im Munde führt, wie: der Teufel weiß, wo das Mädchen seine Worte her hat, verflucht sind die Katholiken, katholische Pfaffen 2c.? Wie bezeichnet man mit einem deutschen Worte den Versuch, eine arme Person für 2½ Thlr. von ihrem Glauben abwendig zu machen? Welchen Namen verdient das Betragen, wenn man das, was man den Katholiken immer in verläumderischer Weise andichtet, sich selbst auf die unverschämteste Art zu Schulden kommen läßt? Und nun noch eine Frage, was würde es wohl geben, wenn ein katholischer Geistlicher sich dergleichen oder nur der Hälfte davon schuldig machte? — Uebrigens sollte die Wahrheit obiger Geschichte beanstandet werden, (es ist wohl schon vorgekommen, daß behauptet wurde, den armen Leuten müsse man doch nicht so viel glauben, als den noblen (?) Herrn) so werden die Namen genannt und die nur zusammengedrängt angeführten Dinge weiter ausgeführt. Zugleich werden die Katholiken unserer Stadt vor den Wölfen im Schafspelze gewarnt und an das Wort erinnert, das der heilige Petrus sprach, als auch ihm Geld angeboten wurde: „daß du mit deinem Geld verloren gehest" Apostgsch. 8, 20. Mit Entrüstung treibe jeder solche niedrige Proselytenmacher zur Thüre hinaus.

Kommentar 26
Die Herausgabe von Kinder- und Jugendlektüre, soweit sie nicht den schulischen Lesestoffen zuzurechnen ist, war im Wuppertal nach der Revolution von 1848/49 von kirchlichen Kreisen dominiert. So wurde seit 1847 von dem Ronsdorfer Pastor Gerhard Dürselen der „Jünglings-Bote" im Zusammenhang mit dem Rheinisch-Westphälischen Jünglingsbund herausgegeben. Er erschien monatlich zum Vierteljahrespreis von drei Silbergroschen. Dem „Jünglings-Boten" folgte ab 1849 der vom Elberfelder Erziehungsverein (gegründet 1849) herausgegebene „Kinder=Bote", dessen Initiator und erster Redakteur der Lehrer Carl Brockhaus war. In der Probenummer vom 9.12.1849 hieß es: „Das heranwachsende Kind kann lesen. Das Schulbuch ist ihm bald bekannt, oder seine Wißbegierde noch nicht befriedigt. Was soll man ihm da geben? Soll es die

Quelle 26
Geschichte,
in: Kinder=Bote vom 23.3.1850, S. 1-2

Leiden eines Königssohnes.

Ludwig Carl war der Sohn des unglücklichen Königs Ludwig XVI. von Frankreich. Im Jahr 1789, als die französische Revolution ausbrach, war er erst vier Jahre alt. Eine Revolution bricht aus, wenn sich die Leute gegen ihren König und die Obrigkeit empören, und das sind solche Leute, die nicht beten können und keine Lust zum Arbeiten haben. Da kommt dann der Teufel und zupft sie am Aermel und spricht: „Siehst du nicht, der hat mehr als du, das ist unrecht, du bist doch so gut, wie der." Oder: „Was soll die Obrigkeit? die kostet nur Geld und du mußt immer bange vor ihr sein und kannst nicht thun, was du willst. Fort mit ihr!" Da bricht's denn endlich los. Viel Branntwein wird getrunken; es wird geflucht, getobt und geschimpft auf die Obrigkeit und die Reichen, auf Kirche und Schule; hier und da bauet man Barrikaden - nun viele von euch, lieben Kinder, haben ja das scheußliche Unthier „Revolution" im vorigen Jahre in unserer Nähe gehört und gesehen. Heute will ich etwas aus jener französischen Revolutionszeit von dem kleinen Prinz Ludwig erzählen. Er war ein lieblicher Knabe und machte den so oft traurigen Eltern manche heitere Stunde. Alles suchte ihm Freude zu machen, Alles lächelte ihn an. Vater und Mutter nahmen ihn liebkosend in die Arme und sahen seinen unschuldigen Spielen zu. Wenige Kinder ga-

politischen Blätter lesen, die es nicht versteht und die oft genug den Erwachsenen verderben? oder Romane, Räuber= und Rittergeschichten? Manche haben sich daran um ihre ewige Seligkeit gelesen. Die Jugend liebt das Abenteuerliche, und man sieht in Stadt und Dorf solche Giftpflanzen genug aus einer Kinderhand in die andere wandern.[...] Dies Alles ist dem Erziehungsverein schwer auf's Herz gefallen, und er weiß, daß es auch vielen Eltern hart ist, ihre Kinder so darben zu sehen. Darum soll der Kinderbote wandern zu den Kindern nah und fern und soll bringen allerlei liebliche christliche Erzählungen aus der Bibel und dem Leben, der Kirchen= und Weltgeschichte, Erzählungen aus dem Leben gottesfürchtiger und gottloser Männer, gehorsamer und ungehorsamer Kinder, und köstliche Sprüchlein und Verschen zum Auswendiglernen werden nicht fehlen [...]". Der „Kinder=Bote" erschien wöchentlich und kostete 10 Silbergroschen pro Halbjahr; er erreichte Auflagenhöhen von 6000 (1864) und 23000 (1873) Exemplaren.

Der „Kleine Missionsfreund", der seit 1854 von der Rheinischen Missionsgesellschaft in Barmen herausgegeben wurde und monatlich erschien, brachte Missionserzählungen für Kinder und kostete jährlich 7 1/2 Silbergroschen. In diese Literaturgruppe gehört auch der „Barmer Kinderfreund" (seit 1859), der von dem Pastor Ernst Hermann Thümmel herausgebracht wurde und im Jahr 20 Silbergroschen kostete. Seine Abonnentenzahl betrug 1864 1100.

ben so große Proben von Verstand und Lernbegierde. Die Eltern und alle aufrichtigen Freunde des Vaterlandes hegten die freudigsten Hoffnungen von diesem Prinzen. Aber die Leidensstunde hatte dieser ganzen Familie geschlagen. Es begannen die Gräuel der Revolution; Bösewichte reizten das Volk auf gegen seinen König und rissen seine Gewalt an sich; unzählige Menschen wurden durch sie gemordet; auch der königlichen Familie drohte große Gefahr. Sie mußte auf Verlangen des gegen sie aufgereizten Pöbels von ihrem Schloß in Versailles nach Paris ziehen. Die treue königliche Leibwache wurde von dem wüthenden Volke angegriffen und mehrere davon vor den Augen des Königs ermordet; ja selbst bis zum Schlafzimmer der Königin drangen die Rasenden und drohten ihr den Tod. Alles dies sah der junge Prinz mit an, hörte das brüllende Toben der empörten Menge und schmiegte sich bebend an die Mutter. Diese nahm den theuern Sohn auf den Arm und zeigte ihn dem erbitterten Volke, das schon mit Spießen auf sie eindrang, und siehe - wie die Mörder das Kind auf ihrem Arme erblickten, ließen sie die Waffen sinken und wichen zurück. In Paris sah der Prinz die guten Eltern immer trüb und tief bekümmert, die Mutter oft in Thränen. Das schnitt ihm in's Herz, daß die Eltern so betrübt sein sollten, und er weinte auch bitterlich. Endlich flohen sie bei Nacht mit dem Kinde, aber sie wurden eingeholt, von nun an strenger bewacht und ganz als Gefangene behandelt. Immer schrecklicher wurde nun die Empörung; sie entsetzten den König seiner Würde und warfen ihn mit seiner ganzen Familie in einen Thurm, wo sie lange in Gefangenschaft schmachteten. Hier durfte den Prinzen keiner seiner Gespielen besuchen. Der Vater unterrichtete ihn täglich einige Stunden und ließ ihn Landcharten illuminiren. So verging ein trüber, banger Tag um den andern. Indessen machte man dem König den Prozeß, der unglückliche Monarch ward zum Tode verurtheilt. Eine starke Wache kam, ihn zum Blutgerüste abzuholen. Er durfte seine Familie nicht mehr sehen; der Prinz wollte ihn nicht lassen, nur mit Mühe konnte der Vater sich bewegen, sich von ihm zu trennen. Kaum war aber die Kutsche, die der König bestiegen hatte, weggefahren, so sprang Prinz Ludwig, den die Mutter nicht länger zurückhalten konnte, mit größter Schnelligkeit die Treppe hinab; die unten stehende Schildwache ließ ihn nicht weiter. „Bitte, bitte!" sagte das Kind, „laß mich gehen; ich will auf die Straße, da will ich niederknieen und die Leute bitten, daß sie meinen Vater nicht ermorden." Umsonst, er sah seinen unglücklichen Vater nie wieder. Der Prinz war damals acht Jahre alt. Einige Zeit darauf wurde auch seine Mutter von ihm getrennt und in ein anderes Gefängniß gebracht; er blieb mit Schwester und Tante allein in dem düstern Thurme. Vergebens bat er seine Wächter Tag für Tag flehentlich, daß sie ihn doch zu seiner Mutter bringen möchten; er wurde nicht gehört. Einst ließ man ihn den lärmenden Zug bei einem Feste mit ansehen, welches von dem Volke gefeiert wurde. „Geschieht dies vielleicht," fragte er, „um auch die Mutter in den Himmel zum Vater zu bringen?" Hierauf weinte er sehr, und man hatte Mühe, ihn wieder zu beruhigen. Endlich kam die Zeit, wo auch über seine Mutter das Todesurtheil ausgesprochen wurde. Sie durfte vor ihrem traurigen Ende ihre Kinder nicht mehr sehen, so sehr sie auch bat und flehte. Nach der Hinrichtung aber setzten die Unmenschen das Kind in einen Wagen, führten es auf den Richtplatz, zeigten ihm die Köpfmaschine (Guillotine) und erklärten ihm, wie seinen Eltern auf ihr der Kopf damit abgeschlagen worden sei. Er sah mit weinenden Augen ihr Blut auf der Erde, und der Wagen rollte darüber hin. Mit rauher Stimme sprach sein Füher zu ihm: „Sieh, dies war das Schicksal deiner Mutter und deines Vaters; auch dir wird es nicht besser gehn, wenn du dir jemals einfallen läßt, König werden zu wollen, oder auch nur gegen die Gesetze der Republik zu handeln." Nun wurde Ludwig wieder zurück in den Thurm gebracht und in eine Kammer gesperrt. Noch eine Zeit lang blieb ihm seine Schwester und Tante; aber auch Letztere, die nie einen Menschen beleidigt, wurde endlich zur Schlachtbank geführt, die Schwester aber zu ihren Verwandten nach Deutschland gesandt. Nun hatte der Arme Alles verloren, was ihm lieb war. Die unmenschlichen Gewalthaber peinigten das unschuldige Kind, wie keine Wilden es gethan haben würden. Ludwig aber blieb immer ruhig und geduldig und sah zum Himmel, wohin Alles gegangen, was ihm lieb und theuer war. Seine einzige Gesellschaft war ein Schuhflicker, Namens Simon, ein unwissender, rauher, abscheulicher Mensch, und einer von den vielen Bösewichtern, die damals Alles vermochten. Dieser Unmensch machte es sich zu einem ganz eignen Geschäfte, die Seele und den Körper des unglücklichen Kindes zu verderben. Er ließ ihn Branntwein in Menge trinken, um ihn dumm und krank zu machen.

Lange widerstand jedoch die gute Natur des Prinzen den üblen Folgen dieses verderblichen Getränkes, und Simon selbst mußte noch vor ihm sterben. Sein Kopf fiel unter der Guillotine. Nun wurde das arme Kind zwei andern Barbaren übergeben,

545

Bilder

aus dem

Arbeiterleben,

von Pastor Bräm in Neukirchen.

(Dritte Auflage.)

Nr. 533.

Herausgegeben
von der Wupperthaler Traktat-Gesellschaft.

Barmen, 1869.
Gedruckt bei J. F. Steinhaus.

Kommentar 27
Die Wuppertaler Traktatgesellschaft wurde am 15.7.1814, einen Tag nach der Bergischen Bibelgesellschaft, in der reformierten Kirche Gemarke gegründet. Initiator war der Engländer Dr. Pinkerton, der im Auftrag der Londoner Religious Tract Society (gegründet 1799) Deutschland bereiste. Erster Präsident der Gesellschaft war Matthias Krall, seit 1792 Pastor an der reformierten Gemeinde Gemarke. Die Traktatgesellschaft definierte 1829 als Ziel ihrer Tätigkeit, „kleine religiöse Schriften unter der ärmeren Volksklasse zu verbreiten, und dadurch auf die Wirkung und Belebung des religiösen Sinnes bei dem

---

die es Tag und Nacht bewachten und für dessen sichere Aufbewahrung haften mußten. Um desto gewisser zu sein, wurde die Kammer des kleinen Gefangenen verschlossen und verriegelt. Es wurde in der Wand ein Loch mit einem Schieber angebracht, durch welches man ihm das Essen hineinschob. Der Prinz mußte, wenn er dasselbe zu sich genommen hatte, die Schüssel wieder durch das Loch zurück geben. Niemand kam in seine Kammer; nicht einmal das Bett wurde ihm gereinigt und gemacht. So brachte der arme unglückliche Prinz sein trauriges Leben auf einem ekelhaften, elenden Lager hin, und da auch seine Kammer nie gereinigt wurde, so läßt sich leicht denken, in welchem Zustande er sich befand. Sobald es dunkel ward, rief man ihm zu, daß er sich schlafen legen solle, denn niemals wurde ihm ein Licht gegeben. Da sank dann der Knabe auf seine Kniee, faltete die Hände und verrichtete ein herzliches Nachtgebet, welches ihn seine Mutter immer zu thun gelehrt hatte. Dann legte er sich nieder, obwohl er gerne noch gearbeitet oder Landkarten illuminirt hätte, wie einst bei seinem guten Vater. Kaum aber war er eingeschlafen, so ließ sich wieder eine donnernde Stimme hören: „Cabet[1], wo bist du?" Der arme Knabe antwortete schlaftrunken: „Hier bin ich!" - „Komm her, daß ich dich sehe," rief der Unmensch. Das zitternde Kind kam halb nackt an die aufgeriegelte Thüre. „Du kannst dich wieder niederlegen", sagte man mit rauher Stimme. Nach einigen Stunden erschallte von Neuem der Ruf: „Cabet, wo bist du?" und so wurde dem unglücklichen Königssohne nicht einmal der Trost aller Unglücklichen, der Schlaf, vergönnt; doch klagte er niemals. Mit unaussprechlicher Geduld und frommer Ergebung duldete der fromme Knabe diese grausamen Plagen, bis seine Natur unter den fortdauernden Leiden erlag. Er starb am 8. Juni 1795, 10 Jahre und 3 Monate alt. Er kränkelte schon seit längerer Zeit, bekam eine Geschwulst am rechten Knie und an der linken Hand, und aller Wahrscheinlichkeit nach wurde sein Tod noch durch Gift befördert.

Ihr seht also, lieben Kinder, daß auch ein Königssohn seine Leiden hat und Ihr werdet diesen armen Knaben gewiß recht bedauert haben. Dankt dem treuen Gott und Heiland, daß er die Revolution im vorigen Jahre so gnädig von uns abgewandt hat und bittet ihn, daß er uns ferner vor ihr bewahren möge; bittet ihn, daß er die Obrigkeit recht richten lasse, den Reichen ein warmes Herz für ihre ärmeren Brüder gebe und Prediger und Lehrer mit seinem heiligen Geist erfülle. Höret Ihr aber Jemand über die Obrigkeit lästern, so schlaget schnell Römer 13, 1. auf und leset ihm die sieben ersten Verse vor.

Jesaias 59, 7.8. Ihre Füße laufen zum Bösen und sind schnell, unschuldiges Blut zu vergießen, ihre Gedanken sind Mühe, ihr Weg ist eitel Verderben und Schaden. Sie kennen den Weg des Friedens nicht und ist kein Recht in ihren Gängen; sie sind verkehrt auf ihren Straßen; wer darauf gehet, der hat nimmer keinen Frieden.

---

[1] „Ludwig Capet" oder „Bürger Capet" war die revolutionäre „bürgerliche" Bezeichnung für Ludwig XVI.; Capet (Königsgeschlecht der Kapetinger) diente als Familienname.

Quelle 27
Bilder aus dem Arbeiterleben, von Pastor Bräm in Neukirchen.
(Dritte Auflage), Nr. 533, herausgegeben von der Wupperthaler Traktat-Gesellschaft, Barmen 1869, S. 1/2   Auszug

1. Der Fabrikarbeiter.

Der Fabrikarbeiter ist nicht darum unglücklich, weil er in die Fabrik geht. Nein, nur die Sünde ist der Menschen Verderben. Man muß gegen die Fabrik=Industrie nicht ungerecht sein. Sie hat aus manchem armen Hause die Armuth verdrängt, hat in manches ein redlich erworbenes Eigenthum gebracht, und damit Ordnung, Freude und ein menschlich Leben, und manche Blüthe an Geist und Gemüth ist in einer solchen ordentlichen Haushaltung aufgewachsen. Manches schlechte Häuschen ist ausgebessert, Dörfer und Städte sind ordentlicher und reinlicher geworden und haben ein freundlicheres Aussehen bekommen. Die mit der Fabrik=Industrie verbundenen Sparkassen, Krankenkassen, Wittwen=, Waisen= und Alterskassen haben in vielen

gemeinen Mann wohlthätig zu wirken" (SAW M I 110). Die Gesellschaft gab im Jahr 10 bis 12 Traktate heraus, die zum Jahrespreis von 10 Silbergroschen erhältlich waren; z.T. wurden sie aber auch verschenkt. Bis 1848 hatte die Gesellschaft 345 Traktate ediert und insgesamt 1550000 Hefte verbreitet; 1856 war die Zahl auf 2753526 Exemplare gestiegen. Die Tätigkeit der Traktatgesellschaft vor allem war es, die dem Wuppertal den Ruf eines „vertrackte[n] Tracthätleinsthal[s]" (Ferdinand Freiligrath) einbrachte.

Leuten einen vorsorgenden, haushälterischen Sinn erweckt, der sich im eigenen Hause auf Alles wohlthätig erstreckt. Es giebt brave Fabrikarbeiterfamilien, die ihr eigenes Haus, ordentlichen Hausrath, ihren eigenen Garten, ihre reichen Ersparnisse haben. Es ist freilich nicht überall so; aber es ist doch vielfach so, in manchen Gegenden mehr, in anderen weniger; hier und da - besonders wo die Menschen gar zu gedrängt beieinander wohnen - zu wenig.

Wenn die Hausmutter daheim ist und mit sorglichem Sinne die Geschäfte des Hauses verrichtet, die Kinder pflegt, und der Vater und ein Paar erwachsene Kinder zur Arbeit in eine Fabrik gehen und am Abend zur rechten Zeit wieder zurück sind, daß man in bessern Jahreszeiten noch etwas im Gärtchen oder dem Stückchen Feld arbeiten, und an Winterabenden etwas lesen und singen kann: so hat es der Fabrikarbeiter darin nicht schlimmer, als der Schreiber, der auf seine Schreibstube, der Postofficiant, der auf die Post, der Arzt, der zu den Kranken u.s.w. geht und die am Abend zu ihren Frauen und Kindern zurückkehren; er kann eben so gut ein Familienleben führen, wie diese.

Aber es muß etwas inwendig im Herzen sitzen, wenn er es verstehen und genießen soll. Er muß ein Herz haben für Weib und Kind - ein Herz voll Gottesfurcht, voll Liebe und Geduld. Dann wird auch Gott mit ihm sein und ihn segnen mit zeitlichen und ewigen Gütern.

5. Literatur mit Dichtungsanspruch

Kommentar 28 und 29

Die religiöse Dichtung im Wuppertal des 19. Jhdts. wurde überwiegend von den Vertretern der Pastorenschaft verfaßt. Von Gerhard Friedrich Abraham Strauß (1786-1863), der 1814-1822 als lutherischer Pastor in Elberfeld wirkte, erschienen die „Glockentöne. Erinnerungen aus dem Leben eines jungen Geistlichen" (1. und 2. Band Ronsdorf 1813, 3. Band Elberfeld 1819), Karl August Döring (1783-1844), ebenfalls Pastor an der lutherischen Gemeinde Elberfeld, verfaßte ein „Christliches Hausgesangbuch" (Elberfeld 1825), einen „Christlichen Hausgarten" (Elberfeld 1831), ein „Christliches Taschenbuch auf das Jahr 1830" sowie eine Lyriksammlung unter dem Titel „Episteln, Sermonen und kleinere Lehrgedichte" (Elberfeld 1830). 1841 erschien anonym seine „Huldigungsreise eines Rheinländers in den Oktobertagen des Jahres 1840", die auf eine Reise anläßlich der Thronbesteigung Friedrich Wilhelms IV. Bezug nahm. Auch von Friedrich Wilhelm Krummacher (1796-1868), Sohn des Pastors und Schriftstellers Friedrich Adolf Krummacher, war 1819 in Essen und Duisburg eine Gedichtsammlung erschienen. Die Pastoren August Feldhoff und Rudolf

Quelle 28
Karl August Döring, „Der Pöbel",
in: Christlicher Hausgarten. Poetischer Theil, Elberfeld 1831, S. 112-115

21. Der Pöbel.
Nach einem ältern, deutschen Gedicht in Alexandrinern.

Nein, der Pöbel ist nicht, wie du wähnst, beim Volk nur zu suchen,
Das auf den Straßen läuft, in den Gärten gräbt, bei dem Pfluge
Schwitzt, um Nahrung sich müht, in gemeine Bestrebung versunken,
Ueberall findest du ihn! In jeglichem Stand ist der Pöbel:
Im Pallast, wie in Hütten; in Städten, so wie auf dem Lande,
Unter dem Kittel, wie unter dem Purpur! Pöbel? wer ist's denn?
Der, der pöbelhaft denkt und pöbelhaft lebt, in der Sinne
Wilde Gelüste sich stürzt, den Geist läßt darben, das Herz auch,
Der, unedel gesinnt, von Neid getrieben, von Bosheit,
Andre nicht liebt, zwar äußerlich glatt und artig an Sitten,
Aber im Innern entartet, zum Niedern sich neigt und zum Schlechten.
Gehst du nun jeglichen Stand nach dieser Beschreibung mit Scharfblick
Durch: o wie bald wirst überall du den Pöbel gewahren!
Wer ist Der, der so stattlich auf muthigem Rosse daherjagt,
Kriegesheeren gebeut, in die Schlacht führt muthig, gewaltig,
Der mit Lorbeern gekrönt, als Sieger gerühmt in der Zeitung?
Pöbel ist er, ja Pöbel in eines Helden Vermummung!
Nimm ihm Stand und Mantel und Kleid — was bleibt ihm noch übrig?
Nichts, als ein niedriges Herz, nichts, als gemeine Gesinnung!
Wütherich ist er, ein Säufer, ein Spieler, ein Flucher, ein Hurer;
Der vor Gott sich nicht scheut, der die Tugend bekämpft, der die Menschen
Preßt, mißhandelnd, und oft nutzlos die Jünglinge opfert!
Dieß und Anderes nichts ist der Held, der Gepries'ne, Berühmte;
Nur zum Pöbel gehört er, wie hoch ihn auch Andre erheben! —

Stier schrieben christliche Lyrik, Julius Köbner (1806-1884), Prediger der Baptistengemeinde in Barmen/Elberfeld, war der Autor des christlichen Dramas „Die Waldenser", das 1861 in Hamburg erschien. Neben den Geistlichen sind zu den christlichen Autoren noch der Predigtamtskandidat Friedrich Wilhelm Krug zu rechnen, der 1850 in Elberfeld einen Gedichtband herausbrachte, sowie Carl Pöls (1815-1884), Archivar der lutherischen Gemeinde, der als Herausgeber von „Karl August Döring's Leben und Lieder" (Barmen 1861) bekannt wurde, aber selbst auch Lyrik verfaßte („Aus dem Stillleben [!]. Gedichte aus drei Tönen", Elberfeld 1866; „Klänge aus der Vesperzeit", Barmen 1861). Allen Vertretern der religiösen Dichtung war gemeinsam, daß sie sich, wie ihre „profanen" Dichterkollegen, an einem bestimmten Kunstideal orientierten und ihre Intentionen und Aussagen im Medium einer an bestimmte Gesetze gebundenen aesthetischen Form ausdrückten. Als Beispiele für die religiöse Dichtung sind in Quelle 28 und 29 Gedichte von Karl August Döring und Carl Pöls wiedergegeben.

Sieh', mit stattlichem Schritt, vom innern Gemache des Fürsten
Tritt ein Andrer hervor, der mächtig das Ruder des Staats führt!
Jeder bückt sich vor ihm, so wie er erscheint! Er bestimmt ja
Vieler Menschen Geschick; er regiert im Namen des Fürsten.
Wie? beneidest du ihn? Schaust ihn mit heiliger Ehrfurcht?
Lieber, gefehlt! Betracht' ihn doch recht; so erblickst du nur Pöbel,
Eingehüllt in ein prächtiges Staatskleid! Eigensinn, Rachsucht,
Stolz und Pöbelsitten entehren den hohen Minister!
Nichts ist Eid ihm, noch Pflicht; er hört nicht Waise noch Wittwe!
Lug und Verstellung ist Alles; er saugt das Mark nur der Länder;
Tag und Nacht das Herz und das Ohr des Fürsten belagernd,
Lässet er Niemand vor, der Herrische; ist er nicht Pöbel?
Edel nicht, noch veredelt! O nein! nur geadelt vom Fürsten!
Tief gebückt von der Last der Wissenschaft mehr, als des Alters,
Schleicht ein Dritter daher, als wenn ein Geist ihn besessen.
Griechisch versteht er, Latein, Hebräisch und andere Sprachen,
Bücher in Fülle, zu Hunderttausenden, hat er durchblättert;
Alles kennet der Mann, nur sich nicht; sinnlich nur lebt er;
Voll das Herz von unreinem Gelüst, von Neid und von Dunkel,
Denkt und spricht er gemein, grob schimpfend auf Andersgesinnte;
Unter Dreschern nur scheint, und Bauern, geweilt er zu haben:
Ist er nicht Pöbel zu nennen bei allem Wissen und Lehren?
Leis' herschleicht und schreitet ein geistlicher Herr mit erhobnem
Haupt, als wär' er im Himmel! Wiefromm sind Mienen, Gebehrden!
Feierlich und pathetisch, in heiligen Nimbus gehüllt schier!
Aber doch schielt er zur Erd', und buhlt um Gunst und um Schätze,
Seufzet und schmält auf die sündliche Welt, auf Tanzen und Spielen,
Straft und ermahnt und würzt die gesalbten Gespräche mit Sprüchen!
So versucht er mit Eifer, die Brüche von Zion zu heilen!
Tritt jedoch in sein Haus, nimm weg den Talar! Nur im Schlafrock
Siehe den Mann; so gewahrst du nur Stolz, nur Schmeicheln und Heucheln,
„Helf euch Gott!" ist die Münze, womit er die Armen bedenket;
Eh' er die Jura nicht hat, vergönnt er das Grab nicht den Armen!
Nichts ja darf ich, so spricht er, dem Folger im Amte vergeben!
Schwätzende Weiber erfüllen mit Mährlein die Stadt ihm die Ohren;
Stoff ihm bietend, in Bußtagspredigten weidlich zu schmälen!
Richtet nun selbst: muß solch ein Geistlicher Pöbel nicht heißen?

Sieh im grünen Gewand, treibjagend durch freie Gefilde,
Wer doch ist es, von Dienergefolg' und Hunden begleitet,
Auf dem englischen Rosse so stolz? Ein Junker vom Lande,
Aus dem ältesten Haus, gar hoch geboren und gräflich!
Folianten erfüllt sein uralt=ahnlicher Stammbaum!
Feldherr war sein Vater, und ist im Kriege gefallen!
Reichsrath ist sein Bruder, viel' Länder und Leute regierend!
Seine Verwandten sogar vermählt mit regierenden Fürsten!
Prächtig ist, ja, fürstlich sein Schloß, unermeßlich sein Reichthum!
Gut und herrlich und schön! — doch roh, unwissend und geistlos,
Säuft er, und spielt und flucht, und verderbt die Sitten des Landes,
Feindlich dem geistlichen Stand und jeder höheren Bildung!
Weg mit dem Wicht, wohin er gehört, zum Haufen des Pöbels! —

Wer geht dort in Gedanken vertieft? Ein gepriesener Dichter!
Der versteht ja die Kunst! Der macht gar zierliche Verse!
Zeitungsschreiber posaunen ihn aus, ihn schmückend mit Lorbeern;
Der wird doch wol gewiß zum Adel gehören der Menschheit?
Mir nicht scheint's! Er ist so gemein, wie andere Leute!
Stolz und eifersüchtig und neidisch auf eigenen Ruhm nur,
Preis't er die Schlechten für Geld und Gewinn, ja, schmähet die Tugend,
Treibt zweideutigen Scherz, und macht erröthen die Unschuld,
Oder verführt sie wol gar zu niederen Sinnengenüssen!
Klingen auch lieblich die Lieder, ist liederlich leider sein Leben!
Sage: gebührt beim Pöbel ihm nicht die oberste Stelle? —
Vollends die Recensenten, die Aristarchen und Krittler,
Welche nur Sylben stechen, und Gift auch dem Honig entsaugen,
Schändliches Lob verkaufend, zur Nachtigall stempelnd den Raben!
Niederdrückend das beßre Talent, das sonst sie verdunkelt:
Fort nur, fort auch mit ihnen; sie sind nichts anders, als Pöbel!

Aber wer tritt, in Sammt und Seide gehüllt, ins Gemach ein?
Wahrlich ein Wundermann! heilt Gicht, Steinschmerzen und Fieber!
Weiß das Pülschen zu fühlen, und hochgelehrt zu betrügen!
Spreu und Wind im Kopfe, curirt er Alles methodisch,
Nach dem System! Mit Stadtgeschichten erfreuend die Weiblein!
Doch er verschreibt, was er weiß, was er nicht weiß, Pülverchen,
Säftchen,

Daß, dem Gemisch kopfschüttelnd, der Apotheker sogar lacht!
Schwatzt von Latein, und weiß von Allem den Grund und den Namen!
Ist er ein Arzt? Kann seyn! Ich weiß es nicht! Mir ist er Pöbel!
Schau'! ein stattlicher Ritter, im Kriegskleid und mit dem Degen!
Viele der Schlachtgefilde behauptet' er — auf dem Papiere!
Alles weiß er genau, die Fehler der größesten Feldherrn!
Ging' es nach ihm; längst wären die Türken verjagt aus Europa,
Und den Griechen das lastende Joch vom Nacken genommen!
Doch es ist Alles nur Wind; die Thatkraft fehlt; er ist Pöbel!
Welch' ein liebliches Frauengebild erscheint mir? Ich staune!
Rosen und Lilien schmücken die Wangen; wie reich, wie geschmackvoll
Ist ihr Gewand, das modischste Zeug, — vom Haupt zu den Füßen!
Witzig scheint sie zu seyn; wie lacht sie, scherzt sie, umflattert
Von der Jünglinge Schaar, von begierigen Blicken verschlungen!
Ach, auch dieß ist nur Schein; ihr Leib, ihr Geist ist nur Blendwerk!
Lernst du näher sie kennen; wie schwindet der nichtige Schimmer!
Spiel' und Gesang und Tanz und Tand, sieh das ist es Alles!
Leider! ihr fehlt der himmlische Reiz der heiligen Tugend!
Innerlich ist sie gemein, nur eitele, niedrige Thörin! —

Platz! rasch rasselt die Straße daher die stolze Carosse,
Mit sechs Hengsten bespannt; drin prangt ein Großer mit Sternen!

Ganz mit Ehrenbändern bedeckt, von Lakaien umhüpft, die
Laufen daher und dahin, als wollten sie schier sich zerreißen!
Der, Der ist doch nicht Pöbel? — Ich wünscht' es; aber das Herz nur,
Und nicht schimmernde Pracht; der Verstand nur, aber der Stand nicht,
Wirkt bei Klugen Verehrung; es trägt auch Sterne der Pöbel!
Künstler achtet er nicht; zuwider sind ihm die Gelehrten;
Nicht mit Gebildeten, Edlen umgiebt er sich; Umgang zu pflegen
Mit den Bessern, ist er zu stolz, zu vornehm, zu herzlos.
Lieber verwendet sein Geld er an Koch, an Schneider, an Schmeichler;
Pöbel nur ist er, nur Pöbel, mit seinen Bändern und Orden!

Still, verwegene Muse, damit du nicht überall Pöbel
Wahrnimmst, wahrlich, so alt wie die Menschheit! leider, so ist es!
Thron und Kanzel und Hof und Akademie und Pallast auch,
Rathhaus, Schul' und Katheder — ist Alles mit Pöbel bedeckt schier!
Der, der herrscht allthronend; gebeugt muß dienen die Bildung!
Weisheit gehet zu Fuß; in Karossen stolzirt die Gemeinheit.
Thorheit schwelget und schlemmt, indeß die Weisheit verhungert.
Laster ist frech und beglückt; es kämpft mit Elend die Tugend!
Purpur umschmückt die Gemeinheit; es friert ein Edler im Kittel.
Doch was geht's dich an? Sey du nur edel, entferne
Du dich in Sinn und Sitte von niederen Menschen, und trage,
Was du ändern nicht kannst! Den Pöbel zu bilden, zu bessern —
Mohren hieße das waschen, den Stall des Augias säubern!

Christlicher Hausgarten

von

Karl August Döring.

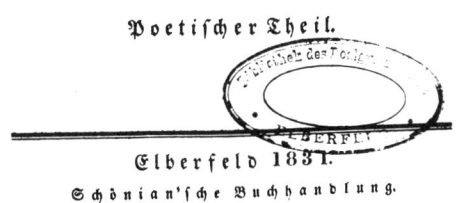

Poetischer Theil.

Elberfeld 1831.
Schönian'sche Buchhandlung.

Quelle 29
Carl Pöls, „Zeitgedichte",
in: Palmblätter. Organ für christliche Mittheilungen. 5. Jg. September/Oktober 1848,
S. 228/229

<u>11. Unsere Zeit.</u>

„Reißt die Kreuze aus der Erden,
Lasset sie zu Waffen werden!"
Das die Loosung dieser Zeit;
Alle stürmen wider Einen,
Höllenkräfte schon erscheinen,
Rüstend sich zum letzten Streit.

Schaaren hoher, stolzer Geister
Wollen keinen andern Meister,
Als den eignen Menschengeist;
Jeder predigt eigne Lehre,
Höchstes Ziel - es ist die Ehre,
Lust der Sinne allermeist.

Und das Volk, das arg bethörte,
Das so hohe Weisheit hörte,
Das nun auch der Lüge glaubt, -
Mündig - hieß es - ist's geworden:
Wie sie schrei'n, die wilden Horden, -
Glauben hat man ihm geraubt.

„Gebt uns Brod, damit wir essen,
Wein, daß wir der Noth vergessen,
Arbeit gebt uns!" rufen sie;
Schöne Frucht der neuen Lehre!
Nicht daß man zum Herrn sich kehre,
Fordert, trotzt man, wie sonst nie.

Aufgelöst sind alle Bande,
Und kein König ist im Lande,
Jeder was ihm recht dünkt thut;
Zucht und Ordnung sind verkehret;
Und doch, wie die Noth sich mehret,
Mehrt sich Trotz und Uebermuth. - -

Alle Herzen klopfen bange,
Gläub'ge fragen: Wie so lange?
Und der Himmel bleibet stumm!
Großes, schauervolles Warten!
Kommt die Zeit nun, der wir harrten?
Keine Antwort wiederum!

Kommentar 30 bis 36

Die Quellen 30 bis 36 enthalten Gedichte von sieben Autoren, nämlich Hermann Püttmann (1811-1874), Adolf Schults(1820-1858), Gustav Reinhard Neuhaus (1823-1892, Pseud. Gustav Reinhart), Carl Siebel (1836-1868), Emil Rittershaus (1834-1897), Friedrich Roeber (1819-1901) und Karl Stelter (1823-1912) zu sozialen Themen, die in den Gedichtsammlungen meist unter der Überschrift „Bilder aus dem Leben" rangierten. Mit dieser Auswahl, die die Bandbreite der Wuppertaler Literatur des 19. Jhdts. nicht vollständig abdecken kann und will, sollen sieben der bekanntesten Repräsentanten der regionalen Dichtung um die Mitte des 19. Jhdts. vorgestellt werden.

Mit Ausnahme von Hermann Püttmann, der Dichter und Journalist war, haben die genannten Autoren eine ihre Arbeiten prägende Gemeinsamkeit: Sie alle hatten einen kaufmännischen Brotberuf, der ihre schriftstellerische Tätigkeit auf die verbleibende freie Zeit beschränkte. Ihre Haltungen dieser Tatsache gegenüber reichten von leidender Ablehnung bis zur Akzeptanz. Adolf Schults schrieb: „Wohl sehnt' ich mich zu wandeln/In Hellas Sonnenschein/Doch hieß es: Rechnen, Handeln/Das soll Dein Leben sein!//Von Hellas Götterbildern/Erblickt' ich eines nur:/Auf bunten Waarenschildern/Den Handelsgott Merkur" (Haus und Welt. Neuere Gedichte, Elberfeld 1851, S. 45).
Karl Stelter formulierte dagegen seinen Standpunkt 1903 folgendermaßen: „Bin ich auch kein historischer Kaufmann geworden wie der von Venedig [...], so war doch das Geschäftsleben meine Grundlage. Aus ihm ging mein Familienleben hervor, und neben ihm wurde ich Dichter. Ja wir Wupperthaler Dichter fanden deshalb besondere Beachtung, weil es Wunder nahm, daß wir es unter solchen Verhältnissen dahin bringen konnten, dichterisch so viel und so gutes zu leisten [...]" (Erlebnisse eines Achtzigjährigen, Elberfeld 1903, S. 6).

Gemeinsam war allen sieben Autoren des weiteren, daß sie zumindest zeitweise in mehr oder weniger institutionalisierten Literaturzirkeln engagiert waren, die sich im Wuppertal des 19. Jhdts. entwickelten. Hermann Püttmann gehörte neben dem Literaten und Verleger F.W. Langewiesche, den Kaufmannslehrlingen Georg Weerth und F.W. Hackländer und dem Lehrer Heinrich Köster zu einem Kreis, der sich um Ferdinand Freiligrath während dessen Buchhaltertätigkeit in Barmen (1837-1839) gebildet hatte. Adolf Schults, der in seinen Beiträgen für das „Stuttgarter Morgenblatt" in den 40er Jahren in Anlehnung an das „Junge Deutschland" der 30er Jahre von einem „jungen Elberfeld" (Schults, a.a.O., S. 12) berichtete,

Quelle 30
Hermann Püttmann, „Fabrikskind",
in: Gesellschaftsspiegel, 1. Band, Elberfeld 1845, S. 33/34[1]

Fabrikskind.

Noch ist es Nacht — die Sterne flimmern
Am schwarzen Himmel, — fröstelnd stand
Das Kind vom Lager auf und band
Die Flechten sich, die golden schimmern.
Ein zartes Mägdlein, lilienschlank,
Und lilienweiß die feinen Wangen,
Blutjung noch, aber schon gefangen
Vom Elend, schwach und sorgenbang.

Indeß sich wiegt in süßem Schlummer
Des Reichen Kind, das Auserkorne,
Zur Arbeit geht in ihrem Kummer
Des Armen Tochter, die Verlorne.
Und als der erste Morgenstrahl
Erglühte über Berg und Thal,
Da steht sie schon bei der Maschine
Demüthig mit ergebner Miene.

Die Walzen rollen, die Räder rasseln,
Welch dumpf Getös! hochlodernd prasseln
Die wilden Flammen — knirschend reiben
Sich hundert Schrauben, und zischend treiben
Im Schlot die Dämpfe — —

    Armes Kind!
Inmitten dieses Höllengraus
Stehst du geschäftig bei dem Rade,
Und denkst vielleicht: „O Jammerschade,
„Daß ich nicht bin im Walde draus,
„Wo in den Wipfeln streicht der Wind,
„Und überall singen die Nachtigallen,
„Und von den Zweigen die Blüthen fallen!"

Sei wachsam, Kind, und träume nicht!
Du selbst eine Blüthe, schon halb zerknickt,
Ein junges Reislein, bald erdrückt
Vom Sturme, der aus Norden bricht.
Sei wachsam, Kind! —

    Doch du bist schwach
Und überwacht und müde — ach!
Deine Wimper sinkt — die Hand sie ruht —
Stockt in den Adern dir das Blut?

Du schlummerst, träumst — und lächelst mild —
Fast scheinst du mir ein Engelsbild.
Fort das Getös, vorbei die Noth,
Deine Wangen leuchten so purpurroth,
Du wandelst auf duftender Blumenau,
Du hörst sie singen, die Nachtigall,
Du siehst sie prangen, die Veilchen all,
Der Frühling schmückt dich mit Rosen fein,
Du träumst dich noch in den Himmel hinein.

Sei wachsam, Kind! — hoch auf! o schau!
Richte dich nicht so lüstern empor
Als sähest du holde Zaubergesichte,
Als winkten dir süße labende Früchte.
Was willst du — sprich, was hast du vor?
Der böse Traum! deine Lippen beben,
Erwache! — halt! — zurück die Faust! —
Die Räder sind's — du greifst hinein —
Weh dir, o — weh! —

    Zu spät — es graust
Mir von dem Wirbel bis zur Zeh' —
Ich hör' dein wildes schmerzlich Schrei'n:
Die Hand ist hin, zerquetscht der Arm —
Daß sich der Himmel dein erbarm!

Die Walzen rollen, die Räder rasseln,
Welch dumpf Getös! hochlodernd prasseln
Die wilden Flammen — knirschend reiben
Sich hundert Schrauben und zischend treiben
Im Schlot die Dämpfe — —

    Armes Kind!
Inmitten dieses Höllengraus
Liegst du verstümmelt dort im Blute,
Ein theures Opfer! — wem zu Gute?
Das Schicksal weiß es! —

    Doch zu Haus
Rauft sich die Mutter aus das Haar
Und spricht, indeß die Thränen füllen
Das Auge ihr, verzweifelt gar:
„Wer soll uns nun den Hunger stillen?"

---

[1] Hermann Püttmann (1811-1874), deutscher Frühsozialist, Dichter und Journalist. 1838/39 war er Redakteur der „Barmer Zeitung", arbeitete 1845/46 am „Gesellschaftsspiegel" mit und gab 1848/49 den „Volksmann" heraus. 1845 emigrierte er in die Schweiz, kehrte nach Deutschland zurück, das er 1853 endgültig verließ, um nach Australien zu gehen. Veröffentlichungen:
Chatterton, Barmen 1840
Tscherkessenlieder (anonym), Hamburg 1841
Kunstschätze und Baudenkmäler am Rhein, Mainz 1841
Soziale Gedichte, Belle-Vue bei Constanz 1845 (darin das in der Quelle wiedergegebene Gedicht, S. 44-48)
Herausgeber des „Deutschen Bürgerbuchs für 1845", 1. Band Darmstadt 1845, 2. Band Mannheim 1846
Herausgeber der „Rheinischen Jahrbücher zur gesellschaftlichen Reform", 1. Band Darmstadt 1845, 2. Band Belle-Vue bei Constanz 1846

zu dem er außer sich selbst noch den Maler Richard Seel, Friedrich Roeber und den Lehrer und Redakteur Otto von Wenckstern zählte, gehörte auch dem Ende der 40er Jahre von Emil Rittershaus und dem Buchhändler Hugo Oelbermann initiierten Wuppertaler Dichterkreis an. Zu diesem „Wupperbund" kamen neben Roeber und Seel noch Carl Siebel und Gustav Reinhard Neuhaus. Nach ihrer Auflösung ging die Vereinigung in ein „Sonntagskränzchen" über, zu dem schließlich Karl Stelter stieß.

Quelle 31
Adolf Schults, Ein neues Lied von den Webern (1845),
in: Leierkastenlieder, Meurs o.J. (1848), S. 27-29[1]

„Die Weber haben schlechte Zeit."

Die Weber haben schlechte Zeit,
Doch wer ist schuld an ihrem Leid?
Einleuchten muß es Jedermann:
Sie selber nur sind schuld daran.
Das alte Wort bewährt sich stets,
Das Sprichwort: Wie man's treibt, so gehts!
Sie sollten, statt zu klagen, weben,
So könnten sie gemächlich leben!

Die Weber haben schlechte Zeit -
Doch, wer ist schuld an ihrem Leid?
Was soll der übertriebene Putz?
Wozu ist der dem Volke nutz?
Braucht denn zum Rock ein Weber Tuch?
Ist ihm ein Kittel nicht genug?
Sie sollten, statt zu prunken, weben,
So könnten sie gemächlich leben!

Die Weber haben schlechte Zeit,
Doch wer ist schuld an ihrem Leid?
Was hungern sie nach Fleisch, nach Bier?
Sie sollten zügeln ihre Gier!
Das Sprüchwort sagt: Gesalzen Brod
Und Wasser färbt die Wangen roth!
Sie sollten statt zu prassen, weben,
So könnten sie gemächlich leben!

Die Weber haben schlechte Zeit -
Doch wer ist schuld an ihrem Leid?
Sonntag wirds Keinem je zu bald,
Da heißt es denn um Mittag: Halt!
Dann gehn sie dem Vergnügen nach
Den ganzen lieben Nachmittag:
Sie sollten statt zu schwärmen, weben,
So könnten sie gemächlich leben!

Die Weber haben schlechte Zeit,
Doch wer ist schuld an ihrem Leid?
Die Morgenstund hat Gold im Mund,
Früh aufstehn ist dem Leib gesund;
Sie sollten wach sein jeden Tag
Punkt viere mit dem Glockenschlag -
Sie sollten, statt zu träumen, weben,
So könnten sie gemächlich leben!

Die Weber haben schlechte Zeit -
Doch wer ist schuld an ihrem Leid?
Vier Stunden sind zum Schlaf genug,
Drum fragen wir mit gutem Fug:
Wer heißt die Trägen denn um zehn
Am Abend schon zur Ruhe gehn?
Sie sollten hübsch bis zwölfe weben,
So könnten sie gemächlich leben!

---

[1] Adolf Schults (1820-1858), Handlungskommis, engagierte sich in den 40er Jahren bis zur Revolution mit politischen Gedichten, die z.T. in der „Volksstimme" des Politischen Klubs abgedruckt wurden.
Veröffentlichungen:
Gedichte, Magdeburg 1843, 2. Auflage 1847, 4. Auflage 1863
Was ist des Michel Vaterland? Versuch zu einem neuen National-Volkslied, Leipzig 1847
Märzgesänge. 25 Zeitgedichte, Essen 1848
Lieder aus Wisconsin, Elberfeld 1848
Leierkastenlieder, Meurs o.J.(1848)
Memento Mori. 7 Lieder, Elberfeld 1850
Haus und Welt. Neuere Gedichte, Elberfeld 1851
Zu Hause. Ein lyrischer Zyklus, Elberfeld 1851
Martin Luther. Ein historisches Gedicht, Leipzig 1853
Ludwig Capet. Ein historisches Gedicht, Elberfeld 1855
Der Harfner am Heerd. Gedichte, Weimar 1858
Zwischen 1842 und 1849 schrieb Schults Korrespondenznachrichten aus Elberfeld für das „Stuttgarter Morgenblatt für gebildete Leser".

In der Breuer'schen Musikhandlung zu Cöln ist erschienen und in allen Buch- und Musikalienhandlungen (Elberfeld bei Arnold) zu haben:

Preßfreiheit und Galgen!

Gedicht von Adolf Schults,

in Musik gesetzt für 4 Männerstimmen

von Jakob Offenbach.

Mit Titelvignette von Levi Elkan.

Preis 2½ Sgr.

(Der Ertrag ist zum Besten der Hinterbliebenen der in Berlin gefallenen Bürger.)

Annonce in der „Volksstimme" Nr. 1 vom 30.4.1848

Quelle 32
Gustav Reinhart [Neuhaus], „Die Armen",
in: Gedichte, Leipzig 1856, S. 62-64[1]

Die Armen.

Sie weinen nicht, sie lachen nicht —
Nie fühlt ein Thränenstrom die Wangen,
Nie ruht auf ihrem Angesicht
Ein Lächeln süß und unbefangen:
Wie Leichensteine kalt und bleich —
Die schmerzgenährten Angesichter —
Und aus der Augen düsterm Reich
Schaut wild ein fürchterlicher Richter
        — Der Hunger.

Wie Leichensteine? ja, als Mal,
Daß längst des Lebens süße Gaben,
Der Liebe und der Hoffnung Strahl,
Ruh'n in der kalten Brust begraben.
Auf Gräbern, um den Leichenstein,
Wie süß der wilden Rose Flüstern!
Doch um der Armen müd' Gebein,
Mit spitzen Stacheln, schlingt sich lüstern
        — Der Hunger.

In morscher Hütte ihre Rast!
In dumpfer, feuchter Kerferenge
Da tragen sie des Sommers Last,
Da tobt um sie des Winters Strenge.
Die siechen Leiber kaum bedeckt;
So auf dem harten Dornenlager
Mit Weib und Kind dahin gestreckt
Und dicht dabei ein grauser Nager:
        — Der Hunger.

In ihrem Schlaf kein süßes Bild! —
Kein Engel, der den Fittig reget,
Der auf das Auge, lächelnd mild,
Den Thau der ew'gen Liebe leget.
Es träufelt auf die heiße Stirn
Ein Dämon seine gift'gen Tropfen,
Daß wüthend tobet das Gehirn,
Und unruhvoll die Herzen klopfen:
        — Der Hunger.

Ha — wie bei ihres Leibes Noth
Die Blicke bang nach Rettung schweifen,
Ach, kalte Steine sind's — nicht Brod, —
Was sie im Fieberwahne greifen.
Der Strahl der Sonne weckt sie nicht,
Auch nicht der Vögel frohe Lieder:
Bevor erglänzt der Sonne Licht,
Schon ruft zu neuen Leiden wieder
        — Der Hunger.

So bei der Nacht und nun bei Tag:
O Gott! wie sie sich rastlos rühren!
Wie sie — sind auch die Leiber schwach —
Die Arbeit bis zur Nachtzeit führen.
Und doch kein Brod nach herber Qual,
Kein Trunk zur Schaffung neuer Kräfte
Und für die Leiden ohne Zahl
Der Sauger ihrer Lebenssäfte:
        — Der Hunger.

Das ist für ihren blut'gen Schweiß!
Der Lohn für ungezählte Qualen! —
Das ist der Dank für ihren Fleiß,
Womit die Reichen sie bezahlen! —
Das ist, was stumm das Auge spricht,
Und schwer wie Stahl und Eisen drücket;
Das ist, was auch das Auge bricht,
Und vor der Zeit die Leiber knicket:
        — Der Hunger.

Widmung Gustav Reinhard Neuhaus', in: Gedichte, Leipzig 1856

---

[1] Gustav Reinhard Neuhaus (1823-1892), Sohn eines Fabrikanten, arbeitete zunächst als Handlungskommis, dann als selbständiger Textilkaufmann. Unter dem Pseudonym Gustav Reinhart schrieb er Gedichte, die u.a. im „Gesellschaftsspiegel" erschienen. Veröffentlichungen:
Gedichte, Leipzig 1856, 2. Auflage 1875
Diana und Renata. Romantisches Schauspiel, Barmen 1884
Mary Morton, Leipzig 1890 (geschrieben 1864)
Aus meines Lebens Herbst. Nachgelassene Gedichte. Hg. von Dr. Hoerter und Dr. Mielke, Barmen 1895

Quelle 33
Carl Siebel, „Ein Bettlerkind",
in: Gedichte, Iserlohn, 2. Auflage 1859, S. 19-21[1]

Ein Bettlerkind.

Schleppt sich von Thür zu Thüre
Ein bleiches Bettlerkind;
Sucht, wie es Herzen rühre,
Wie es Erbarmen find':
Zu viel der Mutter Sorgen,
Zu groß des Hungers Qual;
Die Kleine geht heut' Morgen
Betteln zum ersten Mal.

Sie schaut dich an so fragend,
Was aus ihr werden soll,
So klagend und verzagend,
So trüb' und kummervoll,
Als bräch't' das Licht der Sonne
Nicht einen Freudenstrahl;
Nicht einen Strahl der Wonne, —
Doch tausende der Qual. — — —

Du findest kein Erbarmen,
Zu schlimm die Tage sind, —
Du armes Kind der Armen,
Du bettelnd Bettlerkind.

Schließ deine müden Lider,
Schließ sie zur ew'gen Ruh,
Die halbbedeckten Glieder
Decke mit Erde zu! — —

Doch sieh! — Da kommt's gegangen,
Sein Aug' ist innig froh;
Es röthen sich die Wangen,
Die längst die Röthe floh: —
Es möchte froh dir sagen,
Wie gut die Menschen sind, —
Vergessen hat die Klagen
Das arme Bettlerkind.

Ein freundlich Lächeln blickte
Herein in seine Noth —
Denn in die Hände drückte
Man ihm ein Stückchen Brot.

— — — — — — —

Zu viel der Mutter Sorgen,
Zu groß des Hungers Qual; —
Die Kleine geht heut' Morgen
Betteln zum ersten Mal.

---

[1] Carl Siebel (1836-1868), Sohn eines Barmer Kaufmanns, nach einer Kaufmannslehre Handlungskommis im väterlichen Geschäft. Veröffentlichungen:
Tannhäuser. Ein episches Gedicht, Iserlohn 1854, 2. Auflage 1885
Gedichte, Leipzig 1856, 2. Auflage Iserlohn 1859, 3. Auflage 1863
Jesus von Nazareth. Ein episches Gedicht, Iserlohn 1856
Religion und Liebe. Roman aus dem Tagebuch eines Anonymen, Hamburg 1860
Arabesken, Iserlohn 1861
Dichtungen des Künstlervereins „Malkasten" in Düsseldorf zur Shakespeare-Feier, Barmen 1864
Lyrik, Elberfeld 1867
Gruß aus Rheinland. Eine Anthologie, Elberfeld 1866, 2. Auflage 1867
Dichtungen (hg. von Emil Rittershaus), Berlin 1877, 2. Auflage 1878

Quelle 34
Emil Rittershaus, „Ein Mahnwort in schweren Tagen" (1867),
in: Neue Gedichte, Leipzig 5. Auflage 1886, S. 176-178[1]

Ein Mahnwort in schweren Tagen.*)

Memento mori!

Wenn Dir ein Kindermündlein roth
Noch heut' entgegenlacht,
Wer weiß, es küßt's vielleicht der Tod
Schon in der nächsten Nacht!
Er küßt die Rosenwänglein bleich
Und stumm das Lippenpaar,
Und legt in's kalte Todtenreich,
Was Deine Freude war!

Die Gattin, die für Dich gelebt,
Die Dir sich ganz geweiht,
Du weißt nicht, ob für sie gewebt
Nicht schon das Sterbekleid.
Das Vaterherz, die Mutterbrust,
Noch heute sind sie Dein —
Wer weiß es, wann Du weinen mußt
Einsam im Kämmerlein!

Geh' in Dich! mahnt die ernste Zeit,
Die Zeit, von Jammer voll,

Und merke, was das schwere Leid
Dich heute lehren soll!
Kein feig' Verzagen rettet Dich,
Und, wenn Du thatlos bangst,
Nur doppelt Unheil kettet sich
Fest an den Fuß der Angst!

Das Haupt empor! Die Stirn empor!
Blick' auf die Todtenbahr',
Blick' in des Grabes offnes Thor
Gefaßt und still und klar.
Jetzt, Aug' in Aug' mit jähem Tod',
Gelob' in dieser Zeit:
Je mehr des Leids, je mehr der Noth,
Je mehr Barmherzigkeit!

Warmherzigkeit, Barmherzigkeit,
Ein Liebeüben still,
Das ist es, was die schwere Zeit
Dich heute lehren will!
Daß Du der Selbstsucht gift'gen Dorn
Aus Deiner Brust entfernst,
Daß Du der Liebe Samenkorn
Recht auszustreuen lernst!

Warmherzig, liebreich halt' umfaßt
Die theuren Lieben Dein —
Und, wenn Du Groll im Busen hast,
Laß' ihn begraben sein!
Barmherzig neig' sich Deine Hand
Zu den Gebeugten hin,
Und hoffend sei emporgewandt
Zu Gott Gemüth und Sinn! — —

Für jede Thräne, die Du mild
Zu trocknen hast gewußt,
Ein Tropfen Himmelsfrieden quillt
In Deine eigne Brust!
Für jede Labung, die dem Mund
Der Armuth Du gereicht,
Ein Engel in der letzten Stund'
Zu Dir sich niederneigt! — —

Von Stadt zu Stadt, von Land zu Land,
Den Rundgang hält der Tod. —
Die Herzen auf und auf die Hand
In dieser Zeit der Noth!
Der düstre Tag der Leiden lehr'
Bedenken allezeit:
Je mehr der Noth, je mehr und mehr
Lieb' und Barmherzigkeit!

Sommer 1867.

*) Zum Besten armer Cholerakranken verfaßt und herausgegeben.

---

[1] Emil Rittershaus (1834-1897), Sohn eines Barmer Bandfabrikanten, arbeitete nach einer kaufmännischen Lehre als Handlungskommis. Später wurde er selbständiger Metallkaufmann und -fabrikant und Inhaber einer Versicherungsagentur. Rittershaus war Mitglied der „Deutschen Fortschrittspartei" und an der Gründung des „Nationalvereins" im Wuppertal beteiligt und nahm starken Anteil am Vereinsleben in Barmen. Veröffentlichungen:
Gedichte, Elberfeld 1856, 2. Auflage Breslau 1858, 5. Auflage 1875, 10. Auflage 1906
Freimaurerische Dichtungen, Leipzig 1870, 4. Auflage 1893, 6. Auflage 1899
Den Frauen und Jungfrauen in der Kriegszeit. 3 Lieder nach Volksweisen, Barmen 1870
Vorwärts! Nach Paris! 3 Kriegslieder nach Volksweisen für die deutschen Soldaten, Rheydt 1870
Neue Gedichte, Leipzig 1871, 2. Auflage 1872, 4. Auflage 1874, 5. Auflage 1886, 7. Auflage 1913
Dem Papste! Antwort eines Freimaurers auf die Enzyklika vom 21.11.1873, Barmen 1874
Zur Sedanfeier, Barmen 1875
Für Oberschlesien, Barmen 1880
Am Rhein und beim Wein, Leipzig 1884, 2. und 3. Auflage 1885, 4. Auflage 1900
1. und 2. Buch der Leidenschaft, Oldenburg 1886, 4. Auflage 1889
Aus den Sommertagen, Oldenburg 1886, 2. Auflage 1887, 4. Auflage 1889
Dem Bruder Heil, dem Kaiser, Leipzig 1887
Zur Trauerfeier für Kaiser Wilhelm I., Leipzig 1888
An Kaiser Wilhelm II., Barmen 1888
In Bruderliebe und Brudertreue, Leipzig 1893, 3. Auflage 1897
Spruchperlen heiterer Lebenskunst, Berlin 1893
1853-1865 „Korrespondenzen aus dem Wupperthale" für Robert Prutz' „Deutsches Museum"

Quelle 35
Friedrich Roeber, „Glück",
in: Lyrische und epische Gedichte, Berlin o.J.(1878), S. 12/13[1]

Glück.

Auf wildwüster Haide
Ein Bettlerverschlag;
Pfeift der Wind durch die Wände,
Schlägt der Regen durch's Dach.

Wer drinnen mag hausen
Muß freudenlos sein:
Ist der Tag ihm voll Kummer,
Ist die Nacht ihm voll Pein.

Da hör ich ein Singen
Wie die Feldlerche singt,
Wenn sie frühmorgens
In den Himmel sich schwingt.

Ein Bub, ein zerlumpter,
Liegt im Wildgras und Moos,
Eine Bettlerdirn hält er
In seinem Schooß.

Mit Blumen besteckt sie
Sein struppiges Haar,
Sie küßt ihm das list'ge
Schwarze Augenpaar.

Und beide sie singen
Durch den Nebel und Wind.
Kann keiner doch sagen
Wie glücklich sie sind.

---

[1] Friedrich Roeber (1819-1901), machte eine Lehre im Bankfach, war später Handlungskommis bei von der Heydt, Kersten & Söhne, wo er 1872 Teilhaber wurde. Veröffentlichungen:
Dramatische Werke, 1. Band, Elberfeld 1851
Tristan und Isolde. Eine Tragödie in Arabesken, Elberfeld 1854
Sophonisbe, in: Die deutsche Schaubühne 3. Jg., Dresden 1862
König Manfred. Oper in fünf Akten. Musik von Karl Reinecke, Leipzig 1878
Lyrische und epische Gedichte, Berlin o.J.(1878), 2. Auflage Leipzig 1888
Kaiser Friedrich III., Iserlohn 1883
Sophonisbe, Iserlohn 1884
Tristan und Isolde, 2. Bearbeitung, Iserlohn 1885
Marionetten. Ein Roman, Iserlohn 1885
Das Märchen vom König Drosselbart, Iserlohn 1885
Litteratur und Kunst im Wupperthale bis zur Mitte des gegenwärtigen Jahrhunderts, Iserlohn 1886
Kaiser Heinrich V., Leipzig 1886
Der Wiener Kongreß. Ein politisches Schauspiel, Leipzig 1888
Börsenringe. Ein Schauspiel, Leipzig 1891
Antike Lustspiele. Die Philosophin - Die Satire - Malermodelle, Leipzig 1892
Appius Claudius, 2. Auflage Leipzig 1897
Tristan und Isolde, Neue Bearbeitung, Leipzig 1898
Blanche Neige. Dramatisches Märchen. Komponiert von Karl Reinecke, Leipzig 1901
Die Gräfin von Toulouse, Leipzig 1901

Quelle 36
Karl Stelter, „Arbeitersonette",
in: Nach sieben Jahrzehnten. Siebente Gedichtsammlung, Elberfeld 1893, S. 101-104[1]

Arbeitersonette.

I.

Wo Mangel drückt, darf Armut doch nicht darben
Und nicht dem Zufall preisgegeben sein,
Der Reichtum soll, wie warmer Sonnenschein,
Heilmittel bieten Wunden zu vernarben.

Entbehrung blickt sehnsüchtig nach den Garben
Und fragt: was kommt für mich davon herein? —
O laßt nicht mehr nach Brot Bedürftge schrein,
Die's zu verdienen redlich sich bewarben!

Der Arbeit gegenüber steht die Pflicht
Auskömmlichen —, nicht Hungerlohn zu geben,
Der kümmerlich vielleicht nur hält am Leben.

Wer aber schnöd den Streik vom Zaune bricht
Und Willkürlohn will rücksichtslos erzwingen,
Fängt leicht sich in den selbstgelegten Schlingen.

II.

Der Menschlichkeit Geboten nachzukommen
Sei jeder willig, hülfs- und dienstbereit;
Dem Fleiß, der Treue und der Sparsamkeit
Wird überall das Werk der Hände frommen.

Wen Arbeit einmal für sich eingenommen
Als Daseinswohltat, fühlt Zufriedenheit,
Die gern sich zeigt in ihrem Ehrenkleid,
In dem der Gipfel mühsam ward erklommen. —

Dort zeigt die Schöpfung sich in jenem Licht,
Das eigner Kraft den Strebeweg gewiesen,
Auf dem ihr Heim gefunden hat die Pflicht.

Drum wählt zu eurem eignen Heile diesen;
Wer so sich selbst die Bahn zum Ziele bricht,
Der wird als Sieger nach Gebühr gepriesen.

Nach sieben Jahrzehnten.

Siebente Gedichtsammlung
von
Karl Stelter.

Elberfeld 1893.
Druck und Verlag
der Baedeker'schen Buch- u. Kunsthandlung u. Buchdruckerei
(A. Martini u. Grüttefien).

III.

Nur ein Erfinder kommt auf Millionen,
Und ihnen schafft ein Unternehmer Brot —
Und dafür, was ein solcher Gutes bot,
Will ihm der Undank mit Verfolgung lohnen! —

Er, schrein Verführer, macht es wie die Drohnen!
Wir Arbeitsbienen mühn für ihn uns tot! —
Lug ists und Trug! — Der Selbsterhaltung Not
Zwang seit der Welterschaffung schon zu frohnen.

Wer Großes plant, das weithin sich entfaltet,
Vollzieht die Tat, der Tausende verdanken,
Daß ihre Zukunft besser sich gestaltet.

Sie selber wachsen mit, allein sie ranken
Nur auf am starken Eichbaum, der sie hält
Und ohne den ihr Schlinggewächs zerfällt.

IV.

Warum ich die Philisterwahrheit sage? —
Weil selbst ich war ein Proletarierkind,
Das für die soziale Not nicht blind,
Doch darum nicht sich überläßt der Klage.

Trübselig waren meiner Jugend Tage,
Doch schlug Erniedrigung ich in den Wind
Und sprach: zu Denen, die hoch oben sind
Gilts aufzusteigen, also ringe, wage!

So kämpfend hab ich mich emporgeschwungen
Bis dorthin, wo auf schmaler Höhenspur
Nur immer Wenige sich durchgerungen.

Der Menge freilich ist das nicht gelungen,
Verlangen die Gesetze der Natur
Für Tausende doch einen Führer nur.

---

[1] Karl Stelter (1823-1912), Sohn eines Jaquard-Webers, wurde nach der Lehre in einer Seidenfabrik Handlungskommis, später Prokurist. Stelter war in verschiedenen Vereinen, Turnerbünden und wissenschaftlichen Gesellschaften engagiert. Ab 1865 übernahm er von Rittershaus die „Korrespondenzen aus dem Wupperthale" für Robert Prutz' „Deutsches Museum". Veröffentlichungen:
Gedichte, Leipzig 1857/58, 2. Aufl. 1862, 3. Aufl. 1880
Herz- und Hausblätter. Bd. 2 der Gedichte, Elberfeld 1856
Kompaß auf dem Meer des Lebens. Weisheitsblüten, Elberfeld 1860, 2. Aufl. 1892
Die Braut der Kirche. Epische Dichtung, Breslau 1858
Aus Geschichte und Sage, Elberfeld 1866
Kompendium der schönen Künste. 1. Teil, Düsseldorf 1869
Novellen, Elberfeld 1882
Neue Gedichte, Elberfeld 1887
Nach sieben Jahrzehnten. Siebente Gedichtsammlung, Elberfeld 1893
Erlebnisse eines Achtzigjährigen, Elberfeld 1903
Wiesbadener Gedenkblätter und Verwandtes, Elberfeld 1908

6. Unterhaltungsliteratur

Kommentar 37 bis 43

„Ich hab's gewagt, in Liedern/Zu zeichnen treu und klar,/Was von der Stadt, der biedern,/Im Lied zu melden war;/Wie sie gedacht, gehandelt,/Die Bürger von Elberfeld,/Wie sie gesprochen, gewandelt/Und wie ihr Wohl bestellt." Diese Gedichtzeilen gehören zu dem Vorwort, das Eduard Liesegang seiner Sammlung „Elberfeld's Geschichte in Gedichten" (Elberfeld 1851) voranstellte. Sie können als Programm der regionalen Gelegenheitsdichtung im 19. Jhdt. gelten, über die Liesegangs Band einen Überblick bietet. Die Aufgabe dieser Dichtung war, besondere Anlässe, wie die Geburtstage und Besuche des Monarchen, historische Ereignisse und deren Jahrestage, Amtseinführungen, Hochzeiten, Jubiläen und Beerdigungen der städtischen Honoratioren oder Vereinsgründungen und deren

Quelle 37
Eduard Liesegang, „Besitznahme des Großherzogthums Berg durch Preußen" (1815),
in: ders. (Hrsg.), Elberfeld's Geschichte in Gedichten, Elberfeld 1851, S. 218-221

Besitznahme des Großherzogthums Berg durch Preußen.

Verlesung des Patents in Elberfeld am 20. April 1815.

Und die Völker sah'n nach dem fernen Wien
Die mit Sieg gekrönten Fürsten ziehn,
　Nach dem Schwerte das Wort zu führen.
Vom Fürstenbund ward jedes Land
Dem frühern Herrscher zuerkannt,
　Und nur Preußen sollte verlieren.

Jahresfeste poetisch zu fassen. Gelegenheitsdichtung in diesem Sinne war meist Auftragsarbeit, die auf Bestellung verfaßt und z. T. materiell entgolten wurde. Solche Aufgaben erfüllte ein Stadtpoet wie Moritz Thieme, der hauptberuflich Sekretär des deutsch-mexikanischen Bergwerksvereins war und als Dichter „für den öffentlichen und den Hausbedarf sorgte" (Friedrich Roeber, Litteratur und Kunst im Wupperthale bis zur Mitte des gegenwärtigen Jahrhunderts, Iserlohn 1886, S. 87). Aber auch Autoren wie Adolf Schults, Emil Rittershaus oder Friedrich Roeber, die sich sonst einem hohen Dichtungsideal verpflichtet fühlten, übernahmen solche Aufträge. Diese Lyrik war Gebrauchsliteratur ohne Anspruch auf überzeitliche Gültigkeit; sie war an den jeweiligen Anlaß geknüpft und bezog daher ihre gesellschaftliche Funktion. In Gedichtanthologien, Vereinsgeschichten, Biographien und in Einzeldrucken ist diese Gelegenheitspoesie erhalten. Eine andere Form der Gelegenheitsdichtung repräsentieren die meist anonym veröffentlichten Gedichte in den Tagesblättern. Hier handelte es sich um pointierte Meinungsäußerungen zu tagespolitischen und sozialen Themen, sei es zur Diskussion um den Freihandel („Glaubt mir, so ist's", Täglicher Anzeiger vom 12.11.1847), zur Mißernte und ihren Folgen („Zeitklänge. Der Getreidewucherer", Täglicher Anzeiger vom 5.9.1847), zum Gewerberat („Dem Gewerberath gewidmet", Elberfelder Kreisblatt vom 7.5.1850) oder zur „[d]eutsche[n] Flotte" (Täglicher Anzeiger vom 7.8.1861). Die in den Quellen 37 bis 43 wiedergegebenen sieben Gedichte sollen die angesprochenen Aspekte der Gelegenheitsdichtung beispielhaft verdeutlichen.

Denn man sah es mit neidischen Augen an,
Daß der Preuße die Gunst der Völker gewann
    Durch die Opfer, die freudig er brachte,
Durch die Siege, die seine Faust errang,
Durch die Kraft, mit der er den Korsen bezwang,
    Durch den Geist, der in ihm erwachte.

Auch der Berger sah voller Ungeduld
Nach der Kaiserstadt, was des Himmels Huld
    Und der Fürsten Weisheit ihm brächte.
O, würden wir Preußen! wir hießen so gern
Friedrich Wilhelm unsern Landesherrn,
    Böten gern ihm zum Bunde die Rechte.

Wohl gefällt uns des Königs erhabener Muth,
Seine Festigkeit in der Leiden Glut,
    Seine deutsche Gesinnung und Rede.
Wohl gefällt uns das Volk, das nach Kummer und Noth
Für die Freiheit ging freudig in den Tod,
    Und als Sieger bestand in der Fehde.

Doch die Hoffnung ist nichtig! Der Fürsten Rath,
Er beachtet nicht Preußens erhabene That,
    Will es kürzen in seinen Rechten.
Und der König waffnet sein Heer und droht,
Im Kampf mit der halben Welt, wenn's Noth,
    Sein Eigenthum zu erfechten!

Da kam uns die Kunde: Napoleon floh!
Ganz Frankreich ist sein! — Kein Donner schallt so,
    Als dieser Aufruf zum Kriege.
O Preußen! ertönt es, nimm Alles hin,
Was du begehrt mit bescheidenem Sinn,
    Nur hilf uns noch einmal zum Siege!

Und Preußen, das blitzende Schwert in der Hand
Noch zürnend, zog es zum Frankenland,
    Den Völkern den Frieden zu geben.
Und die Berge fielen ihm jauchzend zu.
Nun hat die zagende Seele Ruh',
    Denn erfüllt ist ihr Wunsch und ihr Streben.

Dem Himmel sei Dank! Ein geheiligter Tag
Rief durch der Glocken Geläute wach
    Die Herzen zum Danke, zur Weihe.
Da schallt, noch bevor die Sonne sank,
Die freudige Botschaft das Thal entlang:
    Schon Morgen schwören wir Treue!

Und der Morgen kam, sein goldener Schein
Bestrahlte der Bürger festliche Reih'n,
   Die den weiten Marktplatz erfüllten.
Der Geschütze Donner, der Glocken Klang
Verkündet die Freude, der Herzen Dank,
   Den jubelnden, unverhüllten.

Die Glocken schwiegen, da tönte das Wort
Des Königs, des neuen Glückes Hort,
   Von Brünings begeistertem Munde:
„Erkennt mich als König, als Landesherrn!
Ich schütz' Euer Gut, Euern Glauben gern,
   Bin mit Euch, ein Vater, im Bunde!"

Und alles Volk, was versammelt war,
Es brachte jauchzend die Huldigung dar,
   Dem geliebten König von Preußen.

Ein Diener der Kirche den Segen sprach!
Das Volk sprach laut das Amen nach,
   Wie das fromme Herz ihm geheißen.

Und zum Rathhaus zog der Feierzug,
In dem man das preußische Wappen trug,
   Das Blumen und Kränze schmücken.
Laut jubelnd ward der schwarze Aar
Hoch aufgepflanzt, der immerdar
   Uns möge hoch beglücken.

Zweihundert Jahre harrten wir
Auf dich, du edle Wappenzier!
   Nun bist du uns gegeben.
Wir haben und halten dich, theures Gut!
Kein Blut ist treuer, als Bergisch Blut!
   Der neue Herrscher soll leben!

Quelle 38
Eduard Liesegang, „Der Kornverein",
in: ders. (Hrsg.), Elberfeld's Geschichte in Gedichten, Elberfeld 1851, S. 226-227

Der Kornverein.
1816—1817.

Der Feldesfrucht fehlt Sonnenschein,
Der Regen läßt sie nicht gedeih'n;
Die Sorge naht. Die Hungersnoth
Bricht ein; wer schafft den Armen Brot?

Das thun die Reichen unsrer Stadt,
Im Wohlthun nimmer müd' noch matt.
Sie stehn zusammen liebentbrannt,
Und kaufen Brot im fernen Land.

Nun kann der Wucher nicht heran,
Und billig kauft der arme Mann;
Und da's an Arbeit nicht gebricht,
Erdrückt ihn auch die Sorge nicht.

Und als nun endlich schwand die Noth,
Und wieder Fülle war an Brot,
Da rechneten die biedern Herrn
Und sah'n den reichen Nutzen gern.

Doch theilten sie nicht den Gewinn!
Sie gaben alles willig hin;
Der letzte Groschen mußt' heraus,
Der Stadt zu bau'n ein Krankenhaus.

Ein Denkmal ist's der Hülf' und Noth,
Und hilft noch, wenn uns Krankheit droht.
Ein Denkmal ist's der Bürgertreu',
Die noch den Enkeln Vorbild sei.

Quelle 39
Moritz Thieme, „Bei Anwesenheit Sr. Königlichen Hoheit des Kronprinzen" (1825),
in: Annalen der Stadt Elberfeld für 1825, S. 93-95

Des Königs erster Sohn naht sich den Gauen,
   Die, fern am Rhein des Vaters Huld beglückt,
Und Ihn, den allgeliebten Prinz, zu schauen
   Ist Jung und Alt, ist Reich und Arm entzückt;
In Aller Herzen sieht man Tempel bauen,
   Von Treu' und Liebe reichlich ausgeschmückt,
Und jeder Ort bringt zu dem seltnen Feste
Der Weihgeschenke Schönste dar und Beste.

Da sieht man tausend schöne Blumen blühen,
   Sich neigen vor dem Herrn in Glanz und Pracht,
Doch, wie sich jeder Ort auch mag bemühen,
   Die Schönste hat das Wupperthal gebracht:
Hier glückte es, ein Kleeblatt zu erziehen,
   Wie es in Teutschlands Marken nirgends lacht,
Ein Kleeblatt, das beweist: wie Vieler Kraft,
Auf Einen Punkt vereint, wohl Großes schafft.

Die rheinisch-westindische Compagnie.

Man ahnte nicht, daß tief aus dem Bereiche
   Des festen Lands Welthandel möglich sey,
Und sieh obschon gar manche harte Streiche
   Das Institut erlitt, noch jung und neu; —
So gleicht's doch schon an Kraft der deutschen Eiche,
   Und ist von Sorgen für die Zukunft frei. —
Und freud'ger hebt sich der Gewerbe Streben,
Den Bürgerfleiß durchströmt ein neues Leben.

Die vaterländische Feuer-Versicherungs-Gesellschaft.

Ein gnäd'ger Gott bewahre uns vor Flammen,
   Von Jedem werde ihre Wuth bewacht, —
Doch, schlagen sie ob einem Haupt zusammen,
   Und haben sie's um Alles auch gebracht,
Hats mir vertraut, darf's nicht sein Loos verdammen,
   Ich führ aus Asch' und Glut mit größrer Pracht
Ein neu Gebäu ihm auf für seine Lieben,
Und fröhlich zieht es ein, wenn sie ihm blieben.

Der teutsch-amerikanische Bergwerks-Verein.

Glückauf! wenn manche Grube hier ersoffen
   Und manchen Schacht der alte Mann erdrückt;
So steht uns noch ein ganzer Welttheil offen,
   Aus dem uns manche Silberstufe blickt,
Und, wird erfüllt, was wir vertrauend hoffen;
   So wird auch mancher Arme hier beglückt. —
„Glückauf!" — so würden wir den Bruder grüßen, —
„Du sollst mit uns von unserm Glück genießen."

Der städtische Bauverein — und der projektirte Mehlverein.

Und, daß dem Armen nicht das Erste fehle,
   Ein schützend Dach vor Regen, Sturm und Graus,
Entstand ein Bund mit liebevoller Seele,
   Der baut dem armen Bruder gern ein Haus,
Und, daß in Zeit der Noth nicht Hunger quäle,
   Im reichen Jahr der Landmann komme aus,
Strebt man, den teutschen Mehlverein zu gründen,
Und sicher wird er Unterstützung finden.

So blüht, verehrter Prinz! in unserm Thale
   Ein Kleeblatt, wie es sich wohl nirgends zeigt;
Es sproßte auf beim goldnen Scepterstrahle,
   Mit dem Dein Vater sich zu uns geneigt; —
O, blick auch Du, wann spät im Fürstensaale
   Europens ach! des Vaters Stern erbleicht,
Blick dann auch Du mit Gnade, Huld und Milde
Auf Elberfelds gesegnete Gefilde!

Quelle 40
Friedrich Ludwig Wülfing, „Festgesang" (1832),
in: ders., In dieser trüben schwermüthigen Zeit, ein Heftchen wackerer Gesänge, für Herz, Sinn, Geist und Gemüth, als Fortsetzung des Liederkranzes drittes Heft…, Barmen o.J. (1832), S. 4-6

Festgesang

zum 3ten August 1832, am Geburtstage Sr. Majestät unsers vielgeliebten Königs von Preußen

Friedrich Wilhelm III.

Es bricht aus heller Morgenröthe,
Der frohe Ehrentag hervor!
Als wenn ein Engel Gruß ihm böte!
Weit öffnet sich der Freude Thor!
Und Millionen Völker ziehen,
Zu diesem gold'nen Thor herein!
Wie hoch und hehr die Herzen glühen,
Dem Könige sich heut' zu weih'n.

Dem Könige, dem Landesvater,
Der Liebe und der Demuth Bild!
Dem weisen, freundlichen Berather,
Dem treuen Hort und Schirm und Schild
In dieser Zeit, worin wir leben,
In dieser Angst- und Schreckenszeit!
Wo stolze Feinde sich erheben,
Und wo der böse Krieg uns dräut.

Wenn je ein Tag zur Freude fodert,
Und Muth und Hoffnung blicken läßt!

Wenn je der Liebe Flamme lodert,
Dann ist es wohl am Wiegenfest
Des Königs, das wir heut begehen,
Des Königs, unsres großen Herrn!
So weit die frohen Blicke sehen,
Erglänzt an ihm der Hoheit Stern!

Und von der Hütte bis zum Throne
Ertönet nur ein Jubelruf,
Und segnet froh die gold'ne Krone,
Zum Preise des, der ihn uns schuf!
Tritt, deutsches Volk, tritt froh zusammen,
Und schließe eng' den Jubelreih'n!
Und laß die Herzen Liebe flammen,
Und uns der Eintracht Schwur erneu'n.

Auf daß, wenn uns Gefahren drohen,
Und wenn der Feind auf uns bricht ein,
Wie damals ist der Feind geflohen —
Wir jagen ihn, und ihn zerstreu'n.
Denn von der Eintracht Arm umschlungen,

Und durch der Liebe Allgewalt,
Hat deutsche Kraft den Sieg errungen,
Wenn Kriegesdonner noch so hallt'!

Wenn rings um uns die Völker wüthen,
Und ganze Länder glüh'n im Streit!
Und feile Demagogen brüten
Sich Lästerwerke weit und breit;
Dann lächeln wir ob solcher Schande,
Und sehn mit Stolz auf uns zurück!
Heil, dreimal Heil dem Vaterlande,
Heil unserm König! Heil und Glück!

Hoch! bei dem Feuersaft der Reben,
Und bei des Festes Jubelkranz,
Mög' Friedrich Wilhelm lang' noch leben!
In seines Hauses höchstem Glanz!
Und, bei dem Donner der Kanonen,
Bei Pauken und Trompetenschall,
Da jauchzet laut ihr Millionen,
Und huldigt treu dem König all!

Quelle 41
Adolf Schults, „Am Todestage des Oberbürgermeisters Brüning" (1837),
in: Eduard Liesegang (Hrsg.), Elberfeld's Geschichte in Gedichten, Elberfeld 1851, S. 268

Am Todestage des Oberbürgermeisters Brüning.
(Am 22. Juli 1837.*)

Sonett.

Klag' Elberfeld! klag', Deine Obern fallen,
　Ach, Deine Säulen bricht der Parze Hand,
　Und in ein fernes, nur geahntes Land
Läßt ihr Geheiß die Sorgenträger wallen.

Klag' Elberfeld! Er dessen Nam' vor Allen
　Dir hell geglänzt, Er der am höchsten stand
　Im Bürgerkreis, ihn väterlich verband, —
Er, unser Brüning ist ja heut gefallen!

Gefallen? nein, — noch lange wird Er stehen!
　Im Mund', im Herzen Aller lebt er fort,
　Und künden wird es unsrer Enkel Wort,
Was einst durch Ihn zum Heil der Stadt geschehen;
　Wird künden, deutend auf des Grabsteins Wand:
　Dem Mann der Stadt, dem Mann für's Vaterland!

Adolf Schults.

> Quelle 42
> (anonym), „Dem Oberbürgermeister von Carnap bei seinem Amtsantritt" (1837),
> in: Täglicher Anzeiger Nr. 265 vom 31.10.1837[1]

Dem Herrn
Ober-Bürgermeister von Carnap
bei
Seinem Amtsantritt,
Elberfeld, 28. October 1837.

Dich segne Gott, wie er bisher gethan!
Er segne Dich in einem langen Leben,
Das Du beginnst zu weih'n in edlem Streben
Für Bürgerglück, für's Wohl der Stadt fortan!

Sieh darum Dir zuvörderst Gott zum Gruß!
Wer uns sich weiht, erzielt uns Heil und Segen;
Und wir, wir tragen ihm das Herz entgegen:
Der Herr mit ihm, wo wandeln mag sein Fuß!

Des Guten zwar ist unter uns schon viel,
Du schätzest es nach seiner wahren Würde;
Doch lastend schwer ist Deines Amtes Bürde:
Viel Herrliches noch harret Dein zum Ziel;

Zum edlen Ziel, in königlichem Sinn,
Zu Schutz und Wahrung heil'ger Bürgertugend,
Des Alters Schmuck, der Zierde frommer Jugend,
Der Zeit zum Trutz, zu köstlichem Gewinn!

Denn äußerm Flore unsrer Vaterstadt
Wirst Du auch gern die inn're Hoheit fügen;
Dem Bürgersinn, wie eignem zu genügen,
Liegt da ein Feld, das ferne Gränzen hat.

Drum Segen Dir zum glücklichen Bebau'n!
Wir weihen Dir, nebst reger Kraft, den Willen;
Gilt's öffentlich ein Wohl, ob auch im Stillen:
Du darfst auf uns, wie wir auf Dich vertrau'n!

So grün' und blühe Elberfeld hinfort,
Daß immer mehr sein Name sich verkläre;
Daß Reich und Arm in Gott sich redlich nähre
An Deiner Hand! Der Herr sei unser Hort!

---

[1] auch wiedergegeben bei Eduard Liesegang, a.a.O., S. 269-270

(215) Antwort auf Nr. 140.
O, Wasserdichter, armer Thor,
Lies Deiner Frau Deine Schmirallen vor!
Lerne, o Pfuscher in Poesie,
Erst etwas Orthogra-phie!
                    Ein Freund.

Anzeige im Täglichen Anzeiger Nr. 7 vom 8.1.1848

Quelle 43
(anonym), „Der arme Urwähler",
in: Beilage zum Barmer Wochenblatt Nr. 5 vom 13.1.1849 (in: SAW B III 22)

Der arme Urwähler.[1]

Und hab' ich auch nur Brot und Salz,
Des Landes Ruhm, das ist mein Schmalz!
Drum zahl' ich reichlich mit der Faust,
Wer mir an Königs Ehre zaust.

Der König ist mein Freiheitsquell!
Republikanisches Gebell,
Und kläng' es noch so fein und hell,
Verfällt bei uns gerechtem Grimme,
Und nimmer kriegt es meine Stimme.

Wer Jedem gern das Seine gibt
An Hab' und Gut, an Macht und Ehren,
Wer Volk und König gründlich liebt,
Sich nicht vom Wortschwall läßt bethören,
Weiß Unbill von sich abzuwehren:

Der ist von ächtem Korn und Schrot,
Den wählt: das ist ein Patriot.

Wem Landesnoth ist eigne Noth,
Wer mit den Armen theilt sein Brot,
Wer für das Recht kämpft auf den Tod;
Den wählt: das ist ein Patriot.

Soll ich Euch zuletzt was rathen:
Hütet Euch vor Demokraten
Mit und ohne großen Bart,
Jüd'scher oder poln'scher Art:
Auch vor Winkeladvocaten,
Gott'svergeß'nen Kinderlehrern,
Abgesetzten Leutescheerern
Vom Civil und Militair,
Und was sonst dergleichen mehr.

---

[1] Am 5./6.12.1848 wurde außer der oktroyierten Verfassung für Preußen auch ein Wahlgesetz erlassen, demzufolge die Mitglieder der 2. Kammer (Abgeordnetenhaus) indirekt zu wählen waren; auf diese Wahlen bezieht sich das Gedicht. Mit beiden Kammern sollte dann eine Revision der oktroyierten Verfassung vereinbart werden. Zum 26.2.1849 wurden die Kammern einberufen; am 27.4.1849 wurde die 2. Kammer wieder aufgelöst, weil sie in Überschreitung ihrer Befugnisse die von der Frankfurter Nationalversammlung beschlossene Verfassung angenommen hatte.

Kommentar 44
Seit der Mitte des 19. Jhdts. nahm das Interesse an der Mundartliteratur zu. Bereits 1851 war J. Wirth neben einem aus dem Lateinischen übersetzten und einem hochdeutschen mit dem Mundartgedicht „Elberfeild" in Eduard Liesegangs „Elberfeld's Geschichte in Gedichten" (1851) vertreten. Im Verlag von J.H. Born erschien in den 70er Jahren anonym die „Lewensgeschichte vamm Mina Knallenfalls. Vann ämm selwer vertault" als „Kulturhistorische Studie aus Elberfeld's jüngster Vergangenheit". Das Mundart-Epos, in dem der Autor ein Proletariermädchen seine Lebensgeschichte in Versen erzählen läßt, wurde vom Staatsanwalt zunächst konfisziert; noch die 3. (1895/96) und die 4. Auflage (1918) erschienen ohne Nennung des Verfassers Otto Hausmann (1837-1916), dessen „Ritter Arnold von Elverfeldt. Der Rommelspütt, eine geisterhaft historische Ballade", auch eine Mundartdichtung, dagegen mit Namensnennung vom Born-Verlag angekündigt werden konnte, der auch Mundartliteratur von Julius („Gullegus") Pöls und August Weyer verlegte. Neben Otto Hausmann, der u.a. auch Gedichte in hochdeutscher Sprache (Zer-

Quelle 44
[Otto Hausmann], Mina Knallenfalls. Kulturhistorische Studie aus Elberfeld's jüngster Vergangenheit,
3. Auflage, Elberfeld 1895/96, S. 3/4 und S. 45-47   Auszüge

Lewensgeschichte
vamm
Mina Knallenfalls.

Vann ämm selwer vertault.

I.

Eck sie an de Joahr ertrocken,
Mie Vader wor fuselkrank,
Mie Moober, die streckten Socken
Onn spolden onger de Hank.

Vie hatten dän böwerschten Auler
Föar twentig Dahler gepeit,

562

streute Blätter, Elberfeld 1886; Herbstblätter, Elberfeld 1908) und kulturhistorische Arbeiten veröffentlichte (Alt-Elberfeld. Kulturhistorische Federzeichnungen, Elberfeld 1900; Die Malerei und verwandte Künste im Wupperthal. Biographische Skizzen, Elberfeld 1906), schrieb Friedrich Storck (1838-1915) Mundartliteratur, so z.B. „Kalleroden. Plattdeutsche Gedichte und Erzählungen heiteren und ernsten Inhalts" (Elberfeld 1880), „Pitzepatzen" (Elberfeld o.J.(1895)), „Ömmergrön" (unter dem Pseudonym F. Höarmeckan, Elberfeld 1887), „Lyrisches, episches, dramatisches Dreiblatt" (Elberfeld 1898) oder „Der Weltkrieg" (Elberfeld 1914).

Mina Knallenfalls.

Kulturhistorische Studie
aus
Elberfeld's jüngster Vergangenheit.

IV. unveränderte Auflage.

Elberfeld.
Druck und Verlag von J. H. Born.
1912.

Preis 1 Mark.

Wo, onger Hauler=de=Bauler,
Eck kohm op de Welt als Weit.

Die Kahmer wor nu tum Danzen
Wall ewes nit enngerecht,
Doch Tummelskopp schloogen de Wanzen
Aenm Neits bo börch et Gesecht.

Vie hatten enn Stall voll Blagen,
Dat wor en Gekriesch onn Gequätts,
Vie sooten em Dreck bis am Kragen,
Met vier Johr kreeg eck de Krätz.

Twei Bröbersch leeden an Dröfen,
On drei hatten krumme Been,
Emm Wengter schloogen vöar Freesen
Us rappelnb de Täng molls aneen.

Vie söckten Aesche onn Schrowen,
Dat wor de wolfeilste Brank,
Sös hatten vie nix emm Owen
Als höachstens Kengergestank.

Dat Freeten wor ook sonn Dengen! —
Vie us geng et schmal onn kott;
Des Sonndags, dann wohl seck fengen
Mär höachstens enn Luhs emm Pott.

Vie kohnen vöar Elend nit gaapen,
Enn Klöngeln stooken vie all,
Onn hatten, grad wie de Aapen,
Molls ömmer Stried onn Krawall.

Mic Vader schloog op de Mooder
Molls loß wie enn Knöppelruß,
Vie kreegen dobie us Fooder,
Tusamen klatschten se us.

Eck kohn nix Nettes drenn fengen;
Et wor enn eawig Gedöhn,
Onn eck bruuk geweß nit tu sengen:
„O Jugend, wie bist Du so schön."

(...)

XVIII.

Glöck döht usereent nit quelen!
Alles geng nu Schlag op Schlag!
Kenkboop onn de Hochtied fehlen
Bi us nett op eenen Dag.

Onglöck kohm bi us an't Nooder,
Onn feng an us tu kaschtei'n,

Denn kott drop storv ook die Mooder
Vann däm Kahl emm Hankömmdreih'n.

Wie dat geht enn sonnen Fällen,
Me kömmt en Verbisterong,
Denn dä Kahl maut ook seck stellen,
Gliek drop noch tur Munsterong.

Fottens woat hä fastgetrocken;
Herwst bie dänn Kommis gestoppt,
Onn van usen besten Brocken
Woat dä grötste Dehl verkloppt.

Dat geng hatt us an et Leder,
Nix goov et wie Scheckfaalsschleeg,
Denn wat Neues wor ook weder
Meddels als bie meck omm Weeg. —

Truurig sind jetz ming Analen! —
Sorg onn Honger kohmen satt;
Peite kohn eck nit betahlen
Onn woat an de Laut gesatt. —

Blagen sind enn Heemelssegen!
Doch us geng et Gott erbarm's,
Bis vie twentig Groschen kreegen
Jede Weeke ut dänn Arms.

Enn enn Kellerhücksken sooten
Vie binnen nu bonkt onn kruhs,
Bis dä Kahl vann dänn Zallbooten
Endlich weder kohm no Huhs.

Do dätt Besserung us wenken;
Hä kreeg Arbet gliek om Fleck,
Doch hä goov seck an et drenken,
Onn vamm Geild soog eck enn Dreck.

Drop onn dran dätt eck jetz spoolen,
Hä bleev op de Klobberbahn,
Jedes Johr, op Deuwelhohlen,
Kohmen bie us Blagen an.

Sewen Stöck sind nu am kreien,
Onn dä Auler es gepeit,
Wo eck op de Weilt met Schreien
An der Foahr an kohm als Weit. —

Weat nit Alles ronk gedrewen?
Eß nit endlich Alles Dreck?
Wie us fängt dat aule Lewen
Weder an omm aulen Fleck.

Kommentar 45

Johann Heinrich Born (1839-1885), der sich 1863 zunächst als selbständiger Buchbinder etabliert hatte, erhielt 1868 von der Düsseldorfer Regierung die Konzession für einen Bilderhandel, die 1869 auf den Verkauf von „Zeit= und Flugschriften" und Büchern ausgedehnt wurde. In der 1874/75 eingerichteten Buchdruckerei erschien unter der Redaktion von J.H. Born und unter Mitarbeit von Abraham Schroeter vom 3.6.1876 bis zum 22.11.1879 der „Fennekieker", ein „[i]llustrirtes humoristisch-satyrisches Wochenblatt", dessen Vorwort in Quelle 45 wiedergegeben ist. Während der „Fennekieker" ebenso wie die „Mina Knallenfalls" Schwierigkeiten mit den Behörden einbrachten, erhielt Born für die von ihm herausgegebenen und gedruckten Manövertagebücher „Kaiser Wilhelm am Rhein und die großen Paraden und Manöver in der Zeit vom 1. bis 16. September 1877" und „Die Kaisertage am Rhein im September 1884" Dankschreiben aus den Kanzleien des Kaisers, des Kronprinzen und des Reichskanzlers. Nachdem der „Fennekieker" im November 1879 sein Erscheinen eingestellt hatte, gab Born als neue politische Tageszeitung die „Neuesten Nachrichten für Elberfeld, Barmen und Umgegend" heraus, die ab dem 29.11.1879 unter der Redaktion von Wilhelm Emmert (bis 1898) erschienen.

Wie traurig, daß ich früher nicht mehr gelernt habe! Ich wäre gewiß nicht so auf den Hund gekommen, daß ich mich von Destillateuren, Bierwirthen und andern Giftmischern täglich mit Lump becomplimentiren lassen müßte. Und das, was ich mehr gelernt zu haben brauchte, ist doch nur eine Lappalie gegen das, was ich überhaupt in mich aufzunehmen vermag.

Beitrag im „Fennekieker" Nr. 1 vom 3.6.1876.

Quelle 45
Einleitungsgedicht,
in: Fennekieker. Illustrirtes humoristisch-satyrisches Wochenblatt, Nr. 1 vom 3.6.1876

Pfingstgruss.

Mit frohem Gruß und herzlichem Willkommen
Biet' ich die Hand Euch Deutschen Brüdern dar!
Nicht zweifelnd, daß ihr gern mich aufgenommen
In Eure geist'ge Freiheitskämpfer=Schaar.
Denn wo das Vaterland bedarf der Seinen,
Da eil' auch ich, mit Euch mich zu vereinen.

Der Frühling scheuchte fort des Winters Wolke,
Von seinem Druck hat er das Land befreit,
Und immer mächt'ger wuchs im Deutschen Volke
Der Trieb nach Freiheit, Recht und Einigkeit.
Und dieses Deutsche Völkerfrühlings=Wehen,
Es zwang auch mich zum frohen Auferstehen.

Was ich hier will, brauch ich nicht zu verkünden,
Es steht auf meiner Stirne frank und frei:
Die Wahrheit könnt Ihr immer bei mir
       finden,
Dem Deutschen Recht bleib' ich auf ewig treu.
Doch weil nicht immer bitt'rer Ernst vonnöthen,
Ist auch Satyre und Humor vertreten.

Wo Bosheit sich und Laster eng verbindet,
Schlag' ich mit wucht'gen Hieben keck darauf;
Wenn Dummheit sich wo eine Stätte gründet,
Bau ich des Witzes Tempel schleunigst auf.
Ob Reich ob Arm, gleichviel, dergleichen Sünden,
Sie werden stets den Richter in mir finden.

So werde ich denn nimmer ruh'n und rasten,
Zu bieten Euch was Alles Ihr begehrt,
Damit der Bürger nach des Tages Lasten
Mich gern willkommen heißt an seinem Herd,
Wo er beim Pfeifchen ohne langes Zaudern
Mit Fennekieker kann gemüthlich plaudern.

Drum' noch einmal mit herzlichem Willkommen
Biet ich die Hand Euch Deutschen Brüdern dar,
Nicht zweifelnd, daß Ihr gern mich aufgenommen
In Eure geist'ge Freiheitskämpfer=Schaar.
Seid nach= und rücksichtsvoll mit Eurem Jüngsten!
Es bietet Euch zum Gruß ein fröhlich Pfingsten
       Fennekieker.

Ausgewählte Literatur

Auch, Hans Günther, Komödianten, Kalvinisten und Kattun. Geschichte des Wuppertaler und Schwelmer Theaters im 18. und 19. Jahrhundert (1700-1850), Emsdetten 1960

Bark, Joachim, Der Wuppertaler Dichterkreis. Untersuchungen zum poeta minor im 19. Jahrhundert, Bonn 1969

Clauder, Heidelind, Gründerzeit und Wuppertaler Literatentum, in: Karl-Hermann Beeck (Hrsg.), Gründerzeit. Versuch einer Grenzbestimmung im Wuppertal, Köln 1984, S. 277-311

Hackenberg, K., Die Anfänge des Wuppertaler Zeitungswesens 1788-1834, (Diss.) Köln 1940

Heller, Heinz-B./Zimmermann, Peter (Hrsgg.), Literatur im Wuppertal. Geschichte und Dokumente, Wuppertal 1981

Kayser, Fritz, Die Wuppertaler Presse. Ihr Werden und Wachsen seit 1788, Wuppertal-Elberfeld 1930

Kayser, Fritz, Immermann und das Elberfelder Theater, Wuppertal-Elberfeld 1935

Kerst, Friedrich (Hrsg.), Bergische Dichtung. Eine Sammlung bergischer Gedichte aus dem 19. Jahrhundert, Elberfeld 1900

Lucas, Ed., Das Elberfelder Theater in der Vergangenheit und Zukunft, Elberfeld 1888

Poethen, Wilhelm, Das litterarische Leben im Wuppertale während des 19. Jahrhunderts, Teil I, Elberfeld 1910

Roeber, Friedrich, Litteratur und Kunst im Wupperthale bis zur Mitte des gegenwärtigen Jahrhunderts, Iserlohn 1886

Schell, Otto, Elberfeld im Zeitalter der „Aufklärung", in: MBGV 19. Jg.(1912), S. 133 ff

Schell, Otto, Vom geistigen Leben in Elberfeld beim Ausbruch der französischen Revolution (1789), in: MBGV 19. Jg.(1912), S. 35 ff

Schults, Adolf, Elberfeld in den vierziger Jahren des 19. Jahrhunderts (Korrespondenznachrichten für das „Stuttgarter Morgenblatt für gebildete Leser"), hg. von Hanns Wegener, in: MBGV 20. Jg.(1913), S. 1 ff

Abkürzungen

HStAD	Hauptstaatsarchiv Düsseldorf
LHK	Landeshauptarchiv Koblenz
SAW	Stadtarchiv Wuppertal
Annalen	Annalen der Stadt Elberfeld, für die Jahre 1815-1834 hrsg. von Johann Rütger Brüning, für 1835-1837 von Wilhelm Wortmann, für 1838 und 1839 von Johann Adolph von Carnap
MBGV	Monatsschrift des Bergischen Geschichtsvereins
MEW	Karl Marx/Friedrich Engels, Werke. Hrsg. vom Institut für Marxismus-Leninismus beim ZK der SED, 13., überarbeitete Auflage, Berlin/DDR 1981
MRhKG	Monatshefte für Evangelische Kirchengeschichte des Rheinlandes
ZBGV	Zeitschrift des Bergischen Geschichtsvereins
p/p.	publicatus (a, um) = bekanntgemacht (veröffentlicht, eröffnet)
pp.	hinter etc. als Verstärkung (aus: perge perge = fahre fort, fahre fort) usw. usw.
p.p./pp.	praemissis praemittendis = mit Vorausschickung des Vorauszuschickenden = unter Weglassung der Titel
sc.	ein dieser Buchstabenfolge ähnliches Zeichen für &c. (etc.)
sc.	scilicet = zu ergänzen, nämlich

Personen- und Sachregister

Die in diesem Band versammelten Texte werden für den Benutzer im wesentlichen durch die jedem Kapitel vorangestellten Quellenverzeichnisse erschlossen. Das Register dient nur der Ergänzung dieses Zugangs durch zusätzliche und weiter differenzierende Stichworte.

A

Abendschule 334, 338ff, 348
Abiturreglement 361, 365
ADAV 58ff, 62, 64, 72, 232, 241ff, 505
Aders, Jacob (1768-1825) 151f, 155, 159, 161, 179, 360, 383f, 396, 398
Agende 254
Aktien-Baugesellschaft, Elberfelder 482
Allgemeine Niederrheinisch-Westfälische Handlungszeitung 525
Allgemeine Zeitung 525
Anneke, Friedrich (ca. 1818-ca. 1872) 55
Arbeiterbeschäftigungsverein 205
Arbeiterkomitee, Barmer 62
Arbeiterpartei 64, 67, 69
Arbeiterverbrüderung 487, 497, 505
Arbeiterverein, Allgemeiner Deutscher, s. ADAV
Arbeitsbeschaffungsprogramm 414, 421, 438
Arbeitsdauer 221
Arbeitshäuser 224, 386ff, 406
Arbeitskommission 205f
Arbeitsrat 238, 242
Arbeitsteilung 214
Armenanstalt 160, 353, 403, 416
Armenbeschäftigungsverein 205
Armenhaus 99, 266, 336, 384, 405, 425ff, 437
Armenhausinsassen 416
Armenkasse 333
Armenkommissionen 403f, 421
Armenordnungen 389, 411f
Armenpflege 226, 252
Armenpfleger 279, 347, 433, 438
Armenschule 384, 388
Armensteuer 410, 412, 421
Armenunterstützung 347
Armenversorgungsanstalt 424
Armenverwaltung 208, 223f, 320, 331, 347, 424
Armenwesen 253
Armenzucht 431

Assoziationsgedanke 231
Auflagen 79ff, 85, 226, 487
Aurora, freies Volksblatt aus dem Wupperthale 535
Ausländer 76
Ährenlese (Unterhaltungsblatt) 523

B

Ball, Johann (1764-1846?) 248, 468
Ballotage 451ff, 494
Bankverein, Barmer 143
Baptisten 252
Barmer Anzeiger 528
Barmer Bürgerblatt und Täglicher Anzeiger für das Wupperthal 528
Barmer Kinderfreund 545
Barmer Missionsblatt 466
Barmer Wochenblatt 529
Barmer Zeitung 188
Bartels, Friedrich Wilhelm (1819-1891) 307
Baubeamte 219
Baugesellschaft, Barmer 482
Bebel, August (1840-1913) 72f
Becher, Carl Christian (1776-1836) 152, 163
Bee(c)k, Johann Caspar van der 50
Beerbte 85
Beerdigungskosten 218, 230
Beisassen 76, 79
Benedix, Roderich (1811-1873) 45, 521
Bennigsen, Rudolf von (1824-1902) 505
Benzenberg, Johann Friedrich (1777-1846) 32
Berg 99
- Grafschaft 14
- Großherzogtum 25, 74, 253
- Herzogtum 15, 74f, 77, 156
Bergische Volksstimme 73
Bergisches Magazin 522
Bergwerksverein, deutsch-amerikanischer 98, 152f, 556
Besserungsanstalt 410

Bettelei 384, 386, 388, 399ff, 405f, 422
Bettelvogt 388
Bettlerhaus 410
Bettlerjagd 389
Bezirksarzt 230
Bibelgesellschaft, -Bergische 469, 515, 546
              -Britische und Ausländische 464
Bibelgesellschaften 250
Bibliothek 510, 515
Biene (Wochenschrift) 523
Bismarck, Otto von (1815-1898) 62ff, 66ff
Blanke, Johann Franz (1796- ?) 55
Blücher, Gebhard Leberecht von (1742-1819) 27, 160f
Bockmühl, Johann Abraham (1770-1832) 94, 96, 157
Bockmühl, Schlieper & Hecker (Stoffdruckerei) 40, 156, 233f
Bodelschwingh, Karl Ernst Albert Wilhelm Ludwig von (1794-1854) 53
Born, Johann Heinrich (1839-1885) 564
Bouterwek, Karl Wilhelm (1809-1869) 305, 461
Bredt, Friedrich Wilhelm 164
Bredt, Wilhelm August (1817-1895) 49, 62, 70, 180
Brink & Co, J.H. (Bankhaus) 179
Brinkmann, Friedrich (1785?-1829) 94, 96
Brockhaus, Carl (1822-1899) 305, 307, 517, 544
Brotmarken 205
Brotmünzen 479ff
Brotpreis 402
Brügelmann, Carl (1758-1824) 27, 90
Brüning, Johann Rütger (1775-1837) 23, 25, 32ff, 36f, 77, 94, 98ff,
    108, 116, 118, 157, 175, 209, 226, 228, 233f, 347, 364, 372, 402,
    406, 409, 453, 464, 492f, 511, 513, 515, 529
Brün(n)inghausen, Carl Wilhelm 32, 293, 464, 478
Buchdrucker-Unterstützungsverein 487
Buchhandlung 510
Budget 110
Bürger-Bauverein, Elberfelder 482
Bürgerinstitut 353
Bürgerkrankenhaus, Elberfelder 161, 478
Bürgernachtwache 122
Bürgerschule 353ff, 360, 362
Bürgersicherheitsverein 51
Bürgerverein (Gesellschaft) 449
Bürgerwache 86

C

California (Gesellschaft) 449
Carnap, Johann Adolph von (1793-1871) 45, 49, 55, 108, 112, 152,
    157, 163f, 487, 496
Carnap, Peter von (1823-1904) 461
Casino (Gesellschaft) 266
Central-Enthaltsamkeitsverein für die Rheinprovinz 483
Centralverein für das Wohl der arbeitenden Klassen 486
Christentumsgesellschaft, Deutsche (Basel) 467, 514
Churfürstlich Bergische Provinzialzeitung 525
Code de commerce 235
Code Napoléon 235
Collenbusch, Samuel (1724-1803) 248
Colsman, Peter Lucas (1734-1808) 155
Concordia (Gesellschaft) 44, 107, 449f, 464
Corona (Gesellschaft) 182
Courier d'Elberfeld 525

D

Demagogenverfolgungen 34ff, 168, 170
Demokratie 259f
Derossi, Joseph (1768-1841) 519
Deutschkatholizismus 303ff
Dichtung, -religiöse 547ff
        -soziale 550-556
Diemel, Johann Stephan Anton (1763-1821) 522
Döring, Karl August (1783-1844) 539
Dörpfeld, Friedrich Wilhelm (1824-1893) 231, 318, 321, 344, 503
Dreiklassenwahlrecht 103, 107

E

Edikt von Trianon 135
Eichengesellschaft 454
Einigkeit (Gesellschaft) 449
Eintracht (Gesellschaft) 449
Eintrittsgeld 360
Einwohnerzahlen 222
Eisenbahn 359
Elberfelder Kreisblatt 201
Elberfelder Provinzialzeitung 151
Elementarschulen 348, 485
Elementarschulordnung 318, 322
Elverfeld, Familie derer von 16
Engels, Friedrich (1820-1895) 45, 55, 72, 366, 368f, 449, 485, 513,
    526, 528f, 533
Enneper, Friedrich Wilhelm 164
Enthaltsamkeitsbewegung 483
Enthaltsamkeitsverein, Elberfelder 414, 483
Erholung (Gesellschaft) 454
Erholungen (Zeitungsbeilage) 525
Erwachsenentaufe 306
Erweckte 271
Erweckung 249f, 254, 269f, 278, 291, 297ff
Erziehungsanstalten, Düsselthaler 470f
Evertsen, Johann Engelbert (1722-1807) 248
Eynern, Ernst von (1838-1906) 59ff, 72, 181

F

Fabrikantenverein 243
Fabrikarzt 218
Fabrikengericht 196
Fabrikinspektor 219f
Fabrikklassen 348
Fabrikkrankenkasse 229
Fabrikschulen 169, 334, 337f, 351
Fabriksterbekasse 229
Fabrikstürmerei 239
Fallit 347
Farbmühlenkonferenz 265
Färbergesellenverein 487
Feldhoff, August (1800-1844) 264
Feldhoff, Carl (1797-1835) 97
Feldhoff, Johann Friedrich (1768-1839) 32, 38ff, 157, 464
Feuerversicherungsgesellschaft, Vaterländische 98, 521
Fischer, Johann Wilhelm (1779-1845) 479
Follen, August Ludwig (1794-1855) 34
Forckenbeck, Max von (1821-1892) 62, 64f, 67f, 70
Fortbildungsanstalt 485f
Fortschrittspartei 59f, 62, 67f, 504f, 554
Frauenverein, -Barmer 137, 492
              -Elberfelder 407, 492
                     -Vaterländischer (Barmen) 450
Freie Presse 535

Freihandel 141f, 556
Freiligrath, Ferdinand (1810-1876) 450, 547, 550
Freimaurerloge 39, 249
Freischule 348, 385, 388, 413, 458
Freundschaft, Zur (Gesellschaft) 449
Friedensgericht 234
Friedrich Wilhelm IV., König von Preußen, (1795-1861) 50, 53
Frowein, Abraham (jr.) (1797-1848) 157, 163
Frowein, Abraham (sen.) (1766-1829) 94, 96, 155, 185
Frowein, Charlotte Luise geb. Weber (1770-1833) 155, 185
Frowein, Louis (1808-1882) 185, 308
Frühling (Gesellschaft) 450, 463
Fuhlrott, Johann Carl (1804-1877) 460

G

Garnnahrung 163, 310
Garnnahrungsprivileg 132
Gazette de Gemarke 523
Gelegenheitsdichtung, regionale 556-562
Gemeinde, katholische (Elberfeld) 77
Gemeindeordnung 396, 428
Gemeindeverwaltung 75
Gemeinsmann 77ff, 84, 99
Generalgouvernement 93, 135
Generalgouverneur 75
Genossenschaftswesen 231
Genügsamkeit (Gesellschaft) 449, 454
Gesangverein, Elberfelder 464
Geschichtsverein, Bergischer 461
Gesellenbund, Rheinischer 475
Gesellenverein, Katholischer 475
Gesellschaft für Deutschland, Evangelische 504
Gesellschaft für Kunst und Gewerbe 454
Gesellschaftsspiegel 45, 168, 188, 190f, 199f, 215, 552
Gesundheitsprobleme 219
Gewerbefreiheit 200f, 235
Gewerbegericht 235, 238f, 242
Gewerbeinstitut (Berlin) 372, 376
Gewerbeordnung 200, 207, 219, 228, 237, 239, 241
Gewerbeschule 373
Gewerbesteuer 187
Gewerbeverein für den Regierungsbezirk Düsseldorf 458
Gewerkschaft 239
Gneisenau, August Wilhelm Neithardt von (1760-1831) 29ff, 161
Gneist, Rudolf von (1816-1895) 62, 70
Goethe, Johann Wolfgang (1749-1832) 446
Gräber, Franz Friedrich (1784-1857) 43
Gruner, Justus Karl von (1777-1820) 27, 33, 464
Gründerzeit 143
Gußstahlfabrik Burgthal 55
Gymnasium 353ff, 357, 359, 362ff, 375f

H

Halbtagsunterricht 331, 348
Hammersteiner Spinnerei 168f, 216, 334
Handels- und Gewerbeverein für Rheinland und Westfalen 459
Handelsgericht 235
Handelskammer 76, 98, 138ff, 142, 145, 163, 166ff, 187, 238, 241, 415, 421
Handwerker-Sonntagsschule 372
Handwerkerverein, Elberfelder 497
Hardenberg, Karl August von (1750-1822) 33
Harm, Friedrich 72

Harmonieverein 44, 454
Hasselmann, Wilhelm (geb.1844) 72f
Hausgewerbe 219
Hecker, Carl (1795-1873) 50, 55
Heilmann, Valentin 151f
Heintzmann, Alexis (1811-1865) 55
Heiterkeit (Gesellschaft) 449
Herbergen 80f, 85, 226, 233f
Hermann zum Lande der Berge (Loge) 447, 531
Heß, Moses (1812-1875) 45, 533
Heydt, August von der (1801-1874) 56, 62, 70, 152, 163, 498, 500
Heydt, Carl von der (1806-1881) 308
Heydt, Daniel von der (1802-1874) 52, 57, 108f, 157, 308, 424, 428, 437, 500
Heydt-Kersten & Söhne, von der 156, 179
Heydt-Kersten, Daniel Heinrich von der (1767-1832) 23, 94, 97, 179
Hilfsbedürftige 387f, 431
Hillmann, Hugo (1823-1898) 58, 62, 64
Hirsch, Carl Johann Hermann (1815-1900) 122f
Höchster, Ernst Hermann (geb.1810) 55
Hötte, Carl Rudolf (geb.1807) 126
Huber, Viktor Aimé (1800-1869) 231
Hühnerbein, Friedrich Wilhelm (1816-1883) 56

I

Immermann, Karl Leberecht (1796-1840) 519f
Independenten 252
Innungsbildung 487
Instruktionen für Bezirksvorsteher und Armenpfleger 433, 438

J

Jacobi, Friedrich Heinrich (1743-1819) 156
Jacobi, Georg Arnold (1766-1845) 164
Jacoby, Johann (1805-1877) 73
Jahn, Wilhelm Christian 522f
Juden 310f
Judenmissionsgesellschaft 470
Jung (Baumwollspinnerei) 156
Jung, Johann Friedrich August (1769-1852) 163
Jung, Wilhelm Ehrenfest (1800-1867) 421
Jung-Stilling, Johann Heinrich (1740-1817) 446
Jünglingsbote 472, 544
Jünglingsbund, Rheinisch-Westfälischer 471, 504, 544
Jünglingsverein 252, 322, 344, 471, 504

K

Kamp, Johann Heinrich Daniel (1786-1853) 152, 163, 179
Karl Theodor, Kurfürst von der Pfalz und Kurfürst von Bayern, (1743-1799) 21
Kassengesetzgebung, preußische 228
Katholiken 76
Keetmann, Johann (1793-1865) 164
Kersten, Gebrüder (Bankhaus) 97
Kinderarbeit 338
Kindererweckung 297
Kindersterblichkeit 223
Kirchenordnung 254, 308
Kirchentag, Barmer 521
Klassensteuer 187, 194, 235, 347
Klein, Carl Wilhelm 73
Kleiner Missionsfreund 545
Knüppelrussen 25

Koalitionsverbot 241
Kohlbrügge, Hermann Friedrich (1803-1875) 308
Kommunalsteuern 224
Konstitutioneller Verein 498, 500f, 503
Konstitutioneller Zentralverein für Rheinland und Westfalen 501
Konsumverein 231f
Kontinentalsperre 135f, 150f, 152, 160
Kornverein, -Barmer 144, 161, 450, 479
          -Elberfelder 399, 402, 409, 478
Köbner, Julius (1806-1884) 305, 548
Köhler & Bockmühl (Elberfelder Bankhaus) 179
Köhler-Bockmühl, Ludwig Ferdinand 164
Körner, Hermann Joseph Aloys (1805-1882) 50, 56
Köster von Kösteritz, Carl Hermann 239, 304
Köttgen, Gustav Adolph (1805-1882) 60
Krankenanstalten, städtische 425ff, 429, 437
Krankenkasse 217, 220
Kreisbeamte 219
Kriegerverein ‚Meerumschlungen' 494
Kriegsflotte 141
Krummacher, Friedrich Wilhelm (1796-1868) 248, 250, 255, 265ff,
    269f, 282, 303, 538f, 547
Krummacher, Gottfried Daniel (1774-1837) 248f, 256, 262, 264,
    293f
Krummacher, Karl (1831-1899) 260
Kuhl, Karl Julius 72
Kunstverein, Barmer 450
Kündigungsfrist 216

L
Landas, Jakob de (1761-1831) 90, 92
Landesarbeitsanstalt 404
Landesarbeitshaus 410
Landgericht 118
Landsturm Schützenverein 493
Landwehr-Kriegerverein, Elberfelder 494
Lassalle, Ferdinand (1825-1864) 58, 68, 72, 231, 505
Lateinschule (Elberfeld) 351, 360f
Laternenrevolte 79, 122
Lebensmittelvereine 205, 479
Lehrer-, Witwen- und Waisenkasse, Elberfelder 320
Lehrerseminare 318, 320, 321f, 358
Lehrgegenstände 330
Lehrplan 342f, 351f, 361ff, 368, 372, 374f, 377ff
Leichenkasse 225
Leichensingen 319
Leihbibliothek 514f
Leihhaus 99, 114, 226ff, 231
Leineweberaufstand 19
Lesegesellschaft, Erste 249, 510
Liebknecht, Wilhelm (1826-1900) 72f
Liederkranz 450, 464
Liefertag 189
Lischke, Carl Emil (1813-1886) 56, 58, 61, 108, 297, 431
Literaturzirkel 550
Lohnwache 86, 122
Lutherischer Kirchenbote 542

M
Magistrat 78f, 86
Marx, Karl (1818-1883) 45, 72
Maschinen 210f

Maschinenstürmerei 239
Märzereignisse 259
Medizinalbeamte 219
Meistbeerbte 76f, 103, 262
Melbeck, Carl Friedrich (1816-1891) 54, 56
Menschenfreund (Zeitschrift) 539
Menschenrechte 239
Mietfabrik 210
Minerva (Gesellschaft) 449
Mirbach, Otto von (1804-1867) 54f
Missionsfreund, Der kleine (Zeitschrift) 466
Missionsgesellschaft, -Barmer 537
            -Elberfelder 514
Missionsgesellschaften 250
Missionsseminar (Barmen) 249
Mittelschule 361, 367
Mundartliteratur 562f
Murat, Joachim, Großherzog von Berg, (1767-1815) 22f, 25, 86, 126
Museum (Gesellschaft) 446, 453f
Musikalische Gesellschaft 464
Musikfest, Niederrheinisches 464
Mühlhausen, Johann 73

N
Nationaltheater, Bergisches 519
Nationalverein 505, 554
Nähschule 169
Neuer Sozialdemokrat 72
Neuhaus, Gustav Reinhard (1823-1892) 550
Neviandt, Karl Wilhelm (1792-1870) 305
Niederrheinischer Anzeiger 525
Niederrheinischer Staatsbote 523
Norddeutscher Bund 241
Nordstern (Zeitung) 60

O
Obdachlosenasyl 428
Oberkonsistorium 254
Oberrealschule 373
Ordnungsstrafgelder 216, 220
Organische Artikel 253
Ortsstatut, gewerbliches 228
Ortsverwaltung 75

P
Pagenstecher, Alexander (1799-1869) 37
Partei, -konservative 67, 70, 72
        -liberale 69f, 72
        -nationalliberale 505
        -patriotische 62
        -sozialdemokratische 67, 70, 72, 244
Passen 189
Patriotischer Verein 503
Pauperismus 45, 224, 287
Peill, Peter Conrad (1776-1835) 94, 98, 138, 152, 163, 531
Peltzer, Wilhelm (geb. 1767) 531
Pensionierung 141
Peters, David (1808-1874) 55, 428
Pflegegelder 230
Pflegevater 230
Platzhoff, Jacob (geb. 1769) 32
Politischer Klub 55, 107, 500, 503, 535f, 551

Politischer Verein 503
Polizeigerichte 230
Präparanden 318
Präparandenanstalten 318, 320
Predigtliteratur 514
Pressefreiheit 517f, 527
Preußischer Volksverein 504
Probieren 189
Proletariat 141, 214, 223, 285, 533, 562
Proselytenmacherei 542ff
Provinzial-Gewerbeschule 372
Provinzial-Schulkollegium 375
Provinziallandtag, Rheinischer 338
Provinzialstände, Rheinische 98
Provinzialverwaltung 75
Provinzialzeitung 525
Provisorate, kirchliche 397, 403
Püttmann, Hermann (1811-1874) 528, 535, 550

R

Rath, Johann Peter vom (1792-1861) 152, 163f
Ratsglieder 84
Ratsverwandte 78
Realschule, Elberfelder 352, 354, 358ff, 362, 365, 369, 372, 376
Regierung zu Düsseldorf 75
Rektorratsschule (Barmen) 367
Relegation 344f
Religious Tract Society 546
Revolution, -Französische 1789 159, 541, 544ff
 -Julirevolution in Frankreich 1830 138
 -Paris 1848 175
 -Deutschland 1848/49 259, 538ff, 551
 -Elberfeld 1849 54
Rheinisch-Westindische Kompagnie 151, 158f, 161f
Rittershaus, Abraham 164
Rittershaus, Emil (1834-1897) 550
Roeber, Friedrich (1819-1901) 34, 550
Roffhack, Karl Martin (1804-1870) 44
Röse, Hermann 56f

S

Sack, Johann August (1764-1831) 29ff
Sanitätskommissionen 219
Sängerkranz (Verein) 464
Säuglingssterblichkeit 223
Schleicher, Franz Georg 90, 92
Schlösser, Johann Anton (geb.1796) 55
Schuchard, Johann (1782-1854) 163, 202, 204, 338, 458
Schuldeputation 329
Schuldisziplin 344ff, 369
Schule, höhere 357
Schulgeld 172, 212, 319, 329, 338, 347f, 351f, 360f, 364, 372, 379f
Schulinspektor 321f, 328, 353
Schulinteressenten 322, 328, 360
Schulkommissionen 204, 319f, 321f, 329ff, 336, 338f, 341, 348, 360, 375f, 378f
Schulordnung 341
Schulpfleger 320, 348, 353, 372
Schulreorganisationsplan 331
Schults, Adolf (1820-1858) 50, 100, 191, 303, 485, 526, 533, 535, 550f, 557, 560
Schulunterricht 203f
Schulvorstand 320, 322, 328, 336f, 339, 344, 346, 349
Schulvorsteher 336, 338
Schulwesen 253
Schulze-Delitzsch, Hermann (1808-1883) 207, 231, 505
Schulzimmer 202, 325, 333f
Schutzzoll 141f
Schützengesellschaft am Brill 493
Schützenverein, Elberfelder 494
Schweitzer, Johann Baptist von (1833-1875) 62, 66f, 69f, 72, 243, 505
Seyssel d'Aix, Carl Theodor von (1780-1863) 37, 44, 93, 157, 159, 403, 493, 511, 531
Sezessionskrieg, amerikanischer 143
Sicherheitsausschuß 54f, 108, 498
Siebel, Carl (1836-1868) 550
Siebel, Gerhard (1784-1831) 447
Siebel, Rütger Abraham (1773-1835) 97
Siebel, Wilhelm 164
Simons, Benjamin (1764-1822) 98
Simons, Winand (1779-1856) 163
Singschule, Elberfelder 464
Singverein, -Städtischer 464
 -Barmer 450, 464
Sonntagsarbeit 207
Sonntagskränzchen 551
Sonntagsschule 334, 337, 340, 348, 388
Sonntagsverein für junge Handwerker und Fabrikarbeiter 472, 515
Sozialdemokratie 72, 244
Soziale Frage 45, 49
Sozialismus 533f
Spargesellschaft für Handwerker und Arbeiter jeder Art 484
Sparkasse 99, 114, 169, 224, 226ff, 231
Sparkassenbuch 217, 227f
Staatssteuern 224
Stadtadvokatum 116
Stadtgericht 86, 118
Stadtgerichtsschreiber 85f, 118
Stadtrichter 77ff, 85, 99, 118
Stadtschreiber 79, 86
Stadtschule, Barmer 351f, 365
Stadtsekretär 78, 84ff, 116
Stadtsyndikus 86, 118
Städteordnung für die Rheinprovinz 103, 396
Stelter, Karl (1823-1912) 71, 550
Sterbekasse 217, 229
Steuern 110, 347
Stiehlsche Regulative 318, 320
Strafmittel 344, 370ff
Strauß, Gerhard Friedrich Abraham (1786-1863) 464, 547
Suppenanstalten 205, 384, 398, 402
Syndikus 78f, 84

T

Tagesschule 331, 334, 337
Tersteegen, Gerhard (1697-1769) 248, 293
Theater 519
Theaterverein Aktiengesellschaft 521
Traktat 514
Traktatgesellschaft, -Berliner 514
 -Wuppertaler 469, 515, 546
Traktatgesellschaften 250
Treubund 503
Troost, Abraham jr. (1762-1840) 151f
Trucksystem 201, 209, 533
Turner-Feuerwehr 61

Turnerbund, -Demokratischer 497
    -Deutscher 497
Turngemeinde, Elberfelder 496
Turnverein, Barmer 496

U

Union (Gesellschaft) 449
Union, preußische (kirchliche) 254
Unruh, Hans Viktor von (1806-1884) 505
Unterrichtsplan 316
Unterstützungen 217f, 220f, 391
Unterstützungskassen 141, 231, 487
Überstunden 207

V

Verband deutscher Arbeitervereine 505
Verbrüderung, s. Arbeiterverbrüderung
Verein für junge Kaufleute, Christlicher 472
Verein für Kunst und Gewerbe 503
Verein für Technik und Industrie 459
Verein für wahres Bürgerwohl 484, 504
Verein gegen die Kornteuerung, s. Kornverein, Elberfelder
Verein gegen Kornmangel, s. Kornverein, Barmer
Verein zur Beaufsichtigung u. Unterweisung kleiner Armenkinder 406
Verein zur Beförderung christlicher Volksbildung 486
Verein zur Beförderung der Sparsamkeit, s. Spargesellschaft für Handwerker und Arbeiter jeder Art
Vereins- und Versammlungsrecht 442
Vergleichskammer 236
Verlagssystem 133f
Versammlungen, kommunistische 278
Verschönerungsverein 450
Veruntreuung 217
Volksblatt aus dem Wupperthale 535
Volksblatt für's Wupperthal 535
Volksfreund (Zeitschrift) 60
Volksmann (Zeitschrift) 535
Volksstaat (Zeitschrift) 73
Volksstimme (Zeitschrift) 551
Vorrichten 189f, 195, 198f, 238, 242f

W

Wahlkomitee, -liberales 65
    -der Arbeiter und Handwerker 66
    -sozialdemokratisches 62
Wahlmänner 78, 84
Waisenhaus 297, 425ff, 429, 437
Waisenhauserweckung 542
Wandeltisch, Wandertisch 319
Wanderbühne 519
Warenzahlung, s. Trucksystem
Webebuch 198
Webermeisterinnung 194, 237f
Weberverein, Vereinigter 487
Weerth, Peter de (1767-1855) 32
Wesenfeld, Karl Ludwig (1851-1876) 450
Wichelhaus, J. P. Sohn (Bankhaus) 179
Wichelhaus, Johann (1765-1820) 179
Wichern, Johann Hinrich (1808-1881) 126
Wilberg, Johann Friedrich (1766-1846) 169f, 249, 321f, 324, 328, 331, 340, 360, 372, 388, 396, 398, 402, 406, 464, 513
Wil(c)khaus, Wilhelm 43, 181
Willemsen, Peter (1784-1858) 39, 41, 157, 453, 531
Winckelmann, Peter 151f
Wissenschaftlicher Verein 460
Wittenstein, Wilhelm (1803-1848) 152
Wohltätigkeitsanstalt 333, 404, 408
Wohltätigkeitsanstalten, städtische 218, 221, 333, 404, 408
Wohnungsmangel 223
Wohnungswechsel 222
Wortmann, Karl Ludwig (1756-1823) 32
Wortmann, Wilhelm (1797-1882) 37, 41
Wupperbund 551
Wupperthaler Kirchenblatt für Katholiken 541
Wüstenhöferianer 293, 309

Z

Zensur 511ff, 517f, 527, 533, 535, 542
Zollverein, deutscher 139, 141ff